本书译自 Paul Craig and Gráinne de Búrca, *EU Law: Text, Cases, and Materials*, 7th edition, Oxford University Press, 2020

本书翻译出版得到中国社会科学院登峰战略中欧关系优势学科和中华人民共和国外交部欧洲司"指南针计划"项目的联合资助

欧盟法

教程、案例与资料

（上册）

［英］保罗·克雷格
（Paul Craig）

／著

［爱尔兰］格兰妮·德布尔卡
（Gráinne de Búrca）

叶斌　李靖堃／译

程卫东／译校

EU LAW

TEXT, CASES, AND MATERIALS

中国社会科学出版社

图字：01-2023-0083 号

图书在版编目（CIP）数据

欧盟法：教程、案例与资料. 全 2 册 /（英）保罗·克雷格（Paul Craig），
（爱尔兰）格兰妮·德布尔卡著；叶斌，李靖堃译. —北京：中国社会科学
出版社，2023.6
书名原文：EU Law: Text, Cases, and Materials (7th Edition)
ISBN 978-7-5227-1452-3

Ⅰ.①欧… Ⅱ.①保…②格…③叶…④李… Ⅲ.①欧洲国家联盟—法
律—教材 Ⅳ.①D95

中国国家版本馆 CIP 数据核字（2023）第 029441 号

出 版 人　赵剑英
责任编辑　周晓慧
责任校对　刘　念
责任印制　戴　宽

出　　版　中国社会科学出版社
社　　址　北京鼓楼西大街甲 158 号
邮　　编　100720
网　　址　http://www.csspw.cn
发 行 部　010-84083685
门 市 部　010-84029450
经　　销　新华书店及其他书店

印　　刷　北京明恒达印务有限公司
装　　订　廊坊市广阳区广增装订厂
版　　次　2023 年 6 月第 1 版
印　　次　2023 年 6 月第 1 次印刷

开　　本　710×1000　1/16
印　　张　111
字　　数　1899 千字
定　　价　398.00 元（全二册）

总 目 录

（上册）

（下册）

目　　录

（上册）

第一章　欧洲一体化进程

第一节　核心议题

一　欧盟法是一门复杂而又引人入胜的学科。本书旨在阐释欧盟的法律和宪政进程，展现欧洲联盟的实体性政策领域、联盟机构和程序以及成员国之间的动态关系。本书试图将法律学说或理论置于历史和政治背景下，这对理解欧盟法是非常重要的。本书还试图表明欧盟这一政体所具有的强大的动态特征。在过去数十年里，欧盟的目标、政策、组织结构以及成员国数量一直处在持续发展变化的进程之中。

二　本书用"欧洲共同体"或"欧共体"（European Community, EC）指代最初成立于20世纪50年代的三个共同体，虽然确切地说，直到1993年《欧洲联盟条约》（Treaty on the European Union, TEU）做出修订之前，"欧洲煤钢共同体"（2002年届满）、"欧洲经济共同体"和"欧洲原子能共同体"应该被称为"诸共同体"或"各共同体"（Communities）。在《马斯特里赫特条约》（Maastricht Treaty）之后，欧洲经济共同体更名为"欧洲共同体"，而欧洲煤钢共同体和欧洲原子能共同体仍保留它们原来的名称。2009年12月1日《里斯本条约》（Lisbon Treaty）生效，它形成两部条约，分别是经修订后的《欧洲联盟条约》和《欧洲联盟运行条约》（Treaty on the Functioning of the European Union, TFEU）。

三　本章主要讲授在20世纪上半叶民族主义导致的紧张关系中欧洲经济共同体的兴起。尽管民族主义通常可以成为有益的积极力量，但它也有负面影响，特别是在其导致某些国家使用武力征服邻国的情况下。

四　本章另一个重点是分析条约及条约的几次重要修订。我们首先考察《欧洲煤钢共同体条约》，然后考察《欧洲经济共同体条约》和《单一欧洲法令》（Single European Act）、《马斯特里赫特条约》《阿姆斯特丹条约》（Amsterdam Treaty）与《尼斯条约》（Nice Treaty）所做的多次修订。本章最后讲授最终夭折的《宪法条约》（Constitutional Treaty）和成功达成的《里斯本条约》，以及英国脱欧（Brexit）。在审视这种发展时，需要注意三个方面。

五　需要注意的第一个方面是与机构有关的修订和条约实体内容修订之间的区别。机构变化意味着欧盟内部主要行为体，即欧盟理事会（the Council of European Union）、欧洲理事会（European Council）、欧盟委员会（European Commission）和欧洲议会（European Parliament，EP）之间权力的相应变化。机构变化也会影响欧盟相对于成员国的权力。条约实体内容的修订则会影响欧盟具有权能的主题事项。

六　需要注意的第二个方面是，条约的连续修订以何种方式对欧盟内部机构间的权力分配和欧盟拥有权能的实体性领域带来重大变化。学者一直在讨论，在造成这些变化的各种力量中哪些力量更为重要。

七　需要注意的第三个方面是欧盟的扩大。欧洲经济共同体最初有 6 个成员国，欧盟成员国现为 27 个。欧盟扩大也是造成机构调整和条约实体内容修订的因素。涉及欧盟收缩的英国脱欧也是如此。

八　本章最后回顾一体化理论以解释欧盟的发展。这些理论对于理解为什么各国选择创立欧洲经济共同体以及后续条约修订的原因具有重要意义。

第二节　民族主义与欧盟的起源

毫无疑问，从历史角度来看，欧洲统一的思想可以追溯到 17 世纪末，当时著名的英格兰贵格会教徒威廉·佩恩（William Penn）呼吁建立"欧洲议会"（European Parliament）。① 但是同样毫无疑问，欧洲一体化更直接

---

① D Urwin, *The Community of Europe: A History of European Integration* (Longman, 2nd end, 1995; J Pinder and S Usherwood, *The European Union: A Very Short Introduction* (Oxford University Press, 3rd edn, 2013).

的推动力来自 19 世纪。其中，值得一提的是，德国和意大利直到 1871 年才成为统一国家。[2] 在这场统一进程中，一个重要因素乃是民族主义情绪的兴起，它引起政治、哲学和文学上的共鸣。民族主义情绪可以追溯到 19 世纪初人们对法国统治欧洲的抵抗。

当时，这种民族主义情绪在很大程度上具有积极意义，从一开始它的目标就是促成不同公国的统一，以及希望摆脱外国的控制。推动这种民族主义的强烈感情是，具有共同语言和文化的人们应该在一个单一政治实体内自然共存，由此可以推论，原先存在于各公国之间的边界是"不自然的"。

民族主义的阴暗面在 19 世纪末 20 世纪初变得越来越明显。它一方面被经济规律所驱动，另一方面也受到主张突显特定民族身份的愿望所驱使。战争最初在租借地打响了，欧洲主要民族国家在瓜分非洲中相遇。第一次世界大战和第二次世界大战把民族国家的冲突带到欧洲舞台的最前沿。关于这两场冲突的起因有很多争论，但民族主义的侵略效应是其中的重要因素。

第二次世界大战的终结使人们认识到，必须找到一种组织国际事务的方式，以减少——即使不能根除——再次发生如此大规模冲突的可能性。为此，1945 年成立联合国（UN），其指导理念是提供一个以对话而不是冲突来解决争端的场所，同时将需要使用武力的国际维和体系机制化。

对两次世界大战惨烈教训的另一个回应就是欧洲经济共同体的创立，尽管用了十多年的时间才实现。在战争期间，抵抗运动强烈支持欧洲联合思想，以消除民族主义的破坏力。[3] 然而，一体化运动在战后步履蹒跚，特别是大力支持欧洲统一的丘吉尔在英国大选中落败之后。

尽管如此，那时仍有一些迈向欧洲合作的事件。1947 年，美国启动马歇尔计划，向欧洲提供财政援助。该计划先后于 1948 年经由欧洲经济合作组织（OEEC）以及 1960 年通过经济合作与发展组织（OECD）进行管理。1948 年成立的北大西洋公约组织（NATO）以及 1954 年成立的西欧联盟

---

[2]　就意大利而言，1871 年是罗马作为其首都的起始年份。

[3]　W Lipgens（ed），*Documents of the History of European Integration*（European University Institute，1985）.

（WEU）推动了防务合作。1949 年签订《欧洲委员会章程》（Statute on the Council of Europe），建立部长委员会（Committee of Ministers）和议会大会（Parliamentary Assembly）。这个国际组织最为人知的是《欧洲人权公约》（European Convention on Human Rights，ECHR），它于 1950 年签订，于 1953 年生效。在介绍这些背景之后，下文将回顾建立欧洲经济共同体过程中的更多细节。

第三节　从欧洲煤钢共同体到欧洲经济共同体

一　欧洲煤钢共同体（ECSC）

1948 年，英国不愿意参加具有潜在深远影响的欧洲一体化计划，由此法国外交部长罗伯特·舒曼（Robert Schuman）提出更为温和的建议，即法国和德国通过国际协定将监管权赋予"高级机构"（High Authority），由其管理两国的煤炭和钢铁资源。该计划由让·莫内（Jean Monnet）起草，他是坚定的联邦主义者。该建议允许其他国家加入。之所以关注煤炭和钢铁，一部分出于经济原因，另一部分出于政治考虑。那时煤炭和钢铁仍然是发动战争的主要资源。将这些资源的生产置于一个国际组织之下，其设计目的显然是要缓解人们对德国可能重新武装的担忧。由于 1945 年后欧洲的政治局势发生了改变，苏联控制着东欧，冷战开始出现，他们希望由此使德国重新回到欧洲的主流行列中。

1951 年，法国、德国、意大利、比利时、荷兰和卢森堡签订《欧洲煤钢共同体条约》（ECSC Treaty）。该条约建立了煤炭和钢铁共同市场，有效期为 50 年，2002 年届满失效。欧洲煤钢共同体（European Coal and Steel Community，ECSC）设有四个主要机构。高级机构由六个成员国政府任命的九位独立官员组成，是具有决策权的主要行政机构。大会（Assembly）由成员国议会代表组成，具有监督和建议权。理事会（Council）由成员国政府各一名代表组成，具有有限的决策权和广泛的咨询功能；大法院（Court of Justice）由九名法官组成。支持者将欧洲煤钢共同体视为"超国家权力机构"（supranational authority），因为高级机构可以采用全体一致以外的其他方式进行决策，这为后来更为广泛的欧洲一体化奠定了基础。④

二 欧洲防务共同体（EDC）和欧洲政治共同体（EPC）

20 世纪 50 年代也见证了欧洲一体化运动的挫折，建立欧洲防务共同体（European Defence Community，EDC）和欧洲政治共同体（European Political Community，EPC）的努力都失败了，这些挫折在欧洲经济共同体（European Economic Community，EEC）的成立过程中具有深远影响。

欧洲防务共同体的建议缘于法国反对德国加入北大西洋公约组织（NATO）。1950 年，法国在普列文计划（Pleven Plan）中提出替代方案，提议建立拥有欧洲军队、共同预算和联合机构的欧洲防务共同体。1952 年，六个煤钢共同体成员国签署《欧洲防务共同体条约》（EDC Treaty），但英国拒绝参与。当时，人们认为欧洲需要一定形式的欧洲外交政策，这成为促成欧洲政治共同体计划的催化剂。

1953 年，欧洲政治共同体章程草案由煤钢共同体大会起草，主要工作由宪法委员会完成，并得到一些大会代表的协助。它产生了一个具有深远影响的方案，设计了一种联邦议会式的欧洲一体化形式，拥有两院制的议会（双层议会），一个直接由普选产生，另一个由成员国议会委派代表组成参议院式的议院。议会具有真正的立法权力。行政理事会（Executive Council）作为欧洲政治共同体的政府机构，对议会负责。该章程草案还包括有关法院（Court of Justice）和经济与社会理事会（Economic and Social Council）的条款。尽管该章程草案得到煤钢共同体大会几乎一致支持，但是煤钢共同体六个成员国外长的反应相当谨慎，有人强烈反对欧洲政治共同体章程草案给予议会太大的权力。

欧洲政治共同体的命运不可避免地与欧洲防务共同体联系在一起。后者因 1954 年法国国民议会拒绝批准《欧洲防务共同体条约》而失败，并且反对的声音同时来自法国左右两翼。⑤ 这导致一体化进程严重受挫，防务和政治联盟的计划被束之高阁。

---

④ F Duchêne, *Jean Monnet：The First Statesman of Interdependence*（Norton, 1994）239.

⑤ J Pinder, *The Building of the European Union*（Oxford University Press, 3rd edn, 1998）.

三 欧洲经济共同体（EEC）

欧洲一体化进程并没有因为欧洲防务共同体和欧洲政治共同体的失败而停止。这些雄心勃勃计划的失败使欧洲一体化的支持者将重心直接放在经济一体化，而非政治一体化上。在起草欧洲政治共同体时，经济一体化就得到过讨论。荷兰曾建议在欧洲政治共同体方案中纳入共同市场的理念。20世纪50年代初，出于保护主义传统，有些国家认为该建议太具风险，但是，该理念在讨论欧洲经济共同体的过程中再次浮出水面。

1955年，煤钢共同体六国外交部长会议在意大利墨西拿召开。比利时首相保罗—亨利·斯巴克（Paul-Henri Spaak）是一体化的积极倡导者，由他主持的委员会于1956年发布《斯巴克报告》，其中包括后来成为欧洲原子能共同体（European Atomic Energy Community，Euratom）和欧洲经济共同体（European Economic Community，EEC）的基本方案。尽管其根本的长远目标是政治性质的，但是一开始只集中在经济一体化领域。1957年3月，法国、德国、荷兰、比利时、意大利和卢森堡六国在罗马签订《欧洲经济共同体条约》（EEC Treaty），也称《罗马条约》（Treaty of Rome），条约没有时间限制，于1958年1月生效。六国同时签署《欧洲原子能共同体条约》（Euratom Treaty），它与《欧洲经济共同体条约》同时生效。

就经济而言，共同市场理念意味着消除贸易壁垒，例如，消除增加出口成本的关税，消除限制某类产品进口数量的配额。共同市场要消除贸易壁垒，并且要建立共同的关税税率。共同市场需要通过几个阶段的过渡期逐渐建立，这不只是消除关税和配额问题，还要求将共同体作为一个整体，使经济生产要素在共同体内自由流动，以使它们得到最有效的使用。这是共同体"四大自由"的核心，也常被视为共同体经济宪法的精髓：货物、劳动者、资本以及开业和提供服务的自由流动。如果某国失业水平较高，劳动者不能在该国找到工作，那么他可以在欧洲经济共同体内自由流动，去劳动力需求超过供给的其他国家寻求就业，从而使劳动力资源的价值在共同体这个整体内得到提升。《罗马条约》还包括几个关键条款，以确保公平竞争理念不会因为私人的反竞争行为或者成员国偏向本国产业的行为而落空。此外，为了促进共同体内经济活动的和谐发展，增加稳定性并且提升生活水平，以及促进成员国之间更紧密的关系，《罗马条约》还要求使成员国经济政策趋近。当时，共同政策包括农业和交通。为扩大就业机会，建立了欧洲社会基金（European Social Fund）。为帮助欠发达地区与产业，建立了投资银行，以提供贷款和担保。为帮助某些成员国的海外属国和领土，还建立了欧洲发展基金（European Development Fund）。

就机构而言，《罗马条约》是一个混合体，它延续了过去煤钢共同体的机构秩序，也加入了为欧洲经济共同体而设计的新的安排。欧洲经济共同体与煤钢共同体共用同一个议会大会（Parliamentary Assembly）和法院（Court of Justice）。但是，部长理事会（Council of Ministers）是分立的，由成员国各一名国民代表组成；行政机构，即委员会（Commission）也是分立的，由成员国推荐的成员组成，成员具有独立义务，代表共同体而非成员国利益。直到1965年《合并条约》（Merger Treaty）的签署，这些机构才合并，由三大共同体共用。建立了具有咨询功能的经济与社会委员会（Economic and Social Committee），与原子能共同体共用该机构。

《罗马条约》的重点是对立法权和行政权的安排。欧洲政治共同体章程草案曾提出议会式的方案，而这引起煤钢共同体成员国的强烈反对。《罗马条约》仍然存在着不愿意赋予议会更多权力的迹象。最后，立法权在委员会和部长理事会之间分配，委员会提出立法建议，由部长理事会投票表决。议会大会于1962年更名为欧洲议会（European Parliament），但直到1986年《单一欧洲法令》（SEA）出台才成为其正式名称，它仅有被咨询权，并且仅在条约特定条款授权的领域具有该权力。投票程序根据问题的性质而不同，在有限的领域采取简单多数，在大多数领域采取"特定多数"（qualified majority），还有在某些特定的领域要求采取全体一致方式（unanimity）。在要求理事会采取特定多数投票时，与小国相比，大国被给予更多的权重，尽管权重并非完全合乎比例。

在最初的《罗马条约》中，行政权也分散在不同的机构。委员会被赋予"看门者"（watchdog）的角色，以确保成员国遵守条约。委员会有责任确保根据《罗马条约》制定的条例、指令和决定得到有效执行。委员会还是国际协定的主要谈判者，对外代表共同体。尽管如此，理事会也在某些方面承担着一定的行政责任，例如国际协定的缔结，规划整体的政策议程，以及共同体预算。大会对预算也有一定的权力，并且拥有强大但从未真正启用过的弹劾权，尽管曾多次发起弹劾动议，例如，在1999年委员会戏剧性的辞职事件发生前不久，大会就曾发起弹劾动议。⑥

第四节　从欧洲经济共同体到《单一欧洲法令》

一　欧洲经济共同体的内部矛盾

在将近 30 年的时间里，《罗马条约》是欧洲经济共同体的法律框架，其中 1965 年签订并于 1967 年生效的《合并条约》合并了欧洲煤钢共同体、欧洲原子能共同体和欧洲经济共同体的行政机构。尽管《单一欧洲法令》之后持续的条约改革进程更加重要⑦，但是在《欧洲经济共同体条约》与《单一欧洲法令》之间仍有一些重要发展。

这一时期，共同体因接纳新成员国而扩大。在欧洲经济共同体建立之初，英国曾选择留在外面。1961 年英国第一次申请加入，但是 1963 年法国总统戴高乐否决了英国的申请。1967 年，英国再次提出申请。直到戴高乐离任之后，英国才于 1973 年与爱尔兰和丹麦一起被接纳为成员。1981 年希腊成为欧洲经济共同体成员，1986 年西班牙和葡萄牙也加入进来。

从欧洲经济共同体成立到《单一欧洲法令》出台的近 30 年，见证了共同体的"政府间主义"（intergovermental）与"超国家主义"（supranational）理念的分歧。政府间主义一开始就得到法国总统戴高乐的支持，该理念强调国家利益至上。超国家主义由时任委员会主席沃尔特·哈尔斯坦（Walter Hallstein）倡导，这种理念将追求共同体的整体福祉作为首要目标，即使需要牺牲成员国的利益。

1965 年，双方矛盾公开化，当时正处于条约过渡条款所规定的理事会投票规则从全体一致方式向特定多数方式转变的时期。委员会建议应该从农业税和外部关税而非成员国摊派中取得自有财源⑧，戴高乐对此表示反对。在理事会内部无法达成妥协之后，法国拒绝参加后续的理事会会议，

---

⑥　K Bradley, 'The Institutional Law of the EU in 1999' (1999/2000), 19 YBEL 547, 584.

⑦　B de Witte, 'The Closest Thing to a Constitutional Conversation in Europe: The Semi-Permanent Treaty Revision Process' in P Beaumont, C Lyons, and N Walker (eds), *Convergence and Divergence in European Public Law* (Hart, 2002) ch 3.

⑧　欧洲经济共同体通过 1970 年《卢森堡条约》（即第一部《预算条约》）取得自有财源，该条约于 1971 年生效。

采取了所谓"空椅"（empty-chair）政策。空椅状态从 1965 年 6 月到 1966 年 1 月共持续了 7 个月，最后达成和解，即所谓《卢森堡妥协》（Luxem-bourg Compromise）或者《卢森堡协议》（Luxembourg Accords）。该协议的核心是不同意理事会的投票方式。法国坚持要求，即使是在条约规定采取多数表决的情况下，在涉及重要国家利益时还是要采取全体一致方式。于是其他五个成员国声明，在这种情况下，理事会应"尽量在合理的时间内达成全体可接受的解决方案"⑨。尽管如此，法国的观点仍占上风，如果有成员国主张其"非常重要的利益"面临危险，就类似于投下否决票，而其他成员国会予以尊重。

从《欧洲经济共同体条约》到《单一欧洲法令》这一时期也见证了成员国决策权的加强和政府间主义的壮大。1970 年，《达维农报告》（Da-vignon Report）建议成员国外交部长举行季度会议，这成为外交政策合作的政府间论坛。1973 年，它转变为"欧洲政治合作"（European Political Co-operation），使欧洲经济共同体在所有成员国都参加的其他国际组织中可以作为一个声音的代表。但是，这也加强了政府间主义。

1974 年，欧洲理事会（European Council）成立，召开峰会的惯例被固定下来。该机构由成员国政府首脑组成，委员会主席主持一年召开两次的会议。欧洲理事会"峰会"（summitry）为共同体提供其迫切需要的方向，但是也在一定程度上意味着弱化了共同体的超国家因素。欧洲理事会一开始并不在条约创立的框架之内，直到《单一欧洲法令》才承认其为正式机制。欧洲政治合作与欧洲理事会使得成员国利益能够在最高层级上影响政治和经济议题，它们的决策尽管不具有正式的约束力，但是一般都成为共同体后续立法建议的框架。通过建立所谓"委员会制"（Comitology），成员国还可以对共同体二级立法的细节施加更多的控制。这使成员国可以影响共同体的二级立法，这在最初的《欧洲经济共同体条约》中是没有的。

当然，超国家主义在从《欧洲经济共同体条约》到《单一欧洲法令》这一时期也得到了加强。1976 年达成议会直接选举的协议，并在 1979 年实现首次直选。该协议规定了欧洲经济共同体原先没有的直接选举权力，但是存在投票率低的问题，而且选举议题往往关注国内问题而非共同体议

---

⑨ Bull EC 3 – 1966, 9.

题。共同体的超国家性质更多的是因为财源和预算方面的发展而得到加强的。1969 年，成员国同意共同体获得自有财源，而不是由成员国摊派，同时扩大议会在预算程序中的作用。由此给予了共同体更大的财政独立，加强了议会作为决策者的角色。1975 年又有了新的发展，这时通过了第二个预算条约。在这期间，欧洲法院（European Court of Justice，ECJ）也成为共同体超国家性质的重要推动者。[⑩] 20 世纪 60—70 年代，欧洲法院运用"直接效力原则"（doctrine of direct effect），使共同体政策更为有效。为促进共同体的整体目标，诸如货物的自由流动，欧洲法院扩张性地解释条约条款。欧洲法院创造了共同体法对成员国法的"最高效力"原则（supremacy），从而强化了这些司法策略。

从超国家主义角度来看，这些发展对欧洲共同体具有积极作用。但是从 20 世纪 70 年代中期到 80 年代中期的这 10 年，被认为是欧洲经济共同体政治发展相对停滞的时期。这集中体现在委员会立法建议难以在理事会通过，从而导致无法实现共同体的目标。[⑪] 20 世纪 70 年代中期以后的高层报告也承认存在这样的问题，例如 1974—1975 年《廷德曼报告》（Tindemans Report 1974–5）和 1978 年《三贤人报告》（Three Wise Men）[⑫]，这两个报告都建议加强共同体的超国家因素，但是无一被采纳。这种情况可参见以下摘录。

丹克特：《欧洲共同体的过去、现在与未来》[⑬]

自 1957 年 3 月 25 日以来，合作还是一体化这两个概念之间的辩证关系，决定着欧洲的统一进程，并且呈增强之势。多年来，欧洲统一进程一直处于合作与一体化的来回往复之中，共同体机构的发展过程正是如此。部长理事会最初被设想为"共同体机构"，但是，由于那部众所皆知的《卢森堡妥协》，现在部长理事会在很大程度上成为

---

⑩　J Weiler, 'The Transformation of Europe' (1991) 100 Yale LJ 2403.

⑪　P Dankert, 'The EC—Past, Present and Future' in L Tsoukalis (ed), *The EC: Past Present and Future* (Basil Blackwell, 1983) 7.

⑫　Bull EC 11–1979, 1.5.2.

⑬　P Dankert, 'The EC—Past, Present and Future' in L Tsoukalis (ed), *The EC: Past Present and Future* (Basil Blackwell, 1983) 7.

"政府间机构"。在法国的施压之下，《卢森堡妥协》阻止委员会根据条约提出的理事会采取多数表决制的提案。理事会只能采取全体一致方式制定决策的规则，使委员会逐渐转变为理事会秘书处式的机构；委员会在决定是否提交提案前，要与成员国官员一起小心地审查提案。这反过来对欧洲议会产生了负面影响，因为根据条约，欧洲议会只能经由委员会参与权力运作。在多次受挫之后，例如60年代初的伏歇计划（Fouchet Plan），随着欧洲理事会、欧洲政治共同体（EPC）以及欧洲货币体系（EMS）的建立，以政府间方案解决共同体问题的动向达到顶峰。

1984年，欧洲议会在《欧洲联盟条约草案》中曾提出激进的改革方案，但也几近被完全忽视。最终促成改革的是1984年成员国政府首脑在枫丹白露召开的欧洲理事会峰会，它促使1985年欧洲理事会米兰会议成立"政府间会议"（Intergovernmental Conference，IGC）讨论条约的修订，这次会议产生了《单一欧洲法令》。委员会发布了内容广泛的《完成单一市场白皮书》，为在1992年前完成单一市场设立了时间表⑭，成为进一步推动改革的动力。

二 《单一欧洲法令》（SEA）

（一）机构与实体内容的变化

尽管1986年《单一欧洲法令》（Single European Act，SEA）使希望进行根本性改革的人感到失望，但是它仍具有深远的意义。《单一欧洲法令》是欧盟历史上最重要的条约修订之一，正是它开启了机构与实体内容的变化。

最重要的"机构变化"是，《单一欧洲法令》启动了欧洲议会的角色转型。《罗马条约》赋予欧洲议会的权力很小，欧洲议会在立法程序中的作用极小，仅限于由条约特定条款授权的"被咨询权力"。在那时看来，《单一欧洲法令》做出的变化微不足道。但是，它创建了新的立法程序，即"合作"程序（cooperation procedure），适用于条约部分条款所确定的

---

⑭ White Paper on the Completion of the Internal Market, COM（85）310.

清单。它为共同体决策程序带来了转型。在《单一欧洲法令》之前，立法程序被表述为"委员会提议，理事会处理"，这揭示了委员会作为立法提议者的角色和理事会对这些立法措施投票决策的角色。《单一欧洲法令》的改革意味着，在适用合作程序时，委员会必须慎重考虑欧洲议会的观点。一项立法的通过，需要三方而不再只是两方的参与，因为合作程序意味着欧洲议会可以有效阻止立法提案，只要它在理事会得到某些有限的支持。

《单一欧洲法令》还带来其他的机构变化。它给予欧洲政治合作以法律基础，并且正式承认欧洲理事会，尽管尚不在共同体条约框架内。它还建立了初审法院（Court of First Instance，CFI），以协助欧洲法院。"委员会制"（Comitology）程序，即理事会在某些情况下具有委托委员会立法的权力，被正式纳入《欧洲经济共同体条约》第202条。⑮

由于《单一欧洲法令》对"实体内容的修改"，合作程序的影响力得到提升，特别是最初制定的《欧洲经济共同体条约》第100条第1款，授予欧盟通过内部市场相关立法的广泛权力。共同市场的完成，不只要求消除贸易壁垒，即所谓消极一体化（negative integration），也要求在某些方面以欧洲规则取代成员国规则，即所谓积极一体化（positive integration）或调和（harmonization）。之所以要求积极一体化或调和，是因为要使各国都有章可循，例如，银行业规则表现为预防欺诈等重要公共利益。成员国相关规则不可能被完全取消，但是，规则差异过大可能会妨碍共同市场的建立，因为经营者不得不满足各成员国的不同规则，从而大大增加了交易成本。解决这个难题的方式之一，就是制定关于这类议题的共同体规则。最初《罗马条约》对此是认可的，但是《欧洲经济共同体条约》第100条第1款要求理事会采取全体一致方式，这很难做到。这就是为什么《欧洲经济共同体条约》第100条第1款（现为《欧洲联盟运行条约》第114条）规定，为此目的可采取使成员国法律趋近（approximate）的措施。那时，合作程序适用于该条，从而加强了欧洲议会的权力，并且理事会投票采用特定多数表决方式，而非全体一致方式。《单一欧洲法令》修改了《罗马条约》，规定共同体应采取措施，"在1992年12月31日之前逐步建立内部

---

⑮　处理这些措施的法律机制已被《里斯本条约》修订，见《欧洲联盟运行条约》第290条至第291条。

市场"，并将内部市场定义为"没有内部边界的区域，在此区域内确保货物、人员、服务和资本的自由流动"⑯。现已成为《欧洲联盟运行条约》第114条的规则，曾作为完成内部市场的主要造法工具，其方式是通过立法使成员国法律趋近。

《单一欧洲法令》还为共同体权能增加了新的实体领域，其中一些在此前虽无明确的条约依据，但已被共同体机构所主张并得到欧洲法院的支持。增加的合作领域包括经济货币联盟、社会政策、经济和社会聚合、研究和技术开发以及环境政策。

（二）反应与评价

《单一欧洲法令》是自《罗马条约》诞生以来最重要的修订，预示着向一体化迈进的共同体动力得以重新恢复。但是，人们一开始对《单一欧洲法令》的回应是复杂的，一些人将其视为共同体在经历停滞期之后向前迈出的积极一步，而另外一些人例如欧洲法院前法官佩斯卡托雷（Pescatore）认为它是一体化进程的倒退。⑰ 也有人强调《单一欧洲法令》与《委员会白皮书》⑱ 实现的共同成就。

约瑟夫·威勒：《欧洲的转型》⑲

显然，新的欧洲议会和委员会对这部新法令并没有感到兴奋。

然而，三年之后再看，1992 年和《单一欧洲法令》确实带来了大规模的改革。这有一些明显的证明。首先，自共同体成立以来，这是委员会首次得以扮演《罗马条约》明确为其设定的政治角色。与它在20 世纪 70 年代到 80 年代初的共同体奠基时期的性质形成鲜明对比的是，委员会在很大程度上既确定共同体议程，又在立法过程中充当权力中介。

其次，决策过程花费的时间要少得多。以往在布鲁塞尔的走廊上

---

⑯ 《欧洲经济共同体条约》第 8 条第 1 款。

⑰ P Pescatore, 'Some Critical Remarks on the Single European Act' (1987) 24 CMLRev 9.

⑱ White Paper on the Completion of the Internal Market, COM (85) 310.

⑲ J Weiler 'The Transformation of Europe' (n 10) 2454.

长期处于僵持或者在某些情况下就如废纸一般的文件，如今通常会在几个月内成为立法。

这是第一次，政策领域的相互依赖在布鲁塞尔新发现的权力焦点上创造了一种活力，这种活力就如几乎已经被遗忘的关于新功能主义外溢效应的预测一般。共同体的立法议程和政策议程的范围不断扩大，从而表明了这一活力。

因此，《单一欧洲法令》有助于"启动"共同体经济目标的实现，尤其是通过《欧洲经济共同体条约》新的第100条第1款。此外，虽然《单一欧洲法令》的主要特征是其"单一市场"目标，而有关地区政策、环境和研究的新条款可能被认为是次要的，但事实是这些变化在这些领域为共同体创设了权能。这加强了一些人的观点，他们将单一市场计划设想为"真正的共同市场，由于现代政治经济中社会与经济之间不可避免的联系，它最终会产生颇有自我吹嘘意味的'欧洲人民之间更加紧密的联盟'"[20]。处于政治光谱两端的人们，关于欧盟的新自由主义理念与"欧洲社会模式"之间的辩论，至今仍在继续。

第五节　从《单一欧洲法令》到《尼斯条约》

一　《马斯特里赫特条约》(《欧洲联盟条约》)

《单一欧洲法令》为共同体注入了新的活力，1986—1992年共同体制定了很多关于建成内部市场的措施。这不能被误解为内部市场可以在1992年前"完成"，或者在此后的特定日期里。这是因为诸如技术革新、产业创新以及消费者行为模式的改变等，都需要有新的欧盟措施，以减少国家之间的贸易壁垒。由《单一欧洲法令》激发的动力在其通过后得以持续。1989年，由委员会主席雅克·德洛尔（Jacques Delors）主持的专门委员会发布关于经济货币联盟的报告，为实现经济货币联盟（Economic and Monetary Union，EMU）设立三步走的计划。欧洲理事会就此事项召开政府间会

---

[20]　Ibid 2458.

议，并且在第二次政府间会议上讨论了政治联盟问题。这促成了1991年的条约草案，以及1992年2月各成员国在马斯特里赫特（Maastricht）签署《欧洲联盟条约》。^㉑ "幸免"于向德国联邦宪法法院提起的合宪性异议之后，《欧洲联盟条约》于1993年1月生效。^㉒

（一）三支柱体系

《欧洲联盟条约》在机构和实体内容两个方面都对《罗马条约》作了重大修订。该条约在欧盟整体法律架构方面也具有重要意义，因为它引入了欧盟的"三支柱"（three-pillar）结构，"各共同体"作为第一支柱，《欧洲经济共同体条约》正式更名为《欧洲共同体条约》（European Community Treaty）。^㉓第二支柱处理"共同外交与安全政策"（Common Foreign and Security Policy，CFSP），以早期的欧洲政治合作机制为基础。第三支柱处理"司法与内务"（Justice and Home Affairs，JHA），并以该领域的早期倡议为基础。支柱结构在此后的多次条约修订中得到了保留，但后来被《里斯本条约》废除，尽管有个别规则仍然适用于"共同外交与安全政策"。《欧洲联盟条约》第一编包含共同条款，其中规定了"联盟"的基本原则和联盟的目标。^㉔

由此，欧盟在"共同外交与安全政策"和"司法与内务"方面被赋予新的责任。那么关键的问题是，为什么这些新的权能没有像以往条约修订那样被添加到既有权能中。单独创建"共同外交与安全政策"和"司法与内务"两个支柱的主要理由如下。成员国希望设立相关机制，可以通过这些机制在"共同外交与安全政策"和"司法与内务"方面进行合作，因为在没有这些机制时，为了讨论每个新问题都需要安排相关会议，这非常耗时且烦琐。但是，成员国又不愿意将这些领域纳入以普通的超国家决策方式为特征的共同体支柱中。成员国不希望委员会和欧洲法院在这些领域里

㉑ R Corbett, *The Treaty of Maastricht* (Longman, 1993).

㉒ Cases 2 BvR 2134/92 and 2159/92 *Brunner v The European Union Treaty* [1994] 1 CMLR 57.

㉓ D Curtin, 'The Constitutional Structure of the Union: A Europe of Bits and Pieces' (1993) 30 CMLRev 17.

㉔ 《欧洲联盟条约》最初有七编（title）。第一编包括共同条款，规定《欧洲联盟条约》的宗旨。第二编、第三编和第四编分别包括对欧洲经济共同体、欧洲煤钢共同体和欧洲原子能共同体第一支柱所做的修订。第五编建立了关于共同安全与防务政策的第二支柱。第六编为关于司法与内务的第三支柱。第七编包括最后条款。

拥有它们在共同体支柱下的权力，因为第二和第三支柱涉及被认为是国家主权核心的敏感政策领域。因此，第二和第三支柱下的决策更具政府间性质，欧盟理事会中的成员国和欧洲理事会拥有主要权力。其他共同体机构，如委员会、欧洲议会和欧洲法院，要么没有任何角色，要么与共同体支柱相比作用大大减小。

（二）机构与实体变化：各共同体条约

《马斯特里赫特条约》对《罗马条约》进行了大量的"机构方面"的修订，其中最重要的是通过引入"共同决策"程序（co-decision proce-dure）进一步增加议会的立法参与，该程序后经《阿姆斯特丹条约》的修订并加强。在适用该程序时，它允许欧洲议会阻止立法。欧洲议会还被授予要求委员会启动立法的权力和阻止任命新委员会的权力。机构方面的其他重大变化包括制定条款，建立欧洲中央银行系统（ESCB）和欧洲中央银行（ECB），以监督经济货币联盟；设立议会监察员（Ombudsman）以及地区委员会（Committee of Regions）。

《马斯特里赫特条约》也在"实体内容"方面做出了重大改变。它确立了"辅助性原则"（principle of subsidiarity），通过区分是在共同体层面还是在成员国层面采取行动更能够获得最好的效果，减轻人们对欧共体变得过于"联邦化"的担忧。[25] 它引入欧洲公民身份（European citizenship）这一新概念，该概念将成为欧洲法院判例法的沃土。[26] 条约纳入了关于经济货币联盟（EMU）的新条款[27]，为引入单一货币奠定基础。[28] 与《单一欧洲法令》一样，《马斯特里赫特条约》也为欧共体增加了新的权能领域，新增部分包括诸如文化、公共卫生、消费者保护、泛欧网络以及发展合作等领域，还对某些领域做了重大修改，例如环境领域。

（三）共同外交与安全政策

《马斯特里赫特条约》创建的共同外交与安全政策（CFSP）支柱与共

---

[25] 《欧洲共同体条约》第5条。

[26] 《欧洲共同体条约》第17条至第21条。

[27] 《欧洲共同体条约》第98条至第124条。

[28] J Pipkorn, 'Legal Arrangements in the Treaty of Maastricht for the Effectiveness of the Economic and Monetary Union' (1994) 31 CMLRev 263.

同体的机构和法律结构截然不同，与共同体支柱相比，其决策更具政府间性质，超国家特征更少。共同外交与安全政策支柱确立了欧盟在这一领域的行动目标，其中包括维护和平与国际安全，尊重人权以及发展民主。各成员国有义务就具有普遍利益的共同外交与安全政策问题相互通报和协商，以确保通过协同行动尽可能有效地施加联合影响。

条约规定由理事会为成员国确定关于此类问题的"共同立场"，然而，共同外交与安全政策的原则和一般方针则由各成员国国家元首和政府首脑组成的欧洲理事会确定，理事会有责任通过执行相关政策的决定。共同外交与安全政策涵盖与联盟安全有关的所有问题，包括最终制定共同防务政策。虽然决策权集中在由成员国利益主导的机构，即理事会和欧洲理事会的手中，但条约规定应随时向欧洲议会通报外交与安全政策，并且委员会应与该领域的工作保持充分的联系。

（四）司法与内务

司法与内务支柱最初涵盖的政策包括庇护、移民和"第三国"（非欧盟）国民，这些政策后来被《阿姆斯特丹条约》纳入《欧洲共同体条约》里。但是，在《里斯本条约》生效之前，第三支柱还包括国际刑事合作，以及不同形式的司法、海关和警务方面的合作，包括建立欧洲刑警组织（European Police Office，Europol）以交换信息。成员国对于这些问题比较敏感，不愿意将它们纳入普通的共同体支柱而使其在决策方面受超国家规则的约束。司法与内务支柱的决策由理事会主导，欧洲法院的权力有限。《里斯本条约》已将第三支柱的全部内容纳入条约的总体框架中。㉙

（五）反应与评价

《欧洲联盟条约》与之前的《单一欧洲法令》一样，受到广泛分析和大量批评。条约谈判过程模糊并且秘密进行，新"联盟"架构的复杂性，机构改革的大杂烩，借共同体机构用于政府间支柱的决策，以及大量"选择性退出"（Opt-out）和例外，即所谓"可变几何"（variable geometry），引发很多批判性评论。以下摘录认为共同体法律秩序失去了统一性和连贯性，并且论述了这种情况可能会对"共同体法律成果"（*aquis communautaire*）产

㉙　《欧洲联盟运行条约》第 67 条至第 89 条。

生的影响。"共同体法律成果"使所有成员国受相同法律规则和原则的约束。

柯廷:《联盟的宪法结构:零零碎碎的欧洲》[30]

马斯特里赫特峰会的结果是一个可能导致宪法混乱的伞形联盟,在三十多年的历程中精心构建的法律制度,其凝聚力、统一性以及所伴随的权力很可能会受损。……当然,它确实包含一些真正"进步"的因素(共同决策和欧洲议会的控制权、增加共同体权能、对成员国违约的制裁、共同体"公民身份"、经济货币联盟等),但是一体化进程要有意义,就意味着不能前进一步同时后退两步。"欧洲各国人民之间更紧密的联盟"这一原则所包含的是一体化只能前进的观念。

必须指出的是,在所有这些混乱和碎片化的中心,即欧洲共同体"自成一体"(*sui generis*)的独特性质,是其在世界历史上的真正意义,它正在被摧毁。作为一个有凝聚力的、赋予个人权利、进入成员国法律体系,并且成为它们体系组成部分的法律单元,共同体的整个未来和信誉正在受到威胁。

事后证明,在《马斯特里赫特条约》中以多种形式出现的、被认为破坏共同体秩序凝聚力和统一性的"可变几何"、差异性或者灵活性[31],并非欧洲一体化的暂时特征。灵活一体化或差异一体化(flexible or differentiated integration)对人们的吸引力增加,而《阿姆斯特丹条约》和《尼斯条约》通过"更紧密合作"(closer cooperation)和"加强型合作"(en-

---

㉚　D Curtin, 'The Constitutional Structure of the Union: A Europe of Bits and Pieces' (n 23) 67.

㉛　由《马斯特里赫特条约》引入的差异一体化,其例证是英国"选择性退出"当时的社会政策章节,对中立或当时并非西欧联盟(WEU)成员的成员国豁免适用防务政策条款,以及英国和丹麦可在以后决定是否加入有关经济货币联盟的安排。稍早的讨论,参见 C-D Ehlermann, 'How Flexible is Community Law? An Unusual Approach to the Concept of "Two Speeds" '(1984)82 Mich LR 1274。

hanced cooperation）等条款巩固了这一趋势。㉜ 这些不同的标签描述了一系列相关想法，包括一些国家参与某些政策而其他国家不参与这些政策的可能性，或者某些国家仅部分参与，或者可能会在晚些时候参与。㉝ "可变几何" 的缺点是缺乏统一性，越来越碎片化，以及面临着菜单式一体化的危险。但是它也具有优势，因为它提供了一种在面对强烈分歧时弥补差异和达成共识的方式，可以在诸如欧洲货币联盟或外交政策这些可能陷入僵局的关键领域取得进展。㉞

二 《阿姆斯特丹条约》

（一）机构与实体内容的变化

修订条约的进程并没有妨碍其他重要事件的发展。欧盟在《马斯特里赫特条约》生效后不久继续扩大，奥地利、瑞典和芬兰于 1995 年加入。尽管挪威也完成了入盟协定的谈判，但如同 1973 年那样，挪威全民公投结果是反对成为欧盟成员国。欧洲共同体与欧洲自由贸易联盟（European Free Trade Association，EFTA）缔约国也签署了《欧洲经济区协定》（Agreement on European Economic Area，EEA），该协定于 1994 年生效。㉟

㉜ C-D Ehlermann, 'Differentiation, Flexibility, Closer Cooperation: The New Provisions of the Amsterdam Treaty' (1998) 4 ELJ 246; J Shaw, 'The Treaty of Amsterdam: Challenges of Flexibility and Legitimacy' (1998) 4 ELJ 63; E Philippart and G Edwards, 'The Provisions on Closer Co-operation in the Treaty of Amsterdam: The Politics of Flexibility in the European Union' (1998) 37 JCMS 87; H Bribosia, 'Les coopérations renforcées au lendemain du traité de Nice' [2001] Revue du droit de l'Union européenne 111.

㉝ J Usher, 'Variable Geometry or Concentric Circles: Patterns for the EU' (1997) 46 ICLQ 243; A Stubb, 'Differentiated Integration' (1996) 34 JCMS 283; G de Búrca and J Scott (eds), *Constitutional Change in the EU: From Uniformity to Flexibility* (Hart, 2000); B de Witte, D Hanf, and E Vos (eds), *The Many Faces of Differentiation in EU Law* (Intersentia, 2001).

㉞ A Kolliker, 'Bringing Together or Driving Apart the Union?: Towards a Theory of Differentiated Integration' (2001) 24 WEP 125.

㉟ 《欧洲经济区协定》规定了与《欧洲共同体条约》相同的自由流动条款、类似的竞争政策，以及在其他政策领域 "更紧密合作"，并且欧盟法院宣称其与《欧洲共同体条约》相符，见 *Opinion 1/91* [1991] ECR 6079; *Opinion 1/92* [1992] ECR I – 2821; J Forman, 'The EEA Agreement Five Years On: Dynamic Homogeneity in Practice and its Implementation by the Two EEA Courts' (1999) 36 CMLRev 751. 1995 年以后，欧洲经济区（EEA）的非欧盟国家仅有冰岛、挪威和列支敦士登。只有瑞士一个国家仍然是欧洲自由贸易联盟（EFTA）的成员，该国决定不加入欧洲经济区，不过，该国与欧盟签订了一系列单独的双边条约。

《马斯特里赫特条约》的墨汁尚未干透，成员国就在筹备召开政府间会议，为下一轮条约改革铺平道路。该条约就是《阿姆斯特丹条约》，它于1997年签署，1999年5月1日生效。其目的是使欧盟就东欧国家入盟的扩大事宜做好准备，但这个议题被推迟到《尼斯条约》才完成。结果是，《阿姆斯特丹条约》在条约改革方面是温和的，但是它删除了《欧洲共同体条约》中的过时条款，并且对《欧洲联盟条约》和《欧洲共同体条约》的所有条款（Article）、编目（Titile）和部分（Part）进行重新编号。

20世纪90年代，关于"欧盟合法性"的政治和学术辩论激增。这是《阿姆斯特丹条约》进行条约修订以提升欧盟合法性的原因。增加了"公开原则"（principle of openness），以便"尽可能公开"和尽可能以贴近公民的方式做出决策。[36] 促进高水平就业和建立"自由、安全和公正"的区域也被纳入欧盟目标。[37] 另外一些修订的效果是，将联盟表述为建立在尊重人权、民主和法治的基础之上。[38] 对这些原则的尊重是成为欧盟成员国的条件。[39] 《阿姆斯特丹条约》在"相关说明"（related note）中声明，欧盟应尊重《欧洲人权公约》（ECHR）和成员国宪法所保护的基本权利[40]，并且规定如果理事会认定某成员国"严重和持久违反"有关法治、人权和民主的原则，可以暂停该国在条约框架下的部分权力。[41]

《阿姆斯特丹条约》所做的"机构变革"，在很大程度上是始于《单一欧洲法令》的改革进程的延伸。共同决策程序得到了修订，以增加欧洲议会的权力，更多的条约条款适用该程序。除了经济货币联盟（EMU）的条款有所保留外，由《单一欧洲法令》引入的合作程序实际上被取消了。欧洲议会权力的增加，还体现在条约修订后委员会主席的任命需要得到欧洲议会的同意上。[42] 此外，还有一些变化旨在提升共同体与公民相关的合法性。

在涉及共同体权力范围的"实体内容的变化"轨迹中，可以清楚地

---

[36]　《欧洲联盟条约》第1条。

[37]　《欧洲联盟条约》第2条。

[38]　《欧洲联盟条约》第6条。

[39]　《欧洲联盟条约》第49条。

[40]　《欧洲联盟条约》第6条第2款。根据第46条它须接受司法审查。

[41]　《欧洲联盟条约》第7条。

[42]　《欧洲共同体条约》第214条第2款。

看到它与过去的连续性。与《单一欧洲法令》和《马斯特里赫特条约》
一样,《阿姆斯特丹条约》通过增加新的权能领域或者修改既有领域,
进一步加强了这一点。⑬ 它还纳入了一个新的条款,赋予共同体立法权
能,以打击涉及性别、种族或民族、宗教信仰、残疾、年龄或性取向的
歧视。⑭

　　《阿姆斯特丹条约》还"修改了第二和第三支柱"。对第二支柱的改变
是温和的,包括任命理事会秘书长为"共同外交与安全政策高级代表"
(High Representative for the CFSP) 这一事实,其职责是协助理事会主席,
并且在必要时,为执行共同外交与安全政策,理事会有权"缔结"国际
协定。⑮

　　《阿姆斯特丹条约》对第三支柱的改变更大。由于司法与内务 (JHA)
中的很多政策并不适合采取以往的政府间方式,其决策架构早就受到批
评。修改之后,司法与内务中处理签证、庇护、移民以及人员自由流动的
其他方面被纳入《欧洲共同体条约》第四编,尽管在一段时间内,与其他
领域相比,相关法律条款在决策方面仍然更具有政府间性质。其余的第三
支柱条款所受的机构控制则更接近共同体支柱,并且第三支柱被更名为
"刑事警务与司法合作" (Police and Judicial Cooperation in Criminal Mat-
ters)。修订后的第三支柱通过推动在"刑事警务合作""刑事司法合作"
和"预防和打击种族主义与排外主义"这三个领域的"共同行动"(com-
mon action),为公民在"自由、安全和公正的区域"(Area of AFSJ) 提供
较高水平的安全。⑯ 这些目标通过第三支柱的特殊法律工具来实现⑰,包括
共同立场 (common positions)、框架决定 (framework decisions)、决定
(decisions) 和公约 (conventions)。欧洲法院对该支柱之下通过的某些措
施具有一定的管辖权⑱,尽管不能与其在共同体支柱下的管辖权相提并论。

---

　　⑬ 其中加入就业编,修改了有关社会政策的条款,公共卫生编的名称被取代和加强,并且
修改了关于消费者保护的规则。

　　⑭ 《欧洲共同体条约》第 13 条。

　　⑮ 《欧洲联盟条约》第 24 条;JW de Zwaan, 'Legal Personality of the European Communities
and the European Union' (1999) 30 Netherlands Yearbook of International Law 75; K Lenaerts and E de
Smijter, 'The European Union as an Actor under International Law' (1999/2000) 19 YBEL 95.

　　⑯ 《欧洲联盟条约》第 29 条。

　　⑰ 《欧洲联盟条约》第 34 条。

　　⑱ 《欧洲联盟条约》第 35 条。

（二）反应与评价

评估需要基准参照物，即用于衡量的一些标准，衡量取得了哪些先前期望的目标。有两个十分显著的基准。其一是联盟扩大所需要的机构改革，其二是欧盟的合法性所引发的关切。就这些基准而言，《阿姆斯特丹条约》的表现并不好。尽管它扩大了共同决策的适用领域，制定了全新的《欧洲共同体条约》第四编，纳入了公众获取文件、数据保护、非歧视等有助于提高合法性的条款，但没有涉及联盟扩大所需要的机构改革，也很少处理有关欧盟合法性的广泛关切。

尽管如此，《阿姆斯特丹条约》在两个方面产生了更为普遍的影响。它缩小了支柱之间的区别，尤其是在第三支柱方面。它还使国家集团之间不同程度的一体化和合作机制合法化。《欧洲联盟条约》第 40 条、《欧洲共同体条约》第 11 条和关于更紧密合作的第七编都表明，差异一体化不应再被视为法律秩序中的反常。

三 《尼斯条约》

（一）机构与实体内容的变化

《阿姆斯特丹条约》未能在联盟扩大之前解决机构问题，意味着必须召开新的政府间会议。政府间会议于 1999 年召开，以考虑委员会的组成、理事会的投票权重以及特定多数表决制的扩大问题。在争吵不断的峰会结束之后，《尼斯条约》（Nice Treaty）于 2000 年 12 月缔结，2003 年 2 月 1 日生效。[49]

《尼斯条约》对《欧洲共同体条约》作了大量"机构改革"，尤其是在共同体的体制结构方面。共同体机构原来是为 6 个成员国设计的，但此时已扩大到 15 个成员国。成员国已经达成共识，认为有必要在扩大之前进行机构改革。这一目标实现了，关于理事会投票权重、欧洲议会席位分配和委员会组成的条约条款都被修改了。这些议题可能听起来很枯燥，但是与改革相关的争论往往很激烈，主要是因为这些议题广泛地涉及共同体之

---

[49] ［2001］OJ C80/1；K Bradley, 'Institutional Design in the Treaty of Nice' （2001）38 CML Rev 1095；R Barents, 'Some Observations on the Treaty of Nice' （2001）8 MJ 121.

内大国、中等国家和小国的相对权力，并且引起了有关欧盟机构之间权力平衡问题的争议。尽管具体条款已被《里斯本条约》所取代，但是涉及这些改变的讨论与《尼斯条约》条款一样具有争议性。

"实体内容的发展"主要涉及《欧盟基本权利宪章》（EU Charter of Rights）。它最初由1999年欧洲理事会峰会推动，后来成立了一个包括成员国议会议员、欧洲议会议员和成员国政府代表在内的实体来起草《欧盟基本权利宪章》。[50] 这个实体将自己的名称更改为"大会"（Convention），于2000年初开始工作，2000年底起草了一份宪章。2000年12月，该宪章得到欧洲理事会尼斯峰会的政治批准。[51] 宪章在起草时本拟具有法律约束力，然而，其法律地位在《尼斯条约》中并未得到解决，这个问题被列入2004年政府间会议（IGC）的"后尼斯议程"。作为迈向欧盟合法性与人权承诺的一个步骤，该宪章总体上受到欢迎。它起草的方式也受到积极评价，认为是对传统条约谈判方法的改进。

（二）反应与评价

尼斯峰会的抱负是有限的，其主要是为了联盟扩大而进行机构改革，这是《阿姆斯特丹条约》未解决的任务。从这个有限的角度来看，《尼斯条约》完成了这项工作。尽管如此，结果仍不尽如人意。

部分原因是在程序方面。在尼斯召开的政府间会议（IGC）和欧洲理事会峰会上火药味十足，充斥着通宵达旦的争吵，媒体对此有很多负面反应。这在一定程度上促使欧洲理事会于2001年决定，为了筹备下一届政府间会议而召开一个更加开放和具有代表性的大会。

也有部分不满是针对实质内容的。《尼斯条约》本可以解决主要机构问题，但很明显，有一些相当重要的议题并没有触及。这反映在《尼斯条约》所附的"关于联盟未来的第23号声明"中，该声明呼吁"就欧洲联盟的未来进行更深入和更广泛的辩论"，以听取广泛的意见。该声明为2004年政府间会议确定了四个议题：欧盟与成员国之间的"权力划分"、《基本权利宪章》的地位、条约的简化以及成员国议会的作用。

---

[50]　G de Búrca, 'The Drafting of the EU Charter of Fundamental Rights' (2001) 26 ELRev 126.

[51]　Charter of Fundamental Rights of the European Union [2000] OJ C364/1.

第六节　从《尼斯条约》到《里斯本条约》

一　《拉肯宣言》

在《尼斯条约》之后，人们最初的期望是在四年后的 2004 年进行另一轮零敲碎打的条约改革，其意图是考虑《尼斯条约》"第 23 号声明"所确定但未能解决的议题。这些议题将交由拟于 2001 年 12 月召开的欧洲理事会拉肯会议进一步审议。然而，2000 年，改革进程的性质发生了彻底转变，这反映在欧洲理事会拉肯会议的决议中。[52]

人们普遍接受的观点是，《尼斯条约》遗留的议题并非互不相关，而是与涉及欧盟机构之间权力平衡的其他议题有关，并且与欧盟和成员国之间的权力分配有关。这使得人们越来越感到，应该重新对欧盟的基础进行更深刻的思考。人们还普遍承认，如果有广泛的议题能够得到讨论，那么通过比目前为止更广泛的"选区选民"参与，其结果应该能够被合法化。这一逐渐达成的共识反映在拉肯会议中[53]，欧洲理事会正式通过《拉肯宣言》（Laeken Declaration），同意扩大《尼斯条约》留下的议题。这些议题成为"主题事项"，并在这些事项框架下提出一系列其他问题，几乎涉及欧盟的每一个重要方面。《拉肯宣言》还正式接受原先用于起草《权利宪章》的大会模式，成立了欧洲未来大会（Convention on the Future of Europe）。

二　《宪法条约》

（一）有关机构和内容变化的提议

欧洲未来大会[54]由来自成员国政府、成员国议会、欧洲议会和委员会的代表组成。即将入盟的国家也派出代表参加。大会主席由法国前总统吉

---

[52]　P Craig, 'Constitutional Process and Reform in the EU: Nice, Laeken, the Convention and the IGC' (2004) 10 EPL 653.

[53]　Laeken European Council, 14 – 15 Dec 2001.

[54]　http://european – convention. europa. eu/.

斯卡尔·德斯坦（Giscard d'Estaing）担任，两位副主席分别为朱利亚诺·阿马托（Giuliano Amato）和让—吕克·德阿纳（Jean-Luc Dehaene）。大会的行政角色由主席团承担。⑤ 大会于 2002 年开始工作，采用多个工作组来处理特定主题。⑤

　　2003 年的最终成果是《欧洲宪法条约（草案）》，但这并非先前设定好的。在《拉肯宣言》的结尾处，仅在涉及条约简化的内容里提到采用宪法文本的可能性，而且语言是谨慎的。很多成员国认为，大会只是一个谈话场所，仅提出建议而已。⑤ 因此，当吉斯卡尔·德斯坦在大会开幕式上宣布将寻求就《欧洲宪法条约》达成共识时，令人颇感意外。大会一经成立就形成了自己的机构愿景，认为应该制定一部宪法条约。⑤ 2003 年 6 月，大会正式同意《欧洲宪法条约草案》（Draft Treaty Establishing a Constitution for Europe）⑤，并于 7 月提交欧洲理事会。⑥

　　然而，欧洲理事会各成员国在某些问题上存在分歧，到 2004 年 6 月的欧洲理事会峰会上才就宪法条约达成合意。⑥ 《欧洲宪法条约》（Treaty Establishing a Constitution for Europe）⑥ 的批准，也必须满足各成员国的宪法要求。有 15 个成员国批准了宪法条约，但是批准进程由于法国和荷兰在全民公投中否决宪法条约而戛然而止。⑥ 很多成员国因此推迟了本国的批准程序。欧洲理事会于 2005 年决定，最好花时间进行"反思"。宪法条约因法国和荷兰的否决而元气大伤，最终未能成为法律。但是，2009 年批准的

---

　　⑤　大会主席团由大会主席、两名副主席和九名成员组成。

　　⑤　建立的工作组将处理以下问题：辅助性原则、权利宪章、法律人格、成员国议会、权能、经济治理、对外行动、防务、条约简化、"自由、安全和公正"，以及社会欧洲。2002 年 5 月做出成立第一批六个工作组的决定，其余五个工作组于 2002 年秋成立。

　　⑤　P Norman, 'From the Convention to the IGC（Institutions）'（Federal Trust, Sept 2003）2.

　　⑤　CONV 250/02, Simplification of the Treaties and Drawing up of a Constitutional Treaty, Brussels, 10 Sept 2002；CONV 284/02, Summary Report on the Plenary Session—Brussels 12 and 13 September 2002, Brussels, 17 Sept 2002.

　　⑤　《欧洲宪法条约》分为四个部分：第一部分处理欧盟的宗旨和价值观、基础权利、权能、立法形式、机构权力分配等；第二部分包括权利宪章，它对第一部分具有约束力；第三部分涉及欧盟的各项政策和功能；第四部分包括最后条款。

　　⑥　CONV 850/03, Draft Treaty establishing a Constitution for Europe, Brussels, 18 July 2003.

　　⑥　Brussels European Council, 17–18 June 2004, [4]–[5].

　　⑥　Treaty Establishing a Constitution for Europe [2004] OJ C316/1.

　　⑥　R Dehousse, 'The Unmaking of a Constitution: Lessons from the European Referenda'（2006）13 Constellations 151.

《里斯本条约》在很大程度上吸收了《欧洲宪法条约》的内容。

（二）反应与评价

对《欧洲宪法条约》的每个方面都存在大量的意见分歧，主要争议如下：[64]

有人以"不要没事找事"质疑"欧盟开始这个雄心勃勃的计划是否明智"。依此观点，宪法条约所体现的宏大宪法体系不仅是没有必要的，因为欧盟本可以在《尼斯条约》的基础上运行；而且是危险的，因为这种宪法文件的构建容易引起争议，而这些争议问题最好是通过不太正式的机制来解决。这种观点具有一定的说服力。但是应该承认《尼斯条约》遗留下来的四个议题并不是毫无关联的。它们涉及欧盟的性质、欧盟的权力、决策模式以及与成员国的关系这些更广泛的议题。此外，不要忘记，政府间会议的条约改革被成员国控制，人们不满意这种零敲碎打的改革。与其说庞大改革议程必然存在这种痼疾，不如说政府间会议这种传统模式存在着"合法性和代表性赤字"的固有问题。

一系列相关但又截然不同的问题涉及"大会的运作方式"。因此，一些人对大会的参与资格产生怀疑，指出主席团的倡议日益集中化。这是存在问题的，并不符合起草一部宪法的某些"理想类型"愿景。然而，大会并非存在于理想类型的世界之中。它的工作不符合欧洲理事会设定的现实世界条件。在欧洲理事会重申最后期限之后，主席团别无选择，只能积极推动，否则《宪法条约》就无法在2003年6月提交欧洲理事会。

第三个争议领域涉及"宪法条约的内容"[65]。有些人批评条约必将导致进一步联邦化，其焦点包括诸如理事会的投票方式从全体一致转变为特定多数。其他人同样批评条约中增加的政府间主义，例如，增强成员国对机

---

[64] G de Búrca, 'The European Constitution Project after the Referenda' (2006) 13 Constellations 205; A Moravcsik, 'Europe without Illusions: A Category Error' (2005) 112 Prospect, www. prospect-magazine. co. uk/features/europeanwithoutillusions; A Duff, 'Plan B: How to Rescue the European Constitution', Notre Europe, Studies and Research No 52, 2006; J Ziller, 'Une constitution courte et obscure ou claire et détaillée? Perspectives pour la simplification des traités et la rationalisation de l'ordre juridique de l'union européenne', EUI Working Papers, Law 2006/31.

[65] P Craig, 'Treaty Amendment, the Draft Constitution and European Integration' in N Barber, M Cahil, and R Ekins (eds), *The Rise and Fall of the Euroepan Constitution* (Hart, 2019) ch 5.

构间权力分配的影响力，设立欧洲理事会常设主席，等等。关于宪法条约的特定条款，也存在严重的意见分歧。例如，一些人赞同权能的分配，而另一些人则加以批评，认为这些条款不清晰、不明确。

三 《里斯本条约》

（一）从《宪法条约》到《里斯本条约》

《宪法条约》的失败意味着欧盟法律秩序继续以经过各后续条约修订的《罗马条约》为基础，包括《尼斯条约》在内。2004 年欧盟扩大，捷克、爱沙尼亚、塞浦路斯、拉脱维亚、立陶宛、匈牙利、马耳他、波兰、斯洛文尼亚和斯洛伐克这 10 个国家加入欧盟，该条约架构调整着由 25 个成员国组成的欧盟。2007 年保加利亚和罗马尼亚加入欧盟，2013 年克罗地亚入盟，欧盟扩大为 28 个成员国。入盟条件意味着候选国必须在设定的入盟日期之前对其法律和制度进行重大调整，入盟前，它们对欧盟的法律和政策很少或者几乎没有影响。⑥⑥

考虑到在法国和荷兰全民公投否决《宪法条约》之后肯定会有更多国家投票反对，做出应该有一个"反思期"的决定是明智的。尽管如此，"反思期"这样一个平静的词汇掩盖了欧盟机构中一个更加困难的问题，即这些欧盟机构当时不确定是否可以挽救《宪法条约》中的任何一项内容。但是，成员国不愿意使已经纳入《宪法条约》的工作落空。为此，欧洲理事会于 2006 年委托德国，即欧洲理事会 2007 年上半年的轮值主席国，就条约改革的前景做出报告。2007 年欧洲理事会峰会⑥⑦审议了修改《宪法条约》的详细授权，以便能成功缔结改版后的条约。

这导致《改革条约》（Reform Treaty）的诞生。欧洲理事会峰会同意召开政府间会议⑥⑧，计划在 2007 年底前完成审议。⑥⑨《改革条约》应纳入两个

---

⑥⑥ H Grabbe, 'A Partnership for Accession? The Implications of EU Conditionality for the Central and East European Applicants,' EUI Robert Schuman Centre Working Paper 12/99, and 'How Does Europeanization Affect CEE Governance? Conditionality, Diffusion and Diversity' (2001) 8 JEPP 1013; A Williams, 'Enlargement of the Union and Human Rights Conditionality: A Policy of Distinction?' (2000) 25 ELRev 601.

⑥⑦ Brussels European Council, 21 – 22 June 2007.

⑥⑧ Ibid [10].

⑥⑨ Ibid [11].

主要条款，分别修改《欧洲联盟条约》和《欧洲共同体条约》，并将后者更名为《欧洲联盟运行条约》（Treaty on the Functioning of the European Union，TFEU）。联盟应具有单独的法律人格，并且"共同体"一词将被"联盟"完全取代。[70]"宪法"一词在《改革条约》中被特意剔除了，因为其主要目标是完成条约的改革，鉴于《宪法条约》中的宪法术语对一些成员国来说问题不少，它就被取消了。更换《宪法条约》中其他术语的另外一个原因是，不管正确与否[71]，这些术语都被认为隐含着把欧盟视为国家实体的理念。因此，"联盟外交部长"（Union Minister for Foreign Affairs）的名称被"联盟外交与安全政策高级代表"（High Representative of the Union for Foreign Affairs and Security Policy）所取代，废除"法律"（law）和"框架法"（framework law）这两个术语，取消"旗帜""盟歌"和"誓言"，《宪法条约》中关于欧盟法律具有优先性（primacy of EU law）的条款则被改放在声明中。

葡萄牙担任 2007 年下半年欧洲理事会主席国，它热切希望在其担任主席国期间完成条约改革，以使新条约能以其名义来命名。2007 年下半年形势发展得很快，没有足够的时间对政府间会议所提出的条约草案进行详细讨论。成员国和欧盟机构在短时间内达成《里斯本条约》，因为它们急于完成这个开始于新千年的进程。迅速达成《里斯本条约》的想法是可以理解的，因为它最重要的几个方面与《宪法条约》相同。经过一段时间相对开放的讨论之后，这些议题经过欧洲未来大会的详细辩论，并在 2004 年政府间会议上再次加以讨论。因此，那些参与 2007 年政府间会议的人对于重新打开"潘多拉盒子"兴致索然。[72] 当然，这一点不会明确承认，因为这样会遭到公开批评，指责他们不过是把已被两大国选民否决的条款重新打包而已，即便法国和荷兰全民公投中的否决投票与宪法条约所带来的新内容本来就没有什么关系。[73]

---

[70]　Ibid Annex I，[2].

[71]　S Griller，'Is this a Constitution? Remarks on a Contested Concept' in S Griller and J Ziller（eds），*The Lisbon Treaty*：*EU Constitutionalism without a Constitutional Treaty?*（Springer，2008）21 – 56.

[72]　G Tsebelis，'Thinking about the Recent Past and Future of the EU'（2008）46 JCMS 265.

[73]　R Dehousse，'The Unmaking of a Constitution：Lessons from the European Referenda'（2006）13 Constellations 151.

2007 年政府间会议形成的文件，由成员国于 2007 年 12 月 13 日签署[74]，名称从《改革条约》更改为《里斯本条约》，以纪念条约签署地。眼看就要完成任务，但是条约需要得到各成员国的批准，然而，爱尔兰在全民公投中否决了该条约。在对爱尔兰做出让步之后，2009 年 10 月，爱尔兰举行的第二次全民公投克服了这一障碍。最后的一个阻碍是捷克总统不愿意批准《里斯本条约》，在条约违宪异议被捷克宪法法院驳回，以及其他成员国同意稍后在条约中附加捷克共和国关于《权利宪章》的声明之后，捷克总统最终勉强批准这一条约。《里斯本条约》于 2009 年 12 月 1 日生效。

（二）形式

《里斯本条约》修订了《欧洲联盟条约》和《欧洲共同体条约》。[75]《里斯本条约》共有七个条款，其中第 1 条和第 2 条最为重要，再加上大量议定书和声明。第 1 条修订《欧洲联盟条约》并包括统领欧盟的一些原则，以及有关共同外交与安全政策（CFSP）和"加强型合作"（enhanced cooperation）的修订条款。第 2 条修订《欧洲共同体条约》，将其更名为《欧洲联盟运行条约》。此后，欧洲联盟以《欧洲联盟条约》（TEU）和《欧洲联盟运行条约》（TFEU）为基础，这两部条约具有相同的法律价值。[76]欧洲联盟取代并继承欧洲共同体。[77]经《里斯本条约》修订后的合并版本包含新的编号以及新旧条款的对照参考。[78]

（三）实体内容

《宪法条约》第一部分包含统领欧盟的具有宪法性质的原则。《里斯本

---

[74] Conference of the Representatives of the Governments of the Member States, Treaty of Lisbon Amending the Treaty on European Union and the Treaty Establishing the European Community, CIG 14/07, Brussels, 3 Dec 2007 [2007] OJ C306/1.

[75] J – C Piris, *The Lisbon Treaty: A Legal and Political Analysis* (Cambridge University Press, 2010); P Craig, *The Lisbon Treaty: Law, Politics, and Treaty Reform* (Oxford University Press, 2010).

[76] 《欧洲联盟条约》第 1 条第 3 段。

[77] 《欧洲联盟条约》第 1 条第 3 段。

[78] Consolidated Versions of the Treaty on European Union and the Treaty on the Functioning of the European Union [2008] OJ C115/1, [2010] OJ C83/1, [2012] OJ C326/1, [2016] OJ C202/1.

条约》在这方面不太明显，尽管经修订的《欧洲联盟条约》也包含一些宪法原则。在涉及第一编共同条款、第二编民主原则和第三编机构条款方面尤其如此。《宪法条约》第一部分中的一些事项没有放在经修订后的《欧洲联盟条约》中。例如，关于权能的主要规则被放在《欧洲联盟运行条约》中⑦，关于规范位阶的条款⑧和有关预算编制的条款也是如此。⑧

但是，《里斯本条约》确实改善了《欧洲联盟运行条约》的结构。《欧洲联盟运行条约》分为七个部分。第一部分为"原则"，包括两编，第一编涉及"权能的类型"，第二编涉及"普遍适用条款"。第二部分涉及"非歧视和联盟公民身份"。第三部分为"联盟政策与内部行动"，是《欧洲联盟运行条约》内容最多的部分，包括二十四编。⑧ 关于"警务和刑事司法合作"的条款，即原《欧洲联盟条约》的第三支柱，被移入《欧洲联盟运行条约》。⑧《欧洲联盟运行条约》第四部分处理"与海外国家和属地的联系关系"。第五部分为"欧盟对外行动"，将对外层面的事项整合在一个部分。第六部分涉及"机构和财政条款"。第七部分为"一般与最终条款"。

《里斯本条约》没有建立在支柱体系之上，从这个意义上说，自《马斯特里赫特条约》以来一直使用的条约架构现已消失。尽管如此，有关共同外交与安全政策的规则与其他领域不同，这意味着就这些事项而言，类似的单独"支柱"事实上仍然存在。《里斯本条约》处理共同外交与安全政策的方式大体上复制了《宪法条约》，除了修订某些术语，例如将"联盟外交部长"改为"联盟外交与安全政策高级代表"。行政方面的权力仍继续保留在欧洲理事会和欧盟理事会手中。⑧ 欧洲联盟法院总体上仍然被

---

⑦ 《欧洲联盟运行条约》第 2 条至第 6 条。

⑧ 《欧洲联盟运行条约》第 288 条至第 292 条。

⑧ 《欧洲联盟运行条约》第 312 条。

⑧ 第一编，内部市场；第二编，货物自由流动；第三编，农业与渔业；第四编，人员、服务与资本自由流动；第五编，自由、安全和公正的区域；第六编，运输；第七编，关于竞争、税收与法律趋同的共同规则；第八编，经济与货币政策；第九编，就业；第十编，社会政策；第十一编，欧洲社会基金；第十二编，教育、职业培训、青年与体育运动；第十三编，文化；第十四编，公共卫生；第十五编，消费者保护；第十六编，泛欧网络；第十七编，工业；第十八编，经济、社会与领土聚合；第十九编，科研与技术开发及空间；第二十编，环境；第二十一编，能源；第二十二编，旅游；第二十三编，民事保护；第二十四编，行政合作。

⑧ 《欧洲联盟运行条约》第三部分第五编。

⑧ 《欧洲联盟条约》第 22 条、第 24 条。

排除在共同外交与安全政策之外。⑧

（四）反应与评价

有必要将"官方"和"非官方"对批准《里斯本条约》的反应区分开来，因为这两方的考虑因素大不相同。

欧盟内部最突出的官方反应是，完成条约改革算是一种解脱。自《尼斯条约》缔结以来，条约改革被列入议程中近十年，其中"第23号声明"是推动下一阶段条约修订的催化剂，它催生出《拉肯宣言》、欧洲未来大会、《宪法条约》和《里斯本条约》。《宪法条约》的失败，尤其是被两个创始成员国否决，不仅消耗了精力，而且造成士气大损，给欧盟带来沉重的打击。因此，有可能再次失败的前景自然令人兴致索然。再次启动对关键问题的辩论，同样提不起人们的兴趣，尤其是因为很多官方参与者认为，《里斯本条约》中的解决方案确实比先前的解决方案要好，它们是现实政治世界中可能达成的最好的解决方案。

正如人们所预料的那样，学术界、外部人士和欧盟观察者的非官方反应毁誉参半。人们对《宪法条约》的看法分歧很大，这种分歧同样表现在对《里斯本条约》的反应上，主要原因是后者在很大程度上来自前者。因此，关于开展"一般性"的条约改革是否明智的辩论，以及关于《里斯本条约》的最终内容是否过于"联邦化"，或者过于"政府间"的讨论仍然在继续。对重大修改，例如设立欧洲理事会常设主席的可行性及其影响的讨论，亦是如此。本书在后续章节详细分析《里斯本条约》所做的修改时，将做更详尽的评估，以便就新条约的影响得出合理的结论。

第七节 《里斯本条约》之后

自《里斯本条约》批准以来的这一时期对欧盟来说并不轻松。欧盟不得

---

⑧ 《欧洲联盟条约》第24条、《欧洲联盟运行条约》第275条。但是，欧洲联盟法院拥有对《欧洲联盟条约》第40条的管辖权，该条的目的是确保对"共同外交与安全政策"权力的实施并不损害欧盟的一般权能，反之亦然；根据《欧洲联盟运行条约》第275条，欧洲法院还有权审理理事会在《欧洲联盟条约》第五编第二章下通过的对自然人或法人实行限制性措施的决定的合法性。

不与一系列严重问题做斗争，这些问题在本书各部分都会有更详细的讨论。

一　金融危机

《里斯本条约》最终获得批准，成员国和欧盟机构都希望能有一段相对平静的时期，以使新的条约安排可以平安"落地"。然而事与愿违，刚刚成功达成《里斯本条约》，金融危机就接踵而至。这场金融危机对欧盟产生了深远的政治、经济和社会影响。[86]

造成这场危机的原因十分复杂，在此不作详细探究，但是关于其根源的某些看法仍然很重要。[87]《马斯特里赫特条约》引入了关于经济货币联盟的法律框架。货币联盟隐含着由一个欧洲中央银行监督单一货币的理念。经济联盟则意味着控制成员国财政和预算政策的理念，其基本目标是确保成员国不出现入不敷出的状况。实施这些控制的理由是，如果使用这种货币的成员国被认为经济疲软，欧元的稳定性可能会受到损害，并且，如果某些成员国长期入不敷出，金融市场可能就会得出上述结论。然而，问题是《马斯特里赫特条约》对这两个部分的处理是不对称的。[88] 欧盟对成员国预算政策的控制相对较弱，由此无法对成员国经济政策施加必要的控制。

欧盟面临的具体问题最初开始于希腊偿还债务能力的信用评级被降级。随后该事件导致欧元问题，并引发人们对使用该货币的其他一些国家预算健康状况的担忧。这种形势的发展向欧元传导压力，直到欧元区国家向希腊提供一揽子支持以满足金融市场需求时，压力才得到缓解。主权债务危机与银行业危机重叠并相互交织作用，银行业危机影响了一些严重依赖于房地产等经济部门的贷款机构，而这些经济部门受到经济市场低迷状况的严重打击。[89] 实际的影响是，许多国家特别是希腊、爱尔兰和葡萄牙，

---

[86]　M Adams, F Fabbrini, and P Larouche (eds), *The Constitutionalization of European Budgetary Constraints* (Hart, 2014).

[87]　H James, H-W Micklitz, and H Schweitzer, 'The Impact of the Financial Crisis on the European Economic Constitution', EUI Law Working Paper, 2010/05; 同时参见本书第二十一章。

[88]　J-V Louis, 'Guest Editorial: The No-Bailout Clause and Rescue Packages' (2010) 47 CML-Rev 971.

[89]　M Maduro, 'A New Governance for the European Union and the Euro: Democracy and Justice', European Parliament, Directorate-General for Internal Policies, Policy Department C: Citizens' Rights and Constitutional Affairs, PE 462.484, 2012.

需要从其他成员国投入的资金中获得大量财政援助。意大利和西班牙也处于"危险名单"之列。这种援助受到"严格条件"的约束，即受援国能否获得资金取决于它们是否实施具有深远影响的经济和社会改革，而在总体经济前景黯淡的情况下失业率上升。

经济与金融危机对欧盟产生了深远影响，包括对其宪法架构的影响在内。[90] 它引发一系列复杂的政治反应，一种反应是向陷入困境的国家提供援助，另一种反应则是要求加强对成员国经济政策的监督。这些措施采取不同的法律形式，从通过一般的欧盟立法到在基础条约的正式架构之外制定政府间协议。这些发展给宪政影响带来重大后果，不仅在欧盟的法律、经济和政治层面，而且作用于"经济"和"社会"之间的平衡，这个主题一开始就贯穿于欧洲经济共同体发展历程之中。欧盟政策的社会维度受到欧盟和成员国两方面紧缩政策的显著影响。

二 法治危机

法治危机将在下一章做更详细的讨论。这里仅指出，当前问题主要涉及某些成员国司法系统的独立性所面临的挑战，特别是波兰和匈牙利，尽管不是唯一的挑战。法治原则被《欧洲联盟条约》第 2 条奉为圭臬，是建立欧盟的价值观之一。

政府应该在其法律制度认为有效的基础之上采取行动，这是任何法治概念的核心。如果政府或立法机构跨越其合法权力的界限，那么其行为就是无效的。必须由独立的法院以客观方式评估是否越过合法权力的限制。如果法院缺乏这种独立性，或者委身于政府政治部门的意志，那么就确实存在着危险，即政治权力界限的根本限制会被无视。独立的成员国法院也是《欧洲联盟运行条约》第 267 条和《欧洲联盟条约》第 19 条中所包含的欧盟司法裁判制度的核心。

三 难民危机

世界上其他地区的严重冲突引发欧盟的难民危机。发生在中东和北非的冲突产生大量难民和移民。难民和移民之间的界限变得越来越难以区

---

[90] P Craig, 'Economic Governance and the Euro Crisis: Constitutional Architecture and Constitutional Implications' in Adams, Fabbrini, and Larouche (n 86) ch 2.

分，尤其是冲突不仅对经济福祉，而且对世界某些地区的经济生存能力产生了破坏性影响。这导致大量难民涌入欧盟，其规模现在仍难以估计。欧盟设有庇护提供机制，但是因难民数量过多而不堪重负。由于成员国无法就解决该问题的方式达成一致，这种情况越发严重，结果是地理上接近的成员国首当其冲，因为它们是逃离冲突者寻求的最近目的地。

四　英国脱欧危机

欧盟刚开始走出金融危机时，随即就面临着成员国寻求脱离欧盟的前所未有的局面。这里只提及事件概况，更详细的讨论将放在下一章中。2016 年 6 月 23 日，英国举行全民公投，表决英国是否保留欧盟成员身份。选民投票率为 72%，其中 52% 的多数投票要求脱离欧盟。

《欧洲联盟条约》第 50 条要求成员国向欧洲理事会通知其退出意图。它规定，退盟协定应在该通知之日起两年内达成。如果未达成该协定，该成员国就将无协议脱欧，除非其他成员国同意延长时限。

第 50 条的退盟通知于 2017 年 3 月 29 日正式提交。从英国国内法律角度来看，退盟通知需要得到法律授权。《2017 年欧洲联盟（退出通知）法令》提出该授权，于 2017 年 3 月 16 日生效，授权英国首相根据条约第 50 条第 2 款向欧洲理事会通知英国退出欧盟的意图。

接下来是英国和欧盟之间为达成退盟协定的两年持久谈判。退盟协定于 2018 年 11 月 25 日获得欧洲领导人同意，在 2018 年 11 月 26 日交由英国议会审议。《2018 年欧洲联盟（退盟）法令》第 13 节要求退盟协定须由议会批准。但是，英国政府在 2019 年 1 月 15 日、2019 年 3 月 12 日和 2019 年 3 月 29 日的投票中均未获得必要多数。由于该退盟协定未获得议会批准，导致英国两次提出延长第 50 条两年期的要求。这些要求得到许可，于是新的期限为 2019 年 10 月 31 日。

但是，2019 年 5 月 23 日英国首相特雷莎·梅（Theresa May）因受到其党内压力而提出辞职。鲍里斯·约翰逊（Boris Johnson）继任英国首相，谈判修改退盟协定。欧洲领导人于 2019 年 10 月 17 日同意了修改后的协定。鲍里斯·约翰逊一开始也未得到议会对其修改版退盟协定的批准。但是，他在 2019 年 12 月 12 日举行的大选中大胜。这使他能够完成英国脱欧进程，即英国在 2020 年 1 月 31 日脱离欧盟。但是仍存在持续到 2020 年 12 月 31 日的过渡期，在这期间英国仍受欧盟法约束。

英国脱欧（Brexit）涉及多项立法，但主要是两部成文法。《2018 年欧洲联盟（退盟）法令》于 2018 年 6 月 26 日生效，旨在确保英国在脱离欧盟时具有正常运行的成文法律。《2020 年欧洲联盟（退盟协定）法令》使修改后的退盟协定成为有效的英国法。英国是二元论国家，这类法令在得到法律授权之前都没有效力。

由此欧盟现在的成员国为 27 个。毫无疑问，英国脱欧对欧盟带来深远的影响。以往一直是有国家寻求加入，而成员国寻求离开的这个相反想法，给欧盟造成重大冲击。但是，英国脱欧也使其他成员国在退盟谈判中凝聚起来，并且更多地表明一个国家在寻求脱离欧盟时会面临很大困难。

五　新冠疫情危机

2020 年新冠疫情重创了欧盟，出现了多个层面的危机，包括疫情对欧盟医疗、自由流动和宏观经济政策的影响。欧盟的权能在不同领域各不相同。欧盟提出大量医疗方面的倡议，例如，支持欧盟国家医疗系统的欧盟基金，增加生产个人保护设备的措施，以及与成员国的个人防护装备（PPE）联合采购安排。欧洲疾病防控中心与成员国机构协作。还提出经济方面的倡议，例如临时性的国家援助规则，以使政府可以向企业提供援助；启动《稳定与增长公约》（SCP）的一般例外条款，允许成员国偏离正常预算要求而采取应对危机的措施。在疫情期间，欧洲中央银行对公私证券引入 7500 亿欧元的疫情紧急购买项目，并且欧洲稳定机制（ESM）也用于对受疫情影响严重的成员国提供援助。最受争议的宏观经济倡议是由欧盟向成员国提供赠款。在撰写本书时，欧盟委员会提议为此类赠款建立 5000 亿欧元的基金。当面临危机时，总是存在欧盟是否应该做得更多的合法性问题。但是，欧盟必须在其权能限制之内行动，并且必须在成员国有意愿接受的政治约束之内采取行动。

六　进一步改革

新一届欧洲议会和委员会将欧盟改革带回桌面。其催化剂部分来自早先委员会的《欧洲未来白皮书》。[91] 应对其进行进一步思考的想法得到欧洲

---

[91]　The Future of Europe, 1 March 2017.

议㉒和欧洲理事会㉓的支持。法国总统马克龙（Macron）尤其支持这类倡议，而新任委员会主席乌尔苏拉·冯德莱恩（Ursula von der Leyen）在其施政纲要中承诺成立欧洲未来大会。㉔ 委员会设想的欧洲未来大会为两年期，计划从 2020 年 5 月 9 日的欧洲日开始。㉕ 委员会和欧洲议会都认为，欧洲未来大会可以为欧盟在英国脱欧后再次注入活力。近期，委员会提议通过借贷增加欧盟融资，以向受疫情冲击的成员国提供赠款，该提案如果被接受，将具有重要意义。

第八节　一体化理论

本章的讨论展现了欧洲经济共同体自成立以来的变化方式。这里存在一个与之相关但又不同的问题，即这种一体化的基本原理。最初的《欧洲经济共同体条约》已经过多次修订，欧盟具有权能的领域已经大大扩展，因此考虑这个基本原理具有重要意义。目前已有大量有关一体化理论的文献，主要来自政治学方面，并且毫不奇怪存在着对一体化原因的争论。㉖

一　新功能主义

新功能主义（neofuctionalism）是共同体一体化的早期理论。㉗ 新功能主义的核心原则是"溢出"概念。功能溢出是基于经济的相互联系。一个领域的一体化给其他领域的一体化造成压力。举例而言，取消关税壁垒将

㉒　European Parliament resolution of 16 February 2017 on possible evolutions and adjustments to the current institutional set-up of the European Union, P8_ TA（2017）0048.

㉓　Sibiu Declaration, 9 May 2019.

㉔　Commission President candidate Ursula von der Leyen, 'A Union that strives for more: My Agenda for Europe, Political Guidelines for the Next European Commission 2019 – 2024', 16 July 2019, 19.

㉕　Shaping the Conference on the Future of Europe, COM（2020）27 final.

㉖　A Wiener, T Borzel, and T Risse（eds）, *European Integration Theory*（Oxford University Press, 3rd edn, 2018）.

㉗　E Haas, *The Uniting of Europe: Political, Social and Economic Forces 1950 – 1957*（Stanford University Press, 1958）; L Lindberg, *The Political Dynamics of European Economic Integration*（Stanford University Press, 1963）; L Lindberg and S Scheingold, *Europe's Would-Be Polity: Patterns of Change in the European Community*（Prentice-Hall, 1970）; L Lindberg and S Scheingold, *Regional Integration*（Harvard University Press, 1970）.

产生处理非关税壁垒的需要，非关税壁垒可能同样会阻碍单一市场的实现。在国家之间建立公平竞争环境的愿望，导致其他事项也在共同体层面做出决定，以防止各国为本国的产业提供优势。政治溢出也同样重要，它涉及的是形成有利于进一步一体化的政治压力。在已经实现一体化的领域，该理论认为，利益集团会把注意力集中在共同体上，并且对拥有规制权力者施加压力。这些利益团体也将关注跨国贸易方面仍然存在的壁垒，这些壁垒使它们无法获得现行一体化的回报，从而增加进一步一体化的推力。委员会成为这一政治溢出的主要参与者，因为它会激励国家行为体的信念。新功能主义是实现共同体一体化的手段，而共同体一体化被认为是由技术专家和精英主导的渐进主义，是可以实现的。合法性是从结果的角度考虑的，即不断积累的繁荣，它是通过专家政治来保证的，即使这意味着经选举产生的机构起着边缘作用。[98]

然而，新功能主义在实践和理论上都受到了挑战。实践方面的挑战来自它无法解释一体化发展的现实。1965年卢森堡危机产生了深远的影响，因为成员国利益重新以激烈的方式出现。由此产生事实上的全体一致原则，表明成员国不愿意让一体化进程背离其重要利益。此后多年的决策都是在否决权的阴影下做出的。委员会的角色从即将产生的共同体政府转变为更加谨慎的官僚机构。[99] 此外，有关利益集团推动进一步一体化的解释被证明是不确定的。[100]

对新功能主义的理论挑战则是基于这样一个事实，即它不符合政治现实这一状况导致其理论上的修改，这反过来使其越来越不确定[101]，而且，新功能主义未能与国际关系中的一般议题联系起来，而后者寻求解释为什么国家要进行国际合作。但是断定新功能主义对欧盟一体化没有解释价值也是错误的，而且功能溢出为进一步一体化提供推动力是有据可查的。[102]

---

[98] Lindberg and Scheingold（n 97）268 – 269.

[99] K Neunreither, 'Transformation of a Political Role: The Case of the Commission of the European Communities'（1971 – 72）10 JCMS 233.

[100] S George, *Politics and Policy in the European Union*（Oxford University Press, 3rd edn, 1996）41 – 43.

[101] A Moravcsik, 'Preferences and Power in the European Community: A Liberal Intergovernmentalist Approach'（1993）31 JCMS 473, 476.

[102] George（n 100）40 – 41.

二 自由政府间主义

另一种一体化理论是自由政府间主义（liberal intergovernmentalism），代表人物是莫劳夫奇克（Moravcsik）。[103] 他的观点立足于国际关系理论，其中心论点为，国家是一体化背后的推动力量，超国家行为体主要是在它们的授意之下，这些行为体对一体化的步调几乎没有产生独立的影响。

这种理论认为，一体化的需求取决于国家的偏好，这些偏好是通过它们的政治机构集中起来的。[104] 跨境货物与服务流动的增加带来国家之间所谓的"国际政策的外部性"，这种外部性可能会对其他国家产生负面影响，由此激励对政策的协调。

这种理论还认为，一体化的供给是国家之间讨价还价和策略互动的一个功能。国内偏好明确了未来可能达成协定的"讨价还价空间"，每个协定都为一个或多个参与者带来收益。[105] 政府通常通过谈判选择此类协定。而一体化则是通过超国家机构得到推动的，因为这被认为更有效率。在各国之间进行临时的个别交易成本可能太高。[106] 像欧盟这样的超国家机构避免了这一问题。根据该理论，追求效率这种基本驱动力可以解释欧盟内部的决策程序。各成员国进行成本效益计算，做出委托或集中主权的决定，这表明各国政府愿意接受在个别议题上增加被否决的风险，以换取更有效的集体决策。[107]

三 多层治理

自由政府间主义的前提是超国家机构使成员国政府实现其无法通过独

---

[103] A Moravcsik, 'Preferences and Power in the European Community: A Liberal Intergovernmentalist Approach' (1993) 31 JCMS 473; A Moravcsik, *National Preference Formation and Interstate Bargaining in the European Community*, 1955 – 86 (Harvard University Press, 1992); A Moravcsik, 'Negotiating the Single European Act: National Interests and Conventional Statecraft in the European Community' (1991) 45 International Organization 19.

[104] Moravcsik, 'Preferences and Power' (n 103) 481.

[105] Ibid 497.

[106] J Buchanan and G Tullock, *The Calculus of Consent: Logical Foundations of Constitutional Democracy* (University of Michigan Press, 1962).

[107] Moravcsik, 'Preferences and Power' (n 103) 509 – 510.

立行动而获得的政策目标。[108] 将欧盟视为多层治理（multi-level governance）的学者，对这种以国家为中心的观点发起了挑战。[109]

马克斯（Marks）、霍赫（Hooghe）和布兰克（Blank）认为，一体化是权力和政策制定在多个政府层面——地方、国家和超国家——共享的过程。[110] 成员国政府是主要行为体，但并不具有垄断的控制权。超国家机构，包括欧盟委员会、欧洲议会和欧洲法院在内，在政策制定方面具有影响力，不能仅仅将它们视为成员国政府的代理人。[111]

当某个领域的权能转移到欧盟时，多层治理的支持者认为，对成员国单个或集体控制欧盟决策的程度存在着真正的限制。[112] 因此，虽然成员国可以在条约制定过程中发挥决定性作用，但是它们并未垄断影响力，各国集体行使的日常控制小于国家中心理论者所假设的控制力。各成员国作为"委托人"控制作为"代理人"的委员会和欧洲法院的能力，受到一系列因素的限制，这些因素包括"委托人的多样性，他们之间存在不信任，委托人行为连贯性的障碍，委托人和代理人之间的信息不对称，以及机构变化的意外后果"[113]。

四 理性选择制度主义

理性选择制度主义（rational choice institutionalism）衍生自理性选择理

---

[108]　A Milward, *The European Rescue of the Nation State* (University of California Press, 1992); A Milward and V Sorensen, 'Independence or Integration? A National Choice' in A Milward, R Ranieri, F Romero, and V Sorensen (eds), *The Frontier of National Sovereignty: History and Theory*, 1945 – 1992 (Routledge, 1993); P Taylor, 'The European Community and the State: Assumptions, Theories and Propositions' (1991) 17 Review of International Studies 109.

[109]　See, eg, M Jachtenfuchs, 'Theoretical Perspectives on European Governance' (1995) 1 ELJ 115 and 'The Governance Approach to European Integration' (2001) 39 JCMS 245; G Marks, L Hooghe, and K Blank, 'European Integration since the 1980s: State-Centric Versus Multi-Level Govern-ance' (1996) 34 JCMS 341; B Kohler Koch, 'The Evolution and Transformation of European Govern-ance' (Institute for Advanced Studies, Vienna: Political Science Series No 58, 1998); K Armstrong and S Bulmer, *The Governance of the Single European Market* (Manchester, 1998); S Hix, 'The Study of the European Union II. The "New Governance" Agenda and its Rival' (1998) 5 JEPP 38; I Bache and M Flinders (eds), *Multi-Level Governance* (Oxford University Press, 2004).

[110]　Marks, Hooghe, and Blank (n 109) 341, 342.

[111]　Ibid 346.

[112]　Ibid 350 – 351.

[113]　Ibid 353 – 354.

论。理性选择理论的前提是方法论个体主义（methodological individual-ism），即个体具有偏好，倾向于选择能够保护他们的最佳方法作为行为路径。[114] 理性选择制度主义者批评自由政府间主义，因为后者认为欧盟机构发挥的作用有限[115]，尽管 20 世纪 90 年代后期这两种理论之间的差距越来越小。[116]

理性选择制度主义的支持者承认制度的重要性。制度构成了游戏规则，从而增强了均衡，并且他们诠释了委托人/代理人分析。成员国作为"委托人"委托超国家"代理人"提高其承诺的可信度，并且处理不完整的契约，因为条约条款往往对一系列可能的解释持开放态度。委托人/代理人理论侧重于委托人可能使用的控制措施，以确保代理人不偏离委托人的预期目标。[117]

五　建构主义

建构主义者（constructivist）同意理性选择制度主义者关于制度具有重要作用的论断。但是，他们对很多理性选择理论的基础提出质疑，尤其是方法论个体主义以及个人或国家偏好是被"赋予"的这一观点。建构主义者认为，形成偏好的相关环境无疑是社会的。[118] 这不可避免地影响并因此构成一个人对自身利益的理解。制度将体现社会规范，并将影响一个人的利益和身份。

理性选择制度主义认为，制度作为游戏规则，提供行为体追求其特定偏好的激励机制。相反，建构主义者更广泛地将制度视为包括"非正式规

---

[114]　J Jupille, J Caporaso, and J Checkel, 'Integrating Institutions: Rationalism, Constructivism, and the Study of the European Union' (2003) 36 Comparative Political Studies 7.

[115]　M Pollack, 'International Relations Theory and European Integration', EUI Working Papers, RSC 2000/55.

[116]　主要是因为莫劳夫奇克修改了他的理论，承认超国家机构在议程设置与条约主要谈判之外的欧盟法律制定方面拥有的权力比他在早先论著中设想得更大，参见 A Moravcsik, *The Choice for Europe: Social Purpose and State Power from Messina to Maastricht* (Cornell University Press, 1998) 8.

[117]　M Pollack, *The Engines of European Integration: Delegation, Agency and Agenda Setting in the EU* (Oxford University Press, 2003); Pollack (n 115).

[118]　T Risse, 'Exploring the Nature of the Beast: International Relations Theory and Comparative Policy Analysis Meet the European Union' (1996) 34 JCMS 53; J Checkel, 'The Constructivist Turn in International Relations Theory' (1998) 50 World Politics 324; T Christiansen, K Jorgensen, and A Wiener, 'The Social Construction of Europe' (1999) 6 JEPP 528.

则、主体之间谅解以及正式规则，并且假设制度拥有更重要和更具根本性的角色。对于制度而言，它们构成了行动者，并且不仅仅塑造着它们的激励因素，而且塑造着它们的偏好和身份"[119]。

有人试图弥合理性选择制度主义和建构主义（constructivism）之间的鸿沟。[120] 例如，很多理性选择理论家承认偏好可能是利他主义而非利己主义的，并且偏好可能受社会结构的制约。此外，还有一些人转而通过精心设计的案例研究去测试这两种方法之间的说服力。[121]

第九节　结论

一　正式的条约修订在欧盟历史上从来都不是平稳推进的。就此而言，从欧洲经济共同体成立到《单一欧洲法令》出台之间的这段时期相对稳定。《单一欧洲法令》以来的这段时间则是不断进行条约修订的时期，从《马斯特里赫特条约》到《阿姆斯特丹条约》，然后紧接着是《尼斯条约》。

二　条约改革是政治以其他手段的延续。《里斯本条约》代表着十多年条约改革尝试的最终成就。

三　自欧洲经济共同体成立以来，其权力在机构和实体内容方面都发生了非常重大的变化。

四　在机构方面，欧洲议会已经从一个处于决策边缘的行为体转变为在立法程序中发挥主要角色的、具有自身权力的机构力量。欧洲理事会不断壮大，从一开始作为存在于条约文本之外的机构，到成为主要的机构行为体，其角色被《里斯本条约》进一步加强。屡次的条约修订还影响着委员会和理事会的权力以及机构之间的力量对比。

五　在实体内容方面，大量复杂的条约变化不应掩盖每次条约修订都在增加欧盟具有权能的领域这个基本事实。欧盟被视为只是关注"经济"

---

[119] Pollack（n 115）14 – 15.

[120] J Checkel, ' Bridging the Rational-Choice/Constructivist Gap? Theorizing Social Interaction in European Institutions ', University of Oslo, ARENA Working Papers 00/11.

[121] See, eg, the essays in（2003）36 Comparative Political Studies.

的时期——如果这一时期确实存在过的话——早已经过去了。其中的
原因将在随后章节中加以探讨，此处仅略加说明。关于成员国和委员
会等其他行为体在条约修订过程中的相对重要性存在争议。然而，毫
无疑问，成员国在决定条约修订的步调和方向上处于核心地位，并且
它们愿意在更广泛的领域赋予欧盟以权能。

第十节　扩展阅读

一　专著

Adams，M，Fabbrini，F，and Larouche，P（eds），*The Constitutionalization of European Budgetary Constraints*（Hart，2014）

Bond，M，and Feus，K，*The Treaty of Nice Explained*（Federal Trust，2001）

Chryssochoou，D，*Theorizing European Integration*（Sage，2001）

Corbett，R，*The Treaty of Maastricht*（Longman，1993）

Craig，P，*The Lisbon Treaty：Law，Politics，and Treaty Reform*（Oxford University Press，2010）

Dougan，M（ed），*The UK after Brexit：Legal and Policy Challenges*（Intersentia，2017）

Duff，A（ed），*The Treaty of Amsterdam*（Sweet & Maxwell，1997）

Fabbrini，F（ed），*The Law of Politics of Brexit*（Oxford Unversity Press，2017）

——*The Law and Politics of Brexit*，Volume II（Oxford Unversity Press，2020）

Holland，M，*European Integration from Community to Union*（Pinter，1993）

MacCormick，N，*Who's Afraid of a European Constitution?*（Imprint Academic，2005）

Monar，J，and Wessels，W，*The European Union after the Treaty of Amsterdam*（Continuum，2001）

Moravcsik，A，*The Choice for Europe*（University College London Press，

1999)

—— (ed), *Europe without Illusions* (University Press of America, 2005)

Norman, P, *The Accidental Constitution: The Making of Europe's Constitutional Treaty* (EuroComment, 2005)

O'Keefe, D, and Twomey, P (eds), *Legal Issues of the Amsterdam Treaty* (Hart, 1999)

Pinder, J, *The Building of the European Union* (Oxford University Press, 3rd edn, 1998)

Piris, J-C, *The Constitution for Europe: A Legal Analysis* (Cambridge University Press, 2006)

——*The Lisbon Treaty: A Legal and Political Analysis* (Cambridge University Press, 2010)

Weatherill, S, *Law and Values in the European Union* (Oxford University Press, 2016)

Wiener, A, Borzel, T, and Risse, T (eds), *European Intergration Theory* (Oxford University Press, 3rd edn, 2018)

Winter, J, Curtin, D, Kellermann, A, and de Witte, B, *Reforming the Treaty on European Union: The Legal Debate* (Kluwer, 1996)

Ziller, J, *La nouvelle Constitution européenne* (La découverte, 2005)

二 论文

Bellamy, R, 'The European Constitution is Dead, Long Live European Constitutionalism' (2006) 13 Constellations 181

Craig, P, 'Constitutional Process and Reform in the EU: Nice, Laeken, the Convention and the IGC' (2004) 10 EPL 653

—— 'Constitutional Principle, the Rule of Law and Political Reality: The European Union (Withdrawal) Act 2018' (2019) 82 MLR 319

Curtin, D, 'The Constitutional Structure of the Union: A Europe of Bits and Pieces' (1993) 30 CMLRev 17

De Búrca, G, 'The European Constitution Project after the Referenda' (2006) 13 Constellations 205

Dehousse, R, 'The Unmaking of a Constitution: Lessons from the European

Referenda' (2006) 13 Constellations 151

　　Moravcsik, A, 'Preferences and Power in the European Community: A Liberal Intergovernmentalist Approach' (1993) 31 JCMS 473

　　Walker, N, 'A Constitutional Reckoning' (2003) 13 Constellations 140

　　Ziller, J, 'Une constitution courte et obscure ou claire et détaillée? Perspectives pour la simplification des traités et la rationalisation de l'ordre juridique de l'union européenne', EUI Working Papers, Law 2006/31

第二章　成员国身份：危机、概念与挑战

第一节　核心议题

一　本章探讨近年来给欧盟造成强烈冲击的两个议题，即英国脱欧（Brexit）与法治危机。这两个议题在某些方面截然不同，而本章讨论它们的原因都是因为这两个议题引起对欧盟成员国身份及其相关义务的思考，尽管其方式不同。毫无疑问，也有一些其他重要议题引发了类似的思考，诸如难民危机，因受篇幅所限，本章不作详细探讨。关于金融危机将放在第二十一章里讨论。

二　接下来的讨论并不是为了全面探讨欧盟成员国身份这一概念。相反，我们是为了通过成员国身份这一"透镜"，透视欧盟所面临的一些重大困境，例如英国脱欧和法治危机。尽管成员国身份是欧盟法律与政治秩序的核心要素，但是，有些出人意料的是，对这一概念的研究并不充分，且有待进一步理论化。①

三　英国脱欧涉及成员国身份，但就本章而言，它涉及的则是与其相反的含义，或者说是其反义词，也就是退出。本章首先回顾引发英国脱欧公投的背景，以及就英国是否应该退出欧盟所展开的辩论中所涉及的核心议题。接下来分析《欧洲联盟条约》第 50 条以及该条款的概念基础，它们界定了英国脱欧的法律话语。

四　接下来的讨论聚焦于英国脱欧谈判更广泛地呈现的欧盟问题。将分析英国脱欧谈判给欧盟带来的教训，包括欧盟在掌握谈判节奏方面的策

---

① P Craig, 'Membership：Formal and Substantive Dimensions'，[2020] CYELS.

略考量、欧盟的实体性目标，以及欧盟领导机构在面临成员国寻求退出欧盟这一压力下的表现。我们将阐述该谈判的结果，即《退盟协定》②与《政治声明》③。该部分还就英国脱欧对欧盟成员国身份所产生的影响提出一些更具普遍性的反思。

五 本章第二部分涉及法治问题，某些成员国的行为导致该问题给欧盟造成了困扰。我们首先讨论与法治有关的条约框架，以及由此产生的成员国义务。

六 随后阐述某些成员国"法治倒退"所带来的问题。该问题有多个不同维度，但是成员国司法体系的独立性受到干扰一直是导致人们关注该问题的主要原因。成员国法院的独立性是欧盟法律与政治秩序的核心。

七 本章最后将探讨欧盟为应对"法治倒退"所采取的不同路径。该问题本身就是一个有意思的题目，因为它揭示出欧盟在应对此类问题时能够采用的一系列法律、政治与财政工具。

第二节　英国脱欧：成员国身份与退出

一　英国脱欧：全民公投

英国政府最早于 2013 年 1 月 23 日承诺举行脱欧公投。全民公投在 2016 年 6 月 23 日举行。④ 我们有必要了解是哪些因素导致了举行该公投。

2010 年，英国保守党与自由民主党联合政府上台执政，保守党内的疑欧派急于抓住这一机会对英国的欧盟成员国身份提出异议。然而，自由民主党制止了举行任何全民公投的可能性，因为该党支持欧洲一体化，反对

---

② Agreement on the withdrawal of the United Kingdom of Great Britain and Northern Ireland from the European Union and the European Atomic Energy Community〔2020〕OJ L29/7.

③ Political declaration setting out the framework for the future relationship between the European Union and the United Kingdom〔2019〕OJ C384 I/02.

④ P Craig, 'Brexit: A Drama in Six Acts' (2016) 41 ELRev 447; 'Brexit a Drama: The Interregnum' (2017) 36 YEL 3; 'Brexit a Drama: The Endgame-Part I' (2020) 45 ELRev 163.

就举行此类公投做出承诺。联合政府执政纲领承诺⑤，将制定一项立法，如果欧盟寻求扩大其权能，则将举行全民公投。但是，之所以提出并随后通过该立法，至少部分是因为时任英国首相戴维·卡梅伦（David Cameron）认为有必要向保守党的疑欧派提供一些实质性承诺，因为他们一直施压，要求就英国是否退出欧盟举行全民公投。在此种压力下，英国制定《2011年欧洲联盟法令》（The European Union Act 2011），写入如下原则，即欧盟增加任何权力均需要英国全民公投通过。

尽管如此，卡梅伦首相仍然抵制就欧盟成员国身份举行全民公投做出承诺。他在2010—2013年采取的立场是，如果出于赋予欧盟新权力的目的修订《里斯本条约》，则将举行全民公投。但是，2013年，他对该问题的立场发生了改变。他在彭博社发表演说，承诺在下一次大选之后举行全民公投。其立场转变因为两个因素：保守党党内持疑欧立场的后座议员持续施加压力；而英国独立党（UKIP）在地方选举和欧盟选举中都获得议席，从而加剧了对首相的压力，使其必须"做些什么"来应对这一问题，因为英国独立党正在蚕食支持保守党的选民。

这是卡梅伦2013年1月23日在彭博社演说⑥中做出公投承诺的两个相互关联的原因。英国人民将有机会通过公投决定他们是否希望英国继续留在欧盟，但在此之前，首相要有机会通过谈判在英国与欧盟之间达成一项新协定。之后，英国人民才可以依据已经达成的新协定对英国是否继续保留欧盟成员国身份举行公投。卡梅伦首相或许从来没有想过，他将不得不将其在彭博社演说中做出的公投承诺付诸实施。只有在他以绝对多数赢得2015年大选的前提下才会举行公投。事实上，他并不认为保守党将在此次大选中获得绝对胜利，因为所有民调都表明将出现悬浮议会。如果保守党再次与自由民主党联合组阁，首相就可以声称，作为确保与联盟伙伴继续联合执政的代价，可能将不得不牺牲或延迟公投承诺。

保守党在2015年大选中获得压倒性胜利，这增强了卡梅伦首相在保守党内部的权力，至少短期内是如此。他实现了此前政治权威人士与民调均表明不可实现的胜利。但这也意味着，他再也不能对与欧盟重新谈判的问

⑤ The Coalition：Our Programme for Government，20 May 2010，19，https：//www.gov.uk/government/publications/the - coalition - documentation.

⑥ www.number10.gov.uk/news/eu - speech - at - bloomberg/.

题含糊其辞。最终，英国首相 2015 年 11 月在皇家国际事务研究所的演说中表明其立场。[7]

一揽子谈判计划以及后来与欧盟达成的协定中包含四个要素：应对未加入欧元区的国家提供保护；应更加强调竞争力和削减赤字，从而消除对产业不必要的规制负担；基础条约中规定的致力于实现更紧密联盟的义务应不再适用于英国；应更加重视人员自由流动权利的滥用问题，以便按照保守党的竞选纲领更严格地控制移民。2016 年 2 月，欧洲理事会同意重启谈判。[8]

然而，事实上，一揽子重新谈判计划中的条件在后来的话语中几乎没有发挥作用，反而被脱欧阵营用来讽刺该协定几乎没有取得任何实质性成果。决定公投结果的主要问题是经济、移民、主权和反建制情绪。

在经济方面，大多数机构和个人都相信英国将遭受严重的经济损失。对于"经济打击"的程度则存在争议，留欧阵营常常夸大经济衰退的预期程度。在绝大多数时候，脱欧阵营并不参与该辩论。每当出台一份表明英国脱欧将产生负面影响的详细报告，脱欧阵营的回应总是，这不过是对恐惧的又一次表达；或者，是相关团体与英国政府达成的阴谋；再或者，所有此类团体都参与了密谋。

在移民问题上，脱欧阵营牢牢占据着优势，多数选民倾向于脱欧阵营。该问题触及选民对于移民总体数量的担忧，以及欧盟自由流动规则限制了英国对本国边境的控制程度这一事实。移民在英国各地分布并不均衡，而是集中在特定地区，这些地区承担着因移民流入而增加的直接财政成本与社会成本，这一事实加重了选民的担忧。即使如此，还有一些子虚乌有的故事影响着对该问题的辩论，其中最具影响的是关于典型欧盟移民的刻画或杜撰，即这些人寻求进入英国的目的仅仅是获得福利给付。欧盟法并不鼓励所谓"福利旅游"。更重要的是，这与事实大相径庭。一项最

---

⑦ A New Settlement for the United Kingdom in a Reformed European Union, 10 Nov 2015, https: //www.gov.uk/government/speeches/prime - ministers - speech - on - europe.

⑧ Decision of the Heads of State or Government, meeting within the European Council, concerning a New Settlement for the United Kingdom within the European Union, EUCO 1/16, Brussels, 19 Feb 2016.

全面的研究表明⑨，除其他贡献以外，进入英国的欧洲移民缴纳的税收远远高于其获得的福利，他们有助于减缓土生土长的英国劳动者所承受的财政负担，并且为公共服务部门的资金来源做出贡献。2000 年以后进入英国的欧盟移民，在 2001—2011 年对英国公共财政做出的贡献超过 200 亿英镑。尽管有如此详尽的研究，但现实是，对于移民的担忧推动了脱欧阵营的形成，这种担忧源自于以排外主义为核心的话语修饰，而且在某些方面跨越了界限。

第三个主要议题涉及主权，即收回控制权的愿望，于是英国就能够制定自己的法律。脱欧阵营收获了由该议题所产生的红利。然而，这一说法所掩盖的东西远远多于其揭示的东西。脱欧阵营反复描述的信息是，布鲁塞尔机构把违反成员国意志的规则由上到下强加给成员国，由此推导出的结论是，英国脱欧后能够重新拿回其与生俱来的主权。这一结论的真实性微乎其微。成员国是欧盟条约规则的主要缔造者。正是成员国起草了最初的规则，也正是它们在后来的每一次条约修订过程中修改了这些规则。成员国决定着欧盟的决策纲要。绝大多数欧盟立法要求得到理事会成员国和欧洲议会的批准，而英国对绝大多数立法投了赞成票。对于英国在脱欧后将获得多大程度的"主权自由"，这一论点同样具有误导性。

决定公投结果的最后一个因素是希望反抗"建制派精英"，在此意义上，这既包括伦敦也包括布鲁塞尔的精英。选举过程中有很多因素不是由理性选择所决定的，在就一个复杂问题举行全民公投时，情况尤其如此。事实上，很多人十分愤怒——"愤怒"在这里指的是其最广泛的含义，导致这种情绪的原因是不平等和紧缩政策。无疑，在这方面存在着很多重要问题。事实是，英国的紧缩机制与欧盟几乎没有关系。英国的问题主要源自于 2008—2010 年的美国金融危机，而不是源自于欧盟后来发生的银行业与金融业危机。

这场全民公投运动之所以令人瞩目，还有一些原因是我们没有谈到的。在这方面，其中一个重要议题是 2012 年英国启动权能评估。⑩ 这是到

---

⑨ https：//www.ucl.ac.uk/news/news – articles/1114/051114 – economic – impact – EU – immigrants；C Dustmann and T Frattini，'The Fiscal Effects of Immigration to the UK（2014）124 Economic Jnl F593.

⑩ Review of Balance of Competences between the United Kingdom and the European Union，Cm 8415，July 2012，https：//www. gov. uk/guidance/review – of – the – balance – of – competences.

当时为止由成员国对欧盟权能进行的最全面评估。其目的是广泛评估欧盟法对各个领域的政府行为所产生的影响，为此每个政府部门都考虑了欧盟法对其所在领域的影响。毫无疑问，疑欧派希望通过启动该评估，为后续对基础条约的重新谈判提供实质内容。但事实证明他们是错误的。开展此项研究的过程既全面又无可指摘。就欧盟对英国的影响而言，所有实体性评估结果都是一致和正面的。正如所预期的那样，对于某些特定立法倡议是否明智存在一些疑问，但是，无论对公权机关行使权力的任何领域进行评估，这种情况都不可避免，不管是在国家层面还是在欧盟层面均是如此。

出于显而易见的原因，脱欧派对该评估置之不理，因为它包含详细的研究，不仅表明权能总体均衡，而且表明英国受益于欧盟成员国身份。人们也许会认为，留欧阵营自然会以该文件为凭据，但它并没有这样做，其原因似乎是，它将卡梅伦首相置于一种尴尬境地，因为它提出了一个显而易见的问题，即如果现状良好，那还有什么必要开展重新谈判。这是留欧阵营在处理公投问题中犯下的一个严重错误。留欧阵营几乎完全聚焦于英国脱欧对经济所造成的负面影响上，而且不愿意以全面评估报告所提供的数据为基础，为欧盟成员国身份提出更积极的理由，从而削弱了留欧阵营的影响。

公投的政治影响既"血腥"又直接。卡梅伦首相于2016年6月24日辞职，尽管多名保守党成员签名致函，鼓励他留下来与欧盟展开谈判。特雷莎·梅（Theresa May）继任英国首相。从此就英国脱离欧盟的条件开始了长达将近三年的谈判。还是有必要关注退出联盟的条约条款，因为这些条款界定了这段时期的谈判话语。

二　《欧洲联盟条约》第50条：概念与规范假设

条约退出机制被规定在《欧洲联盟条约》第50条中，它在英国脱欧谈判过程中发挥着核心作用。

1. 任何成员国均可根据其本国宪法的要求退出联盟。
2. 决定退出联盟的成员国应将此意向通知欧洲理事会。根据欧洲理事会提供的指导方针，联盟在考虑到该国与联盟未来关系框架的基础上与该国谈判并缔结协定，就其退出问题做出安排。该协定的谈判应根据《欧洲联盟运行条约》第 218 条第 3 款进行。经欧洲议会同意后，该协定由理事会以特定多数方式缔结。

3. 自退盟协定生效之日起，两部条约不再适用于该国；如未达成退盟协定，则两部条约在该成员国依据本条第 2 款通知欧洲理事会之日起两年后，不再适用于该国，除非欧洲理事会与该成员国达成协定，一致决定延长该期限。

4. 为本条第 2 款和第 3 款之目的，代表退盟成员国的欧洲理事会代表或理事会代表不参加欧洲理事会或理事会有关该国的讨论或涉及该国的决定。

特定多数应根据《欧洲联盟运行条约》第 238 条第 3 款第 2 项予以确定。

5. 有关国家在退出联盟后，如要求再次加入，应适用第 49 条规定的程序。

我们需要了解第 50 条列明的退出程序的不同阶段，这一点很重要。

（一）第 50 条第 1 款：自愿原则与国家主权

第 50 条第 1 款的前提条件是成员国根据其本国宪法的要求做出退出欧盟的决定。因此，第 50 条程序一开始就坚定地强调自愿原则和国家主权：申请加入欧盟的正是行使其主权意愿的成员国，也正是该成员国按照其本国宪法的要求，行使同样的主权意愿而决定退出。

正是这方面的论争导致在英国提起的诉讼，即"米勒案"（*Miller*）。[11] 该诉讼的主要问题是，英国的宪法要求是否允许首相依据与条约制定相关的特权向欧盟告知英国的退出意愿。这里所称的特权（prerogative power），是存在于英国某些领域的一种非成文自由裁量权，其行使归属于行政部门。特雷莎·梅首相认为，这项权力使其可在既无须议会同意，也无须法律授权的情况下向欧盟提交退出通知。这一观点被英国最高法院驳回，它裁定特权要受一定条件的限制，这些限制适用于当前案件，即只有在获得法律授权的情况下才能提交退出通知。

---

[11] *R（on the application of Miller）v Secretary of State for Exiting the European Union*［2017］UKSC 5.

（二）第 50 条第 2 款第 1 句：自愿原则与国家主权

"米勒案"诉讼的部分原因在于，当事人担心退出通知不可撤回，也就是除非其他成员国同意，否则一旦提交退出通知，提交该通知的成员国不得单方面撤回该通知。该问题引起激烈的学术辩论，后来在"怀特曼案"（*Wightman*）中得到解决。欧洲法院裁定，可以单方面撤回退出通知。该判决的依据是，成员国身份以及终止成员国身份等概念均建立在自愿原则和国家主权的基础之上。

怀特曼诉英国退出欧盟事务大臣

Case C –621/18 Wightman v Secretary of State for Exiting the EU

EU：C：2018：999

欧洲法院

50. ……《欧洲联盟条约》第 50 条第 1 款规定，任何成员国均可根据其本国宪法的要求而决定退出欧洲联盟。因此，并不要求该成员国与其他成员国或欧盟机构经由一致同意做出该决定。退出决定是该成员国根据其本国宪法要求独立做出的，因此仅取决于其本身的主权选择。

……

56. ……《欧洲联盟条约》第 50 条拟实现两个目标：第一，将成员国退出欧洲联盟的主权权利写入条约；第二，确立一项程序，以使此类退出行为得以有序进行。

57. ……写入《欧洲联盟条约》第 50 条第 1 款的退出权利所具有的主权性质支持如下结论，即相关成员国有权撤销告知其从欧洲联盟退出意愿的通知，只要欧洲联盟与该成员国缔结的退盟协定尚未生效，或者在未缔结此类协定的情况下，《欧洲联盟条约》第 50 条第 3 款规定的两年期限尚未到期，而该期限可根据该条款予以延长。

[欧洲法院在判决第 61 段和第 62 段提到"创设欧洲人民之间更紧密联盟"这一意愿，以及作为欧盟法律秩序之根本的民主和自由等价值观。]

63.《欧洲联盟条约》第49条规定，任何欧洲国家都有可能申请成为欧洲联盟成员国。第50条是与第49条对应的条款，它规定退出的权利。从第49条可以明显看出，组成欧洲联盟的国家自由且自愿拥护上述价值观，因此欧盟法建立在如下根本前提之上，即每个成员国与其他所有成员国共享上述价值观，而且每个成员国都承认其他成员国与其同样拥有上述价值观。……

65.……由于不能强迫某个国家在违背自己意志的情况下加入欧洲联盟，因此也不能强迫其在违背自己意志的情况下退出欧洲联盟。

66. 然而，如果关于退出意愿的通知将不可避免地导致相关成员国在《欧洲联盟条约》第50条第3款规定的期限结束时退出欧洲联盟，那么该成员国就有可能被迫离开欧洲联盟，尽管其意愿——经由符合其本国宪法要求的民主程序所表达的意愿——是推翻其退出决定，并因此继续保留欧洲联盟成员国身份。

67. 这种结果与本判决第61段和第62段所指的目的与价值观不符。特别是，如果强迫一个已经根据本国宪法要求，并且经由民主程序告知其退出欧洲联盟的意愿，但经由民主程序决定撤回该告知的成员国退出欧盟，则将与两部条约中关于创设欧洲人民之间更紧密联盟的目标不符。

（三）第50条第2款：双边主义与二分法

但是，第50条第2款的其余部分则依据双边主义和二分法。下面将依次对该款的这些重要维度予以解释。

双边主义包含如下简单理念，即一旦成员国提交退出意愿通知，则将通过双边方式在申请退出的成员国与欧盟之间就退出条件开展谈判。在这方面，欧洲理事会是欧盟的领导机构，它从欧盟角度为谈判设定指导方针。尽管如此，然而，事实是欧盟委员会负责起草谈判指导方针的具体草案，并交由欧洲理事会批准。接下来将根据《欧洲联盟运行条约》第218条第3款就退盟协定进行谈判，由理事会代表欧盟缔结该协定，并且需要得到欧洲议会的同意。

二分法的理念是，缔结退盟协定与缔结英国与欧盟未来关系协定这二者是不同的。因此，第50条第2款的措辞是，退盟协定的缔结"需考虑其与联盟的未来关系框架"。这种二分法既具有合理性，又存在一些问题。

之所以说其具有合理性，是因为关于未来关系的全面协定可能需要2—5 年才能完成。一旦成员国决定退出欧盟，那么在谈判期间，该成员国就不可能继续留在欧盟，而且从欧盟的角度而言，这也是不可接受的，因为如果决定退出欧盟的成员国在谈判期间仍然是欧盟的一部分，这将带来很大的问题。

二分法也存在一些问题，因为这意味着退出欧盟完全或在一定程度上不可避免的是"盲目性"。人民在脱欧公投中投票时并不了解即将退出欧盟的成员国与欧盟未来的贸易关系是怎样的。对于人民而言，这一关系的性质比退盟协定的内容重要得多，下文将看到这一点。未来贸易协定的内容极有可能影响人民就是否希望退出欧盟而做出的决定，然而，在投票时这一内容还是未知的，而且在欧洲议会就退盟协定进行表决时也不知道未来贸易协定的内容。即将退出欧盟的国家在就退盟协定展开谈判时，或许是基于对其在退出欧盟之后希望与欧盟达成的未来贸易关系的某些假设，但是在起草退盟协定时，这些假设并不具有约束性质。

（四）第 50 条第 3—5 款：双边主义与时间限制

《欧洲联盟条约》第 50 条第 3 款延续了双边主义这一主题，尽管受到时间因素的限制。因此，第 50 条第 3 款规定，两部条约自退盟协定生效之日起停止适用于该退盟国，或者在未达成退盟协定的情况下，在提交第 2款所指的通知两年之后停止对该国适用，除非欧洲理事会与该成员国达成协定，一致决定延长该期限。在英国脱欧谈判期间，这一时间限制非常重要，因为如果在两年内没有达成退盟协定，而且欧洲理事会没有根据《欧洲联盟条约》第 50 条第 4—5 款延长这一期限，那么这一时间限制就意味着无协议脱欧的到来。

三　成员国身份与退出：谈判

要理解在英国提交退出通知后开展的谈判，就必须了解作为《欧洲联盟条约》第 50 条基础的概念和规范假设。本书主题是欧盟法，于是接下来的首要目标是突出阐述谈判中那些对欧盟具有更广泛影响的关键特征，并据此探讨成员国身份的性质。因此，本书并不适合详细阐释英国内部政治以何种方式影响退盟协定。

（一）谈判策略：平行谈判之争

我们已经看到，《欧洲联盟条约》第 50 条第 2 款嵌入了二分法。尽管如此，在英国向欧盟提交退出通知后不久，双方就对谈判次序展开了争论。所涉及的主要议题是，是否应平行推进对退盟和未来关系的讨论，或者应采用分阶段的次序，只有在退盟谈判取得充分进展的情况下才开始就未来关系展开讨论。关于该问题的争论说明，欧盟拥有熟练的谈判策略，而且完全了解就退盟和未来关系展开分阶段谈判的重要性。

英国强烈倾向于采用平行讨论方式，因为它希望在提交退出通知后的两年内达成全面贸易协定。欧盟则主张采用分阶段次序方式。关于双方的分歧很好做出解释，因为这将影响谈判过程中的权力平衡：平行方式能够使英国在退出条件与未来的贸易关系这二者之间进行权衡；而分阶段路径则意味着欧盟在确保达成其认可的退盟协定之前可以拒绝讨论贸易关系。

英国要求采用平行方式，特雷莎·梅首相在 2017 年 3 月 29 日提交欧盟的退出通知函[12]中就表明了这一点，声称"有必要在达成我们退出欧盟的条款的同时，就我们未来伙伴关系的规则达成一致"。在起初的这场小规模谈判争斗中，英国失败了。欧洲理事会主席图斯克（Tusk）在给梅首相的信函中言简意赅地拒绝平行方式。他概括了谈判的基本原则：将英国脱欧所产生的干扰降低到最小程度；确保就在英国生活的欧盟公民的权利这一问题达成协议；确保英国遵守其财政义务；避免在北爱尔兰和爱尔兰之间出现硬边界。他接下来做出以下强有力的声明。[13]

这四个问题都是谈判第一阶段的组成部分。一旦并且只有在我们就退出问题实现充分进展之后，我们才能讨论未来关系框架。有些英国人建议同时就所有问题展开平行讨论，这是不可能发生的。

2017 年 4 月 29 日，欧洲理事会正式通过谈判指导方针[14]，并且采用分

---

⑫ Formal Notification of Withdrawal, 29 Mar 2017, https：//www.gov.uk/government/publications/prime－ministers－letter－to－donald－tusk－triggering－article－50.

⑬ Remarks by President Donald Tusk on the next steps following the UK notification, https：//www.consilium.europa.eu/en/press/press－releases/2017/03/31/tusk－remarks－meeting－muscat－malta/.

⑭ European Council, Brussels, 29 April 2017, EUCO XT 20004/17.

阶段路径。第一阶段涉及的是退盟协定，即"英国从欧盟脱离"⑮。第二阶段涉及的是未来关系，只有在英国离开欧盟之后最终才解决未来关系问题。欧盟理事会的谈判指令⑯重申了这些指导方针并对其做了细化，欧盟委员会提出的建议⑰是该谈判指令的基础。

（二）机构策略：检验《里斯本条约》框架下的领导机制

英国脱欧对欧盟的影响无疑是巨大的，因为它象征着对欧盟创始以来一体化模式的颠覆。有成员国寻求退出欧盟的事实本身彻底动摇了这一体系，无论导致这一事实的一系列背景是什么样的。英国脱欧是对欧盟决策的真实考验，特别是对经《里斯本条约》机制化的决策体系的考验。

对于欧盟是否应设立单一主席，即由欧盟委员会主席担任，还是应分别设立欧盟委员会主席和欧洲理事会主席这一问题，在宪法条约出台之前就存在大量辩论。宪法条约反映了后一种观点，即所谓"职位分立"（separate hats），《里斯本条约》也采用这一机制。该观点的核心是，欧洲理事会主席的地位应得到加强，而不再是每六个月在成员国之间轮换。有人认为这种机制无法在一个扩大后的联盟中发挥作用，并且认为需要更好的政策延续性。多个大国支持这一观点，但有些小国持反对立场。

小国之所以反对，部分原因是机制性的，因为有人认为，在欧洲理事会主席的任期延长后，大国将主导这一职位。也有部分原因是实质性的，包含如下担忧，即由两个主席行使行政权力可能会造成效率低下，并且有可能导致二者之间的冲突。从总体上看，这些担忧并未得到证实。从机制角度来看，迄今为止，欧洲理事会先后的三位主席分别来自比利时和波兰，从而表明，担心该职位被来自大国的国民垄断的想法是错误的。从实质性角度来看，欧盟委员会主席和欧洲理事会主席之间几乎没有发生过任何严重对立，尽管在某些情况下他们确实对一些具体策略存在分歧。

不言而喻，不可能开展一项能够得到科学控制的试验，以判定如果另

---

⑮ Ibid［4］.

⑯ Council Decision EU/Euratom 2017/authorising the opening of negotiations with the United Kingdom of Great Britain and Northern Ireland for an agreement setting out the arrangements for its withdrawal from the European Union, Annex, BXT 24, Brussels, 22 May 2017.

⑰ Recommendation for a Council Decision authorizing the Commission to open negotiations with the UK setting out the arrangements for its withdrawal from the EU, COM（2017）218 final.

外一种观点胜出，也就是如果欧盟仅设立一名主席，即欧盟委员会主席，那么，在这种情况下欧盟将如何运行。然而，这一机制将存在双重问题：欧洲理事会的国家首脑们永远不会接受将权力授予欧盟委员会主席；此外，欧盟委员会主席将被置于一种不可能应对的境地，既要努力代表委员会利益，又要代表成员国利益。

双主席制在英国脱欧谈判过程中的运行效果良好。现实是，两位主席都参与这一进程，并相互提供支持。在一般情况下，欧洲理事会主席唐纳德·图斯克（Donald Tusk）起着主导作用。这反映出该机构在《欧洲联盟条约》第50条中的核心地位，因为成员国正是向欧洲理事会提交的退出通知，而且，正是欧洲理事会发布的欧盟与英国之间的谈判方针。欧洲理事会主席任期较长，这一事实本身赋予其一种天然权威，使其得以作为27个成员国首脑的喉舌发挥作用。如果在原有机制，即欧洲理事会主席每六个月在成员国间轮换这一机制框架下，想要在两年内完成英国脱欧谈判将面临巨大困难，或许都不可能完成。

此外，两位主席之间存在着切实互动，而且他们与欧盟委员会首席谈判代表米歇尔·巴尼耶（Michel Barnier）之间也是如此。事实上，欧盟委员会对欧洲理事会采用的谈判议程做出大量贡献，因此其中也有来自欧盟委员会主席的大量贡献。随着谈判的推进，欧盟委员会及其主席的贡献越来越大。欧盟委员会的文件充实了很多细节，例如，对于英国脱欧之后在英国生活的欧盟公民以及在欧盟生活的英国公民的安排；再如，为了应对英国退出欧盟之后的机构变化而必须确定的过渡安排。此外，欧盟委员会主席让—克洛德·容克（Jean-Claude Juncker）在谈判话语的各个阶段都表达了自己的意见，他再次肯定了唐纳德·图斯克在关于北爱尔兰后备安排的激烈争论中就哪些方案可行、哪些方案不可行等问题所提出的观点。

（三）机构策略：成员国身份与团结一致

如前所述，有成员国想要退出欧盟这一事实本身至少令欧盟感到困扰。随着谈判的进行，人们越来越认识到，其余27个成员国有必要在谈判问题上保持团结一致。这一点并不令人感到意外，但仍然值得关注。成员国对于谈判应遵循的确切指导方针或许存在着分歧。然而，这些分歧绝大部分仅限于欧洲理事会关闭的大门之内。指导方针一旦通过，就成为随后开展谈判的纲领。

在 27 个成员国之间保持团结一致被认为至关重要，这一点确定无疑。欧盟应该用一个声音说话。欧盟的声音应该通过官方渠道得到表达，也就是由图斯克、容克和巴尼耶组成的"三巨头"来表达。这里不存在"双边渠道"，也就是英国寻求与个别欧盟领导人开展双边讨论的渠道，这样会规避官方渠道。英国首相确实与某些欧盟领导人进行了对话，特别是马克龙和默克尔，但是上述意义上的团结一致坚不可破。特雷莎·梅无法与特定成员国的领导人达成协议，后者认识到此种个个击破策略所存在的风险。

（四）实体性策略：成员国身份与分歧

不言而喻，对于退盟协定中所提到的特定问题，欧盟寻求实现其认为最好的结果。因此，欧盟和英国对于英国脱欧后欧盟公民在英国的具体权利，以及"分手费"的金额等问题展开诸多详细讨论。此外，还有一些冗长的讨论涉及适用于英国离开欧盟之时仍在进行中的一些交易的过渡规则。

与当前目的更具相关性的问题是，哪些关键政治考量影响着欧盟在英国脱欧谈判中的宏观实体性目标。其首要目标是确保在欧盟成员国与非成员国之间存在明显的差别。不可能出现"摘樱桃"的情况，也就是说，退出欧盟的国家不能既保留作为成员国能够拥有的最令其满意的利益，同时又避免履行义务。成员身份与非成员身份之间存在着明显的差别，这些差别必须得到保留。这一必要性自始至终存在着，从欧洲理事会最初的指导方针中就可以看到这一点。

指导方针强调欧盟愿意通过谈判达成未来贸易协定。然而，这不能等同于参加单一市场，并且排除了分部分逐一参加单一市场的方式。"非联盟成员，不存在与联盟成员相同的义务，就不能拥有与成员相同的权利，享有与成员相同的利益。"[18] 此外，任何贸易协定都必须确保实现"公平竞争环境，特别是在竞争与国家援助方面，这包括确保无法通过税收、社会、环境和规制措施与做法获得不公平的竞争优势"[19]，从而回应了英国的

---

[18]   European Council, Brussels, 29 April 2017, EUCO XT 20004/17, [1], [21].

[19]   Ibid [21].

暗示，即如果无法从欧盟获得贸易协定，它就有可能成为"低税天堂"。

（五）实体性策略：退出、成员国身份与北爱尔兰后备方案

英国与欧盟之间的谈判越来越陷于与北爱尔兰后备方案有关的问题之中。欧盟在该问题上采取的策略是保护欧盟这项"事业"的核心特征，特别是其海关与规制体系的完整性，这也是欧盟成员国身份的组成部分。对北爱尔兰引发的困境很容易解释。

边界是需要在退盟协定中予以解决的一个关键问题。在英国退出欧盟之后，北爱尔兰与爱尔兰共和国之间的边界构成英国与欧盟之间的陆上边界。因此，该问题必须在谈判中加以解决。边界的划定在通常情况下不存在问题。它通常通过海关哨卡、边境口岸等诸如此类的典型设施予以实现。理解北爱尔兰后备方案的关键问题是，所有相关各方均希望防止在北爱尔兰与爱尔兰之间出现这种硬边界，其原因部分出于安全考虑，部分出于经济考虑。回归硬边界可能危害北爱尔兰与爱尔兰共和国之间的和平进程。这两部分之间的货物与人员自由流动是常态，因此，如果英国脱欧后出现硬边界，则将对经济造成破坏性影响。

然而，尽管相关各方均希望避免出现硬边界，但随之而来的难题是，在英国退出欧盟之后，北爱尔兰构成英国与欧盟之间的边界。如果没有硬边界，那么，来自任何第三国的货物就有可能先跨越北爱尔兰的软边界，然后再通过爱尔兰进入欧盟，从而公然无视欧盟海关与贸易规则。北爱尔兰后备方案是这一问题的解决方案。硬边界将得以避免，同时，在过渡期结束之后直到英国和欧盟最终完成能够终结该问题的贸易协定之前，将实施能够确保欧盟在海关与贸易规制方面利益的规则。

从欧盟的角度来看，如果接受在北爱尔兰与爱尔兰之间不应存在硬边界这一前提条件，那么就必须有某种机制保护欧盟海关或财政利益，及其规制或安全关切，这些正是北爱尔兰后备方案及其修订版本的内容。这些问题不能被长期掩盖，也不能对其进行修订以赋予英国单方面结束该后备机制的启动权力，或者设定时间限制的权力。欧盟自然反对英国想要确保能够单方面结束该后备机制的企图，也反对为该机制设定固定的期限。这样的规定将导致该后备方案作用有限。在不存在恰当保障机制的情况下，如果在时机不成熟的时候就终结这一机制，那么就会导致欧盟边界遭受违反海关和监管规则的境地。对于欧盟而言，这在政治上是不可接受的，同

时也将产生此类规定是否与欧盟法相符等严重问题。

四 成员国身份与退出：结果

这里并不适合详细阐述《退盟协定》的内容以及随后签署的《关于英国与欧盟未来关系的政治声明》。但仍有必要对这两个文件的结构提出一些看法。

最初的《退盟协定》的第一部分涉及的是"共同条款"。该部分确立了决定协定大部分内容的核心法律规则。为此，第 4 条将直接效力和欧盟法的最高效力等欧盟法律规则适用于《退盟协定》中满足直接效力标准的条款。此外，有义务按照欧盟法一般原则与方式解释欧盟法的概念[20]，而且有义务根据在过渡期结束之前的欧洲联盟法院判例法解释《退盟协定》中所提到的欧盟法律规则。第 7 条涉及的是成员国身份与退出概念，因为它规定，英国在过渡期内仍然受欧盟法约束，但在此期间，它在决策中没有发言权。

《退盟协定》第二至第五部分涉及的是实体性问题。第二部分涉及在英国的欧盟公民以及在欧盟的英国公民的权利问题。第三部分的标题是分割，主要是处理一些重要的技术性问题，例如欧洲逮捕令、欧洲联盟法院的管辖权，以及对外国法院判决的承认等，只要它们在过渡期结束之时仍然悬而未决。第四部分规定过渡期问题，过渡期于 2020 年 12 月结束，可延长一次，为期一或两年。在此期间，欧盟法对英国具有约束力，当然存在一些有限的例外情况。第五部分涉及的是财务条款，也被解读为"离婚账单"。

第六部分转而聚焦机构条款。对于《退盟协定》第二部分涉及公民权利的条款，欧洲联盟法院继续通过初步裁决申请享有司法管辖权。英国与欧盟组成联合委员会负责监督《退盟协定》的实施。如果联合委员会无法达成一致，则诉诸具有约束力的仲裁，但要遵守如下重要但书，即如果争端涉及欧盟法问题，则仲裁专家组不能就相关问题做出决定，而是必须依据《欧洲联盟运行条约》第 267 条向欧洲联盟法院提交初步裁决申请。欧洲联盟法院的判决对仲裁专家组、英国和欧盟均具有约束力。

此外，《退盟协定》还附有多个议定书，其中最重要的是与北爱尔兰

---

[20] Withdrawal Agreement（n 2）Art 4（3）.

相关的议定书。鲍里斯·约翰逊接任英国首相后对该议定书进行了重新谈判。修订后的《退盟协定》包括该议定书的新版本，它在英国议会获得的赞成票数高于早期版本，但是仍未达到获得议会批准所需的票数。这一问题由于2019年12月的英国大选得到了解决，在此次大选中，约翰逊赢得80个议席的多数，从而使其能够确保议会批准修订后的《退盟协定》。

五　成员国身份与退出：反思

毫无疑问，对于英国退出欧盟这一问题，可以并且将做出很多更广泛的反思。在这里，我们只需提到下面的问题。约瑟夫·威勒认为，欧盟当前正面临着社会合法性赤字，其表现包括投票率低，以及更多的反欧盟政党的兴起[21]，他的看法当然是正确的。导致这一赤字的原因十分复杂，欧盟在这方面负有一定的责任。

然而，未能就成员国行动的宪法责任明确提出任何概念——不管是涉及欧盟的总体决策机制，还是根据这些机制做出的个别决定——当然也是其中的一个原因。如果允许成员国逃避为其行为承担宪法责任，并且将责任推给欧盟，与此同时要知道，成员国往往是相关规则的制定者，而且它们拒绝了很多能够解决问题根源的变革，那么毫无意外，这种赤字将必然存在。同样毫不令人意外的是，更多极端政党在这方面仿效主流政党的做法。之所以未能承认这样一种责任概念，是因为其责任不仅仅在于成员国本身，而且在于更广泛的共同体包括学术共同体。当然，我们应该继续将欧盟政治秩序置于严格的监督之下。与此同时，我们还应该对如下问题进行反思：当前权力分配的依据；哪些替代方案是可行的；以及哪些行为体在这方面设置了限制。后一问题的答案首先在成员国身上。事实上，关于欧盟政治秩序公认的批评话语仅讲述了故事的一部分，因此忽略了成员国宪法责任这一概念，而这才是全面理解现状以及可行的改革选择的核心。

这一点对于公投辩论以及公众对于欧盟的认识至关重要。人们已经注意到，如果抛开经济论点，留欧阵营在提供欧盟的正面例证时就将受到很大的局限。确实存在着关于欧盟在安全与和平方面重要作用的论述，但是，我们在这里提出的观点仍然是正确的。现实是，近些年来公众已经习

---

[21]　JHH Weiler, 'Europe in Crisis – on "Political Messianism", "Legitimacy" and "Rule of Law"' [2012] Singapore Jnl of Legal Studies 248.

惯于欧盟的负面形象。处于各个政治光谱的政治家都满足于在布鲁塞尔进行谈判，然后在返回自己国家之后又开始批评经他们同意的协定本身。如果能够将相关问题的政治责任转嫁给布鲁塞尔，他们就会这样做，即使这些问题是经由所有成员国都同意做出的选择所产生的。毫无疑问，欧盟的形象是如此负面，尤其是这一形象被总体上持反欧盟立场的英国媒体反复强调。

第三节 法治：成员国身份与欧盟价值观

前面讨论的是英国脱欧问题，以及英国脱欧在更具一般性意义上提醒我们关于欧盟成员国身份的概念。现在将关注点转到内在于欧盟成员国身份的义务方面。这里用遵守法治，以及不遵守法治给欧盟所造成的一些难题来说明这一问题。[22] 有些成员国出现了法治"倒退"，最突出的例子是波兰和匈牙利，有大量著述论述这一问题。[23] 条约的关键条款见下文。

---

[22] 对欧盟与法治的一般性研究，可参见 M Fernandez Esteban, *The Rule of Law in the European Constitution* (Kluwer Law International, 1999); T Konstadinides, *The Rule of Law in the European Union: The Internal Dimension* (Oxford University Press, 2017).

[23] See, eg, A von Bogdandy, M Kottmann, C Antpöhler, J Dickschen, S Hentrei, and M Smrkolj, 'Reverse *Solange*-Protecting the Essence of Fundamental Rights against EU Member States' (2012) 49 CMLRev 489; I Canor, 'My Brother's Keeper? Horizontal *Solange*?: "An Ever Closer *Distrust* among the Peoples of Europe"' (2013) 50 CMLRew 383; A von Bogdandy and P Sonnevend (eds), *Constitutional Crisis in the European Constitutional Area: Theory, Law and Politics in Hungary and Romania* (Hart, 2015); D Kochenov and L Pech, 'Monitoring and Enforcement of the Rule of Law in the EU: Rhetoric and Reality' (2015) 11 EuConst 512; J-W Müller, 'Should the European Union Protect Democracy and the Rule of Law in Its Member States' (2015) 21 ELJ 141; D Kochenov, 'EU Law without the Rule of Law: Is the Veneration of Autonomy Worth It?' (2015) YEL; S Carrera, E Guild, and N Hernanz, *The Triangular Relationship between Fundamental Rights, Democracy and the Rule of Law in the EU: Towards an EU Copenhagen Mechanism*, CEPS 2013, www. ceps. eu/system/files/Fundamental% 20Rights% 20DemocracyandRoL. pdf, www. europarl. europa. eu/RegData/etudes/etudes/join/2013/493031/IPOL-LIBE_ ET%282013%29493031_ EN. pdf 4-15; C Closa and D Kochenov (eds), *Reinforcing the Rule of Law Oversight in the European Union* (Cambridge University Press, 2016); D Kochenov and L Pech, 'Better Late than Never: On the European Commission's Rule of Law Framework and Its First Activation' (2016) 54 JCMS 1062; A Jakab and D Kochenov (eds), *The Enforcement of EU Law and Values: Ensuring Member State Compliance* (Oxford University Press, 2017); L Pech, 'The Rule of Law' in P Craig and G de Búrca (eds), *The Evolution of EU Law* (Oxford University Press, 3rd edn, 2021).

一　条约框架

欧洲法院在"法国绿党案"（*Les Verts*）中首次援引法治原则。它指出，欧共体是"一个建立在法治基础之上的共同体"[24]，并依据这一点得出结论，认为欧洲议会应接受司法审查，尽管当时的条约中并未规定这一点。最初的《罗马条约》并未提到"法治"[25]，但《欧洲联盟条约》第 2 条明确表达了这一概念。

> 联盟建立在尊重人类尊严、自由、民主、平等、法治，以及尊重人权（包括少数群体的权利）的价值观基础之上。在一个奉行多元化、非歧视、宽容、公正、团结和男女平等的社会中，这些价值观为成员国所共有。

《欧洲联盟条约》第 2 条对候选国产生了重要影响，因为《欧洲联盟条约》第 49 条规定，任何"尊重第 2 条提及的价值观并致力于共同促进这些价值观的欧洲国家均可申请成为联盟成员"。法治也是欧盟对外行动和"共同外交与安全政策"的特征。《欧洲联盟条约》第 21 条第 1 款规定：

> 指导联盟在国际舞台上的行动之原则应是促使其诞生、发展和扩大的原则，及使其在更广泛的世界内寻求推行的原则，包括民主、法治、人权和基本自由的普遍性与完整性、尊重人的尊严、平等和团结原则以及尊重《联合国宪章》和国际法原则。

《欧洲联盟条约》第 7 条是用于处理违反该条约第 2 条所包含价值观的成员国的主要的正式条约机制。

---

[24]　Case 294/83 *Les Verts v Parliament*［1986］ECR 1339，［23］.

[25]　参见佩什（n 23）对其可能原因所做的探讨。

1. 经 1/3 成员国，或欧洲议会或委员会提出具理由的提案，理事会可在得到欧洲议会同意后，以其 4/5 成员的多数采取行动，认定存在某一成员国严重违反第 2 条所述价值观的显著风险。在做出此等认定前，理事会应听取当事成员国的意见；同时可按照同样的程序，向该成员国提出建议。

理事会应定期核实做出此种认定的理由是否依然适用。

2. 经 1/3 成员国或委员会提出提案，在邀请当事成员国提出意见后，欧洲理事会可在获得欧洲议会同意后以一致方式采取行动，认定该国存在严重和持续违反第 2 条所述价值观之情形。

3. 在已做出第 2 款所认定的情况下，理事会可按照特定多数原则采取行动，中止当事成员国因两部条约对其适用而产生的某些权利，包括代表该成员国的理事会成员的投票权。理事会应考虑到此等中止对自然人与法人的权利与义务可能造成的影响。

在任何情况下，该成员国仍受两部条约规定的义务的约束。

4. 如导致依据第 3 款所采取措施的情势发生变化，则理事会可以特定多数采取行动，改变或撤销此类措施。

5. 为本条之目的，欧洲议会、欧洲理事会和理事会的投票安排由《欧洲联盟运行条约》第 354 条予以规定。

二　倒退：法治问题

欧盟的法治问题主要涉及某些成员国司法体系的独立性所面临的挑战，特别是波兰和匈牙利，尽管不是唯一的挑战。司法独立是法治原则的重要因素。

政府应该在其法律制度认为有限的基础之上采取行动，这是任何法治概念的核心。如果政府或立法机构跨越其合法权力的界限，那么其行为就是无效的。必须由独立的法院以客观方式评估是否越过合法权力的限制。如果法院缺乏这种独立性，或者委身于政府政治部门的意志，那么就确实存在危险，即政治权力界限的根本限制会被无视。如果法院受政府政治部门的支配，那么它们就很有可能以一种过度扩张性的方式解释合法权力，从而导致本应被废除的立法或行政行为合法化。如果对政府或立法机构是否跨越其合法权力的界限存在疑问，法院就应依据该国宪法提供清晰且客观的答案，并且该答案应尊重这些界限赖以存在的价值观。

为了给予法治这一原则所包含的其他规则以法律效力，司法机构必须独立。因此，绝大多数法律体系中的独立法院都拥有一系列工具，能够处理诸如有追溯效力的法律、不清晰的法律或者某些阻碍诉诸法院的规则。不同法律体系所采用的技术并不相同，而且在一般情况下依据被触犯的规定是包含在一级立法、二级立法还是行政命令之中而有所不同。法院可以宣布违反法律的措施无效，也可以对其进行非常严格的解释。就当前的讨论而言，观点既简单又鲜明：如果法院缺乏独立性，它们将无法捍卫构成法治的这些其他原则。法院在这方面是否完全无能为力，取决于它们的独立性在多大程度上受到损害。独立性不是一个单一概念。它的受损程度不同，其变量包括削弱状况持续的时间，以及它所影响的案件级别。如果缺乏司法独立的情况是制度性的，即根深蒂固和长期持续的，那么其影响最具破坏性。在这种情况下，法院将无法保护公民免受可溯及既往法律的侵害，无法限制模棱两可的法律对个人权利的影响，也无法保护公民诉诸法院的权利。

还有第三个原因表明司法独立对法治具有核心意义，这在欧盟背景下尤其重要。成员国法院之间的相互信任是欧洲逮捕令制度的组成部分之一，而后者构成"自由、安全和公正的区域"（AFSJ）的核心。在更普遍的意义上，成员国法院是欧盟司法裁判制度的核心。它们有义务在其司法管辖权范围内遵守并适用欧盟法，在此意义上，它们是对欧盟法拥有普遍司法管辖权的法院。它们也是通过《欧洲联盟运行条约》第267条规定的初步裁决机制将案件上交给欧洲联盟法院的核心角色，而初步裁决机制是欧盟法律秩序的核心。如果成员国法院缺乏独立性，那么欧盟的司法裁判制度也将在上述两个方面受到损害。缺乏独立性的成员国法院可能无法正确适用欧盟法，而且如果有人对成员国立法或司法机构违反欧盟法的行为提出质疑，它们可能将限制通过初步裁决机制将案件提交至欧洲联盟法院。下文三位重要的成员国法官协会主席向当时的欧盟委员会候选主席提交的信函，就强有力地说明了上述风险。

致欧盟委员会候选主席的信函
——欧盟各国最高法院院长网络主席、欧洲法官协会主席、欧洲司法机构委员会网络主席㉖

司法独立的毁坏将对所有成员国的公民产生严重影响，将有损企业投资，将损害成员国之间的相互信任，而这一点对于共同打击联盟内的有组织犯罪至关重要。

一旦司法机构沦为政府的工具，它就不再有能力保护欧盟公民的权利，不管是有此情况的成员国公民还是其他欧盟国家的公民。它无力保护投资，这既包括本国投资，也包括国际投资。欧洲联盟法再也不能得到自由适用。其后果是，这样的司法机构再也不值得信任。

我们的评估完全独立于任何政治考量，依据我们的评估，我们描述的上述情况将不仅有损我们共同价值观的核心要素本身，而且将妨碍欧盟作为一个整体的有效性。

我们坚信，如果不是所有成员国都拥有独立司法机构，那么，联盟最终将不再是民主与法治的共同空间。

三　倒退：应对法治问题

（一）机构关切：纵向与横向

下文将会看到，欧盟采取一系列措施应对法治问题。然而，我们还应该注意，存在一种双重矛盾，即纵向矛盾与横向矛盾，它们影响着欧盟在该领域的参与。

从纵向角度来看，不遵守规则的成员国与欧盟之间的关系，受与欧盟权能的界限以及欧盟责任的界限等相关问题的影响。因此，一方面，人们认为欧盟应该就该问题"做些什么"，而该问题的存在本身在一定程度上

㉖　Letter to the President-Elect of the European Commission from the President of the Network of Presidents of the Supreme Courts of the EU; the President of the European Association of Judges; and the President of the European Network of Councils for the Judiciary, 20 Sep 2019, https://pgwrk-websitemedia. s3. eu-west-1. amazonaws. com/production/pwk-web-encj2017-p/News/letter% 20to% 20President% 20Elect% 20Mrs. % 20Ursula% 20Von% 20der% 20Leyen% 2020% 20september% 20pub. pdf.

也被认为是欧盟的责任。其原因在于，有人认为，相关国家经受住了依照"哥本哈根入盟标准"（Copenhagen criteria）对其进行的审查，因此，欧盟应为这些国家加入欧盟之后发生的事情负责，即使在这之前不可能发现相关问题，或者不存在相关问题。可以泛泛地说，之所以认为这是欧盟的责任，是因为如下事实，即无论导致相关问题的事件是在什么时间发生的，以下情况都是切实存在的。也就是说，出现问题的国家目前是欧盟的一个成员国，因此，欧盟有责任解决该问题。另一方面，人们认为，如果欧盟能够做的事情有限，那么我们对欧盟持有的期待也应该是有限的。如果某个成员国内部确实存在着与法治有关的严重的制度性失败，而这植根于该国根深蒂固的社会政治问题，那么，欧盟在此背景下能够做的事情必然是有限的。

从横向角度来看，这一问题影响着哪个机构具有在该领域提出欧盟倡议的合法性。因此，正如我们下文将要看到的，对于哪个机构拥有采取此类倡议的主要责任这一问题，欧盟委员会与欧盟理事会之间一直存在着矛盾。然而，应该承认，《欧洲联盟条约》第17条第1款赋予欧盟委员会确保条约得到遵守的职责，其中包括《欧洲联盟条约》第2条所包含的价值观。此外，尽管欧盟理事会是负责保护成员国利益的机构，但是，绝大多数成员国认为，在匈牙利、罗马尼亚和波兰发生的问题应该受到控制，因为它们不认同那类不自由的措施，正是这些措施引起对法治的评判。此外还因为，它们一致认识到此类措施可能对作为一个整体的欧盟所产生的破坏。从这一角度来看，毫无意外，理事会应该想要就该问题做些什么。同样毫不令人感到意外的是，在最初的犹豫过后，理事会愿意将有些行动"外包"给委员会，因为源自民族国家内部治理的教训表明，行政机构愿意将规制权力"外包"，这样它就可以避开这块"烫手山芋"。

（二）机构路径：概述

欧盟采取了一系列倡议应对法治问题，包括法律、政治和金融倡议。这是必要的，应该乐见其以适当方式采用法律与政治的混合控制。需要注意的是，委员会采用宽泛的实质法治概念。[27]

---

[27] Further Strengthening the rule of law within the Union-State of play and possible next steps, COM (2019) 163 final, 1. See also Strengthening the rule of law within the Union. A blueprint for action, COM (2019) 343 final, 1.

根据法治原则，所有公共权力均须在法律规定的范围内采取行动，遵守民主价值和基本权利，并且处于独立和不偏不倚的法院监督之下。法治包括的原则，例如合法性，意味着通过透明、负责任、民主和多元的程序制定法律；法律确定性；禁止武断行使行政权力；独立与不偏不倚的法院应提供有效司法保护；有效司法审查，包括尊重基本权利；权力分立；以及法律面前人人平等。

此外，委员会还强调法治、民主与基本权利之间的联系：如果不存在对法治的尊重，则不存在民主和对基本权利的尊重，反之亦然。只有受司法审查，基本权利才是有效的；只有在司法机构能够确保表达自由、集会自由、尊重政治与选举程序规则的情况下，民主才能得到保护。[28] 欧盟已经采取一系列倡议应对法治问题，这可以参见劳伦特·佩什（Laurent Pech）所做概述。

劳伦特·佩什：《法治》[29]

欧盟越来越认识到该问题对欧盟的威胁，这促成2012年后欧盟法治工具的重大和迅速发展，当年欧盟委员会主席公开承认法治倒退，并且将其作为一项重大挑战。自此之后，我们见证了一系列新工具的出现，但在大多数情况下都不够协调。2013年，欧盟委员会发布一项新的司法记分牌（Justice Scoreboard），并于2014年采纳所谓法治框架（Rule of Law Framework）；同一年，理事会决定启动其新的年度法治对话（Annual Rule of Law Dialogue）。在晚些时候，欧盟委员会提议启用新的法治评估周期（Rule of Law Review Cycle），并采用一项新机制，以便在发现法治方面存在普遍化缺陷时暂停欧盟资助。[30] 除了新工具以外，在法治倒退发生之前就已经设计好的工具也首次得到应用

---

[28] A new EU Framework to strengthen the Rule of Law, COM（2014）158 final/2.

[29] L Pech, 'The Rule of Law' in P Craig and G de Búrca（eds）, *The Evolution of EU Law*（Oxford University Press, 3rd edn, 2021）.

[30] Proposal for a Regulation of the European Parliament and of the Council on the protection of the Union's budget in case of generalised deficiencies as regards the rule of law in the Member States, COM（2018）324 final.

(《欧洲联盟条约》第 7 条）或"彻底改造"（例如欧洲学期），欧洲法院也首次"激活"《欧洲联盟条约》第 19 条第 1 款，以便更好地保护司法独立。

（三）机构路径：委员会司法记分牌

欧盟委员会的一项早期倡议是建立委员会司法记分牌，它于 2013 年首次公布。它与"欧洲学期"（European Semester）相关，是欧盟经济政策协调的核心组成部分。因此，毫无意外，司法记分牌建立在经济考量的基础之上。

欧盟委员会的理由是，高效且独立的司法体系有助于促进信任与稳定。因此，可预测、及时且可执行的司法判决是有吸引力的商业环境的重要结构性组成部分。以此种方式运行的法院强化了交易的可信度。与此相对应的推理是，"司法体系运行过程中存在的缺陷加剧螺旋式负增长，并且颠覆公民和企业对司法机构的信任"[31]。随着时间的推移，司法记分牌越来越详细，而且使用的指标也越来越复杂。

（四）机构路径：委员会欧盟法治框架

在司法记分牌启动之后不久，欧盟委员会又引入了 2014 年法治框架。[32] 欧盟委员会提出三项理由，在成员国违反法治的情况下，欧盟可以这三项理由为依据进行干预。[33]

第一，遵守法治是保护《欧洲联盟条约》第 2 条所列举的所有根本价值观，例如尊重人类尊严、自由、民主、平等和人权的前提条件。第二，遵守法治也是捍卫所有源自于两部条约和国际法的权利与义务的一般前提条件。第三，遵守法治是为确保相互信任所必不可少的，而相互信任是"自由、安全和公正的区域"赖以存在的基础。"自由、安全和公正的区域"这一规划尤其要求某个成员国针对被指控的刑事犯发布的欧洲逮捕

---

[31] The EU Justice Scoreboard. A tool to promote effective justice and growth, COM (2013) 160 final, 1.

[32] COM (2014) 158 final/2 (n 28).

[33] Ibid 5 – 6.

令，应在其他成员国得到执行。如果某个特定欧盟国家的法治令人担忧，如其司法体系的完整性所表现出来的那样，那么就将破坏这种信任，而信任是此类相互承认得以运行的必要前提条件。

委员会认为，有必要依照如下条件创设加强法治的新机制。[34] 它认为，成员国法治面临的系统性威胁无法通过现行欧盟规则得到有效解决。因此，它认为《欧洲联盟运行条约》第258条的违反之诉程序（infringement procedure）很重要，但是，只有在法治关切所涉及的是违反欧盟法的某个特定规则时才能运用该程序。欧盟委员会还认为，《欧洲联盟条约》第7条无法用于应对需要进行干预的所有情况。它对第7条的范围采取一种宽泛的观点，它指出该条"不仅限于欧盟法涵盖的领域，它还授权欧盟在成员国自主行动的领域进行干预，以便保护法治"。其理由基于如下事实，即"如果成员国违反根本价值观的方式严重到了属于第7条范围的程度，那么这就有可能颠覆欧盟的根基本身，以及成员国之间的信任，而无论成员国违反根本价值观的行为发生在哪些领域"[35]。然而，委员会认为第7条太受限，因为只有在存在"严重违反的显著风险"的情况下才能激活预防机制；与此同时，只有在"成员国严重且持续违反"《欧洲联盟条约》第2条所包含的价值观时，才能使用第7条第2款的制裁机制。它的结论是，激活《欧洲联盟条约》第7条两项机制的门槛太高，因而只能将这两项机制作为最后的手段。

现行机制的局限性为欧盟委员会旨在加强法治的新框架提供了依据。个人违反人权的行为将继续由成员国法院、欧洲联盟法院和斯特拉斯堡的欧洲人权法院审理。新框架将用于应对系统性违反法治的行为，这些行为威胁"成员国本身的政治、机构或者法律秩序，其宪法结构、权力分立、司法机构的独立性或公正性，或者其司法审查系统"[36]。该程序由三个阶段组成：评估、建议和后续。

在评估阶段，欧盟委员会将审查所有相关信息，并评估是否有清晰的指标表明存在着对法治的系统性威胁，并且将参考诸如欧洲委员会（Council of Europe）和欧盟基本权利署（Fundamental Rights Agency）等机

---

[34]　Ibid 5 – 7.

[35]　Ibid 6.

[36]　Ibid 7.

构的材料。如果评估表明存在着风险，则将与成员国进行对话，委员会将在对话中证明其关切，并给予成员国做出回应的机会。如果以这种方式处理，事情依旧没有得到解决，欧盟委员会就将提出法治建议，大意是有客观证据表明存在系统性威胁，而且成员国没有采取适当行动消除这一威胁。第三个阶段是后续阶段，欧盟委员会将监督成员国执行相关建议的后续情况。如果在委员会规定的时间期限内，成员国没有针对建议采取令人满意的后续行动，那么委员会将评估是否有可能激活《欧洲联盟条约》第7条。

欧盟委员会的分析受到理事会法律部的质疑。[37] 后者认为，除了《欧洲联盟条约》第7条规定的机制以外，条约中没有任何法律基础可以授权欧盟机构创设新的监督机制以监督成员国遵守法治的情况，也不存在任何权能可以修订、修改或替代该条规定的程序。

上述观点遭到了反驳。[38] 贝塞林克（Besselink）注意到，理事会的法律意见似乎以如下假设为前提，即委员会2014年框架不属于第7条的范围。他有力地指出，不应以这种方式解读该条款。这是因为理事会有权发出《欧洲联盟条约》第7条第1款中的建议，该权力先于判定存在严重违反行为的"显著风险"。在第7条第1款框架内就法治问题向成员国提供建议的先行权力必然意味着有权监督成员国的行为，因为如果不存在此类默示权力，理事会就有可能不是以已确定的事实为基础发布建议，这将违背欧盟法已确定的原则。贝塞林克认为，这就意味着要让理事会能够使用其在"预防性机制"框架下的权力，就必须存在默示监督权力，理事会可以自己使用这项权力，也可以请求委员会帮助其行使该权力。因此，对于那些能够提出倡议，以判定存在严重违反行为的"显著风险"的机构[39]而言，情况也是如此。这一论证具有说服力，理事会已放弃其法律部的前述意见。事实上，理事会一直以来都十分愿意批准欧盟委员会2014年文件中提出的路径方式，而且一直在将这项任务"外包"给委员会。

---

[37] Council of the European Union, Opinion of the Legal Service 10296/14, 14 May 2014.

[38] L Besselink, 'The Bite, the Bark and the Howl: Article 7 and the Rule of Law Initiatives' in Jakab and Kochenov（n 23）.

[39] 指欧洲议会、欧盟委员会以及由1/3成员国组成的欧盟理事会少数，见《欧洲联盟条约》第7条第1款。

使用 2014 年框架处理的第一起案件是针对波兰的[40]，原因是其未能遵守波兰宪法法庭具有约束力的裁决，以及波兰立法机构通过的措施损害了该宪法法庭的运行。然而，欧盟委员会承认，尽管发布了正式法治意见以及四项正式法治建议，波兰仍然继续顽固地制定有损波兰司法体系的法律。[41] 由此，欧盟委员会于 2017 年 12 月启动《欧洲联盟条约》第 7 条第 1 款，这是有史以来的第一次。科切诺夫（Kochenov）和佩什（Pech）等评论者此前就曾提出质疑[42]，在成员国有意寻求破坏法治的情况下，对话性工具是否能够发挥作用，而该案证实了他们的质疑。

但是，不应忽视 2014 年框架在更普遍意义上的效用。启动第 7 条第 1 款程序无疑具有象征性影响，即使仅仅希望相关问题能够通过第 7 条第 1 款得到解决，而无须诉诸第 7 条第 2 款，情况也是如此。启动这项程序必将引发政治风险。作为调查对象的成员国是在"受审"。因此，采用委员会 2014 年框架中所包含的那类第 7 条前置程序还是要更好一些。此外，没有任何理由认为作为这一倡议基础的对话不如《欧洲联盟条约》第 7 条第 1 款背后的对话更有效。相反，也许可以认为，该对话不是在第 7 条的正式范围内开展这一事实本身，增加了通过协商达成解决方案的可能性。某些对话必须采取闭门方式，这一点令人遗憾，但我们并不是生活在一个完美的世界上，事实上，微妙的谈判往往在一定程度上要求欠缺透明性。

（五）机构路径：理事会年度法治对话

在委员会引入 2014 年框架后不久，理事会采用了自己的机制，即"年度法治对话"[43]。理事会强调，其目的在于更好地促进和保障法治，但不会影响授权原则，也不会重复欧盟其他机构的工作。理事会还强调，有必要尊重成员国的国家身份。然而，这些对话所产生的结论非常简短，而

---

[40] Rule of law in Poland: Commission starts dialogue, 13 Jan 2016, http://ec. europa. eu/news/2016/01/20160113_ en. htm.

[41] Rule of Law: European Commission acts to defend judicial independence in Poland, 20 Dec 2017, IP/17/5367.

[42] Kochenov and Pech, 'Better Late than Never' (n 23).

[43] Council of EU, Press Release No 16936/14, 3362nd Council meeting, General Affairs, Brussels, 16 December 2014, 20 – 21.

且往往比较含糊，而不是很具体。

（六）机构路径：初步裁决与违反之诉

《欧洲联盟运行条约》第258条规定的违反之诉是应对法治问题的"武器库"中的工具之一。因此，与欧盟委员会2014年文件的某些陈述相反，《欧洲联盟运行条约》第258条规定的违反之诉可以合法地用于处理与成员国法治有关的问题。舍普勒（Scheppele）在这方面做了有价值的研究，她详细阐述了将第258条用于某个特定成员国存在系统性违反基本权利的情况。[44] 经简单的法律推理就可以发现某种一致的联系，诸如在压制媒体自由的成员国规则与举行自由和公正的欧洲议会选举之间，或者在相似的成员国规则与在成员国立法机构中恰当考虑欧盟措施之间。违反之诉程序如果能够做到有的放矢，将有助于表明相关成员国已经违反欧盟法律与政治秩序中的重要规范。[45] 在初步裁决和违反之诉案件中，欧洲法院通过司法裁判实际上保护了法治。在"帕尼塞略案"（*Panicello*）中，欧洲法院阐述了司法独立的内部和外部维度。

拉蒙·玛格丽特·帕尼塞略诉皮拉尔·埃尔南德斯·马丁内斯

Case C – 503/15 Ramón Margarit Panicello v Pilar Hernández Martínez

EU：C：2017：126

欧洲法院

37. 在这方面，应该忆及，提交初步裁决申请的机构是独立的，这个要求包括两个方面。首先是外部维度，该维度假设该法院完全自主地行使其功能，不从属于任何等级限制，也不隶属于任何其他机构，无须听从任何来源的命令或指示（参见2014年7月17日判决，*Torresi*，C – 58/13 and C – 59/13，EU：C：2014：2088，第22段；

---

[44] K L Scheppele, 'Enforcing the Basic Principle of EU Law through Systemic Infringement Actions' in Closa and Kochenov (n 23).

[45] See also Kochenov and Pech, ' Better Late than Never' (n 23)；Cases C – 542/18 RX – II *Simpson v Council* and C –543/18 RX – II *HG v Commission* EU：C：2020：232.

2015 年 10 月 6 日判决，*Consorci Sanitari del Maresme*，C－203/14，EU：C：2015：664，第 19 段），并且由此免受任何有可能妨碍其成员对由其审理的诉讼做出独立判决的外部干预或压力（参见 2006 年 9 月 19 日判决，*Wilson*，C－506/04，EU：C：2006：587，第 51 段；2014 年 10 月 9 日判决，*TDC*，C－222/13，EU：C：2014：2265，第 30 段；以及 2015 年 10 月 6 日判决，*Consorci Sanitari del Maresme*，C－203/14，EU：C：2015：664，第 19 段）。

38. 第二个方面，也就是内部维度，与不偏不倚相关，它寻求为诉讼当事方及其与诉讼标的有关的各自利益确保提供公平环境。这个维度要求客观性，而且除了严格适用法治以外，无须在诉讼结果中考虑任何利益（特别参见 2006 年 9 月 19 日判决，*Wilson*，C－506/04，EU：C：2006：587，第 52 段；2014 年 10 月 9 日判决，*TDC*，C－222/13，EU：C：2014：2265，第 31 段；以及 2015 年 10 月 6 日判决，*Consorci Sanitari del Maresme*，C－203/14，EU：C：2015：664，第 20 段）。

在后来的案件中，欧洲法院以上述司法独立的外部和内部概念为基础，形成了与《欧洲联盟条约》第 19 条的联系。这一点明显见于"葡萄牙法官案"。

葡萄牙法官协会诉审计院

Case C－64/16 Associação Sindical dos Juízes Protugueses

v Tribunal de Contas

EU：C：2018：117

本案涉及质疑一项旨在削减预算赤字的葡萄牙法律，该法律意味着降低葡萄牙法官的薪酬。提交初步裁决申请的法院询问，这是否违反《欧洲联盟条约》第 19 条中的司法独立原则。

欧洲法院

32.《欧洲联盟条约》第 19 条对《欧洲联盟条约》第 2 条所包含

的法治原则给予具体表述，不仅确保将欧盟法律秩序之内的司法审查责任赋予欧洲法院，而且将该责任赋予成员国法院和法庭（就此意义，参见关于建立单一专利诉讼制度协定的 2011 年 3 月 8 日第 1/09 号意见，EU：C：2011：123，第 66 段；2013 年 10 月 3 日判决，*Inuit Tapiriit Kanatami and Others v Parliament and Council*，C － 583/11 P，EU：C：2013：625，第 90 段，以及 2015 年 4 月 28 日判决，*T & L Sugars and Sidul Açúcares v Commission*，C － 456/13 P，EU：C：2015：284，第 45 段）。

33. 由此，成员国法院和法庭与欧洲法院一道，共同履行赋予它们的职责，即确保在解释和适用两部条约时法律得到遵守。⋯⋯

⋯⋯

37. 因此，每个成员国都必须确保，作为欧盟法意义上"法院或法庭"的机构，在其司法体系范围内，在由欧盟法涵盖的领域，满足关于有效司法保护的要求。

38. 在这方面，本法院认为，评估一个机构是否为"法院或法庭"，应考虑的因素尤其包括：该机构是否根据法律而设立，是否为常设，其管辖权是否具有强制性，其程序是否在两造之间，是否适用法治原则，以及是否具有独立性。⋯⋯

⋯⋯

42. 独立性是司法裁决这一任务的内在特征，确保独立性⋯⋯不仅是《欧洲联盟条约》第 19 条第 2 款第 3 段对欧盟层面的联盟法官和欧洲法院佐审官的要求，而且是对成员国层面成员国法院的要求。

43. 尤其是成员国法院和法庭的独立性也是司法合作体系良好运行的根本，而该体系包含在《欧洲联盟运行条约》第 267 条规定的初步裁决机制之中，原因在于，根据上文第 38 段提到的既定判例法，该机制只能由负责适用欧盟法并满足独立性标准的机构启动。

欧洲法院在该案中裁定，根据该案的事实，不存在对司法独立的违反，因此不存在违反第 19 条的情形。然而，在下面这个案件中，欧洲法院认定确实违反了司法独立。

欧盟委员会诉波兰共和国

Case C–619/18 European Commission v Republic of Poland

EU：C：2019：531

本案涉及质疑一项波兰法律，该法修改波兰最高法院法官的工作条件和退休年龄，并且赋予波兰共和国总统在这方面的广泛权力。欧洲法院重申"葡萄牙法官案"的说理，并且继续裁定如下。

欧洲法院

52. 此外，尽管正如波兰共和国与匈牙利所指出的，成员国的司法机构属于这些成员国的权能，但事实仍然是，在行使此项权能时，成员国被要求遵守其源于欧盟法的义务。……另外，要求成员国由此遵守这些义务，绝非欧洲联盟主张由自己行使该权能，而且与波兰共和国的声明相反，并未由此越权。

（欧洲法院强调，依照《欧洲联盟条约》第19条，成员国法院必须有能力提供有效司法保护。）

……

57. 为确保诸如最高法院这样的机构有能力提供此种保护，有必要保持其独立性。……

58. 法院的独立性这项要求内在于司法裁判任务，构成有效司法保护的权利以及公平审判的基本权利的部分基本要素，这一点至关重要，因为它保证个人源自于欧盟法的全部权利得到保护，以及《欧洲联盟条约》第2条规定的成员国共有价值观得到维护，尤其是法治这一价值观。……

……

77. 独立性的要求意味着，调整纪律制度的规则，以及据此对那些拥有争端裁决责任者的任何免职，必须提供必要的保障以防止产生如下任何风险，即该纪律制度被用作对司法决定内容的政治控制体系。

欧洲法院裁定，降低退休年龄并给予波兰共和国总统延长退休年龄的自由裁量权，这两项措施结合起来意味着波兰法律违反了司法独立原则，原因在于，其目的和结果均导致执政党得以控制司法任命。此外，还有很多关于《欧洲联盟条约》第 19 条的未决案件。

（七）机构路径：启动《欧洲联盟条约》第 7 条

到目前为止，欧盟委员会一直对启用《欧洲联盟条约》第 7 条保持谨慎。在这方面持谨慎态度是出台前文讨论的 2014 年战略的部分理由。然而，在成员国采取不当行为的情况下，2014 年战略的效用有限，波兰和匈牙利的经历都说明了这一点。第 7 条程序分为几个不同阶段。

第一个阶段是由第 7 条第 1 款列举的行为体之一提交具理由的提案（reasoned proposal），指出存在成员国严重违反第 2 条所指价值观的明确风险。在做出决定之前，相关成员国有权向理事会申诉，而且理事会必须定期核验做出相关决定的理由是否仍然适用。理事会同样有权向成员国发表建议（recommendation）。

第二个阶段是在邀请相关成员国提交其意见之后，欧洲理事会可根据 1/3 成员国或委员会的提案，并在取得欧洲议会同意之后，经由一致表决采取行动，判定存在着成员国严重且持续违反《欧洲联盟条约》第 2 条所包含价值的情况。接下来可能会暂时中止某些权利，包括该成员国政府代表在理事会的投票权。如果情况已发生变化，相关措施可以被撤销。

在适用《欧洲联盟条约》第 7 条方面所存在的一个难题涉及投票规则，该规则由《欧洲联盟运行条约》第 354 条予以规定。该规则的核心是，正在接受调查的成员国在欧洲理事会和理事会没有投票权。这项规定显然是正确的，但第 7 条的前提条件是，假设在任何时间里只有一个成员国存在问题。如果情况并非如此，那么就存在风险，即无法满足启用该程序第二阶段所要求的一致表决，因为某个有问题的成员国将否决即将针对另一成员国采取的行动，反之亦然。

（八）机构路径：法治周期

法治评估周期（Rule of Law Riview Cycle，RLRC）的想法得到欧洲议会的支持，并由欧盟委员会于 2019 年提出。[46] 欧盟委员会承认，确保成员

46　Strengthening the rule of law within the Union. A blueprint for action（n 27）9 - 10.

国层面尊重法治的首要责任属于成员国，但是，"尽管如此，欧盟在支持成员国机构并确保在早期阶段应对负面发展情况方面拥有合法责任"[47]。为了让欧盟在这方面发挥作用，欧盟机构需要更清楚地了解成员国的发展情况，这就是法治评估周期的由来。[48]

法治评估周期旨在涵盖法治的所有组成部分，包括腐败、权力分立、缺乏有效司法保护、独立法院、自由选举，以及媒体自由。针对不同国家的评估力度并不相同，也就是说，对于那些"已经发现存在倒退风险，或某些特定缺陷"的成员国，将给予密切关注。[49] 为此，接下来将发布年度法治报告，对成员国的情况进行总结概括，该报告可用作进一步开展对话的基础。

（九）机构路径：对遵守法治的财政激励

规制策略的性质及其所包含的激励机制各不相同。事实上，大多数关于规制的设想都有一个核心特征，即纳入最大化的激励机制，以促进遵守法治。这在当前背景下是合适的。在应对法治问题方面，还有一种被忽视的方式，就是将遵守法治与经济因素结合起来。

为此，欧盟委员会提出一项新机制，以便在法治方面存在普遍缺陷的情况下暂停欧盟资助。[50] 该决定应由理事会依据委员会的提议做出。除非在委员会通过该提议一个月之内，理事会经由特定多数决定驳回委员会的提议，则应视为已被理事会通过。[51] 欧洲议会也应全程全面参与所有阶段。其核心理念是，只有在公共机构依照包括有效司法审查和独立法院在内的法治原则采取行动的情况下，成员国才能保证健全的财政管理。

---

[47]　Ibid 9.

[48]　该理念源自于入盟成员国的实践，它们必须遵守由 1993 年哥本哈根欧洲理事会创设的"哥本哈根标准"。根据这些标准，这些成员国尤其必须表明它们致力于民主、法治、人权，并且尊重和保护少数群体。

[49]　Strengthening the rule of law within the Union. A blueprint for action（n 27）10.

[50]　Proposal for a Regulation of the European Parliament and of the Council on the protection of the Union's budget in case of generalised deficiencies as regards the rule of law in the Member States, COM（2018）324 final.

[51]　Ibid Draft Art 5（7）.

第四节 结论

一 英国退出欧盟使得在此之前普遍盛行的一体化轨迹格外引人注目。在英国脱欧之前,自欧洲经济共同体创立之日起,其模式一直是民族国家寻求加入欧洲共同体和后来的欧盟。成员国寻求离开,并最终退出欧盟这一事实本身,令欧盟十分震惊——这还是最委婉的说法。英国脱欧以多种方式提出了关于欧盟成员国身份的有意思议题。

二 从英国的角度来看,值得关注的是,尽管英国的成员国义务通过一系列"选择性不参加"(opt-outs)和其他形式的差异一体化而得到规避,但它仍然退出了欧盟。

三 从欧盟的角度来看,其他 27 个成员国更加在意成员国身份所带来的利益,并且希望在面对英国脱欧所带来的挑战时维持这些利益。这一点在上文阐述谈判策略、机构与实体性策略等方面表露无遗。这是一个仍在进行中的故事,因为英国与欧盟的关系只有在关于贸易及其相关事项的协定达成之后才会尘埃落定,假设这样一项协定能够达成。㊷

四 本章第二部分讨论的法治问题也考验着对欧盟成员国身份的限制。《欧洲联盟条约》第 2 条规定的价值观对成员国身份施加了义务,该条对基础条约中其他条款所包含的内容规定了更具体的义务。在这方面,遵守法治显得尤其突出。

五 独立的司法机构是任何法治概念的核心,在欧盟背景下显得尤其重要。如果成员国法院不是独立的,那么《欧洲联盟运行条约》第 267 条所包含的成员国法院与欧洲联盟法院之间的关系将被置于危险境地。

六 存在的风险是,此类法院将不向欧洲联盟法院提交它们按照第 267 条应该提交的事项,它们也不会按照《欧洲联盟条约》第 19 条第 2 款规定的义务在其管辖权范围内实施欧盟法。

七 此外,还存在如下风险,即成员国法院之间的相互信任将被颠覆,而

㊷ 英国与欧盟经过漫长谈判,于 2020 年 12 月达成贸易协议。——译者

相互信任是"自由、安全和公正的区域"的核心。

八　欧盟涉及法治的倡议能够在多大程度上解决相关问题，仍需拭目以待。已经提议或采用一系列法律、政治和财政工具这一事实是最佳策略，因为没有理由仅依靠单一机制来解决这一问题。

第五节　扩展阅读

一　专著

Bakardjieva Engelbrekt，A，and Groussot，X（eds），*The Future of Europe，Political and Legal Integration beyond Brexit*（Hart，2019）

Birkinshaw，P（ed），*Britain Alone! The Implications and Consequences of United Kingdom Exit from the EU*（Wolters Kluwer，2016）

Closa，C，and Kochenov，D（eds），*Reinforcing the Rule of Law Oversight in the European Union*（Cambridge University Press，2016）

Dougan，M（ed），*The UK after Brexit：Legal and Policy Challenges*（Intersentia，2017）

—— *The Law and Politics of Brexit*，Volume II（Oxford University Press，2020）

Jakab，A，and Kochenov，D（eds），*The Enforcement of EU Law and Values：Ensuring Member State Compliance*（Oxford University Press，2017）

Konstadinides，T，*The Rule of Law in the European Union：The Internal Dimension*（Oxford University Press，2017）

Von Bogdandy，A，and Sonnevent，P（eds），*Constitutional Crisis in the European Constitutional Area：Theory，Law and Politics in Hungary and Romania*（Hart，2015）

二　论文

Canor，I，'My Brother's Keeper? Horizontal *Solange*： "An Ever Closer *Distrust* among the Peoples of Europe"'（2013）50 CMLRev 383

Craig，P，'Brexit：A Drama in Six Acts'（2016）41 ELRev 447

—— 'Brexit a Drama: The Interregnum' (2017) 36 YEL 3

—— 'Brexit a Drama: The Endgame—Part I' (2020) 45 ELRev 163

Kochenov, D, and Pech, L, 'Monitoring and Enforcement of the Rule of Law in the EU: Rhetoric and Reality' (2015) 11 EuConst 512

——and—— 'Better Late than Never: On the European Commission's Rule of Law Framework and its First Activation' (2016) 54 JCMS 1062

Müller, J-W, 'Should the European Union Protect Democracy and the Rule of Law in Its Member Stats' (2015) 21 ELJ 141

Pech, L, 'The Rule of Law' in P Craig and G de Búrca (eds), *The Evolution of EU Law* (Oxford University Press, 3rd edn, 2021)

Von Bogdandy, A, Kottmann, M, Antpöhler, C, Dickschen, J, Hentrei, S, and Smrkolj, M, 'Reverse *Solange*—Protecting the Essence of Fundamental Rights against EU Member States' (2012) 49 CMLRev 489

第三章　欧盟机构

第一节　核心议题

一　《欧洲联盟条约》第 13 条列出受托执行联盟任务的七个主要机构：欧洲议会（European Parliament）、欧洲理事会（European Council）、欧盟理事会（Council）、欧盟委员会（Commission）、欧洲联盟法院（Court of Justice of the European Union）、欧洲中央银行（European Central Bank）和审计院（Court of Auditors）。本章介绍这七大机构的作用及其相互关系。本章还将介绍其他重要机构，如经济与社会委员会（Economic and Social Committee）、地区委员会（Committee of the Regions）和欧盟专门机构（agencies）。欧盟的货币机构将在后面章节讨论。[1]

二　阅读本章时需要留意，不要用有关政府职能分类的传统概念来理解文中所使用的立法（legislative）、行政（executive）、管理（administrative）和司法（judicial）等类型。这些职责中不少是由各机构共享，因此无法将任何一个机构表述为唯一的立法机构或唯一的行政机构。严格地讲，欧盟不符合一些国家政体所采用的严格分权原则。

三　在欧盟内部，机构的权能模式不是一成不变的。它由于条约的不断修订而发生变化，并且随着时间的推移，因各机构之间政治权力的平衡改变而发生变化[2]，包括在最初的"权威"机构之外涌现出一系列专

---

[1]　见第二十一章。

[2]　D Curtin, *Executive Power in the European Union: Law, Practices, and the Living Constitution* (Oxford University Press, 2009); P Craig, 'Institutions, Power and Institutional Balance' in P Craig and G de Búrca (eds), *The Evolution of EU Law* (Oxford University Press, 3rd edn, 2021) ch 3.

门委员会（committees）和机构行为体。

四　《里斯本条约》对欧盟机构的内部组织及其权力做出重大改变。在欧洲未来大会制定《宪法条约》时，这些改变曾引起激烈争论。

五　在《宪法条约》的审议过程中，其主要分歧包括委员会主席的选举；委员会的规模；对理事会的控制；是否应该设立欧洲理事会常设主席，如果设立，其权力如何；共同外交与安全政策等欧盟对外关系的责任范围。

六　《里斯本条约》大体上接受《宪法条约》对这些问题的解决方案。本章将逐一揭示关于这些问题的分歧和展开的讨论，以及这些改变对欧盟运行的影响。

第二节　欧盟委员会

需要注意的是，欧盟委员会（European Commission）这一术语既包括委员团（College of Commissioners），也包括配备大量工作人员为委员会各部门服务的布鲁塞尔常设官僚机构（Brussels bureaucracy）。[3] 这里的介绍从前者开始。

一　欧盟委员会主席

欧盟委员会主席（President of the Commission）职位具有实质性意义。最初，该职务与欧盟委员会其他委员（Commissioner）职务是平等的，其权力随着条约的多次修订而增强。

《里斯本条约》规定委员会主席由间接选举产生。委员会曾一直反对

---

③　N Nugent, *The European Commission*（Palgrave, 2001）; A Stevens with H Stevens, *Brussels Bureaucrats? The Administration of the European Union*（Palgrave, 2001）; L Hooghe, *The European Commission and the Integration of Europe*（Cambridge University Press, 2002）; M Pollack, *The Engines of European Integration: Delegation, Agency, and Agenda Setting in the EU*（Oxford University Press, 2003）; A Smith（ed）, *Politics and the European Commission: Actors, Independence, Legitimacy*（Routledge, 2004）; D Dimitrakopoulos（ed）, *The Changing European Commission*（Manchester University Press, 2004）; D Spence（ed）, *The European Commission*（Harper, 3rd edn, 2006）.

这一主张，担心可能导致政治化。在欧洲未来大会期间，其态度发生变化④，主要因为人们认为这会提高委员会主席的合法性，从而加强使其成为整个联盟主席的主张。⑤ 欧洲议会不出所料地赞成由它自己选举委员会主席的机制。但是，成员国不愿意把选任委员会主席的所有控制权都让给欧洲议会。

宪法条约中的"解决方案"⑥ 被直接纳入《里斯本条约》。由此，《欧洲联盟条约》第14条第1款规定，欧洲议会选举委员会主席。但是，从第17条第7款中仍然可以明显看到成员国所保留的权力。欧洲理事会经特定多数表决，在考虑欧洲议会的选举情况并经适当咨询之后⑦，向欧洲议会提出一名委员会主席候选人。该候选人由欧洲议会多数议员选举为主席。如果该候选人没有获得所需的多数支持，欧洲理事会应在一个月内提出新的候选人，并根据相同程序举行再次选举。

委员会主席经间接选举产生，意味着"候选人"必须获得欧洲议会内部主要党团的支持。即使在《里斯本条约》之前，这也符合现实情况，例如巴罗佐（Barroso）主席在2009年秋季获得连任时就是欧洲人民党（EPP）的官方候选人。但是，2014年欧洲议会选举结果使其与委员会主席的联系才得到凸显，那年欧洲人民党和社会党分别支持的候选人都积极竞选委员会主席职位。欧洲人民党获得大多数选票，其候选人让—克劳德·容克被欧洲理事会正式任命为委员会主席，尽管英国和匈牙利反对。但是，委员会主席乌尔苏拉·冯德莱恩的选举，与政党体系的联系被弱化，尽管欧洲议会对各候选人的支持程度并不十分明朗，这一事实使该问题变得复杂化。这对欧盟内部民主的更广泛影响将在后面章节中加以讨论。⑧

由委员会主席为委员会制定工作方针，决定其内部组织结构，并任命

---

④ CONV 448/02, For the European Union Peace, Freedom, Solidarity—Communication from the Commission on the Institutional Architecture, 5 Dec 2002, [2.3]; Peace, Freedom and Solidarity, COM (2002) 728 final.

⑤ P Norman, *The Accidental Constitution: The Making of Europe's Constitutional Treaty* (EuroComment, 2nd edn, 2005) 120–121.

⑥ 《宪法条约》（CT）第一部分第20条第1款、第27条第1款。

⑦ 《里斯本条约》第11号声明强调，在选择委员会主席候选人之前，欧洲理事会和欧洲议会之间应进行协商。

⑧ 见第六章。

若干委员会副主席。^⑨ 容克委员会有六位副主席，其中包括外交事务高级代表和一位第一副主席。冯德莱恩委员会有三位执行副主席，以及五位副主席，其中包括外交事务高级代表。^⑩ 他们引导和协调根据委员会优先事项划分主题的委员小组，这些主题，例如数字单一市场、能源联盟、民主与人口统计超越了委员会各部门的职能。^⑪ 执行副主席还掌管一个政策领域，各有一个总司在其权力下完成他们的这部分工作。

委员会的职责由主席在委员中进行分配，主席有重新调整的权力^⑫，但是需要在委员、主席和成员国之间就"谁得到什么"进行协商，协商过程通常很激烈。此外，委员会主席可以要求某位委员辞职。^⑬

委员会主席在制定委员会的整体政策，与理事会和欧洲议会进行协调，以及确定欧盟未来方向方面发挥着重要作用。这个职位在多大范围内发挥作用，取决于当任者的个性和远见。^⑭ 雅克·德洛尔就对共同体的发展有着卓越的远见。许多宏大的共同体倡议在很大程度上可以归功于他对委员会的领导。^⑮ 冯德莱恩为其 2019—2024 年的主席任期设定了六项优先事项：欧盟绿色新政、为人民服务的经济、跟上数字时代的欧盟、推广欧洲生活方式、世界上更强大的欧洲、对欧洲民主的新推进。^⑯

二 委员团

（一）规模

在 2000 年起草《尼斯条约》时曾对欧盟委员会的规模进行大量辩论。在形成《尼斯条约》的政府间会议（IGC）上，对于是继续由每个成员国各委派一名委员，还是应设置人数上限，并轮流担任委员这一问题，出现

---

⑨ 《欧洲联盟条约》第 17 条第 6 款，除联盟外交事务与安全政策高级代表外。

⑩ https：//ec. europa. eu/commission/commissioners/2019 - 2024_ en.

⑪ http：//ec. europa. eu/about/structure/index_ en. htm.

⑫ 《欧洲联盟运行条约》第 248 条。

⑬ 《欧洲联盟条约》第 17 条第 6 款。

⑭ J Peterson，'The Santer Era：The European Commission in Normative，Historical and Theoretical Perspective'（1999）6 JEPP 46.

⑮ N Nugent，'The Leadership Capacity of the European Commission'（1995）2 JEPP 603.

⑯ Political Guidelines for the Next European Commission 2019 - 2024，https：//ec. europa. eu/info/strategy/priorities - 2019 - 2024_ en.

了意见分歧。⑰ 支持后一种观点的人提出的理由是，委员不代表本国，由 28 名委员组成的委员会可能超越了合议型机构与审议型大会之间的界限。

《里斯本条约》选择缩减委员会的规模，尽管后面有一个但书。条约规定，到 2014 年 10 月 31 日，委员会由每个成员国的一位国民组成，包括主席和外交事务高级代表。⑱ 在该日期之后，委员会的委员人数，包括主席和外交事务高级代表在内，应为成员国数量的三分之二，除非欧洲理事会一致决定修改这一比例。在确定各国国民担任委员会成员的顺序和任期方面，各成员国应得到严格的平等对待。委员会的组成必须反映所有成员国的人口规模和地理范围。⑲ 这个机制由欧洲理事会确定。⑳ 由此，《里斯本条约》的基本立场是在中期将出现一个精简的委员会。

这个但书是，欧洲理事会可以通过一致同意的方式修改 2014 年之后的制度，从而改变委员的人数。㉑ 由此，欧洲理事会可以投票决定在 2014 年之后保留一国一委员的方式。在爱尔兰进行第二次公投之前，欧洲理事会做出这一承诺。㉒ 2013 年的一项欧洲理事会决定执行了该承诺，规定继续一国一委员方式。㉓ 在考虑该决定对欧盟运行的影响之后，将重新决定采用何种方案，时间或者是在 2019 年产生新一届委员会之前，或者是在第 30 个国家加入欧盟之前，取其中较早者。在任命冯德莱恩担任委员会主席时，欧洲理事会如期重新考虑了该事项，并且维持了一国一委员机制。㉔ 当时英国还是成员国，但它拒绝提名一位委员，这意味着当前的委员会只有 27 名成员。

（二）任命

欧洲未来大会提议，委员（commissioner）由委员会当选主席从各成员

---

⑰ CONFER 4813/00，Presidency Note，1 Dec 2000.

⑱ 《欧洲联盟条约》第 17 条第 4 款。

⑲ 《欧洲联盟条约》第 17 条第 5 款、《欧洲联盟运行条约》第 244 条。

⑳ 《欧洲联盟条约》第 17 条第 7 款。

㉑ 《欧洲联盟条约》第 17 条第 5 款。

㉒ Brussels European Council，10 July 2009，［I. 2］.

㉓ 2013/272/EU：European Council Decision of 22 May 2013 concerning the number of members of the European Commission［2013］OJ L165/98.

㉔ European Council Decision（EU）2019/1989 of 28 November 2019 appointing the European Commission［2019］OJ L308/100.

国提名的三名候选人中选出，并且经由欧洲议会批准。[25] 这个提议使得委员会主席掌控对委员的选择，即使整个委员会成员名单须交由欧洲议会批准。

《里斯本条约》还是保留了成员国对遴选委员的更大影响。由成员国就委员会名单提出建议，理事会经与委员会当选主席达成一致，通过候选委员名单。[26] 其后，这个委员名单整体交由欧洲议会批准。[27] 然而，委员会的正式任命由欧洲理事会以特定多数方式表决，尽管是在欧洲议会批准的基础之上。[28] 各候选委员在被欧洲议会批准前通常由议会相关委员会审查。委员的任期为五年，可以连任。[29]

委员应根据其自身的综合能力加以遴选，其独立性不得存疑。在履行职责方面，委员应完全独立，既不能寻求也不能接受政府或其他任何机构的指示。[30] 因此，虽然委员来自成员国，但他们并不代表其本国。由全体委员参加的会议被称为"委员团"（College of Commissioners）。委员会在主席的指导方针下工作，委员以特定多数通过决策。[31]

委员有自己的专属职员（或内阁），部分由成员国官员，部分由欧盟官员组成。[32] 每个工作团队大约有 15 名官员，委员会主席的内阁可能更大一些。内阁成员联络委员会其他部分，审查条例和指令草案，并随时向委员通报相关领域的发展情况。不过，内阁团队与委员会官僚机构之间存在矛盾，内阁团队被认为代表成员国而非欧盟利益。

（三）免职

如果委员个人不再具备与职位相符的条件或者存在严重的不当行为，则可被强制免职。免职决定由欧洲法院根据欧盟理事会的申请做出。[33] 难以解除委员职务这一问题，曾是导致桑特委员会（Santer Commission）倒

---

[25] 《宪法条约草案》（Draft CT）第一部分第 26 条第 2 款。

[26] Council Dec（EU）2019/1949［2019］OJ L304/16.

[27] Euroepan Council Dec（EU）2019/1989（n 24）.

[28] 《欧洲联盟条约》第 17 条第 7 款。

[29] 《欧洲联盟条约》第 17 条第 3 款。

[30] 《欧洲联盟条约》第 17 条第 3 款。

[31] 《欧洲联盟运行条约》第 250 条。

[32] Nugent（n 3）ch 5.

[33] 《欧洲联盟运行条约》第 247 条。该条规定委员会也可做出此请求。——译者

台的部分原因。这就是为什么条约规定，一旦主席提出免职要求，该委员必须辞职。㉞ 条约还对在委员辞职、强制免职或身故的情况下出现的补缺问题做出规定。㉟

（四）决策

委员团有四种不同的工作方式。㊱ 其一是重要事项通过委员团每周会议处理，日程由秘书长准备。在召开这些会议之前，各委员的首席内阁（*chefs de cabinet*）应举行讨论以解决分歧。也可以召开委员会小组会议，协调其行动。

其二为书面程序，用于"当所有要点已得到相关总司同意并且得到法律部批准，因此似无必要在委员团进行审议时"㊲。在提案被呈送至各委员的内阁后，如果在特定期限内没有异议，则等同于做出决定。任何委员都可以提出异议并要求在委员团会议上考虑该措施。

其三是授权，即在遵守集体责任原则的情况下，委员会授权个别委员做出决定。最后一种工作方式被用于日常工作，即将决策委托给各总司长（Directors General）或机构负责人，由其代表委员会采取行动。

三　委员会官僚机构

多年来，一直就有很多对布鲁塞尔官僚机构（Brussels bureaucracy）规模过大的批评。这种批评在很大程度上是因为不了解实际情况。2019年，欧盟委员会雇用大约3.2万名长期和合同职员。㊳ 下面介绍在委员会工作并构成布鲁塞尔官僚机构的常设官员的组织构架。

总司（Directorates-General，DG）涵盖欧盟委员会负责的大多数内部领域。目前有以下不同领域的总司：农业农村发展总司（AGRI）；预算总司（BUDG）；气候行动总司（CLIMA）；宣传总司（COMM）；通信网络、

㉞　《欧洲联盟条约》第17条第6款。

㉟　《欧洲联盟运行条约》第246条。

㊱　Commission Rules of Procedure［2000］OJ L308/26；https：//ec. europa. eu/info/strategy/decision - making - process/how - decisions - are - make_ en.

㊲　Nugent（n 3）94.

㊳　https：//ec. europa. eu/info/about - european - commission/organisational - structure/commission - staff_ en.

内容与技术总司（Connect）；竞争总司（COMP）；防务工业与太空总司（DEFIS）；经济与金融事务总司（ECFIN）；教育、青年、体育与文化总司（EAC）；就业、社会事务及平等机会总司（EMPL）；能源总司（ENER）；环境总司（ENV）；欧洲公民保护和人道主义援助行动总司（ECHO）；欧洲睦邻与扩大谈判总司（NEAR）；欧盟统计局（Eurostat）；金融稳定、金融服务与资本市场联盟总司（FISMA）；健康与食品安全总司（SANTE）；人力资源与安防总司（HR）；信息技术总司（DIGIT）；内部市场、工业、创业与中小企业总司（GROW）；国际合作与发展总司（INTPA）；口译总司（SCIC）；联合研究中心（JRC）；司法与消费者权益总司（JUST）；海事与渔业总司（MARE）；移民与内务总司（HOME）；交通运输总司（MOVE）；地区与城市政策总司（REGIO）；科研创新总司（RTD）；秘书处（SG）；结构改革支持总司（REFORM）；税收与关税同盟总司（TAX-UD）；贸易总司（TRADE）；笔译总司（DGT）。还有一些单位在委员会行动范围内提供通用服务，例如欧洲反欺诈办公室（OLAF）、法律服务部（SJ）、内部审计部（IAS）、与英国联系工作组（UKTF，2021 年 3 月 1 日解散。——译者）。

欧盟委员会官僚机构主要有四个等级。[39] 其一是委员（Commissioner），是该领域的首长。其二是总司长（Director General），是某个总司（DG）的首席官僚，向委员负责，通常还会有一名副总司长（Deputy Director General）。其三是司长（Director），总司下设多个司（Directorates），各司通常由一名司长领导，司长向总司长或副总司长负责。行政架构的第四个部分是处长或主任（Head of Division or Unit），这些处室是各司的一部分。各处室有一名领导，向相应的司长负责。

决定和立法建议草案通常产生于上述等级的下属部分，向上直至呈送给委员团。我们将在后面详细讨论立法程序。[40] 这里仅说明，一项建议通常开始于相关总司内部。在草案形成阶段，通常会启用外部专家，并且向成员国公务人员咨询。建议稿随后经由总司转交至相关委员的内阁，并进入由首席内阁主持的每周例会。建议稿随后被呈送至委员团会议，草案可

---

[39] Nugent（n 3）138 – 142；A Stevens with H Stevens, *Brussels Bureaucrats? The Administration of the European Union*（Palgrave, 2001）ch 8.

[40] 见第六章。

能被接受或被拒绝，也可能建议修改。当提案可能影响多个领域时，多个总司可能参与其中，情况会更复杂。

　　与一项措施有关的不同总司在某个问题上具有"不同角度"，这并不罕见。"多组织"（multi-organization）这个术语一直被用于描述委员会不同部门的优先事项。[41] 正是这个原因，委员会内部的磋商要在委员团会议之前进行。正式会议将由首席内阁主持，具有专业知识的内阁成员提供意见，目的是在委员团会议召开之前达成一致。在所有层级的平级官员之间也会进行非正式交流，包括委员之间，不同内阁的成员之间，以及在总司工作的职员之间。在整个委员会内部，秘书处在协调起草立法倡议方面也发挥着重要作用。

　　欧盟委员会内部运行的基本原则是，获取职位和晋升均以绩效为基础，由竞争性的考核来确定。这种贤能原则受现实情况的制约，因为成员国都力争确保本国国民得到适当的职位，特别是高级职位。出于这个原因，传统上一直通过非正式的配额制来分配这些职位[42]，但基本法律原则是应根据绩效决定职位的分配。[43]

四　欧盟委员会的权力

《欧洲联盟条约》第 17 条规定了欧盟委员会的权力：

　　1. 委员会应促进联盟的普遍利益，并为此提出适当的倡议。委员会应确保两部条约及联盟机构根据两部条约所采取之措施的实施；它应在欧洲联盟法院控制下监督联盟法的适用；它应执行预算，并对规划进行管理。委员会行使两部条约规定的协调、执行和管理职能。除共同外交与安全政策及两部条约规定的其他情形外，委员会对外代表联盟。委员会应就联盟年度和跨年度计划提出倡议，以达成机构间协议。

　　2. 除两部条约另有规定外，联盟立法性法令只能在委员会提案的

---

　　[41]　L Cram, 'The European Commission as a Multi-Organisation: Social Policy and IT Policy in the EU' (1994) 1 JEPP 194.

　　[42]　Nugent (n 3) 174 – 176.

　　[43]　Case 105/75 *Giuffrida v Council* [1976] ECR 1395.

基础上通过。在两部条约规定的情况下，其他法令也应在委员会提案
的基础上通过。

条约的条款从未准确表达欧盟委员会的现实角色。《欧洲共同体条约》
第211条（《欧洲联盟条约》第17条的前身）的字面含义无法传达委员会
所发挥的作用。《欧洲联盟条约》第17条在这方面表现得要好一点，但是
仍然未能表达出委员会的全部权力。

（一）立法权

欧盟委员会在立法程序中发挥着核心作用，其细节将在后面章节讨
论。[44]《欧洲联盟条约》第17条第2款给予委员会立法创制权（the right of
legislative initiative），使其处于政策制定的最前端。尽管大多数提案必须得
到理事会和欧洲议会的批准，但是委员会的创制权使其有能力成为欧盟的
"一体化引擎"（motor of integration）。不过理事会事实上是许多立法倡议
的催化剂。

欧盟委员会对立法程序产生影响的第二种方式是每年制定总体立法计
划。[45] 委员会的这项议程设置工作对于形成欧盟未来一年的优先事项具有
重要意义。这一作用得到《欧洲联盟条约》第17条第1款的肯定，同时
也对其工作范围做了限定，该条款规定委员会就联盟年度和多年度计划提
出倡议，以期达成机构间协议。

欧盟委员会影响欧盟政策的第三种方式，是制定整体策略。例如，委
员会《关于完成内部市场的白皮书》[46]，最终形成《单一欧洲法令》；委员
会多项倡议促进了经济货币联盟的发展；委员会《关于劳动者基本社会权
利的共同体宪章》[47]（社会宪章）在关于共同体社会政策的辩论中具有重要
作用；委员会《欧洲治理白皮书》影响了有关机构改革的辩论；[48] 委员会

---

[44]　见第六章。

[45]　Commission Work Programme 2019, Delivering what we promised and preparing for the future,
COM（2018）800 final, Annexes 1 - 5.

[46]　COM（85）310.

[47]　见第十二章。

[48]　European Governance: A White Paper, COM（2001）428, and Communication from the Com-
mission on the Future of European Union—European Governance: Renewing the Community Method, COM
（2001）727.

主席任职时提出的施政纲要，最终形成委员会政策。[49]

欧盟委员会行使立法权的第四种方式，是在某些有限的领域内，在没有任何其他欧盟机构正式参与的情况下仅根据自己的权力制定欧盟规范。[50]

最后一种是欧盟委员会行使委托立法权。[51]《欧洲联盟运行条约》第290条对此做了明确规定。理事会和欧洲议会可授权委员会对特定领域制定进一步的法令。[52]

（二）管理权

欧盟委员会负有重大的管理责任。这反映在《欧洲联盟条约》第17条第1款中，该款规定委员会应管理各项计划。政策和立法一旦制定，就必须施加管理。这通常是通过成员国专门机构进行共同管理。[53] 欧盟委员会保持整体的监督审查权，以确保规则在成员国内得到适当执行。如下文所示，在履行这一职责中存在诸多困难。[54] 越来越普遍的情形是，为了执行某些欧盟政策，欧盟委员会将实施直接管理责任。[55]

（三）行政权

欧盟委员会具有行政职责。其中两个部分特别重要，一个与财政有关，另一个涉及对外关系。

欧盟委员会在欧盟预算中发挥着重要作用。委员会还在支出方面拥有重要权力，特别是有关农业支持和结构政策，前者占联盟年度预算的很大一部分，后者旨在帮助较贫困地区脱贫，调整处于衰退中的产业以及应对长期失业。

欧盟委员会还在对外关系领域行使行政权。以下摘录纽金（Nugent）的解释。

---

[49] A New Start for Europe, My Agenda, for Jobs, Growth, Fairness and Democratic Change, 15 July 2014；Political Guidelines for the Next European Commission 2019－2024（n 16）.

[50] 见第六章。

[51] 见第五章。

[52] 见第五章、第六章。

[53] P Craig, *EU Administrative Law*（Oxford University Press, 3rd edn, 2018）ch 4.

[54] 参见第十八章。

[55] Craig（n 54）ch 2.

纽金：《欧盟的政府和政治》[56]

第一，欧盟委员会在确定和实施欧盟对外贸易关系中处于核心地位。……委员会不仅在正式谈判中代表欧盟，例如由世界贸易组织（WTO）主持的谈判，并且更多地在非正式和解释交流中代表欧盟采取行动，例如欧盟和美国就世界农业贸易开展磋商，欧盟和日本就彼此市场准入交换意见等。

第二，对于欧盟与许多国家和国家集团签订的各种对外协定，委员会负有重要的谈判和管理责任。……

第三，在一些重要的国际组织中，委员会代表欧盟并参与其中的工作。……

第四，委员会有责任充当欧盟与非成员国之间的关键联络点。在160多个国家设有欧盟派驻的外交使团。……就欧盟而言，它维持着庞大的外交使团网络……代表团和办事处的数量超过130个，由委员会雇员组成。

第五，……在欧盟成员国身份申请方面，委员会负有重要责任。在收到申请后，理事会通常要求委员会进行详细的影响调查并提交意见。在谈判开始后，委员会作为欧盟的主要谈判者根据理事会批准的指导方针采取行动，除非在部长级场合，或者当特别敏感或困难的事项要求在部长间达成解决分歧的方案时。……

（四）司法权

欧盟委员会拥有两种类型的司法权，其基础是《欧洲联盟条约》第17条第1款，该款规定委员会应确保两部条约以及和根据两部条约所制定的法律的适用，并应在欧洲联盟法院的控制之下监督联盟法的适用。

在成员国违反欧盟法时，欧盟委员会根据《欧洲联盟运行条约》第258条对该成员国提起诉讼。[57] 诉诸正式的法律是最后手段，在此之前委员

---

[56]　N Nugent, *The Government and Politics of the European Union*（Oxford University Press, 6th edn, 2006）186–187.

[57]　见第十三章。

会努力通过磋商解决问题。

在某些领域，对于私营企业或成员国违反条约的情况，欧盟委员会还可作为调查者和初步裁判者。最重要的两个领域是竞争政策和国家援助。委员会的裁判权为推动欧盟政策提供了重要工具，其决定受综合法院（General Court）的审查。

五　桑特委员会的倒台及后续改革

过去，人们一度担心欧盟委员会存在欺诈和管理不善问题，特别是在共同农业政策等领域。[58] 最终在欧洲议会和委员会的主持下，成立了独立专家委员会。1999 年 3 月，独立专家委员会提交第一份报告[59]，在报告的结论中指出，在委员会内部"很难找到任何有丝毫责任感的人"[60]。该报告一经出炉便立即产生了巨大的影响，导致委员会集体辞职。独立专家委员会报告所揭露的主要问题并非委员会的欺诈行为，而是难以控制拥有外包权力的人[61]，这被视为所有公共行政系统的痼疾。[62]

罗马诺·普罗迪（Romano Prodi）在接任欧盟委员会主席之后，引入新的委员《行为准则》[63]，并成立"行政改革工作组"（Task Force for Administrative Reform，TFRA）。该工作组发表的白皮书[64]，在很大程度上接受了独立专家委员会第二次报告中的重要建议。[65] 该白皮书的主题是，委员会需要集中精力在政策制定、政治倡议和执行欧盟法这类核心职能上。可以将一些事务委托给其他机构，以便委员会能够集中精力于核心工作。[66]

---

[58]　D Spence, 'Plus Ça Change, Plus C'est La Même Chose? Attempting to Reform the European Commission' (2000) 7 JEPP 1. Private Law' [1994] PL 86.

[59]　Committee of Independent Experts, First Report on Allegations regarding Fraud, Mismanagement and Nepotism in the European Commission, 15 Mar 1999, [1.4.2].

[60]　Ibid [9.4.25].

[61]　P Craig, 'The Fall and Renewal of the Commission: Accountability, Contract and Administrative Organization' (2000) 6 ELJ 98.

[62]　P Craig, *Administrative Law* (Sweet & Maxwell, 8th edn, 2016) ch 5; M Freedland, 'Government by Contract and Private Law' [1994] PL 86.

[63]　The Formation of the Commission, 12 July 1999. See also Operation of the Commission, 12 July 1999.

[64]　Reforming the Commission, COM (2000) 200.

[65]　Committee of Independent Experts, Second Report on Reform of the Commission, Analysis of Current Practice and Proposals for Tackling Mismanagement, Irregularities and Fraud, 10 Sept 1999.

[66]　Reforming the Commission (n 65) Part I, 6.

但是，只有当"外包"是最有效的选择时才能使用，不得以牺牲问责制为代价，并且应有足够的内部资源确保施加适当控制。该白皮书建议成立新型执行机构，并建议进行财政控制。2002 年《财政条例》采纳了其中的许多想法，为欧盟大多数行政管理工作提供了一个宪法框架。[67] 应由新型专门机构（agency）监督外包工作的想法被接受[68]，并且建立了大量这类专门机构。[69]

六　欧盟委员会的角色

欧盟委员会一直是最忠于一体化的政治力量。[70] 它必须与理事会和欧洲议会通力合作，但由于这种机构间维度，欧盟的发展步伐并不总是稳定的。[71]

有学者认为，欧盟委员会的影响力在下降，例证是它对《尼斯条约》和《宪法条约》谈判的影响力相对较弱。[72] 另有一些学者则给予积极评价，他们关注于委员会官僚机构的重要性持续提升。[73] 还应指出的是，通过那

---

[67]　Council Regulation (EC, Euratom) No 1605/2002 of 25 June 2002 on the Financial Regulation applicable to the General Budget of the European Communities [2002] OJ L248/1.

[68]　Council Regulation (EC) No 58/2003 of 19 December 2002 laying down the Statute for Executive Agencies to be entrusted with certain tasks in the management of Community Programmes [2003] OJ L11/1.

[69]　Craig (n 54) ch 2.

[70]　参见欧洲理事会拉肯会议之前的委员会通讯，The Future of European Union—European Governance：Renewing the Community Method, COM (2001) 727. 关于委员会的论著极为丰富，近期的研究可参见：A Ellinas and E Suleiman, *The European Commission and Bureaucratic Autonomy：Europe's Custodians* (Cambridge University Press, 2012)；A Wille, *The Normalization of the European Commission：Politics and Bureaucracy in the EU Executive* (Oxford University Press, 2013)；C Ban, *Management and Culture in an Enlarged European Commission：From Diversity to Unity?* (Palgrave, 2013)；H Kassim, J Peterson, M Bauer, S Connolly, R Dehousse, L Hooghe, and A Thompson, *The European Commission of the Twenty-First Century* (Oxford University Press, 2013)；M Egberg, 'The European Commission：From Agent to Political Institution' (2014) 92 Pub Adm 240.

[71]　参见第一章、第六章。

[72]　H Kassim and A Menon, 'EU Member States and the Prodi Commission' in D Dimitrakopoulos (ed), *The Changing European Commission* (Manchester University Press, 2004) ch 5.

[73]　See, eg, L Hooghe and H Kassim, 'The Commission's Services' in J Peterson and M Shackleton (eds), *The Institutions of the European Union* (Oxford University Press, 3rd edn, 2012) ch 8；T Christiansen, 'The European Commission：The European Executive between Continuity and Change' in J Richardson (ed), *European Union：Power and Policy-Making* (Routledge, 3rd edn, 2006) ch 5；M Rhinard and B Vaccari, 'The Study of the European Commission' (2005) 12 JEPP 387.

些抗击欧盟金融危机所制定的措施，委员会的权力有所增加。[74] 政治学者由此对委员会掌握权力的程度和解释委员会影响力程度的最佳方式展开辩论。以下摘录提供了多种观点。

彼特森：《委员团》[75]

如果欧盟委员会确实如此软弱，政府间主义者对欧盟政治的描述……可以用来解释其原因。首先，委员会主席是谁，并没有什么不同。其次，委员会只有在成员国的偏好一致时才是强有力的。再次，委员会的权力仅在成员国政府希望确保"它们对彼此承诺的信誉"的范围内。……对大多数"创造历史"的宏大欧洲一体化决策，委员会传统上没什么影响，学者和实际工作者对此几乎没有异议。

相比之下，如今已成为"欧盟研究中的主导理论方法"的制度主义理论，把委员会描绘为在日常政策辩论中经常发挥强有力的作用。……根据这种观点，在欧盟这种复杂的系统中，决策是难以扭转的，政策往往被锁定在现有路径和"路径依赖"中。……

制度主义的衍生理论将理性选择理论和委托代理理论的观点结合起来。……他们认为，欧盟政治中的权力委托人——成员国政府本身——做出理性选择，将任务委托给欧盟机构，欧盟机构从而成为其在特定政策领域的代理人。这一理论体系揭示了欧盟采取传统"共同体方法"立法以外的其他方式来制定政策的倾向，而依共同体方法，只有委员会可以提出立法提案。……

对新政策模式的喜好与日俱增……这反映在各种新的规制型专门机构的创设中。……欧盟成员国政府似乎越来越需要新型代理人——而不仅仅是委员会——它们可以将政策合作任务委托给这些专门机构。但是，委员会通常保留在私人行为体、消费者和环保组织以及成员国和欧盟专门机构……的政策网络中识别和寻求解决协作问题的

---

[74] 见第二十一章。

[75] J Peterson, 'The College of Commissioners' in Peterson and Shackleton (n 74) 117 – 118；D Rometsch and W Wessels, 'The Commission and the Council of Ministers' in G Edwards and D Spence (eds), *The European Commission* (Longman, 1994) 203.

工作。

多层治理作为理解欧盟的一种方法，其赞同者长期以来一直认为，委员会在"由技术专家组成的高度专业化的政策网络"中享有特权地位，甚至"在创设新的网络过程中无形中保留了一只自由的手"。……

第三节　欧盟理事会

一　组成

《欧洲联盟条约》第16条第2款规定，欧盟理事会（Council of European Union）由各成员国授权代表该国政府的一名部长级代表组成。[76] 因此，理事会的成员是政治人物，而非公务人员，该政治人物在某些情况下还可能是地区政府的一员。理事会会议由理事会主席召集，或者应某个理事会成员或委员会的要求举行。[77] 经2006年6月修改之后，理事会会议比以往更为透明。[78]《里斯本条约》规定理事会会议分为两部分，分别处理立法性和非立法性行动。当理事会以其立法身份举行会议时，会议必须公开。[79]

欧盟理事会会议依议题不同而安排成员国不同部长出席，会议受《理事会议事规则》（Rules of Procedure）的约束。[80] 目前有10个不同议题的理事会"组成结构"（Council configurations），从20世纪90年代的22个精简而来。其中，总务理事会（General Affairs Council, GAC）处理影响多个欧盟政策的事务，并且为欧洲理事会准备议程。外交事务理事会（Foreign Affairs Council, FAC）由外交与安全政策高级代表担任主席，通常由各成员国外交部长出席。它处理对外关系以及与共同外交与安全政策有关的事

---

[76] M Westlake and D Galloway, *The Council of the European Union* (Harper, 3rd edn, 2004); F Hayes-Renshaw and H Wallace, *The Council of Ministers* (Palgrave, 2nd edn, 2006).

[77] 《欧洲联盟运行条约》第237条。

[78] Brussels European Council, Presidency Conclusions, 15–16 June 2006, Annex 1.

[79] 《欧洲联盟条约》第16条第8款。

[80] Council Decision 2009/937/EU of 1 December 2009 adopting the Council's Rules of Procedure [2009] OJ L325/35.

务。经济与金融事务理事会（Economic and Financial Affairs Council, Ecofin）处理诸如预算、经济货币联盟、金融市场等事务，由各成员国财政部长出席。还有一个理事会（JHA）处理和司法与内务相关的事项。

理事会其他6个"组成结构"处理不同的部门议题：运输、电信与能源理事会（TTE）；就业、社会政策、健康与消费者事务理事会（EPSCO）；农业与渔业理事会（AGRIFISH）；竞争力理事会（COMPET）；环境理事会（ENV）；教育、青年、文化与体育理事会（EYCS）。负责这些事务的成员国部长参加这类会议，并由具有相关领域专业知识的成员国官员协助。欧盟委员会出席欧盟理事会会议，并在与总务理事会的联系中发挥特殊作用。⑧

二　欧盟理事会主席国

由谁担任欧盟理事会主席国（Presidency of the Council）这一问题，曾在起草《宪法条约》和《里斯本条约》的讨论中引发巨大争议。⑫《里斯本条约》设计的制度是，由联盟外交事务高级代表主持外交事务理事会（FAC）；⑬ 欧洲理事会以特定多数决定其他理事会"组成结构"及其主席；⑭ 除了外交事务理事会外，各理事会主席依平等原则轮流担任。⑮

《里斯本条约》为理事会主席国的组成引入"团队体系"。⑯ 除外交事务理事会以外，由一个提前设立的三国集团在18个月里担任理事会主席国。这个集团由成员国以平等方式轮流组成，并且考虑成员国在联盟内的多样性和地理平衡。集团的各个成员国在6个月的期限内轮流主持所有理事会"组成结构"，但外交事务理事会除外。该集团的其他成员国在共同方案的基础上协助主席国履行职责。由这个团队的成员决定它们之间的其他安排。

在就职前的7个月内，欧盟理事会主席在咨询前任和后任主席国之后

---

⑧　《欧洲联盟条约》第16条第6款。

⑫　P Craig, *The Lisbon Treaty: Law, Politics, and Treaty Reform* (Oxford University Press, 2010) ch 2.

⑬　《欧洲联盟条约》第18条第3款。

⑭　《欧洲联盟条约》第16条第6款、《欧洲联盟运行条约》第236条。

⑮　《欧洲联盟条约》第16条第9款。

⑯　Council Dec 2009/937 (n 81) Annex Art 1 (4).

确定理事会会议的日期。^⑧ 每 18 个月，经与欧盟委员会、高级代表和欧洲理事会主席协商，即将就任的三个主席国为这段时期的理事会工作起草方案，该草案应得到总务理事会的认可。^⑧ 在就职至少一周前，候任主席国根据 18 个月的整体方案并在咨询欧盟委员会之后，制定接下来 6 个月的指示性临时议程。^⑧ 在实际任职的 6 个月里，理事会主席为各理事会会议确定临时议程，并应至少在会议召开的 14 天前将其发送给其他理事会成员和欧盟委员会。^⑨ 议程分为立法活动和非立法活动两部分，而每个部分又进一步被划分为 A 和 B 两个部分，A 部分是无须讨论即可被批准的事项，B 部分是需要审议的事项。^⑨ 临时议程交由理事会会议正式通过。^⑨

近年来，欧盟理事会主席职位的重要性进一步增强^⑨，其原因是多方面的。^⑨ 为了对抗理事会内部的离心倾向，强有力的集中管理变得更加必要。欧盟的决策结构越来越复杂，这需要加强各机构之间的协调。欧盟权力范围的增加，要求理事会发挥更大的领导作用。理事会希望更加积极主动地推动欧盟政策，这要求由主席来组织倡议。韦斯特莱克（Westlake）和加洛韦（Galloway）认为理事会主席职位很重要，他们指出："理事会主席既不是机构，也不是实体，而是对理事会良好运转起到至关重要作用的一种功能、一种职位。"^⑨ 在理事会或者主席国关注的领域，理事会主席可以推动政策倡议。

虽然主席国这一职位赋予当任者相当大的权力，但是并非没有压力。^⑨ 自 1989 年起，主席国必须制定方案，并且将其提交给欧盟委员会和欧洲议会。在短短 6 个月内完成这项工作是有些紧张的。其他成员国会考虑轮值主席国的工作实绩。如果某成员国试图利用主席国身份实现不符合理事会

---

⑧ Ibid Annex Art 1 （2）.

⑧ Ibid Annex Art 2 （6）.

⑧ Ibid Annex Art 2 （7）.

⑨ Ibid Annex Art 3 （1）.

⑨ Ibid Annex Art 3 （6）.

⑨ Ibid Annex Art 3 （7）.

⑨ E Kirchner, *Decision-Making in the European Community*: *The Council Presidency and European Integration* （Manchester University Press, 1992）.

⑨ Westlake and Galloway （n 77） ch 18.

⑨ Ibid 326.

⑨ T Christiansen, 'The Council of Ministers, Facilitating Interaction and Developing Actorness in the EU' in Richardson （n 74） 155 – 159.

多数想法的目标，并且这些目标具有过于狭隘的民族主义性质，就可能受到特别严厉的批评。[97]

在《里斯本条约》之后，欧盟理事会主席职位发生了很大变化。这是因为在《里斯本条约》之前，理事会主席还担任欧洲理事会主席。现在则不再如此。目前单独设立了欧洲理事会主席，任期两年半，可连任一次。[98] 由此，担任理事会主席国的成员国所推动的政策必须符合或者考虑欧洲理事会主席所采取的更具普遍性的欧盟战略。这些机构行为体已经认识到需要协同工作。[99]

三 常驻代表委员会

《里斯本条约》规定，常驻代表委员会（Committee of Permanent Representatives，Coreper）负责筹备理事会的工作，执行理事会交办的任务。[100] 常驻代表委员会还被授权在理事会议事规则规定的情况下通过程序性决定。它无权通过正式的实质性决定[101]，但在实践中，常驻代表委员会"已经演变成为真正的决策场所"[102]。

常驻代表委员会由成员国的高级官员组成，分为两个层级。第二常驻代表委员会（Coreper II）更为重要，由具有大使级别的常驻代表组成。它处理更具争议性的事项，例如经济与金融事务、对外关系。[103] 它还起着与各成员国政府联络的重要作用。第一常驻代表委员会（Coreper I）由副常驻代表组成，负责诸如环境、社会事务、竞争和运输等议题。

常驻代表委员会在欧盟决策中起着重要作用[104]，因为由其审议欧盟委员会提出的立法建议草案，并且协助制定欧盟理事会的会议议程。[105] 议程

---

[97] Westlake and Galloway（n 77）334 – 337.

[98] 《欧洲联盟条约》第 15 条第 5 款。

[99] Council Dec 2009/937（n 81）Art 2（6）.

[100] 《欧洲联盟条约》第 16 条第 7 款、《欧洲联盟运行条约》第 240 条第 1 款。

[101] Case C – 25/94 *Commission v Council*［1996］ECR I – 1469.

[102] J Lewis，'National Interests：The Committee of Permanent Representatives' in Peterson and Shackleton（n 74）ch 14.

[103] www. consilium. europa. eu/en/council – eu/preparatory – bodies/coreper – ii/.

[104] J Lewis，'The Methods of Community in EU Decision-Making and Administrative Rivalry in the Council's Infrastructure'（2000）7 JEPP 261；D Bostock，'Coreper Revisited'（2002）40 JCMS 215；Lewis（n 103）ch 14.

[105] 《欧洲联盟运行条约》第 240 条第 1 款；Council Dec 2009/937（n 81）Art 19.

分为 A 部分和 B 部分，A 部分是常驻代表委员会已经同意并且无须讨论就可由理事会通过的事项，B 部分是需要理事会讨论的议题。据统计，在由常驻代表委员会或工作组筹备的所有理事会决定中，后续约有三分之二由理事会正式认可为 A 部分议程。[106] 常驻代表委员会内部决策往往采用一致同意形式，即使正式的投票规则规定采取特定多数制。[107] 正如刘易斯（Lewis）所指出的：“他们如同双面的雅努斯，同时兼具国家代理人和超国家行为体的角色。”[108]

为常驻代表委员会服务的工作组众多，数量大约有 150 个。它们是欧盟理事会的生命力所在，由它们审查委员会提交的立法提案。它们由来自成员国或常驻代表团的各国专家组成。在这些工作组之外，理事会还受到根据条约设立的各个专家委员会（specialist committees）和由欧盟立法创设的各个专门委员会（committees）的协助。[109] 常驻代表委员会与其他筹备单位，例如政治与安全委员会（Political and Security Committee），存在“地盘之争”[110]。

四 欧盟理事会秘书处

除了常驻代表委员会外，欧盟理事会还有自己的秘书处（General Secretariat），由秘书长（Secretary-General）负责，为理事会提供直接行政支持。[111] 秘书处有约 3000 名工作人员。理事会秘书处为欧洲理事会、欧盟理事会、常驻代表委员会和各工作组提供行政服务。理事会秘书处准备文件，提供法律建议，承担翻译工作，处理决策，并且参与议程的准备。它还与理事会主席的工作人员密切合作，帮助解决冲突。秘书长的职务很重要，理事会秘书处经过多年运作变得越来越重要，特别是在欧盟外交与防务政策、基础条约谈判[112]和起草法律方面。[113]

---

[106] Christiansen（n 92）162；www. consilium. europa. eu/council – eu/decision – making/.

[107] Lewis（n 103）ch 14.

[108] Ibid 289.

[109] Hayes-Renshaw and Wallace（n 77）ch 3；List of Council Preparatory Bodies，15131/18，POL-GEN 239，13 Dec 2018.

[110] Lewis（n 103）280 – 281.

[111] 《欧洲联盟运行条约》第 240 条第 2 款；www. consilium. europa. eu/en/general – secretariat/.

[112] D Beach，‘The Unseen Hand in Treaty Reform Negotiations：The Role and Impact of the Council Secretariat’（2004）11 JEPP 408.

[113] Christiansen（n 97）164 – 167.

五　欧盟理事会的权力

《里斯本条约》对欧盟理事会权力的描述不多。《欧洲联盟条约》第
16 第 1 款仅规定：

> 理事会应与欧洲议会共同行使立法和预算职能。它应履行两部条
> 约规定的政策制定和协调职能。

这个条款并未完全表达出欧盟理事会的真实权力。理事会在决策过程
中发挥着重要作用，体现在以下七个方面。

其一，在欧盟委员会的所有立法倡议成为法律之前，必须经欧盟理事
会投票批准。根据条约各具体条款的规定，投票采取全体一致同意（una-
nimity）、特定多数（qualified majority）或者简单多数（simple majority）方
式。除非条约另有规定，通常认为应采取特定多数投票方式。[⑭] 委员会草
拟的提案交由常设代表委员会和相关工作组审议。

其二，通过适用《欧洲联盟运行条约》第 241 条，欧盟理事会可以在
立法过程中更加积极主动。该条规定，理事会可以通过简单多数方式请求
委员会开展理事会认为实现共同目标所需的任何研究，并向其提交任何适
当的提案。如果委员会不这样做，则必须提供理由。理事会已经在运用这
项权力，即通过委员会的提案来推动其希望通过的具体立法。[⑮] 理事会还
利用发表意见和决议的方式，向委员会施压以推动立法提案。[⑯]

其三，欧盟理事会可以将权力委托给欧盟委员会，授权委员会在特定
领域内通过进一步的条例。[⑰] 条约的相关规定将在后面予以分析。

其四，欧盟决策过程越来越复杂，因此欧盟委员会、欧洲议会和欧盟
理事会之间有必要加强机构间协作。[⑱] 这种协作可以采取不同形式，从涉
及立法议程形式的非正式讨论到使用机构间协议（Inter-Institutional Agree-

---

⑭　《欧洲联盟条约》第 16 条第 3 款。

⑮　Sir Leon Brittan, 'Institutional Development of the European Community' [1992] PL 567.

⑯　Nugent（n 57）193.

⑰　《欧洲联盟运行条约》第 290 条。

⑱　见第五章。

ment）。⑲

其五，欧盟理事会与欧洲议会一起在欧盟预算方面发挥着重要作用，许多倡议都依赖于欧盟预算。

其六，欧盟理事会代表欧盟与第三国或国际组织缔结协议。

其七，欧盟理事会在共同外交与安全政策（CFSP）方面具有很大权力。按照欧洲理事会的指导方针，欧盟理事会采取必要决定来确定和实施共同外交与安全政策。⑳ 欧盟理事会还在"自由、安全和公正的区域"（AFSJ）方面发挥着重要作用。

六 欧盟理事会的角色

欧盟理事会代表成员国利益，并且一直如此。《罗马条约》的制定者是否会惊讶于共同体成立以来委员会与理事会之间的相互关系，这一点尚不清楚。他们原本希望欧洲经济共同体预示着一个更加协作的时代，部门的、成员国的利益会因共同体的集体利益而减少。欧洲经济共同体最初的决策结构无疑证明了委员会被赋予的核心作用，从其权力范围就可以看出这一点。显然，必须赋予欧盟理事会批准立法的权力，但委员会处于驱动者地位。这是因为委员会有权设定立法议程，因为它具有推动共同体政策的机构资源，并且虽然经理事会同意才能通过立法，但是理事会需要以全体一致同意的方式修订委员会提案。

在整个共同体历史中，委员会和理事会彼此之间并非总是争执不断。㉑但是，这两个机构也不是完全和谐共存的。委员会支持一体化的联邦观点，这与理事会更加谨慎的政府间观点之间，确实存在着矛盾。条约制定者或许希望这种矛盾是短暂的。㉒ 如果真是如此，那么这种想法就过于乐观了。几次机构方面的变化，通常都是在条约文本之外开始的，理事会通过这种方式加强其相对于委员会的地位。有关决策机制变化的时间脉络，将在后面章节加以介绍。㉓ 这里需要注意的是，理事

---

⑲ 见第六章。

⑳ 《欧洲联盟条约》第 24 条至第 26 条。

㉑ T Christiansen, 'Intra-Institutional Politics and Inter-Institutional Relations in the EU: Towards Coherent Governance?' (2001) 8 JEPP 747.

㉒ 见第一章。

㉓ 见第六章。

会否决权的发展，常驻代表委员会重要性的提升，设立专门委员会监督欧盟委员会的委托立法权，以及欧洲理事会的演变，都在这个过程中发挥了作用。

欧盟内部的权力平衡关系是动态的，并非一成不变。各机构的正式权力与它们相互关联的实际方式随时间的迁移而变化。《单一欧洲法令》是促使成员国——在理事会中的代表——态度发生变化的催化剂。人们越来越认识到，一国如果因某些措施不符合其利益而威胁要使用否决权，就太过于消极了。《单一欧洲法令》还使欧洲议会成为一支比以往更加积极的决策力量。这些发展并不意味着理事会与委员会之间的关系，或理事会与议会之间的关系总是顺利的。这确实意味着机构间关系发生了变化。

因此，正如克里斯蒂安森（Christiansen）所指出的："理事会本身可能还不是一个超国家机构，但它确实已经不再如最初所构想的那样，即不再只是一个纯粹的决策场所以及成员国政府代表讨价还价的场所。"[124] 海斯—闰绍（F Hayes-Renshaw）等人持同样的观点，他认为，尽管理事会毫无疑问是欧盟的政府间机构，但实际上，它是"政府间和超国家的独特融合"[125]。该结论也见于以下摘录。

海斯—闰绍和华莱士：《部长理事会》[126]

欧盟理事会仍然是欧盟决策以及立法程序的支点，这反映了欧盟成员国政府最大限度地参与或制定可能影响其体制的决策和立法的顽强决心。然而，认为理事会的强大是政府间主义对超国家主义的胜利，或者期待理事会能够"操控"欧盟，则是对欧盟机构复杂关系的误解。理事会在各国之间、不同利益和支持者之间以及成员国和欧盟治理层面之间分享和扩散权力。理事会不能单独行动，而是依赖于与其他欧盟机构的错综复杂的关系。但是，自20世纪90年代中期以来，这些关系已经改变了很多。欧洲议会作为理事会的共同立法者获得相

---

[124] Christiansen（n 97）148.

[125] Peterson and Shackleton（n 74）92.

[126] Hayes-Renshaw and Wallace, *The Council of Ministers*（n 77）321.

当大的权力，委员会已经在以前那种典型的"理事会与委员会两驾马车"中失势，并且在欧盟集体决策的新领域，理事会获得了更多的直接行政权。所有这些因素都使得理事会成为一个更有趣的研究对象，而且其运作方式也更加多样化。

第四节　欧洲理事会

一　组成

多年来欧洲理事会（European Council）[12] 一直处在发展变化中。政府首脑会议开始于 20 世纪 60 年代，直到 1974 年巴黎峰会才被制度化。政府首脑会议在 20 世纪 70 年代和 80 年代继续举行，但是直到《单一欧洲法令》通过，它才具有正式的条约基础。现在其适用条款是《欧洲联盟条约》第 15 条：

1. 欧洲理事会应为联盟的发展提供必要的推动力，并确定其总体政治方向和优先事项。不得行使立法职能。

2. 欧洲理事会由各成员国国家元首或政府首脑，以及欧洲理事会主席和委员会主席组成。联盟外交事务和安全政策高级代表参与其工作。

3. 欧洲理事会每六个月召开两次会议，由其主席召集。如为议事日程需要，欧洲理事会成员可决定每位成员由一名部长协助，委员会主席由委员会委员协助。在情况需要时，欧洲理事会主席可召集欧洲理事会特别会议。

4. 除非两部条约另有规定，欧洲理事会的决定应以一致同意的方式做出。

---

[12] S Bulmer and W Wessels, *The European Council* (Macmillan, 1987)；P de Schoutheete and H Wallace, *The European Council* (Notre Europe, 2002)；P Ludlow, *The Making of the New Europe：The European Council in Brussels and Copenhagen 2002* (EuroComment, 2004)；P de Schoutheete, 'The European Council' in Peterson and Shackleton (n 74) ch 3；J Werts, *The European Council* (Harper, 2008)；U Puetter, *The European Council and the Council：New Intergovernmentalism and Institutional Change* (Oxford University Press, 2014).

过去，欧洲理事会峰会在欧盟理事会轮值主席国举行，但是，现在通常在布鲁塞尔召开。《里斯本条约》还在其他场合提到欧洲理事会。例如，在共同外交与安全政策，以及诸如协调成员国的经济政策这样的政治敏感问题上，欧洲理事会发挥着重要作用。

二 欧洲理事会主席

在《里斯本条约》之前，担任欧盟理事会主席的成员国也在同一时期主持欧洲理事会。在条约改革的十年中，分歧最大的一个问题是欧盟的行政权力核心应该属于哪个机构，以及是否应保留原先的制度。[128] 当时有两种主要方案。

"单一职位"派的主流观点认为，应设一位联盟主席，主席办公处与欧盟内部行政权力核心具有正式和实质性联系，并且由委员会主席掌管该办公处。欧洲理事会主席应继续实行每六个月轮换制。欧盟的真正"首脑"应是委员会主席，其合法性通过选举来提高。

"分割职位"派的主流观点认为，应设欧盟委员会主席和欧洲理事会主席，两者都行使行政权力。加强欧洲理事会主席这一职务，不再在成员国之间每六个月轮流担任。有人认为，这种方案在欧盟扩大后可能不起作用，并且需要更大程度的政策连续性。一些大国支持这派的观点，但遭到一些较小国家的反对，这些小国认为欧洲理事会主席职务可能被大国所主导。

"分割职位"派的观点占了上风。《里斯本条约》延续《宪法条约》的条款，规定欧洲理事会应以特定多数方式选举一名主席，任期两年半，可连任一次；欧洲理事会应该确定欧盟的总体政治方向和优先事项。条约赋予欧洲理事会主席在该理事会内部更多的权力。[129] 第一任欧洲理事会主席是赫尔曼·范龙佩（Herman Van Rompuy），第二任为唐纳德·图斯克（Donald Tusk），现任欧洲理事会主席为查理·米歇尔（Charles Michel）。

三 基本原理

欧盟理事会已经代表成员国的利益，为什么还需要欧洲理事会呢？要

---

[128] Craig（n 83）ch 3.

[129] 《欧洲联盟条约》第 15 条第 5 款至第 6 款。

理解这个问题，就需要了解设置欧洲理事会的原因。部分原因是成员国之间存在分歧，这通常会通过欧盟理事会加以解决，但是，如果在诸如预算等重要问题上分歧特别严重时，就只有通过政府首脑层级才能解决。设置欧洲理事会的第二个原因，是需要将权力集中在最高政治层面，由此在确保得到成员国首脑支持的情况下规划欧盟的总体战略。

四 权力

尽管条约中提到欧洲理事会的地方不多，但是其重要性毋庸置疑。欧洲理事会在制定欧盟政策以及确定其他机构的运行范围方面发挥着核心作用。正如舒泰特（Schoutheete）所言："没有这种顶层机构，联盟的管理就无法得到保证：欧洲理事会在欧洲一体化中发挥根本作用，并且将继续如此。"[130] 欧洲理事会通常考虑的问题可分为以下几类。

其一，欧洲理事会在设置欧盟日程上发挥着核心作用。对条约做重大修订之前需要召开政府间会议（IGC），而成立大会的催化剂通常是欧洲理事会峰会。欧洲理事会还要确认后续的条约修改[131]，在讨论《宪法条约》和《里斯本条约》时欧洲理事会就处于核心地位。欧洲理事会也在设定欧盟的政治日程中发挥着核心作用。[132]

其二，通常由欧洲理事会确认欧盟机制结构的重大变化。在德国统一后有关扩大欧洲议会的最终决定，就是由欧洲理事会峰会做出的。

其三，欧洲理事会为影响欧盟的重大宪法倡议提供场所。三个主要机构之间的机构间协议，通常在峰会上制定或者由其最终确定。例如，关于辅助性原则的机构间协议，以及关于民主、透明性和辅助性原则的声明就是在欧洲理事会峰会上做出的。

其四，欧洲理事会还考虑欧洲经济情势[133]，一部分原因是条约关于更紧密经济联盟的条款要求成员国经济政策之间更加趋同（convegence），另一部分原因是经济是欧盟运转是否良好的中心议题。因此，欧洲理事会经

---

[130] Schoutheete（n 128）57.

[131] 8 Dec 2000.

[132] European Council, A New Strategic Agenda 2019 – 2024, www. consilium. europa. eu/en/european – council/role – setting – eu – political – agenda/.

[133] See, eg, Luxembourg Extraordinary European Council, 20 Nov 1997; Stockholm European Council, 24 Mar 2001.

常发起倡议来应对失业，促进增长和提高竞争力，其中一部分倡议即所谓"里斯本议程"（Lisbon agenda）。[134]

其五，冲突解决是欧洲理事会的另一项工作。这是欧洲理事会形成的原因之一，并且仍然很重要。例如，预算问题，即"谁分担多少，谁得到什么财政利益"，在 20 世纪 80 年代早期就一直引发成员国之间的冲突，而且到 80 年代后期又再次发生。

其六，欧洲理事会在启动和推动政策战略方面发挥着作用。这方面的例子包括 1989 年通过的《社会宪章》（Social Charter）；旨在打击毒品和恐怖主义的政策；[135] 以及将"开放式协调方法"（open method of coordination）扩展到社会和经济政策领域。[136]

其七，欧洲理事会是对外关系的核心。它需要考虑重要的国际谈判，诸如与世界贸易组织（WTO）的谈判。对于一般性的国际事务，例如南斯拉夫内战或者黎巴嫩、伊拉克和叙利亚冲突，由欧洲理事会发表有关声明。

其八，欧洲理事会还要考虑新入盟事务。正是欧洲理事会确认保加利亚和罗马尼亚应于 2007 年 1 月加入欧盟，也是欧洲理事会更一般性地讨论欧盟关于成员国身份和扩大的方式问题。[137]

五　欧洲理事会的角色

欧洲理事会是改变条约最初机制架构以适应政治现实的典型例子。它是从条约条款之外的一系列临时会议演变成为更机制化的峰会模式的。该机制最初是在《单一欧洲法令》中得到条约承认，并且通过后来的条约修订而调整的。

欧洲理事会是欧盟决策制定程序的核心。现实情况正是如此。如果没有得到欧洲理事会的考虑，无论对内还是对外领域，都不会发生重大进展。欧洲理事会通过的决议没有法律效力。但是，它们为其他机构考虑具体政策问题提供了框架。用韦斯特莱克和加洛韦的话说就是，"可以毫不

---

[134]　Lisbon European Council, Presidency Conclusions, 23-24 Mar 2000; Nice European Council, Presidency Conclusions, 7-9 Dec 2000; European Council, Presidency Conclusions, 22-23 Mar 2005.

[135]　Brussels Extraordinary European Council, 21 Sept 2001.

[136]　（N 135）.

[137]　Brussels European Council, Presidency Conclusions, 15 – 16 June 2006, [52] – [53].

夸张地讲，自 1975 年以来，欧洲共同体的大多数重大政治决定都是在欧洲理事会中做出的"。⑬

欧洲理事会与其他欧盟机构之间的关系已经发生变化。早期欧盟委员会对欧洲理事会峰会持怀疑态度，因为这类峰会一般会秘密举行，委员会通常被排除在外。现在的情况则大不一样。欧洲理事会已经成为委员会可以借此使成员国就重大倡议达成广泛共识的机制。⑲ 欧洲理事会的议事日程由总务理事会（GAC）筹备。⑭ 委员会主席是欧洲理事会的成员，许多欧洲理事会倡议是由委员会建议并由总务理事会纳入议事日程的结果。自1988 年以来，欧洲议会主席会在欧洲理事会全体会议上发言。

在《里斯本条约》之后，欧洲理事会主席、欧盟委员会主席和每六个月担任欧盟理事会主席的成员国之间的关系非常关键。他们之间的相互作用决定着欧盟政策。《里斯本条约》的反对者认为，这将导致混乱和责任分散，增加政府间主义而减少欧盟的超国家因素。然而，将欧盟委员会主席提升为欧盟的"唯一"主席，倒真的会造成诸多紧张和问题。现实情况是，欧盟内部的行政权力一直是分立的，就此而言，《里斯本条约》代表着连续性，而不是背离过去的实践。还有更多的原因可以说明，为什么这三个机构行为体应该寻求共识而不是冲突⑭，并且自《里斯本条约》通过以来，这一直是机构间关系的整体模式。

第五节　联盟外交事务与安全政策高级代表

一　权力

联盟外交事务和安全政策高级代表（High Representative of the Union for Foreign Affairs and Security Policy）未被列入《欧洲联盟条约》第 13 条，因此不是正式术语意义上的欧盟机构（EU institution）。但是这个职位很重要。

---

⑬　Westlake and Galloway（n 77）177.

⑲　Ibid 179 – 180.

⑭　《欧洲联盟条约》第 16 条第 6 款；Council Dec 2009/937（n 81）Arts 2（3）.

⑭　Craig（n 83）ch 3.

欧洲未来大会曾讨论，应对负责外交关系的机制做一些调整。[142]《宪法条约》创设"欧盟外交部长"职位，负责"执行"联盟共同外交和安全政策。[143]《里斯本条约》修改了这一术语，因为一些成员国对欧盟外交部长这一头衔的"国家主义"内涵感到不满[144]，因此，《里斯本条约》将其更改为"联盟外交事务与安全政策高级代表"[145]。

然而，《里斯本条约》条款的实质内容与《宪法条约》是一样的。经委员会主席同意后，高级代表由欧洲理事会以特定多数任命。[146] 其任职者还是委员会的副主席之一，负责对外关系和协调联盟对外行动的其他方面。[147] 高级代表执行欧盟共同外交和安全政策[148]，参与欧洲理事会的工作[149]，主持欧盟理事会的外交理事会[150]，也是欧盟委员会的副主席。因此，高级代表戴着"两顶帽子"，或者说是"三顶帽子"，如果视主持外交理事会的角色不同于其他职能性质。

二 高级代表的角色

欧盟内部行政权在欧洲理事会和欧盟委员会之间分享的理念，就体现在这个职务上。有人认为，高级代表所戴的"三顶帽子"可能导致机制上的精神分裂，担任该职务者可能会陷入忠诚度冲突。[151] 也有法律依据可以断定，高级代表对委员会的机构忠诚度是有限的，并且受其在外交理事会和欧洲理事会职责的限制。[152] 不过，我们不能轻易假设欧盟委员会因这个新职位的设立而被削弱。高级代表是委员会的副主席，负责对外关系。由

---

[142] CONV 459/02, Final Report of Working Group VII on External Action, Brussels, 16 Dec 2002, 19 – 23.

[143] 《宪法条约》（CT）第一部分第 28 条。

[144] Brussels European Council, 21 – 22 June 2007, Annex 1, [3].

[145] 《欧洲联盟条约》第 18 条。

[146] 《欧洲联盟条约》第 18 条第 1 款。

[147] 《欧洲联盟条约》第 18 条第 4 款。

[148] 《欧洲联盟条约》第 18 条第 2 款。

[149] 《欧洲联盟条约》第 15 条第 2 款。

[150] 《欧洲联盟条约》第 18 条第 3 款。

[151] Y Devuyst, 'The European Union's Institutional Balance after the Treaty of Lisbon: "Community Method" and "Democratic Deficit" Reassessed' (2008) 39 Georgetown Jnl Int Law 247, 294 – 295.

[152] 《欧洲联盟条约》第 18 条第 4 款；A Dashwood and A Johnston, 'The Institutions of the Enlarged EU under the Regime of the Constitutional Treaty' (2004) 41 CMLRev 1481, 1504.

这种在"前线"工作所产生的经验教训和想法，将不可避免地影响高级代表的提案，这些提案使共同外交政策的发展更具战略性，它们由欧洲理事会决定，并且由外交理事会予以充实。这当然是一条"双向通道"。这也会产生反向影响，即欧洲理事会的总体战略重点将影响高级代表履行其在委员会内的对外关系职责的方式。

第六节　欧洲议会

欧洲议会的历史是一个渐进转型的历史，它从 1952 年《欧洲煤钢共同体条约》框架下几乎没有任何权力的大会（Assembly），发展到今天极为强大的机构。[153] 这段历史已在第一章谈过了，其在立法程序中的角色将在第六章讨论。根据《欧洲煤钢共同体条约》和最初的《欧洲经济共同体条约》及《欧洲原子能共同体条约》，大会获得的权力很少。当时它的目的是行使咨询和监督权力，但是没有任何实质性的立法功能。

然而，尽管《欧洲经济共同体条约》没有复制《欧洲煤钢共同体条约》建立的所谓精英"技术官僚政府"，但它建立的机构并不是民主组织的模范。在第一章中我们看到了议会的影响力是如何增长的。它一开始是通过 1970 年和 1975 年的两部预算条约，以后过渡到直接选举。接着是《单一欧洲法令》引入合作（cooperation）和同意（assent）程序，1992 年《马斯特里赫特条约》的共同决策（co-decision）程序[154]，后者被《阿姆斯特丹条约》和《尼斯条约》所加强。[155]

现在，欧洲议会行使立法、预算和监督性质的实质权力。虽然立法程

---

[153]　R Corbett, *The European Parliament's Role in Closer Integration* (Palgrave, 1998)；B Rittberger, *Building Europe's Parliament：Democratic Representation beyond the Nation State* (Oxford University Press, 2005)；D Judge and D Earnshaw, *The European Parliament* (Palgrave, 2nd edn, 2008)；R Corbett, F Jacobs, and D Neville, *The European Parliament* (Harper, 9th edn, 2016)；A Ripoll Servent, *The European Parliament* (Palgrave, 2018)；O Costa (ed), *The European Parliament in Times of EU Crisis：Dynamics and Transformations* (Palgrave Macmillan, 2019).

[154]　P Raworth, 'A Timid Step forwards：Maastricht and the Democratisation of the European Community' (1994) 19 ELRev 16.

[155]　A Dashwood, 'The Constitution of the European Union after Nice：Law-Making Procedures' (2001) 26 ELRev 215.

序中的变化增强了这个唯一通过直接选举产生的欧洲机构的权力，但是欧盟民主合法性问题并未因此得到解决。[156] 由"demo"打头的"民主"问题是复杂的[157]，民主合法性问题将放在后面章节讨论。[158]

一　组成与运行

欧洲议会设在斯特拉斯堡，但在卢森堡设有一个秘书处。此外，为方便与委员会和理事会联系，还在布鲁塞尔举行某些会议和专门委员会会议。[159]《欧洲联盟条约》第14条第2款规定：

> 欧洲议会由联盟公民的代表组成。除议长外的欧洲议会成员不得超过750人。公民代表制采取递减比例制，每个成员国至少拥有6名议员。任何成员国的议席都不得超过96席。
>
> 经欧洲议会倡议并经其同意，欧洲理事会在尊重本款第一段所指原则的情况下，以一致方式通过确定欧洲议会组成的决定。

规范欧洲议会议员（MEP）权利和义务重要事项的规约于2005年制定[160]，此前经过多次争论。[161]《欧洲议会议员规约》（Statute for Members of the European Parliament）从2009年开始的议会任期生效，它处理了几个重要的原则事项：欧洲议会议员应自由和独立，涉及在议会任期结束前某个议员辞职的协议无效；议员有权提出欧盟法律提案；可以获取欧洲议会的文件。该规约还规定了与薪酬、保险等有关的切实问题。薪酬问题一直具有特别意义，因为迄今为止这由成员国薪酬率所决定，而成员国之间差异

　　[156]　D Beetham and C Lord, *Legitimacy and the EU* (Longman, 1998); C Lord, *Democracy in the European Union* (Sheffield University Press, 1998).

　　[157]　JHH Weiler, *The Constitution of Europe* (Cambridge University Press, 1999); P Schmitter, *How to Democratize the European Union … And Why Bother?* (Rowman & Littlefield, 2000); E Smith, *National Parliaments as Cornerstones of European Integration* (Kluwer, 1996).

　　[158]　见第六章。

　　[159]　关于欧洲议会应在斯特拉斯堡举行全体大会，参见 Case C‑345/95 *France v Parliament* [1997] ECR I‑5215。

　　[160]　Decision 2005/684/EC of the European Parliament of 28 September 2005 adopting the Statute for Members of the European Parliament [2005] OJ L262/1.

　　[161]　Corbett, Jacobs, and Neville (n 154) 59‑69.

明显。

各成员国在欧洲议会的席位数量不同，但欧洲议会的"代表性"还是受到了批评，因为各国的欧洲议会议员人数与其人口规模并不严格相称，较小国家代表比例过大。引起关切的另一个原因是，尽管自1979年以来一直举行直接选举[162]，但是最初设想的统一选举程序并未建立。[163]《欧洲联盟运行条约》第223条要求欧洲议会起草一份提案，规定直接普选产生欧洲议会议员所需的适用于所有成员国的统一程序，或者所有成员国都适用的共同原则。这一直未得到落实，但有一项决定规定，欧洲议会议员将在比例代表制的基础上选出；选举应由直接普选产生；并且选举应该是秘密和自由的。成员国可以设定席位分配的最低门槛，但不得高于成员国层面投票数的5%。[164]

欧洲议会的任期为五年，与委员会的任期相同。[165] 根据《马斯特里赫特条约》关于公民身份的规定，居住在任何成员国的欧盟公民都有投票权，并且可以成为欧洲议会选举的候选人。[166] 但是欧洲议会选举的投票率一直很低，这种情况令人担忧，因为传统的欧盟民主话语依赖于欧洲议会的民主合法性。[167] 另外，不同成员国之间的选举投票率也存在显著差异。

欧洲议会议员的席位对应于党团，而不是国籍。在2019年选举中，中右和中左政党失去大量选票。因此，由基督教民主党和欧洲民主党组成的中右翼欧洲人民党党团（EPP）从原来的216席跌至现在的182席，社会党和民主党进步联盟党团从原来的185席下滑到现在的154席。由社会和传统自由派组成的更新欧洲党团的席位则从69席跃增至108席，绿党党团从52席增至74席，由民族主义者和右翼民粹主义者组成的身份与民主党团也从36席成倍地增加到73席。欧洲保守和改革党党团从77席减至62席，欧洲左翼联盟和北欧左翼绿党党团席位同样下滑了，从52席跌至现在

---

[162]　Dec 76/787［1976］OJ L278/1.

[163]　Corbett, Jacobs, and Neville（n 154）14–16.

[164]　Council Decision 76/787/ECSC, EEC, Euratom of 20 September 1976［1976］OJ L278/1, as amended by Decision 2002/772/EC,［2002］OJ L283/1, and Council Dec 2018/994［2008］OJ L178/1. 2018年修订版须经各成员国宪法要求的方式批准之后方能生效。

[165]　《欧洲联盟条约》第14条第3款。

[166]　《欧洲联盟运行条约》第22条第2款。

[167]　M Franklin, 'European Elections and the European Voter' in Richardson（n 74）ch 11.

的41席。还有57位不隶属于任何党团的独立议员。

《欧洲联盟运行条约》第224条涉及欧洲政党。它规定，欧洲议会和理事会应根据普通立法程序，制定出调整欧洲层面政党的条例，特别是有关政党资金的规则。[168] 虽然希望形成真正欧洲政治空间的人士长期以来一直感到遗憾，缺乏通过适当方式形成欧洲范围的政党，但是，即使朝着这一方向迈出的这一小步，也并非没有争议。

欧洲议会选举自己的主席和14名副主席，任期两年半，共同组成议会主席团（Bureau of Parliament）。[169] 主席团是负责议会预算和行政管理的规制机构。[170] 还有5名司务官（Quaestors），负责直接涉及议员的行政和财务事宜，以提供咨询的方式协助主席团。[171] "主席会议"由议长和各党团的领导人组成。[172] 它是议会的政治治理机构。它起草全体会议议程，制定议会各机构的工作时间表，确定议会专门委员会和代表团的职权范围和规模，并且与其他欧盟机构和成员国议会保持联络。[173]

欧洲议会设置不同议题的常设专门委员会（committees），包括外事委员会（下设人权分委会、安全与防务分委会），发展委员会，国际贸易委员会，预算委员会，预算控制委员会，经济与货币事务委员会，就业与社会事务委员会，环境、公共卫生和食品安全委员会，工业、研究与能源委员会，内部市场和消费者保护委员会，运输与旅游委员会，地区发展委员会，农业和农村发展委员会，渔业委员会，文化和教育委员会，法律事务委员会，公民自由、正义和内务委员会，宪法事务委员会，妇女权利和性别平等委员会，以及请愿委员会。还可设立下属委员会和临时委员会或调查委员会。这些专门委员会对欧洲议会至关重要，因为由它们考虑欧盟委

---

[168] Regulation (EU, Euratom) No 1141/2014 of the European Parliament and of the Council of 22 October 2014 on the statute and funding of European political parties and European political foundations [2014] OJ L317/1; Regulation (EU, Euratom) No 1142/2014 of the European Parliament and of the Council of 22 October 2014 amending Regulation (EU, Euratom) No 966/2012 as regards the financing of European political parties [2014] OJ L317/28.

[169] Rules of Procedure of the European Parliament, 9th Parliamentary Term, 2019, rule 24.

[170] Ibid rule 25.

[171] Ibid rules 18, 24, 28.

[172] Ibid rule 26.

[173] Ibid rule 27.

员会提交的立法提案。⑭ 它们也可以主动提出报告。⑮

二 权力

(一) 立法权

立法程序将在后面章节讨论。⑯ 这里主要说明欧洲议会的角色随着时间推移而得到加强。在《单一欧洲法令》之前，欧洲议会只有关于立法的被咨询权，而且只有个别条约条款有如此规定。《单一欧洲法令》引入合作程序，使欧洲议会比以往更充分地参与立法程序。《马斯特里赫特条约》引入共同决策程序，使欧洲议会成为实际上的"共同平等伙伴"或类似表述⑰，与欧盟理事会在其适用领域共同立法。⑱

这种立法程序被《里斯本条约》更名为"普通立法程序"（ordinary legislative procedure）⑲，其适用范围已扩展到40多个领域。欧洲议会和欧盟理事会的共同平等地位在《欧洲联盟条约》第14条第1款中得到肯定。该条款规定，欧洲议会应与欧盟理事会共同行使立法和预算职能。此外，在某些其他领域，只有获得欧洲议会的同意才能通过立法。欧洲议会还对委托立法拥有否决权⑳，但是这种新制度的现状尚不明确，后文将会提到这一问题。㉑

欧洲议会在立法过程中的角色发生了变化，特别是通过现在的普通立法程序，使其从欧盟的边缘成为制定立法的主要行为体。通过欧盟理事会、欧盟委员会和欧洲议会在机构间会议上的定期会晤，以及欧洲议会对制定总体立法议程的更大贡献，欧洲议会的作用得到进一

---

⑭ Ibid rules 43 – 48.

⑮ C Neuhold, 'The "Legislative Backbone" Keeping the Institution Upright? The Role of the European Parliament Committees in the EU Policy-Making Process', European Integration online Papers, Vol 5 (2001), No 10.

⑯ 见第六章。

⑰ A Kreppel, 'What Affects the European Parliament's Legislative Influence? An Analysis of the Success of EP Amendments' (1999) 37 JCMS 521.

⑱ 《欧洲共同体条约》第251条。

⑲ 《欧洲联盟运行条约》第289条、《欧洲联盟运行条约》第294条。

⑳ 《欧洲联盟运行条约》第290条。

㉑ 见第五章。

步加强。

欧洲议会经常使用诉讼来捍卫其在立法程序中的角色[182]，并对特定措施选择使用的立法程序提出异议。[183] 在稍做迟疑之后[184]，欧洲法院裁定欧洲议会可以作为宣告无效之诉（annulment proceedings，或译撤销之诉）的原告，虽然只有在其特权被侵犯时，它才能这样做。[185] 欧洲法院还曾在著名案件中将欧洲议会列为宣告无效之诉的应诉人，尽管那时《欧洲经济共同体条约》第 173 条只提及理事会和委员会。[186] 司法实践的发展逐渐被融入后续条例的修订中。例如，欧洲议会与欧盟委员会、欧盟理事会和成员国一起拥有提起宣告无效之诉的完全诉讼地位（full *locus standi*）。[187]

欧洲议会在共同外交和安全政策方面的角色则比较有限。[188] 但是高级代表必须就共同外交与安全政策的主要议题咨询欧洲议会，并且必须考虑其意见。欧洲议会可以质询欧盟理事会，并且向欧盟理事会和高级代表提出建议（recommendation）。

（二）任免权

欧盟委员会对欧洲议会负责，这一趋势逐渐得到加强。欧洲议会一直有权弹劾委员会，并可要求其辞职。[189] 虽然几次提出弹劾动议，包括在 1999 年桑特委员会辞职之前，但是要求委员会辞职的权力从未正式使用过。

自《马斯特里赫特条约》以来，欧洲议会也有权参与欧盟委员会的任命。《欧洲联盟条约》第 14 条第 1 款规定欧洲议会应任命委员会主席，但

---

[182]　Case 138/79 *Roquette Frères v Council*〔1980〕ECR 3333；Case 139/79 *Maizena v Council*〔1980〕ECR 3393.

[183]　See, eg, Case C‑22/96 *European Parliament v Council*（*Telephonic Networks*）〔1998〕ECR I‑3231；Case C‑42/97 *European Parliament v Council*（*Linguistic Diversity*）〔1999〕ECR I‑869；H Cullen and A Charlesworth, 'Diplomacy by Other Means：The Use of Legal Basis Litigation as a Political Strategy by the European Parliament and Member States'（1999）36 CMLRev 1243.

[184]　Case 302/87 *Parliament v Council*（*Comitology*）〔1988〕ECR 5616.

[185]　Case C‑70/88 *Parliament v Council*（*Chernobyl*）〔1990〕ECR I‑2041；Case C‑187/93 *Parliament v Council*（*Transfer of Waste*）〔1994〕ECR I‑2857.

[186]　Case 294/83 *Parti Ecologiste 'Les Verts' v Parliament*〔1986〕ECR 1339,〔23〕.

[187]　《欧洲联盟运行条约》第 263 条。

[188]　《欧洲联盟条约》第 36 条。

[189]　《欧洲联盟运行条约》第 234 条。

是必须与《欧洲联盟条约》第 17 条第 7 款一起理解，该条款赋予欧洲理事会影响提交给欧洲议会的候选人的权力。

因此，正式制度是由欧洲理事会以特定多数采取行动，考虑欧洲议会选举并且在进行适当磋商之后，向欧洲议会提出委员会主席候选人。然后，候选人由欧洲议会议员的多数票选出。如果候选人未获得所需的多数票，欧洲理事会应在一个月内以特定多数决策方式提出新的候选人，由欧洲议会按照同样的程序选出。

该机制在 2014 年议会中被"调整"，由得到欧洲议会主要党团支持的候选人公开竞选委员会主席职位。虽然经过一些争论，欧洲理事会还是接受了这种方式，因为选举结果应得到尊重，获得最多数选票的政党的候选人应成为委员会主席。

但是，这种"调整"并没有保留下来。在 2019 年选举之前，欧洲理事会就拒绝承诺它一定会接受来自获得最多选票的党派的候选人。[⑲] 其理由是，这并非条约的正式规则，而且欧盟内部民主有赖于成员国并体现在欧洲理事会以及欧洲议会之中。另外，2019 年欧洲议会选举的投票结果是领先政党失去大量席位，使任何一个政党都难以称其候选人"理应"成为欧盟委员会主席。这正是冯德莱恩成为欧盟委员会主席的磋商背景。

欧洲议会下设各委员会还将对被提名的欧盟委员会委员人选就其任职领域提出质询，这导致替换某些被提名的委员人选。

(三) 监管权

欧洲议会监督其他机构的行为，主要是针对欧盟委员会的活动，其方式是质询以及设立专案调查委员会 (committees of inquiry)。允许设立临时性的专案调查委员会以及向欧洲议会请愿的权利是实践中的长期做法，到《马斯特里赫特条约》时获得条约地位，现在分别规定于《欧洲联盟运行条约》第 226 条和第 227 条。[⑲]

[⑲] Remarks by President Donald Tusk at the press conference of the informal dinner of EU heads of state or government，28 May 2019.

[⑲] E Marias，'The Right to Petition the European Parliament after Maastricht'（1994）19 ELRev 169.

《马斯特里赫特条约》还规定，由欧洲议会任命一名监察专员（Om-
budsman）。欧洲监察专员接受联盟公民或居住在联盟的第三国国民或法人
的申诉，涉及"联盟机构、机关、办事处或专门机构的活动中行政失当的
情况"[102]，以及"就其发现的理由进行调查，无论是出于主动，还是基于直
接向其提交的申诉，或通过欧洲议会议员向其转交的申诉"。[103] 监察专员在
议会任期内任职，如果监察专员有严重不当行为或不再具备履行其职责所
需的条件，经欧洲议会请求，欧洲法院可以解除其职务。[104]

欧洲联盟法院的司法角色不在监察专员的管辖范围里，监察专员不能
主动对法律诉讼中的相关案件事实发起调查。对监察专员管辖权的主要限
制在于，只有欧盟机构而非成员国机构受其约束。

受欧洲监察专员管辖的欧盟各类机构必须按要求提供所需信息，并且
允许监察专员获取文件，除非有保密理由。根据《欧洲联盟运行条约》第
228 条，监察专员有权主动提起调查，例如，1996 年对一些共同体机构所
持文件是否公开所做的调查。[105] 监察专员向欧洲议会和被调查机构发送报
告，并向申诉者告知结果。在各机构对监察专员的申诉建议草案做出答复
之后，监察专员还通过了一些特别报告，并且提议将其建议交由欧洲议会
决议通过，或者在某些场合，例如在涉及需要《善政准则》（Code of Good
Administration）时，建议制定相关管理条例。

监察专员的工作一直卓有成效，该职位越来越被视为行政规范的来
源，而不仅仅是处理个别申诉的调解场所。[106]《欧盟基本权利宪章》第 43
条也涉及监察专员。该宪章第 41 条在关于获得善政的基本权利这一问题上
也多次提及监察专员。监察专员的年度报告包含大量有关申诉及其解决方
案的有价值的信息。

---

[102]　《欧洲联盟运行条约》第 228 条第 1 款；K Heede, *The European Ombudsman: Redress and Control at Union Level*（Kluwer, 2000）; P Bonnor, *The European Ombudsman: A Novel Rule-Source in Community Law*（PhD, Florence EUI, 2001）.

[103]　《欧洲联盟运行条约》第 228 条第 1 款。

[104]　《欧洲联盟运行条约》第 228 条第 2 款。

[105]　[1998] OJ C44/1.

[106]　P Bonnor, 'The European Ombudsman: A Novel Source of Soft Law in the EU'（2000）25 EL-Rev 39; I Harden, 'A l'écoute des griefs des citoyens de l'Union européenne: la mission du Médiateur européen'［2001］RTDE 573.

（四）预算权

欧洲议会还拥有与预算有关的重要权力。它利用预算方面的权力推动机构间权力分配的更普遍变化，而且冲突常以欧洲法院的判决告终。[197] 预算的通过程序很复杂，见于《欧洲联盟运行条约》第 314 条，是普通立法程序的一种类型。

三 欧洲议会的角色

自《单一欧洲法令》以来，欧洲议会在欧盟决策中无疑具有更大的重要性。欧洲议会的立法权、监督权和预算权，以及任命委员会的权力，都有所增大。欧洲议会的影响力在一级立法上最为显著。对于创造历史的决定，例如条约修订，或者在政策执行方面，例如以委员会制（Comitology）通过的二级规则，欧洲议会的影响较小。尽管如此，欧洲议会的权力变化仍然很明显。

考伯特、雅各布斯和内维尔：《欧洲议会》[198]

欧洲议会在共同体立法程序中的角色不断变化，从最初没有任何角色到具有咨询角色，直到最后与理事会一起成为共同立法者。欧洲议会已证明其有能力在公众关注的领域启动新立法，推动对主要立法草案的实质性修订，并且通过或者反对该修订结果。

欧洲议会不是使政府立法意愿合法化的橡皮图章。它是一个独立机构，议员不一定支持占统治地位的特定多数派别，并且没有长期的多数派联盟。……

欧洲议会现在明显是"机构三角"（institutional triangle）中的一部分。从历史角度来看，这一事实本身就具有突出的意义。25 年前，大多数评论在提到由委员会和理事会组成的"双头"共同体时，并未

---

[197] See, eg, Case 34/86 *Council v European Parliament* [1986] ECR 2155；Case 377/87 *European Parliament v Council* [1988] ECR 4017；Case C – 284/90 *Council v European Parliament* [1992] ECR I – 2277.

[198] Corbett, Jacobs, and Neville, *European Parliament* (n 154) 245.

使用"机构三角"一词。而现在的讨论是，如何保持和发展欧洲议会已经赢得的与其他两个机构的平等地位，以及如何让欧洲选民了解影响我们所有人的欧洲法的内容是在欧洲议会中由他们直接选举的议员制定的。

这就需要解释欧洲议会为什么能够以这种方式增加权力。奥尔（Auel）和里特伯格（Rittberger）[199]认为，其推动力量是减少合法性赤字（legitimacy deficit）的需要。输入合法性（input legitimacy）意味着政治选择是合法的，因为它们反映了"人民的意志"，而这种意志通常是通过立法机关确定的。输出合法性（output legitimacy）则体现出这样一种观点，即通过这种方式做出的政治选择有效促进了共同体的福祉。[200]权能从成员国向欧盟转移，造成输入合法性与输出合法性之间的不对称，从而带来合法性赤字，因为通过成员国议会实现输入合法性这一正常机制随着欧盟治理领域的增加而减少。一种回应是，使成员国议会更密切地参与欧盟决策。[201]对合法性赤字的另一种回应则是，增加欧洲议会的权力。

奥尔和里特伯格：《欧洲议会、成员国议会与欧洲一体化》[202]

我们认为，自《单一欧洲法令》确立以来，政治精英逐渐赋予欧洲议会立法权以及由此影响欧洲政策制定的能力。尽管成员国增加欧洲议会立法权的决定绝非毫无争议，但是将部门政策决定引入和转移到欧洲层面，引发我们所称的民主"合法性赤字"：欧洲政治精英认识到，欧洲层面决策工作的集中化削弱了成员国议会在欧洲政策制定中控制和影响本国政府的权力。因此，赋予欧洲议会立法权被认为是对成员国"去议会化"的一种"补偿"机制。

---

[199] K Auel and B Rittberger, 'Fluctuant nec Merguntur. The European Parliament, National Parliaments and European Integration' in Richardson（n 69）125 – 129. 该观点在里特伯格的专著中有更详细的阐述，参见 Rittberger,（n 154）.

[200] F Scharpf, Governing in Europe: Effective and Democratic?（Oxford University Press, 1999）6 – 7.

[201] Auel and Rittberger（n 200）129 – 136.

[202] Ibid 136 – 137.

第七节　欧洲联盟法院

在《里斯本条约》之前，共同体法院系统由欧洲法院（Court of Justice，ECJ）、初审法院（Court of First Instance，CFI）和司法专家组（judicial panels）构成。[203]《里斯本条约》对名称做了修改。"欧洲联盟法院"（Court of Justice of the European Union）一词现在包括欧洲法院（Court of Justice）、综合法院（General Court，前身为初审法院）和专门法院（specialized courts，前身为司法专家组）。《欧洲联盟条约》第 19 条第 1 款规定：

> 欧洲联盟法院包括欧洲法院、综合法院和专门法院。欧洲联盟法院应确保在解释和适用两部条约时遵守法律。
>
> （本书英文用 CJEU 指代欧洲法院，而非整个欧洲联盟法院。为避免混淆，Court of Justice 不直译为"法院""大法院"或"司法院"，仍沿袭《里斯本条约》之前的旧名称，译为"欧洲法院"。——译者）

一　欧洲法院

《欧洲联盟条约》第 19 条第 2 款规定，在欧洲法院（CJEU）中每个成员国都应有一名法官。他们是"根据成员国政府的共同协议"[204]，经由一个专家组协商之后任命的，该专家组就候选人是否适合履行欧洲法院法官的职能提出意见。[205]欧洲法院的法官和佐审官（Advocate General，或译护法顾问、总推事、总法律顾问）必须从独立性无可置疑的人士中选任，具有在其本国担任最高司法职位所需资格，或者是公认的法学家。[206]其任期

---

[203]　R Dehousse, *The European Court of Justice* (Macmillan, 1998); A Arnull, *The European Union and its Court of Justice* (Oxford University Press, 2nd edn, 2006).

[204]　《欧洲联盟运行条约》第 253 条。

[205]　《欧洲联盟运行条约》第 255 条。

[206]　《欧洲联盟条约》第 19 条第 2 款、《欧洲联盟运行条约》第 253 条。

为六年，可以连任。法官的任命时间是错开的，每三年更换一部分法官。[207]欧洲法院从法官中选举一名院长和一名副院长[208]，并且任命一名书记官（Registrar）。[209]

欧洲法院由数名佐审官（AG）协助。[210]佐审官的甄选资格、任命方式和任期与欧洲法院法官一样。《欧洲联盟运行条约》第 252 条规定，佐审官的职责主要是"在公开法庭上提交具理由的案件意见书"。但并不是每个案件都需要佐审官的意见。[211]

有些成员国任命学者为欧洲法院法官，而其他成员国则提名律师或国内现任法官。如果某法官或者佐审官，根据其他法官或者佐审官的一致意见，不再满足任职条件和未履行职责，可以被免职。[212]法官不得担任任何其他政治或行政职务，而法院的成员除非正常更换，否则其任期到其去世、辞职或被免职时结束。[213]

根据《欧洲联盟法院规约》（Statute of the Court of Justice of the European Union）的规定，欧洲法院可以组成"全院法庭"（full Court），由 15 名法官组成"大法庭"（Grand Chamber），或者在分庭（Chambers）审理案件。[214]如果案件特别重要，或者事出有因，例如对监察专员或欧盟委员会委员提起的罢免诉讼，可以组成全院法庭。[215]大法庭用于成员国或欧盟机构作为诉讼当事方提出这种要求的情况，或者案件特别复杂或重要。[216]绝大多数案件是在由三或五名法官组成的分庭审理的[217]，由于案件负担越来

---

[207] 《欧洲联盟运行条约》第 253 条。

[208] Regulation (EU, Euratom) No 741/2012 of the European Parliament and of the Council of 11 August 2012 amending the Protocol of the Statute of the Court of Justice of the European Union and Annex I thereto [2012] OJ L228/1；Decision 2012/671/EU of the Court of Justice of 23 October 2012 concerning the judicial functions of the Vice-President of the Court [2012] OJ L300/47.

[209] 《欧洲联盟运行条约》第 253 条。

[210] 《欧洲联盟运行条约》第 252 条。

[211] Protocol (No 3) On the Statute of the Court of Justice of the European Union, Consolidated Version, 1 July 2013, Art 20；《欧洲联盟运行条约》第 281 条包含对《欧洲联盟法院规约》的修订机制。

[212] 《欧洲联盟法院规约》第 6 条。

[213] 《欧洲联盟法院规约》第 4 条。

[214] 《欧洲联盟运行条约》第 251 条。

[215] 《欧洲联盟法院规约》第 16 条。

[216] 《欧洲联盟法院规约》第 16 条。

[217] 《欧洲联盟法院规约》第 16 条。

越重，分庭对法院的运行起着至关重要的作用。

欧洲法院的管辖权在条约中有明确规定，许多管辖权领域将在后面各章里讲解。这里要说明的是，目前调整欧洲法院管辖权的主要条款是《欧洲联盟条约》第 19 条和《欧洲联盟运行条约》第 251 条至第 281 条。成员国之间的国际协定也可以将管辖权赋予欧洲法院。

二 综合法院

初审法院（Court of First Instance，CFI）[218] 根据《单一欧洲法令》于 1988 年成立。[219] 最初，初审法院只具有衍生机构的地位，在《欧洲共同体条约》中被描述为"附属于欧洲法院"。《尼斯条约》改变了这一点。正如我们现在所看到的，《里斯本条约》规定，欧洲联盟法院应包括综合法院（General Court，GC），这是初审法院的新名称，条约赋予其在管辖权内的工作责任是确保在解释和适用条约时遵守法律。[220]

综合法院由各成员国"至少"一名法官组成，这不同于欧洲法院。[221] 大量案件的压力需要增加综合法院法官的数量，尽管对于人数和选择方法长期存在争论。现在综合法院法官人数增至 54 人，每成员国两名。[222] 综合法院不单独设置佐审官，但是可以要求法官履行佐审官的任务。[223] 综合法院的成员应选自"其独立性无可置疑且具备担任高级司法职务所需能力的人员"。[224] 他们由成员国的共同协议任命，任期六年，可连任，[225] 任命前须向司法专家组就司法任命一事征询意见。[226] 综合法院从法官中选出院长，并且任命一名书记官。[227] 分庭可由三位或五名法官组成，有时也可能只有一名法官，[228] 大约 75% 的案件是在由三名法官组成的分庭审理的。如果案

---

[218] 初审法院的法语名称为 *Tribunal de Première Instance*，这就是为什么初审法院或综合法院注册案件的案号以 T 打头。

[219] Council Decision 88/591 [1988] OJ L319/1.

[220] 《欧洲联盟条约》第 19 条第 1 款。

[221] 《欧洲联盟条约》第 19 条第 2 款。

[222] Reg 2015/2422 [2015] OJ L341/14.

[223] 《欧洲联盟法院规约》第 49 条。

[224] 《欧洲联盟运行条约》第 254 条。

[225] 《欧洲联盟运行条约》第 254 条。

[226] 《欧洲联盟运行条约》第 255 条。

[227] 《欧洲联盟运行条约》第 254 条。

[228] Council Decision 1999/291 [1999] OJ L114/52；《欧洲联盟法院规约》第 50 条。

件足够复杂或者重要，也可以组成大法庭或全院法庭。㉙

在综合法院做出决定后的两个月内，可向欧洲法院提起上诉。㉚ 上诉仅限于法律问题，包括"综合法院缺乏权能，综合法院违反程序以致对上诉人利益产生不利影响，以及综合法院违反联盟法"㉛。

设立综合法院的原因是减轻欧洲法院的负担。最初它的管辖权只包括涉及欧盟工作人员的案件、个人对共同体机构提起的竞争案件，以及根据《欧洲煤钢共同体条约》提起的某些案件。欧盟理事会逐渐将其他类别的案件移交给综合法院。综合法院的管辖权由《欧洲联盟运行条约》第256条决定。后面将对此做详细解读。这里需要了解的是，现在综合法院对大多数（尽管不是全部）直接诉讼（direct action）拥有管辖权。㉜ 但是，根据《欧洲联盟运行条约》第258条和第259条，对成员国的直接执行之诉（direct enforcement action）仍属于欧洲法院的管辖权范围，尽管这可以通过修订《欧洲联盟法院规约》来改变。综合法院可以审理对专门法院的决定提起的诉讼，并且综合法院由此做出的裁决只有在例外情况下，即"在联盟法的统一性或一致性受到严重威胁时"才可被欧洲法院审查㉝。综合法院一般还审理由欧盟专门机构内设的上诉委员会（boards of appeal）提起的上诉。

间接诉讼（indirect actions）指根据《欧洲联盟运行条约》第267条，由成员国法院就欧盟法问题向欧洲联盟法院提请初步裁决（preliminary ruling）。接下来成员国法院要依照欧洲联盟法院的裁决对案件做出判决。在《尼斯条约》之前，此类案件仅由欧洲法院审理。《尼斯条约》改变了这一点，并延续到《里斯本条约》。由此，综合法院也有权根据《欧洲联盟运行条约》第267条"在《欧洲联盟法院规约》规定的特定领域"就初步裁决做出决定㉞，但须受欧洲法院控制。尼斯政府间会议第12号和第13号

㉙　《欧洲联盟法院规约》第50条。

㉚　《欧洲联盟法院规约》第56条。

㉛　《欧洲联盟法院规约》第58条，限制条件见其a款。

㉜　直接诉讼的主要类型为：宣告无效之诉或撤销之诉（annulment actions），见《欧洲联盟运行条约》第263条；不作为之诉（actions for failure to act），见《欧洲联盟运行条约》第265条；损害赔偿诉讼（damages actions），见《欧洲联盟运行条约》第340条。

㉝　《欧洲联盟运行条约》第256条第2款。

㉞　《欧洲联盟运行条约》第256条第3款。

声明明确声称应尽快划定这些领域，并且在 2015 年得到进一步重申。[㉓]
2017 年 12 月，欧洲法院如期做出报告，称不需要将初步裁决的任何管辖权移交综合法院。[㉔]

三 专门法院

专门法院的前身是司法专家组，现在适用《欧洲联盟运行条约》第 257 条。建立专门法院的原因可追溯到《尼斯条约》，主要目的是减轻欧洲法院和综合法院的审判工作量。条约没有采纳建立分散的或地区性联盟系统的建议[㉕]，而是在欧洲法院和综合法院之下建立第三个司法管辖权等级，这是自综合法院成立以来欧盟司法系统最重要的结构性改革。由此建立起欧洲联盟公务员法庭（European Union Civil Service Tribunal）以审理涉及联盟工作人员的案件[㉖]，但是综合法院现在已接管其职能。[㉗]

《欧洲联盟运行条约》第 257 条规定，欧洲议会和欧盟理事会可以通过普通立法程序，设立附属于综合法院的专门法院，由其在特定领域对某些类别的案件进行初审。欧洲议会和欧盟理事会可根据欧盟委员会的提案并经咨询欧洲法院之后，或者应欧洲法院请求并经咨询欧盟委员会之后通过立法。对于专门法院做出的决定，通常只能就法律问题提起上诉，除非设立特定专门法院的条例规定可以对事实问题提出上诉。专门法院的成员选自那些独立性无可质疑且具备担任司法职务所需能力的人士。他们由欧盟理事会以一致同意方式任命。

四 法院体系改革

欧洲联盟法院体系改革是人们期待已久的，并且经常被提起，但是人们对《尼斯条约》修订"司法架构"的反应相当平淡。

[㉓] Reg 2015/2422（n 223）Art 3（2）.

[㉔] Reg 2019/629 [2019] OJ L111/1, rec 2.

[㉕] H Rasmussen, 'Remedying the Crumbling EC Judicial System' (2000) 37 CMLRev 1071; JP Jacqué and J Weiler, 'On the Road to European Union: A New Judicial Architecture: An Agenda for the Intergovernmental Conference' (1990) 27 CMLRev 185.

[㉖] Council Decision 2004/752/EC, Euratom of 2 November 2004, establishing the European Union Civil Service Tribunal [2004] OJ L333/7.

[㉗] Reg 2015/2422（n 223）.

约瑟夫·威勒:《〈尼斯条约〉之后的司法体系》㉔

政府间会议在这一领域的实际成果,与政治机构一样,也无法摆脱初始条约的框架。这个架构的核心以及无论从哪个视角来看都会承认的最重要特征,是初裁请求(Preliminary Reference)和初步裁决(Preliminary Ruling)。半个世纪以来,这一程序基本保持不变。尽管有着新树立权威的初审法院、司法专家组以及其他诸如此类的设计,但欧洲继续驾驶着它生锈但值得信赖的1950年型老爷车,方向盘则牢牢掌握在欧洲法院的手中。

换言之,鉴于现在的政体与当时设立现行制度之时已大为不同,政府间会议不愿意对司法职能做深刻的重新思考或者深刻的重新设计。……而且,司法制度所处的环境在过去50年中已经发生了变化。从6个成员国到以后可能的26个成员国,规模增加其实只是问题的一方面,甚至还不是最重要的方面。问题不在于对某些技术领域只有有限的管辖权,而在于一个复杂的政体,其管辖权范围从人权到货币政策,再到移民甚至公民权等诸多难题。……然后才是欧洲法院本身的问题——欧洲法院不再只是争议解决的场所,而是一个成功占据欧洲宪法中心的司法巨头,而在这个欧洲,成员国的法律秩序突然感受到了威胁。

受篇幅的限制,不能详细阐述欧盟司法架构发生的改变,在讨论初步裁决时还将做部分分析。㉔ 这里主要讲的是,目前对司法架构的整体改革,以及欧洲法院和综合法院在直接诉讼和间接诉讼方面的管辖权划分,是令人满意的。㉔

与其他机构相比,《宪法条约》和《里斯本条约》对欧洲联盟法院的影响较小。只是在政府间会议讨论的后期,才讨论欧洲联盟法院在新宪法结构中的角色,当讨论小组设立时,其工作时间非常有限。欧洲法院、初

㉔　JHH Weiler, "The Judicial Après—Nice" in G de Búrca and JHH Weiler (eds), *The European Court of Justice* (Oxford University Press, 2001) 217–218.

㉔　见第十四章。

㉔　P Craig, *EU Administrative Law* (Oxford University Press, 3rd edn, 2018) ch 10.

审法院和成员国法院之间的管辖权划分问题几乎没有得到讨论，而讨论小组侧重于一些更为具体的法律问题。由此，《宪法条约》和《里斯本条约》中的整体司法架构在很大程度上是复制原来的条约文本。[243] 另外，正如我们上文所示，欧洲法院认为不需要改变《里斯本条约》框架下的初步裁决机制。[244]

五　佐审官

欧洲法院的决策由佐审官（Advocate General，AG）协助。佐审官是欧洲法院的正式成员，参与司法审理的庭审阶段。佐审官最重要的任务是为欧洲法院提交书面意见书，即《欧洲联盟运行条约》第252条中提到的"具理由的意见书"。佐审官要在欧洲法院做出决定之前提交意见书。不是每个案件都需要佐审官参与，只在《欧洲联盟法院规约》有此规定时才需要。[245]

该书面意见书阐述佐审官的法律观点，并且就案件如何裁判提出建议。佐审官意见书对欧洲法院没有约束力，但是非常有影响力，欧洲法院通常会遵循其意见。佐审官意见书旨在提出不偏不倚和独立的建议，在实践中它往往会对调整案件所有方面的法律问题做全面、附具理由的考虑。它经常有助于理解那些难以解释的欧洲法院判决。

六　法院审理程序

欧洲法院和综合法院的审理程序受各自议事规则的调整。[246] 欧洲法院的程序分两个阶段进行，即书面阶段和庭审阶段。[247] 诉讼程序的书面阶段通常比庭审阶段更为重要。在书面阶段，所有申请、案情陈述、辩护以及提交的任何材料或相关文件，都会被送交当事方及其决定被提出异议的机构。相比之下，庭审程序内容有限，并且时间短暂。担任报告人的法官

---

[243]　Craig（n 83）ch 4.

[244]　See（n 237）.

[245]　《欧洲联盟法院规约》（n 212）第20条规定，在欧洲法院认为案件没有引起新的法律要点时，在听取佐审官意见之后，欧洲法院可以决定该案件的审理无须佐审官提交意见书。

[246]　N Brown and T Kennedy, *The Court of Justice of the European Communities*（Sweet & Maxwell, 5th edn, 2000）; K Lenaerts, 'The European Court of First Instance: Ten Years of Interaction with the Court of Justice' in D O'Keeffe and A Bavasso（eds）, *Judicial Review in EU Law*（Kluwer, 2000）97.

[247]　《欧洲联盟法院规约》（n 212）第20条。

(*juge-rapporteur*)，即具体案件中被指派的法官，为法院准备并提交"听审报告"（report for the hearing），其中概述案情和当事方的主张。诉讼代理可向法院提出口头陈述，法院可对其提出质询。这已成为庭审程序的重要部分，因为可以澄清法院认为对案件具有重要性的问题。

专门法院的决定可被上诉至综合法院，综合法院的判决可就法律问题上诉至欧洲法院，欧洲法院的判决不可再上诉。但是，如果判决有损于其权利，则成员国、欧盟机构和当事方在某些条件下可以对他们未参与审理的判决提出异议。[248] 对特定判决具有利益的任何当事方均可以请求法院对其有疑问的事项做出解释。[249] 在判决做出后的 10 年内，"仅当发现具有决定性的事实"，且在做出判决时该事实不为所知的情况下可修改该判决。[250]

法院虽然通常以其判例法为基础，但是它自身并不受先例的严格约束。[251] 欧洲法院可以解释为什么偏离先前的判例法，但并不总是说明哪些判例已经被"推翻"[252]。

七   法院判决的形式

欧洲法院判决的形式与佐审官意见书形成鲜明对比。欧洲法院和综合法院的判决都是经合议形成的，出具的是参与听审案件的所有法官的单一裁决。判决书中不附加异议或分列相同意见，因此判决中可能包含不同的司法观点。这可能导致裁决在重要事项上模棱两可。另外，可能还会因为法院使用多种语言而引起一些困难。此外，虽然佐审官意见书通常会详尽地考虑与案件相关的所有法律论据，但是法院倾向于不在具体法律问题上做判断，除非出现另一个案件，有必要直接做出这种裁定。

八   欧洲法院的角色

如前所述，欧洲法院拥有各种司法管辖权。《欧洲联盟条约》第 19 条

---

[248] 《欧洲联盟法院规约》第 42 条。

[249] 《欧洲联盟法院规约》第 43 条；Case 69/85 *Re Wünsche* [1986] ECR 947.

[250] 《欧洲联盟法院规约》第 44 条。

[251] A Arnull, 'Owning up to Fallibility: Precedent and the Court of Justice' (1993) 30 CMLRev 247.

[252] See, eg, Cases C – 267-268/91 *Keck and Mithouard* [1993] ECR I – 6097.

第 1 款规定它对欧盟法律的作用，要求欧洲联盟法院"应确保在解释和适用两部条约时遵守法律"。在随后的章节中，将会看到欧洲法院如何利用这一条款将审查范围扩大到并未明确规定受其约束的实体[53]，以及扩大到未在条约中列出的措施[54]。以维护"法治"的名义，欧洲法院发展出作为欧盟法一部分的多项宪法性原则，它们对在欧盟法律范围内采取行动的欧盟机构和成员国具有约束力[55]。作为两部条约的解释者，由欧洲法院裁定欧盟与成员国的权能范围[56]。

此外，正是欧洲法院形成了欧盟法律秩序的多项开创性原则，例如直接效力（direct effect）、最高效力（supremacy）和国家损害赔偿责任。这些原则确定了欧盟的本质，将欧盟宪政化，并且使其与由其他国际条约建立的国际组织区分开来。在欧盟机构发展的所谓困顿或停滞时期，这些原则尤为重要。如果政治机构和成员国不按要求执行条约和欧共体立法，欧洲法院就会通过裁定来发挥它们的效力[57]。欧洲法院在建立内部市场中的作用就是明证，在通过立法调和完成单一市场的目标受到机构不作为的阻碍的情况下，它要求取消成员国间的贸易壁垒[58]。

因此，重要的是从动态而非静止的角度来看待欧洲法院的角色。有人认为，在一体化的政治进程重启，并通过了《单一欧洲法令》之后，欧洲法院应该发挥"最低限度"的作用[59]。事实上，欧洲法院并不总是采用"能动主义"，或者不是在所有政策领域都如此。例如，它在创建新的执行方法的同时[60]，会减少对立法机构更加活跃的政策领域的干预。欧洲法院还意识到其所处的政治环境，其判决不时会受到成员国提出的"法律之

---

[53] 例如，欧洲法院使欧洲议会根据《欧洲共同体条约》第 230 条接受司法审查，尽管欧洲议会并不包括在条约规定的审查对象中，参见 Case 294/83（n 187）。反过来，欧洲法院允许欧洲议会提起诉讼，尽管条约未包括这类诉讼，参见 Case70/88（n 186）。

[54] Case 22/70 *Commission v Council* (ERTA) [1971] ECR 263.

[55] 见第二章、第十二章和第十六章。

[56] 见第四章。

[57] 见第八章。

[58] Case 8/74 *Procureur du Roi v Dassonville* [1974] ECR 837；Case 120/78 *Rewe-Zentrale AG v Bundesmonopolverwaltung für Branntwein* (*Cassis de Dijon*) [1979] ECR 649.

[59] T Koopmans, 'The Role of Law in the Next Stage of European Integration' (1986) 35 ICLQ 925.

[60] See, eg, Cases C – 6 and 9/90 *Francovich and Bonifaci v Italy* [1991] ECR I – 5357；Cases C – 46 and 48/93 *Brasserie du Pêcheur SA v Germany* [1996] ECR I – 1029.

外"的观点的影响，例如某项裁决的财政影响；有时也会受到来自公众或者来自成员国和联盟批评的影响。[210]

　　如果不了解欧洲法院的解释方法，就无法正确理解其判例法。其解释方法通常被称为"目的解释方法"[212]。制定初始条约的预备文件，即所谓"准备工作文件"，在长达 30 年里未予以公开，意味着预备文件未用于作为解释的渊源，这一点反映在法院的判例法中。[213] 就二级立法（secondary legislation）而言，法院有时候会将声明和会议记录摘录作为解释的辅助手段。[214] 但是在大多数案件中，只要没有出现在立法文本中，法院就会否认这类材料的相关性。[215]

　　因此，欧洲法院的目的论或目的性方法并不是狭义的历史性质的。欧洲法院更多地审查特定条款所处的整体背景，给予法院认为最可能推动条款目标得以达成的解释。这可能不是对条约或者立法的文义解释。欧洲法院方法论的这个方面遭到了不少批评，而一些学者、前任法官和实务人士则对其做积极的辩护。

　　欧洲法院的早期批判者中最知名的是拉斯穆森（Rasmussen）。他认为，欧洲法院"在指导方针中寻求灵感，而这些指导方针本质上是政治性的，从而在司法上不可适用。这是司法能动主义的根源，可能是一种篡权"[216]。他没有批评所有的"能动主义"，而是认为这种方法失去了通常认为的合法性。学术界对拉斯穆森论著的反应不一，其中大部分支持欧洲法

　　[210]　See, eg, Case C – 262/88 *Barber v Guardian Royal Exchange Assurance Group* [1990] ECR I – 1889; Case C – 450/93 *Kalanke v Freie Hansestadt Bremen* [1995] ECR I – 3051; Case C – 409/95 *Hellmut Marschall v Land Nordrhein Westfalen* [1997] ECR I – 6363.

　　[212]　A Bredimas, *Methods of Interpretation and Community Law* (North Holland, 1978); J Bengoetxea, *The Legal Reasoning of the European Court of Justice* (Oxford University Press, 1993); T Koopmans, 'The Theory of Interpretation and the Court of Justice' in O'Keeffe and Bavasso (n 247) 45; C Kombos, *The ECJ and Judicial Activism: Myth or Reality?* (Sakkoulas, 2010).

　　[213]　See, eg, Case 149/79 *Commission v Belgium* [1980] ECR 3881, 3890; Case 2/74 *Reyners v Belgium* [1974] ECR 631, 666, AG Mayras.

　　[214]　Case 136/78 *Ministère Public v Auer* [1979] ECR 437, [25] – [26]; Case 131/86 *United Kingdom v Council* [1988] ECR 905, [26] – [27].

　　[215]　See, eg, Case 38/69 *Commission v Italy* [1970] ECR 47, [12]; Case 143/83 *Commission v Denmark* [1985] ECR 427; Case 237/84 *Commission v Belgium* [1986] ECR 1247; Case 306/89 *Commission v Greece* [1991] ECR 5863, [6], [8]; Case C – 292/89 *Antonissen* [1991] ECR I – 745.

　　[216]　H Rasmussen, *On Law and Policy in the European Court of Justice* (Martinus Nijhoff, 1986) 62.

院的策略。[267] 卡佩莱蒂（Cappelletti）就认为拉斯穆森的批评缺乏历史维度，任何宪法法院在面临暂时压力时都应该有勇气去执行其"高级法"，欧洲法院的洞察"决非武断，而是完全合法的，因为它植根于《欧洲经济共同体条约》的文本，特别是条约序言和开始的几个条款"[268]。

帕特里克·尼尔爵士（Sir Patrick Neill）在其《欧洲法院司法能动主义判例研究》中进一步批判欧洲法院，认为欧洲法院是一个危险机构，被其自身的政策考虑所扭曲，并受到精英使命的驱使。[269] 但是，芬内利佐审官（AG Fennelly）指出，通过条约修订，成员国要么明确，要么默示认可了欧洲法院的许多裁决。[270] 雅各布斯佐审官（AG Jacobs）则捍卫欧洲法院的"宪法"角色，称欧洲法院在保持联盟与成员国之间的平衡以及形成司法审查的宪法原则方面发挥了关键作用。

雅各布斯：《欧洲共同体法院是宪法法院吗？》[271]

那么，如果欧洲法院不时执行宪法法院的任务，并且如果它已在判例法中发展了宪法原则，我们就能理解，在某些方面为什么欧洲法院的活动被误解了。有人批评欧洲法院是"政治"法院。这种批评可

---

[267] M Cappelletti（1987）12 ELRev 3；J Weiler（1987）24 CMLRev 555；A Toth（1987）7 YBEL 411.

[268] M Cappelletti, *The Judicial Process in Comparative Perspective*（Clarendon Press, 1989）390 – 391.

[269] Patrick Neill, *The European Court of Justice: A Case Study in Judicial Activism*（European Policy Forum, 1995）. See also T Hartley, 'The European Court, Judicial Objectivity and the Constitution of the European Union'（1996）112 LQR 95.

[270] N Fennelly, 'Preserving the Legal Coherence within the New Treaty: The ECJ after the Treaty of Amsterdam'（1998）5 MJ 185, 198.

[271] F Jacobs, 'Is the Court of Justice of the European Communities a Constitutional Court?' in D Curtin and D O'Keeffe（eds）, *Constitutional Adjudication in European Community and National Law*（Butterworths（Ireland）, 1992）25, 32. See also T Tridimas, 'The Court of Justice and Judicial Activism'（1997）22 ELRev 199；A Arnull, 'The European Court and Judicial Objectivity: A Reply to Professor Hartley'（1996）112 LQR 95；G Howe, 'Euro-Justice: Yes or No?'（1996）21 ELRev 187, 191；A Albors-Llorens, 'The European Court of Justice: More than a Teleological Court'（1999）2 CYELS 373；Kombos（n 263）；P Craig, 'The ECJ and *Ultra Vires* Action: A Conceptual Analysis'（2011）48 CMLRev 395.

能因为不熟悉"宪政案例法"（constitutional jurisprudence）这个特殊概念，正如我们所见，它并非为所有成员国所熟悉，这个概念可能需要新颖的司法技巧、不同的解释方法，甚至是不同的法律观念。而且，在基于分权概念的共同体体系中，如果共同体要如其创立者所设想的那样建立在法治基础之上，某种形式的宪法裁决是不可避免的。

确实，所有宪法法院都要接触政治议题，但是由于法院无须问责，它们所倡导的"不成文"价值的性质和来源就应该受到严格审查，同样，对于它们的决定可能在多大程度上偏离明确给予它们的权力这一问题，也应该进行严格审查。同样重要的是，这种司法决策应该充分说明理由。[272]

欧洲法院总体上奉行法律一体化政策，赋予抽象的条约以实质内容，从而提高欧盟法的有效性，并促进欧盟法融入成员国的国内法律体系。虽然应该避免角色过度集中于欧洲法院[273]，但是应该承认欧洲法院在一体化过程中作为机构行为体的角色。政治学者和法学家都在思考这一角色的性质。

自由政府间主义者的中心理念是，成员国是一体化背后的推动力，超国家行为体主要是在它们的授意之下，并且这些行为者对一体化的步调几乎没有独立影响。[274] 超国家机构被视为成员国的代理人，成员国为了自身利益而将权力赋予这些机构。由此，欧洲法院的权力是合理的，因为在超国家层面存在适当的裁决机制，可以防止出现类似"囚徒困境"和"搭便车"之类的问题，从而消除由于成员国只获取作为成员国的好处而不履行义务，从而动摇这种体系的可能性。[275]

---

[272] U Everling, 'The ECJ as a Decisionmaking Authority' (1994) 82 Mich LR 1294.

[273] T Koopmans, 'The Future of the Court of Justice of the European Communities' (1991) 11 YBEL 15; K Alter and S Meunier-Aitsahalia, 'Judicial Politics in the European Community' (1994) 26 Comparative Political Studies 535, 536.

[274] A Moravcsik, 'Preferences and Power in the European Community: A Liberal Intergovernmentalist Approach' (1993) 31 JCMS 473 and 'Liberal Intergovernmentalism and Integration: A Rejoinder' (1995) 33 JCMS 611, 623–625.

[275] Moravcsik, 'Preferences and Power' (n 275) 512–514.

对法律人士而言，欧洲法院被视为成员国代理人的观念，以及对一体化没有任何独立影响的说法，是站不住脚的，即使它们对这种影响的性质存在着分歧。举一个突出的例子，由于欧洲法院往往是在成员国激烈反对的情况下做出对公民身份条约条款的扩大解释，因此很难用简单的委托代理说辞解释清楚欧洲法院关于公民身份的判例法。㉖此外，对欧洲法院做过研究的政治学家，通常不认同自由政府间主义。斯通·斯威特（Stone Sweet）就反对将欧洲法院视为成员国政府完美代理人的观点，认为欧洲法院的决定经常产生"非预期后果"，而这些后果并非为欧共体设计者所乐于预见。㉗在以下摘录中，他借由欧洲法院发展出的理论，例如直接效力、最高效力和先占性原则，为欧盟的宪政化摇旗呐喊。

斯通·斯威特：《欧洲的司法建设》㉘

为什么《罗马条约》的宪政化产生了自身的扩张逻辑，导致对法律，对规则澄清以及对监督和执行能力的需求不断增加，这有很多原因。从一开始，欧共体的核心使命是为共同市场的发展创造条件。然而，出于社会科学家们长期探索的原因，人员之外的其他要素跨越管辖权边界的流动是有问题的。……除此之外，一体化的成功在很大程度上取决于欧共体在多大程度上可以发展出有效的组织能力——保障财产权，执行竞争规则，裁判法律诉讼，建立规制市场行为的欧洲框架，等等。宪政化至少加速了这一进程。在我看来，可以更进一步，欧洲法院以权威的方式重构欧共体，将欧洲法律和法院与对市场行为体的活动的供求关系联系起来，并且与受欧共体法律调整的所有活动联系起来。宪政化不仅将法院定位为消极一体化的主要战场，它还使它们成为积极一体化的监管者，以及权利体系的创造者——欧洲法院从条约本身发现这些权利。

㉖　见第二十四章。

㉗　A Stone Sweet, *The Judicial Construction of Europe* (Oxford University Press, 2004) 235.

㉘　Ibid 238－239. See also K Alter, *The European Court's Political Power: Selected Essays* (Oxford University Press, 2009).

……随着宪政化，成员国法院也发展成为审议和规则制定的特权场所，尤其是因为它们负责监督成员国政府机构对欧共体法律的转化和实施。……

第八节 欧洲审计院

欧洲审计院（Court of Auditors）根据 1975 年第二部《预算条约》（Budgetary Treaty）设立，1977 年开始运作，取代之前就有的欧洲煤钢共同体审计员和各共同体的审计委员会。自《马斯特里赫特条约》生效后，审计院取得共同体（即现在的联盟）机构的地位。审计院受《欧洲联盟运行条约》第 285 条至第 287 条调整。

欧洲审计院由每个成员国的一名国民组成，由欧盟理事会经与欧洲议会咨询后以特定多数方式任命。任期六年，可连任，审计员的任期是交错的。审计员须从正在或曾经在各自国家外部审计机构任职，或者符合"此类职位特殊资格的人士"中选任[29]，他们的独立性应无疑义。[30] 其任职条件很严格，审计院成员不得从事任何其他职业，无论是否有酬劳，甚至在离任后接受某些任命或利益时，应履行诚实和谨慎行事的责任。[31] 审计院成员仅可经由欧洲法院决定方可被免职。

欧洲审计院审查欧盟的财务状况，确保健全的财务管理。审计院审查联盟以及欧盟机关、办事处和专门机构的收入和开支，除非这些机构的设立文件排除了审计的可能性。[32] 审计院应向欧洲议会和欧盟理事会提供有关账目可靠性、交易合法性与合规性的确认声明。年度确认声明可由针对欧盟主要活动领域的特别评估意见予以补充。[33] 审计院的审计以记录为基础，但也可以在欧盟机构、机关和专门机构现场进行，还可以在成员国进行，与成员国审计主管机构联合进行审计。[34] 根据《欧洲

---

[29] 《欧洲联盟运行条约》第 286 条第 1 款。
[30] 《欧洲联盟运行条约》第 285 条、第 286 条第 1 款。
[31] 《欧洲联盟运行条约》第 286 条第 4 款。
[32] 《欧洲联盟运行条约》第 287 条第 1 款。
[33] 《欧洲联盟运行条约》第 287 条第 1 款至第 2 款。
[34] 《欧洲联盟运行条约》第 287 条第 3 款。

联盟运行条约》第263条，审计院有资格提起无效之诉，这一点与欧洲中央银行类似。

欧洲审计院在每个财政年度结束后都要起草年度报告，该报告经由审计院成员多数通过。[285] 该报告将发送给其他欧盟机构，并和这些机构的答复共同在《欧洲联盟官方公报》（Official Journal）上发布。审计院可以就具体问题提出意见，或者通过特别报告。[286] 它也可以应其他机构的请求提出意见，同样，其他机构也可以就立法提案向其咨询。[287]

欧洲审计院的报告常常受到批评。有人指出，有时很难证明审计院和委员会"站在同一方"，审计院很容易被指责为"反共同体的"（anti-Communautaire）。[288] 虽然欧洲审计院与欧洲议会的关系被描述为"稳定和合作的"，[289] 但是有人强烈批评"欧盟理事会的最高层对欧洲审计院的审计职能和审查结果漠不关心"。[290] 人们对审计院的评价不一。有研究表明，欧洲审计院与欧盟委员会的关系并不和谐；与欧洲议会预算控制委员会存在冲突；在很大程度上被欧盟理事会所忽视，并且几乎不为大多数成员国议会所知。当然也有一些人对审计院机构角色的不断转变给予更积极的评价。[291]

第九节　欧盟咨询机构

前述讨论只涉及《欧洲联盟条约》第13条中列出的欧盟机构。还有

---

[285] 《欧洲联盟运行条约》第287条第4款。

[286] See, eg, Court of Auditors, Special Report 1/2010, Are Simplified Customs Procedures for Imports Effectively Controlled?; Court of Auditors, Special Report 25/2019, Date quality in budget support: weaknesses in some indicators and in the verification of the payment for variable tranches.

[287] 《欧洲联盟运行条约》第322条、第325条第4款。

[288] I Harden, F While, and K Donnelly, 'The Court of Auditors and Financial Control and Accountability in the European Community' (1995) 1 EPL 599.

[289] B Laffan, 'Becoming a "Living Institution": The Evolution of the European Court of Auditors' (1999) 37 JCMS 251, 261.

[290] House of Lords Select Committee on the EU, 'The European Court of Auditors: The Case for Reform' (Report No 12, 2000/2001).

[291] 可比较 Harden, While, and Donnelly (n 289) 与 Laffan (n 290)。

其他机构在欧盟内部发挥作用，《欧洲联盟运行条约》第 300 条规定了两个欧盟咨询机构，分别是经济与社会委员会（Economic and Social Committee）和地区委员会（Committee of the Regions）。

一　经济与社会委员会

经济与社会委员会代表各种行业或领域的利益。[222] 它由"雇主组织代表、雇员组织代表及代表公民社会的其他团体代表，特别是社会经济、公民、专业和文化领域的代表"组成。[223] 经济与社会委员会成员总数不得超过 350 人，欧盟理事会根据欧盟委员会的提议，决定经济与社会委员会的组成。[224] 根据成员国的提案，欧盟理事会以特定多数方式任命经济与社会委员会成员，其任期为五年，可连任。[225] 目前有三个主要群体，分别代表雇主、劳动者和其他利益集团。

经济与社会委员会的成员不得受任何强制性指示的约束，在履行职责时必须完全独立，必须根据联盟的普遍利益采取行动。[226] 经济与社会委员会通过若干委员会开展工作。在两部条约有规定的情况下，欧盟理事会、欧盟委员会和欧洲议会必须咨询经济与社会委员会的意见，在这些机构认为合适的其他情况下，也可以咨询其意见。[227]

在传统上，经济与社会委员会一直没有特别的影响力，但是，通过加强机构对"公民社会"在提高欧盟合法性中重要性的关注，以及在《里斯本条约》中承认公民社会这一作用，其地位可能会得到提高。[228]

---

[222]　S Smismans, *Law, Legitimacy and European Governance：Functional Participation in Social Regulation*（Oxford University Press，2004）；M Westlake, *The European Economic and Social Committee：The House of European Orgainzed Civil Society*（Harper，2016）.

[223]　《欧洲联盟运行条约》第 300 条第 2 款。

[224]　《欧洲联盟运行条约》第 301 条。

[225]　《欧洲联盟运行条约》第 302 条第 1 款。

[226]　《欧洲联盟运行条约》第 300 条第 4 款。

[227]　《欧洲联盟运行条约》第 304 条。

[228]　《欧洲联盟条约》第 11 条第 2 款；'The ESC：A Bridge between Europe and Civil Society'（Brussels，2001）；'European Social Dialogue and Civil Dialogue：Differences and Complementarities'（EESC，2004）.

二　地区委员会

地区委员会是根据《马斯特里赫特条约》设立的，代表地区和地方团体，部分目的是应对欧盟可能过于集权化的观点。[299] 其成员总数为 350 人。地区委员会由地区和地方团体的代表组成，他们或者担任地区或地方政府某一经选举产生的职位，或者在政治上对某一经选举产生的立法机构负责。[300] 欧盟理事会以特定多数方式任命其成员，任期五年，可连任。[301] 成员必须独立，并且根据联盟的普遍利益行事。[302] 在两部条约有规定的情况下，欧洲议会、欧盟理事会和欧盟委员会必须咨询地区委员会，并可在其他情况下咨询地区委员会，特别是涉及跨境合作的措施。[303] 地区委员会的工作有三项核心原则：辅助性（subsidiarity）、趋近性（proximity）和伙伴关系（partnership）。这些原则影响着地区委员会在立法提案中的作用。这些原则也决定着地区委员会的综合性研究[304]和部门性研究。[305]

第十节　专门机构

专门机构（agencies）是现代民主政制的一个突出特征。[306] 它们促进了使用普通官僚架构之外的专家，使上层部门专注于战略性政策，并且使技术性的规制问题不受政治性改革的影响，从而提高决策的可信度。专门机

㉙　N Roht-Arriaza, 'The Committee of the Regions and the Role of Regional Governments in the European Union' (1997) 20 Hastings I & Comp LJ 413.

㉚　《欧洲联盟运行条约》第 300 条第 4 款。

㉛　《欧洲联盟运行条约》第 305 条。

㉜　《欧洲联盟运行条约》第 300 条第 4 款。

㉝　《欧洲联盟运行条约》第 307 条。

㉞　See, eg, Committee of the Regions, *The Regional and Local Dimensions in Establishing New Forms of Governance in Europe* (CoR, 2003); Committee of the Regions, *Strengthening Regional and Local Democracy in the European Union* (CoR, 2004); Committee of the Regions, *A New Treaty: A New Role for Regions and Local Authorities* (CoR, 2010); Committee of the Regions, *CoR Activities in* 2018, *Report on the Impact of CoR Opinions* (CoR, 2019).

㉟　See, eg, Committee of the Regions, *Services of General Interest in Europe* (CoR, 2005).

㊱　M Thatcher and A Stone Sweet, 'Theory and Practice of Delegation to Non-Majoritarian Institutions' (2002) 25 West European Politics 1.

构已成为欧盟的一个重要的机构特征。[307] 欧盟专门机构涉及航空安全、药品、边境控制、食品安全、海洋安全、环境、化学品、商标、基本权利和警务等各种各样的领域。欧盟委员会建立专门机构的理由与上述说法相呼应："在需要先进专业知识的高度专业化的技术领域，以及需要连续性、可信度和可见度的公共行动方面，专门机构可以在欧洲层面使行政更加有效"[308]，从而使欧盟委员会更聚焦于政策制定。[309]

专门机构获得的权力各不相同。[310] 大多数专门机构具有信息处理和协调职能；少数专门机构可以针对个体做出决定；还有一些专门机构具有"准规制"权力。但是，没有一个是我们通常所理解的真正的"规制型"专门机构（regulatory agency）。虽然在金融危机之后建立的欧盟金融规制机构接近于真正的"规制型"机构，但是它们没有美国规制机构那样的制定规则和做出裁决的权力。之所以限制专门机构的权力，有法律和政治方面的原因。

主要的法律约束是"梅罗尼原则"（*Meroni* principle）[311]，该原则要求，不可委托具有广泛自由裁量余地的权力，因为它通过用受托机构的选择替代委托人的选择而转移责任。不过，欧洲法院已经放松了这个原则，它有意裁定，对代理权力的行使已有足够的限制，这使其在条约框架下取得了

---

[307] M Everson, 'Independent Agencies: Hierarchy Beaters?' (1995) 1 ELJ 180; A Kreher, 'Agencies in the European Community: A Step towards Administrative Integration in Europe' (1997) 4 JEPP 225; M Shapiro, 'The Problems of Independent Agencies in the United States and the European Union' (1997) 4 JEPP 276; R Dehousse, 'Regulation by Networks in the European Community: The Role of European Agencies' (1997) 4 JEPP 246; E Vos, 'Reforming the European Commission: What Role to Play for EU Agencies?' (2000) 37 CMLRev 1113; E Chiti, 'The Emergence of a Community Administration: The Case of European Agencies' (2000) 37 CMLRev 309; G Majone, 'Delegation of Regulatory Powers in a Mixed Polity' (2002) 8 ELJ 319; E Chiti, 'Decentralisation and Integration into the Community Administrations: A New Perspective on European Agencies' (2004) 10 ELJ 402; D Geradin and N Petit, 'The Development of Agencies at EU and National Levels: Conceptual Analysis and Proposals for Reform', Jean Monnet Working Paper 01/04, NYU School of Law; Curtin (n 2) ch 6; M Shapiro, 'Independent Agencies' in Craig and de Búrca (n 2); M Busuioc, *European Agencies: Law and Practices of Accountability* (Oxford University Press, 2013); M Chamon, *EU Agencies: Legal and Political Limits to the Transformation of the EU Administration* (Oxford University Press, 2016); P Craig, *EU Administrative Law* (Oxford University Press, 3rd edn, 2018) ch 6.

[308] The Operating Framework for the European Regulatory Agencies, COM (2002) 718 final, 5.

[309] Ibid 2.

[310] Craig (n 243) ch 6.

[311] Case 9/56 *Meroni & Co*, *Industrie Metallurgiche SpA v High Authority* [1958] ECR 133, 152.

合法性。⑫

　　欧盟委员会解释了限制专门机构权力的政治原因。委员会一直支持专门机构，但是出于超越形式法律权威的原因，也希望坚持法律限制。这是为了维持"行政职能的统一性和完整性"，并确保"相关行政职能继续属于委员会主席——如果委员会对欧洲公民、成员国和其他欧盟机构负有必要责任"⑬。由此，专门机构的参与应该"以一种一致的，在行政职能的统一性和完整性与委员会由此产生的责任之间保持平衡的方式得到组织"⑭。

　　因此，欧盟委员会不愿意创设真正的规制型专门机构，而导致它们在裁断和制定规则时行使自由裁量权，因为如果可以将这种权力委托给专门机构，欧盟委员会被赋予的行政职能的统一性就会受到动摇。强调欧盟委员会主席行政功能的统一性和完整性，这不是偶然的，因为在 2002 年欧洲未来大会审议期间发布的通讯中，行政权力属于哪个机构是其中颇具争议的议题之一。⑮

　　欧盟委员会对行政职能统一性的关注不仅体现在赋予专门机构权力方面，而且体现在专门机构的决策结构方面。在这方面，专门机构内设委员会（boards）的组成至关重要。欧盟委员会仍然关注专门机构的决策结构，认为"欧盟委员会的问责程度不能超过委员会对该专门机构活动的影响程度"⑯。

　　除上述专门机构外，还有执行型专门机构（executive agency），用来管理属于欧盟委员会直接行政责任范围内的那些无须自由裁量的职能，以使欧盟委员会能够集中精力于其"核心任务"，同时避免出现如导致桑特委员会垮台的外包相关问题。⑰

　　⑫　Case C－270/12 *United Kingdom v Council and Parliament* EU：C：2014：18.

　　⑬　COM（2002）718，1.

　　⑭　Ibid 1，9.

　　⑮　P Craig，'European Governance：Executive and Administrative Powers under the New Constitutional Settlement'（2005）3 I－CON 407.

　　⑯　European Agencies—The Way Forward，COM（2008）135 final，8.

　　⑰　Council Regulation（EC）No 58/2003 of 19 December 2002 laying down the statute for executive agencies to be entrusted with certain tasks in the management of community programmes［2003］OJ L11/1；Craig（n 243）ch 2.

第十一节 结 论

一 欧盟机构不应被视为"一元"行为体。每个机构都有自己独特的身份和角色，每个机构的内部结构和组成也是多种多样和复杂的。

二 欧盟机构的权力在形式上受条约条款的调整，但是它们的实际运行和相互作用取决于一系列机构间协议和惯例，以及重大的政治发展。

三 近年来，在桑特委员会辞职之后，出现了一系列制度变迁，并且出台了改革内部工作和欧盟治理结构的多份提案。

四 《里斯本条约》的批准，在正式的法律术语方面解决了大量机制性问题，这些问题在长达 10 年的时间里都处于条约改革辩论的核心。

五 《里斯本条约》将欧盟委员会主席与欧洲理事会主席之间的行政权力划分机制化。他们必须与欧盟理事会一起工作，每六个月担任欧盟理事会主席的成员国也将就哪些特定政策倡议应作为优先事项发表意见。

六 《里斯本条约》还进一步扩大了欧洲议会的立法权能，与过去相比，通过将普通立法程序扩展到新领域，使得欧洲议会可对立法倡议施加更广泛的影响。

第十二节 扩展阅读

Alter，K，*The European Court's Political Power：Selected Essays*（Oxford University Press，2009）

Busuioc，M，*European Agencies：Law and Practices of Accountability*（Oxford University Press，2013）

Chamon，M，*EU Agencies：Legal and Political Limits to the Tranformation of the EU Administration*（Oxford University Press，2016）

Corbett，R，*The European Parliament's Role in Closer EU Integration*（Macmillan，1998）

——, Jacobs, F, and Neville, D, *The European Parliament* (Harper, 9th edn, 2016)

Costa, O (ed), *The European Parliament in Times of EU Crisis: Dynamics and Transformations* (Palgrave Macmillan, 2019)

Craig, P, *The Lisbon Treaty: Law, Politics, and Treaty Reform* (Oxford University Press, 2010)

——*EU Administrative Law* (Oxford University Press, 3rd edn, 2018)

——and de Búrca, G (eds), *The Evolution of EU Law* (Oxford University Press, 3rd edn, 2021)

Curtin, D, *Executive Power in the European Union: Law, Practices, and the Living Constitution* (Oxford University Press, 2009)

Dashwood, A, and Johnston, A, *The Future of the Judicial System of the European Union* (Hart, 2001)

De Búrca, G, and Weiler, JHH, *The European Court of Justice* (Oxford University Press, 2001)

Dehousse, R, *The European Court of Justice* (Macmillan, 1998)

Hayes-Renshaw, F, and Wallace, H, *The Council of Ministers* (Palgrave, 2nd edn, 2006)

Hodson, D, and Peterson, J (eds), *The Institutions of the European Union* (Oxford University Press, 4th edn, 2017)

Hooghe, L, *The European Commission and the Integration of Europe* (Cambridge University Press, 2002)

Judge, D, and Earnshaw, D, *The European Parliament* (Palgrave, 2nd edn, 2008)

Kassim, H, Peterson, J, Bauer, M, Connolly, S, Dehousse, R, Hooghe, L, and Thompson, A, *The European Commission of the Twenty-First Century* (Oxford University Press, 2013)

Kombos, C, *The ECJ and Judicial Activism: Myth or Reality?* (Sakkoulas, 2010)

Nugent, N, *The European Commission* (Palgrave, 2001)

Piris, J-C, *The Lisbon Treaty: A Legal and Political Analysis* (Cambridge University Press, 2010)

Pollack, M, *The Engines of European Integration: Delegation, Agency, and Agenda Setting in the EU* (Oxford University Press, 2003)

Puetter, U, *The European Council and the Council: New Intergovernmentalism and Institutional Change* (Oxford University Press, 2014)

Richardson, J (ed), *European Union, Power and Policy-Making* (Routledge, 3rd edn, 2006)

Rose, R, *Representing Europeans: A Pragmatic Approach* (Oxford University Press, 2013)

Smith, A (ed), *Politics and the European Commission: Actors, Independence, Legitimacy* (Routledge, 2004)

Wallace, H, Pollack, M, and Young, A (eds), *Policy-Making in the European Union* (Oxford University Press, 7th edn, 2014)

Werts, J, *The European Council* (Harper, 2008)

Westlake, M, and Galloway, D, *The Council of the European Union* (Harper, 3rd edn, 2004)

第四章 权能

第一节 核心议题

一　欧盟仅拥有基础条约授予的权能，这一直是一项一般原则。这也就是常说的"欧盟归因于权能"的含义。但是在《里斯本条约》生效之前，很难界定欧盟权能的界限。那时没有划分欧盟权能的一般类型，因此只能通过仔细分析条约的具体条款来判断某一特定领域欧盟权能的界限。对于欧盟在某一特定领域的权能究竟是专属权能还是与成员国共享权能这一问题，可能仍然存在分歧。判断欧盟权能的真正范围不仅需要考虑判例法对相关条约条款的解释，还要考虑根据条约条款制定的二级立法，两者的结合使得这一问题更加复杂。对于那些只界定了宽泛框架的条约条款，例如《欧洲共同体条约》第95条和第308条，这方面的困难尤其突出。

二　欧盟是否具有权能以及欧盟权能的范围，成为历次改革的关键问题，这些改革的最终成果是《里斯本条约》。如今，《里斯本条约》涵盖了欧盟权能的类型：欧盟可以具有专属权能（exclusive competence）、共享权能（shared competence），或者仅采取支持、协调或补充行动的权能。欧盟权能的此种划分具有法律后果。本章将探讨欧盟权能的这三个主要类型，以及这些权能对欧盟与成员国之间的权力划分所产生的影响。当然，欧盟还有一些权能领域不属于这三个类型，本章也将讨论这些问题。我们将探讨新机制在多大程度上澄清了欧盟权能的范围，并对欧盟的权力构成多大程度的遏制。

三　《里斯本条约》不仅规定了欧盟权能的"存在"及其范围，而且规定了欧盟是否应行使这些权能。这一问题由辅助性原则（principle of subsidiarity）所规制，该原则最早由《马斯特里赫特条约》引入。《里斯本条约》及其议定书对该原则做了一定程度的修订。关于辅助性原则这一概念的含义及其适用，可能会产生一些问题，本章也将探讨这些问题。

第二节　改革的动力

欧盟只能在赋予它的权力范围之内采取行动。正是在这一意义上，欧盟归因于各项权能。授权原则（principle of conferral）原来由《欧洲共同体条约》第5条第1款和第7条第1款予以规定，后来成为经《里斯本条约》修订后的《欧洲联盟条约》第5条第2款。该款规定：

> 根据授权原则，联盟仅在成员国在基础条约中所赋予它的权能范围内采取行动，以实现基础条约规定的目标。基础条约未赋予联盟的权能保留在成员国。

但是在《里斯本条约》生效之前，要具体说明欧盟与成员国之间确切的权能划分并不是件容易的事①，因此该问题留待2000年《尼斯条约》之后再做处理。②《欧洲共同体条约》第5条几乎没有为防止权力越来越多地

---

① A Dashwood, 'The Limits of European Community Powers' (1996) 21ELRev 113; G de Búrca, 'Setting Limits to EU Competences', Francisco Lucas Pires Working Paper 2001/02; U di Fabio, 'Some Remarks on the Allocation of Competences between the European Union and its Member States' (2002) 39 CMLRev 1289; A von Bogdandy and J Bast, 'The European Union's Vertical Order of Competences: The Current Law and Proposals for its Reform' (2002) 39 CMLRev 227; P Craig, 'Competence: Clarity, Conferral, Containment and Consideration' (2004) 29 ELRev 323; S Weatherill, 'Better Competence Monitoring' (2005) 30 ELRev 23; F Mayer, 'Competences—Reloaded? The Vertical Division of Powers in the EU and the New European Constitution' (2005) 3 I‑CON 493; R Schutze, *From Dual to Cooperative Federalism: The Changing Structure of European Law* (Oxford University Press, 2009); L Azoulai (ed), *The Question of Competence in the European Union* (Oxford University Press, 2014); S Garben and I Govaere (eds), *The Division of Competences between the EU and the Member States* (Hart, 2017).

② Treaty of Nice, Declaration 23 [2001] OJ C80/1.

从国家向欧盟转移提供任何保障。

尽管如此，我们仍需谨慎对待如下假设，即认为造成"权能问题"的主要原因是欧盟无端篡夺了权力，从而损害了成员国的权利。而事实情况是，欧盟的权能来自以下四个变量的相互作用：成员国对欧盟权能的范围做出选择，这一点表现在对条约的多次修订中；欧盟理事会和欧洲议会认可用于充实基础条约条款的立法；欧盟各法院的判例法；欧盟各机构就如何解释赋予欧盟的权力以及给予这些权力以优先权做出的决定。③

《拉肯宣言》④详细说明了对2000年《尼斯条约》未能解决的权能问题所展开的调研情况。推动改革进程的动力主要来自四个方面：澄清（clarity）、授权（conferral）、遏制（containment）和考虑（consideration）。对于"澄清"的需求表明，人们认为，过去关于权能的条约条款不仅不够清楚，而且混乱、无原则。"授权"理念则不仅指欧盟应在归因于它的权力范围之内采取行动这一理念，而且包含一种更为积极的含义，即欧盟应被赋予必要权力以履行基础条约分配给它的任务。对于"遏制"的需求则反映出，人们担心欧盟拥有太大的权力，应受到实质性限制。⑤但我们必须多视角地看待这一观点，因为权能分配中的一项重要因素一直是成员国经自主决定后将新领域的权能授予欧盟的。这是第四个动力发挥作用的情形，即"考虑"欧盟是否应继续拥有它过去被赋予的权力。然而，对于欧盟应在哪些领域采取行动这一问题却几乎没有经过系统性的反思，重点只是强调澄清、授权和遏制。

第三节　里斯本策略

一　类型与后果

《里斯本条约》对《宪法条约》中的条款做了少量修订。经修订后的

---

③　P Craig, 'Competence and Member State Autonomy: Causality, Consequence and Legitimacy' in B de Witte and H Micklitz (eds), *The European Court of Justice and the Autonomy of Member States* (Intersentia, 2011) ch 1.

④　European Council, 14–15 Dec 2001, [21]–[22].

⑤　Mayer (n 1) 504–505.

条款被重新整合为《欧洲联盟条约》和《欧洲联盟运行条约》。据此，《欧洲联盟条约》第 4 条规定，基础条约未授予联盟的权能保留在成员国。《欧洲联盟条约》第 5 条规定，联盟权能的界限由授权原则（principle of conferral）予以规范。然而，关于权能问题的主要条款则被包含在《欧洲联盟运行条约》之中。这些条款包括适用于不同主题事项领域的权能类型，以及由这种分类所产生的法律后果。欧盟权能的主要类型包括：拥有专属权能的领域，与成员国共享权能的领域，欧盟只能采取辅助或协调行动的领域，以及欧盟在经济与就业政策领域和共同外交与安全政策领域（CFSP）采取行动的特别类型。《欧洲联盟运行条约》第 2 条规定：

（1）当基础条约赋予联盟在某一特定领域享有专属权能时，只有联盟可在此领域立法和通过具有法律约束力的法令，成员国仅在获得联盟授权或为实施联盟法令的情况下才可在此领域立法或通过具有法律约束力的法令。

（2）当基础条约在某一特定领域赋予联盟一项与成员国共享的权能时，联盟与成员国均可在该领域立法和通过具有法律约束力的法令。在联盟未行使或决定停止行使其权能的情况下，成员国可行使该项权能。

（3）成员国应在本条约确定的、联盟拥有提供此等安排之权能的范围内协调其经济和就业政策。

（4）联盟拥有按照《欧洲联盟条约》的条款制定和执行共同外交与安全政策（包括逐步构建共同防务政策）的权能。

（5）在某些领域以及在基础条约规定的条件下，联盟有权采取行动以支持、协调或补充成员国的行动，但并不因此而取代成员国在这些领域的权能。

联盟依据基础条约的条款通过的与上述领域有关的具有法律约束力的法令，并不必然导致成员国法律或法规的调和。

（6）联盟权能的范围和行使之安排由基础条约各相关领域的具体条款确定。

二 明示与默示权力

在讨论特定的权能类型之前，首先要强调两个重要问题，因为它们适用于下文的所有讨论。

首先，对于某一特定条约条款的适用范围可能存在争议，无论适用于该领域是什么权能类型，这尤其发生在相关条款使用了宽泛措辞的情况下。⑥ 欧洲法院在一般情况下不太愿意对措辞宽泛的条约条款施加限制条件。但也可能会这样做。在"烟草广告案"（*Tobacco Advertising*）中，欧洲法院裁定，一项与烟草广告有关的指令不能以《欧洲共同体条约》第95条为基础。⑦

德国诉欧洲议会和理事会

Case C – 376/98 Germany v European Parliament and Council

[2000] ECR I – 8419

[《里斯本条约》重新编号，《欧洲共同体条约》第57条第2款、第66条、第100条第1款和第164条现分别变更为《欧洲联盟运行条约》第53条第2款、第62条、第114条和《欧洲联盟条约》第19条]

德国要求宣布一项指令无效，该指令的目的是调和与烟草广告和烟草赞助有关的法律。该指令的基础是《欧洲共同体条约》第57条第2款、第66条和第100条第1款。第100条第1款允许出于内部市场运行的目的而采取调和式措施。欧洲法院援引了《欧洲共同体条约》第100条第1款、第3条第3款和第7条第1款。接下来它做出以下判决。

---

⑥ See, eg, Case C – 84/94 *United Kingdom v Council* [1996] ECR I – 5755；Case C – 233/94 *Germany v European Parliament and Council* [1997] ECR I – 2405.

⑦ T Hervey, 'Up in Smoke? Community（Anti）-Tobacco Law and Policy' （2001）26 ELRev 101.

欧洲法院

83. 将这些条款一起解读，我们可以清楚地看到，第 100 条第 1 款第 1 段所指的措施……其目的是改善内部市场赖以建立和运行的条件。如果将第 100 条第 1 款的含义解释为赋予共同体立法机构规制内部市场的普遍权力，那么，这不仅与上文引述的各个条款中的明确措辞相反，而且与第 3 条第 2 款所包含的原则不符，……即共同体的权力仅限于明确授予它的那些权力。

84. 此外，以第 100 条第 1 款为基础通过的措施，……其目的必须确实是改善内部市场赖以建立和运行的条件。如果只是凭借如下发现——发现各国的规则之间存在着分歧，或者是存在着有可能对基本自由的行使构成障碍的抽象风险，或者有可能由此导致对竞争的扭曲——就足以构成将第 100 条第 1 款作为法律基础的充分理由，那么，对是否符合恰当的法律基础这一问题进行司法审查可能就没有任何意义了。这样，欧洲法院可能就无法行使第 164 条赋予它的职能，……即确保在解释和适用基础条约时遵守法律。

85. 因此，在考虑第 100 条第 1 款是否构成适当法律基础这一问题时，欧洲法院必须核实如下问题，即其有效性受到质疑的措施是否在事实上寻求实现共同体立法机构阐明所要实现的目标。……

尽管因此对现《欧洲联盟运行条约》第 114 条设置了一定的限制条件，但后来的判例法表明，欧洲法院愿意接受将该条作为已通过的措施的法律基础。[8] 2006 年"烟草广告案"[9] 可以说明这一点，欧洲法院支持烟草广告修订指令的有效性。该修订指令的内容包括，除有限的例外情况以外，禁止在电视以外的媒体如报纸和电台刊登或播放烟草广告，另外，对烟草公司提供的赞助也有一定的限制。欧洲法院的结论是，它可以《欧洲共同

---

[8]　Case C–377/98 *Netherlands v Parliament and Council* [2001] ECR I–7079；Case C–491/01 *The Queen v Secretary of State for Health*, *ex p British American Tobacco* (*Investments*) *Ltd and Imperial To-bacco Ltd* [2002] ECR I–11453；Case C–210/03 *R v Secretary of State for Health*, *ex p Swedish Match* [2004] ECR I–11893；Case C–270/12 *United Kingdom v European Parliament and Council* EU：C：2014：18.

[9]　Case C–380/03 *Germany v European Parliament and Council* [2006] ECR I–11573.

体条约》第 95 条作为通过该指令的法律基础，因为成员国关于烟草产品的广告和赞助事项的法律存在着差异，这有可能影响竞争和国家间贸易。

其次，欧盟各机构可以主张某个特定条约条款中包含制定特定条例的默示权力 (implied power)。尽管"默示权力"这一概念在国内法和国际法体系中已广为人知，但它的含义却更具争议性。根据狭义的解释，一项既定权力的存在本身就意味着，存在着为行使该既定权力所必不可少的任何其他权力。根据广义的解释，一项既定目标的存在本身就意味着，存在着为实现该目标所必不可少的权力。长期以来，关于默示权力的狭义解释得到了认可。[⑩] 欧洲法院现在也采纳广义解释。下面这两个判例就说明了这一点。

德国诉委员会

Cases 281, 283 – 285 and 287/85 Germany v Commission

[1987] ECR 3203

[《里斯本条约》重新编号，《欧洲共同体条约》第 118 条
现变更为《欧洲联盟运行条约》第 153 条]

委员会根据第 118 条通过了一项决定，要求成员国将其所涉及的非成员国劳动者进入本国、在本国居住、平等待遇以及融入本国社会和文化生活等事项的立法草案告知委员会和其他成员国。接下来该成员国应咨询委员会和其他成员国。但这项决定受到质疑，理由是委员会越权。第 118 条涉及的是社会领域的合作，并未明确赋予委员会做出有约束力的决定的权力。欧洲法院裁定，与非成员国有关的移民政策在某种程度上可能属于第 118 条的范围，原因在于此类移民对欧共体内的就业形势具有影响。

欧洲法院

27. ……第 118 条第 2 段规定委员会应采取行动，特别是安排咨询。必须考虑，第 118 条第 2 段是否意味着赋予委员会采取具有约束力的决定的权力，其目的是安排此种咨询。

---

⑩ Case 8/55 *Fédération Charbonnière de Belgique v High Authority* [1956] ECR 245, 280.

28. 在这方面必须强调，《欧洲经济共同体条约》中的某个条款……赋予委员会一项特定任务时，如果不想让该条款完全失效，就必须承认，它必然赋予委员会为履行该任务所必不可少的权力，并且仅是该权力本身。相应地，必须将第118条第2段解释为赋予委员会为安排此类咨询所必要的全部权力。为了履行安排咨询的任务，委员会必须有能力要求成员国向其通报基本信息，其目的首先是要找出问题所在，其次是为了对成员国未来采取的任何联合行动精确制定可能的指导方针；同样，委员会必须有能力要求成员国参加咨询。

委员会诉理事会
Case 176/03 Commission v Council
[2005] ECR I-7879

理事会在原《欧洲联盟条约》第六编，即当时的"第三支柱"之下通过了一项框架决定，要求成员国针对某些环境犯罪行为施加刑事惩罚。委员会认为，应根据《欧洲共同体条约》第175条通过该措施，因为它涉及的是环境问题。欧洲法院接受了这一主张，同时也承认，作为一项普遍规则，刑法和刑事程序都不属于共同体权能，但它接下来说出如下理由。

欧洲法院

48. 然而，如果成员国公权机构适用有效的、相称的和惩戒性的刑事处罚是打击严重环境犯罪所需的基本措施，那么，（这）并不妨碍共同体立法机构采取与成员国刑法相关的、它认为是为了确保它制定的环境保护规则完全有效所必不可少的措施。

但是，欧洲初审法院认定，只有在例外情况下才能承认此类默示权力，即这类权力必须是为了确保基础条约条款或者是争议中的基础条例的实际效力所必不可少的。⑪

---

⑪　Case T-240/04 *French Republic v Commission* [2007] ECR II-4035，[37]；Case T-143/06 *MTZ Polyfilms Ltd v Council* [2009] ECR II-4133，[47].

第四节 专属权能

一 基本原则

《欧洲联盟运行条约》第2条第1款界定了专属权能（exclusive compe-
tence）的类型，在这些领域，只有欧盟有权立法和通过有法律约束力的法
令。只有在获得欧盟授权的情况下，或者是为了实施欧盟法令，成员国才
能够在这些领域立法。

《欧洲联盟运行条约》第3条第1款规定了属于专属权能的主题事项，
即关税同盟；为内部市场的运行确立必要的竞争规则；为欧元区成员国制
定货币政策；在共同渔业政策框架下保护海洋生物资源；共同商业政策。

《欧洲联盟运行条约》第3条第2款指出，如果联盟的某项立法性法
令中提到某项国际协定的缔结，或者缔结某项国际协定是联盟行使其内部
权能所必要的，或者某项国际协定的缔结可能会影响共同规则或改变共同
规则的适用范围，那么，联盟就将拥有缔结此项国际协定的专属权能。

二 专属领域

《欧洲联盟运行条约》第3条第1款明确列举的属于欧盟专属权能的
领域是很有限的。我们已经讨论过，《拉肯宣言》和欧洲未来大会迫切关
注的一个问题，正是如何遏制欧盟的权力。如果以此作为判断标准，那么
属于专属权能的领域是适当的，因为只有极少数领域属于这一类型。这一
点很重要，因为将某个领域纳入专属权能的后果很严重：成员国在该领域
没有自主的立法权能，也不能通过任何具有法律约束力的法令。

创设不同的权能类型这一行为本身就不可避免地意味着，将会在不同
类型之间产生如何划分界限的问题。在划分专属权能和共享权能时就可能
产生此类问题。例如，竞争规则与内部市场这二者的关系就有些含糊不
清，竞争规则属于专属权能的一个类别，而内部市场则属于共享权能，欧
盟单一专利（unitary patent）就引起了这个问题。[12] 还可能存在困难的是在

---

[12] Cases C‑274 and 295/11 *Spain and Italy v Council* EU：C：2013：240，[18]‑[24]；P Craig,
The Lisbon Treaty：Law，Politics，and Treaty Reform（Oxford University Press，2010）159‑161.

涉及关税同盟的条款与涉及内部市场其他方面的条款这二者之间划分界限，因为关税同盟属于专属权能领域，而内部市场则属于共享权能领域。可能很难确定某种情况涉及的是关税同盟、关税、配额以及类似事项，还是确实与歧视性税收"有关"[13]。此外，关于一项法令是属于共同商业政策还是内部市场领域，可能也会存在争议。[14] 还可能出现争议的是行动属于货币政策还是经济政策。在"高魏勒案"（Gauweiler）[15] 中，欧洲中央银行通过"直接货币交易"计划（OMT）在二级市场上购买成员国发行的债券，这是欧洲中央银行首次从成员国那里购买这种债券，欧洲法院裁定，OMT 计划属于货币政策而非经济政策，因此属于欧洲中央银行的权力。

三　有条件的专属权能

欧盟也被赋予缔结国际协定的专属权能[16]，其前提是要满足《欧洲联盟运行条约》第 3 条第 2 款规定的条件：

> 在联盟的某项立法性法令就缔结某项国际协定有此规定，或者缔结某项国际协定对于联盟行使对内权能是必要的，或者缔结某项国际协定可能影响共同规则或改变共同规则适用范围的情况下，联盟也具有缔结此类国际协定的专属权能。

《欧洲联盟运行条约》第 3 条第 2 款应与第 216 条共同解读。第 216 条涉及的是欧盟是否拥有缔结国际协定的权能。第 3 条第 2 款涉及的事项与此有关，但显然是另外一个问题，即该项权能是不是专属的。《欧洲联盟运行条约》第 216 条规定如下：

> 1. 如基础条约有此规定，或者在联盟政策框架下，有必要缔结一项协定以实现基础条约所规定的一个目标，或者一项有约束力的联盟

---

[13]　见第十九章。

[14]　Case C - 137/12 *Commission and European Parliament v Council* EU：C：2013：675；Case C - 389/15 *European Commission v Council* EU：C：2017：798；*Opinion 3/15 Marrakesh Treaty* EU：C：2017：114.

[15]　Case C - 62/14 *Gauweiler v Deutsche Bundestag* EU：C：2015：400.

[16]　《欧洲联盟条约》第 47 条规定，欧盟具有法律人格。

法令做出了此种规定，或者缔结协定有可能影响共同规则或改变其适用范围，联盟可以与一个或多个第三国或国际组织缔结协定。

2. 联盟缔结的协定对联盟机构及成员国均有约束力。

促成《欧洲联盟运行条约》第216条产生的动因，是对外行动工作组（Working Group on External Action）起草的报告。在《里斯本条约》之前，《欧洲共同体条约》赋予共同体在有限的某些情况下缔结国际协定的明示权力[17]，而欧洲法院判例法对此做了补充，指出在哪些情况下共同体可能拥有缔结国际协定的默示对外权能。对外行动工作组建议，应有一项条约条款反映此判例法。[18] 这一点被纳入《宪法条约》，后来又进入《里斯本条约》而成为《欧洲联盟运行条约》第216条。第216条涵盖的范围之广非常明显，而且事实上，欧盟不具备缔结国际协定权力的情况非常少——即使曾经存在过这种情况。[19] 另外，第216条比第3条第2款更为广泛。因此，欧盟拥有在第216条第1款列举的四种情况下缔结国际协定的权能。

对于欧盟对外权能的范围，以及欧盟在多大程度上拥有专属或与成员国拥有平行的权能，相关的判例法是很复杂的。[20]《欧洲联盟运行条约》第

---

[17]　《欧洲共同体条约》第111条、第133条、第174条第4款、第181和第310条。

[18]　CONV 459/02，Final Report of Working Group VII on External Action, Brussels, 16 Dec 2002, [18].

[19]　Case C-600/14 *Germany v Council* EU：C：2017：935，[48]-[52].

[20]　参见第十一章，以及 T Tridimas and P Eeckhout, 'The External Competence of the Community and the Case-Law of the Court of Justice：Principle versus Pragmatism' (1994) 14 YBEL 143；A Dashwood and C Hillion（eds），*The General Law of EC External Relations*（Sweet & Maxwell, 2000）；P Eeckhout, *External Relations of the European Union：Legal and Constitutional Foundations*（Oxford University Press, 2004）；M Cremona, 'The Draft Constitutional Treaty：External Relations and External Action' (2003) 40 CMLRev 1347；P Koutrakos, *EU International Relations Law*（Hart, 2006）；P Koutrakos, 'Legal Basis and Delimitation of Competence in EU External Relations' in M Cremona and B de Witte（eds），*EU Foreign Relations Law：Constitutional Fundamentals*（Hart, 2008）ch 6；M Cremona, 'Defining Competence in EU External Relations：Lessons from the Treaty Reform Process' in A Dashwood and M Maresceau（eds），*Law and Practice of EU External Relations：Salient Features of a Changing Landscape*（Cambridge University Press, 2008）ch 2；M Cremona, 'External Relations of the European Union：The Constitutional Framework for International Action' in P Craig and G de Búrca（eds），*The Evolution of EU Law*（Oxford University Press, 3rd edn, 2021）；M Cremona, 'EU External Relations：Unity and Conferral of Powers' in Azoulai（n 1）ch 3.

3 条第 2 款提出欧盟拥有专属对外权能的三种情形。对该条款进行解释绝非易事。[21] 判例法的复杂性必然意味着，将这些原则纳入基础条约的条款之中总是困难重重的。如果将《欧洲联盟运行条约》第 3 条第 2 款和第 216 条一起进行解读，极有可能忽略欧盟经由国际协定采取行动的权力以及该权力的专属性，而这一问题是该领域大多数判例法的核心议题。

(一) 对外权能与专属性：《里斯本条约》之前

为了理解《欧洲联盟运行条约》第 3 条第 2 款的重要意义，我们需要简要回顾《里斯本条约》之前的判例法。在相当长一段时间内，欧洲法院承认，如果缔结一项国际协定是为了使共同体的对内权能有效所必不可少的，那么共同体就拥有缔结该协定的权能，即使它在该领域并不存在明示对外权能。[22] 此项默示对外权力是否具有专属性这一问题，与是否存在此项权力是被作为两个问题区别对待的。默示对外权能可能是专属性的，也可能是共享性质的[23]，但划分标准并不完全清晰。[24] 但是，欧洲法院关于在什么情况下可能产生专属权能的表述影响深远。

欧洲法院在"《欧洲公路运输协定》案"（*ERTA*）中指出，当共同体根据条约采取行动以实施一项共同政策时，如果成员国的对外行动可能影响据此确定的规则或扭曲其适用范围，那么成员国将不再拥有在该领域采取对外行动的权利。[25] 这一立场在"克拉默案"（*Kramer*）[26] 中得到修正。欧洲法院指出，即使在欧共体没有采取对内措施以实施相关政策的情况

㉑　Cremona, 'Draft Constitutional Treaty' (n 20)；Craig (n 1).

㉒　(N 20)；Case 22/70 *Commission v Council* [1971] ECR 263；Cases 3, 4 and 6/76 *Kramer* [1976] ECR 1279；*Opinion 1/76 On the Draft Agreement Establishing a Laying-up Fund for Inland Waterway Vessels* [1977] ECR 741；*Opinion 2/91 Re the ILO Convention 170 on Chemicals at Work* [1993] ECR I‑1061；*Opinion 2/94 Accession of the Community to the European Human Rights Convention* [1996] ECR I‑1759.

㉓　*Opinion 1/03 Competence of the Community to conclude the new Lugano Convention on jurisdiction and the recognition and enforcement of judgments in civil and commercial matters* [2006] ECR I‑1145, [114]‑[117].

㉔　Cremona, 'External Relations' (n 20)；A Dashwood and J Heliskoski, 'The Classic Authorities Revisited' in Dashwood and Hillion (n 20) 3.

㉕　Case 22/70 *Commission v Council* (n 22).

㉖　Cases 3, 4 and 6/76 *Kramer* (n 22).

下，欧共体也可以拥有默示对外权力，但是，直到欧共体行使其对内权力之前，成员国将一直保留采取行动的权能，其前提是成员国行动与共同体目标相符。在"内陆水道案"（*Inland Waterways*）㉗中，专属权能的范围受到质疑。欧洲法院在该案中判定，如果成员国的行动可能妨碍共同体寻求实现的目标，那么即使共同体尚未行使其对内权力，它仍然可以拥有专属对外权能。

在"关于《世界贸易组织协定》的第 1/94 号意见"㉘中，欧洲法院从其在"内陆水道案"对专属性非常广泛的解读中有所"后撤"。它在该意见中指出，专属对外权能一般取决于对内权力的实际行使，而不仅仅取决于存在对内权力这一事实。㉙"内陆水道案"之所以引人注目，是因为在该案中不缔结国际协定就无法实现欧共体的内部目标，而且在缔结此项协定之前，事实上也无法制定欧共体的内部规则。㉚法院未将这一逻辑适用于"世贸组织协定案"。㉛但欧洲法院在后来的判决中遵循了这一推理。㉜

尽管如此，后来的司法判决仍然表明，欧洲法院对于"欧共体已经在内部行使其权力"这一理念做了广义解释，而且，对于这一理念在哪些情况下赋予欧共体专属对外权能这一问题，欧洲法院也愿意给予广义解释。从"开放天空"判例中可以清楚地看到这一点。该判例涉及的是欧盟委员会对几个成员国提起的诉讼。㉝欧盟委员会主张，成员国与美国缔结双边"开放天空"协定的行为违反条约，其理由是欧共体在该领域拥有专属对外权能。委员会认为，按照"《欧洲公路运输协定》案"裁决的逻辑，欧

㉗　*Opinion 1/76 Inland Waterways*（n 22）.

㉘　*Opinion 1/94 Competence of the Community to Conclude International Agreements Concerning Services and the Protection of Intellectual Property*, WTO［1994］ECR I‒5267.

㉙　Ibid［77］,［88］‒［89］.

㉚　Ibid［85］‒［86］.

㉛　Ibid［86］,［99］,［100］,［105］.

㉜　See, eg, *Opinion 2/92 Competence of the Community or one of its Institutions to Participate in the Third Revised Decision of the OECD on National Treatment*［1995］ECR I‒521.

㉝　Case C‒466/98 *Commission v United Kingdom*［2002］ECR I‒9427；Case C‒467/98 *Commission v Denmark*［2002］ECR I‒9519；Case C‒468/98 *Commission v Sweden*［2002］ECR I‒9575；Case C‒469/98 *Commission v Finland*［2002］ECR I‒9627；Case C‒471/98 *Commission v Belgium*［2002］ECR I‒9681；Case C‒472/98 *Commission v Luxembourg*［2002］ECR I‒9741；Case C‒475/98 *Commission v Austria*［2002］ECR I‒9797.

共体拥有专属对外权能，因为它在相关领域已经在某种程度上实施了对内权能。欧洲法院接受了这一理由。理事会曾以《欧洲共同体条约》第80条第2款为基础通过了一揽子立法。欧洲法院认为，"《欧洲公路运输协定》案"裁决可以适用于以此种方式行使的对内权力，因此，欧共体拥有默示对外权能。由此推断，当欧共体根据此项权力制定了共同规则之后，成员国无论是单独还是集体采取行动，都不再有权对非成员国承担义务——如果这些义务影响这些规则或扭曲其适用范围。

该判决肯定了对"影响这些规则或扭曲其适用范围"这一短语的广义解读，因为正是这一措辞将对外权能转化为专属对外权能。按照先前的判例法，欧洲法院裁定，如果国际协定属于共同规则的范围，或者属于已经在总体上被此类规则所涵盖的领域，则可做出上述解读；而且，即使国际义务与内部规则不存在矛盾，在后一种情况下仍可做出上述解读。与非成员国国民待遇问题有关的欧共体立法性条款，或者明确授予共同体权力以与非成员国开展谈判的立法性条款，均赋予欧共体专属对外权能。

同样地，一般规则也来自"《卢加诺公约》案"（*Lugano*）的意见[34]：默示对外权能可能是专属性的，也可能是共享的，但如果欧共体已经行使了其对内权力，那么只要此种专属权能是"为了保持共同体法的有效性以及由共同体规则确立的体系适当运行"所需的，欧洲法院就倾向于推定这种情况产生了专属对外权能。[35]

（二）对外权能与专属性：《里斯本条约》之后

《欧洲联盟运行条约》第3条第2款规定了欧盟拥有专属对外权能的三种情况。第一种情况是，缔结某项国际协定是由联盟立法性法令规定的。该措辞具有重要意义。《欧洲联盟运行条约》第3条第2款并没有说，如果联盟立法性法令提出联盟应该拥有专属对外权能，那么联盟就应该拥有此项专属对外权能。它也没有说，欧盟仅在其拥有专属对内权能的领域才拥有此种专属对外权能。它规定，如果某项国际协定的缔结由一项立法性法令予以规定，则联盟拥有专属对外权能。因此，如果明确授权联盟缔结国际协定，则意味着可以认定联盟拥有专属对外权能。由此推论，它排

---

[34] *Opinion 1/03 Lugano*（n 23）［114］-［115］.

[35] Ibid［131］.

除了成员国单独缔结任何此类协定的可能性，而且成员国也不能就该事项立法或通过任何具有法律约束力的法令。

在《欧洲联盟运行条约》第 3 条第 2 款列举的第二种情况中，同样可以明显看到，它忽略了对外权力与专属对外权力。前面已经讨论过，根据欧洲法院的判例法，如果缔结一项国际协定是行使欧盟对内权能必不可少的前提条件，则欧盟拥有缔结该国际协定的权能，即使在不存在明示对外权能的情况下仍然如此。[36] 因此，《欧洲联盟运行条约》第 3 条第 2 款的效果是，如果缔结一项国际协定是欧盟在内部行使其权能所必需的前提条件，则欧盟拥有缔结该协定的专属对外权能，而无论欧盟拥有的对内权能属于何种类型。从字面上看，这意味着如果缔结一项国际协定是欧盟行使对内权能所必要的，那么欧盟就应拥有缔结该国际协定的专属对外权能，即使欧盟在该领域的对内权能仅为共享权能，甚至欧盟仅能采取辅助性或协调性行动也是如此。有人可能会主张，欧盟缔结国际协定的任何对外权能都必须受其在相关领域拥有的对内权能性质的约束。《欧洲联盟运行条约》第 3 条第 2 款的效果仍然是，如果缔结一项国际协定是欧盟行使其对内权能所必要的，那么它就拥有缔结该协定的专属对外权能，即使相应的对内权能仅允许联盟采取辅助性行动也是如此，但其前提是，拟缔结的国际协定不包含超出此类行动范围之外的条款。

《欧洲联盟运行条约》第 3 条第 2 款提到的第三种情况是，只要缔结一项国际协定"有可能影响共同规则或改变其适用范围"，那么欧盟就应拥有专属权能。这一点与欧洲法院的判例法是一致的，因此，在欧盟已经在内部行使其权力的多数情况下，就将认定它拥有专属对外权能。[37] 在"关于《欧盟新加坡自由贸易协定》的第 2/15 号意见"中，欧洲法院确认了对第 3 条第 2 款这个部分的广义解读。国际协定可能影响欧盟共同规则或改变其适用范围的风险，就足以在这方面给予欧盟专属对外权能。[38] 这里存在的风险是，欧盟共同规则可能受到成员国所承诺的国际协定的反向影响，或者可能改变这些规则的适用范围，这就是欧盟享有专属对外权能

---

[36] （N 22）.

[37] Case C - 114/12 *Commission v Council* （*Convention on the Rights of Broadcasting Organizations*） EU：C：2014：2151；*Opinion 1/13 on the Hague Convention on Child Abduction* EU：C：2014：2292.

[38] *Opinion 2/15 Free Trade Agreement between the Euroepan Union and the Republic of Singapore* EU：C：2017：376，［180］-［181］.

的原因，如果那些承诺属于共同规则的适用范围。发现存在这种风险，并不预先要求由国际承诺所涵盖的领域与欧盟规则的领域完全重合。当这种国际承诺属于欧盟规则在很大程度上已经涵盖的某个领域时，这些承诺可以影响欧盟规则或改变其适用范围。[39]

罕见的例外是"普林格尔案"（*Pringle*）裁决。[40] 在该案中，欧洲法院裁定，欧洲稳定机制（ESM）作为成员国之间缔结的一项国际协定，其目的是帮助因金融危机而陷入财政困难的成员国，它并未影响经济货币联盟的共同规则，因此，不属于第 3 条第 2 款框架下的欧盟专属权能的范围。但很显然，欧洲法院不希望宣告成员国签署的欧洲稳定机制无效。

欧洲法院一直维持着欧盟是否具有对外权能与该权能是专属还是共享这两者之间的区分。[41] 这在概念层面可能是正确的，但克雷莫纳（Cremona）的观点更有说服力，即第 3 条第 2 款"将是否存在默示对外权能与该权能是否具有专属性这两个相互独立的问题融合起来"[42]。她还指出，如果将该条款与《欧洲联盟运行条约》第 216 条结合起来，默示共享权能就可能不复存在。[43]

此外，这一结果很难与该领域的实际情况相匹配。因此，尽管给了专属对外权能比较广义的司法解读，但现实是，在《里斯本条约》生效之前，有多项对外权力都是由成员国和欧盟通过混合协定（mixed agreement）共享的，在此类协定框架下，欧盟与成员国共同享有缔结协定的权力。[44] 其原因也许是判例法所规定的共同体拥有专属对外权能的条件没有得到满

---

[39] Case C – 66/13, *Green Network SpA* EU：C：2017：2399，[29] – [31]；*Opinion 1/13 Hague Convention* EU：C：2014：2303，[71] – [73]；*Opinion 3/15 Marrakesh Treaty* （n 14）[105] – [108].

[40] Case C – 370/12 *Pringle v Government of Ireland*，*Ireland and the Attorney General* EU：C：2012：756，[100] – [106].

[41] See, eg, *Opinion 1/03 Lugano* （23）[114] – [115]；*Opinion 2/00 Cartegena Protocol* [2001] ECR I – 9713，[44] – [47]；Case C – 600/14 *Germany v Council* （n 19）[46].

[42] Cremona 'Defining Competence' （n 20）61.

[43] Ibid 62.

[44] D O'Keeffe and H Schermers （eds），*Mixed Agreements* （Martinus Nijhoff, 1983）；M Cremona，'The Doctrine of Exclusivity and the Position of Mixed Agreements in the External Relations of the European Community' （1982）2 OJLS 393；M Cremona，'External Relations of the EU and the Member States：Competence, Mixed Agreements, International Responsibility, and Effects of International Law'，EUI Working Paper, Law No 2006/22；Cremona, 'EU External Relations' （n 20）.

足，例如，欧共体没有采取足以赋予其专属对外权能的对内措施。㊺ 相关对外权能之所以由欧盟与成员国共享，原因或许是，欧共体条约并未赋予共同体批准整个协定的充分权能，因此要求在共同体和成员国之间分配与非成员国缔结该协定的权力；㊻ 或者是因为，尽管欧共体在相关领域拥有一定的权能，但仅限于规定最低要求，从而给予成员国在这之外适用源于相关国际协定的规则的自由。㊼

第五节　共享权能

一　基本原则

《欧洲联盟运行条约》第 2 条第 2 款界定了共享权能（shared competence）。其措辞具有重要意义。该条款规定如下：

> 当基础条约在某一特定领域赋予联盟一项与成员国共享的权能时，联盟与成员国均可在该领域立法和通过具有法律约束力的法令。在联盟未行使或决定停止行使其权能的情况下，成员国可行使该项权能。

属于共享权能的领域被规定在《欧洲联盟运行条约》第 4 条中。共享权能属于剩余的权能类型，因为该条约第 4 条第 1 款规定，在基础条约赋予联盟的权能不涉及《欧洲联盟运行条约》第 3 条和第 6 条所涉及的类型时，联盟应与成员国共享权能。第 3 条和第 6 条中所涉及的权能类型分别是专属权能，以及联盟仅限于采取行动支持、协调或补充成员国行动的领域。我们也可以从该条约第 4 条第 2 款中得出这一结论，因为该条款指出，共享权能适用于所列举的"主要领域"，这说明该清单并不一定是穷尽性的。但这种认为共享权能是默认立场的观点并不适用于特殊类型的权能，即《欧洲联盟运行条约》第 5 条规定的处理经济与就业政策的权能，以及

㊺　*Opinion 1/94*（n 28）［99］-［105］；*Opinion 2/00 Opinion Pursuant to Article 300*（6）*EC, Cartegena Protocol*［2001］ECR I-9713，［45］-［46］.

㊻　*Opinion 2/00*（n 45）［5］.

㊼　*Opinion 2/91*（n 22）［16］-［21］.

《欧洲联盟运行条约》第 2 条第 4 款和《欧洲联盟条约》第五编规定的处理共同外交与安全政策领域的权能。《欧洲联盟运行条约》第 4 条规定：

> 1. 凡基础条约赋予联盟一项不涉及第 3 条与第 6 条所涉及领域的权能时，联盟与成员国共享该权能。
>
> 2. 联盟与成员国共享的权能主要适用于下列领域：
>
> (1) 内部市场；
>
> (2) 社会政策中由本条约界定的部分；
>
> (3) 经济、社会与领土聚合；
>
> (4) 农业及除海洋生物资源保护以外的渔业；
>
> (5) 环境；
>
> (6) 消费者保护；
>
> (7) 运输；
>
> (8) 泛欧网络；
>
> (9) 能源；
>
> (10) 自由、安全和公正的区域；
>
> (11) 由本条约确定的公共卫生方面的共同安全问题。
>
> 3. 联盟在研究、技术开发和空间领域拥有采取行动的权能，特别是确定和执行计划的权能；但该权能的行使不得导致成员国无法行使其权能。
>
> 4. 在发展合作和人道主义援助领域，联盟拥有采取行动、实施共同政策的权能；但该权能的行使不得导致成员国无法行使其权能。

在共享权能与其他两个主要类型，即专属权能以及联盟仅拥有采取支持、协调或补充行动的权能这两个类型之间，可能存在划分界限的问题。例如，社会政策的哪些方面属于共享权能，这一问题就不太容易判断。此外，要确保《欧洲联盟运行条约》第 4 条第 3 款和第 4 款与规制这些领域的具体条款之间保持一致，也可能会出现问题：第 3 款和第 4 款假设相关领域属于共享权能，但这些领域的许多具体条款则是在欧盟支持、协调和补充成员国行动这一框架下规定的。[48]

---

[48] Craig (n 12) 167–171.

二　先占原则

《欧洲联盟运行条约》第 2 条第 2 款规定，只有在联盟尚未在任何此类领域行使权能，或者决定停止行使其权能的情况下，成员国才可以行使该权能。由此，如果联盟已经行使其权能，就先占了该领域而排除成员国采取行动的可能性；其后果是，成员国在这些领域所拥有的共享权能的数量可能会随着时间的推移而不断减少。但是，这一结论必须通过以下四种方式予以限定。

第一，只有在联盟已经行使"其"权能的程度内，成员国才会失去它们在共享权力制度内的权能。[49] 只有考虑在社会政策、能源、内部市场和消费者保护等不同领域划分权力的具体条款之后，才能决定欧盟权能的范围。因此，只有在那些界定欧盟在共享权力的诸多领域能够采取哪些行动的具体条款之中，才能发现对欧盟权能的真正限制。

第二，只有在欧盟已经在相关领域行使了其权能的"程度"内，才会产生"先占"（pre-emption）效果。[50] 欧盟干预某一特定领域的方式可以有很多种。[51] 欧盟可以选择制定统一的规定，可以调和各国法律，可以实行最低程度的调和，也可以施加相互承认的要求。因此，例如在欧盟选择最低程度调和的情况下，成员国将拥有在该领域采取行动的空间。然而，成员国对于《欧洲联盟运行条约》第 2 条第 2 款可能产生的先占影响十分担忧，因此要求通过《关于共享权能的议定书》（Protocol on Shared Competence）[52]，该议定书强化了上述观点。该议定书规定，如果联盟已经在由共享权能规制的某个领域采取了行动，则"此项权能的行使仅涵盖由相关联盟法令规制的要素，因此并不涵盖整个领域"。尽管如此，联盟法令仍有可能涵盖共享权力框架下的整个领域，前提条件是根据基础条约的相关条

---

[49]　Case C – 373/11 *Panellinios Syndesmos Viomichanion Metapoiisis Kapnou v Ypourgos Oikonomias kai Oikonomikon* EU：C：2013：567，［26］.

[50]　Case C – 114/12 *Commission v Council*（n 37）［93］.

[51]　S Weatherill，'Beyond Preemption? Shared Competence and Constitutional Change in the European Community' in D O'Keefe and P Twomey（eds），*Legal Issues of the Maastricht Treaty*（Chancery Law Publishing，1994）ch 2；M Dougan，'Minimum Harmonization and the Internal Market'（2000）37 CMLRev 853；M Dougan，'Vive la Difference? Exploring the Legal Framework for Reflexive Harmonisation within the Single Market'（2002）1 Annual of German and European Law 13.

[52]　第二十五号议定书。

款，联盟可以这么做。

第三，《欧洲联盟运行条约》第2条第2款明确规定，联盟有可能停止行使共享权能领域的某项权能，这样的话，此项权能就可能交还成员国。附于条约的一项声明[53]规定了这种情况发生的几种可能方式。

最后一个限制条件与《欧洲联盟运行条约》第4条第3款和第4款有关。它们明确规定，即使联盟已经在这些领域行使了其权能，成员国仍可以继续行使权力。因此，即使欧盟已经界定并实施了与科研、技术开发和空间有关的项目，也不能排除成员国在这些领域行使权能的可能性。这一逻辑同样适用于发展合作与人道主义援助方面。

三 范围与差别

共享权能构成了权能分配问题的默认立场，但这并不意味着在适用共享权能的所有领域中权能的分配都是相同的。事实上，共享权能仅是一个伞形术语，其结果是，在欧盟法的不同领域，对权能的划分存在着重大差别。因此，我们只有通过考虑调整内部市场、消费者保护、能源、社会政策和环境等领域的具体规则，才能判断这些领域确切的权力共享分配状况，而这些规则见诸《欧洲联盟运行条约》相关条款。

例如，与"四大自由"有关的权力共享就与在"自由、安全和公正的区域"（AFSJ）框架下运行的复杂的权力共享情况大相径庭。事实上，在"自由、安全和公正的区域"这一总体框架下运行的权力共享又被划分为多种不同的重要类别。因此，不存在任何一种神奇的表述公式，可以界定任何特定领域的共享权力。这并不是批评，而仅仅是由下列事实所导致的后果：在不同领域赋予欧盟权力的确切程度有所不同。这一点由《欧洲联盟运行条约》第2条第6款得到了承认，它指出："联盟权能的范围和联盟行使权能的安排由基础条约各相关领域的具体条款予以确定。"

四 共享权能与保留权力

需要注意的是，属于共享权能范围的一些主题事项，例如内部市场和

---

[53] 第18号声明。

公民身份，也许会对成员国的保留权力产生影响。[54] 这一点非常重要。这是因为欧洲法院对欧盟在这些领域的权力范围所做出的解释意味着，即使欧盟在诸如直接税收这样的领域没有权能，这些事项原本保留为成员国的权能，但是在这些领域实施的成员国规则必须与四大自由保持一致，因为四大自由是内部市场的核心；或者，应与欧盟公民概念保持一致。[55] 因此，对欧盟规则做出的解释，对保留在成员国权能范围的任何领域均具有重要影响。

第六节　支持、协调或补充行动

一　基本原则

《欧洲联盟运行条约》第2条第5款规定欧盟权能的第三个类型，允许欧盟采取行动支持（support）、协调（coordinate）或补充（supplement）成员国的行动，但并不因此而取代成员国在这些领域的权能，也不必然导致成员国法律的调和（harmonization）。[56] 尽管欧盟无法调和这些领域的法律，但它可以在基础条约特定条款授权的情况下通过具有法律约束力的法令，并且成员国将在此类法令规定的范围内受到约束。在该条款列举的不同领域，支持等行动的含义并不相同，因此欧盟在这些方面所拥有权力的确切程度也不相同，但很显然，欧盟在这些领域拥有重要权力，尽管它无法实现法律调和。[57]

《欧洲联盟运行条约》第6条规定了属于此类权能的领域：保护和改善人类健康，工业，文化，旅游，教育、职业培训、青年和体育运动，民

---

[54]　L Boucon, 'EU Law and Retained Powers of Member States' in Azoulai (n 1) ch 8; L Azoulai, 'Introduction: The Question of Competence' in Azoulai (n 1).

[55]　See, eg, Case C – 246/89 *Commission v United Kingdom* [1991] ECR I – 4585, [22] – [24]; Case C –279/93 *Finanzamt Köln-Altstadt v Schumacker* [1995] ECR I – 225, [21]; Case C – 120/95 *Decker v Caisse de maladie des employés privés* [1997] ECR I – 1831, [20] – [23].

[56]　R Schütze, 'Co-operative Federalism Constitutionalized: The Emergence of Complementary Competences in the EC Legal Order' (2006) 31 ELRev 167.

[57]　例如，《欧洲联盟运行条约》第167条（文化）、第168条（公共卫生）和第173条（工业）。

事保护，以及行政合作。该条给人的印象是其列举的领域是穷尽的，但如果将《欧洲联盟运行条约》作为一个整体加以解读，则会推翻这一印象。这样就变得很清楚了，在其他一些重要领域，欧盟也仅限于提供支持等行动。至少从表面上看是如此，特别是在社会政策的某些方面[58]，以及就业政策的某些领域。[59]

创设不同的权能类型不可避免地意味着，不同类型之间会存在界限划分问题。例如，对媒体的规制可能属于内部市场领域，这是共享权能；但也可以认为它属于文化领域，而在该领域，仅允许欧盟采取支持等行动。此外，判断社会政策的哪些领域属于共享权能，哪些领域属于本类型的权能领域也存在着困难。

二 范围与差别

理解欧盟在属于本类型权能的领域所拥有的权力范围具有重要的意义。在条约列举的不同领域，对成员国行动予以"支持、协调或补充"的欧盟行动所涉及的含义有所不同，但其总体方式如下文所述。

条约各实体领域的条款一开始就会规定联盟行动的目标。由此，在公共卫生领域，《欧洲联盟运行条约》第 168 条特别列举改善公共卫生、预防疾病，以及消除威胁健康的源头等目标。欧盟应在这些问题上补充成员国的行动。成员国有义务与欧盟委员会配合，协调它们在这些事项上的政策。[60] 欧盟委员会可以通过交流最佳实践、定期监督和评估，协调就这些事项所采取的行动。[61] 欧盟还可以通过法律，确定"激励措施"，用以保护人类健康，并应对重大跨国卫生隐患，但前提是这不涉及成员国法律的调和。[62] 由此可见，尽管条约排除欧盟在这些领域采用调和式措施的可能性，但欧盟仍拥有重要的干预空间，其干预手段是发布有关最佳实践、监督等指导方针式的"劝诫性软法"，以及"法律激励措施"[63]。在属于该类型的

---

[58] 《欧洲联盟运行条约》第 153 条。

[59] 《欧洲联盟运行条约》第 147 条。

[60] 《欧洲联盟运行条约》第 168 条第 2 款。

[61] 《欧洲联盟运行条约》第 168 条第 2 款。

[62] 《欧洲联盟运行条约》第 168 条第 5 款。

[63] 公共卫生领域也有一些方面属于共享权能，在这些事项上，欧盟进行干预的范围更大，参见《欧洲联盟运行条约》第 4 条第 2 款第 11 项和第 168 条第 4 款。

其他领域，也可以发现对软法与法律激励措施的综合运用，但这些方式并不构成调和。⑭

但不应低估欧盟在这些领域的权力范围。《里斯本条约》的标准方式是，授权欧盟通过措施以实现该领域所列明的目标。授权所使用的措辞并不相同。它有时候说采取"激励措施"⑮，有时候用的是"必要措施"⑯ 字样，而在其他情形下所使用的术语则是"特定措施"⑰。

对于当前讨论而言，重要的是，无论条约采用哪种术语，这类措施都构成具有法律约束力的法令，它们一般根据普通立法程序通过。此类欧盟立法权能的限制条件是，欧盟在该领域通过这种法令的目的必须是实现该领域所列明的目标。但是，这些目标的设定往往具有高度概括性，其结果是，只要相关措施属于这类被广泛界定的目标范围，且不构成成员国法律的调和，那么欧盟就被合法授权制定具有约束力的措施。就此类权能内的所有领域而言，这一点十分明显。欧盟在这些领域开展立法活动的范围将由成员国（经由理事会）和欧洲议会予以界定，但这并不会改变我们在这里所阐述的要点。

三　法令、调和与成员国权能

《欧洲联盟运行条约》第 2 条第 5 款规定，旨在支持、协调或补充成员国行动的欧盟行动，并不会取代成员国的权能。该款还规定，联盟依据这些领域的特定条款所通过的具有法律约束力的法令，并不必然使成员国法律在这些领域进行调和（harmonization）。因此，尽管欧盟不能调和这些领域的法律，但它可以依据这些领域的特定条款，通过具有法律约束力的法令。从该约的规定中可以得出三个重要论点。

首先，在欧盟通过此类法令的领域，这些法令将对成员国产生约束力，而成员国权能也将在具有法律约束力的法令所规定的限度内受到限制。因此，尽管成员国权能并不会仅因欧盟制定了具有法律约束力的法令

---

⑭ 《欧洲联盟运行条约》第 165 条第 4 款和第 166 条第 4 款（教育与职业培训）、第 167 条（文化）、第 173 条第 2 款和第 3 款（工业）、第 195 条（旅游）、第 196 条（民事保护）。

⑮ 《欧洲联盟运行条约》第 165 条第 4 款和第 166 条第 2 款（教育与职业培训）、第 167 条第 5 款（文化）和第 168 条第 5 款（公共卫生）。

⑯ 《欧洲联盟运行条约》第 196 条第 2 款（民事保护）。

⑰ 《欧洲联盟运行条约》第 195 条第 2 款（旅游）、第 173 条第 3 款（工业）。

就被取代，但它将因该欧盟法令而受到一定程度的限制。此外，很显然，欧盟可以在获得授权的领域通过立法性法令，前提条件是它们并不必然导致成员国法律的调和。

其次，欧盟在此项权能的类型框架下不能调和法律，但"调和"本身的含义并不是完全清楚。排除调和式措施就意味着，在欧盟仅拥有支持、协调或补充成员国行动的权能领域，它不能依据《欧洲联盟运行条约》第114条制定具有法律约束力的法令。否则的话，这就意味着允许其以调和各国法律为目的，而这一点恰恰是《欧洲联盟运行条约》第2条第5款所禁止的。然而，这一规定的意义仅此而已。欧盟可以在此项权能类型所涵盖的领域制定具有法律约束力的法令，有人可能会主张，所制定的措施就相当于成员国法律的调和，即使该措施表面上并不给人这种印象。那么，接下来就交由欧洲法院判断了，有争议的措施是否构成调和，并由此属于《欧洲联盟运行条约》第2条第5款所界定的限制范围。在具体案件中，如何区分一项法令究竟是为了实现本类型权能领域的目标而制定的具有法律约束力的合法法令，还是对成员国法律进行不合法的调和，这可能很微妙。

最后，我们不应该认为，对于成员国来说，在这些领域制定具有法律约束力的法令所产生的结果，一定不如调和所产生的影响更为深远。《欧洲联盟运行条约》第2条第5款背后的假设是，鉴于其自身性质，相较于其他形式的欧盟法律规范，成员国更反感对成员国法律进行调和。这一理由可能站得住脚，但也可能站不住脚。这取决于特定调和式措施与具有法律约束力的非调和式法令这二者的性质。

第七节　经济、就业与社会政策

一　基本原则

尽管存在着上述困难，但是划分专属权能、共享权能和支持性权能之间的界限这一做法还是可以理解的。然而，单独创设一项专门权能来处理经济与就业政策，这一点对于加强新机制的均衡性几乎没有任何帮助。《里斯本条约》包含了处理这些事项的单独权能类型。《欧洲联盟运行条约》第2条第3款规定："成员国应在本条约确定的、联盟拥有提供此等安排之权能的范围内协调其经济和就业政策。"其后，具体规则被规定在《欧洲联盟运行条约》第5条中。⑱

> 1. 成员国应在联盟内部协调经济政策。为此目的，理事会应采取措施，特别是应为此类政策确定一般性的指导方针。
>
> 某些具体规定适用于欧元区成员国。
>
> 2. 联盟应采取措施以确保成员国就业政策的协调，特别是应为这些政策确定指导方针。
>
> 3. 联盟可提出倡议以确保成员国社会政策的协调。

单独规定这一权能类型的原因主要是政治方面的。如果将这些领域纳入共享权能，则可能招致强烈反对，因为如果这些领域属于共享权能，那么欧盟在这些领域行使权力就将排除成员国的行动。同样清楚的是，还有一些人觉得，"支持性、协调性或补充性行动"这一类型的效力太弱。这就是既单独创设了这样一个类型，并将其置于共享权能之后，却又放在"支持、协调与补充性行动"这一类型之前的原因。

我们在前面讨论过的界限问题在这里也很明显，特别是在社会政策领域。该领域所存在的困难尤其突出，因为社会政策的某些方面属于共享权能，尽管并不十分清楚是哪些方面；其他一些方面似乎属于"支持、协调与补充性行动"的类型，但它们并不在相关清单之中。此外，因为在这里讨论的权能类型中，还包含与社会政策有关的单独条款。《欧洲联盟运行条约》第5条第3款的适用范围并不明确，它与关于社会政策的更具体的条约条款之间的关系也不够明确。这二者之间最自然的"联系"似乎是《欧洲联盟运行条约》第156条，它授权欧盟委员会鼓励成员国在社会政策的所有领域开展合作，并推动成员国协调这些领域的行

---

⑱ 《欧洲联盟运行条约》第2条第3款与第5条之间的"契合度"并不是很完美，因为前者提到的是经济与就业政策，而后者同时还涵盖社会政策。此外，这二者在使用的语言方面也存在着差异，用强制性语言严令欧盟协调经济与就业政策，而在社会政策方面欧盟则被赋予自由裁量权。

动，尽管是通过软法措施。⑥

二 类型与法律后果

《欧洲联盟运行条约》第 2 条中的权能架构建立在如下基础之上，即欧盟与成员国的权力被归入某个特定类型之后所产生的法律后果。但《欧洲联盟运行条约》第 5 条在这方面是个例外，因为第 2 条第 3 款并未阐明成员国和欧盟的权力被纳入该类型后所产生的法律后果。它只规定："成员国应在本条约确定的、联盟拥有此等安排之权能的范围内协调其经济和就业政策"。因此，我们只能通过考虑《欧洲联盟运行条约》第 5 条的文本，该条款的大部分措辞用的都是"协调"（coordination）这一表述，以及适用于这些领域的具体条款来猜测将其纳入该类型所产生的法律后果。本书将在后文单独另辟一章，讨论有关欧盟在经济政策等领域权力的具体条款。⑦

第八节　共同外交与安全政策及防务

"三支柱"结构是以往条约的主要特征，但《里斯本条约》并未保留这一结构。可是，适用于外交与安全政策的规则仍然自成一体，并构成一项单独权能，被规定在《欧洲联盟运行条约》第 2 条第 4 款中。

> 联盟拥有按照《欧洲联盟条约》的条款制定和执行共同外交与安全政策（包括逐步构建共同防务政策）的权能。

关于共同外交与安全政策（CFSP）的规则由《欧洲联盟条约》第五编予以规定。相较于联盟权能的其他领域，该领域的决策仍然更倾向于政

---

⑥　但是不同条款的措辞并不统一，《欧洲联盟运行条约》第 5 条第 3 款以自由裁量的方式予以界定，即"联盟可提出倡议"；而第 156 条使用的是强制性语言，即"委员会应"鼓励相关合作与协调。

⑦　见第二十一章。

府间性质,超国家因素也更少一些。⑦ 欧洲理事会和欧盟理事会在决策程序中发挥着主导作用,适用于共同外交与安全政策的法律文件不同于那些在总体上适用于实现联盟目标的法律文件。⑫

《欧洲联盟运行条约》第2条第4款并未具体说明哪一类的权能适用于共同外交与安全政策。事实上,任何一种权能类型都不是最适合的。它显然不属于专属权能,因为《欧洲联盟运行条约》第3条的清单中并不包含该领域;而且,无论如何,共同外交与安全政策的内容都不符合欧盟专属权能的理念。在《欧洲联盟运行条约》第6条列明的"支持、协调或补充成员国行动"的权能领域,也不包含共同外交与安全政策。这样看来,该领域似乎属于《欧洲联盟运行条约》第4条框架下的共享权能这一默认类型,尽管该条所列明的非穷尽性清单中不包含这一领域。

然而事实却是,共同外交与安全政策并不属于共享权能的框架,因为否则的话,这就意味着当欧盟在该领域行使权力之后,成员国就无法再行使权力;而且该观点与附于《里斯本条约》的声明也不一致。⑬ 如果认为共同外交与安全政策属于共享权能领域,那么上文所提出的观点,即为了清楚阐明共享权能的性质,需要对欧盟和成员国各自的权力进行仔细审查,就具有了特殊意义。

第九节 广义条约条款: "灵活性" 条款

到目前为止,我们的讨论仅涉及《里斯本条约》所创设的主要权能类型。本节和下一节将关注两个特殊的条约条款,即《欧洲联盟运行条约》第352条和第114条,它们的前身分别是原《欧洲共同体条约》第308条和第95条。

这些条款涵盖的范围很广,并且赋予欧盟宽泛的规制权能。成员国担心欧盟会扩大这些条款的使用,这也是在该领域对条约进行改革的主要驱动因素,同时,这也反映了成员国确保遏制欧盟的权力这一愿望。因此,

---

⑦ Cremona, 'External Relations' (n 20).

⑫ Craig (n 12) ch 10.

⑬ 《关于共同外交与安全政策的声明》(第13项和第14项声明)。

有必要评估这一目标在多大程度上得到了实现。

一 《欧洲共同体条约》第 308 条

《欧洲联盟运行条约》第 352 条的前身是《欧洲共同体条约》第 308 条。为了理解《欧洲联盟运行条约》第 352 条,有必要了解《欧洲共同体条约》第 308 条的法律与政治背景。《欧洲共同体条约》第 308 条规定:

> 如能证明共同体的行动是在共同市场的运行过程中为实现共同体的目标之一所必不可少的,而本条约并未赋予共同体必要的权力,则理事会应根据委员会的提案,并在咨询欧洲议会之后,经由一致决定采取适当措施。

第 308 条在当时是一项非常重要的立法权力,特别是在共同体在某些领域不拥有特定立法权力的情况下。因此,在环境和地区政策等领域,该条被用于赋予共同体立法以合法地位,只是在后来的条约修订中才处理这些事项。威勒教授(Weiler)敏锐地发现该条款的重要性,以及对该条款的解释方式。

约瑟夫·威勒:《欧洲的转型》[74]

在很多领域,例如缔结国际协定、向第三国提供紧急食品援助,以及创设新机构等,共同体使用第 235 条[75]时采用的是一种与对该条的狭义解释完全不同的方式——其狭义解释仅将该条作为对文本意义上的默示权力原则的法律编纂。只有对该条予以真正激进和"创造性"的解读,举例而言,才有可能对将其作为向非联系国提供紧急食品援助的法律基础做出解释,并证明这种做法是正当的。但是,所有机构都参与了这种广义解读,这意味着实际上不可能找到一种无法被置于基础条约目标框架之内的行动。

---

[74] J Weiler, 'The Transformation of Europe' (1991) 100 Yale LJ 2403, 2445–2446.
[75] 《欧洲经济共同体条约》第 235 条是《欧洲共同体条约》第 308 条的前身。

《欧洲共同体条约》第 308 条要求,应将此项权力用于实现共同体的目标。然而,由于基础条约的目标所涵盖的范围很广,再加上欧洲法院对共同体目标采取目的性解释,这些"条件"并未对理事会构成重大限制。但是,这些条件并非全无意义,欧洲法院有时候也会裁定,第 308 条不能被用作使共同体行为合法化的法律基础[76],尽管在该案中应该承认,欧洲法院之所以得出该结论,是因为要避免自己服从欧洲人权法院的最终权威。

《欧洲共同体条约》第 308 条最大的问题是,基础条约没有"赋予必要权力"这一条件[77],以及由此产生是否可以用其他的条约条款替代第 308 条这一问题。[78] 如果某项特定的条约条款要求欧洲议会更广泛地参与,那么这一点可能具有特殊意义,但是第 308 条仅要求向欧洲议会咨询。[79] 在另外一种情况下,如果《欧洲共同体条约》第 308 条与另外一项更具体的条约条款对投票规则的规定有所不同,那么在这两个条款之间进行选择也可能具有重要影响。第 308 条要求理事会经由一致表决,但其他许多条约条款仅要求采用特定多数投票方式。

二 《欧洲联盟运行条约》第 352 条

长期以来,一直有人呼吁更清晰地界定共同体的权能,他们也一直对《欧洲共同体条约》第 308 条抱有怀疑态度,特别是德国联邦州。《尼斯条约》后的拉肯议程旨在对欧盟进行改革,于是该问题被提上日程。《拉肯宣言》明确提出是否应重新评估《欧洲共同体条约》第 308 条这一问题,因为欧盟面临着双重挑战:既要防止因"权能的悄悄扩大"而侵蚀国家和地区的权力,又要允许欧盟"继续保持应对新挑战和新发展……并探索新

---

[76] *Opinion 2/94 Accession of the Community to the European Human Rights Convention* [1996] ECR I - 1759. 可比较 *Opinion 2/91 ILO Convention 170 on Chemicals at Work* [1993] ECR I - 1061.

[77] Case 8/73 *Hauptzollamt Bremerhaven v Massey-Ferguson* [1973] ECR 897.

[78] Case 45/86 *Commission v Council*(*Tariff Preferences*)[1987] ECR 1493;Case 165/87 *Commission v Council* [1988] ECR 5545;Case C - 295/90 *European Parliament v Council* [1992] ECR I - 4193;Case C - 209/97 *Commission v Council* [1999] ECR I - 8067;Case C - 377/98 *Netherlands v Parliament and Council*(n 8).

[79] Case 45/86 *Commission v Council* [1987] ECR 1493;Case C - 350/92 *Spain v Council* [1995] ECR I - 1985;Case C - 271/94 *European Parliament v Council*(*Re the Edicom Decision*)[1996] ECR I - 1689.

的政策领域的能力"⑧。"补充性权能工作组"（Working Group on Complementary Competence）承认各方对第 308 条的关切。但是该工作组建议保留该条款，以便在有限的情况下提供灵活性。⑧ 该灵活性条款现在被写入《欧洲联盟运行条约》第 352 条：

> 1. 如能证明在两部条约所确定的政策框架内，为实现两部条约所确定的某一目标需要由联盟采取行动，而两部条约并未赋予联盟必要的权力，则理事会可根据委员会的提案并在取得欧洲议会同意后，经由一致决定采取适当措施。如果相关措施是由理事会根据一项特别立法程序予以通过的，则它应根据委员会的提案并在取得欧洲议会同意后，经由一致决定采取行动。
>
> 2. 委员会应利用《欧洲联盟条约》第 5 条第 3 款有关辅助性原则的监督程序，提请各成员国议会关注根据本条提出的提案。
>
> 3. 在两部条约已排除使成员国法律或法规调和的情况下，根据本条采取的措施并不必然会导致这种调和。
>
> 4. 本条不能作为实现共同外交与安全政策范围内之目标的依据，根据本条通过的任何法令均应尊重《欧洲联盟条约》第 40 条第 2 分段所规定的限制。

在涉及"由两部条约确定的政策"，以及实现"两部条约确定的某一目标"等问题上，《欧洲联盟运行条约》第 352 条第 1 款的框架非常宽泛，但共同外交与安全政策（CFSP）除外。因此，该条款几乎可以作为欧盟法所有领域权能的法律基础。⑧ 但是，"科斯坦蒂尼案"（*Costantini*）对此做了澄清，即应由原告表明第 352 条第 1 款的条件得到满足，并且要求该立

---

⑧　Laeken Declaration（n 4）22.

⑧　CONV 375/1/02, Final Report of Working Group V on Complementary Competencies, Brussels, 4 Nov 2002, [14]–[18].

⑧　See, eg, Case C-270/12 *United Kingdom v European Parliament and Council* EU：C：2013：562, AG Jääskinen; Cases C-103 and 165/12 *European Parliament v Commission and Council* EU：C：2014：334, [110]–[111], AG Sharpston; A Dashwood, 'Article 308 EC as the Outer Limit of Expressly Conferred Community Competence' in C Barnard and O Odudu（eds）, *The Outer Limits of European Union Law*（Hart, 2009）.

法被用于实现欧盟某一目标。[83] 另外，关于"一致决定"的要求意味着，扩大后的欧盟行使这一权力将更加困难，而且《欧洲联盟运行条约》第352条还要求获得欧洲议会的同意，而不是像《欧洲共同体条约》第308条的要求那样只需向欧洲议会咨询。还需要注意的是，寻求使用这项权力的需求机会已经减少了，因为《里斯本条约》为在从前使用《欧洲共同体条约》第308条的领域采取行动创设了一项法律基础。[84] 然而，德国联邦宪法法院仍然担心第352条的适用范围，它明确提出，宪法要求对任何此类权能的行使均须经德国立法机构的批准。[85]

第352条第2款至第4款规定的条件是新增的。第2款的意义目前还不是完全清楚。韦瑟里尔（Weatherill）认为，该条款在《里斯本条约》中的地位十分独特，在欧盟的立法行动以灵活性条款为基础的情况下，它为成员国议会提供对欧盟是否拥有权能提出异议的机会，而在其他情况下，成员国议会只能以辅助性原则为理由提出质疑。[86] 这一观点可能不无道理。但是该观点与第352条第2款的措辞并不完全契合，因为该条款以辅助性原则为基础，而且并没有表明成员国议会有权质疑是否存在联盟权能。更自然的一种解释是，因为该灵活性条款涉及对欧盟立法权力的特殊运用，欧盟委员会由此承担一种额外义务，即提醒成员国议会关注这一权力，以使后者有可能以辅助性原则为由提出异议。

第十节 广义条约条款：调和条款

《里斯本条约》给现《欧洲联盟运行条约》第352条带来的改变，特别是在此前使用该条的领域赋予欧盟明示立法权能这一事实，意味着将来

[83] Case T – 44/14 *Costantini v European Commission* EU：T：2016：223.

[84] 例如，《欧洲联盟运行条约》第194条第2款（能源）、第195条第2款（民事保护）、第209条第1款和第212条第2款（向第三国提供经济援助）；Case C – 130/10 *European Parliament v Council* EU：C：2012：50，[52].

[85] Lisbon case, BVerfG, 2 BvE 2/08, 30 June 2009, [326] – [328], available at www. bverfg. de/entscheidungen/es20090630_ 2bve000208. html. 英语译本参见：www. bundesverfassungsgericht. de/entscheidungen/ es20090630_ 2bve000208en. html.

[86] Weatherill（n 1）.

该条所遇到的问题可能会比以前少。

但是，与此相反，《里斯本条约》并未缓解《欧洲联盟运行条约》第 114 条所涵盖的领域存在"权能的悄悄扩张"问题，也未对该条做出修订。第 114 条是用于制定调和（harmonization）措施的主要条约条款。

> 1. 除两部条约另有规定外，下列条款为实现第 26 条所规定的目标而适用。欧洲议会和理事会应根据普通立法程序，经咨询经济与社会委员会后采取措施，使各成员国依据以内部市场的建立和运行为目标的法律、法规或行政性措施所制定的条款得以趋近（approximation）。

由此产生对过度使用此项立法权能的担忧，因为人们感到，欧盟过于乐意仅以各国间存在的差异为依据获取调和各国法律的权力，而很少关注此种差异对内部市场运行所产生的任何影响。[87] 欧洲法院对"烟草广告案"（*Tobacco Advertising*）[88] 的裁决标志着它要在这方面提出更严格的要求，但随后的判例法[89]表明，欧洲法院现在更愿意判定存在此种规制权能，因为成员国法律之间的分歧构成内部市场运行的障碍，而欧盟的调和有助于消除妨碍商品自由流动或提供服务自由的障碍，也有助于消除对竞争的扭曲。

但是，影响评估（Impact Assessment）[90] 可以作为一种检验方式，在政

---

[87]　Weatherill（n 1）；S Weatherill, 'Competence Creep and Competence Control'（2004）23 YEL 1.

[88]　Case C – 376/98 *Germany v European Parliament and Council* [2000] ECR I – 8419.

[89]　See（nn 8 – 9）；Case C – 547/14 *Philip Morris v Secretary of State for Health* EU：C：2016：325；Case C – 549/15 *E. ON Biofor Sverige AB v Statens energimyndighet* EU：C：2017：490；第十八章；D Wyatt, 'Community Competence to Regulate the Internal Market' in M Dougan and S Currie（eds）, *50 Years of the European Treaties：Looking Back and Thinking Forward*（Hart, 2009）ch 5；S Weatherill, 'The Limits of Legislative Harmonisation Ten Years after *Tobacco Advertising*：How the Court's Case Law has become a "Drafting Guide"'（2011）12 German Law Journal 827.

[90]　Impact Assessment, COM（2002）276 final；Impact Assessment—Next Steps, SEC（2004）1377；Better Regulation and Enhanced Impact Assessment, SEC（2007）926；Impact Assessment Guidelines, SEC（2009）92；https：//ec. europa. eu/info/law/law – making – process/planning – and – proposing – law/impact – assessments_ en.

治和法律方面评估是否确实存在要求欧盟层面进行调和的问题。[91]"影响评估"是在起草政策提案时需要遵循的一系列步骤之一，其目的是通过对政策选择的潜在影响进行评估，提醒政治决策者获知这些选择的优势和劣势。"影响评估报告"对其结果进行汇总。[92] 这并不会取代政治决策，决策仍然交由欧盟委员会委员团。典型的影响评估应解决的一系列问题包括：问题的性质与程度；利益相关者的观点；欧盟是否应参与其中；任何此类参与行动的目标；为实现这些目标需要做出的主要政策选择，包括其相对效力或效率；这些选择可能产生的经济、社会和环境影响。有一个独立的规制审查委员会检查各影响评估报告的质量。[93]

　　"影响评估"并不是可以神奇地消除人们担忧的万能灵药，诸如对于"权能的悄悄扩大"或"权能焦虑"。但是，它对于解决这些关切仍有重要意义。"影响评估报告"会考虑与此项调查切实相关的问题。其中包括诸如是否由于各国不同法律对内部市场运行产生影响而使欧盟采取调和行动成为必要。报告中也包括关于辅助性原则的考虑，这是影响评估总体程序中的一个步骤[94]，其中专门有一个部分用于检验如下问题，即从辅助性原则的角度来看，欧盟是否拥有采取行动的权利。[95] 因此，"影响评估"策略构成了用于解决对"权能焦虑"等关切的框架。该策略并非完美无缺，但它自创立以来已经得到改进，而且无论是官方[96]还是学界[97]的评估总体上是正面的，尽管还有进一步完善的空间。[98] 2016 年《关于更好制定法律的机

---

[91]　Craig（n 12）188 – 192.

[92]　Impact Assessment Guidelines, SEC（2009）92, 1. 1.

[93]　https：//ec. europa. eu/info/law/law – making – process/regulatory – scrutiny – board_ en.

[94]　Impact Assessment Guidelines,（n 92）2. 1, 2. 3.

[95]　Ibid 5. 2.

[96]　Evaluation of the Commission's Impact Assessment System, Final Report—Executive Summary（Apr 2007, Secretariat-General of the Commission）; Impact Assessment Board Report for 2008, SEC（2009）55; Court of Auditors, Special Report 3/2010, Impact Assessments in the EU Institutions：Do they Support Decision-Making?

[97]　European Policy Forum, *Reducing the Regulatory Burden*：*The Arrival of Meaningful Regulatory Impact Analysis*（City Research Series No 2, 2004.）; C Radaelli and F de Francesco, *Regulatory Quality in Europe*：*Concepts, Measures and Policy Processes*（Manchester University Press, 2007）; C Cecot, R Hahn, A Renda, and L Schrefler, 'An Evaluation of the Quality of Impact Assessment in the European U-nion with Lessons for the US and the EU'（2008）2 Regulation & Governance 405; A Alemanno, 'A Meeting of Minds on Impact Assessment'（2011）17 EPL 485.

[98]　A Meuwese, *Impact Assessment in EU Lawmaking*（Kluwer Law International, 2008）.

构间协议》将重点大量放在影响评估上，将其作为实现其目标的工具。⁹⁹如果认为某项特定的影响评估报告中还缺少一些数据，那么应该敦促他们做出进一步改善，而且不能满足于微弱无力或简短的论据。

现在可以在该框架下考虑这些问题，这一事实本身促进对作为欧盟行动正当性的理由及其充分性的监督。这反过来应该能够促进司法审查。¹⁰⁰欧洲法院应该愿意考虑作为欧盟立法行动基础的理由是否恰当，并且应该愿意审视源于"影响评估"论据的正式立法序言。¹⁰¹欧洲法院应适当关注欧盟委员会在"影响评估"中所表现出来的专业技能。它还应该认识到基础条约中的基本规则，就《欧洲联盟运行条约》第114条而言，这些基本规则对欧盟的干预施加条件，即必须证明法律的趋近是内部市场运行所必需的。如果"影响评估"中缺少对正当性的论证，那么欧洲法院就应裁定该法律文件无效，并由此向政治机构表明，必须认真对待基础条约中的基本规则。

第十一节　辅助性原则

一　《里斯本条约》之前

与权能的"存在"这一问题密切相关的是辅助性原则（subsidiarity），它规制对权能的"行使"。辅助性原则由《马斯特里赫特条约》引入，其目的是遏制共同体的"联邦主义"倾向。在《里斯本条约》生效之前，规制这一问题的原则包含在《欧洲共同体条约》第5条中：

共同体应在本条约赋予它的权力范围内采取行动，并受本条约赋

---

⑨⑨　Interinstitutional Agreement between the European Parliament, the Council of the European Union and the European Commission on Better Law-Making [2006] OJ L123/1, [12] – [18].

⑩⑩　K Lenaerts, 'The European Court of Justice and Process-Oriented Review' (2013) YEL 3.

⑩⑪　欧洲法院在很多案件中提到了影响评估，例如 Case C – 58/08 *The Queen, on the application of Vodafone Ltd v Secretary of State for Business, Enterprise and Regulatory Reform* [2010] ECR I – 4999, [45], [55], [58], [65]; Case C – 176/09 *Luxembourg v European Parliament and the Council* [2011] ECR I – 3727, [65]; Case C – 5/16 *Poland v European Parliament and the Council* EU: C: 2018: 483, [154] – [159].

予它的目标限制。

　　在不属于其专属权能的领域，共同体应根据辅助性原则采取行动，其前提条件是，只有也仅在拟采取行动的目标无法由成员国充分实现，且由于拟采取行动的规模或效果，只有共同体才能更好地实现其目标的情况下才能如此。

　　共同体采取的任何行动均不得超越为实现本条约的目标所必要的程度。

　　第 5 条第 1 段要求，共同体只有在其被授予权力的领域才拥有权能。第 5 条同样明确指出，只有在不属于共同体专属权能的领域，才需要考虑辅助性原则，但问题是，在《里斯本条约》生效之前，不存在判断共同体专属权能范围的简单标准，因为条约并未对此做出规定。委员会对专属权能持广义观点[102]，但评论者对该问题的看法大相径庭。[103]

　　辅助性原则有三个要素：只有在共同体拟采取行动的目标无法由成员国充分实现的情况下，共同体才能采取行动；鉴于拟采取行动的规模或效果，共同体可以更好地实现其目标；如果共同体确实采取行动，则不应超越为实现条约的目标所必要的程度。这个"公式"的前两个部分涉及的是欧盟委员会所称的"比较效率测试"（comparative efficiency test）[104]，因为需要判断为了获得更好的效果，是应该由共同体还是成员国采取某项行动；而第三部分涉及的则是"相称性测试"（proportionality test）。

　　1993 年《关于实施辅助性原则程序的机构间协议》（Inter-institutional Agreement on Procedures for Implementing the Principle of Subsidiarity）要求欧共体的三个机构在设计共同体立法时都要遵守该原则。在附于《阿姆斯特丹条约》中的《关于适用辅助性原则和相称性原则的议定书》（Protocol on

---

[102]　Bull EC 10–1992, 116. See 1st Report of Commission on Subsidiarity, COM（94）533.

[103]　AG Toth, 'A Legal Analysis of Subsidiarity' in D O'Keeffe and PM Twomey（eds）, *Legal Issues of the Maastricht Treaty*（Chancery, 1994）39–40; J Steiner, 'Subsidiarity under the Maastricht Treaty' in ibid 57–58; N Emiliou, 'Subsidiarity: Panacea or Fig Leaf?' in ibid ch 5, and 'Subsidiarity: An Effective Barrier against the "Enterprises of Ambition"?'（1992）17 ELRev 383.

[104]　Commission Communication to the Council and the European Parliament, Bull EC 10–1992, 116.

the Application of the Principles of Subsidiarity and Proportionality)⑩ 再次肯定了这一点，并对辅助性原则做出更详细的规定。

应该在与受影响的当事方最接近的层面处理相关事项这一理念，从原则上说很不错，但是在很多领域，共同体行动更具有比较效率，因为实现共同体的目标往往要求共同体采取行动，以确保实现共同市场的统一性。⑩ 此外，在《里斯本条约》之前采用这一方式还存在着其他困难。

安东尼奥·艾斯特拉：《欧盟辅助性原则及其批判》⑩

事实情况是，如果为了限制中央机构的干预而事先界定一项具有普遍性和抽象性的标准，那么此种尝试几乎不会有成功的希望。出现这一限制的原因是功能性的，而且我们能够在现代规制问题的性质中发现其原因。不同规制领域之间的功能性相互联系……导致难以确立清晰的分界线。即使在那些似乎有明确的理由支持在国家层面，或者甚至是在地区或地方层面进行规制的领域……仍然总是有可能提出，由于这些领域之间的密切关系，以及单一市场的发展，共同体总是有必要采取某种干预的。

尽管如此，《欧洲共同体条约》第5条仍然对共同体行动的存在及其采取的形式具有一定的影响。委员会负责考虑是否确实需要在共同体层面采取行动；⑩ 在需要采取行动的情况下，它往往采用指令而不是条例的形式。

二 《里斯本条约》之后

（一）辅助性原则

辅助性原则在《里斯本条约》中得到保留，条约对权能的存在和权能

---

⑩ G de Búrca, 'Reappraising Subsidiarity's Significance after Amsterdam', Jean Monnet Working Paper 7/1999, www. jeanmonnetprogram. org/.

⑩ Better Law-making 1999, COM（1999）562 final, 2.

⑩ A Estella, *The EU Principle of Subsidiarity and its Critique*（Oxford University Press，2002）113 – 114.

⑩ Better Law-making 2000, COM（2000）772 final, 4 – 8, 15 – 21.

的使用二者做了区分，后者取决于辅助性原则和相称性原则。⑩ 这些原则包含在《欧洲联盟条约》第5条第3款和第4款之中。⑩

　　3. 根据辅助性原则，在非联盟专属权能的领域，只有在拟行动的目标不能在成员国的中央或地区和地方层面完全实现，但由于拟行动的规模或行动效果之原因在联盟层面能更好地实现的情况下，联盟才可采取行动。

　　联盟机构根据《关于适用辅助性原则与相称性原则的议定书》适用辅助性原则。各国议会根据该议定书所规定的程序，确保这一原则得到遵守。

　　4. 根据相称性原则，联盟行动的内容和形式不得超出实现两部条约之目标所必要的范围。

　　联盟机构根据《关于适用辅助性原则与相称性原则的议定书》适用相称性原则。

　　《里斯本条约》包含《关于适用辅助性原则与相称性原则的议定书》⑪，应将其与《关于成员国议会在欧盟中作用的议定书》⑫ 共同解读。《辅助性原则议定书》仅适用于立法性法令（legislative act）草案⑬，尽管委员会已表明有意愿在制定委托法令（delegated act）或实施性法令（implementing act）中考虑辅助性原则。⑭

　　辅助性原则由此具有实质性和程序性两个维度。其实质性维度是比较效率考量，包含在《欧洲联盟条约》第5条第3款中；其程序性维度包括

---

　　⑩ 《欧洲联盟条约》第5条第1款。

　　⑩ J-V Louis，'National Parliaments and the Principle of Subsidiarity—Legal Options and Practical Limits' in I Pernice and E Tanchev（eds），*Cecin' est pas une Constitution—Constitutionalization without a Constitution*?（Nomos，2009）131 – 154；G Bermann，'National Parliaments and Subsidiarity：An Outsider's View' in ibid 155 – 161；J Peters，'National Parliaments and Subsidiarity：Think Twice'［2005］European Constitutional L Rev 68；X Grossot and S Bogojevic，'Subsidiarity as a Procedural Safeguard of Federalism' in Azoulai（n 1）ch 11.

　　⑪ Protocol（No 2）On the Application of the Principles of Subsidiarity and Proportionality.

　　⑫ Protocol（No 1）On the Role of National Parliaments in the European Union.

　　⑬ Protocol on Subsidiarity and Proportionality（n 111）Art 3.

　　⑭ Annual Report 2018 on the Application of the Principles of Subsidiarity and Proportionality and on Relations with National Parlaments，COM（2009）333 final，3.

进行咨询、说明理由以及考虑成员国议会意见等义务，规定于该议定书中。

辅助性原则因此触及对联邦主义的根本关切[115]，"即如何在多层体制之中平衡其组成者国家与构成的中央权力机构之间的权力"[116]。它与合作联邦主义理论有直接联系，根据由最适合执行该任务的那一层面政府来执行的标准，欧盟与成员国由此共享权力的行使。[117]

（二）对辅助性原则的考虑

《辅助性原则议定书》对欧盟委员会施加义务，要求在提议立法性法令之前进行广泛咨询。[118] 委员会必须提供一份与立法提案有关的详细陈述，以便对其是否符合辅助性原则和相称性原则进行评估。陈述中必须包括对提案的财政影响所进行的评估，还应包括表明相关目标能够在联盟层面得到更好实现的定性指标，以及在可能情况下还应包括相关定量指标。[119] 欧盟委员会必须就辅助性原则的适用情况向欧洲理事会、欧洲议会、理事会和成员国议会提交年度报告。[120] 对于成员国提起的诉讼，或者在"成员国根据其国内法律制度以本国议会或议会某议院的名义通报欧洲法院"的情况下，欧洲法院有权根据《欧洲联盟运行条约》第263条审查是否违反辅助性原则。[121]

（三）成员国议会角色得到增强

《辅助性原则议定书》中最重要的创新是增强成员国议会的角色。欧盟委员会在将所有立法提案送交欧盟机构的同时，也必须将其送交成员国

---

[115]　D Halberstam, 'Federalism: Theory, Policy, Law' in M Rosenfeld and A Sajó (eds), *The Oxford Handbook of Comparative Constitutional Law* (Oxford Unversity Press, 2012) 576.

[116]　F Fabbrini, 'The Principle of Subsidiarity' in R Schütze and T Tridimas (eds), *Oxford Principles of European Union Law, Volume I: The European Union Legal Order* (Oxford Unversity Press, 2018).

[117]　R Schütze, *From Dual to Cooperative Federalism: The Changing Structure of European Law* (Oxford Unversity Press, 2009).

[118]　Protocol on the Subsidiarity and Proportionality (n 111) Art 2.

[119]　Ibid Art 5.

[120]　Ibid Art 9.

[121]　Ibid Art 8.

议会。另外，欧洲议会的立法决议，以及理事会通过的立场文件也必须送交成员国议会。[122] 根据对立法提案所涉及的辅助性原则提出关切的成员国数量，该议定书规定了欧盟机构的各种不同回应方式。

成员国议会或其某个议院可在 8 周之内，向欧盟委员会、欧洲议会和理事会主席递交一份具理由的意见，说明它为什么认为相关提案与辅助性原则不符。[123] 欧洲议会、理事会和委员会必须考虑该意见。[124]

如果成员国议会表达的关于某项立法倡议不符合辅助性原则的意见代表分配给成员国议会全部票数的 1/3，委员会必须对该提案进行复审，这就是所谓"黄牌程序"（yellow card procedure）。[125] 欧盟委员会在复审之后，可决定维持、修订或撤回该提案，但需就其决定说明理由。[126]

如果某项措施是按照普通立法程序制定的，而且认为该措施不符合辅助性原则的意见代表分配给成员国议会全部票数的简单多数，那么该提案就必须被再次复审，尽管欧盟委员会可以决定不对其进行修订，但它必须就相关事项提供具理由的意见；而且，这项意见事实上可能会被欧洲议会或理事会推翻，即"橙牌程序"（orange card procedure）。由此，欧洲议会经由多数表决，或者理事会经由其成员的 55% 多数，可认定相关立法提案不符合辅助性原则，而且不应再对该提案做进一步考虑。

尽管该议定书要求欧盟委员会必须保证遵守辅助性原则和相称性原则，但成员国议会仅在监督辅助性原则方面被赋予一定的作用，而对相称性原则却无能为力。由成员国议会提交的具理由的意见必须与辅助性原则有关。这一点令人感到遗憾，因为正如韦瑟里尔所说[127]，很难将这两项原则截然分开，而且几乎没有任何理由说明为什么成员国议会不能提出一份既涉及辅助性原则，又涉及相称性原则的具理由的意见。

（四）政治控制：评估

在从政治角度评估辅助性原则时，需要记住以下两个要点。这两个要

---

[122] Ibid Art 4.

[123] Ibid Art 6.

[124] Ibid Art 7（1）.

[125] Ibid Art 7（2）. 对于《欧洲联盟运行条约》第 76 条 "自由、安全和公正的区域" 的相关法令，其门槛降低为 1/4。

[126] Ibid Art 7（2）.

[127] Weatherill（n 1）.

点相互关联，同时又特色鲜明。

第一，到目前为止，对于赋予成员国议会的新的控制权在多大程度上真正增强其权力这一问题，一直有各种各样的讨论[128]，这一点并不出乎人意料。这些措施所产生的影响在一定程度上取决于成员国议会是否愿意在该事项上付出必要的时间和精力。成员国议会必须提交一份具理由的意见，说明它为什么认为相关措施违反辅助性原则。它必须说明理由以论证为什么欧盟委员会做出的"比较效率"判断是有缺陷的。这可能并不容易做到。甚至更加困难的是，如果想要迫使委员会对某项提案进行复审，就必须有一定数量的成员国议会提交与同一项联盟措施有关的具理由的意见。第一个满足启动"黄牌程序"所要求的成员国数量的例子是涉及劳动法的《蒙蒂条例二》（Monti II）提案。欧盟委员会尽管并未承认违反辅助性原则，但仍然撤回了该提案。[129]

成员国议会所出具理由的意见数量说起来很有趣。2018年，委员会收到37项具理由的意见，而2017年为52项，2016年为65项。在41个立法议院中有14个提交具理由的意见，而瑞典议会当年就提交了全部37项意见中的12项。[130] 在2018年的委员会提案中，没有一个收到超过4项具理由的意见，但是委员会表示，在不足以触发"黄牌程序"的情况下它将收集

---

[128] P Kiiver, 'The Early – Warning System for the Principle of Subsidiarity：The National Parliament as a *Conseil d'Etat* for Europe'（2011）36 ELRev 98；P Kiiver, *The Early Warning System for the Principle of Subsidiarity：Constitutional Theory and Empirical Reality*（Routledge, 2012）；A Cygan, 'The Parliamentarisation of EU Decision-Making? The Impact of the Treaty of Lisbon on National Parliaments'（2011）36 ELRev 48；T van den Brink, 'The Substance of Subsidiarity：The Interpretation and Meaning of the Principle after Lisbon' in M Trybus and L Rubini, *The Treaty of Lisbon and the Future of European Law and Policy*（Edward Elgar, 2012）ch 9；D Jancic, 'The Game of Cards：National Parliaments in the EU and the Future of the Early Warning Mechanism and the Political Dialogue'（2015）52 CMLRev 939；C Fasone and D Fromage, 'From Veto Players to Agenda Setters? National Parliaments and their Green Card to the European Commission'（2006）23 MJ 2；M Goldoni and A Jonsson Cornell（eds）, *National and Regional Parliaments in the EU Legislative Procedure Post-Lisbon：The Impact of the Early Warning Mechanism*（Hart, 2016）；K Granat, *The Principle of Subsidiarity and its Enforcement in the EU Legal Order. The Role of National Parliaments in the Early Warning System*（Hart, 2018）.

[129] Annual Report 2012 on Subsidiarity and Proportionality, COM（2013）566 final, [3]；F Fabbrini and K Granat, 'Yellow Card but no Foul：The Role of the National Parliaments under the Subsidiarity Protocol and the Commission Proposal for an EU Regulation on the Right to Strike'（2013）50 CMLRev 115.

[130] Annual Report 2018（n 114）12–13.

这些反馈。[131] 此外，委员会可能会认真对待任何此类具理由的意见，特别是如果它来自较大的成员国。[132]

欧盟委员会主席容克曾建立工作组，以考虑在一个资源有限并且面临越来越多挑战的欧盟中辅助性原则和相称性原则的适用。[133] 该工作组建议，应该采取新的工作方式，以制定建立在对辅助性和相称性原则的共同理解基础之上的更好的法律。这可以通过使用系统网络来确保在立法提案中更一致地考虑辅助性和相称性。而且应该是"主动的辅助性原则"，以促进成员国议会对欧盟所做工作的主人翁意识。但是，该工作组并没有考虑存在应交还给成员国的任何整体政策领域。委员会对此做出积极回应，并且接受了应该具有评估辅助性和相称性原则的系统网络的建议。[134]

第二个要点同样重要，但对该问题的讨论却少得多。这个要点是，辅助性原则可能会造成规制失败。辅助性原则可以在三个方面得到体现：该领域可能由成员国规制；该领域的一部分，如法律的实施，可能由成员国规制；整个领域可能由欧盟规制，但是通过将该政策的不同方面留给成员国自由裁量，辅助性原则得以表现。事实上，未来还将有很多领域由欧盟规制，《欧洲联盟运行条约》第 5 条第 3 款规定的比较效率原则在这些领域更偏好由欧盟采取行动，特别是在一个扩大后的欧盟。

尽管在一些情况下有些事项能够在成员国层面得到更好的规制，但还有许多例子表明，通过上述三种方式中的一种或多种赋予辅助性原则效力的做法导致了规制失败[135]，主权债务危机和银行业危机就是例证，其中一

---

[131]　Ibid 3.

[132]　Annual Report 2010 on Relations between the Commission and National Parliaments, COM (2011) 345 final.

[133]　Report of the Task Force on Subsidiarity, Proportionality and 'Doing Less More Efficiently' (2018), https://ec. europa. eu/commission/files/report – task – force – subsidiarity – proportionality – and – doing – less – more – efficiently_ en.

[134]　The principles of subsidiarity and proportionality: Strengthening their role in the EU's policymaking, COM (2018) 703 final.

[135]　P Craig, 'Subsidiarity: A Legal and Political Analysis' (2012) 50 JCMS 72; M Emerson, 'Proportionality Needed in the Subsidiarity Debate in the EU—Appraisal of the British and Dutch Initiatives', CEPS No 11, 8 Apr 2014.

个重要原因就是留给成员国的规制自主权过多。[136] 另外一个事实是，企业界一般更支持单一的监管结构，而非不同成员国的多个规制框架，因为后者会增加交易成本，而且导致更加难以进入其他国家的市场，相对而言，绝大多数消费者并不太在乎是由国家还是欧盟层面进行规制。[137] 从下文的欧盟委员会前主席的讲话节选中可以清楚地看到，在该领域仍然存在着矛盾。

巴罗佐：《下一届欧盟委员会的政治指导方针》[138]

我们必须扼杀认为成员国和欧盟层面是对手的看法。每个人都应该为同一目标而努力——确保为公民实现最佳结果。不信任往往是我们这一体系失败的原因：这正是我们的金融规制体系失败的原因，而去年这一事实被如此残酷地暴露无遗。问题是如何能够最大限度地改善这一体系。这意味着要有效地适用辅助性原则。

在我看来，辅助性原则是民主原则的另一种表达，也是一个非常实际的理念的组成部分，其目的在于让公共政策在一个以团结为基础的联盟在最适当的层面上实现最佳效果。欧盟在聚焦其核心事务时运行最为良好。我希望将我们有限的资源聚焦于我们能够实现最佳效果的领域，以及我们能够带来最大附加值的领域。

与此同时，欧洲广阔的大陆以及我们的远大理想，不可避免地让我们选择广泛的视野，展望更伟大的蓝图。这并不意味着欧盟总是要制定新的法律——两部条约意味着我们可以在需要的情况下制定法律，但它们也激励着我们激发辩论，以及在由我们的奠基之父们提出的整个愿景中传播理念。

---

[136] P Craig, 'Economic Governance and the Euro Crisis: Constitutional Architecture and Constitutional Implications' in M Adams, F Fabbrini, and P Larouche (eds), *The Constitutionalization of European Budgetary Constraints* (Hart, 2014) ch 2; J de Larosière, The High Level Group on Financial Supervision in the EU (2009, Brussels), paras 102–105.

[137] 企业和消费者对适用于他们的规制条款的内容会有偏好，但这是另外一个问题，而且，也不存在任何先验原因来说明，他们仅仅因为规范是自己国家制定的就会更偏好本国规范的内容。

[138] J M Barroso, 'Political Guidelines for the Next Commission', Sept 2009, 40–41, http://ec.europa.eu/archives/commission_2010–2014/president/pdf/press_20090903_en.pdf.

我希望严格对待我们在哪些领域需要共同规则，在哪些领域仅需要一个共同框架这一问题。长期以来，我们并不总是能在这二者之间实现恰当的平衡，也未能总是充分考虑一个由27个国家组成的欧盟所具有的多样性产生的后果。……

《里斯本条约》制定了新的程序，成员国议会如果认为辅助性原则受到破坏，则可依据该程序进行干预。但是，更重要的是，我们应形成一种更为清晰的原则，界定我们怎么决定什么时候需要在欧盟层面采取行动；欧盟层面的工具和国家层面的工具这二者之间的平衡在哪里；应该对在各自国家实施欧盟政策的成员国寄予什么样的期待。

（五）法律控制：评估

该议定书规定，欧洲联盟法院有权根据《欧洲联盟运行条约》第263条，对违反辅助性原则的行为进行裁定，此类诉讼可由成员国提起[139]，也可以由成员国以本国议会的名义将其认为违反辅助性原则的某项行为通报至欧洲法院。后一种程序如何运行，仍需拭目以待，因为有可能存在如下情况，即成员国已经在理事会同意某项措施，但其国家议会随后认为这项措施违反辅助性原则。那么，如果该成员国接下来在欧洲法院主张该措施违反辅助性原则，就会显得很奇怪。如果法律行动将成为事实，成员国就不仅要代表本国议会通报该行为，而且允许该议会主张该措施不符合辅助性原则，即使该成员国不认同这一观点。

但这仍然没有解决核心议题，即司法审查的强度问题。欧洲联盟法院不会轻易以违反辅助性原则为由推翻欧盟的行为。可以从"德国诉欧洲议会和理事会案"[140]的"程序条件"中清楚地看到这一点。欧洲法院裁定，提供理由的义务并未要求共同体措施明确提到辅助性原则。如果相关措施的叙文（recitals）清楚地说明，共同体机构为什么认为该相关措施的目标可以通过共同体的行动得到最大程度地实现，这就足够了。"《工时指令》

---

[139] 关于权能划分的规则并不导致赋予个人权利：Case C–221/10 P *Artegodan GmbH v Commission and Germany* EU：C：2012：216，[75].

[140] Case C–233/94 *Germany v European Parliament and Council*（n 6）[26]–[28].

案"（*Working Time Directive*）⑭ 清楚地表明，要想在"实质条件"方面推翻一项措施有多么困难。英国主张，该指令违反辅助性原则，因为它没有说明与成员国层面的行动相比，共同体层面的行动能够产生明确的利益。欧洲法院干净利落地驳回了这一理由。它裁定，理事会有责任按照《欧洲经济共同体条约》第 118 条第 1 款⑭通过为促进健康与安全的最低要求。理事会发现，有必要提高现有保护水平，并调和该领域的法律，而这必然要求在整个共同体范围内采取行动。在其他案件中，也可以发现对辅助性原则所采取的与此类似的"轻巧"司法方式。⑭ 但是在最近的判例法中，联盟法院对辅助性问题给予更多的考虑。⑭

要在该领域进行司法审查，无疑面临着困难。如果联盟法院继续采用这种蜻蜓点水般的审查方式，人们就会批评它事实上规避了根据《欧洲联盟运行条约》第 5 条第 3—4 款应该承担的全部义务。如果采取与此相反的方式，也就是说，如果联盟法院详细审查作为欧盟委员会声明依据的那些证据，它就将不得不对如下问题做出裁定，即对于不同的规制任务而言，哪个层面的政府能够实现最优结果，而这可能是一种复杂的社会—经济考虑。

尽管如此，如果联盟法院在程序方面要求欧盟委员会提供更多的证据，那么就有可能减少在就上述比较效率做出裁断时所遇到的困难。提供理由的义务可以用于要求欧盟委员会披露根据该议定书形成其论证的定性和定量数据。这将为联盟法院提供更多的依据，以开展更深入的审查，而

---

⑭　Case C‑84/94 *United Kingdom v Council*（n 6）［46］‑［47］，［55］.

⑭　现为《欧洲联盟运行条约》第 154 条。

⑭　Case C‑377/98 *Netherlands v Parliament and Council*（n 8）；Cases C‑154‑155/04 *The Queen, on the application of Alliance for Natural Health and Nutri‑Link Ltd v Secretary of State for Health* ［2005］ECR I‑6451，［99］‑［108］；Case C‑491/01 *British American Tobacco*（n 8）［177］‑［185］；Case C‑103/01 *Commission v Germany* ［2003］ECR I‑5369，［46］‑［47］；Case T‑168/01 *Glaxo Smith Kline Services Unlimited v Commission* ［2006］ECR II‑2969，［201］‑［202］；Case T‑326/07 *Cheminova A/S v Commission* ［2009］ECR II‑2685，［250］‑［261］；Case C‑58/08 *Vodafone*（n 101）［72］‑［80］；Case T‑526/10 *Inuit Tapiriit Kanatami v Commission* EU：T：2013：215，［85］；Case C‑518/07 *Commission v Germany* ［2010］ECR I‑1885，［52］‑［55］.

⑭　See, eg, Case C‑508/13 *Estonia v European Parliament and the Council* EU：C：2015：403，［44］‑［55］；Case C‑358/14 *Poland v European Parliament and the Council* EU：C：2016：323，［111］‑［127］；Case C‑547/14 *Philip Morris*（n 89）［213］‑［228］；Case T‑122/15 *Landeskreditbank Baden‑Württemberg‑Förderbank v European Central Bank* EU：T：2017：337；Case 151/17 *Swedish Match AB v Secretary of State for Health* EU：C：2018：938，［64］‑［76］.

不是像目前一样，仅依赖所涉措施的序言中包含的少量论证。

在此背景下，影响评估机制的发展具有重要意义。[145] 影响评估报告包含关于辅助性原则的考虑[146]，并且专门有一部分用于验证欧盟是否有权根据辅助性原则采取行动。[147] 这是一个积极步骤，有助于对正当性理由及其是否恰当进行监督，而这应有助于司法审查。2018 年规制审查委员会检查了 75 份影响评估报告，认为有 16 份需要改善对辅助性原则的分析。[148] 如果影响评估中所包含的用于证明欧盟行动具有正当性的理由看上去仅是形式上的、空洞的或者微不足道的，那么欧洲法院就应毫不犹豫地得出上述结论，并由此指示应认真对待《里斯本条约》赋予辅助性原则的更大作用。影响评估还可以作为一种来源，例如检查那些需要在欧盟层面进行干预的成员国的规则差异。[149]

（六）辅助性原则：评估

自从《马斯特里赫特条约》引入辅助性原则以来，它一直是个敏感话题。无论对于学者还是政治家而言，都是如此。法律学者批评在处理与辅助性原则有关的诉讼时联盟法院的司法审查强度低，这一批评不无道理。另外还有一些更为深刻的批评，如戴维斯（Davies）[150] 认为，关于辅助性原则的调查侧重点有误，相反，调查的侧重点应该是，受到质疑的欧盟立法是否由于过度损害成员国的利益而与欧盟立法寻求实现的目标不相称。由于篇幅所限，无法对这些评论做出详细分析。[151] 但应注意下面几个要点。

首先，辅助性原则被引入基础条约以来，以该原则为基础提起的诉讼数量很少，大约为 40 起，也就是说，平均每年不到两起。真实的数字比这还要低，因为有些案件只是重复提出其他案件中的质疑；[152] 在其他一些案

[145]　（N 90）.

[146]　Impact Assessment Guidelines, SEC（2009）92, 2.1, 2.3.

[147]　Ibid 5.2.

[148]　Annual Report 2018（n 114）4.

[149]　Case C‑477/14 *Phillbox* 38 （*UK*） *Ltd*, *trading as Totally Wicked v State for Health* EU：C：2016：324,［57］,［112］,［150］‑［151］.

[150]　G Davies, 'Subsidiarity：The Wrong Idea, in the Wrong Place at the Wrong Time'（2006）43 CMLRev 63.

[151]　P Craig, 'Subsidiarity：A Legal and Political Analysis'（2012）50 JCMS 72.

[152]　Case T‑326/07 *Cheminova*（n 143）.

件中，鉴于基础条约的条款或欧盟规制架构的性质，相关质疑显然并不适格;⑬ 而在另外一些案件中，成员国并没有提出任何证据来支持其关于辅助性原则的主张。⑭ 这样一来，就只有大约 30 起真正关于辅助性原则的诉讼，而在这期间却制定了数千部条例、指令和决定。对这个数量进行比较，每个月以其他理由提起司法审查的诉讼就在 15 起以上。

其次，在很多"真正的"案件中，关于辅助性原则的质疑受到其他成员国的反对。认为成员国在某个特定案件中对辅助性原则采取一致立场的任何观点，都是站不住脚的。我们还应该认识到，有一些关于辅助性原则的诉讼是由私人当事方提起的，并没有得到任何成员国的支持。这并不意味着此类诉讼被错误提起。但它的确意味着没有任何成员国支持相关欧盟立法违反辅助性原则的主张。

再次，我们完全不清楚，联盟法院对真正的辅助性原则案件的判决是否正确，也不清楚如果司法审查更加深入的话是否会出现不同的判决。如果以司法审查"应该"更深入为前提进行推导论证，那么就很容易得出结论，其判决结果"将"有所不同。这个前提是正确的，但结论是错误的。结果可能不一样，但也可能一样。因此，即使在有些案件中，佐审官的说理比欧洲法院要深入得多，正如马杜罗佐审官（AG Maduro）在"沃达丰案"（*Vodafone*）⑮ 中出具的意见所表明的那样，结论仍然是相同的。另外，如前面所指出的，联盟法院在近期的判例法中给予辅助性原则更多的考虑。⑯ 事实上，某个特定司法判决正确与否，只能通过仔细审查有争议的规制架构，并判断其是否"通过"辅助性原则标准的检验，才能最终予以确定。如果从这个角度进行判断，那么，认为任何被质疑的条例都应由于辅助性原则而被废止的观点，并非不证自明。

---

⑬ Case T‑65/98 *Van den Bergh Foods Ltd v Commission* [2003] ECR II‑4653, [197]‑[199]; Case T‑420/05 *Vischim Srl v Commission* [2009] ECR II‑3841, [221]‑[223]; Case C‑110/03 *Belgium v Commission* [2005] ECR I‑2801, [56]‑[58]; Case T‑339/04 *France Télécom SA v Commission* [2007] ECR II‑521, [77]‑[82]; Case T‑461/13 *Spain v Commission* EU: T: 2015: 891, [181]‑[183].

⑭ Case C‑64/05 P *Sweden v Commission* [2007] ECR I‑11389, [74]; Case T‑25/16 *Germany v Commission* EU: T: 2017: 242, [108]‑[112]; Case T‑755/17 *Germany v European Chemicals Agency* EU: T: 2019: 647, [134]‑[135].

⑮ Case C‑58/08 *Vodafone* (n 101) [27]‑[36].

⑯ See (n 144).

最后，由于上述原因，也许有人会提出，现行辅助性原则是有缺陷的，应该关注的问题是，欧盟规范是否由于过多地损害成员国的价值而违反相称性原则；如果事实的确如此，那么成员国就会提起更多的诉讼，而且会有更多案件胜诉。[157] 由于篇幅所限，我们无法详细讨论这一假设。[158] 然而，目前还不清楚，即使联盟法院采用这类分析方法，它是否会或者是否应该对现有的任何案件做出不同裁决。此外，将此类司法监督置于《欧洲联盟条约》第 5 条第 3 款的框架之下的做法，也存在问题。如果要开展此项分析，那么最好通过《欧洲联盟条约》第 4 条第 2 款进行，它特别规定："联盟应尊重成员国在基础条约面前平等的权利，尊重成员国政治和宪法基本结构所固有的国家特性，包括区域和地方自治"。第 4 条第 2 款的适用范围将放在后面章节讨论[159]，这里只需要了解，该条款在对辅助性原则进行调查的过程中可以发挥一定的作用，这样就不会对成员国的规制自主权造成过度侵蚀。[160]

第十二节 结论

一 欧盟权能是以下四个变量相互作用的结果：成员国对欧盟权能范围的选择，这一点反映在条约的多次修订中；成员国以及欧洲议会对欧盟立法的接受；欧洲联盟法院的判例法；欧盟各机构就如何解释赋予欧盟权力并给予联盟权力以优先权而做出的决定。因此，我们应该非常慎重地对待如下假设，即认为"权能问题"产生的原因主要是由于欧

---

[157] Davies（n 150）.

[158] Craig（n 151）.

[159] L Besselink, 'National and Constitutional Identity before and after Lisbon'（2010）6 Utrecht Law Review 36; A von Bogdandy and S Schill, 'Overcoming Absolute Primacy: Respect for National Identity under the Lisbon Treaty'（2011）48 CMLRev 1417; T Konstadinides, 'Constitutional Identity as a Shield and as a Sword: The European Legal Order within the Framework of National Constitutional Settlement'（2011）13 CYELS 195; B Guastaferro, 'Beyond the Exceptionalism of Constitutional Conflicts: The Ordinary Functions of the Identity Clause'（2012）31 YBEL 263; A Arnaiz and C Llivina（eds）, *National Constitutional Identity and European Integration*（Intersentia, 2013）; E Cloots, *National Identity and the European Court of Justice*（Oxford University Press, 2014）.

[160] Guastaferro（n 159）305-308, 311.

盟某些未经授权的权力妨碍了成员国的权利。

二 推动该领域改革的主要目标有两个：澄清欧盟权能的范围，以及限制欧盟权力。

三 《里斯本条约》将权能划分为三种类型，欧盟的权能问题得到一定程度的澄清。将欧盟权能划分为专属权能、共享权能和支持、协调或补充成员国行动的权能这三个类型，对此是有帮助的。此外，《里斯本条约》还具体规定了将某个主题事项领域划归为某个特定权能类型的法律后果，这种划分对此也是有益的。然而，通过划分权能类型能够达到的效果仍然有限。必然存在着在各个类型之间划分界限的问题。

四 就基础条约所规定的属于专属权能的领域而言，专属权能的范围相对狭窄；但是在对外关系领域，专属权能的范围则要宽泛得多，并且问题很多。

五 共享权能是《里斯本条约》中的默认立场。但是，只有通过仔细研究调整特定领域的具体条约条款，才能分辨出不同权能之间的区别；而在属于共享权能的不同领域之间，也许存在着重大差别。如果我们希望了解成员国可以在此类领域采取哪些行动，那么就有必要了解欧盟是否以及如何行使其权力，因为在欧盟已经行使其权能的程度上成员国就失去了相应的权能。

六 《里斯本条约》承认欧盟拥有支持、协调或补充成员国行动的权能类型，这一点值得欢迎。欧盟在这些领域的权能是有一定界限的，主要是禁止采取调和式措施。尽管如此，为实现每个领域的目标，条约仍然允许欧盟采用劝诫性的软法和具有约束力的硬法。这种措施并不会正式取代成员国的权能，但法律事实是，这类具有法律约束力的欧盟法令确实限制了成员国的权能。

七 另外一项推动该领域改革的主要关切是遏制欧盟权力的愿望。这在很大程度上出于对广泛使用《欧洲联盟运行条约》第 114 条和第 352 条的担忧。在《里斯本条约》生效后，将来再出现源于《欧洲联盟运行条约》第 352 条的问题的这一可能性大大降低了：它要求理事会采用一致通过方式；要求获得欧洲议会同意；要求将使用该条款的情况专门告知成员国议会。此外，在从前使用《欧洲共同体条约》第 308 条的领域，欧盟被赋予特定的立法权能。然而，与此相反，针对《欧洲联盟运行条约》第 114 条所涵盖领域的"权能悄悄扩张"问题，《里斯本条约》几乎没有提出任何改进。但是，"影响评估"可以作为在政治和法律方面的检查工具，检查是否需要采用欧盟调和式措施。

八 加强成员国议会在辅助性原则方面的角色，这一点值得称道。事实上，欧盟委员会很有可能认真对待成员国提出的与辅助性原则有关的关切，特别是大国提出的关切，而且，即使提出此类关切的成员国的数量并不足以触发《关于辅助性原则与相称性原则的议定书》所规定的反应机制，委员会也可能会认真对待这类关切。

第十三节 扩展阅读

一 专著

Azoulai, L (ed), *The Question of Competence in the European Union* (Oxford University Press, 2014)

Craig, P, *The Lisbon Treaty: Law, Politics, and Treaty Reform* (Oxford University Press, 2010) ch 5

Dashwood, A, and Hillion, C (eds), *The General Law of EC External Relations* (Sweet & Maxwell, 2000)

Eeckhout, P, *External Relations of the European Union: Legal and Constitutional Foundations* (Oxford University Press, 2004)

Estella, A, *The EU Principle of Subsidiarity and its Critique* (Oxford University Press, 2002)

Garben, S and Govaere, I (eds), *The Division of Competences between the EU and the Member States* (Hart, 2017)

Goldoni, M, and Jonsson Gornell, A (eds), *National and Regional Parliaments in the EU Legislative Procedure Post-Lisbon: The Impact of the Early Warning Mechanism* (Hart, 2016)

Granat, K, *The Principle of Subsidiarity and its Enforcement in the EU Legal Order. The Role of National Parliaments in the Early Warning System* (Hart, 2018)

Kiiver, P, *The Early Warning System for the Principle of Subsidiarity:*

Constitutional Theory and Empirical Reality (Routledge, 2012)

Schütze, R, *From Dual to Cooperative Federalism: The Changing Structure of European Law* (Oxford University Press, 2009)

二 论文

Boucon, L, 'EU Law and Retained Powers of Member States' in L Azoulai (ed), *The Question of Competence in the European Union* (Oxford University Press, 2014)

Craig, P, ' Competence: Clarity, Conferral, Containment and Consideration' (2004) 29 ELRev 323

—— 'Competence and Member State Autonomy: Causality, Consequence and Legitimacy' in B de Witte and H Micklitz (eds), *The European Court of Justice and the Autonomy of Member States* (Intersentia, 2011) ch 1

—— 'Subsidiarity: A Legal and Political Analysis' (2012) 50 JCMS 72

Dashwood, A, 'The Limits of European Community Powers' (1996) 21 ELRev 113

Davies, G, 'Subsidiarity: The Wrong Idea, in the Wrong Place, at the Wrong Time' (2006) 43 CMLRev 63

De Búrca, G, 'Setting Limits to EU Competences', Francisco Lucas Pires Working Paper 2001/02

——and de Witte, B, 'The Delimitation of Powers between the EU and the Member States' in A Arnull (ed), *Accountability and Legitimacy in the European Union* (Oxford University Press, 2002)

Di Fabio, U, 'Some Remarks on the Allocation of Competences between the European Union and its Member States' (2002) 39 CMLRev 1289

Grossot, X, and Bogojevic, S, 'Subsidiarity as a Procedural Safeguard of Federalism' in L Azoulai (ed), *The Question of Competence in the European Union* (Oxford University Press, 2014)

Mayer, F, 'Competences-Reloaded? The Vertical Division of Powers in the EU and the New European Constitution' (2005) 3 I – CON 493

Schütze, R, 'Co-operative Federalism Constitutionalized: The Emergence of Complementary Competences in the EC Legal Order' (2006) 31 ELRev 167

Von Bogdandy, A, and Bast, J, 'The European Union's Vertical Order of Competences: The Current Law and Proposals for its Reform' (2002) 39 CMLRev 227

Weatherill, S, 'Competence Creep and Competence Control' (2004) 23 YEL 1

—— 'Better Competence Monitoring' (2005) 30 ELRev 23

第五章　法律文件与规范的位阶

第一节　核心议题

一　本章探讨了两个相互关联的问题：欧盟的法律文件和非法律文件，以及规范的位阶。

二　欧盟拥有诸多用于实现联盟目标的法律文件和非法律文件。其中主要的法律文件有条例（regulation）、指令（directive）和决定（decision）。欧盟往往同时使用这些文件。某个领域的基础性规定可能采用指令的形式，用条例和决定作为补充。某个领域的基础性规定也可能采用条例的形式，然后再用其他条例、指令或决定作为补充。此外，欧盟还拥有用于制定联盟政策的多种软法方式。通常会一并使用正式和非正式法律以实现欧盟目标。

三　两部条约为这类文件的合法性规定了一系列条件。因此，所有法令（legal acts）都必须说明理由，而且对于法令的公布和签署也有相应的要求。

四　本章讨论的第二个问题是关于规范的位阶。规范的位阶是指，在一个法律体系中存在着不同法令的纵向等级，其中，位阶低的法令不能与位阶高的法令产生冲突。在《里斯本条约》之前可以察觉出规则的位阶。例如，"一级"条例、指令或决定为某一特定领域的政策奠定法律基础，而这些一级规范所涵盖的问题需要通过"二级"条例、指令或决定等做出更详细的规定以形成补充。二级规范要遵守一级规范的要求，由此在位阶上较低。

五　但是《里斯本条约》起草者认为，为了实现简化、民主合法性和权力

分立等目标，有必要界定比以往更加确定的规范位阶。目前欧盟规范
主要分为五个主要位阶：基础条约和《权利宪章》；一般法律原则；
立法性法令（legislative acts）；委托法令（delegated acts）；实施性法
令（implementing acts）。

六　然而，在《里斯本条约》机制下仍然存在一些问题，特别是委托法令
和实施性法令之间的界限问题。只有理解这些问题之后，我们才能够
判断简化、民主合法性和权力分立等目标是否已经实现。

第二节　文件

理解欧盟不同类型的文件具有重要意义。《欧洲联盟运行条约》第288
条对此做了基础性规定：

> 为行使联盟权能，联盟机构应通过条例（regulation）、指令（direc-
> tive）、决定（decision）、建议（recommendation）和意见（opinion）。
> 条例具有普遍适用性，它在整体上具有约束力，应直接适用于所
> 有成员国。
> 就其旨在实现的结果而言，指令对于其所针对的每个成员国均具
> 有约束力，但应由成员国机构选择实施指令的形式和方法。
> 决定整体上具有约束力。明确规定了适用对象的决定仅对其所针
> 对的对象具有约束力。
> 建议和意见不具有约束力。

一　导论

这些法令的含义将在下文讨论。首先需要了解以下五个方面，它们与
所有这些文件类型都有关系。

第一，在这些文件之间并不存在正式的位阶划分。条例并不一定“高
于”指令，反之亦然。在制定某个特定领域的欧盟政策时，条例、指令和
决定往往相互关联。例如，某个领域可能有一项“基础”条例，并根据该
条例制定了指令或决定。而此类“基础”规定同样也可能是指令或决定。

第二，条例、指令和决定可能采用立法性法令（legislative act）、委托法令（delegated act）或实施性法令（implementing act）的形式。这些条例、指令或决定并未改变其本身的性质，但它们在规范的总体位阶中处于何种位置，取决于它们是立法性法令、委托法令还是实施性法令。

第三，两部基础条约可能明确规定应该采用哪种类型的文件，但更常见的做法是不做出此类规定。《欧洲联盟运行条约》第296条规定，在两部条约没有明确规定应予采用的法令类别时，联盟机构应在个案处理的基础上选择法令的类别，但应遵守所适用的程序与相称性原则。

第四，《欧洲联盟运行条约》第296条对法令施加说明理由的义务①，这包括引用基础条约所要求的任何提案、倡议、建议、要求或意见。

第五，《欧洲联盟运行条约》第297条规定了制定第288条框架下法令的规则。据此，如果某项条例、指令或决定采用的是经由普通立法程序通过的立法性法令的形式，那么就必须由欧洲议会议长和欧盟理事会主席签署。根据特别立法程序通过的立法性法令则由制定该法令的机构的主席签署。立法性法令必须在《欧洲联盟官方公报》（Official Journal）上公布，并应自其规定日期起生效；在未规定生效日期的情况下，应自公布之日起第20天生效。

如果通过的条例、指令或决定是非立法性法令（non-legislative act），而且没有说明其指向的对象，那么就应由通过该法令的机构的主席签署。针对所有成员国的条例和指令，以及未说明指向对象的决定，应在《欧洲联盟官方公报》上公布，并自其规定日期起生效；如果未规定生效日期，则应自公布之日起第20天生效。其他已说明针对对象的指令和决定，则必须将相关指令或决定告知其对象，并自告知之日起生效。

二 条例

条例（regulation）整体上具有约束力，并且在所有成员国都直接适用。普遍认为，条例类似于成员国制定的立法。这个类比有一定的道理，因为条例是适用于所有成员国的、具有一般适用性的措施。然而，《里斯本条约》生效之后的法律现实是，条例可能是立法性法令，也可能是委托法令或实施性法令。

---

① 见第十六章。

《欧洲联盟运行条约》第 288 条指出，条例"可直接适用"（directly applicable）。对该术语有两种可能的解释。② 一种观点认为，个人拥有可以通过成员国法院执行的权利。欧洲法院有时候以这种方式解释"直接适用"的含义。③ 但更完善的观点是，它与国际规范纳入成员国法律体系的方式有关。在对国内法和国际法采用二元论的成员国，要将国际规范纳入本国法律体系有两种方式：一种方式是本国体系将相关措施转换为本国法，另一种方式是以一项更简短的本国法令通过相应的国际法令。欧盟通过了数千项条例，如果必须将每个条例都单独纳入每个国家的法律体系之后才能产生法律效力，那么欧盟就将陷于停滞。"可直接适用"这一短语意味着，条例是各国法律体系的一部分，不需要经由国内法律措施转化或批准通过。

尽管如此，成员国可能仍然需要调整本国法，以便遵守某项条例；或者需要通过后续配套法律措施，以便给予条例以完全效力。但这并未改变如下事实，即条例本身在成员国具有法律效力，这并不取决于任何国内法，并且成员国不得通过掩盖欧盟条例性质的措施。

瓦廖拉诉意大利财政管理局

Case 34/73 Variola v Amministrazione delle Finanze

[1973] ECR 981

成员国法院向欧洲法院询问，某项条例中的条款是否可以通过如下内部措施引入成员国法律秩序，即该项国内措施"通过将主题事项纳入国内法的方式"复制共同体条款的内容。

欧洲法院

10. 条例的直接适用意味着其生效以及对其规制对象的适用独立于任何将其纳入国内法的措施。

根据源于基础条约并从批准之日起应承担的义务，成员国有义务

---

② J Steiner, 'Direct Applicability in EEC Law—A Chameleon Concept' (1982) 98 LQR 229; A Dashwood, 'The Principle of Direct Effect in European Community Law' (1978) 16 JCMS 229.

③ 见第八章。

不妨碍条例以及共同体法的其他规则所固有的直接适用性。

严格遵守此项义务是在整个共同体范围内同时和统一适用共同体条例的前提条件。

11. 尤其是成员国有义务不引入有可能影响欧洲法院对如下任何问题做出宣判的管辖权的任何措施：这些问题涉及对共同体法律的解释，或者共同体机构通过的法令的效力，也就是说，任何会导致受一项法律规则的共同体性质被受其规制的对象所掩盖的程序都是不被允许的。

特别是根据《欧洲共同体条约》第177条，欧洲法院的管辖权不受任何旨在将共同体法的一项规则转化为国内法的国内立法条款的影响。

个人可以主张某个被称作条例的措施实际上是一项决定。最有可能出现这种情况的是，个人希望寻求废除一项措施，这是因为《欧洲共同体条约》第230条限制个人可以质疑以条例为形式的措施的情形。判断一项措施是否确实是条例的标准是其实质内容，而不是形式。因此，虽然法令自称"条例"，但这并不具有结论性。④

三 指令

指令（directive）与条例的差别在于两个重要方面。指令不必涵盖所有成员国，而且，尽管指令拟实现的目标具有约束力，但成员国对于实现目标的形式和方法拥有一定的选择空间。通过指令以及条例采取行动的能力给予欧盟非常重要的灵活性。条例的直接适用性（direct applicability）意味着，它们必须被原封不动地"空降"到所有成员国的法律体系之中。在一般情况下，条例中的每个细节都必须得到一丝不苟的执行，因为成员国绝对不能篡改条例。然而，在有些领域，很难设计出具有必备的明确性的条例，而且要使这些条例适合对成员国产生即刻影响，尤其是因为成员国拥有不同的法律体系，而且不同成员国内部的政治、行政和社会安排也存在差异。

如果立法目的是调和某一领域的法律，或者是引入复杂的立法修订，那么指令就特别有用。这是因为成员国拥有决定指令实施方式的自由裁量权。然而，我们不应该认为指令是含糊的。它们并不含糊。指令对成员国必须实现的目标所做出的规定相当详细。而且欧洲法院的裁决增强了指令

---

④ 见第十五章。

的效力。欧洲法院裁定，指令具有直接效力（direct effect），使个人能够在诉讼中以指令为依据反对国家⑤，如果某成员国没有实施某项指令，则负有赔偿责任。⑥

四　决定

《欧洲联盟运行条约》第288条指出，决定（decision）整体上具有约束力，以及具体规定适用对象的某项决定仅对其适用的对象具有约束力。该条总结了在《里斯本条约》之前将决定作为法令使用的双重性质。

在绝大多数情况下，决定用于作为与特定对象有关的具有约束力的法令，在竞争法和国家援助领域的很多决定就是如此。但是，有些决定则更具一般性，它们规定的是规制机构问题的法律规则，例如委员会制（Comitology），或者为共同体计划或项目提供法律基础。⑦

第288条的英文版本能够涵盖上述两类决定。然而，其德语和荷兰语文本则仅表达了一般性的决定类别，而没有表述适用于特定对象的决定类别。⑧但是，针对特定适用对象的决定将继续得到保留，因为自欧洲经济共同体成立之日起，它就是一种重要的法令形式。

五　机构间协议

欧盟理事会、欧盟委员会和欧洲议会之间的机构间协议（inter-institutional agreement）长期以来一直是欧盟的一个重要组成部分。它们是"宪法黏合剂"，欧盟的主要机构行为体可以通过这些协议解决高层问题，提供指导性原则，或者为更具体的立法行为奠定基础。在辅助性原则、透明性原则、预算和参与权等具有宪法意义的领域，都制定了此类协议。⑨

《欧洲联盟运行条约》第295条规定，欧洲议会、欧盟理事会和欧盟委员会应相互磋商，并在达成共识的基础上就相互合作做出安排。它还规

⑤　见第八章。

⑥　见第九章。

⑦　A von Bogdandy, J Bast, and F Arndt, 'Legal Instruments in European Union Law and their Reform：A Systematic Approach on an Empirical Basis'（2004）23 YBEL 91, 103 – 106.

⑧　B de Witte, 'Legal Instruments and Law-Making in the Lisbon Treaty' in S Griller and J Ziller（eds）, *The Lisbon Treaty：EU Constitutionalism without a Constitutional Treaty*（Springer, 2008）95 – 96.

⑨　见第一章、第六章。

定，在遵守基础条约的基础上，它们可以缔结具有约束力的机构间协议。因此，已经有专门的条约基础赋予机构间协议以约束力。

六 建议、意见和软法

《欧洲联盟运行条约》第 288 条指出，建议（recommendation）和意见（opinion）不具有约束力。尽管该条款排除这类措施的直接效力，但是并未将它们排除出司法程序。成员国法院有权就这类措施的解释或效力向欧洲法院提请初步裁决。[10]

根据上述观点，建议和意见采用的是软法形式。[11] 然而，它们并不是唯一的软法类别。例如，欧盟委员会通过国家援助领域的政策指南（guideline），表明它将如何在该领域实施自由裁量权。[12] 另外还有其他一些欧盟倡议（initiative），如开放式协调方法（open method of coordination），它们跨越了软法和硬法之间的界限。[13]

混合使用正式和非正式法律，这是任何法律秩序都具有的共同特征。在欧盟，这一特征得到积极评价，并没有被视作需要解释或引起批评的原因。因此，欧盟委员会在其 2000 年发布的《内部市场战略评估》报告中，详细列举了它为实现单一市场这一目标拟通过的所有立法性措施和非立法性措施。[14] 在欧洲理事会尼斯会议上，我们可以清楚地看到，欧洲理事会也十分愿意使用所有政策工具。在实施社会议程的过程中，"现有的所有共同体工具无一例外都必须得到使用：开放式协调方法、立法、社会对话、结构基金、支持项目、综合政策方式，以及分析和研究"[15]。我们只要看一下欧盟委员会任何一年的工作纲要就可以发现，为实现欧盟的目标，委员会将交互使用立法性与非立法性技术。[16]

---

[10] Case C – 322/88 *Grimaldi v Fonds des Maladies Professionelles* [1989] ECR 4407.

[11] K Wellens and G Borchardt, 'Soft Law in European Community Law' (1989) 14 ELRev 267; J Klabbers, 'Informal Instruments before the European Court of Justice' (1994) 31 CMLRev 997; L Senden, *Soft Law in European Community Law* (Hart, 2004).

[12] 见第三十章。

[13] 见第七章。

[14] 2000 Review of the Internal Market Strategy, COM (2000) 257 final.

[15] Nice European Council, 7 – 9 Dec 2000, Annex 1, [28].

[16] See, eg, Commission Work Programme 2019, Delivering what we promised and preparing for the future, COM (2018) 800 final, Annexes 1 – 5.

尽管混合使用正式法律和非正式法律不可避免，但这仍然会产生问题。那些受到这些法律影响的当事方可能很难理解某个特定领域的"法律"究竟是什么。使用非正式法律也有可能妨碍欧盟理事会和欧洲议会对由此产生的规范进行有效输入。

第三节　规范的位阶

一　基本原理

在《里斯本条约》生效之前，欧洲共同体法令（legal act）只有上文阐述的那些类型。条例、指令和决定既可以用作调整某一特定主题的"一级"规范，也可以用作根据"一级"规范制定的"二级"规范。《欧洲共同体条约》并未包含与法令的正式位阶有关的任何规定。这种情况如今已经发生变化。《宪法条约》引入对法令的改革，并且创设不同规范之间的位阶关系。《里斯本条约》保留了各类法令之间的位阶关系[17]，但是修改了

---

[17] Von Bogdandy, Bast, and Arndt（n 7）; P Craig, 'The Hierarchy of Norms' in T Tridimas and P Nebbia（eds）, *European Union Law for the Twenty-First Century: Rethinking the New Legal Order*（Hart, 2004）75 – 93; K Lenaerts and M Desomer, 'Towards a Hierarchy of Legal Acts in the European Union? Simplification of Legal Instruments and Procedures'（2005）11 ELJ 744; J Liisberg, 'The EU Constitutional Treaty and its Distinction between Legislative and Non-Legislative Acts' in B Olsen and K Sorensen（eds）, *Regulation in the EU*（Thomson, 2006）133 – 168; P Stancanelli, 'Le système décisionnel de l'Union' in G Amato, H Bribosia, and B de Witte（eds）, *Genesis and Destiny of the European Constitution*（Bruylant, 2007）485 – 543; de Witte（n 8）; H Hofmann, 'Legislation, Delegation and Implementation under the Treaty of Lisbon: Typology Meets Reality'（2009）15 ELJ 482; P Craig, *The Lisbon Treaty: Law, Politics, and Treaty Reform*（Oxford University Press, 2010）ch 7; B Driessen, 'Delegated Legislation after the Treaty of Lisbon: An Analysis of Article 290 TFEU'（2010）35 ELRev 837; P Craig, 'Delegated Acts, Implementing Acts and the New Comitology Regulation'（2011）36 ELRev 671; S Peers and M Costa, 'Accountability for Delegated and Implementing Acts after the Treaty of Lisbon'（2012）18 ELJ 427; J Bast, 'New Categories of Acts after the Lisbon Reform: Dynamics of Parliamentarization in EU Law'（2012）49 CMLRev 885; J Mendes, 'Delegated and Implementing Rule Making: Proceduralisation and Constitutional Design'（2013）19 ELJ 22; T Christiansen and M Dobbels, 'Non-Legislative Rule Making after the Lisbon Treaty: Implementing the New System of Comitology and Delegated Acts'（2013）19 ELJ 42; M Kaeding and A Hardacre, 'The European Parliament and the Future of Comitology after Lisbon'（2013）19 ELJ 382; P Craig, 'Comitology, Rulemaking and the Lisbon Settlement: Tensions and Strains' in C-F Bergström and D Ritleng（eds）, *Rulemaking by the Commission: The New System*（Oxford University Press, 2016）; M Chamon, 'Institutional Balance and the Community Method in the Implementation of EU Legislation Following the Lisbon Treaty'（2016）53 CMLRev 1501; P Craig, 'Delegated and Implementing Acts' in R Schütze and T Tridimas（eds）, *Oxford Principles of European Union Law, Volume 1: The European Union Legal Order*（Oxford Unversity Press, 2018）ch 22.

术语，因为欧洲理事会认为，《宪法条约》中的"法律"（law）和"立法"（lawmaking）等词汇应该删除，理由是这些词汇会让人联想到"联邦"或"宪法"等特定含义。

《宪法条约》中与规范位阶有关的条款主要来自"条约简化第九工作组"的建议，并在此基础上做了一些修订[18]，但是我们应该关注该工作组的提醒，即"没有任何事物比简化更复杂"[19]。该工作组寻求实现一系列目标：简化、民主合法性和权力分立。将规范划分为不同的位阶，被称作"为了实现更好的权力分立"[20]。在属于政府立法职能的事项和行政功能的事项这二者之间，原本就应该有更清晰的界限。我们下面将讨论这些目标是否已经实现。

二 两部条约与宪章

在讨论规范的位阶问题时，人们普遍聚焦于立法性法令、委托法令和实施性法令，以及这些法令之间的位阶关系。这些的确是问题的核心，但并不是全部。《欧洲联盟条约》（TEU）和《欧洲联盟运行条约》（TFEU）这两部基础条约位于欧盟规范位阶的最顶层。《权利宪章》（Charter of Rights）拥有同样的地位，因为《欧洲联盟条约》第 6 条第 1 款承认该宪章与基础条约具有同等法律价值。对条约条款本身的解释也将以该宪章为依据，其目的是使对条约的解释与宪章中所规定的权利实现最大限度的契合。任何立法性法令都必须以条约的某个条款为依据，而且联盟法院将就条约和宪章条款的范围及其解释做出判决。

三 一般原则

上一部分提出的观点既重要，又显而易见。但对那些还不熟悉欧盟法的人而言，本部分讨论的主题事项就没有那么明显了。规范位阶中的第二位阶属于一般法律原则（general principles of law）。[21] 它们的地位低于基础条约，可以用于解释某些特定的条约条款。但它们的地位高于立法性法

---

[18] CONV 424/02, Final Report of Working Group IX on Simplification, Brussels, 29 Nov 2002.

[19] Ibid 1.

[20] Ibid 2.

[21] T Tridimas, *The General Principles of EU Law* (Oxford University Press, 2nd edn, 2006); P Craig, *EU Administrative Law* (Oxford University Press, 3rd edn, 2018).

令、委托法令和实施性法令：一般原则不仅能够用来解释这些法令，而且如果某个特定的立法性法令、委托法令或实施性法令违背这些原则，这些原则也可以作为使其无效的理由。

这些一般原则大体上是由联盟法院发展形成的。联盟法院已经将诸如相称性原则（proportionality）、基本权利、法律确定性、合理期待、平等、风险预防原则（precautionary principle）和程序正义原则解读为条约的基本原则，并且将其作为根据《欧洲联盟运行条约》第 263 条和第 267 条进行司法审查的理由。后面章节将对此做更详细的探讨[22]，这里重点讨论这些原则的作用。

所有成熟的法律体系都包含司法审查的多项原则，它们通常是行政法的组成部分，并且规定针对政府行为提起法律诉讼的依据。这些原则可由法院发展形成，也可以由成文法或法典予以规定，另外还可能来自这两种法律形式的综合运用。

在欧盟，条约构成说明司法审查理由的出发点。《欧洲联盟运行条约》第 263 条第 2 款规定，对于缺乏权能、违反基本程序要求、违反两部条约或与其适用有关的法律规则，或者滥用权力，应可进行司法审查。法国法学思想的影响力在这些审查的理由上打下了明显印记。尽管如此，《欧洲联盟运行条约》第 263 条还是赋予欧洲法院以及后来的初审法院（现为综合法院）在构建司法审查诸项原则方面足够宽泛的权力。

第 263 条第 2 款的宽泛措辞加强了欧洲法院的作用，特别是司法审查的第三项依据，即"违反基础条约或与其适用有关的任何法律规则"。这一规定的初衷也许仅仅是保证欧盟委员会的决策不仅要遵守条约条款，而且要遵守根据其制定的条例和指令等。如果这的确是其初衷，其表达方式本来可以简单得多。其意图可能不仅是要保证遵守二级立法，也要保证遵守与条约的适用有关的、可能由联盟法院发展形成的其他法律规则。后一种解释更符合历史证据。[23] 无论如何，这一短语本身非常含糊，加上在长达 30 年的时间里都无法看到《罗马条约》的准备工作文件，这为欧洲法

---

[22] 见第十六章。

[23] P Craig, 'General Principles of Law: Treaty, Historical and Normative Foundations' in K Ziegler, P Neuvonen, and V Moreno-Lax（eds）, *Research Handbook on General Principles of EU Law*（Edward Elgar, 2020）.

院提供了一个窗口期，使其得以有正当理由将行政法的多项原则作为司法审查的理由。

《欧洲联盟条约》第19条（原《欧洲共同体条约》第220条）在这方面的作用也很重要。它对联盟法院施加确保在解释和适用基础条约时遵守法律的义务。可以用一种限制方式解释这一点，譬如，欧盟委员会的决定应限于在一级条约条款和二级立法的范围内制定。然而，也可以对该条中的"法律"一词做更宽泛的解释，欧洲法院正是用这种解释构建了关于一般原则的体系，通过这一体系来决定联盟与成员国行为的合法性。

一些更具体的条约条款也进一步推动了法院对司法审查原则的阐释工作，例如提及非歧视原则的条约条款。接下来，由欧洲法院将这些特定条约条款解读为指向作为法律秩序基础的平等待遇和非歧视等更具一般性的原则。⑳

在形成这些概念的过程中，欧洲法院和欧洲初审法院借鉴了成员国行政法原则。它们并没有为了寻找共同原则而系统查阅每个成员国的法律体系。它们采用的方式是，考虑主要国家法律体系的原则，使用那些最为完备的原则，并按照欧盟自身的需要重新改造这些原则。㉕ 德国法的影响或许最大。例如，正是德国关于相称性原则和合理期待等原则的司法判决对欧盟法在这些领域的发展产生了重要影响。

一般原则给予联盟法院在条约条款的解释以及其他联盟法令的解释与效力方面以巨大权力，这明显见于本书的所有讨论中。联盟法院对于是否承认一项新的欧盟法一般原则同样拥有重要权力，正如下面案件所示。

Artegodan 等公司诉委员会

Cases T – 74，76，83 – 85，132，137 and 141/00 Artegodan

GmbH and Others v Commission

[2002] ECR II – 4945

[《里斯本条约》重新编号，《欧洲共同体条约》第6条、第152条、第153条、第174条和第175条现分别变更为

---

⑳ Cases 117/76 and 16/77 *Ruckdeschel v Hauptzollamt Hambourg-St Annen* [1977] ECR 1753, [7].

㉕ Case 14/61 *Hoogovens v High Authority* [1962] ECR 253, 283 – 284, AG Lagrange.

《欧洲联盟运行条约》第 11 条、第 168 条、第 169 条、
第 191 条和第 192 条]

该案件涉及的是为某减肥药颁发销售许可证的问题。欧盟委员会
依据认为这些药物可能有损健康的科学建议，根据《第 65/65 号指
令》撤回了销售许可。申请人寻求废除委员会的决定，欧洲初审法院
考虑了欧盟法中的风险预防原则的地位。

欧洲初审法院

181. 在存在科学方面不确定性的情况下，主管机构有责任根据风
险预防原则对相关医药产品进行评估。因此，我们在解释这项原则对
与医药产品的事先授权体系有关的证据规则产生的影响之前，有必要
先回顾该原则的起源和内容。

182. 在环境事务方面，《欧洲共同体条约》第 174 条第 2 款明确
规定了风险预防原则，并且确立这项原则的约束力。此外，第 174 条
第 1 款规定的共同体环境政策目标中包含保护人类健康这一目标。

183. 因此，尽管《欧洲共同体条约》只在涉及环境政策时提到过
风险预防原则，但它的适用范围很广。其适用目的是确保在共同体的
所有行动领域实现较高程度的健康保护、消费者安全保护和环境保
护。特别是，除共同体的其他政策和活动之外，《欧洲共同体条约》
第 3 条第 16 款还包括"为较高程度的健康保护做出贡献"。同样，
《欧洲共同体条约》第 153 条提到高水平的消费者保护，第 174 条第 2
款为共同体的环境政策规定了较高程度的保护水平。此外，《欧洲共
同体条约》第 6 条和第 152 条第 1 款明确要求，在界定和实施共同体
的所有政策和行动时，应实现较高程度的环境保护和对人类健康的
保护。

184. 据此，风险预防原则可以界定为：它是共同体法的一项一般
原则，要求主管机构采取适当措施，防止对公共健康、安全和环境等
领域造成特定的潜在风险，并将与保护这些利益有关的要求置于优先
于经济利益的地位。由于共同体机构负责在其全部行动领域保护公共
健康、安全和环境，因此风险预防原则可以被视为源自上述条约条款
的一项自主原则。

185. 这是既定判例法, 即在公共健康领域, 风险预防原则意味着, 在不确定是否存在对人类健康的风险, 或者不确定对人类健康的风险将达到何种程度的情况下, 欧盟机构可以采取风险预防措施, 而无须等到风险确实发生, 或者是风险的严重程度完全清晰可见。……在确立与风险预防原则有关的判例法之前, 这项原则已经以条约条款为基础在对相称性的审查中得到了默示使用。……

因此, 欧洲初审法院愿意从提及风险预防原则的有限条约条款, 以及提及这一原则的某些判例法中进行推导, 并将其奉为一项一般法律原则。尽管如此, 很显然, 联盟法院对于是否承认一项新的一般法律原则仍然拥有很大程度的自由裁量权。㉖

四 立法性法令

《欧洲联盟运行条约》第 289 条是关于立法性法令 (legislative act) 的基础性条款。规定如下:

> 1. 普通立法程序是指, 以委员会的提案为基础, 由欧洲议会和理事会共同通过的条例、指令或决定。相关程序由第 294 条予以规定。
> 2. 在两部条约规定的特定情况下, 由欧洲议会在理事会参与下, 或由理事会在欧洲议会参与下通过的条例、指令或决定, 构成特别立法程序。
> 3. 根据立法程序通过的法令应构成立法性法令。
> 4. 在两部条约规定的特定情况下, 经若干成员国或欧洲议会倡议, 或者根据欧洲中央银行的建议, 或者应欧洲法院或欧洲投资银行的要求, 可通过立法性法令。

《欧洲联盟运行条约》第 289 条的基本前提是, 立法性法令是经由立法程序通过的法令。能够具有"立法性质"的法令有条例、指令或决定: 只要这些法令是经由立法程序通过的, 那么在《里斯本条约》意义上它们

㉖ Compare Case C - 101/08 *Audiolux SA ea v Groupe Bruxelles Lambert SA* (*GBL*) [2009] ECR I - 9823.

就是立法性法令。立法的默认立场是普通立法程序（ordinary legislative procedure），其前身是共同决策程序（co-decision）。但在某些情况下也授权使用特别立法程序（special legislative procedure）。[27]

需要注意的是，对立法性法令的界定完全是形式上的。这一点源于《欧洲联盟运行条约》第 289 条第 3 款：任何法令，无论其采用的形式是条例、指令还是决定，只要是依照普通立法程序或特别立法程序通过的，它就是《里斯本条约》意义上的立法性法令。这一形式主义是对称的：任何经由普通立法程序或特别立法程序通过的法令在概念上都是立法性法令；而如果某项法令不是以上述方式通过的，那么它就不构成立法性法令。这种形式主义有两个结果。

第一个结果是，法令的内容与其作为立法性法令的地位无关。如果规定通过某项法令需要采用立法程序，那么它从定义上看就是一项立法性法令，即使该措施的内容很有可能被认为具有行政性质。反之亦然，如果《里斯本条约》没有为某项法令的通过规定一项立法程序，那么它就不是立法性法令，即使根据内容判断，它规定了具有可被作为具有立法性质的一般适用性规则。

这种形式主义方式产生的第二个结果是，只有根据《欧洲联盟运行条约》第 289 条第 1 款和第 2 款界定的普通立法程序或特别立法程序通过的法令，才能构成《里斯本条约》意义上的立法性法令。这样就产生了一些问题，因为有些条约条款并未明确规定采用普通立法程序或特别立法程序，因此，根据这些条款通过的法令从表面上看并不是立法性法令[28]，即使根据原来《欧洲共同体条约》的相关条款通过的措施明显具有立法性质。

五　委托法令

《欧洲联盟运行条约》第 290 条界定委托法令（delegated act）这一新的类型，并且规定制定此类法令的条件与限制。

---

[27]　见第六章。

[28]　例如《欧洲联盟运行条约》第 103 条和第 109 条；Craig, *The Lisbon Treaty* (n 17) ch 7.

1. 立法性法令可委托欧盟委员会通过一般适用的非立法性法令，以补充或修改立法性法令中某些非基本要素。

此类立法性法令应明确界定委托权的目标、内容、范围和期限。某一领域的基本要素应保留给立法性法令，因此不得成为委托权的主题。

2. 立法性法令应明确规定委托应遵循的条件，这些条件可以是：

（1）欧洲议会或理事会可决定撤销委托；

（2）委托法令仅在欧洲议会或理事会在立法性法令规定的期限内未明示反对的情况下才可生效。

为本款第（1）项和第（2）项之目的，欧洲议会应以组成议员的多数，理事会应以特定多数采取行动。

3. 在委托法令的标题中，应加入限定词"委托"。

在立法性法令这一位阶之下，《里斯本条约》确立了两类法令：委托法令和实施性法令（implementing act）。这些法令的制定程序将在下一章讨论。这里讨论委托法令和实施性法令的性质以及区分这二者的标准。其原因是，需要区分具有"立法"性质的二级措施，即委托立法，以及可以被视为更具"行政"性质的二级措施，即实施性法令。但是，无论是在对《宪法条约》还是对《里斯本条约》的讨论中，都未对此种区分中所存在的问题进行全面思考。这一目标是否已经实现，是存在疑问的。

为了理解这项机制，有必要简要回顾一下《里斯本条约》之前的背景。在《里斯本条约》生效之前，不存在委托法令和实施性法令这种区分。当时的标准模式是，用"一级"（primary）条例或指令调整某个政策领域，并根据《欧洲共同体条约》第202条补充制定"实施"一级规则的"二级"（secondary）法律措施。混合使用一级规则和二级规则是各个法律体系的普遍做法。在欧洲经济共同体成立伊始，理事会就认识到，不是任何事项都可以通过一级条例进行处理的，而是需要向委员会授权，委托后者制定二级规范。但是，理事会不愿意给予委员会完全的自行处理权，因为理事会意识到细节决定成败，那可能导致通过这种措施解决不应由它来解决的规制选择和争议性问题。

这正是如今我们所称的"委员会制"（Comitology）产生的原因，根据这一制度，在欧盟委员会制定二级措施时，成员国的技术专家要与欧盟委员会开会讨论这些措施，如果这些专家不同意欧盟委员会提案，那么就有可能按照"管理和规制委员会程序"（management and regulatory committee procedures）将这些提案提交理事会。后面章节将讨论这些专门委员会程序。㉙ 这里需要知道的是，该程序使作为成员国代表的技术专家获得参与制定二级措施的机会。这些专门委员会的权力来自下述事实，即如果它们与欧盟委员会的提案存在意见分歧，那么就将其重新提交理事会，理事会接下来有可能否决该措施。

过去，欧洲议会对这一机制并不满意，因为尽管它能够在委员会制中发挥一定的作用，但该程序主要由理事会和成员国的利益所主导。欧盟委员会也反对委员会制，因为它认为这是对其行政自主权的一种不必要的限制。在第一线工作的总司司长们对于与各国技术官员共同工作可能还比较满意，但欧盟委员会内部高层官员对管理和规制委员会从未感到过满意。欧盟委员会从前采取的策略是希望设计出某种方法以便摆脱这些限制。㉚它呼吁对如今包含在《欧洲联盟运行条约》第290条中的非立法性法令设置一种事前和事后限制机制。因此，对于委托法令，《里斯本条约》生效之前采用的委员会制不再对其使用，尽管由各国专家组成的一些"咨询"委员会继续对其发挥作用；在实施性法令方面，经过修订后的委员会制还在运行。委托法令现在由《欧洲联盟运行条约》第290条调整，这些法令具有以下一些特征。

第一，委托法令被描述为"一般适用的非立法性法令"。然而，它们仅仅在形式上是非立法性法令，因为它们不是经由普通立法程序或特别立法程序制定的。尽管如此，此类委托法令中仍有很多具有立法性质。这一观点由于下述事实而得到了证实，即这些法令被认为具有一般适用性，可以补充或修订立法性法令中某些不具有基础性质的因素，而且有一项单独的条款处理行政决定。㉛ 因此，事实上，委托法令往往被认为是二级立法

㉙ 见第六章。

㉚ European Governance, COM（2001）428 final,［20］-［29］；Institutional Architecture, COM（2002）728 final,［1.2］,［1.3.4］；Proposal for a Council Decision Amending Decision 1999/468/EC Laying down the Procedures for the Exercise of Implementing Powers Conferred on the Commission, COM（2002）719 final, 2；Final Report of Working Group IX on Simplification, CONV 424/02, Brussels, 29 Nov 2002, 12.

㉛ 《欧洲联盟运行条约》第288条。

或委托立法。这一点得到工作组成员的认可，他们将这些法令描述为一种新的立法类型。㉜ 这一点也得到欧洲议会法律事务委员会成员的承认，他们所提交报告的前提是委托授权乃一项"微妙的操作"，欧盟委员会在其中被指示行使"立法者自身角色所固有"的权力。㉝

第二，立法性法令必须界定委托授权的目标、内容、范围和时限。由于强制要求某一领域的基本目标必须由立法性法令规定，而不能由委托法令规定，从而使得上述要求得到进一步强化。这些要求由联盟法院进行监督，尽管迄今为止，判定某一领域的基本要素（essential elements）是否在一级法令中得到恰当规定这一问题的司法审查，数量并不多，也并不彻底。㉞ 基本要素的含义问题出现在"捷克案"（*Czech Republic*）中。㉟

77. 根据该判例法，查明某个事项的哪些要素应归类为"基本"要素，这不只是由欧盟立法机构评估，而必须以可受到司法审查的客观因素为基础。必须考虑所涉领域的特征和特殊性质（2012 年 9 月 5 日判决，*Parliamnet v Council*，C–355/10，EU：C：2012：516，第 67 段和第 68 段；以及 2016 年 6 月 22 日判决，*DK Recycling und Roheisen v Commission*，C–540/14 P，EU：C：2016：469，第 48 段及其所引判例法）。

78. 一个要素是被认定为《欧洲联盟运行条约》第 290 条第 1 款第 2 段第 2 句意义上的基本要素，它要求欧盟立法者在其责任范围内做出政治选择，因为它要求在大量评估的基础上对相互冲突的利益进行权衡，或者，它意味着相关个人的基本权利可能在要求欧盟立法者参与的范围里受到干扰（对此可参见 2012 年 9 月 5 日判决，*Parliamnet v Council*，C–355/10，EU：C：2012：516，第 65 段、第 76 段和第 77 段）。

㉜ Final Report of Working Group IX（n 30）8.

㉝ Committee on Legal Affairs，On the Power of Legislative Delegation，A–7 0110/2010，Rapporteur J Sjazer，Preamble C.

㉞ 见第六章。

㉟ Case C–696/15 P *Czech Republic v Commission* EU：C：2017：595；Case C–44/16 P *Dyson Ltd v European Commission* EU：C：2017：357，[58]–[62].

第三，委托法令能够"修订或补充"立法性法令中的非基本因素。修订或补充立法性法令的任何一般措施，都必须是根据第290条制定一项委托法令，而不是根据第291条制定。因此，"修订"和"补充"的含义就是关键，因为第290条和第291条框架下的监督程序是不同的。这两个类型应该是相互排斥的，这一点得到欧盟委员会的承认。㊱"修订"一词代表的是正式修订立法性法令中某些非基础性要素的一项委托法令。对"补充"一词则没有此类现成的定义㊲，但过去它是以一种与"修订"对称的方式得到使用的，即"补充"指的是增加非基础性要素，而"修订"则包括删除非基础性要素。㊳这种解释可见于2009年欧盟委员会通讯。㊴在下文讨论实施性法令时，将会发现在划分这两类法令方面存在困难。

第四，委托法令受第290条规定的监督程序的约束，即欧洲议会或理事会有权撤回委托授权，而且有权否决特定的委托法令。后面章节将分析这些监督程序的功效。㊵

六　实施性法令

《欧洲联盟运行条约》第291条定义了实施性法令（implementing act）这一新类型。可以依据某项立法性法令或委托法令制定实施性法令。因为第291条规定，可以依据任何具有法律约束力的联盟法令制定实施性法令。

1. 成员国应采取一切必要的本国法措施，以实施具有法律约束力的联盟法令。

2. 当实施具有法律约束力的联盟法令需要统一条件时，则这些法令应赋予委员会以实施权力，或在经充分证明为合理的特殊情况下以

㊱　Implementation of Article 290 of the Treaty on the Functioning of the European Union, COM（2009）673 final，[2.2].

㊲　Ibid [2.3].

㊳　2006/512/EC：Council Decision of 17 July 2006 amending Decision 1999/468/EC laying down the procedures for the exercise of implementing powers conferred on the Commission [2006] OJ L200/11.

㊴　COM（2009）673（n 36）[2.3].

㊵　见第六章。

及《欧洲联盟条约》第 24 条和第 26 条规定的情况下，赋予理事会以实施权力。

    3. 为本条第 2 款之目的，欧洲议会和理事会应按照普通立法程序，经由条例的方式，预先为成员国控制委员会行使实施权力的机制制定规则和一般原则。

    4. 在实施性法令的标题中，应加入"实施性"一词。

为了理解《里斯本条约》所做的改动，有必要再次简单回顾之前的情况。我们已经知道，在《里斯本条约》之前，二级措施的制定由《欧洲共同体条约》第 202 条调整，其设计目的是允许向欧盟委员会委托授权，以便"实施"理事会所制定的规则，但要遵守"委员会制"程序。在依据《欧洲共同体条约》第 202 条通过的不同的二级措施之间，存在着重大差别。事实上，二级规范的范围十分广泛，既有"纯粹的"规则制定，也有"纯粹的"规则实施，同时还有诸多措施介于这二者之间。但在《里斯本条约》之前，这一点并不重要，因为《欧洲共同体条约》第 202 条适用于所有此类措施。[41]

因此，过去共同体立法与官方网站上所使用的"实施"（implementation）一词涵盖了如今所说的委托法令，同时也包括现在由实施性法令所涵盖的领域。因此，以往欧共体立法的标准模式是授权欧盟委员会制定"实施性条款"（implementing provisions）、"实施性规则"（implementing rules），或者授权委员会"决定具体规则"，但要遵守委员会制程序，而该模式的适用范式则是通过制定规则或决策来修订或补充一级法律规范。[42] 在官方网站上我们也可以看到同样的术语，这里"实施性条款"一词承载着共同体立法中所采用的广泛内涵。[43]

《里斯本条约》要求区分委托法令和实施性法令。委托法令具有一般适用性，并且修订或补充立法性法令。实施性法令通常也具有一般适用性，因为《欧洲联盟运行条约》第 291 条明确规定使用实施性法令的情

---

[41] 2006 年以后，二级措施的性质可能会对"委员会制"程序的确切形式产生影响。

[42] Craig, *The Lisbon Treaty* (n 17) 271.

[43] 例如，参见 http: //ec. europa. eu/competition/antitrust/legislation/regulations. html; http: //ec. europa. eu/digital – single – market/。

形，即实施具有法律约束力的法令所需要的统一条件。⑭ 因此，区别这两类法令的关键特征是，实施性法令是对立法性法令的执行，并且不构成修订或补充。我们来看看欧盟委员会对待这一问题的立场。

《欧洲联盟运行条约》第290条的实施⑮

COM（2009）673 final

首先，我们相信，通过使用"修订"这一动词，新条约的起草者本意是希望涵盖下面这种假定情况，即欧盟委员会被正式授权修订一项基础文件。这样一种正式的修订可能涉及法律正文中一个或多个条款的文本，或者附件的文本，该附件在法律上构成立法文件的一部分。附件中是否包含纯粹的技术措施这一点并不重要；只要委员会被授权修订的附件中包含具有一般适用性的措施，就必须适用委托法令机制。

其次，欧盟委员会强调，应该赋予"补充"这一动词以重要性，其含义及范围与"修订"相比不太明确。

欧盟委员会相信，为了判断一项措施是否"补充"该基础文件，立法者应评估未来的措施是否特别增加了新的非基础性规则，而这些新规则改变了立法性法令的框架，留给欧盟委员会自由裁量的余地。如果答案是肯定的，那么就可以认为该措施是对基础文件的"补充"。相反，如果某项措施的目的仅仅是给予基础文件中的现行规则以效力，则不应视其为补充性措施。

欧盟委员会把握着必须用于区分委托法令和实施性法令的标准。然而，这一标准的适用存在三个难题，并由此产生对委托法令和实施性法令

---

⑭ 《欧洲联盟运行条约》第291条第2款只涉及由成员国实施的具有法律约束力的欧盟法令自身，与第291条第1款提到的法令一样，但必须由委员会或理事会为了确保它们在欧盟内部得到统一适用而通过的另外一些措施来实施，参见 Case C – 521/15 *Spain v Council* EU：C：2017：982，［48］.

⑮ Implementation of Article 290 of the Treaty on the Functioning of the European Union, COM（2009）673 final.

之间划分标准是否可靠这一问题的质疑。㊻

　　首先是"语言问题"：所有二级措施都在一定程度上涉及对一级法令的补充。欧洲经济共同体自成立以来已经通过了几千项二级措施。在一般情况下，它们能使一级法令的条款更加明确。例如，可能有一项处理农业问题的复杂的一级法令，另外还有一项二级措施对该一级法令的某个部分，例如对一级法令要求支付费用的机构保持独立性的内容做更详细的规定。这样的措施显然给一级法令"增加了某些因素"。对于《里斯本条约》生效后被界定为实施性法令的任何措施而言都是如此，因为条约关于"统一的实施条件"这一规定本身就意味着，将对立法性法令或委托法令中的授权条款"增加某些因素"。因此，关键问题是，增加的因素是被视为对一级法令的修订还是补充。这就要求做出如下评估。

　　也许有人会认为，立法性法令中的条款已经充分解决了相关问题。由此推断，尽管二级措施显然为立法性法令中的这项条款补充了更多的细节，但它并未通过增加任何"新的"非基础性因素而对立法性法令形成"补充"，从而没有触发适用第290条的需要，因此得出的结论是，可使用第291条。但在其他情况下，也许会得出下述结论，立法性法令中的相关条款没有那么确定，因此尽管立法性法令为基础原则提供了足够的指引，但二级措施仍然通过增加"新的"非基础性要素对立法性法令构成了补充，以此为前提得出的结论是，必须使用第290条。

　　委托法令与实施性法令之间的界限反过来也将对上述判断产生影响。我们很难认为这二者之间的划分令人满意。对于应适用《欧洲联盟运行条约》第290条还是第291条的问题，必定会引起机构间的争议。适用于委托法令和实施性法令的监督机制是有差别的，而此种差别的规范性基础也引起了质疑。这将不可避免地导致，这两种法令的并存表明就下列情况给出的理由十分苍白：为什么对立法性法令的"补充"应被视为一种"新的"非基础性因素，这种情况要求使用委托法令，而在其他并非如此的情况下，却可以使用实施性法令。

　　其次，上述困难由于"时间问题"而变得更加严重。在一项法令最终通过之前，我们不可能按照上述标准对某项二级措施究竟属于委托法令还

　㊻　Craig, *The Lisbon Treaty* (n 17); Craig, 'Delegated Acts' (n 17).

是实施性法令的类型做出具有结论性的判断，尤其是因为任何法令草案在最终生效之前都有可能发生变化。然而，我们却不得不在早期阶段在委托法令和实施性法令之间做出选择，因为其制定程序大相径庭。[47] 委托法令受上文描述的"事前"和"事后"监督的控制，此类控制由理事会或欧洲议会行使；而实施性法令则受改革后的"委员会制"程序的控制。此类程序存在的风险在于，一旦欧盟委员会决定将某项措施进行归类，例如归类为实施性法令，并且要适用条约修改后的"委员会制"程序，那么它就不会愿意承认，通过这项程序所做出的任何改变将涉及通过引入"新的"非基础性因素而对立法性法令形成"补充"，因为这意味着该法令应被视为一项委托法令。

最后，很显然，欧洲法院不情愿过多地介入对委托法令和实施性法令之间界限的性质做出司法判决，下面的案件就清楚地表明了这一点。

委员会诉欧洲议会和理事会

Case C –427/12 Commission v European Parliament and Council

EU：C：2014：170

欧盟通过了一项涉及生物杀灭剂产品的立法性法令，并授权欧盟委员会按照《欧洲联盟运行条约》第291条制定实施性条例。欧盟委员会主张，应适用第290条，因为该条例是对立法性法令的补充，所以应被视为委托法令。它还认为，对于委托法令和实施性法令的选择必须以可受到司法审查的客观因素为基础，而且《欧洲联盟运行条约》第290条和第291条各自的适用范围是相互排斥的。欧盟委员会辩称，如果某项法令的目的是通过具有一般适用性的非基础性规则，并完成立法性法令的规范性框架，那么这些规则就是对立法性法令的补充，必须通过第290条制定。然而，如果其目的只是赋予基础法令中已经制定的规则以效力，同时确保欧盟内部统一的适用条件，那么就可以适用第291条。

㊼ 见《欧洲联盟条约》第五编。

欧洲法院

38. 如果欧盟立法机构在一项立法性法令中根据《欧洲联盟运行条约》第290条第1款授予欧盟委员会委托权，则欧盟委员会被要求制定补充或修订该法令某些非基础性因素的规则。按照《欧洲联盟运行条约》第290条第1款第2小段，授予此类委托权的立法性法令必须明确界定所授予这类委托的目标、内容、范围和时限。这项要求意味着授予委员会委托权的目的，是在由基础立法性法令界定的规制框架内通过相应的规则。

39. 相反，如果欧盟立法机构以《欧洲联盟运行条约》第291条第2款为基础授予欧盟委员会一项实施性权力，那么委员会就被要求提供更多与立法性法令内容有关的细节，目的是保证该法令在所有成员国按照统一的条件得到实施。

40. 必须注意，欧盟立法机构在决定根据《欧洲联盟运行条约》第290条第1款赋予委员会委托权，或者根据《欧洲联盟运行条约》第291条第2款授予委员会实施性权力的情况下，拥有自由裁量权。因此，司法审查的范围仅限于在评估欧盟立法机构是否合理采取如下观点时所存在的明显错误上：第一，为了实施欧盟立法机构就《第528/2012号条例》第80条第1款提到的费用体系所规定的法律框架，仅需要增加进一步的细节，而无须对非基础性要素进行修订或补充；第二，《第528/2012号条例》中与该费用体系有关的条款要求具有统一的实施条件。

欧洲法院在上述第40段得出的结论是，只有在存在明显错误的情况下，它才会对委托法令和实施性法令的立法选择进行审查。这一方式使其免除需要对这两种法令之间的区别给予明确指引。然而，欧洲法院回避了两个显而易见的问题，即立法机构是否有权同时使用委托法令和实施性法令，以及适用不同类型法令的条件是否得到了满足。

立法机构对第一个问题确实拥有"自由裁量权"，但仅在简政的意义上拥有自由裁量权，即《里斯本条约》为委托法令和实施性法令制定了条款，其结果是欧盟立法机构有权在立法性法令中选择是否应根据第290条或第291条制定进一步的规则。然而，这并不是欧盟立法机构对后一个问题拥有"自由裁量权"的依据，这个问题是，适用第 290 条或第 291 条的条件是否在任何特定情况下都得到满足。因此，事实并非"理所当然"，即欧盟立法机构可能采取如下观点，例如，它认为，对于根据立法性法令制定的规则而言，采用实施性法令已经足够，因为实施性法令仅仅增加了某些进一步的细节，因而并未修订或补充其中的非基础性要素。

可以接受的是，在审查立法机构所做的选择时，欧洲法院应考虑立法机构选择制定委托法令而非实施性法令（或者相反）的原因。但这不过是说，在行使司法审查时，应将被审查机构赖以做出决定的论证过程恰当地告知欧洲法院。对于适用委托法令或实施性法令的条件是否得到满足，上述案例对被审查的机构拥有"自由裁量权"这个结论没有提供任何依据，其结果是欧洲法院仅对明显的错误做出轻描淡写的审查。

从该案件中得出的真正教训是，委托法令和实施性法令之间的分析界限十分脆弱。欧洲法院面临着一种选择。它可以选择对这一界限的性质提供指引，但这就会导致要面对上文所提到的分析标准，或者类似于欧盟委员会在上面案件中所提出的某些标准。在这种情况下，就会招致对于某个法令究竟属于这一分析界限的左边还是右边的频繁质疑，而欧洲法院并不愿意面对这样一种情况。因此，它选择了另外一种路径，其目的是避免通过深度审查来对这两类法令之间的划分界限进行严密的分析和推敲，其说法是，由于立法机构拥有"自由裁量权"，这样就可以保证避免出现明显的错误。这样一种方式将不利于申诉人质疑委托法令或实施性法令的使用是否正确，因为很难证明存在着明显错误。

然而，这并不能掩盖该领域中存在的悖论。之所以对委托法令与实施性法令进行区分，原因在于，人们认为这在宪法上和实践中具有重要意义。这一悖论是，正是由于对这两类法令的划分本身存在着问题，导致欧洲法院不愿意处理这两类法令之间的实质性区别，而是通过将适用这两类法令的"自由裁量权"赋予欧盟立法机构，从而回避了这一问题，并且仅通过对明显错误的轻描淡写的审查进行监督。

后来的判例法表明划分委托法令与实施性法令的困难持续存在着。[48]"签证对等案"表明难以判断某项二级措施是否修订了立法性法令，从而

---

[48]　Craig, 'Delegated and Implementing Acts' (n 17) 724-729.

必须以委托法令来制定该二级措施。[49] "欧盟就业服务网络案"的裁决揭示了以下问题的复杂性，即判断某项法令是否补充立法性法令，并由此必须通过委托法令来制定。[50] "连接欧洲设施案"证明需要仔细区分第 290 条中所赋予的修订权与补充权。[51]

七 不完全的归类

之前的讨论已经考虑了《里斯本条约》中所包含的法令架构，以及由这一新机制所产生的问题。需要说明的是，在以下两个方面，《里斯本条约》对法令的分类是不完全的。

首先，某些法令看上去与前面概括的类型并不相符。我们已经看到，立法性法令、委托法令和实施性法令原则上可以采用条例、指令或决定等形式，但须遵守上文提到的限制条件。我们还看到，每类法令都有各自的标准。立法性法令在形式上是依照其通过程序予以界定的。委托法令必须根据一项立法性法令予以制定，必须具有一般适用性，并对立法性法令中的非基础性要素进行修订或补充。制定实施性法令的前提是需要统一的实施条件。

对于不适用上述任何类型的法令，上述归类就留下了一个有意思的问题。例如，我们考虑一下针对某个特定个人的标准行政决定，它属于《欧洲联盟运行条约》第 288 条对决定的定义。如果该法令不是根据立法程序制定的，那它就不是立法性法令。它也不是委托法令，因为委托法令只能根据一项立法性法令制定，而且必须具有一般适用性。它也不是实施性法令，因为针对某个特定个人的标准行政决定与《欧洲联盟运行条约》第 291 条所指的统一实施条件没有任何关系。我们或许可以由此推断，无法通过合法途径做出此类决定。然而，这会造成相当重大的实际困难，并且会导致公然违反第 288 条——该条显然涉及的是针对特定个人的决定。另外一种方法是，承认可以合法地制定此类决定，但承认它们不符合立法性法令、委托法令或实施性法令等任何一种类型，由此可以得出结论，由这些类型组成的法令的位阶并没有囊括《里斯本条约》生效之后所有法律规

---

[49] Case C-88/14 *European Commission v European Parliament and Council* EU：C：2015：499.

[50] Case C-65/13 *European Parliament v Commission* EU：C：2014：2289.

[51] Case C-286/14 *European Parliament and Council v Commission* EU：C：2016：183.

范的制定方式。

其次，尽管《里斯本条约》取消了形式上的支柱体系，但用于共同外交与安全政策领域的法令仍然是明显不同的规则。[52]《欧洲联盟条约》第25条规定，联盟应通过一系列措施执行共同外交与安全政策。必须确定总体指导方针，这是欧洲理事会的事项。[53] 应通过决定，以确定联盟将采取的行动；联盟将采取的立场，以及为实施上述决定所做的安排。这些决定主要由理事会在欧洲理事会确定的一般指导方针的基础上制定。[54] 然而，目前还不清楚在该背景下使用的"决定"（decision）一词是否与《欧洲联盟运行条约》第288条中"决定"一词的含义相同，因为鉴于"决定"一词被用于共同外交与安全政策这一特定背景，我们对上述问题是有疑问的。在与共同外交与安全政策相关的领域不能制定立法性法令。[55]

第四节　结论

一　欧盟可以运用的正式法律规范主要有三类，即条例、指令和决定。在绝大多数情况下，欧盟可以选择使用某种类型的法律规定。

二　欧盟在任何特定领域的政策都将通过各种正式的法律规范予以制定。可以通过进一步的条例，或者通过指令或决定，为基础条例补充更具体的内容。相反，基础性规定也可以采用指令甚至决定的形式，它们也可以经由以条例、指令或决定等方式通过的二级规范予以补充。这些正式的法律规范将通过诸多软法手段加以增补。

三　与以前的条约相比，《里斯本条约》建立了更加正式的欧盟法律规范位阶。在这一位阶内共有五个类型：宪法性条约，即《欧洲联盟条约》和《欧洲联盟运行条约》，以及《权利宪章》；一般法律原则；立法性法令；委托法令；实施性法令。关于法律规范的位阶问题，有四个方面需要注意。

---

[52]　见第十一章。
[53]　《欧洲联盟条约》第26条第1款、第42条第2款。
[54]　《欧洲联盟条约》第26条第2款、第28条、第29条、第42条第4款、第43条。
[55]　《欧洲联盟条约》第31条。

四　第一个方面是，对一般法律原则的阐释权主要属于联盟法院。这给予它们在决定哪些因素构成欧盟法一般原则，以及应如何适用一般法律原则等问题上以极大权力。这一点很重要，因为一般原则决定着对条约条款以及其他欧盟法令的解释；还有一个原因是，一般原则也是判定立法性法令、委托法令和实施性法令无效的依据之一。

五　第二个方面是，位阶中的某些因素完全是在形式上界定的。因此，以立法性法令为例，其定义是形式上的，也就是说，它包含的法令是按照立法程序制定的，而无论所通过的措施具有何种性质。对于认为委托法令具有非立法性质这一意义而言，关于委托法令的定义也是形式上的，因为这仅仅意味着这些法令不是按照立法性法令的程序制定的。

六　第三个方面是，对委托法令与实施性法令的区分是存在疑问的。对这二者做出区分的理由是，要对具有"立法"性质的二级措施——委托法令，以及被认为更具纯粹"行政"性质的二级措施——实施性法令这二者进行区分。然而，条约起草者没有充分考虑到落实这种区分所存在的困难。这一区分反过来使其标准在原则方面令人生疑，而且非常难以适用，即"语言问题"，而这一困难又由于"时间问题"而被进一步加剧。其产生的后果是，适用于不同二级措施的监督机制并不相同，但如果根据条约条款所要求的标准进行判断，不同措施之间的差别又很细微。这一点并不令人满意，而且对欧洲法院的决定仅进行最低程度的审查，这也不令人满意。

七　第四个方面是，这个规范的位阶并不完全，并不能很容易地将某些法令划归为其中任何一个类型。

第五节　扩展阅读

Bast, J, 'New Categories of Acts after the Lisbon Reform: Dynamics of Parliamentarization in EU Law' (2012) 49 CMLRev 885

Chamon, M, 'Institutional Balance and the Community Method in the Implementation of EU Legislation Following the Lisbon Treaty' (2016) 53

CMLRev 1501

Christiansen, T, and Dobbels, M, 'Non-Legislative Rule Making after the Lisbon Treaty: Implementing the New System of Comitology and Delegated Acts' (2013) 19 ELJ 42

Craig, P, *The Lisbon Treaty: Law, Politics, and Treaty Reform* (Oxford University Press, 2010) ch 7

—— 'Delegated Acts, Implementing Acts and the New Comitology Regulation' (2011) 36 ELRev 671

—— 'Comitology, Rulemaking and the Lisbon Settlement: Tensions and Strains' in C-F Bergström and D Ritleng (eds), *Rulemaking by the Commission: The New System* (Oxford University Press, 2016)

De Witte, B, 'Legal Instruments and Law-Making in the Lisbon Treaty' in S Griller and J Ziller (eds), *The Lisbon Treaty: EU Constitutionalism without a Constitutional Treaty* (Springer, 2008) 79

Driessen, B, 'Delegated Legislation after the Treaty of Lisbon: An Analysis of Article 290 TFEU' (2010) 35 ELRev 837

Hofmann, H, 'Legislation, Delegation and Implementation under the Treaty of Lisbon: Typology Meets Reality' (2009) 15 ELJ 482

Lenaerts, K, and Desomer, M, 'Towards a Hierarchy of Legal Acts in the European Union? Simplification of Legal Instruments and Procedures' (2005) 11 ELJ 744

Mendes, J, 'Delegated and Implementing Rule Making: Proceduralisation and Constitutional Design' (2013) 19 ELJ 22

Von Bogdandy, A, Bast, J, and Arndt, F, 'Legal Instruments in European Union Law and their Reform: A Systematic Approach on an Empirical Basis' (2004) 23 YBEL 91

第六章 立法与决策

第一节 核心议题

一 上一章关注欧盟权能的范围以及欧盟行动的形式，包括各种规范的位阶关系。本章考虑欧盟立法和决策的程序。

二 本章首先讨论立法性法令的制定。其中包括与立法程序的启动有关的条约规则和实践，以及理事会和欧洲议会作为共同立法者的普通立法程序如何逐渐成为核心程序。随后解释特别立法程序背后的理由。

三 接下来将讨论委托法令的制定。快速且高效通过具体的规制型规范这一需要，如何与某种程度的立法监督保持一致，这一问题多年来仍未得到解决。《里斯本条约》在这方面做出重大变革，本章将对其进行解释和评估。

四 在完成对委托法令的讨论之后，将分析实施性法令的制定方式。本章将重点讨论保留委托立法和实施性法令之间区别这一做法所带来的问题，并解释制定此类法令的困难所在。

五 理解立法和政策的实际制定过程同样重要。总体立法议程的规划、特定条例或指令的通过，均涉及欧盟机构、利益集团、各国议会以及各国官僚机构之间的互动。

六 目前已经有大量关于欧盟内部民主与合法性问题的辩论。如果想要得出一些有意义的结论，那么就需要理解这一话语中所涉及的问题。

第二节 立法倡议：原则与实践

《里斯本条约》确立的基本原则是，欧盟委员会拥有立法创制权（right of legislative initiative），由此正式确定其先前的法律地位。过去的实际情况一直如此，因为条约文本一般都规定，只能根据委员会的倡议制定共同体立法。委员会保留其典型权力，即立法创制权，并在《里斯本条约》中固定下来：除非基础条约另有规定，否则联盟的立法性法令只能以委员会提案（proposal）为基础予以通过。①

但是在《里斯本条约》生效之前也有大量立法倡议来自欧盟理事会或欧洲理事会。从形式上看，此类立法程序的确是由欧盟委员会启动的，但引入这些立法的动力往往来自欧盟理事会。由此欧盟理事会充分利用其权力，即要求欧盟委员会对欧盟理事会认为"系实现共同目标所需的任何问题进行研究，并向欧盟理事会提交任何适当提案"②。

《里斯本条约》并未对欧洲议会在立法倡议方面的正式权力进行任何修订。欧洲议会可以根据《欧洲联盟运行条约》第225条，要求欧盟委员会就其认为有必要通过一项联盟法令以实施基础条约的事宜提交适当提案。③ 如果欧盟委员会未提交提案，它则应向欧洲议会通报其理由。迄今为止，欧盟委员会并未承认它必须自动处理以此种方式提交给它的事项，但2000年签署的《欧洲议会与欧盟委员会关系框架协议》中包含一个条款，按此条款，欧盟委员会承诺对此类要求"做出迅速且足够具体的回应"④。

《欧洲议会议事规则》详细说明了使用第225条的程序。向欧盟委员会提出要求的正常途径是：负责相关事务的欧洲议会委员会（EP commit-

---

① 《欧洲联盟条约》第17条第2款。在有限的情况下，可经若干成员国或欧洲议会的倡议，或者根据欧洲中央银行的建议，或者应欧洲法院或欧洲投资银行的要求，通过立法性法令，见《欧洲联盟运行条约》第289条第4款。

② 《欧洲联盟运行条约》第241条。

③ 《欧洲联盟运行条约》第225条。

④ Framework Agreement on relations between the European Parliament and the Commission, C5 - 349/2000 [2001] OJ C121/122, [4]. 2005年对该协议进行了修订，见 [2006] OJ C117/123.

tee）主动提出报告⑤，这成为欧洲议会为要求欧盟委员会提交提案而做出决议（resolution）的基础。欧洲议会委员会可能会在报告中指示欧盟委员会提交提案的截止日期。另外一种途径是，欧洲议会议员个人也可以推动对第 225 条的使用。议员将提案提交欧洲议会议长，议长再将其转交相关议会委员会。如果议会委员会支持，则该报告就可以成为欧洲议会要求欧盟委员会提交提案的决议案的基础。欧洲议会的决议必须说明适当的法律基础是什么，并就要求欧盟委员会提交提案的内容提出具体建议，而且必须尊重基本权利和辅助性原则。

前面已讨论过《里斯本条约》所带来的变化⑥，而欧洲议会对欧盟委员会立法倡议的影响可能变得更重要，因为欧盟委员会主席的候选人直接作为欧洲议会某一特定党团选定的候选人参加竞选。因此，欧盟委员会主席的候选人必须获得欧洲议会多数议员的支持。这可能不仅涉及讨论候选人对欧盟的总体设想，也可能涉及讨论未来数年更详细的立法规划。

《里斯本条约》引入的一项创新是公民创制权（citizens' initiative）。《欧洲联盟条约》第 11 条第 4 款规定，如果来自相当数量成员国且不少于100 万名欧盟公民认为，联盟的某项法令是实施基础条约所需要的，则可提出倡议，提请欧盟委员会在其权力范围内就此事项提交任何适当提案。⑦公民倡议的程序和条件由《欧洲联盟运行条约》第 24 条予以确定。⑧

第三节　立法性法令：普通立法程序

一　《里斯本条约》之前

在《里斯本条约》生效之前，存在着多种立法程序，其主要差别在于

---

⑤　Rules of Procedure of the European Parliament（9th Parliamentary Term，July 2019）Rules 47，54.

⑥　见第三章。

⑦　Case C‑595/15 P *Anagnostakis v European Cmmission* EU：C：2017：663；Case 754/14 *Efler v European Commission* EU：T：2017：323；Case T‑561/14 *European Citizens' Initiative One of Us v European Commission* EU：T：2018：210；Case C‑420/16 P *Balázs-Árpád Izsák and Attila Dabis v European Commission* EU：C：2019：177.

⑧　Regulation（EU）2019/788 of the European Parliament and of the Council of 17 April 2019 on the European citizens' initiative［2019］OJ L130/55.

不同程序赋予欧洲议会的权力不同。在《罗马条约》中，欧洲议会在立法程序中的作用最弱：除少数例外情况外，欧洲议会仅有被咨询权（right to be consulted），而且，只有在特定条约条款明确做出此类规定的情况下它才有被咨询权。

后来的一些修订条约增强了欧洲议会在立法程序中的作用。1986 年的《单一欧洲法令》引入的合作程序（cooperation procedure）尤其重要。[9] 该法令开启了立法程序的转型，首次在立法程序中赋予欧洲议会重要"输入"权。[10] 此前，标准的立法模式为"委员会提出提案，理事会做决定"，这一事实已经发生了变化。现在，立法程序中拥有三个行为体，这产生了广泛的后果。欧盟委员会承认有必要增强机构间合作。欧盟委员会在起草提案时必须关注如何与欧洲议会以及理事会一起立法。[11] "成员国常驻代表委员会"（Coreper）作为理事会的"守护者"，必须考虑欧洲议会、理事会和欧盟委员会的观点。[12] 欧洲议会在立法程序中的权力已经"从微弱和基本上不具有建设性的拖延权力，转变为在立法起草过程中更加强大和具有潜在建设性的作用"[13]。

《马斯特里赫特条约》引入的共同决策程序对增强欧洲议会权力所起到的作用最为重要，该程序防止在没有得到理事会和欧洲议会批准的情况下通过一项法律措施。[14] 后来的条约改革又扩大了共同决策程序适用的政策领域。

二　普通立法程序

《里斯本条约》保留了这一程序。欧盟十分关注立法程序的复杂性及

---

[9]　《欧洲共同体条约》第 252 条。

[10]　D Earnshaw and D Judge, 'The European Parliament and the Sweeteners Directive: From Footnote to Inter-Institutional Conflict' (1993) 31 JCMS 1; R Corbett, 'Testing the New Procedures: The European Parliament's First Experience with its New "Single Act" Powers' (1989) 27 JCMS 4.

[11]　M Westlake, *The Commission and the Parliament: Partners and Rivals in the European Policy-Making Process* (Butterworths, 1994) 37 – 39.

[12]　J Lewis, 'National Interests, Coreper' in J Peterson and M Shackleton (eds), *The Institutions of the European Union* (Oxford University Press, 2nd edn, 2006) ch 14.

[13]　Westlake (n 11) 39.

[14]　《欧洲共同体条约》第 251 条；A Dashwood, 'Community Legislative Procedures in the Era of the Treaty on European Union' (1994) 19 ELRev 343.

其对立法程序的合法性所造成的破坏性后果。[15]《里斯本条约》简化了这方面的事项，规定欧洲议会和理事会共同执行立法和预算功能。[16] 这一点由《欧洲联盟条约》第 14 条第 1 款规定，即欧洲议会与理事会应共同行使立法和预算职能。在《欧洲联盟条约》第 16 条第 1 款对理事会职能的规定中，又重复了上述条款的内容。

合作程序已被废除。共同决策程序（co-decision procedure）如今被视为普通立法程序（ordinary legislative procedure）。[17] 该程序是指，由欧洲议会和理事会根据欧盟委员会的提案，共同通过条例、指令或决定。[18] 法令只要在条约条款明确提及使用普通立法程序或者特别立法程序时，才可以被划分为欧盟立法性法令。[19] 因此有必要仔细审读具体的条约条款，其中将规定该领域适用的立法程序。普通立法程序的范围已经扩大到越来越多的领域，例如农业[20]、服务[21]、庇护和移民[22]、结构基金和聚合基金[23]，以及专门法院的设立[24]等。欧洲议会和理事会在讨论一项立法性法令草案以及就该草案投票时，必须举行公开会议。[25] 普通立法程序由《欧洲联盟运行条约》第 294 条规定，而且正如其名称所表明的，该程序是欧盟立法的典型方式。

1. 根据两部条约，如某项法令须以普通立法程序通过，则适用下列程序。

2. 委员会应向欧洲议会和理事会提交提案。

一读

3. 欧洲议会应在一读时表明其立场并通报理事会。

---

⑮ P Craig, 'Democracy and Rulemaking within the EC: An Empirical and Normative Assessment' (1997) 3 ELJ 105.

⑯ 《欧洲联盟条约》第 14 条第 1 款、第 16 条第 1 款。

⑰ 《欧洲联盟运行条约》第 289 条、第 294 条。

⑱ 《欧洲联盟运行条约》第 289 条第 1 款。

⑲ Case C–643 and 647/15 *Slovak Republic and Hungary v Council* EU: C: 2017: 631, [62].

⑳ 《欧洲联盟运行条约》第 43 条第 2 款。

㉑ 《欧洲联盟运行条约》第 56 条。

㉒ 《欧洲联盟运行条约》第 77 条至第 80 条。

㉓ 《欧洲联盟运行条约》第 177 条。

㉔ 《欧洲联盟运行条约》第 257 条。

㉕ 《欧洲联盟运行条约》第 15 条第 2 款。

4. 如理事会赞同欧洲议会的立场，有关法令应以与欧洲议会立场相符的文本通过。

5. 如理事会不赞同欧洲议会的立场，理事会应在一读时通过其立场并通报欧洲议会。

6. 理事会应向欧洲议会充分通报一读时确定其立场的理由。委员会应向欧洲议会充分通报其立场。

二读

7. 如在上述通报后的 3 个月内，欧洲议会：

（1）同意理事会一读时的立场或未做出决定，则相关法令应被视为以符合理事会立场的文本获得通过；

（2）依多数议员意见拒绝理事会一读时的立场，则相关法令应被视为未获通过；

（3）依多数议员意见提出对理事会一读时立场的修正案，经修正的文本应提交理事会和委员会，后者应就此修正案发表意见。

8. 如在收到欧洲议会修正案后的 3 个月内，理事会以特定多数：

（1）同意所有修正，则相关法令应被视为已获通过；

（2）不同意所有修正，则理事会主席应在征得欧洲议会议长同意后，在 6 周内召开调解委员会会议。

9. 对于欧盟委员会持否定意见的修正案，理事会应以一致方式采取行动。

调解

10. 调解委员会由理事会成员或其代表及相同人数的欧洲议会代表组成，其任务是在理事会和欧洲议会二读立场的基础上，在会议召开后的 6 周内，以理事会成员及其代表的特定多数和欧洲议会代表的多数就共同文本达成一致。

11. 委员会参加调解委员会的议程，并提出一切必要的倡议，以调解欧洲议会与理事会的立场。

12. 如在会议召开后的 6 周内，调解委员会未通过共同文本，则拟议的法令应被视为未获通过。

三读

13. 如在上述期限内，调解委员会通过了一项共同文本，则在通过该文本之日后的 6 周内，欧洲议会以多数表决、理事会以特定多数表决,分别通过与共同文本一致的法令。否则,拟议的法令应被视为未获通过。

14. 经欧洲议会或理事会倡议,本条所提及的 3 个月和 6 周的期限最多可分别延长 1 个月和 2 周。

特别条款

15. 如在两部条约有规定的情况下,一项立法性法令是经若干成员国共同倡议,或由欧洲中央银行建议,或应欧洲法院的要求,被提交到普通立法程序,则第 2 款、第 6 款第 2 句和第 9 款不适用。

在此情况下,欧洲议会和理事会应将拟议的法令与其一读与二读时的立场一起送交委员会。在整个过程中,欧洲议会或理事会可要求委员会提出意见,委员会也可主动发表意见。如其认为有必要,委员会可按第 11 款的规定参加调解委员会。

三 普通立法程序:程序的不同阶段

(一) 一读

理解《欧洲联盟运行条约》第 294 条规定的几个阶段,这一点很重要。由欧盟委员会向欧洲议会和理事会提交其提案。[26] 不管是对欧洲议会还是对理事会,一读都没有时间限制。经欧洲议会或理事会倡议,程序其他部分中提到的 3 个月和 6 周这两个期限可以分别延长 1 个月和 2 周。[27]

欧洲议会共有两次审读,一次是通过其立场并将该立场通报给理事会。[28] 立法提案最初由欧洲议会相关委员会进行审议。在议会委员会就立法性法令的提案进行最终投票之前,它先要求欧盟委员会就议会委员会对该提案提出的修正意见陈述立场。议会委员会也可以要求理事会发表评论。[29] 接下来,议会委员会提出的修正案将由欧洲议会全体会议进行审议和表决。此次表决形成的决议才构成欧洲议会的立场,并随后送交理事

㉖ 《欧洲联盟运行条约》第 294 条第 2 款。但在特殊情况下可不由欧盟委员会提交倡议。在这种情况下,调整适用普通立法程序,见《欧洲联盟运行条约》第 294 条第 15 款。

㉗ 《欧洲联盟运行条约》第 294 条第 14 款。

㉘ 《欧洲联盟运行条约》第 294 条第 3 款。

㉙ Rules of Procedure of the European Parliament (n 5) Rule 59 (4).

会。㉚ 欧洲议会有可能在一读时就否决欧盟委员会的提案，尽管这种情况很少见。㉛

如果理事会批准了欧洲议会的立场，则立法性法令以与欧洲议会的立场相符的文本予以通过。㉜ 这要遵守下列条件，即只要理事会尚未采取行动，欧盟委员会就可以在通过联盟法令之前的任何时候修改其提案。㉝ 此项权力具有重要意义，因为它为欧盟委员会在普通立法程序下继续参与立法性法令的制定提供了法律基础，即使是在一读阶段。如果欧盟委员会不同意欧洲议会对其初始提案做出的修订，它就可以使用这项权力，特别是在欧盟委员会认为理事会可能会同意欧洲议会修订意见的情况下。但是，如果欧盟委员会实质性地修改了其提案，欧洲议会可以要求将提案重新发回，除非欧盟委员会的修改是为了迎合欧洲议会的立场。㉞

理事会也许不同意欧洲议会在一读阶段提出的立场。理事会也许不批准欧洲议会在一读阶段提出的所有修订，它也有可能提出自己的修订意见。如果发生这种情况，则理事会须将其立场的理由解释通报欧洲议会，欧盟委员会也将向欧洲议会通报其立场。㉟

（二）二读

这样，普通立法程序便进入二读。理事会的立场被通报给欧洲议会相关委员会，后者将就是否接受、反对或修订理事会立场提出二读建议。㊱ 欧洲议会在 3 个月内可做出以下选择。它可以批准理事会的立场，在这种情况下，法令以与理事会立场的措辞相符的形式予以通过。如果欧洲议会在二读中没有采取任何行动，则法令同样以与理事会立场的措辞相符的形式予以通过。㊲ 欧洲议会也可以经由其组成议员的多数表决否决理事会的一读立场，在这种情况下，立法性法令则被视为没有通过。㊳ 欧洲议会的

㉚ Ibid Rule 59（3）-（4）.

㉛ Ibid Rule 59（1）-（2）.

㉜ 《欧洲联盟运行条约》第 294 条第 4 款。

㉝ 《欧洲联盟运行条约》第 293 条第 2 款。

㉞ Rules of Procedure of the European Parliament（n 5）Rule 61.

㉟ 《欧洲联盟运行条约》第 294 条第 5 款至第 6 款。

㊱ Rules of Procedure of the European Parliament（n 5）Rule 65.

㊲ 《欧洲联盟运行条约》第 294 条第 7 款第 1 项。

㊳ 《欧洲联盟运行条约》第 294 条第 7 款第 2 项。

第三个选项是，经由其成员的多数表决，就理事会的立场提出二读修正案。

　　欧洲议会对其拟提出的二读修正案施加了一些限制，只有满足下列条件之一，才允许提交二读修正案：寻求全部或部分恢复欧洲议会在一读时的立场；为了在欧洲议会和理事会之间达成妥协；为了修订理事会的部分立场，而该部分内容没有包括在初始提案中；或者为了考虑新的事实情况。[39] 修订文本将被提交给理事会和欧盟委员会，后者再就修正案发表意见。[40]

　　这样一来，"皮球"就又回到理事会手中。理事会可以在 3 个月内批准欧洲议会的修正案，在这种情况下法令文本就以该修正案的形式获得通过。[41] 但是，如果欧盟委员会已经对某个修正案表达了反对意见，那么理事会必须经由一致同意方式对其采取行动。[42] 否则，理事会可能不会批准欧洲议会的二读修正案，在这种情况下，就需要召开调解委员会会议。[43]

（三）调解

　　调解委员会（Conciliation Committee）由欧洲议会和理事会同等数量的代表组成，欧盟委员会全程参与。目的是就联合文本达成协议，但是，如果无法在 6 周内达成一致，则立法草案被视为没有通过。[44] 如果调解委员会成功达成合意文本，则欧洲议会和理事会须在 6 个月内批准该文本，否则视为该法令未被通过。[45]

四　普通立法程序：实际运行过程

　　在遵守下文提到的重要说明的前提下，《欧洲联盟运行条约》第 294 条规定的普通立法程序在实践中的运行一直很成功，因为它成功调和了在立法程序中发挥重要作用的各当事方之间的利益分歧，即欧洲议会、理事

---

[39]　Rules of Procedure of the European Parliament（n 5）Rule 68.

[40]　《欧洲联盟运行条约》第 294 条第 7 款第 3 项。

[41]　《欧洲联盟运行条约》第 294 条第 8 款第 1 项。

[42]　《欧洲联盟运行条约》第 294 条第 9 款。

[43]　《欧洲联盟运行条约》第 294 条第 8 款第 2 项。

[44]　《欧洲联盟运行条约》第 294 条第 10 款至第 12 款。

[45]　《欧洲联盟运行条约》第 294 条第 13 款。

会和欧盟委员会之间的分歧。[46] 整个程序强调的都是妥协与对话，其目的是推动立法性法令成功通过。在共同决策即普通立法程序的前身实施的头十年里，在欧洲议会就理事会的共同立场提出的二读修正案中，有 20% 的修正案的全部文本在调解阶段被接受；有 70% 的经过妥协后被接受；只有 12% 的被否决。[47]

　　需要重点了解的是，不是任何特定的立法性法令都要经历第 294 条规定的所有阶段。同样需要重点了解的是，在实际运行过程中，第 294 条规定的程序通过"三方对话"（trilogue）的机制化得到一定程度的调整。"三方对话"包括来自理事会、欧洲议会和欧盟委员会的代表，其目的是促进相互之间达成妥协。[48] "三方对话"最初是作为调解委员会召开正式会议之前的非正式会议，20 世纪 90 年代中期之后逐渐成为一种普遍做法。如今，"三方对话"已经成为普通立法程序所有阶段的普遍特征[49]，并且越来越被频繁地用于一读阶段中以及在二读阶段之前达成机构间妥协，但也因此限制了在欧洲议会和理事会更大范围的成员之间开展有意义对话的可能性。[50]

　　从调解委员会的副主席所提交的报告中可以清楚地看到这一变化有多大。在 1999—2004 年议会会期里，共有 115 件（28%）适用共同决策程序的案卷在一读阶段通过；有 200 件（50%）在二读阶段通过，有 84 件

　　[46]　A Dashwood, 'Community Legislative Procedures in the Era of the TEU' (1994) 19 ELRev 343; D Earnshaw and D Judge, 'From Co-operation to Co-decision: The European Parliament's Path to Legislative Power' in J Richardson (ed), *European Union: Power and Policy-Making* (Routledge, 1996) ch 6; S Boyron, 'The Co-Decision Procedure: Rethinking the Constitutional Fundamentals' in P Craig and C Harlow (eds), *Lawmaking in the European Union* (Kluwer, 1998) ch 7; A Dashwood, 'European Community Legislative Procedures after Amsterdam' (1998) 1 CYELS 25; A Maurer, 'Co-Governing after Maastricht: The European Parliament's Institutional Performance 1994 – 99', EP Working Paper, POLI 104, 1999; European Parliament, Handbook on the Ordinary Legislative Procedure, PE. 608. 827, Nov 2017.

　　[47]　A Dashwood, 'The Constitution of the European Union after Nice: Law-Making Procedures' (2001) 26 ELRev 215, 219.

　　[48]　Rules of Procedure of the European Parliament (n 5) Rules 70 – 74; M Shackleton and T Raunio, 'Codecision since Amsterdam: A Laboratory for Institutional Innovation and Change' (2003) 10 JEPP 171, 177 – 179.

　　[49]　Rules of Procedure of the European Parliament (n 5) Rules 70 – 74.

　　[50]　D Curtin, 'The Council of Ministers: The Missing Link?' in L Verhey, P Kiiver, and S Loeffen (eds), *Political Accountability and European Integration* (Europa Law Publishing, 2009) ch 12.

（22%）在调解委员会阶段通过。[51] 在 2004—2009 年议会会期里，有 72% 的立法性法令是在一读阶段完成的，还有 10.8% 的在二读初期完成，其主要原因就在于对此种非正式谈判的使用更加频繁。[52] 在 2009—2014 年欧洲议会第七届会期里，这一趋势得到了延续，有 85% 的案卷是在一读阶段达成一致的，另外还有 8% 的是在二读初期完成的。在此期间召开了 1500 次三方对话，涉及大约 350 件适用普通立法程序的法令。[53] 这种趋势在 2014—2019 年议会会期里进一步明显化，有 89% 的案卷是在一读阶段完成的，有 10% 的是在二读初期完成的，只有 1% 的走完全部二读程序。[54] 在此期间进行了 1185 次三方对话，涉及 345 项立法提案。

三方对话使用的增加引发了担忧，有人认为"交易"是秘密达成的，也不容易找到公开文件，而且"该程序排除欧洲议会委员会会议和全体会议上有意义的辩论、分歧、选择和投票"[55]。上述担忧得到了承认，并且修订了《欧洲议会议事规则》。[56]

为了加强问责制，特做出如下改变。开展三方对话谈判的决定，要求由议会委员会成员的多数通过，而且必须确定谈判团队的任期和构成。该议会委员会决定必须在大会上宣布，并且可以被提出异议，以增加程序的合法性。表明相关机构各自立场以及可能达成妥协方案的文件，必须事先递交谈判团队。在每次三方对话会议结束之后，谈判团队必须向议会委员会提交报告。最终的妥协结果必须告知议会委员会，谈判团队达成的合意文本必须交由议会委员会正式投票，如果文本获得通过，则须交由议会全体会议审议。这些改革措施值得称道，虽然它们并不能完全消除人们的关切，即真正的立法决定与妥协事实上仅由一小部分人做出。另外，三方对

51　European Parliament, Conciliations and Co-decision: A Guide to how Parliament Co-legislates, DV/547830EN. doc, 2004, 7.

52　Activity Report 1 May – 13 July 2009 of the Delegations to the Conciliation Committee, CM \ 787539EN. doc.

53　Activity Report on Codecision and Conciliation 14 July 2009 – 30 June 2014 (7th Parliamentary Term), www. europarl. europa. eu/cmsdata/198144/activity_ report_ 2009_ 2014_ en. pdf.

54　Activity Report, Developments and Trends of the Ordinary Legislative Procedure, 1 July 2014 – 1 July 2019 (8th Parliamentary Term), https: //www. europarl. europa. eu/cmsdata/198024/activity – report – 2014 – 2019_ en. pdf.

55　T Bunyan, 'Abolish 1st and 2nd Reading Secret Deals—Bring Back Democracy "Warts and All"', 6, www. statewatch. org/analyses/no – 84 – ep – first – reading – deals. pdf.

56　Rules of Procedure of the European Parliament (n 5) Rules 70 – 74.

话的透明性问题也得到了慎重考虑。⑤

五　普通立法程序：权力动态关系

对于在第 294 条框架下特定权力之间的动态关系，人们一直存在不同的看法；并且，对于欧洲议会在共同决策程序和其他立法程序下的相对权力，也存在分歧。⑤

尽管如此，欧洲议会显然很少使用第 294 条框架下的"否决权"。这并不意味着此项权力没有作用。在《卢森堡妥协》规定了事实上的一致同意要求之后，在否决的阴影下制定决策是理事会的普遍情况，尽管实际使用否决权的情况比较罕见。对欧洲议会而言也是如此。尽管欧洲议会很少使用否决权，但这并未改变立法措施在成为法律之前必须得到欧洲议会认可这一事实。相较于理事会，欧洲议会的权力得到了进一步加强，原因在于《欧洲联盟运行条约》第 294 条和第 293 条第 1 款要求，理事会如果寻求修改委员会的某项提案，则需要一致通过；⑤ 但如果理事会接受欧洲议会提出的修订意见，则仅需特定多数通过。

对欧洲议会成功通过的修正案的性质进行归纳总结，是一项更加困难的事。有研究指出，欧洲议会的修正意见对委员会提案做了一些修订，但并未对其做出重大改动。⑥ 这一点在某种程度上并不出人意料，因为在正式启动第 294 条规定的程序之前，首先需要与欧洲议会和理事会/成员国常驻代表团就重要的立法草案展开讨论，以便在早期阶段接纳各种不同意

---

⑤　Case T – 540/15 *Emilio de Capitani v European Parliament* EU：T：2018：167；D Curtin and P Leino，'In Search of Transparency for EU Law-Making：Trilogues on the Cusp of Dawn'（2017）54 CM-LRev 1673；G Rugge，'Trilogues and Access to Documents：*de Capitani v European Parliament*'（2019）56 CMLRev 237.

⑤　G Tsebelis and G Garrett，'Legislative Politics and the European Union'（2000）1 EUP 9；C Crombez，'Co-decision：Towards a Bicameral European Union'（2000）1 EUP 363；B Steunenberg，'Seeing What You Want to See：The Limits of Current Modelling on the European Union'（2000）1 EUP 368；R Corbett，'Academic Modelling of the Co-decision Procedure：A Practitioner's Puzzled Reaction'（2000）1 EUP 373；G Garrett and G Tsebelis，'Understanding Better the EU Legislative Process'（2001）2 EUP 353；R Corbett，'A Response to a Reply to a Reaction（I Hope Someone is Still Interested）'（2001）2 EUP 361.

⑤　须遵守《欧洲联盟运行条约》第 294 条第 10 款和第 13 款规定的例外。

⑥　A Kreppel，'Moving beyond Procedure：An Empirical Analysis of European Parliament Legislative Influence'（2002）35 Comparative Political Studies 784.

见。如果对话程序结束后仍然存在重大意见分歧，那么欧洲议会以及理事会有可能就正式立法提出更具深远意义的修订意见，正如在讨论《服务指令》（Services Directive）时，欧洲议会就提出了大量修订意见，从而迫使委员会对该措施做出重大修改。⑥

还要注意的是，不要忽视欧盟委员会在第 294 条框架下的权力。它有权在通过一项立法倡议之前将其撤回，并提交修改后的文本；或者，如果它认为相关立法措施可能会被修改得面目全非，它也有权拒绝继续推进立法程序。但是，撤回权并没有给予委员会对立法程序的否决权，因为这将违反授权原则和机构平衡原则。委员会必须说明撤回的理由，其理由须有确凿证据的支持，而且这些理由是司法审查的对象。⑥ 欧盟委员会还拥有更多"微调"模式的影响力。由此，它就可以例行性地对欧洲议会修正意见给予详细回复，说明它认为哪些意见可以接受，哪些意见不能接受。这往往成为欧盟委员会与欧洲议会就双方都能接受的方案展开对话的基础。此外，欧盟委员会还有一个"杠杆"，如果欧盟委员会对欧洲议会在二读阶段通过的修正案提出否定意见，那么理事会对其只能以一致同意方式接受。⑥

六　普通立法程序：规范性基础

第 294 条拥有坚实的规范性基础。欧洲议会长期以来一直寻求在立法程序中与理事会拥有共同的平等地位。经过漫长的历程之后，《马斯特里赫特条约》和《阿姆斯特丹条约》引入的修订条款才通过共同决策程序实现了这一目标。《里斯本条约》延续了这一进程。其名称从"共同决策"变更为"普通立法程序"，这一变化强调的是，立法权力由欧洲议会和理事会共同拥有。普通立法程序扩大到新的领域，这是建立在历次条约改革基础上的一种自然发展过程。通过赋予欧洲议会

⑥　Proposal for a Directive of the European Parliament and of the Council, on services in the internal market, COM (2004) 2 final/3; EP Committee on the Internal Market and Consumer Protection, Report on the Proposal for a Directive of the European Parliament and of the Council, on services in the internal market, A6 – 0409/2005, Rapporteur Evelyne Gebhardt; Amended Proposal for a Directive of the European Parliament and of the Council, on services in the internal market, COM (2006) 160 final.

⑥　Case C – 409/13 *Council of the European Union v European Commission* EU：C：2015：217.

⑥　《欧洲联盟运行条约》第 294 条第 9 款。

向这些领域的欧盟立法进行"输入"的能力，欧盟立法的合法性及其民主性得到增强。

第四节 立法性法令：特别立法程序

《欧洲联盟运行条约》第289条第2款规定了所谓"特别立法程序"（special legislative procedure）。该程序适用于两部条约所规定的特定情况。特别立法程序采用的形式有条例、指令或决定，这些立法或者是在理事会的参与下由欧洲议会通过，或者是在欧洲议会的参与下由理事会通过。以特别立法程序通过的法令构成立法性法令。[64] 但是应该注意，《里斯本条约》中的一般性"变通条款"（passerelle clause，或译"桥接条款"）规定，在《欧洲联盟运行条约》要求采用特别立法程序的情况下，欧洲理事会可采取一致方式通过一项决定，并经欧洲议会同意，允许采用普通立法程序通过此类法令，如果没有成员国议会对此表示反对，则该法令产生效力。[65]

只有仔细解读特定的条约条款，才能理解什么是"特别立法程序"。在绝大多数情况下，它指的是由理事会经由一致同意通过的法令，同时还需要得到欧洲议会"同意"，或者更普遍的是向欧洲议会"咨询"[66]。在少数情况下，特别是在涉及欧洲议会组织结构的情况下，特别立法程序指欧洲议会在获得理事会批准后通过相关法令。[67]

在"特别立法程序"规定须由理事会在咨询欧洲议会之后才能通过立法性法令的那些领域里，《里斯本条约》之前的判例法仍然有效，前提是该判例法说明了要进行什么样的咨询。因此，理事会显然必须等待欧洲议

---

[64] 《欧洲联盟运行条约》第289条第3款。

[65] 《欧洲联盟条约》第48条第7款。

[66] 《欧洲联盟条约》第48条；《欧洲联盟运行条约》第19条、第21条、第22条、第23条、第25条、第64条、第77条第3款、第81条第3款、第83条第2款、第86条第1款、第87条第3款、第89条、第113条、第115条、第118条、第126条、第127条第6款、第153条第2款、第182条第4款、第192条、第194条第3款、第203条、第218条第6款、第223条第1款、第262条、第308条、第311条、第312条第2款、第314条、第333条第2款、第349条、第352条。

[67] 《欧洲联盟运行条约》第223条第2款、第226条、第228条第4款。

会的意见。如果理事会不做等待，该措施就可以被撤销。[68] 如果在向欧洲议会进行第一次咨询之后以及在由理事会通过之前，已对措施做出重要修订，而这些修订意见并非由欧洲议会提出，那么就有可能须再次向欧洲议会咨询。[69] 尽管如此，向欧洲议会咨询是唯一的要求。并不强制要求理事会必须采纳欧洲议会的意见。条约的某些特定条款也可能规定应向地区委员会和经济与社会委员会咨询。

特别立法程序也可能规定，某项措施应由理事会在获得欧洲议会同意后经由一致同意通过，而不是仅仅咨询欧洲议会。基础条约中有几项条款就是以这种方式规定的，毫不意外，它们处理的都是欧盟拥有权能的敏感议题，诸如赋予公民更多权利，设立欧洲公诉人，建立选举欧洲议会议员的统一方法，以及与欧盟财政相关的一些事项。[70] 其他措施的通过，可能也需要欧洲议会的同意，但其显著特征在于没有规定这类措施应以特别立法程序通过，因此不构成《欧洲联盟运行条约》第 289 条意义上的立法性法令。[71]

《欧洲议会议事规则》就是否同意对一项措施做出决定所采用的程序做出了说明。[72] 欧洲议会做出的决定以负责批准或否决相关措施的议会委员会提出的建议为基础。一般原则是，欧洲议会仅通过一次表决做出决定，而且不提出任何修订意见。同意某项措施需经欧洲议会多数通过，其

---

[68] Case 138/79 *Roquette Frères v Council* [1980] ECR 3333；Case C – 65/93 *European Parliament v Council*（*Re Generalized Tariff Preferences*）[1995] ECR I – 643；Case C – 156/93 *European Parliament v Commission*（*Re Genetically Modified Micro-organisms in Organic Products*）[1995] ECR I – 2019；Case C – 658/11 *European Parliament v Council* EU：C：2014：2025.

[69] Case C – 388/92 *European Parliament v Council* [1994] ECR I – 2067；Case C – 417/93 *European Parliament v Council*（*Re Continuation of the TACIS Programme*）[1995] ECR I – 1185；Case C – 21/94 *European Parliament v Council*（*Re Road Taxes*）[1995] ECR I – 1827. 如果修订意见仅是技术性的，或者与欧洲议会的意愿相符，则可能无须再次进行咨询，参见 Case 41/69 *ACF Chemiefarma v Commission* [1970] ECR 661；Case 817/79 *Buyl v Commission* [1982] ECR 245；Case C – 331/88 *R v Minister of Agriculture, Fisheries and Food and Secretary of State for Health, ex p FEDESA* [1990] ECR I – 4023.

[70] 例如，《欧洲联盟运行条约》第 19 条第 1 款、第 25 条第 2 款、第 86 条第 1 款、第 223 条第 1 款、第 311 条、第 352 条。

[71] 例如，《欧洲联盟条约》第 7 条、第 14 条第 2 款、第 48 条第 3 款、第 48 条第 7 款、第 49 条、第 50 条第 2 款；《欧洲联盟运行条约》第 82 条第 2 款第 4 项、第 83 条第 1 款第 3 段、第 86 条第 4 款、第 218 条第 6 款第 1 项至第 4 项、第 312 条第 2 款、第 329 条第 1 款、第 352 条。

[72] Rules of Procedure of the European Parliament（n 5）Rule 105.

要求由《欧洲联盟条约》或《欧洲联盟运行条约》相关条款予以规定。如果出现需要欧洲议会同意的国际协定、入盟条约或判定某一成员国严重并持续违反共同原则等情况，以及出现其他一些需要欧洲议会同意的情况，则适用特殊规则。[73]

第五节　立法性法令：理事会投票要求

一　《里斯本条约》之前

在《里斯本条约》之前，《欧洲共同体条约》规定，理事会的投票方式分为一致通过（unanimity）、简单多数（simple majority）和特定多数（qualified majority）。随着时间的推移，适用特定多数投票的领域越来越多。

曾经有一段时间，《卢森堡妥协》给上述正式立法权力蒙上了一层阴影。《卢森堡妥协》源于20世纪60年代中期欧洲共同体内部的一场政治危机，当时理事会正在向特定多数表决制的方向发展。《卢森堡妥协》的核心要素是，如果特定多数表决制适用于某个涉及成员国重大利益的问题，则成员国应努力达成所有成员国都接受的结果，法国还增加了一项附加条款，即成员国应继续讨论该问题，直到全体一致通过。在《卢森堡妥协》之后，理事会在涉及某个特定成员国切身利益的情况下均避免采用多数表决形式。某个成员国有可能动用事实上的否决权，这个"威胁"并没有加快共同体决策的速度。

《卢森堡妥协》并未被正式废除，原因在于，它在法律意义上从未正式存在过。然而，1986年以后，欧洲共同体所处的环境导致成员国更不太可能试图使用此项权力。[74] 后来的条约改革普遍要求增加对特定多数表决制的使用，这反映出成员国对共同体性质的看法发生了变化，这样一来，就越来越不可能仅将国家利益作为行使否决权的有效理由。此外，成员国承认，在一个扩大了的联盟里，必须扩大特定多数表决的范围。一致

---

[73]　Ibid Rules 114，87，89.

[74]　M Westlake，*The Council of the European Union*（Cartermill，1995）91–111.

通过往往等同于无所作为，因为在全体成员国中总会有一个成员国反对。成员国如今越来越不愿意接受否决权的使用，这一事实本身意味着，成员国将在决策体系的其他节点上施加更大的压力，以便确保它们可以接受相关立法措施。然而，即使正式投票规则规定须采用特定多数表决形式，理事会也仍然会寻求达成一致⑦，大约有80%的决定是经由一致同意通过的。

二 《里斯本条约》之后

《里斯本条约》规定了理事会的几种投票规则。基础条约可以规定理事会需要一致同意的情况，但弃权并不妨碍此类法令的通过。⑥它可以规定，理事会应经由简单多数投票通过，也就是说，经由理事会全体成员的多数通过。⑦然而，《里斯本条约》框架下的一般规则是，除非条约有其他规定，否则理事会应根据特定多数投票规则进行表决，欧盟大约有80%的立法是以这种方式通过的。⑧

《里斯本条约》包含一项一般性的"变通条款"（passerelle clause），授权调整理事会的投票规则。《欧洲联盟条约》第48条第7款规定，如果《欧洲联盟运行条约》或《欧洲联盟条约》第五编为理事会规定了经由一致同意采取行动的领域或情形，那么欧洲理事会可以通过一项决定，授权理事会在该领域或该情形下以特定多数采取行动，但具有军事意义的决定或防务领域的决定除外。欧洲理事会应在获得欧洲议会经由议员多数同意之后做出上述决定。欧洲理事会提出的任何此类倡议均须通报各成员国议会。如果某一成员国的议会在获得通报之日起的6个月内明确表示反对，则该决定不得通过。如无反对意见，则欧洲理事会可以通过该决定。

《里斯本条约》增加了适用特定多数投票的领域，尽管仍有超过70个领域需要采用一致通过方式。关于理事会采用特定多数投票的要求，以及从一致同意过渡到特定多数表决方式等问题，一直存在着重大分歧。欧盟成员国中的小国、中等国家和大国对适用特定多数表决的要求一直争论

---

⑦ W Nicoll, 'Representing the States' in A Duff, J Pinder, and R Pryce (eds), *Maastricht and Beyond: Building the European Union* (Routledge, 1994) 193 – 194.

⑥ 《欧洲联盟运行条约》第238条第4款。

⑦ 《欧洲联盟运行条约》第238条第1款。

⑧ 《欧洲联盟条约》第16条第3款。

不休。

《里斯本条约》中关于特定多数定义的条款十分复杂。从 2014 年 11 月 1 日开始运行的基本规则由《欧洲联盟条约》第 16 条第 4 款规定。特定多数指的是至少 55% 的理事会成员，即至少包括 15 名成员，并且其所代表成员国的人口数量至少占联盟人口总数的 65%。阻止少数（blocking minority）则必须包括至少 4 名理事会成员，否则就可认定已经达到特定多数。因此，衡量特定多数时要考虑三个方面的标准：占理事会成员数量的一定比例；成员国的数量；占欧盟总人口的一定比例。

但是，定义特定多数的默认规则存在一些例外。如果理事会并非根据欧盟委员会或外交事务高级代表的提案采取行动，则特定多数应为理事会成员的 72%，所代表成员国的人口数量占欧盟人口总数的 65%。[79] 由此，如果不是根据委员会或高级代表的提案采取行动，理事会则更难通过一项措施，尽管这种情况很少见。另外，还有一些单独规则规定在理事会所有成员国并非都参加投票的情况下对特定多数的要求。[80]

人们一直认为，相较于《尼斯条约》框架下的表决规则，《里斯本条约》规定的表决规则将提高理事会通过立法的概率。[81] 新规则中与人口数量有关的规定也增强了大国在理事会中的相对权力。[82] 然而，这一规则的重要程度取决于《里斯本条约》生效之后的投票行为。学术研究表明，理事会投票一直比较少见，即使在适用特定多数的领域也是如此，相反，采用一致同意方式做出决定则是常态。学者认为，尽管如此，投票规则仍然具有重要意义，部分原因在于，它们为理事会和诸如成员国常驻代表委员会等初级机构中的一致同意程序提供了"参照"。这并不能改变下述事实，即明确投票的情况十分罕见，而在确实进行的投票中，出现不同意见的往

---

⑦ 《欧洲联盟运行条约》第 238 条第 2 款。

⑧ 《欧洲联盟运行条约》第 238 条第 3 款。

⑧ R Baldwin and M Widgrén, 'Council Voting in the Constitutional Treaty. Devil in the Details', CEPS Policy Brief（No 53, July 2004）6 – 7.

⑧ Ibid; Y Devuyst, 'The European Union's Institutional Balance after the Treaty of Lisbon: "Community Method" and "Democratic Deficit" Reassessed' (2008) 39 Georgetown Jnl Int Law 247, 302 – 303.

往只有一个成员国。[83]

在更多的领域适用特定多数这一发展趋势引发了批评，认为它会造成失去主权的局面，因为这样做就放弃了成员国的否决权，而成员国的否决权与一致同意相辅相成。这一点并不令人感到意外。对此类批评最顺理成章的回应是，在一个拥有 27 个成员国的联盟里，一致同意原则使得决策极其困难。

此外还有一种不那么顺理成章但却同样重要的回应。认为一致同意是对国家主权的最好保护这一假设，隐含地建立在如下论点的基础之上，即通过最大化地使用否决票和不作为，主权得到最好的保护。这一假设也许正确，但也可能是错误的。如果存在否决权，那么每个成员国都拥有这一权力，这一点不言自明。因此，一致同意是不是国家主权的最佳保护方式，取决于一个国家是否相信，相较于能够增加采取行动的可能性的特定多数投票规则，通过多重否决票使不作为的可能性达到最大化这种方式更有助于实现国家利益。当然，特定多数投票也伴随着一种风险，特定成员国有可能被迫接受它不愿意接受的措施。而这一点反过来又取决于一个国家是否相信，如果存在一致同意规则，那么措施"被否决"的可能性就更大，并因此阻止采取它认为有必要的行动，而不是"行使否决权"本身。

成员国可能会对这种考量做出判断，即相较于一致同意，特定多数能够更好地保护国家利益。这正是当年英国接受经由《单一欧洲法令》修订的《罗马条约》从一致同意转为特定多数的原因。一致同意规则妨碍了英国保守党希望实现的市场自由化，因此愿意牺牲否决权，以增强共同体采取行动的可能性。

第六节　委托法令：制定与控制

一　《里斯本条约》之前：委员会制的基本原理

上一章讨论了《里斯本条约》所规定的法令架构。[84] 这里需要回顾一

---

[83]　F Hayes-Renshaw, W van Aken, and H Wallace, 'When and Why the EU Council of Ministers Votes Explicitly' (2006) 44 JCMS 161.

[84]　见第五章。本节"委员会"一词，除非特指欧盟委员会（European Commission），均指"委员会制"（Comitology）中的各专门委员会（committees）。——译者

下《里斯本条约》将法令划分为立法性法令、委托法令和实施性法令的情形。只有先了解先前的法律，才能理解《里斯本条约》对委托法令的制定所产生的影响。

自欧洲经济共同体成立起，就存在制定条例的权力委托。在农业等诸多政策领域，需要制定多项条例；为了适应不断变化的市场环境，这些条例往往能够得到快速通过。如果采用标准的通过立法的方式，程序就会停滞不前，因为不可能以足够快的速度通过相关法令。这就解释了理事会为什么会通过一项"母条例"，授权委员会在某一特定领域制定更具体的条例。

但是，理事会并不愿意给予欧盟委员会完全的自由行动权。欧盟委员会行使委托权须遵守机构限制，即设立一些专门委员会（committees），成员国的利益可以在这些委员会中得到代表。之所以对欧盟委员会施加这类限制，是因为成员国对于应制定的具体条例中所包含的内容可能存在分歧。此外，理事会对欧盟委员会的联邦化趋向一直持谨慎态度，因此，它不愿意在不存在制衡的情况下给予后者委托权力，以确保成员国的利益得到代表。

理事会的"解决方案"是，委托权的行使须经过由成员国代表组成的某个专门委员会的批准。这一制度就是"委员会制"（Comitology）。[85] 在最初的《欧洲经济共同体条约》中并不存在与此类委员会有关的明确依据，因此，其合法性受到质疑，并被提交欧洲法院裁定。欧洲法院维持这种委员会制度的有效性，其理由是，如果条约赋予理事会向欧盟委员会委托的权力，那么它可以在一定的条件下这么做。[86]

《单一欧洲法令》对《欧洲共同体条约》第 202 条做了修订，目的是为该机制提供稳定基础。不久之后就通过了《委员会制决定》（Comitology Decision），使这种委员会结构有据可依。[87] 1999 年修订了该决定，增强欧

---

[85] C Joerges and E Vos（eds），*EU Committees：Social Regulation，Law and Politics*（Hart，1999）；M Andenas and A Türk（eds），*Delegated Legislation and the Role of Committees in the EC*（Kluwer，2000）；C-F Bergström，*Comitology：Delegation of Powers in the European Union and the Committee System*（Oxford University Press，2005）；P Craig，*EU Administrative Law*（Oxford University Press，3rd edn，2018）ch 5.

[86] Case 25/70 *Koster*［1970］ECR 1161.

[87] Dec 87/373［1987］OJ L197/33.

洲议会在按照委员会制方式制定条例这一程序中的权力，尽管它仍未赋予欧洲议会与理事会完全同等的权力。[88] 2006 年，再次修订 1999 年的《委员会制决定》，欧洲议会的权力又一次得到加强。[89]《委员会制决定》包含一项专门委员会的监督机制，其性质取决于在某一特定领域选择哪一类专门委员会程序。专门委员会由成员国代表组成，并由欧盟委员会的代表担任主席。

根据所谓"管理委员会程序"（management committee procedure）[90]，欧盟委员会提交一份提案，接下来管理委员会采用与理事会相同的方式投票，但欧盟委员会没有投票权。由欧盟委员会通过该措施并立即适用。但是，如果"该措施与管理委员会的意见不符"，欧盟委员会必须将此种情况通报理事会。理事会可在接下来的 3 个月内做出一项不同的决定。由此，如果要将该措施交回理事会，管理委员会必须投反对票。

"规制委员会程序"（regulatory committee procedure）[91] 则给予成员国代表更多的权力，因为除非该专门委员会投赞成票，措施就必须交回理事会。2006 年还引入一项"具有监督作用的规制程序"[92]。该程序的新颖之处在于赋予欧洲议会在以下情况下发挥更大的作用，即如果一级立法根据共同决策程序制定，为修订或补充该文件的非基本要素而委托制定具有一般适用范围的措施。

此外还有"咨询委员会程序"（advisory committee procedure）[93]，正如其名称所表明的，该程序意味着成员国代表可以对欧盟委员会的提案提出建议。欧盟委员会不受其意见约束，尽管它对其给予"尽最大程度的考虑"。

---

[88]　Council Decision 99/468 laying down the procedures for the exercise of implementing powers conferred on the Commission [1999] OJ L184/23；K Lenaerts and A Verhoeven，'Towards a Legal Framework for Executive Rule-Making in the EU? The Contribution of the New Comitology Decision' (2000) 37 CMLRev 645.

[89]　Council Decision 2006/512/EC of 17 July 2006 amending Decision 1999/468/EC laying down the procedures for the exercise of implementing powers by the Commission [2006] OJ L200/11.

[90]　Council Decision 99/468 (n 88) Art 4.

[91]　Ibid Art 5.

[92]　Council Decision 2006/512/EC (n 89) Art 5a.

[93]　Council Decision 99/468 (n 88) Art 3.

二 《里斯本条约》之后的委托法令：委员会制的消亡

《里斯本条约》对委托法令的制定和监督方法进行了重大修订。相关条款为《欧洲联盟运行条约》第 290 条：

> 1. 立法性法令可委托欧盟委员会通过一般适用的非立法性法令，以补充或修改立法性法令中某些非基本要素。
>
> 此类立法性法令应明确界定委托权的目标、内容、范围和期限。某一领域的基本要素应保留给立法性法令，因此不得成为委托权的主题。
>
> 2. 立法性法令应明确规定委托应遵循的条件，这些条件可以是：
>
> （1）欧洲议会或理事会可决定撤销委托；
>
> （2）委托法令仅在欧洲议会或理事会在立法性法令规定的期限内未明示反对的情况下才可生效。
>
> 为本款第（1）项和第（2）项之目的，欧洲议会应以组成议员的多数，理事会应以特定多数采取行动。
>
> 3. 在委托法令的标题中，应加入限定词"委托"。

首先有必要了解第 290 条出台的政治背景。[94] 欧盟委员会认为"委员会制"这一机制是对其行政自主权的一种毫无根据的限制。欧盟委员会可以容忍纯粹咨询性质的专门委员会，但对管理委员会和规制委员会并不满意。[95] 欧盟委员会呼吁对包含在《欧洲联盟运行条约》第 290 条中的非立法性法令设置一种限制机制，希望借此终结管理委员会和规制委员会。欧洲议会对"委员会制"也不满意，因为最初的方案将权力集中于成员国代表和理事会手中。后来对该机制的几次修订增强了欧洲议会在"委员会

---

[94] P Craig, *The Lisbon Treaty: Law, Politics, and Treaty Reform* (Oxford University Press, 2010) 48 – 66, 260 – 263.

[95] European Governance, COM (2001) 428 final, [20] – [29]; Institutional Architecture, COM (2002) 728 final, [1.2], [1.3.4]; Proposal for a Council Decision Amending Decision 1999/468/EC Laying down the Procedures for the Exercise of Implementing Powers Conferred on the Commission, COM (2002) 719 final, 2; Final Report of Working Group IX on Simplification, CONV 424/02, Brussels, 29 Nov 2002, 12.

制"中的角色,特别创设了具有监督作用的规制程序,但并没有给予欧洲议会与理事会在机制上的平等地位。

《欧洲联盟运行条约》第 290 条并没有提到"委员会制",尽管第 291 条规定了与实施性法令相关的"委员会制"条款,但是事实上,在《里斯本条约》之前"委员会制"已被用于现在所称的委托法令,而不仅仅用于《里斯本条约》所界定的实施性法令。⑥ 成员国不可能希望看到,"委员会制"在其已经被使用了将近 50 年的领域有可能被终结。可能有些出人意料,但是如果我们认识到,由于欧洲未来大会的全体会议受时间所限,再加上相关主题事项被认为技术性过强,从而未能对关于法令类型的建议予以充分考虑,那么就不会感到意外了。

与《欧洲联盟运行条约》第 290 条有关的机构考虑以如下假设为前提,即认为旧式的管理委员会和规制委员会在《里斯本条约》生效之后不再运行。可以由成员国专家和欧洲议会委员会组成的各咨询委员会对委托法令进行监督。⑦ 这一新机制的细节包含在欧盟各机构签署的《共同谅解》⑧ 之中,但这不应该掩盖欧盟委员会、理事会和欧洲议会对于上述专门委员会在通过委托法令中应承担的角色所存在的观点分歧。⑨ 这反映在就《共同谅解》的修订版本达成合意的困难方面⑩,该版本现在作为附件被纳入 2016 年《关于更好制定法律的机构间协议》中。⑪

因此,有必要了解在《欧洲联盟运行条约》第 290 条下运行的这两类监督机制。一种为"事前"限制,即立法性法令必须说明相关事项的基本原则。另一种为理事会或欧洲议会实施的"事后"控制,即撤回授权或否决委托法令。

---

⑥　欧洲议会法律事务委员会隐晦地承认了这一点,见 Committee on Legal Affairs, On the Power of Legislative Delegation, A – 7 0110/2010, Rapporteur J Sjazer, 12 – 13.

⑦　Implementation of Article 290 of the Treaty on the Functioning of the European Union, COM (2009) 673 final; Council 17477/09, Implementation of the Treaty of Lisbon, Art 290, Art 291, Brussels, 11 Dec 2009; Committee on Legal Affairs, A – 7 0110/2010 (n 96).

⑧　Common Understanding on Delegated Acts, Council 8753/1/11, Brussels, 14 Apr 2011.

⑨　Craig (n 94) 267 – 269.

⑩　P Craig, 'Comitology, Rulemaking and the Lisbon Settlement: Tensions and Strains' in C-F Bergström and D Ritleng (eds), *Rulemaking by the Commission: The New System* (Oxford University Press, 2016).

⑪　Inter-Institutional Agreement of 13 April 2016 on Better Law-Making [2016] OJ L123/1.

三　评估

（一）《里斯本条约》之前

这里考虑《里斯本条约》对委托法令的控制机制是否有效。先前关于"委员会制"的辩论就很好地说明了这一背景。[102]

理性选择制度主义者将"委员会制"视为委托代理理论的一个例证。作为委托人的成员国将四项功能委托给超国家代理人：监督执行情况；解决委托人之间不完备的契约问题；在委托人有可能受到歧视或者未被通知的领域通过条例；确定立法议程，以便避免"无休止的循环"，因为如果权力由委托人自己实施的话就有可能导致这种后果。[103]但是，委托人须确保代理人不会偏离委托人的偏好。因此，根据这种观点，"委员会制"构成一种控制机制，作为委托人的成员国据此对超国家代理人实施控制。作为委托人的成员国认识到，有必要将制定二级规范的权力委托给欧盟委员会这一超国家代理人，但却不希望给后者一张"空白支票"，因此创设了委员会制，成员国的偏好可通过这些专门委员会得到表达，同时成员国还威胁称，如果无法与欧盟委员会达成合意，则将议案重新提交理事会。普遍认为，"委员会制"框架下的代表反映的是各自成员国的偏好，他们在各委员会内部讨价还价。[104]专门委员会程序的多种不同形式反映出成员国实施最符合其利益的控制程度的能力。

"委员会制"也得到一些人的拥护，其中著名的是约尔格斯（Joerges）和奈尔（Neyer），他们从"审慎超国家主义"（deliberative supranationalism）视角评价这一机制。[105]他们认为，各专门委员会中的各国代表常常认为自己是处理某个跨国问题的团队组成部分。"委员会制"被描绘为由欧洲层面与国家层面的各个行为体组成的一个网络，其中欧盟委员会作为协调人采取行动。成员

---

[102]　See（n 85）.

[103]　M Pollack, *The Engines of Integration：Delegation, Agency, and Agenda Setting in the EU*（Oxford University Press, 2003）6.

[104]　Ibid ch 2.

[105]　C Joerges and J Neyer, 'From Intergovernmental Bargaining to Deliberative Political Processes：The Constitutionalization of Comitology'（1997）3 ELJ 273.

国代表在审议过程中，愿意为了寻求共同体解决方案而对本国的偏好提出质疑。这是"审慎超国家主义"学说的核心论点，具有一定的说服力。

尽管如此，上述关于"委员会制"的观点仍然存在问题，这些问题涉及对一致审议施加的限制，赋予欧洲议会的角色，以及将那些可能有理由希望在最终形成的规则中拥有发言权的其他行为体排除在规则制定过程之外这一状况。[106] 人们提出不少关切，包括欧洲议会被排除在外，该程序的性质不民主，缺乏问责制和透明性，以及该程序的社团主义性质等。因此，威勒（Weiler）虽然承认约尔格斯和奈尔关于委员会制审慎风格见解的重要性[107]，但他仍然对委员会制的决策自主权感到困扰。这些专门委员会的成员或许并未意识到，"他们的决定中涉及深刻的政治与道德选择以及他们共有的偏见"[108]。专门委员会成员之间普遍存在的共同理解也许意味着，"道德前提只是假设存在，但并未经过讨论"[109]。

（二）《里斯本条约》之后

可能有人认为，鉴于上述原因，在现在被称为委托法令的领域不再采用"委员会制"，这不必感到遗憾。任何此类结论都部分取决于《里斯本条约》之后对委托法令的控制机制是否有效。[110]

"事前限制"，即立法性法令必须说明相关事项的基本原则，这是欧洲

---

[106] Craig（n 85）.

[107] J Weiler, 'Epilogue: "Comitology" as Revolution—Infranationalism, Constitutionalism and Democracy' in Joerges and Vos（eds）（n 85）347.

[108] Ibid 348.

[109] Ibid 349.

[110] P Craig, 'Delegated Acts, Implementing Acts and the New Comitology Regulation'（2011）36 ELRev 671; R Schütze, '"Delegated Legislation" in the（New）European Union: A Constitutional Analysis'（2011）74 MLR 661; S Peers and M Costa, 'Accountability for Delegated and Implementing Acts after the Treaty of Lisbon'（2012）18 ELJ 427; J Bast, 'New Categories of Acts after the Lisbon Reform: Dynamics of Parliamentarization in EU Law'（2012）49 CMLRev 885; J Mendes, 'Delegated and Implementing Rule Making: Proceduralisation and Constitutional Design'（2013）19 ELJ 22; T Christiansen and M Dobbels, 'Non-Legislative Rule Making after the Lisbon Treaty: Implementing the New System of Comitology and Delegated Acts'（2013）19 ELJ 42; M Kaeding and A Hardacre, 'The European Parliament and the Future of Comitology after Lisbon'（2013）19 ELJ 382; Craig（n 100）; M Chamon, 'Institutional Balance and the Community Method in the Implementation of EU Legislation Following the Lisbon Treaty'（2016）53 CMLRev 1501; P Craig, 'Delegated and Implementing Acts' in R Schütze and T Tridimas（eds）, *Oxford Principles of European Union Law*, *Volume I: The European Union Legal Order*（Oxford University Press, 2018）ch 22.

法院在以往判例法中提出的条件，但它并未做严格解释。⑪ 因此，欧洲法院是否大力推动该领域的控制方式，这一点存在疑问。

理事会或欧洲议会也可行使"事后控制"，即撤销委托，或者否决委托法令。该程序增强欧洲议会对委托法令的权力，但并未增强理事会的权力，而按照原来的机制，理事会有权根据"委员会制"程序否决二级规范。我们必须牢记新机制在这方面存在局限。

第一，理事会和欧洲议会都不具有修订委托法令的任何正式权力，而仅有否决权。尽管威胁使用否决权或许可以作为确保对法令进行修订的一个杠杆，但并不改变《欧洲联盟运行条约》第 290 条没有赋予此种正式权力的事实。

第二，对否决权的行使取决于对拟定措施的理解。在没有协助情况下，理事会中的成员国代表既没有时间，也没有专业知识来履行这项任务。就正是为什么理事会推动改造专门委员会对委托法令草案的监管，这在 2011 年《共同谅解》中得到保证，现在被 2016 年《共同谅解》所取代。这方面的关键特征是，在准备委托法令草案的过程中，欧盟委员会向各成员国指派的专家进行咨询，并且提供必要的背景信息。⑫ 欧洲议会也可以提供专家。⑬ 但是《共同谅解》仅规定进行咨询，并未给予委员会制相关的更大权力。

第三，鉴于欧洲议会和理事会必须在立法性法令规定的短暂期限内（一般为 2—3 个月）提出反对意见，上述困难就变得更加突出了。

第四，区分委托法令与实施性法令是《里斯本条约》的核心内容之一，但区分的性质本身就存在着很大的问题，因此，将一项措施定性为委托法令而受《欧洲联盟运行条约》第 290 条的控制，还是将其划归为实施性法令而受第 291 条的规制，可能是随意的或偶然的。⑭

---

⑪　Case 25/70 *Koster*（n 86）；Case 23/75 *Rey Soda v Cassa Conguaglio Zucchero*［1975］ECR 1279，［10］，［14］；Case 121/83 *Zuckerfabrik Franken v Hauptzollamt Wurzburg*［1984］ECR 2039；Case 46/86 *Romkes v Officier van Justitie*［1987］ECR 2685，［16］；Cases C‑296 and 307/93 *France and Ireland v Commission*［1996］ECR I‑795，［17］‑［20］；Case C‑417/93 *European Parliament v Council*［1995］ECR I‑1185，［30］；Case C‑156/93 *European Parliament v Commission*［1995］ECR I‑2019，［18］‑［25］；Case C‑303/94 *European Parliament v Council*［1996］ECR I‑2943.

⑫　Inter-Institutional Agreement（n 101）Annex，paras 4，10.

⑬　Ibid para 11.

⑭　参见第五章。

第七节 实施性法令：制定与控制

一 《里斯本条约》架构

《欧洲联盟运行条约》第 291 条对实施性法令做出如下规定。

> 1. 成员国应采取一切必要的本国法措施，以实施具有法律约束力的联盟法令。
>
> 2. 当实施具有法律约束力的联盟法令需要统一条件时，则这些法令应赋予委员会以实施权力，或在经充分证明为合理的特殊情况下以及《欧洲联盟条约》第 24 条和第 26 条规定的情况下，赋予理事会以实施权力。
>
> 3. 为本条第 2 款之目的，欧洲议会和理事会应按照普通立法程序，经由条例的方式，预先为成员国控制委员会行使实施权力的机制制定规则和一般原则。
>
> 4. 在实施性法令的标题中，应加入"实施性"一词。

上文论及在区分委托法令和实施性法令方面存在困难。[⑮] 本部分关注与通过此类措施相关的控制机制。在《里斯本条约》之前，委托法令和实施性法令二者之间不存在正式区别。过去创立"委员会制"的目的是将其作为成员国控制所有二级法令的一种方式，包括现在被称为委托法令的二级法令。[⑯] 但是，根据《欧洲联盟运行条约》第 291 条第 3 款，仍然存在一种与实施性法令相关的修订版"委员会制"。

《第 182/2011 号条例》具体体现出《欧洲联盟运行条约》第 291 条框架下的"委员会制"[⑰]。现在共有两种程序，即咨询程序（advisory procedure）和审查程序（examination procedure），但该条例还规定，在紧急状态

---

⑮　见第四章。

⑯　Craig（n 94）ch 7.

⑰　Regulation（EU）No 182/2011 of the European Parliament and of the Council of 16 February 2011 laying down the rules and general principles concerning mechanisms for control by Member States of the Commission's exercise of implementing powers［2011］OJ L55/13；Craig, 'Delegated Acts, Implementing Acts and the New Comitology Regulation'（n 110）.

下，实施性法令应立即适用。[118] 欧盟委员会将实施性法令草案提交给一个由成员国代表组成的专门委员会，该专门委员会由欧盟委员会派出的人员担任主席。[119] 在该专门委员会形成最终意见之前，欧盟委员会可根据其讨论情况修改该措施。[120] 该专门委员会在由欧盟委员会设定的时间期限内给出意见。

咨询程序是默认程序，除非在获准采用审查程序的情况下，否则均应采用该程序。[121] 在咨询程序框架下，欧盟委员会在"最大程度考虑"该专门委员会的审议结论后[122]，就实施性法令做出决定。

审查程序适用于具有一般适用范围的实施性法令。[123] 它也适用于与下列事项有关的其他法令：[124] 具有重要影响的项目；农业和渔业；环境；安全，以及保护人类、动物或植物的健康或安全；共同商业政策；税收。对审查程序的使用受以下但书的约束，也就是即使在使用审查程序被认为"正当合理"的情况下，仍有可能使用咨询程序。[125] 关于审查程序的新规则对不同的结果做了规定，取决于该专门委员会是否投票赞成或反对措施草案，或者没有提交任何意见。

如果该专门委员会提交肯定意见，则实施性法令获得通过，[126] 其投票方式应依据《欧洲联盟条约》第16条第4—5款规定的特定多数规则。[127] 如果该专门委员会提交否定意见，则欧盟委员会不得通过该法令。但是，欧盟委员会可以向该专门委员会提交一份修订后的版本，或者将原始文本递交上诉委员会。[128] 如果为了避免在农业领域造成重大的市场混乱，或者为了避免产生《欧洲联盟运行条约》第325条意义上的联盟财政利益风险而必须毫不迟延地通过实施性法令，那么，即使该专门委员会提交否定意

---

[118]　Reg 182/2011（n 117）Art 8.

[119]　Ibid Art 3（2）-（3）.

[120]　Ibid Art 3（4）.

[121]　Ibid Art 2（3）.

[122]　Ibid Art 4（2）.

[123]　Ibid Art 2（2）（a）.

[124]　Ibid Art 2（2）（b）.

[125]　Ibid Art 2（3）.

[126]　Ibid Art 5（2）.

[127]　Ibid Art 5（1）.

[128]　Ibid Art 5（3）.

见，欧盟委员会仍可通过该法令。在这种情况下，欧盟委员会必须立刻向上诉委员会提交已通过的法令文本，如果后者对此提出否定意见，则欧盟委员会必须立刻废除该法令。如果上诉委员会给出肯定意见或者没有给出任何意见，则该法令仍然有效。[129] 此外，还有其他条款授权欧盟委员会在紧急情况下通过法令草案。[130] 如果审查该法令草案的专门委员会没有给出任何意见，则其默认立场为欧盟委员会可以通过该实施性法令，除非存在表面证据所表明的欧盟委员会不能通过实施性法令的几种情况。[131] 然而，即使在这几种情况下，欧盟委员会仍然可以向该专门委员会提交措施草案的修订文本，或者将最初文本递交上诉委员会。

欧盟委员会在其最初的提案中强调，应由成员国行使控制权，而不是赋予理事会或欧洲议会对这些专门委员会的直接控制权，尽管它们可以获得关于相关进展的信息。[132] 这反映在该条例中。[133] 该条例规定，在按照普通立法程序通过一项基础法令的情况下，欧洲议会或理事会可以在任何时候向欧盟委员会说明，它认为某项实施性法令草案越过了基础法令所规定的实施权力。欧盟委员会有责任在考虑欧洲议会和理事会意见的基础上，对法令草案进行复审。然而，它没有义务撤回该法令，但必须通报欧洲议会和理事会它是否打算维持、修订或者撤回实施性法令草案。还有条款涉及向"委员会制"框架下的各委员会通报信息，以及欧洲议会和理事会可获取的文件。[134]

二 评估

《里斯本条约》就规范的位阶进行改革，其目的原本是简化先前机制，但是或许反而加剧了法律与机构的复杂性。这有如下四点原因。

首先，委托法令与实施性法令的区分从本质上说是有问题的，我们在上一章已经讨论过其中的原因。区分二者的依据是，如果相关法令是对立法性法令的修订或补充，那么它就一定是委托法令；否则它就是实施性法

---

[129] Ibid Art 7.

[130] Ibid Art 8.

[131] Ibid Art 5 (4).

[132] COM (2010) 83 final, 3.

[133] Reg 182/2011 (n 117) Art 11.

[134] Ibid Art 10.

令。出于前面提到的原因，这种区分法充满着困难。[133]

其次，在制定一项特定法令之前，无法清楚地知道它究竟属于哪个类型。因此，尽管一级立法性法令中规定要根据该立法的某项条款通过某项法令，以实施性法令为例，但仅靠这一事实并不能告诉我们某项特定的实施性法令是否合法。原因在于，只有通过认真研究特定的"实施性法令"，我们才能判断它是否事实上构成对立法性法令的补充或修订，因而本应按照委托法令的程序予以制定。

再次，尽管如此，对委托法令与实施性法令进行区分仍然是《里斯本条约》中的关键问题，因为这两种情况适用极为不同的程序和控制机制。欧洲议会在根据《欧洲联盟运行条约》第 291 条设立的专门委员会中没有正式作用。事实上，理事会在正式意义上也没有任何作用，尽管这类专门委员会的代表来自成员国这一事实，可能会使专门委员会与理事会的部长级代表产生某种联系。

最后，《里斯本条约》框架下的机制将造成更复杂的机构问题。根据《欧洲联盟运行条约》第 291 条，将成立"委员会制"框架下的各专门委员会。[134] 然而，与此同时，理事会与/或欧洲议会还将根据第 290 条创设各种咨询委员会，目的是授权这些机构决定它们是否应实施其否决权，目前尚未公布或列明这些委员会的正式机制。

保罗·克雷格：《委员会制、规则制定与里斯本方案：矛盾与压力》[135]

对委托法令与实施性法令进行区分是《里斯本条约》解决方案的核心。然而，这一区分方式在性质及时间方面仍然存在着一些问题。……目前还不清楚，欧盟立法机构对于应采用委托法令还是实施

---

[133]　见第五章。

[134]　如果欧盟委员会 2017 年提案成为法律，"委员会制"将变得更加复杂，参见 Proposal for a Regulation of the European Parliament and of the Council amending Regulation（EU）No 182/2011, COM（2017）85 final.

[135]　P Craig, 'Comitology, Rulemaking and the Lisbon Settlement: Tensions and Strains' in Bergström and Ritleng（n 100）.

性法令这一问题给予了多大程度的系统性思考，而且即使立法机构确实做了思考，其最终选择将不仅受到与这两种法令之间差别有关的分析性质的影响，也将受到政治考量的同等影响——政治考量甚至更重要。随着时间的推移，还暴露出了上文所讨论的在宪法方面、机构方面和概念方面存在的矛盾，同时也表明法律形式问题能够以何种方式影响规范假设，而这些规范假设是区分第 290 条和第 291 条的重要基础。人们往往倾向于判断哪个机构是这一新规则的明确"胜利者"，但这是错误的。真相是，所有机构行为体都在某些方面有所损失。

对于欧洲议会而言，它希望在第 290 条规定的事项上获得与理事会完全平等的地位，并且将"委员会制"框架下的专门委员会从这一机制中分离出去，因为在该机制中，成员国代表占据主导地位。事实是，欧洲议会在第 290 条框架下与理事会拥有正式的平等权力，但《共同谅解》又在该领域重新引入咨询专家委员会制度，成员国代表在该委员会中仍占主导地位。另外还有一个事实是，如今有如此众多的规则制定是在第 291 条框架下发生的，但在这一新的"委员会制"框架下，欧洲议会的"输入"比在旧机制下要少得多。对于欧盟委员会而言，理想状态是，将其认为不必要的"委员会制"的限制从第 290 条里移除，从而强化自身在该领域的行政自主权，尽管它仍然受到第 290 条规定的控制机制的限制。事实上，成员国的一些"输入"直接通过 2011 年的《共同谅解》得到保留，如果 2014 年版本的《共同谅解》生效，成员国的这项权力还会得到进一步增强，而且其权力还会通过新的机构条例中的规则制定条款得到间接加强。另外一个事实是，第 291 条框架下新的"委员会制"对欧盟委员会施加的限制与过去一样多，而且尽管在正式意义上，这些专门委员会中的成员国代表独立于来自理事会的代表人员，但情况并未发生改变。从理事会的角度来看，其最初的损失是从第 290 条中移除了"委员会制"，尽管它自此之后一直努力寻求通过《共同谅解》恢复这一机制。……

第八节　加强型合作：条件与使用

前面的所有讨论都以联盟立法以及其他法令的制定需要全部 27 个成员国参与这一假设为前提。《里斯本条约》之前的条约条款曾规定，在某些条件下，即使在并非所有成员国参与的情况下，也可以通过法令。⑬ 但是《里斯本条约》之前的政治现实是，尽管对条约条款的适用存在一定程度的灵活性⑬，但是关于"加强型合作"（enhanced cooperation）的条约条款并没有为此类倡议提供基础。

《里斯本条约》修订了与加强型合作有关的条款，修订后的条款更容易在一个由多个成员国组成的联盟中得到使用。《欧洲联盟条约》第 20 条授权根据《欧洲联盟运行条约》规定的具体条件使用加强型合作。第 20 条规定，此类合作的目的应在于实现联盟的宗旨，保护联盟利益，并加速一体化进程。要想使用加强型合作，希望参与这一机制的成员国数量不得少于 9 个。《里斯本条约》前的规则要求至少有 8 个成员国参加，而当时一共才有 15 个成员国，因此，《里斯本条约》要求 27 个成员国中至少有 9 个成员国参与的这一最低门槛，就宽松得多了。根据《欧洲联盟运行条约》第 328 条，加强型合作必须在任何时候都向所有成员国开放。《欧洲联盟条约》第 20 条第 2 款明确指出，加强型合作仅是最后手段，只有在理事会认定，加强型合作的目标无法由作为一个整体的欧盟在合理期限内实现的情况下，才可以采用这一机制。

根据《欧洲联盟运行条约》第 330 条，理事会所有成员均可参加对加强型合作的审议，但只有代表参与加强型合作的成员国的理事会成员才能参加表决。在加强型合作框架下通过的法令仅对参与该机制的成员国具有约束力，而且这些法令在正式意义上并不构成候选国加入欧盟时必须接受的欧盟法律成果（acquis）的一部分。开展此类合作的条件由《欧洲联盟运行条约》第 326 条和第 327 条规定，并且要与《欧洲联盟条约》第 20

---

⑬　原《欧洲联盟条约》第 43 条至第 45 条、《欧洲共同体条约》第 11 条。

⑬　F Tuytschaever, *Differentiation in European Union Law* (Hart, 1999); G de Búrca and J Scott (eds), *Constitutional Change in the EU: From Uniformity to Flexibility?* (Hart, 2000).

条结合起来解读。

第326条

任何加强型合作均应遵守两部条约和联盟法律。

此等合作不应损害内部市场或经济、社会和领土聚合。它不得构成成员国之间贸易的障碍或歧视，也不得扭曲成员国之间的竞争。

第327条

任何加强型合作均应尊重未参与成员国的权能、权利和义务。未参与国也不得妨碍参与国实施加强型合作。

《欧洲联盟运行条约》第328条和第329条规定了创设加强型合作的具体规则。《里斯本条约》关于加强型合作的条款还包括两项"变通条款"，分别涉及投票规则和投票程序。[140] 此外，《里斯本条约》还包含关于在其他领域开展加强型合作的条款，诸如刑事司法合作与警务合作。[141]《里斯本条约》生效后，关于加强型合作的条款已得到实际使用。[142] 它们还引发了法律诉讼，但原告方未胜诉。[143]

第九节 欧盟决策：程序与现实

一 时间维度

到目前为止的讨论主要关注的是立法程序。如果讨论到此结束，那么

---

[140] 《欧洲联盟运行条约》第333条。

[141] 《欧洲联盟运行条约》第82条。

[142] See, eg, Council Decision （EU） 2016/954 of 9 June 2016 authorising enhanced cooperation in the area of jurisdiction, applicable law and the recognition and enforcement of decisions on the property regimes of international couples [2016] OJ L159/16.

[143] Cases C-274 and 295/11 *Spain and Italy v Council* EU：C：2013：240；Case C-209/13 *UK v Council* EU：C：2014：283.

就无法完整掌握欧盟立法程序。我们需要进一步了解欧盟决策的运行方式。对于这一问题可以采用不同的维度，其中一个是具有时间性质的维度，也就是欧盟机构在决策程序中的作用如何随着时间的推移而发展变化。下文的讨论并非完整的历史分析，而仅是按照主题事项进行的分析。其中核心主题是在条约严格的文本之外发展形成的机构架构，这也是对理事会和欧盟委员会之间矛盾的一种回应，因为这两个机构代表的是关于共同体的不同概念。

理事会主要从政府间角度看待共同体，这既有实体性维度，也有程序性维度。就实体意义而言，理事会并不知道它究竟希望沿着欧洲一体化的道路走多远。从程序性维度来看，政府间主义意味着，不应为了共同体的利益而轻易牺牲成员国的利益，而且理事会作为成员国利益的代表，应该保留对发展共同体政策的控制权。

欧盟委员会则对共同体拥有一种更具联邦主义性质的概念。从实体性维度来看，这一点表现在它承诺尽可能快速实现共同体的目标上。从程序性角度来看，委员会的观点自然倾向于使用特定多数表决制，其结果是，为了实现更伟大的共同体利益，可能就不得不牺牲成员国的利益。

最初的《罗马条约》将权力分别划归理事会和委员会，但在很多方面，委员会是发展共同体政策的驱动者。例如，委员会拥有立法创制权，它还被赋予了其他诸多功能。另外，投票规则也说明了这一点，因为如果通过某项立法措施要求首先获得理事会同意，那么对该措施进行修订也需要理事会的一致同意。⑭ 这一规则所传达的信息是，尽管立法必须获得理事会同意，但要修改委员会草案也不是件容易的事。

在欧共体成立之后的前 20 年左右，其标志就是事实上对共同体决策程序的修改。其中一以贯之的主题是，理事会越来越凌驾于委员会之上，而且理事会的政府间倾向限制了委员会内部的联邦主义倾向。在严格条约文本之外的机构发展，是实现这一结果的工具。

《卢森堡妥协》就是这种情况。这也是说明消极政府间主义（negative intergovernmentalism）的一个主要例子：如果成员国认为某些立法措施触及其核心利益，则可以否决它们不喜欢的这类措施。关于这一权力使用情况

---

⑭ 《欧洲共同体条约》第 250 条第 1 款。

的统计数字仅仅是事情的一部分，因为使用否决权这一威胁始终影响着欧盟委员会的政策。[145]

理事会的政府间倾向也有更积极的一面。如果其最终目标就是否决一项措施，那么《卢森堡妥协》就是有用的。但是，成员国也希望能够有更精准的工具可以用于影响它们希望通过的立法。成员国常驻代表机构的影响与日俱增，管理委员会和规制委员会的成立，对《欧洲共同体条约》第208条越来越频繁地使用，以及欧洲理事会的逐渐发展，这些都是积极政府间主义的特征。它们以相互补充的方式增强了成员国对共同体立法的影响。

成员国常驻代表机构、管理委员会和规制委员会使得理事会能够对紧急立法提供更正式的"输入"。第208条成为一个有用的工具，据此，理事会可就共同体的行动提出建议，与此同时，欧洲理事会使得成员国能够在理事会框架之外讨论共同体关心的普遍问题。这样导致的结果往往具有"约束力"，因为它为共同体未来的行动确定了参照标准——不管是涉及共同农业政策（CAP）的预算规模，还是建设更紧密的经济联盟的时间表。

上述发展情况在一定程度上导致20世纪70年代的大多数时间笼罩着欧共体的"欧洲硬化症"（Euro-sclerosis），而这对欧洲法院的角色产生了影响。约瑟夫·威勒（Joseph Weiler）在其重要著述中对这一问题做了最完整的论述。[146]他解释了通过政治程序阻碍共同体目标的实现这一情况是如何导致"规范超国家主义"（normative supranationalism）的重要性与日俱增的。直接效力以及共同体法的最高效力原则是这方面的核心理念，尽管在通过立法程序确保法律的制定方面仍然存在着困难，但这些理念使得欧洲法院能够发展欧共体法。[147]

通过对条约的修订，最初在条约严格文本之外形成的机构方面的诸多进展，均被赋予法律地位：通过修订《欧洲共同体条约》第202条，管理

---

[145] K Neunreither, 'Transformation of a Political Role: Reconsidering the Case of the Commission of the European Communities' (1971 – 2) 10 JCMS 233.

[146] J Weiler, 'The Community System: The Dual Character of Supranationalism' (1981) 1 YBEL 267, and 'The Transformation of Europe' (1991) 100 Yale LJ 2403, 2412 – 2431.

[147] P Craig, 'Once upon a Time in the West: Direct Effect and the Federalization of EEC Law' (1992) 12 OJLS 453.

和规制委员会架构获得更加稳固的地位；欧洲理事会得到《单一欧洲法令》的承认；成员国常驻代表机构也由于《欧洲共同体条约》第 207 条而获得更加正式的地位。自 20 世纪 70 年代以后，情况逐渐发生变化，对于具有超国家性质的机构和政府间性质的机构这二者的区分不再像以前那样明显。[148]

另外，出现了所谓"新政府间主义"（new intergovernmentalism），它不同于 20 世纪六七十年代流行的政府间主义。新政府间主义反映了多个不同的假设，其中最主要的观点是"协商与共识"已成为各级日常决策的指导标准。因此，尽管"协商与共识"从一开始就是欧洲一体化的一部分，但它在传统上被理解为"超国家机构建设"的主观成分。《马斯特里赫特条约》之后的"协商与共识建设"现在本身就是目的，而不是进一步推进超国家主义一体化的手段，正如欧洲理事会的协商及其重要性所表现的那样。新政府间主义的其他特征包括超国家机构不是天生追求实现更紧密联盟的观点；偏好欧盟专门机构等新机构，而不是增加传统超国家行为体的权力；高政治与低政治之间的界限越来越模糊；欧盟处于不平衡状态的事实。

比克顿、霍德森、皮特：《新政府间主义：〈马斯特里赫特条约〉后的欧洲一体化》[149]

《马斯特里赫特条约》后的欧洲一体化以一个重要的悖论为特征。一体化进展迅速，远远超出罗伯特·舒曼、让·莫内和雅克·德洛尔等人鼎盛时期的成就。但是，这种一体化所采取的方式大体上避开了传统共同体方法。我们已经看到一体化发生在"超国家主义缺席"情况下，同时所创设的新机构集中在成员国政府和成员国代表的权力和

---

[148]　参见第一章、第三章。

[149]　C Bickerton, D Hodson, and U Puetter, 'The New Intergovermentalism: European Integration in the Post-Maastricht Era' (2015) 52 JCMS 703; See also U Puetter, "Europe's Deliberative Intergovernmentalism: The Role of the Council and the European Council in EU Economic Governance' (2012) 19 JEPP 161; U Puetter, *The European Council and the Council: New Intergovernmentalism and Institutional Change* (Oxford Unversity Press, 2014).

活动方面。政策制定以非正式方式推进，逃避了那些被定性为超越民族国家法律所制定的许多立法框架。要理解这一发展，需要对《马斯特里赫特条约》后的一体化进程重新进行理论化。不同于只做新旧对比，我们展现了在《马斯特里赫特条约》前不存在或者仅以非常有限形式存在的政策领域，现在建立在我们所称的"新政府间主义"基础之上。《马斯特里赫特条约》后，委员会和欧洲法院被重塑，不再是曾经的"一体化引擎"。甚至欧洲议会也是其中一些发展的自愿参与者。

二　机构间维度

（一）规划立法议程

《单一欧洲法令》开启的机构改革对共同体的决策产生了一种喜忧参半的影响。这些改革措施通过扩大特定多数表决制的适用范围，加快了决策程序，但也导致立法程序更加复杂，因为欧洲议会通过合作程序获得了一定的权力。显然，在规划总体立法纲要时，必须开展更多的机构间合作。[150] 这一体系现在运行如下。[151]

欧盟的总体政治战略现由欧洲议会、欧洲理事会、理事会和委员会联合推进形成。考虑到欧洲理事会由国家元首或政府首脑组成，还考虑到它决定欧盟政治优先事项及其条约的条约职责，欧洲理事会在这方面具有特别的重要性。[152] 欧盟委员会主席在上任之初就会公布一项五年纲要，以一种相对高度概括的方式列出其任期内的战略目标[153]，并且经过与理事会和欧洲议会的讨论。委员会各部门发布五年战略计划，设定其任期愿景。[154]

---

[150] M Westlake, *The Commission and the Parliament: Partners and Rivals in the European Policy-Making Process* (Butterworths, 1994) 19–21.

[151] http://ec. europa. eu/atwork/planning – and – preparing/index_ en. htm.

[152] 《欧洲联盟条约》第15条第1款。

[153] Strategic Objectives 2005 –2009: Europe 2010, A Partnership for European Renewal, Prosperity, Solidarity, and Security, COM (2005) 12 final; J – C Juncker, A New Start for Europe: My Agenda for Jobs, Growth, Fairness and Democratic Change (Strasbourg, 15 July 2014), http://ec. europa. eu/priorities/docs/pg_ en. pdf.

[154] https://ec. europa. eu/info/publications/strategic – plans –2016 –2020_ en.

委员会还可能为欧盟的选择进行更长期的反思。⑮

　　委员会每年制定工作纲要，阐述政治优先事项将如何转化为具体行动。⑯ 委员会主席还出现在欧洲议会，说明前一年的成就以及来年目标。⑰ 委员会各部门制订年度管理计划（AMP），说明它接下来一年的具体行动，以落实欧盟委员会的优先事项和战略目标。⑱ "影响评估"（Impact assessment）用于具有重要社会、经济和环境影响的所有重要倡议。它确定实现目标的主要选择方案，并且分析它们的可能影响。"影响评估"被认为是政治决策的辅助手段，但不能替代政治决策。"影响评估"可以让决策者获知相关提案的影响，但最终决定仍由决策者做出。⑲

　　欧盟委员会各部门将提交年度活动报告（AAR），列明其当年成就和消耗的资源。⑳ 委员会接下来会发布年度管理与履职报告（AMPR），回顾欧盟预算所取得的成果，并且解释是如何加以管理和得到保护的；并反映年度管理规划的情况，以便对目标的实施程度进行监督。㉑

　　重点被放在如何更好地规制㉒，以及如何确保欧盟立法符合其目的并且取得欧盟立法者所希望达到的结果，而这正是"规制适当与履行纲要"（REFIT）的目标。其基本理念是，应该对现行立法做出坦率评估，然后可以用来突出改进制定所需政策的方法。㉓

----

　　⑮　White Paper on the Future of Europe, Reflections and Scenarios for the EU 27 by 2025, COM（2017）2025.

　　⑯　Commission Work Programme 2019, COM（2018）800 final.

　　⑰　State of the Union 2018, The Hour of European Sovereignty, https：//ec. europa. eu/commission/news/state – union – 2018 – hour – european – sovereignty – 2018 – sep – 12_ en.

　　⑱　https：//ec. europa. eu/info/publications/management – plans – 2019_ en.

　　⑲　https：//ec. europa. eu/info/law/law – making – process/planning – and – proposing – law/impact – assessments_ en.

　　⑳　https：//ec. europa. eu/info/publications/annual – activity – reports_ en.

　　㉑　Annual Management and Performance Report for the EU Budget, Financial Year 2018.

　　㉒　Better Regulation for Better Results—An EU Agenda, COM（2015）215 final; Better regulation：taking stock and sustaining our commitment, COM（2019）178 final.

　　㉓　https：//ec. europa. eu/info/law/law – making – process/evaluating – and – improving – existing – laws/refit – making – eu – law – simpler – less – costly – and – future – proof_ en.

（二）机构间协议

机构间协议或声明是开展更正式的机构间合作的一个重要工具。[164] 它对欧盟发挥"宪法黏合剂"的作用[165]，例如 1993 年《关于辅助性原则的机构间协议》（Inter-Institutional Agreement on Subsidiarity）和《关于民主、透明性和辅助性原则的机构间声明》（Inter-Institutional Declaration on Democracy, Transparency and Subsidiarity）。此外，在预算纪律、法律编纂、预算执行，以及"委员会制"等领域，也有这类协议，而且往往成为后来硬法的基础。《关于民主、透明性和辅助性原则的机构间声明》就成为欧盟委员会和理事会就透明性问题立法的催化剂。[166]《欧洲联盟运行条约》第 295条对机构间协议做出明确规定，并且规定机构间协议可具有约束力。

（三）特殊政策的制定

在制定具体立法的过程中，不同机构进行互动。立法提案的内容通常被列在欧盟委员会的立法议程之中。负责某领域事务的欧盟委员会委员为该领域的提案承担总体责任，该提案由相关总司负责拟订，包括与利益集团、各国专家以及高级公务人员开展讨论。在与措施草案具有直接关系者给予赞同之后，草案将提交委员内阁。如果负责此项事务的委员对草案表示满意，则该草案将呈送欧盟委员会委员团。立法提案一旦成形，则需要委员会全体委员口头或书面一致通过。欧盟委员会委员团通常每周都要会晤。

提案的形成过程会涉及与各种利益集团的密切合作。这种协作在提案开启其正式立法进程时就已经进行。成员国和联盟层面的官员互动可能会变得更加紧密。[167] 利益集团对于政策形成过程也有输入。[168] 成功的游

[164]　J Monar, 'Interinstitutional Agreements: The Phenomenon and its Dynamics after Maastricht' (1994) 31 CMLRev 693.

[165]　Westlake (n 150) 101.

[166]　Council Dec 93/731 [1993] OJ L340/43; Commission Dec 94/90 [1994] OJ L46/58.

[167]　W Wessels, 'Administrative Interaction' in W Wallace (ed), *The Dynamics of European Integration* (RISIA/Pinter, 1990) 230.

[168]　See, eg, S Mazey and J Richardson, *Lobbying in the EC* (Oxford University Press, 1992); RH Pedler and MPCM Van Schendelen (eds), *Lobbying the European Union: Companies, Trade Associations and Issue Groups* (Dartmouth, 1994).

说取决于事先掌握充分的情报；密切观察成员国议程；与成员国行政机关保持良好的联系；与欧盟委员会官员维持密切联系；提交理性观点；具有合作精神；形成欧洲视角，以及不忽视实施过程。[169] 目前已经在欧洲层面形成多个协会以推进这一进程，但欧盟委员会对这些协会的态度一直模棱两可。[170]

　　欧盟委员会制定了处理与利益集团关系的治理原则。有专门注册机构负责利益集团事宜[171]，而利益集团必须签署一项"行为准则"[172]。欧盟委员会要求利益集团遵守某些标准。我们有理由期待来自欧盟层面的利益集团的压力。这并不意味着我们应为此盲目乐观。营利性集团的数量远远超过非营利性集团，而且前者的资源也要多得多。对于志愿组织或非营利性领域而言，欧洲层面的组织成本可能尤其巨大。无论是否拥有正式参与权，强大的集团都有可能让别人听到它们的声音，但那些财力较弱的集团则显然无法做到这一点。

　　在形成欧盟委员会提案之后，将提交给理事会，在通常情况下也会提交给欧洲议会。成员国常驻代表团是理事会参与立法程序的至关重要的因素。在将任何措施提交给理事会之前，都先由它审议。辅助成员国常驻代表机构的工作组成员包括成员国的官员和专家，再加上欧盟委员会的一名成员。工作组可能是常设的，也可能是临时的。常年都有200—250个这类工作组。[173] 它们审议委员会提案以及起草报告。报告将指出在哪些领域已经达成一致，在哪些领域还没有。接下来将在成员国常驻代表团内部进行讨论。

　　成员国常驻代表团还协助设定理事会议程。已经在成员国常驻代表

　　[169]　S Mazey and J Richardson, 'Pressure Groups and Lobbying in the EC' in J Lodge (ed), *The European Community and the Challenge of the Future* (Pinter, 2nd edn, 1993) 44.

　　[170]　Ibid 38 – 39. See also, S Mazey and J Richardson, 'Interest Groups and EU Policy-Making: Organizational Logic and Venue Shopping' in J Richardson (ed), *European Union: Power and Policy-Making* (Routledge, 3rd edn, 2006) ch 12.

　　[171]　http://ec.europa.eu/transparency/regexpert/.

　　[172]　http://ec.europa.eu/transparencyregister/info/about – register/codeOfConduct.do? locale = en.

　　[173]　F Hayes-Renshaw, C Lequesne, and P Mayor Lopez, 'The Permanent Representations of the Member States to the European Communities' (1989) 27 JCMS 119, 132.

团内达成一致的议题属于"A 类",无须讨论即可通过。如果无法在成员国常驻代表团达成一致的某些议题,就被归为"B 类",表明需要理事会进行辩论并做出决定。成员国常驻代表团中的成员将作为本国部长代表的顾问参加理事会会议。如果需要根据共同决策程序召开调解委员会会议,那么成员国常驻代表团也将与欧洲议会开展谈判。欧盟理事会主席将对不同领域的理事会会议进行协调,并且在成员国之间、成员国与欧盟委员会之间,以及理事会与欧洲议会之间产生冲突的情况下充当调解人。

欧洲议会在通过立法的过程中同样发挥着重要作用,但主要工作由欧洲议会各常设委员会承担。根据《欧洲联盟运行条约》第 289 条,将由适当的委员会起草初始立法草案报告,并将其递交欧洲议会。为该委员会起草报告的任务由报告人(rapporteur)负责,他将把报告草案提交该委员会。报告通常由四部分组成:就欧盟委员会提案提出的修改意见;立法决议案草案;解释性说明;任何相关附件。该专门委员会将就如何在全体会议上投票向欧洲议会议员提出建议,并且报告起草人往往承担着该委员会发言人的角色。前面的讨论表明,在普通立法程序的各个阶段,工作重点都放在对话和寻求达成共识上。[174]

第十节　欧盟民主:争论与评估

长期以来,欧盟内部决策程序的民主合法性问题一直是辩论的主题。[175]在《马斯特里赫特条约》以后,对这一问题的辩论尤其激烈,1996 年政府间峰会召开之前的机构报告[176],以及大量学术著作都说明了这一点,其中

---

[174]　参见本章第三节之四、五、六。

[175]　相关讨论内容有一部分引自:P Craig,'Integration,Democracy and Legitimacy' in P Craig and G de Búrca (eds),*The Evolution of EU Law* (Oxford University Press,3rd edn,2021) ch 2.

[176]　Craig (n 15);G de Búrca,'The Quest for Legitimacy in the European Union' (1996) 59 MLR 349.

绝大多数都与欧盟的"民主赤字"（democratic deficit）有关。[177] 尽管对于该问题的看法不尽相同，但是下文从约瑟夫·威勒对民主赤字问题的概述[178]中得出的结论还是很有代表性的。要注意的是，"民主赤字"一词有多个不同特征，必须对其加以区分。

一　争论的性质

对欧盟决策机制的一种重要的批评意见认为，欧盟"对民主压力反应迟钝"。选民可以更换政府是民主机制的一个关键特征。[179] 但欧盟却不是这种情况。立法权由理事会、欧盟委员会和欧洲议会共享。只有欧洲议会是经过直接选举产生的。因此，通过欧洲选举改变欧洲议会的构成并不一定能够带来欧盟政策的重大转变，因为欧洲议会仅是立法机构的一部分。虽

[177]　这里仅列举其中的一些专著：S Garcia（ed），*European Identity and the Search for Legitimacy*（Pinter，1993）；J Hayward（ed），*The Crisis of Representation in Europe*（Frank Cass，1995）；A Rosas and E Antola（eds），*A Citizens' Europe：In Search of a New Order*（Sage，1995）；R Bellamy，V Bufacchi，and D Castiglione（eds），*Democracy and Constitutional Culture in the Union of Europe*（Lothian Foundation Press，1995）；S Andersen and K Eliassen（eds），*The European Union：How Democratic Is It?*（Sage，1996）；R Bellamy and D Castiglione（eds），*Constitutionalism in Transformation：European and Theoretical Perspectives*（Blackwell，1996）；R Bellamy（ed），*Constitutionalism，Democracy and Sovereignty：American and European Perspectives*（Avebury，1996）；F Snyder（ed），*Constitutional Dimensions of European Economic Integration*（Kluwer，1996）；R Dehousse（ed），*Europe：The Impossible Status Quo*（1997）；D Curtin，*Postnational Democracy：The European Union in Search of a Political Philosophy*（Kluwer，1997）；P Craig and C Harlow（eds），*Lawmaking in the European Union*（Kluwer，1998）；J Weiler，*The Constitution of Europe*（Cambridge University Press，1999）；C Hoskyns and M Newman（eds），*Democratizing the European Union*（Manchester University Press，2000）；B Laffan，R O'Donnell，and M Smith，*Europe's Experimental Union：Rethinking Integration*（Routledge，2000）；F Mancini，*Democracy and Constitutionalism in the European Union*（Hart，2000）；K Neunreither and A Wiener（eds），*European Integration after Amsterdam：Institutional Dynamics and Prospects for Democracy*（Oxford University Press，2000）；R Prodi，*Europe As I See It*（Polity，2000）；K Nicolaïdis and R Howse（eds），*The Federal Vision：Legitimacy and Levels of Governance in the United States and the European Union*（Oxford University Press，2001）；W Van Gerven，*The European Union：A Polity of States and Peoples*（Hart，2005）；D Chalmers，M Jachtenfuchs，and C Joerges（eds），*The End of the Eurocrats' Dream：Adjusting to European Diversity*（Cambridge Unversity Press，2016）；S Blockmans and S Russack（eds），*Representative Democracy in the EU：Recovering Legitimacy*（CEPS，2019）.

[178]　J Weiler，U Haltern，and F Mayer，'European Democracy and its Critique' in J Hayward（ed），*The Crisis of Representation in Europe*（Frank Cass，1995）32－33；J Weiler，'European Models：Polity，People and System' in Craig and Harlow（n 46）ch 1.

[179]　A Follesdal and S Hix，'Why there is a Democratic Deficit in the EU：A Response to Majone and Moravcsik'（2006）44 JCMS 533，534－537.

然最近的欧洲议会选举发生了一些变化，即欧盟委员会主席应为欧洲议会某一特定党团的候选人，但这一举措仅仅起到了缓解这一问题的作用，并未彻底解决这一问题。

与民主赤字问题有关的第二个特征涉及"行政主导"[180]。向欧盟让渡权能增强了行政机构的权力，但却以牺牲成员国议会的权力为代价。这是因为理事会和欧洲理事会在欧盟决策程序中占有主导地位，而成员国议会机构在对欧盟决策实施真正的控制方面遇到了许多困难。尽管欧洲议会在欧洲层面提供一个经由直接选举产生的场所，从而缓解了这一问题，但并没有消除这一问题。这是由于欧洲议会的权力有限，选民对欧洲议会选举不感兴趣，而且欧盟内部不存在成熟的政党体系。

关于民主赤字论断的第三个特征是"回避民主争论"。这一问题最常见的批评对象是复杂的委员会结构，即通常所说的"委员会制"。我们已经看到，很多技术性的但却很重要的条例是由根据授予欧盟委员会的权力成立的一些专门委员会制定的。技术官僚和利益集团在这类决策程序中占主导地位，并且将欧洲议会甚至是理事会等更正规的民主决策渠道排除在外。

第四个特征可以被称为"距离问题"。民族国家将很多事项让渡给了布鲁塞尔，因而使其更加远离公民。

民主赤字的第五个特征可以被称为"透明性和复杂性问题"。传统上，大多数欧盟决策，特别是理事会的决策，都是闭门做出的。此外，立法程序极为复杂，这意味着除专家以外的任何人都很难理解这些程序。

第六个特征是"实质不平衡问题"。有学者认为，民主赤字问题还应该包括劳资之间的不平衡，或者更广泛地包括欧盟经济与社会维度之间的不平衡，而开放欧洲市场加剧了这一问题的严重性。[181]

最后一个特征是"司法控制问题"。这个问题有两个维度。一种观点指出，很多法律体系中都设置了有权对一级立法的合宪性进行审查的法

---

[180] D Curtin, 'Challenging Executive Dominance in European Democracy' (2014) 77 MLR 1.

[181] See, eg, F Scharpf, 'Economic Integration, Democracy and the Welfare State' (1997) 4 JEPP 18; F Scharpf, 'The European Social Model: Coping with the Challenges of Diversity' (2002) 40 JCMS 645; M Dawson and F de Witte, 'Self-Determination in the Constitutional Future of the EU' (2015) 21 ELJ 371; M Wilkinson, 'Authoritarian Liberalism in the European Constitutional Imagination: Second Time as Farce?' (2015) 21 ELJ 313.

院。向欧盟让渡权能，意味着此类权力的范围被缩小。还有另一种不同的关切，以格里姆（Grimm）和沙尔普夫（Scharpf）的观点较为著名，他们认为，欧盟已经过度宪法化，随之而来的是欧洲联盟法院权力的增加，另外却限缩了民主机构的行动范围。[182]

二　评估：实证性参考框架

我们通过语言生活。"民主赤字"这一用语本身就其所传递的意象而言十分具有冲击力。它直接触及我们正在偏离的某个基准点，而这一印象由于与"预算赤字"的类比而得到强化。然而，不能用与衡量预算的相同方式去衡量民主。对于"民主赤字"争论的任何评估都必须包括实证和理论分析两个部分。下文的讨论并不意味着欧盟内部民主无法得到改进。其含义是，在通过与国家机制的比较来评估欧盟民主，以及在通过与假设欧盟不存在的情况进行比较来评估欧盟民主时，我们必须做到公正。作为参照的实证架构是，首先假设在成员国层面处理相关事项的立场是什么样的，再将其与欧盟进行比较。这就要求我们评估成员国政体内部决策的真实情况，并且假定在欧盟不存在的情况下，将由哪些机构制定决策。

（一）与国家政体进行比较

论证的第一步把我们带入熟悉的领域。行政机构往往在绝大多数现代国家的国内政体中占据主导地位。尽管其程度有所不同，但行政机构占主导地位这一普遍前提是站得住脚的。认为国家议会真正掌控立法规范的形成或立法规范的内容这一看法，则几乎不符合现实。如果以此为观察视角，那么对欧盟决策程序中"行政主导"状况提出的批评似乎就不那么具有说服力了。

此外，我们绝不能理所当然地认为欧洲议会对立法内容的控制权比国家议会要弱。如今，最重要的欧盟立法都必须经由普通立法程序通过。在绝大多数情况下，欧洲议会提出的修订意见都能被最终接受[183]，并且"三

---

[182]　D Grimm, 'The Democratic Costs of Constitutionalization: The European Case' (2015) 21 ELJ 460; F Scharpf, 'De-Constitutionalisation and Majority Rule: A Democratic Vision for Europe' (2017) 23 ELJ 315.

[183]　Westlake (n 11) 39; S Boyron, 'The Co-decision Procedure: Rethinking the Constitutional Fundamentals' in Craig and Harlow (n 46) ch 8; Maurer (n 46) 21 – 29.

方对话"也有助于确保欧洲议会的关切能够反映在立法性法令的最终文本之中。也许有人会认为,欧洲议会所提出的修订意见都无足轻重,或者本来就是理事会愿意接受的。我们只有通过认真研究相关立法性法令,才有可能检验欧洲议会所提出的修订意见是否无足轻重。而认为修订意见原本就是理事会愿意接受的这一观点,也只不过是简单的推理。理事会当然必须接受欧洲议会提出的修订意见,因为否则的话立法草案就无法成为法律,但这并不能证明欧洲议会没有行使任何权力。事实上,很多国家的议会都努力争取在立法草案中增加一些不被行政机构支持的改动。

我们在考虑"委员会制"问题以及"规避正常民主程序"时,同样需要理解国家制定决策的现实情况。对于欧盟而言,这是一个真正的问题。然而,对于所有国内政治体系而言,二级规范的合法化都是一个长期得不到解决的问题。以英国为例,长期以来,英国始终未能令人满意地解决如何快速通过二级规范这一问题,以及如何确保有效立法监督。事实上,英国立法机构根本就不理解具有立法性质的很多规范。如上所述,对于依据此类"委员会制"程序制定的法令,《里斯本条约》无论如何都产生了突出影响。

(二) 与国际政体的比较

论证的第二步将我们带入不太熟悉的领域。通常的假设是,如果欧盟不存在,那么欧盟权能范围内的事项就应在国家层面进行处理。决策就将以更接近人民的方式予以制定,从而缓解"距离问题",而国家议会也将拥有更大的控制权,进而减缓"行政主导"问题。

该结论与前面的假设并不相符。即使欧盟从未存在过,但也仍然存在某种压力,要求采取某种形式的国际协调。从一体化理论中得出一种经久不衰的观点,即货物跨境流动带来国际政策的"外部化",并由此产生进行政策协调的动力。[184] 于是,关键问题就不再是国家之间是否互动,而

---

[184] A Moravcsik, 'Preferences and Power in the European Community: A Liberal Intergovernmentalist Approach' (1993) 31 JCMS 473, 485; W Wessels, 'The Modern West-European State and the European Union: Democratic Erosion or a New Kind of Polity?' in Andersen and Eliassen (n 177) ch 4; G Majone, 'The European Community between Social Policy and Social Regulation' (1993) 31 JCMS 153 and 'The Rise of the Regulatory State in Europe' (1994) West European Politics 1; Craig (n 175).

是如何互动。国家可以通过涉及两个或更多缔约方的临时国际协定而这么做。但它们往往更偏好永久形式的国际合作，从而减少临时协调所产生的谈判或交易成本。这尤其发生在当事方数量变得更多，而寻求协调的问题涵盖的范围更广的情形下。

因此，真正的区别在于，在这些不同形式的国际协调中，诸如"距离""行政主导""透明性"以及与此类似的一些问题是如何发生并得到解决的。在这里，几乎不存在质疑的空间，原因在于，与通过欧盟对相关事务进行规制相比，通过一系列特别国际协定进行规制所产生的效果更差。其原因是多方面的：在一般情况下，国际协定并不包括欧洲议会这样的机制；国际协定由行政机构制定、实施和终结；成员国议会在一般情况下只能行使最低程度的监督，它们可能不得不批准这类协定，但此后议会的任何监督都往往处于相对边缘的状态。

三　评估：规范性参考框架

（一）四种对立的途径

现在，我们考虑民主赤字这一论断的理论维度。评论者的分歧在于，他们在评判欧盟时，往往赋予民主的不同方面以大相径庭的意义。我们可以通过比较学术著作中的四种不同途径来考察这一问题。

莫劳夫奇克（Moravcsik）为欧盟辩护，他不认同欧盟受民主赤字困扰的主张，因为该主张的前提是从"制衡"角度评价民主。[185] 从这一角度他坚称："宪法领域的制衡，经由各国政府的间接民主控制，以及欧洲议会不断增强的权力，这些足以确保欧盟决策在几乎所有情况下都清楚、透明、有效以及在政治上回应欧洲公民的需求。"[186] 他指出，经由欧洲议会，以及经由理事会和欧洲理事会，欧盟具备了直接和间接的民主问责机制。[187] 他恰如其分地指出，欧盟在某些远离直接政治争论的领域制定决策，在此意义上，这与民族国家使用类似决策方式的领域十分相似。[188] 因此，对莫

---

[185]　A Moravcsik, 'In Defence of the "Democratic Deficit": Reassessing Legitimacy in the European Union' (2002) 40 JCMS 603.

[186]　Ibid 605.

[187]　Ibid 609 – 610.

[188]　Ibid 613 – 614.

劳夫奇克而言，"判断民主的经典依据是，阻止并引导国家专制的也许是腐败的权力"[189]。此外，这一主题是莫劳夫奇克的核心观点，这反映在下列事实之中，即他关注的是对欧盟权力的实体方面、行政方面和程序方面的限制。

但是，莫劳夫奇克的观点受到威勒[190]、贝拉米（Bellamy）[191]、弗勒斯达尔（Follesdal）和希克斯（Hix）[192]，以及哈贝马斯（Habermas）[193] 等人的质疑，他们更关注民主的"输入方面"（input aspects）。他们认为，欧盟的主要问题在于权力与选举问责的脱节，这构成批评欧盟民主赤字的一个重要因素。例如，弗勒斯达尔和希克斯认为，民主政体的政治领袖和政策都必须经过竞争和辩论，即使对于"最薄弱"的民主理论而言，这也是一项基本要素，而欧盟并不存在这一要素。他们认为，民主需要为了控制权威而规范竞争的程序，

此外，参与选举的公民的偏好对结果发挥着决定作用，这样选举出来的政府才能对大多数或尽可能多的选民负责。[194] 他们认为，欧盟并不存在这些特征，因为不存在机制化的反对派，也没有机会对欧盟委员会、理事会和欧洲议会当前拥护的政策结果提出替代性整体方案。此外，竞选是选民形成对政策议题偏好的不可或缺的组成部分。[195]

弗勒斯达尔和希克斯：《为什么欧盟存在民主赤字：对马约内和莫劳夫奇克的回应》[196]

目前，有几个类似于宪法方面的特征以及机构方面的特征，使得

---

[189] Ibid 606.

[190] Weiler（n 178）.

[191] R Bellamy, 'Democracy without Democracy? Can the EU's Democratic "Outputs" be Separated from the Democratic "Inputs" provided by Competitive Parties and Majority Rule?' (2010) 17 JEPP 2.

[192] Follesdal and Hix（n 179）.

[193] J Habermas, 'Democracy in Europe: Why the Development of the EU into a Transnational Democracy in Necessary and How it is Possible' (2015) 21 ELJ 546.

[194] Ibid 547.

[195] Ibid 552.

[196] A Follesdal and S Hix, 'Why there is a Democratic Deficit in the EU: A Response to Majone and Moravcsik' (2006) 44 JCMS 552.

欧盟免于政治竞争。其中最根本的特征是，欧洲层面不存在政治领袖的竞选过程，对于欧盟政策议程的基本方向也不存在政治论战。欧盟层面的代表是经选举产生的，因此可以在形式意义上被"赶下台"。然而，无论是选举各国政治家的过程，还是选举欧洲议会议员的过程，都不涉及欧盟政策的内容或方向的竞争。各国的选举与国内政治议题有关，在这些选举中，很少就各政党与欧盟议程中的议题有关的政策进行辩论。同样，正如我们前面所讨论的，欧洲议会选举事实上并不是关于欧洲的选举，而是"次级国家选举"。在这些选举中，成员国政党就本国政府的表现进行辩论，其投票率比国家选举要低，因此获胜的往往是反对党或抗议党。于是，选民根本就没有机会在对立的候选人之间选择欧洲层面的行政官员，也没有机会在对立的政策议程之间选择欧盟的行动，更没有机会由于已经当选的代表在欧盟层面采取的政策立场或行动而将他们"抛弃"。

威勒、弗勒斯达尔和希克斯等人不同意莫劳夫奇克的某些观点，而他们的观点又受到了梅农（Menon）和韦瑟里尔（Weatherill）等人的质疑。[197] 导致此种意见分歧的根本原因再一次说明，他们对在思考欧盟民主问题时应优先考虑哪些因素存在着分歧。梅农和韦瑟里尔认为，在这方面，"输出合法性"（*output legitimacy*）尤其重要。他们认为，使用国家范式衡量欧盟的合法性就等于错误地假设欧盟正在寻求成为一个国家，而且，尽管将对欧盟合法性问题的思考建立在国家实践基础上也许有一些道理，但必须充分认识到，国家也没有能够完全坚持自己的理想。[198] 他们认为，欧盟的有效性取决于欧盟委员会和联盟法院能够作为"有活力的自主机构"采取行动。[199]

他们认为输出合法性尤其重要。[200] 有效性是"合法性的一个来源"[201]，因此，不应将这些机构与思考民族国家内部民主问责制的传统方式"捆

---

[197]　A Menon and S Weatherill, 'Democratic Politics in a Globalising World: Supranationalism and Legitimacy in the European Union', LSE, Law, Society and Economy Working Papers 13/2007.

[198]　Ibid 2.

[199]　Ibid 2.

[200]　Ibid 6–9.

[201]　Ibid 3.

绑"在一起。梅农和韦瑟里尔还认为,超国家主义可以为民族国家的民主失灵提供一种弥补方式,其途径是规定一些可合法实施的义务,要求成员国尊重那些一般情况下很少或几乎完全不可能在国家决策机制中拥有一席之地的利益。[202] 他们对旨在主要通过输入合法性弥补欧盟民主赤字的观点持怀疑态度,例如通过选举产生欧盟委员会主席、增强欧洲议会对行政机构的控制权、旨在加强选举问责制的倡议,以及根据选民的偏好设计欧盟机构的权力等。[203]

然而,关于民主与欧盟关系问题的第四种途径与上述三种均不相同。这种观点来自尼古拉迪斯(Nicolaïdis)的文章。[204] 她的假设是,欧盟的民主赤字无法通过对其机构的"修修补补"得到解决,应该从民主相互依赖的视角看待欧洲内部的民主问题。为此目的,她创造了"demoicracy"这一新概念,其含义如下。

卡吕普索·尼古拉迪斯:《欧洲 Demoicracy 及其危机》[205]

欧洲 demoicracy 是一个由人民组成的联盟,既可以将其理解为国家,也可以将其理解为公民,这些国家或公民共同治理,但不可以作为一个来治理。它代表着两种选择之外的第三条道路,而这两种选择均将民主等同于单一的"人民"——不管是在民族国家还是在欧洲层面。作为一个正在形成中的 demoicracy,欧盟既不是"主权主义者"或"政府间主义者"所设想的一个由民主国家组成的联盟,也不是"联邦主义者"所设想的一个"作为民主国家的联盟"。"作为 demoicracy 的联盟"应该是一个没有确定目标的转型过程,对于彼此分离的人民之间在追求激进的相互开放过程中的内在矛盾,它寻求加以接纳或适应。

为此目的,尼古拉迪斯提出了界定 demoicracy 概念的 10 个更具体的指

---

[202]　Ibid 3,10 – 15,18.

[203]　Ibid 4 – 5,20 – 22,24.

[204]　K Nicolaïdis,'European Demoicracy and Its Crisis'(2013)51 JCMS 351.

[205]　Ibid 353.

导原则。分别是："自主"，其核心理念是，成员国应拥有加入和退出的权利，而且它们应该是"条约的主人"；"保障"，确保欧盟成员国之间的平等地位；"多元"，目的是应对向现代民主逻辑中内在的多数主义发展这一趋势；"跨国主义"，在该背景下意味着，demoicracy 应赋予跨国权利和义务以优先地位，但应防止威压同化；"同等"，意味着偏好相互承认而不是调和；"调解"，民族国家内部的行为体借此转化并承认欧盟政策；"授权"，针对辅助性原则的可取性；"互补性"，即国家和欧盟各种形式的问责制形成互补；"共存的公民身份"，指民族国家的公民身份概念和欧盟的公民身份概念共存；"多样性"，即 demoicracy "应作为精神上的灯塔，抵制任何朝向同一性发展的力量——不管是同一个民族、同一个国家、世界舞台上的同一个声音，还是关于欧盟的同一个故事"[206]。

（二）评估：输入民主与欧盟

由于篇幅有限，无法详细讨论这些有争议的观点。[207] 然而，我们还是要提出以下几个要点。《里斯本条约》缓解但并未完全解决关于输入民主的担忧。理事会的透明性得到提高。通过将普通立法程序扩大到新的领域，欧洲议会的权力得到增强。但是，欧洲议会对任命欧盟委员会主席的控制权已经发生变化。2014 年，欧盟委员会主席的候选人只有作为欧洲议会某个特定党团选择的候选人才能参加竞选，而拥有最多席位的政党候选人成为委员会主席。欧盟一直被认为是一个政策与政党政治割裂的政体，就此意义而言，在欧洲议会占主导地位的政党/政党联盟与任命欧盟委员会主席这二者之间建立起正式联系，有助于加强政策与政党政治之间的联动。这缓解了先前对欧盟权力与责任脱节这一问题的批评。

这种任命委员会主席的方法没有复制到 2019 年选举上。部分原因是胜选政党的优势并不明显，从而动摇了 2014 年实践的基础，另一部分原因在于欧洲理事会再次主张正式的条约规则，借此控制对委员会主席的选择。在 2019 年选举之前，欧洲理事会主席唐纳德·图斯克断言不可能存在"自动"任命委员会主席的情形。由此，欧洲议会领导政党的候选人不一

---

[206] Ibid 365. Demoi 在希腊语中指"人民"，cracy 指"权力或统治"，该作者提出 demoicracy 概念就是要与 democracy 相区分，但目前很难找到合适的中文术语，故未将其译出。——译者

[207] 更详细的讨论可参见 Craig（n 175）。

定就会得到这个职位。欧洲理事会将按照《欧洲联盟条约》第 17 条第 7 款任命主席。因此，未来欧盟委员会主席将必须既得到欧洲理事会内特定多数的支持，也必须得到欧洲议会议员的多数支持。[208]

无论如何，妨碍欧盟在政策与政治之间保持更紧密联系的因素依然存在，即使在《里斯本条约》改革之后仍然如此。欧盟的政策议程并不完全掌握在欧洲议会和/或欧盟委员会手中。理事会和欧洲理事会都既有法律上的也有事实上的输入权。欧盟委员会主席仅是委员会这个团队中的一员，而其他委员并不一定与主席或在欧洲议会占主导地位的政党拥有同样的政治信念。在这方面，未能在欧盟层面形成成熟的政党制度这一事实具有重要影响。迄今为止，欧盟选举一直是成员国政党之间的相互博弈，国内政治问题往往占据主导地位，其结果是，各政党几乎很少提供关于欧盟问题的清晰的政治议程以供选民选择。此外，还应该认识到，对欧盟权力的分配建立在双重合法性这一概念基础之上。目前这一概念包含在《欧洲联盟条约》第 10 条里：人民由欧洲议会代表；成员国由理事会和欧洲理事会代表。权力的分配本身就意味着人民不可能通过直接选举方式"抛弃"当权者，也不可能取代具有不同政策的政党，因为理事会和欧洲理事会的代表不是以这种方式选择出来的。

从理论上说，有可能构建这样一个机制，即人民直接选举立法机构的两个组成部分（欧洲议会和理事会），并且直接选举欧盟委员会主席和欧洲理事会主席。但政治现实是，在关于《宪法条约》和《里斯本条约》的相关辩论中，此类激进变革并没有被提上政治议程。即使引入了这样一种制度，也无法保证人民能够对欧盟政策的发展方向行使选举控制，因为欧洲理事会仍将由各国首脑组成，他们仍将继续对政策议程拥有显著影响。此外，政治观点大相径庭的欧盟委员会成员也仍将由各自的成员国选任。

在考察欧盟内部的民主问题时，我们应该关注这些因果关系。下面讨论因果关系问题。这里只指出，当前机构间权力的分配是各成员国经由不断的条约修订加以明确选择的结果。

---

[208] Remarks by President Donald Tusk at the press conference of the informal dinner of EU heads of state or government, 28 May 2019. See also M Goldoni, 'Politicizing EU Lawmaking? The *Spitzenkandidaten* Experiment as a Cautionary Tale' (2016) 22 ELJ 279.

（三）评估：输出合法性与欧盟

欧盟要想完全实现输入民主这一概念，面临着很多障碍。我们也可以承认，从"输出"的角度评判合法性是一种有意义的考量。但是，我们应该慎重考虑梅农和韦瑟里尔的论断，即由于欧盟不是国家，因此输入民主在欧盟层面是不必要的或不适当的，而是应该在国家层面处理此类事项。

欧盟也许不是国家，但是，它仍然对一系列范围广泛的领域拥有政治权威。它仅关注经济问题的年代早已成为过去。它在诸多政治、社会和经济问题上行使重要权力，而且随着欧盟在"自由、安全和公正的区域"开展的行动与日俱增，其权力范围也越来越大。此外，我们也越来越难以通过与建立市场进行比较的方式，从"输出"角度判断此类倡议的有效性。欧盟在该领域以及其他领域提出的立法和行政倡议从来都不是与政治无关的。即使与建立市场有关的核心行动也是如此。在欧盟内部，政治与社会之间的平衡一直是饱受争议的话题。无论我们对欧盟委员会任意一年的具体立法议程还是更长时期内的规划进行粗略浏览，都可以发现，欧盟决策过程中存在着明显的政治选择与价值判断等因素。其他机构行为体做出的选择同样如此，例如欧洲理事会。正是出于这一原因，评论人士仍然担心输入民主问题，以及政治权力与选举问责制之间的联系（或者是这二者之间不存在联系）问题。这一担心不无道理，尽管有些活动可能由民族国家承担而不受制于民主程序的完全控制。

（四）评估：Demoicracy 与欧盟

关于尼古拉迪斯的 demoicracy 概念，有很多话要说，该概念试图在那些将民主等同于国家或欧盟内部的单一"人民"（demos）这两条路径之间开辟另外一条道路。此外，我们也很难不同意诸如自主、平等以及诸如此类的指导原则，至少在这些原则被置于最重要位置时是如此。

然而，在我们具体适用这些原则时，则存在着开展更多辩论的大量空间，恰恰是在这里，我们可以说，细节决定成败。例如，对于"自主"对成员国的加入权与退出权的影响这一问题，可能就存在着不同的观点；对于成员国是否应被视为"条约的主人"这一问题也存在着分歧，包括决策规则中应该包含哪些要素等问题。同样，对于其他一些问题也存在着不同看法，例如，从对"平等"的遵守中应该推导出调和与相互承认，而这二者之间的平衡应该是什么样的；从"授权"原则中能够以及应该推导出辅助性原则的程度是多大，以及对"多元化"的限制等问题。

（五）评估：前述民主概念之间的联系

更需要理解的是，前述各民主概念之间存在着联系。沙尔普夫（Sharpf）清晰地指出民主的输入、民主的输出和以共同体为导向的民主概念，其论述如下。

沙尔普夫：《去宪法化与多数规则：欧洲的民主愿景》[209]

无论以往人们怎么谈论以输出为导向的观点具有经验合理性，它们的合法性力量已经在当前危机的不断影响下急剧下降。这些都说明并且证明的事实是，无论欧洲层面还是成员国层面的政府，都没有能力为明显共同的问题和共同的抱负提供有效解决方案。简言之，当前危机表明，对多层欧洲政体中政府输出合法性的挑战，具有政治上的显著意义。

但是，如果确实如此，那么以输入为导向的民主合法性也将遭受挫折。对于某些人来说，可以肯定的是，政治参与本身就是一种价值观，而当前的欧盟几乎没有提供实现政治参与的机会。但是对于我们大多数人而言，政治是通过有目的的政治行动，塑造我们共同存在的法律、经济和社会条件的政策。然而，如果我们希望影响其政策的政体缺乏塑造这些条件的能力，那么以输入为导向的民主参与就失去其意义及其合法性力量。而且，在未来的欧洲政治共同体明显缺乏有效自我治理能力的情况下，"共同体主义"的合法性也不会出现。换言之，在当前多层欧洲政体之下，输出合法性的缺乏将损害以输入为导向的合法性，以及以共同体为导向的合法性。

（六）评估：因果关系、机构架构和民主悖论

当前欧盟机构权力和分配是条约不断修订的结果，而条约修订的主要

---

[209]　F Sharpf, 'De-Constitutionalisation and Majority Rule: A democratic Vision for Europe' (2017) 23 ELJ 315, 315–316.

行动体一直是成员国。因此，就目前委员会、理事会、欧洲议会和欧洲理事会从事实和法律上划分欧盟政策制定而言，这反映了成员国塑造并有意愿接受的权力平衡。导致机构架构在民主意义上不完美的这个事实，又带来了以下悖论。[210]

保罗·克雷格：《欧盟、民主与机构架构： 过去、现在与未来》[211]

欧盟的机构间权力配置存在因果悖论，因为它目前存在而且很可能在未来仍然存在。"因"指迄今为止出现的事实。成员国已经塑造欧盟机构间权力的当前配置，由于选举投票与政治权力或责任之间缺乏联系，因此受到民主赤字的困扰，以至于就将欧盟政策方向转化为行动而言，选民难以表达自己的观点。成员国对现状负有主要责任，因为是它们设计了当前方案。

"果"指我们对欧盟民主合法化的思考方式。欧盟决策的弱点构成了以下论点的驱动力，即欧盟的合法性和民主必须以成员国为基础，而不仅仅是欧盟内部的一种代表模式。争论变得更加"发自内心和基础性"，因为正是成员国及其国民议会被视为民主的真正基石。它们在这方面的主张是基于欧盟的民主缺陷，而这反过来又被用来支持这些议会应参与欧盟决策的观点。

悖论在于因果关系：成员国的选择对于欧盟层面的制度架构及其所反映的民主弱点至关重要。考虑到这一选择的性质，可以说，这种弱点不能在欧盟层面得到解决，其结果是必须在别处找到解决办法。……对于减轻欧盟内部民主赤字的变革，大多数成员国议会与本国行政部门展开一致抵制，因为变革可能会对它们自己的权力产生影响，这种情况进而加剧了这一悖论。因此，虽然"一个真正的政治联

---

[210] P Craig, 'The Financial Crisis, the EU Institutional Order and Constitutional Responsibility' in F Fabbrini and E Hirsch Ballin (eds), *What Form of Government for the Eurozone?* (Hart, 2015).

[211] W Heusel and J-P Rageade (eds), *The Authority of EU Law: Do We Still Believe in It?* (Springer, 2019), and A Bakardijieva Engelbrekt and X Groussot (eds), *The Future of Europe: Political and Legal Integration beyond Brexit* (Hart, 2019).

盟不会涉及压制，而是引导和促进有关欧盟实质性目标的有价值的冲突"，并且，虽然在金融危机之后在这方面重新注入活力可能尤其重要，但这种情况发生的可能性很小。

……

……此外，正是这些制度上的缺陷剥夺了欧盟解决那些困难的社会或经济问题所需的合法性。欧盟被夹在摇摆不定的境地之间，它因以牺牲社会为代价过度依赖经济而受到斥责，同时它又因缺乏民主合法性而无法做出具有决定性的社会或再分配方案而受到同等程度的谴责。

四 评估：金融危机的阴影

我们有必要考虑金融危机对欧盟民主的影响。上文我们提到过这一问题，下文还将再次讨论这一问题。㉒ 在这里我们只做如下简单讨论。

金融危机在一定意义上增强了欧盟的权力，因为欧盟在此背景下通过的一些措施加强了对成员国经济政策的集中控制，以防止危机再次发生。这就造成了如下一些影响：欧盟在政治和经济领域越来越多地"侵入"那些遇到特定金融问题的成员国；欧元区所有国家的预算都受到严格监督；非欧元区国家也受到诸多此类控制。最重要的一点是，从前被认为应该属于国家主权范围的许多宏观经济政策事项如今已被置于更大程度的控制之下。而国家预算受到的限制反过来又对国家及欧盟层面的社会政策造成了压力。

有人认为，在国家和欧盟层面，金融危机以牺牲议会机构的权力为代价增强了行政机构的权力，至少在涉及制定危机应对措施时情况的确如此。对这一观点也存在着争论。由于应对危机的有些措施是在《里斯本条约》的范围之外制定的，这一问题就显得更加突出。与此相反，我们应该注意，有些欧盟条款增强了国家议会的权力，例如，要求成员国提供独立核准的预算，从而促进了更大程度的议会监督。

在思考金融危机对关于欧盟民主问题的辩论产生了哪些影响这一问题时，我们要认识到，该问题在很大程度上源于最初条约文本的规定，即欧盟在货币联盟方面拥有广泛的权力，但在经济联盟方面的权力则小得多。

㉒ 参见第一章第六节第四点，以及第二十一章第七节第三点。

认识到这一点很重要。这一设计方案从一开始就是有缺陷的，而成员国是其主要设计师。因此，尽管欧盟机构在对危机的处理方面难辞其咎，但是成员国——不管是集体还是单独——同样需要承担责任。

第十一节 结论

一 欧盟委员会、理事会和欧洲议会的机构平衡一直是欧盟决策机制的主要特征。[213] 这一机构平衡是动态的，而非静止的，而且随着时间的推移一直在发生变化。欧洲议会权力的增强一直是这一动态变化过程中的一个主要特征。

二 欧盟决策的合法性如今以理事会和欧洲议会为基础，理事会代表的是成员国的利益，欧洲议会代表的是欧洲人民的利益（《欧洲联盟条约》第10条）。欧盟委员会则寻求确保实现基础条约所规定的目标。

三 《里斯本条约》传达的与欧盟内部民主有关的"信息"喜忧参半。一些人本来希望该条约标志着欧盟大幅度转向更具议会性质的机制，但他们很失望。欧洲议会在一级立法方面的权力得到增强。然而，通过创设任期更长的欧洲理事会主席一职，并增强其权力，理事会和欧洲理事会代表的国家利益也得到强化。

四 因此，事实上，《里斯本条约》代表着这样一种机制，其中，行政权与立法权由欧洲理事会、理事会、欧洲议会和欧盟委员会共同分享。权力分享一直是欧洲共同体的一个主要话题，在这方面，《里斯本条约》代表的是对过去的继承，尽管权力分享的一些细节与以往有所不同。

五 讨论欧盟民主问题具有重要意义。然而，在讨论这一问题时，我们同样要认识到这一话语的实证维度与理论维度。

六 实证维度要求我们客观地比较欧盟内部的民主与民主在国家层面运行的事实。我们在判断欧盟从未存在过将会发生什么情况这一假设时，也同样需要秉持现实态度。即使欧盟从未存在过，也并不等于说欧盟

---

[213] P Craig, 'Institutions, Power, and Institutional Balance' in P Craig and G de Búrca (eds), *The Evolution of EU Law* (Oxford University Press, 3rd edn, 2021) ch 3.

目前行使的所有权力都会回到国家手中。许多此类问题都将通过双边或多边国际协定予以解决，而国家行政机构在这些协定中发挥着主导作用，如果用民主的概念来衡量，国家行政机构的表现并不算好。

七 另外，我们还需要了解任何特定版本的民主批评赖以存在的理论假设。在讨论这一问题的大量文献中存在着分歧，这一点通常是可以理解的，原因在于，评论者在对欧盟进行评估时，将民主的不同方面作为问题的核心。

第十二节　扩展阅读㉔

Andenas，M，and Türk，A（eds），*Delegated Legislation and the Role of Committees in the EC*（Kluwer，2000）

Anderson，S，and Eliassen，K（eds），*The European Union：How Democratic Is It?*（Sage，1996）

Bellamy，R（ed），*Constitutionalism，Democracy and Sovereignty：American and European Perspectives*（Avebury，1996）

——and Castiglione，D（eds），*Constitutionalism in Transformation：European and Theoretical Perspectives*（Blackwell，1996）

——，Bufacchi，V，and Castiglione，D（eds），*Democracy and Constitutional Culture in the Union of Europe*（Lothian Foundation Press，1995）

Blockmans，S，and Russack，S（eds），*Representative Democracy in the EU：Recovering Legitimacy*（CEPS，2019）

Chalmers，D，Jachtenfuchs，M，and Joerges，C（eds），*The End of the Eurocrats' Dream：Adjusting to European Diversity*（Cambridge Unversity Press，2016）

Christiansen，T，and Kirchner，E，*Committee Governance in the European Union*（Manchester University Press，2000）

Craig，P，*The Lisbon Treaty：Law，Politics，and Treaty Reform*（Oxford

---

㉔　因本章涉及的阅读材料数量十分庞大，这里仅列出专著。

University Press, 2010)

——and Harlow, C (eds), *Lawmaking in the European Union* (Kluwer, 1998)

Curtin, D, *Postnational Democracy: The European Union in Search of a Political Philosophy* (Kluwer, 1997)

Dehousse, R (ed), *Europe: The Impossible Status Quo* (Macmillan, 1997)

Hayward, J (ed), *The Crisis of Representation in Europe* (Frank Cass, 1995)

Hoskyns, C, and Newman, M (eds), *Democratizing the European Union* (Manchester University Press, 2000)

Joerges, C, and Vos, E (eds), *EU Committees: Social Regulation, Law and Politics* (Hart, 1999)

Mancini, F, *Democracy and Constitutionalism in the European Union* (Hart, 2000)

Neunreither, K, and Wiener, A (eds), *European Integration after Amsterdam: Institutional Dynamics and Prospects for Democracy* (Oxford University Press, 2000)

Nicolaïdis, K, and Howse, R (eds), *The Federal Vision: Legitimacy and Levels of Governance in the United States and the European Union* (Oxford University Press, 2001)

Piris, J-C, *The Lisbon Treaty: A Legal and Political Analysis* (Cambridge University Press, 2010)

Prodi, R, *Europe As I See It* (Polity, 2000)

Richardson, J (ed), *European Union: Power and Policy-Making* (Routledge, 3rd edn, 2006)

Van Gerven, W, *The European Union: A Polity of States and Peoples* (Hart, 2005)

Wallace, H, Pollack, M, and Young, R (eds), *Policy-Making in the European Union* (Oxford University Press, 7th edn, 2014)

Weiler, J, *The Constitution of Europe* (Cambridge University Press, 1999)

Westlake, M, *The Commission and the Parliament: Partners and Rivals in the European Policy-Making Process* (Butterworths, 1994)

第七章　决策与新型治理

第一节　核心议题

一　欧盟越来越多地使用新型治理（new forms of governance），本章介绍关于欧盟新型治理的辩论。本章的讨论将包括这些新型治理模式不断扩张的原因，以及这一现象所引起的思考。

二　从广义上说，欧盟的"新型"治理，从过去依赖于层级模式向更具灵活性的模式发展，并且越来越将后者作为其偏好的治理方式。本章将详细解释这些术语。

三　人们对这种转变是否确实具有创新性展开了大量辩论，还创造了许多其他词汇来描述，如"网络化治理"（networked governance）、"反思治理"（reflexive governance）以及"试验主义治理"（experimentalist governance）等。尽管这些"新模式"是否具有创新性这一问题存在着争议，但本章提出，在过去10—20年，欧盟偏好的治理模式确实发生了某些变化，本章将介绍这些变化的主要方面。

四　本章将提供多个新治理工具与方法的例证，特别是"新型调和方式"（new approach to harmonization）与"开放式协调方法"（open method of coordination，OMC）。另外，也将讨论欧盟提出的与新型治理辩论有关的其他诸多治理改革倡议，例如引入和阐释辅助性原则和相称性原则，"更好规制"倡议，以及欧盟委员会发布的《欧洲治理白皮书》及其后续举措。

五　尽管新型治理在环境政策、就业和社会政策等领域表现得更为突出，但也有一些讨论涉及将这种治理使用于其他议题，如教育、公司治理和竞争执行等领域的趋势。①

第二节　层级、传统共同体方法与新型治理

前面章节介绍了欧盟用于制定法律和政策的主要法律文件和程序。我们已经看到，此类法律文件和程序种类繁多，既有具有约束力的，也有不具有约束力的；既有正式的，也有非正式的；各种法律文件和规范的类别十分复杂，且划分为多个位阶或层级。由于这些文件所涵盖的范围很广，而且制定这些文件的正式和非正式程序多种多样，因此就引发了如下问题，即"新型"治理的含义是什么。

近几十年来，不管是在欧盟还是在世界上的其他地方，对新型治理和治理模式的讨论一直都很活跃。欧盟的官方行为体和欧盟委员会都曾明确提到，要采用新型或"替代型"规制机制与治理形式。② 因此，欧盟的几个关键行为体希望就政策制定的某些方式提出一些特色鲜明的建议，并资助了大量与此内容相关的范围广泛的研究项目。③ 关于新型治理形式的讨论并不只出现在欧盟，相反，不管是在各个国家内部还是在国际上，人们对从"政府"到"治理"的转型都展开了一系列范围更加广泛的辩论④，欧盟的讨论仅是其中一部分。此外，尽管对政治体系中的"创新"给予的

① See, eg, S Deakin, 'Reflexive Governance and European Company Law' (2009) 15 ELJ 224; P Zumbansen, '"New Governance" in European Corporate Law Regulation as Transnational Legal Pluralism' (2009) 15 ELJ 246; B Lange and N Alexiadou, 'New Forms of European Union Governance in the Education Sector? A Preliminary Analysis of the Open Method of Coordination' (2007) 6 European Educational Research Journal 321; I Maher, 'Regulation and Modes of Governance in EC Competition Law: What's New in Enforcement?' (2008) 31 Fordham Int LJ 1713.

② See, eg, the Commission's White Paper on European Governance, COM (2001). 该白皮书引发了大量辩论，欧盟委员会后来还在该白皮书的基础上提出了一系列治理改革倡议。

③ See, eg, NEWGOV at www. eu - newgov. org; CONNEX at www. mzes. uni - mannheim. de/projekte/typo3/site/fileadmin/docs_ pdfs/connex_ flyer. pdf; REFGOV at http: //refgov. cpdr. ucl. ac. be/, 这些项目由欧盟 "第六框架纲要" (Sixth Framework Programme) 提供研究资助。

④ See, eg, J Jordana and D Levi-Faur (eds), *The Politics of Regulation Institutional and Regulatory Reforms for the Age of Governance* (Edward Elgar, 2004); A Héritier, M Stolleis, and F Scharpf (eds), *European and International Regulation after the Nation State: Different Scopes and Multiple Levels* (Nomos, 2004); R Rhodes, *Understanding Governance* (Open University Press, 1997).

任何肯定往往只不过是修辞上的或战略方面的一种策略，但是人们希望外界看到自己正在采取一种与平时不同的行为方式，这一事实通常意味着，人们承认过去的实践中存在着不足之处，而且即使是修辞上的改变也往往能够带来实质性变化。

关于欧盟新型治理的学术著作和政策文件不仅数量越来越多，而且内容也越来越复杂。⑤ 人们对各种问题展开了深入辩论，如"文件或工具"（instrument）、"程序"（process）与"模式"（mode）之间的差别，"硬法"和"软法"的含义，以及"法律"本身的含义等。⑥ 此外，还有从行为体、文件或工具、治理属性⑦、结构⑧、总体"模式"⑨ 等角度对新型治理的各种界定，以及综合这些因素而给出的定义。⑩ 对于那些希望了解辩论核心要义的人来说，这些论述反而令人眼花缭乱，无所适从。

部分出于上述原因，尽管仅从一个主要角度来分析此类辩论未免过于简单化，但本章仍将只强调作为核心的一个统一主题，即"从层级治理偏离"。换言之，如果问到如下具体问题，即与其他治理模式相比，欧盟的某些治理形式有哪些鲜明特征，那么我们认为，有关新型治理的辩论核心涉及从层级统治形式的转移。⑪

本章所使用的"层级治理"（hierarchical governance）概念有多重含

---

⑤　下面这篇文章对此类辩论的复杂性和混乱状态做出了非常好的评论：C Kilpatrick and K Armstrong, 'Law, Governance and New Governance: The Changing Open Method of Coordination' (2007) 13 CJEL 649.

⑥　See, eg, N Walker and G de Búrca, 'Reconceiving Law and New Governance' (2007) 13 CJEL 519.

⑦　J Scott and D Trubek, 'Mind the Gap: Law and New Approaches to Governance in the European Union' (2002) 8 ELJ 1.

⑧　C Sabel and J Zeitlin, 'Learning from Difference: The New Architecture of Experimentalist Governance in the European Union' (2008) 14 ELJ 271.

⑨　H Wallace, 'An Institutional Anatomy and Five Policy Modes. Policy-Making in the European Union' in H Wallace, W Wallace, and M Pollack (eds), *Policy-Making in the European Union* (Oxford University Press, 5th edn, 2005) 49.

⑩　C Knill and A Lenschow, 'Modes of Regulation in the Governance of the European Union: Towards a Comprehensive Evaluation', European Integration Online Paper No 7 (2003); P Dabrowksa, *Hybrid Solutions for Hybrid Products: EU Governance of GMOs* (PhD Thesis, EUI Florence, 2006).

⑪　但是也有人认为，"层级"可以作为"新型"网络治理安排的一种重要资源，见 B Eberlein and A Newman, 'Escaping the International Governance Dilemma? Incorporated Transgovernmental Networks in the European Union' (2008) 21 Governance 25.

义。它意味着政策来自"上层"或中央，因此是"从上到下"的。它意味着政策是相对完整的，也就是说，没有留给政策的适用对象太多自由裁量的空间，因此政策具有规定性。此外，它还意味着政策的规定性对其适用对象而言是强制性的，因此具有约束力，一般情况下可以采用强制性的执行。

在"层级治理"这一宽泛概念的框架下，其他评论者在分析新型治理的过程中提到的很多特征都可以囊括在内。其中包括强调中央政府"行为体"的作用；"文件"的详细程度与其具有的规定性质，以及依靠"法律的可执行性"而使用有约束力的措施。对于某些形式的层级治理而言，另外一种常见的描述指向治理模式的总体风格，而非行为体、文件或程序，即所谓"命令与控制型规制"（command-and-control-type regulation）。

斯科特（Scott）和特鲁贝克（Trubek）曾撰文讨论新型治理在欧盟的兴起及其与法律的关系，该文影响很大，这两位作者将立法中所采用的"传统共同体方法"（Classic Community Method，CCM）作为标尺，认为可用其衡量新型治理。[12] 按照他们的解释，"传统共同体方法"就是指欧盟行使立法权的方式，即委员会几乎拥有专属创制权，随后理事会和欧洲议会通过立法，并最终形成具有约束力的统一规则，联盟法院对此具有司法管辖权。在这一界定中，我们可以发现上文提出的层级治理的三个要素：由中央机构行为体自上而下进行统治，并产生具有约束力的统一规则。从正式意义上说，由于《里斯本条约》生效后欧洲共同体不复存在，因此"传统共同体方法"也随之失去意义，尽管普通立法程序反映了"传统共同体方法"中的绝大多数程序要素。但是，我们可以将"传统共同体方法"作为传统中央集权式立法程序的一种概念上的理想类型，并将其与新型治理模式进行比较。此外，人们不仅将新型治理模式与传统共同体方法进行比较，还与典型的政府间模式进行比较。[13] 尽管政府间模式与传统共同体方法和欧盟普通立法程序之间的差别很大，但它无疑也是一种自上而下的层级形式，即使国家行为体比欧盟超国家行为体的权力更大。此外，尽管欧盟政府间决策一般并不会产生具体的规定性措施，但正如共同

---

[12] Scott and Trubek（n 7）.

[13] P Zysk, *New Governance and New Terrorism in the EU: The Beauty and the Beast*（PhD Dissertation, EUI Florence, 2006）.

外交与安全政策框架下的决策一样，它往往制定有约束力的措施对成员国施加义务。

　　虽然本章总体上认为，欧盟已经在一定程度上"偏离"了层级统治方式，但这并不意味着今天的欧盟基本上不再依赖那些自上而下、具有约束力的或具体的法律措施。如同欧盟层级治理的其他很多形式（无论是政府间治理还是其他形式）一样，对普通立法程序的使用仍很活跃，而且运行良好。"偏离"意味着依赖程度降低，但并不等于说层级治理模式完全消失。"偏离"也不意味着欧盟过去完全依赖层级统治，而是说，官方过去认为它在很多情况下是最好的模式，或者更有效的模式。如上文所说，欧盟一直存在多种不同的立法和政策制定程序，但并非所有这些程序都可以被称为"层级式的"。但是，对新型治理方式的讨论意味着"某些"转移已经发生，也就是说，某种模式或形式不再被认为是偏好的或者主导性的模式，其他模式和形式越来越被推向前台，正得到越来越多地推动、测试和使用。最后，新型治理也许在某些政策领域比其他领域更容易得到使用。尽管有一些实证性证据可以说明上述论点，其中社会政策和环境政策是两个十分突出的领域，但本章的论点是，推进新型治理的趋势似乎是欧盟的一种更普遍的做法，所有政策领域都是新型治理模式的潜在"候选者"。

　　我们认为，转向新型治理模式这一趋势的特征是，"从层级统治转向更灵活的治理形式"。偏离层级治理并不意味着主要的机构行为体不再是政策制定过程的核心，而是意味着它们与其他利益攸关者——国家、地区行为体、私人行为体、非政府组织或其他行为体——共享决策空间。按照新型治理模式通过的政策，一般情况下不是自上而下制定和实施的。相反，作为这些政策适用对象的行为体也参与政策的形成与适用过程。向更灵活的治理形式发展并不一定意味着行为体对以此种方式制定的政策不具有法律义务。有些新型治理形式也许完全依靠自愿，但很多其他形式并非如此。传统层级治理形式与其他治理模式所强调的重点不同，即使后者产生了具有约束力的法令，也就是说，在其他治理模式框架下，无论是对于政策的管理者还是政策的适用对象而言，都可能有更大的输入、调整和修订的空间。这也意味着政策制定可能很少是严格规定性的或者难以修订的。

　　为了概括对欧盟新型治理模式的兴趣，有许多例子可以引用。但限于篇幅，本章仅聚焦于三个特定议题。第一个也是最特殊的议题是"新型调和方式"，该方法在20世纪80年代逐渐受到重视，当时是作为欧盟单一市场纲要的一部分。我们可以将其作为说明欧盟从层级制转向更大程度灵活性的例子。[14] 第二个是以欧盟2000年通过的"里斯本议程"为代表的一系列发展情况。[15] 作为该战略的一部分，引入了一种被称为"开放式协调方法"的政策协调形式。它引发了大量学术讨论，其中绝大多数将其作为一种新型治理模式加以分析。第三个议题涉及过去20多年欧盟官方强调需要改变欧盟规制和政策制定过程的特征。这包括通过《马斯特里赫特条约》和《阿姆斯特丹条约》将辅助性原则和相称性原则正式引入政策制定过程，[16] 以及欧盟委员会"更好规制"（better regulation）倡议——该倡议表明了相关公共管理理论的影响，这些理论与新型治理的很多方面都有共同之处，以及欧盟委员会2001年《治理白皮书》。[17]

第三节　新型治理：新型调和方式

在后面各章我们将会看到，共同市场的早期调和方式包括，试图通过具体条例规定所希望的结果，但人们已经逐渐认识到这一方式的缺陷。[18] 其中包括就细节达成合意耗时较长，立法程序的性质十分烦冗，以及需要不断对细节进行更新等。20世纪80年代，作为重启内部市场规划的一部分，欧盟委员会决定采用"新型调和方式"，并且在消除"妨碍贸易的技术壁垒"过程中使用相关标准。[19] 理事会在其1985年通过的一项决议的附

---

[14] 也可参见第十八章的相关讨论。

[15] Conclusions of the Lisbon European Council Presidency, Mar 2000; The Community Lisbon Programme, COM (2000) 330.

[16] 也可参见第四章第十一节的相关讨论。

[17] European Governance: A White Paper, COM (2001) 428. 相关分析参见在线研讨会的论文集：'Mountain or Molehill: A Critical Analysis of the Commission White Paper on Governance', Jean Monnet Working Paper 6/01.

[18] 参见第十八章对单一市场的讨论；第二十章对货物自由流动的数量限制的讨论；第二十三章对自由开业和自由提供服务的讨论。

[19] Technical Harmonisation and Standardisation: A New Approach, COM (1985) 19.

件中说明了这一新方式的主要因素：[20]

> 新方式建立在以下四项基本原则的基础之上：
> ——立法调和仅限于制定基本安全要求（或者符合普遍利益的其他要求），而投放到市场上的产品必须遵守这些要求，这些产品也因此拥有在整个共同体内自由流通的权利。相关要求须由以《欧洲经济共同体条约》第100条为基础通过的指令予以规定；
> ——生产符合上述指令所规定要求的产品并将其投放到市场，需要起草相应的技术说明，同时还需要考虑到当前技术的发展阶段，此项任务应交给那些在标准化领域拥有资质的组织；
> ——此类技术说明并不是强制性的，而是应保持其作为自愿执行的标准这一状态；
> ——但是，与此同时，成员国主管机构必须承认，按照调和标准（或者暂时按照国家标准）生产的产品被假定符合由该指令确立的"基本要求"。（这意味着生产者可以选择不按照这些标准进行生产，但在这种情况下，他有义务证明自己的产品符合该指令所规定的基本要求。）
> 为了使这一体系能够运转，那么，有如下必要：
> ——一方面，这些标准在与该指令设定的"基本要求"相关的方面提供一种质量保证；
> ——另一方面，各公权机构在其领土范围内保护安全的责任（或其他拟规定的要求）保持未变。

新型调和方式[21]表明，它在一定程度上偏离层级治理的三个维度：中央机构行为体占垄断地位；规定性细节的程度；这些规范在正式意义上的强制性特征。在这种新型调和方式中，可以发现以下几个因素。[22]

---

[20]　［1985］OJ C136/1.

[21]　https：//ec. europa. eu/growth/single – market/european – standards_ en；A strategic vision for European standards：Moving forward to enhance and accelerate the sustainable growth of the European economy by 2020 COM（2011）311 final.

[22]　https：//www. cen. eu/work/supportLegislation/Directives/Pages/default. aspx；https：//boss. cen. eu/refrence%20material/guidancedoc/pages/newapproach. aspx.

第一，尽管欧盟仍然继续使用指令来设定基本要求，但仅限于确定为保证公共安全和其他普遍利益所必不可少的"基本要求"，从而减少立法中的细节和规定性的程度。

第二，为那些必须遵守"基本要求"的产品制定技术标准的任务不是由欧盟立法机构本身来履行，而是由欧洲标准化机构来执行，如欧洲标准化委员会（CEN）和欧洲电工技术标准化委员会（CENELEC），但它们首先要获得欧盟委员会的同意。由此我们看到，政策制定的某些方面正在从正式的欧盟立法机构向其他一些机构转移。在当前例子中是向私营标准制定组织转移，这些组织由各国标准制定组织的代表组成，而各国标准制定组织一般由行业和政府提供资助。

第三，这些机构制定的标准不是强制性的，而是自愿性的。但是，制造商有动力遵守这些标准，因为如果他们的产品被认证为符合这些标准，就可以被假定为符合上述指令所规定的基本要求，并且有权在整个欧盟市场上自由流动。

欧盟后来对"新型调和方式"做了修订。[23] 标准制定程序与标准化组织一直面临着一些困难[24]，负责评估产品是否符合标准的国家机构也是如此。[25] 尽管如此，欧盟委员会仍然保留了这一新方式，它认为该方法是有效和成功的[26]，并且制定了立法以解决所遇到的问题并改善该框架。[27]

这为新型治理提供了一个很好的早期例证，即一种规制形式有意识地从传统层级立法转向更具实验性和灵活性的形式。新方式得到定期更新和"现代化"。在欧盟内部，以及在欧洲参与全球标准化机构和程序的背景下，欧盟委员会和理事会对作为新方式基础的标准化程序进行了评估。[28]

---

[23] 参见第十八章对 2008 年一揽子立法使新型方式"现代化"的讨论。

[24] Efficiency and Accountability in Standardization under the New Approach, COM（1998）291; Council Conclusions of March 2002 on Standardisation [2002] OJ C66/01.

[25] H Schepel, *The Constitution of Private Governance*（Hart, 2005）.

[26] Enhancing the Implementation of the New Approach Directives, COM（2003）240.

[27] 例如，Regulation（EU）No 1025/2012 of the European Parliament and of the Council of 25 October 2012 on European standardisation [2012] OJ L316/12.

[28] 例如，Towards an increased contribution from standardization to innovation in Europe, COM（2008）133; Modernising ICT Standardisation in the EU: the Way Forward, COM（2009）324; Report of the Expert Panel on Review of the European Standardisation System, at http://ec. europa. eu/enterprise/policies/european – standards/files/express/exp_ 384_ express_ report_ final_ distrib_ en. pdf; The annual Union work programme for European standardization for 2015, COM（2014）500.

第四节 新型治理：开放式协调方法

2000 年，欧洲理事会里斯本峰会提出为期十年的一系列新政策重点和政策目标。在那之后的很多年间，这些都是欧盟政策议程中的主要问题。[29]后来又通过了"欧洲 2020 战略"（Europe 2020 strategy）。[30]"里斯本议程"，即"新战略目标"总体上是要增强欧盟面对美国的竞争力及其经济表现，并围绕经济和社会这两个轴心设定一系列宏伟的政策目标。

经济目标包括迈向"有活力的、以知识为基础的经济"和信息社会，建立"欧洲科研与创新区域"，建设企业友好型环境，进一步推动内部市场自由化改革，统一金融市场，以及协调宏观经济政策等。社会领域的总体目标是"实现欧洲社会模式的现代化，建设积极的福利国家"，包括致力于知识社会的培训和教育活动；制定积极的就业政策；实现社会保护的现代化；养老金改革，以及通过减贫措施促进社会融入。

为实现这些实质性目标，欧盟引入了一项新的政策工具，即"开放式协调方法"。事实上，虽然"开放式协调方法"这一名称首次出现在里斯本会议结论中，但它建立在经济和就业政策领域的两项现行政策协调程序的基础之上，这两项程序分别由《马斯特里赫特条约》和《阿姆斯特丹条约》纳入《欧洲共同体条约》。欧洲理事会里斯本会议结论对这一方法的描述如下：

将决策付诸实施：一种更具一致性和系统性的方法[31]

实施一种新的开放式协调方法

37. 我们将通过适用一种新的开放式协调方法，并通过此种方法

㉙ 2005 年进行中期评估，并重新启动"里斯本议程"，见 Working together for growth and jobs：A new start for the Lisbon Strategy, COM（2005）24；Presidency Conclusions of the Spring European Council, Brussels, 2005.

㉚ See the European Council Conclusions, June 2010, http：//ec. europa. eu/europe2020/index_en. htm.

㉛ Lisbon European Council, Presidency Conclusions, 'Putting Decisions into Practice：A More Coherent and Systematic Approach', 24 Mar 2000.

推广最佳实践，以及实现欧盟主要目标的更大程度的趋同，以促进这项战略目标的实现。这一方法的目的是帮助成员国逐渐形成自己的政策。它的内容包括：

——确定联盟的指导方针，并为实现短期、中期和长期目标确定专门的时间表；

——在适当情况下，根据世界上的最优标准确定定量和定性指标及基准，并满足不同国家和部门的需要，以此作为比较最佳实践的方式；

——通过制定专门目标并采取相应措施，并考虑到国家之间与地区之间的差异，将欧洲层面的这些指导方针转化为各国和各地区的政策；

——组织定期监督、评估和同行评议，并将其作为相互学习的过程。

38. 在适用辅助性原则的同时，采用完全去中心化的方式，联盟、成员国、地区和地方机构，以及社会伙伴与公民社会均将积极参与其中，并采用多种合作伙伴形式。欧盟委员会将与最佳实践的提供者和使用者，即社会伙伴、企业和非政府组织一道，设计出一种方法，用于衡量关于管控变化的最佳实践。

上述要素构成开放式协调方法的关键特征，尽管每个要素（指导方针、按照标准与指标进行衡量、转化为本地政策，以及以学习为导向的监督与评估）的确切性质依照不同的政策领域而有所不同，而且每个要素都包含一系列次级要素。提出开放式协调方法这类程序的原因有很多，有时是为了克服无法就某些更传统的措施达成一致的政治僵局；有时是由于缺乏正式的法律权能；有时是因为这种方法被认为是实现相关政策目标的最合适工具。

下面节选的文章将讨论这一政策工具的起源及其广泛意义。该文作者若昂·罗德里格斯（João Rodrigues）被称为开放式协调方法的"设计师"，她也是里斯本峰会召开时欧盟轮值主席国葡萄牙的顾问。

若昂·罗德里格斯:《作为新治理工具的开放式协调方法》[32]

　　欧洲的政治建构是一种独特经历。它的成功一直取决于将一致性与尊重多样性以及将效率与民主合法性结合起来的能力。这包括根据不同的政策领域和机构程序使用不同的政治方法。出于充分的理由,欧盟设计出各种方法,这些方法介于纯粹的一体化和简单的合作之间。

　　……

　　从逻辑上说,旨在建立单一市场的政策,如货币政策或竞争政策,应建立在更严格的协调方法基础之上,即与需要遵守的原则相关的协调方法。然而,还有一些政策更加关注的是创设能够应对结构性变化的新技能和新能力。它们涉及的是更快速的学习过程和发现适当的解决方案。此类政策所造成的结果是,在欧洲层面形成了旨在应对结构性变化的战略方针,而且更有利于保持各国的多样性。

　　事实上,开放式协调方法的主要灵感来自关于欧洲就业战略的"卢森堡进程"(Luxembourg process)。创设该方法的目的是克服在筹备1997年欧洲理事会卢森堡就业特别峰会期间所发现的重大政治困难,因为当时不可能就减少失业达成共同目标,而减少失业是降低通货膨胀、减少赤字和债务等共同目标的一项配套措施。但是,在此次峰会的政治压力下,转而采取定性式的共同指导方针成为可能。此后形成这样一种程序,据此,成员国在适用这些指导方针时互相效仿,鼓励交流最佳实践,并且在考虑各国特征的前提下确定专门目标。欧盟委员会提出欧洲层面的指导方针提案,组织后续行动,同时也可以向成员国提出建议。尽管还是遇到一些困难,但此项程序所获得的结果令人振奋和鼓舞,这一点已经得到证明:所有成员国都已经制定"国家就业行动纲要"。三年之后,在筹备欧洲理事会里斯本峰会期间,"开放式协调方法"的概念得到公开表述,其目的是在新的政策领域形成欧洲维度,即在信息社会、科研、企业政策、教育和消除社

---

　　[32]　João Rodrigues, 'The Open Method of Coordination as a New Governance Tool', in M Telò (ed), 'L'evoluzionedella governance europea', Special Issue of 'Europa/Europe', Rome, No 2 - 3, 2001, 96.

会排斥等领域。……

（1）开放式协调方法的目的并不是界定成员国在每项政策中的总体序列，而是在欧洲层面组织学习过程，其目的是推动交流和对最佳实践的仿效，同时帮助成员国完善各自的国内政策。

（2）开放式协调方法将标杆分析法作为一项技术使用，但又不只是标杆分析法。它通过确定欧洲范围内的指导方针而创造一种欧洲维度；同时，它还通过调适欧洲层面的指导方针，鼓励目标管理。

（3）开放式协调方法是使用辅助性原则发展现代治理的一种具体方法。

（4）开放式协调方法在尊重国家与地区多样性的同时，能够推动共同利益和某些已经达成一致的共同优先事项以促进趋同。它是深化欧洲建构的一种具有包容性的方法。

（5）由于要解决的问题不同，需要将开放式协调方法与其他可选择的方法结合起来。这些方法涵盖的范围很广，既包括一体化与调和，也包括合作。在这一系列不同的方法中，开放式协调方法本身处于居间位置。它是一种需要附加于一系列更具普遍性的工具之上的工具。

　　……

开放式协调方法也可以成为改进透明性和民主参与的重要工具。

里斯本峰会结束之后，开放式协调方法逐渐扩大到一系列广泛的政策领域，并且远远超出最初提议的那些领域。事实已经证明，不存在单一的"开放式协调方法"，它代表的是一本由各式菜单组成的"菜谱"，同一个主题可以有多种选择，而不是只有单一菜谱。[33] 事实上，自从里斯本峰会正式引入开放式协调方法之后，已经产生了大量类似于开放式协调方法的程序，或者是开放式协调方法中的因素被广泛应用于欧盟的一系列政策和议题领域。除了先前存在的经济政策协调和欧洲就业战略这两个领域外，开放式协调方法还被引入应对社会排斥、养老金和医疗保障等领域，而且

---

[33]　J Zeitlin, 'Introduction: The Open Method of Coordination in Question' in J Zeitlin and P Pochet with L Magnusson (eds), *The Open Method of Coordination in Action: The European Employment and Social Inclusion Strategies* (PIE – Peter Lang, 2005), citing Belgian Minister Frank Vandenbroucke.

在科研、教育、企业和信息社会等领域也引入了类似机制。在欧盟政策的很多领域，我们都能发现，既有广义的共同指导方针，也有地方或国家的具体计划、提交报告的义务、同行评议、反馈以及开发最佳实践等。我们在本章引言部分讨论欧盟从层级治理转向新型治理发展的过程中提到的三个要素，可见于里斯本峰会引入的开放式协调方法的架构中。

第一个要素是"偏离"由中央实施的从上到下式的统治。正如里斯本峰会所期待的那样，开放式协调方法应涉及与辅助性原则一致的完全权力下放方式，联盟、成员国、地区与地方层级，以及社会伙伴和公民社会都将积极参与其中，并且采用各种不同形式的伙伴关系。尽管曾有人严厉质疑开放式协调程序中的参与程度和权力下放程度，但很显然，在有些领域，该程序中的参与程度比其他一些领域要广泛得多。[34]

我们能够看到的第二个要素是欧盟逐渐放弃采用完全的规定式政策。在此意义上，开放式协调方法以设定具有普遍意义的指导方针或目标为基础，这些方针或目标再由国家或地区行为体转化为国家规划。从批评的角度来看，很显然，设定的目的、目标和指标的数量越多，其性质越具体，特定的开放式协调方法工具就越不灵活，与传统层级治理的差别也就越小。然而，至少就开放式协调方法的设想而言，其目的显然是增进灵活性和开放度，并且促进不同治理层级在规划和制定政策的过程中相互影响。

第三个要素是放弃或者大幅度削弱有约束力的工具和强制法律执行的作用。尽管有约束力的规则和法律执行在以条约为基础的某些协调程序例如经济政策协调中发挥着一定的作用，[35] 但是，在绝大多数开放式协调方法中，很少存在可以在法律上执行的或具有约束力的规范，或者，这类规范的作用要弱得多。

正如上文所讨论的新型调和方式一样，在由开放式协调方法引发的大量著作和文章中包含着很多批评性内容。批评主要集中于开放式协调方法

㉞　以下一些著述对公民社会在开放式协调方法的融入程序中所发挥的作用提出了批评：K Armstrong, 'Tackling Social Exclusion through OMC: Reshaping the Boundaries of EU Governance' in T Börzel and R Cichowski（eds）, *The State of the European Union: Law, Politics, and Society*（Oxford University Press, 2003）170; K Armstrong, 'Inclusive Governance? Civil Society and the OMC' in S Smismans（ed）, *Civil Society and Legitimate European Governance*（Edward Elgar, 2005）; K Armstrong, *Governing Social Inclusion—The Law and Politics of EU Co-ordination*（Oxford University Press, 2010）.

㉟　W Schelkle, 'Hard Law in the Shadow of Soft Law in EU Economic Governance'（2007）13 CJEL 705.

是否实现了预期目标这一实证问题，以及是否可以认为该方法产生了政策引导作用。[36] 其他一些批评主要聚焦于规范问题，例如，该方法是否实现了最初关于包容性和参与性的承诺[37]，社会优先事项是否让位于经济和竞争力方面的关切；[38] 是否出现了从政治向管理主义的转变；[39] 开放式协调方法的运行是否主要是为适应欧洲经济货币联盟这一新现实而采取的官僚方式。[40] 还有一些作者对作为一个整体的开放式协调方法提出了更为直接的挑战，质疑其实证效果，并且对该方法对欧盟机构平衡以及普遍意义上的民主、权利和法治的影响持谨慎态度。[41]

在本章结尾部分将回顾其中的某些批评意见。就当前讨论而言，开放式协调方法的意义在于，作为一项专门设计和引入的政策工具，其目的是替代层级式的、详细规定的、具有约束力的法律制定程序。其本意是作为一项更具灵活性的工具，既能促进某种程度的政策协调，又能够包容不同

---

[36]　例如，M Citi and M Rhodes, 'New Modes of Governance in the EU: Common Objectives versus National Preferences', European Governance Papers No 07/01 (2007); A Moravcsik, 'In Defence of the Democratic Deficit: Reassessing Legitimacy in the EU' (2002) 40 JCMS 603. 对各种开放式协调方法可能产生影响的更慎重的评论，参见 M Heidenreich and G Bischoff, 'The Open Method of Co-ordination: A Way to the Europeanization of Social and Employment Policies?' (2008) 46 JCMS 497; P Copeland and Bter Haar, 'The (In) Effectiveness of the European Employment Strategy' (2010), https://www.researchgate.net/publication/228607491_The_In_Effectiveness_of_the_European_Employment_Strategy.

[37]　例如，S Smismans, 'New Modes of Governance and the Participatory Myth', European Governance Paper 06/01 (2006); 'Efficient and Democratic Governance in a Multi-Level Europe', Final Report of CONNEX, 2008; C Scott, 'Governing without Law or Governing without Government? New-ish Governance and the Legitimacy of the EU' (2009) 15 ELJ 160.

[38]　M Dawson, 'The Ambiguity of Social Europe in the Open Method of Coordination' (2009) 34 ELRev 55. 就如何将社会政策目标更牢固地纳入开放式协调方法中，参见 J Zeitlin, 'Towards a Stronger OMC in a More Social Europe 2020: A New Governance Architecture for EU Policy Coordination' in E Marlier and D Natali (eds), Europe 2020: Towards a More Social EU? (Peter Lang, 2010); A Renewed Commitment to Social Europe: Reinforcing the Open Method of Coordination for Social Protection and Social Inclusion, COM (2008) 418; Opinion of the European Economic and Social Committee, Effective Governance of the Renewed Lisbon Strategy [2009] OJ C175/03.

[39]　M Dawson, 'Transforming into What? New Governance in the EU and the "Managerial Sensibility" in Modern Law' (2010) 2 Wisconsin L Rev 389.

[40]　D Chalmers and M Lodge, 'The Open Method of Coordination and the European Welfare State', Discussion Paper 11/2003, CARR, London School of Economics.

[41]　V Hatzopoulos, 'Why the Open Method of Coordination is Bad for You: A Letter to the EU' (2007) 13 ELJ 309; C Joerges, 'Integration through De-Legislation?' (2008) 33 ELRev 291.

国家之间的多样性。尽管开放式协调方法在实现里斯本峰会所确定的目标方面存在缺陷，但是，与开放式协调方法类似的程序，或者是含有开放式协调方法某些特征的程序，仍然继续被应用于一系列差别极大的政策领域，而不仅仅是在里斯本峰会最初提出要应用开放式协调方法的那些领域。[42]

第五节　新型治理：欧盟治理改革一般倡议

前面各部分阐述了有时被称为欧盟"新型治理"的两个具体例子。本节介绍欧盟在过去 20 年里诸多更具普遍性的发展情况和改革倡议，这些情况表明，欧盟偏好的治理模式从层级模式转向更具灵活性的模式中的某些因素。第一个因素是辅助性原则（principle of subsidiarity）和相称性原则（principle of proportionality）在欧盟法律与政策中的发展。

一　辅助性与相称性

我们在第四章看到《马斯特里赫特条约》正式引入辅助性原则，与授权原则和相称性原则一起被写入《欧洲联盟条约》第 5 条（原《欧洲共同体条约》第 5 条）。引入这些原则的原因有多种，其中一个原因是，普遍认为欧盟不应"不必要地"进行规制。与辅助性原则和相称性原则有关的指导方针，最早出现在 1992 年欧洲理事会爱丁堡峰会会议结论[43]之中，后来又就辅助性原则和相称性原则的适用通过一项机构间协议，该协议以附于《阿姆斯特丹条约》中的议定书形式，最终作为一级条约法被纳入《欧洲共同体条约》。[44] 如同"爱丁堡指导方针"一样，该《阿姆斯特丹条约》议定书并没有聚焦于关于辅助性原则的狭窄法律定义，而是就应该采取哪类行动提供指导方针。另外，尽管辅助性原则和相称性原则在概念上是有

---

[42]　K Armstrong, 'The Open Method of Coordination—Obstinate or Obsolete?', University of Cambridge Faculty of Law Research Paper No 45/2016.

[43]　www. europarl. europa. eu/summits/edinburgh/a1_ en. pdf.

[44]　G de Búrca, 'Reappraising Subsidiarity's Significance after Amsterdam', Jean Monnet Working Paper 7/1999, available at www. jeanmonnetprogram. org/.

差别的，但"爱丁堡指导方针"和《阿姆斯特丹条约》议定书指导方针都以一种实用方式模糊了这种差别：

　　6. （欧盟）行动所采取的形式应尽可能简单，要与以令人满意的方式实现相关措施的目标这一要求保持一致，并符合有效实施的需要。（欧盟）应仅在必要的范围内立法。在其他条件相同的情况下，应优先采用指令而不是条例；应优先采用框架指令而不是具体措施。该条［《欧洲联盟运行条约》第288条］规定的指令，就其应实现的结果而言，尽管对作为其适用对象的每个成员国均具有约束力，但应留给成员国机构选择实施形式与方法。

　　7. 就（欧盟）行动的性质和范围而言，（欧盟）措施应给成员国决策留下尽可能多的空间，当然，前提是要保证实现相关措施的目标，并遵守基础条约的要求。在尊重（欧盟）法律的同时，应认真考虑尊重成员国的既定安排，以及成员国法律体系的组织和运行情况。在合适情况并在满足适当执行需要的前提下，（欧盟）措施应为成员国提供实现相关措施所设定的目标而采取的其他方式。

　　……

　　9. 在无损其倡议权的情况下，（欧盟）应：

　　——除非在特别紧急或秘密的情况下，在提议立法之前要广泛征求意见，并在适当的情况下公布咨询文件；

　　——说明其提案符合辅助性原则的理由，并在必要情况下，在相关提案的解释性备忘录中阐明与辅助性原则有关的详细内容。如果对（欧盟）行动的资助全部或部分来自（欧盟）预算，则要求提供相应解释。

　　该《阿姆斯特丹条约》议定书如今已被附于《里斯本条约》中的《关于辅助性原则和相称性原则的议定书》[45]所取代，后者更简短，而且用了更多篇幅阐述新的政治监督机制，同时删除了上文所引述的指导方针。[46]

---

[45]　Protocol（No 2）on the application of the principles of subsidiarity and proportionality［2008］OJ L115/ 206.

[46]　见第四章。

但是欧盟委员会宣称，它将继续使用这些指导方针，并且建议其他行为体也这样做。[47] 就当前的讨论而言，这些指导方针中有几个特征值得我们关注。

首先，正如我们在本章前面部分所界定的那样，所有条款的总体基调都是建议偏离层级治理。辅助性原则和相称性原则的本质恰恰是，既对规制的必要性进行限制，又要限制规制的形式和内容。上述引文的第6—9段专门介绍了与欧盟行动的形式和性质有关的一系列指导方针。行动的形式应尽可能"简单"，而在立法的选择方面，应优先使用指令而非条例，优先使用框架指令而非具体措施。

其次，应减少立法的规定性程度。虽然指令的目标具有约束力，但与条例等其他方式相比，它在实施方面留下了更大的自由裁量空间。该建议进一步强调这一点，即指令的理想性质应该是"框架"性质的，而不应是具体的措施。另外，该建议还强调，应给"更低的"管理层级留下尽可能充足的行动空间，而《里斯本条约》的议定书首次提到了地区这一层级。[48]从广义上说，这些特征与偏离层级治理和由中央机构主导的从上到下的欧盟行动是一致的。

再次，要求欧盟委员会在提出立法提案之前进行广泛咨询这项规定，表明了对其他行为体参与立法程序的关注，尽管正式的倡议权仍然属于欧盟委员会。

最后，即使上文列举的两种措施，即指令和条例，具有法律约束力，但只有在欧盟已经决定"立法"的情况下才建议采用这两种方式，而且，上述引文第7段似乎暗示着其他可能性，因为它提到那些留给成员国决策机构尽可能充分的空间的普遍意义上的欧盟"措施"。此外，尽管《里斯本条约》的议定书规定，可以在由国家、议会以及在某种程度上由地区提出倡议的情况下适用司法执行，但该议定书引入的最重要的执行机制无疑是政治和行政机制，而不是司法机制。[49]

因此，这些指导方针以及以此为基础先后通过的多个与辅助性原则和

---

[47]　COM（2010）547.

[48]　参见《里斯本条约》中的《关于辅助性原则与相称性原则的议定书》第2条和第5条。

[49]　见第四章第十一节第二部分。

相称性原则有关的议定书表明，欧盟正在不断偏离层级治理。它强调偏离中央机构占主导地位的、具体的、规定性的立法，而且提出需要采用广泛的咨询，希望留给国家采取行动的更大空间，以及希望通过其他一些方式在总体上实现达成一致的目标。

但是，我们还是很难评估那些为了在欧盟决策机制中构建辅助性文化的努力是否取得了成功。要求在提案中就辅助性原则说明相关的正当理由，因此绝大多数立法中都插入了形式主义的"辅助性原则说明"，而且对于辅助性作为一项原则是否具有可操作性的质疑也越来越普遍。[50] 然而，毫无疑问，近年来，在一些重要的政策领域正在出现越来越多的框架指令和其他诸多规定性程度更低的欧盟立法形式。这些领域包括水质、空气质量、废弃物管理、生态设计要求、就业歧视、劳动者健康和安全，以及电子通信等。也许可以认为，在选择法律文件或工具时，欧盟越来越关注"爱丁堡指导方针"和《阿姆斯特丹条约》议定书，即使有时并未遵守这些指导方针和议定书。

二　更好规制与欧盟委员会《治理白皮书》

欧盟的"更好规制"（better regulation）倡议同样起源于 1992 年在爱丁堡峰会上通过的关于辅助性与相称性的指导方针，但该倡议涉及的是其他更具体的问题，譬如总体上简化立法环境；[51] 对规制开展影响评估，特别是对企业的影响；[52] 采用其他替代性规制方式等。[53] 在评估欧盟转向新型治理这一背景下，最后一个方面尤其重要。[54]

---

[50]　G Davies, 'Subsidiarity: The Wrong Idea, in the Wrong Place, at the Wrong Time' (2006) 43 CMLRev 63; A Estella, *The Principle of Subsidiarity and its Critique* (Oxford University Press, 2004). 也可参见第四章第十一节的相关讨论。

[51]　例如, Simplifying and Improving the Regulatory Environment, COM (2002) 278; First Progress Report on the Strategy for Simplification of the Regulatory Environment, COM (2006) 689; Strategic Review, COM (2006) 689; Implementing the Community Lisbon programme: A strategy for the simplification of the regulatory environment, COM (2005) 535.

[52]　Action Programme for Reducing Administrative Burdens in the EU, COM (2007) 23; Impact Assessment, SEC (2007) 84; Better Regulation and Enhanced Impact Assessment, SEC (2007) 926.

[53]　https://ec.europa.eu/info/law/law – making – process/planning – and – proposing – law/better – regulation – why – and – how_ en.

[54]　G Van Calster, 'An Overview of Regulatory Innovation in the European Union' (2009) 11 CYELS 289. 该文对诸多此类倡议提出了批评。

根据欧盟委员会的说法，"更好规制"倡议有三个关键目标：在欧盟层面推进更好规制工具的设计和适用；与成员国开展更密切的合作，以确保更好规制原则在整个欧盟范围内得到一致适用；加强欧盟层面与成员国层面的利益攸关者与所有规制者之间的建设性对话。

2003年，欧洲议会、理事会和欧盟委员会共同发表《关于更好制定法律的机构间协议》，该协议聚焦于多个不同问题，包括正式立法程序需要更大的透明性，以及需要尊重辅助性、相称性和民主原则。该协议中有一个部分专门聚焦于"规制的其他替代方法"，特别是"共同规制"（co-regulation）和"自我规制"（self-regulation）等实践。

《欧洲议会、理事会和委员会关于更好制定法律的机构间协议》⑤

使用替代性规制方法

16. 三个机构回顾，根据《关于适用辅助性原则和相称性原则的议定书》，共同体只有在必要情况下才有义务立法。它们认识到，有必要在适当情况下，或者在基础条约没有专门要求使用法律工具的情况下，采用替代性规制机制。

17. 委员会将确保对共同规制和自我规制的任何使用都要与共同体法保持一致，同时，确保这些方法符合透明性标准（特别是在协议的公开方面）和相关当事方的代表性要求。同样，它也必须为普遍利益带来增加值。……

——共同规制

18. "共同规制"是指这样一种机制，即共同体立法性法令将实现立法机构所确定的目标这一任务授权给在该领域得到公认的当事方（如经济运营者、社会伙伴、非政府组织或协会等）。可以将相关立法性法令所确定的标准作为使用这一机制的基础，这样才能让立法与所涉及的问题和部门相匹配，并通过聚焦于问题的基本方面来减轻立法负担，同时也能够借鉴相关当事方的经验。

……

---

⑤　European Parliament, Council and Commission Interinstitutional Agreement on Better Law-making, [2003] OJ C321/01.

20. 在由基础立法性法令界定的背景下，受到该法令影响的当事方可自愿缔结协议，以便确定实际安排。协议草案将由欧盟委员会转交立法机构。根据其职责，欧盟委员会将核实协议草案是否符合共同体法（特别是该基础立法性法令）。

特别是根据欧洲议会或理事会的要求，基础立法性法令中可包含一项延缓期条款，规定在将协议草案告知欧洲议会和理事会之后有两个月的延缓期，但该规定需要以个案为基础，且取决于所涉及的主题事项。在这两个月期间里，如果欧洲议会或理事会认为该协议草案无法实现立法机构所规定的目标，那么这两个机构均可提出修订建议，或者反对该协议生效，并且在可能的情况下，要求欧盟委员会提出立法性法令提案。

21. 作为"共同规制"基础的立法性法令，应说明共同规制在相关领域可能的适用范围。适格立法机构应在立法性法令中规定，在其中一方或多方没有遵守相关协议，或者协议未能达成的情况下，为适用该法令应该采取哪些相关措施。举例而言，这些措施可以规定欧盟委员会须定期向立法机构提供与相关协议的后续适用有关的信息；或者提出一项修订条款，根据该条款，委员会应在某一特定时期结束时提交报告，并且在必要的情况下就该立法性法令提出修订案或其他任何适当的立法措施。

——自我规制

22. "自我规制"是指经济运营者、社会伙伴、非政府组织或协会等，在欧洲层面自行制定适用于自身的共同指导方针（特别是行为准则或行业协议）这一可能性。作为一般规则，此类自愿倡议并不意味着欧盟机构已经通过了任何特定立场，特别是，如果基础条约尚未涵盖此类倡议所涉及的领域，或者欧盟到当时为止尚未在此类倡议所涵盖的领域立法。作为其职责之一，欧盟委员会将对自我规制实践进行监督，以便保证它们遵守《欧洲共同体条约》的规定。

23. 欧盟委员会将告知欧洲议会和理事会它认为满足如下条件的自我规制实践情况：一方面，这些自我规制实践有助于实现《欧洲共同体条约》的目标，并且与条约条款相符；另一方面，此类实践在其所涉及的相关当事方的代表性、所涵盖的行业和地域范围，及其所做出承诺的增加值等方面令人满意。尽管如此，欧盟委员会仍将考虑就立法性法令提出提案的可能性，特别是在适格立法机构提出此种要求，或者在相关当事方没能遵守上述实践的情况下。

在本章对共同规制和自我规制的描述中，有几个关键特征值得注意。[56] 就"共同规制"来说，尽管欧盟通过了一项立法框架，但"实现目标"的任务交由该领域的利益攸关者执行。[57] 这些行为体接下来要起草自愿协议，并将其告知欧盟委员会。在这里，我们可以看到，此种实践不同于上文提到的层级治理的三个要素：立法并非仅涉及中央政府行为体从上到下的程序；框架立法性法令中并未规定细节，而是留给利益攸关者去丰富；利益攸关者达成的协议是自愿的。就执行而言，在出现不遵守协议或者未能达成协议的情况下，框架立法似乎将规定"后续"条款。如果欧盟委员会的报告肯定了上述情况，并提议对立法性法令进行修订，或者提出另外一项立法措施，则此类后续条款有可能最终导致正式的执行选择。此外，正式立法程序仍然是一种默认的政策制定选项，其前提是框架立法规定了这一程序，而且自愿协议没能实现其目标。因此，"共同规制"被认为是传统立法程序"阴影"下的一种替代规制方式。我们可以在实施《第 2006/123 号服务指令》的背景下发现共同规制的例子。[58] 该指令第 37 条第 1 款规定，应在共同体层面起草旨在推动在其他成员国提供服务或开业的行为规范，特别是由专业机构、组织和协会起草这类行为规范。

"自我规制"是一种更加激进的权力下放选项，被定义为相关经济行为体或其他行为体在欧盟层面制定共同指导方针。[59] 此种行为显然不同于中央集权式的从上到下的规制，也不同于通过规定性和具有约束力的规范。有人也许会问，自我规制是否还涉及任何形式的欧盟治理，不管是不是"新型"治理。对这一问题的答案可能是，在欧盟拥有立法权能，但选

---

[56] 关于欧盟自我规制和共同规制的分析，参见 www.eu - newgov. org/database/DELIV/D04D69_ Limits_ of_ self - regulation. pdf.

[57] 有人提出批评，认为欧盟的"共同规制"概念过于狭窄，而且是"从上到下"实施的，参见 P Verbruggen, 'Does Co-Regulation Strengthen EU Legitimacy?' (2009) 15 ELJ 425.

[58] 见第二十三章第六节。

[59] F Cafaggi (ed), *Reframing Self-Regulation in European Private Law* (Kluwer Law International, 2006).

择推进或允许"自我规制"的领域，欧盟委员会保留监督"自我规制"实践的权力，以便审查这些行为是否与欧盟法的要求相符。欧盟委员会将向欧盟其他立法机构报告相关当事方的代表性问题，以及所做承诺具备的"价值"及其涵盖范围。此外，与"共同规制"的情况一样，如果出现未能遵守协议的情况，则正式立法仍然是一种默认选择。

尽管目前尚未广泛使用"共同规制"和"自我规制"方式，但欧盟委员会已经在诸多领域提议采取这些措施，或者促进这些措施的实施，诸如数字领域[60]，与儿童有关的互联网安全[61]和移动电话安全领域[62]，以及其他音像制品行业。欧洲广告业标准联盟（European Advertising Standards Alliance）还通过了一项自我规制协议，并得到欧盟委员会的批准。[63] 对于这一特定欧盟治理形式的批评主要涉及其有效性，但是目前还没有证据表明，对于拟采用共同规制或自我规制的领域而言，更具层级性质的治理形式会更加有效，或者更具可行性。

"更好治理"倡议是20世纪90年代末欧盟委员会提出的更广泛治理改革议程的一部分。在对欧盟治理改革的必要性开展长达几年的咨询和讨论之后[64]，欧盟委员会于2001年发表《欧洲治理白皮书》（White Paper on European Governance），该白皮书以大量的工作论文和背景文件为基础。根据欧盟委员会的说法，该白皮书旨在就如何增进欧洲的民主以及增强欧盟机构的合法性提出一系列建议。在某些方面，该白皮书是一份缺乏聚焦的文件，但它包含的许多议题与本章讨论的治理改革的类别有关。[65]

---

[60] https：//ec. europa. eu/digital – single – market/en/blog/self – and – co – regulation – eu – land-scape；https：//digital – strategy. ec. europa. eu/en/news/principles – better – self – and – co – regulation – endorsed – better – regulation – package.

[61] http：//ec. europa. eu/digital – agenda/en/self – regulation – and – stakeholders – better – inter-net – kids.

[62] http：//ec. europa. eu/digital – agenda/self – regulation – better – internet – kids.

[63] www. easa – alliance. org/.

[64] 关于欧盟委员会早期阶段发起的治理改革讨论，参见 N Lebessis and J Paterson，'Evolution in Governance：What Lessons for the Commission? A First Assessment'（European Commission Forward Studies Unit，1997）.

[65] See also White Paper on Multilevel Governance adopted by the Committee of the Regions [2009] OJ C211/01.

《欧洲治理白皮书》⑥

　　我们需要与地区和地方政府以及公民社会加强互动。成员国在实现这一目标方面负有主要责任。但欧盟委员会也有如下责任：

　　——在政策制定的早期阶段，通过国家和欧洲层面的协会与地区和地方政府的代表建立更系统的对话；

　　——提升共同体立法实施方式的灵活性，同时要考虑到地区和地方的情况。

　　……

　　欧盟委员会回应：

　　——促进更大程度地使用不同的政策工具（条例、"框架指令"、共同规制机制）；

　　——进一步简化现行欧盟法，并鼓励成员国简化赋予欧盟条款效力的本国规则。

　　……

　　为了在各个层面建设更好的伙伴关系，需要在三个领域在欧盟层面采取补充性应对措施：

　　——"参与政策的制定"。在欧盟层面，委员会应确保在形成政策提案时考虑到地区与地方层面的知识和条件。为此目的，委员会应组织地区或地方政府与欧洲和国家层面的协会开展系统对话，同时尊重各国宪法和行政安排。……

　　——"更大程度的灵活性"。当地的某些条件可能会导致很难制定既能涵盖整个欧盟，又不会造成立法过度复杂的一整套规则。那些用于实施具有强大地域影响的立法和规划的方式，应具有更大程度的灵活性，前提是能够维持作为内部市场核心的公平竞争。

　　欧盟委员会也支持在遵守现行条约条款的前提下，对某些欧盟政策是否可以通过以目标为基础的三方契约得到更好的实现进行测试。此类契约的签署方应为成员国和由成员国为此目的而指定的地区和地方，以及欧盟委员会。……可将环境政策作为试验这一前沿方式的候

---

⑥　European Governance：A White Paper, COM（2001）428.

选领域。此外，委员会已经承诺在未来的地区政策中采用具有权力下放程度更大的方式。

……

更好政策、规制和执行

欧盟的政策和立法越来越复杂。理事会和欧洲议会不太愿意留给委员会更多的政策执行空间，这意味着立法往往包含不必要的细节。……

欧盟立法中的细节过多还意味着使规则适应技术变化或市场变化的过程可能既复杂又耗时。从总体上看，这就造成缺乏灵活性，并且削弱立法的效力。……

……

在这方面实现改进取决于以下七个因素：

第一，在提出提案之前，必须对是否适合在欧盟层面进行干预和是否有必要进行规制性干预这两个问题进行"有效分析"。……

第二，"立法往往只是更广泛解决方案的一部分"，这些解决方案既包括正式规则，也包括其他不具约束力的工具，例如建议、指导方针，甚至是在一个达成一致框架下的自我规制等。这样，在使用不同的政策工具时就必须保持这些工具之间的高度一致，另外也有必要更多地考虑选择使用哪些工具。

第三，在需要通过立法实现联盟目标的任何时候，都必须使用"正确的文件类型"：

——"条例的使用"应在以下情况下考虑，即需要在整个联盟范围内统一适用，并确保法律确定性。这一点对于完成内部市场的建设尤其重要，其优势在于可以避免由于将指令转化为国家立法而产生的延迟；

——"框架指令"应更经常地使用。此类文件没有那么严格，在实施方面具有更大程度的灵活性，理事会和欧洲议会的批准程序往往也更迅速。不管选择哪种形式的立法工具，对于仅限于基本要素（基本权利和义务以及实施这些权利和义务的条件）的"'一级'立法应得到更多的使用"，而让执行机构通过实施"二级"规则去填补技术细节方面的空白。

第四，在某些条件下，可以在"共同规制框架"下起草实施性措施。共同规制把具有约束力的立法行为和规制行为，与受到这些行为影响最大的行为体的行为结合起来，并以后者的实际专业技能为基础。结果是，通过让那些受到实施性规则影响极大的行为体参与这些规则的筹备和执行过程，从而扩大了相关政策的"所有者"范围。这往往能够实现更好的执行效果，即使具体规则并不具有约束力。……

欧盟委员会的许多建议都反映了偏离层级治理的趋势。委员会强调，需要让欧盟主要立法机关以外的其他行为体参与进来，同时还强调减少立法中的细节和规定性。委员会提到有必要采用多种政策工具，包括一系列非传统工具，如三方契约[67]，此外还包括我们上文所讨论的一些规制方法，如共同规制、开放式协调方法、建议和指导方针等。

《欧洲治理白皮书》倡议受到一些批评，认为其中几乎没有出现旨在实现变革的具体倡议，而且欧盟委员会首先关心的似乎是捍卫自己的地位。尽管如此，《欧洲治理白皮书》确实推动了最早出现于辅助性原则和相称性原则的指导方针之中，后来又出现在更好规制倡议的几个主题，同时清楚地表明了欧委会对治理改革议题的思考。[68]

在"更好规制"倡议背景下，欧盟委员会还引入"智慧规制"（smart regulation）理念，强调立法的灵活性，而且强调根据经验解释和修订立法的方式至关重要。[69] 在关于新型治理的学术著作中，特别是那些关于试验性治理和反思性治理的著作中，作者强调灵活性概念和反思理念，以及根据经验进行解释和调整的能力。[70]

---

[67] A framework for target-based tripartite contracts and agreements between the Community, the states and regional and local authorities, COM（2002）709.

[68] 关于"更好规制"的近期发展情况，可参见 https：//ec. europa. eu/info/law/law - making - process/planning - and - proposing - law/better - regulation - why - and - how_ en；Completing the Better Regulation Agenda：Better Solutions for Better Rresults, COM（2017）651；http：//ec. europa. eu/info/law/law - making - process/evaluating - and - improving - existing - laws/refit - making - eu - law - simpler - and - less - costly/refit - platform_ en.

[69] Smart Regulation in the EU, COM（2010）543；Strengthening the foundations of Smart Regulation—improving evaluation, COM（2013）686；http：//ec. europa. eu/smart - regulation/index_ en. htm.

[70] See, eg, C Sabel and J Zeitlin（eds）, *Experimentalist Governance in the European Union—Towards a New Architecture*（Oxford University Press, 2010）；O De Schutter and J Lenoble（eds）, *Reflexive Governance—Redefining the Public Interest in a Pluralistic World*（Hart, 2010）.

第六节　新型治理：评价

接下来主要探讨两个问题。首先，探讨新型治理方法在欧盟兴起的原因。其次，探讨对新型治理的一些主要评价和批评。

斯科特和特鲁贝克：《注意间隙——欧盟的法律与新型治理》⑦

为什么我们看到欧盟正在越来越多地使用新型治理？

"新型治理"涵盖大量截然不同的机制，每一种机制都有其独特的历史。绝大多数机制（即使不是全部）的产生都是作为一种实用形式，以使现成的政策制定机制能够适应欧盟刚刚出现的需求。尽管我们无法找到所有这些机制的详细发展历史，但有六个因素可以解释这一新型治理趋势。

第一，议事日程上的议题越来越复杂和不确定

可以将新型治理视为在不确定条件下处理复杂问题的一种方式，因此向新型治理发展的趋势可能反映出此类复杂问题在欧盟议事日程上越来越重要。我们既可以在欧盟的传统权能领域，也可以在欧盟正在参与的一些新领域发现这一点。因此，举例来说，单一市场框架下的"再规制"涉及始料未及的复杂性，导致"委员会制"的出现，而且随着联盟不断进入就业和应对社会排斥等新领域，它开始应对那些长期困扰很多成员国的问题，而对这些问题并不存在简单或者统一的解决方案。

第二，不可简化的多样性

欧盟目前正在处理的许多问题不仅十分复杂，而且根本不允许采取统一的解决方案。"欧洲就业战略"这一开放式协调方法所面临的诸多问题就是这种情况。15 个成员国有关劳资关系和社会保护的制度基础差异巨大，几乎不存在任何一种解决方案能够在所有这些不同的

---

⑦　J Scott and D Trubek, 'Mind the Gap: Law and New Governance in the EU' (n 7).

背景下有效实施。……

第三，公共行政和法律的新方法

向新型治理发展的趋势无疑受到公共行政和法律领域进展情况的影响。在欧洲和美国的国内行政法和公共行政实践中，可以发现称之为"新型治理"的某些实践中的一些因素。在这些领域，人们越来越认识到从上到下的传统规制方式的局限性，而且人们不断呼吁权力共享、参与、目标管理和试验等方法。

第四，权能的"悄悄扩大"

有些新方法的采用可能是为了应对如下情况，即在某些领域，在欧盟层面采取行动的法律权威受到限制或者不存在此类法律权威。对于一些将由未来的开放式协调方法涵盖的领域而言，情况可能尤其如此。尽管"欧洲就业战略"建立在条约基础之上，但像应对社会排斥和养老金等领域的问题则不存在明确的条约基础。在这样的情况下，新型治理也许是或不是可获得的最佳政策制定方式，但它或许是欧盟能够在某一特定领域发挥作用的唯一方式。

第五，合法性

新型治理往往反映出为确保欧盟决策获得合法性而付出的努力。社会对话通过将立法权委托给受相关法律影响的当事方的代表，从而可能在其涵盖的领域解决了一部分民主赤字问题。……

第六，辅助性

……即使在不存在专门的辅助性原则的情况下，（上文所述的）压力仍有可能已经推动欧盟向新型治理方式发展，但是辅助性原则的影响力及其背后的政治力量无疑为这一趋势增添了动力。

萨贝尔（Sabel）和蔡特林（Zeitlin）对欧盟新型治理形式兴起的原因给出了略有不同的解释，但他们的解释与上述两位作者的解释总体上是互补的。他们将欧盟的新型治理描述为试验主义的一种形式，并用四个特征来解释这一形式：欧盟机构和成员国确定框架目标；较低层级的机构或单位可自由选择它们认为合适的方式来实现这些目标；要求这些较低层级的机构定期报告其成绩，并以某种形式的相互比较式的同行评议进行参与；由确立这些框架目标和程序的行为体进行定期评估。

萨贝尔和蔡特林：《从差异中学习：
欧盟试验主义治理的新架构》[72]

由于越来越认识到有必要从多样性中进行学习，以便在不强制要求不切实际的统一性的情况下，调和、协调和修订规制性规则，新的架构大概在 20 世纪 80 年代中期到 2000 年期间基本形成，也就是在《单一欧洲法令》生效到里斯本峰会召开之前这段时间里。出于论述的需要，而且无须假装我们的分类很全面或很精确，我们认为，对这一架构的阐释在三个领域或多或少地具有独立性：对私有化网络基础设施的再规制，公共健康与安全，以及社会团结（作者还将司法与内务作为第四个领域。——引者）。……

正如我们将要看到的，大约从新千年之交开始，新型架构就开始出现了，它不仅是在规制能力（食品安全、海事安全或海洋污染）出现毁灭性崩溃情况下的一种应对措施，或者是在此种能力（金融市场监管）遇到威胁情况下的一种应对措施，同时也是在（传统）中央集权与（传统）权力下放（竞争政策、国家援助）的支持者之间出现矛盾而导致某个领域停滞不前的情况下，作为能够启动规则制定程序的手段。最近，人们越来越频繁地提议在其他领域采用与该新型架构的三个原始领域中的任一领域相关的创新（例如，在职业健康与安全以及基本权利领域采用开放式协调方法，或者与药品授权机构或海事安全机构相联系的成员国监管委员会协商——作为我们下文将要讨论的例子）。这表明这些行为体认为这三个领域所发生的问题具有普遍性，而且出于这一原因，它们相信，在一种背景下能够解决这些普遍性问题的各种方案，也可以用于解决其他领域所存在的具有普遍性的问题。

需要注意的是，与新型架构得以在特定政策部门以及更普遍意义上的欧盟出现的历史背景相比，试验主义治理的可能性条件或范围条件更明显，适用范围也更宽泛。实行试验主义治理的可能性条件的确

---

[72]　C Sabel and J Zeitlin, 'Learning from Difference: The New Architecture of Experimentalist Governance in the EU' (2008) 14 ELJ 271.

微乎其微：战略的不确定性，也就是说，政策制定者承认，他们无法依靠其战略立场（例如，更依赖市场还是计划）指导某一特定领域的行动（或者说，他们不知道如何实现其宣称的目标），以及多极或多头权力分配，其中没有任何一个行为体有能力在不考虑其他行为体意见的情况下强制实施自己偏好的解决方案。……这些因素加在一起，使得我们有可能通过试验主义治理的机构机制，把分配谈判转变为有意识地解决问题。

由此可见，斯科特和特鲁贝克强调的是问题的复杂性，接纳多样性的必要性，缺少合法权力，寻求使新的政策制定方式更具合法性，以及辅助性这一概念的政治影响等，并且将这些因素作为解释越来越频繁地采用新型治理机制的原因。而萨贝尔和蔡特林除了关注上述因素外，还关注实际或潜在的危机、规制权威的崩溃，以及要在一个彼此相互依赖的环境中解决问题所面临的不确定性等因素。从里斯本峰会结论等文件中，我们无疑可以清楚地看到，对于如何解决欧盟所面临的社会和经济问题，的确存在着大量的不确定性，与此同时，诸如《欧洲治理白皮书》等文件也清楚地表明，欧盟委员会和欧盟其他机构行为体急于解决欧盟的合法性及其规制履行情况的有效性等问题。

新型治理方法是否成功应对欧盟复杂的经济和社会问题，其评判是毁誉参半的，对这些问题的其他规制方法已被证明无法取得恰当效果。很多批评者关注有效性问题，因为很难证明包括开放式协调方法在内的一些更软性的政策工具是否达到特定的具体结果。对此类工具的影响和效果进行的评估结论大相径庭。[73] 此外还有人认为，由于公认在如此众多的相关领域使用"命令与控制式规制"是不适当的，因此认为新型治理没有表现出适当结果的批评意见具有误导作用，也不成熟。另外一种观点认为，新型治理方法的一些优点在于其创新过程，而不仅仅在于其政策结果。例如，它可以推动更大程度的参与，或者可以创造知识，而且其本身就是一种试

---

[73] 例如，Citi and Rhodes（n 36）；Moravcsik（n 36）. 有人对此提出了强烈的反驳意见，参见 J Zeitlin, 'The Open Method of Coordination in Action: Theoretical Promise, Empirical Realities, Reform Strategy' in Zeitlin and Pochet with Magnusson（n 33）. 更近的评价参见 M Heidenreich and G Bischoff, 'The Open Method of Co-ordination: A Way to the Europeanization of Social and Employment Policies?'（2008）46 JCMS 497；Copeland and ter Haar（n 36）.

验，或者在不断变化的环境中，对它们可以进行反思和修订。

另外一类批评意见则关注该机制对一系列宪政价值所具有的可能的负面影响，例如对欧盟的机构平衡、法治、基本权利和民主的影响。[74] 其他一些分析则聚焦于合法性批评的某些特定方面[75]，诸如问责问题[76]，民主参与或其他形式的参与问题。[77] 也有人对这些批评意见做出坚定的回应，认为新型治理模式很有可能让人们对"机构平衡"、法律价值甚至民主等问题的根深蒂固的理解实现某种富有成效的重新概念化，特别是在欧盟这一非国家背景之下。[78]

第七节 结论

一 欧盟新型治理模式是一个生动和充满争议的话题。有些人对这一新型规制方式的兴起持有怀疑和不信任立场

二 在过去20年间，欧盟一直特别强调，有必要对治理进行改革，偏离传统的层级式法律制定和政策制定。一些特定的规制倡议，如"新型调和方式"和"开放式协调方法"，以及诸如"更好规制"战略、辅助性原则与相称性原则的落实等更宽泛的治理改革倡议，均证明了这种变化。

三 到目前为止，关于新型治理模式的意义、影响和合法性的判断褒贬不一。无论如何，这种"新的""反思型"或"试验主义"治理方法的兴起引发了一系列有趣且复杂的新课题，同时也引发了对传统法律和

---

[74] Hatzopoulos（n 41）.

[75] Scott（n 37）.

[76] Y Papadopoulos,'Problems of Democratic Accountability in Network and Multilevel Governance'（2007）13 ELJ 469；A Benz,'Accountable Multilevel Governance by the Open Method of Coordination?'（2007）13 ELJ 505；C Harlow and R Rawlings,'Promoting Accountability in Multilevel Governance：A Network Approach'（2007）13 ELJ 542；Dawson（n 39）.

[77] 'Efficient and Democratic Governance in a Multi-Level Europe', Final Report of CONNEX, www.mzes.uni–mannheim.de/projekte/typo3/site/fileadmin/docs_pdfs/connex_flyer.pdf. See also the literature cited at（n 37）.

[78] C Sabel and W Simon,'Epilogue'in G de Búrca and J Scott（eds）, *Law and New Governance in the EU and the US*（Hart, 2006）. 也可参见期刊专题文章：Columbia J European L（2007）vol 13.

法律规制概念的一系列挑战。以实证为基础，对新型治理模式在各个不同领域的运行情况进行的评估正在出现，但是到目前为止，尚未对其影响和有效性问题达成一致共识。

第八节 扩展阅读

探讨新型治理的著述数量十分庞大，这里列出的扩展阅读目录仅包括作者选择的一些电子资源、专著和专题研究，特别是聚焦于法律问题的著述，但并未列出任何单独的文章或论文。

一 网站

CONNEX at www. mzes. uni – mannheim. de/projekte/typo3/site/fileadmin/docs_ pdfs/connex_ flyer. pdf

NEWGOV at www. eu – newgov. org/

REFGOV at http：//refgov. cpdr. ucl. ac. be/

（以上三个研究项目由欧盟委员会资助，虽然项目已经结束，但仍可以在网上查到其研究成果。）

二 专刊

Special Issue of（2002）8 ELJ

Special Issue of（2004）11 JEPP

Special Issue of（2007）29 J European Integration

Special Issue of（2007）13 ELJ

Special Issue of（2007）13 Columbia J European L

Special Issue of（2009）15 ELJ

Special Issue of（2010）4 Wisconsin L Rev

三 专著

Armstrong, KA, *Governing Social Inclusion—The Law and Politics of EU Co-ordination*（Oxford University Press, 2010）

Bache, I, *Europeanization and Multilevel Governance*: *Cohesion Policy in the European Union and Britain* (Rowman & Littlefield, 2008)

Cafaggi, F (ed), *Reframing Self-Regulation in European Private Law*, Private Law in European Context Series (Kluwer Law International, 2006)

De Búrca, G, and Scott, J (eds), *Law and New Governance in the EU and the US* (Hart, 2006)

De Schutter, O, and Lenoble, J (eds), *Reflexive Governance*: *Redefining the Public Interest in a Pluralistic World* (Hart, 2010)

Jordan, A, and Schout, A, *The Coordination of the European Union*: *Exploring the Capacities of Networked Governance* (Oxford University Press, 2008)

Kohler-Koch, B, and Larat, F (eds), *European Multi-Level Governance*: *Contrasting Images in National Research* (Edward Elgar, 2009)

Sabel, CF, and Zeitlin, J (eds), *Experimentalist Governance in the European Union—Towards a New Architecture* (Oxford University Press, 2010)

Scott, J (ed), *Environmental Protection*: *European Law and Governance* (Oxford University Press, 2009)

Tömmel, I, and Verdun, A (eds), *Innovative Governance in the European Union*: *The Politics of Multilevel Policymaking* (Lynne Rienner, 2009)

Zeitlin, J, Pochet, P, with Magnusson, L (eds), *The Open Method of Coordination in Action*: *The European Employment and Social Inclusion Strategies* (PIE-Peter Lang, 2005)

第八章 欧盟法的性质与效力：直接效力及其他

第一节 核心议题

一 直接效力（direct effect）理念在原则上适用于所有具有约束力的欧盟法律，包括基础条约、《基本权利宪章》、一般原则、二级立法和国际协定。多年来，最具争议的问题涉及指令和国际协定。① 目前还不确定一般法律原则是否具有横向直接效力（horizontal direct effect），而近年来《基本权利宪章》的直接效力有重要发展。

二 人们对直接效力的含义仍然存在争议。从广义上说，直接效力意味着个人在成员国法院"可援引和依据"那些足够清楚、确切，并且无须额外条件即可由法院受理的具有约束力的欧盟法条款。另外还有一种"更狭义"或传统的直接效力概念，是根据欧盟法条款对个人"赋予权利"的能力进行界定的。

三 尽管在指令的实施期限届满之后，指令可以通过个人对国家提起异议而得到直接执行，即纵向直接效力（vertical direct effect），而且在必要的情况下，这会导致不予适用与指令冲突的国内法，但是欧洲法院裁定，指令本身不能向个人施加义务，也就是无横向直接效力。然而，这种限制指令直接效力的理由，却是有争议的。

四 鉴于欧洲法院已经发展形成其他一些法律机制，以给予没有得到适当实施或适当适用的指令以效力，因此指令不具备横向直接效力的

---

① 国际协定的法律效力将在第十一章中探讨，因为只有在更具普遍意义的欧盟国际关系背景下，才能最大程度地理解与国际协定的直接效力有关的一些突出问题。

问题就显得更加突出。第一，为了赋予指令纵向直接效力，欧洲法院给予"国家"这一概念以广义解释。第二，成员国法院有义务在指令的转化实施期限终止之后，尽可能以符合指令的方式解释国内法。这被称为间接效力，或者调和解释原则（principle of harmonius interpretation）。第三，在一项指令被通过之后、在其实施期限届满之前这段时间里，包括法院在内的所有国家机关，均不得通过任何有可能严重影响指令预期结果的措施或解释。第四，在某些情况下，只要指令本身没有对私人之间诉讼的任一当事方施加法律义务，就可以合法地援引某项指令，即间接效力。第五，如果欧盟法一般原则与某项指令涵盖的领域相同，那么这些一般原则在某些情况下可以约束私人当事方。第六，宪章权利在某些情况下可以具有横向直接效力。第七，如果条例提到某项指令，而且规定遵守该指令要以接受该条例框架下的利益为前提条件，那么该指令对私人当事方就可以具有约束力。

五　对规定指令不具有横向直接效力的规则设定了诸多限制条件，而且每一种例外情况都面临着多个难题，导致该领域的法律越来越复杂，也越来越难以理解。

第二节　直接效力：导论

本章讨论欧盟法的核心议题。直接效力规则由欧洲法院发展形成，而且，随着时间的推移，欧洲法院的司法判决越来越复杂。本节讨论的目的是帮助读者了解这其中的一些难点。

第一，我们以"公共执行和私人执行"之间的差别为出发点。《欧洲联盟运行条约》第258条明确规定一项"公共执行"机制，允许欧盟委员会在联盟法院起诉违反欧盟法的成员国。这种强制性的司法管辖权并不常见，因为绝大多数国际条约中并不包含这类机制。然而，欧盟委员会的能力十分有限，它只能对极少数可能违反欧盟法的行为提起诉讼。《欧洲经济共同体条约》第169条（现《欧洲联盟运行条约》第258条）是公共执行的最初版本，过去，其救济作用十分薄弱，而且该条不能用于反对私人个体。②

第二，欧洲法院由此采取使欧盟法的"私人执行"实现合法化的大胆步骤。欧洲法院认为，条约条款在某些情况下可以具有直接效力，由此个人可以依据这些条款在本国法院质疑违反欧盟法的国家行为。这种解释将个人纳入欧盟法律秩序之中。传统上，国际条约的国内效力由作为条约成员国的宪法自行决定。在对国际法采用二元论的国家，国际协定仅在政府间层面对国家构成约束，在国际法没有得到实施的情况下，无法由公民在国内直接执行。③ 但是，欧洲法院裁定《欧洲经济共同体条约》不同于其他条约。

第三，然而，从一开始"关于直接效力一词的确切含义就存在不确定性"④。欧洲法院的判例法既支持关于直接效力的广义界定，也支持其狭义解释。⑤ 广义界定无疑源于"范亨特与洛斯公司案"（*Van Gend en Loos*），指"欧盟法的某个条款能够在成员国法院被援引"⑥。有时称其为"客观"直接效力。⑦ 如同在"范亨特与洛斯公司案"里一样，援引某个法律条款的正常结果是它赋予援引该条款的个人以法律权利，但就其广义而言，这并不是直接效力的基本要素。对直接效力更狭义的"经典"界定，通常表达为"欧盟法某个条款能够赋予个人可在成员国法院得到执行的权利"。这一点有时候被称为"主观"直接效力。然而，这两种定义之间的区别取

---

② P Craig, 'Once upon a Time in the West: Direct Effect and the Federalization of EEC Law' (1992) 12 OJLS 453.

③ D Wyatt, 'New Legal Order or Old' (1982) 7 ELRev 14.

④ 欧洲法院曾交替使用"直接适用性"（direct applicability）与"直接效力"（direct effect），早期对这两个术语不同含义的讨论，参见 T Winter, 'Direct Applicability and Direct Effects' (1972) 9 CMLRev 425；Case 131/79 *Santillo* [1980] ECR 1585, 1608 – 1609, AG Warner；Case C – 253/00 *Muñoz v Frumar Ltd* [2002] ECR I – 7289, AG Geelhoed；P Eleftheriadis, 'The Direct Effect of Community Law: Conceptual Issues' (1996) 16 YBEL 205.

⑤ S Prechal, 'Does Direct Effect Still Matter?' (2000) 37 CMLRev 1047 and *Directives in EC Law* (Oxford University Press, 2nd edn, 2005)；M Lenz, D Tynes, and L Young, 'Horizontal What? Back to Basics' (2000) 25 ELRev 509；C Hilson and T Downes, 'Making Sense of Rights: Community Rights in EC Law' (1999) 24 ELRev 121.

⑥ 在"范亨特与洛斯公司案"中（Case 26/62 *Van Gend en Loos* [1963] ECR 13），欧洲法院裁定，第12条应被解释为"产生直接效力，并创设了个人权利"，从而意味着个人权利源于直接效力，但并不是产生直接效力的必要条件。

⑦ W Van Gerven, 'Of Rights, Remedies and Procedures' (2000) 37 CMLRev 501；D Edward, 'Direct Effect, the Separation of Powers and the Judicial Enforcement of Obligations' in *Scritti in Onore di Giuseppe Federico Mancini*, vol II: *Diritto dell' Unione Europea* (Guiffrè, 1998) 423.

决于所使用的"权利"定义。如果它指的仅仅是在成员国法院对欧盟法"援引的权利"（right to invoke）⑧，那么在直接效力的狭义概念和广义概念之间就几乎不存在区别。⑨ 然而，在其他很多案件中，欧洲法院已经超越简单提及"援引的权利"这一做法，而是指明诉讼当事人可在成员国法院凭借实体权利，例如免于受到基于国籍的歧视这项权利。⑩ 此外，如果"赋予个人权利"涉及获得某项特定救济的权利⑪，或者涉及对另一当事方施加相应义务或责任⑫，那么在狭义概念和广义概念这二者之间就存在重要差别。事实上，欧洲法院在直接效力背景下似乎以几种不同的含义使用"赋予权利"（conferral of rights）这一术语。直接效力含义的模糊性并不仅仅具有纯粹的学术意义，同时还具有实际影响。⑬

第四，在接下来的阶段，欧洲法院在确立基础条约条款可以具有直接效力之后，又通过两种方式"扩大这一概念"：巧妙地放松具有直接效力的条件，而且在对该项原则进行完善后，它既适用于基础条约条款，也适用于条例和决定。

第五，"司法关注的重点随后转移到指令"。很多观察人士质疑指令是否可以具有直接效力，因为它们不符合"范亨特案"（*Van Gend*）最初规定的条件。但是，欧洲法院裁定，指令在原则上可以具有直接效力。引起争议的是，欧洲法院又裁定，指令只能具有"纵向直接效力"，意味着只有在诉讼对象是国家或国家实体的情况下才能援引指令。指令不具有"横

---

⑧ Case C – 63/99 *Gloszczuk* [2001] ECR I – 6369；Case C – 257/99 *Barkoci and Malik* [2001] ECR I – 6557；Case C – 235/99 *Kondova* [2001] ECR I – 6427；Case C – 268/99 *Jany* [2001] ECR I – 8615；Case C – 327/02 *Panayotova* [2004] ECR I – 11055，[18].

⑨ 与此相关的一个问题是，如果采用更狭义的"主观"界定，那么谁能够援引由具有直接效力的法律条款赋予的权利，参见 Cases C – 87 – 89/90 *Verholen* [1991] ECR I – 3757；Case C – 72/95 *Kraaijeveld* [1996] ECR I – 5403，[57] – [60]；Cases C – 240 – 244/98 *Océano Grupo Editorial v Rocio Murciano Quintero* [2000] ECR I – 4491；Case C – 230/97 *Awoyemi* [1998] ECR I – 6781；Case C – 83/11 *Muhammad Sazzadur Rahman* EU：C：2012：519，[25]；Cases C – 165 – 167/09 *Stichting Natuur en Milieu and Others* EU：C：2011：348，[99] – [100]；Case C – 115/09 *Bund für Umwelt und Naturschutz Deutschland，Landesverband Nordrhein-Westfalen eV* EU：C：2011：289。

⑩ Case 57/65 *Lütticke v Hauptzollamt Sarrelouis* [1966] ECR (Sp Ed) 205.

⑪ Prechal，'Does Direct Effect Still Matter?' (n 5)；M Ruffert，'Rights and Remedies in European Community Law：A Comparative View' (1997) 34 CMLRev 307；Van Gerven (n 7).

⑫ Hilson and Downes (n 5).

⑬ 因此，例如欧洲法院裁定，尽管指令并未在私人当事方之间赋予权利，但仍然可以在成员国法院以某种方式被援引。

向直接效力"，也就是说，它们不能对私人当事方施加义务。

第六，"区分指令的纵向直接效力与横向直接效力，这导致复杂的判例法，给诉讼当事人和成员国法院都带来困难"。欧洲法院创造了多种方法，根据这些方法，即使指令不具有横向直接效力，它们也能对成员国法律产生影响。由此，欧洲法院采用广义的"国家"定义；它发展形成"间接效力"（indirect effect）理论，或调和解释（harmonious interpretation）义务；它还引入"偶然横向效力"（incidental horizontal effects）概念，根据这一概念，即使是私人当事方之间的诉讼行为，也可以根据一项指令，排除与该指令条款不符的国内法律规定。上述结论以欧盟法的优先性为前提，并且涉及两类指令的区别，即区分"排斥"不一致的国内法的指令，与具有"替代性"效力的指令。⑭ 如下文所示，这种区分法是否合理，存在着疑问。欧洲法院还裁定，一般法律原则可以约束私人当事方，而且一般原则的内涵也可以来自某项指令。欧洲法院最近已裁定，《基本权利宪章》中所包含的权利可以具有横向直接效力，其内涵也可以来自指令。它还裁定，如果条例中提到某个指令，那么该指令就可以横向地执行。

第七，很显然，传统"主观"意义上的直接效力，即欧盟法条款能够赋予个人在成员国法院得到执行的权利，仅仅是联盟法对成员国法律产生影响的方式之一，而且这一趋势越来越明显。调和解释原则、偶然横向效力，以及欧盟法不同渊源和规则相结合所产生的效力等，为欧盟法提供了影响成员国法律体系的不同途径。⑮

第三节　一级法律的直接效力：基础条约条款、一般原则与《基本权利宪章》

一　基础："范亨特与洛斯公司案"中基础条约条款的直接效力

1963 年，欧洲法院首次在"范亨特与洛斯公司案"中阐释直接效力理

---

⑭　Case C‑244/98 *Océano Grupo*（n 9）［26］‑［39］，AG Saggio；Case C‑287/98 *Luxemburg v Linster*［2000］ECR I‑6917，［57］‑［90］，AG Leger.

⑮　K Lenaerts and T Corthaut，'Of Birds and Hedges：The Role of Primacy in Invoking Norms of EU Law'（2006）31 ELRev 287；S Robin‑Olivier，'The Evolution of Direct Effect in the EU：Stocktaking，Problems，Projections'（2014）12 I‑CON 165.

论，该案迄今为止仍然是欧洲法院最著名的裁决。⑯

范亨特与洛斯通用运输公司诉荷兰税务总局

Case 26/62 NV Algemene Transporten Expeditie Onderneming van
Gend en Loos v Nederlandse Administratie der Belastingen

[1963] ECR 1

[《里斯本条约》重新编号，《欧洲经济共同体条约》第 12 条、
第 169 条、第 170 条和第 177 条现分别变更为《欧洲联盟运行
条约》第 30 条、第 258 条、第 259 条和第 267 条]

荷兰范亨特与洛斯公司（Van Gend en Loos）从德国进口大量化
学制品，被征收一项进口税。该公司认为，该项关税自《欧洲经济共
同体条约》生效之后有所提高（通过将关税类别从较低的税目转移到
较高的税目），因此主张这种实践违反《欧洲经济共同体条约》第 12
条。该公司以第 12 条为依据，就支付此项关税事宜向荷兰关税委员会
（Tariefcommissie）提起申诉。荷兰关税委员会向欧洲法院提出两个问
题。第一个问题是："《欧洲经济共同体条约》第 12 条是否在成员国
领土范围内直接适用，换言之，这类国家的国民是否可以在该条基础
上主张个人权利，而成员国法院必须保护这些权利。"比利时、德国
和荷兰政府向欧洲法院提交观察意见。比利时政府认为，该问题是，
批准一项国际条约的成员国法律是否应优先于其他法律，而它是成员
国宪法问题，属于荷兰法院的专属管辖权。荷兰政府认为，《欧洲经
济共同体条约》与标准的国际条约没有任何区别，直接效力概念将违
背该条约起草者的意愿。

欧洲法院

为了确定国际条约的条款是否具有如此广泛的效力，必须考虑这
些条款的精神、总体架构及其措辞。

---

⑯ M Rasmussen, 'Revolutionizing European Law: A History of the *Van Gend en Loos* Judgment'
(2014) 12 I – CON 136 and JHH Weiler '*Van Gend en Loos*: The Individual as Subject and Object and
the Dilemma of European Legitimacy' (2014) 12 I – CON 94.

《欧洲经济共同体条约》的目标是建立共同市场，而共同市场的运行与共同体所有利益相关方均有直接关系，这就意味着该条约并不是一部仅在缔约国之间创设相互义务的协议。这一观点得到条约序言的肯定，它不仅提及政府，还提到人民。该观点也由于共同体机构的成立而得到更明确的证实，这些机构被赋予主权权利，这些权利的行使既影响成员国，也影响其公民。此外，还必须指出，被共同体团结在一起的成员国国民，被吁请在共同体的运行过程中通过欧洲议会和经社委员会这一中间渠道开展合作。

另外，该条约第177条赋予欧洲法院任务的目的在于确保成员国法院和法庭统一解释该条约，这一任务确认，成员国承认共同体法具有可以由其国民在那些法院和法庭援引的权威。由此得出结论，共同体法构成国际法的一种新型法律秩序，为此目的，成员国限制了自己的主权权利，尽管是在有限的领域，而且共同体法的调整对象不仅包括成员国，也包括其国民。作为独立于成员国立法的共同体法律，不仅由此对个人施加义务，而且旨在赋予他们权利，这些权利成为他们法律遗产的一部分。这些权利不仅存在于《欧洲经济共同体条约》明确赋予个人权利的领域，而且在条约以清楚界定的方式向个人以及成员国和共同体机构施加义务的情况下，也同样存在这些权利。……

第12条从措辞上讲包含一项清楚、无条件的禁止性规定，这不是积极义务，而是消极义务。此外，该义务不以成员国的任何保留为限定条件，否则的话，该条款的实施就将以根据成员国法制定的一项积极立法措施为条件。这一禁止性规定的性质本身就足以对成员国与其国民之间的法律关系产生直接效力。

第12条的实施并不要求成员国方面进行任何立法干预。根据该条，消极义务的主体被规定为成员国，这一事实并不意味着其国民不能受益于这项义务。……

因此，从上述考虑得出结论，根据《欧洲经济共同体条约》的精神、总体架构和措辞，第12条必须解释为产生直接效力，并创设各国法院必须保护的个人权利。

此外，三国政府根据《欧洲经济共同体条约》第169条和第170条向欧洲法院提交对本案的观察意见，但它们陈述的观点是错误的。条约的这些条款授权委员会和成员国在某法院起诉未履行其义务的国家，这一事实并不意味着在这种情况发生时，个人不能以这些义务作为在成员国法院申辩的理由。……

第 169 条和第 170 条的程序是为了防止成员国违反第 12 条而提供的保障，如果限制这些程序，就有可能导致取消对其国民个人权利的所有直接法律保护。于是存在如下风险，即如果成员国在实施违反条约诸条款的一项本国决定之后，再依靠这些条款的程序（规避条约义务），那么该程序就会失去有效性。

相关个人为保护自身权利而表现出的审慎勤勉相当于一种有效监督，这也是对第 169 条和第 170 条赋予委员会和成员国尽责监督任务的补充。

欧洲法院"范亨特与洛斯公司案"判决具有划时代意义。上述三个政府占当时成员国总数的一半，其强烈干预表明，直接效力概念——被理解为"这些条款具有个人申诉者在各国法院的立即可执行性"，这也许不同于这些国家在创建欧洲经济共同体之时对它们应承担义务的理解。尽管如此，欧洲法院仍然认定，原则上条约诸条款具有直接效力。

欧洲法院的论证一部分来自条约文本。欧洲法院指出条约序言提到公民与国家；并且认为，由现《欧洲联盟运行条约》第 267 条确立的初步裁决程序规定，当事方可在成员国法院以共同体法的要点作为申诉依据。[⑰]欧洲法院还指出如下事实，即根据基础条约的设想，公民也具有通过欧洲议会发挥作用的角色。直接效力文本的"证据力"并不太强。但欧洲法院基于《欧洲联盟运行条约》第 267 条的论点仍然很有意思。虽然不清楚条约起草者设计这一条款的意图，但是，如果个人无法通过第 267 条在成员国法院援引欧盟法，那么就只有在案件当事双方均为公共机构的情况下才能援引欧盟法，然而在第 267 条的措辞中不存在任何这种限制。在解释指令具有直接效力时，欧洲法院也使用了相同的论点。[⑱]

欧洲法院论证过程的另外一个特征是，对基础条约可能旨在创立的法

---

⑰ 但是要注意，从这一论证中并不能得出如下结论，即只有在涉及具有直接效力的欧盟法条款的情况下才可以提交初步裁决，尽管有成员国政府试图以此为理由，例如，C-416/10 *Križan* EU：C：2013：8，[56]；Case C-370/12 *Pringle* EU：C：2012：756，[89]。

⑱ 参见下文对该案的讨论：Case 41/74 *Van Duyn v Home Office* [1974] ECR 1337.

律共同体，而这提供了一种设想。该案提供了表明欧洲法院运用"目的解释方法"的一个早期例子。在使用该方法时，欧洲法院通过对文本及其漏洞进行解读，以进一步推动它所认定的共同体事业的根本性目标。欧洲法院对欧洲经济共同体的设想不同于由成员国所推动的共同体。

欧洲法院认为，不应简单地将共同体法视为国家之间的契约，它也关系到这些国家的人民。关于"国际法新型法律秩序"（a new legal order of international law）的著名论断，其目的是引入如下理念，即个人也可以从《欧洲经济共同体条约》中获得权利，即使在一般情况下并非如此。

欧洲法院还驳回了成员国提出的其他观点。欧洲法院裁定，委员会通过现《欧洲联盟运行条约》第258条对欧洲经济共同体法律进行公共执行，并未排除通过直接效力实施私人执行。由此，欧洲法院发展出直接效力概念，其主要观点是，对于这种法律体系而言，这是为了实现基础条约所描绘的宏伟经济和政治纲要所必不可少的。欧洲法院认为，需要强有力的执行以确保成员国遵守它们已经达成一致的条款。通过将个人与成员国法院体系的所有层级直接纳入共同体规范的执行框架，条约规则自动内化于成员国法律体系之中，这将有助于加强共同体规范的有效性，也有助于协助委员会履行其在第258条方面的执行功能。在这方面，可以参考欧洲法院前法官皮埃尔·佩斯卡托尔（Pierre Pescatore）的观点。

皮埃尔·佩斯卡托尔：《直接效力理论：共同体法的婴儿病》[19]

从这些考虑中可以看出，在欧洲法院的意见中，《欧洲经济共同体条约》不仅创设了一个属于各国的共同体，而且创设了属于人民和个人的共同体，因此，不仅成员国，个人也必须被视作共同体法的主体。这是一种民主理念产生的结果，意味着在欧洲共同体以及现代宪政国家，政府再也不能像过去那样在国际法律体系下为所欲为："朕即国家"（*L'Etat, c'est moi*）。情况远非如此；欧洲共同体要求每个人都参与，其结果是，私人个体不仅要承担责任和义务，他们还拥有必须受法律保护的特权和权利。因此，这是一个具有高度政治性质的观

---

[19] P Pescatore, 'The Doctrine of 'Direct Effect': An Infant Disease of Community Law' (1983) 8 ELRev 155, 158.

点，起源于对共同体宪法体系的认知，该认知是"范亨特与洛斯公司案"裁决的基础，而且仍在继续启迪着由此产生的整个理论。

二　直接效力的条件：条件的扩大

在"范亨特与洛斯公司案"中，欧洲法院确立了条约条款产生直接效力的初始条件。它确立的要求与国际法类似，即一项条款本质上应具有"自动执行"特征。因此，满足《欧洲经济共同体条约》第 12 条并且使其具有直接效力的标准是："清楚、消极、无条件，成员国方面未提出保留，以及不依赖于成员国的任何实施性措施"。但后来的判例法扩大并放松了对这些初始条件的要求。

要求条约条款应"清楚和无条件，成员国方面未提出保留"这一条件，很快就受到了限制。在"萨尔戈伊尔公司案"（Salgoil）中，欧洲法院裁定，尽管成员国拥有以《欧洲联盟运行条约》第 36 条规定的理由限制货物自由流动的自由裁量权，但这并不能排除《欧洲联盟运行条约》第 34 条的直接效力，因为第 36 条中的情况是例外的，并且不能损害第 34 条规定的明确义务。[20] 同样，在"范杜恩案"（Van Duyn）[21] 中，有观点认为，《欧洲联盟运行条约》第 45 条第 3 款允许以公共政策、公共安全或公共健康为由限制劳动者的自由流动，那么该条款就不具有直接效力，欧洲法院驳回该主张，因为"这些限制的适用是受司法控制的"[22]。欧洲法院认为，条约条款即使允许成员国自由裁量，但仍具有直接效力，因为对自由裁量权的行使可受司法控制。这一观点代表着在思维方式上有关直接效力的重大司法转变。

过去的观点认为，"如果需要在成员国层面采取进一步措施，则不可能存在直接效力"，这一观点也得到了修正。相反，只要调整相关领域的"基本原则"足够确定，它就可以具有直接效力，即使在共同体或成员国

---

⑳　Case 13/68 *SpA Salgoil v Italian Ministry of Foreign Trade* [1968] ECR 453；Case C – 161/09 *Kakavetsos-Fragkopoulos AE Epexergasias kai Emporias Stafidas* EU：C：2011：110.

㉑　Case 41/74 *Van Duyn v Home Office* [1974] ECR 1337.

㉒　Ibid [7]；Case C – 156/91 *Hansa Fleisch Ernst Mundt GmbH & Co KG v Landrat des Kreises Schleswig-Flensburg* [1992] ECR I – 5567，[15].

层面不存在实施性措施。㉓ 因此，以《欧洲联盟运行条约》第 49 条为例，该条规定"在下文所规定条款的框架内"应取消对共同体国民在其国籍所在地以外的其他成员国境内开业自由所施加的限制。这一框架本应包括一项"总体规划"（General Programme），以及一系列旨在使被雇用人员和自营职业者的活动实现自由化的指令，但是在 1973 年发生"雷内尔案"（*Reyners*）时几乎不存在这些规则。

雷内尔诉比利时

Case 2/74 Reyners v Belgium

［1974］ECR 631

[《里斯本条约》重新编号，《欧洲共同体条约》第 52 条、第 54 条和第 57 条现分别变更为《欧洲联盟运行条约》第 49 条、第 50 条和第 53 条]

雷内尔（Reyners）是荷兰国民，在比利时接受法律教育，但因为没有比利时国籍，比利时律师协会拒绝接纳其为律师。雷内尔向比利时最高行政法院（Conseil d'Etat）对比利时立法提起异议。比利时最高行政法院向欧洲法院提交了几个问题，其中包括在不存在根据第 54 条和第 57 条制定的实施性指令的情况下，第 52 条是否具有直接效力。比利时政府辩称，第 52 条仅规定了一项需要由二级立法进行补充的原则，而且，并非由欧洲法院行使保留给共同体和成员国立法机构的自由裁量权。

欧洲法院

24. 国民平等待遇规则是共同体的根本法律条款之一。

25. 开业所在国对其本国国民有效适用一系列立法条款，作为对这些立法条款的参照，国民平等待遇规则从其本质来看，能够被其他所有成员国的国民直接援引。

26. 第 52 条规定应在过渡期结束时实现开业自由，它由此施加旨

㉓　Case C – 268/06 *Impact v Minister for Agriculture and Food*［2008］ECR I – 2483，［66］– ［67］.

在实现一种确切结果的义务，而实施关于渐进措施的规划，只是使此项义务更容易履行，但不依赖于这种实施。

27. 该渐进措施没有得到遵守这一事实，使得履行义务的时间延长到规定期限结束之后。……

……

29. 不可能援引下述事实以反对这类效力，即理事会尚未发布第54条和第57条所规定的指令，或者实际上已经发布的某些指令并未完全实现第52条所要求的非歧视目标。

30. 在过渡期结束之后，就实施与国籍有关的规则而言，条约开业权章节所要求的那些指令就变得多余了，因为自此之后，条约本身已经被认可具有直接效力。

因此，非歧视这项基本原则被认为具有直接效力，即使实现真正开业自由的条件还远未得到满足。尽管与直接效力有关的很多案件，涉及针对成员国未适当实施欧盟要求而引起的执行义务，但"雷内尔案"表明，欧洲法院运用直接效力的目的是弥补欧盟立法机构未采取充分行动。

在"德弗雷纳第二案"（*Defrenne II*）判决[24]中可以看到，欧洲法院同样使用直接效力来"触发"对条约条款的适当实施，这种做法进一步放宽在"范亨特与洛斯公司案"中最初设定的直接效力标准。尽管在"雷内尔案"中第49条的措辞似乎意味着应采取进一步的实施性措施，但是在"德弗雷纳第二案"中，《欧洲共同体条约》第141条（现为《欧洲联盟运行条约》第157条）似乎缺乏可以被成员国法院直接执行的足够确切性。第141条要求成员国确保"适用男女同工同酬原则"。不管是委员会还是成员国，都不认为该条款具有直接效力，也不认为它在法律上是完备的，因为"原则"（principle）一词并不是非常具体的，而且"薪酬"（pay）和"工作"（work）等术语尚未得到界定[25]，然而，欧洲法院确认了第141条的同工同酬"原则"，并裁定它具有直接效力。

当时欧洲法院的关切是，《卢森堡妥协》之后共同体立法长期难以通

---

[24] Case 43/75 *Defrenne v Société Anonyme Belge de Navigation Aérienne* [1976] ECR 455.

[25] Ibid 485, AG Trabucchi.

过，即出现所谓"立法硬化症"，在这期间要确保欧盟的目标既不被犹豫不决的成员国所忽略，也不被拖沓迟缓的欧共体机构所耽搁。[26] 威勒对这一过程的阐述最为充分，他解释以政治程序阻碍实现共同体目标，即"决策超国家主义"（decisional supranationalism），如何导致"规范超国家主义"（normative supranationalism）越来越重要。[27] 直接效力原则和共同体法的最高效力是这方面的核心，它们使欧洲法院得以发展欧盟法，尽管在通过立法程序确保法律的通过方面仍存在困难。如果成员国法院不确定相关条款的确切含义，那么欧洲法院将通过初步裁决程序澄清其适用范围。

由此，在"范亨特与洛斯公司案"后的数年里，最初为直接效力设定的条件已被放宽，尽管在有些情况下欧洲法院认定基础条约的某个条款不具有直接效力。[28] 欧洲法院当前的立场可总结如下："只要基础条约条款足够清楚、确切，并且可以被个人无条件援引，那么它就被赋予直接效力。"[29] 这一标准显然留给联盟法院相当大的操作空间。如果欧盟法的一项条款以无条件和毫不含糊的方式规定一项义务，那么个人就可以依赖该条款，并由法院适用。[30]

三 基础条约条款：纵向与横向直接效力

在大多数情况下，申诉人寻求使用的都是纵向直接效力，即反对国家或国家机构。欧洲法院已裁定，基础条约条款可以具有横向直接效力，由

---

[26] 见第一章。

[27] J Weiler, 'The Community System: The Dual Character of Supranationalism' (1981) 1 YBEL 267, and 'The Transformation of Europe' (1991) 100 Yale LJ 2403, 2412–2431.

[28] See, eg, Case T–191/99 *Petrie v ALLS I/CDFL* [2001] ECR II–3677, [34]–[35]; Case 126/86 *Zaera v Institutio Nacionale de la Seguridad Social* [1987] ECR 3697, [10]–[11]; Case C–379/09 *Maurits Casteels* EU：C：2011：131.

[29] Pescatore (n 19) 176–177; Lenaerts and Corthaut (n 15) 311.

[30] Cases C–246–249/94 *Cooperativa Agricola Zootecnica S Antonio v Amministrazione delle Finanze dello Stato* [1996] ECR I–4373, [19]; Case C–317/05 *Pohl-Boskamp GmbH & Co KG v Gemeinsamer Bundesausschuss* [2006] ECR I–10611, [41]; Case C–194/08 *Gassmayr v Bundesminister für Wissenschaft und Forschung* EU：C：2010：386, [45].

此对私人当事方施加义务。㉛

国际运输工人联盟与芬兰海员工会诉维京客轮
与爱沙尼亚维京客轮

Case C – 438/05 International Transport Workers' Federation and Finnish
Seamen's Union v Viking Line ABP and OÜ Viking Line Eesti
[2007] ECR I – 10779

[《里斯本条约》重新编号，《欧洲共同体条约》
第 43 条现变更为《欧洲联盟运行条约》第 49 条]

本争议发生在两家工会与邮轮公司维京客轮之间，涉及薪酬标准。工会希望阻止维京客轮将其法定所在地转为爱沙尼亚，因为与原来适用的芬兰法相比，船员的薪酬标准将会降低。维京客轮主张，工会的罢工行为违反条约自由开业条款。因此，欧洲法院考虑这些条款是否具有横向直接效力。

欧洲法院

56. 通过该问题，提交初步裁决申请的法院实质上是在询问，《欧洲共同体条约》第 43 条是否向私人企业赋予可以据此反对工会或工会联合会的权利。

57. 为了回答该问题，本法院将指出，从判例法中（*Walrave and Koch* 判决第 18 段、*Bosman* 判决第 83 段、*Deliège* 判决第 47 段、*Angonese* 判决第 32 段，以及 *Wouters and Others* 判决第 120 段）可以清楚地看到，如果因那些不受公法调整的协会或组织行使其法律自主权而造成障碍，导致无法消除成员国壁垒，那么就有损于消除成员国之间人员自由流动与提供服务的自由的障碍。

㉛　See also Case 43/75 *Defrenne v SABENA* [1976] ECR 455；H Schepel, 'Constitutionalizing the Market, Marketising the Constitution, and to Tell the Difference: On the Horizontal Application of the Free Movement Provisions in EU Law' (2012) 18 ELRev 177；P Caro de Sousa, 'Horizontal Expression of Vertical Desires: Horizontal Effect and the Scope of the EU Fundamental Freedoms' (2013) 2 Cambridge Jnl of International and Comparative Law 479.

58. 此外，本法院曾裁定：第一，条约某些条款在形式上适用于成员国这一事实，并不妨碍同时对任何个人赋予权利，如果个人在遵守其规定义务中具有利益；第二，禁止损害条约条款所规定的基本自由，该禁止性规定具有强制性质，特别适用于所有旨在调整有偿劳动的集体协议（就此意义，可参见 Case 43/75 *Defrenne* [1976] ECR 455 第 31 段和第 39 段）。

59. 这种考虑也必须适用于《欧洲共同体条约》第 43 条，它规定了一项基本自由。

……

62. 这一解释也得到条约货物自由流动条款相关判例法的支持，从这些判例中可以清楚地看到，那些限制可能是由个人或此类个人团体采取行动的结果，而不一定是由国家导致的（见 Case C – 265/95 *Commission v France* [1997] ECR I – 6959 第 30 段，以及 *Schmidberger* 判决第 57 段和第 62 段）。

……

66. 根据这些考虑，对第二个问题的回答是，《欧洲共同体条约》第 43 条能够向私人企业赋予可以据此反对工会或工会联合会的权利。

四 欧盟法律一般原则

欧盟法律一般原则是一级欧盟法的另一个渊源。欧盟法的这一类型源于欧洲法院 20 世纪 70 年代的判例法，远早于《欧盟基本权利宪章》。现在《欧洲联盟条约》第 6 条第 3 款声称："由《欧洲保护人权和基本自由公约》保障并源于成员国共有宪法传统的基本权利，构成联盟法律一般原则的组成部分。"尽管在国内诉讼中，一般法律原则与欧盟法的其他渊源常常被一同援引，或者是在针对欧盟的诉讼中将一般法律原则作为依据《欧洲联盟运行条约》第 263 条进行司法审查的理由，因此已被默示地认为至少具有纵向直接效力。但是直到最近，一般法律原则是否具有横向直接效力这一问题才得到明确解答。

在"曼戈尔德案"（*Mangold*）中，欧洲法院表示欧盟法之中存在禁止年龄歧视的一般原则。欧洲法院裁定，成员国法院在听审与年龄歧视有关的争议时，如果所涉指令条款的有效期尚未届满失效，那么就必须搁置与该原则相冲突的本国法。

曼戈尔德诉吕迪格·黑尔姆

Case C – 144/04 Mangold v Rüdiger Helm

[2005] ECR I – 9981

欧洲法院

74.《第 2000/78 号指令》本身并未在就业和职业领域规定平等待遇原则。事实上，根据其第 1 条，该指令唯一的目的是："为消除出于宗教或信仰、残疾、年龄或性取向的歧视制定一项一般框架。"从该指令序言的陈述部分的第三和第四句中可以明显发现，以禁止这些形式的歧视为基础的这项实际原则的渊源，来源于不同的国际法律文件以及成员国共有的宪法传统。

75. 因此，必须将禁止年龄歧视原则视为共同体法的一般原则。如果成员国规则属于共同体法的范围，如在本案中德国《兼职与临时就业法》（TzBfG）第 14 条第 3 款的情形，2002 年修订该法，作为《第 1999/70 号指令》的实施措施，……而且如果向欧洲法院提请初步裁决，那么欧洲法院必须提供成员国法院所需的全部解释标准，用以判断这些规则是否符合这样一项原则（Case C – 442/00 *Rodríguez Caballero* [2002] ECR I – 11915，第 30 至 32 段）。

76. 因此，遵守平等待遇这项一般原则，特别是年龄方面的平等待遇原则，就其本身而言，不能以允许成员国转化指令的期限到期为条件，而该指令旨在制定消除年龄歧视的一般框架，特别涉及组织适当法律救济、举证责任、保护受害者、社会对话、反歧视的积极行动，以及其他一些为实施此项指令所需的特定措施。

77. 在那些情况下，成员国法院有责任在听审涉及年龄歧视的争议时，在其管辖权内的案件中，向个人提供派生于共同体法律规则的法律保护，并且确保那些规则完全有效，同时搁置任何可能与该法律相冲突的成员国法（在此意义上，可参见 Case 106/77 *Simmenthal* [1978] ECR 629，第 21 段，以及 Case C – 347/96 *Solred* [1998] ECR I – 937，第 30 段）。

该裁决存在争议，因为它似乎要求成员国法院给予指令条款以立即直接效力，并且搁置与该指令相冲突的成员国法，即使指令允许成员国转化的时限尚未到期。但是，欧洲法院取得该成果是通过关注欧盟法一般原则的法律效力，而非指令。[32] 该案件对指令横向直接效力的影响将在后面做进一步讨论。[33]

在"屈库克德维奇案"（Kücükdeveci）[34] 中，欧洲法院再次肯定其在"曼戈尔德案"裁决中关于一般原则的法律效力的核心观点。欧洲法院更明确地指出，只有在案件"属于欧盟法调整范围"时，才适用非歧视这项一般原则，并要求搁置与欧盟法相冲突的成员国法。[35] 可以将其纳入欧盟法范围之内的方式之一是通过指令条款，如同"屈库克德维奇案"本身。但是在该案中，欧洲法院坚持认为，尽管在本案件中有指令专门阐明禁止年龄歧视原则，但不是该指令，而是非歧视这项一般原则"必须作为审查依据以检验欧盟法是否排除成员国立法，例如主要诉讼中存在争议的成员国立法"[36]。

现在尚不清楚还有哪些其他一般原则可能会被欧洲法院认定为具有直接效力。欧洲法院在"勒默尔案"（Römer）中暗示，禁止性取向歧视原则可以作为欧盟法一般原则[37]，这已得到后来判例法的肯定。[38] 但它清楚地表

---

[32]　在一些案件中，佐审官质疑欧洲法院在"曼戈尔德案"中的论证，参见 Case C-321/05 *Kofoed v Skatteministeriet* [2007] ECR I-5795, [67], AG Kokott; Cases C-55-56/07 *Othmar Michaeler v Amt für sozialen Arbeitsschutz and Autonome Provinz Bozen* [2008] ECR I-3135, [14]-[29], AG Ruiz-Jarabo Colomer; Case C-411/05 *Félix Palacios de la Villa v Cortefiel Servicios SA* [2007] ECR I-8531, [79]-[100], AG Mazák.

[33]　见本章第六节之四。

[34]　Case C-555/07 *Kücükdeveci v Swedex GmbH & Co KG* EU：C：2010：365; Cases C-250-268/09 *Georgiev*（n 101）; F Fontanelli, 'General Principles of the EU and a Glimpse of Solidarity in the Aftermath of *Mangold* and *Kücükdeveci*'（2011）17 EPL 225; P Cabral and R Neves, 'General Principles of EU Law and Horizontal Direct Effect'（2011）17 EPL 437; M de Mol, 'The Novel Approach of the CJEU on the Horizontal Direct Effect of the Principle of Non-Discrimination'（2011）18 MJ 109; E Muir, 'Of Ages in—and Edges of—EU Law'（2011）48 CMLRev 39.

[35]　Case C-555/07 *Kücükdeveci* EU：C：2010：365, [23].欧洲法院曾裁定，就适用禁止年龄歧视原则而言，该案件不属于欧盟法的范围，参见 Case C-427/06 *Bartsch* [2008] ECR I-7245.

[36]　Ibid [27].

[37]　Case C-147/08 *Römer* EU：C：2011：286, [59]-[63]; Case C-427/06 *Bartsch*（n 35）[18]; Case C-258/17 *EB*, EU：C：2019：17 [52]-[53]; L Pech, 'Between Judicial Minimalism and Avoidance：The Court of Justice's Side-Stepping of Fundamental Constitutional Issues in *Römer* and *Dominguez*'（2012）49 CMLRev 1841.

[38]　Case C-356/12 *Glatzel* EU：C：2014：350; Case C-528/23 *Léger* EU：C：2015：288, [48].

明，在相关指令的实施时限未到期之前，这一问题不属于欧盟法的范围，从而放弃"曼戈尔德案"中最具争议性的因素。尽管如此，在到目前为止的一些案件中，包括在私人当事方之间的横向案件中，欧洲法院坚定地确认如下核心立场，即只要相关案件属于欧盟法范围，个人就可以援引一般法律原则，以便搁置相冲突的成员国法。[39]

尽管有些人认同这种发展，并且赞同对一般原则的直接效力理论做某些限制所产生的潜在影响[40]，但另一些人担心这种转变会使问题复杂化并带来不确定性。[41] 主要的不确定性来自会造成判断上的困难，就一般法律原则的直接效力而言，难以决定哪些因素恰好使某个案件属于"欧盟法适用范围"，以及这种情况出现，与指令条款的相关关系是否必要。欧洲法院判例法对此尚未予以澄清。[42] 另外，也不清楚究竟哪些一般原则的内涵足够确切，因而能够具有直接效力。另外，这种发展影响了欧洲法院继续拒绝指令的横向直接效力，这也是导致问题复杂化的另一个原因。该问题将放在下文讨论。

五 《基本权利宪章》

《基本权利宪章》（*Charter of Fundamental Rights*）于 2009 年底正式生效，此后，欧洲联盟法院曾多次援引宪章条款。宪章与欧盟基础条约享有相同约束力和法律地位，而且属于欧盟一级法律。宪章第 51 条规定，其条款针对的是欧盟机构，以及实施联盟法的成员国。因此，从逻辑上可以得出结论，即在宪章条款足够清楚、确切和无条件的情况下，它可以与基础条约中的条款一样具有直接效力。宪章的纵向效力明显见于欧洲法院大量案件中，其中有当事方成功援引其条款以质疑欧盟法[43]或成员国法[44]。欧洲

㊴ Case C – 555/07 *Kücükdeveci*（35）；Case C – 147/08 *Römer*（37）；Case C – 476/11 *HK Danmark* EU：C：2013：590；Cases C – 501 – 506, 540 and 541/12 *Specht* EU：C：2014：2005，[89]；Case C – 441/14 *Dansk Industri*（*DI*），*acting on behalf of Ajos A/S v Estate of Karsten Eigil Rasmussen* EU：C：2016：278，[22] – [23].

㊵ See Cabral and Neves（n 34）.

㊶ See S Robin – Olivier, 'The Evolution of Direct Effect in the EU：Stocktaking, Problems, Projections'（2014）12 I – CON 165；de Mol（n 34）.

㊷ Compare, eg, Cases C – 144/04 *Mangold*［2005］ECR I – 9981 and C – 427/06 *Bartsch*（n 35）.

㊸ See, eg, Cases C – 293 and 594/12 *Digital Rights Ireland v Minister for Communications et al* EU：C：2014：238.

㊹ See, eg, Case C – 617/10 *Åklagaren v Hans Åkerberg Fransson* EU：C：2013：105；Case C – 537/16 *Garlsson Real Estate* EU：C：2018：193，[67].

法院已成功允许援引宪章条款对相冲突的欧盟法或国内法提出异议。

但是还不太清楚，宪章在私人当事方之间的案件中是否可能具有横向直接效力。基础条约条款已被判定具有横向直接效力，而宪章享有与基础条约相同的法律地位。[45] 但是，宪章某些条款明确规定其为成员国和欧盟机构的义务，而非私人当事方的义务。

关于宪章条款是否可能具有横向效力的问题，已发生在提交至联盟法院的许多案件中。[46] "社会调解协会案"（AMS）向欧洲法院直接提出该问题。[47] 欧洲法院考虑，雇员是否可以对私人雇主援引关于劳动者被咨询权的宪章第 27 条。尽管欧洲法院裁定第 27 条不够具体，以至无法对雇主创设一项义务以使某类劳动者被纳入职员人数的计算中，但留下了更大的未决问题，即足够确切的宪章条款对个人是否可能具有约束力。

现在，欧洲法院已支持某些宪章条款可以具有横向效力。在"埃根贝格尔案"（Egenberger）中，欧洲法院明显有意愿给予宪章权利以横向效力，即使相关宪章权利被认为不如涵盖相同领域的某项指令更为详细。[48] 现摘录该案决定如下，其规则被欧洲法院的其他裁决进一步巩固。[49]

---

[45] （N 31）above.

[46] Case C – 282/10 *Dominguez* EU：C：2011：559, AG Trstenjak.

[47] Case C – 167/12 *Association de médiation sociale（AMS）v Union locale des syndicats CGT, Laboubi* EU：C：2014：2, ［44］ – ［49］; D Leczykiewicz, 'Horizontal Application of the Charter of Fundamental Rights'（2003）38 ELRev 479; N Lazzerini, '（Some of）the Fundamental Rights Granted by the Charter May Be a Source of Obligations for Private Parties：*AMS*'（2014）51 CMLRev 907; E Frantziou, 'Case C – 176/12 *Association de Médiation Sociale*：Some Reflections on the Horizontal Effect of the Charter and the Reach of Fundamental Employment Rights in the European Union'（2014）10 EuConst 332.

[48] E Frantziou, 'The Horizontal Effect of the Charter of Fundamental Rights of the EU：Rediscovering the Reasons for Horizontality'（2015）21 ELJ 657; E Frantziou, '（Most of）the Charter of Fundamental Rights is Horizontally Applicable：ECJ 6 November 2018, joined cases C – 569/16 and C – 570/16, *Bauer et al.*'（2019）15 EuConst 1.

[49] Case C – 68/17 *IR v JQ* EU：C：2018：696; Case C – 684/16 *Max-Planck-Gesellschaft zur Förderung der Wissenschaften eV v Shimizu* EU：C：2018：874; Case C – 193/17 *Cresco Holdings Ltd v Achatzi* EU：C：2019：43; Case C – 369/19 *Leitner v Landespolizeidirektion Tirol* EU：C：2019：375; Case C – 585, 624 and 625/18 *AK v Sąd Najwyższy* EU：C：2019：982, ［162］ - ［163］.

埃根贝格尔诉福音慈善发展社

Case C –414/16 Egenberger v Evangelisches Werk

für Diakonie und Entwicklung

EU：C：2018：257

埃根贝格尔主张，她受到该福音教会的就业歧视，故其违反《第2000/78 号指令》，尽管该指令第 4 条规定宗教可作为某类职业在职位上给予不同待遇的合法理由。欧洲法院裁定，对该指令第 3 条的适用不能完全留给相关宗教组织，而必须由成员国法院对这类决定进行有效司法审查。欧洲法院接下来考虑对第 4 条的这一解释如何在私人当事方之间的诉讼中执行，其假设是无法将相关成员国法解读为与如此解释的指令相一致。

欧洲法院

75. 如果无法将主要诉讼中所涉成员国规则解释为符合欧盟法，那么，首先必须指出的是，《第 2000/78 号指令》本身并没有确立就业与职业领域中的平等待遇原则，而该原则源于各种国际文件和成员国共有的宪法传统，但指令唯一的目的是在该领域制定抗击基于各种理由（包括宗教和信仰）的歧视的总体框架，如其标题和第一条所示（就此而言，可参见 2011 年 5 月 10 日判决，*Römer*，C – 147/08，EU：C：2011：286，第 59 段以及所引判例法）。

76. 作为欧盟法一般原则，禁止所有基于宗教或信仰的歧视这一原则是强制性的。《基本权利宪章》第 21 条第 1 款的禁止性规定本身就足以赋予个人一项权利，使其可以在欧盟法所涵盖的领域中就他们之间的争议依据这些权利（就禁止年龄歧视原则，可参见 2014 年 1 月15 日判决，*AMS*，C – 176/12，EU：C：2014：2，第 47 段）。

77. 就其强制性效力而言，宪章第 21 条原则上与基础条约中禁止基于各种理由的歧视的各项条款并无不同，即使歧视来自个人之间的合同（类似的可参见 1976 年 4 月 8 日判决，*Defrenne*，43/75，EU：C：1976：56，第 39 段；2000 年 6 月 6 日，*Angonese*，C – 281/98，EU：C：2000：296，第 33—36 段；2000 年 10 月 3 日，*Ferlini*，C –

411/98，EU：C：2000：530，第 50 段；2007 年 12 月 11 日 "国际运输工人联盟与芬兰海员工会案" 判决，C－438/05，EU：C：2007：772，第 57—61 段）。

78. 其次必须指出的是，与宪章第 21 条一样，关于 "获得有效司法保护的权利" 的第 47 条本身就足以赋予个人可以依据的权利，并且无须由欧盟法或成员国法通过更具体的规定来赋予个人这种权利。

79. 因此，在上文第 75 段提到的情况下，成员国法院需要确保在其管辖权范围内对个人提供源于宪章第 21 条和第 47 条的司法保护，并在必要时通过不适用任何相反的国内法规定来保证这些条款的充分效力。

80. 该结论不受以下事实的质疑，即在个人之间的纠纷中，可以要求法院平衡争议各方从《欧洲联盟条约》或宪章条款中所获得的相互矛盾的基本权利，并且在必须进行的审查中，甚至可能有义务确保遵守相称性原则。这种在所涉各种利益之间取得平衡的义务，对此类争端中依据相关权利的可能性没有影响。……

81. 此外，如果要求成员国法院确保宪章第 21 条和第 47 条得到遵守，同时可能平衡所涉及的各种利益，例如尊重《欧洲联盟运行条约》第 17 条规定的教会地位，则它必须考虑欧盟立法机构在《2000/78 号指令》中在这些利益之间所取得的平衡，以便在诸如该主要诉讼中的争议情形下对源自宪章的义务进行判断（类似的可参见 2005 年 11 月 22 日判决，*Mangold*，C－144/04，EU：C：2005：709，第 76 段；2015 年 4 月 23 日命令，*Commission v Vanbreda Risk & Benefits*，C－35/15 P（R），EU：C：2015：275，第 31 段）。

欧洲法院在其他案件中表现出给予宪章权利以横向效力的明显意愿，例如 "鲍尔与布罗松案"（*Bauer and Broßonn*），其中相关权利涉及宪章第 31 条，该条规定带薪年假的权利。

伍珀塔尔市诉玛丽亚·伊丽莎白·鲍尔；
福尔克尔·维尔梅罗特诉马丁娜·布罗松
Case C－569－570/16 Stadt Wuppertal v Maria Elisabeth Bauer；

Volker Willmeroth v Martina Broßonn

EU：C：2018：871

这两起案件涉及德国伍珀塔尔市政府和维尔梅罗特先生，他们分别作为鲍尔女士和布罗松女士已故丈夫的前雇主，是否有义务对她们分别支付其配偶生前未休带薪年假的替代津贴。雇员享有的带薪年假权利被写入《第2003/88号指令》第7条，也被纳入《基本权利宪章》第31条第2款。第二起诉讼涉及两个私人当事方，该指令本身对此可能没有横向直接效力。德国法院裁定，实施该指令的本国法无法解释为给予雇员配偶以其丈夫生前未获得的利益。欧洲法院裁定，该指令应解释为给予这种利益，并且第7条满足具有直接效力的足够确切和确定条件，但是该条仍然不具有横向直接效力。然而，欧洲法院裁定布罗松女士可以从该宪章权利中获得这种利益，而这是横向效力。

欧洲法院

85. 因此，宪章第31条第2款确认每位劳动者享有带薪年假的权利，就其存在本身而言，该权利在性质上是强制性和无条件的，其无条件的性质无须由欧盟法或成员国法的规定加以具体表达，这些规定只需要规定年假的确切时长，并在适当情况下规定行使该权利的某些条件。由此，该条款本身就足以赋予劳动者一项权利，他们可以在欧盟法所涵盖的领域以及由此在属于宪章的适用范围内，就他们与雇主之间争议的实际依据该权利（类似的可参见2018年4月17日判决，*Egenberger*，C－414/16，EU：C：2018：257，第76段）。

86. 因此，宪章第31条第2款意味着，特别是对于属于其适用范围的情况，首先，成员国法院必须对主要诉讼中存在争议的本国立法不予适用，因为根据该立法，追溯性地剥夺劳动者在其去世前本应获得的带薪年假权利，所以，其法定继承人有权获得以金钱结算方式代替这些权利的津贴；其次，雇主不能凭借该本国法以规避偿付他们根据该条款所保障的基本权利所必须支付的替代津贴。

87. 关于宪章第 31 条第 2 款对私人个体雇主的影响，应当指出，虽然宪章第 51 条第 1 款表明其条款在适当考虑辅助性原则时针对欧盟机构、机关、办公机构或专门机构，以及仅在成员国实施欧盟法时针对成员国，但是，第 51 条第 1 款并未处理这一问题，即在适当的情况下是否可以直接要求这些个人遵守宪章某些条款，因此不能将其解释为意味着它系统地排除了这种可能性。

88. 首先，正如佐审官在其意见的第 78 点中所指出的那样，一级法律的某些条款主要针对成员国这一事实并不排除它们适用于个人之间的关系（就此可参见 2018 年 4 月 17 日判决，*Egenberger*，C – 414/16，EU：C：2018：257，第 77 段）。

89. 其次，本法院已特别认定，宪章第 21 条第 1 款的禁止性规定本身就足以赋予个人可以在与另一个人的争议中作为依据的权利（2018 年 4 月 17 日判决，*Egenberger*，C – 414/16，EU：C：2018：257，第 76 段），因此，不受宪章第 51 条第 1 款的妨碍。

90. 最后，具体就宪章第 31 条第 2 款而言，必须指出的是，每个劳动者都享有带薪年假的权利，就其性质而言，需要雇主承担相应的义务，即给予此类带薪假期。

91. 如果提交问题的法院无法确保以符合宪章第 31 条第 2 款的方式解释有争议的本国立法，那么在 C – 570/16 案特定的法律背景下，就需要它确保在其管辖权范围内向个人提供来自该条款的司法保护，并且在必要时通过不适用该本国立法来保证其充分效力（类似的可参见 2018 年 4 月 17 日判决，*Egenberger*，C – 414/16，EU：C：2018：257，第 79 段）。

上述案件的基本原则是，指令只是反映了宪章中的权利，并可在成员国宪法传统和国际文件中发现其踪影。宪章权利可以横向地适用于私人当事方之间，也可以纵向地适用于与国家的关系。相关指令的条款可以设定权利的框架和存续期间，但该权利仍然来自宪章。被授予横向地位的宪章权利，其数量还有待观察。但是，它在这方面可能影响深远，因为许多指令都能够关联到与其涵盖领域相同的宪章权利。这对指令的横向直接效力的影响将在下文讨论。⑩

埃琳妮·弗朗齐奥：《基本权利宪章（大多数）可横向适用》⑪

正如最近"鲍尔案"（Bauer）所确认的那样，现在这似乎是宪法规范，即《基本权利宪章》是横向适用的，至少是间接适用的，并且在许多情况下也可以直接适用。这个基本前提有一个限制，源于"马歇尔案"（Marshall）规则，即直接横向效力必须根源于一级法律而不是指令。反过来，任何不够具体的宪章条款，将不会仅仅因为它们在指令中得到进一步表达而在横向关系中享有直接效力，尽管它们对其仍然可以具有间接效力。

……在实践中，这种限制可能会对欧盟某些基本就业权利的保护产生明显的负面影响。特别是对于遵守国家法律和惯例的权利，在类似情况下，它们可能会继续作为不平等保护的借口。同样，重新审视它们对横向适用所形成的传统，这种传统有时不仅用来推进工作场所中基本权利的实现，而且被用来阻止其实施，那么，在裁决和意见中慷慨地提及"社会调解协会案"（AMS），就显得多少有些平淡无奇。

因此值得一问，我们是否应该满足只是近似于拒绝指令的非横向效力？或者反过来，近似于认可基本社会权利对个人之间争议的重要意义？

第四节　二级法律的直接效力：条例与决定

欧盟法令的主要类型被规定于《欧洲联盟运行条约》第288条，这在前面章节已分析过。⑫所有具有约束力的欧盟法形式都具有直接效力，而且尽管其他不具有约束力的法律形式未被宣称具有直接效力，但它们

---

⑩　见本章第六节之五。

⑪　E Frantziou, '（Most of）the Charter of Fundamental Rights is Horizontally Applicable ECJ 6 November 2018, joined cases C–569/16 and C–570/16, *Bauer et al.*'（2019）15 EuConst 306, 322.

⑫　见第五章。

仍可以通过其他方式产生影响，并且可以通过调和解释原则而产生间接效力。㊗

一　条例

《欧洲联盟运行条约》第 288 条规定，条例（regulation）"应在整体上具有约束力，并且直接适用于所有成员国"。在不考虑政策因素的情况下，这一措辞本身似乎意味着条例无须进行转化就立刻成为成员国国内法的一部分。如果它们立刻成为成员国国内法的一部分，只要其条款足够清楚、确切，而且与个人诉讼当事人的情况相关，那么就没有任何理由认为它们不能在本国法院被个人依据和执行。㊔关键的问题是，当事人所依据的条例的特定条款是否满足直接效力所要求的足够清楚、确切和确定的条件。

条例的直接效力在"宰牛案"（*Slaughtered Cow*）中得到肯定。在该案中，意大利政府选择实施条例的方式使人们对该措施的法律性质和直接适用性产生了怀疑，欧洲法院因此对意大利政府提出严厉批评。欧洲法院裁定，所有实施方法都违反欧共体条约，"这会导致对共同体条例的直接效力设置障碍，并且损害它们在整个共同体范围内的同步与统一适用"㊙。在"穆尼奥斯案"（*Muñoz*）中，欧洲法院指出："由于其自身的性质及其在共同体法律渊源体系中的地位，条例的运行赋予个人权利，成员国法院有责任保护这些权利。"㊚

然而，为使一项条例生效而通过的成员国措施并不一定被判无效，而且在有些情况下可能是由条例主动"要求"的。㊛ 在"阿姆斯特丹球根花

㊗　See, eg, Case 322/88 *Salvatore Grimaldi v Fonds des Maladies Professionelles* [1989] ECR 4407.

㊔　Case C - 403/98 *Azienda Agricola Monte Arcosu v Regione Autonoma della Sardegna* [2001] ECR I - 103. 在该案中，欧洲法院认定，相关条例条款不够确切，因此不能直接作为依据。比较 Case C - 278/02 *Herbert Handlbauer GmbH* [2004] ECR I - 6171，[24] - [35].

㊙　Case 39/72 *Commission v Italy* [1973] ECR 101，[17]；Case 34/73 *Fratelli Variola SpA* [1973] ECR 981；Cases C - 4 and 27/10 *Bureau national interprofessionnel du Cognac* EU：C：2010：131，[61].

㊚　Case C - 253/00 *Muñoz* (n 4) [27]；Case C - 379/04 *Dahms GmbH v Fränkischer Weinbauverband eV* [2005] ECR I - 8723，[13]；Case C - 375/09 *Tele 2 Polska* EU：C：2011：270.

㊛　Case C - 403/98 *Azienda Agricola Monte Arcosu* (n 54) [26]；Case C - 592/11 *Ketelä* EU：C：2012：673，[35]；Case C - 24/13 *Dél-Zempléni Nektár Leader Nonprofit kft* EU：C：2014：40，[14].

卉案"（*Amsterdam Bulb*）中，欧洲法院裁定，只有在某个成员国措施改变、妨碍或混淆条例的直接效力或性质情况下，它才构成违反欧盟法。⑧此外，任何实施性措施都必须保持在由条例和欧盟法限定的范围之内。⑨一个令人担忧的问题是，成员国在实施条例时，可能通过掩盖其欧盟来源而损害欧盟法的一些特殊性质，例如，其优先于相冲突的成员国法，或者要求对违法行动提供足够的救济。另外还有一种可能性，成员国的实施性措施可能会对条例的内容造成负面影响。在"荷兰基地组织基金案"（*Stichting El Asqa*）中，欧洲法院裁定，冻结关于个人资金的成员国措施，而该个人也被某欧盟条例施加资金冻结的限制，成员国措施可能会"影响该条例的适用范围"，因为在这两项措施共有的一些关键条款的定义方面，成员国法和欧盟法可能存在分歧。⑩

最后应该指出的是，条例的直接效力不仅要求法院，而且要求相关行政机构在实践中立即给予欧盟法直接效力。⑪有时也被称为"行政直接效力"，这将放在下文与指令有关的部分讨论。

二 决定

基础条约中与决定（decision）有关的措辞已被修改。《欧洲共同体条约》第 249 条原来规定："决定应在整体上对其适用的对象具有约束力。"现在《欧洲联盟运行条约》第 288 条规定：

> 决定应在整体上具有约束力。明确规定了适用对象的决定仅对其针对对象具有约束力。

前面章节曾讨论了这一变化的重要意义以及决定的不同形式。⑫欧洲

---

⑧ Case 50/76 *Amsterdam Bulb BV v Produktschap voor Siergewassen* [1977] ECR 137. See also Case C‑113/02 *Commission v Netherlands* [2004] ECR I‑9707，[16]；Case C‑316/10 *Danske Svineproducenter* EU：C：2011：863，[40]‑[43]；Case C‑24/13 *Dél-Zempléni Nektár Leader Nonprofit kft* EU：C：2014：40，[17]，[29]；Case C‑135/13 *Malom I* EU：C：2014：327，[65]‑[66].

⑨ Case C‑316/10 *Danske Svineproducenter*（n 58）；Case C‑592/11 *Anssi Ketelä* EU：C：2012：673，[36]‑[37].

⑩ Cases C‑539 and 550/10 P *Stichting Al-Aqsa* EU：C：2012：711.

⑪ Case C‑606/10 *ANAFE* EU：C：2012：348，[75].

⑫ 见第五章。

法院在"格拉德案"（*Grad*）中几乎毫不犹豫地就裁定，决定可以具有直接效力，尽管事实上《欧洲共同体条约》第249条并未提到决定的"直接适用性"[63]。欧洲法院裁定，并不能就此推论出"该条中提到的其他类型的法律措施永远不可能产生类似效力"，这一句话后来被反复引用。而且欧洲法院依据有效性原则（principle of effectiveness），得出结论认为，在适当的情况下个人可以在成员国法院援引决定。[64]

在"格拉德案"判决中，对于决定所创设的义务，欧洲法院从个人在成员国法院"援引该义务"的权利这一角度讨论了直接效力，即采用"可援引性"（invocability）的广义概念，而且欧洲法院还详细阐明这项义务的内容，即授权的更确切概念。然而，与欧盟法的其他类型一样，要具有直接效力，就必须证明被援引的决定中的特定条款足够确定、确切以及无条件。[65]

该类典型案件涉及个人援引一项针对成员国的决定，即纵向直接效力。欧洲法院一直不太愿意认定，某项针对成员国的决定可以产生对私人当事方的可执行义务，即横向直接效力。因此，在"卡尔普公司案"（*Carp*）[66]中，欧洲法院裁定，关于针对成员国并规定适用于某些建筑材料的合格评估程序的一项决定，该决定并未对私人当事方施加义务。这一结论由于《欧洲联盟运行条约》第288条的措辞而得到巩固。该条现在规定，某项明确规定适用对象的决定仅对其所针对的对象具有约束力。但是，决定也可以针对私人当事方，在这种情况下，它将对其对象产生约束力，而这也得到第288条措施的强化。在这种情况下，决定可以在私人当事方之间创设横向直接效力。[67]

---

[63]　Case 9/70 *Franz Grad v Finanzamt Traunstein* [1970] ECR 825.

[64]　Ibid [5]；Case 249/85 *Albako Margarinefabrik Maria von der Linde GmbH & Co KG v Bundesanstalt für Landwirtschaftliche Marktordnung* [1987] ECR 2345, [17]；Case C-156/91 *Hansa Fleisch*（n 22）[15].

[65]　See, eg, Case C-18/08 *Foselev Sud-Ouest SARL v Administration des douanes et droits indirects* [2008] ECR I-8745.

[66]　Case C-80/06 *Carp Snc di L Moleri eV Corsi v Ecorad Srl* [2007] ECR I-4473, [19]-[21].

[67]　Ibid [58], AG Trstenjak.

第五节　二级法律的直接效力：指令

一　指令的直接效力

（一）基础："范杜恩案"（*Van Duyn*）和"拉蒂案"（*Ratti*）

对于基础条约条款的直接效力，欧洲法院给出的关键理由是，如果条约条款无法由受其影响者在国内执行，那么条约的根本目的就会受到严重损害。对于条例的直接效力，则更直接地采取文义解释，即《欧洲联盟运行条约》第288条特别规定了条例的直接适用性，欧洲法院从中推论，条例能够由个人在成员国法院援引并且赋予他们权利。就决定而言，欧洲法院的观点是，由于决定的目的是约束其适用对象，因此在其条款足够清楚的情况下，不存在任何理由说明这些条款不应在成员国法院得到直接执行。

但是，指令在基础条约下的地位有所不同。根据《欧洲联盟运行条约》第288条，指令"就其旨在实现的结果而言，对于其所针对的每个成员国均具有约束力，但应由成员国当局选择实施指令的形式和方法"。条约出于以下原因专门规定成员国实施指令的情况。指令是欧盟用于协调成员国法律的主要调和工具。指令可能是成员国就某个复杂事项达成的一种妥协，可以留给成员国自由裁量的选择空间。指令的实施模式不需要在每个成员国统一执行，但各成员国都必须保证适当实现指令的目标和内涵。

因此，先前判例法中所规定的产生直接效力的某些标准，例如确切、无条件、不需实施性措施，就消失或受到了限定。指令可以留给成员国自由裁量权；它将总是要求具有实施性措施；而且它有可能不够确切，因而不足以让成员国适当地进行司法执行。

但是，作为欧洲法院最初说明基础条约条款具有直接效力的根本理由，法律一体化和有效性同样可以适用于指令。欧盟政策的很多重要领域都依赖于欧盟指令的适当实施，而成员国往往没有实施指令，或者没有予以适当实施。因此欧洲法院裁定，指令原则上可以具有直接效力。为此欧洲法院给出三个理由，其中两个在"范杜恩案"中给出，第三个在"拉蒂案"中给出。

范杜恩诉英国内政部
Case 41/74 Van Duyn v Home Office
[1974] ECR 1337

[《里斯本条约》重新编号，《欧洲共同体条约》第48条、
第177条和第189条现分别变更为《欧洲联盟运行条约》
第45条、第267条和第288条]

欧洲法院

12. 如果在原则上排除指令被那些受其影响者援引对其所施义务
的可能性，那么就会与第189条赋予指令的约束效力不符。特别是，
当共同体当局通过指令向成员国施加义务以追求特定行为方式时，如
果妨碍个人在本国法院援引指令，以及如果阻止成员国法院将其作为
共同体法的要素加以考虑，那么这种法令的使用效果就会遭到削弱。
第177条授权成员国法院将与共同体机构所有法令的有效性和解释有
关的问题提交欧洲法院，并且未加区分，这进一步暗示这些法令可以
由个人在本国法院援引。在每个案件中，都有必要考察争议条款的性
质、总架构和措辞是否能够对成员国和个人之间的关系产生直接
效力。

欧洲法院给出的第一个理由是功能解释：指令具有约束力，并且如果
个人能够以指令为依据，则指令将得到更有效的执行。这一点说明了上文
指出的主题：通过直接效力进行的私人执行是对第258条公共执行的补充，
从而增强欧盟法的整体有效性。

第二个理由是文义解释：《欧洲共同体条约》第177条，即现《欧洲
联盟运行条约》第267条，允许成员国法院向欧洲法院提交与任何欧盟措
施有关的问题，包括指令在内，这暗示出这类法令可由个人在成员国法院
援引。我们已经看到，在"范亨特案"（*Van Gend*）中，欧洲法院在对条
约条款进行解释时就使用了这一论证。

欧洲法院在"拉蒂案"⑱ 中提出了第三个理由，即以禁止反言为理由：成员国因为没有适当实施一项指令，所以在其作为被告方的案件中，它们不得拒绝承认其约束效力。其论证过程如下：成员国本应实施指令。如果它实施了指令，那么个人就可以依据本国的实施性法律。如果成员国由于没能实施指令而犯错，那么在实施时限到期之后，它就不能以其错误行为作为依据而否认该指令的约束力。在必要的情况下，对相冲突的成员国不予适用。⑲

（二）后续适用：指令条款足够清楚和确切

这些裁决的效果是，指令在原则上能够产生直接效力。关键问题是，指令的特定条款是否足够清楚、确切和无条件，以使成员国法院能够直接适用。⑳ 如果可以从指令中足够确切地判断出个人权利的内涵，那么，虽然成员国能够选择采取哪些方式去实现指令所要求的结果，但这一事实并不排除指令的直接效力。㉑

在"范杜恩案"中，《第64/221号指令》允许成员国采取措施限制非本国国民的自由流动，例如以公共政策为由，但是并未界定公共政策考量所允许的范围。欧洲法院裁定，由于该指令规定，以公共政策为由所采取的措施必须基于相关人员的个人行为，那么，该指令就已经限制成员国被赋予的自由裁量权。所施加的义务是清楚、确切的，并且在法律上是完整的。

在后来的绝大多数案件中㉒，尽管不是全部㉓，欧洲法院裁定，自由裁

---

⑱　Case 148/78 *Pubblico Ministero v Tullio Ratti* [1979] ECR 1629, [23].

⑲　Case C - 462/99 *Connect Austria Gesellschaft für Telekommunikation GmbH v Telekom-Control-Kommission and Mobilkom Austria AG* [2003] ECR I - 5197, [40]; Case C - 591/10 *Littlewoods Retail Ltd and Others* EU：C：2012：478, [33].

⑳　Case C - 226/07 *Flughafen Köln/Bonn GmbH v Hauptzollamt Köln* [2008] ECR I - 5999, [22] - [23]; Cases C - 152 - 154/07 *Arcor AG & Co KG v Bundesrepublik Deutschland* [2008] ECR I - 5959, [39] - [44]; Cases C - 471 - 472/07 *AGIM v Belgium* EU：C：2010：9, [25] - [29]; Cases C - 165 - 167/09 *Stichting Natuuren Milieu* EU：C：2011：348, [75]; Case C - 327/15 *TDC* EU：C：2016：974, [83] - [84].

㉑　Case C - 138/07 *Belgische Staat v Cobelfret NV* [2009] ECR I - 731, [61].

㉒　Case C - 72/95 *Kraaijeveld* (n 9) [59]; Case C - 287/98 *Linster* (n 14) [37] - [39]; Case C - 363/05 *JP Morgan Fleming Claverhouse Investment Trust plc v The Commissioners of HM Revenue and Customs* [2007] ECR I - 5517, [61] - [62]; Case C - 176/12 *AMS* (n 47) [33]; Cases C - 468 and 469/10 *ASNEF & FECEMD* EU：C：2011：777, [52] - [54].

㉓　Case C - 157/02 *Rieser Internationale Transporte GmbH v Autobahnen-und Schnellstraßen-Finanzierungs-AG* (*Asfinag*) [2004] ECR I - 1477.

量权的存在并不能阻止个人直接依据某项指令。因此，在下列情况下，个人能够以指令为依据：成员国已经完全行使关于指令实施的自由裁量权；[74] 成员国已选择行使或不行使特定的自由裁量选项；[75] 一项清楚和确切的义务可以从指令的其他部分分离出来；[76] 可以识别出一项清楚的结果义务。[77] 此外，即使就规定的特定结果而言，指令条款不够确切以至不具有直接效力，它们也可以赋予个人获得司法审查的权利，以判断成员国是否维持在指令所规定的范围内。[78]

（三）直接效力：实施时限

一般原则是，指令的直接效力从对其实施所规定的最后期限起算。[79] "范杜恩案""拉蒂案"以及后来的判例法所导致的结果是，尽管《欧洲联盟运行条约》第288条并未声称指令可直接适用，由此不能一经通过就自动成为国内法的一部分，但是，如果其实施时限已经届满，相关成员国未适当实施指令，那么指令就可以产生与条例"类似效力"。

此外，欧洲法院还曾明确指出，即使是在实施时限到期之前，指令也有可能产生影响。在"瓦隆环境间组织案"（*Inter-Environnement Wallonie*）

---

⑭ Case C – 441/99 *Riksskatteverket v Gharehveran* [2001] ECR I – 7687.

⑮ Case C – 303/98 *SIMAP v Valencia Sindicatode Médicos Asistencia Pública* [2000] ECR I – 7963; Cases C – 453 and 462/02 *Finanzamt Gladbeck v Linneweber* [2005] ECR I – 1131; Case C – 76/97 *Tögel* [1998] ECR I – 5357; Case C – 241/97 *Försäkringsaktiebolaget Skandia* [1999] ECR I – 1951; Cases C – 621/10 and 129/11 *Balkan and Sea Properties* EU：C：2012：248; Case C – 404/16 *Lombard Ingatlan Lízing* EU：C：2017：759, [38].

⑯ Case C – 346/97 *Braathens Sverige AB v Riksskatteverket* [1999] ECR I – 3419; Case C – 292/02 *Meiland Azewijn BV v Hauptzollamt Duisburg* [2004] ECR I – 7905; Cases C – 465/00 and 138 – 139/01 *Rechnungshof v Österreichischer Rundfunk* [2003] ECR I – 4989; CD Classen, Note (2004) 41 CMLRev 1377.

⑰ Case C – 476/01 *Criminal proceedings against Felix Kapper* [2004] ECR I – 5205; Case C – 595/12 *Napoli* EU：C：2014：128.

⑱ Cases C – 83/11 *Muhammad Sazzadur Rahman and Others* EU：C：2012：519, [25] and C-165 – 167/09 *Stichting Natuuren Milieu* EU：C：2011：348, [99] – [100].

⑲ Case 8/81 *Becker v Finanzamt Münster-Innenstadt* [1982] ECR 53; Case C – 316/93 *Vaneetveld v Le Foyer SA* [1994] ECR I – 763, [18] – [19]; Case C – 156/91 *Hansa Fleisch* (n 22) [20]; Case C – 141/00 *Ambulanter Pflegedienst Kügler GmbH v Finanzamt für Körperschaften I in Berlin* [2002] ECR I – 6833, [52] – [60]; Case C – 246/06 *Navarro v Fondo de Garantía Salarial* (*Fogasa*) [2008] ECR I – 105, [25] – [30]; Case C – 138/08 *Hochtief AG v Közbeszerzések Tanácsa Közbeszerzési Döntöbizottság* [2009] ECR I – 9889, [24] – [30].

中，欧洲法院裁定，尽管成员国没有义务在一项指令的转化期限届满之前实施该指令，但它们在转化指令期间，以及指令允许的任何过渡期内，均不得采取任何有可能对指令所规定的结果造成严重损害的措施。⑧ 在一般情况下，由成员国法院在遵守欧洲法院指引的情况下，评估成员国措施是否有可能严重损害指令寻求实现的结果。⑧ 此外，尽管指令在原则上不能溯及既往地适用于指令条款通过至生效之日期间发生的事实情况⑧，但是欧洲法院曾裁定，之前存在的、可以解释为与指令一致的成员国法，属于该指令适用范围。⑧

所有国家实体包括成员国法院在内，均有义务采取步骤以避免对指令规定的结果造成损害，而且在指令的实施期限届满之前，对本国法的解释必须避免损害实现指令的目标。⑧ "马莎百货公司案"（*Marks & Spencer*）进一步推动了指令的直接效力，欧洲法院在该案中称，即使在成员国将一项指令的实施正确地纳入本国法之后，只要该指令在实践中没有得到适当适用，那么个人仍可继续对该国直接依据该指令条款。⑧

二 纵向与横向直接效力的差别

欧洲法院已经扩大了直接效力的范围。不过，在"马歇尔案"（*Marshall*）中，欧洲法院裁定指令的直接效力只能针对国家，不能针对个人。⑧

---

⑧ Case C – 129/96 *Inter-Environnement Wallonie ASBL v Région Wallone* [1997] ECR I – 7411；Cases C – 378 – 380/07 *Kiriaki Angelidaki and Others v Organismos Nomarchiakis Autodioikisis Rethymnis* [2009] ECR I – 3071，[206]；Cases C – 165 – 167/09 *Stichting Natuur en Milieu* EU：C：2011：348，[78] – [80]；Case C – 2/18 *Lietuvos Respublikos Seimo narių grupė* EU：C：2019：962，[55]．关于过渡期问题，参见 Case C – 43/10 *Nomarchiaki Aftodioikisi Aitoloakarnanias* EU：C：2012：560，[57] – [59]，以及 Cases C – 186 and 209/11 *Stanleybet International* EU：C：2013：33，[38] – [42]．

⑧ Case C – 119/09 *Société fiduciaire nationale d'expertise comptable* EU：C：2011：208，[19]．

⑧ Case C – 477/09 *Defossez* EU：C：2011：134．

⑧ Case C – 2/10 *Azienda Agro-Zootecnica Franchini Sarl* EU：C：2011：502，[70]．

⑧ Cases C – 261 and 299/07 *VTB – VAB NV v Total Belgium NV* [2009] ECR I – 2949，[38] – [39]．

⑧ Case C – 62/00 *Marks & Spencer plc v Commissioners of Customs & Excise* [2002] ECR I – 6325，[22] – [28]；noted by M Ruffert (2003) 40 CMLRev 729；S Drake (2003) 28 ELRev 418．

⑧ 但是，即使一项指令被个人用作仅针对国家的依据，指令本身也不能导致向其他个人施加民事义务，参见 Case C – 201/02 *Wells v Secretary of State for Transport, Local Government and the Regions* [2004] ECR I – 723，[57] – [58]．

马歇尔诉南安普敦和西南汉普郡地区卫生局
Case 152/84 Marshall v Southampton and South-West
Hampshire Area Health Authority（Teaching）
[1986] ECR 723

[《里斯本条约》重新编号，《欧洲共同体条约》
第 189 条和第 191 条现分别变更为《欧洲联盟
运行条约》第 288 条和第 297 条]

海伦·马歇尔（Helen Marshall）在被告卫生局工作 14 年之后遭到解雇，理由是她已过 60 岁，而该卫生局的政策要求女性雇员 60 岁退休，男性雇员 65 岁退休。马歇尔主张该卫生局将她解雇的行为违反 1976 年《平等待遇指令》（Equal Treatment Directive）。英国法院向欧洲法院提交初步裁决申请，询问马歇尔是否可以依据该指令反对该卫生局。斯林佐审官（AG Slynn）建议，如果允许指令直接向个人施加义务，从而给予指令"横向效力"，则将"完全模糊由条约所确立的指令与条例之间的差别"⑧。

欧洲法院

48. 就指令不可以作为反对个人的依据这一观点而言，必须强调的是，根据《欧洲经济共同体条约》第 189 条，指令的约束性质（构成有可能在成员国法院以指令作为依据的基础）仅在有关"作为其针对对象的各成员国"的情况下存在。因此，指令本身不能向个人施加义务，而且指令条款也不能如此作为反对这类个人的依据。

欧洲法院已经提出诸多理由，试图说明为什么指令仅应具有纵向直接效力，而没有横向直接效力。

欧洲法院在"马歇尔案"中给出的理由属于"文义"解释，即以《欧洲联盟运行条约》第 288 条措辞为依据。其论证并不能令人信服，这里有两个原因。其一，第 288 条措辞仅意味着只有在指令所提到的某个成

---

⑧ [1986] ECR 723，734.

员国受其约束的情况下，该成员国才受其约束，这不同于条例对所有成员国都有约束力。第288条并没有以任何方式说明，如果某个特定成员国受一项指令的约束，那么该指令也有可能对私人个体施加义务。其二，欧洲法院在此背景下忠于文本的做法，与其对某些条约条款直接效力的做法不同，条约条款与指令一样仅针对成员国，但欧洲法院裁定其具有横向直接效力。在"德弗雷纳第一案"（*Defrenne I*）中，欧洲法院驳回了认为现《欧洲联盟运行条约》第157条仅能针对国家援引的观点。欧洲法院裁定，因为"第119条在性质上具有强制性，禁止男女性别歧视这一原则不仅适用于公权机构的行为，而且扩大至那些旨在调整集体有偿劳动的协议，以及个人之间的合同"⑧。同样的论证已适用于条约的其他条款。⑧

欧洲法院一开始也用"法治"作为反对指令具有横向直接效力的论据，因为在《马斯特里赫特条约》生效之前，并不要求将指令在《官方公报》（*Official Journal*）上通报或公布。⑩ 但是，绝大多数指令事实上都是公开发布的，而且现《欧洲联盟运行条约》第297条已包含公布要求。此外，所有指令都包含实施指令的时间期限，从而减少了对法治原则的担忧。

另一个论点是"指令的横向直接效力会侵蚀条例和指令之间的区别"。这一论点在最近的判例法中占有突出地位。欧洲法院的标准表述是，允许个人根据尚未转换的指令针对另一个人，这"将承认赋予欧洲联盟的一项权力，以此权力为个人设定具有直接立即效力的义务，但它只有被授权制定条例时才有这么做的权能"⑪。然而，这一观点在两个方面存在疑问。第一，就指令具有效力而言，指令的纵向直接效力同样如此。第288条规定指令对成员国具有约束力，但并未规定它们可直接适用。因此，认为指令的直接效力等于承认在指令未被转换的情况下就具有施加义务的权力这一论点，同样适用于对成员国施加的义务。第二，赋予指令直接效力并不会

---

⑧　Case 43/75 *Defrenne*（n 24）.

⑧　See, eg, Case C-281/93 *Angonese v Cassa di Risparmio di Bologna*［2000］ECR I-4134,［32］-［36］；Case C-438/05 *Viking Line*，参见本章第三节第三点。

⑩　AG Slynn in Case 152/84［1986］ECR 723；also Case C-192/89 *Sevince v Staatssecretaris van Justitie*［1990］ECR I-3461,［24］.

⑪　Case C-413/15 *Farrell v Whitty* EU：C：2017：745,［31］；Case C-122/17 *Smith v Meade* EU：C：2018：631,［42］；Case C-573/17 *Criminal proceedings against Daniel Adam Popławski* EU：C：2019：530,［66］.

削弱条例与指令之间的区别。这两个文件之间的关键区别在于使成员国可以选择实施指令的形式和方法。给予指令直接效力，无论是纵向还是横向，并不是要取消这种选择。它只是表达一个根本立场，即如果没有在规定时间内通过此类实施性措施，指令中规定的具有约束力的目的仍然可以得到实现，条件是它们足够清楚和确切。

反对横向直接效力的最后一个理由是"法律确定性"。这是欧洲法院在"韦尔斯案"（*Wells*）[92]中给出的理由，但并不具有说服力。第一，如果指令能够具有横向直接效力，那么也只有在相关条款足够清楚、确切和无条件的情况下才具有这一效力。第二，欧洲法院并未明确法律确定性在该背景下的含义，因为对于禁止指令产生横向直接效力的原因，欧洲法院既不做出任何阐述，也未给出合理的解释。[93] 第三，在间接效力和偶然效力理论中，才真正存在法律确定性问题，而这是指令缺乏横向直接效力的主要限制因素。[94]

然而，尽管学术界对欧洲法院的上述观点提出了广泛批评，而且佐审官也多次出具赞成横向直接效力的意见，但是欧洲法院仍然坚持认为，指令仅应具有纵向直接效力。在 10 年之后的"多里案"（*Dori*）中，欧洲法院再次明确肯定"马歇尔案"裁决。[95]

第六节　二级法律的法律效力：
增强指令效力

欧洲法院又发展出大量理论工具，以减轻由于否认指令具有横向直接效力而产生的影响。这些发展使这一法律领域变得越来越复杂。这里介绍七个此类方法或策略。其一，就纵向直接效力而言，对"国家"概念采用

---

[92]　Case C－201/02 *Wells*（n 88）[56]. 该判决中的这段文字也在如下案件中被引用，参见 Cases C－397－403/01 *Pfeiffer*［2004］ECR I－8835，[108]；Cases C－152－154/07 *Arcor*（n 70）[35].

[93]　P Craig, 'The Legal Effect of Directives: Policy, Rules and Exceptions'（2009）34 ELRev 349, 353－354.

[94]　Ibid 360－364.

[95]　Case C－91/92 *Dori v Recreb Srl*［1994］ECR I－3325；Case C－201/02 *Wells*（n 86）[56].

广义定义，从而模糊横向直接效力与纵向直接效力之间的明确界限。其二，"调和解释"（harmonisous interpretation）原则，或间接效力原则。其三，"偶然横向效力"（incidental horizontal effects）理论。其四，一般原则与指令之间的相互影响。其五，宪章权利与指令之间的联系。其六，某些条例与指令之间的相互影响。其七，因违反欧盟法的国家责任理论。下文将进一步阐述这些策略。

一 国家的广义概念

为了减轻因缺乏横向直接效力而产生的影响，欧洲法院所采取的第一种方式是，就纵向直接效力的目的，采用对"国家"概念的广义理解。[96]在"马歇尔案"中，欧洲法院裁定，申诉方可以依据指令以反对该卫生局，因为它是国家的一个机关。[97]

49. 在这方面必须指出，如果法律诉讼所涉个人能够依据一项指令反对国家，那么无论国家行使何种职责，不论作为雇主还是公权机关，该个人都可以这么做。在这两种情况下，都有必要防止成员国利用自己不遵守共同体法的行为。……

51. 英国提交的论点认为，依据该指令条款反对"作为"国家机关的被告方这一可能性，会导致在国家雇员的权利与私人雇员的权利之间构成武断且不公平的区分，而这一观点站不住脚。如果相关成员国已经在本国法中正确实施该指令，那么就可以很容易避免这样一种区分。[98]

就纵向直接效力而言，"福斯特案"（Foster）一直是关于"国家"这一概念的最重要裁决。

---

[96] D Curtin, 'The Province of Government: Delimiting the Direct Effect of Directives in the Common Law Context' (1990) 15 ELRev 195; E Szyszczak, '*Foster v British Gas*' (1990) 27 CMLRev 859.

[97] See also Case C–438/99 *Jiménez Melgar v Ayuntamiento de Los Barrios* [2001] ECR I–6915, [32]–[33]; Case C–147/08 *Römer* EU: C: 2011: 286, [55].

[98] Case 152/84 *Marshall* (n 90); R Mastroianni, 'On the Distinction between Vertical and Horizontal Direct Effect of Directives: What Role for the Principle of Equality?' (1999) 5 EPL 417.

福斯特等诉英国天然气公司

Case C – 188/89 Foster and Others v British Gas plc

[1990] ECR I – 3313

原告曾受雇于英国天然气公司，该公司政策要求女性60岁退休，男性65岁退休。当时英国天然气公司是国有企业，负责并且垄断大不列颠的天然气供应。原告寻求以1976年《平等待遇指令》中的条款为依据。英国上议院向欧洲法院询问，英国天然气公司是否属于可对其援引该指令条款的机构类型。

欧洲法院

18. 基于上述考虑，欧洲法院在一系列案件中已经裁定，指令中无条件且足够确切的条款可以作为依据反对某些组织或机构，如果这些组织或机构受制于国家的权威或控制，或者拥有超出适用于个人之间的正常规则所带来的特殊权力。

19. 因此，欧洲法院曾在一些案件中判定，可以依据某项指令中的条款反对税务机关（Case 8/81 *Becker* [1982] ECR 53，Case 221/88 *ECSC v Busseni* [1990] ECR I – 495）、地方或地区当局（Case 103/88 *Costanzo* [1989] ECR 1839）、负责维护公共秩序和安全的在宪法上具有独立地位的权力机关（Case 222/84 *Johnston v Chief Constable of the RUC* [1986] ECR 1651），以及提供公共卫生服务的公权机关（Case 152/84 *Marshall* [1986] ECR 723）。

20. 根据上述论证，无论一个机构采用何种法律形式，只要它负责根据国家通过的措施，在国家的控制下提供某项公共服务，并为此目的拥有超出适用于个人之间关系的正常规则所带来的特殊权力，那么无论在何种情况下，这类机构都属于可以依据具有直接效力的指令条款加以反对的机构。

在"法雷尔案"（*Farrell*）中，欧洲法院进一步完善在"福斯特案"判决第20段中提出的标准。它明确指出这几项标准是相互独立的，不必同时满足。一个机构只要满足以下任一种情形，就足以符合国家的定义，即如果一个机构是受公法管辖的法人，因此构成广义国家的一部分；或者如果它在国家的控制之下；或者如果它具有超出通常适用于私人之间关系的特殊权力。这意味着可以涵盖受私法调整的机构。⑨⑨

尚不完全清楚国家对机构的哪些控制会使其成为国家的一部分。在某些案件中，欧洲法院交由成员国法院适用其在"福斯特案"中所阐述的一般标准；⑩⑩而在另一些案件中，欧洲法院则自行做出裁定，认定某个特定机构明显满足针对其援引一项指令的那些标准。⑩①

出于这些目的，广泛机构已被纳入"国家"概念，包括地方和地区当局、国有化产业、私有化企业和大学。欧洲法院清楚地阐明，所有这类权力机构都有义务在其权力范围内适用指令的规定，并避免适用与之相冲突的国内法条款⑩②，这被称为"行政直接效力"⑩③。

欧洲法院一方面对国家机关的构成做广义解释，另一方面拒绝将指令的直接可执行性扩展到非国家实体和个人之间的关系上，这两者是矛盾的，尤其是因为不参与正式实施欧盟立法的国家机关和国内行政部门，必须在实践中适用指令的规定。

现实情况是，"福斯特案标准"（*Foster* test）体现了一种不寻常的关于国家责任或代理责任的反向原则，即在某种程度上可能被视为与国家有关的机构，作为国家的代理人，应承担国家本身未履行义务的责任，即使它

---

⑨⑨　Case C‐413/15 *Farrell*（n 91）［34］‐［35］.

⑩⑩　Case C‐343/98 *Collino & Chiappero v Telecom Italia*［2000］ECR I‐6659；Cases C‐253‐258/96 *Kampelmann v Landschaftsverband Westfalen‐Lippe*［1997］ECR I‐6907，［47］；Case C‐356/05 *Farrell v Whitty*，*Minister for the Environment*，*Ireland*［2007］ECR I‐3067，［37］‐［44］；Case C‐282/10 *Dominguez* EU：C：2012：33，［38］‐［40］；Case C‐425/12 *Portgás* EU：C：2013：829，［28］‐［31］；Case C‐614/11 *Kuso* EU：C：2013：544.

⑩①　Case C‐419/92 *Scholz v Opera Universitaria di Cagliari*［1994］ECR I‐505；Case C‐157/02 *Rieser*（n 73）［22］‐［29］；Case C‐180/04 *Vassallo v Azienda Ospedaliera Ospedale San Martino di Genova*［2006］ECR I‐7251，［26］；Case C‐53/04 *Marrosu and Sardino v Azienda Ospedaliera Ospedale San Martino di Genova*［2006］ECR I‐7213；Case C‐6/05 *Medipac‐Kazantzidis*［2007］ECR I‐4557，［43］；Cases C‐250 and 268/09 *Georgiev v Tehnicheski universitet—Sofia*，*filial Plovdiv* EU：C：2009：549；Case C‐361/12 *Carmela Carratù* EU：C：2013：830.

⑩②　Case 103/88 *Fratelli Costanzo SpA v Comune di Milano*［1989］ECR 1839，［31］；Case C‐243/09 *Günter Fuß v Stadt Halle* EU：C：2010：609，［61］.

⑩③　B de Witte，'Direct Effect，Supremacy and the Nature of the Legal Order' in P Craig and G de Búrca（eds），*The Evolution of EU Law*（Oxford University Press，3rd edn，2021）；Cases C‐246‐249/94 *Cooperativa Agricola Zootecnica*（n 30）.

无法控制相关事件的发生。哪怕存在以下事实也是如此，即特殊权力或国家控制的程度可能会有很大差异；这种意义上的"代理人"通常没有实施指令的权力；特殊权力或国家控制的存在与该机构按照指令应承担的责任这二者之间的联系，远非不言而喻。

雅各布斯佐审官曾经指出，由于对"国家"的解释极为宽泛，这就意味着指令的执行对象甚至包括那些具有一定程度国家参与或控制因素的商业企业，"尽管它们可能与那些不受同样指令约束的私营部门企业直接竞争"[104]。欧洲法院的实际主旨是这类企业需要付出"代价"，例如，国有化行业获得成员国给予它的无论何种权力，相关行业所付出的"代价"都是接受来自指令的无论何种义务。

最后，欧洲法院还清楚地表明，只要针对成员国适用某项指令的行为不会导致对个人直接施加法律义务，即使此类行为肯定会对个人产生不利影响，也不能排除指令的纵向直接效力。这被称为"三角"情形（'triangular' situation）。[105]

英女王应德利娜·韦尔斯申请诉英国运输国务大臣、当地和地区政府

Case C – 201/02 The Queen, on the application of
Delena Wells v Secretary of State for Transport,
Local Government and the Regions

[2004] ECR I – 723

该案涉及《第85/337号指令》。指令要求在批准公共和私人工程规划之前，首先评估相关工程对环境的影响。在本案中，在未做此类评估的情况下对采矿经营发放了规划许可。韦尔斯（Wells）以该指令未得到遵守为由，请求撤销对此项规划的许可。

---

[104] Case C – 316/93 *Vaneetveld* (n 79) [31], AG Jacobs.

[105] See also Case C – 244/12 *Salzburger Flughafen GmbH* EU：C：2013：203，[44] – [47]；Cases C – 152 – 154/07 *Arcor* (n 70)；Case C – 508/14 *T – Mobile Czech Republic* EU：C：2015：657，[47] – [48]；Case C – 17/17 *Hampshire v The Board of the Pension Protection Fund* EU：C：2018：674，[69].

欧洲法院

55. 根据英国政府的观点，如果接受个人有权援引《第85/337号指令》第2条第1款，与该指令第1条第2款和第4条第2款共同解读，那么就将导致"反向直接效力"，直接对相关成员国施加义务，从而应个人如韦尔斯女士的要求，剥夺其他个人如科尼加采石场所有者的权利。

56. 就上述意见而言，法律确定性原则导致指令无法为个人创设义务。对个人而言，指令条款只能创设权利（参见 Case 152/84 *Marshall*［1986］ECR 723 第48段）。因此，如果成员国的某项义务所涉事项，与第三方根据指令的另一义务的履行直接相关，那么，个人就不能依据该指令反对成员国（在此意义上，可参见如下案件：Case C−221/88 *Busseni*［1990］ECR I−495，第23—26段，以及 Case C−97/96 *Daihatsu Deutschland*［1997］ECR I−6843，第24段和第26段）。

57. 另一方面，如果仅仅是对第三方的权利产生负面影响，那么即使这些影响确定无疑，它们也不能阻止个人援引一项指令的条款作为反对相关成员国的正当理由（在此意义上，可特别参见 Case 103/88 *Fratelli Costanzo*［1989］ECR 1839，第28—33段；*WWF and Others*，第69段和第71段；Case C−194/94 *CIA Security International*［1996］ECR I−2201，第40—55段；Case C−201/94 *Smith & Nephew and Primecrown*［1996］ECR I−5819，第33—39段，以及 Case C−443/98 *Unilever*［2000］ECR I−7535，第45—52段）。

58. 在主要诉讼中，相关成员国有义务确保适格权力机构评估采石场工程对环境所产生的影响，这与按照《第85/337号指令》应由采石场所有者承担的任何义务都不存在直接联系。不可否认，采矿业务必须暂停以等待评估结果这一事实，是由于国家没有及时履行其义务所造成的后果。但是，不能如英国政府所主张的那样，将这样一种结果描述为该指令条款对采石场所有者产生"反向直接效力"（inverse direct effect）。

二 "间接效力"：调和解释原则

（一）以与指令相符的方式解释成员国法的义务

尽管欧洲法院否认指令具有直接横向执行的可能性，但它采用的第二种，也是最重要的支持指令效力的途径，是发展形成"调和解释原则"（harmonious interpretation），该原则要求"根据"指令解释成员国法。"冯科尔松案"（*Von Colson*）是这方面的经典判例。

冯科尔松和卡曼诉北莱茵—威斯特法伦州

Case 14/83 Von Colson and Kamann v Land Nordrhein-Westfalen

[1984] ECR 1891

[《里斯本条约》重新编号，《欧洲共同体条约》第 189 条现变更为《欧洲联盟运行条约》第 288 条]

原告以《平等待遇指令》为依据，主张自己受到非法的性别歧视，欧洲法院裁定，该指令并不足够确切，以至无法保证向她们提供获得职位这样的特定救济。但是欧洲法院接下来裁定，尽管如此，该指令的目的仍然可以对成员国的解释产生一些影响。

欧洲法院

26. 然而，某项指令规定成员国有义务实现该指令拟实现的结果，以及成员国有职责按照《欧洲共同体条约》第 5 条的要求，采取一切适当措施，无论是一般措施还是特定措施，以确保履行该义务，这项要求对成员国的所有权力机关包括法院在内，对属于其管辖内事项都具有约束力。因此，在适用成员国法，特别是适用为了实施《第 76/207 号指令》而专门引入的成员国法条款时，成员国法院必须按照该指令的措辞和目的解释本国法，以实现《欧洲共同体条约》第 189 条第 3 段所指的结果。

……

28. ……应由成员国法院以符合共同体法要求的方式解释和适用

为了实施指令而通过的立法，前提是成员国法院根据本国法有如此行事的自由裁量权。

在"冯科尔松案"中，欧洲法院明确将成员国法院定性为有责任履行欧盟义务的国家机关，并且鼓励该案中的德国法院通过与指令要求相符的方式解读国内立法，以提供真正和有效的救济，从而对其国内立法加以补充，而德国国内立法似乎并未提供适当救济。^⑩ 该判例也明确指出，"调和解释"理论或者"间接效力"（indirect effect）理论，并不要求指令条款满足具有直接效力所需的特定裁判标准（清楚、确切与无条件）。^⑩

调和解释原则随着时间的推移而得到加强。欧洲法院声称，该原则"内生于条约体系之中"，源于《欧洲联盟条约》第 4 条第 3 款中的义务，是实现欧盟法完全效力的要求之一^⑩，这一要求不仅适用于成员国法院，而且适用于被要求解释国内法的所有适格权力机构。^⑩ 此外，调和解释原则不再被视为一种次优策略，即只有在指令缺乏直接效力，或者针对私人当事方援引的情况下，成员国法院才遵循这一策略。它已经成为首要选择，目的在于通过解释国内法来试图给予一项指令以效力，即使援引指令以反对国家而搁置相冲突的国内法。^⑩

关于何时产生解释义务这一问题，最初的答案并不明确。某些佐审官主张，即使在转化实施指令的时限届满之前，也应该适用这一义务。^⑪ 如

---

⑩　See also Case C‑81/12 *Asociaţia Accept* EU：C：2013：275.

⑩　Case T‑237/08 *Abadía Retuerta, SA v OHIM* EU：T：2010：185，［67］；Case C‑98/09 *Sorge v Poste Italiane SpA* EU：C：2010：185，［49］‑［55］.

⑩　Case C‑160/01 *Mau* ［2003］ECR I‑4791，［34］；Cases C‑397‑403/01 *Pfeiffer*（n 92）［114］；Case C‑377/14 *Radlinger* EU：C：2016：283，［79］；Case C‑611/14 *Criminal proceedings against Canal Digital Danmark A/S* EU：C：2016：800，［33］.

⑩　Case C‑218/01 *Henkel KGaA* ［2004］ECR I‑1725，［60］；Case C‑411/14 *Ajos*（n 39）；Case C‑611/14 *Canal Digital*（n 108）［30］.

⑩　See, eg, Case C‑282/10 *Dominguez*（n 100）［23］；Case C‑124/12 *AES‑3C Maritza East 1 EOOD* EU：C：2013：488，［52］‑［53］；Case C‑142/12 *Hristomir Marinov* EU：C：2013：292，［37］‑［39］；Case C‑306/12 *Spedition Welter GmbH* EU：C：2013：650；Case C‑97/11 *Amia SpA* EU：C：2012：306，［30］；Cases C‑621/10 and 129/11 *Balkan and Sea Properties ADSITs & Provadinvest OOD* EU：C：2012：248，［62］；Case 671/13 *Proceedings brought by VĮ 'Indėlių ir investicijų draudimas' and Virgilijus Vidutis Nemaniūnas* EU：C：2015：418，［56］‑［57］.

⑪　M Klamert, 'Judicial Implementation of Directives and Anticipatory Indirect Effect：Connecting the Dots'（2006）43 CMLRev 1251.

上所述，一般原则是，指令的纵向直接效力从其转化实施期限届满之日起开始发挥作用，但要遵守如下义务，即在转化期限届满之前，不能采取有可能严重损害指令所规定结果的措施。[112] 在"阿德内莱尔案"（*Adeneler*）中，欧洲法院确认了关于调和解释义务的相似规则，它指出："如果一项指令的转化被延迟，那么只有在其转化时限届满之后，成员国法院才负有以与指令相符的方式解释国内法的一般义务。"[113] 欧洲法院接下来裁定，即使是在指令转化时限届满之前，成员国也有义务避免通过有可能严重损害指令所寻求实现结果的措施，这就意味着自指令生效之日起，成员国法院必须尽可能避免在转化时限届满之后以一种有可能严重妨碍达成指令拟实现目标的方式解释国内法。[114]

（二）该义务的纵向与横向适用

"冯科尔松案"涉及的是一项未得到充分实施的指令[115]，该案起诉的是作为雇主的国家机关。该义务还要求成员国法院按照一项未得到充分实施或者根本没有得到实施的指令解释国内法，即使案件针对个人也应如此，由此回避关于横向直接效力的禁止性规则。

"*Marleasing* 案"涉及在成员国法院诉讼中两个私人当事方之间的"横向"状况。在该案中，如果根据一项未被实施的指令解释国内法，将不会施加刑事责任，但很有可能对其法律地位造成不利影响。[116] 欧洲法院在裁决中肯定，在个人之间的案件中，可以依据未被实施的指令来影响对国内法的解释。

---

[112] Case C – 129/96 *Inter-Environnement Wallonie* （n 80）［45］；Case C – 157/02 *Rieser* （n 73）［66］.

[113] Case C – 212/04 *Konstantinos Adeneler v Ellinikos Organismos Galaktos* （*ELOG*）［2006］ECR I – 6057，［115］；Cases C – 457 – 460/11 *VG Wort* EU：C：2013：426，［26］.

[114] Case C – 212/04 *Konstantinos Adeneler* （n 113）［123］.

[115] See also Case C – 421/92 *Habermann-Beltermann v Arbeiterwohlfahrt, Bezirksverband*［1994］ECR I – 1657.

[116] G Betlem, 'The Principle of Indirect Effect of Community Law'（1995）3 ERPL 1；M Amstutz, 'In-Between Worlds：*Marleasing* and the Emergence of Interlegality in Legal Reasoning'（2005）11 ELJ 766.

Marleasing 公司诉国际食品贸易公司
Case C – 106/89 Marleasing SA v La Comercial
Internacionale de Alimentacion SA
[1990] ECR I –4135

[《里斯本条约》重新编号，《欧洲共同体条约》第5条
和第189条现分别变更为《欧洲联盟条约》第4条第3
款和《欧洲联盟运行条约》第288条]

原告公司对国际食品贸易公司（La Comercial）提起诉讼，要求判决被告公司的章程无效，因为该公司成立的唯一目的就是欺骗债权人。所涉理事会指令中的条款并未将此类"缺乏原因"（lack of cause）作为宣布公司设立无效的理由，但《西班牙民法典》规定"缺乏原因"（falta de causa）是使合同无效的理由。西班牙法院将该案提请至欧洲法院，询问该理事会指令是否可以在个人之间产生直接效力，并由此排除根据该指令规定理由以外的其他理由宣布公司设立无效。

欧洲法院

7. 然而，从提交欧洲法院的文件中可以清楚地看到，成员国法院实际上是在寻求确定如下问题，即在听审属于《第68/151号指令》范围的案件时，是否要求按照该指令的措辞和目的解释其本国法，以排除根据该指令第11条所列理由以外的其他理由宣布一家公共有限公司设立无效。

8. 为了回答这一问题，应该看到，正如本法院在"冯科尔松案"中的判决（Case 14/83, *Von Colson and Kamann v Land Nordrhein-Westfalen* [1984] ECR 1891）第26段所指出的，成员国有义务按照指令的要求，实现指令拟实现的结果，而且有责任根据《欧洲共同体条约》第5条采取一切适当措施，无论是一般措施还是特殊措施，以确保履行该义务，这一点对成员国包括成员国法院在内的所有权力机构，就属于其管辖范围的事项而言，都具有约束力。因此，在适用国内法时，无论相关条款是在指令之前还是之后通过的，被要求对其做出解

释的成员国法院都需要尽可能依照指令的措辞和目的解释本国法，以便实现指令拟实现的结果，并由此遵守《欧洲共同体条约》第 189 条第 3 段的要求。

（三）该解释义务的范围

关于该解释义务的范围，依据这方面的相关判例法，有四点需要注意。

第一，从 "*Marleasing* 案" 和后来的判例法中可以清楚地看到，即使国内法早于某指令，并且与指令没有任何特定联系，调和解释义务仍然适用。在 "*Marleasing* 案" 中，并不存在可以按照指令解释的国内实施性立法，有的只是早于该指令的国内法。

第二，从 "普法伊费尔案"（*Pfeiffer*）等案件中可以发现，该解释义务不仅适用于实施指令的成员国法，而且适用于作为一个整体的成员国法律体系。[⑰]

普法伊费尔等人诉德国红十字会瓦尔茨胡特地区分会
Cases C–397–403/01 Pfeiffer and others v Deutsches
Rotes Kreuz, Kreisverband Waldshut eV
[2004] ECR I–8835

本案涉及如何解释工作场所卫生与安全指令和工作时间指令。原告方是被告方德国红十字会雇用的劳动者。原告主张，他们被要求每周工作超过 48 个小时，这违反了该指令。欧洲法院再次说明指令不具有横向直接效力，但裁定从 "冯科尔松案" 中得出的解释义务适用于本案。

[⑰]　See also Case C–12/08 *Mono Car Styling SA, in liquidation v Dervis Odemis* [2009] ECR I–6653，[64]；Case C–98/09 *Sorge*（n 107）[51]；Case C–239/09 *Seydaland Vereinigte Agrarbetriebe GmbH & Co KG v BVVG Bodenverwertungs-und-verwaltungs GmbH* EU：C：2010：778，[50]；Case C–122/17 *Smith*（n 91）[39]；Case C–486/18 *RE* EU：C：2019：379，[35]–[38]；Case C–467/18 *Criminal proceedings against EP* EU：C：2019：765，[60]．

欧洲法院

115. 虽然必须以与共同体法相符的方式解释国内法这项原则，主要涉及为实施相关指令而通过的国内条款，但它并不仅仅涉及对这些条款的解释，它还要求成员国法院将本国法作为一个整体加以考虑，以便评估在何种程度上适用该原则才不会产生违反指令所寻求实现的结果（在此意义上，可参见 *Carbonari* 判决第 49 段和第 50 段）。

116. 在上述背景下，如果适用本国法所承认的解释方法，在某些情况下，可以通过这种方式解释国内法条款从而避免与另一项国内法规则相冲突，或者将该条款的适用范围限制在与相关规则相一致的结果上，那么，为了实现指令所寻求的结果，成员国法院就有义务使用这些解释方法。

......

118. 因此在本案中，以符合共同体法的方式进行解释的这项原则，要求提交初步裁决申请的法院在考虑作为整体的成员国法规则的基础上，采取属于其管辖权范围内的任何行动，以确保《第 93/104 号指令》完全有效，从而防止超出该指令第 6 条第 2 款规定的每周工作时间上限（就此意义，可参见"*Marleasing* 案"第 7 段和第 13 段）。

第三，尽管此项解释义务具有很强的约束力，但并不要求对国内法的解释导致违反法律（*contra legem*），或者违反国内法的基本原则。[118] 欧洲法院经常强调解释义务的强度。[119]

但是，欧洲法院一般会留给成员国法院决定是否有可能按照指令解释

---

[118] See，eg，Case 262/88 *Barber v Guardian Royal Exchange* [1990] ECR 1889，1937，AG Van Gerven；Cases C‒63‒64/91 *Jackson v Chief Adjudication Officer* [1992] ECR I‒4737，[29]，AG Van Gerven；Case C‒271/91 *Marshall*（*No 2*）[1993] ECR I‒4367，[10]，AG Van Gerven，参见有关解释义务强度的辩论。

[119] Cases C‒397‒403/01 *Pfeiffer*（n 92）[118]；Case C‒268/06 *Impact*（n 23）[100]‒[101]；Case C‒406/08 *Uniplex*（*UK*）*Ltd v NHS Business Services Authority* EU：C：2010：45，[45]‒[48]；Case C‒282/10 *Dominguez*（n 100）[31]‒[32]。

国内法⑳，或者是否导致违反法律的解读。㉑ 然而，在有些情况下，正如在"普皮诺案"（*Pupino*）中，尽管欧洲法院尊重成员国法院做出的最终评估，但它在判决中明确建议，似乎还是有可能以符合指令或框架决定的方式做出解释。㉒ 在其他一些案件中，欧洲法院对成员国法院可以通过解释实现哪些目标持坚定的看法。㉓

第四，以符合欧盟法的方式解释国内法的这一义务，要求成员国法院改变既定判例法，如果该判例法基于国内法的解释，而该国内法不符合指令或框架决定所设定的目标。因此，基于自身权力，成员国法院必须对上一层法院所采取的解释不予适用，如果该解释是根据其本国法做出，而且不符合相关指令或框架决定。㉔

（四）该解释义务所导致的结果：刑事责任

尽管调和解释义务不能向个人施加或者加重刑事责任，但有可能给个人造成其他负面影响。这源于欧洲法院在"奈梅亨城科尔平楼案"（*Kolpinghuis Nijmegen*）中提出的刑事责任不溯及既往原则。㉕ 在该案中，

---

⑳ See, eg, Case C – 18/13 *Maks Pen EOOD* EU：C：2014：69，[37] – [39]；Case C – 177/10 *Rosado Santana* EU：C：2011：557，[60]；Case C – 306/12 *Spedition Welter GmbH* EU：C：2013：650，[31] – [32].

㉑ Case C – 334/92 *Wagner Miret v Fondo de Garantia Salarial* [1993] ECR I – 6911，[22]；Case C – 91/92 *Dori* (n 95) [27]；Case C – 192/94 *El Corte Ingles v Cristina Blazques Rivero* [1996] ECR I – 1281，[22]；Case C – 111/97 *Evobus Austria v Niederosterreichischer Verkehrsorganisations* [1998] ECR I – 5411，[18] – [21]；Case C – 131/97 *Carbonari v Universita degli Studi di Bologna* [1999] ECR I – 1103，[48] – [50]；Case C – 81/98 *Alcatel Austria v Bundesministerium fur Wissenschaft und Verkehr* [1999] ECR I – 7671，[49] – [50]；Case C – 282/10 *Dominguez* (n 100) [25]；Case C – 351/12 *OSA* EU：C：2014：110，[43]；Cases C – 501 – 506，540 and 541/12 *Specht* EU：C：2014：2005，[89] – [91]；Case C – 176/12 *AMS* (n 47) [39] – [40].

㉒ Case C – 105/03 *Pupino* [2005] ECR I – 5285，[47] – [49]. See also Case C – 185/97 *Coote v Granada Hospital* [1998] ECR I – 5199；Case C – 168/00 *Leitner v TUI Deutschland* [2002] ECR I – 2631，AG Tizzano；Case C – 60/00 *Carpenter v Home Secretary* [2002] ECR I – 6279，[41]，AG Stix Hackl.

㉓ Case C – 42/11 *João Pedro Lopes Da Silva Jorge* EU：C：2012：517，[53] – [58]；Case C – 109/09 *Deutsche Lufthansa AG* EU：C：2011：129，[51] – [57].

㉔ Case C – 411/14 *Ajos* (n 39) [33]；Case C – 579/15 *Popławski* EU：C：2017：503，[35] – [36]；Case C – 573/17 *Popławski* (n 91) [78].

㉕ Case 80/86 *Kolpinghuis Nijmegen* [1987] ECR 3969；Case C – 60/02 *X* [2004] ECR I – 651，[54] – [64]；Case C – 573/17 *Popławski* (n 91) [75].

荷兰检察机关试图针对被告使用一项尚未得到实施的指令中的条款。欧洲法院在重申"冯科尔松案"判决第 26 段中所提出的解释原则之后，宣称：

> 成员国法院在解释本国法的相关规则时，有义务参考指令的内容，但是这一义务受到作为共同体法组成部分的一般法律原则的限制，特别是法律确定性原则和不溯及既往原则，……指令并不能产生如此效力，即通过自身以及独立于为实施该指令所通过的法律，决定对违反该指令条款的个人施加或者加重其刑事责任。⑫㊀

（五）该解释义务导致的结果：非刑事责任

对于调和解释义务与非刑事责任这二者之间关系的辩论更多，特别是关于调和解释对个人的影响。在"阿尔卡罗案"（*Arcaro*）中，欧洲法院裁定：⑫㊁

> 但是，在如下情况下，成员国法院在解释本国法的相关规则时参考指令内容这项义务应予以限制，即这样的解释导致向个人施加一项由尚未被转化为国内法的指令所规定的义务，或者更特殊的是，根据指令，并且在不存在为实施该指令而制定的法律的情况下，这样的解释会导致那些违反该指令条款的个人承担或加重刑事责任（参见前引文"奈梅亨城科尔平楼案"）。⑫㊂

该案件涉及刑事责任。欧洲法院似乎想要表明收紧这项解释原则的立场，也就是说，如果根据指令解释国内法的做法导致"向个人强加指令中规定的一项义务"⑫㊃，那么这种方式就走得过远了，既不被欧盟法允许，也

---

⑫㊀　Ibid［13］-［14］. See also Cases C - 74 and 129/95 *Criminal Proceedings against X*［1996］ECR I - 6609；Case C - 384/02 *Knud Grøngaard and Allan Bang*［2005］ECR I - 9939, ［30］.

⑫㊁　Case C - 168/95 *Arcaro*［1996］ECR I - 4705.

⑫㊂　Ibid［42］. See also Case C - 105/03 *Pupino*（n 122）［45］-［47］.

⑫㊃　P Craig, 'Directives：Direct Effect, Indirect Effect and the Construction of National Legislation'（1997）22 ELRev 519.

不是欧盟法所要求的。这一点在"科费德案"（*Kofoed*）⑬在再次得到强调，该案涉及税法，而不是刑法。这意味着应该做出区分，即区分向个人"强加一项义务"，以及对不符合法律义务的当事方创设其他类型的法律上的不利影响或妨碍，前者是不被允许的，后者是被允许的。⑪ 例如，在"黑森州案"（*Hessen*）中，该案涉及地方政府机关对一家商业实体强加规划限制，欧洲法院裁定，地方政府机关必须遵守调和解释原则，即使它在行使其权力中不具有自由裁量权，而且该州有权"对个人施加与该指令相符的解释"⑫。在该案中，对个人"施加"的解释，是对有争议的国家规划法所做的解释，该规划法禁止将花园中心设在化工厂旁边，因为这会违反一项欧盟指令。

似乎很明显，该解释义务有可能导致向个人强行施加本来可能不存在的民事责任。⑬ 民事责任或民事义务的确切性质，将取决于案件本身，而对其做"正确的定性"将取决于按照指令解读这一方式对先前就已存在的成员国法所带来的变化。⑭ 但是可以明确的是，如果由于解释义务而对先前就已存在的国内法做出不同的解释，那么就必然会产生如下后果，即对私人当事方施加的义务也将发生改变，而且这很有可能会导致产生到当时为止原本并不存在的民事责任或民事义务，即使这些责任或义务不是由指令"直接"施加的。⑮

例如，在"中心钢铁公司案"（*Centrosteel*）⑯ 中，一家意大利公司根据一份商业代理合同要求被告奥地利阿迪玻尔公司（Adipol）支付费用。后者声称该合同无效，因为中心钢铁公司没有遵守意大利要求商业代理机

---

⑬　Case C – 321/05 *Kofoed v Skatteministeriet* [2007] ECR I – 5795，[45].

⑪　AG Jacobs in Case C – 456/98 *Centrosteel v Adipol* [2000] ECR I – 6007，[31] – [35]，雅各布斯佐审官认为，"阿尔卡罗案"应限于强加刑事义务。

⑫　Case C – 53/10 *Hessen v Franz Mücksch* EU：C：2011：585，[34].

⑬　参见科科特佐审官（AG Kokott）的意见，见 Case C – 321/05 *Kofoed*（n 130）fn 45. 但是科洛梅尔佐审官（AG Colomer）给出更加谨慎的意见，见 Cases C – 392 and 422/04 *i – 21 Germany GmbH and ISIS Multimedia Net GmbH & Co KG v Bundesrepublik Deutschland* [2006] ECR I – 8559，[87] – [91].

⑭　Craig（n 93）362 – 364.

⑮　See，eg，Case C – 291/13 *Sotiris Papasavvas* EU：C：2014：2209，[54] – [56].

⑯　Case C – 456/98 *Centrosteel*（n 131）.

构必须注册的法律。中心钢铁公司反驳这一理由，认为按照欧洲法院对《第86/653号指令》的解释[137]，仅要求书面代理合同，并且排除诸如意大利注册要求的法律。

欧洲法院裁定，成员国法院必须按照该指令解释本国法[138]，其结果是，阿迪玻尔公司就需要承担按照其与中心钢铁公司的合同支付应付款项的法律义务。如果不按照该指令解释意大利法律，并且如果该代理合同由于违反意大利注册法而被推翻，阿迪玻尔公司就不必承担该义务。

这类效力被称为指令的"排斥性效力"（exclusionary effect），它避免与其冲突的国内法得到执行，但它并未导致"替代性效力"（substitution effect），因为向当事方施加义务的是商业合同而不是指令本身。下文将再回过头来讨论这种区分是否合理。

本领域的法律仍然面临着困难，尤其是因为最近的判例法已经削弱或放弃了该解释义务不能导致施加民事法律义务的这一想法。[139]

（六）小结

1. 间接效力理论实际上是对指令不具有横向直接效力这一原则的最重要限定条件。然而，就法律的确定性角度而言，这对私人被告方而言存在很多问题，这项原则是自相矛盾的，因为决定指令被认为不应具有横向直接效力的原因，正是出于对法律确定性的担忧。

2. 对企业而言，判断究竟应该遵守成员国法还是一项未被实施的指令，这是一道难题。如果指令具有横向直接效力，那么该企业就只需要将相关成员国法与指令相比较，如果存在不一致，它只需要判断指令条款是否足够确切和无条件。假设指令条款足够确切和无条件，那么该企业就可以遵从指令，因为根据欧盟法的优先性原则，指令优先于与其相冲突的国内法。

3. 由于不存在横向直接效力，该企业不仅要识别成员国法与指令之间可能

---

[137]　Case C-215/97 *Bellone v Yokohama* [1998] ECR I-2191.

[138]　Case C-456/98 *Centrosteel* (n 131) [19]; Cases C-240-244/98 *Océano Grupo* (n 9); J Stuyck, Note (2001) 38 CMLRev 719.

[139]　See, eg, Case C-573/17 *Popławski* (n 91) [76]-[79].

存在的任何不一致。它还必须仔细研究指令的所有条款，甚至那些不够确切或肯定而不能产生直接效力的条款。接下来它必须尝试判断，成员国法院是否认为能够以符合指令的方式解读成员国法。很难预测诉讼结果，因为调和解释义务要求成员国法院在判断是否可以与指令条款实现一致时，必须考虑所有的本国法。此外，调和解释原则可以在多大程度上对私人被告方强加法律义务，这一问题仍存在不确定性。

三　偶然横向效力

（一）原理

第三项进展是，欧洲法院后来的判例法允许在私人当事方之间的某些案件中使用尚未实施的指令，从而削弱了"马歇尔案"和"多里案"所确定的"指令不具有横向直接效力"这一规则的影响。这项新进展在"CIA安全公司案"[140] 和"意大利联合利华案"（Unilever Italia）[141] 中表现得最为明显，但也很复杂。与涉及间接效力的判例一样，往往很难令人信服地将这些案件与横向直接效力区别开来。

下面的几个判例表明，在指令没有对个人施加直接法律义务的情况下，可以产生有限形式的横向效力。这些判例的核心是，个人可以在针对其他个人的诉讼中以指令作为辩护理由，而且即使指令没有对私人被告方施加直接义务，它也可以影响案件的结果。这就是萨焦佐审官（AG Saggio）在"海洋集团案"（Océano）中所提到的那种"排斥性"效力。在私人当事方之间的案件中，通过援引一项指令，排除适用相冲突的成员国法律条款的可能性；其结果是，案件一方当事人被施加一项法律责任，或者受到了不利影响，然而，如果适用与指令相冲突的成员国法，则该当事人本来不需要承担此类责任或不会受到不利影响。[142]

---

[140]　Case C - 194/94 *CIA Security International SA v Signalson SA and Securitel SPRL* ［1996］ECR I - 2201.

[141]　Case C - 443/98 *Unilever Italia SpA v Central Food SpA* ［2000］ECR I - 7535.

[142]　Case C - 244/98（n 9）.

CIA 国际安全公司诉 Signalson 公司和 Securitel 公司

Case C - 194/94 CIA Security International SA

v Signalson SA and Securitel SPRL

[1996] ECR I - 2201

原告 CIA 安全公司在比利时商事法院起诉被告，要求法院命令被告停止不公平贸易行为。原告认为，这两家公司侵害了其名誉，因为它们声称该公司销售的警报系统未依比利时立法的要求获得批准。原告承认它没有寻求批准，而是认为比利时立法违反《欧洲共同体条约》第 28 条并且未按照关于技术标准与法规的《第 83/189 号指令》的要求向欧盟委员会通报。成员国法院向欧洲法院询问，该指令是否足够清楚和确切，足以在成员国法院产生直接效力，以及成员国法院是否应该拒绝适用一项未按指令要求予以通报的成员国措施。欧洲法院在裁决中首先提到，成员国法规确实应该按该指令予以通报。

欧洲法院

44.《第 83/189 号指令》第 8 条和第 9 条规定了一项确切的义务，要求成员国在通过技术法规之前，将其草案文本通报给欧盟委员会。因此，由于其内容是无条件且足够确切的，个人可以在成员国法院以这些条款作为依据。

45. 仍然需要仔细考察由于成员国违反其通报义务而产生的法律后果，并且更确切地说，是否应将《第 83/189 号指令》解释为，违反通报义务构成了相关技术法规制定过程中的一个程序缺陷，这将导致此类技术法规不可适用，以至于不能针对个人予以执行。

欧洲法院裁定该指令的目的在于，通过预防性控制来保护货物自由流动[143]，而且，如果违反通报义务，将导致未经通报的国内规则不适用于个

---

[143]　在后来的案件中，这一因素被用于限制对"CIA 安全公司案"裁决的适用，见 Case C - 226/97 *Lemmens* [2000] ECR I - 3711；Case C - 307/13 *Ivansson* EU：C：2014：258.

人，那么这项预防性控制措施的效力就将得到增强。⑭ 欧洲法院并未提到
"多里案"或"马歇尔案"，也没有提到这是私人当事方之间的诉讼这一事
实。尽管原告方主要依据该指令反对适用与批准警报系统有关的国家技术
法规，但是这改变了在成员国法院诉讼的法律后果。被告方现在可能要承
担由于不公平交易而产生的责任，因为它们认为原告方销售警报系统的行
为违反比利时法律的这一主张被驳回，原因在于比利时法律违反了该指
令。因此，尽管该指令本身并未向被告方施加法律义务，但是它取消了成
员国技术法规所提供的保护，并且使它们有可能按照成员国法的其他规定
承担潜在责任。

在其他案件中，在涉及私人当事方的争议时，也可以明显看到以指令
的间接横向效力为依据这一问题。⑮ 关键因素是，如果某个案件涉及未得
到实施的指令中的条款，其结果是其中一方受到法律损害，而另一方则获
得法律上的优势。⑯ 上文讨论的"海洋集团案""中心钢铁公司案"和
"普法伊费尔案"等与间接效力有关的判例似乎有一个共同因素，即指令
"本身"并未对其他个人施加义务，义务是由成员国法的其他某些规定或
者私法施加的。在"联合利华案"中，指令的这种偶然效力体现得非常
明显。⑰

---

⑭ 但是在其他一些案件中，援引《第 83/189 号指令》（[1983] OJ L109/8）的尝试并未成
功，见 Cases C – 425 – 427/97 *Albers* [1999] ECR I – 2947；Case C – 37/99 *Donkersteeg* [2000] ECR
I – 10223；Case C – 314/98 *Sneller's Autos v Algemeen Directeur van de Dienst Wegverkeer* [2000] ECR I –
8633；Case C – 278/99 *Van der Burg* [2001] ECR I – 2015. 此外，在以下一些案件中，尽管多项指
令要求成员国有义务向欧盟委员会通报本国规则，但这项义务并不能被个人援引作为对成员国立
法提出异议的依据，参见 Case C – 235/95 *AGS Assedic Pas-de-Calais v François Dumon* [1998] ECR
I – 4531，[32] – [33]；Case 280/87 *Enichem Base v Comune di Cinisello Balsamo* [1989] ECR 2491，
[22] – [24].

⑮ Case C – 441/93 *Panagis Pafitis v Trapeza Kentrikis Ellados AE* [1996] ECR I – 1347；Case C –
129/94 *Criminal Proceedings against Rafael Ruiz Bernáldez* [1996] ECR I – 1829；Case C – 77/97
Österreichische Unilever GmbH v Smithkline Beecham [1999] ECR I – 431.

⑯ 不同的观点认为，这些案件涉及的是"变相的纵向直接效力"，案件中的私人当事方不得
从成员国严重违反欧共体指令的行为中受益，见 M Dougan, 'The "Disguised" Vertical Direct Effect
of Directives' (2000) 59 CLJ 586.

⑰ S Weatherill, 'Compulsory Notification of Draft Technical Regulations：The Contribution of Di-
rective 83/189 to the Management of the Internal Market' (1996) 16 YBEL 129；S Weatherill, 'A Case
Study in Judicial Activism in the 1990s：The Status before National Courts of Measures Wrongfully Un-noti-
fied to the Commission' in D O'Keeffe and A Bavasso (eds), *Judicial Review in EU Law* (Kluwer, 2000)
481.

意大利联合利华诉中心食品公司
Case C – 443/98 Unilever Italia SpA v Central Food SpA
［2000］ECR I – 7535

原告方援引《第83/189号指令》，将其作为阻止执行一项成员国法规的依据，该法规尽管已经适当通报给欧盟委员会，但它的通过违反该指令中的停滞条款（standstill clause）。合同内容涉及销售大宗橄榄油，由原告方运输的橄榄油以符合欧共体法的方式贴了标签，但不符合被指控的意大利标签立法。因此，本案面临着这样一种情况，如果一方当事人可以援引指令作为依据，就将导致成员国法不适用，那么就有可能导致对被告方施加合同义务，但如果适用国内法则不会施加该义务。雅各布斯佐审官显然对"*CIA*安全公司案"的裁决持怀疑态度，他指出，在此类私人合同诉讼中，不应判定违反欧盟法的成员国立法不可执行。他主张，这种"不可执行性"将造成很大程度上的法律不确定性，而且是不公平的，因为这将导致由于国家的不作为而对个人施以惩罚。[148] 但是欧洲法院不赞同该佐审官的主张，并且未予以回应。[149] 欧洲法院在其判决的第40段到第43段回顾了它在"*CIA*安全公司案"中就《第83/189号指令》的目的所做的论证，以及为什么违反该指令的任何成员国法规都应判为不可执行，接下来欧洲法院做出如下裁定。

欧洲法院

45. 因此接下来有必要考虑，在涉及私人之间合同权利与义务的民事诉讼中，违反《第83/189号指令》第9条的技术法规，其不可适用性是否可以被援引。

46. 首先，在此性质的民事诉讼中，适用违反《第83/189号指令》第9条的技术法规，有可能导致妨碍与这些法规不符的某种产品的使用或销售。

---

[148] 该佐审官在后来案件中的意见，参见 Case C – 159/00 *Sapod Audic v Eco Emballages SA*［2002］ECR I – 5031，［62］.

[149] S Weatherill, 'Breach of Directives and Breach of Contract' (2001) 26 ELRev 177.

47. 这正是主要诉讼中的情况，因为适用意大利规则很可能妨碍联合利华公司营销其拟售的特级初榨橄榄油。

48. 接下来必须记住，本法院在"*CIA* 安全公司案"中裁定，不可适用性作为违反通报义务的法律后果，是应一项诉讼的初步裁决请求所做的答复，该诉讼是具有竞争关系的企业之间以禁止不公平交易的成员国条款为基础提起的。

49. 因此，从本法院判例法中可得出如下结论：由于本判决第40段至第43段中阐明的原因，未按照《第83/189 号指令》第8条予以通报的技术法规的不可适用性，可在个人之间的诉讼中援引。这同样适用于未遵守该指令第9条所规定义务的情形，而且在这方面，没有任何理由区别对待与不公平竞争有关的个人纠纷，如"*CIA* 安全公司案"的情形，与涉及合同权利和义务的个人纠纷，如本案主要诉讼的情形。

50. 与此同时，正如意大利和丹麦政府提出的观察意见，指令本身确实不能向个人施加义务，因此不能作为如此针对个人的依据（见Case C -91/92 *Faccini Dori* ［1994］ECR I - 3325 第20 段）；而且，如果不符合《第83/189 号指令》第8条或第9条的行为，这构成实质性的程序缺陷，导致一项违反上述两条款的技术法规不可适用，那么就不适用于上述判例法。

51. 在这种情况下，不同于上述两国政府所引述的判例法中所涉及的指令未被转化的情形，《第83/189 号指令》并没有以任何方式界定成员国法院在裁判其案件时所依据的法律规则的实质范围。它对个人既不创造权利，也不创设义务。

欧洲法院试图用两种论点将该案与诸如"多里案"和"马歇尔案"中被禁止的"横向直接效力"情形区分开来。第一种是，强调《第83/189 号指令》的特定目标，以及"*CIA* 安全公司案"中阐明的用于判定违反该指令的成员国规则不可执行的理由。第二种提供了更重要的观点，即从总体上看，该指令本身既不创设个人权利，也不对个人施加义务。这就是现在为人所熟知的"排斥性效力"（exclusionary effect），即该指令可以在个人案件中予以援引，以便不适用成员国法，其前提条件是只要该指令不创设应予适用的新法律、新权利或者新义务。相反，它留下了一个"空白"，由成员国法的其他条款予以填补，在本案中是成员国合同法。在下面的判例中，排斥和替代之间的区别得到了论证的支持，即使没有明示地提及。

史密斯诉米德

Case C – 122/17 Smith v Meade

EU：C：2018：631

史密斯坐在货车的后面，因发生交通事故而受伤。该伤害不在爱尔兰保险政策的承保范围内，因为对于不设乘客座位的车辆，爱尔兰法律不要求保险覆盖该车上人员。问题是爱尔兰法律是否符合欧盟关于机动车辆造成伤害的民事责任的指令。欧洲法院重申了指令没有横向直接效力的正统观点。它考虑了"冯科尔松案"原则的适用，并认定无法将爱尔兰法律解读为符合该指令。接下来，欧洲法院将"*CIA*安全公司案"或"意大利联合利华案"与本案区分开来。

欧洲法院

53. 在这种特殊情况下，本法院实质上认为，这些成员国技术法规不适用于个人之间的争议，理由是不遵守《第83/189号指令》规定的义务已构成"实质性程序缺陷"，这种缺陷损害了相关成员国对这些法规的通过；并且认为，该指令既不为个人创造权利，也不创设义务，并没有确定成员国法院在裁判其案件时所必须依据的法律规则的实质内容，这意味着，关于该效力的判例法，即个人不得依据尚未转化的指令针对另一个人，与这种情况没有关系（就此而言，可参见1996年4月30日判决，"*CIA*安全公司案"，C – 194/94，EU：C：1996：172，第48段，以及2000年9月26日判决，"意大利联合利华案"，C – 443/98，EU：C：2000：496，第44、50和51段）。

54. 但是，主要诉讼中的情况与本判决前两段所述的情况不具有可比性。第三项指令第1条规定，有关使用相关机动车辆的民事责任保险，必须涵盖因该使用而对所有乘客（不包括驾驶员）造成的人身伤害，这是一项强制性规定，界定了法律规则的实质性内容，因此属于该判例法的范围，即个人不得依据尚未转化或不当转化的指令来对抗其他个人。

（二）小结

1. 欧洲法院一直拒绝偏离"马歇尔案"和"多里案"中的清楚裁决，即个人不能援引指令来向其他个人施加直接义务。然而，"CIA 安全公司案"和"意大利联合利华案"等案件表明，指令可以在当事方之间得到横向执行，其前提条件是，只要能够以一种排斥性的而不是替代性的效力作为合理理由。这一区别主要是在佐审官的意见和学术著述中得到阐述的，但它似乎成为欧洲法院有关偶然横向效力的判例法的基础。为此，在"米德案"（Meade）中，欧洲法院将"CIA 安全公司案"和"意大利联合利华案"合理化为，如果不遵守指令而产生的程序缺陷使有争议的成员国法规失效，结果是它们在成员国法律秩序之内遭到排斥，但该指令本身并没有确定用于解决案件的实质性规则。因此，排除指令横向直接效力的判例法被裁定为不可适用。欧洲法院将此与"米德案"区分开来，因为该指令在该案中施加了关于事故民事责任的实质性规则。

2. 重要的是澄清排斥效力与替代效力之间的区别。其核心理念是，即使在私人当事方之间的诉讼中，指令也可以具有"排斥性"影响，排除不一致的成员国法。接下来，成员国法决定案件结果，即替代被指令排斥的那部分成员国法。这不同于"替代"效力。替代效力包含的理念是，指令本身要求在成员国法律秩序中产生全新的法律后果，而原来的成员国法律秩序中不包含相关规定。该论点认为，只有在针对国家的诉讼中，且满足产生直接效力的条件的前提下，上述情况才能成立。但出于以下四个原因，这种区分是有问题的。

3. 第一个原因是判定一个案件是"排斥性"还是"替代性"，这本身就存在着争议，而且一旦与指令不符的条款被排斥，那么区别这两者的决定因素就取决于识别成员国法律体系中调整相关事项的某种"默认规则"[39]。

---

⑨ 例如，萨焦佐审官提到，被排斥的与指令不符的规则可通过适用"类似国内法条款或寻求适用国内法的一般原则而得到弥补，前提条件是这些成员国规定符合作为该指令基础的那些原则"，见 Cases C-240-244/98 Océano Grupo（n 9）［39］.

4. 第二个原因是"排斥"与"替代"之间的区别，前者与成员国法的残留适用相结合，后者意味着适用源于指令的"新"规则，这二者之间的区别不能掩盖这样一个事实，即在上述两种情况下正是由指令来决定结果，而且这构成了成员国法律体系中新的法律现状。

5. 第三个原因是指令不直接对个人施加义务，但正如"联合利华案"所表明的那样，它仍然对私法关系产生法律效力，这对私人公司造成了更大的负担，它们可能没有意识到国家违反了自身义务。㉛

6. 第四个原因是上述论点以如下没有公开阐明的假设为基础，即对于个人而言，相较于在成员国法律秩序中用某些新的规则"替代"与指令不符的成员国法，"排斥"与指令不符的成员国法所产生的后果在一定程度上不那么咄咄逼人，影响也不那么深远，但并未给出能够证明这一点的任何原因。

四 与一般法律原则的相互关系

（一）原理

正如上文所示，对指令不具有横向直接效力这一原则施加的第四个限制条件，见于涉及一般法律原则的判例法中㉜。在"曼戈尔德案"中，《关于就业框架的第 2000/78 号指令》（Framework Employment Directive 2000/78）中一项条款的实施时限尚未届满，该案是私人当事方之间的争议。欧洲法院裁定，原告可以直接依据欧盟法中有关禁止年龄歧视的一般原则，对由雇主制定的固定格式合同中的条款提出质疑。㉝ 我们还看到，尽管"曼戈尔德案"的裁决受到强烈批评，但欧洲法院在后来的一些案件如"屈库克德维奇案"㉞ 和"丹麦商业和文书职员工会案"（*HK Danmark*）㉟ 中，仍然肯定其核心论断，即个人可以通过援引欧盟法的一般原则来要求搁置相冲突的成员国法条款，即使在私人当事方之间的案件中。这些裁决

㉛　雅各布斯佐审官提到由此产生的不公正后果，见 Case C‑443/98 *Unilever*（n 141）［101］.

㉜　See above（n 34）and text.

㉝　Case C‑144/04 *Mangold*（n 42）.但是，欧洲法院后来放弃其在"曼戈尔德案"中的论断，认为即使实施一项指令的期限尚未届满，个人也可以直接援引该指令，因为它将相关问题"引入欧盟法的适用范围"，见 Case C‑147/08 *Römer*（n 37），［61］‑［62］.

㉞　Case C‑555/07（n 34）.

㉟　Case C‑476/11 *HK Danmark*（n 39）.

产生了一个不容置疑的效果，即指令中包含的某些义务立即适用于私人当事方之间的诉讼，尽管这是通过欧盟法一般原则得以实现的。

（二）小结

1. 这方面的判例法面临着两个困难。其一，如果条约制定者确实认为不应将一项指令中确切和无条件的义务施加于个人，那么就很难解释为什么在以下情况下他们认为个人受一般法律原则义务的约束是可以接受的：可能不确定一般原则是否存在；相关义务的内涵可见于指令；对指令的条款是否满足直接效力的条件存在疑问；指令的其他一些条款被解读为一般原则，或者通过一般原则得到了适用；事前并不清楚指令的哪些条款会被解读为一般原则。

2. 其二也存在法律确定性问题。这种批评的前提并不是假设一般原则永远不应适用于个人之间。[156] 然而，否认指令具有横向直接效力的部分依据，一直是条约的措辞和法律确定性。并不清楚当私人当事方的义务在形式上源于一般法律原则时，为什么这些问题就突然变得不那么明显了。通过一般原则引入横向效力可能会产生更大的法律确定性问题，包括难以确定哪些一般原则可能具有直接效力，以及指令的哪些条款可以被视为给予它们进一步的效力。

五 与基本权利的相互关系

（一）原理

我们之前看到，欧洲法院现在已认为宪章权利可以具有横向直接效力。[157] 这对指令在私人当事方之间的可执行性具有重要影响。这是因为正如判例法所示，宪章的许多相关诉讼在私人当事方之间进行，并且涉及指令。如果申诉人能够援引宪章权利，则可以绕过对指令横向直接效力的救济限制。因此，如果成员国法院不能将本国立法解释为与指令一致，私人

---

[156] See, eg, Editorial, 'The Scope of Application of General Principles of Union Law: An Ever Expanding Union?' (2010) 47 CMLRev 1589; K Lenaerts and J Gutierrez-Fons, 'The Constitutional Allocation of Powers and General Principles of EU Law' (2010) 47 CMLRev 1629.

[157] See (nn 43–50) and accompanying text.

当事方仍然可以在针对另一私人当事方的诉讼中使用宪章权利，并且成员国法院将有义务搁置或不适用违法的成员国立法和成员国法中任何相反的规定。指令可以很好地设定权利的框架和存续时间。下面摘录来自欧洲法院意大利籍法官露西娅·罗西（Lucia Rossi）的文章，她指出该判例法的重要意义。

罗西：《"屈库克德维奇案"的模糊性：指令的"衍生"横向直接效力?》[158]

根据《欧洲联盟条约》第6条第1款，《欧盟基本权利宪章》（以下简称宪章）与条约具有相同的法律价值。在《里斯本条约》生效后，由此出现一个问题，即欧洲法院关于欧盟一级法律条款直接效力的判例法，可追溯到"范亨特与洛斯公司案"，是否也可以扩展到宪章中所包含的权利。

［作者回顾了包括"社会调解协会案"（AMS）、"埃根贝格尔案"（Egenberger）、"鲍尔案"（Bauer）和"Cresco公司案"在内的判例法，然后继续分析如下。］

这些判决似乎已经发展出一种适用于由宪章保护的所有权利的一般标准，该标准类似于欧洲法院最初为判断条约条款的直接效力（"范亨特与洛斯公司案"，26/62，第13页），以及后来为判断指令条款的直接效力（"范杜恩案"，41/74，第1213段）而制定的标准，尽管措辞有所不同。该标准基于双重条件，根据该条件，宪章条款不仅具有纵向直接效力，而且具有横向直接效力，它们既是无条件性质的，又是强制性的。

第一个条件要求宪章条款是"自给自足的"［参见伊夫·博佐审官（AG Bot）对"鲍尔案"的意见第80点，以及莱纳茨大法官（Lenaerts）的观点］，因为它们不必"由欧盟法或成员国法的规定给出具体表达"。尽管如此，欧洲法院已经指出，二级法律可以规定相

---

[158]　L Rossi, 'The Kücükdeveci Ambiguity：'Derivative' Horizontal Direct Effects for Directives?', EU Law Analysis（25 Feb 2019）, https：//eulawanalysis. blogsport. com/2019/02/the – relationship – between – eu – charter – of. html.

关权利的某些特征，例如在其存续期间，并设定"行使该权利的某些条件"［参见"马普所案"（*MaxPlanck*）判决第 74 段和"鲍尔案"判决第 85 段］。

因此，宪章众多条款中提到的"国家法律和实践中规定的"权利，在原则上被剥夺这种横向直接效力，正如欧洲法院在"社会调解协会案"中所明确指出的那样（第 44—45 段），并在"马普所案"（第 73 段）和"鲍尔案"（第 84 段）中得到肯定。……

……

其次，欧洲法院在"马普所案"中承认，尽管宪章第 51 条第 1 款并未"系统地排除"个人可能被直接要求遵守宪章的某些规定，但这并不影响援引此类横向直接效力的先决条件，即这种法律情形应属于宪章的适用范围。根据欧洲法院既定判例法对相同第 51 条的解释，当相关法律情形受欧盟法律管辖且该成员国立法属于联盟法适用范围时，就是这种情况（参见 *Fransson* C－617/10…），它不能由宪章本身所扩展。

（二）小结

1. 宪章权利应该具有横向直接效力的观点，具有相当大的说服力。宪章与基础条约具有相同地位，因此鉴于条约条款可以具有横向直接影响，否认宪章权利可能具有这种效力就会令人感到奇怪。鉴于宪章权利的规范重要性，这一点尤其如此。
2. 承认宪章权利可以具有横向直接效力，将构成对申诉人依据宪章权利的很大激励，尤其是当案件还涉及指令时。欧洲法院的论证进一步支持这种激励，即该指令仅表明宪章中所包含的一项权利。
3. 然而，很难预测指令的主旨与宪章权利之间的紧密联系程度，以便将前者视为后者的例证。要预测欧洲法院将在多大程度上利用指令的详细规定，以便判断适用于此类案件的宪章权利的更确切含义，这方面也存在困难。

六　以遵守指令为条件的条例

（一）原理

这里的基本规则是，尽管指令不能产生横向直接效力，但当一项条例所规定的利益以遵守一项指令为条件，那么该指令就可以产生横向直接效力。

Viamex 农贸公司和种牛经办公司（ZVK）诉汉堡—乔纳斯海关总局

Cases C –37 and 58/06 Viamex Agrar Handels GmbH and Zuchtvieh – Kontor GmbH（ZVK）v Hauptzollamt Hamburg – Jonas [2008] ECR I –69

活体动物出口退款的支付由《第 615/98 号条例》调整，但根据该条例，支付退款的前提是必须遵守《第 91/628 号指令》。该指令规定了在运输过程中保护活体动物福利的规则。德国当局拒绝偿付退款，原因是出口商没有遵守指令中动物需要有 24 小时休息时间的规定。

欧洲法院

25. 汉堡财政法院（Finanzgericht Hamburg）认为，实质上《第615/98 号条例》和《第 91/628 号指令》追求不同的目标，由此从总体上说条例不能援引指令，更不用说该指令还"令人遗憾地模棱两可"了。

26. 在这方面必须强调的是，根据《第 615/98 号条例》，支付活牛出口退款首先须符合一系列条件，而规定这些条件的立法仅针对该立法的特定目标，这一简单事实本身并不能被视为与该条例相关的无效理由，因为正如上文第 22 段至第 24 段所述，如此追求的目标不仅完全合法，还构成义务，根据共同体法，所有成员国和机构在制定和实施共同农业政策时始终受该义务的约束。

27. 确实，根据既定判例法，指令本身不能对个人施加义务（特别参见如下案件：Case 152/84 *Marshall*[1986] ECR 723 第 48 段；Joined Cases C –397/01 to C –403/01 *Pfeiffer*…第 108 段；Joined Cases C –387/02，C –391/02 and C –403/02 *Berlucsoni*…第 73 段；Case C –80/06 *Carp*…第 20 段）。

28. 但是，原则上这并不能排除如下可能性，即如果条例中明确提到某指令的条款，那么这些条款也可以直接适用，前提条件是遵守一般法律原则，特别是法律确定性原则。

29. 此外，《第615/98号条例》一般性引用《第91/628号指令》的目的，就实施《第805/68号条例》第13条第9款而言，是为了确保遵守该指令中关于活体动物福利的相关条款，特别是在运输过程中对动物的保护。这样的引用为退款设定了条件，但不能由此将其解释为涵盖《第91/628号指令》中的所有条款，特别是那些与该指令所寻求的原则性目标没有任何联系的条款。

（二）小结

1. 对于这个实质性决定有很多话要说，因为几乎没有人会认为，出口商不应该遵守动物福利规则。尽管如此，其论证仍然存在两个困难。

2. 其一，欧洲法院没有与"马歇尔案"裁决保持措辞上的一致。其假设可能是，尽管指令"本身"不能向私人当事方施加义务，但如果条例中引用指令，它就可以如此施加义务，因为条例既具有横向直接效力，也具有纵向直接效力，而且条约制定者应乐见其成。但该论断绝非不证自明，特别是结合第二个棘手问题一起考虑时情况更是如此。

3. 其二，就法律确定性而言，"Viamex案"裁决是有疑问的。在考虑指令的哪些条款可以通过条例直接适用时，欧洲法院使用了法律确定性这一概念。因为正如提请初步裁决的成员国法院所提到的，该条例似乎将返还退款建立在遵守整个指令的基础之上。欧洲法院在第29段的答复是，尽管条例一般性地引用该指令，但只有那些与条例目的有关的指令条款才具有约束力，也就是说，指令中与运输过程中活体动物福利有关的条款才具有约束力。就实质而言，这是有道理的。但是，它却给私人当事方带来了巨大的法律不确定性，因为私人当事方在遇到这种一般性提及某指令的条例时，将不得不靠碰运气来猜测该指令的哪些条款"真正地"旨在向其施加义务。[59] 此外，在涉及条例和指令的"契合"方面也

---

⑲ 在"Viamex案"中约束被告方的规则包含在《第91/628号指令》附件的第七章第48（5）点中。

存在着很大困难，因而为私人当事方增加了法律上的不确定性。[⑯]

七　国家赔偿责任

尽管禁止指令产生横向直接效力，然而，个人仍然可以寻求执行指令的最后途径是，根据"弗朗科维奇案"（*Francovich*）的裁决，起诉成员国因未实施指令而对个人造成损失，并要求赔偿。[⑯] 下一章将讨论"弗朗科维奇案"。这里需要讲的是，欧洲法院一般将"弗朗科维奇案"规则作为最后的手段，在直接效力与调和解释等所有方式都不可能用于案件之后才采取该手段。应该注意的是，到目前为止，此类诉讼还很少成功，尽管其原因也许是，这个诉讼理由的存在本身就进一步激励了成员国适当和及时地实施指令。

第七节　结论

一　只要欧盟法的条款足够清楚、确切和无条件，个人就可以在成员国法院援引这些条款。这被称为"直接效力"。这通常意味着它们可以赋予个人权利。

二　指令的法律效力十分复杂。它们具有纵向直接效力，但是没有横向直接效力。然而，欧洲法院对指令没有横向直接效力这一论断设置了越来越多的限制条件。结果是，指令仍然可以通过多种方式对私人当事方产生"法律效力"。

三　即使对专家来说，由此形成的法律体系也是既复杂又难以理解的，更不用说普通的私人被告了。虽然法律的复杂性有时不可避免，但当前法律的复杂性程度既没有根据，也没有正当理由。

四　此种复杂的判例法是两种相互冲突的推动力造成的结果。一方面，欧洲法院似乎将自己陷入指令不能具有横向直接效力这一论断所造成的僵局之中，尽管对这一立场的法律依据存在着很大争议。另一方面，

---

　⑯　Case C – 207/06 *Schwaninger Martin Viehhandel—Viehexport v Zollamt Salzburg, Erstattungen* [2008] ECR I – 5561.

　⑯　Cases C – 6 and 9/90 *Francovich and Bonifaci v Italy* [1991] ECR I – 5357.

欧洲法院又决心通过各种复杂的法律方式促进指令的有效性，而无论其是否在国内得到适当实施，即使这使得禁止横向直接效力的规定看上去已被掏空。

五　结果是私人被告方面临着巨大的法律不确定性。这是自相矛盾的，因为不具有横向直接效力的原因之一，是它在法律确定性方面存在问题，因此，事实上，如果以这种方式判断，与存在横向直接效力的情况相比，私人被告方在当前法律下所面临的境遇更加糟糕。

六　唯一真正的赢家是律师，因为私人被告方几乎不可能在没有法律顾问的情况下驾驭这一领域，而对律师可能有益的事情并没有转化为整个社会的福祉。

第八节　扩展阅读

一　专著

Prechal，S，*Directives in EC Law*（Oxford University Press，2nd edn，2005）

Prinssen，J，*Direct Effect：Rethinking a Classic of EC Legal Doctrine*（Europa Law Publishing，Hogendrop Papers，2002）

二　论文

Betlem，G，'The Doctrine of Consistent Interpretation：Managing Legal Uncertainty'（2002）22 OJLS 397

Craig，P，'The Legal Effect of Directives：Policy，Rules and Exceptions'（2009）34 ELRev 349

Curtin，D，'The Province of Government：Delimiting the Direct Effect of Directives in the Common Law Context'（1990）15 ELRev 195

Dashwood，A，'From *Van Duyn* to *Mangold* via *Marshall*：Reducing Direct Effect to Absurdity？'（2006－7）9 CYELS 81

De Witte，B，'Direct Effect，Supremacy and the Nature of the Legal Order'in P Craig and G de Búrca（eds），*The Evolution of EU Law*（Oxford University Press，3rd edn，2021）

Dougan, M, 'When Worlds Collide! Competing Visions of the Relationship between Direct Effect and Supremacy' (2007) 44 CMLRev 931

Frantziou, E, 'The Horizontal Effect of the Charter of Fundamental Rights of the EU: Rediscovering the Reasons for Horizontality' (2015) 21 ELJ 657

—— '(Most of) the Charter of Fundamental Rights is Horizontally Applicable: ECJ 6 November 2018, joined cases C – 569/16 4 and C – 570/16, *Bauer et al.*' (2019) 15 EuConst 1

Leczykiewicz, D, 'Horizontal Application of the Charter of Fundamental Rights' (2013) 38 ELRev 479

Mastroianni, R, 'On the Distinction between Vertical and Horizontal Direct Effect of Directives: What Role for the Principle of Equality?' (1999) 5 EPL 417

Prechal, S, 'Does Direct Effect Still Matter?' (2000) 37 CMLRev 1047

Robin-Olivier, S, 'The Evolution of Direct Effect in the EU: Stocktaking, Problems, Projections' (2014) 12 I – CON 165

Van Gerven, W, 'Of Rights, Remedies and Procedures' (2000) 37 CMLRev 501

Weatherill, S, 'Breach of Directives and Breach of Contract' (2001) 26 ELRev 177

第九章 欧盟法的适用：成员国法院救济

第一节 核心议题

一 欧洲联盟法院已经发展形成对欧盟法有效性的要求，包括作为一般法律原则的"有效司法保护原则"（effective judicial protection）。这项要求包括，成员国法院有义务在其审理的案件中确保给予欧盟法足够的效力。欧洲法院越来越多地引用《欧洲人权公约》和《基本权利宪章》，强调将有效司法保护原则作为一项基本权利，并且强调将《欧洲联盟条约》第4条第3款所规定的忠诚合作义务作为有效实施欧盟法这项义务的基础。

二 《欧洲联盟条约》第19条确定欧洲联盟法院的角色，规定"成员国应提供充分的法律救济，以确保在联盟法涵盖的领域实现有效的法律保护"。《基本权利宪章》与两部欧盟条约享有同样的法律地位，该宪章第47条规定："每一个其权利和自由受到欧盟法保障的个人，如果其权利和自由受到侵犯，均有权按照本条规定的条件，在法庭获得有效救济"。

三 除了上述宽泛的条款外，欧盟法并未就调整实施救济的实体法或程序法制定任何"总体规划"。在欧盟法不同议题领域都有处理救济问题的部门立法[1]，而且欧盟一直努力在民法、刑法和合同法等领域发展更有雄心的调和与协调规划。[2]

---

① 这些部门立法的领域诸如公共采购、环境法、知识产权、消费者保护法和竞争法。例如 Directive 2014/104 on certain rules governing actions for damages under national law for infringements of the competition law of the Member States and of the EU［2004］OJ L349/1.

② See below（n 227）.

四　欧洲法院早期判例法强调"国家程序自主原则"（national procedural autonomy），即按照成员国法规定的程序和规则执行欧盟法，不要求创设新的救济。该原则受另外两个条件的制约：第一，源于欧盟法的权力必须与源于成员国法的权利适用同样的程序，即"同等性原则"（equivalence）；第二，成员国规则和程序不应导致在实践中无法行使欧盟权利，即"实际可能性原则"（practical possibility）。

五　欧洲法院在后来的案件中还对在国内执行欧盟法过程中的"充分性"和"有效性"提出更强烈的明确要求，这种要求超出实际可能性原则，并且以《欧洲联盟条约》第4条第3款规定的"忠诚合作原则"（sincere cooperation）为基础。在多起案件中，欧洲法院要求成员国法院提供某种特定类型的救济（例如恢复原状或临时救济），无论成员国法是否有此规定。

六　欧洲法院裁定，欧盟法要求成员国法院提供某种"特定"形式的救济，其中最著名的判例是"弗朗科维奇案"（Francovich），在该判决中引入为违反欧盟法的行为提供补偿的"国家责任原则"。从国家"获得赔偿的权利"（right to reparation）这项欧盟权利的范围后来得到进一步扩大和澄清，并引入与之平行的"个人责任原则"，它由个人违反欧盟法而引起，至少在竞争法领域是如此。

七　尽管国家程序自主理念仍然发挥着重要作用，但是"同等性原则"和"有效性原则"的限定作用，成为指导成员国法院对本国规则进行个案评估的有力的理论工具。成员国法院有望对成员国法的任何限制性条款进行特定背景的"相称性"分析，并且在必要时不适用这些规则以给予欧盟法效力。

八　在特定领域，例如竞争法、反歧视法、消费者保护法，欧洲法院对成员国程序法和救济法领域明显采取了更大程度的干预，有时候与欧盟立法干预相结合。

第二节　基本原则

一　成员国程序自主之一

成员国程序自主遵循以下原则："如果没有欧盟规则规定可用于违反

欧盟法律的救济和程序，则该问题由成员国法律处理。" 由此，欧洲法院
在其早期判例法中裁定，在个人利益由于他人违反欧盟法的行为而受到不
利影响时，应由成员国法律体系决定如何保护其利益。③

雷弗中心金融合作社和雷弗中心股份公司诉萨尔州农业协会
Case 33/76 Rewe-Zentralfinanz eG and Rewe-Zentral AG
v Landwirtschaftskammer für das Saarland
[1976] ECR 1989

[《里斯本条约》重新编号，《欧洲经济共同体条约》
第5条现变更为《欧洲联盟运行条约》第4条第3款]

作为申请方的两家公司申请返还它们在德国支付的进口检验费用
及利息，理由是这项费用的征收违反《欧洲经济共同体条约》。按照
德国法，对该国行政措施的效力提出异议的时限已经超过。该案被提
请至欧洲法院，询问欧盟法是否要求向申请方提供它们所寻求的
救济。

欧洲法院④

按照《欧洲经济共同体条约》第5条规定的合作原则，正是
成员国法院受托确保对公民从共同体法律条款的直接效力中获得
法律保护。

因此，在不存在关于该事项的共同体规则的情况下，将由各
成员国的国内法律体系指定拥有管辖权的法院，并确定那些调整
相关法律诉讼行为的程序条件，此类程序条件的目的在于确保公
民从共同体法的直接效力中获得对权利的保护，照此理解，此类
条件不得比国内性质的类似诉讼所需要的条件更不利。……

……在不存在此类调和式措施的情况下，必须按照成员国规
则所规定的条件在成员国法院行使共同体法所赋予的权利。

---

③ Case 6/60 *Humblet v Belgium* [1960] ECR 559; Case 13/68 *Salgoil v Italian Ministry for Foreign Trade* [1973] ECR 453.

④ [1976] ECR 1989, 1997.

只有在条件和时限导致实际上不可能行使成员国法院有义务保护的权利的情况下，上述立场才会有所不同。

如果设定了合理的诉讼时效，情况就不会如此了。

有人提出"程序权能"（procedural competence）⑤ 或"国家程序责任"（national procedural responsibility）术语比"程序自主"（procedural autonomy）更好，因为判例法和现《欧洲联盟条约》第 19 条第 1 款都明确强调，在不存在相关欧盟规则的情况下，成员国有责任决定按照哪些程序条件来保护欧盟权利。⑥ 尽管如此，"国家程序自主"这一术语仍被广泛应用，包括欧洲联盟法院在内。

二　成员国程序自主之二

成员国程序自主原则还有第二个内涵："在欧盟法律没有任何规定的情况下，成员国没有提供新救济的一般义务，前提是成员国法律对保护申诉人的权利提供某些法律救济。"

因此，早期判例法表明，在违反欧盟法的情况下适用哪些程序和救济主要是成员国的事项。在没有欧盟相关规则的情况下，并不要求成员国提供国内法中所不存在的救济。在"雷弗北方贸易公司诉基尔海关总局案"（*Rewe*）中，该案又被称为"海上购买黄油之旅案"，成员国法院向欧洲法院询问，贸易商是否有权根据欧盟法，要求成员国法院迫使第三方竞争者遵守欧盟义务。⑦ 欧洲法院裁决如下：

首先必须指出，尽管在多个案件中《欧洲共同体条约》使得私人在适当情况下可以在欧洲法院提起直接诉讼，但是其目的并不是在成员国法已经规定的救济之外，在成员国法院中创设新的救济来确保遵

---

⑤　范赫尔芬（W van Gerven）、杜根（M Dougan）和卡库里斯（C Kakouris）等多位作者都提出过这一建议。也可参见 J Delicostopoulos, 'Towards European Procedural Primacy in National Legal Systems' (2003) 9 ELJ 599.

⑥　Case 45/76 *Comet BV v Produktschap voor Siergewassen* [1976] ECR 2043；Case 179/84 *Bozetti v Invernizzi* [1985] ECR 2301.

⑦　Case 158/80 *Rewe-Handelsgesellschaft Nord mbH v Hauptzollamt Kiel* [1981] ECR 1805.

守共同体法。⑧

　　然而，欧洲法院已对"不创设新的救济"这一规则施加了限定条件。即使在一些关于返还违反欧盟法的费用的早期裁决中，欧洲法院也坚持认为，返还费用的权利在原则上必须能够在成员国法下得到保障，因为这直接来自相关欧盟法中的实体条款。⑨ 在"圣乔治案"（*San Giorgio*）中，欧洲法院裁决如下：

　　　　*12. 在这方面，必须首先指出，返还由于成员国违反共同体法规则而征收的费用这项权利，是共同体条款赋予个人权利的结果和附属物，这些共同体条款禁止征收与关税具有同等效果的费用，或者视情况禁止歧视性地适用内部税法。*⑩

　　这一系列涉及非法征收费用的判例法可以被解读为施加特别救济⑪，或者坚持作为欧盟法问题，在成员国法律体系中可以获得特别救济。尽管如此，即使是在这些费用返还案件中，欧洲法院强调，成员国法律体系在设定授予此类救济的条件方面发挥着首要作用，前提条件是它们满足同等性和实际可能性的"双重原则"。此外，尽管后来出现一些引人注目的干预主义判例，但欧洲法院继续坚持，特别是在"*Unibet*案"的重要裁决中，欧盟法原则上不要求创设新的成员国救济，但须遵守该判决第41段中的重要限定条件。

　　　　40. 尽管在多个案件中《欧洲共同体条约》使得私人在适当情况

---

⑧　Ibid［44］.

⑨　See, eg, Case 199/82 *Amministrazione delle Finanze dello Stato v San Giorgio*［1983］ECR 3595；Cases C – 192 – 218/95 *Comateb v Directeur Général des Douanes et Droits Indirects*［1997］ECR I – 165；Case C – 309/06 *Marks & Spencer plc v Commissioners of Customs & Excise*［2008］ECR I – 2283；Case C – 524/04 *Test Claimants in the Thin Cap Group Litigation*［2007］ECR I – 2107；Case C – 446/04 *Test Claimants in the FII Group Litigation*［2006］ECR I – 11753；Case C – 201/05 *Test Claimants in the CFC and Dividend Group Litigation*［2008］ECR I – 02875.

⑩　Case 199/82 *San Giorgio*（n 9）.

⑪　M Dougan, 'Cutting your Losses in the Enforcement Deficit：A Community Right to the Recovery of Unlawfully Levied Charges?'（1998）1 CYELS 233.

下可以在共同体法院提起直接诉讼，但是其目的并不是在成员国法已经规定的救济之外，在成员国法院中创设新的救济来确保遵守共同体法。……

41. 与此相反的情况只出现在，从相关成员国法律体系的总体框架中可以明显看出，不存在确保根据共同体法尊重个人权利的法律救济，甚至间接尊重也没有。[12]

在"*Unibet* 案"中欧洲法院裁定，不需要瑞典法律再提供一个当事人有自行起诉资格的诉讼方式，以便质疑成员国条款与欧盟法的一致性。这是因为还有其他可用的国内法律救济，不仅可以间接提起一致性问题，而且符合上述双重原则。

三 限定条件之一：同等性和实际可能性

成员国程序自主受到同等性和实际可能性要求的限定。"同等性"（equivalence）或非歧视原则，指可用于确保遵守成员国法的救济和诉讼形式，必须与确保遵守欧盟法的救济和诉讼形式相同。[13] "实际可能性"原则（practical possibility），指成员国规则和程序不得导致在实际上不可能行使某项欧盟权利。[14]

四 限定条件之二：相称性、充分性和有效司法保护

成员国程序自主还受到相称性、充分性和有效司法保护这些要求的限定。上面考虑的判例法主要涉及"个人针对国家违反欧盟法而寻求的救济"。然而，也有一些案件涉及"国家对个人违反欧盟法的回应"[15]。这需要国家针对个人执行欧盟法，或个人针对个人执行欧盟法。相称性、充分

---

⑫ Case C – 432/05 *Unibet Ltd v Justitiekanslern* [2007] ECR I – 2271.

⑬ 有人对将"程序"和"救济"这二者混为一谈提出批评，见 C Kilpatrick, 'The Future of Remedies in Europe' in C Kilpatrick, T Novitz, and P Skidmore (eds), *The Future of Remedies in Europe* (Hart, 2000) 1, 4.

⑭ Case 309/85 *Barra v Belgium* [1988] ECR 355；Case C – 62/00 *Marks & Spencer v Commissioners of Customs and Excise* [2002] ECR I – 6325.

⑮ 《欧洲联盟条约》第 4 条第 3 款要求成员国采取有效措施以制裁影响欧盟财政利益的行为，见 Case C – 186/98 *Nunes and de Matos* [1999] ECR I – 4883.

性和有效司法保护这些原则适用于所有此类救济情形。有效司法保护原则现在也被写入《权利宪章》第 47 条。

在"萨古洛案"（Sagulo）中，欧洲法院裁定，尽管各国有权对移民劳动者违反规制欧盟居住许可的行政要求而施加合理处罚，但处罚程度不得与所涉违法行为"不成比例"（disproportionate），而且不得对行使各项欧盟基本权利构成妨碍，例如自由流动。⑯ 但是，即使在欧盟立法只规定了民事制裁的情况下，成员国也可以施加刑事处罚，只要施加的处罚符合同等性原则，并且是"有效、相称和具有惩戒性"的。⑰

还有其他一些案件涉及成员国对私人当事方违反欧盟基本规则的行为所施加处罚的充分性与威慑效力。⑱ 在"冯科尔松案"（Von Colson）中，欧洲法院被请求裁决成员国制裁与欧盟法的一致性问题，该制裁的目的是对侵犯个人根据《平等待遇指令》（当时为《第 75/207 号指令》）所享权利的行为提供救济。⑲ 原告在申请监狱工作人员职位时遭到性别歧视，她们被告知，通过救济方式，她们仅有权获得"信赖损失"，例如参加面试的交通费用，但无权获得补偿或者得到该职位。欧洲法院裁定如下：

> 23. 尽管……该指令的完全实施并不要求对非法歧视采取任何专门形式的制裁，但是这确实意味着所实施的制裁应能够保证真正和有效的司法保护。
>
> ……
>
> 28. 然而，应该向成员国法院指出，为了对违反禁止歧视原则的行为实施制裁，尽管《第 76/207/EEC 号指令》留给成员国在适合实现该指令目标的不同解决方案之间进行选择，但是它要求，如果成员国选择通过提供补偿的方式处罚违反该禁令的行为，那么，为了确保该措施既有效又能产生威慑效力，在任何情况下，补偿都必须足够弥

---

⑯ Case 8/77 *Sagulo*, *Brenca and Bakhouche* [1977] ECR 1495, [12] – [13]；Case 77/81 *Zuckerfabrik Franken* [1982] ECR 681.

⑰ Ibid；Case C – 418/11 *Textdata Software* EU：C：2013：588；Case C – 574/15 *Criminal proceedings against Mauro Scialdone* EU：C：2018：295, [46], [53].

⑱ See also Case 68/88 *Commission v Greece* [1989] ECR 2965；Cases C – 378 – 380/07 *Kiriaki Angelidaki and Others* [2009] ECR I – 03071, [159] – [176].

⑲ Case 14/83 *Von Colson and Kamann v Land Nordrhein-Westfalen* [1984] ECR 1891.

补当事人所受到的损害，因此金额必须超过纯粹名义上的补偿，例如仅仅报销在申请职位中所发生的相关费用。

在"冯科尔松案"中，欧洲法院从《平等待遇指令》中推导出成员国救济应满足"充分性和有效性"的更有力要求，并且与实际可能性、同等性和非歧视[20]以及过罚相当一起成为既定原则。"约翰斯顿案"（*Johnston*）[21]、"埃朗案"（*Heylens*）[22] 和"帕纳约托娃案"（*Panayotova*）[23] 等多项裁决都确定，提供充分和有效的救济这个强烈要求是一项普遍要求，超越了性别歧视法。

在"埃朗案"中，一名比利时足球教练在法国工作，但法国当局拒绝承认其证书，欧洲法院以《欧洲人权公约》第 6 条和第 13 条规定的有效司法救济权为依据，做出裁决如下：

> 因为就业自由是条约单独赋予共同体中每个劳动者的一项基本权利，所以对于成员国当局拒绝使该权利带来利益的任何决定，存在具有司法性质的救济对确保为其权利提供单独有效保护是必不可少的。[24]

根据欧洲法院的裁决，这种获得有效司法审查的权利一般要求在限缩欧盟权利时必须说明理由，以及在可能的最佳条件下提供捍卫该权利的机会。

五 限定条件之一与之二的关系

成员国程序自主受有效性和同等性要求的限制，以及与充分性、相称性和有效司法保护相关要求的限制。欧洲法院通常主要关注有效性或同等性，并且可以将这些要求与现在包含在宪章第 47 条中的有效司法保护联系

---

[20] Case C – 43/95 *Data Delecta* [1996] ECR I – 4661，[12]；Case C – 323/95 *Hayes v Kronenberger* [1996] ECR I – 1711，[13].

[21] Case 222/84 *Johnston v Chief Constable of the RUC* [1986] ECR 1651.

[22] Case 222/86 *UNECTEF v Heylens* [1987] ECR 4097.

[23] Case C – 327/02 *Panayotova v Minister voor Vreemdelingenzaken en Integratie* [2004] ECR I – 11055.

[24] Case 222/86 *Heylens* (n 22) [14].

起来。尽管如此，反思这些方法之间的差异还是有意义的。

克罗门代克：《地平线上有光吗？"地平线公司案"之后
"雷弗案有效性规则"与宪章第 47 条
有效司法保护原则的区别》㉕

第一，这两个原则以不同的方式运作，这可以解释为 PEJP㉖是在基本权利背景下发展起来的，并体现法治国家（*Rechtsstaat*）理念。一方面，关于有效司法保护的系列"约翰斯顿案"是由欧洲法院在各成员国共同宪法传统的基础上发展起来的，受《欧洲人权公约》第 6 条第 1 款和第 13 条以及欧洲人权法院判例法的启发。另一方面，"雷弗案"（*Rewe*）有效性规则对成员国程序自主发挥着限制作用，其基本原理是欧盟法的有效适用。这也意味着"雷弗案"有效性规则被予以否定性地表述，排除使诉请"几乎不可能或过于困难"的成员国程序规定。相比之下，有效司法保护原则（也）作为一个标准，承担着积极的（程序）义务，并可能产生新的救济和成员国权力。……

第二，前一点也是基于这两个原则在本质上服务于不同目的的想法。虽然有效司法保护原则大体上用于保护个人并旨在使个人能够行使自己的权利，但"雷弗案"有效性规则也是或者主要侧重于通过成员国（程序）法的最低标准在成员国有效适用欧盟法。……

　　……

第四，……有效司法保护原则受宪章第 52 条第 1 款规定的限制标准的约束。可以通过所谓的程序性合理规则（procedural rule of reason）来证明违反"雷弗案"有效性规则的行为是正当的。……在执行此标准时，欧洲法院会对成员国法律体系进行背景分析，这意味着整个程序规则体系可以补偿以下情况，即规则本身使得行使欧盟权利"几乎不可能或过于困难"。相比之下，对于有效司法保护原则，成员

㉕　J Krommendijk, 'Is there Light on the Horizon? The Distinction between '*Rewe* Effectiveness' and the Principle of Effective Judicial Protection in Article 47 of the Charter after *Orrizonte*' (2016) 53 CMLRev 1395, 1405-1406.

㉖　即"有效司法保护原则"（Principle of effective judicial protection）。

国必须根据宪章第 52 条第 1 款证明该措施的合理性。……

第五，虽然"雷弗案"有效性规则仅在"缺乏调整该事项的欧盟规则的情况下"发挥作用，但有效司法保护原则或第 47 条也适用于（二级）欧盟法律包含程序规则的情况。然而，欧洲法院承认，当成员国在实施欧盟二级规则中享有自由裁量权时，"雷弗案"有效性规则也可适用。……

总而言之，"雷弗案"有效性规则和有效司法保护原则之间的理论差异似乎在实践中并不总会轻易发生，而且它们的差异似乎并没有那么严重（尤其是前述第三至五点差异）。然而，最有意义的区别似乎是有效司法保护原则更具包容性，也包含积极的（程序）义务。

第三节 "有效性"要求：发展过程

该领域法律的特点是成员国程序自主原则与对其限定条件之间的相互作用，即在同等性或实际可能性方面，以及在相称性、充分性和有效司法保护方面。对这些限定条件的司法解释越有力，成员国程序自主的范围就越狭窄。这在下面讨论的判例法中表现得很明显。

一 最初的强硬要求

20 世纪 90 年代初期一系列鲜明的判例法表明，在强调成员国程序自主与要求成员国救济必须确保欧盟权利的有效性之间存在着冲突。

在"德克尔案"（Dekker）中，申请人在荷兰法院要求雇主赔偿，因为该雇主违反《欧盟平等待遇指令》，以其怀孕为由拒绝雇用她。通过援引"冯科尔松案"关于该指令对有效司法保护的要求，欧洲法院裁定，如果将索赔诉请置于雇主一方"过错"的要求之下，或者索赔须针对正当性辩护或其他豁免理由，就将削弱该指令的效力。[20] 该指令本身要求提供司法救济的事实，或许在一定程度上支持了该裁定的说服力，但是该判决标

---

⑳ Case C-177/88 *Dekker v Stichtingvoor Jong Volwassenen (VJV) Plus* [1990] ECR I-3941, [26].

志着进一步削弱成员国程序自主原则，尤其是因为该成员国规则并没有区别对待涉及欧盟法的情况和涉及国内法的不同情形，而且关于有"过错"的要求可能并不会导致实际上"不可能"行使欧盟权利。

在"科特和麦克德莫特案"（*Cotter and McDermott*）中，欧洲法院裁定，成员国当局不得依据旨在防止不当得利的国内法律原则来拒绝向已婚女性支付向受抚养者提供的社会福利补助金，该福利已先行支付给已婚男性，但是以违反欧盟性别歧视法的方式拒绝支付给已婚女性。这将允许当局本身采用不法行为以削弱该指令的效力。㉘ 避免国家从自身错误中受益的意图，似乎与防止削弱该指令有效性的意图一样，都在欧洲法院的论证中发挥着重要作用。㉙

在"埃莫特案"（*Emmott*）中，申请人寻求追溯给付关于社会保障方面性别歧视的《欧盟第79/7号指令》在爱尔兰尚未实施期间的残疾人补助金。㉚ 她被爱尔兰政府部门告知，在等待欧洲法院对"科特和麦克德莫特案"做出裁决期间，无法对其案件做出决定，但是当她最终就关于其补助金的决定申请司法审查时，该部门辩称，她推迟启动诉讼程序，构成提起诉讼的障碍。在阐明成员国程序自主原则以及同等性和实际可能性原则的条件之后，欧洲法院裁定，鉴于"指令的特殊性质"，如果个人寻求以指令条款为依据，在该指令得到适当实施之前，成员国不得援引成员国诉讼时效作为驳回其诉讼的理由。㉛ 关于在适当实施指令之前成员国诉讼时效的中止问题，"埃莫特案"裁决后来大体上限定于该案件事实，即转向成员国当局的误导行为。㉜

㉘ Case C–377/89 *Cotter and McDermott v Minister for Social Welfare* [1991] ECR I–1155, [21].

㉙ 相反的案件参见 Case 68/79 *Hans Just I/S v Danish Ministry for Fiscal Affairs* [1980] ECR 501. 在该案中，国家没有义务退回以违反共同体法方式征收的税费，因为如果退回将使已经把税收成本转嫁给第三方的商人不当得利。也可参见 Cases C–192–218/95 *Comateb* (n 11)；Case C–453/99 *Courage Ltd v Crehan* [2001] ECR I–6297, [30]；Cases C–295–298/04 *Manfredi v Lloyd Adriatico Assicurazion SpA et al* [2006] ECR I–6619. 在这些案件中，对不当得利的处理方式不同于"科特案"中的处理方式，这一点并不总是容易让人理解。有关这方面的其他案例，参见 (n 212).

㉚ Case C–208/90 *Emmott v Minister for Social Welfare* [1991] ECR I–4269.

㉛ Ibid [21], [23].

㉜ 值得注意的是，欧盟委员会试图激活"埃莫特案"规则，并在2003年通讯中给予其更广义的解读，参见 COM (2002) 725, 'Better Monitoring of the Application of Community Law', fn 36.

　　但是，在其他大量涉及歧视的案件中，欧洲法院给予大力救济。[33] 更普遍的情况是，似乎在"法克特塔梅第一案"（*Factortame I*）、"科特案"（*Cotter*）和"埃莫特案"之后，对违反欧盟法的行为提供救济的要求应该是有效的，这一要求变得更加强烈，并且极大地改变了成员国程序自主的基本概念。早期裁决所隐含的对成员国程序的顺从态度，已经被这种期待所取代，即为了更有效地执行欧盟法，成员国法院将创造性地决定哪些成员国规则不予适用。

　　这种创造性方案所产生的后果是，成员国法院和诉讼当事人都面临着更大程度的不确定性。在"马歇尔第二案"（*Marshall II*）中，原告所遇到的情况是成员国成文法规定了对于违反欧盟法的歧视行为给予补偿的上限。问题是，成员国法院是否应该忽略或无视成文法规定的这一上限，即使这并没有使她"实际上不可能"行使其权利。

马歇尔诉南安普敦和西南汉普郡地区卫生局（第二案）

Case C – 271/91 Marshall v Southampton and

South – West Hampshire Area Health Authority（Ⅱ）

［1993］ECR Ⅰ – 4367

　　在欧洲法院对"马歇尔第一案"（*Marshall I*）[34] 做出裁决之后，该案件被发回劳资法庭（Industrial Tribunal）重审，劳资法庭评估的补偿金额为 18405 英镑，其中包括总计 7710 英镑的利息。但是根据英国立法，最高补偿金额为 6250 英镑，而且劳资法庭是否有权裁定利息尚无定论。英国上院向欧洲法院询问，此类原告是否有权获得对其所遭受损失的全额赔偿，是否可以依据《第 76/207 号指令》第 6 条对限制补偿金额的成员国立法提出异议。

---

[33]　例如欧洲法院曾裁定，在不予适用一项违反欧盟法的国内法之后以及在尚未制定非歧视性规则之前，应采用与现行欧盟规则相当水平的适当临时救济，参见 Case 286/85 *McDermott and Cotter*［1987］ECR 1453；Case C – 33/89 *Kowalska*［1990］ECR Ⅰ – 2591，［20］；Case C – 18/95 *Terhoeve*［1999］ECR Ⅰ – 345，［57］。

[34]　Case 152/84 *Marshall*（*No 1*），参见第八章。

欧洲法院

23. ……第 6 条并未规定在违反歧视禁令的情况下应采取的特定措施，而是留给成员国在适合实现该指令目标的不同解决方案之间进行自由选择，具体选择哪种方案取决于可能发生的不同情况。

24. 但是，目标是实现真正的机会平等，因此，如果在这项目标没有得到遵守的情况下不存在恢复此种平等的适当措施，那么这一目标就不可能得到实现。正如欧洲法院在上引"冯科尔松案"判决第 23 段所指出的，这类措施必须如此以保证真正和有效的司法保护，并且对雇主产生真正的威慑效力。

25. 上述要求必然意味着，应考虑违反平等待遇原则的各种行为产生的特定环境。在出现违反该指令第 5 条第 1 款的歧视性解雇行为时，如果既不恢复受到歧视待遇的雇员职位，又不作为替代方式对其所遭受的损失和损害给予经济补偿，那么就不可能恢复平等状态。

26. 如果为实现上述目标所采取的措施是经济补偿，那么该措施必须是充分的，因为它必须能够根据所适用的成员国规则完全弥补因歧视性解雇而实际蒙受的损失和损害。

      ……

30. 从上述解释中还可以得出如下结论，即主要诉讼中正在审理的此种确定上限的规定，根据定义，并不能构成对该指令第 6 条的适当实施，因为它事先就将补偿金额的上限固定在一定水平上，而这一水平并不一定符合如下要求，即通过充分赔偿由于歧视性解雇行为而蒙受的损失和损害，以确保真正的机会平等。

31. 对于与裁定利息相关的第二个问题的第二部分，只需提出一点就够了，即完全补偿因歧视性解雇行为而蒙受的损失和损害不能忽略那些可能事实上减少其价值的因素，例如时间的流逝。因此，根据所适用的成员国规则，为了恢复真正的平等待遇，对利息的裁定必须被视为补偿的基本组成部分。

该案的结果是，为了对违反欧盟法的行为提供有效救济，成员国法院不得适用两项关于救济的成员国规则，一项是对赔偿金规定上限的实体规则，一项是与裁定利息的权力有关的管辖权规则。

"马歇尔第二案"与欧洲法院先前判例法形成鲜明对比，特别是与"安布莱案"（Humblet）㉟和"罗凯特案"（Roquette）㊱的裁决。在这些案件中，欧洲法院裁定应由成员国决定在返还依共同体法错误征收的款项时是否支付利息，但是在"马歇尔第二案"中，并非由成员国决定是否拒绝支付利息。"萨顿案"（Sutton）等后来的案件在某些方面收窄了"马歇尔第二案"裁决的适用范围，将对解雇的补偿与对社会保障欠款的偿付区别对待。㊲但在"埃文斯案"（Evans）等其他案件中又确认并扩大其适用范围，其方式是宣称，如果特定指令要求补偿或恢复原状，那么成员国法不得排除诸如时间流逝等影响补偿或恢复原状价值的因素。㊳

另一个重要案件突出表明"不创设新救济"规则与新出现的有效性原则之间的矛盾，这就是"法克特塔梅公司第一案"（Factortame I）。㊴欧洲法院借鉴早先"西门塔尔公司案"（Simmenthal）的裁决㊵，坚持认为对有效性的要求优先于英国法律的既定原则，以产生相当大的影响。这是因为成员国规则是一项基本原则，即"不存在针对国王的临时救济"，按照英国上院的说法，该原则绝对禁止给予这项特别救济。

英女王代表法克特塔梅等公司诉英国运输国务大臣

Case C – 213/89 R v Secretary of State for Transport,

ex parte Factortame Ltd and Others

[1990] ECR I – 2433

[《里斯本条约》重新编号，《欧洲经济共同体条约》
第5条现变更为《欧洲联盟条约》第4条第3款]

法克特塔梅公司以及其他几家公司的董事和股东主要是西班牙国民，这些公司没有满足1988年英国《商船法》（Merchant Shipping

---

㉟ Case 6/60 (n 3).

㊱ Case 26/74 *Société Roquette Frères v Commission* [1976] ECR 677.

㊲ Case C – 66/95 *R v Secretary of State for Social Security, ex p Eunice Sutton* [1997] ECR I – 2163.

㊳ Case C – 63/01 *Evans* [2003] ECR I – 14447, [67] – [71].关于诉讼费用是否可追偿，参见 Case C – 472/99 *Clean Car Autoservice GmbH v Stadt Wien* [2001] ECR I – 9687, [27] – [31].

㊴ Case C – 213/89 *R v Secretary of State for Transport, ex p Factortame Ltd* [1990] ECR I – 2433.

㊵ Case 106/77 *Amministrazione delle Finanze dello Stato v Simmenthal SpA* [1978] ECR 629.

Act）所引入的新的注册条件。这些公司主张，这些注册条件包括对
75% 的董事和股东的国籍要求在内违反欧盟法，于是他们在等待最终
判决之前寻求临时救济。该案件被送达英国上院，被裁定基于以下两
个原因排除临时救济，即普通法规则禁止给予针对国王的临时禁制
令，以及应假设一项议会法令符合欧盟法，直到做出关于其一致性的
决定。然而，上院将该案提请至欧洲法院，询问是否要求将临时救济
作为欧盟法事项。

欧洲法院

13. 英国上院……首先判定，上诉方在主要诉讼中的诉请是有合
理依据的，其诉请是，如果不能获得所寻求的临时救济，他们就将遭
受不可挽回的损失，而且他们在主要诉讼中胜诉了。但是上院裁定，
根据成员国法，英格兰法院无权在其审理的这类案件中提供临时救
济。……

……

17. 英国上院提交初步裁决的问题，本质上是为了确定当成员国
法院审理涉及共同体法的案件时，如果认为阻止其提供临时救济的唯
一障碍是一项成员国法规则，那么是否应该搁置该规则。

……

19. 根据欧洲法院判例法，在适用《欧洲经济共同体条约》第 5
条规定的合作原则时，是由成员国法院确保对人们提供源于共同体法
条款直接效力的法律保护。……

20. 欧洲法院还曾判定，如果成员国法律体系的任何条款以及任
何立法、行政或司法实践，导致拥有适用这类法律的管辖权的成员国
法院，在适用共同体法时无法采取一切必要措施搁置有可能妨碍（即
使是临时妨碍）共同体规则全面实施和生效的本国立法条款，从而有
可能妨碍共同体法的有效性，那么这些条款或实践就不符合作为共同
体法根本精髓的那些要求（1978 年 3 月 9 日 "西门塔尔公司案" 判
决，Case 106/77 *Simmenthal*［1978］ECR 629）。

21. 必须补充的是，如果成员国法的一项规则可能阻止法院在审
理受共同体法调整的争议时提供临时救济，而提供临时救济的目的是
确保就共同体所主张权利的存在而做出的判决的完全效力，那么共同

体法的完全效力就将受到同样损害。因此，如果不考虑成员国法规则，法院在上述情况下本可以提供临时救济，那么它就有义务搁置这项成员国法规则。

“法克特塔梅案”裁决坚决强调对欧盟法有效性的要求，而非成员国程序法的首要作用。欧洲法院留给英国上院决定给予临时救济的具体条件[41]，但清楚地阐明，绝对禁止提供临时救济的规则是不可接受的。[42]

二 一种更谨慎的方式

在 1993 年“马歇尔第二案”之后，欧洲法院似乎马上就从“德克尔案”“法克特塔梅第一案”“埃莫特案”和“马歇尔第二案”的大胆裁决中往后撤了。

“斯滕霍斯特—内林斯案”（*Steenhorst-Neerings*）涉及原告寻求溯及既往地给付多年期的残疾补助金，涵盖期包括有关社会保障方面性别歧视的指令尚未适当转化为荷兰法的那段时间。[43] 荷兰法律规定，此类补助金可追溯的给付期限不得超过一年。然而，尽管两案存在相似性，欧洲法院将该案与“埃莫特案”区别对待，而是裁定一年追偿期不是诉讼时效，不能（如同“埃莫特案”一样）作为绝对禁止提起诉讼的理由。相反，它满足同等性和实际可能性的双重条件，而且更特别的是，它服务于一项合法目的，包括“保持体系的……财政平衡，被保障人在一年期间提交的主张必须原则上由在同一年收缴的款项予以涵盖”[44]。

“斯滕霍斯特—内林斯案”与“埃莫特案”显然情况相似，都发生在遭受性别歧视的情况下，原告都被阻止主张欧盟法中的一项权利，如今又面临着一项限制，该限制实际上削弱其可获得救济的有效性。欧洲法院在“埃莫特案”中提出的原则更宽泛，即成员国不能以国内规则为由限制申

㊶ 在后来的一些案件中，欧洲法院规定了针对实施共同体法的国内法规则而提供临时救济的确切条件，参见 Cases C – 143/88 and C – 92/89 *Zuckerfabrik Süderdithmarschen*［1991］ECR I – 415；Case C – 334/95 *Kruger GmbH*［1997］ECR I – 4517；Cases C – 453/03, 11, 12 and 194/04 *AB-NA*［2005］ECR I – 10423.

㊷ See also *Unibet* (n 12).

㊸ Case C – 338/91 *Steenhorst-Neerings*［1993］ECR I – 5475.

㊹ Ibid［23］.

请人主张该指令中的权利，除非该指令已得到适当实施，但是该原则已被放弃。后来的判例法，包括"德士古公司案"（*Texaco A/S*）[45]、"*Fantask*公司案"[46]"英国石油 *Supergas* 公司案"[47]和"*Spac* 公司案"[48]都表明，在"埃莫特案"中国家自身的过错以及导致申请人出现相关失误的事实，与案件的裁定密切相关。[49]

欧洲法院在"约翰逊第二案"（*Johnson II*）中肯定"斯滕霍斯特—内林斯案"的倾向，裁定"'埃莫特案'的特定情况解释了为什么要采取其解决方案，在该案中，时间限制导致剥夺申请人根据该指令取得平等待遇权利的任何机会"[50]。"斯滕霍斯特—内林斯案"不仅代表着欧洲法院从"埃莫特案"的后退，而且放弃了"马歇尔第二案"所确立的对性别歧视给予充分补偿的原则。这一点在"约翰逊第二案"中得到强化，欧洲法院在该案中裁定，即使不存在国家对确保行政便利和财政平衡的关切，将主张失去工作能力的非缴费型补助金的追偿效力限制在一年之内的规定也符合欧盟法。[51]

在"萨顿案"（*Sutton*）中，欧洲法院不得不直接处理"马歇尔第二案"裁决的适用范围问题，并且通过区分以性别为由的解雇与歧视性地拒绝提供社会保障补助金，进一步限制其适用范围。

---

[45] Cases C - 114 - 115/95 *Texaco* EU：C：1997：371.

[46] Case C - 188/95 *Fantask A/S v Industriministeriet* [1997] ECR I - 6783；Case C - 88/99 *Roquette Frères v Direction des Services Fiscaux du Pas - de - Calais* [2000] ECR I - 10465.

[47] Case C - 62/93 *BP Supergas v Greece* [1995] ECR I - 1883，[55] - [59]，AG Jacobs；Case C - 2/94 *Denkavit International BV* [1996] ECR I - 2827，[74]，AG Jacobs；J Coppel，'Time up for *Emmott*?'（1996）25 ILJ 153.

[48] Case C - 260/96 *Ministero delle Finanze v Spac* [1998] ECR I - 4997，[31].

[49] M Hoskins，'Tilting the Balance：Remedies and National Procedural Rules'（1996）21 ELRev 365. See also Case C - 326/96 *Levez v Jennings Ltd* [1998] ECR I - 7835，[34]；Case C - 327/00 *Santex SpA v Unita Socio Sanitaria Locale n. 42 di Pavia* [2003] ECR I - 1877.

[50] Case C - 410/92 *Johnson v Chief Adjudication Officer* [1994] ECR I - 5483，[26]；Cases C - 114 - 115/95 *Texaco A/S v Havn* [1997] ECR I - 4263，[48]；Case C - 90/94 *Haahr Petroleum v Havn* [1997] ECR I - 4085，[51] - [52] Case C - 327/15 *TDC A/S v Teleklagenævnet and Erhvervs-og Vækstministeriet* EU：C：2016：974，[104].

[51] Case C - 410/92 *Johnson*（n 50）；Case C - 394/93 *Alonso-Pérez v Bundesanstalt für Arbeit* [1995] ECR I - 4101. Contrast C - 246/96 *Magorrian and Cunningham v Eastern Health and Social Services Board* [1997] ECR I - 7153；Case C - 78/98 *Preston v Wolverhampton Healthcare NHS Trust* [1999] ECR I - 3201.

英女王代表尤妮斯·萨顿诉英国社会保障国务大臣
Case C – 66/95 R v Secretary of State for Social Security,
ex parte Eunice Sutton
[1997] ECR I – 2163

申请人被拒绝按成员国法给予伤残照料津贴，她提起诉讼并胜诉，依据是这违反有关社会保障方面平等待遇的《第79/7号指令》。她得到被拖欠的补助金，但被拒绝支付利息，因为成员国法没有规定要为社会保障补助金支付利息。在向欧洲法院提请初步裁决中，她主张，《第79/7号指令》第6条与"马歇尔第二案"（*Marshall II*）中《第76/207号指令》第6条的措辞几乎完全一样，都涉及平等待遇，因此应该同先前案件一样支付利息。

欧洲法院

23. 该解释不能被采纳。"马歇尔第二案"判决涉及的是，就因歧视性解雇而造成的损失和损害，对以赔偿方式支付的金额裁定利息。正如本法院在该判决第31段所提出的，在这样的背景下，要完全补偿其蒙受的损失和损害，就不能不考虑那些可能在事实上减少其价值的因素，例如时间的流逝。因此，根据所适用的成员国规则，为了恢复真正的平等待遇，对利息的裁定必须被视为补偿的基本组成部分。

24. 与其相反，本案主要诉讼涉及的是，对以社会保障补助金方式支付的金额，是否有权获得利息。这些补助金是由主管机构支付给相关个人的，而主管机构必须特别审查相关立法所规定的条件是否得到满足。因此，所支付的金额丝毫不构成对所遭受损失或损害的补偿，并且欧洲法院在"马歇尔第二案"中的论证不适用于这种情况。

......

27. ......以社会保障补助金方式支付的金额不具有补偿性质，因此不能以《第76/207号指令》第6条或者《第79/7号指令》第6条为依据要求支付利息。

因此，"萨顿案"意味着，欧盟法关于可获得成员国救济的这些要求可能取决于该项有争议的权利的性质，以及所违反的欧盟措施的性质。[52]
欧洲法院对支付社会保障补助拖欠款与"补偿损失或损害"这二者进行区
分，因此在成员国法之下不存在完全或充分补偿前者的要求。

最后，即使要求对由于违反某项特定指令而导致的损害提供充分补
偿，例如《平等待遇指令》，但是对赔偿金设置上限并非总是不被允许。
在某些情况下对赔偿金设置最高上限是可以接受的，例如在涉及求职的性
别歧视案件中，如果哪怕不存在歧视，申请人也不可能获得该工作，那么
其遭受的损失就更加有限。[53]

三 何时必须提供特定救济

尽管从"埃莫特案"和"马歇尔第二案"中特定裁决立场上撤回了，
但欧洲法院并未放弃对充分和有效成员国救济的有力要求，而且在返还支
付案件[54]和"法克特塔梅第一案"[55]等先例的基础上裁定，在某些情况下
成员国法必须为违反欧盟法的行为提供特定类型的救济。

在"德国金属公司和赫斯特公司案"（*Metallgesellschaft & Hoechst*）中，
原告质疑向子公司征收预付公司税（ACT）的行为，其母公司在该成员国并
无经营场所。欧洲法院裁定，由成员国法院对诉讼的性质进行分类，是否作
为恢复原状诉讼或者损害补偿诉讼。[56]成员国法院主张，在本金未到期的情
况下，尚不清楚英格兰法律是否会对由于失去对金钱款项的使用权而产生
的损害提供恢复原状这一方式，但是欧洲法院回复称，在恢复原状诉讼
中，到期"本金"恰恰包含该笔款项所产生的利息数额，而失去该笔利息
的使用权是由提前对其征税所导致的。换言之，原告诉请的实质是，在不
被征收歧视性预付税的情况下它本该获得该利息。欧洲法院裁定如下：

---

52 涉及偿还错误征缴款项的案件具有启示作用，因为并不是所有涉及偿还的案件都适用同
样的分析。可以将涉及不合理支付农业补贴的案件与涉及不当支付国家援助的案件进行对比，涉
及国家援助的案件，参见 Case C‐24/95 *Land Rheinland-Pfalz v Alcan Deutschland* [1997] ECR I‐
1591（涉及国家援助）；涉及农业补贴的案件，参见 Case C‐298/96 *Oelmühle Hamburg v Bundesan-
stalt für Landwirtschaft und Ernährung* [1998] ECR I‐4767 和 Case C‐366/95 *Landbrugsministeriet—
EF‐Direktoratet v Steff-Houlberg Export* [1998] ECR I‐2661.

53 Case C‐180/95 *Draehmpaehl v Urania Immobilienservice* [1997] ECR I‐2195.

54 See (nn 9‐10).

55 参见本章第二节第二部分。

56 Case C‐410/98 *Metallgesellschaft & Hoechst v Inland Revenue* [2001] ECR I‐4727.

因此，根据条约第 52 条（现为《欧洲联盟运行条约》第 49 条），作为英国居民的子公司以及/或者所在地设在其他成员国的母公司，有权获得由子公司所支付的预付公司税（ACT）的利息，即在支付预付公司税与主体公司税（MCT）的应付日期之间那段时期所产生的利息，并且这笔款项可通过恢复原状诉讼来主张。[57]

尽管恢复原状不是英格兰法律体系所知的救济方式，但是欧洲法院否定了该成员国法院提出的理由。英格兰法院通过把该诉请定性为直接源于违反《欧洲联盟运行条约》第 49 条而造成的损害，认为在这些情况下可能无法获得恢复原状。对于是否必须支付与原告所主张的金额相等的完全补偿，欧洲法院提及"马歇尔第二案"（在该案中，利息被认定为恢复平等待遇所必不可少的补偿的基本组成部分）与"萨顿案"（在该案中，利息并未被认定为获得拖欠福利这项权利的基本组成）之间的差别。欧洲法院最终认定"德国金属公司案"与"马歇尔第二案"类似，利息构成该诉请的基本组成部分。

关于成员国法院有义务提供特定的实质救济的有力裁决，在"卡里奇公司案"（Courage）[58]、"曼弗雷迪案"（Manfredi）[59] 和"穆尼奥斯案"（Muñoz）[60] 等案件中得到了反映。在"卡里奇公司案"中，欧洲法院裁定，对于另一当事方违反《欧洲经济共同体条约》第 81 条（现为《欧洲联盟运行条约》第 101 条），在原则上个人必须能够在成员国法院对其提起损害赔偿诉讼。[61] 在同样涉及违反欧盟竞争法的"曼弗雷迪案"中，欧洲法院裁定，受到侵害的当事方不仅应该就其实际损失寻求补偿，而且可要求补偿利润损失。[62] 在"穆尼奥斯案"中，欧洲法院裁定，根据欧盟质

---

[57]　Ibid [89].

[58]　Case C–453/99 Courage (n 29).

[59]　Cases C–295–298/04 Manfredi (n 29).

[60]　Case C–253/00 Muñoz y Cia SA and Superior Fruiticola SA [2002] ECR I–7289；Cases C–145–149/08 Club Hotel Loutraki & Aktor ATE EU：C：2008：306，[78]–[80].

[61]　Case C–453/99 (n 29) [25]–[28]；E Hjelmeng，'Competition Law Remedies：Striving for Coherence or Finding New Ways?'（2013）50 CMLRev 1007 and K Havu，'Horizontal Liability for Damages in EU Law—The Changing Relationship of EU and National Law'（2012）18 ELJ 407.

[62]　Cases C–295–298/04 (n 29) [100].

量标准规则的完全有效性，应能够对不遵守这些规则的行为提起民事诉讼。[63]

在这些案件中，欧洲法院主要关注的并非成员国法律体系的程序自主，而是处于争议中的欧盟实体权利的性质或者重要性。例如，"法克特塔梅第一案"和"德国金属公司案"涉及《欧洲联盟运行条约》第49条的非歧视；"马歇尔第二案"涉及就业方面的平等待遇；"卡里奇公司案""曼弗雷迪案""多瑙化工案"（Donau Chemie）[64]和"瑞时公司案"（Eco Swiss China Time）[65]涉及竞争法规则；"穆尼奥斯案"涉及质量标准和公平交易。

欧洲法院选择强调欧盟实体权利，特别是存在与实体内容相关的具体欧盟立法时，就增加了一种可能性，即它想要表明需要废除或不适用某项限制性的成员国规则。相反地，在有些案件中，例如在"斯滕霍斯特—内林斯案""萨顿案"和"约翰斯顿第二案"中，欧洲法院强调成员国救济规则的推定合法性，因此在这些案件中不太可能出现上述结果。[66]另外，有人提出要区分以下两类案件：在其中一类案件中，欧洲法院强调欧盟权利的实质内容；而在另一类案件中，欧洲法院则强调成员国规则的合法性。这种观点认为，前一类案件关于"救济权"，例如赔偿金、禁制令、补偿、诉诸法院的权利；而后者涉及调整救济权的"附属程序权利"，例如利息、公平时限、法律援助和证据规则。[67]同样明显的是，在某些部门法中，特别是涉及竞争法权利的案件[68]和涉

---

[63] Case C - 253/00（n 60）[30] - [32]. Compare Case C - 13/01 *Safalero Srl v Prefetto di Genova* [2003] ECR I - 8679；Case C - 216/02 *Österreichischer Zuchtverband für Ponys，Kleinpferde und Spezialrassen v Burgenländische Landesregierung* [2004] ECR I - 10683.

[64] Case C - 536/11 *Donau Chemie* EU：C：2013：366.

[65] Case C - 126/97 *Eco Swiss China Time Ltd v Benetton International NV* [1999] ECR I - 3055；Case C - 234/04 *Kapferer v Schlank& Schick* [2006] ECR I - 2585.

[66] T Eilmansberger，'The Relationship between Rights and Remedies in EC Law：In Search of the Missing Link'（2004）41 CMLRev 1199.

[67] J Engström，*The Europeanization of Remedies and Procedures through Judge-Made Law*（PhD, EUI, 2009）.

[68] *Courage v Crehan* and *Eco Swiss China Time*（nn 58 and 65）；Case C - 439/08 *Vebic VZW* EU：C：2010：739；Case C - 199/11 *Otis I* EU：C：2012：684；Case C - 360/09 *Pfleiderer* EU：C：2011：389；Case C - 536/11 *Donau Chemie* EU：C：2013：366；Case C - 557/12 *Kone AG v OBB Infrastruktur* EU：C：2014：1317.

及消费者保护的案件⑩，欧洲法院一直坚持对欧盟权利采取特别强有力的程序性保护。

第四节　当前方法：平衡有效司法保护 与成员国程序自主

关于对欧盟权利提供的成员国救济，当前立场可概述为：它要求成员国法院在"对欧盟权利提供有效司法保护"与"适用成员国合法程序和救济规则"之间达成一种以相称性为基础和进行个案分析的适当平衡。在决定成员国规则或原则是否有可能损害欧盟法权利的行使时，成员国法院必须按照成员国规则的目的和功能来权衡有效性要求和同等性要求，同时也要注意相关欧盟权利的重要性和目标。这一方法首先在"彼得布鲁克案"（*Peterbroeck*）⑩ 和"范斯海恩德尔案"（*Van Schijndel*）⑪ 中得到清楚地阐释，这两个案件涉及成员国法院主动提出欧盟法要点问题的权限。当前方法可以"XC案"为例，摘录如下。⑫

关于有效性原则，应该回顾的是，根据既定判例法，在每个案件中，如果出现成员国程序条款是否使欧盟法的适用变得不可能或过于困难的问题，必须以如下方式加以分析，即在成员国不同机构的情况下整体性地参考该条款在程序中的作用、其运行以及特征。在这种背景下，除其他外，有必要在相关情况下考虑对辩护权的保护、法律确

---

⑩　Case C - 169/14 *Sánchez Morcillo and Abril García* EU：C：2014：2099；Case C - 415/11 *Aziz v Catalunyacaixa* EU：C：2013：164；Case C - 472/11 *Banif plus Bank ZRT* EU：C：2013：88；Case C - 618/10 *Banco Español de Crédito SA* EU：C：2012：349；Case C - 449/13 *CA Consumer Finance SA v Ingrid Bakkaus* EU：C：2014：2464；V Trstenjak, 'Procedural Aspects of European Consumer Protection Law and the Case Law of the CJEU from the Perspective of Insurance Law' (2013) 21 ERPL 451.

⑩　Case C - 312/93 *Peterbroeck*, *Van Campenhout & Cie v Belgian State* [1995] ECR I - 4599.

⑪　Cases C - 430 - 431/93 *Van Schijndel& Van Veen v Stichting Pensioenfonds voor Fysiotherapeuten* [1995] ECR I - 4705.

⑫　Case C - 234/17 *XC* EU：C：2018：853, [49]；Case C - 49/14 *Finanmadrid EFC SA v Zambrano* EU：C：2016：98, [43] - [44]；Case C - 562/17 *Nestrade SA v AEAT* EU：C：2019：115, [40]；Case C - 327/15 *TDC* (n 50) [97].

定性原则以及程序的适当进行。

一　有效性

本部分简要概述涉及某些类型的成员国程序规则的几组判例，以说明
欧洲法院对如何实施上述平衡任务提供了哪些指引。

（一）　成员国法院主动考虑欧盟法的权力

范斯海恩德尔和范费恩诉理疗师养老基金会
Cases C –430 –431/93 Van Schijndel & Van Veen v
Stichting Pensioenfonds voor Fysiotherapeuten
[1995] ECR I –4705

申诉人质疑上诉法院的裁决，主张上诉法院在必要情况下应主动
考虑强制性养老金基金的规定是否符合欧盟竞争法。申请人自身先前
并未提出任何欧盟法要点问题。根据荷兰法律，成员国法院不能主动
提出此类法律要点。在初步裁决申请中，欧洲法院被询问，即使在诉
讼当事方不以欧盟法条款为依据的情况下，成员国法院是否也必须适
用该条款。欧洲法院首先提到成员国程序自主原则，但要求该原则受
同等性原则和实际有效性原则的限定。

欧洲法院

19. 就适用这些原则而言，如果案件提出成员国某条款是否导
致共同体法不可能适用或者适用过于困难的问题，那么，对每个案
件的分析就必须在成员国不同情况下整体性地参考该条款在程序中
的作用、其发展以及特征。根据这种分析，必须考虑国内司法制度
的基本原则，诸如对辩护权的保护、法律确定性原则和程序的适当
进行。

20. 在本案中，关于法院在民事诉讼程序中必须或者可以主动提
出法律要点的成员国法律原则，受限于法院的义务，即不应脱离争议
标的，并且应以呈送法院的事实为裁判基础。

21. 施加该限制的理由基于如下原则，即在民事诉讼中是由当事

方来采取主动，只有在公共利益要求法院干预的例外情况下，法院才能主动采取行动。该原则反映了通行于绝大多数成员国的涉及国家与个人关系的概念；该概念不仅保护辩护权，并且确保诉讼的适当进行，尤其是通过避免因审查新的主张而对诉讼造成不可避免的延迟。

22. 在这些情况下，对第二个问题的答复只能是，共同体法并不要求成员国法院主动提交与违反共同体法条款有关的某个议题，如果对该议题的审查将迫使成员国法院放弃赋予它们的被动角色，超出由当事方自身界定的争议范围，并且导致裁判依据于其他的事实和情况，而并非拥有利害关系的当事方主张适用的那些条款所依据的事实和情况。

尽管"范斯海恩德尔案"表明司法被动原则在事实上符合对欧盟权利的行使，但是欧洲法院不久后就在"彼得布鲁克案"中做出相反的结论。[73] 在"彼得布鲁克案"中，比利时税法中一项以法律确定性和程序的适当进行等相似目标为基础的程序性条款，导致当事方和成员国法院均无法在60天内提出欧盟法要点问题。欧洲法院裁定，适用该规则将导致行使欧盟法过于困难。[74]

这些裁决的不同结果清楚地表明，对于调整如何在成员国法院行使欧盟权利的成员国条款，不应在抽象意义上予以审查和衡量，而应在每个案件的具体情形下，判断相关成员国法是否导致欧盟权利的行使过于困难。

"范斯海恩德尔案"的这项理由后来在"范德韦尔德案"（*van der Weerd*）中得到肯定和重申。在该案中，欧洲法院裁定，如果诉讼当事方自己的确有机会在成员国法院提出欧盟法要点，那么就"不"要求成员国法院主动提出该法律要点。[75]

在"克赖耶费尔德案"（*Kraaijeveld*）中，欧洲法院指出，欧盟法并未赋予成员国法院主动考虑欧盟法要点的"一般"权力。但是根据同等性原则，如果它们拥有主动提出成员国法要点的自由裁量权或义务，那么，它

---

[73]　（N 70）.

[74]　很显然，这是因为在该诉讼程序中，就向欧洲联盟法院提交初步裁决申请而言，任何法院或法庭都没有机会提出与欧盟法有关的要点。

[75]　Cases C – 222 – 225/05 *van der Weerd and Others* ［2007］ECR I – 4233.

们也必须将这种自由裁量权或义务适用于欧盟法要点。⑦ 同样的原则出现在涉及竞争法规则的"瑞时公司案"（*Eco Swiss China Time*）中。欧洲法院裁定，由于成员国法院被请求允许以未遵守成员国公共政策规则为由申请撤销仲裁裁决，因此，同样地，成员国法院必须以违反《欧洲联盟运行条约》第 101 条为基础提起法律要点⑦，给予欧盟竞争法规则与成员国公共政策规则相同的地位。

然而，在"海洋集团案"（*Océano*）中，欧洲法院超越了同等性要求，它声称，如果要求消费者必须对合同条款的不公平性质提出疑问，那么就无法保证实现《不公平合同条款指令》（Unfair Contract Terms Directive）的目标，并且成员国法院"必须有权力"主动评估此类条款。⑦ 这一提法比先前案件要强有力得多，欧洲法院将其提法与该案事实联系起来，即涉及欧盟消费者保护法。同样方法也见于其他案件。⑦

但是，比较而言，在"范德韦尔德案"中，欧洲法院裁定，在该案中既不存在违反同等性原则的现象，也不存在违反有效性原则的情形。⑧ 就同等性而言，关于防控口蹄疫的欧盟指令中的条款，与欧盟竞争规则或消费者保护规则不同⑧，不具有与公共政策规则相同的地位，因此，并不要求成员国法院主动提起该法律要点。就有效性而言，欧洲法院在"范德韦尔德案"中并未发现存在违反该原则的行为，并且将其与"海洋集团案"和"瑞时公司案"的情况区别开来，在后两个案件中，当事方本身没有真正的机会在成员国法院提起欧盟法要点。⑧

---

⑦ Case C - 72/95 *Aannemersbedrijf PK Kraaijeveld BV v Gedeputeerde Staten van Zuid-Holland* [1996] ECR I - 5403; Case C - 446/98 *Fazenda Pública v Camara Municipal do Porto* [2000] ECR I - 11435, [48]; Case C - 161/15 *Benallal v État belge* EU：C：2016：175.

⑦ Case C - 126/97 *Eco Swiss* (n 65) [36] - [37].

⑦ Cases C - 240 - 244/98 *Océano Grupo Editorial v Rocio Murciano Quintero* [2000] ECR I - 4491, [26]. See also Case C - 397/11 *Jőrös* EU：C：2013：340.

⑦ Case C - 473/00 *Cofidis* [2002] ECR I - 10875; Case C - 168/05 *Mostaza Claro* [2006] ECR I - 10421; Case C - 429/05 *Rampion* [2007] ECR I - 8017; Case C - 243/08 *Pannon* [2009] ECR I - 4713; Case C - 40/08 *Asturcom Telecomunicaciones v Cristina Rodríguez Nogueira* [2009] ECR I - 9579; Case C - 227/08 *Martín Martín v EDP Editores SL* EU：C：2009：792; Case C - 215/11 *Szyrocka* EU：C：2012：794; Case C - 618/10 *Banco Español de Crédito SA* EU：C：2012：349; Case C - 488/11 *Asbeek Brusse* EU：C：2013：341; Case C - 49/14 *Finanmadrid* (n 72).

⑧ Cases C - 222 - 225/05 *van der Weerd* (n 75) [75] - [77].

⑧ Case C - 40/08 *Asturcom* (n 79) [52].

⑧ (N 75) [40].

（二）法律确定性与既判力

首先要强调的是，欧洲法院在"*XC* 案"中提出的观点非常重要：欧盟的宪法框架意味着个人必须能够"在成员国裁决甚至取得既判力（*res judicata*）之前获得对欧盟法律秩序所赋予的权利的有效保护"[83]。

在"屈内和海茨公司案"（*Kühne and Heitz*）中，欧洲法院裁定，如果成员国行政机构的终局决定是建立在先前本国法院对欧盟法的错误理解之上的，那么，该行政机构必须重新做出决定。[84] 这一点在"肯普特公司案（*Kempter*）中得到了肯定，欧洲法院在该案中裁定，如果一项有争议的终局行政决定建立在对欧盟法的错误解释基础之上，而且在其采用该解释之前并未就相关问题向联盟法院提交任何初步裁决申请，那么，成员国就有复查的义务。[85] 即使当事方本人并未在成员国法院提出欧盟法要点问题，但只要允许成员国法院主动提起本国法律规则的要点，并由此同等地处于提起欧盟法相关要点的位置，成员国法院就有此义务。[86]

后来的"卡普费雷尔案"（*Kapferer*）似乎对"屈内和海茨公司案"裁决的适用范围施加了一定的限制，欧洲法院在该案中强调"既判力原则"（*res judicata*）的合法性与成员国司法程序的终局性（finality）[87]，并对该案所涉及的成员国法院与"屈内和海茨案"和"卡普费雷尔案"所涉及的行政机构这两种情况做了区分。然而，在涉及收回非法国家援助问题的"卢基尼公司案"（*Lucchini*）中，欧洲法院走得更远，它裁定，欧盟法排除成员国法院适用关于"既判力"的成员国规则，如果成员国法院适用该规则是为了阻止收回已被欧盟委员会最终认定违反欧盟法的援助。[88] 但是，欧洲法院在"卢基尼公司案"中强调国家援助这一背景的特殊性，也就是在该背景下，是欧盟委员会而不是成员国法院或机构拥有裁定国家援助是否

---

[83]　Case C–234/17 XC（n 72）[46].

[84]　Case C–453/00 *Kühne and Heitz*［2004］ECR I–837；R Caranta，Note（2005）42 CMLRev 179.

[85]　Case C–2/06 *Willy Kempter KG v Hauptzollamt Hamburg–Jonas*［2008］ECR I–411.

[86]　Ibid［44］–［46］.

[87]　Case C–234/04 *Kapferer*（n 65）；关于"既判力"，也可参见 Case C–126/97 *Eco Swiss*（n 67）；Case C–118/00 *Larsy*［2001］ECR I–5063；Case C–201/02 *Wells v Secretary of State for Transport*［2004］ECR I–723.

[88]　Case C–119/05 *Lucchini*［2007］ECR I–6199；A Biondi，Note（2008）45 CMLRev 1459.

符合欧盟法的最终权力。

欧洲法院在后来的"皮扎罗蒂公司案"（*Pizzarotti*）中强调，"卢基尼公司案"判决是"在一种十分特殊的情况下"做出的。⑧ 在该案中，欧洲法院裁定，欧盟法"并不要求司法机构在所做判决产生既判力之后，为了考虑本法院对相关欧盟法条款的解释而对该判决自动进行复查"⑨。然而，在"*Olimpiclub* 公司案"中，欧洲法院裁定，在涉及增值税的背景下成员国法院不能依据"既判力原则"，因为这会过度削弱欧盟增值税规则的有效性。⑩

上述案件所涉事实之间都存在着细微差别，有的依据成员国法院与成员国行政机构之间的区别；有的以欧盟委员会拥有裁定国家援助案件的最终权威为依据；有的判决则依据将某项与欧盟法不符的司法裁决作为终局对待而对国内税收制度所产生的不利影响。如果将这些裁决放在一起考虑，就可以看到有关司法程序终局性的国内法原则，即"既判力原则"，有时会被要求让位于必须考虑具有约束力的欧盟法裁决。欧洲法院判例法对既判力原则的影响受到了批评。以下摘录则旨在正确地看待此判例法。

科内佐夫：《不符合欧盟法的成员国判决之既判力：是时候进行重大反思？》⑫

是时候承认既判力（*Res judicata*）原则不再为违反欧盟法律的行为提供安全港了。这对于公认的欧洲多层法律环境来说是个好消息。最近，当面对宪法、国际和欧洲秩序的基本价值观时，所有这些价值观在快速变化的现代法律环境中享有越来越大的分量，既判力不得不加以适应——并做相应的缩减。既判力不再是在一个孤立的法律体系

---

⑧ Case C – 213/13 *Pizzarotti* EU：C：2014：335，[61].

⑨ Ibid [60]；Case C – 69/14 *Târşia* EU：C：2015：662，[38]；Case C – 234/17 *XC*（n 72）[54].

⑩ Case C – 2/08 *Amministrazione dell' Economia e delle Finanze v Fallimento Olimpiclub Srl* [2009] ECR I – 7501.

⑫ A Kornezov，'*Res Judicata* of National Judgments Incompatible with EU Law：Time for a Major Rethink?'（2014）51 CMLRev 809.

中运作，而是与其他需要得到保护的重大要求相互竞争。

其中一项必要性是有效适用欧盟法，并且特别是确保实现欧盟法所保障的个人权利。对于具有既判力的成员国判决导致违反欧盟法的某些行为，本文提出的解决方案使得可以通过两种不同的方式给予救济：要么通过缩小"既判力"的范围，要么通过准予"再审"。在保留其核心要素的同时，更严格限制既判力的范围，为在不需要再审的情况下纠正其中某些违法行为留出空间。至于对既判力的狭义理解仍然"涵盖"的那部分，可以在某些（但不是所有）情况下根据欧盟法寻求再审。这将加强欧盟法的有效适用，同时适当考虑法律确定性的必要性，从而在两者之间取得合理平衡。

因此，急于宣布既判力原则已死的怀疑论者是不明智的；众多的成员国例子允许为了公认的更高价值，给予既判力以例外，这就足以说明。既判力原则远未受到致命打击——它仍然非常活跃——已经被简单地纳入视角，而且有充分理由如此。毕竟，既判力从来都未作为绝对的原则。实现正义是法律的全部；不惜一切代价保持错误的判决，绝不是伸张正义。

（三）时效期间

欧洲法院的一般立场是，合理的成员国时效期间应原则上符合欧盟要求。[93] 但是，如果对欧盟权利的有效保护受到其他一些因素的负面影响，合理的时效期间就有可能被判定与欧盟法不符。[94] 这些因素例如时效期间的起算日期不清楚，或者起算日期早于申诉人知道或应该知道的违法行为[95]，或

---

[93] Case C‑542/08 *Friedrich G Barth* EU：C：2010：193；Cases C‑95 and 96/07 *Ecotrade SpA* [2008] ECR I‑3457；Cases C‑89 and 96/10 *Q‑Beef* EU：C：2011：555；Case C‑429/12 *Pohl* EU：C：2014：12；Case C‑562/17 *Nestrade*（n 72）[41]；Case C‑327/15 *TDC*（n 50）.

[94] In Case C‑69/08 *Raffaello Visciano* [2009] ECR I‑6741. Compare Case C‑96/10 *Q‑Beef* EU：C：2011：555.

[95] Case C‑246/09 *Susanne Bulicke v Deutsche Buro Service GmbH* EU：C：2010：418，[40]‑[41]；Case C‑445/06 *Danske Slagterier v Bundesrepublik Deutschland* [2009] ECR I‑2119，[49]‑[56]；Case C‑161/13 *Idrodinamica Spurgo Velox* EU：C：2014：307；Case C‑19/13 *Fastweb* EU：C：2014：2194；Case C‑177/10 *Rosado Santana* EU：C：2011：557.

者由谁对违法行为负责；⑯ 时效期间的适用可溯及既往；⑰ 适用时效期间导致在事实上不可能获得应该得到的偿还数额⑱或增值税的减让；⑲ 或者，成员国法院在判断是否"及时"提起诉讼的问题上拥有过多的自由裁量权。⑩

在"曼弗雷迪案"中，欧洲法院宣称，如果成员国规则规定，时效期间的起始日期为达成某项反竞争协议或采取某项协同行为之日，那么，这项规则就可能导致事实上不可能行使对损害寻求补偿的权利。这特别是在时效期间很短而且不能被中止的情况下。⑪ 在"马莎百货公司案"⑫ 和"根德意大利公司案"（*Grundig Italiana*）⑬ 中，欧洲法院裁定，尽管成员国立法缩短了要求归还违反共同体法的款项的期限，其本身并没有违反有效性原则，但是新的时效期间必须保持合理，而且必须包含适当的过渡安排。⑭

在欧盟内，各个成员国规定的时效期间五花八门，这就意味着欧洲法院在判定哪些时效合理时，一般情况下都会给予成员国相当大的自由度。尽管如此，很显然，欧洲法院会参考其他成员国的做法，做出某种比较判断。⑮

（四）证据规则与因果联系规则

在涉及国家援助的"布瓦龙案"（*Boiron*）中，成员国法院提交的问题是，成员国规则把证明竞争对手超额支付的举证责任置于经济运营者，这是否符合有效性原则。⑯ 欧洲法院考虑了这种情况，即成员国法院认定，

⑯ Case C – 637/17 *Cogeco Communications Inc v Sport TV Portugal SA* EU：C：2019：263，［53］.

⑰ Case C – 62/00（n 14）［39］-［42］；Case C – 30/02 *Recheio-Cash & Carry SA v Fazenda Publica/Registo Nacional de Pessoas Colectivas*［2004］ECR I – 6051；Case C – 241/06 *Lammerzahl GmbH v Freie Hansestadt Bremen*［2008］ECR I – 8415.

⑱ Case C – 427/10 *Banca Antoniana Popolare Veneta* EU：C：2011：844.

⑲ Case C – 284/11 *EMS-Bulgaria Transport OOD* EU：C：2012：458.

⑩ Case C – 406/08 *Uniplex（UK）Ltd v NHS Business Services Authority* EU：C：2010：45，［40］-［43］.

⑪ Cases C – 295 – 298/04 *Manfredi*（n 29）.

⑫ Case C – 62/00 *Marks & Spencer*（n 14）.

⑬ Case C – 255/00 *Grundig Italiana SpA v Ministero delle Finanze*［2002］ECR I – 8003.

⑭ Ibid［37］-［42］.

⑮ Case C – 30/02 *Recheio-Cash & Carry*（n 97）［22］.

⑯ Case C – 526/04 *Laboratoires Boiron SA v URSSAF de Lyon*［2006］ECR I – 7529.

这项证据要求导致经济运营者出具必要证据过于困难。欧洲法院裁定，这就要求成员国法院"运用根据国内法可以应用的所有程序，包括命令采取必要的调查措施，特别是要求其中一方当事人或第三方提供特定文件"，以遵守欧盟对有效司法保护的要求。[107]

"斯特芬森案"（Steffensen）涉及与食品监督有关的一项指令，该指令要求，在某些情况下获得的食品样本分析，例如该案中食品制造商因误导性的质量标签而被处以罚款，那么就需要获得二次意见。[108] 但该案中并没有取得二次意见，该案提出的问题是，虽然违反了该指令关于二次意见的要求，但是否仍可将该食品样本作为证据。根据德国法，以不合规的行政程序获得的证据在法律诉讼中仍然可能得到认可，并可在其基础上做出评估。欧洲法院借鉴欧洲人权法院有关"对抗性原则"（adversarial principle）和公正听审权的判例法，对成员国法院如何适用有效性要求提供了广泛指导意见。[109] 因此，"斯特芬森案"引入了另一个重要因素，即尊重《欧洲人权公约》（以及如今的欧盟《基本权利宪章》）中所规定的权利，将其引入成员国法院在成员国程序规则背景下衡量对欧盟权利提供救济的有效性时所必须考虑的基本因素之中。[110]

在"通力公司案"（Kone）中，欧洲法院考虑奥地利关于"因果关系"的法律概念是否符合欧盟关于有效性原则的要求。在该案中，奥地利关于"因果关系"的法律概念是个人成功主张补偿的必要因素，申请方由于被告方采用"保护型定价"（umbrella pricing）而遭受经济损失，而被告方事实上并不属于卡特尔。[111] 尽管被告方并未与卡特尔的任何成员达成契约，但它所实行的定价政策是该卡特尔扭曲价格的结果，申请方对因被收取更高价格而遭受损失寻求赔偿。尽管欧洲法院最终交由成员国法院来决定是否确立了足够的因果联系，但欧洲法院仍强调：

> 《欧洲联盟运行条约》第101条的完全有效性在以下情况下将被置于风险之中，即如果根据成员国法，任何个人主张损害补偿的权

---

⑩⑦　Ibid［57］.

⑩⑧　Case C－276/01 *Joachim Steffensen*［2003］ECR I－3735.

⑩⑨　Case C－276/01（n 108）［68］－［79］.

⑩⑩　见第十二章；Case C－344/08 *Rubach*［2009］ECR I－7033.

⑪①　Case C－557/12 *Kone AG v OBB Infrastruktur* EU：C：2014：1317.

利，确定无疑地并且无论相关案件的具体背景，都要取决于一种直接因果联系的存在，但同时仅仅由于相关个人与卡特尔成员没有契约联系，却与非卡特尔成员的企业有契约联系这一事实，就排除这项权利，然而，正是因为该卡特尔造成了调整竞争的价格形成机制出现扭曲，所以才导致其定价政策。⑫

（五）诉诸法院的权利

欧洲法院一直强调⑬，获得司法控制和司法救济对维护欧盟法权利的重要性⑭，并将其作为《欧洲人权公约》和《基本权利宪章》所保障的一项基本权利。⑮然而，欧洲法院也接受成员国对诉诸法院这项基本权利施加合理的限制条件。⑯

在"厄普约翰案"（Upjohn）中，欧洲法院裁定，如果成员国法院被有效授权在司法审查时适用欧盟法原则，欧盟法并不要求提供这样一项国内司法审查程序，根据该程序成员国法院可以用其对事实的评估替代成员国决策机构的评估。⑰在"埃文斯案"（Evans）中，对事故赔偿请求进行行政审查、仲裁和上诉司法审查相结合的成员国救济制度，被裁定满足有效保护的要求。⑱在"施奈德案"（Schneider）中，由于存在着在民事法院就国家责任提起诉讼的机制，因此满足了该项权利，即使在行政法院的平

---

⑫　Ibid［33］.

⑬　Case 222/86 *Heylens*（n 22）；Cases C – 402 and 415/05 P *Kadi and Al Barakaat International Foundation v Council and Commission*［2008］ECR I – 6351；Case C – 300/11 *ZZ v Secretary of State for the Home Department* EU：C：2013：363.

⑭　关于司法审查的权利，见 Case C – 228/98 *Dounias v Ypourgio Oikonomikon*［2000］ECR I – 577，［64］–［66］；Case C – 424/99 *Commission v Austria*［2001］ECR I – 9285；Case C – 1/99 *Kofisa Italia*［2001］ECR I – 207；Case C – 226/99 *Siples*［2001］ECR I – 277；Case C – 75/08 R（*Mellor*）v *Secretary of State for Communities and Local Government*［2009］ECR I – 3799.

⑮　Case C – 185/97 *Coote v Granada Hospitality Ltd*［1998］ECR I – 5199；Case C – 432/05 *Unibet*（n 16）；Case C – 23/12 *Zakaria* EU：C：2013：24；Case C – 562/12 *Liivimaa Lihaveis MTÜ* EU：C：2014：2229.

⑯　Case C – 61/14 *Orizzonte Salute—Studio Infermieristico Associato v Azienda Pubblica di Servizi alla persona San Valentino—Città di Levico Terme* EU：C：2015：655, on court fees.

⑰　Case C – 120/97 *Upjohn v The Licensing Authority*［1999］ECR I – 223，［33］–［36］.

⑱　Case C – 63/01 *Evans v Secretary of State for the Environment, and the Motor Insurers' Bureau*［2003］ECR I – 14447；Case C – 506/04 *Wilson* EU：C：2006：587.

行诉讼被限制在事实审查上。⑲ 在"阿拉西尼案"（Alassini）⑳ 中，欧洲法院裁定，在诉诸法律程序之前应首先满足执行庭外和解程序的要求，在满足某些条件时，在《普遍服务指令》（Universal Service Directive）背景下并不违反有效性原则或同等性原则。

作为对比，在"委员会诉希腊案"中，欧洲法院裁定，涉及免税的一项成员国法条款可能会剥夺个人根据欧盟法获得有效司法保护的权利，因为该条款诱导个人出于逃避刑事诉讼的目的，避免寻求由成员国法提供的理所当然的法律救济。㉑ 在"豪赫蒂夫公司案"（Hochtief Solutions）㉒ 中，欧洲法院裁定，排除向胜诉原告支付费用的成员国规则可能会使提起法律诉讼变得极其困难。在"亚内切克案"（Janecek）和"客户地球案"（ClientEarth）中，欧洲法院也做出有力裁决，要求个人有权诉诸法院，以使成员国当局履行某项环境指令背景下的义务。㉓ 在"德国能源管理与开发公司案"（DEB）中，欧洲法院裁定，《基本权利宪章》第 47 条中的有效保护原则要求法人（而不是自然人）应该有可能依据该原则，并且要求给予的法律援助可以包括免于预先支付诉讼费用，以及得到律师帮助。㉔ 由成员国法院最终判断，提供法律援助的条件是否对诉诸法院这项权利构成不成比例的限制。

---

⑲　Case C – 380/01 *Gustav Schneider v Bundesminister für Justiz* [2004] ECR I – 1389. See also Case C – 93/12 *Agrokonsulting – 04* EU：C：2013：432；Case C – 413/12 *Asociación de Consumidores Independientes de Castilla y León* EU：C：2013：800.

⑳　Cases C – 317 – 320/08 *Rosalba Alassini and others* EU：C：2008：510. See also Case C – 426/05 *Tele2 Telecommunication GmbH v Telekom-Control-Kommission* [2008] ECR I – 68；Case C – 12/08 *Mono Car Styling SA，in liquidation v Dervis Odemis* [2009] ECR I – 6653. Compare Case C – 268/06 *Impact v Minister for Agriculture and Food and Others* [2008] ECR I – 2483.

㉑　Case C – 156/04 *Commission v Greece* [2007] ECR I – 4129.

㉒　Case C – 620/17 *Hochtief Solutions AG Magyarországi Fióktelepe v Fővárosi Törvényszék* EU：C：2019：630，[47].

㉓　Case C – 237/07 *Janecek* [2008] ECR I – 6221；Cases C – 404 – 13 *R（ClientEarth）v Secretary of State for Environment* EU：C：2014：2382. J Jans，'Harmonization of National Procedural Law by the Back Door？' in M Bulterman，L Hancher，A McDonnell，and H Sevenster（eds），*Views of European Law from the Mountain*（2009）267 – 275；关于成员国诉讼地位规则，参见 Cases C – 87 – 89/90 *Verholen v Sociale Verzekerings bank* [1991] ECR I – 3757，[24].

㉔　Case C – 279/09 *DEB v Bundesrepublik Deutschland* EU：C：2010：811.

二 同等性

很难确定"同等性"要求意味着什么，或者为要求"同等"待遇何时可将诉因视为具有足够的相似性或可比性。[125] 在很多案件中，在重申成员国规则必须遵守同等性原则之后，欧洲法院仅仅指出，在成员国法院提交的案卷中没有任何内容表明违反该项原则。

"*Edis* 公司案"涉及偿还在欧盟法规定时间之前提前支付的款项，成员国法对于偿还此类收费规定了为期三年的诉讼时效。相较于普通诉讼时效，适用于个人之间偿还已付但尚未到期的款项所享有的待遇更低。

Edis 公司诉意大利财政部

Case C – 231/96 Edis v Ministero delle Finanze

[1998] ECR I – 4951

36. 遵守同等性原则意味着，就其本身而言，对于同一类型的收费或应付款，适用于主张违反共同体法的诉讼与主张违反国内法的诉讼这二者的程序性规则不应有所区别（这方面可参见 Joined Cases 66/79, 127/79 and 128/79 *Amministrazione delle Finanze dello Stato v Salumi* [1980] ECR 1237, 第 21 段）。然而，该原则不能解释为，成员国有义务将在成员国法下最有利的偿还规则，扩展至为偿还违反共同体法的收费或应付款而提起的所有诉讼。

37. 因此，共同体法并不妨碍成员国立法在适用于私人个体之间为偿还已付但尚未到期款项的普通法诉讼时效之外，另外规定特殊的较低待遇的具体规则，用于调整旨在对收费和其他税款提出异议的申诉和法律诉讼。只有在这些具体规则唯独适用于以共同体法依据提起偿还此类收费或税款的诉讼时，该立场才会有所不同。

---

[125] See, eg, Case C – 93/12 *Agrokonsulting* – 04 EU：C：2013：432；Case C – 361/12 *Carratu* EU：C：2013：830.

在其他案件中[126]，欧洲法院确定接受那些虽然不是成员国救济体系内最有利，但同等适用于以欧盟法为依据的诉讼与以成员国法为依据的"相似"诉讼的时效限制。但是，欧洲法院也裁定，成员国法院不能依据与成员国程序的同等性原则规避欧盟法的其他要求，例如向欧洲法院提交初步裁决申请的自由[127]，或者在事实上规避《海关法典》条款。[128]

尽管欧洲法院多次指出，应由成员国法院判断同等性问题。[129] 但它在一些案件中介入了这一问题，指出适用某成员国规则并不能满足该原则，或者同等性原则并不适用于相关事实；[130] 或者建议，国内法的其他规则可能会为考虑"同等性"提供一种比较。[131]

在"埃曼和塞芬赫尔案"（*Eman and Sevinger*）中，该案涉及违反欧洲议会选举投票权，欧洲法院建议，成员国法院"可参考在成员国国内机构选举的背景下，对于违反成员国规则的情况，就法律救济制定具体规则"[132]。在"韦伯葡萄酒世界案"（*Weber's Wine World*）中，欧洲法院清楚地阐明哪些可能违反同等性要求。[133] 在"罗塔奇俱乐部酒店案"（*Club Hotel Loutraki*）中，欧洲法院认定其违反同等性原则，因为在欧盟法调整的公共服务合同领域提起国内补偿诉讼，与对国家行为体一方的其他不法行为提起国内补偿诉讼之间存在着差别。[134]

---

⑫⑥　Case C – 260/96 *Spac*（n 48）；Case C – 229/96 *Aprile v Amministrazione delle Finanze dello Stato*［1998］ECR I – 7141；Case C – 343/96 *Dilexport v Amministrazione delle Finanze dello Stato*［1999］ECR I – 579；Case C – 88/99 *Roquette Frères*（n 46）；Case C – 63/08 *Virginie Pontin v T – Comalux SA*［2009］ECR I – 10467；Case C – 591/10 *Littlewoods Retail* EU：C：2012：478.

⑫⑦　Case C – 112/13 *A* EU：C：2014：2195，［45］.

⑫⑧　Cases C – 129 and 130/13 *Kamino International Logistics BV* EU：C：2014：2041，［77］.

⑫⑨　Case C – 261/95 *Palmisani v INPS*［1997］ECR I – 4025，［33］；Case C – 326/96 *Levez*（n 49）［39］；Case C – 177/10 *Rosado Santano* EU：C：2011：557.

⑬⓪　Case C – 56/13 *Érsekcsanádi Mezőgazdasági Zrt* EU：C：2014：352.

⑬①　Case C – 213/13 *Pizzarotti* EU：C：2014：335，［55］–［57］.

⑬②　Case C – 300/04 *Eman and Sevinger v College van burgemeester en wethouders van Den Haag*［2006］ECR I – 8055.

⑬③　Case C – 147/01 *Weber's Wine World*［2003］ECR I – 11365.

⑬④　Cases C – 145 and 149/08 *Club Hotel Loutraki AE v Ethnico Symvoulio Radiotileorasis*，［2010］ECR I – 4165，［75］–［77］. See also Case C – 378/10 *VALE Építési* EU：C：2012：440.

莱韦斯诉詹宁斯公司

Case C –326/96 Levez v Jennings Ltd

[1998] ECR I –7835

在本案中，一名雇员就拖欠薪酬寻求赔偿，主张其雇主拒绝向其支付这笔款项的行为违反欧盟同酬规则。欧洲法院曾裁定，因为其雇主在拖延过程中存在欺骗行为，所以劳资法庭程序中适用于赔偿欠款的两年诉讼时效不适用于她。但是，英国认为该诉讼时效应适用于该案，因为她有权在郡法院就其雇主的欺骗行为提起诉讼，以及根据英国《同酬法》（Equal Pay Act）在郡法院提起诉讼，从而获得另外的全部救济，由此并未在事实上造成该当事人无法行使其权利。欧洲法院接受英国提出的有效性观点，但是接下来考虑了同等性要求，并且对成员国法院应如何适用该原则给予有力指引。[135]

欧洲法院

43. 为了确定本案是否遵守同等性原则，成员国法院——只有成员国法院直接了解调整雇用法领域的诉讼程序规则——必须考虑被主张的类似国内诉讼的目的和基本特征［见"帕尔米萨尼案"（*Palmisani*）判决第34—38段］。

44. 此外，无论何时需要就成员国法的一项程序规则是否比调整类似国内诉讼的规则更为不利这一问题做出判断，成员国法院都必须考虑该规定在整个程序中所发挥的作用，以及该程序在成员国不同法院的运行情况及其特征（比照参见"范斯海恩德尔和范费恩案"判决第19段）。

［欧洲法院驳回英国的论点，即根据旨在实施欧共体法的英国《同酬法》提起的诉请与直接根据《欧洲联盟运行条约》第157条提起的诉请具有可比性，从而满足同等性要求，并继续裁定如下。］

49. 有必要考虑由提请裁决令提出问题的可能性。对此的建议是，与根据《同酬法》提起诉讼的相似诉请可能包括，与违反雇用合同相

---

[135]　See also Case C –78/98 *Preston* (n 51).

关的主张，涉及基于种族的薪酬歧视的主张，与非法扣除薪酬有关的主张，或者与涉及薪酬以外其他事项的性别歧视有关的主张。

50. 如果能够表明，在本判决第41—44段所设原则的基础之上，在郡法院根据《同酬法》提起的诉请，与成员国法院列举的一种或多种诉讼形式具有相似性，那么，仍交由成员国法院决定首先提到的诉讼形式是否由较为不利的程序规则或其他要求所调整。

51. 就该要点而言，为了在郡法院完全主张（欧盟）法律赋予的权利，需要考虑的问题是，处于莱韦斯女士这种情况下的雇员，与根据国内法可视为相似的权利在劳资法庭提起诉讼的其他申诉方相比，是否有可能产生额外成本和延迟，是否在劳资法庭提起诉讼更简单并且原则上更节省费用。

52. 成员国在这里提到的事实也具有相关性，即处于争议中的这项规则仅适用于不存在性别歧视情况下的同酬诉请，而根据国内法"相似"权利的诉请并不受这种规则运行的限制，这意味着这类权利可以通过向劳资法庭提起诉讼的方式得到足够保护。

归根到底是由成员国法院来决定当事人可获得的替代性救济，是否包含比适用于相似国内诉讼的较为不利的程序规则或条件。换言之，欧洲法院为成员国法院评估国内规则的"同等性"形成了相同的"特定于背景的平衡方法"（context-specific balancing approach），正如欧洲法院在"彼得布鲁克案"（Peterbroeck）和"范斯海恩德尔案"中评估国内规则的"有效性"的方法一样。

在"祖尼亚斯案"（Dounias）中，欧洲法院宣称，应由成员国法院审查国内程序，不仅确定它们是否具有可比性，而且要查明在其适用中是否存在任何有利于国内诉请的固有歧视。[136] 在"曼弗雷迪案"中，欧洲法院裁定，如果在相似国内诉讼中有可能做出诸如惩戒性或惩罚性赔偿金等特定赔偿金裁决，那么在根据欧盟规则提起的诉讼中也应该具有做出这类赔偿金裁决的可能性。[137]

有观点指出，过分强调需要"有效"保护欧盟权利而不是"同等"保

---

[136]　Case C – 228/98 Dounias（n 114）65.

[137]　Cases C – 295 – 298/04 Manfredi（n 29）［99］.

护，事实上有可能导致一种倾向于欧盟法的反向歧视形式。^⑱ 对欧盟权利和成员国法律权利提供真正平等的救济这一概念，也反映在欧洲法院判例法的另外一种发展之中，这种发展表明，对于执行欧盟权利，需要成员国层面和欧盟层面同等。换言之，欧盟法不应要求在成员国法律秩序中对欧盟法的执行更优于它准备在欧洲层面提供的程度。^⑲ 此外，在"贝尔加德姆药物实验室案"（*Bergaderm*）中，该案涉及在欧洲法院对欧盟提起的赔偿损害诉讼，欧洲法院裁定，成员国对由于违反欧盟法而对个人承担损害赔偿责任的条件，原则上不得有别于在相似情况下规制欧盟责任的条件。^⑭

三　原告行为对获得有效救济权利的影响

在"狄奥尼修斯·迪亚曼蒂斯案"（*Dionysios Diamantis*）中，欧洲法院裁定，如果原告方以欧盟权利为依据的行为构成对这些权利的滥用，成员国法院可以拒绝认可。^⑭ 但是在"雷希贝格尔案"（*Rechberger*）中，欧洲法院驳回了奥地利的观点，奥地利主张，对于向违反欧盟法的国家提起的赔偿诉讼，相关第三方的不当行为可以构成辩护理由。^⑭ 在"卡里奇公司案"中，欧洲法院裁定，不能仅仅由于个人曾是某项反竞争协议的当事方就禁止其依据《欧洲联盟运行条约》第 101 条。但是，如果他需要为扭曲竞争承担重要责任，那么欧盟法并不禁止成员国规则阻止这类当事方凭借其自身不法诉讼而获得赔偿。^⑭ 在"曼弗雷迪案"中，欧洲法院裁定，对有效性和同等性的要求并不阻止成员国法院采取步骤，以确保对欧盟权利的保护不会导致主张这些权利者不当得利。^⑭

欧洲法院还考虑了原告未采取减少损失的行为对获得成员国救济的可

⑱　See, eg, AG Jacobs in Cases C–430–431/93 Van Schijndel（n 71），and AG Léger in Case C–66/95 Sutton（n 37）.

⑲　See, eg, Case C–120/97 *Upjohn*（n 117）[33]. 在该案中，对于撤销医药产品销售许可的成员国决定，欧盟法并未要求成员国创设比联盟法院在相似案件中实施得更为广泛的审查。

⑭　Case C–352/98 P *Bergaderm v Commission*［2000］ECR I–5291，［41］；Cases C–46 and 48/93 *Brasserie du Pêcheur*［1996］ECR I–1029，［42］；M de Visser，'The Concept of Concurrent Liability and its Relationship with the Principle of Effectiveness'（2004）11 MJ 47.

⑭　Case C–373/97 *Dionysios Diamantis v Elliniko Dimosio*［1999］ECR I–1705，［42］–［44］.

⑭　Case C–140/97 *Rechberger v Austria*［1999］ECR I–3499.

⑭　Case C–453/99 *Courage*（n 29）［24］，［36］.

⑭　Cases C–295–298/04 *Manfredi*（n 29）［99］.

能性和救济范围的影响。在"丹麦屠宰行会案"（*Danske Slagterier*）中，欧洲法院裁定，欧盟法并不禁止成员国立法拒绝向因故意或疏忽而未获得法律救济的个人提供损失赔偿，当事人本可以通过法律救济挽回此类损失，其前提是如果诉诸相关法律救济是可以合理期待的。[145] 因此，如果规范当事人责任的成员国的合理规则要求当事方表明他们在减少其损失方面尽责，只要这些规则平等地适用于根据欧盟法提起的诉请，那么就符合欧盟法。

四　反应

这里对欧洲法院在该领域的司法判例轨迹进行了一些更普遍的思考，以作为本节的收尾。下面摘录杜根的评价。

杜根：《艰难历程：成员国法院为执行联盟法
提供的救济和程序》[146]

因此，既然自1993年以来尘埃落定，欧洲法院对分散执行问题的方法，其主旨看上去仅仅是建立有效司法保护的某些最低标准，但还留给各成员国制定本国救济和程序规则的很大自由裁量权。学术界对这一发展的反应大体上是积极的：在联盟利益和成员国权能之间取得合理平衡的务实目标，通常被认为比之前的极端做法更可取，先前要么全然忽视保护联盟法的有效性和统一适用，要么恣意压制国内关切，例如司法系统的法律确定性和连贯性。

但仍然有不同声音。在联盟方面，一些评论者所表示的关切，围绕欧洲法院的背景专案分析判例法是否真的足以保证条约的有效性，以防止因联盟法依赖于成员国救济和程序规则而导致对条约有效性的限制和削弱。特别是有人建议，欧洲法院需要更准确地界定留给成员

---

[145] Case C–445/06 *Danske Slagterior v Germany* ［2009］ECR I–2119，［63］–［64］. Compare Case C–429/09 *Fuß v Stadt Halle* EU：C：2009：178，［75］–［86］；Case C–397/98 *Metallgesellschaft Ltd v Inland Revenue* ［2001］ECR I–1727，［99］–［107］.

[146] M Dougan，'The Vicissitudes of Life at the Coalface：Remedies and Procedures for Enforcing Union Law before the National Courts' in P Craig and G de Búrca（eds），*The Evolution of EU Law*（Oxford University Press，2nd edn，2011）.

国的"自由裁量余地"，以平衡任何特定国家要求所发挥的合法作用与其对完整适用联盟法的不利影响——也许是从"几乎不可能或过于困难"这一标准所反映的相对宽松的方法，转向基于对相称性原则做狭义解读的更严格的评估。其他评论者则较少关注有效性原则的必要性问题，而更多地关注促进联盟法的统一适用，认为欧洲法院目前仅制定最低（有时只是极低）司法保护标准的方法几乎牺牲了条约的基本目标，即平衡经济参与者的竞争条件并促进联盟自身公民社会权利的共同标准；尽管这种分析并非没有争议，尤其是一些人认为，欧盟日益增长的政治异质性和监管差异性，实际上使许多对统一适用联盟法的传统关切更具修辞性而不是真实性。

第五节　小结

一　在缺乏欧盟调和法律救济的情况下，尽管欧洲法院早期判例法强调成员国法律制度的自主性和首要责任，但是随着时间的推移，这种方法越来越转为更加强调欧盟法的有效性，将有效司法保护作为一项基本权利，以及成员国法院的忠诚合作义务。

二　尽管某些系列的判例法——其中主要是欧洲法院聚焦于某项特定欧盟法实体权利，常常是欧盟立法权利——要求提供某些"特定的"成员国救济，特别是在竞争法、消费者保护法和环境法等部门法。但是其他很多案件仍然强调成员国法律制度的首要责任，而且仅需遵守同等性原则和有效性原则。

三　随着时间的推移，欧洲法院发展形成一种高度"特定于背景"的平衡方法，该方法要求针对成员国规则的范围和目的来衡量欧盟权利的重要性，并且考虑案件的所有情况。尽管欧洲法院有时对有效性要求和同等性要求给予强有力的指引，但是它往往将其留给成员国法院评估，并由成员国法院将这些原则适用于案件事实。这导致涌现出大量诉讼。

第六节　违反欧盟法的国家责任

一　原则的起源

我们已经看到，尽管欧洲法院在"雷弗贸易公司案"（*Rewe*）中采用了"不创设新救济"这一早期规则，但它在关于偿还收费的"圣乔治案"、[147] 关于临时救济的"法克特塔梅第一案"[148]、关于司法审查的"埃朗案"[149]、关于民事救济的"穆尼奥斯案"[150]，以及关于赔偿金的"卡里奇公司案"[151] 中要求成员国法院在某些情况下确保当事方获得特定救济。但是，在欧洲法院做出的干预性裁决中，也就是要求把当事方获得特定救济作为欧盟法事项，最突出的是"弗朗科维奇案"（*Francovich*）的判决。该裁决确立了因违反欧盟法而给予补偿的国家责任原则（principle of state liability）。

弗朗科维奇和博尼法奇诉意大利

Cases C – 6/90 and 9/90 Francovich and Bonifaci v Italy

[1991] ECR I – 5357

[《里斯本条约》重新编号，《欧洲经济共同体条约》
第 5 条现变更为《欧洲联盟条约》第 4 条第 3 款]

申诉人起诉意大利政府未能实施关于在雇主清算时对雇员提供保护的《第 80/987 号指令》。意大利政府未按该指令采取任何步骤以保证向雇员支付雇主拖欠的薪酬，申诉人认为，该国有责任向其支付这笔欠款。欧洲法院裁定，尽管该指令各条款缺乏足够的精确性以至于不具有直接效力，但很显然，它们的目的是赋予个人权利，由于该国

---

[147]　Case 199/82 *San Giorgio*（n 9）.

[148]　Case C – 213/89 *The Queen v Secretary of State for Transport, ex p Factortame Ltd* [1990] ECR I – 2433.

[149]　Case 222/86 *Heylens*（n 22）.

[150]　Case C – 253/00 *Muñoz*（n 60）.

[151]　Case C – 453/99 *Courage*（n 29）.

未能实施这些条款，导致这些权利被剥夺。

欧洲法院

29. 因此，成员国法院提出的问题是，国家违反其在共同体法中的义务而造成损害的国家责任是否存在，以及范围有多大。

30. 必须在《欧洲经济共同体条约》及其基本原则构成的整个体系之下考虑这个问题。

（一）存在作为原则事项的国家责任

31. 首先必须回顾，《欧洲经济共同体条约》建立了自己的法律体系，已是成员国法律体系的组成部分，成员国法院必须予以适用；该法律体系的主体不仅是成员国，也包括成员国国民。正如共同体法向个人施加义务一样，共同体法也意在对个人创设权利，使其成为个人所拥有的法律关系的一部分；这些权利不仅源于条约的明确授予，而且源于条约以清晰界定的方式向个人以及向成员国和共同体机构施加的义务（可参见 Case 26/62 *Van Gend en Loos* 和 Case 6/64 *Costa v ENEL*）。

32. 此外，欧洲法院一直强调，成员国法院的任务是在其管辖权领域内适用共同体法律条款，成员国法院必须确保这些规则的完全有效性，而且必须保护这些规则赋予个人的权利（特别参见 Case 106/77 *Simmenthal* 和 Case C‑213/89 *Factortame*）。

33. 必须指出，当共同体法赋予个人的权利由于成员国违反共同体法而受到侵害时，如果个人无法获得补偿，那么共同体规则的完全有效性就会受到损害，而且共同体规则赋予个人的权利保护也会被削弱。

34. 正如本案情形一样，如果共同体规则的完全有效性取决于国家一方的事先行动，而其结果是在成员国没有采取此类行动的情况下，个人就无法在成员国法院执行共同体法赋予他们的权利，那么，由成员国提供补偿这一可能性就尤其不可或缺。

35. 因此，成员国应该就违反共同体法的行为对个人造成的侵害承担国家责任，这一原则是共同体条约体系中所固有的。

36. 在《欧洲经济共同体条约》第 5 条中可以发现成员国一方应支付补偿的责任依据，该条要求成员国采取所有适当措施，无论是一般措施还是特别措施，以确保履行其在共同体法中的义务。其中一项义务是消除因违反共同体法而产生的不法后果。……

不同于欧洲法院在早期判决中声称条约无意创设新的救济[152]，在该案中欧洲法院裁定，国家责任原则是共同体条约所固有的，这表明必须能够对成员国违反欧盟法提起补偿诉讼。[153] "弗朗科维奇案" 判决还要求，对缺乏直接效力的欧盟措施，如果该措施遭到违反，成员国法院应提供赔偿救济。[154] 这代表了又一个重要动向，即增强那些未被实施的指令的效力[155]，对无法将成员国法解释为符合未被实施的指令的情形，欧洲法院提供了另一种救济。[156]

然而，尽管 "弗朗科维奇案" 判决所确立的原则十分重要，但它仅对未来提供了最低的指引。[157] 就成员国不实施指令的违法行为而言，该判决确立了三个基本条件：指令赋予个人特定权利；[158] 这些权利的内涵在指令中必须能够识别；该国违法行为与对个人造成的损害之间存在因果联系。[159] 对于其他条件，欧洲法院则重新回到人们熟悉的成员国程序自主原则上。[160]

---

[152] 杜根（Dougan）认为，尽管联盟法院希望形成一种由公权力机关责任与损害赔偿权构成的共同体体系，但并不必然意味着它想创设特定的 "共同体损害赔偿救济"（Community remedy in damages）。See Dougan, 'The *Francovich* Right to Reparation: Reshaping the Contours of Community Remedial Competence' (2000) 6 EPL 103.

[153] M Ross, 'Beyond *Francovich*' (1993) 56 MLR 55; P Craig, '*Francovich*, Remedies and the Scope of Damages Liability' (1993) 109 LQR 595.

[154] D Curtin, 'State Liability under Private Law: A New Remedy for Private Parties' (1992) 21 ILJ 74.

[155] 见第八章。

[156] See, eg, Case C – 334/92 *Wagner Miret v Fondo de Garantía Salarial* [1993] ECR I – 6911; Case C – 54/96 *Dorsch Consult IngenieurgesellschaftmbH v Bundesbaugesellschaft Berlin mbH* [1997] ECR I – 4961; Case C – 81/98 *Alcatel Austria v Bundesministerium für Wissenschaft und Verkehr* [1999] ECR I – 7671; Case C – 131/97 *Carbonari v Universitàdegli Studi di Bologna* [1999] ECR I – 1103.

[157] 有人批判国家责任概念，见 C Harlow, '*Francovich* and the Problem of the Disobedient State' (1996) 2 ELJ 199.

[158] Compare Case C – 22/02 *Peter Paul et al v Bundesrepublik Deutschland* [2004] ECR I – 9425.

[159] Cases 6 and 9/90 *Francovich* [1991] ECR I – 5357, [39] – [40b].

[160] Ibid [42] – [43].

二 原则的澄清和延伸

在"佩舍尔啤酒厂案"（*Brasserie du Pêcheur*）与"法克特塔梅第三案"（*Factortame III*）的合并审理中，欧洲法院获得进一步澄清国家责任原则的机会。[61]

佩舍尔啤酒厂诉德国、
英女王代表法克特塔梅等公司诉英国运输国务大臣
Cases C - 46/93 and C - 48/93 Brasserie du Pêcheur SA
v Germany, and R v Secretary of State for Transport,
ex parte Factortame Ltd and Others
[1996] ECR I - 1029

[《里斯本条约》重新编号，《欧洲共同体条约》第 5 条和第 164 条现分别变更为《欧洲联盟条约》第 4 条第 3 款和第 19 条第 1 款；《欧洲共同体条约》第 30 条、第 52 条、第 189 条和第 215 条现分别变更为《欧洲联盟运行条约》第 34 条、第 49 条、第 288 条和第 340 条]

本案的事实背景与"法克特塔梅第一案"和"法克特塔梅第二案"相同，西班牙渔民援引《欧洲共同体条约》第 52 条，对英国要求注册为英国旗船的条件提起诉讼。[62] 他们要求英国赔偿因违反该条约而给其带来的损失。与此同时，另一起案件由涉及认定德国啤酒纯酿法违反《欧洲共同体条约》第 30 条的诉讼所引起，一家法国酿酒商因被迫停止向德国出口啤酒而蒙受损失，他寻求从德国政府处获得补偿。德国在欧洲法院辩称，因为已经存在成员国救济，所以对违反

---

　⑯　N Emiliou, Note (1996) 21 ELRev 399; Harlow (n 157); J Convery, 'State Liability in the UK after *Brasserie du Pêcheur*' (1997) 34 CMLRev 603; P Craig, 'Once More unto the Breach: The Community, the State and Damages Liability' (1997) 105 LQR 67; P Oliver, Note (1997) 34 CML-Rev 635.

　⑯　Case C - 221/89 *R v Secretary of State for Transport, ex p Factortame* [1991] ECR I - 3905，被称为"法克特塔梅第二案"。

具有直接效力的欧盟法不应提供补偿。

欧洲法院

19. 无法接受该主张。

20. 本法院一直认为，个人有权在成员国法院援引《欧洲共同体条约》中具有直接效力的条款，这仅仅是最低的保证，其本身并不足以确保完全和完整地实施该条约。……这项权利的目的是确保共同体法的条款优先于成员国条款。这项权利不可能在每种情况下都确保个人享有共同体法赋予他们的利益，特别是无法避免由于成员国违反共同体法而蒙受损失。根据"弗朗科维奇案"判决第33段，如果个人无法在其权利受到违反共同体法的行为侵害时获得救济，那么，共同体法的完整有效性就会受到损害。

……

22. 如果被侵害的权利是由共同体条款直接赋予的，而且个人有权在成员国法院依据这项权利，那么就更应该如此。在这种情况下，获得赔偿的权利是共同体条款的直接效力带来的必然结果，正是由于违反该条款才导致原告蒙受损失。

［欧洲法院反对德国政府的观点，即只有经由立法才能创设在共同体法中获得赔偿的一般权利，并且捍卫自身作为《欧洲共同体条约》的解释者地位。］

27. 由于《欧洲共同体条约》中没有任何条款明确和专门调整成员国违反共同体法的后果，因此，为了履行条约第164条赋予本法院的任务，即确保在解释和适用条约时遵守法律，是由本法院对这类问题做出裁决，也就是按照普遍接受的解释方法，特别是通过参照共同体法律体系的基本原则，并在必要情况下参照成员国法律体系共有的一般原则。

28. 的确，《欧洲共同体条约》第215条第2段提到的成员国法律共有的一般原则，正是共同体应该对其机构或公务人员在履行职责时造成损害而产生的非契约责任提供赔偿的依据。

29. 《欧洲共同体条约》第215条明确规定的共同体非契约责任原则，只不过是对成员国法律体系共有的一般原则的一种表述，即由于不法行为或疏忽，导致其有义务弥补由此类行为所造成的损害。该条款也表明，公权机关有义务对其由于履行职责而造成的损害进行弥补。

在"弗朗科维奇案"中，欧洲法院依据的是有效性原则和《欧洲联盟运行条约》第4条第3款。而在"佩舍尔啤酒厂案"中，欧洲法院将国家责任原则置于《欧洲联盟运行条约》第340条所规定的欧盟机构责任背景之下，该条款转而明确要求以成员国共有的一般原则为基础。这一论证似乎旨在使国家责任原则的发展得以合法化，其依据是各国法律秩序中根深蒂固的原则，而不是欧洲法院的创造。

欧洲法院依据国际法原则，并且根据其有关《欧洲联盟运行条约》第258条的判例法做出裁定，不论成员国的哪个机关要为违反欧盟法的行为负责，也无论成员国不同宪政机构之间的内部权力如何划分，国家都需要承担责任。[163] 在后来的案件中，欧洲法院又增加了几条规则。因此，并不要求成员国改变公共机构之间权力与责任分配；联邦国家内部所造成的损害不一定要由该联邦国家提供赔偿；[164] 允许但不要求各国对官员个人或国家施加承担违法责任。[165] 一个重大的发展是，欧洲法院在"克布勒案"（*Köbler*）中裁定，国家责任原则甚至适用于成员国终审法院违反欧盟法的行为。

格哈德·克布勒诉奥地利共和国

Case C‑224/01 Gerhard Köbler v Republik Österreich

[2003] ECR I‑10239

该案涉及奥地利最高行政法院（Verwaltungsgericht）未向欧洲联盟法院提交相关问题，即对奥地利高校的大学教授提供长期任职的特殊加薪，这是否违反条约有关劳动者自由流动的条款。欧洲法院先前

---

[163] R Davis, 'Liability in Damages for a Breach of Community Law: Some Reflection on the Question of Who to Sue and the Concept of "the State"' (2006) 31 ELRev 69.

[164] Case C‑302/97 *Konle v Austria* [1999] ECR I‑3099, [61]‑[64]; Case C‑424/97 *Haim v Kassenzahnärtztliche Vereinigung Nordrhein* [2000] ECR I‑5123, [31]‑[32].

[165] Case C‑470/03 *AGM‑COS. MET Srl v Suomen valtio and Tarmo Lehtinen* [2007] ECR I‑2749.

对相似问题的裁决似乎表明这违反了《欧洲联盟运行条约》第 45 条，但是在"克布勒案"中，奥地利最高行政法院采用的事实定性是欧洲法院在该先前案件中已经反对的，也就是将这种加薪视为忠诚奖励，而忠诚奖励在第 45 条下是合理的。

欧洲法院

33. 鉴于司法机构在保护源于共同体规则的个人权利方面发挥着核心作用，在个人权利由于成员国终审司法机构的一项判决违反共同体法而受到影响时，在某些条件下，如果个人无法因此获得赔偿，那么，共同体规则的完全有效性就会受到质疑，对这些权利的保护也将受到削弱。

34. 必须强调，在上述背景下，从定义上看，终审法院是个人主张共同体法律赋予他们权利的最终司法机构。由于这些权利在被此类法院的终审决定违反之后一般无法得到更正，因此，个人不能被剥夺让该国承担责任的可能性，以致不能以这种方式获得对其权利的法律保护。

35. 此外，特别是为了防止共同体法赋予个人的权利被侵犯，《欧洲共同体条约》第 234 条第 3 段规定，如果根据成员国法不存在对某个法院决定的司法救济，那么，就要求该法院向欧洲法院提请初步裁决。

36. 因此，从保护基于共同体法律的个人权利这一内在要求上可以得出结论，如果终审法院的决定侵害个人上述权利而造成损害，个人必须有可能在成员国法院获得救济。

有几个成员国政府加入了这一案件的审理，它们反对将国家责任扩大到终审法院的行为，但是欧洲法院驳回它们提出的一系列理由。这些理由包括法律确定性、既判力以及司法机构的独立和权威，还有一些更实际的问题，例如，不存在对终审法院的行为做出司法裁判的成员国适格法院。[⑯] 欧洲法院以事实驳回这些反对意见，因为在《欧洲人权公约》体系下，

---

⑯　Case C－224/01〔2003〕ECR I－10239，〔37〕－〔50〕；C Classen, Note（2004）41 CML-Rev 813.

可以就成员国终审法院的决定违反该公约的行为获得国家赔偿。"克布勒案"裁决在后来的"地中海轮渡案"（*Traghetti del Mediterraneo*）和"委员会诉意大利案"中得到强化。在后一案件中，欧洲法院认为意大利立法违法，因为其立法实质上寻求限制因终审法院造成损害而应承担的国家责任。[167] 该裁决在近期"豪赫蒂夫公司案"中得到重申。[168]

在"佩舍尔啤酒厂案"之后，特别是由于该判决第 22 段中的论证，引起了另一个问题，即违反欧盟法而应承担的补偿责任是否也应扩大到"私人"当事方违反欧盟法的行为上。[169] 该议题出现在"卡里奇公司案"中，欧洲法院在该案中重述了源于"范亨特与洛斯公司案"的"新型法律秩序"这一著名论证。接下来，欧洲法院强调《欧洲联盟运行条约》第 101 条反竞争协议这一禁止性规定的基础性质，违反该规定将导致任何此类协议自动失效。

卡里奇公司诉克里恩
Case C –453/99 Courage Ltd v Crehan
[2001] ECR I –6297

[《里斯本条约》重新编号，《欧洲共同体条约》第 85 条和第 86 条现分别变更为《欧洲联盟运行条约》第 101 条和第 102 条]

欧洲法院

23. 第三，应该记住，本法院已裁定，《欧洲共同体条约》第 85 条第 1 款和第 86 条对个人之间的关系产生直接效力，而且为相关个人创设权利，成员国法院必须保护这些权利。……

……

25. 对于由限制或扭曲竞争的合同或行为所造成的损失寻求补偿

---

[167] Case C –173/03 *Traghetti del Mediterraneo SpA v Italy* [2006] ECR I –5177；Case C –379/10 *Commission v Italy* EU：C：2011：775.

[168] Case C –620/17 *Hochtief Solutions*（n 122）.

[169] AG Van Gerven in Case C –128/92 *Banks v British Coal* [1994] ECR I –1209, and extra-judicially in 'Bridging the Unbridgeable：Community and National Tort Laws after *Francovich* and *Brasserie*' (1996) 45 ICLQ 507, 530 –532.

的可能性这一问题，从一开始就应该记住，根据既定判例法，成员国法院的任务是在本身管辖权领域内适用共同体法条款，必须确保这些规则实现完全效力，而且必须保护这些规则赋予个人的权利。……

26. 如果个人无法对一项有可能限制或扭曲竞争的合同或行为对其造成的损失主张赔偿，那么《欧洲共同体条约》第 85 条的完全有效性，特别是第 85 条第 1 款禁止性规定的实际效力就会处于风险之中。

27. 的确，此类权利的存在增强了共同体竞争规则的作用，而且劝阻那些容易限制或扭曲竞争的协议或实践，这些协议或实践往往具有隐蔽性。从这一观点来看，在成员国法院提起赔偿诉讼可以对维护共同体内的有效竞争做出重要贡献。

28. 因此，不应绝对禁止合同的当事方就一项被判定违反竞争规则的合同提起此类诉讼。

"卡里奇公司案"后来得到多项裁决[170]的进一步推动，其重要性在于，它要求成员国法必须提供针对私人当事方违反条约竞争法规则的赔偿诉讼，但是目前还不清楚，该判例法在何种程度上适用于条约其他条款，例如关于自由流动或歧视的条款。[171] 在经过欧盟委员会多年咨询和数次提议之后，理事会于 2014 年通过一项指令，规定对违反竞争法的行为提起成员

---

[170]　Cases C‑295‑298/04 *Manfredi* (n 29)；Case C‑557/12 *Kone AG v OBB Infrastruktur* EU：C：2014：1317；Case C‑360/09 *Pfleiderer* EU：C：2011：389；Case C‑724/17 *Vantaan kaupunki v Skanska Industrial Solutions Oy* EU：C：2019：204.

[171]　W Van Gerven, 'Crehan and the Way Ahead' (2006) 17 EBLR 269；S Drake, 'Scope of *Courage* and The Principle of "Individual Liability" for Damages' (2006) 26 ELRev 841；N Reich, 'Horizontal Liability in EC Law：Hybridization of Remedies for Compensation in Case of Breach of EC Rights' (2007) 44 CMLRev 705；F Marcos and A Sánchez Graells, 'Towards a European Tort Law？Damages Actions for Breach of EC Antitrust Rules' (2008) ERPL 469；K Apps, 'Damages claims against Trade Unions after *Viking* and *Laval*' (2009) 34 ELRev 141；R Nazzini, 'Potency and Act of the Principle of Effectiveness：The Development of Competition Law Remedies and Procedures in Community Law' in C Barnard and O Odudu (eds), *Outer Limits of European Union Law* (Hart, 2009)；E Hjelmeng, 'Competition Law Remedies：Striving for Coherence or Finding New Ways？' (2013) 50 CMLRev 1007；K Havu, 'Horizontal Liability for Damages in EU Law—The Changing Relationship of EU and National Law' (2012) 18 ELJ 407.

国法框架下赔偿诉讼的规则。[172] 欧盟委员会还发布一份咨询意见，后来通过了关于在成员国层面针对违反欧盟权利的行为采用集体救济机制的共同原则的建议，其中包括但不限于竞争诉请，并且特别提到消费者保护、环境保护、个人数据保护、金融服务立法，以及投资者保护等可适用集体救济的领域。[173]

三　国家责任的归责条件

在肯定国家责任这项基本原则之后，欧洲法院在"佩舍尔啤酒厂案"中，以规范欧盟机构责任的《欧洲联盟运行条约》第 340 条为依据，阐明了国家责任的归责条件。按照欧洲法院的措辞，国家因违反欧盟法而应承担责任的条件，不得与类似情况下欧盟应承担责任的条件有所差别。[174]

佩舍尔啤酒厂诉德国

Cases C – 46 and 48/93 Brasserie du Pêcheur SA v Germany

[1996] ECR I – 1029

[《里斯本条约》重新编号，《欧洲共同体条约》第 189 条和第 215 条现分别变更为《欧洲联盟运行条约》第 288 条和第 340 条]

欧洲法院

43. 本法院就《欧洲共同体条约》第 215 条发展形成的规则体系，特别是与立法性措施的责任有关的规则体系，尤其是考虑到如下事项：受到规制的形势的复杂性，在适用或解释文本方面存在的困难，以及更为特别的是，相关法令的草拟人拥有的自由裁量权余地。

---

[172]　Directive 2014/104/EU of the European Parliament and of the Council of 26 November 2014 on certain rules governing actions for damages under national law for infringements of the competition law provisions of the Member States and of the European Union [2014] OJ L349/1.

[173]　Commission Recommendation of 11 June 2013 [2013] OJ L201/60.

[174]　但欧洲法院指出，如果需要，成员国法律也可以设定更严格的责任条件，参见该判决第66 段，也可参见 Case C – 524/04 *Thin Cap* (n 9) and Case C – 429/09 *Fuß* (n 145).

44. 因此，在发展与共同体非契约责任有关的判例法时，特别是在涉及与选择经济政策有关的立法性措施的情况下，欧洲法院考虑到了相关机构在实施共同体政策时所拥有的广泛的自由裁量权。

45. 对共同体在开展立法活动时应承担的责任采取严格方法，出于以下两个考虑因素。第一，即使措施的合法性要受到司法审查，只要共同体的普遍利益要求通过立法性措施，那么，即使该措施有可能对个人利益造成不利影响，对此项立法功能的行使也绝不能由于存在赔偿诉讼的可能性而受到阻碍。第二，如果某项立法的背景以行使广泛自由裁量权为特征，而这种自由裁量权对于实施一项共同体政策必不可少，那么，除非相关机构明显且严重无视对其行使权力所规定的限制，共同体就不应承担责任。

46. 也就是说，成员国立法机构在由共同体法调整的领域采取行动时，如同共同体机构一样，并非系统性地拥有广泛的自由裁量权。共同体法可以对成员国立法机构施加实现某一特定结果的义务，或者施加采取行动或避免采取行动的义务，从而缩减成员国立法机构的自由裁量权余地，有时是在很大程度上缩减。例如，如同与"弗朗科维奇案"判决相关的环境一样，《欧洲共同体条约》第189条向成员国施加一项义务，要求在既定时间内采取所有必要措施，以便实现某个指令所要求的结果。在这样的情况下，由成员国立法机构采取必要措施这一事实，并未对成员国由于未能转化指令而应承担的责任产生任何影响。

47. 与此相反，如果成员国在其拥有广泛裁量权的某个领域采取行动，即与共同体机构实施共同体政策的情况相当，那么在原则上，成员国应承担责任的条件必须与共同体机构在与此相当的情况下承担责任的条件完全相同。

　　……

51. 在这样的情况下，如果能够满足以下三个条件，则共同体法赋予其获得赔偿的权利：被违反的法律规则必须旨在对个人赋予权利；违法必须足够严重；在国家违反义务的行为与受害方所蒙受的损害之间必须存在直接的因果联系。

　　……

53. ……这些条件实质上符合本法院关于第215条的判例法所做的

那些界定，这些判例法涉及共同体对其机构制定的不法立法措施对个人所造成的损害责任。

……

55. 就第二个条件而言，在涉及第 215 条中的共同体责任，以及违反共同体法的国家责任方面，认定违反共同体法的行为足够严重的决定性标准是，成员国或共同体相关机构是否明显且严重无视对其自由裁量权的限制。

56. 适格法院可以考虑的因素包括：被违反的规则的清晰性和确切性；该规则留给该国或共同体权力机构的自由裁量权的程度；违反行为以及由此造成的损害是否有意或者非自愿；任何法律错误是否情有可原，或者不可原谅；共同体机构采取的立场也许是导致疏漏的原因这一事实；通过或维持违反共同体法的成员国的措施或实践。

57. 无论如何，如果存在以下情况，违反共同体法的情形显然就足够严重了：尽管有判决裁定相关违反行为成立，但该行为依然持续；或者，从本法院就该事项做出的初步裁决或既定判例法中，可以清楚地看出相关行为构成违法。

于是，国家责任的三个条件是：被违反的欧盟法律规则必须旨在赋予他们权利；违反该规则的行为必须足够严重；该违法行为与个人遭受的损失或损害之间必须存在直接因果联系。由成员国法院考虑第 56 段中列出的因素来确定是否存在严重违法情形，也由成员国法院判断其中的因果联系。⑫ 然而，欧洲法院可以向成员国法院提供这方面的"指引"⑬。

在"啤酒厂案"中，欧洲法院由此提出，鉴于欧洲法院对该效果的先前裁决，成员国当局肯定已经知道德国的啤酒命名规则违反了欧

---

⑫　Cases 46 and 48/93 *Brasserie du Pecheur* (n 140) [65]. See also Case C‑140/97 *Rechberger* (n 142) [72]‑[73]；Case C‑127/95 *Norbrook Laboratories Ltd v Ministry of Agriculture Fisheries and Food* [1998] ECR I‑1531；Case C‑319/96 *Brinkmann Tabakfabriken GmbH v Skatteministeriet* [1998] ECR I‑5255 [29]；Case C‑94/10 *Danfoss* EU：C：2012：591.

⑬　See, eg, Case C‑420/11 *Leth* EU：C：2013：166；Case C‑557/12 *Kone AG v OBB Infrastruktur* EU：C：2014：1317；Case C‑571/16 *Kantarev v Balgarska Narodna Banka* EU：C：2018：807；M Tomulic Vehovec, 'The Cause of Member State Liability' (2012) 20 ERPL 851.

盟法。⑰ 欧洲法院还指出，尽管可以认为，存在认定违反欧盟法的某些欧洲法院先前的裁决，这意味着后续类似的违法行为构成足够严重的违法行为，但是，这样的先前裁决并不是确定存在足够严重违法行为所"必要的"⑱。

欧洲法院还提供了与"法克特塔梅案"有关的指引。它判定，《商船法》中规定的注册条件有一部分"表面上"不符合欧盟法，但其他注册条件似乎可以用来提供正当理由。⑲ 在评估"足够严重"这一问题时，欧洲法院鼓励英国法院考虑以下因素。这些因素包括：涉及共同渔业政策的现有法律争端；欧盟委员会已将其态度及时告知英国这一事实；"成员国法院在诉前临时程序中就欧盟法的确定性状态所做的评估"⑳。

"归责标准"通过"足够严重的违法行为"检测法来确定。欧洲法院在"啤酒厂案"中明确指出，除了证明违反行为足够严重之外，不要求过错。㉑ 成员国法院将通过考虑欧洲法院该案判决第 56 段所提及的因素，以欧洲法院初步裁决所提供的指引为准，来判断是否存在严重违法行为。

因此，在"富斯案"（*Fuβ*）中，违法行为"明显无视欧洲法院判例法"，这一事实使其成为足够严重的违法行为。㉒ 在涉及德国未能实施《第90/314 号包价旅游指令》的"迪伦科费尔案"（*Dillenkofer*）㉓ 中，欧洲法院裁定，"弗朗科维奇案"已经确定，未在规定时间期限内转化一项指令

――――――――――

⑰ 在收到欧洲法院对"佩舍尔啤酒厂案"的初步裁决之后，德国法院最终裁定，就规制"*bier*"这一名称的规定而言根本不存在对原告的损害，其依据是，在德国认为足够严重的违法行为与所遭受的损害之间不存在直接因果联系。参见 [1997] 1 CMLR 971；Oliver（n 184）657；E Deards，Note（1997）22 ELRev 620.

⑱ Cases 46 and 48/93 *Brasserie du Pêcheur*（n 140）[91]-[95].

⑲ 英国上院判定违法行为足够严重以至引起赔偿责任，见 [2000] 1 AC 524（HL）；地区法院最终裁定，见 [2001] 1 WLR 942.

⑳ Cases 46 and 48/93 *Brasserie du Pêcheur*（n 140）[63]. Compare Case C-318/13 *X* EU：C：2014：2133.

㉑ Cases 46 and 48/93 *Brasserie du Pêcheur*（n 140）[76]-[79]；Case C-424/97 *Haim*（n 164）；Case C-429/09 *Fuβ*（n 145）[65]-[70].

㉒ Case C-429/09 *Fuβ*（n 145）；Case C-168/15 *Tomášová v Slovenská republika* EU：C：2016：602，[26].

㉓ Cases C-178-179 and 188-190/94 *Dillenkofer v Germany*[1996] ECR I-4845，[21]-[23].

的行为"本身"就已达到构成足够严重的违法行为。⑱ 同样在"洛马斯案"（*Lomas*）中，英国拒绝为出口到西班牙的活绵羊提供出口许可，其理由是西班牙屠宰场不符合某项欧盟指令所规定的条件，英国这一行为同样构成足够严重的违反行为。这是因为该指令并未给予成员国自由裁量权，条约相关条款足够清楚，而且不存在已经适当核准的正当理由。⑱ 欧洲法院在"*AGM-COS. MET* 公司案"⑱ 和"*Synthon* 公司案"⑱ 中也做出了类似的裁定，在这两个案件中，成员国都没有自由裁量空间。⑱

相比之下，在"英国电信公司案"（*British Telecom*）中⑱，欧洲法院裁定英国错误地实施了某项公共采购指令。但其结论是，该行为并未达到"足够严重的违反行为"，因为该指令条款不够清楚和确切；英国对该指令的解释出于善意，与该指令的目的和措辞相一致；而且欧洲法院先前裁决或欧盟委员会都未就此给出过指引。在"登卡维特公司案"（*Denkavit*）中欧洲法院也做出了类似裁决。在该案中，德国未能正确转化一项公司税指令，而其他所有成员国几乎都对该指令采用了与德国相同的解释，也不存在与相关条款有关的现行判例法。⑲ 如果欧盟法将相当大的自由裁量权留给成员国当局，国家责任将取决于是否认定其明显和严重无视对这这自由裁量权的限制。⑲

如果违反欧盟法律是由司法部门的行动造成的，例如"克布勒案"，

---

⑱　Ibid ［21］-［23］.

⑱　Case C-5/94 *R v Ministry of Agriculture, Fisheries and Food, ex p Hedley Lomas* ［1996］ECR I-2553, ［28］-［29］; Case C-118/00 *Larsy v INASTI* ［2001］ECR I-5063; Case C-150/99 *Stockholm Lindopark Aktiebolag v Sweden* ［2001］ECR I-493.

⑱　Case C-470/03 *AGM-COS. MET Srl v Suomen valtio and Tarmo Lehtinen* (n 165).

⑱　Case C-452/06 *R, ex p Synthon BV v Licensing Authority of the Department of Health* ［2008］ECR I-7681.

⑱　Compare Case C-63/01 *Evans* (n 38) ［82］-［88］.

⑱　Case C-392/93 *R v HM Treasury, ex p British Telecommunications plc* ［1996］ECR I-1631.

⑲　Cases C-283, 291 and 292/94 *Denkavit International v Bundesamt fur Finanzen* ［1996］ECR I-5063, ［51］-［52］. See also Case C-319/96 *Brinkmann* (n 175) ［30］-［32］; Case C-127/95 *Norbrook* (n 175).

⑲　Case C-278/05 *Robins and Others v Secretary of State for Work and Pensions* ［2007］ECR I-1053; Cases C-501, 506, 540 and 541/12 *Specht* EU：C：2014：2005.

在确定违反行为是否足够严重时所考虑的因素保持不变[192]，但要受成员国法院不遵守提请初步裁决义务的附加因素的限制。这一点在"地中海轮渡案"（*Traghetti del Mediterraneo*）中得到了进一步强调。在该案中，意大利立法寻求限制终审法院对所造成的损害应承担的国家责任，即如果违反欧盟法的行为是由于终审法院对法律进行解释或对事实或证据进行评估而导致的结果，该立法将排除承担国家责任，而且将责任仅局限于成员国法院故意过失和严重行为不当的情形中。[193] 意大利主张，这项受到质疑的立法在有效司法保护、法律确定性和司法机构的独立性之间实现了合理平衡。欧洲法院予以驳回。排除成员国终审法院解释法律所应承担的责任，或者评估事实或证据所应承担的责任，"将使'克布勒案'中规定的原则变得毫无意义"，因为这两种司法活动中的任何一种都可能十分容易地导致明显违反欧盟法。[194] 对于表明成员国法院存在故意过失和严重不当行为这一要求，欧洲法院裁定如下：

> 尽管成员国法仍有可能界定有关违法行为性质或程序的标准，只有满足这些标准，才能使违反共同体法所导致的国家责任归因于成员国终审法院，但此类标准在任何情况下所施加的要求，都不得比适用于认定明显违反行为的法律所施加的要求更加严格，"克布勒案"判决第53—56段已经阐明了这一点。[195]

四 国家责任与成员国救济框架

尽管"佩舍尔啤酒厂案与法克特塔梅第三案合并审理案"为国家责任的归责条件提供了指引，但是还有很多问题需要由成员国法调整，其前提

---

[192] Case C – 224/01 *Köbler* （n 166）［53］；Case C – 620/17 *Hochtief Solutions* （n 122）［36］；B Beutler, 'State Liability for Breaches of Community Law by National Courts: Is the Requirement of a Manifest Infringement of the Applicable Law an Insurmountable Obstacle?' （2009）46 CMLRev 773.

[193] Case C – 173/03 *Traghetti del Mediterraneo* （n 167）；Case C – 379/10 *Commission v Italy* EU：C：2011：775；G Anagnostaras, 'Erroneous Judgments and the Prospect of Damages' （2006）31 ELRev 735；M Rodriguez, 'State Liability for Judicial Acts in European Community Law' （2005）11 CJEL 605.

[194] Case C – 173/03 *Traghetti del Mediterraneo* （n 167）［34］-［40］. 参见委员会针对意大利的相同违法行为所提起的后续诉讼：Case C – 379/10 *Commission v Italy* EU：C：2011：775.

[195] Case C – 173/03 ［44］.

条件是要遵守同等性原则和有效性原则。^⑩ 因此，尽管欧盟法决定了国家责任的核心条件^⑰，但补偿诉讼是在国内法律体系框架下提供的，而成员国对某些事项的程序规则和实体规则各异，例如时效、因果联系、减轻损失以及损害赔偿评估，等等。^⑱

（一）有效性

欧洲法院根据各成员国国情做出裁决，有些情况可能违反有效性原则，涉及归责标准和赔偿范围。

对于归责标准，欧洲法院在"啤酒厂与法克特塔梅合并案"中裁定，由于德国法对其行使立法功能时所产生的国家责任施加限制，而英格兰法律要求以"滥用权力"或渎职证据等为前提条件，将导致获得赔偿过于困难。在"坎塔雷夫案"（*Kantarev*）中，欧洲法院裁定，成员国要求证明损失意图，这不符合关于国家损害赔偿责任的欧盟法。^⑲

就赔偿幅度而言，欧洲法院在"啤酒厂与法克特塔梅合并案"中裁定："对由于违反共同体法的行为而给个人造成的损失或损害提供的赔偿，必须与个人所蒙受损失或损害的程度相当。"^⑳ 对于"相当性"（commensurability）的要求十分强烈，令人想起"马歇尔第二案"的裁决^㉑，而且对可以获得的损害赔偿幅度所施加的任何限制都必须合理。有关减轻损失的规则是可以接受的。^㉒ 但是，如果完全排除利润损失，或者将损害赔偿仅限于诸如财产等某些特定利益^㉓，或者对除财产以外的其他损失追偿施加严格的额外条件^㉔，这些都违反了有效性原则。尽管欧洲法院驳回了德国政府所提出的对"啤酒厂案"裁决的效力设定时间限制的请求，但是它

---

⑩ C Kremer, 'Liability for Breach of EC Law' (2003) 22 YBEL 203；H Xanathi, 'Effective Judicial Protection at the National Level Against Breaches of EC Law' (2005) 5 EJLR 409.

⑰ Case C – 300/04 *Eman* (n 132) [70].

⑱ See, eg, Case C – 228/98 *Dounias* (n 114)；Case C – 118/00 *Larsy* (n 185).

⑲ Case C – 571/16 Kantarev (n 176).

⑳ Cases 46 and 48/93 (n 140) [82].

㉑ Case C – 271/91 *Marshall v Southampton and South-West Hampshire Area Health Authority II* [1993] ECR I – 4367.

㉒ Case C – 445/06 *Danske Slagterior* (n 145).

㉓ Cases 46 and 48/93 *Brasserie du Pêcheur* (n 140) [84] – [88].

㉔ Case C – 470/03 AGM (n 165) [90] – [96].

表示，德国可以在"本国"归责规则框架下考虑"时际"相关问题，例如法律确定性原则。[205]

还有其他某些对损害赔偿诉讼施加的限制性条件，已被判定不符合有效性原则。在因"弗朗科维奇案"诉讼所引起的三个意大利案件中，欧洲法院裁定，成员国规则对国家先前违反欧盟法的行为所施加的限制获得赔偿的可能性，其限制性过于严苛。[206] 该案中的违法行为是意大利未能实施《第80/987号指令》有关在雇主破产清算后为雇员提供保护的规定，欧洲法院还判定，在对薪酬主张的起算时间施加限制条件的立法中，有多个条款可以导致过度限制。

（二）同等性

对于"同等性原则"，一方面，欧洲法院在"帕尔米萨尼案"（*Palmisani*）中将其留给成员国法院判断，将意大利立法所规定的一年期赔偿诉讼时效用于未实施《第80/987号指令》是否符合该原则。[207] 根据《意大利民法典》，提起非合同之诉的普通诉讼时效为5年。欧洲法院区分了以下两种诉讼：一种是依据实施该指令的成员国法律提出的薪酬求偿诉讼（社会保障补助金），另外一种是对于因延迟实施该指令所导致的损害提出赔偿诉讼，这种情况由意大利实施指令的措施所设立的补偿机制做出调整（对国家未实施指令的行为提供补偿）。出于这一原因，将补偿机制下的诉讼时效与成员国有关社会保障诉讼的诉讼时效进行比较，这可能并不适当，而是应该将其与非合同之诉的普通诉讼时效制度进行比较。[208] 一方面，尽管欧洲法院认为相关立法可能违反"同等性原则"，但是交由意大利法院对该问题做出决定。[209] 另一方面，在"城市交通公司案"（*Transportes Urbanos*）中，欧洲法院显然认为，在以违反欧盟法为由提起赔偿诉讼之前要先用尽国内救济，这违反了同等性原则，因为这并不适用于对违反国内宪

---

[205]　Cases 46 and 48/93 *Brasserie du Pêcheur* (n 140) [98].

[206]　Cases C-94-95/95 *Bonifaci and Berto v IPNS* [1997] ECR I-3969; Case C-261/95 *Palmisani* (n 129); Case C-373/95 *Maso and Gazzetta v IPNS* [1997] ECR I-4051; Dougan (n 152).

[207]　Case C-261/95 (n 129).

[208]　See also Case C-69/08 *Visciano* (n 94) [41]-[42].

[209]　Case C-261/95 (n 129) [39]; Cases C-52 and 53/99 *ONP v Camarotto* [2001] ECR I-1395; Case C-470/04 *N v Inspecteur van de Belastingdienst Oost/kantoor Almelo* [2006] ECR I-7409.

法而提起的损害赔偿诉讼。⑩

五　国家责任作为剩余救济

这里提出的问题是，个人选择以欧盟授权的补偿诉讼执行欧盟法，而不是另外选择现行成员国救济，这样做是否存在优势？⑪ 对此问题，"Comateb 公司案"⑫ 和 "萨顿案"⑬ 等案件提供了一些启示，如果由于存在合法的成员国程序限制，导致成员国国内救济并不令人满意，那么针对该国提起赔偿诉讼就有可能提供另外一种替代救济，这种救济不受成员国特定限制性规则的影响。在这些案件中，欧洲法院首先承认，对获得成员国救济所施加的限制条件可能是合法的，接下来欧洲法院考虑是否可能存在国家赔偿责任这一问题。

对于这类案件有一种解读，假定可以证明，相较于根据成员国法提供的救济，"弗朗科维奇案" 类型的赔偿诉讼是一种更有效的救济。然而，这一假设受到批评，因为以 "弗朗科维奇案" 为基础的诉讼需要先确定符合另外的苛刻条件，例如违反行为足够严重以及与损害具有因果联系。⑭ 有主张认为，由于能够以欧盟法的直接效力为依据在成员国法框架下提起单独诉讼，因此，这一事实就应该排除 "弗朗科维奇案" 类型的赔偿诉讼，但是欧洲法院在 "斯德哥尔摩林德公园案"（*Stockholm Lindöpark*）中

---

⑩　Case C – 118/08 *Transportes Urbanos y Servicios Generales SAL v Administración del Estado* EU：C：2010：39.

⑪　有学者质疑赔偿诉讼是否有可能成为其他国内救济的辅助，参见 Oliver（n 161）and Deards（n 177）；G Anagnostraras, 'State Liability and Alternative Courses of Action：How Independent Can an Autonomous Remedy Be？'（2002）21 YBEL 355.

⑫　Cases C – 192 – 218/95 *Comateb*（n 9），该案涉及的不当得利原则成为偿还被错误征收费用的障碍。对偿还收费和成本 "转嫁" 相关判例法的进一步讨论，可参见 Dougan（n 11）。可比较 "Comateb 公司案" 与 "韦伯葡萄酒世界案"（*Weber's Wine World*）（n 133）：在 "Comateb 公司案" 中，欧洲法院认可其中的不当得利原则符合有效性原则；而在 "韦伯葡萄酒世界案" 中，欧洲法院裁定，仅以收费已被转嫁至第三方这一事实为依据而 "假设" 存在不当得利，该假设将导致在实践中行使欧盟权利变得过于困难。也可参见 Case C – 309/06 *Marks & Spencer*（n 9），该案涉及 "部分" 转嫁，以及三个示范索赔人提出的集团诉讼，即 Case C – 201/05 *CFC*（n 9）；Case C – 524/04 *Thin Cap*（n 9）；Case C – 446/04 *FII Group Litigation*（n 9）；Case C – 94/10 *Danfoss* EU：C：2012：591.

⑬　Case C – 66/95 *Sutton*（n 37）；Case C – 90/96 *Petrie v Universitàdegli Studi di Verona et Camilla Bettoni*［1997］ECR I – 6525；Case C – 261/95 *Palmisani*（n 129）.

⑭　Dougan（n 175）.

对其予以驳回。㉑ 此外，在"韦尔斯案"（*Wells*）中，对于违反欧盟环境影响评估法的行为，哪种类型的救济是可以获得和适当的，例如采取撤销还是赔偿，欧洲法院将其交由成员国法院决定。㉑ 在"城市交通公司案"中，向欧洲法院提交的问题是，如果成员国规则要求，在就国家违反欧盟法的行为所造成的损失提起国家责任赔偿诉讼之前，首先要用尽国内救济，那么，欧盟法是否允许这样的成员国规则存在。㉑ 欧洲法院以该案件的事实为基础，裁定该规则违反同等性原则，因为用尽救济规则并不适用于对违反成员国宪法的行为提起的赔偿诉讼。但是，如果对根据欧盟法和成员国宪法提起的赔偿诉讼采取了具有同等性的处理方法，那么此类事先用尽救济规则的诉讼是否违反有效性原则，欧洲法院并未予以回答。

欧洲法院普雷查尔法官（Prechal）认为，由于违反欧盟法而应承担的国家责任事实上是"一种剩余救济"，是对欧盟权利的直接或间接效力以及在国家层面执行这些权利的"一种次级替代"㉑。她建议，欧盟法甚至可以要求诉讼当事人在寻求国家赔偿之前，首先依据一项欧盟权利的直接或间接效力，以此作为减少其损失的一种方式。在她看来，"弗朗科维奇案"之后的判例法肯定了国家责任作为其他措施失败之后的一种"安全保障"所具有的辅助性质和补充性质。当然，成员国法院在"免税投资收入集团诉讼中的示范索赔人案"（*Test Claimants in the FII Group Litigation*）中向欧洲法院提交的问题表明，诉讼当事人也有可能认为，相较于在国内主张退回税款的方式，针对国家提起赔偿诉讼仅是一种次优选择。㉑ 杜根（Dougan）也指出，欧洲法院倾向于将国家责任作为对国内救济不足的弥补。㉑ 这些评论者质疑，欧洲法院倾向于在成员国救济不足时将国家责任作为万能良药，这是否有可能产生削弱成员国保护有效性的负面影响。

㉑ Case C – 150/99 *Stockholm Lindöpark*（n 221）［35］.

㉑ Case C – 201/02 *Wells*（n 87）［67］–［69］.

㉑ Case C – 118/08 *Transportes Urbanos*（n 241）.

㉑ S Prechal,'Direct Effect and State Liability：What's the Difference After All?'（2006）17 EBLR 299.

㉑ 该国法院在其提出的第三个问题中询问道："在所描述的情况下……这家支付预付税（ACT）的公司是主张退回被不合理收取的税费（如"圣乔治案"……），还是仅主张损害赔偿（如"佩舍尔啤酒厂与法克特塔梅案"）?"，参见 Case C – 35/11 *Test Claimants in the FII Group Litigation* EU：C：2012：707,［35］.

㉑ M Dougan, *National Remedies before the Court of Justice*（Hart, 2004）ch 5.

第七节　结论

一　由于不存在欧盟救济的调和体系，欧洲联盟法院采取了干预做法，旨在促进各国程序逐渐趋于一致，但是这招致了不同的反应。有些人称赞欧洲法院既需要尊重成员国法律自主，又需要促进欧盟法的有效实施，在这两种相互竞争的需求之间走出了一条艰难的道路。

二　对此种被动反应式、临时性和随意性的司法造法，其他一些人对其影响提出了警告，主张采取一种更系统、具有政治合法性和经过仔细考虑的政治途径来解决欧盟法的有效性问题，并且创设一套欧盟诉讼程序与救济体系。[21] 然而，由于很难在这些领域实现欧盟立法调和，甚至是立法协调，更不用说在非常具体的方面了；有人建议，通过欧洲法院的判例法进行渐进式的改革，在某些方面或许是可行的。[22]

三　也有人认为，对救济的调和任务根本就不适合由欧洲法院履行。[23] 人们一直将欧洲法院判例法在绝大多数方面的贡献描述为促进了一种消极形式的调和，而不是积极的调和，它为成员国体系设定了限制条件和界限，而不是提出统一的解决方案。[24] 即使是在竞争法和国家援助等一体化程度更高的部门，由司法机构引领的调和也一直被描述为最低程度的调和，而不是完全调和。

四　不存在欧盟立法行动这一事实，也许反映了成员国在政治上明确反对为这方面的国内程序进行调和，甚至协调；或者，它可能只是反映了有可能涉及的任务的困难性、复杂性和宏大性。[25]

五　成员国也可能会抵制欧盟干预其私法体系，无论是在立法还是在司法

---

[21]　F Snyder, 'The Effectiveness of European Community Law' (1993) 56 MLR 19, 50 – 53.

[22]　C Himsworth, 'Things Fall Apart: The Harmonisation of Community Judicial Protection Revisited' (1997) 22 ELRev 291, 307.

[23]　Dougan（n 220）.

[24]　Ibid chs 6 and 7.

[25]　C Harding, 'Member State Enforcement of European Community Measures: The Chimera of "Effective" Enforcement' (1997) 4 MJEL 5.

方面，私法体系反映了一些隐含的但却是根本性的社会和文化选择。[29] 尽管如此，为激活欧盟"自由、安全和公正的区域"而采取大量行动，包括协调成员国之间的民事程序法，这可能表明了该领域的转变。[30] 尽管强硬形式的救济方式"调和"可能不会被提上议程，但其他一些渐进的相互接近形式则有可能出现，也许会由某些措施予以推动，例如欧盟委员会关于集体求偿制度的建议。

第八节　扩展阅读

一　专著与研究报告

Dougan, M, *National Remedies before the Court of Justice*（Hart, 2004）

Kilpatrick, C, Novitz, T, and Skidmore, P（eds）, *The Future of Remedies in Europe*（Hart, 2000）

Van Leeuwen, B, and Condon, R, Bottom up or Rock Bottom Harmonization? Francovich State Liability in National Courts, EUI Department of Law Research Paper No Law 2015/3

二　论文

Anagnostaras, G, 'Erroneous Judgments and the Prospect of Damages: The Scope of the Principle of Governmental Liability for Judicial Breaches'（2006）

---

[29] D Caruso, 'The Missing View of the Cathedral: The Private Law Paradigm of European Legal Integration'（1997）3 ELJ 3; H Collins, 'European Private Law and the Cultural Identity of States'（1995）3 ERPL 353.

[30] 《欧洲联盟运行条约》第81条调整民事司法合作相关措施的通过，其目的是取消妨碍跨国"民事诉讼程序"的障碍，见 E Storskrubb, *Civil Procedure and EU Law*（Oxford University Press, 2008）; Z Vernadacki, 'Civil Procedure Harmonization in the EU: Unravelling the Policy Considerations'（2013）9 Journal of Contemporary European Research 297. 《欧洲联盟运行条约》第82—86条调整"刑法措施"的调和，可参见2012年5月22日欧洲议会报告与决议：'Report on an EU Approach to Criminal Law' A7 - 0144/2012. 对调和欧洲"合同法"领域的各种建议和尝试所做的评估，参见 J Devenney and M Kenny, *The Transformation of European Private Law*（Cambridge University Press, 2013）; K Gutman, *The Constitutional Foundations of European Contract Law*（Oxford University Press, 2014）. 2001年成立欧洲法研究所，主要目的包括"起草、评估和改进欧洲法律体系中的共有原则和规则"，http://www.europeanlawinstitute.eu/。

31 ELRev 735

Arnull, A, 'The Principle of Effective Judicial Protection in EU Law: An Unruly Horse?' (2011) 36 ELRev 51

Dougan, M, 'The Francovich Right to Reparation: Reshaping the Contours of Community Remedial Competence' (2000) 6 EPL 103

—— 'The Vicissitudes of Life at the Coalface: Remedies and Procedures for Enforcing Union Law before the National Courts' in P Craig and G de Búrca (eds), *The Evolution of EU Law* (Oxford University Press, 2nd edn, 2011)

Drake, S, 'Scope of Courage and the Principle of "Individual Liability" for Damages' (2006) 6 ELRev 841

Havu, K, 'Horizontal Liability for Damages in EU Law—The Changing Relationship of EU and National Law' (2012) 18 ELJ 407

Kornezov, A, '*Res Judicata* of National Judgments Incompatible with EU Law: Time for a Major Rethink?' (2014) 51 CMLRev 809

Krommendijk, J, 'Is there Light on the Horizon? The Distinction between "*Rewe* Effectiveness" and the Principle of Effective Judicial Protection in Article 47 of the Charter after *Orrizonte*' (2016) 53 CMLRev 1395

Prechal, S, 'Member State Liability and Direct Effect: What's the Difference After All?' (2006) 17 EBLR 299

Tomulic Vehovec, M, 'The Cause of Member State Liability' (2012) 20 ERPL 851

Trstenjak, V, and Beysen, E, 'European Consumer Protection Law: *Curia semper dabitremedium*?' (2011) 48 CMLRev 95

Van Cleynenbreugel, P, 'Judge-Made Standards of National Procedure in the Post-Lisbon Constitutional Framework' (2012) 37 ELRev 90

Wattel, P, 'National Procedural Autonomy and Effectiveness of EC Law' (2008) 35 LIEI 109

第十章 欧盟法与成员国法的关系：最高效力原则

第一节 核心议题

一 欧盟法最高效力理论（supremacy of EU law，又译欧盟法的至上性）过去不曾具有正式的条约基础，而是由欧洲法院在"新型法律秩序"（new legal order）这一概念的基础上发展形成的。欧洲法院裁定，假如欧盟法有可能从属于成员国法，那么在不同成员国之间创设统一的共同市场的目标就无法实现。

二 欧洲法院由此认为，欧盟法的效力不能通过参照成员国法来评估。欧洲法院要求成员国法院在审理案件时给予欧盟法以即时效力（immediate effect），无论是何种位阶的欧盟法，并且忽略或搁置任何可能妨碍欧盟法适用的成员国法，无论是何种位阶的成员国法。因此，按照欧洲法院的观点，欧盟法的任何规范都优先于成员国法的任何规则，包括成员国宪法。

三 要求"搁置"与欧盟法相冲突的成员国法，并不必然意味着有义务废除成员国法，在相冲突的欧盟法规则未涵盖的任何情况下，成员国法仍可适用。

四 绝大多数成员国法院都不认可欧洲法院关于欧盟法最高效力的观点。尽管它们在实践中接受关于最高效力的要求，但是绝大多数成员国法院认为，这源于其本国宪法，而不是来自欧盟条约或联盟法院的权威，并且它们仍然保留对欧盟法措施进行最终宪法审查的权力。此外，由于《里斯本条约》中引入保障国家身份的条款，这也对欧盟法最高效力原则提出了挑战。

第二节　维度一：从欧洲法院视角
看待最高效力原则

一　基础

《欧洲经济共同体条约》并未包含规定共同体法具有凌驾于成员国法之上最高效力的任何规定。《宪法条约》引入最高效力条款，《里斯本条约》则只包括一项关于优先性（primacy）的声明，其效力将在下文讨论。尽管《罗马条约》中缺少任何的明示规定，但是欧洲法院在共同体早期阶段就阐明了关于最高效力原则的观点。欧洲法院在"范亨特与洛斯公司案"① 中触及了这个议题，指出共同体构成国际法的一种新型法律秩序，成员国为此已限制其主权权利。但当时欧洲法院的首要关注点是直接效力问题。在"科斯塔案"（*Costa*）的裁决中，最高效力理论被推到前沿。②

弗拉米尼奥·科斯塔诉意大利国家电力公司

Case 6/64 Flaminio Costa v ENEL

［1964］ECR 585, 593

［《里斯本条约》重新编号，《欧洲经济共同体条约》第 5 条、第 7 条、第 177 条和第 189 条现分别变更为《欧洲联盟条约》第 4 条第 3 款、《欧洲联盟运行条约》第 18 条、第 267 条和第 288 条］

欧洲法院

与普通的国际条约不同，《欧洲经济共同体条约》创设了自己的

---

① Case 26/62 *NV Algemene Transporten-en Expeditie Onderneming van Gend en Loos v Nederlandse Administratie der Belastingen*［1963］ECR 1.

② A Arena, 'How European Law Became Supreme: the making of *Costa v. ENEL*', Jean Monnet Working Paper 5/18.

法律体系。自该条约生效之日起，这个法律体系就成为成员国法律体系不可或缺的一部分，各国法院有义务适用该体系。

通过创建一个无限期的共同体——该共同体拥有自己的机构、自己的人格、自己的法律能力和国际层面的代表资格，更重要的是拥有由于对主权的限制或者成员国向共同体让渡权力而派生出的真正权力，由此，成员国已限制其主权权利，即使是在有限的领域，并且创设了一个既约束其国民，也约束成员国自身的法律实体。

将派生于共同体的条款纳入各成员国法律，或者更一般地将条约条款和精神纳入各成员国法律，其必然后果是成员国不可能给予后来通过的单边措施以优先地位，即优先于成员国基于互惠所接受的一个法律体系。因此，这种单边措施不能与该法律体系不一致。共同体法的执行效力不能因遵守后来的国内法而在不同成员国之间存在差别，不得妨碍实现《欧洲共同体条约》第5条第2款设定的目标，并且不得造成第7条所禁止的歧视。

如果缔约国后来的立法性法令有可能导致人们质疑在创建共同体的条约框架下应承担的义务，那么这些义务就不是无条件的，而只是随意性的。……

共同体法的优先性得到条约第189条的肯定，规定条例"应具有约束力"并且"在所有成员国直接适用"。该条款不受制于任何保留，如果成员国可以通过一项可能优先于共同体法的立法性措施就单边地废除该条款的效力，那么这个条款就毫无意义。

从上述观察可以得出，派生于条约的法律，作为独立的法律渊源，由于其自身的特殊和初始性质，不得被国内法律规定所推翻，无论这些规定是如何形成的，同时不得剥夺其作为共同体法的特征，并且不得质疑共同体本身的法律基础。

成员国将条约框架下的权利和义务从其国内法律体系让渡给共同体法律体系，这种让渡就包含着对其主权权利的永久限制；在这种背景下，成员国后来通过的与共同体概念不符的单边法令不得优先适用。

欧洲法院采用目的分析方法而非文本分析方法，强调欧盟的目标和基础条约的精神。欧洲法院使用了多条理由，用以证明应该给予欧盟法具有超越成员国法的最高地位这一结论。

欧洲法院提出的第一条理由可以称之为契约论：欧盟法应具有优先性，因为这源于成员国在加入欧盟时所达成的协定。我们可以从欧洲法院的陈述中看到这一点，即条约创设了自身的法律秩序，它成为成员国法律体系"不可或缺的组成部分"。在欧洲法院的如下陈述中，这一理由更加明显。欧洲法院指出，成员国已经向新的联盟机构转让"派生于对主权限制的真正权力"，并由此限制其主权权利。欧洲法院并未提到任何特定成员国的宪法，以至未审视这些宪法是否考虑这种权力让渡或者对主权的限制，或者说，根据该宪法是否有可能这样做。

第二条理由是功能式的，其包含的观点是，如果不赋予欧盟法优先性，条约的目标本身就无法实现。因此，欧洲法院指出，如果某个成员国拒绝给予一项本应统一和平等约束所有成员国的联盟法以效力，条约的一体化和合作目标将难以实现。

第三条理由是平等论。假如成员国法律可以单方面优先于欧盟法，那么就会导致在成员国之间适用欧盟法的过程中出现歧视。这还意味着成员国可以利用欧盟法而不用接受任何责任。

最后的理由具有分析性质。如果成员国在条约中的义务受后来通过的成员国立法性法令的约束，那么这些义务就"只是随意性的"，而不是无条件的。因此，欧洲法院转而援引当前《欧洲联盟运行条约》第288条，该条规定条例是直接适用的，并且得出结论指出，如果成员国能够经由后来的不一致立法而否定欧盟法的效力，那么该条规定就毫无意义。但是，这条文本分析理由的说服力有限，因为第288条规定的只是条例的直接适用性，而欧洲法院寻求确立所有具有约束力的欧盟法的最高效力。此外，直接适用性指的是，无须实施性措施，联盟法就能成为成员国法律体系的一部分这个方式，但它并未解决这项法律与其他形式的成员国法之间的优先问题。

二　范围：最高效力适用于所有成员国法

欧盟法最高效力的概念基础是在"科斯塔案"中提出的，而该原则的范围则在后来的多项裁定中变得更加清晰。在下面摘录的这个案件中，欧洲法院裁定，与欧盟法相冲突的成员国措施的法律地位与欧盟法是否应该优先这一问题没有任何关系。③ 即使是成员国宪法的一项根本规则，也不能被用来质疑具有直接适用性的欧盟法的最高效力。

这项裁决导致德国联邦宪法法院与欧洲法院之间产生了潜在的严重冲突。尽管欧洲法院一直寻求避免与成员国法院产生直接的宪法冲突④，但它从未从其主张中后退。

国际贸易有限公司诉粮草进口储管局

Case 11/70 Internationale Handelsgesellschaft mbH v

Einfuhr-und Vorratsstelle für Getreide und Futtermittel

[1970] ECR 1125

某项共同体条例规定，如果货物没有在规定时间内出口，押金就将被没收。原告方主张，该规定不符合成员国宪法原则，包括行动自由和处置自由、经济自由与相称性原则。

欧洲法院

3. 借助成员国法中的法律规则或概念来判断共同体机构所采取的措施是否有效，这种做法将对共同体法的统一性和效力造成负面影响。此类措施的有效性只能根据共同体法来判断。事实上，派生于条约的法律，作为独立的法律渊源，不能因其本身的性质而被成员国法律规则所推翻，无论该规则是如何形成的，同时不得剥夺其作为共同体法的特征，并且不得导致共同体本身的法律基础受到质疑。因此，尽管原告声称某项共同体措施违反成员国宪法所规定的基本权利或者成员国宪法框架下的原则，但是这并不能影响该共同体法措施的有效性或者其在成员国的效力。

在"乔拉案"（*Ciola*）中，欧洲法院遇到相反类型的主张，奥地利政

---

③　See also Case C‑473/93 *Commission v Luxembourg* [1996] ECR I‑3207，[38]；Case C‑273/15 ZS '*Ezernieki*' *v Lauku atbalsta dienests* EU：C：2016：364，[53]，Case C‑516/17 *Spiegel* EU：C：2019：625，[19]；Case C‑476/17 *Pelham* EU：C：2019：624，[78].

④　See，eg，Case C‑446/98 *Fazenda Pública v Câmara* [2000] ECR I‑11435，[36]‑[38].

府认为，优先性原则不应自动适用于"个别的具体行政法令"⑤。欧洲法院
驳回了这一主张，它再次强调，与具有直接效力的欧盟法相冲突的任何成
员国规定都不应得到适用。因此，只要涉及具有直接效力的欧盟法，就要
求适用优先性原则，而无论有争议的是成员国法根本性宪法规范，还是不
那么重要的行政法令。但是，后来欧洲法院对"乔拉案"规则做了一定的
限制，承认在特定情况下，最高效力原则需要考虑国内法对时间期限的规
定，即在多长时间内可以废除某些行政法令或者对其提起司法诉讼。⑥

三　范围：最高效力适用于早于或晚于欧盟法的成员国法

欧洲法院在"西门塔尔公司案"（*Simmenthal*）中进一步发展了最高效
力理论，它明确指出，无论成员国法律早于或晚于欧盟法，这一原则均适
用。任何与欧盟措施相冲突的成员国规则均不适用，而且不得制定与联盟
法相冲突的新的成员国法。

意大利国家财政管理局诉西门塔尔有限公司
Case 106/77 Amministrazione delle Finanze dello Stato
v Simmenthal SpA
[1978] ECR 629

本案中作为被告的意大利公司曾从法国进口啤酒，但在边境被征
收卫生检疫费，该公司向意大利某地方裁判官（Pretore）提起诉讼，
认为该项收费不符合欧共体法，要求退还相关费用。欧洲法院在初步
裁决中认为，该类收费违反《欧洲共同体条约》。因此，意大利裁判
官按照欧洲法院的裁决，要求连同利息一起将该项收费退还给该公
司，但意大利财政管理机构提出反对意见，认为成员国法院不能简单
地拒绝适用一项与共同体法相冲突的成员国法，而是必须首先将该事
项提交到意大利宪法法院，由后者宣布意大利法律违宪。于是意大利
裁判官将案件再次提请至欧洲法院，询问在这种情况下，是否必须立

---

⑤　Case C‑224/97 *Ciola v Land Vorarlberg* [1999] ECR I‑2517, [24].

⑥　Case C‑453/00 *Kühne & Heitz* [2004] ECR I‑837; Case C‑2/06 *Willy Kempter AG* [2008]
ECR I‑411. 对该问题的讨论，参见第十四章。

即无视成员国法，而非等到适当的宪法机构将其搁置。

欧洲法院

17. 此外，根据共同体法优先原则，《欧洲共同体条约》的条款和共同体机构制定的具有直接适用性的措施这一方，与成员国本国法作为另一方之间的关系是，这些条款和措施不仅一经生效就自动导致任何与其相冲突的现行成员国法不可适用，而且——这些条款和措施是每个成员国领土内所适用的法律秩序不可或缺的组成部分，并且优先于该法律秩序，就此而言，——也排除了有效通过与共同体条款不符的新的成员国立法措施的可能性。

18. 诚然，如果承认那些侵蚀共同体实施其立法权力领域的成员国立法措施具有任何法律效力，或者承认与共同体法律规定不符的成员国立法措施具有任何法律效力，那么任何此种行为都将等同于否认成员国根据《欧洲共同体条约》无条件且以不可撤回方式所承担的义务的有效性，而且将由此威胁共同体赖以存在的基础本身。

……

21. 从上述论证中可以得出，每个成员国法院在属于其管辖权的案件中都必须在整体上适用共同体法，并保护共同体法赋予个人的权利，而且必须因此搁置与共同体法相冲突的成员国法的任何规定，无论它们是在共同体规则之前还是之后。

"西门塔尔公司案"中的这一说理在后来案件中再次得到肯定⑦，例如"赢家博彩公司案"（*Winner Wetten*）。⑧ 欧洲法院还曾考虑，在等待国内机构就违法行为进行救济的必要期限内，被裁定不符合欧盟法的成员国法是否可以暂时维持有效。这一点类似于《欧洲联盟运行条约》第264条，该条允许欧洲法院在等待通过新的措施期间暂时中止废除某项欧盟措施。欧洲法院既未肯定也未排除这种可能性。⑨ 但是，欧洲法院裁定，要想使这一点得到承认，只有在能够将"出于涉及所有公共与私人（利益相关方）

---

⑦　See, eg, Case C–18/11 *Commissioners for Her Majesty's Revenue and Customs v Phillips Electronics* EU：C：2012：532，[38]；Case C–112/13 *A v B* EU：C：2014：2195，[37].

⑧　Case C–409/06 *Winner Wetten v Bürgermeisterin der Stadt Bergheim* [2010] ECR I–8015.

⑨　Ibid [67].

的法律确定性这个压倒性的考虑"作为正当理由的情况下，并且只有在
"为使此类非法行为得到救济所必要的"时间期限内，成员国法院才能采
用这一方式。⑩ 欧洲法院认为该案并不符合这些标准。

四　范围：最高效力取决于直接效力

理解最高效力原则与直接效力的关系具有重要意义。其关键议题是，
直接效力是不是欧盟法具有超越成员国法的最高效力的前提条件。在这方
面，可以参阅杜根（Dougan）颇有启发性的分析。

迈克尔·杜根：《当两个世界发生碰撞！关于直接效力与最高效力之间关系的对立观点》⑪

"优先性"的解释模式将优先性或最高效力视为欧洲联盟的"宪
法根本原则"，贯穿于成员国法和共同体法的所有关系之中。……其
基本要点可概括如下。

最高效力原则能够在成员国法律体系中产生某些法律效果，但不
依赖于直接效力原则，也不参照直接效力原则的门槛标准（例如相关
共同体规范必须清楚、确切和无条件的要求）。特别是最高效力原则
本身就能够在成员国法律秩序中产生"排斥性效力"——该效力可解
理为搁置与共同体法的高级规范（根据定义）不符的成员国规
则。……在此意义上，直接效力原则既非必要，甚至也没有相关性：
其门槛标准并没有发挥任何特定的作用，因为问题的关键不是相关共
同体规范是否清楚、确切和无条件，而仅仅是在共同体法规则和成员
国法规则之间是否存在不符。

但是……这在概念上又不同于"替代性效力"现象——该效力可
理解为共同体法的直接和立刻适用，以便创设那些派生于《欧洲共同
体条约》的权利或义务，而这些权利或义务在成员国法律体系中并不
存在。这正是直接效力发挥作用的适当领域：在这里，"清楚、确切

---

⑩　Ibid［66］；Cases C-186 and 209/11 *Stanleybet International Ltd* EU：C：2013：33，［38］.

⑪　M Dougan，'When Worlds Collide！Competing Visions of the Relationship between Direct Effect
and Supremacy'（2007）44 CMLRev 931，932-935.

和无条件"这些门槛标准的作用是识别共同体法哪些规范能够在成员国法律体系中得到直接和立刻适用（当然，最高效力原则仍有其可以发挥作用的领域，即在成员国法律被证明与派生于相关共同体措施的权利或义务不符的时候）。毫不意外，这种"优先性"解释模式由此将最高效力，与可援用性概念和对成员国法效力的司法审查概念紧密联系在一起，而直接效力与个人主体权利的创设和执行之间的关系则更为密切。

与此相反，"触发器"解释模式认为，最高效力原则最初只不过是一种救济，在解决涉及共同体法的争端时由国内法院负责管理。……

特别是在涉及共同体法与成员国法相冲突的那些个人案件中，可以得到由最高效力原则提供的实际救济；但是，只有通过满足享有直接效力的门槛标准而使共同体法被国内法院承认，才可以使用该救济。根据这一解释模式，直接效力不仅涉及个人主体权利的创设和执行，而且涉及共同体规范能够在成员国法律体系中产生独立效力的任何情况。……

在当前意义上重要的是，直接效力原则享有在成员国法院使共同体规范得到司法裁断的垄断力；其门槛标准作为最高效力原则的"触发器"，并且因此是其必要的前提条件。而"优先性"解释模式，通过阐明最高效力原则在仅要求条约规范具备排斥性效力的情况下所具有的独立效力，似乎绕过了这整个理论框架。

欧洲法院终于正视了这个问题，明确指出最高效力取决于直接效力，从而肯定了"触发器"解释模式。[12]

针对丹尼尔·亚当·波普瓦夫斯基的刑事诉讼

Case C‑573/17 Criminal proceedings against Daniel Adam Popławski

EU：C：2019：530

成员国法院询问，是否必须将欧盟法优先性原则解释为，该原则对成员国法院施加不适用本国法律条款的义务，如果该条款与欧盟的

---

[12] See also Cases C‑585, 624, 625/18 *A K v Sąd Najwyzszy* EU：C：2019：982, [157]‑[161].

框架决定不符。

欧洲法院

57. 从上述论证中可以得出，为了确保欧盟法所有条款的有效性，优先性原则要求成员国法院尽最大程度的可能将其本国法解释为与欧盟法相一致，并且如果由于成员国违反欧盟法而使个人权利受损，应给予个人获得救济的可能性。

58. 还是根据优先性效力原则，被要求在其行使管辖权中适用欧盟法条款的成员国法院，在它无法将本国法解释为符合欧盟法的要求时，就有义务给予这些条款以完全效力，如果有必要就应主动拒绝适用任何与之相冲突的本国立法条款，即使该立法是后来通过的，并且该法院不必请求或者等待以立法或其他宪法方式先行搁置这些条款（就该效果，可参见2018年12月4日"爱尔兰司法和平等部长与和平卫队总长案"判决，C–378/17，EU：C：2018：979，第35段以及所引判例法）。

59. 那就是说，也应考虑欧盟法的其他本质特征，以及特别是该法律只有部分条款具有直接效力的事实。

60. 由此，对于具有直接效力与不具有直接效力的欧盟法条款，以及因此为了成员国法院适用欧盟法所有条款而创设一整套规则的条款，欧盟法优先性原则不得具有减损这两者之间本质区别的效力。

61. 就此而言，必须指出的是，作为成员国的机关，所有成员国法院在其管辖权范围内审理案件时，如果本国法任何条款违反在该未决案件中具有直接效力的欧盟法条款，就有义务对该条款不予适用。

62. 另一方面，在根据欧盟法审理的争端中，为了不适用与其冲突的成员国法条款，可以不依据不具有直接效力的欧盟法条款。

63. 由此，并不要求成员国法院仅基于欧盟法而对与《欧盟基本权利宪章》条款不相符的本国法条款不予适用，该宪章条款如第27条不具有直接效力（就该效果，可参见 *Association de médiation sociale*，C–176/12，EU：C：2014：2，第46—48段）。

64. 同样地，凭借不足够清楚、确切和无条件以至于未赋予其直接效力的指令条款，仅基于欧盟法，未必导致成员国法院不予适用本国法条款（参见 *Domiguez*，EU：C：2012：33，第 41 段；2014 年 3 月 6 日判决，*Napoli*，C – 595/12，EU：C：2014：128，第 50 段……）。

65. 另外，根据既定判例法，指令本身不能向个人施加义务，并由此不能借以在成员国法院针对该个人适用。……

……

67. 从上述论证中可以得出，即使指令的条款清楚、确切和无条件，也不允许成员国法院不予适用与其相冲突的本国法条款，如果这么做，就会导致对个人施加额外的义务。……

欧洲法院结论认为，"框架决定"（framework decision）不具有直接效力，由此成员国法院没有义务仅因为本国法与该框架决定不一致而不适用本国法。但是，成员国法院仍有义务依据"冯科尔松案"的间接效力原则以及相关判例法，以与该框架决定一致的方式解释本国法。在"普皮诺案"（*Pupino*）[13] 中，欧洲法院将以往关于间接效力原则的判例法运用到第三支柱领域。对于前面摘录的这个重要裁决，有以下三点评论。

第一，欧洲法院选择了触发器解释模式，由此将直接效力作为优先性的条件。但是，相反的立场在概念上仍是站得住脚的。因此，条款是否将权利赋予个人，就足够清楚、确切和无条件而言，在概念上有别于最高效力原则。欧盟规范具有最高效力，成员国当局具有不适用与之相冲突的本国法的相应义务，即使该规范不满足直接效力的条件，而这在原则上并不奇怪。[14]

第二，尽管有"波普瓦夫斯基案"（*Popławski*）的判决，但是优先性解释模式仍是对有关"偶然横向效力"（incidental horizontal effect）的判例法的最好解释，前面章节曾分析了这种效力。[15] 最高效力原则一直被用于排除与欧盟法不一致的成员国法，即使该欧盟条款对于案件的当事方并不具有横向直接效力。可能有人会争辩说，这是因为直接效力只是被要求用

---

⑬　Case C – 105/03 *Criminal Proceedings against Maria Pupino* [2005] ECR I – 5283.

⑭　K Lenaerts and T Corthaut，'Of Birds and Hedges：The Role of Primacy in Invoking Norms of EU Law'（2006）31 ELRev 287，289 – 291.

⑮　见第八章第六节第三部分。

于欧盟法对成员国法的替代效力，而非排斥效力。然而，排斥效力与替代效力这二者之间的区别本身就存在着问题。⑯

第三，欧洲法院指出直接效力是最高效力的前提条件，但该结论的力量被削弱，因为欧洲法院又加入以间接效力为基础的解释义务。直接效力是最高效力的前提，因此成员国法院不必搁置本国法，除非相关欧盟法条款具有直接效力。但是，间接效力又要求成员国法院以与欧盟法相一致的方式解释本国法，该解释义务是强烈的并影响深远，其结果是成员国法院有义务搁置先前的判例法，如果该判例法与根据欧盟法解释的本国法不一致。⑰

五　范围：最高效力可适用于成员国所有法院

到目前为止，所讨论的判例已奠定了最高效力理论的基础，并且确定了其范围。但是这些判例并未解决另外一个独立的问题，即成员国哪些法院适用最高效力理论。这是很多民法法系国家的特别关切，因为在这些国家，宣布成员国法违宪的权力通常留给本国宪法法院。这一问题出现在"西门塔尔公司案"中。在该案中，意大利税收机关质疑地方裁判官的裁决，地方裁判官裁决要求退还根据现行成员国法征收的费用，而其宪法法院尚未裁断该事项。

意大利国家财政管理局诉西门塔尔有限公司

Case 106/77 Amministrazione delle Finanze dello Stato v Simmenthal SpA

[1978] ECR 629

欧洲法院

21. 从上述论证可以得出，成员国的每个法院在属于其管辖权的案件中都必须在整体上适用共同体法，并保护共同体法赋予个人的权利，而且必须因此搁置与共同体法相冲突的成员国法的任何条款，无论它们是在共同体规则之前还是之后出台的。

---

⑯　见第八章第六节第三部分之（二）。

⑰　Case C–573/17 *Popławski* EU：C：2019：530，[72]–[78].

22. 因此，如果成员国法律体系的任何条款以及任何立法、行政或司法实践，导致拥有适用这类法律的管辖权的成员国法院，在适用共同体法时无法采取一切必要措施搁置有可能妨碍共同体规则全面实施和生效的本国立法条款，从而有可能妨碍共同体法的有效性，那么这些条款或实践就不符合作为共同体法根本精髓的那些要求。

23. 在共同体法律条款与后来的成员国法产生冲突的情况下，如果需要由自身拥有自由裁量权的机构解决这一冲突，而不是由被要求适用共同体法的法院解决冲突，那么，即使对共同体法实现完全效力的妨碍仅仅是临时的，也应遵照上述结论执行。

24. 因此，对第一个问题的答案应该是，被要求在其管辖权限制之内适用共同体法律条款的成员国法院，有义务给予这些条款以完全效力，并在必要情况下主动拒绝适用与共同体法相冲突的成员国立法的任何条款，即使成员国法是后来通过的，成员国法院也不必要求或等待经由立法途径或其他宪法途径先行搁置这类条款。

欧洲法院传达的信息十分清楚，即使宪法法院是唯一有权宣布成员国法是否合宪的成员国法院，如果提交到成员国另一法院的案件中出现成员国法与欧盟法相冲突，那么该法院必须给予联盟法以立即直接效力，无须等待宪法法院做出裁决。

"西门塔尔案原则"后来又多次得到肯定[18]，并且适用于成员国行政机构，以及成员国法院。[19] 该原则在"法克特塔梅案"中得到扩展。[20] 当时，

---

[18]　可参见 Case C‑409/06 *Winner Wetten* (n 8)；Case C‑314/08 *Krzysztof Filipiak v Dyrektor Izby Skarbowej w Poznaniu* [2009] ECR I‑11049；Cases C‑188‑189/10 *Melki and Abdeli* EU：C：2010：363；Case C‑689/13 *Puligienica Facility Esco SpA (PFE) v Airgest SpA* EU：C：2016：199，[39]‑[41]；Case C‑664/15 *Protect Natur-Arten-und Landschaftsschutz Umweltorganisation v Bezirkshauptmannschaft Gmünd* EU：C：2017：987，[56]‑[57]；Case C‑378/17 *The Minister for Justice and Equality and The Commissioner of the Garda Síochána v Workplace Relations Commission* EU：C：2018：979，[31]‑[38]；Case C‑556/17 *Torubarov* EU：C：2019：626，[73].

[19]　Case C‑224/97 *Ciola* (n 5)；Case C‑628/15 *Trustees of the BT Pension Scheme v Commissioners for Her Majesty's Revenue and Customs* EU：C：2017：687，[54].

[20]　Case C‑213/89 *R v Secretary of State for Transport，ex p Factortame Ltd and Others* [1990] ECR I‑2433.

英国法律不允许对王座主张临时救济。欧洲法院重申"西门塔尔案"裁决对效力的要求，以及具有直接效力的欧盟法自动优先于成员国法。欧洲法院接着指出："在某个法院受理由共同体法调整的争端时，如果成员国法规则可能阻止该法院提供临时救济，而提供临时救济的目的是确保给予根据共同体法对所主张的权利做的判决以完全效力，那么共同体法的完全效力就受到了损害。"㉑ 由此推断，如果成员国法院在上述情况下可以提供临时救济，但临时救济并非成员国法规则，那么该法院就有义务搁置该规则。在"拉尔西案"（Larsy）中，"西门塔尔案原则"得到进一步扩展。欧洲法院在该案中裁定，不仅成员国法院，而且相关行政机构（在该案中是一家国家社会保险机构），也不得适用与欧盟法相冲突的成员国法，以便给予欧盟法的优先性以效力。㉒

"西门塔尔案原则"无论在实践上还是在概念上都具有重要意义。欧盟法的最高效力渗透于整个成员国法律体系中，而且应由成员国的所有法院在属于其管辖权范围的案件中予以适用。个人不必再费力将案件提交至成员国的宪法法院。受理争端的成员国法院本来就可以拒绝适用与欧盟法相冲突的本国法。

该原则的适用在"叶利奇诺夫案"（Elchinov）中得到了有力阐释。在该案中，欧洲法院裁定，如果下层法院认为本国上层法院的决定违反欧盟法，那么，要求下层法院受上层法院裁决约束的成员国规则，不得妨碍前者行使其按照《欧洲联盟运行条约》第267条寻求初步裁决的自由裁量权。在这种情况下，下层法院受欧洲法院裁决的约束，即使该裁决不同于该国上层法院的裁决。㉓

㉑　Ibid［21］.

㉒　Case C–118/00 *Larsy v INASTI*［2001］ECR I–5063，［52］–［53］；Case C–198/01 *CIF v Autorità Garante della Concorrenza del Mercato*［2003］ECR I–8055；Case C–341/08 *Peterson*［2010］ECR I–47；Case C–606/10 *ANAFE* EU：C：2012：348，［75］；M Bobek，'Thou Shalt Have Two Masters；The Application of European Law by Administrative Authorities in the New Member States'（2008）1 Review of European Administrative Law 62.

㉓　Case C–173/09 *Elchinov*［2010］ECR I–8889，［25］–［31］；Case C–396/09 *Interedil*［2011］ECR I–9915，［37］–［39］；Case C–416/10 *Križan* EU：C：2013：8，［68］.

该原则也显见于"菲利皮亚克案"（*Filipiak*）。㉔ 在该案中，成员国宪法法院的判决推迟那些已被裁定违宪的条款失去约束力的日期，欧洲法院裁定，不能由于该判决而妨碍成员国法院尊重联盟法的优先性，也不能阻止成员国法院搁置与联盟法相冲突的本国法条款。

与此类似，在"梅尔基案"（*Melki*）㉕ 中，欧洲法院裁定，如果成员国立法建立了对成员国法的合宪性进行审查的中间程序，只要该程序的优先性质妨碍成员国所有其他法院根据《欧洲联盟运行条约》第 267 条向欧洲法院提请初步裁决，无论是在向国家宪法法院提交合宪性问题之前，还是在宪法法院做出判决之后，欧盟法就排斥成员国的此类立法。但是，欧洲法院又设定了某些条件，根据这些条件，此类程序也可能符合欧盟法。㉖

近期，由波兰法官提起的"A. K. 案"给该原则提供了新的例证。欧洲法院裁定，如果成员国法律将审理案件的管辖权保留给某法院，但根据欧盟法该法院不满足独立性或公正性的要求，正如宪章第 47 条提出的那些要求一样，那么，受理这类案件的另一法院就有义务不适用成员国法的该项规定。㉗

六　范围：最高效力及其对成员国法的影响

我们已经看到，根据欧洲法院判例法，欧盟措施的存在使得与其相冲突的成员国法的任何条款都不可适用，而且不得通过任何与欧盟法相冲突的新的成员国法。这里有两点需要进一步澄清。

首先，"西门塔尔案原则"并不要求成员国法院裁定与欧盟法相冲突的本国法条款无效或者废除这些条款，而是要求其拒绝适用，而且出于对法律确定性的考虑，这可能意味着不适用成员国法不会导致那些以这些法

㉔　Case C - 314/08 *Krzysztof Filipiak* (n 18) ［84］- ［85］; Case C - 147/08 *Römer v Freie und Hansestadt Hamburg* EU：C：2011：286, ［54］.

㉕　Cases C - 188 - 189/10 *Melki* (n 18); Case C - 112/13 *A v B* (n 7) ［37］- ［38］; Case C - 457/09 *Chartry* EU：C：2011：101, ［20］; Case C - 689/13 *PFE* (n 18) ［32］; Cases C - 52 and 113/16 *SEGRO* EU：C：2018：157, ［48］.

㉖　M Bossuyt and W Verrijdt, 'The Full Effect of EU Law and of Constitutional Review in Belgium and France after the *Melki* Judgment' (2011) 7 EuConst 355.

㉗　Case C - 585, 624 and 625/18 *A K* EU：C：2019：982, ［166］.

律条款为依据的当事方受到惩罚。㉘ 不适用成员国法和废除成员国法这二者之间的区别在"*IN. CO. GE*' 90 案"中得到强调。在该案中，欧洲法院不同意委员会的观点，而委员会主张，由于欧盟法与在它之后通过的成员国法律规则不符，因此就会使该成员国规则不成立。㉙

因此，与欧盟委员会的观点相反，不能从"西门塔尔案"判决中推导出，由于后来通过的成员国法律规则与共同体法不符，就具有导致该成员国法律规则不成立的效力。然而，在这种情况下，成员国法院有义务不适用该规则，但必须满足如下前提，即该义务并不限制有管辖权的成员国法院，有权从本国法可使用的不同程序中选择能够保护共同体法所赋予的个人权利的适当程序。

其次，从"卡普费雷尔案"（*Kapferer*）㉚ 中可以清楚地看到，成员国法院并不总是有义务搁置违反欧盟法的终局司法决定。欧洲法院承认"既判力原则"的重要性，根据该原则，不得再对具有最终效力的司法决定提起异议。因此，欧盟法并不要求成员国法院不适用赋予某项决定以终局地位的国内程序规则，即使不适用该程序规则就能救济该决定违反欧盟法的行为。但是，成员国相关程序规则必须符合同等性原则和有效性原则。㉛尽管如此，欧洲法院对以既判力原则为依据来规避最高效力的可能性施加了限制。在"卢基尼公司案"（*Lucchini*）㉜ 中，欧洲法院裁定，如果适用成员国法律中一项规定既判力原则的条款将妨碍对违反欧盟法的国家援助进行追偿，那么欧盟法就将阻止该条款的适用。

"卢基尼公司案"裁决出来之后，就无法确定"卡普费雷尔案原则"是否还是良法。但是在"奥林匹克俱乐部清算案"（*Fallimento Olimpiclub*

㉘ Case C – 198/01 *CIF*（n 22）.

㉙ Cases C – 10 – 22/97 *Ministero delle Finanze v IN. CO. GE.*' 90 *Srl*［1998］ECR I – 6307，［21］；Case C – 314/08 *Krzysztof Filipiak*（n 18）［83］.

㉚ Case C – 234/04 *Kapferer v Schlanck and Schick*［2006］ECR I – 2585.

㉛ 见第九章。

㉜ Case C – 119/05 *Ministero dell' Industria*，*del Commercio e dell' Artigianato v Lucchini SpA*［2007］ECR I – 6199.

Srl）中，欧洲法院对这两个案件进行了区分。㉝ 在回顾"卡普费雷尔案原则"之后，欧洲法院裁定，欧盟法并不要求成员国法院不适用赋予某项决定以终局效力的国内程序规则，即使不这么适用就有可能救济该决定中违反联盟法的行为。㉞ 欧洲法院区别对待"卢基尼公司案"，将其解释为一个"具有高度特殊性"的案件，因为欧盟委员会拥有评估国家援助是否与共同市场相符的专属权能。㉟ 尽管如此，欧洲法院裁定，如果既判力原则导致成员国法院不仅不能重新审理一项违反欧盟法的终局司法决定，而且使其无法纠正后来违法案件中所出现的同样根本性问题，那么欧盟法的有效性就会受到损害。㊱ 在"下萨克森案"（*Niedersachsen*）中，欧洲法院裁定，在不存在欧盟立法时，有关既判力的规则是为了成员国法律秩序，与成员国程序自主原则一致，须受同等性原则和有效性原则的约束。㊲

七 关于优先性的第 17 号声明

欧盟法对成员国法的优先性原则由欧洲法院发展形成，但迄今为止尚未写入两部基础条约。《宪法条约》确实解决了这个特殊的宪法难题。《宪法条约》第 1 编第 6 条规定：

> 本宪法和联盟机构在行使赋予它的权能时通过的法律应具有对成员国法律的优先性。

2007 年，应欧洲理事会的要求，这一条款从《里斯本条约》中删除，其原因是这种删除与其他修订一起可以减少《里斯本条约》的"宪法特

㉝ Case C – 2/08 *Amministrazione dell' Economia e delle Finanze and Agenzia delle entrate v Fallimento Olimpiclub Srl*［2009］ECR I – 7501.

㉞ Ibid［22］–［23］.

㉟ Ibid［25］.

㊱ Ibid［29］–［32］.

㊲ Case C – 505/14 *Niedersachsen* EU：C：2015：742，［40］.

征"㊳。在《里斯本条约》中，该条款被一项关于优先性的声明㊴所取代。

　　大会忆及，根据欧洲联盟法院的既定判例法，在遵守这些判例法规定的条件的情况下，两部条约与联盟以两部条约为依据通过的法律对于成员国法律具有优先性。

　　大会还决定，将理事会法律部关于欧共体法优先性的意见（第11197/07 号）（JUR 260）附于本最终法令中。

　　附于该声明中的理事会法律部意见十分简短，再次强调关于这一问题的"共同体"（*communautaire*）观点。

　　根据欧洲法院判例法，欧共体法的优先性是共同体法的一项里程碑式的原则。欧洲法院认为，该原则是欧洲共同体的特殊性质所固有的。在欧洲法院做出此类既定判例法的第一项判决（*Costa/ENEL*，1964 年 7 月 15 日，Case 6/64）时，条约中并没有提到优先性。现在的情况仍然如此。优先性原则不会包含在未来条约中的事实不应改变这一原则的存在，也不应改变欧洲法院的现行判例法。

　　或许有人会认为，将优先性条款从《里斯本条约》中删除是不明智的，因为这可能会造成有些成员国法院怀疑最高效力原则是否仍然有效。这种情况不太可能发生，而且这种风险也不如《宪法条约》第 1 编第 6 条的问题更严重，因为该条极为模糊。㊵ 按照欧洲法院判例法，"应具有对成员国法律的优先性"这一用语可以解释为，最高效力适用于成员国所有法律，包括成员国宪法条款在内。但也可以另外解释为，欧盟法优先于成员国法律，但不包括成员国宪法。如果以"对称方式"起草第 1 编第 6 条，将其更改为"本宪法以及联盟机构在行使赋予它的权能时通过的法律应具有对成员国'宪法'和法律的优先性"，就能去除这种模糊性，该条款或

㊳　Brussels European Council, 21 – 22 June 2007, Annex 1, [4].

㊴　Declaration 17 Concerning Primacy.

㊵　P Craig, 'The Constitutional Treaty and Sovereignty' in C Kaddous and A Auer (eds), *Les Principes Fondamentaux de la Constitution Européene/The Fundamental Principles of the European Constitution* (Dossier de Droit Européen No 15, Helbing & Lictenhahn/Bruylant/LGDJ, 2006) 117 – 134.

许就完美了。

之所以欧洲未来大会没有选择这样的措辞，原因在于这存在着很大的争议，并将导致更难在该大会以及后来的政府间会议上就《宪法条约》达成一致。此外，它还可能在一些国家的宪法法院产生十分严峻的问题，这些宪法法院可能会判定，赋予欧盟法对本国宪法的优先性在宪法上是不可能的；或者要求修宪。

也许有人会认为，在欧洲法院看来，自 20 世纪 70 年代初以来，欧盟法对所有成员国法的最高效力已经成为"法律"。或许的确如此，但法律现实是，该原则并未被各国法院普遍接受。联盟法院和成员国法院几乎都承认这种"脱节"状况的存在。然而，无论联盟法院还是成员国法院都不希望就该问题展开"最终争斗"，这正是为什么"宪法容忍"防止了"宪法危机"的原因。这一点之所以成为可能，恰恰部分是因为基础条约中不存在体现欧洲法院上述观点的"分明"条款。如果《宪法条约》第 1 编第 6 条被纳入，那么情况可能就不是这样了。

在《里斯本条约》之下，最高效力原则的地位仍是未决的。以往在《欧洲共同体条约》下的情况很可能会继续存在。欧洲法院继续维护其关于优先性的观点，并利用附于《里斯本条约》的声明强化了这一观点。然而，该声明与《宪法条约》第 1 编第 6 条一样先天不足。它使用的措辞同样是欧盟法"具有对成员国法律的优先性"，对于是否涵盖包括宪法在内的成员国所有法律这一点仍然含糊不清，并且没有说明是否排除成员国宪法。也许可以认为，应该对该声明予以广义解读，因为该声明表示，此种优先性在"所称判例法规定的条件下"适用。这指的是联盟法院的判例法，据此，所有欧盟法都优先于成员国所有法律，包括成员国宪法。

尽管如此，仅基于一项附于基础条约中的声明，不太可能说服成员国宪法法院忘掉其先前的关切，并且接受欧盟法优先于本国宪法的解释。因此，在新型法律秩序之下，欧盟与成员国司法机构之间的观点"脱节"仍将继续存在。任何一方都不太可能急于挑起争斗，尽管法院人事变动有可能带来不同。

此外，没有任何迹象表明《里斯本条约》已经解决了"权能—权能"

（*Kompetenz-Kompetenz*）问题，即由谁来决定欧盟权能的最终界限。[41]《里斯本条约》中没有任何条款能够强化欧洲法院声称自己是这类问题最终决定者的主张。根据《欧洲联盟条约》第 19 条，欧洲法院拥有解释欧盟法的普遍管辖权，因此它有权就欧盟是否拥有采取行动的权能这一争议做出宣判。但是，这并不意味着其判决在这方面是结论性的。另外，《欧洲联盟条约》第 5 条第 2 款指出，联盟仅在成员国授予它的权能限制范围内采取行动，未授予联盟的权能仍保留在成员国。对于欧盟宣称自己有权决定权能的最终界限这一主张而言，这样的措辞没有提供任何支持。

八　小结

欧盟法最高效力原则以及成员国法院必须确保该原则的实际有效性这一要求，均由欧洲法院的一系列判例法所确立。[42] 可能有些人会认为，基础条约中的某些条款在一定程度上"稀释"了最高效力原则，如《欧洲联盟运行条约》第 351 条，该条免除成员国在某些情况下确保欧盟法优先性的义务；[43] 再如《欧洲联盟运行条约》第 347 条，它似乎开辟了一个领域，成员国在该领域保留一定程度的主权。[44] 尽管如此，这些条款的适用范围有限，而且由欧洲法院阐明的最高效力这项基本原则是广泛和普遍意义上的。最终，接受和适用欧盟法的优先性取决于成员国。

---

[41]　See（n 135）；N MacCormick, *Questioning Sovereignty*（Oxford University Press, 1999）；C Schmid, 'From Pont d'Avignon to Ponte Vecchio: The Resolution of Constitutional Conflicts between the EU and the Member States through Principles of Public International Law'（1998）18 YBEL 415；M Kumm, 'Who is the Final Arbiter of Constitutionality in Europe?: Three Conceptions of the Relationship between the German Federal Constitutional Court and the European Court of Justice'（1999）36 CMLRev 351.

[42]　See also Cases C－7 and 9/10 *Kahveci and Inan* EU: C: 2012: 180, [37].

[43]　《欧洲联盟运行条约》第 351 条为成员国确保欧盟法最高效力的义务规定了有限例外，即如果成员国在基础条约生效之前与非成员国签署的协议中所规定的义务与欧盟法相冲突，参见 Case C－158/91 *Ministère Public and Direction du Travail et de l'Emploi v Levy* [1993] ECR I－4287；Case C－13/93 *Office Nationale de l'Emploi v Minne* [1994] ECR I－371；Case C－124/95 *R, ex p Centro-Com Srl v HM Treasury and Bank of England* [1997] ECR I－81；Case C－55/00 *Gottardo v INPS* [2002] ECR I－413；J Klabbers, 'Moribund on the Fourth of July? The Court of Justice on the Prior Agreements of the Member States'（2001）26 ELRev 187 and C Hillion, Note（2001）38 CMLRev 1269.

[44]　P Koutrakos, 'Is Article 297 EC a "Reserve of Sovereignty"'（2000）37 CMLRev 1339.

约瑟夫·威勒：《共同体体系：超国家主义的双重特征》⑤

如同"直接效力"的情况一样，认为最高效力派生于条约的观点取决于"宪法"解释而不是国际法解释。在本案以及其他案件中，欧洲法院认为最高效力是条约中固有的原则这一论证受到成员国政府的质疑。接受这一观点实际上就等同于在成员国法律秩序中进行一场静悄悄的革命。……

因此，最高效力理论的演化性质必然具有双重维度。一个维度是欧洲法院对构成该理论的不同参数的阐述。但是，要完全接受该理论，也就是第二个维度，取决于它被纳入成员国的宪法秩序，以及这些国家的最高法院对该理论的肯定。追踪该理论共同体维度的演变轨迹相对来说比较容易。……

就第二个维度而言，该进程的演化特征更加复杂。应该记住，创始成员国并未对这种由欧洲法院驱动的发展进程做好具体的宪法准备。

第三节　维度二：从成员国视角看待最高效力原则

威勒（Weiler）教授注意到，成员国对最高效力原则的接受具有演进性质，这在今天仍然十分明显。在成员国对欧盟法的解释与欧洲联盟法院的解释之间始终存在着矛盾。宪法冲突不时在特定案件中出现，仍然由成员国法院解决提交给它们的涉及欧盟法与成员国法冲突的案件。⑥ 受篇幅

---

⑤　J Weiler, 'The Community System：The Dual Character of Supranationalism'（1981）1 YBEL 267, 275 – 276.

⑥　M Claes, *The National Courts'Mandate in the European Constitution*（Hart, 2006）；A – M Slaughter, A Stone Sweet, and J Weiler（eds）, *The ECJ and National Courts：Doctrine and Jurisprudence*（Hart, 1998）；K Alter, *Establishing the Supremacy of European Law：The Making of an International Rule of Law in Europe*（Oxford University Press, 2001）；N Walker（ed）, *Sovereignty in Transition*（Hart, 2003）.

所限，这里无法详细考虑所有成员国的情况。适当的分析将关注五个成员国，即德国、意大利、法国、波兰和捷克，既包括初始成员国，也包括2004年之后入盟的国家。随后考虑其他成员国在其本国法律秩序中进行相似论证的方式。就分析与澄清而言，重要的是区分涉及成员国与欧盟法最高效力的四个问题。

1. 第一个问题是，假设欧盟是在其适当的权能范围内采取行动，成员国是否接受欧盟法的最高效力。对该问题的回答总体上是肯定的，但要受一些条件的限制，这些限制产生于以下三个问题。

2. 假设对第一个问题的回答是肯定的，那么第二个问题是，成员国赋予欧盟法最高效力的概念基础是什么。成员国之所以赋予欧盟法最高效力，也许是因为它接受欧洲法院在"科斯塔案"中的"共同体"（*communautaire*）论证，或者是因为成员国自身法律秩序中有这样的规定。对绝大多数成员国而言，为接受欧盟法最高效力提供概念基础的是后者，而不是前者。

3. 第三个重要问题是，成员国法律秩序是否对成员国基于本国宪法或者本国基本权利而接受欧盟法最高效力的行为施加一定的限制。欧洲法院认为，欧盟法最高效力原则适用于所有类型的成员国法，包括成员国宪法，因此欧盟法的规范都凌驾于成员国法的任何规范之上。但是总体上看，成员国并没有接受这一观点。

4. 最后一个问题是众所周知的"权能—权能"（*Kompetenz-Kompetenz*）理论，即谁拥有界定欧盟与成员国之间权能界限的最终权威。欧洲法院根据《欧洲联盟条约》第19条认为这是它自己的任务，而事实上，所有成员国宪法法院或最高法院最终都参照本国宪法条款来决定此类问题，尽管它们以尊重的方式对待欧洲法院的观点。

一　德国

（一）对最高效力的接受

有大量司法判决涉及欧盟法与德国法的关系，在这些案例中，德国法院对欧盟法的最高效力提出各种不同的限制条件。[47] 要清楚的是，德国法

---

[47]　P Huber, 'The Federal Constitutional Court and European Integration' (2015) 21 EPL 83.

院要在这种限制条件的前提下接受欧盟法的最高效力，理解这一点格外重要。下文就说明了这一点。该文节选自 2010 年德国联邦宪法法院（BVer-fG）对"霍尼韦尔案"（*Honeywell*）的裁决。㊽

　　53. 只有在欧洲联盟法取代与之相悖的成员国法的情况下，欧盟法才能得到有效发展。联盟法的优先适用性并不会造成与之相悖的成员国法无效。反而，如果在相关联盟法的适用领域之外成员国法律条款保留自身的目标领域，那么成员国法将继续适用，且仅在该限度内适用。与此相反，与欧盟法相悖的成员国法在原则上不可适用于联盟法的适用领域。优先适用性来自联盟法，因为如果无法保障联盟法在成员国的统一效力，那么联盟就无法作为一个法律共同体而存在（核心参见 1964 年 6 月 15 日欧洲法院判决，Case 6/64 *Costa/ENEL*〔1964〕ECR 1251，第 12 段）。优先适用性也契合《德国基本法》第23 条第 1 款的宪法授权，它规定可以向欧洲联盟让渡主权权力（参见BVerfGE 31，145 <174>；123，267 <402>）。《德国基本法》第23条第 1 款允许让渡主权权力——如果条约有此规定和要求，与此同时，允许在成员国法律体系中直接行使这些主权权力。因此，它包含与联盟法的优先适用性相契合的关于有效性和实施的承诺。

　　54. ……《基本法》第 31 条规定了在德国法律体系内联邦法律的优先适用性，但与联邦法的优先适用性不同，联盟法的优先适用性不可能是全面的。

（二）接受最高效力的概念基础

　　上文节选的判决为德国法院接受欧盟法对本国法的最高效力的概念基础提供了指引。从"霍尼韦尔案"判决节选中可以清楚地看到，最高效力主要以如今德国宪法第 23 条第 1 款为基础，该款专门涉及欧盟而且允许让渡主权权力。德国的主要理由一直是，对欧盟法最高效力的接受是基于德

㊽　BVerfG, 2 BvR 2661/06, 6 July 2010.

国宪法条款。[49] 但联邦宪法法院也提到欧洲法院在“科斯塔案”中所提出的功能性论点，即要求优先适用欧盟法是因为“如果无法保障联盟法在成员国的统一效力，那么联盟就无法作为一个法律共同体而存在”。

（三）接受最高效力的限制条件：基本权利

但是，德国法院也对接受欧盟法最高效力设置了多个限制条件。德国联邦宪法法院在“霍尼韦尔案”裁决第54段指出，欧盟法的优先适用性不可能是全面的。这些限制条件的性质引起了不少辩论，有司法的也有司法外的。在德国案例法中，可以发现三类限制。它们涉及基本权利、权能和宪法特性（constitutional identity）。最初的司法争议聚焦于基本权利。

国际贸易有限公司诉粮草进口储管局

Internationale Handelsgesellschaft mbH v Einfuhr-und Vorratsstelle für Getreide und Futtermittel

[1974] 2 CMLR 540

本案事实部分见于欧洲法院审理的第11/70号案件初步裁决（Case 11/70）。[50] 德国行政法院[51]直面欧洲法院这一判决，裁定共同体的抵押制度违反德国宪法基本原则，并且请求德国联邦宪法法院做出裁决。以下判决由德国联邦宪法法院于1974年做出，被称为“第一只要案”（*Solange I*）裁决。

德国联邦宪法法院[52]

德国宪法第24条处理向国家间机构让渡主权权利的事宜。该条款……并未开启不经正式宪法修订程序而修订宪法基本结构的方式，

---

(49) A Voßkuhle, ‘Multilevel Cooperation of the European Constitutional Courts: *Der Europäische Verfassungsgerichtsverbund*’ (2010) 6 EuConst 175, 190－191；德国宪法第24条和第25条也与此有关。

(50) 参见本章第二节第二部分。

(51) [1972] CMLR 177, 184.

(52) [1974] 2 CMLR 540, 549－550; B Davies ‘Resistance to European Law and Constitutional Identity in Germany: Herbert Kraus and Solange in its Intellectual Context’ (2015) 21 ELJ 434.

而宪法基本结构构成宪法特性的基础，也就是说，并未开启通过国家间机构的立法来修订宪法基本结构的方式。当然，共同体适格机关可以制定德国适格宪法机关在宪法之下不能制定的法律，不仅这些法律效力不会更弱，而且应在联邦德国得到直接适用。但是，德国宪法第24条限制了这种可能性，即如果对条约的任何修订将侵蚀联邦德国宪法得以构成的结构，从而破坏有效宪法结构的特性，那么这种修订就是无效的。……

宪法中处理基本权利的部分是联邦德国有效宪法一个不可剥夺的本质特征，也是构成该宪法的宪法性结构的组成部分之一。宪法第24条并不是毫无保留地允许自身接受限制条件的约束。在这方面，共同体一体化的当前状况至关重要。共同体仍然缺少具有民主合法性的议会，这种议会由普选直接产生，不仅拥有立法权力，而且被授权立法的共同体机关在政治层面完全向该议会负责。共同体还尤其缺少涵盖一系列基本权利的法典，该法典的内容应以与联邦德国宪法内容同样可靠和清楚的方式对未来予以确定。……

因此，从目前来看，在假设共同体法与……德国宪法中对基本权利的保障相冲突的情况下，……只要共同体适格机关没有根据共同体条约下的机制撤销相冲突的规范，那么德国宪法中对基本权利的保障就具有优先权。

由此，德国联邦宪法法院以联盟法可能对德国宪法中的基本权利造成影响为由，拒绝承认欧盟法具有无条件的最高效力。它认为，德国宪法第24条的文本并不包括让渡修改宪法结构中"不可剥夺的本质特征"（inalienable essential feature）的权力，例如对基本权利的保护就是这种"不可剥夺的本质特征"。德国联邦宪法法院不愿放弃决定哪些立法让渡可能改变联邦宪法中不可改变的特征的管辖权，而且认为在相冲突的情况下，德国宪法中对基本权利的保护将优先于欧盟法。

然而，在1986年的一起案件中，尽管欧洲法院已经裁定欧共体的一项进口许可制度有效，但该制度仍受到质疑。[53] 德国宪法法院对此案做出判决，被称为"第二只要案"（*Solange II*）判决，该判决对1974年"第一个

---

[53]　Case 345/82 *Wünsche Handelsgesellschaft v Germany* [1984] ECR 1995.

要案"的判决做出很大程度的限定。"Solange"意为"只要"，它指德国宪法法院的如下陈述：只要欧盟没有消除欧盟法与成员国宪法权利之间可能存在的"规范冲突"，德国法院就将确保那些宪法权利优先。

德国温启贸易有限公司案

Re Wünsche Handelsgesellschaft

[1987] 3 CMLR 225

在考虑了自1974年决定以来共同体法中的各种变化之后，包括欧洲法院在保护基本权利方面的发展情况、共同体机构通过的关于权利和民主的各项声明[54]，以及共同体所有成员国都加入《欧洲人权公约》这一事实，德国联邦宪法法院对"第二只要案"判决如下。[55]

德国联邦宪法法院

鉴于以上这些发展，必须认定，"只要"欧洲共同体特别是欧洲法院判例法，能够普遍确保对基本权利的有效保护以免受共同体主权权力的侵蚀，这种保护应被视为其实质类似于德国宪法无条件要求的对基本权利的保护，而且只要共同体和欧洲法院的判例法普遍保障基本权利的核心内容，那么对于共同体二级立法，它们被援引为德国法院或公权机构在联邦德国主权管辖范围内采取任何行动的法律基础，联邦宪法法院就不再行使裁定其是否可适用的管辖权，而且不再根据德国宪法中所包含的基本权利标准审查此类立法。

"第二只要案"判决降低了欧盟法与成员国法就基本权利问题产生冲突的可能性。但是，在该案中，德国联邦宪法法院并未放弃对基本权利的管辖权，而只是表示，只要欧洲法院提供的保护基本权利的现行条件得到满足，联邦宪法法院就不再行使此项管辖权。[56] 如果在欧盟法中出现涉及保护基本权利的真正问题，联邦宪法法院仍然保留最终干预权。

---

[54] 见第十二章。

[55] *Re Wünsche Handelsgesellschaft* [1987] 3 CMLR 225, 265.

[56] J Frowein, '*Solange II*' (1988) 25 CMLRev 201, 203–204.

但是德国各法院显然不太愿意行使它们保有的管辖权。这可见于联邦宪法法院的"香蕉案"裁决，在该案中，有人主张共同体有关香蕉的几部条例干预了受德国宪法保护的交易权和财产权。联邦宪法法院对此做出决定，认为此种观点不可接受。[57] 联邦宪法法院指出，它已经在"第二只要案"和"马约案"（*Maastricht*）中阐明，自己对于欧盟法律秩序框架下的人权保护总体上与《德国基本法》对人权的保护水平相当这一事实感到满意。因此，以德国基本权利为由攻击欧盟二级立法的宪法申诉不会被接受，除非它们能够证明欧洲人权保护的总体水平，包括自欧洲法院"第二只要案"后判例法在内，与德国的保护水平相比低于必要的水平。[58] 但是也有迹象表明，如果申诉涉及人类尊严，德国宪法法院将进行更严格的审查。[59]

（四）接受最高效力的限制条件：权能与越权"控制"

在"马约案"中，有人对德国批准《马斯特里赫特条约》的行为是否合宪这一问题提出异议。德国宪法法院在该判决中阐明，其接受欧盟法最高效力的一个限制条件是以权能为基础。

布伦纳诉《欧洲联盟条约》

Brunner v The European Union Treaty

[1994] 1 CMLR 57

德国联邦宪法法院认定《马斯特里赫特条约》的批准符合德国宪法，但它并不只是裁定德国对批准《欧洲联盟条约》的宪法权能，而且裁定未来将采取何种立场，如果共同体试图行使基础条约中并未得

---

[57] Decision of 7 June 2000；A Peters, 'The *Bananas* Decision 2000 of the German Federal Constitutional Court：Towards Reconciliation with the ECJ as regards Fundamental Rights Protection in Europe' (2000) 43 German Yearbook of International Law 276；C Schmid, 'All Bark and No Bite：Notes on the Federal Constitutional Court's "*Banana* Decision'" (2001) 7 ELJ 95；M Aziz, 'Sovereignty Lost, Sovereignty Regained：The European Integration Project and the BVerfG', Robert Schuman Centre Working Paper，EUI 2001/31.

[58] Voßkuhle（n 45）192–193.

[59] See materials（nn 75–76）below.

到清晰界定的权力。该判决引发大量评论。[60] 在肯定德国的国家主权之后，联邦宪法法院明确指出，它不会放弃对共同体法是否与德国宪法的基本要素相符这一问题做出判断的权力，而且将继续对共同体权能的范围行使审查的权力。

德国联邦宪法法院

48. 如果一项法令将德国法律制度开放于（超国家的）欧洲共同体的法律的直接效力和直接适用，但未以足够确定性的方式确立有目的的一体化计划，那么这就……违反了德国宪法第38条。如果不清楚德国立法机构在何种范围和程度上同意让渡主权权力的行使，那么接下来欧洲共同体就有可能主张尚未明确规定的职能和权力。这相当于普遍授权并由此造成对权力的放弃，从而有悖于德国宪法第38条所提供的保护。

……

55. 因此，即使是在《欧洲联盟条约》生效之后，联邦德国也仍是国家联邦的成员之一，其共同权力派生于成员国，而且是凭借德国关于适用其法律的指示才在德国主权范围内具有约束力。德国是"条约的主人"之一，这些"主人"确立了它们对联盟条约的拥护，而联盟条约是"无限期的"，旨在确立长期的成员身份，但是最终有可能通过一项相反的法令推翻这一承诺。欧洲法在德国的效力和适用，取决于《入盟法令》关于法律适用的指示。因此，德国自身保留作为一个主权国家的特质（quality）。

……

99. 由于创建各欧洲共同体的诸条约一方面赋予适用于有限事实环境的主权权利，另一方面规定对条约的修订，……对于未来对待个体权力而言，这种区分也具有重要意义。

---

[60]　M Herdegen, 'Maastricht and the German Constitutional Court: Constitutional Restraints for an Ever Closer Union' (1994) 31 CMLRev 235; U Everling, 'The *Maastricht* Judgment of the German Federal Constitutional Court and its Significance for the Development of the European Union' (1994) 14 YBEL 1; M Zulegg, 'The European Constitution under Constitutional Constraints: The German Scenario' (1997) 22 ELRev 19; JHH Weiler, 'Does Europe Need a Constitution? Reflections on Demos, Telos and the German *Maastricht* Decision' (1995) 1 ELJ 219; N MacCormick, 'The *Maastricht* – Urteil: Sovereignty Now' (1995) 1 ELJ 259; J Kokott, 'German Constitutional Jurisprudence and European Integration' (1996) 2 EPL 237 and 413.

尽管到目前为止，现行条约的不断扩展得到支持，其基础是开放性地对待《欧洲经济共同体条约》第 235 条而将其整体上作为"给条约兜底的权能"，基于共同体"默示权力"的相关考虑，并且基于在解释条约时允许最大程度地利用共同体权力（即"有效解释原则"/ *effet utile*），但是未来必须注意，在解释共同体机构和专门机构制定的授权条款时，作为一项原则，对于行使为了有限目的而让渡给共同体的权力，以及对基础条约的修订，联盟条约对这二者做了区分，以避免其解释产生相当于扩展条约的效果。这种对授权规则的解释不能对德国产生任何约束效果。

这项冗长的判决郑重提醒欧盟机构和欧洲法院，德国对欧盟法最高效力的接受是有条件的。德国联邦宪法法院强调，欧盟不应超越成员国在基础条约中明确授予它的权力。德国法院承认，在联盟法的恰当适用领域，联盟法应优先于本国法。但是，联邦宪法法院强调它拥有对包括欧洲法院在内的欧盟"机构和专门机构"的行为进行审查的管辖权，以便确保它们在其权力范围内采取行动，而且没有践踏德国居民的基本宪法权利。

该判决中更具争议性的内容涉及德国联邦宪法法院关于国家民主性质的评论，以及认为一个国家的民主合法性必须表达人民的"精神的、社会的和政治的"同质性这一评论。⑥ 然而，该判决的其他部分对于如下可能性似乎更加开明，即欧盟有可能发展形成政治开放的条件，以及为实现充分民主合法性所必不可少的"社会力量、利益和观念之间的自由交往"⑥。如果确实如此，想必德国可以向欧盟让渡更大范围的权力和权能，同时不违反由德国宪法保障的民主基本原则。

在该决定之后，在引起多起诉讼的欧盟香蕉进口机制争端中，欧盟法的最高效力受到更具体的挑战。⑥ 然而，"霍尼韦尔案"裁决传达出的信息

---

⑥　见该判决第 44—46 段，以及威勒教授对于此种"人民"观点具有的民族（*völkish*）性质所做出的评论。

⑥　见该判决第 41—42 段。

⑥　Case C－280/93 *Germany v Commission*［1994］ECR I－4873；Case C－466/93 *Atlanta Fruchthandelsgesellschaft v Bundesamt für Ernährung*［1995］ECR I－3799；Order of the Federal Tax Court，9 Jan 1996，7 EuZW 126（1996）；U Everling，'Will Europe Slip on Bananas? The *Bananas* Judgment of the Court of Justice and National Courts'（1996）33 CMLRev 401；N Reich，'Judge-Made Europe à la Carte'（1996）7 EJIL 103.

是，联邦宪法法院不会轻易认定欧盟行动超出其权能并因而构成"越权"（*ultra vires*）。[64]

2010 年 7 月 6 日德国联邦宪法法院裁决
2 BvR 2661/06

54.《基本法》第 31 条规定，联邦法律在德国法律体系内具有优先适用性。但与此不同的是，联盟法的优先适用性不可能是全面的（BVerfGE 73, 339 <375>；123, 267 <398>）。

55. 作为具有自主性的法律，联盟法仍然取决于基础条约中的分配与授权。对于扩大联盟机构的权力而言，仍取决于对基础条约的修订，而条约修订是由成员国在其各自适用并对其负责的宪法条款框架下进行的。……适用的原则是授权原则（《欧洲联盟条约》第 5 条第 1 款第 1 句和第 2 款第 1 句）。因此，联邦宪法法院有权力和义务审查欧洲机构与机关通过的法令，审查这些机构在通过法令时是否明显超越权能，或者是否在并未分配的宪法特性领域行使权能（《基本法》第 79 条第 3 款，以及第 1 条和第 20 条）……并且在适当的情况下宣布那些超越其权能的法令在德国法律体系中不予适用。

56. 联邦宪法法院在审理对欧洲机关和机构的越权行为提起证明属实的申诉时，有义务配合基础条约赋予欧洲法院的任务，即解释和适用基础条约这一任务，这样做的目的是保证联盟法的统一和一致性（见《欧洲联盟条约》第 19 条第 1 款第 1 句和《欧洲联盟运行条约》第 267 条）。

57. 如果每个成员国都主张自己能够通过本国法院对联盟法令的有效性做出决定，那么就会在事实上规避欧盟法的优先适用性，联盟法的统一适用也将面临风险。然而，如果成员国完全放弃越权审查，那么对条约基础的处置就都转让给联盟机构，即使它们对法律的理解在事实上造成对条约的修订或权能的扩大。在联盟机构有可能超越权能的一些模棱两可的情况下——从联盟法的机构性和程序性预防措施

---

[64]　M Payandeh, 'Constitutional Review of EU Law after *Honeywell*: Contextualizing the Relationship between the German Constitutional Court and the EU Court of Justice' (2011) 48 CMLRev 9.

中可以预料这种情况并不常见——宪法和联盟法的视角不会完全协调，这是由于在《里斯本条约》生效之后，欧盟成员国仍然是基础条约的"主人"，联邦国家的界限并未被越过（BVerfGE 123, 267 <370－371＞）。按照该解释，这种矛盾从根本上不可避免，只有依照欧洲一体化理念才能通过合作得到协调，而且只能通过相互考虑才能得到缓解。

58. 只能以一种向欧洲法开放的方式实施越权审查。……

59. （1）联盟将自身视为一个法律共同体，它尤其受授权原则和基本权利的约束，而且它尊重成员国的宪法特性。……根据联邦德国的法律体系，联盟法的优先适用性应该得到承认，而且应该得到如下保证：宪法保留给联邦宪法法院的控制权，仅以被保留以及向欧洲法开放的方式实施。

60. 对于当前这项越权审查而言，这就意味着联邦宪法法院在原则上必须遵守欧洲法院的裁决，并将其作为对联盟法具有约束力的解释。那么，在承认欧洲机关和机构的行为构成越权之前，欧洲法院就被给予解释基础条约的机会，以及在适用《欧洲联盟运行条约》第267条初步裁决程序的背景下，被给予对有争议法令的有效性和解释进行裁定的机会。只要欧洲法院没有机会裁定所出现的联盟法问题，联邦宪法法院就不会认定联盟法对德国不予适用。……

61. 此外，只有欧洲机关和机构明显在被让渡的权能领域之外采取行动，联邦宪法法院才有可能考虑越权审查。……只有在欧洲机关和机构以一种明确违反授权原则的方式超越其权能界限的情况下（《基本法》第23条第1款），才构成明显违反授权原则，换言之，权能的判断尺度受到足够大的限制。……这就意味着欧盟权力机构的行为必须是很明显地违反权能，而且就授权原则以及在法治原则之下成文法的约束性质而言，受到质疑的行为必须对成员国与联盟之间的权能结构具有十分重要的意义。……

该裁决使原告更难以欧盟越权为由质疑欧盟法的最高效力。[65] 欧洲法院必须得到对相关问题裁决的机会，并且原告必须表明越权明显地违反欧

---

[65]　Voßkuhle（n 49）194－195.

盟权能。然而，该领域的情况也会发生变化，"高魏勒案"（*Gauweiler*）就是例证，这是联邦宪法法院首次向欧洲法院提出初步裁决请求，该案涉及欧洲中央银行在欧元危机期间行动的合法性。在该案中，联邦宪法法院关于哪些要素构成越权行为的概念要比"霍尼韦尔案"裁决"严厉"得多。[66] 欧洲法院裁定欧洲中央银行的行为没有越权[67]，德国联邦宪法法院接受这个结果，尽管有些勉强。[68] 但是，德国宪法法院主张欧洲中央银行的公共部门购买计划是越权的。欧洲法院裁定欧洲中央银行的计划在其权能范围之内，但是德国宪法法院拒绝接受该裁决。联邦宪法法院禁止德国联邦银行根据该计划进行购买，除非欧洲中央银行在三个月内表明受质疑的计划符合相称性原则。由于该德国宪法法院判决做出得太晚，这里不做详细分析。这里仅指出，该判决的很多理由是有问题的，包括它对相称性原则本身以及相称性原则与欧盟法的权能之间关系的分析都是有问题的。[69]

（五）接受最高效力原则的限制条件：特性控制

德国联邦宪法法院在就《里斯本条约》是否符合德国宪法所做裁决中，确定了对在德国法律秩序之内接受欧盟法最高效力的另外一个相关但却很不寻常的限制。在"《里斯本条约》案"（*Lisbon*）裁决中，联邦宪法法院强调，有可能发生以超越权能为基础的"越权控制"（*ultra vires* lock），尽管前面讨论的"霍尼韦尔案"裁决的时间更晚。然而，在"《里斯本条约》案"的裁决，联邦宪法法院还提出如今已经广为人知的"特性控制"（identity lock）。下文摘录自该案裁决，联邦宪法法院在做出以下

---

⑥⑥　BVerfG, 2 BvR 2728/13, 14 Jan 2014; J Bast, 'Don't Act beyond Your Powers: The Perils and Pitfalls of the German Constitutional Court's *Ultra Vires* Review' (2014) 15 German LJ 167; M Kumm, 'Rebel without a Good Cause: Karlsruhe's Misguided Attempt to Draw the CJEU into a Game of "Chicken" and What the CJEU Might Do About It' (2014) 15 German LJ 203.

⑥⑦　Case C–62/14 *Gauweiler v Deutsche Bundestag* EU: C: 2015: 400; P Craig and M Markakis, '*Gauweiler* and the Legality of Outright Monetary Transactions' (2016) 41 ELRev 4.

⑥⑧　Judgment of 21 June 2016, Case 2 BvR 2728/13; M Payandeh, 'The OMT Judgment of the German Federal Constitutional Court' (2017) 13 EuConst 400.

⑥⑨　A Lang, '*Ultra Vires* Review of the ECB's Policy of Quantitative Easing: An analysis of the German Constitutional Court's preliminary reference order in the *PSPP* case' (2018) 55 CMLRev 923; Case C–493/17 *Weiss* EU: C: 2018: 1000; BVerfG, 05. May 2020–2 BvR 859/15.

裁决之前再次肯定它有权进行越权审查。

2009 年 6 月 30 日德国联邦宪法法院裁决
2 BvE 2/08

240. 此外，根据《基本法》第 23 条第 1 款第 3 句和第 79 条第 3 款的规定，《基本法》宪法特性中的核心内容不可侵犯，联邦宪法法院对这些核心内容是否受到尊重进行审查。……在这方面，在宪法之下和联盟法之下保障国家宪法特性这一点在欧洲法律领域是同步的。《基本法》第 79 条第 3 款宣称《基本法》第 1 条和第 20 条框架下的各项原则不可违背，而特性审查使得审视这些原则是否由于欧盟机构的行为而遭到违背成为可能。这保证联盟法的优先适用性仅通过继续有效的宪法授权方式，并且只有在这一背景下才予以适用。

　　……

249. 然而，如果不留给成员国足够的空间，以实现经济、文化与社会生活条件所需的政治形态，那么就不可能实现建立在主权国家的条约联盟基础之上的欧洲统一。这尤其适用于那些影响公民生活条件的领域，特别是受基本权利保护的属于公民自身责任以及涉及政治和社会安全的私人领域；同样，这一点尤其适用于以文化、历史和语言认知为基础做出的政治决定，而这些政治决定是在公共政治的政党政治领域和议会领域等公共话语中发展形成的。构成民主行动的核心领域尤其包括公民身份、对使用武力的民事与军事垄断权、包括对外融资在内的国家岁入与支出，以及对于妨碍实现基本权利具有决定性作用的全部要素，尤其是对基本权利的重大侵犯，例如在刑法实施过程中剥夺自由权，或者剥夺在某个机构任职的权利。这些重要领域也包括一些文化问题，例如对语言的安排，对家庭和教育相关环境的塑造，对言论、媒体和结社自由的分类，以及对表达信仰或意识形态的处理等。

　　……

252. 对于一个宪政国家按照民主方式塑造其自身的能力而言，以下几个方面尤其敏感：（1）对实质刑法和形式刑法做出的决定；（2）

对于警察在国家内部以及军队在对外领域使用武力的垄断权的处理；（3）与公共岁入和公共支出有关的基本财政决定权，而公共支出尤其要建立在社会政策考量的基础上；（4）制定影响一个社会国家的生活条件的决定；（5）具有特殊文化意义的决定，如与家事法、学校和教育体系，以及处理宗教团体问题有关的决定。

德国联邦宪法法院的"《里斯本条约》案"判决十分冗长，包含许多与德国和欧盟法律秩序之间关系有关的其他问题。该判决引发了重要的学术评论⑦，大多数学者对该案所确定的"特性控制"持批评意见。

哈伯斯塔姆和默勒斯：《德国宪法法院说"是的，适用于德国！"》⑦

在很长一段时间里，德国宪法学界一个奇怪又常见的现象是缺乏任何"国家任务学说"（*Staatsaufgabenlehre*），也就是关于国家必须履行哪些必要任务的理论。人们曾经寄希望于学者用纯粹的概念界定这一领域，而不用提及必然开放的民主进程。这个关于国家"存在"或"本质"（*Wesen*）的概念演绎的梦想从未落到实处。相反，它不过是对建立完整的国家理论的怀旧情绪。

从未有人论述过这种理论，这并非偶然。尽管与德国背景不同，美国最高法院也曾经努力尝试全面界定哪些事项构成国家规制的传统领域，但最终放弃了。开放的民主进程使得很难以任何全面的方式界定哪些立法领域构成国家的"必要"任务。可以肯定的是，这种理论确实能帮助我们围绕国家权力画出一道"元宪法"的界线。于是，这

---

⑦ F Schorkopf, 'The European Union as an Association of Sovereign States: Karlsruhe's Ruling on the Treaty of Lisbon' (2009) 10 German LJ 1219; D Halberstam and C Möllers, 'The German Constitutional Court says "Ja zu Deutschland!"' (2009) 10 German LJ 1241; D Thym, 'In the Name of Sovereign Statehood: A Critical Introduction to the *Lisbon* Judgment of the German Constitutional Court' (2009) 46 CMLRev 1795; F Mayer, 'Rashomon in Karlsruhe: A Reflection on Democracy and Identity in the European Union' (2011) 9 I–CON 757.

⑦ D Halberstam and C Möllers, 'The German Constitutional Court says "Ja zu Deutschland!"' (2009) 10 German LJ 1249–1250.

种学说就可以保护国家免受各种形式的分裂、私有化以及欧洲化和国际化的侵蚀。然而在德国，关于"国家任务学说"的梦想早已被遗忘了。

确实被遗忘了吗？在"《里斯本条约》案"中，德国联邦宪法法院在毫无先例的情况下突然形成自己的"国家任务学说"。德国宪法法院界定了国家必须发挥作用的五个领域：刑法（实体法和程序法）、战争与和平、公共支出与税收、福利，以及文化和宗教。按照德国宪法法院的说法，这些任务"对于宪政国家以民主方式自我塑造的能力尤其敏感"。但是在这份清单背后，是否存在任何理论或理由？我们在其意见中无从发现。德国宪法法院参照的只是它自己对于过去主权的想象。其意见强调，作为对国家主权的表达，国家"自始至终"（seit jeher）完成了这些任务。

情况显然并非如此。欧洲民族国家的福利功能常常被描述为主权观念终结的开始，也就是国家到社会的分解点。宗教是《威斯特伐利亚条约》体系中的决定性议题，现代主权概念在国际公法刚出现之时就已存在，联邦宪法法院明确支持宗教概念。但宗教从发端之时就不属于国家主权。而且，清单中怎么漏掉了民法？尽管德国民法典（BGB）是德意志民族国家刚成立时的核心法律编纂，但联邦宪法法院甚至没有提到该法律领域对德意志国家特性或主权的特殊意义。另外，怎么没有提到对货币的控制权呢？该领域常常被称为国家的传统特权。无论是从历史角度还是从系统角度而言，这份清单都说不通。

再问一个问题，为什么德国联邦宪法法院在清单中仅将上述五个领域列为国家主权的必要部分？答案很简单。联邦宪法法院的"理论"不过是为了支持预设结果的一种事后主张。

（六）接受最高效力的限制条件："锁控"、限制和后果

德国的司法判例提供了很多素材，用于思考一个成员国对接受欧盟最高效力所提出的限制条件。如下一些思考也许对评价德国的案例法有所帮助。

最简单的事实最容易被忘记，在该案背景下意味着，所有行动都会产

生后果。这一老生常谈既适用于法律判决，也适用于其他任何事情。如果一个法律体系决定引入"锁控"（lock），它就必须决定其内容以及如何适用。这一简单原理所导致的结果却不那么显而易见。"锁控"这个用语本身，表明某种不对称的权力，即一方对另一方施加限制。现实则更加复杂，至少在上述背景下是如此。其原因并不难确定。"锁控"的创造者必须与其所造成的限制本身和谐共处。无论是成员国法院还是立法机构的强硬言论都会造成"严格锁控"，这对发起者产生了影响。锁控越严格，它对创造者的要求就越高，而不仅仅限于受到限制的个人或机构。如果锁控的创造者确实希望遵从由于限制而造成的影响，那么情况还好。但是，如果创造者对由它创造的锁控的内涵和适用产生了怀疑，那么问题就会出现。这时候它就不得不找到某些途径"收回"或者"放松"它所设计出来的限制，而且不能失去信用，不能让他人批评其强硬言辞无法与严格行动相匹配。

德国的司法判决表明，在内涵和适用方面施加控制是多么具有争议性。因此我们看到，就内涵而言，关于"特性控制"（identity lock）的实证性和概念性基础都受到德国学者的质疑。关于任何此类控制的适用也同样重要。成员国法院肯定对谴责欧洲联盟法院的"能动主义"解释感到厌倦，因为它们自己也常常在国内层面进行能动解释。[72] 无论如何，德国法院已经放松对接受欧盟最高效力所施加的、以基本权利和权能或越权为基础的限制条件，因此，申诉人更难以这些理由获得胜诉。

申诉人未来有可能主张欧盟立法超越"《里斯本条约》案"判决中所列举的特性限制，并以此为由在德国法院质疑该欧盟立法。这样一来，对于创造特性控制的德国联邦宪法法院而言，"里斯本裁决"将使其面临两难困境。它面临着艰难选择。它可以认真对待"特性控制"，其结果是，它在该判决所列举的五个领域陷入与欧盟的反复冲突中。它也可以通过与对待"越权控制"类似的方式放松对"特性控制"的适用，但这样的话，它就会被批评没有"认真对待该控制"，并且"雷声大，雨点小"。下文节选联邦宪法法院院长的观点，表明德国联邦宪法法院也可能会放松这一控

---

[72]　P Craig, 'The ECJ and *Ultra Vires* Action: A Conceptual Analysis' (2011) 48 CMLRev 395.

制，尽管难以预测其未来使用的方法。[73]

弗斯库勒：《欧洲宪法法院的多层合作：
欧洲宪法法院联合会》[74]

正如只有联邦宪法法院有权按照《基本法》第 100 条对成文法进行具体审查，因而保护了议会立法机构一样，也只有联邦宪法法院才有权根据《基本法》第 23 条第 1 款第 3 句与第 79 条第 3 款，审查《基本法》的宪法特性中不可违背的核心内容是否得到尊重。这项审查权植根于德国宪法，它同时也由于欧洲联盟法而得到巩固，因为它与经由《里斯本条约》修订的《欧洲联盟条约》中所规定的保护各国宪法特性以及各国忠诚合作原则"携手同行"。因此，由于德国宪法继续提供授权，联盟法与德国法之间的"桥梁"就会继续得到保障。但是，联邦宪法法院在行使这项审查权时，将继续遵守《基本法》向欧洲一体化开放的原则，从而继续将该法院以及其他所有德国宪政机构应承担的一体化责任考虑在内。

后来关于"特性控制"的司法判决表明，双方都愿意迎合各自法律秩序的要求。由此，德国联邦宪法法院在涉及欧洲逮捕令（EAW）的案件中适用特性审查，但是结论认为在该案中欧盟法并非与特性审查不符。[75] 欧洲法院也迎合该德国法院的立场，认定欧洲逮捕令制度必须根据宪章第 4 条的解释。这意味着被请求执行欧洲逮捕令的成员国法院可以决定请求国

---

⑦　例如，BVerfG, 2 BvR 2728/13, 14 Jan 2014；BVerfG, 2 BvR 1390/12, 18 Mar 2014；E Vranes, 'German Constitutional Foundations of, and Limitations to, EU Integration：A Systematic Analysis' (2013) 14 German LJ 75；C Calliess, 'The Future of the Eurozone and the Role of the German Federal Constitutional Court' (2012) 31 YBEL 402；H Detters, 'National Constitutional Jurisprudence in a Post-National Europe：The *ESM* Ruling of the German Federal Constitutional Court and the Disavowal of Conflict' (2014) 20 ELJ 204.

⑭　A Voßkuhle, 'Multilevel Cooperation of the European Constitutional Courts：*Der Europäische Verfassungsgerichtsverbund*' (n 49) 196.

⑮　1 BVerfG, 2 BvR 2735/14 of 15 December 2015；J Nowag, 'EU Law, Constitutional Identity, and Human Dignity：a Toxic Mix? *Bundesverfassungsgericht*：*Mr R*' (2016) 53 CMLRev 1441.

的拘留条件是否与该宪章一致。⑦

（七）小结

1. 德国法院在上述限制条件的前提下接受欧盟法的最高效力。

2. 接受最高效力的概念基础主要是德国宪法第 23 条第 1 款、第 24 条和第 25 条，但德国联邦宪法法院也参考了欧洲法院"共同体"（*communautaire*）论证的某些方面。

3. 在欧盟法对受德国宪法保护的基本权利造成影响的情况下，德国法院继续拥有管辖权，但在德国法院行使其管辖权之前，任何申诉人都必须证明欧盟法提供的保护总体上是有缺陷的。

4. 德国法院还认为自己拥有最终判定欧盟行动是否属于欧盟权能范围的"权能—权能"⑦。德国宪法法院的司法判决表明，只有在欧盟机构的行动明显超出基础条约所赋予它们的权能范围，而且欧洲联盟法院在这之后被赋予对有争议的欧盟条款进行裁决的机会之后，德国法院才能行使这项权力。然而，在近期的一些判决中，有迹象表明德国法院采取了更严格的立场。⑦

5. 德国法院还对接受欧盟法确立了一项限制条件，即欧盟法对其宪法特性产生的影响。

二 意大利

（一）对最高效力的接受

意大利法院在较早阶段就表示接受欧盟法的最高效力，但要以某些限制条件为前提。

---

⑦ Case C - 404 and 659/15 PPU *Aranyosi and Căldăraru* EU：C：2016：198；G Anagnostaras, 'Mutual Confidence is Not Blind Trust！Fundamental Rights Protection and the Execution of the European Arrest Warrant：*Aranyosi and Căldăraru*'（2016）53 CMLRev 1675；M Hong, 'Human Dignity, Identity Review of the European Arrest Warrant and the Court of Justice as a Listener in the Dialogue of Courts：*Solange-III* and *Aranyosi*'（2017）12 EuConst 549.

⑦ See, eg, BVerfG, 2 BvR 1390/12, 18 Mar 2014, [160].

⑦ See, eg, BVerfG, 2 BvR 2728/13, 14 Jan 2014, [17] - [31]；BVerfG, 2 BvR 859/15, 05 May 2020.

弗龙蒂尼诉意大利财政部
Frontini v Ministero delle Finanze
[1974] 2 CMLR 372

欧共体条例规定提高农业税，因此，出口到意大利的猪肉被征收更高的农业税，原告提起诉讼，对这一规定的适用性提出异议。弗龙蒂尼（Frontini）主张该条例在意大利不适用。案件被移交到意大利宪法法院，以判断1957年意大利《欧洲经济共同体条约批准法令》（EEC Treaty Ratification Act）是否合宪。该法令使条约第249条在意大利有效，而该条规定了共同体条例的直接适用性。

意大利宪法法院[79]

凭借1957年《欧洲经济共同体条约批准法令》，意大利议会给予创建欧洲经济共同体的条约以完全和全面的执行力，而意大利宪法第11条赋予该法令以确定的效力基础。该条指出，意大利"同意在与其他国家互惠的基础上对主权进行必要限制，此类限制是为了保证各国之间实现和平与公正而做出的安排所必不可少的"，并且"推动和支持以该宗旨为目标的国际组织"。……

……几乎没有必要补充说，根据意大利宪法第11条，对主权的限制仅限于出于该条指明的目的；并且由此应排除以下情况，即由《罗马条约》具体规定并且由建立在法治与保障公民基本自由基础之上的国家签署的对主权的这种限制，却可以给予欧洲经济共同体机关一项令人无法接受的权力，这项权力使其违反我们宪法秩序的基本原则或者侵犯个人不可剥夺的权利。而且很显然，即使第189条确实曾经被赋予这类反常解释，那么在这种情况下，宪法中的保障措施将永远保证本宪法法院对《罗马条约》与上述基本原则继续保持一致拥有控制权。

"弗龙蒂尼案"（Frontini）的裁决得到1984年"格拉尼塔尔公司案"

---

[79]　[1974] 2 CMLR 372, 384.

（*Granital*）⑧ 的遵循。在该案中，意大利宪法法院（Corte Consituzionale）同意，为了给予欧盟法最高效力，意大利法院必须做好准备，在必要时无视与欧盟法相冲突的本国法，而直接适用欧盟法。本国法律并不会被废除，而不过是在那些已被欧盟法先占的领域不予执行。在欧盟规则范围之外的领域，本国法律条款仍将继续调整相关事项。

意大利法院持亲欧洲的立场，也明显见于意大利宪法法院于 2008 年所做决定中，指出它是根据《欧洲联盟运行条约》第 267 条向欧洲法院提请初步裁决这个意义上的"成员国法院或法庭"，从而推翻它之前在该问题上的立场⑧，这一趋势在后来的案件中得到延续。⑧

（二）接受最高效力的概念基础

接受欧盟法最高效力原则的概念基础是所有成员国都存在的重要问题。正如"弗龙蒂尼案"裁决所表明的，意大利法院认为，其接受这一原则的概念基础是意大利宪法第 11 条。该条规定："在与其他国家保持平等的条件下，为了实现一个确保各国家之间和平与公正的世界秩序，意大利同意对主权进行必要限制。"这构成意大利法院接受欧盟法最高效力的基础，但与其他成员国一样，此种接受并不是无条件的。⑧

（三）接受最高效力的限制条件

从"弗龙蒂尼案"可以清楚地看出，尽管接受欧盟法的直接效力，并且肯定意大利拥有批准基础条约的宪法权能，但是意大利宪法法院也表达了与德国联邦宪法法院类似的保留意见。它声明，它将继续审查"欧洲经济共同体机关"的权力行使，以确保此类权力不侵犯基本权利，或者不违反意大利宪法秩序的基本原则。这在意大利学术和司法话语中被称为对接

---

⑧ Dec 170 of 8 June 1984 in *SpA Granital v Amministrazione delle Finanze*. 非官方英语译文，见 G Gaja（1984）21 CMLRev 756.

⑧ Decs 102 and 103/2008.

⑧ Order No 207, 2013；O Pollicino, 'From Partial to Full Dialogue with Luxembourg: The Last Cooperative Step of the Italian Constitutional Court'（2014）10 EuConst 143；S Matteucci, 'Breaking the Isolation? Italian Perspectives on the Dialogue between the European Court of Justice and Constitutional Courts'（2016）22 EPL 689.

⑧ 意大利宪法法院否认经修订后的意大利宪法第 117 条第 1 款取代作为欧盟法在意大利的宪法基础的第 11 条，参见 Decs 348 and 349/2007.

受最高效力的反向限制（*controlimiti*）。[84]

此外，在"格拉尼塔尔公司案"中，意大利宪法法院不仅准备就特定欧盟措施与意大利基本宪法权利之间的冲突问题进行裁定，而且准备裁定本国法与欧盟法的权能划分问题。[85] "弗拉格德公司案"（*Fragd*）[86] 表现了这种冲突发生的可能性，意大利宪法法院认为，如果一项欧盟措施违反意大利宪法关于人权保护的基本原则，那么该措施就不能在意大利适用。

对于接受最高效力的限制条件，也可见于离现在较近的一系列"塔里科案"（*Taricco*）里。在该系列案中，欧洲法院裁定，意大利有关可提起刑事检控的时限规则不符合《欧洲联盟运行条约》第 325 条，而该条旨在防止涉及欧盟财源的诈欺。该时限可能妨碍提起检控，因为调查复杂的诈欺案件需要更长的时间。欧洲法院裁定，成员国法院必须给予《欧洲联盟运行条约》第 325 条以完全效力，如果需要，则不适用妨碍该成员国履行其条约义务的本国法律条款。[87]

在"*M. A. S* 案"中，意大利宪法法院提请做出初步裁决，提出"塔里科案"在意大利宪法秩序之中的含义与适用问题。[88] 意大利宪法法院再次肯定其对欧盟法最高效力的普遍接受，但是认为其前提条件是尊重意大利宪法秩序的各最高原则，并且尊重基本权利。"塔里科案"的裁决对意大利宪法法院来说是有问题的，因为它可能与"罪刑法定原则"相抵触。该原则要求刑法规则被精确确定，这意味着这些规则必须在发生被指控的犯罪行为时就可被个人合理预见，并且不得不溯及既往。意大利宪法法院在其初步裁决请求中询问，它是否被迫不适用关于时限的本国法，即使这与意大利宪法中压倒性的原则以及其中所体现的权利保护不一致。意大利宪

---

[84] D-U Galetta, 'European Union Law in the Jurisprudence of Italian High Courts: Is the Counter-Limits Doctrine a Dog That Barks but Does Not Bite?' (2015) 21 EPL 27.

[85] R Petriccione, 'Italy: Supremacy of Community Law over National Law' (1986) 11 ELRev 320.

[86] *Spa Fragd v Amministrazione delle Finanze*, Dec 232 of 21 Apr 1989 (1989) 72 RDI; G Gaja, 'New Developments in a Continuing Story: The Relationship between EEC Law and Italian Law' (1990) 27 CMLRev 83.

[87] Case C – 105/14 *Taricco* EU: C: 2015: 555; M Timmerman, 'Balancing Effective Criminal Sanctions with Effective Fundamental Rights Protection in Cases of VAT Fraud: *Taricco*' (2016) 53 CMLRev 779; C Rauchegger, 'National Constitutional Rights and the Primacy of EU Law: *M. A. S.*' (2018) 55 CMLRev 1521.

[88] (IT) ICC, Order no 24/2017.

法法院令的框架基础是《欧洲联盟条约》第 4 条第 2 款的保护宪法特性，但是并没有具体体现在对欧洲法院提出的问题中。

在“*M. A. S.* 案”中，欧洲法院以一项微妙判决做出了回应。(89) 欧洲法院裁定，《欧洲联盟运行条约》第 325 条是清晰和无条件的。因此，成员国法院具有不适用本国法的表面义务，包括与第 325 条不一致的相关时限规则。(90) 由成员国立法机构修订相关立法，调整时限规则以符合欧盟法，这并不牵涉对个人权利的任何侵犯。(91) 但是，在成员国法院不适用本国法中的违法条款时，它们必须确保对个人权利的保护，并且可以适用本国层面的保护，其前提是欧盟权利宪章以及欧盟法的优先性、统一性和有效性不会遭到损害。(92) 欧洲法院指出，刑法所必须具有的可预见性、精确以及不得溯及既往的各项原则是欧盟法的一部分。(93) 欧洲法院也接受对成员国法的不予适用可以仅限于“塔里科第一案”（*Taricco I*）之后发生的案件。这为欧洲法院下述结论铺平了道路。

对 M. A. S. 和 M. B. 的刑事诉讼案

Case C－42/17 M. A. S. , M. B.

EU：C：2017：936

欧洲法院

59. 因此，首先，由成员国法院来核实，根据“塔里科案”判决第 58 段要求所做的认定，即在影响联盟财政利益的大量严重诈欺案件中意大利刑法典相关条款妨碍实施有效和具有威慑力的刑事处罚，这项认定是否导致意大利法律体系就判断适用的时效规则方面出现了不确定性的情形，而这种情形将违反准据法必须精确的原则。如果确实如此，成员国法院就没有义务对刑法典相关条款不予适用。

---

(89) Case C－42/17 *M. A. S.* , *M. B.* EU：C：2017：936.

(90) Ibid［38］.

(91) Ibid［41］－［42］.

(92) Ibid［46］－［48］.

(93) Ibid［48］－［58］.

60. 其次，上述第 58 段提到的几项要求，排除成员国法院在"塔里科案"判决做出之前，对被指控犯有增值税罪行的人不予适用所涉刑法典条款。……

61. 如果成员国法院因此认为不适用所涉刑法典条款的义务与罪刑法定原则相抵触，则它没有责任遵守该义务，即使如果对该义务的遵守允许对不符合欧盟法的国内情况进行救济（参见 2014 年 7 月 10 日判决，*Impresa Pizzarotti*，C‑213/13，EU：C：2014：2067，第 58 段和第 59 段）。然后，由成员国立法机构采取必要措施，正如上文第 41 段和第 42 段所述。

欧洲法院的裁决随后得到意大利宪法法院的回应，从而正式终结了旷日持久的"塔里科案"。

意大利宪法法院第 115/2018 号判决

8. ……本宪法法院是执行欧洲法院所称核实的适格机构，因为只有它有权核实欧盟法是否违背本宪法体系的各最高原则，以及特别是是否侵犯个人不可剥夺的权利。……

9. ……鉴于由"*M. A. S.* 案"判决提供的解释性澄清，两法院提出的所有问题都没有根据，因为"塔里科案规则"并不适用于该未决诉讼。

10. ……但是，这并不意味着所提出的问题没有相关性，因为承认这些罪行仅根据"*M. A. S.* 案"判决失去了时效，那么在任何情况下都意味着适用"塔里科案规则"，即使只是规定其时间限制。

无论事实是发生在 2015 年 9 月 8 日之前还是之后，提请裁决的普通法院都不能对其适用"塔里科案规则"，因为这违背了写入宪法第 25 条第 2 款的刑事法律确定性原则。

11. 也就是说，这似乎很清楚，《欧洲联盟运行条约》第 325 条第 1 款和第 2 款就推导出"塔里科案规则"的那部分以及"塔里科案规则"本身的特点就是明显缺乏确定性。

12. ……

必须能够从公民可获得的立法文本中独立取得与惩罚责任有关的选择，而"塔里科案规则"不是这种情况。尽管是由欧洲法院的排斥性权能提供对欧盟法的统一解释以及规定其是否具有直接效力，但是同样无可争议的是，正如"*M. A. S. 案*"判决所承认的，与刑事法律确定性原则不符的解释结果在我们法律体系中没有容身之处。

13. 这一结论适用于"塔里科案规则"，该规则一部分源自《欧洲联盟运行条约》第 325 条第 1 款，一部分派生于第 2 款。

在后者中，即使假设该同化原则并没有实际导致类推出适用于扩大更严厉的惩罚，并且可以允许刑事法院在没有不可接受的不确定性余地的情况下开展活动，尽管如此，《欧洲联盟运行条约》第 325 条对此并没有提供足够确定的法律依据，因为个人无法独立推导出，而且我们今天也无法推导出"塔里科案规则"的一丁儿轮廓。

……

14. "塔里科案规则"的不可适用性，正如"*M. A. S. 案*"判决所承认的，其根本不仅在于意大利宪法，也在于欧盟法本身，由此肯定本法院在 2017 年第 24 号法院令中提出的假设，也就是这里没有理由违宪。因此，提出的所有问题都没有根据，因为，无论已经推导出的其他违宪理由，对刑事法律确定性原则的违反，就构成将"塔里科案规则"引入我们法律体系的一个绝对障碍，并且没有例外。

该意大利宪法法院裁决证实成员国宪法法院与欧洲法院之间存在"对话"。但是对话一词可有多种解释。尽管意大利宪法法院欢迎"*M. A. S. 案*"对"塔里科案"的再解释，但是意大利宪法法院又明确指出，从其视角来看，并不存在可以在意大利法律体系中运用"塔里科案规则"的场合。

"塔里科"系列案还引发了成员国宪法法院与欧洲法院如何互动的更广泛问题。[94] 博内利（Bonnelli）提到意大利宪法对该案的第一个裁决，以及欧洲法院选择处理初步裁决请求中所提问题的方式。皮奇里利（Piccirilli）则讨论了意大利宪法法院对"特性条款"的利用。

---

[94] D Gallo, 'Challenging EU Constitutional Law: The Italian Constitutional Court's New Stance on Direct Effect and the Preliminary Reference Procedure' (2019) 25 ELJ 434.

博内利：《"塔里科" 系列案与欧盟司法对话整合》⑮

这不是巧合，意大利宪法法院最终的成功不在于其基于宪法特性的主张，甚至这并未得到欧洲法院的回复，而在于其援引的共同宪法原则，意大利宪法法院将其加入法院令第9段中。在后者中，意大利宪法法院要求欧洲法院根据第一项裁决中未加审查的基本权利考虑其决定，包括刑事立法"精确性"原则在内。意大利法院在这里通过借鉴欧洲法院判例法和《欧洲人权公约》，明确主张这是"各成员国宪法传统所共有的"一项原则。由此，在这些措辞中建构的关切点可能得益于各成员国宪法法院的观点，并且最终得益于基本权利视角。

皮奇里利：《"塔里科" 系列案：
意大利宪法法院继续其欧洲之旅》⑯

意大利宪法法院使用特性条款的具体方式引发了至少两种不同的考虑，这两种考虑涉及这种方式与原来就存在的"反向限制"理论的关系。……

就第一个议题而言，意大利宪法法院将宪法特性的新词汇与反向限制理论完美接续。最终，作为宪法各项最高原则的外部维度，对"宪法特性"的保护似乎与反向限制理念不谋而合。后者是该法律秩序的核心价值观，被认为是永久的和无论如何都不可修改的，包括宪法修订在内。反向限制还保护它们免受外部威胁，即来自意大利法律秩序之外的威胁。……

对于第二个议题，值得一提的是，意大利宪法法院"第24/2017号案法院令"利用了《欧洲联盟条约》第4条第2款，但是并未纳入对欧洲法院提出的先决问题中。意大利宪法法院没有要求澄清基础条约中特性条款的含义。相反地，该法院将《欧洲联盟条约》第4条第

---

⑮　M Bonnelli, 'The *Taricco* Saga and the Consolidation of Judicial Dialogue in the European Union' (2018) 25 MJ 357, 371–372.

⑯　G Piccirilli, 'The '*Taricco* Saga': the Italian Constituional Court Continues its European Journey' (2018) 14 EuCounst 814, 825–826.

2 款当作国内规范来解释和适用。……

（四）小结

1. 意大利法院接受了欧盟法的最高效力，但要遵守如下限制条件。
2. 欧盟法的最高效力以意大利宪法第 11 条为基础，而不是欧洲法院的"共同体"（*communautaire*）论证。
3. 意大利法院并不承认欧盟法对意大利宪法拥有优先权，而且，意大利法院对于欧盟法是否侵犯基本权利这一问题保有最终权力。
4. 此外，意大利法院似乎认为自己拥有最终的"权能—权能"，并准备对本国法和欧盟法的权能划分做出裁断。[97]

三　法国

（一）对最高效力的接受

现在法国法院已经接受欧盟法的最高效力，但在所有法院都接受这项原则之前还是花费了一些时间。法国司法体系分为行政法院和普通法院。1970 年，法国最高行政法院（Conseil d'Etat）事实上拒绝承认欧盟法对本国法的最高效力。[98] 在"粗面粉厂案"（*Semoules*）[99] 中，法国最高行政法院裁定，因为自己不具备审查法国立法是否有效的管辖权，所以无法认定此类立法不符合欧盟法，并且无法赋予后者以优先权。尽管事实是法国宪法规定某些国际条约优先于国内法，但最高行政法院认为，应由宪法委员会（Conseil Constitutionnel）在立法通过之前就其合宪性做出判断。

作为普通法院的最高法院，法国最高法院（Cour de Cassation）在 1975 年"雅克·瓦布尔咖啡公司案"（*Café Jacques Vabre*）[100] 中接受了欧盟法对法国法的最高效力，从而产生理念"分歧"。该案涉及《欧洲共同体条约》

---

　　[97]　P Ruggeri Laderchi, 'Report on Italy' in Slaughter et al（n 46）ch 5; A Adinolfi, 'The Judicial Application of Community Law in Italy（1981 – 1997）'（1998）35 CMLRev 1313, 1314 – 1325.

　　[98]　D Pollard, 'The Conseil d'Etat is European—Official'（1990）15 ELRev 267, 268 – 270 and 'European Community Law and the French Conseil d'Etat'（1992 – 1995）30 Irish Jurist 79.

　　[99]　Dec of 1 Mar 1968 in *Syndicat Général de Fabricants de Semoules de France*［1970］CMLR 395.

　　[100]　Dec of 24 May 1975 in *Administration des Douanes v Société 'Cafés Jacques Vabre' et SARL Weigel et Cie*［1975］2 CMLR 336.

第 90 条与后来《法国海关法典》某条款之间的冲突。按照总检察长的建议，法国最高法院裁定，问题并不在于它可否审查法国法的合宪性，而在于法国宪法本身，在"内国法"与经正当批准并已进入内国法律秩序的"国际法"之间存在冲突时，法国宪法就已赋予后者优先权。对国际条约优先权原则的尊重不应留给宪法委员会，因为这是普通法院的职责，在本案中普遍法院实际上面临着这类需要司法裁判的问题。

直到 1989 年，法国最高行政法院才最终放弃所谓的"光荣孤立"，并且决定以有权审理选举事务的选务法院身份，采取与宪法委员会和最高法院相同的立场。[⑩]

拉乌尔·乔治·尼科洛案
Raoul Georges Nicolo
[1990] 1 CMLR 173

数名法国公民作为原告于 1989 年提起诉讼，要求宣布法国举行的欧洲议会选举无效，理由是在欧洲以外的法国海外属地和海外领地的法国公民也拥有选举权和被选举权。他们主张这项法国成文法规则，即《第 77—729 号法令》，违反《欧洲经济共同体条约》。

政府专员弗里德曼的意见[⑩]

但是，接下来的全部困难是，要按照您（指法国最高行政院。——译者）的既定案例法，决定您是否应该仅以 1977 年法令为依据驳回第二项主张，而不必核验它是否符合《罗马条约》；或者，您是否应该仅以该法令确实符合该条约为由，判定该法令可以适用，从而开创该领域的先河。

就此而言，我们知道，您在 1968 年 3 月 1 日"粗面粉厂案"决定中著名的区分方法，即如果后来通过的立法与条约冲突，行政法

[⑩]　Dec of 20 Oct 1989 in *Nicolo*. 法国宪法委员会的早期决定表明，保证适用国际条约的责任属于法国的其他法院。有学者认为，这些早期决定成为法国最高行政法院推翻其最初立场的动力，参见 P Oliver, 'The French Constitution and the Treaty of Maastricht' (1994) 43 ICLQ 1, 10.

[⑩]　Commissaire Frydman [1990] 1 CMLR 173, 177, 178.

院不能给予该条约以优先权，而且此案例法既适用于共同体规则，也适用于普通国际公约。……

这些决定的理论基础显然并未采取反对条约优先于成文法这一原则的形式，该原则由宪法第55条明确规定。相反，应该在您希望支持的原则，即不是由各行政法院审查立法的有效性中，寻找其理论支撑。……

另一方面，我相信，有可能采取如下观点，即……第55条本身必然暗含着授权这些法院审查成文法是否与条约相符。事实上，我们必须将其视为宪法的起草者意图，即希望实际实施条约的最高效力而将该意图写入该条款。……

因此，以此为基础，我建议您同意给予条约对后来成文法的优先性。

……我认识到，如我们所知，欧洲共同体法院给予共同体法于成员国法律规则的绝对最高效力，即使成员国法是宪法，而且它毫不犹豫地确定该义务，即在任何情况下拒绝适用与共同体措施相悖的法律。

我认为您不可以遵循欧洲法院的这项法官所造之法，事实上，对我而言，至少是可以反对的。如果您这么做，您就将自身系于一种超国家思维方式，却很难为这种方式找到合理理由，并且还将您自身系于《罗马条约》并未明确规定并且确定无疑导致该条约违宪的情形，无论在政治背景下如何看待。……

因此我建议您应以宪法第55条为依据做出决定，并将其范围扩大到所有国际协定上。

尽管法国最高行政法院并未明确采纳该政府专员的观点，但似乎接受了其观点的前提。它裁定法国该成文法规则无效，因为它们"与上述《罗马条约》第227条第1款的明确规定不符"[103]。因此，法国最高法院和最高行政法院在1989年之后都愿意在原则上赋予欧盟法对本国法的优先性。

自"尼科洛案"（*Nicolo*）之后，法国最高行政法院承认欧盟条例和指

---

[103] Pollard, 'The Conseil d'Etat is European' (n 98) 271, 273 – 274.

令的优先性。[104] 然而，其关于欧盟指令的司法裁决却很复杂，因为它在
1978 年"科恩—本迪特案"（*Cohn-Bendit*）中裁定，欧盟指令不能用来质
疑某项具体行政法令。[105] 最高行政法院对这一基本主张设置了越来越多的
限制条件，允许在许多情况下以欧盟指令为依据。[106] 后来它在 2009 年"佩
勒案"（*Mme Perreux*）中裁定，可以依据欧盟指令质疑某项具体行政法令，
其前提条件是该指令的转化期已过，而且该指令的条款足够确定和精确。[107]

最高行政法院希望与欧洲法院对话的意愿，可见于 2007 年"安赛乐
公司案"（*Arcelor*）的裁决。[108] 该案涉及在《京都议定书》下建立碳排放交
易体系的指令。法国通过法令而将该指令转化为法国法予以实施。原告主
张，法国宪法所保障的财产权与自由交易权以及平等原则受到该法令的侵
犯。最高行政法院并未裁定该法令在法国宪法下的合法性，而是认为这些
基本权利在欧盟法下获得类似保护，之后将案件提请欧洲法院予以初步
裁决。

（二）接受最高效力的概念基础

法国接受欧盟法最高效力的概念基础，一开始是法国宪法第 55 条，而
不是欧洲法院在"科斯塔案"中的"共同体"（*communautaire*）论证。在
"雅克·瓦布尔咖啡公司案"（*Café Jacques Vabre*）中，总检察长试图说服
法国最高法院采用欧洲法院的论证，并且将联盟法最高效力的基础建立在
欧盟法律秩序的性质本身上。然而，法国最高法院将其决定建立在法国宪

---

⑩④　*Boisdet* ［1991］1 CMLR 3（涉及晚于法国法的一项条例）；*Rothmans and Philip Morris* and
Arizona Tobacco and Philip Morris ［1993］1 CMLR 253（涉及早于法国法的一项指令）；H Cohen,
Note（1991）16 ELRev 144；P Roseren, 'The Application of Community Law by French Courts From
1982 to 1993'（1994）31 CMLRev 315, 342.

⑩⑤　Dec of 22 Dec 1978 in *Ministre de l'Intérieur v Cohn Bendit*.

⑩⑥　C Charpy, 'The Status of（Secondary）Community Law in the French Legal Order: The Recent
Case-Law of the *Conseil Constitutionnel* and the *Conseil d'Etat*'（2007）3 EuConst 436；C Charpy, 'The
Conseil d'Etat Abandons its *Cohn Bendit* Case-Law; Conseil d'Etat, 30 October 2009, *Mme Perreux*'
（2010）6 EuConst 123, 125 – 126；R Mehdi, 'French Supreme Courts and European Union Law: Be-
tween Historical Compromise and Accepted Loyalty'（2011）48 CMLRev 439.

⑩⑦　*Mme Perreux*, 30 Oct 2009.

⑩⑧　*Société Arcelor Atlantique et Lorraine et autres*, 8 Feb 2007；Case C – 127/07 *Société Arcelor At-
lantique et Lorraine and Others v Premier ministre*, *Ministre de l'Écologie et du Développement durable and
Ministre de l'Économie*, *des Finances et de l'Industrie* ［2008］ECR I – 9895.

法第 55 条的基础上。最高行政法院的"尼科洛案"裁决也以法国宪法第 55 条为依据，该条规定国际条约上位于国内法；在该案中，政府专员弗里德曼并不鼓励最高行政法院认同欧洲法院的"超国家思维方式"。现在，最高行政法院和宪法委员会还将实施欧盟法的义务以及欧盟法对本国法的最高效力，建立在法国宪法第 88 条第 1 款基础之上。[109]

（三）对接受最高效力的限制

我们看到，从欧洲法院的角度而言，欧洲法都优先于成员国所有法律。但这并未被法国法院所接受。法国最高行政法院并未承认欧盟法优先于法国宪法。[110] 欧盟法在位阶上高于成文法，但低于宪法。这一观点与宪法委员会[111]和宪法法院[112]一致。尽管如此，还是给成员国法院在判断欧盟法与法国宪法是否冲突这一问题上留下了大量解释和自由裁量的空间。[113]

沙尔皮：《（二级）共同体法在法国国内秩序中的地位》[114]

毫无疑问，宪法委员会和最高行政法院的论证强调宪法相对于共同体法的最高效力原则。它们认为，制宪权已经将实施指令的义务纳入宪法第 88 条第 1 款，而且在更普遍的意义上将共同体法律秩序纳入国内法律秩序。因此，是共同体法律秩序被纳入国内秩序之中，而不是相反。只有凭借制宪权的意愿，共同体法才能在法国产生效力。宪

---

[109]　该款规定，法国应加入欧盟，欧盟由根据两部条约"以共同方式自由选择行使它们某些权能的国家组成"。

[110]　*Sarran and Levacher*, 30 Oct 1998; *Syndicat National de l'Industrie de Pharmaceutique*, 3 Dec 2001; C Richards, 'Sarran et Levacher: Ranking Legal Norms in the French Republic' (2000) 25 ELRev 192; V Kronenberger, 'A New Approach to the Interpretation of the French Constitution in Respect of International Conventions' (2000) 47 Netherlands International Law Review 323.

[111]　Dec No 2010 – 605 DC, 12 May 2010; Dec No 2007 – 560 DC, 20 Dec 2007; C Richards, 'The Supremacy of Community Law before the French Constitutional Court' (2006) 31 ELRev 499; Charpy, 'The Status of (Secondary) Community Law in the French Legal Order' (n 86) 458 – 462.

[112]　*Mlle Fraisse*, 2 July 2000.

[113]　See, eg, *Jeremy F*, Dec No 2013 – 314 QPC of 14 June 2013.

[114]　C Charpy, 'The Status of (Secondary) Community Law in the French Internal Order' (2007) 3 EuConst 436, 459; F – X Millet, 'How Much Lenience for How Much Cooperation? On the First Preliminary Reference of the French Constitutional Council to the Court of Justice' (2014) 51 CMLRev 195.

法仍然是决定相关法律体系之间关系的规范，因此优先于所有其他规范。换言之，因为实施共同体的义务和共同体法的优先原则被写入宪法，所以并未改变宪法处于规范位阶最顶端这一地位。

（四）小结

1. 现在法国法院普遍接受欧盟法对本国法的最高效力，但要遵守下列限制条件。
2. 赋予欧盟法最高效力并不是如欧洲法院所称的凭借欧盟法的内在性质，"而是根据它们本国自身法律秩序的权力"[⑮]。法国宪法第 55 条和第 88 条第 1 款为法国接受最高效力提供了概念基础。
3. 法国法院不承认欧盟法优先于宪法。
4. 在法国法院中，目前还没有案件清楚地提出"权能—权能"问题，但通常来说认为该问题应由法国法院决定。

四　波兰

（一）对最高效力的接受

欧洲法院的最高效力理论所造成的问题，也见于新入盟国家的司法判决中。下面以波兰为例。波兰接受了欧盟法对本国成文法的最高效力。这里的讨论不包括因波兰司法机构受到政治干预而引发的法治问题。该问题在前面章节里单独讨论。[⑯]

2010 年 11 月 24 日第 K 32/09 号案件

本案涉及对《里斯本条约》多个条款与波兰宪法的一致性提出的异议。

波兰宪法法庭

本宪法法庭在第 K 18/04 号案件判决的理由陈述中已指出，经由

---

⑮　B de Witte,'Community Law and National Constitutional Values'(1991) 2 LIEI 1, 4.

⑯　见第二章。

批准具有约束力的宪法，本国已决定同意接受由国际组织或国际机构制定的法律——除条约法之外的法律——约束波兰共和国这一可能性。这要遵守所批准的国际协定中规定的限制条件。另外，在公投中，本国也同意如下事实，即上述法律将在波兰共和国领土范围内具有直接约束力，并在产生法律冲突的情况下优先于成文法。在《加入条约》中也已明确表示，同意波兰共和国受根据一级法所制定的法律的约束，而《加入条约》以全国范围公投的方式得到认可；《加入条约》的合宪性是本宪法法庭在第 K 18/04 号案件中的评估对象。

（二）接受最高效力的概念基础

与绝大多数老成员国一样，波兰也将对欧盟法最高效力的接受建立在本国宪法条款的基础之上。波兰主要以宪法第 90 条第 1 款为依据，该条规定："以国际协定方式，波兰共和国可将国家权力机关在某些事项上的权能委托给国际组织或国际机构"。

（三）接受最高效力的限制条件

但是，波兰法院坚定地阐明了接受欧盟法最高效力的限制条件。波兰宪法第 8 条第 1 款规定，宪法是波兰的最高法律，而且，波兰法院明确指出，欧盟法并不优先于波兰宪法。

波兰的欧盟成员国身份（加入条约）案
2005 年 5 月 11 日第 K18/04 号案件

波兰宪法法庭考虑了波兰加入欧盟的合宪性问题。该法庭指出，波兰宪法中并没有"超国家组织"这一类型，以及波兰与欧盟之间的《加入条约》应被视为国际协定的一种形式。它接下来做出了以下陈述。

波兰宪法法庭

7. 宪法第90条第1款仅"在某些事项上"授权委托国家机关的权能。这就意味着禁止委托某个国家权力机关的所有权能，或者禁止委托某个国家权力机关对其自身活动实质范围的决策权能，或者禁止委托关于某个领域内所有事项的权能。

8. 宪法第90条第1款和第91条第3款均未授权向国际组织委托权能，以使其通过违反波兰宪法的法令或做出违反波兰宪法的决定，而波兰宪法是"波兰的最高法律"（第8条第1款）。由此可见，尽管上述条款规定可以在某些事项上授予权能，但都不能导致波兰共和国无法作为一个民主的主权国家继续运行。

……

11. 鉴于其最高法律效力（宪法第8条第1款），宪法在波兰共和国领土范围内享有优先约束力和优先适用性。根据法律授权得到批准或者是经由全国范围的公投程序（按照宪法第90条第3款）同意的国际协定，尽管其适用优先于成文法，正如宪法第91条第2款所保障的，但这并不意味着国际协定同样优先于本国宪法。

[波兰宪法法庭指出，共同体规范与波兰宪法有产生冲突的可能性，然后裁定如下。]

13. 如果在宪法规范与共同体规范之间出现无法调和的矛盾，而且不能通过运用尊重欧洲法和国内法的相互自主的解释方法消除矛盾，那么就会产生冲突。这种冲突绝不能通过假定共同体规范优先于宪法规范的方式加以解决。此外，这不能导致宪法规范失去约束力，而被共同体规范所取代；也不能导致宪法规范的适用被局限在共同体法规制的领域之外。在这种情况下，作为主权者的国家，或者由宪法授权代表国家的国家权力机构将需要决定：修订宪法；或者，要求修订共同体条款；或者，波兰最终退出欧洲联盟。

14. 以"同情欧洲法"的方式解释国内法的这项原则……有一定的限制条件。在任何情况下，该原则均不得造成与宪法规范中的明确措辞相反的结果，或者导致与宪法发挥的最低保障功能不符的结果。特别是个人权利和自由领域的宪法规范标志着一种不可逾越的最低标准，不能由于引入共同体条款而降低或受到质疑。

在波兰宪法法庭关于欧洲逮捕令的决定中，也可以清楚地看到上述方法。[⑪] 波兰宪法法庭裁定，使欧洲逮捕令生效的国内法与波兰宪法第 55 条第 1 款不符，该款禁止对外引渡波兰公民。宪法法庭有意愿同意，宪法第 55 条第 1 款在可能的情况下应按照与欧盟法一致的方式加以解释，但是尽管如此，法庭认为无法将给予欧洲逮捕令效力的立法解读为与第 55 条第 1 款是一致的。法庭裁定，宪法关于禁止引渡的规定也适用于欧洲逮捕令之下的移送机制。宪法法庭承认，为了确保遵守创设欧洲逮捕令的欧盟框架决定，可能不得不对宪法进行修订。但是，要求本国通过该决定的时限已过。为此，对于这项实施欧洲逮捕令的波兰法律，宪法法庭愿意推迟废除其约束力，为期 18 个月，以便在此期间对宪法做必要的修订。

波兰宪法法庭再次强调它在"《里斯本条约》案"裁决中关于波兰宪法具有最高效力的陈述。[⑱] 该判决既冗长又复杂。这里仅指出，它包含着微妙的混合观点。其中有支持欧盟并向欧盟规范开放的情绪。有一些陈述则涉及限制条件，对可能损害宪法特性的外部机构授予权能施加限制，并且申明波兰宪法第 90 条排除以下情形，即由获得权能的外部机构决定此类权能的限制条件。

2004 年以后加入欧盟的中东欧国家采取的司法方式并不统一。这其中有一些独特的因素在发挥作用。萨杜尔斯基（Sadurski）提出，这些中东欧国家加入欧盟的部分原因是要给民主和人权提供一种安全保障。他指出，在这些国家存在着一种悖论，即其宪法法院以可能妨碍国内宪法对此类权利的保护为由抵制欧盟法的最高效力。[⑲] 在下文的节选中，他试图解释如下事实，即这些法院采用的论证方式类似于德国法院在"只要案"（*Solange*）中的说理。

---

⑪　Polish Constitutional Tribunal, 27 Apr 2005, No P 1/05; noted by D Leczykiewicz, (2006) 43 CMLRev 1181; A Nußberger, 'Poland: The Constitutional Tribunal on the Implementation of the European Arrest Warrant' (2008) 6 I – CON 162.

⑱　K 32/09, 24 Nov 2010; A Lazowski, 'Half Full and Half Empty Glass: The Application of EU Law in Poland (2004 – 10)' (2011) 48 CMLRev 503.

⑲　W Sadurski, '"*Solange* Chapter 3": Constitutional Courts in Central Europe—Democracy—European Union', EUI Working Papers, Law No 2006/40.

萨杜尔斯基：《"只要案"第三章：
中欧国家的宪法法院—民主—欧洲联盟》[120]

"只要案"的故事非常适合加入欧盟之后的中东欧国家，这有如下两个强有力的原因。首先，在几乎所有欧洲后共产主义国家，宪法法院都将自己确定为强大、有影响力的能动主义行为体，并且为其他政治行为体制定政治游戏规则。……尽管中东欧国家宪法法院的权力大体上类似于（并且往往超过）西欧国家宪法法院，但是，相较于西欧国家，中东欧国家的其他部门却更软弱、更混乱、更无组织并且低效。……加入欧盟，为这些法院提供强化它们自身权力的又一个机会，机会不容错过：它们能够轻而易举地……断言自己有权确立和执行民主、法治与人权保护的标准，而这些标准将影响欧洲与本国宪政秩序之间的关系。中东欧国家的宪法法院通过界定它们认为欧洲法最高效力的哪些方面不可接受，或者如果接受欧盟法最高效力的某些维度，则指示需要进行宪法修订，使得这种权力进一步增强它们相对于本国其他政治行为体的地位。

"只要案"故事之所以在中东欧国家再次出现，第二个原因是这些国家在加入欧盟之前就认识并明确表达了对主权的强烈关切，而且这些关切在入盟后依然存在。我在别的文章中曾把与这种关切有关的情况描述为"主权谜题"：在刚刚摆脱苏联统治（同时摆脱《华沙条约》的国家"有限主权论"）并且恢复失去已久的独立之后，这些国家就加入了一个超国家共同体，而在其框架下，传统的严格主权被认为已经过时，这些国家被要求将其大多数主权让渡给超国家机构，这颇具讽刺意味。……因此，这些宪法法院发现自己处于这样一种境地：就其作为宪法价值捍卫者的角色而言，它们无法抵制以重构国家主权为由反对欧盟法最高效力的力量。……

---

[120] Ibid 2-4.

（四）小结

1. 波兰法院接受欧盟法对成文法的最高效力，但要遵守以下限制条件。
2. 接受欧盟法最高效力的概念基础源于波兰宪法规定，而不是欧洲法院的"共同体"（*communautaire*）论证。
3. 波兰法院并不接受欧盟法对于本国宪法的最高效力。关于欧洲逮捕令的裁决表明，波兰法院赋予本国宪法以优先地位。但是，该裁决还表明，波兰法院愿意让波兰法律遵守欧盟法的要求，其例证是，宪法法庭推迟了废除国内法的时间，以等待对宪法进行可能的修订。
4. 波兰法院认为它们自身拥有最终的"权能—权能"。

五 捷克

捷克是用于说明 2004 年后入盟机制与欧盟之间相互关系的另外一个例子。我们将看到，一些复杂的力量决定了捷克对欧盟法最高效力的回应。

（一）对最高效力的接受

捷克宪法法院已接受欧盟法的最高效力，但受下面限制条件的约束。它裁定，依据捷克宪法第 1 条第 2 段以及《欧洲共同体条约》第 10 条，可以得出一项宪法原则，即包括宪法在内的国内法律，均应按照符合欧洲一体化原则以及共同体与成员国机关之间相互合作原则的方式进行解释。如果捷克宪法可以有几种解释方式，《基本权利与基本自由宪章》构成该宪法的一部分，但只有其中某些解释能够让捷克履行其作为欧盟成员国身份所应该承担的义务，那么，就应该选择能够支持其履行该义务的解释方式，而不是排除这项义务的解释。[120]

（二）接受最高效力原则的概念基础

捷克接受欧盟法最高效力的主要概念基础是捷克宪法第 10 条。它规定，议会按照正当程序通过和批准的国际协定构成捷克法律秩序的一部分，如果该协定制定了与国内法相反的条款，那么该协定条款优先。第 10 条第 1 款授权可将某些权力让渡给国际组织。

---

[120] Pl ÚS 66/04.

（三）接受最高效力的限制条件

尽管如此，捷克宪法法院一直反复申明其接受欧盟法最高效力的限制条件。[122]

捷克宪法法院明确指出，欧盟二级法律必须与基础条约和捷克宪法秩序保持一致。[122] 由此，欧盟法律规范必须与建立在民主和法律基础上的国家的诸原则保持一致[123]，否则就将与捷克宪法第 9 条第 2 款相冲突，而该款规定："民主的、受法律约束的国家的实质要素不得改变"，尽管捷克宪法法院承认，欧盟对基本权利的保护在这方面已经做得足够了。虽然如此，捷克宪法法院仍强调，如果不能按照与本国宪法一致的方式解释欧盟法，那么正确的方式应该是由议会修订宪法，但也要遵守宪法第 9 条第 2 款规定的限制条件。[124] 捷克宪法法院还明确指出，在相关法律是否符合捷克宪法这一问题上自己是最终的仲裁者，而且，如果欧盟规范违反合乎捷克宪法的基础，那么它们在捷克就不具有约束力。[125]

捷克宪法法院在"斯洛伐克养老金案"[126] 中行使了此项越权审查权，它拒绝适用欧洲法院在"兰德什托娃案"（*Landtová*）中的决定[127]，其理由是，欧洲法院的论证建立在错误的法律假设基础之上。毫不意外，捷克宪法法院的这项决定引起了大量评论。[128] 事情背后的原因不一定是表现出来的样子。学者给出了该案件背后矛盾的解释，揭示出"机构"决定可受"个人"因素的影响。

从学术文章中可以看到，事实上有三组矛盾在起作用。捷克宪法法院与捷克最高行政法院之间长期不和，正是后者向欧洲法院提请初步裁决。

---

[122] Pl ÚS 50/04.

[123] Pl ÚS 50/04.

[124] Pl ÚS 66/04.

[125] Pl ÚS 19/08；Pl ÚS 29/09.

[126] Pl ÚS 5/12.

[127] Case C – 399/09 EU：C：2011：415.

[128] J Komárek，'Czech Constitutional Court Playing with Matches：The Czech Constitutional Court Declares a Judgment of the Court of Justice of the EU *Ultra Vires*；Judgment of 31 January 2012，Pl ÚS 5/12，*Slovak Pensions XVII*'（2012）8 EuConst 323；R Zbíral，'Czech Constitutional Court，Judgment of 31 January 2012，Pl ÚS 5/12. A Legal Revolution or Negligible Episode? Court of Justice Decision Proclaimed *Ultra Vires*'（2012）49 CMLRev 1475；M Bobek，'*Landtová*，*Holubec*，and the Problem of an Uncooperative Court：Implications for the Preliminary Rulings Procedure'（2014）10 EuConst 54.

捷克宪法法院与捷克政府之间也存在着矛盾，后者曾在欧洲法院主张捷克宪法法院的一项判决是错误的。而且捷克宪法法院与欧洲法院之间也存在着摩擦，因为欧洲法院拒不接受捷克宪法法院尝试在欧洲法院审理的诉讼中阐明其法律观点。

六 最高效力：跨概念渗透

法院通常会或明或暗地以类推的方式做出论证。它们用这种方式判断支撑某一特定学说立场的原则是否可以扩展至最初命题范围之外的情形。一个类似的想法会跨越不同的法律体系。成员国都面临着要决定在何种程度上应接受欧盟法的最高效力的问题。很自然地，它们会考虑其他成员国法律制度中的概念工具，并决定是否将它们揉进自己的体系中。

但是，我们应留意那些使用前面讨论的那类主张的成员国数量，并且注意某些类似于越权控制或特性控制的提法，这些提法将此类法院置于与德国联邦宪法法院等法院相同的立场上。立场在这方面显得更微妙。[129] 例如，德国联邦宪法法院在提请初步裁决时就已对突出的法律问题进行了非常详细的分析，并且建议由欧洲法院给予详细回答。这种提请风格在其他宪法法院并不常见。牢记这些提醒，我们现在可以考虑成员国法院对接受欧盟最高效力设置限制条件的两个实例。

（一）比利时

一般认为比利时宪法法院是亲欧的。但是，它近来使用的论证类似于德国联邦宪法法院的"特性控制"，尽管在该案件事实中并未出现这类问题。[130]

在批准条约（条约赋予欧盟机构新权能）时，立法机构必须尊重宪法第34条。凭借该条款，可通过条约或法律将特定权力的使用

---

[129] M Wendel, 'Comparative Reasoning and the Making of a Common Constitutional Law: EU-Related Decisions of National Constitutional Courts in a Transnational Perspective' (2013) 11 I – CON 981; M Claes, 'The Validity and Primacy of "EU Law" and the Cooperative Relationship between National Constitutional Courts and the Court of Justice of the European Union' (2006) 23 MJ 1.

[130] CC no 62/2016, 28 Apr 2016, B.8.7; P Gérard and W Verrijdt, 'Belgian Constitutional Court Adopts National Identity Discourse' (2017) 13 EuConst 182.

分派给国际公法的机构。尽管这些机构随后可以自主决定如何行使这些权能，但宪法第 34 条并不能解释为，在批准该条约时对立法机构授予无限许可，或者在上述机构行使授权它们的权力时被授予无限许可。根本政治和宪政架构中固有的国家特性，或者由宪法提供基本价值观保护的所有法律主体，宪法第 34 条不允许对其造成歧视性的减损。

（二）丹麦

丹麦宪法法院与其他成员国法院走得更远，并且拒绝适用欧洲法院的一项裁决。很明显，丹麦对欧盟法最高效力的"立场"随着时间推移而发生变化并且变得强硬起来。

在 1998 年"马约案"（*Maastricht*）判决中，丹麦宪法法院以宽泛的措辞形成其立场：赋予欧盟责任的各领域可以描述为几个宽泛类型，并且不需要精确表达主权的委托以至没有自由裁量或解释的空间。主权被精确地表达为自由裁量或解释的空间。[131] 宪法法院认为，丹麦各法院须裁定某项欧共体法令在出现"异常情况"时在丹麦不可适用。必须确立的是，"以所需的确定性"，某项欧共体法令或者司法决定是基于条约解释，而该条约解释不在《丹麦加入法令》放弃主权之内。

丹麦宪法法院的方式此后变得强硬起来。它在"里斯本案"裁决中指出，欧洲法院对欧盟法的解释不应导致欧盟权力的扩大。它声明有权行使司法审查以判断欧盟行动是否与《丹麦加入法令》一致，并且没有提及 1998 年裁决中所使用的"异常情况"或"所需的确定性"等限定用语。[132]

"*Ajos* 公司案"出现于其对欧盟法的立场发生改变后不久。欧洲法院在"丹麦工业联合会案"（*Dansk Industrie*）[133] 中裁定，某项丹麦法违反

---

[131] Madsen, Olsen and Šadl, 'Competing Supremacies and Clashing Institutioanl Rationalities: the Danish Supreme Court's Decision in the *Ajos* Case and the National Limits of Judicial Cooperation' (2017) 23 ELJ 140, 146 – 148. See also U Neergaard and K Engsig Sørensen, 'Activist Infighting among Courts and Breakdown of Mutual Trust? The Danish Supreme Court, the CJEU, and the *Ajos* Case' (2017) 36 YEL 275; R Holdgaard, D Elkan, and Schaldemose, 'From Cooperation to Collision: the ECJ's *Ajos* Ruling and the Danish Supreme Court's Refusal to Comply' (2018) 55 CMLRev 17.

[132] Madsen, Olsen and Šadl (n 131) 147 – 148.

[133] Case C – 441/14 *Dansk Industrie* EU: C: 2016: 278.

《第2000/78号指令》所明确表达的关于禁止年龄歧视的一般原则。一般法律原则可适用于私人之间的争端。该国法院被要求将本国法解释为与该指令一致，或者如果不可能做此解释，就对其违反禁止年龄歧视一般原则的部分不予适用。

丹麦宪法法院拒绝遵循该欧洲法院裁决，因为该一般法律原则不在《丹麦加入法案》之内。

丹麦工业联合会代表 Ajos 公司诉某地产案
Case 14/2014 Dansk Industir（DI）acting for Ajos A/S v
The estate left by A
2016 年 12 月 6 日

丹麦最高法院

欧洲法院有权裁定涉及欧盟法解释的问题，参见《欧洲联盟条约》第267条。因此，由欧洲法院裁定欧盟法律规则是否具有对相冲突的成员国规定的直接效力与优先权，包括在个人之间的争端中也有权如此。

是否可以在丹麦法中给予某项欧盟法律规则以直接效力的问题，正如欧盟法的要求一样，是丹麦加入欧盟的《加入法令》中的首要问题。……

根据欧洲法院对"曼戈尔德案"（*Mangold*，C‒144/04，EU：C：2005：709）和"屈库克德维奇案"（*Küçükdeveci*，Case C‒555/07，EU：C：2010：21）以及对本案的判决，我们认定禁止以年龄为由的歧视原则是一项欧盟法一般原则，根据欧洲法院判例法，欧盟法一般原则可以在不同的国际文件和各成员国共同宪法传统中找到。欧洲法院不是将《加入法令》所涵盖的那些条约中的条款作为该原则的基础。

即使该原则推断自欧盟条约之外的法律渊源，很显然，上面提到的三个判决必须解释为涉及在条约层面适用的非成文原则。但是，在这些判决中，并没有任何东西可以表明，存在规定该原则依据的具体条约条款。

欧盟法框架中一项条约层面的原则将具有直接效力（由此创设义务），并且被允许在个人之间的争端中优先于相冲突的丹麦法，然而在具体条约条款中并不存在该原则的任何依据，那么，这种情况在《加入法令》中是不可预见的。

……

在这样的背景下，我们认定，根据欧洲法院判例法，在不同国际文件和各成员国共同宪法传统中——《欧洲联盟条约》第6条第3款所提到的相关法律渊源，已经由《加入法令》使其直接适用于丹麦——并没有发现任何依据支撑存在禁止年龄歧视的欧盟法律原则。

关于丹麦宪法法院论证的动机，还有很多话要说。下面摘录仅涉及宪法法院论证中所存在的矛盾。

马森、奥尔森和萨尔：《相竞争的至上性与相碰撞的机构理性：丹麦最高法院"*Ajos* 公司案"裁决与司法合作的国家限制》[134]

然而，迄今为止，丹麦宪法法院行动所引起的最突出问题，是将这项有缺陷的决定严格遵守（国内）法律，并且通过违反（欧盟）法律义务远离（本国）政治。尽管该决定出于丹麦宪法法院所引以为豪的斯堪的纳维亚法律实用主义和墨守原文精神，但是人们可能以非常不同的方式来看待它。司法自我约束根本没有成为该决定的指导逻辑。这种据称远离政治的方法，该决定的正式主导动机及其形式主义，给人一种政治的感觉。其主要原因是，欧盟法不能被简单地归结为一个外部现象。相反，它是丹麦法律的重要组织部分。因此，切断这种联系，正如其在"*Ajos* 公司案"中的所为，即使根据本国法的解释得出合理理由，也必然意味着适用一个法律而违反另一个法律。对

---

[134] Madsen, Olsen and Šadl, 'Competing Supremacies and Clashing Institutioanl Rationalities: the Danish Supreme Court's Decision in the *Ajos* Case and the National Limits of Judicial Cooperation' (2017) 23 ELJ 140, 150.

于任何认真对待超国家义务的法律制度来说，这些都不是一条可行的道路。

第四节　宪法多元论与国家特性

一　宪法多元论

欧洲是否存在以及可以有一个最终的司法裁判，至今仍在讨论之中，与此同时，也提出"宪法多元论"（constitutional pluralism）的不同版本，将其作为更有吸引力的替代方案，以打破以民族国家为中心的"一元论"对阵以欧盟为中心的"一元论"之间的僵局。[135] 下面节选两位评论者的文章。近年来，他们关于国内法与欧洲法之间宪法关系的立场已经发生变化。麦考密克（MacCormick）提出的分析是一种"国际法下的法律多元主义"，取代了他早期的激进多元论观点，他原来认为，解决宪法根本冲突的答案在于政治而非法律。基希霍夫（Kirchhof）是德国联邦宪法法院前法官，也是德国"马约案"判决的始作俑者之一，相较于他早期对这种关系的观点，他在下文中提出了一种更合作和多元论的版本。

***

麦考密克：《对主权的质疑》[136]

不应将共同体法的最高效力理论与如下概念相混淆，即任何类型

***

[135]　See（n 41）；N Walker, 'The Idea of Constitutional Plurism'（2002）65 MLR 317；N Walker, 'Late Sovereignty in the European Union' in N Walker（ed）, *Sovereignty in Transtion*（Hart, 2003）ch 1；M Maduro, 'Contrapunctual Law: European's Constitutional Pluralism in Action' in Walker ibid ch 21；A von Bogdandy, 'Pluralism, Direct Effect, and the Ultimate Say: On the Relationship between International and Domestic Constitutional Law'（2008）6 I–CON 397；K Jaklic, *Constitutional Pluralism in the EU*（Oxford University Press, 2014）；D Kelemen, 'On the Unsustainability of Constitutional Pluralism, European Supremacy and the Survival of the Eurozone'（2016）23 MJ 1；N Walker, 'Constitutional Pluralism Revisited'（2016）22 ELJ 333；J Baquero Cruz, 'Another Look at Consitutional Pluralism in the European Union'（2016）22 ELJ 356；M Wilkinson, 'Constitutional Pluralism: Chronicle of a Death Foretold?'（2017）23 ELJ 213；T Tuominen, 'Aspects of Constitutional Pluralism in Light of the *Gauweiler* Saga'（2018）43 ELRev 186.

[136]　N MacCormick, *Questioning Sovereignty*（Oxford University Press, 1999）117–121.

的成员国法在所有情况下都从属于共同体法。而情况是，共同体法与成员国法是相互作用的体系，其中一个体系在其自身语境下，对相关主题构成有效的法律渊源，并优先于各成员国体系均承认的其他法律渊源。……

因此，从总体上说，对各法律体系之间关系的最适当分析，应是多元论而不是一元论，是相互关联的而不是上下位阶关系。成员国法律体系与它们共有的欧共体法律体系，是既彼此区分又相互作用的法律体系，而且，效力的位阶关系（在适用于不同系统的效力标准之内）并不意味着其中一个体系在任何情况下都优先于另一个。由此也可以推断出，不同体系的最高决策机构的解释权对每个体系而言都必须具有最终效力。欧洲法院对共同体法规范的解释，是诉诸的最后手段，也具有最终权威。但是，同样地，必须由各成员国的宪法法庭解释其宪法与其他规范，并由此解释共同体法的效力与该国体系中更高一级规范的效力之间的相互作用。……

……共同体与成员国原则上可能发生体系之间的潜在冲突和摩擦，这些冲突和摩擦并不是发生在法律真空之中，而是发生在一个与国际法相关的空间中。的确，鉴于共同体起源于基础条约以及"契约必须遵守"这一信条的持续规定性意义，它们的共同体成员国身份以及国家在国际法下相互负有义务这一事实，不言而喻地具有决定性意义。……这一点表明，成员国法院无权假设本国宪法绝对优先于国际正常秩序，包括欧洲层面的正常秩序在内。这并不等于说，它们必须简单地服从欧洲法院认为得到欧洲宪法授权的任何裁决。……但是，如果一个或多个成员国法院与欧洲法院之间发生明显不可解决的冲突，那么，根据该观点，总是存在通过寻求国际仲裁或国际司法解决这一事项的可能性。

基希霍夫：《国家机构与欧洲机构之间的权力均衡》[130]

如果使欧洲法自主并且独立于成员国，欧洲法就可能失去其根基

---

[130]　P Kirchhof, 'The Balance of Powers between National and European Institutions' (1999) 5 ELJ 225, 227–228, 241. See also Voßkuhle（n 49）.

以及成长的力量，但是在与成员国宪法紧密交织互动之中，欧洲法在统一的起源和统一的未来中获得自己的身份。……不同规范之间可能发生的冲突，并不能通过如下冲突法条款得到避免或解决，即规定一种规范优先于其他规范以及规范不再合法，而是应该通过相互尊重和"合作"予以解决。……欧洲法院与成员国宪法法院均具有为了欧洲法律共同体成功的自身裁判责任。……因此，在这些终审法院之上，并不只是"开放天空"；而且，欧洲与成员国各法院之间的权力平衡体系正在发展形成中。无论是谁寻求将这个平衡与合作的体系解释为上下等级关系，都是在关闭朝着司法制度内部权力平衡发展的欧洲一体化道路。……进行司法裁判意味着建立权衡、平衡和合作的文化，而不是统治、服从和拒绝的文化。

在大量相关著述中存在不同形式的宪法多元论。[138] 但是不要错误地以为该概念已被所有人接受。参见下面的批判性观点。

巴克罗·克鲁斯：《欧盟宪法多元论的另一个视角》[139]

对我而言，宪法多元论似乎在说明（事情并不总是如他们所声称的那样）与处方（因为它并未为相关法律体系之间的关系提供有吸引力和可持续的模式）这两个方面都具有严重问题。实际上，宪法多元论是一个关于联盟法与成员国法应该以什么方式互动的理论，这个理论令人深感不安，因为它损害一体化的主要目标以及法律的基本社会功能。

在多元论者对法律环境的描述中，他们没有停下来考虑联盟法所面临的实际问题，以使成员国养成遵守联盟法的习惯。首先，他们似乎不关心法律的真实日常生活，只关心异常和相当罕见的意见分歧。他们的分析理所当然地认为联盟法的规范性主张具有一般效力，并且认为这两个系统经常陷入极端矛盾中——而事实恰恰相反：矛盾是罕

---

[138] Jaklic（n 135）.

[139] J Baquero Cruz, 'Another Look at Consitutional Pluralism in the European Union' (2016) 22 ELJ 356.

见的，实践少于德行。宪法多元论的话语正建立在这个不切实际的愿景基础之上。相反，我倾向于认为，联盟法的不完美实践应该成为对联盟法与成员国宪法之间关系进行任何讨论的出发点。

其次，尽管它作为自由政治组织和进程的一个要素具有全部价值，但是当多元论进入法律场域，无论是联盟的还是别处的，其理念都发生了变化并且获得颇为不同的含义。而且，宪法多元论过去是作为法律学说提出的，现在很大程度上仍然是一种法律学说。在法律上，多元主义与作为文明工具的法律体系的主要结构特征之一发生了冲突，这个文明是社会与制度关系中的秩序、安全、可预测性和确定性，就个人而言，是相对于其他人的权利义务。这是法律带来的基本事物之一，如果不是主要事物的话。实际上，法律的可预测性与守法的习惯有关。毕竟，如果一个人不知道要适用哪个规则，怎么可能遵守规则呢？

……

由此，"法律（或宪法）多元论"这一表达可能是矛盾的。从其社会功能来看，法律倾向于作为一个有秩序的规范系统，并且必须追求秩序。如果宪法多元论意味着无序，那么就不可能与法律联系起来——它无法组织起法律体系之间的关系。如果法律多元只是因为产生它的社会和政治共同体是多元的，那么"宪法多元论"并没有什么特殊含义——并且实际上，它并不在多元主义运动人士所用术语的那个含义上。

因此，具有多元和开放机制的多元和开放社会，其法律必然反映该社会的特征。毫无疑问，联盟应该是在该意义上多元。但是，声称对该法律的司法适用应该委托给一个开放和部分不可预测的"系统"，就是另一回事了。

还有争论围绕宪法多元论的可取性或可得性展开。从这种多元论信条中得出的更具体的结论，也是有争议的。在这个方面，可以参考下文节选的马杜罗佐审官（AG Maduro）的意见，他以此类论证为由捍卫欧洲法院的"国际贸易公司案"（*Internationale Handelsgesellschaft*）的裁决。该案涉及原告质疑欧盟指令与法国宪法的一致性。法国最高行政法院向欧洲法院提请初步裁决，询问该指令是否符合平等原则。

大西洋与洛林安赛乐公司诉法国总理等人
Case C - 127/07 Société Arcelor Atlantique et
Lorraine v Premier ministre and others
[2008] ECR I - 9895

马杜罗佐审官的意见

15. 法国最高行政法院被要求裁定该指令与法国宪法的一致性，它似乎面临着必须调和不可调和的事项这一不可能完成的任务：如何在不违反共同体法优先这一基本要求的前提下，在国内法律秩序中保护宪法？那些对法律主权的并行主张，恰恰表明使欧洲一体化进程具有独特性的法律多元论。……这些主张造成的结果并没有违反共同体法的统一适用，而是推动法国最高行政法院通过初步裁决程序向欧洲法院寻求帮助，以便保证共同体法令遵守也被本国宪法承认的价值与原则。……事实上，法国最高行政法院要求欧洲法院做的并不是核验共同体法令与本国某些宪法价值的一致性——它也绝不可能这样做——而是根据类似的欧洲宪法价值审查共同体法令的合法性。正是通过这项程序，那些乍看之下似乎不可调和的问题事实上得到了解决。欧盟法律秩序与各国法律秩序建立在相同的根本法律价值基础之上。成员国法院有义务在其宪法范围内保证遵守这些价值，而欧洲法院有责任在共同体法律秩序下保证遵守这些价值。

16.《欧洲联盟条约》第6条表达对各国宪法价值的尊重。它还说明如何最大限度地避免与这些价值产生任何真实冲突，特别是要将欧盟的宪法基础锚定于成员国共有的宪法原则上。通过这一条款，成员国确信欧洲联盟的法律不会威胁其宪法的根本价值。但与此同时，成员国已经把在共同体法范围内保护这些价值的任务让渡给欧洲法院。在这方面，法国最高行政法院假设本国宪法的根本价值与共同体法律秩序的根本价值完全相同这一点是正确的。然而，必须指出的是，只有通过由条约规定的机制，才能在共同体层面对此种"结构叠合"提供机制保障。《欧洲联盟条约》第6条所指的正是这种"机制特性"，它确保各国宪法不会被破坏，即使它们再也不能作为审查共同体法令合法性的参照。如果可以用国家宪法作为参照，那么，只要各国宪法的内容与保护它们的法律文件之间存在重大差异，共同体法令可能在一个成员国减损适用，而在另一个成员国则不会这样。这样的一种结果将违背《欧洲联盟条约》第 6 条规定的原则，特别是，违背将共同体视为建立在法治基础上的共同体这样一种理解。换言之，如果能够以各国宪法为依据，要求选择性和有差别地在联盟领土内适用共同体条款，那么，这就将导致扭曲共同体法律秩序与成员国共有的宪法传统之间的一致性，这是一个悖论。这就是为什么欧洲法院在"国际贸易公司案"中裁定："共同体措施的有效性或其在成员国的效力不得受如下主张的影响，即认为共同体措施与该国宪法规定的基本权利相悖，或者与国家宪法结构的原则相悖"。因此，共同体法优先实际上是对建立在法治基础上的共同体法律秩序的基本要求。

17.《欧洲联盟条约》第 6 条仅明确指出这项基本要求中所固有的要素，即只有通过共同体法本身，才能对共同体法令是否符合成员国的宪法价值和原则进行审查，而且从根本上说，这种审查仅限于构成成员国共同宪法传统的根本价值。通过这种方式，共同体法已经纳入成员国的宪法价值，而各国宪法必须调整其对最高效力的主张，以便遵守共同体法在其适用领域内优先性的基本要求。这并不意味着成员国法院在解释共同体的一般原则和基本权利方面不能发挥任何作用。相反，联盟的宪法价值必须在欧洲法院与各国法院——特别是那些负责判断何为本国宪法的真正解释的成员国法院——的不断对话过程中得到完善和发展，这正是作为成员国共同宪法价值的联盟宪法价值这一性质本身所固有的。双方开展对话的适当工具是提请初步裁决，而且正是在这一语境下这里提出的问题才能得到理解。

问题是成员国宪法法院是否会接受上述论证。欧盟在构建自己的宪法价值时，确实借鉴了各国的宪法价值。对于这类价值的特定含义，欧洲法院将与各国法院对话，尽管在何种程度上展开对话尚存在疑问。[140] 对话能否解决这种"把圆弄方"的难题，并为欧盟法对所有成员国法的最高效力的"基本要求"提供必要的正当理由，这一点更具争议。

在对欧盟和成员国共同普遍价值的解释上，可能存在真正的分歧。确实存在的分歧涉及：此类价值的特定概念；实现权利平衡的方式；划分法律体系的权重；这些体系内部的观点分歧。如果的确如此，那么马杜罗所说的"结构叠合"和"机制特性"可能就不那么容易取得，或者可能意味着成员国宪法的更大牺牲，当然是与上述节选文中所提到的相比。如果成员国法院对联盟法院就相关宪法价值所做解释感到满意，那么就万事大吉了。但是，如果并不满意而且观点分歧严重，那么，它们也许不愿意牺牲那些价值及其在本国宪法中的解释，正如事实所表明的那样，成员国宪法法院继续将欧盟法视为在规范位阶上低于本国宪法。

二 国家特性

《里斯本条约》承认成员国的国家特性（national identity），如《欧洲联盟条约》第 4 条第 2 款规定："联盟尊重成员国在基础条约面前的平等，尊重成员国政治和宪法基本结构所固有的国家特性，包括区域和地方自治。"有不少学术著述探讨了第 4 条第 2 款，包括该款对欧盟法最高效力的影响。[141] 另外，至少在原则上，承认国家特性与宪法多元论之间存在某种联系，因为前者被认为会促进后者。

---

[140] 例如，在"安赛乐公司案"中，对于特定宪法价值的含义，几乎没有证据表明欧洲法院进行了这种对话。

[141] L Besselink, 'National and Constitutional Identity before and after Lisbon' (2010) 6 Utrecht Law Review 36; A von Bogdandy and S Schill, 'Overcoming Absolute Primacy: Respect for National Identity under the Lisbon Treaty' (2011) 48 CMLRev 1417; T Konstadinides, 'Constitutional Identity as a Shield and as a Sword: The European Legal Order within the Framework of National Constitutional Settlement' (2011) 13 CYELS 195; B Guastaferro, 'Beyond the Exceptionalism of Constitutional Conflicts: The Ordinary Functions of the Identity Clause' (2012) 31 YBEL 263; G van der Schyff, 'The Constitutional Relationship between the European Union and its Member States: The Role of National Identity in Article 4 (2) TEU' (2012) 37 ELRev 563; A Arnaiz and C Llivina (eds), *National Constitutional Identity and European Integration* (Intersentia, 2013); E Cloots, *National Identity in EU Law* (Oxford University Press, 2015); G van der Schyff, 'Exporing Member State and Euroepan Union Constitutional Identity' (2016) 22 EPL 227; F Fabbrini and A Sajó, 'The Dangers of Constitutional Identity' (2019) 25 ELJ 457.

冯波格丹迪和席尔:《克服绝对优先性: 〈里斯本条约〉对国家特性的尊重》[142]

我们认为,《欧洲联盟条约》第 4 条第 2 款通过将国家特性聚焦于成员国的基本政治和宪法结构,提供了克服欧盟法绝对优先性这一观念的视角,并且提供了位阶模式的基本假设以理解欧盟法与国内宪法之间的关系,因为该条款支持欧盟法与国内宪法之间关系的多元视野。应将《欧洲联盟条约》第 4 条第 2 款视为融合了多个成员国宪法法院关于欧盟法与成员国宪法之间关系的司法裁决。第 4 条第 2 款中包含的经修订后的国家特性条款,不仅要求尊重各国的宪法特性,而且可以理解为允许各国宪法法院在某些有限的情况下援引对欧盟法优先性的宪法限制。与此同时,《欧洲联盟条约》第 4 条第 2 款,与其第 4 条第 3 款所包含的真诚合作原则一起,将这些宪法性限制融入一个机构与程序框架之中,而成员国宪法法院和欧洲法院作为宪法裁判复合体系的一部分,在这个框架之中密切互动。其目的在于确保既尊重欧盟法,又尊重成员国的宪法特性。

欧洲法院将在何种程度上发展或接受上述思路,仍需拭目以待。欧洲法院在"塞恩—维特根斯坦案"(*Sayn-Wittgenstein*)[143] 中解释《欧洲联盟条约》第 4 条第 2 款,裁定奥地利一项废除贵族头衔的法律是对国家特性的表述,它对自由流动构成的限制符合相称性原则,因此对于在另一成员国内合法的姓氏,它构成拒绝承认该姓氏所有要素的正当理由。但是在其他案件中,欧洲法院认定,以国家特性为依据实施的限制性措施不符合相称性原则。[144] 此外,欧洲法院还驳回了以《欧洲联盟条约》第 4 条第 2 款为依据的主张,它裁定该主张在该案中被错误地作为质疑欧盟措施的理由。[145]

---

[142] A von Bogdandy and S Schill, 'Overcoming Absolute Primacy: Respect for National Identity under the Lisbon Treaty' (2011) 48 CMLRev 1471, 1419.

[143] Case C – 208/09 *Ilonka Sayn-Wittgenstein v Landeshauptmann von Wien* EU: C: 2010: 80.

[144] See, eg, Case C – 202/11 *Anton Las v PSA Antwerp NV* EU: C: 2013: 239.

[145] See, eg, Cases C – 58 – 59/13 *Torresi v Consiglio dell' Ordine degli Avvocati di Macerata* EU: C: 2014: 2088; Case C – 151/12 *Commission v Spain* EU: C: 2013: 690, [37]; Case C – 393/10 *O'Brien v Ministry of Justice* EU: C: 2012: 110, [49]; Case C – 673/16 *Coman* EU: C: 2018: 385, [42] – [43]; Case C – 317/18 *Moreira* EU: C: 2019: 499, [61] – [62].

冯波格丹迪（von Bogdandy）和席尔（Schill）认为，国家特性在欧盟法下并不享有绝对的保护，而是必须与欧盟法的统一适用原则相平衡，该平衡任务由作为宪法裁判复合体系一部分的欧洲法院和成员国宪法法院共同承担。[146] 但是其结果仍是有争议的，例如"梅洛尼案"（*Melloni*）。[147] 欧洲法院否认以下观点，即《欧盟基本权利宪章》第53条授权成员国适用本国宪法保障的基本权利保护标准，如果本国保护标准高于该宪章。欧洲法院指出，这会"破坏欧盟法优先性原则，因为它将允许成员国不适用那些完全符合该宪章但违反由该国宪法保障的基本权利的欧盟法律规则"[148]。成员国在实施欧盟法时，可以适用本国的基本权利概念，其前提条件是，按照欧洲法院的解释，该宪章提供的保护程度以及欧盟法的优先性、统一性和有效性不会因此受到损害。欧洲法院再次强调了它的既定判例法观点，即欧盟法的优先性适用于一切成员国法，包括其宪法。[149] "梅洛尼案"判决并未直接援引《欧洲联盟条约》第4条第2款，但是即使援引这一条款，也很难想象判决结果会有什么不同。

第五节 结论

一 尽管欧洲法院在"西门塔尔公司案"和"国际贸易公司案"中主张最高效力的一元论观点，但欧盟法的最高效力显然仍然保留其"二维"特征。

二 成员国的法院一般将欧盟法的权威置于本国法律秩序或本国宪法中，而不是欧洲法院的司法判决或欧盟的主权中。

三 此外，多个国家的更高层法院坚持认为，成员国法院在确保尊重欧盟权能的恰当界限方面，以及在保护本国法律秩序中的基本权利方面拥有最终的功能，尽管是剩余的。

四 到目前为止，尽管成员国法院的剩余控制已经作为一项宪法理论得到

---

[146] (2011) 48 CMLRev 1471, 1420.

[147] Case C – 399/11 *Stefano Melloni v Ministerio Fiscal* EU：C：2013：107.

[148] Ibid［58］.

[149] Ibid［59］.

肯定，但是很少在实践中出现。尽管如此，它仍然是欧洲法院关于欧盟法自主性主张的明确对立面，而且可能影响欧洲法院，使其对各国的宪法关切更加敏感。⑤ 对《欧洲联盟条约》第 4 条第 2 款中的国家特性条款所产生的长期影响，仍需拭目以待。

第六节 扩展阅读

一 专著

Alter, K, *Establishing the Supremacy of European Law*: *The Making of an International Rule of Law in Europe* (Oxford University Press, 2001)

Bobek, M (ed), *Central European Judges under the Euroepan Influence*: *The Transformative Power of the EU Revisited* (Hart, 2015)

Claes, M, *The National Courts' Mandate in the European Constitution* (Hart, 2006)

Cloots, E, *National Identity in EU Law* (Oxford University Press, 2015)

Jaklic, K, *Constitutional Pluralism in the EU* (Oxford University Press, 2014)

MacCormick, N, *Questioning Sovereignty* (Oxford University Press, 1999)

Slaughter, A-M, Stone Sweet, A, and Weiler, JHH (eds), *The European Court of Justice and National Courts*: *Doctrine and Jurisprudence* (Hart, 1998)

Walker, N (ed), *Sovereignty in Transition* (Hart, 2003)

二 论文

Baquero Cruz, J, 'Another Look at Consitutional Pluralism in the European Union' (2016) 22 ELJ 356

Charpy, C, 'The Status of (Secondary) Community Law in the French Legal Order: The Recent Case-Law of the *Conseil Constitutionnel* and the *Conseil*

---

⑤ See, eg. de Witte, 'Community Law and National Constitutional Values' (n 115), and the notion of 'contrapunctual law' in Maduro (n 135).

d'Etat'（2007）3 EuConst 436

Claes, M, 'The Validity and Primacy of "EU Law" and the Cooperative Relationship between National Constitutional Courts and the Court of Justice of the European Union'（2006）23 MJ 1

Craig, P, 'The ECJ and *Ultra Vires* Action: A Conceptual Analysis'（2011）48 CMLRev 395

De Witte, B, 'Direct Effect, Primacy and the Nature of the Legal Order' in P Craig and G de Búrca（eds）, *The Evolution of EU Law*（Oxford University Press, 3rd edn, 2021）

Dougan, M, 'When Worlds Collide! Competing Visions of the Relationship between Direct Effect and Supremacy'（2007）44 CMLRev 931

Gallo, D, 'Challenging EU Constitutional Law: The Italian Constitutional Court's New Stance on Direct Effect and the Preliminary Reference Procedure'（2019）25 ELJ 434

Halberstam, D, and Möllers, C, 'The German Constitutional Court says "Ja zu Deutschland!"'（2009）10 German LJ 1241

Lenaerts, K, and Corthaut, T, 'Of Birds and Hedges: The Role of Primacy in Invoking Norms of EU Law'（2006）31 ELRev 287

Madsen, M, Olsen, H, and Šadl, U, 'Competing Supremacies and Clashing Institutioanl Rationalities: the Danish Supreme Court's Decision in the *Ajos* Case and the National Limits of Judicial Cooperation'（2017）23 ELJ 140

Maduro, M, 'Contrapunctual Law: Europe's Constitutional Pluralism in Action' in N Walker（ed）, *Sovereignty in Transition*（Hart, 2003）ch 21

Mehdi, R, 'French Supreme Courts and European Union Law: Between Historical Compromise and Accepted Loyalty'（2011）48 CMLRev 439

Payandeh, M, 'Constitutional Review of EU Law after *Honeywell*: Contextualizing the Relationship between the German Constitutional Court and the EU Court of Justice'（2011）48 CMLRev 9

Sadurski, W, '"Solange Chapter 3": Constitutional Courts in Central Europe—Democracy—European Union', EUI Working Papers, Law No 2006/40

Thym, D, 'In the Name of Sovereign Statehood: A Critical Introduction to *the Lisbon* Judgment of the German Constitutional Court ' （2009） 46 CMLRev 1795

Von Bogdandy, A, 'Pluralism, Direct Effect, and the Ultimate Say: On the Relationship between International and Domestic Constitutional Law ' （2008） 6 I – CON 397

——and Schill, S, 'Overcoming Absolute Primacy: Respect for National Identity under the Lisbon Treaty' （2011） 48 CMLRev 1417

Voßkuhle, A, 'Multilevel Cooperation of the European Constitutional Courts: *Der Europäische Verfassungsgerichtsverbund*' （2010） 6 EuConst 175

Walker, N, 'Constitutional Pluralism Revisited' （2016） 22 ELJ 333

Weiler, JHH, 'The Community System: The Dual Character of Supranationalism' （1981） 1 YBEL 267

Wendel, M, 'Comparative Reasoning and the Making of a Common Constitutional Law: EU-Related Decisions of National Constitutional Courts in a Transnational Perspective' （2013） 11 I – CON 981

第十一章　欧盟国际关系法

第一节　核心议题

一　欧盟过去20年的核心目标，是使其对外关系实现更大程度的一致性和连贯性，以增强欧盟作为全球行为体的能力，并突出其国际角色。

二　为实现这一目标，《里斯本条约》对欧盟对外关系法进行了多项修改。（1）《欧洲联盟条约》第47条通过宣布欧盟具有法律人格，使欧盟越来越多参与国际协定的实践得到了条约文本的正式确认；（2）欧盟先前的三支柱结构被正式废除，原来的第三支柱（PJCC）与欧盟其他所有政策一样被纳入同一框架，尽管"共同外交与安全政策"（CFSP）除外，后者仅由《欧洲联盟条约》（而非《欧洲联盟运行条约》）单独规定；（3）创立联盟外交事务与安全政策高级代表一职；（4）创设欧盟外交机构，即欧洲对外行动署（EEAS），整合来自欧盟委员会、理事会和成员国的公务人员和外交人员；（5）扩大欧盟专属的"共同商业（对外贸易）政策"（CCP）的范围；（6）欧盟的国际行动如今以一整套共同的价值观、原则和目标为基础；（7）《里斯本条约》将欧洲法院关于默示对外权力的部分复杂判例法进行了法律编纂。

三　《里斯本条约》生效以来，其中所引入的一些变化已经开始产生影响。共同外交与安全政策继续保留独特的机构与法律制定机制，而共同商业政策的范围则得到扩大，这两个方面均导致欧盟机构之间涉及"法律基础"的诉讼。同样，《里斯本条约》中将欧洲法院关于默示专属对外关系的判例法进行法律编纂的条款，也已通过诉讼得到检验。最后，欧洲对外行动署已经成立，其运行受到诸多评价和批评。

四 调整欧盟对外权能的法律源于复杂的欧洲法院判例法。尽管原来的共同体几乎没有基于条约的明确对外权力，但欧洲法院从一开始就对共同体的默示权力予以宽泛解释，为后来人们所知的对内权力和对外权力的平行原则奠定了基础。

五 影响这项法律原则的两个重要问题是：（1）某项既定对外权力是否存在；（2）此项权力是由欧盟专属还是与成员国共享。在早年间，欧洲法院一直非常宽泛地回答第一个问题，但在给出"关于世界贸易组织（WTO）的第 1/94 号意见"（*Opinion 1/94*）之后的数年间，欧洲法院将欧盟的多项对外权力均解释为与成员国共享，并对欧盟共同商业政策的范围给予不太扩张的解读。然而，最近一些裁决表明，由于《里斯本条约》扩大了共同商业政策的范围，而且编纂了欧洲法院早期判例，因而再次给予欧洲法院以信心，使其不再小心谨慎地解读欧盟的专属对外权力，并且肯定了早期的判例法，即"《欧洲公路运输协定》案"（*ERTA*）。

六 诸多共享权能的存在导致所谓"混合协定"（mixed agreement），欧盟和成员国都参与此类协定的谈判、缔结和实施过程。尽管这在效率和清晰度方面给国际伙伴造成了困难，但它被认为是促使欧盟与成员国开展实际合作的一项重要来源，因而受到推崇。

七 与欧盟其他法律和政策不同，共同外交与安全政策仍然由一系列单独的规则和原则来调整，而且大体上排除司法审查。然而，由于共同外交与安全政策和欧盟对外权能的其他领域在主题事项方面存在着重叠，因此导致棘手的法律问题，并向欧洲法院提起了相关诉讼。这些难题包括行动的适当法律基础；各行动领域范围的适当界限；欧洲议会的参与；跨领域的组织合作。

八 多年来，欧盟不断扩大基于国家的打击恐怖主义的制裁规划，但这造成向欧盟综合法院和欧洲法院提起诉讼的数量大增，这些诉讼对欧盟制裁的基础提出异议，在 2009 年"卡迪第一案"（*Kadi I*）的开创性判决后，这种情况尤其明显。

九 欧洲法院在欧盟对外关系法中就裁定欧盟权能的存在、范围及性质等方面总体上发挥了积极作用。它将国际协定（包括混合协定）视为受其管辖权约束的欧盟法令。它还裁定，国际协定是欧盟法律秩序中具有约束力且不可或缺的组成部分，而且原则上可以具有直接效力。然而，它却坚持裁定，不能在欧洲法院援引 WTO 协定的条款；而且，它将类似的论证扩大到其他类型的国际协定上，从而使欧盟措施免受以国际条约为基础的频繁质疑。它还在涉及国际机构的情况下继续强调欧盟法律秩序的自主，并且以与自主相关的理由否决了欧盟加入《欧洲人权公约》的建议。

第二节　导论：原则与机构

一　欧盟作为国际行为体

欧盟一直寻求将其自身角色塑造成为一个重要的全球行为体，尤其是在过去的 20 年间。欧盟在某些领域拥有实际影响力，例如在贸易领域，其影响力远远大于其他领域，例如防务领域，同时它还发展形成广泛的关系网络，借助该网络采取行动以影响国际事务。尽管经历了经济危机，欧盟仍然是全球主要的贸易力量，也是发展援助和人道主义救援领域的主要提供者。它被描述为各种不同类型的力量，包括民事力量（civilian power）[1]、规范性力量（normative power）[2]、结构性力量（structural power）[3] 和市场权力（market power）。[4] 上述术语反映出，欧盟采用的手段主要具有经济性质、外交性质、结构性质和政治性质，而不是威慑性质。欧盟在国际领域主要依靠其"软实力"（soft power）。[5]《里斯本条约》并未改变欧盟在这方面的特征，尽管它加强了用于发展共同安全与防务政策（CSDP）的机构基础。[6]

克雷莫纳（Cremona）将欧盟作为全球行为体的角色分为五种：

---

[1]　F Duchêne, 'Europe's Role in a World Peace' in R Mayne（ed）, *Europe Tomorrow: Sixteen Europeans Look Ahead*（Fontana, 1972）.

[2]　I Manners, 'Normative Power Europe: A Contradiction in Terms?'（2002）40 JCMS 235.

[3]　S Keukeleire and J MacNaughtan, *The Foreign Policy of the European Union*（Palgrave Macmillan, 2008）.

[4]　C Damro, 'Market Power Europe'（2012）19 JEPP 682.

[5]　J Nye, *Soft Power: The Means to Success in World Politics*（Public Affairs, 2004）.

[6]　见《欧洲联盟条约》第 42 条。

（1）对其他地区的实验室和模式；（2）捍卫与促进自身经济利益的市场行为体；（3）规则的创始者与规范的输出者，并通过与其他国家和地区的国际协定网络发挥作用；（4）欧盟内部及欧盟以外地区的一支稳定力量；（5）将欧盟成员国身份作为激励手段，以吸引邻国地区。[⑦]

二　欧盟对外行动的宪法框架与一般原则

在《里斯本条约》之前，欧盟国际关系法的宪法结构既复杂又零散，欧盟基础条约条款所提供的指引十分有限。然而，《里斯本条约》引入多项条款，界定欧盟作为一个全球行为体的角色，并加强欧盟对外关系体系的连贯性。[⑧]《欧洲联盟条约》第3条第5款突出强调价值观在欧盟对外关系中的作用，它宣称：

> 在与更广泛世界的关系中，联盟应坚持和促进其价值观和利益，致力于保护其公民。它应致力于和平、安全、全球可持续发展、各国人民间的团结和相互尊重、自由公正的贸易、消除贫困、保护人权特别是保护儿童权利，以及严格遵守并发展国际法，包括遵守《联合国宪章》的原则。

《欧洲联盟运行条约》第五部分调整除共同外交与安全政策以外的欧盟对外关系，其中第205条构成该部分"帽子"式的起始条款，它宣称：

> 根据本部分的规定，联盟在国际舞台上的行动应以《欧洲联盟条约》第五编第一章规定的原则为指导，并追求实现该章确定的目标，而且要符合该章规定的一般条款。

[⑦]　M Cremona, 'The Union as a Global Actor: Roles, Models and Identity' (2004) 41 CMLRev 553.

[⑧]　M Cremona, 'Coherence through Law: What Difference Will the Treaty of Lisbon Make?' (2008) 3 Hamburg Review of Social Sciences 11; P Van Elsuwege, 'EU External Action after the Collapse of the Pillar Structure: In Search of a New Balance between Delimitation and Consistency' (2010) 47 CMLRev 987.

《欧洲联盟条约》第五编第一章从第 21 条开始，该条首次阐明包括共同外交与安全政策在内的所有欧盟对外政策的核心目标。这些条款旨在建立一个综合框架，并与《欧洲联盟条约》第 3 条第 5 款所规定的价值观一起，阐明欧盟对外关系的一套总体原则和目标。[9]

《欧洲联盟条约》第 21 条

1. 指导联盟在国际舞台上的行动之原则应是促使其诞生、发展和扩大的原则以及使其在更广泛的世界上寻求推行的原则，包括民主、法治、人权和基本自由的普遍性与不可分割性、尊重人的尊严、平等和团结原则以及尊重《联合国宪章》和国际法原则。

联盟应寻求与认同上述第一分段述及之原则的第三国及国际、区域性或全球性组织发展关系并建立伙伴关系。联盟应推动以多边方式特别是在联合国框架内解决共同问题。

2. 联盟应确定并采取共同政策与行动，并努力在国际关系的所有领域实现高度合作，以达到如下目的：

（1）维护联盟的价值观、根本利益、安全、独立和完整；

（2）巩固并支持民主、法治、人权和国际法原则；

（3）根据《联合国宪章》的宗旨和原则、《赫尔辛基最终文件》的原则以及《巴黎宪章》的目标，包括有关外部边界的条款，维护和平、预防冲突及加强国际安全；

（4）促进发展中国家经济、社会和环境的可持续发展，首要目标是消除贫困；

（5）通过包括逐步取消国际贸易限制等方式，鼓励所有国家融入世界经济；

（6）帮助形成国际措施以维护和改善环境质量以及全球自然资源的可持续管理，确保可持续发展；

（7）向遭受自然或人为灾害的人民、国家及地区提供援助；

（8）推动基于更强有力的多边合作及全球良治的国际体系。

---

⑨ L Lonardo, 'Common Foreign and Security Policy and the EU's External Action Objectives: An Analysis of Article 21 of the Treaty on the European Union' (2018) 14 EuConst 584.

3. 联盟在制定和执行本编以及《欧洲联盟运行条约》第五部分所涉及的联盟各领域的对外行动以及其他政策的对外部分时，应尊重并贯彻本条第 1 款和第 2 款所规定的有关原则和目标。

联盟应确保其各领域对外行动的一致性以及对外行动与其他政策间的一致性。理事会和委员会在联盟外交事务与安全政策高级代表的协助下确保此一致性，并为此进行合作。

三 《里斯本条约》之后负责欧盟国际行动的机构

在《欧洲联盟条约》第 21 条阐明欧盟外交政策的原则与目标之后，第 22 条描述欧盟对外关系领域某些关键机构行为体的职责，特别是欧洲理事会和外交事务与安全政策高级代表：

1. 根据第 21 条规定的原则和目标，欧洲理事会应确定联盟的战略利益和目标。

欧洲理事会就联盟战略利益和目标通过的决定应涉及联盟共同外交与安全政策以及对外行动的其他领域。此类决定可涉及联盟与某个特定国家或地区的关系，或者也可以是主题性的规定。此类决定应规定其期限以及联盟与成员国可采取的手段。

欧洲理事会应根据理事会的建议以一致方式采取行动，而后者的建议应根据针对各领域所规定的安排予以通过。欧洲理事会的决定应根据两部条约所规定的程序予以实施。

2. 联盟外交事务与安全政策高级代表就共同外交与安全政策领域的事项以及委员会就对外行动其他领域的事项，可向理事会提交联合提案。

《里斯本条约》加强了欧洲理事会在国际关系中的作用，明确授权欧洲理事会制定欧盟总体外交政策战略，而且有权在对外关系的所有领域通过具有约束力的决定以及不具约束力的框架和战略。本书第三章第四节第二部分介绍了欧洲理事会"半常任"主席的作用。

《里斯本条约》在对外关系领域引入两个重要的机构行为体，即外交事务与安全政策高级代表（HR）和欧洲对外行动署（EEAS）。本书第三章介绍了高级代表这一职位。该职位事实上比较复杂，因为既担任欧盟委员会的副主席，又是外交事务理事会主席，也就是说同时服务于两位不同的领导者。第一任高级代表是凯瑟琳·阿什顿女男爵（Baroness Catherine Ashton），于2010年任命。对于第一任高级代表的任命方式、职责和表现，评论都非常苛刻，而且有些人将欧盟在外交政策领域的不佳表现归咎于她，这或许有些不公平。第二任高级代表为费代丽卡·莫盖里尼（Federica Mogherini），于2014年任命，她此前曾短暂地担任意大利外长，任命以及过程再次招致批评。现任高级代表为何塞普·博雷利（Josep Borrel），于2019年任命。该职位无疑很复杂，因为除了其双重或三重性质的职务之外，该职位并不拥有真正的政治权力，而且事实上不能寻求界定或领导欧盟的外交政策。相反，高级代表一直寻求在对很多问题采取截然不同的外交政策立场的国家之间建立共识，并管理冲突。尽管如此，与欧洲理事会主席相比，高级代表这一职位的机构潜力还是颇为有利的。这是因为高级代表的任期没有时间限制；高级代表在根据《欧洲联盟条约》第18条第2款实施共同外交与安全政策（CFSP）和共同安全与防务政策（CSDP）方面拥有更独立的活动领域，而且《欧洲联盟条约》第22条第2款还赋予高级代表明确的倡议权；高级代表可以利用欧洲对外行动署发挥作用。⑩

欧洲对外行动署于2010年正式成立。⑪《欧洲联盟条约》第27条第3款对它的描述极为简单，只是规定它协助高级代表履行其职责，以及它将与成员国外交部门"开展合作"⑫。然而，其目的是让欧盟外交部门随着时间的推移而成为欧盟外交政策的一个重要组成部分。对欧洲对外行动署早期的评估不好不坏⑬，意味着欧洲对外行动署的角色定位仍不清晰。有人指出应改善的领域，包括需要与欧盟委员会进行更好的协调，以及在欧洲对

---

⑩ C Tomuschat, 'Calling Europe by Phone', Guest Editorial (2010) 47 CMLRev 3.

⑪ Council Dec 2010/427/EU of 26 July 2010 [2010] OJ L201/30; http: //eeas. europa. eu/ background/index_ en. htm; B Van Vooren, 'A Legal – Institutional Perspective on the European External Action Service' (2012) 48 CMLRev 475.

⑫ S Vanhoonacker and N Reslow, 'The European External Action Service: Living Forwards by Understanding Backwards' (2010) 15 EFAR 1.

⑬ 2013年欧洲对外行动署高级代表提交的审查报告，见 www. europarl. europa. eu/sides/getDoc. do? pubRef = -//EP//TEXT + TA + P7 – TA – 2013 – 0278 + 0 + DOC + XML + V0//EN; 'The 2013 Review of the European External Action Service: A Missed Opportunity? Editorial Comments' (2013) 50 CMLRev 1211; S Duke, 'Reflections on the EEAS Review' (2014) 19 EFAR 23.

外行动署内部形成共同的工作文化。⑭ 但也有观察人士指出，一个国家需要花费数百年时间发展外交部门，而欧洲对外行动署至少创设了这样一个结构，来自各国外交部门的官员和来自欧盟机构的官员能够在其中共同开展工作。

第三节 对外能力：人格与欧盟权能

一 国际法律人格

《欧洲联盟条约》第 47 条规定，联盟"应具有法律人格"⑮。我们在第十章中已经看到，原《欧洲共同体条约》中与该条款同等的条款（第181 条）是欧洲法院 20 世纪 60 年代主张共同体法律体系具有自主性和最高效力的核心依据。⑯ 前述《欧洲联盟条约》第 47 条极其简洁，但《欧洲联盟运行条约》第 335 条则做了更进一步的阐述：

> 在各成员国内，联盟应享有各国法律赋予法人的最广泛的法律能力，特别是它可以购置或处理动产与不动产，可以成为法律诉讼的当事方。为此目的，联盟应由委员会代表。但是，在与各机构各自的运行有关的事项上，联盟还应由各机构根据各自的行政自主权予以代表。

值得注意的是，上述两个条款都没有提到"国际"法律人格，而原来的《欧洲煤钢共同体条约》和《欧洲原子能共同体条约》都明确提到国际法律能力。⑰ 因此，当欧洲法院在早期的"《欧洲公路运输协定》案"

---

⑭ 外部评估，参见 *The New EU Foreign Policy Architecture*：*Reviewing the First Two Years of the EEAS*（Centre for European Policy Studies, 2013），*The European External Action Service and National Diplomatics*（European Policy Center Issue Paper No 23, 2013），*Review of the European External Action Service*：*A Commentary on the Report*（Overseas Development Institute, 2013）.

⑮ 该条款终结了长达 10 年的关于欧盟（而不是欧洲共同体）是否享有国际法律人格的争论。

⑯ Case 6/64 *Costa v ENEL*［1964］ECR 585.

⑰ 《欧洲煤钢共同体条约》第 6 条第 2 款规定："在国际关系中，煤钢共同体应享有为履行其职责和实现其目标所要求的法律能力。"《欧洲原子能共同体条约》第 101 条第 1 款规定："原子能共同体可在其权力与管辖权的范围内，通过与第三国、国际组织或第三国国民签署协定或合同的方式承担义务。"

（*ERTA*）中将当时的《欧洲共同体条约》第 281 条解释为赋予共同体国际法律人格之时，就格外令人震惊。[18] 在 "《欧洲公路运输协定》案" 中，欧洲法院从关于法律人格的陈述中得出结论认为，当时欧洲共同体的对外能力涵盖该条约第一部分所界定的 "目标领域的全部范围"。然而，它将能力的广义概念区别于参与国际协定的实际法律权力或权能。能力意味着存在欧盟采取行动的可能性，而法律权力则必须获得条约另外一项条款的特定授权。[19]

根据国际法，欧盟作为具有国际法律人格的组织拥有多项权利。这些权利是：代表权和接受第三国和组织代表的权利、缔结条约的权利、在国际性的法院或法官面前提起诉讼或采取行动的权利、成为国际公约当事方的权利，以及豁免权。它也受国际法中的法律义务和责任的约束。[20]

二　欧盟对外权能的法律基础与限制

欧盟建立在授权原则基础之上，只有在两部条约规定了存在采取行动的法律基础时，欧盟才能采取行动。[21] 对法律基础的选择决定着二级立法的通过程序，以及欧盟机构如何参与决策。[22]

"第 2/00 号意见"（*Opinion 2/00*）涉及当时的欧洲共同体签署《生物多样性公约卡塔赫纳议定书》，欧洲法院裁定，使用不正确的法律基础很有可能造成欧盟缔结协定的行为无效，从而导致欧盟同意受其约束的行为失效，并且在欧盟和国际层面都会带来复杂问题。[23] 如果一项措施拥有一个以上目的，其中一个目的是偶然性的，其他目标占主导，那么该措施应该建立在一个法律基础而非两个之上。但是，如果这些目标密切相关、无

---

　　[18]　Case 22/70 *Commission v Council*（*AETR/ERTA*）[1971] ECR 263.

　　[19]　可以在由《里斯本条约》附于两部欧盟条约后的第 24 号声明中发现这种区分。该声明指出："欧洲联盟拥有法律人格这一事实绝不应以任何方式授权联盟在成员国根据两部条约授予联盟的权能之外的领域立法或采取行动。"

　　[20]　N Blokker, 'The Macro Level: The Structural Impact of General International Law on EU Law——International Legal Personality of the European Communities and the European Union: Inspirations from Public International Law'（2016）35 YBEL 471.

　　[21]　见第四章。

　　[22]　P Koutrakos, 'Legal Basis and Delimitation of Competence' in M Cremona and B de Witte（eds）, *EU Foreign Relations Law——Constitutional Fundamentals*（Hart, 2008）171.

　　[23]　*Opinion 2/00 on the Cartegena Protocol* [2001] ECR I-9713.

法分开，则可以使用一个以上法律基础。㉔

尽管如此，如果某项附属法律基础的程序特征与主要法律基础不符，那么就应忽略附属法律基础。在"有条件获得服务案"（*Conditional Access Services*）中，理事会缔结国际协定所用的主要法律基础是《欧洲联盟运行条约》第 207 条第 4 款，该条是共同商业政策，属于欧盟专属权能，欧洲议会仅能有限参与，而使用的附属法律基础则是《欧洲联盟运行条约》第 114 条，该条关于内部市场调和，要求欧洲议会更广泛参与。欧洲法院宣布理事会决定无效，因为第 207 条第 4 款为该协定的缔结提供了充分的法律基础。㉕ 在这方面有不少类似案件。㉖

欧洲法院要求明确国际协定的法律基础。它曾宣判欧盟一项立法性法令无效，该法令确定对某项国际协定应采取的立场，因为该法令无论明示或暗示都没有清楚地提及该措施的具体法律基础。㉗ 然而，为了保护第三方以及遵守《维也纳条约法公约》，欧洲法院裁定，此类协定仍然对欧盟具有约束力。㉘ 如果欧盟拥有根据基础条约其他条款缔结该协定的权能，那么欧盟就需要重新采取行动，并使用正确的法律基础。㉙ 此外，欧洲法院还排除多余的法律基础。㉚

在"乘客姓名记录（*PNR*）案"中出现了缺乏权能的后果。欧洲议会质疑理事会与美国缔结的关于处理和传输乘客姓名记录数据的协定，以及欧盟委员会的一项决定，该决定认定美国海关与边境保护局对乘客姓名记录数据提供了《数据保护指令》框架下足够水平的保护。㉛ 该《乘客姓名记录协定》的缔结依据是内部市场条款，即《欧洲共同体条约》第 95 条

㉔　Ibid［23］.

㉕　Case C – 137/12 *Commission v Council*（*European Convention on Protection of Legal Services Based on Conditional Access*）EU：C：2013：675.

㉖　Case C – 130/10 *Parliament v Council*（*Al-Qaeda Sanctions*）EU：C：2012：472；Case C – 656/11 *UK v Council*（*EU-Swiss Social Security Coordination*）EU：C：2014：97；Case C – 431/11 *UK v Council*（*EEA Agreement*）EU：C：2013：589.

㉗　Case C – 370/07 *Commission v Council*（*CITES Convention*）［2009］ECR I – 8917.

㉘　Case C – 327/91 *France v Commission*（*Re EC-US Anti-Trust Agreement*）［1994］ECR I – 3641，［25］.

㉙　Case C – 94/03 *Commission v Council*（*Rotterdam Convention*）［2006］ECR I – 1.

㉚　Case C – 377/12 *Commission v Council*（*EU Framework Agreement on Partnership and Cooperation with the Philippines*）EU：C：2014：1903.

㉛　Dir 95/46/EC［1995］OJ L281/31.

（现《欧洲联盟运行条约》第114条），它也是《数据保护指令》的法律基础。欧洲法院裁定，虽然航空公司最初在正常商业活动中收集这些数据，但进一步使用这些数据则是为了在打击恐怖主义中保护公共安全。这种用途被明确排除在该指令适用范围之外，因此这两项法令不属于当时欧洲共同体权能范围。欧洲法院要求欧盟根据国际法相关规则，在特定时间内宣布退出该协定。[32] 2012年，欧盟与美国重新缔结《乘客姓名记录协定》，其基础是关于刑事警务与司法合作的《欧洲联盟运行条约》第82条和第87条。

三　明示与默示权能

自1957年以来，两个初始条约条款一直明确规定开展欧盟对外关系，分别是关于共同商业政策的《欧洲联盟运行条约》第207条（原《欧洲共同体条约》第133条），关于与欧盟缔结"建立联系关系"协定的第217条（原《欧洲共同体条约》第310条）。初始共同体还被授权维系与其他国际组织，特别是欧洲委员会（Council of Europe）、经济合作与发展组织（OECD）以及联合国机构与专门组织的关系。1987年《单一欧洲法令》又增加在科研、技术开发和环境领域的明示条约缔结权。1993年《马斯特里赫特条约》增加在发展合作以及经济与货币政策领域缔结条约的权力。

然而，从20世纪60年代初期开始，欧洲法院显然采取如下立场，即如果仅以明示权力为基础，那么共同体就不可能形成足够强大的国际存在。这似乎是欧洲法院在"《欧洲公路运输协定》案"（ERTA）判决中的根本逻辑。欧洲法院寻求避免成员国在它们已经采取共同内部政策的领域表现出不协调的对外代表性。正如下文所示，《里斯本条约》编纂了欧洲法院长期形成的关于默示权力的判例法。最后，尽管下文讨论中提到了欧共体的权能，但是该判例法现在适用于欧盟，因为欧共体已不再作为单独实体存在，而是被欧盟吸收了。

---

[32]　Cases C－317 and 318/04 *European Parliament v Council*（*PNR*）［2006］ECR I－4721.

委员会诉理事会（《欧洲公路运输协定》案）
Case 22/70 Commission v Council（AETR/ERTA）
［1971］ECR 263

［《里斯本条约》重新编号，《欧洲共同体条约》第113条现变更为《欧洲联盟运行条约》第207条；《欧洲共同体条约》第114条已被废除；《欧洲共同体条约》第238条现变更为《欧洲联盟运行条约》第217条；《欧洲共同体条约》第74条和第75条现分别变更为《欧洲联盟运行条约》第90条和第91条］

　　1962年欧洲经济共同体6个成员国中的5国，与其他几个非欧洲经济共同体成员的欧洲国家签署《欧洲国际公路运输车辆从业人员工作协定》（简称AETR/ERTA/《欧洲公路运输协定》），但该协定并未生效，于1967年重启谈判。欧共体层面也开展了类似的工作，由此通过《第543/69号理事会条例》，对驾驶者的驾驶与休息时间的规定统一标准。在该条例通过一年之后，这些成员国与其他国家完成新《欧洲公路运输协定》的谈判。委员会向欧洲法院提起宣告无效之诉，要求废除由理事会相关程序产生的所有法律后果，正是该程序允许成员国通过《欧洲公路运输协定》。欧洲法院考虑了共同体是否拥有签署《欧洲公路运输协定》的权能。

欧洲法院

　　16. 这种权威不仅来自条约的明确授权——正如本案第113条和第114条对于关税与贸易协定，以及第238条对于联系协定——而且同样来自条约其他条款，以及共同体机构在这些条款框架下通过的措施。

　　……

　　23. 根据第74条，条约关于运输事项的目标应在共同政策框架下实现。

　　24. 为此，第75条第1款指示理事会制定共同规则，以及"其他任何适当的条款"。

　　25. 根据上述第1款第1分段的规定，这些共同规则适用于"从成员国领土往返或者跨越一个或多个成员国领土的国际运输"。

26. 该条款同样包含从第三国往返的运输事项，且发生在共同体领土范围内的那段行程。

27. 因此可以假定，共同体的权威扩大到由国际法所引起的关系上，并且由此包括在相关领域与有关第三国签署协定的这种需要。

28. 尽管第74条和第75条确实没有明示地授予共同体签订国际协定的权力，但是《1969年3月25日关于调和某些与公路交通有关的社会立法的第543/69号理事会条例》（OJ L 77，第49页）赋予共同体必不可少的权力，以使其就与该条例规范的主题相关事项与第三国签订任何协定。……

30. 由于《欧洲公路运输协定》主题事项属于《第543/69号条例》的适用范围，因此从该条例生效之日起，共同体就被授权谈判并缔结相关协定。

由此，在理事会就国际公路运输协定通过此项引起争议的决定之前，欧共体已经通过了关于公路运输社会方面的共同政策，这一事实使得默示共同体拥有此项对外权力成为可能。但欧洲法院也裁定，直到通过内部规则，这些权力仍然属于成员国。[33]

在后来涉及渔业资源保护的"克拉默案"（Kramer）中，欧洲法院重申了"《欧洲公路运输协定》案"判决的上述观点。欧洲法院裁定，对外法律权力"不仅源于共同体条约的明确授权，而且可能同样'默示地'来自该条约的其他条款，来自《加入法令》，或者由共同体机构在这些条款框架下通过的措施"[34]。在"克拉默案"背景下，欧洲法院裁定，由于欧共体拥有采取任何措施保护海洋生物资源的对内权力，因此建立一个也包括非成员国在内的体系是确保有效和适当保护的唯一方式。由此，"正是由于共同体法在对内层面已经确立并且赋予共同体机构的义务和权力，共同体才拥有为保护海洋资源承担国际义务的权威"[35]。

"克拉默案"裁决与"《欧洲公路运输协定》案"裁决的微妙差别在

---

[33] Case 22/70 *ERTA* [1971] ECR 263, [82].

[34] Cases 3, 4 and 6/76 *Kramer* [1976] ECR 1279, [19]–[20].

[35] Ibid [30].

于，"《欧洲公路运输协定》案原则"以内部规则的实际通过为基础。但在
"克拉默案"中，欧洲法院裁定，在该领域明示授予欧共体对内权能的条
约条款，必须解读为默示地授予缔约权。这被称为"补充原则"（principle
of complementarity），因为认为共同体的对外权能是为了补充其对内权能所
必要的。㊱

　　然而，即使"克拉默案"之后，对于如下问题仍然存在疑问，即
在"既"不存在关于对外权力的明示授权，"又"不存在内部规则的
实际通过的情况下，国际权能是否存在。"第1/76号意见"（*Opinion
1/76*）是欧洲法院扩张阐述默示权力原则理论所采取的最后一个雄心
勃勃的步骤。

第1/76号意见（欧洲内河航道闲置船舶基金案）
Opinion 1/76（European Laying-up Fund
for Inland Waterway Vessel）
［1977］ECR 741

　　本意见的主题是，欧共体是否拥有签署国际协定的法律权能，以
设立"欧洲内河航道闲置船舶基金"。提出这一计划是为了解决莱茵
河和摩泽尔河流域内河航道货运能力过剩所引起的问题。因为瑞士船
舶传统上也参与相关运输，无法通过在《欧洲共同体条约》第71条
之下建立欧共体共同运输规则的方式完全实现这一目标，于是通过国
际协定将瑞士纳入该计划。欧洲法院详细阐述了共同体"默示缔约
权"的范围。

欧洲法院

　　3. 作出国际义务承诺的权威不仅来自《欧洲共同体条约》的明确
授予，而且同样可以默示地来自其规定。本法院曾经得出结论，只要
共同体法在其内部体系中为实现特定目标而对共同体机构创设权力，
那么即使在缺乏明确条款的情况下，共同体也有权做出为实现该目标

㊱　A Dashwood, 'The Classic Authorities Revisited' in A Dashwood and C Hillion（eds）, *The
General Law of EC External Relations*（Sweet & Maxwell, 2000）.

所必要的国际承诺。

4. 如果已经使用对内权力以通过属于实现共同政策的法律措施，那么情况尤其如此，但是它并不仅限于这种可能情形。尽管只有在缔结国际协定并且为使其生效的情况下才通过共同体的对内措施，正如本案中委员会向理事会提交的条例提案就是出于这一目的，但是将共同体约束于第三国的权力是以默示方式来自那些创设对内权力的条约条款，而且就共同体参与国际协定而言，正如本案那样，这种权力对于实现共同体的一项目标是必要的。

人们称本案为"平行原则"（principle of parallelism）背书，根据该原则，欧盟的对外权能镜像出对应的对内权能。[37] 其结果是，只要满足如下条件，欧盟就有在既定领域缔结国际协定的权能：联盟条约在该领域授权欧盟为实现特定目标的"对内"权能；欧盟参与国际协定是为了实现该目标所"必要的"。因此，就欧盟拥有某个领域对外权能而言，不一定要求在该领域"已经行使"对内权能。这类对内权能的存在本身，再加上参与对外协定是实现授予内部权能这一目标所必不可少的，这就已经足够了。

欧盟具有缔结国际协定的对外权利这种情形，现在规定在《欧洲联盟运行条约》第216条第1款中。该款旨在编纂先前的判例法，但走得更远并引起了争论。[38]

如两部条约有此规定，或者在联盟政策框架下，有必要缔结一项协定以实现两部条约所规定的一项目标，或者一项有约束力的联盟法令做出了此种规定，或者缔结协定有可能影响共同规则或改变其范围，联盟可以与一个或多个第三国或国际组织缔结协定。

第216条第1款涉及存在缔结国际协定权能的情形，这在概念上不同

---

[37] T Tridimas and P Eeckhout, 'The External Competence of the Community and the Case-Law of the Court of Justice: Principle versus Pragmatism' (1994) 14 YBEL 143.

[38] M Cremona, 'External Relations of the European Union: The Constitutional Framework for International Action, in P Craig and G de Búrca (eds), *The Evolution of EU Law* (Oxford University Press, 3rd edn, 2021).

于权能是否具有专属性，后者由《欧洲联盟条约》第3条第2款处理。从下面这个案件中可以明显看出两者的重要区别。

德国诉理事会
Case C–600/14 Germany v Council
EU：C：2017：935

欧洲法院

46. 此外，根据本法院既定判例法，必须区分以下两种情形，即联盟是否具有对外权能，以及任何此类权能是否专属或共享。……

47. 联盟是否具有对外权能以及该权能是否专属，反映在《欧洲联盟运行条约》中。

［接下来欧洲法院列出第216条第1款的措辞。］

49. 根据该条款的措辞，该条款没有对欧盟的对外权能是否专属或共享进行区分，而是规定联盟在四种情形下拥有这种对外权能。与德意志联邦共和国提出的论点相反，协定的缔结可能会影响共同规则或改变其范围的情形，即根据《欧洲联盟运行条约》第3条第2款联盟权能为专属的情形，仅构成这些情形之一。

50. 此外，从《欧洲联盟运行条约》第216条第1款和第3条第2款各自措辞的比较中可以清楚地看出，欧盟根据前一款具有对外权能的情形并不限于后一款中规定的各种情形，即欧盟拥有专属对外权能的情形。

51. 因此，与德意志联邦共和国提出的论点相反，欧盟可以拥有在《欧洲联盟运行条约》第3条第2款规定情形之外的对外权能。

四 欧盟专属权能

一旦已经确定存在欧盟权能，接下来的一个重要问题是，它是专属权能，还是与成员国共享的权能。"专属性"（Exclusivity）意味着此项权能

已经由成员国完全转让给欧盟, 因此不存在与此并行的成员国权能。㊴

欧洲法院在"第 1/75 号意见"中确立欧盟在共同商业政策领域 (CCP) 缔结国际协定的权能为专属性质;㊵ 同样地, 在"东克沃尔克案" (*Donckerwolcke*) 中, 在该领域通过自主或单边立法法令方面, 欧盟也拥有专属权能。㊶ 欧洲法院基于两个主要因素主张权能的专属性。

第一个因素是, 并行权力可能对欧盟内部的相互信任产生威胁, 并且由此威胁欧盟针对非成员国采取的欧盟贸易防御措施的一致性和有效性。第二个因素是, 由于不同成员国的经济实力大相径庭, 不同的商业和贸易政策可能造成扭曲单一市场内部竞争的风险。

这一论证被描述为"实用主义加上对外和对内贸易政策之间的 (再次) 联系这二者的特征性混合"㊷。在欧洲法院关于创设共同渔业政策的判决中, 也可以发现同样的论证。㊸ 从这些案件中可以得出如下结论, 如果某个特定议题属于共同商业政策或共同渔业政策的范围, 那么欧盟的权能就是专属性的。

在早期判例法中, 欧洲法院将默示权力的"存在"本身与其"专属"性质紧密地联系在一起。它还发展形成"先占"原则 (doctrine of pre-emption), 按照该原则, 一旦欧盟已经在对内或对外领域行使其权力, 那么该领域就已经被"占用", 成员国就不再能采取行动。㊹ 其理由是, 成员国的单边行动会与市场统一及欧盟法的统一适用不符。尽管后来欧洲法院关于专属性的立场有所软化, 但后来《里斯本条约》扩大了欧盟对外专属权能的范围, 尽管它同时也增加了新的非专属性对外权能和非先占性对外权能。

为了理解欧洲法的这一复杂领域, 有必要按照时间顺序回顾一下欧洲法院的判决历程。

㊴ D O'Keeffe, ' Exclusive, Concurrent and Shared Competence ' in Dashwood and Hillion (n 36).

㊵ *Opinion 1/75 (Understanding on a Local Cost Standard)* [1975] ECR 1355.

㊶ Case 41/76 *Donckerwolcke* [1976] ECR 1921.

㊷ Cremona (38).

㊸ Case 804/79 *Commission v UK (Sea Fisheries Conservation)* [1981] ECR 1045, [17] – [18].

㊹ Cremona (n 38).

委员会诉理事会（《欧洲公路运输协定》案）

Case 22/70 Commission v Council（AETR/ERTA）

[1971] ECR 263

[《里斯本条约》重新编号，《欧洲共同体条约》
第 5 条现变更为《欧洲联盟条约》第 4 条第 3 款]

欧洲法院

17. 特别是共同体每次为了实施条约设计的一项共同政策而通过规定共同规则的条款时，无论这些条款采取何种形式，成员国无论单独还是集体采取行动，都不再有权就这些规则所造成的影响对第三国承担义务。

18. 在上述共同规则制定期间及其生效之后，共同体独自承担并履行与第三国之间的、影响共同体法律体系全部适用范围的契约义务。

19. 由此，就实施《欧洲共同体条约》条款而言，共同体的内部措施体系不得与其对外关系的措施体系分离。

20. 根据第 3 条第 5 款，在共同体的目标中专门提到在运输领域制定共同政策这一目标。

21. 根据第 5 条，要求成员国一方面采取一切适当措施，确保履行源于《欧洲共同体条约》的义务或者是源于共同体机构所采取行动的义务，而另一方面，则要求成员国避免采取任何有可能妨碍实现《欧洲共同体条约》目标的任何措施。

22. 如果将这两个条款共同解读，那么就可以得出如下结论：只要制定共同体规则的目的是实现《欧洲共同体条约》中规定的目标，那么成员国就不能在共同体机构框架之外承担有可能影响这些规则或者改变其适用范围的义务。……

　　……

31. 共同体的这些权力排除存在成员国并行权力的可能性，因为在共同体机构框架之外采取的任何步骤与共同市场的统一和共同体法的统一适用都不符。

在"《欧洲公路运输协定》案"之后，欧洲法院指出，在其他多种情况下共同体权能也具有专属性质。

第一种情形是，只有在"同时"行使对外权力的情况下对内权力才能得到有效行使，如今这种情况已非常少见。欧洲法院在"第1/76号意见"中裁定，即使欧共体事先并未行使任何对内权力，但在满足如下前提条件的情况下，也可以在行使对外权力时产生专属对外权力，即只有在共同行使对外权能的情况下对内权能才能得到有效行使[45]，而且缔结国际协定是实现《欧洲共同体条约》的目标所必要的，这些目标无法通过单边规则得到实现。[46] 这种情形十分复杂，在效果上仅限于"第1/76号意见"所涉及的事实。[47] 在后来的判例中，欧洲法院推翻了该立场，裁定一般情况下内部立法的实际通过是默示权力具有专属性的前提条件。[48]

欧洲法院指出的第二种情形是，国际协定所属的领域已经由欧盟规则大体上涵盖。欧洲法院在关于《国际劳工组织公约》的"第2/91号意见"中裁定，如果已经在欧盟法的其他领域通过相关规则，不同于诸如"《欧洲公路运输协定》案"中的运输政策等共同政策之外的领域，欧盟的对外权能也是专属性的。在已经通过调和式立法的领域尤其如此，即使内部规则与拟议的国际规则并不冲突。[49] 欧洲法院提出这种观点的依据是《欧洲联盟条约》第4条第3款的真诚合作原则，为了提升欧盟法的有效性，它已经在其他领域广泛使用这一依据。[50] 然而，如何判断某个既定领域是否已经被完全占用或完全调和，还远不清楚，而且需要对相关"领域"进行界定。欧洲法院不断扩大成员国不得采取行动的领域，即使并不存在实际冲突。[51]

---

[45] *Opinion 1/76*（*European Laying-up Fund for Inland Waterway Vessels*）［1977］ECR 741，［4］，［7］；*Opinion 1/94*（*WTO Agreement: GATS and TRIPs*）［1994］ECR I-5267，［85］。

[46] 特别参见"开放天空"系列案：Case C-467/98 *Commission v Denmark*（*Open Skies*）［2002］ECR I-9519，［57］；*Opinion 1/94*（n 45）［89］。

[47] 该案涉及欧洲内河航道闲置船舶基金，有人主张，共同体条约目标的实现要求先缔结国际协定，并且无法通过内部规则取得该目标；*Opinion 1/94*（*WTO*）（n 45）［85］；*Opinion 1/03 on the Lugano Convention*［2006］ECR I-1145，［115］。

[48] *Opinion 1/94*（*WTO*）（n 45）［88］-［89］。

[49] *Opinion 2/91 on the ILO Convention*［1993］ECR I-1061，［10］-［11］。

[50] Ibid［n 10］；*Opinion 1/03 on the Lugano Convention*（n 47）［119］。

[51] Case C-47/07 *Commission v Greece*［2009］ECR I-701，［27］-［29］。

"第1/94号意见"代表着欧洲法院首次高调偏离其关于欧盟默示对外权能的专属性质的扩张性判例法。始于"《欧洲公路运输协定》案"的一系列判例法一直在扩大欧盟对外权能的范围，并不断扩展其专属性质，但在"第1/94号意见"以及此后不久的"第2/92号意见"中，欧洲法院对专属性问题采取一种更慎重的态度。

第2/92号意见（经合组织国民待遇决定案）

Opinion 2/92（OECD Decision on National Treatment）

[1995] ECR I-521

31. 在这方面本法院一直认为，最近的例子是"第1/94号意见"……，共同体的专属对外权能并非自动源于其在内部层面制定规则的权力。正如本法院在"《欧洲公路运输协定》案"（AETR）判决中所指出的……成员国无论单独还是集体采取行动，只有在它们与非成员国之间的义务关系有可能影响共同规则的情况下，才会失去对非成员国承担义务关系的权利。

欧洲法院还指出，欧盟采取的内部措施并未涵盖与经合组织决定相关的所有活动领域，而且欧盟仅在已经通过对内共同规则的情况下才享有专属权能。在"第1/94号意见"及其"开放天空"系列裁决[52]中，对于以上列举的认定欧盟拥有专属对外权能的几种情形，欧洲法院试图进行概括总结。除了其范围缺少清晰度以及这些案件所引起的辩论之外，根据欧洲法院关于《卢加诺公约》（Lugano Convention）的"第1/03号意见"，这些清单"仅仅是一些例子，是在欧洲法院关切的特定背景下阐明的"[53]。接下来，欧洲法院提供指引，用于判断在既定情况下欧盟权能是

---

[52]　Case C-466/98 *Commission v United Kingdom* [2002] ECR I-9427；Case C-467/98（n 46）；Case C-468/98 *Commission v Sweden* [2002] ECR I-9575；Case C-469/98 *Commission v Finland* [2002] ECR I-9627；Case C-471/98 *Commission v Belgium* [2002] ECR I-9681；Case C-472/98 *Commission v Luxembourg* [2002] ECR I-9741；Case C-475/98 *Commission v Austria* [2002] ECR I-9797.

[53]　*Opinion 1/03*（n 47）[121].

否具有专属性。

第 1/03 号意见（《卢加洛公约》案）
Opinion 1/03（Lugano Convention）
[2006] ECR I-1145

欧洲法院

124. 应该注意，共同体在该背景下仅拥有被授予的权力，而且由此任何权能，特别是具有专属性质但未由条约明示授予的权能，其依据必须是对拟议的协定与有效的共同体法之间的关系进行特定分析所得出的结论，而且从该分析中可以清楚地看出，缔结此类协定能够影响共同体规则。

125. 在某些情况下，对由共同体规则和拟议的协定所涵盖的领域进行分析和比较，就已经足以认定协定不会对共同体规则产生任何影响（见"第 1/94 号意见"……"第 2/92 号意见"……"第 2/00 号意见"……）。

126. 然而，由国际协定和共同体立法涵盖的领域不必完全重合。在适用"已经在很大程度上由共同体规则涵盖的领域"（"第 2/91 号意见"……）这样一种检验标准时，评估不仅必须基于相关规则的范围，而且必须基于这些规则的性质和内容。不仅要考虑相关领域共同体法的现状，还必须考虑其在可预见的未来的发展（就此方面，可参见"第 2/91 号意见"……）。

127. 从本意见第 123 段提到的本法院判例法中也可以清楚地看出，该评估不仅必须包括共同体规则所涵盖的领域范围，而且必须包括共同体规则的性质和内容。该判例法指出，共同体规则和国际协定均规定最低标准这一事实，可以用作得出共同体规则并未受到影响这一结论的正当理由，即使共同体规则与国际协定的条款涵盖着相同的领域。

　　……

133. 综上所述，必须进行全面和详细的分析，以判断共同体是否拥有缔结国际协定的权能，以及此项权能是否具有专属性。在分析过程中，不仅必须考虑由共同体规则和拟议的国际协定相关条款所涵盖的领域，而且应该考虑这些规则与条款的性质和内容，以确保国际协定不会影响共同体规则的统一和一致适用，也不会影响由共同体规则所确立的体系的适当运行。

由此，就欧盟权能可以在哪些情况下以欧盟通过的内部规则可能受到国际协定的负面影响为由具有专属性这一问题，欧洲法院提供了一套比较细微的、以特定背景为决定因素的指引。

很显然，正是为了将由上述判例法发展形成的专属权能规则编纂为法律条文，《里斯本条约》才引入《欧洲联盟运行条约》第 3 条。[54]

> 1. 联盟在下列领域应享有专属权能：（1）关税同盟；（2）确立内部市场运行所必要的竞争规则；（3）欧元区成员国的货币政策；（4）根据共同渔业政策保护海洋生物资源；（5）共同商业政策。
> 2. 在联盟的立法性法令就缔结某项国际协定有此规定，或者缔结某项国际协定对于联盟行使对内权能是必要的，或者缔结某项国际协定可能影响共同体规则或改变其适用范围的情况下，联盟也具有缔结此类国际协定的专属权能。

欧洲法院在一系列案件中坚决肯定上述第 3 条第 2 款中的欧盟专属权能范围。在"委员会诉理事会案"中，欧盟委员会寻求废除理事会通过的一项决定，该决定通过了欧盟理事会对《欧洲委员会广播组织权利公约》的谈判指令。[55] 欧盟委员会反对理事会要求成员国参与该公约谈判这一假设，主张欧盟在该领域的权能是专属的，因为拟做出的国际承诺总体上属于欧盟已确立的共同规则的范围。理事会和成员国则认为，自《里斯本条约》通过之后，应该对欧盟的专属权能给予更狭义的解释。欧洲法院同意

54　有关批评见 B de Witte, 'The Constitutional Law of External Relations' in I Pernice and M Poiares Maduro (eds), *A Constitution for the European Union: First Comments on the* 2003 *Draft of the European Convention* (Nomos, 2004).

55　Case C‑114/12 *Commission v Council* (*Convention on the Rights of Broadcasting Organizations*) EU：C：2014：2151.

欧盟委员会的主张，并驳回了理事会和成员国的观点。

委员会诉理事会（《广播组织权利公约》案）
Case C – 114/12 Commission v Council
(Convention on the Rights of Broadcasting Organizations)
EU：C：2014：2151

64. 第一个请求本质上基于违反《欧洲联盟运行条约》第3条第2款。

65. 作为初步观点，应该指出的是，在该条款规定的欧盟拥有专属对外权能的各种情形中，只有最后提及的情形与本案相关，即国际协定的缔结"可能影响共同规则或改变其范围"。

66. 在这方面，必须指出，最后一种情形所使用的文字对应本法院在"《欧洲公路运输协定》案"（*ERTA*，EU：C：1971：32）判决第22段的措辞，该段措辞界定成员国在如下情况下不能在欧盟机构框架之外做出国际承诺的性质，即为实现《欧洲共同体条约》的目标已经通过欧盟共同规则。

67. 因此，必须根据本法院在"《欧洲公路运输协定》案"判决（EU：C：1971：32）中对它们的解释，以及从该判决中发展形成的判例法来解释这些措辞。

68. 按照本法院判例法，存在着如下风险，即欧盟共同规则有可能受到国际承诺的不利影响，或者国际承诺有可能改变共同规则的适用范围，那么这些风险本身就构成欧盟拥有专属对外权能的正当理由，前提是这些承诺属于欧盟共同规则所涵盖的范围（就此，可参见*ERTA*，EU：C：1971：32，第30段；"委员会诉丹麦案"判决，EU：C：2002：625，第82段）。

69. 发现存在着这种风险，并不等于假设国际承诺所涵盖的领域与欧盟规则所涵盖的领域完全一致（就此，可参见"第1/03号意见"，EU：C：2006：81，第126段）。

70. 正如本法院所一贯认为的那样，欧盟共同规则的范围可能会受到此类承诺的影响或改变，即使这些承诺属于已经被欧盟共同规则总体上涵盖的领域（"第 2/91 号意见"，EU：C：1993：106，第 25 段；"委员会诉丹麦案"判决，EU：C：2002：625，第 82 段；"第 1/03 号意见"，EU：C：2006：81，第 120 段和第 126 段）。

71. 此外，成员国不得在欧盟机构框架以外做出此类承诺，即使这些承诺与欧盟共同规则之间可能没有矛盾（就此，可参见"第 2/91 号意见"，EU：C：1993：106，第 25 段和第 26 段；"委员会诉丹麦案"判决，EU：C：2002：625，第 82 段）。

72. 上述分析不受理事会、荷兰和英国所提论点的影响，它们认为，自《里斯本条约》生效以来，应以更严格的方式对待欧盟专属对外权能。

……

74. 在上述论证的基础上，需要注意的是，由于欧盟仅拥有被授予的权力，因此任何权能，特别是专属权能，其依据必须是对拟议的国际协定与已经生效的欧盟法之间的关系进行特定分析所得出的结论，而且从该分析中可以清楚地看出，此类协定能够影响欧盟共同规则或者改变共同规则的范围。（就此，可参见"第 1/03 号意见"，EU：C：2006：81，第 124 段）。

欧洲法院注意到，该理事会决定并未就所拟议公约的谈判内容提供任何细节，也没有说明任何它认为属于欧盟或成员国权能范围的特定因素。然而，在考虑欧洲委员会关于拟议公约的文件，以及现行欧盟内部市场立法之后，欧洲法院认定，谈判内容显然属于已被欧盟共同规则大体上涵盖的领域。因此，理事会通过的决定违反了关于专属对外权能的《欧洲联盟运行条约》第 3 条第 2 款。

在随后的案件中，欧洲法院继续对《里斯本条约》下的欧盟专属对外权能采取这种强有力的方式。[56] 关于《海牙诱拐儿童公约》的"第 1/13 号意见"就是例证。向欧洲法院提交的问题是，接受第三国加入该海牙公约的决定是否存在第 3 条第 2 款意义上的"影响（欧盟）共同规则或改变其

---

[56] *Opinion 2/15 Free Trade Agreement between the European Union and the Republic of Singapore* EU：C：2017：376，［180］－［181］；*Opinion 3/15 Marrakesh Treaty* EU：C：2017：114，［105］－［108］.

范围"的风险，以及是否因此属于欧盟专属权能，而非成员国权能。[57] 欧洲法院重申其先前的论断，即并不一定只在国际协定与欧盟共同规则所涵盖的领域完全相同，或者只在国际协定的条款与欧盟规则相冲突的情况下，才存在此种风险。《欧盟第 2201/2003 号条例》大体上涵盖该海牙公约的主要程序这一事实，以及如果成员国可以单独宣布接受第三国加入该公约，从而影响该条例的范围和有效性这一事实，意味着欧盟拥有专属权能。

《里斯本条约》还通过《欧洲联盟运行条约》第 207 条扩大欧盟在共同商业政策领域（CCP）的专属权能，即将除去运输外的服务贸易的所有方面、知识产权的商业方面以及外国直接投资涵盖在共同商业政策之下，从而扩大其专属权能。在"第一三共公司案"（*Daiichi Sanko*）中，欧洲法院裁定，《与贸易有关的知识产权协定》（TRIPs）现在属于第 207 条第 1 款下的欧盟专属权能。[58]

五　共享权能

尽管关于专属权能范围的判例法很复杂，而且《里斯本条约》扩大了共同商业政策的范围，但欧盟对外权能中的很大一部分仍然是共有或共享性质的。我们在上文看到，除了共同外交与安全政策（CFSP）和经济与就业政策协调之外，《欧洲联盟运行条约》第 2 条将欧盟对外和对内权能的主要领域划分为三种类型：（1）专属权能；（2）共享权能；（3）补充性和支持性权能。《欧洲联盟运行条约》第 4 条详细阐述"共享权能"的类型，指出联盟在第 3 条所述专属权能（包括第 3 条第 2 款）未涵盖的领域与成员国共享权能。它接着列举了一系列共享权能领域，包括环境、运输以及"自由、安全和公正的区域"。

麦克劳德（MacLeod）、亨德里（Hendry）和海厄特（Hyett）提出共有或共享对外权能的五种情况。[59] 第一种情况是条约条款明示规定授予欧盟权力的情况。例如条约规定在经济货币联盟、发展合作以及技术合作等

⑤　*Opinion 1/13 on the Hague Convention on Child Abduction* EU：C：2014：2292.

⑧　Case C – 414/11 *Daiichi Sankyo Co Ltd v DEMO Anonimos Viomikhaniki* EU：C：2013：520.

⑤　I MacLeod, I Hendry, and S Hyett, *The External Relations of the European Communities* (Clarendon Press, 1996) 63 – 64.

框架下的协定，在这些领域中明确保留成员国在国际机构内谈判并缔结国际协定的权能。⑩ 欧洲法院裁定，这意味着成员国可以对非成员国做出承诺，无论单独还是集体，或者与欧盟一起。⑪ 成员国可"以理事会的名义或在理事会之外集体"行使其保留权力，而且在集体采取行动时，它们可以"不作为理事会成员身份行事，而是作为本国政府代表行事，并且由此集体行使成员国的权力"⑫。

　　第二种情况是，欧盟有权通过共同内部规则，但尚未行使此项权力。例如，在过渡期的共同渔业政策，或者专利法领域⑬。

　　第三种情况是，某项协定涵盖属于欧盟权能和属于成员国权能的事项。欧洲法院在关于《天然橡胶协定》的"第 1/78 号意见"中就此问题裁定，尽管该协定涵盖的领域属于欧盟专属权能（共同商业政策），但该领域的融资事项仍然属于成员国权能。⑭ 由于融资是该协定的核心要素，并且要求成员国参与，因此权能是共享的。

　　第四种情况是，欧盟权能来自存在着内部"最低规则"，而成员国有权维持那些不"影响"欧盟内部规则适用范围的更高标准。这种情况可见于关于《国际劳工组织第 170 号公约》的"第 2/91 号意见"。

　　第五种情况包括欧盟与成员国权能可以共存而无须彼此取代的某些领域。可以在知识产权领域找到这样的例子，在欧盟层面创设权利的性质，例如欧盟商标，这种权利没有必要取代国家层面的知识产权。

　　按照欧洲法院在"《卢加洛公约》案意见"中所提出的指引以及《欧洲联盟运行条约》第 3 条第 2 款，某些类型的共享权能可以通过欧盟采取行动予以先占的方式成为专属权能；而其他类型的共享权能，例如发展合作和人道主义援助，以及科研、技术开发和空间等，基础条约明确规定不

---

⑩　《欧洲联盟运行条约》第 219 条第 4 款、第 191 条第 4 款和第 211 条。

⑪　See, eg, Case C – 316/91 *European Parliament v Council（EDF）*［1994］ECR I – 625, on the Lomé Convention.

⑫　Cases C – 181 and 248/91 *European Parliament v Council and Commission（Bangladesh）*［1993］ECR I – 3685,［12］.

⑬　Case C – 431/05 *Merck Genéricos—Produtos Farmacêuticos Lda v Merck & Co*［2007］ECR I – 7001,［39］–［47］.

⑭　*Opinion 1/78（International Agreement on Natural Rubber）*［1979］ECR 2871；*Opinion 1/08 on the Schedules of Specific Commitments annexed to the GATS Agreement*［2009］ECR I – 11129.

得先占。⑥ 与此类似，尽管《欧洲联盟运行条约》第 4 条第 2 款将环境政策权能列为共享权能，但第 191 条第 4 款指出，欧盟在该领域的对外权能并非先占性的，而是应"不影响成员国在国际机构内谈判以及缔结国际协定的权能"。在欧盟政策权能的其他一些领域，例如文化、教育、职业培训、公共卫生、体育运动以及其他一些方面，则不能通过在对外领域行使而成为专属性或先占性的权能。这是因为《欧洲联盟运行条约》第 6 条明确将其归类为"补充性和协调性权能"，而且在特定条约条款中规定欧盟在该领域的具体权力。

因此，共享对外权能的类型是广泛而有区别的。共享权能的确切类型可能受以下多种因素的影响：欧洲法院关于该事项的判例法；基础条约对权能的分类，以及基础条约中规定欧盟在该领域权能的法律基础的条款。在成员国和欧盟共享权能的情况下，由于要求欧盟保持统一的国际代表性，成员国和欧盟均有义务开展密切合作。⑥

六　小结

1. 欧盟国际关系法的宪法核心由欧洲法院在过去几十年中推动形成，现在主要有两个问题。其一是权能，欧盟是否拥有对外权能，或者经由基础条约明确授权，或者由于内部规则或权能的存在而默示取得。其二是专属性，欧盟在某领域的对外权能是否由欧盟专属，或者与成员国共享。

2. 这方面的复杂判例法并没有提升欧盟国际角色的清晰度，或者使其容易理解。尽管如此，1971 年"《欧洲公路运输协定》案"（*ERTA*）判例所奠定的理论基础仍在发挥影响，正如关于《卢加诺公约》的"第 1/03号意见"和《里斯本条约》之后的判例法所示。

3. 《里斯本条约》旨在编纂先前的判例法，规定欧盟权能的不同类型，并且列举它们所涵盖的领域。在《里斯本条约》之后的判例中，欧洲法院继续以一种扩张方式解释欧盟专属对外权能的范围，包括《欧洲联盟运

---

⑥　第 4 条第 3 款和第 4 款关于人道主义援助、合作以及研发，它规定"该权能的行使不得导致成员国无法行使自身权能"。

⑥　*Opinion 1/94*（n 45）［108］；*Opinion 1/08*（n 64）［136］；也可参见下文关于混合协定的讨论。

行条约》第 3 条第 2 款中关于默示对外权能的规定。

4. 无法仅从《欧洲联盟运行条约》第 3 条至第 6 条中的权能分类判断欧盟对外权能的确切范围与性质，它还取决于在既定领域授予权力的条约条款的确切条文，以及欧盟在特定领域的先前立法活动。

第四节　欧盟对外行动：四个领域

我们现在考察欧盟某些重要的对外政策。首先介绍欧盟对外行动的四个广泛领域，后面再讨论共同外交与安全政策这个特殊领域。这四个领域是：（1）共同商业政策；（2）联系政策、伙伴关系、合作，以及睦邻政策；（3）发展、技术合作与人道主义援助；（4）其他对内政策的对外维度。

欧盟的国际行动现在由《欧洲联盟运行条约》第五部分规制，其标题为"联盟对外行动"。这部分的"帽子"式起始条款是第 205 条，规定指导欧盟国际行动的原则；[67] 该部分以第 222 条中的团结条款结束，该条调整在发生恐怖袭击或自然灾难与人为灾难情况下成员国与欧盟的关系。共同外交与安全政策未纳入《欧洲联盟运行条约》第五部分，而是在《欧洲联盟条约》中单独规定。[68]

《欧洲联盟运行条约》第五部分的活动领域清单并未反映出欧盟对外行动的全部范围。我们在上文已经看到，欧盟对外权力是如何按照一种"平行"原则从欧盟内部权力和规则中以默示方式取得的。上面已经讨论过，判例法被编纂进《欧洲联盟运行条约》第 216 条第 1 款。因此，欧盟的每项政策都有一个潜在的对外维度，包括诸如社会政策、环境政策以及自由、安全和公正的区域等。

一　共同商业政策（CCP）

《里斯本条约》给共同商业政策（Common Commercial Policy，CCP）

---

[67] 参见本章第二节第二部分。

[68] 《欧洲联盟条约》第 5 编第 2 章第 23 条至第 46 条。

带来了重要变化。很多年来，共同商业政策的范围主要由欧洲法院的裁决加以确定，但在最近30年里，它由欧洲法院裁决与基础条约修订这二者交替塑造。《里斯本条约》带来五个方面的重要变化。

第一，取消原来对各种服务贸易类别的区分，共同商业政策现在涵盖作为一个整体的服务贸易，意味着欧盟的专属对外权能范围得到扩大。第二，对于知识产权的商业方面和外国直接投资而言，也同样如此。[69] 第三，根据《欧洲联盟运行条约》第4条第2款第7项，运输政策属于欧盟与成员国的共享权能，仍然在共同商业政策范围之外。[70] 第四，尽管服务贸易现在已是欧盟的专属权能，但《欧洲联盟运行条约》第207条第4款特别规定，在文化、视听、社会、教育和卫生服务等贸易领域中，采用一致同意方式。第五，在共同商业政策领域，欧洲议会最终被赋予完全立法角色。

《欧洲联盟运行条约》第206条规定共同商业政策的目标：

> 通过……建立关税同盟，联盟应为实现共同利益而致力于世界贸易的和谐发展，逐步取消对国际贸易和外国直接投资的限制，以及降低关税及其他壁垒。

《欧洲联盟运行条约》第207条第1款说明在共同商业政策框架内采取的措施：

> 共同商业政策应建立在统一原则的基础之上，特别是应考虑关税税率的变化、涉及货物与服务贸易的关税与贸易协定的缔结、知识产权的商业方面、外国直接投资、贸易自由化措施的统一、出口政策，以及在出现诸如倾销或补贴的情况下采取保护贸易的措施。

---

[69] 由于外国直接投资领域从欧盟共享权能转变为欧盟专属权能，给成员国和第三国之间大量现行双边投资条约（BITs）带来不确定性。在下列案件即 Case C–205/06 *Commission v Austria* [2009] ECR I–1301；Case C–249/06 *Commission v Sweden* [2009] I–1335；Case C–118/07 *Commission v Finland* [2009] ECR I–889 中，欧洲法院裁定，由于成员国未能采取必要措施确保其双边投资条约与欧盟法保持一致，因此违反《欧洲联盟运行条约》第351条。在这些案件之后，欧盟通过了《确立成员国与第三国之间双边投资协定过渡安排的条例》，Regulation（EU）No 1219/2012 [2012] OJ L351/40.

[70] 《欧洲联盟运行条约》第207条第5款。

第 207 条第 1 款还指出：

共同商业政策应在联盟对外行动的原则与目标框架内实施。

共同商业政策的机构框架原先独具特色，《里斯本条约》将其与欧盟的其他决策程序结合起来。普通立法程序适用于通过实施共同商业政策的措施。[71] 欧洲议会最终成为共同商业政策中的共同立法者，缔结共同商业政策领域的国际协定现在需要欧洲议会的"同意"。[72]

共同商业政策既包括欧盟的单边措施，例如反倾销工具，也包括与第三国和国际组织谈判缔结的条约或公约，例如贸易协定。1973 年欧洲法院裁定，关税同盟的正常运行构成宽泛解释条约在本领域所授予权力的正当理由。[73] 共同商业政策与最初的共同市场计划之间的联系，可解释本领域的很多发展变化，包括早年间委员会和欧洲法院决定扩大欧盟专属权能。[74]

在"第 1/75 号意见"中，欧洲法院通过参照成员国的对外贸易政策，对共同商业政策的范围做出广义界定。[75] 它指出，这是一个通过将对内和对外措施结合起来得到逐步发展的领域，不存在哪种措施优先的问题。[76] 欧洲法院裁定，捍卫欧盟的共同利益，需要防止竞争扭曲，以及成员国忠于欧盟的原则，均意味着该权能必须是专属的。[77] 然而，尽管欧洲法院坚称欧盟对共同商业政策权能的专属性，但它为渐进实施共同商业政策留下空间。在此期间，并未阻止成员国采取行动，但前提条件是欧盟法规制其行动。成员国可以偏离共同商业政策规则，但只有在欧盟"特别授权"的

---

[71] 《欧洲联盟运行条约》第 207 条第 2 款。

[72] 《欧洲联盟运行条约》第 218 条第 6 款。

[73] Case 8/73 *Hauptzollamt Bremerhaven v Massey-Ferguson GmbH* [1973] ECR 897，[4].

[74] M Cremona, 'EC External Commercial Policy after Amsterdam: Authority and Interpretation within Interconnected Legal Orders' in JHH Weiler (ed), *The EU, the WTO and the NAFTA: Towards a Common Law of International Trade* (Oxford University Press, 2000).

[75] 这导致欧共体的贸易政策权能似乎不受限制，参见 P Koutrakos, *EU International Relations Law* (Hart, 2006) 34.

[76] *Opinion 1/75 (Understanding on a Local Cost Standard)* [1975] ECR 1355.

[77] 有人对这些论点提出批评，见 P Eeckhout, *External Relations of the European Union. Legal and Constitutional Foundations* (Oxford University Press, 2nd edn, 2011).

情况下。⑦⑧

20 世纪 70 年代，欧洲法院对共同商业政策做出机动和广义解读。例如，在关于《天然橡胶协定》的第 "1/78 号意见" 中，欧洲法院强调商品协定的复杂目标，并且裁定共同商业政策不应仅限于对外贸易的传统方面。它裁定，共同体条约 "并不构成妨碍共同体发展旨在规范某些产品的世界市场的商业政策，而不仅仅是旨在推动贸易自由化"⑦⑨。欧盟拥有签订该协定的专属权能，但成员国在该协定融资中的角色，意味着也需要它们参与。对于追求发展目标的贸易协定，这种方式在 "普惠制（GSP）案" 判决中得到肯定。⑧⑩

但在 1986 年乌拉圭回合贸易谈判之后，国际贸易政策的情况发生了变化。服务贸易、与贸易有关的知识产权、与贸易相关的投资措施，以及原来的《关税与贸易总协定》（GATT），都被纳入 1994 年建立世界贸易组织的协定框架之下。在关于世贸组织协定的 "第 1/94 号意见" 中，欧洲法院裁定，关于货物贸易的所有世贸组织协定都属于欧盟共同商业政策。服务贸易并未排除在共同商业政策之外⑧⑪，但是，尽管服务贸易的某些方面属于欧盟的专属权能，但其他方面都属于成员国的权能。运输服务不属于共同商业政策，就像当时《与贸易有关的知识产权协定》（TRIPs）中的大部分内容一样。⑧⑫ 因此，欧共体将世贸组织协定作为 "混合协定"（mixed agreement）缔结。

"第 1/94 号意见" 是一项重要裁决，标志着暂时中止共同商业政策下欧盟权能的扩张，以及更普遍地对欧盟专属权能所采取的扩张性司法方式。欧洲法院后来的裁决肯定了这一转变，并且指出，如果贸易措施寻求实现的是诸如环境政策等其他目标，那么它们就不能总是被认定为贸易或商业政策措施。⑧⑬ 在经过《阿姆斯特丹条约》和《尼斯条约》的诸多复杂

---

⑦⑧　Case 41/76 *Donckerwolcke*（n 41）［32］.

⑦⑨　*Opinion* 1/78［43］–［53］.

⑧⑩　Case 45/86 *Commission v Council*（*First GSP Case*）［1987］ECR 1493.

⑧⑪　*Opinion* 1/94（*WTO Agreement：GATS and TRIPs*）［1994］ECR I‑5267，［36］–［41］；*Opinion* 2/92（*Third Revised Decision of the OECD on National Treatment*）［1995］ECR I‑521.

⑧⑫　这些权力可能在某些条件下成为专属权能，参见 Case 22/70 *ERTA*（n 18）.

⑧⑬　*Opinion* 2/00（n 23）.

变革以进一步扩大共同商业政策的范围之后⑭，《里斯本条约》澄清并大幅扩展了欧盟的专属对外权能。目前，在服务贸易的各个类别之间已经不存在差别：共同商业政策既涵盖作为一个整体的服务贸易，也涵盖知识产权的商业方面和外国直接投资。⑮ 然而，运输不属于共同商业政策⑯，而是共享权能⑰，这就意味着贸易协定包含着重要的运输条款，也许仍将继续作为"混合"协定。⑱

　　在某些敏感领域，关于文化与视听服务贸易，以及社会、教育和医疗服务贸易的条约条款规定，成员国和欧盟仍有可能继续共同参与协定的达成。这些条款对以下情形保留理事会的一致通过机制，即正在谈判中的国际协定有"损害联盟文化和语言的多样性"的风险，或者"干扰成员国组织"社会、教育和医疗服务，或者有损成员国提供这些服务的责任。⑲

　　欧洲法院已对《里斯本条约》扩大后的共同商业政策范围进行了裁决。在"第一三共公司案"中，欧洲法院宣称，只有在与国际贸易具有特定联系的情况下，欧盟通过的知识产权规则才属于共同商业政策，但它裁定《与贸易有关的知识产权协定》（TRIPs）的条款属于该类型。⑳ 因此，现在《与贸易有关的知识产权协定》全部属于欧盟专属权能，并作为共同商业政策的一部分。欧洲法院也再次强调其早期立场，如果某法令的"根本目的是促进、便利或规范贸易，并且对贸易具有直接和立刻的影响"，那么它就属于共同商业政策。㉑ 这种对共同商业政策的扩张性方法在"第

---

　　⑭　M Cremona, 'A Policy of Bits and Pieces? The Common Commercial Policy after Nice' (2002) 4 CYELS 61.

　　⑮　See, on the 'new' era of EU trade agreements, the special journal issue on European Free Trade Agreements and Fundamental Rights (2014) 20 ELJ 713 – 869; M Cremona and T Takács, 'Trade Liberalization and Standardization: New Directions in the 'Low Politics' of EU Foreign Policy', CLEER Working Paper 2013/6.

　　⑯　《欧洲联盟运行条约》第 207 条第 5 款。

　　⑰　《欧洲联盟运行条约》第 4 条第 2 款第 7 项。

　　⑱　*Opinion* 1/08 (n 64) [152] – [173]; S Adam and N Lavranos, Note (2010) 47 CMLRev 1523, 1536 – 1538.

　　⑲　《欧洲联盟运行条约》第 207 条第 4 款第 3 段第 1 项和第 2 项。

　　⑳　Case C – 414/11 *Daiichi Sankyo Co Ltd v DEMO Anonimos Viomikhaniki* EU：C：2013：520.

　　㉑　Ibid [41]; L Ankersmit, 'The Scope of the Common Commercial Policy after Lisbon: The *Daiichi Sankyo* and *Conditional Access Services* Grand Chamber Judgments' (2014) 41 LIEI 193; Case C – 389/15 *European Commission v Council* EU：C：2017：798.

2/15 号意见"中得到重申，欧洲法院裁定，欧盟某个国际协定对与第三国贸易造成影响这个唯一事实不足以使其属于共同商业政策。但如果它旨在促进、便利或规范这类贸易并对其具有直接和立刻的影响，就属于共同商业政策。[92]

欧洲议会最终获得在共同商业政策领域与理事会共同立法的权力。现在由欧洲议会和理事会按照普通立法程序通过条例，界定实施共同商业政策的框架。[93] 此外，缔结国际贸易协定需要欧洲议会的同意。[94] 作为欧盟对外贸易政策中透明性、人权和其他价值观更频繁的拥护者，欧洲议会长期以来一直主张发挥更大的作用，而理事会对这种扩大持谨慎态度。欧洲议会一直在积极运用其在共同商业政策下的新权力。[95]

二 联系关系、伙伴关系、合作关系和睦邻关系

《欧洲联盟运行条约》第 217 条规定：

> 联盟可与一个或多个第三国或国际组织缔结联系协定，以建立包括互惠权利与义务、共同行动和特殊程序在内的联系关系。

除了共同商业政策外，缔结联系协定的权力是欧盟在对外关系方面拥有的唯一明示权力，直到 1987 年《单一欧洲法令》生效。在《欧洲经济共同体条约》生效后不久，欧共体缔结的首批联系协定包括与希腊和土耳其的联系协定，以及在《雅温得公约》（Yaoundé Convention）下与非洲、加勒比海和太平洋地区国家（ACP）签订的协定。[96] 此后有很多类似的协定。与中东欧国家缔结的联系协定被称为"欧洲协定"（Europe Agreements），它们考虑到了这些国家可能很快会成为欧盟成员这一事实。欧洲法院援引这些协定并且裁定，与其他国际协定一样，这些协定构成欧盟法

---

[92] *Opinion* 2/15（n 56）［36］.

[93] 《欧洲联盟运行条约》第 207 条第 2 款。

[94] 《欧洲联盟运行条约》第 218 条第 6 款第 2 项。

[95] 参见欧洲议会对第一个四年的自行评估：'The role of the EP in shaping the EU's trade policy after the entry into force of the Treaty of Lisbon', European Parliament DG for External Policies（2014）DG EXPO/B/PolDep/Note/2014_ 54.

[96] ［1963］OJ L26/296；［1964］OJ L27/3685；［1964］OJ L93/1430.

律秩序不可或缺的组成部分，并且欧洲法院因此享有对其条款的广泛管辖权。[97]

除了《欧洲联盟运行条约》第217条概括性的规定之外，条约本身并未对联系协定所应包含的内容提供任何说明。最初联系协定包括的措施涵盖欧共体条约全部事项。[98] 在当前有效的联系协定中，最重要的是与非加太地区国家缔结的协定，最近的是《科托努协定》（Cotonou Agreement）。这包括其他重要协定，例如《欧洲经济区协定》[European Economic Area（EEA）Agreement]，与西巴尔干一些国家的《稳定与联系协定》（Stabilization and Association Agreement），以及《欧洲—地中海协定》（Euro-Mediterranean Agreements）。欧盟签署并批准的高度政治性协定是2014年欧盟与乌克兰联系协定，2013年的协定谈判导致乌克兰与俄罗斯发生严重冲突，并最终造成克里米亚从乌克兰分离。

欧盟还缔结一些与联系协定相类似的协定，但一体化程度较低，或者涵盖领域更狭窄。这方面的例子包括与前苏联国家，即现独联体成员缔结的合作与伙伴关系协定，以及与拉丁美洲、东南亚和阿拉伯国家缔结的区域间合作协定。

《里斯本条约》为欧盟与邻近国家缔结特定协定引入了一项新的法律基础，目的是与后者建立一种"特殊关系"，并且"旨在以联盟价值观为基础，以建立在合作基础上的紧密的和平关系为特征的睦邻繁荣区域"[99]。由此，对于2004年欧盟引入的"欧洲睦邻政策"（European Neighbourhood Policy，ENP），《欧洲联盟条约》第8条第1款给予条约上的承认。[100] 睦邻协定可以包括"互惠权利与义务"，以及采取共同行动的可能性。[101] 但是，

---

[97]　Case C – 63/99 *Głoszczuk* [2001] ECR I – 6369；Case C – 235/99 *Kondova* [2001] ECR I – 6427；Case C – 257/99 *Barkoci and Malik* [2001] ECR I – 6557；Case C – 268/99 *Jany* [2001] ECR I – 8615；Case C – 162/00 *Land Nordrhein-Westfalen v Pokrzeptowicz-Meyer* [2002] ECR I – 1049.

[98]　S Peers, 'EC Frameworks of International Relations: Co-operation, Partnership and Association' in Dashwood and Hillion（n 36）；K Lenaerts and E De Smijter, 'The European Community's Treaty Making Competence'（1996）16 YBEL 1.

[99]　《欧洲联盟条约》第8条第1款。

[100]　M Cremona and C Hillion, 'L'Union fait la force? Potential and Limitations of the European Neighbourhood Policy as an Integrated EU Foreign and Security Policy', EUI Working Paper 2006/39；B Van Vooren, *EU External Relations Law and the European Neighbourhood Policy: A Paradigm for Coherence*（Routledge, 2012）.

[101]　《欧洲联盟条约》第8条第2款。

欧洲睦邻政策一直被批评未能稳定住欧盟邻国，也没有使邻国更靠近欧盟。[102]

三 发展政策、技术合作与人道主义援助

在《马斯特里赫特条约》于 1993 年生效之前，在这三个领域都不存在明示的欧盟条约基础。它们是经由其他对外政策发展起来的，包括商业政策和联系协定，并且通过运用《欧洲联盟运行条约》第 352 条中的剩余权力条款。

在"第 1/78 号意见"中，欧洲法院接受使用具有发展维度的贸易工具，尽管它裁定协定中由成员国融资的条款会导致协定是"混合的"[103]。共同体条约关于联系协定和贸易政策的法律基础，被用来与发展中国家缔结多项协定。欧洲法院在"孟加拉国案"（Bangladesh）中裁定，欧盟缺乏在人道主义援助领域的专属权能，而且不排除成员国在理事会之内或之外集体行使其权能。[104]"欧洲议会诉理事会案（《洛美协定》第四案）"判决确定，欧盟在发展领域的权能不是专属的，成员国有权自己对外做出承诺，并且实施欧盟财政援助的权能由欧盟和成员国共享。[105]

后来《马斯特里赫特条约》为发展政策引入单独的条约基础，即现《欧洲联盟运行条约》第 208 条，《尼斯条约》也为与第三国开展"经济、财政与技术合作"提供法律基础，即现《欧洲联盟运行条约》第 212 条。在这两个领域，欧盟政策必须致力于发展和巩固民主与法治等普遍目标，并且致力于尊重人权和基本自由。在《里斯本条约》之后，欧洲议会的共同立法权扩大至发展合作之外，包括经济、财政和技术合作领域。

---

[102] M. Comelli, 'Article 8 TEU and the Revision of the European Neighbourhood Policy' in L Serena Rossi and F Casolari （eds）, *The EU after Lisbon: Amending or Coping with the Existing Treaties?* （Springer, 2014）; D Cadier, 'Is the European Neighbourhood Policy a Substitute for Enlargement?', LSE Special Report 18 on the Crisis of Enlargement, 2014: www.lse.ac.uk/ideas/publications/reports/eu-enlargement.

[103] *Opinion* 1/78 （n 64）.

[104] Cases C-181 and 248/91 *European Parliament v Council and Commission* （Bangladesh） （n 62）[14]-[16].

[105] Case C-316/91 *European Parliament v Council* （Lomé IV） （n 61）.

在"欧洲投资银行保证金案"中，欧洲法院澄清这些领域之间的关系。⑩ 欧洲法院裁定，不能由于《欧洲联盟运行条约》第 212 条提到"第三国"就得出结论，认为仅以该条款为基础，就可以与发展中国家开展所有的经济、财政和技术合作。因为这会导致规避《欧洲联盟运行条约》第 208 条关于发展合作的特定目标。只要某项措施寻求实现特定的"发展"目标，它必须由此以《欧洲联盟运行条约》第 208 条为基础。

四　其他对内政策的对外维度

尽管很多对内政策的对外维度最初是通过默示权力原则和《欧洲联盟运行条约》第 352 条的剩余权力条款发展起来的，但后来的条约修订规定了一系列明示对外权力。

环境政策是欧盟对外行动的重要领域。这是一个很好的例子，它可以说明，在对内和对外活动如此紧密的一个领域，如果不存在对外权能，欧盟对内权能的效力就会受到限制。⑩ 由此，在《单一欧洲法令》将环境政策作为一编纳入《欧洲经济共同体条约》时，已成为《欧洲联盟运行条约》第 191 条第 4 款的条款就提供了对外权能。《里斯本条约》第 191 条第 1 款为欧盟增加了应对气候变化的权力。环境领域的对外权能是与成员国共享的。⑩

欧盟对外政策的其他领域，诸如教育⑩、职业培训⑩、文化⑪和公共卫生⑫，明确要求欧盟促进与第三国和国际组织的合作。《欧洲联盟运行条约》第 6 条将这些领域归类为支持性、补充性或协调性权能。规定与第三国开展合作的其他领域是，《欧洲联盟运行条约》第 171 条第 3 款下的泛欧网络，以及第 186 条下的研究、技术开发和空间。

在社会政策领域，《欧洲联盟运行条约》第 153 条一直被裁定为授予

---

⑩　Case C – 155/07 *European Parliament v Council* (*European Investment Bank Guarantee*) [2008] ECR I – 8193.

⑩　D Thieme, 'European Community External Relations in the Field of the Environment' (2001) 10 EELR 252.

⑩　《欧洲联盟运行条约》第 4 条第 2 款第 5 项。

⑩　《欧洲联盟运行条约》第 165 条第 3 款。

⑩　《欧洲联盟运行条约》第 166 条第 3 款。

⑪　《欧洲联盟运行条约》第 167 条第 3 款。

⑫　《欧洲联盟运行条约》第 168 条第 3 款。

缔结国际协定的权能，即使欧盟在该领域的对内立法权能是以相当辅助性的方式界定的。正如"第2/91号意见"[113] 和《欧洲联盟运行条约》第3条第2款所述，如果该领域存在可能受到国际协定影响的欧盟立法，那么此种对外权能就成为专属权能。

单一货币与货币联盟的运行也需要国际合作。《欧洲联盟运行条约》第219条规定，可就欧元对第三国货币的汇率机制缔结国际协定。[114]

《里斯本条约》经由《欧洲联盟运行条约》第194条赋予能源政策明确的法律基础，尽管并未明示地提及对外权能，但欧盟已经行使了一段时间的默示对外权能，该权能由欧盟与成员国共享。[115] 近年来，欧盟能源安全和能源独立问题尤其突出。

对于与"边境检查、庇护和移民"有关的政策，它们属于《欧洲联盟运行条约》第五编第三部分（自由、安全和公正的区域，AFSJ），根据"《欧洲公路运输协定》案"论证与《欧洲联盟运行条约》第3条第2款，欧盟显然拥有在该政策整个领域缔结协定的权能。[116] 尽管欧盟已与第三国缔结这种协定，《里斯本条约》还是为欧盟增加了一项明示的对外权能，以使欧盟与第三国缔结关于重新接收不符合某一成员国要求条件的第三国国民的协定。[117] 更一般性地讲，移民议题已被融入欧盟与第三国的总体关系中。最后，"第1/03号意见"确定，欧盟拥有缔结《关于民商事管辖权和判决承认与执行的卢加诺公约》的专属权能，其主题由《欧洲联盟运行条约》第五编第三部分涵盖。[118]

欧盟原来的第三支柱规制"刑事警务与司法合作"（PJCC），现已被纳入"自由、安全和公正的区域"（AFSJ）。[119] 尽管与欧盟权能的其他领域

---

⑬ *Opinion* 2/91（n 49）。

⑭ 对于欧盟或欧洲中央银行（具有自身独立法人资格）是否在该领域拥有对外权能这一问题存在着争议，见 C Zilioli and M Selmayr, 'The External Relations of the Euro Area: Legal Aspects' (1999) 36 CMLRev 273；C Herrmann, 'Monetary Sovereignty over the Euro and External Relations of the Euro Area: Competences, Procedures and Practice' (2002) 7 EFAR 1, 23.

⑮ 《欧洲联盟运行条约》第4条第2款第9项。

⑯ M Cremona, J Monar, and S Poli（eds）, *External Dimensions of the Area of Freedom, Security and Justice*（Peter Lang-PIE, 2011）；M Cremona, 'EU External Action in the JHA Domain: A Legal Perspective', EUI Working Papers, Law 24/2008.

⑰ 《欧洲联盟运行条约》第79条第3款。

⑱ *Opinion* 1/03（n 47）。

⑲ 见《里斯本条约》第三十六号议定书关于过渡阶段的第9条和第10条。

相比，"自由、安全和公正的区域"的法律机制保留了某些特殊性⑫，但是该领域受规制欧盟国际行为的一般原则的约束。⑫ 这一政策领域的目标包括：在国际刑事合作，促进判决的相互承认，就具有跨境维度的刑事事项开展警务和司法合作，以及或许在以下情况下可以缔结国际协定，即在相关领域，已经确立界定严重跨国犯罪和刑罚的欧盟共同规则。⑫ "自由、公正和安全的区域"中的一些重要机构，如欧洲刑警组织（Europol）和欧洲刑事司法合作组织（Eurojust）已获得授权与第三国和国际组织缔结协定⑫，并且欧盟边境管理局（Frontex）也有权与第三国缔结双边合作协定。⑫

第五节　共同外交与安全政策（CFSP）

欧盟共同外交与安全政策（CFSP）原来是欧盟的第二支柱，第一章简要讨论过该政策的产生。在《里斯本条约》之后，共同外交与安全政策仍然独立于欧盟的其他行动领域，并且由一套不同的机构规则和程序规则予以调整。这种关键区别体现在《欧洲联盟条约》第24条第1款第2段，现说明如下。

第一，欧洲理事会和欧盟理事会在形成共同外交与安全政策方面发挥着主要作用。欧盟委员会的作用是次要的，并且欧洲议会仅限于发挥大体上的咨询作用。第二，不得通过"立法性法令"，只能采用下文所阐述的特定的共同外交与安全政策工具。第三，高级代表和成员国实施共同外交与安全政策。第四，除了程序问题，《欧洲联盟条约》第40条的范围检查条款，以及根据《欧洲联盟运行条约》第275条对个体制裁提出的异议

---

⑫　见第二十六章。

⑫　Jorg Monar, 'The EU's Growing External Role in the AFSJ Domain: Factors, Framework and Forms of Action' (2014) 27 Cambridge Review of International Affairs 147.

⑫　《欧洲联盟运行条约》第82条和第83条。

⑫　Council Decision 2009/371/JHA of 6 April 2009 establishing the European Police Office [2009] OJ L121/37, Art 23.

⑫　M Fink, 'Frontex Working Arrangements: Legitimacy and Human Rights Concerns Regarding "Technical Relationships"' (2012) 28 Merkourios 20.

外，欧洲联盟法院缺乏对共同外交与安全政策的管辖权。

一　共同外交与安全政策的范围

基础条约所指共同外交与安全政策的范围很广泛，涵盖"外交政策的所有领域以及与联盟安全有关的所有问题"⑫。《欧洲联盟条约》第23条要求共同外交与安全政策框架下的行动与规范欧盟对外行动的原则和目标保持一致：

> 联盟在国际舞台上的行动（在共同外交与安全领域）应由（规制作为一个整体的欧盟对外行动的）一般条款作为指导，寻求实现这些条款所确定的目标，并根据这些条款采取行动。

我们已经看到，《欧洲联盟条约》第21条列举的欧盟对外行动目标，包括支持民主、法治、人权和国际法，根据《联合国宪章》《赫尔辛基最终文件》的目标以及《巴黎宪章》保护和平与安全的要求。条约的其他一些条款也表明共同外交与安全政策作为欧盟总体目标以及其他对外政策组成部分的重要性。《欧洲联盟条约》第22条第1款第2段宣称：

> 欧洲理事会就联盟战略利益和目标通过的决定应涉及联盟共同外交与安全政策以及对外行动的其他领域。

然而，共同外交与安全政策的特殊性被《欧洲联盟条约》第40条所强化，该条调整其与其他部分的欧盟政策之间的关系。在《里斯本条约》之前，共同体支柱优先于共同外交与安全政策⑬，但《欧洲联盟条约》第40条现在给予共同外交与安全政策和欧盟其他所有政策平等地位，并且规定互不影响。《欧洲联盟条约》第40条规定如下：

---

⑫　《欧洲联盟条约》第24条。

⑬　原《欧洲联盟条约》第47条规定："本条约中的任何规定均不应影响《建立欧洲共同体条约》以及修订或补充这些条约的后续条约或法令"。欧洲法院在其判例法中又强化了这一优先地位，见 Case C – 91/05 *Commission v Council*（*ECOWAS*）[2008] ECR I – 3651.

共同外交与安全政策的实施不应影响两部条约就行使《欧洲联盟运行条约》第 3—6 条提及的联盟权能而规定的程序及各机构的权力范围。

同样，执行这些条款中所列明的政策也不应影响两部条约为行使本章所赋予的联盟权能而规定的程序及各机构的权力范围。

《欧洲联盟条约》第 24 条规定，共同外交与安全政策应涵盖与联盟安全有关的所有问题，其中包括逐渐建构"共同防务政策"，该政策有可能形成共同防务。

因此，共同外交与安全政策的潜在范围极为广泛。条约既通过该政策的目标，又通过为实现这些目标而提供的工具来阐述其范围。这些工具包括：欧洲理事会通过的"总体方针"；理事会在认为有必要的情况下通过的界定联盟采取特定"行动"的"决定"；理事会通过的"立场"，界定欧盟对特定事项的方式；为实施后两类决定而做出的"安排"[127]。条约中提到的旨在促进建构共同外交与安全政策的其他工具还包括：就一般利益的外交和安全政策的任何事项提供"信息和咨询"，以及"国际协定"。

在共同外交与安全政策和欧盟的其他对外政策之间显然存在着重叠。然而，由于在程序上、欧盟机构的权力，以及司法监督等对个人的保障措施等方面存在重要差别，因此导致厘清共同外交与安全政策和其他领域的欧盟权力这二者之间的界限至关重要。这一点突出反映在《里斯本条约》后的两个判例中，它们分别涉及欧盟与毛里求斯签订的协定[128]以及对基地组织或塔利班的制裁。[129]

在"基地组织制裁案"（Al-Qaeda Sanctions）中，欧洲议会质疑理事会使用《欧洲联盟条约》第五编的共同外交与安全政策"共同立场"以及根据《欧洲联盟运行条约》第 215 条第 2 款施加经济制裁。欧洲议会主张，应根据《欧洲联盟运行条约》第 75 条通过该措施，它才是使用经济制裁的法律基础，而且属于《欧洲联盟运行条约》中与"自由、安

---

[127]　《欧洲联盟条约》第 25 条。

[128]　Case C – 658/11 *Parliament v Council*（*EU-Mauritius Agreement*）EU：C：2014：2025.

[129]　Case C – 130/10 *Al-Qaeda Sanctions*（26）.

全和公正的区域"有关的内部条款。欧洲法院驳回认为实施制裁不属于共同外交与安全政策措施这一观点。它裁定:"《欧洲联盟运行条约》第215条第2款构成诸如本案所涉及措施的适当法律基础,这类措施针对参与恐怖主义活动的个人,考虑到他们在全球的活动,而且他们产生的威胁具有国际维度,因而从根本上影响联盟的对外行动。"⑬ 在 "《欧盟—毛里求斯协定》案"中,尽管该协定范围很广,既包括共同外交与安全政策问题,也包括警务与司法合作议题,但欧洲法院裁定,以共同外交与安全政策关于缔结国际协定的《欧洲联盟条约》第37条作为法律基础是适当的。⑬

还有一个问题是,如何协调适用于欧盟政策与适用于共同外交与安全政策的不同目标、目的和其他规则。在 "西非国家经济共同体案"(ECO-WAS)中,理事会通过了防止轻小武器扩散的一项共同行动(CFSP),其中也考虑向第三国提供援助。⑫ 欧洲法院裁定,理事会选择共同外交与安全政策支柱作为后续实施性决定的法律基础,这一做法对发展合作权能造成了影响,因而违反原《欧洲联盟条约》第47条。⑬ 欧洲法院称,根据共同外交与安全政策通过的一项具有法律效力的措施,就原《欧洲联盟条约》第47条而言,"只要它本来可以根据欧共体条约通过",就 "影响"了两部条约的其他条款。⑭

然而,原《欧洲联盟条约》第47条已被现行《欧洲联盟条约》第40条所取代,即所谓 "不污染条款"(non-contamination clause)⑬,该条款不再将共同外交与安全政策从属于欧盟其他政策,而是规定任何一个领域都不应影响另外一个领域的程序,或者其权力的行使范围。因此,现在各领域处于平等地位,但如果一项法律措施既涉及共同外交与安全政策,又涉

---

⑬ Ibid [78].

⑬ Case C-658/11 *EU-Mauritius Agreement* (n 128) [44]–[45]. See also Case C-263/14 *European Parliament v Council* (*EU-Tanzania*) EU:C:2016:435, [42]–[56].

⑫ Case C-91/05 (n 126).

⑬ 原《欧洲联盟条约》第47条的文本,参见脚注126。

⑭ Case C-91/05 (n 126) [96].

⑮ S Blockmans and M Spernbauer, 'Legal Obstacles to Comprehensive EU External Security Action' (2013) 18 EFAR 7.

及欧盟其他政策领域，就会产生复杂问题。⑬ 欧洲法院已将其解释为，为了保护共同外交与安全政策及其独特的自主决策程序，并且使其免受欧盟其他政策和程序的侵蚀。

二　共同外交与安全政策的宪法性质

《欧洲联盟条约》为成员国设定了具有约束力的法律义务，要求成员国本着忠诚和相互团结的精神，积极和毫无保留地支持联盟的对外与安全政策。第24条第3款要求成员国共同努力，以加强和发展政治上的相互团结，并且避免采取任何有悖于联盟利益或可能损害联盟作为国际关系中一支聚合力量的有效性的行动。此外，《欧洲联盟条约》第4条第3款规定的忠诚合作原则也适用于成员国在共同外交与安全政策范围内采取的行动。尽管共同外交与安全政策体系的表现仍然喜忧参半⑬，并且不存在任何执行团结与忠诚义务的正式的超国家机制，但在一系列议题上，欧盟在协调各国外交政策方面取得了相当程度的进步。

从宪法角度来看，共同外交与安全政策工具的法律性质与欧盟其他立法工具的性质并不相同。《欧洲联盟条约》第25条规定，欧盟应通过如下方式执行共同外交与安全政策：确定总体方针；通过决定，界定欧盟应采取的行动和立场；通过决定，界定实施此类决定的安排。⑬ 有人认为，最好将共同外交与安全政策理解为"国际法的决定"，因为它与欧盟法很相近，二者都对成员国和欧盟机构具有约束力，且均由理事会作为主要决策机构予以通过。⑬ 尽管人们对这一特征仍然存在争议，但有人认为，欧盟超国家法律的核心特征，例如优先性、直接效力，以及"《欧洲公路运输协定》案"诸原则等，也部分存在于共同外交与安全政策之中。⑭

正如库特拉科斯（Koutrakos）所指出的，在构成条约的共同外交和安

⑬　P Van Elsuwege, 'EU External Action after the Collapse of the Pillar Structure: In Search of a New Balance between Delimitation and Consistency' (2010) 47 CMLRev 987; and 'The Adoption of "Targeted Sanctions" and the Potential for Interinstitutional Litigation after Lisbon' (2011) 7 Jnl of Contemporary European Research 488; C Eckes, 'The CFSP and Other EU Policies: A Difference in Nature?' (2015) 20 EFAR 535.

⑬　N Klein and W Wessels, 'CFSP Progress or Decline after Lisbon?' (2013) 18 EFAR 449.

⑬　《欧洲联盟条约》第25条。

⑬　R Gosalbo Bono, 'Some Reflections on the CFSP Legal Order' (2006) 43 CMLRev 337, 378.

⑭　Ibid.

全政策结构中存在着差异化和整合的要素。

帕诺斯·库特拉科斯：《欧盟共同外交和安全政策中的司法审查》[⑭]

共同外交与安全政策在欧盟宪法架构中的地位以两条有时相互冲突的主线为特征。第一个主线是关于独特性。关于共同外交与安全政策的规则不是在《欧洲联盟运行条约》中规定的，没有与联盟对外行动所有其他方面的规定放在一起……而是放在《欧洲联盟条约》中的，因此使共同外交与安全政策成为在《欧洲联盟运行条约》之外的唯一实质性政策。此外，欧盟在该领域的权能不同于《欧洲联盟运行条约》第2条所规定的其他类型的欧盟权能（将它们列为专属、共享、"协调性、支持性和补充性"）。相反，共同外交与安全政策的权能在《欧洲联盟条约》第2条第4款中单独列出。《欧洲联盟条约》第24条第1款第2分段强调规制该领域这一套规则的独特性质，根据该条款，共同外交与安全政策"受特定规则和程序的约束"。适用的机构结构和程序框架也证明了这一点：不得通过任何立法性法令，理事会原则上一致采取行动，倡议权由联盟外交和安全政策高级代表与成员国共享，欧洲议会不参与决策并且其作用极其有限。

……

贯穿共同外交与安全政策规则的第二条线索是关于联盟整体架构的整合。《里斯本条约》通过废除三支柱结构重新配置联盟的宪法秩序，并在联盟宪法历史上首次在《欧洲联盟条约》第21条中阐明一套规制所有对外政策的原则和目标。因此，共同外交与安全政策是根据单一的法律框架并基于它与欧盟其他对外行动共享的原则和目标来实施的。……在这方面，两部条约首次引入"对外行动"一词来描述欧盟在世界上所做的一切，包括在共同外交与安全政策中所做的。条约起草者选择这个单数术语，表达了将欧盟对外政策的不同方面（贸

---

⑭ Panos Koutrakos, 'Judicial Review in the EU's Common Foreign and Security Policy' (2018) 67 ICLQ 1, 3 –4.

易、经济、发展、社会、政治、安全）作为一个不可或缺的整体的理解。

三　共同外交与安全政策和经济制裁

我们已经看到，以共同外交与安全政策为基础和以其他欧盟政策为基础的外交政策之间必然存在着重叠，但是，由于基础条约不同部分所适用的实体要求和程序要求并不相同，因此很难促进欧盟不同政策领域之间的协调。

以两用物项的处理为例。这类产品可用于民事和军事用途，它们由两套不同的规则予以规制：欧盟的一般规则适用于其民事用途，成员国规则适用于与国家安全有关的问题。[142] 它们属于《欧洲联盟运行条约》第 36 条中的"公共安全"例外，既涵盖成员国内部安全，也涵盖其外部安全。[143] 在"维尔纳和莱费尔案"（*Werner and Leifer*）中，欧洲法院裁定，不能由于限制产品出口的措施具有外交政策和安全方面的目标，就认为其不属于共同商业政策，即欧盟专属权能领域。[144] 在该裁决之后，欧盟通过了规制两用物项的条例，要求在该条例规定的限度内实施与出口控制有关的成员国措施。[145]

欧盟的制裁政策，或者条约中所称的"限制性措施"（restrictive measures），特别是欧盟实施的经济制裁，其组织方式并不相同。[146]《马斯特里赫特条约》存在一种支柱间机制，《里斯本条约》将其调整为欧盟新的机制结构。《欧洲联盟运行条约》第 215 条规定：

> 1. 如依据《欧洲联盟条约》第五编第二章通过的一项决定，规定部分或完全中止或减少同一个或多个第三国的经济和财政关系，则理事会应经联盟外交事务与安全政策高级代表与委员会的共同提案，以

---

[142]　《欧洲联盟运行条约》第 346 条第 1 款第 2 项。

[143]　Case C – 367/89 *Criminal Proceedings against Aimé Richardt and Les Accessoires Scientifiques SNC* [1991] ECR I – 4621.

[144]　Case C – 70/94 *Fritz Werner Industrie-Ausrustungen GmbH v Federal Republic of Germany* [1995] ECR I – 3189.

[145]　Reg 428/2009 [2009] OJ L134/1.

[146]　P Cardwell, 'The Legalisation of European Union Foreign Policy and the Use of Sanctions' (2015) 17 CYELS 287.

特定多数通过必要的措施。相关情况应通报欧洲议会。

2. 如依据《欧洲联盟条约》第五编第二章通过的一项决定已有此种规定，则理事会可根据第 1 款规定的程序，通过针对自然人或法人以及团体或非国家实体的限制性措施。

3. 本条所指的法令应包括与法律保障有关的必要措施。

因此，按照《欧洲联盟条约》共同外交与安全政策的决策程序通过的决定只是必不可少的第一步，接下来还需要按照《欧洲联盟运行条约》的上述程序实施该决定。值得注意的是，第 215 条既规定了"针对国家的制裁"，也规定了针对个人的制裁。第 75 条和第 76 条却规定了一种不同的程序，它们涉及的是在欧盟"自由、安全和公正的区域"实施制裁以打击恐怖主义活动的情况下，欧洲议会拥有共同立法权。

在上文提到的"基地组织制裁案"中，欧洲法院就遇到《欧洲联盟运行条约》第 215 条和第 75 条之间的程序冲突问题。在该案中，欧洲议会主张，修订先前反恐制裁的欧盟立法本应以第 75 条为依据，欧洲议会由此可以更大程度地参与，而不是依据第 215 条第 1 款，由此欧洲议会的参与程度非常有限。[147] 欧洲法院驳回欧洲议会的主张。它裁定，该立法是一项共同外交与安全政策措施，以第 215 条为基础是适当的。该案表明，第 75 条适用于具有对外维度的欧盟反恐制裁措施的范围可能极为有限。[148] 另外，联盟法院一般支持使用第 215 条的合法性。[149]

涉及制裁和基本权利的法律诉讼放在下一章中考虑，这里只说明以下几点。一系列涉及针对特定个人与组织的经济制裁案件被提交到联盟法院。在以著名的"卡迪第一案"（*Kadi I*）和"卡迪第二案"（*Kadi II*）为开端的案件中，欧洲法院裁定，虽然这些制裁由联合国安理会授权，但这

---

[147]　Case C – 130/10 *Al-Qaeda Sanctions*（n 26）[72] – [76]，[83] – [84].

[148]　C Hillion，'Fighting Terrorism through the EU CFSP' in I Govaere and S Poli（eds），*Management of Global Emergencies，Threats and Crises by the EU*（Brill，2014）.

[149]　Case C – 330/15 P *Tomana v Council and European Commission* EU：C：2016：601；Case C – 440/14 P *National Iranian Oil Co v Council* EU：C：2016：128；Cases T – 533/15 and 264/16 *Il – Su Kim v Council and European Commission* EU：T：2018：138；Case T – 290/17 *Stavytskyi v Council* EU：T：2019：37.

一事实并不能阻止欧洲法院审查其是否符合基本权利保护。[⑭] 自此之后，欧盟使用的制裁不断扩大，欧洲法院也宣布很多此类措施无效，其中既包括反恐制裁，也包括政治制裁和针对国家的制裁，其理由是这些制裁侵犯基本权利，例如公平听审权或者获得司法救济的权利。[⑮] 除经济制裁以外，欧盟还施加了其他类型的制裁，例如武器禁运和旅行禁令，这些制裁完全或主要属于共同外交与安全政策，因此并没有产生相同的跨政策领域的一致性和协调问题。[⑯] 共同外交与安全政策制裁的更广泛影响可见于以下摘录。

保罗·詹姆斯·卡德韦尔：《欧盟外交政策的合法化与使用制裁》[⑰]

　　本文试图说明，共同外交和安全政策所囊括的欧盟外交政策远非一个没有"法律"的领域。相反，通过合法化过程，共同外交与安全政策的"他者性"并不像人们通常所想象得那么严重。随着通过自主措施和反恐名单施加传统和"聪明"制裁的增加，欧盟"大体上占领"针对成员国和共同外交与安全政策本身的活动领域。考虑到在《马斯特里赫特条约》缔结时，制裁和共同外交与安全政策无一被假定为接近欧盟对外行动的核心，这是一种了不起的事态。

　　自《里斯本条约》以来，就将制裁作为外交政策的基石而言，特别是对俄罗斯的制裁，这方面的发展表明欧盟已成功地将其经济影响力与其寻求的国际角色联系在一起。作为共同外交与安全政策的一部

---

⑭　Cases C－402 and 415/05 P *Kadi I*［2008］ECR I－6351；Cases C－584，593 and 595/10 P *Kadi II* EU：C：2013：518.

⑮　C Eckes，'EU Restrictive Measures against Natural and Legal Persons：From Counterterrorist to Third Country Sanctions'（2014）51 CMLRev 869；G Butler，'The Coming of Age of the Court's Jurisdiction in the Common Foreign and Security Policy'（2017）13 ECLR 673；P Koutrakos，'Judicial Review in the EU's Common Foreign and Security Policy'（2018）67 ICLQ 1.

⑯　I Cameron（ed），*EU Sanctions：Law and Policy Concerning Restrictive Measures*（Intersentia，2013）；F Giumelli，'How EU Sanctions Work：A New Narrative'，EU Institute for Security Studies Chaillot Paper，2013.

⑰　Paul James Cardwell，'The Legalisation of European Union Foreign Policy and the Use of Sanctions'（2015）17 CYELS 287，309－310.

分，日益复杂地使用制裁及其在全球情况下的适用证明了一种共生关系：制裁支撑着共同外交与安全政策并为其提供支柱，而共同外交与安全政策的合法化基础提供了可以讨论和同意制裁的机制背景。反过来，这又产生了这样一种期望，即制裁以及外交政策代表着欧盟可以在促进变革方面做具有实际影响的事情。

第六节　欧盟缔结的国际协定

国际协定也许是欧盟对外造法的最重要形式，但欧盟的国际实践还包括参与国际组织。通过产生可能需要承担国际责任的义务，这两者都对欧盟内部和国际产生着重要影响。

一　欧盟缔结国际协定的程序

《欧洲联盟运行条约》第218条确立了实施缔约权的普遍程序。该条规定了欧盟机构之间的任务分工，以及各种投票程序。尽管缔结所有国际协定的程序总体上大同小异，但涉及共同外交与安全政策的协定还是有一些重要的例外程序。第218条第2款至第4款规定：

2. 理事会授权启动谈判，通过谈判指令，授权签署并缔结协定。

3. 由委员会，或在拟缔结的协定只涉及或主要涉及共同外交与安全政策时，由联盟外交事务与安全政策高级代表，向理事会提交建议，由理事会通过一项决定，授权启动谈判，并根据拟缔结协定的主题，任命联盟谈判代表或谈判团团长。

4. 理事会可向谈判代表发布谈判指令，并可任命一个特别委员会，谈判的进行必须与之磋商。

因此，该程序的第一步是就协定展开谈判，这在原则上是欧盟委员会的工作。在一般情况下由欧盟委员会启动整个进程，尽管是在欧洲理事会的政治领导下。构成欧盟委员会行动基础的指令被非正式地称为"谈判授权"（negotiating mandates）。这类授权往往是一般性质的，尽管理事会有时会具体规定所要寻求的结果，以及允许欧盟委员会做出的让步。在《里斯本条约》之后，高级代表也有权建议谈判那些专门涉及或主要涉及共同外交与安全政策的协定。在任命谈判代表方面，《里斯本条约》给出的指示少之又少，只是说明这取决于拟缔结协定的"主题"。尽管在一般情况下由委员会负责谈判，但如果协定涉及共同外交与安全政策，理事会主席国甚至高级代表可以作为谈判代表。理事会可以向谈判代表发布指令，并且任命一个特别委员会，在谈判期间必须与之磋商。[154]

该程序的第二个阶段是协定的签署和缔结。[155]根据《欧洲联盟运行条约》第218条的规定，理事会在大多数情况下与欧洲议会共同行使这项权力。[156]欧洲法院强调，对于混合协定，不能损害投票规则和签名方面的正确程序。[157]签署和缔结一项协定均要求理事会经由特定多数通过，谈判的启动也是如此。[158]然而，在这两个阶段，有四种例外情况要求采用一致通过方式。[159]第一种情况是，在国际协定所涉及的领域，需要采用一致通过方式制定内部规则。第二种情况是，国际协定涉及的第217条所指的联系协定。第三种情况是，合作协定的缔约方已经正式成为欧盟的候选国。第四种情况涉及欧盟拟加入的《欧洲保护人权与基本自由公约》的协定，只有在成员国根据各自的宪法要求批准该协定后它才能生效。

如果协定是共同商业政策的一部分，则其程序由《欧洲联盟运行条约》第207条第3款做出进一步调整，而且需要由理事会任命的一个特别委员会协助欧盟委员会进行谈判。在就其他类型的协定进行谈判时，也可以任命类似的委员会以协助欧盟委员会。[160]成立这些委员会的目的似乎是

---

[154] 《欧洲联盟运行条约》第218条第4款；Case C‑425/13 *European Commission v Council* (*EU-Australia Emissions Trading Scheme*) EU：C：2015：483.

[155] M Gatti and P Manzini, 'External Representation of the European Union in the Conclusion of International Agreements' (2012) 49 CMLRev 1703.

[156] 但是，理事会可以将缔结权委托给委员会，但仅限于对现有协定进行修改，并且后者规定经修改后的协定应通过简化程序或由协定设立的机构通过。理事会可对此类授权附加特定条件，见《欧洲联盟运行条例》第218条第7款。

[157] Case C‑28/12 *European Commission v Council* EU：C：2015：282.

[158] 所有这些法令采取决定形式，或者有时采用条例形式。

[159] 《欧洲联盟运行条约》第218条第8款；Case C‑244/17 *European Commission v Council* (*EU-Kazakhstan*) EU：C：2018：662.

[160] Case C‑61/94 *Commission v Germany* (*International Dairy Arrangement*) [1996] ECR I‑3989, [14].

保证成员国能够控制谈判方向。

在涉及与货币或外汇机制等事项有关的协定时，适用的机构程序也可以有所不同。《欧洲联盟运行条约》第 219 条第 3 款规定，理事会根据委员会的建议并在咨询欧洲中央银行之后，可经由特定多数就谈判和缔结协定的安排做出决定。欧盟委员会要"完全参与谈判"。

尽管《欧洲联盟运行条约》第 218 条提到的是"协定"（agreements），但欧洲法院在"第 1/75 号意见"中裁定，对这一概念应进行广义解读，它指"国际法主体订立的具有约束力的任何承诺，无论其正式名称如何"⑯。当事方给予相关文件以约束力这一意愿起着决定性作用。在涉及欧盟与美国就竞争法的适用问题签署协定的"法国诉委员会案"中，欧洲法院明确指出，欧盟委员会不能在《欧洲联盟运行条约》第 218 条规定的程序之外与另一个国际行为体签订这种具有约束力的文件。⑯

《欧洲联盟运行条约》第 218 条第 9 款规定，当由欧盟缔结的某项国际协定所成立的机构可能通过具有法律效力的法令时，理事会可经委员会或高级代表提出提案，通过一项中止该国际协定的决定，或者确定以欧盟名义在该机构中所采取的立场。⑯ 在"国际葡萄和葡萄酒组织案"（OIV）中，德国对理事会的一项决定提出异议。国际葡萄和葡萄酒组织是一个由46 个国家组成的国际组织，欧盟本身并不是其当事方。对由该组织通过的某些不具约束力的决议，理事会以一项决定确定其立场。⑯ 受其他几个成员国的支持，德国主张，尽管要遵守欧盟关于忠诚合作的要求，但这是成员国的事项，它们自己达成了一致的事项，理事会不能向成员国施加一种立场，要求其在该组织谈判中捍卫该立场。然而，欧洲法院裁定，尽管《欧洲联盟运行条约》第 218 条第 9 款文本本身，以及第 218 条的其他部分适用于有约束力的协定这一事实，但是，第 218 条第 9 款仍然既适用于只有成员国是当事方的国际协定，也适用于由该组织通过的不具有约束力的建议。这是因为，尽管建议不具有约束力，但是如果它们将来被纳入欧盟

---

⑯　*Opinion 1/75*（n 76）1359–1360；Case C–327/91 *France v Commission*（n 28）.

⑯　Case C–327/91 *France v Commission*（n 28）；Case C–189/97 *European Parliament v Council*（*EC-Mauritania Fisheries Agreement*）［1999］ECR I–4741. Compare Case C–233/02 *France v Commission*（*Guidelines on Regulatory Cooperation and Transparency Concluded with the USA*）［2004］ECR I–2759.

⑯　《欧洲联盟运行条约》第 218 条第 9 款。

⑯　Case C–399/12 *Germany v Council*（*OIV*）EU：C：2014：2258.

法，那么就会对立法内容产生"决定性影响"[165]。该裁决出人意料，因为它扩大了欧盟在国际关系中的作用，进一步限制成员国在国际组织中的自主性，哪怕欧盟不是国际组织的当事方。

第 218 条第 9 款规定的类似中止程序也适用于国际协定的终止。欧盟仅在例外的情况下援引关于中止和终止的条款，而且欧盟倾向于将其作为向第三国施加政治压力的工具。[166]

二 欧盟缔结混合协定的程序

混合协定（mixed agreement）是欧盟的一个普遍现象。[167] 它们指欧盟与成员国均为缔约方的协定。要求双方共同参与，是因为此类协定涵盖的所有事项既不完全属于欧盟的专属权能，也不完全属于成员国的专属权能。如果与协定主题事项有关的权能由成员国和欧盟共享，那么也采用混合协定。混合协定是欧盟法不可或缺的组成部分，对欧盟机构和成员国均有约束力。混合协定这一现象吸引了大量评论，有人认为这是一种"必要的邪恶"，也有人称赞它是"对真正联邦主义的几近独一无二的贡献"[168]。

与欧盟对外关系的许多方面一样，关于混合性的讨论通常很复杂。罗萨斯（Rosas）建议，应根据协定所涉权能的性质对混合协定进行详细分类，区分"平行"权能与"共享"权能，共享权能又分为"共存"权能和"同步"权能。[169] 尽管他的分析很有帮助，但鉴于混合协定的实践十分复杂，以及所涉国际协定与欧盟权力的多样性，任何对混合协定进行分类的尝试显然都有可能使这一现象显得过于简单。[170]

欧洲法院并未尝试对混合协定背景下的权能领域进行详细划分。当排

---

[165] Case C‑399/12 *Germany v Council* (*Organization of Wine and Vine*) EU：C：2014：2258，[61]‑[63].

[166] M Maresceau, 'Unilateral Suspension and Termination of Bilateral Agreements Concluded by the EC' in M Bulterman, L Hancher, A McDonnell, and H Sevenster (eds), *Views of European Law from the Mountain. Liber Amicorum Piet-Jan Slot* (Kluwer Law International, 2009) 455‑466.

[167] 关于混合协定的著述有很多，可参见 P Koutrakos and C Hillion, *Mixed Agreements Revisited*：*The EU and its Member States in the World* (Hart, 2010).

[168] JHH Weiler, 'The External Legal Relations of Non-Unitary Actors：Mixity and the Federal Principle' in JHH Weiler, *The Constitution of Europe*：*Do the New Clothes Have an Emperor?* (Cambridge University Press, 1999).

[169] A Rosas, 'The European Union and Mixed Agreements' in Dashwood and Hillion (n 36).

[170] Eeckhout, *External Relations of the European Union* (n 77).

除专属权能时，欧洲法院一般转而注意如何以最好的方式组织欧盟与成员国的共同参与。[171] 在关于成员国参加《核材料实物保护公约》是否符合《欧洲原子能共同体条约》的裁决中，欧洲法院认为，要解决与协定实施有关的权能划分问题，应与协定谈判和缔结有关的权力划分一样依据相同原则。[172] 欧洲法院强调，在对外行动的全部三个阶段，即混合协定的谈判、缔结和执行过程，都必须遵守合作义务。履行混合协定的责任也遵循各自的权能。一旦欧盟层面存在"协调一致的共同战略"，成员国就应承担采取行动和回避等特定义务。[173] 欧洲法院还裁定，无论在管理混合协定方面可能会遇到什么困难，这些困难都不能成为改变权能划分的理由，也不能成为主张相关权能应具有专属性质的原因。[174]

就谈判而言，混合协定下的权能划分一般不会影响对谈判的参与。尽管做法根据具体情况决定，但普遍接受的是，委员会可以根据理事会的授权，作为整个协定的唯一谈判者，就像处理 WTO 协定的情况一样。"共同声明"通常以协商一致的方式达成，在权能专属欧盟时由委员会提交，理事会主席国则对属于共享权能的事项提交一致的立场。

三　欧洲议会的角色

尽管欧洲议会在对外关系方面的权力不断增强，但《里斯本条约》带来的变化最为显著。欧洲议会的行动主要是在协定的缔结阶段，这减少了其影响协定内容的机会。然而，已建立起一系列非正式机制来弥补这一缺陷，使欧洲议会能够"定期和全面获知信息"，其中包括欧洲议会议员在谈判期间作为观察员参与，以便他们的意见能够被考虑。

法律规定是，理事会在获得欧洲议会同意后通过一项缔结国际协定的决定。《欧洲联盟运行条约》第 218 条第 6 款要求在五种情况下需要获得欧洲议会的同意：（1）《欧洲联盟运行条约》第 217 条所指的联系协定；（2）欧盟加入《欧洲保护人权和基本自由公约》（ECHR）的协定；（3）通过组织合作程序建立特定机构框架的其他协定；（4）对联盟预算具有重

---

[171] *Ruling 1/78 Euratom*（*Nuclear Materials*）［1978］ECR 2151，［35］.

[172] Ibid［36］.

[173] Case C－246/07 *Commission v Sweden* EU：C：2010：203；AD Casteleiro and J Larik，'The Duty to Remain Silent：Limitless Loyalty in EU External Relations?'（2011）36 ELRev 524.

[174] *Opinion 1/94*（n 45）［107］；*Opinion 2/00*（n 23）［41］；*Opinion 1/08*（n 64）［127］.

要影响的协定；[173]（5）协定涵盖某些欧盟权能领域，该领域适用普通立法程序，或者适用须经欧洲议会同意的特别立法程序。《里斯本条约》引入这一变化最显著的影响是，在共同商业政策领域，未经欧洲议会同意，不得达成任何国际协定，而在过去甚至不要求经过简单的咨询。[176]仅适用咨询欧洲议会的国际协定类型，现在只属于例外情形。

根据《欧洲联盟运行条约》第218条第6款，"专门关于"共同外交与安全政策的国际协定，无须向欧洲议会咨询。在"《欧盟—毛里求斯协定》案"中，欧洲议会主张，应狭义地解释这一例外情形，并且由于《欧盟—毛里求斯协定》也涵盖诸如警务与发展合作等在对内领域适用普通立法程序的议题，应根据《欧洲联盟运行条约》第218条第6款第5项要求获得欧洲议会同意。[177]欧洲法院并不认同这一观点，认为这种欧洲议会方式将带来极大的不确定性。它裁定，协定的实体性法律基础应该用以决定适用于缔结该协定的决策程序。[178]在该案中，由于协定以《欧洲联盟条约》第37条为基础，应采用适用于共同外交与安全政策的决策程序，这意味着无须向欧洲议会咨询。

然而，欧洲法院裁定，理事会违反了《欧洲联盟运行条约》第218条第10款规定的另外一项义务，即"在程序的所有阶段均应及时全面地向欧洲议会通报情况"[179]。向欧洲议会通报的义务是一项基本程序要求，因此缔约该协定的决定应被废除。[180]这在后来的案件中得到重申。欧洲法院表示，该义务是为了确保"欧洲议会处于对欧盟对外行动行使民主监督的地位，更具体地说，对于有关缔结协定的一项决定，是为了核实其权力是否因选择该决定的法律基础而得到特别尊重"[181]。

[173] Case C – 189/97 *European Parliament v Council*（n 162）.

[176] M Cremona, 'Balancing Union and State Interests. Opinion 1/08, Choice of Legal Base and the Common Commercial Policy under the Treaty of Lisbon'（2010）35 ELRev 678; A Dimopoulos, 'The Effects of the Lisbon Treaty on the Principles and Objectives of the Common Commercial Policy'（2010）15 EFAR 153; N Lavranos and S Adam, 'How Exclusive is the Common Commercial Policy of the EU After Lisbon?'（2010）7 – 8 ELR 263.

[177] Case C – 658/11（n 128）.

[178] Ibid [57] – [58].

[179] Ibid [76] – [78].

[180] Ibid [86] – [87].

[181] Case C – 263/14 *European Parliament v Council*（n 131）[80].

四 成员国忠诚合作义务

基础条约中没有任何条款明确规定成员国不得磋商或缔结有违欧盟立场的国际协定，但欧盟法的优先性再加上《欧洲联盟条约》第4条第3款的规定，似乎要求成员国避免采取这种行为，或者避免通过与欧盟规范相冲突的规则。

我们已经看到，《欧洲联盟条约》第4条第3款要求成员国促进联盟任务的实现，并避免采取任何有可能损害联盟目标实现的措施。无论欧盟权能是专属还是共享，此项"忠诚合作义务"（duty of sincere cooperation）均适用。这意味着当欧盟机构设想采取欧盟行动，并且它们通过一项决定授权委员会磋商多边协定时，成员国就有义务与欧盟机构进行密切合作，以便"促进欧盟任务的实现，并且确保欧盟行动的一贯性和一致性及其国际代表性"[182]。如果成员国在不与委员会合作或者不向委员会咨询的情况下，磋商、缔结、批准或实施涉及同样问题的双边或多边条约，那么它们就违反了欧盟法。[183]

在欧盟不是某项国际协定的缔约方，而且成员国以欧盟的名义共同采取行动的情况下，忠诚合作义务尤其重要。[184] 然而，即使是在共享权能领域，例如就混合环境协定进行的谈判，在委员会向理事会提交提案时，即使还未被理事会通过，该提案代表着欧盟"协调一致的共同战略"的出发点，那么成员国就有采取行动和回避的义务。[185]

五 在国际组织内部合作

《欧洲联盟运行条约》明确规定与其他国际实体建立关系。第220条提到与联合国（UN）机关及其专门机构[186]、欧洲委员会（Coucil of Europe）、经济合作与发展组织（OECD）、欧洲安全与合作组织（OSCE）以

---

[182] Case C – 266/03 *Commission v Luxembourg* (*Inland Waterways Agreement*) [2005] ECR I – 4805; Case C – 433/03 *Commission v Germany* (*Inland Waterways Agreement*) [2005] ECR I – 6985.

[183] Case C – 45/07 *Commission v Greece* [2009] ECR I – 701.

[184] *Opinion* 2/91 (n 49) [119].

[185] Case C – 246/07 *Commission v Sweden* (n 173) [91].

[186] A Degrand Guillaud, 'Actors and Mechanisms of EU Coordination at the UN' (2009) 14 EFAR 405 and 'Characteristics of and Recommendations for EU Coordination at the UN' (2009) 14 EFAR 607.

及更普遍地与"所有国际组织"保持一切适当关系。就共同外交与安全事务而言，保持此类关系的职责属于高级代表[187]，在其他情况下则属于欧盟委员会。

基础条约的其他一些条款在经济货币联盟、教育和体育运动、文化、公共卫生、环境和发展合作等背景下提到欧盟与"适格"国际组织的关系。《欧洲联盟运行条约》第138条规定，理事会可就与经济货币联盟有关的问题对联盟及其代表在国际层面上的立场做出决定。在共同外交与安全政策背景下，《欧洲联盟条约》第34条规定："成员国在国际组织中及在国际会议上应协调其行动"。

在"第1/76号意见"中，欧洲法院裁定，在欧盟权能范围内，欧盟缔结国际协定的权力包括签订建立国际组织的协定。[188] 这在欧洲法院"第1/94号意见"中得到进一步默示肯定，该意见批准了欧盟参与建立世界贸易组织（WTO）的协定。欧盟参与国际组织既可以采取正式的成员形式，如在世界贸易组织里；也可以采取观察员地位形式，如在国际劳工组织（ILO）中。在很多情况下，就如在世界贸易组织中一样，欧盟与成员国均为国际组织的成员。如果国际组织的成员资格仅限于国家，那么欧盟成员国将对欧盟有权处理的议题通过一项共同立场，并且它们必须根据其普遍合作义务，为欧盟的利益联合采取行动。[189]

第七节 欧盟与国际法：权利与义务

作为具有国际法律人格的实体，欧盟是由国际协定和国际法产生的权利和义务的主体。这适用于欧盟拥有权能的所有领域，包括共同外交与安全政策，尽管欧洲联盟法院对该领域仅拥有有限的管辖权。

---

[187] 《欧洲联盟条约》第27条第2款。

[188] *Opinion* 1/76（n 45）；S Marchisio, 'EU's Membership in International Organisations' in E Cannizzaro, *The European Union as an Actor in International Relations*（Kluwer, 2002）；R Frid, *The Relations between the EC and International Organizations—Legal Theory and Practice*（Kluwer, 1995）.

[189] *Opinion* 2/91（n 49）[1]–[5]. 然而，欧洲法院支持理事会有权决定成员国拟在一个欧盟并非其成员的国际组织中所采取的谈判立场，见 Case C–399/12 *Germany v Council*（*OIV*）EU：C：2014：2258.

一 欧盟缔结的国际协定

《欧洲联盟运行条约》第216条第2款宣称，联盟缔结的协定对联盟机构及成员国均有约束力。自从"黑格曼案"（*Haegeman*）之后，欧洲法院一直坚持认为，一旦协定生效，其条款就构成欧盟法"不可或缺的组成部分"⑲。欧洲法院还裁定，如果成员国未能采取为实施欧盟缔结的国际协定所必不可少的措施，那么就违反了它们在欧盟法之下的义务。因此，欧盟缔结的协定约束成员国，是通过它们在欧盟法之下的义务而非国际法义务。

二 成员国缔结的国际协定

对于欧盟非其缔约方但对成员国有约束力的国际协定，《欧洲联盟运行条约》第351条规定，由成员国和第三国在1958年1月1日之前（或者对入盟国，在其加入之前）缔结的协定所产生的权利和义务不受《欧洲联盟条约》和《欧洲联盟运行条约》条款的影响。因此，成员国先前根据国际协定所应承担的义务受到保护。在"*T. Port*公司案"中，欧洲法院澄清了适用《欧洲联盟运行条约》第351条的条件。

　　因此，要使共同体条款因国际协定而失效，必须满足两个条件：该协定必须在基础条约生效之前缔结，以及相关第三国必须从中获得它可以要求相关成员国尊重的权利。⑲

在几个"双边投资条约（BITs）案"中，欧洲法院裁定，《欧洲联盟运行条约》第351条的目的是澄清：根据国际法原则，对两部欧盟条约的适用不影响相关成员国尊重第三国在先前国际协定下的权利，也不影响成员国履行其义务。⑫但欧盟本身并不受此类先前国际协定的约束。第351

---

⑲　Case 181/73 *Haegeman* [1974] ECR 449, [5]; *Opinion 1/91* (*EEA Agreement I*) [1991] ECR 6079, [37].

⑲　Cases C-364-365/95 *T. Port GmbH & Co v Hauptzollamt Hamburg-Jonas* [1998] ECR I-1023, [61].

⑫　Case 205/06 (n 69) [33]; Case C-249/06, [34]; Case C-118/07 (n 69) [34].

条仅包含一项由欧盟机构承担的义务，即对于赋予第三国权利的先前国际协定，欧盟机构不得妨碍成员国履行其源于该协定的义务。[193]

此外，如果此类协定在某种程度上与两部欧盟条约不符，相关成员国有义务采取一切适当措施消除那些被认定的不符情形。即使成员国难以将其对第三国的义务符合其在欧盟法下的义务，但这一事实并不免除该成员国应调整相冲突协定的义务，以及在必要时宣告退出该协定的义务。[194]

委员会诉葡萄牙

Case C – 84/98 Commission v Portugal

[2000] ECR I – 5215

[《里斯本条约》重新编号，《欧洲经济共同体条约》
第 234 条现变更为《欧洲联盟运行条约》第 351 条]

葡萄牙于 1986 年加入欧共体后，被要求调整其先前与南斯拉夫联邦共和国签订的协定，以便尊重关于成员国与第三国之间海洋运输自由的《第 4055/86 号条例》，但葡萄牙并未如此做。委员会向欧洲法院对葡萄牙提起违反之诉。

欧洲法院

39. 在本案中，葡萄牙政府没有在《第 4055/86 号条例》所规定的时间期限内，通过外交途径调整该项有争议的协定。

40. 必须记住，本法院已经裁定，在这种情况下，只要根据国际法有可能宣布退出这样一项协定，相关成员国就有责任宣布退出（就此可参见 Commission v Belgium [1999] …）。

41. 然而，葡萄牙政府否认未履行其义务。……

[欧洲法院接下来裁定，葡萄牙在本案中并非不可能尊重南斯拉夫的权利，因为该协定本身允许缔约方宣布退出。]

---

[193]　Case 812/79 *Attorney General v Juan C Burgoa* [1980] ECR 2787，[9].

[194]　See also Case C – 170/98 *Commission v Belgium* [1999] ECR I – 5493；Case C – 62/98 *Commission v Portugal* [2000] ECR I – 5171；Case C – 84/98 *Commission v Portugal* [2000] ECR I – 5215.

58. 此外，在《欧洲经济共同体条约》第234条的背景下，虽然成员国有权选择拟采取的适当措施，但它们有义务消除早于共同体的公约与欧共体条约之间存在的不符情形。即使成员国在调整该协定方面面临着困难，也不能因此免除其宣布退出该协定的义务。

59. 对此葡萄牙提出的辩护理由是，此类退出协定的行为将造成与共同体利益相比，以不成比例的方式无视葡萄牙共和国的外交政策利益。必须指出，成员国的外交政策利益与共同体利益之间的平衡问题已经被纳入《欧共体条约》第234条，因为它允许成员国为了尊重第三国源于先前协定的权利以及履行其中的义务而不适用某项共同体规定。该条也允许它们选择适当的方式，以便使相关协定符合共同体法。

......

61. 在上述情况下，本法院裁定，由于葡萄牙共和国既未退出也未调整该争议协定，以至于未能使共同体的所有国民以公平、自由和非歧视的方式获得属于葡萄牙共和国的货运份额，这正是《第4055/86号条例》的要求，因此，葡萄牙共和国未履行其根据该条例第3条和第4条第1款中的义务。

在"双边投资条约案"[195] 中，欧洲法院宽泛地界定成员国在《欧洲联盟运行条约》第351条下的义务。该案所涉双边投资条约由奥地利、瑞典和芬兰与几个第三国缔结，其中有条款保证，与投资有关的支付以可自由兑换的货币实行转移，并且没有不当迟延。《欧洲联盟运行条约》第63条禁止对成员国之间以及成员国与第三国之间的资本流动和支付施加任何限制，但《欧洲联盟运行条约》第64条第2款、第66条和第75条授权成员国采取措施限制此类涉及直接投资的资本流动。本案所涉双边投资条约没有任何条款允许在欧盟行使该项权能的情况下它们可以单方面中止条约的实施。欧洲法院驳回相关成员国的如下主张，即如果理事会决定行使欧盟条约下的限制性权力，成员国就可以为了临时中止实施其双边协定而与第三国伙伴谈判。

---

[195] （N 69）。

欧洲法院裁定，进行此类国际谈判所要求的时机从本质上讲与这些措施的实际有效性是不相符的，而且依赖诸如中止或退出协定等国际法机制的可能性太不确定，无法保证理事会措施得到有效适用。仅以理事会未来可能的措施将面临实施困难的风险为由，就足以裁定这三个成员国违反了欧盟法。

"国际水果公司案"（*International Fruit Company*）涉及 1947 年《关贸总协定》（GATT），欧洲法院裁定，欧洲共同体受该协定条款的约束，尽管其并非协定缔约方。欧洲法院宣称，欧洲共同体在过渡期结束时承担了整个关税和贸易政策的内在职能，而且，由于这是《关贸总协定》管辖的领域，该协定的条款对共同体具有约束力。[196] 但在后续几个涉及其他国际协定的案件中，欧洲法院并未运用这个所谓"功能继承"（functional succession）理论。它裁定，如果不是所有成员国都是国际协定的缔约方，欧盟就不受该国际协定的约束[197]，或者如果成员未将国际协定涵盖的所有权力让渡给欧盟，欧盟也不受该国际协定的约束。[198]

三　国际法规则

《欧洲联盟运行条约》第 216 条第 2 款仅提到由欧盟缔结的协定，并未提到其他国际法规则。但欧洲法院承认其他此类规则具有约束性质。此外，正如上文所示，《欧洲联盟条约》第 3 条第 5 款宣称，欧盟应致力于"严格遵守并发展国际法，包括尊重《联合国宪章》的原则"。然而，欧洲联盟法院援引或适用欧盟作为缔约方的国际协定以外的国际法规则或原则的案件数量仍然很少。[199]

在"波尔森案"（*Poulsen*）中，欧洲法院裁定，欧盟在行使权力时必

---

[196]　Cases 21－24/72 *International Fruit Company NV v Produktschap voor Groenten en Fruit*［1972］ECR 1219,［14］-［18］.

[197]　Case C－188/07 *Commune de Mesquer*［2008］ECR I－4501,［85］.

[198]　Case C－366/10 *ATAA v Secretary of State for Energy and Climate Change* EU：C：2011：864,［70］-［71］；Cases C－402 and 415/05 *Kadi I*（n 150）.

[199]　G de Búrca,'International Law before the Courts：The EU and the US Compared'（2015）55 Virginia Jnl of International Law 685；T Konstadinides,'Customary International Law as a Source of EU Law：A Two-Way Fertilization Route'（2016）35 YEL 513.

须尊重国际法[200]，在欧盟通过一项条例以中止其与非成员国缔结的协定中的贸易减让时，必须遵守习惯国际法的规则。在不久之后的"拉克公司案"（*Racke*）中，欧洲法院指出，以情势变更为由终止或中止条约关系的习惯国际法对欧盟机构具有约束力，并构成欧盟法律秩序的一部分。[201]在"委员会诉德国案"中，欧洲法院借鉴国际法一般规则，要求任何协定的当事方都应表现出善意履行；[202]而在"碧然德公司案"（*Firma Brita*）中，欧洲法院适用了条约未经第三方同意而不对其施加任何义务或赋予任何权利的国际法原则。[203]

在其他一些受到高度关注的裁决中，习惯国际法也得到了援引。[204]在著名的"卡迪案"（*Kadi*）中，欧洲法院裁定，如果欧盟执行安理会决议的措施侵犯了欧盟法律保护的基本权利，欧盟在行使权力时尊重国际法的义务并不妨碍欧洲法院废除这项欧盟措施。[205]它裁定，"国际协定施加的义务"，即使是《联合国宪章》施加的义务，也"不能具有损害欧共体条约宪法原则的效果"[206]。欧洲法院进一步裁定，即使《联合国宪章》优先于欧盟二级法令，但不能优先于两部欧盟条约或欧盟法一般原则。[207]欧洲法院得出结论认为："国际协定不能影响由两部欧盟条约所确定的权力分配，也不能因此影响共同体法律体系的自主性。"[208]

---

[200]　Case C – 286/90 *Anklagemyndigheden v Poulsen and Diva Navigation* [1992] ECR I – 6019,[9].

[201]　Case C –162/96 *Racke GmbH & Co v Hauptzollamt Mainz* [1998] ECR I – 3655,[46].

[202]　Case C – 61/94 *Commission v Germany*（n 160）[30].

[203]　Case C – 386/08 *Firma Brita* EU：C：2011：347，[44]；G Harpaz and E Rubinson,'The Interface between Trade, Law and Politics and the Erosion of Normative Power Europe：Comment on *Brita*'（2010）35 ELRev 551；I Kornfeld,'ECJ Holds that West Bank Products are Outside the Scope of the EU-Israel Association Agreement'（2010）14 ASIL Insight.

[204]　See, eg, Case C – 366/10 *ATAA v Secretary of State for Energy and Climate Change* EU：C：2011：864；B Mayer（2012）49 CMLRev 1113；E Denza（2012）37 ELRev 314；A Gattini（2012）61 ICLQ 977；G De Baere and C Ryngert（2013）18 EFAR 389；Case C – 63/09 *Walz v Clickair SA* [2010] ECR I – 4239.

[205]　Cases C – 402 and 415/05 P（n 150）.

[206]　Ibid [285].

[207]　Ibid [306] – [308].

[208]　Ibid [282]；该案在第十二章中将进一步讨论。

四　欧盟法律体系作为自主法律秩序

当欧盟成为某个国际组织或者设立机构的国际协定的当事方，如果该组织或机构的权力与欧盟机构的权力相冲突，欧洲法院则特别坚决地捍卫欧盟法律秩序的自主性。

在"第1/76号意见"中，欧洲法院拒绝成立一个由6名欧洲法院（ECJ）法官和1名瑞士法官组成专门法庭的可能性，理由是欧洲法院的法官可能面临着管辖权冲突或者对两个不同机构的忠诚问题。[209] 在关于《欧洲经济区协定》（EEA）的"第1/91号意见"中，欧洲法院裁定，拟授予由欧洲法院3名法官和欧洲自由贸易联盟（EFTA）国家3名法官组成的新的欧洲经济区法院（EEA Court）管辖权的建议与欧盟法不符。[210] 事实上，《欧洲经济区协定》引入了大量法律规则，这些规则与措辞相同的欧盟规则并列，会造成大量的解释问题和一致性问题。欧洲法院声称，这与当时的《欧洲共同体条约》第220条相冲突[211]，而且更广泛地说，与欧盟赖以存在的基础相冲突。[212]

在关于创设新的欧洲与欧盟专利法院的"第1/09号意见"中，欧洲法院裁定，拟成立这一国际法院的协定将赋予该法院审理个人提起的与欧盟专利有关的诉讼的专属管辖权，这与两部欧盟条约不符。因为这会剥夺欧洲联盟法院就成员国法院对此类争端所引起的解释问题做出初步裁决的权力。[213]

然而，最引人注目的是，在关于《欧盟加入〈欧洲人权公约〉协定草案》是否符合两部欧盟条约的意见中，欧洲法院宣称，该协定草案的条款不符合两部欧盟条约。这在很大程度上是因为加入《欧洲人权公约》会影

---

[209] *Opinion* 1/76（n 45）.

[210] *Opinion* 1/91（n 190）.

[211] 已被《欧洲联盟条约》第19条所取代。

[212] 在重新谈判并用仅由欧洲自由贸易联盟（EFTA）国家的法官组成并且管辖权更加有限的"欧洲自由贸易联盟法院"（EFTA Court）取代原先提议的"欧洲经济区法院"（EEA Court）之后，欧洲法院认为修订后的协定符合《欧洲共同体条约》，见 *Opinion* 1/92（*EEA Agreement II*）[1992] ECR I–2821.

[213] *Opinion 1/09* EU：C：2011：123.

响欧盟法的自主性。㉔ 根据欧洲法院的意见，欧洲人权法院的任何决定都不应具有约束欧盟及其机构对欧盟法规则的特定解释的效力。㉕ 自主性的论点是从多方面表现出来的。㉖

第一，欧洲法院认为，该协定草案没有任何条款来协调《欧盟基本权利宪章》第 53 条和《欧洲人权公约》第 53 条。欧洲法院将权利宪章第 53 条解释为，成员国的基本权利保护标准不得损害宪章所规定的保护水平，也不得损害欧盟法的优先性、统一性和有效性。而《欧洲人权公约》第 53 条允许欧洲委员会成员国制定比该公约保障水平更高的基本权利保护标准。㉗

第二，欧洲法院认为，就在欧盟法某些领域遵守基本权利的假设而言，协定草案没有任何条款保证，遵守成员国之间"相互信任"的要求不会受到削弱。㉘

第三，欧洲法院担心《欧洲人权公约》新的第十六号议定书的实施，使成员国法院有权请求欧洲人权法院提供咨询意见，而这可能会动摇欧盟法的自主性和成员国法院应事先向欧洲联盟法院提请初步裁决的要求。㉙

第四，欧洲法院认定，该协定草案中还有其他条款不符合欧盟法，包括"共同被告机制"的某些方面；欧洲法院事先参与欧洲人权法院未决案

㉔　*Opinion 2/13 on Accession of the European Union to the ECHR* EU：C：2014：2454，[179] – [200]；AG's Opinion，EU：C：2014：2475.

㉕　Ibid [184].

㉖　See，eg，B de Witte and S Imamovic，'*Opinion 2/13 on the accession to the ECHR*：Defending the EU Legal Order against a Foreign Human Rights Court'（2015）40 ELRev 683；E Spaventa，'A Very Fearful Court?：The Protection of Fundamental Rights in the EU after *Opinion 2/13*'（2015）22 MJ 35；B Pirker and S Reitemeyer，'Between Discursive and Exclusive Autonomy—*Opinion 2/13*，the Protection of Fundamental Rights and the Autonomy of EU Law'（2015）17 CYELS 168；T Lock，'The Future of the European Union's Accession to the European Convention on Human Rights after *Opinion 2/13*：Is It Still Possible and Is It Still Desirable'（2015）11 EuConst 239；L Besselink，M Claes，and J – H Reestan，'A Constitutional Moment：Acceding to the ECHR（or not）'（2015）11 EuConst 2；S Peers，'The EU's Accession to the ECHR：The Dream Becomes a Nightmare'（2015）16 German LJ 213；P Eeckhout，'*Opinion 2/13 on EU Accession to the ECHR* and Judicial Dialogue：Autonomy or Autarky'（2015）38 Fordham Int LJ 955；D Halberstam，'It's the Autonomy，Stupid：A Modest Defense of Opinion 2/13 on EU Accession to the ECHR'（2015）16 German LJ 105.

㉗　*Opinion 2/13*（n 214）[187] – [190].

㉘　Ibid [191] – [195].

㉙　Ibid [196] – [199].

件的程序；欧洲人权法院获得在欧洲联盟法院管辖权范围之外的 CFSP 法令管辖权的可能性。

第五，欧洲法院认为，该协定草案与《欧洲联盟运行条约》第 344 条相冲突。第 344 条确认了欧洲联盟法院的专属管辖权，成员国由此承诺不将涉及两部欧盟条约的解释或适用的争端提交任何其他方式的司法解决。⑳欧洲法院认为，协定草案第 5 条中的规定承认欧洲联盟法院在欧盟成员国之间，或者欧盟成员国与欧盟之间的任何争端中的角色，这并不足以保证欧洲联盟法院的专属管辖权。对欧洲联盟法院而言，只有明确排除欧洲人权法院对以下情况的管辖权，即排除欧洲人权法院根据《欧洲人权公约》第 33 条审理欧盟成员国之间，或者欧盟成员国与欧盟之间所涉及的将《欧洲人权公约》适用于欧盟法的实质范围的争端，这样的条款才符合《欧洲联盟运行条约》第 344 条。㉑

对欧盟法自主性的担忧也是"Achmea 公司案"裁决的基础。㉒ 欧洲法院裁定，《欧洲联盟运行条约》第 267 条和第 344 条排除成员国之间双边投资条约（BIT）中的"投资者诉国家争端解决"（ISDS）条款，根据该条款，来自某成员国的投资者对于其在另一成员国中的投资若出现争端，可以向后一成员国已承诺接受管辖的仲裁庭提起仲裁程序。

第八节　欧盟法律秩序中的国际协定：法律效力

国际协定在欧盟法律秩序中的效力一直是欧盟对外关系中的重要法律议题。㉓ 我们已经看到，欧盟签订的国际协定是欧盟法律秩序的组成部分㉔，并且根据《欧洲联盟运行条约》第 216 条第 2 款对欧盟具有约束力。我们还在第八章中看到，欧洲法院认为，大多数形式的具有约束力的欧盟

---

⑳　Case C – 459/03 *Commission v Ireland* [2006] ECR I – 4635，[124] – [128].

㉑　*Opinion 2/13* (n 214) [201] – [214].

㉒　Case C – 284/16, *Slowakische Republik v Achmea BV* EU：C：2018：158.

㉓　M Mendez, *The Legal Effect of EU Agreements* (Oxford University Press, 2013).

㉔　See (n 190).

法在原则上都能够产生直接效力。私人当事方在国内法院中可否援引国际协定的直接司法可执行性，存在着支持和反对意见。

一方面，作为与其他国家或国际组织缔结的条约，可以将其视为传统的国际协定，仅对签署它们的国家或组织具有约束力，但不具有任何自动"自我执行"特质，也不赋予个人权利或义务。另一方面，作为欧盟签订的协定，又可以将其视为具有欧盟法的一些关键特征，尤其是在足够确切和无条件的情况下能够具有直接效力。欧洲法院广泛选择将欧盟达成的协定纳入成员国法律的方法，并且认为国际协定"在某些情况下"可以具有直接效力。然而，在国际协定领域，必须考虑政治和战略因素。个人诉讼方是否可以执行特定协定的条款，不能仅仅通过援引"范亨特与洛斯公司案"的最初法律标准来判断。在几十年前，出现了1947 年《关贸总协定》（GATT）与后续 WTO 协定的条款是否具有直接效力的问题，该议题多年来都是这一法律领域的重点，并且产生了大量的学术著述。

国际水果公司诉海牙蔬菜水果产品委员会

Cases 21 – 24/72 International Fruit Company v

Produktschap voor Groenten en Fruit

[1972] ECR 1219

一家荷兰法院向欧洲法院提请初步裁决，询问它是否拥有管辖权，以裁定与国际法某个条款有关的共同体条例的有效性；如果有此管辖权，那么该条例是否违反《关贸总协定》。

欧洲法院

7. 如果共同体措施与国际法某条款不符可能影响该措施的有效性，则共同体首先必须受该国际法条款的约束。

8. 如果可以在成员国法院以该措施无效作为依据，那么，国际法的此项条款也必须能够赋予共同体公民可以在法院援引的权利。……

18. 因此，就共同体根据《欧洲经济共同体条约》承担成员国先前在《关贸总协定》管辖领域所行使的权力而言，该协定的条款似乎对共同体具有约束效力。

19. 还有必要审查，《关贸总协定》的条款是否赋予共同体公民权利，使他们可以在法院依据该权利质疑共同体措施的有效性。

20. 为此，必须考虑《关贸总协定》的精神、总体方案和条款。

欧洲法院从《关贸总协定》的不同方面得出结论，包括"其条款的巨大灵活性"、减损适用的可能性以及单方面撤回其义务的权力，进而裁定该协定"未能赋予共同体公民可以在法院援引的权利"。欧洲法院之所以不愿意给予此类国际义务以直接效力，很大一部分原因是它们被用来在成员国法院挑战欧盟立法的合法性。[225]

在"宝丽多唱片公司案"（Polydor）中，欧洲法院裁定，欧盟与葡萄牙关于货物自由流动的贸易协定中的条款不具有直接效力，尽管该条款与《欧洲经济共同体条约》中的条款（现《欧洲联盟运行条约》第 34 条）在文本上完全相同。葡萄牙当时并非成员国，该协定与建立单一市场的《欧洲经济共同体条约》不具有相同目的。[226]

然而，在"库普费尔贝格案"（Kupferberg）[227] 中，与前述相同的自由贸易协定中的另一条款则被裁定具有直接效力，因为该条款是无条件的、足够确切的，并且其直接适用与该协定"目的"相符。但是，与"《关贸总协定》案"不同，宣布"库普费尔贝格案"中的贸易协定可直接执行，是为了扩大欧盟规则的范围，而不是宣布欧盟规则无效。同样地，欧洲法院裁定，早期《洛美公约》（Lomé Convention）关于欧盟与非加太国家关系的条款具有直接效力，在该案中是成员国立法而非欧盟立法被质疑与该公约不符。[228]

在"国际水果公司案"（International Fruit）判决的第 8 段，欧洲法院

---

[225] 在"库普费尔贝格案"之后，欧洲法院在不同案件中对这一点给予肯定，包括 Case 9/73 *Schlüter v Hauptzollamt Lörrach* [1973] ECR 1135；Case C – 469/93 *Administrazione delle Finanze dello Stato Chiquita Italia* [1995] ECR I – 4533.

[226] Case 270/80 *Polydor Ltd and RSO Records Inc v Harlequin Record Shops Ltd and Simons Records Ltd* [1982] ECR 329.

[227] Case 104/81 *Hauptzollamt Mainz v CA Kupferberg & Cie KG* [1982] ECR 3641；G Bebr, 'Agreements Concluded by the Community and their Possible Direct Effect：From International Fruit Company to Kupferberg' (1983) 20 CMLRev 35.

[228] Case C – 469/93 (n 225).

似乎将直接效力等同于合法性审查的可能性，并且在不存在直接效力的情况下似乎排除合法性审查的可能。然而，在"中岛产业株式会社案"（*Na-kajima*）中，欧洲法院进行了区分，一方面是赋予个人权利的国际贸易协定条款以"直接效力"，另一方面是欧洲联盟法院是否有可能援引这些条款以质疑欧盟法的一致性。[29] 后来在"德国诉委员会案"中，欧洲法院澄清，只有在两种情况下才可以援引《关贸总协定》条款以主张某项欧盟措施与其不符，即如果欧盟有意实施该特定义务；或者，如果受质疑的欧盟措施明确提到《关贸总协定》中该特定条款。[30] 此外，还有判例法表明这些规则的适用范围很窄。[31]

但是，欧洲法院将调和解释义务，即欧盟法应根据国际法和具有约束力的国际协定进行解释[32]这一原则适用于《关贸总协定》和其他 WTO 协定条款，例如《与贸易有关的知识产权协定》（TRIPs）。[33] 在某些情况下这具有增强其有效性的结果，尽管通常不会援引它们以质疑欧盟措施。

有观点主张，随着 WTO 成立并通过 1994 年《关贸总协定》，鉴于新体系之下争端解决与执行手段更加有效，应不再适用认为 1947 年《关贸总协定》不具有直接效力的假设。[34] 在以下"葡萄牙案"中，欧洲法院直接面对了这一问题。

---

[29]　Case C - 69/89 *Nakajima v Council* [1991] ECR 2069, [28] - [29]; Case 70/87 *Fediol v Commission* [1989] ECR 1781, and compare Case C - 76/00 P *Petrotub SA and Republica SA v Council* [2003] ECR I - 79.

[30]　Case C - 280/93 *Germany v Commission* [1994] ECR I - 4873; Case C - 76/00 P *Petrotub* (n 229).

[31]　Case C - 351/04 *Ikea Wholesale* [2007] ECR I - 7723; C Herrmann, Note (2008) 45 CML-Rev 1507; Case C - 377/02 *Van Parys v BIRB* [2005] ECR I - 1465, [40] - [41]; Cases C - 120 and 121/06 *FIAMM and Fedon v Council and Commission* [2008] ECR I - 6513, [115].

[32]　Case C - 61/94 *Commission v Germany* (n 160) [52]; Case C - 341/95 *Safety Hi-Tech v S & T srl* [1998] ECR I - 4355, [20]; Case C - 286/90 *Poulsen* (n 200) [9]; Case C - 263/08 *Djurgården-Lilla Värtans Miljöskyddsförening* [2009] ECR I - 9967, [51].

[33]　Case C - 53/96 *Hermès International v FHT Marketing Choice* [1998] ECR I - 3603; Cases C - 300 and 392/98 *Dior v Tuk Consultancy* [2000] ECR I - 11307; Case C - 245/02 *Anheuser-Busch In c v Budějovický Budvar, národní podnik* [2003] ECR I - 10989, [54] - [57].

[34]　See, eg, Case T - 228/95 R *S Lehrfreund Ltd v Council and Commission* [1996] ECR II - 111, [28]. 关于这一主题有大量学术著述。

葡萄牙诉理事会

Case C – 149/96 Portugal v Council

[1999] ECR I – 8395

葡萄牙提起废除1996年理事会决定的诉讼，其中主张该决定违反WTO规则，包括1994年《关贸总协定》的条款。欧洲法院首先指出，只有在国际协定自身不能解决其条款在缔约方的法律秩序中的效力问题时，才由相关法院做出裁决。

欧洲法院

36. 虽然葡萄牙政府认为WTO协定确实与1947年《关贸总协定》的条款有很大不同，特别是加强了保障体系和争端解决机制，但是由这些协定所创设的制度仍然赋予缔约方之间的谈判以重要作用。

［欧洲法院考察了WTO争端解决规则，并且指出，尽管它们规定撤回被认定与WTO规则不符的任何措施，但在实际上无法撤回时也允许作为临时措施支付补偿。如果WTO成员未遵守争端解决机构所提出的建议，则要求该成员与争端另一方进行谈判，"以寻求相互接受的补偿"。欧洲法院继续裁决如下。］

40. 因此，要求司法机关不适用与WTO协定不一致的国内法规则，将导致剥夺缔约方的立法或行政机关根据备忘录第22条通过谈判达成安排的可能性，即使是临时安排。

41. 由此，根据WTO协定的主题事项和目的进行解释，WTO协定并未确定适当的法律方式，以确保它们在缔约方的法律秩序中得到善意适用。

42. 更特别地，就WTO协定在共同体法律秩序中的适用而言，必须指出的是，根据《建立WTO协定》的序言、正文以及附件，与1947年《关贸总协定》一样，仍然建立在以"达成互惠互利的安排"为目的的谈判原则基础之上，因此从共同体的角度来看，它有别于共同体和非成员国之间缔结的引入某些不对称义务的协定，或者与共同体建立一体化特殊关系的协定，例如在"库普费尔贝格案"中要求本法院做出解释的协定。

43. 此外还有一项共识，即 WTO 的一些缔约方，它们也是共同体重要的商业伙伴，已经从 WTO 协定的主题事项和目的中得出结论，在审查其国内法规则的合法性时，WTO 协定不在其司法机关适用的规则之列。

44. 不可否认，一方的法院认为共同体缔结的协定中某些条款具有直接适用性，而其他缔约方法院并不承认此种直接适用性，这一事实本身并不构成在实施协定中缺乏互惠（*Kupferberg* 判决第 18 段）。

45. 然而，就基于"互惠互利安排"的 WTO 协定并且必须"在事实上"将其区别于本判决第 42 段所述的共同体缔结的协定而言，共同体的贸易伙伴缺乏互惠，可能导致 WTO 规则不能统一适用。

46. 如果承认确保这些规则与共同体法相符的职责已经直接移交给共同体司法机构，那么相对于共同体贸易伙伴的对应机关，共同体立法或行政机关就被剥夺所享有的操作空间。

47. 根据上述所有考虑，鉴于 WTO 协定的性质与结构，WTO 协定原则上不属于本法院在审查共同体机构通过的措施的合法性时所依据的规则。

欧洲法院继续裁定称，"中岛产业株式会社案"（*Nakajima*）和"德国案"（*Germany*）[29] 中所确立的条件均未得到满足，因此不能依据 WTO 规则审查理事会决定的合法性。欧洲法院引用了许多因素来反对 WTO 协定的直接司法可执行性（direct judicial enforceablility）。

第一，WTO 协定并未确切规定它自身的执行方式，因为在某些情况下允许将补偿作为直接执行的替代方案，并且存在就 WTO 争端解决机构的建议进行谈判的余地。第二，WTO 建立在互利谈判的原则之上，而不是像欧盟签订的其他国际协定那样建立在具有约束力的确切法律承诺之上。第三，国际协定中的义务缺乏互惠，这本身并不能为欧洲法院否认此类协定的直接适用性提供充分理由。第四，鉴于在"执行"中缺乏互惠，欧洲法院不愿意将这种在欧盟法律秩序范围内的法律效力赋予 WTO 协定。这会导致联盟法院一边给予这些多边贸易协定中所包含的义务以效力，而另一边其他贸易伙伴却可以享有这些协定明确允许的所有"操作空间"。

㉙ See（nn 229 – 230）.

"葡萄牙案"判决引发了大量的学术评论，其中大部分认为，虽然法律论证不够令人信服，但该裁决的政治动机比较明显。[236] 有一些人认为，这是令人遗憾的；[237] 对另一些人来说，这是务实的，甚至是值得称道的，因为 WTO 体系将贸易自由化优先于其他社会和环境价值的做法受到不少批评。[238]

自"葡萄牙案"裁决以来，联盟法院一再拒绝那些缩小该判决适用范围的想法。欧洲法院排除了与《关贸总协定》条款直接效力有关的任何余留的不确定性[239]，并且确认该论证适用于其他 WTO 协定，例如《与贸易有关的知识产权协定》（TRIPs）[240] 和《技术性贸易壁垒协定》（TBT）。[241] 综合法院驳回了一系列颇有创意的法律主张，包括试图依据《欧洲联盟运行条约》第 351 条[242]，或者依据"条约必须信守"原则[243]，或者在损害赔偿诉讼的背景下援引 WTO 协定的条款。[244] 在"FIAMM 公司案"中，欧洲法院坚决驳回了以违反 WTO 协定为由的损害赔偿诉请，即使该诉请遵从争端解决专家组裁决，并且驳回了将争端解决专家组裁决与 WTO 协定的条款相比较从而可以具有"直接效力"的主张。[245] 近期，在"俄铝亚美尼亚

---

[236] S Peers, 'Fundamental Right or Political Whim? WTO Law and the ECJ' in G de Búrca and J Scott (eds), *The EU and the WTO: Legal and Constitutional Issues* (Hart, 2001) 111, 120 – 122.

[237] See, eg, G Zonnekeyn, 'The Status of WTO Law in the Community Legal Order: Some Comments in the Light of the Portuguese Textiles Case' (2000) 25 ELRev 293; S Griller, 'Judicial Enforceability of WTO Law in the EU' (2000) 3 JIEL 441; E-U Petersmann, 'The Dispute Settlement System of the World Trade Organization and the Evolution of the GATT Dispute Settlement System since 1948' (1994) 31 CMLRev 1157.

[238] A Rosas, '*Portugal v Council*' (2000) 37 CMLRev 797.

[239] Case C – 307/99 *OGT v Hauptzollamt Hamburg-St Annen* [2001] ECR I – 3159.

[240] Cases C – 300 and 392/98 *Dior v Tuk Consultancy* [2000] ECR I – 11307; Case C – 89/99 *Schieving-Nijstad v Groeneveld* [2001] ECR I – 5851, [51] – [55]; Case C – 245/02 *Anheuser – Busch* (n 233) [54] – [57]; Case T – 279/03 *Galileo International Technology LLC v Commission* [2006] ECR II – 1291.

[241] Cases C – 27 and 122/00 *The Queen v Secretary of State for the Environment, Transport and the Regions, ex p Omega Air Ltd and others* [2002] ECR I – 2569.

[242] Case T – 2/99 *T. Port GmbH v Council* [2001] ECR II – 2093; Case T – 3/99 *Bananatrading GmbH v Council* [2001] ECR II – 2093.

[243] Case T – 383/00 *Beamglow Ltd v Parliament, Council and Commission* [2005] ECR II – 5459.

[244] Case T – 18/99 *Cordis Obst und Gemüse Großhandel v Commission* [2001] ECR II – 913; Case T – 30/99 *Bocchi Food Trade International v Commission* [2001] ECR II – 943; Case T – 52/99 *T. Port v Commission* [2001] ECR II – 981.

[245] Cases C – 120 and 121/06 *FIAMM* EU: C: 2008: 476, [109] – [133].

铝箔厂案"(*Armenal*)中,欧洲法院重申了"葡萄牙案"的论证,并且裁定只能在两种情况下依据 WTO 义务,即欧盟有意实施 WTO 协定背景下的特定义务,或者某项欧盟法令明确提及这些协定的具体条款。[246]

与不愿认可 WTO 协定的司法可执行性相反,欧洲法院最初似乎更愿意承认一些其他国际协定的可执行性,即使是这些协定不涉及与欧盟的一体化特殊关系。在"生物技术案"中,欧洲法院拒绝就《生物多样性公约》(CBD)是否创设了狭义上具有直接效力的个人权利做出裁决。但是欧洲法院确认该公约具有广泛的可援引性,其方式是指出《生物多样性公约》与 WTO 协定不同,"并非严格基于互惠互利的安排",各相关法院由此可以审查共同体对该公约所包含义务的遵守情况。[247] 此外,在涉及一项地区环境协定的案件中,欧洲法院裁定,欧盟和该地区其他大约 21 个国家签署的《保护地中海免受陆源污染议定书》以及修订后的议定书具有直接效力。[248]

在"拉克公司案"(*Racke*)中,欧洲法院裁定,1980 年《欧洲经济共同体—南斯拉夫合作协定》的条款具有直接效力,并且可与习惯国际法一起援引用来质疑某项欧盟条例的合法性。[249] 同样,在一系列涉及欧洲联系协定的案件中,欧洲法院指出,这些协定中规制开业自由和劳动者自由流动的条款具有直接效力。[250] 这些判决遵循了欧洲法院此前的类似裁决,即欧洲法院承认欧盟与第三国之间的联系协定或合作协定中的条款具有直接效力[251],也承认根据这些协定成立的联系委员会或机构通过的二级决定

---

[246] Case C – 21/14 P *European Commission v Rusal Armenal* EU:C:2015:494,[41];Case C – 306/13 *LVP NV v Belgische Staat* EU:C:2014:2465,[47];Case C – 592/17 *Skatteministeriet v Baby Dan A/S* EU:C:2018:913,[71].

[247] Case C – 377/98 *Netherlands v Council* [2001] ECR I – 7079.

[248] Case C – 213/03 *Syndicat professionnel coordination des pêcheurs de l'étang de Berre et de la region v EDF* [2004] ECR I – 7357,[31]–[47].

[249] Case C – 162/96(n 201).

[250] (N 97).

[251] See,eg,Case C – 18/90 *Onem v Kziber* [1991] ECR I – 199;Case C – 179/98 *Belgium v Mesbah* [1999] ECR I – 7955;Case C – 103/94 *Krid v WAVTS* [1995] ECR I – 719;Case C – 113/97 *Babahenini v Belgium* [1998] ECR I – 813;Case C – 37/98 *Savas* [2000] ECR I – 2927;N Tezcan-Idrid and P Van Slot,'Free Movement of Persons between Turkey and the EU',CLEER Working Paper 2010/ 2.

的条款具有直接效力。⑳ 这些协定属于那些与欧盟建立"一体化特殊关系"（special relations of integration）的协定类型，也就是欧洲法院在"葡萄牙诉理事会案"判决第 42 段中所指的这种关系。

因此似乎可以认为，几十年来欧洲法院一直认定，除 WTO 协定以外的其他国际协定在欧盟法律秩序内都具有直接效力。然而，在 2008 年"国际独立油轮船东协会案"（*Intertanko*）中，欧洲法院首次将其关于 GATT/WTO 协定的判例法中的限制性论证适用于其他类型的国际协定。㉓ 尤其是欧洲法院拒绝按照《联合国海洋法公约》（UNCLOS）或相关的《国际防止船舶造成污染公约》（MARPOL）评估欧盟立法的有效性。"国际独立油轮船东协会案"的申诉方对欧盟有关船舶污染立法的有效性提出质疑，认为违反《联合国海洋法公约》。欧洲法院重新回归其在"国际水果公司案"中的裁决，宣称《联合国海洋法公约》并未赋予个人独立的权利和自由，而且该公约的性质使欧洲法院无法据此评估一项欧盟措施的有效性。㉔

值得注意的是，欧洲法院为了得出结论，认为它无法根据《联合国海洋法公约》审查欧盟立法的合法性，它依据的论点是该公约并未赋予个人权利，而不是以该公约所保留的政治灵活性为依据。"国际独立油轮船东协会案"判决的另外一个显著特征是，欧洲法院忽视了它先前在"中岛产业株式会社案"中所做的区分，即区分"赋予个人权利"问题与是否可以援引国际协定的条款来质疑欧盟法的有效性这一问题。㉕

更具一般意义的是，该案提出了一个问题，即欧洲法院是否已经开始收紧它先前对国际协定可援引性的开放立场。以往的假设是，对欧盟具有

㉒　See, eg, Case 12/86 *Demirel v Stadt Schwäbisch Gmünd* [1987] ECR 3719; Case C – 192/89 *Sevince* [1990] ECR I – 3461; Case C – 237/91 *Kus* [1992] ECR I – 6781; Cases C – 317 and 369/01 *Abatay* [2003] ECR I – 12301, [58] – [59]; Case C – 373/02 *Öztürk* [2004] ECR I – 3605, [37] – [68]; Case C – 136/03 *Dörr* [2005] ECR I – 4759, [58] – [69]; Case C – 230/03 *Sedef* [2006] ECR I – 157, [33]; Case C – 337/07 *Altun* [2008] ECR I – 10323, [20]; Case C – 451/11 *Dülger* EU：C：2012：504.

㉓　Case C – 308/06 *Intertanko* [2008] ECR I – 4057.

㉔　Ibid [59] – [65]; F Martines, 'Direct Effect of International Agreements of the European Union' (2014) 25 EJIL 129.

㉕　See (n 229) and text; P Eeckhout, Note (2009) 46 CMLRev 2041; E Denza, Note (2008) 33 ELRev 870; S Adam, P Devisscher, and P Van Elsuwege, Note, CDDE 2009/3 – 4, 537.

约束力的国际协定具有可援引性，这是一项一般规则，与 GATT/WTO 有关的判例法只是例外；但是"国际独立油轮船东协会案"的裁决标志着欧洲法院转向与此相反的假设。

这一转变得到随后判例法的证实。目前的做法是，不能援引国际协定来质疑欧盟法令，除非它们满足两个标准：国际协定的性质不得排除依据它来质疑欧盟法令；国际协定的条款必须足够确定和确切以产生个人权利。

这些标准的使用明显见于许多案件。[256] 在"航空排放案"中，欧洲法院拒绝援引《联合国气候变化框架公约京都议定书》第 2 条第 2 款来质疑欧盟行动，因为它并非"无条件和足够确切，因此未向个人赋予他们可以在法律诉讼中依据的权利"[257]。在"Z 案"中，欧洲法院做出一项横扫一切的裁决，裁定《联合国残疾人权利公约》（CRPD）中没有任何条款可以被认为是"无条件和足够确切"的并且因此在欧盟法中不具有直接效力。[258] 这就意味着不能援引该公约任何条款来质疑欧盟法的有效性。[259] 类似论证见于"客户地球案"（ClientEarth），欧洲法院裁定，只有以下情况才可以依据国际协定质疑欧盟法令的合法性，即该国际协定的性质和广泛的逻辑不排除这么做，以及该协定的条款是无条件和足够确切的。[260]

然而，联盟法院继续将"间接效力"原则或调和解释原则适用于某些国际协定。除了上文提到的《与贸易有关的知识产权协定》以及其他 WTO协定以外[261]，联盟法院还将调和解释原则适用于贸易以外的协定，例如

---

[256]　Cases C‑401‑403/12 *Council v Vereniging Milieudefensie and Stichting Stop Luchtverontreiniging Utrecht* EU：C：2015：4，［54］；Cases C‑404‑405/12 P *Council and European Commission v Stichting Natuur en Milieu and Pesticide Action Network Europe* EU：C：2015：5；Cases C‑659/13 and 34/14 *C & J Clark International Ltd v The Commissioners for Her Majesty's Revenue & Customs* EU：C：2016：74，［84］–［87］.

[257]　Case C‑366/10 *ATAA v Secretary of State for Energy and Climate Change* EU：C：2011：864（n 204）［77］.

[258]　Case C‑363/12 *Z v A Government Department* EU：C：2014：159.

[259]　讨论欧洲法院区别对待可以援引用于质疑成员国法的国际协定与可以援引用来挑战欧盟法的国际协定，见 M Mendez, *The Legal Effect of EU Agreements*（Oxford University Press, 2013）.

[260]　Case C‑612/13 P *ClientEarth v European Commission* EU：C：2015：486，［35］.

[261]　（Nn 232‑233）；Case C‑555/17 *2M‑Locatel A/S v Skatteministeriet* EU：C：2018：746，［45］.

《奥尔胡斯公约》（Aarhus Convention）㉖、《日内瓦难民公约》（Geneva Convention on Refugees）㉖ 和《蒙特哥湾公约》（Montego Bay Convention）㉖。但是联盟法院这样做的条件，主要是欧盟法已经提及或者有意实施某项国际协定，或者根据某项国际协定解释成员国法，而不是依据国际协定来质疑欧盟法。㉖

第九节　联盟法院在欧盟国际关系中的角色

从前面的讨论中可以清楚地看到，联盟法院在欧盟对外关系中发挥了积极作用。现在考虑联盟法院在国际关系领域的作用。

一　先占管辖权：第 218 条第 11 款的咨询意见程序

欧洲联盟法院在国际关系领域的管辖权，最独特来源是《欧洲联盟运行条约》第 218 条第 11 款中的咨询意见程序。

> 某一成员国、欧洲议会、理事会或委员会可就拟议的协定是否符合两部条约的规定获取欧洲法院的意见。如欧洲法院做出否定性意见，拟议的协定则不得生效，除非修订协定或修订两部条约。

在欧洲法院给出否定意见的情况下需要修订欧盟条约或者修改拟议的协定，这一事实表明欧洲法院的意见对这些机构具有约束力。在下面摘录的欧洲法院第一项意见中，欧洲法院概述了这一咨询程序的基本原理，并指出该请求可以包括与欧共体/欧盟达成与该协定的权能有关的问题。

㉖　Case C－240/09 *Lesoochranárske zoskupenie*（*Brown Bears*）［2011］ECR I－1255；Case T－716/14 *Tweedale v European Food Safety Authority* EU：T：2019：141，［94］.

㉖　Case C－411/10 *NS v Home Secretary*［2011］ECR I－13905，［75］－［80］.

㉖　Case C－15/17 *Bosphorus Queen Shipping* EU：C：2018：557，［44］.

㉖　G de Búrca，'International Law before the Courts'（n 199）.

第 1/75 号意见（本地费用标准谅解案）
Opinion 1/75（Understanding on a Local Cost Standard）
[1975] ECR 1355

[《里斯本条约》重新编号，《欧洲共同体条约》第
228 条现变更为《欧洲联盟运行条约》第 218 条]

欧洲法院

协定与《欧洲共同体条约》条款的兼容性必须根据《欧洲共同体条约》的所有规则加以评估，也就是说，既包括决定共同体机构权力范围的规则，也包括实体性规则。

《欧洲共同体条约》第 228 条第 1 款第 2 段的目的是，预先防止因对共同体有约束力的国际协定与《欧洲共同体条约》之间的兼容性有关的法律争端所带来的复杂情况。事实上，本法院有可能做出的决定是，这种协定无论是由于其内容还是缔结所采用的程序，都不符合条约的规定，但是这一决定不仅在共同体背景下，而且也在国际关系背景下，必然招致严重困难，并且可能对包括第三国在内的所有利益相关方产生不利后果。

为了避免这种复杂情况，《欧洲共同体条约》采用事先向欧洲法院提请咨询的特别程序，目的是在缔结协定之前澄清该协定是否与《欧洲共同体条约》一致。因此，该程序必须对所有能够提交司法考量的问题开放，无论是由欧洲法院还是有可能由成员国法院考虑的问题，只要这些问题引起对该协定的实质效力或形式效力是否符合《欧洲共同体条约》的疑问。

在第 218 条第 11 款下提交的请求不受时间限制。此外，"协定"一语被广义解释为包括"国际法主体订立的具有约束力的任何承诺，无论其正式名称如何"[200]。然而，欧洲法院在其关于加入《欧洲人权公约》的"第 2/94 号意见"中指出，在欧洲法院能够发表意见之前，必须被告知拟议协

---

[200] *Opinion 1/75*（n 76）.

定的目的。㉗ 理事会不必已经通过启动谈判的决定，但欧洲法院需要获得与拟议特定安排有关的充分信息，例如在《欧洲人权公约》框架下拟议的司法控制机制。由于没有为"第 2/94 号意见"提供此类信息，欧洲法院裁定，它不能就这一点发表意见。㉘

当欧盟已经达成协定，欧洲法院就无法再继续使用《欧洲联盟运行条约》第 218 条第 11 款程序。这是因为它不再是第 218 条第 11 款意义上的"拟议的协定"（envisaged agreement）。该程序的预防功能由此不再可能实现，而且排除欧洲法院的咨询管辖权。㉙

当欧盟在缔结某项协定中可以采取行动的法律基础已经确立时，欧洲法院将其视为超出其进行更确切权能划分的管辖权，特别是因为第 218 条第 11 款程序的目的并不是要解决与实施涉及共享权能的拟议协定相关的难题。㉚

尽管对这一问题仍有争议，但是欧洲联盟法院被排斥在共同外交与安全政策之外，这似乎排除了欧洲法院就拟议的仅与该领域有关或者主要与该领域有关的协定的兼容性发表意见的机会。㉛ 但是欧洲联盟法院在《欧洲联盟条约》第 40 条框架下确保实施共同外交与安全政策的管辖权，与其在欧盟其他政策的管辖权，不得相互产生权力和程序上的负面影响，这很可能会成为欧洲法院提供聚焦于程序与权能问题的咨询意见的基础。㉜

二 联盟法院管辖权：欧盟条约其他程序下的国际协定

欧盟签订的国际协定可以构成根据《欧洲联盟运行条约》第 267 条就

㉗　*Opinion 2/94* [1996] ECR I – 1759.

㉘　比较欧洲法院在"第 2/13 号意见"中的裁决。

㉙　*Opinion 3/94*（*Banana Framework Agreement*）[1995] ECR I – 4577；*Opinion 1/04* [2004] OJ C118/1.

㉚　*Opinion 2/00*（n 23）[17] – [18].

㉛　M Cremona, 'The Union as a Global Actor: Roles, Models and Identity' (2004) 41 CMLRev 571, 572; T Corthaut, 'An Effective Remedy for All? Paradoxes and Controversies in Respect of Judicial Protection in the Field of the CFSP under the European Constitution' [2005] Tilburg Foreign Law Review 124.

㉜　Case C – 658/11 *EU-Mauritius Agreement* EU：C：2014：2025. For discussion, see above（nn 131 and 178）and text.

该协定的解释或有效性提交初步裁决申请的主题事项。在提请此类问题的第一个案件"黑格曼案"（*Haegeman*）中，欧洲法院裁定，欧盟与希腊联系协定属于《欧洲联盟运行条约》第 267 条意义上的联盟机构法令。[273] 因此，该协定的条款构成欧盟法的组成部分，欧洲法院有权就其解释做出初步裁决。欧洲法院还主张有权解释以下法令，例如由协定设立的机构所做的决定[274]，以及根据国际协定通过的不具约束力的建议。[275] 欧洲法院还有权审理，根据《欧洲联盟运行条约》第 258 条以成员国违反对欧盟具有约束力的国际协定中的义务为由提起的违反之诉。[276]

至少在理论上，国际协定以及国际法的其他规定属于在评估欧盟措施的有效性时应该考虑的法律规则。"国际水果公司案"已经清楚地表明了这一点。[277] 在此意义上，通过给予国际协定与欧盟内部法令类似的待遇，欧洲法院扩大了其管辖权，有权审理以国际协定为由提起的宣告无效之诉（actions for annulment）以及损害赔偿之诉。然而，如上文所示，不管是与 GATT/WTO 协定有关的判例法，还是最近的一些判例法都表明，例如"国际独立油轮船东协会案""航空排放案"（*ATAA*）和"*Z* 案"，欧洲法院已经收紧可以援引其条款评估欧盟立法有效性的国际协定的范围。[278]

除了审理以欧盟法令违反国际协定为由的宣告无效之诉以外，欧洲法院还审理宣告缔结一项国际协定的欧盟决定无效的诉讼。宣告它们无效的理由与根据《欧洲联盟运行条约》第 263 条第 2 款宣布的内部法令无效的理由相同：缺乏权能、违反基本程序要求、违反两部条约或与其适用有关的任何法律规则，或者滥用权力。因此，被主张违法的行为可能源于：缔结国际协定所遵循的程序；[279] 国际协定的实体条款；[280] 协定可能因为欧盟不具备缔约权能而越权。[281] 说明原因的义务意味着需要具体提及缔结协定的

[273] Case 181/73 *Haegeman* (n 190) [4]–[6].

[274] Case C–192/89 *Sevince* (n 252).

[275] Case C–188/91 *Deutsche Shell* [1993] ECR I–363.

[276] 即使那些不能援引其条款挑战欧盟法令合法性的协定，也是如此：Case C–268/94 *Portugal v Council* [1996] ECR I–6177（关于 WTO 协定）.

[277] (N 196).

[278] See (nn 253–258) and text, and also (nn 236–245).

[279] See, eg, Case C–327/91 *France v Commission* (n 28) and Case C–377/12 *Commission v Council* (*EU-Philippines Partnership and Cooperation Agreement*) EU：C：2014：1903.

[280] Case C–122/95 *Germany v Council* [1989] ECR I–973.

[281] Cases C–317 and 318/04 *European Parliament v Council* (*PNR*) (n 32).

法律基础。㊕ 由于欧盟缔结的国际协定对其具有约束力，违反这些协定的条款至少在理论上可能构成基于《欧洲联盟运行条约》第 340 条提起损害赔偿诉讼的依据。然而，到目前为止，此类诉讼还没有成功的案例。

三　联盟法院管辖权：混合协定

欧洲法院第一个与对国际协定解释有关的裁决"黑格曼案"涉及混合协定，但是这对欧洲法院评估其在该案中的管辖权似乎没有什么作用。㊖直到"德米雷尔案"（Demirel）才首次提到协定的混合性质，该案涉及《欧共体—土耳其联系协定》：

> 由于所涉协定是与非成员国建立特殊、优先关系的联系协定，非成员国至少必须在一定程度上参与共同体体系，因此第 238 条必须授权共同体保证在共同体条约涵盖的所有领域履行对非成员国的承诺。根据《欧洲经济共同体条约》第 48 条及以下条款，劳动者自由流动是该条约涵盖的领域之一，那么关于自由流动的承诺属于第 238 条赋予共同体的权力范围。因此，对于混合协定中某条款包含一项只有成员国可以在其自身权力范围内达成的承诺，并不存在本法院是否有管辖权裁定该条款的解释这一问题。㊔

这段裁决似乎表明，欧洲法院对混合协定的管辖权涵盖所有问题，但属于成员国专属权能的事项除外。然而，对于以成员国共享权能为基础缔结的国际协定的相关条款，欧洲法院是否拥有管辖权这一问题，该判决并未予以直接回答。㊕

这一点出现在"爱马仕案"（Hermès）中，向欧洲法院提请初步裁决的问题涉及《与贸易有关的知识产权协定》第 50 条的解释，即司法当局

㊕　Case C‑370/07 Commission v Council（CITES Convention）［2009］ECR I‑8917, discussed at（n 27）［37］–［55］.

㊖　P Koutrakos, 'The Interpretation of Mixed Agreements under the Preliminary Reference Procedure'（2002）7 EFAR 25.

㊔　Case 12/86 Demirel（n 252）.

㊕　A Dashwood, 'Preliminary Rulings on the Interpretation of Mixed Agreements' in D O'Keeffe and A Bavaso（eds）, Judicial Review in European Union Law（Kluwer, 2001）171.

有权下令采取临时措施以防止侵犯知识产权。[286] 有反对意见认为，该争端涉及成员国商标法的适用。欧洲法院的答复是，它确实有管辖权，因为相关条款也适用于共同体商标：

> 如果某个条款既适用于属于国内法范围的情况，也适用于属于共同体法范围的情况，那么显然符合共同体利益的是，为了避免将来出现解释方面的分歧，应统一解释该条款，无论它适用于哪种情况。……

在随后的"迪奥香水案"（*Parfums Christian Dior*）中，欧洲法院进一步扩大其管辖权范围，以对 TRIPs 相同条款做出裁决。它裁定，因为该条款是一项程序性规定，应以同样的方式适用于由成员国法和欧盟法所涵盖的情况，所以只有欧洲法院能够提供必要的统一解释。[287] 尽管如此，欧洲法院还指出，对于那些既不属于欧盟专属权能，也不属于成员国专属权能，而且欧盟尚未在该领域立法的条款，这不会干涉成员国法院评估这些条款的直接效力的管辖权。

随后的判例法确认了欧洲法院拥有对混合协定的解释做出裁决的广泛管辖权。[288] 似乎只有在混合协定中的特定领域明显属于成员国专属权能的情况下，欧洲法院才会拒绝对其加以解释或执行。然而，欧洲法院在"默克仿制药公司案"（*Merck Genéricos*）中判定，在仅存在有限欧盟立法的某个领域，例如专利法领域，成员国仍有权选择是否给予该领域混合协定的条款以直接效力。[289]

四 联盟法院管辖权：共同外交与安全政策

联盟法院被明确排斥在共同外交与安全政策领域（CFSP）。[290] 然而，

---

[286] Case C-53/96 *Hermès International* (n 233).

[287] Cases C-300 and 392/98 *Parfums Christian Dior* [2000] ECR I-11307, [37]-[38].

[288] Case C-13/00 *Commission v Ireland*（*Berne Convention*）[2002] ECR I-2943；Case C-239/03 *Commission v France*（*Etang de Berre*）[2004] ECR I-9325；Case C-240/09 *Lesoochranárske zoskupenie* EU：C：2011：125，[31]-[35].

[289] Case C-431/05 *Merck Genéricos Produtos Farmacêuticos* [2007] ECR I-7001，[46]-[47].

[290] 《欧洲联盟条约》第24条第1款、《欧洲联盟运行条约》第275条。

《欧洲联盟运行条约》第275条包含两种例外情况。

第一种情况涉及共同外交与安全政策与欧盟法其他部分之间的界限，这由《欧洲联盟条约》第40条予以规范。㉑创设共同外交与安全政策是为了涵盖外交与安全政策的所有领域，它显然可能与欧盟对外权能的其他部分产生冲突。《欧洲联盟条约》第40条保护共同外交与安全政策和欧盟法的其他部分彼此之间造成不当侵蚀。这意味着联盟可以对法律基础的选择实施司法控制，并且审查欧盟是否有权采取行动。

这在"基地组织制裁案"㉒和"《欧盟—毛里求斯协定》案"㉓中得到确认，在这两个案件中，欧洲法院肯定了其对共同外交与安全政策领域协定的程序和法律基础这两个方面进行裁决的管辖权。事实上，在"《欧盟—毛里求斯协定》案"中，欧洲法院宣称，鉴于条约赋予联盟确保法律实施的根本任务，对限制其在共同外交与安全政策领域管辖权的条约条款应做狭义解读：㉔

> 69. 首先，关于本法院对第二个诉请做出裁决的管辖权问题，必须指出，正如理事会所指出的，从《欧洲联盟条约》第24条第1款第2小段最后一句和《欧洲联盟运行条约》第275条第1段可以看出，在原则上，本法院对与共同外交与安全政策有关的条款或者根据这些条款通过的法令没有管辖权。

> 70. 尽管如此，《欧洲联盟条约》第24条第1款第2小段最后一句和《欧洲联盟运行条约》第275条第1段引入了减损适用一般管辖权规则，即《欧洲联盟条约》第19条授权本法院确保在解释和适用两部条约时遵守法律，因此必须对其进行狭义解释。

第二种情况授权欧洲联盟法院审理自然人或法人提起的诉讼，以审查

㉑　See（n 126）and following text. 欧洲法院曾经以《欧洲联盟条约》第40条的前身，即原《欧洲联盟条约》第47条为依据，承认自身拥有此种职能，见 Case C–170/96 *Commission v Council* (*Airport Transit Visas*)［1998］ECR I–2763，［16］–［17］；Case C–176/03 *Commission v Council* (*Environmental Crimes*)［2005］ECR I–7879.

㉒　Case C–130/10 *Al–Qaeda Sanctions*（n 26）.

㉓　Case C–658/11 *EU-Mauritius Agreement*（n 128）.

㉔　Ibid.

那些规定对它们实施制裁或"限制性措施"的决定的合法性。㉕ 此项修订由《里斯本条约》引入，遵循了欧洲法院在"卡迪案"（*Kadi*）中对其管辖权所采取的方式。㉖ 人们一直批评共同外交与安全政策下通过的法律缺乏足够的司法控制。越来越多的共同外交与安全政策措施具有准立法性质，特别是随着欧盟制裁法律和政策的数量快速增长范围扩大，以及限制对共同外交与安全政策进行司法审查，有人为此指出"从法治角度来看显然是不充分的"㉗。然而从"*H* 案"中可以明显看出，欧洲法院对其管辖权的限制进行了狭义解释。㉘

H 诉欧盟理事会、欧盟委员会和欧盟驻波黑警察特派团
Case C – 455/14 PH v Council, European Commission and
European Union Police Mission（EUPM）in Bosnia and Herzegovina
EU：C：2016：569

原告质疑在共同外交与安全政策特派团背景下某项 CFSP 决定对她的调遣。问题是欧洲联盟法院是否可以对此进行审查。欧洲法院注意到《欧洲联盟运行条约》第 275 条第 1 款中的一般规则，即其对共同外交与安全政策没有管辖权。欧洲法院接下来裁定如下。

欧洲法院

40. 然而，上述条款对《欧洲联盟条约》第 19 条授权本法院确保在解释和适用两部条约时遵守法律的一般管辖权规则进行了减损，因此必须对其进行狭义解释。……

41. 在这方面，必须指出，从包含欧盟条约共同条款的《欧洲联盟条约》第 2 条和关于欧盟对外行动的《欧洲联盟条约》第 21 条，

㉕　《欧洲联盟运行条约》第 275 条第 2 段。

㉖　Cases C – 402 and 415/05 P（n 150）.

㉗　P Eeckhout, 'Does Europe's Constitution Stop at the Water's Edge? Law and Policy in the EU's External Relations', 2005 Walter van Gerven Lectures, Leuven.

㉘　P Van Elsuwege, 'Upholding the Rule of Law in the Common Foreign and Security Policy：*H v. Council*'（2017）54 CMLRev 841. See also Case T – 286/15 *KF v European Union Satellite Centre*（*SATCEN*）EU：T：2018：718，[96] – [99].

到关于共同外交与安全政策（CFSP）的《欧洲联盟条约》第 23 条，可以明显看出，欧盟特别建立在平等和法治的价值观之上。……

　　［欧洲法院承认对原告的调遣发生在共同外交与安全政策背景下。欧洲法院指出，根据《欧洲联盟运行条约》第 270 条，其对欧盟职员事宜拥有管辖权。它接受欧盟职员问题与共同外交与安全政策下的职员问题之间存在相同点和不同点的观点。］

　　54. 虽然该特派团的主管当局通过的关于对由成员国和欧盟机构指派给它的人力资源进行分配的决定，其目的是在战区开展活动，但其运行方面属于共同外交与安全政策，就其本质而言，它们也构成职员管理法令，就像欧盟机构在行使其权能中通过的所有类似决定一样。

　　55. 在这些情况下，以减损方式限制本法院管辖权的范围，这一规定在《欧洲联盟条约》第 24 条第 1 款第 2 小段最后一句和《欧洲联盟运行条约》第 275 条第 1 段中，不能被认为是广泛到排除欧盟司法机构审查与从成员国借调的职员有关的职员管理法令的管辖权，该法令的目的是在战区层面满足该任务需要；与此同时，在任何情况下，欧盟司法机构都有权审查与从欧盟机构借调的职员有关的此类法令。……

　　……

　　58. 因此，欧盟综合法院以及在上诉时欧洲法院有审查此类法令的管辖权。该管辖权分别来自关于审查这些法令合法性的《欧洲联盟运行条约》第 263 条，以及关于非契约责任诉讼的《欧洲联盟运行条约》第 268 条，在考虑到《欧洲联盟条约》第 19 条第 1 款和《欧洲联盟基本权利宪章》第 47 条的情况下，将它们分别与《欧洲联盟运行条约》第 340 条第 2 段一起解读。

欧洲法院还对其在第 275 条中的管辖权进行广义解释，以包含通过第 267 条间接提起的质疑共同外交与安全政策措施合法性的诉讼，以及通过第 263 条提起的直接诉讼，如下面"俄罗斯石油公司案"（*Rosneft*）所示。

俄罗斯石油公司诉英国财政部
Case C –72/15 PJSC Rosneft Oil Company v Her Majesty's Treasury
EU：C：2017：236

第 275 条第 2 段规定可以通过第 263 条对针对个人采取的限制性措施的合法性提出质疑。问题是，是否可以通过《欧洲联盟运行条约》第 267 条对共同外交与安全政策领域措施的合法性提出质疑。

欧洲法院

62. ……首先，就本法院监督第 40 条遵守情况的管辖权而言，必须指出的是，两部条约没有规定进行此类司法监督的任何特定方式。在这种情况下，该监督属于《欧洲联盟条约》第 19 条授予本法院的一般管辖权范围，即确保在解释和适用两部条约时遵守法律。在确立一般管辖权时，《欧洲联盟条约》第 19 条第 3 款第 2 项进一步规定，本法院应根据成员国法院或法庭的要求，就欧盟机构通过的法令的有效性做出初步裁决。

63. 因此，就《第 2014/512 号决定》是否符合《欧洲联盟条约》第 40 条的初步裁决请求，本法院有管辖权做出裁决。

64. 其次，对于（欧盟机构）通过的与共同外交与安全政策有关决定的有效性，例如《第 2014/512 号决定》，其中规定针对自然人或法人的限制性措施，问题是本法院是否有做出初步裁决的管辖权。

［欧洲法院指出，措施的有效性通常可以通过第 263 条实施直接审查，或通过第 267 条实施间接审查。］

69. 欧洲联盟司法保护制度的这一基本特征，延伸到审查在共同外交与安全政策框架内规定对自然人或法人采取限制性措施的决定的合法性。

70.《欧洲联盟条约》和《欧洲联盟运行条约》均未表明，根据《欧洲联盟运行条约》第 256 条和第 263 条的一并规定向欧盟综合法院提起宣告废止之诉，这构成对自然人或法人采取限制性措施的决定进行合法性审查的唯一手段，从而特别排斥就有效性提出初步裁决请求。在这方面，《欧洲联盟条约》第 24 条第 1 款第 2 小段的最后一句提及《欧洲联盟运行条约》第 275 条第 2 段，目的不是确定本法院可以根据何种类型的程序审查某些决定的合法性，而是在以审查合法性为目的的任何程序中，确定本法院可以审查其合法性的决定类型。

71. 然而，关于规定对自然人或法人采取限制性措施的决定，鉴于其实施在一定程度上是成员国的责任，就措施的有效性提请初步裁决对于确保有效的司法保护起着至关重要的作用，特别是，如在本案主要诉讼中的情形一样，当成员国实施措施的合法性以及共同外交与安全政策领域通过的基本决定其本身的合法性这两者在成员国法律程序中受到质疑时。……

有学术文献对以上判例法的影响做了讨论。⑳ 下面摘录相关评估。

格雷厄姆·巴特勒：《法院管辖共同外交与安全政策的时代到来》⑳

在《里斯本条约》之后，"毛里求斯案""第 2/13 号意见""科索沃法治特派团案"（*Eulux Kosovo*）、"*H* 诉理事会案"和"俄罗斯石油公司案"（*Rosneft*）这些关于共同外交与安全政策管辖权的案件集合在一起产生了共同影响，在那些迟早会向欧洲法院提起的未决问题中，模糊了欧洲法院何时拥有和不拥有管辖权之间的界限。因此，欧洲法院不得不就其在共同外交与安全政策中的管辖权间接采取一种立场：对其管辖权的减损是对假定管辖权规则的例外？或者相反，减损是规则，需要积极主张管辖权？

欧洲法院认定其在共同外交与安全政策中管辖权的收缩范围是很窄的，这意味着欧洲法院将自己的管辖权视为规则，而不是例外。这事实上使欧洲法院关于共同外交与安全政策的观点并不像有时所假设的那样是一个明确的下位命令。《欧洲联盟条约》第 19 条用很强的措辞为联盟提供对共同外交与安全政策主张管辖权的机制，但其他条款

---

⑳　Koutrakos（n 151）.

⑳　Graham Butler,'The Coming of Age of the Court's Jurisdiction in the Common Foreign and Security Policy'（2017）13 ECLR 673, 684.

似乎淡化了它。就《里斯本条约》以来的判例法而言，联盟的管辖权甚至可以被视为联盟法的一般原则。欧洲法院对共同外交与安全政策案件的管辖权增加，扩大了欧盟司法审查的范围，更具体地说，增加了对限制性措施最终接受者的法律实体进行司法保护的可能性。此前，人们指责欧洲法院在某些社会政策案件中回避其职责。在共同外交与安全政策下，它不用承担同样的指责。

库特拉科斯（Koutrakos）对该判例法做了更具批判性的评价，他质疑其与条约条款一级法律的兼容性。

帕诺斯·库特拉科斯：《欧盟共同外交和安全政策中的司法审查》[301]

"俄罗斯石油公司案"（*Rosneft*）判决遵循了"H案"中出现的线索，并且大胆而显著地扩展了它。该判决的视角显然是一体化主义的。例如，欧洲法院分析的出发点不是共同外交与安全政策的排斥性逻辑，或者共同外交与安全政策在欧盟宪法秩序中的独特地位。相反，该判决首先提及欧盟法令合法性审查的完整司法救济体系。这种方法论的选择，反映了判决的一体化主义特征，这也体现在欧洲法院提出的对共同外交与安全政策排斥性的狭义解读的进一步强化上。……

……然而问题是，尽管它可能很有吸引力，但在特定政策背景下这一结果是否符合欧盟一级法律。

这个问题的答案是否定的。"俄罗斯石油公司案"判决的一体化逻辑是基于对两部条约的选择性解读。其文义解释误解了《欧洲联盟条约》第24条第1款和《欧洲联盟运行条约》第275条的措辞：前一条款限制提及"某些决定"，即属于"根据《欧洲联盟运行条约》第275条第2段规定"的联盟管辖权内的决定；后者明确指的是"根据《欧洲联盟运行条约》第263条第4段规定的条件提起的诉讼"。因此，《欧洲联盟条约》第24条第1款第2小段的措辞并未表明，宣

---

[301] Panos Koutrakos, 'Judicial Review in the EU's Common Foreign and Security Policy' (2018) 67 ICLQ 1, 23–24.

告无效之诉仅构成旨在审查共同外交与安全政策措施合法性程序的一个例子。该判决通过其他类似的有问题的论点促进其"有效解释"（*effet utile*）。例如，《欧洲联盟运行条约》第 267 条的重要性是关于欧盟法律秩序中司法审查制度的一种观点，但并不足以构成论据，即将该程序解读为两部条约为共同外交与安全政策领域的措施所保留的例外审查方案。如果有的话，其论点可能是相反的：欧洲法院本可以依据共同外交与安全政策的排斥性和两个相关例外来确定对初步裁决程序的适用，而不是依据初步裁决程序的目的来扩展管辖权。欧洲法院没有做出后一种选择，因此强化了该判决所采用的一体化语言。

第十节　欧盟国际关系治理：连贯性、一致性与合作

　　欧盟外交政策的一个关键目标是协调各种不同类型的对外行动。欧盟这种实体一直缺乏连续和公认的国际身份，因此一致性是其对外关系的重要目标。外交事务理事会和高级代表的职责是确保联盟对外行动的一致性。[302] 鉴于高级代表既是欧盟委员会副主席，又是外交事务理事会主席，这一身份被赋予协调欧盟对外行动各个方面的独特地位。

　　欧盟寻求确保在多个不同层面上进行协调：首先是在欧盟的国际代表性方面；其次是贯穿欧盟的不同行动；最后是在成员国与欧盟之间进行协调。

一　国际代表性与欧盟

　　为了履行其在两部条约中的任务，欧盟已经与其他国际法主体建立了广泛的外交关系。几乎所有国家都向欧盟派驻了外交团体，即"驻欧盟代表团"，欧盟也通过欧盟代表团与 150 多个国家和国际组织保持着各种关

---

302 《欧洲联盟条约》第 16 条第 6 款和第 18 条第 4 款。

系。[303] 这些代表团由高级代表领导，并且享有国际法上的特权与豁免权。它们的任务是代表联盟的利益。就国际组织而言，《欧洲联盟运行条约》第220条规定，应由欧盟委员会负责确保与联合国（UN）机关及其专门机构、欧洲委员会（Council of Europe）、经济合作与发展组织（OECD）、欧洲安全与合作组织（OSCE）以及"所有国际组织"保持一切适当关系。[304]

《欧洲联盟条约》的若干条款旨在规定联盟利益在国际上的代表性。《欧洲联盟条约》第27条第2款规定，在共同外交与安全政策事项方面，由高级代表代表联盟，高级代表在国际组织和国际会议上表达欧盟立场。高级代表与成员国共同负责实施共同外交与安全政策领域的决定。[305] 高级代表由欧洲对外行动署（EEAS）协助[306]，与成员国外交部门合作。[307] 此外，理事会可根据高级代表的提议，任命一名负责处理特定政策问题的特别代表。[308]

《欧洲联盟条约》第34条要求成员国在国际组织和国际会议中协调其行动，并且在此类场所维护欧盟共同立场。然而，鉴于欧盟机构的复杂性，以及欧盟与成员国在对外关系领域复杂的共享权力状况，这并不是一项简单的任务。[309] 组织此种合作是高级代表的职责。在那些并非所有成员国都参加的国际组织和国际会议中，那些确实参加这些组织和会议的成员国拥有特殊义务：它们必须维护欧盟的共同立场，并且及时将共同关心的事项告知其他成员国和高级代表。那些也是联合国安理会成员国的欧盟成员国必须"协调"他们的实践，并使其他成员国和高级代表充分了解情况。作为安理会常任理事国的欧盟成员国在行使其职责时，必须确保捍卫联盟的立场与利益，只要这并不损害其在《联合国宪章》规定下的责任。

---

[303] 《欧洲联盟运行条约》第221条。

[304] T Gehring, 'European Union Actorness in International Insitutions: Why the EU is Recognized as an Actor in Some International Institutions, But Not in Others' (2013) 51 JCMS 849.

[305] 《欧洲联盟条约》第24条第1款。

[306] See (nn 11–12) above and text.

[307] 《欧洲联盟条约》第27条第3款。

[308] D Tolksdorf, 'EU Special Representatives: An Intergovernmental Tool in the Post-Lisbon Foreign Policy System?' (2013) 18 EFAR 471.

[309] S Gstöhl, '"Patchwork Power" Europe: The EU's Representation in International Institutions' (2009) 14 EFAR 385; Gehring (n 304).

《欧洲联盟条约》第 35 条规定，成员国驻第三国使领馆、联盟驻第三国及参加国际会议的代表团，以及成员国和联盟驻国际组织的代表，相互之间应进行合作，以确保理事会通过的共同立场和联合行动得到落实。

二　各政策之间的一致性

外交政策在传统上被划分为"高政治"（例如战争与和平事项）与"低政治"（例如经济和其他更加"技术性"的事项）领域，这种划分在法律上的反映就是将关于共同外交与安全政策的法律机制与欧盟其他权能的法律机制分开设置。[310] 然而，在一个高度全球化的世界里，政治与经济相互影响这一现实超越了这种形式上的法律界限。[311] 或许正是欧盟国际关系的宪法框架与现实之间这种不匹配的情况才导致"一致性"这一主题一直处于欧盟关注的核心，以致被描述为"欧洲外交政策中真正循环往复的主题"。[312]

在《里斯本条约》生效之前，为确保更大一致性所做的法律尝试取得了喜忧参半的结果。[313]《欧洲联盟条约》第 21 条第 3 款现在要求欧盟确保"对外行动不同领域之间以及对外行动与其他政策之间"的一致性。[314]《欧洲联盟条约》序言中提到"单一机构框架"，其目的是确保实现所需要的一致性，而高级代表在这方面负有特殊责任。

三　成员国与欧盟之间协调

欧盟对外行动的有效性也取决于确保成员国的合作，以及在必要情况下的遵从。忠诚或真诚合作义务现在由《欧洲联盟条约》第 4 条第 3 款规

---

[310] H Merket, 'The EU and the Security-Development Nexus: Bridging the Legal Divide' (2013) 18 EFAR 83; M Smith, 'Institutionalizing the Comprehensive Approach to EU Security' (2013) 18 EFAR 25.

[311] J-V Louis, 'The European Union: From External Relations to Foreign Policy?', College of Europe, EU Diplomacy Papers 2/2007.

[312] P Gauttier, 'Horizontal Coherence and the External Competences of the European Union' (2004) 10 ELJ 23, 25; M Cremona, 'Coherence through Law: What Difference will the Treaty of Lisbon Make' (2008) 3 Hamburg Review of Social Sciences 1; L den Hertog and S Stroβ, 'Coherence in EU External Relations: Concepts and Legal Rooting of an Ambiguous Term' (2013) 18 EFAR 373.

[313] Gauttier (n 312) 35.

[314] I Bosse-Platière, *L'article 3 du Traité UE: Recherche sur une exigence de cohérence de l'action extérieure de l'Union européenne* (Bruylant, 2009).

定。《欧洲联盟条约》第 24 条第 3 款强化了这项义务，根据该条款，成员
国有义务"本着忠诚和相互团结的精神，积极和毫无保留地"支持欧盟的
外交与安全政策。成员国还被进一步要求共同努力，以加强和发展政治方
面的相互团结。《欧洲联盟条约》规定，成员国应避免采取违背联盟利益
的任何行动，或者可能损害其作为国际关系中一支聚合力量的有效性的任
何行动，而且理事会须确保遵守这些原则。

欧洲法院经常援引《欧洲联盟条约》第 4 条第 3 款所包含的义务以及
其他条款，向欧盟机构和成员国施加压力，要求它们采取行动捍卫欧盟的
共同利益。[315] 欧洲法院裁定，成员国必须促进欧盟任务的实现，并且应避
免采取任何有可能妨碍条约目标实现的措施。欧洲法院强调，此项"真诚
合作义务具有普遍适用性，既不取决于共同体（现为欧盟）的权能是否具
有专属性，也不取决于成员国对非成员国承担义务的任何权利"[316]。

《欧洲联盟条约》第 4 条第 3 款关于遵守欧盟法的义务，以多种方式
对成员国的对外行动施加法律限制。该条款要求成员国促进欧盟法的适
用，因此，如果给予某项不属于两部条约适用范围的双边协定以效力，将
妨碍适用由欧盟法赋予的权利，并且妨碍欧盟法的最高效力，那么就不应
给予该双边协定以效力。[317]"开放天空案"（Open Skies）系列裁决表明，即
使成员国缔结的协定在很大程度上不属于欧盟的专属权能，成员国在该领
域的缔约权也要遵守条约中关于开业权的规则。[318] 在存在欧盟协定时，不
仅排除了成员国采取个别行动的可能性，成员国还要遵守采取行动和弃权
的特定义务，特别是在欧盟委员会已经向理事会提交了欧盟协调行动提案
的情况下。[319]

---

[315]　See, eg, Case 22/70 *ERTA* (n 18)；Cases 3, 4 and 6/76 *Kramer* (n 34)；*Opinion 2/91* (n
49)；*Opinion 1/94* (n 45).

[316]　Case C -433/03 *Commission v Germany* (n 182) ［64］；Case C -266/03 *Commission v Luxem-
bourg* (n 182) ［58］.

[317]　Case 235/87 *Matteucci v Communauté française de Belgique et al* ［1988］ ECR 5589, 5611 -
5612. See also the BITs Cases (n 69).

[318]　Case C -487/98 *Commission v Denmark* ［2002］ ECR I -9519, ［122］-［139］；M Cremona,
'External Relations of the EU and the Member States：Competence, Mixed Agreements, International Re-
sponsibility and the Effects of International Law', FIDE Report, 2006.

[319]　Case C -266/03 (n 182) ［60］；Case C -433/03 (n 182) ［66］；Case C -246/07 *Com-
mission v Sweden* (n 173)；AD Casteleiro and J Larik, 'The Duty to Remain Silent：Limitless Loyalty in
EU External Relations?' (2011) 36 ELRev 524.

在促成建立 WTO 的乌拉圭回合谈判期间，欧盟的国际代表性成为一个尤其突出的问题。在"第 1/94 号意见"中，欧盟委员会主张自己是代表共同体和成员国的唯一发言人，因为这是为了确保有效实施 WTO 协定所必要的。欧洲法院裁定，这些关切不能影响欧盟与成员国的权能分配；但也裁定，如果协定的主题事项属于欧盟与成员国的共享权能，它们之间在谈判、缔结和履行承诺的过程中密切合作是必不可少的。⑳ 合作义务源自于对欧盟国际代表性的统一性这项要求。㉑

就争端解决而言，成员国也受忠诚合作义务的约束：在"MOX 燃料制造厂案"（*MOX Plant*）中，欧洲法院裁定爱尔兰违反了合作义务，因爱尔兰在未经咨询欧盟委员会的情况下，根据《联合国海洋法公约》就属于欧盟权能范围的事项向英国提起争端解决程序。㉒

最后，有人认为，通过这种合作，欧盟与成员国能够在国际代表性方面实现更大程度的统一，而且可能要高于由欧盟的专属权所带来的统一程度，因为即使在成员国行使自身权能的情况下，合作义务也在发挥作用。㉓

第十一节 欧盟与国际法：反应

以对欧盟法与国际法之间的关系进行一些更广泛的思考来结束本章是恰当的。毫不奇怪，这是一个观点可能会出现分歧的问题。下面摘录波拉克（Pollack）的评价。

马克·波拉克：《新的新主权主义》㉔

在越来越多的国际法领域，包括国际贸易、经济监管、食品安

---

⑳　*Opinion 1/94*（n 45）[107].

㉑　Ibid [108].

㉒　Case C – 459/03 *Commission v Ireland*（n 220）.

㉓　M Cremona, 'Defending the Community Interest：The Duties of Cooperation and Compliance' in Cremona and de Witte（n 22）.

㉔　Mark Pollack, 'The New, New Sovereigntism' SSRN 2956738.

全、数据隐私和国家安全领域，欧洲中左翼已经转向对国际法持尖锐批判的观点，或者拒绝同意不受欢迎的协定，拒绝遵守不受欢迎的国际司法裁决，并且将国际法转化为国内法视为与欧盟国内规则和权利存在矛盾。……

［波拉克认为该新主权主义具有三个维度。］

首先，在最普遍的层面上，两大洲的新主权主义表现为对国际法律程序的规范性批判，将其描述为低于民主法律制定（在立法功能上）和法律正当程序（在行政和司法功能上）的国内宪法实践。……在欧洲学术批评者看来，从国际贸易到国际安全等领域的许多国际法律裁决，都是由国家行政部门秘密做出的，由民主选举的立法机构所采取的监督要么不充分，要么根本不存在。……

其次，欧洲和美国的主权主义者都反对国际规则和规范的实质内容，这些规则和规范被认为与根深蒂固的国内价值观相矛盾，并且/或者侵犯基本权利。……欧洲的主权主义者同样发现国际法中令人反感的实质条款，尽管具体的抱怨都不同。正如我们将要看到的，欧洲人表达了一种越来越普遍的信念，即由于美国和跨国公司掌握了如此多的国际法，因此，对于共同构成欧洲社会成就的社会规则和基本权利，当代国际法的大部分代表了新自由主义对欧洲社会成就的攻击。

最后，继前两个要素之后，第三个共同要素是致力于保护国内（成员国或欧洲）主权免受有缺陷的国际规则和程序的侵犯，特别是通过（1）阻止达成或同意令人反感的国际法律协定，或者如果不可能阻止，那么（2）在国内法律秩序中阻止遵守国际规则和规范或将之转化为国内法。……在欧洲，对国家主权的反抗式保护主要来自左翼，他们试图保护基本权利以及经济和社会法规免受国际法的经济自由化或安全化影响。在这里，我们发现社会党、自由派和绿党（以及其他人）公然反对缔结《跨大西洋贸易投资伙伴关系协定》（TTIP），并阻止欧洲批准《反假冒贸易协定》（ACTA）和《欧盟—加拿大全面经济贸易协定》（CETA）等条约，理由是它们将侵犯欧洲公民的权利。

第十二节　结论

一　随着欧盟努力在贸易、气候变化、发展、人权、移民、安全和打击国际恐怖主义等议题上在世界舞台更有效地发挥作用，欧盟对外关系领域变得越来越重要。

二　欧盟发展国际关系的一个关键问题是有效协调。这包括在各政策领域之间的协调、欧盟与成员国之间的协调，以及在国际代表层面的协调。在不同政策领域之间保持一致性已成为欧盟对外关系的一项宪法要求。

三　在一个由 27 个成员国组成的欧盟，有效协调以及有效国际造法问题具有挑战性。欧盟希望成为一个在外部世界面前以一张面孔出现并用同一个声音说话的有影响力的全球行为体，但这一雄心很难实现。

四　欧盟对外行动的重要性体现在《里斯本条约》引入的一系列机构和实体性条款中，这些条款旨在加强和简化欧盟的全球形象和作用。

第十三节　扩展阅读

Blockmans, S, and Koutrakos, P (eds), *Research Handbook on The EU's Common Foreign and Security Policy* (Elgar, 2018)

Cardwell, P, *EU External Relations Law and Policy in the Post – Lisbon Era* (TMC Asser Press, 2012)

Cremona, M, *Developments in EU External Relations Law* (Oxford University Press, 2008)

——and de Witte, B (eds), *EU Foreign Relations Law：Constitutional Fundamentals* (Hart, 2008)

——and Maresceau, M (eds), *Law and Practice of EU External Relations* (Cambridge University Press, 2008)

De Baere, G, *Constitutional Principles of EU External Relations* (Oxford

University Press, 2008)

——*The EU Common Security and Defence Policy* (Oxford University Press, 2013)

——and Hillion, C, *Mixed Agreements Revisited: The EU and its Member States in the World* (Hart, 2010)

de Waele, H, *Legal Dynamics of EU External Relations: Dissecting a Layered Global Player* (Springer, 2nd edn, 2017)

Eeckhout, P, *EU External Relations Law* (Oxford University Press, 2nd edn, 2011)

Govaere, I, and Garben, S (eds), *The Interface between EU and International Law* (Hart, 2019)

Koutrakos, P, *EU International Relations Law* (Hart, 2nd edn, 2015)

Kuijper, PJ, Wouters J, Hoffmeister, F, de Baere, G, and Ramopoulos, T, *The Law of EU External Relations* (Oxford University Press, 2nd edn, 2015)

Mendez, M, *The Legal Effects of EU Agreements* (Oxford University Press, 2013)

Smith, K, *European Union Foreign Policy in a Changing World* (Polity Press, 3rd edn, 2014)

Van Vooren, B, *EU External Relations Law and the European Neighbourhood Policy* (Routledge, 2012)

——and Wessel, R, *EU External Relations Law* (Cambridge University Press, 2014)

第十二章　欧盟的人权

第一节　核心议题

一　自20世纪50年代初共同体成立以来，人权在欧盟法律秩序中的地位发生了巨大变化。虽然1953年《欧洲政治共同体条约草案》原本可以使《欧洲人权公约》（European Convention on Human Rights, ECHR）成为新生共同体法律的一部分，但由于1954年法国拒绝接受与公约有密切联系的《防务共同体条约》，该条约草案最终未获通过。由此，1957年《欧洲经济共同体条约》和《欧洲原子能共同体条约》完全没有提及人权。然而，60多年后，人权在欧盟法律秩序中占据中心地位。《欧盟基本权利宪章》（EU Charter of Fundamental Rights）与欧盟法一般原则，现在与条约各条款一起，被列为欧盟法的一级规范①，并且有越来越多的欧盟判例法处理人权议题。

二　现在，欧盟人权法的三个正式渊源被列于《欧洲联盟条约》第6条。第一个也是最重要的，是《欧盟基本权利宪章》，2009年获得具有约束力的法律效力。第二个是《欧洲人权公约》，几十年来欧洲法院将其视为欧盟人权原则的"获得启发的特殊来源"。第三个是"欧盟法一般原则"，这是一套法律原则，其中就包括人权。在起草权利宪章前的许多年间，欧洲法院援引这些原则并推动其发展。欧洲法院称，一般原则来自成员国宪法传统、《欧洲人权公约》以及成员国签署的其他国际条约。这三个渊源有所重叠，造成一定程度的法律混乱。欧

---

① 《欧洲联盟条约》第6条第1款和第3款，以及Cases C – 402 and 415/05 P *Kadi & Al Barakaat International Foundation v Council and Commission* (*Kadi I*) [2008] ECR I – 6351, [308].

洲法院偶尔也援引国际人权法的其他渊源。

三　欧洲法院在近些年来明确表示，《欧盟基本权利宪章》是欧洲法院确保遵守人权的主要依据。自宪章生效以来，联盟法院参照《欧洲人权公约》判例法的案件比例在下降。

四、《欧洲联盟条约》第6条第2款宣称欧盟应加入《欧洲人权公约》。这个想法经过了长时间的讨论，旨在引入一定程度的外部问责，确保可以在欧盟以外的法院质疑欧盟的行动，以确保其符合《欧洲人权公约》的规定。然而，欧洲法院对欧盟加入该公约的前景给予出人意料的打击。2014年欧洲法院裁定，这部经长期谈判的《欧盟加入〈欧洲人权公约〉协定草案》不符合两部欧盟条约，并且在根本方式上不符合欧盟法律秩序的自主权。

五　欧盟人权标准，包括宪章条款和一般法律原则，对欧盟及其机构和机关的所有活动，以及成员国在欧盟法适用范围内的行为，都具有约束力。后一种情形频繁地出现在判例法中。

六　欧盟已逐步将人权关切融入或"主流化"到多项政策中。最重要的这类内部政策是欧盟反歧视法[2]，其次是在数据保护和隐私领域。在欧盟对外关系中，人权具有突出地位，虽然存在不一致。[3] 欧盟在全世界许多国家积极推动"人权和民主化"政策，并且在国际贸易和发展政策中使用人权条款。欧盟对候选国施加以人权为基础的"政治性条件"，并主张在全部共同外交与安全政策中融入人权关切。2009年欧盟缔结其首部重要的国际人权条约，即《联合国残疾人权利公约》，具有对内和对外双重政策影响。

七　人权领域的其他重要机制性倡议，包括1999年根据《欧洲联盟条约》第7条建立针对严重和持续侵犯人权的制裁机制，以及2007年设立欧盟基本权利署（EU Fundamental Rights Agency，FRA）。尽管有很多讨论和批评，最近就有批评称匈牙利政府近些年来采取了镇压和反民主措施，但是第7条机制被证明是有问题的。

八　虽然在人权领域有以上重大发展，欧盟作为重要人权活动者或人权组

---

② 见第二十五章。

③ See http://eeas.europa.eu/human_rights/index_en.htm.

织的身份仍受到质疑。④ 批评者认为，欧盟对人权的关注往往只不过是浮华辞藻或利己的工具主义。⑤ 在移民和庇护领域，有人严厉批评欧盟忽视和动摇人权关切。⑥ 由于成千上万的寻求庇护者和难民在欧洲边境和海上丧生，欧洲监察专员开始调查欧盟边境管理局（Frontex）对人权标准的遵守情况。⑦ 据报道，即使是在欧盟范围内，欧盟为应对欧洲危机而实施的紧缩措施，对最弱势群体的经济和社会权利产生了严重的负面影响。⑧

第二节　导论

如今，欧盟的宪法框架拥有一系列令人印象深刻的人权条款。两部条约宣布欧盟建立在尊重人权的基础上，它们赋予《基本权利和自由宪章》（Charter of Fundamental Rights and Freedoms）以约束力，并且要求欧盟加入《欧洲人权公约》（ECHR）。两部条约要求所有候选国都遵守这些价值观，并且纳入了对当前成员国严重且持续违反人权的制裁机制。《欧洲联盟运行条约》（TFEU）第 19 条为强有力的欧盟反歧视制度提供了法律依据。欧盟人权框架的核心是《欧洲联盟条约》（TEU）第 6 条，其规定如下：

---

④　P Alston, J Heenan, and M Bustelo（eds）, *The EU and Human Rights*（Oxford University Press, 1999）, in particular ch 1; A von Bogdandy, 'The European Union as a Human Rights Organization: Human Rights and the Core of the European Union'（2000）37 CMLRev 1307; A Rosas, 'Is the EU a Human Rights Organization?', CLEER Working Paper 2011/1.

⑤　A Williams, *The Irony of Human Rights in the European Union*（Oxford University Press, 2004）. 从人权角度对欧盟的批评，参见 Amnesty International, The EU and Human Rights: Making the Impact on People Count（2009）; K Roth, 'Filling the Leadership Void: Where is the European Union?'（Human Rights Watch World Report, 2007）.

⑥　See, eg, Amnesty International, *The Human Cost of Fortress Europe*, 9 July 2014.

⑦　Own Initiative Inquiry concerning the means through which FRONTEX ensures respect for human rights in Joint Return Operations, OI/9/2014/MHZ, opened in October 2014.

⑧　*The European Crisis and its Human Cost*（Caritas Europa, 2014）; C Kilpatrick and B de Witte（eds）, 'Social Rights in Times of Crisis in the Eurozone: The Role of Fundamental Rights Challenges', EUI Law Department Working Paper 2014/15; M Salomon, 'Of Austerity, Human Rights and International Institutions'（2015）21 ELJ 421; A Poulou, 'Financial Assistance Conditionality and Human Rights Protection: What is the Role of the EU Charter of Fundamental Rights?'（2017）54 CMLRev 991.

1. 联盟承认 2000 年 12 月 7 日（2007 年 12 月 12 日于斯特拉斯堡修订）签署的《欧洲联盟基本权利宪章》所规定的权利、自由和原则，该宪章与两部条约具有同等法律价值。

该宪章的条款均不得以任何方式扩展两部条约所界定的联盟权能。

该宪章规定的权利、自由和原则应根据该宪章第七编关于其解释与适用的一般条款予以解释，并遵守该宪章规定的确定此类条款渊源的相关解释。

2. 联盟应加入《欧洲保护人权和基本自由公约》。加入该公约不应影响两部条约所确定的联盟权能。

3. 由《欧洲保护人权和基本自由公约》保障并源于成员国共同宪法传统的基本权利，构成联盟法一般原则的组成部分。

然而，这些发展相对较晚。多年来，欧洲经济共同体（EEC）主要侧重于建立共同市场，扩大一体化工程的努力从未完全偏离这个议程。[9] 直到 20 世纪 70 年代，人权关切才重新获得包括欧洲法院和成员国在内的欧共体的正式承认。最有意义的进展贯穿整个 20 世纪 90 年代，首先是通过《马斯特里赫特条约》和《阿姆斯特丹条约》，以及起草《欧盟基本权利宪章》，其后是通过《里斯本条约》。[10] 然而，欧洲经济共同体的遗产根植于共同市场计划，至今仍然具有重要意义。尽管欧盟的性质不断发生变化，并且承认人权是其法律和政策的一部分，但是欧盟今天的主要焦点仍然是经济问题。

第三节 "欧盟法一般原则"：欧洲法院倡议

"共同体法一般原则"的概念可追溯至欧洲煤钢共同体成立之初，尽

---

⑨ 关于共同体早期人权问题的讨论，参见 M Dauses, 'The Protection of Fundamental Rights in the Community Legal Order' (1985) 10 ELRev 398, 399; P Pescatore, 'The Context and Significance of Fundamental Rights in the Law of the European Communities' (1981) 2 HRLJ 295.

⑩ 对《里斯本条约》之后的概述，参见 S Douglas-Scott, 'The European Union and Human Rights after the Treaty of Lisbon' (2011) HRLR 1.

管欧洲法院对该概念的含义及其所应包括的内容含糊其辞。[⑪] 欧洲法院曾反对将基本权利作为一般法律原则的组成部分[⑫]，但在 1969 年的"斯陶德尔案"（*Stauder*）中，欧洲法院改变了态度。[⑬]

在此之前的多年间，对于欧洲法院在"科斯塔诉意大利国家电力公司案"（*Costa v ENEL*)[⑭] 中宣称的欧盟法最高效力理论所产生的影响，欧共体委员会和欧洲议会内部展开了紧张讨论，特别讨论了受成员国国内宪法保护的人权可能因这一理论而面临受到损害的明显风险。[⑮] 时任委员会主席认为，基本人权是欧盟法"一般原则"的组成部分，尽管欧盟法在渊源上自立于成员国宪法之外，但还是需要考虑成员国共同的法律观念。[⑯] 欧洲法院从这些讨论中得到启发，在"斯陶德尔案"中积极回应了保障"人类尊严的基本权利"这一论点。此案申诉人主张，这项基本权利因成员国实施欧盟关于向接受福利救助者提供黄油补贴方案的规定而受到侵犯。[⑰] 在以符合保护人类尊严的方式解释欧盟措施后，欧洲法院宣称，它"不包含任何有可能损害共同体法一般原则所奉行的，并且受到欧洲法院保护的基本人权的内容"。[⑱] 欧洲法院因此在"斯陶德尔案"中首次确认一系列"欧盟法一般原则"，其中包括保护基本人权。值得注意的是，这种发展的推动力是担心对欧盟法的最高效力造成威胁，正如下面所示，这种担忧一直激发着欧洲法院推动欧盟人权法的发展。[⑲]

---

⑪ P Craig, 'General Principles of Law: Treaty, Historical and Normative Foundations' in K Ziegler, P Neuvonen, and V Moreno-Lax (eds), *Research Handbook on General Principles of EU Law* (Edward Elgar, 2022).

⑫ Case 1/58 *Stork v High Authority* [1959] ECR 17; Cases 36, 37, 38 and 40/59 *Geitling v High Authority* [1960] ECR 423; Case 40/64 *Sgarlata and others v Commission* [1965] ECR 215.

⑬ Case 29/69 *Stauder v City of Ulm* [1969] ECR 419.

⑭ Case 6/64 *Costa v ENEL* [1964] ECR 585.

⑮ 参见欧洲议会比利时籍议员费尔南·德乌斯（Fernand Dehousse）的报告：Report on the Supremacy of EC Law over National Law of the Member States, Eur Parl Doc 43 (1965–66) [1965] JO (2923) 14。

⑯ 对《德乌斯报告》（Dehousse Report）的讨论，参见瓦尔特·哈尔斯坦（Walter Hallstein）的评论：Eur Parl Deb (79) 218–222 (French Edition) (17 June 1965).

⑰ Case 29/69 *Stauder* (n 13). 更近期的相似案件，参见 Cases C–92–93/09 *Volker und Markus Schecke GbR v Land Hessen* [2010] ECR I–11063.

⑱ Case 29/69 *Stauder* (n 13) [7].

⑲ See (nn 111–114) and (n 202) and text. Compare G Delledonne and F Fabbrini, 'The Founding Myth of European Human Rights Law: Revisiting the Role of National Courts in the Rise of EU Human Rights Jurisprudence' (2019) 44 ELRev 178.

不久之后，在著名的"国际贸易公司案"（*Internationale Handelsgesell-schaft*）中，德国联邦宪法法院被请求取消一项涉及没收出口许可证押金的欧盟措施，当事人主张该欧盟措施违反德国宪法权利和原则，例如经济自由和相称性原则。

国际贸易公司诉粮草进口储管局

Case 11/70 Internationale Handelsgesellschaft v

Einfuhr-und Vorratsstelle für Getreide und Futtermittel

[1970] ECR 1125

欧洲法院

3. 依靠成员国的法律规则或概念来判断共同体机构所采取措施的有效性，将对共同体法律的统一性和效力产生不利影响。这些措施的有效性只能根据共同体法来判断。事实上，派生于基础条约的法律，作为一种独立的法律渊源，无论其构成如何，不能仅因其派生性质就被成员国法律规则所推翻，否则它就将失去作为共同体法的特征，而且共同体本身的法律基础也将受到质疑。因此，共同体措施的有效性及其在成员国的效力，不得因指控其违反该国宪法规定的基本原则或者国内宪法架构的基本原则而受到影响。

4. 但是，必须审查内生于共同体法律的任何类似保证是否受到了忽视。事实上，尊重基本权利是欧洲法院所保护的共同体法律一般原则不可或缺的组成部分。对这类权利的保护，不仅受成员国的共同宪法传统启发，而且必须在共同体的结构和目标框架内得到确保。由此，鉴于德国行政法院所表示的疑虑，必须确定该押金制度是否侵犯了具有基本性质的权利，确保这些权利必须在共同体法律体系中得到尊重。

在此案中欧洲法院支持了有关欧盟措施，裁定对贸易自由的限制与押金制度所追求的普遍利益并非不成比例。但是，当案件返回成员国之后，德国法院得出的结论认为，该欧盟押金制度确实违反了德国宪法中的相称性原则（principle of proportionality）。此案和后续案件对欧盟法与德国法之间宪法关系的影响已在第十章中讨论过，此案还提供了一个有趣的视角，表明欧洲法院在寻求将成员国的"共同宪法原则"融入欧盟法律秩序方面存在困难。

第四节　欧盟法一般原则：欧洲法院推动

此后，欧洲法院强调欧盟一般法律原则的自主性（autonomy）以及它们在成员国法律文化和传统中的起源。"诺尔德案"（*Nold*）涉及欧盟煤炭市场监管条例对申诉人生计权（right to a livelihood）的巨大影响，在该案中，欧洲法院将国际人权协定和成员国共同宪法传统确定为对欧盟法一般原则带来"启发"的两个主要渊源。

诺尔德诉委员会

Case 4/73 Nold v Commission

[1974] ECR 491

欧洲法院

13. 正如本法院已经指出的，基本权利构成一般法律原则不可或缺的组成部分，应确保其得到遵守。

在捍卫这些权利时，本法院势必要从成员国共同宪法传统中获得启发，因此不能支持与这些国家的宪法所承认和保护的基本权利不相符的措施。

同样地，成员国参与或签署的为了保护人权的国际条约，可以提供在共同体法律框架内应予遵循的指引。

现在，《欧洲联盟条约》第6条第3款另外对欧洲法院有关一般法律原则的判例法做了编纂，仅提及《欧洲人权公约》和成员国宪法传统作为获得启发的来源，并没有明确提及其他国际人权文件。但是，欧洲法院仍不时援引《欧洲人权公约》之外的国际人权条约⑳，并且第 6 条第 3 款当然可以理解为对欧洲法院"一般原则"判例法的肯定。㉑

一 《欧洲人权公约》与欧盟法一般原则

在《欧盟基本权利宪章》通过之前，《欧洲人权公约》（ECHR）作为"获得启发的特殊来源"（special source of inspiration），是欧洲法院用来保护人权的主要国际文件。从较早时起，欧洲法院就裁定，对成员国当局限制自由流动和居住的权力加以约束的欧盟立法㉒，以及关于司法审查权、防止性别歧视、数据保护和隐私权利的立法，是《欧洲人权公约》奉行的一般法律原则在欧盟法中的特别体现。㉓ 但值得注意的是，欧洲法院从未裁定《欧洲人权公约》对欧盟具有正式约束力，也未裁定其条款已正式被纳入欧盟法㉔，不过，自 1992 年以来，《欧洲联盟条约》第 6 条明确提及《欧洲人权公约》。事实上，欧洲法院和综合法院㉕习惯于援引《欧洲人权公约》的"特殊意义"（special significance）以及欧洲人权法院（ECtHR）的裁决，将其作为欧盟法一般原则的关键启发来源。㉖ 这样，欧洲法院就

---

⑳　参见 Case C-540/03 *European Parliament v Council* [2006] ECR I-5769, [57]. 该案援引《联合国儿童权利公约》（UN Convention on the Rights of the Child），以及 Case C-354/13 *FOA v Kommunernes Landsforening*（*Kaltoft*）EU：C：2014：2463，[53]，该案涉及《联合国残疾人权利国际公约》（UN Convention on the Rights of Persons with Disabilities）。

㉑　See, eg, H Hofmann and C Mihaescu, 'The Relation between the Charter's Fundamental Rights and the Unwritten General Principles of EU Law: Good Administration as the Test Case' (2013) 9 EUConst 73.

㉒　Case 36/75 *Rutili v Minister for the Interior* [1975] ECR 1219.

㉓　参见 Case 222/84 *Johnston v Chief Constable of the RUC* [1986] ECR 1651, [18]；关于获得司法保护，参见 Case C-424/99 *Commission v Austria* [2001] ECR I-9285, [45]-[47]；Case C-13/94 *P v S and Cornwall County Council* [1996] ECR I-2143, [18]；关于歧视，参见 Case C-185/97 *Coote v Granada Hospitality* [1998] ECR I-5199, [21]-[23]；关于隐私与数据保护，参见 Cases-465/00, 138 and 139/01 *Rechnungshof v Österreichischer Rundfunk* [2003] ECR I-12489.

㉔　相反，欧洲法院已经注意到《欧洲人权公约》并没有正式纳入欧盟法的事实，例如 Case C-501/11 P *Schindlerv Commission* EU：C：2013：522，[32]，以及 Case C-617/10 *Åkerberg Fransson* EU：C：2013：105，[44].

㉕　但是，综合法院裁定自己无权"适用"《欧洲人权公约》，而且裁定它并非欧盟法的组成部分，例如 Case T-347/94 *Mayr-Melnhof Kartongesellschaft mbH v Commission* [1998] ECR II-1751, [311]；Case T-112/98 *Mannesmannröhren-Werke v Commission* [2001] ECR II-729, [59].

㉖　See, eg, Case C-260/89 *ERT v DEP and Sotirios Kouvelas* [1991] ECR I-2925 [41]；Opinion 2/94 on Accession by the Community to the ECHR [1996] ECR I-1759, [33]；Case C-299/95 *Kremzow v Austria* [1997] ECR I-2629, [14].

可以继续主张欧盟法的自主性和最高效力。正如下文所示，这仍然是欧洲法院的核心议题。

此外，通过将《欧洲人权公约》作为获得启发的来源，而不是具有正式约束力或被完全纳入欧盟法的权利法案，欧洲法院保留了欧盟法在某种方面"超越"或偏离人权公约的自由。这可见于涉及"律师—委托人"保密权（right to lawyer-client confidentiality）的"澳大利亚矿冶公司案"（*AM&S*）[27] 和"阿克苏诺贝尔公司案"（*AKZO*）[28]，又如难民权利[29]，以及数据保护。[30] 将《欧洲人权公约》作为欧盟人权法的"底线"而不是"上限"的观点，得到《欧盟基本权利宪章》第 52 条第 3 款的支持。该条款规定，与《欧洲人权公约》所保障的权利相对应的宪章权利，其含义和范围应与《欧洲人权公约》相同[31]，但是"本条款不得妨碍联盟法律提供更广泛的保护"。

二 国际人权文件

除了《欧洲人权公约》外，欧洲法院很少援用其他区域和国际文件，这种忽视引发了批评。[32] 在"德弗雷纳诉比利时航空第三案"（*Defrenne v*

---

[27] Case 155/79 *AM & S Europe Ltd v Commission* [1982] ECR 1575.

[28] Case C - 550/07 P *Akzo Nobel Chemicals v Commission* [2010] ECR I - 8301.

[29] Case C - 465/07 *Elgafaji v Staatssecretaris van Justitie* [2009] ECR I - 921. Compare Case C - 542/13 *M' Bodj v Belgium* EU：C：2014：2452.

[30] Case C - 28/08 *Commission v Bavarian Lager* [2010] ECR I - 6055.

[31] 欧洲法院已在特定案件中借鉴欧洲人权法院的相关判例法，作为解释《宪章》条款的指导，例如 Case C - 400/10 PPU *JMcB v LE* [2010] ECR I - 8965；Case C - 279/09 *DEB v Bundesrepublik Deutschland* [2010] ECR I - 13849，[35] - [52]；Case C - 510/11 P *Kone v Commission* EU：C：2013：696，[20] - [22]，涉及有效司法保护；Case C - 168/13 PPU *Jeremy F* EU：C：2013：358 [43] - [44]，涉及有效救济；Case C - 71 and 99/11 *Bundesrepublik Deutschland v Y and C* EU：C：2013：518，涉及宗教自由；Case C - 334/12 RX - II *Arango Jaramillo v EIB* EU：C：2013：134，[42] - [43]，涉及诉讼权；Case C - 562/13 *Abida* EU：C：2014：2453，[47] - [53]，涉及难民权利；C - 291/12 *Schwartz v Stadt Bochum* EU：C：2013：670，[27]，涉及数据保护；Case C - 34/13 *Kušionová* EU：C：2014：2189，[64]，涉及家庭与居住权；C - 398/12 *M* EU：C：2014：1057，[38] - [40]，涉及一事不再受理。

[32] O de Schutter and I Butler, 'Binding the EU to International Human Rights Law' (2008) 27 YBEL 277；T Ahmed and I de Jesús Butler, 'The EU and Human Rights：An International Law Perspective' (2006) 17 EJIL 771；G Gaja, 'The Charter of Fundamental Rights in the Context of International Instruments for the Protection of Human Rights' (2016) 1 EP 791.

Sabena III)㉝ 中，在裁定消除性别歧视是一项欧盟基本权利时，欧洲法院借鉴《欧洲社会宪章》（*European Social Charter*）和某部国际劳工组织（ILO）公约㉞，并在不同劳动法案件中引用了多部国际劳工组织公约。在欧洲议会对《家庭团聚指令》所提起的诉讼中，欧洲法院在维护该指令的同时，参考了《公民权利和政治权利国际公约》（ICCPR）和《儿童权利国际公约》，并提及指令中所提到的另外三部欧洲委员会人权文件。㉟ 在涉及《欧盟关于寻求庇护者最低标准和接收条件的指令》案件中，《联合国难民公约》（《日内瓦公约》）经常被引用，因为该立法明显借鉴《日内瓦公约》。㊱《经济、社会和文化权利国际公约》（ICESCR）㊲ 和《公民权利和政治权利国际公约》（ICCPR）㊳ 都只在屈指可数的案件中被欧洲法院所引用，尽管欧洲法院不考虑《公民权利和政治权利国际公约》人权委员会的意见㊴，并且在解释某部欧盟指令时，拒绝适用《奥维多人权和生物医学公约》（Oviedo Convention on Human Rights and Biomedicine），理由是并非所有成员国都批准了该公约。㊵

在著名的"卡迪第一案"（*Kadi I*）中，欧洲法院以侵犯基本权利为由撤销欧盟对"联合国安理会反恐资产冻结决议"的执行，初审法院引用了习惯国际法、"国际法的强行法（*ius cogens*）规则"以及《联合国宪章》

㉝　Case 149/77 *Defrenne v Sabena*［1978］ECR 1365.

㉞　［1978］ECR 1365，［26］. 也参见 Case 6/75 *Horst v Bundesknappschaft*［1975］ECR 823，836，在该案中，赖斯尔佐审官（AG Reischl）借鉴了"国际公认的社会保障原则，该原则由 1935 年《移民抚恤金权利公约》（第 48 号国际劳工公约）第 22 条第 2 款规定"。

㉟　Case C‑540/03 *European Parliament v Council*（n 20）［37］‑［39］，［57］，［107］. 这三部欧洲委员会公约是，1961 年《欧洲社会宪章》（European Social Charter）、修订后的《欧洲社会宪章》（Revised European Social Charter）和 1977 年《欧洲移徙劳动者法律地位公约》（European Convention on the Legal Status of Migrant Workers）。

㊱　See，eg，Cases C‑175‑179/08 *Aydin Salahadin Abdulla v Germany*［2010］ECR I‑364；Cases C‑57 and 101/09 *Bundesrepublik Deutschland v B*［2009］ECR I‑285；Case C‑31/09 *Bolbol* EU：C：2010：351；Case C‑364/11 *Abed El Karem El Kott* EU：C：2012：826；Case C‑79/13 *Saciri* EU：C：2014：103.

㊲　Case C‑73/08 *Bressol v Gouvernement de la Communauté française*［2010］ECR I‑181，该案背景涉及学生获得高等教育的权利。

㊳　Case C‑244/06 *Dynamic Medien Vertriebs GmbH v Avides Media AG*［2008］ECR I‑505.

㊴　Case C‑249/96 *Grant v South West Trains Ltd*［1998］ECR I‑621，［44］‑［47］.

㊵　Case C‑237/09 *Belgium v De Fruytier*［2010］ECR I‑316.

中所提到的各项原则④，但是欧洲法院并没有引用这些渊源。虽然欧洲法院重复其在"诺尔德案"（*Nold*）中的主张，称它将寻求"从成员国参与或签署的保护人权国际文件中获得指引"④，但在"卡迪第一案"和"卡迪第二案"中，欧洲法院只引用《欧盟基本权利宪章》和《欧洲人权公约》作为案件所适用的人权规范的渊源。④

此外，虽然《欧盟基本权利宪章》的许多条款本身就是以国际人权文件为基础的④，宪章的解释性说明也做此表示④，但是在欧洲法院对权利宪章条款的解释中，除《欧洲人权公约》之外，这些国际文件还未被当作具有影响力或说服力的权威来源。④

有观点认为，欧盟基本权利的标准应该与国际人权标准"挂钩"，这至少可以避免成员国选择是忠于欧盟法还是其他国际承诺。④ 更一般地说，欧洲法院强调欧盟的宪法自主，强调与更广泛的国际人权体系相对脱离，包括通过断开条款（disconnection clauses）④ 和推定相互信任（presumptions of mutual trust）④ 等机制，这引发了批评。最近欧洲法院在拒绝接受

---

④ Case T – 315/01 *Kadi v Council and Commission* [2005] ECR II – 3649，[228] – [231].

④ Cases C – 402 and 415/05 P *Kadi I*（n 1）[283].

④ Ibid [333] – [376]. 在委员会将卡迪重新列入名单后，卡迪再次提起诉讼，综合法院的裁决参见 Cases T – 85/09 *Kadi v Commission and Council*（*Kadi II*）[2010] ECR II – 5177，欧洲法院的上诉裁决，参见 C – 584/10 P *Commission v Kadi*（*Kadi II*）EU：C：2013：518.

④ 例如《经济、社会和文化权利国际公约》《公民权利和政治权利国际公约》《欧洲委员会人权和生物医学公约》《国际刑事法院罗马规约》《联合国儿童权利公约》《日内瓦难民公约》以及欧盟和欧洲委员会各自的《社会宪章》。

④ 《欧洲联盟条约》第 6 条第 1 款和《欧盟权力宪章》第 52 条第 7 款给予该解释性说明以解释力。该解释性说明刊发于《官方公报》，见 [2007] OJ C303/17.

④ 欧洲法院在援引《欧盟基本权利宪章》时参照了欧洲人权法院对《欧洲人权公约》的解释，参见注 31 中的案例。

④ See the Network of Independent Experts' Report of the Situation of Fundamental Rights in the EU and its Member States 2002，http：//ec. europa. eu/justice/fundamental – rights/files/cfr_ cdf_ 2002_ report_ en. pdf，21 – 24.

④ 欧盟有时会在签署地区或国际条约（包括人权条约）时使用"断开条款"。此类条款规定，欧盟及其成员国之间的关系将适用欧盟法律规则，而不是相关条约的规定。有批评提醒说，这可能导致标准降低到国际条约所设定的"底线"以下。See, eg, Art 40（3）of the Council of Europe Convention on Action Against Trafficking in Human Persons 2005（CETS no 197）.

④ 在"关于欧盟加入《欧洲人权公约》的第 2/13 号意见"中，欧洲法院指出，与"梅洛尼案"（*Melloni*，n 111）一样，欧盟法要求成员国不仅假定其他成员国遵守人权，而且在大多数情况下还应避免审查其他成员国是否遵守人权，见 *Opinion 2/13 on EU Accession to the ECHR* EU：C：2014：2454，[192].

《欧盟加入〈欧洲人权公约〉草案》时，就强调欧盟法律秩序的自主权，但这只可能招致更严厉的批评。[50]

三　成员国宪法传统

尽管欧洲法院和两部欧盟条约都象征性地突出了各国的"共同宪法传统"，但法院判决较少借鉴成员国宪法条款。[51] 欧洲法院佐审官有时候会梳理成员国宪法条款，然而欧洲法院则极少引用任何特定宪法条款。[52]

其原因在某种程度上是显而易见的，因为如果某项特定权利并未出现在各国宪法中，而类似《欧洲人权公约》的某部条约旨在反映所有成员国集体共担的承诺，那么欧洲法院就更难以主张"共同的"方法。此外，欧洲法院担心援引成员国宪法特定条款会动摇欧盟法最高效力原则，从"科斯塔诉意大利国家电力公司案"（*Costa v ENEL*）开始，这种担心就激发了欧洲法院判例法的发展。[53] 这种情况在"豪尔案"（*Hauer*）中表现得很明显。在该案中，德国联邦行政法院提起初步裁决请求，称某部欧盟农业条例不符合德国基本宪法权利而无法予以适用。欧洲法院在回应中将各国的"共同宪法传统"和《欧洲人权公约》的集体承诺都作为其判决的理由。

豪尔诉莱茵兰—普法尔茨州
Case 44/79 Hauer v Land Rheinland – Pfalz
［1979］ECR 3727

欧洲法院

14. 正如本法院在 1970 年 12 月 17 日"国际贸易公司案"判决（［1970］ECR 1125）中所表明的，共同体机构的措施可能会侵犯基本权利这一问题，只能根据共同体法律本身来判断。如果从特定成员国

---

[50]　*Opinion* 2/13，ibid.

[51]　欧盟综合法院同意，成员国议会的传统有可能构成欧盟法律一般原则的启发来源，参见 Cases T－222，327 and 329/99 *Martinez, Gaulle, Front national and Bonino v European Parliament* ［2001］ECR II－2823，［240］.

[52]　See，eg，Case 17/74 *Transocean Marine Paint v Commission* ［1974］ECR 1063，［17］.

[53]　Case 6/64 *Costa v ENEL* ［1964］ECR 585.

的立法或宪法引入特别标准来评估这一问题，则将损害共同体法律的实质统一和有效性，从而不可避免地破坏共同市场的统一并且危害共同体的凝聚力。

15. 本法院在该判决以及此后的 1974 年 5 月 14 日判决（Nold [1974] ECR 491）中强调，基本权利是一般法律原则不可或缺的组成部分，法院确保其得到遵守；在维护这些权利方面，本院当然可以从成员国共同宪法传统中获得启发，因此，与这些成员国宪法所承认的基本权利不相符的措施在共同体内是不可接受的；同样，成员国参与或签署的国际人权保护条约可以提供在共同体法律框架内应遵循的指引。1977 年 4 月 5 日的欧洲议会、理事会和委员会联合声明承认了这一观念，该声明在回顾欧洲法院判例法后，提及 1950 年 11 月 4 日的《欧洲保护人权公约》。

　　……

17. 根据各成员国宪法的共同思想，共同体法律秩序保障财产权，这种思想也反映在《欧洲保护人权公约》第一议定书中。

　　……

20. 有必要考虑九个成员国的宪法规则和惯例所提供的指示。其中出现的第一点是，那些规则和惯例允许立法机关根据普遍利益控制私有财产的使用。有些宪法提及由财产所有权产生的义务（《德国基本法》第 14 条第 2 款第 1 句），有的提及其社会功能（《意大利宪法》第 42 条第 2 款），因共同利益而限制其使用（《德国基本法》第 14 条第 2 款第 2 句，《爱尔兰宪法》第 43. 2. 2 条），或者社会正义（《爱尔兰宪法》第 43. 2. 1 条）。……

另一个问题是，当"共同宪法传统"被援引为欧盟人权的法律渊源时，欧洲法院是否只应承认所有或大多数国家共有的权利，还是哪怕只是得到一个成员国承认的基本权利就足以（所谓"最高标准"方法）成为欧盟法一般原则的组成部分。[54] 在"曼内斯曼钢管公司案"（Mannesmannröhren Werke）

---

[54]　L Besselink, 'Entrapped by the Maximum Standard: On Fundamental Rights, Pluralism and Subsidiarity in the European Union' (1998) 35 CMLRev 629；J Weiler, 'Fundamental Rights and Fundamental Boundaries' in his *The Constitution of Europe* (Cambridge University Press, 1999) ch 3.

中，对于竞争案件中的沉默权规则，综合法院拒绝采用"最高标准"方法，驳回了可以从成员国法律制度中得出"反自证其罪的一般原则"的主张，即使德国法律中确实存在这样的原则。⑤

在"澳大利亚矿冶公司案"（AM&S）中，欧洲法院通过对成员国法律的比较调查而推导出"律师—客户保密权利"原则，这种推导并非为所有成员国所乐见，法国政府就特别表示，该案代表着"将不过是英国一国的国内规则强行塞进欧盟的企图"⑤。该案佐审官则认为，一般原则可以提炼自不同国家的法律，即使该原则在成员国中的"概念起源"和"详细适用范围"各异。⑤ 但是，在"阿克苏诺贝尔公司案"（AKZO）中，欧洲法院拒绝将欧盟的"法律职业保密特权原则"扩展到独立律师以外，尽管一些成员国已将这种权利扩大适用于企业法务，因为欧洲法院认为在成员国中并没有朝着这个方向的"发展趋势"或者"一致倾向"，从而无法说明这种扩大欧盟一般原则的做法是正当的。⑤

在"欧米茄游戏公司案"（Omega Spielhallen）中，欧洲法院将德国法律中人类尊严的"特定概念"抽象为所有成员国共有的关于人类尊严的更"普遍概念"，以允许德国减损适用欧盟自由流动规则。⑤ 然而，虽然各国对于特定抽象权利的存在可能具有普遍共识，但是似乎不可避免地会对如何将这一权利解释或者"翻译"成欧盟法一般原则而产生分歧。因此，尽管将"共同宪法传统"作为欧盟法一般原则的基础，这一想法原则上具有吸引力，但是各国对特定人权的观念分歧常常十分严重。

例如，虽然所有成员国都承认生命权，但在 27 个成员国中仍有包括爱尔兰和马耳他在内的少数国家一直维持着极其严格的反堕胎法。另一个例子是，德国基本法对经济权利和从事某个行业或职业的自由给予强有力的保护，而其他国家的宪法则体现了与此不同的社会优先事项。在"格兰特案"（Grant）与"D 诉理事会案"（D v Council）中，欧洲法院以成员国关

---

⑤ Case T – 112/98 *Mannesmannröhren-Werke* （n 25）［84］.

⑤ See AG Warner in Case 155/79 *AM & S*（n 27）1575, 1631.

⑤ Ibid.

⑤ Case C –550/07 P *Akzo Nobel*（n 27）［69］–［76］.

⑤ Case C – 36/02 *Omega Spielhallen-und Automatenaufstellungs-GmbH v Oberbürgermeisterin der Bundesstadt Bonn*［2004］ECR I –9609,［34］–［38］; Case C –112/00 *Schmidberger v Austria*［2003］ECR I –5659; Case C –244/06 *Dynamic Medien Vertriebs*（n 38）［44］–［51］.

于婚姻的法律概念不同作为部分理由，否认存在侵犯申诉人在欧盟法一般原则之下权利的任何情形。[60]

第五节　人权：机构和政策发展

一　人权被纳入条约框架

正如我们所见，20 世纪 50 年代，《欧洲煤钢共同体条约》《欧洲原子能共同体条约》和《欧洲经济共同体条约》都没有提到人权，并且欧洲法院最初不愿意接受以人权为由对欧盟法提出的质疑。但是，一旦欧洲法院改变其立场，转而承认将其作为"欧盟法一般原则"，人权就迅速获得了政治支持。最初是通过 1977 年欧洲议会、理事会和委员会的联合声明[61]，后来则是通过一系列不具约束力的声明、章程和决议。随着《马斯特里赫特条约》《阿姆斯特丹条约》《尼斯条约》和《里斯本条约》的修订，人权最终出现在欧盟条约里。

其一，《欧洲联盟条约》第 6 条，如上文所引，列出了欧盟法内人权的各种渊源：已经具有与两部条约同等约束力地位的《欧盟基本权利宪章》，还有《欧洲人权公约》，以及给予欧盟法一般原则启发的成员国共同宪法传统。目前，《欧洲人权公约》诸条款与欧盟法的相关性表现在三个方面：（1）基于《欧洲人权公约》条款的《欧盟基本权利宪章》条款与公约条款具有"相同"含义；（2）《欧洲人权公约》是欧盟法一般原则的主要启发来源之一；（3）如果欧盟最终加入《欧洲人权公约》，公约条款将对欧盟具有正式约束力。相比之下，《欧盟基本权利宪章》条款和欧盟法一般原则已经是具有完全约束力的欧盟法规范，享有与两部欧盟条约条款相同的地位。

其二，根据《阿姆斯特丹条约》，《欧洲联盟条约》第 49 条将尊重欧

---

⑩　Case C – 249/96 *Grant*（n 39）；Cases C – 122 and 125/99 P *D v Council*［2001］ECR I – 4319. 但是在后来的案件中，联盟法院对性取向歧视的态度发生了变化，参见 Case C – 267/06 *Maruko*［2008］ECR I – 1757；Case T – 58/08 *Commission v Roodhuijzen*［2009］ECR II – 3797；Case C – 267/12 *Hay* EU：C：2013：823.

⑪　［1977］OJ C103/1.

盟基础价值观作为申请加入欧盟的条件。经《里斯本条约》修订，《欧洲联盟条约》第 2 条现在明确表达和扩展了欧盟据以成立的价值观清单：

> 联盟建立在尊重人类尊严、自由、民主、平等、法治，以及尊重人权（包括少数群体的权利）的价值观基础之上。在一个奉行多元化、非歧视、宽容、正义、团结和男女平等的社会中，这些价值观为成员国所共有。

《欧洲联盟条约》第 3 条在确定欧盟的宗旨和目标时，宣布欧盟将"与社会排斥和歧视做斗争，并促进社会正义和社会保障、男女平等、代际团结，以及保护儿童的权利"，以此对第 2 条所列举的价值观形成补充。对于对外关系，第 3 条第 5 款宣布，联盟应"致力于促进和平、安全、全球可持续发展、各国人民间的团结和相互尊重、自由和公平贸易、消除贫穷、保护人权特别是保护儿童的权利"。

其三，《欧洲联盟条约》第 7 条经《阿姆斯特丹条约》引入，它授权欧盟理事会，对欧洲理事会认定就严重和持续违反第 2 条原则负有责任的成员国暂停某些投票权和其他权利。[62] 然而，尽管《欧洲联盟条约》第 7 条具有象征意义，但是其缺乏实际应用这一问题招致了批评。[63] 因未能就匈牙利政府所采取的一系列镇压和反民主措施启动第 7 条程序调查，就引发了大量建议[64]，而且，欧盟委员会也发布了一份通讯，其中提出补充第 7

---

[62] 关于导致通过《尼斯条约》修订案的"海德尔风波"（Haider controversy），参见 M Merlingen, C Muddle, and U Sedelmeier, 'The Right and the Righteous?: European Norms, Domestic Politics and the Sanctions against Austria' (2001) 39 JCMS 59.

[63] A Williams, 'The Indifferent Gesture: Article 7 TEU, the Fundamental Rights Agency and the UK's Invasion of Iraq' (2006) 31 ELRev 3; W Sadurski, 'Adding a Bite to a Bark: A Story of Article 7, the EU Enlargement and Jörg Haider' (2010) 16 CJEL 385.

[64] 参见第二章；K Scheppele, 'What Can the European Commission do when Member States violate Basic Principles of the European Union', https://europe.princeton.edu/events/what – can – european – commission – do – when – memberstates – violate – basic – principles – european – union; JW Müller 'Safeguarding Democracy inside the EU: Brussels and the Future of Liberal Order', Transatlantic Academic Paper 3/2012 – 13; the Taveres Report of the European Parliament, 'The situation of fundamental rights: standards and practices in Hungary', A7 – 0229/2013; A von Bogdandy et al, 'Reverse *Solange*: Protecting the Essence of Fundamental Rights against EU Member States' (2012) 49 CMLRev 489; B Bugarič 'Protecting Democracy and the Rule of Law in the European Union: The Hungarian Challenge', LSE 'Europe in Question' Paper no 79/2014.

条的某种早期预警机制。[65]

二 欧盟基本权利署

2007 年，欧盟基本权利署（EU Fundamental Right Agency，FRA）成立，以并入和取代之前的欧盟种族主义和仇外心理监测中心（EU Monitoring Centre for Racism and Xenophobia）。[66] 在欧盟基本权利署成立之前，讨论过其权力是否应包括为了《欧洲联盟条约》第 7 条的目的监督成员国[67]，但成员国拒绝将其包括在欧盟基本权利署的任务范围内。[68] 很明显，欧盟基本权利署可以在这方面做出贡献，尽管鉴于其权力性质，它可以取得的成果有限。欧盟基本权利署目前的职责主要包括收集信息，形成意见，突出成熟经验，与公民社会建立联系，以及出版专题报告。欧盟基本权利署自成立以来一直很活跃，已就种族主义、诸诉正义、残疾人、恐同、罗姆人、安全与人权、贫困、移民、数据保护、儿童权利和针对女性的暴力行为等问题发表了有影响力的报告。[69]

三 欧盟有关人权的权力和政策

1997 年以来的欧盟条约修订大大加强了人权在欧盟法律秩序中的地位和作用，正如《欧洲联盟条约》第 2 条、第 3 条、第 6 条和第 7 条的规定所示。尊重人权是欧盟措施合法性的一个条件，必须以尊重人权的方式分析和解释欧盟法。然而，不太明确的是，欧盟在人权保护领域拥有制定法律的何种法律权能。

在 1996 年第一次否决欧盟加入《欧洲人权公约》符合欧盟法的意见

---

⑥⑤ A New EU Framework to Strengthen the Rule of Law, COM（2014）158.

⑥⑥ Council Regulation（EC）No 168/2007 of 15 February 2007 establishing a European Union Agency for Fundamental Rights［2007］OJ L53/1.

⑥⑦ 先前的"基本权利专家网络"（network of experts on fundamental rights）为此目的非正式地监督成员国对《欧盟基本权利宪章》的遵守情况，但是在欧盟基本权利署（FRA）背景下，它被功能不同的基本权利署法律专家网络（FRALEX）所取代，该网络未获得这项权力。

⑥⑧ G Toggenburg and J Grimheden, 'Upholding Shared Values in the EU：What Role for the EU Agency for Fundamental Rights?'（2016）54 JCMS 1093. See also A Hinarejos, 'A Missed Opportunity：The Fundamental Rights Agency and the Euro Area Crisis'（2016）22 ELJ 61.

⑥⑨ See http：//fra. europa. eu/en/publications – and – resources/publications. 欧盟基本权利署关于成员国法院适用《欧盟基本权利宪章》的有趣报告，参见http：//fra. europa. eu/sites/default/files/annual – report – 2013 – charter_ en. pdf.

中，欧洲法院裁定，没有特定条约条款"赋予共同体机构制定人权规则或缔结该领域国际公约的任何一般权力"，并且第 235 条（现为《欧洲联盟运行条约》第 352 条）中的剩余权力条款受到某些宪法性限制。[70] 这种情况后来发生了变化，特别是在欧盟取得缔结国际协定的对外权限之后。这方面的一个突出例子是欧盟谈判和缔结《联合国残疾人权利公约》，这是欧盟缔结的第一部重要的国际人权条约。[71]

但是，就欧盟"内部"促进人权的权能而言，目前尚不清楚情况发生了多大变化。尽管第 2 条宣称欧盟建立在尊重人权等价值观之上，以及第 3 条规定欧盟的宗旨是促进其价值观，但如果要采取具体立法行动，欧盟仍然要求根据两部条约的其他条款来提供特定的权限。因此两部条约并未向欧盟提供任何"制定人权规则的一般权力"。

尽管如此，现在欧盟已在非歧视这一特定领域拥有强大的人权工具，因为《欧洲联盟运行条约》第 19 条授权欧盟采取措施以某些特定理由与歧视做斗争，这将放在第二十六章详细讨论。自《第 95/46 号指令》制定以来，数据保护是另一个以人权为基础的欧盟重要政策领域。此外，《欧洲联盟运行条约》第 352 条的"剩余权力"条款可以单独或与另一条约条款一起作为某些人权相关措施的法律基础，因为根据该条款制定了建立欧盟对外人权和民主化计划的条例[72]，并且成立了欧盟基本权利署（FRA）。[73]

尊重人权现在还是欧盟的价值观，甚至是贯穿于欧盟对外关系的"主流化"目标。根据《里斯本条约》，《欧洲联盟条约》第 3 条第 5 款规定欧盟应在与更广泛世界的关系中致力于"保护人权"，《欧洲联盟条约》第 21 条第 1 款规定欧盟在国际舞台上的行动以"民主、法治、人权和基本自由的普遍性和完整性、尊重人类尊严、平等和团结"等原则为指导。这为过去十多年欧盟将人权保护纳入对外关系政策提供了条约依据。1995 年以来，欧盟的常规做法是将人权条款纳入涉及贸易、发展和联系关系的对外

---

[70] *Opinion* 2/94［1996］ECR I–1795.

[71] G de Búrca, 'The EU in the Negotiation of the UN Disability Convention'（2010）35 ELRev 174；L Waddington, 'A New Era in Human Rights Protection in the European Community：The Implications the United Nations' Convention on the Rights of Persons with Disabilities for the European Community', University of Maastricht Faculty of Law Working Paper Series 2007, http：//papers. ssrn. com/sol3/papers. cfm? abstract_ id =1026581.

[72] Regs 975/1999 and 976/1999［1999］OJ L120/1 and 8.

[73] Reg 168/2007［2007］OJ L53/1.

协定⑭，并且它偶尔会对侵犯人权行为实施制裁或取消贸易减让，如对缅甸和斯里兰卡。它在新成员国的加入过程中施加以人权为基础的条件⑮，并广泛开展所谓"欧洲民主与人权工具"（EIDHR）的国际人权和民主化计划。⑯ 欧盟在人权领域开展的这些或其他活动，见于欧盟年度人权报告。⑰

与对外政策领域不同，欧盟"对内"政策领域没有保护和促进人权的明确条约承诺。在《欧洲联盟运行条约》第 8 条、第 9 条、第 10 条和第 11 条这四个"主流化"条款中，要求所有欧盟政策和行动都考虑性别平等、众多社会政策关切、其他方面的歧视以及环境保护，但没有关于人权主流化的一般要求。这种在对外和对内政策领域在强调人权问题上的差异，被指责为欧盟对人权采取双重标准⑱，这一点得到部长理事会的承认。⑲ 尽管如此，它仍然是批判欧盟人权政策的一个主题。⑳ 委员会一直试图推动对欧盟各项政策是否符合宪章的"影响评估"，这应有助于逐渐解决对双重标准的批评问题。㉑ 此外，尽管欧盟缺乏在人权领域的任何一般造法权力，但其许多具体立法在特定领域设定了人权标准，例如刑法、家庭团聚、难民法和数据隐私领域。㉒

成员国对推动欧盟在人权领域发展法律权力的方式一直模棱两可。尽

---

⑭ L Bartels, *Human Rights Conditionality in the EU's International Agreements* (Oxford University Press, 2005); U Khaliq, *Ethical Dimensions of the Foreign Policy of the EU: A Legal Analysis* (Cambridge University Press, 2009); V Depaigne, 'Protecting Fundamental Rights in Trade Agreements between the EU and Third Countries' (2017) 42 ELRev 562.

⑮ B de Witte and G Toggenburg, 'Human Rights and Membership of the European Union' in S Peers and A Ward (eds), *The EU Charter of Fundamental Rights* (Hart, 2004) 59–82.

⑯ For European Initiative for Democracy and Human Rights, see www. welcomeurope. com/european-funds/eidhr-european-instrument-democracy-human-rights-830+730. html#tab=onglet_ details.

⑰ http://eeas. europa. eu/human_ rights/docs/index_ en. htm.

⑱ P Alston and J Weiler, 'A Human Rights Agenda for the Year 2000' in Alston, Heenan, and Bustelo (n 4); Williams, (n 5).

⑲ See, eg, the Annual Report on Human Rights for 2006, [4. 19] in particular.

⑳ Williams (n 5).

㉑ See, eg, COM (2010) 573; and SEC (2011) 567, Operational Guidance in taking account of Fundamental Rights in Commission Impact Assessment.

㉒ E Muir, 'The Fundamental Rights Implications of EU Legislation: Some Constitutional Challenges' (2014) 51 CMLRev 219.

管近几十年来通过了重要的欧盟人权保护机制和规范，例如《欧盟基本权利宪章》、关于抵制歧视的《欧洲联盟运行条约》第 19 条，以及成立欧盟基本权利署，但同时成员国政府试图限制这些新的权力和机构。由此，宪章第 51 条称，该宪章的通过并未创设新的任务或权力；关于宪章对成员国适用的范围，一直存在激烈的争论，因此没有给予欧盟基本权利署为了《欧洲联盟条约》第 7 条的目的监督成员国的权力。即使在某成员国内部发生严重侵犯人权事件，也可能出现对欧盟干预的政治反对，例如 2010 年法国集体驱逐罗姆人[83]，或匈牙利限制媒体和干涉司法独立[84]，这意味着成员国仍然抵制欧盟发展这种作用。

第六节　人权：《欧盟基本权利宪章》[85]

一　导论

根据欧洲理事会的倡议，为了"展示"欧盟在这一领域所取得的成就，于 1999—2000 年首次起草《欧盟基本权利宪章》。该宪章采用新的"大会"程序，这是目前《欧洲联盟条约》第 48 条所包括的典型修约程序，并且在不到一年的时间里就制定了宪章草案。[86] 其后，《欧盟基本权利

---

[83] K Severance，*France's Expulsion of Roma Migrants*：*A Test Case for Europe*（Migration Policy Institute，2010），www. migrationinformation. org/.

[84] 匈牙利相关情况的发展，参见本章脚注 64 和第二章。

[85] 关于《欧盟基本权利宪章》有大量文献。关于其起源，可参见（2001）8（1）MJ and E Eriksen，J Fossum，and A Menéndez（eds），*The Chartering of Europe*（Arena Report No 8/2001）. 关于评注，参见 K Feus（ed），*An EU Charter of Fundamental Rights*：*Text and Commentaries*（Federal Trust，2000）；EU Network of Independent Experts on Fundamental Rights，*Commentary on the Charter*（June 2006）；S de Vries，U Bernitz，and S Weatherill（eds），*The EU Charter of Fundamental Rights as a Binding Instrument*：*Five Years Old and Growing*（Hart，2015）；S Douglas-Scott and N Hatzis（eds），*Research Handbook on EU Law and Human Rights*（Edward Elgar，2017）；M Dawson，*The Governance of EU Fundamental Rights*（Cambridge University Press，2017）；S Peers，T Hervey，J Kenner，and A Ward，*The EU Charter of Fundamental Rights*：*A Commentary*（Hart，2nd edn，2020）. 欧盟委员会也发布关于宪章适用情况的年度报告，参见https：//ec. europa. eu/info/aid – development – cooperation – fundamental – rights/your – rights – eu/eu – charter – fundamental – rights/application – charter/annual – reports – application – charter_ en.

[86] G de Búrca，'The Drafting of the EU Charter of Fundamental Rights'（2000）25 ELRev 331；J Schönlau，'Drafting Europe's Value Foundation：Deliberation and Arm-Twisting in Formulating the Preamble to the EU Charter of Fundamental Rights' in Eriksen，Fossum，and Menéndez（n 85）.

宪章》由欧盟委员会、欧洲议会和欧盟理事会庄严公布，并在 2000 年 12 月欧洲理事会峰会上得到成员国的政治批准[87]，但当时其法律地位的不确定是有意留下的，须取决于欧盟已启动的一系列宪法进程的结果。[88] 在 2003—2004 年宪法起草过程中，对宪章末尾的"横向条款"进行了少量修改。但是由于《宪法条约》失败，宪章的法律地位一直悬而未决，直到《里斯本条约》获得通过才取得约束力。现在《欧洲联盟条约》第 6 条明确赋予它与两部条约同等的法律地位。[89]

在《里斯本条约》谈判期间，英国和波兰（捷克后来加入[90]）通过谈判达成了一项旨在限制宪章对其影响力的议定书。[91] 该议定书包含如下两个条款。

第 1 条

1. 该宪章没有将欧洲联盟法院的能力，或者波兰或英国任何法院或法庭的能力，扩大到裁定波兰或英国的法律、条例或行政规定、惯例或行为与该宪章重申的基本权利、自由和原则不符方面。

2. 尤其是，为了避免疑虑，该宪章第四章的任何规定均不创设适用于波兰或英国的可诉权利，除非其本国法中规定了这种权利。

第 2 条

在该宪章某条款提到国内法律和惯例的情况下，只有在该条款所

---

[87] ［2000］OJ C364/1.

[88] B de Witte, 'The Legal Status of the Charter: Vital Question or Non-Issue?' (2001) 8 MJ 81; L Betten, 'The EU Charter of Fundamental Rights: A Trojan Horse or a Mouse?' [2001] International Jnl of Comparative Labour Law and Industrial Relations 151.

[89] L Rossi, 'Same Legal Value as the Treaties? Rank, Primacy, and Direct Effects of the EU Charter of Fundamental Rights' (2017) 18 German LJ 771.

[90] 2009 年 10 月 29—30 日，欧洲理事会同意了一项新议定书的案文，该案文将《里斯本条约》第三十号议定书适用于捷克。See the Annex to the Presidency Conclusions. See B Dufkova, 'The Legal Status of the Charter of Fundamental Rights within the Member States: The Short Story of the Czech Objection to the Charter', Charles University in Prague Faculty of Law Research Paper No 2015/I/1.

[91] 见《里斯本条约》第三十号议定书。另参见分别由捷克和波兰做出的《里斯本条约》第 53 号、第 62 号和第 63 号声明。

包含的权利和原则得到波兰或英国法律或惯例承认的范围内，它才适用于波兰或英国。

无论这三个签署国的意图如何，关于议定书是否具有声明以外效力的问题一直存在争议。[92] 第 1 条声明，宪章"不扩大"欧洲联盟法院审查成员国措施与基本权利兼容性的能力，但欧洲联盟法院几十年前曾行使管辖权，审查欧盟法范围内成员国法令是否遵守欧盟法一般原则。该议定书并未推翻欧洲法院早先的判例法，而且由于宪章内容大部分基于欧洲法院作为欧盟一般原则的启发来源而引用的那些法律文件，因此第 1 条第 1 款看上去主要是宣示性的。第 1 条第 2 款通过认定宪章第四编（关于团结权利）不在波兰或英国创设任何新的可诉权利，旨在支持或补充宪章第 52 条第 7 款。但同样可以认为，由于宪章主要是对欧洲法院多年来在"一般法律原则"术语之下所做裁定的宣示，因此宪章第四编只是给予一般原则以明示的法律立场。[93]

虽然最初有些人将议定书称为"选择性退出"（opt-out），但是欧洲法院很快就证实了大多数评论的观点，即这种说法并不正确。在涉及欧盟庇护法在英国适用问题的"NS 和 ME 案"中，欧洲法院裁定第三十号议定书没有对宪章在英国或波兰的可适用性提出质疑，这一立场得到该议定书序言的肯定。因此，该议定书并没有豁免波兰或英国遵守该宪章的义务。[94]

二　内容

欧洲理事会赋予宪章起草机构的任务，是巩固并使欧盟现有"尊重基

---

[92]　House of Lords Select Committee on the European Union, 10th Report of 2008, [5.84] – [5.111]; V Belling, 'Supranational Fundamental Rights or Primacy of Sovereignty? Legal Effects of the So-Called Opt-Out from the EU Charter of Fundamental Rights' (2012) 18 ELJ 251.

[93]　I Pernice, 'The Treaty of Lisbon and Fundamental Rights' and C Barnard, 'The "Opt-Out" for the UK and Poland from the Charter of Fundamental Rights: Triumph of Rhetoric over Reality?' in S Griller and J Ziller (eds), *The Lisbon Treaty: EU Constitutionalism without a Constitutional Treaty?* (Springer, 2008); S Peers, 'The "Opt-Out" that Fell to Earth: The British and Polish Protocol Concerning the EU Charter of Fundamental Rights' (2012) 12 HRLR 375.

[94]　Cases C–411 and 493/10 *NS and ME v Minister for Justice* EU: C: 2011: 865, [119] – [120]; R Clayton and C Murphy, 'The Emergence of the EU Charter of Fundamental Rights in UK Law' [2014] EHRLR 469.

本权利的义务"显而易见,而不是创设任何新的内容。[95] 宪章还是包含着若干创新条款,例如禁止生殖性人类克隆,但也有一些值得注意的遗漏,例如保护少数人的权利。对宪章的最好描述或许是,对各种欧洲和国际协定以及成员国宪法所包含的、欧洲法院已借鉴多年的权利的创造性提炼。[96]

宪章序言冠以"欧洲的人民"的崇高名义,宪章共分为七章。各种权利被划分为六个不同章节,最后一章包含"横向条款"或一般条款。前六章的主题是:(一)尊严;(二)自由;(三)平等;(四)团结;(五)公民权利;(六)公正司法。

第一章包含基本权利,如生命权、免于酷刑、免于奴役和免于死刑。虽然这些权利出现在主要以一个经济联盟的机构为对象的宪章中曾经显得怪异,但欧盟目前已有关于警务、刑事犯罪、移民、难民和反恐政策的机构,表明这已不再奇怪。

第二章关于自由,侧重于见诸《欧洲人权公约》的公民和政治基本自由,如自由、结社、言论、财产权、私人和家庭生活[97],但还包括另外一些基本社会权利,如受教育权、工作权、庇护权,以及欧盟背景下的一些特殊规定,例如保护数据的权利和营业自由。

第三章关于平等,包括在法律面前平等的基本保障,以及与《欧洲联盟运行条约》第19条类似的条款(尽管不完全相同),提及在性别平等领域提供优惠照顾,保护儿童权利,以及"尊重"文化多样性、老年人权利和残疾人权利这些保障程度较弱的条款。

第四章关于团结,包括劳工权利,并且反映了《欧洲社会宪章》中一些已经被纳入欧盟法的条款。[98] 该章包含多种类型的基本条款,诸如禁止使用童工、获得公平和合理劳动条件的权利,以及一些被批评不具有基础性而不足以纳入宪章的其他权利,例如获得免费就业服务的权利。这一章

[95] 欧洲理事会列出了新宪章应借鉴的渊源,即《欧洲人权公约》、成员国共同宪法传统,以及《欧洲社会宪章》和《共同体劳动者基本社会权利宪章》,并"不仅限于其目标",参见 Conclusions of the Cologne European Council, June 1999.

[96] 关于是否可以从其他渊源(例如刑法领域)"自主"解释宪章,参见 TP Marguery, 'The Protection of Fundamental Rights in European Criminal Law after Lisbon: What Role for the Charter of Fundamental Rights?' (2012) 37 ELRev 444.

[97] C McGlynn, 'Families and the EU Charter of Fundamental Rights: Progressive Change or Entrenching the Status Quo?' (2001) 26 ELRev 582.

[98] M Gijzen, 'The Charter: A Milestone for Social Protection in Europe?' (2001) 8 MJ 33.

由于对许多权利的表述形式薄弱而遭到特别批评（例如环境保护和消费者保护，根本没有被表述为权利或自由），并且因为提及相关权利之后的措辞是"与共同体法、成员国法律和惯例相一致"，这似乎动摇了保障的内容。

第五章包含"公民权利"，与宪章的其他条款不同，其中许多权利并非普遍适用，而只向欧盟公民提供保障。其中包括《欧洲联盟运行条约》第20条至第25条的欧盟公民身份权，这些权利适用范围更广，包括获得文件的权利和享受良好行政的权利。

第六章题为"公正司法"，包括若干辩护权，例如公平审判的权利、无罪推定、处罚的合法性和相称性原则，以及欧盟法常见的获得有效救济的权利。

三　"横向"条款

《欧盟基本权利宪章》最后的第七章包含与宪章的范围、适用性、适用对象、与其他法律文件的关系以及保护的"标准"等有关的一般条款。

宪章第51条第1款表明，宪章仅针对欧盟的各种机构和专门机构，而仅在成员国"实施"联盟法时针对成员国。这一条款的确切含义和范围引发了相当多的争论和分析。[99] 第51条第1款提及辅助性原则（principle of subsidiarity），尽管在此情况下其意义尚不清楚。第51条继续规定欧盟和成员国"根据各自的权力，尊重这些权利，遵守这些原则并促进其适用"，以及尊重两部条约对欧盟权力的限制。"促进"宪章权利的义务与反复强调限制欧盟权力这二者之间存在矛盾，这也出现在第51条第2款中。

第51条第2款指出，宪章并未为欧盟创设任何新的权力或任务，也没有修改任何现有任务。[100] 尽管有观点坚持认为宪章只是编纂或略微补充欧洲法院先前判例法中已经存在的规则，只是用于评判欧盟和成员国在欧盟现有政策和权力范围内所采取行动的一套标准，而不是采取积极行动的渊源或基础，但"促进"这些权利的义务则意味着要更积极主动。当然，第

---

[99]　See below（nn 198－208）and text.

[100]　第51条的相关解释性注释为："第2款确认宪章不具有扩大两部条约赋予联盟权能和任务的效果。这里明确提及辅助性原则的逻辑后果，以及联盟仅具有赋予它的权力这一事实。联盟所保障的基本权利只有在两部条约所确定的权力范围内才有效。因此，根据第1款第2句的规定，只有在这些相同权力的范围内，联盟机构才有促进宪章中规定的各项原则的义务"。

51 条关于欧盟的任何任务均未因宪章的通过而得到 "修改" 的主张，似乎自相矛盾。

宪章第 52 条第 1 款借鉴了欧洲人权法院和欧洲法院的判例法，其中包含一般 "减损" 条款，这表明对宪章权利的限制在性质上是可以接受的。[101] 对宪章所载权利和自由的行使施加任何限制都必须 "由法律规定"，并且必须尊重这些权利和自由的本质。[102] 这些限制必须满足相称性要求，并且必须 "是必要的和真正符合联盟所承认的普遍利益目标"，[103] 或者出于保护他人权利和自由的需要。

宪章第 52 条第 2 款处理现行欧盟法律与宪章条款之间的重叠问题，它规定，被宪章承认且 "由两部条约规定的权利，应根据这些条约界定的条件和限制予以执行"。这似乎是为了避免在解释宪章和两部欧盟条约相似措辞条款时存在任何潜在差异，特别是公民身份条款。

宪章第 52 条第 3 款和第 53 条处理《欧洲人权公约》、其他国际人权条约、成员国宪法条款和宪章之间的棘手关系。[104] 宪章与《欧洲人权公约》的适当关系，是否必须以对《欧洲人权公约》所载相似或相同权利的同样方式解释宪章所载权利，以及欧洲联盟法院与欧洲人权法院的适当关系，在起草过程中大概经过激烈讨论。[105] 第 52 条第 3 款特别涉及《欧洲人权公约》，旨在促进《欧洲人权公约》条款与宪章条款的调和，同时不妨碍欧盟推动形成比《欧洲人权公约》所规定的更广泛的保护：

---

[101]　D Triantafyllou, 'The European Charter of Fundamental Rights and the "Rule of Law"：Restricting Fundamental Rights by Reference' (2002) 39 CMLRev 53.

[102]　M Brkan, 'The Concept of Essence of Fundamental Rights in the EU Legal Order：Peeling the Onion to its Core' (2018) 14 EuConst 332.

[103]　有人批评该表述，认为这允许引入欧盟的经济目标作为限制基本权利范围的理由，这在《欧洲人权公约》的大多数条款中是不可能的。

[104]　See, eg, G Harpaz, 'The European Court of Justice and its Relationship with the European Court of Human Rights：The Quest for Enhanced Reliance, Coherence and Legitimacy' (2009) 46 CMLRev 105; J Callewaert, 'The European Convention on Human Rights and European Union Law：A Long Way to Harmony' [2009] EHRLR 768; P Lemmens, 'The Relationship between the Charter of Fundamental Rights of the EU and the ECHR：Substantive Aspects' (2001) 8 MJ 49; K Lenaerts and E de Smijter, 'The Charter and the Role of the European Courts' (2001) 8 MJ 49; S Parmar, 'International Human Rights Law and the EU Charter' (2001) 8 MJ 351.

[105]　P Goldsmith, 'A Charter of Rights, Freedoms and Principles' (2001) 38 CMLRev 1201.

对于本宪章包含的与《保护人权与基本自由公约》保障的权利相对应的权利，其含义和范围应与上述公约的规定相同。该规定不得妨碍联盟法律提供的更广泛的保护。

该条款没有规定两个以欧洲为名的法院之间的关系，即欧洲人权法院（ECtHR）和欧洲联盟法院（CJEU）之间的关系问题，尽管它似乎旨在促进欧洲法院尊重，或者至少是密切关注欧洲人权法院的判例法。正如上文所示，欧洲法院在一系列案件中确实借鉴了欧洲人权法院的判例法[106]，虽然在其他案件中没有这样做。[107]

《里斯本条约》在《欧盟基本权利宪章》第52条中增加了另外四个段落。第52条第4款规定，派生于成员国宪法传统的宪章条款应以与这些传统相调和的方式加以解释。第6款对此做了补充，规定应"充分考虑"宪章中所规定的成员国法律和惯例。宪章第52条第7款与《欧洲联盟条约》第6条第1款一起，对宪章起草大会秘书处所起草的宪章的解释性备忘录给予解释力。[108]

对最初于2000年通过的宪章版本，《里斯本条约》所做的最有争议的修订体现在第52条第5款中，该条款旨在区分宪章中包含"原则"的条款，并且规定这些包含"原则"的条款只有在它们得到欧盟或成员国立法或行政法令的实施，并且仅涉及对这类法令合法性的解释或裁定时，才是"可司法审理的"（judicially cognisable）。[109] 这项修订似乎是为了在宪章中引入某些版本的传统区分（也是常常被批评的），即区分消极导向的民事

---

[106]　See（n 31）.

[107]　G de Búrca, 'After the EU Charter of Rights: The Court of Justice as a Human Rights Adjudicator?'（2013）20 MJ 168; Report of the European Parliament DG for Internal Policies: Citizens Rights and Constitutional Affairs, 'Main Trends in the Recent Case Law of the EU Court of Justice and the European Court of Human Rights in the Fields of Fundamental Rights'（2012）, www. europarl. europa. eu/RegData/etudes/etudes/join/2012/462446/IPOL – LIBE_ ET%282012%29462446_ EN. pdf.

[108]　JP Jacqué, 'The Charter of Fundamental Rights and the CJEU: A First Assessment of the Interpretation of the Charter's Horizontal Provisions' in LS Rossi and F Casolari（eds）, *The EU After Lisbon*（Springer, 2014）.

[109]　J Krommendijk, 'Principled Silence or Mere Silence on Principles? The Role of the EU Charter's Principles in the Case Law of the Court of Justice'（2015）11 EuConst 321; D Gudmundsdóttir, 'A Renewed Emphasis on the Charter's Distinction between Rights and Principles: is a Doctrine of Judicial Restraint more Appropriate?'（2015）52 CMLRev 1201.

和政治权利与积极导向的经济和社会权利,旨在使后者在很大程度上不可诉。

宪章第 53 条包含一种类似于《欧洲人权公约》第 53 条所载的不倒退条款(non-regression clause),该条款不仅涉及《欧洲人权公约》,而且涉及成员国宪法和国际协定:

> 本宪章中的任何内容均不得解释为限制或负面影响如下公认的人权和基本自由,即在其各自适用领域内,由联盟法和国际法,由联盟、共同体或所有成员国作为当事方的国际协定(包括《欧洲保护人权和基本自由公约》),以及由成员国宪法承认的人权和基本自由。

该条款的存在,以及在宪章中缺少保障欧盟法优先性的"最高效力"条款,导致有人质疑存在已久的最高效力理论是否出现了问题。[110] 在"梅洛尼案"(*Melloni*)中,欧洲法院驳回对宪章第 53 条的这种解释,明确重申欧盟法的优先性。[111]

梅洛尼诉西班牙财政部
Case C – 399/11 Melloni v Ministerio Fiscal
EU:C:2013:107

西班牙宪法法院询问欧洲法院,宪章第 53 条是否允许按照欧盟逮捕令移交个人的成员国对被缺席定罪者的移交施加附加条件,以避免损害本国宪法保护的公平审判权和辩护权。欧洲法院裁定如下:

---

[110] J Liisberg, 'Does the EU Charter of Fundamental Rights Threaten the Supremacy of Community Law?' (2001) 38 CMLRev 1171.

[111] Case C – 399/11 *Melloni v Ministerio Fiscal* EU:C:2013:107; N de Boer, 'Addressing Rights Divergences under the Charter: *Melloni*' (2013) 50 CMLRev 1083; M de Visser, 'Dealing with Divergences in Fundamental Rights Standards' (2013) 12 MJ 576; D Sarmiento, 'Who's Afraid of the Charter? The Court of Justice, National Courts and the New Framework of Fundamental Rights Protection in Europe' (2013) 50 CMLRev 1267; L Besselink, 'The Parameters of Constitutional Conflict after "*Melloni*"' (2014) 39 ELRev 531; A Pliakos and G Anagnostaras, 'Fundamental Rights and the New Battle over Legal and Judicial Supremacy: Lessons from *Melloni*' (2015) 34 YBEL 97.

欧洲法院

56. 成员国法院一开始设想的解释是，当成员国宪法保障的对基本权利的保护标准高于宪章所规定的标准时，则宪章第53条一般性地授权其适用宪法保障的标准，并且在必要时，给予其对适用欧盟法条款的优先性。特别是，对于为了执行缺席判决而签发的欧洲逮捕令，这种解释将允许某成员国对执行该欧洲逮捕令施加条件，这些条件旨在避免解释为限制或者负面影响由其宪法承认的基本权利，即使根据《2002/584号框架决定》第4a（1）条不允许适用这种条件。

57. 对宪章第53条的这种解释不可接受。

58. 对宪章第53条的这种解释将破坏"欧盟法优先性原则"，因为这种解释将允许成员国不适用完全符合宪章但违反该国宪法所保障的基本权利的欧盟法律规则。

59. "欧盟法优先性原则"是已经确立的判例法，是欧盟法律秩序的一个基本特征（见"第1/91号意见"［1991］ECR I-6079第21段，以及"第1/09号意见"［2011］ECR I-1137第65段），成员国法律规则，即使是宪法秩序规则，也不能破坏欧盟法在该国领土上的有效性。……

欧洲法院的结论是，尽管第53条允许成员国法院自由适用本国基本权利保护标准，但其条件是欧盟法律的"优先性、统一性和有效性"不受影响。欧洲法院认为，设立逮捕令的框架决定正是为了反映成员国所达成的共识，以及对被缺席审判者的程序权利进行"调和"。

如果允许西班牙主张其有关辩护权的特有宪法版本，以便对移交嫌疑人施加额外条件，这将"对该框架决定所界定的基本权利保护标准的统一性造成疑义"，并且破坏成员国之间相互信任和相互承认原则。[112] 对宪章第53条的这种解释是在欧盟法与成员国宪法权利发生冲突时对欧盟法优先性的明确重申，而不是对共存的人权体系提供更为多元化的解释版本；这种解释受到批评[113]，但是欧洲法院"有关欧盟加入《欧洲人权公约》的第2/

---

[112] Case C-399/11（n 111）［63］.

[113] Besselink（n 111）.

13 号意见"就此问题明确地肯定了"梅洛尼案"裁决。[⑭]

最后，宪章第 54 条以《欧洲人权公约》第 17 条为蓝本，规定宪章的任何条款均不得暗示有权从事任何旨在破坏或过度限制宪章所载任何权利的活动。

第七节　基于人权的司法审查：欧盟行动

自《欧盟基本权利宪章》生效以来，联盟法院接受以侵犯人权为由质疑欧盟立法的案件数量大幅增加。[⑮] 即使在宪章取得法律约束力之前，欧洲法院已经开始正式处理基本权利案件，并在判断欧盟法的有效性时涉及欧洲人权法院的判例法。尽管诉讼当事人在质疑欧盟委员会和其他欧盟行为体的个别行政法令侵犯权利方面取得了一些成功，但欧洲法院多年来一直尊重欧盟立法者，并且在废除欧盟立法方面行动缓慢，即使是在对基本权利的质疑很强烈的情况下。[⑯] 但是近年来，这种情况已经开始发生变化，特别是在制裁领域[⑰]，并且自宪章生效以来体现得更为普遍。[⑱]

一　质疑欧盟立法

虽然欧洲法院在早期"诺尔德案"（*Nold*）中称，在相冲突的情况下，"一般法律原则"优先于特定的共同体措施，但欧洲法院裁定，财产权和

⑭ *Opinion 2/13 on EU Accession to the ECHR* EU：C：2014：2454，［188］；Case C－617/10 *Åkerberg Fransson* EU：C：2013：105，［29］.

⑮ 欧盟司法程序也因其与基本程序权利的兼容性而受到质疑，可参见 Case C－17/98 *Emesa Sugar v Aruba*［2000］ECR I－665；Case C－308/07 P *Gorostiaga Atxalandabaso v Parliament*［2009］ECR I－1059，［39］－［50］；Case C－89/08 P *Commission v Ireland*［2009］ECR I－11245，［50］－［62］；Case F－45/07 *Mandt v European Parliament* EU：F：2010：72.

⑯ A Clapham，'A Human Rights Policy for the European Community'（1990）10 YBEL 309，331；J Coppel and A O'Neill，'The European Court of Justice：Taking Rights Seriously?'（1992）29 CMLRev 669.

⑰ C Eckes，*EU Counter-Terrorist Policies and Fundamental Rights：The Case of Individual Sanctions*（Oxford University Press，2010）.

⑱ G Toggenburg，'The EU Charter：Moving from a European Fundamental Rights Ornament to a European Fundamental Rights Order' in G Palmisano（ed），*Making the Charter of Fundamental Rights a Living Instrument*（Brill Nijhoff，2015）10.

"从事某个行业或职业的权利"并不是绝对的,此案中对它们的限制因欧盟总体宗旨而取得正当性。[119] 这种论证方法从此被大量应用于财产权和经济权利相关案件[120],以及知识产权案件。[121]

自起草《欧盟基本权利宪章》以来,欧盟立法受到以许多其他类型人权为由的质疑。提起的诉讼涉及广泛的欧盟立法措施,包括《生物技术指令》[122]《家庭团聚指令》[123]《逮捕令框架决定》[124]《洗钱指令》[125]《视听媒体服务指令》[126]《生物特征护照条例》[127]《驾驶执照指令》[128]《航空旅行延误乘客补偿条例》[129] 和《申根执行公约》。[130]

---

[119]　Case 4/73 *Nold v Commission* [1974] ECR 491.

[120]　See, eg, Cases C – 20 and 64/00 *Booker Aquacultur Ltd and Hydro Seafood GSP v The Scottish Ministers* [2003] ECR I – 7411; Cases C – 37 and 38/02 *Di Lenardo Adriano Srl v Ministero del Commercio con l'Estero* [2004] ECR I – 6911; Cases C – 453/03, 11, 12 and 194/04 *The Queen, ex p ABNA Ltd v Secretary of State for Health and Food Standards Agency* [2005] ECR I – 10423; Case C – 295/03 P *Alessandrini v Commission* [2005] ECR I – 5673; Case C – 347/03 *ERSAv Ministero delle Politiche Agricole e Forestali* [2005] ECR I – 3785; Case C – 283/11 *Sky Österreich GmbH v Österreichischer Rundfunk* EU：C：2013：28; Case C – 360/10 *SABAM v Netlog* EU：C：2012：85.

[121]　See, eg, Case C – 360/10 (n 120); J Griffith and L McDonough, 'Fundamental Rights and European IP Law—The Case of Article 17 (2) of the EU Charter' in C Geiger (ed), *Constructing European Intellectual Property* (Edward Elgar, 2013).

[122]　Case C – 377/98 *Netherlands v Council and Parliament* [2001] ECR I – 7079,以违反人类尊严为由质疑《生物技术指令》(Biotechnology Dir)。

[123]　Case C – 540/03 *European Parliament v Council* (n 20),以违反尊重家庭生活权利为由质疑《家庭团聚指令》(Family Reunification Dir)。

[124]　Case C – 399/11 *Melloni v Ministerio Fiscal* EU：C：2013：107,以违反有效司法救济和公平审判权为由质疑《逮捕令框架决定》(Framework Decision establishing an Arrest Warrant);也可参见 Case C – 303/05 *Advocaten voor de Wereld VZW v Leden van de Ministerraad* [2007] ECR I – 3633.

[125]　Case C – 305/05 *Ordre des barreaux francophones et germanophones et al v Council* [2007] ECR I – 5305,以违反公平审判权和律师职业保密权为由质疑《洗钱指令》(Money Laundering Dir)。

[126]　Case C – 283/11 *Sky Österreich* (120),以违反知识产权和营业自由为由质疑《视听媒体服务指令》(Audiovisual Media Services Dir)。

[127]　Case C – 291/12 *Michael Schwarz v Stadt Bochum* EU：C：2013：670,以违反私人生活权利为由质疑《生物特征护照条例》(Biometric Passports Reg)。

[128]　Case C – 356/12 *Glatzel* EU：C：2014：350,以违反不受歧视的权利为由质疑《驾驶执照指令》(Driving Licences Dir)。

[129]　Case C – 12/11 *McDonough v Ryanair* EU：C：2013：43,以违反营业自由为由质疑《航空旅行延误乘客补偿条例》(EU Reg on compensation for air passengers in the event of delay and cancellation)。

[130]　Case C – 129/14 PPU *Zoran Spasic* EU：C：2014,以违反一事不再理原则为由质疑《申根执行公约》(Schengen Implementing Convention)。

　　然而，在这些案件中，欧洲法院在考虑所指控的限制是否不成比例之后，都一一维护了欧盟立法。但也有一些值得注意的判例，欧洲法院以侵犯基本权利为由撤销了欧盟立法。在"数字权利爱尔兰案"（*Digital Rights Ireland*）中，《数据保存指令》被废除，理由是它不成比例地限制了《欧盟基本权利宪章》对隐私和数据保护的保障。[131]

　　在"9·11"事件以后，欧洲法院在反恐领域以过度侵犯个人权利为由推翻欧盟法律的意愿极为明显。[132] 在 2009 年以来的一系列重要判决中，最突出的是"卡迪第一案"[133] 和"卡迪第二案"[134]，欧洲法院和综合法院以违反一系列权利，尤其是正当程序（辩护权）和财产权为由[135]，推翻了多项实施制裁的欧盟法律，包括欧盟"自主"措施和经联合国授权的措施。两起"卡迪案"引发了关于欧盟法与国际法律秩序之间关系的颇多有趣问

---

[131]　Case C‑293/12 *Digital Rights Ireland v Minister for Communications* EU：C：2014：238.

[132]　更为有限的方式，可比较 Case C‑84/95 *Bosphorus v Minister for Transport* [1996] ECR I‑3953。

[133]　Cases C‑402 and 415/05 P *Kadi*（n 1）[308]；D Halberstam and E Stein，'The United Nations，the European Union，and the King of Sweden'（2009）46 CMLRev 13；A Gattini，Note（2009）46 CMLRev 191；C Eckes，'Judicial Review of European Anti-Terrorism Measures—The *Yusuf and Kadi* Judgments of the Court of First Instance'（2008）14 ELJ 74；J Godhino，'When Worlds Collide：Enforcing United Nations Security Council Asset Freezes in the EU Legal Order'（2010）16 ELJ 67；T Isiksel，'Fundamental Rights in the EU after *Kadi* and *Al Barakaat*'（2010）16 ELJ 551；S Poli and M Tzanou，'The *Kadi* Rulings：A Survey of the Literature'（2009）28 YBEL 533；M Cremona，F Francioni，and S Poli（eds），'Challenging the EU Counter-Terrorism Measures through the Courts'，EUI Working Paper 2009/10；J Kokott and C Sobotta 'The *Kadi* Case：Core Constitutional Values and International Law：Finding the Balance'（2012）23 EJIL 1015.

[134]　Case T‑85/09 *Kadi v Commission and Council*（*Kadi II*）[2010] ECR II‑5177；Case C‑584/10 P *Commission v Kadi*（*Kadi II*）EU：C：2013：518；T Tridimas，'Terrorism and the CJEU：Empowerment and Democracy in the EC Legal Order'（2009）34 ELRev 103.

[135]　See，eg，Case T‑228/02 *Organisation des Modjahedines du peuple d'Iran*（OMPI）*v Council* [2006] ECR II‑4665；Case T‑256/07 *People's Mojahedin Organization of Iran v Council*（PMOI）[2008] ECR II‑3019；Case C‑27/09 P *France v PMOI* EU：C：2011：853；Case T‑318/01 *Othman v Council and Commission* EU：T：2009：187；Case T‑253/04 *KONGRAGEL v Council* [2008] ECR II‑46；Cases C‑399 and 403/06 P *Hassan and Ayadi v Council and Commission* [2009] ECR I‑11393；Case C‑376/10 *Tay Za v Council* EU：C：2012：138；Case T‑565/12 *National Iranian Tanker Company v Council* EU：T：2014：608；Case T‑400/10 *Hamas v Council* EU：T：2014：1095；Case T‑485/15 *Bashir Saleh Bashir Alsharghawi v Council of the European Union* EU：T：2016：520；Case C‑225/17 P *Islamic Republic of Iran Shipping Lines v Council of the European Union* EU：C：2019：82.

题⑭，而且启发了欧洲人权法院涉及联合国经济制裁的后续判例法。就本章而言，该判决中最重要的是欧洲法院对待基本权利的部分。

亚辛·阿卡杜拉·卡迪和巴拉卡特国际基金会
诉理事会和委员会

Case C – 402 and 415/05 P Yassin Abdullah Kadi and
Al Barakaat International Foundation v Council and Commission
[2008] ECR I – 6351

[《里斯本条约》重新编号，原《欧洲联盟条约》第 6 条现为《欧洲联盟条约》第 6 条，《欧共体条约》第 220 条现为《欧洲联盟条约》第 19 条，《欧共体条约》第 297 条现为《欧洲联盟运行条约》第 347 条，《欧共体条约》第 300 条第 7 款现为《欧洲联盟运行条约》第 216 条第 2 款，《欧共体条约》第 307 条现为《欧洲联盟运行条约》第 351 条]

欧盟通过了旨在执行联合国安全理事会系列决议的一套立法措施，其中最早的决议是《第 1267（1999）号决议》。这些联合国决议是在 2001 年 9 月 11 日美国遭受袭击之后通过的，要求所有国家冻结由塔利班直接或间接控制，或与奥萨马·本·拉登或基地组织网络有关联的任何个人或实体的资金和其他经济来源，并且成立了一个制裁委员会以确保其执行。2001 年卡迪（Kadi）、尤瑟夫（Yusuf）和巴拉卡特基金会（Al Barakaat）一起向综合法院（当时为初审法院）起诉，质疑欧盟的执行措施，而这些个人和基金会都在联合国和欧盟黑名单之列。他们主张，有争议的欧盟条例以不成比例的方式侵犯其基本权利，特别是他们的财产使用权和公平听审权。综合法院裁定，除了违反"强行法"（jus cogens）的情况之外，它没有管辖权质疑联合国安理会决议，甚至也没有间接质疑的管辖权；而在此案中，不存在违反"强行法"的情形。但在上诉审中，欧洲法院采取

---

⑭　有关国际法方面的讨论，参见第十一章。

了不同方式。

欧洲法院

281. 就此，应牢记共同体建立在法治基础之上，因为其成员国及机构的法令都不可避免地要受到审查，以判断是否符合基本宪法章程——《欧共体条约》，条约建立了一套完整的法律救济制度和程序，旨在授权欧洲法院审查各机构法令的合法性（Case 294/83 *Les Verts v Parliament* [1986] ECR 1339，第23段）。

282. 还应回顾，国际协定不能影响两部条约所规定的权力分配，也不能因此影响共同体法律制度的自主性，本法院通过行使《欧共体条约》第220条赋予的专属管辖权以保证这些规定得到遵守。此外，欧洲法院已经判定，此种专属管辖权构成共同体根本基础的一部分。

283. 另外，根据已经确立的判例法，基本权利构成了本法院一贯遵守的法律原则的组成部分。为此目的，本法院从成员国共同宪法传统和成员国参与或签署的人权保护国际文件所提供的指引中获得启发。就此而言，《欧洲人权公约》具有特别重要的意义。

284. 从判例法中也可以看出，尊重人权是共同体法令合法性的一个条件（*Opinion 2/94*，第34段），而且与尊重人权不相容的措施在共同体是不可接受的（Case C-112/00 *Schmidberger* [2003] ECR I-5659，第73段及所引判例法）。

285. 从所有这些考虑因素中可以得出，国际协定施加的义务不能产生损害《欧共体条约》宪法原则的效果，其中包括所有共同体法令必须尊重基本权利这项原则，这构成其合法性的条件，而合法性是由本法院在该条约所确立的一整套司法救济制度框架中应审查的内容。

286. 在此必须强调的是，在这些案件所处的那种情况下，共同体司法机构由此应确保的合法性审查，适用于旨在实施有关国际协定的共同体法，而不是适用于国际协定本身。

……

304. 《欧共体条约》第307条在任何情况下都不允许对构成共同体法律秩序根本基础组成部分的各项原则提出质疑，其中一项原则是保护基本权利，包括共同体司法机构就共同体措施与这些基本权利的一致性对这些措施做出的合法性审查。

305. 不能因为主张安理会决议具有绝对优先性，而有争议条例旨在实施该决议，就认为该条例可豁免于对其与基本权利兼容性进行审查的管辖权，这种管辖权豁免无法从《联合国宪章》中的义务将在共同体法律秩序内的规范位阶占有一席之地中找到任何依据，假如这些义务可归类于该位阶。

306. 《欧共体条约》第300条第7款规定，根据该条制定的条件所缔结的协定应对共同体机构和成员国具有约束力。

307. 因此，根据该条款，如果这适用于《联合国宪章》，那么《联合国宪章》将优先于共同体二级法律。……

308. 然而，共同体法律层面的优先性不会扩展到一级法律，特别是构成基本权利组成部分的一般原则。

……

[欧洲法院继续裁定，联合国制裁委员会重新审查个体名单的程序在本质上属于外交和政府间性质，并没有提供司法保护的保障。这里没有代理权，不存在出具理由或证据的义务，也没有机会进行司法审查。如果在欧盟法律秩序中对所列举的措施给予管辖权豁免，将构成对两部欧盟条约所规定的"基本权利司法保护机制的重大减损"。]

326. 从上述论述可以得出，共同体司法机构必须根据《欧共体条约》赋予的权力，确保依据构成共同体法律一般原则组成部分的基本权利，对所有共同体行动的合法性实施审查，原则上是全面审查，包括为了实施安理会根据《联合国宪章》第七章通过的决议所采取的共同体措施，如本案中有争议的条例。

……

334. 就此，鉴于将上诉人姓名列入有争议条例的附件一中限制性措施所涵盖的个人和实体名单这一实际情况，必须裁定，多项辩护权特别是听审请求权，以及对这些辩护权实施有效司法审查的权利，显然没有得到尊重。

335. 根据已经确立的判例法，有效司法保护原则是源于成员国共同宪法传统的共同体法律一般原则，已载入《欧洲人权公约》第6条和第13条，并且2000年12月7日在尼斯宣布的《欧盟基本权利宪章》（OJ 2000 C 364, p.1）第47条对其加以重申。……

……

352. 因此，必须裁定，在涉及上诉人的情况下，在通过有争议条例时未提供向其传达有罪证据或就此听取他们意见的任何保障，从而必须认定，通过该条例的程序没有遵守上诉人的辩护权，这进一步导致有效司法保护原则受到侵犯。

353. 综上所述，卡迪先生和巴拉卡特基金会提出的法律答辩，即主张废除有争议条例并指控侵犯其辩护权，特别是听审请求权，以及有效司法保护原则，是有依据的。

......

357. 接下来，有待审查的是，该条例规定的冻结措施是否构成不成比例和不可容忍的干涉，它们损害了个人尊重财产权这项基本权利的实质内容，即条例附件一清单中所提及的卡迪先生这些个人。......

......

369. 就卡迪先生而言，有争议条例的通过没有提供任何保证，使他能够将案件提交主管机关，考虑到影响他的冻结措施的一般适用和实际延续，在这种情况下，对其财产权的限制必须被视为具有重要意义。

370. 因此，在本案情况下，必须裁定，有争议条例通过将他列入附件一名单，对卡迪先生施加限制性措施，构成了对其财产权的不正当限制。......

......

372. 综上所述，就涉及上诉人的情况而言，有争议条例必须予以废除。

　　然而，欧洲法院维持相关条例在 3 个月内继续有效，以使欧盟机构有时间解决程序违法问题，并将申诉人重新列入名单。在联合国制裁委员会公布并向申诉人传达简要理由之后，欧盟委员会通过了对卡迪实施制裁的新条例，卡迪则立即提起新的宣告无效之诉。[⑬] 综合法院初审和欧洲法院上诉审都裁定，所提交的证据不足以说明制裁是正当的，由此再次撤销该条例。[⑬]

　　两起卡迪案及随后的多起案件都具有重要意义，这些案件向欧盟及成

---

⑬　《第 1190/2008 号委员会条例》，修订早期的《第 881/2002 号条例》相关附件以附件形式保留了卡迪（Kadi）的名字，参见［2008］OJ L322/25。

⑬　Case T – 85/09 *Kadi v Commission and Council*；Case C – 584/10 P *Commission v Kadi*（*Kadi II*）（n 134）。

员国提出了复杂的法律问题，引发了国际争议，并且很可能助力于联合国
启动制裁制度改革，因为许多制裁具有全球影响力。[139] 但就本章而言，最
引人注目的是，多起制裁案件在考虑以基本权利为由提出的质疑时，欧洲
法院和综合法院对欧盟机构，甚至对联合国安理会等国际机构，不再唯其
马首是瞻。尽管如此，也有人指出，诉讼上的一些胜利（包括卡迪的胜
诉，是由于联合国监察专员而非联盟法院的干预而最终从联合国制裁名单
中去除的），其代价巨大。

尽管如此，在近年来颇受瞩目并具有显著政治性质的反恐制裁案件
中，综合法院和欧洲法院都表现出以侵犯基本权利为由审查和推翻欧盟立
法的更大意愿，并坚持欧盟法中的基本权利对欧盟二级立法的优先性，甚
至优先于重要的国际法准则。

二　质疑欧盟行政行为

以权利为由质疑欧盟行政行为的情况也经常发生。此类诉请往往能够
胜诉的两个特定情况是，涉及欧盟机关和机构的职员争议以及涉及欧盟委
员会的竞争法程序。

（一）职员案件

在大量职员和雇用案件中，联盟法院支持的理由包括侵犯言论自由[140]、
宗教自由[141]、私人和家庭生活权[142]以及非歧视原则[143]，并多次要求欧盟机构
修改其惯例。影响欧盟职员的行政诉讼要以遵守辩护权为前提。欧盟公务
员法庭（Civil Service Tribunal, CST）裁定，欧盟职员相关条例以及雇用条
件必须根据《欧盟基本权利宪章》的各项条款来解读。[144]

---

[139]　M Avbelj, F Fontanelli, and G Martinico (eds), *Kadi on Trial* (Routledge, 2014)；P Margu-
lies, 'Aftermath of an Unwise Decision：The UN Terrorist Sanctions Regime after *Kadi II*' (2014) 6 Am-
sterdam Law Forum 51.

[140]　Case 100/88 *Oyowe and Traore v Commission* [1989] ECR 4285.

[141]　Case 130/75 *Prais v Council* [1976] ECR 1589.

[142]　Case T‑58/08 *Commission v Roodhuijzen* [2009] ECR II‑3797.

[143]　Case C‑404/92 P *X v Commission* [1994] ECR I‑4737；Cases C‑122 and 125/99 P *D* (n
60)；Case C‑191/98 P *Tzoanos v Commission* [1999] ECR I‑8223；Case C‑252/97 N v Commission
[1998] ECR I‑4871.

[144]　Case F‑51/07 *Bui Van v Commission* EU：F：2008：112.

（二）竞争审查程序

欧盟委员会在竞争审查程序中的执行权一直是诉讼案件的丰富来源，其中所援引的一般法律原则和基本权利[145]包括辩护权[146]、公平听审权[147]、有效司法审查[148]、刑事责任不溯及既往[149]、数据保护和隐私权[150]，以及"法无明文者，不构成犯罪，亦不得处罚"（*nullum crimen, unlla peona sine lege*）。[151]

欧盟委员会在竞争审查程序中的权力非常广泛，包括调查、搜查以及实施严厉的经济处罚的权力，受影响的当事方一再要求法院援引基本法律原则限制和控制其权力行使。[152] 因此，例如，欧洲法院在"许尔斯案"（*Hüls*）中强调《欧洲人权公约》和欧洲人权法院判例法的重要性，并裁定"无罪推定"适用于可能处以罚款的竞争审查程序。[153]

---

[145] See, eg, H Andersson, 'Dawn Raids under Challenge' (2014) 35 ECLR 135；W Wils, 'The Compatibility with Fundamental Rights of the EU Antitrust Enforcement System when the Commission Acts as Both Investigator and as First-Instance Decision Maker' (2014) 37 World Competition 5；K Lenaerts, 'Due Process in Competition Cases' (2013) 1 Neue Zeitschrift für Kartellrecht 175.

[146] See, eg, Case C – 397/03 P *Archer Daniels Midland v Commission* [2006] ECR I – 4429；Case T – 210/01 *GEC v Commission* [2005] ECR II – 5575；Cases C – 204 – 219/00 P *Aalborg Portland A/S et al v Commission* [2004] ECR I – 123；Case C – 407/08 P *Knauf Gips KG v European Commission* [2010] ECR I – 6375, [90] – [92].

[147] Case C – 185/95 P *Baustahlgewebe v Commission* [1998] ECR I – 8417.

[148] Case C – 386/10 P *Chalkor AE Epexergasias Metallon v Commission* EU：C：2011：815；Case C – 389/10 P *KME Germany and others v Commission* EU：C：2011：816.

[149] Cases C – 189 – 213/02 P *Dansk Rørindustri et al v Commission* [2005] ECR I – 5425.

[150] Case T – 474/04 *Pergan Hilfsstoffe für industrielle Prozesse GmbH v Commission* [2007] ECR II – 4225.

[151] Case T – 99/04 *AC-Treuhand AG v Commission* [2008] ECR II – 1501；Case T – 446/05 *Amann & Söhne GmbH v Commission* [2010] ECR II – 1255.

[152] See, eg, Cases 209 – 215/78 *Van Landewyck v Commission* [1980] ECR 3125；Case 136/79 *National Panasonic v Commission* [1980] ECR 2033；Cases 100 – 103/80 *Musique Diffusion Française v Commission* [1983] ECR 1825；Case 322/81 *Michelin v Commission* [1983] ECR 3461；Case 5/85 *AKZO Chemie v Commission* [1986] ECR 2585；Case 374/87 *Orkem v Commission* [1989] ECR 3283；Case C – 185/95 P *Baustahlgewebe* (n 147)；Case C – 328/05 P *SGL Carbon AG v Commission* [2007] ECR I – 3921；Case C – 199/11 *Europese Gemeenschap v Otis NV* EU：C：2012：684.

[153] Case C – 199/92 P *Hüls v Commission* [1999] ECR I – 4287, [149] – [150]；Case C – 57/02 P *Acerinox v Commission* [2005] ECR I – 6689, [87] – [89]；Cases T – 458/09 and 171/10 *Slovak Telekom v Commission* [2012] ECR II – 145, [67] – [68]；Case T – 348/08 *Aragonesas Industrias y Energía v Commission* EU：T：2011：621, [94]. 稍早的较狭义的裁决，参见 Case 374/87 *Orkem* (n 152).

三　以符合基本权利的方式解释欧盟立法

欧盟司法机构越来越多地通过将欧盟措施解释为与基本权利相符的方式来考虑这些权利。这种方法既可以使欧盟立法不受质疑，又可以将人权义务作为欧盟法事项施加于成员国当局。⑮ 例如，在著名的"谷歌西班牙案"（*Google Spain*）中，欧洲法院根据宪章第 7 条和第 8 条以这种方式解释《欧盟数据处理指令》，即"被遗忘权"（指在某些情况下从搜索引擎中删除与自己有关的数据的权利）必须得到搜索引擎运营商的保护。⑯

四　小结

1. 从 20 世纪 70 年代初欧洲法院接受基本人权是欧盟法一般原则的一部分，直到 2009 年《基本权利宪章》获得约束力，这些权利的两个主要启发来源是《欧洲人权公约》和成员国宪法传统。其他国际人权条约则发挥了少许作用。现在，宪章已成为欧盟法中基本人权的最重要渊源。

2. 尽管《欧洲联盟条约》第 6 条给予欧盟法律中的各种人权渊源以明确的条约依据，但欧洲法院在具体案件的特定情况下对它们的适用却受到越来越多的质疑。欧洲法院既没有采用基于任何一个成员国所提供的最高保护水平的"普世标准"方法，也没有采用只承认所有国家公认的共同保护水平的"最低共同标准"方法，而是采取一种务实的逐案处理方法，以确定被诉请的特定权利的范围和内容。

3. 随着《基本权利宪章》的通过，欧洲法院越来越多地利用这一文件作为欧盟人权法的自主渊源，并且减少借鉴《欧洲人权公约》或成员国的共同宪法原则。在"梅洛尼案"中，欧洲法院明确指出，宪章第 53 条并没有改变其长期以来的裁决，即成员国宪法中的基本权利不能质疑欧盟

---

⑮　See, eg, Case C – 578/08 *Chakroun v Minister van Buitenlandse Zaken* [2010] ECR I – 1839, [44], [62] – [63]；Case C – 275/06 *Promusicae v Telefónica de España SAU* [2009] ECR I – 271, [65] – [69]；Case C – 400/10 PPU *JMcB* (n 31) [60]；Case C – 300/11 *ZZ v Secretary of State for the Home Department* EU：C：2013：363, [50] – [52]；Case C – 396/11 *Radu* EU：C：2013：39；Case C – 277/10 *Martin Luksan v Petrus van der Let* EU：C：2012：65；Case C – 104/10 *Kelly v NUI* EU：C：2011：506.

⑯　Case C – 131/12 *Google Spain v AEPD* EU：C：2014：317.

法的优先性，在相冲突时应适用欧盟法。[154]

4. 在欧盟遵循《欧洲联盟条约》第 6 条第 2 款的授权加入《欧洲人权公约》之前，该公约对欧盟不具有正式约束力。[155] 然而，尽管宪章已取代《欧洲人权公约》成为欧盟法律中人权原则的热门来源，但欧洲法院和综合法院仍继续引用《欧洲人权公约》的各项条款，有时还会参考欧洲人权法院的判例法，特别是在受宪章第 52 条第 3 款管辖的案件中。

5. 欧洲法院先前不愿意以权利为由大力审查欧盟政策和立法。然而，随着宪章的通过以及欧盟政策活动扩展到对内和对外安全领域，在近年来以人权为由对欧盟行动提起的诉讼中，越来越多的申诉人在欧洲法院胜诉。这种情况特别明显地发生在质疑欧盟实施经济和金融制裁的案件中。

6. 综合法院还支持了许多以权利为由对行政行为提出的质疑，特别是在欧盟竞争审查程序和职员争议方面。

7. 自欧洲法院首次承认一般法律原则以来，欧盟在人权领域的政策权能逐渐扩大。虽然欧盟制定人权内部规则的立法权能主要针对具体部门，或者需要求诸《欧洲联盟运行条约》第 352 条的剩余条约基础，但人权在欧盟对外关系中占有突出地位。支持型机构如欧盟基本权利署，也已经建立起来，而关于如何实施《欧洲联盟条约》第 7 条制裁机制的辩论仍在持续。

第八节 基于人权质疑：成员国行动

前面主要阐述人权具有作为评估欧盟行动合法性的标准，以及对欧盟机构行为施加限制的作用。然而，十多年前欧洲法院还裁定，基本权利不仅对欧盟机构具有约束力，而且当成员国在欧盟法适用范围内行动时，它也对成员国具有约束力。在《欧盟基本权利宪章》生效时，其条款不仅对

---

[154] Case C – 399/11 *Melloni* (n 111).

[155] 有相反观点认为，作为欧盟法事项，欧盟已受《欧洲人权公约》各条款的约束，参见 B de Witte, 'Human Rights' in P Koutrakos (ed), *Beyond the Established Orders：Policy Interconnections between the EU and the Rest of the World* (Hart, 2011).

欧盟机构有约束力，而且在成员国"实施联盟法"时也对成员国具有约束力。但是，对于将欧盟基本权利审查扩大到成员国行动上这一点仍然存在争议，一部分是因为并不总是清楚成员国是否在欧盟法适用范围内采取行动，一部分是因为一些成员国依然抵触由欧洲法院裁判适用于它们的人权保护标准这种观点。[158] 以下概述欧洲法院可以审查成员国行动是否符合欧盟基本权利（是否符合欧盟法一般原则或宪章）的法律情形，其后介绍宪章是否可以直接适用于私人行为体的行为。

一 成员国在实施和适用欧盟措施时作为欧盟代理人

在 1975 年的"鲁蒂利案"（*Rutili*）中，欧洲法院首次指出，当成员国正在适用以保护人权为基础的欧盟立法规定时，它们受欧盟法一般原则的约束。[159]"鲁蒂利案"涉及《第 64/221 号指令》，它包含约束成员国可能对劳动者自由流动所施加的限制。这些规定被视为对《欧洲人权公约》所奉行的一般原则的具体表述。与此类似，在"约翰斯顿诉阿尔斯特皇家警察局长案"（*Johnston v RUC*）中，欧洲法院将 1976 年《平等待遇指令》中对司法控制的要求描述为反映欧盟法一般原则，这意味着它应被解释为提供了"得到有效救济的权利"。[160] 更晚近的某些案件涉及《欧盟第 95/46 号数据保护指令》和《欧盟第 45/2001 号数据处理条例》，这些立法被裁

---

[158] K Lenaerts, 'Exploring the Limits of the EU Charter of Fundamental Rights' (2012) 8 EuConst 375；A Rosas, 'When is the EU Charter of Fundamental Rights Applicable at National Level?' (2012) 19 Jurisprudence 1271；C Vadja, The Application of the EU Charter of Fundamental Rights：Neither Reckless nor Timid?', University of Edinburgh Law School Research Paper Series 2014/47；F Fontanelli, 'The Implementation of European Union Law by Member States under Article 51 of the Charter of Fundamental Rights' (2014) 20 CJEL 193；M Dougan, 'Judicial Review of Member State Action under the General Principles of the Charter：Defining the "Scope of Union Law"' (2015) 52 CMLRev 1201；J Snell, 'Fundamental Rights Review of National Measures：Nothing New under the Charter' (2015) 21 EPL 285；B Schima, 'EU Fundamental Rights and Member State Action after Lisbon：Putting the ECJ's Case Law in Its Context' (2015) 38 Fordham Int LJ 1097；P Craig, *EU Administrative Law* (Oxford University Press, 3rd edn, 2018) ch 16；B Pirker, 'Mapping the Scope of Application of EU Fundamental Rights：A Typology' (2018) 3 EP 133.

[159] Case 36/75 *Rutili* (n 22). 对这种情况的评论，参见 AG Trabucchi in Case 118/75 *Watson and Belmann* [1976] ECR 1185, 1207–1208.

[160] Case 222/84 *Johnston* (n 23). See also Case 222/86 *UNECTEF v Heylens* [1987] ECR 4097；Case C–185/97 *Coote* (n 23)；Case C–432/05 *Unibet* [2007] ECR I–2271, [37]；Case T–111/96 *ITT Promedia NV v Commission* [1998] ECR II–2937；Case C–279/09 *DEB v Bundesrepublik Deutschland* [2010] ECR I–13849.

定为反映了受《欧洲人权公约》和宪章保护的隐私权利，并要求成员国机关依此加以解释和适用。[161]

最近做出的此类其他裁决涉及《欧盟关于难民最低标准的第2004/83号指令》，该指令以《联合国日内瓦公约》为基础，欧洲法院认定其反映了欧盟宪章的其他条款，包括尊重人类尊严和庇护权。[162] 同样地，也许更具争议的是，关于决定由哪些成员国负责庇护申请的《都柏林条例》（《欧盟第2003/343号条例》和现《第604/2013号条例》），欧洲法院裁定，这些条例是为了确保完全遵守宪章第18条所保障的庇护权，以及防止违反宪章第4条关于禁止有辱人格待遇的规定。[163] 但是，这些条例一直是欧洲人权法院大量判例法的质疑对象，这些案件质疑，有时甚至谴责欧盟庇护制度的实施违反了《欧洲人权公约》第3条关于不人道和有辱人格待遇的规定。[164]

欧洲法院裁决的后续结果是，当成员国实施或适用基于或反映基本权利的欧盟措施时，欧洲法院可以审查成员国行动，以确保其已采取一切必要措施以避免侵犯欧盟法所保障的权利。例如，成员国不得将寻求庇护者送回具有制度缺陷以及可能遭受不人道或有辱人格待遇的成员国；[165] 成员国不得要求寻求庇护者进行"测试"以证明其性取向；[166] 成员国必须确保上诉程序期间的权利保护；[167] 在确定谁有资格取得难民身份时，成员国必

---

[161] Cases C – 465/00, 138 and 139/01 *Österreichischer Rundfunk*（n 23）［70］–［72］；Case C – 131/12 *Google Spain*（n 155）；Case C – 73/07 *Tietosuojavaltuutettu v Satakunnan Markkinapörssi Oy* ［2008］ECR I – 9831.

[162] Case C – 465/07 *Elgafaji*（n 29）；Case C – 148/13 *A, B & C v Staatssecretaris van Veiligheid en Justitie* EU：C：2014：2406，［45］–［46］，［53］–［54］；Case C – 101/09 *Bundesrepublik Deutschland v B* EU：C：2009：285；Cases C – 71 and 99/11 *Bundesrepublik Deutschland v Y and C* EU：C：2012：518；Case C – 175 – 179/08 *Salahadin Abdulla and Others*［2010］ECR I – 1493，［53］– ［54］；Case C – 31/09 *Bolbol*［2010］ECR I – 5539，［38］.

[163] Cases C – 411 and 493/10 *NS*（n 94）［75］–［86］；Case C – 4/11 *Bundesrepublik Deutschland v Puid* EU：C：2013：740，［30］；Case C – 394/12 *Shamso Abdullahi v Bundesasylamt* EU：C：2013：813；Case C – 19/08 *Migrationsverket v Petrosian*［2009］ECR I – 495，［4］；G Mellon，'The Charter of Fundamental Rights and the Dublin Convention：An Analysis of *N. S. v. Home Secretary*'（2012）18 EPL 655.

[164] See，eg，App No 30696/09 *MSS v Belgium and Greece*，Grand Chamber judgment of 21 Jan 2011 and App No 29217/12 *Tarakhel v Switzerland*，Grand Chamber judgment of 4 Nov 2014.

[165] Cases C – 411 and 493/10 *NS*（n 94）［75］–［86］；Case C – 4/11 *Puid*（n 163）［30］；Case C – 163/17 *Abubacarr Jawo v Bundesrepublik Deutschland* EU：C：2019：218.

[166] Case C – 148/13 *A, B & C*（n 162）.

[167] Case C – 181/16 *Gnandi v État belge* EU：C：2018：465.

须确保对其家庭生活、宗教自由和其他权利的保护。⑱ 此外，在适用以某些基本权利为基础的欧盟法时，成员国当局还必须确保在这些权利与作为欧盟法一部分的其他权利之间保持恰当平衡。⑲

早在宪章生效之前，欧洲法院就已超越了上述案件，其中欧盟措施本身体现为一项特定权利⑳，而在此前的案件中，欧洲法院要求成员国确保"在实施欧盟措施时"保护欧盟基本权利，即使该措施不涉及相关权利。㉑在涉及牛奶生产条例的"瓦豪弗案"（*Wachauf*）中，欧洲法院裁定，成员国在实施欧盟法时必须遵守同样约束欧盟行动的所有一般原则和基本权利。㉒ 对欧盟基本权利审查大幅扩展至成员国行动的一种解释是，将实施或执行欧盟措施的成员国视为欧盟的代理人，由此它们受一系列权利的约束，这些权利被作为欧盟法的一部分加以保护。这是一种司法上的"人权主流化方法"（human rights mainstreaming technique），根据该方法，通过在成员国实施欧盟措施时向成员国施加一项义务，要求其保护由宪章和欧盟法一般原则所保障的所有权利，该欧盟立法由此得以加强。

宪章生效之前的判例法包括"法语和德语律师协会案"（*Ordre des barreaux francophones et germanophones*），该案涉及在实施《洗钱指令》时获得公平审判的权利；㉓ "斯佩克特影像集团案"，该案涉及在实施《欧盟第2003/6号内幕交易指令》中的无罪推定原则；㉔ "威瑞克公司案"，该案涉

---

⑱　Cases C–71 and 99/11 *Y and C* (n 162).

⑲　Cases C–468–469/10 *ASNEF and FECEMD v Administración del Estado* EU：C：2011：777，[43]；Case C–275/06 *Promusicae* (n 154)；Case C–314/12 *UPC Telekabel Wien* EU：C：2014：192；Case C–360/10 *SABAM v Netlog NV* EU：C：2012：85，[42]–[44]；Case C–201/13 *Deckmyn and Vrijhejdsfonds* EU：C：2014：2132，[26]，[30]；Cases C–297 and 298/10 *Henning and Mai* [2011] ECR I–7965，[66].

⑳　例如参见 Case C–219/91 *Criminal Proceedings against Ter Voort* [1992] ECR I–5495，[33]–[38]，该案涉及成员国在实施《关于药品分类的第65/65/EC指令》时应遵守《欧洲人权公约》第10条的规定。

㉑　See，eg，Case 63/83 *R v Kent Kirk* [1984] ECR 2689，[21]–[23]；Cases C–74 and 129/95 *X* [1996] ECR I–6609；Case C–60/02 *X* [2004] ECR I–651；Case C–387/02 *Berlusconi et al* [2005] ECR I–3565.

㉒　Case 5/88 *Wachauf v Germany* [1989] ECR 2609，[17]–[19]；Case C–292/97 *Karlsson* [2000] ECR I–2737.

㉓　Case C–305/05 *Ordre des barreaux francophones* (n 124)；M Luchtmann and R van der Hoeven，Note (2009) 46 CMLRev 301.

㉔　Case C–45/08 *Specter Photo Group NV v CBFA* [2009] ECR I–12073.

及为实施《欧盟公共采购指令》而设置的审查程序中的辩护权;⑰ "沙克龙案"，该案涉及实施《欧盟第2003/86号家庭团聚指令》中的家庭生活权;⑯ "德国有线公司案"，该案涉及实施《普遍服务指令》背景下保护言论自由和媒体的多元化;⑰ "达姆高案"，该案涉及在根据《欧盟第2001/83号指令》禁止医疗产品广告这一背景下保护言论自由;⑱ "西班牙音乐协会案"，该案涉及在国内法转化《欧盟电子商务、知识产权和电子通信指令》时在财产权、数据保护和私人生活这三者之间取得折衷;⑲ "阿基尔·萨拉加案"，该案涉及根据《欧盟第2201/2003号条例》考虑在监护权产生争议时的儿童权利。⑱

宪章生效后的判例法在这个方面未发生变化，成员国在实施欧盟法时必须遵守宪章权利。关于实施欧盟法的判例法涉及欧洲逮捕令⑱、《数据保护指令》⑱、欧盟知识产权法⑱、儿童监护权⑱、第三国国民长期居住权 (rights of long-term residence)⑱、反歧视法⑱、判决的承认与执行⑱、经济制裁⑱以及自由流动措施。⑱

二　成员国减损适用欧盟规则或限制欧盟权利

前面已经考虑了成员国 "实施" 欧盟措施当中的各种情况。不过，基

---

⑰　Case C – 450/06 *Varec v Belgium* [2008] ECR I – 581.

⑯　Case 578/08 *Chakroun* (n 154).

⑰　Case C – 336/07 *Kabel Deutschland Vertrieb v Niedersächsische Landesmedienanstalt für privaten Rundfunk* [2008] ECR I – 10889.

⑱　Case C – 421/07 *Damgaard* [2009] ECR I – 2629.

⑲　Case C – 275/06 *Promusicae* (n 154).

⑱　Case C – 491/10 PPU *Aguirre Zarraga* [2010] ECR I – 14247, [60] – [66].

⑱　Case C – 396/11 *Radu* EU：C：2013：39；Case C – 168/13 PPU *Jeremy F* EU：C：2013：358；Case C – 399/11 *Melloni* (n 111)；Case C – 220/18 PPU *ML* EU：C：2018：589.

⑱　Case C – 131/12 *Google Spain* (n 155).

⑱　Case C – 277/10 *Martin Luksan v Petrus van der Let* EU：C：2012：65；Case C – 469/17 *Funke Medien NRW GmbH v Bundesrepublik Deutschland* EU：C：2019：623.

⑱　Case C – 400/10 PPU *JMcB* (n 31).

⑱　Case C – 571/10 *Servet Kamberaj v IPES* EU：C：2012：233，[79] – [80].

⑱　Case C – 104/10 *Kelly v NUI* EU：C：2011：506；Case C – 396/17 *Leitner v Landespolizeidirektion Tirol* EU：C：2019：375.

⑱　Case C – 112/13 *A v B* EU：C：2014：2195.

⑱　Case C – 314/13 *Užsienio reikalų ministerija v Pevtiev* EU：C：2014：1645，[24] – [26].

⑱　Case C – 300/11 *ZZ v Secretary of State for the Home Department* EU：C：2013：363.

础条约或欧洲法院发展出的类似原则有时也允许成员国以公共政策或其他理由"减损"或限制适用欧盟规则。这一点早先并不确定⑲，后来欧洲法院在"希腊广播电视公司案"（*ERT*）中称，在成员国通过那些减损适用欧盟法的措施时，欧洲法院有责任确保成员国充分尊重欧盟基本权利。

希腊广播电视公司（ERT）诉市政信息公司与索迪里奥斯·库维拉斯

Case C－260/89 *Elliniki Radiophonia Tileorassi AE（ERT）*
v Dimotiki Etairia Pliroforissis and Sotirios Kouvelas
[1991] ECR I－2925

[《里斯本条约》重新编号，《欧洲共同体条约》第56条和第66条现分别变更为《欧洲联盟运行条约》第52条和第62条]

此案涉及希腊立法授予希腊广播电视公司（ERT）的专属权与欧盟法的兼容性问题，该希腊立法具有限制服务和开业自由流动的作用。被告辩称，欧洲法院也应考虑该立法对其言论自由的影响。

欧洲法院

42. 本院已裁定（参见 Cases C－60 & 61/84 *Cinéthèque*，第25段；Case C－12/86 *Demirel v Stadt Schwäbisch Gmünd*，第28段），一方面，它无权审查不属于共同体法适用范围的成员国规则与《欧洲人权公约》的兼容性。另一方面，如果那些规则属于共同体法适用范围，并且向本院提交了初步裁决，本院必须提供成员国法院所需的所有解释标准，以确定那些规则是否与本院确保遵守的基本权利相兼容，尤其是源自《欧洲人权公约》的权利。

43. 特别是，如果成员国依据第56条和第66条的联合规定，以说明可能妨碍行使提供服务自由的规则是正当的，鉴于共同体法，必

---

⑲　Cases 60 and 61/84 *Cinéthèque v Fédération Nationale des Cinémas Français* [1985] ECR 2605，[25]－[26]；Case 12/86 *Demirel v Stadt Schwäbisch Gmünd* [1987] ECR 3719，[28].

须按照一般法律原则，特别是基本权利来解释这种正当性辩解。由此，有关的成员国规则只有在符合本法院所确保遵守的基本权利的条件下，才属于第 56 条和第 66 条共同规定的例外情况。

44. 由此，在这种情况下，由成员国法院以及在必要时由欧洲法院评估那些规定的适用，并且同时考虑共同体法的所有规则，包括言论自由在内，言论自由载于《欧洲人权公约》第 10 条，并且作为由本法院确保予以遵守的一般法律原则。

45. 因此，对成员国法院的答复必然是，就条约第 66 条和第 56 条所提到的那些规定而言，对成员国以公共政策、公共安全和公共健康为由适用那些规定的权力施加限制，必须根据《欧洲人权公约》第 10 条所载言论自由这项一般原则予以评估。

该裁决扩大了欧洲法院的管辖权，即在成员国可以设法逃避适用欧盟法的情况下，欧洲法院有权审查成员国是否遵守欧盟基本权利。[191] 尽管有观点要求缩小这些裁决的适用范围，甚至欧洲法院内部也有成员持这种观点，[192] 但这些裁决此后被多次肯定。[193] "希腊广播电视公司案"判决是移民领域中判例法的例证，其中有很多裁决涉及家庭生活权或正当程序，在这些案件中，成员国凭借其公共政策或公共利益减损条款以驱逐欧盟法所涵盖的移民，或者拒绝给予某些其他家庭以补助。欧洲法院一直强调，各成员国需要充分考虑拟采取的行动对家庭生活权和其他宪章权利的影响。[194]

---

[191] Case C-250/06 *United Pan-Europe Communications Belgium v Belgium* [2007] ECR I-11135; Case C-336/07 *Kabel Deutschland* (n 177).

[192] F Jacobs, 'Human Rights in the European Union: The Role of the Court of Justice' (2001) 26 ELRev 331, 337-339. 可比较作者早期担任佐审官时所发表意见中的扩张性观点，他当时主张由欧洲法院对成员国措施进行人权审查，参见 Case C-168/91 *Konstantinidis v Stadt Altensteig* [1993] ECR I-1191, 1211-1212.

[193] See, eg, Case C-368/95 *Vereinigte Familiapress Zeitungsverlags-und Vertriebs GmbH v Heinrich Bauer Verlag* [1997] ECR I-3689; Case C-370/05 *Festersen* [2007] ECR I-1129; Case C-470/03 *AGM-COS. MET Srl v Suomen valtio and Tarmo Lehtinen* [2007] ECR I-2749, [72]-[73]; Case C-201/15 *AGET Iraklis v Ypourgos Ergasias, Koinonikis Asfalisis kai Koinonikis Allilengyis* EU: C: 2016: 972, [63].

[194] See, eg, Cases C-482 and 493/01 *Orfanopoulos and Oliveri v Land Baden-Württemberg* [2004] ECR I-5257, [97]-[100]; Case C-459/99 *MRAX v Belgium* [2002] ECR I-6591, [53], [61], [62]; Case C-413/99 *Baumbast and R v Home Secretary* [2002] ECR I-7091, [72]-[73]; Case C-60/00 *Carpenter v Home Secretary* [2002] ECR I-6279; Case C-145/09 *Land Baden-Württemberg v Tsakouridis* [2010] ECR I-11979; Case C-300/11 *ZZ v Secretary of State for the Home Department* EU: C: 2013: 363.

此外，"施米德贝格尔公司案"（*Schmidberger*）清楚地表明，保护人权本身就构成了一种合法利益，这为限制欧盟自由流动规则提供了合法性理由。[195] 奥地利将保护言论自由和集会自由作为公共政策的正当理由，为了方便环境抗议活动的举行封锁了奥地利和意大利之间的道路。欧洲法院裁定，由于欧盟和成员国都必须尊重基本权利，"对这些权利的保护是一种合法利益，原则上这种合法利益可以证明限制（欧盟）法律所施加的义务是正当的，即使限制的是条约所保障的基本自由，例如货物的自由流动"[196]。同样，在"欧米茄游戏公司案"中，德国成功地将保护人类尊严作为限制在德国销售模拟杀人激光游戏的理由。[197]

三　"在欧盟法范围之内"的成员国行动

在《欧盟基本权利宪章》通过之后就产生了疑问，也就是起草者通过在描述成员国对宪章的适用范围时采用更加狭义的语言，是否有意推翻或限制"希腊广播电视公司案"或"家庭报业案"（*Familiapress*）的判例法思路。宪章第 51 条规定：

> 本宪章各条款适用于联盟的机构、机关、办事处和专门机构……以及只有在成员国实施联盟法时才适用于成员国。

但是，无论起草者的意图如何[198]，欧洲法院明确表示不以狭义方式解

---

⑮　Case C – 112/00 *Schmidberger v Austria* ［2003］ECR I – 5659；Case C – 208/09 *Sayn-Wittgenstein* ［2010］ECR I – 13693，［84］–［89］.

⑯　Case C – 112/00 *Schmidberger*（n 195）［74］.

⑰　Case C – 36/02 *Omega Spielhallen*（n 59）. See also Case C – 208/09 *Sayn-Wittgenstein*（n 195）［87］；Case C – 244/06 *Dynamic Medien*（n 38）；Case C – 341/05 *Laval un Partneri Svenska Byggnadsarbetareförbundet* ［2007］ECR I – 11767，［101］–［111］；Case C – 438/05 *International Transport Workers' Federation v Viking* ［2007］ECR I – 10779，［74］–［90］.

⑱　对 1999—2000 年最初起草该宪章情况的评论，参见 G de Búrca，'The Drafting of the EU Charter of Fundamental Rights'（2000）25 ELRev 331. 但是要注意，宪章后来在 2003—2004 年大会和关于宪法条约的政府间会议上被修订，并曾由多个不同行为体公布和通过。探究多个起草人的意图是非常困难的。

读该宪章条款，而是肯定其先前方法。[99] 在"弗兰森案"（*Fransson*）中，欧洲法院从宪章的"解释性说明"中寻找支持，因为《欧洲联盟条约》第6条第1款和宪章第52条第7款不仅给予该"解释性说明"以解释效力，并且使用更宽泛的术语——"当成员国在欧盟法范围内采取行动时对成员国具有约束力"。在"弗兰森案"中，成员国行动既不是"对欧盟法的实施"，也不意味着对欧盟法的"减损"，那么引起的问题是，宪章能否涵盖这种情况。

<hr>

检察院诉渥克伯格·弗兰森

C‒617/10 Åklagaren v Åkerberg Fransson

EU：C：2013：105

申诉人主张，他在瑞典法律下被检控犯有税务犯罪行为，而此前他已因同一事项受到税务处罚，这违反了欧盟法中的"一事不再理原则"（*ne bis in idem*）。瑞典政府与欧盟委员会以及作为诉讼第三方的四国政府一起向欧洲法院提出，就宪章第51条的意义而言，这种情况超出了欧盟法的范围，因为无论是税务处罚还是刑事控告，都不是源自于对欧盟法的实施。欧洲法院首先指出，第51条肯定了其先前有关基本权利审查适用范围的判例法。

欧洲法院

17. 对于提交的这些陈述，应该回顾的是，宪章第51条第1款对宪章适用于成员国行动的领域做了界定，根据该条款，宪章的各项规定只有在成员国实施欧盟法时才适用于成员国。

18. 该宪章条款由此确认了欧洲法院相关判例法，即关于成员国的行动必须在何种范围内遵守欧洲联盟法律秩序受到保障的基本权利所提出的要求。

<hr>

[99] Case C‒617/10 *Åklagaren v Åkerberg Fransson* EU：C：2013：105；Case C‒390/12 *Pfleger* EU：C：2014：281，[35]‒[36]；Case C‒145/09 *Tsakouridis*（n 194）[52]；Cases C‒217 and 350/15 *Criminal proceedings against Massimo Orsi and Luciano Baldetti* EU：C：2017：264，[16]‒[20]．

19. 欧洲法院的既定判例法的确表明，在本质上，在欧洲联盟法律秩序中受到保障的基本权利适用于受欧洲联盟法管辖的所有情况，但不适用于不受欧盟法管辖的情况。在这方面，欧洲法院已经观察到，它无权审查宪章与不属于欧洲联盟法范围的成员国法的兼容性。在另一方面，如果此类立法属于欧盟法的范围，欧洲法院在应请求做出初步裁决时，必须提供解释所需的所有指引，以便成员国法院决定该立法是否与欧洲法院确保遵守的基本权利兼容（就此参见"希腊广播电视公司案"，Case C－260/89 *ERT*［1991］I－2925，第 42段……）。

20. 对于欧洲联盟基本权利适用领域的界定，参见关于宪章第 51条的解释性说明，根据《欧洲联盟条约》第 6 条第 1 款第 3 段和宪章第 52 条第 7 款，在解释宪章时必须考虑该解释性说明（就此可参见"德国能源与机械制造公司案"，Case C－279/09 *DEB*［2010］ECR I－13849，第 32 段）。根据这些解释性说明，"在联盟背景下界定的尊重基本权利的要求，仅当成员国在联盟法范围内采取行动时才对其具有约束力"。

21. 因为在成员国立法属于欧洲联盟法律范围的情况下，宪章所保障的基本权利必须得到遵守，所以在这种情况下，不可能存在不适用基本权利的情形。欧洲联盟法律的适用性意味着宪章所保障的基本权利的适用性。

22. 另外，如果某种法律情形不属于欧洲联盟法的适用范围，欧洲法院就不拥有对其做出裁决的管辖权，而且所依据宪章的任何条款本身均不能构成这种管辖权的基础（就此可参见"库拉等人案"，C－466/11 *Currà and Others*［2012］ECR I－0000，第 26 段）。

23. 这些考虑因素与作为《欧洲联盟条约》第 6 条第 1 款基础的理念相对应，根据这些理念，宪章各条款不得以任何方式扩大两部条约所界定的欧盟权能。同样，根据宪章第 51 条第 2 款，宪章并未将欧洲联盟法的适用领域扩大到欧洲联盟的权力之外，或者为欧洲联盟确立任何新的权力或任务，或者修改两部条约所规定的权力和任务（参见"德里奇等人案"，Case C－256/11 *Dereci and Others*，第 71 段）。

欧洲法院坚持认为，宪章不是"扩大"欧盟法律的适用范围，而是

"遵循"其适用范围。该判决中的关键句子是"欧洲联盟法律的适用性意味着宪章所保障的基本权利的适用性"。欧洲法院指出，如果欧盟法被真正适用于该案件，那么宪章也可适用，并且欧洲法院将会审查宪章各条款是否得到遵守。但是，这仍然留下了问题，即什么情况下欧盟法才真正适用于该案件事实。

在"弗兰森案"中，欧洲法院拒绝采用佐审官的意见，而佐审官建议，瑞典刑罚与欧盟税法之间的联系不足以提起宪章第51条之下的诉讼。[200] 相反，欧洲法院裁定，尽管税收处罚和刑事诉讼所依据的成员国法律并不是专门用于实施欧盟税务指令的，但成员国法的部分立法目的是惩罚违反该指令（以及成员国法）中有关申报和征收增值税的欧盟义务的行为，而这将它们置于宪章意义上的欧盟法适用范围。[201] 然而，欧洲法院也认为，成员国法院可以自由适用国内基本权利标准，因为所涉成员国法并不完全由欧盟法决定，只要这不导致为了欧盟法的统一性和一致性而损害宪章的保护水平。

在后来的裁决中，欧洲法院对宪章第51条的范围给予进一步指引，但仍然非常笼统和抽象。在"克鲁加诺·锡拉库扎案"（*Cruciano Siragusa*）和"朱利安·埃尔南德兹案"（*Julian Hernández*）中，欧洲法院称，要求对属于欧盟法律范围的成员国行动进行基本权利审查的原因与早期在"国际贸易公司案"（*Handelsgesellschaft*）中要求对欧盟行动进行基本权利审查的原始理由相同，即确保欧盟法的最高效力。用欧洲法院的话来说，第51条的适用范围是为了"避免成员国法对基本权利的保护程度不一，并且由此动摇欧盟法的统一性、优先性和有效性"[202]。

对于成员国行动是否构成宪章第51条意义上的"实施"（implementation）这一问题，欧洲法院在后来的裁决中仍然相当模糊地指出，相关因素包括"该立法是否旨在实施欧盟法的某项规定；该立法的性质，以及它

---

[200] Case C－617/10（n 199）[63]－[64].

[201] Ibid [24]－[28]；Case C－218/15 *Paoletti v Procura della Repubblica* EU：C：2016：748，[18]；Cases C－217 and 350/15 *Orsi and Baldetti*（n 199）[16]－[20]；Case C－682/15 *Berlioz Investment Fund SA v Directeur de l'administration des contributions directes* EU：C：2017：373，[40]－[41]；Case C－235/17 *European Commission v Hungary* EU：C：2019：432，[63]；Case C－516/17 *Spiegel Online GmbH v Volker Beck* EU：C：2019：625，[21].

[202] Case C－206/13 *Cruciano Siragusa v Regione Sicilia* EU：C：2014：126，[32]；Case C－198/13 *Julian Hernández* EU：C：2014：2055，[47].

是否追求欧盟法律目标之外的目标，即使它能间接地影响欧盟法律；是否存在关于此事项的欧盟法具体规则，或这些具体规则能否对其造成影响"[203]。此外，欧洲法院坚持认为，第51条中有关实施欧盟法律的概念"预先假定欧盟法律措施与有关成员国措施之间具有某种程度的联系，这种联系超越了涵盖事项的密切程度，或者超越了其中某一事项对其他事项的间接影响"[204]。成员国措施属于欧盟拥有权力的领域这一事实本身，不足以将其置于欧盟法律的适用范围并使宪章可予适用。[205]

因此，成员国措施可能"间接影响"欧盟法律的事实，不足以使这种情况属于第51条的适用范围，而欧盟法就案件争议事项对成员国施加"义务"的事实，则可能足以将这种情况置于欧盟法的适用范围。[206] 在"NS 和 ME 案"中，欧洲法院指出，成员国行使自由裁量权以决定是否使用庇护立法中的选项，这一事实并不意味着这种情况不属于欧盟法的范围：在这种情况下，英国决定审查寻求庇护的案件，并非其根据《欧盟第343/2003号条例》规定的标准所应承担的义务，但属于宪章第51条的适用范围，因为这种选择是欧盟庇护制度的组成部分。[207]

现在只能希望未来的判例法能够提供更好和更明确的标准，以确定属于"欧盟法适用范围之内"的成员国行动这一仍难以捉摸的类型，这一类型既不意味着简单地实施欧盟法，也不是减损适用欧盟法。[208]

四 在欧盟法范围之外的情况

欧洲法院在"弗兰森案"中明确指出，对于欧盟法范围"之外"的情

---

[203] Case C-206/13 *Cruciano Siragusa* (n 202) [25]；Case C-40/11 *Iida* EU：C：2012：691，[79]；Case C-87/12 *Ymeraga* EU：C：2013：291，[41].

[204] Case C-198/13 *Julian Hernández* (n 202) [34]；Case C-206/13 *Cruciano Siragusa* (n 202) [24]；Case C-218/15 *Paoletti* (n 201) [14]；Case C-50/16 *Grodecka v Konieckza* EU：C：2016：406.

[205] See Case C-198/13 *Julian Hernández* (n 202) [34]；Cases C-483/09 and 1/10 *Gueye and Salmerón Sánchez* EU：C：2011：583，[69]-[70]；Case C-370/12 *Pringle* EU：C：2012：756，[104]-[105]，[180]-[181].

[206] See, eg, Case C-617/10 *Åkerberg Fransson* (n 199). Compare Case C-144/95 *Maurin* [1996] ECR I-2909，[11]-[12]；Case C-206/13 *Cruciano Siragusa* (n 202) [26]；K Lenaerts, 'Exploring the Limits of the Charter of Fundamental Rights' (2012) 8 EuConst 375.

[207] Cases C-411 and 493/10 *NS* (n 94) [65]-[68]；Case C-258/14 *Florescu v Casa Judeţeană de Pensii Sibiu* EU：C：2017：448，[48].

[208] See (n 158) for a selection of the secondary literature.

况，在宪章生效之前的欧洲法院判例法仍然具有意义。根据第51条，对于超出欧盟法范围的情形，欧洲法院没有管辖权审查成员国对宪章的遵守情况。[209] 但是，就人权审查而言，难以预测哪些情况是属于欧盟法适用领域"之外"和"之内"的。

欧洲法院认为，宪章之前的很多案件不属于欧共体法范围，并且因此不受一般法律原则的约束。[210] 现在欧洲法院也以同样的方式裁定很多案件不属于欧盟法范围，从而无管辖权审查成员国行动与宪章的兼容性。[211] 有些案件在这方面表现得比较明显，但是有些案件则比较复杂。后一种情况包括，在行使成员国专属权能时通过的成员国立法，相较于欧盟相关就业法律，该立法在某些情况下赋予劳动者更广泛的保护；[212] 成员国拒绝给予某欧盟成员国国民的家庭成员以居住许可，因为该家庭成员没有满足欧盟立法所规定的居住条件；[213] 成员国根据国内法的规定拒绝给予个人法律援助，即使寻求法律援助的主要诉讼涉及欧盟法；[214] 就协调社会保障的欧盟规则而言，涉及成员国对哪些要素构成"特殊非缴费型现金补助"（special non-contributory cash benefit）的界定，因为欧盟规则无意界定此类补助

---

⑳ Case 12/86 *Demirel* (n 190).

⑳ 例如比较 Case C – 144/95 *Maurin* [1996] ECR I – 2909 与 Case C – 276/01 *Steffensen* [2003] ECR I – 3735, [69] – [78]. 在宪章生效前，被认为不属于欧洲法院审查是否遵守一般原则的管辖范围的案件，参见 Case C – 299/95 *Kremzow* (n 26)；Case C – 291/96 *Grado and Bashir* [1997] ECR I – 5531；Case C – 309/96 *Annibaldi v Sindaco del Commune di Guidoma* [1997] ECR I – 7493；Case C – 333/09 *Noël v SCP Brouard Daude* [2009] ECR I – 205；Case C – 535/08 *Pignataro* [2009] ECR I – 50；T Marguery, 'EU Fundamental Rights and Member States Action in EU Criminal Law' (2013) 20 MJ 282.

⑳ See, eg, Case C – 27/11 *Vinkov* EU：C：2012：326, [57] – [59]；Case C – 370/12 *Pringle* EU：C：2012：756, [178] – [180]；Case C – 339/10 *Asparuhov Estov* EU：C：2010：680, [12] – [14]；Cases C – 483/09 and C – 1/10 *Gueye* (n 205) [69]；Cases C – 267 and 68/10 *Rossius* EU：C：2011：332, [16] – [20]；Case C – 87/12 *Ymeraga* (n 203) [41] – [43]；Case C – 457/09 *Chartry* EU：C：2011：101, [25]；Case C – 314/10 *Pagnoul* EU：C：2011：609, [24]；Case C – 161/11 *Vino* EU：C：2011：420, [22] – [40]；Case C – 198/13 *Julian Hernandez* (n 202) [45] – [48]；Case C – 265/13 *Torralbo Marcos v Korota SA* EU：C：2014：187；Case C – 333/13 *Dano v Leipzig* EU：C：2014：2358, [87] – [91]；Case C – 14/13 *Cholakova* EU：C：2013：374；Case C – 40/11 *Yoshikazu Iida v Stadt Ulm* EU：C：2012：691, [78] – [82]；Case C – 206/13 *Siragusa* (n 202) [20] – [33]；Cases C – 532 and 538/15 *Eurosaneamientos SL and Others v ArcelorMittal Zaragoza SA* EU：C：2016：932, [52] – [55].

⑳ Case C – 198/13 *Julian Hernández* (n 202) [45].

⑳ Case C – 40/11 *Iida* (n 211) [78] – [82].

⑳ Case C – 265 – 13 *Torralbo Marcos v Korota SA* (n 211).

的成员国法范围。[215]

然而，值得注意的是，即使特定问题被认为不属于欧盟法的适用范围，并且由此欧洲法院不可审查对欧盟基本权利的遵守情况，但是欧洲法院仍常常提醒成员国其在《欧洲人权公约》中的"国际"义务。[216]

五　宪章的横向适用

宪章第51条规定宪章各条款对欧盟机构和成员国具有约束力，但没有提及它们对个人的影响。但是，由于欧洲法院先前曾指出，条约中针对成员国的条款也可以对个人施加义务[217]，并且裁定，一般法律原则在某些情况下可以具有横向直接效力[218]，那么引起的问题是，宪章各条款是否也对个人施加法律义务。[219]

这个问题直接出现在欧洲法院的"社会调解协会案"（AMS）中。[220]该案的问题是，雇员是否可以针对私人雇主援引宪章第27条所涉及的劳动者协商权。虽然欧洲法院根据案件的事实裁定第27条不够具体，以至无法为雇主创设一项义务，即在计算员工人数时将某些类别的劳动者包括在内；但是它留下了一个更大的问题，即足够确切的宪章条款是否有可能对个人具有约束力。

---

[215] Case C - 333/13 *Dano* (n 211).

[216] See, eg, Case C - 127/08 *Metock* [2008] ECR I - 6241, [74] - [79]; Case C - 87/12 *Ymeraga* (n 211) [44].

[217] See, eg, Case 43/75 *Defrenne v Sabena* [1976] ECR 455; Case C - 281/93 *Angonese v Cassa di Risparmio di Bologna* [2000] ECR I - 4134. 更一般性的问题，参见第八章。

[218] Case C - 144/04 *Mangold* [2005] ECR I - 9981; Case C - 555/07 *Kücükdeveci* EU：C：2010：365.

[219] D Leczykiewicz, 'Horizontal Application of the Charter of Fundamental Rights' (2013) 38 ELRev 38 479; N Lazzerini, ' (Some of) the Fundamental Rights Granted by the Charter May Be a Source of Obligations for Private Parties：AMS' (2014) 51 CMLRev 907; E Frantziou, 'Case C - 176/12 *AMS*：Some Reflections on the Horizontal Effect of the Charter and the Reach of Fundamental Employment Rights in the European Union' (2014) 10 EuConst 332; C Murphy, 'Using the EU Charter of Fundamental Rights against Private Parties after *AMS*' [2014] EHRLR 170; E Frantziou, 'The Horizontal Effect of the Charter of Fundamental Rights of the EU：Rediscovering the Reasons for Horizontality' (2015) 21 ELJ 657; E Frantziou, ' (Most of) the Charter of Fundamental Rights is Horizontally Applicable：ECJ 6 November 2018, joined cases C - 569/16 4 and C - 570/16, *Bauer et al.*' (2019) 15 (2) EuConst 1.

[220] Case C - 176/12 *Association de médiation sociale (AMS) v Union locale des syndicats CGT, Laboubi* EU：C：2014：2, [44] - [49].

然而，欧洲法院现在已经指出某些宪章条款可以具有横向效力。此外，"埃根贝格尔案"（*Egenberger*）清楚地表明，欧洲法院有意愿赋予宪章以横向效力，即使相关宪章权利被认为不如涵盖相同领域的某项指令更为详细。下面摘录的裁决现在已被欧洲法院其他裁决所巩固。㉑

埃根贝格尔诉福音慈善发展社

Case C－414/16 Egenberger v Evangelisches
Werk für Diakonie und Entwicklung
EU：C：2018：257

埃根贝格尔主张，她受到该福音教会的就业歧视，故其违反《第2000/78 号指令》，尽管该指令第 4 条规定宗教可作为某类职业在职位上给予不同待遇的合法理由。欧洲法院裁定，对该指令第 3 条的适用不能完全留给相关宗教组织，必须由成员国法院对这类决定进行有效司法审查。欧洲法院接下来考虑对第 4 条的这一解释如何在私人当事方之间的诉讼中执行，其假设是无法将相关成员国法解读为与如此解释的指令相一致。

欧洲法院

75. 如果无法将主要诉讼中所涉成员国条款解释为符合欧盟法，首先必须指出的是，《第 2000/78 号指令》本身并没有确立就业与职业领域中的平等待遇原则，而该原则源于各种国际文件和成员国共有的宪法传统，但指令的唯一目的是在该领域制定抗击基于各种理由（包括宗教和信仰）的歧视的总体框架，如其标题和第一条所示（就此可参见 2011 年 5 月 10 日判决，*Römer*，C－147/08，EU：C：2011：286，第 59 段以及所引判例法）。

76. 作为欧盟法一般原则，禁止所有基于宗教或信仰的歧视这一原则是强制性的。《欧盟基本权利宪章》第 21 条第 1 款规定的禁止性

㉑ Case C－68/17 *IR v JQ* EU：C：2018：696；Case C－684/16 *Max-Planck-Gesellschaft zur Forderung der Wissenschaften eV v Shimizu* EU：C：2018：874；Case C－193/17 *Cresco Holdings Ltd v Achatzi* EU：C：2019：43. See also Case C－396/19 *Leitner v Landespolizeidirektion Tirol* EU：C：2019：375.

规定本身就足以赋予个人一项权利，使其可以在欧盟法涵盖的领域中就他们之间的争议依据这些权利（就禁止年龄歧视原则，可参见 2014 年 1 月 15 日判决，*AMS*，C–176/12，EU：C：2014：2，第 47 段）。

77. 就其强制性效力而言，宪章第 21 条原则上与基础条约中禁止基于各种理由的歧视的各项条款并无不同，即使歧视来自个人之间的合同（类似的可参见 1976 年 4 月 8 日判决，*Defrenne*，43/75，EU：C：1976：56，第 39 段；2000 年 6 月 6 日判决，*Angonese*，C–281/98，EU：C：2000：296，第 33—36 段；2000 年 10 月 3 日判决，*Ferlini*，C–411/98，EU：C：2000：530，第 50 段；2007 年 12 月 11 日"国际运输工人联盟与芬兰海员工会案"判决，C–438/05，EU：C：2007：772，第 57—61 段）。

78. 其次必须指出的是，与宪章第 21 条一样，关于获得有效司法保护权利的第 47 条本身就足以赋予个人可以依据的权利，并且无须由欧盟法或成员国法通过更具体的规定以赋予个人这种权利。

79. 因此，在上文第 75 段提到的情况下，成员国法院需要确保在其管辖权范围内对个人提供源于宪章第 21 条和第 47 条的司法保护，并在必要时通过不适用任何相反的国内法规定来保证这些条款的充分效力。

80. 该结论不受以下事实的质疑，即在个人之间的纠纷中，可以要求法院平衡争议各方从《欧洲联盟条约》或该宪章条款中获得的相互矛盾的基本权利，并且在必须进行的审查中，甚至可能有义务确保遵守相称性原则。这种在所涉各种利益之间取得平衡的义务，对此类争端中依据相关权利的可能性没有影响。……

81. 此外，如果要求成员国法院确保宪章第 21 条和第 47 条得到遵守，同时可能平衡所涉及的各种利益，例如尊重《欧洲联盟运行条约》第 17 条规定的教会地位，则它必须考虑欧盟立法机构在《2000/78 号指令》中在这些利益之间所取得的平衡，以便在诸如该主要诉讼中的争议情形下对源自宪章的义务进行判断（类似的可参见 2005 年 11 月 22 日判决，*Mangold*，C–144/04，EU：C：2005：709，第 76 段；2015 年 4 月 23 日命令，*Commission v Vanbreda Risk & Benefits*，C–35/15 P（R），EU：C：2015：275，第 31 段）。

欧洲法院在其他案件中表现出给予宪章权利以横向效力的明显意愿，例如"鲍尔和布罗松案"（*Bauer and Broßonn*），其中相关权利涉及宪章第31条，该条规定带薪年假的权利。

伍珀塔尔市诉玛丽亚·伊丽莎白·鲍尔；
福尔克尔·维尔梅罗特诉马丁娜·布罗松
Case C –569 –570/16 Stadt Wuppertal v Maria Elisabeth Bauer;
Volker Willmeroth v Martina Broßonn
EU：C：2018：871

这两起案件涉及德国伍珀塔尔市政府和维尔梅罗特先生，他们分别作为鲍尔女士和布罗松女士已故丈夫的前雇主，是否有义务分别对她们支付其配偶生前未休带薪年假的替代津贴。雇员享有的带薪年假权利被写入《第2003/88号指令》第7条，也被纳入《欧盟基本权利宪章》第31条第2款。第二起诉讼涉及两个私人当事方，该指令本身由此可能没有横向直接效力。德国法院裁定，实施该指令的本国法无法解释为给予雇员配偶以其丈夫生前未获得的利益。欧洲法院裁定，该指令应解释为给予这种利益，并且第7条满足具有直接效力的足够确切和确定条件，但是该条仍然不具有横向直接效力。然而，欧洲法院裁定布罗松女士可以从该宪章权利中获得这种利益，而这是横向效力。

欧洲法院

85. 因此，宪章第31条第2款确认每位劳动者享有带薪年假的权利，就其存在本身而言，该权利在性质上是强制性和无条件的，其无条件性质无须由欧盟法或成员国法的规定来给予具体表达，这些规定只需要规定年假的确切时长，并在适当情况下规定行使该权利的某些条件。由此，该条款本身就足以赋予劳动者一项权利，他们可以在欧盟法涵盖的领域以及由此在属于宪章的适用范围内，就他们与雇主之间的争议实际依据该权利（类似的可参见2018年4月17日判决，*Egenberger*，C –414/16，EU：C：2018：257，第76段）。

86. 因此，宪章第31条第2款意味着，特别是对于属于其适用范围的情况，首先，成员国法院必须对主要诉讼中存在争议的本国立法不予适用，因为根据该立法，追溯性地剥夺劳动者在其去世前本应获得的带薪年假权利，因此，其法定继承人有权获得以金钱结算方式代替这些权利的津贴；其次，雇主不能凭借该本国法以规避偿付他们根据该条款所保障的基本权利所必须支付的替代津贴。

87. 关于宪章第 31 条第 2 款对私人个体雇主的影响，应当指出，虽然宪章第 51 条第 1 款表明其条款在适当考虑辅助性原则针对欧盟机构、机关、办事处和专门机构，以及仅在成员国实施欧盟法时针对成员国，但是，第 51 条第 1 款并未处理这一问题，即在适当的情况下是否可以直接要求这些个人遵守宪章某些条款，因此不能将其解释为意味着它系统地排除这种可能性。

88. 首先，正如佐审官在其意见第 78 点中所指出的那样，一级法律的某些条款主要针对成员国这一事实并不排除它们适用于个人之间的关系（就此可参见 2018 年 4 月 17 日判决，*Egenberger*，C–414/16，EU：C：2018：257，第 77 段）。

89. 其次，本法院已特别认定，宪章第 21 条第 1 款的禁止性规定本身就足以赋予个人在与另一个人的争议中可以依据的权利（2018 年 4 月 17 日判决，*Egenberger*，C–414/16，EU：C：2018：257，第 76 段），因此，不受宪章第 51 条第 1 款的妨碍。

90. 最后，具体就宪章第 31 条第 2 款，必须指出的是，每个劳动者都享有带薪年假的权利，就其性质而言，需要雇主承担相应的义务，即给予此类带薪假期。

91. 如果提交问题的法院无法确保以符合宪章第 31 条第 2 款的方式解释有争议的本国立法，那么在 C–570/16 案特定法律背景的这类情况下，就需要它确保在其管辖权范围内向个人提供来自该条款的司法保护，并且在必要时通过不适用该本国立法来保证其充分效力（类似的可参见 2018 年 4 月 17 日判决，*Egenberger*，C–414/16，EU：C：2018：257，第 79 段）。

上述案件的"基本原则"是，指令只是反映了该宪章中的权利，并可发现于成员国宪法传统和国际文件中。宪章权利可以横向地适用于私人当事方之间，也可以纵向地适用于与国家的关系。相关指令的条款可以设定权利的框架和存续期间，但该权利仍然来自宪章。被授予横向地位的宪章权利，其数量还有待观察。但是，它在这方面的影响可能十分深远，因为许多指令都能够关联到与其所涵盖领域相同的宪章权利。对指令横向直接效力的影响已在前面章节里讨论了，应予以参考。⑫

本判例法的"救济结果"同样重要，因为它绕过对指令横向直接效力的救济限制。因此，如果成员国法院不能将本国立法解释为与指令一致，私人当事方仍然可以在针对另一私人当事方的诉讼中使用宪章权利，并且成员国法院将有义务搁置或不适用违法的成员国立法和成员国法中任何相反的规定。指令可以很好地设定权利的框架和存续时间。申诉人被拒绝的利益则来自宪章权利，应结合指令的更详细条款加以解读，如上所述，这些条款可能会影响权利的框架和存续时间。

下面摘录来自欧洲法院意大利籍法官露西娅·罗西（Lucia Rossi）的文章，她指出了该判例法的重要意义。

罗西：《"屈库克德维奇案"的模糊性：指令的"衍生"横向直接效力？》⑬

根据《欧洲联盟条约》第6条第1款，《欧盟基本权利宪章》与条约具有相同的法律价值。在《里斯本条约》生效后，由此出现一个问题，即欧洲法院关于欧盟一级法律条款直接效力的判例法，可追溯到"范亨特与洛斯公司案"，是否也可以扩展到宪章中所包含的权利上。

［作者回顾了包括"社会调解协会案""埃根贝格尔案""鲍尔案"和"Cresco 公司案"在内的判例法，然后继续分析如下。］

这些判决似乎已经发展出一种适用于由宪章保护的所有权利的一般标准，该标准类似于欧洲法院最初为判断条约条款的直接效力（"范亨特与洛斯公司案"，26/62，第13页），以及后来为判断指令条

---

⑫　参见第八章。

⑬　L Rossi, 'The Kücükdeveci Ambiguity: 'Derivative' Horizontal Direct Effects for Directives?', EU Law Analysis（25 Feb 2019）, https://eulawanalysis.blogsport.com/2019/02/the-relationship-between-eu-charter-of.html.

款的直接效力（"范杜恩案"，41/74，第1213段）而制定的标准，尽管措辞有所不同。该标准基于双重条件，根据该条件，宪章条款不仅具有纵向直接效力，而且具有横向直接效力，它们既是无条件性质的，又是强制性的。

第一个条件要求宪章条款是"自给自足的"[参见伊夫·博佐审官（AG Bot）对"鲍尔案"的意见第80点，以及莱纳茨大法官（Lenaerts）的观点]，因为它们不必"由欧盟法或成员国法的规定给出具体表达"。尽管如此，欧洲法院已经指出，二级法律可以规定相关权利的某些特征，例如在其存续期间，并设定"行使该权利的某些条件"[参见"马普所案"（MaxPlanck）判决第74段和"鲍尔案"判决第85段]。

因此，宪章众多条款中提到的"国家法律和惯例中规定的"权利，在原则上剥夺了这种横向直接效力，正如欧洲法院在"社会调解协会案"中所明确指出的那样（第44—45段），并在"马普所案"（第73段）和"鲍尔案"（第84段）中得到肯定。……

……

其次，欧洲法院在"马普所案"中承认，尽管宪章第51条第1款并未"系统地排除"个人可能被直接要求遵守宪章的某些规定，但这并不影响援引此类横向直接效力的先决条件，即这种法律情形应属于宪章的适用范围。根据欧洲法院既定判例法对相同第51条的解释，当相关法律情形受欧盟法律管辖且该成员国立法属于联盟法适用范围时，就是这种情况（参见 Fransson C-617/10…），它不能由宪章本身所扩展。

第九节　演进中的关系：欧盟与 《欧洲人权公约》

一　欧盟加入《欧洲人权公约》

至少自20世纪70年代起，欧盟加入《欧洲人权公约》的可能性一直是欧盟一体化讨论中的常规议题。那时重新提议加入人权公约，是在20世纪50年代放弃联邦制蓝图之后，而在这个被放弃的蓝图中，欧盟与《欧洲人权公约》体系完全融为一体。[24] 虽然现在欧盟事实上拥有自己的基本权利宪章，该宪章部分以《欧洲人权公约》为蓝本，并且拥有自身相当广泛的"国内"人权体系，但是仍产生为什么今天还认为需要加入人权公约这一问题。这里有几种可能的答案。

首先，欧盟仍然面临着对其人权角色的批评，人们对欧盟促进人权的承诺是否真实持怀疑态度。欧洲法院被指责为利用人权话语，试图将欧盟法的影响扩大到本应保留为成员国首要关切的领域，并且通过熟练地操控基本人权的修辞技巧来促进欧盟的一体化目标或内部市场目标。[25] 因此，就人权承诺而言，加入《欧洲人权公约》可能有助于展示欧盟的信用。

与此相关的一个关切是，有些人认为欧洲联盟法院不应作为一个平行的欧洲人权法院，而应将这项任务交给专门的欧洲人权法院（ECtHR），后者是一个受欧洲委员会（Council of Europe）成员国特别委托，以监督成员国遵守《欧洲人权公约》情况的法院。

另一个关切是，欧洲联盟法院扩大其管辖权以审查成员国对基本权利的遵守，这增加了两个欧洲法院就类似问题裁决而发生冲突的可能性。[26] 虽然有些人认为这两个法院之间不可能发生任何解释冲突[27]，但其他观点认为存在明显的风险。

最后，希望能够在欧洲人权法院直接质疑欧盟法令的意图，可能是支持加入人权公约的最有力理由。加入人权公约可能意味着，欧洲联盟法院将不再是欧盟行动是否符合人权的最终正式裁判者。如果加入该公约，欧盟将在欧洲人权法院拥有一名自己的法官，而欧洲委员会每个成员国均有一名法官。根据欧盟委员会的说法，加入《欧洲人权公约》将有助于在欧

[24] G de Búrca 'The Road Not Taken: The EU as a Global Human Rights Actor' (2011) 105 AJIL 649.

[25] See Coppel and O'Neill (n 116).

[26] R Lawson, 'Confusion and Conflict? Diverging Interpretations of the ECHR in Strasbourg and Luxembourg' in R Lawson and M de Bloijs (eds), *The Dynamics of the Protection of Human Rights in Europe* (Kluwer, 1994); D Spielman, 'Human Rights Case Law in the Strasbourg and Luxembourg Courts: Inconsistencies and Complementarities' in Alston, Heenan, and Bustelo (n 4).

[27] P van Dijk and G van Hoof, *Theory and Practice of the European Convention on Human Rights* (Kluwer, 3rd edn, 1998) 21; A Rosas, 'The European Court of Justice in Context: Forms and Patterns of Judicial Dialogue' (2007) 1 EJLS 1.

盟发展共同的基本权利文化，将加强欧盟人权体系和对外政策的信誉度，将利用欧盟的影响力支持斯特拉斯堡体系，并将确保这两个法院判例法的和谐发展。[228]

在向这方面发展的第一次重要政治进展中，理事会于1994年要求欧洲法院根据现在的《欧洲联盟运行条约》第218条第11款就加入人权公约与两部欧盟条约的兼容性提供意见。欧洲法院回应称，欧盟缺乏条约所规定的权能，并且有必要进行修订。[229] 13年后，《里斯本条约》引入《欧洲联盟条约》第6条第2款，不仅提供了权能，还规定了欧盟加入《欧洲人权公约》的法律义务（"欧盟应加入"）。尽管欧洲法院"第2/94号意见"表明，欧洲法院对加入公约可能产生的"根本性机构影响"和"宪法意义"表示担忧，但是并没有详细解释这些问题。[230] 尽管如此，大多数观察者认为，《里斯本条约》对《欧洲联盟条约》第6条第2款的修订已经消除了欧盟方面加入公约的所有障碍。[231] 从欧洲委员会方面来看，因俄罗斯造成的长期拖延问题也得到了解决，从而最终使《欧洲人权公约》第十四号议定书生效，该议定书修订了欧洲委员会章程以允许欧盟加入。

似乎欧盟成功加入人权公约已经万事俱备。《加入协定草案》（Draft Agreement on Accession，DAA）用了3年时间才完成[232]，但到了2013年年中大部分要点似乎已经解决。要加入人权公约，需要由欧洲委员会的部长委员会缔结《加入协定草案》；由欧盟部长理事会一致通过；获得欧洲议会的同意；得到所有47个欧洲委员会成员国的批准。《加入协定草案》的关键条款是要解决关于欧盟法特殊性的关切，[233] 包括：（1）欧洲联盟法院的事先参与机制，以确保在欧洲联盟法院就事项首先做出裁决之前，欧洲人权法院不会裁定欧盟法令与公约的兼容性；（2）共同被告机制，在欧盟

---

[228]　Commission Press Release IP/10/291 of March 2010.

[229]　*Opinion 2/94* [1996] ECR I-1795.

[230]　Ibid [34]-[35].

[231]　JP Jacqué, 'The Accession by the European Union to the European Convention on Human Rights and Fundamental Freedoms' (2011) 48 CMLRev 995; F Korenica, *The EU Accession to the ECHR* (Springer, 2015).

[232]　P Craig, 'EU Accession to the ECHR: Competence, Procedure and Substance' (2013) 36 Fordham Int LJ 1115.

[233]　See, eg, Discussion document of the ECJ on certain aspects of the accession of the EU to the ECHR, Luxembourg, 5 May 2010.

法与《欧洲人权公约》的兼容性可能存在争议的情况下，允许欧盟成为在欧洲人权法院针对成员国的诉讼程序中的当事方；（3）规定避免将《欧洲人权公约》第 55 条解释为适用于欧洲联盟法院的诉讼程序，该条禁止《欧洲人权公约》成员国就公约的解释所引发的争端诉诸其他争端解决机制，或者避免以其他方式导致违反《欧洲联盟运行条约》第 344 条。

　　然而，这些规定不足以解决欧洲联盟法院的关切，在 2014 年 12 月欧洲法院关于《加入协定草案》的"第 2/13 号意见"中，欧洲法院宣称《加入协定草案》不符合《欧洲联盟条约》第 6 条第 2 款。[234] 欧洲法院不满意《加入协定草案》中的上述机制[235]，以及该协定的一些其他特征，包括：未能适当澄清《欧盟基本权利宪章》第 53 条与《欧洲人权公约》第 53 条的关系；[236] 存在着在司法和内务领域破坏成员国之间相互信任原则的风险；[237] 斯特拉斯堡法院将事实上获得审查欧盟共同外交和安全政策措施的管辖权，而《欧洲联盟条约》在很大程度上将欧洲联盟法院排除在这种管辖之外；[238] 存在如下风险，即在《欧洲人权公约》第十六号议定书将使成员国法院有机会在欧洲联盟法院考虑欧盟法相关事项之前，要求欧洲人权法院就这些欧盟法事项做出解释性裁决。[239] 欧洲法院反对《加入协定草案》中各种"问题"条款的核心主张是，需要保持欧盟法律秩序的特殊性和自主性，以及其自身管辖权的排他性。

　　该意见冗长而复杂，需要仔细阅读。尽管佐审官对《加入协定草案》中有争议条款的意见与欧洲法院并没有太大不同，但是她最终表述的建议肯定了《加入协定草案》与欧盟条约的兼容性，只要若干条件如同具有约束力的国际法事项那样得到确保。然而，欧洲法院虽然接受了她意见中的大部分实质内容，但仍裁定《加入协定草案》不符合欧盟条约，从而使《加入协定草案》前景黯淡，欧盟加入《欧洲人权公约》再次成为一项艰巨的政治任务。

---

[234]　*Opinion 2/13 on EU Accession to the ECHR* EU：C：2014：2454.

[235]　关于欧洲联盟法院的事先介入机制，参见 *Opinion 2/13*（n 234）[236] - [248]；关于共同被告机制，参见 [215] - [235]；关于防止《欧洲人权公约》第 55 条妨碍《欧洲联盟运行条约》第 344 条，参见 [201] - [214].

[236]　Ibid [185] - [190].

[237]　Ibid [191] - [195].

[238]　Ibid [249] - [257].

[239]　Ibid [196] - [199].

对该判决的总体反应是"一边倒"的批评。[240] 虽然加入公约的计划似乎不太可能被搁置，特别是考虑到《欧洲联盟条约》第 6 条第 2 款的强制性质，但是目前仍很难预测出路在何方。有很多学术论文考虑了这个问题。这方面的解决方案很复杂，在此不做详细讨论。现摘录其中一篇以便很好地了解这项任务的艰巨程度。

维特和伊玛莫维奇：《"关于加入〈欧洲人权公约〉的第 2/13 号意见"：对抗外国人权法院以捍卫欧盟法律秩序》[241]

在欧洲法院提出的反对意见中，某些小的意见确实是合理的，可以通过修改《加入协定草案》来解决……或者甚至更简单地通过对《解释报告》添加一些澄清性的语言即可。但是，其他反对意见则可能很难补救，甚至无从下手。涉及互相信任原则和共同外交与安全政策的反对意见，似乎尤其如此。在这两种情况下……欧洲法院有效地要求欧盟豁免适用正常的公约标准。这不可能包含在《加入协定》中，除非联盟在加入该公约时提出保留。这种保留不涉及具体的公约权利，但具有"横向"适用范围，因此在该公约保留制度下是不可接受的。由此得出的结论是，按照欧洲法院的意见重新谈判《加入协

---

[240] See, eg, B de Witte and S Imamovic, '*Opinion* 2/13 on the Accession to the ECHR: Defending the EU Legal Order against a Foreign Human Rights Court' (2015) 40 ELRev 683; E Spaventa, 'A Very Fearful Court?: The Protection of Fundamental Rights in the EU after *Opinion* 2/13' (2015) 22 MJ 35; B Pirker and S Reitemeyer, 'Between Discursive and Exclusive Autonomy—*Opinion* 2/13, the Protection of Fundamental Rights and the Autonomy of EU Law' (2015) 17 CYELS 168; T Lock, 'The Future of the European Union's Accession to the European Convention on Human Rights after *Opinion* 2/13: Is It Still Possible and Is It Still Desirable' (2015) 11 EuConst 239; L Besselink, M Claes, and J-H Reestan, 'A Constitutional Moment: Acceding to the ECHR (or not)' (2015) 11 EuConst 2; S Peers, 'The EU's Accession to the ECHR: The Dream Becomes a Nightmare' (2015) 16 German LJ 213; A Lazowski and R Wessel, 'When Caveats Turn into Locks: *Opinion* 2/13 on Accession of the European Union to the ECHR' (2015) 16 German LJ 179; C Krenn, 'Autonomy and Effectiveness as Common Concerns: A Path to ECHR Accession after *Opinion* 2/13' (2015) 16 German LJ 147; P Eeckhout, '*Opinion* 2/13 on EU Accession to the ECHR and Judicial Dialogue: Autonomy or Autarky' (2015) 38 Fordham Int LJ 955; L Halleskov Storgaard, 'EU Law Autonomy versus European Fundamental Rights Protection—On *Opinion* 2/13 on EU Accession to the ECHR' (2015) 15 HRLR 485; J Snell, 'Is *Opinion* 2/13 Obsolescent?' (2017) 42 ELRev 449. Compare, however, D Halberstam, 'It's the Autonomy, Stupid: A Modest Defense of *Opinion* 2/13 on EU Accession to the ECHR' (2015) 16 German LJ 105.

[241] B de Witte and S Imamovic, '*Opinion* 2/13 on the accession to the ECHR: Defending the EU Legal Order against a Foreign Human Rights Court' (2015) 40 ELRev 683, 703 – 704.

定》是根本不可能的。在没有加入《欧洲人权公约》的情况下，根据《欧洲联盟条约》第 6 条第 3 款和《欧盟基本权利宪章》第 52 条第 3 款，"作为欧盟法事项"欧盟当然仍将受《欧洲人权公约》的约束。

很难得出其他结论，欧洲法院已尽其所能使欧盟加入《欧洲人权公约》变得极其困难，如果还有可能的话。

成员国在里斯本修改欧盟条约时，明确决定欧盟应加入该公约。通过附加《第八号议定书》，成员国规定了在谈判加入该公约时应遵守的一些条件，但当然不能怀疑成员国附加《第八号议定书》是为了破坏《欧洲联盟条约》第 6 条第 2 款对加入该公约的明确授权。然而，这正是欧洲法院在其"第 2/13 号意见"中所做的：它使用《第八号议定书》的措辞来得出结论，认为谈判者为执行《欧洲联盟条约》第 6 条第 2 款授权而进行的善意尝试是不明智的，并且事实上，从一开始就注定了——因为《加入协定草案》的谈判者不可能满足欧洲法院在"第 2/13 号意见"中所提出的某些反对意见。通过这种方式，欧洲法院对欧盟条约文本进行了"违法"（*contra legen*）解释，甚至可能有人会主张，对欧盟法律秩序完整性的真正威胁在于欧洲法院提供的大胆解释，而非《加入协定草案》的起草者表现出的谨慎态度。从本质上讲，欧洲联盟法院将欧洲人权法院视为"外国法院"，认为其威胁到欧洲联盟法院长期以来获得的权威。……在其"第 2/13 号意见"中，欧洲法院对自己的特权表现出极大的关注，而对基本权利的保护却不那么上心。

二 加入之前欧洲人权法院对欧盟法令的间接审查

在欧盟未加入《欧洲人权公约》的情况下，虽然申诉人不可能在欧洲人权法院直接对欧盟提起诉讼，但这个位于斯特拉斯堡的人权法院已经准备好，如果申诉人对一个或所有欧盟成员国提起诉讼，它将在一系列情况下接受针对欧盟法令的"间接"申诉。[242]

---

[242]　See, eg, App No 13258/87 *Melcher (M) v Germany*, decision of 9 Feb 1990；App No 21090/92 *Heinz v Contracting States and Parties to the European Patent Convention*, decision of 10 Jan 1994；App No 21072/92 *Gestra v Italy*, decision of 16 Jan 1995；App No 13645/05 *Cooperatieve Producentenorganisatie van de Nederlandse Kokkelvisserij UA v the Netherlands*, decision of 20 Jan 2009.

1999 年，欧洲人权法院在"马修斯案"（*Matthews*）中裁定，虽然《欧洲人权公约》并不妨碍一国将国家权能让渡至欧盟这样的国际组织，但即使在权能让渡之后，由于违反《欧洲人权公约》所产生的国家责任仍继续存在。[243] 此后，提交到欧洲人权法院的许多案件涉及各类形式的欧盟行为，欧洲人权法院似乎愿意接受这种间接诉讼，尽管在大多数案件中，该法院以其他原因驳回了这类诉讼，例如缺乏受害者或实质性权利不适用。[244] 欧洲人权法院涉及其对欧盟法令的司法管辖权的关键裁决是"博斯普鲁斯航空旅行公司案"（*Bosphorus*）。[245]

博斯普鲁斯航空旅行公司诉爱尔兰
Application No 45036/98 Bosphorus v Ireland
2005 年 6 月 30 日判决

本案由一家土耳其公司对爱尔兰提起，原因是爱尔兰以不予补偿的方式扣押了申诉人从前南斯拉夫国家航空公司租用的飞机。爱尔兰当局依据欧盟条例扣押了该飞机，该条例是为了实施20 世纪90 年代初前南斯拉夫内战期间联合国对该国的制裁，而爱尔兰的扣押行为遵循欧洲法院对该条例的裁决。[246] 欧洲人权法院认为，爱尔兰之所以实施被指控的违法行为，是因为遵守具有约束力和非自由裁量的欧盟法律义务——换言之，欧盟条例才是被控违法行为的真正根源。在该案中，欧洲人权法院提出其对此类申诉时应采用的方法。

---

[243]　App No 24833/94 *Matthews v United Kingdom*，judgment of 18 Feb 1999，esp［34］-［35］；R Harmsen，'National Responsibility for EC Acts under the ECHR：Recasting the Accession Debate'（2001）7 EPL 625.

[244]　See，eg，App No 51717/99 *Guérin Automobiles v les 15 Etats de l'UE*，decision of 4 July 2000；App No 56672/00 *DSR-Senator Lines GmbH v the 15 Member States of the EU*，decision of 10 Mar 2004；App Nos 6422/02 and 9916/02 *SEGI v the 15 Member States of the EU*，decision of 23 May 2002；App No 62023/00 *Emesa Sugar v Netherlands*，decision of 13 Jan 2005.

[245]　App No 45036/98 *Bosphorus v Ireland*，Grand Chamber judgment of 30 June 2005；S Douglas Scott，Note（2006）43 CMLRev 243；A Hinarejos Parga，Note（2006）31 ELRev 251.

[246]　Case C-84/95 *Bosphorus v Minister for Transport*［1996］ECR I-3953.

欧洲人权法院

151. 因此，问题是，遵守欧共体义务这项重要的普遍利益，是否以及在何种程度上可以使国家合法地侵害申诉人的财产权。

152. 一方面，《欧洲人权公约》并不禁止缔约方将主权权力让渡给国际（包括超国家）组织，以便在某些活动领域开展合作（参见"M. & Co. 案"决定第 144 页，以及"马修斯案"判决第 32 段）。此外，即使作为继受此种主权权力的拥有者，只要该组织不是公约缔约方，则其本身并不在公约之中对提交到其机关的诉讼程序或其机关的决定承担责任。……

153. 另一方面，已经公认的是，根据公约第 1 条，缔约方对其机关的一切作为和不作为负责，无论该作为或不作为是不是国内法的结果，或者出于必须遵守国际法律义务。……

154. 为协调这两种立场，以及由此确定国家行动在何种程度上可经如下理由认定为合法，即国家采取相关行动的目的是遵守自己作为某个国际组织成员的义务，而且自己已经将部分主权让渡给该国际组织，在此过程中，本法院已经认识到，如果缔约国完全不承担其在这种已让渡权力所涵盖领域的公约责任，则将不符合公约的宗旨和目标，即公约的保障可能被随意限制或排除，从而剥夺其强行性，破坏公约保障的实际效果（"M. & Co. 案"决定第 145 页，以及"Waite and Kennedy 案"判决第 67 段）。一旦公约生效，国家就被公认为一直承担遵守条约所承诺的公约责任。……

155. 本法院认为，为遵守这种法律义务而采取的国家行为是合法的，其前提条件是，在提供实质性保障和与遵守基本权利有关的控制机制方面，相关组织保护基本权利的方式可认定为至少同等于公约所规定的方式（各缔约方和欧盟委员会同意的方法，参见"M. & Co. 案"决定第 145 页）。所谓"同等于"（equivalent），本法院指的是"相较于"（comparable），因为要求国际组织提供"完全相同的"保护，可能与所追求的国际合作利益背道而驰（参见本案判决第 150 段）。但是，这种对同等性的任何认定都不是最终的，只要基本权利保护发生任何相关变化，就可对其予以审查。

156. 如果认为该国际组织提供了这种同等的保护，则可以假设，如果一国不过是在履行其作为该组织成员应履行的法律义务，那么该国就没有偏离《欧洲人权公约》的要求。

但是，如果在特定情况下认定对公约权利的保护明显不足，则可以推翻任何此类推定。在这种情况下，国际合作利益将让位于公约在人权领域作为"欧洲公共秩序的宪法文件"的角色。……

157. 对于不属于其狭义国际法律义务的一切法令，一国仍然应根据《欧洲人权公约》承担全部责任。在上文第117段中，申诉人引用众多公约案件证实了这一点。每个案件（特别是"Cantoni案"判决第26段）都涉及本法院对行使欧共体法律所规定的国家自由裁量权的审查。……"马修斯案"（Matthews）仍然很重要，认定应由联合王国负责的法令"是其自由订立的国际文件"（该判决第33段）。……

158. 由于受到质疑的行为完全符合爱尔兰履行其欧共体成员身份的法律义务（参见上面第148段），本法院将审查是否可以假设爱尔兰在履行这些义务时遵守了公约要求，以及在本案的情况下是否可以推翻这种假设。

在该案中，欧洲人权法院调查了欧盟的基本权利保护制度，认定爱尔兰遵守《欧洲人权公约》义务的假设确实成立，因为欧盟提供的人权保护"同等于"欧洲人权公约体系，在欧盟的控制体系中不存在任何运转失灵的情况，因此该案没有推翻这种假设的理由。[247]

然而，7名法官在该案件中签署了两份单独的协同意见书，表达对多数意见的某种保留。他们表达的关切是，逐案审查遵守情况的方式被取消，而是代之以对欧盟"同等保护"人权的一般制度进行大体上的抽象审查。他们还注意到，由于私人当事方在欧洲法院的诉讼地位有限，因此欧盟司法保护制度在这方面存在着缺陷，质疑这是否意味着违反了《欧洲人权公约》第6条第1款。

在"米肖案"（Michaud）中，欧洲人权法院进一步阐述了对欧盟等组

---

[247] K Kuhnert, 'Bosphorus—Double Standards in European Human Rights Protection?' (2006) 2 Utrecht Law Review 177; C Costello, 'The Bosphorus Ruling of the ECtHR: Fundamental Rights and Blurred Boundaries in Europe' (2006) 6 HRLR 87.

织采用"同等推定"方法的根本原因，并强调"只有在权利及其保障措施得到与本法院自身提供的保护相当的情况下"，欧洲人权法院才会降低对国家为履行此类组织成员义务所采取行动的监督力度。[248]

自"博斯普鲁斯案"以来，斯特拉斯堡人权法院多次间接审查欧盟行为与《欧洲人权公约》的兼容性，并且表明它非常愿意认定"同等推定"不适用，而是适用其正常的审查标准。在已经认定欧盟庇护制度运行不当的案件中，欧洲人权法院裁定，由于有关国家有决定是否处理庇护申请的自由裁量权，即使这不是它们在欧盟条例中的责任，因此，该行为不是欧盟法"严格"要求的，因而不适用"同等推定"[249]。欧洲人权法院也愿意处理申诉人提出的同等推定在该案件情况下可被驳回的主张。[250]

鉴于欧洲联盟法院在关于欧盟加入《欧洲人权公约》的"第 2/13 号意见"中做出了否定裁决，并且欧洲人权法院院长对"第 2/13 号意见"表示失望[251]，有人猜测欧洲人权法院是否会削弱其对欧盟行动的尊重程度。然而，在"阿沃京案"（*Avotiņš*）中，欧洲人权法院认为，尽管有"第 2/13 号意见"，但"博斯普鲁斯案"同等推定规则仍然存在。[252] 然而，"阿沃京案"的判决是微妙的，因为在保留同等推定的同时，斯特拉斯堡法院仍然非常仔细地考虑了在本案中是否应推翻该推定，从而表明在这方面进行密切审查。[253]

三　加入之前欧洲联盟法院和欧洲人权法院的相互影响

我们在上文已经看到，欧洲联盟法院如何引用欧洲人权法院的裁决，在援引《欧盟基本权利宪章》所规定的类似权利的案件中尤其如此，因为宪章第 52 条第 3 款规定，与《欧洲人权公约》权利相对应的宪章权利的

---

[248]　App No 12323/11 *Michaud v France*, judgment of 6 Dec 2012, [104].

[249]　See, eg, App No 30696/09 *MSS v Belgium and Greece*, Grand Chamber judgment of 21 Jan 2011; App No 29217/12 *Tarakhel v Switzerland*, Grand Chamber judgment of 4 Nov 2014.

[250]　App 3890/11 *Povse v Austria*, judgment of 18 June 2013, [84]–[87].

[251]　www.echr.coe.int/Documents/Speech_ 20150130_ Solemn_ Hearing_ 2015_ ENG.pdf.

[252]　Case No 17502/07, *Avotiņš v Latvia*, 23 May 2016.

[253]　P Gragl, 'An Olive Branch from Strasbourg? Interpreting the European Court of Human Rights' Resurrection of Bosphorus and Reaction to *Opinion 2/13* in the *Avotins* Case' (2017) 13 EuConst 551; L Glas and J Krommendijk, 'From *Opinion 2/13* to *Avotins*: Recent Developments in the Relationship between the Luxembourg and Strasbourg Courts' (2017) 17 HRLR 1.

含义和范围，与《欧洲人权公约》的规定相同。[254]

两家法院在同一问题上的解释可能存在差异，这一点甚至可以从早期的判例法中得到证实。例如，可比较以下差异，欧洲人权法院"开门咨询公司案"（*Open Door Counselling*）判决[255]与佐审官对"格罗根案"（*Grogan*）的意见;[256] 欧洲法院在"希腊广播电视公司案"（*ERT*）中的方法[257]与欧洲人权法院处理"林茨信息联合会诉奥地利案"（*Informationsverein Lentia*）的方法;[258] 欧洲法院对"赫司特案"（*Hoechst*）的判决[259]与欧洲人权法院对"尼米茨诉德国案"（*Niemietz*）的判决;[260] 欧洲法院在"又更公司诉委员会案"（*Orkem*）中的方法[261]与欧洲人权法院对"冯克诉法国案"（*Funke*）的方法。[262]

尽管存在着潜在冲突，但两家法院显然都希望在其各自判例法中避免冲突，并在出现类似问题时，一方对另一方表现出一定程度的尊重。[263] 这就是《欧盟基本权利宪章》第52条第3款所述的方法，斯特拉斯堡法院近年来也多次提到这种方式，并且积极适应欧盟法和欧洲联盟法院。[264] 欧洲人权法院的许多判决都援引该宪章[265]，在一些情况下甚至遵循欧洲联盟法院的判决。[266] 此外，在成员国法院未能向欧洲联盟法院提请初步裁决的

---

[254] G de Búrca, 'After the EU Charter of Rights: The Court of Justice as a Human Rights Adjudicator?' (2013) 20 MJ 168.

[255] App Nos 14234/88 and 14235/88 *Open Door Counselling Ltd and Dublin Well Woman Centre v Ireland*, judgment of 29 Oct 1992.

[256] Case C – 159/90 *SPUC v Grogan* EU: C: 1991: 249.

[257] Case C – 260/89 *ERT* (n 26).

[258] App Nos 13914/88 etc *Informationsverein Lentia v Austria*, judgment of 24 Nov 1993.

[259] Cases 46/87 and 227/88 *Hoechst AG v Commission* [1989] ECR 2859.

[260] App No 13710/88 *Niemietz v Germany* [1992] 16 EHRR 97.

[261] Case 374/87 (n 152).

[262] App No 10828/84 *Funke v France* [1993] 16 EHRR 297.

[263] ML Pâris-Dobozy, 'Paving the Way: Adjustments of Systems and Mutual Influences between the European Court of Human Rights and European Union Law before Accession' (2014) 51 Irish Jurist 59.

[264] See C Dautricourt, 'A Strasbourg Perspective on the Autonomous Development of Fundamental Rights in EU Law: Trends and Implications', NYU Jean Monnet Working Paper 10/2010.

[265] See, eg, App No 28957/95 *Goodwin v United Kingdom*, judgment of 11 July 2002, [100]; App No 34503/97 *Demir and Baykara v Turkey*, judgment of 12 Nov 2008, [47], [150]; App No 10249/03 *Scoppola v Italy*, judgment of 17 Sept 2009; App No 25965/04 *Rantseva v Russia and Cyprus*, judgment of 7 Jan 2010.

[266] 例如反恐制裁案件，参见 App No 10593/08 *Nada v Switzerland*, judgment of 12 Sept 2012.

情况下，欧洲人权法院还担任欧盟法的执行者，裁定这种行为在某些情况下构成违反《欧洲人权公约》第6条第2款。㉖㉗两家法院还定期会晤，"讨论共同关心的一般性问题"㉖㉘。

尽管如此，正如欧洲议会对两家法院的基本权利判例法开展的研究所指出的，欧洲联盟法院有时"明显表达出对宪章而非公约的偏爱，同时不与《欧洲人权公约》发生冲突"㉖㉙。这种更多依赖宪章作为欧盟人权法渊源的倾向，并且在不参考《欧洲人权公约》的情况下更自主地解释宪章的趋势，㉖⓪反映了欧洲联盟法院在"第2/13号意见"中的立场，即对可能在法律上将欧盟人权规范与《欧洲人权公约》以及特别是欧洲人权法院裁决过于紧密联系的任何安排持有戒心。

因此，最近欧洲法院判例法的标准表述是，宪章第52条第3款虽然规定了欧盟法与《欧洲人权公约》相关规则之间保持一致的必要性，但不应因此损害欧盟法或欧洲法院的自主权;㉗①尽管有第52条第3款的规定，只要欧盟尚未加入《欧洲人权公约》，它就不构成已正式纳入欧盟法的法律文件;㉗②因此以权利为由提起诉讼的首要渊源应该是《欧盟基本权利宪章》所保障的权利。㉗③

第十节 结论

一 现在，人权在欧盟法律和政策中占据着越来越重要的地位。《欧盟基本权利宪章》具有法律约束力。遵守人权标准是接纳新成员国的条

㉖㉗ See App 17120/09 *Dhabi v Italy*, judgment of 8 July 2014, [31]–[34].

㉖㉘ L Scheeck, 'Competition, Conflict and Cooperation between European Courts and the Diplomacy of Supranational Judicial Networks', Garnet Working Paper 23/07 (2007).

㉖㉙ N (107).

㉖⓪ De Búrca (n 107).

㉗① See, eg, Case C–180/17 *X and Y v Staatssecretaris van Veiligheid en Justitie* EU：C：2018：775, [31]; Case C–492/18 PPU *TC* EU：C：2019：108, [57].

㉗② See, eg, Case C–617/10 *Akerberg Fransson* (n 199) [44]; Case C–426/16 *Liga van Moskeeen en Islamitische Organisaties Provincie Antwerpen v Vlaams Gewest* EU：C：2018：335, [40]; Case C–524/15 *Criminal proceedings against Luca Menci* EU：C：2018：197, [22]–[24].

㉗③ See, eg, Case C–524/15 *Criminal proceedings against Luca Menci* (n 272) [24].

件，严重违反人权标准则构成启动《欧洲联盟条约》第7条象征性制裁机制的依据。但是，人们越来越担心第7条工具在实践中无法使用，从而需要更有效的机制。

二 欧洲法院和综合法院处理人权事项的判例法继续成倍增长，涵盖了广泛和不同的人权议题。自宪章通过以来，欧洲法院已表明愿意推翻违反宪章条款的欧盟法律。

三 虽然在欧盟内部，各成员国政府仍然对欧盟在人权事项上的作用持矛盾态度，但是就宪章第51条而言，欧洲法院对属于欧盟法律范围内的事项采取了一种广义的观点。欧洲法院毫不含糊地主张，在相冲突时欧盟法和宪章对成员国宪法具有优先性。但是，它尚未澄清宪章是否可以对私人当事方施加义务。

四 位于斯特拉斯堡的欧洲人权法院和位于卢森堡的欧洲联盟法院都试图避免在各自判例法之间发生冲突，同时宪章第52条第3款促进了欧洲联盟法院对欧洲人权法院的尊重，欧洲人权法院越来越接纳和引用欧盟法，但欧洲法院显然仍然非常关注保护欧盟法律秩序的自主权和其自身管辖权的排他性。在"第2/13号意见"中，这一担忧最为显著，欧洲法院在其中裁定欧盟加入《欧洲人权公约》的协定草案不符合两部欧盟条约。

第十一节　扩展阅读

Alston, P, Heenan, J, and Bustelo, M（eds）, *The EU and Human Rights*（Oxford University Press, 1999）

Amalfitano, C, *General Principles of EU Law and the Protection of Fundamental Rights*（Edward Elgar, 2018）

Kosta, V, Skoutaris, N, and Tzevelekos, V（eds）, *The EU Accession to the ECHR*（Hart, 2014）

Dawson, M, *The Governance of EU Fundamental Rights*（Cambridge University Press, 2017）

de Vries, S, Bernitz, U, and Weatherill, S（eds）, *The EU Charter of*

Fundamental Rights as a Binding Instrument: *Five Years Old and Growing* (Hart, 2015)

Douglas-Scott, S, and Hatzis, N (eds), *Research Handbook on EU Law and Human Rights* (Edward Elgar, 2017)

Dzehtsiarou, K, Konstadinides, L, Lock, T, and O'Meara, N (eds), *Human Rights Law in Europe*: *The Influence, Overlaps and Contradictions of the EU and the ECHR* (Routledge, 2014)

Fabbrini, F, *Fundamental Rights in Europe*: *Challenges and Transformations in Comparative Perspective* (Oxford University Press, 2014)

Frantziou, E, *The Horizontal Effect of Fundamental Rights in the European Union*: *A Constitutional Analysis* (Oxford University Press, 2019)

Gragl, P, *The Accession of the European Union to the European Convention on Human Rights* (Bloomsbury, 2013)

Morano-Foadi, S, and Vickers, L (eds), *Fundamental Rights in the EU* (Hart, 2015)

Peers, S, Hervey, T, Kenner, J, and Ward, A, *The EU Charter of Fundamental Rights*: *A Commentary* (Hart, 2020)

Varju, M, *European Union Human Rights Law*: *The Dynamics of Interpretation and Context* (Edward Elgar, 2014)

Williams, A, *EU Human Rights Policies*: *A Study in Irony* (Oxford University Press, 2004)

第十三章　针对成员国的执行之诉

第一节　核心议题

一　《欧洲联盟条约》第17条第1款赋予欧盟委员会"在欧洲法院的控制
　　下"确保和监督欧盟法的适用这一职责。监督成员国守法以及应对其
　　不守法行为，是欧盟委员会职责的关键部分。

二　《欧洲联盟运行条约》规定针对成员国的涉及启动司法程序的不同
　　执行机制①，该执行机制既可由欧盟委员会提起，偶尔也可由成员国
　　提起。《欧洲联盟运行条约》第258条建立了"一般执行程序"（gen-
　　eral enforcement procedure），赋予委员会广泛权力，用以对其认为违反
　　欧盟法律义务的成员国提起"违反之诉"（infringement proceedings）。②

三　执行程序履行多种功能。其中部分是所谓上层渠道，友好解决涉及成
　　员国的争端而不诉诸诉讼；部分是个人申诉渠道，由个人就违反欧盟

---

① 例如，《欧洲联盟条约》第7条针对严重并持续违反欧盟基础价值观的成员国。又如，
《欧洲联盟运行条约》第108条第2款关于国家援助；第114条第9款关于内部市场措施；第271
条授予欧洲中央银行董事会和欧洲中央银行理事会具有相似于欧盟委员会在第258条中权力的执
行权；第348条规定在成员国依据第346条减损适用欧盟基本规则情况下的特别执行程序，参见
Case C – 120/94 R *Commission v Greece*［1994］ECR I – 3037；第126条规定欧盟货币政策中针对
"过度赤字程序"的特别执行程序。

② 《欧洲煤钢共同体条约》（2002年底届满失效）第88条规定的违反之诉程序最初给予欧
盟委员会（那时称"高级机构"）更多权力，授权其记录成员国未履行条约义务的情况，无须首
先将案件提交欧洲法院。不过，接着该国本身可以将此事项提请欧洲法院。在《里斯本条约》以
前及此前《欧洲宪法条约》谈判期间，曾讨论赋予欧盟委员会这种权力，但是这种方案被搁置了。
在《里斯本条约》生效后，《欧洲联盟运行条约》第258条至第260条现在也适用于《欧洲原子
能共同体条约》）。

法的情况向欧盟委员会申诉；还有部分是"客观"执行工具，掌握在欧盟委员会和欧洲法院手中。③ 执行程序也被描述为旨在加强不同机构行为体问责制的平台，尤其是对成员国和欧盟委员会④，如果不由欧洲法院追责，则由欧洲议会和欧洲监察专员追责。执行程序在处理某些成员国行动所引发的法治问题可能发挥的作用，已在前面单独讨论过。⑤

四 尽管欧盟委员会在监察、监测以及向欧洲法院提起"违反之诉"方面发挥着主导作用，但在该过程中的大多数方面，欧洲法院拥有最终权威。这包括裁定是否存在违法；如果违法，应处以何种罚款，以及违法情况是否已经终止。

五 数十年来，随着违反之诉的数量持续增加，一般执行机制备受压力，⑥为此欧盟引入各种举措以解决积案和延迟问题。⑦ 在由欧盟委员会审查的案件以及提交到欧洲法院的案件中，环境案件所占比例很高，其次是有关内部市场的案件，占比也很高。但是，大多数申诉和调查在提交到欧洲法院以前已经得到解决。

六 根据《欧洲联盟运行条约》第 260 条，如果成员国不遵守欧洲法院根据第 258 条认定该国违法的先期判决，欧盟委员会可进一步对其提起诉讼。重要的是，第 260 条在 20 世纪 90 年代得到修订，授权欧洲法院对未能遵守其根据第 258 条所做先期判决的成员国处以罚款。但是，人们批评欧盟委员会未充分利用这个"更有效率的"第 260 条程序，而是过多采用第 258 条程序。⑧ 另外，尽管公认第 260 条程序将会增

---

③ R Rawlings, 'Engaged Elites: Citizen Action and Institutional Attitudes in Commission Enforcement' (2000) 6 ELJ 4.

④ C Harlow and R Rawlings, 'Accountability and Law Enforcement: The Centralized EU Infringement Procedure' (2006) 31 ELRev 447; M Smith, *Centralised Enforcement, Legitimacy and Good Governance in the EU* (Routledge, 2010) 15 – 18, 她将一般执行程序识别为五种不同功能。

⑤ 参见前面第二章。

⑥ R Munoz, 'The Monitoring of the Application of Community Law: The Need to Improve the Current Tools and an Obligation to Innovate' (2006) 25 YBEL 395.

⑦ 这方面的某些举措，参见 A Europe of Results: Applying Community Law, COM (2007) 502.

⑧ P Wennerås, 'Sanctions against Member States under Article 260: Alive but not Kicking?' (2012) 49 CMLRev 145.

强对欧盟法的执行，但人们对其实际效果褒贬不一。⑨

第二节 第258条："违反之诉"程序

《欧洲联盟运行条约》（TFEU）第258条规定：

委员会如认为某成员国未能履行两部条约所规定的某项义务，则应在给予有关国家提交评论意见（observations）的机会后提出一项附具理由的意见。

如该成员国在委员会所规定的期限内未遵守其意见，委员会可将该事项提交欧洲法院。

《里斯本条约》改变了第258条的措辞，使其涵盖未履行"两部条约"（the Treaties）中的义务，而不仅是先前《欧共体条约》规定的"本条约"（the Treaty）中的义务。这一变化反映了《里斯本条约》正式废除联盟的政府间"支柱"。它强调这样一个事实，即除了由《欧洲联盟条约》第二章管辖的"共同外交与安全政策"（该政策中的条款大体上排除欧洲联盟法院的管辖权）以及《欧洲联盟运行条约》第126条第1款涉及的过度赤字程序以外，对违反《欧洲联盟条约》和《欧洲联盟运行条约》这两部条约中的义务，现在都可以提起违反之诉（infringement proceedings）。

一 第258条程序的启动

对于第258条程序，欧盟委员会既可以通过回应申诉来启动，也可以自己主动启动。由于它没有规定调查规则，提起申诉所依据的信息来源十分广泛，例如通过新闻媒体，来自欧洲议会的质询或者请愿，通过个人或其他申诉者的直接书信来往；或者现代技术来源，譬如通过数据库表明成员国何时未履行实施某项指令的通告义务。

---

⑨ Wennerås, ibid; D Hadroušek, 'Speeding up Infringement Procedures: Recent Developments Designed to Make Infringement Procedures More Effective' (2012) 9 Jnl for European Environmental and Planning Law 235; B Jack, 'Article 260 (2) TFEU: An Effective Judicial Procedure for the Enforcement of Judgments?' (2013) 19 ELJ 404.

　　欧盟委员会多次指出，"公民申诉"是其发现违法行为的重要来源，并曾建议通过第 258 条程序建立一个更具参与性的共同体，使公民可以在执行中发挥作用。[⑩] 1999 年，欧盟委员会发布方便个人使用的标准申诉表格[⑪]，并且自此建立了个人能够提问和申诉的多个机制，包括"欧洲直线"（Europe Direct）、"您的欧洲建议"（Your Europe Advice）、"公民路标"（Citizen's Signpost）、欧洲公民行动组织（European Citizen Action Service）和欧洲事务中心（European Business Centres）。[⑫]

　　但是，欧盟委员会同样主张，违反之诉程序并非主要为个人提供救济手段，而更是一种确保国家遵守欧盟法的"客观"机制。[⑬] 为避免过分强调个人的作用，欧盟委员会突出强调自己拥有决定是否启动违反之诉程序的自由裁量权，强调该程序的双边性质而不是三边性质[⑭]，并将其主要目标确定为纠正成员国的违法行为而非满足个人利益。[⑮]

　　鉴于这种矛盾的态度，不足为奇的是，尽管个人申诉者常常在探查违法行为方面起到了关键作用，但是他们发挥的作用不同。[⑯] 在决定欧盟委员会是否实际上对成员国启动程序方面，个人没有发言权。[⑰] 但自监察专员公署（Ombudsman's office）成立以来，个人常常就欧盟委员会工作程序向其提起申诉，由监察专员向委员会施压，从而改变和完善委员会的做法。在 1996 年监察专员主动发起调查之后[⑱]，委员会停止了以往在案件终

　　⑩ 欧盟年度监测报告，见 https：//ec. europa. eu/info/publications/annual – reports – monitoring – application – eu – law＿ en。

　　⑪ 现在可以在线填写，链接为 https：//ec. europa. eu/assets/sg/report – a – breach/complaints＿ en/。

　　⑫ 有些列于欧盟网站，https：//ec. europa. eu/assets/sg/report – a – breach/complaints＿ en 以及 http：//europa. eu/youreurope/advice/index＿ en. htm. ；其他见于 COM（2007）502（n 7）。也有一些非政府组织在这方面提供协助，包括 http：//www. ecas. org/。

　　⑬ See, eg, 13th Annual Report［1996］OJ C303/8.

　　⑭ COM（2002）141.

　　⑮ 18th Annual Report, COM（2001）309.

　　⑯ See, eg, Friends of the Irish Environment, www. friendsoftheirishenvironment. org/.

　　⑰ See Case 247/87 *Star Fruit v Commission*［1989］ECR 291；Case T – 182/97 *Smanor v Commission*［1998］ECR II – 271；Case C – 111/11 P *Ruipérez Aguirre and ATC Petition v Commission* EU：C：2011：491.

　　⑱ See 303/97/PD, reported in the Ombudsman's Annual Report for 1997；R Mastroianni, 'The Enforcement Procedure under Article 169 of the EC Treaty and the Powers of the European Commission：*Quis Custodiet Custodes*?'（1995）1 EPL 535；P Kunzlik, 'The Enforcement of EU Environmental Law：Article 169, the Ombudsman and the Parliament'（1997）6 EELR 46；Harlow and Rawlings（n 4）.

结时不通知申诉者的做法，开始更频繁地发布新闻，并在互联网上公布更多的信息。

2002 年，委员会向欧洲议会发布《有关与个人申诉者关系的通讯》（后于 2012 年更新），还公布了规范与申诉者关系的内部程序规则的修订后版本。⑲ 这使监察专员可以参照委员会自己发布的承诺以及透明和良政善治这些一般原则来评估委员会的工作业绩。2007 年，欧盟委员会设立"旨在改善信息交流和问题解决"的"欧盟试点"（EU Pilot）方式，申诉者得以与成员国的"中央联络点"直接联系，并要求在固定期限内解决问题，如果问题没有得到解决，则由欧盟委员会跟进。⑳ 欧盟委员会认为"欧盟试点"方案取得了重大成功，但是一些人质疑欧盟委员会由此是否将其职能过多地转给成员国当局。㉑

申诉者和其他利益相关方常常受挫的一个主要原因是，难以获得与违反之诉程序有关的文件。欧盟委员会多次援引欧盟透明性规则中规范"检验、调查和审计"的例外条款㉒，并在这方面得到监察专员的普遍支持。在"皮特里案"（Petrie）中，综合法院对拒绝提供与违反之诉程序有关的文件表示支持，强调违反之诉程序的双边性质，指出个人不是此类程序的当事方。㉓ 向更高透明性方向发展的司法进展开始于"巴伐利亚啤酒第二案"（Bavarian Lager II）㉔，综合法院在该案中裁定，披露 6 年前已经结案的违反之诉程序相关文件不会危及欧盟委员会的调查，因此不适用有关检验的例外条款。尽管欧洲法院根据欧盟数据保护立法推翻了综合法院的部分判决㉕，但后来在"瑞典和国际记者协会诉委员会案"（Sweden and API v Commission）判决中肯定了在违反之诉程序已结案背景下披露更多信息的

---

⑲ COM（2002）141, updated in COM（2012）154.

⑳ A Europe of Results（n 7）section 2.2.

㉑ Hadroušek（n 9）251 – 252.

㉒ Regulation（EC）No 1049/2001 of the European Parliament and of the Council of 30 May 2001 regarding public access to European Parliament, Council and Commission documents [2001] OJ L145/43, Art 4（2）on inspections, investigations and audits.

㉓ Case T – 191/99 *Petrie v Commission* [2001] ECR II – 3677, [70]; Case T – 105/95 *WWF v Commission* [1997] ECR II – 313; Case T – 309/97 *Bavarian Lager Company v Commission* [1999] ECR II – 3217.

㉔ Case T – 194/04 *Bavarian Lager v Commission* [2007] ECR II – 4523.

㉕ Case C – 28/08 P *Commission v Bavarian Lager* EU：C：2010：378.

司法进展。㉖

在"瑞典和国际记者协会案"中，欧洲法院确定，在司法程序中第三方无权获取法院收到的起诉状，并且存在一般假定，即在法院程序中披露其中一个机构的诉辩状会破坏对尚未结案诉讼的保护。㉗ 但是，如果通过出具证据证明特定文件不被该假定所涵盖，则可以推翻该一般假定。㉘ 欧洲法院维持了综合法院的裁决。它裁定，在欧洲法院做出结束违反之诉程序的判决之后，欧盟委员会在《欧洲联盟运行条约》第 258 条的程序中执行调查的相关文件将不再包含在《第 1049/2001 号条例》第 4 条第 2 款为保护法院诉讼程序所规定的例外之中。㉙

哈洛（Harlow）和罗林斯（Rawlings）认为，违反之诉程序经历了三个时期：首先是外交时期，大体上由委员会推动；其次是更司法化的时期，受欧洲法院判例法的影响，但仍由委员会的谈判方式所主导；最后是在对国家处以罚款的条款生效之后更明显的法制化时期。

哈洛和罗林斯：《问责和执行——中心化的
欧盟违反之诉程序》㉚

索德曼女士（Söderman，首任欧盟监察专员）将"提起申诉的公民"描述为"该行政程序中的当事方"，认为他们应得到这样的承认，应该享有欧共体法律的所有程序性保障，并且（虽然受保密规则的约束）根据《欧盟基本权利宪章》第 41 条包含的获得良政的权利而有权参阅文件。这种"三方式"分析将欧盟委员会作为双方当事者之间的裁判，与欧洲法院和委员会将上层渠道限定在委员会与成员国两方

㉖ Cases C – 514, 528 and 532/07 P *Sweden and API v Commission* EU：C：2009：2，［112］－［127］. See also Case C –562/14 P *Sweden v Commission* EU：C：2017：356，［44］-［47］；Case C – 213/15 *Commission v Breyer* EU：C：2017：563，［41］-［53］.

㉗ Ibid ［77］-［102］.

㉘ Ibid ［103］-［104］.

㉙ Ibid ［112］-［123］.

㉚ C Harlow and R Rawlings, 'Accountability and Law Enforcement：The Centralized EU Infringement Procedure' (2006) 31 ELRev 447.

之间的观点差异巨大。……

　　但是，鉴于显然需要一种有效的程序并需要委员会保持对决定的有效控制，这种方法能走多远？无须为委员会辩护，而是认为申诉者是出于自我选择，认为申诉者对维护法治的关切通常是私人利益的结果，即使在前述某些案件中加入强烈的公共利益。欧盟委员会政策停留在自愿遵守阶段，而申诉者对过去违反条约行为的后果则具有天然关切，这两者之间的差异冲突大有一触即发之势。

二　第258条程序的运行

违反之诉程序可分为四个不同阶段：

第一，"争端前"的初始阶段，成员国有时间解释其立场，并有机会与欧盟委员会达成和解方案（accommodation）。

第二，在此阶段如果双方之间的问题未得到澄清或非正式解决，欧盟委员会将以书信方式"正式通知"该成员国被指控的具体违法行为。除紧急情况外，成员国通常有两个月的答复时间，欧盟委员会一般在一年之内决定结案或者决定继续。

第三，如果在与成员国沟通后问题仍未解决，欧盟委员会可进入发布"附具理由的意见"阶段。"附具理由的意见"说明主张违法的理由，并且表明，如果要避免进入最后阶段，那么成员国必须从何时开始遵守。

第四，在最后阶段，欧盟委员会将事项"提交欧洲法院"。

欧盟委员会重视违反之诉程序的所谓"上层合作"层面，在该层面，纠纷可在争端前阶段得到解决，而无须诉诸法院。但是，20世纪90年代中期，当欧盟委员会改变发布"正式通知书"的实践之后，向法院提交的案件数量迅速增加。[31] 此后，提起诉讼的案件数量相对稳定，欧盟委员会认为，"在很多案件中，对申诉的诉前审查足以敦促成员国纠正错误"[32]。

---

　　[31]　See the 13th and 14th Annual Reports for 1995 and 1996 [1996] OJ C303 and [1997] OJ C332 respectively.

　　[32]　对统计数据的讨论，参见 Commission Communication on Better Monitoring of the Application of Community Law, COM (2002) 725.

自 2002 年以来，欧盟委员会重点关注解决违法行为的一系列"补充机制"，例如"内部市场问题解决网络"（SOLVIT）、成员国调解以及成员国司法程序。[33] 欧盟委员会也强调预防和管理机制，例如解释性通讯、同行监督、通报义务、透明性运动、提供培训、信息和实践交流，以及与成员国召开所谓"一揽子会议"[34]。

为了在早期阶段解决潜在的违法问题，欧盟引入了处理申诉和质询的"欧盟试点计划"。其理念是为了协助成员国遵守义务，从而相应地减少提起正式违反之诉程序的可能性。欧盟委员会还引入了优先处理特定类型违法行为的标准，包括"动摇法治基础"或损害"欧共体法律体系平稳运行"的行为，以及不当转化或不转化指令的行为，而且这些标准后来得到了完善。[35] 但是，欧盟试点方案既不妨碍后续的执行之诉，也不对相关国家产生任何合理期待。[36]

委员会对欧盟"中心化"执行程序的构想，是一种在使用上采取仔细选择对象和有策略的机制，将其作为最后的解决机制，即在其他旨在鼓励遵守义务的解决方式和策略失败，并且经磋商也没有获得成功之后的最终手段。这种策略的驱动是，一部分是因为在一个当时拥有 28 个成员的欧盟，委员会的时间和资源极为有限；另一部分是现实原因导致委员会行使自由裁量权，而不是将成员国众所周知的每一种违法行为都提交司法裁决。[37] 该策略行为还被进一步加强，因为执行机制可能是一个漫长且耗时的过程，这个过程从发布"附具理由的意见"到提交欧洲联盟法院可能要耗时两至四年。[38]

---

[33] Ibid.

[34] Ibid；E Korkea-Aho，'Watering down the Court of Justice：The Dynamics between Network Implementation and Article 258 TFEU Litigation'（2014）20 ELJ 649.

[35] COM（2007）502（n 7）. 欧盟委员会特别强调那些"风险最大、对公民和企业具有广泛影响以及由欧洲法院确认的最顽固的违反条约行为"。

[36] Case C – 101/16 *SC Paper Consult SRL v Direcţia Regională a Finanţelor Publice Cluj-Napoca* EU：C：2017：775，[68].

[37] 关于选择性执法，参见 Rawlings（n 3）26.

[38] SEC（2008）2851，[4.1.1].

第三节　第258条："公共"与"私人"执行机制的关系

欧洲法院关于直接效力原则的早期裁决明确指出，《欧洲联盟运行条约》第258条和第259条的公共执行程序仅是确保共同体法律适用的几种法律机制之一，并不妨碍个人通过直接效力执行共同体法，即"私人执行"（private enforcement）。毫不奇怪，因为通过直接效力来私人执行可以避免由委员会公共执行的某些局限。[39] 在此，欧洲法院在"范亨特与洛斯公司案"中裁定，相关个人为保护自身权利而表现出的审慎勤勉相当于"一种有效监督，这也是对第169条和第170条赋予委员会和成员国尽责监督任务的补充"[40]。

但是，在"威斯特法伦中心乳业公司案"（Mölkerei-Zentrale）中，欧洲法院裁定，由个人提起的诉讼是以保护特定案件中的个人权利为目的，而欧盟委员会的执行程序旨在确保对欧盟法律的普遍和统一遵守。[41] 这意味着这两种程序"具有不同的对象、目的和效果，它们之间可能没有相似之处"[42]。尽管欧洲法院试图在初步裁决和执行之诉的结果之间保持明显的区分，但很显然，欧洲法院常常通过初步裁决直接宣布某个成员国违反欧盟法，几乎没有留给提请初步裁决请求的国内法院做出不同结论的余地。[43]

然而，这两种程序在法律上的处理方式截然不同。因此，对于欧盟委员会根据《欧洲联盟运行条约》第258条提起的诉讼，某个欧盟条款具有直接效力，以及个人由此在成员国法院执行该条款的能力，不能成为成员

---

[39]　P Craig, 'Once Upon a Time in the West: Direct Effect and the Federalization of EEC Law' (1992) 12 OJLS 453.

[40]　Case 26/62 *Van Gend en Loos* [1963] ECR 1, 13.

[41]　Case 28/67 *Mölkerei-Zentrale Westfalen v Hauptzollamt Paderborn* [1968] ECR 143.

[42]　Ibid 153.

[43]　见第十四章。

国不实施该条款的辩护理由。④ 相反，在"丹麦屠宰行会案"（*Danske Slagterior*）中，对于通过延长个人诉讼时效的方式将个人执行之诉与公共执行程序联系起来的尝试，欧洲法院表示反对。⑤

第四节　第258条：欧盟委员会的自由裁量权

关于欧盟委员会根据第258条提起诉讼的自由裁量权空间，一直存在着很多争论。⑥ 其中一个风险是，欧盟委员会在对违法的成员国行使自由裁量权时，可能过分宽容或任意采取选择性执法方式。另一个风险是，如果对欧盟委员会没有足够的程序约束，执行程序可能被强制使用。

鉴于欧盟委员会在两部条约下的多重角色，即使有成员国公然违反欧盟法，欧盟委员会也可能出于政治和其他原因行使其自由裁量权而不提起违反之诉程序。⑦ 第258条第2段的措辞明显暗示着，一旦欧盟委员会发布的"附具理由的意见"表明成员国违法，委员会便"可以"（may）将事项提交欧洲联盟法院，并由此在这方面具有自由裁量权。⑧

对于欧盟委员会提起诉讼的理由，欧洲法院一再明确指出，程序完全是"客观的"，因此它只审查委员会所主张的违法行为是否存在，而不考虑委员会提起诉讼的动机。⑨ 在下面这个案件中，英国主张欧盟委员会提起诉讼是出于政治动机。

---

④　Case 29/84 *Commission v Germany* [1985] ECR 1661, [29]; Case 102/79 *Commission v Belgium* [1980] ECR 1473; Case 168/85 *Commission v Italy* [1986] ECR 2945.

⑤　Case C – 445/06 *Danske Slagterier v Bundesrepublik Deutschland* [2009] ECR I – 2119, [27] – [46].

⑥　E Varnay, 'Discretion in the Article 258 and 260 (2) TFEU Procedures' (2015) 22 MJ 836.

⑦　Craig (n 39) 456.

⑧　Case 274/15 *Commission v Luxembourg* EU：C：2017：333, [39]; Case C – 12/14 *Commission v Malta* EU：C：2016：135, [24]; A Evans, 'The Enforcement Procedure of Article 169 EEC：Commission Discretion' (1979) 4 ELRev 442, 445.

⑨　See, eg, Case C – 200/88 *Commission v Greece* [1990] ECR I – 4299, [9]; Cases C – 466 – 476/98 *Commission v United Kingdom et al* [2002] ECR I – 9855, [29], AG Tizzano.

委员会诉英国

Case 416/85 Commission v United Kingdom

［1988］ECR 3127

9. 这种观点不能成立。在条约规定的机构之间权力平衡背景下，本法院不必考虑根据条约第 169 条（现《欧洲联盟运行条约》第 258 条）提起诉讼所追求的目的。本法院的角色是决定有关成员国是否如指控的那样未履行其义务。正如本法院在"委员会诉意大利案"（Case 7/68［1968］ECR 423）中所裁定的，对成员国未履行其义务而提起的诉讼在性质上是客观的，提起诉讼完全属于委员会的自由裁量权。

相反，欧盟委员会在对成员国提起诉讼上"缺乏"特定动机或利益，并不会影响执行程序的可受理性（admissibility）。[50] 欧洲法院认为，委员会"依普遍利益"采取行动，不必具有特定利益，因为第 258 条"不是以保护该机构自身权利为目的"[51]。

成员国在主张对委员会的自由裁量权施加"程序"限制这一问题上取得了较大成功，例如合理期限。在早期的一个案件中，欧洲法院裁定，委员会对启动诉讼时机的选择不会影响其可受理性。[52] 尽管最初犹豫不决[53]，但是欧洲法院后来裁定，对委员会就特定违反之诉提交诉讼的时间"长度"而言，委员会的裁量权受到一定的限制。由此，荷兰主张，从委员会向其发出第一份通知至提起违反之诉已超过了 5 年，这段时间应属过度。欧洲法院裁定，尽管第 258 条没有设定提起诉讼的特定期限，但是过度拖延可能会损害被诉方的辩护权。[54]

但是，2006 年欧洲法院驳回英国的一项主张，英国认为，如果作为违反之诉标的的特定事件已过去一段时间，那么，委员会提起诉讼就违反了

---

[50]　Case C-431/92 *Commission v Germany*［1995］ECR I-2189，［19］-［22］.

[51]　Case C-394/02 *Commission v Greece*［2005］ECR I-4713，［15］-［16］.

[52]　Case 7/68 *Commission v Italy*［1968］ECR 423，428.

[53]　Case 7/71 *Commission v France*［1971］ECR 1003，［5］-［6］.

[54]　Case C-96/89 *Commission v Netherlands*［1991］ECR 2461，［16］.

法律确定性原则，并且妨害受之前事项影响的个人的既得权利。⑤

对欧盟委员会在发布附具理由的意见"之后"，何时将事项提交欧洲法院的自由裁量权，也被施加了一些限制，但不是首先限制其开始违反之诉程序的自由裁量权，因为这也可能损害成员国行使辩护权的能力。在针对爱尔兰的一起诉讼中，欧洲法院提到委员会"令人遗憾的行为"，并且斥责委员会给予爱尔兰遵守附具理由的意见的时间太短。但是，委员会提起的诉讼仍然可以受理，因为尽管期限很短，但在将争议提交法院之前，委员会事实上已经在等待爱尔兰的答复。欧洲法院由此指出：

> 本法院不得不声明，本法院不支持委员会在这方面的行为。正如爱尔兰所指出的，让一个成员国用 5 天时间修改已经实施 40 多年的立法，而且自有关成员国加入欧共体以来，委员会一方并未对该立法采取任何行动，这确实是不合理的。此外，显然没有只给予 5 天时间的特别紧迫性。⑤

欧洲法院裁定，必须给予成员国合理期限来遵守附具理由的意见，但是在紧急情况下，或者如果成员国在程序开始前很久就已经充分意识到委员会的观点，非常短的期限有可能是正当的。⑤ 如果成员国在 3 年前就收到有关委员会观点的通告，那么在 4 个月的时间里回复附具理由的意见就是足够的。⑤ 给予奥地利 7 天的时间回复正式通知书，以及 14 天时间回复附具理由的意见，也被认为是足够的，因为这些期限因申诉的紧迫性和案件情势而获得正当理由。⑤

为了维持"违反之诉"的双边概念，欧洲法院一直拒绝允许"非特权方"（non-privileged parties，指成员国或欧盟机构以外的个人或法人。——译者）根据《欧洲联盟运行条约》第 265 条针对委员会提起"不作为之

---

⑤ Case C – 508/03 *Commission v United Kingdom* [2006] ECR I – 3969；Case C – 475/98 *Commission v Austria* [2002] ECR I – 9797.

⑤ Case 74/82 *Commission v Ireland* [1984] ECR 317，[12]. See also Case 293/85 *Commission v Belgium* [1988] ECR 305.

⑤ Case 74/82, ibid at [14]. See also Case C – 56/90 *Commission v United Kingdom* [1993] ECR I – 4109；Case C – 333/99 *Commission v France* [2000] ECR I – 1025.

⑤ Case C – 473/93 *Commission v Luxembourg* [1996] ECR I – 3207.

⑤ Case C – 328/96 *Commission v Austria* [1999] ECR I – 7479.

诉"（action for failure to act），而这些非特权方试图要求委员会根据第258条提起"违反之诉"。在"杨桃公司案"（*Star Fruit*）中，欧洲法院裁定：

> 从《欧共体条约》第169条（现《欧洲联盟运行条约》第258条）的安排中可以明显看出，委员会没有义务启动该条款所规定的诉讼，而是在这方面拥有自由裁量权，从而排除个人要求该机构采取特定立场的权利。[60]

同样，欧洲法院也驳回了个人原告针对委员会做出的不对某成员国启动程序的决定提起的"宣告无效之诉"（actions for annulment），其理由仍然是，这是属于委员会自由裁量权内的事项，而且不可对所寻求采取的行动，即通过"附具理由的意见"，提起宣告无效之诉。[61]

尽管个人在启动和行使这种执行程序中没有任何作用这一问题引发了负面评价，但是欧盟委员会在这方面的自由裁量权并非完全没有道理。[62]正如斯奈德（Snyder）所言，欧盟委员会具有长远视野，策略性地运用诉讼，只是将其作为磋商过程的一部分而已。[63]

随着时间的推移，欧盟委员会开始对自身的自由裁量权施加行政限制。从1989年起，欧盟委员会决定，只要实施指令的时限到期，就立即对违法的成员国启动违反之诉程序。[64]自1990年以来，无论成员国是否通报其为了实施已经到期的指令而采取的国内措施，欧盟委员会均定期发布正式通告。[65]此外，作为对监察专员施压的回应，欧盟委员会编纂了规范与个人申诉者关系的委员会内部规则。[66]欧洲议会的监督作用和监察专员的

---

[60] Case 247/87 *Star Fruit* (n 17) [11]; Case C–371/89 *Emrich v Commission* [1990] ECR I–1555; Case C–111/11 P *Ruipérez Aguirre and ATC Petition v Commission* EU: C: 2011: 491. Compare Case C–107/95 P *Bundesverband der Bilanzbuchalter v Commission* [1997] ECR I–947.

[61] Case C–87/89 *Sonito v Commission* [1990] ECR I–1981; Case T–201/96 *Smanor v Commission* [1997] ECR II–1081.

[62] Harlow and Rawlings (n 4); J Weiler, 'The Community System: The Dual Character of Supranationalism' (1981) 1 YBEL 267, 299.

[63] F Snyder, 'The Effectiveness of European Community Law' (1993) 56 MLR 19, 30.

[64] 7th Annual Report [1990] OJ C232/6.

[65] 8th Annual Report [1991] 7 (e).

[66] COM (2002) 141 and COM (2012) 154 (n 19).

行政作用，对委员会在违反之诉中的行动显然具有积极影响，并且加强了委员会在该程序内的问责制。[67]

第五节 第 258 条：附具理由的意见

一 功能

"附具理由的意见"（reasoned opinion）构成第 258 条规定的司法前程序的重要组成部分，它为有关成员国提供了一定程度的保护。与"正式通知书"（letter of formal notice）一起，有时，在附具理由的意见之后还有一份附具补充理由的意见[68]，这是委员会向成员国通告针对后者的申诉内容的正式方式，并且说明要求该成员国纠正其违反欧盟法行为的期限。其目的是向成员国明确陈述针对该国所提起的案件，以"确保尊重自然正义原则"[69]，并且确保"任何争议解决程序都要对争议标的做出明确界定"[70]。

二 形式与内容

"出具理由的义务"（obligation to provide reasons）在欧盟法中具有普遍重要性，现在载入《欧盟基本权利宪章》第 41 条第 2 款第 c 项。《欧洲联盟运行条约》第 296 条要求法令必须说明其依据的理由，而第 258 条特别要求欧盟委员会在根据违反之诉程序发布的意见中说明理由。关于附具理由的意见，有很多要点需要注意。

第一，这项说明理由的要求不用于宣告无效之诉。因此，尽管说明理由的要求是欧盟法的一项"根本程序要求"，违反该要求将构成根据《欧洲联盟运行条约》第 263 条撤销某项措施的理由，但是欧盟委员会根据第

---

[67] 欧盟委员会在其 2007 年关于适用欧盟法的报告中承认了该问题，其中提到欧洲议会报告表达了对违反之诉程序的关切，参见 2007 Report on Applying Community Law（n 7）.

[68] Case C – 354/99 *Commission v Ireland* [2001] ECR I – 7657；Case C – 155/99 *Commission v Italy* [2001] ECR I – 4007.

[69] Evans（n 48）446.

[70] See, eg, Case C – 508/10 *Commission v Netherlands* EU：C：2012：243, [34]；Case C – 525/14 *Commission v Czech Republic* EU：C：2016：714, [18]；Case C – 233/14 *Commission v Netherlands* EU：C：2016：396, [33].

258 条出具的意见不是宣告无效之诉的对象，因为该意见无约束力。[71] 但是，如果执行程序已进入法院阶段，成员国可以向法院辩称该意见缺乏足够的说理。[72] 意大利曾质疑"附具理由的意见"的法律形式和内容，欧洲法院在该案中裁定，如果该意见中包含的理由条理清晰，并且这些理由使欧盟委员会相信该国未能履行两部条约中的义务，那么该意见陈述的理由在法律上就是充分的。[73]

第二，欧盟委员会没有义务在其出具的意见中处理成员国在诉讼前阶段提出的各条辩护意见，也没有义务指出该国应采取哪些步骤纠正被指控的违反条约行为。[74] 另外，最初的"正式通知书"不需要满足特别严格的要求，因为"附具理由的意见"才是关键文件，由它陈述成员国必须回复的申诉。但是，欧盟委员会必须就该国对"正式通知书"的回复给予答复，即使成员国的回复延迟。[75]

第三，在"正式通知书"[76] "附具理由的意见"以及欧盟委员会将案件提交欧洲联盟法院的申请中，申诉的核心内容必须相同。[77] 但是，只要委员会在"附具理由的意见"中明确和条理清晰地说明它依据哪些理由认定相关成员国违反了欧盟法，并且说明构成诉讼标的的特定申诉[78]，则将满足说明理由这一要求。因此，一般原则是，第 258 条诉讼必须基于与附

---

[71] Case 48/65 *First Lütticke Case*（*Alfons Lütticke GmbH v Commission*）[1966] ECR 19；Case 7/61 *Commission v Italy* [1961] ECR 317, 334, 336.

[72] 只要委员团当时得到可用作决定启动诉讼依据的信息，就已足够。他们没有必要一定拿到附具理由的意见文本本身；Case C – 191/95 *Commission v Germany* [1998] ECR I – 5449；Case C – 272/97 *Commission v Germany* [1999] ECR I – 2175；Case C – 198/97 *Commission v Germany* [1999] ECR I – 3257.

[73] Case 7/61 *Commission v Italy* [1961] ECR 317, 327.

[74] Case C – 247/89 *Commission v Portugal* [1991] ECR I – 3659, [22].

[75] Case C – 362/01 *Commission v Ireland* [2002] ECR I – 11433, [19].

[76] Case C – 371/04 *Commission v Italy* [2006] ECR I – 10257；Case C – 522/09 *Commission v Romania* EU：C：2011：2963.

[77] Case C – 191/95 *Commission v Germany* [1998] ECR I – 5449, [54]；Case C – 365/97 *Commission v Italy* [1999] ECR I – 7773, [26]；Case C – 480/10 *Commission v Sweden* EU：C：2013：263, [16] – [18]；Case C – 669/16 *Commission v United Kingdom* EU：C：2018：844, [39]；Case C – 441/17 *Commission v Poland* EU：C：2018：255, [65]；Case C – 127/17 *Commission v Poland* EU：C：2019：236, [119].

[78] Case C – 328/96 *Commission v Austria* [1999] ECR I – 7479, [39] – [41]；Case C – 252/13 *Commission v Netherlands* EU：C：2014：2312.

具理由的意见相同的理由和法律诉请。但这并不意味着"附具理由的意见"的主体部分对申诉的陈述与申请法院裁决令的形式必须完全相同。在这方面，"附具理由的意见"中所界定的诉讼标的没有被扩大或改变就足够了。[79]

第四，欧洲法院也接受委员会提交的与其在"附具理由的意见"中不相同的申请，条件是这种改变"限于"该意见所包括的内容，而不是以对被告国不利的方式将其扩大。[80]欧洲法院也接受将争议标的扩大到在发布该意见"之后"所发生的事件上，前提是它们与意见中所提到的事件类型相同。[81]还可以接受的情况是，如果后来的证据不是用来确定某一特定违法行为，而是用来支持以下论点，即所指控的其他违法行为构成某普遍或长期模式或惯例的一部分。[82]

第五，将"附具理由的意见"作为对成员国提供的程序性保护。因此，欧盟委员会无权在提交法院审理此案时修改其意见书的实质内容，即使双方都希望法院考虑该成员国在该意见发布之后所采取行动的其他方面。[83]在"附具理由的意见"发布之后，如果想要纳入新的反对理由，欧盟委员会不能修改其申诉，而是必须重新启动第258条程序。欧洲法院多次重申了这项要求。[84]在向法院提交申请时，如果欧盟委员会只简单地提及"正式通知书和附具理由的意见中说明的所有理由"，这并不充分；申请本身必须包含对其依据理由的陈述。[85]但是，如果欧洲法院已认定委员会提起的执行程序不可接受，原因是委员会申请所依据的反对理由不同

---

[79]　Case C – 503/14 *Commission v Portugal* EU：C：2016：979，[16]；Case C – 503/17 *Commission v United Kingdom* EU：C：2018：831，[41]；Case C – 530/16 *Commission v Poland* EU：C：2018：430，[30].

[80]　Case C – 191/95 *Commission v Germany* [1998] ECR I – 5449.

[81]　Case 42/82 *Commission v France* [1983] ECR 1013，[20]；Case 113/86 *Commission v Italy* [1988] ECR 607，[11]；Case C – 236/05 *Commission v United Kingdom* [2005] ECR I – 10819，[12] – [17].

[82]　Case C – 494/01 *Commission v Ireland* [2005] ECR I – 3331，[35] – [37]；Case C – 189/07 *Commission v Spain* [2008] ECR I – 195，[29] – [31].

[83]　Case 7/69 *Commission v Italy* [1970] ECR 111.

[84]　Case 232/78 *Commission v France* [1979] ECR 2729；124/81；Case 166/82 *Commission v Italy* [1984] ECR 459；Case C – 350/02 *Commission v Netherlands* [2004] ECR I – 6213.

[85]　Case C – 43/90 *Commission v Germany* [1992] ECR I – 1909，[7] – [8]. See also Case C – 52/90 *Commission v Denmark* [1992] ECR I – 2187.

于"附具理由的意见"，那么委员会就没有义务再启动完整的诉前程序。委员会可以与最初发布的意见相同的反对理由，向欧洲法院提起新的申请。[86]

第六，在欧洲法院审理期间，委员会可以回复被告国所提出的辩护理由，即使是在"附具理由的意见"中并没有提起那些观点。[87] 此外，如果委员会在向欧洲法院提交案件申请时没有考虑到成员国在"附具理由的意见"所规定的期限届满后提交的事实或辩护理由，成员国不能以此事实来申诉违反其公平听审权。[88] 但是，尽管委员会在程序上有义务在诉前程序中提出其所有起诉理由，但是成员国并不同样受限于诉前程序中提出的辩护，而是可以在欧洲法院提出新的事项作为辩护理由。[89]

三　"附具理由的意见"的保密性

在大量案件中，个人申诉者要求委员会起诉某成员国，如果委员会未能如此，个人申诉者接下来通常会要求披露"附具理由的意见"以及与调查程序有关的其他文件。尽管委员会在"世界自然基金会案"（*WWF*）中败诉[90]，但是，在欧洲联盟法院根据第258条程序做出判决前，无论是综合法院、欧洲法院还是监察专员一直都没有打算要求披露附具理由的意见、意见草稿以及与违反之诉调查阶段有关的任何文件。在"世界自然基金会案"中，关于欧盟委员会对可能违法行为的调查，综合法院裁定：

> 在这种情况下，成员国有权以保护公共利益的名义要求委员会保密，要求拒绝提供与可能引起违反之诉的调查有关的文件，即使这项调查已经结束了一段时间。[91]

"皮特里案"（*Petrie*）涉及请求获得包括"正式通知书"和"附具理

---

[86]　Case C – 57/94 *Commission v Italy* [1995] ECR I – 1249.

[87]　Case 211/81 *Commission v Denmark* [1982] ECR 4547, [16].

[88]　Case C – 3/96 *Commission v Netherlands* [1998] ECR I – 3931.

[89]　Case C – 414/97 *Commission v Spain* [1999] ECR I – 5855. See below (n 146).

[90]　Case T – 105/95 *WWF v Commission* (n 23).

[91]　Ibid [63].

由的意见"在内的一系列文件，综合法院裁定：

> 即使在该事项已提交欧洲法院之后，保密要求仍然有效，理由是，不能排除委员会与相关成员国之间进行与该国自愿遵守条约要求相关的讨论，这种讨论在法院诉讼期间可能一直持续着，直到欧洲法院做出判决为止。为了保持该目标，即在欧洲法院做出判决之前友好解决委员会与有关成员国之间的争议，有理由拒绝提供根据《欧共体条约》第 226 条（现《欧洲联盟运行条约》第 258 条）程序起草的"正式通知书"和"附具理由的意见"。⑫

获得委员会文件的权利现在由《第 1049/2001 号条例》管辖，其第 4 条第 2 款允许委员会依据关于"出于检验、调查和审计目的提供保护"的例外条款，拒绝提供与违反之诉有关的文件。但是在"巴伐利亚啤酒第二案"⑬ 中，综合法院裁定，披露已结案 6 年的违反之诉的相关文件不会损害委员会的调查，因此不适用有关检验的例外条款。此外，在"瑞典和国际记者协会案"（Sweden/API）中，欧洲法院裁定，在欧洲法院做出终止相关程序的判决"之后"，与欧盟委员会依据第 258 条违反之诉程序进行的调查有关的文件，将不再自动包含在第 4 条第 2 款关于保护法院诉讼程序的例外条款之中。这类诉请将在个案基础上进行评估。⑭

应当指出的是，尽管并不要求在做出判决前公布文件，而且不得强制这样做，但是委员会偶尔会公布"附具理由的意见"，并且更频繁地发布与"附具理由的意见"有关的新闻稿，而且提供可在线获取的有关违反条约之诉决定的清单。⑮ 但是，相较于向欧盟委员会提出申请，个人可根据成员国信息自由法向成员国当局提出要求，通过这种途径获得"正式通知书"或"附具理由的意见"的概率更高。⑯

---

⑫　Case T‑191/99 *Petrie* (n 30) [68]; Case T‑309/97 *Bavarian Lager* (n 23).

⑬　Case T‑194/04 *Bavarian Lager v Commission* [2007] ECR II‑4523.

⑭　Cases C‑514, 528 and 532/07 P *Sweden and API* (n 26).

⑮　http：//ec.europa.eu/atwork/applying‑eu‑law/infringements‑proceedings/infringement_decisions/?lang_code=en.

⑯　关于在向成员国当局请求获取"附具理由的意见"方面，欧盟委员会能够发挥哪些作用，参见欧洲监察专员自发意见，即 Own Initiative Opinion OI/2/2009/MHZ.

第六节 第258条：对违法行为
纠正后的执行之诉

如果满足提起第258条诉讼的程序条件，这就意味着在欧洲法院审理该案时，相关成员国没有做出主张违法行为已经得到纠正的答复。欧洲法院仅询问在"附具理由的意见"规定的期限届满之时该成员国是否违法。

欧洲法院在这种情况下的方式不同于根据《欧洲联盟运行条约》第265条针对联盟机构不作为而提起诉讼所采用的方法；在后一种情况下，欧洲法院认为，一旦联盟机构纠正其违法行为，该程序就没有作用了。[97]而如果根据《欧洲联盟运行条约》第258条针对成员国提起诉讼，即使该国当时已纠正其违法行为，欧洲法院仍认为这种诉讼可以受理。之所以如此，是因为以下几点。

第一，欧盟委员会认为，它对提交诉讼具有持续利益，以防止成员国破坏违反之诉程序，避免成员国直到做出判决之前才结束不法行为[98]，而在其判决之后有可能再次恢复同样的行为。[99]

第二，对欧洲法院而言，重要的是能够就短期违法行动的合法性做出裁定，因为短期违法不一定比长期违法的程度更轻。[100]但是，如果特定违法行为的效果在"附具理由的意见"所规定的期限届满前已经终止[101]，即使欧盟委员会担心将来可能再次发生类似违法的行为，那么，也不允许将案件提交欧洲法院。[102]

第三，做出判决的另一个原因是，即使在违法行为已得到纠正之后，

---

⑰ Case 377/87 *Council v Parliament* ［1988］ECR 4017.

⑱ Case C－620/16 *Commission v Germany* EU：C：2019：256，［48］－［49］.

⑲ Case 7/61 *Commission v Italy* ［1961］ECR 317，334，AG Lagrange.

⑳ Case 240/86 *Commission v Greece* ［1988］ECR 1835，1844，AG Lenz.

㉑ 欧洲法院不接受以溯及既往的立法"纠正"先前违法行为的方式，参见 Case C－221/03 *Commission v Belgium* ［2005］ECR I－8307.

㉒ Cases C－362/90 *Commission v Italy* ［1992］ECR I－2353；Case C－525/03 *Commission v Italy* ［2005］ECR I－9405.

也要确定违法成员国的责任基础。[103] 个人在成员国法院提起的诉讼，可以从欧洲法院先前对该成员国违反欧盟法的行为做出的裁定中获得极大帮助。[104] 在对成员国行为所造成的损失寻求赔偿时，欧洲法院对违法行为的先前认定是表明该国家行为非法的一种有效手段。[105]

第七节　第 258 条：成员国违反欧盟法

《欧洲联盟运行条约》第 258 条对可提起执行程序的成员国违法行为的描述非常笼统。欧盟委员会只需考虑成员国"未能履行两部条约规定的义务"即可。这可能包括：成员国方面采取的行动和不作为；未能实施指令；违反条约特定条款或者二级立法；违反作为欧盟法有效组成部分的任何规则或者标准。无论是哪类国家机关实施了违法行为，即使是宪法上独立的机构，成员国在第 258 条下也要承担责任。[106]

在成员国违反条约条款的案件中有一个有趣的判例，在该案中爱尔兰将与英国有关钚铀混合氧化物（MOX）核能回收工厂的争议提交争端解决程序，其中涉及对欧盟法的解释，被提交到《国际海洋法公约》仲裁庭而非欧洲法院。欧洲法院裁定："这种性质的违法行为对两部条约规定的管辖权秩序构成明显的风险，其结果是共同体法律体系的自主性可能受到不利影响。"[107]

某些类型的违法行为，例如不转化欧盟指令，被提起违反之诉的次数远远超过其他类型的违法行为。以下以相关案件为例，说明判例法中出现的不同类型违法行为。

---

[103]　Case 240/86（n 100）[14]；Case C – 168/03 *Commission v Spain* [2004] ECR I – 8227，[24].

[104]　Cases C – 6 and 9/90 *Francovich and Bonifaci v Italy* [1991] ECR I – 5357，参见第九章。

[105]　当事方试图为了此项确切目的而从欧洲法院获得一项执法裁决，参见 Case T – 182/97 *Smanor v Commission* [1998] ECR II – 271.

[106]　Case C – 416/17 *Commission v France* EU：C：2018：811，[107].

[107]　Case C – 459/03 *Commission v Ireland* [2006] ECR I – 4635，[154].

一 违反《欧洲联盟条约》第 4 条第 3 款真诚合作义务

委员会诉荷兰

Case 96/81 Commission v Netherlands

[1982] ECR 1791

委员会对荷兰提起诉讼，指控其未实施有关浴场的某些指令，声称荷兰政府未按照其中一项指令的要求提供该国遵守该指令条款的信息。委员会认为，由于被告国未提供此信息，委员会有权假定该国未实施必要的国内措施。但是，在向本法院提出的申请中，委员会认定的违法行为不是"未遵守提供信息的义务"，而是"未履行实施该指令的义务"。

欧洲法院

6. 应当强调的是，在根据《欧洲经济共同体条约》第 169 条（现为《欧洲联盟运行条约》第 258 条）对未履行义务提起的诉讼中，委员会负有责任证明该义务尚未得到履行这项指控。向本法院提交所需信息，以便本法院能够确定该义务未得到履行，这正是委员会的责任，并且委员会在这么做时不得依据任何假定。

因此，在成员国未提供与其遵守指令有关的信息的情况下，欧盟委员会不能依据假定而指控该国违法。[108] 但是，一旦委员会提供充分证据，表明该成员国可能违反共同体法律，那么该成员国就不能简单地否认该指控，而应以实质方式对出具的信息提出异议。[109] 此外，即使欧盟委员会对主张违法负有举证责任，但当申诉涉及未充分转化某项指令的情况，就不一定是由委员会来证明该项正在转化的立法具有不利影响。[110]

---

[108] Case C‑217/97 *Commission v Germany* [1999] ECR I‑5087；Case C‑221/04 *Commission v Spain* [2006] ECR I‑4515.

[109] Cases 272/86 *Commission v Greece* [1988] ECR 4875，[21]；Case C‑508/03（n 55）[80].

[110] Case C‑392/96 *Commission v Ireland* [1999] ECR I‑5901.

在上述浴场案件中，欧洲法院仍然认为，所有成员国都有义务根据现在的《欧洲联盟条约》第 4 条第 3 款，促进完成委员会的任务，包括监督对条约的遵守情况。在成员国当局拒绝或者未回复委员会关于提供信息的要求时，委员会在执行之诉中会频繁地援引这种特定的违反行为。[⑪]

如果成员国在委员会调查的诉前阶段不愿意予以回复，对委员会而言，就难以确定该国是否存在违法行为。[⑫] 欧盟委员会针对这一僵局的反应是，以违反合作义务为由启动单独的执行程序。[⑬] 但是，欧洲法院在已经确定存在违反某些更具体的欧盟法条款的情况下，不一定会单独认定存在违反真诚合作义务。[⑭]

"真诚合作义务"是施加给各成员国的积极义务，不只是为了避免成员国违反欧盟法，而且防止其他人违反条约的规定。在针对法国的几起诉讼中，欧洲法院裁定，由于未能采取足够措施阻止法国农民的暴力行为和破坏性抗议，而这些抗议阻碍了农产品的自由流动，因此法国违反了其在条约下的义务。[⑮] 更普遍地说，如果成员国未以处罚违反本国法律的人相同的处罚方式处罚那些违反联盟法的人，并且未以"有效、相称和惩戒性"方式予以处罚，该国就违反了真诚合作义务。[⑯] 在涉及欧盟对外关系的几起案件中，真诚合作义务起着重要作用。

二　对欧盟法的实施不充分

在很多案件中，委员会提起申诉的原因不是完全未转化或实施联盟立法，而是"实施不充分"（inadequate implementation）。[⑰]

---

⑪　Case 240/86 *Commission v Greece* (n 100)；Case C – 620/16 *Commission v Germany* (n 98)．

⑫　Case C – 490/09 *Commission v Luxembourg* EU：C：2011：34，[57]–[60]；Case C – 421/12 *Commission v Belgium* EU：C：2014：2064．

⑬　See, eg, Case C – 35/88 *Commission v Greece* [1990] ECR I – 3125；Case C – 48/89 *Commission v Italy* [1990] ECR I – 2425；Case C – 374/89 *Commission v Belgium* [1991] ECR I – 367．

⑭　Case C – 334/08 *Commission v Italy* EU：C：2010：414，[75]；Case C – 19/05 *Commission v Denmark* [2007] ECR I – 8597，[36]．

⑮　Case C – 265/95 *Commission v France* [1997] ECR I – 6959；Case C – 60/01 *Commission v France* [2002] ECR I – 5679；B Kurcz and K Zieleskiewicz, Comment (2002) 39 CMLRev 1443．

⑯　Case 68/88 *Commission v Greece* [1989] ECR 2979；Case 143/83 *Commission v Denmark* [1985] ECR 427，[8]–[10]．

⑰　See, eg, Case C – 504/17 *Commission v Ireland* EU：C：2018：832，[27]；Case C – 377/17 *Commission v Germany* EU：C：2019：562．

委员会诉法国

Case 167/73 Commission v France

[1974] ECR 359

法国立法机关未能废除《海事劳动法典》的一项条款，该条款要求一定比例的船员具有法国国籍。这项国籍要求违反共同体法律，但是法国政府声称已口头指示海军主管机关将共同体国民视为法国国民，并且这足以遵守共同体法律。

欧洲法院

40. 从本法院辩论结果和（法国）议会程序中通过的立场来看，目前的情况是，法国主管机关一直认为相关行业的劳动者自由流动不是一项权利，而是取决于他们的单方面意愿。

41. 因此，尽管该客观法律立场是清楚的，也就是说，第48条（当时为《欧洲经济共同体条约》，即现《欧洲联盟运行条约》第45条）和《第1612/68号条例》直接适用于法兰西共和国领土，但是在这种情况下仍然保留《海事劳动法典》的措辞，这就造成一种模棱两可的状态，对受该法律约束的相关对象而言，这种情况使他们是否有可能依据共同体法这一问题处于不确定状态。

42. 通过内部和口头性质的纯粹行政指令来放弃本国法的适用，恰恰强化了这种不确定性。

在涉及欧盟指令的情况下，指令不像欧盟条例那样可直接适用，成员国总是有责任充分实施指令。指令可能具有纵向直接效力或者以其他方式执行，这一事实并不减少成员国适当实施指令的义务。当指令赋予权利的对象是"其他"成员国国民时，对那些个人知晓其权利而言，适当转化指令就尤为重要。[118] 尽管《欧洲联盟运行条约》第288条规定，实施指令的方式和形式是每个成员国的事，但这并不妨碍欧洲法院审查成员国所选择

---

[118] Case C-365/93 *Commission v Greece* [1995] ECR I-499, [9]; Case C-96/95 *Commission v Germany* [1997] ECR I-1653, [34]-[35]; Case C-162/99 *Commission v Italy* [2001] ECR I-541.

的实施方式是否"充分"（*adequacy*）。由此，欧洲法院裁定，成员国决定
实施方式的自由——

　　却没有解除其通过采取具有约束力的国内规定的方式实施该指令
条款的义务。……行政惯例由于其性质使然，可被行政机构一时兴起
而随时改变，因此不能将仅存在的行政惯例视为构成对该指令所产生
义务的适当履行。⑲

反对成员国依据这种"可随时改变"的行政惯例的另一个理由是，
除了不确定性和易变之外，它们未被公之于众，因此不构成充分实
施。⑳但是，欧洲法院也不总是谴责那些未能采取具体措施以实施指令
的成员国，正如下面有关护士开业自由（freedom of establishment）的
判例所示。

委员会诉德国
Case 29/84 Commission v Germany
［1985］ECR 1661

　　17. 德国政府不否认这只是行政惯例，由于其性质使然，可以随
行政当局的喜好而改变，并且没有足够广泛地公之于众，不能被视为
适当履行条约第189条（现《欧洲联盟运行条约》第288条）施加给
成员国的义务，这正是本法院的一贯看法。但是，该政府声称该原则
不能适用于本案，因为相关行政惯例无法随行政部门的喜好而改变，
并且已经给予足够公开。……
　　［在概括委员会的反对意见之后，欧洲法院裁定如下。］
　　22. 面对这些相冲突的观点，本法院认为有必要回顾条约第189
条（现《欧洲联盟运行条约》第288条）第3段的措辞，根据该条，
就要求实现的结果而言，指令对于作为其涵盖对象的成员国具有约束
力，但留给成员国当局选择实现的形式和方式。

---

⑲　Case 96/81 *Commission v Netherlands* ［1982］ECR 1791，［12］.
⑳　Case 160/82 *Commission v Netherlands* ［1982］ECR 4637.

23. 从该条款可以推论出，指令的实施并不一定要求各成员国采取立法行动。尤其是宪法或行政法一般原则的存在可能使通过具体立法实施指令显得多余，但前提是这些原则能够保证成员国当局将实际上充分适用该指令，并且，如果该指令旨在对个人创设权利，成员国当局应使有关个人充分了解其权利，并在适当情况下给予他们在成员国法院依据这些权利提起诉讼的可能性。

在欧盟委员会针对英国未适当实施《第 85/374 号产品责任指令》而提起的诉讼中，为驳回委员会的申请，欧洲法院耐人寻味地利用了指令的"间接效力"，即成员国法院有义务根据相关指令解释国内法。[21] 委员会主张英国违反了该指令，理由是为遵守指令要求，成员国法院本应将其国内法解释为违法（contra legem）。然而，欧洲法院裁定，没有任何迹象表明，英国法院不会根据该指令解释相关国内法，以给予该指令的目的以效力。如果成员国立法得到不同的司法解释，通过比较，有的与欧盟法一致而有的与欧盟法不一致，欧洲法院则裁定这种立法未充分明确地遵守欧盟法。[22]

三　干涉欧盟对外关系的违法行为

近年来，多起违反之诉程序涉及成员国行为违反对欧盟具有约束力的某项国际协定，或者因损害欧盟在对外关系领域的目标而违反真诚合作义务。不少案件可说明第 258 条程序在对外关系方面的这种使用。

在数起"开放天空案"中，委员会对与美国进行航空运输协定双边谈判的多个成员国提起诉讼，欧洲法院裁定这些成员国侵犯了欧盟对外权能。[23]

在涉及环境混合协定谈判议题的案件中，欧洲法院裁定瑞典违反了真诚合作义务。其理由是，在欧盟与成员国共享权能领域，瑞典在欧盟有时

---

[21]　Case C – 300/95 *Commission v United Kingdom* [1997] ECR I – 2649. Compare Case C – 338/91 *Steenhorst-Neerings* [1993] ECR I – 5475.

[22]　Case C – 129/00 *Commission v Italy* [2003] ECR I – 14637, [33].

[23]　Cases C – 466 – 476/98 *Commission v United Kingdom et al* [2002] ECR I – 9855.

间就该议题提出建议立场之前单方面提出特定物项清单。⑭

在其他一些案件中，荷兰因对《欧共体—土耳其联系协定》下的居住许可证收取过度和歧视性费用而被认定为违法⑮，爱尔兰因不遵守《伯尔尼版权公约》也被认定为违法。⑯

最后，在一系列重要判决中，欧洲法院裁定，瑞典和奥地利未能消除当时《欧共体条约》关于资本自由流动的条款与两国在入盟前与非欧盟成员国缔结的双边投资条约之间的不兼容之处，从而违反《欧洲联盟运行条约》第351条。⑰

四　系统性和持续性违反或者构成一般惯例

欧盟委员会有时使用违反之诉程序监督成员国对一系列特定法律的实施进展，并且在某些情况下用于质疑相对轻微的违法行为，这种违法行为在实践中构成实施和守法不充分这一模式的一部分。⑱ 如果某项行政惯例（administrative practice）违反欧盟法，在这种惯例具有一致性和一般性的情况下，即使立法得到了适当实施，成员国仍有可能被认定为违法。⑲ 在这种情况下，欧洲法院认为，仅通过"该国行政机构或法院相关惯例的充分记录和详细证明"，就可以确定该成员国未能充分履行条约义务，这不同于在违法行为涉及成员国立法条款时通常需要的那类证据。⑳

---

⑭　Case C – 246/07 *Commission v Sweden* EU：C：2010：203；也参见 Case C – 266/03 *Commission v Luxembourg* [2005] ECR I – 4805；Case C – 433/03 *Commission v Germany* [2005] ECR I – 6985，这两个案件涉及德国和卢森堡在批准与非欧盟成员国的水道协定时未事先咨询欧盟委员会；也参见 Case C – 45/07 *Commission v Greece* EU：C：2009：81，在该案中希腊向国际海事组织提出一项监管建议，可能干涉欧盟关于加强船舶和港口设施安全的条例。

⑮　Case C – 92/07 *Commission v Netherlands* EU：C：2010：228.

⑯　Case C – 13/00 *Commission v Ireland* [2002] ECR I – 2943.

⑰　Case C – 249/06 *Commission v Sweden* [2009] ECR I – 1335；Case C – 205/06 *Commission v Austria* [2009] ECR I – 1301. 比较 Case C – 264/09 *Commission v Slovakia* EU：C：2011：580，在该案中，欧洲法院裁定，就针对斯洛伐克的违反之诉而言，《欧洲联盟运行条约》第351条给予该国以辩护的理由，其依据是该国在入盟前与瑞士投资协定中的义务。

⑱　Case C – 365/97 *Commission v Italy* (n 77)；JC van Haersolte, Comment (2002) 39 CMLRev 407.

⑲　Case C – 494/01 *Commission v Ireland* (n 82)；Case C – 441/02 *Commission v Germany* [2006] ECR I – 3449.

⑳　Case C – 441/02 *Commission v Germany* (n 129) [51] – [53].

在 2005 年对爱尔兰提起的被称为"开创性"[131] 案件中，欧洲法院裁定，可以从所选择的一个一个违法行为中推导出存在一般行政惯例，从而认定该国存在"一般和持续违反"（general and persistent breach）。[132] 委员会引用了 12 项单个申诉，这些申请指控违反《废弃物指令》关于废弃物处理的规则，委员会主张这些例子说明违法行为更具一般性质。[133] 委员会寻求的判决不仅针对这 12 项具体申诉，而且针对爱尔兰未充分实施该指令的行为具有持续性质。爱尔兰反驳称，附具理由的意见中的这 12 项申诉明确界定了针对该国的诉讼标的。但是，欧洲法院支持委员会立场，它宣称，根据对这些个体申诉的审查，爱尔兰一般性和持续性地未能履行其应正确实施该指令条款的义务。[134] 在举证责任方面，欧洲法院裁定，一旦委员会提供了足够的（个体申诉）证据，这些证据表明存在持续且反复的违法行为，则应由该成员国逐一反驳委员会提供的证据以及由此产生的后果。

此后，委员会提起了大量此类指控，但并非总是胜诉。[135] 有人建议，委员会可以充分利用这种"一般性和持续性"主张来指控成员国在人权[136]和反歧视[137]领域的严重违法行为，以部分弥补在使用《欧洲联盟条约》第 7 条程序方面所存在的困难。[138] 然而，在政治机构未能对匈牙利的严重民主

---

[131] P Wennerås, 'A New Dawn for Commission Enforcement under Articles 226 and 228 EC' (2006) 43 CMLRev 31.

[132] Case C – 494/01（n 82）.

[133] Ibid［20］.

[134] Ibid［127］，［139］，［170］，［171］，［193］.

[135] Case C – 135/05 *Commission v Italy*［2007］ECR I – 3475，［20］–［22］，涉及废物处置；Case C – 88/07 *Commission v Spain*［2009］ECR I – 1353，涉及药品分级；Case C – 189/07 *Commission v Spain*［2008］ECR I – 195，涉及渔业检验；Case C – 150/07 *Commission v Portugal*［2009］ECR I – 7，涉及向欧盟支付自有财源。参见 Hadroušek（n 9），他怀疑这种对"一般和持续违法"的申诉是否现实。

[136] K Scheppele, 'What Can the European Commission Do When Member States Violate Basic Principles of the European Union? The Case for Systemic Infringement Actions', http：//ec. europa. eu/justice/events/assises – justice – 2013/files/contributions/45. princetonuniversityscheppelesystemicinfringementactionbrusselsversion_ en. pdf（2013）.

[137] M Dawson, E Muir, and M Claes, 'A Toolbox for Legal and Political Mobilization in EU Equality Law' in D Anagnostou, *Rights and Courts in Pursuit of Social Change*（Hart, 2014）118.

[138] 委员会在其通讯中就针对成员国可能严重和持续侵犯人权问题而使用《欧洲联盟运行条约》第 258 条展开了讨论，参见 COM（2014）158；另参见第十二章。

缺陷和镇压性措施启动第7条程序的情况下，委员会转而针对具体和明显的违法行为对匈牙利提起大量违反之诉程序，包括涉及年龄歧视和数据处理的行为。⑬

　　尽管欧洲法院对委员会在举证存在"一般和持续违反"方面给予一定的让步，但也一直强调，委员会应充分履行举证责任而不依赖于推定。⑭即使如此，欧洲法院仍然认为，在委员会试图表明存在系统性和持续性地不遵守欧盟法的情况下，欧洲法院将允许出具额外证据，以支持这样的主张，即所指控的违法行为具有一般性和一致性。⑭

五　成员国法院的作为

　　成员国法院未能遵守欧盟法，这一般不构成提起第258条诉讼的基础，即使成员国法院的作为常常牵涉特定违法行为。⑭但是，欧洲法院通常裁定，国家对其在宪法上独立的机构所实施的作为和不作为负有责任，并且在"科伯勒案"（*Köbler*）中裁定，国家可以因其终审法院实施的违反欧盟法的行为而对个人承担赔偿责任。⑭欧盟委员会似乎有意避免这种政治敏感案件。⑭但是，2004年欧盟委员会迈出了前所未有的一步，它在对瑞典发布的附具理由的意见中，援引瑞典最高法院未根据现《欧洲联盟运行条约》第267条向欧洲法院提请初步裁决，而且瑞典没有任何规范初步裁决

---

　　⑬　Case C - 288/1 2 *Commission v Hungary* EU：C：2014：237；Case C - 286/12 *Commission v Hungary* EU：2012：687.

　　⑭　Case C - 335/07 *Commission v Finland* [2009] ECR I - 9459；Case C - 507/03 *Commission v Ireland* [2007] ECR I - 9777；Case C - 105/08 *Commission v Portugal* EU：C：2010：345；Case C - 512/08 *Commission v France* EU：C：2010：579；Case C - 110/05 *Commission v Italy* [2009] ECR I - 519，[66]；Case C - 525/12 *Commission v Germany* EU：C：2014：2202；Case C - 160/08 *Commission v Germany* EU：C：2010：230，[109] - [111]；Case C - 541/16 *Commission v Denmark* EU：C：2018：251，[25].

　　⑭　Case C - 488/15 *Commission v Bulgaria* EU：C：2017：267，[42]；Case C - 336/16 *Commission v Poland* EU：C：2018：94，[48].

　　⑭　See, eg, Case C - 129/00 *Commission v Italy* (n 122)；M Taborowski, 'Infringement Proceedings and Non-Compliant National Courts' (2012) 49 CMLRev 1881.

　　⑭　Case C - 224/01 *Köbler* [2003] ECR I - 10239. 其讨论参见第九章。

　　⑭　Rawlings (n 3)；但欧洲法院也表达过警告，参见 Case C - 156/04 *Commission v Greece* [2007] ECR I - 4129，[52].

申请程序的法律或法规。⑭ 这起案件未进入判决阶段，因为瑞典政府为解决案件而出台了程序性立法。该议题在第二章中已有进一步讨论。

第八节　第 258 条：国家辩护

成员国的辩护可以采取不同方式。欧洲法院在判例法中形成以下原则。

其一，成员国可以提出其在诉前程序中并未提出的辩护理由，而欧盟委员会不可如此。⑭ 但是，程序规则规定，在诉讼过程中不得提出新的诉请，除非它是"基于在程序过程中逐渐发现的法律或事实问题"⑭。

其二，欧洲法院反对以下辩护理由。成员国违法行为没有造成"不利影响"，或者没有产生明显损害，这类事实均不构成辩护。⑭ 欧洲法院同样没有接受成员国提出的以下几种观点，即成员国没有过错，违反不是故意的⑭，或者是"轻微的"⑭。欧洲法院只审查是否确实如指控的那样发生了违法行为，并且不要求成员国存在道德过错。主张其他成员国也违法，这也不构成辩护理由。⑮

其三，成员国可能会主张，违反之诉所依据的欧盟措施本身非法或无效。欧洲法院驳回了这一论点，裁定成员国在对其提起的违反之诉中"不能以主张针对其做出的某项决定非法"作为其未实施该决定的辩护理由。⑫ 原因是，如果该成员国想要质疑该决定，可以根据《欧洲联盟运行条约》

---

⑭　Document no C（2004）3899 of 7 Oct 2004，relating to infringement proceedings 2003/2161. 该附具理由的意见是由该国政府公开的。

⑭　Case C -414/97 *Commission v Spain* [1999] ECR I -5585.

⑭　Case C -526/08 *Commission v Luxembourg* EU：C：2010：379，[48] -[50].

⑭　Case C -150/97 *Commission v Portugal* [1999] ECR I -259；Case C -36/05 *Commission v Spain* [2006] ECR I -10313.

⑭　Case 301/81 *Commission v Belgium* [1983] ECR 467，[8]；Case C -385/02 *Commission v Italy* [2004] ECR I -8121，[40].

⑮　Case C -43/97 *Commission v Italy* [1997] ECR I -4671.

⑮　See，eg，Case C -146/89 *Commission v United Kingdom* [1991] ECR I -3533；Case C -266/03 *Commission v Luxembourg* [2005] ECR I -4805.

⑫　Case 226/87 *Commission v Greece* [1988] ECR 3611，[14].

第 263 条直接提起宣告无效之诉。

但是，如果欧盟措施存在严重缺陷，以至于在法律上"不成立"并且"自始无效"（void *ab initio*），以主张非法作为第 258 条诉讼的辩护方式可能会被允许。如果先前措施不是针对相关成员国的一项决定，而是一项条例，其非法性在委员会提起执行程序之前对该成员国而言并不明显，那么在这种情况下也允许提出这种辩护。[153] 在极端情况下，如果某决定违反宪法性原则，欧洲法院也可能在第 258 条诉讼中考虑该决定的非法性。[154]

委员会针对瑞典和德国未转化《第 2006/24 号数据保留指令》的情况提起违反之诉，就出现了这类问题。该指令后来在"数字权利爱尔兰案"（*Digital Rights Ireland*）的初步裁决程序中被欧洲法院宣布无效，因为它侵犯了《欧盟基本权利宪章》第 7 条和第 8 条中尊重私人生活和保护个人数据的权利。[155] 委员会撤回了针对德国的未决违反之诉，但是针对瑞典的诉讼已经结案，欧洲法院已在第 260 条诉讼程序中裁定处以大笔总付罚金。[156] 有学者建议应将已付罚款退还瑞典，而且，如果该成员国能够在违反之诉过程中主张该指令无效，则本来可以避免该问题。[157]

其四，成员国可能会提出"不可抗力"（*force majeure*）辩护，诸如炸弹袭击等压倒性情势，这种情势导致该国无法履行条约规定的义务。[158] 但是，国家不能主张其独立机构所采取的行动构成不可抗力。欧洲法院一再裁定国家对其机构的违反行为负责，"只要其作为或不作为导致未能履行该国义务，则无论相关国家机构属于哪种类型，即使是宪法上独立的机

---

[153] 参见 AG Mancini in Case 204/86 *Commission v Greece* [1988] ECR 5323, 5343 – 5345；Case 226/87 *Commission v Greece* [1988] ECR 3611, 3617. 关于成员国未能成功主张其未实施的某项指令（而非条例）非法，参见 Case C – 74/91 *Commission v Germany* [1992] ECR I – 5437.

[154] Cases 6 and 11/69 *Commission v France* [1969] ECR 523；Case 70/72 *Commission v Germany* [1973] ECR 813；Case 156/77 *Commission v Belgium* [1978] ECR 1881.

[155] Case C – 293/12 *Digital Rights Ireland v Minister for Communications* and Case C – 594/12 *Kärntner Landesregierung* EU：C：2014：238.

[156] 关于第 258 条诉讼，参见 Case C – 185/09 *Commission v Sweden* EU：C：2010：59；后来委员会提起第 260 条诉讼，欧洲法院对瑞典处以大笔总付罚金，参见 C – 270/11 *Commission v Sweden* EU：C：2013：339.

[157] N Wunderlich and B Hickl, 'Zum Einwand der Grundrechtswidrigkeit von Richtlinien in Vertragsverletzungsverfahren vor dem Europäischen Gerichtshof' (2013) Europarecht 107.

[158] Case 33/69 *Commission v Italy* [1970] ECR 93, [16]；Case 70/86 *Commission v Greece* [1987] ECR 3545；Case C – 334/87 *Greece v Commission* [1990] ECR I – 2849, [11].

构"⑲，即使在个人诈欺情况下，国家仍需负责。⑯ 同样，欧洲法院一再裁定："成员国不能为了开脱其未遵守共同体指令中规定的义务和时限，而将其内部法律制度中的规定、惯例或情势作为辩护理由"⑯。

第九节　第258条：裁决的后果

《欧洲联盟运行条约》第258条程序的弱点是，欧洲法院在第258条诉讼中可以对违法成员国做出的唯一裁定是认定其违反条约。即使在条约引入罚款缴付程序之后，事实仍然如此，因为欧洲法院不能在第258条诉讼中命令成员国通过任何具体措施，也不能以其他方式决定其判决产生的后果。⑯ 但是，欧洲联盟法院可能会裁定其判决的追溯效力将受到限制。在2009年针对多个成员国的一组"自有财源案"中，欧洲法院拒绝了有关国家提起的限制判决追溯效力的请求，但并未排除在其他情况下有可能这样做。

第十节　第259条：成员国提起的执行之诉

除了第258条赋予欧盟委员会执行权之外，《欧洲联盟运行条约》第259条还提供了一种方式，任何成员国均可对其认为违反条约的其他成员国发起诉讼。第259条规定：

---

⑲　Case 77/69 *Commission v Belgium* [1970] ECR 237, [15].

⑯　Case C – 334/08 *Commission v Italy* EU：C：2010：414, [46] – [49], 该案中个人欺诈者是意大利政府的一名官员。

⑯　Case 280/83 *Commission v Italy* [1984] ECR 2361, [4]; Case 160/82 (n 120); Case 215/83 *Commission v Belgium* [1985] ECR 1039; Case C – 298/97 *Commission v Spain* [1998] ECR I – 3301; Case C – 326/97 *Commission v Belgium* [1998] ECR I – 6107; C Bertolino, 'State Accountability for Violation of EU Law by Regions：Infringement Proceedings and the Right of Recourse' (2013) 5 Perspectives on Federalism 156.

⑯　参见 Case C – 104/02 *Commission v Germany* [2005] ECR I – 2689, [48] – [51], 该案涉及欧洲法院是否可以命令成员国缴纳滞纳利息。

如一成员国认为另一成员国未能履行两部条约规定的某项义务，可将该事项提交欧洲法院。

一成员国由于认为另一成员国违反两部条约规定的某项义务而对该国提起诉讼之前，应将该事项提交委员会。

在各相关国家有机会就自身情况及对另一当事方的情况提出口头和书面意见后，委员会应提出一份附具理由的意见。

如委员会在该事项向其提交后的三个月内未提出意见，并不妨碍将该事项提交欧洲法院。

与第 258 条不同，提起诉讼的成员国不必首先联系被提起申诉的成员国。而申诉国则一开始就应将事项提交委员会。此后的程序与第 258 条程序类似。但是，在第 259 条程序下，在委员会发表附具理由的意见之前，应听取双方成员国的意见，而且双方都有机会提交材料。即使委员会认为没有违反条约，申诉国仍可以将案件提交欧洲法院。

第 259 条很少得到使用，毫无疑问，这是因为成员国之间的诉讼可能会引起恶感，并且因为成员国更偏好通过政治手段解决争端。各国还可以选择参与由委员会提起的案件以支持其指控，尽管它们更常见的做法是支持成员国。但是，在政治解决方案失败，以及委员会选择不提起诉讼之后，成员国偶尔会诉诸第 259 条机制。[163] 2000 年，由于英国将欧洲议会选举中的投票权扩展到直布罗陀居民，西班牙对英国提起诉讼。[164]“鉴于该双边问题隐含的敏感性”，欧盟委员会鼓励两国友好解决争端，并拒绝发表附具理由的意见[165]，但是欧洲法院支持英国的行为而裁定西班牙败诉。同样，对于斯洛伐克拒绝允许匈牙利总统入境事宜，欧洲法院驳回了匈牙利对斯洛伐克提起的诉讼。[166]

---

[163]　Case 141/78 *France v United Kingdom*［1979］ECR 2923（涉及渔业纠纷）；Case C－388/95 *Belgium v Spain*［2000］ECR I－3121（涉及葡萄酒原产地规则）；Case C－364/10 *Hungary v Slovakia* EU：C：2012：630（涉及国家元首跨国流动自由）；Case C－648/15 *Austria v Germany* EU：C：2017：664（涉及财政工具的收税）；Case C－591/17 *Austria v Germany* EU：C：2019：504（涉及向客车收取基础设施费）。

[164]　Case C－145/04 *Spain v United Kingdom*［2006］ECR I－7917. 英国的行为是出于对欧洲人权法院判决的回应，参见 App No 24833/94 *Matthews v United Kingdom*，ECHR 1999－I.

[165]　Case C－145/04（n 164）［32］.

[166]　Case C－364/10 *Hungary v Slovakia*（n 163）.

第十一节　第260条：金钱处罚

一　条约条款

《马斯特里赫特条约》首次将对未遵守欧洲法院先前执法判决的成员国处以罚金的规定引入现在已成为《欧洲联盟运行条约》的第260条。它为成员国执行欧洲法院对其所做裁决给予更强烈的推动。在引入罚金规则之前，第260条规定的"强制"成员国遵照执行第258条判决的唯一方法是，向欧洲法院再次提起诉讼，以对该成员国做出第二次宣告性裁决。2009年生效的《里斯本条约》对其进行了修订，现第260条规定如下：

　　1. 如欧洲法院裁定某一成员国未能履行两部条约规定的某项义务，则应要求其采取必要措施以执行法院判决。

　　2. 如委员会认为有关成员国未采取必要措施执行法院判决，它可在给予该国提交意见的机会后将案件提交欧洲联盟法院。委员会须具体说明其认为在适当情况下有关成员国应大笔总付或分期缴纳罚金的数额。

　　如欧洲法院认定有关成员国未遵守其判决，可对其课以大笔总付或分期缴纳罚金。

　　本程序不应影响第259条的规定。

　　3. 当委员会以有关成员国未履行通报其转化一项根据立法程序通过的指令的措施之义务为由，根据第258条将案件提交欧洲法院，如认为合适，委员会可具体说明其认为在适当情况下有关成员国应大笔总付或分期缴纳罚金的数额。

　　如果欧洲法院认定存在违反条约的情况，可对有关成员国处以大笔总付或分期缴纳罚金，其金额不得超过委员会具体说明的数额。缴付义务应自欧洲法院判决规定的日期起生效。

2009年生效的《里斯本条约》对第260条做了两项修订。其一，委员会不再像原第2款要求的那样，对于未遵守第258条裁决的情况，必须在向欧洲法院提起诉讼之前发表附具理由的意见。这项修订可能会使处罚程序更加快捷和高效。

其二，新引入的第 3 款规定，如果成员国未通报转化欧盟指令的措施，则委员会可以直接对该国课以金钱处罚。[167] 因此，对违反欧盟法的成员国处以罚款这种可能性，已超出不执行欧洲法院第 258 条裁决的情形，纳入了另外一种常见的违法形式。[168]"未通报"的含义相当模糊，给何时使用第 258 条或第 260 条第 3 款作为矫正程序带来不确定性，并且以带来潜在问题的方式扩大了委员会自由裁量权的范围。[169]

第 260 条程序未对欧洲法院处以罚款的数额规定上限。[170] 另外，欧洲法院没有义务遵循委员会的建议。[171] 如果成员国拒绝缴纳，并不存在正式的收缴支付机制[172]，尽管一般认为，欧盟委员会可以扣除在其他欧盟资金下应向成员国支付的款项。此外，第 260 条并未规定委员会可以向欧洲法院寻求禁令[173]，在这类诉讼中欧洲法院不得命令成员国采取特定行动。[174] 欧洲法院还表示，它在第 260 条下无权要求成员国在指定期限内执行其判决。[175]

---

[167]　委员会曾发布关于实施第 260 条第 3 款的通讯，提出其关于适用该新条款的政策，参见 Communication on the implementation of Art 260 (3) [2011] OJ C12/1.

[168]　E Varnay, 'Sanctioning Under Article 260 (3) TFEU: Much Ado About Nothing' (2017) 23 EPL 201.

[169]　S Gáspár-Szilági, 'What Constitutes "Failure to Notify" National Measures?' (2012) 19 EPL 281; A Sikora, 'Financial Penalties for Non-Execution of the Judgment of the Court of Justice of the EU' in A Lazowski and S Blockmans (eds), *Research Handbook on EU Institutional Law* (Edward Elgar, 2014).

[170]　《欧洲联盟运行条约》第 261 条规定，欧洲法院可根据理事会和欧洲议会通过的条例施加处罚，并且明确规定欧洲法院根据这类立法行使的管辖权不受限制。

[171]　Case C – 626/16 *Commission v Slovakia* EU: C: 2018: 525, [83]; Case C – 93/17 *Commission v Greece* EU: C: 2018: 903, [119].

[172]　有关分析和批评，参见 M Theodossiou, 'An Analysis of the Recent Response of the Community to Non-Compliance with Court of Justice Judgments: Art 228' (2003) 27 ELRev 25.

[173]　尽管欧洲法院依据《欧洲联盟运行条约》第 279 条的临时程序，有发布禁令措施的一般权力，但在做出违反之诉判决时，它在第 260 条下没有这些权力。

[174]　Case C – 105/02 *Commission v Germany* [2006] ECR I – 9659, [44] – [45].

[175]　Case C – 473/93 *Commission v Luxembourg* [1996] ECR I – 3207, [51] – [52]. 但是，在 Case C – 291/93 *Commission v Italy* [1994] ECR I – 859, [6]，欧洲法院裁定，尽管《欧洲联盟运行条约》第 260 条（原《欧共体条约》第 228 条）没有具体规定必须执行判决的期限，但出于立即和统一适用欧盟法律的目的，需要尽快遵照执行。

二　条约条款的适用

最初的情况似乎是，如果成员国在欧洲法院做出第 260 条判决之前已经遵照执行委员会附具理由的意见，欧洲法院就不能施加处罚。[176] 但是，欧洲法院明确表示，如果成员国不执行先期判决的行为一直持续到委员会在附具理由的意见中规定的日期之后，那么，即使在欧洲法院根据第 260 条程序做出判决之时该违法行为已经终止，处以大笔总付罚款（lump sum payments），尽管不是分期罚款（periodic penalty），也是适当的。[177]

第 260 条案件成功与否，在很大程度上取决于委员会所提交证据的质量[178]，如果委员会未能提供充分证据证明其指控，可能会对个体申诉者产生不利影响。欧盟委员会比较频繁地使用金钱处罚程序。这反映了成员国经常不遵照执行第 258 条之下的初始判决这一现实。[179] 根据第 260 条提交至欧洲法院的实际案件数量，远远低于最初提起诉讼的数量，并且在很多案件中，当成员国遵照执行时，委员会终止了程序。[180] 除非成员国最终遵照执行，否则有时似乎有必要根据第 260 条再次将诉讼提交至欧洲法院。[181] 委员会还在其年度报告中列出个别成员国尚未遵照执行的所有第 258 条判决，并且表明正在对这些国家采取哪些行动。

三　罚金的计算

1996 年，在根据第 260 条计算罚金的判例法出现之前，欧盟委员会发布了指南和有关计算方法的备忘录。[182] 委员会认为，罚金数额应反映制裁的目的，即确保尽快有效遵守欧盟法，而且，实现此目标的最适当方法是

---

[176]　Case C – 119/04 *Commission v Italy* [2006] ECR I – 6885.

[177]　See, eg, Case C – 304/02 *Commission v France* [2005] ECR I – 6263；Case C – 568/07 *Commission v Greece* [2009] ECR I – 4504；Case C – 121/07 *Commission v France* [2008] ECR I – 9159.

[178]　See, eg, Case C – 457/07 *Commission v Portugal* [2009] ECR I – 8091.

[179]　31st Annual Monitoring Report on 2013, COM (2014) 612 final.

[180]　一旦成员国遵照执行，委员会就撤回的案件，例如 Case C – 241/11 *Commission v Czech Republic* EU：C：2013：423；Case C – 279/11 *Commission v Ireland* EU：C：2012：834；Case C – 407/09 *Commission v Greece* EU：C：2011：196.

[181]　See COM (2014) 612 final, COM (2013) 726 final, and COM (2012) 714 final；I Kilbey, 'The Interpretation of Article 260 TFEU (ex 228 EC)' (2010) 35 ELRev 370, 383.

[182]　See [1996] OJ C242/6 and [1997] OJ C63/2.

从欧洲法院判决送达之日起累计计算的定期罚款。

欧盟委员会指南建议，处罚始终应具有威慑力，而绝非纯粹具有象征意义。每日罚金应根据三个标准计算：违法行为的严重性；持续的时间长短；需要确保罚款能够阻止进一步违法。计算方法应包括按天计算的统一滞纳金费率，以惩罚那些违反合法性原则的行为，用该费率乘以反映违法行为严重性及其持续时长的几项因数，再乘以代表成员国缴付能力和其在欧盟理事会投票数量的因数。在欧洲法院基于该指南做出几项裁决之后，委员会于 2005 年和 2010 年修订其备忘录，遵循了欧洲法院的判决，特别是关于大笔总付问题，并每年更新以反映年度经济数据。[183]

从 2000 年欧洲法院做出首个金钱处罚裁决以来[184]，它就强调，虽然它同意委员会发布的多数指导意见，但不受其约束。[185] 例如，在针对西班牙不执行有关浴场质量判决的诉讼中，欧洲法院驳回了委员会对西班牙课以每日罚金的建议，而是处以可持续评估的年度罚款，用以反映西班牙的执行进展。[186] 这是因为难以表明相关情况，直到相当长的一段时间之后，才能表明浴场质量符合欧盟法规定的限值。在针对希腊的涉及垃圾掩埋场的案件中，欧洲法院驳回了委员会和佐审官提议的每日罚金，而是处以缴纳大笔罚金再加上每六个月缴纳一次的罚金，从而通过采用更合乎比例的递增处罚，将希腊在执行先期判决方面的进展情况考虑在内。[187] 在针对法国未充分实施《产品责任指令》的诉讼中，欧洲法院驳回了委员会有关计算违法行为持续时间系数的指南。[188] 在针对葡萄牙未实施公共合同领域国家

---

[183]　SEC（2005）1658，SEC（2010）923. 此后每年都会对后者进行修订，包括更新宏观经济数据：SEC（2011）1024，C（2012）6106，C（2013）8101，and C（2014）6767；Communication from the Commission—Updating of data used to calculate lump sum and penalty payments to be proposed by the Commission to the Court of Justice in infringement proceedings［2017］OJ C431/02.

[184]　Case C-387/97 *Commission v Greece*［2000］ECR I-5047，［87］-［89］.

[185]　Case C-626/16 *Commission v Slovakia*（n 171）［83］；Case C-93/17 *Commission v Greece*（n 171）［119］.

[186]　Case C-278/01 *Commission v Spain*［2003］ECR I-14141；M Ruffert，Comment（2004）41 CMLRev 1387.

[187]　Case C-378/13 *Commission v Greece* EU：C：2014：2405. See also Case C-196/13 *Commission v Italy* EU：C：2014：2407；Case C-496/09 *Commission v Italy* EU：C：2011：111483；Case C-626/16 *Commission v Slovakia*（n 171）［82］.

[188]　Case C-177/04 *Commission v France* EU：C：2006：173.

责任相关判决的案件中，欧洲法院讨论了委员会提出的基准金额和系数。[189]

欧洲法院认为，原则上，只有在未能遵守欧洲法院先前判决的情况持续到欧洲法院审查事实之时，才可以处以罚款。[190] 更笼统地说，在计算金钱处罚的复杂过程中，欧洲法院似乎在努力寻找方法，以使所施加的数额合乎一定比例，并且考虑到执行判决的进展情况。[191]

2005 年，欧洲法院首次在缴付罚金程序问题上打下清晰的烙印，要求法国就长期违法行为缴付大笔总付罚金，尽管委员会未做出此建议。[192] 此案针对法国自 1991 年起未执行有关监督和实施欧盟渔业保护规则的判决，16 个其他成员国参与诉讼。其中 12 个参与诉讼国主张，依据条约案文以及对政策和原则的考虑，不应同时处以大笔罚金和分期罚金。然而，欧洲法院驳回了它们的观点。

委员会诉法国

Case C – 304/02 Commission v France

[2005] ECR I – 6263

80.《欧共体条约》第 228 条第 2 款（现《欧洲联盟运行条约》第 260 条第 2 款）规定的程序，旨在促使违法的成员国执行确定其违反义务的判决，从而确保共同体法事实上得到适用。该条款规定的措施，即大笔总付罚金和分期缴纳罚金，都是为了实现这一目的。

81. 这些措施中每一项的适用都取决于它们根据案件情况实现所追求目标的相应能力。施加罚金似乎特别适合于促使成员国尽早终止违反义务的行为，如果没有这种措施，违反义务的行为仍有可能持续，但是处以大笔总付罚金更多地基于对有关成员国未履行其义务对公共和私人利益所产生影响的评估，尤其是自判决最初确定违反义务以来其违法行为持续了很长时间。

---

[189] Case C – 70/06 *Commission v Portugal* [2008] ECR I – 1.

[190] Case C – 557/14 *Commission v Portugal* EU：C：2016：471，[61]；Case C – 251/17 *Commission v Italy* EU：C：2018：358，[64]；Case C – 328/16 *Commission v Greece* EU：C：2018：98，[82]；Case C – 93/17 *Commission v Greece* EU：C：2018：903，[108].

[191] Case C – 533/11 *Commission v Belgium* EU：C：2013：659，[70] – [73].

[192] Case C – 304/02 (n 177).

82. 因此，不排除采取《欧洲共同体条约》第228条第2款（现《欧洲联盟运行条约》第260条第2款）规定的两种类型的罚金，尤其是在违反义务的行为既持续了很长时间，又倾向于继续维持的情况下。

欧洲法院认为，缺乏委员会关于处以大笔总付罚金的任何指南并不会违反法律确定性原则，而委员会在这种特殊情况下没有提议处以大笔总付罚金这一事实，并不妨碍欧洲法院施加这种罚金。欧洲法院宣称，应根据"使有关成员国改变其行为所需劝诫程度"来决定金钱处罚。[193] 依欧洲法院看来，成员国的辩护权不受其无法对大笔总付罚金提起反对意见的影响。这是因为《欧洲联盟运行条约》第260条第2款程序被视为执行先前判决的一种方法——该判决是基于当事方之间的诉讼，在认定持续存在违反欧盟法的行为之后做出的。[194] 然而，欧洲法院对大笔总付罚金数额的论证少之又少。欧洲法院只是指出：

> 114. 在本判决所针对的这种情况下，鉴于自最初做出确定违反义务的判决以来，违法行为已持续了很长时间，并且考虑到有关公共和私人利益，因此有必要命令缴纳大笔总付罚金。……
>
> 115. 通过将法兰西共和国应缴纳的大笔总付罚金的数额设定为2000万欧元，本案的具体情况得到了公平的评估。

在此案之后，委员会修改了指南，将大笔总付罚金用于成员国大幅度延迟执行的情况，并且提及相称性原则和成员国平等待遇原则——这些原则在欧洲法院关于第260条的其他判决中得到强调[195]，——并且提到制裁需要有可预见性。[196] 委员会指出，此后它将在每个第260条案件中向欧洲法院提议至少一项最低数额的大笔总付罚金，以反映任何持续的不执行行

---

⑬　Ibid［90］-［91］.

⑭　Ibid［93］.

⑮　Case C-378/97 *Commission v Greece*［2000］ECR I-5047；Case C-278/01 *Commission v Spain*（n 186）.

⑯　SEC（2005）1658.

为"是对合法性原则的攻击"这项原则。[197]

委员会在 2005 年备忘录中提出了一系列其他建议，例如，建议在单个案件背景下对不同的违法行为施加不同的制裁，以提高准确性和适应性。它列出了可能会加重或减轻违法行为严重程度的某些因素，以计算应施加的罚金。考虑到西班牙浴场案和法国渔业案，委员会提议允许对制裁进行调整，以反映部分执行或逐步遵守的情况，并允许设置六个月或一年的分期期限，而不只是按天计算罚金。在此后的数起案件中，欧洲法院似乎采取了这种做法。

另一个问题涉及，在适当核实成员国执行欧洲法院规定的条件之后，中止处罚的可能性。欧洲法院曾考虑，委员会是否有权决定成员国是否已执行第 258 条判决，以及委员会与成员国就该事项的争议应如何解决。这个问题出现在葡萄牙针对委员会提起的一项诉讼中，该国质疑委员会有关本国应为未执行判决缴付罚金的决定。[198] 综合法院撤销了委员会的决定，欧洲法院在上诉案中裁定，在该国与委员会之间就该国是否已经充分执行存在分歧的情况下，委员会应提起全新的第 258 条诉讼以将该事项交回欧洲法院，而不是委员会自行做出决定。在得出这一结论时，欧洲法院强调自己对于确定成员国是否遵守欧盟法具有专属管辖权：

> 因此，欧洲法院在这方面享有条约直接和明示赋予的专属管辖权，委员会在审查欧洲法院根据第 260 条第 2 款所做判决是否得到遵守时，不能侵犯欧洲法院专属管辖权。[199]

欧洲法院已在其大量判决中继续判处大笔总付罚金[200]，并且在很大程度上遵循委员会有关罚金计算的建议指南，偶尔也判处大笔总付罚金附加

---

[197] Ibid [20].

[198] Case T-33/09 *Portugal v Commission* EU：T：2011：127，其上诉案参见 Case C-292/11 P *Commission v Portugal* EU：C：2014：3.

[199] Case C-292/11 P, ibid [50].

[200] Case C-109/08 *Commission v Greece* [2009] ECR I-4657；Case C-568/07 *Commission v Greece* [2009] ECR I-4505；Case C-121/07 *Commission v France* [2008] ECR I-9159.

累计定期罚金。⑳ 但是，对于委员会提出的建议，即无论在任何情况下，只要成员国在附具理由的意见设立的日期之前未遵照执行，就自动处以大笔总付罚金——欧洲法院持坚决反对立场。欧洲法院强调，决定是否处以大笔总付罚金或分期罚金，这属于欧洲法院在考虑所有相关情况之后的自由裁量权。⑳ 一般来说，欧洲法院判处的罚金数额比委员会和佐审官建议的数额要低。⑳

四　结论

第260条机制显然代表着整个执行程序的利器，几乎不具有外交色彩，而且比第258条机制具有更正式的法律风格。⑳《里斯本条约》废除了要求委员会发表附具理由的意见的规定，并且引入了新的可能性，无须欧洲法院首先根据第258条做出违反之诉裁决就可以对不转化指令的行为施加金钱处罚，使得这个机制得到进一步的强调。此外有证据表明，当面临可能被课以第260条中的处罚时，成员国更可能会遵守最初的第258条裁决。⑳

然而，同样明显的是，委员会仍然承担着向欧洲法院提交针对成员国的适当证据的责任⑳，而且，如果它在第260条诉讼中没有做到这一点，甚至可能影响先前针对成员国的第258条判决的效力。⑳ 此外，即使在计算罚金时考虑了成员国的国民生产总值和缴付能力，但这个问题由于欧元危机的影响而变得更加尖锐，尤其是对负债最重的国家而言，这意味着需

---

⑳　Case C – 369/07 *Commission v Greece* ［2009］ECR I – 5703，对奥林匹克航空公司的援助；Case C – 109/08（n 200）；Case C – 374/11 *Commission v Ireland* EU：C：2012：827；Case C – 610/10，*Commission v Spain* EU：C：2012：781.

⑳　See, eg, Case C – 121/07 *Commission v France* ［2008］ECR I – 9159，［61］–［64］；Case C – 93/17 *Commission v Greece*（n 171）［116］–［117］.

⑳　Wennerås（n 8）.

⑳　P Wennerås, 'Making Effective Use of Article 260 TFEU' in A Jakab and D Kochenov（eds），*The Enforcement of EU Law and Values：Ensuring Member State Compliance*（Oxford University Press，2017）.

⑳　Jack（n 9）405 – 406.

⑳　Case C – 457/07 *Commission v Portugal* ［2009］ECR I – 8091.

⑳　有关意大利境内外语讲师的经年案件，参见 Case C – 212/99 *Commission v Italy* ［2001］ECR I – 4923；Case C – 119/04 *Commission v Italy*（n 176）.

要重点考虑这些国家的情势变化。[208] 最后，很显然，许多问题仍然存在，例如罚金的整体胁迫性或惩戒性影响，它们对实现所寻求目标的有效性，以及对其他公共和私人利益的可能影响。[209]

观察者认识到惩罚程序的重要性及其局限性。以下分别摘录来自律师和政治学者的评论，他们在这方面得出了某些结论。

布赖恩·杰克：《〈欧洲联盟运行条约〉第 260 条第 2 款：执行判决的有效司法程序?》[210]

欧洲法院判例法表明，在确保成员国遵守有关欧盟经济和环境法的判决方面，《欧洲联盟运行条约》第 260 条第 2 款发挥着重要作用。如果没有该条款，国家优势或实现环境目标所需成本这些因素，可能会降低这些领域的判决执行。

缴付罚金这一威胁成功地说服了绝大多数成员国，在未履行的判决被再次提到欧洲法院之前予以遵照执行。同样，在已强制施加罚金的情况下，在确保遵守方面大体上是成功的。然而，在这样做时，它们依赖于对有关成员国施加非正式的经济和政治压力。但是，在更大的国家利益超过这种非正式压力的情况下，判例法表明不合法的行为很可能会继续存在。于是，《欧洲联盟条约》第 7 条提供了一个烦琐低效并且不确定的政治替代方案。事实上，欧盟缺乏有效的机制来防止成员国利用缴付罚款来"购买"继续违法，或者防止哪怕成员国只是无视欧洲法院判决。

欧洲法院和欧盟委员会对大笔总付罚款的作用缺乏共识。……最终，大笔总付罚款可以提供一个强有力的工具来解决成员国延迟遵守欧洲法院判决这一日益严重的问题。

然而，为了取得有效性，经济处罚必须与所涉违法行为相称。

---

208 Jack（n 9）.在有的案件中出现了该问题，参见 Case C–407/09 *Commission v Greece* EU：C：2011：196，[24]–[27]。

209 Jack（n 9）.

210 Ibid 420–421.

格尔达·法尔克纳：《对成员国罚款：
欧盟违反之诉中的有效新工具？》[211]

但是，就治理而言，我们可能又回到了原点：即使是欧盟可以使用的最困难方式，针对成员国不守法的这个比较稚嫩的惩罚程序，还不足以有效地让成员国遵守。委员会最终需要"软"施压，并依赖于希望通过点名和使成员国蒙羞就会对成员国政府产生影响。反过来，当媒体和选民看到宝贵的税收被用于罚款时，使其政府蒙羞肯定会成为一种更有效的工具。然而，这可能不足以更长期地维护欧盟的法治声望，正如本文数据和在更广泛的欧洲一体化中近期多方面的不合法问题所表明的那样。

第十二节　第278—279条：临时措施

根据《欧洲联盟运行条约》第278条和第279条，欧洲法院有权在提交给它的案件中采取其认为必要的临时措施（interim measures）。[212] 尽管在提交给欧洲法院的任何案件中都可以寻求临时措施，但是，它们对于委员会根据第258条提起的诉讼可能特别有帮助。[213] 如果在第258条诉讼中认定存在违法行为，欧洲法院只是宣布该成员国未履行其义务。其裁决对受指控的成员国法律没有任何影响，因为一般而言，向欧洲法院提起的诉讼没有中止效力。但是，《欧洲联盟运行条约》第278条规定：

---

[211]　G Falkner, 'Fines against Member States: An Effective New Tool in EU Infringement Proceedings?' (2016) 14 Comparative European Politics 36, 48.

[212]　C Gray, 'Interim Measures of Protection in the European Court' (1979) 4 ELRev 80; G Borchardt, 'The Award of Interim Measures by the ECJ' (1985) 22 CMLRev 203; P Oliver, 'Interim Measures: Some Recent Developments' (1992) 29 CMLRev 7.

[213]　有关环境案件中临时措施重要性的讨论，参见 S Grohs, 'Article 258/260 TFEU Infringement Procedures: The Commission Perspective in Environmental Cases' in M Cremona (ed), *Compliance and the Enforcement of EU Law* (Oxford University Press, 2012) 58; Hadroušek (n 9).

向欧洲联盟法院提起的诉讼不具有中止效力。但是，如法院认为形势有此要求，则可命令中止适用该有争议的法令。

接下来《欧洲联盟运行条约》第 279 条规定：

欧洲联盟法院可在提交给它的案件中采取任何必要的临时措施。

《欧洲联盟法院议事规则》（Rules of Procedure）明确规定，除非存在紧急情况，以及存在能够确认如下事项的事实和法律依据，即提供所寻求的措施具有表面（*prima facie*）的正当理由，否则不得命令采取临时措施。关于紧急性的要求，意味着请求采取的临时措施必须能够制止所指控的伤害，并且严重威胁申请人的利益，且有可能对其造成不可弥补的伤害。[214]此外，鉴于紧急性要求，如果委员会寻求临时措施，就必须在回复针对成员国的申诉方面表现出勤勉尽责，否则欧洲法院可能会拒绝命令采取此类措施。[215]

第十三节　委员会的执行策略

以欧盟委员会最近的一份通讯来结束本章是恰当的，它阐述了其执行愿景。该摘录内容发表于 2017 年，2018 年委员会又强化了这一趋势。[216]

---

[214] Case C‑76/08 *Commission v Malta*〔2009〕ECR I‑535，涉及保护野生鸟类免遭狩猎，在该案中法院驳回了马耳他关于该案申请不可受理的主张，裁定对其采取临时措施。涉及多次申请延长临时措施的案件，参见 Case C‑320/03 R *Commission v Austria*〔2003〕ECR I‑7929，〔2003〕ECR I‑11665，and〔2004〕ECR I‑3593.

[215] Case C‑87/94 R *Commission v Belgium*〔1994〕ECR I‑1395.

[216] Monitoring the Application of European Union Law, Annual Report 2017, COM（2018）540 final, 4‑7.

《欧盟法：通过更好的适用获得更好的结果》㉗

重要的是，欧盟委员会以有策略的方式运用其自由裁量权，将其执行工作重点放在影响欧盟公民和企业利益的严重违反欧盟法律的行为上。在此背景下，委员会将对阻碍欧盟重要政策目标实施，或对可能损害四大基本自由的违法行为采取坚决行动。

作为优先事项，委员会将调查以下案情：成员国未通告其转化措施，或者这些措施没有正确转化指令；成员国未遵守《欧洲联盟运行条约》第 260 条第 2 款提到的欧洲法院判决；或者它们对欧盟的金融利益造成严重损害，或违反《欧洲联盟运行条约》第 2 条第 1 款以及第 3 条提到的欧盟专属权力。

采取必要措施以遵守欧洲法院判决的义务，在需要采取的行动涉及成员国法律体系的系统性弱点时，其影响最为广泛。因此，委员会将高度重视那些暴露出欧盟系统性弱点的违法行为，这些弱点将损害欧盟体制框架的正常运行。这尤其适用于影响成员国司法系统有效执行欧盟法这一能力的违法行为。因此，委员会将严格追究阻碍欧洲法院初步裁决程序的成员国规则或一般惯例的所有案件，或成员国法律阻止成员国法院承认欧盟法优先效力的情形。它还将审理成员国法律没有为违反欧盟法律的行为提供有效补救程序，或以其他方式阻止成员国司法系统根据法治原则和《欧盟基本权利宪章》第 47 条的要求确保有效适用欧盟法的情形。

委员会还将特别关注那些显示成员国持续性地未正确适用欧盟法的案件。……

　　……

关于大笔总付罚金这一方法的逻辑结果是，如果成员国在法庭诉讼进行过程之中通过转化指令来纠正其违法行为，委员会将不再仅出于该原因撤回其行动。欧洲法院不能做出罚款的决定，因为这样的决定将不再有意义。但是，它可以施加大笔总付罚金，以惩罚违法行为

㉗　Communication from the Commission—EU law：Better results through better application［2017］OJ C18/02.

持续到情况得到纠正这一期间的行为，因为案件的这方面并没有失去其意义。当成员国在司法程序的任何阶段终止违法行为时，委员会将会立即通知欧洲法院。在欧洲法院根据《欧洲联盟运行条约》第260条第3款做出判决之后，当成员国纠正违法情况并且缴付罚款的义务由此结束时，委员会也会这样做。

第十四节　结论

一　多年来对执行程序的一些主要批评，包括其缺乏"牙齿"，个体申诉者没有发挥作用，以及委员会的精英态度和反应迟钝，已经逐渐得到解决，至少是部分得到解决。尤其是在引入《欧洲联盟运行条约》第260条罚款缴付程序，加强了诉讼的强制威慑效力以后；来自欧洲监察专员和欧洲议会的压力，促使委员会采取某种更加有规律和更加透明的行政程序，包括对个体申诉的处理。

二　整个执行机制仍然包含不同的方法：部分以双边和外交争端解决模式运行，部分按照更加正式、受司法监督的制裁程序运行，部分作为准行政性质的申诉程序运行。

三　案件过多的风险促使委员会提出一系列预防性、替代性和补充性的机制，包括在早期阶段处理申诉的试点程序。试点程序似乎使许多申诉在成员国层面就得到解决，甚至不需要委员会的太多参与。

四　诉诸罚款缴付程序的案件数量逐渐增加，尽管该程序对于促进执行的有效性一直受到质疑。

第十五节　扩展阅读

一　专著

Andersen, S, *The Enforcement of EU Law: The Role of the European Commission* (Oxford University Press, 2012)

Borzsak, L, *The Impact of Environmental Concerns on the Public Enforcement*

Mechanism under EU Law（Kluwer，2011）

Cremona，M（ed），*Compliance and the Enforcement of EU Law*（Oxford University Press，2012）

Drake，S，and Smith，M（eds），*New Directions in the Effective Enforcement of EU Law*（Edward Elgar，2016）

Jakab，A，and Kochenov，D（eds），*The Enforcement of EU Law and Values：Ensuring Member State Compliance*（Oxford University Press，2017）

Prete，L，*Infringement Proceedings in EU Law*（Kluwer，2017）

二 论文

Gáspár-Szilágyi，S，'What Constitutes "Failure to Notify" National Measures?'（2012）19 EPL 281

Hadroušek，D，'Speeding up Infringement Procedures：Recent Developments Designed to Make Infringement Procedures More Effective'（2012）9 Jnl for European Environmental and Planning Law 235

Harlow，C，and Rawlings，R，'Accountability and Law Enforcement：The Centralized EU Infringement Procedure'（2006）31 ELRev 447

Jack，B，'Article 260（2）TFEU：An Effective Judicial Procedure for the Enforcement of Judgments?'（2013）19 ELJ 404

Kilbey，I，'The Interpretation of Article 260 TFEU（ex 228 EC）'（2010）35 ELRev 370

Kochenov，D，'The Acquis and Its Principles' in A Jakab and D Kochenov（eds），*The Enforcement of EU Law and Values*（Oxford University Press，2017）

Munoz，R，'The Monitoring of the Application of Community Law：The Need to Improve the Current Tools and an Obligation to Innovate'（2005）25 YBEL 395

Peers，S，'Sanctions for Infringement of EU Law after the Treaty of Lisbon'（2012）18 EPL 33

Rawlings，R，'Engaged Elites，Citizen Action and Institutional Attitudes in Commission Enforcement'（2000）6 ELJ 4

Varnay，E，'Discretion in the Article 258 and 260（2）TFEU Procedures'

（2015）22 MJ 836

Taborowski, M, 'Infringement Proceedings and Non-Compliant National Courts' (2012) 49 CMLRev 1881

Wennerås, P, 'Sanctions against Member States under Article 260 TFEU: Alive, But Not Kicking?' (2012) 49 CMLRev 145

—— 'Making Effective Use of Article 260 TFEU' in A Jakab and D Kochenov (eds), *The Enforcement of EU Law and Values* (Oxford University Press, 2017)

第十四章　初步裁决

第一节　核心议题

一　《欧洲联盟运行条约》第267条是十分重要的条约条款之一。① 在条约制定之初，恐怕很少有人预料到它会在构建欧盟法方面以及成员国与欧盟法律体系之间的关系方面发挥重要作用。《欧洲联盟运行条约》第267条②被喻为欧洲联盟法院管辖权"皇冠上的明珠"。在《尼斯条约》之前，只有欧洲法院（ECJ）能做出初步裁决（preliminary ruling）。《尼斯条约》改变了这一点，并为《里斯本条约》所沿用。第256条第3条赋予综合法院（GC）在《欧洲联盟法院规约》规定的特定领域做出这种裁决的管辖权，但须符合一些条件，下文将予以讨论。然而，到目前为止，综合法院尚未行使其做出初步裁决的管辖权。因此目前由欧洲法院（CJEU）承担着所有第267条案件的审理。

二　成员国法院与欧洲法院之间的关系以提请（reference）为基础。它不是上诉体系。个人无权向欧洲法院提出上诉。由成员国法院来决定提出请求。欧洲法院对向其提请的问题做出裁决，然后将案件发回成员国法院，由成员国法院将联盟法适用于手头的案件。

---

① 在《里斯本条约》之前，有两种不同的初步裁决程序适用于"自由、安全和公正的区域"（AFSJ），原见于《欧洲联盟条约》第35条和《欧共体条约》第68条。目前不再使用这两种程序，因为AFSJ现在适用有关初步裁决的一般条约规则。不过，在该领域仍有过渡性条款，限制《里斯本条约》对在其生效前业已通过的与警务和刑事司法合作有关的措施产生的法律影响，即《关于过渡性条款的第三十六号议定书》第9条至第10条。

② 原《欧共体条约》第234条，《欧洲经济共同体条约》第177条。

三 第 267 条对于欧盟法的发展具有开创性意义。通过初步裁决，欧洲法院发展出诸如直接效力和最高效力等概念。③ 个人可在成员国法院主张成员国违反欧盟规定，从而赋予他们在本国法院执行欧盟法的权利。成员国法院要求欧洲法院裁定特定欧盟条款是否具有直接效力，欧洲法院由此形成了这一概念。当成员国法律规范与欧盟法相冲突时，第 267 条是成员国法院和欧洲法院就欧盟法的适当适用范围进行对话的机制。

四 第 267 条也是检验欧盟行动的效力是否符合联盟法的一种间接方法。④ 个人可以根据第 263 条在综合法院对欧盟法的合法性直接提出异议，但是如下一章所示，根据第 263 条诉诸法院的规则受到限制，因此根据第 267 条在成员国法院提出欧盟法的效力问题，可能是质疑这类措施的唯一途径。

五 第 267 条是塑造成员国法律体系和欧盟法律体系之间关系的主要手段。双方的关系一开始是"横向"（horizontal）和"双边"（bilateral）的。说其为横向关系，是因为那时欧洲法院和成员国法院是独立而平等的。当时它们具有不同的功能，在其规定范围内各行其是。由成员国法院决定是否将事项提请欧洲法院，然后欧洲法院对该事项进行解释。就双边关系而言，在原则上，欧洲法院的裁决针对的是提出请求的特定成员国法院。从这个意义上讲，那时欧洲法院与各成员国法院之间存在一系列双边关系。

六 这种关系已变得更加"纵向"（vertical）和"多边"（multilateral）。之所以说更加纵向，是因为欧盟法的发展强调欧洲法院的地位高于成员国法院。此外，这种关系的纵向性还以一种不太明显但同样重要的方式表现出来。欧洲法院已将成员国法院作为欧盟法的执行者。它们是整个欧盟司法体系的一部分⑤，欧洲法院位于其最高点。之所以说这种关系更加多边，是因为越来越多的判决认为，应一个成员国的请求而做出的裁决对所有其他成员国法院具有事实上（de facto）或法律

---

③ F Mancini and D Keeling, 'From *CILFIT* to *ERT*: The Constitutional Challenge Facing the European Court' (1991) 11 YBEL 1, 2–3.

④ 参见第十四章第六节。

⑤ Report of the Court of Justice on Certain Aspects of the Application of the Treaty on European Union (1995), [11]–[15].

上（*de jure*）的影响。

七 关于欧盟司法制度改革的讨论有很多。推动这种讨论的原因是欧洲法院和综合法院的工作量大增以及欧盟的扩大。

第二节 基础:《欧洲联盟运行条约》第267条

欧洲联盟法院对下列事项拥有初步裁决权:

（1）两部条约的解释;

（2）联盟机构、机关、办事处或专门机构通过的法令的有效性及其解释。

任何成员国法院或法庭在遇到此类问题时,如认为关于该问题的裁决对于其做出判决是必不可少的,则可请求欧洲联盟法院就此问题做出裁决。

如任何此类问题出现在成员国法院或法庭正在审理的案件中,而根据国内法,对该法院或法庭的裁决不存在司法救济,则该法院或法庭应将该事项提交欧洲联盟法院。

如此类问题出现在成员国法院或法庭正在审理的案件中,而该案件涉及人员拘押,则欧洲联盟法院应在最短期限内采取行动。

一 可提出初步裁决请求的问题

可以对两种类型的案件提请初步裁决（preliminary reference）,根据《欧洲联盟运行条约》第267条第1段第1项,第一类涉及"两部条约的解释"。通过第267条第1段第1项,欧洲法院做出了许多涉及直接效力原则和最高效力原则的影响深远的判决。但是,欧洲法院不就成员国法的有效性做出判决。它解释的是欧盟条约。解释的结果可能是成员国法与欧盟法不符,而欧盟法的最高效力意味着成员国法院有义务纠正这种情况。尽管如此,欧洲法院并不直接判定成员国法的有效性。[6]

---

⑥ Case C – 167/94 *R Grau Gomis* [1995] ECR I – 1023; Cases C – 37 and 38/96 *Sodiprem SARL v Direction Générale des Douanes* [1998] ECR I – 2039; Cases C – 10 and 22/97 *Ministero delle Finanze v IN. CO. GE '90 Srl* [1998] ECR I – 6307; Recommendations to national courts and tribunals in relation to the initiation of preliminary ruling proceedings [2012] OJ C338/01.

第 267 条第 1 段第 2 项还允许对涉及 "联盟机构、机关、办事处或专门机构通过的法令的有效性及其解释"提请初步裁决。涉及对机构、机关等通过的法令的有效性⑦提出初步裁决请求，例如 "国际化学公司案" (*ICC*)⑧ 和 "冰霜影像公司案" (*Foto-Frost*)⑨，在这些案件中，欧盟条例、指令或决定的有效性在成员国法院受到质疑。涉及对欧盟机构法令的解释提出初步裁决请求，所涉案件例如个人主张某欧盟条例赋予的权利可在成员国法院得到执行。但是，为了澄清对相关欧盟条款的解释，可根据第 267 条第 1 段第 2 项提请初步裁决，无论该条款是否具有直接效力。还可以对诸如建议等不具有约束力的法令⑩以及与非欧盟成员国签订的某些协定⑪提请初步裁决。欧洲法院还认为，如果成员国法的某个条款是基于欧盟法或者在一定程度上参考欧盟法，那么，即使其结果是该成员国条款扩大了欧盟法的范围，也可以提出初步裁决请求。⑫

二 可以提出请求的法院或法庭

《欧洲联盟运行条约》第 267 条第 2 段和第 3 段使用的术语是成员国法院 (court) 或法庭 (tribunal)，它们可以或必须提出初步裁决请求。由欧洲法院认定相关机构是否属于该条款意义上的法院或法庭，而不以成员

---

⑦ 但须受《欧洲联盟运行条约》第 276 条的限制，该条阻止欧洲法院对成员国警察或其他执法部门所开展活动的有效性或相称性进行审查，也阻止对成员国履行与维护法律和秩序以及保卫内部安全有关的责任进行审查。

⑧ Case 66/80 *International Chemical Corporation v Amministrazione delle Finanze dello Stato* [1981] ECR 1191.

⑨ Case 314/85 *Firma Foto-Frost v Hauptzollamt Lübeck-Ost* [1987] ECR 4199.

⑩ Case 322/88 *Salvatore Grimaldi v Fonds des Maladies Professionnelles* [1989] ECR 4407.

⑪ Case 181/73 *Haegeman v Belgium* [1974] ECR 449；Case C – 53/96 *Hermès International v FHT Marketing Choice BV* [1998] ECR I – 3603；Cases C – 300 and 392/98 *Parfums Christian Dior v Tuk Consultancy BV* [2000] ECR I – 11307.

⑫ Cases C – 297/88 and 197/89 *Dzodzi v Belgium* [1990] ECR I – 3763；Case C – 28/95 *Leur – Bloem v Inspecteur der Belastingdienst/Ondernemingen Amsterdam 2* [1997] ECR I – 4161；Case C – 217/05 *Confederación Española de Empresarios de Estaciones de Servicio v Compañía Española de Petroleos SA* [2006] ECR I – 11987；Case C – 139/12 *Caixa d'Estalvis i Pensions de Barcelona v Generalidad de Cataluña* EU：C：2014：174；S Lefevre, 'The Interpretation of Community Law by the Court of Justice in Areas of National Competence' (2004) 29 ELRev 501.

国的分类方法作为最终标准。⑬ 欧洲法院将考虑大量因素，包括该机构是否依法律设立，是否常设，其管辖权是否具有强制性，其程序是否处在当事人之间（*inter partes*），它是否运用法治原则，以及它是否具有独立性。⑭ 这些标准的适用并不总是那么简单。⑮ 例如，从"卡特西奥案"（*Cartesio*）⑯ 可以明显看出，尽管《欧洲联盟运行条约》第267条并没有规定只能在当事人之间的程序中提起初步裁决申请，但只有成员国法院正在审理的案件才能提起此类申请——对此类案件做出的判决具有司法性质。相比之下，如果成员国法院做出的决定不解决法律争议，其本质上是行政决定，则不能提出初步裁决请求，因为在这种情况下不能认定成员国法院是在行使司法职能。"布罗克穆伦案"（*Broekmeulen*）是一个很好的例子，表现了欧洲法院在本领域的一般性论证。

布罗克穆伦诉医生注册委员会
Case 246/80 C Broekmeulen v Huisarts Registratie Commissie
[1981] ECR 2311

[《里斯本条约》重新编号，第177条
现为《欧洲联盟运行条约》第267条]

本案涉及一个荷兰机构，即普通医学上诉委员会。它审理来自另一机构的上诉，后者负责对打算在荷兰行医的人士进行注册。这两个

---

⑬ Case 43/71 *Politi v Italy* [1971] ECR 1039；Case C‑24/92 *Corbiau v Administration des Contributions* [1993] ECR I‑1277.

⑭ Case C‑54/96 *Dorsch Consult Ingenieurgesellschaft mbH v Bundesbaugesellschaft Berlin mbH* [1997] ECR I‑4961；Cases C‑9 and 118/97 *Proceedings brought by Jokela and Pitkaranta* [1998] ECR I‑6267；Case C‑407/98 *Abrahamsson and Anderson v Fogelqvist* [2000] ECR I‑5539；Case C‑195/98 *Österreicher Gewerkschaftsbund, Gewerkschaft Öffentlicher Dienst v Republik Österreich* [2000] ECR I‑10497；Case C‑178/99 *Salzmann* [2001] ECR I‑4421；Case C‑53/03 *Syfait v GlaxoSmithKline plc* [2005] ECR I‑4609；Case C‑506/04 *Wilson v Ordre des avocats du barreau de Luxembourg* [2006] ECR I‑8613；Case C‑196/09 *Miles v Écoles européennes* EU：C：2011：388；Case C‑175/11 *HID and BA v Refugee Applications Commissioner* EU：C：2013：45.

⑮ T Tridimas, 'Knocking on Heaven's Door：Fragmentation, Efficiency and Defiance in the Preliminary Ruling Procedure' (2003) 40 CMLRev 9, 27‑34.

⑯ Case C‑210/06 *Cartesio Oktató és Szolgáltató bt* [2008] ECR I‑9641, [56]‑[57].

机构都是在荷兰皇家医学促进学会的主持下成立的。尽管这是一个私人协会，但得到了荷兰法律的间接承认，并且未经注册就不可能在荷兰行医。该上诉委员会不是荷兰法上的法院或法庭，但它遵循对抗性程序，并允许法律代理。布罗克穆伦（Broekmeulen）具有荷兰国籍，已在比利时获得行医资格。他试图在荷兰作为医生执业，但其注册申请被拒绝。问题是，该上诉委员会是不是第177条意义上的法院或者法庭。

欧洲法院

13. 通过研究荷兰立法以及该学会章程和内部规则可以发现，未经该学会机关承认和注册，打算在荷兰执业的医生实际上不得在该国行医，无论作为专科医生、社会医学专家或者全科医师。

14. 因此，显然……荷兰公共医疗体系的运转建立在该学会赋予医生身份这项基础之上，对于每一位希望在荷兰作为全科医师执业的医生而言，注册为全科医生是必不可少的。

15. 那么，一名全科医师拥有共同体法律赋予他本人的开业权利和提供服务的自由，他面临的是必须向协会设立的注册委员会提出申请，并且在其申请被拒绝的情况下，必须上诉至该上诉委员会。荷兰政府表示，不是该学会会员的医生在申请被拒绝后有权上诉至普通法院，但又表示，荷兰法院从未对这一要点做过裁定。事实上，无论是否为该学会会员的所有医生，如果其注册为全科医生的申请遭拒，都会上诉至上诉委员会，而据荷兰政府所知，该上诉委员会的决定从未在普通法院受到质疑。

16. ……应当指出，成员国有义务采取必要步骤，以确保在其本国领土内完整实施共同体机构通过的规定。如果在成员国法律制度下，将实施这些规定的任务分配给在政府一定程度监督下运行的专业机构，并且如果该机构与有关公权力机关一起建立的上诉程序可能影响共同体所赋予权利的实施，那么，为了确保共同体法律的正常运行，势在必行的是，本法院必须有机会就这种程序所引起的解释和有效性问题做出裁决。

17. 出于上述所有考虑，并且由于在实践中不存在向普通法院上诉的任何权利，该上诉委员会在公权力机关同意下运行并与其合作，并且经对抗性程序之后做出的决定被认可为是终局的,那么,该上诉委员会在涉及共同体法律适用的事项上必须被认定为《欧共体条约》第 177 条意义上的成员国法院或法庭。因此,本法院有权回答所询问的问题。

提出初步裁决请求的机构必须是成员国的法院或法庭。[17] 这仍可能产生不少问题,例如在仲裁背景下,仲裁法院或仲裁庭是否可以被视为某个成员国的派生机构,取决于该仲裁的性质。但是,仲裁机构依据法律做出判决,以及其裁决对当事方具有约束力,这些事实并不足以做出这种认定。在仲裁程序与普通法院体系之间只有存在更紧密的联系,才能将前者视为成员国的法院或法庭。[18]

三 必须提出请求的法院或法庭

《欧洲联盟运行条约》第 267 条第 2 段和第 3 段区分了两种情形,第 2 段涉及法院或法庭拥有提请欧洲联盟法院初步裁决的自由裁量权,第 3 段涉及的是"根据成员国法对其决定不存在司法救济"的法院或法庭,对于这类法庭而言,如果就有关问题做出初步裁决对其判决必不可少,那么它们就有义务提请初步裁决。[19] 第 267 条第 3 段之所以规定该请求义务,是因为要防止在任何成员国形成与欧盟法不一致的国内判例法。[20]

关于第 267 条第 3 段涵盖的机构类型,有两种观点。根据"抽象说",它仅涵盖其决定不可上诉的机构。根据"具体说",真正的检验标准是,

---

[17]　Case C – 355/89 *DHSS（Isle of Man）v Barr and Montrose Holdings Ltd*［1991］ECR I – 3479；Case C – 100/89 *Kaefer and Procacci v France*［1990］ECR I – 4647.

[18]　Case 102/81 *Nordsee Deutsche Hochseefischerei GmbH v Reederei Mond Hochseefischerei Nordstern AG and Co KG*［1982］ECR 1095；Case C – 126/97 *Eco Swiss China Time Ltd v Benetton International NV*［1999］ECR I – 3055；Case C – 125/04 *Denuit and Cordenier v Transorient-Mosaïque Voyages and Culture SA*［2005］ECR I – 923；Case C – 377/13 *Ascendi Beiras Litoral e Alta，Auto Estradas das Beiras Litoral e Alta SA v Autoridade Tributária e Aduaneira* EU：C：2014：1754.

[19]　Case C – 3/16 *Aquino v Belgische Staat* EU：C：2017：209.

[20]　Case C – 393/98 *Ministerio Publico and Gomes Valente v Fazenda Publica*［2001］ECR I – 1327，［17］；Case C – 99/00 *Criminal Proceedings against Lyckeskog*［2002］ECR I – 4839，［14］–［15］；Case C – 458/06 *Skatteverket v Gourmet Classic Ltd*［2008］ECR I – 4207，［23］.

就相关案件的类型而言，法院或法庭的决定是否可上诉。㉑

"科斯塔案"（*Costa*）㉒ 暗示着欧洲法院倾向于"具体说"。"具体说"在"利克斯科格案"（*Lyckeskog*）㉓ 中得到肯定，尽管仍然可能难以判断某法院的决定在特定类型案件中是否确实是终局的。欧洲法院裁定，如果可以对成员国上诉法院的决定向其最高法院提出质疑，则上诉法院的决定不属于第267条第3段，即使上诉法院的决定在被上诉到最高法院之前须得到事先可受理声明。如果在成员国最高法院提出有关欧盟法的解释问题，则无论是在审查可受理性时，还是在稍后阶段，该最高法院均具有根据第267条第3段向欧洲法院提交初步裁决申请的义务。㉔

这一方法在"卡特西奥案"（*Cartesio*）中得到确认和运用。㉕ 欧洲法院裁定，如果可以就法律要点对法院的决定提起上诉，则不能将该法院归类为第267条第3段意义上其决定根据成员国法不存在司法救济的法院，即使解决争议的程序体系对上诉所提出的论点施加限制。在本案中，上诉的存在并没有另外中止被上诉的法院判决。欧洲法院认为，这没有使这类法院的判决具有第267条第3段意义上的终局性，因为缺乏中止效力而没有剥夺当事方对该判决有效行使其上诉权的可能性。

四 成员国法院之间的关系

前面的讨论未涉及初步裁决程序中成员国法院之间的关系，尤其是成员国下层法院提出请求的法律合理性，而下层法院的请求后来可被上层法院的上诉所推翻。"卡特西奥案"㉖ 考虑了这个重要问题，欧洲法院支持成员国下层法院向欧洲法院提出初步裁决的资格，即使会面临成员国上层法

㉑ 在有关判决可以在其他程序中重新考虑的情况下，也可能会出现困难，参见 Case 107/76 *Hoffmann-La Roche v Centrafarm* [1977] ECR 957.

㉒ Case 6/64 [1964] ECR 585, 592.

㉓ Case C-99/00（n 20）.

㉔ 英国国内的相关讨论，参见 *Chiron Corporation v Murex Diagnostics Ltd* [1995] All ER (EC) 88, 93-94; F Jacobs, 'Which Courts and Tribunals are Bound to Refer to the European Court?' (1977) 2 ELRev 119.

㉕ Case C-210/06 *Cartesio*（n 16）[77]-[78].

㉖ M Broberg and N Fenger, 'Preliminary References as a Right—But for Whom? The Extent to which Preliminary Reference Decisions can be Subject to Appeal' (2011) 36 ELRev 276.

院的否定。㉗

卡特西奥教育服务有限合伙案

Case C – 210/06 Cartesio Oktató és Szolgáltató bt

[2008] ECR I – 9641

根据匈牙利法律,下层法院做出的将案件提请欧洲法院裁决的决定,有可能被上诉搁置,并且该下层法院可能被命令恢复国内法诉讼。

欧洲法院

96. 根据《欧洲共同体条约》第 234 条,原则上,只有该"提请方法院"(the referring court)有责任对所提请初步裁决问题的相关性和必要性进行评估,条件是本法院根据上文第 67 段引用的判例法做出有限度的核实。因此,应由提请方法院从针对其提请决定所做上诉判决中得出适当的推论,尤其是要得出结论,即是否适宜维持该初步裁决申请,还是修订或者撤回该请求。

97. 因此,在这种情况下,例如在由提请方法院审理的案件中,本法院还必须出于精确性和法律确定性的考虑而遵守该法院提出初步裁决请求的决定,而且,只要该决定没有被该提请方法院撤销或修改,就必须使其具有充分效力——该提请方法院可以自行决定撤销或修改其申请。

98. 鉴于上述情况,对第三个问题的回答应是,如果成员国法律规则适用于对提请初步裁决请求的决定提起上诉的权利,而且,根据这些规则,该法院的主要诉讼整体上尚在审理当中,提请决定只是受有限上诉的制约,那么,在这种情况下,《欧共体条约》第 234 条第 2 款应解释为,它意味着,如果成员国规则允许上诉法院更改提请令、搁置提请令以及要求提请方法院恢复国内法诉讼程序,该条约条款赋

㉗　Case C – 416/10 *Križan v Slovenská inšpekcia životného prostredia* EU：C：2013：8,[62]–[73];Case C – 689/13 *Puligienica Facility Esco SpA(PFE)v Airgest SpA* EU：C：2016：199,[34]–[35].

予任何成员国法院或法庭提请欧洲法院做出初步裁决的管辖权也不能因适用这些规则而受到质疑。

五　成员国法院自行提出欧盟法问题

下文论述成员国程序规则是否可以限制成员国法院依自己意愿提起欧盟法事项这一问题。在"彼得布罗克案"中，欧洲法院裁定，一项阻止成员国法院依其自身意图就本国法与欧盟法的兼容性提出欧盟法问题的成员国程序规则违反了欧盟法，即使在规定时间内有关人员未提出该问题。欧洲法院认为，不能以法律确定性或者行使适当程序作为说明其国内规则正当的理由。[28]"范斯海恩德尔案"突出了这种情况。[29]欧洲法院裁定，如果通过超出由当事方自身界定的争议范围，强迫成员国法院放弃国内程序规则所赋予的消极功能，则成员国法院没有自行提起欧盟法事项的义务。

但是，从"阿斯图尔科案"（Asturcom）[30]中可以清楚地看出，如果成员国法院在类似国内诉讼中拥有提出欧盟法要点的自由裁量权，那么欧洲法院就可以对成员国法院施加提出欧盟法要点的义务，如果成员国法院可以在国内相似诉讼中有自由裁量权决定提出这一欧盟法要点。因此，欧洲法院裁定《不公平合同指令》应解释为，如果成员国法院审理仲裁裁决的执行诉讼，该仲裁裁决已成为终局裁决并且是在消费者缺席情况下做出的，那么，该成员国法院需要自行评估以判断消费者合同中的这项仲裁条款是否公平，前提是根据成员国程序规则，该法院可以在国内相似案件中做出这种评估。

---

[28]　Case C-312/93 *Peterbroeck, Van Campenhout & Cie SCS v Belgium* [1995] ECR I-4599.

[29]　Cases C-430-431/93 *Van Schijndel and Van Veen v Stichting Pensioenfonds voor Fysiotherapeuten* [1995] ECR I-4705; Cases C-222-225/05 *van der Weerd v Minister van Landbouw, Natuur en Voedselkwaliteit* [2007] ECR I-4233; Case C-227/08 *Eva Martín Martín v EDP Editores SL* [2009] ECR I-11939, [19]-[20]; Case C-300/17 *Hochtief AG v Budapest Főváros Önkormányzata* EU：C：2018：635, [52]; Case C-216/17 *Autorità Garante della Concorrenza e del Mercato—Antitrust and Coopservice Soc. coop. arl v ASST* EU：C：2018：1034, [40].

[30]　Case C-40/08 *Asturcom Telecomunicaciones SL v Cristina Rodríguez Nogueira* [2009] ECR I-9579; Case C-227/08 *Martín* (n 29); Case C-2/06 *Willy Kempter KG v Hauptzollamt Hamburg-Jonas* [2008] ECR I-411, [45]; Case C-488/11 *Brusse v Jahani BV* EU：C：2013：341, [44]-[45].

第三节　问题的存在：先例的发展

由成员国法院决定是否提出初步裁决请求。当事人在成员国法院主张其纠纷引起有关欧盟法问题这一事实，并不意味着该法院一定要考虑已经在《欧洲联盟运行条约》第 267 条意义内提出过的问题。[31] 成员国法院可以出于以下原因决定无须提起初步裁决请求：联盟法院已经解决了该问题，或者对该欧盟措施的有效性没有疑问，或者对成员国法院的该案件而言没有必要就这个问题做出决定。

一　违反欧盟法和欧洲法院先前裁决的成员国法

制定《欧洲联盟运行条约》第 267 条的目的只是回答属于第 267 条第 1 段所规定类别的问题。为什么对于成员国法院提出的"问题"无须裁决，可能有很多理由，其中最明显的理由是欧洲法院已经就此事项做出裁决。

达科斯塔与沙克公司、雅各布·梅耶尔公司
与荷兰赫司特公司诉荷兰税务总局

Cases 28 – 30/62 Da Costa en Schaake NV, Jacob Meijer NV

and Hoechst – Holland NV v Nederlandse Belastingadministratie

[1963] ECR 31

[《里斯本条约》重新编号，第 12 条和第 177 条

现为《欧洲联盟运行条约》第 30 条和第 267 条]

此案事实与"范亨特与洛斯公司案"（Case 26/62 *Van Gend en Loos*）事实在本质上相同。所询问的问题也与"范亨特案"中所提交的问题在本质上相同。

---

[31]　Case C – 344/04 *R on the application of IATA and ELFAA v Department of Transport* [2006] ECR I – 403, [27] – [28]; Case T – 47/02 *Danzer and Danzer v Council* [2006] ECR II – 1779, [36] – [37].

欧洲法院

在根据《欧洲经济共同体条约》第177条请求本法院做出初步裁定当中，荷兰关税委员会（Tariefcommissie）遵循的程序规则问题没有引起争议，并且本法院没有理由主动提出该问题。

欧盟委员会……敦促，应以缺乏实质内容驳回该请求，因为在本案中提请本法院解释的问题已经……在第26/62号案件（Case 26/62）中得到解决，该案涵盖在类似案件中提出的相同问题。

此论点没有根据。应区分第177条第3段对成员国终审法院或法庭施加的义务与第177条第2段赋予各成员国法院或法庭就条约解释问题提请共同体法院初步裁决的权力。尽管第177条第3段毫无保留地要求，根据成员国法对其判决没有司法救济的成员国法院或法庭，例如税收委员会，应将提交给它的每一个解释问题都提请本法院裁定，但是，本法院已经根据第177条做出的解释所具有的权威，可能使该提请义务失去其目的并且由此使其失去实质内容。这尤其是在提出的问题与类似案件中已作为初步裁定对象的问题在本质上相同的情况下。

当本法院对成员国法院正在审理的特定诉讼给予条约解释时，本法院仅限于从条约措辞和精神中推论共同体规则的含义，而留给该成员国法院在特定案件中适用已解释过的规则。这种态度符合本法院承担的确保在六个成员国内统一解释共同体法律的职能。……

的确，第177条始终允许成员国法院在认为可取的情况下再次将解释问题提请本法院。这是从《欧洲法院规约》第20条得出的，根据该条，为解决初步问题而规定的程序在成员国法院提请这类问题后自动启动。

因此，本法院必须对当前申请做出判决。

本案要求对《欧洲经济共同体条约》第12条进行解释，本法院第26/62号判决已经做出了解释。

［欧洲法院这里复述了"范亨特与洛斯公司案"判决，接下来判决如下。］

本案提交的解释问题与上述已解决的问题相同，并且未向本法院提出新的因素。

在这种情况下，荷兰税收委员会必须参照该先前判决。

摘录清楚地表明了欧洲法院的方法。即使欧洲法院已经裁决过某个问题，成员国法院仍然可以将该问题正式提请欧洲法院解释。但很明显的是，这样的申请必须提出新的因素或论点。如果不这样做，欧洲法院将强烈倾向于重述先前案件的实质问题。早前裁决的存在可能使成员国法院提请解释的义务失去"其目的并且使其失去实质内容"。因此，"达科斯塔案"实际上开启了一种先例制度。这些做法在以后的判例中逐渐成熟。㉜

CILFIT 公司与加瓦尔多拉尼菲奇奥公司诉意大利卫生部
Case 283/81 Srl CILFIT and Lanificio di Gavardo SpA v Ministry of Health
[1982] ECR 3415

[《里斯本条约》重新编号，第 177 条现为
《欧洲联盟运行条约》第 267 条]

原告主张，意大利法律施加的某些义务违反《欧共体第 827/68 号条例》。意大利卫生部敦促意大利最高法院不要将该问题提请欧洲法院，理由是该问题的答案非常明显以至于不需要提请。根据该国法律，对意大利最高法院的判决不存在司法救济。意大利最高法院认为，这种争论本身就是共同体法律问题。由此，它要求欧洲法院裁决，第 177 条第 3 段规定的提请义务是不是无条件的，或者它取决于存在对问题答案合理性解释的怀疑。下文将详细讨论欧洲法院对"法律明确理论"（acte clair）的回应。欧洲法院还就其先前判决的相关性提供了指导。

欧洲法院

8. 在这种情况下，有必要澄清共同体法中"如出现任何此类问

㉜ D Edward, 'CILFIT and Foto-Frost in their Historical and Procedural Context' in M Maduro and L Azoulai (eds), The Past and Future of EU Law: The Classics of EU Law Revisited on the 50th Anniversary of the Rome Treaty (Hart, 2010) 173 – 184; P Craig, 'The Classics of EU Law Revisited: CILFIT and Foto-Frost' in ibid 185 – 191; D Sarmiento, 'CILFIT and Foto-Frost: Constructing and Deconstructing Judicial Authority in Europe' in ibid 192 – 200.

题"这一表述的含义，以确定在何种情况下成员国法院或法庭有义务将某事项提交欧洲法院，如根据国内法对该法院或法庭的裁决不存在司法救济。

9. 在这方面，首先必须指出，第177条并不构成当事人在成员国法院或法庭正在审理的案件中寻求救济的一种手段。因此，仅当事一方主张争议中出现了有关共同体法律解释问题这一事实，并不意味着有关法院或法庭一定认为出现了第177条意义上的问题。另外，在适当情况下，成员国法院或法庭可依其自身意愿将某事项提请欧洲法院。

10. 其次，根据第177条第2段和第3段之间的关系，第3段所指法院或法庭具有与任何其他成员国法院或法庭相同的自由裁量权，用以判断为了使它们能够做出判决，是否有必要就共同体法律问题做出决定。因此，如果法院或法庭面临的与共同体法律解释有关的问题不具有相关性，也就是说，如果无论该问题的答案是什么都不会影响该案件的结果，那么这些法院或法庭就没有义务将该问题提请欧洲法院。

11. 但是，如果这些法院或法庭认为求诸共同体法律来解决案件争议是必要的，那么第177条就对它们施加了将可能出现的任何解释问题提请欧洲法院的义务。

12. 意大利最高法院提出的问题，旨在确定在某些情况下第177条第3段规定的义务是否仍然受到某些限制。

13. 在这方面必须记住的是，在……"达科斯塔案"中，本法院裁定："尽管第177条第3段毫无保留地要求，根据成员国法对其判决没有司法救济的成员国法院或法庭……应将提交给它的每一个解释问题都提请本法院裁定，但是，本法院已经根据第177条做出的解释所具有的权威，可能使该提请义务失去其目的并且由此使其失去实质内容。这尤其是在提出的问题与类似案件中已作为初步裁定对象的问题在本质上相同的情况下"。

14. 就对第177条第3段所规定义务的限制而言，在欧洲法院先前判决已经处理过相关法律要点的情况下，不论导致这些判决的程序性质如何，即使所涉问题并非严格相同，都可能产生同样的效果。

15. 但是不可忘记的是，在所有这种情况下，成员国法院或法庭，包括第 177 条第 3 段所指成员国法院和法庭，如果认为适当，仍然可以完全自由地将事项提交欧洲法院。

因此，即使一项先前裁决不是产生于同一类型的诉讼程序，甚至所涉问题并非严格相同，也可以依照该先前裁决。如果该法律要点已得到欧洲法院裁定，成员国法院就可以在其后的案件中加以援引，而无须提请到欧洲法院。如果法律要点的实质内容已经得到裁定，则成员国法院被鼓励援引这些先前裁定。[33] 从这个意义上讲，欧洲法院的这种先前裁决"事实上"已经成为成员国法院的先例。这要以欧洲法院在裁决第 15 段所提出的限制条件为前提：成员国法院如果愿意，仍然可以提交初步裁决申请，并且不会认为该申请不可受理，但是欧洲法院很可能会以具理由的法院令方式做出决定，在法院令中参照其先前判决或相关判例法。[34]

二　欧盟立法和联盟法院先前裁决的有效性

以上讨论的案件都涉及在成员国行动被控违反欧盟条约之时欧洲法院先前裁决的影响。当欧洲法院的先前裁决对欧盟立法有效性的影响处于争议中时，欧洲法院的影响甚至更大。这里以"国际化学公司案"（*ICC*）为例。

国际化学公司诉意大利国家财政管理局
Case 66/80 International Chemical Corporation v
Amministrazione delle Finanze dello Stato
[1981] ECR 1191

《第 563/76 号理事会条例》旨在减少脱脂奶粉的库存。该立法规定，共同体援助的发放取决于受助者证明已从参与机构购买一定数量此类脱脂牛奶。为确保对这一义务的遵守，如果不购买此类脱脂牛奶，保证金则将被没收。原告获得共同体援助并支付了保证金，但没

---

[33]　Cases C – 428 and 434/06 *Unión General de Trabajadores de La Rioja*（*UG T-Rioja*）*v Juntas Generales del Territorio Histórico de Vizcaya* [2008] ECR I – 6747，[42] – [43].

[34]　Case C – 260/07 *Pedro IV Servicios SL v Total España SA* [2009] ECR I – 2437，[31].

有购买脱脂奶粉，由此成员国参与机构未释放保证金。欧洲法院在较早案件中裁定《第563/76号条例》无效，因为奶粉购买价格被认为高得离谱。[35] 原告由此认为不可没收其保证金，因为它只是为了确保遵守（购买奶粉）的义务，而该义务是无效的。意大利法院提请初步裁决，询问早先认定该条例无效的判决是否在随后的任何诉讼中均有效，或者，此类认定是否仅与最初寻求该裁决的法院有关。

欧洲法院

11. 第177条所赋予本法院权力的主要目的，是确保成员国法院对共同体法律的统一适用。对共同体法的统一适用是必要的，这不仅是在成员国法院面临需要对其含义和范围予以界定的共同体法律规则时；在本法院遇到与欧盟机构法令的有效性有关的争议时，这也是必要的。

12. 当本法院根据第177条宣判某一机构的法令无效时，除了统一适用共同体法律这项要求以外，还涉及了法律确定性的某些尤为必要的要求。从这种宣判的性质本身可以得出，成员国法院不得适用已被宣判无效的法令，从而再次对适用的共同体法造成严重的不确定性。

13. 据此，本法院根据条约第177条做出的宣布某机构法令无效的判决，特别是对于理事会或委员会条例，尽管只是直接针对将相关事项提交本法院的成员国法院，但对任何其他成员国法院而言，这构成足够理由使其在即将做出的判决中认定该法令无效。

14. 但是，这一主张并不意味着剥夺了第177条赋予成员国法院的权力……而是留给这些法院决定，是否需要再次提出本法院在先前宣布某共同体机构法令无效时已得到解决的问题。特别是如果提出的问题涉及早先认定无效的依据、范围以及可能产生的后果时，则仍可能会有这样的需要。

15. 如果不是这种情况，则成员国法院完全有理由决定，由本法院在其他当事人之间的诉讼中做出的宣布法令无效的判决对其当前审理案件产生何种影响。

㉟　Case 116/76 *Granaria v Hoofdproduktschap voor Akkerbouwprodukten* [1977] ECR 1247.

16. 进一步观察可知，如本法院……在"鲁克德舍尔与迪阿马尔特合并案"（Joined Cases 117/76 and 16/77, *Ruckdeschel and Diamalt*）㊱和"穆松桥磨坊与农业福利合作社合并案"（Jointed Cases 124/76 and 20/77, *Moulins de Pont-à-Mousson and Providence Agricole*）㊲两判决中所承认的，作为那些已被宣布无效条例的起草者，理事会或委员会有义务根据本法院的判决来判断该判决的效果。

17. 根据上述考虑，并且鉴于成员国法院已在其第二个问题中提问这一事实——它有提出问题的自由，对于《第563/76号条例》是否无效的回答是，出于（本法院）在1977年7月5日判决中已经说明的理由，该条例事实上就是无效的。

"国际化学公司案"进一步表明了欧洲法院对先例的立场。即使欧洲法院已经做出判决，成员国法院仍有将相关事项提交到欧洲法院的自由裁量权。但是，欧洲法院明确指出，尽管这种判决首先针对的无疑是最初请求裁决的成员国法院，但遇到该问题的其他成员国法院应参照该判决。从这个意义上说，先前的裁决具有多边效力，而不只是双边效力。因此，欧洲法院的决定将对欧盟内部的所有成员国法院产生先例效力。欧洲法院业已澄清，成员国法院本身不得认定某项欧盟规范无效。

冰霜影像公司诉东吕贝克海关
Case 314/85 Firma Foto-Frost v Hauptzollamt Lübeck-Ost
［1987］ECR 4199㊳

成员国法院询问，其是否有权以委员会某项决定违反关于某事项

㊱　［1977］ECR 1753.

㊲　［1977］ECR 1795.

㊳　Case C – 27/95 *Woodspring DC v Bakers of Nailsea Ltd* ［1997］ECR I – 1847；Case C – 461/03 *Gaston Schul Douane-expediteur BV v Minister van Landbouw, Natuur en Voedselkwalitiet* ［2005］ECR I – 10513，［15］–［25］；Case C – 344/04 *IATA*（n 31）［27］–［32］；Case C – 362/14 *Maximillian Schrems v Data Protection Commissioner* EU：C：2015：650，［62］；Case C – 72/15 *PJSC Rosneft Oil Co v Her Majesty's Treasury* EU：C：2017：236，［78］–［80］；Case C – 219/17 *Berlusconi and Finanziaria d'investimento Fininvest SpA（Fininvest）v Banca d'Italia and IVASS* EU：C：2018：1023，［44］.

的共同体条例为由宣布该决定无效。

欧洲法院

13. 对于那些根据成员国法对其决定上诉的成员国法院而言，第177 条授权它们就解释或有效性问题向本法院提请初步裁决，但该条并未解决这些法院本身是否可以宣布共同体机构的法令无效这一问题。

14. 这些法院可以考虑共同体法令的有效性，如果它们认为当事方提出的证明这些法令无效的理由没有根据，则可以驳回这些理由，认定该措施完全有效。通过采取该行动，它们并没有质疑共同体措施的存在。

15. 另外，这些法院无权宣布共同体机构的法令无效。正如本法院在"国际化学公司案"（Case 66/80, *International Chemical Corporation*）判决中所强调的那样，第177 条赋予本法院这项权力的主要目的是确保共同体法律得到成员国法院的统一适用。在对共同体法令的有效性存在疑问时，这项统一性要求尤其必要。成员国法院之间关于共同体法令有效性的分歧，可能会危害共同体法律秩序的统一性，并且有损法律确定性这项基本要求。

......

17. 由于第177 条赋予本法院宣布共同体机构法令无效的专属管辖权，如果成员国法院质疑共同体法令的有效性，该体系的内在一致性必然要求宣布该法令无效的这一权力也必须留给欧洲法院。

18. 还必须强调，欧洲法院在决定共同体法令有效性方面处于最佳地位。根据《有关欧洲经济共同体法院规约的议定书》第20 条，其法令受到质疑的共同体机构有权参与诉讼，以便对有关法令的有效性进行辩护。此外，根据该议定书第21 条第2 段（现为《关于欧洲联盟法院规约的第三号议定书》第24 条第2 段。——译者），本法院可以要求未参与诉讼的成员国和机构在诉讼前提供本法院认为对案件而言必要的所有信息。......

19. 应该补充的是，在与申请临时措施有关的诉讼案件中，成员国法院不得自行宣布共同体法令无效的规则在某些情况下可能必须符合一定条件；但是，成员国法院提请的问题中并没有提及这种情况。

20. 因此，对第一个问题的回答是，成员国法院没有管辖权宣布共同体机构的法令无效。

欧洲法院在"亚特兰大水果贸易公司案"（*Atlanta*）[39] 中对上述判决第 19 段中所提出的临时救济问题提供了指导。如果成员国措施因为其依据的欧盟条例被主张无效而本身受到质疑，则成员国法院可以给予临时救济。但是，必须满足某些条件。该成员国法院必须严重怀疑欧盟措施的有效性，并且必须将该措施提请欧洲法院裁决。采取临时救济必须是为了防止对申请人造成严重且无法弥补的损害而必不可少。成员国法院还必须充分考虑联盟利益。[40] 此外，它必须尊重联盟法院已就争议措施的实质做出的任何决定。

三　欧洲法院裁决和法律确定性

以上讨论都与欧洲法院的先前裁决对成员国法院的影响有关。正如我们所看到的，是由成员国法院适用该先前裁决。但是，欧洲法院并未深入到成员国法律体系中，并没有裁定成员国法律的有效性。它为成员国法与欧盟法的兼容性提供解释，然后由成员国法院在其法律体系中适用该解释。一般原则是，欧洲法院裁决从其生效之日起就确立了这项法律，并且由此适用于裁决做出之前的法律关系。[41] 这可能导致法律确定性方面的困难。[42]

库内与海茨公司诉禽蛋产品委员会
Case C –453/00 Kühne & Heitz NV v Produktschap
voor Pluimvee en Eieren
［2004］ECR I –837

申请人是面向非欧盟成员国市场的家禽肉出口商。该产品最初

㊴　Case C – 465/93 *Atlanta Fruchthandelsgesellschaft mbH v Bundesamt für Ernährung und Forstwirtschaft*［1995］ECR I –3761；Cases C –143/88 and 92/89 *Zuckerfabrik Süderdithmarschen AG v Hauptzollamt Itzehoe*［1991］ECR I –415；Case C –334/95 *Kruger GmbH & Co KG v Hauptzollamt Hamburg-Jonas*［1997］ECR I –4517.

㊵　例如考虑如果不立即执行，欧盟措施是否会完全被剥夺其有效性。

㊶　Case C –455/08 *Commission v Ireland*［2009］ECR I –225，［39］.

㊷　J Komarek，'Federal Elements in the Community Judicial System：Building Coherence in the Community Legal System'（2005）42 CMLRev 9；R Caranta，Note（2005）42 CMLRev 179.

归类于共同关税税则的某个目录下，据此向申请人支付了一定的出口退税。后来荷兰海关当局决定将该产品归入不同的类别，并要求其退还出口退税。申请人将该决定上诉至荷兰法院，其上诉被驳回。申请人没有请求对此事项做出初步裁决。欧洲法院在后来涉及其他当事人的决定中，明确认定荷兰海关当局对该产品的重新分类是错误的。随后，申请人要求退还他们本应获得的退税。根据荷兰法律，行政机构原则上可以重新考虑某项最终决定，并且在某些情况下可以撤回该决定。但是根据荷兰法律，行政决定的终局性通常不受后续司法裁决的影响，因为这可能会严重损害法律的确定性并引起行政混乱。欧洲法院重申了这项一般原则，即第267条之下裁决所确立的法律应从其生效之日起解读，并且行政机关由此应将其适用于裁决做出前的法律关系。问题是，即使行政决定是终局的，是否也应适用此原则。

欧洲法院

24. 法律确定性是共同体法律认可的众多一般原则之一。某项行政决定的终局性……有助于这种法律确定性，因此共同体法律不要求行政机构承担一项义务，以至于原则上应重新考虑已成为终局的行政决定。

［欧洲法院随后指出，根据荷兰法律，在某些条件下可以重新考虑行政决定。］

26. 主要案件情况如下：第一，成员国法赋予行政机构权能，以重新考虑……已成为终局的决定。第二，该决定之所以成为终局，只是因为成员国法院判决的结果，而成员国法院的裁决不存在司法救济。第三，该判决是基于对共同体法律的解释，但根据本法院后续判决，该解释是不正确的，并且没有根据《欧共体条约》第234条第3段规定的条件向本法院就某问题提出初步裁决请求。第四，相关人员在得知本法院后续判决之后立即向该行政机关申诉。

27. 在这种情况下，根据《欧共体条约》第10条规定的合作原则，有关行政机构有义务审查该决定，以考虑本法院在此期间对共同体法律相关条款的解释。该行政机构必须在该审查结果的基础上，根据其应承担的义务重新考虑有关决定，并且不对第三国利益造成负面影响。

后来几个案件对该先例中所规定的要求进行了微调。[43] "坎普特案"（*Kempter*）[44] 澄清了"库内与海茨公司案"（*Kühne & Heitz*）中的第三项条件并不要求当事方已向成员国法院提出欧盟法要点。如果根据后来的欧洲法院判决，证明对该欧盟法要点的解释是错误的，那么，成员国法院在终审阶段的裁决中对其加以重新考虑，或者自己能够主动提出这些要点，就已足够。

四 小结

上述先例的发展影响了成员国法院与欧洲法院之间的关系。它调整了关于横向和双边关系的初始概念。就欧洲法院裁决具有"事实上"的先例价值而言，它们将欧洲法院置于相对于成员国法院的最高位置。这一先判制度的存在，表明欧洲法院与成员国法院之间的关系转向纵向的等级关系：欧洲法院做出具有法律权威的解释，然后由成员国法院采用。先例的确立还使这种关系的双边成分更少，多边成分更多，因为任何成员国法院在处理欧洲法院已经决定的法律要点问题时，都需要依赖欧洲法院的先前裁决。

《欧洲法院议事规则》[45] 第99条既体现又加强了先前裁决的重要性，如果所提请的问题与已经回答过的问题完全相同，或者可以从先前判例法中清楚地得出问题的答案，则该规则允许欧洲法院以具理由的法院令方式做出决定，在法院令中参照先前裁决或以往判例法。因此，如果在成员国法院提请时确实存在先例，欧洲法院将具理由的法院令方式做出重申其先前裁决的判决。

㊽ Case C－234/04 *Kapferer v Schlanck & Schick GmbH*［2006］ECR I－2585；Cases C－392 and 422/04 *i－21 Germany GmbH and Arcor & Co KG v Germany*［2006］ECR I－8559；Case C－249/11 *Byankov v Glaven sekretar na Ministerstvo na vatreshnite raboti* EU：C：2012：608.

㊼ Case C－2/06 *Kempter*（n 30）［44］.

㊺ Rules of Procedure of the Court of Justice, 25 Sept 2012, https：//curia. europa. eu/jcms/upload/docs/application/pdf/2012－10/rp_ en. pdf.

第四节 问题的存在："法律明确"理论

成员国法院可能认为，对某问题的答案如此明确，无须提请欧洲联盟法院。成员国法院过去曾以这个理由拒绝提请初步裁决。[46] 在"*CILFIT*案"中，欧洲法院考虑了该理由合法所需要满足的条件。但是，即使符合下面摘录中的标准，欧洲法院也未被剥夺做出初步裁决的管辖权。[47] 另外，即使标准得到满足，成员国法院仍可以选择提请初步裁决。[48]

CILFIT 公司与加瓦尔多拉尼菲奇奥公司诉意大利卫生部
Case 283/81 Srl CILFIT and Lanificio di Gavardo
SpA v Ministry of Health
[1982] ECR 3415

[《里斯本条约》重新编号，第 177 条第 3 段
现为《欧洲联盟运行条约》第 267 条第 3 段]

本案事实见前面摘要。在存在先例的情况下，欧洲法院与成员国法院之间的关系如前一节所述。但是在相关要点不存在事先欧盟司法裁决的情况下，则可以适用"法律明确"理论（*acte clair* doctrine）。以下部分紧接前文摘录。

欧洲法院

16. 最后，对共同体法律的正确适用可能显而易见，以至于对所提出问题的解决方式未留下任何合理怀疑的空间。在得出这样的结论之前，成员国法院或法庭必须确信，该问题对其他成员国的法院和欧

---

[46] See, eg, *Re Société des Pétroles Shell-Berre* [1964] CMLR 462.

[47] Cases C – 128 – 131 and 134 – 135/09 *Boxus and others v Région wallonne* EU：C：2011：667，[32].

[48] Cases C – 165 – 167/09 *Stichting Natuur en Milieu v College van Gedeputeerde Staten van Groningen* [2011] ECR I – 4599，[52].

洲法院也同样明显。只有在满足这些条件的情况下，成员国法院或法庭才可以不将该问题提交欧洲法院，并自行承担解决问题的责任。

17. 但是，必须根据共同体法律的特征和由其解释引发的特殊困难来评估这种可能性的存在。

18. 首先必须牢记，共同体立法是用几种语言起草的，不同语言版本同等作准。因此，共同体法律条款的解释涉及对不同语言版本的比较。

19. 还必须牢记，即使在不同语言版本相互完全一致的情况下，共同体法律使用的也是其特有的术语。此外，必须强调的是，法律概念在共同体法律和不同成员国的法律中不一定具有相同的含义。

20. 最后，必须将共同体法律的各项条款置于其上下文中，并应根据作为一个整体的共同体法律条款进行解释，并且考虑其目标和从相关条款适用之日起的演变状态。

21. 鉴于所有这些考虑，对所提交问题的答复……是，《欧洲经济共同体条约》第 177 条第 3 段应解释为，要求对其裁决不存在司法救济的成员国法院或法庭在案件出现共同体法问题的情况下，履行将该问题提交欧洲法院的义务，除非已确定提出的问题不具有相关性，或者有关的共同体条款已得到欧洲法院解释，或者共同体法的正确适用如此显而易见以至于未留下任何合理怀疑的空间。必须根据共同体法的具体特征，其解释引发的特别困难，以及共同体内部司法决定存在分歧的风险，评估这种可能性的存在。

"*CILFIT* 案"的影响得到很多评论者的讨论。其中提及的第 177 条应解读为是指现《欧洲联盟运行条约》第 267 条。

曼奇尼和基灵：《从"*CILFIT* 案"到"*ERT* 案" ——欧洲法院面临的宪法挑战》[49]

丹麦学者希亚尔特·拉斯穆森教授（Hjalte Rasmussen）对

---

49 GF Mancini and DT Keeling, 'From *CILFIT* to *ERT*: The Constitutional Challenge Facing the European Court' (n 3) 4.

"*CILFIT*案"做了正确分析[50]，他坚持认为该判决是基于"舍与得"的精明策略。欧洲法院通过承认在任何情况下都不能强迫成员国法院接受其管辖权，从而做了某种程度的让步——事实上是很大程度的让步，这无异于在欧共体措施明晰的情况下不提请初步裁决的权利——让步于该市政法官的职业或民族自豪感，但是随后……又限制了可以合法支持该条款明确性的条件，而这种情况如此罕见，以至于其自身权威的核心仍保持完整（或者说，由于自愿剥离部分专属管辖权，其权威反而得以巩固）。欧洲法院的目标很明确：通过授予成员国最高法院合法行使其在任何情况下都可能非法行使的权力——但该权力受严格条件的约束，欧洲法院希望促使成员国最高法院自愿使用条约所提供的这个"司法合作机制"。其结果是消除无谓和破坏性的冲突，并且减少共同体法律可能成为不同解释对象的风险。

曼奇尼和基灵将"*CILFIT*案"视为欧洲法院与成员国法院之间的对话，对话的目的是控制后者。"*CILFIT*案"的"舍与得"使欧洲法院原则上接受了"法律明确"理论（*acte clair* doctrine），但是对其行使施加了很大的限制，欧洲法院希望成员国法院能够依此行事，只在相关事项确实明确的情况下才拒绝提请初步裁决。

但是其他学者对"*CILFIT*案"规定的条件是否确实限制了成员国法院的裁量权表示怀疑。阿诺（Arnull）指出，该裁决可能用于"拒绝提交请求的借口，如果成员国已经就应如何解决有关的共同体法要点形成了观点"[51]。

其他人则认为，"*CILFIT*案"中的条件过于严格，应留给成员国法院更多的自由裁量权。而雅各布斯佐审官认为，成员国法官不必考虑欧盟法令的所有官方语言版本，[52] 斯蒂克斯—哈克尔佐审官（AG Stix-Hackl）也

---

[50] H Rasmussen, 'The European Court's *Acte Clair* Strategy in *CILFIT*' (1984) 9 ELRev 242.

[51] A Arnull, 'The Use and Abuse of Article 177' (1989) 52 MLR 622, 637. See also A Arnull, 'The Law Lords and the European Union: Swimming with the Incoming Tide' (2010) 35 ELRev 57, 75–79.

[52] Case C–338/95 *Wiener v Hauptzollamt Emmerich* [1997] ECR I–6495.

认同这一观点。㊹ 此观点得到欧盟国家国务委员会与最高行政法院联合会（ACA-Europe）的支持，主张应以一种"常识"方式来适用"CILFIT 案"中的条件，并且认为比较所有语言版本已不再现实或者可行。该联合会指出，"CILFIT 案"规则的适用应可使成员国法院决定该案是否值得提请初步裁决。㊺ 拉斯穆森提出相似的主张，芬格（Fenger）和布罗贝格（Broberg）也持相似看法。

拉斯穆森：《补救正在崩溃的欧共体司法体系》㊻

"CILFIT II 案"的要旨应该是将主动性还给成员国法官，相信他们可以自己解决更多的共同体法律解释问题，包括那些并不简单的问题。从技术上讲，"CILFIT II 案"规则的运用应能大大扩展被视为"法律明确"（acte clair）的共同体法令的范围。将如下两类案件之间的界限用书面形式确定下来绝非易事，即值得共同体司法关注的案件界限……与成员国法官应依自身责任决定的案件之间的区别，但这项工作与困难一样不可或缺。

芬格和布罗贝格：《在黑暗中找到光明：
法律明确理论的实际应用》㊼

当欧洲法院规定"CILFIT 案"条件时，那时的欧盟与当今的欧盟有很大的不同。这种不同不仅在于成员国和官方语言的数量上，也包括欧洲法院的案件压力以及回答初步裁决问题所需的时间，而且就欧

㊹　Case 495/03 *Intermodal Transports BV v Staatssecretaris van Financiën* [2005] ECR I-8151, [98]–[99].

㊺　Report of the Association of the Councils of State and Supreme Administrative Jurisdictions of the EU, June 2008, 7; D Sarmiento, 'Amending the Preliminary Reference Procedure for the Administrative Judge' (2009) 2 Review of European Administrative Law 29.

㊻　H Rasmussen, 'Remedying the Crumbling EC Judicial System' (2000) 37 CMLRev 1071, 1109.

㊼　N Fenger and M Broberg, 'Finding Light in the Darkness: On the Actual Application of the *Acte Clair* Doctrine' (2011) 30 YBEL 180, 212.

盟法律体系而言也是如此。但是，今天的欧盟法律体系已进入新的阶段，不再是四分之一世纪前那个脆弱的体系。在我们看来，在涉及超出单个案件适用范围的一般性解释问题的案件中，仍然需要严格限制成员国法院逃避提请初步裁决的可能性。在这种情况下，确实有必要由欧洲法院确定统一的解释。相反，在既考虑到主要诉讼当事方的利益，又考虑到需要将欧洲法院的案件量保持在可行水平，似乎不太明确的是，同样严格的条件应适用于不太可能再次出现解释问题的案件，而是相反，应局限于成员国法院案件的特定事实情况。在后一种情况下，我们建议，如果成员国法院认定该结果不会引起显著怀疑，而且无须成员国法院相信所有其他法院都认定该问题同样明显，也不需要检查相关文本的所有语言版本，这就足够适用法律明确理论。

目前尚不清楚欧洲法院在最近的判例法中对"CILFIT 案"条件的处理方式是否发生了变化。有人认为，有证据表明在这方面有所放松。[57] 在"费雷拉·达席尔瓦布里托案"（Ferreira da Silva e Brito）[58] 中，欧洲法院没有重复最初"CILFIT 案"规则清单的所有条件，它还裁定，成员国下层法院与最高法院持有不同观点这一事实，并不排除后者可以认定相关事项明确无疑而不必提请初步裁决。但欧洲法院对此进行了限定，指出如果成员国各法院之间对某法律术语的含义存在重大分歧，就表明相关事项在这方面的含义并不明确。以下摘录是对欧洲法院在此问题上观点转变的评价。

科尔涅佐夫：《法律明确理论的新形式及其后果》[59]

"X 和范戴克案"（X and Van Dijk）与"费雷拉·达席尔瓦布里托案"两案判决因此宣告了欧盟法律解释中一个重要的权力下放进程的开始。在初步裁决机制存在大约 57 年以及距"CILFIT 案"大约 33 年

[57] A Kornezov, 'The New Format of the Acte Clair Doctrine and its Consequences' (2016) 53 CMLRev 1317.

[58] Case C‑160/14 João Filipe Ferreira da Silva e Brito and Others v Estado português EU：C：2015：565, [41]‑[44]; Cases C‑72 and 197/14 X and Van Dijk EU：C：2015：564.

[59] A Kornezov, 'The New Format of the Acte Clair Doctrine and its Consequences' (n 57) 1328.

之后，欧洲法院似乎已经得出结论，现在是赋予成员国最高法院更大自由和责任来解释欧盟法的时候了。事实上，虽然在欧盟法律适用的最初几十年中，严格的提请义务是必要的，但是考虑到判例法的缺失或薄弱以及成员国法院对欧盟法的相对不熟悉，今天的假设似乎是鉴于欧洲法院判例法的内容已很丰富，以及在成员国法院与欧洲法院和欧盟法进行了数十年的互动之后，成员国法院对欧盟法的了解不断增加，因此这种严格性不再合理。这激发了人们的信念，即成员国最高法院现在不仅可以被信任，而且可以分担自主解释欧盟法的责任。虽然欧洲法院仍然保有对欧盟法做出权威解释并约束所有成员国的最终管辖权，但成员国最高法院已正式获得解释欧盟法的更大自由，而无须总是寻求欧洲法院的指导。

但是，目前尚不清楚这是否真的代表了新的现实。在 "*Intermodal* 案"⑥ 中欧洲法院拒绝扩大 "*CILFIT* 案" 条件，裁定并不要求成员国法院确保该事项对行政机关等非司法机构也同样明显。在此前提下，欧洲法院重申了 "*CILFIT* 案" 条件，即在拒绝提请初步裁决之前，成员国法院必须确信问题如此明显，以至于对于解决该问题的方式不存在任何合理怀疑的空间，并且更特别的是，该问题对其他成员国法院和欧洲法院来说同样明显。⑥ 在这方面更重要的是后来的判例，与科尔涅佐夫强调的同一时期的判例，欧洲法院在这些案件中重申并适用了 "*CILFIT* 案" 条件。⑥

小结

1. 通过先例的发展、"法律明确" 理论和部门责任下放，成员国法院与欧洲法院之间的关系已经发生转型。

---

⑥　Case 495/03 *Intermodal Transports*（n 53）［39］.

⑥　Ibid［38］-［39］.

⑥　Case C-379/15 *Association France Nature Environnement v Premier Ministre and Ministre de l'Écologie, du Développement durable et de l'Énergie* EU：C：2016：603,［48］-［50］；Case 587/17 P *Belgium v European Commission* EU：C：2019：77,［77］. See also Case C-461/03 *Gaston Schul*（n 38）［16］；Case T-47/02 *Danzer*（n 31）［36］；Cases T-349, 371/06, 14, 15 and 332/07 *Germany v Commission*［2008］ECR II-2181,［67］.

2. 这些发展使各成员国法院就其本身而言已经成为欧盟的法院。它们可以在无须进一步提请欧洲法院的情况下自行处理案件。它们在如下前提下可以这样做，即存在关于要点的欧盟决定，或者该问题很清楚以至于不需要提请裁决，或者在特定领域已将更一般性的责任委托给它们。

3. 这些共同作用使成员国法院与欧洲法院之间的关系与欧盟成立之初相比更加纵向和多边，尽管如果这成为新的现实，可能会通过放宽"法律明确理论"的条件来实现更大程度的权力下放。

第五节　提请初步裁决的决定：成员国法院视角

到目前为止的讨论已经触及了可能影响成员国法院决定是否提请初步裁决的因素：欧洲法院判决的存在和"法律明确"理论。这里我们考虑成员国在决定是否提请裁决时考虑的更一般因素。在提交请求之前，必须满足以下两个条件。

第一个条件是该问题必须出现在成员国法院或法庭。但是，正如"*CILFIT*案"的裁定，即使当事人未提出问题，成员国法院也可以主动提出该问题。[63]

第二个一般条件是，成员国法院必须认定对该问题的决定对其做出判决必不可少。"*CILFIT*案"澄清，即使是成员国终审法院也必须在其有义务提出请求之前确认这一点。还应该指出的是，第267条没有规定必须提请初步裁决，而是规定对该问题的决定对于成员国法院做出判决必不可少。[64]

在这方面欧洲法院具有相对于成员国法院的比较优势，英格兰高等法院宾厄姆法官（Bingham）在"赛美科斯案"（*Samex*）中对此做了有力论述。[65]

---

[63]　See also（nn 28, 29）.

[64]　在这方面存在混淆的可能，参见 *HP Bulmer Ltd v J Bollinger SA*［1974］2 WLR 202.

[65]　*Customs and Excise Commissioners v ApS Samex*［1983］1 All ER 1042.

　　作为被要求判断共同体法律问题的国内法院法官，我非常了解欧洲法院所享有的优势。它对欧共体及其机构具有全局视野，详细了解条约以及根据条约制定的许多从属立法，并且对共同市场的运行非常熟悉，没有哪个国家的法官会否认欧洲法院的集体经验所希望实现的共同市场的运行。在出现有关行政意图和实践的问题时，欧洲法院可以从共同体机构收到意见书，在处理共同体与非成员国之间的关系时也是如此。在成员国利益受到影响时，共同体机构可以参与诉讼以表达自己的观点。

　　如果要比较不同语言的共同体文本之间的区别，所有文本都同等作准，由各国国民组成的欧洲法院足以执行该任务，而成员国法官无论其语言水平如何，都无法与之相提并论。共同体文件的解释通常不涉及普通律师所熟悉的从使用的单词中艰难提取含义的过程，而是涉及对空洞松散的骨架提供血肉的更具创造性的过程。在共同体机构的意见书之间进行选择，可能不是出于纯粹法律方面的考虑，而是出于对共同体有序发展需要哪些要素的更广泛的看法。就评论和判断这些问题而言，欧洲法院处在比成员国法院更好的位置上。

第六节　决定接受提请：欧洲法院视角

　　我们现在来考虑当成员国法院提请问题时，欧洲法院如何看待自己的作用。自欧洲经济共同体成立以来，其方式已发生了很大变化。

一　初期的宽松方式

　　欧洲法院的最初做法非常宽松，并且它会在可能的情况下将提请解读为保留其对案件做出判决的能力。欧洲法院准备"修正那些不适当描述的提请"。因此，欧洲法院在"科斯塔案"中称，它有权从成员国法院表达得不完美的问题中提取那些真正与条约解释有关的问题。[66]　"施瓦策公司案"（*Schwarze*）也证明了这一点。

---

[66]　Case 6/64 *Costa v ENEL* [1964] ECR 585.

施瓦策公司诉粮草进口储管局
Case 16/65 Firma C Schwarze v Einfuhr-und
Vorratsstelle für Getreide und Futtermittel
[1965] ECR 877

[《里斯本条约》重新编号，第 173 条和第 177 条
现为《欧洲联盟运行条约》第 263 条和第 267 条]

施瓦策公司从粮草进口储管局（EVSt）获得进口大麦的进口许可证。依据理事会条例，粮草进口储管局确定了应缴纳的征收率。该征收率是在委员会决定的基础上确定的。施瓦策公司主张征收率太高，以及委员会的决定违法。德国财税法院（Finanzgericht）由此向欧洲法院提出了许多详细问题。法国主张，所提出的问题与条约的解释无关，而与共同体法令的有效性有关；并且认为质疑此类法令的正确方法是经由第 173 条，而不是通过第 177 条。

欧洲法院

从所递交问题的措辞来看，黑森州财税法院（Hessisches Finanzgericht）关注更多的不是对条约或共同体机构法令的解释，而是根据第 177 条第 1 段第 2 项对这类法令的有效性做出的初步裁决。……

法兰西共和国政府在其评论中主张，所递交的几个问题不只要求对条约进行解释。欧洲法院在回答其提出的所谓解释问题时，实际上不是对涉及条约解释的要点做出裁决，而是对欧共体机构法令的有效性做出裁决。

法兰西共和国的观点是中肯的，即不能利用第 177 条从欧洲法院获得判定这类法令无效的裁决。但是，该条款确实明确赋予本法院裁决这类法令有效性的权力。如果成员国法院递交问题的真正目的似乎是审查共同体法令的有效性，而不是其解释，则本法院必须立即对该问题进行裁决，而不是要求提请方法院严格遵守形式，坚持形式只会延长第 177 条程序，并且与其真正性质不符。在必须根据严格规则决定当事方各自权利的案件中是有可能做到严格遵守形

式的。但是，这在第177条规定的非常特殊的司法合作领域是不合适的，因为在该领域，成员国法院和欧洲法院（均在其自己的管辖权内并旨在确保共同体法的统一适用）必须共同并且直接致力于法律结论。任何其他程序都会导致让成员国法院就共同体法令的有效性做出裁决。

欧洲法院也"通常拒绝接受如下主张，即基于做出提请的理由或事实认为提请不可接受"。欧洲法院强调，这些事项由成员国法院决定。因此，欧洲法院在"科斯塔案"中指出，第267条"基于成员国法院和欧洲法院之间职能的明确区分"。欧洲法院没有被授权"调查案件事实或批评之所以请求解释的理由和目的"[67]。同样地，在"皮耶里克案"（Pielik）[68] 中，欧洲法院重申第267条基于明确的职能划分，这阻止它判断所提问题的相关性，或者阻止它决定欧盟法律的概念是否真正适用于成员国法院审理的案件。欧洲法院在"西门塔尔公司案"[69]中再次强调了这一点，指出当前第267条是基于成员国法院和欧洲法院之间明显的职能区分，因此欧洲法院没有管辖权认定案件的事实，或者批评提出问题的原因。

因此，欧洲法院早期的做法是宽松和灵活的。它不希望阻止诉讼人诉诸共同体法律，尤其是因为欧洲法院正是通过《欧洲联盟运行条约》第267条形成直接效力和最高效力等理论的。欧洲法院也不希望通过拒绝回答那些表达不完美的问题，而在成员国司法机关的道路上设置障碍。这不利于鼓励成员国法官使用新颖的法律机制。

二　欧洲法院主张对所提请案件的权威

尽管有上述案件，但很显然，欧洲法院认为自己拥有决定提请是否正当的最终权威。这方面具有重要影响的是"福利亚案"（Foglia）。

---

[67]　Ibid 593.

[68]　Case 117/77 *Bestuur van het Algemeen Ziekenfonds, Drenthe-Platteland v G Pierik* [1978] ECR 825.

[69]　Case 35/76 *Simmenthal SpA v Ministero delle Finanze* [1976] ECR 1871, [4].

帕斯夸莱·福利亚诉马里耶拉·诺韦洛
Case 104/79 Pasquale Foglia v Mariella Novello
[1980] ECR 745

[《里斯本条约》重新编号，第 95 条和第 177 条
现为《欧洲联盟运行条约》第 110 条和第 267 条]

福利亚（Foglia）签订了向诺韦洛（Novello）出售葡萄酒的合同，合同约定诺韦洛对法国或意大利当局征收的违反欧共体法律的任何税款概不负责。货物由一般运输商丹沙公司（Danzas）承运。运输合同也包含一项条款，规定福利亚对违反欧共体法律的收费不承担任何责任。丹沙实际上缴纳了法国税款，这项税款包括在提交给福利亚的账单中，福利亚也支付了包含争议税款的账单，尽管根据运输合同条款他有权不支付。福利亚随后向意大利法院提起诉讼，寻求从诺韦洛手中收回这笔款项。诺韦洛拒绝付款，其依据是她与福利亚的合同中有条款规定她不承担任何非法收费。诺韦洛主张，该收费违反了条约第 95 条。意大利法院向欧洲法院提请初步裁决，询问该项法国税收是否违反共同体法律。欧洲法院指出，福利亚和诺韦洛关于税收歧视的诉求本质上是相同的。

欧洲法院

10. 因此看来，主要诉讼的当事方都试图通过在意大利法院提起诉讼的迂回方式，取得认定法国税收体系对烈性葡萄酒贸易而言无效的裁决，两个私人当事方就拟实现的结果达成协定，并且为了使意大利法院就该问题做出裁决而在其合同中加入一项条款。这种搭便车的人为构建性质更加明显，因为事实上丹沙公司没有行使根据法国法对该消费税提起诉讼的权利，尽管就对其有约束力的合同条款而言，据此提起诉讼毫无疑问对丹沙公司有利，另外福利亚事实上毫无保留地支付了该公司账单，其中包括支付该税款的款项。

11. 根据《欧洲经济共同体条约》第 177 条，欧洲法院的职责是向共同体境内的所有法院提供有关共同体法律解释的信息，这些信息对于它们解决提交其审理的真正争议是必不可少的。如果本法院因上

述便宜安排而不得不做出裁决，则将危及私人个体可以应用的整个司法救济制度，而该制度是为了保护私人免受与条约相违背的税收规定的侵害。

由此，欧洲法院拒绝做出裁决，但是意大利法官并未气馁，又进一步向欧洲法院提问。他实际上是在询问，该先前决定是否符合如下原则，即应由成员国法官判断事实并且判断是否需要提请初步裁决。

帕斯夸莱·福利亚诉马里耶拉·诺韦洛（第二案）
Case 244/80 Pasquale Foglia v Mariella Novello（No 2）
[1981] ECR 3045

欧洲法院

12. 在其第一个问题中，意大利裁判官（Pretore）要求澄清，对于初步裁决申请的措辞以及对于主要诉讼中事实和法律情况的评估，尤其是在成员国法院被请求做出声明性判决的情况下，条约在赋予成员国法院一边和欧洲法院另一边的评估权方面存在什么样的界限。

……

14. 关于第一个问题，应该回顾的是，正如本法院曾在各种不同背景下所强调的，条约第177条建立在合作的基础上，而合作意味着成员国法院和欧洲法院之间的职责分工必须是为了所有成员国正确适用和统一解释共同体法律。

15. 为此，应由成员国法院在考虑案件事实的情况下评估是否需要获得能使其做出判决的初步裁决，之所以是由成员国法院评估，是因为事实上由成员国法院审理争议的实质或是非曲直，并且它必须对所做的决定承担责任。

16. 在行使该评估权时，成员国法院与欧洲法院合作，履行赋予它们的职责，即确保二者在解释和适用条约时都遵守法律。因此，成员国法院行使其评估权可能引起的问题，以及它在第177条框架内与欧洲法院保持的关系，由共同体法律规则排他性地管辖。

17. 为了使欧洲法院能够按照条约履行其职责，至关重要的是，在卷宗没有明确提出这些原因的情况下，成员国法院应解释，为什么它们认为对其问题的答复是使它们能够做出判决的必要条件。

18. 实际上，必须强调，第 177 条赋予本法院的职责不是就一般或假设问题发表咨询性意见，而是协助成员国管理司法。因此，对于当事方为了诱导本法院在就某些共同体法律问题发表意见而安排的程序设计框架内提交的解释问题，所提出的法律问题并不符合争议解决的内在客观要求，本法院无管辖权予以回答。本法院关于在这种情况下没有管辖权的声明，丝毫没有侵犯成员国法院的特权，而是为防止将第 177 条规定的程序适用于不恰当的目的。

19. 此外，应该指出的是，尽管在判断提交给它的问题的重要程度上，欧洲法院必须尽可能依赖成员国法院所做的评估，但它必须有权出于履行自身内在职责的目的而做出任何评估，尤其是为了审查其是否具有管辖权，这正是所有法院都必须做的。因此，本法院考虑到对此问题所做决定产生的影响，在行使第 177 条赋予的管辖权时，不仅必须注意诉讼当事各方的利益，而且必须考虑共同体和成员国的利益。因此，如果成员国法院在特殊情况下的评估可能会影响第 177 条所规定程序的正常运行，本法院就不能对成员国法院的这种评估无动于衷，否则就将等于无视自己的职责。

    ……

21. 因此，对第一个问题的答复必须是，根据第 177 条所设计的角色，在考虑到主要诉讼所涉事实和法律情形的前提下，评估是否需要对所提出的解释问题获得答案，是成员国法院的事项，但是，为了确定其自身管辖权，由欧洲法院在必要情况下审查成员国法院提交给它的案件的条件。

    ……

25. 因此，对第四个问题的答复必须是，如果提交初步裁决问题的目的是允许成员国法院判断其他成员国的法律法规所设定的规则是否符合欧共体法，尽管根据这类问题是出现在个人之间还是出现在其立法被认为可疑的成员国作为一方当事人的诉讼中，法律保护的程度可能有所不同，但是在第一种情况下，欧洲法院必须特别小心，以确保不得将第 177 条规定的程序用于条约并未设想的目的。

"福利亚第二案"（*Foglia II*）的重要原则是，欧洲法院将是其自身管辖权的最终决定者。其中的说理既微妙又富有戏剧性。该判决一开始以正统方式区分成员国法院和欧洲法院的角色。但在几段判词之后，就发生了变化，即应适当考虑成员国法院关于是否需要对某问题做出答复的观点，但最终决定取决于欧洲法院。如果为了解决这个问题，需要成员国法院提供更多更好的细节，那么成员国法院就必须这样做。

因此，"福利亚案"不仅仅是关于假设的案件。它涉及的是对第 267条程序进行控制的优先权以及该司法位阶的性质，该司法位阶涉及联盟和成员国法院，并通过该条来运行。成员国法院和欧洲法院之间最初的职能划分可能是独立而平等的，这一点体现在前者决定是否提请，而后者就提交给它的问题做出裁决的。"福利亚案"重塑了这一概念。欧洲法院不只是被动接受者，不只是被迫对摆在面前的任何问题进行裁决。欧洲法院主张对提请的适当性进行某些控制。该案中对有关诉讼所谓假设性质的判定，仅仅是这种管辖权控制主张的一种体现。未来欧洲法院将"出于履行自身内在职责的目的而进行评估，尤其为了审查其是否具有管辖权，这正是所有法院都必须做的"（第 19 段）。

"福利亚案"引起了很多评论。伯布（Bebr）反对该裁决。其中提到的第 177 条，应解读为现在的《欧洲联盟运行条约》第 267 条。

伯布：《真正争议的存在是〈欧洲经济共同体条约〉第 177 条下欧洲法院管辖权的必要前提条件吗?》[70]

在欧洲法院确立的判例法中，基于管辖权的排他性而不是上下等级关系，欧洲法院总是将第 177 条视为建立成员国法院与欧洲法院之间合作的方法。此外，它系统地拒绝审查所提请问题的理由及其与未决诉讼的相关性，显然急于表明其功能仅限于对共同体规则的解释或对共同体法令有效性的审查。……

在这种情况下，欧洲法院注意到了几个因素，从中推断案件争议

---

[70]　G Bebr, 'The Existence of a Genuine Dispute: An Indispensable Precondition for the Jurisdiction of the Court under Article 177 EEC Treaty?' (1980) 17 CMLRev 525, 530–532.

是人为编造的，由此认为其缺乏管辖权。……

将争议的编造性质作为判断的一项提请是否具有可受理性的前提条件，这是一个不可靠的概念，并非没有滑入陷阱的危险。或许会注意到，参加该初步裁决程序的法国政府根本没有对欧洲法院的管辖权提出异议。欧洲法院是按自己的意愿这样做的。当然，诉讼可能出现不同迹象或者程度的编造。对这种情况很难做出清晰判断。如果私人当事方寻求在试验案件中获得裁决，在其本国法院援引对成员国具有直接效力的共同体规则，可能会引起类似问题；该案件也可能缺乏真正争议所具有的特征。谁能肯定地说，原告是严肃地进行诉讼，还是说，他只想通过一个试验案件来寻求获得裁决，尽管该案件对他的利益微不足道，但却提出了一个原则性问题？

但是，并非所有人都反对"福利亚案"的裁决。怀亚特（Wyatt）赞成该裁决，指出欧盟委员会根据《欧洲联盟运行条约》第 258 条和第 259 条提起的执行之诉受到关于可受理性的"初步反对"（preliminary objections）意见的约束。

怀亚特：《"福利亚第二案"——欧洲法院否认其拥有提供咨询意见的管辖权》①

从根本上讲，有关欧洲法院在"福利亚诉诺韦洛案"（*Foglia v. Novello*）裁决的争论……其主题是一个简单问题，即在欧洲法院，成员国法院对欧洲法院的提请是否如私人当事人、成员国或者共同体机构一方为援引欧洲法院管辖权的任何其他诉讼一样，受其对可受理性的相同初步反对意见的约束。如果不是，那么在条约第 177 条框架内，欧洲法院的司法职能——事实上是其管辖权本身——的看护者就是成员国法院，而不是欧洲法院自己。条约起草人当时不可能规定这样的事情。鉴于背离所涉及的原则，以下情况简直是不可能的，即上层法

---

① D Wyatt, 'Foglia（No 2）: The Court Denies it has Jurisdiction to Give Advisory Opinions' (1982) 7 ELRev 186, 187 – 188, 190. 原文中的斜体部分，中译文用引号标示。

院总是被赋予确定自己管辖权的权能。

[怀亚特还说明了欧洲法院确定各种管辖权问题的不同方式，例如做出请求的机构是不是法院。随后，他提到了"福利亚第二案"中的论证，其中欧洲法院强调它无权给予咨询意见。]

虽然欧洲法院必须尽可能依赖成员国法院对所提请问题的评估，但它坚持认为，出于履行其自身职责的内在需要，它必须有权"自己"做出任何评估，特别是为了"审查"其是否具有管辖权，正如所有"法院"都必须这么做一样。在根据第 177 条行使其"管辖权"时，欧洲法院不仅要考虑诉讼各方的利益，而且必须考虑共同体和成员国的利益。……

欧洲法院的说理令人信服。它肯定了自己有权决定自己的管辖权，并且对其本身的核心司法功能与提供咨询意见的功能做了比较。判决与咨询意见之间的区别在于，前者影响争议各当事方的法律地位，而后者没有这种效果。做出"判决"的能力本身就足以将有关机构定性为"法院"。当然，提供法律咨询的能力不一定如此。……

三 欧洲法院拒绝管辖的情况

"福利亚案原则"（*Foglia* principle）沉寂了一段时间，援引该原则的几次尝试都失败了。[72] 这使人们相信该案绝无仅有，其中的原则不太可能得到应用。但是，欧洲法院后来开始使用"福利亚案原则"，特别是 20 世纪 90 年代以后。案件分为多个类别。

（一）假设的案件

有案件涉及问题的假设性质。[73] 有很多理由拒绝对假设的案件（hypothetical case）做出初步裁决。部分原因出于实用性，因为在一个假设的案件中做出裁决将浪费司法资源，而且该问题可能实际上永远不会发生。[74]

---

[72] Case 261/81 *Walter Rau Lebensmittelwerke v De Smedt Pvba* [1982] ECR 3961；Case 46/80 *Vinal SpA v Orbat SpA* [1981] ECR 77；Case C – 150/88 *Eau de Cologne and Parfumerie-Fabrik Glockengasse No 4711 KG v Provide Srl* [1989] ECR 3891.

[73] Case C –467/04 *Criminal Proceedings against Gasparini and others* [2006] ECR I –9199.

[74] 如果问题变得无实际意义，也就是说已经得到解决，那么这种认为浪费资源的主张也是中肯的。一个问题是否已经变得无实际意义，这一点可能会引起争议。Compare Cases C – 422 – 424/93 *Zabala v Instituto Nacional de Empleo* [1995] ECR I – 1567, with Case C – 194/94 *CIA Security International SA v Signalson SA* [1996] ECR I – 2201.

另外还有概念问题。如果案件确实是假设的，则可能不清楚究竟谁应该是诉讼的合适当事方，并且可能没有提出相关主张。此外，如果假设问题变成"具体"问题，那么它成为"具体"问题的形式可能不会完全符合法院判决所设想的形式，因此该判决的确切相关性可能并不清楚。

尽管有充分的理由拒绝在假设的案件中发表意见，但也有一条明确的界限区分这类案件与试验案件（test case）。[75] 法律体系的一项功能是使人们能够根据对他们所做选择而产生法律后果的知识来计划自己的生活。试验案件可以使个人获得这种知识。因此，欧洲法院在"怀特曼案"（Wightman）中裁定受理该诉讼，以决定根据第50条脱欧通知是不是可撤销的，并且驳回该案件只是咨询或假设案件的观点。[76] "福利亚案"本身表明，咨询意见或假设判决与试验案件之间的界限很微妙。[77] 此外，很显然，仅凭借当事各方就他们希望给予欧盟法的解释达成合意，这一事实本身并不能意味着该争议不真实。[78]

（二）提出的问题与解决争议无关

欧洲法院不愿做出裁决的第二个原因是，提出的问题与在成员国法院

---

[75] Case C-412/93 *Leclerc-Siplec v TFI Publicité and M6 Publicité* [1995] ECR I-179, AG Jacobs; Case C-200/98 *X AB and Y AB v Rikssatteverket* [1999] ECR I-8261; Case C-458/06 *Skattervet v Gourmet Classic Ltd* [2008] ECR I-4207, [31]-[32].

[76] Case C-621/18 *Wightman v Secretary of State for Exiting the European Union* EU：C：2018：999, [27]-[30].

[77] 从该术语的正常意义上说，"福利亚案"不是假设的案件。该案件涉及一位葡萄酒实际销售商，其业务受到当时法国税收的影响，他认为该法国税收违反共同体法律。欧洲法院认为，该问题本应通过其他途径解决的主张经不起推敲。丹沙公司（Danzas）并没有在法国提起诉讼的动机，即使它最初缴纳了税款，因为它是一般承运人，并且没有提起一项昂贵诉讼的商业利益，该诉讼与其业务没有特别的联系。福利亚向丹沙公司付款的决定——即使可以根据合同拒绝付款——很容易加以解释。如果福利亚拒绝付款，丹沙公司要么接受，自担损失，而且仍不愿在法国提出索赔，因为这样做不值得；要么在接受的同时，将该税款金额加到后续行程的运输费用中，将成本转移给福利亚。无论哪种情况，都不会根据共同体法律对该税收的合法性提出质疑。即使丹沙公司对福利亚提起正式诉讼，该诉讼也可能在意大利提起，因为这是一个普通合同诉讼，其适用的法律可能是意大利法。Compare *Foglia* to Case C-379/98 *Preussen Elektra AG v Schhleswag AG* [2001] ECR I-2099, [38]-[46].

[78] Case C-412/93 *Leclerc-Siplec* (n 73); Case C-341/01 *Plato Plastik Robert Frank GmbH v Caropack Handelsgesellschaft mbH* [2004] ECR I-4883; Case C-144/04 *Mangold v Helm* [2005] ECR I-9981.

解决实质性诉讼无关。⑦ 在"迈利克案"（*Meilicke*）⑧ 中，该诉讼由德国律师提起，他对德国法院形成的非现金出资理论提出了质疑，理由是这不符合《第二号银行指令》。欧洲法院引用"福利亚第二案"，并拒绝做出裁决，因为尚未表明非现金认购问题实际上是主要诉讼的关键。

欧洲法院在"科西嘉轮渡公司案"（*Corsica Ferries*）⑧ 中重申，它没有管辖权裁定与主要诉讼的事实或标的无关的问题，并且裁定八个可能问题中只有四个符合这个标准。在"莫南案"（*Monin*）⑧ 中也存在与此相关的考量，欧洲法院裁定自己没有管辖权来回答不涉及成员国判决所需要的欧盟法律的解释问题。欧洲法院由此拒绝回答该案由破产法官提请的问题，因为对破产案件本身该法官不必处理这些问题。"迪亚斯案"（*Dias*）说明了相同的普遍观点。

洛伦索·迪亚斯诉波尔图港海关长

Case C – 343/90 Lourenço Dias v Director da Alfandega do Porto

［1992］ECR I – 4673

［《里斯本条约》重新编号，第 95 条
现为《欧洲联盟运行条约》第 110 条］

迪亚斯是一名货车司机，因涉嫌以修改其进口车辆税种的方式未缴额外税款而遭到指控。欧洲法院收到了成员国法院提出的八个详细问题，涉及相关成员国规则与第 95 条的兼容性。葡萄牙政府辩称，争

---

⑦　Case C – 134/95 *Unità Socio-Sanitaria Locale No 47 di Biella（USSL）v Istituto Nazionale per l'Assicurazione contro gli Infortuni sul Lavoro（INAIL）*［1997］ECR I – 195；Case C – 167/01 *Kamer van Koophandel en Fabrieken voor Amsterdam v Inspire Art Ltd*［2003］ECR I – 10155；Case C – 314/01 *Siemens AG Österreich and another v Hauptverband der österreichischen Socialversicherungstrager*［2004］ECR I – 2549；Case C – 152/03 *Ritter-Coulais v Finanzamt Gemersheim*［2006］ECR I – 1711；Case C – 313/07 *Kirtruna SL and Elisa Vigano v Red Elite de Electrodomésticos SA*［2008］ECR I – 7907；Case C – 180/12 *Stoilov i Ko EOOD v Nachalnik na Mitnitsa Stolichna* EU：C：2013：693，［36］ – ［38］；Case C – 82/13 *Società cooperativa Madonna dei miracoli v Regione Abruzzo* EU：C：2013：655.

⑧　Case C – 83/91 *Wienand Meilicke v ADV/ORGA F A Meyer AG*［1992］ECR I – 4871.

⑧　Case C – 18/93 *Corsica Ferries Italia Srl v Corpo dei Piloti del Porto di Genova*［1994］ECR I – 1783.

⑧　Case C – 428/93 *Monin Automobiles-Maison du Deux-Roues*［1994］ECR I – 1707.

议的唯一基础是有关其税收体系的一个细节问题，实际提请的问题并没有涉及该事项。欧洲法院承认，对于决定是否有必要提出初步裁决申请而言，成员国法院表面上（*prima facie*）处于最佳位置，因此原则上欧洲法院必须在被请求时做出裁决。然后，欧洲法院限定了这项义务。

欧洲法院

17. 尽管如此，在"福利亚第二案"（*Foglia* No. 2，Case 244/80）……第21段中，本法院认为，为了确定自己是否具有管辖权，由欧洲法院审查成员国法院提请案件的条件。在初步裁决程序中必须具有合作精神，这要求成员国法院考虑赋予欧洲法院的职能，即协助成员国的司法管理，而不是就一般性或假设性问题提供咨询意见。……

18. 鉴于这项任务，本法院认为，在如下情况下不能做出初步裁决……特别是，所要求的解释涉及共同体机构尚未通过的措施（参见 Case 93/78 *Mattheus*…），提请方法院的程序……已经终止（参见 Case 338/85 *Pardini*…），或者成员国法院所寻求的共同体法律的解释与案件的实际性质或主要诉讼的标的无关（Case 126/80 *Salonia*…）。

19. 还应牢记……在向本法院提请之前，适当的做法是，成员国法院应先确定案件事实并解决纯粹的成员国法问题。同样十分重要的是，对于成员国法院来说，需要解释为什么它认为回答该问题对其能够做出判决是必要的。……

20. 掌握了这些信息，本法院即可确定所寻求的共同体法律解释是否与主要诉讼的实际性质和标的有关。如果所提出的问题看上去显然与决定案件这一目的无关，则本法院必须宣布，没有必要做出判决。

（三）问题表达不够清楚

拒绝接受案件的第三个原因是，问题表达得不够清楚，因而欧洲法院无法做出任何有意义的法律回复。[83] 应将这种情况与如下情况进行对比，

---

[83] Case C–318/00 *Bacardi-Martini SAS and Cellier des Dauphins v Newcastle United Football Club* [2003] ECR I–905.

即从设计不完美的请求中提取出真正的问题。[84] 但是，欧洲法院不会改变所提问题的实质。相关政府和当事方被允许根据《欧洲联盟法院规约》第23条提出意见。将向他们通报该提请方法院的令状，因此如果欧洲法院改变所提问题的实质，将导致错误。[85]

（四）事实不够清楚

第四个原因与第三个原因密切相关，即对于欧洲法院适用相关法律规则而言，事实不够清楚。欧洲法院只有在一项提请具有充分事实基础的情况下才能确定该法律问题的性质。在"*Telemarsicabruzzo* 公司案"中，欧洲法院确定，成员国法院必须提供充分的事实和法律背景，以使欧洲法院能够回答所提问题。[86] 该原则在随后的案件中得到应用。[87]

住房、社区和融合部部长诉圣瑟法斯住房协会

Case C – 567/07 Minister voor Wonen, Wijken en

Integratie v Woningstichting Sint Servatius

[2009] ECR I – 9021

[《里斯本条约》重新编号，第 87 条第 1 款

现为《欧洲联盟运行条约》第 107 条第 1 款]

成员国法院询问，当成员国向被授权从事具有普遍经济意义经营

---

[84]　Case C – 88/99 *Roquette Frères SA v Direction des Services Fiscaux du Pas-de-Calais* [2000] ECR I – 10465.

[85]　Case C – 235/95 *AGS Assedic Pas-de-Calais v Dumon and Froment* [1998] ECR I – 4531.

[86]　Cases C – 320 – 322/90 *Telemarsicabruzzo SpA v Circostel, Ministero delle Poste e Telecomunicazioni and Ministerio della Difesa* [1993] ECR I – 393.

[87]　Case C – 386/92 *Monin Automobiles v France* [1993] ECR I – 2049；Case C – 458/93 *Criminal Proceedings against Saddik* [1995] ECR I – 511；Case C – 316/93 *Vaneetveld v Le Foyer SA* [1994] ECR I – 763；Case C – 2/96 *Criminal Proceedings against Sunino and Data* [1996] ECR I – 1543；Case C – 257/95 *Bresle v Préfet de la Région Auvergne and Préfet du Puy-le-Dôme* [1996] ECR I – 233；Case C – 378/08 *Raffinerie Mediterranee (ERG) SpA v Ministero dello Sviluppo economico* [2010] ECR I – 1919；Case C – 384/08 *Attanasio Group Srl v Comune di Carbognano* [2010] ECR I – 2055；Case C – 433/11 *SKP k. s. v Kveta Polhošová* EU：C：2012：702；Case C – 190/18 *Société nationale des chemins de fer belges (SNCB) v Gherasim Sorin Rusu* EU：C：2018：355.

服务的企业提供财政资源时，是否应限制这些企业经营活动的地域规模，以防止这些资源构成非法国家援助，并避免这些企业在另一成员国使用这些资源时扭曲竞争条件。

欧洲法院

49. 只有在特殊情况下，才可以驳回成员国法院出于初步裁决目的而提请问题的相关性假设。如果递交的问题涉及共同体法律的解释，则本法院原则上必须做出裁决。

50. 但是，从已确立的判例法中可以明显看出，为了向成员国法院提供可供其使用的对共同体法律的解释，成员国法院有必要界定其所询问问题的事实和立法背景，或者至少解释这些问题所基于的事实情况（Joined Cases C－320/90 to C－322/90 *Telemarsicabruzzo*…）。

51. 同样重要的是，成员国法院应阐明如下问题的确切原因，即它为什么不确定共同体法的解释，以及为什么认为有必要将问题提请本法院以获取初步裁决。在这方面，至关重要的是，提请方法院至少应说明，为什么选择其要求解释的共同体条款，以及它在这些条款与主要诉讼中争议适用的成员国立法之间建立了什么联系。……

52. 在做出提请的决定中所提供的信息，不仅能够使本法院提供有用的答案，而且能够使成员国政府和其他利益相关方根据《欧洲联盟法院规约》第23条提交意见。……

53. 还应补充一点，即对准确性的需要，特别是主要诉讼的事实和立法背景的准确性，尤其适用于竞争领域，通常认为这个领域的事实和法律状况很复杂。……

54. 在这种情况下，第七个问题基于以下前提……如果瑟法斯住房协会（Servatius）使用公共资源来实施未来的项目，那将构成《欧共体条约》第87条第1款意义上的国家援助。做出提请的决定，以及当事方在主要诉讼中提交的意见，均未包含任何因素可以确定在主要诉讼所涉建筑项目的背景下实际上已经给予这种优势——由于瑟法斯住房协会未获得必要的事先授权，因此无论如何该项目都未实施。

……

56. 因此，裁定成员国法院提请的第七个问题不可受理。

四 对成员国法院初步提请的建议

欧洲法院已将其判例法的结果纳入《对成员国法院建议书》。[88] 其第22段指出，提请令（order for reference）应包括简明扼要但充分完全的理由陈述，以使欧洲法院清楚理解主要诉讼的事实和法律背景。它应特别包括：对争议标的和核心事实的陈述；相关成员国法；尽可能准确地确定与案件有关的欧盟规则；成员国法院提请该事项的原因；欧盟法律规则与适用与该诉讼的成员国规则之间的关系；各方论点的摘要。

五 对拒绝案件权力的限制

与共同体初期相比，欧洲法院对提请的可受理性施加了更大程度的控制。但是，它也明确表示，只有在寻求解释的欧盟法问题显然不适用于成员国法院诉讼争议或者与该诉讼标的物没有任何关系时，它才会拒绝做出裁决。[89] 欧洲法院现在使用的标准表达公式是，只有在如下情况下，才可认为提请不可受理，即所寻求的欧盟法解释与主要诉讼的实际事实或其目的显然无关；该问题是假设性的；或者欧洲法院未掌握对所递交的问题做出有用回复所必要的事实性或法律材料。[90]

---

[88] Recommendations to national courts and tribunals in relation to the initiation of preliminary ruling proceedings [2018] OJ C257/01.

[89] Case C–118/94 *Associazione Italiana per il World Wildlife Fund v Regione Veneto* [1996] ECR I–1223; Case C–129/94 *Criminal Proceedings against Bernaldez* [1996] ECR I–1829; Case C–264/96 *ICI Chemical Industries plc (ICI) v Colmer (HM Inspector of Taxes)* [1998] ECR I–4695; Cases C–215 and 216/96 *Bagnasco v BPN and Carige* [1999] ECR I–135; Case C–379/98 *PreussenElektra AG* (n 77) [38]–[39]; Case C–138/05 *Stichting Zuid-Hollandse Milieufederatie v Minister van Landbouw, Natuur en Voedselkwaliktiet* [2006] ECR I–8339; Case C–295/05 *Asemfo v Transformacion Agraria SA* [2007] ECR I–2999.

[90] Case C–210/06 *Cartesio* (n 16) [67]; Case C–544/07 *Rüffler v Dyrektor Izby Skarbowej we Wrocławiu Ośrodek Zamiejscowy w Wałbrzychu* [2009] ECR I–3389, [38]; Case C–314/08 *Filipiak v Dyrektor Izby Skarbowej w Poznaniu* [2009] ECR I–11049, [42]; Case C–484/08 *Caja de Ahorros y Monte de Piedad de Madrid v Asociación de Usuarios de Servicios Bancarios (Ausbanc)* [2010] ECR I–4785, [19]; Case C–440/08 *Gielen v Staatssecretaris van Financiën* [2010] ECR I–2323, [29]; Case C–470/12 *Pohotovost' sro v Miroslav Vašuta* EU：C：2014：101, [27].

菲利皮亚克诉波兹南税务局局长

Case C – 314/08 Filipiak v Dyrektor Izby Skarbowej w Poznaniu

[2009] ECR I – 11049

此提请涉及的是，波兰税务机关拒绝给予菲利皮亚克在纳税年度中因支付社会保障和健康保险缴费而享有税收优待的资格，原因是这些费用支付给了征税国之外的成员国，而这类税收优待的给予对象是在征税国缴纳此类费用的纳税人。

欧洲法院

40. 根据已确立的判例法，在根据《欧共体条约》第234条进行的诉讼中，只有审理所提交争议的成员国法院——它必须对随后的司法裁决承担责任——有权根据案件的具体情况决定是否需要初步裁决，以使其能够做出判决，以及决定递交给欧洲法院的问题的相关性。因此，如果所递交的问题涉及共同体法律的解释，则本法院原则上必须做出裁决。……

41. 尽管如此，本法院还曾裁定，在例外情况下，本法院可以审查成员国法院将案件提交给它的条件，以确认自身的管辖权（…Case 244/80 *Foglia*…第21段；*Preussen Elektra*，第39段；*Rüffler*，第37段）。

42. 只有在如下情况下，本法院才可以拒绝裁定成员国法院提请初步裁决的问题，即所寻求的欧盟法解释与主要诉讼的实际事实或其目的显然无关；该问题是假设性的；或者本法院未掌握对所提请问题做出有用回复所必要的事实性或法律材料。

43. 在这方面，从提请令可以明显看出，与主要诉讼中所涉条款的合宪问题无关，主要诉讼中的争议以及提请的第一个问题都涉及立法与共同体法律的兼容性，根据该立法，基于缴纳健康保险费的减税权利和扣减已支付社会保障缴款的权利遭到拒绝，因为这些缴款是在另一个成员国进行的。

44. 第二个问题源自于第一个问题。……成员国法院试图确定，从本质上讲，如果《欧共体条约》第43条排除主要诉讼所涉及的规

定，那么共同体法的优先性是否要求成员国法院适用共同体法而不适
用所涉成员国规定，并且，甚至在波兰宪法法院（Trybunał Konsty-
tucyjny）2007 年 11 月 7 日判决生效之前也要这样做——在该案中波
兰宪法法院认定这些规定不符合波兰宪法的某些条款。

　　45. 鉴于上述考虑，如下情况在本案里都不明显，即所寻求的解
释与主要诉讼的实际事实或其目的无关，该问题是假设性的，或者本
法院未掌握对所递交问题做出有用回复所必要的事实性或法律材料。

六　小结

1. 欧洲法院在如下情况下将拒绝根据第 267 条处理案件，即所提请的问题
是假设性的；或者与争议的实质无关；对于做出任何有意义的法律回复
而言，提出的问题都不够清楚；对于适用法律规则而言，事实不够
清楚。

2. 但是，只有在如下情况下，欧洲法院才会拒绝做出判决，即所寻求的欧
盟法解释与主要诉讼的事实或其目的显然无关；该问题是假设性的；或
者欧洲法院未掌握对所递交的问题做出有用回复所必要的事实性或法律
材料。

3. 第 267 条案件中的修辞通常用传统方式表述：判决将提及成员国法院与
欧洲法院之间的合作，以及由成员国法院决定是否提请的事实。[91] 这种
语言仍然是有意义的。第 267 条之下的关系是合作关系。

4. 但是，现在通常在传统的表述公式以外添加适当起草的但书，以明确表
明欧洲法院将不予裁决，如果该问题不相关，或者是假设性的，等等。[92]

5. 随着修辞的变化，现实也发生了变化。成员国法院与欧洲法院之间的合
作仍然存在，但欧洲法院不再是对硬塞给它的任何问题的被动接受者。
欧洲法院以大多数高等法院所采取的方式对自身管辖权行使更积极的
控制。

---

　　[91] See, eg, Case C – 435/97 *World Wildlife Fund （WWF） v Autonome Provinz Bozen* ［1999］
ECR I – 5613.

　　[92] See, eg, Cases C – 332, 333 and 335/92 *Eurico Italia Srl v Ente Nazionale Risi* ［1994］ECR
I – 711.

第七节　关于提请的决定："解释"还是"适用"

第 267 条赋予欧洲法院解释条约的权力，但没有授权欧洲法院适用条约于具体案件事实。人们把解释（interpretation）和适用（application）之间的这种区别定性为欧洲法院与成员国法院之间的权力划分：欧洲法院解释条约，成员国法院将该解释适用于具体案件事实。有人认为，这种区别使成员国法院与欧洲法院的关系不同于真正联邦式的上诉制度，而在这种制度之中，上一层法院可以完全裁决案件。

但是，理论与现实并非总是同步的。解释和适用之间的界限可能并不分明，尤其因为提交欧洲法院的很多问题是非常详细的，并且要求给予具体的解答。欧洲法院提供的解释越详细，就越接近于适用。此外，欧洲法院通常就如何在案件中适用法律向成员国法院提供"指导"，这进一步缩小了解释与适用之间的界限。

诉讼当事人常常主张，欧洲法院应拒绝做出裁决，因为提出的问题不是寻求对条约的解释，而是对条约的适用。欧洲法院尚未被这种反对意见所劝阻。在"范亨特与洛斯公司案"[93] 中，有人主张，所提出的问题涉及脲醛树脂的关税类别，这不是对条约的解释，而是对相关荷兰海关立法的适用。欧洲法院驳回这一论点，指出该问题与解释有关：其含义应依据《欧共体条约》生效之前已经存在的关税概念界定。

在其他案件中可以发现欧洲法院有意愿做出详细回复。"克里斯蒂尼案"（*Cristini*）[94] 涉及《第 1612/68 号条例》第 7 条第 2 款的含义，该条规定，在另一成员国工作的共同体工作人员应享有与该国工作人员相同的"社会优待"（social advantages）。法国法院提出的问题是，这是否意味着允许法国大型家庭享有火车票折扣的规定是该条例第 7 条第 2 款范围内的一项社会优待。虽然欧洲法院否认其有权裁断实际案件，但事实上就是这么做的，它通过说明社会优待概念包括票价折扣来回复这个

---

[93]　Case 26/62 [1963] ECR 1.

[94]　Case 32/75 *Cristini v SNCF* [1975] ECR 1085, [19].

问题。

"*Marleasing* 案"⑨是欧洲法院做出"详细"裁决的另一个例子。对于《第68/151号指令》第11条是否穷尽列举了在哪些情况下可以裁定撤销公司注册这个问题，欧洲法院做出了详细回答。该判决为成员国法院提供了非常具体的解答，以至于西班牙法院只需要执行该欧洲法院裁决即可。

欧洲法院对问题提供非常具体回答的意愿，导致模糊了解释和适用之间的界限。这还使欧洲法院和成员国法院之间独立而平等、各司其职的理念更加虚幻。欧洲法院的裁决越详细，成员国法院要做得就越少，不过是执行欧洲法院的裁决而已。

在欧洲法院希望最大程度保持对某个领域法律发展的控制的情况下，欧洲法院特别希望提供"解答"，例如关于成员国损害赔偿责任的案件。为此，欧洲法院向成员国法院提供了关于检验是否存在严重违法行为的"指导"⑯。欧洲法院还进一步指出，它有足够信息来全面处理案件的这个方面。⑰对此，特里迪马斯教授（Tridimas）概括了欧洲法院判例法中的三种方法。

特里迪马斯：《对成员国行为的宪法审查——不完全管辖权的利与弊》⑱

　　根据裁决的特性，可以将案件分为三类。欧洲法院可能会给出非常具体的答复以至于提请方法院没有操作余地，并为争议提供现成的解决方案（"结果型案件"）；或者，它可能向提请方法院提供有关如何解决争议的指导（"指导型案件"）；最后，它可能以笼统方式解答问题，以至于在所涉要点上实际顺从了成员国司法机关的意愿（"顺从型案件"）。

---

⑨　Case C – 106/89 *Marleasing SA v La Comercial Internacional de Alimentacion SA* ［1990］ECR I – 4135.

⑯　Cases C – 46 and 48/93 *Brasserie du Pêcheur SA v Germany* ［1996］ECR I – 1029.

⑰　Case C – 392/93 *R v HM Treasury，ex p British Telecommunications plc* ［1996］ECR I – 1631.

⑱　T Tridimas，'Constitutional Review of Member State Action：The Virtues and Vices of an Incomplete Jurisdiction'（2011）9 I – CON 737，739，754 – 755. 原文中的斜体部分，中译文用引号标示。

……

结果型方法具有明显的优势。欧洲法院的裁决对争议中与共同体法有关的方面做出结论，避免了进一步的拖延和费用。……但这并非没有弊端。如果使用不当，它可能会使欧洲法院接近于对事实适用法律，从而超出初步提请程序之下的职能。成员国法院可能会感到不满，会视之为对自己管辖权的篡夺，尽管在实践中这似乎很少出现问题。更重要的是，过分热衷于具体问题，可能导致欧洲法院耽于案件事实，鼓励过分集权化，并且有损于欧洲法院促进法律统一解释和监督共同体司法领域的基本职能。尽管争议当事方可能会倾向于结果型方式，但过度采用这种方式可能会实际上削弱而非有助于法律确定性。裁决越具体，就越难以在判决中推导出原则要素，裁决的先例价值也就越小。……

另一方面，指导型方式既有优点也有缺点。提请方法院和诉讼当事人可能会觉得解答不完全。裁决越笼统、越含糊不清，成员国法院迟疑提请而改变欧盟法概念的风险就越大，从而损害其统一解释。这种缺点在顺从型案件中较少。从积极方面来看，指导型方式不仅使成员国在欧盟法的适用方面拥有一席之地，使它们在很多案件中成为最适宜适用欧盟法的行为体，而且在共同体法律秩序的形成方面也具有重要作用。从宪法上看，指导型方式是邀请成员国法院参与欧盟建设的一种手段，使它们能够参与法治的表达。成员国审判机构有机会根据其法律制度的特殊性和敏感性来塑造欧盟原则。……在这种情况下，应该指出的是，提请不是欧洲法院与提请方法院之间的对话，而是与所有成员国体制的对话。一个成员国法院提请的案件可能会对其他成员国产生同等的甚至是更深远的影响。指导型方式给予成员国层面的尝试以空间，似乎与合作型联邦模式更吻合。

然而，戴维斯（Davies）对第 267 条中的权力动态持不同看法，认为成员国法院在提请制度中保留了更多选择。

戴维斯：《重新定位能动主义
——欧洲法院在成员国语境下的自我限制》[99]

对于提请，欧洲法院可以提供一个从根本上判断正当性和相称性的答案，由此确定案件的结果，但这样做不可避免地会涉及案件的具体问题，使其他法官更容易区分该答案，但降低了其普遍适用性。或者，它可以通过抽象和一般原则做出答复，提供广泛适用的规则，但是这样做的话，它必须接受其答复仅对成员国法官提供指导，而不是控制结果。如果它试图通过提供同样具有决定性的一般规则完善这种选择，例如，裁定大量措施根本不具有正当理由，那么它就有可能被指责为预判了内在事实和背景问题，因此不只是解释，而是适用法律而超出其管辖权。通过利用事实与法律、解释与适用之间某种程度的人为的、不清楚的区分来分配司法职能，提请程序产生了一种欧洲法院难以逃避的权力平衡。

第八节　欧盟司法系统的发展：成员国法院和欧洲联盟法院

迄今为止的讨论已经考虑了初步裁决制度的不同方面。但重要的是退后一步更综合地考虑先例发展、"法律明确"概念以及将部门职能下放给成员国法院对欧盟司法系统的影响。

一　先例

我们首先考虑先例。"达科斯塔案"（*Da Costa*）裁决是欧洲法院采取的理性步骤。拉斯穆森恰当地指出，因为欧洲法院裁决成为成员国法院的权威裁定，欧洲法院裁决的权威因此得到加强。[100] 成员国法院与欧洲法院

---

[99]　G Davies, 'Activism Relocated. The Self-Restraint of the European Court of Justice in its National Context' (2012) 19 JEPP 76, 83.

[100]　Rasmussen (n 50).

之间的关系发生了变化。它们不再是双边关系，裁决不再只与提出请求的成员国法院有关。从欧洲法院裁决影响所有成员国法院这个意义上说，它们的关系已成为多边的。"CILFIT案"裁决强化了先例，该裁决同样具有重要意义：在法律要点相同的情况下，欧洲法院的裁决具有权威效力，即使较早案件中提出的问题有所不同，或者即使该议题引起的法律诉讼类型不同。

这种先例的发展大体上是不可避免的。最初的双边概念认为欧洲法院裁决只与要求其裁决的成员国法院有关，而这是不现实的。从字面上看，这意味着必须做出裁决，即使成员国法院提出的询问复制了欧洲法院已经裁定的较早案件。欧洲法院将"被迫"郑重地审理此事项，只是为了得出与以前相同的结论。不能想象司法系统以这样的方式存在。浪费时间和资源，势必很快就会使欧洲法院倦怠。在欧洲法院已经做出深思熟虑的判决之后，成员国法院不会认为这种允许再就事项提起诉讼的制度有任何意义。

确实，先例制度意味着成员国法院可能会错误地解释过去的欧洲法院权威。但是，这并没有损害先例系统的合理性，因为它从总体上促进形成了更有效的欧盟法律制度。先例制度不可避免地会带来某些"失误成本"，即成员国法院可能犯错。先例也有很多实质"收益"。从根本上说，成员国法院自身成为欧盟法的执行者。在欧洲法院对某个问题做出裁定之后，成员国法院适用该裁决而无须诉诸欧洲法院。从这个意义上说，成员国法院被"纳入"就欧盟法实施审判的法院网络中，而欧洲法院处于这个网络的最高点。它们成为执行欧盟法的"受托者"，也是更广泛的欧盟司法等级体系中的一部分。因此，必须权衡先例的成本与收益。其中包括可以随时对其提起诉讼的欧盟法律的数量与日俱增（绝大部分诉讼是正确提起的），以及由于承认成员国法院是欧洲司法等级的一部分而产生的重要的象征意义。因此，毫不奇怪，1996年欧洲法院在给政府间会议的报告中"呼吁成员国法院作为具有共同体法一般管辖权的法院发挥核心作用"[100]。应该注意的是，有研究发现，成员国执行欧洲法院裁决的比例高

---

[100] Report of the Court of Justice (n 5) [15].

达 96.3%。[102]

二　法律明确理论

在"CILFIT案"中，欧洲法院可以做出选择。它本来可以拒绝欧盟法中的"法律明确"理论，卡波托蒂佐审官（AG Capotorti）就持这种观点。[103] 欧洲法院拒绝采用其观点，而是给予该理论有限的支持。如上所述，可能有人会辩称，真正的目标是通过设置多重限制给予该理论致命一击，或更温和的说法是，说服成员国法院在使用法律明确理论时承担责任。

但是，我们应该区分目的和效果。因此，即使我们接受曼奇尼和基灵有关欧洲法院目的的论点，但其结果是将满足这些条件的"明确"案件留给了成员国法院。对于此类案件，成员国法院再次作为欧洲法院的"受托者"适用欧盟法。于是欧洲法院可以有时间解决更复杂的案件。"CILFIT案"条件有助于确保成员国法院不会轻易将案件视为"法律上明确"，除非的确不存在解释方面的疑问，尽管毫无疑问，成员国法院对这些条件的解释可能截然不同。[104]

但是，因为上面讨论的成本收益分析在这里同样适用，所以可以有条件地认可该概念，认为它是合理的。成员国法院有时可能会有意或无意地错误地适用该标准，这一事实并不会使这种做法失败。必须权衡成本与收益：成员国法院可以迅速解决简单案件。此外，处理此类案件的这种方法进一步强调了成员国法院的作用，它是更广泛司法等级中的一部分，欧洲法院位于该等级的最高点。

这个体系中还另外设有"安全阀"，独立于"CILFIT案"条件的存在。令人担心的是，即使不符合"CILFIT案"条件，成员国法院也可能拒绝提请初步裁决。但是，在"克布莱案"判决之后，有意这样做的成员国法院现在意识到了有可能要承担赔偿责任。[105] 另外，该成员国还有可能成为《欧洲联盟运行条约》第258条执行之诉的对象。无论如何，该事项可能仍会通过同一法律制度或不同法律制度的不同法院提交欧洲法院处理。欧洲法

---

[102]　S Nyikos, 'The Preliminary Reference Process: National Court Implementation, Changing Opportunity Structures and Litigant Desistment' (2003) 4 EUP 397.

[103]　[1982] ECR 3415, 3439.

[104]　Tridimas (n 15) 41 – 44; Arnull, 'Law Lords' (n 51) 75 – 79.

[105]　Case C – 224/01 *Köbler v Austria* [2003] ECR I – 10239.

院也有可能在涉及相关法律要点的案件中纠正成员国法院的异常解释，尽管这对成员国层面先前决定的影响适用"库内案"（*Kühne*）规则。[106]

三 部门责任下放

如果不考虑实际上对成员国法院的部门责任下放（sectoral delegation of responsibility），这种讨论就是不完整的。欧盟有意识地选择将某些执行功能下放给成员国法院，竞争政策领域的情况正是如此。[107]

这种权力下放的原因具有启发意义。在改革之前，欧盟委员会最初的职能是负责竞争政策的执行。但是，欧盟委员会不具备执行此项任务所需的资源，因此呼吁成员国法院承担此项职责。成员国法院在竞争法的执行中一直发挥着作用，但是这种作用被有意扩大了，以便在成员国层面处理简单违法案件，从而使欧盟委员会和欧洲法院处理更困难的案件，或者那些出现新的原则问题的案件。欧盟先例重要性的增强也促进了这种部门下放。

第九节 欧盟司法体系的发展：欧洲法院、综合法院和成员国法院

一 案件量问题

关于欧洲联盟法院系统改革的讨论一直存在，主要是由案件量问题推动的。原因不难推测。

首先和最明显的原因是欧盟的扩大。从6个成员国到28个成员国，到现在的27个成员国，导致欧洲联盟法院的工作量增加。[108] 其次，随着每一次大的条约修订，欧盟所具有的权能领域得到扩张。再次，欧盟立法要求司法解释。最后，导致案件量增加的因素是律师对欧盟法的认知不断提高。

---

[106] 见本章第三节之三。

[107] 见第二十七章。

[108] 对不同成员国法院提请率影响因素的分析，参见 M Broberg and N Fenger, ' Variations in Member States' Preliminary References to the Court of Justice—Are Structural Factors（Part of）the Explanation?'（2013）19 ELJ 488.

2009 年提交的初步提请数量为 302 件，2010 年为 385 件[109]，2013 年已上升至 450 件。[110] 2016 年，提交欧洲法院的新诉讼案件为 692 件。这略少于 2015 年的 713 件，该年度的新案件数量为历年最高。但是，在 2016 年的 692 件新案件中，有 470 件请求初步裁决，几乎占当年提交欧洲法院审理的所有案件的 70%。[111]

欧洲法院成功缩短了获得初步裁决的时间，在以往有段时期里，初步裁决需要将近两年的时间。时间缩短的部分原因是做出了加快流程的调整。由此，在有人员被羁押的情况下，欧洲法院现在有义务在最短期限内结束案件。[112] 现在有在紧急情况下做出快速审理的规定[113]，但条件是需要得到欧洲法院院长的批准。如果欧洲法院在某些类型的案件中援引先前的判例法，则可以通过具理由的法院令方式做出初步裁决——如果相关请求与现行判例法处理的要点相同；或者可以从现行判例中明确推论出答案；或者对答案不存在任何合理的质疑。[114] 此外，也可以在没有佐审官意见的情况下裁决案件。[115] 初步裁决时间的缩短部分还因为欧洲法院法官人数的增加。在欧盟扩大后，净增加了 13 名法官，使法院处理案件的能力大增。

但是有理由怀疑，在未来几年里能否继续像最近一样维持缩短初步裁定时间的状况。随着新入盟国家的律师越来越习惯于应用欧盟法，由于来自这些国家法官的增加所带来的好处，可能因这些国家法院提请案件量的增多而抵销[116]，尽管这方面的实践尚未展开。[117] 《里斯本条约》的影响同样

---

[109]　Proceedings of the Court of Justice, Annual Report 2010, https：//curia. europa. eu/jcms/jcms/P_ 75244/.

[110]　Proceedings of the Court of Justice, Annual Report 2013, https：//curia. europa. eu/jcms/jcms/P_ 130468/.

[111]　Proceedings of the Court of Justice, Annual Report 2016, https：//curia. europa. eu/jcms/jcms/pl_ 315741/.

[112]　《欧洲联盟运行条约》第 267 条第 4 款。

[113]　Rules of Procedure of the Court of Justice（n 45）Art 105.

[114]　Ibid Art 99.

[115]　《欧洲联盟运行条约》第 252 条；《欧洲联盟法院规约》第 20 条，https：//curia. europa. eu/jcms/upload/docs/application/pdf/2016 – 08/tra – doc – en – div – c – 0000 – 2016 – 201606984 – 05_ 00. pdf.

[116]　M Bobek, 'Learning to Talk：Preliminary Rulings, the Courts of the New Member States and the Court of Justice'（2008）45 CMLRev 1611.

[117]　M Bobek, 'Talking Now? Preliminary Rulings in and from the New Member States'（2014）21 MJ 781.

重要。《欧盟基本权利宪章》现在已具有法律约束力，并且"自由、安全和公正的区域"（AFSJ）目前也适用第267条的普通程序，这一事实将意味着初步提请数量的净增加，尤其是因为"自由、安全和公正的区域"的很多措施存在争议并且涉及公民自由。有人认为，从总体上说，考虑到欧盟法律的预期影响，现在提请案件的数量实际上低得令人惊讶。[118]

尽管人们对案件处理量的关注主要涉及的是欧洲法院，但近年来综合法院的压力越来越大。综合法院2010年共结案527件，但到2010年12月仍有1300宗案件待审。到2013年，新案件有790件，比上年增加30%，结案702件，待审案件1325件。2016年，新案件数量增加了17%，从2015年的831件增加到2016年的974件，尽管大多数是因为移交公务人员案件的管辖权。未决案件的数量从2015年的1267件增加到2016年的1486件。但是处理案件的平均时间缩短为18.7个月。[119]这些案件量问题促使欧盟分三个阶段增加综合法院法官的人数。[120]

因此，重要的是要考虑对初步裁决制度进行可能的改革。[121] 在《尼斯条约》之前，有两部文件探讨了这些改革的范围。一部由当时的欧洲法院任职人员撰写[122]，下文称之为《欧洲法院文件》（the Courts' paper）；另一部由一个主要由欧洲法院前任法官组成的工作组应欧盟委员会请求起草[123]，

---

[118]　M Bobek, 'The Court of Justice, the National Courts and the Spirit of Cooperation: Between Dichtung and Warheit' in A Lazowski and S Blockmans (eds), *Research Handbook on EU Institutional Law* (Edward Elgar, 2014) ch 14.

[119]　Annual Report 2016 (n 111) 126 – 127.

[120]　Regulation (EU, Euratom) 2015/2422 of the European Parliament and of the Council of 16 December 2015 amending Protocol No 3 on the Statute of the Court of Justice of the European Union [2015] OJ L341/14.

[121]　T Kennedy, 'First Steps towards a European Certiorari?' (1993) 18 ELRev 121; Rasmussen (n 55); P Craig, 'The Jurisdiction of the Community Courts Reconsidered' in G de Búrca and JHH Weiler (eds), *The European Court of Justice* (Oxford University Press, 2001) ch 6; JHH Weiler, 'Epilogue: The Judicial Après Nice' in ibid 215; C Turner and R Munoz, 'Revising the Judicial Architecture of the European Union' (1999 – 2000) 19 YBEL 1; A Arnull, 'Judicial Architecture or Judicial Folly? The Challenge Facing the European Union' (1999) 24 ELRev 516; A Dashwood and A Johnston (eds), *The Future of the Judicial System of the European Union* (Hart, 2001); I Pernice, J Kokott, and C Saunders (eds), *The Future of the European Judicial System in Comparative Perspective* (Nomos, 2006).

[122]　The Future of the Judicial System of the European Union (Proposals and Reflections) (May 1999), hereafter FJS.

[123]　Report by the Working Party on the Future of the European Communities' Court System (Jan 2000), hereafter WP.

该文件以工作组主席的名字被命名为《杜厄报告》（the Due Report）。初步提请数量的增加以及由此给欧洲法院带来的压力催生了这两部文件。

二　限制成员国法院提交请求

尽管有某些"先例"认为，只能由根据其本国法对其决定不存在司法救济的成员国法院提请初步裁决，[124] 但《欧洲法院文件》和《杜厄报告》坚决反对将这一点普遍用于限制初步裁决。这是不足为奇的。[125] 从实践和概念上讲，成员国任何法院都有提请初步裁决的权力，这对欧盟法律的发展一直起着核心作用。

从实践上讲，提出欧盟重要法律要点的案件通常来自基层的成员国法院。如果限制提请权力，则将导致仅仅为了向欧洲法院提请初步裁决而将案件争议推到位于成员国司法系统顶端的法院。成员国任何法院都有权提请初步裁决，也可以防止终审法院因"保守或执拗"而怠于提请。

从概念上讲，成员国任何法院都有提请权力，这一点强调了欧盟法律对成员国法律体系各个方面的渗透。确实，即使提请权仅限于终审法院，下层法院仍可以适用现行的欧盟先例。但是，任何的成员国法院都可以提请，这一事实强调的是，个人可以在成员国法律体系的任何阶段援引具有直接效力的欧盟权利。

三　基于问题新颖性、复杂性或重要性的过滤机制

改革将使欧洲法院"完全集中于那些对共同体法律的统一和发展具有根本意义的问题"[126]。《杜厄报告》主张这类限制。[127] 该报告建议，在经下层法院审查后仍然存在"合理怀疑"的情况下，成员国终审法院应有义务只提请"对共同体法而言足够重要"的问题。这个想法也得到了欧洲国务委员会联合会（Association of the Councils of States）的初步支持。[128] 但这个

---

⑫㊃　《欧洲共同体条约》第 68 条。

⑫㊄　FJS（n 122）23 - 24；WP（n 123）12 - 13.

⑫㊅　FJS（n 122）25；Case C - 338/95 *Wiener v Hauptzollamt Emmerich* [1997] ECR I - 6495，AG Jacobs.

⑫㊆　WP（n 123）14 - 15.

⑫㊇　Association of the Councils of State（n 54）14. See also T de la Mare and C Donnelly，'Preliminary Rulings and EU Legal Integration：Evolution and Stasis' in P Craig and G de Búrca（eds），*The Evolution of EU Law*（Oxford University Press，2nd，2011）ch 13.

建议存在两个问题。

首先，"成员国法院和法庭可能会避免将问题转交欧洲法院，以规避其提请因缺乏利益而被拒绝的风险"[129]。这可能损害确保欧盟法在成员国得到统一解释的机制。

其次，那些赞成这种做法的人通常参照的是美国，美国最高法院对其愿意审理的案件做出裁决。这里的关键区别在于，美国是一个上诉体系，而欧盟是一个提请征询体系。在美国，如果最高法院拒绝审理案件，则将由下一层联邦法院或州法院就法律问题做出裁决。欧盟的情况则明显不同。成员国法院在裁定案件之前将问题提交欧洲法院，如果欧洲法院因问题不够重要或不够新颖而拒绝回答，就完全不存在联盟法院的裁决。这个建议使成员国法院处于困境。成员国法院可能会试图裁定欧盟法要点本身。成员国法院也可能选择拒绝判断该欧盟法要点，其效果是，试图依据该欧盟法要点的当事方无法实现其意图，而案件也将在假设该要点没有得到证明的情况下被裁定。

四 成员国法院拟议的问题答案

成员国法院可能在其提请中包括一项对所提问题的答复建议。《欧洲法院文件》称，其优点是"将减轻过滤机制对成员国法院与欧洲法院之间开展合作的不利影响，而所建议的答复可以同时用作决定哪些问题需要欧洲法院回答、哪些问题可以用拟议的方式回答"[130]。《杜厄报告》出现了类似的提议。[131] 该想法已被纳入欧洲法院对成员国法院的建议之中，其中指出，如果提请方法院认为自己有能力，则可以简要陈述自己对提请初步裁决的问题的观点。[132]

但是，该提议可以采用的范围有限。大多数成员国法院都不是欧盟法律专家。成员国法院确定解决案件所必不可少的问题是一回事，能够回答相关问题则是另一回事。成员国高一等级的法院也许能够对提出的问题提供一些答案。尽管如此，这项提议将改变这类法院的任务。为了向法官提

---

[129] FJS (n 122) 25.

[130] FJS (n 122) 25–26.

[131] WP (n 123) 18.

[132] Recommendations to National Courts (n 88) [34].

供对所提问题做出回答所必要的材料，可能必须在成员国法院对欧盟法事项进行详细的论证。还不清楚这项提议能否大量减轻欧洲法院的工作量。即使鼓励成员国法院提供答案，欧洲法院仍必须对相关事项进行详细考虑，以便决定是否可以按照成员国法院提示的方式回答该问题。

五　向上诉制度发展

《欧洲法院文件》考虑了更激进的选择方案，该方案可能会使基于提请的体系转变为更具上诉性质的体系。[133]

> 对该系统的更激进改革方案是改变初步裁决程序，要求现在没有义务向欧洲法院提请问题的成员国法院在提出请求之前，首先对出现共同体法律解释问题的案件做出判决。然后，诉讼的任何一方都可以请求成员国法院将其判决移交欧洲法院，就该当事方提出的共同体法要点提请裁决——正是基于这些要点，该当事方对判决效力提出了质疑。这将使欧洲法院有机会在过滤阶段中评估是否需要就争议判决中的共同体法律解释做出自己的裁决。

然而，《杜厄报告》强烈反对这种改变，称"这种提议将动摇条约建立的成员国法院与欧洲法院之间的整个合作体系"[134]。如果采纳该提议，它将从根本上改变当前制度，从提请体系转变为上诉系统。这本身不是反对意见，但我们仍应意识到由此带来的变化。成员国法院将对案件做出裁决，然后由当事方"要求"成员国法院提交请求。《欧洲法院文件》对此予以承认。[135]

> 这种程序将使初步裁决体系的当前运行方式产生根本变化。成员国法院与欧洲法院之间的司法合作将转变为等级制度，在该制度中由诉讼当事人决定是否要求成员国法院提请欧洲法院，并且成员国法院必须根据情况修改其先前判决，以使之与欧洲法院的裁决相一致。从

---

[133]　FJS（n 122）26.

[134]　WP（n 123）13.

[135]　FJS（n 122）26.

成员国程序法的角度来看，该制度的这个方面无疑会引起难以解决的问题。

这项方案面临着许多困难。要求成员国法院决定欧盟法律要点，将给它们带来负担，许多基层法院将发现很难履行这项职责。这不太可能减轻欧洲法院的案件负担，因为它会激励败诉方寻求提请欧洲法院裁决。[136] 这似乎涉及推翻"冰霜影像公司案"（*Foto-Frost*）[137]，因为成员国法院很可能会裁判欧盟法律规范的有效性。此外，《欧洲法院文件》没有明确说明，败诉方是否可以请求或要求成员国法院将问题提交欧洲法院。[138]

我们还应该考虑这项提议可能带来的好处。上诉制度更具有发达的联邦或联邦法律制度的特征，可以说欧盟已经为这种变化做好了准备。成员国法院对欧盟法律已经越来越熟悉，现在可能是朝着上诉制度迈进的时候了——在该制度中，成员国法院对案件做出判决，判决可上诉至欧洲法院。当然，我们不能以这样的假设为前提，认为欧洲法院的案件量将由此大幅减少。

六 建立分权式司法机构

如果建立分权式法院，则可能会减轻欧洲法院的负担。这也将给予公民更贴近的法律救济，无须前往卢森堡即可获得初步裁定。但是，《欧洲法院文件》和《杜厄报告》担心这种分权式法院会损害欧盟法律的统一性[139]，并且《杜厄报告》在很大程度上反对这项选择。[140] 《欧洲法院文件》试图通过允许将案件从分权式法院移交到欧洲法院的方式，解决这项关切。

过去曾提倡建立地区法院以补充欧盟司法架构[141]，但综合法院对此整

---

[136] FJS（n 122）26.

[137] Case 314/85 *Firma Foto-Frost v Hauptzollamt Lübeck-Ost* [1987] ECR 4199.

[138] FJS（n 122）26.

[139] FJS（n 122）28；WP（n 123）21.

[140] WP（n 123）21 – 22.

[141] J-P Jacqué and J Weiler, 'On the Road to European Union—A New Judicial Architecture: An Agenda for the Intergovernmental Conference' (1990) 27 CMLRev 185.

体持反对立场。[142] 该建议未被《尼斯条约》或《里斯本条约》采纳。尽管如此，在将来的某个时候这可能是不可避免的。如果要建立这样的法院，它们应成为在国家或地区层面运行的欧盟司法机制的组成部分。

七　综合法院应拥有初步裁决管辖权

在《尼斯条约》之前，只有欧洲法院才能审理初步裁决案件。《欧洲法院文件》积极但审慎地探讨了赋予初审法院（现为综合法院）这种管辖权的可能性。[143]《杜厄报告》则反对这种改变，某些特殊领域除外。[144]

《尼斯条约》赋予初审法院某些初步裁决权力，该构想被《里斯本条约》接受了。[145] 令人遗憾的是，没有对欧盟司法架构展开广泛讨论。综合法院被授权在《欧洲联盟法院规约》所规定的特定领域审理初步裁决案件。如果综合法院认为案件需要做出可能影响欧盟法律统一性或一致性的原则性决定，则可以将该案件转交欧洲法院。[146] 根据《欧洲联盟法院规约》规定的条件，如果存在影响欧盟法律统一性或一致性的严重风险，则综合法院的初步裁决在例外情况下可以接受欧洲法院的审查。[147]

对于综合法院应该有权做出初步裁定这一观点，有太多需要说明的问题。有些第 267 条下的案件涉及间接质疑欧盟规范的有效性，而在这些案件中，非特权申诉人无法满足在第 263 条之下起诉资格的标准。这些案件提出的问题，本应由综合法院根据第 263 条采取直接诉讼进行审理。如果案件是经由成员国法院通过提交初步裁决请求方式间接出现的，则综合法院应该有权审理此类案件，尽管目前对有关将案件转交欧洲法院的规则是否需要修改尚有争议。[148] 此外，还有很多不涉及原则事项的第 267 条下的

---

[142]　Report of the Court of Justice on Certain Aspects of the Application of the Treaty on European U-nion—Contribution of the Court of First Instance for the Purposes of the 1996 Intergovernmental Conference, May 1995.

[143]　FJS（n 122）27.

[144]　WP（n 123）22.

[145]　《欧洲联盟运行条约》第 256 条第 3 款。

[146]　《欧洲联盟运行条约》第 256 条第 3 款。

[147]　《欧洲联盟运行条约》第 256 条第 3 款；《欧洲联盟法院规约》第 62 条、第 62 条第 2 款。

[148]　Compare K Lenaerts, 'The Unity of European Law and the Overload of the CJEU—The System of Preliminary Rulings Revisited' in Pernice, Kokott, and Saunders（n 118）235 and B Vesterdorf, 'A Constitutional Court for the EU' in Pernice, Kokott, and Saunders（n 118）87; P Craig, *The Lisbon Treaty: Law, Politics, and Treaty Reform*（Oxford University Press, 2010）ch 4.

案件，但涉及对条例或指令特定条款的详细解释。这些案件需要司法解决方案，但不需要由欧洲法院解决。

但是，现在尚未采取任何行动激活第 256 条第 3 段所赋予的权力，该条款的目的是将某些领域的初步裁决分配给综合法院。[149] 部分原因在于很难确定这些领域的性质，尤其是因为主题事项领域与案件提出的欧盟法律要点之间没有必然联系。因此，更可行的方式是将所有初步裁决管辖权都赋予综合法院，但要服从第 256 条第 3 段规定的将案件移交欧洲法院的双重机制。这必定会导致增加综合法院法官人数，这在《里斯本条约》之下是可能的。[150] 但是，欧洲法院已经指出，现在不需要将初步裁决的管辖权移交综合法院。[151] 另外，尽管综合法院法官的人数已得到增加，但综合法院的案件压力很大，未来不太可能就将初步裁决转交综合法院这一方向采取任何行动。[152]

第十节　结论

一　无论从程序还是机制上说，欧洲法院都不是一个得到充分发展的联邦最高法院。从程序上讲，个人没有向欧洲法院提出上诉的权利。欧洲法院实际上并没有裁定案件，而是就所提请的问题做出裁决。从机制上讲，尽管设立了综合法院，但欧盟还没有具有联邦制性质的司法等级制度。在美国等国家，在最高法院下面设有联邦法院系统，这些法院对特定地区行使管辖权。

二　然而，成员国法院与欧洲法院之间关系的最初概念并未反映现实。双方仍然是合作关系，但诸多进展已将这种关系从"横向"和"双边"关系转变为"纵向"和"多边"关系。其中包括主张欧盟法的最高效力；"事实上的"先例的发展；"法律明确"理论；将部门责任下放给成员国法院；欧洲法院对其想要审理的案件实施控制；法律"解释"

---

[149] Craig（n 148）.

[150] 《欧洲联盟条约》第 19 条第 2 款；cf Association of Councils of State（n 55）15.

[151] Reg 2019/629［2019］OJ L111/1, rec 2.

[152] See（n 120）.

和"适用"之间的界限变得模糊。这些变化反映了欧盟司法等级制度的演变，在该制度中欧洲法院作为欧盟的终级宪法法院处于最高地位，在成员国法院的协助下适用和解释欧盟法。

三 尽管有《里斯本条约》，但改革欧盟司法架构仍将是议事日程中的主题。日后仍将继续努力减轻欧洲法院和综合法院的工作量。这些努力是否能够跟上案件增长的步伐，仍有待观察。

第十一节 扩展阅读

一 专著

Anderson, D, and Demetriou, M, *References to the European Court* (Sweet & Maxwell, 2nd edn, 2002)

Broberg, M, and Fenger, N, *Preliminary References to the European Court of Justice* (Oxford University Press, 2nd edn, 2014)

Craig, P, *The Lisbon Treaty: Law, Politics, and Treaty Reform* (Oxford University Press, 2010) ch 4

——*EU Administrative Law* (Oxford University Press, 3rd edn, 2018) ch 10

Dashwood, A, and Johnston, A (eds), *The Future of the Judicial System of the European Union* (Hart, 2001)

De Búrca, G, and Weiler, JHH (eds), *The European Court of Justice* (Oxford University Press, 2001)

Pernice, I, Kokott, J, and Saunders, C (eds), *The Future of the European Judicial System in Comparative Perspective* (Nomos, 2006)

二 论文

Alemmano, A, and Pech, L, 'Thinking Justice outside the Docket: A Critical Assessment of the Reform of the EU's Court System' (2017) 54 CMLRev 129

Arnull, A, 'The UK Supreme Court and References to the CJEU' (2017)

YBEL 1

Barnard, C, and Sharpston, E, 'The Changing Face of Article 177 References' (1997) 34 CMLRev 1113

Bobek, M, 'Learning to Talk: Preliminary Rulings, the Courts of the New Member States and the Court of Justice' (2008) 45 CMLRev 1611

—— 'The Court of Justice, the National Courts and the Spirit of Cooperation: Between Dichtung and Warheit' in A Lazowski and S Blockmans (eds), *Research Handbook on EU Institutional Law* (Edward Elgar, 2014) ch 14

Broberg, M, and Fenger, N, 'Variations in Member States' Preliminary References to the Court of Justice—Are Structural Factors (Part of) the Explanation?' (2013) 19 ELJ 488

Davies, G, 'Activism Relocated. The Self-Restraint of the European Court of Justice in its National Context' (2012) 19 JEPP 76

De la Mare, T, and Donnelly, C, 'Preliminary Rulings and EU Legal Integration: Evolution and Stasis' in P Craig and G de Búrca (eds), *The Evolution of EU Law* (Oxford University Press, 2nd edn, 2011) ch 13

De la Serre, E, 'Accelerated and Expedited Procedures before the EC Courts: A Review of the Practice' (2006) 43 CMLRev 783

Fenger, N, and Broberg, M, 'Finding Light in the Darkness: On the Actual Application of the *Acte Clair* Doctrine' (2011) 30 YBEL 180

Komarek, J, 'Federal Elements in the Community Judicial System: Building Coherence in the Community Legal System' (2005) 42 CMLRev 9

Kornezov, A, 'The New Format of the *Acte Clair* Doctrine and its Consequences' (2016) 53 CMLRev 1317

Rasmussen, H, 'Remedying the Crumbling EC Judicial System' (2000) 37 CMLRev 1071

Sarmiento, D, 'Amending the Preliminary Reference Procedure for the Administrative Judge' (2009) 2 Review of European Administrative Law 29

Tridimas, G, and Tridimas, T, 'National Courts and the European Court of Justice: A Public Choice Analysis of Preliminary Reference Procedure' (2004) 24 International Review of Law and Economics 125

Tridimas, T, 'Knocking on Heaven's Door: Fragmentation, Efficiency and Defiance in the Preliminary Ruling Procedure' (2003) 40 CMLRev 9

—— 'Constitutional Review of Member State Action: The Virtues and Vices of an Incomplete Jurisdiction' (2011) 9 I – CON 737

Vesterdorf, B, 'The Community Court System Ten Years from Now and Beyond: Challenges and Possibilities' (2003) 28 ELRev 303

Wahl, N, and Prete, L, 'The Gatekeepers of Article 267 TFEU: On Jurisdiction and Admissibility of References for Preliminary Rulings' (2018) 55 CMLRev 511

Weiler, J, 'Epilogue: The Judicial Après Nice' in G de Búrca and JHH Weiler (eds), *The European Court of Justice* (Oxford University Press, 2001) 215

See also Special Issue of the German Law Journal, (2015) 16 GLJ 1317 – 1796, 'The Preliminary Reference to the Court of Justice of the European Union by Constitutional Courts'.

第十五章　合法性审查的条件

第一节　核心议题

一　欧盟通过条例、指令和决定推动政策的形成。任何成熟的法律体系都必须具有检验这类措施合法性的机制。本章关注诉诸司法（access to justice）和联盟法院实施的合法性审查（review of legality）。现在有多种方式质疑欧盟规范，但主要的条约条款是《欧洲联盟运行条约》第263条（原《欧共体条约》第230条）。

二　成功质疑一部法令必须满足五个条件：相关机关必须可被司法审查；该法令必须属于可以质疑的类型；提出质疑的机构或个人必须具备这样做的起诉资格（standing）；必须存在第263条第2段所提及的非法（illegality）类型；必须在第263条第6段规定的期限内提出。

三　对《欧共体条约》第230条的司法解释曾存在不少问题，过去个人很难直接在联盟法院质疑欧盟法令的合法性。《欧洲联盟运行条约》第263条旨在通过修订《欧共体条约》第230条来减缓这一困难。下面将考虑这在何种程度上使"非特权申请人"（non-privileged applicant）更容易使用《欧洲联盟运行条约》第263条。

四　欧盟法令的有效性（validity）也可能通过《欧洲联盟运行条约》第267条受到间接质疑（indirect challenge）。间接质疑与第263条规定的直接质疑（direct challenge）之间的相互关系非常重要。欧洲法院捍卫对提起直接诉讼的资格（standing for direct actions）采取狭义解释立场，主张条约通过综合运用第263条和第267条提供了完整的法律保护体系。但是，该假设存在不少难题。

第二节　第263条第1段：可受审查的机关

《欧洲联盟运行条约》第263条处理对欧盟法令合法性的直接质疑。第263条第1段规定了可受审查的机关（bodies）。

欧洲联盟法院应审查立法性法令，理事会、委员会和欧洲中央银行通过的除建议和意见之外的法令，以及欧洲议会和欧洲理事会通过的意在对第三方产生法律效力的法令的合法性。它还应审查联盟各机关、办事处或专门机构制定的、意在对第三方产生法律效力的法令的合法性。

为上述目的，欧洲联盟法院对由成员国、欧洲议会、理事会或委员会基于缺乏权能、违反基本程序要求、违反两部条约或与两部条约的适用有关的任何法律规则或滥用权力等提出的诉讼拥有管辖权。

根据与上述规定相同的条件，欧洲联盟法院对欧洲审计院、欧洲中央银行和地区委员会为保护各自特权而提起的诉讼拥有管辖权。

根据第1段和第2段规定的条件，任何自然人或法人均可就针对其本人的或与其有直接的和个别联系的法令，或直接关系到其本人且不必然需要实施性措施的规制性法令提起诉讼。

设立联盟机关、办事处或专门机构的法令可就自然人或法人针对这些机关、办事处或专门机构的，意在对它们产生法律效力的法令提起诉讼的事宜规定具体条件和安排。

本条规定的诉讼程序应在相关措施公布或通知原告后的两个月内启动，如相关措施没有公布或没有通知原告，则应自原告知晓该措施之日起的两个月内启动。

第263条第1段涵盖理事会和委员会的法令，包括立法性法令以及欧洲中央银行的法令，但建议（recommendation）和意见（opinion）除外。它还涵盖由欧洲议会、欧洲理事会以及"欧盟机关、办事处或专门机构"

(EU bodies, offices, or agencies) 做出的旨在对第三方产生法律效力的法令。《里斯本条约》的创新之处在于将欧洲理事会以及"欧盟机关、办事处或专门机构"明确纳入司法审查的对象范围①，尽管先前判例法已经将专门机构（agencies）纳入司法审查的范围。②

第 263 条第 5 段规定，成立此类欧盟机关、办事处或专门机构的法令，可就自然人或法人针对这些机关通过的、意在对他们产生法律效力的法令所提起的诉讼规定具体条件和安排。这种条件的性质尚待观察。

第三节　第 263 条第 1 段：受审查的法令

一　一般原则

《欧洲联盟运行条约》第 263 条第 1 段允许欧洲联盟法院审查法令的合法性③，但第 263 条第 1 段所列机构采取的建议和意见除外。④ 这明确涵盖第 288 条所列的条例、指令和决定。但是欧洲法院曾裁定，该清单并不是穷尽性的，其他"自成一体"（*sui generis*）的法令只要具有约束力或产生法律效力，也可以被审查。⑤

---

① See, eg, Case C – 626/11 P *Polyelectrolyte Producers Group GEIE（PPG）and SNF SAS v European Chemicals Agency（ECHA）*EU：C：2013：595.

② Case T – 411/06 *Sogelma-Societá generale lavori manutenzioni appalti Srl v European Agency for Reconstruction（AER）*［2008］ECR II – 2771.

③ 欧洲联盟法院可以对旨在具有法律效力的理事会法令进行审查，不论这些法令是否已根据条约规定获得通过，参见 Case C – 316/91 *European Parliament v Council*［1994］ECR I – 625. 但是，根据第 263 条，由各成员国代表不以理事会名义通过的，而是作为各国政府代表通过的决定，也就是集体实施成员国权力的决定，则不可被审查，参见 Cases C – 181 and 248/91 *European Parliament v Council and Commission*［1993］ECR I – 3685. 由欧洲法院决定一项措施是欧盟机构法令，还是成员国独立通过的法令。

④ 《欧洲经济共同体条约》第 173 条最初的措辞仅正式适用于理事会和委员会，但是欧洲法院裁定欧洲议会的法令也可以被审查，参见 Case 294/83 *Parti Ecologiste 'Les Verts' v European Parliament*［1986］ECR 1339.

⑤ Case C – 57/95 *France v Commission（Re Pension Funds Communication）*［1997］ECR I – 1627；Case C – 370/07 *Commission v Council（CITES）*［2009］ECR I – 8917，［42］.如果某个欧盟机构有权通过可被审查的决定，并将该权力委托给其他机构，这并不妨碍欧洲法院审查这种委托立法。

委员会诉理事会

Case 22/70 Commission v Council

[1971] ECR 263

[《里斯本条约》重新编号，第 173 条和第 228 条
现为《欧洲联盟运行条约》第 263 条和 218 条]

经由理事会 1970 年 3 月 20 日通过的一项决议，成员国拟协调其谈判《欧洲公路运输协定》（ERTA/AETR）的方式。委员会不喜欢该决议中规定的谈判程序，试图根据第 173 条向欧洲法院提出质疑。

欧洲法院

48. 就谈判而言，理事会根据在前几次会议上决定的行动方针，决定谈判应由将成为《欧洲公路运输协定》缔约方的 6 个成员国开展和缔结。

49. 在整个谈判过程中以及在缔结协定时，各国将采取共同行动，并且在与共同体机构以及作为发言人的现任理事会主席国代表的密切联系中，按照通常程序不断协调其立场。

50. 从会议记录来看，一方面，委员会没有对理事会设定的谈判目标提出任何反对意见。

51. 另一方面，它确实对谈判程序表达了保留意见，声明它认为理事会采取的立场不符合条约，特别是第 228 条。

52. 从上述情况可以得出，理事会会议处理的是属于共同体权力范围内的事项，因此成员国不能在共同机构框架之外采取行动。

53. 因此，就它们所关注的理事会确定的谈判目标而言，1970 年 3 月 20 日会议不仅仅是对自愿协调的表述或承认，而是旨在规定对机构和成员国均具有约束力的行动方针，这些最终都将体现在条例的宗旨上。

54. 在有关谈判程序的部分结论中，理事会通过了某些规则，规定在某些情况下减损适用条约规定的与第三国谈判和缔结协定的程序。

55. 因此，1970 年 3 月 20 日会议对共同体与成员国之间关系以及

机构之间关系都具有确定的法律效力。

从"*IBM* 案"可以清楚地看出，检验一项法令是否可被审查是实质问题，而不是形式问题，所质疑的措施必须是最终措施，而非筹备措施。

国际商业机器公司诉委员会

Case 60/81 International Business Machines Corporation v Commission

[1981] ECR 2639

[《里斯本条约》重新编号，第 86 条和第 173 条
现为《欧洲联盟运行条约》第 102 条和第 263 条]

IBM 公司要求撤销委员会的通知书，而该书函向该公司通知以下事实，即为了判断该公司是否违反第 86 条，委员会已对其启动竞争调查程序。该书函附有"反对状"（statement of objection），要求该公司在指定时间内回复。委员会反驳称，被起诉的书函不能作为一项在第173 条下可被质疑的法令。

欧洲法院

9. 为了确定有关措施是不是第 173 条意义上的法令，有必要看其实质。根据本法院的一贯判例法，任何通过对申请人的法律地位带来明显改变而产生能够影响申请人合法利益并对其具有约束性法律效果的措施，就是根据第 173 条可作为宣告无效之诉标的的法令或决定。但是，这类法令或决定所采取的形式，原则上与是否可根据该条款质疑它们这一问题无关。

10. 对于根据包含几个不同阶段的程序通过的法令或决定，尤其是如果这类法令或决定是内部程序的最终结果，从判例法可以清楚地看出，只有在相关法令是在该程序结束时最终规定委员会或理事会立场的措施，而不是旨在为最终决定铺平道路的临时措施，那么原则上它就可以被审查。

11. 如果在筹备程序过程中通过的法令或决定不仅具有上述所有法律特征，而且本身是某项特别程序的最终结果，该程序不同于旨在

使委员会或理事会就案件实质做出决定的程序，则另当别论。

12. 此外，必须指出，虽然具有纯粹筹备性质的措施本身不能作为宣告无效之诉的申诉标的，但在针对最后确定性法令的诉讼中，作为筹备步骤的措施，其中的任何法律缺陷都可以加以援引。

该案申请人败诉。⑥ 通知书只是用于启动竞争法程序，是引出后面阶段真正决定的一个准备步骤。"反对状"本身并没有改变 IBM 公司的法律地位，尽管它可能表示，作为事实问题，它以后有可能遭受罚款。⑦

二　不成立的法令

一般原则是，可审查的法令（a reviewable act）在欧洲法院或综合法院将其搁置之前具有法律效力⑧，并且必须在第 263 条 6 段规定的期限内提出质疑。但例外情况是，法令因特别严重的违法情形而遭到破坏，并被视为"不成立"（non-existent），由此产生三种后果——不适用质疑法令的普通时效，因为该法令无法在一段时间之后合法化；此类法令没有任何临时法律效力；不成立的法令实际上无法被废除，因为没有可以废除的"法令"。

但是，认定某法令不成立的司法裁决，在实践中的效果与废除该法令

---

⑥　See also Cases C – 133 and 150/87 *Nashua Corporation v Commission and Council* [1990] ECR I – 719；Case C – 282/95 P *Guérin Automobiles v Commission* [1997] ECR I – 503；Case T – 81/97 *Regione Toscana v Commission* [1998] ECR II – 2889；Case C – 159/96 *Portuguese Republic v Commission* [1998] ECR I – 7379；Case C – 180/96 *United Kingdom v Commission* [1998] ECR I – 2265；Cases T – 377, 379, 380/00, 260 and 272/01 *Philip Morris International Inc v Commission* [2003] ECR II – 1；Case C – 240/92 *Portuguese Republic v Commission* [2004] ECR I – 10717；Case C – 131/03 P *R J Reynolds Tobacco Holdings Inc v Commission* [2006] ECR I – 7795；Case T – 195/08 *Antwerpse Bouwwerken NV v European Commission* [2009] ECR II – 4439；Cases T – 355 and 446/04 *Co-Frutta Soc coop v European Commission* [2010] ECR II – 1；Case T – 96/10 *Rütgers Germany GmbH v European Chemicals Agency* (*ECHA*) EU：T：2013：109，[30]；Case C – 31/13 P *Hungary v Commission* EU：C：2014：70，[54] – [55].

⑦　Compare Case 53/85 *AKZO Chemie BV v Commission* [1986] ECR 1965 and Case C – 39/93 P *Syndicat Français de l'Express International* (*SFEI*) *v Commission* [1994] ECR I – 2681. See also Cases T – 10 – 12 and 15/92 *SA Cimenteries CBR* [1992] ECR II – 2667；Case C – 25/92 R *Miethke v European Parliament* [1993] ECR I – 473；Case C – 480/93 *Zunis Holding SA, Finan Srl and Massinvest SA v Commission* [1996] ECR I – 1；Case T – 120/96 *Lilly Industries Ltd v Commission* [1998] ECR II – 2571.

⑧　Case C – 137/92 P *Commission v BASF AG* [1994] ECR I – 2555.

的效果相同。初审法院在"*BASF* 案"⑨ 中裁定，在针对聚氯乙烯卡特尔的竞争法程序中委员会的决定"不成立"，原因在于，委员会不能确定哪一个是符合《议事规则》所要求方式适当作准的决定原件；委员们似乎尚未同意该决定的确切文本；并且委员会的决定在正式通过后又被更改。初审法院认为，某措施不成立这一问题应由本法院依自身意愿在诉讼程序中的任何时间提出。欧洲法院⑩在上诉程序中采取了不同观点——缺陷并未严重到使该法令不成立，但是该决定被违规情况破坏而足以应予废除。

三　对审查的限制

（一）　自由、安全和公正的区域

在《里斯本条约》生效之前，欧洲法院只有有限的权力审查第三支柱之下"警务与刑事司法合作"（PJCC）法令的合法性。但它在构建自身权力方面还是有创造力的。⑪《里斯本条约》现已将关于"自由、安全和公正的区域"（AFSJ）条款纳入条约主要框架。⑫ 司法审查的一般原则适用于该领域。但要注意，欧洲法院不能审查警察或执法机构行动的有效性或相称性，也不能审查成员国在维持法律和秩序以及保卫内部安全方面责任的行使。⑬

（二）　共同外交与安全政策

《里斯本条约》将两部条约"去支柱化"（de-pillarized），但有关共同外交与安全政策（CFSP）的规则仍然具有特殊性。一般原则是，联盟法院对共同外交与安全政策领域的法令没有管辖权。⑭ 但是存在两个例外。

首先，欧洲法院有管辖权监督对《欧洲联盟条约》第 40 条的遵守，该条实质上规定，行使共同外交与安全政策下的权力不应损害《欧洲联盟运行条约》规定的权能，反之亦然。

---

⑨　Cases T-79, 84-86, 89, 91-92, 94, 96, 98, 102 and 104/89 *BASF AG v Commission* [1992] ECR II-315.

⑩　Case C-137/92 P（n 8）.

⑪　Case C-354/04 P *Gestoras Pro Amnistia, Olano and Errasti v Council* [2007] ECR I-1579.

⑫　《欧洲联盟运行条约》第 67 条至第 89 条。

⑬　《欧洲联盟运行条约》第 276 条。

⑭　《欧洲联盟条约》第 24 条、《欧洲联盟运行条约》第 275 条。

其次，联盟法院还可以对根据《欧洲联盟运行条约》第263条第4段提起的诉讼进行裁决，以审查理事会根据《欧洲联盟条约》第五编第二章通过的针对自然人或法人采取限制性措施的决定是否具有合法性，这类决定涉及共同外交与安全政策。此外，从"卡迪案"⑮可以清楚地看到，不会因为此类措施是根据联合国安理会决议通过的就妨碍联盟法院对它们进行审查——联盟法院不是审查此类安理会决议，而是此类决议的存在不能阻止联盟法院审查在欧盟内部给予它们效力的联盟条例，因为这将有悖于所有欧盟法令均应接受司法审查的观念。

第四节　第263条第2—3段：特权和准特权申请人的起诉资格

第263条第2段规定，诉讼可由成员国、欧洲议会、欧盟理事会或欧盟委员会提起。由此看来，即使某项决定是针对其他人或机构的，也总是允许成员国和上述机构作为原告提起诉讼。欧盟法没有要求成员国为了某个本国公民的利益而根据《欧洲联盟运行条约》第263条或第265条提起诉讼，尽管欧盟法并不妨碍成员国法律包含这种义务。⑯

欧洲议会在审查程序中的地位是随着时间推移而变化的。在《马斯特里赫特条约》之前，它没有获得任何正式的特权身份。在"委员会制案"（Comitology）中，⑰欧洲法院驳回了欧洲议会认为它应与其他"特权申请人"（privileged applicants）具有相同的不受限制的起诉资格的主张。在"切尔诺贝利案"（Chernobyl）⑱中，欧洲法院重新考虑该问题，表达了不同的观点，认为欧洲议会可以享有"准特权身份"（quasi-privileged status），以便保护其自身特权。后来重新起草《欧洲经济共同体条约》第

---

⑮　Cases C – 402 and 415/05 P *Yassin Abdullah Kadi and Al Barakaat International Foundation v Council and Commission* [2008] ECR I – 6351.

⑯　Case C – 511/03 *Netherlands v Ten Kate Holding Musselkanaal BV* [2005] ECR I – 8979.

⑰　Case 302/87 *European Parliament v Council* [1988] ECR 5615.

⑱　Case C – 70/88 *European Parliament v Council* [1990] ECR I – 2041. See also Case C – 156/93 *European Parliament v Commission* [1995] ECR I – 2019；Case C – 187/93 *European Parliament v Council* [1994] ECR I – 2855；Case C – 360/93 *European Parliament v Council* [1996] ECR I – 1195.

173 条第 3 段, 以反映"切尔诺贝利案"判决中的法律地位——欧洲议会有捍卫自己特权的起诉资格。[19] 后来,《尼斯条约》将欧洲议会加入到特权申请人名单。

《欧洲联盟运行条约》第 263 条第 3 段涵盖了欧洲审计院、欧洲中央银行（ECB）和地区委员会, 因此它们仅具有捍卫自己特权的起诉资格。

欧洲理事会现在属于可被审查的机构。但是, 它未被列入有权寻求司法审查的特权或准特权申请人名单中。因此,《欧洲联盟运行条约》第 263 条产生了一种"不对称性", 这种不对称性不适用于其他欧盟机构。欧洲理事会有权根据《欧洲联盟运行条约》第 265 条对不作为（failure to act）提起诉讼, 这与其在第 263 条下的地位不同。而在某些情况下, 欧洲理事会可能希望提起诉讼。[20] 欧洲法院过去通过对作为《欧洲联盟运行条约》第 263 条前身的条款进行解释, 使欧洲议会能够捍卫其特权, 因为有必要维护条约下的机构平衡。欧洲法院也许可以借鉴这一先例, 给予欧洲理事会以准特权申请人的起诉地位。

联盟机关、办事处和专门机构（bodies, office and agencies）也承受着这种弱势地位之苦, 只能作为被告而未被单独承认为诉讼申请人。在某些情况下, 欧盟专门机构可能希望主张某联盟立法或委托法令错误地侵犯了其职权领域, 而这些领域是由对授予该专门机构权力的立法规定的。这些机关、办事处和专门机构可能会寻求以"非特权申请人"（non-privileged applicant）身份提起诉讼。大多数专门机构具有法人资格, 因此可以算作《欧洲联盟运行条约》第 263 条第 4 段意义上的法人。但是, 它们必须满足第 263 条第 4 段中的标准, 包括关于起诉资格的标准。

第五节　第 263 条第 4 段：非特权申请人的起诉资格

第 263 条第 4 段允许自然人或法人在三类案件中提起诉讼。第一种类型

---

[19]　K Bradley, 'Sense and Sensibility: *Parliament v Council* Continued' (1991) 16 ELRev 245; J Weiler, 'Pride and Prejudice—*Parliament v Council*' (1989) 14 ELRev 334.

[20]　P Craig, *The Lisbon Treaty: Law, Politics, and Treaty Reform* (Oxford University Press, 2010) ch 4.

很直接，某项决定的"相对人"可以向欧洲法院或综合法院对该决定提出质疑。第二种类型是，自然人或法人不是法令的"直接相对人"，但法令与该自然人或法人有"直接和个别联系"（direct and individual concern）。第三种类型是，如果涉及的是不需要"实施性措施"的"规制性法令"（regulatory act），申诉人只需证明具有"直接联系"，而无须证明具有"个别联系"。

一　直接联系

如果要适格，申请人必须证明法令具有直接联系（direct concern）。一般原则是，如果一项措施直接影响申请人的法律状况，并且没有留给被授权实施该措施的对象以自由裁量权，则该措施具有直接联系。其实施必须是自动的，出于欧盟规则而无须适用其他中间规则。[21] 但是，很难确定原决定与其实施之间是否存在某种自主的实施意愿。[22]

国际水果公司诉委员会

Cases 41 – 44/70 NV International Fruit Company v Commission

[1971] ECR 411

[《里斯本条约》重新编号，第173条
现为《欧洲联盟运行条约》第263条]

共同体通过了一项条例，从1970年4月1日至1970年6月30日

---

[21]　Case C – 386/96 *Société Louis Dreyfus & Cie v Commission* [1998] ECR I – 2309；Case T – 54/96 *Oleifici Italiana SpA and Fratelli Rubino Industrie Olearie SpA v Commission* [1998] ECR II – 3377；Case C – 486/01 P *National Front v European Parliament* [2004] ECR I – 6289，[34]；Case 15/06 P *Regione Siciliana v Commission* [2007] ECR I – 2591，[31]；Cases C – 445 and 455/07 P *Ente per le Ville Vesuviane v Commission* [2009] ECR I – 7993，[45]；Case C – 343/07 *Bavaria NV and Bavaria I-talia Srl v Bayerischer Brauerbund eV* [2009] ECR I – 5491，[43]；Case T – 16/04 *Arcelor SA v European Parliament and Council* [2010] ECR II – 211，[97]；Case T – 95/10 *Cindu Chemicals BV v European Chemicals Agency*（*ECHA*）EU：T：2013：108，[45]；Cases T – 454/10 and 482/11 *Anicav and Agrucon v Commission* EU：T：2013：282，[36]；Case T – 312/14 *Federcoopesca v European Commission* EU：T：2015：472，[38].

[22]　Case T – 12/93 *Comité Central d'Entreprise de la Société Anonyme Vittel v Commission* [1995] ECR II – 1247；Case T – 96/92 *Comité Central d'Entreprise de la Société Générale des Grands Sources v Commission* [1995] ECR II – 1213；Case T – 509/93 *Richco Commodities Ltd v Commission* [1996] ECR II – 1181；Cases T – 172，175 and 177/98 *Salamander v European Parliament and Council* [2000] ECR II – 2487.

限制从第三国进口苹果。该条例规定了进口许可证制度,在共同体市场允许的范围内颁发许可证。根据此项制度,成员国在每周的最后一天将前一周向其申请进口许可证的数量通知委员会。然后,委员会根据这些信息决定许可证的发放。申请人质疑的是将这一计划适用于某特定周的一项条例。欧洲法院认定存在个别联系,然后考虑申请人是否具有直接联系。

欧洲法院

23. 此外,从《第459/70号条例》引入的制度中可以看出,特别从其第2条第2款中可以明显看出,授予进口许可证的决定是委员会的事项。

24. 根据这项规定,鉴于授予进口许可证必须有正当理由,仅委员会具有评估经济状况的权能。

25.《第459/70号条例》第1条第2款规定,"成员国应根据第2条规定的条件,将许可证颁发给任何申请该许可证的利益相关方",从而明确规定,成员国主管机关在许可证的发放以及应根据哪些条件给予有关当事方许可证方面没有任何自由裁量权。

26. 此类主管机关的职责仅仅是收集必要的数据,以便委员会可以根据该条例第2条第2款做出决定,并随后采取必要的国内措施以实施该决定。

27. 在这种情况下,就利益相关方而言,签发或拒绝签发进口许可证必然与该决定联系在一起。

28. 由此,委员会赖以决定进口许可证问题的措施直接影响有关当事方的法律地位。

29. 因此,该申请满足条约第173条第2段的要求,因此可被受理。

可以将上引"国际水果公司案"裁决[23]与欧洲法院以下判决进行

---

[23] See also Case 207/86 *Apesco v Commission* [1988] ECR 2151,[12];Cases T‒132 and 143/96 *Freistaat Sachsen and others v Commission* [1999] ECR II‒3663,[89]‒[90];Cases T‒366/03 and 235/04 *Land Oberösterreich and Austria v Commission* [2005] ECR II‒4005,[29].

比较。㉔

迪弗丹热市政厅诉委员会
Case 222/83 Municipality of Differdange v Commission
［1984］ECR 2889

欧盟委员会授权卢森堡向钢铁企业提供援助，条件是这类企业要减少产能。申请人迪弗丹热市主张其与该决定具有直接和个别联系，因为产能下降和工厂关闭将导致地方税收减少。

欧洲法院

10. 在这种情况下，针对卢森堡大公国的争议措施，授权卢森堡向该措施中指定的企业提供某些援助，条件是这些企业必须按照规定数量减少产能。但是，它既没有确定必须减少或终止生产的企业，也没有确定由于终止生产而必须关闭的工厂。此外，该决定还规定，仅需在1984年1月31日之前将关闭日期通知委员会，以便受影响的企业在该日期之前可以自由确定（在必要情况下须经卢森堡政府同意）为了符合该决定规定的条件而进行必要重组的详细规则。

11. 此外，这项结论得到该决定第2条的确认，根据该决定，减少产能也可以由其他企业实施。

12. 由此得出结论，该有争议的决定在执行方式，特别是在选择关闭哪些工厂方面留给成员国当局和相关企业相当大的自由裁量权余地，因此该决定不能视为与受影响的企业所在城市具有直接和个别联系。

二 个别联系："普劳曼案"

申请人必须根据第263条第4段证明自身与针对其他人的法令具有个别联系（individual concern），除非该法令是不需要采取实施性措施的规制

㉔ See also, eg, Case 69/69 *Alcan Alumininium Raeren v Commission* ［1970］ECR 385；Case 62/70 *Bock v Commission* ［1971］ECR 897.

性法令。在法令采取针对其他人的"决定"形式，或者采取"条例"或"指令"形式的情况下，都可能会出现这个问题。在这两种情况下，申请人必须证明有关法令与其具有直接和个人联系。"普劳曼案"（*Plaumann*）的法律测试法适用于这两种类型的案件，以证明存在个别联系。下面重点讨论这种测试法及其适用。

（一）测试法

普劳曼诉委员会

Case 25/62 Plaumann & Co v Commission

［1963］ECR 95

［《里斯本条约》重新编号，第 173 条
现为《欧洲联盟运行条约》第 263 条］

1961 年，德国政府请求委员会授权其对从非成员国进口的柑橘暂停征收关税。委员会拒绝该请求并给予德国政府答复。申请人是一家柑橘进口商，对委员会决定的合法性提出异议。

欧洲法院

根据《欧洲经济共同体条约》第 173 条第 2 段，"任何自然人或法人均可就针对……与其有直接和个别联系的某项决定提起诉讼……，尽管该决定采用的是针对其他人的决定……这一形式"。被告辩称，该段中"其他人"一词指的并非具有主权当局地位的成员国，因此，个人不得针对委员会或理事会对成员国的决定提起宣告无效之诉。

但是，第 173 条第 2 段确实允许个人就针对"其他人"且与自身具有直接和个别联系的决定提起诉讼，但是该条款既没有界定也没有限制这些词的范围。该条款的措辞和自然含义可使最广义的解释正当化。此外，不得对涉及利益相关方起诉权利的条约条款进行限制性解释。因此，尽管条约没有对这一点做出说明，但不能假定在这方面有限制。

……

只有在如下情况下，决定所针对的个人以外的其他人才能主张与该决定具有个别联系，即该决定由于以下原因对他们造成了影响：由于他们特有的某些属性，或者由于将他们与所有其他人区别开来的情况，使得他们与决定所针对的人一样具有独特特征。在本案中，申请人作为柑橘进口商受到有争议决定的影响，也就是说，申请人从事的是任何人都可以在任何时间开展的一项商业活动，因此，不存在这种能将申请人认定为有与该争议决定相关的相对人的特征。

由于这些原因，必须声明本案宣告无效之诉不可受理。

在"普劳曼案"中，申请人对一项针对其他人的决定寻求救济。还有一些案件，申请人声称与以条例或指令为形式的法令具有个别联系。欧洲法院在《里斯本条约》之前就明确指出，非特权申请人原则上可以质疑指令的合法性，即使《欧共体条约》第230条第4段未予明示。该结论被《欧洲联盟运行条约》第263条第4段进一步强化，该条款涉及的是对法令提起异议，其中明确包括指令。尽管如此，申请人仍需要尽力表明具有个别联系。㉕判例法中最初有两个测试法——"封闭类别测试法"（closed category test）㉖和"抽象术语测试法"（abstract terminology test）。后者比前者更严格，已成为欧洲法院使用的一般测试法。"卡尔帕克案"（Calpak）以及其他判决㉗都说明了这一点。

㉕　Case C-298/89 *Gibraltar v Council* ［1993］ECR I-3605；Case T-99/94 *Asociación Española de Empresas de la Carne*（*ASOCARNE*）*v Council* ［1994］ECR II-871，upheld on appeal，Case C-10/95 P ［1995］ECR I-4149；Case T-135/96 *UEAPME v Council* ［1998］ECR II-2335，［63］；Cases T-172，175 and 177/98 *Salamander AG v Parliament and Council* ［2000］ECR II-2487；Case T-94/04 *EEB v Commission* ［2005］ECR II-4919；Case T-16/04 *Arcelor*（n 21）［100］-［123］.

㉖　Cases 41-44/70 *International Fruit Company BV v Commission* ［1971］ECR 411；Case 100/74 *Société CAM SA v Commission* ［1975］ECR 1393；Case C-354/87 *Weddel v Commission* ［1990］ECR I-3487.

㉗　Cases 103-109/78 *Beauport v Council and Commission* ［1979］ECR 17；Case 162/78 *Wagner v Commission* ［1979］ECR 3467；Case 45/81 *Alexander Moksel Import-Export GmbH & Co Handels KG v Commission* ［1982］ECR 1129；Cases 97，99，193 and 215/86 *Asteris AE and Greece v Commission* ［1988］ECR 2181；Case 160/88 R *Fédération Européenne de la Santé Animale v Council* ［1988］ECR 4121；Case C-298/89 *Gibraltar v Council* ［1993］ECR I-3605；Case C-309/89 *Codorniu SA v Council* ［1994］ECR I-1853.

卡尔帕克公司和埃米利亚水果加工公司诉委员会
Cases 789 and 790/79 Calpak SpA and Società
Emiliana Lavorazione Frutta SpA v Commission
[1980] ECR 1949

[《里斯本条约》重新编号，第 173 条和第 189 条
现为《欧洲联盟运行条约》第 263 条和第 288 条]

　　申请人是几家威廉梨的生产商，他们申诉向其提供生产援助的计算方法无效。根据先前一项条例的规定，以过去三年的平均产量为基础计算生产援助，以避免生产过剩风险。申请人声称，委员会放弃了这种评估援助的方法，而是基于一个销售年度计算援助金额，而那个销售年度的产量低得离谱。申请人还申诉说，他们是一个封闭、可界定的团体，其成员已为委员会所知，或其身份可被委员会识别。

欧洲法院

　　7. 第 173 条第 2 段授权个人可以对虽然以条例形式通过但与其有直接和个别联系的任何决定提出异议。该条款的特别目的是，防止共同体机构仅通过选择条例作为决定的形式，就可以排除个人对与其有直接和个别联系的决定提出申诉；因此该条款规定，形式的选择不能改变措施的性质。

　　8. 根据条约第 189 条第 2 段，区分条例与决定的标准是该措施是否普遍适用。……

　　9. 一项规定做出限制，对于生产特定产品的所有生产者，将按照他们在统一时期内生产数量的统一百分比向他们提供生产援助，这样的规定从性质上说是条约第 189 条意义上的一项普遍适用措施。实际上，该措施适用于客观确定的情况，并对以概括和抽象方式描述的人员类别产生法律效力。不能仅仅由于有可能确定作为援助对象的生产者的数量甚至身份并且援助由此受到限制，就质疑该措施作为条例的性质。

（二）"普劳曼测试法"与决定：实用和概念方面的困难

对于必须证明存在个别联系的案件，"普劳曼测试法"（*Plaumann test*）仍是《里斯本条约》之后主导的权威方式。因此有必要理解为什么私人申请人发现自己很难胜诉。"普劳曼测试法"事实上阻止了私人当事方采取直接诉讼质疑针对其他人的决定[28]，除非被质疑的决定具有追溯力。[29]

该测试法规定，只有在如下情况下申请人才与某项决定具有个别联系，即他们以某种方式区别于与其他所有人，并且由于这些与众不同的特征而以与决定最初所针对的相对人相同的方式被单独选出。但是，可能不止一个申请人具有个别联系。将测试法应用于事实同样重要——申请人败诉是因为他们实施的商业活动可由任何人在任何时间进行。可以从实用和概念两个理由出发批评这种论证。

从实用方面来看，该测试法的应用在经济上不现实。如果只有数量有限的公司从事某个行业，这是一般供求原则的结果。如果对柑橘的需求突然激增，现有公司通常会进口更多该产品。因此，认为任何人都可以从事柑橘进口活动，数量可能会发生重大变化，申请人由此不具有个别联系的观点无法令人信服。另外，即使存在激励其他交易者进入相关行业的因素，但这可能需要时间，并且在适用有争议的决定期间很可能不会发生。[30]

在概念方面，欧洲法院的论证也很容易受到批评，因为它导致申请人

---

[28]　See, eg, Case 1/64 *Glucoseries Réunies v Commission* [1964] ECR 413; Case 38/64 *Getreide-Import Gesellschaft v Commission* [1965] ECR 203; Case 11/82 *Piraiki-Patraiki* (n 30); Case 97/85 *Union Deutsche Lebensmittelwerke GmbH v Commission* [1987] ECR 2265; Case 34/88 *CEVAP v Council* [1988] ECR 6265; Case 191/88 *Co-Frutta SARL v Commission* [1989] ECR 793; Case 206/87 *Lefebvre Frère et Soeur SAv Commission* [1989] ECR 275; Case T – 585/93 *Stichting Greenpeace Council* (*Greenpeace International*) *v Commission* [1995] ECR II – 2205, upheld on appeal, Case C – 321/95 P *Stichting Greenpeace Council* (*Greenpeace International*) *v Commission* [1998] ECR I – 1651; Case T – 117/94 *Associazione Agricoltori della Provincia di Rovigo v Commission* [1995] ECR II – 455; Case T – 398/94 *Kahn Scheepvaart v Commission* [1996] ECR II – 477; Case T – 60/96 *Merck & Co Inc v Commission* [1997] ECR II – 849; Case T – 86/96 *Arbeitsgemeinschaft Deutscher Luftfahrt-Unternehmen and Hapag-Lloyd Fluggesellschaft mbH v Commission* [1999] ECR II – 179.

[29]　Cases 106 and 107/63 *Alfred Toepfer and Getreide-Import Gesellschaft v Commission* [1965] ECR 405; Case 62/70 *Bock v Commission* [1971] ECR 897; Case 11/82 *Piraiki-Patraiki* (n 30).

[30]　Case 11/82 *AE Piraiki-Patraiki v Commission* [1985] ECR 207. 申请人在该案中提出的观点，被欧洲法院忽略了。

实际上不可能胜诉，除非非常有限的有溯及力的案件。"普劳曼测试法"必须运用于某个时间点。这里只有三个选择。可以提出相关问题的时间包括：在做出有争议的决定之时；在提出审查申请之时，或者在将来的某个不确定日期里。欧洲法院曾裁定，在提出审查申请时必须对起诉地位测试进行判断。[31] 这是明智的。但是，在"普劳曼案"这种类型的案件中，申请人在提交申请时被告知将判断其起诉地位，随后又被告知其申诉失败，因为进口柑橘活动可以在任何时间由任何人进行，这不足以令申诉人感到安慰。根据这种论证，没有申请人可能成功，除非存在后面的但书情形，因为总是可以辩称其他人可能会在某个关键时刻从事该行业。实际上，这将焦点转移到第三个选项——未来某个未定的日期上。诉讼地位（*locus standi*）像沙漠中的海市蜃楼，渐行渐远，又无法抓住。

可能有人会反对上述观点，认为拒绝"普劳曼案"申请人的做法是适当的。因为他是开放式而非封闭式类别申请人，所以他不具有个别联系。开放类别（open category）是指在做出决定的时间里其成员资格不固定的类别。[32] 但是，这种论证存在实践和概念上的问题。

从实践上讲，开放类别的用语被用于排除任何申请人的起诉资格，即使目前从事该行业的人数非常有限，其理由是其他人以后可能从事该行业。如果由于存在这样的概念性的未来从业者而导致该类别成为开放类别，则意味着忽视了确定谁是产品供应者的实用经济学。

从概念上讲，仅仅因为其他人可能会在名义上从事该行业而将任何类别视为开放性质，这会导致一个奇怪的结果，因为任何具有未来影响的决定都将因为被视为开放类别而不可受到质疑。"普劳曼测试法"基于以下假设：某些人具有将其与其他人区分开的属性，并且在做出有争议的决定时，他们拥有这些属性。其他人后来可以通过加入该行业而获得这些属性的事实，并不意味着他们目前属于该类别。可以简单地将这个问题做如下类比。某人可能希望成为英格兰队前锋、大钢琴家或者柑橘进口商，这一事实并不意味着他目前拥有与生活中任何这些角色相关

㉛　Case T－16/96 *Cityflyer Express Ltd v Commission* [1998] ECR II－757, [30].

㉜　在近期且少见的非追溯性案件中，欧洲法院愿意裁定某一类别是封闭的，因该案中贸易商的数量受英国皇家法令的限制，参见 Case C－133/12 P *Stichting Woonlinie v Commission* EU：C：2014：105.

的属性。

（三）"普劳曼测试法"与条例或指令：实用和概念方面的困难

如果申请人试图质疑条例或指令，"普劳曼测试法"则将导致相似的困难。"抽象术语测试"（abstract terminology test）使那些质疑以条例形式通过的某项法令的人处境艰难。允许此类质疑的目的，是防止共同体机构通过分类形式使相关事项免于被起诉。这是当与申诉人具有直接和个别联系的条例确实是一项决定时允许对其提出异议的原因。正如"卡尔帕克案"所承认的，这要求欧洲法院回顾该措施的"形式"，以便确定其实质是否确实是一项条例。

抽象术语测试法的问题在于，不是透过形式考虑实质，而是类似于通过形式考虑形式，这种做法很危险。如"卡尔帕克案"所述，如果某项条例适用于"客观决定的情况，并且对以概括和抽象方式描述的人员类别产生法律效力"，则该条例将被承认为真正的条例。但是，总是有可能以这种方式起草规范，从而使它们免于受到起诉，尤其是欧洲法院明确表示，了解受影响者的人数或身份不妨碍该规范被视为真正的条例。

如果根据抽象术语测试法认定一项条例是"真正的条例"，那么传统上欧洲法院会简单地得出结论，认为申请人不具有个别联系。在"科多尼乌案"（Codorniu）中，联盟法院修改了该法律立场，并且认可，通过抽象术语测试法判定一项条例可能是"真正的"条例，但仍可能与申请人具有个别联系。③③ 这是一项放宽限制的举动。

但是，申请人仍然必须根据"普劳曼测试法"证明具有个别联系。尽管有一些例外③④，但"科多尼乌案"后的主导方法是"纯普劳曼测试法"。申请人被否认具有起诉地位，原因在于欧洲法院和初审法院以与"普劳曼案"相同的方式适用"普劳曼测试法"。申请人从事的行业可以由任何其他人从事这一事实，否认了他具有个别联系。可以确定一项措施适用人员

---

③③　Case C－309/89 *Codorniu SA v Council* ［1994］ECR I－1853.

③④　Cases T－480 and 483/93 *Antillean Rice Mills NV v Commission* ［1995］ECR II－2305，［70］，［76］；Cases T－32 and 41/98 *Government of the Netherlands Antilles v Commission* ［2000］ECR II－20；Case T－33/01 *Infront WM AG v Commission* ［2005］ECR II－5897.

的人数或身份这种可能性，并不足以满足个别联系的要求。㉟ 有人希望，㊱"科多尼乌案"可以导致依照对案件的事实判断，根据负面影响进行起诉资格测试。这个良好愿望尚未实现。㊲

（四）"普劳曼测试法"：条例、指令和《里斯本条约》

《里斯本条约》修改了第 263 条第 4 段的措辞，这与以下原因有关。《欧共体条约》第 230 条第 4 段是《欧洲联盟运行条约》第 263 条第 4 段的前身，但措辞略有不同。《欧共体条约》第 230 条第 4 段规定，针对其他人的决定可能与申请人具有个别联系，以条例形式通过的法令实际上可能是与申请人具有直接和个别联系的一项决定。因此，它包含了"透过"措施的形式考虑其实质的要求：欧洲法院或初审法院就有可能判定，一项以条例形式通过的措施实际上是一项具有直接和个别联系的决定。

《欧洲联盟运行条约》第 263 条第 4 段没有包括与此明确相同的内容，并且《里斯本条约》关于法令的规定使这更加困难。部分原因是确定立法性法令的标准本质上是形式主义的，而不是实质性的，即经由立法程序通过的立法。㊳另外一个原因是，就委托法令的通过而言，必须满足一些要求㊴，因此，如果将某项立法性法令重新归类为委托法令，或者相反，将不可避免地导致相关法令被宣布为无效，因为它不是通过适当程序或在适当条件下制定的。因此，个人很难主张联盟法院应该"透过"法令的类别

㉟　See, eg, Case T –472/93 *Campo Ebro Industrial SA v Council* [1995] ECR II –421；Case T –489/93 *Unifruit Hellas EPE v Commission* [1994] ECR II –1201；Case T –116/94 *Cassa Nazionale di Previdenza a Favore degli Avvocati e Procuratori v Council* [1995] ECR II –1；Case C –209/94 P *Buralux SA v Council* [1996] ECR I –615；Case T –138/98 *Armement Coopératif Artisanal Vendéen (ACAV) v Council* [2000] ECR II –341；Cases T –38 – 50/99 *Sociedade Agricola dos Arinhos, Ld v Commission* [2001] ECR II –585；Case T –155/02 *VVG International Handelsgesellschaft mbH v Commission* [2003] ECR II –1949；Case T –139/01 *Comafrica SpA and Dole Fresh Fruit Europe Ltd and Co v Commission* [2005] ECR II – 409, [100], [107] – [116]；Case C – 362/06 P *Markku Sahlstedt v Commission* [2009] ECR I –2903；Case C – 274/12 P *Telefónica SA v Commission* EU：C：2013：852, [47]；Case C –133/12 P *Stichting Woonlinie* (n 32) [45].

㊱　A Arnull, 'Private Applicants and the Action for Annulment under Article 173 of the EC Treaty' (1995) 32 CMLRev 7.

㊲　A Arnull, 'Private Applicants and the Action for Annulment since *Codorniu*' (2001) 38 CML-Rev 7, 51 –52.

㊳　《欧洲联盟运行条约》第 289 条。

㊴　《欧洲联盟运行条约》第 290 条。

去探讨一项措施的实质。

原则上，联盟法院仍然有可能在特定类别的法令"之内"承担这项任务。因此申请人可能会主张，尽管某项条例是立法性法令，因为它是根据立法程序制定的，但是它仍然具有直接和个别联系。但是，考虑到上文解释该术语的含义，并且考虑到此类措施带有"立法性法令"的标签，申请人在证明存在个别联系方面可能困难重重。再举一例，申请人可能会主张，以条例形式通过的委托法令与其具有直接和个别联系。

（五）个别联系、倾销、竞争和国家援助

在涉及反倾销、竞争和国家援助等领域，联盟法院对赋予起诉资格的立场更为宽松。相关条约条款和条例对司法裁决产生了显著影响，因为这些领域中的程序明示或默示地设计了个人申诉人（individual complainant）的角色，他们可以提醒欧盟委员会违反了欧盟法。此外，欧盟在这些领域的利益相对明确，因此联盟法院可以接受这样的主张，例如，某国因非法国家援助而违反欧盟法律。以下依次考虑这些领域。

在"反倾销领域"，欧盟通过反倾销条例来防止欧盟以外的贸易商以过低价格向欧盟内部出售货物，从而损害联盟贸易商的利益。企业是否倾销可能存在争议。更复杂的是，必须以一项条例而非决定来征收反倾销税。因此，如果欧洲法院裁定此条例根本不是条例，那么委员会就无权实施该措施。有三种类型的申请人可以对反倾销税提出质疑。

第一类是发起倾销申诉的企业，例如"天美时公司案"（Timex）[40]，该公司提出倾销申诉，对条例的结果表示不满，它认为反倾销税太低。欧洲法院裁定，作为主要申诉人和欧盟内的领先钟表制造商，它有起诉资格对所征收的关税水平提出质疑。

第二类是应缴纳反倾销税的产品生产商。在"联合公司案"（Allied Corporation）[41] 中，欧洲法院确认，被指控倾销的生产商和出口商也可视为具有个别联系，至少就他们被委员会通过的措施认定倾销或被卷入初步调

[40] Case 264/82 *Timex Corporation v Council and Commission* [1985] ECR 849. Compare Case T – 598/97 *British Shoe Corporation Footwear Supplies Ltd v Council* [2002] ECR II – 1155.

[41] Cases 239 and 275/82 *Allied Corporation v Commission* [1984] ECR 1005；Case T – 155/94 *Climax Paper Converters Ltd v Council* [1996] ECR II – 873；Case T – 147/97 *Champion Stationery Mfg Co Ltd v Council* [1998] ECR II – 4137.

查而言是如此。

第三类可能希望对某反倾销条例的合法性提出质疑的申请人是已被征收反倾销税的产品进口商。一些申请被驳回，因为进口商可以在针对征收关税的成员国机构提起的诉讼中根据《欧洲联盟运行条约》第267条间接质疑该措施。但是，在"*Extramet* 案"中，欧洲法院裁定进口商可以具有起诉资格，因为它是受到反倾销措施制裁的产品的最大进口商，产品的终端用户及其业务活动受到有争议条例的严重影响。[42]

欧洲法院对于赋予起诉资格问题采取更为宽松立场的第二个领域是"竞争政策"，该领域由《欧洲联盟运行条约》第101条和第102条规制。根据《第17号条例》第3条第2款[43]，成员国或声称具有合法利益的任何自然人或法人，都可以向委员会提出申请，并提出证据证明存在违反现《欧洲联盟运行条约》第101条和第102条的行为。

麦德龙公司诉委员会

Case 26/76 Metro-SB-Großmärkte GmbH & Co KG v Commission[44]

[1977] ECR 1875

[《里斯本条约》重新编号，第85条、第86条和第173条
现为《欧洲联盟运行条约》第101条、第102条和第263条]

麦德龙公司主张，由SABA运营的分销系统违反条约第85条。该公司根据《第17号条例》第3条第2款提出申诉。委员会认定，该分销系统的某些方面没有违反第85条，而麦德龙试图废除的这个决定是针对SABA的。产生的问题是，麦德龙是否可以主张自身与针对其

---

[42] Case C–358/89 *Extramet Industrie SA v Council* [1991] ECR I–2501; Case T–161/94 *Sinochem Heilongjiang v Commission* [1996] ECR II–695; Case T–2/95 *Industrie des Poudres Sphériques v Council* [1998] ECR II–3939.

[43] 该竞争政策执行机制现已改变，参见第二十七章第十二节。

[44] Case T–37/92 *Bureau Européen des Unions des Consommateurs v Commission* [1994] ECR II–285，但是如果申诉人没有参与申诉程序，则将产生与此不同的结果，参见 Case C–70/97 *Kruidvart BVBA v Commission* [1998] ECR I–7183. 关于并购的案例，参见 Case T–96/92 *Comité Central d'Entreprise de la Société Générale des Grands Sources v Commission* [1995] ECR II–1213; Cases T–528, 542, 543 and 546/93 *Métropole Télévision SA v Commission* [1996] ECR II–649; Case T–158/00 *ARD v Commission* [2003] ECR II–3825.

他人的决定具有个别联系。

欧洲法院

此项有争议的决定是由于麦德龙公司提交了申诉而特别通过的，它涉及 SABA 分销系统的规定，SABA 凭借该决定并继续依据它对抗麦德龙公司，以作为拒绝向后者销售产品或者指定其为批发商的正当理由。申请人在其申诉中出于上述原因而对此项决定提出质疑。

有权根据《第 17 号条例》第 3 条第 2 款第 2 项请求委员会认定违反第 85 条和第 86 条的自然人或法人，如果其请求未完全或部分得到满足，应能够提起诉讼以保护其合法利益，这一点与令人满意的司法管理和适当适用第 85 条和第 86 条是相符的。

在这种情况下，应将申请人视为与有争议的决定具有第 173 条第 2 段意义上的直接和个别联系，因此该申请可受理。

在有关"国家援助"的判例法中，类似的考虑同样明显。此类援助由《欧洲联盟运行条约》第 107 条至第 109 条规制，以防止因企业接受政府支持而扭曲竞争，从而给竞争者带来不公平的优势。[45] 委员会判断援助是否符合条约，并针对成员国做出决定，该国可以根据《欧洲联盟运行条约》第 263 条对决定提出质疑。对于申诉人是否也可以这样做，条约并不明确。过去国家援助与竞争法中运行的申诉程序之间没有直接可比性。

尽管如此，欧洲法院在"法国氮肥公司案"（COFAZ）[46] 中采用了与竞争法领域"麦德龙公司案"和反倾销领域"天美时公司案"（Timex）相同的论证。"法国氮肥公司案"申请人具有现在《欧洲联盟运行条约》第 108 条程序上的可比角色，尤其是因为第 108 条第 2 款承认相关企业有权向委员会提交其评论。因此它们被赋予诉讼地位，但进一步的条件是它们在市场上的地位受到作为该决定对象的援助的重大影响。[47]

---

[45]　见第三十章。

[46]　Case 169/84 *Compagnie Française de l'Azote（COFAZ）SA v Commission*［1986］ECR 391；Case T-435/93 *ASPEC v Commission*［1995］ECR II-1281；Case T-380/94 *AIUFFASS v Commission*［1996］ECR II-2169；Case T-88/01 *Sniace, SA v Commission*［2005］ECR II-1165，［56］-［57］.

[47]　与国家援助有关的起诉资格的判例法很复杂，参见第三十章以及 U Soltesz and H Bielesz, 'Judicial Review of State Aid Decisions—Recent Developments'［2004］ECLR 133.

（六）个别联系：改革与联盟法院

《欧洲联盟运行条约》第263条第4段对《欧共体条约》第230条第4段进行了修订，对于不需要实施性措施的规制性法令，规定无须个别联系。下文将讨论这项例外的范围。在此之前，我们应该先考量那些尝试通过司法手段对测试个别联系的方法进行更全面改革的努力。

关于倾销、竞争和国家援助的判例法更为宽松，这一事实与大多数关于起诉资格的案件所采用的限制性方法形成鲜明对比。因此，毫不奇怪，人们批评联盟法院关于非特权申请人起诉资格的一般判例法过于严苛。欧洲法院以条约提供了全面的司法保护机制为由捍卫其判例法——在第263条之下没有直接起诉资格的申请人可以通过第267条间接地测试措施的合法性。雅各布斯佐审官在"*Extramet*案"中对这一理由提出质疑。[48] 在"小农联盟案"（*UPA*）中，他对该假设进行了更加认真彻底的审查，认定它没有说服力，建议在有争议的措施对申请人具有重大不利影响时应赋予其起诉资格。

小农联盟诉理事会

Case C–50/00 P Unión de Pequeños Agricultores v Council

[2002] ECR I–6677

[《里斯本条约》重新编号，第230条和第234条

现为《欧洲联盟运行条约》第263条和第267条]

小农联盟（UPA）是一家农民协会，它寻求废止《第1638/98号条例》，该条例修改了橄榄油市场的共同组织。当时的初审法院驳回了该申请，因为根据条约第230条第4段该协会成员与条例不具有个别联系。小农联盟主张，由于无法方便地通过第234条质疑该措施而无法获得有效司法保护。以下摘录包含佐审官的意见概要。

雅各布斯佐审官

102.……

---

[48]　Case C–358/89 *Extramet* (n 42) [70]–[74], AG Jacobs.

（1）欧洲法院的基本假设是，个人申请人有可能启动初步裁决请求，从而可以针对一般措施获得充分而有效的司法保护，这种假设面临着严重的反对意见：

——根据初步裁决程序，申请人无权决定是否做出提请，或将哪些措施提请审查或提出什么样的无效理由，因此无权诉诸欧洲法院；而成员国法院本身不能提供申请人所希望得到的救济，即宣布所涉一般措施无效；

——如果申请人难以或不可能间接质疑一般措施（例如，没有可质疑的实施性措施，或者申请人必须触犯法律才能够质疑随后的惩罚），则可能会出现拒绝司法的情况；

——法律确定性原则要求允许尽快审查一般措施，而不只在采取实施性措施之后；

——与根据第 230 条向初审法院提出直接质疑相比，根据第 234 条的初步裁决申请间接质疑一般措施的有效性在如下很多方面具有程序方面的弱势，例如通过该措施的相关机构参与诉讼，涉及的时间延误和费用，临时措施的获取，或第三方干预的可能性。

（2）如果申请人根据本国法律无法就有争议措施的有效性启动初步裁决提请程序，那么就无法通过依照例外方式给予起诉资格来解决这些反对意见。这类方法

——没有条约措辞上的依据；

——将不可避免地迫使共同体法院解释和适用成员国法律，这是它们既没有充分准备也没有权能的任务；

——将导致不同成员国从业者之间的不平等，并进一步失去法律确定性。

（3）不能通过规定成员国法律秩序有义务确保在其法律体系中可就共同体一般措施的有效性提请初步裁决而克服这些反对意见，这种方法

——无法解决当前的大多数问题，例如缺乏作为一项权利的救济，导致申请人不必要的延误和增加费用，临时措施的获取；

——难以监测和执行；

——对成员国程序自主权造成长期干预。

（4）因此，唯一令人满意的解决方案是，在共同体措施对申请人

利益具有或很可能具有实质性不利影响的情况下，承认该申请人具有个别联系。该解决方案具有以下优点：

——解决上述所有问题：申请人获得直接诉诸可以提供救济的法院的真正权利，避免出现拒绝司法的情况，并以各种方式改善司法保护；

——它还消除了现行判例法中的不正常现象，即受影响的人越多，获得有效司法审查的可能性反而越小；

——通过更简单的测试法取代越来越复杂和不可预测的起诉资格规则，该测试法将把在共同体法院审理案件的重点从纯粹形式上的可受理性问题转变为实质性问题；

——这种重新解释符合判例法为回应共同体机构权力的增加而扩大司法保护范围的普遍趋势（ERTA，Les Verts，Chernobyl）。

（5）反对扩大起诉资格的意见无法令人信服。尤其是：

——第230条的措辞并不排除扩大起诉资格；

——将潜在的非法措施排除出司法监察这一点，不能以行政或立法效率等作为正当化的理由：必须通过适当的实质性审查标准实现对立法程序的保护；

——对初审法院超负荷工作的担忧似乎被夸大了：因为第230条第5段规定的时限和直接联系要求将防止案件数量激增；程序手段可以用于限制案件量的增长。

（6）主要的反对意见可能是判例法已存在多年。但是，现在有很多理由说明做出改变的时机已经成熟。尤其是：

——在许多界限模糊的案件中，判例法并不稳定，并且无论如何近年来都已经放宽，其结果是关于可受理性的决定变得越来越复杂和不可预测；

——判例法越来越跟不上成员国法律向更宽松方向发展的步伐；

——设立初审法院，并逐步将个人提起的所有诉讼移交给该法院，这使得扩大个人质疑一般措施的起诉资格的时机越来越合适；

——欧洲法院有关成员国法院有效司法保护原则的判例法，越来越难以证明限制在共同体法院具有起诉资格的狭隘做法具有正当性。

由于欧洲法院拒绝遵循雅各布斯佐审官的指导，起诉资格规则得以放松的希望未能实现。

小农联盟诉理事会

Case C‒50/00 P Unión de Pequeños Agricultores v Council

[2002] ECR I‒6677

欧洲法院接受了"科多尼乌案"提出的原则，即只要申请人可以根据"普劳曼测试法"表明具有个别联系，就可以质疑某项真正的条例。欧洲法院继续裁决如下。

欧洲法院

37. 如果不满足该条件，自然人或法人在任何情况下都没有对条例提起宣告无效之诉的起诉资格。

38. 但是，欧洲共同体是一个以法治为基础的共同体，在该共同体中其机构应受到司法审查，以审查其法令是否与条约和包括基本权利在内的一般法律原则相符。

39. 因此，对于来自共同体法律秩序的权利，个人有权获得有效司法保护，而获得这种保护的权利是派生于成员国共同宪法传统的一般法律原则之一。……

40. 条约建立了一套完整的法律救济和程序制度，旨在确保对机构法令的合法性进行司法审查。……在该制度下，如果自然人或法人由于条约第173条第4段规定的可受理性条件而不能直接质疑具有普遍适用性的共同体措施，他们可以依据情况，根据条约第184条向共同体法院间接起诉此类法令无效，或者向成员国法院起诉并要求它们就其有效性提请欧洲法院初步裁定，因为成员国法院自身没有管辖权宣布这些措施无效……

41. 因此，应由成员国建立法律救济和程序制度，以确保尊重获得有效司法保护的权利。

42. 在这方面，根据……条约第5条，要求成员国法院对于规范诉讼权行使的成员国程序规则的解释和适用，尽可能使自然人和法人能够在法院通过主张如下任何决定或其他成员国措施，即与适用于他们的普遍适用的共同体法令有关的决定和措施无效，以质疑这类法令的合法性。

......

44. 最后必须补充的是，根据由条约建立的对合法性进行司法审查的体系，自然人或法人只有在具有直接和个别联系时才可以提起诉讼质疑条例。尽管必须根据有效司法保护原则解释最后这个条件，同时要考虑可以单独分辨申请人的各种情况......这种解释不能具有搁置条约明确规定的相关条件的效果，并且不超出条约授予共同体法院的管辖权。

45. 诚然，对于由基础条约建立的且其原则从未修改过的司法审查体系，尽管可以设想一个与之不同的共同体措施合法性司法审查体系，但应由成员国在必要时根据《欧洲联盟条约》第 48 条改革现行有效的体系。

欧洲法院在后来的案件中遵循了这种论证。[49] 即使很明显成员国规则不允许个人在不违反措施的情况下质疑其有效性，也不会放宽这种关于起诉资格的标准。欧洲法院称，获得有效司法保护的权利不能具有将条约明确规定的条件搁置一边的效果。

应该明确的是，这种"普劳曼式"的传统解释在《里斯本条约》之后继续适用。因此，如果申请人无法运用那个不必采用实施性措施的规制性法令例外——要么因为该法令不是规制性法令，要么因为该法令确实需要采用实施性措施——那么申请人仍必须以"普劳曼案"及后续案件所适用

---

[49] Case C – 263/02 P *Commission v Jégo – Quéré & Cie SA* [2004] ECR I – 3425，[29] – [39]；Case C – 258/02 P *Bactria Industriehygiene-Service Verwaltungs GmbH v Commission* [2003] ECR I – 15105；Case T – 213/02 *SNF SA v Commission* [2004] ECR II – 3047；Case T – 231/02 *Gonnelli and AIFO v Commission* [2004] ECR II – 1051；Cases T – 236 and 241/04 *EEB and Stichting Natuur en Milieu v Commission* [2005] ECR II – 4945；Case T – 16/04 *Arcelor* (n 21) [100] – [123]；Case T – 95/06 *Federación de Cooperativas Agrarias de la Comunidad Valenciana v Community Plant Variety Office* (CP-VO) [2008] ECR II – 31；Case T – 309/02 *Acegas – APS SpA v Commission* [2009] ECR II – 1809；Case C – 550/09 *Criminal proceedings against E and F* [2010] ECR I – 6213，[44]；Case C – 583/11 P *Inuit Tapiriit Kanatami v Parliament and Council* EU：C：2013：625，[92] – [96]；Case C – 524/14 P *European Commission v Hansestadt Lübeck* EU：C：2016：971，[15].

的方式证明具有个别联系。下文考察的"加拿大因纽特人统一组织案"（*Inuit Tapiriit Kanatami*）⑩ 就是例证，欧洲法院裁定"规制性法令"（regulatory act）一词不涵盖"立法性法令"（legislative act），其结果是，需要由申请人证明与该条例具有直接和个别联系——依据"普劳曼检测法"进行判断，因为"争议条例规定禁止在市场上出售海豹产品，使用的是一般性的措辞，并且无歧视性地适用于该范围内的任何交易者"⑪。

　　欧洲法院判例法中划分的细微差别加剧了个人申请者的困难。因此，一方面，欧洲法院继续强调对"普劳曼案"的狭义解读，以致识别受争议措施影响的人数或身份的能力并不足以表明具有个别联系。⑫ 另一方面，欧洲法院指出，如果该决定影响一组人，在通过该措施时这些人由于该组成员的特定标准而已经被识别或者可被识别，则这些人"可能"与该措施具有个别联系，单独受到该措施的影响，因为他们构成某一有限类型的经济运营者的一部分。⑬

三　个别联系：《里斯本条约》改革

　　《里斯本条约》的制定者修改了起诉资格规则：在涉及具有直接联系且不必采用实施性措施的规制性法令时不需要具有个别联系。这项改革的意义取决于"规制性法令"（regulatory act）和"实施性措施"（implementing measure）的含义。⑭

（一）规制性法令

　　在《宪法条约》的类似条款中使用了相同术语。⑮ 其含义尚不确定，

---

⑩　Case C‑583/11 P *Inuit Tapiriit Kanatami*（n 49）［71］‑［73］.

⑪　Ibid［73］.

⑫　See, eg, Case C‑244/16 P *Industrias Químicas del Vallés, SA v European Commission* EU：C：2018：177，［88］；Case C‑384/16 *European Union Copper Task Force v European Commission* EU：C：2018：176，［94］.

⑬　Case C‑519/07 P *Commission of the European Communities v Koninklijke FrieslandCampina NV* EU：C：2009：556，［53］‑［54］；Case C‑135/13 *Georgsmarienhütte GmbH v Bundesrepublik Deutschland* EU：C：2018：582.

⑭　S Balthasar, '*Locus Standi* Rules for Challenges to Regulatory Acts by Private Applicants：The New Article 263（4）TFEU'（2010）35 ELRev 542.

⑮　《宪法条约》第三部分第 365 条第 4 款。

但适当的观点是该术语仅适用于二级规范，而不适用于一级立法性法令。[56]《里斯本条约》有关“规制性法令”的含义也不确定。上文已考虑了《里斯本条约》具体规定的法令的类型。[57]“立法性法令”是指通过立法程序制定的法令，可以采取条例、决定或指令的形式。[58] 立法性法令可以委托委员会通过“非立法性法令”，可以再次采取条例、决定或指令形式，尽管通常采取条例形式。[59] 这些被称为“委托法令”（delegated acts）。[60] 还有另外一种单独类型，即“实施性法令”。[61]

“规制性法令”这一术语过去并不容易与《里斯本条约》对法令的分类一一对应。它曾被广义地解释为涵盖任何具有法律约束力的法令，无论是立法性法令、委托法令还是实施性法令，只要不需要实施性措施。也曾将其更狭义地解释为涵盖任何立法性法令、委托法令或者实施性法令，只要它采取的是不需要实施性措施的条例或决定形式。它过去可能仅涵盖采取条例或决定形式的委托法令和实施性法令，只要这些法令不需要实施性措施，或者它过去仅指符合前述相同条件的委托法令。欧洲法院现已裁定“规制性法令”一词不涵盖立法性法令。

加拿大因纽特人统一组织诉欧洲议会和欧盟理事会

Case C－583/11 P Inuit Tapiriit Kanatami v Parliament and Council

EU：C：2013：625

原告质疑一项涉及海豹产品贸易的条例。综合法院拒绝其申请，因为它质疑的条例是根据《欧洲联盟运行条约》第 289 条制定的立法性法令，并且认定这不是《欧洲联盟运行条约》第 263 条第 4 段范围内的“规制性”法令，因此原告需要表明存在个别联系以及直接联系。在上诉中，欧洲法院维持了综合法院的裁决。

---

[56] Craig（n 20）ch 4.

[57] 见第五章。

[58] 《欧洲联盟运行条约》第 289 条。

[59] 《欧洲联盟运行条约》第 290 条。

[60] 《欧洲联盟运行条约》第 290 条第 3 款。

[61] 《欧洲联盟运行条约》第 291 条。

欧洲法院

50. ……必须注意，根据欧洲法院已确立的判例法，对欧盟法条款进行解释，不仅要求考虑其措辞和所追求的目标，而且要考虑其背景和作为一个整体的欧盟法所有条款。……欧盟法某项条款的起源也可以提供与其解释有关的信息。……

……

53. 接下来，对欧盟机构和成员国提起诉讼的权利，以及自然人和法人提起诉讼的权利，《欧洲联盟运行条约》第 263 条对两者做了明确区分。

……

55. ……必须指出，《欧洲联盟运行条约》第 263 条第 4 段的前两个方面与《里斯本条约》生效之前的《欧共体条约》第 230 条第 4 段的前两个方面相对应。……

……

57. ……《里斯本条约》……在《欧洲联盟运行条约》第 263 条第 4 段增加了第 3 部分，放宽了自然人和法人提起宣告无效之诉的受理条件。由于这部分导致自然人和法人提起宣告无效之诉的可受理性不受个别联系条件的影响，因此它有可能针对不必然需要实施性措施，且与申请人具有直接联系的"规制性法令"采取此类法律诉讼。

58. 关于"规制性法令"这一概念，从《欧洲联盟运行条约》第 263 条第 4 段的第三部分可以明显看出，就自然人和法人可以寻求废除的其他类型措施的特征而言，规制性法令的范围比该条第一和第二部分中的"法令"概念更受限制。正如综合法院在上诉令第 43 段正确裁定的那样，前一概念指的不是普遍适用的所有法令，而只涉及此种更受限制的法令类别。采取相反的解释就等同于导致《欧洲联盟运行条约》第 263 条第 4 段第二和第三部分对"法令"和"规制性法令"术语的区分无效。

59. 此外，必须指出，《欧洲联盟运行条约》第 263 条第 4 段以完全相同的措辞复制了《欧洲宪法条约草案》第三编第 365 条第 4 段的内容。从与该条款有关的准备工作文件中可以明显看出，修改《欧共体条约》第 230 条第 4 段是为了扩大自然人和法人提起宣告无效之诉的可受理条件，但《欧共体条约》230条第4段规定的与立法性法令有关的可受理条件并没有改变。

60. 在这种情况下必须裁定，改变《欧共体条约》第230条第4段规定的自然人和法人提起法律诉讼权利的目的，是使他们能够在不那么严格的条件下对除立法性法令以外的普遍适用的法令提起宣告无效之诉。

61. 因此，综合法院得出的结论是正确的，即《欧洲联盟运行条约》第263条第4段规定的"规制性法令"概念不包括立法性法令。

这项裁决的结果是，可能有某项"立法性法令"适用于非常狭窄的申请人群体，即"事实上"的封闭群体，其中无人可以直接质疑该措施，因为他们并不属于改革之后的起诉资格条款范围。因此，他们就必须表明具有个别联系，而根据现行判例法却无法做到这一点。

欧洲法院在"加拿大因纽特人统一组织案"中否认前述分析不符合《欧盟基本权利宪章》。[62] 原告主张，欧洲法院的解释与宪章第47条不一致——该条规定，在受欧盟法保障的权利和自由受到侵犯时，所有人均有权按照该条款规定的条件以及《欧洲人权公约》第6条和第13条，在法庭上获得有效救济。但是，关于第47条的解释性备忘录指出，该条无意对现在《欧洲联盟运行条约》第263条第4段所规定的起诉资格规则进行任何更改。[63] 在"加拿大因纽特人统一组织案"中，欧洲法院裁定，基于对第263条和第267条的联合解读，条约提供了完整的法律保护体系，并且这与宪章第47条一致，该条无意改变现行司法审查制度。[64] 这与先前的判例法一致[65]，但还是有些奇怪，即侵犯个人权利竟然不被作为个别联系。

（二）实施性措施

第263条第4段的新颖之处在于无须个别联系，仅适用于具有直接联

---

　　[62]　[2000] OJ C364/01；[2010] OJ C83/389.

　　[63]　Charte 4473/00, Convent 49, 11 Oct 2000, 41；CONV 828/03, Updated Explanations Relating to the Text of the Charter of Fundamental Rights, 9 July 2003, 41；Explanations Relating to the Charter of Fundamental Rights, 14 Dec 2007 [2007] OJ C303/17.

　　[64]　Case C-583/11 P *Inuit Tapiriit Kanatami* (n 49) [86]-[97].

　　[65]　Case C-258/02 P *Bactria* (n 49) [48]-[51].

系且不必然需要实施性措施的规制性法令。由此可见，实施性法令概念的含义越广，第 263 条第 4 段的例外范围就越窄。因此，即使是规制性法令，如果认为需要采用实施性措施，则该例外就不适用了，原告应表明具有"普劳曼案"意义上的个别联系，以便采取直接诉讼。"西班牙电信案"（*Telefónica*）对"实施性措施"这一概念做了广义解释，并在后续案件中得到遵循。[66]

西班牙电信公司诉委员会

Case C‑274/12 P Telefónica SA v Commission

EU：C：2013：852

委员会认定西班牙一项金融计划构成非法国家援助，并为此发布了一项决定。西班牙政府打算纠正非法援助，但将在特定日期之前已进行的收购作为例外。西班牙电信公司进行了两次这类收购，但也对欧盟委员会声称该金融计划是非法国家援助的决定提出质疑。委员会认为，西班牙电信公司与该委员会决定不具有个别联系，并且该决定必然需要实施性措施，因此原告无法从《里斯本条约》修订后的条款中受益。西班牙电信主张，如果成员国按要求采取的使欧盟法令生效的任何措施都构成实施性措施，那么大量规制性法令都将被自动排除在该条款范围之外。

欧洲法院

27. 正如佐审官在其意见第 40 点和第 41 点中所指出的，应根据《欧洲联盟运行条约》第 263 条的目的解释该条第 4 段最后一部分关于"不必然需要实施性措施的……规制性法令"这一概念，从该条款

---

⑥　Case C‑132/12 P *Stichting Woonpunt v European Commission* EU：C：2014：100；Case C‑563/14 *Dansk Automat Brancheforening v European Commission* EU：C：2016：803；Case T‑312/14 *Federcoopesca*（n 21）；Case C‑541/14 P *Royal Scandinavian Casino Århus I/S v European Commission* EU：C：2016：302；Case C‑145/17 *Internacional de Productos Metálicos*, *SA v European Commission* EU：C：2018：839；Cases C‑622‑624/16 *Scuola Elementare Maria Montessori Srl v European Commission* EU：C：2018：873，[58]‑[63]；Case C‑384/16 *European Union Copper Task Force*（n 52）[119].

的起源中可以清楚地看出，其目的在于防止个人为了诉诸法院而被迫违反法律。……

28. 在这方面，首先应解释为，如果一项规制性法令必然需要实施性措施，则无论欧洲联盟或成员国是否采取了这些措施，都应确保对它们遵守欧洲联盟法律秩序的情况进行司法审查。由于《欧洲联盟运行条约》第263条第4段规定的可受理性条件而无法在欧盟司法机构直接质疑欧盟规制性法令的自然人或法人，可以通过质疑该法令必然需要采取的实施性措施，从而使得这类法令免于对他们适用。

29. 如果实施此类法令的责任在于欧洲联盟的各机构、机关、办事处或专门机构，则自然人或法人有权在欧洲联盟司法机构根据《欧洲联盟运行条约》第263条第4段所述条件对实施性法令提起直接诉讼，并且为了支持该诉讼，根据《欧洲联盟运行条约》第277条起诉该基础法令非法。如果由成员国负责实施，则自然人或法人可以在成员国法院和法庭起诉所涉基本法令无效，并根据第267条促使成员国法院或法庭提请欧洲法院做出初步裁决。……

30. ……佐审官在其意见第48点中指出，在评估某项规制性法令是否必然需要实施性措施这一问题时，应参照根据《欧洲联盟运行条约》第263条第4段最后一部分主张提起诉讼权利的自然人或法人的立场。因此，相关法令是否必然需要采取涉及其他人的实施性措施，这一点与评估无关。

31. ……为了确定所质疑的措施是否必然需要实施性措施，应专门参照诉讼标的物，并且在申请人仅寻求部分废止某项法令的情况下，必须只考虑法令的那个部分可能必然需要的任何实施性措施，正如本案可能的情形一样。

……

33. ……西班牙电信提起的诉讼只是质疑有争议决定第1条第1款中的声明，该声明称有关计划与共同市场存在部分不兼容情况，并且没有批评该决定第4条第1款发布的纠正援助命令，或者第6条第2款对西班牙王国发布的其他指令。

34. 有争议决定第1条第1款中的声明所涉计划与共同市场部分不兼容，该声明仅针对该决定所针对的成员国，即西班牙王国。因此根据《欧洲联盟运行条约》第288条第4段，该决定对其他人没有约束力。

35. 有争议决定第 1 条第 1 款仅仅涉及声明所涉计划与共同市场不兼容。它没有确定该声明对各纳税人的具体后果。这些后果将体现在诸如税收通知之类的行政文件中，该文件本身构成《欧洲联盟运行条约》第 263 条第 4 段意义上有争议决定"必然需要"采取的实施性措施。

因此，欧洲法院得出结论认为，无论有争议的决定是不是规制性法令，《里斯本条约》的例外均不适用。因此，对实施性措施一词的广义解释缩小了《里斯本条约》修订案的范围，并留下一系列问题，即就此而言，其他那些措施将被视为实施性的。

条例是直接适用的。一旦欧盟制定条例，即可在成员国内适用，而无须转化或纳入国内法。从这种意义上讲，条例不应被视为"必然需要"（entail）在成员国法律秩序中实施它们的任何措施。对于许多决定而言也是如此，无论是针对特定人员的典型个别决定，还是涉及机构间关系的更一般性的决定，都是如此。相比之下，指令规定了所要实现的目标，但会让成员国自行选择实施的形式和方法。从这种意义上讲，指令必然需要实施性措施。

有人可能会主张，为了在特定成员国内满足条例或决定的要求，即使是条例或某些决定也会导致对成员国规则的修改，而且，如果情况的确如此，此类成员国措施则应被视为实施性措施，并由此导致申请人可能无法利用第 263 条第 4 段中的宽松起诉资格规则。这个前提是正确的，但结论肯定是错误的。

诚然，即使条例可直接适用，并因此无须进行转化或纳入即可适用，但成员国可能仍需要修改其先前法律以符合或满足条例的要求。然而，如果据此排除诉诸第 263 条第 4 段规定的宽松起诉资格规则，那将令人十分遗憾。直接质疑相同条例的可能性因国家的不同而大相径庭，因为任何特定国家是否需要修改其国内规则，以及如果需要则应如何修改等问题，取决于欧盟条例的要求与其先前法律之间的契合度，这在各国的情况必然有所不同。

另外，这样的结果将不符合第 263 条第 4 段的措辞，因为不能说该规制性法令"必然需要"实施性措施。相比之下，采取这种成员国措施的可能性取决于特定成员国是否需要修改其既有规则以符合条例的要求，而这取决于成员国法律，而非欧盟规制性法令本身。

四 小结

1. 下文将首先探讨间接质疑，然后讨论欧洲法院对直接质疑和间接质疑这两种模式之间的平衡进行论证的前提条件。因此本小结聚焦于非特权申请人根据《欧洲联盟运行条约》第263条提出直接质疑的当前法律状况。

2. "普劳曼测试法"仍然适用于测试个别联系。申请人必须证明其具有与其他所有人区别开来的属性或特性，并且以与相对人相同的方式使其具有与众不同的特征。申请人从事其他任何人均可能涉入的行业这一事实，通常用来否认具有个别联系，正是这一点使得大多数申请人几乎不可能成功。对申请人是否存在特别的事实伤害，这通常不具有相关性。一般而言，利益群体的地位不比私人更有利。[67]

3. 在例外情况下，"普劳曼测试法"可以解释为更有利于申请人。这可能发生在如下情况中，即可以表明被质疑的措施侵犯了申请人特有的权利，或者违反对申请人的义务。在某项决定影响一群已经被识别或可被识别的个人的情况下，这些人"可能"与该措施具有个人联系，因为他们构成某一有限类型的经济经营者的一部分。

4. 从"小农联盟案""热戈—凯雷案"（*Jégo-Quéré*）、"加拿大因纽特人统一组织案"以及随后的案件中可以明显看出，联盟法院不愿意转变立场而采用雅各布斯佐审官提议的更为宽松的关于起诉资格的标准。坚持现状的理由是，条约通过第263条和第267条为个人提供了完整的法律保护体系。然而，正如下文所示，这种观点存在实际困难。

5. 《里斯本条约》改革了起诉资格规则，即提供了一项不要求个别联系的例外。这一改革受到欢迎。但是，只有在规制性法令不必然需要实施性措施的情况下，申请人才能利用这项例外。欧洲法院对规制性法令做了解释，以使其不包括根据《欧洲联盟运行条约》第289条制定的立法性法令。它还广义地解释了实施性措施的概念，由此，即使一项法令被视为具有规制性，个人也无法使用《里斯本条约》的修订条款，因为欧洲法院认为存在实施性措施，其结果是原告要以"普劳曼检验法"要求的方式证明具有个别联系。

---

[67] See, eg, Case T-601/11 *Dansk Automat Brancheforening* EU：T：2014：839.

第六节　第 267 条：间接质疑欧盟法令的合法性

一　使用第 267 条的理由

《欧洲联盟运行条约》第 267 条允许成员国法院向欧洲法院提请裁决"关于联盟机构、机关、办事处或专门机构通过的法令的有效性和解释"问题。因为欧洲法院对过去《欧共体条约》第 230 条关于起诉资格的标准做了狭义解释，所以该条款对私人申请人的重要性与日俱增。[68] 第 267 条通常是这类当事人可以对联盟规范的合法性提出异议的唯一机制。下面将考虑对间接质疑的限制和存在的困难。当前讨论将集中在使用第 267 条的原因以及可以被质疑的联盟法类型方面。

个人通常是通过欧盟措施在成员国层面的适用而受其影响的。[69] 因此，"标准"场景[70]是，要么因为申请人缺乏起诉资格，要么因为时间限制，无法根据第 263 条质疑一项"共同农业政策"（CAP）条例。这些条例通常将由成员国专门介入机构适用。例如，条例可能要求没收贸易商提供的保证金，贸易商认为这种没收行为不合法，因为它不符合相称性或具有歧视性。如果抵押品被没收，则贸易商可在成员国法院寻求司法审查，声称该条例无效。成员国法院会根据第 267 条决定是否将该问题提请欧洲法院。另一种场景是，条例要求征收税款，而贸易商认为该税款违反欧盟法。贸易商的策略可能是拒绝付款，从而被成员国专门机构起诉，然后以辩护方式提出该条例无效。这里由成员国法院决定是否将该问题提请欧洲法院。

二　根据第 267 条可被质疑的法令

第 267 条允许质疑联盟机构、机关、办事处或专门机构通过的法令的

---

[68]　H Rasmussen, 'Why is Article 173 Interpreted against Private Plaintiffs?' (1980) 5 ELRev 112, 122 – 127.

[69]　C Harding, 'The Impact of Article 177 of the EEC Treaty on the Review of Community Action' (1981) 1 YBEL 93, 96; C Harding, 'Who Goes to Court in Europe? An Analysis of Litigation against the European Community' (1992) 17 ELRev 105.

[70]　See, eg, Case 181/84 *R v Intervention Board for Agricultural Produce*, *ex p ED & F Man* (*Sugar*) *Ltd* [1985] ECR 2889; Case C – 66/80 *ICC* [1981] ECR 1191.

有效性。这样可以通过成员国法院对条例和指令提出质疑。

关于个别决定（individual decision）的情况则更加复杂。不是个别决定相对人的个人可以通过成员国法院质疑该决定。因此，如果针对成员国做出的某项决定要求采取某些行动，那么受影响的个人就可以通过成员国法院对其有效性提出异议。⑰

"汉堡大学案"（*Universität Hamburg*）就是例证。⑫ 欧盟委员会向所有拒绝对从美国进口的科学设备免征关税的成员国发布了一项决定。德国当局适用了该决定，申请人在成员国法院对此提出异议。欧洲法院认为该案可通过第267条提出。这受到以下事实的影响：委员会的决定不一定公开，也不一定通知申请免税的个人，这使得几乎不可能在第263条规定的时限内提出质疑。欧洲法院在"劳案"（*Rau*）⑬中对这一点做了更一般性的判决。欧洲法院认为，作为人造黄油生产商的申请人可以在成员国法院对如下计划的合法性提出异议：共同体通过该计划在德国市场上出售廉价黄油，以检验消费者的反应。这里无须确定申请人是否有可能直接在欧洲法院质疑该决定。

但是，必须根据"TWD案"看待这一裁定。⑭ 委员会声称德国给予某企业的援助与共同市场规则不符，因此该援助必须偿还。德国政府通知了该公司，并向其告知可以根据第263条质疑委员会的决定。该公司没有这样做，而是转而试图通过德国法院提起委员会决定的合法性问题。欧洲法院认为，不可能进行间接质疑，因为该公司已被告知其有权根据第263条提出质疑，并且因为它"毫无疑问"⑮具有这样做的起诉资格。⑯ 因此，如果本来可以由具有第263条起诉资格的个人提出该问题，而且相关个人

⑰ Case C‑188/92 *TWD Textilwerke Deggendorf GmbH v Germany* [1994] ECR I‑833.

⑫ Case 216/82 *Universität Hamburg v Hauptzollamt Hamburg-Kehrwieder* [1983] ECR 2771.

⑬ Cases 133‑136/85 *Walter Rau Lebensmittelwerke v Bundesanstalt für Landwirtschaftliche Marktordnung* [1987] ECR 2289.

⑭ Case C‑188/92 *TWD* (n 71)；Case C‑178/95 *Wiljo NV v Belgium* [1997] ECR I‑585；Case C‑239/99 *Nachi Europe GmbH v Hauptzollamt Krefeld* [2001] ECR I‑1197；Case 72/15 PJSC *Rosneft Oil Co v Her Majesty's Treasury* EU：C：2017：236，[128]；Case C‑135/13 *Georgsmarienhütte*（n 53）.

⑮ Case C‑188/92 *TWD*，（n 71）[24].

⑯ 欧洲法院将其与"劳案"（*Rau*）区别开来，理由是该案申请人实际上提起的是宣告无效之诉，并且因此没有出现第263条的时限问题以及可能对第267条诉讼的影响。

在直接诉讼的时限内知道该问题，就不可以根据第 267 条提出质疑。坚持同样的原则是为了防止成员国借由第 267 条质疑一项它本来可以根据第 263 条提出质疑的措施，但它未能在第 263 条第 6 段规定的时限内提出质疑。⑦

如果不清楚申请人是否根据第 263 条享有起诉资格，那么，欧洲法院更愿意接受间接诉讼。⑱ 因此，在"阿克拉顿牛肉案"（*Accrington Beef*）⑲ 中，欧洲法院对"*TWD* 案"做了区分，并裁定未能根据第 263 条质疑一项条例并不妨碍提起第 267 条诉讼，因为第 263 条诉讼本来可以受理这一点并不明显。在"欧洲隧道公司案"（*Eurotunnel*）中，欧洲法院裁定私人当事方可以在成员国法院质疑指令条款的有效性，因为该指令是针对成员国的，并且因为本来可以受理第 263 条诉讼这一点并不明显。⑳ 而在"罗托布拉斯公司案"（*Rotho Blaas*）中，欧洲法院将"*TWD* 案"规则限制在毫无疑问可以根据第 263 条采取直接诉讼的情形上。㉑ 如果申请人无法及时了解可以根据第 263 条对其提出质疑的相关措施，则欧洲法院可能更愿意接受第 267 条诉讼。㉒

三 "完整的法律保护制度"

1. "小农联盟案"和"热戈—凯雷案"判决所依据的前提条件是，《欧洲联盟运行条约》通过第 267 条和第 263 条提供了在诉诸法院方面完整的

---

⑦ Case C – 241/01 *National Farmers' Union v Secretariat Général du Gouvernement* [2002] ECR I – 9079，[36].

⑱ Case C – 256/16 *Deichmann SE v Hauptzollamt Duisburg* EU：C：2018：187，[38] – [42]；Case C – 236/17 P *Canadian Solar Emea GmbH v Council of the European Union* EU：C：2019：258，[103].

⑲ Case C – 241/95 *R v Intervention Board for Agricultural Produce，ex p Accrington Beef Co Ltd* [1996] ECR I – 6691. See also Case C – 222/04 *Ministero dell' Economia e delle Finanze v Cassa di Risparmio di Firenze SpA* [2006] ECR I – 289，[72] – [74]；Cases C – 346 and 529/03 *Atzeni v Regione Autonoma della Sardegna* [2006] ECR I – 1975，[30] – [34]；Case C – 441/05 *Roquette Frères v Ministre de l'Agriculture，de l'Alimentation，de la Pêche et de la Ruralité* [2007] ECR I – 1993；Case C – 343/09 *Afton Chemical Limited v Secretary of State for Transport* EU：C：2010：419，[19] – [26]；Case C – 370/12 *Pringle v Government of Ireland，Ireland and the Attorney General* EU：C：2012：756，[41].

⑳ Case C – 408/95 *Eurotunnel SA v Sea France* [1997] ECR I – 6315.

㉑ Case C – 207/17 *Rotho Blaas Srl v Agenzia delle Dogane e dei Monopoli* EU：C：2018：840，[28].

㉒ 欧洲法院区分"汉堡大学案"（*Universität Hamburg*）的理由，参见 *TWD*（n 71）[23].

法律保护制度。相同的主题贯穿在"加拿大因纽特人统一组织案"判决中。[83] 然而，这一假设存在实际困难。

2. 欧洲法院在很大程度上忽略了佐审官在"小农联盟案"中对个人试图使用第267条所面临困难的分析。这种困难部分是程序性的，其中包括通过成员国法院进行的诉讼可能会对通过争议措施的相关机构参与诉讼产生影响；延误；费用；临时措施的获取；第三方干预的可能性。它们部分源自于第267条的固有性质：这是一种提请制度；申请人由此必须说服成员国法院需要提请；可能需要通过多个成员国法院进行抗争。第267条的困难也是实质性的：成员国法院无法取消该措施，因此申请人必须诉诸欧洲法院；在欧洲法院裁决之前，成员国法院最多只能提供临时救济措施。

3. 欧洲法院根据现在的《欧洲联盟运行条约》第4条第3款，劝说成员国法院通过对国内程序规则的解释，使申请人在成员国法院质疑普遍适用的欧盟规范。但是，该策略的实用性有限。它不能解决上面所提到的程序性困难。尽管可以缓解，但它无法克服由第267条制度的自由裁量性质所带来的困难。

4. 关于诉诸第267条增强司法辅助性的观点是错误的。欧盟法中的辅助性意味着在其他条件相同的情况下，决定将由最接近个人的机构做出。这在第267条的背景下存在双重问题。这一部分是因为其他条件并不相同，意味着在上述成员国法院提起诉讼存在障碍。这也是因为第267条不允许成员国法院裁定欧盟措施非法，它必须提请欧洲法院。因此，关键性的决定不能由成员国法院做出。

5. 通过第267条提出的间接质疑，也对欧洲法院与综合法院之间的权能划分产生了影响。现在只有欧洲法院做出初步裁定。[84] 因此，通过第267条对欧盟规范的有效性提出质疑是由欧洲法院审理，而如果根据第263条提出的直接质疑被受理，则综合法院也将审理相同问题。这将增加欧洲法院的工作量，意味着稀缺的司法资源被用于回答这类初步裁决，而这些问题可能不涉及具有普遍重要意义的欧盟法要点。

6. 欧洲法院在"小农联盟案"和"加拿大因纽特人统一组织案"中对第

---

[83] Case C –583/11 P *Inuit Tapiriit Kanatami* (n 49) ［92］–［101］.

[84] 《尼斯条约》限定了这一专属权力，但初审法院还没有行使其初步裁决权力。

263条的论证同样问题重重。它认为，条约的合法解释边界限制了对关于直接质疑的传统判例法的修改。欧洲法院表示，获得有效司法保护的权利可能会影响对个别联系的适用，但不能搁置这一条件，只能通过条约修订来实现。这是无法令人信服的。条约一直以来要求提供具有个别联系的证明。问题在于这句话的含义。关键问题不是条约是否对起诉资格施加限制，而是对这些限制的解释是否过于严格。尚不清楚雅各布斯佐审官对个别联系的解释为什么会涉及超越对条约正常解释的范围，更不用说它类似于通过司法命令来修订条约。欧洲法院在必要的情况下弥补了与第263条其他部分有关的空白，导致上述情况更加如此。[85] 欧洲法院没有解释为什么认为该佐审官的测试法不符合第263条的措辞。事实上，没有理由认为，以实质性不利影响为依据的测试不是对个别联系的合法解读。

7. 诚然，在形成《宪法条约》的讨论中，有关起诉资格限制的普遍法律现状已被接受，欧洲法院在"加拿大因纽特人统一组织案"中也援引了这一观点。[86] 尽管如此，我们仍应谨慎对待。实际情况是，《宪法条约》中关于司法制度的讨论非常简短，只有不到三个星期的时间考虑所有这些问题。不仅没有时间进行广泛磋商或讨论，而且没有开展这样的讨论。

8. 一项法律制度可能具有令人印象深刻的司法审查原则，但是对于那些由于起诉资格规则过于狭窄而无法使用该制度的人来说，这些原则将难以使其感到宽慰。那些遭受了实质不利影响的人应该有权获得司法审查，这在规范上是正确的。这种测试法不比大多数国内法律秩序中通行的，而且适合于以法治为基础的法律制度的方法更为宽松。某项条款影响的人数越多，提出某种质疑的机会就越少，这与原则背道而驰。

9. 欧洲法院对根据第263条采取更宽松测试的实际后果未置一词，但有人对可能的工作量问题感到担忧。但是，没有理由去质疑数量必然会有明显净增长的原因。事实上，第263条如此严格，迫使申请人使用第267条。然而，欧洲法院对可以通过第267条提出质疑的申请人范围，或可

---

[85] Case C – 70/88 *European Parliament v Council* ［1990］ ECR I – 2041；Case 294/83 *Parti Ecologiste 'Les Verts' v European Parliament* ［1986］ ECR 1339；Case T – 411/06 *Sogelma*（n 2）.

[86] Case C – 583/11 P *Inuit Tapiriit Kanatami*（n 49）［59］.

被质疑的规范类型，几乎没有控制。对第263条进行更宽松解释的结果是，其中一些案件重新采用直接质疑，并通过确定是否存在实质不利影响来赋予联盟法院控制范围。此外，隐含的假设似乎是，申请人将对条例提起大量质疑，每一个申请人都声称遭受了实质不利影响。这不符合法律或现实。有些案件将被合并为一项诉讼。无论如何，一旦欧洲法院或综合法院裁定与某诉讼有关的条例合法，这就将是该事项的终点。该决定将解决与其他任何可能的原告有关的问题，除非他可以提出以前案件中未解决的某个新的法律论点。

10. 可能有充分的理由解释为什么联盟法院非常谨慎地没有对欧盟机构做出的复杂的自由裁量选择做出过多干预。但是，联盟法院可以通过所适用的审查标准影响提起诉讼的数量。[87] 这将影响所提起诉讼的数量，因为申请人会在着手准备诉讼费用之前计算其成功的机会。当然，对起诉资格做非常严格的测试，可能会降低欧洲法院在时间上的要求。但是，这很危险，近乎简单化，因为这等于说，如果法院拒绝审理案件，将比审理案件节省更多的司法资源。

第七节　第265条：不作为

《欧洲联盟运行条约》第265条规定了针对违法"不作为"（failure to act）的诉讼：

> 如欧洲议会、欧洲理事会、理事会、委员会或欧洲中央银行违反了两部条约，不作为，则成员国和联盟其他机构可向欧洲联盟法院提起诉讼，以确认其违反两部条约。本条应在同等条件下适用于不作为的联盟机关、办事处和专门机构。
>
> 只有在首先要求有关机构、机关、办事处或专门机构采取行动后，法院才能受理该诉讼。如在提出此类要求后的两个月内，相关机构、机关、办事处或专门机构仍未明确其立场，则在此后的两个月内

可提起诉讼。

任何自然人或法人在上述两段规定的条件下，可就联盟某一机构、机关、办事处或专门机构未能采取针对该自然人或法人的除建议或意见之外的任何法令向法院提起诉讼。

一　可被审查的疏忽行为

《欧洲联盟运行条约》第 263 条与第 265 条之间有密切的关系。这反映在根据第 265 条可被审查的"疏忽行为"上。从原则上看，似乎唯一属于第 265 条范围的不作为，是未通过可被审查的法令，即通过具有法律效力的法令。但是，第 265 条只简单提到不作为。因此，可以提出这样的论点，即就未通过不具约束性的法令，例如建议或意见，允许使用该诉讼。但是，可以从概念和实践上反对该观点，这种观点将在"宣告无效之诉"与"不作为之诉"之间产生奇怪的区分。[88] 尽管如此，欧洲法院在"委员会制案"（*Comitology*）[89] 中指出，欧洲议会可以就未通过措施——该措施本身不是一项可被审查的法令——而提起第 265 条诉讼。如果确实如此，那么它将仅在第 265 条第 1 段情形下适用，因为第 265 条第 3 段明确规定私人不能就建议或意见提起诉讼。

第 265 条要求申请人表明存在作为的义务。委员会拥有广泛的自由裁量权，因此通常不会对委员会做出这种认定。[90] 此外，第 265 条已被裁定为，不作为是指没有做出决定或没有确定立场。它未提及所通过的措施与申请人期望的措施不同。[91] "埃里达尼亚糖厂案"（*Eridania*）展现了第 263 条和第 265 条之间的相互关系，以及可被审查的疏忽行为的范围。

---

[88]　T Hartley, *The Foundations of European Union Law* (Oxford University Press, 7th edn, 2010) 396 – 398.

[89]　Case 302/87 (n 17).

[90]　Case 247/87 *Star Fruit Company v Commission* [1989] ECR 291；Case C – 301/87 *France v Commission* [1990] ECR I – 307；Case T – 277/94 *Associazone Italiana Tecnico Economica del Cemento* (*AITEC*) *v Commission* [1996] ECR II – 351.

[91]　Cases 166 and 220/86 *Irish Cement v Commission* [1988] ECR 6473；Case T – 387/94 *Asia Motor France SA v Commission* [1996] ECR II – 961；Case T – 420/05 *Vischim Srl v Commission* [2009] ECR II – 3841, [252] – [255]；Case C – 196/12 *Commission and European Parliament v Council* EU：C：2013：753, [22].

埃里达尼亚国家糖厂诉委员会

Cases 10 and 18/68 Società 'Eridania' Zuccherifici

Nazionali v Commission

[1969] ECR 459

[《里斯本条约》重新编号，第 173 条、第 175 条和第 176 条

现为《欧洲联盟运行条约》第 263 条、第 265 条和第 266 条]

申请人寻求废除委员会有关向意大利某些糖厂提供援助的决定。他们诉称，给予这种援助将对他们在食糖市场上的竞争地位产生有害影响。欧洲法院驳回了该诉讼，因为申请人与该决定不具有个别联系。申请人根据第 175 条提起新的诉讼，主张存在不作为，即委员会没有撤回相关决定。

欧洲法院

15. 本申请涉及废除一项以默示方式拒绝的决定，该默示决定源于委员会对申请人以非法或不当等理由寻求废除或撤销三项有争议决定的请求保持沉默。

16. 第 175 条规定的诉讼，旨在确定存在该条所述的非法疏忽，它指的是不作为而"违反本条约"，以及第 176 条所指的被宣布为"有悖于本条约"的不作为。

在未提到根据共同体法哪个条款要求委员会废除或撤回所述决定的情况下，申请人只限于主张这些决定的通过违反了条约，而且，这一事实本身就足以使委员会的不作为受第 175 条的约束。

17. 但是，条约特别是其第 173 条规定了其他可诉诸的方法，通过这些方法可对被指控为非法的欧共体措施提出异议，并在必要时应适格当事人的请求废除之。

如申请人所希望的那样，承认有关当事人可以要求通过该措施的机构将其撤回，并且在委员会不作为的情况下，将这种不作为当作非法疏忽提请欧洲法院处理，这就等于为他们提供了一种与第 173 条平行的诉请方法，而这种方法不受条约规定的条件约束。

18. 因此，本申请不满足条约第 175 条的要求，从而认定为不可

受理。

欧洲法院提及利用现第265条来规避第263条的适用限制，包括绕过根据第263条提起有异议诉讼的时效。[92]

二 程序

第265条要求申请人吁请机构作为，因为在疏忽的情况下可能难以说明疏忽发生的时间。因此，疏忽行为被视为在头两个月的期限结束时发生，其内容由该请求来界定。条约没有具体规定启动不作为之诉程序的任何时限。但是，欧洲法院要求该诉讼程序必须在合理时间内启动。[93] 一旦被提出作为的请求，机构有两个月的时间来确定其立场。如果不这样做，则申请人还有两个月的时间根据第265条提出诉讼。

三 起诉资格

与第263条一样，第265条将申请人分为特权与非特权申请人。特权申请人见于第265条第1段，即成员国和其他欧盟机构。第265条第3段涵盖非特权申请人，允许自然人或法人就未能采取针对该人的除建议和意见以外的法令提起申诉。[94] 有些人主张，仅当法令本质上是针对该申请人的情况下，申请人才拥有对不作为提起诉讼的资格。这种观点未成为通说。欧洲法院在"国家铀矿公司案"（*ENU*）[95] 中裁定，根据《欧洲原子能共同体条约》第148条（相当于第265条），如果申请人具有直接或个别联系，他就拥有起诉资格——申请人不必是决定的实际相对人。[96] 但是该测试法适用与第263条一样的限制性方式。[97]

---

[92] See also Cases 21–26/61 *Meroni v High Authority* [1962] ECR 73, 78.

[93] Case 59/70 *Netherlands v Commission* [1971] ECR 639.

[94] AG Toth, 'The Law as it Stands on the Appeal for Failure to Act' (1975) 2 LIEI 65, 85–86.

[95] Case C–107/91 *ENU v Commission* [1993] ECR I–599; Case T–95/96 *Gestevision Telecinco SA v Commission* [1998] ECR II–3407, [58]; Cases T–79/96, 260/97 and 117/98 *Camar Srl and Tico Srl v Commission* [2000] ECR II–2193, [79]; Case T–395/04 *Air One SpA v Commission* [2006] ECR II–1343, [25]. See, however, Case T–277/94 *AITEC* (n 90) [58]; Case T–167/04 *Asklepios Kliniken GmbH v Commission* [2007] ECR II–2379, [45].

[96] Cases T–79/96, 260/97 and 117/98 *Camar* (n 95) [72]–[84].

[97] See, eg, Case T–398/94 *Kahn Scheepvart BV v Commission* [1996] ECR II–477.

第八节 第277条：主张非法的请求权

《欧洲联盟运行条约》第277条是与这方面相关的条约条款。

即使第263第6段规定的期限已届满，在对联盟机构、机关、办事处或专门机构通过的普遍适用的法令存在争议的诉讼程序中，任何一方仍可以第263条第2段提出的理由进行申辩，请求欧洲联盟法院裁定该法令不可适用。

一 可以被质疑的法令

下面讨论第277条的实质内容。[98] 个人可能在出于不同原因提起的诉讼程序中希望质疑其他措施的合法性。例如，申请人可以质疑具有直接和个别联系的决定，在此过程中，申请人希望提出该决定所依据的条例的合法性问题。因此，第277条并不构成独立诉由。[99] 此外，在成员国法院提起的诉讼中也不能使用第277条。只能在根据条约其他条款向欧洲法院提起的诉讼中寻求根据第277条宣布某项条例不可适用，因此只是附带性的并且效果有限。[100] 第277条最常见的用法是在根据第263条提起的宣告无效之诉中作为额外的附带提出，如下文摘录的"西门塔尔案"（Simmenthal）所示。[101]

此外，申请人仍必须遵守主要诉讼的时限规定。因此，尽管第277条

---

[98] M Vogt, 'Indirect Judicial Protection in EC Law: The Case of the Plea of Illegality' (2006) 31 ELRev 364.

[99] Case 33/80 *Albini v Council* [1981] ECR 2141; Case T – 154/94 *Comité des Salines de France v Commission* [1996] ECR II – 1377; Case C – 239/99 *Nachi Europe* (n 74).

[100] Cases 31 and 33/62 *Milchwerke Heinz Wohrmann & Sohn KG and Alfons Lütticke GmbH v Commission* [1962] ECR 501; Cases 87 and 130/77, 22/83, 9 and 10/84 *Salerno and Others v Commission and Council* [1985] ECR 2523, [36]; Case C – 239/99 *Nachi Europe* (n 74) [33].

[101] A Barav, 'The Exception of Illegality in Community Law: A Critical Analysis' (1974) 11 CMLRev 366, 375 – 381; Case T – 69/04 *Schunk GmbH and Schunk Kohlenstoff-Technik GmbH v Commission* [2008] ECR II –2567; Case T – 15/11 *Sina Bank v Council* EU: T: 2012: 661, [13]; Cases T – 828 – 829/14 *Antrax It Srl v European Union Intellectual Property Office* EU: T: 2017: 87, [31].

允许申请人在第263条规定的时限之外顺带提出某条例的非法性，但对于具有直接和个别联系的决定提出的首要质疑，申请人仍必须遵守该时限要求。

第277条只能用来质疑普遍适用的法令，例如根据《欧洲联盟运行条约》第289条或第290条制定的条例或指令，以及一般性决定。此外，作为诉讼标的的个别决定与其合法性受到质疑的普遍措施之间必须存在某种真实联系。[102]但是，具有决定性意义的是措施的实质内容，而非其形式：如果欧洲法院裁定该措施实质上是普遍适用的法令，则可以使用第277条。"西门塔尔案"证明了这一点。

西门塔尔公司诉委员会

Case 92/78 Simmenthal SpA v Commission

[1979] ECR 777

[《里斯本条约》重新编号，第173条和第184条
现为《欧洲联盟运行条约》第263条和第277条]

申请人寻求废除委员会关于冷冻牛肉最低销售价格的决定。为了支持其主张，申请人希望使用第184条来质疑某些条例和通知的合法性——这些条例和通知构成有争议决定的法律依据。欧洲法院认为，申请人与主要决定具有直接和个别联系，即使该决定实际上针对成员国。欧洲法院随后审议了有关第184条的论点。

欧洲法院

34. 虽然申请人正式质疑《第78/258号委员会决定》，但同时又根据《欧洲经济共同体条约》第184条批评"具有关联性的"体系的某些方面，该体系在形式上是按照《第805/68号条例》新的第14

---

[102]　Cases T－93/00 and 46/01 *Alessandrini Srl v Commission* [2003] ECR Ⅱ－1635，[76]－[81]；Case C－485/08 P *Claudia Gualtieri v European Commission* [2010] ECR Ⅰ－3009，[103]－[107]；Case T－58/01 *Solvay v European Commission* [2009] ECR Ⅱ－4781，[148]；Cases T－394，408，453 and 454/08 *Regione autonoma della Sardegna v Commission* [2011] ECR Ⅱ－6255，[207]；Case T－94/13 P *Ioannis Ntouvas v European Centre for Disease Prevention and Control*（*ECDC*）EU：T：2016：4，[70]；Barav（n 101）373－374.

条，通过《第 2900/77 号条例》《第 2901/77 号条例》以及 1978 年 1 月 13 日的招标通知予以实施的。

......

36. 毫无疑问，该条款（第 184 条）允许申请人在诉讼过程中，为了使有争议决定得以撤销，间接质疑构成该决定法律依据的条例所规定措施的有效性。

37. 另一方面，有理由质疑第 184 条是否适用于 1978 年 1 月 13 日的招标通知——根据第 184 条的措辞，它只规定对"条例"提出质疑。

38. 这些通知是一般性法令，它预先客观确定希望参加招标的交易者的权利和义务，并且将招标公开。

39. 正如欧洲法院在……"沙斯高炉公司案"判决（Case 15/57, *Compagnie des Hauts Fourneaux de Chasse*）和……"梅罗尼案"判决（Case 9/56, *Meroni*）中就《欧洲煤钢共同体条约》第 36 条做出的裁定，《欧洲经济共同体条约》第 184 条表达了一项一般原则，它赋予诉讼的任何当事方，有权为了废除与该当事方具有直接和间接联系的决定，质疑构成有争议决定法律依据的该机构先前法令的有效性，前提条件是该当事方无权根据条约第 173 条，就对其造成影响但自己没有起诉资格请求宣布它们无效的那些法令提起直接诉讼。

40. 因此，该条的适用领域必须包括该机构的如下法令，即尽管这些法令没有采用条例的形式，但产生了相似效果，并且基于那些理由，除共同体机构或成员国以外的自然人或法人不能根据第 173 条对这些法令提出质疑。

41. 对第 184 条的这种宽泛解释来自如下需要，即对于那些被第 173 条第 2 段排除而不能对普通法令提起直接诉讼的个人，当他们受到与其具有直接和个别联系的实施性决定影响时，赋予他们享有司法审查的权益。

42. 1978 年 1 月 13 日的招标通知就是这种情况，申请人不能对其提起诉讼，因为只有在申请人针对特定招标提交投标之后，针对其投标做出的决定才与其具有直接和个别联系。

43. 因此，有充分的理由宣布，申请人在根据第 184 条提起诉讼的过程中提出的质疑是可受理的，该质疑不仅涉及上述各条例，而且包括 1978 年 1 月 13 日的招标通知，尽管从严格意义上讲后者不是条例所规定的措施。

二 可以使用第 277 条的当事方

私人当事方可以使用第 277 条，其条件是，如果很明显本来可以通过第 263 条对法令提出质疑，但该法令实质上是一项与申请人具有直接和个别联系的决定，而他们不能使用该条。[103]

对于特权申请人是否可以使用第 277 条，评论人士意见不一。伯尔（Bebr）反对特权申请人使用第 277 条，因为此类申请人可以根据第 263 条在时限内质疑任何有约束力的欧盟法律。[104] 但是，正如巴拉维（Barav）所指出的[105]，只有在通过相关实施性措施之后才可能出现对普遍法令的违法情况，因此在第 263 条规定的时限结束之前，成员国可能不会意识到对普遍法令提出质疑的必要性。欧洲法院现已解决此问题，其结论是，即使成员国未在第 263 条规定的时限内对相关措施提出异议，也可以援引第 277 条。[106] 欧洲法院得出此结论有两个原因。

首先，第 277 条的措辞是"任何一方"都可以提出主张非法的请求。其次，鉴于成员国是特权申请人，它们总是可以质疑欧盟法令。如果否决成员国援用第 277 条的可能性，那么它们就可能永远不会利用本条，这将带来问题，因为可能有充分的理由解释为什么成员国不在第 263 条的期限内质疑相关措施。

第九节 结论

一 有关起诉资格的规则在任何法律制度中都非常重要。它们构成了个人

---

[103] Case C – 188/92 *TWD* (n 71)；Case C – 310/97 P *Commission v AssiDomän Kraft Products AB* [1999] ECR I – 5363, [60]；Case C – 239/99 *Nachi Europe* (n 74) [35] – [37]；Case C – 241/01 *National Farmers' Union* (n 77)；Case C – 441/05 *Roquette Frères* (n 79) [39] – [40]；Case C – 343/07 *Bavaria NV* (n 21) [38] – [39].

[104] G Bebr, 'Judicial Remedy of Private Parties against Normative Acts of the European Communities：The Role of the Exception of Illegality' (1966) 4 CMLRev 7.

[105] Barav (n 101) 371.

[106] Case C – 442/04 *Spain v Council* [2008] ECR I – 3517, [22].

获取司法审查的主要途径，以使公共决策得到问责。因此，如果将起诉资格规则规定得过于狭窄，个人将很难利用那些行政法原则。

二　自欧洲经济共同体成立以来，根据第263条提起直接诉讼的起诉规则产生了重要的判例法。在许多案件中，申请人未能获得起诉资格，即使在成员国法律体系下的许多这类案件中他们可以这么做。造成这种"失败率"的主要原因，是"普劳曼案"判决对个别联系的要求，这使得非特权申请人即使在受到有争议措施严重影响的情况下也甚难成功。这种对个别联系的解释存在实证和概念上的问题。

三　欧洲法院试图通过证明条约提供了完整的法律保护体系，以及通过第267条的间接质疑对根据第263条的直接诉讼提供了补充，来证明这一现状的合理性。但是，这一假设存在困难。

四　《里斯本条约》修订了第263条，对于具有直接联系但不必然需要实施性措施的规制性法令，无须证明具有个别联系，这项修订受到欢迎。但是，从迄今为止的判例法中明显可见，作为要求证明个别联系的一般规则的这项新的例外，对于寻求质疑立法性法令的申请人没有任何帮助，而且，如果存在任何形式的使欧盟法令在成员国层面生效的实施性措施，这项新例外对这些申请人也没有任何帮助。

第十节　扩展阅读

Albors Llorens, A, 'The Standing of Private Parties to Challenge Community Measures: Has the European Court Missed the Boat?' (2003) 62 CLJ 72

Arnull, A, 'Private Applicants and the Action for Annulment under Article 173 of the EC Treaty' (1995) 32 CMLRev 7

—— 'Private Applicants and the Action for Annulment since *Codorniu*' (2001) 38 CMLRev 7

Balthasar, S, '*Locus Standi* Rules for Challenges to Regulatory Acts by Private Applicants: The New Article 263 (4) TFEU' (2010) 35 ELRev 542

Craig, P, 'Standing, Rights and the Structure of Legal Argument' (2003) 9 EPL 493

——*EU Administrative Law* (Oxford University Press, 2nd edn, 2012) ch 11

Enchelmaier, S, 'No-One Slips through the Net? Latest Developments, and Non-Developments, in the European Court of Justice's Jurisprudence on Art 230 (4) EC' (2005) 24 YBEL 173

Gormley, L, 'Judicial Review: Advice for the Deaf?' (2006) 29 Fordham Int LJ 655

Harlow, C, 'Towards a Theory of Access for the European Court of Justice' (1992) 12 YBEL 213

Tridimas, T, and Poli, S, '*Locus Standi* of Individuals under Article 230 (4): The Return of Euridice?' in A Arnull, P Eeckhout, and T Tridimas (eds), *Continuity and Change in EU Law: Essays in Honour of Sir Francis Jacobs* (Oxford University Press, 2008) ch 5

Vogt, M, 'Indirect Judicial Protection in EC Law: The Case of the Plea of Illegality' (2006) 31 ELRev 364

Ward, A, *Judicial Review and the Rights of Private Parties in EU Law* (Oxford University Press, 2nd edn, 2007)

Wyatt, D, 'The Relationship between Actions for Annulment and References on Validity after *TWD Deggendorf*' in J Lombay and A Biondi (eds), *Remedies for Breach of EC Law* (Wiley, 1996) ch 6

第十六章　合法性审查的审查理由

第一节　核心议题

一　前一章讲解了寻求司法审查的起诉资格问题。如果申请人具有起诉资格并且在规定的时限内提起诉讼，还必须表明为什么联盟法令应被撤销或者宣布无效。《欧洲联盟运行条约》第263条规定了四条理由：缺乏权能；违反基本程序要求；违反两部条约或与两部条约的适用有关的法律规则；滥用权力。相同理由也适用于根据第267条提起的间接诉讼。无论直接通过第263条还是间接通过第267条，司法审查的目的都是确保决策在法律上可问责。在阅读本章时不可忘记前面对辅助性原则的讨论。[①] 在某些方面，这是一项欧盟法一般原则，尽管主要涉及联盟行动的初始合法性。

二　联盟法院利用第263条的审查名义作为发展一般法律原则的框架，这些原则发挥了行政合法性原则（administrative legality）的作用，借鉴自成员国法律制度中的概念。其中包括基本权利、相称性（proportionality）、合理期待（legitimate expectations）、非歧视性（non-discrimination）、透明性（transparency），以及较近的风险预防原则（precautionary principle）。

三　前面有章节讨论了一般法律原则在欧盟规范位阶中的地位。[②]

四　这些原则之间的界限不是绝对的：某些原则例如获得公平审理的权利，或者法律和专业特权，有些人可能将其归类为基本权利，有些人

---

①　见第四章。
②　见第五章。

则将其视为行政合法性原则。

五　某些原则在条约中有条文基础，例如非歧视原则，另一些则是从联盟立法中发展出来的。但是，欧洲法院在推动一般原则的发展方面发挥了关键作用。

六　这些原则具有许多功能。在解释条约条款和欧盟立法时，它们可以用作解释性指南。它们可以作为废除欧盟立法性法令、委托法令或实施性法令的理由。它们还可以解释认定成员国规则违反欧盟法的原因。

第二节　理由一：缺乏权能

权能的一般问题已在前面详细讨论过，应参考这些讨论。[③] 欧盟机构必须能够指出条约中授权其采取行动的权力。如果不能如此，其法令会因缺乏权能而被宣布无效。对这项审查理由的使用比较罕见。为了实现条约目标，欧洲法院宽泛和有目的地解释欧盟的权力。

《里斯本条约》引入了适用于不同主题事项领域的权能类型。权能分类非常重要，因为对联盟和成员国的权力关系进行分类将产生不同的法律后果。原告可能会主张欧盟在某种意义上缺乏权能，例如它以专属权能名义采取行动，这就意味着成员国不能在该领域采取任何具有法律约束力的法令，但它本应该在该领域以共享权能方式采取行动。

第三节　理由二：违反基本程序要求

一　听审权

由联盟法院决定哪些要素构成基本程序要求。联盟法院已将与具体决定有关的正当程序等许多程序性要求纳入条约解释。[④] 在采取对个人具有不利影响的具体措施之前，个人享有"听审权"（right to be heard），这项

---

③　见第四章。

④　P Craig, *EU Administrative Law* (Oxford University Press, 2nd edn, 2012) chs 11 – 12.

权利包含在《欧盟基本权利宪章》中。⑤

联盟法院已将获得听审作为一项权利，不论有关条约条款、条例、指令或决定中是否规定了这项权利。只要对申请人的利益造成某些不利影响或重大影响，即使没有施加惩罚，听审也是一项普遍要求。⑥ 听审权已被视为基本权利判例法的一部分。⑦ 它不能被任何立法性规定排除或限制：在没有特定欧盟立法的情况下，或者如果存在立法但没有充分考虑该原则的情况下，该原则必须得到保护。⑧

原告不必表明委员会本来应该采取不同的决定，而只需要表明不能完全排除这种可能性，因为如果没有程序性错误，本来可以更好地为自己辩护。⑨ 成员国在欧盟法范围内采取决定时必须遵守这些权利，即使所适用的欧盟立法并未明确规定此类程序性要求。⑩

联盟法院还规定了其他更具体的程序要求。法院坚持认为，应通知案件的性质，并且个人应有权做出反馈。⑪ 在越来越多的案件中，个人被赋

---

⑤ Charter of Fundamental Rights of the European Union［2010］OJ C83/2，Art 41（2）.

⑥ Case 17/74 *Transocean Marine Paint v Commission*［1974］ECR 1063；Case T-450/93 *Lisrestal v Commission*［1994］ECR Ⅱ-1177；Case C-32/95 P *Commission v Lisrestal*［1996］ECR Ⅰ-5373；Case T-50/96 *Primex Produkte Import-Export GmbH & Co KG v Commission*［1998］ECR Ⅱ-3773，［59］；Case C-462/98 P *MedioCurso-Etabelecimento de Ensino Particular Ld v Commission*［2000］ECR Ⅰ-7183，［36］；Case T-102/00 *Vlaams Fonds voor de Sociale Integratie van Personen met een Handicap v Commission*［2003］ECR Ⅱ-2433，［59］；Case C-349/07 *Sopropé—Organizações de Calçado Lda v Fazenda Pública*［2008］ECR Ⅰ-10369，［37］；Case C-566/14 *Jean-Charles Marchiani v European Parliament* EU：C：2016：437，［51］.

⑦ Case C-49/88 *Al-Jubail Fertilizer v Council*［1991］ECR Ⅰ-3187，［15］；Cases T-33-34/98 *Petrotub and Republica SA v Council*［1999］ECR Ⅱ-3837；Case C-458/98 P *Industrie des Poudres Sphériques v Council and Commission*［2000］ECR Ⅰ-8147，［99］；Case C-141/08 P *Foshan Shunde Yongjian Housewares & Hardware Co Ltd v Council*［2009］ECR Ⅰ-9147，［83］；Case T-410/06 *Foshan City Nanhai Golden Step Industrial Co，Ltd v Council*［2010］ECR Ⅱ-879，［109］-［111］；Case T-192/08 *Transnational Company 'Kazchrome' AO v Council*［2011］ECR Ⅱ-7449，［110］；Case T-260/11 *Spain v European Commission* EU：T：2014：555，［62］.

⑧ Case T-260/94 *Air Inter SA v Commission*［1997］ECR Ⅱ-997，［60］；Case C-560/14 *M v Minister for Justice and Equality Ireland and the Attorney General* EU：C：2017：101，［25］.

⑨ Case C-141/08 P *Foshan Shunde Yongjian Housewares*（n 7）［94］.

⑩ Case C-276/12 *Sabou v Finanční ředitelství pro hlavní město Prahu* EU：C：2013：678，［38］；Case C-349/07 *Sopropé*（n 6）［37］；Case C-383/13 PPU *MG and NR v Staatssecretaris van Veiligheid en Justitie* EU：C：2013：533，［35］.

⑪ Cases C-48 and 66/90 *Netherlands and Koninklijke PTT Nederland NV and PTT Post v Commission*［1992］ECR Ⅰ-565.

予"获取文件的权利"⑫，并且已得到《基本权利宪章》的承认。⑬ 此外，联盟法院对在个人案件中使用自由裁量权施加了一项谨慎义务（obligation to take care），即使在个人未获得听审的情况下，该义务也可以适用。⑭

二 咨询和参与

如果欧盟条约或立法规定了"咨询义务"（duty to consult），则将通过法院执行。⑮ 但是，欧洲法院一直抵制那些主张联盟立法制定过程中的程序性权利，例如参与权（right to participate）或被咨询权（right to be consulted），除非条约条文或其他欧盟规范有此明确规定。⑯ 欧洲法院通常也不愿意接受如下观点，即参与制定立法措施的事实将扩大给予申请人起诉资格以质疑该措施的任何可能性。⑰

这是令人遗憾的。参与是赋予决策更大合法性的一种方式。它使受影响者更接近决策，并使他们直接参与决策。1993 年欧洲理事会发表《关于民主、透明性和辅助性的机构间声明》，提议建立通报程序，根据该程序，委员会将在《官方公报》发布措施草案的简要摘要，利益相关方可以提交评论。这种方案显然与 1946 年《美国行政程序法》类似，该法针对各机构制定的法规建立了通知和评论程序。

---

⑫ Case T-7/89 *SA Hercules Chemicals NV v Commission* [1991] ECR II-1711, [53]-[54]; Case T-65/89 *BPB Industries plc and British Gypsum Ltd v Commission* [1993] ECR II-389; Case T-42/96 *Eyckeler & Malt AG v Commission* [1998] ECR II-401; Case T-346/94 *France-Aviation v Commission* [1995] ECR II-2841; Cases C-204, 205, 211, 213, 217 and 219/00 P *Aalborg Portland v Commission* [2004] ECR I-123; Case T-390/08 *Bank Melli Iran v Council* [2009] ECR II-3967, [97]-[104]; Case C-407/08 P *Knauf Gips KG v European Commission* [2010] ECR I-6375, [22]; Case C-139/07 P *European Commission v Technische Glaswerke Ilmenau GmbH* [2010] ECR I-5885, [59].

⑬ Charter (n 5) Art 41 (2) (b).

⑭ Case C-16/90 *Nolle v Hauptzollamt Bremen-Freihafen* [1991] ECR I-5163; Case C-269/90 *Hauptzollamt München-Mitte v Technische Universität München* [1991] ECR I-5469; Case C-367/95 P *Commission v Sytraval and Brink's France SARL* [1998] ECR I-1719.

⑮ Case 138/79 *Roquette Frères SA v Council* [1980] ECR 3333.

⑯ Case C-104/97 P *Atlanta AG v Commission* [1999] ECR I-6983; Case C-258/02 P *Bactria Industriehygiene-Service Verwaltungs GMBH v Commission* [2003] ECR I-15105, [43].

⑰ Case C-10/95 P *Asociación Española de Empresas de la Carne (Asocarne) v Council* [1995] ECR I-4149, [39]; Case T-583/93 *Stichting Greenpeace Council (Greenpeace International) v Commission* [1995] ECR II-2205, [56]; Case C-263/02 P *Commission v Jego-Quéré & Cie SA* [2004] ECR I-3425, [47]-[48].

但是委员会对这一想法反应平淡。[18] 委员会没有提出类似于《美国行政程序法》的任何方案，而且在其向 1996 年政府间会议提交的报告中对参与权的讨论微乎其微——这还是客气的说法。[19] 在推动欧盟重要政策领域的过程中，委员会通过越来越多地使用绿皮书和白皮书来扩大咨询。[20] 委员会力图通过"您在欧洲的声音"（Your Voice in Europe）给予 2002 年通讯文件的目标更为实际的力量。[21] 该特别网站已被取代，但基于互联网网站的基本理念以及收集公民、消费者和企业反馈的工具，仍未改变。[22] 委员会将由此收集的知识作为形成新政策和完善现行政策的一种方式。但是，委员会继续抵制针对其自身创立法律上可执行的参与权[23]，同时又要求针对成员国创设此类权利。[24]《里斯本条约》引入的《欧洲联盟条约》（TEU）第 11 条在这方面是否会带来什么变化，还有待观察。[25] 该条规定：

1. 各机构应通过适当途径给予公民及代表性社团就联盟所有领域的行动表达和公开交流意见的机会。

2. 各机构应保持与代表性社团和公民社会之间公开、透明、定期的对话。

3. 欧盟委员会应与相关当事方进行广泛协商，以确保联盟行动的

---

[18] Craig（n 4）ch 11；J Mendes，*Participation in EU Rulemaking：A Rights-Based Approach*（Oxford University Press，2011）.

[19] P Craig，'Democracy and Rule-Making within the EC：An Empirical and Normative Assessment'（1997）3 ELJ 105.

[20] Towards a Reinforced Culture of Consultation and Dialogue-General Principles and Minimum Standards for Consultation of Interested Parties by the Commission，COM（2002）704 final；C Quittkat and B Finke，'The EU Commission Consultation Regime' in B Kohler-Koch，D de Bièvre，and W Moloney，*Opening EU-Governance to Civil Society-Gains and Challenges*，CONNEX Report Series No 5，2008；B Kohler-Koch，'Does Participatory Governance Hold its Promises？' in B Kohler-Koch and L Fabrice（eds），*Efficient and Democratic Governance in the European Union*，CONNEX Report Series No 9，2008.

[21] https：//www. europarl. europa. eu/news/en/headlines/society/20120706STO48453/your - voice - in - europeinform - the - eu - and - be - informed.

[22] http：//ec. europa. eu/yourvoice/consultations/index_ en. htm.

[23] COM（2002）704（n 20）10.

[24] See，eg，Council Directive 96/61/EC of 24 September concerning integrated pollution prevention and control [1996] OJ L257/26，Art 4（4）.

[25] J Mendes，'Participation and the Role of Law after Lisbon：A Legal View on Article 11 TEU'（2011）48 CMLRev 1849.

连贯性与透明性。

4. 如公民认为某项联盟法令是实施两部条约所必需的，则来自有效数量成员国的、总数不少于 100 万的公民可提出倡议，提请欧盟委员会在其权力框架内就此事项提交适当提议。

《欧洲联盟条约》第 11 条使用的是强制性语言，并且第 4 款中的公民创制权（citizens' initiative）已获得相关立法。㉖ 由此突显的问题是，本条是否标志着改变以前的立场。第 11 条将被原告在诉讼中援引，而欧洲法院将不得不面对解释方面的难题，即这些原则产生了什么样的具体含义。欧洲法院可能会选择狭义地解释该条款，从而实际上将问题留给政治机构去处理；但这种做法与第 11 条的措辞不符，会对欧盟参与式民主的性质传达出非常负面的信息。该条款本意是传达关于欧盟包容性质的积极情绪以及欧盟与其公民接近的愿望，但这种处理方式存在着传达相反内涵的风险。

三　说明理由的义务

《欧洲联盟运行条约》第 296 条的前身是《欧共体条约》第 253 条，该条施加了提供理由的义务（a duty to provide reasons）㉗，就审查而言，违反该义务将构成违反基本程序要求。㉘ 条约施加的"说明理由的义务"不仅针对行政决定，而且针对所有法令，包括立法性法令、委托法令和实施性法令。这一点值得注意，因为许多成员国法律制度没有对立法性法令施加说明理由的义务，或者仅在有限的情况下才要求这样做。

㉖　Regulation（EU）No 211/2011 of the European Parliament and of the Council of 16 February 2011 on the citizens' initiative［2011］OJ L65/1.

㉗　Case 24/62 *Germany v Commission*［1963］ECR 63；Case 5/67 *Beus GmbH & Co v Hauptzollamt München*［1968］ECR 83；Case C－143/95 P *Commission v Sociedade de Curtumes a Sul do Tejo Ld（Socurte）*［1997］ECR I－1；Case T－83/96 *Gerard van der Wal v Commission*［1998］ECR II－545；Case C－370/07 *Commission v Council*［2009］ECR I－8917.

㉘　C－367/95 P *Commission v Sytraval*（n 14）［67］；Case C－378/00 *Commission v European Parliament and Council*［2003］ECR I－937，［34］；Case C－89/08 P *European Commission v Ireland*［2009］ECR I－11245，［34］－［35］；Case T－177/07 *Mediaset SpA v European Commission*［2010］ECR II－2341，［140］；Case T－463/14 *Österreichische Post AG v European Commission* EU：T：2016：243，［20］；Case T－796/14 *Philip Morris Ltd v European Commission* EU：T：2016：483，［29］.

（一）政策原理

"说明理由的义务"具有多种目标。从受影响的当事方角度来看，它使决策过程更加透明，以使他们能够知晓为什么通过某项措施。从决策者的角度来看，说明理由的义务有助于确保已经充分考虑到了采取行动的理由。从欧洲法院的角度来看，理由的存在有助于司法审查，例如，使欧洲法院能够判断一项决定是否不成比例。用欧洲法院的话说就是：[29]

> 在要求委员会有义务陈述其做出决定的理由时，第190条不只考虑到形式上的因素，而且寻求给予当事方捍卫其权利的机会，给予法院行使监督职能的机会，也给予成员国和所有利益相关的国民以机会来确定委员会在哪些情况下适用条约。

（二）内容

一般原则是，"说明理由的义务"要求必须清楚、明确地表明法令起草者的论证，从而使有关人员能够查明其理由，以便他们可以捍卫其权利并确定该措施是否有充分根据，也使欧洲法院能够行使其审查权。[30] 根据措施的不同性质，出具理由的义务所包含的具体内容也不同。[31]

如果措施具有一般立法性质，欧盟当局有必要说明促使其通过该措施的理由，但没有必要说明每一个事实要点和法律要点。如果已明确披露了措施的根本目标，则无须具体陈述做出各项技术性选择的理由。[32]

---

[29] Case 24/62（n 27）69.

[30] Case C-367/95 P *Sytraval*（n 14）[140]；Cases T-228 and 233/99 *Westdeutsche Landesbank Girozentrale and Land Nordrhein-Westfalen v Commission* [2003] ECR II-435, [278]；Case T-177/07 *Mediaset*（n 28）[141]；Case T-319/11 *ABN Amro Group NV v European Commission* EU：T：2014：186, [131].

[31] Case 5/67 *Beus* [1968] ECR 83, 95；Case C-205/94 *Binder GmbH v Hauptzollamt Stuttgart-West* [1996] ECR I-2871；Case C-367/95 P *Sytraval*（n 14）；Case T-181/08 *Pye Phyo Tay Za v Council* [2010] ECR II-1965, [93]-[96]；Case T-36/06 *Bundesverband deutscher Banken eV v European Commission* [2010] ECR II-537, [43]-[47]；Case T-637/11 *Euris Consult Ltd v European Parliament* EU：T：2014：237, [31].

[32] Case C-122/94 *Commission v Council* [1996] ECR I-881, [29]；Case C-84/94 *United Kingdom v Council* [1996] ECR I-5755, [74], [79].

如果所质疑的措施具有个别性质，而非立法性质，则欧洲法院可能要提供更多细节。在"德国诉委员会案"[33] 中，欧盟委员会做出决定，限制德国以较低关税进口的葡萄酒数量，因为欧共体有足够的葡萄酒产量，并且因为给予所要求的配额会严重扰乱相关产品市场。欧洲法院撤销了该决定。欧洲法院裁定，委员会对共同体市场上产量过剩规模的说理不够具体，而且委员会的决定无法清楚地表明为什么市场会受到严重干扰。

"说明理由的义务"所包含的内容，也受到欧洲法院要求欧盟机构在多大程度上回应当事方提出论点的影响，即所谓"对话维度"[34]。欧洲法院对此保持谨慎。在"烟草工业基金会案"（Sigarettenindustrie）[35] 中，欧洲法院裁定，尽管《欧共体条约》第253条要求委员会陈述其理由，但并不需要在行政诉讼中讨论各当事方提出的所有事实和法律问题。因此，它驳回了认为委员会无视申请者论点的申诉，而在委员会的决定中完全没有提及这些论点。尽管联盟法院已确认委员会没有义务回应当事方的所有论点，但它们也强调指出，委员会给出的理由必须足以使其行使司法审查职能，如果一项决定不能经受住审查，它们将予以废除。[36]

夏皮罗（Shapiro）解释了为什么欧洲法院不愿朝这个方向推进，以及为什么在鼓励参与的基础上欧洲法院仍有可能被迫这样做。前面已指出联盟法院和政治机构在促进对话和参与方面所面临的诸多限制。[37] 以下摘录中所援引的第190条应理解为《欧洲联盟运行条约》第296条。

---

[33]　Case 24/62 *Germany v Commission* （n 27）；Case T – 5/93 *Tremblay v Commission* ［1995］ECR II – 185.

[34]　M Shapiro, 'The Giving Reasons Requirement' （1992）U Chic Legal Forum 179, 203 – 204.

[35]　Cases 240 – 242, 261 – 262 and 268 – 269/82 *Stichting Sigarettenindustrie v Commission* ［1985］ECR 3831, ［88］. See also Case 42/84 *Remia BV and Nutricia BV v Commission* ［1985］ECR 2545；Cases T – 228 and 233/99 *Westdeutsche Landesbank* （n 30）［280］；Case T – 177/07 *Mediaset* （n 28）［142］–［143］；Case T – 36/06 *Bundesverband deutscher Banken* （n 31）［44］–［45］；Case C – 413/08 P *Lafarge SA v European Commission* ［2010］ECR I – 5361, ［41］.

[36]　Case T – 44/90 *La Cinq SA v Commission* ［1992］ECR II – 1；Case T – 7/92 *Asia Motor France SA v Commission* ［1993］ECR II – 669.

[37]　参见本节前面第二部分。

夏皮罗:《给予理由的要求》[38]

各方推动对话而欧洲法院拒绝对话的根本原因,在于透明性和参与度之间的差异。法院最初可能会对要求对话持敌视态度。此类请求是那些受到规制但没有表达实质性观点机会的当事方的最后手段。此外,如果关于对话的主张在司法上得到接受,则将导致行政程序越来越繁冗,因为这将鼓励受规制的当事方提出越来越多的论点,而相关机构不得不做出回应。如果说明理由的唯一有用价值是透明性,那么法院将抵制对话要求。人们可以发现相关机构的行为和目的,而无须该机构反驳每一个相反的论点。

……

如果欧洲法院坚持将透明性作为第 190 条的唯一目标,则欧洲法院不太可能朝着对话要求迈进。然而,受政府决策影响的利益相关者参与政府决策,这代表着当代社会越来越引人注目的价值,特别是在环境问题方面。但是,欧洲法院已经在无意间开启了一条将参与度与第 190 条联系起来的道路——它指出,理事会不需要向已参与那些决定的成员国提供充分理由。可以肯定的是,欧洲法院的这些意见是建立在透明性基础上的。它要求那些成员国知道所参与事项的进展,因为它们就在那里。无论如何,它们创造了一个机会,使没在场的申诉人可以提出相反论点,并且由此声称他们需要委员会做出回应。简而言之,只有通过参与或者以参与为形式的对话,才能实现完全透明。

第四节 理由三:违反条约或与其适用有关的任何法律规则

一 范围

《欧洲联盟运行条约》第 263 条中的这个审查理由为司法审查原则的发展奠定了基础。对条约的违反包括经修订后的基础条约的所有条款。尚

---

[38] M Shapiro, 'The Giving Reasons Requirement' (n 34) 204 – 205.

不完全清楚"与其适用有关的任何法律规则"这一短语的含义。其意图或许仅仅是确保决策不仅要遵守一级条约条款，而且要遵守根据条约条款通过的条例、指令和决定。如果这就是该短语的目的，那么本来可以表达得更为简单。或者说，其目的可能不仅是遵守欧盟法律，而且要遵守联盟法院发展出的其他"与条约适用有关的法律规则"。有一些证据支持这种观点，但过程更为复杂，涉及相当大的司法创造力。[39] 无论如何，该短语的含糊之处为欧洲法院提供了一个机会，以此将一般法律原则作为审查依据的正当理由。

现《欧洲联盟条约》第 19 条第 1 款进一步强化了该策略，该条规定联盟法院有责任确保在解释和适用条约时应遵守法律。更具体的条约条款进一步推动了细化司法审查诸原则的司法任务，例如援引非歧视原则。欧洲法院将这些条款解读为，标志着将非歧视原则作为法律秩序基础的更一般原则。[40] 此外，《欧洲联盟条约》第 2 条[41]规定，联盟建立在尊重人类尊严、自由、民主、平等、法治和人权的价值观基础之上。

欧洲法院发展形成了关于一般法律原则的丰富的判例法体系，涵盖诸如程序权利（process rights）、基本权利（fundamental rights）、平等待遇与非歧视（equal treatment and non-discrimination）、相称性原则（proportionality）、法律确定性（legal certainty）和合理期待（legitimate expectations）等议题。[42] 欧洲法院在发展这些概念时汲取了成员国的行政法学说。在这方面，德国法律可能最具影响力，为将相称性原则和合理期待引入共同体法律秩序提供了灵感。

一般原则被应用于不同方面。它们被作为一级条约条款和其他联盟法令的解释性指南。一般原则也可作为审查的理由。联盟法院不能将一级条约条款解释为无效，但是可以撤销其他欧盟法令，并且以其违反一般原则作为撤销的依据。这些原则也可以用于针对欧盟法律范围内的成

---

[39] P Craig, *UK, EU and Global Administrative Law: Foundations and Challenges* (Cambridge University Press, 2015) ch 3.

[40] Cases 117/76 and 16/77 *Ruckdeschel v Hauptzollamt Hamburg-St Annen* [1977] ECR 1753, [7].

[41] 原《欧洲联盟条约》第 6 条。

[42] K Lenaerts and T Corthaut, 'Judicial Review as a Contribution to the Development of European Constitutionalism' (2002) 22 YBEL 1; K Lenaerts and J Guttierez-Fons, 'The Constitutional Allocation of Powers and General Principles of EU Law' (2010) 47 CMLRev 1629.

员国措施。[43] 违反一般原则也可能构成损害赔偿诉讼的基础。对侵犯基本权利的情形进行司法审查已作为独立议题加以讨论。[44] 本章的讨论将考虑其他重要的一般法律原则。

二 一般法律原则：相称性

（一）含义

"相称性"（proportionality，或译"比例性"）概念在德国法律中的发展最为充分。它最初出现在警务背景下，用于以此为由质疑相对于所追求的目标而言过度或不必要的措施。[45] 其他成员国法律制度中也有关于相称性的某种概念，但需要注意，在不同法律体系中"相称性"一词不一定具有相同含义。[46]

"相称性"已被确立为欧盟法律一般原则。这项原则见于《欧洲联盟条约》第5条第4款，它规定欧盟行动的内容和形式不得超出实现两部条约之目标所必要的范围，并且要求在条约议定书中进一步阐明这一原则。相称性原则可以用来质疑欧盟行动，以及属于欧盟法律范围内的成员国行动。

在任何相称性审查中，必须确定相关利益，并且这些利益具有一定的权重或价值，因为这是在进行任何平衡操作之前必要的先决条件。相称性审查通常分为三个步骤：措施是否适合实现预期目标；措施是否对达成预期目标必不可少；该措施是否对个人施加了与要实现的目标相比过重的负担（严格意义上的相称性）。

第三个步骤是否属于欧洲法院相称性审查的一部分，尚存在某些疑问。[47] 实际情况是，当申请人提出与第三个步骤审查有关的主张时，欧洲

---

[43] Ibid; Editorial, 'The Scope of Application of the General Principles of Union Law: An Ever Expanding Union?' (2010) 47 CMLRev 1589.

[44] 见第十二章。

[45] J Schwarze, *European Administrative Law* (Sweet & Maxwell, revised 1st edn, 2006) 685 – 686.

[46] Ibid 680 – 685.

[47] Craig (n 4) ch 19.

法院就会考虑该步骤。在没有提出这种特定主张的情况下，尤其是在采用前面步骤就可以解决案件的情况下，欧洲法院可能不会这样做。此外，在一些案件中欧洲法院可能分别进行前两步审查和第三步审查，而在其他案件中可能实际上在第一步或第二步中"重叠"进行第三步审查。此外，欧洲法院还必须决定在多大程度上适用相称性测试。

格兰妮·德布尔卡：《相称性原则及其在欧共体法中的应用》[48]

显而易见，在做出决定时，影响欧洲法院的因素有很多，它不仅要考虑申请人所主张的利益或权利有怎样的性质和重要性，以及该措施所宣称服务的目标具有怎样的性质和重要性，而且取决于欧洲法院在评估这些因素时相对于决策机构的专业技能、立场和整体能力。同样显而易见的是，欧洲法院适用相称性原则的方式涵盖了不同路径，从非常尊重措施到对被质疑措施的正当性进行严格彻底的审查。

……共同体法院通常愿意就涉及传统上归类为个人权利的问题进行裁决，其条件是，对可自由裁量的政策决定进行的干预不能以这不是最明智或最有效的措施为由来解释，而应以该措施不正当地限制了一项得到法律承认的重要权利为由来解释，而法院有权保护这种权利。共同体法院也被认为在决定公民自由和人身权利方面具有合法角色，即使在非常有争议的情形下也是如此，例如安乐死、堕胎和言论自由。但是在某些特定的政治背景下，例如在涉及国家安全、经济政策或成员国支出问题的措施中，法院往往会在审查中采取更尊重相关措施的态度。如果受影响的利益被视为集体利益或普遍公共利益，而非个人权利，以及如果该国利益涉及多个领域且很复杂，例如在涉及成员国经济和社会政策选择的领域，它们往往不太愿意做出裁定。……在这种情况下，法院可以采取服从措施的方式有很多，包括：认为该措施不可受法院裁判；拒绝仔细考虑对相关措施产生的限制性效果的正当性；对主张该措施不相称的质疑者施加举证责任。

---

[48] G de Búrca, 'The Principle of Proportionality and its Application in EC Law' (1993) 13 YBEL 105, 111–112.

共同体法院倾向于在其审查中采取服从态度，在案件中强调司法机构不具有代表性质，突出审判过程中的取证程序和程序过程有限，以及在涉及复杂的政治和经济政策的情况下难以提供明确的个人救济。

有三种宽泛类型的案件可能适用于以相称性为由提出的质疑，其审查程度可能各不相同。[49]

（二）质疑欧盟行动：相称性原则与自由裁量的政策选择

最常见的情形是，个人主张行政机构的政策选择不符合相称性原则。司法机构在这种情况下持谨慎态度——政府的行政或政治部门做出政策选择，人们通常认为，法院不应仅仅因为相信通过其他行事方式可以实现更好的结果就推翻这些选择。它们不应以自己的判决代替行政机关的判断。这并不意味着在这种情况下排除相称性原则，但是与其他类别相比，法院适用该原则的程度较低，并且只有在政策选择明显不相称时才会将其推翻。从"英美烟草案"（*British American Tobacco*）[50] 中得出的指导原则是，只要欧盟立法机关行使涉及政治、经济或社会选择的广泛的自由裁量权要求其进行复杂评估，就将适用这种审查措施。

许多案件发生在"共同农业政策"领域，《欧洲联盟运行条约》第39条对该领域的多项目标做了高度概括。这些目标可能会发生冲突，结果是

---

[49] Craig（n 4）ch 19；T Tridimas，*The General Principles of EU Law*（Oxford University Press, 2nd edn, 2006）ch 3.

[50] Case C–491/01 *R v Secretary of State for Health*，*ex p British American Tobacco*（*Investments*）*Ltd and Imperial Tobacco Ltd* [2002] ECR I–11453，[123]；Case C–210/03 *The Queen*，*on the application of Swedish Match AB and Swedish Match UK Ltd v Secretary of State for Health* [2004] ECR I–11893，[48]；Case C–344/04 *R*（*International Air Transport Association and European Low Fares Airline Association*）*v Department for Transport* [2006] ECR I–403，[80]；Case C–380/03 *Germany v European Parliament and Council* [2006] ECR I–11573，[145]；Case C–266/05 P *Jose Maria Sison v Council* [2007] ECR I–1233，[33]；Case C–558/07 T *The Queen*，*on the application of SPCM SA，and others v Secretary of State for the Environment*，*Food and Rural Affairs* [2009] ECR I–5783，[41]–[42]；Case C–58/08 *The Queen*，*on the application of Vodafone Ltd v Secretary of State for Business*，*Enterprise and Regulatory Reform* [2010] ECR I–4999，[51]–[53]；Case 477/14 *Pillbox 38*（*UK*）*Ltd*，*trading as Totally Wicked v Secretary of State for Health* EU：C：2016：324，[49]；Case C–72/15 *PJSC Rosneft Oil Co v Her Majesty's Treasury* EU：C：2017：236，[146].

委员会和理事会不得不做出艰难的裁量选择。"欧洲动物卫生联合会案"（*Fedesa*）为此类质疑提供了一个很好的例子。欧洲法院强调，欧盟机构在共同农业政策的运行方面拥有广泛的自由裁量权，因此审查力度不会很密集。[51] 这种更为服从的方式同样适用于以相称性为由提出的质疑。

英女王代表欧洲动物卫生联合会诉农业、渔业和食品部长

Case C – 331/88 R v Minister for Agriculture,

Fisheries and Food, ex parte Fedesa

[1990] ECR I – 4023

《第 81/602 号理事会指令》规定，理事会将尽快就禁止对动物使用某些荷尔蒙物质做出决定，但与此同时，成员国对此类物质做出的任何安排将继续适用。1988 年《第 88/146 理事会指令》作为一项趋近措施（an approximating measure）通过，禁止在畜牧业中使用某些荷尔蒙物质。在稍早前，1985 年通过的一项完全相同的指令已被欧洲法院宣布无效，理由是理事会违反了基本程序要求。本案申请人是兽药制造商和分销商，他们质疑为实施 1988 年指令而通过的成员国立法措施的有效性，理由是该指令本身无效。他们主张，该指令违反法律确定性、相称性、平等性和不可溯及既往多项原则。以下摘录涉及相称性分析。

欧洲法院

12. 申请人主张该指令在三个方面违反相称性原则。首先，为了实现所宣称的目标，完全禁止使用所涉及的五种荷尔蒙物质是不适当的，因为不可能在实践中适用而导致出现危险的黑市。其次，完全禁止是没有必要的，因为仅通过传播信息和提出建议就可以缓解消费者的焦虑。最后，对于其有益于增加普遍利益的主张，该禁止性规定对其过度不利，特别是使相关交易商一方蒙受重大的经济损失。

---

[51] See, eg, Case 138/78 *Stolting v Hauptzollamt Hamburg-Jonas* [1979] ECR 713；Case 265/87 *Schräder v Hauptzollamt Gronau* [1989] ECR 2237.

13. 本法院一贯认为，相称性原则是共同体法律的一般原则之一。根据该原则，禁止一项经济活动的合法性必须满足以下条件，即就获得相关立法合理追求的目标而言，禁止性措施是适当且必要的；当可在几种适当的措施之间做选择时，必须选择施加最少义务的措施，并且产生的不利因素不应与所追求的目标不成比例。

14. 但是，就对是否遵守这些条件进行司法审查而言，必须指出，在涉及共同农业政策的事项中，共同体立法机关具有自由裁量权，这与条约……赋予它的政治责任相契合。因此，只有在相关措施与主管机构试图实现的目标明显不适当的情况下，才会影响在该领域所通过的措施的合法性（特别参见该案判决：Case 265/87, *Schräder* [1989] ECR 2237，第 21 段和第 22 段）。

因此，申请人必须表明相关措施显然不适当，并且欧洲法院得出结论认为它们未解除这一举证责任。[52] 即使禁止性规定给一些经营者造成了经济损失，也不能认为该措施明显不适当。

但是，如果假定以这种方式解释的"相称性"与英国法律中的"温斯伯里案的非理性"（*Wednesbury* irrationality）具有相同的含义，这就理解错了。事实情况是，前者通常比后者更为严格。欧洲法院会仔细审查达成有争议决定时所使用的论证及其证据基础，即使对于此类案件也是如此。[53]

（三）质疑欧盟行动：相称性原则与权利

第二类案件是，权利受到联盟行动的不当限制。联盟法院可能会进行

---

[52]　See also, eg, Case C‑8/89 *Zardi v Consorzio Agrario Provinciale di Ferrara* [1990] ECR I‑2515; Cases C‑133, 300 and 362/93 *Crispoltoni v Fattoria Autonoma Tabacchi* [1994] ECR I‑4863; Case C‑4/96 *Northern Ireland Fish Producers' Federation and Northern Ireland Fishermen's Federation v Department of Agriculture for Northern Ireland* [1998] ECR I‑681; Case C‑434/02 *Arnold Andre GmbH & Co KG v Landrat des Kreises Herford* [2004] ECR I‑11825, [46]‑[56]; Case C‑41/03 P *Rica Foods (Free Zone) NV v Commission* [2005] ECR I‑6875, [85]‑[86]; Cases C‑37 and 58/06 *Viamex Agrar Handels GmbH and Zuchtvieh-Kontor GmbH (ZVK) v Hauptzollamt Hamburg-Jonas* [2008] ECR I‑69, [36]; Case T‑334/07 *Denka International BV v Commission* [2009] ECR II‑4205, [139].

[53]　Craig (n 4) ch 19.

严格审查。社会可能完全接受不能将某权利视为绝对这一观点，但是若将某些利益称为"联盟权利"（Union rights），则意味着应将任何干涉降至最小。因此，若承认此类权利，则自然附加"相称性原则"。此外，法院将相称性原则视为其裁定国家行为与个人权利之间界限的合理职能中的适当部分，即使这可能会引起争议。

以"豪塔拉案"（*Hautala*）为例。[54] 该案申请人是欧洲议会议员（MEP），她希望获取有关武器出口的理事会文件。理事会拒绝提供，因为这可能损害欧盟与第三国的关系。理事会试图根据有关获取理事会文件的《第 93/731 号决定》第 4 条第 1 款[55]对此进行辩护。欧洲法院认为，对"获取文件权"（right of access to documents）应作广义解释，包括获取文件中所包含的信息，而不仅仅是文件本身。相称性原则要求理事会考虑提供部分文件，即使披露该文件中的信息可能危及受第 4 条第 1 款保护的某项利益。相称性原则还要求，减损适用获取文件权仅限于对实现目的而言的适当和必要程度。

"数字权利爱尔兰案"（*Digital Rights Ireland*）[56] 提供了在涉及权利的案件中进行高强度相称性审查的另一个例子。它涉及对一项指令的条款提出质疑，该指令规定为预防和侦查犯罪而保留数据。有人主张，这侵犯了《欧盟基本权利宪章》第 7 条对私人生活和通信的尊重、第 8 条对个人数据的保护以及第 11 条对言论自由的尊重，尤其是因为指令要求必须保留的数据非常详细。

欧洲法院认为，《数据保留指令》表面上违反宪章第 7 条和第 8 条。然而，它并没有影响权利的本质，并且以公共利益为由施加的限制是合理的，其中包括为了犯罪预防和侦查。因此，有必要判断这些限制是否相

---

[54]　Case C – 353/99 P *Council v Hautala* [2001] ECR I – 9565. See also Case C – 353/01 P *Olli Mattila v Council and Commission* [2004] ECR I – 1073；Case T – 2/03 *Verein für Konsumenteninformation v Commission* [2005] ECR II – 1121；Case C – 64/05 P *Sweden v Commission* [2007] ECR I – 11389，[66].

[55]　[1993] OJ L340/43.

[56]　Cases 293 and 594/12 *Digital Rights Ireland Ltd v Minister for Communications*, *Marine and Natural Resources* EU：C：2014：238；Case C – 362/14 *Maximillian Schrems v Data Protection Commissioner* EU：C：2015：650，[78]；O Lynskey, 'The Data Retention Directive is Incompatible with the Rights to Privacy and Data Protection and is Invalid in its Entirety：*Digital Rights Ireland*' （2014）51 CMLRev 1789.

称。欧洲法院详细阐述了司法审查的如下标准。[57]

> 就对这些条件的遵守情况进行司法审查而言，如果存在对基本权利的干涉问题，欧盟立法机构的自由裁量权可能会受到限制，这种限制取决于许多因素，其中特别包括所涉领域、受宪章保障的有争议权利的性质、干预的性质和严重性以及干涉的目的。……

> 在本案中，鉴于个人数据保护在尊重私人生活的基本权利方面所发挥的重要作用，以及《第2006/24号指令》对该权利的干涉程度和严重性，欧盟立法机关的自由裁量权被削减，因此对该自由裁量权的审查应该是严格的。

欧洲法院随后在对相称性进行裁决时应用了这一测试。它承认保留数据原则上是打击犯罪的适当方式。然而，它认为有争议的措施超出了必要的范围。欧盟立法机构有责任制定明确而准确的规则来规制有关措施的范围和适用，并提供防止滥用的最低保障措施。出于多种原因，该指令条款在这方面有所欠缺。[58]

但是，很多涉及权利和相称性的案件更为复杂，因为在质疑欧盟可自由裁量的政策选择时会引起争论。有申请人主张，自由裁量的政策侵犯了财产权，或者从事某个专业、行业或职业的权利。欧洲法院承认在联盟法律秩序中有此类权利，却明确指出这些权利不是绝对的，必须从其社会功能方面加以考虑。因此，欧洲法院和综合法院将考虑相关措施所施加的限制是否符合欧盟追求的普遍利益目标，以及是否构成不成比例并且无法容忍的干预，从而削弱了所保障权利的实质。[59]

在"豪尔案"[60] 中，申请人对限制新葡萄种植的共同体条例提出质疑。欧洲法院认为，这本身并不构成对财产权的无效限制。接下来，法院考虑

---

[57] Cases 293 and 594/12 Digital Rights Ireland（n 56）[47]–[48].

[58] Ibid [46]–[71].

[59] Case 265/87 *Schräder HS Kraftfutter GmbH & Co KG v Hauptzollamt Gronau* [1989] ECR 2237, [15]; Case C–280/93 *Germany v Council* [1994] ECR I–4973, [78]; Case C–200/96 *Musik Metronome GmbH v Music Point Hokamp GmbH* [1998] ECR I–1953, [21]; Case C–293/97 *R v Secretary of State for the Environment and Ministry of Agriculture, Fisheries and Food, ex p Standley* [1999] ECR I–2603, [54].

[60] Case 44/79 *Hauer v Land Rheinland-Pfalz* [1979] ECR 3727.

了种植限制是否不成比例，是否"影响了财产权的实质"[61]。欧洲法院认为并非如此，但在得出这一结论时，欧洲法院仔细审查了有争议条例中总体计划的目的。该计划的目标是建立平衡的葡萄酒市场，为消费者提供公平价格，为生产者提供公平回报；消除过剩问题；提高葡萄酒质量。有争议条例禁止新的种植，是该总体计划的一部分。鉴于该领域合理、普遍的共同体政策，这并非不成比例。该政策旨在解决当下的过剩问题，同时为采取更长久的措施促进葡萄酒市场平衡奠定基础。[62]

这项先前的决定可以与"卡迪案"进行比较。[63]"卡迪案"申请人试图撤销冻结其财产的条例，该条例依据的是安理会制裁基地组织的决议。申请人主张，该条例构成对其财产权不成比例的侵犯。欧洲法院重申了其通常的处理方式：财产权不是绝对的，因此可以加以限制，前提是这些限制符合共同体公共利益的目标，并且不构成不成比例且不可容忍的干预，从而破坏这项被保障权利的实质。[64]欧洲法院的结论是，鉴于打击恐怖主义的重要性，不能认为冻结资金这一事情本身不成比例[65]，但是该条例没有提供任何方式使申请人可以就将其列入制裁名单这一事项提出异议，这个事实意味着构成对其财产权的侵犯。[66]

（四）质疑欧盟行动：相称性原则与处罚

第三种情况是对处罚的质疑，即声称处罚过度。联盟法院在这类案件中很可能开展合理的考察。这是因为处罚可能会影响人身自由，并且因为法院通常可以在不破坏相关行政政策的情况下取消处罚。

在"曼氏糖业案"（Man Sugar）[67]中，申请人在申请向共同体之外出

---

[61] Ibid [23].

[62] See also Case C-491/01 *R v Secretary of State for Health*, *ex p British American Tobacco* (*Investments*) *Ltd and Imperial Tobacco Ltd* [2002] ECR I-11453；Cases C-20 and 64/00 *Booker Aquacultur Ltd and Hydro Seafood GSP Ltd v Scottish Ministers* [2003] ECR I-7411；Cases C-184 and 223/02 *Spain and Finland v European Parliament and Council* [2004] ECR I-7789.

[63] Cases C-402 and 415/05 P *Kadi and Al Barakaat International Foundation* [2008] ECR I-6351.

[64] Ibid [355].

[65] Ibid [363]-[366].

[66] Ibid [368]-[371]. See also Cases C-584, 593 and 595/10 P *Commission v Kadi* EU：C：2013：518.

[67] Case 181/84 *R v Intervention Board*, *ex p ED & F Man* (*Sugar*) *Ltd* [1985] ECR 2889.

口糖的许可证时，被要求向一个特别委员会缴纳保证金。申请人延迟了四个小时完成相关文书工作。该委员会根据共同体条例，没收全部保证金1670370英镑。欧洲法院裁定，鉴于出口许可证制度所履行的功能，这项处罚太过严厉。[68]

除了处理严格意义的惩罚案件外，欧洲法院还运用相称性原则审查欧盟机构所施加的要求。在"贝拉—米勒公司案"（Bela-Mühle）[69]中，对于一项为了减少牛奶过剩而强制动物饲料生产商在其产品中使用脱脂牛奶而非豆奶的计划，欧洲法院裁定为非法。脱脂牛奶的价格是豆奶价格的三倍，因此购买牛奶的义务给动物饲料生产商带来了不成比例的负担。在"葡萄牙诉委员会案"[70]中，葡萄牙主张，为应对疯牛病而对肉类产品实施的出口禁令不成比例。其理由是葡萄牙不是主要肉类出口国，因此，与英国的大宗出口相比，对小批量出口进行管制更为容易。欧洲法院驳回了这一论点。在英国实施卫生法典所建议的出口安排之前，从英国进口牛肉是不被允许的。而在对葡萄牙施加该出口禁令时，葡萄牙并未采取这种安排。

虽然上面列出了普遍方法，但在某些涉及惩罚的案件中，欧洲法院采用从"欧洲动物卫生联合会案"（Fedesa）中得出的"明显不相称检验法"。在如下情况中似乎采用了这种方法，即惩罚是自由裁量政策中不可或缺的实质部分，而该政策本身也适用"Fedesa检验法"[71]。

（五）质疑成员国行动：判例法

有很多案件处理成员国行动与"相称性原则"[72]。例如，平等权案件常常涉及相称性原则。在"克赖尔案"（Kreil）[73]中，欧洲法院裁定，德国法要求德国联邦国防军的所有武装部队都必须是男性，这违反了相称性原则。

---

[68] Ibid［29］；Case 240/78 *Atalanta Amsterdam BV v Produktschap voor Vee en Vlees*［1979］ECR 2137；Case 122/78 *Buitoni SA v Fonds d'Orientation et de Régularisation des Marchés Agricoles*［1979］ECR 677.

[69] Case 114/76 *Bela-Mühle Josef Bergman KG v Grows-Farm GmbH & Co KG*［1977］ECR 1211.

[70] Case C - 365/99 *Portugal v Commission*［2001］ECR I - 5645.

[71] Case C - 94/05 *Emsland-Stärke GmbH v Landwirtschaftskammer Hannover*［2006］ECR I - 2619，［53］-［59］；Cases C - 37 and 58/06 *Viamex*（n 52）［33］-［36］.

[72] Craig（n 4）ch 20；Tridimas（n 49）ch 4.

[73] Case C - 285/98 *Kreil v Bundesrepublik Deutschland*［2000］ECR I - 69.

相称性原则也广泛用于涉及自由流动的案件。欧洲法院坚持认为，只有在对公共政策构成真正和严重威胁（genuine and serious threat）的情况下，以及该措施在这种情况下必须施加最低程度的限制，才可以减损适用劳动者自由流动原则。[74] 该原则也适用于涉及提供服务自由的案件。在"范宾斯贝亨案"（*Van Binsbergen*）[75] 中，欧洲法院裁定，限制此类自由的居所要求可能是正当的，但只有在这些要求是为了防止通过住在境外而规避适用于相关活动的职业规则所十分必要的情况下才具有正当性。在"频道公司案"（*Canal*）[76] 中，欧洲法院考虑了成员国立法的合法性，该立法要求某些电视服务的运营商在成员国注册机构登记其设备的详细信息。欧洲法院裁定，如果在同一成员国或另一成员国对注册要求施加重复控制措施，则该措施不能满足"相称性原则测试"的必要性要求。同样的方法也被运用于货物自由流动。在著名的"第戎黑醋栗甜酒案"（*Cassis de Dijon*）[77] 中，欧洲法院裁定，规定饮料最低酒精含量的德国规则限制了货物自由流动。欧洲法院驳斥了认为该规则对于保护消费者免受误导是必不可少的论点，因为本可以用限制程度更低的方式维护消费者利益，例如在饮料包装上显示酒精含量。[78]

欧洲法院可能将"相称性原则"的适用发回成员国法院，条件是遵循有关如何在特定领域进行相称性考察的指导。由于某些问题的复杂性，发回成员国法院由其以相称性考察予以解决，这是合理的。[79]

---

[74] Case 36/75 *Rutili v Ministre de l'Intérieur* ［1975］ECR 1219；Case 30/77 *R v Bouchereau* ［1977］ECR 1999.

[75] Case 33/74 *Van Binsbergen v Bestuur van de Bedrijfsvereniging Metaalnijverheid* ［1974］ECR 1299；Case 39/75 *Coenen v Social Economische Raad* ［1975］ECR 1547；Case C – 140/03 *Commission v Greece* ［2005］ECR I – 3177.

[76] Case C – 390/99 *Canal Satélite Digital SL v Aministación General del Estado and Distribuidora de Televisión Digital SA（DTS）*［2002］ECR I – 607；Case C – 244/06 *Dynamic Medien Vertriebs GmbH v Avides Media AG*［2008］ECR I – 505.

[77] Case 120/78 *Rewe-Zentral AG v Bundesmonopolverwaltung für Branntwein*［1979］ECR 649.

[78] See, eg, Case C – 217/99 *Commission v Belgium*［2000］ECR I – 10251；Case C – 473/98 *Kemikalieinspektionen v Toolex Alpha AB*［2000］ECR I – 5681；Case C – 270/02 *Commission v Italy*［2004］ECR I – 1559；Case C – 41/02 *Commission v Netherlands*［2004］ECR I – 11375；Case C – 110/05 *Commission v Italy*［2009］ECR I – 519.

[79] W Van Gerven, 'The Effect of Proportionality on the Actions of Member States of the European Community：National Viewpoints from Continental Europe' in E Ellis（ed）, *The Principle of Proportionality in the Laws of Europe*（Hart, 1999）37 – 64.

（六）质疑成员国行动：审查强度与价值平衡

在成员国行动适用相称性方面，有五点需要注意。

第一，这个领域的判例法受到不少批评，理由是与联盟行动相比，联盟法院对成员国行动适用相称性原则的强度更大。但是，确实有理由对成员国行动进行严格的相称性审查。本节前面部分的判例中有涉及违反"四大自由"的情况，其后成员国根据有关条约条款提出辩护。四大自由是市场一体化理念的核心，而市场一体化又是欧盟的经济核心。它们还体现出非经济性质的价值。因此，欧洲法院密切关注对自由流动原则的辩护，包括相称性原则，这不足为奇。

第二，随着时间的推移，欧洲法院倾向于进行更深入的审查。提起类似原则的案件受到了更严格的审查，以至于在以往案件中被视为合法的成员国行动在后来的诉讼中被视为非法。⑧

第三，欧洲法院的审查强度将取决于法院如何认真看待成员国关于确实有必要采取措施以保护例如公共卫生的主张。如果欧洲法院认为这些措施确实旨在保护本国生产商免受外国竞争，那么欧洲法院就将对成员国的主张进行严格审查。在"委员会诉英国案"⑧ 中，欧洲法院驳回了英国政府以公共卫生为理由禁止进口家禽的主张，因为法院认为这些措施旨在圣诞节前保护英国家禽生产者免受从法国进口的影响。

第四，欧洲法院愿意根据相关成员国的价值观来解释相称性原则，尽管这与其他成员国的价值观有所不同。⑧ 以"欧米茄游戏机公司案"（*Omega*）为例。⑧ 波恩警察发布了一项命令，禁止申请人公司提供模拟杀

---

⑧　Compare, eg, Case 41/74 *Van Duyn v Home Office* [1974] ECR 1337 with Cases 115 and 116/81 *Adoui and Cornuaille v Belgian State* [1982] ECR 1665. Compare Case 34/79 *R v Henn and Darby* [1979] ECR 3795 with Case 121/85 *Conegate v Customs and Excise Commissioners* [1986] ECR 1007.

⑧　Case 40/82 *Commission v United Kingdom* [1982] ECR 2793.

⑧　Case C – 384/93 *Alpine Investments BV v Minister van Financiën* [1995] ECR I – 1141, [51]; Case C – 3/95 *Reisebüro Broede v Gerd Sandker* [1996] ECR I – 6511.

⑧　Case C – 36/02 *Omega Spielhallen-und Automatenaufstellungs-GmbH v Oberbürgermeisterin der Bundesstadt Bonn* [2004] ECR I – 9609. See also Case C – 124/97 *Läärä, Cotswold Microsystems Ltd and Oy Transatlantic Software Ltd v Finland* [1999] ECR I – 6067; Case C – 67/98 *Questore di Verona v Zenatti* [1999] ECR I – 7289, [33] – [34]; Case C – 277/02 *EU-Wood-Trading GmbH v Sonderabfall-Management-Gesellschaft Rheinland-Pfalz mbH* [2004] ECR I – 11957, [51]; Case C – 244/06 *Dynamic Medien* (n 76) [42] – [52]; Case C – 208/09 *Sayn-Wittgenstein v Landeshauptmann von Wien* [2010] ECR I – 13693, [86] – [91]; Case C – 498/10 *X NV v Staatssecretaris van Financiën* EU：C：2012：635, [37]; Case C – 141/07 *Commission v Germany* [2008] ECR I – 6935; Case C – 438/14 *von Wolffersdorff v Standesamt der Stadt Karlsruhe* EU：C：2016：401, [72] – [74].

死对手的激光游戏，因为它们侵犯了德国宪法中的人格尊严权。欧洲法院认定警察的命令限制了提供服务的自由，接下来考虑公共政策的合理性。欧洲法院裁定，在对基本自由减损适用时必须严格解释公共政策。但是，欧洲法院承认，各国的公共政策可能有所不同，并且必须在条约规定的限制范围内赋予成员国当局一定程度的自由裁量权。

第五，相称性原则可以要求小心地平衡社会和经济价值，"维京客轮公司案"（*Viking Line*）就是例证。[84] 此案还将在后面讨论开业权自由的章节加以考虑。[85] 维京客轮公司最初在芬兰成立。根据芬兰法律和集体谈判协议的条款，该公司有义务向爱沙尼亚船员支付与在芬兰适用的工资相同的工资。爱沙尼亚船员的工资低于在芬兰的船员的工资。因此，维京客轮公司试图在爱沙尼亚重新注册其中一艘船舶。工会对此表示反对，威胁要罢工。维京客轮公司主张这违反开业权自由。欧洲法院同意罢工权是欧盟法律中的一项基本权利，但是罢工权必须与条约其他权利以及相称性原则相协调。应由成员国法院决定罢工行动是否相称，但须遵守欧洲法院的指导。尽管欧洲法院承认欧盟法律的社会意义，但从欧洲法院的指引中可以清楚地看出，如果罢工行动阻止维京客轮公司在船主国籍以外的其他成员国注册其船籍，则罢工行动就不具有客观正当性。在这方面，市场一体化的经济价值超越了保护劳动者这一社会价值。

三　一般法律原则：法律确定性与合理期待

在很多法律制度中都有法律确定性（legal certainty）与合理期待（legitimate expectations）这两个相关联的概念，尽管其内容有所不同。[86] 这些概念以多种方式被适用。[87]

---

[84]　Case C - 438/05 *International Transport Workers' Federation and Finnish Seamen's Union v Viking Line ABP and OÜ Viking Line Eesti* [2007] ECR I - 10779；M Freedland and J Prassl（eds），*Viking, Laval and Beyond*（Hart, 2015）.

[85]　参见第二十三章第三节第三部分之四。

[86]　S Schonberg, *Legitimate Expectations in Administrative Law*（Oxford University Press, 2000）；Craig（n 4）ch 16；Schwarze（n 45）ch 6；Tridimas（n 49）ch 6.

[87]　法律确定性可能会影响如下事项，即根据联盟法院后来的裁决，应在多大程度上重新审理已经成为终局性的行政决定，参见第十四章第三节第三部分。

（一）实际溯及力

最明显适用法律确定性的情形是在规则具有实际溯及既往效力的时候。从"施瓦策公司案"（*Schwarze*）⑱之后，"实际溯及力"（actual retro-activity）涵盖的是将规则引入和适用于已经成为定论的事件这一情况。这可能发生于如下情况，即措施的生效日期早于公布日期，或者在条例生效之前，该措施适用的情形已经结束。

反对允许此类措施具有法律效力的论点是令人信服的。法治的基本原则是人们可以在了解其行为的法律后果的情况下规划生活。如果事件发生时措施尚未生效，则此类措施违反了上述原则。这些考量在刑事惩罚中尤为重要，因为这类措施的后果可能是将在实施时原本合法的活动定为犯罪。在商业环境中，适用溯及既往规则也可能会造成损害，从而破坏作为交易基础的前提。因此，毫不奇怪，各国法律制度对溯及既往规则的看法非常模糊。

欧盟也是如此。欧洲法院在"拉克公司案"（*Racke*）中阐明了基本原则。⑲在该案中，委员会根据某条例引入对某种产品的货币补偿金额，后来的两部新条例更改了该金额。两部新条例规定，它们将在公布前 14 天适用。欧洲法院裁定，一项措施在其相关者可能知晓之前不应具有适用性，这是共同体法律秩序的一项根本原则。⑳欧洲法院接着指出：㉑

> 尽管一般而言，法律确定性原则排除共同体措施从其公布前的某个时间点开始产生效力，但也可能有例外情况，其前提条件是，要实现的目的有此要求，并且相关者的合理期待得到适当尊重。

根据这项条件，欧洲法院支持了某些追溯措施的有效性，特别是在农

---

⑱　Schwarze（n 45）1120.

⑲　Case 98/78 *Firma A Racke v Hauptzollamt Mainz*［1979］ECR 69. See also Case 99/78 *Weingut Gustav Decker KG v Hauptzollamt Landau*［1979］ECR 101；Case T－115/94 *Opel Austria GmbH v Council*［1997］ECR II－2739；Cases T－225, 255, 257 and 306/06 *Budějovický Budvar, národní podnik v OHIM*［2008］ECR II－3555,［152］；Case T－380/06 *Vischim Srl v Commission*［2009］ECR II－3911,［82］；Case C－146/11 *AS Pimix* EU：C：2012：450,［33］；Cases T－229 and 276/11 *Lord Inglewood v European Parliament* EU：T：2013：127,［32］.

⑳　Case 98/78 *Racke*（n 89）84.

㉑　Ibid 86.

业领域，前提条件是这些措施对确保市场稳定必不可少，或者溯及既往效力会使个人处于更有利的位置。㊾ 但是，通常的假设立场是反对追溯措施的有效性。这既体现在程序上，也体现在实体方面。

在程序方面，欧洲法院已明确表示，只有在能够明确从规范的条件，或者可以明确从它们作为一部分的总体计划的目标中推导出溯及效力的情况下，才能将相关规范解释为具有溯及效力。因此，一般解释原则反对赋予规则任何溯及既往的影响力。㊿

在实体方面，如果没有迫切的联盟目标要求相关措施具有这种时间维度的适用，或者受影响者的合理期待未得到适当尊重，欧洲法院就将推翻具有溯及既往效力的措施，如下面案件所示。㉝

英女王诉肯特·柯克

Case 63/83 Regina v Kent Kirk

[1984] ECR 2689

英国对违反渔业立法的行为提起数项刑事诉讼。在这些诉讼过程中提出一个问题，即《第170/83号理事会条例》于1983年1月25日公布，在此之前，违反共同体禁止歧视法律的成员国措施已通过过渡安排而获得批准，其溯及既往效力从1983年1月1日起算，那么，在这种情况下，该条例是否也可以使成员国刑罚条款回溯性地有效。欧洲法院坚决拒绝了这一主张。

欧洲法院

20. 委员会……主张，1983年1月25日《第170/83号理事会条

㊾　Case T-7/99 *Medici Grimm KG v Council* [2000] ECR II-2671.

㊿　Cases 212-217/80 *Salumi* [1981] ECR 2735；Case C-110/03 *Belgium v Commission* [2005] ECR I-2801, [73].

㉝　Case 224/82 *Meiko-Konservenfabrik v Federal Republic of Germany* [1983] ECR 2539；Case C-459/02 *Willy Gerekens and Association agricole pour la promotion de la commercialisation laitière Procola v État du grand-duc de Luxembourg* [2004] ECR I-7315, [21]-[27]；Cases C-189, 202, 205, 208 and 213/02 P *Dansk Rorindustri A/S v Commission* [2005] ECR I-5425, [202]；Case C-550/09 *Criminal proceedings against E and F* [2010] ECR I-6213, [59].

例》第 6 条第 1 款授权成员国通过诸如 1982 年《海洋渔业令》（The Sea Fish Order）等措施，该措施追溯性地授权从 1983 年 1 月 1 日起，将 1972 年《加入欧共体法令》第 100 条所定义的减损制度再保留 10 年，并将海岸带从 6 海里扩大到 12 海里。……

21. 无须审查该条例第 6 条第 1 款的一般合法性情况，就可以指出，这种溯及力在任何情况下都不会使如下具有刑罚性质的成员国事后措施具备效力——该措施对在实施之时事实上不受惩罚的行为施加惩罚。如果在涉及刑事处罚的行为发生之时成员国措施是无效的，原因是它与共同体法律不符，那么就属于上述情况。

22. 刑法条款不得具有溯及既往效力这项原则，是所有成员国法律秩序共有的原则，并已作为一项基本权利载于《欧洲保护人权与基本自由公约》第 7 条；它在欧洲法院保证遵守的一般法律原则中也占有一席之地。

23. 因此，如果施加刑事处罚的成员国事后措施在行为发生之时是无效的，那么，《第 170/83 号条例》第 6 条第 1 款规定的溯及力就不能被视为使这类措施有效。

如果案件中存在着紧迫的联盟目标，并且适当尊重有关当事方的合理期待，那么，作为例外，可能会在非刑事事项的背景下接受其溯及力。这方面的案件如"欧洲动物卫生联合会案"（*Fedesa*）。㉟ 该案申请人主张，相关指令违反了不可溯及既往原则，因为该指令于 1988 年 3 月 7 日通过，并规定最迟于 1988 年 1 月 1 日实施。欧洲法院对刑罚条款的溯及效力与刑事范围之外的溯及效力进行了区分。对于前者，欧洲法院确认了"肯特·柯克案"（*Kent Kirk*）判决，但是认为"欧洲动物卫生联合会案"中的指令并未像该案那样施加任何刑事责任。对于后者，欧洲法院裁定该指令不违反不可溯及既往原则。该指令的通过是为了取代先前已废止的指令。被质疑指令的时间框架对于避免出现暂时的法律真空是必要的，因为当时没有共同体立法来支撑成员国已有的实施性规则。正是由于这个原因，理事会在通过后来的指令时保留了以前指令的日期。㊱

㉟ Case C‑331/88 [1990] ECR I‑4023.

㊱ 欧洲法院认为，这里没有违反合理期待，因为先前的指令只是由于程序缺陷而被废除，那些受到成员国实施性立法影响的人，不能期待理事会在废除第一个指令与通知第二个指令期间的短时间内改变对实质问题的态度。Ibid [47].

（二）法律确定性、合理期待与明显溯及力

明显溯及力（apparent retroactivity）涵盖的情形是，立法性法令适用于过去发生但尚未完全结束的事件。反对允许法律具有实际溯及效力的主张在情理上是站得住脚的。涉及明显溯及力的情况所存在的问题更大，因为行政机关必须有权改变在未来实施的政策，即使这可能对私人当事方的行为产生影响，因为其私人当事方是根据既有法律制度规划其行为的。[97] 这个方面的法律十分复杂，这里只能提供概括性的介绍。欧洲法院的处理方式包含如下关键要素。

第一，对"合理期待"（legitimate expectation）的保护，其最初发展与行政决定的撤回有关。一般原则是，有利于保护合理期待的那些决定对行政机关具有约束力[98]，尽管该原则有许多例外。[99]

第二，对合理期待的保护也适用于相关表现或陈述。[100] 一般原则是，对合理期待的保护延伸适用于处于以下情况中的任何个人，即如果从中可以明显看出，欧盟机构在给予明确和具体的保证时[101]，其获得了正当合理的希望。[102] 这取决于表现或陈述的性质和措辞。[103] 在"国际人造纤维和合成纤维委员会案"（CIRFS）[104] 中，欧洲法院愿意认可欧盟委员会受其政策框

---

[97]　对于保护合理期待的正当理由，如下作者的分析很有价值，参见 Schonberg（n 86）ch 1.

[98]　Cases 7/56 and 3 – 7/57 *Algera v Common Assembly* [1957] ECR 39；Case T – 251/00 *Lagardere SCA and Canal + SA v Commission* [2002] ECR II – 4825.

[99]　Craig（n 4）ch 18.

[100]　Case 54/65 *Chatillon v High Authority* [1966] ECR 185，196；Case 81/72 *Commission v Council*（*Staff Salaries*）[1973] ECR 575，584 – 585；Case 148/73 *Louwage v Commission* [1974] ECR 81，[12].

[101]　Case T – 72/99 *Meyer v Commission* [2000] ECR II – 2521；Case T – 290/97 *Mehibas Dordtselaan BV v Commission* [2000] ECR II – 15.

[102]　Case T – 489/93 *Unifruit Hellas EPE v Commission* [1994] ECR II – 1201；Case T – 534/93 *Grynberg and Hall v Commission* [1994] ECR II – 595；Case T – 456/93 *Consorzio Gruppo di Azioni Locale Murgia Messapica v Commission* [1994] ECR II – 361；Case T – 326/07 *Cheminova A/S v Commission* [2009] ECR II – 2685，[81]；Case T – 264/07 *CSL Behring GmbH v European Commission and European Medicines Agency*（*EMA*）[2010] ECR II – 4469，[117]；Case C – 560/15 *Europa Way Srl and Persidera SpA v Autorità per le Garanzie nelle Comunicazioni* EU：C：2017：593，[78] – [79]；Case C – 411/15 P *CFPR v European Commission* EU：C：2017：11，[134].

[103]　Cases C – 189，202，205，208 and 213/02 P *Dansk Rorindustri*（n 94）[209] – [232].

[104]　Case C – 313/90 *CIRFS v Commission* [1993] ECR I – 1125，[34] – [36].

架条款的约束。在"艾瑟尔—弗利特公司案"（*IJssel-Vliet*）[105] 中，欧洲法院认为已被纳入荷兰援助计划的委员会指南对荷兰政府具有约束力。而在"弗拉芒大区案"（*Vlaams Gewest*）[106] 中，初审法院裁定，必须根据平等待遇原则实施委员会通过的指南，这意味着必须以相似方式对待指南中界定的相似情况。

第三，如果欧洲法院裁定申请人的期待不合理，申诉则将落败。这些情况包括，例如，受质疑的欧盟行动旨在弥补法律漏洞，以防止交易者赚取投机利润；[107] 期待不合理，因为本应预见到该有争议措施；[108] 或者，申请人未达到给予资金所附带的条件。[109]

第四，仅仅因为交易者因法律变更而处于不利地位这一事实，并不能成为以合理期待落空为由提起申诉的有效理由。如果可以通过相关机构在其自由裁量权范围内做出改变现状的决定，那么，交易者就不会持现状将被维持的合理期待。[110] 这种情况特别出现在共同农业领域，该领域需要不断调整以适应新的市场环境。[111] 这也可能出现在其他领域，例如竞争政策，

---

[105] Case C – 311/94 *IJssel-Vliet Combinatie BV v Minister van Economische Zaken* [1996] ECR I – 5023.

[106] Case T – 214/95 *Vlaams Gewest v Commission* [1998] ECR II – 717.

[107] Case 2/75 *Einfuhr-und Vorratsstelle für Getreide und Futtermittel v Firma C Mackprang* [1975] ECR 607；Case C – 179/00 *Weidacher v Bundesminister für Land-und Forstwirtschaft* [2002] ECR I – 501.

[108] Case 265/85 *Van den Bergh en Jurgens and Van Dijk Food Products v Commission* [1987] ECR 1155；Case C – 350/88 *Delacre v Commission* [1990] ECR I – 395；Case T – 489/93 *Unifruit Hellas*（n 97）；Cases T – 466，469，473，474 and 477/93 *O'Dwyer v Council* [1996] ECR II – 2071；Cases T – 142 and 283/01 *Organización de Productores de Túnidos Congelados*（*OPTUC*）*v Commission* [2004] ECR II – 329；Case C – 342/03 *Spain v Council* [2005] ECR I – 1975，[48]；E Sharpston，'Legitimate Expectations and Economic Reality'（1990）15 ELRev 103.

[109] Case T – 126/97 *Sonasa—Sociedade Nacional de Segurança Ld v Commission* [1999] ECR II – 2793.

[110] Case C – 110/97 *Netherlands v Council* [2001] ECR I – 8763；Case C – 402/98 *ATB v Ministero per le Politiche Agricole* [2000] ECR I – 5501；Cases T – 64 – 65/01 *Afrikanische Frucht-Compagnie GmbH v Commission* [2004] ECR II – 521，[83] – [84]；Case C – 17/03 *Vereniging voor Energie，Milieu en Water v Directeur van de Dienst uitvoering en toezicht energie* [2005] ECR I – 4983，[73] – [87]；Case T – 79/13 *Accorinti v European Central Bank* EU：T：2015：756，[76].

[111] Case C – 63/93 *Duff v Minister for Agriculture and Food Ireland and the Attorney General* [1996] ECR I – 569；Case C – 22/94 *Irish Farmers Association v Minister for Agriculture，Food and Forestry*（*Ireland*）*and the Attorney General* [1997] ECR I – 1809.

初审法院对此也强调委员会有自由裁量权来改变罚款水平。⑫

第五，个人必须能够指出其与当局之间存在交涉，或者指出由当局正在采取的行动或保证，这些情况可以产生合理期待。"米尔德案"（*Mulder*）说明了其中第一种情况。

米尔德诉农业与渔业部长

Case 120/86 Mulder v Minister Van Landbouw en Visserij

[1988] ECR 2321

为了减少牛奶产量过剩问题，共同体通过了《第 1078/77 号条例》，根据该条例，生产商可以在一定时期内停止牛奶生产，以换取对不销售牛奶的奖励。申请人在 1979 年做了五年这样的安排。1984年，他计划恢复生产，并向荷兰当局申请牛奶基准量，生产基准量牛奶无须支付任何额外税款。他的申请被拒绝，理由是他无法证明相关基准年（即 1983 年）的牛奶产量。米尔德（Mulder）不可能证明这一点，因为根据 1979 年达成的交涉协议，在此期间他没有生产牛奶。他质疑荷兰当局拒绝其配额所依据的《第 857/84 号条例》，主张该条例违反了他的合理期待。

欧洲法院

23. 必须承认……自愿在一段时间内停产的生产者不能合理期待能够在与先前适用的相同条件下恢复生产，并且不受同时通过的任何市场规则或结构性政策的约束。

24. 事实仍然是，如本案一样，这类生产者受到共同体措施的鼓励，为了普遍利益和获得奖励而在有限的时间内中止了市场销售，他可以合理地预期，直到其承诺过期时他将不受限制措施的影响，而该措施对他造成了特定影响，正是因为他使用了共同体条款所提供的可能性。

25. 但是，关于牛奶附加税的条例对生产者产生了这种限制，尽

---

⑫ Case T – 31/99 *ABB Asea Brown Boveri Ltd v Commission* [2002] ECR II – 1881.

管生产者依照根据《第 1078/77 号条例》做出的一项承诺在基准年内未供应牛奶。……如果这些生产者不符合《第 857/84 号条例》规定的具体条件，或者成员国没有可用的基准量，那么这在事实上可能等同于这些生产者恰恰由于停产承诺而在新的机制下被拒绝给予基准量。

26.……《第 1078/77 号条例》诸条款或其序言中没有任何内容表明，在根据该条例做出的不销售承诺到期后，可能对其恢复生产牛奶的活动造成限制。因此，这种影响使这些生产者的合理期待落空，即他们所使用的这项机制对他们自身造成的影响应受到限制。

下列多起案件说明了第二种情况，即申请人期待的合法性基于行政机关的某种行动过程，或者是基于其保证。[113] 在"使馆豪车公司案"（*Embassy Limousines*）[114] 中，参与投标的公司被鼓励在授予合同之前进行不可撤回的投资，从而超出了投标本身的内在风险，欧洲法院裁定这违反了合理期待。在"欧洲市政及地区理事会案"（*CEMR*）[115] 中，欧洲法院裁定，欧盟委员会不能减少项目的预算拨款，否则就违反合理期待原则，因为相关工作包含在委员会已接受的原始投标中。在"国家农业技术银行案"（*CNTA*）[116] 中，申请人签订了出口合同，其前提是应支付货币补偿款，即旨在补偿汇率波动的款项。在合同订立之后、尚未履行之前，委员会通过了一项废除该行业中这类款项的条例。欧洲法院认为，虽然不能说这些款项能够使出口商免受所有汇率波动的影响，但确实使它们避免了这些风险，因此即使是审慎的出口商也可能选择不承担这些风险：[117]

在这种情况下，交易者可以合理地期待，因为通过支付保证金，他已经预先获得了确定退款金额的出口许可证，所以对于他开展的不可撤销的交易，不会发生如下不可预见的变更，即此类变更可能会因

---

[113] Case C–152/88 *Sofrimport Sàrl v Commission* [1990] ECR I–2477.

[114] Case T–203/96 *Embassy Limousines & Services v European Parliament* [1998] ECR II–4239.

[115] Cases 46 and 151/98 *Council of European Municipalities and Regions v Commission* [2000] ECR II–167.

[116] Case 74/74 *CNTA SA v Commission* [1975] ECR 533.

[117] Ibid [42].

将其重新暴露于汇率风险中而导致不可避免的损失。

第六，即使申请人能够证明具有表面（*primma facie*）合理期待，但如果有凌驾于该期待之上的具有"压倒性的公共利益"（overriding public interest），就可能使申诉人败诉。[113] 由被告来证明存在压倒性的公共利益。联盟法院将考虑公共利益是否具有压倒性。[119] 勋伯格（Sconber）主张，"如果受影响者的利益与支持变更的政策考量之间存在'严重不平衡'，联盟法院应限制政策变更的适用"。[120] 这种观点具有说服力，但还不清楚这种观点与相称性测试之间的区别。鉴于相称性原则被用来确定违反权利的行为是否正当，它也可以用来确定是否可以证明具有压倒性的期待。[121]

第七，仅依靠某项欧盟决定非法这一事实，并不一定能阻止个人主张合理期待。[122] 行政机关不合理的拖延，可能用来阻挠撤回非法行政法令。[123] 联盟法院在公众利益的合法性与私人利益的法律确定性之间进行平衡。前者并不总是胜过后者。[124] 但相对于非法决定而言，与非法承诺有关的立场则不同。法院裁定非法承诺不会产生任何合理期待。[125] 对于区别对待非法决定与非法承诺，联盟法院未提供任何解释。

四　一般法律原则：非歧视

平等（equality）与非歧视（non-discrimination）是得到普遍承认的原则[126]，但是"歧视"的法律概念在适用时可能存在不少问题。这里必须

---

[113]　Craig（n 4）ch 18.

[119]　See, eg, Case 74/74 *CNTA*（n 116）[43]；Case C – 189/89 *Spagl v Hauptzollamt Rosenheim* [1990] ECR I – 4539；Case C – 183/95 *Affish BV v Rijksdienst voor de keuring van Vee en Vlees* [1997] ECR I – 4315；Case T – 155/99 *Dieckmann & Hansen GmbH v Commission* [2001] ECR II – 3143.

[120]　Schonberg（n 86）150. 原文中的斜体部分，中译文用引号标示。

[121]　英国法院在这种情况下使用相称性原则，参见 *Nadarajah v Secretary of State for the Home Department* [2005] EWCA Civ 1363, [68].

[122]　Schwarze（n 45）991 – 1025；Craig（n 4）ch 18.

[123]　Case 15/85 *Consorzio Cooperative d'Abruzzo v Commission* [1987] ECR 1005.

[124]　Cases 42 and 49/59 *SNUPAT v High Authority* [1961] ECR 53；Case 14/61 *Hoogovens v High Authority* [1962] ECR 253.

[125]　Case 188/82 *Thyssen AG v Commission* [1983] ECR 3721, [11]；Case T – 2/93 *Air France v Commission* [1994] ECR II – 323, [101] – [102].

[126]　G More, 'The Principle of Equal Treatment：from Market Unifier to Fundamental Right' in P Craig and G de Búrca（eds）, *The Evolution of EU Law*（Oxford University Press, 1999）ch 14.

确定人们是否处于相同情形，以判断差别待遇是否具有歧视性，以及待遇方面的明显差异是否具有正当理由。在后面诸章中将探讨这些难点问题。[127]

（一）条约基础

尽管非歧视原则是一项一般原则，而且因此对欧盟和在欧盟法律适用范围内行动的成员国具有约束力，但仍在两部条约的多个条款中明确提及。

第一，平等与非歧视是欧盟的基本价值观，规定于《欧洲联盟条约》第2条和第3条第3款。

第二，《欧洲联盟运行条约》第18条规定普遍禁止基于国籍的歧视，并且在第45条、第49条和第56条至第57条自由流动章节加以重申。

第三，男女平等待遇包含在《欧洲联盟条约》第2条和第3条第3款，以及《欧洲联盟运行条约》第157条中。

第四，《欧洲联盟运行条约》第40条第2款处理农业领域生产者或消费者之间的非歧视。

第五，《欧洲联盟运行条约》第19条第1款[128]的前身是《欧共体条约》第13条，授权欧盟根据特别立法程序采取适当行动，以防止基于性别、种族或民族、宗教或信仰、残疾、年龄或性取向的歧视。[129]《欧洲联盟运行条约》第19条第2款授权欧盟根据普通立法程序，采取非调和式的"鼓励措施"。2000年，欧盟通过了禁止基于种族或民族来源进行歧视的指令[130]，以及禁止在就业领域基于宗教、信仰、残疾、年龄或性取向进行歧视的指令。[131]

---

[127] 参见第二十二章、第二十三章、第二十五章。例如 Case C – 132/92 *Roberts v Birds Eye Walls Ltd* [1993] ECR I – 5579；关于货物，参见 Case C – 2/90 *Commission v Belgium* (Walloon Waste) [1992] ECR I – 4431，该案对歧视的论证后来受到雅各布斯佐审官的批评，参见 AG Jacobs in Case C – 379/98 *Preussen Elektra AG v Schleswag AG* [2001] ECR I – 2099.

[128] M Bell, 'The New Article 13 EC Treaty: A Sound Basis for European Anti-Discrimination Law?' (1999) 6 MJ 5; L Waddington, 'Testing the Limits of the EC Treaty Article on Non-Discrimination' (1999) 28 ILJ 133.

[129] M Bell, *Anti-Discrimination Law and the EU* (Oxford University Press, 2002).

[130] Council Directive 2000/43/EC of 29 June 2000 implementing the principle of equal treatment between persons irrespective of racial or ethnic origin [2000] OJ L180/22.

[131] Council Directive 2000/78/EC of 27 November 2000 establishing a general framework for equal treatment in employment and occupation [2000] OJ L303/16.

同年，通过了防止第 19 条中列举的所有理由（除性别外）的行动计划⑬，委员会还公布了"主流化"政策，将非歧视考量因素，特别是诸如种族或残疾等因素，纳入欧盟政策制定的其他领域。⑬

第六，《欧盟基本权利宪章》第 21 条第 1 款规定，禁止任何基于诸如性别、种族、肤色、民族或社会来源、基因特征、语言、宗教或信仰、政治或任何其他观点、少数民族身份、财产、出生、残疾、年龄或性取向等理由的歧视。该条款以开放式的禁止理由清单，建立了广泛的非歧视一般原则。

（二）非歧视作为欧盟法"一般"原则

尽管现在平等原则和禁止歧视明确规定在条约的很多条文之中⑬，但是欧洲法院在早期阶段裁定，这些只是对作为欧盟法基本原则之一的平等这项"一般"原则的具体阐释⑬，必须为所有法院遵守。⑬ 欧洲法院已将该原则适用于在欧盟具有权能的领域存在对不同人的武断或不合理的不平等待遇的情况⑬，例如在欧盟职员政策领域。⑬

尽管如此，对这项一般原则的适用可能存在争议，例如有关歧视与性取向的判例法。⑬ 佐审官在"P 诉 S 案"⑭ 和"格兰特案"（Grant）⑭ 中主张，在《欧共体条约》第 13 条生效之前，共同体法一般原则要求共同体机构和成员国不得在共同体法涵盖的领域以武断的理由进行歧视，例如基

---

⑬ Council Decision 2000/750/EC of 27 November 2000 establishing a Community action programme to combat discrimination（2001 to 2006）[2000] OJ L303/23.

⑬ M Bell, 'Mainstreaming Equality Norms into EU Asylum Law'（2001）26 ELRev 20.

⑭ K Lenaerts, 'L'Egalité de Traitement en Droit Communautaire'（1991）27 CDE 3.

⑬ Cases 117/76 and 16/77 *Ruckdeschel v Hauptzollamt Hamburg-St Annen* [1977] ECR 1753, [7].

⑬ Case 8/78 *Milac GmbH v Hauptzollamt Freiburg* [1978] ECR 1721, [18]；Case C – 442/00 *Caballero v Fondo de Garantia Salarial*（*Fogasa*）[2002] ECR I – 11915, [30] – [32].

⑬ Case C – 144/04 *Mangold v Helm* [2005] ECR I – 9981；Case C – 555/07 *Seda Kücükdeveci v Swedex GmbH & Co KG* [2010] ECR I – 365.

⑬ Cases 75 and 117/82 *Razzouk and Beydoun v Commission* [1984] ECR 1509, [16] – [17]；Case 20/71 *Sabbatini* [1972] ECR 345, [3]；and Case 149/77 *Defrenne v Sabena* [1978] ECR 1365, [26] – [27].

⑬ 关于基本权利背景下更具体的待遇问题，参见第十二章。

⑭ Case C – 13/94 *P v S and Cornwall County Council* [1996] ECR I – 2143, AG Tesauro.

⑭ Case C – 249/96 *Grant v South-West Trains Ltd* [1998] ECR I – 621, AG Elmer.

于性取向或者变性。在"P诉S案"中，欧洲法院裁定，《关于男女就业平等待遇的第76/207号指令》只是对相关领域的平等原则的表达，该原则是一项共同体法基本原则。

在"格兰特案"中，欧洲法院则更保守，该案涉及雇员同性伴侣的旅行补助。欧洲法院从这项广泛的平等原则中退缩了，认为欧共体法中的性别歧视不涵盖性取向歧视。[142]欧洲法院裁定，确保遵守基本权利不能将条约条款的范围扩大到共同体的权能之外，而那时条约条款只要求成员国确保就业中的性别平等。

"D诉理事会案"裁决[143]似乎强化了"格兰特案"所采用的谨慎方式。该案在权能上没有疑问，因为案件涉及欧盟自身雇员的待遇。欧盟拒绝将支付给已婚职员的家庭津贴支付给一名同性恋雇员，该雇员拥有稳定的伴侣关系，且已根据瑞典法注册。欧洲法院否认存在任何性别歧视，并且相当隐晦地裁定，关于存在性取向歧视的申诉，不是由伴侣的性别决定是否给予家庭津贴，而是由该官员与伴侣之间关系的法律性质决定的。由此，在裁定不存在基于性取向的不平等待遇时，欧洲法院实际上并没有否认，在欧共体法的适用领域中可能存在禁止性取向歧视的欧共体法一般原则。[144]

（三）具有正当理由的歧视

歧视意味着区别或者不同待遇。在欧盟法中，如果没有足够的正当理由，或者在两个人或两种处境之间不存在能够证明差别待遇正当的相关差异，就不允许基于欧盟法所禁止的理由进行歧视。这些标准适用起来并不容易，因为并不总是清楚需要考虑哪些因素，以确定两个人是否"处境相似"（similarly situated）。另外，如果处境差异证明歧视性待遇是正当的，也不清楚是否应将其视为某种形式的具有正当理由的"正面歧视"（positive discrimination），还是应视为根本就不存在歧视。[145]

---

⑭ Ibid［42］.

⑭ Cases C – 122 and 125/99 P *D and Sweden v Council*［2001］ECR I – 4319.

⑭ See also Case C – 423/04 *Richards v Secretary of State for Work and Pensions*［2006］ECR I – 3585.

⑭ See, eg, Case C – 132/92 *Roberts*（n 127）；Case C – 450/93 *Kalanke v Freie Hansestadt Bremen*［1995］ECR I – 3051；Case C – 409/95 *Hellmut Marschall v Land Nordrhein-Westfalen*［1997］ECR I – 6363.

性别歧视的明显例子是从事相同工作的女性工资比男性的低，而国籍歧视的简单例子是某法国雇主拒绝雇用任何非法国雇员。更难以判断的情形是，歧视既不明确也不直接，而是间接和变相的，或者出于无意但却造成了具有歧视性的影响。发生间接和变相歧视的情形，例如，法国雇主声称要雇用任何国籍的员工，前提条件是他们在法国接受过教育，而实际上大多数非法国国民都无法满足该要求。可能发生间接性别歧视的情形，例如，雇主支付给兼职员工的每小时工资低于全职员工，而其中绝大多数兼职员工是女性。[146]

在欧盟法中，除了非常有限的例外情形外，禁止基于性别或国籍的直接或有意变相歧视，但出于各种各样未穷尽的理由，间接和非故意的歧视可能是正当的。[147] 因此，在国籍歧视情况下，如果一项语言要求符合相称性原则并且出于工作上的真正要求，那么具有间接歧视性质的语言要求就可能是正当的。[148] 与此类似，在性别歧视情况下，雇主支付全职时薪比兼职时薪高，即使这对女性造成了间接歧视，仍可能以与雇主的需要有关的依据而使其具有"客观正当性"（objective justification）。[149] 1997 年《举证责任指令》在性别歧视背景下首次明确界定了间接歧视[150]，在根据《欧共体条约》第 13 条通过的几个反歧视指令中再次做出了不同界定。[151] 除了"客观正当性"要求外，这些指令还允许非歧视这项一般原则存在其他特定例外。

五 一般法律原则：透明性

（一）发展

"透明性"（transparency）包含很多内容，例如公开举行会议，提供信

---

[146] 参见第二十五章。

[147] 参见第二十二章、第二十三章、第二十四章和第二十五章。

[148] 见第二十二章。

[149] 见第二十五章。

[150] Council Directive 97/80/EC of 15 December 1997 on the burden of proof in cases of discrimination based on sex [1998] OJ L14/6, Art 2 (2).

[151] Council Dir 2000/43/EC (n 130) Art 2 (2) (b)；Council Dir 2000/78/EC (n 131) Art 2 (2) (b).

息，以及获取文件的权利。[152] 下文将讨论透明性是否可被视为欧盟法一般原则。

在《马斯特里赫特条约》之后，透明性在欧盟法律中的作用越来越重要。[153] 在欧洲经济共同体早期，民主、问责以及公众能否参与监督等方面都很薄弱。20 世纪 90 年代，透明性得到更多的重视，尤其是在丹麦和法国差一点否决《欧洲联盟条约》之后。这在《阿姆斯特丹条约》之前的政府间大会上体现得尤为明显。[154] 此外，很多成员国，例如荷兰、丹麦和瑞典，越来越反对部长理事会的不公开问题，并对理事会采取的措施感到不满。[155] 1993 年《关于民主、透明性和辅助性的机构间声明》进一步推动了改革。[156] 1993 年理事会和委员会通过了《关于获取文件的联合行为守则》[157]，该守则已在它们的议事规则中得到落实。[158] 2001 年通过了有关获取文件的条例，其分析见下文。

2006 年 6 月，欧洲理事会同意了关于透明性的总体政策。[159] 原则上，对于以共同决策程序通过的立法性法令，欧盟理事会的所有审议均应向公众开放，欧盟理事会成员的投票和对投票的解释也应向公众开放。对于不以共同决策程序通过的立法性法令，委员会通过口头陈述的初步审议也是如此，而且如果有后续审议，也应向公众开放。关于委员会年度工作计划的辩论也向公众开放。

---

[152] http：//ec. europa. eu/transparency/index_ en. htm.

[153] S Peers, 'From Maastricht to Laeken：The Political Agenda of Openness and Transparency in the EU' in V Deckmyn（ed），*Increasing Transparency in the European Union*（EIPA, 2002）；A Tomkins, 'Transparency and the Emergence of a European Administrative Law'（1999 – 2000）19 YBEL 217.

[154] J Lodge, 'Transparency and Democratic Legitimacy'（1994）32 JCMS 343；G de Búrca, 'The Quest for Legitimacy in the European Union'（1996）59 MLR 359.

[155] D Curtin, 'Betwixt and Between：Democracy and Transparency in the Governance of the European Union' in J Winter et al（eds），*Reforming the Treaty on European Union：The Legal Debate*（Kluwer, 1996）95；D Curtin, 'Citizens' Fundamental Right of Access to EU Information：An Evolving Digital Passepartout？'（2000）37 CMLRev 7.

[156] M Westlake, *The Commission and the Parliament：Partners and Rivals in the European Policy-Making Process*（Butterworths, 1994）159 – 161.

[157] Code of Conduct Concerning Access to Council and Commission Documents［1993］OJ L340/41.

[158] Council Decision 93/731/EC of 20 December on public access to Council documents［1993］OJ L340/43；Commission Decision 94/90/ECSC, EC, Euratom of 8 February 1994 on public access to Commission documents［1994］OJ L46/58.

[159] Brussels European Council, 15 – 16 June 2006, Annex 1.

2005 年委员会发起"欧洲透明性倡议"[160]。该倡议汇集了一系列处理透明性的议题，包括获取文件；与委员会制、专家、利益代表有关的独立注册问题；公民社会；咨询。它包括一个透明性注册系统，用于披露正在寻求实现的利益，由谁负责，以及拥有哪些预算。该系统由欧洲议会和欧盟委员会联合运营。[161]

(二)《里斯本条约》与欧盟立法

《里斯本条约》以多种方式规定了透明性。可在《欧洲联盟条约》和《欧洲联盟运行条约》中找到相关条款。

第一，《欧洲联盟条约》第 1 条指出，《里斯本条约》"标志着在欧洲人民之间建立一个日益紧密联盟的进程发展到了一个崭新的阶段。在该联盟内，以尽可能公开和尽可能贴近公民的方式制定决策"。《欧洲联盟条约》第 10 条第 3 款重申了这一点，该款规定，每个公民都有权参加联盟的民主生活，并且决策应尽可能公开，尽可能贴近公民。

第二，《欧洲联盟条约》第 11 条第 2 款规定，欧盟机构应保持与代表性社团和公民社会之间公开、透明、定期的对话。《欧洲联盟运行条约》第 15 条第 1 款进一步强调了这一点，该条款规定，为了促进良治，保证公民社会的参与，联盟机构、机关、办事处或专门机构在开展工作时应尽可能公开。

第三，《欧洲联盟条约》第 11 条第 3 款要求委员会与有关各方进行广泛协商，以确保联盟行动的连贯性和透明性。

第四，《欧洲联盟条约》第 16 条第 8 款规定，理事会在对立法性法令草案进行审议和投票时，有义务公开举行会议。《欧洲联盟运行条约》第 15 条第 2 款对欧洲议会施加相同的义务。

第五，《欧洲联盟运行条约》第 15 条第 3 款[162]涉及获取文件。

3. 联盟的任何公民，以及在成员国居住的任何自然人或在成员国拥有注册办公地的任何法人，都有权依据本款规定的条件获取联盟机

---

[160]　https://ec. europa. eu/archives/transparency/eti/index_ en. htm.

[161]　https://ec. europa. eu/transparencyregister/public/homePage. do.

[162]　《欧共体条约》第 255 条，即《欧洲联盟运行条约》第 15 条第 3 款的前身，被裁定缺乏直接效力，见 Case T – 191/99 *Petrie v Commission* [2001] ECR II – 3677.

构、机关、办事处或专门机构的文件，无论其载体是什么。

　　欧洲议会与理事会应基于公共或私人的利益，根据普通立法程序，以条例的形式规定有关获取上述文件权利的基本原则与限制条件。

　　每个机构、机关、办事处或专门机构均应确保其程序具有透明性，并且根据本款第二分段提到的立法性法令，在其议事规则中，制定获取其文件的专门规定。

　　欧洲联盟法院、欧洲中央银行与欧洲投资银行只有在执行其行政任务时才受限于本款的规定。

　　欧洲议会与理事会应确保与立法程序有关的文件之公布符合本款第二分段所指的条例规定的条件。

　　第六，透明性对成员国也同样重要。例如，关于自由流动的条约条款执行平等待遇义务，而这已被裁定产生透明性义务。[163]

　　第七，欧盟立法经常对欧盟机构和/或成员国施加透明性义务。

　　第八，透明性与宪章权利之间可能会发生冲突，例如保护个人数据。[164]

（三）透明性与获取文件

　　获取文件是透明性的重要方面。2001 年，欧共体根据《欧共体条约》第 255 条，即《欧洲联盟运行条约》第 15 条第 3 款的前身，并遵循早期大量更具体的决定，制定了一项条例。[165]《第 1049/2001 号条例》从多个方面改进了获取文件的立场，例如，通过软化某些例外的性质，并要求保留对文件的登记。[166] 该条例由欧盟三大机构根据各自的议事规则予

　　[163]　See, eg, Case C – 260/04 *Commission v Italy* [2007] ECR I – 7083；Case C – 203/08 *Sporting Exchange Ltd v Minister van Justitie* [2010] ECR I – 4695；Case T – 402/06 *Spain v Commission* EU：T：2013：445.

　　[164]　Cases C – 92 and 93/09 *Volker und Markus Schecke GbR and Hartmut Eifert v Land Hessen* [2010] ECR I – 11063.

　　[165]　Regulation (EC) 1049/2001 of the European Parliament and of the Council of 30 May 2001 regarding public access to European Parliament, Council and Commission Documents [2001] OJ L145/43.

　　[166]　S Peers, 'The New Regulation on Access to Documents：A Critical Analysis' (2002) 21 YBEL 385；M Broberg, 'Access to Documents：A General Principle of Community Law' (2002) 27 ELRev 194；M de Leeuw, 'The Regulation on Public Access to European Parliament, Council and Commission Documents in the European Union：Are Citizens Better off?' (2003) 28 ELRev 324.

以实施⑯，并且已适用于欧盟专门机构。⑯ 获取文件的权利也被载入《欧盟基本权利宪章》第 42 条。⑯

欧洲监察专员一直是推动开放性和透明性成为更广泛法律原则的中心力量。⑰ 他主动就公众获取文件问题对除理事会和委员会以外的 15 个共同体机构发起调查。⑰ 监察专员的结论是，未通过规范公众获取文件的规则，以及未能使公众方便获知这些规则，均构成行政管理不善。其结果是，大多数其他重要欧盟机构，包括欧洲审计院、欧洲中央银行以及专门机构都通过了规范获取文件的规则。监察专员还通过《良好行政行为守则》提供有关获取信息的指南。⑰

（四）透明性、获取文件与联盟法院

欧洲法院和初审法院过去通常支持透明性原则，甚至在《阿姆斯特丹条约》改革之前就给予支持，但那时它们避免做出具有影响力的表述，并未申明透明性或知情权是一项普遍权利。初审法院在"卡维尔案"（Carvel）⑰ 中强调，当理事会就是否发布文件行使其自由裁量权时，它必须在公民获取文件时的利益与需要维持其审议的机密性之间真正寻求平衡。它不能简单地采取一刀切方式整体拒绝公开某一类文件。

在"荷兰诉理事会案"⑰ 中，荷兰政府主张，立法程序开放原则是民主的基本要求，而知情权是国际公认的基本人权。欧洲法院确认了公众知

---

⑯ Council Decision 2002/682/EC, Euratom of 22 July 2002 adopting the Council's Rules of Procedure [2002] OJ L230/7; Commission Decision 2001/937/EC, ECSC, Euratom of 5 December 2001 amending its Rules of Procedure [2001] OJ L345/94.

⑯ K Lenaerts, '"In the Union We Trust": Trust Enhancing Principles of Community Law' (2004) 41 CMLRev 317, 321.

⑯ [2000] OJ C364/19.

⑰ I Harden, 'The European Ombudsman's Efforts to Increase Openness in the Union' in V Deckmyn (ed), *Increasing Transparency in the European Union* (EIPA, 2002) 123.

⑰ (616/PUBAC/F/IJH) [1998] OJ C44/9.

⑰ European Ombudsman, *European Code of Good Administrative Behaviour*, https://www.ombudsman.europa.eu/en/resources/code.faces.

⑰ Case T-194/94 *Carvel and Guardian Newspapers Ltd v Council* [1995] ECR II-2765; Case T-105/95 *WWF UK (World Wide Fund for Nature) v Commission* [1997] ECR II-313.

⑰ Case C-58/94 *Netherlands v Council* [1996] ECR I-2169, [31]-[36].

情权的重要性及其与机构民主性质的关系，但拒绝了认为不应将这类基本权利纯粹作为理事会内部议事规则事项予以处理的主张。

在"豪塔拉案"中，欧洲法院维持了初审法院的裁决，该裁决认定，理事会关于拒绝考虑开放部分政治敏感性文件的决定是无效的，但欧洲法院称，它没有必要宣布欧共体法律是否承认普遍的"知情权原则"[175]。

虽然没有阐明将透明性作为一般原则或将知情权作为普遍权利，但是联盟法院在详细阐述知情权的内容方面发挥了重要作用，这些内容包含在各机构程序规则和立法性决定之中。初审法院和欧洲法院撤销了理事会和委员会拒绝公开其文件的多项决定，不是基于这些机构违反"透明性一般原则"，而是基于其他理由，例如自动适用非强制性例外，不当使用著作权规则，拒绝考虑部分公开，或者拒绝的理由不充分。[176]

（五）透明性、《第1049/2001号条例》与联盟法院

《第1049/2001号条例》规定了获取文件的详细制度。[177] 该条例包含所涵盖机构的界定、文件一词的含义、该机制的受益人，以及限制获取文件的例外情形。

联盟法院一直愿意保护无障碍环境，例如"豪塔拉案"。[178] 这在"消费

---

[175] Case C – 353/99 P *Hautala v Council* [2001] ECR I – 9565, [31].

[176] See, eg, Case T – 105/95 *WWF* (n 173); Case T – 188/97 *Rothmans International v Commission* [1999] ECR II – 2463; Case T – 174/95 *Svenska Journalistförbundet v Council* [1998] ECR II – 2289; Case C – 353/99 P *Kuijer v Council* [2000] ECR II – 1959; Case T – 211/00 *Kuijer v Council* [2002] ECR II – 485.

[177] On the Implementation of the Principles in EC Regulation 1049/2001 Regarding Public Access to European Parliament, Council and Commission Documents, COM (2004) 45 final; J Heliskoski and P Leino, 'Darkness at the Break of Noon: The Case Law on Regulation No. 1049/2001 on Access to Documents' (2006) 43 CMLRev 735.

[178] Case C – 353/99 P *Hautala* (n 175). See also Case C – 41/00 P *Interporc Im-und Export GmbH v Commission* [2003] ECR I – 2125, [42] – [44]; Case C – 353/01 P *Mattila v Commission* [2004] ECR I – 1073, [30] – [32]; Cases T – 355 and 446/04 *Co-Frutta Soc coop v European Commission* [2010] ECR II – 1, [124]; Case T – 300/10 *Internationaler Hilfsfonds eV v European Commission* EU：T：2012：247, [90] – [91]; Case T – 380/08 *Netherlands v Commission* EU：T：2013：480, [92]; Case T – 301/10 *Sophie in't Veld v European Commission* EU：T：2013：135, [107], [200]; Case C – 127/13 P *Strack v Commission* EU：C：2014：2250, [24] – [31]; Case T – 677/13 *Axa Versicherung AG v European Commission* EU：T：2015：473, [115]; Case C – 57/16 P *ClientEarth v Commission* EU：C：2018：660.

者信息协会案"（*Verein für Konsumenteninformation*）中再次得到证明。[79] 申请人寻求获取委员会持有的有关某个银行业卡特尔的文件，以便在奥地利为可能被收取过高利率的消费者提起法律诉讼。该卷宗庞杂，委员会拒绝了其请求，并指出部分获取是不可能的，因为详细检查每份文件必然需要大量工作。初审法院裁定，该条例原则上要求委员会对所要求的文件进行单独评估，除非明显属于应予拒绝或者应予准许的情形。因此，拒绝进行任何具体评估显然不相称。[80] 初审法院承认相关卷宗庞杂，但仍然撤销了委员会的决定。[81]

任何知情权制度的有效性，都受立法及其司法解释中所包含的例外规则的严重影响。《第1049/2001号条例》第4条规定了几项例外。只要披露信息涉及压倒性的公共利益，那么大多数例外将受限于允许公众获取文件的规定，即使相关文件与受保护的利益有关。[82] 但是，有一些例外是强制性的——如果披露信息会损害相关利益，而且没有任何条款允许以公共利益为由获取文件，则禁止获取。[83]

联盟法院以多种方式行使控制权。它们可以确定审查的法律标准；决定某项例外的法律含义；裁定公共利益可否作为披露的正当理由。联盟法院一再声明要对例外进行狭义解释。但是至少可以说，在一些有争议的裁决中，联盟法院很少任意使用司法技术。

"西松案"（*Sison*）涉及司法审查的标准。[84] 在该案中，欧洲法院关于有限审查范围的裁定，使申诉人难以胜诉。

---

[79]　Case T‑2/03 *Verein für Konsumenteninformation v Commission* [2005] ECR II‑1121.

[80]　Ibid [100].初审法院承认，在某些情况下，由于要求的文件数量众多，委员会必须保留在公共获取文件利益与工作负担之间取得平衡的权利，以便保障良好行政的利益。但是这种可能性仅在例外情况下适用。

[81]　但是，如果通过《第1049/2001号条例》获得文件与不同条例下的政策明显冲突，则评估每个文档的义务将不再适用，参见 Case C‑139/07 P *European Commission v Technische Glaswerke Il-menau GmbH* [2010] ECR I‑5885，[61]‑[63]。

[82]　Reg 1049/2001 (n 165) Art 4 (2)‑(3).

[83]　Ibid Art 4 (1).

[84]　See also Cases T‑391/03 and 70/04 *Franchet and Byk v Commission* [2006] ECR II‑2023；Case T‑264/04 *WWF European Policy Programme v Council* [2007] ECR II‑911；Cases T‑355 and 446/04 *Co-Frutta* (n 178).

何塞·马利亚·西松诉理事会

Case C – 266/05 P Jose Maria Sison v Council

［2007］ECR I – 1233

根据某项反恐条例，申请人的资产被冻结，他寻求获取将其列入相关名单的文件。理事会以《第 1049/2001 号条例》第 4 条第 1 款 a 项为由予以拒绝，理由是这会损害公共安全和国际关系。

欧洲法院

34. 与上诉人的陈述相反，根据判例法，初审法院正确地裁定……理事会根据《第 1049/2001 号条例》第 4 条第 1 款 a 项规定的与公共利益有关的其中一项例外规则做出拒绝公众获取文件的决定，就对该决定的合法性进行司法审查的范围而言，必须承认理事会就如下事项享有广泛的自由裁量权，即它有权决定如果披露与那些例外规则所涉领域有关的文件，是否会损害公共利益。初审法院还正确地裁定……共同体法院对此类决定的合法性审查由此应仅限于核实程序规则和陈述理由的义务是否得到遵守，对事实的陈述是否准确无误，以及是否存在明显的评估错误或者滥用权力。

35. 首先，必须承认，《第 1049/2001 号条例》第 4 条第 1 款 a 项所保护的利益具有特别敏感和核心的性质，而且根据该规定，如果向公众披露文件会损害这些利益，则该机构必须拒绝公众获取信息，上述事实结合起来，赋予了必须由该机构做出的决定一种复杂而微妙的性质，需要特别加以注意。因此，这种决定需要裁量的余地。

36. 其次，《第 1049/2001 号条例》第 4 条第 1 款 a 项规定的标准非常笼统，因为如该规定的措辞所表明的那样，如果披露有关文件将"损害"对"公共利益"的保护，尤其是涉及"公共安全"或"国际关系"，必须拒绝公众获取该文件。

37. 在这方面，从通过该条例之前的准备文件中可以明显看出，各种提案旨在更精确地定义第 4 条第 1 款 a 项所规定的公共利益例外的范围，这些提案无疑会相应增加对该机构的评估进行司法审查的机会，而这些提案并未被接受。

......

46. 此外，从《第1049/2001号条例》第4条第1款a项的措辞中可以明显看出，就该条款规定的获取权例外而言，如果向公众披露文件会损害该条款所保护的利益，那么该机构拒绝公众获取文件就是一项强制性要求，在这种情况以及在与那些条款——特别是第4条第2款——相悖的情况下，无须在与保护那些利益有关的要求与来自其他利益的要求之间寻求平衡。

47. 从上文可以得出……在机构被要求裁定向公众披露文件是否会损害《第1049/2001号条例》第4条第1款a项所保护的利益时，以及如本案情形，在该机构拒绝所提出的文件请求时，它不用考虑申请者获取这些文件的特别利益。

但是，"西松案"规则被随后的判例法所修改，在"知情欧洲案"（Access Info Europe）中，欧洲法院强调，寻求依据某项例外规则的机构有责任解释，公开文件将如何具体且在实际上损害该例外规则所保护的利益，而且，利益受损的风险必须是合理可预见的，不能出于纯粹的假设。⑱

在"瑞典诉委员会案"⑱中，欧洲法院处理的是《第1049/2001号条例》中某项例外的法律含义问题，其判决比初审法院更为宽松。初审法院⑱裁定，《第1049/2001号条例》第4条第5款规定，成员国可以请求联盟机构在未经其事先同意的情况下不披露来自该成员国的文件，这构成成员国要求欧盟机构不要透露相关文件的一项指示。在上诉中，欧洲法院裁定，第4条第5款并未赋予成员国一般性和无条件的否决权。欧洲法院指出，第4条第5款必须受第4条第1款至第3款的限制，以便使成员国有机会表明其文件为什么属于这些例外。如果成员国认为这些文件属于例外

⑱　Case C－280/11 P *Council v Access Info Europe* EU：C：2013：671，［31］；Case C－350/12 P *Council v Sophie in't Veld* EU：C：2014：2039，［52］，［64］.

⑱　Case C－64/05 P *Sweden v Commission*［2007］ECR II－11389；Case C－506/08 P *Sweden v My Travel and Commission*［2011］ECR I－6237，［72］；Case T－545/11 *Stichting Greenpeace Nederland v European Commission* EU：T：2013：523，［27］－［33］；Case T－344/15 *France v European Commission* EU：T：2017：250，［29］－［37］.

⑱　Case 168/02 *IFAW Internationaler Tierschutz-Fonds GmbH v Commission*［2004］ECR II－4135.

情形，则应与欧盟机构对话，在对话时由成员国提供理由，说明该文件为何归入第 4 条第 1 款至第 3 款。然后由相关欧盟机构记录这些理由，以便寻求获取该文件的个人可以理解被拒绝的原因，这也将方便任何后续法律质疑。

"图科案"（*Turco*）涉及某个例外的法律含义和采用"平衡测试"的司法方法。[188] 该案中，欧洲法院的判决再次比初审法院更为宽松。[189]

瑞典与图科诉理事会

Cases C – 39 and 52/05 P Sweden and Turco v Council

[2008] ECR I – 4723

该案涉及《第 1049/2001 号条例》包含的法律咨询例外[190]，该条例规定，如果披露文件会损害对法院诉讼程序和法律咨询的保护，则各机构应拒绝提供文件，除非存在压倒性的公共利益。图科被拒绝获取理事会法律部有关庇护指令草案的文件。

欧洲法院

42. 与法律咨询有关的例外……必须被解释为，旨在保护某机构在寻求法律咨询和接受坦率、客观和全面建议方面的利益。

43. 为了有能力援引该利益，其受损害的风险必须是可以合理预见的，而不是纯粹假设的。

44. 如果理事会认为公开文件会损害上面界定的对法律咨询的保护，则理事会有责任确定是否存在压倒性的公共利益，以证明披露文件是正当的，尽管其寻求法律咨询和接受坦率、客观和全面建议的能

---

[188]　See also Case T – 403/05 *My Travel Group plc v Commission* [2008] ECR II – 2027；Cases C – 514, 528 and 532/07 *Sweden v API and Commission* [2010] ECR I – 8533；Case T – 471/08 *Toland v European Parliament* [2011] ECR II – 2717；Case C – 280/11 P *Access Info Europe*（n 181）[27] – [31]；Cases C – 514 and 605/11 *LPN and Finland v European Commission* EU：C：2013：738，[44] – [45]；Case C – 365/12 P *European Commission v EnBW Energie Baden-Württemberg AG* EU：C：2014：112，[64] – [65]；Case T – 796/14 *Philip Morris Ltd v European Commission* EU：T：2016：483，[53] – [55].

[189]　Case T – 84/03 *Turco v Council* [2004] ECR II – 4061.

[190]　Reg 1049/2001（n 165）Art 4（2）.

力会由此受到损害。

45. 在这方面，理事会须平衡以下两个方面的利益：一方面是不公开有关文件所保护的特定利益，另一方面，特别是，公开该文件所带来的公共利益，其中包括增强公开性所带来的好处，公开文件能够使公民更贴近地参与决策过程，保障在民主制度之下行政具有更大的合法性，更有效率，以及更对公民负责。

46. 从理事会《第 1049/2001 号条例》序言第 6 段引文中可以明显看出，在理事会行使其立法职能时，这些考虑显然尤具有相关性；根据该序言，正是在这种情况下应赋予广泛的获取文件权。通过允许公民审查构成立法性法令基础的所有信息，这方面的开放性有助于加强民主。公民有机会查明作为立法行动依据的考虑因素，这是有效行使其民主权利的一项前提。

……

49. 如果理事会决定拒绝公开被要求披露的文件，则首先必须说明，获取该文件将如何具体且有效地损害第 4 条规定的例外规则所保护的利益……；其次，必须说明在该条例第 4 条第 2 款和第 3 款所述情况下，是否存在压倒性的公共利益，仍可能成为公开有关文件的正当理由。

50. 原则上，理事会可以根据适用于某些类型文件的普遍推定，就此问题做出决定，因为对总体上相似类别文件的考虑因素可能适用于对披露具有相同性质文件的请求。但是，理事会有责任确定，在每种情况下通常适用于特定类型文件的一般考虑因素，是否实际上适用于被要求披露的特定文件。

……

59. 首先，理事会表示，它担心披露其法律部与立法草案有关的法律咨询意见可能导致对有关立法性法令的合法性产生怀疑，但是，恰恰是这方面的公开性有助于在欧洲公民眼中赋予这些机构更大的合法性。此外，还有助于通过允许公开辩论各种观点之间的分歧，增强欧洲公民对这些机构的信心。……

……

62. 其次，理事会主张，其法律部的独立性会因在立法程序过程中可能公开其法律意见而受到损害。必须指出，这种担心是《第 1049/2001 号条例》第 4 条第 2 款第 2 部分规定的例外所保护的利益的核心。从本判决第42段可以明显看出，该例外旨在专门保护机构在寻求法律咨询以及接受坦率、客观和全面建议时的利益。

63. 但是在这方面，理事会在初审法院和欧洲法院依靠的仅仅是断言，这些断言并没有得到详细论点的证实。经考虑后认为，本案没有出现合理可预见的实际风险，而且没有利益受到损害的纯粹假设。

64. 对于可能带来的压力，从而对理事会法律部所发表意见的内容施加影响这一点，仅需指出，即使该法律部的成员为此受到不适当的压力，也是这种压力，而不是披露法律意见的可能性会损害该机构在接受坦率、客观和全面建议方面的利益，显然理事会有责任采取必要措施阻止这种压力的产生。

现在委员会发布了关于获取文件的年度报告。2017年报告记录了当前的一些实践。[191] 2016年，18523份新文件被添加到委员会文件登记册中。委员会收到6000多次获取文件的初始申请，以及近300次的确认申请。在初始阶段，有81.3%的案件完全或部分披露了所要求的文件；在确认阶段经审查的案件中，有52%的案件更广泛甚至完全获取了文件。所有申请者中有40%来自公民，有16%来自学术机构和智库，非政府组织和法律专业人士也有大量申请。

与以前的立场相比，2001年条例无疑向前迈进了一步，但其范围和例外仍然存在问题。2008年，委员会提出了修改后的获取文件条例草案[192]，但欧洲议会不满意该草案，提出了大量修订方案。[193] 目前该草案制定工作仍停滞不前，新条例是否出台，以及采取什么形式，还有待观察。[194]

---

[191] On the application in 2016 of Regulation (EC) No 1049/2001 regarding public access to European Parliament, Council and Commission documents, COM (2017) 738 final, 4.

[192] Regarding Public Access to European Parliament, Council and Commission documents, COM (2008) 229 final.

[193] On the proposal for a reg of the European Parliament and of the Council regarding public access to European Parliament, Council, and Commission documents, A6 - 0077/2009, Rapporteur Michael Cashman; T6 - 0114/2009, PE439/989, 12 May 2010, Rapporteur Michael Cashman.

[194] European Union Committee, Access to EU Documents, 15th Report 2008 - 9, HL Paper 108; I Harden, 'The Revision of Regulation 1049/2001 on Public Access to Documents' (2009) 15 EPL 239; European Parliament resolution of 12 June 2013 on the deadlock on the revision of Regulation (EC) No 1049/2001 [2016] OJ C65/102.

（六）小结

鉴于条约条款、《第1049/2001号条例》和《欧盟基本权利宪章》第42条对透明性的发展，莱纳茨（Lenaets）法官在学术期刊上发文总结道："目前很难否认，透明性原则已演变为共同体法的一般原则。"[195] 该观点得到法院判决的加强，因为欧洲法院更愿意将欧盟立法解读为受透明性原则约束，即使该立法的相关条款并未明确提及该原则。[196] 即使透明性被视为欧盟法的一般原则，但它对公民影响的关键取决于该原则被赋予的详细含义。

六　一般法律原则：风险预防原则

风险监管是欧盟行动的重要组成部分，通常必须在存在科学上的不确定性条件下进行。《欧洲联盟运行条约》第191条第2款提到与环境决策有关的风险预防原则（precautionary principle），《欧洲联盟运行条约》第11条规定必须将环境保护要求纳入其他欧盟政策中。联盟法院已将预防原则提升为欧盟法的一般原则。

该项原则的基础由欧洲法院奠定。在"疯牛病案"（BSE）[197] 中，英国对委员会在发生疯牛病之后决定禁止英国出口牛肉的合法性提出质疑。欧洲法院指出，在通过有争议的决定时，此类产品所导致的风险存在很大的不确定性，并裁定，"如果不确定对人类健康是否存在风险或风险程度为何，机构可以采取保护性措施，而无须等到那些风险的真实存在和严重程度发展到完全明显的地步"[198]。

不过，是由初审法院将风险预防原则提升为一项新的欧盟法一般原则的。它在"辉瑞公司案"（Pfizer）[199] 和"Artegodan公司案"[200] 中对此做出

---

[195]　Lenaerts（n 168）.

[196]　Cases C – 154 and 155/04 *The Queen*, *on the application of Alliance for Natural Health and Nutri-Link Ltd v Secretary of State for Health* [2005] ECR I – 6451, [81] – [82]; Cases T – 246 and 332/08 *Melli Bank plc v Council* [2009] ECR II – 2629, [146].

[197]　Case C – 180/96 *United Kingdom v Commission* [1998] ECR I – 2265.

[198]　Ibid [99].

[199]　Case T – 13/99 *Pfizer Animal Health SA v Council* [2002] ECR II – 3305.

[200]　Cases T – 74, 76, 83 – 85, 132, 137 and 141/00 *Artegodan GmbH v Commission* [2002] ECR II – 4945.

开创性判决。初审法院首先指出，在涉及环境政策的《欧共体条约》第
174 条第 2 款中明确提到风险预防原则。它接着援引《欧共体条约》第 6
条[201]，该条规定必须将环境保护纳入其他欧共体政策的实施中。由此初审
法院认为，作为环境保护一部分的风险预防原则也应成为共同体其他政策
的一个因素。[202] 通过将其他条约条款解释为要求提供高水平的卫生保护和
消费者保护，并以风险预防原则作为保障手段，这一结论得到了加强。[203]

初审法院通过借鉴欧洲法院以前的判例法来支持其观点，例如"疯牛
病案"，指出，在该案中风险预防原则的存在"得到了欧洲法院实质上并
且至少是默示的承认"[204]。将条约条款与先前判例法结合起来，为承认新的
欧盟法一般原则奠定了基础。[205]

> 风险预防原则可以定义为共同体法律的一般原则，这要求主管机
> 关采取适当措施以防止对公共卫生、安全和环境的特定潜在风险，优
> 先考虑与保护这些利益相关的要求，而非经济利益。因为共同体机构
> 在其所有活动领域均有责任保护公共卫生、安全和环境，所以风险预
> 防原则可被视为派生于上述条约条款的自主原则。

现在，风险预防原则被用于审查欧盟行动以及欧盟法范围内成员国行动的
合法性。[206] 尽管如此，我们应认识到，该原则的含义和适用是有争议的。[207]

---

[201] 现为《欧洲联盟运行条约》第 11 条。

[202] Case T – 13/99 *Pfizer*（n 199）[114]；Cases T – 74, 76, 83 – 85, 132, 137 and 141/00 *Artegodan*（n 200）[183]。

[203] Ibid.

[204] Case T – 13/99 *Pfizer*（n 199）[115]。

[205] Cases T – 74, 76, 83 – 85, 132, 137 and 141/00 *Artegodan*（n 200）[184]；Case T – 147/00 *Les Laboratoires Servier v Commission*［2003］ECR II – 85，[52]；Case T – 334/07 *Denka*（n 52）[116]；Case T – 326/07 *Cheminova A/S v Commission*［2009］ECR II – 2685，[165] – [166]。

[206] Craig（n 4）ch 21.

[207] See, eg, J Scott and E Vos, 'The Juridification of Uncertainty: Observations on the Ambivalence of the Precautionary Principle within the EU and the WTO' in C Joerges and R Dehousse (eds), *Good Governance in Europe's Integrated Market* (Oxford University Press, 2002) ch 9; E Fisher, 'Precaution, Precaution Everywhere: Developing a "Common Understanding" of the Precautionary Principle in the European Community' (2002) 9 MJ 7; G Majone, 'What Price Safety? The Precautionary Principle and its Policy Implications' (2002) 40 JCMS 89; C Sunstein, 'Beyond the Precautionary Principle' (2003) 151 University of Pennsylvania Law Rev 1003; José Luis da Cruz Vilaça, 'The Precautionary Principle in EC Law' (2004) 10 EPL 369; E Fisher, *Risk Regulation and Administrative Constitutionalism* (Hart, 2007); J Corkin, 'Science, Legitimacy and the Law: Regulating Risk Regulation Judiciously in the European Community' (2008) 33 ELRev 359.

第五节　理由四：滥用权力

滥用权力（misuse of power）是《欧洲联盟运行条约》第263条提到的最后一项审查理由。这一概念涵盖的情况是，欧盟机构通过一项措施的唯一或主要目的并非其所声称的目的，或者规避条约就处理相关情况所规定的特定程序。[208] 基于滥用权力的申诉和基于相称性的申诉存在联系。两者之间的区别在于，在前一种情况下，试图达到的目标或目的本身是不适当的，而在后一种情况下目的是合法的，问题在于是否以不相称的方式实现这一目的。

"朱弗里达诉理事会案"（*Giuffrida v Council*）就是成功运用该理由审查合法性的例证。[209] 申请人在结束和马蒂诺（*Martino*）对共同体更高一级职位的竞聘之后，请求撤销任命马蒂诺的决定。他申诉这种竞争实际上是任命马蒂诺担任这一职位，理由是马蒂诺此前已经在履行与该级别工作相关的职责。欧洲法院撤销了这项任命，指出实现这种具体目标的方式与招聘程序的目的背道而驰，由此构成滥用权力。内部晋升应基于挑选最佳工作人员，而不是将工作给予提前选定的特定候选人。

第六节　审查理由：审查的程度

迄今为止，讨论主要集中在审查的理由上，但司法审查的程度同样重要。问题是欧洲法院将在多大程度上重新评估决策，尤其是涉及自由裁量

---

[208] Case C - 84/94 *United Kingdom v Council*（*Re Working Time Directive*）[1996] ECR I - 5755；Case T - 72/97 *Proderec-Formação e Desinvolvimento de Recursos Humanos*, *ACE v Commission* [1998] ECR II - 2847；Case C - 48/96 P *Windpark Groosthusen GmbH & Co Betriebs KG v Commission* [1998] ECR I - 2873；Case C - 452/00 *Netherlands v Commission* [2005] ECR I - 6645，[114]；Cases C - 274 and 295/11 *Spain and Italy v Commission* EU：C：2013：240，[33] - [34]；Case T - 422/11 *Computer Resources International*（*Luxembourg*）*SA v European Commission* EU：T：2014：927，[110].

[209] Case 105/75 [1976] ECR 1395.

权的决策。《欧洲煤钢共同体条约》对此问题做出了明确规定。⑩ 现在欧盟条约中没有直接对应的条款，但是审查的程度始终是一个问题。

司法审查意味着对法律、事实和自由裁量权提出质疑。⑪ 法律的范式问题涉及条约条款、条例、指令或决定中术语的含义。联盟法院通常将诸如国家援助、劳动者、服务、货物、资本、协定之类术语的含义以及其他此类条款作为法律问题。一般做法是取代就这些法律问题做出的判决。联盟法院确定有争议术语的含义，如果被质疑的解释与此不一致，则将其撤销。

对事实和自由裁量权的司法审查标准则不同。联盟法院使用的标准表达公式是，司法审查应仅限于考察是否因明显的错误、滥用权力或明显超出自由裁量权范围而妨碍了自由裁量权的行使。但是，该审查标准的实施程度随着时间以及所涉议题的不同而发生变化。

欧洲法院的早期方法是以蜻蜓点水般的方式适用此测试法，尤其是在所审查的条款涉及行使与共同农业政策有关的自由裁量权时。共同农业政策的基本条约条款包含各种目标，因此有必要由委员会和理事会做出自由选择。欧洲法院裁定，共同体机构在确定拟实现的目标和选择适当的行动方式方面具有广泛的自由裁量权。⑫ 欧洲法院不希望事后评价共同体机构所做的评估。⑬ 仅当申请人可以证明存在明显的错误或滥用权力时，才选择废止该决定。欧洲法院只是浅"试"辄止。在裁定中，欧洲法院通常只用一两个段落一笔带过。⑭

在更近期的判例法中，联盟法院继续对审查事实和自由裁量权采用同样的检验标准。申请人仍须证明明显的错误、滥用权力或者明显超出裁量范围，但在一些领域，例如风险监管、竞争法和基本权利领域⑮，该测试法的应用比以往严格很多。

---

⑩　《欧洲煤钢共同体条约》第 33 条。

⑪　Craig（n 4）ch 15.

⑫　Case 57/72 *Westzucker GmbH v Einfuhr-und Vorratsstelle für Zucker*［1973］ECR 321；Case 78/74 *Deuka*，*Deutsche Kraftfutter GmbH*，*BJ Stolp v Einfuhr-und Vorratsstelle für Getreide und Futtermittel*［1975］ECR 421；Case 98/78 *Firma A Racke v Hauptzollamt Mainz*［1979］ECR 69；Case 59/83 *SA Biovilac NV v European Economic Community*［1984］ECR 4057.

⑬　Lord Mackenzie Stuart，*The European Communities and the Rule of Law*（Stevens，1977）91，96.

⑭　Craig（n 4）ch 15.

⑮　Cases C‑584，593 and 595/10 P *Commission v Kadi* EU：C：2013：518，［97］-［141］.

在"辉瑞公司案"[216] 中，申请人对一项条例提出质疑，该条例撤销了对动物饲料原料添加剂的授权。该添加剂是一种抗生素，可将其极少量地添加到动物饲料中以促进生长。撤销授权的理由是，担心此类添加剂会降低动物对抗生素的抗药性，并且这种抗药性的降低可能会传导给人类。辉瑞公司认为，无法根据科学证据证明这一点。初审法院认为，司法审查应仅限于考察是否因明显的错误、滥用权力或明显超出自由裁量权范围而妨碍自由裁量权的行使[217]，而且，如果要求共同体机构进行复杂的评估，则其自由裁量权在一定程度上也适用于其所采取行动的事实基础。[218] 初审法院不得用自身的事实评估替代共同体机构的事实评估，而应将其审查范围仅限于明显的错误、滥用权力或明显超出自由裁量权的范围。[219] 尽管这是对正统观点的重申，但是初审法院在总共将近200页的判决书中用了近70页来仔细评估申请人关于事实和自由裁量权的主张。初审法院最终裁定申请人败诉，但它对明显错误的测试比以往更加深入。对该领域的审查程度也受在欧盟立法之中谁拥有举证责任这一问题的影响。[220]

在对竞争决定的司法审查中，尤其是涉及企业合并时，这一点也很明显。初审法院撤销了委员会的多项合并决定，它经过仔细和严格审查后得出结论，认为这些决定被明显的错误所拖累。[221] 委员会将利乐拉伐集团（*Tetra Laval*）上诉至欧洲法院，委员会主张，初审法院对"明显错误检验法"的解释方式相当于替代判断。在"利乐拉伐集团案"[222] 中，欧洲法院维持了初审法院的裁决。[223]

---

[216] Case T – 13/99 *Pfizer*（n 199）；Case T – 70/99 *Alpharma Inc v Council*［2002］ECR II – 3495.

[217] Case T – 13/99 *Pfizer*（n 199）［166］.

[218] Ibid［168］.

[219] Ibid［169］.

[220] Case T – 334/07 *Denka*（n 52）；Case T – 326/07 *Cheminova*（n 205）.

[221] Case T – 342/99 *Airtours plc v Commission*［2002］ECR II – 2585；Case T – 5/02 *Tetra Laval BV v Commission*［2002］ECR II – 4381.

[222] Case C – 12/03 P *Commission v Tetra Laval*［2005］ECR I – 987.

[223] Ibid［39］. See also Case C – 525/04 P *Spain v Commission*［2007］ECR I – 9947，［56］–［57］；Case T – 201/04 *Microsoft Corp v Commission*［2007］ECR II – 3601，［85］–［89］；Case C – 413/06 P *Bertelsmann AG and Sony Corporation of America v Independent Music Publishers and Labels Association*（*Impala*）［2008］ECR I – 4951，［145］–［146］；Case T – 48/04 *Qualcomm Wireless Business Solutions Europe BV v Commission*［2009］ECR II – 2029，［91］–［92］；Case C – 290/07 P *European Commission v Scott SA*［2010］ECR I – 7763，［65］–［66］.

欧洲法院承认委员会在经济事务上享有自由裁量权余地，但这并不意味着共同体法院必须避免审查委员会对具有经济性质的信息所做解释。共同体法院不仅必须确定所依赖的证据是否事实上准确、可靠和一致，而且必须确定该证据是否包含为评估复杂情况而必须考虑的所有信息，以及是否能够用于证实从中得出的结论。在调查跨行业企业合并计划时，需要进行前瞻性分析，这就更有必要进行这种审查。

受篇幅限制，无法对该判决所产生的更广泛影响进行详细评估。可在相关文献中找到对该问题的讨论。[24] 这里只简要指出，对明显错误的这种解释与早期判例法中的解释相距甚远，与最新判例法中继续适用于共同政策、国家援助等类似领域的做法也相差很大。对风险监管和竞争法等领域进行更深入的审查是有道理的[25]，尽管这一最新判例法仍然存在许多未解决的问题。[26]

在诸如一般法律原则的适用，如相称性和非歧视等原则方面，也明显存在着不同程度的司法审查。我们在前面章节已经看到，由于所审查的欧盟行动类型不同，相称性原则的适用也不同。[27] 联盟法院适用非歧视原则的方式也是如此。相较于联盟法院根据《欧洲联盟运行条约》第39条至第40条对在农业领域提出的歧视申诉进行的审查，该原则在《欧洲联盟运行条约》第18条的背景下得到更大程度的适用，在它与《欧洲联盟运行条约》第20条至第21条中的公民权一起使用时，更是如此。[28]

---

[24]　Craig（n 4）ch 15.

[25]　Judge B Vesterdorf, 'Certain Reflections on Recent Judgments Reviewing Commission Merger Control Decisions' in M Hoskins and W Robinson（eds）, *A True European*：*Essays for Judge David Edward*（Hart, 2003）ch 10.

[26]　Craig（n 4）ch 15.

[27]　参见本章第四节第二部分之二。

[28]　Craig（n 4）ch 15.

第七节　非法和无效：法律后果

现在有必要考虑认定为非法或无效之后的结果。如果决定的相对人未在《欧洲联盟运行条约》第 263 条规定的时限内对该决定提出异议[29]，则该决定对该人具有决定性。[30]《欧洲联盟运行条约》第 264 条规定，如果根据第 263 条提出的诉讼理由很充分，则联盟法院应宣布该法令无效，尽管法院可能裁定只有一部分措施非法。欧洲法院在认为必要的情况下，有权声明被宣布无效之法令的某些效力应视为具有决定性。[31]《欧洲联盟运行条约》第 266 条对此做了补充，要求其行为被宣布为无效或因不作为而被宣布违反两部条约的机构必须采取必要措施以遵守判决。这可能涉及根除被宣布为无效措施的效力，以及/或者避免采取相同的措施。[32] 不要求委员会再次考察针对申请人以外的其他人做出的、受同一违法事项影响的相同或相似的决定。[33]

欧盟法的一般原则是，撤销具有追溯性，即一旦法令根据第 263 条被撤销，则自始无效。[34] 这样的裁定具有 "对世" (erga omnes) 效力。一般而言，只有废除造法性措施才能产生真正的对世效力，才能对整个公众产生影响。[35] 对这句话的含义可能需要加以限制，尤其是对于决定而言，这

---

[29]　通常，对一部法令的质疑要求确定其无效。但在少数情况下，法令会被视为绝对无效或不成立，在这种情况下，该法令可能被视为未曾通过。但是，一般而言，诉讼要求确认该法令的非法性，参见第十五章第三节第二部分。

[30]　Case C–310/97 P *Commission v AssiDomän Kraft Products AB* [1999] ECR I–5363, [57].

[31]　根据《欧洲联盟运行条约》第 279 条，欧洲法院有权发布临时措施，参见 Case C–149/95 P (R) *Commission v Atlantic Container Line AB* [1995] ECR I–2165，而且它还有权命令中止有争议的法令，参见第 278 条。

[32]　Cases 97, 999, 193 and 215/86 *Asteris AE and Hellenic Republic v Commission* [1988] ECR 2181；Cases T–480 and 483/93 *Antillean Rice Mills NV v Commission* [1995] ECR II–2305；Case C–41/00 P *Interporc Im-und Export GmbH v Commission* (n 178) [29]–[30].

[33]　Case C–310/97 P (n 230) [56].

[34]　Case C–228/92 *Roquette Frères SA v Hauptzollamt Geldern* [1994] ECR I–1445, [17]；Cases T–481 and 484/93 *Vereniging van Exporteurs in Levende Varkens v Commission* [1995] ECR II–2941, [46]；Case T–171/99 *Corus UK Ltd v Commission* [2001] ECR II–2967, [50].

[35]　AG Toth, 'The Authority of Judgments of the European Court of Justice: Binding Force and Legal Effects' (1984) 4 YBEL1, 49.

一点在"牛皮纸制品案"（*Kraft Products*）中体现得很明显。[㉚] 欧洲法院裁定，撤销的范围不能超出申请人所要求的范围。法院撤销性判决的"对世"权威附属于判决的主体部分，以及判决的"裁决理由"（*ratio deciden-di*）。[㉜] 但是，这并不必然意味着废除未在欧洲法院受到质疑的法令，即使有人主张它受到了相同的非法性的损害。

"自始无效原则"（principle of retroactive nullity）可能会带来难题，特别是如果所涉措施是一项条例，这项条例已经在很多情况下被援引，而且该条例还可能是后续多项措施的基础。这就是第 264 条第 2 段的设计原理，它允许欧洲法院对无效的范围进行限定。[㉝] 该条款已被用来限制法院裁决的时间效力。在"委员会诉理事会案"[㉞]中，欧洲法院撤销了职员薪金条例的一部分内容。但是，如果该条例被宣布自始无效，那么在通过新条例之前，职员将无权获得任何加薪。欧洲法院由此裁定，在新条例通过之前该条例仍有效。

从理论上讲，根据《欧洲联盟运行条约》第 267 条做出的无效认定与根据第 263 条做出的决定有所不同。前者仅针对请求该裁决的成员国法院。但是，欧洲法院裁定，其根据第 267 条做出的涉及有效性问题的初步裁决具有"对世"效力，这为其他任何成员国法院同样将该法令视为无效提供了充分理由。[㉘] 此外，欧洲法院还以与《欧洲联盟运行条约》第 267 条之下案件类似的方式适用第 264 条和第 266 条的原则，从技术角度来看，这些原则仅在第 263 条和第 265 条的范围内发挥作用。[㉛]

㉚ Case 310/97 P（n 230）[52] – [54].

㉜ Case 3/54 *ASSIDER v High Authority* [1955] ECR 63；Case 2/54 *Italy v High Authority* [1954 – 6] ECR 37，55.

㉝ 欧洲法院已将第 264 条第 2 段中的原则扩展适用至指令上，参见 Case C – 295/90 *European Parliament v Council* [1992] ECR I –4193；扩展适用至决定的情况，参见 Case C – 22/96 *European Parliament v Council*（*Telematic Networks*）[1998] ECR I – 3231.

㉞ Case 81/72 *Commission v Council* [1973] ECR 575；Case C – 41/95 *European Parliament v Council* [1995] ECR I – 4411，[43] – [45].

㉘ Case 66/80 *International Chemical Corporation v Amministrazione delle Finanze dello Stato* [1981] ECR 1191.

㉛ Cases 4，109 and 145/79 *Société Co-opérative 'Providence Agricole de la Champagne' v ONIC* [1980] ECR 2823；Cases C – 38 and 151/90 *R v Lomas* [1992] ECR I – 1781.

玉米制品公司诉法国海关总署

Case 112/83 Société de Produits de Maïs v Administration des Douanes

[1985] ECR 719

[《里斯本条约》重新编号，第173条、第174条、
第176条和第177条现为《欧洲联盟运行条约》
第263条、第264条、第266条和第267条]

此案涉及欧洲法院的裁决对条例有效性的影响，法国法院根据第177条提请初步裁决。

欧洲法院

16. 首先应回顾，本法院已经在其判决中裁定……（Case 66/88, *International Chemical Corporation*…）尽管本法院根据条约第177条宣布某机构的法令无效，特别是宣布理事会或委员会的条例无效，只是直接针对将该问题提交本法院的成员国法院，但是对于其他任何要做出其判决的成员国法院而言，这是其认定该法令无效的充分理由。

17. 其次，必须强调，在根据第177条第1段第2项做出初步裁决这一背景下，本法院对宣布一项立法性法令无效施加时间限制的权力由于对条约第174条的解释而正当化，而该解释考虑到初步裁决程序与条约第173条、第174条和176条规定的宣告无效之诉之间的必要一致性，这是条约规定的审查共同体机构法令合法性的两种机制。无论是根据第173条还是第177条对由于宣布共同体条例无效所产生的影响施加时间限制，是条约赋予本法院的权力，目的是在整个共同体中统一适用共同体法律。……

18. 必须指出，如果存在压倒性的因素这一正当理由，那么，第174条第2段则赋予本法院自由裁量权，在每个特定案件中，决定已被宣布无效的某部条例的哪些特定效力应予以维持。因此，如果本法院在第177条诉讼中应用了限制过去宣布某条例无效这一事件所产生影响的可能性，则应由本法院决定对该判决效力的时间限制是否存在例外，以有利于在成员国法院提起诉讼的当事人，或者有利于任何在

宣布无效之前采取相似措施的交易者，或者反过来，由本法院决定，只适用于未来的无效宣布是否构成对那些为了保护自己的权利而在适当时候提起诉讼的交易者的足够救济。

如果一项初步裁决的效力使成员国法律与欧盟法律的兼容性遭到质疑，则需要另行考虑。一般原则是，该裁决确定的法律立场必须从欧盟规范生效时加以理解。⑫ 因此，成员国法院必须将欧盟规范适用于欧洲法院在做出裁决之前发生的情况，前提是可在具有管辖权的法院提起与该规则有关的诉讼。只有在例外情况下才对该方式加以限制。⑬

第八节　结论

一　联盟法院在塑造司法审查原则方面发挥着重要作用，以使欧盟机构以及在欧盟法律范围内采取行动的成员国做出负责任的决策。为此，联盟法院在《欧洲联盟运行条约》第 263 条所列审查理由的框架内推动形成了程序性和实体性司法审查原则。

二　联盟法院已经发展形成了一系列广泛的欧盟法一般原则，并且这些原则还在不断发展中，关于风险预防原则的判例法就是例证。最熟悉的原则来自成员国宪政和行政传统，并且已融入欧盟语境之中。

三　欧盟法一般原则的关键特征是，它们既可以起到解释的辅助作用，又可以作为司法审查的理由。

四　其中一些原则，例如透明性和基于性取向、种族和年龄的非歧视原则，已在详细的二级立法中得到实施和细化，并且它们的法律地位通过这种方式得到了逐步提升。

---

⑫　Cases 66, 127 and 128/79 *Salumi v Amministrazione delle Finanze* [1980] ECR 1237, [9] – [10]; Case C – 50/96 *Deutsche Telekom AG v Schröder* [2000] ECR I – 743, [43]; Cases C – 387, 391 and 403/02 *Criminal proceedings against Silvio Berlusconi* [2005] ECR I – 3565, [138], AG Kokott.

⑬　Cases C – 197 and 252/94 *Société Bautiaa v Directeur des Services Fiscaux des Landes* [1996] ECR I – 505; Case 61/79 *Denkavit Italiana* [1980] ECR 1205; Case C – 137/94 *R v Secretary of State for Health, ex p Richardson* [1995] ECR I – 3407.

五 《里斯本条约》生效之后，《欧盟基本权利宪章》已具有正式的约束力。它包含诸如获取文件的权利、免受歧视的自由等权利，这一事实加强了联盟法院和欧盟立法对这种原则的认可。

六 联盟法院对于所采用的审查标准和审查程度具有相当大的自由裁量权。判例法揭示了这方面的发展，联盟法院正在重新评估它们希望在何种程度上适用由它们建立的各项司法审查原则。

第九节　扩展阅读

Arnull，A，*General Principles of EEC Law and the Individual*（Leicester University Press/Pinter，1990）

Bell，M，*Anti-Discrimination Law and the European Union*（Oxford University Press，2002）

Bernitz，U，and Nergelius，J，*General Principles of European Community Law*（Kluwer，2000）

Bunyan，T，*Secrecy and Openness in the EU*（Kogan Page，1999）

Craig，P，*EU Administrative Law*（Oxford University Press，3rd edn，2018）

Dashwood，A，and O'Leary，S（eds），*The Principle of Equal Treatment in EC Law*（Sweet & Maxwell，1997）

Deckmyn，V（ed），*Increasing Transparency in the European Union*（EIPA，2002）

Ellis，E（ed），*The Principle of Proportionality in the Laws of Europe*（Hart，1999）

Emiliou，N，*The Principle of Proportionality in European Law*（Kluwer，1996）

Gerapetritis，G，*Proportionality in Administrative Law*（Sakkoulas，1997）

Nehl，N，*Principles of Administrative Procedure in EC Law*（Hart，1999）

Schonberg，S，*Legitimate Expectations in Administrative Law*（Oxford University Press，2000）

Schwarze, J, *European Administrative Law* (Office for Official Publications of the European Communities/Sweet & Maxwell, revised 1st edn, 2006)

Tridimas, T, *The General Principles of EU Law* (Oxford University Press, 2nd edn, 2006)

Usher, J, *General Principles of EC Law* (Longman, 1998)

第十七章 损害赔偿诉讼与金钱求偿

第一节 核心议题

一 对于由政府行为导致的损失，任何发达的司法制度都必须拥有可以通过个人提起诉讼而进行补偿的机制。

二 向欧盟索取赔偿事宜由《欧洲联盟运行条约》第 340 条规范[①]（原《欧共体条约》第 288 条）。

三 该条款留给欧洲法院大量的解释空间[②]，并且指导法院考虑各成员国法律共有的一般原则。

四 关键议题是，在欧盟的非法法令导致损失的情况下，对相关责任进行测试。

五 我们将看到，针对被质疑的法令是否具有自由裁量权性质的这两种不同情况，欧洲法院发展出了不同的测试法。

六 在形成这些测试法的过程中，欧洲法院参照了其关于国家赔偿责任的判例法。

第二节 赔偿责任：有自由裁量权性质的法令

《欧洲联盟运行条约》第 340 条是规范针对欧盟的赔偿诉讼的条约条

---

① 最初的条约条款为《欧洲经济共同体条约》第 215 条第 2 段，后来《阿姆斯特丹条约》将其重新编号为第 288 条第 2 段。

② 在初始条约条款中未规定赔偿责任，因为这些不构成"机构法令"，而是"国际协定"，见 Case T – 113/96 *Edouard Dubois et Fils v Council and Commission* [1998] ECR II – 125.

款。本节考虑将第 340 条适用于有自由裁量权性质的欧盟法令（discretionary EU acts）。

> 在非契约责任方面，联盟应根据各成员国法律共有的一般原则，对其机构或其公务人员在履行职责时所造成的任何损害予以赔偿。

一 一般测试法

相关情形是，决策者需要严重依赖自由裁量权。受质疑的规范通常是立法性的，但也有具体性的，它们包括大量的自由裁量权因素，也须遵守下文讨论的法律测试法。

由于对诉讼地位进行严格解释，规范可能无法被撤销。欧洲法院的早期方法对个人不利，因为欧洲法院在"普劳曼案"③ 中裁定，将规范撤销是使用《欧洲联盟运行条约》第 340 条的必要前提条件。如果保留这一要求，那么第 340 条就没有什么用途，因为个人申诉者很难证明自己具有宣告无效之诉的起诉资格。在后来的案件中，欧洲法院通常无视将无效之诉作为必要条件，认为损害赔偿诉讼是独立、自主性的诉因。④ 从"舍彭斯泰特案"（*Schöppenstedt*）中可以明显看出这一点。

---

③ Case 25/62 *Plaumann v Commission* [1963] ECR 95.

④ Case 5/71 *Aktien-Zuckerfabrik Schöppenstedt v Council* [1971] ECR 975；Cases 9 and 11/71 *Compagnie d'Approvisionnement de Transport et de Crédit SA et Grands Moulins de Paris SA v Commission* [1972] ECR 391；Case T-178/98 *Fresh Marine Company SA v Commission* [2000] ECR II-3331，[45]-[50]；Cases T-3/00 and 337/04 *Athanasios Pitsiorlas v Council and European Central Bank* [2007] ECR II-4779，[281]-[284]. 但是，在某些情况下，如果不按照《欧洲联盟运行条约》第 263 条进行诉讼，则将对第 340 条第 2 段的诉讼造成影响，这种情况是：个人与违法规范具有直接和个别联系，并且本可以根据第 263 条成功对其提出质疑，但是要么未能完全这么做，要么未能在第 263 条规定的质疑期限内这么做，参见 Cases C-199 and 200/94 *Pesqueria Vasco-Montanesa SA (Pevasa) and Compania Internacional de Pesca y Derivados SA (Inpesca) v Commission* [1995] ECR I-3709；Case T-93/95 *Laga v Commission* [1998] ECR II-195；Case C-310/97 P *Commission v AssiDomän Kraft Products AB* [1999] ECR I-5363，[59]；P Mead，'The Relationship between an Action for Damages and an Action for Annulment：The Return of *Plaumann*' in T Heukels and A McDonnell (eds)，*The Action for Damages in Community Law* (Kluwer, 1997) ch 13.

舍彭斯泰特制糖股份诉理事会
Case 5/71 Aktien-Zuckerfabrik Schöppenstedt v Council

[1971] ECR 975

[《里斯本条约》重新编号，第 40 条和第 215 条现为
《欧洲联盟运行条约》第 40 条和第 340 条]

申请人申诉有关食糖市场的《第 769/68 号条例》违反了《欧共体条约》第 40 条第 3 款，因为该条例在制定此产品的定价政策方面具有歧视性。

欧洲法院

11. 在本案中，共同体的非契约责任至少以如下假设为前提，即有争议法令的非法性质是导致损害的原因。在涉及与经济政策措施有关的立法性行动的情况下，根据条约第 215 条第 2 段所包含的规定，共同体对因该法令而使个人遭受的损害不承担非契约责任，除非存在足以构成公然违背（flagrant violation）某项旨在保护个人的高级法律规则（superior rule of law）。因此在本案中，本法院首先必须考虑是否发生了这种违反行为。

欧洲法院裁定，在该案中，事实上不能证明存在任何违反高级法律规则的行为。由此，"舍彭斯泰特案"测试法确定了判断赔偿责任的一般条件。

二　可自由裁量的立法性和非立法性法令

在"贝尔加德姆药物实验室案"（Bergaderm）⑤ 和"安的列斯碾米厂案"（Antillean Rice）⑥ 中，欧洲法院裁定，判断"舍彭斯泰特案"测试法（Schöppenstedt test）是否适用的关键因素是，与有争议措施有关的机构拥

---

⑤　Case C–352/98 P *Laboratoires Pharmaceutiques Bergaderm SA and Goupil v Commission* [2000] ECR I–5291，[46].

⑥　Case C–390/95 P *Antillean Rice Mills NV v Commission* [1999] ECR I–769，[56]–[62].

有多大程度的自由裁量权。措施具有一般性质还是个别性质，并不是确定其自由裁量权范围的决定性标准。⑦

原则上这是正确的。许多行政措施涉及自由裁量选择，它们与在立法活动中做选择时所面临的困难是一样的。实质上，难以在这两种情况之间划分明确界线。这意味着"舍彭斯泰特案"测试法可以适用于需要大量自由裁量因素的具体法令，也适用于涉及自由裁量选择的立法性法令。很多立法性法令都具有这种特点，但并不是所有立法性法令都应如此。

显然，在《里斯本条约》之前，一项法令是否是"舍彭斯泰特案"测试法意义上的立法性法令，取决于措施的实质内容，而不是其自称的法律形式。⑧ 因此，根据第 340 条第 2 段提起诉讼的申请人可以主张，该措施尽管名称为条例，但实际上是一项行政决定。⑨ 反之亦然，某项措施在某种意义上可能是一项决定，但在第 342 条第 2 段意义上是一项立法性法令。⑩ 另外，申请人具有足够利益根据第 263 条提出质疑这一事实，并不排除该措施是第 340 条第 2 段意义上的立法性法令。⑪

在《里斯本条约》之后，同样明确的是，立法性法令的定义是形式问题——根据《里斯本条约》，按照立法程序通过的任何法令都是立法性法令，未按照这种程序制定的法令都不能称为立法性法令，无论其实质内容为何。⑫

---

⑦ See also Case C –472/00 P *Commission v Fresh Marine A/S* [2003] ECR I –7541, [27]; Case C –312/00 P *Commission v Camar Srl and Tico Srl* [2002] ECR I –11355, [55]; Case C –282/05 P *Holcim（Deutschland）AG v Commission* [2007] ECR I –2941, [47] –[49]; Case C –440/07 P *Commission v Schneider Electric SA* [2009] ECR I –6413, [160] –[161]; Case T –16/04 *Arcelor SA v European Parliament and Council* [2010] ECR –II 211, [141] –[143]; Case C –346/17 P *Christoph Klein v European Commission* EU：C：2018：679; Case T –292/15 *VKS v European Commission* EU：T：2018：103, [62] –[64].

⑧ Case C –390/95 P *Antillean Rice Mills*（n 6）[60]; A Arnull, 'Liability for Legislative Acts under Article 215 (2) EC' in Heukels and McDonnell (n 4) 131 –136.

⑨ Case C –119/88 *Aerpo and Others v Commission* [1990] ECR I –2189; Case T –472/93 *Campo Ebro v Commission* [1995] ECR II –421.

⑩ Cases T –481/93 and 484/93 *Vereniging van Exporteurs in Levende Varkens v Commission*（Live Pigs）[1995] ECR II –2941; Case C –390/95 P *Antillean Rice*（n 6）[62].

⑪ Cases T –480 and 483/93 *Antillean Rice Mills v Commission* [1995] ECR II –2305; Case C –390/95 P *Antillean Rice*（n 6）[62].

⑫ 《欧洲联盟运行条约》第 289 条。参见第五章。

三　高级法律规则

欧洲法院判例法表明，原则上有三种不同类型的规范可以作为保护个人的"高级法律规则"（superior rule of law）。

第一种申诉理由是条约条款，其中有很多都属于这种范畴。在共同农业政策中，通常引用的理由是《欧洲联盟运行条约》第 40 条第 2 款规定的禁止歧视。很多损害赔偿诉讼都是依据共同农业政策的相关条例提起的。[13] 第二种申诉理由是，条例违反更高位阶的规范。[14] 例如，某项依据共同农业政策制定的条例，可能是根据先前就同一议题通过的一系列条例制定的。第三种申诉理由是，联盟立法被裁定为违反一般法律原则，例如"相称性原则"[15] "基本权利"[16] "法律确定性"或者"合理期待"，但"说明理由的义务"不属于这个方面。[17]

"高级"有时似乎等于"重要性"，有时则是更具形式的概念，指一项规则的位阶高于另一项规则，例如一项条例违反了其上位条例。世界贸易组织（WTO）规则不适用于这种情况，尽管有少量例外。[18] 上述申诉理由可见于"国家农业技术银行案"（*CNTA*）。

国家农业技术银行诉委员会

Case 74/74, Comptoir National Technique

Agricole（CNTA）SA v Commission

[1975] ECR 533

申请人声称因《第 189/72 号条例》撤回货币补偿金（MCAs）而

------

[13] See, eg, Case 43/72 *Merkur-Aussenhandels-GmbH v Commission* [1973] ECR 1055; Case 153/73 *Holtz und Willemsen GmbH v Commission* [1974] ECR 675.

[14] Case 74/74 *Comptoir National Technique Agricole（CNTA）SA v Commission* [1975] ECR 533.

[15] Case T – 16/04 *Arcelor*（n 7）.

[16] Cases C – 120 – 121/06 P *FIAMM v Council and Commission* [2008] ECR I – 6513, [184].

[17] Case 106/81 *Julius Kind KG v EEC* [1982] ECR 2885; Case C – 119/88 *Aerpo*（n 9）; Cases T – 466, 469, 473, 474 and 477/93 *O'Dwyer v Council* [1996] ECR II – 207; Cases T – 64 and 65/01 *Afrikanische Frucht-Compagnie GmbH v Council and Commission* [2004] ECR II – 521, [128].

[18] Case C – 149/96 *Portugal v Council* [1999] ECR I – 8395; Case T – 18/99 *Cordis Obst und Gemüse Grosshandel GmbH v Commission* [2001] ECR II – 913; Case T – 383/00 *Beamglow Ltd v European Parliament, Council and Commission* [2005] ECR II – 5459; Cases C – 120 – 121/06 P *FIAMM*（n 16）[111] – [112].

蒙受损失。货币补偿金制度旨在补偿交易者由于汇率波动所造成的损失。1972年2月1日生效的《第189/72号条例》撤销了原本适用于油菜籽的货币补偿金，因为委员会认为市场情况已经改变，因此不再需要货币补偿金。但是，申请人在该条例通过之前签订了合同，尽管这些合同要在该计划结束后执行。申请人主张，它是基于仍将支付货币补偿金的假设才订立这些合同的，并且在该假设的基础上设定的价格。申请人称，该领域的这项制度在没有事先提醒的情况下突然终止，从而使其蒙受损失。欧洲法院在判决的开始首先援引了从"舍彭斯泰特案"中得出的一般原则。

欧洲法院

17. 在这方面，申请人首先主张，委员会因通过《第189/72号条例》废除补偿金而违反了基础性的《第974/71号理事会条例》。

......

19. 从《第974/71号条例》第1条第2款的最后一句可以得出，只有在有关货币措施导致农产品贸易受到干扰的情况下，成员国才可以选择适用补偿金。

20. 因为补偿金的适用是一种具有例外性质的措施，所以该条款应理解为，不仅阐明了对特定产品引入补偿金的条件，而且说明了对特定产品维持补偿金的条件。

21. 委员会在判断有关货币措施是否可能导致相关产品贸易受到干扰方面具有很大程度的自由裁量权。

22. 为了判断这种干扰的风险，委员会可以考虑市场条件以及货币因素。

23. 委员会认为，到1972年1月底，油菜籽市场的情况使得不再需要对这些产品申请补偿金，对于这一考虑，无法认定委员会超越了其权力范围。

[欧洲法院随后考虑了补偿金的撤回是否违反某些一般法律原则。法院认为，《第189/72号条例》并不具有申请人所称的追溯既往效力。欧洲法院接着考虑了这一撤回是否违反"合理期待原则"。法院裁定，不能认为该制度关于预先设定出口订单退款的目的等同于为交易者提供防止汇率波动风险的保证。欧洲法院继续做出如下裁决。]

41. 尽管如此，适用补偿金实际上避免了汇率风险，因此，即使是审慎的交易者，也可能被诱导而忽略对这一风险投保。

42. 在这种情况下，交易者可以合理地预期，对于交易者不可撤销的交易而言，由于他已预先获得了设定退款金额的出口许可证，并且支付了押金，所以不会发生不可预见的变更而使他重新面临汇率风险，进而使其遭受不可避免的损失。

43. 如果委员会在没有压倒性公共利益的情况下，立即并且在未提前预警的情况下废除在特定领域申请补偿金，并且未采取如下过渡性措施——过渡性措施要么至少可以使交易者避免在履行出口合同时遭受损失，而该出口合同的存在及其不可撤销性是由于预先设定退款而导致的；要么过渡性措施规定补偿这类损失，那么共同体就将因此负有责任。

44. 在没有压倒性公共利益的情况下，委员会未能在《第189/72号条例》中纳入保护交易者信心的过渡性措施，而在共同体规则内交易者本可以合理地具有这种信心，因此委员会违反了高级法律规则，从而共同体需承担责任。

但是，欧洲法院指出，共同体不负责支付本应适用于该交易的货币补偿金的全部费用，相反，申请人的合理期待只是不因撤回货币补偿金而遭受损失。在后来的诉讼中，欧洲法院裁定申请人实际上没有遭受这种损失。[19]

四　公然违背或严重违反

从"舍彭斯泰特案"中可以看出，个人不仅必须证明存在违反旨在保护个人的高级法律规则的行为，而且须证明该行为属"公然违背"（flagrant violation）。该术语在早期判例法中被严格解释，因此申请人很难成功，尽管偶尔会获胜。[20] "巴伐利亚养殖场案"（*Bayerische HNL*）[21] 和"淀

---

[19]　Case 74/74 [1976] ECR 797.

[20]　Cases 64, 113/76, 167, 239/78, 27, 28 and 45/79 *Dumortier Frères SA v Council* [1979] ECR 3091.

[21]　Cases 83, 94/76, 4, 15 and 40/77 *Bayerische HNL Vermehrungsbetriebe GmbH & Co KG v Council and Commission* [1978] ECR 1209.

粉公司案"（*Amylum*）[22] 的结果是，申请人必须证明，就遭受的损失而言，违反行为产生的"效果"是严重的，而且违反行为的"方式"是武断的。

新近案件对"公然违背"一词的解释要更宽松一些。"贝尔加德姆案"（*Bergaderm*）现在是作为先例使用的权威判例。在"佩舍尔啤酒厂案"[23]中，欧洲法院指出，对国家损害赔偿责任的测试法不应与根据《欧洲联盟运行条约》第340条第2段对联盟的损害赔偿责任测试法有所不同。[24] 由此，欧洲法院在"佩舍尔啤酒厂案"中对"严重违反"（serious breach）这一术语的解释推动了涉及第340条第2段的判例法。"贝尔加德姆案"肯定了这一点，在该案中，欧洲法院通过明确借鉴"佩舍尔啤酒厂案"所提到的因素来判断第340条第2段意义上"公然违背"的含义。[25]

贝尔加德姆药物实验室诉委员会

Case C – 352/98 P Laboratoires Pharmaceutiques

Bergaderm SA and Goupil v Commission

［2000］ ECR I – 5291

［《里斯本条约》重新编号，第215条

现为《欧洲联盟运行条约》第340条］

本案是从初审法院提交至欧洲法院的上诉案。申请人对由于通过禁止在化妆品中使用某些物质的指令而使其遭受的损失寻求赔偿。申请人申诉，该指令应被视为一项行政法令，因为它仅涉及申请人，其结果是非法性"本身"就足以使其承担责任，而不必证明存在足够严重的违反行为。

---

[22] Cases 116 and 124/77 *Amylum NV and Tunnel Refineries Ltd v Council and Commission* ［1979］ECR 3497.

[23] Cases C – 46 and 48/93 *Brasserie du Pêcheur SA v Germany*；*R v Secretary of State for Transport, ex p Factortame Ltd* ［1996］ECR I – 1029.

[24] 见第九章。

[25] T Tridimas, 'Liability for Breach of Community Law：Growing Up and Mellowing Down?' (2001) 38 CMLRev 301.

欧洲法院

40. 本法院针对第 215 条确定的规则体系特别考虑如下因素，即被规制情况的复杂性，在适用或解释文本方面存在的困难，以及尤其要考虑所涉法令的制定者具有自由裁量的余地（*Brasserie du Pêcheur*，第 43 段）。

41. 本法院已指出，在没有特殊理由的情况下，成员国对由于违反共同体法律而对个人造成的损害承担赔偿责任的条件，与在类似情况下调整共同体责任的条件没有不同。个人从共同体法律中获得的权利保护不能因由成员国主管机关负责还是由共同体主管机构负责而有所不同（*Brasserie du Pêcheur*，第 42 段）。

42. 关于成员国对个人造成的损害赔偿责任，本法院已裁定，在满足以下三个条件的情况下，共同体法律赋予了赔偿权：被违反的法律规则必须旨在赋予个人权利；违反程度必须足够严重；违反国家义务的行为与受害方所遭受的损害之间必须存在直接的因果联系（*Brasserie du Pêcheur*，第 51 段）。

43. 关于第二个条件，对于第 215 条规定的共同体责任……以及成员国由于违反共同体法律而应承担的责任，用于认定违反共同体法的行为足够严重的决定性标准都是相关成员国或共同体机构是否明显和完全无视对其自由裁量权的限制（*Brasserie du Pêcheur*，第 55 段……）。

44. 在相关成员国或机构只拥有极为少量的自由裁量权，甚至没有自由裁量权的情况下，仅违反共同体法律可能就足以确定存在足够严重的违反（*Hedley Lomas*，第 28 段）。

45. 因此，有必要考察……在审查委员会通过该《适应指令》时行使其自由裁量权的方式时，初审法院是否出现了法律上的错误。

46. 在这方面，本法院查明，某个机构所采取措施的一般性质或具体性质并不是确定相关机构享有的自由裁量权范围的决定性标准。

47. 因此，在上诉中提出的第一个理由完全基于将《适应指令》分类为一项具体措施，这在任何情况下都与该问题无关，因此必须予以驳回。

"贝尔加德姆案"带来的变化值得欢迎，后来的案件也是如此。[26] 违反行为的严重性将取决于以下因素：被违反的规则的相对明确性；留给有关主管机关的自由裁量措施；法律错误是否可以谅解；违反行为是否故意或者出于自愿。原告无须表明存在武断。[27] 也不再由于存在原告数量众多这种可能性而排除应用第340条第2段诉讼。[28] 欧盟自由裁量权的性质将不可避免地影响任何损害赔偿诉讼的成功：自由裁量权的范围越广泛、越复杂，原告表明严重违反的难度就越大。从最近的判例法中可以明显看出这一点。

在"安赛乐公司案"（Arcelor）[29] 中，原告要求赔偿由有关温室气体排放的指令所造成的损失。初审法院重申了"贝尔加德姆案"测试法，并裁定原告必须表明存在严重违反。这就要求它证明，尽管欧盟立法机关在行使其环境权力时享有广泛的自由裁量权，但仍存在着明显和严重未遵守对自由裁量权的限制。初审法院强调欧共体在这一领域具有广泛的自由裁量权，指出这要求联盟立法机关评估"复杂而具有不确定性质的生态、科学、技术和经济变化"，并平衡"《欧共体条约》第174条设定的各种目标、原则和利益"[30]。

"任我行公司案"（My Travel）[31] 也证明了这一点，该案涉及欧盟竞争法。初审法院裁定，用于确定非契约责任的严重违反概念并不包括适用竞争规则过程中的所有错误，即使具有一定的严重性，因为竞争规则"复杂、微妙，并且需要相当大的自由裁量权"[32]。因此，尽管初审法院撤销了委员会认定某项企业集中不符合共同市场的决定，但仅此事实并不等于认定存在足够严重的违反。在无效之诉的背景下，仅仅依靠评估方面的错误还不足以说明存在非契约意义上的明显和严重违反，因为这将妨碍委员会

---

[26] See cases above（n 7）. See also Case T – 79/13 *Accorinti v European Central Bank* EU：T：2015：756，［64］–［67］；Cases C – 8 – 10/15 *Ledra Advertising Ltd v European Commission and European Central Bank* EU：C：2016：701，［63］–［64］.

[27] Case C – 220/91 P *Stahlwerke Peine-Salzgitter AG v Commission*［1993］ECR I – 2393.

[28] Cases C – 104/89 and 37/90 *Mulder v Council and Commission*［1992］ECR I – 3061.

[29] Case T – 16/04 *Arcelor*（n 7）.

[30] Ibid［143］；Case T – 31/07 *Du Pont de Nemours（France）SAS v Commission*，EU：T：2013：167.

[31] Case T – 212/03 *My Travel Group plc v Commission*［2008］ECR II – 1967.

[32] Ibid［40］.

作为竞争监管者的职责。㉝ 初审法院强调，委员会必须在该领域做出复杂的价值评估，它拥有如何判定企业集中是否违反相关欧盟法律规则的自由裁量权。㉞

五　评估

早期的问题是，是否有合理理由限制第 340 条第 2 段意义上的责任。相关观点无疑会有所不同，但我们相信有这样做的理由。很多重要案件来自共同农业政策领域，在这些情况下欧盟必须做出艰难的自由裁量选择，以平衡《欧洲联盟运行条约》第 39 条中相互冲突的考虑因素。对非法性"本身"的认定不应成为导致损害赔偿诉讼的充分条件。否则，这将可能使决策者承担潜在的广泛责任，并且存在如下风险，即法院可能会成为"事后诸葛"，即事后评估理事会和委员会本应如何平衡第 39 条中的各种因素。㉟ 类似的考虑因素也影响了英国法院。㊱ 如果仅在联盟机构的行为十分公然的情况下才将非法性"本身"作为第 340 条第 2 段的适当测试，那么，这是可行的。但是，这会将严重违反因素纳入关于非法性的定义之中。㊲

如果接受这种方式，那么关键问题是如何解释"公然违背"或"严重违反"。过去，对它的解释过于严格，以至于无须考虑武断等类似行为。"佩舍尔啤酒厂案"和"贝尔加德姆案"所使用的方法更加细致入微，值得欢迎。这需要注意这些案件中所确定的因素本身。如果按照"佩舍尔啤酒厂案"标准来判断，可以证明欧盟在实现其目标的方式上存在严重违反行为，那么，欧盟追求实现的总体目标合法这一事实本身，并不能使它免于承担责任。

在损失是由足够严重的违法行为所导致的情况下，申请人不必证明损失特别严重。申请人只需证明非法性"导致"了损失，除此以外没有其他要求。㊳ 通常的"诉讼经济学"应确保一般情况下仅在具有经济价值的前

㉝　Ibid ［40］－［43］.

㉞　Ibid ［83］.

㉟　Cases 83 and 94/76, 4, 15 and 40/77 *Bayersiche HNL* (n 21) 1223－1224, AG Capotorti.

㊱　P Craig, 'Once More unto the Breach: The Community, the State and Damages Liability' (1997) 113 LQR 67.

㊲　AG Capotorti (n 35) 1233.

㊳　Ibid 1233－1234.

提下才提出索赔。

六　小结

1. 申请人要想胜诉，则必须证明存在违反保护个人的高级法律规则的行为，并且这种违反行为明显且严重，或者违反行为足够严重，并且造成了损害。

2. 关于是否有必要证明违反程度足够严重这一问题，其关键标准是赋予该法令制定者自由裁量权余地。如果存在这种自由裁量权，则申请人有必要证明存在严重违反，无论该措施是一般性的或立法性的，还是具体性的或行政性的。

3. "佩舍尔啤酒厂案"和"贝尔加德姆案"中提到的判定违反行为是否足够严重的因素，对第 340 条第 2 段的判例法具有决定性作用。

4. 申请人不必证明所遭受的损失是严重的。它不是"佩舍尔啤酒厂案"测试法的一部分，并且原则上也不需要。存在大量潜在申请人这一点，不再是导致诉讼失败的关键原因。

第三节　赔偿责任：无自由裁量权性质的法令

一　一般原则：非法性、因果关系、损害

前面的讨论集中在涉及自由裁量权的立法性和非立法性法令的损害赔偿责任上。对于无自由裁量权法令的赔偿责任所适用的测试法则略有不同。

传统方式是，在一项法令不需要任何有意义的自由裁量选择的情况下，通常只需证明非法性、因果关系和损害就足够了。㊴ 过去申诉成功的

㊴　Cases 44－51/77 *Union Malt v Commission* ［1978］ECR 57；Cases T－481 and 484/93 *Live Pigs* (n 10)；Case 26/81 *Oleifici Mediterranei v EEC* ［1982］ECR 3057，［16］；Case C－146/91 *KY-DEP v Council and Commission* ［1994］ECR I－4199；Cases C－258 and 259/90 *Pesquerias de Bermeo SA and Naviera Laida SA v Commission* ［1992］ECR I－2901；Case T－175/94 *International Procurement Services v Commission* ［1996］ECR II－729，［44］；Case T－178/98 *Fresh Marine* (n 4) ［54］；Cases T－79/96，260/97 and 117/98 *Camar Srl and Tico Srl v Commission* ［2000］ECR II－2193，［204］－［205］；Case T－333/03 *Masdar (UK) Ltd v Commission* ［2006］ECR II－4377，［59］－［62］.

情况比较罕见。最近的判例法继续区分有自由裁量权的法令与无自由裁量权的法令，但这是在"足够严重违反测试法"的框架内进行的。"贝尔加德姆案"形成的现行表述公式是，申请人必须证明被违反的法律规则旨在赋予个人权利，必须存在足够严重的违反行为，并且违反行为与损害结果之间存在因果联系。但是，在欧盟机构只拥有极少自由裁量权或没有自由裁量权的情况下，仅仅违反欧盟法律就"可以"（may）充分确定存在足够严重的违反行为。[40]

二 一般原则的适用

联盟法院不可避免地将判断是否存在自由裁量权，在存在自由裁量权的情况下，申请人必须满足"足够严重违反测试法"，或者在没有自由裁量权的情况下，仅仅违反欧盟法是否可以产生足够的赔偿责任。[41]

安的列斯碾米厂诉委员会

C – 390/95 P Antillean Rice Mills NV v Commission

[1999] ECR I – 769

申请人对调整海外国家和属地（OCTs）与欧共体之间关系的理事会基础性决定中的规定提出质疑。他们还质疑一项委员会决定，该决定引入了针对源自荷属安的列斯群岛大米的保障措施，理由是它违反了上述理事会决定。在向欧洲法院上诉时，申请人辩称，初审法院所提证明存在足够严重违反行为的要求是错误的，因为被质疑的措施是决定。

---

[40] Case C – 352/98 P *Bergaderm* (n 5) [42] – [44]；Case C – 472/00 P *Fresh Marine* (n 7) [26] – [27]；Case C – 312/00 P *Camar* (n 7) [54] – [55]；Cases T – 198/95, 171/96, 230/97, 174/98, and 225/98 *Comafrica SpA and Dole Fresh Fruit Europa Ltd & Co v Commission* [2001] ECR II – 1975, [134] – [136]；Case T – 283/02 *EnBW Kernkraft GmbH v Commission* [2005] ECR II – 913, [87]；Case T – 139/01 *Comafrica SpA and Dole Fresh Fruit Europe & Co Ltd v Commission* [2005] ECR II – 409, [142]；Case T – 16/04 *Arcelor* (n 7) [141]；Case C – 440/07 P *Schneider* (n 7) [160]；Case T – 79/13 *Accorinti* (n 26) [67]；Case C – 346/17 P *Christoph Klein* (n 7).

[41] Case T – 390/94 *Aloys Schröder v Commission* [1997] ECR II – 501；Cases T – 458 and 523/93 *ENU v Commission* [1995] ECR II – 2459；Case T – 178/98 *Fresh Marine* (n 4) [57]；Case 79/96 *Camar Srl* (n 39) [206].

欧洲法院

57. 首先必须指出，根据已确立的判例法，在涉及行使广泛自由裁量权的立法背景下，除非相关机构明显和严重无视对其权力行使的限制，否则共同体不承担责任。……

58. 其次，……初审法院的审理是基于委员会在经济政策领域享有广泛的自由裁量权，这意味着必须采用更严格的赔偿责任标准，即要求足够严重违反保护个人的高级法律规则。

59. 由此认定，初审法院正确地适用了更严格的赔偿责任标准。

60. 有争议措施在形式上是一项决定，因此原则上可以成为宣告无效之诉的对象，但这一事实不足以排除其立法性特征。在损害赔偿诉讼的背景下，该特征取决于所涉措施的性质，而不是其形式。

……

62. ……必须指出，在损害赔偿诉讼的背景下，他们具有个别联系的事实不影响该措施的特征，因为该诉讼是一项独立救济。……

三　非法性的含义

"非法性"（illegality）的含义在这种背景下也很重要。从某种意义上说，任何对法律的违反都可能构成非法。[42] 因此，可以列出"可能"导致赔偿责任的错误类型，其中包括：在做出决定之前没有收集事实；基于不相关的因素做出决定；未能给予适当的程序权利；以及对获得委托权的机关监督不力。但是，仅提供此类错误行为的证据并不能始终确保损害赔偿诉讼成功。法院可以狭义地解释非法性，或通过对其进行界定以排除责任，除非存在某些错误或类似于错误的行为。以下案件说明了这一点。

丹尼斯·里谢—帕里斯诉委员会
Cases 19, 20, 25 and 30/69 Denise Richez-Parise v Commission
[1970] ECR 325

申请人是共同体官员，他们得到的养老金信息不正确。该信息是

---

[42]　Case T–79/96 *Camar Srl*（n 39）[205].

应委员会的要求向有关官员提供的，委员会要求他们与有关部门联系，以获取与终止雇用的财务规定有关的信息。给出的信息基于对相关条例的解释，该解释当时被认为是正确的。后来，提供该信息的部门有理由认为其对该条例的解释是错误的，但是没有立即采取措施将这一情况通知申请人。到后来才通知申请人，而那时，申请人已经对他们将要领取养老金的方式做出了承诺。申请人于是请求赔偿其损失。

欧洲法院

36. 除特殊情况外，采用错误的解释本身并不构成不法行为。

37. 即使主管机关要求当事人从主管部门获取信息，这一事实也不一定使主管机关有义务保证所提供信息的正确性，并且不使它们因此对错误信息可能造成的任何损害负责。

38. 但是，尽管有可能怀疑存在提供不正确信息的不法行为，但是不应该如此的是该部门在更正信息方面存在的延迟。

39. 尽管早在 1968 年 4 月就可以进行这种更正，但在没有任何正当理由的情况下却推迟到 1968 年底。

……

41. 如果在 4 月 16 日之前或之后不久进行更正，也就是说，在这些当事人不得不做出决定之前更正，肯定能够使被告避免为错误信息的后果承担全部责任。而且，未能做出更正这件事，具有使共同体承担责任的性质。

由此，在"里谢—帕里斯案"（*Richez-Parise*）中，欧洲法院将损害赔偿责任意义上的非法性解释为排除了对条例的纯粹错误解释。此类条例通常很复杂，并且可以做不止一种解读。如果只要证明这种解读是错误的就可以使欧盟承担损害责任，那么就会导致如下情况，即如果追偿的唯一条件是证明该解读不正确，就将使欧盟承担严重责任，即使该解读是合理的并且决策者采取了适当的谨慎措施。[43]

---

[43]　有关国家责任的相似论证，参见 Case C – 392/93 *R v HM Treasury，ex p British Telecommuni-cations plc*［1996］ECR I – 1631.

在其他案件中也可以看到法院能够影响损害赔偿责任意义上的非法性。㊹ 在"新鲜海产公司案"（*Fresh Marine*）㊺ 中申请人寻求损害赔偿，因为委员会错误地认定该公司违反了其关于倾销三文鱼的承诺。初审法院裁定，申请人无须证明存在足够严重的违反行为，因为所指称的错误并不涉及复杂的自由裁量选择。仅仅违反欧共体法律就足够了。但是接下来，对于导致非法性的相关错误，初审法院将其界定为委员会缺乏一般的谨慎和勤勉，并且法院还考虑了申请人的共同过失。㊻

四 小结

1. 传统上，对无自由裁量权法令损害责任的测试法是证明非法性、因果关系和损害。新近判例法继续区分对有自由裁量权法令和无自由裁量权法令所承担的责任，但这种区分是在"足够严重违反测试法"框架内进行的：在欧盟机构只拥有极少裁量权或无裁量权的情况下，仅违反欧盟法律就"可以"充分确定是否存在足够严重的违反。

2. 综合法院和欧洲法院将决定，一般或具体法令是否依据本测试法做出判断，而非上一节中所讨论的测试法。综合法院和欧洲法院还必须决定，哪些因素构成无自由裁量权法令赔偿责任意义上的非法性。

第四节 赔偿责任：联盟公务人员的公务行为

《欧洲联盟运行条约》第 340 条允许对欧盟机构或其公务人员"在履行职责中"的行为所造成的任何损害予以赔偿。并非由公务人员执行的每项行为都会被视为履职行为。《关于欧洲共同体特权和豁免权的议定书》第 12 条指出："共同体官员与其他公务人员……以其官方身份履行的行为，应豁免于法律诉讼。"㊼ 这使问题变得更加复杂。

㊹ Case 145/83 *Stanley George Adams v Commission* [1985] ECR 3539; Case T－341/07 *Sison*（n 26）[33]－[40]，[57]－[60].

㊺ Case T－178/98（n 4）[61].

㊻ Ibid [57]－[61].

㊼ See now, Protocol（No 7）On the Privileges and Immunities of the European Union, Art 11.

萨亚格诉勒迪克

Case 9/69 Sayag v Leduc

[1969] ECR 329

萨亚格（Sayag）是欧洲原子能共同体雇用的工程师。他被指示带一家私人公司的代表勒迪克（Leduc）参观某些设施。他驾驶自己的汽车载着勒迪克前往，并且获得了旅行令，可以此令向共同体报销旅行费用。途中发生事故，勒迪克在比利时法院对萨亚格提起诉讼，请求赔偿其遭受的伤害。有主张认为，萨亚格是在履行职责时驾驶汽车，因此应对共同体提起诉讼。《欧洲原子能机构条约》第 188 第 2 段相当于《欧洲联盟运行条约》第 340 条第 2 段。

欧洲法院

通过同时提及由共同体机构所造成的损害和由共同体公务人员所造成的损害，第 188 条指出，共同体仅对其公务人员的如下行为承担责任，即由于内部和直接关系，这些行为是委托给这些机构的任务的必要延伸。

鉴于本法律制度的特殊性质，因此将其扩展到上述行为以外的行为类别是不合法的。

公务人员在执行职务期间使用其私人车辆交通，这不符合上述条件。

虽然在旅行命令中提及公务人员的私人车辆，但这并不能将驾驶这种车辆纳入其履职范围，提及公务人员私人车辆的根本目的，是使与这种交通方式有关的旅行费用能够以符合报销标准的方式得到任何必要的报销。

只有在不可抗力的极少数情况下，或者在具有压倒性重要原因的例外情况下，如果公务人员不使用私人交通工具，共同体就无法执行委托给它的任务，这种使用才可以被视为构成条约第 188 条第 2 段意义上的公务人员履职行为。

由上可知，公务人员驾驶私人车辆原则上不能构成《欧洲原子能共同体条约》第 188 条第 2 段意义上的履职行为。

因此，欧盟可以为其公务人员的行为承担责任的范围非常狭窄[48]，并且比绝大多数成员国更加有限。欧洲法院并没有对该责任的有限性质做出真正合理的论证。如果欧盟不承担责任，接下来可以向公务人员就其个人身份提起诉讼，而这类诉讼是在成员国提起的，受成员国法调整。

但是，《关于欧洲联盟特权和豁免权的议定书》规定公务人员"以其官方身份履行的行为"（acts performed by them in their official capacity）应豁免于在成员国法院提起的法律诉讼。这里的用语不同于第 340 条第 2 段，其使用的术语是公务人员在"履行其职责"（performance of their duties）时采取的行动。在正常情况下，人们会认为，因为公务人员是在履行其职责时采取行动，根据第 340 条第 2 段欧盟应该承担赔偿责任，那么公务人员就不应承担个人责任，因为他是在以官方身份行事。

尽管如此，这两个条款之间的相互关系可能更成问题，并且欧洲法院曾裁定，公务人员的个人豁免与欧盟对公务人员行为承担的责任范围是相互独立的两个问题。[49] 但是，这里要补充的问题还有很多，斯海默斯（Schermers）和斯瓦克（Swaak）认为，公务人员在履行职责时的行为（导致欧盟承担责任）包括但不限于他们以公务身份执行的行为（导致公务人员豁免）。[50]

迄今为止的假定是，欧盟将对其机构的行为及其公务人员的行为承担责任，但要遵守"萨亚格案"（Sayag）的限制。在欧盟设立专门机构（agency）的情况下，设立该专门机构的条例通常包含一条相当于第 340 条第 2 段的条款。[51] 如果欧盟授权欧盟机关（EU body）履行某些职能，那么，即使没有这类明示条款，欧盟也可能承担责任，因为该机关的行为，至少是那些具有政府性质的行为将归责于欧盟。[52]

---

[48]　Case T – 124/04 *Jamal Ouariachi v Commission* [2005] ECR II – 4653.

[49]　Case 5/68 *Sayag v Leduc* [1968] ECR 395, 408.

[50]　HG Schermers and RA Swaak, 'Official Acts of Community Servants and Article 215 (4)' in Heukels and McDonnell (n 4) 177.

[51]　P Craig, *EU Administrative Law* (Oxford University Press, 3rd edn, 2018) ch 6.

[52]　Case 18/60 *Worms v High Authority* [1962] ECR 195.

第五节　金钱赔偿：有效立法性法令

一　问题的本质

个人可能会因合法的欧盟法令以及受到某些非法情形侵蚀的法令而遭受损失。这个问题可能发生在任何法律体系中，但出现在欧盟的可能性特别明显。

布隆克霍斯特：《导致共同体责任的有效立法性法令》[53]

有许多原因可以说明，为什么私人可能对存在明确界定的关于共同体对造成他们损害的法令承担责任的原则具有特别利益。……如果一个渔民在得到通知后的很短时间内不得不对其船舶进行非常重要的改造，由此导致巨大的财务成本，即使不能以非法为由对欧盟采取的措施提出异议，那他能提起赔偿诉讼吗？

在共同农业政策领域从业的私人可能很容易遭受经济损失，因为竞争性生产者受到欧共体措施的偏爱。如果黄油或奶粉的生产者能够在欧共体补贴的帮助下大量减少向欧洲市场提供产品，则植物脂肪的生产者很可能会遭受（不均衡）竞争的影响。

由政府合法行为造成的损失问题并不是欧盟独有的情况。法国法承认"公共负担面前人人平等原则"（*égalité devant les charges publiques*），德国法有"特殊受害者"（*Sonderöpfer*）概念，这些原则或概念允许补偿因政府合法行为所造成的损失，即使这样的情况很有限。[54] 在布隆克霍斯特（Bronkhorst）阐述的那种情况下，个人很难求偿，而我们也不应低估在决定何时给予此类补偿方面所存在的困难。

---

[53]　HJ Bronkhorst, 'The Valid Legislative Act as a Cause of Liability of the Communities' in Heukels and McDonnell, （n 4）153 – 154.

[54]　Ibid 155 – 159.

克莱克:《公法中的补偿问题》⑤

一直不断通过立法,其明示或默示的目的是使某一部分人受益,而另一部分人承担成本。这是有意识的立法政策问题。这可能采取税收变更的形式,也可能采取向特定类型行业而非其他行业提供选择性援助的决定形式。将立法引起的国家责任纳入风险理论,必然需要艰难地画出一条界线。这条界线可能是为了区别以下两种情况:一种情况是,对公司或集团产生的有害影响是立法的目的或是该立法的必然后果;而另一种情况是,通过的立法偶然会对特定公司造成严重影响,但是立法上不反对补偿该公司所遭受的损失。

在欧盟背景下画出这样一条界线尤其成问题,以共同农业政策为例,由于试图实现该政策中相互矛盾的目标,常常导致"赢家和输家"。

二 判例法

对合法行为造成的损失请求赔偿的诉讼,经常被驳回。⑤ 该领域的主导案件是"多施工程咨询公司案"(*Dorsch Consult*)。⑤

多施工程咨询公司诉理事会

Case T – 184/95 Dorsch Consult Ingenieurgesellschaft mbH v Council

[1998] ECR II – 667

此案源于海湾战争。欧共体根据联合国安理会决议,通过了一项禁止与伊拉克开展贸易的条例。作为报复,伊拉克政府通过法律,冻

---

⑤ PP Craig, 'Compensation in Public Law' (1980) 96 LQR 413, 450.

⑤ Cases 9 and 11/71 *Compagnie d'Approvisionnement de Transport et de Crédit SA and Grands Moulins de Paris SA v Commission* [1972] ECR 391, [45]; Cases 54 – 60/76 *Compagnie Industrielle et Agricole du Comté de Loheac v Council and Commission* [1977] ECR 645, [19]; Case 59/83 *SA Biovilac NV v EEC* [1984] ECR 4057, 4080 – 4081; Case 265/85 *Van den Bergh & Jurgens BV and Van Dijk Food Products (Lopik) BV v EEC* [1987] ECR 1155; Case 81/86 *De Boer Buizen v Council and Commission* [1987] ECR 3677.

⑤ Case T – 383/00 *Beamglow* (n 18).

结了在伊拉克开展业务的公司的所有资产和权利，这些公司的所在地设在实行禁运的国家。申请人就是这类公司。该公司主张欧共体应就其所遭受的损失予以赔偿，即使欧共体行动合法。

初审法院

59. 首先，本法院要指出，如果共同体要为合法或不法行为承担非契约责任，则无论如何都必须证明，所指称的损害是真实的，并且该行为与所指称的损害之间存在因果联系。……

……

80. 从欧洲法院的……判例法明显可以看出，就共同体需要为共同体法律承认的合法行为承担责任这项原则而言，只有在所指称的损害可被视为构成"持续性伤害"，并且对特定范围的经济运营者造成的影响与对其他人的影响相比不成比例（异常损害），同时超出了相关行业运营本身所固有的经济风险（特殊损害），而且没有普遍经济利益证明导致所指称损害的立法措施是正当的（"*De Boer Buizen* 案""*Compagnie d'Approvisionnement* 案""*Biovilac* 案"），才应承担该责任。

81. 关于所称损害的异常性质……不仅申请人的申请……受到影响，并且所有那些未得到偿付的……共同体企业也受到了影响。……

82. ……因此，它不能声称遭受了特殊损害或做出了异常牺牲。……

83. ……共同的原因是，伊拉克……已被视为……"高风险国家"。在这种情况下，伊拉克可能卷入新的战争，从而引发经济和商业风险；……而且，暂停偿还债务……构成在伊拉克提供服务的任何活动中可预见的固有风险。……

……

85. 因此，申请人在伊拉克提供服务所涉及的风险，构成在有关行业开展业务所固有的部分风险。

初审法院在第 80 段中的判断是有条件的：如果此类责任存在，则必须满足所列举的条件。这在欧洲法院的上诉审之中得到强调。[58] 欧洲法院在

---

[58]　Case C－237/98 P *Dorsch Consult Ingenieurgesellschaft mbH v Council* ［2000］ECR I－4549，［19］.

"*FIAMM* 公司案"⑤ 中再次强调了这一点。在该案中，欧洲法院对承认在欧盟法中存在任何此类赔偿责任原则更加警惕。欧洲法院重申，欧盟法中尚不存在这样的原则，如果存在，则将受到上述严格条件的约束。欧洲法院还指出，各成员国法律对于是否存在对具有立法性质的合法法令的赔偿责任尚无共识。⑥

第六节　赔偿责任：因果关系与损害

一　因果关系

托特：《作为非契约责任因素的损害与因果关系概念》⑥

确定必要的因果关系可能会在实践中带来难题。特别是在经济和商业关系领域，事件的起因通常可能源于多种因素，包括客观因素和主观因素，同时或者相继发生的因素，以及产生直接和间接效果的因素。从广义上讲，如果即使在不存在相关欧共体不法行为或疏忽的情况下，仍会以相同的方式实现相同的结果，则可以说不存在涉及责任的因果关系。反过来说，即只要能够证明如果没有共同体行动就不会发生损害，则可以假设存在所要求的因果关系，但这并不总是正确的。尽管从理论上讲这是对的，任何情况，或近或远，如果没有这种情况就不会造成伤害，则可以视为原因，但是，共同体的作为或不作为只是其中几种情况之一，这一事实本身可能不足以确定与非契约责任具有因果联系。为此，因果关系必须是"直接、立即和排他性的"，只有在损害直接来自相关机构的行为，并且不取决于其他积极或消极起因的干预的情况下，才能认定因果关系。

---

⑤　Cases C – 120 – 121/06 P *FIAMM*（n 16）［164］– ［176］.

⑥　Ibid ［175］.

⑥　AG Toth, 'The Concepts of Damage and Causality as Elements of Non-Contractual Liability' in Heukels and McDonnell（n 4）192.

"杜莫蒂尔公司案"（*Dumortier*）可以用来说明，难以证明是欧盟的行动造成了损失。[62]

杜莫蒂尔兄弟公司诉理事会

Cases 64，113/76，167，239/78，27，28 and 45/79

Dumortier Frères SA v Council

[1979] ECR 3091

理事会条例规定应对玉米淀粉支付生产退款，但对于啤酒生产中使用的玉米粗粒及粗粉则应取消退款。这种差别待遇已被裁定违反现在的《欧洲联盟运行条约》第39条和第40条[63]，并且申请人要求赔偿损失。已根据欧洲法院的决定恢复补贴，但仅限于将来，由此，申请人在此期间仍然遭受了损失。欧洲法院裁定共同体存在明显和严重的违反行为。一些申请人申诉应给予他们赔偿，因为他们被迫关闭了工厂。

欧洲法院

21. 理事会主张，这些企业遇到困难的根源是存在于每个企业的特有情况，例如他们的工厂落后和存在管理或财务问题。当事人在诉讼过程中提供的数据，并不能确定所指称的进一步损害的真正起因。这足以说明，即使假设取消退款加剧了这些申请人所遇到的困难，但这些困难不是由理事会的不法行为产生的充分直接后果，因此不足以使共同体承担损害赔偿责任。

申请人不仅必须证明欧盟行动造成了损失[64]，而且必须证明因果关系

---

[62]　See also Case T–193/04 *Tillack v Commission* [2006] ECR II–3995；Case T–304/01 *Perez v Council* [2006] ECR II–4857；Case T–42/06 *Bruno Gollnisch v European Parliament* [2010] ECR II–1135，[110]；Case T–88/09 *Idromacchine Srl v Commission* [2011] ECR II–7833.

[63]　Cases 124/76 and 20/77 *SA Moulins et Huileries de Pont-à-Mousson and Société Coopérative 'Providence Agricole de la Champagne' v Office National Interprofessionnel des Céréales* [1977] ECR 1795.

[64]　Case T–673/15 *Guardian Europe Sàrl v European Union* EU：T：2017：377，[75]–[76]；Case T–479/14 *Kendrion NV v European Union*, represented by the Court of Justice of the European Union EU：T：2017：48，[64]–[66].

链没有被成员国或申请人打断。欧洲法院认为，如果损失由成员国的独立自主行为引起，则欧盟将不再承担责任。[65] 但是，如果成员国的这种行为可能是由于委员会未行使其监督权的非法行为造成的，则这种不作为将被视为损害的原因。[66] 在某些情况下，联盟和成员国均应承担责任。下文将讨论这个复杂的问题。

尚不完全清楚，个人的哪些行为会打断因果关系链。个人过失或共同过失足以使索赔失败或减少损害赔偿额。[67] 欧洲法院还裁定，如果个人本应预见到可能发生某些会造成损失的事件，则损害赔偿的要求将被降低或者失去。[68] 此外，欧洲法院鼓励那些认为欧盟不法行为导致损失的个人通过《欧洲联盟运行条约》第 267 条对相关措施提出质疑。[69]

二 损害

在非契约责任情况下，判定向受害者提供损失补偿的一般目的是，使其处于如果不发生不法行为原本应该的情况。[70] 尽管第 340 条第 2 段提到欧盟的职责是承担"任何损害"，但只有在它们是确定且具体、可证明以及可量化的情况下才可追偿。[71]

虽然所申诉的损害（damage）通常必须是"确定的"（certain），但欧洲法院在"坎普夫迈尔公司案"（*Kampffmeyer*）中裁定，如果"可以充分确定地预见即将发生的损害，即使无法精确评估"，法院也可能支持这类诉讼。[72] 其理由是，为了防止造成更大的损失，可能必须立即提起诉讼。

---

[65] Case 132/77 *Société pour l'Exportation des Sucres SA v Commission* [1978] ECR 1061, 1072 – 1073.

[66] Cases 9 and 12/60 *Vloeberghs v High Authority* [1961] ECR 197, 240; Case 4/69 *Alfons Lütticke GmbH v Commission* [1971] ECR 325, 336 – 338.

[67] Case 145/83 *Adams* (n 44) 3592; Case T – 178/98 *Fresh Marine* (n 4).

[68] Case 59/83 *Biovilac* (n 56); Case T – 514/93 *Cobrecaf v Commission* [1995] ECR II – 621, 643; Case T – 572/93 *Odigitria v Council and Commission* [1995] ECR II – 2025, 2051 – 2052; Case T – 184/95 *Dorsch Consult* [1998] ECR II – 667.

[69] Cases 116, 124/77 *Amylum* (n 22).

[70] Case C – 308/87 *Grifoni v EAEC* [1994] ECR I – 341, [40]; Cases C – 104/89 and 37/90 *Mulder* (n 28) [51], [63]; Case T – 260/97 *Camar Srl v Council* [2005] ECR II – 2741, [97].

[71] Toth (n 61) 180 – 191; Case T – 88/09 *Idromacchine Srl* (n 62).

[72] Cases 56 – 60/74 *Kampffmeyer v Commission and Council* [1976] ECR 711, 741; Case T – 79/96 *Camar Srl* (n 39) [207].

所遭受的损害必须是"特定的"（specific），也就是说，损害以特定和个别方式影响申请人的利益，可以在欧洲法院的裁决中找到以各种方式表达的这一观点。在"巴伐利亚养殖场案"（*Bayerische HNL*）中，欧洲法院强调，该条例的效力并未超出所涉活动固有的经济风险范围。[73] 在涉及有可能对政府合法行为进行追偿的判例法中，可以找到与由特定交易者承担责任的特殊性质有关的类似主题。[74] 在涉及联盟不法行为的情况下申请人是否必须证明异常或特殊损害这一问题，在前面已经讨论过。

对已发生的损害，受害方有"举证"责任。一般而言，个人必须证明实际已经受到伤害。[75] 这可能并不容易，由于这个原因导致败诉的情况并不罕见。[76]

申请人要胜诉，损害还必须"可量化"。为了确定损失是否可量化，需要知道哪些"类型"的损害是可补偿的。卡波托尔蒂佐审官（AG Capotorti）提出以下问题：[77]

> 众所周知，"损害"的法律概念既包括严格意义上的物质损失，即一个人财产的减少，也包括在不发生有害行为的情况下本来会增加的资产的损失［这两种方式，分别被称为"突发损害"（*damnum emergens*）和"所失利益"（*lucrum cessans*）］。……赔偿的目的是使受害人的财产恢复到他未受到不法行为影响的状态，或者至少恢复到最接近于在该行为的不法性质没有出现的情况下本应产生的状态：由于此种恢复具有假设性质，因此通常需要一定程度的近似性。……这些一般性要求不仅限于私法领域，还适用于公权力机关的责任，尤其适用于共同体的非契约责任。

欧洲法院将要求对实际遭受的损失提供赔偿，并在特殊情况下裁定赔

---

[73]　Cases 83, 94/76, 4, 15 and 40/77 *Bayerische HNL* (n 21).

[74]　Case C-237/98 P *Dorsch Consult* (n 58).

[75]　Case 26/74 *Roquette Frères v Commission* [1976] ECR 677, 694, AG Trabucchi.

[76]　Case 26/68 *Fux v Commission* [1969] ECR 145, 156; Case T-1/99 *T. Port GmbH & Co KG v Commission* [2001] ECR II-465.

[77]　Case 238/78 *Ireks-Arkady v Council and Commission* [1979] ECR 2955, 2998-2999.

偿非物质损害。⑦ 它原则上愿意裁定赔偿利润损失，但勉强为之。在"坎普夫迈尔公司案"中，尽管欧洲法院承认损失的利润是可以补偿的，但并没有向由于共同体不法行为而放弃原定交易的交易者提供这种损害赔偿，即使这些交易会产生利润。⑦ 在"国家农业技术银行案"（CNTA）中，欧洲法院裁定，如果申诉是基于合理期待概念，则无法弥补利润损失，因为该概念仅用于确保不会因法律状况的意外变化而遭受损失；它不是为了确保产生利润。⑧ 但是在"米尔德案"（Mulder）⑧ 中，欧洲法院准备赔偿利润损失，尽管它裁定，任何此类款项都必须考虑到本来可以从替代活动中获得的收入，同时适用具有减少损失的责任这一原则。

　　在对申请人的损失进行量化方面，欧盟机构主张，如果损失已经转移给消费者，则损害不可补偿。在"面包粉和啤酒生产用玉米案"（Quellmehl and Gritz）诉讼中，欧洲法院原则上接受了这一观点。⑧ 托特（Toth）对欧洲法院论证的批评很中肯。他指出，一家公司是否可以将成本的增加转嫁给消费者，将取决于许多因素，这些因素对于不同的公司可能有不同的作用，并且很难评估。他还认为，这种想法原则上是错误的，因为这意味着损失将由消费者承担，而不是由犯有不法行为的机构承担。⑧

第七节　赔偿责任：欧盟和成员国负有共同责任

　　联盟和成员国负有共同责任所引起的问题很复杂，只能做概括性的介

---

⑦　Case T - 84/98 *C v Council* [2000] ECR IA - 113, [98] - [103]；Case T - 307/01 *Jean - Paul François v Commission* [2004] ECR II - 1669, [107] - [111]；Case T - 48/01 *François Vainker and Brenda Vainker v European Parliament* [2004] ECR II - 197, [180]；Case T - 309/03 *Grau v Commission* [2006] ECR II - 1173；Case T - 88/09 *Idromacchine Srl* (n 62)．

⑦　Cases 5, 7 and 13 - 24/66 *Kampffmeyer v Commission* [1967] ECR 245, 266 - 267；Case T - 160/03 *AFCon Management Consultants v Commission* [2005] ECR II - 981, [112] - [114]．

⑧　Case 74/74 (n 14) 550．

⑧　Cases C - 104/89 and 37/90 [1992] ECR I - 3061．

⑧　Case 238/78 (n 77) 2974．

⑧　Toth (n 61) 189 - 190．

绍。[84] 这里采用奥利弗（Oliver）的方法，将其区分为程序问题和实质问题。[85]

一 程序问题

从程序上讲，欧盟的非契约责任不可能由成员国法院裁定。《欧洲联盟运行条约》第268条赋予欧洲法院这项管辖权，尽管并未声明此项管辖权是排他性的，但第274条暗示了这一点。[86] 相反，个人不可能在欧洲法院对成员国提出直接诉讼，因为条约对此没有任何规定。

当根据第340条第2段在欧洲法院提出诉讼时，欧盟法律将予以适用。在成员国法院针对成员国提起的诉讼受成员国法律的调整。但是，这也包括欧盟法律。成员国法院有义务为执行具有直接效力的欧盟规定而提供有效的救济，并且在此类针对成员国的诉讼中相关权利必须低于国内事项中所存在的权利。[87]

二 实质问题

欧盟和成员国负有共同责任可能会在不同情况下产生，这里探讨其中的两种。

第一种情况是，联盟未采取足够措施以防止成员国当局违反联盟法律。这个问题出现在"吕蒂克公司案"（*Lütticke*）中，欧洲法院似乎认为原则上这种诉讼是可能的。[88] 但是，任何此类诉讼都面临着很大障碍。不确定的是，委员会是否有义务根据《欧洲联盟运行条约》第258条对违反欧盟法的成员国提起诉讼。[89] 如果委员会通过了更为正式的措施，该措施

---

[84] A Durand, 'Restitution or Damages: National Court or European Court?' (1975 – 6) 1 ELRev 431; TC Hartley, 'Concurrent Liability in EEC Law: A Critical Review of the Cases' (1977) 2 ELRev 249; W Wils, 'Concurrent Liability of the Community and a Member State' (1992) 17 ELRev 191.

[85] P Oliver, 'Joint Liability of the Community and the Member States' in Heukels and McDonnell (n 4) ch 16.

[86] 《欧洲联盟运行条约》第274条："除两部条约授予欧洲联盟法院司法管辖权的领域之外，联盟作为当事一方的争议不得由于联盟为由当事，从而排除成员国法院或法庭的司法管辖权"，参见 Cases 106 – 120/87 *Asteris v Greece and EEC* [1988] ECR 5515; Case T – 18/99 *Cordis* (n 18) [27]。

[87] Oliver (n 85) 289.

[88] Case 4/69 *Alfons Lütticke GmbH v Commission* [1971] ECR 325.

[89] 见第十三章。

批准了成员国的非法行动，例如"坎普夫迈尔公司案"，情况则可能会大不相同。

坎普夫迈尔公司诉委员会

Cases 5，7and 13－24/66 Kampffmeyer v Commission

[1967] ECR 245

该案源于谷物共同市场的逐步建立。1963 年 10 月 1 日，德国干预委员会发布通知，声明此类产品的进口关税将为零。当天，申请人申请从法国进口玉米的进口许可证，将 1964 年 1 月的征税额设定为零。一些申请人实际上已经从法国购买了玉米。德国政府于同日，即 1963 年 10 月 1 日，中止对玉米的零税率进口许可证。根据《第 19 号条例》第 22 条，只有存在对有关市场造成严重干扰的威胁时，德国政府才能拒绝此类申请。这类决定必须得到委员会确认，委员会于 10 月 3 日正式授权该决定至 10 月 4 日有效。欧洲法院已撤销该决定。[⑩] 随后，申请人向委员会寻求赔偿。他们中的一些人已经向德国主管机关支付税款，并按照这些条件进口了玉米；其他人则在德国政府拒绝签发零税率许可证之后，放弃了购买玉米的合同。这是欧洲法院在以下摘录中提及的两类申请人。

欧洲法院

但是，关于上述第一类和第二类申请人所遭受的任何伤害，这些申请人告知本法院，所指称的伤害是两项损害赔偿诉讼的标的，一项针对德意志联邦共和国的诉讼在德国法院审理，另一项针对共同体的诉讼在本法院审理。有必要避免由于适用不同法律规则的两个不同法院所做的不同评估，使申请人的相同损害得到的赔偿不足或过高。在确定应由共同体承担赔偿责任的损害之前，成员国法院必须有机会对德意志联邦共和国的任何责任做出判决。在这种情况下，在申请人出示成员国法院就此问题的裁决之前，不能做出最终判决，而该裁决可

[⑩]　Cases 106 and 107/63 *Toepfer v Commission* [1965] ECR 405.

以独立于要求第一类申请人提供的证据，其效果是，他们已经用尽了所有可能方法来赔偿不当支付的款项。此外，如果确定可以进行这种赔偿，那么这一事实可能会影响到计算涉及第二类人的损害赔偿。然而，所需上述证据的决定性质，并不妨碍申请人同时提供先前指出的其他证据。

因此，从"坎普夫迈尔公司案"中可以清楚地看出，如果欧盟错误地授权一项由成员国机关采取的措施，欧盟可能会承担责任。但是，该案在程序方面受到批评。有人指出，没有理由要求申请人首先在德国法院进行诉讼，而欧洲法院这样做的理由是隐含地基于如下假设，即由德国当局承担主要责任，而联盟仅承担剩余责任。[91]

这种批评可能有所夸大，并且可能有必要区分请求退还征税款的诉讼与一般的侵权诉讼。关于前者，主要责任应由德国承担，这个想法可能是有依据的，因为是由德国征收税款，而且是向德国缴款。关于后者，没有特别的理由可以认为欧盟的责任应在某种程度上低于成员国的责任。

第二种可能出现共同责任问题的情况，是成员国适用非法的联盟立法。例如，这可能发生在共同农业政策背景下，成员国干预委员会（intervention board）通常会适用联盟条例。一般规则是，负责实施共同农业政策的是成员国干预委员会，而不是欧盟委员会，并且通常必须在成员国法院提起诉讼。

海格曼公司诉委员会
Case 96/71 R and V Haegeman Sprl v Commission
[1972] ECR 1005

[《里斯本条约》重新编号，第 177 条
现为《欧洲联盟运行条约》第 267 条]

海格曼是一家从希腊进口葡萄酒的比利时公司，当时希腊尚未加入共同体。该公司主张，其遭受损失是因为从希腊进口到比利时的葡

---

[91] Oliver（n 85）.

萄酒被征收了反补贴费用。该费用由理事会条例规定，并由比利时当局代为收取。

欧洲法院

7. 与向个人征收此条款所指的费用以及税款有关的争议，必须由成员国当局通过适用共同体法律来解决，并遵守成员国法律规定的惯例。

8. 因此，为了确保共同体法的统一适用，在涉及建立共同体自有财源的条例的解释和有效性的诉讼程序中提出的问题，必须提请成员国法院以条约第177条规定的程序处理。

……

14. 申请人进一步认为，由于被告的行为而导致其遭受重大损失，这些损失是利润损失、不可预见的财务费用以及当前合同损失所造成的结果。

15. 共同体可能承担的责任问题，首先与所指征收费用的合法性有关。

16. 刚刚发现，在个人与征收有争议费用的税务机关之间的关系这一背景下，后一个问题属于成员国法院的管辖权范围。

17. 因此，在现阶段，必须驳回要求对可能的损害进行赔偿的申诉。

"海格曼案"（*Haegman*）裁决受到批评，因为所征收的款项已进入欧盟资金。这笔款项是由欧盟征收的，并由成员国代其收取。但是，情况仍然是，首先必须在成员国法院提起诉讼以追回该笔费用，并且在交易者寻求偿付他认为自己根据欧盟法律有权获得的款项时也是如此。[92] 即使委员会已向成员国相关委员会发送电传以阐明其对相关条例的解释，该原则也适用。[93] 但是，如果成员国主管机关已支付应由欧盟承担责任的款项，则

---

[92] Case 99/74 *Société des Grands Moulins des Antilles v Commission* [1975] ECR 1531.

[93] Case 133/79 *Sucrimex SA and Westzucker GmbH v Commission* [1980] ECR 1299；Case 217/81 *Compagnie Interagra SA v Commission* [1982] ECR 2233.

可能会从欧盟资金中获得追偿。⑨

　　但是，在许多情况下，有可能直接对欧盟提起诉讼。第一，如果委员会发送了电传，该电传在相关立法背景下被解释为要求成员国机构以特定方式行事的一项指示，则可对委员会提起损害赔偿诉讼。⑨　第二，如果不能对任何成员国主管机构提起诉讼，因此无法在成员国法院取得救济，则可以对欧盟提起诉讼。⑨　第三，如果申诉的实质是欧盟对申请人实施了侵权行为，则有可能在欧洲法院提起诉讼。在"迪茨公司案"（*Dietz*）⑨ 中，申诉的实质是欧盟主管机构引入了一项没有过渡性条款的税款，从而违反申请人的合理期待而造成其损失。该申诉可以在欧洲法院提出，因为所指称的错误针对的完全是欧盟的行为，而不是成员国的行为。

第八节　契约责任：原则

　　前面讨论的重点是第 340 条第 2 段下的非契约责任（non-contractual liability）。联盟显然也会订立契约⑨，而第 340 条第 1 段规定，契约责任应受有关合同的准据法管辖。

　　这句话的含义需要解释。合同通常是在不同国家的当事方之间订立的，因此有必要确定应由哪个法律来调整合同。处理这一问题的法律体系被称为冲突法或国际私法。合同中通常含有法律选择条款，由其规定合同要适用的法律。委员会总是在合同中插入这样的条款。欧洲法院裁决以这种条款为准，不能以合同与法律选择条款所指定国家之外的另一个国家有更紧密联系为由将其搁置。⑨

　　原则上，法律选择条款可以将欧盟法明确规定为合同适用的法律。与

---

⑨　Oliver（n 85）306 – 308；JA Usher, *Legal Aspects of Agriculture in the European Community*（Oxford University Press, 1988）104 – 106, 150 – 152.

⑨　Case 175/84 *Krohn & Co Import-Export GmbH & Co KG v Commission* [1986] ECR 753.

⑨　Case 281/82 *Unifrex v Commission and Council* [1984] ECR 1969；Case T – 167/94 *Nolle v Council and Commission* [1995] ECR II – 2589；Case T – 18/99 *Cordis*（n 18）[28].

⑨　Case 126/76 *Dietz v Commission* [1977] ECR 2431；Case T – 18/99 *Cordis*（n 18）[26].

⑨　T Heukels, 'The Contractual Liability of the European Community Revisited' in Heukels and McDonnell（n 4）ch 5.

⑨　Case 318/81 *Commission v CO. DE. MI. SpA* [1985] ECR 3693.

第 340 条第 2 段相反,第 340 条第 1 段并未指出,联盟将通过借鉴各成员国法律共有的相关一般原则来发展法律体系,但是在未来,合同法可能会发生这种变化。

我们可以在职员案件中间接看到这一点。欧洲法院将某些联盟官员的雇用合同定性为公法合同,强调所从事的工作具有政府性质,因此该合同受行政法调整。但是,欧洲法院未指出将适用成员国的任何行政法制度。[⑩]

在呼吁为合同制定"共同参考框架"(Common Frame of Reference,CFR)的倡议中[⑩],我们也可以更直接地看出这一点,该倡议旨在为欧盟提供合同法基本原则的"工具箱",以在合同法领域修订现行立法并筹备新的立法。为此,委员会在共同参考框架下建立了一个专家小组,该小组的主要任务是提供一套对使用者友好且具有法律确定性的规则,这些规则可以作为欧洲合同法的未来工具。

如果合同当事方选择特定的法律制度来调整其合同义务的实质内容,那么仍留下哪个法院有管辖权审理纠纷这一问题。《欧洲联盟运行条约》第 272 条规定,欧洲联盟法院对由联盟本身或以联盟名义签订的合同中所包含的任何仲裁条款均有管辖权,无论该合同受公法还是私法调整。

第九节　返还原物责任:原则

除了合同或侵权赔偿责任外,大多数法律制度还承认返还原物(restitution)或准合同(quasi-contract)赔偿责任。学术界对于这种责任的性质一直存在分歧,但较容易接受的观点是,它与合同和侵权均不同。返还原物不是基于承诺,而是基于被告的不当得利,因此不同于契约责任。从过失的意义上说,返还原物通常不要求被告有不法行为,而弥补措施通常取决于被告不当得利的程度,而不是对原告造成损失的程度,因此不同于大多数形式的侵权责任。

通常返还原物诉讼是因公共机构无权收取的金钱款项所引起的。这在

[⑩]　Case 1/55 *Kergall v Common Assembly*〔1955〕ECR 151;Cases 43,45 and 48/59 *Von Lachmüller v Commission*〔1960〕ECR 463.

[⑩]　https://cfr.iuscomp.org/.

欧盟中非常重要。⑩² 它可以在两种情况下出现。

一方面，在某些情况下，根据欧盟法律，成员国征收的税费是非法的，例如"范亨特与洛斯公司案"。一旦欧洲法院裁定该税费违反欧盟法，此争议将退回成员国法院。由成员国法院设计救济措施以实现欧盟权利，通常是退还已支付给成员国主管机关的款项。⑩³

另一方面，在某些情况下，例如在共同农业政策下，款项已交付欧盟，而在该资金框架下并不存在支付这笔款项的法律义务。联盟法院裁定，不当得利是一项欧盟法一般原则⑩⁴，并不需要证明被告存在某些独立的不法行为。⑩⁵ 因此，如果取消了对违反竞争规则行为的罚款，则有义务退还这笔款项，包括利息。⑩⁶ 在个人起诉欧盟的案件中，如果存在不当得利，欧洲法院也适用返回原物原则。⑩⁷ 原则上，这显然是正确的，如果欧盟由于征收不法税费而不当得利，从而使个人受损，则应提供有利于个人的救济。如果由于成员国征收的税费违反条约而可以收回，则欧盟征收的不法税费也应如此。但是，这个问题在两个方面变得十分复杂。

首先，上面讨论的判例法裁定，在许多此类情况下，即使在资金被视为欧盟资金的情况下，也应在成员国法院针对成员国征收机构首先提起诉讼。⑩⁸

其次，很难在条约中找到返还原物诉讼的要求。第 340 条第 2 段的措辞要求欧盟"对其机构造成的任何损害予以赔偿"（make good any damage caused），这与返还原物诉讼的观点并不完全吻合。但是，该条款是按照

---

⑩² A Jones, *Restitution and European Community Law* (Mansfield Press, 2000); R Williams, *Unjust Enrichment and Public Law: A Comparative Study of England, France and the EU* (Hart, 2010) chs 6 – 7.

⑩³ 见第九章。

⑩⁴ Case C – 259/87 *Greece v Commission* [1990] ECR I – 2845, [26]; Case T – 171/99 *Corus UK Ltd v Commission* [2001] ECR II – 2967, [55]; Case T – 7/99 *Medici Grimm KG v Council* [2000] ECR II – 2671, [89]; Case T – 28/03 *Holcim (Deutschland) AG v Commission* [2005] ECR II – 1357, [127] – [130]; Case C – 47/07 P *Masdar (UK) Ltd v Commission* [2008] ECR I – 9761, [47] – [50].

⑩⁵ Case T – 333/03 *Masdar* (n 39) [91] – [93].

⑩⁶ Case T – 171/99 *Corus* (n 104) [53] – [55].

⑩⁷ See, eg, Case 18/63 *Wollast v EEC* [1964] ECR 85; Case 110/63 *Willame v Commission* [1965] ECR 649.

⑩⁸ 参见本章第七节最后两段。

"非契约责任"来界定的，其范围足以涵盖返还原物的救济。欧洲法院在"马斯达尔公司案"（*Masdar*）中申明，如果将第 274 条和第 340 条第 2 段解释为排除这种补救，则将违反原则。[109]

第十节　结论

一　欧洲法院过去关于第 340 条的判例法因过分严苛而受到批评。直到最近，判例法对于适用"舍彭斯泰特案"测试法的确切标准仍不清楚。

二　现在很清楚，关键问题是法令是否具有自由裁量权性质。有自由裁量权的法令将适用"舍彭斯泰特案"测试法。这就需要证明违反了保护个人的高级法律规则；违反必须足够严重；必须存在因果关系和损害。在根据第 340 条判断是否存在足够严重的违反行为时，判例法中规定的关于国家损害责任的因素具有直接相关性。

三　在被质疑的法令不具有自由裁量权时，对责任的传统测试法是证明存在非法性、因果关系和损害。较近期的判例法继续区分有自由裁量权的法令和无自由裁量权的法令应承担的责任，但只是在足够严重违反测试法的框架内这么做：在欧盟机构只拥有极少自由裁量权或没有自由裁量权的情况下，仅违反欧盟法就"可能"充分确定存在足够严重的违反。如果这种转变使补偿比以往更加困难，那将令人深感遗憾。

第十一节　扩展阅读

一　专著

Heukels, T, and Mcdonnell, A (eds), *The Action for Damages in Community Law* (Kluwer, 1997)

Schermers, HG, Heukels, T, and Mead, P (eds), *The Non-Contractual Liability of the European Communities* (Martinus Nijhoff, 1988)

---

[109]　Case C–47/07 P *Masdar* (n 104).

二 论文

Harding, C, 'The Choice of Court Problem in Cases of Non-Contractual Liability under EEC Law' (1979) 16 CMLRev 389

Hartley, TC, 'Concurrent Liability in EEC Law: A Critical Review of the Cases' (1977) 2 ELRev 249

Hilson, C, 'The Role of Discretion in EC Law on Non-Contractual Liability' (2005) 42 CMLRev 677

Oliver, P, 'Enforcing Community Rights in the English Courts' (1987) 50 MLR 881

Tridimas, T, 'Liability for Breach of Community Law: Growing Up and Mellowing Down?' (2001) 38 CMLRev 301

Wils, W, 'Concurrent Liability of the Community and a Member State' (1992) 17 ELRev 191

本书译自 Paul Craig and Gráinne de Búrca, *EU Law: Text, Cases, and Materials*, 7th edition, Oxford University Press, 2020

本书翻译出版得到中国社会科学院登峰战略中欧关系优势学科和中华人民共和国外交部欧洲司"指南针计划"项目的联合资助

欧盟法
教程、案例与资料
（下册）

[英] 保罗·克雷格
（Paul Craig）

[爱尔兰] 格兰妮·德布尔卡
（Gráinne de Búrca）

/ 著

叶斌　李靖堃 / 译

程卫东 / 译校

EU LAW
TEXT, CASES, AND MATERIALS

中国社会科学出版社

目　　录

（下册）

第十八章　单一市场

第一节　核心议题

一　单一市场（single market）是欧盟的核心，也是欧盟的经济理论基础。本章讨论经济一体化的形式和手段，1986 年以前一体化中的限制因素，以及后来采取的完善单一市场的步骤。这一过程中既有实体性维度，也有机构性维度。

二　从实体意义来看，理解单一市场的经济维度具有重要意义。在经济意义上实现单一市场，必然会引起欧盟政策中的经济维度和社会维度这二者之间的相互关系问题，理解这一点同样重要。单一市场概念已经得到重构，以便将更广泛的社会问题、消费者问题和环境问题考虑在内。尽管如此，在单一市场的经济维度与社会维度之间仍然存在着持续的矛盾。

三　从机构角度来看，立法倡议、行政倡议和司法倡议复杂地交织在一起，推动着单一市场的进一步发展。该领域的立法程序发生了改变，以便推进调和式立法（harmonization legislation）的通过。通过新的调和方法，本领域立法关注的焦点发生了变化。这些发展变化是由建立在相互承认基础上的司法理念推动的，它们决定着立法倡议和行政倡议的基本结构。

第二节 经济一体化：形式与手段

一 经济一体化的形式

前面各章主要讨论欧盟的机构法。本书在接下来的各章主要讨论欧盟的实体法，当然，我们应强调这二者之间的联系。重要的是理解共同市场的性质，以及它与其他形式的经济一体化有哪些区别。

斯旺：《共同市场的经济学》①

经济一体化可以采取多种不同形式，这些形式可以按照一个光谱进行排序，在这个光谱中，经济体参与一体化的程度越来越深入。

从参与程度来看，"自由贸易区"（free trade area）是参与者承担义务最少的一种形式。自由贸易区是不同国家之间的一种贸易安排，根据此种安排，这些国家同意对相互之间的贸易往来取消全部关税（与配额）。然而，每一方都有权单边决定对来自自由贸易区以外的进口商品所征收的关税水平。下一个阶段是"关税同盟"（customs union）。根据这种安排，成员之间的关税和配额同样被取消，但成员同意对来自关税同盟以外的商品实行"共同"的关税水平。这被称为共同关税，或者共同外部关税。接下来是"共同市场"（common market），这一技术术语意味着，除了关税同盟内部的货物自由流动之外，还要增加"生产要素"的自由流动，即劳动力、资本和企业的自由流动。最后一个阶段是"经济联盟"（economic union），即在共同市场中还包括货币与财政政策的完全统一。其中包括一个由中央机构控制的共同货币，并且成员国实际上成为经济联盟内部的各个地区。

《欧洲联盟运行条约》第三部分包含多项关于关税同盟和共同市场的

---

① D Swan, *The Economics of the Common Market* (Penguin, 7th edn, 1992), 11–12. 原文中的斜体部分，中译文用引号加以标示。

基本原则。它提出"四大自由"：货物、劳动者、开业以及提供服务和资本的自由流动。这些条款中既有社会目标也有经济目标。四大自由的基本经济目标是实现欧盟资源的最佳配置。实现资源最佳配置的途径是，允许生产要素流动到它们能够产生最大价值的地区。

因此，关于货物自由流动的条款用于保证货物可以自由流动，于是消费者最青睐的商品将获得最大成功，无论其原产国是哪里，从而使欧盟内的财富创造实现最大化。劳动者的自由流动也是如此。作为一项生产要素，劳动力在有些地区的价值可能会高于其他地区。如果劳动力在意大利南部供大于求，而在德国的某些地方对劳动力的需求大于供给，则劳动力在德国的价值要比在意大利高。如果劳动者能够流动到他们能够获得最大价值的地区，那么，劳动力的价值就在欧盟内部实现了最大化。相同理念也适用于开业自由。如果在荷兰开业的一家企业认为它可以占有法国的部分市场，那么法国法律就不应出于国籍歧视而妨碍其进入法国市场。

二　实现经济一体化的手段

用于实现单一市场的手段主要有两种。欧盟法可以禁止那些妨碍跨境贸易的成员国规则，原因是这些规则歧视来自其他成员国的货物或劳动力，或者因为这些规则导致市场准入变得更加困难。这是四大自由流动运行的经典方式。这一方式从本质上说是消极和去规制化的：欧盟法禁止妨碍跨境贸易的成员国规则。这一点通过为人们所熟知的"相互承认"（mutual recognition）原则得到了加强——它要求成员国认可那些按照其他成员国监管规则生产的货物，某些例外情形除外。

单一市场的创建也需要积极一体化。一体化的壁垒可能源于成员国规则所存在的差异。这种差异可能涉及卫生、安全、技术规格和消费者保护。诸如此类的许多壁垒只有通过欧盟指令对彼此不同的成员国法律进行调和（harmonization）才能消除。这被称为积极一体化（positive integration），而这些指令主要通过《欧洲联盟运行条约》第114条和第115条制定，之外还通过一些更具体的部门性条约条款制定。

第三节 1986 年之前：限制一体化的因素

1986 年以前，单一市场的一体化进程主要由立法和司法手段予以推进。其中最重要的"立法贡献"是法律的调和（harmonization of laws）。成员国规则中所存在的差异可能会带来贸易壁垒。《欧洲联盟运行条约》第115 条规定如下：

> 在不影响第 114 条的情况下，理事会应按照特别立法程序，在咨询欧洲议会和经济与社会委员会之后，以一致方式通过指令，使对内部市场的建立和运行有直接影响的成员国法律、法规或行政性规定趋近（approximation）。

然而，实施这一立法机制存在着一些困难，因为它要求以一致方式通过。20 世纪 70 年代和 80 年代初期，这种困难进一步加剧，因为调和式指令的文本非常具体，从而导致更难达成一致。此外，技术的发展意味着欧盟委员会在进行一场注定要失败的"战役"：它刚通过一项涵盖某个技术问题的指令，立刻就有十个以上的其他问题出现，因为技术革新和新产品层出不穷。

对市场一体化的"司法贡献"将放在后续各章中讨论。这里要说明的是，通过《欧洲联盟运行条约》第 258 条和直接效力原则，欧洲法院以促进单一市场的方式对基础条约进行解释。对诸如"第戎黑醋栗甜酒案"（*Cassis de Dijon*）[2] 等案件的司法判决尤其重要，因为它们判定贸易壁垒无效，即使这些壁垒不具有歧视性，除非它们可以出于某些有限的理由说明是正当的。此项判决意义重大，尽管它在本质上仍然是消极和去规制化的。

因此，到 20 世纪 80 年代初，距离建成单一市场仍有很多工作要做。20 世纪 70 年代末 80 年代初，共同体还远未完成其议程，而且单一市场的一体化似乎也没有取得进展。该问题的责任并不在欧洲理事会，相反，它

---

[2] Case 120/78 *Rewe-Zentral AG v Bundesmonopolverwaltung für Branntwein* [1979] ECR 649.

在20世纪80年代初为加快完成共同体的倡议考虑过多种手段。正是在欧洲理事会的一次会议上，播下了《单一欧洲法令》（SEA）的种子。1985年，欧洲理事会要求委员会起草一份具体纲要，为到1992年之前建成单一市场制定具体时间表。在雅克·德洛尔（Jacques Delors）的领导下，欧盟委员会对此做出了回应。

第四节　1986年《单一欧洲法令》：一体化的经济学和政治学

一　经济维度：委员会白皮书

委员会白皮书以非常强势的基调提出了上述问题。白皮书提出，要确立由于承诺建设单一市场而产生的"基本的和合乎逻辑的后果"③。委员会指出，共同体已经失去了前进的动力，"部分原因是衰退，部分原因是缺乏信心和远见"④，但它又认为，这种情绪已经得到了扭转："清谈的时代已经过去。行动的时代已经来临。这正是本白皮书的核心"⑤。

《实现内部市场的白皮书》⑥

10. 为简便起见，本白皮书中将需要采取的措施划分为以下三个类别：

——第一部分：取消物理壁垒；

——第二部分：取消技术壁垒；

——第三部分：取消财政壁垒。

11. 第一个类别中最明显的例子是在边境设立海关检查站。……它们继续存在的主要原因在于成员国之间的技术和财政差异。一旦我

---

③　COM（85）310，［3］.

④　Ibid［5］.

⑤　Ibid［7］.

⑥　Completing the Internal Market，COM（85）310，14 June 1985. 该白皮书中提到的第30—36条和第100条分别为如今的《欧洲联盟运行条约》第34—36条和第115条。

们取消了这些壁垒，并找到应对诸如公共安全、移民和毒品控制等其他相关问题的替代方式，这些物理壁垒存在的理由也将不复存在。

……

13. 虽然消除物理壁垒能够使贸易商受益，……但是只有通过取消技术壁垒，才能使各行业具备规模经济能力，并因而更具竞争力，通过这种方式，共同体将赋予这个庞大的市场以经济与工业维度。第二个类别，即技术壁垒的一个例子是，不同成员国出于健康或安全原因，或者环境保护、消费者保护等原因，针对个别产品采取不同标准。……推动委员会在该领域采取措施的总体方向将是逐渐放弃调和概念，转向相互承认和同等性。但是，条约第100条规定的成员国法律和法规的调和将继续发挥作用。显然，如果理事会同意，不允许一致表决这一要求妨碍相关领域的进展（即在那些如果不使用一致表决方式则可以取得进展的领域），那么以该条为依据采取行动则要快得多，也将更有效。

［委员会解释说，该白皮书的目的并不是涵盖与成员国经济一体化有关的所有可能议题。经济政策和竞争政策的协调等事项与这个方面相关；与此同时，共同体行动的其他重要领域，如交通、环境和消费者保护等，也与内部市场的建成息息相关，且将从中受益。以下节选内容将更深入地探讨委员会针对第二类壁垒的论证，这类壁垒由技术规则的差异所造成。］

58. 在遵守某些重要限制条件（见第65段）的前提下，应该通过如下一般原则，即如果某产品在某个成员国合法制造和销售，那么没有任何理由可以说明它不能在整个共同体自由出售。……

……

60. 第一部分包含的物理壁垒会妨碍贸易流动，并增加不可接受的行政成本（最终由消费者负担），各国不同的产品监管与标准所造成的壁垒具有一种双重影响：它们不仅增加额外成本，而且扭曲生产模式；增加单位成本；增加库存成本；不利于企业合作；并从根本上扰乱了工业产品共同市场的创建。……

需要一项新战略

61. 在共同体成立后的前25年里，调和方式是共同体行动的基石，并且对在整个共同体范围内创设共同规则产生了前所未有的进展。然而，随着时间的推移，大量缺陷暴露出来，显然，如果共同体完全依赖《欧洲经济共同体条约》第100条，那么到1992年之前就不可能建成真正的共同市场。……显然，如果理事会同意，不允许一致表决这一要求妨碍相关领域的进展（即在那些如果不使用一致表决方式则可以取得进展的领域），那么以该条为依据采取行动则要快得多，也将更有效。

63. 原则上……从贸易角度来看，相互承认可能是实现共同市场的一项有效战略。该战略尤其得到《欧洲经济共同体条约》第30条至第36条的支持，它们禁止那些会对自由流动产生过度或不正当限制效力的成员国措施。

64. 一方面，尽管一项以相互承认为基础的战略能够消除贸易壁垒，并促成建成真正的共同贸易市场，但是就构建一个以竞争力——以整个大陆为范围的统一市场可以激发这种竞争力——为基础的不断扩大的市场而言，该战略可能并不充分。另一方面，经验已经证明，依赖一项完全以调和为基础的替代战略可能会导致监管过度，其实施时间也过于冗长，另外它也可能是僵化的，可能会扼杀创新。我们需要的是一项能够将这两种方式的优点结合起来的战略，但最重要的是，它能够以比过去更快的速度实现进展。

我们选择的战略

65. 委员会考虑了存在贸易壁垒的根本原因，并且承认，成员国在保护卫生与安全以及保护环境方面的立法目标本质上相当。委员会的调和方法以下列原则为基础：

——在未来的内部市场倡议中，需要明确区分哪些是需要采用调和方式的基本倡议，哪些可以留给对成员国法规和标准的相互承认；这就意味着，在提出每项调和倡议时，委员会都将判定，成员国法规在寻求达到的强制要求方面是否过度，因而构成《欧洲经济共同体条约》第30条至第36条之下不具有正当理由的贸易壁垒；

——立法调和（以第100条为依据通过的理事会指令）未来将仅限于规定基本的卫生和安全要求，所有成员国都有义务履行这些要求。只要符合这些标准，产品就能自由流动；

——将通过阐明欧洲标准，最大限度地推动产业标准的调和，但不应允许以不存在欧洲标准这一事实作为妨碍自由流动的壁垒。在等待欧洲标准出台之前的阶段，应根据同意的程序将相互认可的各国标准作为指导原则。

委员会白皮书并没有仅限于阐述总体战略。其附件列举了 279 项立法措施，旨在到 1992 年 12 月 31 日之前完成该进程。经济研究进一步增强了这些提案的说服力。经济研究估计，如果按照相对狭义的概念计算消除现有内部市场壁垒之后所产生的收益，则可在由 12 个成员国组成的共同体节约成本 700 亿埃居（ECU），即欧共体国内生产总值的 2.5%；如果按照更具竞争力的统一市场这一假设来计算收益，则可节约成本 1250 亿至 1900 亿埃居，占欧共体国内生产总值的 4.25% 至 6.5%。[7]

二 政治维度：一体化的政治学

由于 20 世纪 70 年代末 80 年代初提出的其他改革倡议都失败了，因此，认为改革在经济方面具有不可抗拒性这一观点，并不能解释为什么欧盟委员会的此项倡议取得了成功。对于谁是其中的关键行为体，他们为什么愿意接受改革等问题，存在着不同看法。[8]

桑德霍尔茨（Sandholtz）和齐斯曼（Zysman）[9] 并不认同建立在新功能主义一体化理论基础上的解释，也不认同以成员国国内政治为基础的解释。[10] 他们认为，对于 1992 年倡议的成功，缘于"精英阶层为了应对结构性国际变革而进行的讨价还价，以及委员会在政策方面的创新精神"[11]。在这方面有三个因素发挥着作用：国内政治背景、委员会的倡议，以及企业

[7] M Emerson, M Aujean, M Catinat, P Goybet, and A Jacquemin, *The Economics of* 1992: *The EC Commission's Assessment of the Economic Effects of Completing the Internal Market* (Oxford University Press, 1988) 1–10; P Cecchini, *The European Challenge* 1992: *The Benefits of a Single Market* (Gower, 1988).

[8] 对相关文献的回顾，参见 P Craig, 'Integration, Democracy and Legitimacy' in P Craig and G de Búrca (eds), *The Evolution of EU Law* (Oxford University Press, 3rd edn, 2021) ch 1.

[9] W Sandholtz and J Zysman, '1992: Recasting the European Bargain' (1989) 42 World Politics 95.

[10] Ibid 97–100.

[11] Ibid 97.

精英的作用。

桑德霍尔茨、齐斯曼：《1992 年：重塑欧洲谈判》[12]

问题的关键是，成员国政府的政策和观点为什么发生了改变？为什么在 20 世纪 70 年代中期至 80 年代中期这段时间，欧洲各国政府愿意采用欧洲层面的、以市场为导向的解决方案？答案包含两个方面：成员国的战略没能实现经济增长，以及欧洲政治中的左翼发生了转型。首先，传统的增长与经济管理模式一败涂地。适用于经济的传统政治战略似乎已经过时。经历了 20 世纪 60 年代的增长之后，世界经济在 70 年代进入了停滞期。……

……政治背景发生变化的第二个方面是，多个欧共体成员国的政府组阁情况发生了变化。左翼力量在一些国家被削弱，而另外一些国家也在从共产主义向市场社会主义左翼转型，这些情况当然有助于就如下问题展开辩论，即通过市场（包括统一的欧洲市场）方案解决欧洲的困境。……

……

在一个去规制化——解放市场——成为风尚的时代，人们本能地认为，要将扩大欧洲市场作为解决所有问题的方案。……

这就是委员会诸项倡议提出时的国内政治土壤。传统经济增长模式似乎已经走到尽头，而当时的左翼在政策理念上发生了巨大转型，以至于社会民主党开始寻求通过以市场为导向的方案去解决经济痼疾。在这一背景下，欧洲共同体提供的不仅仅是政府间谈判机制。欧洲官僚机构是欧洲方案和更大程度统一的长期支持者和倡导者。来自委员会的倡议将这一新动向转化成为政策，并且更重要的是，将其转化成为政策视角和方向。……

各国政府与委员会以外的第三个行为体，是欧洲跨国公司的领导层。《白皮书》与《单一欧洲法令》给人的感觉是，欧共体市场的变化不可逆转，在政治上也不可阻止。企业界一直以此种信念为基础开

---

⑫　Ibid 108 – 109, 111 – 112, 113, 116.

展行动。从政治角度来看，企业界与欧盟委员会合作，共同擎起了1992 年的旗帜，并对本国政府施加了重要影响。企业的作用及其与欧盟委员会的合作所发挥的作用，绝对不能被低估。……

但是，莫劳夫奇克（Moravcsik）提出不同观点。他并不同意上述论点，而是认为改革主要源自于英国、法国和德国之间的讨价还价。20 世纪 80 年代初，欧洲各国的经济政策偏好不断趋同，再加上法国和德国运用谈判杠杆，通过威胁发展"双轨欧洲"（two-track Europe）来要挟处于"慢车道"上的英国，才使得单一市场的建立成为可能。莫劳夫奇克认为，机制理论（regime theory）才是解释《单一欧洲法令》的最佳理论。

莫劳夫奇克：《磋商〈单一欧洲法令〉：国家利益与欧洲共同体内的传统治国才能》[13]

解释 1992 年倡议之所以成功的另外一种方法，关注的是欧共体三大国政府首脑之间的讨价还价。可以将这种方式称作"政府间制度主义"（intergovernmental institutionalism），它强调权力和利益的核心作用，而国家利益并不仅仅由其在政府间体系中的地位决定。……政府间制度主义以三个原则为基础：政府间主义、最小公分母磋商，以及对于未来主权让渡的严格限制。

"政府间主义"：从成立之初，欧共体就建立在主要成员国讨价还价基础之上。各国政府首脑，由一小群部长和顾问予以辅助，在部长理事会或欧洲理事会提出重要倡议，并就此展开谈判。每个国家的政府都透过本国的政策偏好看待欧共体，欧共体政治是国内政治通过其他方式的延续。……

"最小公分母磋商"：在既不存在一个能够提供普遍的激励或威胁来促进机制形成的"欧洲霸权"，也不存在广泛运用相互关联与互投

---

⑬ A Moravcsik, 'Negotiating the Single European Act: National Interests and Conventional Statecraft in the European Community' (1991) 45 International Organization 19, 25 – 27. 原文中的斜体部分，中译文用引号加以标示。

赞成票等手段的情况下，欧共体内部达成的协议反映了各个成员国所处的相对的权力地位。小国可能会被转移支付所收买，但大国则对欧共体核心要素范围或相关规则的根本变化实施事实上的否决，而欧共体的核心要素仍为经济自由化。因此，讨价还价过程往往倾向于向大国国家利益的最小公分母趋同。讨价还价过程最初由法国和德国的双边协议所构成，如今由包括英国在内的三方协议所构成。

对于重要议题，相较于保持现状，唯一能够迫使一个国家接受它不愿意接受的结果的工具，就是威胁将其排斥在外。……如果两个大国能够孤立第三国，并且将其排斥在外的威胁足够令人信服，而且如果将其排斥在外有损该国的重要利益，那么，此种威胁就有可能使协议的一体化水平高于最小公分母。

"保护主权"：加入一个机制的决定涉及为换取某些利益而牺牲部分国家主权。政策制定者通过要求该机制的成员必须以一致方式同意与主权有关的改革，来保护其国家主权将来免于受到侵蚀。它们也避免将不受限制的权威授予可能会侵犯其主权的中央机构，相反，它们更愿意通过部长理事会等政府间机构开展工作，而不是通过委员会和欧洲议会等超国家机构开展工作。

这里无须在上述两种理论之间做出明确判断。新倡议的成功取决于两个条件。首先必须有"立法改革"，以推动旨在完成内部市场的措施。此外还需要"新的调和方法"，以便加快消除妨碍共同体内部贸易的技术壁垒这一进程。我们接下来将讨论这两个问题。

第五节　内部市场：立法改革
与《单一欧洲法令》

1985 年 6 月欧洲理事会同意了委员会白皮书。《单一欧洲法令》于 1986 年 2 月 17 日签署，1987 年 7 月 1 日生效。该法令包含一些目的在于推动完成内部市场立法的新程序。然而，不应该以为《单一欧洲法令》不存在争议。委员会强力引入的深刻变革超出了成员国愿意接受的程度。

《单一欧洲法令》引入了两项致力于单一市场计划的重大立法创新，即现在的《欧洲联盟运行条约》第26条和第114条。

一 第26条：对义务的规定

1. 联盟应根据两部条约的有关条款通过措施，以建立内部市场或保证其运行。

2. 内部市场由一个无内部边界的区域组成，在此区域内，人员、服务、货物和资本的自由流动由两部条约的条款予以保障。

3. 理事会应根据委员会的提案，确定所有相关部门均衡发展所必需的指导方针与条件。

我们首先讨论《欧洲联盟运行条约》第26条第1款中"义务的内容"。《欧共体条约》第14条是该条款的前身，它规定，到1992年12月31日之前要建成内部市场。第26条第1款放弃了这一截止日期，从而承认内部市场的建设是一项持续进行的任务，而不是被认为可以在某个特定日期之前"完成"的工程。

第26条第2款"对内部市场进行界定"。它由两部分组成：它是一个无内部边界的区域，在此区域内货物、人员等要素可以自由流动。无内部边界的区域这一目标的实现，部分取决于是否存在关于货物和人员等生产要素自由流动的边境控制。但是，即使已经取消了边境控制，仍然难以判断货物、人员和资本在欧盟内部可以实现多大程度的自由流动。内部市场的实现不是一个静态目标，因为技术发展和经济因素对内部市场理念提出了新的挑战。

现在，我们必须考虑第26条的"法律效力"。在提交给促成《单一欧洲法令》的政府间会议的一份早期工作文件中，欧盟委员会曾意图使《欧共体条约》第14条具有直接效力，并且建议，如果在同意的日期之前没有取消各成员国关于自由流动的规则，那么这些规则将被自动视为相当于已取消。这些建议"令政府间会议的参与者目瞪口呆"[14]。委员会被迫修改

---

[14] C-D Ehlermann, 'The Internal Market Following the Single European Act' (1987) 24 CMLRev 361, 371.

该建议⑮，成员国则对《欧共体条约》第 14 条附加了一项声明，清楚地阐明 1992 年 12 月 31 日这一截止日期并不能自动创设法律效力。《里斯本条约》删除了这一截止日期，也删除了这项声明。

鉴于第 26 条使用强制性措辞，它也可能 "对欧盟本身产生法律效力"⑯。在委员会或理事会不作为的情况下，《欧洲联盟运行条约》第 265 条得到使用的可能性，取决于是否满足采取此类作为的标准。⑰ 满足这些标准并不容易，因为必须表明，那些宣称本应制定的措施是以足够具体的方式界定的，因而能够对其进行单独识别，而且这些措施是根据《欧洲联盟运行条约》第 266 条通过的。⑱ 如果相关机构拥有自由裁量权，并且能够产生不同的政策选择，而这些政策选择的内容无法得到精确界定，那么情况就不会是这样。关于损害赔偿的主张甚至更加难以证明。⑲

第 26 条也可能 "对成员国产生法律后果"。这可能意味着，即使欧盟相关措施尚未制定，个人仍然可以主张，如果成员国某项妨碍内部市场建设的规则与第 26 条不符，则不应得到适用。然而，必须证明第 26 条满足直接效力所需的条件⑳，其中争议最大的问题是，在规范具有直接效力之前必然不要求采取进一步行动。欧洲法院一直愿意赋予条约某些条款以直接效力，即使需要采取进一步行动来充实该条款㉑，但是，如果欧洲法院认定第 26 条具有直接效力，那么它还是过于冒险了。但欧洲法院在给予《欧洲联盟运行条约》第 26 条的前身《欧共体条约》第 14 条直接效力方面犹豫不定。㉒ 此外，主张第 14 条拥有直接效力的前提在于，存在着 1992 年 12 月 31 日这一最后期限，而且是该条款明确规定的。但《欧洲联盟运行条约》第 26 条并不包含这样的最后期限，因此，这导致这种主张更加难以成功。

---

⑮　Ibid 371 – 372.

⑯　Ehlermann（n 14）372.

⑰　见第十五章。

⑱　Case 13/83 *European Parliament v Council* [1985] ECR 1513.

⑲　Case T – 113/96 *Edouard Dubois et Fils SA v Council and Commission* [1998] ECR II – 125.

⑳　见第八章。

㉑　见第八章。

㉒　Case C – 378/97 *Criminal Proceedings against Wijsenbeek* [1999] ECR I – 6207；Case C – 9/99 *Echirolles Distribution SA v Association du Dauphine* [2000] ECR I – 8207.

二 第 27 条：对义务的限定条件

《欧洲联盟运行条约》第 27 条为第 26 条设置了限定条件。它要求委员会在为实现第 26 条规定的目标而起草提案时，要考虑到某些存在发展差异的经济体在内部市场的建立期间必须付出努力的程度，并且可提议采取适当条款。如果此类条款采取减损适用形式，那么这些条款必须是临时性的，并尽可能减少对共同市场运行的干扰。[23]

三 第 114 条第 1 款：促进调和式措施的通过

在通过调和式措施方面所遇到的一个主要难题是，现在的《欧洲联盟运行条约》第 115 条包含一致同意要求，它赋予理事会通过指令的普遍权力，以便使影响内部市场的建立或运行的成员国法律趋近（approxmation）。为此，《单一欧洲法令》（现《欧洲联盟运行条约》第 114 条）规定了一项与现第 115 条类似的普遍立法权力，但不需要一致同意。第 114 条第 1 款文本如下：

> 1. 除两部条约另有规定外，下列条款为实现第 26 条所规定的目标而适用。欧洲议会和理事会应根据普通立法程序，经咨询经济与社会委员会后，通过某些措施，使各成员国依据以内部市场的建立和运行为目标的法律、法规或行政行为制定的条款得以趋近。

第 115 条仅授权通过指令，而第 114 条授权制定某些措施，既包括指令，也涵盖条例，这些措施的通过均须根据普通立法程序。[24] 第 114 条有两个一般特征也应该加以重视。

（一）第 114 条：剩余条款

第 114 条是一项剩余条款。它只有在"除本条约另有规定的情况下"

---

[23] G de Búrca, 'Differentiation within the Core：The Case of the Common Market' in G de Búrca and J Scott（eds），*Constitutional Change in the EU：From Uniformity to Flexibility?*（Hart，2000）143 – 145.

[24] 对"措施"（measure）的扩大解释，参见 Case C – 359/92 *Germany v Council*［1994］ECR I – 3681；Case C – 358/14 *Poland v European Parliament and Council* EU：C：2016：323，［37］– ［38］.

才发挥作用。这也就意味着，如果旨在实现内部市场的措施属于《欧洲联盟运行条约》第43条、第50条、第53条和第91条等条款规制的主题事项领域，那么就应该使用这些更具体的条约条款。㉕这可能产生与欧盟立法应使用正确法律基础有关的界限争议问题。这类争议以前发生的一般原因是，欧洲议会希望确保其在《欧洲联盟运行条约》第114条下规定的立法权不被绕过，因为某些其他条约条款赋予欧洲较少的立法权，如果依据这些条款通过立法就可以绕过欧洲法院在第114条下规定的立法权。㉖

　　欧洲法院为解决此种界限争议提出的一项具有普遍意义的测试方法是，应考虑相关法令的性质、目标和内容。㉗如果这些因素表明，相关措施涉及的条约领域超过一个以上，那么，它就有可能必须满足这两个条约条款的法律要求。㉘然而，如果这两个条款框架下相关法律依据所规定的立法程序不一致㉙，或者其中一个目标明显占优势㉚，那么上述结论就不成立。目前，界限争议发生的可能性要小得多，因为作为共同决策程序继承者的普通立法程序已经适用于众多条约条款。㉛

（二）　第114条：限制条件

　　第114条涵盖的范围很广泛，但欧洲法院在"烟草广告案"（*Tobacco Advertising*）中肯定，对该条的适用有一些限制条件。㉜欧洲法院废止了一项旨在对涉及烟草产品广告和赞助的法律进行调和的指令。㉝它根据《欧洲共同体条约》第3条第1款第3项和第14条对第95条进行解读，

㉕　Case C‑388/01 *Commission v Council* [2004] ECR I‑4829, [54]‑[60]; Case C‑533/03 *Commission v Council* [2006] ECR I‑1025, [43]‑[48].

㉖　See, eg, Case 68/86 *United Kingdom v Council* [1988] ECR 855; Case 11/88 *Commission v Council* [1989] ECR 3799; Case C‑151/91 *Commission v Council* [1993] ECR I‑939; Case C‑187/93 *European Parliament v Council* [1994] ECR I‑2857.

㉗　Case C‑300/89 *Commission v Council* [1991] ECR I‑2867; Case C‑426/93 *Germany v Council* [1995] ECR I‑3723; Case C‑271/94 *European Parliament v Council* [1996] ECR I‑1689.

㉘　Case 165/87 *Commission v Council* [1988] ECR 5545.

㉙　Case C‑388/01 (n 25).

㉚　Case C‑137/12 *Commission v Council* EU：C：2013：675, [53].

㉛　但仍有此类争议发生，参见 Case C‑363/14 *European Parliament v Council* EU：C：2015：579; Case C‑389/15 *Commission v Council* EU：C：2017：798.

㉜　Case C‑376/98 *Germany v European Parliament and Council* [2000] ECR I‑8419; T Hervey, 'Up in Smoke? Community (Anti)-Tobacco Law and Policy' (2001) 26 ELRev 101.

㉝　[1998] OJ L213/9.

并且得出结论认为，相关措施的目的必须是改善内部市场建立和运行的条件。

欧洲法院裁定，《欧洲共同体条约》第95条并未赋予市场规制方面的任何普遍权力。[34] 欧洲法院指出，这与《欧洲共同体条约》第3条第1款第3项和第14条是相悖的，而且与该条约第5条规定的原则不符，即共同体的权力仅限于授予它的特定权力。[35] 欧洲法院裁定，依据《欧洲共同体条约》第95条通过的措施，其目标必须确实是改善内部市场建立和运行的条件。如果仅仅因为成员国规则之间存在差异，存在妨碍行使基本自由的障碍这一抽象风险，或者竞争受到扭曲，就可以成为使用第95条的正当理由，那么，对是否遵守使用符合适当法律基础进行的司法审查就"毫无价值"[36]。对竞争的任何扭曲都必须达到显著程度，因为否则的话，"共同体立法机构的权力在实际上将不受限制"[37]。于是欧洲法院必须核实，根据《欧洲共同体条约》第95条通过的一项措施是否寻求实现立法者提出的目标[38]，以及该措施拟消除的扭曲竞争是否达到了显著程度。[39] 欧洲法院裁定，该指令并未根据第95条有效制定。

因此，尽管对《欧洲联盟运行条约》第114条的应用存在着限制条件，但后来的判例法[40]表明，欧洲法院愿意接受将第114条作为已经通过的措施的法律基础。[41] 这在2006年"烟草广告案"[42]中体现得尤其明显。在该案中，欧洲法院裁定一项修订后的烟草广告指令有效，该指令包括禁止在报刊和电台刊登或播放烟草广告。欧洲法院裁定，该措施可以根据第

---

[34]　Case C – 376/98 (n 32) [45].

[35]　Ibid [83].

[36]　Ibid [84].

[37]　Ibid [107].

[38]　Ibid [85].

[39]　Ibid [106].

[40]　Case C – 377/98 *Netherlands v Parliament and Council* [2001] ECR I – 7079；Case C – 491/01 *The Queen v Secretary of State for Health*, *ex p British American Tobacco* (*Investments*) *Ltd and Imperial Tobacco Ltd* [2002] ECR I – 11453；Case C – 210/03 *R v Secretary of State for Health*, *ex p Swedish Match* [2004] ECR I – 11893.

[41]　D Wyatt, 'Community Competence to Regulate the Internal Market' in M Dougan and S Currie (eds), *50 Years of the European Treaties*：*Looking Back and Thinking Forward* (Hart, 2009) ch 5；S Weatherill, 'The Limits of Legislative Harmonisation Ten Years after *Tobacco Advertising*：How the Court's Case Law has become a "Drafting Guide"' (2011) 12 German LJ 827.

[42]　Case C – 380/03 *Germany v European Parliament and Council* [2006] ECR I – 11573.

114 条合法通过，因为成员国关于烟草产品广告和赞助的相关法律之间存在差异，而这种情况可能影响竞争和国家间贸易。欧洲法院还在更普遍意义上阐明了可以应用第 114 条的情况。其"标准"很宽泛。[43]

由此可以得出结论：……如果由于各成员国已经采取或准备采取的与某个产品或某类产品有关的措施之间存在差异，这会导致各国保护程度不同，并由此阻碍相关产品在共同体内自由流动，因而形成贸易壁垒，或者将来有可能出现此类贸易壁垒，那么在这种情况下，《欧洲共同体条约》第 95 条授权共同体立法机构通过制定适当立法措施予以干预，其前提条件是要遵守《欧洲共同体条约》第 95 条第 3 款，同时也要遵守《欧洲共同体条约》或欧洲法院判例法中所提到的法律原则，特别是相称性原则。

四　第 114 条第 2—10 款：对第 114 条第 1 款的限定条件

第 114 条的其他各款是对第 1 款的限定条件。第 2 款阐述了第 1 款不适用的几种情况，规定第 1 款不适用于财政条款，不适用于与人员自由流动有关的规定，不适用于与被雇用人员的权利和利益有关的规定。成员国认为这些领域特别敏感，因此将它们排除在第 1 款适用范围之外。由此，制定这些领域的立法必须依据第 115 条或者某项更为具体的条约条款。[44]

第 114 条第 3 款要求委员会在根据第 1 款提出关于卫生、安全、环境保护和消费者保护的措施时，应以高水平保护为基础，特别是要根据科学事实考虑任何新的发展情况。欧洲议会和理事会也必须运用其各自的权力实现这一目标。该款的目的是安抚德国和丹麦等国，因为这些国家担心调

㊸　Ibid〔41〕. See also Case C - 301/06 *Ireland v European Parliament and Council*〔2009〕ECR I - 593，〔63〕-〔64〕；Case C - 58/08 R（*on the application of Vodafone Ltd*）*v Secretary of State for Business*，*Enterprise and Regulatory Reform*〔2010〕ECR I - 4999，〔32〕-〔37〕；Case C - 518/07 *Commission v Germany*〔2010〕ECR I - 1885；Case C - 358/14 *Poland v European Parliament and Council*（n 24）；Case C - 547/14 *Philip Morris v Secretary of State for Health* EU：C：2016：325；Case C - 549/15 *E. ON Biofor Sverige AB v Statens energimyndighet* EU：C：2017：490.

㊹　对于某些财政条款，《欧洲联盟运行条约》第 113 条要求理事会在咨询欧洲议会后以一致方式通过；对于人员自由流动问题，《欧洲联盟运行条约》第 21 条第 2 款适用普通立法程序，但第 21 条第 3 款除外，后者适用于社会保障或社会保护，并且要求理事会在咨询欧洲议会后以一致方式采取行动；关于被雇用人员的权利，可参见《欧洲联盟运行条约》第 46 条和第 48 条。

和式措施可能不够严格。但是，第 3 款并未要求按照那些保护水平较高的国家的标准制定措施。它只是要求将高水平保护作为制定措施的基础。

第 114 条第 4 款至第 9 款受到的批评最多。这些条款内容复杂，其文本摘录如下：

4. 在欧洲议会和理事会共同，或者理事会或委员会单独通过一项调和式措施后，如某一成员国认为有必要依据第 36 条提及的因国内措施具有重大必要性或与环境保护或工作环境保护相关而应予以保留，则该成员国应将这些规定应予保留的理由通知委员会。

5. 此外，在不影响第 4 款规定的情况下，在欧洲议会和理事会共同，或者理事会或委员会单独通过一项调和式措施后，如某一成员国认为，由于调和式措施的通过而给本国带来了特殊问题，因此有必要根据与环境保护或工作环境保护有关的新的科学证据引入国内规定，则该成员国应将拟通过的规定及其理由通知委员会。

6. 在接到本条第 4 款和第 5 款提及的通知后 6 个月内，委员会应在审议有关国内措施是否为一项针对成员国之间贸易的任意歧视或者变相限制以及是否构成对内部市场运行的障碍后，批准或拒绝相关国内措施。

如委员会在此期限内未做出决定，则第 4 款和第 5 款提及的国内措施应视为已获得批准。

如由于问题的复杂性且对人类健康没有危害，委员会可通知有关成员国，本款规定的时限延长，但最长不得超过 6 个月。

7. 根据本条第 6 款，当某一成员国被允许保留或引入某些减损适用一项调和式措施的国内规定时，委员会应立即审查是否需要提议对该调和式措施进行调整。

8. 当一成员国在某一属于先前调和式措施之主题范围的领域提出某一特殊的公共卫生问题时，它应提请委员会注意，委员会应立即审查是否需要向理事会提议采取适当措施。

9. 作为对第 258 条和第 259 条的减损适用，委员会和任一成员国如认为其他成员国滥用本条规定的权力，可将此事项直接提交欧洲联盟法院。

第114条第5款、第7款和第8款是由《阿姆斯特丹条约》引入的新条款，而其他各款则是对先前条款的修订。第4款的引入导致了诸多批判性评论。[45] 我们可以在下文节选的段落中看到第4款的来源。

埃勒曼：《〈单一欧洲法令〉之后的内部市场》[46]

第1款[47]是《单一欧洲法令》中最重要的条款，而第4款则问题最大。第4款的目的与第1款相同，即保护任何处于少数地位的成员国不会被迫接受多数成员国的观点。然而，就这两个条款而言，对其采用的方法却完全不同。第3款与共同体从前采用的手段是一致的，但第4款却在很大程度上背离了原来的方式。

其原因可以追溯到如下事实，即英国以及后来的爱尔兰希望防止某些与其岛国地位有关的特殊措施受到多数投票制的威胁。这两个国家对第3款所提供的保障都不满意。但它们又都同意，保留一致通过这一要求会削弱第100a条的效力。

解决这一困境的办法是第4款，其文本由欧洲理事会亲自起草。……

要对第114条第4款至第9款进行评估，首先必须考虑政治和法律问题。从"政治角度"来看，对于第114条第4款可能产生的影响有过一些严重的担忧，但这些影响并未得到证实。有人担心成员国可能会频繁寻求援引该条款以制止调和式措施的适用，但这种担心已被证明站不住脚。

从"法律角度"来看，有可能触发第114条第4款的成员国关切是有限的：由《欧洲联盟运行条约》第36条涵盖的事项，再加上环境事项和工作环境事项。《阿姆斯特丹条约》对第114条第4款规定了进一步的限制条件。该款从前的文本是，某一成员国以其中一项特定理由为基础"适用"国内规定，而目前的文本则是"保留"此类国内规定。因此，成员国无法援引该条作为减损适用调和式措施的那些国内"新"规定的正当理

---

[45]　P Pescatore, 'Some Critical Remarks on the "Single European Act"' (1987) 24 CMLRev 9.

[46]　C-D Ehlermann, 'The Internal Market Following the Single European Act' (n 14) 389.

[47]　指当时的《欧洲共同体条约》第100a条，即现《欧洲联盟运行条约》第114条。

由，而只能作为"保留"现行规定的理由。[48] 相反，第 114 条第 5 款处理的是在调和式指令通过之后成员国寻求"引入新的国内措施"的情况。能够触发第 114 条第 5 款的成员国关切更加有限：必须有与环境保护等事项相关的新的科学证据，而且相关问题必须是该成员国特有的。[49]

第 114 条第 4 款和第 5 款是减损适用条约原则的例外情况，因此欧盟委员会和联盟法院将对其进行严格解释。[50] 成员国对存在适用这两个条款的条件负有举证责任。[51] 委员会的监督权由第 114 条第 6 款得到了加强。在《阿姆斯特丹条约》生效之前，第 100a 条第 4 款使用的措辞是，委员会"肯定"成员国的规定。而第 114 条第 6 款现在的措辞是，委员会可"批准或拒绝"成员国的规定。《阿姆斯特丹条约》引入了对第 114 条第 4 款的修订，进一步强化了此种侧重点的变化，它要求成员国解释之所以保留本国规定的原因。[52] 此外，欧洲法院肯定自己有权对援引第 114 条第 4 款的情况进行司法审查。[53] 然而，第 114 条规定的程序并不完全是对抗式的。第 114 条第 7 款和第 8 款由《阿姆斯特丹条约》引入，其目的是促进通过谈判来解决该问题。

第 114 条第 10 款是对第 1 款的最后一个限定条件。它规定，调和式措施可包括保障条款，授权成员国基于《欧洲联盟运行条约》第 36 条中的其中一条非经济原因采取临时性措施，但要服从联盟的监督程序。一般情况下，如果欧盟已经制定了调和式措施，那么就应该排除采用第 36 条的可能性。第 114 条第 10 款的目的是，允许成员国在遵守联盟监督程序的前提下，在突然发生与健康或生命等事项有关的不可预见的危险时采取临时性措施。

---

[48] Case C – 3/00 *Commission v Denmark* [2003] ECR I – 2643, [57] – [58].

[49] Ibid [57] – [59]; Case T – 234/04 *Netherlands v Commission* [2007] ECR II – 4589, [58].

[50] Cases T – 339, 352 and 391/16 *Ville de Paris, Ville de Bruxelles and Ayuntamiento de Madrid v Commission* EU：T：2018：927, [70].

[51] Cases C – 439 and 454/05 P *Land Oberösterreich and Austria v Commission* [2007] ECR I – 7141.

[52] 第 114 条第 5 款包含与此相似的解释要求。

[53] Case C – 41/93 *Commission v France* [1994] ECR I – 1829；Case C – 3/00 (n 48)；Case T – 234/04 *Netherlands v Commission* (n 49).

第六节　内部市场：关于产品销售与调和的新立法方式

一　采取新方式的原理

我们之前注意到，完成单一市场取决于两个条件。首先需要改革立法程序，以便推进旨在完成内部市场的立法。其次还需要有新的调和方式，以便更容易地通过这些措施。

但是，即使现在能够更容易地通过调和式措施，仅靠改革立法程序仍不足以保证内部市场的建成。这是因为传统调和手段有一些劣势。[54] 它们过于缓慢，并容易导致过度统一。欧盟过去没有能够在调和与标准化之间形成联系，因而造成了前后矛盾和浪费时间。核实和检验问题并没有得到完全解决，而且成员国对调和式措施的实施也不完善。

委员会在白皮书中认识到这些缺陷。[55] 委员会在关于"技术调和与标准的新方式"的建议[56]中指出，经验表明，实现现行方式存在困难，而现行方式的前提是努力通过具体的技术规定进行调和。委员会承认，由于成员国的技术法规多种多样，再加上技术变革的速度，在某些领域实现的调和成果微不足道。

二　新方式的要素

从上面节选的委员会《关于完成内部市场的白皮书》中，可以清楚地看到新调和方式的总体方向。通过"第戎黑醋栗甜酒案"原则[57]来实现相互承认。不属于强制要求框架下的成员国规则将无效；立法调和仅限于设置卫生和安全标准；另外还将推动实现欧洲的标准化。在与产品的销售和调和有关的新立法方式中，可以发现多个要素。[58]

---

[54]　J Pelkmans, 'The New Approach to Technical Harmonization and Standardization' (1987) 25 JC-MS 249, 252–253; M Egan, *Constructing a European Market* (Oxford University Press, 2001) 78–81.

[55]　COM (85) 310, [64].

[56]　Technical harmonization and standards: a new approach, Bull EC 1–1985.

[57]　Case 120/78 *Cassis de Dijon* (n 2).

[58]　Enhancing the Implementation of New Approach Directives, COM (2003) 240; https://ec.europa.eu/growth/single-market/goods/free-movement-sectors_en.

（一）提供信息：可能妨碍自由流动的成员国规则

对于可能阻碍自由流动的成员国规则，成员国有义务提供信息。规定该义务的指令可追溯到 1983 年[59]，后于 1998 年被取代。[60] 当前措施是《2015/1535 号指令》[61]，也被称为《相互提供信息指令》或《透明性指令》。该指令要求成员国在通过任何设置技术标准的具有法律约束力的法规之前通知委员会，除非相关法规的目的是转化一项欧洲标准或国际标准。委员会接下来将通知其他成员国，而且，成员国通过相关措施的时间将被延迟至少 3 个月，其目的是考虑可能采取的修订措施。如果委员会决定就该议题着手通过调和式指令，那么可能导致成员国措施推迟长达一年。该指令由于欧洲法院"CIA 公司案"判决获得了额外效力。[62] 欧洲法院裁定，如果某项成员国措施没有根据该指令进行事先通知，它就不能作为法律依据。

佩尔克曼斯（Pelkmans）指出，该机制对于监督成员国规则草案具有重要意义，某些成员国规则草案一旦通过就可能妨碍自由流动；并且，根据该指令成立的专门委员会，其工作也具有重要意义，它可以阻止此类壁垒成为现实。[63] 这一程序解决了大约 95% 的问题，从而保证拟议中的成员国法规与欧盟法相一致。

---

[59] Dir 83/189 [1983] OJ L109/8；S Weatherill, 'Compulsory Notification of Draft Technical Regulations: The Contribution of Directive 83/189 to the Management of the Internal Market' (1996) 16 YBEL 129.

[60] Dir 98/34/EC [1998] OJ L204/37；Dir 98/48/EC [1998] OJ L217/18，该指令将此机制扩大到信息服务领域；The Operation of Directive 98/34 from 2002 – 2005, COM (2007) 125 final；The Operation of Directive 98/34 in 2009 and 2010, COM (2011) 853 final.

[61] Directive (EU) 2015/1535 of the European Parliament and of the Council of 9 September 2015 laying down a procedure for the provision of information in the field of technical regulations and of rules on Information Society services [2015] OJ L241/1；https: //ec. europa. eu/growth/tools – databases/tris/en/.

[62] Case C – 194/94 *CIA Security International SA v Signalson SA and Securitel SPRL* [1996] ECR I – 2201；Case C – 443/98 *Unilever v Central Food* [2000] ECR I – 7535；Case C – 303/04 *Lidl Italia* [2005] ECR I – 7865, [23]；Case C – 26/11 *Belgische Petroleum Unie VZW v Belgische Staat* EU：C：2013：44, [50]；Case C – 95/14 *UNIC v FS Retail* EU：C：2015：492, [29]；Case C – 144/16 *Município de Palmela v Autoridade de Segurança Alimentar e Económica* (*ASAE*) EU：C：2017：76, [36].

[63] J Pelkmans, 'Mutual Recognition in Goods. On Promises and Disillusions' (2007) 14 JEPP 699, 705 – 707.

（二）提供信息：妨碍自由流动与严重干扰贸易

《第2679/98号条例》规定了另外一项关于提供信息的义务，即如果妨碍货物自由流动的壁垒可能导致严重干扰贸易和造成个人损失，而且需要立刻采取行动以终止此类持续情况，那么成员国应将有关壁垒的信息通知欧盟委员会。[64] 成员国有义务采取所有必要和适当的行动，以确保货物自由流动，并将此类行动告知欧盟委员会。

（三）相互承认：规范性维度

相互承认[65]是欧洲联盟法院和欧盟委员会所采取策略的核心要素。[66] 该策略既包含规范性维度，也包含实践维度。普遍认为，相互承认势必需要治理战略[67]，并且包含关于如何实现市场一体化的选择。[68]

也许可以通过给予东道国的控制以优先权来进一步推动这种一体化，前提条件是遵守非歧视原则。由此，只要进口商遵守东道国的标准，那么各成员国就向来自别处的产品开放边境，它唯一的义务是不歧视这种进口产品。于是，东道国的政治主权不会受到挑战，而且设置了监管要求，但其产生的后果是，位于其他国家的生产商将不得不对其产品进行调整，以适应每个销售目的地国的要求。

实现市场一体化的第二种策略是在欧盟层面进行调和，从而克服各国监管差异。然而，这必然导致高昂的谈判成本，以及向超国家层面"纵向

---

[64]　Council Regulation 2679/98/EC on the functioning of the internal market in relation to the free movement of goods among the Member States［1998］OJ L337/8；该条例的缺陷，参见 Report from the Commission to the Council and European Parliament on the application of Regulation 2679/98, COM（2001）160 final.

[65]　K Armstrong, 'Mutual Recognition' in C Barnard and J Scott（eds）, *The Law of the Single European Market*（Hart, 2002）ch 9；F Kostoris Padoa Schioppa（ed）, *The Principle of Mutual Recognition in the European Integration Process*（Palgrave Macmillan, 2005）；MP Maduro, 'So Close and Yet So Far: The Paradoxes of Mutual Recognition'（2007）14 JEPP 814；K Nicolaïdis, 'Trusting the Poles? Constructing Europe through Mutual Recognition'（2007）14 JEPP 682；Pelkmans（n 63）；S Schmidt, 'Mutual Recognition as a New Mode of Governance'（2007）14 JEPP 667；S Weatherill, 'The Principle of Mutual Recognition, It Doesn't Work because it Doesn't Exist'（2018）43 ELRev 224.

[66]　https：//ec. europa. eu/growth/single – market/goods/free – movement – sectors/mutual – recognition_ en.

[67]　Maduro（n 65）；Schmidt（n 65）.

[68]　Schmidt（n 65）.

转让主权"⑩。政治仍然是确定监管机制的模式，但政治如今不是发生在国家层面，而是发生在超国家层面。

相互承认构成市场一体化的第三种方式。在任一成员国国内合法生产的产品应能够在其他任何成员国出售。其根本假设是，成员国法规处理的是"对相同基本问题的替代解决方案"⑩。生产者无须再为了适应每个市场而对其产品进行调整，而且避免了具体调和所产生的成本。但是，对规制的控制权属于东道国，这才是相互承认的核心。这反过来又意味着"主权的横向让渡"，也就是说，成员国不再拥有对本国规制机制的控制权。东道国必须在表面上接受按照来源国的监管要求合法销售的商品，即要求成员国政府信任其他成员国的规制机制。⑪ 但是，东道国可以依据《欧洲联盟运行条约》第36条规定的公共利益辩护，以及欧洲法院在"第戎黑醋栗甜酒案"判决中所承认的强制性要求，从而使上述问题得到一定程度的缓解。接下来，致力于调和的努力将聚焦于在这些条件下仍然合法的措施。

（四）相互承认：实践维度

相互承认一直是欧盟市场一体化的核心。一般认为，相互承认的运行还算良好。但事实并没有这么简单。佩尔克曼斯已经提到了在实现这一理念方面所存在的实际困难。⑫ 之所以会出现这种情况，主要是因为很多企业，特别是中小企业并不了解"第戎黑醋栗甜酒案"判决中对相互承认的司法阐述，其结果是这些企业仍然调整其产品以适应东道国的要求，尽管根据欧盟法，它们并不需要这样做。韦瑟里尔对这些问题进行了回应。他指出，在所谓有条件相互承认模式下，企业必须向目标市场的公权机关施压，以搁置阻碍性的规则。但是如果它们不予搁置，企业就别无选择，只能在诉讼中花费时间和金钱，"即使没有胜诉的太大希望，因为公权机关总是有空间来试图证明它们的规则是正当的"⑬。

---

⑩ Ibid 672.

⑩ Ibid 672.

⑪ Maduro（n 65）.

⑫ Pelkmans（n 63）.

⑬ Weatherill（n 65）226.

该问题得到欧盟委员会的承认。[74] 它承认，相互承认的运行并不总是很有效，并且提出改进相互承认的建议。[75] 其中包括应该加强委员会对相互承认的监督，并采取措施加强货物生产商与服务提供者对相互承认原则的认知，以此对委员会的监督形成补充。成员国应在合理期限内处理与相互承认有关的请求，并在本国立法中包含相互承认条款。

（五）相互承认：对成员国减损适用施加控制

为了加强相互承认原则的效力，委员会开始寻求采用硬法，对成员国减损适用自由流动原则的情况施加更严格的控制。[76] 以前采用的方法以交换那些与减损适用货物自由流动的成员国措施有关的信息为基础。《第3052/95 号决定》[77] 对成员国施加义务，如果成员国采取措施以阻止那些在另一个成员国合法生产的商品在其市场上流通，则须告知委员会。但这一策略并不成功。《第 764/2008 号条例》引入更为严格的方法[78]，但是效果有限，其原因可参见以下摘录。

《升级单一市场：为人民和企业提供更多机会》[79]

对于产品可在其他地方合法上市的举证责任，2008 年通过的《相互承认条例》将其从经济运营者转移到成员国当局，这一点至关重要。

---

[74]　Commission Communication to the European Parliament and the Council, Mutual Recognition in the Context of the Follow-up to the Action Plan for the Single Market, 16 June 1999.

[75]　Mutual Recognition（n 74）7 – 12；Commission interpretative communication on facilitating the access of products to the markets of other Member States：the practical application of mutual recognition [2003] OJ C265/2.

[76]　https：//ec. europa. eu/growth/single – market/goods/new – legislative – framework_ en.

[77]　Decision 3052/95/EC of the European Parliament and of the Council establishing a procedure for the exchange of information on national measures derogating from the principle of the free movement of goods within the Community [1995] OJ L321/1.

[78]　Regulation（EC）No 764/2008 of the European Parliament and of the Council of 9 July 2008 laying down procedures relating to the application of certain national technical rules to products lawfully marketed in another Member State and repealing Decision No 3052/95/EC [2008] OJ L218/21.

[79]　Upgrading the Single Market：more opportunities for people and business, COM（2015）550 final, 4. 3.

然而，成员国法规和实践不断制造障碍。成员国当局通常要求提供可合法上市销售的具体证据，或者干脆拒绝其进入本国市场。经济运营者通常被要求为其产品提供特定文件或进行额外测试。这增加了经济运营商的成本，或者阻碍他们向新市场扩张。这些问题存在于许多行业，尤其出现在建筑、食品、食品添加剂和化肥领域。这意味着失去商业机会，减少竞争，以及消费者面临更高价格。

为此，《第2019/51580号条例》⑧取代了上述2008年条例。2019年条例旨在加强相互承认的实际应用。成员国必须设立产品联络点，其中包含有关相互承认的信息，以及在经济运营者与该国当局之间发生争议时可使用的救济。⑧货物生产者可以向作为目的地的成员国当局提交相互承认的声明。该声明表明货物是按照另一个成员国的合法要求生产的。⑧作为目的地的成员国当局可以评估货物，以确定它们是否在另一个成员国合法销售；如果确实如此，则要继续评估，对于作为目的地的成员国所适用的本国技术规则，其涵盖的合法公共利益是否得到充分保护。

如果进行此类评估，各成员国当局有义务通知经济运营者，并有义务指出经济运营者可以使用互相承认声明。如果提供了这样的声明并附有证明文件，作为目的地的成员国"应"接受该声明，将其作为该货物可在另一个成员国合法销售的证明。⑧作为目的地的成员国当局有责任对经济运营者做出具理由的行政决定，并且必须抄送委员会和其他成员国。除此之外，该决定必须具体说明：该决定所依据的国家技术规则；该规则所涵盖的合法公共利益是否得到充分保护；已考虑的技术证据；经济运营者的主张。⑧此外，行政决定必须说明可以采用的本国补救，以及通过"内部市

---

⑧　Regulation 2019/515 of the European Parliament and of the Council of 19 March 2019 on the mutual recognition of goods lawfully marketed in another Member State and repealing Regulation（EC）No 764/2008［2019］OJ L91/1.

⑧　Ibid Art 9.

⑧　Ibid Art 4.

⑧　Ibid Art 5（4）（a）.

⑧　Ibid Art 5（11）.

场问题解决网络"（SOLVIT）解决任何争议的可能性。对于困扰 2008 年规制策略的那些实践问题，2019 年条例在多大程度上予以缓解，还有待观察。

（六）新方式：调和与标准化

立法调和的"新方式"适用于某些成员国规则，这类规则既不受《欧洲联盟运行条约》第 36 条的监督，也不受"第戎黑醋栗甜酒案"强制性要求的约束。在这种情况下，欧盟调和式措施仅限于规定基本的卫生与安全要求。[85] 到目前为止，已经按照新方法或者与此类似的原则通过了超过 30 项指令。每项措施对应的是一个总的产品领域，如个人防护设备、玩具、建筑产品、炸药、医疗器械，等等。因此，一项指令可能适用于相关类别下的数百种或数千种产品。已适用新方式的主要部门所涵盖产品的贸易额每年估计超过 1.5 万亿欧元。佩尔克曼斯阐述了这一方式的本质。

佩尔克曼斯：《技术调和与标准化的新方式》[86]

——立法的调和仅限于通过……基本的安全要求，……为了有资格在共同体内自由流动，在市场上销售的产品必须符合这些要求；

——鉴于技术进步原因，制定技术标准的任务应当由有能力的（私人）标准化机构承担，以这些标准为基础，企业应制造和销售符合这些指令根本要求的产品；

——这些技术标准并不具有约束力，并且保留了其作为自愿（欧洲）标准的特征；

——但是，与此同时，各国政府"有义务假设"，按照欧洲标准生产的产品符合指令中所规定的"基本要求"。正是这一假设保证了

---

[85]　www. cen. eu/work/supportLegislation/Directives/Pages/default. aspx；https：//boss. cen. eu/reference%20material/guidancedoc/pages/newapproach. aspx.

[86]　J Pelkmans, 'The New Approach to Technical Harmonization and Standardization' (n 54). 原文中的斜体部分，中译文用引号加以标示。

企业自由进入市场。

如果委员会已批准某项标准，并在《官方公报》上予以公布，那么所有成员国都必须认可符合此项标准的商品。如果有成员国对于相关标准是否符合指令中所规定的安全目标有不同看法，则举证责任在于提出这一质疑的成员国。但在下述意义上，与此类似的举证责任在于生产商。生产商有权按照规定标准以外的其他标准进行生产，但在这种情况下，证明其商品符合指令中所规定的基本要求的责任在于生产商。

欧洲标准化是"新调和方式"的核心。[87] 它减少妨碍欧盟内部贸易的壁垒，并且增强欧洲企业的竞争力。[88] 主要的一些标准制定机构包括：欧洲标准化委员会（European Committee for Standardization，CEN）[89]、欧洲电工技术标准化委员会（European Committee for Electrotechnical Standardization，CENELEC）[90] 和欧洲电信标准协会（European Telecommunications Standards Institute，ETSI）。[91] 这些机构都是私营组织。欧洲标准化委员会和欧洲电工技术标准化委员会是非营利性的技术组织，根据比利时法律分别成立于1961年和1973年；欧洲电信标准协会是根据法国法律成立的非营利性组织，成立于1986年。它们一起被称为欧洲标准化组织（ESOs）。欧洲标准化组织"确保标准化过程与理事会层面的调和式措施同步并行，并以'基本要求'为基础"[92]。只要标准化符合欧盟指令规定的"基本要求"，就很可能被批准。

标准由标准化机构下的技术委员会负责起草。这些标准可以通过委托

---

[87]　https：//ec. europa. eu/growth/single – market/european – standards_ en；A strategic vision for European standards：Moving forward to enhance and accelerate the sustainable growth of the European economy by 2020，COM（2011）311 final.

[88]　Pelkmans（n 54）260；On the Role of European Standardization in the Framework of European Policies and Legislation，COM（2004）674，[2.2]；Towards an increased contribution from standardisation to innovation in Europe，COM（2008）133 final.

[89]　www. cen. eu/Pages/default. aspx.

[90]　www. cenelec. eu/.

[91]　www. etsi. org/.

[92]　Pelkmans（n 54）256.

方式制定，也可以不经委托。如果欧盟委员会要求标准化机构起草一项标准，则为委托标准；如果倡议由标准化机构自身发起，则不属于委托标准。符合某项委托标准就意味着，该产品被假定符合《产品责任通用指令》[93]（General Product Liability Directive）所规定的安全标准，而且，除某些限定情况以外，它可以在欧盟内部自由流通。相关标准被发表在《官方公报》上。现在委员会发布标准化年度工作方案[94]，并且提供包含标准化相关文件的手册。[95]

重要的是清楚地了解欧盟对基本要求的调和与标准化进程这两者之间的关系。根据新方式通过的某项指令在总体上确立商品必须满足的卫生与安全要求。标准的设定有助于制造商证明其商品符合这些基本要求，并且能够对是否符合标准进行监督。通过鼓励就特定领域的相关标准达成一致，推动形成欧盟标准，进而促进这一进程。允许制造商即使在其商品不符合欧盟标准的情况下也能证明它们符合基本的安全要求，这一点带来了灵活性。

新调和方式拥有很大优势。指令包含的细节较少，因此更容易起草。通过将明确规定的安全目标与标准的灵活性两者结合起来，就可以实现遵守标准这一目标，而且可以避免传统方式中的过度"欧洲统一"性。《欧洲联盟运行条约》第114条排除了寻求一致性的需要。调和与标准化相互关联。由于可以制定更多的欧盟指令，因此可以缩小欧盟调和式措施与成员国技术法规在数量方面的差距。通过诸如国家赔偿责任等司法理念，增强了鼓励成员国实施指令的激励因素。[96] 但这并不是说，新方式并不存在任何问题，下文将讨论这一点。[97]

（七）调和与标准化的新方式：2008 年、2012 年与 2016 年改革

2008 年，欧盟对新方式进行了改革，以使其更加有效。《768/2008 号

---

[93]　Directive 2001/95/EC of the European Parliament and of the Council on general product safety [2002] OJ L11/4, Art 3（2）.

[94]　See, eg, The annual Union work programme for European standardisation for 2018, COM/2017/0453 final.

[95]　https：//ec. europa. eu/growth/single－market/european－standards/vademecum_ en.

[96]　见第九章。

[97]　见本章第七节第一、二部分。

决定》⑱ 确立了某些一般原则，目的是使其适用于所有部门立法，以便促进一致性的形成。因此，该决定构成了适用于未来调和式立法的一项普遍的横向框架，同时也是现行立法的参考文本，尽管特定部门领域的特殊需求也可能要求采用不同的规制方式。⑲

这方面的基本原则是，欧盟调和式立法仅限于规定那些确定此种保护程度的基本要求。但以下情况除外，即如果鉴于确保对消费者、公共卫生和环境的保护等目的，或者出于保护公共利益的其他方面原因，不可能或不适合采用制定基本要求的方式，那么，就可以在调和式立法中规定详细要求。⑳ 从表面上看，遵守基本要求的目标是通过遵守已经通过的标准得到实现的，同时又保留了遵守其他手段的可能性。㉑ 如果调和式立法要求对某一特殊产品实行合规评估，那就应该从该决定附件二所列的目录中选择拟采用的程序。㉒

该决定的附件详细规定了可用于新方式各指令的条款"样板"。其中包括：任何此类指令所涵盖商品的制造商、进口商和经销商的义务；对调和标准的正式反对；所制造的产品符合指令之基本要求的声明；粘贴"CE"标志；与合规评定机构相关的规则；合规评定程序。

2012年通过一项新条例对标准化机制本身进行改革，即对于欧洲标准化组织、成员国标准化机构、成员国和委员会之间的合作，该条例制定了相关规则。该条例包含有关建立欧洲标准和欧洲标准化产品和服务以支持欧盟立法的规定。涵盖一系列事项，包括提供透明性；利益攸关者的参与；欧盟年度标准化议程的规划；对国家、欧盟以及国际层面的标准化倡议进行协调。该条例还涉及一系列事项，包括透明性规定、利益相关者参与、欧盟年度标

---

⑱ Decision No 768/2008/EC of the European Parliament and of the Council of 9 July 2008 on a common framework for the marketing of products, and repealing Council Decision 93/465/EEC ［2008］ OJ L218/82. See also Regulation（EC）No 765/2008 of the European Parliament and of the Council of 9 July 2008 setting out the requirements for accreditation and market surveillance relating to the marketing of products and repealing Regulation（EEC）No 339/93［2008］OJ L218/30.

⑲ Dec 768/2008（n 98）Art 2.

⑳ Ibid Art 3（1）.

㉑ Ibid Art 3（2）.

㉒ Ibid Art 4（1）.

准化议程的规划，以及成员国、欧盟和国际标准化倡议之间的协调。[103]

2016 年，委员会对标准化实施进一步改革。[104] 非立法性改革建立在现行欧洲标准体系（ESS）的基础上。它们旨在通过以下方式，即通过加强对欧洲标准体系的认识、教育和理解，通过促进协调、透明性、合作和包容性，通过关注竞争力和国际层面来提高效率。[105] 这些倡议将通过"标准化联合倡议"来推进，该倡议涉及委员会、成员国、欧盟标准化组织、成员国标准化组织和社会利益相关者之间进行协作。[106]

（八）调和：最低标准和最高标准

欧盟在制定调和式立法时有不同的选择。[107] 它可以通过那些设定最低标准的立法，此类立法并不阻碍成员国制定更严格的标准。最低程度的调和允许成员国保留比欧盟标准更严格的规制标准，前提是这些标准必须符合条约。那么，欧盟立法设置底线，而条约是上限，在这些界限之内，成员国可以自由实施各自的政策。欧盟也可以制定涵盖整个领域的最高限度的立法。这就意味着对既定领域进行穷尽式监管，其中欧盟规则既设定规制保护的底线，也设定上限，也就是说，成员国行动被完全先占性地排除了。

然而，欧盟调和式措施的本意是不是想将与欧盟指令不同的任何成员国措施排除在外，这是一个可能存在争议的问题。在"拉蒂案"

---

[103]　Regulation（EU）No 1025/2012 of the European Parliament and of the Council of 25 October 2012 on European standardization［2012］OJ L316/12.

[104]　https：//ec. europa. eu/growth/content/commission – takes – steps – modernise – eus – standard-isation – policy_ en.

[105]　European Standards for the 21st Century, COM（2016）358 final, 6.

[106]　https：//ec. europa. eu/growth/content/joint – initiative – standardisation – responding – changing – marketplace – 0_ en.

[107]　A McGee and S Weatherill, 'The Evolution of the Single Market—Harmonisation or Liberalisati-on'（1990）53 MLR 578, 582; S Weatherill, 'Beyond Preemption? Shared Competence and Constitu-tional Change in the European Community' in D O'Keefe and P Twomey（eds）, *Legal Issues of the Maas-tricht Treaty*（Chancery Law Publishing, 1994）ch 2; M Dougan, 'Minimum Harmonization and the In-ternal Market'（2000）37 CMLRev 853; S Weatherill, 'Pre-Emption, Harmonization and the Distribu-tion of Competence to Regulate the Internal Market' in C Barnard and J Scott（eds）, *The Law of the Single European Market*（Hart, 2002）ch 2; S Weatherill, 'Supply of and Demand for Internal Market Regula-tion：Strategies, Preferences and Interpretation' in N Nic Shuibhne（ed）, *Regulating the Internal Market*（Edward Elgar, 2006）42 –49.

（*Ratti*）⑩ 中，欧洲法院不得不裁决，《关于危险物品的包装和标签的第73/173 号指令》是否允许成员国"所规定的义务和限制条件比该指令中规定的义务和限制条件更明确，还是说，在任何情况下都不允许这些义务和条件与该指令规定不同"。意大利规则对包装附加信息的要求比该指令规定得更加具体。欧洲法院裁定，该指令的意图是防止成员国自行规定更严格的规则。

相反，该指令显然可能仅在一定程度上对相关领域进行监管。在"格鲁纳特案"（*Grunert*）⑩ 中，一家法国制造商生产并销售含有乳酸和柠檬酸的食品保鲜剂，该保鲜剂被用于生产某些猪肉制品，该生产商遭到起诉。法国法律禁止在没有得到本国政府授权的情况下使用保鲜剂，该制造商使用的酸类并不包含在法国允许的清单中。然而，《第 64/54 号指令》和《第 70/357 号指令》将这两种酸类包含在可用于食品保鲜的保鲜剂清单之中。格鲁纳特将此作为辩护理由。这两项指令还规定，在某些条件下，它们并不影响成员国法律规定哪些食品可以添加所列举的保鲜剂。因此，欧洲法院裁定，成员国对于哪些食品可以添加所列举的保鲜剂这一事项拥有自由裁量权。

第七节　内部市场：矛盾与关切

以上分析表明新调和方式所具有的优势，但单一市场战略并非没有问题。评论人士指出这方面存在许多矛盾。

一　消费者利益与商业权力

其中一个关切是，在实现单一市场的过程中，消费者利益是否得到充分保护。许多妨碍欧盟内部贸易的成员国规则，其目的是保护消费者。消

---

⑩　Case 148/78 *Pubblico Ministero v Ratti*［1979］ECR 1629.

⑩　Case 88/79 *Ministère Public v Grunert*［1980］ECR 1827. See also Case C – 11/92 *R v Secretary of State for Health*, *ex p Gallaher Ltd*［1993］ECR I – 3545；Cases C – 54 and 74/94 *Cacchiarelli*［1995］ECR I – 391；Cases C – 320, 328 – 329 and 337 – 339/94 *RTI v Ministero delle Poste e Telecomunicazione*［1996］ECR I – 6471.

费者保护得到条约的承认，如《欧洲联盟运行条约》第36条。通过"第戎黑醋栗甜酒案"中的强制性要求，欧洲法院判例法承认了这一点。这也得到欧盟委员会的认可，因为在成员国拥有合法卫生与安全利益的领域，有必要采用新方式进行调和。问题是，此类指令是否在消费者利益和制造商利益之间实现了恰如其分的平衡。

麦吉、韦瑟里尔：《单一市场的演进——调和还是自由化》[⑩]

有人认为，导致新方式可能无法很好地服务欧洲消费者的原因是结构性的。困难在于，支持新方式的标准化制定程序是由私营机构承担的。出于财政原因，企业很有可能在欧洲标准化委员会（CEN）内部掌控标准化过程。消费者组织缺少全面参与欧洲标准化委员会工作的资源；无论如何，在一些成员国，消费者的代表性组织运行不利，安排杂乱无章。……如果标准制定成为企业界独占的领域，那么消费者保护与自由贸易之间的平衡就将被扭曲，并有损共同体内的总体公众信任。

[作者在结论部分又回到了上述主题。]

成员国政府似乎在控制事态发展方面发挥的作用最有效，这一点并不出人意料。……已经证明，企业与商业利益并不能成功阻碍发展，但它们在控制标准设定进程方面却十分有效，例如"玩具安全"领域就是如此。另外，它们在保证其他法规采取其希望采取的形式方面也很有效。于是，《欧洲经济利益集团（EEIG）条例》[⑪]将劳动者的参与排除在外，《产品责任指令》允许以发展的风险作为辩护理由，《并购条例》则完全忽略对社会政策的考量。再次证明，得到充分动员、组织良好并且拥有大量资源的利益在这方面很有效，这一点也不令人意外。但是，消费者和雇员的利益却不太受重视，他们的关切似乎在很大程度上被忽视了。这一点也没必要引起我们的惊讶，但重要的是，我们要提出这个根本问题，即这里正在创设的是哪种类型的单

[⑩]　A McGee and S Weatherill, 'The Evolution of the Single Market—Harmonisation or Liberalisation' (n 107) 585, 595.

[⑪]　European Economic Interest Grouping.

一市场？答案似乎是，这是一个商业繁荣发展的市场，企业相对自由地免受保护性法规的约束，但其他社会群体的合法利益面临被忽视的风险。

这些关切应该得到认真对待。[112] 为部分解决这些关切，1992 年成立欧洲消费者代表协调标准化协会（European Association for the Coordination of Consumer Representation in Standardization，ANEC）[113]，独立于欧洲标准化机构。该组织的成立虽缓解了上述关切，但并未彻底消除这些担忧。尤其是因为在界定相关标准是否符合授权性指令中所规定的基本要求方面，标准化机构拥有重要的解释权，所以，对透明性的要求以及来自受影响的利益攸关者的程序性输入，就显得格外重要。

标准化机构在准入方面仍然存在问题，这得到了欧盟委员会的承认[114]，并且 2009 年受其委托进行的研究也证实了这一点。消费者代表协调协会在其报告中提出了一系列发人深省的意见。它特别提到，如果想要欧洲标准化体系做到恰当应对欧洲标准的真正需求，那么，治理机构和技术机构就必须给予欧洲经济和社会行为体的代表与各国代表同等的发言权；因此，欧洲标准化委员会和欧洲电工技术标准化委员会对成员国代表之外的其他行为体仅给予"观察员身份"，这种状况应被终止，因为不能发挥影响的准入毫无意义。

《第 105/2012 号条例》试图通过让利益攸关方参与标准化过程的新规

---

[112] Pelkmans（n 52）263 – 265；B Farquhar, ' Consumer Representation in Standardisation ' (1995) 3 Consumer Law Journal 56；N Reich, ' Protection of Diffuse Interests in the EEC and the Per-spective of Progressively Establishing an Internal Market ' (1988) 11 Jnl Cons Policy 395；K Armstrong and S Bulmer, *The Governance of the Single European Market* (Manchester University Press, 1998) 157 – 163；E Vos, *Institutional Frameworks of Community Health and Safety Regulation：Committees, Agencies and Private Bodies* (Hart, 1999)；C Joerges, H Schepel, and E Vos, ' *The Law's Problems with the In-volvement of Non-Governmental Actors in Europe's Legislation Processes：The Case of Standardisation* ', EUI Working Paper 99/9；European Association for the Coordination of Consumer Representation, ANEC, *Consumer Participation in Standardisation* (ANEC, 2000)；H Schepel, *The Constitution of Private Govern-ance* (Hart, 2005) ch 2.

[113] 该机构也自称"欧洲消费者标准化之声"，www. anec. eu/。

[114] Commission Green Paper on the Development of Standardization：Action for Faster Technical Inte-gration in Europe, COM（90）456 final；The Broader Use of Standardization in Community Policy, COM (95) 412 final；General Guidelines for the Cooperation between CEN, CENELEC and ETSI and the Euro-pean Commission and EFTA [2003] OJ C91/04；COM（2008）133（n 88）8 – 9.

定来解决这一问题。⑩ 它要求欧洲标准化组织有义务鼓励和促进所有相关利益攸关者具有适当代表和有效参与，包括中小型企业、消费者组织和环境或社会利益攸关方。这类利益攸关者的参与将涵盖标准化过程的所有阶段，包括提案、技术讨论、对草案的评论和现行标准的修订。

我们还应该认识到，如果在成员国层面制定产品安全条例以及其他诸如此类的措施，那么这些担忧还将继续存在。由于消费者和商业利益之间的权力不均衡所产生的矛盾，并不是源于在欧盟层面也不是在成员国层面制定调和式措施这一事实。这种矛盾普遍存在于绝大多数西方模式的市场经济体之中。因此，消费者利益究竟能够在成员国层面还是在欧盟层面的监管程序中得到更好的保护，这一问题取决于商业利益和消费者利益影响欧盟与成员国立法程序的相对能力，以及在这些不同的政治体之中运行的相对成本。

二　单一市场、市场自由与结构平衡

单一市场计划中的第二个内在矛盾存在于欧盟自由市场与其对联盟弱势经济体所产生的影响之间。《单一欧洲法令》对该问题提出了应对方法，这包含在现《欧洲联盟运行条约》第 27 条之中。但仅靠这一点是否足以解决这一问题，则更具争议。

德乌斯：《完成内部市场：机构限制与挑战》⑩

在某些时候……将不得不面对一项重大挑战，从政治上说，对于某些成员国而言，如果在推进市场一体化的同时不能为改善共同体内部的社会和经济聚合做出特定努力，那么，市场一体化这一目标本身仍然是不可接受的。在这方面，我们需要回想一下，经济实力较弱的成员国一直不太愿意接受多数表决制，其原因恰恰在于，这些国家可能是在短期内因单一市场的创建而遭受影响最为严重的国家。在与完

---

⑩　Reg 1025/2012（n 103）Art 5.

⑩　R Dehousse, 'Completing the Internal Market: Institutional Constraints and Challenges' in R Bieber, R Dehousse, J Pinder, and J Weiler（eds）, *1992: One European Market?*（Nomos, 1988）336.

成内部市场有关的许多问题中，该问题也许是最困难的：与对较高程度的卫生、消费者安全或环境的关切不同，此种担忧无法仅通过减损适用措施而得到缓解。最近有研究从理论角度和实践角度强烈呼吁，共同体应同时采取分配政策和再分配政策。《单一欧洲法令》要求共同体承诺加强支持落后地区的行动，它甚至明确声称，应该在考虑到共同体内部存在着不同发展水平的前提下建成内部市场。……

然而，它并没有给予共同体实现这一目标的额外手段。问题的关键在于，在某一既定阶段，朝向欧洲单一市场迈进的步伐可能会由于解决结构性不均衡问题的能力而受到限制：如果共同体无法找到一种方式为那些认为自己遭受更大损失的国家提供某种补偿，那么，市场一体化就可能严重受阻。要解开这一死结，仅有制度实用主义（institutional pragmatism）还远远不够。

单一市场计划有可能导致欧盟内部的富裕经济体、贫穷经济体和中等收入经济体之间在宏观经济领域和社会领域的矛盾。这一点毋庸置疑。我们可以思考一下民族国家内部的经历。在某特定国家内部，由市场驱动的国家经济政策往往会造成地区问题，给某些地区造成高失业率和相对贫困。因此，旨在增强竞争力和打破贸易壁垒的欧盟政策无疑会产生类似的矛盾，尽管其规模更大。

有些国家可能担忧自己是否有能力在这种竞争性环境中实现繁荣。因此，德乌斯认为，单一市场计划与应对欧盟内部结构性不均衡之间具有关联性这一观点是正确的。《欧洲联盟运行条约》第 174 条至第 178 条为实施解决这一问题的结构性政策提供了基础。然而，单一市场与结构性干预之间的平衡将一直是个难以解决的问题，在金融危机发生之后，以及在金融危机对几个欧盟成员国产生影响之后，这一问题表现得尤为严重。[117]

三 对积极一体化的挑战

本章前面部分的假设是，单一市场计划既要求消极一体化，也需要积极一体化，而《单一欧洲法令》及后续多次改革通过使制定调和式措施更为容易的方式，推动了积极一体化的发展，就此意义而言，这是一件"好

---

[117] 参见第一章、第四章和第二十一章。

事"。

马约内（Majone）对该假设提出质疑。他认为，此类规制的真正成本由那些必须遵守这些规则的行为体承担，而不是由制定者承担，因此预算方面的限制对规制者的影响有限。其结果是，"共同体规则的数量、细节和复杂性与人们合理预期它们能够产出的收益往往不成比例"[118]。他还提出，成员国在诸如电信、消费者保护和环境保护等领域设计法规时往往拥有比较优势，因为它们不会受到最小公分母方法的束缚，而欧盟规制性条款往往受这种方法的约束，并且因为成员国拥有比欧盟更优越的实施机制。[119]

由于篇幅所限，无法对这个问题进行详细分析。这里需要了解，尽管我们应该关注欧盟规制性权能的范围和适用，但马约内在这方面的论点只是与欧盟权能的解释有关的更宽泛和具有争议性论题的一部分，这种解释以积极权利和消极权利的区分，以及经济与社会规制的区分作为前提条件。[120]

四 政治学、经济学与单一市场事业

市场自由（market freedom）概念并非与价值观毫无关联。市场自由这一词汇的含义以及对自由市场的适当限制等问题是有争议的。这些是导致政党意见分歧的关键问题。有充分的经济证据表明，消除欧盟内部贸易壁垒能够产生经济效益。但是，仍有一些原因导致对欧盟保护性措施究竟应该达到何种程度这一问题有不同意见，即使是那些致力于欧洲理想的持不同政治信仰的人士同样如此。评论人士也注意到与市场一体化相伴而生的政治化过程，例如佩尔克曼斯所指出的，一项深入涉及规制环境的内部市场战略对成员国可以拥有的选择造成了严重限制，不能假装它与政治完全无关。[121] 威勒进一步阐释了这一问题。

---

[118] G Majone, *Dilemmas of European Integration: The Ambiguities and Pitfalls of Integration by Stealth* (Oxford University Press, 2005) 145.

[119] Ibid 149 – 150.

[120] Ibid 107 – 136, 157 – 158.

[121] J Pelkmans, 'A Grand Design by the Piece? An Appraisal of the Internal Market Strategy' in Bieber, Dehousse, Pinder, and Weiler (n 116) 371.

约瑟夫·威勒:《欧洲的转型》[12]

欧洲一体化的一个信条是,委员会不能仅仅发挥秘书处的作用,它更应该是一支塑造共同体议程,并且在共同体的决策过程中发挥协调作用的自主力量。然而,与此同时,作为"中间人"的委员会必须在意识形态上保持中立,既不能支持基督教民主党,也不能支持社会民主党或其他党派。

这种意识形态的中立化导致了这样一种观点,即认为可以为共同体设定一项议程,而且共同体可以向"欧洲人民的更紧密联盟"发展,同时无须面对成员国之间的正常政治分歧。由此得出的结论是,20世纪六七十年代形成的共同体政治文化导致……所有政治力量都会习惯地认为,欧洲一体化在意识形态上是中立的,或者说它超越了左右翼谱系之间的正常争论。我们很容易理解这一点是如何服务于一体化进程的,因为它使一个非党派的联盟得以在其总体目标的基础上成立。

1992年以两种方式改变了上述情况。第一种方式直接来自转向多数投票制发展的趋势。如今,理事会不仅可以通过与某一成员国所理解的利益相悖的政策,而且更具体地说,可以通过与执政的政府意识形态相悖的政策。关于《欧洲社会宪章》的争论、关于"从后门实现社会主义"的尖锐呐喊,以及刚刚出现的围绕着共同体加入《欧洲人权公约》以及堕胎权等问题的辩论,都预示着即将发生的事情。……

1992年对意识形态中立产生的第二个影响更加复杂。整个工程建立在两个关键点上:《白皮书》中涵盖的单一市场计划,以及单一市场通过《单一欧洲法令》中的法律文件得以运行。……消除妨碍所有生产要素自由流动的残余壁垒,并不仅仅是一项技术官僚式的工程。它同时还是一项关于社会思潮、意识形态和政治文化的高度政治化的选择,即关于"市场"的文化。它还是一种哲学,至少其中的一个版本,也是最主要的版本,寻求消除妨碍生产要素自由流动的壁垒,并且将消除对竞争的扭曲作为实现效用最大化的一种途径。上述都是以

---

[12] Joseph Weiler, 'The Transformation of Europe' (1991) 100 Yale LJ 2403, 2476–2478.

个人的形式平等这一假设为前提的。它是一种意识形态，其轮廓曾经是成员国内部就其自身的政治选择展开深入辩论的主题。……成功的单一市场要求对标准和环境保护进行广泛调和，同时也要求拥有对雇员的一揽子社会保护。对于一个成功市场的此种需要，不仅使实现统一性所面临的压力更加突出，而且表现出这样一种社会选择（因此也是意识形态选择），即相较于其他与此冲突的价值，它更倾向于市场效率与整个欧洲范围内的竞争中立。

这一问题持续发酵，其最突出的表现是法国全民公投否决《宪法条约》，导致这一结果的部分原因在于，法国民众认为，欧盟过于考虑市场因素，从而威胁到了法国的传统社会价值。从《服务指令》的通过过程中，我们也可以看到同样的问题。[123] 由于来自欧洲议会的压力，该指令经过了大幅修改，因为欧洲议会认为，该指令过于重视市场竞争，从而威胁到了公共服务的提供。尽管由于选举欧盟委员会主席的方式发生了变化，导致欧盟委员会越来越政治化。[124] 这一选举方式的变化对约瑟夫·威勒的上述观点是否产生了影响，还需拭目以待。

五　经济与社会维度之间的矛盾

本章最后考虑可能来自内部市场工程的最重要矛盾，即欧盟政策的经济和社会维度之间的矛盾。

（一）经济维度

单一市场计划并不是到 1992 年 12 月就神奇地结束了。1992 年以后，欧盟仍然在不断通过内部市场立法。与此同时，欧盟还发表了针对这一规制过程的多份报告。[125] 有多个报告聚焦于实现经济意义上的内部市场。1993 年，欧盟委员会发表了题为"最大限度地发挥内部市场效用"的战略纲要[126]，其中对完成单一市场的法律框架和管理等问题进行了评估。1996 年，

---

[123] 参见第二十三章。

[124] 参见第三章和第六章。

[125] P Craig, 'The Evolution of the Single Market' in Barnard and Scott（n 65）ch 1.

[126] Making the Most of the Internal Market, COM（93）632 final.

欧盟委员会就关于"单一市场的影响与效力"开展了一项广泛研究。[127] 此项研究对内部市场能够产生的经济收益进行了评估，并突出强调那些需要进一步采取行动的领域，例如公共采购、税收调和、公司法和指令的转化等。

欧盟委员会在其发布的"单一市场行动纲要"[128] 中进一步发展了这些主题，它在该纲要中提出旨在发展单一市场的四个主要目标：使规则更有效，应对市场扭曲，消除妨碍实现市场一体化的部门性壁垒，以及建立使所有公民受益的单一市场。1997 年，欧洲理事会阿姆斯特丹峰会正式认可了这些目标。1997 年"行动计划"发布后，欧盟又公布了多份报告，主要聚焦于诸如使相互承认更有效等问题。[129] 单一市场改革主要聚焦于服务部门，如与金融改革有关的倡议[130]、相互承认职业资格[131]，以及更普遍意义上的服务业市场[132]等。始于 2008 年的金融与银行业危机发生之后，欧盟在该领域又提出了一些新倡议。[133]

（二）社会维度

从过去 20 年来欧盟委员会和欧洲理事会的多个文件中，可以发现关于内部市场的更宽泛概念。对内部市场的概念化采用的是更具整体性的方式，它不仅包括经济一体化，也包括消费者安全、社会权利、劳工政策以及环境等问题。因此，这份材料与本章上一节所提到的各种关切息息相关。这种转变并非一蹴而就，而是随着时间的推移逐渐形成的。尽管如此，我们仍然可以发现其中的一些重要步骤。

---

[127] Impact and Effectiveness of the Single Market, COM (96) 520 final.

[128] Action Plan for the Single Market, SEC (97) 1 final.

[129] Communication from the Commission to the European Parliament and the Council, Mutual Recognition in the Context of the follow-up to the Action Plan for the Single Market, 16 June 1999.

[130] Financial Services—Implementing the Framework for Financial Markets: Action Plan, COM (1999) 232; Financial Services Priorities and Progress, Third Report, COM (2000) 692/2 final; White Paper, Financial Services Policy 2005 – 2010 (Dec 2005).

[131] Directive 2005/36/EC of the European Parliament and of the Council of 7 September 2005 on the recognition of professional qualifications [2005] OJ L255/22.

[132] An Internal Market Strategy for Services, COM (2000) 888; Directive 2006/123/EC of the European Parliament and of the Council of 12 December 2006 on services in the internal market [2006] OJ L376/36.

[133] Driving European Recovery, COM (2009) 114 final; Regulating Financial Services for Sustainable Growth, COM (2010) 301 final.

在这方面，1997 年"行动计划"具有重要意义。其中第四项战略目标是，建立使所有公民受益的单一市场。欧盟委员会在该"行动计划"的导论部分有意识地强调，"单一市场并不仅仅是一个经济结构"，它还包括与卫生和安全有关的基本标准、平等机会，以及劳动法措施。[134] 这一主题贯穿于 1997 年"行动计划"本身。实现建立使所有公民都受益的单一市场这一战略目标，尤其依赖于旨在实现保护社会权利、消费者权利、卫生和环境以及居住权等目标的行动。[135]

欧洲理事会里斯本峰会是内部市场议程重组过程中的另外一个重要步骤。2000 年 3 月召开的此次峰会聚焦于就业、经济改革和社会聚合。它设定了一个"新的"战略目标：联盟将要成为"世界上最具竞争力和活力、以知识为基础的经济体，有能力实现可持续经济增长，并创造更多和更好的就业岗位，实现更大程度的社会聚合"[136]。完成内部市场是实现这项战略的一种方式[137]，而通过积极的福利国家实现欧洲社会模式的现代化则是另一种方式。这一点对于确保"这一新经济体的出现不会导致失业、社会排斥和贫困等现有社会问题复杂化"[138] 具有关键作用。这项目标又通过更好的教育、积极的就业政策、社会保护的现代化，以及促进社会包容等方面得到了进一步详细阐述。[139]

在欧洲理事会费拉峰会上，这些承诺得到再次肯定。[140] 同样的主题也贯穿于欧洲理事会尼斯峰会。[141] 它考虑的是"为一个经济和社会欧洲注入新动力"。此次峰会批准了欧盟委员会起草的"欧洲社会议程"（European Social Agenda），其特征是"经济表现与社会进步之间不可或缺的联系"[142]。这一联系由欧盟委员会打造，得到欧洲议会背书。[143] 经济增长与社会聚合

---

[134]　Single Market Action Plan sets Agenda, 18 June 1997, 2.

[135]　Action Plan（n 128）9 – 11.

[136]　Lisbon European Council, 23 – 24 Mar 2000, [5].

[137]　Ibid [5], [16] – [21].

[138]　Ibid [24].

[139]　Ibid [25] – [34].

[140]　Feira European Council, 19 – 20 June 2000, [19] – [39], [44] – [49].

[141]　Nice European Council, 7 – 9 Dec 2000.

[142]　Ibid [15].

[143]　Ibid Annex 1, [8] – [9].

被视为具有相互促进作用。[144] 欧洲理事会斯德哥尔摩峰会再次回应了这一理念。欧洲各国首脑"完全同意，经济改革、就业和社会政策之间能够相互促进"[145]，而且认为"一个充满活力的联盟应由积极的福利国家组成"[146]。

欧盟委员会 2000 年发表的与内部市场有关的一些主要报告，进一步发展了在欧洲理事会峰会上的理念。因此，2000 年"对内部市场战略的评估"[147] 以欧洲理事会里斯本峰会上提出的观点为出发点。内部市场在经济上应该是有效的，但也应该促进创造就业、社会聚合与安全。[148] 在后来发表的关于"共同体产品与资本市场运行"的报告[149]中，也可以明显看到内部市场的经济与社会方面的相互联系。从经济角度来看，一个良好运行的内部市场是欧盟公民实现繁荣的关键。从社会角度来看，内部市场则被视为对获得安全和优质产品这项权利的保障。[150] 欧盟委员会接受了内部市场理事会 2000 年 3 月做出的结论，即对消费者的高水平保护是一个良好运行的内部市场所必需的；[151] 欧盟委员会还承认，对环境问题的关切要求"在内部市场内部形成稳固、互利互惠的环境政策一体化与经济改革"[152]。欧盟委员会修订的关于"为普遍利益服务"的通讯[153]有意识地以欧洲理事会里斯本峰会和费拉峰会的结论为基础，并且强调此类服务的经济与社会维度。

（三）经济和社会：持续矛盾

以更具整体性的方式思考内部市场问题的意愿值得称赞。条约并不排除对诸如卫生和安全等非市场价值加以考虑，即使是在内部市场立法的范

---

[144] Ibid Annex 1，[9]，[11].

[145] Stockholm European Council，23 – 24 Mar 2001，[2].

[146] Ibid [25].

[147] Review of the Internal Market Strategy，COM（2000）257 final.

[148] Ibid 15 – 17.

[149] Economic Reform：Report on the Functioning of Community Capital and Product Markets，COM（2000）881 final.

[150] Ibid 3 – 4.

[151] Ibid 5.

[152] Ibid 5.

[153] Services of General Interest in Europe，COM（2000）580 final. 这些服务是公共机构决定应该提供的服务，即使一般市场力量可能不会这样做，参见该文件第 14 段。

围内也是如此，但前提是要满足最初的经济回报。

德维特：《内部市场立法中的非市场价值》[154]

结论是……内部市场立法要想具有宪法效力，就"必须"满足特定的内部市场标准测试，也就是说，相关法令的起草者必须就下列两个事项之一提出令人信服的理由，即该法令要么有助于消除成员国法规之间的分歧，这些分歧妨碍了货物、服务或人员的自由流动；要么有助于消除导致竞争条件扭曲的分歧。然而，这些条件不一定，在逻辑上也不可能是内部市场立法的唯一目的。此类立法也始终如一地并且合法地追求实现其他公共政策目标。……内部市场立法"还"总是涉及"其他某些事项"，而"其他某些事项"也可能是事实上决定内部市场措施得以通过的主要原因。内部市场立法的多面性质是该立法的内在特征之一，而且不是欧洲行为体为了扩大其权能范围而采用的不正当手段。

然而，内部市场的经济和社会维度之间存在矛盾，这种矛盾源于基础条约的结构本身，正如下面的摘录所示。

弗里茨·沙尔普夫：《欧洲社会模式：应对多样性的挑战》[155]

经济一体化和社会保护问题在政治上脱钩，……这种脱钩是从《罗马条约》到《马斯特里赫特条约》以来一体化实际进程的特征。……它允许经济政策话语完全按照市场一体化和自由化来构建欧洲议程，并确保经济利益享有参与欧洲政策进程的特权。然而更重要的是对政策功能选择性地欧洲化所导致的宪法上的不对称。在成员国

---

[154]　B de Witte, 'Non-Market Values in Internal Market Legislation' in N Nic Shuibhne (ed), *Regulating the Internal Market* (Edward Elgar, 2006) 75. 原文中的斜体部分，中译文用引号加以标示。

[155]　Fritz Scharpf, 'The European Social Model: Coping with the Challenges of Diversity' (2002) 40 JCMS 645, 646–647.

层面，经济政策和社会保护政策曾经并且仍然具有相同的宪法地位——因此，这两种利益之间的任何冲突只能通过多数票或妥协的政治方式解决。……然而，一旦欧洲法院确立"直接效力"原则和"最高效力"原则，由委员会和欧洲法院解释的任何一级和二级欧洲法律规则都将优先于以成员国法律为基础的所有规则和实践，无论早于还是晚于，也无论成文法还是宪法。当这一点得到确定时，成员国层面的所有就业和福利国家政策都必须在"宪法化"的欧洲法律的阴影下进行设计。

经济和社会之间的这些矛盾在欧盟的政策和立法倡议中体现得更加明显。因此，2003 年至 2006 年"内部市场战略"中的优先事项本质上是经济性质的。[156]《服务指令》的通过过程受到内部市场经济维度和社会维度之间矛盾的困扰。欧盟委员会提案[157]受到欧洲议会的强烈批评[158]，欧洲议会认为，该提案在指导方向上过于关注经济，有损于公共服务的提供。欧盟委员会不得不大幅度修改其提案[159]，这一点反映在《服务指令》最终文本之中。[160] 随着时间的推移，"里斯本战略"中经济与社会维度之间的平衡已经发生变化。尽管两者仍然是该战略的一部分[161]，但经济重点往往占据主导。

2009 年开始的欧盟金融危机给政策的经济和社会维度之间的关系带来了进一步的压力。毫无疑问，在此期间社会维度之所以受到损害，一部分是因为财政紧缩造成社会项目的削减；另一部分是因为在制定旨在使欧盟

---

[156] Internal Market Strategy—Priorities 2003 – 2006, COM（2003）238; B de Witte, ' Non-Market Values in Internal Market Legislation' in Nic Shuibhne（n 154）78 – 79.

[157] Proposal for a Directive of the European Parliament and of the Council, on services in the internal market, COM（2004）2 final/3.

[158] EP Committee on the Internal Market and Consumer Protection, Report on the Proposal for a Directive of the European Parliament and of the Council, on Services in the Internal Market, A6 – 0409/2005, Rapporteur Evelyne Gebhardt.

[159] Amended Proposal for a Directive of the European Parliament and of the Council, on services in the internal market, COM（2006）160 final.

[160] Dir 2006/123/EC（n 132）.

[161] Brussels European Council, 8 – 9 Mar 2007, [1] – [20].

渡过这段时期的经济措施的过程中，注入了太多的"政治肾上腺素"⑯。用容克主席的话说就是，"可以将危机期间所采取的措施比拟为修理一架在飞行过程中着火的飞机"，其间犯下了一些错误，包括"缺乏社会公平"⑯。从以下委员会的摘录中可以看到这些矛盾。⑯

《升级单一市场：为人民和企业提供更多机会》⑯

　　单一市场是欧洲的伟大成就之一。在过去50年里，它为欧洲公司创造了新的机遇和规模经济，增强了产业竞争力，创造了就业机会，为消费者提供了更多、更低价格的选择，使人们能够在他们想要的地方生活、学习和工作。它有助于将欧盟企业更好地融入国际价值链，增强欧洲公司的全球竞争力。

　　但是欧盟和单一市场需要适应不断变化的环境。欧洲正面临经济和社会的双重挑战。经济和金融危机考验了我们的经济，造成了巨大的社会成本。欧洲的失业率居高不下，尤其是在应该成为欧洲活力核心的年轻人当中。低水平的增长影响了人们对欧洲的信心。投资水平不足以及产品和服务市场的壁垒已经阻碍了欧洲经济的生产力和竞争力。企业经常感到被过时和过于繁重的法规所遏制，并且无法找到它们需要的信息。

---

⑯　F Scharpf, 'After the Crash: A Perspective on Multilevel European Democracy' (2015) 21 ELJ 384; M Dawson and F de Witte, 'Self-Determination in the Constitutional Future of the EU' (2015) 21 ELJ 371.

⑯　J-C Juncker, 'A New Start for Europe: My Agenda for Jobs, Growth, Fairness and Democratic Change', Strasbourg, 15 July 2014, 2.

⑯　For other Commission initiatives designed to facilitate single market integration, see A Citizen's Agenda, Delivering Results for Europe, COM (2006) 211 final; A Single Market for Citizens, Interim Report to the 2007 Spring European Council, COM (2007) 60 final; Commission Recommendation of 29 June 2009 on measures to improve the functioning of the single market [2009] OJ L176/17; Monti Report, A New Strategy for the Single Market, at the Service of Europe's Economy and Society (2010); A Vision of the Internal Market for Industrial Products, COM (2014) 25 final.

⑯　Upgrading the Single Market: more opportunities for people and business, COM (2015) 550 final, 1.

第八节 结 论

一 《单一欧洲法令》对单一市场计划和欧洲一体化做出了重要贡献。它使欧共体摆脱了 20 世纪 70 年代和 80 年代初期的悲观情绪。如果没有《单一欧洲法令》，新的调和方式就可能永远站不稳脚跟。《单一欧洲法令》为后来发生的机构方面和实体方面的变化奠定了基础。国际事务中的因果关系是难以判断的，但是如果之前没有《单一欧洲法令》，那么后来是否会有《马斯特里赫特条约》的谈判，这一点是令人怀疑的。

二 20 世纪 80 年代和 90 年代初期的焦点在于单一市场的经济维度。立法倡议、行政倡议和司法倡议为打破单一市场的经济壁垒做出了贡献。现在这仍然是单一市场政策的核心方面。

三 从 20 世纪 90 年代中期开始，关注的焦点开始发生变化。内部市场被认为已经涵盖了与社会、环境和消费者政策有关的更广泛关切。有人批评欧盟对单一市场的追求牺牲了成员国内部的社会保护，欧盟急于摆脱这类批评，因而一直在有意识地实行转变。尽管如此，在内部市场的经济和社会维度之间仍不断出现矛盾，金融危机正暴露了这一点。

第九节 扩展阅读

一 专著

Armstrong, K, Regulation, Deregulation, Re-Regulation (Kogan Page, 2000)

——and Bulmer, S, *The Governance of the Single European Market* (Manchester University Press, 1998)

Barnard, C, and Scott, J (eds), *The Law of the Single European Market* (Hart, 2002)

Bieber, R, Dehousse, R, Pinder, J, and Weiler, J (eds), *1992: One European Market?* (Nomos, 1988)

Egan, M, *Constructing a European Market* (Oxford University Press, 2001)

Janssens, C, *The Principle of Mutual Recognition in EU Law* (Oxford University Press, 2013)

Joerges, C, and Dehousse, R (eds), *Good Governance in Europe's Integrated Market* (Oxford University Press, 2002)

Majone, G, *Regulating Europe* (Routledge, 1996)

——Dilemmas of European Integration: The Ambiguities and Pitfalls of Integration by Stealth (Oxford University Press, 2005)

Nic Shuibhne, N (ed), *Regulating the Internal Market* (Edward Elgar, 2006)

Schepel, H, The Constitution of Private Governance (Hart, 2005)

Snyder, F (ed), Constitutional Dimensions of European Economic Integration (Kluwer, 1996)

Weatherill, S, *The Internal Market as a Legal Concept* (Oxford University Press, 2017)

二 论文

Armstrong, K, 'Governance and the Single European Market' in P Craig and G de Búrca (eds), *The Evolution of EU Law* (Oxford University Press, 1999) ch 21

—— 'Regulatory Autonomy, after EU Membership: Alignment, Divergence and the Discipline of Law' (2020) 45 ELRev 207

Craig, P, 'The Evolution of the Single Market' in C Barnard and J Scott (eds), *The Law of the Single European Market* (Hart, 2002) ch 1

Dougan, M, 'Minimum Harmonization and the Internal Market' (2000) 37 CMLRev 853

Egan, M, and Guimarães, M, 'The Single Market: Trade Barriers and Trade Remedies' (2017) 55 JCMS 294

Maduro, MP, 'So Close and Yet So Far: The Paradoxes of Mutual Recognition' (2007) 14 JEPP 814

McGee, A, and Weatherill, S, 'The Evolution of the Single Market—Harmonisation or Liberalisation' (1990) 53 MLR 578

Moravcsik, A, 'Negotiating the Single European Act: National Interests and Conventional Statecraft in the European Community' (1991) 45 International Organization 19

Nicolaïdis, K, 'Trusting the Poles? Constructing Europe through Mutual Recognition' (2007) 14 JEPP 682

Pelkmans, J, 'The New Approach to Technical Harmonization and Standardization' (1987) 25 JCMS 249

—— 'Mutual Recognition in Goods. On Promises and Disillusions' (2007) 14 JEPP 699

Sandholtz, W, and Zysman, J, '1992: Recasting the European Bargain' (1989) 42 World Politics 95

Schmidt, S, 'Mutual Recognition as a New Mode of Governance' (2007) 14 JEPP 667

Streit, M, and Mussler, W, 'The Economic Constitution of the European Community: From "Rome" to "Maastricht"' (1995) 1 ELJ 5

Sun, J-M, and Pelkmans, J, 'Regulatory Competition and the Single Market' (1995) 33 JCMS 67

Weatherill, S, 'New Strategies for Managing the EC's Internal Market' (2000) 53 CLP 595

—— 'Pre-Emption, Harmonization and the Distribution of Competence to Regulate the Internal Market' in C Barnard and J Scott (eds), *The Law of the Single European Market* (Hart, 2002) ch 2

—— 'The Principle of Mutual Recognition, It Doesn't Work because it Doesn't Exist' (2018) 43 ELRev 224

Witte, B de, 'Non-Market Values in Internal Market Legislation' in N Nic Shuibhne (ed), *Regulating the Internal Market* (Edward Elgar, 2006) ch 3

第十九章　货物自由流动：关税、收费与税收

第一节　核心议题

一　本章与下一章讨论货物的自由流动（free movement of goods）问题。货物自由流动可能受不同方式的阻碍。保护主义采取的最明显形式是关税（customs duties），或者是"与关税具有同等效果的收费"（charges having equivalent effect，CEE），这样就造成外国商品比本国商品的价格更高。《欧洲联盟运行条约》第 28 条至第 30 条处理这一问题。一个国家也可能试图通过采用歧视进口商品的税收方式使本国商品受益。这一问题由《欧洲联盟运行条约》第 110 条至第 113 条予以规制。本章将讨论上述问题。

二　一个国家还可能通过对进口商品实行配额（quotas）或其他具有同等效果的措施，寻求使本国商品维持优势。《欧洲联盟运行条约》第 34 条至第 37 条对此问题予以规制，我们将在下一章分析该问题。

三　取消关税以及与关税具有同等效果的收费，是关税同盟（customs union）和单一市场概念的核心。关税同盟是欧盟的基础，对单一市场的运行具有根本作用。因此，为确保实现上述目标，欧洲法院对《欧洲联盟运行条约》第 28 条至第 30 条进行了严格解释。它考虑关税的效果而不是其目的，并对"与关税具有同等效果的收费"这一概念做广义解读。对于这些条款，它仅允许非常有限的例外，除此之外，任何违反这些条款的行为本身就是非法的。

四　禁止实施那些对进口商品构成歧视的税收，这一点也是单一市场理念的核心。关税适用于跨越边境的商品，由《欧洲联盟运行条约》第 28 条至第 30 条调整。然而，在进口商品进入一个国家之后，进口国仍然

可以通过以征收差别税的方式对进口产品形成歧视。《欧洲联盟运行条约》第 110 条至第 113 条禁止此类行为。

五　与第 110 条至第 113 条有关的判例法可能会引起争议。部分原因在于，条约要求欧洲法院对一些比较棘手的事项做出判决，例如两种产品是否相似，或者某项差别税制度是否保护本国产品。另外有部分原因在于，税收规则可能被用于促进成员国的某些偏好，例如与环境等问题相关的事项。欧洲法院必须就此类规则是否符合第 110 条至第 113 条做出裁决。

六　在阅读本章中的材料时，必须对与之相对应的更宽泛背景有一些了解。因此，我们将分别在涉及关税同盟和税收等更具普遍意义的议题背景下讨论这些法律材料。

第二节　《欧洲联盟运行条约》第 28—30 条：关税与收费

《欧洲联盟运行条约》第 28 条第 1 款①是关于这一部分问题的基础条款：

> 1. 联盟应构成一个关税同盟，该关税同盟涵盖所有货物贸易，并禁止在成员国之间对货物征收进口关税及具有同等效果的所有费用②，而且在与第三国的关系方面采用共同关税税率。③

---

①　第 28 条几乎总是与条约中规制该领域的其他条款共同使用。如果以这种方式使用第 28 条，则其具有直接效力，例如参见 Case 18/71 *Eunomia di Porro & Co v Italian Ministry of Education* [1971] ECR 811.

②　第 28 条禁止征收关税等费用，即使相关费用是在一个成员国内部征收的，并且既适用于进入，也适用于离开该国某个特定地区的货物。见 Cases C‑363, 407, 409 and 411/93 *René Lancry SA v Direction Générale des Douanes* [1994] ECR I‑3957；Case C‑72/03 *Carbonati Apuani Srl v Commune di Carrara* [2004] ECR I‑8027.

③　受益于自由流动条款的货物包括那些在成员国生产的产品，以及那些原产地为欧盟以外的国家或地区，但已经在成员国自由流动的产品，见《欧洲联盟运行条约》第 28 条第 2 款。对于在欧盟以外生产的产品，能够在成员国自由流动的标准由《欧洲联盟运行条约》第 29 条予以规定：商品必须符合进口手续，而且贸易商必须已支付所应付的关税和费用，且未享受退税或退费。

《欧洲联盟运行条约》第 30 条涉及任何关税或与关税具有同等效果的收费（CEE），无论涉及进口还是出口，也不区分在何时征收此类关税：④

> 禁止在成员国之间对进出口商品征收关税或具有同等效果的费用。该项禁止同样适用于具有财政性质的关税。

一 关税与收费：效果而不是目的

欧洲法院从一开始就明确指出，是否适用现《欧洲联盟运行条约》第 30 条，取决于关税或收费的效果，而不是其目的。

委员会诉意大利

Case 7/68 Commission v Italy

[1968] ECR 423

[《里斯本条约》重新编号，《欧洲经济共同体条约》第 169 条现变更为《欧洲联盟运行条约》第 258 条；原第 16 条已被废除，但其内容现涵盖于《欧洲联盟运行条约》第 30 条]

> 意大利对艺术品、历史文物和考古物品的出口征税。委员会主张，这项税收违反了《欧洲经济共同体条约》第 16 条，该条禁止对出口产品征收关税和其他费用。意大利认为，这些物品不应被视为关税同盟意义上的货物，而且征收该税收的目的不是增加收入，而是保护本国艺术遗产。欧洲法院驳回了这些理由。

欧洲法院

2. 根据条约第 16 条确定有争议的税收所属类别

根据委员会的意见，有争议的税收构成了与对出口商品征收关税的同等效果，因此，根据条约第 16 条，应该最迟到共同市场第一阶段

---

④ 《欧洲经济共同体条约》第 12 条禁止征收"新的"关税以及与新关税具有同等效果的费用；《欧洲经济共同体条约》第 13 条要求成员国按照第 13—15 条，在过渡期内废除"现行"关税；《欧洲经济共同体条约》第 16 条涉及的是废除对出口产品征收的关税。随着时间的推移，区分新设置的关税与现行关税已经没有意义。

结束之时废除此项税收，也就是说，应从 1962 年 1 月 1 日起废除该项税收。被告方主张，有争议的税收不属于这一类别，因为它有其特定目的，即保护本国领土范围内存在的艺术遗产、历史遗产和考古遗产，并确保这些物品的安全。因此，此项税收并不具有任何财政性质，而且其在预算中所占的比例微不足道。

条约第 16 条禁止在成员国之间的交易中对出口货物征收任何关税，以及收取任何具有同等效果的费用，也就是说，任何通过改变出口物品的价格因而对其自由流通产生了与关税相同限制性效果的收费。该条款并未以它所要求废除的税收和费用的目的为基础做出任何区分。

对于被告以财政制度的性质作为辩护依据，这里没有必要分析这一概念，因为条约该部分中涉及取消成员国之间关税的条款排除了保留关税以及具有同等效果的收费的可能性，而且条约条款在这方面并未区分哪些收费具有财政性质，哪些不具有此类性质。

之所以认为有争议的税收属于第 16 条的规制范围，原因在于，此项税收对出口物品的价格造成了金钱方面的负担，因而事实上妨碍了有争议物品的出口贸易。

某项税费一旦被认定为属于《欧洲联盟运行条约》第 30 条中的关税或与关税具有同等效果的收费，那么它本身（per se）就违法。因此，尽管意大利试图主张，可以通过现《欧洲联盟运行条约》第 36 条对此项税收进行辩护，但欧洲法院驳回了它的主张，因为只有在涉及第 34 条所涵盖的数量限制时，才可以用第 36 条作为辩护理由。它不能使被《欧洲联盟运行条约》第 30 条禁止的财政措施有效。

此种对效果而非目的的强调显然是正当的。如果成员国可以主张，因为某项关税或收费的目的在某种程度上不具有财政性质，所以不应被禁止，那么，《欧洲联盟运行条约》第 30 条的先占效力就将被大幅削弱。此外，此类辩护理由还会要求司法机构对如下事项做出裁决，即哪些社会政策应被视为拥有足以将其排除在条约管辖范围之外的合法目的。

欧洲法院在其他案件中肯定了它对效果而非目的的强调。它还明确指出，即使成员国措施的目的不是实施保护主义，也可以适用这些条约条款。在"钻石工人案"（*Diamantarbeiders*）⑤ 中，比利时法律要求支付进口钻石价值的0.33%用于工人的社会基金，欧洲法院考虑了该要求的合法性。尽管该基金的目的既不是增加财政收入，也不是保护本国产业⑥，但这一事实并未能使有争议的收费豁免于条约禁止性规则。此项费用的征收对象是跨境货物，仅这一点就已足够。

二 具有同等效果的收费：一般原则

《欧洲联盟运行条约》第30条不但禁止关税，而且禁止"与关税具有同等效果的收费"（charges having equivalent effect，CEE）。⑦ 原因显而易见。其目的在于将某些保护主义措施"关进笼子"，那些措施产生了与严格意义上的关税类似的贸易壁垒。因此毫不意外，欧洲法院对这一术语进行了扩大解释。

委员会诉意大利

Case 24/68 Commission v Italy

［1969］ECR 193

［《里斯本条约》重新编号，原第9条和第12条
现分别变更为《欧洲联盟运行条约》第28条和
第30条；原第13条和第16条已被废除］

意大利向出口到其他成员国的货物收费，其表面目的是收集统计材料，以便识别贸易模式。欧洲法院首先重申了其立场，即无论收取关税的目的是什么，也无论通过收取关税所获得的收入最终去向是哪里，关税都须被禁止。它接下来裁决如下。

欧洲法院

8. 之所以将对关税的禁止扩大到与关税具有同等效果的收费上，

---

⑤ Cases 2 and 3/69 *Sociaal Fonds voor de Diamantarbeiders v SA Ch Brachfeld & Sons* ［1969］ECR 211. See also Cases 485 and 486/93 *Maria Simitzi v Municipality of Kos* ［1995］ECR I-2655；Cases C-441 and 442/98 *Michailidis AE v IKA* ［2000］ECR I-7145；Case C-293/02 *Jersey Produce Marketing Association Ltd v States of Jersey and Jersey Potato Marketing Board* ［2005］ECR I-9543，［55］-［56］；Case C-72/03 *Carbonati Apuani*（n 2）［30］-［31］.

⑥ 比利时不生产钻石。

⑦ R Barents, 'Charges Having an Equivalent Effect to Customs Duties' （1978）15 CMLRev 415.

其目的是通过增强其效力，对禁止由此类关税产生的贸易壁垒的规定形成补充。

由此，采用这两个互补概念的目的，是避免在成员国之间的贸易中，仅仅由于货物跨越国家边境这一事实而对在共同体内流通的货物征收任何具有金钱性质的费用。

9. 由此，要想将一项收费归类为与关税具有同等效果的收费，那么，就必须以条约的目的为基础考虑其效果，要考虑第9条、第12条、第13条和第16条所在的各部分、各编和各章的目的，特别是条约中与货物自由流动有关的内容。

因此，任何具有金钱性质的收费，无论其数额多么小，也无论其目的或应用模式是什么，只要该项收费是由于货物跨越边境这一事实产生的，而且不是严格意义上的关税，那么，成员国对国内或外国产品单边征收的此类收费就构成条约第9条、第12条、第13条和第16条意义上的具有同等效果的收费，即使该项收费不是为了该国的利益，也不具有事实上的歧视性或保护性，而且即使作为收费对象的产品也不与任何国内产品形成竞争。

10. 由此认为，……与货物自由流动原则相关的、对任何新的关税或具有同等效果的收费的禁止性规定，就构成了一项基本规则，在不妨碍条约其他条款的前提下，该规则不允许有任何例外。

"钻石工人案"[8] 也重复了这项检验标准。欧洲法院明确指出，无论受到该项收费影响的是所有共同体公民，还是进口国公民，抑或仅仅是通过相关争议措施的国家的国民，这项检验标准都将适用。它表明，欧洲法院的意图在于，关于关税和与关税具有同等效果的收费的条约条款不会因相关费用所采取的征收形式而遭到规避。[9] 无论关税或与关税具有同等效果

---

⑧　Cases 2 and 3/69 (n 5).

⑨　Case 29/72 *Marimex SpA v Italian Finance Administration* [1972] ECR 1309；Case 39/73 *Rewe-Zentralfinanz v Direktor der Landwirtschaftskammer Westfalen-Lippe* [1973] ECR 1039；Case C-130/93 *Lamaire NV v Nationale Dienst voor Afzet van Land-en Tuinbouwprodukten* [1994] ECR I-3215；Case C-16/94 *Dubois et Fils SA v Garonor Exploitation SA* [1995] ECR I-2421；Case C-72/03 *Carbonati Apuani* (n 2) [20]；Case C-234/99 *Niels Nygard v Svineafgiftsfonden* [2002] ECR I-3657, [19]；Case C-39/17 *Lubrizol France SAS v Caisse nationale du Régime social des indépendants (RSI) participations extérieures* EU：C：2018：438；Case C-305/17 *FENS spol. s r. o. v Slovenská republika-Úrad pre reguláciu sieťových odvetví* EU：C：2018：986.

的收费是否具有歧视性，这些条款都是适用的。无论被征收费用的产品是否与国内产品构成竞争，这些条款均将发挥其影响，而且不存在例外。

欧洲法院采取的严格方式并不令人意外，因为关税和与关税具有同等效果的收费妨碍了单一市场这一概念本身。废除此类措施是该理念的重中之重。这是实现市场一体化必不可少的第一步。如果想要实现共同市场的更广泛目标，那么，取消关税以及类似措施就至关重要。此外，如果某项收费不是针对产品本身，而是针对与该产品相关的必要活动，那么此项收费也有可能属于《欧洲联盟运行条约》第 30 条和第 110 条的适用范围，这一点同样清楚无误。⑩

三　具有同等效果的收费：检验与"改头换面"的例外理由

成员国提出的一项常见的辩护理由是，之所以认为向进口货物征收的费用正当，是因为其目的仅是支付国家向进口商提供的服务，因此不应被视为与关税具有同等效果的收费。欧洲法院原则上一直愿意接受这一理由。然而，它对于下列事实一直保持着警惕，即一个国家可能表面上以这种方式收取一项费用，但事实上却是在寻求妨碍进口，或者在根本不存在商业交换的情况下这样做。欧洲法院一直在仔细审查成员国提出的此类主张，而且并没有轻易接受。

在上文曾分析的"委员会诉意大利案"⑪ 中，意大利政府主张，该项收费应被视为它为收集统计信息所收取的报酬。意大利政府提出，此类信息"为进口商在意大利市场上提供了更有利的竞争地位，而且出口商也可以在海外享受类似的便利"；⑫ 并且认为，此项收费应被视为由于提供服务而收取的费用，而不是一项具有关税同等效果的收费。欧洲法院并未被说服。它认为，统计信息对整个经济都有利，同时也有利于行政机构。它接下来又做出以下裁决：⑬

> 即使进口商和出口商的竞争地位尤其由于此项收费而得到提高，但

---

⑩　Case C – 206/06 *Essent Netwerk Noord BV v Aluminium Delfzijl BV* ［2008］ECR I – 5497，［44］.

⑪　Case 24/68 *Commission v Italy* ［1969］ECR 193，［15］–［16］.

⑫　Ibid ［15］.

⑬　Ibid ［16］.

是统计数据仍然构成如此普遍的一项便利，并且如此难以评估，因此，该有争议收费不能被视作那种实际上是对具体利益所授予的报酬。

在其他裁决中也可以发现同样的主题。[14] 此外，在"布雷夏尼案"（*Bresciani*）中还可以明显看出，即使相关收费涉及成员国就特定进口货物采取的行动，欧洲法院仍一直不太愿意接受将该费用定性为对某项服务提供的报酬。

布雷夏尼诉意大利财政管理局
Case 87/75 Bresciani v Amministrazione Italiana delle Finanze
［1976］ECR 129

意大利当局对进口生牛皮征收一项费用，用于强制性检疫与公共卫生监督。这是否应被视为一项与关税具有同等效果的收费（CEE）？

欧洲法院

6. 该国法院请求考虑以下三个因素：

第一，此项收费的比例取决于商品的数量而不是商品的价值，因此，这一事实导致这类关税不同于根据《欧洲经济共同体条约》第13条应被禁止的收费。第二，此类有争议的具有金钱性质的收费仅仅是一种报酬，由于那些个人进口动物源性产品的自身行为，才导致需要为其提供服务，并由此产生报酬。第三，尽管在适用方法和时间方面或许存在差别，但意大利也向类似的国内产品征收这项有争议的税费。

……

8. 要求逐步取消关税的义务赖以存在的理由建立在下述事实的基础之上，即由于货物跨越边境这一事实而对货物施加的任何具有金钱性质的收费，无论其数额多么小，均构成对此种货物自由流动的壁垒。

逐渐取消关税的义务由逐渐取消与关税具有同等效果的收费的义

---

[14] Case 63/74 *W Cadsky SpA v Istituto Nazionale per il Commercio Estero* ［1975］ECR 281.

务予以补充，以便防止成员国通过征收各种类型具有金钱性质的费用来规避货物在共同市场内部自由流动这一基本原则。

由此，将这两个相互补充的概念应用于成员国之间的贸易，就可以避免仅仅由于货物跨越边境这一事实而对在共同体内流通的货物征收任何具有金钱性质的费用。

9. 因此，任何具有金钱性质的费用，无论其目的和适用模式，只要是由于货物跨越边境而对从另一个成员国进口的货物单边征收费用，均将构成与关税具有同等效果的收费。那么，在对这类有争议的税费进行评估时，该税费的收费标准以进口商品的数量而不是其价值为依据，这一点不具有考虑价值。

10. 在判断某项税费对货物自由流动所产生的效果时，即使某类有争议的税费与对进口产品采取的强制性公共卫生监督所需的成本是相称的，也不能成为征收该项税费的理由。即使成员国行政机关采取某项行动的目的是出于普遍利益而维持公共卫生监督体系，这也不能被视为向进口商提供的服务，从而成为征收具有金钱性质的费用的正当理由。由此，如果在过渡期结束时公共卫生检验的存在仍具有正当理由，那么，由此产生的成本必须由公众承担，因为他们作为一个整体受益于共同体货物的自由流动。

11. 国内产品通过其他收费方式承担类似负担，这一事实没有意义，除非按照同样的标准、在同一个生产阶段征收这些费用和有争议的税费，这样才有可能将它们视为属于系统性适用的国内一般税费体系，并以相同方式适用于国内产品和进口产品。

欧洲法院在"布雷夏尼案"判决中清楚地表明，它不愿意接受那些将具有金钱性质的收费排除在条约之外的理由。在判决第9段，它驳回了意大利的第一条理由，指出收取的费用与进口商品的数量成比例这一事实没有任何意义，因为《欧洲联盟运行条约》第30条禁止就货物跨越边境这一事实而征收"任何"费用。[⑮]

第10段驳回了意大利提出的第二条理由，这一点同样重要。意大利的

---

⑮　如果某项费用是依照商品的价值征收的统一税率，那么它也将被视为具有同等效果的收费，参见 Case 170/88 *Ford España v Spain* [1989] ECR 2305.

辩护貌似有些道理：如果你希望进口一种需要卫生检验的产品，那么你作为进口商就应该承担相关成本。然而，欧洲法院的答复毫不含糊：维护公共卫生的成本应由公众承担。这一点在微观经济意义上是否站得住脚令人怀疑。[16] 但是，欧洲法院得出这一结论的目的是限制对《欧洲联盟运行条约》第28—30条的例外适用。

在第11段欧洲法院对意大利的第三条理由所做的回应中，这一点同样明显，它要求在对国内产品和进口产品征收的费用之间必须严格等同。其他"改头换面"进行辩护的尝试一般都未能取得胜诉。[17]

四 具有同等效果的收费：检验与执行法律强制性要求

在欧盟立法"允许"成员国实施检验的情况下，成员国当局也不能向贸易商求偿任何费用。[18] 然而，欧洲法院承认，如果成员国征收某项费用是为了支付欧盟法要求的"强制性"检验所产生的成本，则可以不适用《欧洲联盟运行条约》第28—30条。[19]

委员会诉德国

Case 18/87 Commission v Germany

[1988] ECR 5427

[《里斯本条约》重新编号，原第9—12条和第36条现
变更为《欧洲联盟运行条约》第28—30条和第36条]

德国的地方当局向进口到该国的活畜征收费用，以支付《第81/389号指令》要求检验所需的成本。提出的问题是，此类费用是否应

---

⑯ 费用由公众承担意味着，产品的进口商不必承担事实上只是该产品制造成本中的其中一项成本。

⑰ See, eg, Case 43/71 *Politi SAS v Italian Ministry of Finance* [1971] ECR 1039；Case 132/82 *Commission v Belgium* [1983] ECR 1649；Case 340/87 *Commission v Italy* [1989] ECR 1483；Case C-209/89 *Commission v Italy* [1991] ECR I-3533；Case C-272/95 *Bundesanstalt für Landwirtschaft und Ernährung v Deutsches Milch-Kontor GmbH* [1997] ECR I-1905.

⑱ Case 314/82 *Commission v Belgium* [1984] ECR 1543.

⑲ Case 46/76 *Bauhuis v Netherlands* [1977] ECR 5；Case 1/83 *IFG v Freistaat Bayern* [1984] ECR 349；Case C-389/00 *Commission v Germany* [2003] ECR I-2001；Case C-39/17 *Lubrizol* (n 9) [26]；Case C-305/17 *FENS* (n 9) [31].

被视为与关税具有同等效果的收费。欧洲法院阐明了其正统立场，即由于货物跨越边境而对其征收的任何具有金钱性质的费用都受条约约束，不管它是关税还是与关税具有同等效果的收费。它接下来承认，这项基本原则存在一项例外。

欧洲法院

6. 然而本法院曾判定，如果此类收费与系统性适用的国内一般税费体系有关，而且依据相同标准适用于国内产品和类似进口产品，那么，这种费用就不归入此类型（…Case 132/78 *Denkavit v France*…）。此外，如果它在事实上构成向经济运营者提供服务而收取的费用，且其数额与该服务成比例（…Case 158/82 *Commission v Denmark*…）；另外，在满足某些条件的情况下，如果它属于为了履行共同体法律规定的义务而开展的检验（…Case 46/76 *Bauhuis v Netherlands*…），该项费用也可以被排除在外。

7. 该项有争议的费用既可对进口产品也可对过境产品征收，因此无法被视为与国内一般税费体系有关。它也不能构成向经济运营者提供服务而收取的费用，因为只有在相关经营者获得某种明确具体利益的情况下，才满足该条件……；如果检验的目的是出于公共利益而确保动物在国际运输过程中的健康和生命，则不满足该条件。……

8. 由于有争议的收费与根据共同体规定执行的检验有关，因此必须注意，根据本法院判例法，……如果能够满足下列条件，则此类费用可不被归类为与关税具有同等效果的收费：

（1）其额度没有超出与此项收费相关的检验所需的实际成本；

（2）相关检验是强制性的，而且对于共同体内的所有相关产品统一适用；

（3）它们由共同体法规定，并且是出于共同体普遍利益之目的；

（4）它们促进货物自由流动，特别是能够导致那些由于按照条约第36条实施检查而制定的单边措施所产生的壁垒无效。

9. 在本案中，有争议的费用满足这些条件。首先，它并没有超出与此项费用相关的检验行为所需的实际成本，对此不存在争议。

10. 此外，特别是根据《欧洲经济共同体第81/389号指令》第2条第1款的规定，……在将活畜进口到成员国境内时，所有过境国和目的地国都被要求进行卫生检验检疫，因此，检验行为是强制性义务，并且统一适用于共同体内的所有活畜。

11. 这些检验由《欧洲经济共同体第 81/389 号指令》予以规定，它还规定……为保护国际运输过程中的活畜而需要采取的必要措施，其目的是保护活畜，这一目标符合共同体的普遍利益，而且不是个别国家的特定利益。

12. 最后，这些指令的序言表明，指令的目的是使旨在对国际运输过程中的动物实施保护的成员国立法进行调和，以便消除由于成员国法律中存在的分歧而产生的技术壁垒。……此外，在未进行此类调和的情况下，每个成员国都有权根据条约第 36 条规定的条件，维持或引入以保护动物的健康与生命为正当理由的限制贸易的措施。因此，此项检验的标准化能够促进货物的自由流动。

五　退回非法收费

一般原则⑳是，成员国必须退回非法征收的费用。㉑ 退回费用的程序条件可能低于适用于私人之间诉讼的程序条件，前提是它们以同样的方式适用于依据欧盟法和国内法采取的行动，而且不会导致不可能退回费用或退费过于困难。㉒ 然而，如果贸易商已经将其损失转移给客户，则这项一般规则就存在例外，因为在这种情况下退回收费就有可能使贸易商不当得利。㉓ 尽管如此，如果贸易商能够证明自己遭受了损失，那么也可以对这项例外本身设定限制条件。㉔ 但是，证明相关费用没有转移给其他人的责

---

⑳　见第九章。

㉑　Case 199/82 *Amministrazione delle Finanze dello Stato v San Giorgio* [1983] ECR 3595；Case C – 310/09 *Ministre du Budget，des Comptes publics et de la Fonction publique v Accor SA* [2011] ECR I – 8115；Case C – 591/10 *Littlewoods Retail Ltd v Her Majesty's Commissioners of Revenue and Customs* EU：C：2012：478，[24].

㉒　Case C – 343/96 *Dilexport Srl v Amministrazione delle Finanze dello Stato* [1999] ECR I – 579.

㉓　K Lasiński-Sulecki，'Unjust Enrichment in European Union Tax Law：In Search of Balance between the Views of the Court of Justice, the General Principles of EU Law and the Constitutional Principles of EU Member States' (2014) 42 Intertax 2.

㉔　Cases C – 192 – 218/95 *Société Comateb v Directeur Général des Douanes et Droits Indirects* [1997] ECR I – 165；Case C – 309/06 *Marks & Spencer plc v Commissioners of Customs & Excise* [2008] ECR I – 283，[41] – [42]；Case C – 76/17 *SC Petrotel-Lukoil SA and Georgescu v Ministerul Economiei* EU：C：2018：139.

任不能由纳税人承担。㉕

六　关税同盟：更广义的视角

此前的讨论一直聚焦于与《欧洲联盟运行条约》第 28—30 条有关的法律问题，以及在货物跨境情况下对成员国征收关税或费用的能力所施加的限制。然而，如果认为这就构成该领域的全部欧盟法律，那就错了。

海关法的"实体意义"远远不止于此。㉖ 消除成员国之间关税壁垒的结果是，一旦货物进入欧盟，它们就可以自由流动。由此可以得出如下结论："单一市场围栏的坚固程度取决于它最薄弱的一环"，而且不会有"第二次机会"对来自第三国的货物施加限制。㉗ 由于多种原因，维持对来自欧盟以外货物的有效海关控制具有重要意义。应该对此类货物征收关税，这是欧盟自有财源的重要组成部分。因此，欧盟对于打击诈欺拥有强大利益。实际上，进入欧盟的货物只遇到一道海关壁垒这一事实，对于打击有组织犯罪、假冒产品以及其他诸如此类的事项也具有重要影响。关税在打击恐怖主义方面显然也发挥着一定作用。㉘ 这些目标反映在 2016 年全面生效的现代化海关法典之中㉙，也反映在委员会相关战略文件之中。㉚

为了应对这些新挑战，欧盟提出了一系列"组织机构方面的倡议"。欧盟现在没有海关总署，而是通过各成员国海关机构开展工作。"2002 纲要"㉛ 的目标是，这些机构应该像单一行政部门那样高效和有效地运行㉜，在欧盟

㉕　Case C – 343/96 *Dilexport*（n 22）［52］；Cases C – 441 and 442/98 *Michailidis*（n 5）［38］.

㉖　Concerning a Strategy for the Customs Union, COM（2001）51 final；http：//ec. europa. eu/taxation_ customs/customs/policy_ issues/customs_ strategy/index_ en. htm.

㉗　The Changing Role of Customs（EC Commission, 2000）, 1.

㉘　https：//ec. europa. eu/taxation_ customs/general – information – customs/eu – customs – strategy_ en.

㉙　https：//ec. europa. eu/taxation_ customs/business/union – customs – code_ en；Regulation（EU）No 952/2013 of the European Parliament and of the Council of 9 October 2013 laying down the Union Customs Code［2013］OJ L269/1.

㉚　Strategy for the Evolution of the Customs Union, COM（2008）169 final；Report on Progress on the Strategy for the Evolution of the Customs Union, COM（2011）922 final；Developing the EU Customs Union and its Governance, COM（2016）813 final；https：//ec. europa. eu/taxation_ customs/business/union – customs – code/ucc – workprogramme_ en.

㉛　Dec 210/97［1996］OJ L33/24.

㉜　Commission Report to the European Parliament and the Council, On the Implementation of the Customs 2000 Programme, Doc XXI/1065/98 EN,［2. 1］.

扩大的背景下尤其如此。2003 年以来欧盟委员会提出[33]且被理事会背书的倡议，[34] 其宗旨是通过加强电子通信的使用以加快海关检查。[35] 另外还有其他一些倡议，其目的在于通过海关检查打击犯罪、诈欺和恐怖主义，以及创设一项"海关安全项目"（Customs Security Programme）。[36] 欧盟委员会2012 年报告提出了未来将要面临的三项挑战：完成始于 2003 年的现代化进程；明确应予优先处理的事项；改革关税同盟的治理与管理结构。[37] 2014 年，欧盟委员会通过了一项新的风险管理规划，目的是保护欧盟的安全，同时促进贸易。[38] 委员会在 2016 年通讯中的重点是与海关制度运作相关的治理，同时关注如何确保加强成员国海关机构之间的合作。[39]

第三节　第 110—113 条：歧视性税收规定

前面的讨论聚焦于《欧洲联盟运行条约》第 28—30 条。本节焦点转向歧视性税收。《欧洲联盟运行条约》第 110 条是这方面的核心条款，自1962 年 1 月以来一直具有直接效力。[40]

任何成员国对其他成员国的产品直接或间接征收的任何形式的国内税均不得超过对相似的本国产品直接或间接征收的国内税。

此外，任何成员国不得对其他成员国的产品征收任何对其他产品

---

[33] A Simple and Paperless Environment for Customs and Trade; On the Role of Customs in the Integrated Management of External Borders, COM (2003) 452 final.

[34] Council Resolution of 5 December 2003, On Creating a Simple and Paperless Environment for Customs and Trade [2003] OJ C305/1.

[35] Decision 70/2008 of the European Parliament and of the Council of 15 January 2008 on a paperless environment for customs and trade [2008] OJ L23/21.

[36] Regulation (EC) No 648/2005 of the European Parliament and of the Council of 13 April 2005, Amending Council Regulation 2913/92 Establishing the Community Customs Code [2005] OJ L117/13.

[37] On the State of the Customs Union, COM (2012) 791 final.

[38] http://europa.eu/rapid/press-release_IP-14-936_en.htm.

[39] Developing the EU Customs Union and its Governance, COM (2016) 813.

[40] Case 57/65 *Alfons Lütticke GmbH v Hauptzollamt Saarlouis* [1966] ECR 205; Case 28/67 *Mölkerei-Zentrale Westfalen/Lippe GmbH v Hauptzollamt Paderborn* [1968] ECR 143; Case 74/76 *Ianelli & Volpi v Meroni* [1977] ECR 557.

具有间接保护性质的国内税。

一 第110条的目的

《欧洲联盟运行条约》第110条的目的是防止第28—30条的目标受到歧视性国内税收的破坏。第28—30条旨在防止关税或与关税具有同等效果的收费阻碍货物自由流动。条约禁止在产品跨越边境时征收关税或等效费用。然而，如果成员国有可能在外国产品进入本国领土时通过歧视性税收而对其构成损害，从而导致外国产品在与本国产品竞争时处于不利地位，那么就会破坏上述条款的实施。第110条防止此类情况发生，并要求国内征税对本国产品和进口产品完全中立。[41]

二 第110条第1段：直接歧视

第110条第1段并未规定成员国必须采用哪种特定的国内税收制度。它仅仅要求，无论选择哪种体系，其适用均不得对相似进口产品构成歧视。

在"委员会诉意大利案"[42]中，意大利政府以生态考虑为由对再生石油征收低于普通石油的税率，但进口再生石油并不享受同样的税收优惠。在进行辩护时，意大利主张不可能判断进口石油是否为再生石油。欧洲法院驳回了这一主张。法院认为，由进口商在满足合理证明标准的条件下证明石油产品属于哪种类型，而出口国提供的证书可用于确定石油的性质。同样，在"汉森公司案"（*Hansen*）[43]中，德国一项免税规则适用于小型企业和集体农庄生产的果酒，欧洲法院坚持认为，这项规则也必须同等适用

---

[41] Cases 2 and 3/62 *Commission v Belgium and Luxembourg* [1962] ECR 425, 431；Case 252/86 *Gabriel Bergandi v Directeur Général des Impôts* [1988] ECR 1343, 1374；Case C – 101/00 *Tulliasiamies and Antti Siilin* [2002] ECR I – 7487, [52]；Case C – 387/01 *Weigel and Weigel v Finanzlandirektion für Vorarlberg* [2004] ECR I – 4981, [66]；Cases C – 393/04 and 41/05 *Air Liquide Industries Belgium SA v Ville de Seraing and Province de Liège* [2006] ECR I – 5293, [55] – [57]；Case C – 313/05 *Maciej Brzeziński v Dyrektor Izby Celnej w Warszawie* [2007] ECR I – 513, [27]；Case C – 206/06 *Essent Netwerk Noord* (n 10) [40]；Case C – 586/14 *Budişan v Administraţia Judeţeană a Finanţelor Publice Cluj* EU：C：2016：421；Case C – 104/17 *SC Cali Esprou SRL v Administraţia Fondului pentru Mediu* EU：C：2018：188, [36].

[42] Case 21/79 *Commission v Italy* [1980] ECR 1.

[43] Case 148/77 *Hansen v Hauptzollamt Flensburg* [1978] ECR 1787.

于欧盟其他国家生产的同类酒精产品。[44]

如果缴税程序以不平等的方式对待本国商品和其他成员国的商品，那么，与收税有关的非歧视规则也将遭到破坏。[45] "委员会诉爱尔兰案"[46] 表明了这一点。在该案中，尽管相关税收适用于无论产地为何的所有商品，但在缴税方面，国内生产商的待遇更为宽松，国内生产商可以有数周的缴税缓冲时间，但进口商则必须在进口商品之时立即支付此项税款。

三 第 110 条第 1 段：间接歧视

第 110 条第 1 段既涵盖直接歧视，也包括间接歧视。有一些税收规则可能并没有根据来源国明确区分货物的纳税义务，但仍对来自其他成员国的商品施加更大负担。欧洲法院一直强调，只有排除了向进口产品征税高于国内相似商品（similar goods）的 "任何可能性"，才能认为其税收体系符合第 110 条。[47]

安布洛诉法国税务署长

Case 112/84 Humblot v Directeur des Services Fiscaux

［1985］ECR 1367

［《里斯本条约》重新编号，《欧洲共同体条约》第 95 条
现变更为《欧洲联盟运行条约》第 110 条］

法国法律规定每年征收一次汽车税。税费标准根据汽车的功率制定。对于功率不到 16CV 的汽车，其税率逐级增加，最高为 1100 法

---

[44] See also Case 196/85 *Commission v France* ［1987］ECR 1597；Case C – 327/90 *Commission v Greece* ［1992］ECR I – 3033；Case C – 375/95 *Commission v Greece* ［1997］ECR I – 5981.

[45] See, eg, Cases C – 290 and 333/05 *Nadasdi v Vam-es Penzugyorseg Eszak-Alfoldi Regionalis Parancnoksaga* ［2006］ECR I – 10115.

[46] Case 55/79 *Commission v Ireland* ［1980］ECR 481；Case C – 68/96 *Grundig Italiana SpA v Ministero delle Finanze* ［1998］ECR I – 3775.

[47] Case C – 228/98 *Dounias v Oikonomikon* ［2000］ECR I – 577，［41］；Case C – 265/99 *Commission v French Republic* ［2001］ECR I – 2305，［40］；Case C – 101/00 *Tulliasiamies*（n 41）［52］；Case C – 313/05 *Maciej Brzeziński*（n 41）［40］；Case C – 402/09 *Ioan Tatu v Statul român prin Ministerul Finanţelor şi Economiei* ［2011］ECR I – 2711，［35］；Case C – 437/12 *X* EU：C：2013：857，［28］–［29］.

郎。对于功率超过 16CV 的汽车，则征收 5000 法郎的统一税费。法国生产的汽车功率都低于 16CV，因此，只有拥有进口汽车的人才承担更高的税费。原告安布洛因一辆功率为 36CV 的进口汽车而被征收 5000 法郎的税费，他主张此项税收违反了第 95 条。

欧洲法院

12. 首先，需要强调，根据当前的共同体法，成员国有权向诸如汽车等产品征收公路税，该税制根据一项客观标准递增税额，例如按照功率征税，另外也可以按照多种方式决定税率。

13. 然而，只有在此项国内税收体系不产生任何歧视性或保护性效果的情况下，才能认定它符合第 95 条。

14. 就主要诉讼中的相关类似体系而言，事实并非不此。该体系下包含两种明显不同的税制：一种是逐级递增的差别税，征收对象是不超过某个既定功率上限的汽车；另外一种是固定税，征收对象是功率超过该上限的汽车，其税率几乎是差别税之下最高税额的 5 倍。尽管该项税收体系形式上并未以产品原产地为依据做出区分，但它仍然清楚地体现出与第 95 条相悖的歧视性或保护性特征，因为决定该项特定税额的功率已经被固定在某个水平，而根据这一标准，只有进口汽车，特别是来自其他成员国的进口汽车，才受专门税率的约束，而本国生产的所有汽车都适用明显更具优势的差别税。

15. 在不考虑专门税金额的情况下，如果消费者想要在汽车大小、舒适度、实际功率、维护成本、耐用性、油耗和价格等方面选择性价比高的汽车，那么他们自然就会从法国法律规定的临界功率等级上下的各类汽车中进行选择。然而，在体现均衡差别的累进税制中，例如差别税所基于的制度，与对不同类的汽车征收相比，缴纳特别税的税收增加幅度要大得多。在消费者看来，由此产生的额外税可能会抵消从其他成员国进口的某些汽车相较于国产同类汽车所具有的优势，特别是因为特别税仍需支付数年。就此而言，特别税降低了国产汽车面临的竞争程度，因此与国内税收必须遵守的中立原则相悖。

"安布洛案"（*Humblot*）中的论证具有说服力，它很好地说明欧洲法院决心将间接歧视和直接歧视均纳入规制。法国当局按照欧洲法院的判决修订了税收规则，但新税制后来仍被认定违反共同体法。根据新税制，对于功率超过 16CV 的汽车，法国当局取消了原来统一收取 5000 法郎的规定，而是将其更改为 9 个更具体的税收等级，适用哪个等级取决于汽车的功率。尽管相较于"安布洛案"被判非法的税制，该方案的歧视性不那么明显，但对于功率超过 16CV 的汽车而言，其税率仍然大幅增加，因此在"费尔丹案"（*Feldain*）中被认定为违法。[48]

四 第 110 条：国家自主与财政选择

条约禁止间接歧视和直接歧视，但与直接歧视不可能合法不同，间接歧视有可能具有客观正当性，而这一概念是在货物自由流动以外的其他自由流动领域发展形成的。[49] 成员国可以主张，存在欧盟可接受的某个客观政策原因，可以作为其行动的正当理由，从而防止条约条款的适用过于激进或严苛。"*Chemial* 公司案"表明了这种司法方式。

Chemial 制药公司诉 DAF 公司
Case 140/79 Chemial Farmaceutici v DAF SpA
［1981］ECR 1[50]

意大利对合成乙醇适用的税率高于对通过发酵生产的乙醇所适用的税率，尽管这两种产品的用途具有可替代性。意大利不是合成乙醇产品的主要生产国。这项税收的目的是支持用农产品制造乙醇，并且限制使用乙烯（石油衍生品）生产乙醇的加工方式，以便将乙烯这项原材料用于更重要的经济用途。欧洲法院对此项政策选择提出了下列观点。

欧洲法院

13. ……因此，它构成经济政策方面的一项合法选择，并经由财

---

[48] Case 433/85 *Feldain v Directeur des Services Fiscaux* ［1987］ECR 3536；Case 76/87 *Seguela v Administration des Impôts* ［1988］ECR 2397；Case C-265/99 *Commission v French Republic*（n 47）；Case C-402/09 *Ioan Tatu*（n 47）.

[49] 见第二十章、第二十二章、第二十五章。

[50] See also Case 46/80 *Vinal SpA v Orbat SpA* ［1981］ECR 77.

政手段使其生效。该政策的实施并未导致任何歧视，因为尽管它造成妨碍向意大利进口合成乙醇这一结果，但也妨碍了意大利本身用乙烯生产乙醇，而此类生产在技术上完全可行。

14. 正如本法院多次阐述过的，……在共同体法发展的当前阶段，它并不限制每个成员国以客观标准为基础，自由制定区别对待某些产品的税收安排。此类客观标准包括诸如所使用的原材料的性质，或者所应用的生产程序。如果此类区别待遇寻求实现的经济政策目标本身与条约及其二级法律的要求相符，并且，如果其具体规则能够避免对来自其他成员国的进口商品构成任何直接或间接歧视，同时也不会对与进口产品具有竞争关系的本国产品构成任何形式的保护，那么这样的区别对待就符合共同体法。

15. 意大利适用的差别税收区别对待变性合成乙醇以及通过发酵而成的变性乙醇，这类税收符合上述要求。事实上，该税收体系寻求实现的似乎是一项合法的产业政策目标，因为它的目的是促进通过农产品的蒸馏过程制造乙醇，而不是从石油衍生品中制造乙醇。这种政策选择与共同体法律规则不存在冲突，也不与在共同体框架下决定的一项政策的要求存在冲突。

16. 不能认为提交给意大利国内法院的这项立法的具体条款具有歧视性，原因在于，一方面，从其他成员国进口的通过发酵制成的乙醇与意大利生产的通过发酵制成的乙醇具有相同的税收待遇，这一点不存在争议；另一方面，尽管适用于合成乙醇的税率对从其他成员国进口合成乙醇构成了限制，但它在意大利本土也产生了同样的经济效果，因为它妨碍了意大利企业生产能够盈利的完全相同的产品。

欧洲法院认可意大利此项政策的理由是，该政策没有导致任何直接或间接歧视。尽管如此，欧洲法院的论证表明，如果从欧盟的角度可以接受成员国的某项政策，那么它就愿意认可成员国提出的客观理由，即使相关政策更有利于本国贸易商而不是进口商。正如欧洲法院所指出的，意大利的此项政策显然妨碍了希望生产合成乙醇的生产商。但是，意大利国内几乎没有生产商生产此项产品，因此意大利此项税收对进口商的打击要大于意大利境内企业所受到的影响。在其他判决中也可以发现同样的论证。

在"委员会诉法国案"[51] 中，根据法国法律，对以传统方式生产的甜葡萄酒征收的税率低于利口葡萄酒，委员会认为这违反了《欧洲联盟运行条约》第110条。欧洲法院不同意这种观点。它裁定该案不存在基于原产地或国籍的直接歧视。以自然方法生产甜葡萄酒的产区，其生长条件往往达不到最佳状况，因为那里通常土壤贫瘠，降水稀少。法国此项政策的理由是对这些地区的葡萄酒生产提供一些财政激励。欧洲法院愿意接受这一点构成客观正当性。在"奥托昆普公司案"（*Outokumpu Oy*）[52] 中，欧洲法院认定，成员国对同样产品或相似产品适用不同税率是合法的，前提是相关税收以客观标准为基础，例如所使用的原材料的性质，或者所应用的生产程序。第110条并未排除以环境因素为基础、适用于电力领域的差别税率，前提是不存在对进口产品的歧视。[53]

此外，尽管有"安布洛案"判例法的存在，但适用于汽车的差别税率也有可能不被第110条所禁止。如果差别税率没有对进口产品构成歧视，并且鼓励应用更具环境友好型的模式，那么此种差别税率就是合法的。在"委员会诉希腊案"[54] 中，希腊的一项国家财政措施以汽车的汽缸容量为依据实施累进税制。欧洲法院裁定，只有在该措施既妨碍消费者购买被征收较高税率的进口汽车，同时也鼓励消费者购买国产汽车的情况下，才能认为此项措施违反第110条。仅仅依靠所有被征收较高税率的汽车都是进口汽车这一事实，并不能构成违反第110条。欧盟法并不禁止利用税收政策实现社会目标，只要该项税收以客观标准为依据，不具有歧视性，并且不具有保护效果。

五 第110条第1段和第2段的关系

《欧洲联盟运行条约》第110条第1段禁止对从其他成员国进口的产品征收高于对本国"相似产品"（similar products）征收的国内税。因此，一旦两种相关产品被判定为"相似"，那么就适用第110条第1段，对进

---

[51] Case 196/85 *Commission v France* [1987] ECR 1597.

[52] Case C-213/96 [1998] ECR I-1777.

[53] A Easson, 'Fiscal Discrimination: New Perspectives on Article 95 of the EEC Treaty' (1981) 18 CMLRev 521.

[54] Case C-132/88 *Commission v Greece* [1990] ECR I-1567; Case C-421/97 *Tarantik v Direction des Services Fiscaux de Seine-et-Marne* [1999] ECR I-3633.

口商品征收的过高税率也将被禁止。第110条第1段和第2段之间的界限也许会出现问题，因为商品是否"相似"这一问题有可能引起争议。

第110条第2段涵盖的是对那些也许并不具有严格意义上的相似性，但彼此之间仍然形成竞争关系的商品适用不平等税率的成员国税收规定。其目的是防止这些差别税率对本国商品提供间接保护。因此，葡萄酒和啤酒可能不具有相似性，但它们之间可能存在着一些竞争。经济学家将这种关系称为"需求交叉弹性"（cross-elasticity of demand）：如果一种产品的价格相对另一种产品提高，那么消费者就会转而购买价格更低的产品。消费者在多大程度上转向另外一种产品，取决于一些因素，例如，不同产品之间的价格差异，以及消费者在多大程度上认为这些产品可以相互替代。如果一个国家几乎不生产葡萄酒，但生产大量啤酒，那么，如果该国对葡萄酒适用的税率远远高于啤酒，葡萄酒销售商就将处于相对不利的地位，于是啤酒生产商就获得了间接保护。第110条第1段和第2段的关系在下面判例中得到了说明。

委员会诉法国

Case 168/78 Commission v France

[1980]　ECR 347

[《里斯本条约》重新编号，《欧洲共同体条约》第9—17条由《欧洲联盟运行条约》第28—30条替代；第95条现变更为《欧洲联盟运行条约》第110条；第169条现变更为《欧洲联盟条约》第258条]

法国对用粮食酿制的烈性酒，如威士忌、朗姆酒、杜松子酒和伏特加等征收的税率，比对用葡萄或水果酿制的烈性酒，如干邑白兰地、卡尔瓦多斯酒和阿马尼亚克酒征收的税率要高。法国生产的前一类酒产量很小，但却是用水果酿制烈性酒的主要生产国。欧共体委员会认为，法国的税收制度违反了《欧洲共同体条约》第95条。欧洲法院强调了《欧洲共同体条约》第95条与第9—17条之间的联系：第95条的目的是，通过禁止适用对进口产品构成歧视的国内税，对关于关税和收费的相关条款形成补充。欧洲法院接下来裁决如下。

欧洲法院

5. 第 95 条第 1 段的基础是，对施加于本国产品的税收负担与施加于可被归类为"相似"的进口产品的税收负担进行比较，它是规制这一问题的基本规则。正如欧洲法院在"汉森公司案"（Case 148/77 *H. Hansen v. Haupzollamt Flensburg* ［1978］ECR 1787）的判决中所强调的，必须对该条款进行广义解释，以便涵盖与本国产品和进口产品的平等待遇原则发生冲突的所有税收程序；因此，在解释"相似产品"这一概念时必须具有充分的灵活性。在"雷弗公司案"（Case 45/75 *Rewe* ［1976］ECR 181）的判决中，欧洲法院特别指出，……必须将那些"从消费者的观点来看具有相似特征，并能够满足同样需求"的产品视为相似产品。因此，必须以相关产品的相似用途及具有可比性的用途为基础，而不是以产品具有严格意义上的同等性质这一标准为基础决定第 95 条第 1 段的适用范围。

6. 此外，第 95 条第 2 段的作用是涵盖与下列产品有关的所有形式的间接税保护，即尽管这些产品不构成第 1 段意义上的"相似性"，但仍然与进口国的某些产品形成竞争关系，即使这种竞争关系是部分的、间接的或潜在意义上的。欧洲法院还曾在"*Fink-Frucht* 公司案"（Case 27/77 *Firma Fink-Frucht GmbH* … ［1978］ECR 223）的判决中强调该条款的某些方面，它指出，只要进口产品由于其可能被应用的几项经济用途之一与受到保护的本国产品形成竞争关系，那么，即使没有满足适用第 95 条第 1 段意义上的"相似性"这一条件，也可以适用该条款。

7. 尽管第 95 条第 1 段规定的标准包含对税收负担的比较，无论是在税率、评估模式还是在适用此项税收的其他详细规则方面，但鉴于对相关产品进行足够精确的比较存在着困难，因此，该条第 2 段以一项更具普遍意义的标准为基础，换言之，也就是国内税收体系的保护性质这项标准。

六 第 110 条第 1 段和第 2 段：对相似性的判断

因此，第一步是要判断相关产品是否具有相似性（Similarity）。如果答案是肯定的，则适用第 110 条第 1 段。如果答案是否定的，税收规则仍有可能适用第110条第2段。在早期判例中，欧洲法院曾裁定，如果相关产品属于同一个税收类目，则这些产品应被视为具有相似性。⑤ 然而，在有些案件中，欧洲法院反对某项税收，但并没有详细分析是不是由于第110条第1段或第2段才做出此种判决。这一方式在早期的系列"烈性酒案件"中反映得比较明显，在这些案件中，委员会主张，成员国关于烈性酒的税收规则违反了第110条。⑤ 在下文节选中可以清晰地看到欧洲法院的论证。

<hr>

委员会诉法国

Case 168/78 Commission v France

[1980] ECR 347

[《里斯本条约》重新编号，《欧洲经济共同体条约》
第95条现变更为《欧洲联盟运行条约》第110条]

　　本案事实见前面摘录。欧共体委员会主张，所有烈性酒均应构成一个单一市场。法国政府回应称，应按照烈性酒的成分、物理特征和消费者使用情况将其划分成更具体的市场。欧洲法院判决裁定，烈性酒拥有某些共同特征，例如酒精含量较高。此外，烈性酒由不同原料酿制而成，并且以不同方式消费。

欧洲法院

　　12. 从对烈性酒市场的分析中可得出两个结论。第一，如果将烈性酒作为一个整体来考虑，那么有不确定数量的饮料必须归类为第95条第1段意义上的"相似产品"，尽管考虑到风味和消费者习惯等划分标准所隐含的因素性质，在具体案件中可能难以判断这一点。第二，即使不可能承认相关产品之间具有充分程度的相似性，但就所有烈性酒而言，也存在一些突出的共同特征，这些特征足以让我们承认，在所有情况下都至少存在着部分竞争或潜在竞争。由此，在对烈

<hr>

⑤　Case 27/67 *Fink-Frucht GmbH v Hauptzollamt München-Landsbergerstrasse* [1968] ECR 327.

⑤　Case 169/78 *Commission v Italy* [1980] ECR 385；Case 171/78 *Commission v Denmark* [1980] ECR 447.

性酒的特定种类之间是否存在相似性关系这一问题存在疑问或分歧的情况下，可以考虑适用第95条第2段。

13. 上述论证似乎表明，第95条作为一个整体可以毫无差别地适用于所有相关产品。因此，这足以让我们审查某项既定成员国税收体系的适用是否构成歧视，或者在某些情况下是否具有保护性；换言之，在适用的税率或具体税收规则方面是否存在差别，以及此种差别是否有可能更有利于某个既定的本国产品。

［欧洲法院接下来考虑了法国当局提出的各种辩护理由，这些理由的目的是希望表明，这些烈性酒在味道、用途等方面并不相同。］

39. 在考虑了上述所有因素之后，本法院认为，就解决此项争议而言，没有必要就这些含酒精饮料是否完全或在部分构成第95条第1段意义上的相似产品这一问题做出裁决，因为不可能对如下论断提出合理的反驳理由，即这些产品毫无例外都与该诉讼中提到的本国产品至少形成部分竞争，而且不可能否认法国的此项税收体系具有第95条第2段意义上的保护性质。

40. 事实上，如前所述，由谷物酿制的烈性酒，作为蒸馏产品，与其他烈性酒具有相同的特征，这些特征足以使它们至少在某些情况下成为消费者的替代选择。……

41. 由于所涉饮料之间构成此种竞争和替代关系，因此显而易见的是受委员会批评的税收体系具有保护性质。该税收体系的一个实际特征是，作为本国产品的核心部分……用水果酿制的烈性酒属于最优惠的税收类别，而至少有两类几乎全部需要从其他成员国进口的产品在"制造税"下被征收更高的税。

该案表明，如果产品的性质导致难以对产品做这种归类（第12段），并且如果欧洲法院认为相关税收应认定为违法，因为相关产品之间存在竞争关系，并且税收具有保护性质（第39段），那么，欧洲法院就不太关心这种情况究竟应定性为与第110条第1段有关，还是与第2段有关。

然而，这种方法可能存在一定的问题。以这种方式使第110条第1段和第2段"全球化"的后果是⑰，它掩盖了违反这一规定的成员国做出的

---

⑰　Easson（n 53）521, 535.

适当回应。违反第 110 条第 1 段就意味着，成员国必须对本国产品和进口产品同等征税。违反第 110 条第 2 段则要求相关国家消除保护效果，但这不一定必然导致实现本国产品和进口产品的税收负担同等化。

在后来的案件中，欧洲法院在判断是否应根据第 110 条第 1 段或第 2 段继续做出分析时表现得更加慎重，如"约翰·沃克案"（*John Walker*）[58]所示。该案涉及的问题是，就第 110 条第 1 段而言，利口的水果酒是否与威士忌相似。欧洲法院分析了这些产品的特点、酒精含量、制造方法和消费者的感受。它最终判定，这些商品不具有相似性，因为它们的酒精含量不同，制造程序也不相同。因此，必须根据第 110 条第 2 段对该税收进行进一步审查。[59]

在"委员会诉意大利案"[60] 中，欧洲法院也采取了同样方法。委员会起诉意大利，声称意大利对水果征收的消费税属于第 110 条意义上的歧视性税收。意大利出产大量水果，如苹果、桃、梨、李和柑橘，但几乎不生产香蕉，香蕉主要从法国进口。意大利对香蕉征收的消费税几乎占到了进口价格的一半，而其他水果则不需要缴纳此项税收。欧洲法院考虑了香蕉与其他水果是否具有第 110 条第 1 段意义上的相似性。考虑到这些产品的客观特征以及它们在多大程度上能够满足消费者的相同需求，法院认定它们并不属于相似产品。[61] 欧洲法院由此根据第 110 条第 2 段审查了意大利该项税收。

七　第 110 条第 2 段：对保护效果的判断

委员会曾对英国提起执行之诉，认为英国对葡萄酒适用的税收相较于啤酒具有歧视性。该案件比其他"烈性酒案"的裁判难度更大，因为葡萄酒和啤酒之间的差别要比两种烈性酒之间的差别更大。因此，欧洲法院一开始要求提供这两种产品之间竞争关系的更多信息，数年后才做出判决。

---

[58]　Case 243/84 *John Walker v Ministeriet for Skatter og Afgifter*［1986］ECR 875.

[59]　比较 Case 106/84 *Commission v Denmark*［1986］ECR 833.

[60]　Case 184/85［1987］ECR 2013；Case C－437/12 *X*（n 47）［23］.

[61]　香蕉与其他水果的含水量不同，因此它们在解渴这一特征方面与其他水果不同；而且，香蕉的营养价值被认为高于其他水果：ibid［10］.

委员会诉英国

Case 170/78 Commission v United Kingdom

[1983] ECR 2265

[《里斯本条约》重新编号，《欧洲经济共同体条约》第 95 条和第 169 条现分别变更为《欧洲联盟运行条约》第 110 条和第 258 条]

英国向某些葡萄酒征收的特别消费税（excise tax）大约是啤酒的 5 倍。对葡萄酒征收的税额占该产品销售价格的 38%，而对啤酒征收的税额是该产品销售价格的 25%。英国生产大量啤酒，但生产的葡萄酒数量很少。委员会认为，这种差别消费税违反了第 95 条。

欧洲法院

8. 对于葡萄酒和啤酒这二者之间的竞争关系问题，本法院曾认为，至少在某种程度上，所涉两种饮料能够满足相同需求，因此必须承认，二者之间存在着一定程度的可替代性。本法院曾指出，就衡量可替代性的程度而言，不应仅关注某个成员国或某个既定地区的消费者习惯。这些习惯从根本上说将随着时间和空间的不同而发生改变，不能认为它们一成不变。因此，一个成员国的税收政策绝不能导致既定的消费者习惯固化，从而强化相关国家产业由此获得的优势。

9. 但本法院曾承认，正如英国政府所指出的那样，鉴于葡萄酒和啤酒之间存在实质性差别，因此很难比较这些饮料的制造程序和自然属性。出于这个原因，本法院已经要求当事双方提供额外信息，以便消除存在于两种产品之间竞争关系的性质的相关疑问。

......

11. 在这方面，意大利政府提出不同观点，认为将啤酒与平均酒精度的葡萄酒进行比较并不适当，更不用说与酒精度更高的葡萄酒比较了。意大利政府指出，第九区生产的酒精度最低的葡萄酒，也就是最受欢迎且价格最低的葡萄酒，才真正与啤酒具有竞争关系。......

12. 本法院认为，意大利政府提出的观点是中肯的。鉴于不同的葡萄酒在质量方面存在巨大差异，从而导致其价格差别很大，因此，在葡萄酒的价格中，必须通过参考普通大众最容易购买的葡萄酒，也就是说那些一般情况下酒精含量最低、价格最便宜的品种，才能确定啤酒这种广受欢迎和被大量消费的饮料与前述葡萄酒之间具有决定性的竞争关系。因此，比较所涉饮料的酒精度或价格才是做出税收比较的适当依据。

[对于应该采用哪些标准判断对这两种产品适用的税收是否具有歧视性这一问题，委员会、意大利和英国存在着意见分歧。委员会认为，评估税收负担应该以数量再加上酒精含量为依据；意大利认为，仅数量一项指标就应该具有决定性意义；而英国则认为，进行比较的真正依据应该是产品价格减去税收。欧洲法院裁定，它们提出的这三项检验标准都不够充分，但它们能够"为评估所涉税收体系提供重要信息"。]

26. 在考虑了由当事方提供的信息之后，本法院得出如下结论：如果以那些比英国所选葡萄酒类型更便宜的葡萄酒为基础进行比较，这些低价葡萄酒有好几种在英国市场上的销量都很大，那么很显然，就价格来看，恰恰是那些与国内生产的啤酒处于最直接竞争地位的葡萄酒承担了较高的税收负担。

27. 由此，很显然的是……无论采用何种比较标准，都不需要表达对一种产品相较于另外一种产品的偏好——英国的税收体系导致从其他成员国进口的葡萄酒承担了额外的税收负担，因而对国内啤酒生产提供了保护。……因为这种保护在最受欢迎的葡萄酒那里表现得最为明显，因此，英国税收体系的效果是给葡萄酒打上了奢侈品的标签，从它所承担的税收负担来看，在消费者眼中，葡萄酒几乎无法构成国内生产的典型饮料产品的真正替代品。

28. 因此，……由于向用新鲜葡萄酿制的不带气泡的淡葡萄酒征收的特别消费税高于啤酒，英国没有能够履行其在《欧洲经济共同体条约》第 95 条第 2 段中的义务。

该案为研究欧洲法院在裁判第 110 条第 2 段时使用的方法论提供了有意思的启迪。其裁决过程分为两个阶段。⑫

---

⑫　在与第 110 条第 2 段有关的其他判决中，也可以看到同样的两个阶段，参见 Case 184/85（n 60）[11]–[15].

　　在第一个阶段，欧洲法院确定两种产品之间存在着某种竞争关系，这样就能适用第110条第2段（上述判决第8—12段）。欧洲法院同意，有意义的比较关系在啤酒和低端葡萄酒之间。产品的可替代性是核心因素，而消费者的偏好不是一成不变的，而且此种偏好会受到两种产品的相对税率的影响（第8段）。如果对商品征收的不同税额导致消费者人为地认为相关商品属于不同类别，那么，这就将减少公众认为这些产品具有可替代性的程度。正是出于这一原因，欧洲法院才严厉批评英国的税收政策给葡萄酒打上了奢侈品的标签，并因而使其与啤酒属于不同的税收类别（第27段）。

　　在第二个阶段，欧洲法院考虑其税收体系是否构成对啤酒的保护。它采用各种不同标准来判断是否具有保护效果。很难反驳英国税收具有歧视性这一观点。如果两种产品之间的税率差不像葡萄酒与啤酒之间的税率差那么明显，也许就需要做出更细微的分析，以便判断是否存在任何保护效果。[63] 因此，可能有必要判断这两种产品之间需求交叉弹性的程度。如果程度低，那么，只有"税收负担方面的较大差别才具有保护倾向"[64]。同样，如果相较于商品的最终销售价格而言税率比较低，那么，只有在存在非常大的税收差别的情况下才会产生某种保护性影响。

　　最低程度的调和式措施并不妨碍对第110条的适用。因此，在"Socridis案"[65] 中，共同体立法仅要求成员国对啤酒征收最低限度的关税。它并不妨碍适用第110条来判断一个成员国给予啤酒的待遇相对于葡萄酒是否采取了保护主义。但是，在进行最大限度调和的情况下，如果指令的含义与第110条一致，就必须根据该调和式指令来判断成员国措施。[66]

八　税收：更广泛的法律角度

到目前为止的讨论主要涉及税收与第110条的关系。然而，涉及自由

---

[63]　Case 356/85 *Commission v Belgium* [1987] ECR 3299.

[64]　Easson（n 53）539.

[65]　Case C－166/98 *Société Critouridienne de Distribution*（*Socridis*）*v Receveur Principal des Douanes* [1999] ECR I－3791.

[66]　Case C－91/18 *Commission v Greece* EU：C：2019：600，[44]，[51].

流动的条约条款可能也与税收议题相关。⑥⑦ 这一点很重要，因为尽管在第110条采用的方法以歧视为基础，但是与自由流动有关的判例法已经超越了这一点，即使成员国规则不构成歧视，但只要它们对贸易构成妨碍，也在其禁止之列。这就使欧洲法院陷入某种困境。它可以选择保持其自由流动判例法的一致性，即使是在涉及财政措施或税收措施的情况下。另外，它也可以遵循在根据第110条处理与资本或服务有关的类似情形时适用的不同影响方法。⑥⑧ 该判例法并非完全清楚，但是，欧洲法院对于将与自由流动有关的判例法完全适用于成员国财政规则一直持慎重态度，尽管评论人士对于如何以"最佳"方式解释该判例法存在意见分歧。⑥⑨

九　税收：更广泛的政治视角

前述讨论主要关注的是，为了防止歧视进口产品，条约对成员国的税收政策施加了哪些法律限制。如同关税同盟的情况一样，将这一问题置于更广阔的视角探讨具有重要意义。⑦⓪

税收可能是直接的，也可能是间接的。直接税的标准范式是所得税，

---

⑥⑦　See, eg, Case C – 391/97 *Gschwind* [1999] ECR I – 5451 and Case C – 527/06 *Renneberg v Staatssecretaris van Financiën* [2008] ECR I – 7735（劳动者自由流动）；Case C – 376/03 D v *Inspecteur van de Belastingdienst/Particulieren/Ondernerningen/buitenland te Heerlen* [2005] ECR I – 5821（资本自由流动）；Case C – 250/95 *Futura Participations SA v Administration des Contributions* [1997] ECR I – 2471 and Case C – 284/06 *Finanzamt Hamburg-Am Tierpark v Burda GmbH* [2008] ECR I – 4571（开业自由）。

⑥⑧　See, eg, Case C – 134/03 *Viacom Outdoor Srl v Giotto Immobilier SARL* [2005] ECR I – 1167；Cases C – 544 and 545/03 *Mobistar SA v Commune de Fleron* [2005] ECR I – 7723；Case C – 76/05 *Herbert Schwarz and Marga Gootjes-Schwarz v Finanzamt Bergisch Gladbach* [2007] ECR I – 6849；N Nic Shuibhne (2008) 45 CMLRev 771.

⑥⑨　J Snell, 'Non-Discriminatory Tax Obstacles in Community Law' (2007) 56 ICLQ 339；S Kingston, 'The Boundaries of Sovereignty：The ECJ's Controversial Role Applying Internal Market Law to Direct Tax Measures' (2006 – 7) 9 CYELS 287；S Kingston, 'A Light in the Darkness? Recent Developments in the ECJ's Direct Tax Jurisprudence' (2007) 44 CMLRev 1321；K Banks, 'The Application of the Fundamental Freedoms to Member State Tax Measures：Guarding against Protectionism or Second-Guessing National Policy Choices？' (2008) 33 ELRev 482；A Cordewener, G Kofler, and S van Thiel, 'The Clash between European Freedoms and National Direct Tax Law：Public Interest Defences available to the Member States' (2009) 46 CMLRev 1951；W Haslehner, '"Consistency" and Fundamental Freedoms：The Case of Direct Taxation' (2013) 50 CMLRev 737；S Elwes, 'The Internal Market versus the Right of Member States to Levy Direct Tax—A Clash of Fundamental Principles' (2013) 41 Intertax 15.

⑦⓪　http：//ec. europa. eu/taxation_ customs/taxation/gen_ info/tax_ policy/index_ en. htm.

而间接税的标准范式则是销售税。欧盟并未对直接税采取控制措施。直接税被认为是成员国主权的核心要素。欧盟法涉及防止跨境歧视、干扰自由流动等类似情况，尽管某些税收事务通过《欧洲联盟运行条约》第114条和第115条予以规制（须满足这两条规定的条件）。在《里斯本条约》生效后，仍然普遍要求税收事务采取一致表决方式，这说明了该领域的敏感性。[71] 通过《欧洲联盟运行条约》第113条，欧盟法对间接税的影响更大。增值税（VAT）是1977年第一种进行调和的间接税。这是"因为间接税可以对内部市场范围内的货物自由流动和自由提供服务造成立即或直接的障碍"[72]。

欧盟目前致力于更具连贯性的税收政策。[73] 在间接税方面，欧盟提出了改善规制增值税、消费税以及其他类似税收的机制。在间接税和直接税方面，欧盟越来越认识到，各国的税收政策可能对欧盟在就业、环境、经济货币联盟、卫生和消费者保护等方面的政策造成广泛影响[74]，而且认识到，有必要减少欧盟公民所面临的跨境税收壁垒。[75]

从欧盟委员会使用的语言中可以很容易地发现这一问题所引发的矛盾。它承认，不需要"对各成员国税收体系实现广泛调和"，成员国有权自由选择"它们认为最适当的、符合其偏好的税收体系"[76]。然而它提醒说，只要预算保持平衡，公共支出的水平就是属于成员国偏好的事项。它强调，成员国的选择不是孤立发生的，而是应该考虑到国际因素。它再次强调需要对间接税进行较高程度的调和。

欧盟委员会坦率地指出，由于一致表决方式所造成的障碍，欧盟立法很难获得通过。毫不意外，委员会一直呼吁转向采取特定多数表决[77]，特

---

71 http：//ec. europa. eu/taxation_ customs/taxation/gen_ info/tax_ policy/article_ 6759_ en. htm.

72 Tax Policy in the European Union—Priorities for the Years Ahead, COM（2001）260 final, [3.1].

73 Ibid [1].

74 Tax Policy in the European Union（2000）, 8-9; The Key, Taxation and Customs Union, No 15, Mar 2001; Co-ordinating Member States' direct tax systems in the Internal Market, COM（2006）823.

75 Removing cross-border tax obstacles for EU citizens, COM（2010）769.

76 Tax Policy in the European Union（n 72）[2.4]; http：//ec. europa. eu/taxation_ customs/taxation/gen_ info/tax_ policy/index_ en. htm.

77 http：//ec. europa. eu/taxation_ customs/taxation/gen_ info/tax_ policy/index_ en. htm.

别是考虑到欧盟扩大的背景。特别有意思的是，欧盟委员会愿意公开谈论是否有可能通过其他机制实现其目标，因为很难在理事会达成一致。[78] 委员会详细考虑了一系列选择，其中包括在更大程度上应用《欧洲联盟运行条约》第 258 条，寻求应用软法，以及应用加强型合作程序等。[79]

第四节　第 28—30 条与第 110—113 条：界限

上文简要提到《欧洲联盟运行条约》第 28—30 条和第 110—113 条之间的关系。这里做更详细的分析。

一般原则是，这两套条款是互相排斥的。[80] 它们都涉及成员国征收的财政费用。第 28—30 条适用于由于货物跨越边境而收取的关税或费用。关税或费用是在进口发生之时或者由于进口而被征收，而且专门由进口产品承担，不对国内相似产品征收。[81] 第 110—113 条则适用于国家内部的财政政策。它们的目的是防止在货物进入某成员国之后发生对它们的歧视。欧洲法院对这两套条款都做了解释，以便确保二者之间"无缝对接"。

适用哪一套条约条款，这一点具有重要意义，因为其结果将影响所适用的法律标准。[82] 如果适用《欧洲联盟运行条约》第 30 条，那么关税或费用就是非法的，因为在这种情况下存在关税同盟的典型壁垒。如果某项财

---

[78]　Tax Policy in the European Union（n 72）[4.1]–[4.4]；http：//ec. europa. eu/taxation_ customs/taxation/gen_ info/tax_ policy/index_ en. htm.

[79]　Tackling the corporation tax obstacles of small and medium-sized enterprises in the Internal Market—outline of a possible Home State Taxation Pilot Scheme, COM（2005）702；Implementing the Community Lisbon Programme：Progress to date and next steps towards a Common Consolidated Corporate Tax Base（CCCTB）, COM（2006）157；Promoting Good Governance in Tax Matters, COM（2009）201 final；Towards Simple, Fair and Efficient Taxation in the European Union（2015）, https：//ec. europa. eu/taxation_ customs/sites/taxation/files/resources/documents/taxation/gen_ info/tax_ policy/taxation_ internal_ market_ en. pdf.

[80]　Case 10/65 *Deutschmann v Federal Republic of Germany* [1965] ECR 469；Case 57/65 *Lütticke*（n 40）；Case 105/76 *Interzuccheri SpA v Ditta Rezzano e Cavassa* [1977] ECR 1029.

[81]　Case 193/85 *Cooperative Co-Frutta Srl v Amministrazione delle Finanze dello Stato* [1987] ECR 2085, [8]；Cases C–290 and 333/05 *Nadasdi*（n 45）[39]–[42].

[82]　Case 105/76 *Interzuccheri*（n 80）[9].

政措施属于《欧洲联盟运行条约》第 110 条规制的范围，那么成员国制定的税收水平并不违法，审查的问题是，该项税收是否构成第 110 条第 1 段意义上对进口商的歧视，或者是否具有第 110 条第 2 段意义上的保护效果。判断案件适用第 30 条还是第 110 条一般没有困难，但在以下三种情况下存在一定的难度。

一　对进口商征收税费

存在难度的第一种情况是成员国对进口商收费。在这种情况下，通常适用第 30 条，因为征收的税款被视为具有同等效果的收费（CEE）。除非成员国能够证明此项税费是由于向进口商提供服务而收取的报酬，或者是根据欧盟法的强制要求征收的费用，否则就将被认定为非法。也有成员国试图主张此项税费应根据第 110 条考虑，其理由是国内生产商也必须支付此项费用，但这种诉讼都没有胜诉，例如前面讨论过的"布雷夏尼案"。

然而，在例外情况下，欧洲法院也可能会判定，尽管这项税费是在边境收取的，但不能被定性为第 30 条意义上与关税具有同等效果的收费，而是作为一项税收，应根据第 110 条检验其合法性。在"登卡维特公司案"（*Denkavit*）[83] 中，原告方是一名从荷兰向丹麦进口饲料的进口商。丹麦法律要求进口商获得农业部的授权，"并且"收取一项年费，用于支付对商品样本抽查所需的成本。欧洲法院裁定，该授权要求属于《欧洲联盟运行条约》第 34 条禁止的事项[84]，但可以根据第 36 条获得正当理由。欧洲法院接下来考虑这项收费是否合法。此项收费适用于所有从事饲料贸易的企业，无论进口商还是国内生产商。欧洲法院裁定，该项税费与系统性适用的国内一般税费体系有关，而且本国产品和进口的相似产品适用同等标准，因此适用第 110 条。[85]

---

[83]　Case 29/87 *Dansk Denkavit ApS v Danish Ministry of Agriculture* [1988] ECR 2965.

[84]　作为一项与数量限制具有同等效果的措施，见第二十章。

[85]　Case 29/87 *Denkavit* (n 83) [33]. See also Case C－130/93 *Lamaire* (n 9)；Case C－90/94 *Haahr Petroleum Ltd v Abenra Havn* [1997] ECR I－4085；Case C－72/03 *Carbonati Apuani* (n 2) [17]－[18]；Case C－387/01 *Weigel* (n 41) [64].

然而，欧洲法院在"米凯利迪斯案"（*Michailidis*）⑧ 中清楚地阐明，只有在对本国产品以同样的税率、在同样的销售阶段并以相同的应税事项为基础收取具有可比性的费用的情况下，在边境征收的费用才可以被视为国内税，而不是一项与关税具有同等效果的收费。

二　进口国对其不生产的进口产品征收税费

可能导致第 30 条和第 110 条的适用范围产生界限问题的第二类情况是，进口国并不生产该进口产品，但却对其征税。可能有人认为，欧洲法院会认定适用第 30 条，因为不存在国内相似商品。但事实上并不总是如此，例如"*Co-Frutta* 案"。

Co-Frutta 合作社诉意大利国家财政管理局

Case 193/85 Cooperative Co-Frutta Srl v

Amministrazione delle Finanze dello Stato

[1987] ECR 2085

[《里斯本条约》重新编号，《欧洲共同体条约》第 12 条、第 95 条和第 177 条现分别变更为《欧洲联盟运行条约》第 30 条、第 110 条和第 267 条]

这是由于意大利对香蕉征收消费税而引发的另一起案件。对意大利出产的其他水果并不征收此类税费。一名香蕉进口商提起诉讼，要求审查此项税收是否合法。欧洲法院考虑该项税是第 12 条意义上的与关税具有同等效果的收费，还是第 95 条意义上的税收。

欧洲法院

8. 根据本法院已确立的判例法，条约第 9 条和第 12 条要求禁止与关税具有同等效果的收费，其涵盖范围包括在进口发生之时，或者由于进口而收取的任何费用，该项费用专门由进口产品承担，而不对

---

⑧　Cases C – 441 and 442/98（n 5）[24].

国内相似产品收取，因此该项费用改变了进口产品的成本价格，从而对货物自由流动产生了与关税相同的限制性效果。

9. 因此，与关税具有同等效果的收费之所以区别于国内税，其基本特征在于，前者仅由进口产品承担，而后者由进口产品和本国产品两者承担。

10. 然而，本法院已承认，在不存在相同或相似本国产品的情况下，即使由从其他成员国进口的产品承担的费用不构成与关税具有同等效果的收费，但是，如果它涉及的是一项按照客观标准系统地适用于各类产品的国内一般税费体系，不论产品的原产地如何，那么它就构成条约第95条意义上的国内税。

11. 上述考虑因素表明，即使在某些情况下，为了确定由进口产品承担的某项费用所属的类别，有必要将极低的国内产量等同于不存在这类本国产品，但这并不意味着相关税费必然被视为与关税具有同等效果的收费。特别是，如果此项税费是国内一般税费体系的组成部分，而该体系按照上述标准系统地适用于各产品类别，则不会被视为与关税具有同等效果的收费。

12. 主要诉讼中涉及的消费税类型，的确属于国内一般税费体系的组成部分。有19种消费税由共同税收规则予以规制，而且，无论其原产地是哪里，都是按照一项客观标准，依照产品的不同类别予以征收，也就是说，依照相关产品所属的特定类别征税。有些税费是向用于人类消费的产品征收的，包括对香蕉的消费征收税费。无论这些商品是在国内生产还是从国外进口，似乎都未对税率、评估依据或收税方式产生影响。由此类税收产生的收入并未被指定用于某项特定用途；它构成与其他税收收入完全相同的税收收入，而且，它的作用是支持各部门的一般国家支出。

13. 因此，所涉税收必须被视为条约第95条意义上的国内一般税费体系不可或缺的组成部分，必须以条约第95条而不是第9条和第12条为依据评估它与共同体法是否相符。

欧洲法院的论证十分合理。如果一个成员国向其根本不生产的产品，或者其产量可以忽略不计的产品征收的任何费用，均被划归为第30条意义上与关税具有同等效果的收费，那么，此项收费就将被自动认定为非法。⑧⑦其结果是，进口国就无法对它不生产的产品征税，因为此类税收将在第 30 条下被判为非法。这一严苛的结论不会产生任何社会、经济或政治意义，因此，欧洲法院无疑要避免这种结果。⑧⑧

一个国家或许有充分理由解释为什么会选择征税，例如对奢侈品征税，即使国内不生产这种产品。欧洲法院采用的标准为这一问题提供了一种合理的解决方案。如果满足本检验标准，收费还不一定被认定为合法，因为将根据《欧洲联盟运行条约》第 110 条进行评估。在 "*Co-Frutta* 案" 中，该税收被裁定违反《欧洲联盟运行条约》第 110 条第 2 段，原因与 "委员会诉意大利案" 给出的理由相同。⑧⑨

三　选择性退税

第三种情况是，一个国家采用选择性退税方式，或者国家发放金钱使特定群体受益。如果来自某项税收的收入进入国库，并且被用于使某一特定国内产业受益，这可能构成国家援助，受《欧洲联盟运行条约》第 107—109 条约束。⑨⓪ 如果返还款项与根据特定税费征收有关，就会产生究竟适用第 30 条还是第 110 条的归类问题。

在此种情况下，正确归类将取决于退回的税款或者本国生产者所获得的其他收益能否全部或部分抵销税费。如果能够全部抵销，那么，该税收就适用第 30 条，因为该项税费实际上仅对进口产品或出口产品征收。⑨① 然而，如果退回的税款或者由此获得的收益仅能部分抵销税费，那么就适用第 110 条，因为部分退税实际上意味着有可能存在歧视性税收。⑨② 巴伦支

---

⑧⑦　当然，我们假设这项收费无法以其是对某项服务收取的报酬为由得到豁免。

⑧⑧　See also Case 90/79 *Commission v France* [1981] ECR 283；Case C–383/01 *De Danske Bilimportorer v Skatteministeriet* [2003] ECR I–6065，[35]–[42].

⑧⑨　参见本章第二节第二部分。

⑨⓪　Cases C–78–83/90 *Compagnie Commerciale de l'Ouest v Receveur Principal des Douanes de la Pallice Port* [1992] ECR I–1847.

⑨①　第 30 条明确涵盖具有财政性质的关税。

⑨②　如果由此项收费资助的活动既能使国内生产商受益，也能使进口商受益，但相较之下，国内生产商获得了比例更大的收益，对于此项收费应适用第 30 条还是第 110 条这一问题，取决于国内生产商所获得的收益是否能够全部或部分抵销他们的负担，参见 Case C–28/96 *Fazenda Publica v Fricarnes SA* [1997] ECR I–4939.

（Barents）对早期的判例法进行了总结。[93] 他发现，在以下三种情况下，将根据第30条而不是第110条对一项收费进行评估：[94]

　　　　首先，某项费用仅能用于资助那些使被征税的本国产品获得极大利益的活动；其次，被征税的产品与受益于该项费用的本国产品必须是同一种产品；最后，对本国产品征收的费用必须得到完全补偿。

该方法在"沙尔巴特克公司案"（*Scharbatke*）[95] 中得到了证明。德国在对屠宰后的牲畜进行检疫时强制征收一定的费用，该案的当事人对此提起诉讼。此项费用根据同样的条件适用于本国产品和进口产品，并且此项收入的目的是作为农产品、林业产品和粮食产品的一项销售基金。欧洲法院裁定，此项强制费用构成了过度收费。[96] 如果由此带来的收入仅使本国产品受益，以至于获得的收益"完全"抵销了对这些产品征收的费用，那么，此项费用就是第30条意义上与关税具有同等效果的收费。[97] 如果由此获得的收益只是"部分"抵销了对本国产品征收的费用，那么，该项收费就有可能构成第110条意义上的歧视性国内税收。[98]

第五节　结论

一　欧洲法院就关税和税收等问题的判决，对单一市场的实现做出了重要

---

[93] Case 77/76 *Fratelli Cuchi v Avez* [1977] ECR 987；Case 94/74 *Industria Gomma Articoli Vari v Ente Nazionale per la Cellulosa e per la Carta* [1975] ECR 699；Case 105/76 *Interzuccheri*（n 80）.

[94] （N 7）430.

[95] Case C－72/92 *H Scharbatke GmbH v Federal Republic of Germany* [1993] ECR I－5509. See also Cases C－78－83/90 *Compagnie Commerciale*（n 90）；Case C－234/99 *Niels Nygard*（n 9）[23]；Case C－517/04 *Visserijbedrijf v Productschap Vis* [2006] ECR I－5015, [18]－[20].

[96] 欧洲法院裁定，此项费用也可能构成《欧洲联盟运行条约》第107条意义上的国家援助。

[97] 还不完全清楚，"沙尔巴特克公司案"是否旨在修改先前的判例。先前的判例裁定，要将一项收费认定为第30条意义上的与关税具有同等效果的收费，在被征税的产品与正在获得收益的产品之间必须具有严格的一致性，参见 Case 105/76 *Interzuccheri*（n 80）.

[98] See also Case 73/79 *Commission v Italy* [1980] ECR 1533；Case C－347/95 *Fazenda Publica v Uniao das Cooperativas Abastecedoras de Leite de Lisboa*，URCL（*UCAL*）[1997] ECR I－4911.

贡献。欧洲法院在做出司法判决时一直坚持透过一项争议措施的形式去看其实质内容，而欧洲法院解释相关条款所采用的方法是能够确保条约目标得以实现的最佳方式。

二　在关税同盟方面，未来面临的主要挑战涉及的是，需要从 27 个成员国的相关机构中组建一支既有效率又有效力的海关力量，以便有能力打击诈欺、打击进口非法货物、打击恐怖主义，等等。

三　在税收方面，涉及的问题更加复杂。《罗马条约》当初给成员国在财政领域留下了极大的自主空间，尽管要受到第 30 条和第 110 条的约束。只有进行立法调和，才有可能彻底解决与成员国税收体系差异有关的诸多问题。然而，税收被视为国家主权的核心，因此，将欧盟权能扩大到税收领域这一问题一直备受争议。

四　在司法理论与立法倡议之间存在着某种联系。根据欧洲法院在"Chemial 公司案"[99] 和"法国甜葡萄酒案"（French Sweet Wines）[100] 中的判决，只有在欧洲法院认为成员国的某项税收政策符合条约要求的情况下，此项受到质疑的政策才能够得到支持，但这一事实本身造成了自相矛盾的结果。由于缺乏法律调和，因此造成了一种具有讽刺意义的结果，即欧盟委员会在欧洲法院的"怂恿"下，一直试图对成员国的税收政策施加影响，也因而对成员国的经济政策和社会政策产生了影响，而相较于理事会就统一税收制度已达成一致的情况，欧盟委员会产生的影响也许更大。[101]

五　欧盟委员会一直强调税收和海关政策对实施"里斯本战略"的贡献。[102]

第六节　扩展阅读

Banks，K，'The Application of the Fundamental Freedoms to Member State

---

[99]　Case 140/79 *Chemial Farmaceutici v DAF SpA*［1981］ECR 1.

[100]　Case 196/85［1987］ECR 1597.

[101]　J Lonbay，'A Review of Recent Tax Cases'（1989）14 ELRev 48，50.

[102]　The Contribution of Taxation and Customs Policies to the Lisbon Strategy, COM（2005）532 final.

Tax Measures: Guarding against Protectionism or Second-Guessing National Policy Choices?' (2008) 33 ELRev 482

Barents, R, 'Charges of Equivalent Effect to Customs Duties' (1978) 15 CMLRev 415

—— 'Recent Case Law on the Prohibition of Fiscal Discrimination under Article 95' (1986) 23 CMLRev 641

Cordewener, A, Kofler G, and van Thiel, S, 'The Clash between European Freedoms and National Direct Tax Law: Public Interest Defences Available to the Member States' (2009) 46 CMLRev 1951

Danusso, M, and Denton, R, 'Does the European Court of Justice Look for a Protectionist Motive under Article 95?' (1990) 1 LIEI 67

Easson, A, 'The Spirits, Wine and Beer Judgments: A Legal Mickey Finn?' (1980) 5 ELRev 318

—— 'Fiscal Discrimination: New Perspectives on Article 95 of the EEC Treaty' (1981) 18 CMLRev 521

Grabitz, E, and Zacker, C, 'Scope for Action by the EC Member States for the Improvement of Environmental Protection under EEC Law: The Example of Environmental Taxes and Subsidies' (1989) 26 CMLRev 423

Haslehner, W, '"Consistency" and Fundamental Freedoms: The Case of Direct Taxation' (2013) 50 CMLRev 737

Kingston, S, 'The Boundaries of Sovereignty: The ECJ's Controversial Role Applying Internal Market Law to Direct Tax Measures' (2006 – 7) 9 CYELS 287

—— 'A Light in the Darkness? Recent Developments in the ECJ's Direct Tax Jurisprudence' (2007) 44 CMLRev 1321

Snell, J, 'Non-Discriminatory Tax Obstacles in Community Law' (2007) 56 ICLQ 339

第二十章　货物自由流动：数量限制

第一节　核心议题

一　上一章聚焦关税和税收，但那只是单一市场战略的一部分。货物自由流动由《欧洲联盟运行条约》第 34—37 条（原《欧洲共同体条约》第 28—31 条）规制。第 34 条是该领域的核心条款，规定"禁止对成员国之间的进口施加数量限制（quantitative restrictions on imports）或任何具有同等效果的措施"。第 35 条包含与出口（exports）有关的相似条款，而第 36 条规定允许成员国在某些情况下对货物自由流动施加一定限制。

二　有必要理解第 34—37 条如何体现货物自由流动的总体战略。《欧洲联盟运行条约》第 28—33 条通过取消成员国之间关税和设立共同关税税率，为关税同盟的建立奠定了基础。除此之外，还必须防止成员国对货物进口的数量制定配额，或者通过采取与配额具有同等效果的措施限制货物流动，这正是第 34—37 条的目标。

三　在实现单一市场的一体化方面，欧洲法院对第 34—37 条的解释具有重要意义。欧洲法院对"与数量限制具有同等效果的措施"（measures having equivalent effect，MEQR）这一术语做广义解释，而且裁定歧视可能是直接和间接的。

四　欧洲法院还裁定，即使不存在歧视也有可能适用第 34 条。著名的"第戎黑醋栗甜酒案"（*Cassis de Dijon*）[1] 裁定，如果适用于国内商品

---

[1]　Case 120/78 *Rewe-Zentral AG v Bundesmonopolverwaltung für Branntwein* [1979] ECR 649.

和进口商品的同等规则禁止货物在欧盟内部流动，那么第34条可以适用于这种情况，当然还有一些例外情形。因此，歧视是援引第34条的一个充分但非必要的条件。此外，在本领域存在以下六个核心议题。

五　第一个问题是，欧洲法院的判例法导致了这样一个棘手问题，即欧盟法这一分支领域的"终点"在哪里。欧洲法院裁定，即使在贸易规则没有构成歧视的情况下也可以适用第34条，该结论导致关于欧盟法外部边界这个难题。

六　第二个问题是，消极一体化和积极一体化之间的关系存在问题。欧洲法院在"第戎黑醋栗甜酒案"中所采取的方法推动了"消极一体化"：如果那些无差别适用的规则妨碍了跨境贸易，则不得实施这些规则，除非它们属于被允许的例外情形之一。这种一体化从根本上说是消极的，也就是说，裁定成员国规则不予适用。这一点与"积极一体化"相反，积极一体化来自欧盟立法措施，这些措施规定哪些规则应该在整个联盟范围内适用。下文将看到，通过这两种不同战略发展欧盟政策将产生重要影响。

七　第三个问题是，在欧盟一体化与成员国规制自主两者之间存在矛盾。第34条在一般情况下会导致成员国规制措施不可适用。因此，它是一项用于监督合法与不合法的成员国法规之间界限的工具，而此种界限的性质很可能会引起争议。[2]

八　第四个问题是，出于如下原因，在"歧视检验方法"与"第戎黑醋栗甜酒案"中引入的"承认规则检验方法"两者之间做出选择具有重要意义。前者将控制权交由东道国，在一般情况下是产品进口目的国：只要东道国规则不构成歧视，那么就是合法的。而"黑醋栗甜酒案方法"（Cassis）则颠覆了这项义务：东道国必须接受来源国的规制性规则，除下文讨论的几种情况例外。

九　第五个问题是，该问题也表明了为实现欧盟的目标而采取的司法倡议和立法倡议之间的相互关系——本书自始至终都在强调这一主题。通过立法调和来处理成员国之间在贸易规则上的差异是可能的，但这一

---

② WPJ Wils, 'The Search for the Rule in Article 30 EEC: Much Ado about Nothing?' (1993) 18 ELRev 475, 478; M Maduro, *We the Court, the European Court of Justice and the European Economic Constitution* (Hart, 1998) 54 – 58.

过程比较缓慢，要求在理事会一致通过会造成这一程序的困难。③ 欧洲法院的判例法构成了确保货物自由流动的另外一种手段，即使不存在欧盟调和式立法的情况下也是如此。它传达的信息是明确的。欧盟政策这一核心部分的实现并不取决于调和式立法。委员会欢迎欧洲法院对第 34 条的处理方法，认为调和方法可用于那些在"第戎黑醋栗甜酒案"表达公式下仍然合法的规则。因此，司法方法引起委员会对自身立法计划进行重新定位。

十　最后的问题是，联盟法院还一直严格控制第 36 条的适用，而第 36 条规定了对表面违反第 34 条的辩护理由。欧洲法院一直严格地解释第 36 条，以确保对货物自由流动的歧视性限制措施不会轻易获得正当理由。然而，在对歧视的辩护理由与对"无差别适用的规则"（indistinctly applicable rules）的辩护理由这二者的关系方面，也存在困难。

第二节　基础：《第 70/50 号指令》与"达松维尔案"

第 34 条规制的是"数量限制"（quantitative restriction）以及所有"与数量限制具有同等效果的措施"（MEQR）。它既适用于欧盟措施④，也适用于成员国通过的措施。"数量限制"这一概念在"杰多案"（Geddo）⑤中得到广义解释，其含义是"根据相关环境，对进口、出口或过境货物构成全部或部分限制的措施"。"与数量限制具有同等效果的措施"则更难界定。委员会和欧洲法院对此类措施采取了广义的解读。

在《第 70/50 号指令》（Directive 70/50）中可以发现与委员会立场有关的指引。该指令仅在欧洲共同体的过渡阶段适用，但它现在仍对"与数量限制具有同等效果的措施"具有指导意义。指令第 2 条列举了可能构成"与数量限制具有同等效果的措施"的事项，包括：⑥ 对进口产品设置最低

---

③　参见第十八章。

④　Case C – 114/96 *Criminal Proceedings against Kieffer and Thill* [1997] ECR I – 3629.

⑤　Case 2/73 *Geddo v Ente Nazionale Risi* [1973] ECR 865.

⑥　Dir 70/50 [1970] OJ L13/29, Art 2 (3).

或最高价格；对进口产品制定更不利的价格；通过降低进口产品的真实价值或提高其成本的方式降低进口产品的价值；对进口产品规定的支付条件与适用于本国产品的条件不同；关于包装、成分、标识、尺寸、重量等条件仅适用于进口产品，或者与本国产品相比，进口产品更难满足这些条件；购买本国产品享有比购买进口产品更优惠的条件，或者妨碍购买进口产品；相较于本国产品，限制对进口产品宣传；对进口产品和本国产品规定不同的存储要求，或者适用于进口产品的存储要求比本国产品更难达到；强制要求货物进口商在进口国境内设立代理处。

因此，第 2 条列举了进口国有可能采取的歧视进口货物的不同方式。应该注意，早在 20 世纪 70 年代，委员会就曾考虑将第 34 条的可能适用范围扩大到那些"无差别适用的规则"，因为该指令第 3 条在一定程度上对这类规则进行了规制。后文将要讨论该问题。在解释"与数量限制具有同等效果的措施"这一问题上，具有里程碑意义的早期判例是"达松维尔案"（*Dassonville*）。

比利时国王检察官诉达松维尔

Case 8/74 Procureur du Roi v Dassonville

[1974] ECR 837

[《里斯本条约》重新编号，《欧洲经济共同体条约》第 36 条现为《欧洲联盟运行条约》第 36 条]

比利时法律规定，如果某商品带有原产地标志，那么只有在该产品附有出口国政府颁发的证书，证明其有权使用此种标志的情况下，才能进口该产品。达松维尔从法国向比利时进口了一种苏格兰威士忌，该威士忌并未获得英国当局颁发的证书。已经在第三国自由流通的商品很难获得这类证书，本案的情况正是如此。达松维尔在比利时被起诉，他辩称该比利时规则构成了一项"与数量限制具有同等效果的措施"（MEQR）。

欧洲法院

5. 成员国制定的所有能够直接或间接、实际或潜在妨碍共同体内部贸易的规则,都应被视为与数量限制具有同等效果的措施。

6. 在不存在向消费者保证某产品的原产地具有真实性的共同体制度的情况下,如果成员国采取措施避免这方面的不公平实践,那么这些措施必须满足如下条件:它们是合理的;要求提供证明的方式不应妨碍成员国之间的贸易;其结果应该是让所有共同体国民都能够获知这些措施。

7. 即使不需要审查此类措施是否被第 36 条涵盖,但是,根据该条第二句所表达的原则,在任何情况下它们都不应对成员国间贸易构成任意歧视,或者是变相限制。

8. 某个成员国为了证明产品原产地而要求提供的表格也许就是这种情况,但只有直接进口商才能在不遇到严重困难的情况下真正满足这项要求。

9. 因此,相较于从原产地国直接进口某个产品的进口商,对于进口一种已经以正常方式在其他成员国自由流动的正宗产品的进口商而言,获得正宗产品证书的难度要大得多,因此,成员国的这一要求构成与数量限制具有同等效果的措施,这为条约所禁止。

第 5 段清楚地指出,证明一项措施与数量限制具有同等效果的关键因素是其效果,并不要求存在歧视的意图。欧洲法院对妨碍货物自由流动的措施采取广义观点,并且这一界定并不要求相关规则对进口产品和本国产品构成实际歧视。因此,"达松维尔案"[7] 为"第戎黑醋栗甜酒案"判决"瓜熟蒂落"播下了种子。在"第戎黑醋栗甜酒案"中,欧洲法院裁定,第 34 条也可适用于不具有歧视性的规则。欧洲法院在其判决第 6 段中指出,合理的限制条件可能不受第 34 条约束。这就是后来人们所称的"合理规则"(rule of reason)的来源,后文会予以讨论。我们现在讨论第 34 条适用于歧视的情况,这既包括直接歧视,也包括间接歧视。

---

[7] Case 120/78 *Rewe-Zentral AG* (n 1).

第三节　歧视：贸易壁垒

如果成员国规则给予本国产品比进口产品更优惠待遇，那么这些规则就属于第34条禁止的范围，即使案件仅涉及来自一个成员国的产品和当事方。⑧ 第34条也适用于阻止从同一个成员国的一个部分向另一个部分进口产品的国内措施。⑨ 歧视案件种类繁多，条约禁止的情形也包括导致进口商更难进入市场的措施。⑩

一　进口与出口限制

欧洲法院对歧视性的进口或出口限制一直特别严格。因此，第34条禁止进口或出口许可证⑪，并且禁止那些仅对进口货物施加要求但不要求本国产品的规定。例如在"委员会诉意大利案"中⑫，欧洲法院裁定，与本国汽车相比，进口汽车注册的程序和数据要求使其注册更加冗长、更加复杂，成本也更高，应被第34条所禁止。⑬ 对于歧视性的出口规则，欧洲法院也明显采取相同方式。在"布埃利耶案"（*Bouhelier*）⑭ 中，一项法国规则对出口手表施加质量检查，但对于在国内市场销售的手表则不要求此项检查，因此被裁定违反第35条。

二　促进或优待本国产品

第34条禁止国家采取行动促进或优待本国产品以至于妨碍与其竞争的进口产品。这种情况的发生可能有多种方式。其中最明显的方式是，"国

---

⑧　Cases C－321－324/94 *Criminal Proceedings against Pistre* [1997] ECR I－2343；Case C－448/98 *Criminal Proceedings against Guimont* [2000] ECR I－10663.

⑨　Case C－67/97 *Criminal Proceedings against Bluhme* [1998] ECR I－8033.

⑩　Case 50/85 *Schloh v Auto Contrôle Technique* [1986] ECR 1855.

⑪　Cases 51－54/71 *International Fruit Company v Produktschap voor Groenten en Fruit* (*No* 2) [1971] ECR 1107；Case 68/76 *Commission v French Republic* [1977] ECR 515；Case C－54/05 *Commission v Finland* [2007] ECR I－2473.

⑫　Case 154/85 [1987] ECR 2717.

⑬　See also Case 4/75 *Rewe-Zentralfinanz v Landwirtschaftskammer* [1975] ECR 843.

⑭　Case 53/76 *Procureur de la République Besançon v Bouhelier* [1977] ECR 197.

家参与促进购买国货的运动，而不是进口产品"。

委员会诉爱尔兰

Case 249/81 Commission v Ireland

[1982] ECR 4005

[《里斯本条约》重新编号，原第30条、第92条、
第93条和第169条现变更为《欧洲联盟运行条约》
第34条、第107条、第108条和第258条]

爱尔兰政府寻求促进爱尔兰产品的销售，其目标是使消费者将原本用于购买进口产品的消费支出中的3%转移到购买本国产品上。爱尔兰政府采取了多项措施，包括向消费者提供信息服务，说明哪些产品是爱尔兰生产的，以及在哪里能够购买爱尔兰产品（即Shoplink Service）；为爱尔兰产品提供展览设施；鼓励爱尔兰产品应用"购买爱尔兰国货"（Buy Irish）标志；由爱尔兰商品委员会（Irish Goods Council）通过宣传运动鼓励消费者购买爱尔兰产品。后来，爱尔兰政府放弃了前两项活动，但继续应用后两项策略。欧共体委员会提出，此项运动构成了与数量限制具有同等效果的措施（MEQR）。爱尔兰辩称，它从未采取过第30条意义上的"措施"（measure），而且应按照第92—93条而非第30条来判断给予爱尔兰商品委员会的任何财政援助。爱尔兰商品委员会的成员由爱尔兰政府部长任命，该委员会的活动由爱尔兰政府和私人公司按照大约6∶1的比例分别提供资助。欧洲法院先裁定，根据条约，即使该运动由私人公司负责运营，爱尔兰政府仍应为爱尔兰商品委员会的行动负责。接下来欧洲法院裁决如下。

欧洲法院

21. 爱尔兰政府认为，第30条禁止采用与数量限制具有同等效果的措施仅涉及"措施"，也就是说，由公权力机关制定的具有约束力的规定。然而，爱尔兰政府并未通过这样的规定，它仅限于对爱尔兰企业开展的活动提供道德支持和财政援助。

22. 爱尔兰政府还强调，该运动并未对进口产品产生限制性效果，

因为在爱尔兰市场上销售的所有产品中，爱尔兰产品的比例从1977年的49.2%下降到了1980年的43.4%。

23. 这里要提出的第一个观点是，该运动不能等同于私人企业或公共企业开展的……旨在鼓励人们购买本企业生产的货物的广告行为。无论采取何种手段，该运动都反映了爱尔兰政府希望用本国产品替代爱尔兰市场上的进口产品这一意图，由此对从其他成员国进口的产品的流动构成了控制。

……

25. 尽管该项活动中继续采用的两种方法，即广告活动和使用"爱尔兰质量保证"这一标志，并没能成功地为爱尔兰本国产品赢得更大的市场份额，但不可能忽略如下事实，即尽管这两项活动产生的效果有限，但它们仍然构成政府项目的一部分，而该项目旨在用本国产品取代进口产品，而且很容易影响成员国之间的贸易额。

……

27. 由于所涉两项活动由爱尔兰政府引入，并且在其帮助下得以实施，因此，在上述情况下，这两项活动构成了一项国家实践，它对从其他成员国进口的产品所产生的潜在影响，相当于具有约束力的政府措施所产生的效果。

28. 不能仅仅由于一项实践不是以对企业具有约束力的决定为基础，就认为它不被条约第34条所禁止。成员国政府通过的措施即使不具备约束力，但也有可能影响该国经销商与消费者的行为，因而妨碍了条约第2条中规定并且由第3条予以扩展的共同体目标的实现。

29. 本案正是这样一种情况。在本案中，此种限制性实践代表的是对政府界定的某一项目的实施，该项目影响了作为一个整体的国家经济，而且其目的是通过鼓励购买本国产品以控制成员国之间的贸易流，其方式是全国范围的推广活动，并组织仅适用于本国产品的特殊程序。此外，这些活动从整体上归因于爱尔兰政府，并且在整个国家范围内采取了一种有组织的方式。

欧洲法院的论证表明了它在第34条之下采用的一般性策略。它关注实质内容，而非形式，因此驳回了爱尔兰的如下主张，即认为只有具有正式约束力的措施才被第34条所禁止（判决第21段和第28段）。此外，欧洲法院还否认了爱尔兰的如下观点，即认为由于这场运动看上去并没有成功，因此欧盟法应与其无关（第25段）。⑮

第34条禁止的第二种情况是"国家对某些产品的原产地制定规则"。

委员会诉英国

Case 207/83 Commission v United Kingdom

[1985] ECR 1201

[《里斯本条约》重新编号，原第30条和第169条现分
别变更为《欧洲联盟运行条约》第34条和第258条]

英国立法要求，某些商品只有在标明原产国标记之后才能在零售市场上出售。委员会主张，该英国立法违反了第30条，构成一项与数量限制具有同等效果的措施（MEQR）。英国辩护称，该立法平等适用于进口产品和本国产品，而且，该信息对消费者具有重要意义，因为消费者将原产地视为产品质量的一种标示。下文节选内容与这些辩护理由中的第一个有关。

欧洲法院

17. 必须承认，原产地标志或原产地标记的目的是使消费者能够区分国内产品和进口产品，而这一点能够强化他们可能持有的对外国产品的任何偏见。本法院曾经在各种背景下多次强调，条约通过建立一个共同市场……寻求将各国市场统一为一个拥有国内市场特征的单一市场。在这样一个市场内，原产地标记要求不仅会导致更加难以在一个成员国销售在其他成员国生产的商品，而且，它还会延缓共同体内部的经济相互渗透进程，因为对于各成员国之间劳动分工而生产的产品，它会对这些产品的销售造成障碍。

---

⑮ 该运动可能已产生某些影响，因为如果没有该运动，爱尔兰商品销量的减少幅度可能会更大。然而，并不是所有针对本国产品的促销措施都会被《欧洲联盟运行条约》所禁止，参见 Case 222/82 *Apple and Pear Development Council v KJ Lewis Ltd* [1983] ECR 4083；J Hojnik, 'Free Movement of Goods in a Labyrinth：Can *Buy Irish* Survive the Crises？' (2012) 49 CMLRev 291.

只有在下列情况下，包含原产地标记规则的成员国立法在一般情况下才可以被接受，即原产地意味着商品的某种质量；说明产品由某种材料制造，或按照某种特定的制造方式生产；或者，表明民间传说中的一个特殊地点，或者是相关地区的某项传统。[16]

在第三种情况中也可以清楚地看到，欧洲法院希望坚决禁止更有利于国内产品而不是进口产品的成员国措施：不能将"公共采购"安排为有利于国内生产者。[17]

委员会诉爱尔兰

Case 45/87 Commission v Ireland

[1988] ECR 4929

[《里斯本条约》重新编号，原第 30 条和第 169 条现分
别变更为《欧洲联盟运行条约》第 34 条和第 258 条]

邓多克城区议会（Dundalk Council）公布了供水合同的招标公告。合同中有条款（第4.29条）规定，投标人提交标书的基础必须是使用符合爱尔兰某项特定标准（IS 188：1975）的水管。其中一份投标书所使用的水管并未得到爱尔兰当局认证，但符合国际标准。邓多克城区议会出于这个原因拒绝考虑其投标申请。

欧洲法院

19. 首先必须指出，将这样一项条款（第4.29条）包含在招标公告之中，可能会导致生产或使用与由爱尔兰标准认证的水管同等的水管的经济运营者无法参加投标。

20. 另外，似乎……只有一家企业曾经获得工业研究与标准研究

---

[16] Case 12/74 *Commission v Germany* [1975] ECR 181；Case 113/80 *Commission v Ireland* [1981] ECR 1625；Case C－95/14 *UNIC* EU：C：2015：492.

[17] Case C－21/88 *Du Pont de Nemours Italiana SpA v Unità Sanitaria Locale No 2 Di Carrara* [1990] ECR I－889；Case 72/83 *Campus Oil Ltd v Minister for Industry and Energy* [1984] ECR 2727；Case C－254/05 *Commission v Belgium* [2007] ECR I－4269.

所（IIRS）⑱的 IS 188：1975 认证，能够在生产所涉公共工程合同所要求的管道类型上适用爱尔兰标准标记（Irish Standard Mark）。这家公司设在爱尔兰。因此，将第 4.29 条包含在该招标书中，导致只有一家爱尔兰生产商能够满足向邓多克项目供应其所需水管的要求。

21. 爱尔兰政府坚持认为，必须对相关材料的制造标准做出规定，在本案中尤应如此，因为所使用的水管必须能够适宜现行管网。符合其他标准，即使是诸如 ISO 160：1980 这样的国际标准，也仍然不足以消除技术困难。

22. 这项技术理由无法被接受。委员会的诉请与是否符合技术要求无关，而是因为在相关材料的制造商没有获得工业研究和标准研究所的 IS 188 标准认证的情况下，爱尔兰当局拒绝核实它们能否满足那些要求。如果在发布的公告中在关于爱尔兰标准的要求后面增加"或与此同等的"这个短语——这正是《第 71/305 号指令》在这种适用情况下所要求的，那么爱尔兰当局本应可以对是否符合技术条件进行核实，而不是从一开始就将招标合同仅限于拟使用爱尔兰材料的投标商。

第四种情况是，"在行政实践中明显存在有利于本国产品的歧视"，例如"委员会诉法国案"⑲。法国法律对进口的盖邮戳机器构成歧视。该项法律后来得到了修订，但一家英国公司声称，尽管修改了法律，但法国当局仍多次拒绝批准其生产的机器。欧洲法院裁定，对进口产品的行政歧视也属于第 34 条禁止的范围。行政歧视可能采取的形式包括：对要求批准的申请延迟答复；或者以各种错误的所谓技术缺陷为由拒绝批准。

三 价格固定

国家不能通过关于固定价格的法规，在法律或事实上给予进口产品相较于国内产品更不利的待遇。⑳

---

⑱ Institute for Industrial Research and Standards.

⑲ Case 21/84 *Commission v France* [1985] ECR 1356.

⑳ Case 181/82 *Roussel Laboratoria BV v The State of The Netherlands* [1983] ECR 3849；Case 56/87 *Commission v Italy* [1988] ECR 2919；Case 82/77 *Openbaar Ministerie v Van Tiggele* [1978] ECR 25；Case 65/75 *Riccardo Tasca* [1976] ECR 291.

图书与媒体行业协会诉 LIBRO 国际贸易公司
Case C –531/07 Fachverband der Buch-und
Medienwirtschaft v LIBRO Handelsgesellschaft mbH
[2009] ECR I –3717

奥地利法律规定，图书进口商不能将价格确定为低于图书出版国出版商所确定或推荐的零售价格。

欧洲法院

21. 在这方面，应该注意，奥地利《以固定价格销售图书之义务法》（BPrBG）第 3 段第 2 款禁止奥地利的德语图书进口商确定的零售价格低于出版国的出版商确定或推荐的价格（去除其中包含的任何增值税），导致对进口图书较为不利待遇，……因为它使奥地利进口商和外国出版商无法根据进口市场的情况制定最低零售价格，而奥地利出版商则可以自由地为自己的产品制定在国内市场销售图书的最低零售价格。

22. 因此，此类条款应被视为与进口限制具有同等效果的措施，这种措施违反《欧洲共同体条约》第 28 条，因为对于进口图书而言，这些条款创设了一项明确控制，具有给予从其他成员国进口的产品较为不利待遇的效果。……

23. 德国政府主张，……与奥地利上述条款的限制性效果有关的所有考虑因素都没有依据，因为奥地利从德国进口的图书事实上涵盖了奥地利的大部分市场，而且不能认为奥地利的德语图书市场独立于德国市场。由于零售价格的差别微乎其微，因此存在着一个事实上的单一市场，在这两个成员国出售的相同图书的不同版本之间并不存在竞争。

24. 此外，这些事实并不存在争议，但不能将其作为考虑依据。即使假设德语图书的出版商，尤其是那些在德国开业的出版商，并未由于奥地利关于进口图书价格的规定而受到不利影响，但是，这些规定允许出版商控制在奥地利市场出售图书的价格，并且确保其价格不低于在出版国收取的图书价格；这种考虑因素并不能排除如下可能性，即主要诉讼中的争议条款具有限制奥地利进口商竞争能力的效果，因为他们无法像奥地利出版商一样在市场上自由采取行动，而奥地利出版商是他们的直接竞争者。

四 国家措施与私人行为

一般原则是，第 34 条适用于国家措施[21]，而不适用于私人当事方的行为；[22] 条约其他条款，特别是《欧洲联盟运行条约》第 101 条和第 102 条，适用于对竞争造成限制的私人行为。[23] 这项一般原则有三个限定条件。

第一，哪些机构构成国家实体。因此，在"购买爱尔兰国货案"（*Buy Irish*）[24] 中，欧洲法院拒绝承认爱尔兰商品委员会是私人机构，因而不豁免适用第 34 条。爱尔兰政府参与对该委员会组织工作的资助，并且参与对其成员的任命，使其具有这些意义上的公共机构的性质；而在"苹果和梨发展委员会案"（*Apple and Pear Development Council*）[25] 中，由于水果种植者存在向该委员会支付一定税费的法定义务，就足以使其成为这些意义上的公共机构。即使有些与贸易监管相关的机构名义上是私人性质的，但只要它们接受国家支持或"背后支撑"，它们就可能属于"国家"这一定义。[26]

第二，从"*Fra. bo* 案"[27] 中可以清楚地看到，第 34 条适用于私法机构的标准化活动和认证活动，其前提是成员国立法认为由该机构认证的产品符合本国法律，并且具有限制那些没有获得该机构认证的产品在市场上销

---

[21] S Van den Bogaert, 'Horizontality: The Court Attacks?' in C Barnard and J Scott (eds), *The Law of the Single European Market: Unpacking the Premises* (Hart, 2002) ch 5; P Verbruggen, 'The Impact of Primary EU Law on Private Law Relationships: Horizontal Direct Effect under the Free Movement of Goods and Services' (2014) 22 ERPL 201; C Krenn, 'A Missing Piece in the Horizontal Effect "Jigsaw": Horizontal Direct Effect and the Free Movement of Goods' (2012) 49 CMLRev 177.

[22] Case 311/85 *Vereniging van Vlaamse Reisebureaus v Sociale Dienst de Plaatselijke en Gewestelijke Overheidsdiensten* [1987] ECR 3821, [30]; Case C–159/00 *Sapod–Audic v Eco–Emballages SA* [2002] ECR I–5031, [74].

[23] 见第二十七章至第二十八章。

[24] Case 249/81 *Commission v Ireland* [1982] ECR 4005; Case C–325/00 *Commission v Germany* [2002] ECR I–9977.

[25] Case 222/82 (n 15).

[26] Cases 266 and 267/87 *R v The Pharmaceutical Society, ex p API* [1989] ECR 1295.

[27] Case C–171/11 *Fra. bo SpA v Deutsche Vereinigung des Gas-und Wasserfaches eV* (*DVGW*) — *Technisch-Wissenschaftlicher Verein* EU: C: 2012: 453; H van Harten and T Nauta, 'Towards Horizontal Direct Effect for the Free Movement of Goods? Comment on *Fra. bo*' (2013) 38 ELRev 677.

售的效果。这种情况尤其会发生在以下情形，即该机构是某些产品有可能获得标准认证的唯一机构来源，而且由于它拥有认证产品的权威，它有权对这些产品进入市场的行为进行规制。即使该私人机构并未获得政府资助，政府对其活动也不具有决定性影响，上述结论依然适用。

第三，即使私人当事方在限制货物自由流动方面发挥了主要作用，第34条也可以适用于国家，例如"委员会诉法国案"[28]。在该案中，委员会起诉法国政府，认为后者违反了《欧洲联盟运行条约》第34条和《欧洲联盟条约》第4条第3款，其理由是，法国政府并未采取充分措施制止法国农民阻挠从其他成员国进口农产品。欧洲法院裁定，一国政府有责任采取所有必要和适当措施确保自由流动在其本国领土上得到尊重，即使阻碍来自私人当事方。[29]

五 小结

1. 如果某个政体决定接受单一市场，那么具有歧视性或保护性的措施就将处于被禁止的清单之首，因为它们与单一市场理念完全相悖。
2. 欧洲法院被赋予监督该机制的功能，因此，它必须关注成员国用于歧视进口商品的诸多方式。
3. 欧洲法院一直对此保持着警惕，并且确定间接歧视和直接歧视都在第34条禁止之列。

第四节 对于无差别适用的规则：
"第戎黑醋栗甜酒案"

一 基础："第戎黑醋栗甜酒案"

消除歧视性贸易壁垒是单一市场一体化的必要条件，但不是充分条

---

[28] Case C‑265/95 *Commission v France* [1997] ECR I‑6959；Case C‑112/00 *Schmidberger, Internationale Transporte und Planzuge v Austria* [2003] ECR I‑5659，[57]‑[59].

[29] See also Regulation 2679/98 of 7 December 1998 on the functioning of the internal market in relation to the free movement of goods among the Member States [1998] OJ L337/8. 关于该条例的弱点，参见 Report from the Commission to the Council and European Parliament on the application of Regulation 2679/98，COM (2001) 160 final.

件。有许多规则并不以原产国为基础对货物构成歧视，但仍然造成成员国之间的贸易壁垒。

　　委员会在起草《第70/50号指令》③⓪时就重视了这个问题。该指令第2条涉及歧视性措施。第3条规定，该指令也涵盖规制产品销售的措施，即规定产品的形状、大小、重量、成分、外表和标识等问题，而且这些措施同等适用于国内产品和进口产品，并且此类措施对货物自由流动所产生的限制性效果超过了这些规则所固有的影响。

　　在"达松维尔案"③①中可以明显看到，第34条也可能适用于那些无差别适用的规则（indistinctly applicable rules）。第5段对"与数量限制具有同等效果的措施"（MEQR）的界定，并不要求某项措施具有歧视性。在《第70/50号指令》和"达松维尔案"中播下的种子，在"第戎黑醋栗甜酒案"（*Cassis de Dijon*）这一具有里程碑意义的判例中发展成熟。

雷弗中心股份公司诉德国联邦酒类专卖局

Case 120/78 Rewe-Zentral AG v Bundesmonopolverwaltung

für Branntwein

［1979］ECR 649

［《里斯本条约》重新编号，原第30条现变更为
《欧洲联盟运行条约》第34条］

　　申请人想要从法国向德国进口利口酒"第戎黑醋栗甜酒"（Cassis de Dijon）。德国当局拒绝允许该产品进口，其理由是，该法国饮品中的酒精度不足以在德国市场上销售。根据德国法律，此类利口酒的酒精含量必须达到25%，但该法国饮品的酒精含量只有15%至20%。申请人主张，该德国规则是一项与数量限制具有同等效果的措施（MEQR）。

欧洲法院

　　8. 在不存在关于酒精生产和销售的共同规则的情况下，……成员

---

③⓪　Dir 70/50［1970］OJ L13/29，Art 2（3）.

③①　Case 8/74 *Procureur du Roi v Dassonville*［1974］ECR 837.

国有权规制与在其本国领土生产和销售酒精及酒精饮料有关的所有事项。

关于本案所涉产品销售的各成员国法律之间存在差异，导致其在共同体内流动的障碍，但只要这些规定可以被认定为是为了满足与下列事项相关的强制性要求所必不可少的，特别是财政监管的有效性、保护公共卫生、公平商业交易以及捍卫消费者利益等目的，那么这些障碍就必须被认可。

9. 联邦德国政府……提出了多项理由，从其观点来看，这些理由足以说明，适用与酒类饮料的最低酒精含量有关的规定是正当的，其提出的考虑因素一方面涉及保护公共卫生，另一方面涉及保护消费者免于不公平的商业实践。

10. 就保护公共卫生而言，德国政府提出，通过国家立法规定最低酒精含量的目的是，避免酒类饮料在本国市场上泛滥，特别是低酒精含量的酒类饮料，因为在其看来，这类产品比更高度数的酒类饮料更容易引发对酒精的耐受性。

11. 这样的考虑因素并不具有决定性，因为消费者可以在市场上买到各种度数的低度或中度酒类产品。此外，在德国市场上自由出售的酒精含量较高的酒类饮料中，大部分在一般情况下是以稀释形式消费的。

12. 德国政府还声称，之所以为某些利口酒规定较低的酒精含量下限，其目的是保护消费者免受酒类饮料的生产商或经销商不公平实践的侵害。

这条理由的依据是，认为降低酒精含量能够确保这类产品比酒精含量较高的饮料更具竞争优势，因为酒精到目前为止构成了这些饮料中成本最高的成分，原因在于酒精适用的税率很高。

此外，按德国政府的说法，如果只要酒类产品的酒精含量符合生产国制定的规则，就允许它们进入自由流通，那么就可能导致如下效果，即任何成员国允许的最低酒精度将被作为整个共同体内的共同标准，甚至会造成该领域的任何要求都无法执行，因为几个成员国的规则根本不考虑此类性质的下限。

13. 正如委员会所提出的那样，就有利于商品交易更为透明以及向公众提供销售而言，对饮料的酒精含量规定限度也许会使在市场上销售的产品及其标识实现标准化。

然而，我们并不能以此认为强制性规定最低酒精含量是实现公平商品交易的基本保证，因为确保向购买者传递适当信息是一件简单事项，只需要求在产品的包装上标明原产地和酒精含量即可做到。

14. 从以上论述可以清楚地看到，关于酒类饮料最低酒精含量的要求并不是服务于一项符合普遍利益的目的，而且不能由此凌驾于对货物自由流动的要求之上，而货物自由流动是共同体的根本规则之一。

在实践中，具有此种性质的要求所产生的主要效果是，通过将其他成员国生产的无法满足这一要求的产品排除出本国市场的方式，促进较高酒精含量的酒类饮料的销售。

由此，某个成员国为销售酒类饮料的目的，通过关于最低酒精含量的规则施加的单边要求构成对贸易的障碍，这与条约第30条的规定不符。

因此，不存在有效理由可以说明为什么不应将在一个成员国合法生产和销售的酒类饮料引入其他任何成员国；此类产品的销售不得受如下禁止性法律规定的约束，即禁止低于成员国规则所规定的最低酒精含量的饮料在市场上销售。

怎么强调"第戎黑醋栗甜酒案"的意义都不为过，因此，其结果和论证过程值得详细论述。

就结果而言，欧洲法院的裁决肯定和进一步发展了"达松维尔案"的判决。它对"达松维尔案"判决第5段加以肯定：第34条可以适用于那些未对进口产品构成歧视的成员国规则，前提是由于这些规则不同于原产国的贸易规则，从而抑制了贸易。其基本假设是，如果商品已经在一个成员国合法上市销售，它们就应该毫无限制地进入其他任何成员国，除非进口国能够成功援引某项强制性要求。由此，"第戎黑醋栗甜酒案"判决（第14段第4次自然段）囊括了"相互承认"原则（mutual recognition）。"第戎黑醋栗甜酒案"裁定也以"达松维尔案"判决第6段为依据，欧洲法院在该案中引入了"合理规则"（rule of reason）——在不存在共同体法律调和的情况下，国家可以采取合理措施以制止不公平贸易实践。"第戎黑醋栗甜酒案"判决第8段发展了这一理念。该段列举了四个事项（财政

监管等），可以使抑制货物自由流动的贸易规则免受第 34 条的约束。这一
清单并不是穷尽式的。构成合理规则的强制性要求是放在第 34 条框架下加
以考虑的，并且独立于第 36 条。

"第戎黑醋栗甜酒案"中的论证与结果一样重要。核心是该判决的第 8
段。欧洲法院一开始就肯定成员国有权对尚未成为共同体调和式立法对象
的所有事项进行规制。然而，仅仅在几行文字之后，整个平衡就转移了。
此类领域的成员国法规必须得到认可，"但"仅仅是在此类贸易规则可以
由第 8 段列举的其中一项强制性要求作为正当理由的情况下。该判决一开
始肯定成员国的权利，但是结论却转变为要求成员国根据合理规则，对无
差别适用的规则说明正当理由。

对应该适用强制性要求的那些主张，欧洲法院进行了严格审查。在第
10 段中，德国政府的理由不具有说服力。第 12 段提到的主要理由稍强一
点，但在第 13 段受到驳斥。德国政府的辩护真正有实质意义的要点在第
12 段第 3 次自然段，但该部分并未得到欧洲法院的直接回应。"第戎黑醋
栗甜酒案"产生的效果是"去规制化"：它导致那些阻碍在一个国家合法
销售的货物进口到另一个国家的贸易规则不再适用。其后果可能是，以规
则为最宽松的国家的标准作为共同标准，即人们常说的"逐底竞争式监
管"。下文将讨论其影响。

二　适用："第戎黑醋栗甜酒案"之后的判例

有大量案件将"第戎黑醋栗甜酒案"判例法适用于各种贸易规则。[32]
在"德塞尔贝案"（*Déserbais*）[33] 中，一名从德国向法国进口埃丹奶酪
（Edam）的进口商被起诉非法使用商品名称。在德国，合法生产的埃丹奶
酪脂肪含量只有 34.3%，而在法国，只有脂肪含量为 40% 的奶酪才可以使
用"Edam"这一名称。该进口商援引第 34 条作为该刑事诉讼的辩护理由。

---

[32]　Case 298/87 *Smanor* [1988] ECR 4489；Case 407/85 *Drei Glocken v USL Centro-Sud* [1988]
ECR 4233；Case C – 362/88 *GB-INNO-BM v Confédération du Commerce Luxembourgeois Asbl* [1990]
ECR I – 667；Case C – 30/99 *Commission v Ireland* [2001] ECR I – 4619；Case C – 123/00 *Criminal
Proceedings against Bellamy and English Shop Wholesale SA* [2001] ECR I – 2795；Case C – 14/02 *ATRAL
SA v Belgium* [2003] ECR I – 4431；Case C – 170/04 *Klas Rosengren v Riksåklagaren* [2007] ECR I –
4071；Case C – 265/06 *Commission v Portugal* [2008] ECR I – 2245；Case C – 443/10 *Philippe Bon-
narde v Agence de Services et de Paiement* [2011] ECR I – 9327.

[33]　Case 286/86 *Ministère Public v Déserbais* [1988] ECR 4907.

欧洲法院裁定，根据"第戎黑醋栗甜酒案"，法国规则与第34条不符，而且无法以强制性要求为由得到豁免。

"吉利与安德烈斯案"（*Gilli and Andres*）[34] 也得出同样结果。在该案中，从德国向意大利进口苹果醋的进口商被诉诈欺，原因是他们在意大利出售的醋不是通过葡萄发酵而成的。此项规定妨碍了共同体贸易，而且无法受益于强制性要求，因为正确的标签就足以提醒消费者获知产品的性质，从而避免消费者产生混淆。

在"劳案"（*Rau*）[35] 中可以明显看到同样的方法，该案涉及关于包装而不是内容的成员国规则。比利时法律要求出售的所有人造黄油都必须使用立方体形状的包装，无论其原产地是哪里。但是，对于比利时以外的生产商而言，要想在不增加成本的情况下满足这一要求显然难度更大。欧洲法院裁定，这种情况适用第34条，比利时规则无法以消费者保护作为正当理由，因为通过清楚的标签就可以避免消费者的任何混淆。

三 无差别适用的规则：第35条

第35条禁止与出口有关的数量限制或具有同等效果的措施，其规定与第34条对进口的规定相同。但是，欧洲法院指出，这两个条款是有差别的。第34条既适用于歧视性条款，也适用于无差别适用的措施，但第35条似乎仅在存在歧视的情况下适用。[36] 出口商在面对成员国规则时，例如关于在该国销售的产品质量标准的规则，出口商就无法使用第35条主张这类规则加大了其进入其他国家市场的难度。第34条之所以能够适用于不构成歧视的措施，原因在于，它们对进口商造成了双重负担，因为进口商需要满足本国和进口国两个国家的规则。而在一般情况下，第35条的相关情况并非如此。[37]

---

[34] Case 788/79 *Italian State v Gilli and Andres* [1980] ECR 2071；Case C-17/93 *Openbaar Ministerie v Van der Veldt* [1994] ECR I-3537.

[35] Case 261/81 *Walter Rau Lebensmittelwerke v de Smedt Pvba* [1982] ECR 3961；Case C-317/92 *Commission v Germany* [1994] ECR I-2039；Case C-369/89 *Groupement des Producteurs，Importeurs et Agents Généraux d'Eaux Minérales Etrangères*（*Piagème*）*Asbl v Peeters Pvba* [1991] ECR I-2971.

[36] Case C-12/02 *Criminal Proceedings against Marco Grilli* [2003] ECR I-11585，[41]-[42].

[37] R Barents，'New Developments in Measures Having Equivalent Effect'（1981）18 CMLRev 271.

这一解释是在"赫龙弗尔德案"（*Groenveld*）® 中确立的。荷兰立法禁止所有肉类产品的制造商贮存或加工马肉。其目的是防止将肉类产品出口到禁止销售马肉的国家。因为无法在其他肉类产品中检测是否含有马肉，所以设计该禁令旨在通过完全禁止肉类加工商贮存马肉，以实现防止使用马肉的目的。在荷兰，马肉的销售实际上并未被禁止。尽管如此，欧洲法院裁定，荷兰的此项规则并未违反现第 35 条。该条针对其特定目标或其效果会对出口产生限制的成员国措施，这些措施以损害其他成员国贸易为代价，为本国产品提供特殊优势。欧洲法院认为，本案并不属于这种情况，因为该禁止性规定适用于某一类产品的生产，这类产品的区分并不依赖于这类产品是否旨在国内市场销售或者旨在出口。®

但是有人主张，应该在市场准入（market access）方面将第 35 条概念化，并且该条应能够适用于无差别适用的规则。® 此外，从"希斯布雷赫茨案"（*Gysbrechts*）中可以清楚地看到，即使相关规则适用于所有经销商，但如果它对出口产生的影响大于对国内经销商的影响，那么，欧洲法院也愿意认定该规则违反了第 35 条。® 在该案中，比利时法律禁止远程销售合同的供应商要求消费者提供付款卡号，虽然该供应商承诺，在消费者有权退回相关商品的时限到期之前，不会收取相关费用。欧洲法院援引"赫龙弗尔德案"作为其裁决的理由，它认为，第 35 条禁止成员国措施区别对待成员国的国内贸易和出口贸易——这种区别对待的目的是以牺牲其他成员国的贸易为代价为国内市场提供优势。它注意到，该案中的禁止性规定在一般情况下对直接面向消费者的跨境产品销售所产生的影响更严重，原因在于，要想在另一成员国对违约消费者提起法律诉讼存在着一定的障

㊳ Case 15/79 *PB Groenveld BV v Produktschap voor Vee en Vlees* [1979] ECR 3409；Case 237/82 *Jongeneel Kaas v The State* （*Netherlands*）*and Stichting Centraal Organ Zuivelcontrole* [1984] ECR 483；Case 98/86 *Ministère Public v Mathot* [1987] ECR 809；Case C – 293/02 *Jersey Produce Marketing Organisation v States of Jersey* [2005] ECR I – 9543；Case C – 205/07 *Lodewijk Gysbrechts and Santurel Inter BVBA* [2008] ECR I – 9947；Case C – 161/09 *Kakavetsos – Fragkopoulos AE Epexergasias kai Emporias Stafidas v Nomarchiaki Aftodioikisi Korinthias* [2011] ECR I – 915.

㊴ Case 15/79 *Groenveld* （n 38）[7].

㊵ Case C – 205/07 *Lodewijk Gysbrechts* （n 38）[59] – [61]，AG Trstenjak；M Szydło，'Export Restrictions within the Structure of Free Movement of Goods：Reconsideration of an Old Paradigm' （2010）47 CMLRev 753.

㊶ Case C – 205/07 *Lodewijk Gysbrechts* （n 38）；W – H Roth，Note （2010）47 CMLRev 509.

碍。欧洲法院由此得出结论认为，即使该禁止性规定适用于在其本国领土内开展活动的所有经销商，但它对离开出口国市场的商品所产生的影响仍然大于在该成员国国内市场销售的商品，因此，应受第35条约束。欧洲法院还裁定，尽管消费者保护可以构成一项正当理由，但受到起诉的这项规则不符合相称性原则。

四 无差别适用的规则：对第34条的限制

"第戎黑醋栗甜酒案"标志着欧洲法院愿意将第34条扩大到约束无差别适用的规则。困难在于，所有贸易规则都以各种不同方式对货物自由流动造成了直接或间接影响。因此，正如韦瑟里尔（Weatherill）和博蒙（Beaumont）所提出的，我们可以说，要求枪械的拥有者提供许可证的规则，或者对政府部门施加支出限制的规则，都减少了进口产品的销售机会[42]，即使将此类规则纳入第34条所禁止的范围似乎很荒谬。

然而，正如韦瑟里尔和博蒙所提出的，[43] 我们可以区分所谓的"双重负担规则"（dual-burden rules）和"平等负担规则"（equal-burden rules）。"第戎黑醋栗甜酒案"涉及的是双重负担规则。甲国对商品的内容进行规制。这些规则适用于从乙国进口的货物，即使此类货物符合乙国的贸易规则。"第戎黑醋栗甜酒案"防止甲国施加其规则，除非这些规则可以由强制性要求得到豁免。"平等负担规则"指适用于无论其原产地的所有货物，而以某种方式规制贸易的那些规则。这些规则不是实行保护主义。它们可能会对总体贸易量产生影响，但对进口产品的影响不会比对本国产品的影响更大。

关键问题是，平等负担规则是否受第34条约束，在某些情况下可以正当理由豁免，或者它们是否应被整体排除在第34条之外。其结果可能是相同的，因为该规则可能是合法的。尽管如此，选择哪种方式仍具有重要意义。如果这些规则属于第34条规制范围，那么它们表面上就是非法的，提出客观正当性的举证责任就在于那些寻求支持这一规则的当事方。这两种

---

[42] S Weatherill and P Beaumont, *EU Law* (Penguin, 3rd edn, 1999) 608.

[43] Ibid 608–609.

策略在"凯克案"（*Keck*）[44] 之前的欧洲法院判例法中都可以看到。

在有些案件中，欧洲法院裁定，如果相关规则与商品的"特征"无关，并且不对进口商施加双重负担，而仅涉及所有货物的"出售"条件，那么这些规则就不属于第 34 条规制范围。因此，在"厄贝尔案"（*Oebel*）[45] 中，欧洲法院裁定，禁止在夜间向消费者和零售商（但不包括批发商）派送烘焙产品的规则并不属于第 34 条禁止的范围，因为它以同等方式适用于所有生产商，无论这些生产商在哪里开业。[46]

但是在其他案件中，欧洲法院裁定，第 34 条适用于那些与上一段提到的规则并没有什么不同的规则。在"电影资料馆案"（*Cinéthèque*）[47] 中，法国法律禁止在电影发行的第一年里销售或出租电影录像带，其目的是鼓励人们去电影院看电影，从而保护影视产品的收益，而欧洲法院裁定该法国法律受第 34 条约束。即使该法律并未给予本国产品优待，也并未寻求对贸易进行规制，结论也是如此。欧洲法院认为，尽管该法国法律被第 34 条禁止，但它可以通过正当理由得到豁免，因为它寻求鼓励电影制作，而无论其原产国是哪里。[48] 在多起"星期日营业案"中，也可以看到欧洲法院对第 34 条采用相同方法。

托法恩自治市镇议会诉百安居公司
Case 145/88 Torfaen BC v B & Q plc
［1989］ECR 3851

百安居（B&Q）被诉违反了禁止零售商在星期日营业的法律，该法律对某些类型的产品例外。百安居认为，这些法律构成了第 30 条意

---

[44] Cases C – 267 and 268/91 *Criminal Proceedings against Keck and Mithouard* ［1993］ECR I – 6097.

[45] Case 155/80 *Oebel* ［1981］ECR 1993，［20］.

[46] See also Case 148/85 *Direction Générale des Impôts and Procureur de la République v Forest* ［1986］ECR 3449，［11］；Case 75/81 *Belgian State v Blesgen* ［1982］ECR 1211；Case C – 23/89 *Quietlynn Ltd v Southend – on – Sea BC* ［1990］ECR I – 3059.

[47] Cases 60 and 61/84 *Cinéthèque SA v Fédération Nationale des Cinémas Français* ［1985］ECR 2605.

[48] 欧洲法院采取的方式与斯林佐审官（AG Slynn）相反。斯林认为，该法国法律不受第 34 条规制，因为它并未对进口商施加任何额外要求：ibid 2611.

义上一项与数量限制具有同等效果的措施（MEQR）。这些法律的效果是其营业总额减少了大约10%，同时从其他成员国进口的产品也相应减少。但是，进口产品的处境并不比本国产品更恶劣，因为总营业额的减少对所有商品产生了同等影响。

欧洲法院

11. 首先必须明确的第一个要点是，禁止零售商在星期日开业的成员国规则同等适用于进口产品和本国类似产品。因此，在原则上，销售从其他成员国进口的产品的难度并不比销售本国产品的难度大。

12. 接下来必须回顾，在"电影资料馆案"（Joined Cases 60 and 61/84 *Cinéthèque*）判决中……本法院曾裁定，就禁止出租盒式录像带的法律适用于本国产品和进口类似产品的规定而言，这样一项禁止性规定不符合条约规定的货物自由流动原则，除非由此对共同体贸易产生的任何障碍并未超出为实现原来的目标所必不可少的限度，而且除非该目标在共同体法框架下能够具有正当理由。

13. 因此，在上述背景下，必须在本案涉及的情况下首先考虑如下问题，即诸如本案中的这些规则寻求实现的目标是否可以在共同体法框架下拥有正当理由。就本案所涉及的问题而言，本法院早在"厄贝尔案"（*Oebel* [1981] ECR 1993）中……就已做出判决，规制面包和甜食行业的工作时间及其配送和销售的成员国规则构成经济与社会政策的合法组成部分，与条约寻求实现的公共利益目标是一致的。

14. 同样的考虑必须适用于规制零售商店开业时间的成员国规则。此类规则反映了某些政治与经济选择，前提是只要其目的是确保对工作和休息时间的安排符合本国或本地区的社会文化特征，而且在当前的共同体法状态下，这一问题属于成员国事项。此外，此类规则的目的不是规制成员国之间的贸易模式。

15. 其次，必须判断此类成员国规则的影响是否超出了为实现已经确定的目标所必不可少的限度。正如《第70/50号委员会指令》第3条指出，……只要规制产品销售的成员国措施对货物自由流动所产生的限制性效果超过了贸易规则的内在影响，那么第30条的禁止规定就涵盖此类成员国措施。

16. 关于特定成员国规则是否在事实上仍然停留在该界限的范围

之内这一问题，属于应由成员国法院决定的问题。

　　17. 因此，对第一个问题的回复是，必须将条约第 30 条解释为，它意味着其禁止性规定并不适用于禁止零售商在星期日开业的成员国规则，前提是只要这些规则对共同体贸易产生的限制性影响并未超过此类规则内在的影响程度。

　　欧洲法院在"托法恩案"中采用的方法与在"电影资料馆案"（*Cinéthèque*）中的方法完全相同。该规则受第 34 条约束，但是如果存在某些客观正当性，并且该规则的效果符合相称性原则，那么就可以免于被禁止。判断该规则的影响是否具有相称性这一问题，由成员国法院决定。后来的英国判例法表明，适用这一检验标准存在着困难。[49] 欧洲法院明确指出星期日营业规则符合相称性原则，从而解决了这些难题。[50]

　　然而，其基本方法仍然是相同的：此类规则表面上（*prima facie*）属于第 34 条禁止的范围。"托法恩案"之后的判例法通过提供关于相称性的指引，使成员国法院更容易就是否具有相称性这一问题做出判决。欧洲法院的判例法为学者提供了研究第 34 条适当界限的大量材料。怀特（White）对货物的特征和销售安排进行了区分，这是欧洲法院在"凯克案"（*Keck*）中关注的主题。

怀特：《寻求〈欧洲共同体条约〉第 30 条的界限》[51]

　　正如欧洲法院在"第戎黑醋栗甜酒案"判决中清楚地表明的，成员国无权要求进口产品具有与国内产品被要求具有的，或传统上拥有的相同特征，除非这对保护某些合法利益是绝对必要的。然而，只要

---

[49]　A Arnull, 'What Shall We Do On Sunday?' (1991) 16 ELRev 112.

[50]　Case C–312/89 *Union Département des Syndicats CGT de l'Aisne v SIDEF Conforama* [1991] ECR I–997；Case C–332/89 *Ministère Public v Marchandise* [1991] ECR I–1027；Cases C–306/88, 304/90 and 169/91 *Stoke-on-Trent CC v B & Q plc* [1992] ECR I–6457, 6493, 6635；Cases C–418–421, 460–462 and 464/93, 9–11, 14–15, 23–24 and 332/94 *Semeraro Casa Uno Srl v Sindaco del Commune di Erbusco* [1996] ECR I–2975.

[51]　E White, 'In Search of the Limits to Article 30 of the EEC Treaty' (1989) 26 CMLRev 235, 246–267. 原文中的斜体部分，中译文用引号加以标示。

进口产品与国内产品一样享有平等准入进口成员国市场的机会，就没有必要为此要求推翻与该商品在进口成员国可能销售或使用的情况有关的规则。在这种情况下，进口产品并没有被剥夺它从生产国普遍存在的与进口国不同的法律和经济环境中获得的任何优势。事实上，由于对产品可能的销售环境施加的限制条件，因而导致产品的总销量减少（因此造成进口减少），这并不是由于成员国规则之间的差异导致的，而是由于进口成员国的规则导致的。

第五节　无差别适用和差别适用的规则："凯克案"与销售安排

一　"凯克案"：销售安排

针对凯克和米图阿尔的刑事诉讼案
Cases C – 267 and 268/91 Criminal Proceedings against
Keck and Mithouard
［1993］ECR I – 6097

［《里斯本条约》重新编号，《欧洲经济共同体条约》第 30 条和第 177 条现变更为《欧洲联盟运行条约》第 34 条和第 267 条］

凯克（Keck）和米图阿尔（Mithouard）在法国被起诉，理由是他们以低于实际购买价格的价格出售商品（亏损转售），这是违反法国法律的。法国法并不禁止制造商以亏损价格出售商品。凯克和米图阿尔声称，法国法违反关于货物自由流动的共同体法。

欧洲法院

12. 成员国立法普遍禁止亏损转售的目的，并不是规制成员国之间的货物贸易。

13. 诚然，这类立法有可能限制商品的销售量，因而对从其他成员国进口的产品的销量造成限制，因为它剥夺了经销商的一种促销方式。但是问题仍然是，这种可能性是否足以将所涉立法定性为具有与进口数量限制同等效果的措施。

14. 鉴于经销商越来越倾向于援引条约第30条，将其作为一种手段来质疑任何可能对其商业自由产生限制效果的规则，即使此类规则的目标并不针对来自其他成员国的产品，本法院认为，有必要重新审查和澄清关于此事项的判例法。

15. 在"第戎黑醋栗甜酒案"中……本法院裁定，在不存在立法调和的情况下，第30条禁止的与数量限制具有同等效果的措施包括，由于对来自其他成员国的已经在该国合法制造和销售的产品，其适用的规则规定了此类商品需要满足的要求（例如就产品的设计、形状、大小、重量、成分、外表、标签和包装等提出的要求），从而对货物自由流动造成障碍，那么这类规则就构成了具有同等效果的措施，即使它们毫无差别地适用于所有产品，除非其适用可以通过凌驾于货物自由流动原则之上的一项公共利益目标作为正当理由。

16. 然而，与先前的判决相反，将限制或禁止某些销售安排的成员国规定适用于来自其他成员国的产品，并不会构成"达松维尔案"判决意义上的直接或间接、实际或潜在地妨碍成员国之间的贸易，其前提是这些规定适用于该国领土内经营的所有受影响的经销商，并且只要它们在法律或事实上以同样方式影响国内产品和来自其他成员国的进口产品的销售。

17. 在满足上述条件的情况下，将此类规则适用于从其他成员国进口的产品的销售，从性质上说其目的既不是要阻止进口产品的市场准入，也不是要加大进口产品（相较于国内产品）市场准入的难度。因此，这样的规则不属于条约第30条的规制范围。

18. 因此，给予成员国法院的答复是，对《欧洲经济共同体条约》第30条的解释是，它不适用于对亏损转售施加一般禁令的成员国立法。

很显然，该判决在一定程度上基于双重负担规则和平等负担规则这二者的划分（第15—17段）。

与货物本身相关的"第戎黑醋栗甜酒案"类型的规则属于第34条规制的范围，因为进口商必须在满足本国现行任何此类规定之外"额外"再满足这些规则（第15段）。此类规则在性质上[52]就很有可能妨碍进口商品的市场准入。

与此相反，与销售安排有关的规则对所有寻求在某一特定领土范围内销售货物的经销商施加了同等负担（第17段）。这些规则并未给进口商造成额外成本，其目的不是对贸易进行规制（第12段），并且它们并未妨碍市场准入。因此，它们不属于第34条规制的范围，前提条件是它们在法律和事实上以同等方式影响国内产品和进口产品（第16段）。

在后来的判例法中也可以清晰地看到，欧洲法院希望将销售安排排除在第34条的范围之外。[53] 在"加油站案"（Tankstation）[54] 中，规定强制性关闭加油站的成员国规则并不属于第34条规制范围。欧洲法院的结论指出，与销售安排有关的规则同等适用于所有经销商。在"Punto Casa 公司案"[55] 和"塞梅拉罗公司案"（Semeraro）[56] 中，欧洲法院得出关于意大利星期日关闭折扣品零售店立法的相同结论。在"许纳蒙德案"（Hunermund）[57] 中，同样的主题也很明显。欧洲法院裁定，禁止药剂师对允许其销售的药妆产品做广告的规定不属于第34条规制范围——该项规则并非针对共同体内部贸易，它并不妨碍药剂师以外的其他经销商对此类产品做广告，并且它也同等适用于所有经销商。欧洲法院还裁定，限制某一既定产品的零售店数量的成员国规定，或者施加许可证要求的成员国条款，也不属于第34条约束范围。其原因或者是由于与销售安排有关的规则，或者是由于其影响过于间接和不确定。[58]

---

　　[52]　Cases C-401 and 402/92 *Criminal Proceedings against Tankstation 't Heustke vof and JBE Boermans* [1994] ECR I-2199, 2220.

　　[53]　范赫尔芬佐审官（Van Gerven）认为，如果现在根据"凯克案"来裁判，对"电影资料馆案"的裁决就会不同，参见 Cases C-401 and 402/92 *Tankstation* (n 52)。

　　[54]　Ibid.

　　[55]　Cases C-69 and 258/93 *Punto Casa SpA v Sindaco del Commune di Capena* [1994] ECR I-2355.

　　[56]　Case C-418/93 *Semeraro* (n 50).

　　[57]　Case C-292/92 *Hunermund v Landesapothekerkammer Baden-Württemberg* [1993] ECR I-6787.

　　[58]　Case C-387/93 *Banchero* [1995] ECR I-4663；Case C-379/92 *Peralta* [1994] ECR I-3453；Cases C-140-142/94 *Dip SpA v Commune di Bassano del Grappa* [1995] ECR I-3257；Case C-221/15 *Criminal proceedings against Etablissements Fr. Colruyt NV* EU：C：2016：704.

二 "凯克案"：静态和动态销售安排

欧洲法院希望限制第 34 条适用的意图还是容易理解的，但它在"凯克案"（*Keck*）中区别对待适用于产品本身性质的规则与关于产品销售安排的规则，这一点是有问题的。问题的关键在于，"销售安排"（selling arrangements）这一术语的含义很模糊。

这一术语可能包含可被称之为"静态销售安排"的事项，即与商店的营业时间、人们的工作时长，以及某些商品可以在哪些类型的场所出售等问题相关的规则。"非静态或动态销售安排"，包括制造商选择"销售其特定产品"的方式，通过某种形式的广告、免费赠送等类似的形式。

将后一类规则排除出第 34 条范围的目的在于，这些规则可能与对产品本身的定义更为密切。那些限制某种形式的广告或促销活动的立法可能会限制欧盟内部贸易，即使这些规则是无差别适用的。这些规则可能迫使生产商在每个国家采取不同的促销或广告手段，或者被迫中止某个有效规划。[59] 因此，非静态销售安排可以构成商品的一个不可或缺的组成部分，其方式在很大程度上与关于产品成分、标签或外表的规则相同。

然而，从"凯克案"中可以清楚地看到，欧洲法院认为其中的一些规则是销售安排，因此不在第 34 条禁止之列。由此，它承认，禁止亏损出售的规则导致经销商失去了一种促销方法，因而减少了销量，但它仍将这项规则作为销售安排对待，因此不受第 34 条约束。在"许纳蒙德案"（*Hunermund*）[60] 和"勒克莱尔—西普莱克公司案"（*Leclerc-Siplec*）[61] 中，对商品广告的有限禁止被定性为一种促销方法，被裁定不在第 34 条禁止之列；而在"施密特案"（*Schmidt*）[62] 中，禁止上门推销银饰品的规定被裁定为表面上不受第 34 条规制。

---

[59] Case 286/81 *Oosthoek's Uitgeversmaatschappij BV* [1982] ECR 4575. See also Case 382/87 *Buet v Minstère Public* [1989] ECR 1235；Cases C – 34 – 36/95 *Konsumentombudsmannen（KO）v De Agostini（Svenska）Forlag AB and TV – Shop i Sverige AB* [1997] ECR I – 3843.

[60] Case C – 292/92 （n 57）.

[61] Case 412/93 *Société d'Importation Edouard Leclerc – Siplec v TFI Publicité SA* [1995] ECR I – 179.

[62] Case C – 441/04 *A – Punkt Schmuckhandels GmbH v Schmidt* [2006] ECR I – 2093.

三　"凯克案"与销售安排：两个限定条件

（一）被定性为与产品本身有关的销售规则

欧洲法院有权将那些影响销售的规则定性为产品本身的一个组成部分⑥，因而属于第34条规制范围。这在"家庭报业案"（*Familiapress*）中体现得很明显。⑥

家庭报业出版社公司诉海因里希·鲍尔出版社

Case C – 368/95 Vereinigte Familiapress Zeitungsverlags-und

Vertreibs GmbH v Heinrich Bauer Verlag

[1997] ECR I – 3689

[《里斯本条约》重新编号，《欧洲经济共同体条约》
第30条现变更为《欧洲联盟运行条约》第34条]

家庭报业（Familiapress）是奥地利的一家报纸出版商，它寻求限制德国出版商鲍尔出版社（HBV）在奥地利印刷发行一种包含填字游戏的杂志，在填字游戏中获胜的读者将获得奖品。奥地利立法禁止出版商在其报刊中包含此类有奖竞赛。奥地利主张该立法不受第30条约束，因为本国法律涉及一种促销方法，并且由此依据"凯克案"，这项法律不在第30条禁止之列。

欧洲法院

11. 本法院认定，即使相关成员国立法针对的是一种促销方法，

---

⑥　如果成员国规则要求进口产品改变包装或标签，那么这就在一般情况下将其排除出"凯克案"意义上的销售安排，参见 Case C – 12/00 *Commission v Spain* [2003] ECR I – 459，[76]；Case C – 416/00 *Morellato v Commune di Padova* [2003] ECR I – 9343，[29] – [30]. 可比较 Case C – 159/00 *Sapud Audic* (n 22) [72] – [75]．

⑥　See also Case C – 67/97 *Criminal Proceedings against Bluhme* [1998] ECR I – 8033，[21]；Cases C – 158 and 159/04 *Alfa Vita Vassilopoulos AE and Carrefour Marinopoulos AE v Elliniko Dimosio and Nomarchiaki Aftodioikisi Ioanninon* [2006] ECR I – 8135；Case C – 244/06 *Dynamic Medien Vertriebs GmbH v Avides Media AG* [2008] ECR I – 505，[24] – [32]．

但在本案中，它对产品的实际内容构成了影响，因为本案涉及的竞赛内容构成了作为其载体的杂志一个不可或缺的组成部分。因此，适用于本案事实的成员国立法并不涉及"凯克和米图阿尔案"（*Keck and Mithouard*）判决意义上的销售安排。

12. 此外，由于它要求在其他成员国开业的经销商改变该期刊的内容，因此，本案所涉禁止性规定妨碍相关产品进入进口成员国的市场，从而阻碍了货物自由流动。由此，它原则上构成条约第30条意义上与数量限制具有同等效果的措施。

（二）在法律或事实上的差别影响

"凯克案"裁决还受第二个条件约束：即使某项成员国法规被归类为与销售有关的规则，但是，如果它在法律上或在事实上对本国经销商和进口商构成了差别影响，那么，它仍属于第34条禁止范围。[65] 这一点在"凯克案"判决第16段已经阐述得很清楚，以下两起案件也说明了这一点。[66]

消费者监察专员诉德阿戈斯蒂尼（瑞典）出版社 与瑞典电视购物公司

Cases C–34–36/95 Konsumentombudsmannen（KO）v De Agostini（Svenska）Forlag AB and TV–Shop i Sverige AB

[1997] ECR I–3843

[《里斯本条约》重新编号，原第30条和第36条
现变更为《欧洲联盟运行条约》第34条和第36条]

该案涉及瑞典法律，禁止电视广告以12岁以下儿童为目标群体，并且禁止护肤产品广告。当事方主张，这项法律违反了第30条，因此不能适用于其他成员国的电台或电视广告。欧洲法院根据"勒克莱

---

[65] 对可能存在这种差别影响的判断可以留给成员国法院，例如参见 Case C–20/03 *Burmanjer* [2005] ECR I–4133；Case C–441/04 *Schmidt*（n 62）.

[66] P Koutrakos, 'On Groceries, Alcohol and Olive Oil: More on Free Movement of Goods after *Keck*'（2001）26 ELRev 391.

尔—西普莱克公司案"（*Leclerc-Siplec*），将该瑞典法律定性为涉及销售安排的规则。欧洲法院接下来裁定如下。

欧洲法院

40. 在……"凯克案"……判决第16段，本法院裁定，限制或禁止某些销售安排的成员国措施不属于第30条规制范围，……前提是它们适用于在其本国领土运营的所有经销商，并且它们要在法律上和在事实上以相同方式影响本国产品和来自其他成员国产品的销售。

41. 该成员国法院正在审理的这些案件明确满足第一个条件。

42. 就第二个条件而言，对于在某个成员国合法销售的产品，完全禁止在该国对该产品采用某种促销方式的禁令，不能排除这种禁令可能对来自其他成员国的产品造成更大影响。

43. 虽然从原则上说，各种不同形式的促销能够产生何种效果这一事实问题应由提起初步裁决申请的国内法院决定，但是应该注意的是……德阿戈斯蒂尼出版社（de Agostini）提出，电视广告是唯一有效的促销方式，只有通过这种方式，它才能打入瑞典市场，因为没有其他广告方式可以让儿童及其父母获知这一产品。

44. 因此，完全禁止目标群体为12岁以下儿童的广告以及具有误导作用的广告的规定……并不涵盖在第30条内……除非可以表明，该项禁令在事实上和在法律上，并未以相同方式影响本国产品和来自其他成员国产品的销售。

45. 在后一种情况下，应由成员国法院决定以下问题：该禁令是否为了满足具有普遍公共意义上压倒性的要求或者是为了实现条约第36条列举的目的之一而必不可少的；该禁令与上述目标是否具有相称性；是否无法通过对共同体内部贸易产生的限制性影响程度较低的措施实现或完成上述目标或要求。

消费者监察专员诉美食国际产品公司（GIP）
Case C –405/98 Konsumentombudsmannen（KO）v
Gourmet International Products AB（GIP）
[2001] ECR I –1795

[《里斯本条约》重新编号，原第30条现变更为
《欧洲联盟运行条约》第34条]

　　瑞典消费者监察专员（KO）寻求一项禁制令，以限制美食国际产品公司（GIP）在杂志上投放酒类饮料广告。瑞典法律禁止在电台和电视上播放酒类广告，同时也禁止在杂志上刊发烈性酒、葡萄酒和高度啤酒等产品广告，除非这些杂志在销售点发放。此类广告禁令并不适用于其目标对象为餐馆等经销商的杂志。GIP公司印制了一种杂志，其中包含酒类饮料广告。其订阅者中90%是经销商，只有10%是私人。GIP公司辩称，该项广告禁令违反了第30条。该公司认为，此项广告禁令对进口货物的影响要大于对瑞典本国生产的产品。

欧洲法院

　　18. 应该指出，根据本法院在"凯克和米图阿尔案"中的判决，如果限制或禁止销售安排的成员国规定免于受《欧洲共同体条约》第30条约束，那么它们不得造成阻止来自其他成员国的产品进入本国市场，也不得对进口产品进入市场设置超出本国产品进入市场的难度。

　　19. 本法院曾在……"德阿戈斯蒂尼案"判决第42段裁定，对于在某个成员国合法销售的产品，完全禁止在该国对该产品采用某种促销方式的规定，不能排除这种禁止性规定可能对来自其他成员国的产品造成更大影响。

　　20. 显然，禁止投放广告的规定……不仅禁止产品以某种形式销售，而且在事实上禁止生产者和进口商向消费者传递任何广告信息，只在极少数无关紧要的情况下例外。

　　21. 即使没有必要对本案中具有瑞典特色的事实进行精确分析，这是成员国法院要做的，本法院仍可以得出如下结论：对于酒类饮料等类似产品，其消费与传统社会惯例和当地习惯与习俗息息相关，全

面禁止在报刊、广播电台和电视上投放相关广告，禁止直接邮寄未经请求的材料，或者禁止在公共道路上放置广告牌的规定，极易阻止来自其他成员国的产品进入本国市场，其严重程度更甚于对本国产品的影响，因为消费者更熟悉本国产品。

……

25. 因此，本案所涉对投放广告的禁止性规定……必须被视为对销售来自其他成员国的产品造成了更甚于本国产品的影响，因此构成对成员国之间贸易的障碍，为第 30 条所禁止。

在"德阿戈斯蒂尼案"和"美食案"（*Gourmet*）中，广告禁令具有全面性。然而，欧洲法院也曾裁定，限制市场准入也可能属于第 34 条禁止的范围。在"弗兰森案"（*Franzen*）中，瑞典法律要求制造或批发酒类产品的商人（包括进口商）获得许可证。这一要求被判定违反第 34 条，因为它给进口商造成了额外成本，而且绝大多数许可证都颁发给了瑞典经销商。[67] 在"*Heimdienst* 公司案"中，欧洲法院表明，对于一项妨碍而不是完全禁止市场准入的销售安排，它愿意考虑"凯克案"判决第 16 段所提到的附带条件。[68]

反不正当竞争保护协会诉 TK – Heimdienst 公司
Case C – 254/98 Schutzverband gegen unlauteren
Wettbewerb v TK – Heimdienst Sass GmbH
[2000] ECR I – 151

本案涉及与面包店、肉铺和杂货商有关的一项奥地利规则。这些经销商只有在某个既定行政地区或相邻市镇拥有长期店面用于经营的情况下，他们才能在该行政地区进行巡回销售（sales on rounds）。欧

---

[67] Case C – 189/95 *Criminal Proceedings against Franzen* [1997] ECR I – 5909.

[68] See also Case C – 322/01 *Deutscher Apothekerverband v 0800 Doc Morris NV and Jacques Waterval* [2003] ECR I – 14887, [68] – [75]; Case C – 20/03 *Burmanjer* (n 65); Case C – 141/07 *Commission v Germany* [2008] ECR I – 6935, [37] – [38]; Case C – 108/09 *Ker – Optika bt v ÀNTSZ Dél – dunántúli Regionális Intézete* [2010] ECR I – 12213.

洲法院将该规则定性为与销售安排有关的规则，因为它具体规定了这类经营者能够以上述方式出售其商品的地理区域。欧洲法院查明，这项立法对本国经销商和其他经销商产生了不同的影响。本地经济运营者更有可能在某个行政地区或相邻市镇具有长期经营场所，而其他运营者则必须设立这样一个场所，从而造成额外成本。

欧洲法院

29. 由此认为，将主要诉讼中有争议的成员国立法适用于在该国领土上从事经营的所有运营者，事实上妨碍了从其他成员国进口的产品进入进口国的市场，导致其市场准入难度高于本国产品（就此影响可参见……*Alpine Investment* 判决……）。

第六节 无差别和差别适用的规则：产品用途

对销售安排与产品特征这二者的区分引起了进一步的问题，即如何对待那些与产品"用途"有关的情况。有两个重要案件提出了这一问题。

委员会诉意大利
Case C – 110/05 Commission v Italy
［2009］ECR I – 519

意大利禁止摩托车和摩托自行车等带有拖挂车，即使是那些专门设计用于此类用途的摩托车或摩托自行车也不允许。欧盟委员会主张，这违反了《欧洲联盟运行条约》第34条。

欧洲法院

33. 应该回顾，根据既定判例法，成员国制定的所有能够直接或间接、实际或潜在妨碍共同体内部贸易的贸易规则，都应被认定为与数量限制具有同等效果的措施，并将以此为依据被《欧洲共同体条约》第 28 条所禁止（特别参见 *Dassonville* 判决第 5 段）。

34. 从既定判例法中也可以看出，《欧洲共同体条约》第28条表明，对于在其他成员国合法制造和销售的产品，有义务尊重非歧视原则和相互承认原则；同时它也反映了确保共同体产品自由进入各国市场的原则（就此意义可参见 Case 174/82 *Sandoz* [1983] ECR 2445，第26段；Case 120/78 *Rewe-Zentral* （'*Cassis de Dijon*'）[1979] ECR 649，第6段、第14段和第15段；以及 *Keck and Mithouard* 第16段和第17段）。

35. 因此，在不存在成员国立法调和的情况下，如果成员国要求来自其他成员国的在该国合法制造和销售的商品必须满足某些规则所规定的要求，从而对货物自由流动造成障碍，这些规则就将构成与数量限制具有同等效果的措施，即使这些规则适用于所有类似产品（就此意义可参见"*Cassis de Dijon*"第6段、第14段和第15段；Case C-368/95 *Familiapress* [1997] ECR I-3689 第8段；Case C-322/01 *Deutscher Apothekerverband* [2003] ECR I-4887 第67段）。

36. 与此相反，如果适用于来自其他成员国产品的成员国规定限制或禁止某些销售安排，这些规则并不构成"达松维尔案"（*Dassoville*）之后的一系列判例法意义上的直接或间接、实际或潜在地损害成员国之间贸易，但条件是这些规定适用于在其本国领土运营的所有相关经销商，并以同样的方式在法律和事实上对本国产品和其他成员国产品的销售产生影响。只要上述条件得到满足，那么，对销售其他成员国的产品适用此类规则，以便满足该成员国规定的要求，在其性质上就不构成妨碍它们的市场准入，也不构成导致其他成员国的产品比本国产品更难进入本国市场（参见 *Keck and Mithouard* 判决第16段和第17段）。

37. 因此，如果成员国采取某项措施的目的或其产生的效果对来自其他成员国的产品不利，那么，这项措施就将被认定为《欧洲共同体条约》第28条意义上对进口产品施加的与数量限制具有同等效果的措施，本判决第35段所指的措施就是如此。任何妨碍其他成员国的产品进入本国市场的其他措施也被这一概念所涵盖。

欧洲法院裁定，该意大利规则属于第34条规制范围，但其结论指出，该规则可以公共安全作为豁免的正当理由。[69] 欧洲法院在下面案件中重新审查了这一问题。

检察院诉佩尔叙·米克尔松和约阿基姆·罗斯

Case C – 142/05 Åklagaren v Percy Mickelsson and Joakim Roos

[2009] ECR I – 4273

[《里斯本条约》重新编号，原第28条和第30条现分别变更为《欧洲联盟运行条约》第34条和第26条]

对于成员国法规禁止在指定航道以外的水域使用个人船舶，欧洲法院考虑了是否应将第28条解释为排除该成员国法规的适用。

欧洲法院

24. 必须记住，成员国采取的、其目的或效果是以更不利的方式对待其他成员国产品的措施，而且，在不存在成员国立法调和的情况下，由于对来自其他成员国的在该国合法制造和销售的产品施加必须满足一定要求的规则，从而对货物自由流动造成障碍，那么，即使这些规则适用于所有类似产品，它们也必须被认定为《欧洲共同体条约》第28条意义上的"与对进口产品的数量限制具有同等效果的措施"[在此意义上可参见 Case 120/78 Rewe-Zentral（Cassis de Dijon）[1979] ECR 649…]。妨碍来自其他成员国的产品进入本国市场的任何其他措施也均应被该概念所涵盖（参见 Case C – 110/05 Commission v Italy [2009] ECR I – 0000，第37段）。

25. 从提交给本法院的案卷中可以看到，在争议发生时，还没有指定任何航道向个人船舶开放航行，因此，仅允许个人船舶在一般性的可通航航道上行驶。然而，主要诉讼中的被告方和欧盟委员会都认为，这些航道原本仅供具有商业性质的大型船舶航行，这样就导致在这些航道使用个人船舶极其危险，而且无论如何，瑞典绝大多数可通航的水域都没有被包含在此类航道之中。因此，在瑞典，使用个人船

---

[69] Case C – 110/05 [2009] ECR I – 519, [69]; Case C – 433/05 *Criminal proceedings against Lars Sandström* [2010] ECR I – 2885.

舶的实际可能性微乎其微。

26. 即使所涉成员国法规的目的或效果并不是以更不利的方式对待来自其他成员国的产品——这是应由国内法院决定的事项，但是，这些规定对在一个成员国的领土上使用一种产品所产生的限制（取决于其适用范围）却有可能对消费者的行为产生很大影响，从而可以反过来影响该产品进入该成员国的市场（在此意义上，可参见 *Commission v Italy* 判决第 56 段）。

27. 因为消费者知道，此类法规允许的用途十分有限，因此他们对于购买该产品的兴趣就极为有限（在此意义上，可参见 *Commission v Italy* 判决第 57 段）。

28. 在这方面，如果规制可通航水域和航道设计目的的成员国法规产生了如下后果，即阻止个人船舶的使用者将这些船舶用于他们本来想使用这些船舶的特定的和固有的目的，或者在很大程度上限制了个人船舶的应用——这是应由成员国法院确定的事项，那么，此类法规就产生了阻止这些产品进入相关国内市场的效果，因此，如果不存在《欧洲共同体条约》第 30 条意义上的正当理由，或者不存在压倒性的公共利益要求，这些法规就构成了《欧洲共同体条约》第 28 条所禁止的、与对进口产品的数量限制具有同等效果的措施。

然而，欧洲法院承认，在满足某些条件的情况下，成员国规则可以用环境保护作为获得豁免的正当理由。[70]

第七节　现行法律：小结

学术界对有关产品用途的判例法的反应不一，对于该判例法对先前法律的影响，以及欧洲法院使用的检验标准是否有必要等问题，评论者之间

---

[70] Case C-142/05 *Åklagaren v Percy Mickelsson and Joakim Roos* [2009] ECR I-4273, [35]-[44].

存在着分歧。⑦ 事实上，这一领域很复杂。因此，本节试图对现行法律进行总结，而在下一节里对其进行评估。

从欧洲法院上述两个涉及产品用途的判决中可以看出，第34条涵盖三类成员国规则：构成歧视的规则；规定产品要求的规则；妨碍或禁止市场准入的规则。⑦ 与销售有关的成员国规则"本身"并不会被认定为构成禁止市场准入，而是只有它们在法律上或事实上以不同方式适用于本国产品和来自其他成员国的产品上市销售的情况下，才被涵盖在第34条之内。⑦ 至于销售安排是否会作为一种单独类型的情况消失，以及销售安排是否仅在市场准入方面进行判断，仍需拭目以待。即使发生这种情况，与销售安排有关的案件仍是一种突出的案件类型，其中仍会考虑市场准入问题。

评论人士对实体法的当前状况存在着意见分歧，而这些分歧最终可根据人们如何看待第34条所涵盖的三种情况之间的相互关系得到解释。对于当前的法律存在着两种可能的"解读"。

第一种观点将市场准入视为首要原则。根据这种观点，歧视和产品要求只是禁止市场准入的成员国规则的一些主要例子，但并不排除也许会有其他可能产生同样效果的情况。我们可以用这种方式解读欧洲法院的判例法。⑦

第二种观点仅将市场准入视作一种剩余类型。根据这种观点，歧视和

---

⑦　L Gormley, 'Silver Threads among the Gold…50 Years of the Free Movement of Goods' (2008) 31 Fordham Int LJ 1637; G Davies, ' "Process and Production Method" – Based Trade Restrictions in the EU' (2007–8) 10 CYELS; L Prete, 'Of Motorcycle Trailers and Personal Watercrafts: The Battle over *Keck*' (2008) 35 LIEI 133; E Spaventa, 'Leaving *Keck* behind? The Free Movement of Goods after the Rulings in *Commission v Italy* and *Mickelsson and Roos*' (2009) 34ELRev 914; P Pecho, 'Good–Bye *Keck*?: A Comment on the Remarkable Judgment in *Commission v Italy*, C–110/05' (2009) 36 LIEI 257; C Barnard, 'Trailing a New Approach to Free Movement of Goods' (2009) 68 CLJ 288; C Barnard, 'Restricting Restrictions: Lessons for the EU from the US?' (2009) 68 CLJ 575; T Horsley, 'Anyone for *Keck*?' (2009) 46 CMLRev 2001; P Wennerås and K Boe Moen, 'Selling Arrangements, Keeping *Keck*' (2010) 35 ELRev 387; M Derlén and J Lindholm, 'Article 28 EC and Rules on Use: A Step towards a Workable Doctrine on Measures Having Equivalent Effect to Quantitative Restrictions' (2009–10) 16 CJEL 191; J Snell, 'The Notion of Market Access: A Concept or a Slogan?' (2010) 47 CMLRev 437; A Tryfonidou, 'Further Steps on the Road to Convergence among the Market Freedoms' (2010) 35 ELRev 36.

⑦　Case C–110/05 *Commission v Italy* (n 69) [34]; Case C–142/05 *Åklagaren* (n 70) [24].

⑦　Case C–110/05 *Commission v Italy* (n 69) [36].

⑦　Case C–142/05 *Åklagaren* (n 70) [24].

产品要求是由第 34 条规制的主要类型，而市场准入则仅用作判断其他不属于前两个类型案件的标准。判例法也可以用这种方法解读。⑦

第八节　现行法律：评估

解读现行法律方面的两种观点，体现在对第 34 条应该涵盖哪些内容这一问题的不同规范性评估之中。

一　将市场准入视为首要原则

（一）论点

在人们对"凯克案"并不总是赞成的回应中，可以发现如下观点，即认为市场准入是并且应该是决定第 34 条涵盖范围的首要原则（overarching principle）。⑦ 有人提出，"凯克案"过于强调事实和法律上的平等，从而牺牲了市场准入。"凯克案"采用的方法是，只要与销售安排有关的规则不在法律上或事实上对来自不同成员国的经销商构成歧视，它就不属于第 34 条禁止范围。有人认为，这种方法忽视了市场准入：贸易规则在形式上可能是平等的，但仍然会禁止市场准入，因此不应该被排除在第 34 条之外。

在"勒克莱尔—西普莱克公司案"中，雅各布斯佐审官从司法的角度表达了这种关切。⑦ 该案涉及法国法律禁止分销行业在电视上做广告，其目的是通过强制该行业在报刊上投放广告，以保护地区报刊业。他认为，广告对于打破妨碍国家间贸易壁垒可能具有重要意义，因此不应该总是被

---

⑦　Case C – 110/05 *Commission v Italy*（n 69）[34]，[37].

⑦　N Reich, 'The "November Revolution" of the European Court of Justice：*Keck*, *Meng* and *Audi* Revisited'（1994）31CMLRev 459；D Chalmers, 'Repackaging the Internal Market—The Ramifications of the *Keck* Judgment'（1994）19 ELRev 385；L Gormley, 'Reasoning Renounced? The Remarkable Judgment in *Keck & Mithouard*'[1994] EBLRev 63；S Weatherill, 'After *Keck*：Some Thoughts on How to Clarify the Clarification'（1996）33 CMLRev 885；Maduro（n 2）83 – 87；C Barnard, 'Fitting the Remaining Pieces into the Goods and Persons Jigsaw?'（2001）26 ELRev 35.

⑦　Case 412/93（*Leclerc-Siplec*）（n 61）[38] – [45].

排除在第34条之外。⑦⑧

雅各布斯佐审官的出发点是，所有从事合法经济活动的企业都应该能够在不受任何阻挠的情况下进入市场。如果对市场准入具有"实质性"限制，则应受第34条约束。如果相关措施对货物本身构成了影响，例如"第戎黑醋栗甜酒案"这类案件，那么，就应"假定这些措施具有此种实质性影响"。然而，如果有争议的措施影响的是销售安排，而且不具有歧视性，那么，判断其影响是否具有实质意义就取决于下列因素：受影响的货物范围；限制的性质；影响是直接的还是间接的；可以在多大程度上采用其他类型的销售安排。如果不存在实质性影响，或者对贸易的影响只有"最低限度的"，那么，此类措施就不属于第34条禁止范围。然而，欧洲法院并没有采纳佐审官的意见，而是将"凯克案"规则适用于该案。

尽管如此，雅各布斯佐审官的观点仍然对欧洲法院后来的司法判决产生了影响，欧洲法院通过考虑销售规则是否有可能对进口商产生同样的事实性影响，更加严肃地对待市场准入问题。⑦⑨ 雅各布斯佐审官在"德阿戈斯蒂尼案"⑧⓪ 和"美食国际公司案"中⑧① 也都提交了意见，这并非巧合，而欧洲法院在这两个案件中大量采纳他的论证。市场准入问题也是与产品用途有关的案件的显著特征。⑧② 马杜罗（Maduro）、博特（Bot）和特尔斯泰尼亚克（Trstenjak）等佐审官都支持以市场准入为基础的方式。⑧③

因此，根据这种观点，市场准入是决定第34条适用范围的主导原则，但他们同时也承认，其适用在不同情况下可能有所不同。歧视性规则之所以属于第34条禁止之列，并不仅仅因为它们具有保护主义性质，而且因为它们阻碍了相关市场的准入。"第戎黑醋栗甜酒案"类型无差别适用的产

---

⑦⑧ See also AG Jacobs in Case C – 384/93 *Alpine Investments* (n 86)；AG Lenz in Case C – 391/92 *Commission v Greece* [1995] ECR I – 1621, 1628 – 1629.

⑦⑨ Cases C – 34 – 36/95 *de Agostini* (n 59)；Case C – 254/98 *Schutzverband gegen unlauteren Wettbewerb v TK – Heimdienst Sass GmbH* [2000] ECR I – 151；Case C – 416/00 *Morellato* (n 63) [31]；Case C – 98/01 *Commission v United Kingdom and Northern Ireland* [2003] ECR I – 4641, [46].

⑧⓪ Cases C – 34 – 36/95 *De Agostini* (n 59) [95] – [105].

⑧① Case C – 405/98 *Konsumentombudsmannen* (*KO*) *v Gourmet International Products AB* (*GIP*) [2001] ECR I – 1795.

⑧② Case C – 110/05 *Commission v Italy* (n 69)；Case C – 142/05 *Åklagaren* (n 70).

⑧③ Cases C – 158 and 159/04 *Alfa Vita* (n 64) [45] AG Maduro；Case C – 110/05 *Commission v Italy* (n 69) [108] – [138] AG Bot；Case C – 205/07 *Gysbrechts* (n 38) [59] – [61] AG Trstenjak.

品规则之所以落入第34条，是因为它们对跨境活动造成了额外成本，因而阻碍了市场准入。㉞ 涉及销售安排或产品用途的情况，只要它们妨碍市场准入，就属于第34条禁止范围。

市场准入方式也得到学者的支持。维瑟里尔（Weatherill）㉟ 借鉴雅各布斯佐审官的论证，并且参考与《欧洲联盟运行条约》第56条和第45条有关的司法判决提出其观点。㊱ 他认为，在法律上和事实上平等适用于所有货物与服务并无论其原产国的成员国措施，如果并未对进口货物与服务进入该成员国市场造成直接和实质性阻碍，那么就不应属于《欧洲联盟运行条约》第34条和第56条禁止范围。巴纳德（Barnard）进一步强化了支持以市场准入作为评判标准的学术观点。㊲

巴纳德：《将剩余几小块嵌入关于货物与人员的拼图之中?》㊳

基于市场准入的方法为我们提供了一个分析与货物和人员相关的判例法的更加深奥复杂的框架。……这正是雅各布斯佐审官在"勒克莱尔—西普莱克公司案"中提出的方法。对市场准入产生直接和实质性阻碍作用的非歧视性措施（包括整体禁止进入市场的极端例子）违反了条约条款，除非它们可以其中一项公共利益作为正当理由，或者有明确的减损适用并且具有相称性［"申德勒案"（Schindler）、"阿尔卑斯投资公司案"（Alpine）和"博斯曼案"（Bosman）判决］。如果非歧视性措施没有实质性地妨碍市场准入，那么欧洲法院就会说，该措施产生的妨碍作用太不确定，而且太遥远，因此根本不构成对条约条款的违反［"格拉夫案"（Graf）和"克兰茨案"（Krantz）判决］；

㉞ Cases C-158 and 159/04 *Alfa Vita* (n 64)［43］-［45］AG Maduro.

㉟ S Weatherill, 'After *Keck*: Some Thoughts on How to Clarify the Clarification' (1996) 33 CMLRev 885.

㊱ Case C-384/93 *Alpine Investments BV v Minister van Financiën*［1995］ECR I-1141; Case C-415/93 *Union Royale Belge des Sociétés de Football Association ASBL v Jean-Marc Bosman*［1995］ECR I-4921.

㊲ 但是在巴纳德的文章中可以发现更为谨慎的立场，参见 C Barnard, 'Restricting Restrictions' (71).

㊳ C Barnard, 'Fitting the Remaining Pieces into the Goods and Persons Jigsaw?' (2001) 26 ELRev 35, 52.

或者说，相关措施对成员国之间的贸易并未产生任何影响，因此根本不属于欧共体法禁止的范围——这两种说法导致的结果相同。这就意味着，对于成员国的限制性规定，例如对城镇规划或城市绿化带的限制，出于各种各样的环境和社会等不直接涉及国家间贸易的原因，它们就可以得到适当处理。它们并非正式意义上的"某些销售安排"，但它们也不具有歧视性，而且并没有实质性地阻碍市场准入。与此相似，限制商店营业时间的成员国措施也没有实质性地阻碍市场准入，而只是限制了行使该项自由。然而，对营业时间的极端限制也可能会实质性地妨碍市场准入，因而可能会违反第28条，于是需要提出正当理由。

（二）市场准入：含义与适用

市场准入很可能是自由流动的根本理念，但有必要澄清其含义。可以从生产者和消费者这两个视角判断市场准入。对于生产者而言，自由流动有助于将其产品销售到不同国家的市场，并对进口国的现有产品形成挑战。市场准入只是实现某种目的的手段，即使单个生产者的销售额和利润实现最大化，并促进资源在欧盟范围内最优分配。从消费者的角度来看，自由流动为其增加了选择。如果德国人有选择荷兰啤酒的机会，那么有些人也许会更喜欢荷兰啤酒，而不是本国啤酒。

如果确实如此，那么在涉及市场准入的情况下，是否能够对动态和静态销售安排进行严格区分，这一问题就值得怀疑了。市场准入方式一般适用于动态销售安排。但是，在涉及营业时间、场所以及诸如此类的问题时，人们往往对是否适用与静态销售安排有关的论证犹豫不决。然而，如果将销售/广告模式规定的"限制"认为与市场准入有关，那么就很难理解，为什么不能将对销售点规定的"限制"也视作与市场准入有关。生产商要想成功打入新市场，他们不仅可能受到对销售本身规定的限制措施的影响，而且可能受到对产品的销售地点和销售时间规定的限制措施的影响。[89] 也许有人会提出，对产品的销售地点和销售时间规定的限制不会对市场准入产生直接和实质性影响。然而，这一点取决于特定案件所发生的实际环境。它不能作为一项先验性主张。与准入相关的规则，以及仅对销

---

[89] 这是在下列案件中提出的理由，但并未胜诉，见 Cases C–418–421，460–462 and 464/93，9–11，14–15，23–24 and 332/94 *Semeraro*（n 50）.

售量产生影响的规则，这两者同样难以严格区分。生产商认为，限制投放广告的规则对其不利，"因为"这些规则造成了销量减少。禁止某种形式的销售或广告行为的规则导致销售额减少了 30%，以及限制商店营业时间的规则也使销售额减少了 30%，这二者之间就不存在差别。这两项规则都可以影响销售额和进入新市场。因此，正如巴纳德所指出的，非歧视性的静态销售安排也有可能实质性地阻碍市场准入。[90]

此外重要的是，还要认识到很难适用一项以市场准入为基础的检验标准。[91] 这项检验标准的支持者承认，可能很难进行评估。法院可能不得不考虑受影响的商品的范围，是否存在可替代的销售安排，以及限制措施本身的性质。[92] 对于欧洲法院而言，这不是一项轻松的任务。对成员国法院来说，就更加困难[93]，尽管欧洲法院可以向成员国法院提供指引，例如它在"德阿戈斯蒂尼案"[94] 中的做法；或者，欧洲法院也可以走得更远一些，明确指出存在着对市场准入的阻碍，如"美食国际公司案"[95]。在竞争法方面，在裁定一项协议是否会对竞争产生影响时，成员国法院和欧洲法院面临着相似的任务。但是，这两个领域的确存在着真正的差别。在竞争法领域，展开调查的背景是一项涉及如下问题的完备的微观经济学理论，即卡特尔是否偏离完全或不完全竞争。在货物自由流动领域，对于在市场准入含义框架下包含哪些内容，并不存在已经达成的一致共识。在竞争法方面，私人协议是关键。而在自由流动方面，关键是成员国法规。

二　作为口号的市场准入

（一）论点

然而，有些评论人士对于是否能够，或者是否应该将市场准入作为货

---

[90]　Barnard（n 87）52.

[91]　Weatherill（n 85）898 – 901；Barnard（n 87）55 – 56；Snell（n 71）459.

[92]　对这一背景下对最低限度检验标准（*de minimis* test）的讨论，参见 M Janson and H Kalimo，'*De minimis* Meets "Market Access"：Transformations in the Substance—and the Syntax—of EU Free Movement Law?'（2014）51 CMLRev 523.

[93]　成员国法院倾向于适用第 34 条，这样就可以自己主动不适用相冲突的本国法，条件是根据第 267 条提请初步裁决的可能性，参见 Case C – 358/95 *Tommaso Morellato v Unità Sanitairia Locale*（*USL*）*No 11 di Pordenone*［1997］ECR I – 1431.

[94]　Cases C – 34 – 36/95（n 59）.

[95]　Case C – 405/98（n 81）.

物自由流动的首要原则，或者更普遍地作为自由流动法的首要原则持怀疑态度。⑯

为此，斯内尔（Snell）提出，如果人们真正关心的是进口产品受到的影响更甚于本国产品，那么，我们只需讨论事实上的歧视、法律上的歧视，或间接歧视，或者有差别的影响即可；而结论是市场准入概念对于此类分析几乎没有意义。⑰ 他认为，在受到压力时，市场准入概念就会瓦解，沦为经济自由或反对保护主义。国家对经济活动的规制往往会给跨境行为造成负担，它在一般情况下是通过对收益率的影响造成这一后果的，而在此意义上，市场准入就沦为了经济自由。因此，对经济自由施加的所有限制都或多或少会对市场准入产生影响，其程度最终取决于这些限制对收益的影响，其结果是，如果"法律将禁止每一项对市场准入造成阻碍的因素，那么，作为一项逻辑后果，它就会禁止所有限制经销商商业自由的规则"⑱。斯内尔坚持认为，市场准入概念也可能会沦为反对保护主义。阻止后来者进入市场的措施必然会保护已经进入市场的经营者，而它们通常是国内经营者，由此得出的结论是，对市场准入的所有阻碍"均可被描述为打击保护主义过程中的一种武器"⑲。他的结论参见下面摘录。

斯内尔：《市场准入观念：概念还是口号？》⑩

市场准入这一观念带来的更多是迷惑，而不是澄清。在自由流动法方面，最具根本性的问题仍然是，它涉及的是不是歧视与反对保护主义？如果答案是肯定的，那么，以可感知的不同影响为基础的一种相对的或具有可比性的检验标准就是适当的；还是说，该法涉及的是经济自由？那么，在这种情况下，不涉及比较因素的绝对检验标准就是必要的。市场准入这一观点保证了我们不必做出这种非此即彼的选

---

⑯ E Spaventa, *Free Movement of Persons in the European Union* (Kluwer, 2007) 89; Spaventa（n 71）929.

⑰ Snell（n 71）448 –449.

⑱ Ibid 468.

⑲ Ibid 468.

⑩ J Snell, 'The Notion of Market Access: A Concept or a Slogan?' (2010) 47 CMLRev 437, 470 –471.

择。它在反对保护主义和经济自由之间引入了"第三条道路"。然而，在"凯克案"裁决之后有超过 15 年的时间，欧洲法院的判例法并没有澄清在不被歧视的权利与不受到不正当规制的权利这二者之间的中间路线究竟在哪里。目前，欧洲法院的分析似乎主要聚焦于相关措施所产生的影响是否重要上，而这一方法包含各种不确定性。与此同时，它认为那些影响效果不大的规则不属于条约约束的范围。……因此，市场准入的确切含义仍然令人捉摸不透。也许，市场准入观念仅仅掩盖了要在自由流动法的相互竞争的范式之间做出选择这一需要。如果的确如此，那就应该将这一术语当作一个无益的口号而放弃。

(二) 市场准入：形式与实质

斯内尔对那些认为市场准入是首要原则的观点进行了有力的反驳。尽管如此，他提出的批评在多大程度上涉及形式或是实质，这还是可以辩论的。

对于法官和评论人士来说，普遍的做法是，对适用于一套法律体系内部的更具体规则，寻求可以对其进行解释的背景原则 (background principle)。背景原则包含更具特殊性的理念性规则 (doctrinal rules) 所旨在实现的价值，同时也作为判断是否应该逐渐扩展这些理念性规则时的参照。背景价值与理念是一种共生关系，也就是说，前者将对后者产生影响，而理念的发展也有可能导致对背景价值进行重新评估。

市场准入可以被称为与货物自由流动有关的首要原则，前一节已经阐述了其实现方式。让我们想象一下，按照斯内尔的观点，我们删除所有提到这一术语的地方，并且从我们的司法判决中删除这一术语。作为替代，我们仅谈论歧视、差别影响或反对保护主义等。出于下面提到的原因，对于这种做法是否更受欢迎是有疑问的。

首先，如果歧视或差别影响将被视作背景价值，那么，这就会引起进一步的疑问，即我们为什么关心这一事项。另外，例如，以反对保护主义的名义给出的答复也会导致疑问，即这样的保护主义妨碍了什么？而且，此类疑问让我们重新回到了市场准入的实质内容这一问题上，即使我们对于使用这一确切术语还有些犹豫不决。

其次，以反对保护主义的名义塑造背景价值或原则比市场准入的名义更受欢迎，这并非不证自明。事实上，货物自由流动的核心理念要素是歧视，无论直接歧视还是间接歧视。然而，该理念在"第戎黑醋栗甜酒案"中被扩大应用到无差别适用的产品规则上，前提条件是这些规则对进口商产生了有差别的影响。此外，该理念还被进一步用于与销售和产品用途有关的案件中，其适用方式在上文已经讨论过了。如果反对保护主义将被视作背景价值，那么，我们就将不得不承认，在构成货物自由流动理念的不同组成部分中，它的含义并不相同。保护主义是一个贬义词，其范式是直接歧视外国商品。有人认为，保护主义是一种涵盖自由流动其他理念要素的适当背景价值，并且它具有不同含义，这一观点也并非不证自明。无差别适用的规则象征着成员国对特定产品及其销售和用途的规制性选择，而无论其生产者是谁。此类规则的存在可能会给进口商增加额外成本，因此，欧洲法院将这种规则裁定为第 34 条禁止范围。尽管如此，此类规则是否应被描述为具有"保护主义"，这一问题则存在疑问；如果确实将其描述为保护主义，那么，该术语就不会具有与其在直接歧视这一范式下相同的含义。

最后，如前所示，确实存在着适用市场准入检验标准的问题。即使将这一概念从法律中移除，司法裁判方面存在的困难仍然得不到解决。只要当前的理念要求对差别影响进行分析，与此类判断有关的难题就将继续存在。

三 小结与选择

1. "凯克案"之前的判例法说明了在界定第 34 条的外部边界方面所存在的困难。"凯克案"判决后来受到批评，认为其过于形式主义，因为它在与产品特征有关的规则和与销售安排有关的规则之间进行了区分，这种做法并不令人满意。这种不满导致人们呼吁聚焦于市场准入。第 34 条如今涵盖三类成员国规则：歧视性规则、施加产品要求的规则以及禁止市场准入的规则。尽管如上文所指出的，它们之间的相互关系存在争议。对于适用第 34 条的方法，从根本上说，存在着四种选择。

2. 第一种选择是，将阻止进入市场，或者是对市场准入造成直接和实质性障碍，作为适用第 34 条的背景原则。按照上文的讨论，这种做法能够让人们关注作为货物自由流动决定性因素的关键背景价值。然而，如果需要考虑是否存在对市场准入的某些实质性限制，则将不可避免地产生成本，不仅对于适用这一检验标准的法院是如此，而且对于那些可能不确定自己计划开展的行动是否合法的私人当事方也是如此。

3. 第二种选择是，根据基于案件类型的假设，以对市场准入构成具有实质性阻碍作为检验方法的依据。这是雅各布斯佐审官在"勒克莱尔—西普莱克公司案"中采用的方式。[100] 如果如同"第戎黑醋栗甜酒案"类型的案件一样，相关措施对产品本身构成了影响，那么就应假设该措施对市场准入具有实质性影响。然而，如果有争议的措施影响的是销售安排，并且不具有歧视性，那么判定其影响是否具有实质性意义就将取决于一系列因素。

4. 第三种选择是，继续坚持适用当前被认为由第 34 条规制的三类情况，并且仅将市场准入作为一项剩余类型，而不是首要原则。

5. 第四种选择是，不再使用市场准入，而是聚焦于将歧视和差别影响作为正在创立的标准。然而，在决定适用这项检验方法时所遇到的裁判困难，不会比其他检验方法更少。

第九节　歧视性措施的辩护理由：第 36 条

如果某些贸易规则被认定为具有歧视性[102]，那么它们可以通过《欧洲联盟运行条约》第 36 条得到豁免：

> 第 34 条和第 35 条不排除基于公共道德、公共秩序或公共安全方面的原因，基于保护人类、动物或植物健康与生命方面的原因，基于保护具有艺术、历史或考古价值的国宝方面的原因，或者基于保护工商业产权方面的原因而禁止或限制进出口或货物过境。但是，此类禁止或限制

---

[100] （N 61）.

[102] 一项规则是否确实具有歧视性，这一问题存在着争议，因此该规则是否属于第 34 条禁止范围，并且需要根据第 36 条提供正当理由，也存在着争议。See, eg, Case C‑2/90 *Commission v Belgium* [1992] ECR I‑4431, noted by L Hancher and H Sevenster（1993）30 CMLRev 351, and D Geradin（1993）18 ELRev 144.

不应构成对成员国之间贸易的一种任意歧视手段或者一种变相限制。

欧洲法院一直严格解释第36条，对于这一点不应该感到意外。歧视性规则将受到严格监督，以确保辩护理由是正当的。它们还必须满足关于相称性的检验：歧视性措施必须是为实现预期目标而采取的限制程度最低的措施。第36条之下的举证责任由成员国承担。[103] 如果成员国想要适用第36条列举的理由，如今要受制于欧盟立法规定的重要条件，下文将讨论这一问题。[104]

一 公共道德

主要先例中有两个案件涉及对规制色情产品的法律提出质疑。在"亨和达比案"（*Henn and Darby*）[105] 中，欧洲法院愿意认可英国禁止进口色情产品的禁令可以根据第36条获得正当理由，尽管事实上国内法并不禁止拥有此类材料。欧洲法院的结论指出，英国法律的总体目标是限制色情产品，而且在英国国内不存在此类产品的合法交易。然而，在"科尼格特公司案"（*Conegate*）中得出了不同的结果。

科尼格特公司诉英国皇家税务与海关署署长

Case 121/85 Conegate Ltd v Commissioners of Customs and Excise

[1986] ECR 1007

[《里斯本条约》重新编号，原第30条、第36条和第177条现分别变更为《欧洲联盟运行条约》第34条、36条和267条]

科尼格特公司（Conegate）将与真人大小相仿的充气娃娃从德国

---

[103] Case C-17/93 *Openbaar Ministerie v Van der Veldt* [1994] ECR I-3537；Case C-110/05 *Commission v Italy* [2009] ECR I-519，[62]；Case C-165/08 *Commission v Poland* [2009] ECR I-6843，[53].

[104] Regulation (EC) No 764/2008 of the European Parliament and of the Council of 9 July 2008 laying down procedures relating to the application of certain national technical rules to products lawfully marketed in another Member State and repealing Decision No 3052/95/EC [2008] OJ L218/21. See now, Regulation (EU) 2019/515 [2019] OJ L91/1. 讨论见本章第十一节第二部分。

[105] Case 34/79 *R v Henn and Darby* [1979] ECR 3795.

进口到英国。充气娃娃的发票上申明，这些货物被用于橱窗展示，但海关官员并不相信，尤其是他们发现，这些产品被描述为"爱爱娃娃"。他们扣押了这些货物。科尼格特公司认为，此举违反了第30条。英国法院提出的问题是，即使在英国没有禁止在本国领土制造或销售同类产品的情况下，禁止此类产品进口的规定是否仍然可以拥有正当理由。欧洲法院重复了它在"亨和达比案"中的论证，即每个成员国都有权自主决定其领土范围内的公共道德的性质。它接下来裁决如下。

欧洲法院

15. 然而，尽管共同体法交由成员国自主评估某些产品的不体面或色情性质，但是必须指出，如果相关成员国并未对在其领土内制造或销售的相同产品制定刑罚措施，或其他严重的和有效的措施，以便阻止此类产品在其领土内分销，那么，就不能认为相关产品构成违法这一事实足够严重，以至于不足以构成限制货物自由流动的正当理由。

16. 因此，如果成员国自身立法中并不包括禁止在其领土上生产或销售同类产品的禁令，它就不能以公共道德为由，禁止从其他成员国进口同样的产品。

……

18. 在本案中……高等法院谨慎地界定成员国立法的内容，而该立法是否与共同体法相符正是它提出要解决的一个问题。因此，高等法院提到了进口国的规则，根据这些规则，相关产品只有在满足某些限制条件的情况下才能自由生产和销售，……也就是说，绝对禁止通过邮寄方式销售此类产品，并限制公开展示这些产品，而且在该成员国的某些地区，能够将这些产品销售给18岁以上成年人的场所需要获得许可证。然而，这类限制措施不能被认为等同于在实质上禁止该产品的生产和销售。

英国的辩护没有成功。"科尼格特公司案"和"亨和达比案"之间的区别在于，欧洲法院评估被禁止的进口产品受到的待遇是否比本国产品更加严苛。在"亨和达比案"中，欧洲法院愿意认定，英国法律对色情产品的限制程度足以使其得出结论认为，英国不存在此类产品的合法贸易。相比之下，在"科尼格特公司案"中，欧洲法院却得出相反结论。尽管成员国可以决定在其领土内适用的公共道德，但它们对进口产品施加的负担不能比适用于本国同等产品的负担更为严格。

二 公共政策

公共政策是第36条框架下的一项正当理由，但是，欧洲法院一直抵制对其进行过于广义解释的尝试。例如，欧洲法院一直拒绝承认"公共政策"这一术语包括消费者保护的论点。欧洲法院一直认为，因为第36条减损适用《欧洲联盟运行条约》第34条所包含的一项基本规则，因此必须得到严格解释，而且不能被扩大到第36条不包含的目标上。[⑩] 因此，不能将公共政策用于提出一项单独的辩护理由。正是由于这一原因，只有极少数案件包含对公共政策主张的详细审查。这一问题在"勒克莱尔购物中心案"（*Centre Leclerc*）中得到了考虑。

屈莱诉勒克莱尔购物中心
Case 231/83 Cullet v Centre Leclerc
[1985] ECR 305

[《里斯本条约》重新编号，原第30条和第36条现变更为
《欧洲联盟运行条约》第34条和第36条]

法国立法以法国炼油厂的价格和成本为主要依据，为燃料制定最低零售价格。欧洲法院认定，该立法构成第30条意义上一项与数量限制具有同等效果的措施（MEQR），因为进口产品无法完全受益于原产国更低的成本价格。法国政府寻求以第36条中的公共政策作为其行为的正当理由。法国政府提出，如果没有定价规则，就会在国内产生骚乱、封锁和暴力。佐审官和欧洲法院都拒绝了这一理由，但他们给出的原因不同。

---

⑩ Case 113/80 *Commission v Ireland* [1981] ECR 1625；Case 177/83 *Kohl v Ringelhan* [1984] ECR 3651；Case 229/83 *Leclerc v Au Blé Vert* [1985] ECR 1.

费尔劳伦·范蒂玛特佐审官[107]

然而，我想再补充一点，从去年（以及之前的法国与意大利"葡萄酒战争"期间）的经验中可以看到，如果接受国内骚乱作为违反货物自由流动原则的正当理由，那么，就会产生不可接受的灾难性后果。如果利益团体觉得受到进口和销售某些廉价产品或服务更具竞争力价格的威胁，或者觉得受到移民劳动者或外国企业所带来的威胁，如果将这些利益团体设置的路障和其他有效手段作为正当理由，那么条约的四大基本自由就没有立足之地。这样一来，私人利益集团就将取代条约和共同体机构（以及条约规定范围内的成员国机构）来决定这些自由的范围。相反，在这样的情况下，公共政策概念要求权力机关采取有效行动处理此类骚乱。

欧洲法院

32. 为了适用第36条，法国政府援引由暴力反应——受到不受限制的竞争影响的零售商可能会采取这种实践——导致对法律和秩序（公共秩序）以及公共安全的骚乱作为理由。

33. 就这一点而言，足以观察到法国政府并没有说明，根据上述原则修订所涉法规会对法律和秩序（公共秩序）以及公共安全造成后果，而这种后果是法国政府无法通过利用现有资源来应对的。

佐审官原则上拒绝了法国政府的主张，但欧洲法院似乎认为法国可以根据第36条做出申辩，但却被以事实为由加以驳回。欧洲法院采取的方法也许是处理这一问题的更具外交性质的方式，但佐审官则在原则方面更有说服力。如果可以将可能引起暴力的利益团体压力作为第36条下的正当理由，那么欧盟的基本自由就将岌岌可危。[108]

---

[107] AG Verloren Van Themaat [1985] 2 CMLR 524，534.

[108] 欧洲法院曾接受，在某个特定事件中，严重扰乱公共秩序可以作为警察不进行干预的正当理由，但它不能作为任何具有此类性质的一般性政策的正当理由，参见 Case C–265/95 *Commission v France* [1997] ECR I–6959。See also *R v Chief Constable of Sussex, ex p International Traders' Ferry Ltd* [1997] 2 CMLR 164.

三　公共安全

坎帕斯石油公司诉爱尔兰工业与能源部长
Case 72/83 Campus Oil Ltd v Minister for Industry and Energy
[1984] ECR 2727

[《里斯本条约》重新编号，原第30条和第36条现分别变更为《欧洲联盟运行条约》第34条和第36条]

爱尔兰法律要求向爱尔兰进口石油的进口商按照爱尔兰政府规定的价格，从一家国有炼油厂购买其所需石油总量的35%。这项规则被认为构成了与数量限制具有同等效果的措施（MEQR）。爱尔兰援引第36条中的公共政策和公共安全作为辩护理由。它提出，对爱尔兰而言，保持本国的炼油能力具有至关重要的意义。这项受到质疑的规则是确保其石油冶炼产品能够得到销售的方式。欧洲法院裁定，如果已经存在为石油供应提供必要保护的共同体规则，就不可能寻求以第36条作为豁免理由。的确存在某些共同体措施，但这些措施并不全面。欧洲法院继续做出如下判决。

欧洲法院

31. 因此，现行共同体规则给那些石油产品的供应完全或几乎完全依赖从其他国家进口的成员国提供了某些保证，即如果出现与石油供应国市场上的石油供应量成比例的严重短缺情况，那么就将维持其从其他成员国的石油进口。然而，这并不意味着相关成员国获得了无条件的保证，即在任何情况下供给量都将至少维持在能够满足其最低需求的程度。在上述情况下，并不能排除成员国援引第36条作为在本国层面采取适当补充性措施的正当理由的可能性，即使存在着规制该事项的共同体规则。

[欧洲法院接下来考虑，"公共安全"这一术语是否能够涵盖这种情况。]

34. 应该指出，在这方面，由于石油产品作为现代经济中的一项能源资源具有特殊的重要意义，因而对于一个国家的生存具有根本性影响，因为不仅这个国家的经济，而且最重要的是，其机构、基本公共服务，甚至其居民的生存都要依靠石油资源。如果石油产品的供应被打乱，就有可能给国家的生存本身带来危险，因而有可能严重影响公共安全，而第 36 条允许国家保护公共安全。

35. 的确，正如本法院在多个案件中指出的，最近在 1982 年 6 月 9 日判决（Case 95/81 Commission v Italy）中指出，第 36 条提及的是具有非经济性质的事项。成员国不能通过主张因取消妨碍共同体内部贸易的壁垒导致经济困难而逃避条约中规定的措施所产生的影响。然而，鉴于扰乱石油产品供应有可能对一个国家的生存产生严重后果，因此，在任何时候都要确保石油产品的最低程度供应，这一目标可以被视为优先于纯粹的经济考虑因素，因此能够构成公共安全概念所涵盖的一项目标。

虽然欧洲法院接受"坎帕斯石油案"（Campus Oil）中的公共安全理由，但可适用这一理由的情况是有限的。[109] 欧洲法院几乎不存在扩大这一论证的热情，而且在"勒克莱尔购物中心案"中，费尔劳伦·范蒂玛特佐审官将该案的情况与"坎帕斯石油案"的情况做了区分。[110] 然而，根据《欧洲联盟运行条约》第 346—348 条，成员国可以采取某些与国家安全有关的措施。

四　保护人类和动植物的健康与生命

（一）将健康保护作为真实目的还是变相贸易限制

在很多案件中，成员国以保护人类和动植物的健康与生命为由对其措施进行辩护。欧洲法院对这类主张进行严格审查，以判断采取相关措施保

---

[109]　Case C-367/89 Richardt [1991] ECR I-4621；Case C-398/98 Commission v Greece [2001] ECR I-7915，[29]-[30]；Case C-174/04 Commission v Italy [2005] ECR I-4933，[40]-[41].

[110]　AG Verloren Van Themaat [1985] 2 CMLR 524，535-536.

护公共健康究竟是成员国的真实目的，还是为了保护国内生产者。"委员会诉英国案"⑪ 说明了这一问题。在该案中，英国事实上禁止从其他绝大多数成员国进口禽肉，其理由是为保护公共健康，有必要防止感染家禽的鸡瘟扩散。欧洲法院认为，英国通过进口禁令的动机更多地出于商业原因，即为了阻止法国禽肉进口，而不是出于公共健康的目的。欧洲法院还将严格审查与公共健康有关的理由，以便判断这些理由是否建立在事实基础之上。⑫

（二）对公共健康主张的判定

如果对特定物质在科学方面或医学方面产生的影响不存在完全的共识，那么欧洲法院可能不得不对与公共健康有关的主张是否具有可持续性做出判断。在"山德士公司案"（*Sandoz*）中可以看到欧洲法院所采取的方式。

荷兰司法部诉山德士公司
Case 174/82 Officier van Justitie v Sandoz BV
[1983] ECR 2445

荷兰当局拒绝允许销售添加了维生素的坚果麦片条，理由是这些维生素有害于公共健康。在德国和比利时很容易就可以买到这些坚果麦片条。人们普遍认为，维生素可能有益于健康，但是过度服用维生素可能有害。科学证据尚无法确定，服用维生素达到多少才属于过度，特别是由于从一种食物来源中获取的维生素有可能与从其他来源中获得的维生素相叠加。已经有欧共体立法开始触及食品添加剂这一普遍问题。

欧洲法院

15. 上文提到的共同体措施清楚地表明，共同体立法机构承认如

---

⑪　Case 40/82 *Commission v United Kingdom* [1982] ECR 2793；Case 42/82 *Commission v France* [1983] ECR 1013；Case C–434/04 *Criminal proceedings against Jan–Erik Anders Ahokainen and Mati Leppik* [2006] ECR I–9171，[30].

⑫　Case 124/81 *Commission v United Kingdom* [1983] ECR 203.

下原则，即有必要在特定物质中限制使用食品添加剂，同时，成员国拥有制定更严格规则的一定的自由裁量权。……

16. 正如1981年12月17日本法院在"法荷生物制品公司案"（Case 272/80 *Frans-Nederlandse Maatschappij voor Biologische Producten* [1981] ECR 3277）判决中所认定的，只要在当前科学研究阶段存在着不确定性，那么，在不存在共同体调和式立法的情况下，希望在多大程度上确保人类的健康和生命，其决定权在成员国，但前提是要遵守共同体内货物自由流动的要求。

17. 这些原则也适用于维生素这样的物质，从总体上看，这些物质本身并没有害处，但作为所有营养成分的一部分，如果其摄入量超过了一定限度，那么也可能造成特定的伤害性后果，但这些营养成分的组成是不可预测的，并且无法被监督。鉴于科学评估中所存在的不确定性，在没有获得事先授权的情况下，禁止销售添加维生素的食品的成员国规则原则上可以保护人类健康为依据，获得《欧洲联盟运行条约》第36条意义上的正当理由。

18. 尽管如此，对于构成《欧洲联盟运行条约》第36条最后一句基础的相称性原则，它要求成员国禁止从其他成员国进口相关产品的权力，应仅限于为了实现保护公共健康的合法目标所必不可少的限度。……

19. 然而，就维生素等添加剂而言，却很难做出这种评估，因为这些物质的上述特征导致不可能事先预测或监督其作为普遍营养的一部分被摄入人体的数量，而且无法就它对人体所造成的伤害程度做出具有足够确定性的判断。尽管如此，虽然鉴于当前共同体层面对成员国法律的调和程度，必须将广泛的自由裁量权留给成员国，但是，为了遵守相称性原则，如果向食品中添加的维生素满足了一项真正的需求，特别是技术需求或营养需求，那么，成员国就必须授权允许销售这类食品。

20. 因此，必须这样回答第一个问题，即共同体法允许成员国规则在没有获得事先授权的情况下，禁止销售已在另一个成员国上市销售的、添加了维生素的食品，但前提是，在添加维生素符合真正需求，特别是技术需求或营养需求时，须授权销售此种食品。

欧洲法院在"山德士公司案"中采用的方式经过了细微调整。它将对关于公共健康的主张是否在原则上具有可持续性这一问题做出判断。如果关于某些物质的医学影响存在着不确定性[113]，那么，在不存在共同体立法调和的情况下，就应由成员国决定对其公民的适当保护程度，前提是遵守相称性原则。[114] 在对相称性进行评估时，联盟法院将特别关注辩护理由所依据的事实基础。成员国仅主张某项措施可以公共健康为由得到保证是不够的。欧洲法院曾经要求成员国用事实来证明其主张[115]，即使在科学方面对相关事项可能存在一定程度的不确定性。[116] 欧洲法院也会从相称性原则方面评估其主张。[117] 然而，欧洲法院承认，成员国在对公共卫生的保护程度方面存在合理差异。[118]

（三）卫生检查与双重检查

成员国不得禁止进口，但可以对进口产品进行检查，即使相关产品已经在原产国接受了检查。双重检查这一问题频繁出现，随着时间的推移，欧洲法院也变得更加严格。

在"登卡维特公司案"（*Denkavit*）[119] 中，欧洲法院最初采用的方法是敦促成员国相关机构相互合作，以避免双重检查。成员国机构有责任查

---

[113] See, however, Case 178/84 *Commission v Germany* [1987] ECR 1227.

[114] See also Case 53/80 *Officier van Justitie v Koniklijke Kaasfabriek Eyssen BV* [1981] ECR 409; Case 94/83 *Albert Heijin BV* [1984] ECR 3263; Case 304/84 *Ministère Public v Muller* [1986] ECR 1511; Case C – 62/90 *Commission v Germany* [1992] ECR I – 2575; Case C – 192/01 *Commission v Denmark* [2003] ECR I – 9693, [42]; Case C – 24/00 *Commission v France* [2004] ECR I – 1277, [49]; Case C – 95/01 *Criminal Proceedings against John Greenham and Leonard Abel* [2004] ECR I – 1333; Case C – 366/04 *Schwarz v Bürgemeister der Landeshauptstadt Salzburg* [2005] ECR I – 10139, [30] – [38]; Case C – 170/04 *Klas Rosengren* (n 32) [37] – [58]; Case C – 672/15 *Criminal proceedings against Noria Distribution SARL* EU：C：2017：310, [20] – [23].

[115] Case C – 270/02 *Commission v Italy* [2004] ECR I – 1559.

[116] Case C – 41/02 *Commission v Netherlands* [2004] ECR I – 11375; Case C – 192/01 *Commission v Denmark* (n 114); Case C – 24/00 *Commission v France* (n 114); Case C – 333/08 *Commission v France* [2010] ECR I – 757, [83] – [110].

[117] Case C – 198/14 *Visnapuu* EU：C：2015：751; Case C – 333/14 *Scotch Whisky Association v The Lord Advocate* EU：C：2015：845.

[118] Case C – 141/07 *Commission v Germany* (n 68) [51]; Case C – 434/04 *Ahokainen and Mati Leppik* (n 111) [32] – [33].

[119] Case 251/78 *Denkavit Futtermittel v Minister für Ernährung, Landwirtschaft und Forsten des Landes* [1979] ECR 3369.

明，出口国的文件是否可以推定进口产品符合进口国的要求。然而，欧洲法院承认，进口国进行第二次检查有可能合法，前提是这些要求是必要且相称的。

欧洲法院后来的判例法表明，它对是否确实需要进行第二次检查表现出了一种正当合理的怀疑。可以在"委员会诉英国案"⑳ 中发现这一点，该案涉及高温灭菌（UHT）牛奶。欧洲法院裁定，英国对该产品的关切可以通过比禁止进口和它强制要求的销售体系更少限制的方式得到保证。英国可以规定进口牛奶必须满足哪些要求，也可以要求提供由出口国当局颁发的证书。㉑ 如果出具了这类证书，那么就需要进口国当局查明，这些证书是否可以推定进口产品符合本国立法的要求。欧洲法院结论认为，本案中存在满足这类假设的条件。㉒ 在"法荷生物制品公司案"（*Biologische Producten*）㉓ 中也可以发现，欧洲法院同样不太愿意让产品接受第二次检查。如果原产国已经对产品进行了技术检测，或者如果出口国进行此类检测的实际效果能够满足进口国的需要，那么，双重检查就是不合法的，因为进口国没有必要再次进行技术检测。㉔

五 使歧视性措施有效的其他理由

第36条包含了为第34条所禁止的歧视性规则进行辩护的理由。欧洲法院将第34条的适用范围扩大到无差别适用的规则上，并且创设了与第36条所包含理由重叠，但并非完全相同的辩护理由。㉕ 因此，最突出的问题是，作为歧视性规则的正当理由是否仅限于第36条清单所列事项，还是也可以将"第戎黑醋栗甜酒案"清单中所列事项作为辩护理由。㉖ 传统

---

⑳　Case 124/81 *Commission v United Kingdom* [1983] ECR 203.

㉑　Ibid [27] – [28].

㉒　Ibid [30].

㉓　Case 272/80 *Frans – Nederlandse Maatschappij voor Biologische Producten* [1981] ECR 3277.

㉔　Ibid [14] – [15]；Case C – 400/96 *Criminal Proceedings against Jean Harpegnies* [1998] ECR I – 5121；Case C – 432/03 *Commission v Portugal* [2005] ECR I – 9665，[46].

㉕　P Oliver，'Some Further Reflections on the Scope of Articles 28 – 30（ex 30 – 36）'（1999）36 CMLRev 738；J Scott，'Mandatory or Imperative Requirements in the EU and WTO' in Barnard and Scott（n 21）ch 10；P Oliver and W – H Roth，'The Internal Market and the Four Freedoms'（2004）41 CMLRev 407，434 – 436.

㉖　Case 120/78（n 1）.

观点认为，成员国不能以第 36 条清单以外的其他理由作为一项歧视性措施的正当依据，即使相关理由被包含在可以对无差别适用措施进行援引的清单之中。

"委员会诉比利时案"[127] 是否为上述假设的例外，这一点存在疑问。比利时有一项地方法规，禁止向该地区进口垃圾，委员会对此提起诉讼。该法规被认为具有歧视性，因为没有涵盖本地产生的垃圾的处理问题。尽管如此，在考虑该地方法规的合法性时，欧洲法院允许将环境保护作为考量因素。因此，它允许比利时以第 36 条未涵盖的理由作为正当依据。然而，欧洲法院事实上裁定该法规并不具有歧视性，尽管被起诉的文件从表面上看是歧视性的。其原因在于该法规所涵盖的主题事项——垃圾具有特殊性质。欧洲法院认为，有强烈的理由证明应在当地处理此类物质，而且每个地区都有责任处理本地区的垃圾。因此，尽管该法规仅适用于进口垃圾，但它并不构成歧视性规则。[128]

由于涉及间接歧视和涉及无差别适用的规则这两种情况之间的区分可能十分细微，从而导致第 36 条和"第戎黑醋栗甜酒案"中的例外情形之间的关系十分复杂。"委员会诉奥地利案"[129] 说明了这一点。在该案中，一项奥地利规则禁止超过一定载重量的运货卡车使用某些公路，其目的是保护环境和空气质量。吉尔胡德佐审官（AG Geelhoed）提出，对于该项规则应被视为间接歧视还是无差别适用的规则这一问题存在着争议；还承认这一点可能会对是否可将环境保护作为申辩理由产生影响。欧洲法院默示地假设，奥地利的这项规则属于无差别适用性质，因此，保护环境可以构成一项具有客观正当性的理由。

雅各布斯佐审官在"普鲁士电力公司案"（*PreussenElektra*）[130] 中对第 36 条清单是否具有穷尽性提出了疑问。他认为，"瓦隆大区垃圾案"（*Walloon Waste*）中采用的判决方式是有缺陷的，因为从逻辑上说，一项措施是

---

⑫　Case C – 2/90 *Commission v Belgium* [1992] ECR I – 4431.

⑬　然而，保护环境也可以在涉及歧视的案件中被提起，参见 Case C – 203/96 *Chemische Afvalstoffen Dusseldorp BV v Minister van Volkshuisvesting，Ruimtelijke Ordening en Milieubeheer* [1998] ECR I – 4075，[50].

⑭　Case C – 320/03 *Commission v Austria* [2005] ECR I – 9871.

⑮　Case C – 379/98 *PreussenElektra AG v Schleswag AG* [2001] ECR I – 2099，[225] – [238].
See also Case C – 320/03 *Commission v Austria* [2005] ECR I – 9871，[96] – [108]，AG Geelhoed.

否具有歧视性与它是否可以获得正当理由这二者是不同的。此外，他还提出，即使存在直接歧视，仍然有充足的理由允许将环境保护作为提出申辩的正当理由。他还从更具普遍性的意义上提出，应放宽那些可以根据第 36 条主张的理由与"第戎黑醋栗甜酒案"意义上的"合理规则"例外这二者之间的界限。正如雅各布斯佐审官所指出的，欧洲法院并未对第 36 条和"第戎黑醋栗甜酒案"所允许的例外这二者之间的关系给予一般性的指引。然而，欧洲法院确实允许以环境原因作为成员国措施的正当理由。[131]

欧洲法院明确表明，它愿意允许环境保护成为一项申辩理由，而无须过于严格地考察该理由是否可以依据第 36 条作为正当理由，或者是否可以作为"第戎黑醋栗甜酒案"例外情况意义上的强制性要求。[132] 特尔斯泰尼亚克佐审官（AG Trstenjak）回应了雅各布斯佐审官先前提出的建议，也就是，即使存在歧视的情况，保护环境也可以作为正当理由[133]，尽管相关措施的歧视性质会影响相称性。下文将在更具普遍性的意义上提出，无论相关措施是否具有歧视性，同样的正当理由均应适用，尽管该项理由的适用可能会受到此项因素的影响。[134]

六 调和与第 36 条的关系

欧盟的调和式措施可能导致寻求通过第 36 条豁免的理由不可接受。在欧盟措施旨在对整个领域进行调和的情况下就是如此。成员国行动也会因此被排除在外。在"莫尔曼公司案"（Moormann）[135] 中，欧洲法院裁定，

---

[131]　See also Case C－389/98 *Aher－Waggon GmbH v Bundesrepublik Deutschland*［1998］ECR I－4473.

[132]　Case C－524/07 *Commission v Austria*［2008］ECR I－187,［57］；Case C－142/05 *Åklagaren*（n 70）［31］－［32］；Case C－28/09 *Commission v Austria* EU：C：2010：854.

[133]　Case C－28/09 *Commission v Austria* EU：C：2010：770,［84］－［91］.

[134]　参见本章第十节第二部分。

[135]　Case 190/87 *Oberkreisdirektor v Moormann BV*［1988］ECR 4689. See also Case 5/77 *Tedeschi v Denkavit*［1977］ECR 1555；Cases C－277, 318 and 319/91 *Ligur Carni Srl v Unità Sanitaria Locale No XV di Genova*［1993］ECR I－6621；Case C－5/94 *R v Ministry of Agriculture, Fisheries and Food, ex p Hedley Lomas（Ireland）Ltd*［1996］ECR I－2553；Case C－1/96 *R v Minister of Agriculture, Fisheries, and Food, ex p Commission in World Farming Ltd*［1998］ECR I－1251；Case C－322/01 *Deutscher Apothekerverband*（n 68）；Case C－443/02 *Nicolas Schreiber*［2004］ECR I－7275；Case C－309/02 *Radlberger Getränkegesellschaft mbH and Co and Spitz KG v Land Baden-Württemberg*［2004］ECR I－11763；Case C－132/08 *Lidl Magyarország Kereskedelmi bt v Nemzeti Hírközlési Hatóság Tanácsa*［2009］ECR I－3841.

欧盟关于禽肉卫生的调和式措施意味着，成员国再也不能将第36条作为使本国关于该事项的规则合法化的理由。在"委员会诉德国案"⑬ 中，欧洲法院裁定，欧盟指令已经对相关措施进行调和，这些措施可以被用于"检验未被阉割的公猪所具有的明显的性气味"，从而避免德国适用与此不同的措施。

然而，许多欧盟措施的目的并不是要对整个领域进行彻底调和。其目标仅是最低程度的调和。判断调和式措施究竟是涵盖整个领域，还是给成员国的规制倡议留下了空间这一问题，应由欧洲法院决定。⑬ 在采用最低程度调和的情况下，成员国被允许"维持并且往往引入比共同体立法所规定的标准更加严格的规制标准，其目的是推进某项特定的社会或福利利益，但前提是此类额外要求必须遵守条约"⑬。因此，在"德阿戈斯蒂尼案"中，欧洲法院裁定，共同体关于"电视无国界"的多项指令仅在部分意义上对相关法律进行了调和。它们并没有将成员国为了保护消费者而制定的控制电视广告的规则排除在外。⑬ 在采用穷尽式调和式措施的情况下，对任何与调和式措施相关的成员国措施的评估都必须以调和式措施而不是条约条款为依据。⑭ 欧洲法院将确保此类成员国法规符合相称性，而且不构成任意歧视的一种手段。⑭ 然而，即使是在最低程度调和的情况下，成员国是否可以对进入其领土的货物施加比指令中规定的标准更加严格的福利标准这一问题，仍然有可能带来困难。⑭

---

⑬　Case C – 102/96 *Commission v Germany* [1998] ECR I – 6871.

⑬　See, eg, Case C – 1/96 *Compassion in World Farming* (n 135)；Case C – 443/02 *Nicolas Schreiber* (n 135)；Case C – 309/02 *Radlberger* (n 135).

⑬　M Dougan, 'Minimum Harmonization and the Internal Market' (2000) 37 CMLRev 853，855.

⑬　Cases C – 34 – 36/95 *De Agostini* (n 59) [32] – [35].

⑭　Case C – 324/99 *DaimlerChrysler AG v Land Baden-Württemberg* [2001] ECR I – 9897，[32]；Case C – 309/02 *Radlberger* (n 135) [53]；Case C – 322/01 *Deutscher Apothekerverband* (n 68) [64]；Case C – 205/07 *Gysbrechts* (n 38) [33].

⑭　Case 4/75 *Rewe-Zentralfinanz* (n 13)；Case C – 317/92 *Commission v Germany* [1994] ECR I – 2039；Case 17/93 *Van der Veldt* (n 103).

⑭　Compare Case C – 1/96 *Compassion in World Farming* (n 135) with Case C – 389/98 *Aher-Waggon* (n 131)；Dougan (n 138) 868 – 884.

第十节　对无差别适用规则的辩护
理由：强制性要求

一　强制性要求作为辩护理由的原理

有必要单独考虑针对"无差别适用的规则"（indistinctly applicable rules）的辩护理由，尽管对于是否应该分别对歧视性规则和非歧视性规则适用不同的辩护理由这一问题仍然存在着疑问。强制性要求（mandatory requirements）的根本依据是，对贸易进行规制的很多规则也可能限制贸易，但有些规则是为了实现具有客观正当性的目标。"第戎黑醋栗甜酒案"中所列的强制性要求"清单"有时候被称为"合理规则"（rule of reason），它在如下意义上以"达松维尔案"为基础，即在不存在欧盟措施的情况下，在某些情况下可以接受合理的贸易规则。在欧盟法的其他领域也可以发现相似方式。⑭³ 因此，费尔劳伦·范蒂玛特佐审官（AG Verloren Van Themaat）认为⑭⁴，"合理规则"是进行法律解释的一项一般原则，其目的是缓解关于自由流动的条约条款中的严格禁止性规定所造成的影响。⑭⁵ 证明措施正当的举证责任在于援引强制性要求的成员国。⑭⁶ 现在，成员国对强制性要求的适用要受欧盟立法规定的重要条件的约束，后面将讨论该立法。⑭⁷

二　强制性要求与第36条的关系

传统观点认为，"第戎黑醋栗甜酒案"中的强制性要求与第36条下的正当理由是两个独立问题，而且前者只能适用于不具有歧视性的规则。⑭⁸ "第戎黑醋栗甜酒案"提出的强制性要求清单中所包含的诸如消费者保护

---

⑭³　参见第二十二章、第二十三章和第二十五章。

⑭⁴　Case 286/81 *Oosthoek*（n 59）.

⑭⁵　也可参见第二十七章对竞争法中"合理规则"的讨论。

⑭⁶　Case C - 14/02 *ATRAL*（n 32）〔67〕-〔68〕.

⑭⁷　参见本章第十一节第二部分。

⑭⁸　Case 788/79 *Gilli and Andres*（n 34）〔6〕；Case 113/80 *Commission v Ireland*〔1981〕ECR 1625，〔5〕-〔8〕.

和公平商业交易等事项，在第36条中并没有被提到，但该条清单不是穷尽性的。欧洲法院希望为适用于无差别适用规则创设更宽泛类型的正当理由，这一点很容易理解，因为歧视性规则是欧盟的核心，因此，应该对作为豁免依据的正当理由进行狭义界定。然而，近年来，第36条和"第戎黑醋栗甜酒案"中的强制性要求这二者之间的界限问题面临着越来越严重的矛盾。

第一，正如我们已经看到的，人们一直在讨论第36条所列事项是否应被视为具有穷尽性。有人认为，也许在有些情况下，对环境等因素的考虑也可以为歧视性规则提供辩护。

第二，由于难以区分涉及间接歧视的案件和涉及无差别适用规则的案件，因此导致二者之间的划分越来越站不住脚。⑭ 欧洲法院也许可以将某个案件定性为"第戎黑醋栗甜酒案"类型，因为它想允许成员国应用某项强制性要求，即使相关措施似乎具有歧视性，或者可无差别适用，如"Aher-Waggon 公司案"⑮。

第三，"凯克案"造成了这方面的混淆。如果销售安排适用于本国领土上的所有经销商，而且在法律和事实上以同等方式影响本国产品和进口产品的销售，那么，此类安排就可以被排除在第34条规制范围之外。后来的一些案件聚焦于成员国的销售安排可能产生的差别影响上。如果这一点得到证实，那么就适用第34条，前提条件是符合可能的正当理由。在某些情况下，是在强制性要求下还是在第36条下考虑作为正当理由的事项这一问题并不重要，因为这两个原则均涵盖该事项，如在涉及公共卫生的情况下。⑯ 在其他情况下，考虑这一问题则是必要的，因为当事方提出的所谓正当理由仅属于"第戎黑醋栗甜酒案"所列清单。欧洲法院在某些案件中采取了模棱两可的态度。例如在"德阿戈斯蒂尼案"⑰ 中，欧洲法院裁定，广告禁令可能满足强制性要求，"或者"符合第36条所列目的之一。消费者保护和公平交易属于前一类清单，而不是后者。

⑭　See, eg, Case C-110/05 *Commission v Italy* (n 69) [35], [37], [59].

⑮　See AG Jacobs in Case C-379/98 *PreussenElektra* (n 130) [227], commenting on Case C-389/98 *Aher-Waggon* (n 131).

⑯　See, eg, Case C-189/95 *Franzen* (n 67); Case C-405/98 *Gourmet International* (n 81); Case C-322/01 *Deutscher Apothekerverband* (n 68).

⑰　Cases C-34-36/95 *De Agostini* (n 59) [45]-[47].

对于简化相关论证，还有不少话要说。无论所涉及的措施是歧视性的还是无差别适用的，原则上最好用同样的理由，尽管歧视性措施可能需要更强有力的理由。鉴于第 36 条中的措辞，也许有人认为这是不可能的。然而，没有任何理由说明，为什么第 36 条中的用语，如保护人类的健康和生命，不能解释为包括消费者和保护环境。在欧洲法院愿意的情况下，它曾经以一种广泛得多的方式解释条约的其他条款。此外，假如在"第戎黑醋栗甜酒案"中创建一个关于强制性例外的开放清单，包括条约中并没有提到的例外情况，如果这一做法是合法的，那么，就很难理解，为什么欧洲法院将第 36 条解读为包括诸如环境保护和消费者保护等事项的做法不合法。

三　强制性要求：消费者保护

委员会诉德国
Case 178/84 Commission v Germany
［1987］ECR 1227

德国法律禁止销售其他成员国合法酿制的啤酒，除非它们符合 1952 年《啤酒关税法》（Biersteuergesetz）第九节和第十节的要求，即只有用大麦、啤酒花、酵母和水四种原料制成的饮料才能被作为"啤酒"（Bier）销售。德国辩称，这对保护消费者是必要的，因为消费者将"啤酒"与这些成分联系在一起。欧洲法院援引"达松维尔案"和"第戎黑醋栗甜酒案"，认定德国规则构成了对贸易的妨碍。

欧洲法院

31. 德国政府主张，《啤酒关税法》第十节是为了保护德国消费者所必不可少的基本要求，因为在消费者看来，"Bier"这一名称与仅由第九节规定成分制造的饮料密不可分，……这一理由必须被驳回。

32. 首先，消费者观念从一个成员国到另一个成员国有所不同，即使在成员国国内消费者观念也很有可能随着时间推移而发展变化。还要补充的一点是，共同市场的建立正是可以对这一发展变化起到重要作用的因素之一。尽管保护消费者免受误导性实践影响的规则使得我们能够考虑上述发展趋势，但是第十节所包含的这类立法……阻止这种情况发生。正如本法院在另一背景下（Case 170/78, *Commission v United Kingdom*）已经裁定的那样，成员国立法绝对不能"使既定消费者习惯固化，从而导致本国企业由于符合这些习惯而获得的优势得到强化"。

33. 其次，在共同体其他成员国，与德语名称"Bier"对应的名称是由大麦酿造的一种发酵饮料的通用名称，不管这类饮料只用大麦麦芽酿制，还是添加了稻米或玉米。共同体法采取了同样的方法，可于《共同海关关税》（Common Customs Tariff）第 22.03 类目中看到这一点。德国立法机构自身在《啤酒关税法》第九节第七项和第八项采用"Bier"这一名称是为了指称那些不符合第九节第一项和第二项中制造规则的饮料。

34. 因此，德语名称"Bier"以及其他成员国语言中具有同等含义的名称并不限于按照联邦德国已生效规则所酿制的啤酒。

35. 对于消费者将特定品质归因于由特定原材料酿造的啤酒，我们承认，寻求使消费者依据这种考虑来自主做出选择，这是合法的。然而……这种可能性可以通过并不阻止在其他成员国合法生产和销售的产品进口到本国的其他方式中得到实现，而且特别是可以"通过强制要求附加合适的标签，以说明所销售产品的性质"这一方法保证这种可能性。……

因此，欧洲法院裁定德国法律违反了第 34 条。与消费者保护相关的辩护理由受到了严格审查，以判定这一理由是否确实以案件事实为基础"发挥作用"，并且欧洲法院还评估了消费者利益是否能够通过限制程度较低的方式得到保护（第 35 段）。同样方法也可见于其他案件中。[153]

欧洲法院常常拒绝接受以消费者保护作为正当理由，而是指出适当的

---

[153] See, eg, Case 261/81 *Rau* (n 35)；Case 94/82 *De Kikvorsch Groothandel – Import – Export BV* [1983] ECR 947；Case C–293/93 *Ludomira Neeltje v Barbara Houtwipper* [1994] ECR I–429；Case C–470/93 *Verein gegen Unwesen in Handel und Gewerbe Köln eV v Mars GmbH* [1995] ECR I–1923；Case C–315/92 *Verband Sozialer Wettbewerb eV v Clinique Laboratoires SNC* [1994] ECR I–317；Case C–14/00 *Commission v Italy* [2003] ECR I–513.

标签要求就可以实现相关成员国的目标，这种方式对欧盟内部贸易造成的影响更小。然而，即使是标签要求也可能无法逃脱第 34 条的规制。在"菲耶特案"（Fietje）[154] 中，欧洲法院就裁定，要求在标签上使用某个名称的法律可能造成更加难以销售来自其他成员国的产品，因此必须以消费者保护作为正当理由。欧洲法院指出，要求向购买者提供关于产品的充分信息，以便防止其与类似产品混淆的这一标签要求，可以作为正当理由，即使这样做可能导致某些进口产品必须改变标签的内容。[155] 但是，如果商品原始标签注明的细节已经包含进口国要求的相同信息，并且消费者可以理解原来的信息，那么这种保护就不能作为正当理由。对于是否存在同等性，这一问题由成员国法院决定。[156]

四　强制性要求：商业交易的公平性

消费者保护与商业交易的公平性之间存在重叠。对于成员国规则寻求防止的不公平销售实践，例如，销售的进口产品是假冒人们熟悉的本国产品，这一强制性要求就一直被用来说明这种成员国规则正当的理由。然而，如果想要以此依据作为正当理由，成员国规则就绝不能仅仅由于在甲国按照公平和传统实践制造的产品与乙国生产的产品具有相似性而禁止前者在本国销售。[157]

五　强制性要求：公共健康

传统观点认为，只有无差别适用的规则才可以利用强制性要求作为豁免理由。然而，如果一项正当理由既属于第 36 条又属于关于强制性要求的清单，那么，在有些情况下，欧洲法院并不太关心它在哪个框架下处理这项正当理由，特别是在并不清楚受到质疑的规则究竟是歧视性规则还是无差别适用规则的情况下。公共健康既在"第戎黑醋栗甜酒案"强制性要求的清单之列，也是第 36 条中的正当理由。为适当说明这一点，下面节选"德国啤酒案"裁决，欧洲法院的结论是，被质疑的成员国规则不符合相

[154]　Case 27/80 *Fietje* [1980] ECR 3839.

[155]　Ibid [11].

[156]　Ibid [12]. See also Case 76/86 *Commission v Germany* [1989] ECR 1021.

[157]　Case 58/80 *Dansk Supermarked v Imerco* [1981] ECR 181；Case 16/83 *Karl Prantl* [1984] ECR 1299.

称性原则。⑮⑨

委员会诉德国

Case 178/84 Commission v Germany

[1987] ECR 1227

[《里斯本条约》重新编号，原第 36 条和第 169 条现分别变更为
《欧洲联盟运行条约》第 36 条和第 258 条]

在"德国啤酒案"中，德国的另一项法律规则也受到质疑。根据
1974 年《德国食品法》，绝对禁止上市销售含有添加剂的啤酒。该法
令以公共健康为由禁止非天然添加剂。

欧洲法院

41. 本法院一直坚持认为（特别是在 Case 174/82, *Criminal Pro-
ceedings Against Sandoz BV* 中），"只要在当前科学研究阶段存在着不确
定性，那么，在不存在共同体调和式立法的情况下，希望在多大程度
上确保人类的健康和生命，其决定权在成员国，但前提是要遵守共同
体内货物自由流动的要求"。

......

43. 然而，只有在符合条约第 36 条要求的情况下，才允许适用禁
止销售含有在生产国得到授权，但在进口国被禁止的添加剂的进口产
品的法令，但要遵从本法院对该要求的解释。

44. 首先，必须记住，在"山德士公司案"（*Sandoz*）、"莫特案"
（*Motte*）和"米勒案"（*Muller*）裁决中，本法院从构成条约第 36 条
最后一句基础的相称性原则推论得出，禁止上市销售含有在生产国得
到授权，但在进口成员国被禁止的添加剂的法令必须受到严格限制，
其限度不得超出为保证保护公共健康而确实必不可少的程度。本法院
还得出结论认为，在从其他成员国进口一种含有在该国得到授权的特

---

⑮⑨ See also Case 53/80 *Koniklijke Kaasfabriek Eyssen* (n 114)；Case 97/83 *Criminal Proceedings a-
gainst Melkunie BV* [1984] ECR 2367.

定添加剂的产品时，该特定添加剂的用途必须得到授权，其原因在于，一方面要考虑到国际科学研究的发现，特别是共同体食品科学委员会以及联合国粮农组织和世界卫生组织共同创建的国际食品法典委员会（Codex Alimentarius Committee）的工作，另一方面也要考虑到进口该产品的成员国普遍存在的饮食习惯，相关添加剂不能给公共健康带来风险，而且必须满足一项真正的需求，特别是技术需求。

45. 其次，应该记住，正如本法院在"米勒案"中的裁定，根据相称性原则，必须按照一项简单易用并且能够在合理期限内完成的程序，使经销商通过适用一项具有普遍适用性的措施获得使用特定添加剂的授权。

[欧洲法院指出，德国规则禁止啤酒使用任何添加剂；不存在可以授权经销商使用某种特定添加剂的程序；德国法律允许在除啤酒以外的其他饮料中使用添加剂。德国政府辩称，如果按照《德国关税法》第九节制造啤酒，那么就没有必要使用添加剂。欧洲法院对此做出了如下答复。]

51. 必须强调，仅仅指出如下事实，即如果仅使用由联邦德国规定的原材料制造啤酒，那么就不需要添加剂，这一点并不足以排除某些添加剂符合某种技术需求的可能性。对技术需求这一概念的此种解释造成了对本国生产方法的偏好，构成了一种变相限制成员国间贸易的方式。

六　其他强制性要求

"第戎黑醋栗甜酒案"中所列的强制性要求并不是穷尽性的。欧洲法院指出，强制性要求"尤其"包括在该判决中所提到的那些要求。[59] 后来的案件肯定了这一点。在不存在调和式措施的情况下，强制性要求可以包括环境保护。[60]

---

⑤⑨　[1979] ECR 649，[8].

⑥⓪　See also Case C‑379/98 *PreussenElektra*（n 130）；Case C‑309/02 *Radlberger*（n 135）[75]；Case C‑142/05 *Åklagaren*（n 70）[32]；Case C‑28/09 *Commission v Austria*（n 132）；Case C‑242/17 *LEGO* EU：C：2018：804.

委员会诉丹麦

Case 302/86 Commission v Denmark

[1988] ECR 4607

[《里斯本条约》重新编号，原第 30 条现
变更为《欧洲联盟运行条约》第 34 条]

丹麦法律要求啤酒和软饮料的容器应使用可回收材料，而且要求部分容器可再利用。必须由该国环境机构对容器进行审批，以确保其符合这些标准。此外，丹麦还有一项针对空容器的处理和回收系统。丹麦政府主张，这项法律可以将与保护环境有关的强制性要求作为正当理由。

欧洲法院

8. 在 1985 年 2 月 7 日 "公诉人诉废旧燃油燃烧器保护协会案" 判决（Case 240/83 *Procureur de la République v Association de Défense des Brûleurs d'Huiles Usagées*）中，本法院已经裁定，保护环境是 "共同体的基本目标之一"，它可以作为对货物自由流动原则施加某些限制的正当理由。这一观点还得到《单一欧洲法令》的肯定。

9. 由此，根据上述论证，必须指出，保护环境是一项可以限制《欧洲共同体条约》第 30 条适用的强制性要求。

[委员会主张，丹麦的这项法律不符合相称性原则。]

13. 首先，就建立空容器处理和回收系统这项义务而言，必须指出，该要求是确保容器的再利用所必不可少的一项因素，因此，这似乎是实现所涉规则寻求实现的目标所必不可少的。在这一前提下，不能认为该立法对货物自由流动造成的限制不符合相称性原则。

14. 接下来，有必要考虑以下要求，即生产者和进口商仅能使用由国家环境保护署批准的容器。

[丹麦政府主张，获批容器的数量必须受到限制，因为否则的话，零售商就不会加入这一系统。这就意味着国外生产商可能不得不制造获得批准的那类容器，这样就会导致其成本增加。为解决这一问题，丹麦这项法律得到修订，允许生产商一年最多使用 30 万升没有获得审

批的容器，前提是必须建立处理和回收系统。委员会认为，30 万升这个上限对于实现该方案的目标是不必要的]

20. 毫无疑问，一方面，由于空容器可以被任何饮料的零售商回收，因此，回收经过审批的容器的现行体系确保了最大限度地实现再利用，因而在相当程度上实现了对环境的保护。然而，另一方面，没有获得审批的容器只能由出售相关饮料的零售商予以回收，因为对于这类容器而言，不可能也建立一个如此全面的回收系统。

21. 尽管如此，回收未经批准的容器的系统也能够起到保护环境的作用，而且，就进口产品而言，与在丹麦消费的饮料数量相比，该系统影响的饮料数量十分有限，原因在于，要求容器可回收这项规则对进口产生了限制性影响。在这种情况下，这项规则对进口商可能销售的产品数量造成的限制与其寻求实现的目标相比不符合相称性原则。

22. 因此必须裁定，由于……将生产商可以使用未经审批的容器销售啤酒和软饮料的数量限制在一年最多 30 万升，就从其他成员国进口的这些产品而言，丹麦王国未能履行它在《欧洲共同体条约》第 30 条中的义务。

环境保护并非加入这一类别的唯一理由。在"家庭报业案"[161]中，欧洲法院承认，报刊的多元化作为一种价值可以使违反第 34 条的成员国立法合法化。为杂志中刊登的游戏提供奖励的实践，可能将那些无法提供此类奖励的小型报业挤出市场。在"电影资料馆案"[162]中，欧洲法院愿意承认，促进某种形式艺术的发展可以构成一项正当的欧盟目标。而在"托法恩案"[163]中，欧洲法院同意，规制商店营业时间的规则是为了正当目的，因为这些规则反映了成员国之间不同的社会选择。[164]公路安全也可以作为一

---

[161]　Case C – 368/95 *Vereinigte Familiapress Zeitungsverlags-und vertriebs GmbH v Heinrich Bauer Ver-lag* [1997] ECR I – 368.

[162]　Cases 60 and 61/84 *Cinéthèque* [1985] ECR 2605.

[163]　Case 145/88 [1989] *Torfaen* ECR 3851.

[164]　尽管"电影资料馆案"和"托法恩案"如今或许不再适用第 34 条，但是，即使是在"凯克案"之后的一些属于第 34 条规制类型的案件中，承认这些客观正当性也可能很重要。

项正当理由。⑯ 此外，从"施米德贝格尔公司案"（*Schmidberger*）中可以看到，保护基本权利也可以作为说明一项无差别适用措施正当的理由。

欧根·施米德贝格尔国际运输公司诉奥地利
Case C – 112/00 Eugen Schmidberger,
Internationale Transporte und Planzuge v Austria
[2003] ECR I – 5659

欧洲法院裁定，奥地利决定不禁止环境团体的示威游行活动，从而造成布伦纳（Brenner）高速公路被关闭，该决定属于现《欧洲联盟运行条约》第34条禁止范围，因为它妨碍了该时间段的贸易。欧洲法院接下来考虑，这种限制是否有正当理由，因为奥地利政府之所以允许游行活动，是因为考虑到了与表达自由和集会自由有关的因素，这两项自由被载入《欧洲人权公约》和奥地利宪法。欧洲法院承认基本权利是共同体法律秩序的一部分，但是与货物自由流动有关的这些权利和原则并不是绝对的。

欧洲法院

81. 在上述情况下，必须在考虑到相关案件所处的全部环境的前提下衡量与此相关的所有利益，其目的在于判断在这些利益之间是否实现了公正的平衡。

82. 该主管当局在这方面享有广泛的自由裁量权。尽管如此，仍然必须判断，对共同体内部贸易造成的限制与其寻求实现的合法目标，即……对基本权利的保护，是否符合相称性原则。

[欧洲法院强调，游行活动在举行之前得到了奥地利政府的允许，而且，游行活动的范围和时间均有限。]

86. 通过游行活动，公民由于公开表达他们认为具有重要社会意义的意见而行使了基本权利，这一点毋庸置疑；同样，该公开游行的目的也不是为了限制某一特定类型或源于某一特定产地的货物贸

---

⑯ Case C – 110/05 *Commission v Italy* (n 69) [60].

易，这一点也是无可争议的。……

87. 在本案中，主管当局采取了各项行政安排和辅助性安排，以便尽可能降低对公路交通的影响。……

88. 此外，毋庸置疑，本案中的孤立事件并未造成总体上的不安全氛围，并未对整体上的共同体内部贸易流动产生威慑效果。……

89. 最后，……成员国主管当局有权考虑，如果完全禁止游行活动，将造成对示威者在公共场所集会与和平表达意见的基本权利的干预，这是不可接受的。

[欧洲法院承认，其他解决方式很有可能造成对贸易更严重的干扰，例如未经批准的游行活动。]

93. 鉴于在这种情况下必须赋予成员国主管当局广泛的自由裁量权，因此，它们有权合理考虑，在本案中无法通过采用对共同体内部贸易产生更低程度的限制性影响的措施实现该游行活动的合法目标。

七　强制性要求与调和

欧盟的调和式措施可能导致成员国无法援引强制性要求作为豁免理由。[166] 是否会产生这种效果，取决于相关措施所涵盖的是完全调和还是最低程度调和。上一节对该问题的讨论在这里也适用。[167]

八　小结

1. 欧洲法院在"第戎黑醋栗甜酒案"中采用了创造性解释，它在该判决中规定了强制性要求，并且自此之后通过向该清单增加新的辩护理由，体现出同样的灵活性。欧洲法院对这些要求进行严格解释，要求成员国必须证明一项辩护理由确实充分合理。但是，如下两个问题引发了担忧。

2. 第一个问题是，强制性要求与第 36 条之间的区分是有问题的。无论相关措施是否具有歧视性，都应该适用同样的公共利益辩护理由。相关措施是否具有歧视性，仅与将辩护理由适用于相关事实有关。

3. 第二个问题是，判断强制性要求是否为成员国提供了辩护理由，这一问题可能既涉及欧洲联盟法院，也涉及成员国法院，它们需要做出艰难的

---

[166] See, eg, Case C – 383/97 *Criminal Proceedings against Van der Laan* [1999] ECR I – 731.

[167] 参见本章第九节第六部分。

平衡选择。欧洲联盟法院已经将很多此类问题委托给成员国法院。下一节将对这一问题进行更全面的探讨。

第十一节 货物自由流动与"第戎黑醋栗甜酒案"：更宽泛视角

一 委员会对"第戎黑醋栗甜酒案"判决的回应

在一定程度上，"第戎黑醋栗甜酒案"判决是对委员会难以确保成员国接受调和式措施这一问题的回应。根据该判决，对贸易造成妨碍的无差别适用规则均不符合第34条，除非这些规则能够以一项强制性要求作为正当理由而得到豁免，即使不存在相关调和式措施的情况下也是如此。因此，"第戎黑醋栗甜酒案"推动了单一市场的一体化，并且导致大量调和式措施不再有存在的必要。

我们不能孤立地看待欧洲法院的判例法。它对共同体其他机构如何看待自身的作用也产生了影响。委员会很快就对欧洲法院的倡议做出了回应。委员会发布了一份通讯，阐明其对"第戎黑醋栗甜酒案"判决的解释，以及其在该领域的立法作用。

1980 年 10 月 3 日委员会通讯[168]
[1980] OJ C256/2

从原则上说，如果从其他成员国进口的任何产品均是在出口国合法生产的，也就是说，该产品在习惯和传统上符合出口国认可的规则和制造程序，就必须允许它进入进口国的领土，并在后者的领土上销售。

......

只有在非常严格的条件下，欧洲法院才认可这一原则的例外；由于商业规则和技术规则方面的差别而导致的贸易壁垒只有在如下情况

---

[168] Commission Communication 3 October 1980 [1980] OJ C256/2.

下才被允许存在:

——如果相关规则是满足强制性要求(公共安全、保护消费者或保护环境、商业交易的公平等)所必不可少的,是适当的且不过度;

——如果相关规则的目的是实现普遍利益,而且这一目的令人信服,足以作为货物自由流动这种条约基本原则的例外情况的正当理由;

——相关规则是实现上述目标的基础,也就是说,是最适合的手段,同时对贸易造成的阻碍也最小。

[欧盟委员会接下来根据欧洲法院的判决提出了一系列指导方针。]

——欧洲法院推导出的原则意味着,成员国原则上不得禁止在其领土上销售在另一成员国合法生产和销售的产品,即使该产品是按照与适用于其本国产品的不同技术或质量要求生产的。如果一种产品"以适当和令人满意的形式"满足了一个成员国自身规则的合法目标(公共安全、保护消费者或保护环境等),那么,进口国就不能通过声称该产品实现相关目标的方式与本国产品的方式不同,来作为禁止该产品在其领土上销售的正当理由。

在上述情况下,不能认为绝对禁止销售某种产品的规定是为了满足一项"强制性要求"所必不可少的,因为这不是欧洲法院司法判决意义上的"根本保证"。

因此,委员会必须应对如下一整套商业规则——这些规则规定,在一个成员国生产和销售的产品要想进入另一成员国的市场,就必须满足后者的技术或质量条件——特别是要应对如下情况,即根据欧洲法院规定的非常严格的标准,由此类规则造成的贸易壁垒是不可接受的。

委员会特别强调的是涵盖产品的成分、设计、外表和包装的规则,以及要求遵守某些技术标准的规则。

——此后,委员会的调和工作将不得不主要针对那些对共同市场的运行产生影响的成员国法律,特别是应予取消的贸易壁垒来源于根据欧洲法院确定的标准可以得到认可的成员国规则。

委员会将关注那些值得优先考虑的部门,这些部门对单一内部市场的创建具有重要的经济意义。

委员会的上述通讯中包含两个重要主题。第一个主题是"相互承认原则"[169]。从原则上说，在一个成员国合法上市销售的货物应被允许进入其他任何成员国市场。这就造成了不同规则之间的竞争，或者说规制竞争。在通常情况下，生产者要想使其货物在欧盟内部自由流动，仅需遵守一个成员国的国内规则即可。这样一来，企业就可以在不同的国家法规之间进行选择。消费者可以在符合这些规则的产品之间做出选择。于是，"就在不同的成员国规则之间创设了一种竞争程序：生产者就产地做出的选择和消费者就购买哪些产品做出的选择决定了'最佳规则'"[170]。

第二个主题涉及的是委员会对"第戎黑醋栗甜酒案"之后的贸易规则所采取的执行和立法策略。这是一把双刃剑。它将运用《欧洲联盟运行条约》第258条中的权力惩罚拒不服从的成员国，并根据"第戎黑醋栗甜酒案"处理那些"不可接受"的贸易规则。其调和进程将用于规制那些根据"第戎黑醋栗甜酒案"标准"可被接受"的贸易规则。因此，"第戎黑醋栗甜酒案"导致委员会对其立法计划进行重新定位，并集中应对根据欧洲法院的判例法仍然有效的成员国规则。如今欧盟制定了一揽子措施[171]，这些措施构成了"关于产品上市销售的新立法框架"[172]，在单一市场章节已讨论过这一问题。[173]

二 实现"第戎黑醋栗甜酒案"策略面临的问题

相互承认是欧洲法院和委员会策略的核心。[174] 其总体假设是，这一原

---

[169] K Armstrong, 'Mutual Recognition' in Barnard and Scott (n 21) ch 9; MP Maduro, 'So Close and Yet So Far: The Paradoxes of Mutual Recognition' (2007) 14 JEPP 814; K Nicolaïdis, 'Trusting the Poles? Constructing Europe through Mutual Recognition' (2007) 14 JEPP 682; J Pelkmans, 'Mutual Recognition in Goods. On Promises and Disillusions' (2007) 14 JEPP 699.

[170] Maduro (n 2) 132.

[171] Decision No 768/2008/EC of the European Parliament and of the Council of 9 July 2008 on a common framework for the marketing of products, and repealing Council Decision 93/465/EEC [2008] OJ L218/82; Regulation (EC) No 765/2008 of the European Parliament and of the Council of 9 July 2008 setting out the requirements for accreditation and market surveillance relating to the marketing of products and repealing Regulation (EEC) No 339/93 [2008] OJ L218/30; Reg 764/2008 (n 104).

[172] https://ec.europa.eu/growth/single-market/goods/new-legislative-framework_en.

[173] 见第十八章。

[174] https://ec.europa.eu/growth/single-market/goods/free-movement-sectors/mutual-recognition_en.

则的运行还算良好。但事实没有这么简单。欧盟委员会关于相互承认的文件⑩强调，该原则的运行并不总是有效，而且，它还提出了改进这一原则的建议。⑩应由委员会加强对相互承认的监督，并制定补充措施增进货物与服务的生产商对相互承认原则的认知。成员国应在合理期限内处理与相互承认有关的要求，同时也应该在本国立法中纳入相互承认条款。

欧盟已经制定了立法以加强自由流动和相互承认。最初的方法⑩以交换关于减损适用货物自由流动原则的成员国措施的信息为基础。然而，这项策略并不成功，于2008年⑩被一种更为严格的手段所取代。2008年条例后来在2019年被一项处理2008年方案漏洞的条例所取代。⑩如果成员国决定以《欧洲联盟运行条约》第36条所列的理由或者"第戎黑醋栗甜酒案"的强制性要求为依据，防止或阻碍在另一成员国合法销售的货物的自由流动，那么，它必须向进口商提供书面通知，后者可对该决定提出质疑。成员国接下来可根据这些理由做出最终决定，并且必须将其决定告知进口商和委员会。如果成员国坚持其拒绝或限制进口的决定，它必须说明理由。该决定必须可以在成员国法院中被起诉。此外，成员国还有义务设立"产品联络点"，向进口商提供关于适用于特定类型产品的技术规则的信息，以及与该成员国相互承认原则有关的信息。2019年方案纳入自愿性的"相互承认声明"，企业可以用它来证明它们的产品在另一个欧盟国家合法销售，还纳入了一个对企业友好的问题解决程序，以便企业在相互承认被拒绝时得到帮助。

---

⑩　Mutual Recognition in the Context of the Follow-up to the Action Plan for the Single Market, COM (1999) 299 final; Reg 764/2008 (n 104) recs 4 – 6.

⑩　Mutual Recognition (n 175) 7 – 12; Commission interpretative communication on facilitating the access of products to the markets of other Member States: the practical application of mutual recognition [2003] OJ C265/2.

⑩　Decision 3052/95/EC of the European Parliament and of the Council of 13 December 1995 establishing a procedure for the exchange of information on national measures derogating from the principle of free movement of goods within the Community [1995] OJ L321/1.

⑩　Reg 764/2008 (n 104).

⑩　Regulation (EU) 2019/515 of the European Parliament and of the Council of 19 March 2019 on the mutual recognition of goods lawfully marketed in another Member State and repealing Regulation (EC) No 764/2008 [2019] OJ L91/1; The Goods Package: Reinforcing trust in the single market, COM (2017) 787 final.

该条例应与《第 2015/1535 号指令》[⑱] 一起对待，该指令涉及的是提供与技术标准和规制相关的信息。该指令被称为《相互提供信息指令》或《透明性指令》，它要求成员国在通过规定技术标准的具有法律约束力的任何法规之前必须告知委员会。委员会将通知其他成员国，并可能要求将该成员国措施的通过时间最多延迟 6 个月，以便考虑是否有可能对其进行修订。如果委员会决定就此问题推进调和式指令，那么成员国通过相关法规的时间还可能被再次推迟。

为确保自由流动和相互承认而采取的立法干预，已经由司法倡议得到了补充，特别是在立法中增加相互承认条款的义务，这一点源于"鹅肝酱案"（*Foie Gras*）。[⑱] 法国对鹅肝酱的成分施加了相关要求。委员会提出，法国这项包含对鹅肝酱要求的法规本身也必须包含一项相互承认条款，以便让那些已经在其他成员国合法销售的鹅肝酱为进入法国市场做好准备。欧洲法院对这一提议表示同意。[⑱] 自此之后，任何对产品特征及类似事项做出规定要求的成员国也都必须在各自的相关法律文件中包含相互承认条款，除非其限制可根据《欧洲联盟运行条约》第 36 条具有正当理由。[⑱] 委员会承认，相互承认条款很重要："正是通过这类条款，才能保证不仅个人，而且各国主管当局和监督与控制机构的领导者也能认识到，相互承认是如何在一个既定领域得到应用的。"[⑱] 鉴于在相互承认复杂的技术产品、食品及其他类似产品方面存在长期难题，这类条款具有特别重要的意义。[⑱]

---

⑱ Directive (EU) 2015/1535 of the European Parliament and of the Council of 9 September 2015 laying down a procedure for the provision of information in the field of technical regulations and of rules on Information Society services [2015] OJ L241/1，replacing Dir 98/34/EC [1998] OJ L204/37；Case C – 194/94 *CIA Security International SA v Signalson SA and Securitel SPRL* [1996] ECR I – 2201；The Operation of Directive 98/34 from 2002 – 2005, COM (2007) 125 final.

⑱ Case C – 184/96 *Commission v France* [1998] ECR I – 6197.

⑱ Ibid [28]. See also Case C – 169/17 *Asociación Nacional de Productores de Ganado Porcino v Administración del Estado* EU：C：2018：440，[26].

⑱ Case C – 333/08 *Commission v France* (n 116) [61] – [62], AG Mazak.

⑱ Mutual Recognition (n 175) 11. See also Council Resolution of 28 October 1999 on Mutual Recognition [2000] OJ C141/5.

⑱ Second Biannual Report on the Application of the Principle of Mutual Recognition in the Single Market, COM (2002) 419 final.

三 "第戎黑醋栗甜酒案"策略产生的问题

"第戎黑醋栗甜酒案"产生了如下影响，即可以通过将司法裁决和规则制定这二者结合起来的方式进一步发展相关政策。欧洲法院根据"第戎黑醋栗甜酒案"做出的司法裁决导致了消极一体化：除非可以用强制性要求作为豁免理由，否则贸易规则就不符合第34条。规则制定适用于那些由于强制性要求而得以保留的成员国规则，因此它们仍然给市场一体化带来了问题。这一点导致了积极一体化，也就是说，欧盟规则将对所有成员国产生约束力。然而，这项普遍策略中存在如下四个问题。

第一个问题是，该策略取决于对司法裁决程序的结果达成一致。如果受到起诉的规则没有通过"第戎黑醋栗甜酒案"检验标准，那么，它就必须从成员国法律中移除。如果相关国家认同这一点，那么结论就是完美的。然而，如果相关国家认为，该项贸易规则本来可以通过强制性要求得到豁免，那么其结果就不那么令人满意了。因此，欧洲法院在一般情况下会裁定，对食品标准制定要求的成员国规则不能由于强制性要求而被豁免，因为进口国的该项政策可以通过对产品标签更少限制的措施得到满足。韦瑟里尔曾经强烈批评欧洲法院常常对消费者采取一种"粗鲁"态度，而且相对而言极少关注消费者可能产生混淆这一问题。[186] 拉萨（Lasa）也认为，与食品标准不同，标签要求可能无法对消费者提供适当的保护。

拉萨：《欧洲共同体内的食品自由流动、消费者保护和食品标准：欧洲法院搞错了吗？》[187]

第一，欧洲法院认为，消费者可以通过标签获得恰当的信息，这

---

[186] S Weatherill, 'Recent Case Law Concerning the Free Movement of Goods: Mapping the Frontiers of Market Deregulation' (1999) 36 CMLRev 51.

[187] H - C von Heydebrand u d Lasa, 'Free Movement of Foodstuffs, Consumer Protection and Food Standards in the European Community: Has the Court of Justice Got it Wrong?' (1991) 16 ELRev 391, 409 – 413. See also O Brouwers, 'Free Movement of Foodstuffs and Quality Requirements: Has the Commission Got it Wrong?' (1988) 25 CMLRev 237; C MacMaoláin, 'Waiter! There's a Beetle in my Soup. Yes Sir, that's E120: Disparities between Actual Individual Behaviour and Regulating Food Labelling for the Average Consumer in EU Law' (2008) 45 CMLRev 1147.

一点可能并不正确。毕竟，绝大多数消费者显然并不会过多注意标签上给出的信息。……

第二，欧洲法院采取的方式可能会给进口商提供一种不公平的竞争优势。……消费者往往将产品的名称或外表与他们熟悉的一种具有某种质量的本国产品联系起来，而进口产品可能达不到这种质量要求，因而消费者会被误导。……

……

第四，欧洲法院的判例法如果长期得到严格实施的话，那么，就可能造成"标签的丛林"，甚至连法官都会发现，他们很难穿透这片"丛林"。……

第五，尽管上述调和式措施节约了行政资源，但是，成员国当局仍不得不疲于应对不同成员国的食品标准，因为进口产品仍然必须在出口成员国"合法生产和销售"。……

第六，如果进口成员国没有及时调整食品标准，那么，相互承认原则就有可能对在进口国设有生产基地的制造商造成歧视，这取决于相关食品市场。……

更重要的是，……出口国可以通过"反向歧视"造成经济损失，在事实上将其食品标准或者不对食品设置标准的法律强加给进口成员国。在出口成员国重新设立生产基地，以便确保在本国市场上的份额这一现象，实际上已经发生了。……

第七，欧洲法院对于贴标签的偏好，并不能完全回应进口国人民的本地需求，无法按照他们的观念、期待和习惯对其食用的食品进行界定和分类。……

第二个问题涉及根据第36条和强制性要求而进行的平衡。欧洲法院在对此类辩护理由的合法性进行裁决时，必须就市场一体化与实现其他社会目标这二者之间的平衡做出裁断。对成员国法院而言，这一问题同样存在，从"星期日营业案"和最近的一些司法判决中已经看到了这一点。因此，在"德阿戈斯蒂尼案"[188]中，成员国法院必须判断，广告禁令对进口产品所造成的影响是否与对本国产品的影响不同，该禁令是否有可能满足

[188] Cases C-34-36/95（n 59）.

强制性要求，以及该禁令是否具有相称性。在"家庭报业案"[189]中，禁止进口提供奖励的报纸这项规定被裁定违反了第34条。由成员国法院来决定以下问题，相关禁令是否因为它是保持报刊多样性的一种相称方法而可豁免适用第34条，以及该目标是否可以经由限制程度更低的其他手段得到实现。此外，还要求成员国法院裁定，在提供奖励的报纸和那些无力提供这类奖励的小型报社之间存在着多大程度的竞争，并且需要评估，如果允许前者进入市场，将会使后者的销量减少多少。

第三个问题涉及市场一体化与成员国规则发挥的保护功能这二者之间的平衡。为了确保某些贸易规则的保护性功能不会由于加强单一市场一体化的目的而被无视，可能需要采取欧盟立法倡议[190]。因此，消费者保护团体担心贸易自由化可能会对消费安全造成不利影响[191]。可以根据"第戎黑醋栗甜酒案"的强制性要求考虑安全问题。然而，正如韦瑟里尔和博蒙所注意到的，在"第戎黑醋栗甜酒案"这一权威体系中存在着一种内在的风险。这种风险是："欧洲法院引入了这样一项法律测试，它倾向于将天平的重心从合法的社会保护向去规制化的（或许是无规制的）自由市场经济倾斜，其中特别是对消费者的保护将被剥夺。"[192]可能需要通过欧盟规则实现积极调和，以确保在相关领域保持适当的保护水平。

第十二节　货物自由流动：概念化

对第34条的解释可以用于界定由成员国保留的规制权能的范围，以及要求欧盟进行调和的程度。对于这个问题，可以参考马杜罗（Maduro）和许策（Schütze）提出的不同模式。

---

[189]　Case C – 368/95 (n 161).

[190]　然而，关于对该问题的司法承认，参见 Case C – 320/93 *Lucien Ortscheit GmbH v Eurim – Pharm Arzneimittel GmbH* [1994] ECR I – 5243.

[191]　K Alter and S Meunier – Aitsahalia, 'Judicial Politics in the European Community: European Integration and the Pathbreaking *Cassis de Dijon* Decision' (1994) 26 Comparative Political Studies 535, 544.

[192]　(N 42) 600.

马杜罗：《我们法院、欧洲法院与欧洲经济宪法》[193]
[文中提到的第 30 条应为《欧洲联盟运行条约》第 34 条]

可以在对第 30 条的不同解释以及该条款与条约调和规则的协调之中，发现与规制权力的分配有关的机构选择，它可以由欧洲经济宪法的三种理想宪政模式——中央集权式宪政模式；竞争性宪政模式和权力下放式宪政模式予以代表。中央集权式宪政模式回应的是，由于第 30 条更偏好用共同体立法取代成员国法律这一形式实现市场一体化进程，从而对成员国的规制权力造成了侵蚀。而竞争性模式推动"不同成员国规则之间的竞争"，特别是通过对成员国立法的相互承认原则来实现这一点。在权力下放型模式框架下，成员国将保留规制权力，但与此同时，它们不得制定具有保护主义性质的政策。这些模式是具有探索性的方法。这些模式在欧盟全部存在，而且相互之间具有竞争关系。……这些模式反过来可以与关于欧洲经济宪法及其合法性的三种不同观点联系起来。

第一种观点认为，由于适用市场一体化规则而导致的消极一体化，必须伴随着积极一体化，而积极一体化是通过在欧盟发展传统的民主机制才得以合法化的。

第二种观点主张消极一体化的宪政化。因为权力留给了市场，欧盟机构不需要传统的民主发展。……这种观点保护市场自由和个人权利免受公共权力的侵害。

第三种观点仍然认为，合法性的最高来源在于成员国的民主合法性。欧洲经济宪法的合法性也来源于国家的民主合法性，因此受到一定程度的限制。……

对第 30 条和欧洲规制产生的争议，从根本上说，是对这些不同的经济宪法模式和它们赖以存在的不同的合法性产生的争议。

---

[193]　M Maduro, 'We the Court, the European Court of Justice and the European Economic Constitution' (Hart, 1998) 108 – 109.

许策：《从国际市场到联邦市场：欧洲法律结构的变化》[194]

在（现代）国际模式下，每个国家都承诺通过向外国商品开放其外部边界来限制其外部主权，同时对"其"本国市场完全保留内部主权。这一原则已被称为"东道国"控制原则。它允许进口国，即东道国对外国商品施加其国内法；但它绝不能歧视进口。禁止歧视，本质上要求各国不要制定一套以差别方式适用于进口的规则。（但歧视同样可以被禁止，只要无差别适用的措施对进口造成实质性歧视。）在国际模式中，歧视的参考框架始终是"东道国"。歧视性效果必须来自东道国采取的国家措施；而由于成员国法规多样性所导致的"歧视"则不包括在内。因此，国际模式背后的理念要求，是在东道国规则下完全同化外国商品。它们有权在所有方面享受"国民待遇"——但仅此而已。在这种市场模式中，成员国市场是协调的，但不是一体化的。

另一方面，"联邦"市场模式基于这样一个原则，即在"共同市场"内，各国也必须失去对"本国"市场的部分内部主权。根据欧盟相互承认原则，只要符合本国法律，货物通常有权在共同市场内自由流动。（因此，东道国原则上不再允许对进口施加其内部主权，因为它们已经受到另一个"主权"的规制。）因此，在联邦模式下，从东道国到母国控制权的转变标志着一个东道国规制权的戏剧性损失。因此，联邦模式不关心东道国是否歧视进口的问题，而是考察东道国法律对进口的延伸是否对欧盟内部贸易施加了"限制"或"障碍"。之所以会出现这种限制或障碍，是因为商品受制于两个不同国家的"主权"，或者在最坏的情况下受制于28个国家的主权。

最后，根据"国家"市场模式，必须取消所有高于欧盟（立法或司法）标准的贸易限制。"共同市场"的宪政体制在这里完全等同于"国家市场"的体制。当一个国家采用高于联盟标准的规则时，这个更高的成员国标准将违反自由流动条款——即使这个标准适用于一国

---

[194]　R Schütze, *From International to Federal Market：The Changing Structure of European Law*（Oxford University Press，2017）.

的"本国"生产。因此，这第三种模式的原理并不是确定由不同国家立法差异所导致的贸易障碍。这不是一个平衡母国管辖权主张与东道国的管辖权主张的相对检验法。相反，它基于一个绝对的经济标准：如果一国法律以不相称的方式减少内部市场的贸易量，则原则上将违反自由流动条款。这里的自由流动条款不再涉及欧盟内部贸易的自由化，而是旨在"鼓励各个成员国不受阻碍地进行商业交易"。

第十三节 结论

一 欧洲法院在解释第34条时拥有某些根本选择。它本来可以将其限制在具有歧视性或保护主义性质的措施这一范围内。但它没有选择采取这种做法，而是将第34条的范围扩大到涵盖无差别适用的规则。任何选择都会产生影响，这一点既适用于法院做出的选择，也适用于其他决策者做出的选择。

二 "第戎黑醋栗甜酒案"判决对立法产生的影响颇为深远。该判决推动了单一市场的创建。欧盟委员会对其立法策略进行了重新定位，聚焦于那些在"第戎黑醋栗甜酒案"意义上仍然合法，而且可以用强制性要求作为正当理由的贸易规则。这些规则将根据第114条进行调和。

三 "第戎黑醋栗甜酒案"对司法领域产生的影响同样重要。诉讼当事人对形形色色的成员国贸易规则提起诉讼，声称它们构成了对欧盟贸易的直接或间接、实际或潜在的妨碍。这种情况导致欧洲法院在"凯克案"中重新思考其判例法，以便扭转这一趋势。欧洲法院尝试对规定产品特征的规则和与销售安排有关的规则这二者进行区分，但这种做法已被证明非常不具有说服力。欧洲法院越来越多地将销售安排置于第34条的规制框架之下，其采用的方式或者是通过将这些规则的适用与商品的特征联系起来，或者是由于这些规则在事实上或在法律上对进口产品的应用并不均衡。在欧洲法院的论证中，市场准入越来越成为核心议题，在关于产品用途的判例法中可以清楚地看到这一点。

四 因此，"第戎黑醋栗甜酒案"产生了一种"次级司法后果"。欧洲法院不得不对如下问题做出裁定，即成员国是否能够合法地以一项强制性要求为由进行申辩。它被迫在市场一体化这一紧迫目标与对其他社会目标的追求这二者之间做出艰难抉择。成员国法院在决定是否适用强制性要求时，往往面临着复杂的实证性和规范性问题。

五　"第戎黑醋栗甜酒案"也产生了重要的"规制后果"。成员国失去了规制权能。它们不再能够将本国规则适用于进口产品。由于相互承认的存在，必须允许这些进口产品进入本国市场，除非可以经由强制性要求而获得豁免。欧盟获得了规制权能，因为在已证明存在强制性要求的情况下，第114条开始发挥作用。

第十四节　扩展阅读

一　专著

Barnard，C，*The Substantive Law of the EU*：*The Four Freedoms*（Oxford University Press，6th edn，2019）

——and Scott，J（eds），*The Law of the Single European Market*：*Unpacking the Premises*（Hart，2002）

Caro de Sousa，P，*The European Fundamental Freedoms*：*A Contextual Approach*（Oxford University Press，2015）

Maduro，MP，*We the Court*，*The European Court of Justice and the European Economic Constitution*（Hart，1998）

Nic Shuibhne，N，*Regulating the Internal Market*（Edward Elgar，2006）

——*The Coherence of EU Free Movement Law*，*Constitutional Responsibility and the Court of Justice*（Oxford University Press，2014）

Oliver，P，and Enchelmaier，S，*Oliver on Free Movement of Goods in the Union*（Hart，5th edn，2010）

Schütze，R，*From International to Federal Market*：*The Changing Structure of European Law*（Oxford University Press，2017）

二　论文

Armstrong，K，'Mutual Recognition' in C Barnard and J Scott（eds），*The*

Law of the Single European Market: *Unpacking the Premises* (Hart, 2002) ch 9

Barnard, C, 'Fitting the Remaining Pieces into the Goods and Persons Jigsaw' (2001) 26 ELRev 35

—— 'Trailing a New Approach to Free Movement of Goods' (2009) 68 CLJ 288

——and Deakin, S, 'Market Access and Regulatory Competition' in C Barnard and J Scott (eds), *The Law of the Single European Market*: *Unpacking the Premises* (Hart, 2002) ch 8

Biondi, A, 'Free Trade, a Mountain Road and the Right to Protest: European Economic Freedoms and Fundamental Individual Rights' [2004] EHRLRev 51

De Búrca, G, 'Unpacking the Concept of Discrimination in EC and International Trade Law' in C Barnard and J Scott (eds), *The Law of the Single European Market*: *Unpacking the Premises* (Hart, 2002) ch 7

Chalmers, D, 'Repackaging the Internal Market—The Ramifications of the *Keck* Judgment' (1994) 19 ELRev 385

Connor, T, 'Accentuating the Positive: The "Selling Arrangement", the First Decade and Beyond' (2005) 54 ICLQ 127

Davies, G, '"Process and Production Method" – Based Trade Restrictions in the EU' (2007 – 8) 10 CYELS 69

Derlén, M, and Lindholm, J, 'Article 28 EC and Rules on Use: A Step Towards a Workable Doctrine on Measures Having Equivalent Effect to Quantitative Restrictions' (2009 – 10) 16 CJEL 191

Dougan, M, 'Minimum Harmonization and the Internal Market' (2000) 37 CMLRev 853

Enchelmaier, S, 'The Awkward Selling of a Good Idea, or a Traditionalist Interpretation of *Keck*' (2003) 22 YBEL 249

Gormley, LW, 'Silver Threads among the Gold ··· 50 Years of the Free Movement of Goods' (2008) 31 Fordham Int LJ 1637

Hilson, C, 'Discrimination in Community Free Movement Law' (1999) 24 ELRev 445

Horsley, T, 'Unearthing Buried Treasure: Art. 34 TFEU and the

Exclusionary Rules' (2012) 37 ELRev 734

Jansson, M, and Kalimo, H, 'Deminimis Meets "Market Access": Transformations in the Substance – and the Syntax—of EU Free Movement Law?' (2014) 51 CMLRev 523

Koutrakos, P, 'On Groceries, Alcohol and Olive Oil: More on Free Movement of Goods after *Keck*' (2001) 26 ELRev 391

Krenn, C, 'A Missing Piece in the Horizontal Effect "Jigsaw": Horizontal Direct Effect and the Free Movement of Goods' (2012) 49 CMLRev 177

Maduro, MP, 'Reforming the Market or the State? Article 30 and the European Constitution: Economic Freedoms and Political Rights' (1997) 3 ELJ 55

—— 'So Close and Yet So Far: The Paradoxes of Mutual Recognition' (2007) 14 JEPP 814

Nicolaïdis, K, 'Trusting the Poles? Constructing Europe through Mutual Recognition' (2007) 14 JEPP 682

Oliver, P, and Roth, W – H, 'The Internal Market and the Four Freedoms' (2004) 41 CMLRev 407

Pelkmans, J, 'Mutual Recognition in Goods. On Promises and Disillusions' (2007) 14 JEPP 699

Prete, L, 'Of Motorcycle Trailers and Personal Watercrafts: The Battle over *Keck*' (2008) 35 LIEI 133

Reich, N, 'The "November Revolution" of the European Court of Justice: *Keck*, *Meng* and *Audi* Revisited' (1994) 31 CMLRev 459

Scott, J, 'Mandatory or Imperative Requirements in the EU and the WTO' in C Barnard and J Scott (eds), *The Law of the Single European Market: Unpacking the Premises* (Hart, 2002) ch 10

Snell, J, 'The Notion of Market Access: A Concept or a Slogan?' (2010) 47 CMLRev 437

Spaventa, E, 'Leaving *Keck* Behind? The Free Movement of Goods after the Rulings in *Commission v Italy* and *Mickelsson and Roos*' (2009) 34 ELRev 914

Szydło, M, 'Export Restrictions within the Structure of Free Movement of Goods: Reconsideration of an Old Paradigm' (2010) 47 CMLRev 753

Tryfonidou, A, 'Further Steps on the Road to Convergence among the Market Freedoms' (2010) 35 ELRev 36

Weatherill, S, 'After *Keck*: Some Thoughts on How to Clarify the Clarification' (1996) 33 CMLRev 885

—— 'Pre-Emption, Harmonisation and the Distribution of Competence to Regulate the Internal Market' in C Barnard and J Scott (eds), *The Law of the Single European Market: Unpacking the Premises* (Hart, 2002) ch 2

Weiler, JJ, 'From *Dassonville* to *Keck* and Beyond: An Evolutionary Reflection on the Text and Context of the Free Movement of Goods' in P Craig and G de Búrca (eds), *The Evolution of EU Law* (Oxford University Press, 1999) ch 10

Wennerås, P, and Boe Moen, K, 'Selling Arrangements, Keeping *Keck*' (2010) 35 ELRev 387

White, E, 'In Search of the Limits to Article 30 of the EEC Treaty' (1989) 26 CMLRev 235

Wils, WPJ, 'The Search for the Rule in Article 30 EEC: Much Ado About Nothing?' (1993) 18 ELRev 475

Wilsher, D, 'Does *Keck* Discrimination Make any Sense? An Assessment of the Non-Discrimination Principle within the European Single Market' (2008) 33 ELRev 3

第二十一章　资本自由流动与经济货币联盟

第一节　核心议题

一　本章讨论资本自由流动（free movement of capital）与经济货币联盟（Economic and Monetary Union，EMU）。

二　本章首先讨论资本自由流动，这也是当初的《罗马条约》中规定的四大自由之一。《马斯特里赫特条约》对《罗马条约》中的相关条款做了极大改动。如今，关于这些条款的判例法数量与日俱增，其引起的问题与在货物、人员、开业和服务背景下所遇到的相似。

三　接下来将讨论经济货币联盟。这里分析经济货币联盟的发展过程，以及关于支持和反对经济货币联盟的观点。还将分析欧洲中央银行（European Central Bank，ECB）的地位。本章的结尾部分将在银行业危机与金融危机的背景下分析经济货币联盟所面临的制约因素。

四　两部条约中包含既与货币联盟又与经济联盟有关的条款。货币联盟在本质上意味着单一货币，由欧洲中央银行负责监督。经济联盟的含义则更加多样。该理念的核心是，单个成员国经济的健康状况能够对欧盟经济的整体健康状况以及单一货币的币值产生影响，例如对希腊经济的担忧突然引发了欧元危机，这场危机爆发的方式恰恰证明了这一点。为此，两部条约中包含了监督成员国经济健康状况的条款。然而，此类监督的程度却是一个敏感问题，因为它们必然意味着欧盟"侵入"成员国经济政策。但是，先前的监督机制软弱无力，引发了很多问题，最近通过的立法加强了这方面的监督。

第二节 资本自由流动：范围

一 最初的条约条款

《欧洲经济共同体条约》第67—73条包含关于资本自由流动的最初条款[1]，但与适用于货物、劳动者、服务和开业等领域的自由流动条款相比，它们的先占性质要弱一些。因此，尽管《欧洲经济共同体条约》第67条第1款规定，成员国有义务在过渡期内逐渐取消对资本流动的限制，但仅要求达到为确保共同市场的适当运行所必不可少的程度。这一主题一直延续到第71条，该条要求成员国努力避免对资本流动引入新的外汇限制。该条约中这些条款的措辞对欧洲法院在该领域的立场产生了不可避免的影响。[2] 理事会根据这些条约条款制定了各种指令，其中最重要的是《第88/361号指令》。[3]

二 当前条款：基本原则

《马斯特里赫特条约》全面修订了与资本自由流动有关的条款，并于1994年1月1日生效。[4] 现《欧洲联盟运行条约》第63条规定：

> 1. 在本章规定的条款框架内，禁止对成员国之间及成员国与第三国之间的资本流动施加任何限制。
>
> 2. 在本章规定的条款框架内，禁止对成员国之间及成员国与第三

---

[1] J Usher, *The Law of Money and Financial Services in the European Community* (Oxford University Press, 1994) 14 – 16.

[2] Case 203/80 *Casati* [1981] ECR 2595.

[3] Directive 88/361 [1988] OJ L178/5.

[4] S Peers, 'Free Movement of Capital: Learning Lessons or Slipping on Spilt Milk?' in C Barnard and J Scott (eds), *The Law of the Single European Market* (Hart, 2002) ch 13; L Flynn, 'Coming of Age: The Free Movement of Capital Case-Law 1993 – 2002' (2002) 39 CMLRev 773; J Snell, 'Free Movement of Capital: Evolution as a Non-Linear Process' in P Craig and G de Búrca (eds), *The Evolution of EU Law* (Oxford University Press, 3rd edn, 2021).

国之间的支付施加任何限制。⑤

在"桑斯·德莱拉案"（*Sanz de Lera*）中，现今的第 63 条被裁定具有直接效力。⑥ 欧洲法院裁定，该条做出了一种清楚和无条件的不要求实施性措施的禁止性规定。尽管按照如今的《欧洲联盟运行条约》第 65 条第 1款第 2 项，成员国拥有采取一切必要措施防止违反本国法律法规的自由裁量权，但这并不能阻止第 63 条具有直接效力，因为成员国行使此类自由裁量权要接受司法审查。该裁决涉及对国家提起的诉讼。条约条款往往既具有纵向直接效力又具有横向直接效力，因此可以用于针对国家和私人个体的诉讼，"桑斯·德莱拉案"中没有任何因素可以表明与此相反的结论。正如厄舍（Usher）所指出的⑦，我们不难预见一种情况，即金融机构的单边行为可能限制国家之间的支付。该解释由于第 63 条并不仅仅涵盖国家这一事实而得到了强化。⑧ 通过与关于货物自由流动的第 34 条进行类比，可以得出与此相反的论点，因为第 34 条在很大程度上仅限于针对国家的诉讼。⑨

条约条款并未对资本流动予以界定，但欧洲法院裁定，可以参考《第88/361 号指令》列举的非穷尽性质的清单。⑩ 在该指令的协助下，由欧洲法院判定一项措施是否构成了对资本流动的限制。因此，国家禁止用外币

---

⑤　这不涵盖规制债权人向拒不偿还欠款的债务人起诉支付款项的成员国程序规则，参见 Case C‑412/97 *ED Srl v Italo Fenocchio* ［1999］ECR I‑3845.

⑥　Cases C‑163，165 and 250/94 *Criminal Proceedings against Lucas Emilio Sanz de Lera* ［1995］ECR I‑4821，［41］‑［47］；Case C‑101/05 *Skatteverket v A* ［2007］ECR I‑11531，［20］‑［27］；Case C‑201/05 *Test Claimants in the CFC and Dividend Group Litigation v Commissioners of Inland Revenue* ［2008］ECR I‑2875，［90］‑［91］.

⑦　Usher（n 1）27.

⑧　私人被告援引第 63 条的案件，参见 Case C‑464/98 *Westdeutsche Landesbank Girozentrale v Stefan and Republik Österreich* ［2001］ECR I‑173；被告是私人个体，但案件涉及一项国家措施，参见 Case C‑213/04 *Burtscher v Stauderer* ［2005］ECR I‑10309.

⑨　然而，对第 34 条施加的此种限制在很大程度上是由于，如果不施加限制的话，就会在第 34 条与第 101 条、第 102 条之间产生重叠。

⑩　Case C‑222/97 *Proceedings brought by Trummer and Mayer* ［1999］ECR I‑1661，［21］；Case C‑452/01 *Ospelt v Schlossle Weissenberg Familienstiftung* ［2003］ECR I‑9743；Case C‑446/04 *Test Claimants in the FII Group Litigation v Commissioners of Inland Revenue* ［2006］ECR I‑11753，［174］‑［188］.

做抵押的规定属于第 63 条禁止的措施。⑪ 欧洲法院曾经裁定，对股票交易的限制以及"黄金股"（golden shares，或译"特权干股"）⑫ 属于第 63 条禁止范围。⑬ 由此，对购买和处置产权施加的限制也构成违反第 63 条⑭，例如要求事先获得行政授权。⑮ 如果成员国采取的措施有可能阻碍其居民从其他成员国贷款或在其他成员国进行投资，那么这些措施也构成对资本流动的限制。⑯

尽管直接税收仍然属于成员国的权能，但成员国必须按照与欧盟法一致的方式行使该权能，并且避免基于国籍的歧视行为。⑰ 第 63 条不仅涵盖基于国籍的歧视行为，显然也涵盖那些即使不具有歧视性，但可能妨碍资本流动的措施。⑱ 与此相反，欧洲法院裁定，成员国可以征收所得税，即

---

⑪　Case C – 464/98 *Westdeutsche Landesbank*（n 8）.

⑫　Cases C – 282 – 283/04 *Commission v Netherlands*［2006］ECR I – 9141；Case C – 171/08 *Commission v Portugal*［2010］ECR I – 6817；Case C – 212/09 *Commission v Portugal* EU：C：2011：717；Cases C – 105 – 107/12 *Netherlands v Essent NV* EU：C：2013：677；Case C – 250/08 *Commission v Belgium* EU：C：2011：793.

⑬　Case C – 446/04 *Test Claimants in the FII Group*（n 10）；Case C – 182/08 *Glaxo Wellcome GmbH & Co KG v Finanzamt München II*［2009］ECR I – 8591.

⑭　Case C – 376/03 *D v Inspecteur van de Belastingdienst/Particulieren/Onderneringen/ buitenland te Heerlen*［2005］ECR I – 5821；Case C – 443/06 *Erika Waltraud Ilse Hollmann v Fazenda Pública*［2007］ECR I – 8491.

⑮　Case C – 302/97 *Konle v Austrian Republic*［1999］ECR I – 3099；Case C – 423/98 *Albore*［2000］ECR I – 5965；Cases C – 515 and 527 – 540/99 *Reisch v Bürgermeister der Landeshauptstadt Salzburg*［2002］ECR I – 2157；Case C – 300/01 *Salzmann*［2003］ECR I – 4899；Case C – 213/04 *Burtscher*（n 8）.

⑯　Case C – 439/97 *Sandoz GmbH v Finanzlandesdirektion für Wien，Niederösterreich und Burgenland*［1999］ECR I – 7041，［19］；Case C – 478/98 *Commission v Belgium*［2000］ECR I – 7587，［18］；Case C – 513/03 *Heirs of van Hiltern – van der Heijden*［2006］ECR I – 1957，［44］；Case C – 628/15 *Trustees of the BT Pension Scheme v Commissioners for Her Majesty's Revenue and Customs* EU：C：2017：687；Case C – 641/17 *College Pension Plan of British Columbia* EU：C：2019：960.

⑰　Case C – 80/94 *Wielockx v Inspecteur der Directe Belastingen*［1995］ECR I – 2493，［16］；Case C – 251/98 *Baars v Inspecteur der Belastingen Particulieren/Ondernemingen Gorinchem*［2000］ECR I – 2787，［17］；Cases C – 397 and 410/98 *Metallgesellschaft Ltd，Hoechst AG and Hoechst（UK）Ltd v Commissioners of the Inland Revenue and HM Attorney General*［2001］ECR I – 1727，［37］；Case C – 242/03 *Ministre des Finances v Weidert and Paulus*［2004］ECR I – 7379，［12］；Case C – 346/04 *Conjin v Finanzamt Hamburg – Nord*［2006］ECR I – 6137，［14］–［15］.

⑱　Case C – 367/98 *Commission v Portugal*［2002］ECR I – 4731，［44］–［45］；Case C – 174/04 *Commission v Italy*［2005］ECR I – 4933，［12］；Case C – 375/12 *Bouanich v Directeur des services fiscaux de la Drôme* EU：C：2014：138.

使已经在其他成员国纳过所得税[19]，其结果是，双重征税不违反资本自由流动原则。[20]

第 63 条给人的印象是，欧盟内部的资本流动以及成员国与第三国之间的资本流动被赋予了同等待遇。事实并非如此，因为还有其他条约条款对第 63 条适用于非成员国的情况予以限定。第 64 条第 1 款事实上允许 1993 年 12 月 31 日之前已经存在的对资本流动的限制继续有效，而且第 64 条第 2 款仅仅要求理事会尽最大可能力图实现与非成员国之间的资本自由流动。第 66 条还授权理事会在特殊情况下采取保障措施，即如果进出第三国的资本流动对经济货币联盟的运行造成或威胁造成严重困难。此类措施最长期限为 6 个月，只有在严格意义上确有必要的情况下才可以采用。

三 当前条款：例外情形

第 65 条第 1 款第 1 项关于税收，并且构成对第 63 条的一项主要例外。它规定，第 63 条各款不得影响成员国的如下权利：

> 适用其税法中区别对待不同居住地或投资地的纳税人的相关规定。

第 65 条第 1 款第 1 项明确受第 65 条第 3 款的约束，后者规定，采取的措施不得构成对资本与支付自由流动的任意性歧视或变相限制。欧洲法院将判断居民和非居民是否处于类似地位，以及是否存在歧视。[21] 如果要使差别待遇不被视为第 65 条第 3 款意义上的任意性歧视，就必须有客观正当性。[22] 例如，成员国必须证明，差别待遇是为了保护税收体系的完整性，

---

⑲ Case C – 513/04 *Kerckhaert and Morres v Belgium* [2006] ECR I – 10967；Case C – 374/04 *Test Claimants in Class IV of the ACT Group Litigation v Commissioners of Inland Revenue* [2006] ECR I – 11673；Case C – 128/08 *Jacques Damseaux v Belgium* [2009] ECR I – 6923；Case C – 487/08 *Commission v Spain* [2010] ECR I – 4843，[27].

⑳ J Snell，'Non-Discriminatory Tax Obstacles in Community Law' (2007) 56 ICLQ 339，358 – 366.

㉑ Case C – 279/93 *Schumacker* [1995] ECR I – 225；Case C – 376/03 *D* (n 14)；Case C – 374/04 *ACT Group Litigation* (n 19) [46]；Case C – 446/04 *Test Claimants in the FII Group Litigation* (n 10)；Case 375/12 *Bouanich* (n 18) [45]；Case C – 575/17 *Sofina* EU：C：2018：943.

㉒ Usher (n 1) 34.

并且是为了实现这一目标所必不可少的。欧洲法院对该项要求的解释非常严格。因此，欧洲法院在"费科艾延案"（*Verkooijen*）㉓中裁定，对于公司股东分红可获得所得税豁免的条件是将公司所在地设在荷兰，这一规定违反了欧盟法。荷兰政府辩称，该规则是为了鼓励在荷兰投资，所以应属正当；但欧洲法院驳回了这一辩护理由，因为这种纯粹的经济目标并不能作为限制基本自由的正当理由。荷兰政府还主张，该规则是为了保证荷兰税收体系的一致性所必不可少的，这是使该规则合法的理由，欧洲法院对该观点表示反对。㉔

第 65 条第 1 款第 2 项规定，第 63 条不得影响成员国的如下权利：

> 采取一切必要措施，防止违反本国法律或法规中规定的国内条款，特别是在税收或对金融机构的谨慎监管方面，制定为行政管理或统计信息之目的而对资本流动进行申报的程序，或者基于公共秩序或公共安全考虑采取措施。

第 65 条第 1 款第 2 项也受第 65 条第 3 款约束：相关限制措施不得构成任意性歧视或变相限制的一种方式。第 65 条第 1 款第 2 项分为两个部分。

第一部分包括除该条所涵盖的公共政策和公共安全问题以外的所有规定。正如有学者所指出的㉕，这一部分"涉及对税收体系的有效行政管理和执行，以及诸如对银行和保险公司的有效监管，但不涉及与经济政策有关的事项"，后者由第 143 条和第 144 条处理。在接受这项辩护理由之前，

㉓　Case C – 35/98 *Staatssecretaris van Financiën v Verkooijen*［2000］ECR I – 4071；Case C – 512/03 *Blanckaert*［2005］ECR I – 7685，［42］；Case C – 123/15 *Feilen* EU：C：2016：496.

㉔　See also Case C – 251/98 *Baars*（n 17）；Case C – 319/02 *Manninen*［2004］ECR I – 7477；Case C – 265/04 *Bouanich v Skatteverket*［2006］ECR I – 923；Case C – 386/04 *Centro di Musicologia v Finanzamt München für Körperschaften*［2006］ECR I – 8203；Case C – 292/04 *Meilicke*，*Wiede*，*Stoffler v Finanzamt Bonn – Innenstedt*［2007］ECR I – 1835；Case C – 43/07 *Arens – Sikken v Staatssecretaris van Financiën*［2008］ECR I – 6887.

㉕　Usher（n 1）36.

欧洲法院将进行严格审查。在"委员会诉比利时案"[26]中，欧洲法院裁定，禁止比利时居民在欧元债券市场上购买债券的成员国规则属于第63条禁止范围。比利时政府主张，该措施可以第65条第1款第2项作为正当理由，因为它的目的是保护财政的一致性。这一理由被欧洲法院驳回，因为任何财政优势与为保障财政一致性而应保留的相关劣势之间没有直接联系。此外，比利时政府还声称，所涉措施防止比利时居民逃税，并且保证了有效的财政监督。欧洲法院并不认同这一观点，它裁定，该成员国规则不符合相称性——对于违反条约条款的一项措施，一般性地假设逃税并不能作为该措施的正当理由。

第65条第1款第2项的第二部分涵盖公共政策和公共安全。在解释这些术语时，欧洲法院参照关于其他自由的司法判例。对这一例外的解释非常狭窄，并且成员国负有举证责任。限制措施必须以第65条第1款指出的本国公共利益作为正当理由，或者以压倒性的公共利益为由。[27]限制措施还必须符合相称性，如果可以通过限制程度更低的其他措施实现预期目标，那么，该限制措施也将被推翻。在"科学教国际案"（*Scientology International*）[28]中，欧洲法院裁决，对于威胁公共政策或公共安全的投资，要求须获得事先批准的这类成员国法律原则上可能属于第65条第1款第2项允许的例外。然而，该案中所涉及的特定法国规则没有进一步规定对公共安全造成威胁的细节，被认为不够确切，因而可能不属于该条意义上的例外。[29]然而，在"委员会诉比利时案"[30]中，一项成员国规则规定，政

[26] Case C – 478/98 *Commission v Belgium*（n 16）；Case C – 315/02 *Lenz v Finanzlandesdirektion für Tirol* [2004] ECR I – 7063，[45] – [49]；Case C – 334/02 *Commission v France* [2004] ECR I – 2229，[27] – [34]；Case C – 451/05 *ELISA v Directeur général des impôts and Ministère public* [2007] ECR I – 8251，[91]；Case C – 540/07 *Commission v Italy* [2009] ECR I – 10983，[58]；Case C – 39/11 *VBV—Vorsorgekasse AG v Finanzmarktaufsichtsbehörde*（*FMA*）EU：C：2012：327，[29] – [38]．

[27] Cases C – 515 and 527 – 540/99 *Reisch*（n 15）[33]；Case C – 213/04 *Burtscher*（n 8）[44]；Case C – 174/04 *Commission v Italy*（n 18）[35]；Case C – 326/07 *Commission v Italy* [2009] ECR I – 2291，[70]；Case C – 567/07 *Minister voor Wonen，Wijken en Integratie v Woningstichting Sint Servatius* [2009] ECR I – 9021．

[28] Case C – 54/99 *Association Eglise de Scientologie de Paris and Scientology International Reserves Trust v Prime Minister* [2000] ECR I – 1355；Case C – 20/09 *Commission v Portugal* [2011] ECR I – 2637．

[29] Case C – 423/98 *Albore*（n 15）[17] – [24]．

[30] Case C – 503/99 *Commission v Belgium* [2002] ECR I – 4809．

府在已经实现私有化的天然气与电力公司拥有"黄金股",目的是使政府能够控制未来对某些战略资产的处理,该规则被裁定属于第 65 条第 1 款第 2 项意义上的例外,因为它是为了保证危机时期的能源供应,因此属于公共安全范围。[31]

第 65 条第 2 款规定,该款不应影响适用与《欧洲联盟运行条约》相符的对开业权施加的限制措施。这一规定也受第 65 条第 3 款约束。因此,这些限制措施包括第 51 条涵盖的政府职权活动情况下的例外。

第 143 条和第 144 条包含的是与第 63 条不同的一类限定条件。这些条款从经济货币联盟进入第三阶段开始停止适用,拥有减损适用的成员国除外,并且这些条款处理的是收支失衡方面的危机。采用的"策略"是,首先通过第 143 条寻求由欧盟提供解决方案,如果无法按照第 144 条制定欧盟措施,那么接下来再授权成员国采取单边行动。

第三节 经济货币联盟与欧洲货币体系:初期尝试

为了解这一问题的背景,需要简略回顾一下历史。1969 年,成员国首脑决定,应就经济货币联盟起草一项规划。[32] 当时成立了由卢森堡首相维尔纳(Werner)任主席的委员会。该委员会得出的结论认为[33],经济货币联盟应采取下列两种方式中的一种:要么共同体的各国货币可完全兑换,汇率免于浮动;要么用一种单一的共同体货币取代这些货币。理事会以该报告为基础,就分阶段实现经济货币联盟通过了一项决议。[34] 然而,由于经济形势发生了变化,经济货币联盟建设也陷入停滞。

---

[31] 然而,可以比较下列案件的不同结果: Case C-367/98 *Commission v Portugal* (n 18); Case C-483/99 *Commission v France* [2002] ECR I-4781; Cases C-282-283/04 *Commission v Netherlands* [2006] ECR I-9141.

[32] 早前的发展情况可参见: F Snyder, 'EMU Revisited: Are We Making a Constitution? What Constitution Are We Making' in P Craig and G de Búrca (eds), *The Evolution of EU Law* (Oxford University Press, 1999) 421-424.

[33] Bull EC Supp 11-1970.

[34] [1971] OJ C28/1.

《维尔纳报告》（The Werner Report）建立在固定汇率这一假设的基础之上，而该假设于 20 世纪 70 年代初期被推翻。[35] 在很大程度上是因为美国经济出现了问题[36]，欧洲各货币开始浮动，因此迫切需要防止这些货币浮动幅度过大。这种状况催生了"蛇形"汇率，它规定两个成员国之间的汇率差不应大于 2.25%。然而，某些成员国面临经济压力，导致它们退出"蛇形"汇率机制，到 1977 年，10 个成员国中仅有一半保留在该机制内。[37]

1978 年，欧洲理事会通过一项决议[38]，准备建立欧洲货币体系（EMS）[39]，这是为实现货币稳定所采取的更具普遍意义的尝试。对浮动汇率的不满与日俱增，这被认为是跨境投资的障碍。此外，外汇的流动也对欧洲货币造成了不稳定。[40] 欧洲货币体系确立了欧洲汇率机制（ERM）与欧洲货币单位"埃居"（ECU）。埃居的汇率根据一揽子成员国货币予以确定。欧洲汇率机制的运行是通过为每个参与成员国制定一个相对于埃居的汇率。其汇率值由成员国集体决定。在确定了每种货币相对于埃居的币值之后，接下来就有可能确定任何一个成员国的货币相对于其他所有成员国货币的币值。此种相对币值被称为"双边中心汇率"。任何参与国都不允许其汇率浮动高于或低于这些双边中心汇率的 2.25%，例外情况下波动幅度不超过 6%。如果一种货币超过了其相对于另一种货币的双边限度，则要求相关中央银行进行干预，以纠正这一问题。

然而，1992—1993 年的货币危机导致欧洲汇率机制陷入混乱。货币交易商推测，在汇率机制相对狭窄的范围内，某些较弱的货币无法支撑下去。各国中央银行寻求保持汇率机制的统一，但无法抵御市场压力。里拉和英镑均退出了该汇率机制。进一步的市场压力导致双边汇率波动幅度扩大到 15%，而且导致仍然留在汇率机制内的某些货币贬值。这些措施在形式上仍然保留着汇率机制，但颠覆了其最初的理念，因为它们极大地削弱

---

[35] Usher（n 1）138.

[36] D Swann, *The Economics of Europe, From Common Market to European Union*（Penguin, 9th edn, 2000）204–205.

[37] Ibid 208.

[38] Bull EC 12–1978. 各成员国中央银行之间的协议对该决议予以强化。

[39] Snyder（n 32）428–433.

[40] Swann（n 36）209–210.

了对汇率稳定的追求。

第四节 经济货币联盟：三个阶段[41]

一 第一阶段与《德洛尔报告》

尽管《单一欧洲法令》并未包含建立经济货币联盟的承诺，但它在序言中指出，1972 年各成员国首脑批准了逐渐建成经济货币联盟的目标。在其驱动下，在 1988 年汉诺威峰会上，经济货币联盟问题再次被提上政治议程。成立了由欧共体委员会主席雅克·德洛尔（Jacques Delors）领导的专门委员会，以协助欧洲理事会，并向 1989 年召开的马德里峰会提交报告。[42] 该专门委员会建议分三个阶段建成经济货币联盟。[43]

第一阶段的目标是建成内部市场，实现更紧密的经济趋同，以及欧洲汇率机制的所有国家均加入经济货币联盟。这并不需要新的条约权力。在第二阶段，将成立"欧洲中央银行体系"（ESCB），以协调各国货币政策，并制定共同体的共同货币政策。在第三阶段，将锁定汇率，并且创设由中央银行体系负责管理的单一货币。《德洛尔报告》（The Delors Report）承认，必须对各国的财政政策采取中央调控，因为否则的话，个别成员国的活动有可能对所有国家的通货膨胀或利率产生不利后果。

二 第二阶段与《马斯特里赫特条约》

《马斯特里赫特条约》为经济货币联盟奠定了基础，并且规定第二阶段应从 1994 年 1 月 1 日开始。经济货币联盟的"架构"以货币联盟和经济联盟之间的分立为基础，这一点在《里斯本条约》中基本保持未变。

（一）货币政策

货币联盟涉及单一货币，条约条款受到了德国自由秩序经济思想的强

---

[41] K Dyson and K Featherstone, *The Road to Maastricht：Negotiating Economic and Monetary Union* (Oxford University Press, 1999).

[42] Report on Economic and Monetary Union in the European Community（EC Commission, 1988）.

[43] Snyder（n 32）432–435.

烈影响，它要求欧洲中央银行保持独立，由专家负责治理，并将货币稳定作为首要目标。这些基础性理念被根植于一级条约条款之中。欧洲中央银行的独立性被载入《欧洲联盟运行条约》第 130 条。该条规定，欧洲中央银行不得接受欧盟机构、成员国或任何其他机关的指令，这一点在《欧洲联盟运行条约》第 282 条第 3 款中得到了进一步肯定。对于欧洲中央银行的决策结构，则规定了专家治理原则。执行委员会由 1 名主席、1 名副主席和其他 4 名委员组成，他们必须是货币或银行事务方面享有公认权威的专家。[44] 在涉及欧洲中央银行体系的构成时，专业知识再次得到了强调。该体系由欧洲中央银行和成员国中央银行组成，但执行欧盟货币政策的是欧洲中央银行和其货币为欧元的国家中央银行。[45] 价格稳定从一开始就是欧盟货币政策最重要的目标，如今被包括在《欧洲联盟运行条约》第 127 条。

实现货币政策的欧洲化，即采取上述结构方式的货币政策，是马斯特里赫特解决方案的一个组成部分。条约的强制性条款排除来自任何外部团体的指令或干预，无论是成员国还是其他欧盟机构，这强化了货币政策的欧洲化。这一原则的重要性反映在《欧洲联盟运行条约》第 130 条的对称结构之中。该条施加一项义务，欧洲中央银行、各成员国中央银行及其决策机构不得寻求或接受任何其他机构的指令，包括欧盟机构、机关、办事处和专门机构，成员国政府或任何其他团体。它还要求欧盟机构和成员国政府有责任遵守这项原则，在欧洲中央银行或成员国中央银行决策机构的成员履行职责时不寻求对其施加影响。

《里斯本条约》关于权能的条款进一步加强了货币政策属于欧盟领域这一原则。《欧洲联盟运行条约》第 3 条指出，欧元区国家的货币政策属于欧盟的专属权能，其结果是只有欧盟可以在该领域立法和通过有法律约束力的法令，成员国只有在得到欧盟授权的情况下，或者是出于执行联盟法令的目的，才能在该领域立法或通过有法律约束力的法令。[46]

（二）经济政策

《马斯特里赫特条约》对经济政策的处理方式则大不相同。它以两个

---

[44]　《欧洲联盟运行条约》第 283 条第 2 款。
[45]　《欧洲联盟运行条约》第 282 条第 1 款。
[46]　《欧洲联盟运行条约》第 2 条第 1 款。

相互关联的假设为基础，即保留成员国权力和保留成员国责任。

前者体现在如下事实上：成员国保留本国在预算方面的财政权力，但要受欧盟的监督和协调，其目的是说服成员国保持预算平衡并且避免政府过度赤字，否则最终可能面临制裁。

后者即保留成员国责任，是由前者导致的结果。对这一问题的最有力表述在"不救助条款"（no bail-out provision）中，即《欧洲联盟运行条约》第 125 条第 1 款。该款实质上规定，欧盟不应为任何成员国的中央政府、地方或地区机构或其他公权力机关或公共机关承担责任或义务，成员国也不应为其他成员国的这类机关承担责任或义务。[47] 该条款传达的信息是，在遵守条约中旨在说服成员国平衡预算的规则这一前提下，成员国政府保留对本国经济政策的权力，其必然结果是，如果成员国未能平衡预算，那么责任也由成员国自己承担。

这就是《马斯特里赫特条约》中达成的"交易"，《里斯本条约》并未改变其主要特征，尽管在这段时间里，监督力度实际上减弱了。成员国承认经济政策与货币政策之间存在密切联系。它们明白，单个成员国的经济健康有可能对欧元币值产生重要影响，因此需要对各国经济政策进行某些监督和协调。然而，它们更在意在成员国预算框架下所做的政策决定，包括具有再分配性质的决定，因此不愿意赋予欧盟对此类决定的过多控制权，无论是在个别层面还是在总体层面。

三　第三阶段与法律框架

经济货币联盟第三阶段的开始时间应不晚于 1999 年 1 月 1 日。委员会与欧洲中央银行的前身欧洲货币管理局（European Monetary Institute）必须向理事会报告成员国在实现经济货币联盟方面所取得的进展。这些报告需要审查成员国中央银行的独立性，以及是否达到了趋同标准，而趋同标准是成员国采用单一货币的前提条件。[48] 没有达到标准的成员国被称为"有减损权的成员国"（Member States with a derogation。不包括丹麦和脱欧前的

---

[47]　该禁令由《欧洲联盟运行条约》第 122 条第 2 款得到了一定程度的限定，它允许在成员国遇到由自然灾害或超出其控制能力的特殊事件引起的困难，或者面临这种重大困难的严重威胁的情况下，经委员会提出提案，理事会可向相关成员国提供财政援助。

[48]　《欧洲联盟运行条约》第 140 条。

英国。——译者）。在这些报告的基础上，理事会对每个成员国是否满足采用单一货币的条件进行评估。理事会以成员国国家元首或政府首脑的形式举行会议，他们必须在 1996 年 12 月 31 日之前经由特定多数，就大多数成员国是否已经满足了采用单一货币的条件这一问题做出决定。如果到1997 年底之前尚未确定第三阶段的开始日期，那么，就默认第三阶段从1999 年 1 月 1 日开始。

1998 年 5 月 2 日，由成员国国家元首或政府首脑参加的理事会峰会正式决定，除希腊以外的所有申请国都满足了趋同标准。经济货币联盟第三阶段自 1999 年 1 月 1 日如期启动。参与国的汇率被锁定，且不可撤销，欧元成为一种独立货币。但有些人怀疑，有些成员国是否真正达到趋同标准[49]，因为当时意大利和比利时的债务水平都很高。英国通过谈判达成了选择性退出议定书，其意义在于，即使满足了趋同标准，英国也不加入经济货币联盟的第三阶段。2002 年 1 月 1 日，新的纸币和硬币被引入；自2002 年 2 月底开始，各国货币不再流通。目前欧元区有 19 个成员国：奥地利、比利时、塞浦路斯、爱沙尼亚、芬兰、法国、德国、希腊、爱尔兰、意大利、拉脱维亚、立陶宛、卢森堡、马耳他、荷兰、葡萄牙、斯洛伐克、斯洛文尼亚和西班牙。

第五节　经济货币联盟：经济基础

在讨论与经济货币联盟有关的条款之前，有必要至少提纲契领地阐述支持和反对单一货币的经济观点。[50]

一　支持经济货币联盟的观点

支持经济货币联盟的观点建立在两个相互关联的基础之上。这种观点认为，经济货币联盟将促进经济增长，同时通过低通胀率促进更大程度的价格稳定。

---

[49]　Snyder（n 32）457 – 463.

[50]　P de Grauwe, *Economics of Monetary Union*（Oxford University Press, 10th edn, 2014）.

认为经济货币联盟将“促进经济增长”的观点以诸多因素为基础，其中最重要的一个因素是认为能够“节约交易成本”。当资金在欧盟内部流动时，单一货币能够消除汇率转换所造成的成本。委员会曾预计，总计大约可以节约250亿欧元成本。[51]

另外一个同样重要但有争议的因素是“单一市场与单一货币之间具有联系”。委员会提出的口号“一个市场、一种货币”是上述观点最生动的表达。[52] 没有单一货币也有可能建成单一市场，但有人认为，有了单一货币的单一市场能够运行得更好。通过单一货币，企业能够节约调整价格时所花费的所谓“菜单成本”，而且不必针对每个市场规定不同的价格。从制造商的角度来看，单一货币能够促进这些企业制定针对整个欧盟市场的销售策略。从消费者的角度来看，单一货币能够让他们对不同国家生产的商品进行直接的价格比较。

据说，单一货币的存在还能防止“大规模汇率变动与竞争性贬值产生的成本”，而这原本有可能“通过与基本面无关的国家之间不可预测的优势转移来扭曲单一市场”[53]。在此意义上，“单一市场需要单一货币，不仅仅是为了推动单一市场向前发展，同时还是为了防止单一市场倒退”[54]。此类货币浮动可能会给企业造成不确定性，而这种情况对投资不利，因此有可能减缓经济增长。[55] 此外，由不同货币造成的价格差异导致成员国试图阻止平行进口，从而妨碍欧盟内部贸易。

有人认为，单一货币还能够通过“降低利率和刺激投资”来促进增长。国家再也不能为了防止本国货币对德国马克贬值而将其利率提高到高于德国的水平。[56] 投资项目“将变得具有经济效益，但在过去却不是这样，因为它们必须赚取更高的回报，这样才能偿还昂贵的贷款，补偿利率的不确定性，并向股东提供较高额度的分红”[57]。

支持经济货币联盟的论点还包括，认为单一货币能够推动形成“稳定

---

[51] *One Market*, *One Money* (European Commission, 1990) ch 3.

[52] Ibid; Commission's Work Programme for 1998 (EC Commission, 1997).

[53] C Johnson, *In with the Euro*, *Out with the Pound* (Penguin, 1996) 47.

[54] Ibid.

[55] The Impact of Currency Fluctuations on the Internal Market, COM (95) 503 final.

[56] Johnson (n 53).

[57] Ibid 55.

的价格和低通胀"。储户倾向于从低通胀中获益，因为他们的货币能够在更长时间内保持购买力。通货膨胀导致更加难以维持长期企业规划，也更难自如地对收入进行再分配。欧洲汇率机制（ERM）曾经针对通胀率制定了一些纪律，因为各国事实上将其汇率与德国马克挂钩，并限制使用贬值手段。然而，有些国家高估了汇率，这是造成 1992 年和 1993 年货币危机的部分原因。有人认为，经济货币联盟提供了一种降低通胀的更好、成本更低和更稳定的方式，特别是在货币政策由一个独立的中央银行掌握的情况下更是如此，它并不受短期政治压力的影响。

二　反对经济货币联盟的情况

反对经济货币联盟的理由有很多。为了方便分析，可以将其划分为"视条件反对派"和"完全反对派"。

"视条件反对派"的核心观点是，成员国并未对经济货币联盟做好准备，因为它们无法满足趋同标准，除非通过伪造账目，这将使整个企业陷入不良信誉中。155 名德国大学教授曾签名致函，认为实施经济货币联盟的时机尚未成熟;[58] 前不久，希腊、爱尔兰和西班牙的金融危机给欧元造成了困境，这些都说明了上述问题。此外，相当清楚的是，经济货币联盟可能适合某些成员国，但不适合另外一些成员国。

"完全反对派"的论点更加复杂，一部分出于政治原因，另有部分原因是象征性的，还有部分原因是出于经济考量。从政治意义上说，有些人认为，单一货币是朝向欧洲超国家发展的重要步骤。[59] 诸多经济政策已经从国内转移到了欧盟层面。成员国政府不再拥有货币贬值的最终选择权，国家议会也不再能够就通胀和利率等问题展开辩论，在很大程度上无法对失业问题发挥作用，因为与这些事项有关的权力将不再属于国家政治体，而是将转让给欧洲中央银行。有人认为，这将加剧欧盟内部民主赤字，因为一方面，成员国议会对于此类事务的控制权将不复存在，而另一方面，却没有赋予欧洲议会重要的控制权，从而无法使这一问题得到弥补。[60]

从象征意义上看，有些人认为一个国家的货币是国家身份这一理念本

---

[58] *Financial Times*, 9 Feb 1998.

[59] J Redwood, *The Single European Currency* (Tecla, 1995) 11 – 12.

[60] Ibid 19 – 20.

身的组成部分。约翰逊（Johnson）对此阐述如下：[61]

> 货币与汇率自主的鼓吹者认为，它可能并不完美，但比其他选择更可取。国家货币有缺陷似乎总比它消失要好。货币主权有时被认为是国家主权的一部分，因此，放弃货币主权涉及失去政治独立性，并且最终将导致政治联盟的建立。这几乎就等同于"无论对与错，但它是我的国家"。

从经济角度来看，有人认为，单一货币将带来诸多不必要的后果。物价会上涨，因为企业将在消费者习惯新货币之前，利用将本国货币转换为欧元的机会提高价格。[62] 另外，单一货币也可能引起成员国之间的矛盾，因为各成员国的经济形势周期各不相同，所以，取消汇率浮动的可能性就等于取消了在各个国家之间进行经济调节的一种重要机制。

三　经济货币联盟：经济、政治与法律

很显然，关于经济货币联盟的辩论仅有一部分与经济问题有关。经济维度逐渐融入政治维度，而这些又往往以法律形式表现出来。

斯奈德：《重新审视经济货币联盟》[63]

> 经济货币联盟在法律方面有时极具争议，不仅在公开场合如此，在外交谈判和货币谈判等非公开场合也是如此。法律辩论以及其他技术辩论往往是政治分歧的一种简捷的表达方式。相互竞争的经济理论常常扮演同样的角色。早在经济货币联盟被作为欧盟的一个优先目标之前的很长时间里，情况就已经是这样了。当然，这并不意味着过去以及现在经济货币联盟的所有法律方面都在政治上充满争议。但是，在将来关于经济货币联盟的政治冲突也很有可能常常以法律为幌子而得到表现。政治与法律、政治话语与货币话语，以及政治话语与法律

---

[61] Johnson（n 53）87.

[62] Redwood（n 59）22.

[63] F Snyder, 'EMU Revisited'（n 32）468.

话语之间的这种辩证关系不应令人感到意外。经济货币联盟的驱动力量，包括其主要的法律方面，一直都是政治。

第六节　经济货币联盟：货币联盟与欧洲中央银行

关于货币联盟与经济联盟的条款十分复杂。本节讨论货币联盟，下一节将讨论经济联盟。《欧洲联盟运行条约》第119条对经济政策与货币政策做了总括式规定。

1. 为《欧洲联盟条约》第3条所规定之目的，正如两部条约所规定的，成员国和联盟的行动应包括采取一项经济政策，该政策建立在成员国经济政策紧密协调、内部市场以及共同目标的确定之基础上，并按照自由竞争的开放市场经济原则予以实施。

2. 同样出于《欧洲联盟条约》第3条所规定之目的，由两部条约规定的，且根据两部条约所规定的程序，该等行动应包括一个单一货币，即欧元，以及制定和实施单一货币政策和单一汇率政策，二者的主要目标是维护价格稳定，并在不影响价格稳定的前提下，按照自由竞争的开放市场经济原则，支持联盟总体经济政策。

3. 成员国和联盟的此类行动应遵守下列指导性原则：稳定的价格、健全的公共财政和货币状况及可持续的支付平衡。

一　欧洲中央银行与欧洲中央银行体系

欧洲中央银行（ECB）与其货币为欧元的成员国中央银行一起对货币政策负有主要责任。[64] 欧洲中央银行具有法律人格。[65] 欧洲中央银行设有执行委员会（Executive Board）和行长委员会（Governing Council）。执行委员会由1名主席、1名副主席和4名其他委员组成，他们必须是货币和银

---

[64]　《欧洲联盟运行条约》第282条第1款。

[65]　《欧洲联盟运行条约》第282条第3款。

行事务方面公认的专家。其任期 8 年，不得连任。⑯ 行长委员会由执行委员会与其货币为欧元的成员国中央银行行长组成。⑰ 欧洲中央银行行长应受邀参加理事会关于讨论对欧洲中央银行体系产生影响的事务的会议⑱，而且，对于属于欧洲中央银行职责领域的事项，应就所有拟议中的联盟法令，以及成员国层面提出的所有监管提案，向欧洲中央银行咨询，并可由其出具意见。⑲ 执行委员会主席及其他成员可在欧洲议会发言。⑳

　　欧洲中央银行的独立性被写入《欧洲联盟运行条约》第 130 条。它规定，欧洲中央银行不得听从欧盟机构、成员国，或其他任何机构的指令，这一点由《欧洲联盟运行条约》第 282 条第 3 款予以再次肯定。这种独立性反映在欧洲中央银行的决策结构之中：理事会主席与欧盟委员会的 1 名委员可参加欧洲中央银行行长委员会会议，但没有表决权。㉑ 欧洲中央银行有权制定条例，通过决定，提出建议，并给出意见。㉒ 根据一定的条件，欧洲中央银行有权对未履行其条例和决定中所规定义务的企业处以罚款或定期罚金。㉓

　　欧洲中央银行体系（ESCB）由欧洲中央银行和成员国中央银行组成，但实施欧盟货币政策的机构仅为欧洲中央银行和其货币为欧元的成员国中央银行。㉔ 欧洲中央银行体系由欧洲中央银行的决策机构负责管理。㉕《欧洲中央银行体系与欧洲中央银行章程》作为议定书附于两部条约中。㉖

　　在经济货币联盟的第三个阶段成立了经济与金融委员会（Economic and Financial Committee），由成员国、欧盟委员会和欧洲中央银行的各不超过 2 名委员组成。该委员会有一系列职责，包括向理事会或欧盟委员会提交意见；追踪审查成员国和欧盟的经济与金融状况；调查资本自由流动情

---

　　⑯　《欧洲联盟运行条约》第 283 条第 2 款。
　　⑰　《欧洲联盟运行条约》第 283 条第 1 款。
　　⑱　《欧洲联盟运行条约》第 284 条第 2 款。
　　⑲　《欧洲联盟运行条约》第 282 条第 5 款。
　　⑳　《欧洲联盟运行条约》第 284 条第 3 款。
　　㉑　《欧洲联盟运行条约》第 284 条第 1 款。
　　㉒　《欧洲联盟运行条约》第 132 条第 1 款。
　　㉓　《欧洲联盟运行条约》第 132 条第 3 款。
　　㉔　《欧洲联盟运行条约》第 282 条第 1 款。
　　㉕　《欧洲联盟运行条约》第 129 条第 1 款、第 282 条第 2 款。
　　㉖　《关于欧洲中央银行体系与欧洲中央银行章程的议定书》（第四号）。

况；协助理事会开展筹备工作。⑦

二 货币政策

《欧洲联盟运行条约》第 127 条规定了欧盟货币政策的目标。欧洲中央银行体系的首要目标是维持价格稳定。在不影响这一目标的情况下，欧洲中央银行体系必须支持欧盟的总体经济政策，以便实现《欧洲联盟条约》第 3 条规定的宗旨。欧洲中央银行体系应按照自由竞争的开放市场经济原则采取行动，并遵守《欧洲联盟运行条约》第 119 条确定的原则。

欧洲中央银行体系的基本任务是：确定和实施联盟货币政策；开展外汇业务；持有和管理成员国的官方外汇储备；促进支付体系的平稳运行。⑦对于任何属于欧洲中央银行权能领域的欧盟法令，以及在一定条件下由成员国当局起草的任何属于欧洲中央银行权能领域的立法性规定，均须咨询欧洲中央银行。⑦ 欧洲中央银行拥有批准在欧盟内发行欧元纸币的专属权利，尽管纸币的实际发行也可由成员国中央银行承担。⑧

欧洲中央银行体系应在平稳执行由其他主管机构实施的、与谨慎监管信贷机构和金融体系稳定有关的政策方面做出贡献。⑧ 此外，理事会在咨询欧洲议会和欧洲中央银行之后，可经由一致表决，就除保险企业以外的信贷机构和其他金融机构的谨慎监管政策赋予欧洲中央银行以特定任务。⑧

三 政策议题：中央银行的独立性

条约特别强调欧洲中央银行的独立性。⑧ 各国中央银行的独立程度则不同。⑧ 戈姆利（Gormley）和德哈恩（de Haan）认为⑧，有五个标准决定

---

⑦ 《欧洲联盟运行条约》第 134 条第 2 款。

⑦ 《欧洲联盟运行条约》第 127 条第 2 款。

⑦ 《欧洲联盟运行条约》第 127 条第 4 款。

⑧ 《欧洲联盟运行条约》第 128 条第 1 款。

⑧ 《欧洲联盟运行条约》第 127 条第 5 款。

⑧ 《欧洲联盟运行条约》第 127 条第 6 款。

⑧ C Zilioli and M Selmayr, *The Law of the European Central Bank* (Hart, 2001).

⑧ F Amtenbrink, *The Democratic Accountability of Central Banks* (Hart, 1999) ch 4.

⑧ L Gormley and J de Haan, 'The Democratic Deficit of the European Central Bank' (1996) 21 ELRev 95, 97 – 99; Amtenbrink (n 84) 17 – 22.

了国家政府与其中央银行之间的职责划分。[86]

第一个标准是货币政策的终极目标，有很多国家将价格稳定作为货币政策的终极目标。第二个标准是通胀目标的细化。在有些国家，这一目标由中央银行与政府通过磋商一致达成，而在德国等其他国家，中央银行（德国为联邦银行）没有义务宣布或同意此类目标。第三个标准是中央银行的独立程度及其司法基础。例如，往往有一部成文法规定政府可以在多大程度上向本国中央银行发布指令。第四个标准是政府可以在多大程度上推翻中央银行的观点。第五个标准是银行官员的任命，以及政府在多大程度上拥有对这一事项的真正自由裁量权。

如果根据上述标准进行判断，那么可以认为，欧洲中央银行拥有较高程度的独立性。其独立性被写入《欧洲联盟运行条约》第130条和第282条第3款。该条约确定了欧洲中央银行体系的首要目标和次级目标。并不存在正式规定，即要求欧洲中央银行与欧盟其他机构就特定经济环境下的价格稳定目标的具体化或者通胀目标达成一致。也不存在任何正式条款允许其他欧盟机构推翻欧洲中央银行做出的选择。[87] 然而，应该注意，与《里斯本条约》之前的立场相反，现在可以通过普通立法程序来修订《欧洲中央银行体系和欧洲中央银行章程》中的很多条款，而不要求对条约进行修订。[88]

尽管如此，条约仍然赋予欧洲中央银行体系和欧洲中央银行一种宪法地位。此种独立性程度受到德国意志的影响，它希望有一个与德国联

---

[86] See also R Lastra, 'European Monetary Union and Central Bank Independence' in M Andenas, L Gormley, C Hadjiemmanuil, and I Harden (eds), *European Economic and Monetary Union: The Institutional Framework* (Kluwer, 1997) ch 15; T Daintith, 'Between Domestic Democracy and an Alien Rule of Law? Some Thoughts on the "Independence" of the Bank of England' in ibid, ch 17; L Smaghi, 'Central Bank Independence in the EU: From Theory to Practice' (2008) 14 ELJ 446; R Smits, 'The European Central Bank's Independence and its Relation with the Economic Policy Makers' (2007–2008) 31 Fordham Int LJ 1614; B Krauskopf and C Steven, 'The Institutional Framework of the European System of Central Banks: Legal Issues in the Practice of the First Ten Years of its Existence' (2009) 46 CMLRev 1143; D Fromage, P Dermine, P Nicolaides, and K Tuori, 'ECB Independence and Accountability Today: Towards a (Necessary) Redefinition?' (2019) 26 MJ 3; F Amtenbrink, 'The European Central Bank's Intricate Independence versus Accountability Conundrum in the Post-Crisis Governance Framework' (2019) 26 MJ 165.

[87] 欧洲中央银行的独立性并不能使其免于接受欧洲反欺诈办公室（OLAF）的反欺诈调查: Case C–11/00 *Commission v ECB* [2003] ECR I–7147.

[88] 《欧洲联盟运行条约》第129条第3款。

邦银行的权力和地位十分相似的欧洲中央银行。由于中央银行要考虑欧盟作为一个整体的价格稳定，该看法得到进一步强化。由此，无论是某些成员国还是欧盟机构的短期利益，均不能影响欧洲中央银行，这一点具有重要意义。因此，尽管政治考量在欧洲中央银行体系的建构中发挥着一定作用，但也有一些合理的经济论据可以作为支持中央银行独立性的理由。

戈姆利、德哈恩：《欧洲中央银行的民主赤字》[89]

人们普遍相信，货币政策之所以能够成功实现稳定且水平较低的通货膨胀率，在很大程度上取决于货币主管机构的信誉度。经济主体是否相信政策通告，并采取相应行动，其产生的结果差异很大。譬如，如果一家信誉度很高的中央银行表示，通货膨胀率过高，它将努力降低通胀率，那么工会就会在谈判薪酬水平时认真对待这一通告。如果该中央银行的信誉度低，那么工会也许就不会相信通胀率会降低，并且会要求提高薪酬，从而刺激通胀过程。

通过将货币政策授权给明确将价格稳定作为目标的一家独立的中央银行，货币主管机构的信誉度可以得到提升。具有独立性的中央银行不会受到与导致意外通胀的相同刺激因素的影响。公众可以假设中央银行将努力实现低水平的通胀。如果通胀预期被降低，那么工会就会降低其薪酬要求，投资者也将要求较低的利率。由于较低的通胀程度，实际的通胀水平也会降低。

然而，即使将认可中央银行的独立性作为一种理念，也不是只有一种方式去建构中央银行。有无数种因素影响着赋予中央银行的独立程度。在经济意义上有人认为，应该从委托代理的契约关系这一角度来理解中央银行与政府之间的关系，据此，作为委托方的政府负责确定通胀目标，并让作为代理方的中央银行负责实现这些目标。[90] 从政治角度来看，一家几乎

---

[89]　L Gormley and J de Haan, 'The Democratic Deficit of the European Central Bank' (n 85) 110.

[90]　Ibid 111–112.

不受政府政策干预的完全独立的中央银行也许能够实现价格稳定，但要以牺牲民主监督为代价。在此意义上，货币政策就脱离了正常的政治议程，同时也相应地减少了民主监督。[91]

戈姆利、德哈恩：《欧洲中央银行的民主赤字》[92]

到目前为止，中央银行保持独立性可以改善货币政策这一事实已经众所周知。在此意义上，中央银行体系的独立性及其努力争取实现货币稳定的目标值得赞扬，因为稳定的低通胀率能够带来诸多益处。一个重要问题是，中央银行的独立性如何与民主问责制关联起来。一些人撰文称，应该像对待财政政策等其他经济政策工具一样对待货币政策，而且应该完全由经过民主选举的代表决定货币政策。然而，这样一种方式意味着政客可以直接过度参与货币政策。……尽管如此，有人提出，货币政策最终必须由经过民主选举的政治家进行监督。……无论采取何种方式，必须对中央银行实行问责，而且就欧洲中央银行而言，欧洲议会无疑是最合适的机构。成员国议会当然要对中央银行的立法负责，因此从逻辑上讲，欧洲议会也应该为欧洲中央银行的立法框架负责，至少要以共同决策的方式。换言之，按照正常的民主程序决定"游戏规则"（即货币政策的目标），但将"游戏"（货币政策）委托给中央银行。

第七节 经济货币联盟：对经济政策的协调

对经济政策进行协调（coordination）是欧洲经济货币联盟的另外一根

---

[91] W Buiter, 'Alice in Euroland' (1999) 37 JCMS 181；O Issing, 'The Eurosystem Transparent and Accountable or "Willem in Euroland"' (1999) 37 JCMS 503.

[92] Gormley and de Haan（n 85）112. 对如何改善民主问责制的建议，参见 Amtenbrink（n 84），ch 5.

支柱。就货币联盟而言，这种协调尤其重要[93]，因为单个成员国的经济健康可能会对欧元币值产生重要影响，欧盟经济危机已经证明了这一点，下文将讨论这一问题。[94] 这正是进行协调的广义理由，条约中规定了两种协调形式。

一 多边监督程序

软性协调形式是多边监督程序（multilateral surveillance procedure）。各成员国应将它们的经济政策视为共同关切事项，并在理事会内部协调各自的经济政策。[95] 理事会以委员会的建议（recommendation）为基础，就成员国和欧盟的经济政策提出总体指导方针草案[96]，并将其报告给欧洲理事会。欧洲理事会对该草案进行讨论，理事会将在欧洲理事会结论的基础上制定关于总体指导方针的建议。[97] 接下来由理事会在欧盟委员会报告的基础上，监督成员国的经济发展情况。[98]

上述程序构成了多边监督。如果成员国的经济政策显然与总体指导方针不一致，或者有可能危及经济货币联盟的正常运行，委员会可向相关成员国发出警告。理事会可向有关成员国提出必要的建议。[99] 理事会行动不必考虑所涉成员国的投票。[100]

《稳定与增长公约》（Stability and Growth Pact，SGP）对条约条款构成

---

[93] D Hodson and I Maher, 'The Open Method as a New Mode of Governance: The Case of Soft Economic Policy Co-ordination' (2001) 39 JCMS 719; F Amtenbrink and J de Haan, 'Economic Governance in the European Union' (2003) 40 CMLRev 1075; D Hodson and I Maher, 'Soft Law and Sanctions: Economic Policy Coordination and Reform of the Stability and Growth Pact' (2004) 11 JEPP 798; J – V Louis, 'The Economic and Monetary Union: Law and Institutions' (2004) 41 CMLRev 575; I Maher, 'Economic Governance: Hybridity, Accountability and Control' (2007) 13 CJEL 679; R Goebel, 'Economic Governance in the European Union: Should Fiscal Stability Outweigh Economic Growth in the Stability and Growth Pact?' (2007–2008) 31 Fordham Int LJ 1266.

[94] Council Regulation (EC) No 1467/97 of 7 July 1997 on speeding up and clarifying the implementation of the excessive deficit procedure [1997] OJ L209/6, rec 8.

[95] 《欧洲联盟运行条约》第 121 条第 1 款。

[96] Council Recommendation 95/326/EC of 10 July 1995 on the broad guidelines of the economic policies of the Member States and of the Community [1995] OJ L191/24.

[97] 《欧洲联盟运行条约》第 121 条第 2 款。

[98] 《欧洲联盟运行条约》第 121 条第 3 款。

[99] 《欧洲联盟运行条约》第 121 条第 4 款。

[100] 《欧洲联盟运行条约》第 121 条第 4 款。

了补充。《第 1466/97 号条例》[⑩] 制定了涵盖稳定与趋同计划的内容、方案提交、审查与监督方面的规则，以便在早期阶段预防政府过度赤字，并促进对经济政策的监督与协调。最近欧盟对《稳定与增长公约》进行了改革，下文将讨论这一点。

二　过度赤字程序

硬性协调形式包含在过度赤字程序（excessive deficit procedure）之中。成员国有义务避免过度赤字。[⑩] 欧盟委员会监督成员国的预算形势与政府债务，以便发现"严重失误"[⑩]。欧盟委员会应根据以下两个标准特别审查成员国遵守预算纪律的情况。[⑩]

第一个标准是，预计或实际政府赤字是否超过国内生产总值的 3% 这一参照值，除非其比率已持续实现大幅度下降，并且接近参照值的水平；或者，超过参照值的情况只是偶然和暂时性的，并且其比率仍接近于该参照值。第二个标准是，政府债务是否超过国内生产总值的 60% 这一参照值，除非其比率正在大幅度下降，并且正在以令人满意的速度接近参照值。上述参照值明确规定于《关于过度赤字程序的议定书》（The Protocol on the Excessive Deficit Procedure）中。[⑩]

欧盟委员会就成员国没有达到这些标准的情况提出报告，并且如果它认为成员国存在过度赤字的风险，也可以提交报告。[⑩] 经济与金融委员会（Economic and Financial Committee）就欧盟委员会的报告提出意见。[⑩] 如果欧盟委员会认为存在过度赤字，或者有可能出现过度赤字，它必须向相关成员国提出意见，并将其告知理事会。[⑩] 接下来，理事会将按照欧盟委员会的提案，并在考虑相关成员国提出的任何意见之后，就其是否存在过度

---

⑩　Council Regulation（EC）No 1466/97 of 7 July 1997 on the strengthening of the surveillance of budgetary positions and the surveillance and coordination of economic policies［1997］OJ L209/1.

⑩　《欧洲联盟运行条约》第 126 条第 1 款。

⑩　《欧洲联盟运行条约》第 126 条第 2 款。

⑩　《欧洲联盟运行条约》第 126 条第 2 款。

⑩　《第十二号议定书》第 1 条。

⑩　《欧洲联盟运行条约》第 126 条第 3 款。

⑩　《欧洲联盟运行条约》第 126 条第 4 款。

⑩　《欧洲联盟运行条约》第 126 条第 5 款。

赤字做出认定。[109]

如果理事会认定确实存在过度赤字，它应及时根据欧盟委员会的建议，向成员国提出建议，以便在规定的时间内结束此种状况。[110] 一般规则是，这些建议不公开，但是如果理事会确认相关成员国没有在规定期限内采取有效行动，则可以将该建议公开。[111]

《欧洲联盟运行条约》在接下来的条款中规定了在成员国未能实施理事会建议的情况下，应该采取哪些措施。如果确实出现了这种情况，理事会可以做出一项决定，通知该成员国在规定期限内采取理事会认为补救该局面所必需的削减赤字的措施，并要求相关成员国提交报告，以便理事会审查该成员国为调整所做的努力。[112]

如果成员国没有执行理事会的上述决定，那么，理事会可决定实施或加强以下一项或多项措施：[113] 它可以要求该成员国在发行债券和证券前，公布由理事会认定的额外信息；它可以要求欧洲投资银行重新考虑其针对该成员国的贷款政策；它可以要求该成员国向联盟支付一笔适当数额的无息保证金，直到理事会认为过度赤字已得到纠正；它还可以处以适当数额的罚款。如果理事会认为成员国的过度赤字已得到纠正，则应撤销上述与过度赤字相关的决定和建议。[114]

与规定监督程序的条约条款一样，关于过度赤字的条约条款也由一项涉及过度赤字的条例[115]予以补充，这也是《稳定与增长公约》的另外一根支柱。[116]

三　政策问题：经济政策协调

2002—2003 年，法国、德国、葡萄牙和意大利均遭遇赤字问题，从而表明了上述监督与赤字程序中存在着缺陷。这些国家承诺在中期内实现预

[109]　《欧洲联盟运行条约》第 126 条第 6 款。

[110]　《欧洲联盟运行条约》第 126 条第 7 款。

[111]　《欧洲联盟运行条约》第 126 条第 8 款。

[112]　《欧洲联盟运行条约》第 126 条第 9 款。

[113]　《欧洲联盟运行条约》第 126 条第 11 款。

[114]　《欧洲联盟运行条约》第 126 条第 12 款。

[115]　Reg 1467/97（n 94）.

[116]　关于评估可能取得的改进，参见 Court of Auditors, Further improvements needed to ensure effective implementation of the excessive deficit procedure, Special Report 10/2016.

算平衡，但却偏离了其纠正规划。在经济与金融事务理事会（Ecofin）暂时搁置针对法国和德国的过度赤字程序之后[17]，欧盟委员会提起了法律诉讼。由于法国和德国无视该体系，导致欧盟修订了与《稳定与增长公约》相关的条例[18]，其实际结果是，放松多边监督程序和过度赤字程序，并使其更加便宜行事。[19]

　　从2008年开始的银行业危机与金融危机使欧盟经济政策协调机制面临更具普遍性的压力。[20]该问题以希腊的债务偿还能力被降级这一事实为开端。[21]该事件随后给欧元带来问题，并且开始让人们担心其他欧元区国家的预算健康问题。这些发展情况的结果是造成了欧元贬值的压力，只有在欧元区国家向希腊提供了能够满足金融市场需求的一揽子救助之后，这一压力才有所缓解。主权债务危机一直笼罩在银行业危机的阴影之中，且二者相互影响，而银行业危机对于某些信贷机构造成了影响，这些信贷机构又严重依赖于住房等经济部门，这些经济部门由于经济市场的下行而受到严重冲击。对于究竟哪些原因引发了这些事件，这是一个备受争议的问题。[22]这场危机引发了欧盟的一系列应对措施。[23]

---

[17]　2546th Meeting of the Council of the European Union（Economic and Financial Affairs），Brussels，25 Nov 2003.

[18]　Council Regulation（EC）No 1055/2005 of 27 June 2005 amending Regulation 1466/97［2005］OJ L174/1；Council Regulation（EC）No 1056/2005 of 27 June 2005 amending Regulation 1467/97［2005］OJ L174/5；J – V Louis，'The Review of the Stability and Growth Pact'（2006）43 CMLRev 85.

[19]　W Schelkle，'EU Fiscal Governance：Hard Law in the Shadow of Soft Law？'（2007）13 CJEL 705.

[20]　https：//ec.europa.eu/commission/presscorner/detail/en/MEMO_ 14_ 294；H James，H – W Micklitz，and H Schweitzer，'The Impact of the Financial Crisis on the European Economic Constitution'，EUI Law Working Paper，2010/05.

[21]　有学者对该问题做了有价值的总结，参见 P de Grauwe，'Crisis in the Eurozone and How to Deal with It' CEPS Policy Brief No 204，Feb 2010.

[22]　M Maduro，'A New Governance for the European Union and the Euro：Democracy and Justice'，European Parliament，Directorate-General for Internal Policies，Policy Department C：Citizens' Rights and Constitutional Affairs，PE 462.484，2012，9 – 10.

[23]　P Craig，'Economic Governance and the Euro Crisis：Constitutional Architecture and Constitutional Implications' in M Adams，F Fabbrini，and P Larouche（eds），*The Constitutionalization of European Budgetary Constraints*（Hart，2014）ch 2.

（一）援助

欧盟推出了一系列措施，向由于欧元危机而陷入严重经济问题的成员国提供援助。[124] 其中最重要的共同要素是施加条件，其包含的基本要求是，接受援助的成员国必须满足与改革有关的严格条件，在此基础上才能提供资金。

援助最早通过欧洲金融稳定机制（European Financial Stabilisation Mechanism，EFSM）提供，该机制由欧盟预算和债券注资。[125] 此后，由欧洲金融稳定基金（European Financial Stability Facility，EFSF）提供援助，这是欧元区国家于 2010 年 5 月 9 日成立的一家公司。[126]

现在，提供援助的主要工具是欧洲稳定机制（European Stability Mechanism，ESM），[127] 于 2012 年 10 月 8 日生效。[128] 经由简单修订程序对《欧洲联盟运行条约》第 136 条进行了修改，结果是新增了第 3 款，规定："其货币为欧元的成员国可以设立一项稳定机制，在为维护作为一个整体的欧元区的稳定必不可少的情况下将其激活。"[129] 然而，因为在欧洲稳定机制成立之时该修订条款尚未生效，所以该条款不能作为欧洲稳定机制的法律基础，于是欧洲稳定机制只能作为建立在欧元区成员国签署的国际条约基础上的一个政府间组织。

在"普林格尔案"（Pringle）[130] 中，欧洲稳定机制的合法性受到质疑，原告主张，该机制涉及货币政策，它属于欧盟的专属权能，因此，成员国没有在该领域通过有法律约束力的措施的权能。另外一个主要反对意见是，欧洲稳定机制在法律上不符合《欧洲联盟运行条约》第 125 条所包含

---

[124]　Court of Auditors, Financial assistance provided to countries in difficulties, Special Report 18/2015.

[125]　Council Regulation (EU) No 407/2010 of 11 May 2010 establishing a European financial stabilisation mechanism [2010] OJ L118/1.

[126]　https：//ec. europa. eu/info/business – economy – euro/economic – and – fiscal – policy – coordination/eu – financial – assistance/loan – programmes/european – financial – stability – facility – efsf_ en.

[127]　www. esm. europa. eu/.

[128]　Arts 39 – 40 ESM.

[129]　European Council Decision 2011/199 of 25 March 2011 amending Art 136 TFEU with regard to a stability mechanism for Member States whose currency is the euro [2011] OJ L91/1.

[130]　Case C – 370/12 *Pringle v Government of Ireland*, *Ireland and the Attorney General* EU：C：2012：756.

的不救助条款。欧洲法院驳回这些论点，维持了欧洲稳定机制的合法性。[⑬]

欧洲中央银行也通过诸如直接货币交易（OMTs）等方式提供援助。直接货币交易涉及二级主权债券市场的交易，"其目的在于保障适当的货币政策传导以及货币政策的单一性"[⑫]。这些措施的合法性受到德国联邦宪法法院的质疑，这也是该法院首次向欧洲联盟法院提请初步裁决。在"高魏勒案"（*Gauweiler*）中，欧洲法院支持了 OMT 措施的合法性。[⑬] 它遵循"普林格尔案"并裁定，一项措施是否属于货币政策，取决于其目标[⑭]，即确保适当的货币政策传导和货币政策的单一性。[⑬] 对于 OMT 计划是旨在集中某些成员国的债务并因此超越欧洲央行权力的主张，欧洲法院予以驳回。OMT 计划也可能保持欧元区稳定这一属于经济政策的事项，但这一事实并不动摇其作为货币政策措施的地位。[⑬]

欧洲法院进一步得出结论，认为 OMT 计划符合相称性原则。法院裁定，制定诸如 OMT 等计划需要欧洲中央银行体系复杂的技术性评估，因此必须允许其具有广泛的自由裁量权，其结果是，将就明显的评估错误进行相称性审查。[⑬] 尽管如此，欧洲法院强调，即使一个机构享有广泛的自由裁量权，"审查对某些程序保证的遵守情况至关重要"，其中包括"欧洲中央银行体系有义务仔细和不偏不倚地审查所涉情况的所有相关要素，并充分说明其决定的理由"[⑬]。虽然这些理由必须表明该机构的论证，但并不要求调查每个相关的事实和法律要点。欧洲法院裁定这些要求已经得到满足。[⑬] 在后

---

⑬ P Koutrakos, 'Political Choices and Europe's Judges'（2013）38ELRev 291；B de Witte and T Beukers, 'The Court of Justice Approves the Creation of the European Stability Mechanism：*Pringle*'（2013）50 CMLRev 805；A Hinarejos, 'The Court of Justice of the EU and the Legality of the European Stability Mechanism'（2013）72 CLJ 237；P Craig, '*Pringle*：Legal Reasoning, Text, Purpose and Teleology'（2013）20MJ 1；G Beck, 'The Legal Reasoning of the Court of Justice and the Euro Crisis—The Flexibility of the Cumulative Approach and the *Pringle* Case'（2013）20MJ 635；P Craig, '*Pringle* and the Nature of Legal Reasoning'（2014）21 MJ 205.

⑫ www.ecb.int/press/pr/date/2012/html/pr120906_ 1. en. html.

⑬ Case C–62/14 *Gauweiler and others v Deutsche Bundestag* EU：C：2015：400.

⑭ Ibid [46].

⑬ Ibid [47].

⑯ Ibid [51]–[52].

⑰ Ibid [68], [74].

⑱ Ibid [69].

⑲ G Anagnostaras, 'In the ECB We Trust … in the FCC We Dare'（2015）40 ELRev 744；P Craig and M Markakis, '*Gauweiler* and the Legality of Outright Monetary Transactions'（2016）41 ELRev 4.

来欧洲中央银行所面临的诉讼中，欧洲法院也借鉴了"高魏勒案"规则。[⑭]

（二）监管

对处于严重金融困难中的成员国提供援助这一问题，通过对成员国金融机构加强监督得到了补充。由此，银行、证券、保险和职业养老金等领域的规制机制被彻底改变[⑭]，并且引入诸如单一清算机制（Single Resolution Mechanism）等新措施，增强了欧盟对各国银行机构的监管。

此外还引入了另外一些重要变革，其目的是增强对各国经济政策的监管，因为经济联盟与货币联盟之间具有十分密切的联系。其首要目标是加强对成员国经济政策的控制，以避免再次出现主权债务危机和银行业危机，这些危机导致了欧元危机。2011 年通过引入所谓"六部立法"（six-pack）措施[⑭]，经济联盟的立法框架被修订，这些措施是根据《欧洲联盟运行条约》第 121 条、第 126 条和第 136 条通过的。[⑭] 这些措施旨在通过收紧架构的两个组成部分（监督和过度赤字）来使经济联盟更加有效，而

---

⑭ Case C – 493/17 *Weiss* EU：C：2018：1000；M Dawson and A Bobic，'Quantitative Easing at the Court of Justice—Doing Whatever It Takes to Save the Euro'（2019）56 CMLRev 1005. 对德国联邦宪法法院（BVerfG）相关反应的讨论，参见本书第十章第三节第一部分（四）。

⑭ Regulation（EU）No 1093/2010 of the European Parliament and of the Council of 24 November 2010 establishing a European Supervisory Authority（European Banking Authority）［2010］OJ L331/12；Regulation（EU）No 1095/2010 of the European Parliament and of the Council of 24 November 2010 establishing a European Supervisory Authority（European Securities and Markets Authority）［2010］OJ L331/84；Regulation（EU）No 1094/2010 of the European Parliament and of the Council of 24 November 2010 establishing a European Supervisory Authority（European Insurance and Occupational Pensions Authority）［2010］OJ L331/4.

⑭ http：//ec. europa. eu/economy_ finance/economic_ governance/index_ en. htm.

⑭ Regulation（EU）No 1175/2011 of the European Parliament and of the Council of 16 November 2011 amending Regulation（EC）No 1466/97 on the strengthening of the surveillance of budgetary positions and the surveillance and coordination of economic policies［2011］OJ L306/12；Council Regulation（EU）No 1177/2011 of 8 November 2011 amending Regulation（EC）No 1467/97 on speeding up and clarifying the implementation of the excessive deficit procedure［2011］OJ L306/33；Regulation（EU）No 1173/2011 of the European Parliament and of the Council of 16 November 2011 on the effective enforcement of budgetary surveillance in the euro area［2011］OJ L306/1；Council Directive 2011/85/EU of 8 November 2011 on requirements for budgetary frameworks of the Member States［2011］OJ L306/41；Regulation（EU）No 1176/2011 of the European Parliament and of the Council of 16 November 2011 on the prevention and correction of macroeconomic imbalances［2011］OJ L306/25；Regulation（EU）No 1174/2011 of the European Parliament and of the Council of 16 November 2011 on enforcement measures to correct macroeconomic imbalances in the euro area［2011］OJ L306/8；Results of in-depth reviews under Regulation（EU）No 1176/2011 on the prevention and correction of macroeconomic imbalances，COM（2013）199 final.

监督和过度赤字的细节包含在《稳定与增长公约》中。[144] 除此之外，在2013 年 5 月 21 日又通过了"两部立法"（two-pack）。[145] 因篇幅有限，这里无法详细阐述这些复杂的规定。需要知道的是，这些措施包括一些旨在加强预算监督的变革，这些变革聚焦于时间安排、成员国预算的计算形式，以及对它们进行独立核实的必要性。对监督机制进行的进一步改革具有实质性意义，并且要求成员国的预算平衡朝向中期预算目标（MTO）实现显著进步。欧盟同时还加强了过度赤字程序，这是经济联盟的另外一个支柱。

关于监管成员国经济政策分析的规则也受到了《稳定、协调与治理条约》（The Treaty of Stability, Coordination and Governance, TSCG）[146] 的影响，该条约也被称为"财政契约"（Fiscal Compact），由 21 个缔约成员国于 2012 年 3 月签署。[147]《稳定、协调与治理条约》第 3 条第 1 款包含"均衡预算"规则，是该条约的核心。缔约方的预算必须保持平衡或盈余。如果一般政府年度结构平衡达到了由修订后的《增长与稳定公约》所界定的具体针对该国的中期目标，同时结构赤字的下限为不超过以市场价格计算的国内生产总值的 0.5%，则认为缔约方实现了预算平衡或盈余。缔约方必须保证在欧盟委员会规定的时间框架内，向各自的中期目标迅速实现趋同。尽管平衡本国预算的义务是《稳定、协调与治理条约》的核心，但有争议的是，该条约所包含的几乎每项规定本来都可以在《里斯本条约》条款框架下予以实施。[148] 另外，需要承认，涉及援助的条款以及涉及监管的条款是一对"连体婴儿"，认识到这一点很重要，因为从 2013 年 3 月 1 日

---

[144]　Reg 1466/97（n 101）；Reg 1467/97（n 94）.

[145]　Regulation（EU）No 472/2013 of the European Parliament and of the Council of 21 May 2013 on the strengthening of economic and budgetary surveillance of Member States experiencing or threatened with serious difficulties with respect to their financial stability in the euro area［2013］OJ L140/1；Regulation（EU）No 473/2013 of the European Parliament and of the Council of 21 May 2013 on common provisions for monitoring and assessing draft budgetary plans and ensuring the correction of excessive deficit of the Member States in the euro area［2013］OJ L140/11.

[146]　P Craig, 'The Stability, Coordination and Governance Treaty: Principle, Politics and Pragmatism'（2012）37 ELRev 231；S Peers, 'The Stability Treaty: Permanent Austerity or Gesture Politics?'（2012）8 EuConst404.

[147]　Treaty on Stability, Coordination and Governance in the Economic and Monetary Union, 1 - 2 Mar 2012.

[148]　Craig（n 146）；Peers（n 146）.

起，批准欧洲稳定机制框架下的援助取决于申请国首先批准"财政契约"。

（三）政治、法律与经济关切

金融危机给欧盟造成了严重影响，并带来了一系列政治、法律和经济方面的关切，这里只做简要评述。[149]

在政治意义上，金融危机动摇了欧盟的根本信条，即对和平与繁荣的承诺。对于谁应该为当前困境承担责任，以及应承担多少责任等问题，政治家和学者可能会陷入复杂的论战之中。然而，如果从普通公民特别是那些生活在受到欧元危机以及随后以条件名义施加经济措施影响十分严重国家的公民的角度看待这一问题，那么上述问题就无足轻重。对于这些民众而言，真正原因是欧盟和欧元的失败，而无论政治家和学者认为引起危机的"真正"原因是什么都无关紧要。危机产生的另外一个政治后果是，为了避免再次发生危机，欧盟加强了对成员国经济政策的监督权力，从而进一步限制了国内的政治选择。此外，为了满足各国紧缩措施的需要，以便遵守由欧盟援助提出的条件性要求，还出现了其他一些政治和社会问题，这些问题可能会对诸如国家社会保障项目资金等产生非常突出的影响。

在法律意义上，在金融危机发生之后通过的一些措施加剧了该领域已经存在的透明度和复杂性等问题。在最近一轮改革之前，在对成员国经济政策的监督方面，存在着三个层面的复杂法律规则：《里斯本条约》的规定、欧盟立法，以及广泛的经济政策指引。由于欧洲稳定机制与《稳定、协调与治理条约》均为在《里斯本条约》框架之外运行的条约体系，从而为现行机制又增加了第四个层面。这进一步加剧了由复杂性和透明度所造成的困难，特别是通过"六部立法"和"两部立法"施加给成员国的义务与《稳定、协调与治理条约》中包含的成员国义务之间存在着非常重要的交叉重叠。此外，还存在着一些更进一步的法律问题，例如，在该领域适

---

[149] See, eg, Adams, Fabbrini and Larouche (n 123); C Joerges, 'Law and Politics in Europe's Crisis: On the History of the Impact of an Unfortunate Configuration', EUI Law Working Papers, 2013/09; I Pernice, M Wendel, L Otto, K Bettge, M Mlynarski, and M Schwarz, *A Democratic Solution to the Crisis: Reform Steps towards a Democratically Based Economic and Financial Constitution for Europe* (Nomos, 2012); K Lenaerts, 'EMU and the EU's Constitutional Framework' (2014) 39 ELRev 753; C Kilpatrick, 'The New Economic Component of EMU: A Lawful and Effective Design?', ADEMU Working Paper 2016/7; K Tuori, 'Has Euro Area Monetary Policy Become Redistribution by Monetary Means? "Unconventional" Monetary Policy as a Hidden Transfer Mechanism' (2017) 22 ELJ 838.

用《欧盟基本权利宪章》的问题[159]，以及欧盟机构是否能够参与欧盟法框架之外的条约，例如欧洲稳定机制与"财政契约"[150]。

在经济意义上，核心议题是融资和道德风险，即谁提供援助资金，以及担心受援国可能承担过度风险，并且坐享其成，搭那些财政纪律执行得好的国家的"便车"。事实上，金融援助或救助所涉及的数额巨大，达几十亿欧元之多。资金来自其他成员国，其中德国承受了主要负担。在可预见的未来，这一趋势仍将持续，因为按照规定，欧洲稳定机制融资来自成员国缴款。尽管如此，来自小国的缴款所产生的经济影响也应牢记。由此对成员国经济自由产生的总体限制是具有深远影响的。

（四）经济货币联盟：进一步改革的倡议

自最初对金融危机做出一系列政治和法律反应以来，欧盟围绕经济货币联盟的机制性思考层出不穷。它反映在欧盟备受瞩目的报告中[152]，以及由此产生的具体提案中。提案很复杂，因此这里只能介绍粗略的大纲。[153]

提案的一个突出的改革部分可以称为回归条约正统观念。这体现在委员会关于将欧洲稳定机制与"财政契约"纳入主流欧盟法律的提案中。这被认为是为了促进欧盟法的统一，促进民主并且提高效率。因此，提议将欧洲稳定机制并入欧洲货币基金，由该基金向成员国提供援助。财政契约的核心是平衡预算条款，包含在其第3条中，由此提议将其纳入一项指令中。

改革的第二个方面是向成员国提供结构性支持，尤其是向欧元区成员国。理由是加强成员国的经济韧性，以降低金融危机再次发生的可能性。在结构性改革支持计划（SRSP）的基础上，这方面取得了进展。该计划的

---

[159]　C Barnard, 'The Charter, the Court and the Crisis', Cambridge Legal Studies Research Paper, 18/2013.

[150]　P Craig, '*Pringle* and Use of EU Institutions Outside the EU Legal Framework: Foundations, Procedure and Substance' (2013) 9 EuConst 263.

[152]　J-C Juncker, 'Completing Europe's Economic and Monetary Union' (Brussels, 22 June 2015) ('Five Presidents' Report'); 'Reflection Paper on the Deepening of the Economic and Monetary Union', COM (2017) 291 final; 'Further Steps towards Completing Europe's Economic and Monetary Union: A Roadmap', COM (2017) 821 final; Proposal for a Council directive laying down provisions for strengthening fiscal responsibility and the medium-term budgetary orientation in the Member States, COM (2017) 824.

[153]　See P Craig and M Markakis, 'EMU Reform' in F Amtenbrink and C Hermann (eds), EU Law of Economic and Monetary Union (Oxford University Press, 2020) ch 42, for detailed analysis.

总体目标是通过为旨在改革和加强机构、治理、公共行政以及经济和社会部门的措施，向成员国家当局提供支持，为成员国的体制、行政和维持增长的结构性改革做出贡献，以增强凝聚力、竞争力、生产力、可持续增长、创造就业和投资，特别是在经济治理进程的背景下。[154]

预计改革的第三个方面旨在解决宏观经济稳定的集体层面。如果发生严重的经济危机，成员国预算可能会不堪重负，就像欧盟金融危机期间所发生的那样。如果发生这种情况，"成员国财政稳定器可能不足以吸收冲击并提供最佳的经济稳定水平，而这反过来又会损害整个欧元区"[155]。然而，在欧盟层面处理这个问题时存在相当大的困难。因此，人们担心它可能导致从较富裕的成员国向较贫穷的成员国定期转移财政，并可能破坏在成员国层面健全财政管理的激励措施。此外，此类计划在融资方面存在相当大的困难。然而，委员会提出了一项欧洲稳定保护功能来缓解这个问题。[156]

此外，改革架构还有一个与银行业联盟和资本市场联盟有关的要素。它证明了金融危机的根本原因是主权债务问题和银行稳定性问题的混合。欧盟已经引入或提出了一系列措施来处理这些方面的问题。[157]

第八节 结论

一 从资本自由流动的角度来看，越来越多的判例法正在考验条约条款。应与涉及货物、人员、开业以及服务自由的判例法一起来评估本领域的判例法。

二 就经济货币联盟而言，金融危机表明《马斯特里赫特条约》架构下存在着货币政策与经济政策之间的不对称，因此不具有可持续性。即使

---

[154] European Parliament and Council Regulation（EU）2018/1671 of 23 October 2018 amending Regulation（EU）2017/825 to increase the financial envelope of the Structural Reform Support Programme and adapt its general objective［2018］OJ L284/3. For related Commission initiatives，see Proposal for a Regulation of the European Parliament and of the Council on the establishment of the Reform Support Programme，COM（2018）391 final.

[155] Five Presidents' Report（n 152）14.

[156] COM（2018）387 final.

[157] 对相关立法和提案的讨论，参见 Craig and Markakis（n 153）.

人们普遍承认货币政策与经济政策关系密切，但对成员国经济政策的监督力度仍然不够，因为如果国家长期存在预算赤字，就会造成货币市场看低欧元币值。

三　正是出于上述原因，欧盟应对金融危机措施中的一个主要维度一直是起草大量立法，旨在加强对银行业和成员国预算的控制，以便防止再次发生银行业危机和主权债务危机；另外一个主要维度则是，向那些处于严重经济困难的国家提供援助，以防止在欧元区造成进一步的"经济传染"。

四　这场危机产生的政治、法律和经济后果非常严重。

第九节　扩展阅读

一　专著

Adams, M, Fabbrini, F, and Larouche, P（eds）, *The Constitutionalization of European Budgetary Constraints*（Hart, 2014）

Amtenbrink, F, *The Democratic Accountability of Central Banks*（Hart, 1999）

——and Hermann, C（eds）, *EU Law of Economic and Monetary Union*（Oxford University Press, 2020）

Beukers, T, de Witte, B, and Kilpatrick, C（eds）, *Constitutional Change through Euro-Crisis Law*（Cambridge University Press, 2017）

Chalmers, D, Jachtenfuc hs, M, and Joerges, C（eds）, *The End of the Eurocrats' Dream. Adjusting to European Diversity*（Cambridge University Press, 2016）

Dawson, M, Enderlein, H, and Joerges, C（eds）, *Beyond the Crisis: The Governance of Europe's Economic, Political, and Legal Transformation*（Oxford University Press, 2015）

De Grauwe, P, *Economics of Monetary Union*（Oxford University Press, 10th edn, 2014）

Dyson, K, *The Politics of the Euro-Zone: Stability or Breakdown*（Oxford

University Press, 2000)

——and Featherstone, K, *The Road to Maastricht: Negotiating Economic and Monetary Union* (Oxford University Press, 1999)

Fabbrini, F, *Economic Governance in Europe: Comparative Paradoxes and Constitutional Challenges* (Oxford University Press, 2016)

——, Ballin, E, and Soms en, H (eds), *What Form of Government for the European Union and the Eurozone?* (Hart, 2015)

Hinarejos, A, *The Euro Area Crisis in Constitutional Perspective* (Oxford University Press, 2015)

Markakis, M, *Accountability in the Economic and Monetary Union: Foundations, Policy, and Governance* (Oxford University Press, 2020)

Mulhearn, C, and Vane, H, *The Euro: Its Origins, Development and Prospects* (Edward Elgar, 2009)

Tuori, K, and Tuori, K, *The Eurozone Crisis, A Constitutional Analysis* (Cambridge University Press, 2014)

Zilioli, C, and Selmayr, M, *The Law of the European Central Bank* (Hart, 2001)

二 论文

Amtenbrink, F, 'The European Central Bank's Intricate Independence versus Accountability Conundrum in the Post – Crisis Governance Framework' (2019) 26 MJ 165

Barnard, C, 'The Charter, the Court and the Crisis', Cambridge Legal Studies Research Paper, 18/2013

Craig, P, 'The Stability, Coordination and Governance Treaty: Principle, Politics and Pragmatism' (2012) 37 ELRev 231

—— 'Economic Governance and the Euro Crisis: Constitutional Architecture and Constitutional Implications' in M Adams, F Fabbrini, and P Larouche (eds), *The Constitutionalization of European Budgetary Constraints* (Hart, 2014) ch 2

—— 'EMU Reform' in Famtenbrink and C Hermann (eds), *EU Law of Economic and Monetary Union* (Oxford University Press, 2020) ch 42

——and Markakis, M, '*Gauweiler* and the Legality of Outright Monetary Transactions' (2016) 41 ELRev 4

De Witte, B, 'Euro Crisis Responses and the EU Legal Order: Increased Institutional Variation or Constitutional Mutation?' (2015) 11 EuConst 434

——and Beukers, T, 'The Court of Justice Approves the Creation of the European Stability Mechanism: *Pringle*' (2013) 50 CMLRev 805

Estella, A, 'European Union Bailouts and Credibility: The Constitutional Dimension' (2016) 22 EPL 507

Fromage, D, Dermine, P, Nicolaides, P, and Tuori, K, 'ECB Independence and Accountability Today: Towards a (Necessary) Redefinition?' (2019) 26 MJ 3

Hinarejos, A, 'Economic and Monetary Union: Evolution and Conflict' in P Craig and G de Búrca (eds), *The Evolution of EU Law* (Oxford University Press, 3rd edn, 2021)

Ioannidis, M, 'Europe's New Transformations: How the EU Economic Constitution Changed during the Eurozone Crisis' (2016) 53 CMLRev 1237

James, H, Micklitz, H-W, and Schweitzer, H, 'The Impact of the Financial Crisis on the European Economic Constitution', EUI Law Working Paper, 2010/05

Lenaerts, K, 'EMU and the EU's Constitutional Framework' (2014) 39 ELRev 753

Lionello, L, 'Establishing a Budgetary Capacity in the Eurozone. Recent Proposals and Legal Challenges' (2017) 24 MJ 822

Peers, S, 'The Stability Treaty: Permanent Austerity or Gesture Politics?' (2012) 8 EuConst 404

Snell, J, 'Free Movement of Capital: Evolution as a Non-Linear Process' in P Craig and G de Búrca (eds), *The Evolution of EU Law* (Oxford University Press, 3rd edn, 2021)

—— 'The Trilemma of European Economic and Monetary Integration, and Its Consequences' (2016) 22 ELJ 157

Zilioli, C, and Selmayer, M, 'The Constitutional Status of the European Central Bank' (2007) 44 CMLRev 355

第二十二章　劳动者自由流动

第一节　核心议题

一　人员自由流动（free movement of persons）与货物、服务和资本自由流动一起构成欧盟法的四大基本自由。本章主要讨论被雇用人员（employed persons）或称"劳动者"（workers）的自由流动；下一章讨论自营职业者（the self-employed）和公司的自由流动（包括开业与服务），再下一章讨论欧洲公民身份。欧盟公民身份的创设以多种不同方式影响了劳动者自由流动法律的发展。

二　规制劳动者自由流动的欧盟法以如下诸多关键问题为核心。这些问题包括《欧洲联盟运行条约》第 45 条的范围；"劳动者"所赋予的含义；诸如"求职者"（job-seeker）等中间类型人员的权利；成员国向劳动者及其家庭施加的哪些限制是合理的；家庭成员在欧盟法下享有的社会权利和其他权利。

三　规范劳动者自由流动的主要立法文件是《第 492/2011 号条例》，该条例更新和整合了最初的《第 1612/68 号条例》。该条例由以下文件予以补充：（1）《第 2014/54 号指令》，一项旨在促进劳动者行使现行权利的执行措施；（2）《第 2016/589 号条例》，有关公共就业服务的"欧洲就业服务网络"（EURES）；（3）对社会保障进行协调的几项法律文件，如第《1408/71 号条例》《第 883/2004 号条例》和《第 2014/50 号指令》；（4）与日俱增的软法与补充性指南，其制定者不仅包括欧盟委员会自身，还有来自关于劳动者自由流动的专家

网络;① （5）最后一项是关于欧盟公民流动权和居住权的《第2004/
38号指令》，其中包含多项与劳动者自由流动有关的规定。该指令的
对象既包括劳动者和自营职业者及他们的家庭，也包括学生和其他类
型的属于非经济活跃群体的欧盟成员国国民。

四　劳动者自由流动具有经济维度和社会维度。在经济意义上，其基本原
理是保证在欧盟内部实现经济学家所称的资源最优配置。② 如果劳动
者能够流动到他们可以产生最大价值的地区或国家，欧盟内部劳动力
的价值就可以在经济意义上实现最大化。除了这一理由之外，促进劳
动者自由流动有助于促进形成"欧洲人民之间一个更紧密的联盟"，
而且与欧洲团结这一更广泛的概念相关。

五　在经济与社会维度之间可能存在矛盾。欧盟劳动者作为对欧洲单一市
场经济繁荣做出贡献的流动生产要素，与此同时，作为人类有权行使
在其他国家生活的个人权利，而且其本人与家庭享有平等待遇，而这
两个关于欧盟劳动者的概念有时会产生冲突。此外，实现自由流动与
成员国希望对入境本国实施控制这二者之间也存在矛盾，特别是与控
制非欧盟公民入境存在矛盾，而非欧盟公民可能是欧盟劳动者的家庭
成员。

六　自欧盟发生经济危机以来，上述矛盾全面爆发，使劳动者自由流动面
临着新的政治和社会挑战。③ 一方面，政治领导人以及其他一些人对
欧盟自由流动法有可能催生或推动"福利旅游"（benefits tourism）的
风险提出反对意见。④ 另一方面，有些国家一直抵制将自由流动权利

---

① 可参见 Communication on Free Movement of Citizens and Their Families: Five Actions to Make a
Difference, COM (2013) 837; Communication towards a Job Rich Recovery, COM (2012) 173; an-
nual and thematic reports of the Network of Experts on the Free Movement of Persons (2003 – 2010)，相关
报告发表在就业总司网站，参见http://ec. europa. eu/social/main. jsp? catId = 475&langId = en；关
于劳动者自由流动网络和社保协调的报告，参见http://ec. europa. eu/social/main. jsp? catId =
1097&langId = en。

② 见第十八章。

③ Editorial, 'Free Movement of Workers in the EU: Salvaging the Dream While Explaining the
Nightmare' (2014) 51 CMLRev 729.

④ 据报道，奥地利、德国、荷兰和英国的内政部长或大臣将联名信呈送欧洲理事会主席与
欧盟委员会，参见 'Britain and Germany demand EU cracks down on 'benefits tourism'', *Daily Tele-
graph*, 24 April 2013. 该信函见http://docs. dpaq. de/3604 – 130415_ letter_ to_ presidency_
final_ 1_ 2. pdf。

全面扩大到新成员国的公民。要求对自由流动加大控制的呼声在英国脱欧中发挥了重要作用。欧盟委员会总体上抵制此类挑战，积极捍卫劳动者自由流动为所有国家带来的好处。在帮助成员国应对"权宜婚姻"（marriages of convenience）等某些特定领域滥用行为的同时，欧盟委员会一直聚焦于努力在实践中实现自由流动权，并且通过提升认知、提供信息以及程序性支持等方式改善这项权利在成员国的实施情况。⑤

第二节　第 45 条：直接效力

劳动者自由流动（freedom of movement for workers）的基础条款是《欧洲联盟运行条约》第 45 条（原《欧洲共同体条约》第 39 条），其规定如下：

1. 应保证劳动者在联盟内自由流动。

2. 此等自由流动应包括，在雇用、报酬和劳动与就业的其他条件方面，禁止对不同成员国的劳动者施加任何基于国籍的歧视。

3. 除基于公共政策、公共安全和公共卫生等合法性限制外，劳动者享有以下权利：

（1）接受实际提供的就业岗位。

（2）为此目的在成员国领土上自由流动。

（3）依照成员国关于规范其本国国民就业的法律、法规或行政措施，为就业目的在该成员国停留。

（4）在符合委员会通过的条例中所规定条件的前提下，在某一成员国就业后在该国领土上居住。

4. 本条的相关条款不适用于公共服务部门的就业。

欧洲法院一直反复强调，自由流动与非国籍歧视这两项原则具有核心意义。有观点认为，第 45 条代表着将《欧洲联盟运行条约》第 18 条中禁

---

⑤ See, eg, Free Movement of EU Citizens and Their Families: Five Actions that Make a Difference, COM (2013) 837 and Dir 2014/54.

止基于国籍歧视的一般法律原则适用于劳动者这一特定背景。

在"瓦尔拉夫和科克案"（*Walrave and Koch*）⑥ 中，欧洲法院裁定，即使工作场所在欧盟以外，但只要雇用法律关系签订于欧盟境内，第45条就将适用。在"布哈勒法案"（*Boukhalfa*）中，一欧盟成员国国民在非欧盟国家长期居住，受雇于另一成员国驻该国大使馆，其雇用合同签订地和主要履行地也在该国，欧洲法院裁定可适用第45条，至少在雇用她的该成员国的立法所调整的雇用关系方面。⑦ 在"彼得森案"（*Petersen*）中，欧洲法院裁定，欧盟法适用于在欧盟领土以外开展的专业活动，"只要雇用关系与欧洲联盟具有足够密切的联系"，包括"在雇用关系……与成员国的法律之间具有足够密切的联系"⑧。

欧洲法院还在"瓦尔拉夫和科克案"⑨ 和"博斯曼案"（*Bosman*）⑩中裁定，第45条中的条款不仅仅具有"纵向"直接效力。这两起案件中被质疑的规则都由国际体育协会制定，分别为自行车体育协会和足球体育协会，它们既不是公共机构，也不是国家机构。尽管如此，欧洲法院裁决第45条仍然适用：

> 禁止此类歧视的规定并不仅仅适用于公权力机关的行为，而且同样适用于其他任何性质的规则，只要其目的是以集体方式调整有报偿的就业行为和提供服务的行为。……
>
> 此外，由于不同成员国的劳动条件有时由法律或法规予以规范，有时由私人缔结的协议或采取的其他行为方式进行调整，因此，如果仅将所涉禁止性规定局限于针对公权力机关的行为，就有可能在这些

---

⑥ Case 36/74 *Walrave and Koch v Association Union Cycliste Internationale* ［1974］ECR 1405.

⑦ Case C－214/95 *Boukhalfa v BRD* ［1996］ECR I－2253；Case C－347/10 *Salemink* EU：C：2012：17.

⑧ Case C－544/11 *Petersen* EU：C：2013：124，［41］.

⑨ Case 36/74（n 6）；Case C－379/09 *Maurits Casteels* EU：C：2011：131；Case C－325/08 *Olympique Lyonnais* ［2010］ECR I－2177.

⑩ Case C－415/93 *Union Royale Belge des Sociétés de Football Association and others v Bosman* ［1995］ECR I－4921，［82］－［84］；Case C－411/98 *Ferlini v Centre Hospitalier de Luxembourg* ［2000］ECR I－8081，［50］；Case C－438/05 *International Transport Workers' Federation and Finnish Seamen's Union v Viking Line ABP and OÜ Viking Line Eesti* ［2007］ECR I－10779；Case C－94/07 *Andrea Raccanelli v Max-Planck-Gesellschaft zur Förderung der Wissenschaften eV* ［2008］ECR I－5939.

规定的适用中产生不平等。⑪

后来的"安戈内斯案"（*Angonese*）表明，第 45 条也横向适用于个人行为，与"瓦尔拉夫案"、"博斯曼案"和"奥林匹克里昂足球俱乐部案"（*Olympique Lyonnais*）涉及的协会不同，所涉个人无权制定规则规制有报偿的就业行为，例如个人雇员以国籍为理由拒绝雇用某人。⑫

安戈内斯诉博尔扎诺储蓄银行

Case C – 281/98 Angonese v Cassa di Riparmio di Bolzano SpA

［2000］ECR I – 4139

［《里斯本条约》重新编号，《欧洲共同体条约》第 48 条和第 49 条现分别变更为《欧洲联盟运行条约》第 45 条和第 157 条］

安戈内斯（Angonese）是意大利国民，其母语是德语。他申请竞聘意大利博尔扎诺储蓄银行的一个职位。该银行提出的竞聘条件是，必须拥有博尔扎诺当局颁发的双语（意大利语和德语）证书，而该证书的考试仅在该市所在省举行。意大利法院认定，安戈内斯事实上能够讲这两种语言，而且非博尔扎诺的居民可能很难按时获得该证书。安戈内斯主张，该银行由于他没有该证书而拒绝他参加竞聘的行为违反了第 48 条。

欧洲法院

30. 首先应该注意，第 48 条规定的非歧视原则具有普遍意义，而且并不专门针对成员国。

31. 因此，本法院曾裁定，禁止基于国籍的歧视这项规定不仅适用于公权力机关的行为，而且适用于其他任何性质、旨在以集体方式规范有偿就业和提供服务的规则（见 *Walrave* 判决第 17 段）。

---

⑪　Case 36/74 *Walrave*（n 6）［17］–［19］.

⑫　Reg 1612/68［1968］English Spec Ed Series I，p 475，Art 7（4）.该条例规定，个人雇佣合同中的条款应在国籍歧视方面无效，从而支持了欧洲法院的论证。也可参见 Case C – 172/11 *Erny* EU：C：2012：399.

32. 本法院曾裁定，如果因那些不受公法调整的协会或组织行使其法律自主权而造成障碍，导致无法消除成员国壁垒，那么就有损于消除成员国之间自由流动的障碍（见 *Walrave* 判决第 18 段和 *Bosman* 判决第 83 段）。

33. 由于不同成员国的劳动条件有时由法律或法规予以规范，有时由私人缔结的协议或采取的其他行为方式进行调整，因此，如果将禁止基于国籍歧视这一规定限制适用于公权力机关的行为，就有可能在其适用过程中产生不平等（见 *Walrave* 判决第 19 段和 *Bosman* 判决第 84 段）。

34. 本法院还曾裁定，条约的某些条款在形式上针对的是成员国，这一事实并不能妨碍其同时赋予那些与遵守这些条款规定义务有利益关联的任何个人以权利（见 *Defrenne* 判决）。本法院由此裁定，……禁止歧视的规定平等适用于所有旨在以集体方式调整有偿劳动的协议，以及个人之间的合同。……

35. 更不用说，上述考量必须适用于第 48 条……，该条规定了一项基本自由，并且构成了第 6 条（现《欧洲联盟运行条约》第 18 条）所包含的普遍禁止歧视的一种特定适用情况。在这方面，与第 119 条一样，其目的是确保劳动市场不存在歧视。

36. 因此，第 48 条规定的禁止基于国籍歧视……必须认为也适用于私人。

第三节　第 45 条：劳动者与保护范围

《欧洲联盟运行条约》第 46 条规定，欧洲议会和理事会应通过二级立法，以落实第 45 条规定的自由流动。根据该条款，欧洲议会和理事会制定了一系列指令和条例，其中多项被整合为关于欧盟公民及其家庭自由流动和居住的《第 2004/38 号指令》。[13]《第 2004/38 号指令》还为那些在其他

---

[13]　Directive 2004/38/EC of the European Parliament and of the Council of 29 April 2004 on the right of citizens of the Union and their family members to move and reside freely within the territory of the Member States [2004] OJ L158/77. 该指令取代了《第 64/221 号指令》《第 68/360 号指令》和《第 1251/70 号条例》。

成员国连续合法居住 5 年以上的欧盟成员国国民及其家庭引入了永久居住权。

欧盟还通过了《第 492/2011 号条例》，编纂相关规则并取代《第 1612/68 号条例》。该条例充实了平等待遇这项基本原则，同时对劳动者及其家庭的多项实体性权利和资格做出具体规定。⑭ 2014 年通过了《第 2014/54 号指令》，通过该实施指令对该条例予以补充，其主要目的是给予根据第 45 条和《第 492/2011 号条例》所确立的权利以实际效力。⑮

一　"劳动者"的定义：作为欧盟概念

尽管欧盟早期通过了多部二级立法，但很多基本术语既未在条约中也未在立法中得到界定，而是一直由欧洲法院予以阐释，其中包括"劳动者"（worker）这一核心术语的含义。早先的问题是，第 45 条第 2 款所指的"成员国劳动者"是否仅仅涵盖成员国国民，还是说，它也包括在欧盟居住和工作的非欧盟国家的国民。那些实施第 45 条的二级立法，特别是《第 1612/68 号条例》（现为《第 492/2011 号条例》）曾将其适用范围特别限定于成员国国民，欧洲法院也曾这样解释条约。现在，在欧盟居住和工作的第三国国民的地位，即使不是欧盟成员国国民的家庭成员，其地位在一定程度上也由二级立法调整。⑯

欧洲法院从一开始就坚持认为，"劳动者"这一概念是欧盟法事项而非成员国法事项，其目的是避免"每个成员国修改移民劳动者（migrant worker）这一概念的含义"，从而"使条约的目标落空"⑰。在要求将"劳动者"这一术语作为欧盟概念的过程中，欧洲法院宣称自己拥有界定其含义和范围的最终权威，并且赋予自身"对解释的垄断"，以便应对各个成

---

⑭　Regulation 492/2011 on freedom of movement for workers within the Union（codification）[2011] OJ L41/1.

⑮　Directive 2014/54/EU on measures facilitating the exercise of rights conferred on workers in the context of freedom of movement for workers [2014] OJ L128/8.

⑯　Dir 2003/109；D Acosto Arcazaro, *The Long-Term Residence Directive as a Subsidiarity Form of EU Citizenship*（Martinus Nijhoff, 2011）.

⑰　Case 75/63 *Hoekstra v Bestuur der Bedrijfsvereniging voor Detailhandel en Ambachten* [1964] ECR 177，184.

员国在适用自由流动规则时可能采取的单边限制措施。⑱ 于是，欧洲法院裁定，配偶可以被其配偶雇用为"劳动者"⑲，第 45 条也可以被雇主所援引⑳，或者被相关第三方所援引，㉑ 而不是只有雇员才可以援引该条。欧洲法院一直对该术语进行广义解释，并且将这项自由作为欧盟基石的组成部分。

总而言之，从事有效和真正就业活动的任何个人，除非活动规模太小以至于被认定为"纯粹边缘性和附属性"活动的个人，都将被认定为"劳动者"㉒。某项经济活动要被定性为《欧洲联盟运行条约》第 45 条意义上的就业（employment），而不是第 49 条意义上的自由就业（self-employment），就必须存在从属关系。㉓ 然而，在不同的欧盟法背景下，以及由于援引该术语的目的不同，"劳动者"这个欧盟概念也有所不同。㉔

二　"劳动者"的定义：最低收入与工作时间要求

有大量案件涉及自由流动的经济维度与社会维度的相互作用问题，其经济维度体现在工作所获得的报酬水平上，而作为自由流动政策基础的社会维度则体现在对相关个人的生活质量改善方面。该议题出现在"莱文案"（Levin）㉕，此案涉及兼职劳动者。

---

⑱　G Mancini, 'The Free Movement of Workers in the Case-Law of the European Court of Justice' in D Curtin and D O'Keeffe （eds）, *Constitutional Adjudication in European Community and National Law* （Butterworths, 1992）67.

⑲　Case C–337/97 *CPM Meeusen v Hoofddirectie van de Informatie Beheer Groep* ［1999］ECR I–3289.

⑳　Case C–350/96 *Clean Car Autoservice GmbH v Landeshauptmann von Wien* ［1998］ECR I–2521; Case C–379/11 *Caves Krier Frères Sàrl* EU：C：2013：798.

㉑　Case C–208/05 *ITC Innovative Technology Center GmbH v Bundesagentur für Arbeit* ［2007］ECR I–181.

㉒　Case C–337/97 *Meeusen* （n 19）.

㉓　Case C–268/99 *Jany v Staatssecretaris van Justitie* ［2001］ECR I–8615, ［34］; Cases C–151–152/04 *Nadin and Durre* ［2005］ECR I–11203.

㉔　Case C–256/01 *Allonby v Accrington and Rossendale College* ［2004］ECR I–873, ［63］; Case C–138/02 *Collins v Secretary of State for Work and Pensions* ［2004］ECR I–2703.

㉕　See also Cases C–22–23/08 *Vatsouras and Koupatantze v Arbeitsgemeinschaft* （ARGE） *Nürnberg* 900 ［2009］ECR I–4585, ［28］–［29］.

莱文诉荷兰司法国务秘书

Case 53/81 Levin v Staatssecretaris van Justitie

[1982] ECR 1035

原告是英国公民，其丈夫并非欧盟成员国国民，他们在荷兰生活，但居住许可申请遭拒绝。她主张，她有足够收入维持其本人与丈夫的生活，以及她从事宾馆服务员的兼职工作。荷兰司法国务秘书认为，她不是欧盟劳动者，因为她的工作不足以维持生活，其收入达不到荷兰法定最低工资的水平。在该案提交时，欧洲法院提及其在"胡克斯特拉案"（*Hoekstra*）中的观点，即成员国不能单方面限制劳动者一词的范围和含义。

欧洲法院

12. 尤其是，对于劳动者自由流动原则赋予的权利，如果享有这些权利需要以东道国立法宣布的最低工资标准为前提，那么，这就会造成共同体规则的属人（*ratione personae*）适用领域在不同成员国之间产生差异。因此，"劳动者"与"作为被雇用人员从事的活动"这两个术语的含义和范围应该依照共同体法律秩序的各项原则得到澄清。

13. 在这方面，必须强调，这些概念界定的是由条约保障的一项基本自由的适用领域，因此不能予以限制性解释。

14. 按照这种观点，可以认为，《第1612/68号条例》的引言中包含对成员国所有劳动者在共同体内依其选择从事活动这项权利的普遍肯定，而无论他们是长期劳动者、季节劳动者、边境劳动者，还是在提供服务意义上从事活动的劳动者。此外，尽管《第68/360号指令》第4条规定，只要劳动者出具入境时提供的文件，并且出具由雇主提供的聘用确认书或就业证明，就可以给予该劳动者居住权，此项权利并不以与就业类型或者就业收入额有关的任何条件为前提。

15. 能够反映这些概念全部范围的一种解释也符合条约的目标，根据第2条和第3条（现《欧洲联盟条约》第3条，内容已发生实质变化），条约目标中包括在成员国之间废除妨碍人员自由流动的障碍，其目的尤其是促进整个共同体内经济活动的和谐发展，并提高生活标准。尽管兼职工作提供的收入可能低于被认为维持生活所必需的最低水平，但对于一大部分人来说，这是改善他们生活条件的有效手段，因此，如果自由流动原则赋予劳动者的权利仅限于那些从事全职工作，以及由此获得的收入至少相当于本案所涉行业中最低保障工资的人员，那么，共同体法的效力就会受到损害，共同体的目标也无法实现。

......

17. 然而，应该指出的是，尽管兼职工作并未排除在劳动者自由流动规则的适用领域之外，但这些规则仅涵盖从事有效和真正的活动，而不包括那些规模太小以至于被认为仅具有边缘性和附属性意义的活动。从对劳动者自由流动原则的陈述，以及从与该原则有关的规则在作为一个整体的条约体系中占有的位置来看，这些规则保障的仅是那些正在从事或者希望从事真正经济活动的人员的自由流动。

因此，就业自由的重要性不仅在于它是创建有益于成员国经济的单一市场的一种方式，而且促进提高劳动者生活标准，即使特定劳动者未达到某成员国的最低收入水平（第15段）。此外，对于认为莱文寻找工作的目的只是获得荷兰居住许可这一问题，欧洲法院裁定，只要劳动者正在从事或者希望从事真正和有效的经济活动，那么劳动者的目的或动机并不具有实质性影响（第17段）。

对于那些认为在自由流动领域存在"滥用权利"的主张，欧洲法院一直以这种理由作为回应，即使理事会坚持在《第2004/38号指令》第35条中新增"滥用权利"例外。"莱文案"之所以要求从事的工作必须是真正的经济活动，也许是对成员国关切的回应，因为成员国担心，如果从社会补助体系不那么慷慨的其他成员国来的移民大量进入本国，而这些移民的真正目的并不是从事有效劳动，那就会给本国社会保障制度造成过重负担。斯林佐审官（AG Slynn）承认这一关切，但也指出人们越来越依赖兼职工作；他还强调，将其排除出第45条的保护范围不仅会将那些可能仅希望从事兼职工作的女性、老年人和残疾人排除在外，而且会将那些愿意从事全职工作，但被迫接受兼职工作的男性和女性排除在外。"莱文案"由此澄清，兼职劳动者受自由流动规则的保护，而且劳动者是否选择通过私人来源补充其收入，这一点并不重要。

在"肯普夫案"（*Kempf*）㉖ 中，该议题又向前迈进了一步。一名德国国民作为音乐教师在荷兰生活和工作，每周大约授课 12 次，他被拒绝给予居住许可。荷兰和丹麦政府主张，如果工作提供的收入低于东道国规定的最低生活水平，而且从事这项工作的人员还寻求从"公共"基金获得社会救助，那么这项工作就不能被认定为真正和有效的工作。欧洲法院不同意上述主张，而是裁定如果一个真正的兼职劳动者寻求补充其低于生活水平的收入，那么，无论这些补充方式来自不动产收益，还是来自家庭成员的就业收入，甚至来自国家提供的公共基金所给予的财政援助，这些都无关紧要。㉗ 成员国可以通过其对取得某类社会救助所设定的标准去解决有关社会救助体系负担过重的任何关切，但不能将兼职雇员排除出欧盟法框架下"劳动者"这一身份。然而，我们在下文将看到，成员国担心欧盟成员国国民来本国寻找工作将影响其社会救助体系，并且存在以所谓"福利旅游"（benefit tourism）形式滥用权利的风险，这种担忧再次浮现出来。

尽管如此，在许多案件中，在对相关活动的经济维度存在疑问的情况下，欧洲法院仍然对"劳动者"这一术语采用包容式的解读。由此，体育活动只要构成经济活动就属于欧盟法范围，尽管国家队的组成可能是纯粹的体育而非经济利益问题。㉘

现在有越来越多涉及具体适用诸如"真正和有效的工作"等标准的案件。在"劳里—布卢姆案"（*Lawrie-Blum*）㉙ 中，德国相关措施限制非本国国民进入预备服务阶段，但这是获得中学教师资格必不可少的条件，欧洲法院被询问这些措施的合法性。在回答该阶段的实习教师是否可认定为相关条约条款意义上的"劳动者"这一问题时，欧洲法院对该术语做了一种更详细的定义，由三个部分组成：

> 必须通过参考相关个人的权利与职责并且根据区分雇用关系的客观标准来界定这一概念。然而，雇用关系的基本特征是，"在某一段

㉖　Case 139/85 *Kempf v Staatssecretaris van Justitie* ［1986］ECR 1741.

㉗　Ibid ［14］.

㉘　Case 36/74 *Walrave* （n 6）；Case C – 415/93 *Bosman* （n 10）；Case 13/76 *Donà v Mantero* ［1976］ECR 1333.

㉙　Case 66/85 *Lawrie-Blum v Land Baden-Württemberg* ［1986］ECR 2121.

时期内，个人根据他人的指令，为其提供服务，以获取酬金作为回报"。[30]

欧洲法院裁定，实习教师符合作为"劳动者"的条件，因为在预备服务期间满足了这三个条件：她提供具有经济价值的服务，按照所涉学校的指令提供这种服务，并且得到一定酬金作为回报。[31] 出于与"莱文案"和"肯普夫案"中相同的原因，其获得的酬金低于全职教师的薪酬这一事实并不具有实质意义——真正有意义的是，这项工作具有真正的经济性质，而且它提供报酬。在"施泰曼案"（*Steymann*）中，欧洲法院将酬金（remuneration）概念以及与此相关的"经济活动"概念向前推进了一小步。

施泰曼诉荷兰司法国务秘书
Case 196/87 Steymann v Staatsecretaris van Justitie
[1988] ECR 6159

施泰曼是在荷兰生活的德国国民，曾做过短时间的水暖工。他后来加入奥修教（德国政府曾将其称为伪宗教。——译者），该教团为其成员提供物质所需。他全身投入该教团，包括从事水暖工作、一般家务劳动以及在该团体场所从事其他商业活动。他申请居住许可，以便以被雇用人员身份开展活动。其申请被拒绝，该案提请欧洲法院初步裁决。

欧洲法院

9. 一开始就必须注意，鉴于欧洲共同体的目标，只有在加入以宗

---

[30] Ibid [17]，加引号表示强调。

[31] See also Case C – 357/89 *Raulin v Minister van Onderwijs en Wetenschappen* [1992] ECR I – 1027；Case C – 3/90 *Bernini v Minister van Onderwijs en Wetenschappen* [1992] ECR I – 1071；Case C – 10/05 *Mattern and Cikotic* [2006] ECR I – 3145；Case C – 109/04 *Kranemann v Land-Rheinland West-falen* [2005] ECR I – 2421；Case C – 228/07 *Jörn Petersen v Landesgeschäftsstelle des Arbeitsmarktservice Niederösterreich* [2008] ECR I – 6989，[45]；Case C – 94/07 *Andrea Raccanelli* (n 10)；Case C – 232/09 *Dita Danosa v LKB Līzings SIA* [2010] ECR I – 11405，[39]；Case C – 143/16 *Bordonaro* EU：C：2017：566，[19].

教或另一种形式的哲学为基础的教团可以被认为属于条约第 2 条意义上的经济活动的前提下，加入该社团的行为才属于共同体法的适用范围。

......

11. 就本案所涉活动而言，从提交本法院的文件来看，这些活动包括在奥修教内部进行的以该教团名义从事的工作，而这些工作与该教团的商业活动有关。此类工作似乎在该教团的生活方式中发挥着相对重要的作用，而且只有在特定情况下，教团成员才可以不参加这些活动。作为回报，该教团为其成员提供物质所需，包括零用钱，无论他们所做工作的性质和强度如何。

12. 在其他一些与本案类似的提交成员国法院审理的案件中，不可能事先就排除如下可能性，即本案所涉教团成员从事的工作构成条约第 2 条（现《欧洲联盟条约》第 3 条，内容已发生实质性变化）意义上的经济活动。相关工作的目的是确保该教团实现某种程度的自给自足，只要这些工作构成加入该教团所必不可少的基本组成部分，那么，该教团向其成员提供的服务就可以视为对其成员的工作提供的间接"以物换物"（*quid pro quo*）。

该项工作在通常意义上可能被视为无偿工作这一事实，并不妨碍它是一项经济活动。斯泰曼向教团提供的是有价值的服务，因为否则的话这些服务就需要由其他人去履行，而且作为回报，他的物质需求得到了满足。

三 "劳动者"的定义：就业目的

一般规则是，在判定个人是否是"劳动者"时，其就业动机或目的并不重要。只要雇用是真正的而非边缘性的，那么它就属于第 45 条涵盖范围。然而，在有些案件中，欧洲法院考虑了雇用的目的。

在"贝特雷案"（*Bettray*）中，欧洲法院考虑了第 45 条是否适用于参加荷兰社会就业法框架下戒毒治疗项目的人员。[32] 该戒毒项目的目的是让那些暂时失去工作能力的人重新融入劳动力队伍。他们会被支付一定的报酬，而且按照有偿就业的正常条件得到相应待遇。欧洲法院一开始先

---

[32] Case 344/87 *Bettray v Staatssecretaris van Justitie* [1989] ECR 1621.

指出这项工作在监督下履行并获得报酬，而公共基金支付的报酬较低以及劳动者的生产效率低下这一事实本身并不能妨碍第 45 条的适用。然而，在"莱文案"判决中，欧洲法院称从事某项工作的原因与其真实性无关，与此不同，欧洲法院在"贝特雷案"中审查了从事这项工作的目的：

> 然而，如果根据《社会就业法》从事的工作仅构成相关个人戒毒或重新融入社会的方式，而且，有偿雇用根据每人身体和精神方面的可能性进行调整，其目的是使这些人或早或晚恢复普通就业能力，或者尽可能恢复正常生活能力，那么，这项工作就不能被视为一项有效和真正的经济活动。
>
> 此外，从申请初步裁决的法院令来看，根据《社会就业法》被雇用的个人，其选择依据并不是其从事某项活动的能力；而是相反，是根据即将从事相关活动的个人的能力来选择其从事的活动，其目的是维持、重建或者开发他们的工作能力。最后，相关活动是在由地方政府仅仅出于上述目的而创建的企业或工作协会的框架下进行的。[33]

从事某项工作的目的显然是该裁决的关键点。此工作的主要目的是让相关人员戒毒，并且找到与其能力相符的工作，而不是满足真正经济活动这一要求，这导致"贝特雷案"出现与前述"施泰曼案"不同的裁决。该案件遭到批评，因为确保受过良好培训的劳动群体的流动性似乎是条约目标的重要部分，而通过照顾性雇用使人们重返就业队伍也是其目标的一部分。此外，如果将"贝特雷案"裁决适用于为残疾人提供照顾性就业的情况，那么，大量残疾人就将被排除在欧盟法框架下"劳动者"这一范围。

然而，在"特罗亚尼案"（*Trojani*）中，一名法国国民在由比利时"救世军"负责的重新融入社会计划中工作，欧洲法院似乎将其与"贝特雷案"进行了区别对待，其理由是，由于"贝特雷案"中申请人有毒瘾，他显然无法在不定期间于正常条件下工作。

---

[33] Ibid［17］-［19］.

特罗亚尼诉布鲁塞尔公共社会救助中心
Case C – 456/02 Trojani v CPAS
[2004] ECR I – 7573

18. 在这方面，本法院曾裁定，如果活动仅构成相关个人戒毒或重新融入社会的一种方式，则不能被视作一种真实和真正的经济活动（*Bettray* 判决第 17 段）。

19. 然而，上述结论只能通过所涉案件的具体特征进行解释，本案涉及的个人因其毒瘾而依据成员国法被雇用，该成员国法旨在为那些在不定期内因与其状态相关的境况而无法在正常条件下工作的人员提供工作（在此意义上可参见 Case C – 1/97 *Birden* [1998] ECR I – 7747，第 30 段和第 31 段）。

20. 在本案中，从提交初步裁决的决定中可以看出，特罗亚尼先生在救世军的指令下为其从事多项工作，他每周大约工作 30 个小时，这是个人重新融入社会计划的一部分，作为回报，他获得实物补助以及一些零用钱。

21. 根据 1999 年 5 月 27 日《布鲁塞尔首都大区法语社区委员会关于向收容所给予批准和补贴的法令》（*Moniteur belge*，18 June 1999，p. 23101），救世军的任务是接受和提供食宿，并提供适合受援者的心理社会救助，以促进他们的自主性、身体健康并重新融入社会。为此目的，它必须与每个相关个人商定一项个人重新融入社会计划，其中规定拟实现的目标及为实现这些目标而采用的手段。

22. 成员国法院已经确定，救世军以实物和金钱形式提供给特罗亚尼先生的补助构成他根据该收容所指示并为其提供服务而获得的"对价"，成员国法院由此确定，存在着构成任何有偿雇用关系的基本要素，即从属关系和支付酬金。

23. 然而，如果主要诉讼中的原告想要获得劳动者身份，那么，成员国法院在评估属于其专属管辖权的事实时，必须确定所涉有偿活动是真实和真正的。

24. 特别是，成员国法院必须确定特罗亚尼先生实际提供的服务能否被视作普通劳动力市场的一部分。为此，可以考虑该收容所的地位和实践、重新融入社会计划的内容，以及服务的性质和细节。

因此，尽管欧洲法院留给成员国法院最终判定其就业是否真实和真正，但澄清重新融入社会是该就业的主要目的，这一事实本身并不会使其失去被认定为就业的资格。相反，关键因素是，这些服务是否"能够被视为普通劳动力市场的一部分"。

"布朗案"（Brown）的背景有所不同，欧洲法院考虑了就业背后的目的。㉞ 欧洲法院阐明，尽管个人在离职参加课程学习之前从事真正和有效的工作而应被视为第45条意义上的"劳动者"，但是，由于他从事该工作的目的纯粹是为了后来的课程学习做准备，而不是准备就业，这一事实意味着他不能主张欧盟法为劳动者提供的全部优待。布朗拥有双重国籍，在英国使用法国国籍。他在开始剑桥大学电气工程学位学习之前，曾在苏格兰一家公司工作了9个月，作为某种形式的"大学教育前行业培训"。欧洲法院裁定，尽管他曾是一名"劳动者"，因为他满足了"劳里—布卢姆案"中的三项条件，但他无权享受所有社会优待，在本案中是一项生活补助金，这项福利通常向劳动者开放。这是因为其就业仅仅是"附属于"拟参加的学习课程。该裁决可以看作欧洲法院对成员国担心某些人"滥用"自由流动的回应，因为有些人想获得特定成员国慷慨的教育项目。

在后面欧盟公民身份章节中，我们会看到欧洲法院在"比达尔案"（Bidar）㉟ 中改变了立场，该案涉及某个成员国国民前往另一成员国学习，是否有权申请生活补助金这一特定问题，而且在"LN 案"中再次得到肯定。㊱ 然而，"布朗案"在如下主张方面仍然是权威判例，即如果某欧盟成员国国民从事暂时工作纯粹是将其作为获得教育课程资格的一种方式，那么，他可能无权获得与欧盟法框架下完全"劳动者"一样的全部"社会优待"（social advantages）。

在"宁尼—奥拉舍案"（Ninni-Orasche）中，欧洲法院再次阐明"客观"因素的重要性，例如工作时间和报酬，而非动机和行为方式等主观性

㉞　Case 197/86 *Brown v Secretary of State for Scotland* [1988] ECR 3205.

㉟　Case C - 209/03 *Bidar v London Borough of Ealing* [2005] ECR I - 2119; Case C - 158/07 *Förster v Hoofddirectie van de Informatie Beheer Groep* [2008] ECR I - 8507.

㊱　Case C - 46/12 *LN v Styrelsen for Videregående Uddannelser og Uddannelsesstøtte* EU：C：2013：97，[48].

质的因素，而且，欧洲法院驳回了认为申请人为了获得劳动者身份而"滥用"欧盟权利的主张。[37]

宁尼—奥拉舍诉奥地利联邦科学、运输和艺术部长
Case C –413/01 Ninni-Orasche v Bundesminister
für Wissenschaft，Verkehr und Kunst
[2003] ECR I –13187

[《里斯本条约》重新编号，原第48条现
变更为《欧洲联盟运行条约》第45条]

欧洲法院

28. 应该指出，就评估就业是否能够赋予条约第48条意义上的劳动者身份而言，与相关个人在就业之前和之后的行为有关的因素对确定该条意义上的劳动者身份并不相关。此类因素与本判决第23段和第24段所引判例法中提到的客观标准没有任何关系。

29. 特别是，由成员国法院提请的三个因素，即所涉个人在入境东道国后仅从事了几年的服务员工作；在结束其短期就业之后不久，她就获得了文凭，可使她在该国的大学注册；她在该工作结束之后曾试图找一份新工作，这三项因素不仅与如下可能性无关，即主要诉讼中上诉人开展的活动是否可能具有附属性，也与该项活动的性质或雇用关系的性质无关。

30. 出于同样原因，本法院不能接受丹麦政府提出的如下观点，即为了评估某个受雇用人员从事的活动是否有效和真正，必须将就业时间长短与相关个人在东道国的总共居住时间联系起来考虑，而在主要诉讼中，当事人在东道国总共居住了两年半。

31. 最后，就以下观点而言，即成员国法院有义务根据案件背景，审查主要诉讼中的上诉人是否寻求以滥用权利的方式创设一种情形，在这种情形下，她能够主张《欧洲共同体条约》第48条意义上的劳

---

[37] Cases C –22 –23/08 *Vatsouras*（n 25）[29].

动者身份，其目的是获得与该身份有关的优待。对于这一观点，本法院只需说明，如果想要认定某人滥用共同体法律秩序中与劳动者自由流动有关的条款所赋予的权利，则其前提条件是，相关个人属于该条约的属人（*ratione personae*）范围，因为她满足了被归类为该条意义上的劳动者的条件。因此，是否滥用权利这一议题与第一个问题的答复无关。

我们在下文将看到，欧洲法院承认，为了判定是否给予或拒绝提供教育补助金，成员国法院有权调查申请人就业和离职纯粹只是为了在东道国获得教育机会。但是，这与她是否由于工作过一段时间而成为第45条意义上的劳动者这一问题并不相关。真正和有效的就业活动这一要求，"并不意味着享有（劳动者自由流动）权利要视申请进入东道国领土的另一成员国国民所寻求实现的目标而定，只要他正在从事或者希望从事有效和真正的就业活动"[38]。

四　"劳动者"的定义：求职者

前面讨论所涉及的是那些已经从事某种类型工作的人。另外一个重要议题是，第45条在多大程度上涵盖那些"正在寻找"工作的人。在"鲁瓦耶案"（*Royer*）中，欧洲法院提到了"寻找或从事某个职业"的权利。[39]该议题在"安东尼森案"（*Antonissen*）中得到直接处理，欧洲法院裁定，正在积极寻找工作的人不具有劳动者的完全身份，但仍属于第45条涵盖范围。

英女王代表安东尼森诉移民上诉法庭

Case C-292/89 R v Immigration Appeal Tribunal, ex parte Antonissen

[1991] ECR I-745

[《里斯本条约》重新编号，原第48条现
变更为《欧洲联盟运行条约》第45条]

安东尼森是比利时国民，1984年来到英国，曾尝试寻找工作未

---

[38]　Case C-46/12 *LN*（n 36）[47].

[39]　Case 48/75 *Royer* [1976] ECR 497，[31].

果。在他因毒品犯罪被监禁后，英国国务大臣决定将其驱逐出境。在其提出上诉后，该案被提请欧洲法院初步裁决，英国政府认为，只有拥有就业证明的共同体国民才有权在另一成员国获得居住权。

欧洲法院

9. 在这方面，有人认为，根据条约第48条的严格措辞，只有在共同体国民接受实际提供的就业机会时才被赋予在成员国领土内自由流动的权利（第48条第3款第1项和第2项），而在成员国领土居住的权利则限于就业这一目的（第48条第3款第3项）。

10. 这种解释将排除成员国国民为了寻找工作而在其他成员国领土上自由流动和居住的权利，因此不能得到支持。

......

12. 此外，对第48条第3款的严格解释将有损正在寻找工作的成员国国民在另一成员国找到工作的现实机会，从而导致该条款无效。

13. 因此，必须将第48条第3款解释为以一种非穷尽性的方式列举了在劳动者自由流动背景下使成员国国民受益的某些权利，而且，该项自由也包含成员国国民为寻找工作的目的而在其他成员国自由流动和居住的权利。

"安东尼森案"提出第45条涵盖的范围要比该条措辞本身所表达的含义更宽泛，这清楚地表明了欧洲法院的目的性解释方法。欧洲法院裁定，第45条的目的是确保劳动者自由流动，如果对其条款进行字面上的解释，就会妨碍这一目标的实现。如果成员国国民只有在获得了就业许可的情况下才可以流动到其他成员国，那么，能够参与流动的国民数量就会非常少，而且，很多本来可以在到达一个成员国之后再去求职并最终找到工作的劳动者就失去了这个机会。"安东尼森案"一个有意思的特征是，欧洲法院指出，第45条明确列举的权利是非穷尽性的。这一方式为欧洲法院创设了通过解释调整该条适用范围的权力。

尽管如此，欧洲法院清楚地认识到，寻找工作的欧盟成员国国民的身份与实际上已经被雇用的欧盟成员国国民的身份并不相同。成员国仍有权在合理期限结束后，将不可能找到工作的求职者驱逐出境，而无须援引第

45条第3款。此外，从未参与就业市场的个人可能无法获得补助，例如失业保险等。

这一点可见于"委员会诉比利时案"⑩ 和"勒邦案"（Lebon），欧洲法院裁定，那些流动到其他成员国寻找工作的人不能享有欧盟法框架下的劳动者所享有的"社会与税收优待"（social and tax advantages），特别是《第1612/68号条例》（现《第492/2011号条例》）第7条第2款保障的福利。⑪ 在"科林斯案"（Collins）中，欧洲法院肯定以下区分，即完全意义上的劳动者能够受益于该条例所有条款规定的涉及"社会优待"，以及与本国劳动者的平等国民待遇，而求职者尽管也被涵盖在第45条范围内，但他们仅能受益于该条例中调整获得就业权的条款。⑫ 但是，欧洲法院也偏离了"勒邦案"判决的严格意义。欧洲法院裁定，在依据欧盟公民身份进行解释时，第45条第2款之下获得就业的平等待遇权应包括与东道国的国民在同等条件下申请求职者补贴的权利，其前提条件是求职者与该国就业市场具有真正的联系。⑬

"科林斯案"裁决在"约安尼季斯案"（Ioannidis）和"普雷特案"（Prete）中得到肯定。欧洲法院裁定，在另一个成员国求职的欧盟成员国国民原则上有权获得"过渡津贴"，该津贴的特定目的是方便从教育向就业市场过渡。成员国要求申请者获得该津贴的条件是申请人在东道国完成中学教育，或者曾经在东道国学习过一段时间，欧洲法院裁定这些条件违反了第45条。⑭ 尽管成员国寻求原告与东道国劳动力市场之间具有真正联系这一要求是合理的，但是这项要求必须符合相称性。可以通过其他条件满足这项要求，例如，申请人曾经在东道国居住了几年并且曾经花费大量时间寻找工作，以及与东道国国民具有婚姻关系等。⑮

---

⑩ Case C – 278/94 *Commission v Belgium* ［1996］ECR I – 4307.

⑪ Case 316/85 *Lebon* ［1987］ECR 281. Compare Case C – 57/96 *Meints v Minister van Landbouw* ［1997］ECR I – 6689.

⑫ Case C – 138/02 *Collins* （n 24）［30］–［33］. See also Cases C – 22/08 and 23/08 *Vatsouras and Koupatantze* ［2009］ECR I – 4585.

⑬ Ibid ［54］–［73］. 第二十四章将讨论与欧盟公民身份有关的案件。

⑭ Case C – 258/04 *Office national de l'emploi v Ioannidis* ［2005］ECR I – 8275 （涉及中学教育要求）；C – 367/11 *Déborah Prete* EU：C：2012：668 （涉及要求在东道国完成6年学习）。

⑮ Case C – 367/11 *Prete* （n 44）.

五　保护范围：新成员国

上文所界定的"劳动者"拥有依照第 45 条自由流动的权利。然而，在 2004 年 10 个中东欧国家加入欧盟时，这一权利被施加了限定条件。欧盟在接纳新成员国的同时却没有赋予其立刻享有四大基本自由中的一项权利，这是史无前例的。对于新成员国劳动者的自由流动，欧盟引入了一个（三阶段）过渡机制，原成员国可选择推迟完全赋予这些国家的劳动者以自由流动权的时间，但最长为 7 年。⑯ 尽管这项安排的目的是缓解原成员国对于新的移民劳动者可能大量涌入其劳动力市场的担心，但却在事实上导致了"二等"成员国地位的产生，尽管是临时的，但遭到了来自新成员国和其他一些评论人士的批评，这是可以理解的。⑰ 2011 年 4 月 30 日，涉及 2004 年欧盟扩大的该过渡机制结束。保加利亚和罗马尼亚于 2007 年加入欧盟，适用于这两国的过渡机制于 2013 年 12 月 31 日结束。2013 年 7 月 1 日克罗地亚加入欧盟，其过渡机制已于 2020 年 6 月 30 日结束。

第四节　第45条：歧视、市场准入与正当理由

很显然，基于国籍的直接歧视规则属于第 45 条禁止范围。⑱ 同样清楚的是，间接歧视以及对市场准入的妨碍，后者甚至不取决于具有不平等影响⑲，也可能导致违反第 45 条。⑳ 然而，只有在两个以相关方式具有可比性的群体受到不同待遇，或者在不具有可比性的两个群体受到相同待遇的情况下，才会被认定存在直接或间接歧视。㉑

---

⑯　http：//ec. europa. eu/social/main. jsp? catId =466&langId = en.

⑰　V Mitsilegas，'Free Movement of Workers，Citizenship and Enlargement：The Situation in the UK'［2009］Jnl of Immigration，Asylum and Nationality Law 223.

⑱　See，eg，Case C – 55/00 *Gottardo v INPS*［2002］ECR I –413.

⑲　Case C –415/93 *Bosman*（n 10）.

⑳　A Castro Oliveira，'Workers and Other Persons：Step-by-Step from Movement to Citizenship'（2002）39 CMLRev 77.

㉑　Case C – 391/97 *Gschwind v Finanzamt Aachen-Aussenstadt*［1999］ECR I –5451，［21］；Case C – 356/98 *Kaba v Home Secretary*［2000］ECR I –2623；S Peers，'Dazed and Confused：Family Members' Residence Rights and the Court of Justice'（2001）26 ELRev 76.

一 直接歧视

在委员会对法国提起的一项诉讼中，法国没有废除《法国海事法典》中的如下条款，这些条款要求船员应有一定比例具有法国国籍。欧洲法院裁定，第45条"在每个成员国的法律体系中均直接适用"，因此，所有与其不符的成员国法都不可适用。[52] 此外，在任何公共机构造成歧视的情况下，包括公立高等院校在内，都可认定该成员国违反了第45条。[53]

尽管涉及基于国籍的直接歧视案件并不常见，但此类案件确实存在，而且说明其具有正当理由的负担很重。[54] 在"席贝尔案"（Schiebel）中，奥地利规定，授权某个公司从事军事武器和弹药交易的前提条件是公司管理合伙人必须持有奥地利国籍，并寻求以国家安全作为该项规定的正当理由。[55] 奥地利援引《欧洲联盟运行条约》第346条第1款第2项，该条款规定，条约并不排除任何成员国有权采取其认为是保证其根本安全利益所必不可少的措施。然而，欧洲法院驳回了这一观点，其根据是奥地利政府既没有证明国籍条件是保护奥地利根本安全所必不可少的方式，也没有表明这是为实现该目的所采取的一种符合相称性的方式。

二 间接歧视

第45条也禁止间接歧视，因此，如果本国劳动者比非本国劳动者更容易满足某项补助所要求的条件，那么，该条件就很有可能属于条约禁止范围。欧洲法院已经放宽了关于间接歧视的举证要求，它在"奥弗林案"（O'Flynn）中裁定，要确定间接歧视，不必证明某项成员国措施在实践中影响了更多高比例的外国劳动者，而只需证明该措施"本质上可能"对移

---

[52] Case 167/73 *Commission v French Republic* [1974] ECR 359；Case C – 185/96 *Commission v Hellenic Republic* [1998] ECR I – 6601；Case C – 94/08 *Commission v Spain* [2008] ECR I – 160；Case C – 318/05 *Commission v Germany* [2007] ECR I – 6957；Case C – 460/08 *Commission v Greece* [2009] ECR I – 216.

[53] 例如，意大利高等院校在外语教师待遇方面的名声很差，参见 Case C – 212/99 *Commission v Italy* [2001] ECR I – 4923；Case C – 119/04 *Commission v Italy* [2006] ECR I – 6885.

[54] See, eg, Case C – 155/09 *Commission v Greece* EU：C：2011：22；Case C – 415/93 *Bosman* (n 10)；Case C – 265/03 *Simutenkov v Ministerio de Educación y Cultura* [2005] ECR I – 2579；Case 13/76 *Donà* (n 28)；Case C – 228/07 *Jörn Petersen* (n 31).

[55] Case C – 474/12, *Schiebel Aircraft GmbH* EU：C：2014：2139.

民劳动者造成比本国国民更大的影响。⑤ 欧洲法院通常交由成员国法院根据案件事实判断是否存在间接歧视性影响。⑤

　　有一类常见的间接歧视是，某些补助在法律上或事实上以居所、来源地要求，或者受教育所在地要求作为前提条件，相较而言，本国国民比非本国国民更容易满足这些要求。⑤ 在"乌廖拉案"（*Ugliola*）中，在德国工作的一名意大利劳动者对一项德国法律提出质疑。该法律保障劳动者的就业安全，规定在计算就业时间时应包括服兵役的时间。⑤ 所涉法律仅适用于那些在德国联邦国防军服过兵役的人，尽管与劳动者的国籍无关。欧洲法院强调，除第45条第3款以外，该条不允许对平等待遇原则施加任何限制。在该案中，德国通过"间接引入仅对本国国民有利的歧视"，造成了一种不正当的限制，因为能够满足在德国联邦国防军服役这一要求的本国国民数量显然远远大于非本国国民。⑥

　　在"索特朱案"（*Sotgiu*）中，德国邮政局提高了支付给在德国境内那些不在居住地工作的劳动者的家庭分离津贴，但不包括最初从事这项工作时居住地在国外的劳动者，无论其国籍为何，欧洲法院裁定这违反了条约。⑥ 在"委员会诉比利时案"⑥ 中，拥有比利时国籍的劳动者比来自其他成员国的劳动者更容易满足一项退休养老金基数体系，被认定为间接歧

---

⑤　Case C – 237/94 *O'Flynn v Adjudication Officer*［1996］ECR I – 2617；Case C – 278/94 *Commission v Belgium*［1996］ECR I – 4307；Case C – 496/15 *Eschenbrenner v Bundesagentur für Arbeit* EU：C：2017：152，［35］–［36］；Case C – 437/17 *EurothermenResort* EU：C：2019：193，［18］–［19］；Case C – 24/17 *Österreichischer Gewerkschaftsbund, Gewerkschaft Öffentlicher Dienst v Republik Österreich* EU：C：2019：373，［70］–［71］.

⑤　Cases C – 611 and 612/10 *Hudziński & Wawrzyniak* EU：C：2012：339；Case C – 589/10 *Wencel* EU：C：2011：303.

⑤　Case C – 355/98 *Commission v Belgium*［2000］ECR I – 1221；Case C – 350/96 *Clean Car*（n 20）；Case C – 276/07 *Delay v Università degli studi di Firenze, IPNS*［2008］ECR I – 3635；Case C – 258/04 *Ioannidis*（n 44）；Case C – 367/11 *Prete*（n 44）；Case C – 461/11 *Radziejewski* EU：C：2013：704.

⑤　Case 15/69 *Württembergische Milchverwertung-Südmilch-AG v Salvatore Ugliola*［1970］ECR 363.

⑥　Case C – 419/92 *Scholz v Universitaria di Cagliari*［1994］ECR I – 505；Case C – 15/96 *Kalliope Schöning-Kougebetopoulou v Freie und Hansestadt Hamburg*［1998］ECR I – 47；Case C – 187/96 *Commission v Hellenic Republic*［1998］ECR I – 1095；Case C – 278/03 *Commission v Italy*［2005］ECR I – 3747；Case C – 369/07 *Commission v Germany*［2009］ECR I – 7811.

⑥　Case 152/73 *Sotgiu v Deutsche Bundespost*［1974］ECR 153；Case C – 514/12 *Zentralbetriebsrat der gemeinnützigen Salzburger Landeskliniken Betriebs GmbH* EU：C：2013：799.

⑥　Case 35/97 *Commission v Belgium*［1998］ECR I – 5325.

视，因此属于第45条禁止范围。在"聚尔斯特拉森案"（*Zurstrassen*）[63]中，成员国规则规定，对配偶进行合并课税评估取决于双方都在该国领土上居住，欧洲法院裁定这些规则违反了第45条。[64] 如果对在其他成员国居住的个人的差别税待遇不是以相关个人或者他们应税财产的不同相关情况为依据，那么，该项待遇就会被认定违反了条约规则。[65] 但是，在很多情况下可能影响自由流动的成员国税收规则被视为符合第45条。[66] 如果存在"双重负担"的规制要求，即不承认在母国已经获得的适当资格或认证，欧洲法院也会认定为间接歧视。[67]

最后，对于某些职位施加语言这一要求可能构成某种形式的间接歧视，因为受其影响的非本国国民比例很可能远远高于本国国民。[68] 然而，这种要求也可能是合法的，因此《第492/2011号条例》第3条第1款允许施加"与语言知识有关的条件，这些条件应出于满足职位性质方面的原因"。欧洲法院在"格勒纳案"（*Groener*）[69] 中考虑了这项例外的适用范围。在该案中，一名荷兰国民在爱尔兰担任兼职艺术教师，因她未通过爱尔兰语口试而被拒绝给予她原本被选中的全职艺术教师职位。欧洲法院裁定，尽管教学很可能要完全使用英语，但是考虑到爱尔兰政府促进爱尔兰语应用的政策，并将其作为表达民族身份的一种方式，因此，只要不违反相称性原则，就有可能属于上述条例第3条第1款允许的例外。

然而，在"拉斯案"（*Las*）中，欧洲法院裁定，要求在弗拉芒大区缔结的雇用合同应用荷兰语书写这一要求构成了对劳动者自由流动的限制，

---

[63] Case C–87/99 *Zurstrassen v Administration des Contributions Directes* [2000] ECR I–3337.

[64] See also Case C–169/03 *Wallentin v Riksskatteverket* [2004] ECR I–6443；Case C–400/02 *Merida v Bundesrepublik Deutschland* [2004] ECR I–8471；Case C–152/03 *Ritter-Coulais v Finanzamt Germersheim* [2006] ECR I–1711；Case C–329/05 *Finanzamt Dinslaken v Gerold Meindl* [2007] ECR I–1107；Case C–155/09 *Commission v Greece* [2011] ECR I–65.

[65] See, eg, Case C–240/10 *Schulz-Delzers* EU：C：2011：591；Case C–269/09 *Commission v Spain* EU：C：2012：439；Case C–39/10 *Commission v Estonia* EU：C：2012：282.

[66] See, eg, Case C–9/14 *Kieback* EU：C：2015：406；Case C–602/17 *Sauvage and Lejeune v État belge* EU：C：2018：856.

[67] Case C–171/02 *Commission v Portugal* [2004] ECR I–5645.

[68] Cases C–259 and 331–332/91 *Allué and Coonan* [1993] ECR I–4309；Case C–124/94 *Commission v Greece* [1995] ECR I–1457；Case C–90/96 *Petrie v Università degli studi di Verona and Camilla Bettoni* [1997] ECR I–6527；Case C–317/14 *Commission v Belgium* EU：C：2015：63.

[69] Case 379/87 *Groener v Minister for Education* [1989] ECR 3967；Case C–317/14 *European Commission v Belgium* EU：C：2015：63.

这是不被允许的。^⑦这是因为尽管存在比利时政府的合法目标，其中包括促进使用本国一种官方语言，以及对雇员提供社会保护，但是，该项措施对那些不操荷兰语的劳动者和雇主构成了障碍。由此，它对合同当事方之间自愿和知情权的基础构成不成比例的阻碍。^⑦

但是，欧洲法院在"埃茨贝格尔案"（*Erzberger*）^⑦和"齐拉案"（*Zyla*）^⑦中强调，《欧洲联盟条约》第 45 条不能保证劳动者流动至本国以外的其他成员国在社会保障方面是"中立"的。这是因为成员国社会保障制度和立法之间的差异意味着，这种流动可能对相关个人在这方面导致或多或少的优势。

三 妨碍就业市场准入

有一段时间并不太清楚第 45 条是否适用于那些尽管限制了欧盟劳动者自由流动，但并不存在基于国籍的直接歧视或间接歧视的成员国措施。这一核心议题涉及全部四项"自由"，而且欧洲法院在各类案件中均裁定，即使限制性措施完全不存在歧视，但如果构成了对自由流动的过度妨碍，仍有可能违反条约。因此，第 45 条排除任何可能阻碍或降低欧盟成员国国民行使自由流动权的措施，即使该措施不是基于国籍的歧视性措施。^⑦

著名的"博斯曼案"首次在劳动者自由流动背景下面对该议题。在该案中，欧洲法院认定，成员国足球协会和跨国足球协会形成的转会制度违反了第 45 条。^⑦该转会制度要求，如果一家足球俱乐部寻求雇用与另一俱乐部的合同已经到期的球员，需要向该俱乐部支付转会费（往往数额庞

---

⑦ Case C - 202/11 *Las* v *PSA Antwerp* EU：C：2013：239. See also Case C - 317/14 *Commission v Belgium* EU：C：2015：63.

⑦ E Cloots, 'Respecting Linguistic Identity within the EU's Internal Market：*Las*'（2014）51 CMLRev 623；I Urruti, 'Approach of the European Court of Justice on the Accommodation of the European Language Diversity in the Internal Market：Overcoming Language Barriers or Fostering Linguistic Diversity?'（2011 - 12）18 CJEL 243.

⑦ Case C - 566/15 *Erzberger* EU：C：2017：562,［34］.

⑦ Case C - 272/17 *Zyla* EU：C：2019：49,［45］.

⑦ See case law（n 77）.

⑦ Case C - 415/93 *Bosman*（n 10）［98］-［103］，但也可以参见早期案件中的一些建议，参见 Cases 321/87 *Commission v Belgium*［1989］ECR 997,［15］；Case C - 176/96 *Lehtonen v FRBSB*［2000］ECR I - 2681；Case C - 325/08 *Olympique Lyonnais SASP v Olivier Bernard and Newcastle UFC*［2010］ECR I - 2177,［27］-［37］.

大）。博斯曼曾受雇于一家比利时足球俱乐部，他后来实际上被阻止受雇于一家法国俱乐部。尽管该转会制度对在一个成员国内部不同俱乐部之间转会以及在不同国家之间流动的球员平等适用，并且球员国籍完全无关紧要，但这些事实不能避免该转会制度被裁定违反第 45 条。欧洲法院在"博斯曼案"中指出：

> 103. 值得注意的是，尽管主要诉讼中所涉争议规则也适用于同一个成员国内属于不同国内协会的俱乐部之间转会，而且与规制同属一个国内协会的俱乐部之间转会规则相似，但是它们仍然直接影响到球员进入其他成员国就业市场，因此能够妨碍劳动者的自由流动。由此，不能认为它们与"凯克和米图阿尔案"（*Keck and Mithouard*）中关于商品销售安排的规则具有可比性，该案这些规则被裁定不属于条约第 30 条（现为《欧洲联盟运行条约》第 34 条）的适用范围（关于提供服务的自由，还可参见 Case C–384/93 *Alpine Investments* v. *Minister van Financiën* [1995] ECR I–1141，第 36—38 段）。

欧洲法院裁定该转会规则违反了第 45 条，因为不存在任何具有足够说服力的公共利益作为其正当理由。即使不存在任何歧视，存在着劳动者从一个成员国到另一个成员国就业的准入阻碍，就与第 45 条不一致。[76]

"博斯曼案"确定的原则被反复适用于后来的案件之中。[77] 在"特尔胡弗案"（*Terhoever*）中，欧洲法院裁定，涉及支付社会保障缴款问题的这类成员国法，如果有可能阻止成员国国民为了行使其自由流动权而离开其来

---

[76] L Daniele, 'Non-Discriminatory Restrictions to the Free Movement of Persons' (1997) 22 ELRev 191.

[77] Case C–385/00 *De Groot v Staatssecretaris van Financiën* [2002] ECR I–11819; Case C–209/01 *Schilling and Fleck-Schilling v Finanzamt Nürnberg-Süd* [2003] ECR I–13389; Case C–137/04 *Rockler v Försäkringskassan* [2006] ECR I–1441; Case C–345/05 *Commission v Portugal* [2006] ECR I–10633; Case C–40/05 *Lyyski v Umeå Universitet* [2007] ECR I–99; Case C–212/06 *Government of Communauté française and Gouvernement wallon v Gouvernement flamand* [2008] ECR I–1683; Case C–325/08 *Olympique Lyonnais* (n 75); Case C–514/12 *Zentralbetriebsrat der gemeinnützigen Salzburger Landeskliniken Betriebs GmbH* EU：C：2013：799; Case C–317/14 *Commission v Belgium* EU：C：2015：63, [23]; Case C–466/15 *Adrien* EU：C：2016：749, [26]; Case C–272/17 *Zyla* (n 73) [22]–[24].

源国，就构成了对该项自由的障碍，即使它们的适用并不考虑所涉劳动者的国籍。⑦ 在"委员会诉丹麦案"⑦ 以及"范伦特案"（*Van Lent*）⑧ 中，成员国规则禁止其住所在某个特定国家的劳动者使用在另一个国家注册的汽车，欧洲法院予以反对，其依据是这些规则可能妨碍劳动者行使自由流动权，或者可能妨碍其在不同国家获得就业。⑧ 在"费德施皮尔案"（*Federspiel*）中，成员国立法规定，支付助学金以资助在另一个成员国进行专科医生培训的条件是受助医生在完成专业培训后须在本国执业一段时间，或者偿还70%的助学金，欧洲法院认为该立法可能会阻碍医生行使其自由流动的权利。⑧

　　妨碍市场准入的非歧视性规定也可能违反条约，这一事实引发了对第45条外部边界的担忧，正如对有关货物自由流动的第34条一样。在"格拉夫案"（*Graf*）中，成员国立法规定，如果劳动者为了在其他地方就业而自愿终止就业，那么就无法获得对就业终止的补偿，申请者主张该规则违反了第45条。⑧ 欧洲法院重申了"博斯曼案"与市场准入有关的原则，但裁定受质疑的立法并没有违反该原则。获得补偿的权利并不取决于劳动者选择是否继续为现雇主工作。相反，这取决于未来的假设事件，即合同后来终止并非由雇员主动提出。该事件"过于不确定和间接"，因此相关立法有可能不被认为违反第45条。⑧

　　同样，在"魏格尔案"（*Weigel*）中，欧洲法院裁定，对从一个成员国流动到另一成员国工作的个人面临不利的税收结果并未违反第45条，即使这有可能阻止该劳动者行使其自由流动权，因为这并没有使该个人比那些

---

⑦　Case C‑18/95 *FC Terhoeve v Inspecteur van de Belastingdienst Particulieren/Ondernemen Buitenland* [1999] ECR I‑345, [39]. See also Case C‑544/11 *Petersen* EU：C：2013：124, [36].

⑦　Case C‑464/02 *Commission v Denmark* [2005] ECR I‑7929.

⑧　Case C‑232/01 *Van Lent* [2003] ECR I‑11525；Cases C‑151‑152/04 *Nadin and Durre* [2005] ECR I‑11203；Case C‑420/15 *Criminal proceedings against U* EU：C：2017：408, [20]‑[22].

⑧　See also Case C‑379/09 *Maurits Casteels* EU：C：2011：131, [22]‑[23].

⑧　Case C‑419/16 *Federspiel v Provincia autonoma di Bolzano and Equitalia Nord SpA* EU：C：2017：997.

⑧　Case C‑190/98 *Volker Graf v Filzmoser Mashinenbau GmbH* [2000] ECR I‑493.

⑧　Ibid [24]‑[25], CJEU's judgment. See MS Jansson and H Kalimo,' *De Minimis* Meets "Market Access"：Case Transformations in the Substance—and the Syntax—of EU Free Movement Law?' (2014) 51 CMLRev 523.

已经在该国居住且受同样税收约束的人处于更不利的地位。⑧ 在不存在歧视的情况下，潜在的阻碍效果这一点本身并不足以认定违反了第45条。在"耶尔特斯案"（*Jeltes*）中，尽管先前就业所在成员国法律提供的救济金与居住地国法律提供的救济金之间存在着差异，但并不能认定这种差异构成了对劳动者自由流动的限制，相反，这只是由于在该议题方面不存在欧盟法的调和而导致的结果。⑧⑥

四　内国情形

第45条并不适用于一种所谓的"完全内国"（wholly internal）情形。这种情况有时候也被称作"反向歧视"，因为其产生的效果往往是，本国劳动者无法在本国主张其他成员国国民的劳动者可在该国主张的某些权利。在"桑德斯案"（*Saunders*）中，欧洲法院裁定，因为不存在将被告"与共同体法涵盖的任何情况的联结因素"，因此，她不能以第45条为依据，对一项事实上不允许其进入本国部分领土的命令提出异议。⑧⑦

曾经有人试图以《欧洲联盟运行条约》第21条赋予欧盟公民的自由流动权为依据，规避由这种"内国情形"所造成的无法适用第45条的情况，其理由是欧盟公民的自由流动权超越于欧盟劳动者的自由流动权之上，但到目前为止，此类诉讼还没有在欧洲法院获胜过。⑧⑧ 如下文所示，在劳动者及其家庭的权利这一背景下，欧洲法院采取的这种"内国情形"方式导致了一些令人不满的结果。⑧⑨

---

⑧⑤　C – 387/01 *Weigel v Finanzlandesdirektion für Vorarlberg* ［2004］ECR I – 4981，［50］– ［55］.

⑧⑥　Case C – 443/11 *Jeltes* EU：C：2013：224；Case C – 233/12 *Gardella* EU：C：2013：449，［33］– ［35］.

⑧⑦　Case 175/78 *R v Saunders* ［1979］ECR 1129；Case 298/84 *Pavlo Iorio v Azienda Autonomo delle Ferrovie dello Stato* ［1986］ECR 247；Cases C – 225 – 227/95 *Kapasakalis，Skiathis and Kougiagkas v Greece* ［1998］ECR I – 4329；Case C – 127/08 *Metock and Others v Minister for Justice，Equality and Law Reform* ［2008］ECR I – 6241；Case C – 212/06 *Government of Communauté française* （n 77）；Case C – 566/15 *Erzberger* EU：C：2017：562，［28］.

⑧⑧　Cases C – 64 and 65/96 *Uecker and Jacquet v Land Nordrhein-Westfalen* ［1997］ECR I – 3171；Case C – 299/95 *Kremzow v Austria* ［1997］ECR I – 2629；Case 180/83 *Moser v Land Baden-Württemberg* ［1984］ECR 2539. Compare Case C – 148/02 *Garcia Avello* ［2003］ECR I – 11613 （进一步讨论见第二十四章）；Case C – 34/09 *Ruiz Zambrano* ［2011］ECR I – 1177.

⑧⑨　See，eg，Cases 35 and 36/82 *Morson and Jhanjan v Netherlands* ［1982］ECR 3723.

尽管如此，诸如"特尔胡弗案"（*Terhoever*）⑨ 和"德赫罗特案"（*De Groot*）⑨ 表明，如果某个劳动者已经在另一成员国就业或居住，那么他就可以依据第45条起诉自己的国家，因为这种情形不再具有"完全内国"性质。有此类情况的劳动者可在返回本国工作之后，主张自己在诸如社会保障缴费或税收等问题上受到了歧视。此外，欧洲法院在"罗克勒案"（*Rockler*）⑨ 和"*DW* 案"⑨ 等案件中一再强调，第45条涵盖了阻碍个人离开本国到另一个成员国就业的规定。欧洲法院在"布鲁亚尔案"（*Brouillard*）中还澄清，从另一成员国获得资格认定的个人在本国使用该证书求职时不得受到歧视。⑨

五 客观理由

可以使间接歧视合法化的可能理由有很多，而且并不限于条约或二级立法中所列举的例外情况。⑨ 这一点在涉及明显歧视性的税收待遇问题的判例法中得到了清楚阐释。在"舒马克案"（*Schumacker*）中，在特定成员国工作但不在该国居住的欧盟成员国国民不能受益于个人税收补贴，欧洲法院裁定，此类以劳动者的居住地为依据的间接歧视可能具有正当理由，因为在来自其他成员国的劳动者与在该成员国居住的劳动者这二者的职位之间存在着重要差别。⑨ 然而，尽管差别税收规则可以通过这种理由合法化⑨，但在很多案件中，欧洲法院反对以税收体系的一致性，或者以需要

---

⑨ Case C – 18/95 *Terhoeve* (n 78).

⑨ Case C – 385/00 *De Groot* (n 77).

⑨ Case C – 137/04 *Rockler* (n 77) [18].

⑨ Case C – 651/16 *DW* EU：C：2018：162，[22]. See also Case C – 515/14 *European Commission v Cyprus* EU：C：2016：30，[42].

⑨ Case C – 298/14 *Brouillard v Jury du concours de recrutement de référendaires près la Cour de cassation et État belge* EU：C：2015：652.

⑨ Case 152/73 *Sotgiu* (n 61)；Case C – 237/94 *O'Flynn* (n 56)；Case C – 176/96 *Lehtonen* (n 75) [51] – [60]；Case C – 222/07 *UTECA* [2009] ECR I – 1407.

⑨ Case C – 279/93 *Finanzamt Köln-Altstadt v Roland Schumacker* [1995] ECR I – 225；F Vanistendael, 'The Consequences of *Schumacker* and *Wielockx*：Two Steps Forward in the Tax Procession of *Echternach*' (1996) 33 CMLRev 255；E Ros, 'EU Citizenship and Taxation："Is the European Court of Justice Moving towards a Citizen's Europe?" ' (2014) 23 EC Tax Review 43.

⑨ Case C – 300/90 *Commission v Belgium* [1992] ECR I – 305；Case C – 204/90 *Bachmann v Belgium* [1992] ECR I – 249.

监督税收或防止逃税作为充分的正当理由。[98]

欧洲法院严格审查将对限制性措施合法化的主张。它要求提交能够支持此类合理理论的证据[99]，而且需要表明在有争议的措施和所主张的正当理由之间存在真正的联系。[100] 在"特尔胡弗案"[101] 中，劳动者为了就业，在一年内将其居所从一个成员国转移到另一个成员国，他因此被征收了更重的社会保障费用，问题是这是否正当。欧洲法院驳回了以有必要简化和协调此类费用征收体系作为依据的理由，同样驳回了认为技术方面存在的困难导致无法采用其他缴费方法的理由。[102] 在"罗克勒案"中，以假设对成员国社会保障体系造成财政负担这一理由为依据的主张也被驳回，因为以纯粹的经济理由为基础的主张不可接受，而且也不符合相称性原则。[103]

以下案件摘录很好地说明了欧洲法院在评估这类正当化理由时所采用的严格立场。

奥林匹克里昂俱乐部诉奥利弗·伯纳德和纽卡斯特勒足球俱乐部

Case C‑325/08 Olympique Lyonnais SASP v

Olivier Bernard and Newcastle UFC

[2010] ECR I‑2177

该案涉及质疑某项规则，该规则规定，在某个特定俱乐部接受训

---

[98]　Case C‑385/00 *De Groot* (n 77)；Case C‑169/03 *Wallentin v Riksskatteverket* [2004] ECR I‑6443；Case C‑52/03 *Ritter-Coulais* (n 64)；Case C‑150/04 *Commission v Denmark* [2007] ECR I‑1163；Case C‑544/11 *Petersen* EU：C：2013：124.

[99]　See, eg, Case C‑73/08 *Bressol v Gouvernement de la Communauté française* [2010] ECR I‑2735；Cases C‑611 and 612/10 *Hudziński & Wawrzyniak* EU：C：2012：339；Case C‑379/09 *Maurits Casteels* EU：C：2011：131；Case C‑174/18 *Jean Jacob and Dominique Lennertz v État belge* EU：C：2019：205；Case C‑35/19 *BU* EU：C：2019：894，[37]；N Nic Shuibhne and M Maci, 'Proving Public Interest：The Growing Impact of Evidence in Free Movement Case Law' (2013) 50 CMLRev 965.

[100]　See, eg, Cases C‑197 and 203/11 *Libert & All Projects & Developments NV* EU：C：2013：288；Case C‑238/15 *Verruga* EU：C：2016：949；Case C‑419/16 *Federspiel* (n 82)；Case C‑410/18 *Aubriet* EU：C：2019：582.

[101]　Case C‑18/95 *Terhoeve* (n 78) [43]‑[47].

[102]　See also Case C‑544/11 *Petersen* EU：C：2013：124.

[103]　Case C‑137/04 *Rockler* (n 77)；Case C‑514/12 *Zentralbetriebsrat der gemeinnützigen Salzburger Landeskliniken Betriebs GmbH* EU：C：2013：799，[42]‑[43].

练的青年足球运动员，如果与另一俱乐部签署了合约，就必须支付赔偿。欧洲法院裁定，这项规定落入第45条范围，它接下来考虑这项规则是否仍然可以获得正当理由。

欧洲法院

39. 就职业体育运动而言，本法院曾裁定，鉴于体育活动特别是足球在欧盟具有重要的社会意义，因此，鼓励招募和培训年轻运动员这项目标必须被认定为合法（见 *Bosman* 判决第106段）。

……

41. 在这方面，正如本法院曾裁定的，必须承认，收取培训费很可能会鼓励足球俱乐部寻找新的人才，并培训年轻球员（见 *Bosman* 判决第108段）。

42. 鉴于足球培训这项投资本身的性质，提供培训的俱乐部在投资回报方面具有不确定性，因为俱乐部承担由它们招募和培训的所有年轻球员的费用，培训有时需花费数年时间，但只有一部分球员在完成培训后能够成为职业球员，他们可能在受培训的这家俱乐部，也可能在其他俱乐部从事职业运动（在此意义上，可见 *Bosman* 判决第109段）。

……

44. 在上述情况下，如果在某个俱乐部接受培训的球员在培训结束后与其他俱乐部签署了职业合同，而提供培训的俱乐部无法获得与其为培训该球员所支出费用相当的赔偿，那么，就阻止了提供培训的俱乐部投资培训年轻球员。……

45. 由此，如果一名年轻球员在培训结束后与另一家俱乐部而不是与对其提供培训的俱乐部签署职业合同，那么，支持补偿培训费用的方案在原则上是合理的，因为其目的是鼓励招募和培训年轻球员。然而，此类补偿方案必须在事实上能够实现上述目的，而且该目标必须符合相称性，既要合理考虑俱乐部为培训未来的职业球员所投入的费用，也要考虑为培训那些永远也不会成为职业球员的人投入的培训费用（在此意义上，可见 *Bosman* 判决第109段）。

46. 从本判决第4段和第6段可以明显看出，主要诉讼中的有争议方案具有如下特征，即支付给提供培训的俱乐部的费用不是对培训的补偿，而是对相关球员违反其合同义务的损害赔偿，而且赔偿金额与俱乐部实际支出的训练成本无关。

47. ……在计算相关损害赔偿金额时，与提供培训的俱乐部支出的培训成本无关，而是与该俱乐部遭受的全部损失有关。

48. 在上述情况下，获得此类损害赔偿的可能性超出了为鼓励招募和培训年轻球员，并为此类活动提供资助所必不可少的程度。

……

50. 按照主要诉讼中的有争议方案，在培训结束后与另一成员国的俱乐部签署了职业合同的苗子球员，有责任支付损害赔偿，其计算方式与培训的实际成本无关，因此，该方案并不是为了确保实现上述目标所必不可少的。

第五节　第 45 条第 4 款：公共服务例外

欧洲法院对"劳动者"定义采取了扩张性解释方式。相反，欧洲法院对于第 45 条第 4 款中的限制性条款，即规定第 45 条不适用于"公共服务部门的就业"（employment in the public service）的条款，则一直相应地采用限制性解释。欧洲法院曾经阐明，它希望确保此项例外条款的适用范围不超出为实现将该条款纳入条约的目的所必不可少的程度。[104] 关于此项公共服务例外条款适用范围的辩论一直十分激烈，曼奇尼（Mancini）认为，其原因在于"普遍观点认为，公共服务的运行是一种对国家完全主权的行使"[105]。

一　由欧洲法院决定含义

欧洲法院在"索特朱案"（*Sotgiu*）中继续沿用它对第 45 条包含的相关条款拥有"垄断解释权"，并清楚地阐明，是欧洲法院而不是成员国有权认定哪些因素构成"公共服务部门的就业"[106]：

---

[104]　Case C－190/98 *Volker Graf v Filzmoser Mashinenbau GmbH*［2000］ECR I－493.

[105]　Mancini（n 18）77.

[106]　Case 152/73 *Sotgiu*（n 69）［5］；Case C－20/16 *Bechtel* EU：C：2017：488，［34］.

有必要进一步确定，是否可以通过确定雇员与作为雇主的行政机构之间的法律关系，决定第48条第4款（现《欧洲联盟运行条约》第45条第4款）所规定的例外情形的适用范围。

在对所提规定没有做出任何区分的情况下，无论劳动者（worker）是以工人（workman/*ouvrier*）、职员（clerk/*employé*）还是官员（official/*fonctionnaire*）身份被雇用，甚至无论他被雇用的条件是根据公法还是私法，这些都无关紧要。

这些法律称呼可能由于成员国立法机构的一时兴致而有所不同，因此无法提供适合共同体法要求的解释标准。

因此，成员国不能根据某个特定职位被赋予的名称或称呼就认定该职位属于"公共服务部门"，也不能仅以该职位的条件由公法调整这一事实就做如此认定。此外，鉴于需要确保欧盟法的"统一性和有效性"，对于作为获得公共服务部门任何职位必要条件的成员国国籍，该国国籍规则是否具有宪法地位，这一点也无关紧要。[107]

二　欧洲法院用于检验公共服务的标准

在下文节选的判例中，比利时政府在英国、德国和法国政府的支持下主张《欧洲联盟运行条约》第45条第4款与第51条是有差别的。第51条在开业自由和自由提供服务的背景下规定了与第45条第4款相似的减损适用，前提条件是某项活动涉及"行使职权"（exercise of official authority）。比利时政府认为，这种差别是有意地体现在各条款措辞中的。第51条特别提到了行使职权，这意味着一种"功能性"概念，而第45条第4款指的是"在公共服务部门就业"，这是一种机构性概念。根据后一种定义，发挥作用的是劳动者被雇用的所在机构，而不是工作性质本身。欧洲法院驳回了这一主张。

---

[107] [1980] ECR 3881，[18]-[19]；Case C-473/93 *Commission v Luxembourg* [1996] ECR I-3207，[38].

委员会诉比利时

Case 149/79 Commission v Belgium

［1980］ECR 3881

［《里斯本条约》重新编号，《欧洲共同体条约》
第 48 条现变更为《欧洲联盟运行条约》第 45 条］

拥有比利时国籍是获得比利时地方当局和公共企业职位的前提条件，无论所履行职责的性质。这类职位的例子包括不需要特殊技术的铁路工人、医院护士和守夜人。比利时政府认为，在起草条约之时，还不存在公权力机关的目标和范围这一共同体概念，而且各成员国政府当时希望保留规定公职准入条件这项权力。

欧洲法院

10. 该条款（第 48 条第 4 款）从第 48 条第 1 款至第 3 款的适用范围中移除了一系列职位，这些职位涉及直接或间接参与行使由公法赋予的权力，以及其目的是保障国家或其他公权力机关普遍利益的义务。此类职位事实上假定从事这些职务的人与国家之间存在一种特殊的效忠关系，以及权利与义务的对等关系，这些构成了国籍纽带的基础。

11. 因此，第 48 条第 4 款对该条前三款规定的自由流动原则和平等待遇原则的减损适用范围，应以该条寻求实现的目标为基础来判断。然而，判断第 48 条第 4 款的适用领域这一问题却引起了特殊困难，原因在于，在不同的成员国，根据由公法赋予的权力采取行动的当局承担着具有经济性质或社会性质的责任，或者尽管其参与的活动并不能识别为公共服务意义上的典型功能，但根据其性质，可判断其仍然属于条约的适用领域。在上述情况下，如果将第 48 条第 4 款所包含的例外规定扩大到如下职位，即尽管这些职位属于国家或由公法调整的其他组织的管辖范围，但它们并不涉及与属于被恰如其分地称作公共服务的任务相关的任何关联，那么，这就将导致将大量职位排除出条约所规定的诸原则适用范围，并且根据组织国家和某些经济生活部门的不同方式，在成员国之间制造不平等。

因此，一个国家不能仅通过将某些活动纳入该国公法范围，以及为履行这些活动承担责任，就可以将其置于减损适用条约的范围。[⑩] 欧洲法院认为，该条约条款的目的是允许成员国将如下职位留给本国国民，即要求"在国家与雇员之间拥有特定的效忠纽带以及权利与义务相对应"的职位。

欧洲法院称这类职位需要效忠关系并取决于国籍纽带，这种描述有两方面的含义：第一，这些职位必须涉及参与行使公法赋予的权力；第二，这些职位必须包含旨在捍卫国家普遍利益的职责。"公法赋予的权力"（powers conferred by public law）这一概念十分含糊，因为在界定公法的范围方面存在着内在困难，但"捍卫国家普遍利益"这一概念则更明确一些。这两个要求之间的关系似乎是递进性质的，而不是相互可以替代——只有在某个职位"既"行使公法赋予的权力，"又"捍卫国家普遍利益的情况下，才属于第45条第4款减损适用范围。[⑩]

有两个方面的原因促进欧洲法院坚持采用功能性而非机构性检验标准。首先，担心采用机构性检验标准可能会使规模较大的经济部门免受自由流动的规制，尤其是在那些对"国家雇佣"（state employment）采用广义观点的成员国；其次，希望打破思维定势，并且鼓励成员国不再认为非本国国民在多个公共部门就业的情况不常见或不自然，当然，前提条件是非本国国民是最适合该职位的人选。

三 欧洲法院检验标准的应用

在"比利时案"[⑩] 中，欧洲法院裁定，它没有足够的信息去判断哪个特定职位不属于条约减损适用的范围。它请比利时和委员会按照其判决解决该问题，并将任何解决方案报告给欧洲法院。比利时和委员会无法就某些职位达成一致，案件又回到欧洲法院，欧洲法院裁定，除了极少数职位以外，其他绝大多数职位都不满足适用公共服务例外（public-service ex-

---

⑩ 但与此相反的情况也成立：不能仅仅因为雇主是私人团体、不是公共机构而排除适用第45条第4款规定的例外情形，参见 Case C – 405/01 *Colegio de Oficiales de la Marina Mercante Española v Administracion del Estado* [2003] ECR I – 10391.

⑩ Case 66/85 *Lawrie-Blum* (n 29) [27]；Case C – 473/93 *Commission v Luxembourg* (n 107) [18]；Case C – 20/16 *Bechtel* (n 106) [34] – [35].

⑩ Case 149/79 *Commission v Belgium* [1980] ECR 3881.

ception）的标准。⑪

在"比利时案"中，四国政府提出的另外一个主张是，尽管某些职位一开始可能不涉及参与公法赋予的权力，但这种情况也许会发生变化；或者，此类初始职位的拥有者后来可能有资格晋升到更高级别的职位，而更高级别的职位涉及行使公共权力的责任。这作为将初始职位视作属于公共服务这一例外范围的理由，也被欧洲法院驳回，因为这项例外"允许成员国通过适当规则，将涉及在相同级别、相同部门或相同等级行使此类权力和此类责任的职位留给本国国民"⑫。

在委员会对意大利提起的执行程序中，欧洲法院重申了上述观点。该案涉及对"国家研究委员会"（CNR）研究人员的安全和任期提供保护的相关法律，这些法律不适用于非本国国民。⑬意大利主张，国家研究委员会承担的工作涉及满足该国普遍利益，并且由公共资金提供资助。它还主张，如果科研人员成为固定的工作成员，他们就有可能晋升到更高一级的管理职位，这将涉及参与行使公共权力。欧洲法院裁定，只有管理职责或就科学技术问题向国家提供建议的职责可以构成第 45 条第 4 款意义上的"公共服务部门的就业"⑭，并且通过援引其在"比利时案"中的裁决就草草驳回了第二项主张。⑮

在此后的一个案件中，欧洲法院进一步收紧其方法，该案涉及悬挂西班牙国旗的商船船长和大副这两个职位，欧洲法院认为，只有在公法所赋权力框架下的权利，例如在船上发生危险时行使警察权力，由这些权力持有者"事实上定期行使"并且不代表其活动中极为微不足道的组成部分的情况下，才可以有效援引第 45 条第 4 款这一例外。⑯成员国不断尝试在许多其他案件中使用这项例外⑰，但欧洲法院一直严格坚持其做法。⑱

---

⑪ Case 149/79 *Commission v Belgium II* ［1982］ECR 1845.

⑫ Ibid ［21］.

⑬ Case 225/85 *Commission v Italy* ［1987］ECR 2625.

⑭ Ibid ［9］.

⑮ Ibid ［10］.

⑯ Case C－405/01 *Colegio de Oficiales de la Marina Mercante Española*（n 108）.

⑰ Case 66/85 *Lawrie－Blum*（n 29）［28］；Case 33/88 *Allué and Coonan v Università degli Studi di Venezia* ［1989］ECR 1591；Case C－213/90 *ASTI v Chambre des Employés Privés* ［1991］ECR I－3507；Case C－4/91 *Bleis v Ministère de l'Education Nationale* ［1991］ECR I－5627.

⑱ See, eg, Case C－270/13 *Haralambidis* EU：C：2014：2185.

目前尚无二级立法澄清该概念。委员会曾经提出旨在澄清此项减损适用的立法草案，但遭到一些人反对，他们认为，成员国可能会利用具体立法颠覆既定判例法，而且此类立法可能导致创立"公民欧洲"（citizens' Europe）的进程停滞不前。[⑪] 取而代之的是，1988年委员会发布了一份指导文件，说明了它认为哪些国家功能属于该条款范围。[⑳] 可能被该条款涵盖的职位包括武装力量、警察、司法机构、税务机关，以及从事准备或监督法令的某些公共机构；那些可能不会被包括在内的领域包括护理、教育以及公共机构中的非军事研究。

该议题仍然充满了意识形态上的矛盾，争论的背后涉及国籍在雇用中的重要性。成员国试图通过提及"公共部门"，在机构意义上界定公共服务减损，但此尝试一再失败。[㉑] 欧洲法院坚持采用更难但也更狭窄的"功能性"方法，严格审查那些可能要求国籍的职位特征，而国籍据称具有特定的效忠纽带以及权利与义务相对应。在涉及法国公共护理职位的违反之诉案件中，曼奇尼佐审官（AG Mancini）给出了有力的意见，很好地说明了该领域所存在的矛盾：[㉒]

> 我所提到的判决遭到了法律学者的严厉批评，更重要的是，这些判决并未被很多政府"接纳"。如果注意到认为公共服务是应该由国家行使完全主权的领域这一信念是多么根深蒂固；在失业率高企时，将公共服务视作方便职位库的趋势是多么普遍，那么这种抵制就不令人意外。这种抵制值得关注，应该在与当前类似的案件成倍增加之前对其加以正面解决。……
>
> ……简而言之，所涉职位的内在职责是为了实现公共目标，而这些公共目标能够对私人个体的行为与活动产生影响，但这一点并不能构成其他国家的国民无法获得该职位的充分理由。那些获得这些职位

---

⑪ Mancini（n 18）.

⑳ [1988] OJ C72/2.

㉑ Case C – 473/93 *Commission v Luxembourg*（n 107）; Case C – 173/94 *Commission v Belgium* [1996] ECR I – 3265; Case C – 290/94 *Commission v Greece* [1996] ECR I – 3285.

㉒ Case 307/84 *Commission v France* [1986] ECR 1725, 1727 – 1733; D O'Keeffe, 'Judicial Interpretation of the Public Service Exception to the Free Movement of Workers' in Curtin and O'Keeffe（n 18）101 – 103.

的人必须"全副武装"：如果我们不使用隐喻性的语言，那就是说，其职责必然涉及通过要求个人服从或在不服从的情况下迫使他们服从来影响个人的意志行为。要列出一个清单……事实上是不可能的；但肯定首先想到的例子是与警察、国防、司法管理和税收评估有关的职位。

　　……事实是，黑格尔哲学的极端信徒可能真的会认为，本案中有争议职位（护理）不应该给予外国人。但任何一个不认同黑格尔格言"国家就是上帝在人间行进"的人，必然会持相反的观点。

在《马斯特里赫特条约》通过后不久，有人提出，该条约引入的公民身份条款可能会削弱公共服务例外条款的重要性，因为后者强调的是国家与其国民之间的忠诚这一传统概念，并将外国人排除在外。[123] 然而，欧盟委员会继续定期提起关于滥用公共服务例外的违反之诉，成员国则往往努力捍卫这一例外。[124]

齐勒尔（Ziller）关于公共服务例外的一份有价值的报告发现，尽管在某些情况下仍存在问题，但大多数成员国已调整本国规则，以符合欧洲法院采取的功能性方法，而且该报告还提出了一个改进建议。[125] 欧盟委员会仍在继续评估各国在该领域的发展趋势，包括通过"劳动者自由流动专家网络"提交年度报告，以及通过"劳动者自由流动技术委员会"分发调查问卷。[126]

四　禁止对在公共部门就业制定歧视性条件

从"索特朱案"中可以清楚地看到，第 45 条第 4 款不能用来说明公共服务部门"之内"的歧视性就业条件是正当的，而只能用来首先限制进入公共部门就业。德国援引第 45 条第 4 款以试图说明其关于邮局劳动者家

---

[123]　O'Keeffe, ibid.

[124]　See the cases at (n 121).

[125]　J Ziller, 'Free Movement of European Union Citizens and Employment in the Public Sector', http：//ec. europa. eu/social/main. jsp? catId = 465&langId = en. See also Commission Staff Working Document on Free Movement of Workers in the Public Sector, SEC (2010) 1609.

[126]　See (n 1); P Minderhoud and B Fridriksdottir, 'Report on Posts in the Public Sector Reserved for Nationals Developments in the 27 Member States in 2009 – 2012' (2013), http：//ec. europa. eu/social/BlobServlet? docId = 10943&langId = en.

庭分离津贴的规定是正当的，但这项规定不利于非本国国民。对此，欧洲法院答复如下：⑫

此项减损（第 45 条第 4 款）允许成员国要保护的法益通过以下方式得到满足，即有机会限制外国国民进入公共服务部门从事某些活动。

另一方面，一旦劳动者获得公职，该条款就不能用来证明涉及劳动者报酬或其他就业条件的歧视性措施是正当的。

他们已经被公职录用这一事实本身就表明，说明（第 45 条第 4 款）允许非歧视原则存在例外这一情形具有正当理由的那些法益并无争议。

第六节　《第 2004/38 号指令》：劳动者及其家庭的入境权与居住权

一　关于劳动者的形式要求

《第 68/360 号指令》（Directive 68/360）最初通过的目的是促进自由流动，废除对被雇用人员的限制，其一部分方式是澄清与非本国国民入境和居住权（the right of entry and residence）有关的正式要求。该指令被关于欧盟公民及其家庭自由流动和居住的《第 2004/38 号指令》（Directive 2004/38）⑫ 中的相关条款所取代，其中第 2 条和第 3 条对 "家庭成员"（famliy members）进行了界定。

根据欧洲法院的观点，《第 2004/38 号指令》旨在促进行使从条约衍生的在成员国之间自由流动和居住的个人权利，同时也是为了加强这项权利。由此产生的结果是，欧盟公民从《第 2004/38 号指令》中获得的权利

---

⑫　Case 152/73 *Sotgiu*（n 61）[4]；Case C - 195/98 *Österreicher Gewerkschaftsbund*，*Gewerkschaft Offentlicher Dienst v Republik Österreich* [2000] ECR I - 10497，[37].

⑫　Dir 2004/38（n 13）；Regulation（EU）2019/1157 of the European Parliament and of the Council of 20 June 2019 on strengthening the security of identity cards of Union citizens and of residence documents issued to Union citizens and their family members exercising their right of free movement [2019] OJ L188/67.

不得少于从其修订或废除的二级立法文件中获得的权利，并且不得对该指令进行限制性解释。⑫

《第2004/38号指令》第6条赋予所有欧盟公民及其家庭入境权和最多3个月的初始居住权，除了出示身份证或护照外，无须任何条件。求职者这一临时身份也在该指令的序言中得到承认，从而隐晦地承认了欧洲法院关于该主题的判例法。⑬ 对于3个月以上的居住期，该指令第8条规定，可以要求劳动者及其家庭在东道国当局登记。根据出具的有效护照或身份证以及就业确认文件，以及家庭成员出具证明存在相关家庭关系或抚养等关系的文件，他们将获得登记证明，作为他们拥有基本居住权的证据。⑬ 但根据第9条和第10条，若其家庭成员不是欧盟成员国国民，则将向其签发"居住证"。

第4条要求成员国赋予公民及其家庭离开本国领土到其他成员国工作的权利，只需出示身份证或至少5年有效期的护照即可。成员国必须为其国民提供身份证明文件，这些文件在整个欧盟以及成员国之间的任何必要过境国均有效。成员国不能要求离境签证。第5条对公民及其家庭成员进入另一成员国的权利规定了相似条件：所需全部文件只是有效身份证或护照，不允许规定签证要求，除非某些第三国国民。第5条第2款收紧了对第三国国民身份的家庭成员施加的签证条件；应对其免费并尽快发放签证，并且持有某成员国根据第9条签发的有效居住证的人可免除此要求。

正如欧洲法院在其判例法中所反复强调的，该指令明确指出，居住权和工作权并不取决于一开始就要满足该指令规定的手续。⑬《第2004/38号指令》中的多个条款，包括第5条第5款、第8条第2款和第9条第3款，均遵循着这一系列判例法所确立的原则，这些条款指出，成员国有权对未

---

⑫　Case C – 127/08 *Metock*（n 87）［59］，［82］，［84］；Case C – 162/09 *Secretary of State for Work and Pensions v Lassal*［2010］ECR I – 9217［30］–［31］；Case C – 145/09 *Land Baden-Württemberg v Tsakouridis*［2010］ECR I – 11979，［23］；Case C – 507/12 *Jesse Saint Prix* EU：C：2014：2007，［32］–［33］.

⑬　Dir 2004/38，recs 9 and 16.

⑬　这一规定显然是为了回应 Case 48/75 *Royer*（n 39），它表明，根据以前的《第68/360号指令》发放的居住许可本身并没有赋予权利，而仅仅是对条约框架下先前存在的一项权利的说明。

⑬　Case 48/75 *Royer*（n 39）.

能满足形式要求的情况处以符合相称性和非歧视性的惩罚。⑬ 显然，对于未能履行行政手续的人员来说，驱逐、拒绝入境，或者撤销居住权均构成不相称的惩罚。⑭ 甚至对于入境权，该指令按照欧洲法院在"*MRAX*案"⑬中的裁决，在其第5条第4款中规定，在欧盟成员国国民或其家庭成员在没有必需的文件或签证的情况下，成员国应给予他们所有合理机会以获得这些文件或者以其他方式证明他们有权自由流动和居住。

欧洲法院对"阿克里什案"（*Akrich*）的裁决引起了某些混乱，它裁定，如果欧盟成员国国民的配偶不是欧盟成员国国民且并非在某个成员国合法居住，那么，他就无法获得欧盟法框架下的自由流动权和居住权。⑯该判决很难与"*MRAX*案"的判决保持一致⑬，欧洲法院后来放弃了"阿克里什案"判例。

梅托克等人诉爱尔兰司法、平等与法律改革部长
Case C – 127/08 Metock and Others v Minister
for Justice，Equality and Law Reform
[2008] ECR I – 6241

欧洲法院

48. 在第一个问题中，提交问题的法院询问的是，《第2004/38号指令》是否阻止成员国立法提出如下要求，即，如果非成员国国民是居住在该成员国但未取得该国国籍的联盟公民的配偶，那么，为了受益于《第2004/38号指令》，他在入境东道国之前必须曾在另一成员

⑬ Case 321/87 *Commission v Belgium*（n 75）；Case C – 24/97 *Commission v Germany* [1998] ECR I – 2133；Case C – 215/03 *Oulane v Minister voor Vreemdelingenzaken en Integratie* [2005] ECR I – 1215.

⑭ Cases 118/75 *Watson and Belmann* [1976] ECR 1185；Case C – 363/89 *Roux* [1991] ECR I – 273；Case C – 459/99 *MRAX v Belgium* [2002] ECR I – 6591；Case C – 215/03 *Oulane*（n 133）.

⑬ Case C – 459/99 *MRAX*（n 134）；Case C – 157/03 *Commission v Spain* [2005] ECR I – 2911.

⑯ Case C – 109/01 *Secretary of State for the Home Department v Akrich* [2003] ECR I – 9607，[49] – [53].

⑬ Case C – 459/99 *MRAX*（n 134）.欧洲法院将"阿克里什案"（*Akrich*）仅局限于其本身的事实，参见 Case C – 1/05 *Jia v Migrationsverket* [2007] ECR I – 1.

国合法居住。

49. 首先必须指出，就联盟公民的家庭成员而言，《第2004/38号指令》中没有任何条款要求适用该指令取决于他们先前曾经在某个成员国居住。

50. 正如《第2004/38号指令》第3条第1款的规定，该指令适用于流动到或居住在本国以外的其他成员国的所有联盟公民，也适用于该指令第2条第2小点界定的联盟公民的家庭成员，这些家庭成员与他们一起在该成员国居住，或者准备与他们在该国团聚。《第2004/38号指令》第2条第2小点对家庭成员的定义，并没有依照他们是否曾经在另一成员国合法居住这一情况进行区分。

51. 必须指出，《第2004/38号指令》第5条、第6条第2款和第7条第2款赋予作为联盟公民家庭成员的非成员国国民（他们与联盟公民在该成员国一同居住，或者准备在该国团聚）进入该东道国的入境权、最长3个月的居住权以及超过3个月的居住权，完全不必参考他们到达该成员国之前的居住地或居住条件。

......

54. 在上述情况下，必须将《第2004/38号指令》解释为，它适用于该指令第2条第2小点意义上的联盟公民的所有家庭成员——他们并非成员国国民，并且在联盟公民本国以外的另一成员国与其共同居住，或者拟与联盟公民在该成员国团聚；而且必须将该指令解释为赋予这些家庭成员入境和在该成员国居住的权利，无须依据非成员国国民是否曾经在其他成员国合法居住这一事实进行区分。

55. 此种解释得到本法院如下判例法的支持，即在《第2004/38号指令》通过之前就涉及人员自由流动的二级法律文件的判例法。

56. 即使在《第2004/38号指令》通过之前，共同体立法机构就承认，为了消除对行使受《欧洲共同体条约》保障的基本自由的阻碍，确保对成员国国民家庭生活的保护具有重要意义。......

......

58. 的确，欧洲法院曾在"阿克里什案"（Akrich）判决第50段和第51段裁定，为了能够受益于《第1612/68号条例》第10条规定的权利，作为联盟公民配偶的非成员国国民，在流动到该联盟公民正在迁移或已经迁移的成员国之前，必须曾经在其他成员国合法居住。

然而，必须重新考虑该结论。为了受益于此项权利，不能取决于此类配偶先前曾经在其他成员国合法居住这项条件（就此可参见"MRAX案"判决第59段，以及 Case C–157/03 Commission v Spain 判决第28段）。

59. 更不用说，同样的解释必须适用于《第2004/38号指令》，该指令对《第1612/68号条例》进行了修订，而且废除了先前关于人员自由流动的几项指令。……

60. 对《第2004/38号指令》的上述解释与成员国和共同体之间的权能划分是一致的。

61. 其共同点是，共同体从《欧洲共同体条约》第18条第2款、第40条、第44条和第52条（分别为现《欧洲联盟运行条约》第21条第2款、第46条、第50条和第59条）——《第2004/38号指令》就是以这些条款为基础通过的——获得了为实现联盟公民自由流动而通过制定必要措施的权能。

……

63. 因此，在上述条约条款赋予共同体的权能范围内，共同体立法机构有权规制联盟公民的家庭成员入境成员国和在成员国境内居住的条件，原因在于，联盟公民不能获得家庭成员的陪伴或与家庭成员团聚这一事实，将由于妨碍联盟公民行使其入境和在该成员国居住的权利而干扰其自由流动。

……

65. 由此可以得出，正如共同体立法机构按照《第2004/38号指令》采取的行动一样，共同体立法机构有权规制如下事项，即作为联盟公民家庭成员的非成员国国民入境和居住在该联盟公民已经行使其自由流动权的成员国，包括此类家庭成员此前并未在其他成员国合法居住的情况。

66. 因此，司法部长提交的解释……认为，根据《欧洲共同体条约》第三部分第四编的规定，成员国拥有规制作为联盟公民家庭成员的非成员国国民首次入境共同体领土这一事项的专属权能，这一解释必须被驳回。

67. 事实上，如果允许成员国拥有此项专属权能，即赋予或拒绝那些作为联盟公民家庭成员且之前并未在其他成员国合法居住的非成员国国民入境或在其领土上居住的专属权能，则将产生如下效果：联盟公民在其不拥有相关国籍的成员国自由流动的情形将在成员国之间出现差别，因为依照不同成员国移民法规定，有些成员国允许联盟公民的家庭成员入境和居住，而有些成员国则不允许。

68. 这将与《欧洲共同体条约》第3条第1款第3项（其内容被现《欧洲联盟条约》第3条第2款和第3款所取代）规定的目标不符，其目标是建立一个以在成员国之间取消对人员自由流动的阻碍为特征的内部市场。建立内部市场意味着，所有成员国关于联盟公民入境和在其不拥有该国国籍的成员国居住的条件必须相同。因此，必须将联盟公民的自由流动解释为，其目的是根据同等条件在除该联盟公民拥有国籍以外的任何成员国开业，联盟公民有权离开任何成员国，特别是离开他们拥有国籍的成员国。

该判例展现了对自由流动的不同要求之间的矛盾，欧洲法院具有"以权利为基础的洞见"（rights-based vision），而成员国希望对非成员国国民实施"首次入境控制"，即使他们是欧盟成员国国民的家庭成员。[138] 有10个成员国在该案件中提交了观察意见，这一事实说明了这一矛盾，而且该判决引起理事会内部的辩论[139]，并且招致某些成员国的激烈批评，例如丹麦。[140] 下面节选的文章说明了由该判例所引发的某些基本问题。

居里：《加速推进了正义还是步子太大？——作为家庭成员的非欧盟成员国国民的居住权与欧洲法院"梅托克案"裁决》[141]

该案特别清楚地表明，扩大联盟公民家庭成员的居住权这一进展可能会引起矛盾。从法律角度来看，如果根据"阿克里什案"

---

⑬　C Costello, 'Metock: Free Movement and "Normal Family Life" in the Union' (2009) 46 CMLRev 587.

⑲　Ibid 607 - 608.

⑭　S Currie, 'Accelerated Justice or a Step Too Far? Residence Rights for Non-EU Family Members and the Court's Ruling in Metock' (2009) 34 ELRev 310, 324 - 325.

⑭　Ibid 325 - 326.

(*Akrich*) 之前关于第三国国民（TCN）家庭成员的判例法，以及后来越来越强调将保护家庭生活作为一项基本权利等发展情况来考虑"梅托克案"（*Metock*）判决，那么，其判决结果并非不合理。更可能的是，可以将"阿克里什案"归类为错误判决，因为它与之前的判例法存在明显不一致。"梅托克案"判决也代表着对自由流动背景下家庭生活现实的承认，并且承认值得对在迁移行为发生之后的家庭关系予以一定程度的保护。从根本上说，该裁决确立了在真正家庭团聚这一背景下对联盟公民的第三国家庭成员采取一种更公平合理的方式。从个体层面进行论证，这确实是一种公平的结果。

然而，在将"梅托克案"视作一个可以被归类为具有合法正当理由的判决这一观点，以及影响成员国移民法适用的政治现实（或者被感知的现实）这二者之间存在明显的脱节。欧洲法院宣称共同体拥有规制家庭成员居住权的权能，"梅托克案"判决将成员国对这一主张的不满推到了前台，而且关于执行判决的后果显示出存在着问题。欧盟委员会最近发现，大多数成员国对《第2004/38号指令》的实施都很含糊，因此，"梅托克案"判决可能会被证明是压倒骆驼的最后一根稻草。

二　求职者与失业者

《第2004/38号指令》第7条第3款规范那些已经停止工作的原劳动者（former workers）的地位，他们仍然为其本人及其家庭保留了劳动者的某些权利。

该款规定，不再是劳动者的欧盟公民应保留劳动者的身份，如果他们由于疾病或事故而在短期内无法工作；或者如果在被雇用超过一年时间之后出于非自愿的原因而失业，并且已经在就业机构登记为"求职者"（job-seekers）。该指令规定，在非自愿失业是在就业之后不到一年发生的情况下，如果该人员已经登记为求职者，那么，将为其保留劳动者身份至少6个月。[142] 第7条还规定，根据欧洲法院判例法[143]，已经开始接受职业培训的劳动者可以保留劳动者身份，但如果劳动者出于自愿放弃了

[142]　Case C‑483/17 *Tarola* EU：C：2019：309.

[143]　Case C‑3/90 *Bernini*（n 31）；Case C‑357/89 *Raulin*（n 31）.

就业，那么，保留这一身份就取决于他接受的培训必须与其先前的就业岗位有关。

该指令并不另外处理自愿失业问题，因此可以做出如下合理假设：如果劳动者自愿失业，那么他们就不能保留劳动者身份，除非他们正在接受与原来的岗位有关的职业培训。⑭ 然而，这一假设并不适用于所有情况。

首先，如同我们在"安东尼森案"和"科林斯案"⑭ 中所看到的，正在求职的人享有第 45 条规定的某些权利。第 7 条第 3 款涵盖的人员范围是在东道国非自愿失业的人员，相较于这类人群，这些求职者并非完全意义上的"劳动者"，但他们在寻找工作期间确实享有居住权，也享有某些为了促进就业而专门提供的补助。⑭ 就这段求职期的时间长度而言，欧洲法院在"安东尼森案"判决中留下了一定程度的灵活空间。它裁定，尽管英国规定的 6 个月期限似乎是合理的，但是，即使在这一期限结束以后，仍然必须为其保留继续留在该国寻找工作的权利，只要相关个人"提供证明表明他正在继续寻找工作，而且有被雇用的真正机会"⑭。

其次，欧洲法院还曾指出，即使某人已经不再处于雇用关系中，但仍然可以在一段时间内为其保留与劳动者身份相关的权利，尽管与劳动者身份相关联系持续的时间不能过长。⑭ 在"科林斯案"中，欧洲法院裁定，申请人不能依据他曾经在 17 年前被雇用为劳动者这一事实主张其作为劳动者的当前权利。然而，在"圣普里案"（Saint Prix）中，一名妇女由于怀孕而在距孩子出生不到 3 个月的时候自愿放弃工作，并且在孩子出生 3 个月之后重返工作。欧洲法院裁定，即使她在那段时期不能就业，其"劳动者"身份也没有被停止，"只要她在分娩之后的合理期间重返工作或者找到了另一份工作"⑭。欧洲法院坚决认为，该指令关于非自愿失业的第 7 条

⑭ C‑413/01 *Ninni‑Orasche v Bundesminister für Wissenschaft*, *Verkehr und Kunst*［2003］ECR I‑13187，在该案中，在固定合同结束之后，劳动者不一定会被认定为自愿失业，因为该雇员对要求其签署的合同几乎或完全没有控制权。

⑭ Case C‑292/89 *R v Immigration Appeal Tribunal*, *ex p Antonissen*［1991］ECR I‑745；Case C‑138/02 *Collins*（n 24）.

⑭ Case C‑138/02 *Collins*（n 24）；Case C‑258/04 *Ioannidis*（n 44）.

⑭ Case C‑292/89（n 145）［21］.

⑭ Case C‑138/02 *Collins*（n 24）.

⑭ C‑507/12 *Jesse Saint Prix* EU：C：2014：2007，［39］‑［42］；Case C‑544/18 *Daknev‑iciute* EU：C：2019：761.

第 3 款并没有 "穷尽列举所有情况，在这些情况下，不再处于雇用关系中的移民劳动者仍然可以继续受益于该身份"⑩。

三 永久居住权

《第 2004/38 号指令》的一项重要创新是引入永久居住权（right of permanent residence），对象是已经在东道国连续合法居住 5 年的欧盟公民及其家庭，包括非欧盟成员国国民在内。这些条款取代了先前的立法，并且建立在先前立法的基础之上，而先前立法规定，在特定情况下，允许劳动者或其家庭在劳动者退休、受伤或死亡之后不到 3 年之内获得永久居住权。

第 16—18 条说明了欧盟公民可以享有这项权利的条件，这项权利明确涵盖欧盟劳动者及其家庭。第 16 条第 3 款规定了短期离境条款，第 16 条第 4 款则规定，只有在连续离境超过 2 年的情况下才有可能失去永久居住权。第 17 条详细规定，在劳动者退休、失能或死亡等情况下，可缩短劳动者及其家庭获得永久居住权的期限要求；第 18 条涉及的是已经满足 5 年合法居住要求，但作为欧盟成员国国民家庭成员的非成员国国民获得永久居住权的问题，包括其作为劳动者。⑪

行政手续由第 19—21 条规制。只要证明欧盟成员国国民的居住期属实，那么就将尽快向其发放证明其永久居住的文件。劳动者享有永久居住权的一项衍生权利，作为其家庭成员的非欧盟成员国国民会被发放 "永久居住证"，每 10 年自动更新一次，其有效性不受连续离境时间不超过 2 年这一规定的限制。对于任何拥有永久居住权的个人而言，如果曾被执行驱逐决定，则其连续居住时间将被中断。

在 "迪亚斯案" 中，欧洲法院裁定，如果不能满足条约框架下的合法居住条件，那么，在计算获得永久居住权所需的时间时，就不能将在某个成员国居住的时间包括在内，即使申请人曾经在该指令的前身《第 68/360 号指令》框架下拥有居住许可。⑫ 正如欧洲法院在 "鲁瓦耶案"（*Royer*）

---

⑩ Ibid［38］；Case C‒442/16 *Gusa* EU：C：2017：1004.

⑪ Case C‒162/09 *Lassal*［2010］ECR I‒9217 表明，在《第 2004/38 号条例》转化期结束之前完成的居住时间将被计算在根据第 16 条规定的获取居住权的时间之内。

⑫ Case C‒325/09 *Dias* EU：C：2011：498，［48］‒［55］；Case C‒244/13 *Ogieriakhi* EU：C：2014：2068，［31］；Case C‒529/11 *Alarape and Tijani* EU：C：2013：290.

和先前一些案件⑬中所裁定的，这是因为居住许可本身并不能被赋予权利，只能为潜在权利提供证据，但本案中并不存在潜在权利。然而，通过运用目的解释方法，欧洲法院裁定，由于个人不能满足合法居住条件只有不到2年的时间，因此应该认定等同于该指令第16条第4款框架下离开该成员国的时间少于2年这一规定。因而，它不应影响其获得永久居住权。⑭

四　行使居住权的条件

第22—26条规范享有居住权的条件，包括永久居住权。此项权利涵盖整个领土范围，而且重要的是，它包含条约范围内与东道国国民相同的平等待遇权，并受条约或二级立法所规定的这类例外的约束。第23条保证作为家庭成员的欧盟成员国国民与非欧盟成员国国民拥有同样的就业权，该条取代了《第1612/68号条例》中的原有条款，下文将讨论这一问题。

第七节　《第492/2011号条例》：
实体权利与社会优待

一　《第492/2011号条例》

前面各节都聚焦于《欧洲联盟运行条约》第45条以及相关立法的"消极"效果：对歧视和自由流动壁垒的禁止，以及对入境签证要求或相似限制的禁止。而其另一面是，第45条也赋予关于欧盟劳动者自由流动和平等待遇的积极的实体性权利。这些权利在一定程度上由二级立法予以充实，特别是《第492/2011号条例》（Regulation 492/2011），它废除先前《第1612/68号条例》（Regulation 1612/68）⑮，并进行了编纂。

欧洲法院对待《第492/2011号条例》的方式与对其他自由流动立法相似：该立法保护和促进行使条约赋予的一级权利，而不是本身创设权利。然而，尽管目前明确包含在《第2004/38号指令》第24条中的平等待遇原则已经构成该立法的支柱，但其具体程度已经超出了条约所表达的

---

⑬　(Nn 132 – 134).

⑭　Case C – 325/09 *Dias*（n 152）[61] – [66].

⑮　Regulation 1612/68 [2011] OJ L41/1.

程度，并且要求成员国确保联盟劳动者享有本国国民可以获得的一系列广泛的实质性利益。特别是该条例涵盖欧盟劳动者的家庭，这一点并未在条约的相关章节中提及。

《第 492/2011 号条例》第一章共有三节：第一节（第 1—6 条）关于就业资格；第二节（第 7—9 条）关于雇用中的平等待遇；第三节（第 10 条）关于劳动者家庭。该条例第二章包含一些具体规定，要求成员国相关就业管理机构之间，以及成员国机构、欧盟委员会和欧洲协调办公室（European Coordination Office）在就业申请和清理工作空缺方面开展合作。该条例第三章规定，成立由成员国代表组成的咨询委员会和技术委员会，目的是确保对涉及劳动者自由流动和就业的事项开展密切合作。

该条例第二章和第三章受到较少的法律关注。然而，对于想要到另一成员国寻找工作的劳动者来说，这些规定可能非常重要。成员国机构被要求提供与空缺岗位、劳动条件和本国劳动力市场有关的信息，并与欧盟委员会合作开展对各种事项的调研。欧洲就业服务网络（EURES）已重新建立，以提高对其他成员国工作空缺的了解，并促进此类职位的申请。[㊴] 欧洲劳动局（European Labour Authority）于 2019 年成立，以推动欧盟劳动力流动，促进协调成员国社会保障制度。[㊵]

引起评论和诉讼最多的还是《第 492/2011 号条例》第一章。该章第 1 条规定，成员国国民有权依照与另一成员国国民完全相同的条件在该国获得雇用，而第 2 条禁止在缔结和履行雇用合同时歧视此类劳动者或雇员。第 3 条和第 4 条禁止某些直接或间接的歧视性行政实践，例如，为本国劳动者保留一定配额的职位，限制做广告或求职，或者对其他成员国国民设定专门的招聘或登记程序，但真正的语言要求除外。第 5 条保证就业行政部门向非本国国民和国民提供同样的援助，而第 6 条则禁止在招聘或任命方面采用歧视性的职业标准或医疗标准。第 7 条充实了《欧洲联盟运行条约》第 45 条第 2 款的内容，规定本国国民和非本国国民享有同样的社会和

㊴ Regulation (EU) 2016/589 of the European Parliament and of the Council of 13 April 2016 on a European network of employment services (EURES), workers' access to mobility services and the further integration of labour markets [2016] OJ L107/1; Commission Report on EURES activity January 2016 – June 2018, COM (2019) 164 final.

㊵ Regulation (EU) 2019/1149 of the European Parliament and of the Council of 20 June 2019 establishing a European Labour Authority [2019] OJ L186/21.

税收优待（social and tax advantages），平等获得职业培训，并且宣布集体或单独雇用协议中的任何歧视性条款无效。[158] 第 8 条规定了与本国国民平等的工会权利[159]，第 9 条规定在住房事务方面同样享有所有权利和利益。

在通过《第 2004/38 号指令》之前，《第 1612/68 号条例》第 10 条已经列举了哪些家庭成员有权与在另一成员国就业的劳动者共同居住：配偶及他们未满 21 岁或扶养的直系后代;[160] 劳动者及其配偶扶养的直系尊亲。[161]《第 2004/38 号指令》第 2 条第 2 款还扩大了这一群体的范围，不仅包括配偶，还包括根据成员国国内法欧盟公民与其注册伴侣关系的伴侣，但前提条件是东道国对注册伴侣关系的待遇相当于婚姻。同样，第 2 条第 2 款也包括注册伴侣未满 21 岁或扶养的直系后代，以及注册伴侣扶养的直系尊亲。

《第 2004/38 号指令》第 3 条进一步扩大了先前《第 1612/68 号条例》第 10 条第 2 款的规定范围。《第 1612/68 号条例》第 10 条第 2 款要求成员国为其他家庭成员的"入境和居住"提供便利，无论其国籍，只要这些家庭成员在其原住国是欧盟公民（在该条例涵盖的情况下是劳动者）的被扶养对象或其家庭成员。《第 2004/38 号指令》在此基础上做了补充，成员国还应促进接纳以下人员：（1）出于严重健康问题，急需欧盟公民对其进行个人照顾的任何家庭成员；（2）与联盟公民拥有持久关系并得到正式证明的伴侣。第 3 条规定，东道国有义务"对个人状况进行广泛审查"，并且就拒绝此类个人入境或居住均须提供正当理由。《第 2004/38 号指令》中关于注册伴侣的条款，以及处于"持久关系"中的伴侣这一子类型，是在就家庭的定义进行激烈立法辩论之后产生的谨慎结果，同时，也是由于需要超越传统定义，以便赋予"同性伴侣"和"非婚伴侣"以权利。

《第 2004/38 号指令》第 23 条将在东道国作为被雇用人员开展活动的

---

[158] 关于对第 7 条第 2 款所指的"社会与税收优待"（social and tax advantages）这一概念的讨论，见由欧盟委员会委托开展的调研报告：A Czekaj-Dancewicz, 'Analytical Note on Social and Tax Advantages and Benefits under EU Law', European Report (2013), http://ec. europa. eu/social/BlobServlet? docId = 11714&langId = en.

[159] Case C - 213/90 *ASTI* (n 117)；Case C - 118/92 *Commission v Luxembourg* [1994] ECR I - 1891；Case C - 465/01 *Commission v Austria* [2004] ECR I - 8291.

[160] 第 10 条中的"被扶养者"（dependency）概念包括事实上由劳动者提供支持的家庭成员，无论支持的原因是什么，参见 Case 316/85 *Lebon* (n 41).

[161] Case C - 1/05 *Jia* (n 137).

权利赋予该指令涵盖的"所有"家庭成员，无论其国籍。⑯ 第 24 条引入了一项保证所有享有居住权的欧盟成员国国民及其家庭成员拥有平等待遇的明确规定，这条规定显然包括劳动者及其家庭。《第 492/2011 号条例》第 10 条规定，在某个成员国居住的劳动者的子女拥有平等接受该国教育课程的权利。

《第 1612/68 号条例》引发了大量诉讼。事实上，对于劳动者及其家庭而言，《第 1612/68 号条例》第 7 条以及取代该条例的《第 492/2011 号条例》也许是最富有成果的规定。欧洲法院关于第 7 条的裁决表明，最初赋予经济行为体的有限权利是如何演变为某些更具实体性的权利。这一点目前也反映在《第 2004/38 号指令》第 24 条之中，它将平等待遇这项一般原则扩大到所有合法居住的欧盟成员国国民及其家庭上，除非条约与二级立法规定了某些例外。

二 《第 492/2011 号条例》第 7 条第 2 款

最初，在"米歇尔·S 案"（*Michel S*）中，欧洲法院以一种有限方式解读第 7 条第 2 款，它裁定该款仅涉及与就业相关的利益。⑯ 但是，不久之后，欧洲法院就背离了这种限制性解释，而是裁定第 7 条第 2 款应被解读为包含"所有"社会与税收优待（all social and tax advantages），无论是否与雇用合同有关；⑯ 欧洲法院还裁定，该条款不仅适用于劳动者，也适用于已去世劳动者的遗属，而且，尽管第 7 条仅提到了劳动者的优待，但它涵盖向家庭成员提供的任何优待，这些待遇构成对劳动者提供的间接优待。⑯ 因此，在"雷娜案"（*Reina*）中，欧洲法院裁定，根据德国法律向德国国民提供的旨在鼓励提高人口出生率的免息"新生儿贷款"，属于第 7 条第 2 款意义上的"社会优待"（social advantage），因此一对在德国生活

---

⑯ 欧洲法院对先前更为狭义的《第 1612/68 号条例》第 11 条的解释意味着，欧盟移民劳动者的配偶如果是非欧盟成员国国民，那么，该配偶只有在其被雇用的成员国工作的权利，参见 Case C – 10/05 *Mattern*（n 31）.

⑯ Case 76/72 *Michel S v Fonds National de Reclassement Handicapés* [1973] ECR 457.

⑯ Case 32/75 *Cristini v SNCF* [1975] ECR 1085, [13].

⑯ Case 63/76 *Inzirillo* [1976] ECR 2057；Case 94/84 *Deak* [1985] ECR 1873；Case 152/82 *Forcheri v Belgium* [1983] ECR 2323；A Czekaj-Dancewicz, 'Analytical Note on Social and Tax Advantages and Benefits under EU Law', European Report（2013）.

和工作的意大利夫妇应该享有这项待遇。[100] 欧洲法院裁定，这项贷款是一种社会优待，因为即便它是成员国人口政策的一部分，它的主要目的是缓解低收入家庭的经济负担。

在"埃旺案"（*Even*）中，涉及对劳动者可以根据第 7 条第 2 款所主张的权利施加哪些限制这一问题。在该案中，比利时向那些获得同盟国二战服役伤残抚恤金的国民提供优惠退休养老金待遇。

公共部诉埃旺和比利时国家养老金办公室
Case 207/78 Ministère Public v Even and ONPTS
[1979] ECR 2019

欧洲法院

22. 根据该条例的所有条款及其拟实现的目标，可以认为，该条例赋予作为其他成员国国民的劳动者的优待包括那些在一般情况下赋予本国劳动者的所有优待，这些优待不一定与雇用合同有关，而是主要因为他们拥有劳动者这一客观身份，或者仅仅由于他们在该国领土居住这一事实；而且可以认为，将这些待遇扩大到其他成员国的国民似乎有助于促进他们在共同体内部的流动。

23. ……在本案中，所涉比利时国家立法之所以给予某些类型的本国劳动者某种利益，其主要原因是获得这些利益的人曾在战争时期为本国服役，而且其基本目的是给予那些为该国经受了艰难困苦的国民以一项优待。

24. 这样一种利益以国家承认的一项方案为基础，不能由此认为该项利益主要是由于本国劳动者拥有劳动者身份或者是由于他们在本国领土居住而赋予的一项优待，因此，它并不满足《第 1612/68 号条例》（现《第 492/2011 号条例》）第 7 条第 2 款所指的"社会优待"

---

[100] Case 65/81 *Reina v Landeskreditbank Baden-Württemberg* [1982] ECR 33；Case C – 111/91 *Commission v Luxembourg* [1993] ECR I – 817；Case C – 237/94 *O'Flynn*（n 56）；Case C – 212/05 *Hartmann v Freistaat Bayern* [2007] ECR I – 6303；Case C – 213/05 *Geven v Land Nordrhein – Westfalen* [2007] ECR I – 6347.

的基本特征。

欧洲法院在"德福斯案"（*de Vos*）中得出相似结论。它裁定，尽管雇主有法定义务在劳动者由于服兵役而无法工作期间继续为其支付养老保险缴款，但这项义务也未被认定为第 7 条第 2 款意义上给予劳动者的"社会优待"，因为它是由国家提供的一项优待，是对服兵役义务的部分补偿，而不是由于劳动者在成员国居住这一事实而向劳动者提供的优待。[167]

与此形成对比的是，在"乌廖拉案"[168] 中，该案涉及在计算工作资历时将服兵役的时间包括在内，欧洲法院认定存在着第 7 条第 2 款不允许的歧视。很难判断在"乌廖拉案"和"德福斯案"这两个案件中要求雇主提供的利益有什么区别，因为这两个案件关注的问题都是要确保离开工作去服兵役的劳动者不会因此处于不利地位。然而，在"乌廖拉案"中，欧洲法院似乎将保护劳动者的工作资历以及任职保障义务作为国家对雇主施加的一种雇用条件，与此相对，在"德福斯案"中，雇主继续缴纳养老金费用的义务则被视为对服兵役人员提供补偿的一项国家机制的组成部分，与雇用合同无关。

尽管上文讨论的绝大多数判例涉及的都是直接建立在国籍基础上的限制措施，但欧洲法院也反对某些间接歧视性的条件，例如，对获得各种社会补助提出居住要求，包括对残疾补助[169]，以及对移民劳动者和边境劳动者的子女获得"可转移"高等教育基金提出居住要求，均被裁定违反了第 7 条第 2 款。[170] 在"吉尔施案"（*Giersch*）中，卢森堡规定对高等教育学习提供财政援助需要满足居住要求，这项要求也被裁定违反第 7 条第 2 款。[171] 欧洲法院原则上认可以下目的的合理性，即仅向那些被认为在学习结束

---

[167] Case C – 315/94 *De Vos v Bielefeld* [1996] ECR I – 1417, [17] – [22]；Case C – 386/02 *Baldinger v Pensionsversicherungsanstalt der Arbeiter* [2004] ECR I – 8411.

[168] Case 15/69（n 59）.

[169] Case C – 206/10 *Commission v Germany* EU：C：2011：283.

[170] Case C – 542/09 *Commission v Netherlands* EU：C：2012：346；Cases C – 401 – 403/15 *Depesme* EU：C：2016：955；A Hoogenboom, 'Export of Study Grants and the Lawfulness of Durational Residency Requirements：Comments on Case C – 542/09, *Commission v the Netherlands*'（2012）14 European Jnl of Migration and Law 477.

[171] Case C – 20/12 *Giersch* EU：C：2013：411；S O'Leary, 'The Curious Case of Frontier Workers and Study Finance：*Giersch*'（2014）51 CMLRev 601.

后很可能回到卢森堡，将所学知识用于该国经济发展的人提供财政援助。但它认为，居住要求是对实现这一目标施加的不必要的限制方式，因为就此目的而言，也可以认为边境劳动者的子女对卢森堡拥有足够的忠诚度。

三 《第 492/2011 号条例》第 7 条第 3 款：劳动者受教育权

《第 492/2011 号条例》第 7 条第 3 款规定，欧盟劳动者应"凭借与本国劳动者相同的权利，并且根据与本国劳动者相同的条件，获得在职业学校和再教育中心接受培训的机会"。该条款被认为赋予非本国国民的劳动者享有与本国国民可获得的所有优待、补助金和服务的平等权利。

欧洲法院在"莱尔案"（*Lair*）中对这一规定做了限制性解释，裁定高等院校不是"职业学校"，因为职业学校的概念"专门指那些只提供与职业活动具有替代性或者密切相关性的指导机构，特别是在学徒期间"[172]。但欧洲法院还曾裁定，劳动者也能够援引第 7 条第 2 款中的"社会优待"条款，以主张有权获得旨在提升其职业资格与社会地位的任何福利待遇，例如第 7 条第 3 款并没有涵盖在教育机构所获得的生活补助[173]。尽管如此，欧洲法院还是对劳动者援引第 7 条第 2 款的优待资格施加其他限制条件。它裁定，尽管他们不必在开始学习之前或者学习期间具有雇用关系，而且，尽管国家不得要求设定最低固定就业期[174]，但在先前工作与相关学习之间必须有某种衔接或联系。[175] 唯一允许的例外是，劳动者出于非自愿原因而失业，并且"由于求职市场的条件而被迫接受另一个活动领域的职业再培训"[176]。该判例法得到《第 2004/38 号指令》第 7 条第 3 款第 4 项的肯定。欧洲法院还在"布朗案"（*Brown*）中清楚地阐明，对于从事学习课程这一主要目的而言，就业绝不能仅仅是"附属性的"[177]。

---

[172] Case 39/86 *Lair* [1988] ECR 3161.

[173] Case 235/87 *Matteucci v Communauté Français de Belgique* [1988] ECR 5589；Case C–337/97 *Meeusen* (n 19).

[174] Case 157/84 *Frascogna v Caisse des Dépôts et Consignations* [1985] ECR 1739；Case C–3/90 *Bernini* (n 31)；Case C–357/89 *Raulin* (n 31).

[175] Case 39/86 *Lair* (n 172) [37].

[176] Ibid.

[177] Case 197/86 (n 34).

欧洲法院对第 7 条第 2 款和第 3 款施加限制条件的可能原因在于，劳动者这一身份伴随的是劳动者及其家庭可以享有的大量社会补助与其他利益，而且成员国希望将主张此类补助的人员仅限定于"真正的"劳动者。成员国也许担心，移民有可能在仅从事短期和纯粹辅助性的就业之后获得慷慨的教育和其他补助。

然而，在"宁尼—奥拉舍案"（*Ninni-Orasche*）中，当事人仅在进入东道国几年后从事过短时间的服务员工作，并且她在结束这项工作之后不久就获得了文凭，使其有权在该国大学注册，欧洲法院裁定，这些事实不影响她作为劳动者的身份。[178] 遵循其在"阿克里什案"[179] 和"陈案"（*Chen*）[180] 中的裁决，欧洲法院驳回了关于滥用权利的主张。欧洲法院裁定，该案中并不存在"滥用式地创造"了使她成为欧盟法意义上的劳动者这一情况。[181] 但欧洲法院还裁定，尽管她接受的固定期限合同已经终止这一事实并不一定能够导致她"自愿失业"，但是，诸如该工作的短期性质这些因素，以及她获得的证书使其能够在这之后立刻在大学注册这一事实，可能与如下问题具有相关性，即她是否为了受益于东道国的学生补助体系这一唯一目的而就业。

最后，《第 2004/38 号指令》在第 35 条中引入了一项例外，允许成员国在"存在滥用权利或诈欺的情况下"，拒绝给予或撤销该指令中的权利。然而，到目前为止，除了一起为获得欧盟权利而虚假结婚案外，欧洲法院判例法尚未就任何滥用或诈欺的情况做出肯定裁决。最近欧盟委员会声明，它将协助成员国打击包括"权宜婚姻"在内的诈欺，并且理事会要求欧盟委员会收集关于在各成员国中此类婚姻发生率的数据。[182]

四　《第 492/2011 号条例》第 10 条：子女受教育权

《第 492/2011 号条例》第 10 条（取代了原来的《第 1612/68 号条

---

[178]　Case C-413/01 *Ninni-Orasche* (n 144).

[179]　Case C-109/01 *Akrich* (n 136).

[180]　Case C-200/02 *Zhu and Chen v Secretary of State for the Home Department* [2004] ECR I-9925.

[181]　Case C-413/01 *Ninni-Orasche* (n 144).

[182]　Commission Communication on Free Movement of EU Citizens and their Families: Five Actions to Make a Difference, COM (2013) 837, fn 43.

例》第 12 条）规定："在其他成员国领土上被雇用或者曾经被雇用的成员国国民，其子女应按照与该国国民同等的条件接受该国的普通教育、学徒培训和职业培训课程，前提是其子女在该国领土上居住"。成员国应鼓励"采取所有措施保证这些子女能够在最好的条件下参加这些课程"。

尽管欧洲法院在"米歇尔·S 案"[183]中对关于"劳动者"教育补助的第 7 条第 2 款采取狭义解释，但在同一个案件中，它对关于劳动者子女的第 10 条采取广义解释，于是，给予残疾国民的补助就被纳入关于劳动者子女受教育权的第 10 条。[184] 这一扩张性解读在"卡萨格兰德案"（Casagrande）中得到了延续。[185] 在该案中，第 10 条不仅适用于参加课程教育，而且适用于任何"旨在促进接受教育的普遍措施"，包括教育补助。因此，在涉及教育问题的事项上，第 10 条使在某个成员国居住的欧盟劳动者的子女与该国国民的子女处于相同地位，这就意味着他们可以比其拥有欧盟劳动者身份的父母享有更慷慨的受教育权。欧洲法院还裁定，第 10 条要求，如果本国国民的子女可以获得海外学习补助，那么，欧盟移民劳动者的子女也必须有权获得这类补助，即使海外学习发生在子女具有本国国籍的成员国。[186]

在"加尔案"（Gaal）中，欧洲法院裁定，《第 492/2011 号条例》第 10 条中"子女"这一术语赋予了 21 岁以上且不需要劳动者扶养的劳动者子女以受教育权，即使这些权利并未涵盖在《第 2004/38 号指令》第 2 条第 2 款（原《第 1612/68 号条例》第 10 条）中。[187] 欧洲法院裁定，《第 492/2011 号条例》第 10 条中的这项原则要求移民劳动者的子女能够继续学习，以便成功完成其教育。其唯一条件是，子女曾与父亲或母亲在某个成员国共同居住，而当时其父亲或母亲的身份是劳动者[188]，而且（尽管欧洲法院并未实际这么讲）假设当时该子女由父母扶养或者未满 21 岁。

---

[183]　Case 76/72（n 163）.

[184]　Case C – 7/94 *Landesamt für Ausbildungsförderung Nordrhein-Westfalen v Lubor Gaal*［1996］ECR I – 1031.

[185]　Case 9/74 *Casagrande v Landeshauptstadt München*［1974］ECR 773.

[186]　Case C – 308/89 *Di Leo v Land Berlin*［1990］ECR I – 4185.

[187]　Case C – 7/94 *Gaal*（n 184）.

[188]　See also Cases C – 147 and 148/11 *Czop and Punakova* EU：C：2012：538.

在"埃希特纳赫和莫里茨案"(*Echternach and Moritz*)中，欧洲法院裁定，即使在其父母回到国籍国之后，第 10 条仍然涵盖其子女获得教育援助的权利。[189] 欧洲法院在"埃希特纳赫和莫里茨案"中给出的理由是，由于教育体系不相容，当事人的孩子被迫留在东道国完成教育。

但欧洲法院在"鲍姆巴斯特案"(*Baumbast and R*)中走得更远，它在该案中裁定，如果只有在劳动者子女无法在原来的成员国完成教育的情况下他们才有权留在东道国完成教育，那就违反了第 10 条的文本和精神。[190] 欧洲法院在"鲍姆巴斯特案"中继续沿用扩张性解释，它裁定，以下事实都与享有第 10 条中的权利无关：子女的父母在其接受教育期间离婚；父母中只有一方是联盟公民，而且不再是东道国的移民劳动者；子女本人并非联盟公民。[191]

此外，"特谢拉案"(*Texeira*)[192] 清楚地表明，照看子女的主要监护人的权利直接派生于第 10 条，而不是取决于满足《第 2004/38 号指令》所规定的居住条件。

上述判例法现在已经得到《第 2004/38 号指令》第 12 条第 3 款的肯定，该指令还肯定，子女有权在其作为劳动者的父亲或母亲去世后继续留在该成员国完成教育，而照顾其生活的父亲或母亲也有权继续在该成员国居住。然而，如果劳动者已经离开了东道国，并且回到了原来的成员国，而且她的子女也在该成员国生活，那么，欧盟法就不赋予其子女享有与其原来居住的东道国国民在同等条件下获得原东道国提供的学习资助的任何权利。[193]

五 依附于劳动者权利的家庭成员的权利

尽管对第 7 条中"社会优待"的解释十分宽泛，但只有《第 2004/38 号指令》涵盖的劳动者及其家庭成员才可以拥有这种社会优待。在"勒邦

---

[189] Cases 389 and 390/87 *Echternach and Moritz* [1989] ECR 723.

[190] Case C – 413/99 *Baumbast and R v Secretary of State for the Home Department* [2002] ECR I – 7091.

[191] Ibid [56] – [63].

[192] Case C – 480/08 *Teixeira v London Borough of Lambeth* [2010] ECR I – 1107; Case C – 310/08 *London Borough of Harrow v Nimco Hassan Ibrahim and Secretary of State for the Home Department* [2010] ECR I – 1065; P Starup and M Elsmor, Note (2010) 35 ELRev 571.

[193] Case C – 33/99 *Fahmi* [2001] ECR I – 2415.

案"（*Lebon*）中，欧洲法院裁定，一旦劳动者的子女年满21岁并且不再由该劳动者抚养[194]，则给予该子女的补助就不应被解释为第7条意义上的给予劳动者的优待。[195] 此外，我们也看到，根据欧盟法，合法居住的求职者仅有资格获得那些专门给予在本国求职的优待。[196]

在"里德案"（*Reed*）中，也可以清楚地看到欧洲法院对第7条第2款所做的创造性解释。欧洲法院裁定，移民劳动者与其未婚同伴（unmarried companion）共同居住这一可能性可以构成第7条第2款意义上的一项社会优待，如果东道国将处于稳定关系中的同伴视为类似于配偶。[197] 即使当时里德（Reed）的同伴还没有被《第1612/68号条例》第10条所涵盖，因为它当时只涵盖已婚配偶（married spouses），但情况仍应如此。但是，在做出该判决之后，《第2004/38号指令》已经通过并纳入了"注册伴侣"（registered partners），在那些承认注册伴侣关系身份的成员国，该指令将注册伴侣纳入受保护的家庭关系框架，而且要求成员国促进承认处于"持久关系"中的同伴。

在"艾因德案"（*Eind*）[198] 中，欧洲法院裁定，如果欧盟公民认为自己在旅行结束后无法与家人一起回到其本国，那么他就不太可能去旅行。即使欧盟公民的家庭成员中有第三国国民，且在该公民当初离开其本国时，其第三国家庭成员无权在该公民本国居住，情况也是如此，而且，就此而言，回到其本国的欧盟成员国国民并不准备从事经济活动这一事实也无关紧要。

《第2004/38号指令》还澄清了在"迪亚塔案"（*Diatta*）[199] 和"辛格案"（*Singh*）[200] 中出现的涉及《第1612/68号条例》中的配偶身份问题，

---

　　[194]　Case C – 1/05 *Jia*（n 137）.

　　[195]　Case 316/85（n 41）；Case C – 243/91 *Belgium v Taghavi*［1992］ECR I – 4401；Case C – 33/99 *Fahmi and Cerdeiro-Pinedo Amado*［2001］ECR I – 2415. 与《第492/11号条例》第10条赋予子女的教育补助相比，我们已经看到，这些补助可由超过21岁并且非由劳动者扶养的子女享有（第187号脚注）。

　　[196]　Case C – 138/02 *Collins*（n 24）；Case C – 258/04 *Ioannidis*（n 44）.

　　[197]　Case 59/85 *Netherlands v Reed*［1986］ECR 1283.

　　[198]　Case C – 291/05 *Minister voor Vreemdelingenzaken en Integratie v Eind*［2007］ECR I – 10719.

　　[199]　Case 267/83 *Diatta v Land Berlin*［1985］ECR 567.

　　[200]　Case C – 370/90 *R v Immigration Appeal Tribunal*，*ex p Secretary of State for the Home Department*［1992］ECR I – 4265.

包括没有欧盟国家国籍的配偶。欧洲法院在这些案件中裁定，即使配偶已经分居，或者已经取得暂准离婚令（decree *nisi* of divorce），但在婚姻形式仍然存续，而且事实上尚未解除婚姻关系的情况下，欧盟劳动者没有工作的配偶并未失去居住权。欧洲法院还在"鲍姆巴斯特案"（*Baumbast*）中裁定，即使是在离婚之后，如果其子女（无论是否拥有欧盟成员国国籍）正在根据该条例第 10 条行使受教育权，而且离婚后该配偶是其主要监护人，那么，根据欧盟法，该配偶仍有权继续在东道国居住。[201] 此外，在"奥吉里亚基案"（*Ogieriakhi*）中，欧洲法院裁定，非欧盟成员国国民在与其欧盟配偶分居而与另一伴侣共同居住的时间里仍然有资格获得永久居住权。[202]

现在，《第 2004/38 号指令》第 13 条第 1 款规定，即使是在离婚、婚姻无效，或者结束注册伴侣关系之后，欧盟成员国国民的家庭成员所拥有的居住权不会受到影响。第 13 条第 2 款规定，如果其家庭成员是非欧盟成员国国民，那么，在如下情况下，不会失去其居住权：（1）婚姻或注册伴侣关系至少持续了 3 年，其中包括在东道国居住了至少 1 年；（2）无欧盟国家国籍的配偶拥有其子女（子女为欧盟公民）的监护权；（3）该配偶的居住权由于存在特别困难的情况而得以保证，例如，曾经在婚姻或伴侣关系存续期间遭受家庭暴力；或者，（4）无欧盟国家国籍的配偶或伴侣有权探视年幼子女，而且有法院曾经裁定，探视行为必须发生在东道国，但仅限于该法院规定的期限里。

第 13 条规定，作为家庭成员的非欧盟成员国国民将在专属于个人的基础上保留居住权，而且如果他们想要继续保留永久居住权资格，他们就必须表明自己是劳动者或自营职业者，或者拥有足够的经济来源以避免成为东道国的负担，而且拥有东道国的综合疾病保险。《第 2004/38 号指令》第 35 条明确规定，如果婚姻关系仅仅是权宜婚姻或者虚假婚姻，那么配偶就不再能获得居住或社会优待的任何权利。[203]

---

[201]　Case C - 413/99 *Baumbast*（n 190）.

[202]　Case C - 244/13 *Ogieriakhi* EU：C：2014：2068.

[203]　Case C - 109/01 *Akrich*（n 136）[57] - [58]. See also COM（2013）837（n 1）.

六　内国情形中的家庭成员

欧洲法院对所谓"完全内国情形"采取的立场招致了学术界的大量批评。[204] 在"桑德斯案"[205] 中，欧洲法院裁定，成员国国民不能在其本国依据第45条对限制自由流动的措施提出异议，因为该情形与联盟法没有联结点。该判例对"莫森案"（*Morson*）[206] 造成了严重影响。在该案中，欧洲法院裁定，两名在荷兰工作的荷兰国民没有权利让国籍为苏里南的父母进入荷兰与他们共同居住。如果他们是其他任何成员国的国民且在荷兰工作，那么他们就有权按照《第2004/38号指令》第2条（当时的《第1612/68号条例》第10条）让其父母与他们一同在荷兰居住。然而，因为他们是在本国工作的国民，"从未在共同体内行使自由流动权"，因此不拥有共同体法框架下的权利。[207]

在"于克尔案和雅凯案"（*Uecker and Jacquet*）中，这一立场得到了肯定，尽管提交该案的德国法院希望欧洲法院推翻其先前立场。[208] 在该案中，有两名非欧盟成员国国民来到德国与其配偶生活，其配偶都是在德国居住和工作的德国国民。他们援引《第492/2011号条例》第7条，主张在就业中获得与德国国民同等的待遇，但欧洲法院重申了其关于"完全内国情形"的立场，尽管德国法院认为，由此产生的反向歧视与"向欧洲联盟迈进的共同体的这一根本原则"相冲突。[209]

在"辛格案"（*Singh*）中，一名印度国民娶了一名英国国民，婚后随妻子一起到了德国，双方都在德国工作几年之后返回英国。尽管英国主张，管辖这种情况的是成员国法而不是欧盟法，但欧洲法院认为，由于他

---

[204]　N Nic Shuibhne, 'Free Movement of Persons and the Wholly Internal Rule: Time to Move On?' (2002) 39 CMLRev 731; C Ritter, 'Purely Internal Situations, Reverse Discrimination, *Guimont*, *Dzodzi* and Article 234' (2006) 31 ELRev 690; C Dautricourt and S Thomas, 'Reverse Discrimination and Free Movement of Persons under Community Law: All for Ulysses, Nothing for Penelope?' (2009) 34 ELRev 443.

[205]　Case 175/78 *Saunders* (n 87); Case C-212/06 *Government of Communauté française and Gouvernement wallon* (n 77) [33]; Case C-127/08 *Metock* (n 87) [76]–[78]; Case C-165/16 *Lounes* EU: C: 2017: 862, [32]–[37].

[206]　Cases 35 and 36/82 (n 89).

[207]　Ibid [17].

[208]　Cases C-64 and 65/96 *Uecker* and *Jacquet* (n 88).

[209]　Ibid [22].

们在另一成员国工作过一段时间，这一点非常重要，并且使辛格能够主张作为欧盟劳动者配偶的权利。

英女王代表内务部国务大臣诉移民上诉法庭和苏林德·辛格

Case C −370/90 R v Immigration Appeal Tribunal and Surinder Singh,

ex parte Secretary of State for the Home Department

[1992] ECR I −4265

欧洲法院

19. 如果成员国国民为了从事一项作为被雇用人员或自营职业者的活动而回到其国籍国，但并没有获得至少与其依照条约或二级立法可在其他成员国的领土享有的相当的入境和居住条件，那么，在这种情况下，成员国国民可能就不会离开其国籍国，以便像条约所预见的那样在其他成员国领土上从事作为被雇用人员或自营职业者的活动。

20. 特别是，如果他的配偶和子女也不被允许按照至少与共同体法赋予他们的在另一成员国领土入境和居住的条件，进入并在其国籍国的领土居住，那么，他就可能不会在另一成员国就业或从事自营职业。

在后来的案件中，欧洲法院驳回了认为存在任何"滥用权利"的主张。在该案中，一对夫妇临时迁往另一成员国工作，目的是规避"内国情形"问题，同时为非欧盟成员国国民取得其配偶的国籍国的一些权利。⑳在"梅托克案"（*Metock*）中，欧洲法院裁定，《第 2004/38 号指令》第 2 条和第 3 条适用于具有如下情形的非成员国国民，即她是某联盟公民的配偶，该联盟公民在另一成员国居住，但他并没有该成员国的国籍，但是，不管其配偶是陪伴该欧盟公民一起居住，还是后来才与其团聚；不管他们什么时候、在哪里结婚，也无论非欧盟成员国国民是如何进入东道国的，

---

⑳ Case C −109/01 *Akrich* (n 136) [55] − [56].

上述条款均适用。[211]

最后，在"S&G 案"中，欧洲法院将其在"卡彭特案"（*Carpenter*）[212] 中的论证从服务自由流动背景下"移植"到劳动者自由流动这一背景。它裁定，成员国必须给予作为该成员国国民家庭成员的第三国国民以居住权，因为该劳动者在从事职业活动期间被要求定期去往另一成员国，而如果拒绝给予其家庭成员居住权则有可能妨碍该劳动者的自由流动权。[213]

七　《第 2014/54 号指令》

在就如何弥合欧盟劳动者在理论上拥有的权利与在实践中实现这些权利之间的鸿沟进行了广泛咨询和讨论之后[214]，欧盟通过了《关于促进行使劳动者自由流动背景下赋予劳动者权利的措施的第 2014/54 号指令》。[215] 该指令的适用范围与《第 492/2011 号条例》相同，而且其解释性备忘录宣称，其目的并不是为移民劳动者创设新的权利，而是引入旨在减少歧视并使现有权利更加有效的机制。为此目的，该指令聚焦于三项主要策略，其目的在于改善执行情况，并且在很大程度上借鉴了反歧视领域的现行欧盟指令。首先，它要求曾受到歧视，或者自身权利没有得到尊重的移民劳动者可按照与该国国民相同的条件，通过司法程序执行其权利，并且可以得到社会伙伴或其他相关机构的帮助。[216] 其次，该指令要求成员国在国家层面指定一个或多个机构（可以是现有机构，也可以是新成立的机构），向欧盟移民劳动者及其家庭成员提供帮助，包括提供法律建议，履行内部协

---

[211]　Case C – 127/08 *Metock*（n 87）［81］－［89］；Case C – 94/18 *Chenchooliah* EU：C：2019：693，［58］－［65］.

[212]　Case C – 60/00 *Carpenter v Home Secretary*［2002］ECR I – 6279.

[213]　Case C – 457/12 *S & G* EU：C：2014：136.

[214]　See Commission report VC/2011/0476，'Study to analyse and assess the socio-economic and environmental impact of possible EU initiatives in the area of freedom of movement for workers，in particular with regard to the enforcement of current EU provisions'（2011），and Commission Staff Working Document，SWD（2013）149 final.

[215]　Directive 2015/54 on measures facilitating the exercise of rights conferred on workers in the context of freedom of movement of workers［2014］OJ L28/8. 有意思的是，在该指令通过之前发表的一份工作文件解释说，由于存在着"给公司造成不相称的成本"这一风险，尽管是可作为提案的最有效选项，即直接向公司施加一项积极制止歧视的义务，但并未被采纳，SWD（2013）149，［7.6］.

[216]　《第 2014/54 号指令》第 3 条。

调职责，以及承担作为联络点的功能，并与其他成员国的类似联络点开展合作。[217] 最后，该指令要求就《欧洲联盟运行条约》第 45 条和《第 492/2011 号条例》赋予的权利以及如何将这些权利适用于国内背景等问题提供更好的信息，同时促进与社会伙伴和非政府组织之间的对话。[218]

第八节 《第 2004/38 号指令》：以公共政策、安全和卫生为由施加限制

一 三层保护

对于成员国以"公共政策、安全或卫生"（public policy, security, or health）为由对入境权与居住权施加的限制，《第 2004/38 号指令》第 27—33 条予以规范。这些条款废除并取代先前《第 64/221 号指令》，并且融入了欧洲法院的许多相关判例法。

针对以公共政策、安全或卫生为由"驱逐出境"，《第 2004/38 号指令》还引入了三个层面的保护：（1）对欧盟法涵盖的所有个人提供保护，即一般层面的保护；（2）对已经获得某成员国永久居住权的个人提供保护，即加强层面的保护；（3）对未成年人或已在东道国居住 10 年以上者提供的保护，即超强层面的保护。另外，该指令还简化了《第 64/221 号指令》先前提出的要求，使获得司法与行政救济程序成为强制性要求，并且取消了对成员国程序的比照。

二 第 27 条：一般原则

第 27 条第 2 款规定了行使这些例外的一般原则，具体规定为，以公共政策或安全为由通过的所有措施均须符合相称性原则，并且完全基于相关人员的个人行为。不得将公共政策、安全和卫生例外用于经济目的，过去的刑事定罪本身不构成采取此类措施的理由。此前，在"桑蒂洛案"（*Santillo*）中，该条款被解释为，只有在过去的刑事定罪以某种方式为当

---

⑰ 《第 2014/54 号指令》第 4 条。
⑱ 《第 2014/54 号指令》第 5 条、第 6 条。

前的威胁提供证据的情况下，才可以将其作为驱逐依据;⑲ 而且，在命令驱逐时成员国必须对上述威胁进行评估。⑳

第 27 条第 2 款纳入了欧洲法院在各个方面的判例法。遵循"布舍罗案"（*Boulchereau*）的原则㉑，该款规定，相关人员的个人行为必须意味着"对一项社会根本利益造成真正、当前和足够严重的威胁"。一般性预防措施或者孤立于案件特定事实的理由，都不能得到认可。㉒ "卡尔法案"（*Calfa*）判决特别阐明，禁止在不考虑相关个人是否造成任何特定威胁的情况下，对犯有特定罪行者进行自动驱逐。㉓

第 27 条第 3 款设定了时间期限，在欧盟成员国国民进入东道国之后的这一期限内，东道国可以查询其犯罪记录，其国籍国也可在该期限内提供相关信息，还规定不应将查询此类信息作为日常方式。第 27 条第 4 款规定，在被驱逐之后，其原籍国必须重新接纳该国民。

尽管如此，成员国仍然保留"公共政策例外"方面的自由裁量权，以及"公共安全例外"方面范围更小的自由裁量权，因为"诉诸公共政策这一概念作为正当理由的特定情形，可能因时、因地有所不同"㉔。欧盟法并未施加"统一的价值评估尺度"㉕。

三　第 28 条：驱逐出境

有大量源自于早期《第 64/221 号指令》的判例法，涉及在哪些情况下成员国可以公共政策或安全为由驱逐欧盟成员国国民或其家庭成员。

---

⑲　在"布舍罗案"（*Boulchereau*）中，欧洲法院还建议，仅仅依靠过去的行为，而不是未来行为的可能性，有可能足够表明某人对公共政策构成"当前"威胁，参见 Case 30/77 *Boulchereau* ［1977］ECR 1999.

⑳　Case 131/79 *Santillo* ［1980］ECR 1585；Case C –441/02 *Commission v Germany* ［2006］ECR I –3449.

㉑　Case 30/77 *Boulchereau* （n 219）.

㉒　Case 67/74 *Bonsignore* ［1975］ECR 297；Cases 115 and 116/81 *Adoui and Cornuaille* ［1982］ECR 1665；Case C –340/97 *Nazli v Stadt Nürnberg* ［2000］ECR I –957；Cases C –482 and 493/01 *Orfanopoulos v Land Baden-Württemberg* ［2004］ECR I –5257；Case C –441/02 *Commission v Germany* （n 220）；Case C –383/03 *Dogan v Sicherheitsdirektion für das Bundesland Vorarlberg* ［2005］ECR I –6237；Case C –503/03 *Commission v Spain* ［2006］ECR I –1097.

㉓　Case C –348/96 *Calfa* ［1999］ECR I –11.

㉔　Case 41/74 *Van Duyn v Home Office* ［1974］ECR 1337，［18］.

㉕　Case C –268/99 *Jany* （n 23）.

在"范杜恩案"中，欧洲法院裁定，为了说明成员国限制性行动具有正当理由，即以公共政策和安全为由对某个组织的非本国国民成员采取限制性行动，成员国不一定要将已认为其行为具有社会危害的某个组织定罪，在本案中该组织为科学教（Church of Scientology）。[226] 该判决颇具争议，因为它似乎授权成员国针对欧盟移民的行为采取高压措施，而东道国国民的此类行为则不会招致任何限制。

后来的一些案例强调，在被指控对公共政策和公共安全造成威胁的情况下，本国国民和非本国国民受到的待遇必须具有某种可比性，即使不是完全平等。在"阿德维和科努瓦耶案"（Adoui and Cornuaille）[227] 中，欧洲法院裁定，如果本国国民的同等行为不会导致成员国实施旨在打击此类行为的措施，该案为涉嫌卖淫，那么，该成员国就不得以该行为为理由，将另一成员国的国民驱逐出境，或者拒绝其入境。同样，在"鲁蒂利案"（Rutili）中，虽然可以出于公共政策或公共安全原因向欧盟成员国国民施加地域限制的部分措施，并未驱逐其出境，但其限制程度仅可等同于可能对本国国民施加的措施。[228]

欧洲法院在"奥拉扎巴尔案"（Olazabal）中曾裁定，成员国没有必要对本国国民和非本国国民采取完全相同的措施[229]，而且在不能向本国国民施加地域限制的情形下可以向欧盟移民劳动者施加这种限制，但现在这一点可能已被《第 2004/38 号指令》推翻。[230] 但欧洲法院在该案中还裁定，如果本国国民的相同行为不会导致惩罚性措施或者其他旨在打击此类行为的真正和有效措施，那么，该成员国就不能对其他成员的国民采取这类措施。

《第 2004/38 号指令》第 28 条对受驱逐令约束的个人提供实体性和程序性保护。第 28 条第 1 款基于现行判例法，诸如"奥法诺普洛斯案"

---

[226] Case 41/74 *Van Duyn* (n 224).

[227] Cases 115 and 116/81 (n 222)；Case C–268/99 *Jany* (n 23).

[228] Case 36/75 *Rutili* [1975] ECR 1219.

[229] Case C–100/01 *Ministre de l'Interieur v Olazabal* [2002] ECR I–10981；Cases C–65 and 111/95 *Shingara and Radiom* [1997] ECR I–3341.

[230] 《第 2004/38 号指令》第 22 条规定："只有在地域限制也适用于其本国国民的情况下，成员国才可以对居住权和永久居住权施加同样的地域限制"。

(*Orfanopoulos*)的判决[20]，以及欧洲人权法院判例法。[22] 它规定，成员国在以公共政策或安全为由做出驱逐决定之前，必须"考虑以下因素，例如，相关个人在该国境内居住了多久；其年龄；健康状况；家庭与经济情况；社会和文化方面融入东道国的程度，以及其与原籍国的联系程度"。

第 28 条第 2 款规定加强层面的保护，保护对象是欧盟公民及其已经获得永久居住权且不论其国籍的家庭成员，它规定只有出于公共政策或公共安全方面的"严重理由"（serious grounds），才可以驱逐他们。"严重理由"这项要求是在第 27 条第 2 款确立的涵盖所有人的一般要求基础上提出的附加要求，而第 27 条第 2 款规定，拟被驱逐者的个人行为必须构成"对一项社会根本利益造成足够严重的威胁"。

第 28 条第 3 款规定更加严格层面的保护，保护对象是未成年人[23]，或者已经在东道国居住 10 年以上的欧盟公民及其家庭成员，它规定只有出于"公共安全方面的强行性理由"（imperative grounds of public security），才能做出驱逐决定。

在"察库里季斯案"（*Tsakouridis*）中，欧洲法院对该指令第 27 条和第 28 条进行解释，并阐释了合法驱逐必须满足的条件。[24]

巴登—符腾堡州诉帕纳约蒂斯·察库里季斯

Case C–145/09 Land Baden-Württemberg v Panagiotis Tsakouridis

［2010］ECR I–11979

欧洲法院

39. 提请初步裁决的成员国法院本质上想了解，与毒品交易有关

---

[20] Cases C–482 and 493/01（n 222）; Case 36/75 *Rutili*（n 228）; Case C–459/99 *MRAX*（n 134）; Case C–50/06 *Commission v Netherlands*［2007］ECR I–4383.

[22] 例如，App No 54273/00 *Boultif v Switzerland*，2 Aug 2001（欧洲法院在"奥法诺普洛斯案"中就援引了该案判决）; App No 47160/99 *Ezzouhdi v France*，13 Feb 2001.

[23] 除非该驱逐措施是为实现 1989 年《联合国儿童权利公约》中规定的儿童的最大利益所采取的必不可少的行动。

[24] See also Cases C–316 and 424/16 *Vomero* EU：C：2018：256; Case C–331/16 *K* EU：C：2018：296.

的有组织刑事犯罪是否以及在何种程度上可以涵盖在《第2004/38号指令》第28条第3款中……"公共安全方面的强行性理由"这一概念，或者是第28条第2款中……"公共政策或公共安全方面的严重理由"这一概念。

40. 从《第2004/38号指令》第28条的措辞和框架中可以推论，……通过要求该指令第28条第3款所指情况下的所有驱逐措施均须服从存在公共安全的"强行性理由"这一前提，这一概念比第28条第2款意义上的"严重理由"严格得多，欧洲联盟的立法机构显然希望将基于第28条第3款的措施仅限于"例外情形"，正如该指令序言第24段所述。

41. "公共安全方面的强行性理由"这一概念不仅假设存在对公共安全的威胁，而且假设这种威胁的程度极其严重，使用"强行性理由"一词正反映了这一点。

42. 正是在上述背景下，还应对《第2004/38号指令》第28条第3款中的"公共安全"概念进行解释。

43. 就公共安全而言，本法院曾裁定，它既包含成员国的内部安全，也包括其外部安全。……

44. 本法院还曾裁定，对机制和基本公共服务运行的威胁，对民众生存的威胁，以及对外交关系或国家和平共处造成严重干扰的风险，或者军事利益的风险，都可能会影响公共安全。……

45. 这并不意味着，诸如打击与毒品交易有关的有组织刑事犯罪等目标必然被排除在该概念之外。

46. 作为有组织集团的一部分从事毒品交易是一种影响广泛的犯罪形式，具有可观的经济和运营资源，并且往往具有跨国联系。……

47. 由于吸毒代表着个体的一种严重恶行，而且与对人类的社会威胁和经济威胁交织在一起，……贩毒作为有组织团体的一部分，其严重程度可能直接威胁到全部或者大部分人口的安宁和人身安全。

……

49. ……驱逐措施必须以对具体案件的个别审查为基础（特别参考 *Metock and Others* 判决第74段），并且只有在下列情况下才能以《第2004/38号指令》第28条第3款意义上公共安全方面的强行性理由作为正当理由，即考虑到此种威胁的异常严重性，这种措施对于保护其旨在确保的利益是必不可少的，前提是该目标无法通过不那么严厉的方式实现，同时考虑到联盟公民在作为东道国的成员国的居住时间长短，特别是这种措施可能对已经真正融入东道国的联盟公民造成的严重负面影响。

50. 在适用《第 2004/38 号指令》时，特别需要注意的是，必须在如下两个方面达成平衡：一方面是相关人员的个人行为对公共安全造成的威胁所具有的例外性质——如有必要，需要在做出驱逐决定时对其威胁进行评估，……特别要参照可能施加的惩罚和判决、参与犯罪活动的程度，以及在适当情况下再次犯罪的风险；……另一方面是有可能妨碍已经真正融入东道国的联盟公民回归社会这一风险。

51. 在上述复杂因素中，必须将已经做出的判决作为考量因素。如果没有考虑到前一段所阐述的因素——这一点应由成员国法院核实，那么，尽管成员国法有此规定，但被判 5 年监禁这一事实也不能成为做出驱逐决定的理由。

52. 在进行上述评估时，必须考虑到本法院必须确保尊重的那些基本权利，……特别是《欧洲联盟基本权利宪章》第 7 条和《欧洲保护人权和基本自由公约》第 8 条规定的尊重私人与家庭生活的权利。……

53. 为了评估拟采取的干预与所追求的合法目标是否符合相称性，在本案中合法目标是保护公共安全，必须特别考虑以下因素：所犯罪行的性质与严重程度；相关人员在作为东道国的成员国居住的时间长短；距犯罪行为发生过去了多长时间，以及有关人员在此期间的行为；相关人员与作为东道国的成员国之间的社会、文化和家庭联系。对于在作为东道国的成员国合法度过大部分甚至全部童年和青年时期的联盟公民，必须提出很好的理由来证明驱逐措施的正当性。……

四 第 29 条：公共卫生

第 29 条第 1 款规范公共卫生要求，并且收紧了原先《第 64/221 号指令》中的条款。它规定，唯一可作为说明限制自由流动的措施具有正当性的疾病，是世界卫生组织界定的具有大流行潜力的疾病，以及适用于东道国国民的保护法规中所包含的其他传染病或传染性寄生虫病。第 29 条第 2 款规定，在抵达东道国 3 个月之后发生的疾病不能构成驱逐理由。

第 29 条第 3 款引入了一项新规定，其目的显然是打击某些成员国对居住权的受益人进行医学检查的实践。它规定，在有"严重迹象表明有此必要的情况下，成员国可在有居住权的人员抵达之日起 3 个月之内，要求其接受免费医学检查，以便核验他们没有遭遇第 1 款所述的任何情况"。第 29 条第 3 款还进一步规定，不能将此类医疗检查作为一项常规要求。

五　第 30 条：关于决定的通知事宜

第 30 条涉及将决定通知相关个人这一事宜。第 30 条第 1 款纳入了"阿德维和科努瓦耶案"（*Adoui and Cornuaille*）[225] 裁决，规定必须以能够让当事人理解决定的内容和影响的方式将决定告知相关人员。[226] 以"鲁蒂利案"[227] 裁决为基础，第 30 条第 2 款规定，相关人员有权获知与决定依据的理由有关的全部确切信息，除非这样做违反公共安全。第 30 条第 3 款要求，通知书应向相关个人提供下列信息：如何上诉；应向哪个行政机构或法院提起申诉或上诉；上诉的期限；允许该人员离开该国领土的期限。它规定，除非紧急情况，否则允许离境的期限不得少于自通知之日起 1 个月。这一最低期限要求的目的是让该个人有时间履行提起上诉的必要手续。

六　第 31 条：程序保障

《第 2004/38 号指令》第 31 条建立在第 30 条的基础上，它规定了程序保障，对先前立法和由其引发的复杂判例法进行了简化。[228] 第 31 条第 1 款规定，对于以公共政策、公共安全或公共卫生为由做出的不利决定，"有权诉诸东道国司法救济程序，或者适当情况下的行政救济程序，提出针对该决定的上诉或者寻求对其复审"。

第 31 条第 2 款规定，在遵守三种特殊例外的前提下，自动中止执行一项不利措施，直到就个人申请中止执行该措施的临时命令做出决定为止。

---

[225]　Cases 115 and 116/81（n 222）.

[226]　Case C – 184/16 *Petrea* EU：C：2017：684.

[227]　Case 36/75 *Rutili*（n 228）.

[228]　Case 48/75 *Royer*（n 39）；Case C – 175/94 *Gallagher*［1995］ECR I – 4253；Case 131/79 *Santillo*（n 220）；Case C – 357/98 *Yiadom*［2000］ECR I – 9265；Case C – 136/03 *Dorr v Sicherheitsdirektion für das Bundesland Kärnten*［2005］ECR I – 4759.

第 31 条第 3 款纳入"阿德维和科努瓦耶案"裁决⑨，规定司法或行政救济程序不仅必须审查相关决定的合法性，而且要审查作为该决定依据的事实，其目的是在考虑到包括第 28 条第 1 款列举的人权标准等因素之后确保该措施的相称性。

第 31 条第 4 款建立在"佩卡斯坦案"（*Pecastaing*）⑩ 的基础上。它规定，成员国可以在救济程序未决期间将个人驱逐出本国领土，但不能阻止个人亲自提交辩护，除非这种到场可能导致严重的公共政策或公共安全困难，或者上诉涉及的是拒绝入境。

七　第 32—33 条：驱逐令的期限与驱逐

第 32 条处理驱逐令的执行期限，它反映了"阿德维和科努瓦耶案"⑪ 以及"卡尔法案"⑫ 裁决的不同方面。第 32 条规定，如果某人以公共政策或公共安全为由被有效驱逐，他们可以通过主张构成其被驱逐理由的情势已经发生实质性变化，在不晚于最终驱逐令被执行之后的 3 年之内，在合理期限结束后申请取消该驱逐令。成员国必须在 6 个月之内对此类重新接纳申请做出决定，但在成员国考虑该申请的期间，申请人无权进入该国领土。

第 33 条第 1 款引入了一项新规定。它规定东道国不能将签发驱逐令作为惩罚，或者作为监禁判决的法律后果，除非符合第 27—29 条所规定的条件，即该人员的行为构成足够严重的威胁，等等。最后，第 33 条第 2 款规定，如果驱逐令在签发之后超过 2 年才开始执行，该成员国必须审查相关人员是否仍然构成对公共政策或公共安全的真正威胁，并且必须评估，自最初驱逐令签发之后，情势是否已经发生了实质性变化。

第九节　自由流动：政治与经济矛盾

劳动者自由流动对于在经济上实现内部市场至关重要，而在社会层面

---

⑨　Cases 115 and 116/81 (n 222).

⑩　Case 98/79 *Pecastaing v Belgium* [1980] ECR 691.

⑪　Cases 115 and 116/81 (n 222)，涉及终身驱逐令。

⑫　Case C–348/96 (n 223).

也同样重要。然而，毫无疑问，劳动者自由流动在近年来受到了特别猛烈的抨击，因为欧洲的经济衰退导致某些国家，尤其是英国[243]面临着从根本上质疑自由流动的政治压力，尤其是强调欧盟扩大的影响以及对"福利旅游"的担忧。[244] 这导致2016年出台一项决定，该决定修改了自由流动法的适用，作为英国试图重新谈判其成员身份条款的一部分。由于英国在公投中脱欧，该决定从未实施。尽管如此，该决定所包含的妥协表明欧盟法律秩序在劳动者自由流动方面存在着更广泛的矛盾，如下面的摘录所示。

尼克·希弗内：《在不平等的欧洲将劳动者自由流动与平等待遇重新联结》[245]

　　本文认为，首先，争取最大可能的自由流动是一项合理的志向，但它作为一个具有法律约束力的门槛，却不太容易将欧盟劳动者的权利维持到将来。我们经常说"促进"自由流动，但《欧洲联盟条约》第3条第2款要求的是"确保"。其次，我们必须认真对待如何改变欧盟法律。并非所有的法律渊源都具有同等的法律重要性；法律框架的所有前提并非都可以一起推翻或不做修改地移植到不同的背景中，特别是当这会导致根本性和系统性的变化时。2016年决定中的提议形成了一套混合的法律原则，以对政治上同意的修正案进行明显合理的说明。自由流动法不是一成不变的，但它形成了一个系统——一个在某些方面部分相互紧密联结但在其他方面却大相径庭的系统。2016年决定不仅对该制度的一个或几个部分提出挑战，而且对该制度的几乎所有部分都提出挑战；如果它生效，它将最深刻地颠覆平等待遇。

　　……

---

[243]　英国脱欧运动在很大程度上就是因为英国民众担忧自由流动的影响。这些担忧实际上是没有根据的。英国经济从流入的欧盟移民中获得了显著的净收益，参见 www. ucl. ac. uk/news/news‐articles/1114/051114‐economic‐impact‐EU‐immigration；C Dustmann and T Frattini，'The Fiscal Effects of Immigration to the UK'（2014）124 Economic Jnl F593.

[244]　2015年1月欧盟轮值主席国拉脱维亚组织了主题为"作为基本原则的欧洲自由流动权面临威胁"的会议。某些背景文件参见 www. eesc. europa. eu/？i = portal. en. events‐and‐activities‐eu‐free‐movement.

[245]　N Nic Shuibhne，'Reconnecting Free Movement of Workers and Equal Treatment in an Unequal Europe'（2018）43 ELRev 477，509. 原文中"质量"一词是斜体，中译文用引号加以标示。

总体而言，我们必须更开放地面对自由流动权目标的适应性、可持续性和"质量"。同时，在法律改革进程中必须注意欧盟法律的完整性。挑战在于，在明显需要的地方重新认识自由流动权，但在这样做时不要忽视更广泛欧盟法律体系的原则和结构。……

政治上的矛盾反映了困扰欧盟劳动力市场的更广泛的经济矛盾，正如以下摘录所示，而新冠疫情又加剧了这种矛盾。

2018 年度欧洲就业和社会发展回顾㉖

经济复苏伴随着劳动力市场成果和社会状况的改善。尤其如此的是，劳动力市场表现或社会状况历来面临着挑战的人口群体（青年），或者从劳动力市场参与率较低的职位稳步过渡的人口群体（妇女和老年劳动者）。尽管在欧盟劳动力市场和社会层面，成员国之间的差异持续存在并且有时很显著，但人们的工作收入在过去三年中持续增加，加上社会转移支付，导致家庭可支配收入增加。欧盟的贫困或社会排斥风险也从 2012 年的峰值稳步下降，但在危机背景下，到 2020 年使 2000 万人摆脱贫困的目标尚未取得进展。更大幅度的下降可以在严重的物质匮乏的情况中观察到，这种情况在几乎所有成员国都已减少。

尽管如此，一些发展情况表明还有进一步改进的空间。劳动力市场的新生力量并没有伴随着人均工作时数的恢复，这种恢复在危机之前一直处于长期下降趋势。生产率增长仍然相对温和。在过去的几年里，欧盟的不平等和经济贫困也相当稳定。

在此背景下，全球化、技术转型和人口老龄化的大趋势推动了欧洲劳动力市场和社会的重要结构性变化。……与其他发展一起，全球化和技术变革可能会进一步推动"资本深化"并促进非标准工作形式的兴起。不应低估这些结构性趋势的好处，例如平稳调整劳动力需求中潜在冲击的可能性，实现工作与生活更好地平衡，克服就业流动障

㉖ Employment and Social Developments in Europe, Annual Review 2018, https：//ec. europa. eu/ employment_ social/empl_ portal/publications/Esde2018/index. html.

碍，以及创造更多的高技能工作机会的可能性。随之而来的风险也不应该低估，例如减少就业，或者可能导致更严重的市场收入不平等。在最大限度地减少后者的同时，为取得前者，需要对欧盟人力资本的技能提升和再培训进行投资。……

……

工作的异质性越大，就业和自营职业之间的界限就越模糊，职业也越碎片化，往往与非标准工作相关的收入流也越难预测，所有这些都给社会保护体系带来了额外的挑战，其中大多数体系的结构都不能适应与非标准工作日益复杂的相关风险。此外，非标准工作与人口老龄化可能会侵蚀社会保护体系的融资基础，需要重新思考这些融资的传统方式。……

本次年度回顾中所分析的证据表明，新技术作为创造就业的引擎带来了巨大利益，具有重要意义的是需要重新设计社会福利以维持民众整个生命过程，并且由此增强欧盟的经济竞争力和社会韧性。事实上，社会福利可以是一项生产性投资，前提是它允许个人承担风险，将资源用于学习（新）技能并应对不断变化的工作需求。因此，配备了更好教育和技能的这艘"新船"以及社会保护的"现代救生衣"，欧洲劳动力可以得到提升，而不是被不断上升的全球化、技术变革和老龄化浪潮所淹没。

第十节 结论

一 无论是在经济意义还是社会意义方面，劳动者自由流动都对欧盟具有核心重要性。这一点反映在对第45条所包含的基础权利进行充实的立法、欧洲法院一贯坚持的对条约条款的目的性解释，以及为了实现欧盟在该领域的目标而通过的立法等方面。这也反映在欧盟委员会以及其他机构近年来通过的大量倡议之中，其目的是"弥合执法漏洞"，并且努力在实践中更有效地实施劳动者自由流动。

二 《第2004/38号指令》涵盖所有欧盟公民，而不仅仅是劳动者，它对先前关注这一主题的大多数立法进行了合并、简化和替代。该指令融入了欧洲法院的扩张性判例法，它加强了移民劳动者的实体性权利和对他们的程序性保护，扩大了受保护的家庭成员的类型，并且收紧了成员国可减损适用或限制自由流动权利的情形。它还引入了永久居住权，以及允许成员国在出现滥用或诈欺时限制此项权利的规定。

三　自由流动法的扩大不可避免地导致了与成员国之间的矛盾。对边境以及入境的控制对成员国一直很敏感，而且涉及自由流动法强制性的法律论证并未消除其中一些裁决在成员国当中引起的政治不安。

四　欧盟委员会在绝大多数情况下对这些质疑都做出了强有力的回应，它否认一个国家福利补助的慷慨程度与进入该国的移民数量之间存在着任何联系，并且捍卫欧盟扩大后的自由流动，强调自由流动给所有欧盟国家带来的经济利益与其他利益。[247] 与此同时，欧盟委员会也承认各国的一些关切，并且承诺帮助它们解决由自由流动带来的实际问题，例如社会保障协调、社会融入和贫困带来的挑战等，并且脚踏实地地适用自由流动规则。已经引入了包括《第2014/54号指令》在内的新立法，其目的在于推动现有权利的实施，同时引入了一些立法，旨在改进就业服务网络，帮助劳动者在其他成员国找到工作。[248]

第十一节　扩展阅读

一　专著

Barnard, C, *The Substantive Law of the EU: The Four Freedoms* (Oxford University Press, 6th edn, 2019)

Carlier, J-Y, and Guild, E (eds), *The Future of Free Movement of Persons in the EU* (Bruylant, 2006)

Koutrakos, P, Nic Shuibhne, N, and Syrpis, P (eds), *Exceptions from EU Free Movement Law: Derogation, Justification and Proportionality* (Hart, 2016)

---

[247] COM (2013) 837, fn 23, 该文件引用了近期的大量实证研究来支持这两项主张。

[248] Reg 2016/589 (n 156).

Paju, J, *The European Union and Social Security Law*（Hart, 2017）

Rogers, N, and Scannell, R, *Free Movement of Persons in the Enlarged European Union*（Sweet & Maxwell, 2nd edn, 2012）

Weiss, F, and Wooldridge, F, *Free Movement of Persons within the European Community*（Kluwer, 2nd edn, 2007）

White, R, *Workers, Establishment and Services in the European Union*（Oxford University Press, 2004）

二 论文

Carrera, S, 'What Does Free Movement Mean in Theory and in Practice in an Enlarged EU?'（2005）11 ELJ 699

Costello, C, '*Metock*: Free Movement and "Normal Family Life" in the Union'（2009）46 CMLRev 587

Dautricourt, C, and Thomas, S, 'Reverse Discrimination and Free Movement of Persons under Community Law: All for Ulysses, Nothing for Penelope?'（2009）34 ELRev 433

Jansson, MS and Kalimo, H, '*De Minimis* Meets "Market Access": Transformations in the Substance—and the Syntax—of EU Free Movement Law?'（2014）51 CMLRev 523

Nic Shuibhne, N, 'Reconnecting Free Movement of Workers and Equal Treatment in an Unequal Europe'（2018）43 ELRev 477

——and Maci, M, 'Proving Public Interest: The Growing Impact of Evidence in Free Movement Case Law'（2013）50 CMLRev 965

O'Leary, S, 'The Free Movement of Persons and Services' in P Craig and G de Búrca（eds）, *The Evolution of EU Law*（Oxford University Press, 2nd edn, 2011）ch 17

Tryfonidou, A, 'In Search of the Aim of the EC Free Movement of Persons Provisions: Has the Court of Justice Missed the Point?'（2009）46 CMLRev 1591

Weatherill, S, 'The Several Internal Markets'（2017）36 YEL 125

第二十三章　开业自由与提供服务的自由

第一节　核心议题

一　除了劳动者这一类型，以及公民这一更广泛的类型之外，《欧洲联盟运行条约》还有另外单独的两章，涉及在成员国之间永久或暂时流动的自营职业者（self-employed persons）。条约的这两章分别关于开业自由（freedom of establishment）和提供服务的自由（freedom to provide services）。

二　规制开业自由与服务自由流动（free movement of services）的核心原则均由《欧洲联盟运行条约》规定，并通过判例法得到发展。然而，诸多重要发展也是通过一些部门的二级立法取得的，诸如保险、公共采购、广播电视、金融服务、电子商务、电信，以及其他一些"具有普遍经济利益的服务"。在相冲突的情况下，条约优先于二级立法，这是宏观层面的规则；但除此之外，详细的二级立法与以条约为基础的广泛的一般原则这二者在特定背景下的关系并不总是清晰的。[①] 然而，除下文第三点提到的两个一般性指令之外，本章主要关注适用于每个部门的广义宪法原则，而不是具体部门二级立法的各种细节，尽管后者也很重要。

三　2005 年和 2006 年分别通过了与服务和开业有关的具有普遍意义的重要二级立法。2005 年，关于承认职业资格的一项修订指令，取代了先

---

① P Syrpis（ed），*The Judiciary, the Legislature and the EU Internal Market*（Cambridge University Press，2012）；P Syrpis，'The Relationship between Primary and Secondary Law in the EU'（2015）52 CMLRev 461.

前关于该议题的绝大多数立法。② 2006 年，在经过冗长且充满政治争议的激烈辩论之后，通过了一项关于内部市场服务的一般指令。③

四　《欧洲联盟运行条约》第 49—54 条（原《欧洲共同体条约》第 43—48 条）关于"开业自由"，要求取消对个人和公司在成员国维持永久或定居的经营场所（a permanent or settled place of business）相关权利的限制。开业（establishment）指"通过在另一成员国内的固定开业场所不设期限地实际开展经济活动"（the actual pursuit of an economic activity through a fixed establishment in another Member State for an indefinite period）。④ 在过去 30 年间，产生了一系列关于公司在欧盟内部流动的重要判例。⑤

五　《欧洲联盟运行条约》第 56—62 条（原《欧洲共同体条约》第 49—55 条）关于"服务自由流动"，要求在存在跨境因素的情况下，取消对在成员国之间提供服务所施加的限制。跨境因素可能发生在服务提供者未在其提供服务的国家开业，或者服务接受者旅行前往其开业地以外的成员国接受其服务。《欧洲联盟运行条约》第 56—57 条（原《欧洲共同体条约》第 49—50 条）范围内的服务流动也可以发生在服务提供者或接受者本身并未流动的情况下，例如通过远程通信或电子方式提供的服务。⑥

六　规范服务自由流动的条约条款具有剩余性质⑦，也就是说，仅在关于资本⑧、人员⑨或货物⑩的条款不适用的情况下才适用这些条款。尽管

---

② Directive 2005/36/EC on the recognition of professional qualifications〔2005〕OJ L255/22.

③ Directive 2006/123/EC on services in the internal market〔2006〕OJ L376/36.

④ Case C－221/89 *R v Secretary of State for Transport, ex p Factortame*〔1991〕ECR I－3905,〔20〕.

⑤ 参见本章第三节第三部分（二）。

⑥ Case C－384/93 *Alpine Investments BV v Minister van Financiën*〔1995〕ECR I－1141；Case C－36/02 *Omega Spielhallen-und Automatenaufstellungs-GmbH v Oberbürgermeisterin der Bundesstadt Bonn*〔2004〕ECR I－9609.

⑦ 有观点认为，欧洲法院事实上并未将服务作为其他几项自由的"剩余"，参见 V Hatzopoulos,'The Court's Approach to Services（2006－2012）：From Case Law to Case Load?'（2013）50 CMLRev 459.

⑧ Case C－423/98 *Albore*〔2000〕ECR I－5965.

⑨ 欧洲法院根据关于劳动者自由流动的第 45 条，而不是关于服务的第 56 条做出判决，参见 Case C－544/11 *Petersen* EU：C：2013：124,〔31〕-〔33〕.

⑩ 然而，在一起案件中，欧洲法院根据关于服务的第 56 条而不是关于货物的第 34 条做出判决，因为在该案中货物方面从属于服务方面的因素，参见 Case C－403/08 *Football Association Premier League* EU：C：2011：631,〔77〕-〔83〕.

如此，在诸如广播电视或电信等背景下，往往很难将货物与服务议题相区分⑪，而且，同一项成员国措施往往对多项条约自由产生影响。⑫

七　《欧洲联盟运行条约》第18条（原《欧洲共同体条约》第12条）中的非歧视原则是条约开业自由和服务自由流动这两章的重要方面。⑬但欧洲法院裁定，正如涉及其他几项内部市场自由一样，非歧视性的障碍表面上（*prima facie*）也属于相关条约条款的范围。⑭ "歧视性措施"（discriminatory measures）这一概念并未得到明确界定，歧视性与非歧视性措施这二者之间的区别往往并不明确。

八　条约规定了以公共政策、安全和卫生为由限制自由流动的正当理由。但欧洲法院裁定，正如与货物、劳动者和公民等情况一样，成员国可以援引其他的公共利益作为限制服务自由流动和开业自由的正当理由，其前提是限制性措施符合相称性。

九　近年来，服务领域的判例法数量增长尤其迅速。欧盟委员会大幅加快了推进服务部门自由化的步伐，并且取消了妨碍国家间服务贸易的诸多障碍。这引起了一些呼声，要求对特定部门制定更加具体的规定，以减轻欧洲法院的负担。⑮

第二节　开业、服务与人员的流动：核心特征

一　比较条约各章的异同

条约关于人员自由流动与服务自由流动的各章节之间，包括关于欧盟公民身份的条约条款在内，存在几处相似点。以国籍为基础的平等待遇原

---

⑪　Case C – 390/99 *Canal Satélite Digital v Administracíon General del Estado* [2002] ECR I – 607, [31] – [33]; Case C – 403/08 *Football Association Premier League* (n 10); Case C – 405/98 *Konsumentombudsmannen v Gourmet International Products* [2001] ECR I – 1795; T Dreier, 'Online and Its Effect on the "Goods" versus "Services" Distinction' (2013) 44 Int'l Review of Intellectual Property and Competition Law 137.

⑫　See, eg, Case C – 150/04 *Commission v Denmark* [2007] ECR I – 1163; Case C – 522/04 *Commission v Belgium* [2007] ECR I – 5701.

⑬　Case 2/74 *Reyners v Belgium* [1974] ECR 631, [15] – [16].

⑭　Case C – 55/94 *Gebhard* [1995] ECR I – 4165.

⑮　Hatzopoulos (n 7).

则是关于劳动者、服务以及开业（establishment）等相关条约条款的根本原则。⑯ 它们可类比之处在于，均要求对那些在行使自由流动权利之后在某成员国"定居"（settled）的人员给予平等待遇；⑰ 它们的基本区别在于，他们是以"被雇用者"还是"自营职业者"（self-employed persons）的身份从事工作。⑱

在涉及"外派劳动者"（posted workers）的案件明显可见"劳动者"（第45条）与"临时服务提供者"（第56条）之间的重叠。欧洲法院裁定："由在某个成员国开业的企业所雇用的劳动者，如果被临时外派到其他成员国提供服务，如果他们在完成工作之后回到其来源或居住国，那就不是寻求进入被派驻国的劳动力市场"⑲。

对于定期进入某成员国提供服务或者就在某成员国内提供定期服务的"自营职业者"，如果考虑在哪个阶段可以被认为与拟开业的国家具有充分联系，而不仅仅是提供服务，那么，开业与服务之间的相似性就非常明显。⑳ 在"格布哈特案"（Gebhard）中，欧洲法院考虑了区分在某成员国"临时提供服务"与"行使开业权"这两者的标准：㉑

25. 因此，条约意义上的开业这一概念非常宽泛，它允许共同体国民在稳定且持续的基础上，参与除来源国之外的其他成员国的经济生活并从中获利，从而在其作为自营职业者的活动领域，为共同体范围内的经济与社会相互渗透做出贡献［见"雷内尔案"（Reyners）第21段］。

---

⑯ Case 33/74 *Van Binsbergen v Bestuur van de Bedrijfsvereniging voor de Metaalnijverheid*［1974］ECR 1299, AG Mayras.

⑰ See, eg, Case C-345/05 *Commission v Portugal*［2006］ECR I-10633；Case C-104/06 *Commission v Sweden*［2007］ECR I-671.

⑱ AG Mayras in Case 2/74 *Reyners*（n 13）；Case C-107/94 *Asscher v Staatsecretaris van Financiën*［1996］ECR I-3089；Case C-268/99 *Jany v Staatssecretaris van Justitie*［2001］ECR I-8615,［68］-［70］.

⑲ Case C-49/98 *Finalarte Sociedade Construçao Civil v Urlaubs-und Lohnausgleichskasse der Bauwirtschaft*［2001］ECR I-7831,［22］-［23］.

⑳ Case 205/84 *Commission v Germany*［1986］ECR 3755,［22］；Case 33/74 *Van Binsbergen*（n 16）［13］；Case C-76/90 *Säger v Dennemeyer & Co Ltd*［1991］ECR I-4221, AG Jacobs.

㉑ Case C-55/94 *Gebhard v Consiglio dell'Ordine degli Avvocati e Procuratori di Milano*［1995］ECR I-4165.

26. 相反，如果服务提供者流动到另一成员国，关于服务的条约条款，特别是第60条第3段，预设他将在该国临时开展活动。

27. 正如佐审官所指出的，要判断所涉活动是否具有临时性质，不仅必须依据提供服务的时间长短，而且必须依据其规律性、周期性或持续性。提供服务的行为具有临时性质这一事实并不意味着，条约意义上的服务提供者不能在东道国自己配备某种形式的基础设施（包括办公室、会议室或咨询室），前提是这些基础设施是履行相关服务这一目的所必不可少的。

"开业"（establishment）的关键特征是，在"稳定和持续的基础"（stable and continuous basis）之上开展活动，以及在东道成员国境内开设职业基地（an established professional base）这一事实。[22] 就"提供服务"而言，相关活动是否具有临时性质，应通过参考其"周期性、持续性和规律性"予以判定，而且不会仅凭服务提供者在东道成员国为自己配备了某种形式的基础设施这一事实就认定为"已开业"（established）。[23] 2005年修订后的《承认职业资格的指令》采纳了欧洲法院关于开业和提供临时服务的区分标准。[24]

条约中开业和服务条款的基本目标是保护单一市场，并确保平等待遇。[25] 欧盟规则逐渐扩张，涵盖了对开业和服务的真正非歧视性的限制，越来越多地触及成员国社会和经济的敏感领域，并且往往强调去规制化，因此引起了很多争议。

二 纵向与横向直接效力

我们在第二十二章已经看到欧洲法院如何裁定第45条不仅对国家具有

---

[22] Case C–70/95 *Sodemare v Regione Lombardia* [1997] ECR I–3395；Case C–179/14 *Commission v Hungary* EU：C：2016：108，[148]；Case C–342/17 *Memoria Srl and Antonia Dall' Antonia v Comune di Padova* EU：C：2018：906，[44].

[23] Case C–215/01 *Schnitzer* [2003] ECR I–14847.

[24] Dir 2005/36 [2005] OJ L255/22，Art 5（2）.

[25] Case C–212/97 *Centros Ltd v Erhvervs–og Selskabsstyrelsen* [1999] ECR I–1459；Case C–55/94 *Gebhard*（n 21）；Case C–400/08 *Commission v Spain* [2011] ECR I–1915.

约束力，而且对私人具有约束力。㉖ 在服务领域，欧洲法院早在"瓦尔拉夫和科克案"中就裁定，条约规则不仅适用于"公权力机关的行为，而且同样扩大到其他任何性质的、旨在以集体方式规制有报酬的就业和提供服务行为的规则"㉗。

　　然而，那时仍然不清楚，与开业和服务有关的条约条款是否同样可以完全横向适用，也就是说，对所有个人都施加法律义务，而不仅仅向那些拥有类似公法权力进行自我管理的集体行为体施加义务，诸如体育组织。在"武泰案"（*Wouters*）中，欧洲法院将"瓦尔拉夫案"裁决适用于荷兰律师委员会通过的一项管理措施，该措施涉及律师与会计师之间的合伙关系问题，但欧洲法院并未就条约规则对纯粹个人性质的私人行为的适用问题给出进一步的指引。㉘ 欧洲法院在著名的"拉瓦尔公司案"（*Laval*）和"维京客轮公司案"（*Viking Line*）㉙中再次遇到了这一问题，它裁定，《欧洲联盟运行条约》第 49 条和第 56 条适用于工会组织的集体行动。

国际运输工人联盟与芬兰海员工会诉
维京客轮与爱沙尼亚维京客轮

Case C –438/05 International Transport Workers Federation（ITF）
and Finnish Seamen's Union（FSU）v Viking Line ABP
and OÜ Viking Line Eesti
［2007］ECR I –0779

［《里斯本条约》重新编号，《欧洲共同体条约》第 39 条、
第 43 条和第 49 条现分别变更为《欧洲联盟运行条约》
第 45 条、第 49 条和第 56 条］

㉖　Case C –415/93 *Bosman*［1995］ECR I –4921，［83］–［84］；Case C –281/98 *Angonese v Cassa di Risparmio di Bolzano SpA*［2000］ECR I –4139［32］；Case C –172/11 *Erny* EU：C：2012：399，［36］.

㉗　Case 36/74 *Walrave and Koch*［1974］ECR 1405；Case C –22/18 *TopFit eV and Daniele Biffi v Deutscher Leichtathletikverband eV* EU：C：2019：497.

㉘　Case C –309/99 *Wouters et al v Algemene Raad van de Nederlandse Orde van Advocaten*［2002］ECR I –1577，［120］；Case C –411/98 *Ferlini v CHL*［2000］ECR I –8081，［50］.

㉙　Case C –438/05 *The International Transport Workers' Federation and The Finnish Seamen's Union v Viking Line ABP and OÜ Viking Line Eesti*［2007］ECR I –10779；Case C –341/05 *Laval un Partneri Ltd v Svenska Byggnadsarbetareförbundet and others*［2007］ECR I –11767，［98］–［100］.

欧洲法院

34. 由于不同成员国的劳动条件有时由法律或法规予以规范，有时由私人缔结的集体协议或采取的其他行为方式进行调整，因此，如果将这些条约条款中的禁止性规定限制适用于公权力机关的行为，就有可能在其适用过程中产生不平等风险（类似裁定参见 *Walrave and Koch* 判决第 19 段、*Bosman* 判决第 84 段和 *Angonese* 判决第 33 段）。

……

57. 本法院将指出，从判例法中可以清楚地看到，如果因那些不受公法调整的协会或组织行使其法律自主权而造成障碍，导致无法消除成员国壁垒，那么就有损于消除成员国之间人员自由流动与提供服务的自由的障碍。

……

60. 在本案中，必须注意……芬兰海员工会（FSU）和国际运输工人联盟（ITF）采取该集体行动是为了缔结一项旨在集体管理维京公司雇员工作的协议，而且这两个工会组织尽管不是公法实体，但都行使它们被成员国法等规则赋予的法律自主权。

61. 因此，《欧洲共同体条约》第 43 条必须被解释为……私人企业可以其为依据起诉某个工会或工会联合会。

62. 这一解释也得到条约货物自由流动条款相关判例法的支持，从这些判例中可以清楚地看到，那些限制可能是由个人或此类个人团体采取行动的结果，而不一定是由国家导致的（参见 Case C–265/95 *Commission v France* 第 30 段，以及 *Schmidberger* 判决第 57 段和第 62 段）。

63. 本判决第 61 段给出的解释也并未由于下述事实而受到质疑，即提交到成员国法院的诉讼中所涉限制源自行使芬兰国内法赋予的一项权利，例如在本案中是采取集体行动的权利，包括罢工权。

64. 必须补充的是，与那些主张，特别是国际运输工人联盟的主张相反，从本法院的判例法并不能得出以下结论，……即上述解释仅适用于准公共组织，或者那些实施管理任务的协会和具有准立法权的联合会。

65. 该判例法中没有任何迹象可以有效支持下述观点，即它仅适用于协会或者那些实施管理任务或具有准立法权的组织。此外，必须指出的是，工会根据其权利，通过行使其自主权，与雇主或职业组织就劳动者的就业和薪酬条件进行谈判，在这一过程中，工会参与了起草旨在集体管理有偿工作的协议。

该案与"拉瓦尔公司案"裁决[30]一起表明，条约开业与服务自由条款的横向适用并不限于那些行使管理任务或者具有准立法权的实体。然而，从这些判决中还无法清楚地获知，条约规则在多大程度上可以对"私人当事方"进行横向适用，以及特别是在适用条约规则之前是否存在私权力（private power）的范围、影响或集体性质方面的某些门槛要求。

上述判决第62段提及货物自由流动背景下"个人采取的行动"，这可以被视为不要求存在任何集体维度[31]，但是第65段强调工会参与对劳动力的集体管理，又可以认为这意味着与第62段相反的含义。将来的裁决可能会说明，欧洲法院准备将条约服务与开业自由条款进行完全横向适用的范围推进到何种程度，但就目前而言，仍然存在某些不确定性。[32]

三 "政府职权"例外

《欧洲联盟运行条约》第51条（原《欧洲共同体条约》第45条）被第62条扩大至涵盖条约关于服务的章节。第51条规定，关于开业自由的章节中各条款"在涉及任何既定成员国的情况下，不适用与行使该国政府职权相关的活动，即使是偶然相关的活动"。该规定与《欧洲联盟运行条约》第45条第4款关于减损适用劳动者自由流动的公共服务部门例外具有相似作用。迈拉佐审官（AG Mayras）在"雷内尔案"（*Reyners*）中将"政府职权"（official authority）界定为，意味着"享有一般法律之外的特权、官方权力的优先权，以及对公民的强制权力"[33]。第51条措辞指的是

---

[30] Case C – 341/05（n 29）.

[31] 然而，那一段判决所提到的与货物自由流动的判例法涉及的是，"国家"有义务制止个人采取的限制货物自由流动的行动，参见第二十章第三节第四部分。

[32] 有学者对四大自由原则的横向适用提出批评，参见 H Schepel, 'Constitutionalising the Market, Marketising the Constitution, and to Tell the Difference：On the Horizontal Application of the Free Movement Provisions in EU Law'（2012）18 ELJ 177.

[33] Case 2/74（n 13）664.

与政府职权相关联的那些"活动",而不是在某些情况下可以行使政府职权的行业或职业。

在"雷内尔案"中,向欧洲法院提交的问题是,律师这一法律职业是否整体上豁免于条约规则,因为该职业与司法管理这项公共服务具有"有机联系"[34]。欧洲法院认为,如果相关活动与某个行业的联系非常紧密,以至于国家不得不允许非本国国民行使属于政府职权的功能——即使只是偶然情况,只有在这种情况下,才有可能以第51条为基础将整个职业排除在外。[35] 然而,如果与行使政府职权有关的活动和作为一个整体的独立职业活动这二者是可以分离的,那么,就不适用第51条所允许的例外。在"雷内尔案"中,律师的职业活动涉及与法院的定期官方联系,但欧洲法院裁定,这并不涉及与行使政府职权有关的必要联系,因为司法机构的自由裁量权以及司法权力的自由行使并未受影响。

欧洲法院一直对政府职权这项例外进行狭义解释,拒绝将其适用于许多职业。[36] 例如,欧洲法院曾考虑公证员这一职业是否有可能被排除在第49条关于开业自由规则的范围之外。[37] 成员国主张,公证员的核心活动是鉴定真伪,势必行使政府职权,从而属于《欧洲联盟运行条约》第51条第1款范围,并且因此应允许将非本国国民排除在外。尽管克鲁兹·比利亚隆佐审官(AG Cruz Villalón)接受该主张,但欧洲法院并未认可这一观点,而是裁定,就对行使该职位施加国籍条件进行辩护而言,公证员的活

㉞ Ibid.

㉟ Ibid [46].

㊱ Case C-42/92 *Thijssen v Controledienst voor de Verzekeringen* [1993] ECR I-4047 (涉及保险公司专员职位);Case C-306/89 *Commission v Greece* [1991] ECR I-5863 (涉及交通事故处理专家);Case C-272/91 *Commission v Italy* [1994] ECR I-1409 (涉及成员国彩票计算机化系统的运营);Case C-263/99 *Commission v Italy* [2001] ECR I-4195 (涉及交通咨询员);Case C-114/97 *Commission v Spain* [1998] ECR I-6717;Case C-355/98 *Commission v Belgium* [2000] ECR I-1221;Case C-283/99 *Commission v Italy* [2001] ECR I-4363 (涉及私人安保活动);Case C-160/08 *Commission v Germany* [2010] ECR I-3713 (涉及救护车服务活动);Case C-438/08 *Commission v Portugal* [2009] ECR I-10219 (涉及车辆查验);Case C-372/09 *Peñarroja Fa* EU:C:2011:156 (涉及法院翻译人员).

㊲ Case C-61/08 *Commission v Greece* EU:C:2011:340;Case C-54/08 *Commission v Germany* EU:C:2011:340;Case C-53/08 *Commission v Austria* EU:C:2011:338;Case C-51/08 *Commission v Luxembourg* EU:C:2011:336;Case C-50/08 *Commission v France* EU:C:2011:335;Case C-47/08 *Commission v Belgium* EU:C:2011:334;Case C-392/15 *Commission v Hungary* EU:C:2017:73;Case C-575/16 *Commission v Czech Republic* EU:C:2018:186.

动与行使政府职权没有联系。

四　以公共政策、安全与卫生作为正当理由

第 52 条以及第 62 条均规定，条约开业权章节和服务章节中的各项条款"不应影响成员国基于公共政策、公共安全或公共卫生方面的理由而对外国国民给予特别待遇的有关法律、法规或行政措施之相关规定的适用"。欧洲法院会仔细审查成员国援引第 52 条和第 62 条的主张，根据证据判断是否合理，以及是否符合相称性原则。[38]

对于将这些减损条款适用于自然人以及其他类型的欧盟公民及其家庭成员，现在由《第 2004/38 号指令》、欧盟法一般原则以及《欧盟基本权利宪章》调整。[39] 对于在将这些条款适用于公司时，这些减损现在受《欧洲联盟运行条约》[40]、欧盟法一般原则、《欧盟基本权利宪章》以及《服务指令》相关条款调整。

欧盟法一般原则与《欧盟基本权利宪章》包括非歧视原则和相称性原则，它们不仅约束通过判决发展出的以公共利益为由对自由流动施加限制的那些正当理由，而且管辖条约中所规定的正当理由。另外，欧洲法院还裁定，第 52 条不允许成员国将整个经济部门排除出开业自由原则与提供服务自由原则的适用范围之外。[41]

五　关于入境、居住和驱逐的立法

《第 2004/38 号指令》规范所有欧盟公民及其家庭成员入境东道国的条件，他们在从事某项经济活动之后继续留在该国的权利，以及可以限制或取消他们权利的条件。[42] 这也包括自营职业者（self-employed persons）

---

⑧　See，eg，Case C‑375/14 *Criminal proceedings against Laezza* EU：C：2016：60；Case C‑3/17 *Sporting Odds Ltd v Nemzeti Adó-és Vámhivatal Központi Irányítása* EU：C：2018：130；Case C‑630/17 *Milivojević v Raiffeisenbank St Stefan-Jagerberg-Wolfsberg eGen* EU：C：2019：123，[65]‑[69].

⑨　见第二十二章第八节。

⑩　《欧洲联盟运行条约》第 52 条和第 62 条适用于公司的情况，例如 Case 3/88 *Commission v Italy* [1989] ECR 4035；Case 352/85 *Bond van Adverteerders v Netherlands* [1988] ECR 2085；Case C‑114/97 *Commission v Spain* [1998] ECR I‑6717；Case C‑355/98 *Commission v Belgium* [2000] ECR I‑1221.

⑪　Case C‑496/01 *Commission v France* [2004] ECR I‑2351.

⑫　在这方面，《第 2004/38 号指令》取代了原来的《第 73/148 号指令》。

和服务提供者（service providers），因此本书第二十二章和第二十四章对《第2004/38号指令》的讨论也同样适用于本部分的讨论。

先前关于自营职业者的立法，即《第73/148号指令》，规范提供服务期间的"驻留权"（rights of abode）以及"临时居住权"（rights of temporary residence），它们已经被《第2004/38号指令》第7条第1款第1项关于自营职业者的"居住权"（right of residence）这一项权利所取代。此外，正如本书关于公民权的第二十四章所指出的，即使自营职业者不再参与经济活动，其作为欧盟公民的居住权仍将存续，除非由于其缺乏足够的经济来源而成为东道国的不合理负担。

第三节　第49条：开业权

《欧洲联盟运行条约》第49条

在下文所规定条款的框架内，禁止限制一成员国国民在另一成员国自由开业。同样禁止限制一成员国国民在任一成员国境内设立办事机构、分支机构或子公司。

开业自由应包括以下权利，即根据以下开业发生地所在国的法律为其本国国民所规定的条件，作为自营职业者开始并从事活动的权利，以及设立并管理企业特别是第54条第二段所指意义上的公司的权利，前提是遵守与资本有关的一章各条款。

第49条第一段要求对"一级开业"（primary establishment）和"二级开业"（secondary establishment）的自由"消除限制"，第二段规定在与开业所在成员国国民"完全平等的基础上"从事自营活动（self-employed activities）的权利。这里之所以提到资本，是因为还有关于资本自由流动的专门一章，它受与此不同的渐进开放机制的约束。[43]

㊸　见第二十一章。

第49条似乎将权利仅赋予在一成员国内具有本国国籍以外的另一成员国国民。它似乎禁止歧视，并且暗示如果行使开业权的个人获得了与国民同等的待遇，那么该条的要求就得到了满足。然而，我们将会看到，在这两个问题上，第49条被给予更广义的解读：成员国国民可以在适当情况下对其本国援引第49条；第49条不仅禁止不平等待遇，而且禁止对开业自由施加任何不具有正当理由的限制。

《欧洲联盟运行条约》第50条最初要求理事会起草"旨在废除开业限制的总体规划"，于1961年完成该文件起草⑭，而且要求理事会通过实现特定活动自由的指令。如今的第53条要求欧洲议会和理事会根据普通立法程序通过指令，规定相互承认文凭和其他资格凭证；第54条则为适用条约"开业"一章的目的，赋予公司与自然人同等地位。

一　第49条的效力

在1974年"雷内尔案"中，欧洲法院裁定《欧洲联盟运行条约》第49条具有直接效力，尽管有人主张它事实上并未满足"范亨特与洛斯公司案"（*Van Gend en Loos*）中所要求的具有直接效力的条件⑮，另外，理事会尚未通过依据条约条款应予通过的必要实施性立法。之所以直到欧洲法院做出"雷内尔案"判决时还没有通过此类立法，一部分是因为"卢森堡妥协"之后理事会的立法进展缓慢；另一部分是因为成员国反对将一些职业，特别是法律职业向非本国国民开放。⑯

雷内尔是一名荷兰国民，曾在比利时接受法律教育，仅仅因为没有比利时国籍而被拒绝加入比利时律师协会。欧洲法院裁定，尽管条约要求通过相关指令，但第49条规定了到过渡期结束时应该实现的确切结果，也就是说，要求不基于国籍造成歧视。通过实施一项改进措施纲要会便于实现这一结果，但不以实施这种纲要为前提条件。⑰因此，雷内尔可以直接援引第49条。然而，欧洲法院承认，相关指令仍然很重要，因为其目的是使

---

⑭　General Programme for the abolition of restrictions on freedom of establishment, OJ Spec Ed, Second Ser, IX.

⑮　Case 2/74 *Reyners v Belgium*（n 13）；参见第八章关于直接效力的部分。

⑯　Ibid, AG Mayras, 658.

⑰　Ibid [26].

有效实施开业自由权变得更加容易。㊽

　　在"蒂埃弗里案"（*Thieffry*）中，欧洲法院又向前进了一步，裁定如果寻求在另一成员国从事某项职业的欧盟成员国国民遭遇的限制措施并非基于国籍，而是以其资格是否适当为基础，那么，他也可以直接援引第49条。㊾ 在该案中，一名比利时国民在比利时获得法学博士学位并在布鲁塞尔执业，他后来获得了法国大学对其资格的承认，即等同于法国法学学位，并且获得了从事律师（*avocat*）职业的资格证书。然而，巴黎律师公会拒绝认可其可以进入见习阶段，理由是他没有法国法学学位。欧洲法院裁定，他已经获得了在法国所承认的同等资格，无论是出于职业目的还是学术目的，并且已满足必要的实习要求。因此，该国当局仅以蒂埃弗里没有法国资格证书为由就拒绝接受他加入律师公会，这并不正当，尽管当时欧盟尚未在该领域通过任何指令。㊿

　　在后来的案件中，欧洲法院走得更远。它裁定，第49条禁止成员国主管机构在没有提供更进一步解释的情况下，仅以其他成员国国民的资格"不"相当于本国相应资格为由，就拒绝允许其从事某个行业或职业。相反，条约条款对成员国当局与职业机构施加了特定的积极义务，要求它们采取措施确保劳动者自由流动和开业自由，即使不存在规定同等资格或承认资格的欧盟立法或者成员国立法。在"埃朗案"（*Hey-lens*）中，一名在法国工作的比利时籍足球教练被拒绝承认其比利时证书拥有同等效力。欧洲法院裁定，成员国有权在不存在调和式指令的情况下对从事特定职业所需的知识和资格进行规制，但是必须遵守以下前提条件：

　　　　承认同等效力的程序必须能够让成员国当局在客观基础上相信，国外证书能够证明其持有者拥有至少与本国证书能够证明的同等知识和资格，即使不完全相同。在评估国外证书是否具有同等效力时，必须仅以可以根据该证书假定证书持有者拥有的知识和资格的程度为基础，并且

㊽　Ibid［31］.

㊾　Case 71/76 *Thieffry v Conseil de l'Ordre des Avocats à la Cour de Paris* [1977] ECR 765.

㊿　Ibid［17］; Case 11/77 *Patrick v Ministre des Affairs Culturelles* [1977] ECR 1199.

要考虑到证书证明其持有者参加学习和实习的性质和时间。⑤

在"弗拉索普卢案"（*Vlassopoulou*）中，一名希腊国民已经获得希腊法学学位，已在德国从事德国法业务数年，她申请加入德国律师公会。她没有获得执业授权，其理由是她没有通过德国的相关考试，因此缺乏必要资格。欧洲法院在判决中先裁定，即使以非歧视方式适用成员国资格要求，也有可能妨碍行使开业自由权：

> 因此，成员国在收到个人要求从事某项职业的申请之后（根据国内法，从事该职业取决于拥有某种证书或职业资格），它必须考虑相关个人为了在另一成员国从事同样的职业已经获得的文凭、证书或其他资格证明，并且对由这些证书证实的专业知识和能力与本国规则所要求的知识和资格进行比较。⑤

由此，成员国当局必须考虑文凭或证书的持有者已经接受的任何教育或培训，并且必须对其已经拥有的知识和技能与本国资格所要求的知识和技能进行比较。⑤ 如果认定这二者之间具有同等效力，该成员国就必须承认其资格；如果认定这二者不具有同等效力，该成员国就必须评估其在东道国获得的任何知识或实习是否足以弥补其资格中所缺少的内容。此外，如果能否就业取决于是否拥有证书，那么，一成员国国民就必须能够获得对另一个成员国当局所做决定进行司法审查的机会，并且弄清楚拒绝承认某项证书具有同等效力的原因。

"弗拉索普卢案"突出表明，在"雷内尔案"之后的数年间，欧洲法院扩大了第49条的效力所涵盖的范围，因为在"雷内尔案"中，欧洲法院裁定，在不存在相关立法的情况下，只有作为该条核心要素的非歧视要求才具有直接效力。在"弗拉索普卢案"之前，欧洲法院曾经裁定，尽管各国的教育和培训系统千差万别，而且不存在欧盟协调性立法，但可以适

---

⑤ Case 222/86 *UNECTEF v Heylens* [1987] ECR 4097, [13].

⑤ Case 340/89 *Vlassopoulou v Ministerium für Justiz, Bundes und Europaangelegenheiten Baden-Württemberg* [1991] ECR 2357, [16].

⑤ Case C - 104/91 *Borrell* [1992] ECR I - 3001.

用《欧洲联盟运行条约》第 49 条。第 49 条对成员国当局规定了确切义务，要求其彻底审查欧盟成员国国民拥有的资格基础，如果其资格被认定为不具有同等效力，则应将原因告知相关个人，并且尊重他们在该程序中的权利。由此产生的结果是，成员国不再仅能以相关个人不具备本国资格为由就草率地拒绝其从事某项职业或在某个行业执业，即使尚未通过承认国外资格具有同等效力的国内法或欧盟法。⑤

欧洲法院在"弗拉索普卢案"中采取的方法与关于相互承认高等教育证书的《第 89/48 号理事会指令》中的条款高度相似，该指令恰于那时通过⑤，但并不适用于"弗拉索普卢案"中的事实。后来，《第 89/48 号理事会指令》被修订后的《第 2005/36 号指令》所取代，后者包含相同方式和相同的各项原则。⑥ 此外，正如我们在下文即将看到的，欧洲法院在"弗拉索普卢案"和"埃朗案"中阐明的广义原则继续适用于未被二级立法所涵盖的情况。

二　第 49 条的范围

(一) 歧视性与非歧视性限制

上文已经提到，第 49 条的措辞强调对国民和非本国国民的平等待遇要求。⑤ 此外，除了《欧洲联盟运行条约》第 18 条规定的一般性非歧视条款和第 49 条规定的特定非歧视要求之外，关于欧盟公民自由流动和居住权的《第 2004/38 号指令》第 24 条也包含一项平等待遇的保护伞条款。

在早期判例法中，例如"委员会诉比利时案"⑤ 和"费伦案"(Fearon)⑤，

---

⑤　See also Case C - 164/94 *Arantis v Land Berlin* [1996] ECR I - 135.

⑤　See (n 263) and text below.

⑤　(N 2).

⑤　See, eg, Case 63/86 *Commission v Italy* [1988] ECR 29; Case C - 337/97 *Meeusen v Hofddirectie van de Informatie Beheer Groep* [1999] ECR I - 3289; Case 197/84 *Steinhauser v City of Biarritz* [1985] ECR 1819; Case 143/87 *Stanton* (n 63); Case 79/85 *Segers* [1986] ECR 2375; Case C - 334/94 *Commission v France* [1996] ECR I - 1307, [21]; Case C - 151/96 *Commission v Ireland* [1997] ECR I - 3327.

⑤　Case 221/85 *Commission v Belgium* [1987] ECR 719 (涉及临床生物学服务)。

⑤　Case 182/83 *Fearon v Irish Land Commission* [1984] ECR 3677. See also Cases 305/87 *Commission v Greece* [1989] ECR 1461; Case C - 302/97 *Konle v Austria* [1999] ECR I - 2651; Case C - 197/11 *Libert* EU: C: 2013: 288.

欧洲法院似乎表明，第49条仅限于存在直接歧视或间接歧视的情形。然而，为了与其关于货物、服务和劳动者自由流动的判例法保持一致，欧洲法院已经明确，第49条并不只限于这种存在歧视的情形。

在"克洛普案"（*Klopp*）中，巴黎律师公会拒绝接纳一名德国律师，唯一的理由是他已经在其他成员国拥有律师办公室。他根据第49条成功挑战了这项规则，即使该规则平等地适用于国民和非本国国民。[60] 欧洲法院裁定，第49条的特定目的是保证在欧盟自由开设一个以上的工作场所。它认为，鉴于现代交通与远程通信方式，存在其他限制程度更低的措施，使其确保律师与其客户及司法机构保持充分联系，并遵守职业规则。"克洛普案"本身并不是说明即使是非歧视性规则也可能违反第49条这个一般主张的权威判例，因为第49条明确保证"二级开业权"，而本案中这项权利被拒绝[61]，但它表明在某些环境下，开业自由要求的不仅仅是平等待遇。

然而，在"沃尔夫案"（*Wolf*）[62]、"斯坦顿案"（*Stanton*）[63] 和"克姆勒案"（*Kemmler*）[64] 中，欧洲法院裁定，不允许适用某些无差别适用于自营职业者的成员国社会保障豁免规则，因为它们构成了对在一个以上成员国从事职业活动的不正当障碍，即使这些规则中不包含基于国籍的直接或间接歧视。[65] 同样，在涉及非歧视性注册要求的案件中，欧洲法院认定，由于缺乏客观正当性而违反了第49条。[66]

"格布哈特案"（*Gebhard*）裁决是欧洲法院对《欧洲联盟运行条约》第49条所做广义解释的最清楚说明。[67] 在该案中，欧洲法院宣布，条约所

[60]　Case 107/83 *Ordre des Avocats v Klopp*［1984］ECR 2971.

[61]　See also Case 96/85 *Commission v France*［1986］ECR 1475；Case C－351/90 *Commission v Luxembourg*［1992］ECR I－3945；Case C－106/91 *Ramrath v Ministre de la Justice*［1992］ECR I－3351；Case C－162/99 *Commission v Italy*［2001］ECR I－541.

[62]　Cases 154－155/87 *RSVZ v Wolf*［1988］ECR 3897.

[63]　Case 143/87 *Stanton v INASTI*［1988］ECR 3877.

[64]　Case C－53/95 *INASTI v Kemmler*［1996］ECR I－704；Case C－68/99 *Commission v Germany*［2001］ECR I－1865.

[65]　Case 143/87 *Stanton*（n 63）［9］.

[66]　Case 292/86 *Gullung v Conseil de l'Ordre des Avocats*［1988］ECR 111；Case 271/82 *Auer v Ministère Public*［1983］ECR 2727，［18］.

[67]　Case C－55/94 *Gebhard*（n 21）.

有自由流动条款都以相同的原则为基础，应该对关于货物(68)、服务(69)、劳动者(70)和开业的条款予以相似解读。在本案中，米兰律师公会对德国国民格布哈特提起职业惩戒程序，理由是他在意大利作为律师开展永久性质的职业活动。他用“*avvocato*”（律师）这一名称成立了工作室，尽管他并未被米兰律师公会接纳，甚至他接受的培训、资格和经历也并未在意大利得到正式承认。欧洲法院指出，在不存在欧盟规则的情况下，成员国有正当理由规定，从事自营活动应受与组织、道德、资格和头衔有关的“善意规则”（*bona fide* rule）约束。(71)

> 然而，从本法院判例法中可以得出结论，有可能妨碍行使由条约保障的基本自由的成员国措施，或者是导致行使这类权力的吸引力下降的成员国措施，必须满足以下四个条件：必须以非歧视方式适用；必须能够以符合普遍利益的强行性要求作为正当理由；必须是实现它们所寻求目标的适当手段；不得超出为实现这些目标所必不可少的程度。

这里并没有提到任何与歧视有关的要求，无论直接歧视还是间接歧视。任何“有可能妨碍行使”开业这一“基本”自由或者任何其他基本自由的成员国措施，或者是造成行使这类自由的“吸引力下降”的成员国措施，都有可能违反条约，除非它可以一项强行性要求作为正当理由，并以符合相称性原则和非歧视原则的方式适用。此外，尽管那些对开业自由造成“可平等适用”阻碍的规则在实践中往往给非本国国民造成比本国国民

---

(68) Case 8/74 *Procureur du Roi v Dassonville* [1974] ECR 837; Case 120/78 *Rewe-Zentral v Bundesmonopolverwaltung für Branntwein* (*Cassis de Dijon*) [1979] ECR 649; Case C-267 and 268/91 *Keck and Mithouard* [1993] ECR I-6097; Case C-34-36/95 *de Agostini* [1997] ECR I-3843; Case C-254/98 *Schutzverband gegen unlauteren Wettbewerb v TK-Heimdienst Sass GmbH* [2000] ECR I-151. 更具普遍意义的讨论参见第二十章。

(69) See also Case C-384/93 *Alpine Investments* (n 6); Cases C-369 and 376/96 *Arblade* [1999] ECR I-8453.

(70) Case C-415/93 *Bosman* (n 26) [82]-[84].

(71) Ibid [37].

更重的负担[72]，并且由此可以被划归为间接歧视，但并非所有此类规则都是如此，其中有些规则在法律上和在事实上确实是平等适用的。"格布哈特案"采用的是一种"确定障碍的方式"而不是"查明歧视的方式"，一直被欧洲法院反复肯定。[73]

一个明显的例子是"委员会诉西班牙案"，在该案中，加泰罗尼亚的一项零售法对大型零售设施（超级市场）的规定非常严苛，欧洲法院裁定：[74]

> 《欧洲共同体条约》第43条（现《欧洲联盟运行条约》第49条）意义上的"限制"这一概念涵盖成员国所采取的如下措施，即尽管这些措施的适用没有差别，但影响了来自其他成员国的企业进入该市场，因而妨碍了共同体内部贸易。

欧洲法院裁定，欧盟委员会并没有表明该立法具有间接歧视效果。但是，因为《欧洲联盟运行条约》第49条甚至禁止妨碍行使开业自由权的非歧视性措施，例如通过影响市场准入来妨碍开业自由，所以该立法仍然必须满足相称性要求，但它在几个方面都没能满足这一要求。[75] 欧洲法院

---

[72] G Marenco, 'The Notion of a Restriction on the Freedom of Establishment and the Provisions of Services in the Case Law of the ECJ' (1991) 11 YBEL 111.

[73] See, eg, Case C – 108/96 *MacQuen* [2001] ECR I – 837, [26] – [27]; Case C – 212/97 *Centros* (n 25) [34]; Case C – 289/02 *AMOK Verlags GmbH v A & R Gastronomie GmbH* [2003] ECR I – 15059, [36]; Case C – 8/02 *Leichtle v Bundesanstalt für Arbeit* [2004] ECR I – 2641, [32]; Case C – 346/04 *Conijn v Finanzamt Hamburg-Nord* [2006] ECR I – 6137; Case C – 433/04 *Commission v Belgium* [2006] ECR I – 10653; Case C – 19/92 *Kraus v Land Baden-Württemberg* [1993] ECR I – 1663; Case C – 384/08 *Attanasio Group* EU：C：2010：133，[43]；Case C – 225/15 *Criminal proceedings against Domenico Politanò* EU：C：2016：645，[36] – [38]；Case C – 201/15 *AGET Iraklis v Ypourgos Ergasias, Koinonikis Asfalisis kai Koinonikis Allilengyis* EU：C：2016：972，[48] – [50]；Case C – 125/16 *Malta Dental Technologists Association and Reynaud v Superintendent tas-Saħħa Pubblika and Kunsill tal-Professjonijiet Kumplimentari għall-Medicina* EU：C：2017：707，[55].

[74] Case C – 400/08 *Commission v Spain* (n 25) [64].

[75] 欧洲法院越来越多地使用"市场准入"这一表达，可以在"阿尔卑斯投资公司案"（*Alpine Investments*）中发现这一点，该案涉及服务（n 6）。See, eg, Case C – 518/06 *Commission v Italy* [2009] ECR I – 3491；Case C – 89/09 *Commission v France* [2010] ECR I – 12941；Case C – 169/07 *Hartlauer Handelsgesellschaft mbH v Wiener Landesregierung and Oberösterreichische Landesregierung* [2009] ECR I – 1721；Case C – 201/15 *AGET Iraklis* (n 73) [49]；M Klamert, *Services Liberalization in the EU and the WTO：Concepts, Standards and Regulatory Approaches* (Cambridge University Press, 2014).

的这种严格审查清楚地表明，欧洲法院对条约中的经济自由采取了非常强有力的自由化方式。然而，某项限制措施是否具有歧视性质这一点并非无关紧要，原因如下。

第一，如果对开业自由的限制直接建立在国籍基础之上，那么它毋庸置疑将属于条约禁止范围。相较而言，并非每项非歧视性限制都将构成足够的障碍[76]，这一点类似于关于货物[77]和劳动者的判例法，例如"格拉夫案"（*Graf*）。[78]

第二，至少在某些情况下，如果某项限制措施具有直接歧视或故意歧视性质，那么，成员国只能以《欧洲联盟运行条约》第52条明确规定的公共政策、安全和卫生等理由作为正当理由。[79] 相反，如果造成的障碍源自于一项并未构成故意歧视的平等适用规则，那么一系列范围更广的公共利益理由均可被成员国或私人行为体援引，作为其采取限制性措施的正当理由。这些更广泛的公共利益理由特别指强制性要求（mandatory requirements）、强行性要求（imperative requirements）和客观正当性（objective justifications）。然而，关于哪些因素构成直接或间接歧视的内部市场判例法，以及关于可以使用哪种正当理由的内部市场判例法都非常混乱。[80] 这个问题在第二十章货物自由流动背景下已进行详细讨论。[81]

（二）反向歧视与完全内国情形

第49条第一句指的是一成员国国民希望"在另一成员国境内"开设公司的情形。这句话似乎暗示着在本国作为自营职业者开业的成员国国民不能依据第49条对规制这些活动的国内规定提起诉讼。但情况更加复杂，

---

[76] Case C – 148/10 *DHL International* EU：C：2011：654，[61] – [63].

[77] Cases 267 and 268/91 *Keck*（n 68），以及第二十章的讨论。

[78] Case C – 190/98 *Graf v Filzmoser Maschinenbau* [2000] ECR I – 493.

[79] Case 352/85 *Bond van Adverteerders v Netherlands* [1988] ECR 2085，[32] – [33]；Case C – 17/92 *Federación de Distribuidores Cinematográficos v Estado Español et Unión de Productores de Cine y Televisión* [1993] ECR I – 2239，[16]；Case C – 484/93 *Svensson and Gustavsson v Ministre du Logement et de l'Urbanisme* [1995] ECR I – 3955，[15]；Case C – 341/05 *Laval*（n 29）[116] – [119].

[80] J Scott，'Mandatory Requirements' in C Barnard and J Scott（eds），*Law of the Single European Market*（Hart，2002）ch 10；S Enchelmaier，'Always at Your Service（Within Limits）：The ECJ's Case Law on Article 56 TFEU 2006 – 11'（2011）36 ELRev 615.

[81] 见第二十章。

原因如下。

第一，根据第49条和《第2004/38号指令》，成员国明确有义务不限制其本国国民想要"离开"本国领土到另一成员国开业。[82]

第二，很显然，如果成员国国民在另一成员国获得的资格得不到本国的承认，那么，想要在本国开业的国民就将处于不利地位。在"克诺尔斯案"（*Knoors*）中，一名荷兰国民在比利时获得了培训和工作经验，他希望在荷兰从事水暖工工作，但荷兰政府主张，本国国民不能以第49条为依据寻求在本国获得对其资格的承认，因为他有可能寻求逃避适用本国的合法规定。欧洲法院坚决驳回了这一主张：[83]

> 24. 尽管与开业和提供服务有关的条约条款的确不能适用于成员国纯粹内国情形，但本法院的立场仍然是，对第52条（现《欧洲联盟运行条约》第49条）所指的希望"在另一成员国境内"开业的"成员国国民"的解释，不能剥夺某既定成员国本国国民在如下情况下享有共同体法赋予的福利，即如果其本国国民曾经在其他成员国境内合法居住，并且在那里获得了被共同体法条款所承认的从业资格，基于这一事实，他们在其来源国的境遇就可以等同于其他任何人享有条约所保障的权利和自由的情形。

第三，关于承认职业资格的《第2005/36号指令》可能会涵盖某成员国国民在另一成员国获得资格后再回到本国从业的情形。即使《第2005/36号指令》不涵盖这种情况所涉事实，也将适用"埃朗案"和"弗拉索普卢案"确立的原则，即使申请人是东道国国民。[84] 无论一成员国国民什

---

[82]　Cases C–159–161/12 *Venturini* EU：C：2013：791，[30]；Case C–292/16 *Proceedings brought by A Oy* EU：C：2017：888，[24]；Case C–419/16 *Federspiel v Provincia autonoma di Bolzano and Equitalia Nord SpA* EU：C：2017：997，[35]；Case C–480/17 *Montag v Finanzamt Köln-Mitte* EU：C：2018：987，[21].

[83]　Case 115/78 *Knoors v Secretary of State for Economic Affairs* [1979] ECR 399；Case 246/80 *Broekmeulen v Huisarts Registratie Commissie* [1981] ECR 2311. 但可以比较欧洲法院在第一起"奥尔案"（*Auer*）中所采取的限制性方式，参见 Case 136/78 *Ministère Public v Auer* [1979] ECR 437，[20]–[21]，以及后来的案件 Case 271/82 *Auer* (n 66).

[84]　Case C–19/92 *Kraus* (n 73)；Case C–234/97 *Fernández de Bobadilla v Museo Nacional del Prado* [1999] ECR I–4773.

么时候在另一成员国获得资格，并回到其本国执业，这再也不会被认为是一种"完全内国情形"，而是适用第49条开业权规则。[85]

"科勒案"（*Koller*）清楚地表明了这一点。在该案中，一名奥地利国民在奥地利获得法学学位后前往西班牙，在西班牙参加了额外的课程和考试，而且其学位被认定相当于西班牙"法学学士"（Licenciado en Derecho），授权其可以使用"*abogado*"（律师）头衔。[86] 后来，他申请参加奥地利的职业律师资格考试，但被拒绝，理由是西班牙与奥地利不同，不要求在从事律师职业之前有实践经验。奥地利律师考试委员会的结论认为，他提出的申请规避了奥地利规定的五年实践经验要求。然而，欧洲法院裁定，"科勒案"属于《第89/48号指令》（《第2005/36号指令》的前身）的适用范围，不能仅由于他没有完成"东道国"所要求的实践经验期就拒绝其参加资格考试这一选择。相反，欧洲法院认为，资格考试的目的正是"为了确保申请人有能力在该成员国从事这项受监管的职业"[87]。因此，只要存在某种"欧盟因素"，并非完全内国情形，个人就可以在其本国援引第49条。

第四，从未在欧盟内部行使流动自由的人员，在不存在其他相关的国家间因素的情况下[88]，他们就无法依据欧盟法对本国提出诉讼。[89] 这就导致

---

[85]　Case C-234/97 *De Bobadilla*（n 84）[30]-[34].

[86]　Case C-118/09 *Koller*［2010］ECR I-13627.

[87]　Ibid. See also Cases C-58 and 59/13 *Torresi* EU：C：2014：2088.

[88]　涉及完全内国情形的案件，参见 Cases 54 and 91/88 and 14/89 *Niño*［1990］ECR 3537；Case 204/87 *Bekaert*［1988］ECR 2029；Case C-152/94 *Openbaar Ministerie v Geert van Buydner*［1995］ECR I-3981；Case C-134/94 *Esso Española SA v Comunidad Autónoma de Canarias*［1995］ECR I-4223；Case C-17/94 *Gervais*［1995］ECR I-4353；Case C-134/95 *Unità Socio-Sanitaria Locale no 47 de Biella v INAIL*［1997］ECR I-195；Case C-225-227/95 *Kapasakalis v Greece*［1998］ECR I-4329；E Cannizzaro, 'Producing "Reverse Discrimination" through the Exercise of Competences'（1997）17 YBEL 29；C Ritter, 'Purely Internal Situations, Reverse Discrimination, *Guimont*, *Dzodzi* and Article 234'（2006）31 ELRev 690.

[89]　涉及完全内国情形的开业案件，参见 Case C-139/12 *Caixa d'Estalvis i Pensions de Barcelona* EU：C：2014：174；Case C-162/12 *Airport Shuttle Express* EU：C：2014：74；Case C-419/12 *Crono Service* EU：C：2014：81. 然而，欧洲法院确立了一项所谓"吉蒙案"（*Guimont*）例外，表示它仍然可以在如下情况下为成员国法院做出裁决，例如，成员国法被扩大到为国民提供与非本国国民的欧盟公民在欧盟法中将享有的相同利益，参见 Case C-448/98 *Guimont*［2000］ECR I-10663；Case C-393/08 *Sbarigia*［2010］ECR I-6337,［23］；Case C-84/11 *Susisalo* EU：C：2012：374,［20］.

了一种奇怪的"反向歧视"现象，也就是说，某个成员国的国民发现，与其他欧盟成员国国民相比，自己在本国处于一种不利地位。

在"比利时社会保障案"中，作为比利时的联邦实体之一，弗拉芒大区政府曾立法通过了一种护理险项目，只有在荷兰语区或布鲁塞尔首都双语区工作和居住的人方可获得这项保险。(90) 欧洲法院裁定，这构成了《欧洲联盟运行条约》第45条和第59条所指意义上的限制。正在或考虑向这两个地区之一就业或从事自营职业的移民劳动者，可能会被阻止行使其自由流动权，并且被阻止离开其来源国到比利时停留。这是因为他们流动到比利时某些地方，会导致失去获得本可主张的利益资格的机会。(91) 欧洲法院坚持认为，正在这两个地区之一工作的任何欧盟成员国国民都必须有资格享有该保险项目，无论他们在比利时哪个地区居住，但在法语区和德国区居住并从未行使其流动自由的比利时国民除外。欧洲法院裁定，欧盟法"显然不能适用于这种完全内国情形"(92)。其结果是，在法语区开业，并在荷兰语区工作的一名西班牙国民能够参加该保险项目，但她的比利时同事和邻居由于终生都在比利时工作和生活，却不能参加该保险项目。

在"维尔纳案"（*Werner*）中，欧洲法院表示，即使某个成员国国民在其国籍国以外的其他成员国居住，但只要他在本国继续维持开业场所并且从事职业活动，那么，他就不能援引第49条对更有利于居民而不是非居民的本国税收规定提出质疑。(93)

前案可以与"阿舍尔案"（*Asscher*）相比较。一名荷兰国民在比利时居住，他是几家公司的董事，这些公司在比利时和荷兰都设有办公场所，由于他的非居民身份，以及他在荷兰以外的收入水平，他在荷兰被要求按照比该国居民高得多的税率纳税。欧洲法院裁定，他可以援引第49条起诉本国。(94) 欧洲法院认为，这不是一种"内国"情形，因为他行使了条约赋予的开业权，并且在比利时和荷兰开展双重经济活动，因而造成这种对其

(90) Case C-212/06 *Government of the French Community and Walloon Government v Flemish Government* [2008] ECR I-1683.

(91) Ibid [48].

(92) Ibid [37]-[38].

(93) Case C-112/91 *Werner v Finanzamt Aachen-Innenstadt* [1993] ECR I-429.

(94) Case C-107/94 *Asscher* (n 18).

不利的税收情况，而且该案中的差别待遇不存在正当理由。[95]

"阿舍尔案"等判例清楚地表明，关于开业自由的欧盟法不只是涉及取消对非本国国民的不平等待遇，或者消除保护主义。它还需要大力尝试实现"单一市场"的自由化，使自营职业者和公司无论任何国籍，都能在该市场内的各个不同地点开展业务，而不会遇到不必要的障碍。

三 公司的开业

《欧洲联盟运行条约》第54条规定：

> 根据某一成员国的法律成立并在联盟内拥有其注册办公地、中心管理地或主要经营场所的公司或企业，为本章之目的，享有与作为成员国国民的自然人相同的待遇。
>
> "公司或企业"是指根据民法或商法组建的公司或企业，包括合作社以及受公法或私法管辖的其他法人，但不包括非营利性法人。

该条要求，就开业自由的目的而言，公司应获得与国民一样的待遇，但这在严格意义上是不可能的，因为自然人与法人之间存在差别。此外，尽管已经通过了很多欧盟公司法指令，但各个成员国规制公司的方式仍然存在巨大差异。

第54条对公司的界定很宽泛，指的是"由私法或公法管辖的法人"。然而，它也将非营利性公司排除在外，即使非营利性质的经济活动可能被包含在第49条范围内。[96] 将非营利公司排除在条约之外，与条约条款排除无报酬的劳动者和不收取报酬的服务具有同比性。[97]

---

[95] See also Case C–80/94 *Wielockx* [1995] ECR I–2493；Case C–279/93 *Finanzamt Köln-Altstadt v Schumacker* [1995] ECR I–225；Case C–324/00 *Lankhorst–Hohorst GmbH v Finanzamt Steinfurt* [2002] ECR I–11779；Case C–383/05 *Talotta v Belgium* [2007] ECR I–2555；Case C–470/04 *N v Inspecteur van de Belastingdienst Oost/kantoor Almelo* [2006] ECR I–7409.

[96] Case C–70/95 *Sodemare* (n 22).

[97] 有人对排除非营利性实体的规定提出了批评，参见 S Lombardo, 'Some Reflections on Freedom of Establishment of Non-Profit Entities in the European Union' (2013) 14 European Business Organization Law Review 225.

（一）在成员国境内“开业”的公司

显然，只要某公司根据一成员国法律成立，并且在该国拥有注册办公地（registered office），以及其主要经营场所（principal place of business）在欧盟内“某处”，那么，它在欧盟条约意义上就是在第一个成员国开业（established）。欧洲法院在“塞热案”（*Segers*）中明确指出，即使该公司在该成员国内没有开展任何类型的业务，而是通过各种形式的二级开业（secondary establishment）在另一成员国开展业务，例如以分公司、分支机构或办事机构的形式，那么，也是在第一个成员国开业。(98)

这一立场在“*Centros* 公司案”中得到肯定，欧洲法院裁定，所涉公司在英国境内合法开业，即使它从未在英国开展业务。(99) 此外，在“保险服务案”中，欧洲法院裁定，即使公司的办公场所仅由一个独立人员为其进行永久性质的管理，也相当于在该成员国国内开业。(100) 这种形式的开业相当于二级开业，因为该公司的注册办公地或所在地及其主要经营场所想必在欧盟内其他地方。公司只有已经在欧盟境内拥有主要经营场所、中心或注册办公地之后，才有二级开业权。

（二）在没有欧盟调和式立法的情况下由欧洲法院推动的自由化

公司没有被涵盖在关于公民的《第2004/38号指令》或其前身《第73/148号指令》的范围内，该指令管辖自然人离开本国的权利，但欧洲法院在“每日邮报案”（*Daily Mail*）中裁定，公司享有条约框架下与自然人相似的权利。(101) 然而，“每日邮报案”判决还指出，关于开业自由的条约条款并未赋予公司如下不受限制的权利，即将其注册办公地或其中心管理与控制地迁至另一成员国，同时仍在第一个成员国保持开业。

相反，欧洲法院裁定，如果公司想要将其注册办公地或中心管理地（central place of administration）从某成员国迁走，该成员国有权要求该公

---

(98) Case 79/85 *Segers* (n 57) [16].

(99) Case C-212/97 *Centros* (n 25).

(100) Case 205/84 *Commission v Germany* (n 20) [21]. Compare Case C-386/04 *Centro di Musicologia Walter Stauffer v Finanzamt München für Körperschaften* [2006] ECR I-8203, [18]-[20].

(101) Case 81/87 *R v HM Treasury and Commissioners of Inland Revenue, ex p Daily Mail and General Trust PLC* [1988] ECR 5483.

司遵守某些条件。在这个特殊案件中，英国可以合法地要求希望将其中心管理与控制地迁至荷兰的公司首先缴清税款，甚至可以要求其关闭在英国的公司。欧洲法院对此给出的理由是，欧盟并未对成员国关于哪些要素构成公司法人成立地（place of incorporation）或者公司的"真正所在地"（real seat）的法律进行调和，而且，对于如何有效迁移公司办公总部这一问题，不同成员国可以合法地采用不同观点和不同规制方式。[102]

"每日邮报案"潜在的普遍问题是，鉴于仍然不存在欧盟调和式立法，如果公司寻求在一个以上成员国进行不同形式的开业，而各国的公司法规不同，那么这家公司可以在多大程度上依据《欧洲联盟运行条约》第49条。十多年后这一问题再次出现在"Centros 公司案"。在该案中，相关限制不是由该公司的一级开业所在国施加的，虽然还是英国，而是由该公司寻求通过二级开业开展业务的国家规定的，在该案中是丹麦。

Centros 有限责任公司诉丹麦工商管理局
Case C –212/97 Centros Ltd v Erhvervs-og Selskabsstyrelsen
[1999] ECR I–1459

[《里斯本条约》重新编号，《欧洲经济共同体条约》第52条、第54条和第58条现分别变更为《欧洲联盟运行条约》第49条、第50条和第54条]

该案的事实是，一家公司在英国注册，于是其一级开业地是英国，但从未在英国开展业务。该公司之所以选择在英国注册，因为英国法律对有限责任公司要提供或支付的最低额度股本没有任何要求。该公司在英国开业的主要目的是打算在丹麦通过分支机构从事商业活动，而且丹麦对最低股本的要求非常严格。丹麦工商管理局拒绝了该公司注册分支机构的申请，其理由是，该公司事实上并不是寻求在丹

---

[102] 《欧洲共同体条约》第293条（原《欧洲经济共同体条约》第220条）最初承认，有必要就相互承认公司地位与在公司将其所在地从一个成员国迁移到另一个成员国的情况下保留其法人地位等问题通过一项协定，但是，1968年根据该条款通过的《关于相互承认公司的公约》（Convention on the Mutual Recognition of Companies）并未生效，参见 J Wouters, 'European Company Law: Quo Vadis?' (2000) 37 CMLRev 257.

麦开设分支机构，而是开设主要开业场所，与此同时规避包括付清最低股本要求在内的成员国合法规则。丹麦政府主张，该公司试图滥用欧盟开业权，而且，按照"每日邮报案"（*Daily Mail*）中的论证，不存在对各成员国公司法的调和这一事实将阻止该公司援引《欧洲联盟运行条约》第49条。

欧洲法院

21. 如果成员国在某些情况下拒绝其注册办公地在另一成员国的公司在本国注册分支机构，该成员国行为的结果是，按照另一成员国法律成立的公司就被阻止行使《欧洲经济共同体条约》第52条和第58条赋予它们的开业自由权。

22. 因此，成员国的此项行为构成了对行使由这些条款所保障的自由的障碍。

……

24. 根据本法院的判例法，成员国的确有权采取措施，旨在阻止某些本国国民试图以条约创设的权利为掩护，用不正当方式规避其本国立法；成员国也有权阻止个人采用不正当方式或诈欺方式利用共同体法的条款。……

26. 在本案中，相关当事方寻求规避适用的成员国法条款是规范公司成立的规则，而不是关于从事某些行业、职业或商业活动的规则。关于开业自由的条约条款的特定目的是，使根据一成员国法律成立并且在共同体境内拥有注册办公地、中心管理地或主要经营场所的公司，能够通过办事机构、分支机构或公司在其他成员国开展业务。

27. 有鉴于此，想要设立公司的某成员国国民选择在他看来其公司法规则的限制程度最低的成员国成立公司，并在其他成员国设立分支机构，这一事实本身并未构成对开业权的滥用。根据一成员国法律成立公司并在另一成员国设立分支机构的权利，是在单一市场中行使由条约保障的开业自由权的内在权利。

28. 在此意义上，公司法并未在共同体范围内得到完全调和这一事实几乎不会产生任何影响。此外，理事会一直保留在《欧洲共同体条约》第54条第3款第7项赋予其权力的基础上实现完全调和的权力。

29. 另外，从"塞热案"判决第16段可以清楚地看出，一家公司没有在其有注册办公地的成员国开展任何业务，而且仅在其设立分支机构的成员国开展活动这一事实本身，并不足以证明存在着滥用行为或诈欺行为，因此不能赋予其分支机构所在成员国如下权力，即拒绝该公司享有与开业权有关的共同体法条款所赋予的权益。

尽管"Centros 公司案"所表达的法律原则，是欧洲法院在开业自由背景下反复阐述的令人耳熟能详的原则，但将这些原则适用于该案件的事实情况及其所导致的结果还是令不少人意外的，特别是公司法领域的专家与律师，并且引发了大量评论。[103] 该公司采用的伎俩是，选择欧盟单一市场内其更偏好的监管环境（英国），同时在单一市场的另一地理区域（丹麦）开展其全部业务，这一事实却未被认定属于"规避"或"滥用"例外，这一点令人始料未及。[104]

欧洲法院裁定，故意选择在立法上对公司的成立要求更宽松的成员国这一行为，其目的是在对公司的成立要求更严格的另一成员国内更自由地享有二级开业权，这远不构成对第49条的"滥用"，只是行使那些内在于开业自由这一概念的各项权利而已。[105] 此外，尽管欧洲法院在"每日邮报案"中将不存在立法调和作为不适用第49条的理由，但在"Centros 公司案"中，该项理由被认为无关紧要，而且该案甚至还给了欧洲法院一个机会，指出成员国可以选择在公司法的这一领域通过欧盟调和式立法。[106]

欧洲法院认为，成员国目前有其他一些选择，包括现行欧盟关于公司账目与披露的立法，它们可以采用这些方式寻求保护债权人，打击诈欺，或阻止公司通过不正当方式规避"合法"的规制要求。这些方式都比向那些已经在另一成员国合法开设一级开业的公司，对其在本国的分支机构施

---

[103]　See, eg, the collection of essays, 'Centros at 20: Regulatory Arbitrage and Beyond' (2019) 20 European Business Organization Law Review 399–590.

[104]　后来，欧盟对成员国担心滥用"邮箱"公司或皮包公司的情况给予立法方面的一些回应，尽管还不够系统。对这些回应的讨论，参见 K E Sørensen 'The Fight Against Letterbox Companies in the Internal Market' (2015) 52 CMLRev 85.

[105]　在公民权和劳动者自由流动权背景下，欧洲法院对主张滥用权利的相似处理方式，参见第二十二章和第二十四章。

[106]　Case C–411/03 Sevic Systems [2005] ECR I–10805, [26]; P Behrens, Note (2006) 43 CMLRev 1669.

加公司法的整套要求这一方式的限制程度更低。有人将该判例描述为"开启了成员国规则之间展开竞争的大门，以此作为确保完成内部市场的一种替代方式"；[107] 其他一些人则注意到，该案在当时并未触及"每日邮报案"判决。[108]

"Centros 公司案"之后的"Überseering 公司案"[109] 和"Inspire Art 公司案"[110] 裁决肯定并扩大了"Centros 公司案"方式。[111] Überseering 是一家根据荷兰法律在荷兰成立的公司，在荷兰拥有注册办公地。后来它想将其中心管理地迁至德国，并且由德国股东收购了全部股份。与英国在"每日邮报案"中的立场不同，荷兰并不寻求阻止该公司将其中心管理地迁出，也没有否认它在荷兰法框架下作为公司存续的有效性。但是德国法并不承认在荷兰成立的公司具有法律资格，由此禁止其在德国法院出庭。德国法遵循"公司所在地原则"（company seat principle），而不是将"公司成立原则"（incorporation principle）作为公司的重要联结因素，因为该公司已经将其真正所在地从荷兰迁至德国，所以德国法不承认该公司的法律资格，除非它根据德国法重新成立。

欧洲法院基于事实将其区别于"每日邮报案"，在"每日邮报案"中，限制是由公司成立地的成员国施加的，即英国。但是，"Überseering 公司案"中的论证显然背离"每日邮报案"所隐含的广义理由。"Überseering 公司案"确定的规则是，尽管对管辖公司成立相关联结因素的成员国公司法缺乏欧盟层面的法律调和，但对于已经在一成员国合法成立，之后将其中心管理地迁至另一成员国的公司而言，后一成员国不能拒绝承认该公司的法律人格。尽管诸如增强法律确定性、保护债权人和小股东以及合法的

---

　　[107]　P Cabral and P Cunha, '"Presumed Innocent"：Companies and the Exercise of the Right of Establishment under Community Law'（2000）25 ELRev 157；W－H Roth, Note（2000）37 CMLRev 147；S Deakin, 'Two Types of Regulatory Competition：Competitive Federalism versus Reflexive Harmonisation. A Law and Economics Perspective on Centros'（1999）2 CYELS 231；A Johnston, 'EC Freedom of Establishment, Employee Participation in Corporate Governance and the Limits of Regulatory Competition'（2006）6 Journal of Corporate Law Studies 71.

　　[108]　Roth（n 107）153－155.

　　[109]　Case C－208/00 *Überseering v NCC*［2002］ECR I－9919.

　　[110]　Case C－167/01 *Kamer van Koophandel en Fabrieken voor Amsterdam v Inspire Art Ltd*［2003］ECR I－10155.

　　[111]　See also Case C－106/16 *Proceedings brought by Polbud—Wykonawstwo sp. z o. o.* EU：C：2017：804,［38］－［43］.

财政要求等目标在原则上可以作为限制开业自由的那些规则的正当辩护理由，但是，"*Überseering* 公司案"中的德国规则等于完全否认开业自由，并且不符合相称性原则。

"*Inspire Art* 公司案"面临的问题是，相关措施限制公司的二级开业，但该措施还没有严厉到完全否认开业权，那么，这项限制是否符合第49条。[112] 荷兰的立法寻求对一家在英国成立的公司施加与最低股本和股东责任相关的监管要求。欧洲法院承认，限制性法规原则上可以将保护债权人和投资人的利益，或者确保有效的税收监管体系等作为正当辩护理由，但是法院裁定，该案所涉规则既不符合相称性，也没有必要性。

尽管这些裁决并未明确推翻"每日邮报案"的判决，但它们似乎在很大程度上限制了其影响和适用范围。[113] 因此，2008 年对"卡特西奥案"（*Cartesio*）所做裁决就有些出人意料了。[114]

卡特西奥教育服务有限合伙案

Case C – 210/06 Cartesio Oktató és Szolgáltató bt

[2008] ECR I – 9641

[《里斯本条约》重新编号，《欧洲共同体条约》第 43 条和第 48 条现分别变更为《欧洲联盟运行条约》第 49 条和第 54 条]

卡特西奥是一家根据匈牙利法律成立的公司，它希望将其所在地迁往意大利。然而，匈牙利法律不允许在本国成立的公司在将其所在地迁往国外之后仍然受匈牙利法律约束。匈牙利法院认为，尽管"每

112　Case C – 167/01 *Inspire Art* （n 110）.

113　M Gelter, '*Centros*, the Freedom of Establishment for Companies, and the Court's Accidental Vision for Corporate Law', Fordham University European Corporate Governance Institute Law Working Paper No 287/2015.

114　Case C – 210/06 *Cartesio Oktató és Szolgáltató bt* [2008] ECR I – 9641；M Szydło, Note (2009) 46 CMLRev 703；O Valk, Note （2010） 6 Utrecht Law Review 151；G Vossestein, 'Cross-Border Transfer of Seat and Conversion of Companies under the EC Treaty Provisions on Freedom of Establishment' （2009） 6 European Company Law 115；L Burian, 'Personal Law of Companies and Freedom of Establishment' （2008） 61 RHDI 71.

日邮报案"判决似乎表明，《欧洲联盟运行条约》第 49 条和第 54 条并不包括一家公司有权在将其中心管理地迁往另一成员国之后仍然保留其法律人格和原来国籍，而后来的判例法导致这一情况并不明确。尽管马杜罗佐审官认为，该匈牙利立法是对开业自由的不当否认，但是欧洲法院裁定，公司是成员国法的产物，其存在仅依据决定公司成立和运行的成员国立法。

欧洲法院

109. 因此，按照《欧洲共同体条约》第 48 条，在不存在关于公司定义的统一共同体法的情况下，即未界定公司如何依据用于决定公司准据法的单一联结因素享有开业权，对于《欧洲共同体条约》第 43 条是否适用于寻求依据该条所确立的基本自由的公司这一问题——正如自然人是否是成员国国民并由此有权享有该项自由这个问题一样——是一个先决问题，在当前共同体法框架下，只能由其准据的成员国法解决。因此，公司是否面临《欧洲共同体条约》第 43 条意义上对开业自由的限制这一问题，只有在根据该条约第 48 条规定的条件已经确定该公司实际上拥有该项自由权的前提下，才有可能出现。

110. 因此，成员国既有权界定公司所需要的联结因素，即根据该因素，该公司将被视为根据该成员国法律成立，并且由此能够享有开业权；也有权界定该公司在这之后能够保持其身份所需的联结因素。该权力包括如下可能性：如果该公司希望通过将其所在地迁往另一成员国境内的方式实现重组，就该公司成立地的成员国法律而言，由此破坏了该国法律所要求的联结因素，那么该成员国可能不允许受其法律管辖的公司在迁出后仍保留其身份。

在经历了从"*Centros* 公司案"到"*Inspire Art* 公司案"等一系列强有力的裁决之后，"卡特西奥案"对"每日邮报案"裁决中的假定给予肯定，这出乎人们的意料之外，因为那些先前判例已经将相互承认原则引入关于开业自由的法律中。在那些判例中，欧洲法院坚持认为，成员国必须承认公司根据另一成员国法律成立和一级开业的合法性，并且不得对二级开业权施加任何不必要的限制。但是，"卡特西奥案"判决肯定，在不存在欧盟调和式立法的情况下，关于什么构成公司在第一个地方成立的必要因素，这些基本规则仍然交由公司成立地的国家决定。[⑮]

　　然而，上述判例并不意味着欧洲法院在很大程度上背离其如下观点，即欧洲法院坚持认为在不存在欧盟调和式立法的情况下应逐渐实现公司流动的自由化。"卡特西奥案"之后的判例法就对成员国没那么"恭敬"了。[⑯] 在"*VALE* 公司案"[⑰] 中，一家根据意大利法律开业的公司试图将其注册办公地迁至匈牙利，以便终止作为根据意大利法律成立的公司，而成为根据匈牙利法律成立的公司。[⑱] 意大利没有阻止这一点，但是匈牙利拒绝允许这种转换，即使匈牙利的公司可以这样做。欧洲法院裁定，虽然东道国完全有权在公司成立和公司转换方面适用自己的法律，但是《欧洲联盟运行条约》第49条和第54条要求以同等方式对待国内转换和跨境转换。这种方法在"波尔布德公司案"（*Polbud*）中得到证实。

波尔布德公司提起的诉讼

Case C–106/16 Proceedings brought by

Polbud—Wykonawstwo sp. z o. o.

EU：C：2017：804

　　波尔布德公司在将其注册办公地迁至卢森堡后，试图将自己从波兰商业注册中删除。波兰当局拒绝将该公司从商业注册中除名，除非可以证明它正在被清算。波尔布德公司主张这违反了《欧洲联盟运行

---

　　⑮　对于在"卡特西奥案"之后，公司在不迁移其真正所在地的情况下，是否享有仅通过跨境转换就可以获得开业权这一问题的讨论，参见 O Mörsdorf, 'The Legal Mobility of Companies within the European Union through Cross-Border Conversion' (2012) 49 CMLRev 629.

　　⑯　See, eg, Case C–371/10 *National Grid Indus* EU：C：2011：785；T Biermeyer, F Elsener, and F Timba, 'The Compatibility of Corporate Exit Taxation with European Law' (2012) 9 ECFR 101；K Pantazatou, *National Grid Indus*：the First Case on Companies' Exit Taxation' (2012) 23 EBLR 945；S Peeters, 'Exit Taxation on Capital Gains in the European Union：A Necessary Consequence of Corporate Relocations?' (2013) 10 ECFR 507.

　　⑰　Case C–378/10 *VALE Építési* EU：C：2012：440.

　　⑱　See also Case C–106/16 *Polbud* (n 111) [43]；T Biermeyer, 'Shaping the Space of Cross–Border Conversions in the EU. Between Right and Autonomy' (2013) 50 CMLRev 571；M Krarup, '*Vale*：Determining the Need for Amended Regulation Regarding Free Movement of Companies within the EU' (2013) 24 EBLR 691；J L Hansen 'The *Vale* Decision and the Court's Case Law on the Nationality of Companies' (2013) 10 ECFR 1.

条约》第49条和第54条。

欧洲法院

38. 本法院曾裁定，开业自由权扩大至以下情形，即依据一成员国立法成立并在该国拥有注册办公地的某公司，想要在另一成员国设立分支机构，即使该公司在第一个成员国成立的唯一目的是在第二个成员国自行开业，将后者作为主要经营地或者实际上的完全经营地（就此可参见 1999 年 3 月 9 日判决，*Centros*，C‑212/97，EU：C：1999：126，第 17 段）。同样，依据一成员国立法成立的公司希望将自己转换为另一成员国法律框架下的公司，在这种情况下，应适当考虑第二个成员国为判断公司与本国法律秩序的联系的检验方法，即使该公司在第一个成员国开展其主要业务，哪怕不是全部业务，那么，这种情况属于开业自由的适用范围。

......

40. 本法院先前已裁定，为了享受更有利的立法所带来的好处，根据某成员国立法开设公司的注册办公地或者真正总部，这一事实本身并不构成滥用（见 1999 年 3 月 9 日 "*Centros* 公司案" 判决，C‑212/97，EU：C：1999：126，第 27 段，以及 2003 年 9 月 30 日 "*Inspire Art* 公司案" 判决，C‑167/01，EU：C：2003：512，第 96 段）。

......

42. 正如 1988 年 9 月 27 日 "每日邮报案" 判决（Case 81/87，*Daily Mail and General Trust* EU：C：1988：456）以及 2008 年 12 月 16 日 "卡特西奥案" 判决（C‑210/06，*Cartesio* EU：C：2008：723），与波兰政府的意见相反，这并不意味着，为了符合开业自由的适用范围，公司注册办公地的转移必须伴随其真正总部的转移。

43. 相反，从这些判决以及 2012 年 7 月 12 日 "*VALE* 公司案" 判决（C‑378/10，*VALE* EU：C：2012：440）中可以得出以下结论，按照欧盟现行法律，每个成员国都有权力界定公司所需的联结因素，即由此将该公司视为根据其本国立法成立的公司。如果受一成员国法律管辖的公司将自身转换为另一成员国法律框架下的公司，并且如果是为了存在于后一成员国法律秩序内才满足该国的立法所施加的条件，在这种情况下，该权力不仅远非意味着原成员国关于公司成立或清算的立法免受与开业自由有关的规则的约束，也不能为该成员国采取以下方式妨碍或阻止相关公司进行跨境转换提供正当理由，特别是对这种跨境转换而言，对其施加比适用于在该成员国境内公司转换更严格的条件（为此请参见 1988 年 9 月 27 日"每日邮报案"判决，81/87，EU：C：1988：456，第 19—21 段；2008 年 12 月 16 日"卡特西奥案"判决，C - 210/06，EU：C：2008：723，第 109—112 段；2012 年 7 月 12 日"*VALE* 公司案"判决，C - 378/10，EU：C：2012：440，第 32 段）。

欧洲法院裁定，任何对开业自由的限制只有在出于公共利益的压倒性理由时才被允许。这里适用正常标准——限制措施应该适合于确保实现所涉目标，并且不应超出实现该目标所必需的范围。欧洲法院称，波兰要求公司应被清算，这不能以需要保护股东利益为其正当理由。

必须正确看待上述判例法。有人认为，"'*Centros* 公司案'的影响相对较小"，而且"欧洲尚未出现全面的规制竞争"[19]。相反，尽管欧洲法院缺乏对商法政策的任何深入理解，但其判决似乎已经给欧洲公司法带来了其他变化，这些变化既不是欧洲法院，也不是政策制定者所希望看到的，因为成员国开始取消对最低资本的要求以及其他一些迫使本国公司在其他成员国开业的要求。最近的经验数据表明，欧洲法院判例法的影响可能更为广泛。[20] 下面的摘录对此做了思考。

马雷克·希德沃：《开业自由下的公司跨境转换——"波尔布德公司案"及其之外》[21]

"波尔布德公司案"（*Polbud*）为进一步加强欧盟成员国公司法的

---

[19] M Gelter, '*Centros*, the Freedom of Establishment for Companies, and the Court's Accidental Vision for Corporate Law', Fordham University European Corporate Governance Institute, Law Working Paper 287/2015.

[20] T Biermeyer and M Meyer, 'Corporate Mobility in Europe：An Empirical Perspective' (2018) 15 European Company Law 64.

[21] Marek Szydło, 'Cross - Border Conversion of Companies under Freedom of Establishment：Polbud and Beyond' (2018) 55 CMLRev 1549, 1569 - 1570.

规制"套利"铺平了道路。这种"套利"现在不仅由公司的创始人获得(如"Centros 公司案"和"Inspire Art 公司案"),也对已存在的公司开放。因此,"波尔布德公司案"可能会增加欧盟内公司跨境转换的数量,特别是在那些(直到现在还)阻止此类转换的成员国成立的公司而言。……

值得回顾的是,"Centros 公司案"和"Inspire Art 公司案"在英国引发成立大量的邮箱公司,尤其是来自于那些公司法要求相对严格的成员国。为了不失去作为公司成立地的竞争地位,这些成员国开始放宽其公司法,并照搬英国和某些其他成员国公司法中最具吸引力的要素。这一保护性的规制竞争过程在 2007 年至 2008 年达到顶峰,此后英国的邮箱公司注册率开始出现下降。尽管如此,对于在英国之外成立的公司而言,英国仍然是这个市场的明显赢家。由于上述原因,一些评论者预计"波尔布德公司案"会引发与"Centros 公司案"之后类似的运动。因此具有讽刺意味的是,将从这种运动中获益最多的国家——英国——正在离开欧盟。事实上,英国脱欧——以及对失去进入欧盟内部市场的相关担忧——可能会促使人们"逃离"英国,因为目前在英国成立的一些公司已将自己转换为其他成员国法律框架下的公司。"波尔布德公司案"很可能会促进这一点。

(三) 对公司开业自由施加的限制: 直接税收规则

根本原则是因为《欧洲联盟运行条约》第 49 条允许经济经营者自由选择在另一个成员国开展其活动的适当法律形式,所以这种选择自由不得受到歧视性税收规定的限制。[12] 很多案件都涉及成员国对那些注册办公地位于另一成员国的公司或这类公司的雇员施加的限制措施,或者导致这些公司或其雇员处于不利地位的措施。[13] 然而,还有另外一些案件涉及的是,成员国对那些注册办公地在本国但在其他成员国设有子公司或分支机构的公司施加的限制措施,特别是税收限制。区别对待居住与不居住于本国的

---

[12] Case C - 68/15 *X v Ministerraad* EU: C: 2017: 379, [40]; Case C - 6/16 *Eqiom and Enka* EU: C: 2017: 641, [53]; Cases C - 504 and 613/16 *Deister Holding AG and Juhler Holding A/S v Bundeszentralamt für Steuern* EU: C: 2017: 1009, [87].

[13] Case 79/85 *Segers* (n 57).

公司和子公司的税收规则是否符合欧盟法，这一问题产生了大量复杂的判例法。[124]

在"委员会诉法国案"中，欧洲法院将公司的注册办公地类比为自然人的居住地。[125] 欧洲法院裁定，像自然人的国籍一样，法人的所在地是与成员国法律体系之间的联结因素。[126] 它裁定，按照与那些注册办公地位于该成员国的公司相同的税基，对在该成员国的分支机构或办事机构征税，但不给予后者与前者相同的税收优待，由此在税收法领域所产生的歧视违反了第49条。无论是不存在成员国之间的税法调和这一事实，还是存在公司避税的风险这一事实，都不能作为这些限制措施的正当理由。[127]

尽管如此，欧洲法院承认，在某些条件下，以公司注册办公地或者以自然人的居住地为基础做出区分，这种做法在税法方面还是可以有正当理由的。[128] 在"Futura 公司案"中，一家公司在该国设有分支机构，但主要开业不在该成员国，欧洲法院裁定，该成员国可以出于评估税收责任与可列支损失的目的，就账目保存和产生损失的地点对非居民公司施加条件。[129]

---

[124]　W Haslehner, '"Consistency" and Fundamental Freedoms: The Case of Direct Taxation' (2013) 50 CMLRev 737; L Cerioni, 'The "Place of Effective Management" as a Connecting Factor for Companies' Tax Residence within the EU vs. the Freedom of Establishment: The Need for a Rethinking?' (2012) 13 German LJ 1095; K Pantazatou, 'Economic and Political Considerations of the Court's Case Law Post Crisis: An Example from Tax Law and the Internal Market' (2013) 9 Croatian Yearbook of European Law and Policy 77.

[125]　Case 270/83 *Commission v France* [1986] ECR 273, [18].

[126]　Case C‒330/91 *Commerzbank* [1993] ECR I‒4017, [18]; Case C‒264/96 *ICI v Colmer* [1998] ECR I‒4695, [20]; Case C‒307/97 *Compagnie de Saint-Gobain v Finanzamt Aachen-Innenstadt* [1999] ECR I‒6161, [35]; Cases C‒397 and 410/98 *Metallgesellschaft Ltd v Internal Revenue* [2001] ECR I‒4727, [42]; Case C‒68/15 *X* (n 122) [35].

[127]　Case C‒330/91 *R v Inland Revenue Commissioners, ex p Commerzbank AG* [1993] ECR I‒4017; Case C‒1/93 *Halliburton Services BV v Staatssecretaris van Financiën* [1994] ECR I‒1137; Case C‒253/03 *CLT‒UFA SA v Finanzamt Köln‒West* [2006] ECR I‒1831; Case C‒380/11 *DI. VI. Finanziaria di Diego della Valle & C* EU: C: 2012: 552.

[128]　Case 270/83 *Commission v France* (n 125) [19]; Case C‒279/93 *Schumacker* (n 95); Case C‒80/94 *Wielockx* (n 95); Case C‒107/94 *Asscher* (n 18); Case C‒311/97 *Royal Bank of Scotland v Greece* [1999] ECR I‒2651. Compare Case C‒264/96 *ICI* (n 126); Case C‒200/98 *X and Y v Riksskatteverket* [1999] ECR I‒8261; Case C‒9/02 *de Lasteyrie du Saillant* [2004] ECR I‒2409.

[129]　Case C‒250/95 *Futura Participations SA Singer v Administration des Contributions* [1997] ECR I‒2471. 针对在其他成员国拥有主要经营地的公司的间接税收歧视，例如参见 Case C‒254/97 *Société Baxter v Premier Ministre* [1999] ECR I‒4809; Case C‒436/00 *X, Y v Riksskatteverket* [2002] ECR I‒10829; Case C‒334/02 *Commission v France* [2004] ECR I‒2229.

然而，在"*Futura* 公司案"中卢森堡施加的限制措施受到严格的相称性审查，而且，即使在该领域不存在欧盟调和规则的情况下，卢森堡的账目要求仍然被裁定为限制程度过严。在"*X Holding BV* 案"中，成员国立法禁止母公司与在其他成员国的子公司形成单一税收实体，但与作为居民公司的子公司一起就可以这么做，欧洲法院承认，保障成员国之间的税收权力分配这一需要可以作为这项立法的正当理由。[130]

现在已经有大量重要诉讼，其中包括引起广泛关注的"马莎百货公司案"（*Marks & Spencer*）[131] 和"吉百利史威士公司案"（*Cadbury Schweppes*）[132]，以及其他一系列索赔示范案件[133]，它们澄清第49条是否以及在多大范围内适用于关于跨境情形的一系列公司税法。这些案件涉及诸如税收抵免、损失扣除（集团亏损宽免）[134]，以及股息征税[135]等事项，并且涉及适用于在多个成员国开业的公司。[136]

欧洲法院还裁定，虽然在适当的情况下，各成员国可以区别对待居民公司与非居民公司，将拥有非居民子公司的居民公司与拥有居民子公司的居民公司区别对待，并且区别对待来自国外的股息和来自国内的股息，但就直接

---

[130]　Case C – 337/08 *X Holding BV v Staatssecretaris van Financiën* [2010] ECR I – 1215；Case C – 231/05 *Oy AA* [2007] ECR I – 6373.

[131]　Case C – 446/03 *Marks & Spencer v Halsey* [2005] ECR I – 10837.

[132]　Case C – 196/04 *Cadbury Schweppes plc v Inland Revenue* [2006] ECR I – 7995. 有人对欧洲法院在该案中引入"完全的人为安排"这一标准提出批评，参见 P Tran, 'Cadbury Schweppes plc v Commissioners of Inland Revenue：Eliminating Harmful Tax Practice or Encouraging Multinational to Shop A-round the Bloc?' (2008) 30 Loyola LA Int' l & Comp L Rev 77；有人就英国对该裁决的法律回应提出批评，参见 A Lyden-Horn, 'Cadbury Schweppes：A Critical Look at the Future and Futility of UK Controlled Foreign Company Legislation' (2008) 11 Temple Int' l & Comp LJ 191.

[133]　Case C – 253/03 *CL T – UFA* (n 127)；Case C – 347/04 *Rewe-Zentralfinanz v Finanzamt Köln-Mitte* [2007] ECR I – 2647；Case C – 374/04 *Test Claimants in Class IV of the ACT Group Litigation v Inland Revenue* [2006] ECR I – 11673；Case C – 446/04 *Test Claimants in the FII Group Litigation* [2006] ECR I – 11753；Case C – 524/04 *Test Claimants in the Thin Cap Group Litigation v Inland Revenue* [2007] ECR I – 2107；Case C – 201/05 *The Test Claimants in the CFC and Dividend Group Litigation v Commissioners of Inland Revenue* [2008] ECR I – 2875；Case C – 362/12 *Test Claimants in the Franked Investment Income Group Litigation* EU：C：2013：834.

[134]　Case C – 18/11 *Philips Electronics UK* EU：C：2012：532；Case C – 650/16 *A/S Bevola and Jens W Trock ApS v Skatteministeriet* EU：C：2018：424.

[135]　Case C – 310/09 *Accor* EU：C：2011：581；Case C – 35/11 *Test Claimants in the FII Group Litigation* EU：C：2012：707.

[136]　See also Case C – 480/17 *Montag* (n 82)；Cases C – 398 – 399/16 *BV and X NV v Staatssecretaris van Financiën* EU：C：2018：110.

征税规则而言，始终应以证明存在合理性和相称性的正当理由为前提。

尽管诸如防止避税、打击人为安排或避税天堂，或防止公司从税收减免规则中两次受益等都被视为合法目标，但欧洲法院继续对那些声称是为了实现这类目标所必不可少的成员国法进行严格审查。⑬

（四）对公司开业自由施加的限制：船舶注册要求

引起判例法的第二个议题领域是对船舶注册的处理。⑬ 在"委员会诉爱尔兰案"中，对于在爱尔兰拥有注册船舶的其他成员国国民必须在爱尔兰开设公司的要求，被裁定违反了第49条。⑬ 在"法克特塔梅案"中，欧洲法院反对就渔船注册施加居住地和国籍要求，但允许成员国规定，作为一项注册要件，必须在该成员国境内对船舶进行管理，并且其运营必须受到该国的指导和控制。⑭ 但到目前为止，关于本议题最重要也最具争议的裁决是"维京客轮公司案"，在上文关于第49条是否可"横向"适用于工会的讨论中曾摘录了该判例。⑭

国际运输工人联盟与芬兰海员工会诉维京客轮与爱沙尼亚维京客轮

Case C – 438/05 International Transport Workers Federation and Finnish
Seamen's Union v Viking Line ABP and OÜ Viking Line Eesti
[2007] ECR I – 10779

[《里斯本条约》重新编号，《欧洲共同体条约》第43条

---

⑬　See, eg, Cases C – 39, 40 and 41/13 *SCA Group Holding et al* EU：C：2014：1758；Case C – 80/12 *Felixstowe Dock and Railway Company* EU：C：2014：200；Case C – 350/11 *Argenta Spaar-bank* EU：C：2013：447；Case C – 678/11 *Commission v Spain* EU：C：2014：2434；Case C – 650/16 *A/S Bevola* (n 134)；Case C – 382/16 *Hornbach-Baumarkt-AG v Finanzamt Landau* EU：C：2018：366，[41] – [59]；Case C – 28/17 *NN A/S v Skatteministeriet* EU：C：2018：526.

⑬　Case C – 246/89 *Commission v UK* [1991] ECR I – 4585；Case C – 334/94 *Commission v France* (n 57)；Case C – 151/96 *Commission v Ireland* (n 57)；Case C – 299/02 *Commission v Netherlands* [2004] ECR I – 9761.

⑬　Case 93/89 *Commission v Ireland* [1991] ECR I – 4569.

⑭　Case C – 221/89 *Factortame* (n 4).

⑭　Case C – 438/05 *Viking Line* (n 29)；P Chaumette, 'Reflagging a Vessel in the European Market and Dealing with Transnational Collective Disputes：*ITF & Finnish Seamen's Union v Viking Line*' (2010) 15 Ocean & Coastal LJ 1.

和第 137 条现分别变更为《欧洲联盟运行条约》第 49 条
和第 153 条]

维京是一家根据芬兰法律成立的公司，经营着"罗塞拉号"
（*Rosella*）船舶，其航线在爱沙尼亚塔林和芬兰赫尔辛基之间。由于
同在这条航线运营的爱沙尼亚船舶薪酬成本较低，这种竞争导致"罗
塞拉号"处于亏损状态。由于船旗国为芬兰，维京公司有义务按照芬
兰法律以及集体谈判协议的条款，以在芬兰适用的相同薪酬水平向船
员支付报酬。于是，维京公司打算在爱沙尼亚重新注册"罗塞拉号"
的船籍。芬兰海员工会（FSU）与国际运输工人联盟（ITF）共同决
定对这类"方便旗"行为采取集体行动，并且要求其附属工会不与维
京公司开展谈判。维京公司主张，芬兰海员工会与国际运输工人联盟
的行动违背了其开业自由。芬兰海员工会与国际运输工人联盟则主
张，这种情况不属于条约规则的适用范围，该主张得到丹麦政府和瑞
典政府的支持。

欧洲法院

36. 主要诉讼中涉及的集体行动，可能是工会为了确保成功主张
集体管理维京公司雇员的工作而采取的最后一种手段，该行动必须被
认为与芬兰海员工会寻求缔结的集体协议具有不可分割的关联。

37. 由此认为，集体行动……原则上属于《欧洲共同体条约》第
43 条的适用范围。

　　……

40. 在这方面，只要指出以下立场就已足够，即在不属于共同体
权能范围的领域，即使成员国原则上可自由规定管辖所涉权利成立与
行使的条件，但事实仍然是，在行使该权能时，成员国还必须遵守共
同体法。……

41. 因此，《欧洲共同体条约》第 137 条不适用于罢工权或停工权
这一事实，并不意味着将诸如主要诉讼中所涉集体行动排除出《欧洲
共同体条约》第 43 条的适用范围。

　　……

44. 尽管采取集体行动的权利，包括罢工权在内，必须由此被承

认为一项基本权利, 而基本权利构成本法院应确保遵守的共同体法一般原则的组成部分, 但是, 这项权利的行使仍受某些限制条件的约束。正如《欧洲联盟基本权利宪章》第 28 条再次肯定的, 应按照共同体法和成员国法律与实践保护这些权利。此外, 从本判决第 5 段可以清楚地看到, 根据芬兰法, 特别是在该罢工违反善良风俗 (*contra bonos mores*) 或者在成员国法或共同体法框架下被禁止的情况下, 不得援引罢工权。

45. 在这方面, 本法院曾裁定, 保护基本权利是一项合法利益, 原则上构成对共同体法所施加的义务采取限制措施的正当理由, 即使限制涉及条约所保障的一项基本自由, 例如货物自由流动 (见 Case C – 112/00 *Schmidberger* [2003] ECR I – 5659 第 74 段) 或提供服务的自由 (见 Case C – 36/02 *Omega* [2004] ECR I – 9609 第 35 段)。

46. 然而, 在"施米德贝格尔公司案"与"欧米茄游戏公司案"中, 本法院裁定, 行使所涉基本权利, 即表达自由、集会自由和尊重人类尊严等权利, 均仍然属于条约条款的适用范围, 而且认为, 此类权利的行使必须与条约保护的权利有关的要求保持一致, 而且必须符合相称性原则 (在此意义上, 可参见 *Schmidberger* 第 77 段和 *Omega* 第 36 段)。

47. 从上述论证可以得出如下结论, 尽管采取集体行动这项权利具有基本权利的性质, 但这并不能导致《欧洲共同体条约》第 43 条不适用于主要诉讼中所涉集体行动。

欧洲法院最后裁定, 该集体行动使得维京公司在爱沙尼亚重新登记船籍失去足够吸引力或变得毫无意义, 由此构成了对维京公司行使其在爱沙尼亚开业自由权的限制。此外, 应由成员国法院判断该集体行动能否作为保护劳动者权利的相称和必要手段, 因而具有正当理由。该案招致大量批判性分析。[142]

---

[142]　在本书撰写时, 欧盟 EUR-Lex 网站显示有 92 条对该案的点评。See, eg, C Barnard, 'Free Movement and Labour Rights: Squaring the Circle?', University of Cambridge Legal Studies Research Paper No 23/2013; D Ashiagbor, 'Unravelling the Embedded Liberal Bargain: Labour and Social Welfare Law in the Context of EU Market Integration' (2013) 19 ELJ 303.

（五）欧盟提出的调和草案

前面的讨论集中于欧洲法院的判例法，这些判例法是在没有欧盟立法干预的情况下促进公司的自由流动。欧盟立法机构在这方面并非完全保持沉默。欧盟通过了建立一种欧洲法人形式的立法，即"*Societas Europaea*"（欧洲公司），以及关于欧洲公司章程的立法。[143] 委员会最近起草了一项更广泛的指令，以处理跨境转换和随之而来的税收影响。鉴于理事会和欧洲议会已就其内容表示同意，拟议的指令可能会根据普通立法程序通过。[144] 制定该指令的原因参见以下委员会文件摘录，后一则摘录是对该指令草案的评价。

《委员会关于跨境转换、企业合并和分立的指令提案》[145]

公司的重组和转型，诸如跨国转换、企业合并和分立，是公司生命周期的一部分，是公司成长、适应不断变化的环境和探索新市场机遇的自然方式。同时，它们也会对公司的利益相关者产生影响，特别是雇员、债权人和股东。因此，对利益相关者的保护必须跟上企业界日益增长的跨国化步伐。然而，如今法律的不确定性，管辖某些公司跨境运营的规则部分不足，以及缺乏规则，意味着没有明确的框架来确保有效保护这些利益相关者。因此，在这种情况下，为利益相关者

---

[143] See Council Regulation（EC）No 2157/2001 of 8 October 2001 on the Statute for a European company［2001］OJ L294/1；Council Directive 2001/86/EC of 8 October 2001 supplementing the Statute for a European company with regard to the involvement of employees［2001］OJ L294/22；V Edwards, 'The European Company—Essential Tool or Eviscerated Dream?'（2003）40 CMLRev 443. See also the Commission's Proposal for a Directive on single-member private limited liability companies（*Societas Unius Personae*），COM（2014）212, to facilitate cross-border establishment；I Wuisman, 'The *Societas Unius Personae*'（2015）12 European Company Law 34；H Koster, 'EU Legal Entities：New Options?'（2015）12 European Company Law 5.

[144] https：//oeil. secure. europarl. europa. eu/oeil/popups/flicheprocedure. do? reference = 2018/0114（COD）&l = en.

[145] Commission Proposal for a Directive as regards Cross-Border Conversions, Mergers and Divisions COM（2018）241 final. See also Directive（EU）2019/2121 of the European Parliament and of the Council of 27 November 2019 amending Directive（EU）2017/1132 as regards cross-border conversions, mergers and divisions［2019］OJ L321/1.

提供的保护要么无效，要么不足。通过提供防止滥用的保障措施，由此在单一市场内建立信任的法律环境，这也可以促进公司的跨境运营。

因此，重要的是通过打破跨境贸易壁垒、促进市场准入、增强信心和刺激竞争，同时为利益相关者提供有效和适当的保护，从而释放单一市场的潜力。本提案的目标分为两个层面：为跨境转换、分立和合并规定具体和全面的程序，以促进欧盟的跨境流动；同时为公司利益相关者提供充分保护，以保障单一市场的公平性。此类行动是创建更深入、更公平的单一市场的一部分，这是当前委员会的优先事项之一。

施密特：《欧盟委员会公司法一揽子方案的流动性方面——好的、不好的和丑的》[146]

总之，公司法一揽子方案无疑是一项重大成就，它有可能通过真正的飞跃实质性地促进公司的跨境流动。

"好的"方面显然占了上风。有限责任公司最终不仅可以进行跨境合并，还可以在欧盟调和规则的基础上进行跨境分立和跨境转换，这些规则为公司提供安全的法律框架，并且为公司的股东、债权人和雇员提供保护机制。

然而，委员会的提案仍然存在不少缺陷。在"不好"一栏中要特别注意的是，有许多不一致之处，并且该提案在几个重要方面过于狭窄；它不涵盖《欧洲联盟运行条约》第54条意义上的所有法律实体（特别是合伙），它没有规定通过收购或债务转移进行的跨境分立，并且未能调和公司法领域中的冲突法规则。

最后，令人遗憾的是，还有一个相当"丑的"方面，即"人为安排"例外。

因此，在进一步的立法进程中，还有很多工作要做。

---

[146] J Schmidt, 'The Mobility Aspects of the EU Commission's Company Law Package: Or—The Good, the Bad and the Ugly' (2019) 16 European Company Law 13, 17. See also T Biermeyer and M Meyer, 'European Commission Proposal on Corporate Mobility and Digitalization: Between Enabling (Cross-Border Corporate) Freedom and Fighting the "Bad Guy"' (2019) 15 European Company Law 110.

让我们希望它会有电影中的美好结局：至少在那里，"好"的方面最终会胜过其他。

四　小结

1. 如果存在欧盟因素，成员国国民就可以在开业所在的成员国援引第 49 条。这通常包括个人在另一成员国获得资格或专业培训的事实，只要情况不涉及企图"滥用"欧盟权利。滥用的概念由两个要素决定。第一个是客观情况的组合，在这种情况下，尽管欧盟规则规定的条件在形式上得到遵守，但这些规则的目的并未实现。第二个是主观因素，包括从欧盟规则中获得优待的意图，其方式是人为地创造那些为获得优待而设定的条件。⑭⑦

2. "维京客轮公司案"以及涉及服务自由的"拉瓦尔公司案"将条约开业条款横向适用的范围扩大至适用于工会的活动，这引起了争议。即使工会并非公共规制型行为体，并且不拥有准立法性质的权力，甚至在它们根据罢工、停工或其他形式集体行动的基本权利采取行动的情况下，也是如此。

3. 尽管非歧视在开业领域具有重要意义，但与对待自由流动的其他领域一样，欧洲法院对开业自由采取广义的解释方式。因此，任何障碍或者任何导致在一成员国开业的权利所具有的吸引力下降的措施，以及对寻求开业的个人在"市场准入"方面施加的任何限制，无论这些措施是否对本国国民和非本国国民造成有差别的影响，均属于第 49 条禁止范围，除非有正当理由。

4. 关于公司开业的法律要比关于自然人的法律复杂得多，主要原因在于各国公司法存在着差异。欧洲法院并没有等待欧盟层面的立法调和，而是要求东道国允许在另一成员国有效成立的公司在东道国行使二级开业权，并且不施加任何监管限制，即使该成员国公司法制度与本国的差别巨大。"每日邮报案"和"卡特西奥案"都涉及公司从一成员国迁出，它们的判决表明，公司成立地的成员国（母国）有权为法人实体身份的获得和存续规定基本条件。但是，包括最近的 "*Vale* 公司

---

⑭⑦　Cases C－116－117/16 *Skatteministeriet v T Danmark and Y Denmark Aps* EU：C：2019：135，[97]－[98].

案"和"*National Grid Indus* 案"等在内的其他案件表明，对于成员国对公司跨境开业自由施加的一系列其他限制，欧洲法院将严格审查其辩护理由。

5. 有些公司在超过一个以上的成员国开业，它们寻求既从其开业的不同国家的不同税收制度中获得优势，又将这些税收制度对它们造成的不利影响减少到最低程度。近年来，公司常常对成员国就这类公司所施加的税收限制措施提起诉讼，并且往往胜诉。

6. 关于跨境转换等议题的指令草案将是调和该领域法律的一项重大立法倡议，该倡议建立在欧洲法院判例法的基础之上。

第四节　第 56 条：服务自由流动

一　第 49 条与第 56 条之间的界限

我们在上文已经看到，开业权涉及在一成员国的固定基地从事不限期的经济活动。《欧洲联盟运行条约》第 56 条框架下提供服务的自由（freedom to provide services）涉及的则是，在一成员国开展临时性的经济活动，要么服务提供者不在该国开业，要么服务接受者不在该国定居。

欧洲法院在"保险服务案"中裁定，如果人员或企业在某个成员国维持"永久性"（*permanent*）经济基地，即使只通过一间办公室，那么，该人员或企业拥有的就不是在该国提供服务的权利，而是由关于自由开业的法律管辖。[148] 然而，在"格布哈特案"中，我们又看到，欧洲法院承认，不能由于服务提供者自身可能需要配备必要的基础设施，例如一间办公室或工作室，作为开展服务的场所，就一定意味着提供服务的行为失去了"临时性"（*temporary*）。[149] 相关判断标准不是在某成员国拥有办公室这一简单事实，而是在该成员国开展的经济活动是临时性质还是永久性质。

但可以想见，这一点很难得到确认，特别是某些服务需要花费很长时间，例如建造大型建筑物。欧洲法院认为，服务超过某段延长期，甚至超

---

[148]　Case 205/84 *Commission v Germany*（n 20）［21］.

[149]　Case C–55/94 *Gebhard*（n 21）［27］.

过几年，这一事实并不排除第56条的适用。[150] 在"委员会诉葡萄牙案"中，欧洲法院认为，葡萄牙对建筑活动规定的批准规则违反了第56条，因为这些规则对提供临时服务与建筑服务供应商的开业行为施加了同样的要求。[151] 按照欧洲法院的说法，提供建筑服务在一般情况下要花费一些时间，而且可以证明的是，难以将这种情况与建筑服务提供者在东道国开业的另一种情况进行区分，但该事实并不能将此类服务排除出《欧洲联盟运行条约》第56条的适用范围。

对于"滥用或规避说"，有人可能将其绝大部分或者全部服务瞄准特定成员国领土，但为了逃避该国职业规则而在其境外维持开业场所。欧洲法院裁定，在某些情况下可以将他们视为在该成员国开业，由此不是由关于服务的第56条涵盖，而是适用关于开业的第49条。[152] 在这种情况下，通过在另一成员国维持开业场所而被规避的职业规则就可以得到适用，其适用情况就如同此人在有权对其进行监管的成员国境内开业一样。被认定存在这种规避或滥用行为的案件比较少见，而且举证责任完全在国家一方，国家有义务证明个人正在寻求规避合法要求，而不只是行使条约赋予他们的自由。[153]

《欧洲联盟运行条约》第56条

在如下条款规定的框架内，就在一成员国开业的成员国国民向不在该国定居者提供服务而言，禁止对在联盟内提供服务的自由进行限制。

欧洲议会和理事会可根据普通立法程序，将本章规定扩大适用于在联盟内提供服务及在联盟内开业的第三国国民。

---

[150]　Case C-215/01 *Schnitzer* (n 23) [30]. 对这一问题的讨论，参见 Hatzopoulos (n 7).

[151]　Case C-458/08 *Commission v Portugal* [2010] ECR I-11599.

[152]　Case 33/74 *Van Binsbergen* (n 16) [13]；Case 205/84 *Commission v Germany* (n 20) [22]；Case C-148/91 *Vereniging Veronica Omroep Organisatie v Commissariaat voor de Media* [1993] ECR I-487；Case C-23/93 *TV10 SA v Commissariaat voor de Media* [1994] ECR I-4795. Contrast Cases C-369 and 376/96 *Arblade* (n 69) [32].

[153]　Case C-212/97 *Centros* (n 25) [29]；AG's Opinion in Case C-55/94 *Gebhard* (n 21) [84].

第 56 条表明，为了能够受益于自由提供服务的权利，无论是自然人还是法人，相关人员必须已经在欧盟内拥有开业场所；如果是自然人，必须拥有某成员国的国籍。[154] 1961 年涉及自由提供服务的"总体规划"做了如下更具体的规定，即提供服务的权利仅限于在欧盟境内开业的成员国国民，或者是根据某成员国法律成立的公司，并且在欧盟境内拥有所在地、中心管理地或主要开业场所。[155] 如果一家公司仅所在地位于欧盟境内，那么，其活动就必须与某成员国的经济具有除国籍联系之外的"真正和持续的联系"（real and continuous link）。

如果在欧盟境内不存在此类经济支点，那么，在欧盟"境外"开业的公司或欧盟成员国国民，就没有权利依据欧盟法在欧盟"境内"提供临时服务。[156] 首先必须在某成员国境内开设永久性的经济基地，然后该人员才能依凭该基地在其他成员国国内提供临时服务。

《欧洲联盟运行条约》第 57 条

两部条约意义上的服务是指通常为获取报酬所提供的，不在人员、货物和资本流动有关规定规范范围内的"服务"。[157]

"服务"特别应包括以下类型：

(1) 工业性质的活动；

(2) 商业性质的活动；

(3) 手工业活动；

(4) 专门职业活动。

在不影响有关开业权的章节各条款的情况下，提供服务者可为提供服务之目的，临时性地在服务提供地所在成员国依其对本国国民所要求的同等条件开展活动。

---

[154] Case C-290/04 *FKP Scorpio Konzertproduktionen GmbH v Finanzamt Hamburg-Eimsbüttel* [2006] ECR I-9461.

[155] The 1961 General Programme (n 44).

[156] Case C-452/04 *Fidium Finanz v Bundesanstalt für Finanzdienstleistungsaufsicht* [2006] ECR I-9521.

[157] See (nn 7-11) for discussion.

第58条将运输服务排除在关于服务的章节之外，因为运输由该条约的其他条款规范；[158] 该条还规定，与资本流动有关的银行与保险服务应由与关于资本流动的条约条款一致的方式予以规制。[159]

如同条约关于开业的章节一样，第59条规定应起草"总体规划"，同时，理事会应通过相关指令，以便实现特定服务的自由化。理事会起草的总体规划在很多方面都类似于关于开业自由问题的总体规划，并且强调废除歧视。

二 第56条的效力

关于服务自由的章节与关于开业的章节非常相似，其差别在于，在成员国开展相关服务活动以临时性质而不是永久性质为基础。在"雷内尔案"（*Reyners*）首次确立第49条具有直接效力后不久，"范宾斯贝亨案"（*Van Binsbergen*）被提交到欧洲法院，该案涉及第56条是否具有直接效力问题。[160]

范宾斯贝亨诉金属行业贸易协会董事会
Case 33/74 Van Binsbergen v Bestuur van de
Bedrijfsvereniging voor de Metaalnijverheid
[1974] ECR 1299

[《里斯本条约》重新编号，《欧洲共同体条约》第59条、第60条、第63条和第66条现分别变更为《欧洲联盟运行条约》第56条、第57条、第59条和第62条]

一名荷兰国民在一件提交到荷兰社会保障法院的诉讼中担任范宾斯贝亨的法律顾问，在该案诉讼期间，他将居住地从荷兰迁至比利时。他被告知不能再代理该案件，因为根据荷兰法律，只有在荷兰开业的律师才能担任法律顾问。欧洲法院被请求初步裁决，要求裁判

---

[158] 《欧洲联盟运行条约》第90—100条；Case C-434/15 *Asociación Profesional Elite Taxi v Uber Systems Spain*，*SL* EU：C：2017：981.

[159] 见第二十一章。

[160] Case 33/74（n 16）.

《欧洲联盟运行条约》第56条（原《欧洲共同体条约》第59条）是否具有直接效力，以及荷兰规则是否与其相符。

英国和爱尔兰政府介入该案件，它们主张，尽管欧洲法院在"雷内尔案"中做出裁决，但是相较于开业，提供服务这一领域会遇到甚至更加严重的控制和纪律问题；不应认定第56条和第57条具有直接效力，而且唯一令人满意的解决方式是制定条约所规定的指令。

欧洲法院

20. 为了在过渡期内逐渐废除第59条所指的限制，第63条规定起草一项"总体规划"——由1961年12月18日《理事会决定》规定，该规划将通过一系列指令予以实施。

21. 在提供服务相关章节的框架下，这些指令的目的是为了完成不同的功能，首先，在过渡期内废除对提供服务自由的限制；其次，将旨在促进有效行使这项自由的一系列规定引入成员国法律，特别是通过相互承认资格，以及协调关于自营职业者开展活动的法律。

22. 这些指令还有一项任务，就是解决由如下事实导致的特定问题，即如果提供服务的人员不在其开展服务的成员国永久性地开业，那么，他就有可能不完全受该成员国有效的职业守则的约束。

......

24. 对于第59条的规定，其适用应由在过渡期间发布的指令准备，因此在该期限届满时该条就成为无条件的。

25. 该条的规定废除对提供服务的人员施加的所有歧视，无论导致歧视的原因是他的国籍，还是他在提供服务所在地的成员国之外的成员国开业这一事实。

26. 因此，至少就与国籍或居住地有关的特定要求而言，第59条和第60条规定了一项明确界定的义务，即成员国不能由于欧共体尚未根据第63条和第66条赋予的权力通过相关规则而推迟履行或破坏该项义务。

对于条约关于通过指令的规定，欧洲法院提出两个原因：第一是消除限制；第二是促进提供服务的自由。就第一个目标而言，欧洲法院认为，如果限制是以国籍或开业所在地为依据直接施加的，则没有必要制定指令，而是可以直接援引第56条的条款。居住地要求尤其是一种绝对违反条约的行为，因为第56条的目的就是废除成员国对非居民提供者施加自由提供服务的限制。基于居住地施加的限制，很有可能主要对其他成员国国民造成阻挠，因为在大多数案件中非居民是外国人。[161]

值得注意的是，"范宾斯贝亨案"中的律师是一名在其本国援引第56条的成员国国民。这一点并未产生任何问题，因为适用第56条的相关因素仅仅是，服务提供者必须在其服务对象定居地之外的其他成员国开业。只要其提供服务的对象是在另一成员国定居的人员，那么，服务提供者就可以援引第56条起诉其定居的成员国。[162]

三 第56条的范围

(一) 要求国家间因素

关于服务的条约章节不适用于"完全内国情形"，即活动的相关因素仅限于单一成员国内部。[163]然而，在某些公共采购领域，调和式立法甚至适用于完全内国情形。[164]

在"克斯特勒案"(*Koestler*)中，一家在法国境内的银行为在法国开业的一名客户办理某些证券交易订单和账户交易。欧洲法院裁定，尽管服务提供者和接受者均在同一个成员国开业，但存在着第57条意义上的提供服务行为，因为该客户在与银行的合同关系终止之前在德国开业。[165]

在"德利耶热案"(*Deliège*)中，一名比利时女运动员质疑比利时柔

---

[161] Case C – 350/96 *Clean Car Autoservice v Landeshauptmann von Wien* [1998] ECR I – 2521；Case C – 224/97 *Ciola v Land Vorarlberg* [1999] ECR I – 2517；Case C – 509/12 *Instituto Portuário e dos Transportes Marítimos* EU：C：2012：54.

[162] Case C – 18/93 *Corsica Ferries* [1994] ECR I – 1783, [30]；Case C – 379/92 *Peralta* [1994] ECR I – 3453, [40].

[163] See, Case 52/79 *Procureur du Roi v Debauve* [1980] ECR 833. 作为比较，可参见 Case 62/79 *Coditel v SA Ciné Vog Films* [1980] ECR 881, [10], [15]；Case 352/85 *Bond van Adverteerders* (n 79) [14] – [15], 在这两个案件中存在着国家间因素，因为所提供服务的内容，即有线电视节目的播放，源自于另一成员国。

[164] V Hatzopoulos and T Do, 'The Case Law of the ECJ Concerning the Free Provision of Services：2000 – 2005' (2006) 43 CMLRev 923.

[165] Case 15/78 *Société Générale Alsacienne de Banque SA v Koestler* [1978] ECR 1971.

道协会的遴选规则。欧洲法院驳回了认为这是一种完全内国情形的主张，其依据的事实是，"尤其是由于运动员参加其开业地所在国以外的其他成员国境内的比赛，因此，可能会产生某种程度的外部性"[166]。欧洲法院对服务流动的关注度不亚于对相关人员流动的关注。[167]

（二）接受服务的自由

第56条明确提到"提供"服务的自由，第57条提到服务"提供者"的权利，但并未提及服务"接受者"。然而，在"路易西和卡尔博内案"（*Luisi and Carbone*）中，欧洲法院肯定，条约既涵盖服务提供者，也涵盖服务接受者，而且，服务接受者的自由流动权是服务提供者自由流动权的必要引申：

> 由此可见，提供服务的自由包括服务接受者可自由地去往另一成员国接受一项服务，同时不受那些限制的妨碍，即使是与支付有关的限制；而且，旅游者、接受医疗服务的人员，以及出于教育或商务目的旅行的人员，均应被视为服务接受者。[168]

这一裁决在后来的一些判决中得到肯定[169]，特别是在"考恩案"（*Cowan*）中，欧洲法院认定，拒绝在一项法国刑事赔偿机制下向一名在巴黎遭到攻击的英国旅游者提供赔偿，这构成了第56条意义上的限制，尽管该判决并没有确切说明该旅游者接受的是什么服务。[170]

（三）服务的商业性质

为了适用第56条和第57条，服务还必须具有商业性质，也就是说，

---

[166] Cases C-51/96 and 191/97 *Deliège v Ligue Francophone de Judi et Disciplines Associées ASBL* [2000] ECR I-2549, [59]; S van den Bogaert, Note (2000) 25 ELRev 554.

[167] 参见下文对跨境接受医疗保健相关判例的讨论；V Hatzopoulos, 'Recent Developments of the Case Law of the ECJ in the Field of Services' (2000) 37 CMLRev 43.

[168] Cases 286/82 and 26/83 *Luisi and Carbone v Ministero del Tesoro* [1984] ECR 377, [16].

[169] Case C-17/00 *De Coster v Collège des Bourgmestre et échevins de Watermael-Boitsford* [2001] ECR I-9445; Case C-294/97 *Eurowings Luftverkehrs AG v Finanzamt Dortmund-Unna* [1999] ECR I-7447; Case C-158/96 *Kohll v Union des Caisses de Maladie* [1998] ECR I-1931.

[170] Case 186/87 *Cowan v Le Trésor Public* [1989] ECR 195.

提供服务必须是"为了获取报酬"(for renumeration)。^⑰ 不能因为服务提供者是非营利性企业^⑰,或者因为报酬中存在一种"偶然因素",或者因为服务具有娱乐性质或体育运动性质^⑰,就导致收取报酬的服务失去其经济性质。此外,仅仅凭借一家体育协会将其成员划归为业余运动员这一事实本身,并不意味着这些成员没有参与经济活动。^⑭ 在"德利耶热案"中,欧洲法院借鉴了关于劳动者自由流动的判例法中所涉及的非"边缘性或附属性"经济活动的规则,并且裁定:

> 56. 在这方面必须指出,体育活动以及特别是高级别运动员参加的国际比赛,可能涉及提供大量独立但密切相关的服务,这些服务可能属于第59条(现《欧洲联盟运行条约》第56条)的范围,即使其中一些服务的报酬不是由服务的对象所支付。……
>
> 57. 例如,此类比赛的组织者可能向运动员提供与其他人参与体育比赛活动的机会,而且与此同时,运动员通过参加比赛,使组织者有能力举办公众可以参加的体育赛事,电视台可以进行转播,广告商和赞助商也可能对这些赛事产生兴趣。此外,运动员还为其赞助者提供了曝光度,而其基础则是体育活动本身。^⑮

这里还有一个重要的法律问题,即涉及由国家提供服务报酬的情况。这个问题在涉及跨境获得医治和保健服务的一系列案件中体现得尤其突出,因为这种情况可能会扰乱国家福利体系的运行。^⑯ 这个问题原先出现

---

⑰ Case 352/85 *Bond van Adverteerders* (n 79). Compare Case C – 159/90 *SPUC v Grogan* [1991] ECR I – 4685.

⑰ Case C – 70/95 *Sodemare* (n 22).

⑰ Case C – 275/92 *Her Majesty's Customs and Excise v Gerhart Schindler* [1994] ECR I – 1039, [33] – [34]. 对《欧洲联盟运行条约》第45条意义上的经济活动概念做出的相似裁决,参见 Case 36/74 *Walrave* (n 27); Case C – 415/93 *Bosman* (n 26); Cases C – 51/96 and 191/97 *Deliège* (n 166); Case C – 176/96 *Lehtonen v FRBSB* [2000] ECR I – 2681.

⑭ Cases C – 51/96 and 191/97 *Deliège* (n 166).

⑮ Ibid.

⑯ Case C – 120/95 *Decker* [1998] ECR I – 1831 (涉及货物而不是服务); Case C – 158/96 *Kohll* (n 169); Case C – 368/98 *Vanbraekel v ANMC* [2001] ECR I – 5363; Case C – 157/99 *Geraets-Smits and Peerbooms* [2001] ECR I – 5473; Case C – 385/99 *Müller-Fauré* [2003] ECR I – 4509; Case C – 372/04 *Watts v Bedford Primary Care Trust* [2006] ECR I – 4325; Case C – 444/05 *Stamatelaki v OAEE* [2007] ECR I – 3185.

在"安伯贝尔案"（*Humbel*）中，其背景是在国家教育体系下讲授课程，欧洲法院裁定，该课程不属于条约服务相关规则的范围。

比利时诉安伯贝尔
Case 263/86 Belgium v Humbel
［1988］ECR 5365

17. 因此，报酬的基本特征在于如下事实，它构成对所涉服务的"对价"（consideration），以及通常由服务提供者和接受者就此达成合意。

18. 然而，在国家教育体系下提供的课程这一情况并不存在上述特征。首先，国家设立和维持此类体系的目的并不是寻求从事营利活动，而是履行其在社会、文化和教育领域应对本国人口承担的职责。其次，作为一般规则，本案所涉教育体系的资金来自公帑，而非学生或其父母。

19. 有时学生或其父母必须支付教学费用或注册费用，以分担该体系的运营支出，这一事实并不影响上述活动的性质。

与此相反，欧洲法院在"维尔特案"（*Wirth*）中宣称，尽管大多数高等教育机构由公共基金提供资助，但是那些寻求获得收益并且主要是由私人资金提供资助的高等院校，例如资金主要来自学生或其父母，则可以构成第56条和第57条意义上的服务提供者。[177] 上述判例基于公共有偿服务与私人有偿服务的区分，但这种区分很困难，正如涉及跨境接受医疗服务的案件所示，欧洲法院后来收紧了"安伯贝尔案"论证的可适用性。

在"科尔案"（*Kohll*）中，欧洲法院裁定，在不同于申请人定居国的另一成员国开业的矫形牙医，其提供的治疗相当于收取报酬的服务，而

---

[177] Case C – 109/92 *Wirth v Landeshauptstadt Hannover* ［1993］ECR I – 6447；Case C – 159/90 *Grogan* （n 171）；S O'Leary，Note （1992）17 ELRev 138；Case C – 70/95 *Sodemare* （n 22）；Case C – 76/05 *Schwarz and Gootjes-Schwarz v Finanzamt Bergisch Gladbach* ［2007］ECR I – 6849；Case C – 318/05 *Commission v Germany* ［2007］ECR I – 6957；Case C – 281/06 *Hans-Dieter and Hedwig Jundt v Finanzamt Offenburg* ［2007］ECR I – 12231.

且，要求在报销这笔费用之前获得申请人本国社会保障机构的事先批准，这项要求构成了对跨境接受服务这一自由的不当限制。[178] 再加上后来的一些判例，如"海拉茨—斯米茨与皮尔博姆斯案"（*Geraets-Smits/Peerbooms*）[179]、"伊尼萨案"（*Iniza*）[180] 与"范布拉克尔案"（*Vanbraekel*）[181]，该裁决生动地表明，这项判决把由公共部门组织的基本服务纳入条约自由流动条款的范围，将对各国福利体系产生潜在的干扰。[182]

海拉茨—斯米茨诉健康保险基金
皮尔博姆斯诉 CZ 集团健康保险基金

Case C – 157/99 Geraets-Smits v Stichting Ziekenfonds，

Peerbooms v Stichting CZ Groep Zorgverzekeringen

[2001] ECR I – 5473

[《里斯本条约》重新编号，《欧洲共同体条约》
第 60 条现变更为《欧洲联盟运行条约》第 57 条]

　　两名申请人在荷兰一项低收入人员社会保险计划下为他们的医疗费用投保。该基金的一部分资金来自个人缴纳的保险费，另一部分来自国家，还有一部分来自其他一些私人保险基金的资助。两名申请人都在没有获得该基金事先批准的情况下在国外接受了治疗。这是因为获得事先授权的条件很严格，其中包括：治疗必须被认定为"相关专业领域中的正常治疗"；治疗必须是"必要的"，也就是说，无法由本国的医疗提供者在不存在不合理延迟的情况下进行恰当治疗。欧洲法院首先再次肯定，成员国保留组织本国社会保障体系的权力，条件是遵守欧盟法。欧洲法院接下来考虑了在疾病保险计划下免费提供的医院服务并不构成经济活动的主张。

---

[178]　Case C – 158/96 *Kohll*（n 169）.

[179]　（N 176）；E Steyger, Note（2002）29 LIEI 97；G Davies, Note（2002）29 LIEI 27.

[180]　Case C – 56/01 *Inizan v Caisse primaire d' assurance maladie des Hauts-de-Seine* [2003] ECR I – 12403.

[181]　Case C – 368/98 *Vanbraekel*（n 176）.

[182]　E Brooks, 'Crossing Borders：A Critical Review of the Role of the European Court of Justice in EU Health Policy'（2012）105 Health Policy 33.

欧洲法院

55. 更特别地，对于以下主张，即在提供实物补助的疾病保险计划中提供的医院服务，例如由《疾病基金法》（ZFW）管辖的服务，不应定性为条约第60条意义上的服务，应该注意的是，在主要诉讼中所涉治疗由有关人员投保的成员国以外的成员国提供，该治疗并不属于此类保险计划，但确实导致提供医疗的机构直接获得患者支付的报酬。必须承认的是，在一成员国境内提供并由患者支付的医疗服务，不应仅仅因为根据另一成员国本质上属于提供实物补助的这类疾病保险立法申请报销有关治疗费用，就不再属于条约所保障的提供服务自由的范围。

医院提供的治疗是由疾病保险基金直接提供资金这一事实，并不将此类医疗排除出第57条的适用范围。欧洲法院重申，第57条并不要求接受服务者为服务支付报酬。欧洲法院裁定，根据合同安排由疾病保险基金支付的款项构成了为医院服务的"对价"，并且代表对医院从事具有经济特征活动的"报酬"。

遵循"海拉茨—斯米茨案"（*Geraets-Smits*），欧洲法院在"米勒·福雷案"（*Müller Fauré*）[183] 和"沃茨案"（*Watts*）[184] 中肯定并且扩大了其论证。这两个案件都涉及国家要求旅行至另一成员国接受医疗应事先得到批准。然而，"沃茨案"涉及由税收资助的英国国民医疗服务体系（NHS），而不是先前判例中涉及的以保险为基础的医疗体系。提交初步裁决的问题是，鉴于英国国民医疗服务体系中没有用于支付在其他国家接受医疗的基金，并且没有义务支付在英国"境内"的私人医疗，那么，旅行至另一国治疗的申请人能否寻求报销其医疗费用。

欧洲法院的答复是，如果患者在居住国以外的成员国在医院"对价"情形下接受医疗服务，则适用第56条。无论该患者注册以及后来寻求报销医疗费用的成员国体系以何种方式运行，结论都是如此。但是，欧洲法院拒绝裁判，英国国民医疗服务体系在英国境内提供的医疗服务是否相当于

---

[183]　Case C‑385/99（n 176）.

[184]　Case C‑372/04（n 176）.

第56条意义上提供的商业服务。

在上述案件中，欧洲法院承认，国家社会保险体系拥有稳定的资金来源这一点具有重要意义，并且需要措施以保持一种均衡与可控的国家医疗服务体系。尽管如此，这些裁决将成员国福利制度的核心方面向条约规则的严格规定敞开了大门。

在"委员会诉西班牙案"中，欧洲法院表现出某种程度上更谨慎的态度。该案涉及的不是出于接受医疗目的前往国外旅行的人员，而是那些出于教育等其他原因的旅行，在国外停留期间发生意外而需要接受医疗的情况。[185] 欧洲法院裁定，西班牙立法将承保水平限制在医疗管理地所适用的水平上，这并不构成对自由提供服务的限制。但在此前的"范布拉克尔案"（Vanbraekel）中，欧洲法院曾裁定，在相关人员专门前往国外接受经过计划的医疗的情况下，对承保水平的相似限制就构成了对提供服务自由的限制。这两个判例形成了对比。欧洲法院裁定，在涉及事先没有计划的医疗的情况下，对自由流动造成潜在影响的程度"过于不确定和过于间接"，因此没有构成对条约自由的一种限制。[186]

尽管欧洲法院对在国外接受事先没有计划的医疗这一议题做出了更谨慎的裁决，但法院裁决的最终结果仍然是，《欧洲联盟运行条约》第56—57条适用于任何"为获取报酬而提供"的服务，无论它可能是一项多么重要的公共服务。[187] 公共有偿服务与私人有偿服务这二者之间的界限仍然不确定。如果患者到另一成员国接受治疗，在那里支付了医疗费用，然后寻求从本国医疗体系报销费用，医疗服务体系无论如何融资，此类情况都属于条约约束范围。不存在将国家提供的福利服务排除出条约规则之外的例外情形。这些裁决造成的一个结果是，欧盟立法机构通过了一项指令，以编纂和澄清关于接受跨境医疗的法律。[188]

---

[185]　Case C - 211/08 *Commission v Spain* [2010] ECR I - 5267.

[186]　Ibid [61] - [62]; S Enchelmaier, 'Always at Your Service (Within Limits): The ECJ's Case Law on Article 56 TFEU 2006 - 11' (2011) 36 ELRev 615.

[187]　G Davies, 'Welfare as a Service' (2002) 29 LIEI 27.

[188]　Directive 2011/24/EU of the European Parliament and of the Council of 9 March 2011 on the application of patients' rights in cross-border healthcare [2011] OJ L88/45; S De La Rosa, 'The Directive on Cross-Border Healthcare or the Art of Codifying Complex Case Law' (2012) 49 CMLRev 15; M Peeters, 'Free Movement of Patients: Directive 2011/24 on the Application of Patients' Rights in Cross-Border Healthcare' (2012) 19 European Jnl of Health Law 29.

（四）服务提供者和接受者平等待遇原则的适用范围

《欧洲联盟运行条约》第 18 条包含一项在条约适用范围内不得基于国籍造成歧视的原则，《第 2004/38 号指令》第 24 条也包含一项适用于在成员国居住的欧盟公民的平等待遇普遍规则。重要的是，要了解这项平等待遇原则对另一成员国境内的服务提供者和接受者意味着什么，是否如劳动者自由流动领域那样也包含居住在本国的国民有权获得的所有社会补助。《第 492/2011 号条例》（其前身为《第 1612/68 号条例》）第 7 条赋予劳动者及其家庭成员以社会与税收优待方面的平等待遇，但在开业或服务领域，则不存在与该条相当的授权。下面的判例处理服务提供者可以主张的权利。

委员会诉意大利

Case 63/86 Commission v Italy

［1988］ECR 29

欧洲法院裁定，对获得减息抵押贷款和社会保障住房的条件施加国籍要求，违反了关于开业自由的《欧洲联盟运行条约》第 49 条。意大利政府认为，获得公建房的权利不可能与提供服务这一权利的行使有关，因为该权利并不意味着在该国境内拥有居住地。欧洲法院驳回这一主张，至少是在绝对形式上驳回了该主张。欧洲法院裁定，在某些情况下，东道国拒绝向服务提供者提供获得社会保障住房的权利，在某些情况下将违反条约关于服务的规则。

欧洲法院

18. 的确，正如意大利政府所主张的，事实上，并非所有开业情况都同样需要找到永久住房，而且，一般而言，在提供服务的情况下也不会感觉到有这种需要。同样真实的是，在大多数情况下，服务提供者无法满足与社会保障住房立法的目标紧密相关的这些条件，即使是非歧视性条件。

19. 然而，不能由此就先验性地（a priori）排除如下可能性，即个人在一成员国保留其主要开业地的同时，可能被引向另一成员国从事职业活动，其活动期延长到以至于他需要在那里拥有永久住房，并且他也许满足获得社会保险住房所需的那些非歧视性条件。因此，不能区分不同形式的开业，而且，不能将服务提供者排除在国民待遇这项根本原则的利益之外。

欧洲法院也一直保护服务接受者。在"考恩案"中，一名在法国旅游的英国游客被拒绝给予为暴力犯罪受害者提供的国家赔偿，而法国国民和居民可获得这项赔偿。[189] 欧洲法院援引了《欧洲联盟运行条约》第 18 条中"在本条约的适用范围内"普遍禁止歧视[190]，并且参照其"路易西和卡尔博内案"的裁决，裁定游客作为服务接受者属于第 56 条涵盖的范围：

> 在共同体法保障自然人可自由去往另一成员国的同时，保护该自然人在该国免受伤害，其基础与该国国民和居住在那里的人员相同，这是该流动自由的必然结果。由此，就保护个人免遭袭击风险，并且就在该风险成为现实的情况下个人有权获得由该国法律规定的经济赔偿而言，禁止歧视原则适用于条约意义上的服务接受者。所涉赔偿由公共财政资助这一事实，并不能改变与保护条约所保障的权利相关的规则。

因此，尽管国家赔偿由公共资金提供，但依"安伯贝尔案"[191]，提供赔偿并不是所提供的商业服务。对相关服务，尽管欧洲法院并未具体识别，但它假设所涉及的服务是诸如宾馆和餐厅等类型的服务，由服务接受者，例如游客，提供报酬。如果游客为了获得此类性质的有偿服务而在一成员国临时停留，那么在此期间，如果他们在如下事项上被拒绝给予平等待遇，例如要求对袭击提供赔偿，或者博物馆的门票费用等事项，他们则可

---

[189]　Case 186/87 *Cowan*（n 170）; Case C–164/07 *Wood*［2008］ECR I–4143.

[190]　在一些案件中，欧洲法院裁定，《欧洲联盟运行条约》第 18 条可以作为主张歧视待遇的依据，而无须与条约其他特定条款关联使用，参见 Cases C–92 and 326/92 *Phil Collins v Imtrat Handelsgesellschaft*［1993］ECR I–5145; Case C–274/96 *Bickel and Franz*［1998］ECR I–7637; Case C–411/98 *Ferlini*（n 28）; Case C–628/11 *International Jet Management GmbH* EU：C：2014：171.

[191]　Case 263/86 *Belgium v Humbel*［1988］ECR 5365.

以援引第56条。[⑫]

在服务自由流动背景下，不存在对平等获得社会补助的明确保障。但是，《欧洲联盟运行条约》第18条和《第2004/38号指令》第24条规定的平等待遇保障有可能意味着，为了提供或接受服务的目的而在一个成员国短暂居住的人员有权平等获得东道国的社会补助和其他利益。其假设是在其临时居所的性质和目的与其寻求获得的社会补助的性质之间存在足够联系。

（五）第56—57条与非法和"不道德"的服务

有一些判例，包括关于彩票和赌博的裁决在内，引起了服务相关活动在某些国家被认定为合法而在另一些国家属于非法或"不道德"问题。显然，如果在一成员国开业的人员在该国从事的特定活动是合法的，他希望在另一成员国提供服务，但在后一成员国这项活动是非法的，那么，后一成员国就可以有充分理由限制该服务的提供。一个初步问题是，在各成员国对此类活动的合法性存在争议时，是否可以在欧盟法范围内构成"服务"。

在"克斯特勒案"（*Koestler*）中，德国拒绝允许一家为某德国国民提供服务的法国银行向该客户追偿，其提供的服务中包括在德国被视为非法赌博合同的证券交易，该交易在法国是合法的。欧洲法院认为，如果该德国规则同样适用于在德国开业的银行，则并未违反第56条。[⑬] 欧洲法院裁定，尽管这类服务在德国被认为非法，但是该赌博合同的缔结仍然构成一项服务，即使德国有正当理由以拒绝允许该银行提起求偿诉讼的方式来限制这项服务。

在"格罗根案"（*Grogan*）中，欧洲法院考察了提供堕胎是否构成条约意义上的服务这一问题，其目的是为了判断在一成员国内限制散发关于在另一成员国内提供堕胎的信息这种实践是否违反了第56条。[⑭] 有观点认为，堕胎不能被归类为欧盟法意义上的服务，因为它是不道德的。对于这

[⑫] Case C‑43/95 *Data Delecta and Forsberg v MSL Dynamics* ［1996］ECR I‑4661; Case C‑323/95 *Hayes v Kronenberger* ［1997］ECR I‑1171; Case C‑122/96 *Saldanha and MTS Securities Corporation v Hiross Holdings* ［1997］ECR I‑5325.

[⑬] Case 15/78 （n 165）.

[⑭] Case C‑159/90 （n 171）.

一主张，欧洲法院裁定，它不能"用自己的评估取代那些成员国立法机构的评估，而在这些国家，从事相关活动是合法的"[195]。堕胎构成第 56 条意义上的服务这一事实并不意味着，堕胎服务在其境内属非法活动的成员国不可以禁止或者限制另一成员国开业的医疗服务提供者在东道国境内提供这种服务。但是，即使在"格罗根案"之后仍然不太清楚，在一成员国境内禁止或限制某项服务的情况下，该成员国能否限制其公民在另一成员国获得该服务。

在"申德勒案"（*Schindler*）中，被告从事德国某公共彩票的代理，他们寻求在英国推广该彩票，被指控犯有英国彩票业立法规定的罪行。有观点认为，销售彩票不是条约意义上的"经济活动"，因为它们传统上是被禁止的，或者由公共机构出于公共利益进行运营。欧洲法院反对该主张，而是裁定，彩票业是为了获取报酬（即彩票的销售价格）而提供的服务，并且虽然它们在某些成员国受到严格监管，但在任何成员国都没有完全被禁止。[196] 尽管彩票业的道德性质"值得怀疑"，但它们不能被视为"其有害性质导致在所有成员国禁止的活动，并且其在共同体法框架下的地位可能类似于涉及非法产品的活动"[197]。

关于赌博的案件有很多。欧洲法院认为它构成一项服务，但"投注和游戏对个人和社会造成道德和经济上的有害后果，可以作为赋予各国当局自由裁量权余地的正当理由"[198]。为了符合"客观正当性"的要求，对此类服务的监管必须以一种真正、非歧视、相称和一致的方式进行。这些案件导致多个国家对国内博彩业监管的一致性和一贯性展开了激烈辩论，特别

---

[195] Ibid［20］.

[196] Case C－275/92 *Schindler*（n 26）.

[197] Ibid［32］.欧洲法院认为，以自营职业者身份从事卖淫可以被视为一种有偿服务，并非所有成员国都禁止卖淫，但在大多数国家被容忍或受到监管，参见 Case C－268/99 *Jany*（n 18）［57］；可比较 Case C－137/09 *Josemans v Burgemeester van Maastricht*［2010］ECR I－13019，该案涉及荷兰的大麻咖啡馆。

[198] Case C－67/98 *Zenatti*［1999］ECR I－7289；Case C－42/02 *Lindman*［2003］ECR I－13519；Case C－6/01 *Anomar*［2003］ECR I－8621；Case C－243/01 *Gambelli*［2003］ECR I－13031；Cases C－338, 359 and 360/04 *Placanica, Palazzese and Sorricchio*［2007］ECR I－1891；Cases C－447－448/08 *Sjöberg and Gerdin*［2010］ECR I－6921；Case C－46/08 *Carmen Media Group v Land Schleswig-Holstein*［2010］ECR I－8149；Case C－64/08 *Ernst Engelmann*［2010］ECR I－8219；Cases C－316, 358－360 and 409－410/07 *Stoß*［2010］ECR I－8069；Case C－49/16 *Unibet International* EU：C：2017：491；Case C－3/17 *Sporting Odds*（n 38）.

是在瑞典、意大利和德国，而且不断有新案件被提交到欧洲法院。[199]

裁定的结果似乎表明，只要某项有偿活动在某些成员国是合法的，那么，即使仅在一个成员国是合法活动，它就构成《欧洲联盟运行条约》第56—57条意义上的服务。但是，成员国仍有权监管和限制此类服务[200]，前提条件是成员国监管或限制措施符合相称性原则，并且没有基于国籍或开业所在地进行任意歧视。

四　歧视性与非歧视性限制

在服务自由流动领域，近年来已经越来越清楚，即使是真正的非歧视性阻碍，而不是间接的歧视性限制，也有可能属于第56条范围，并且应符合"客观正当性"（objective justification）这一检验标准。很多早期案件似乎涉及那些施加更重负担或者双重负担的措施，并且由此可以将其描述为间接歧视。[201]然而，也有一些案件涉及的规则并没有对未开业的服务提供者施加比已开业的提供者更重的负担，但仍被认定违反了第56条。

现在清楚的是，第56条禁止歧视性规定，但没有必要确定是哪一种歧视。妨碍自由流动，或者限制进入另一成员国市场，这就足够了。欧洲法院强调，支撑所有内部市场自由的各原则在这方面具有共同性。[202]

"萨热案"（Säger）直接处理非歧视议题。该案涉及一项德国立法，它规定，只有专利机构才能够开展与维护工业知识产权有关的活动。[203] 英国政府主张，在不存在任何歧视的情况下，对提供服务的限制并没有违反第56条。雅各布斯佐审官的回应是：

> 作为一项普遍规则，要求在一成员国开业的人员应该在所有方面

---

[199]　Cases C‑186 and 209/11 *Stanleybet International v Ypourgos Oikonomias kai Oikonomikon* EU：C：2013：33；Case C‑344/13 *Blanco* EU：C：2014：2311；Case C‑390/12 *Pfleger* EU：C：2014：281.

[200]　See, eg, Case C‑36/02 *Omega* (n 6).

[201]　Marenco (n 72)；Case C‑379/92 *Peralta* (n 162) [51].

[202]　Case C‑55/94 *Gebhard* (n 21) [37]；Case C‑390/99 *Canal Satélite* (n 11)；C Barnard, 'Fitting the Remaining Pieces into the Goods and Persons Jigsaw' (2001) 26 ELRev 35；T Connor, 'Goods, Persons, Services and Capital in the European Union：Jurisprudential Routes to Free Movement' (2010) 11 German LJ 159.

[203]　Case C‑76/90 (n 20).

遵守该国法律，这一点似乎不无道理。相反，不太容易理解的是，为什么要求在一成员国开业并在其他成员国提供服务的人员应该遵守这些国家中每一国实施的所有详细法规。接受这样一种提法将导致不可能在服务领域落实单一市场这一概念。

出于这个原因，人们可能会认为，应如同对待货物一样类推于服务，应该以与对货物自由流动的非歧视性限制相同的方式处理对服务自由流动的非歧视性限制，即"第戎黑醋栗甜酒案"判例法思路。这种类推似乎更适合于如下情形，正如在本案中，服务的性质不涉及服务提供者在不同成员国之间亲自往来，而是相反，服务是通过邮递或远程通信方式传递的。……

我并不认为如下说法正确，即作为一项普遍规则，某项措施仅仅由于没有以任何方式对国内企业与在其他成员国开业的企业造成歧视就被完全排除出（《欧洲联盟运行条约》第56条）的范围。这种观点也没有得到（《欧洲联盟运行条约》第56条）条款的支持：该条明确表达的范围要宽泛得多。如果接受了这种观点，那就意味着，即使不存在任何客观正当性理由，也不得不容忍对提供服务的自由施加限制，条件是它们没有造成对外国企业的歧视。在不同成员国可能存在着各种各样的限制，没有任何一项限制措施具有内在的正当合理性，它们作为一个整体也许会使（《欧洲联盟运行条约》第56条）的目标完全落空，并且导致无法实现服务领域的单一市场。我认为，应该遵循的原则是，如果一家企业遵守它开业所在成员国的立法，那么，它就可以在另一成员国提供服务，即使按照第二个成员国的法律，提供这类服务在一般情况下可能不合法。只有在以某些符合共同体目标的要求作为正当理由的情况下，这些法律施加的限制才可以适用于外国企业。[204]

该佐审官采用的方法具有强烈的自由化色彩。因为规制国内市场的任何成员国法，即使是为了实现重要的国家政策，都有可能受到欧洲法院对正当理由的严格监督。然而该方法在多起判决中得到欧洲法院的肯定，其

---

[204]　Case C‑76/90 *Säger* (n 20) 4234‑4235.

中最早的判例是"阿尔卑斯投资公司案"（*Alpine Investments*）。[205]

阿尔卑斯投资公司诉荷兰财政部长

Case C –384/93 Alpine Investments BV v Minister van Financiën

[1995] ECR I –1141

[《里斯本条约》重新编号，《欧洲经济共同体条约》
第30条现变更为《欧洲联盟运行条约》第34条]

该案涉及荷兰禁止电话营销，即禁止为了提供金融服务，在未获得相关个人事先书面同意的情况下，未经对方要求就拨打其电话。此项禁令既适用于向荷兰国内拨打的电话，也适用于向其他成员国拨打的电话。欧洲法院认为，此项禁令剥夺了经营者采用一种迅速和直接的销售技术与其他成员国的潜在客户进行联系的机会，从而限制了服务的自由流动。

欧洲法院

35. 尽管主要诉讼中所涉禁令具有普遍性和非歧视性，无论其目标还是效果都不是使本国市场处于比其他成员国的服务提供者更有利的地位，但是，如同（本判决第28段）已经裁定的，它仍然构成了对自由提供服务的限制。

36. 这样一项禁令并不能类比于"凯克和米图阿尔案"（*Keck and Mithouard*）中所认定的涉及销售安排的立法——此类销售安排不属于条约第30条范围。

37. 根据该判决，如果进口国将限制或禁止某些销售安排的本国条款适用于从其他成员国进口的产品，这种实践并没有妨碍成员国之间的贸易，但需遵守以下前提条件：第一，这些条款适用于在本国领土运营的所有相关经销商；第二，它们在法律上和事实上以相同方式影响本地产品和来自其他成员国产品的销售。其原因是，适用此类条

---

[205] L Daniele, 'Non-Discriminatory Restrictions on the Free Movement of Persons' (1997) 22 ELRev 191；C Hilson, 'Discrimination in Community Free Movement Law' (1999) 24 ELRev 445.

款并未阻止后者进入进口国的市场，也没有对进口产品进入市场造成比本国产品更严重的障碍。

38. 本案中所涉这类禁令是由服务提供者开业所在地的成员国施加的，它不仅影响了服务提供者向在该成员国定居或者流动到该国接受服务的人员提供服务，而且影响了他向另一成员国的潜在接受者提供服务。因此，这项禁令直接影响其他成员国的服务市场准入，因而能够阻碍共同体内部的服务贸易。

欧洲法院的论证并非完全清晰。但判决第37段和第38段的效力是，一项限制性成员国法规不会仅仅因为它在法律和事实上具有非歧视性就被排除出《欧洲联盟运行条约》第56条或第34条的范围。要避免条约条款的适用，只能是未影响相关人员获得另一成员国的货物或服务市场准入。如果可以证明相关措施对个人进入另一成员国的市场产生了影响，那么，即使该项措施对完全属于一成员国内国情形也具有平等的限制性效果，该措施就属于欧盟法范围，并且要求具有客观正当的除外理由。[206]

此外，涉及开业自由的"格布哈特案"（*Gebhard*）裁决表明，同样的规则适用于全部四项自由，歧视并不是限制性措施构成妨碍条约框架下流动自由的必要条件。这一观点在涉及服务的几个案件中得到不断重申。"阿尔布拉德案"（*Arblade*）中的一项原则也在后来的裁决[207]中被重复引用：

这是既定判例法，即条约第59条（现《欧洲联盟运行条约》第56条）不仅要求取消基于国籍对在另一成员国开业的服务提供者的所有歧视，而且要求取消一切有可能禁止或妨碍在另一成员国开业并合法提供相似服务的服务提供者开展活动的限制，或者是导致这类服务提供者处于不利地位的限制，即使这些限制措施无差别地适用于本国

---

⑳ 并不是每一项限制性措施都被欧洲法院认定为属于第56条范围。正如涉及货物、劳动者和开业的情况一样，有些限制措施据说不够直接，或者不够重要，无法被认定为有可能对市场准入产生影响。关于欧洲法院在该领域表现出前后不一致态度的批评，参见 S Enchelmaier（n 186）.

㉗ Case C–165/98 *Mazzoleni and ISA* [2001] ECR I–2189，[22]；Case C–49/98 *Finalarte*（n 19）[28]；Case C–339/15 *Criminal proceedings against Luc Vanderborght* EU：C：2017：335，[60]–[64]；Case C–249/15 *Wind 1014 GmbH and Kurt Daell v Skatteministeriet* EU：C：2018：21，[21]；Case C–33/17 *Čepelnik d. o. o. v Michael Vavti* EU：C：2018：896，[37]；Case C–630/17 *Milivojević*（n 38）[57]，[64].

的服务提供者和其他成员国的服务提供者。⑳

因此，与自由流动和内部市场有关的规则已经从早期强调歧视和保护主义，转向了更关注欧盟单一市场的创建。任何成员国规则，无论是否具有歧视性，只要有可能影响国家间贸易，以及影响货物、人员或服务从一成员国市场进入另一成员国市场，原则上就受欧盟法拘束，并且施加监管的国家必须具有正当理由。

五　限制服务自由流动的正当理由

（一）一般要求

《欧洲联盟运行条约》第52条包含以公共政策、公共安全和公共卫生为由通过正当化的措施，而第62条将通过这些措施的要求适用于服务领域。⑳ 欧洲法院还发展形成了适用于劳动者、服务和开业领域作为正当理由的检验标准，类似于货物自由流动背景下"第戎黑醋栗甜酒案"合理规则（rule of reason）。⑳ 在货物领域，这些具有开放性的正当理由往往被称为"强制性要求"（mandatory requirements），但在服务领域，更常用的通用术语是"强行性要求"（imperative requirements）或"客观正当性"（objective justification）。

在服务领域采用此种方式的判例法可追溯到"范宾斯贝亨案"⑳。"范宾斯贝亨案"中规定的作为正当理由的检验标准包含了几个条件，对提供服务自由施加的限制必须满足这几个条件才能符合第56条。这四项标准也适用于对开业自由的限制，与货物和劳动者等领域的情形一样。

第一，限制的目的必须是实现符合欧盟目标的一项合法的公共利益。经济目标不是合法的公共利益。因此，保护成员国内部特定经济部门这项

---

⑳　Cases C – 369 and 376/96 *Arblade* (n 69) [33].

⑳　参见前面第二节第四部分。

⑳　见第二十章。

⑳　Case 33/74 *Van Binsbergen* (n 16); Cases 110 – 111/78 *Ministère Public v Van Wesemael* [1979] ECR 5; Case 279/80 *Webb* [1981] ECR 3305; Case 39/75 *Coenen v Sociaal-Economische Raad* [1975] ECR 1547 [9]; Case C – 131/01 *Commission v Italy* [2003] ECR I – 1659; Case C – 3/95 *Reisebüro Broede v Sandker* [1996] ECR I – 6511; Case C – 309/99 *Wouters* (n 28) [97] – [99].

目标不是合法的公共利益㉒，而为了保护公共卫生而维持社会保障体系的财政平衡则是合法的。㉓ 在 "*Finalarte* 公司案" 中，欧洲法院裁定，应由成员国法院 "客观地" 判定一项措施的目的㉔，尽管欧洲法院保留作为宣布该目标是否合法的最终角色。目前成功作为正当理由胜诉的合法目标包括保护知识产权㉕，以及保护研究生教育的质量。㉖

第二，这项限制必须平等适用于在该成员国境内开业的人员，并且其适用不存在歧视。㉗ 例如，在涉及对广播电视活动的限制措施的一系列案件中，欧洲法院裁定，尽管通过确保节目的平衡，并限制广告的内容和频次来促进文化政策是一项合法目标㉘，但绝不能以一种歧视性或保护主义方式实施这项措施。㉙

第三，对服务提供者施加的这项限制必须与需要遵守所涉合法规则具有相称性。㉚ 相称性审查标准包括，审查相关规则在实现其目标的过程中是否 "合适" 或 "适当"，以及该目标能否通过其他一些限制程度更低的措施得到实现。㉛ 在 "范宾斯贝亨案"（*Van Binsbergen*）中，欧洲法院就裁定，适当的司法管理这项公共利益可以通过要求在该国拥有服务地址就

㉒ Case C – 398/95 *SETTG v Ypourgos Ergasias* [1997] ECR I – 3091，[22] – [23]；Case C – 49/98 *Finalarte*（n 19）[39]；Case C – 221/12 *Belgacom* EU：C：2013：736；Case C – 338/09 *Yellow Cab Verkehrsbetriebs GmbH v Landeshauptmann von Wien* [2010] ECR I – 13927.

㉓ 参见关于医疗的判例（n 176）。

㉔ Case C – 49/98（n 19）[40] – [41].

㉕ Case C – 403/08 *Football Association Premier League and Others* EU：C：2011：631；Case C – 351/12 *OSA* EU：C：2014：110.

㉖ Case C – 523/12 *Dirextra Alta Formazione* EU：C：2013：831.

㉗ Case 3/88 *Commission v Italy* [1989] ECR 4035；Case C – 272/91 *Commission v Italy*（n 36）.

㉘ Case C – 87/13 *X* EU：C：2014：2459.

㉙ Case 352/85（n 79）；Case C – 288/89 *Gouda v Commissariaat voor de Media* [1991] ECR I – 4007；Case C – 353/89 *Commission v Netherlands* [1991] ECR I – 4069；Case C – 222/94 *Commission v United Kingdom* [1996] ECR I – 4025；Case C – 11/95 *Commission v Belgium* [1996] ECR I – 4115；Case C – 250/06 *United Pan-Europe Communications Belgium SA v Belgian State* [2007] ECR I – 11135.

㉚ Case C – 180/89 *Commission v Italy* [1991] ECR I – 709；Case C – 154/89 *Commission v France* [1991] ECR I – 659；Case C – 198/89 *Commission v Greece* [1991] ECR I – 727；Case C – 375/92 *Commission v Spain* [1994] ECR I – 923；Case C – 171/17 *Commission v Hungary* EU：C：2018：881，[90]；Case C – 3/17 *Sporting Odds*（n 38）.

㉛ 与对药店施加限制有关的相称性判例法，可参见 Cases C – 570 and 571/07 *Blanco Perez* [2010] ECR I – 4629；Case C – 539/11 *Ottica New Line di Accardi Vincenzo* EU：C：2013：591；R Zahn，'The Regulation of Healthcare in the European Union：Member States' Discretion or a Widening of EU Law？ *Femarbel and Ottica New Line*'（2014）51 CMLRev 1521.

能够得到解决，而无须要求在该国居住。评估任何限制措施的相称性和必要性的关键因素是，服务提供者在其开业所在地成员国是否受到类似规制。[22] 如果相关要求是对已经得到满足的某个条件的重复，那么，该要求就等同于施加了一种"双重负担"，从而无法取得正当理由。[23] 在某些情况下，例如赌博，相称性可能需要考虑有争议措施的效果及其目的。[24] 尽管原则上应由成员国法院适用相称性检验标准，但欧洲法院频繁地说明在初步裁决程序背景下哪些要求或限制可能不具有相称性[25]，或者在《欧洲联盟运行条约》第258条违反之诉背景下[26]，例如一系列保险服务案件[27]在哪些限制措施下不具有相称性。

第四，这一条件在"卡彭特案"中得到清楚阐释[28]，即要求限制性措施应该尊重基本权利。[29] 在有些案件中，限制性措施的通过是为了保护某项基本权利。[30] 但是，无论限制性措施的目标是什么，都必须小心谨慎，不得过度侵犯由《欧盟基本权利宪章》和欧盟法一般原则所保护的其他权利。[31]

欧洲法院坚持考虑对自由流动施加的特定限制是否可以具有正当理由。下文讨论三种类型的判例法，分别涉及外派劳动者、跨境接受医疗以及直接税收规则。

---

[22] Case C – 272/95 *Guiot and Climatec* [1996] ECR I – 1905；Cases C – 369 and 376/96 *Arblade* (n 69).

[23] 第二十章与货物自由流动有关的内容。

[24] Case C – 464/15 *Admiral Casinos & Entertainment AG v Balmatic Handelsgesellschaft mbH* EU：C：2016：500.

[25] Case 16/78 *Choquet* [1978] ECR 2293；Case C – 193/94 *Skanavi and Chyssanthakopoulos* [1996] ECR I – 929；Case C – 49/98 *Finalarte* (n 19) [49] – [52]；Case C – 390/99 *Canal Satélite* (n 11) [34] – [42]；Case C – 400/08 *Commission v Spain* (n 25).

[26] 例如"律师服务案"，参见 Case 427/85 *Commission v Germany* [1988] ECR 1123，[26].

[27] Case 205/84 *Commission v Germany* (n 20)；Case 206/84 *Commission v Ireland* [1986] ECR 3817；Case 220/83 *Commission v France* [1986] ECR 3663；Case 252/83 *Commission v Denmark* [1986] ECR 3713.

[28] Case C – 60/00 *Carpenter v Home Secretary* [2002] ECR I – 6279.

[29] Case C – 260/89 *ERT v DEP* [1991] ECR I – 2925，[42]（涉及开业自由）；Case C – 370/05 *Festersen* [2007] ECR I – 1129（涉及资本自由流动）.

[30] Case C – 112/00 *Schmidberger* [2003] ECR I – 5659；Case C – 367/12 *Sokoll-Seebacher* EU：C：2014：68；Cases C – 570 and 571/07 *Blanco Perez* [2010] ECR I – 4629.

[31] 有人批评欧洲法院在不同的案件中对该问题的论证缺乏清晰度，参见 V Hatzopoulos，'The Court's Approach to Services (2006 – 2012)：From Case Law to Case Load？'(2013) 50 CMLRev 459, 485.

(二) 外派劳动者

欧洲法院就"外派劳动者"(posted workers) 做出了一系列重要裁决，涉及来自另一成员国的服务提供者在临时基础上提供劳动力。这部分由《外派劳动者指令》管辖[222]，但很多诉讼涉及的事项未被该指令涵盖，而是直接适用条约关于服务的条款。

这类判例法确定，维护劳动人口的利益、确保劳动力市场上的良好关系，以及保证征税的需要[223]、防止扰乱劳动力市场等，都可以作为东道国寻求实现的合法目标。东道国原则上可以将本国劳动立法适用于提供临时服务的公司的雇员，包括作为非欧盟成员国国民的雇员。

但仍需适用相称性原则，于是，施加诸如许可证要求这样的条件，只有在它们没有对开业所在国（本国）施加的限制构成重复要求的情况下，这些要求才能够得到认可，并且需要考虑服务提供者在其本国所获得的相关证明和保证。[224] 由东道国提出的限制性立法是为了保护外派劳动者的主张，必须受到仔细审查。[225]《第 96/71 号指令》以及事实上关于服务与开业的条约条款，旨在保护服务，而不是保护劳动者。关于外派劳动者的最著名也最具争议的裁决是"拉瓦尔公司案"(*Laval*)，该案发生在上文讨论的"维京客轮公司案"(*Viking Line*) 判决之后不久。[226]

---

[222] Directive 96/71/EC of the European Parliament and of the Council of 16 December 1996 concerning the posting of workers in the framework of the provision of services [1997] OJ L18/1; Directive 2014/67/EU of the European Parliament and of the Council of 15 May 2014 on the enforcement of Directive 96/71/EC concerning the posting of workers in the framework of the provision of services and amending Regulation (EU) No 1024/2012 on administrative cooperation through the Internal Market Information System [2014] OJ L159/11.

[223] Case C-498/10 *X* EU：C：2012：635.

[224] Case 279/80 *Webb* (n 211).

[225] See, eg, Case C-113/89 *Rush Portuguesa v Office National d'Immigration* [1990] ECR I-1417; Case C-43/93 *Vander Elst v Office des Migrations Internationales* [1994] ECR I-3803; Case C-445/03 *Commission v Luxembourg* [2004] ECR I-10191; Case C-244/04 *Commission v Germany* [2006] ECR I-885; Case C-168/04 *Commission v Austria* [2006] ECR I-9041; Case C-490/04 *Commission v Germany* [2007] ECR I-6095; Case C-346/06 *Rüffert v Land Niedersachsen* [2008] ECR I-1989; Case C-219/08 *Commission v Belgium* [2009] ECR I-9213; Case C-515/08 *Vítor Manuel dos Santos Palhota* [2010] ECR I-9133; Case C-498/10 *X* EU：C：2012：635; Case C-315/13 *De Clercq* EU：C：2014：2408; Case C-33/17 *Čepelnik* (n 207).

[226] (Nn 29-32) above, and text.

拉瓦尔公司诉瑞典建筑工人工会等

Case C –341/05 Laval un Partneri Ltd v Svenska

Byggnadsarbetareförbundet ea

[2007] ECR I –11767

[《里斯本条约》重新编号,《欧洲共同体条约》第 2 条和第 136 条现分别变更为《欧洲联盟运行条约》第 3 条和第 151 条;《欧洲共同体条约》第 3 条被废除,并被《欧洲联盟运行条约》第 7 条和现《欧洲联盟条约》第 13 条第 1 款和第 21 条第 3 款取代]

本案涉及瑞典几家工会对一家拉脱维亚公司采取封锁形式的劳工行动。该公司由于劳动力成本较低,获得了在瑞典从事临时工作的建筑合同。这次劳工行动的目的是迫使该公司在瑞典签署一份集体协议,其中包括工资条件与其他就业条款。欧洲法院裁定,该项行动不能依据《欧洲联盟运行条约》第 56 条获得正当理由。

欧洲法院

102. 瑞典政府与主要诉讼中作为被告的工会认为,有争议的这些限制具有正当理由,因为它们是为了保护由共同体法承认的一项基本权利所必不可少的,并且其目标是保护劳动者,这构成公共利益的压倒性理由。

103. 在这方面必须指出,为保护东道国劳动者免受可能的社会倾销而采取集体行动这项权利,可能构成欧洲法院判例法意义上公共利益的压倒性理由,这在原则上可以作为限制由条约保障的某项基本权利的正当理由。……

104. 应该补充的是,按照《欧洲共同体条约》第 3 条第 1 款第 3 项至第 10 项的规定,共同体的活动应不仅包括"一个内部市场,以消除成员国之间货物、人员、服务和资本自由流动的阻碍为特征",而且包括"社会领域的政策"。《欧洲共同体条约》第 2 条规定,除其他外,共同体的任务是促进"经济活动的和谐、平衡和可持续发展",以及"高水平的就业和社会保护"。

105. 那么，由于共同体不仅具有经济目的，而且拥有社会目标，所以必须在《欧洲共同体条约》货物、人员、服务和资本自由流动条款中的权利与社会政策所追求的目标之间寻求平衡，如《欧洲共同体条约》第136条第1段所明确的那样，这些社会目标尤其包括改善生活和工作条件，以便在保持改善的同时使它们的和谐成为可能，并且实现适当的社会保护以及劳资之间的对话。

......

107. 在这方面必须指出，东道国工会采取封锁行动的目的是确保跨国提供服务框架下的外派劳动者能够获得固定在某一水平上的就业条款和条件，这原则上属于保护劳动者这一目标。

108. 然而，就工会寻求通过诸如主要诉讼中的集体行动向在其他成员国开业的企业施加的特定义务而言——这项义务与签署建筑行业的集体协议相关，这次集体行动所导致的阻碍无法以这类目标作为正当理由。

除了这种可能性（根据《外派劳动者指令》，瑞典有可能就涉及外派劳动者的事项在非歧视的基础上施加某些特定的最低程度保护措施与就业条件），作为《第96/71号指令》取得的协调结果，其雇主被要求遵守东道国关于最低程度保护的核心强制性规则。

109. 最后，这些工会寻求通过诸如主要诉讼中所涉集体行动的方式，对要求在另一成员国开业并向东道国境内临时派驻劳动者的公司开展薪酬谈判，就此谈判而言，必须强调，共同体法当然并不禁止成员国通过适当方式要求此类企业遵守它们关于最低薪酬的要求（见 *Seco and Desquenne & Giral* 判决第14段；*Rush Portuguesa* 判决第18段，以及 *Arblade and Others* 判决第41段）。

110. 然而，主要诉讼中所涉集体行动不能依据本判决第102段所指的公共利益目标获得正当理由，因为集体行动寻求要求一家在另一成员国开业的企业开展薪酬谈判，而薪酬谈判构成了国家背景的一部分，其特征是，它们不存在任何类型的足够确切和可使用的条款，因而导致这类企业实际上不可能或过于困难地确定它被要求在最低薪酬方面遵守的义务（在此意义上，可参见 *Arblade and Others* 判决第43段）。

该案件在瑞典以及整个欧洲都引发了巨大争议。它不仅涉及对备受推崇的瑞典社会模式的干扰，使其陷入与条约保障的经济自由相对抗的境地，而且它涉及在"联盟东扩后的新的社会经济多样化"这一背景下，突显了欧洲联盟不同地区之间巨大的经济差异。[237] 该判决受到了很多批评，主要是因为它将经济自由流动优先于集体劳动权利，并且在社会和就业政策这一敏感的国内政策领域缺乏司法上的尊重。[238] 该判决还引起了批评者的分歧，诸如在是否增强拉脱维亚劳动者的权利而非损害瑞典劳动者的权利等问题上。在"拉瓦尔公司案"中，欧洲法院并没有像它在"维京客轮公司案"[239] 中那样将相称性留给成员国法院判断。欧洲法院裁定，该集体行动不具有正当理由。

作为对"拉瓦尔公司案"引发争议的部分回应，欧盟通过了《第2014/67 号指令》。但该指令是一项较弱的妥协措施，确定成员国可以通过某些措施，以"预防滥用和规避"《外派劳动者指令》的条款，增进成员国当局之间的合作，以及加强执行力度。[240]

(三) 跨境医疗保健

欧洲法院对待试图说明限制服务自由流动具有正当理由的另一个例子，是关于获得跨境接受医疗保健的判例法。[241] 在"德克尔案"（*Decker*）

---

[237] C Joerges, 'A New Alliance of De-Legalisation and Legal Formalism? Reflections on Responses to the Social Deficit of the European Integration Project' (2008) 19 Law and Critique 246; N Lindstrom, 'Service Liberalization in the Enlarged EU: A Race to the Bottom or the Emergence of Transnational Political Conflict' (2010) 48 JCMS 1307; U Belavusau, 'The Case of *Laval* in the Context of the Post-Enlargement EC Law Development' (2008) 9 German LJ 2279; D Kukovec, *Hierarchies as Law* (Harvard SJD Thesis, 2015).

[238] N Reich, 'Free Movement v. Social Rights in an Enlarged Union—The *Laval* and *Viking* Cases before the ECJ' (2008) 9 German LJ 159; C Kilpatrick, '*Laval*'s Regulatory Conundrum: Collective Standard-Setting and the Court's New Approach to Posted Workers' (2009) 34 ELRev 844; M Freedland and J Prassl (eds), *Viking, Laval and Beyond* (Hart, 2015).

[239] (N 29).

[240] [2014] OJ L159/11.

[241] J van de Gronden, 'Cross-Border Health Care in the EU and the Organisation of the National Health Care Systems of the Member States: The Dynamics Resulting from the European Court of Justice's Decisions on Free Movement and Competition Law' (2008–2009) 26 Wis Int' l LJ 705; L Hancher and W Sauter, 'One Step Beyond? From *Sodemare* to *Docmorris*: The EU's Freedom of Establishment Case Law Concerning Healthcare' (2010) 47 CMLRev 117.

和"科尔案"（*Kohll*）中，欧洲法院驳回了认为社会保障体系的财政平衡将被打乱这一主张，因为产生的费用将按照与适用于母国完全相同的比例予以报销。[242] 在"莱希特勒案"（*Leichtle*）中，对在另一成员国接受与温泉医疗相关的住宿费以及其他费用施加的报销条件被认为超出了一定限度，因此不具有正当理由。[243]

在"海拉茨—斯米茨案"（*Geraets-Smits*）[244] 中，欧洲法院得出结论认为，在遵守治疗的"必要性"（necessity）和"常态性"（normality）这些条件的前提下，被要求得到事先批准就可能具有正当理由。这种正当理由可能是：具有维持向所有人开放的均衡医疗和医院服务的利益；预防出现社会保障体系的财政平衡遭到严重破坏这种风险；或者，出于《欧洲联盟运行条约》第52条规定的基本公共健康原因。然而，必须以一种非歧视方式公平适用这两个条件。由此，对于寻求的治疗应具有"常态性"这一条件，必须考虑其他因素，例如国际医学的发现或认定。关于"必要性"的条件意味着，在没有必要延迟的情况下，除非从与被保险人的疾病保险基金具有合同安排的机构可以获得无不当延迟的相同或同等有效的治疗，否则就必须给予批准。[245]

在"沃茨案"（*Watts*）中，"确保在该国充分和永久地获得一系列均衡、优质的医院治疗"这一目的被认定为一项合法目标，只要以相称性的方式适用。[246] 然而，在欧盟委员会对德国提起的一起违反之诉中，委员会认为德国对在另一国接受医疗服务施加了一系列具有限制性的限期报销措施，但被欧洲法院驳回。这是因为委员会仅仅援引欧洲法院之前的判例法，而不是寻求证明本案中的具体指控。[247]

（四）成员国税收规则

正如在开业自由背景下，近年来，越来越多的案件质疑成员国税收规则构成了对提供服务自由的不正当限制。例如"丹内案"（*Danne*）[248]、"格

---

[242] Case C – 120/95 *Decker*（n 176）；Case C – 158/96 *Kohll*（n 169）.

[243] Case C – 8/02 *Leichtle*［2004］ECR I – 2641.

[244] Case C – 157/99 *Geraets-Smits*（n 176）.

[245] See also Case C – 173/09 *Elchinov v Natsionalna zdravnoosiguritelna kasa*［2010］ECR I – 8889；Case C – 385/99 *Müller-Fauré*（n 176）；Case C – 512/08 *Commission v France*［2010］ECR I – 8833.

[246] Case C – 372/04 *Watts*（n 176）.

[247] Case C – 562/10 *Commission v Germany* EU：C：2012：442，［24］，［43］，［50］，［52］.

[248] Case C – 136/00 *Danner*［2002］ECR I – 8147.

里策案"（*Gerritse*）[249]、"*FKP* 案"[250]、"勒济里亚马术中心案"（*Centro Equestre da Lezíria*）[251]、"委员会诉比利时案"[252] 和 "*TTL* 案"[253]。欧洲法院裁定，限制性税收规则可以使用如下正当理由，例如预防诈欺或逃税、进行有效财政监督以及有效征税，或者出于社会方面的理由，但是欧洲法院常常驳回仅基于案件事实的一般性假定。[254] 此外，欧洲法院还清楚地表明，诸如防止侵蚀税收基础，或补偿在公司开业所在成员国缴纳的低水平税款等理由，都不能构成合法目标。[255]

欧洲法院还驳回以下主张，即因为成员国限制措施所追求的目标已被欧盟立法满足，所以具有正当理由。[256] 与此相反，欧洲法院也表示，在就既定问题不存在对成员国法规进行协调的情况下，不能仅仅因为某成员国规则比在其他成员国适用的规则更加严格就认定其不具有相称性。[257]

第五节　促进开业与服务的一般立法：承认职业资格

承认资格是实现服务、劳动者和开业等自由流动的重要事项，关于该事项有大量的诉讼。然而，除了欧洲法院不断发展的判例法外，多年来，欧盟也一直积极致力于落实关于承认资格的立法计划。随着时间的推移，欧盟逐渐形成了一种全面的相互承认方式，并最终通过了保护伞式的《第2005/36 号指令》，对先前关于承认职业资格的立法进行了合并。[258]

---

[249]　Case C – 234/01 *Gerritse* [2003] ECR I – 5933.

[250]　Case C – 290/04 *FKP Scorpio* (n 154).

[251]　Case C – 345/04 *Centro Equestre da Lezíria Grande Lda v Bundesamt für Finanzen* [2007] ECR I – 1425.

[252]　Case C – 433/04 *Commission v Belgium* (n 73).

[253]　Case C – 553/16 '*TTL*' *EOOD* EU：C：2018：604.

[254]　Case C – 53/13 *Strojírny Prostějov* EU：C：2014：201

[255]　Case C – 294/97 *Eurowings Luftverkehrs* (n 169)；Case C – 422/01 *Försäkringsaktiebolaget Skandia v Riksskatteverket* [2003] ECR I – 6817.

[256]　Case C – 158/96 *Kohll* (n 169) [45] – [49].

[257]　Case C – 108/96 *MacQuen* (n 73)；Case C – 67/98 *Zenatti* (n 198).

[258]　Directive 2005/36 on the Recognition of Professional Qualifications [2005] OJ L255/22. See also Dir 2013/55 [2013] OJ L354/132.

一 最初采用的部门调和/协调方式

最初，欧盟立法机构采用的是一种调和（harmonization）或协调（co-ordination）方式，关注于经济或职业生活的特定部门，其目的是在所有成员国就该领域职业资格所需的培训和教育最低标准达成一致。[29] 这些指令主要涵盖与医药和医疗相关领域（全科医师、护士、药剂师和兽医），另外也包括建筑师。此外还有一些过渡性指令，所涉行业诸如手工艺、食品饮料、批发业、中间商、零售业和煤炭贸易。1977 年通过了一项关于律师服务的指令[30]，1998 年通过了一项与律师开业权有关的指令。[31]

二 引入相互承认方式

然而，就此类"调和式"部门指令的内容达成一致谈何容易，更不用说经由烦冗的欧盟立法程序最终通过这些指令。1974 年，理事会表示，希望未来就相互承认开展的工作以"灵活的定性标准"为基础，指令"应尽可能在最低限度上规定具体培训要求"[32]。

1984 年欧洲理事会枫丹白露峰会标志着一种新路径的开始，并在 5 年后通过了第一个相互承认（mutual recognition）指令，即《第 89/48 号指令》，它提出建立"一项普遍体系，承认完成至少三年期的职业教育和培训所获得的高等教育证书"[33]。该指令在几个方面不同于以往的部门指令。

---

[29] 这一点被称作"被动"承认，因为积极承认工作由部门性立法承担，成员国只需要被动地承认那些符合该立法所规定标准的资格即可，参见 K Armstrong, 'Mutual Recognition' in C Barnard and J Scott (eds), *The Legal Foundations of the Single Market: Unpacking the Premises* (Hart, 2002) ch 9.

[30] Dir 77/249 [1977] OJ L78/17; Case C-289/02 *AMOK* (n 73).

[31] Case C-168/98 *Luxembourg v Parliament and Council* [2000] ECR I-9131; P Cabral, Note (2002) 39 CMLRev 129; Case C-351/01 *Commission v France* [2002] ECR I-8101; Case C-506/04 *Wilson v Ordre des avocats du barreau de Luxembourg* [2006] ECR I-8613; Case C-193/05 *Commission v Luxembourg* [2006] ECR I-8673.

[32] [1974] OJ C98/1.

[33] Council Directive 89/48/EEC of 21 December 1988 on a general system for the recognition of higher-education diplomas awarded on completion of professional education and training of at least three years' duration [1989] OJ L19/16; Case C-216/94 *Commission v Belgium* [1995] ECR I-2155; Case C-145/99 *Commission v Italy* [2002] ECR I-2235.

第一，《第89/48号指令》适用于所有要求至少三年大学教育水平的"受监管职业"（regulated profession），并且这些职业没有被特定指令所涵盖。第二，承认资格建立在相互信任原则（principle of mutual trust）的基础之上，无须事先协调所涉各类职业要求的预备性教育和培训课程。其基本原则是，东道国不能拒绝在另一成员国持有从事某个受监管职业所必需资格的国民在本国从事此项职业。[84] 第三，承认的是"最终产物"，即获得完全资格的专业人员，在大学文凭之外还包括所需的任何职业培训。第四，在不同成员国的教育和培训，或者职业结构等方面存在重大差别的情况下，该指令规定了补偿机制，例如给予一定的适应期，或者通过一项资格测试。

尽管与费时的部门调和方式相比，"相互承认方式"存在诸多优势，但也有一些劣势。它并没有给那些持有特定资格的人提供自动保证，保证他们能够在任何成员国获得从事相关活动的许可，而仅仅为他们提供了一个起点。成员国有权在相关人员接受的教育或培训内容不足，或者是该资格所代表的职业结构有所不同的情况下，施加资格测试或适应期限等额外要求。通过允许成员国控制该承认程序的每一个步骤，该方式严重依赖于相互信任，并且高度取决于成员国主管当局采取非保护主义的立场。[85] 尽管如此，它已成为主导方式，即使那些已经通过了调和式指令的部门也受这一方式的影响，如最近的《第2005/36号指令》也受到影响。

《第89/48号指令》的基本理念是，如果欧盟成员国国民希望在任何成员国从事某种受监管的职业，那么，在其满足了某些条件之后，成员国主管当局就不能以其资格不足为由拒绝允许其从事该职业。该指令规定的条件是，个人已经在欧盟进行了相当于三年高等教育课程的学习，并且完成了为有资格从事相关"受监管职业"所必要的职业培训。[86]

---

[84] Case C–285/01 *Burbaud v Ministère de l'Emploi et de la Solidarité* [2003] ECR I–8219.

[85] J Pertek, 'Free Movement of Professionals and Recognition of Higher Education Diplomas' (1992) 12 YBEL 320; I Lianos and D Gerard, 'Shifting narratives in European economic integration: trade in services, pluralism and trust', Centre for Law and Governance in Europe Working Paper Series 11/2011.

[86] 对《第89/48号指令》（[1989] OJ L19/16）和《第92/51号指令》（[1992] OJ L208/25）中"受监管职业"的界定，参见 Case C–234/97 *De Bobadilla* (n 84) [14]–[21]；Case C–586/08 *Rubino v Ministero dell' Università e della Ricerca* [2009] ECR I–12013；Case C–372/09 *Peñarroja Fa* EU：C：2011：156，该案涉及《第2005/36号指令》框架下一种"未受监管"的职业。

满足这些条件并不意味着必然允许相关个人从事该职业，而是意味着成员国主管当局不得仅以资格不足为由就拒绝许可。如果被认为获得足够资格，那就应该允许其从事相关职业。然而，如果相关个人接受培训和教育的时间比东道国要求的期限至少少了一年，那么，该指令允许成员国要求证明具有某些职业经验。成员国可以要求完成适应期，或者进行资格测试。如果相关个人教育和培训涵盖的事项与东道国资格证书涵盖的事项之间存在重大差别，或者东道国的相关职业包含一些特定的受监管活动，在相关个人取得该资格的成员国，该受监管职业不包含这些活动，那么也允许成员国要求完成适应期，或者进行资格测试。

三　关于承认职业资格的《第 2005/36 号指令》

在《第 89/48 号指令》之后又有多项指令，补充并采用了相同方式。㉗《第 2005/36 号指令》㉘合并并取代了几乎所有先前关于承认专业资格的立法。该指令不涵盖"完全内国"情形：申请人必须寻求在其获得资格的国家以外的东道国执业。㉙ 该指令保持了与早期相互承认立法相同的方式和原则。㉚

除了进行合并之外，2005 年《关于承认资格的第 2005/36 号指令》的目的还在于保留先前的各种承认体系所提供的保障，与此同时"创建一个单一和一致的法律框架，该框架以如下原则为基础：进一步实现提供服务的自由化，在更大程度上自动承认资格，以及对更新该指令的程序方面更加灵活"。最初"关于承认职业资格的指令草案"得到修改，其目的在于回应成员国关切，特别是涉及对临时提供服务施加相关控制的关切。该指令包含某些重要创新。这里需要特别提到以下三个方面。

㉗　Council Directive 92/51/EEC of 18 June 1992 on a second general system for the recognition of professional education and training to supplement Directive 89/48/EEC［1992］OJ L209/25；Directive 2001/19/EC of the European Parliament and of the Council of 14 May 2001 amending Council Directives 89/48/EEC and 92/51/EEC on the general system for the recognition of professional qualifications［2001］OJ L206/1.

㉘　Dir 2005/36（n 2）.

㉙　Ibid Art 2（1）.

㉚　See, eg, Case C－477/13 *Eintragungsausschuss bei der Bayerischen Architektenkammer v Hans Angerer* EU：C：2015：239；Case C－125/16 *Malta Dental Technologists Association*（n 73）.

第一，《第 2005/36 号指令》第二编确立了一项更加宽松的机制，针对按照服务提供者的原有专业头衔临时提供服务这一问题，该指令包含详细的决策机制和更严格的决策截止日期。第二，第三编关于开业问题，涉及原来的一般相互承认机制引入的"共同平台"（common platforms）这一概念。指令第 15 条将其界定为一系列标准，可以据此对最大范围的实质性差别进行弥补，现已在至少 2/3 的成员国中识别出培训要求之间的这种实质性差别，其中包括监管该职业的所有成员国。第三，该指令第五编要求在母国和东道国的行政主管当局之间开展密切合作，包括非公开交流信息，其中包括与纪律处分或刑事处罚相关的信息。

在承认资格领域，还有其他三项进展。其一，《第 2241/2004 号决定》引入一系列用于个人描述其资格和能力的欧洲工具[21]，以及"欧洲资格框架"（European Qualifications Framework，EQF），作为"对不同教育和培训体系下的资格进行比较的一种转换工具和中立参照点，并且加强利益攸关者之间的合作与相互信任"[22]。

其二，2013 年通过《第 2013/55 号指令》，对《第 2005/36 号指令》进行更新。[23]它引入"欧洲职业卡"（European Professional Card），以在个人职业层面促进自动承认，同时还引入"共同培训框架"（Common Training Frameworks），与现行欧洲资格框架（EQF）并行，另外还寻求通过使用"内部市场信息（IMI）系统"加强各国相关机构之间的合作。[24]

其三，《第 2018/958 号指令》[25]要求成员国在寻求对《第 2005/36 号

[21]　Decision 2241/2004 of the European Parliament and Council on a single Community framework for the transparency of qualifications and competences（Europass）［2004］OJ L390/6.

[22]　COM（2006）479 and the Recommendation of the European Parliament and Council［2008］OJ C111/01.

[23]　Directive 2013/55/EU of the European Parliament and of the Council of 20 November 2013 amending Directive 2005/36/EC on the recognition of professional qualifications and Regulation（EU）No 1024/2012 on administrative cooperation through the Internal Market Information System（'the IMI Regulation'）［2013］OJ L354/132.

[24]　M Lottini, 'An Instrument of Intensified Informal Mutual Assistance: The Internal Market Information System（IMI）and the Protection of Personal Data'（2014）20 EPL 107.

[25]　Directive（EU）2018/958 of the European Parliament and of the Council of 28 June 2018 on a proportionality test before adoption of new regulation of professions［2018］OJ L173/25.

指令》㉖ 所涵盖的专业施加新的或修订后的监管要求时进行相称性分析。此类监管要求必须是非歧视性的，并且必须具有欧洲联盟法院司法判决所界定的公共利益方面的正当理由。㉗ 相称性分析必须针对该措施的适当性，并且必须确保它不会超出所要求的范围。成员国有责任考虑新监管要求的影响。㉘ 利益攸关者必须有了解这些新举措的知情权，并有机会发表评论。㉙

四　立法未涵盖的情形

尽管《关于承认资格的第 2005/36 号指令》与其他相关立法所涵盖的范围已经很全面，但是仍然存在无法从相关立法中找到决定性答案的情况。其中一些情形包括，相关个人寻求从事不被东道国监管的职业，㉚ 以及二级立法没有涵盖的情况。㉛

在这种情况下，应适用"弗拉索普卢案"㉜ 和"埃朗案"㉝ 得出的原则。《欧洲联盟运行条约》第 49 条要求成员国当局对相关个人已经得到其他成员国承认，或在其他成员国获得的知识或资格进行审查，并且在不承认其所持任何资格的情况下出具充分理由，而且相关个人有权获得司法救济。㉞ 欧盟成员国国民在欧盟以外获得的资格由《第 2005/36 号指令》涵盖，前提是持有人在一成员国境内拥有至少三年经认证的职业经历，并且该成员国对第三国资格给予应有的承认。㉟ 然而，除欧洲经济区的国民以外，欧盟条约和立法并不保护非欧盟成员国国民。

㉖　Ibid Arts 1，4.

㉗　Ibid Arts 5，6.

㉘　Ibid Arts 7.

㉙　Ibid Arts 8.

㉚　Case C – 164/94 *Arantis*（n 54）；Case C – 234/97 *De Bobadilla*（n 84）；Case C – 372/09 *Peñarroja Fa* EU：C：2011：156.

㉛　Case C – 298/14 *Brouillard v Jury du concours de recrutement de référendaires près la Cour de cassation and État belge* EU：C：2015：652；Case C – 342/14 *X-Steuerberatungsgesellschaft v Finanzamt Hannover-Nord* EU：C：2015：827.

㉜　Case 340/89 *Vlassopoulou*（n 52）.

㉝　Case 222/86 *Heylens*（n 51）；Case C – 372/09 *Peñarroja Fa* EU：C：2011：156.

㉞　Case C – 586/08 *Rubino*（n 266）；Case C – 372/09 *Peñarroja Fa*（n 266）.

㉟　Dir 2006/35，Art 3（3）；Case C – 238/98 *Hocsman v Ministre de l'Emploi*［2000］ECR I – 6623；Case C – 110/01 *Tennah-Durez v Conseil national de l'ordre des médecins*［2003］ECR I – 6239.

第六节　促进开业与服务的一般立法：《服务指令》

一　有争议的草案

在经过长时间的激烈政治进程之后，欧盟于 2006 年底通过了《关于内部市场服务的第 2006/123 号指令》。[286] 尽管它被称为《服务指令》（Services Directive），但是与《关于承认资格的第 2005/36 号指令》一样，既涵盖提供临时服务，也涵盖开业自由。该指令最初也被称为"博尔克斯泰因指令"，得名于引入该指令提案的欧盟委员会委员博尔克斯泰因（Bolkestein）。该立法倡议一直充斥着争议，一些反对者认为它威胁许多成员国的社会体系和公共服务道德，故将其戏称为"弗兰肯斯泰因指令"或"科学怪兽指令"（Frankenstein Directive）。有些人认为，反对该指令的意见在法国关于《宪法条约》的辩论中起到一定作用，并最终导致 2005 年法国全民公投否决了《宪法条约》。本节讨论与该指令有关的三个议题。

第一，在 20 世纪 60 年代提出总体规划之后很久，以及在 20 世纪 90 年代提出单一市场计划十多年之后，为什么还要通过与服务提供的自由化有关的"一般"指令。第二，需要理解为什么作为该指令最初草案核心的"来源国"（country-of-origin）原则引起这么大的争议。第三，涉及确定《服务指令》的重要特征。下文摘录的文章回答了这些问题。

德维特：《设置场景——服务如何和为何走向"博尔克斯泰因"》[287]

20 世纪 90 年代初，……对于内部服务市场的建立及运行，存在一种明显的双轨方式：一方面，受"阻碍"最严重也是经济上最重要的部门，曾经是作为 1992 年计划一部分的特定部门内部市场立法的适

---

[286]　Dir 2006/123/EC（n 3）.

[287]　B de Witte, 'Setting the Scene: How did Services get to Bolkestein and Why?', EUI Working Papers 20/2007; C Barnard, 'Unravelling the Services Directive' (2008) 45 CMLRev 323.

用对象;另一方面,欧洲法院设定了一种"涵盖一切"的法律机制,允许欧盟委员会(以条约守护者身份)以及一些利益相关的公司或个人解决成员国对服务市场造成的障碍,而欧共体立法计划留下了这个空白。

此外,此法律策略的上述两个因素都具有弹性,因此原则上能够应对未来的挑战。"司法"方式具有内在的开放性,由此适于发现新的服务贸易形式,以及新出现的妨碍此类贸易的障碍;它还涵盖那些即使在通过内部市场立法之后仍然留下的漏洞。到1992年计划设定的最后期限时,并没有用尽"立法"方式,但可以在日后用于处理新出现的问题部门。……

……

欧盟委员会为什么以及何时开始考虑这种双轨方式不足以建立一个"真正的"单一服务市场?一种解释可能是,这种双轨方式的司法因素具有内在缺陷。有人强烈怀疑欧洲法院在其判例法中只处理了那些众所周知的冰山一角而已,对服务贸易的绝大多数障碍仍然隐藏在冰山表层之下,因为欧盟委员会在其违反之诉调查程序中未能识别这些障碍,因为遭受这些限制的个人或公司未能采取法律行动,并且因为成员国法院在遇到这类案件时未能执行条约以及/或者未能向欧洲法院提请初步裁决。这种怀疑,即1992年以后欧洲共同体仍然存在许多对跨境提供服务所造成的人为和经济上令人讨厌的障碍,似乎被近年来欧洲法院审理的服务案件显著增加这一事实所证实。……无论什么原因,欧洲法院的案件不断增加——假设它们仍然只构成冰山一角,尽管这一"角"也许比以前稍微大了一些——这似乎表明,关于服务的内部市场规则在有效适用方面存在严重问题。

[作者接下来探讨立法最初草案中最具争议性的部分,即处理临时提供服务的部分,特别是来源国原则,而不是关于开业自由中主要处理行政简化的更容易接受的部分。]

就不涉及开业的提供服务而言,主要强调的并非取消行政手续,而是更激进的观点,即这些服务提供者原则上应由来源国规制,而不是由东道国监管。……

这一因素的必要性没有那么明显,对其影响的阐述也没有那么明晰,而且招致了激烈反对,导致2006年修订版本中出现了痛苦的后退。

"博尔克斯泰因草案"中涉及"规制竞争"的部分更有问题，因为与行政简化部分不同，与欧洲法院的判例法相比，并且与委员会自己起草的内部市场立法的方式相比，它代表了一种实质性转变。原则上，欧洲法院的判例法并未质疑东道国法律法规的适用。欧洲法院采用的相互承认原则仅仅意味着，东道国必须考虑服务提供者在其本国受约束的法律法规，以避免产生不合理的双重负担。原则上，这与适用来源国的法律并不是一回事。

［德维特进一步指出，欧盟委员会先前对服务自由化采取的谨慎针对特定部门的方式与《服务指令》中采用的一般方式形成了鲜明对比，并且是稀释早期草案的部分原因。他认为，《服务指令》的最终版本反而采用了上述《2005 年关于承认职业资格的指令》中"有针对性的跨部门调和"方式。］

这次，在"博尔克斯泰因草案"中，欧盟委员会提出了一项适用于整个服务领域（而不是单个部门）的规制计划，同时没有尝试将这些服务列出。……此外，规制平衡显然在向去规制化方向倾斜，而仅有少量的再规制化。基本原则是，东道国的法律不适用于提供服务这一事项，而是适用服务提供者开业所在地本国的法律。

……

与欧盟委员会早期的内部市场政策相比，采用来源国规制方式而不确定其适用的部门，这一理念是"博尔克斯泰因草案"的核心创新，但也是其麻烦产生的原因。该指令的最终版本放弃了该理念。在对草案进行修订之后，留下的主要创新性内容是其"平稳管理"计划（该指令第二章和第三章），这种方式更符合"有针对性的跨部门调和"这一传统，这也是学位证书与公共采购相关指令所采用的方式。

……

就规制服务而言，来源国条款已被删除，但代价是制定了极为复杂和非常混乱的第 16 条，整体上让人想起欧洲法院关于限制服务的现行判例法，但这二者之间存在着某些重要差别，而该指令冗长的序言并未很好地解释这些差别。尽管第 16 条第 1 款第二句话指出："提供服务所在地的成员国应确保在其境内自由获得和自由开展服务活动"，但这一全面自由化的承诺立刻就被接下来的一句话软化了。它明确指出，东道国可继续适用其法律法规，只要这些法律法规具有非歧视性、必要性和相称性，正如欧洲法院在其关于服务的判例法中一贯坚持的那样。就此而言，第16条只是对现行法院造法的重述。第16条第二段增加了多个被禁止的要求，这些要求也许再次对应于欧洲法院关于什么是可允许的观点，但这些具体规定增加了法律明确性。

然而，第16条第三段试图（不管是否有意）修订现行服务法，它具体规定哪些因素可以作为对东道国那些要求的可接受的正当理由，即公共政策、公共安全、公共卫生、保护环境和关于就业条件的规则等原因。该清单比欧洲法院多年来承认的强制性要求的清单短得多。无论是该指令的正文还是其序言都没有解释为什么该指令试图修改欧洲法院关于这一问题的判例法。……

因此，即使"博尔克斯泰因草案"中提出的"革命"已经被理事会和欧洲议会推翻，但在共同决策程序过程中达成的艰难妥协似乎已经产生了（不管是否有意）背离欧共体现行服务法的去规制化倾向。这仅仅是由该指令文本导致的诸多不确定性之一。

二　《服务指令》

因此，在其最终文本中，《服务指令》规定了一定程度的有益行政简化与合作，其目的在于减少对服务与开业自由流动的障碍。在此意义上，该指令延续了《第2005/36号指令》确立的模式，处理一种特定的障碍，即不承认资格这一问题，而且承袭了先前部门立法的传统。

《服务指令》第5—8条涉及程序简化、设立"单一联络点"、知情权，以及电子程序。第9—15条涉及开业自由，包括授权程序，而且说明哪些要求是被禁止的，哪些要求必须接受评估。其中有些条款直接建立在欧洲法院判例法的基础之上，在某些情况下还规定了更具体的细节。

然而，在涉及临时提供服务这一问题时，我们已经看到《服务指令》从"来源国原则"上的后退，导致了第16—18条规定的一系列复杂但却软弱无力的"去规制"条款。第16条引起的一个问题是，欧洲法院是否会为了与自己长期以来一直坚持的对条约服务自由流动条款的解释保持一致，继续允许成员国援引比该指令第16条第3款列举的五个特定理由更长的"客观正当理由"清单。有几条论据支持欧洲法院坚持其广泛、非穷尽的潜在正当理由清单。因此，假如欧洲法院不坚持这一点，如果可以用开放式的公共利益来说明对自由流动限制的正当性，如果还符合相称性的话，那么，服务将以明显武断的方式区别于货物和劳动者自由流动领域。

该指令第19—21条规定服务接受者的权利。第22—27条涵盖一系列关于"服务质量"的详细规定，包括信息的获得、商业联络、责任保险以及争端解决等议题。

第28—36条涉及行政合作（涵盖监管、安全预警、信誉信息以及相互行政协助等）；第37—43条包括一系列旨在推动实现该指令目标的条款（包括行为准则、相互评估与审查机制，以及委员会制程序等）。

最后，尽管该指令是一般性的，原则上适用于所有类型的服务，但并不全面。特定类型的服务被排除在其涵盖范围之外，这种情况很多是欧洲议会修订的结果。因此，除了排除已经被立法覆盖的金融服务、电信和运输等部门外[28]，第1—3条还包括其他一系列被排除的类型。例如，具有普遍利益的非经济性质的服务；社会服务；医疗；私人安全服务；对该指令"不影响"或"不涉及"领域的解释，以及说明该指令应如何与其他具有交叉关系的立法产生相互作用，如关于相互承认资格的立法。此外，第17—18条还规定了一系列的减损适用条款。总之，即使该指令并不完全是一只"科学怪兽"，但它充其量也不过是由一个充满焦虑的和冗长的立法程序所产生的碎片化的、复杂的以及在法律上并不令人满意的结果。

三 进一步的改革

欧盟委员会在这方面提出了进一步的改革倡议。[29]它已经提出两项实际的立法改革提案，旨在根据《第2006/123号指令》以及更一般性地以《欧洲联盟运行条约》第56条相关的方式促进服务的自由流动。

这些改革中的第一项涉及引入电子卡片系统。它允许服务提供者在向海外扩张时使用欧盟层面的电子程序来完成手续，从而为他们提供更高的法律确定性，并显著降低行政复杂性。这将使服务提供者能够避免行政障碍，"诸如不确定适用哪些要求，用外语填写不同表格，翻译，证明或认

---

[28] See, eg, Case C–434/15 *Asociación Profesional Elite Taxi v Uber Systems Spain*, SL EU：C：2017：981；Case C–320/16 *Criminal proceedings against Uber France* EU：C：2018：221.

[29] On Reform Recommendations for Regulation in Professional Services, COM（2016）820 final.

证文件，以及非电子的程序步骤"[290]。

第二项改革涉及改进《服务指令》框架下的通知程序。[291] 成员国有义务向欧盟委员会通知属于该指令的新的或修订的许可机制，以确保此类规则在国籍或居所方面具有非歧视性，符合相称性，并且具有公共利益方面的压倒性正当理由。委员会的评估已经表明，该程序并不总能实现其目标，并且该立法提案旨在引入更有效和高效的程序，以防止成员国采用不符合《服务指令》的许可机制。

欧盟委员会认为这些改革倡议很重要[292]，但 2016 年底提出的立法提案目前似乎停滞不前（委员会于 2021 年 4 月撤回了该提案。——译者）。

第七节　结论

一　欧洲法院越来越对条约所规定的包括服务和开业自由在内的各项自由采取相似方式。任何对市场准入构成国家间障碍的成员国规则，原则上都属于自由流动规则的范围，并且要求提供正当理由。

二　在临时提供服务与开业这二者之间仍然存在着重要差别。这些差别部分反映在关于服务领域客观正当性的判例法越来越广泛这一事实上，部分反映在《关于承认职业资格的指令》与《关于内部市场服务的指令》对服务与开业的区分方面，而这两个指令都强调在临时提供服务方面实现更大程度的自由化。

三　在有争议的"拉瓦尔公司案"和"维京客轮公司案"判决中，关于开业与服务的条约条款被适用于工会所采取的集体行动。但在这两个判决中，仍然不清楚是否可以认为这些条款完全横向适用于所有私人行动。

四　最初的立法方式是对某些部门的职业资格进行调和。20 世纪 80 年代末，对普遍相互承认这一问题采用的方式发生了变化。2005 年，通过

---

[290] On the Legal and Operational Framework of the European Services e-card, COM（2016）823 final, 3.

[291] COM（2016）821 final.

[292] https：//ec. europa. eu/growth/content/services – economy – works – europeans – 1_ en.

了一项关于承认职业资格的单一合并指令。该指令以及 2013 年通过的一项补充指令保留了原来立法中的主要因素，但寻求简化并进一步放开对临时提供服务者执业权的承认，并且寻求强化对那些行使开业权者的承认体系。

五 与在第二十二章和第二十四章中讨论的关于欧盟公民自由流动与居住权的《第 2004/38 号指令》一起，上述指令标志着自由流动领域向立法合并方向发展这一普遍趋势。

六 关于开业与服务的欧盟法仅适用于经济活动。但是，相关判例法表明，特别是与跨境接受医疗服务有关的判例法表明，如果通过一种适用于市场行为的体系提供和组织诸如卫生、福利和教育等重要的或"特殊的"公共服务，并且提供了某种类型的报酬，那么，这类公共服务也不能逃避条约规则的约束。

第八节　扩展阅读

专著

Barnard, C, *The Substantive Law of the EU: The Four Freedoms* (Oxford University Press, 6th edn, 2019)

Cremona, M (ed), *Market Integration and Public Services in the European Union* (Oxford University Press, 2011)

Hatzopoulos, V, *Regulating Services in the European Union* (Oxford University Press, 2012)

Heremans, T, *Professional Services in the EU Internal Market: Quality Regulation and Self-Regulation* (Hart, 2012)

Klamert, M, *Services Liberalization in the EU and the WTO: Concepts, Standards and Regulatory Approaches* (Cambridge University Press, 2014)

Paschalidis, P, *Freedom of Establishment and Private International Law for Corporations* (Oxford University Press, 2012)

Snell, J, *Goods and Services in EC Law* (Oxford University Press, 2002)

Weiss, F, and Kaupa, C, *European Union Internal Market Law* (Cambridge

University Press, 2014)

White, R, *Workers, Establishment, and Services in the European Union* (Oxford University Press, 2004)

Wiberg, M, *The EU Services Directive: Law or Simply Policy?* (Asser Press, 2014)

Woods, L, *Free Movement of Goods and Services within the European Community* (Ashgate, 2004)

第二十四章　欧盟公民身份

第一节　核心议题

一　《马斯特里赫特条约》首次引入"欧盟公民身份"（EU citizenship）这一法律概念，这是欧洲共同体在努力从一个以经济为主的共同体向政治联盟发展的过程中所采取的举措之一。《欧洲联盟运行条约》不仅为欧盟成员国国民的迁徙与居住权以及平等待遇权提供了更牢固的条约基础，而且将现有法定资格全部归于"公民身份"这一保护伞式的概念之下，该条约第20—25条还创设了诸多全新的政治和选举权利。

二　《里斯本条约》后来将欧盟公民身份与禁止基于国籍的歧视更紧密地关联在一起，并将欧盟公民身份置于代议制民主和参与式民主的背景下。近年来，欧盟委员会努力以这些条款为基础，改善并促进公民积极行使现有公民权，而不是引入新的法律。[1]《里斯本条约》引入了一项具有"议程设置式"的公民创制（citizens' initiative），这是2011年实施性立法的主题。[2] 这项公民创制权引起了极大关注，人们提出大量改革建议，同时也招致公民社会的批评。[3]

三　在"公民"这一称谓框架下，《第2004/38号指令》合并而且取代了曾管辖欧盟法框架下享有迁徙与居住权的全部原有类型人员的绝大多数立法——包括劳动者、自营职业者、求职者、学生、家庭成员等。

---

① See（n 166）below.

② Regulation（EU）No 211/2011 of the European Parliament and of the Council of 16 February 2011 on the citizens' initiative［2011］OJ L65/1；COM（2015）145；www. europarl. europa. eu/doceo/document/A－8－2015－0284_ EN. html for past and present petitions introduced under the initiative.

③ 参见本章第五节。

然而，欧洲法院强调，《第 2004/38 号指令》并未取消欧盟法的不同人员类型和权利类型，而且，将欧盟成员国国民划分为经济活动人口和非经济活动人口仍然具有重要意义。

四 在以下几个方面，欧洲法院关于欧盟公民身份的裁决具有重要意义。首先，欧洲法院确定，条约关于公民身份的条款创设了某些自主权，这些权利独立于条约管辖迁徙与居住权的其他条款。其次，欧洲法院将关于公民身份的条款与禁止基于国籍的歧视关联在一起，以加强欧盟成员国国民及其家庭在东道国境内和在其本国境内就诸如社会补助、税收、刑事程序以及双重国籍等事项上的权利与资格。欧洲法院也在其裁决中对成员国关切做出回应，裁决涉及欧盟公民在其他成员国获得教育的权利，以及欧盟非经济活动公民请求在其他成员国获得社会福利补助，即所谓"福利旅游"问题。

第二节 公民身份：基本原理与条约基础

一 基本原理

《马斯特里赫特条约》首次将公民身份（citizenship）这一法律概念引入欧盟法。④ 如下所述，关于公民身份的条约条款、判例法和立法都很复杂。因此，退后一步考虑将公民身份引入《马斯特里赫特条约》的动机尤为重要。现实情况是，不止一个原因促成了这一发展。可以发现三个相关但不同的原因。

第一个原因是公民身份与战后时期有关更广泛欧洲政治一体化的最初理念产生了共鸣。在《马斯特里赫特条约》之前，欧洲公民身份的理念以及"人民的欧洲"（People's Europe）这一说辞在欧洲经济共同体内流传了很长时间。⑤ 而这些理念可以追溯到战后关于欧洲一体化的讨论中。⑥

---

④ C Closa, 'The Concept of Citizenship in the Treaty on European Union' (1992) 29 CMLRev 1137.

⑤ 可参见 'Towards a Citizens' Europe', Bull EC Supp 7 – 1975, 11；并参见欧洲理事会枫丹白露会议后发表的报告：'A People's Europe', COM（84）446 final.

⑥ W Maas, 'The Origins, Evolution, and Political Objectives of EU Citizenship' (2014) 15 German LJ 797, 798 – 799.

《舒曼宣言》和《巴黎条约》表达的欧洲联邦的理念并不是一种边缘性观点。相反，它是整个政治光谱的共识立场，也许一些更愿意与苏联融合的共产党人除外。建立一个联邦的欧洲不是一项仅限于国家的国际关系活动；其目的是创建一个真正的超国家共同体，每个作为个体的公民在其中都享有共同的地位和身份。温斯顿·丘吉尔怀着这种精神，呼吁"建立一个欧洲人的团体，为这片动荡而强大的大陆，其思想涣散的人民，赋予一种扩大的爱国主义和共同公民意识"。

第二个原理与第一个相关，即《马斯特里赫特条约》各条款助长了这样一种观念，即公民身份不必完全与民族国家联系在一起。[7]

如果我们可以说自一体化进程开始以来欧洲公民身份具有初期地位，以及自欧洲议会议员直接选举以来有了更全面意义上的欧洲公民身份，那么正式在《马斯特里赫特条约》中引入公民身份的概念又有什么意义呢？首先，巩固和加速"后民族国家"公民身份的转型，这种转型隐含在欧洲国家作为开放、合作的"社会和民主法治国家"的自我定义中，并由此产生这种转型，时间可追溯至……战后时代。通过创设一种与"前政治民族国家"特性无关的身份，并通过创造一种不受前政治民族国家特性支持的政治纽带，可以证明，前政治民族国家特性是公民身份的唯一基础这一假设是错误的。

促使条约承认公民身份的第三个原因，与它在欧洲经济共同体内部推进更高程度民主化的愿望有关。[8]

正式阐明欧洲公民身份的法律地位应该有助于欧洲联盟的民主化。……
……为克服欧盟所走的非常规宪法道路具有矛盾和弱点的特征，欧

---

[7]　A Menendez, 'Which Citizenship? Whose Europe? The Many Paradoxes of European Citizenship' (2014) 15 German LJ 907.

[8]　Ibid 914 – 915.

盟必须明确其宪法特性。对欧洲公民身份的正式解释有可能对这一进程做出重大贡献，促进欧洲共同体明显的政治化和民主化。通过确定欧洲人作为共同体公民的地位，欧洲公民身份可以有力地提醒以下事实，即欧盟纯粹的经济、商业和贸易政策是欧盟所遵循的特殊宪法路径的结果，而不是由这些政策及其影响所具有的真实性质带来的结果。

但是欧洲公民身份的引入一开始就遭到一些学者的怀疑。[9] 批评意见聚焦于缺乏对等义务[10]，而不是欧洲法院关于某些条约条款的横向直接效力裁决所导致的结果方面[11]，后者可能会带来更积极的公民身份;[12] 对第三国居民的歧视仍然存在;[13] 并且，公民的居住权受制于先前指令中所规定的限制性条件。

欧洲法院最早在"格热尔奇克案"（Grzelczyk）中提出了这句隐晦不明的说法，后来又不断重复，即"联盟公民身份注定将成为成员国国民的基本身份"[14]。然而，联盟公民身份的规范基础及其确切内容至今仍然含糊不清。[15] 此

---

⑨ See, eg, M Everson, 'The Legacy of the Market Citizen' in J Shaw and G More（eds）, *New Legal Dynamics of European Union*（Oxford University Press, 1995）73；C Lyons, 'Citizenship in the Constitution of the European Union：Rhetoric or Reality?' in R Bellamy（ed）, *Constitutionalism, Democracy, and Sovereignty：American and European Perspectives*（Avebury, 1996）96；H D' Oliveira, 'European Citizenship：Its Meaning, Its Potential' in R Dehousse（ed）, *Europe after Maastricht*（Law Books in Europe, 1994）；Menendez（n 7）.

⑩ D Kochenov, 'EU Citizenship without Duties'（2014）20 ELJ 482.

⑪ See, eg, Case 43/75 *Defrenne v SABENA*［1976］ECR 455；Case C – 281/98 *Angonese v Cassa di Riparmio di Bolzano SpA*［2000］ECR I – 4139；Case C – 341/05 *Laval*［2007］ECR I – 11767.

⑫ J Weiler, 'Citizenship and Human Rights' in J Winter *et al*（eds）, *Reforming the TEU：The Legal Debate*（Kluwer, 1996）.

⑬ Directive 2003/109/EC of 25 November 2003 concerning the status of third-country nationals who are long-term residents［2004］OJ L16/44；Council Decision 2007/435/EC establishing the European Fund for integrating third country nationals；D Acosta Arcazaro, *The Long Term Residence Directive as a Subsidiarity Form of EU Citizenship*（Martinus Nijhoff, 2011）；A Schrauwen, 'Granting the Right to Vote for the European Parliament to Third-Country Nationals'（2013）19 ELJ 201.

⑭ Case C – 184/99 *Grzelczyk v Centre public d'aide sociale d'Ottignies-Louvain-la-Neuve*［2001］ECR I – 6193, ［31］.

⑮ 关于这一问题有大量著述，参见 P Eleftheriadis, 'The Content of European Citizenship'（2014）15 German LJ 777；W Maas, 'The Origins, Evolution, and Political Objectives of EU Citizenship'（2014）15 German LJ 797；C O'Brien, 'I Trade, Therefore I Am：Legal Personhood in the European Union'（2013）50 CMLRev 1643；F Strumia, 'Looking for Substance at the Boundaries：European Citizenship and Mutual Recognition of Belonging'（2013）32 YBEL 432.

外，还产生了欧盟公民身份在多大程度上已经成为成员国国民在欧盟法框架下的首要法律身份这一问题。可以说，它包含了欧盟法传统上对成员国国民进行区分的那些其他法律类型，例如劳动者、学生和具有特别权利的家庭成员。另一种解读是，欧盟公民身份的实际法律影响仍然是其他类型的补充和剩余权利。答案也许介于这两者之间，在本章的讨论中我们将看到这一点。

二 条约基础

《欧洲联盟运行条约》第20—25条包含条约关于公民身份的规定。第20条是其基础条款，概括了欧盟公民身份的主要构成要素。

> 1. 联盟公民身份由此确立。任何具有成员国国籍者均是联盟公民。联盟公民身份是国家公民身份的附加，并不取代国家公民身份。
> 2. 联盟公民享有两部条约规定的权利，并承担两部条约规定的义务，包括：
> （1）在各成员国领土范围内自由迁徙与居住的权利；
> （2）参加欧洲议会选举的选举权和被选举权及在其所居住成员国的市镇选举中，享有与该国国民同等的选举权和被选举权；
> （3）在第三国领土内无其本国代表时，享有获得任何成员国外交和领事机构与对该国国民同等保护的权利；
> （4）有权以本条约的任何一种语言向欧洲议会请愿、求助于欧洲监察专员、致函联盟机构和咨询机关并得到同一语言的答复。
> 上述权利应在两部条约及根据两部条约通过的措施所规定的条件和范围内行使。

欧盟公民身份是成员国公民身份的"附加"（additional）。[16] 它并不取代国家公民身份在欧洲的核心地位。[17] 欧盟公民身份以拥有成员国国籍为

---

[16] 最初的《马斯特里赫特条约》并不包含该条款。《阿姆斯特丹条约》增加了一句话，指出欧盟公民身份是国家公民身份的"补充"（complementary），但在成员国的坚持下，《里斯本条约》将"补充"一词更改为"附加"（additional）。

[17] 然而，参见 D Kochenov, 'Rounding up the Circle: The mutation of Member States nationalities under pressure from EU citizenship', EUI RSCAS Working Paper 2010/23; G Davies, 'Any Place I Hang My Hat? or: Residence is the New Nationality' (2005) 11 ELJ 43; R Bauböck, 'The Three Levels of Citizenship within the European Union' (2014) 15 German LJ 751.

前提。欧盟法并未直接规制成员国赋予国籍的条件⑱，但它却要求成员国承认另一成员国通过适当程序赋予的国籍，并且不得妨碍享有该国籍。⑲ "罗特曼案"（*Rottmann*）处理了如下议题，即失去或撤回通过欺骗手段取得的成员国国籍这一问题是否属于欧盟法范围，或者只是纯粹的成员国法事项。⑳

罗特曼诉弗赖施塔特·拜恩
Case C – 135/08 Rottmann v Freistadt Bayern
[2010] ECR I – 1449

[《里斯本条约》重新编号，《欧洲共同体条约》
第 17 条现为《欧洲联盟运行条约》第 20 条]

罗特曼出生于奥地利而取得该国国籍，通过归化取得德国公民身份。根据奥地利法律，归化程序使其失去其奥地利国籍。德国当局后来发现，他隐瞒了自己在奥地利存在未决的严重刑事诉讼这一事实，因此取消了他新获得的德国国籍。由于撤销国籍也意味着他失去了欧盟公民身份，成为无国籍人，因此，罗特曼对撤销其德国国籍的决定提出质疑。

欧洲法院

42. 联盟公民所处的情况，如在主要诉讼中申请人面临成员国当局撤销关于其归化的决定，而且在他已失去最初拥有的另一成员国国籍之后，该决定可能使其他失去《欧洲共同体条约》第 17 条赋予的身份以及附于此身份的权利，根据其性质和后果，处于这种情况的联

---

⑱　附于《马斯特里赫特条约》的第 2 号声明（《关于成员国国籍的声明》）肯定，个人是否拥有某个成员国国籍这一问题由相关成员国的本国法决定。这包括归化所需的条件。

⑲　Cases C – 369/90 *Micheletti v Delegación del Gobierno en Cantabria* [1992] ECR I – 4239；C – 192/99 *R v Secretary of State for the Home Department*，*ex p Kaur* [2001] ECR I – 1237；C – 200/02 *Chen v Home Secretary* [2004] ECR I – 9925；S Hall，'Determining the Scope *Ratione Personae* of European Citizenship：Customary International Law Prevails for Now' (2001) 28 LIEI 355；G – R de Groot and N Chun Luk，'Twenty Years of CJEU Jurisprudence on Citizenship' (2014) 15 German LJ 821.

⑳　See also Case C – 221/17 *Tjebbes v Minister van Buitenlandse Zaken* EU：C：2019：189.

盟公民显然属于欧洲联盟法的范围。……

45. 因此，成员国在行使其在国籍领域的权力时，必须充分考虑欧盟法。……

48. 要求必须充分考虑欧盟法的这项附加规定，并未违背本法院先前承认并在上文第 39 段提到的国际法原则，即成员国有权规定获得和失去国籍的条件。相反，该附加规定尊重如下原则，即对联盟公民而言，只要此项权力影响了由联盟法律秩序赋予和保护的权利，那么，此项权力的行使，特别是诸如主要诉讼中涉及的撤回归化决定，就应依据欧盟法接受司法审查。

然而，欧洲法院接下来裁定，撤销通过诈欺取得的国籍这项决定仍有可能符合欧盟法。其前提条件是，此项决定是对成员国如下合法利益的具有相称性的回应，即保护国家与其国民之间特定的团结与诚信关系，以及构成国籍纽带的权利与义务的对等关系。相称性这一问题交由成员国法院决定。"罗特曼案"引发了汹涌而来的大量学术评论，一些人批评该裁决显然放弃了欧洲法院先前关于成员国国籍与欧盟公民身份之间关系的裁决，如"米凯莱蒂案"（*Micheletti*）；[21] 也有人欢呼，称它是开创性判例以及具有深远影响的判决。

2013 年，马耳他以 65 万欧元"出售"马耳他公民身份，引发了新的争议，并由此引出能否取得欧盟公民身份的争议。然而，尽管人们对欧盟能否以及是否应该进行干预提出大量批评，并展开广泛争论，[22] 但马耳他政府最终在欧盟委员会的施压下修改其"投资者公民"（investor citizenship）计划。

---

[21] Case C – 369/90（n 19）.

[22] 关于欧洲议会对该问题的干预，参见：www. europarl. europa. eu/news/en/news – room/content/20140110IPR32392/html/EU – citizenship – should – not – be – for – sale – at – any – price – says – European – Parliament. 有人为马耳他的行动进行辩护，参见 D Kochenov, 'EU Citizenship for Real：Its Hypocrisy, its Randomness, its Price', http：//papers. ssrn. com/sol3/papers. cfm? abstract_ id = 2385340.

第三节 欧盟公民身份：自由迁徙与居住权

《欧洲联盟运行条约》第 21—25 条阐释第 20 条第 2 款第 1—4 项中概括的各项权利，其中将核心的自由迁徙与居住权作为该条开头。

一 第 21 条：自由迁徙权

第 21 条

1. 联盟的每个公民均有权在成员国领土范围内自由迁徙与居住，但要受制于两部条约以及实行它们的那些措施所规定的限制和条件。

2. 如经证明有必要由联盟采取行动以实现这一目标，而两部条约并未规定必要的权力，则欧洲议会和理事会可根据普通立法程序通过规定，以促进本条第 1 款所指的权利的行使。

3. 基于与本条第 1 款所述的相同目的，且两部条约未规定必要的权力，理事会根据特别立法程序，可以通过社会保障或社会保护方面的措施。理事会应在咨询欧洲议会后以一致方式采取行动。

这些规定被引入条约之后，对欧盟先前的法律产生了重大影响。本章第四节将予以分析。在分析其影响之前，先考虑《第 2004/38 号指令》中涉及公民身份的条款。

二 《第 2004/38 号指令》：自由迁徙与居住权

在第二十二章中已经看到，《第 2004/38 号指令》[23] 实际上将关于人员自由流动的所有立法合并为单一法律文件。该指令创设了在联盟公民这一

---

[23] Directive 2004/38/EC of the European Parliament and of the Council of 29 April 2004 on the right of citizens of the Union and their family members to move and reside freely within the territory of the Member States [2004] OJ L158/77.

背景下关于自由流动与居住的单一法律机制，同时保留劳动者已经获得的权利。尽管《第2004/38号指令》在内容上并未对先前三个居住指令的规定做重大改变[24]，但它实施的是以条约为依据的公民居住权这一基本权利，不只是一项通过立法获得的权利。

第二十二章对《第2004/38号指令》主要条款进行了全面讨论。在该背景下讨论的主要条款都适用于欧盟所有公民，而不仅仅是被雇用者或自营职业者。这些条款包括：三个月初始居住期；一般居住权和永久居住权；简化入境和居住所需手续；所涵盖的家庭成员类型；在采取限制性措施的情况下应加强的保护；平等待遇权。下面讨论该指令中专门针对不属于经济活动人口或学生的欧盟公民的条款。

欧洲法院在"麦卡锡案"（*McCarthy*）[25]中裁定，《第2004/38号指令》规定欧盟公民的居住权，以及其特权家庭成员的衍生居住权。但是，这种情况只发生在欧盟公民在其国籍国以外的另一成员国"以定居方式行使自由流动权之后"。在某些情况下，《欧洲联盟运行条约》第20条和第21条可以保护公民在其本国的居住权以及其家庭成员的衍生权利。[26]

第7条第1款第2项和第3项对既非劳动者也非自营职业者的欧盟公民确定居住权的条件。第7条第1款第2项纳入先前居住指令中规定的主要条件，即公民必须拥有能够满足本人及其家庭成员所需的足够资源，以免在居住期间成为东道国社会救助体系的负担，而且必须拥有能够涵盖在东道国居住期间的综合疾病保险。为了判断哪些家庭成员具有衍生居住权，欧洲法院就"扶养"这一概念做出大量裁决[27]，另外，对于成员国应为哪些更宽泛类型的家庭成员"提供入境便利"，也做出了多个裁决。[28]

第7条第1款第3项关于学生，规定欧盟公民在如下情况下应享有居住权，即他们由于学习目的而在获得认可的教育机构注册，拥有综合疾病保险，并且可以提供保证（不管是通过声明还是其他方式），以表明他们

---

[24] Dir 90/366（replaced later by Dir 93/96）[1993] OJ L317/59；Dir 90/365 [1990] OJ L180/28；Dir 90/364 [1990] OJ L180/26.

[25] Case C – 434/09 *McCarthy* [2011] ECR I – 3375；Case C – 456/12 *O & B* EU：C：2014：135.

[26] 参见 Case C – 34/09 *Zambrano v ONEM* [2011] ECR I – 1177，以及本书第四节第二部分在该案之后讨论的判例法。

[27] Case C – 423/12 *Flora May Reyes* EU：C：2014：16.

[28] Case C – 83/11 *Rahman* EU：C：2012：519.

拥有充分资源，不会成为社会救助项目的负担。如本章第四节第三部分所示，欧洲法院要求以符合相称性的方式解释和适用这些条件，并且承认欧盟公民身份已经为不同成员国的公民创设了一定程度的团结。

指令第 8 条第 4 款进一步规定关于充分资源的要求。成员国不得规定任何固定金额，它不得高于社会救助的合格门槛或最低水平的国家社会保障金。还必须考虑人员的个人情况。㉙

第 12 条涉及欧盟公民死亡或离开某成员国之后，其家庭成员能否获得在该国的永久居住权这一问题。欧洲法院考虑了获得永久居住权所需的期限，本章第四节第三部分第四点将讨论这一问题。第 12 条第 2 款规定，在获得永久居住权之前，相关人员如果不是劳动者或自营职业者，仍受制于关于充分资源和足够疾病保险的要求。这种家庭成员的居住权应"仅存在于个人的基础上"。

与此类似，第 13 条关于在离异、撤销或终止注册伴侣关系的情况下，家庭成员保留以及获得永久居住权的问题，此外，它还包含与第 12 条规定的相似条件。第 14 条规定适用于所有欧盟公民的三个月初始居住权这个一般问题，它只受一个条件约束，即他们不成为东道国社会救助项目的不合理负担。㉚ 第 14 条第 3 款编纂了"格热尔奇克案"（*Grzelczyk*）㉛ 和"特罗亚尼案"（*Trojani*）㉜ 中的判例法，即驱逐出境不能成为个人求诸东道国社会救助项目的自动后果。㉝

指令第 24 条第一段规定所有欧盟公民在东道国获得平等待遇的权利。第二段通过减损适用的方式规定，东道国没有义务在欧盟公民的三个月初始居住期内赋予其社会救助资格，也没有义务在求职者有权在该成员国居住以便寻找工作的更长期限内向其提供社会救助。㉞ 但在"瓦楚拉斯案"

㉙　Case C – 408/03 *Commission v Belgium* ［2006］ECR I – 2647；Case C – 140/12 *Brey* EU：C：2013：565.

㉚　该指令引文第 16 段设定了判断不合理负担的三个标准：时间长短、个人情况以及救助金额。

㉛　Case C – 184/99 *Grzelczyk* （n 14）.

㉜　Case C – 456/02 *Trojani v CPAS* ［2004］ECR I – 7573.

㉝　See, however, Case C – 333/13 *Dano v Jobseeker Leipzig* EU：C：2014：2358.

㉞　Ibid；Case C – 67/14 *Jobcenter Berlin Neukölln v Alimanovic* EU：C：2015：597.

(*Vatsouras*)和"比达尔案"(*Bidar*)㉟中,欧洲法院规避了这项减损适用,而是提出求职者和学生可以转而援引《欧洲联盟运行条约》第18条和第45条,以与国民的相同条件获得求职者津贴和生活补助金。

指令第35条规定,在遵守第30条和第31条规定的程序性保障的前提下,成员国可以通过措施拒绝、终止或撤回"在滥用权利或诈欺,如权宜婚姻等情况下"该指令赋予的任何权利。在"麦卡锡案"中,欧洲法院裁定,根据第35条通过的措施必须基于逐案个别审查。㊱因此,英国不能援引第35条作为一项具有一般预防性目标的措施的正当理由,该一般性目标是防止在"梅托克案"(*Metock*)㊲之后出现系统性滥用或诈欺等可能风险,而此措施要求,按照该指令第10条持有有效居住卡的欧盟公民,其家庭成员必须根据成员国法取得额外的入境许可。欧洲法院认为,证明存在权利滥用的证据必须具有主观要素和客观要素:客观要素是,由个人形式上遵守的那些规则,其目标未得到实现;主观要素是,通过人为创造那些被要求取得的条件,具有从欧盟规则中获得相关优待的意图。㊳

《第2004/38号指令》的转化绝非易事,对于该指令在截止日期届满后的转化与实施问题,欧盟委员会对成员国提起了多起违反之诉。欧洲法院"梅托克案"裁决引起特别的争议,该裁决要求多个成员国改变法律,这些国家曾要求第三国家庭成员的居住权取决于其先前在某成员国合法居住。㊴2009年,欧盟委员会发表通讯,为更好地转化和适用该指令提供指南,㊵并且成立由成员国专家组成的小组,协助识别与该指令有关的问题,澄清解释问题,收集资料,并传播最优实践。

㉟ Cases C – 22 – 23/08 *Vatsouras and Koupatantze* [2009] ECR I – 4585;Case C – 209/03 *Bidar v London Borough of Ealing* [2005] ECR I – 2119.

㊱ Case C – 202/13 *McCarthy* EU:C:2014:2450.

㊲ Case C – 127/08 *Metock* [2008] ECR I – 6241.

㊳ Case C – 456/12 *O & B* EU:C:2014:135,[58];Case C – 364/10 *Hungary v Slovak Republic* EU:C:2012:630,[58].

㊴ Case C – 127/08 *Metock* (n 37);参见第二十二章对该案的讨论。

㊵ COM(2009)313.

第四节　欧盟公民身份法：影响

有必要先了解欧盟公民身份对欧盟法律和政策所产生的主要影响，后面将予以详细讨论。

（一）条约关于公民身份的条款创设了在成员国迁徙与居住权这项具有自主性质和直接效力的权利，无论相关人员是否属于先前欧盟法框架下任何身份类型。

（二）《欧洲联盟运行条约》第 20 条和第 21 条对涉及"完全内国情形"的先前法律产生了影响。它们影响了个人可以对其在本国"内部"享有的权利施加的限制提出质疑的程度和情形，即使他们并没有以其他方式行使欧盟自由流动权。

（三）那些既非经济活动人口，也非经济自给自足人口的欧盟公民，即以前并未被涵盖在任何承认的欧盟身份类型内，已经援引《欧洲联盟运行条约》第 18 条、第 20 条和第 21 条，请求在获得社会补助和实质利益方面拥有与东道国国民相比的平等待遇。但是，欧盟公民在要求获得社会救助方面的平等待遇之前，必须首先满足拥有足够资源以避免对国家体系构成不合理负担的条件，或者先满足《第 2004/38 号指令》对合法居住规定的其他条件。

（四）《欧洲联盟运行条约》第 20 条和第 21 条在其他诸多方面加强了欧盟成员国国民的权利，以质疑成员国对其流动、居住、入境、离境以及在欧盟境内享有其他利益所施加的限制。

一　第 20 条：迁徙与居住权的自主性和直接效力

要理解《欧洲联盟运行条约》第 20 条如何改变先前的法律状况，有必要了解先前在欧盟法框架下人员迁徙与居住的身份类型。第二十二章讨论了劳动者、原劳动者、求职者以及受保护的家庭成员这几个类型；第二十三章讨论了自营职业者和服务接受者这两个类型。除上述类型之外，还有先前由 1990 年《居住指令》所涵盖的三个相关类型：学生、曾经工作或已经退休的人员，以及涵盖非经济活动公民的一般类型。^㊶ 1990 年指令曾要求成员国赋予上述三个类型的人员以及某些家庭成员以居住权，但重要前提是他们有足够资源而不会成为成员国社会救助项目的负担，并且拥有疾病保险。

《欧洲联盟运行条约》第 21 条中规定欧盟公民迁徙与居住的这种条约权利，"要受制于两部条约规定的限制和条件以及实行它们的那些措施"。该条款涉及两类条件。第一种涉及授权成员国以公共政策、公共安全和公共卫生为由通过限制性措施的条件。第二种涉及在《第 2004/38 号指令》第 6 条规定的三个月初始无条件居住期到期之后，《第 2004/38 号指令》第 7 条第 1 款第 2—4 项对学生和其他非经济活动人口规定的经济与医疗保险条件。^㊷

因此，《欧洲联盟运行条约》第 21 条为欧盟公民身份的现有权利和限制提供了条约基础。但在"鲍姆巴斯特案"（*Baumbast*）中出现了如下问题，即该条款是否超越了这一点，并且在欧盟二级立法先前条款未涵盖的新情况下赋予欧盟公民以权利。

鲍姆巴斯特和英女王诉英国内政部国务大臣

Case C –413/99 Baumbast and R v Secretary of
State for the Home Department

[2002] ECR I –7091

[《里斯本条约》重新编号，《欧洲共同体条约》第 17 条、第 18 条、第 48 条和第 52 条现分别变更为《欧洲联盟运行条约》第 20 条、第 21 条、第 45 条、第 49 条和第 56 条]

鲍姆巴斯特是德国国民，妻子是哥伦比亚国民，有两个孩子。他在英国工作，并和家人一起在英国生活了三年多，后来去亚洲和非洲工作。尽管不再和家人一起生活，但他继续供养其家庭。其家人在英

㊶ （N 24）。

㊷ 《第 2004/38 号指令》第 6 条规定，欧盟公民有权无条件在另一成员国居住三个月，在此期间，除要求欧盟公民持有有效身份证件或护照以外，东道国不能要求其拥有足够资源，或者施加任何其他要求，但在此期间，根据该指令第 24 条第 2 款，东道国有权拒绝向其提供社会救助。

国生活，拥有德国的医疗保险，并曾旅行到德国接受医疗。英国拒绝延长他及其家庭的居住许可，并向欧洲法院提请初步裁决，询问他是否享有《欧洲联盟运行条约》第 21 条中作为欧盟公民的居住权这一独立权利，因为相关成员国法庭已经认定，他既不是劳动者，也不是任何一项《居住指令》所涵盖的人员。

欧洲法院

81. 尽管在《欧洲联盟条约》生效以前，本法院曾裁定，《欧洲共同体条约》直接赋予的居住权须受制于相关人员正在从事该条约第 48 条、第 52 条或第 59 条意义上的经济活动这一条件，……但现在的情况是，自《欧洲联盟条约》生效之后，联盟公民身份已被引入《欧洲共同体条约》，其第 18 条第 1 款已赋予每个公民在成员国领土上自由迁徙与居住的权利。

82. 根据《欧洲共同体条约》第 17 条第 1 款，任何具有成员国国籍者均是联盟公民。联盟公民将注定成为成员国国民的基本身份。……

83. 此外，《欧洲联盟条约》并不要求联盟公民只有从事某个职业或行业的活动，无论作为被雇用者还是自营职业者，才能享有联盟公民身份赋予的权利。……另外，该条约案文中不存在任何内容允许得出如下结论，即在另一成员国定居的联盟公民，在其作为被雇用者从事的活动结束之后，就被剥夺……由于其公民身份而被条约赋予的权利。

84. 特别是，就《欧洲共同体条约》第 18 条第 1 款规定的在成员国领土上居住的权利而言，该权利是由该条约一项清楚和确切的条款直接赋予联盟每个公民的。仅仅由于鲍姆巴斯特先生作为成员国国民，以及后来作为联盟公民这一身份，他就有权援引《欧洲共同体条约》第 18 条第 1 款。

85. 诚然，联盟公民在另一成员国领土上被赋予居住权的前提是，受制于《欧洲共同体条约》以及为实行它而通过的那些措施所规定的限制和条件。

86. 然而，就行使居住权而言，适用《欧洲共同体条约》第 18 条第 1 款认可的限制和条件，须服从于司法审查。因此，对该权利施加的任何限制和条件都不能阻止《欧洲共同体条约》第 18 条第 1 款赋予个人可由其执行并且成员国法院必须保护的这些权利。……

87. 就源自于二级立法规定的限制和条件而言，《第 90/364 号指令》第 1 条第 1 款规定，成员国可以对希望在其境内享有居住权的某成员国的国民提出如下要求，即其本人及其家庭成员拥有涵盖在东道国国内所有风险的疾病保险，并且拥有足够资源，以避免在其居住期间成为东道国社会救助体系的负担。

[欧洲法院接下来认定，尽管鲍姆巴斯特先生满足该指令中要求具有足够资源这一条件，但英国裁判人员认为，他没有满足拥有完全足够的疾病保险这一要求。]

90. 在任何情况下，《欧洲共同体条约》第 18 条所指的以及《第 90/364 号指令》所规定的限制和条件均基于如下观点：行使联盟公民居住权可以从属于成员国的合法利益。在这方面，根据《第 90/364 号指令》序言引文第 4 段，居住权的受益者不应成为东道国公共财政的不合理负担。

91. 然而，这些限制和条件的适用必须遵守共同体法所施加的限制，并且符合共同体法一般原则，特别是相称性原则。这意味着就此事项通过的成员国措施必须是为实现这一目标所必要和适当的。……

　　……

94. 因此，对第三个问题第一部分的回答是，不再享有在东道国作为移民劳动者的居住权的欧盟公民，可通过直接适用《欧洲共同体条约》第 18 条第 1 款享有作为联盟公民在该国的居住权。该权利的行使要受制于该条款所指的限制和条件，但是，主管机关以及在必要情况下成员国法院必须确保这些限制和条件的适用符合共同体法一般原则，特别是相称性原则。

欧洲法院裁定，鲍姆巴斯特及其家庭过去并未成为东道国公共财政的负担。它进一步裁定，鉴于先前几年他曾在欧盟居住和就业，并且拥有充分资源，因此，仅以其疾病保险没有涵盖东道国的紧急医疗为由，就拒绝承认他拥有基于条约的居住权，这不符合相称性原则。

"鲍姆巴斯特案"由此确定，《欧洲联盟运行条约》第 20 条第 1 款赋予欧盟公民在东道国居住这项具有直接效力的权利，无论他们是被雇用者还是自营职业者。第 20 条第 1 款将此类公民的居住权的立足点从立法转变为条约。但是，这一转变具有某些重要的法律后果，因为欧洲法院裁定，就迁徙与居住权而言，由条约认可的"限制和条件"，必须以相称性的方式解释和适用。在该案中，这意味着如果以限制性方式解读该指令中关于"疾病保险"的要求，就会动摇由条约直接赋予的居住权。另外，对于欧盟公民的居住与迁徙权施加的任何立法或其他条件或限制，必须从此解释为，应避免对这些权利产生不相称的干预。

在"陈案"（Chen）中，欧洲法院肯定，《欧洲联盟运行条约》第 20 条第 1 款赋予那些不属于任何现有其他欧盟身份类型的欧盟公民一项具有直接效力的居住权，因为该案所涉的公民是一名新生儿。该案提出三个关键问题。第一个问题是，是否仅由于该婴儿拥有衍生自其爱尔兰国籍的欧盟公民身份，就享有具有直接效力的迁徙与居住权。第二个问题是相关情况是否相当于权利滥用。第三个问题是，在判断该婴儿是否拥有充分资源以避免成为该国社会救助项目的负担时，是否可以将其母亲的资源考虑在内。

朱和陈诉英国内政部国务大臣

Case C – 200/02 Zhu and Chen v Secretary of State

for the Home Department

[2004] ECR I – 9925

陈女士是中国国民，她来到英国并临时前往爱尔兰，在那里生下女儿凯瑟琳（Catherine），于是她的女儿就取得了出生地爱尔兰的公民权。凯瑟琳与其母亲一起在英国威尔士生活。英国内政部拒绝了她们的长期居住许可申请，理由是凯瑟琳并不是在行使任何欧盟法权利，其母亲也不被欧盟法所涵盖。欧洲法院在其裁决中先指出，这不是一种完全内国情形，因为尽管该婴儿在英国生活，且从未离开英国领土，但她拥有另一成员国爱尔兰的国籍。欧洲法院还驳回了认为非常幼小的子女无法利用迁徙与居住权这一主张。接下来欧洲法院考虑，她是否享有《欧洲联盟运行条约》第 20 条第 1 款的权利。

欧洲法院

26. 就《欧洲共同体条约》第 18 条第 1 款 (《欧洲联盟运行条约》第 20 条第 1 款) 规定的在成员国领土居住的权利而言，必须指出，此权利是通过一项清楚和确切的条约条款直接赋予每个联盟公民的。仅仅由于凯瑟琳是成员国国民，并由此作为联盟公民，她就有权援引《欧洲共同体条约》第 18 条第 1 款。承认联盟公民拥有在另一成员国的居住权，要受制于条约以及那些通过的措施所规定的限制和条件。……

……

28. 从提交裁决的法院令中可以清楚地看到，凯瑟琳拥有疾病保险以及由其母亲提供的充分资源，使她不会成为东道国社会救助体系的负担。

29. 爱尔兰和英国政府提出如下反对意见，即关于拥有充分资源的条件意味着，与凯瑟琳的情况相反，相关个人自身必须拥有这些资源，并且不得为此目的而使用与其共同居住的家庭成员的资源，例如陈女士的资源。该意见不成立。

30. 根据《第 90/364 号指令》第 1 条第 1 款本身，成员国国民"拥有"必要资源这一点已经足够，并且该条款并未规定任何对其来源的要求。……

[欧洲法院重申了"鲍姆巴斯特案"裁决中的第 91—92 段，即对行使条约权利施加的限制必须符合相称性原则。]

33. 如果按照爱尔兰政府和英国政府提出的意见，对《第 90/364 号指令》意义上的与资源充分性有关的条件进行解释，那么就将对该指令中阐述的条件增加一项关于这些资源的最初来源的要求，这不是拟实现的目标即保护成员国公共财政的必要条件，并且将构成对行使《欧洲共同体条约》第 18 条确认的自由迁徙与居住这项基本权利的不相称干预。

……

[欧洲法院接下来回答了认为陈女士不能援引欧盟法的主张，该主张的理由是，她到爱尔兰的目的是使其女儿取得另一成员国国籍，因而滥用了欧盟权利。]

35. 该主张也必须被驳回。

36. 的确，陈女士承认，她留在英国的目的是创造一种情况，让即将出生的子女能够取得另一成员国的国籍，以便其女儿和其本人此后都可以取得在英国长期居住的权利。

37. 尽管如此，根据国际法，每个成员国在充分考虑欧共体法的情况下，均有权规定取得和失去国籍的条件。

38. 向本法院提交意见的任何当事方都没有对凯瑟琳取得爱尔兰国籍的合法性或该事实本身提出质疑。

39. 此外，为了行使条约规定的基本自由，成员国不得对承认另一成员国赋予的国籍规定额外条件，从而限制其他成员国赋予国籍所产生的效力。

40. 然而，如果仅仅由于非成员国国民取得其他成员国国籍的唯一目的事实上只是确保取得共同体法框架下的居住权，英国就有权拒绝给予其他成员国国民，如凯瑟琳，以共同体法所确认的一项基本自由所带来的利益，就恰恰将发生上一段所述情况。

欧洲法院裁定，无论拥有欧盟公民身份的子女，其父母是否是欧盟成员国国民，如果父母是子女的抚养者，且拥有充分资源和医疗保险，那么，拒绝给予其父母居住权"将在实际上剥夺孩子的居住权"[43]。由此，"陈案"（Chen）在以下两个方面肯定了"鲍姆巴斯特案"裁决。

首先，衍生于第 20 条第 1 款的欧盟公民身份的迁徙与居住权具有直接效力和自主性质，并且不取决于是否拥有先前的任何欧盟身份类型。其次，必须以符合相称性的方式解释和适用成员国可能对这些权利施加的条件和限制，并且不能不当限制这些权利的行使。

因此，《欧洲联盟运行条约》第 21 条创设了一项新的、具有直接效力的权利，而且其中最明显的创新要素是赋予非经济活动人口的自由迁徙与居住权以条约地位，这一变革不仅仅具有象征意义。成员国可以合法地对非经济活动人口的迁徙与居住权施加限制，但必须依照他们的欧盟公民身份进行解释。那些限制必须与拟实现的合法目标具有相称性。此外，欧盟

---

[43]　Case C－200/02，［45］. See also Case C－86/12 *Alokpa* EU：C：2013：645；Case C－40/11 *Iida* EU：C：2012：261.

公民身份的各项权利也包含在《欧盟基本权利宪章》第五编中这一事实，说明需要谨慎对待对这些权利的限制并且进行限制性的解释。

二　第20—21条：对"完全内国情形"的影响

如第二十二章所示，欧洲法院反复指出，不能在"完全内国情形"下援引欧盟法中的迁徙与居住权。过去出现过该问题，拥有成员国国籍的劳动者寻求质疑对他们在该国内部自由流动施加的内国限制，但没有成功，如"桑德斯案"（*Saunders*）。[44] 该问题还发生在从前从未在其国籍国以外的国家行使过迁徙权的劳动者，寻求援引欧盟法让不具有欧盟成员国国民身份的家庭成员与其共同居住，但也未能成功，如"莫森案"（*Morson*）。[45]

在《马斯特里赫特条约》引入欧盟公民身份条款之后，出现过多次试图援引欧盟条约所规定的新的居住与迁徙权以质疑"完全内国情形"立场的尝试。在与上述两案案情分别大致相似的"克雷姆夫案"（*Kremzow*）[46] 和"于克尔案"（*Uecker*）[47] 中，欧洲法院裁定，关于公民身份的条款并未将条约范围扩大到涵盖"不存在以另外方式与欧盟相关联"的这些内国情形。尽管如此，欧洲法院一直面临着来自学者、法律执业者及其自身佐审官在不同情况下施加的压力，他们要求欧洲法院依照欧盟公民身份重新思考对"纯粹内部情形"采取的司法立场。[48] 在如下三类重要案件中，欧洲法院越来越愿意认定其情形并非完全内国情形，即使诉讼是由欧盟成员国国民对其本国提起的。这三类案件分别涉及成员国对本国国民施加自由迁徙障碍，具有双重国籍或双重民族身份，以及代表非欧盟成员国国民身份的家庭成员提出家庭团聚申请。

---

[44]　Case 175/78 *R v Saunders* [1979] ECR 1129.

[45]　Cases 35 and 36/82 *Morson and Jhanjan v Netherlands* [1982] ECR 3723.

[46]　Case C-299/95 *Kremzow v Austria* [1997] ECR I-2629.

[47]　Cases C-64 and 65/96 *Uecker and Jacquet v Land Nordrhein-Westfalen* [1997] ECR I-3171.

[48]　P Van Elsuwege, 'Shifting the Boundaries? European Union Citizenship and the Scope of Application of EU Law' (2011) 38 LIEI 263; A Lansbergen and N Miller, 'European Citizenship Rights in Internal Situations: An Ambiguous Revolution?' (2011) 7 EuConst 287; A Wiesbrock, 'Union Citizenship and the Redefinition of the "Internal Situations" Rule: The Implications of *Zambrano*' (2011) 12 German LJ 2077.

（一）成员国对本国国民施加自由迁徙障碍

欧洲法院一直以一种对称方式解释《欧洲联盟运行条约》第21条。适用该条的典型情况是来自甲成员国的欧盟公民面临在乙成员国居住的限制。第21条还涵盖相反的情况，即来自甲成员国的欧盟公民被阻止根据其本国规则在其他地方行使迁徙与居住权。后一种情况不会被视为完全内国情形，会被第21条所涵盖，如以下"科尔案"（*Kohll*）摘录所示。⑭

42. 对于……《欧洲联盟运行条约》第21条，从本法院已确定的判例法中可以明显看出，仅仅因为某些国民在另一成员国行使迁徙与居住的自由而使某些国民处于不利地位的成员国法，对《欧洲联盟运行条约》第21条第1款赋予欧盟每个公民的自由构成限制（2015年2月26日"*Martens*案"判决，C-359/13，EU：C：2015：118第25段，以及所引判例法）。

43. 事实上，如果一成员国的国民由于他在另一成员国逗留造成的障碍而无法使用条约赋予的使用迁徙权的机会，因为其来源国的立法对他利用那些机会这一事实进行处罚，那么条约为联盟公民提供的与迁徙权有关的机会就不能充分发挥效用（2015年2月26日"*Martens*案"判决，C-359/13，EU：C：2015：118第26段，以及所引判例法）。

（二）双重国籍

在"加西亚·阿韦略案"（*Garcia Avello*）⑮和"陈案"㉑中，欧洲法院认定，欧盟关于公民身份的规定仍适用于存在跨境因素，即使申请人从未离开其出生地的成员国领土，当前也没有迁徙意愿。在这两个案件中，主张欧盟公民权利的个人还拥有东道国以外的其他成员国国籍。"陈案"中的凯瑟琳是爱尔兰国民和英国居民，而加西亚·阿韦略拥有比利时和西班牙双重国籍，是比利时居民。

---

⑭ Case C-300/15 *Kohll* EU：C：2016：361.

⑮ Case C-148/02 *Garcia Avello*［2003］ECR I-11613.

㉑ Case C-200/02（n 19）［19］.

"加西亚·阿韦略案"涉及质疑一项禁止对已登记的姓氏进行任何改动的比利时规则，比利时法律要求按照父亲的姓氏进行登记，但子女还拥有西班牙国籍，他们希望在名字中增加母亲的姓氏。[52] 子女援引《欧洲联盟运行条约》第18条，以及《欧洲联盟运行条约》第20条，主张与其他比利时国民相比他们受到了歧视。欧洲法院裁定，尽管子女是比利时国民，以及他们的起诉对象也是比利时，但这并非完全内国情形。

> 27.……然而，加西亚·阿韦略先生的子女们是一成员国的国民，也是另一成员国境内的合法居民，对于处于这种情况的人们来说，确实存在与共同体法的联系。
> 28. 尽管存在如下事实，主要诉讼中所涉子女还拥有他们自出生之日起就在其领土居住的成员国国籍，并且根据该国当局的规定，根据上述事实这也是该国承认的唯一国籍，但上述结论仍然有效。为了行使条约规定的基本自由，成员国不得对承认另一成员国赋予的国籍规定额外条件，从而限制其他成员国赋予的国籍所产生的效力（就此意义，可特别参见 Case C – 369/90 *Micheletti and Others* [1992] ECR I – 4239 第10段）。……

在该案中，子女们由于拥有比利时和西班牙双重国籍而受到歧视，因为他们被拒绝了冠以姓氏的权利，而这一权利应由西班牙法律决定。佐审官和欧洲法院法官都强调，由于不同成员国的官方记载可能存在差异，姓氏的不一致可能给个人生活及其职业生涯造成严重不便。由此，比利时拒绝允许变更姓氏的做法违反了《欧洲联盟运行条约》第18条和第20条。但是，在"鲁内维奇—瓦尔登案"（*Runevič-Vardyn*）中，欧洲法院的论证比"加西亚·阿韦略案"更加有限。

---

52 涉及限制使用姓氏，但不存在"完全内国情形"的案件，参见 Case C – 353/06 *Grunkin and Paul v Standesamt Stadt Niebüll* [2008] ECR I – 7639；Case C – 208/09 *Sayn-Wittgenstein v Landeshauptmann von Wien* [2010] ECR I – 13693；Case C – 438/14 *von Wolffersdorff* EU：C：2016：401.

鲁内维奇—瓦尔登和瓦尔登诉维尔纽斯市政府等
Case C-391/09 Runevič-Vardyn and Wardyn v Vilniaus
miesto savivaldybės administracija and Others
EU：C：2011：291

申请人拥有立陶宛国籍，属于立陶宛境内的波兰少数民族，她丈夫拥有波兰国籍，而立陶宛法律禁止她和丈夫在官方文件上使用除用罗马字母书写的立陶宛语以外的其他语言书写姓氏和名字。他们后来迁往比利时，寻求更改出生证明和婚姻证明，以反映波兰法律规定的拼写形式。立陶宛主张，这种情况应被视为一种内国情形，因为管辖如何在证明公民身份的国内文件上书写个人姓名的规则属于成员国的权能范围。但欧洲法院裁定，此权能的行使必须符合条约自由流动条款。

欧洲法院

69.……在一名欧盟公民迁往另一成员国，并且后来与该成员国国民结婚的情况下，该公民结婚前使用的姓以及名，除非使用其来源国的语言所使用的字母外，不能被更改，也不能写入由其来源国出具的证明其公民身份的文件，这些事实必须裁定为，与她在取得条约提供的与人员自由流动有关的机会之前享有的待遇相比，这并不构成更差的待遇。

70. 因此，此项权利的缺失并不能阻止联盟公民行使《欧洲联盟运行条约》第 21 条承认的迁徙权，并且在此意义上，并不构成一项限制。……

然而，对于申请人请求在婚姻证书上将丈夫的姓氏添加到妻子的名字上这一问题，欧洲法院裁定，立陶宛与波兰的文件中妻子名字的拼写不同，将来这很可能会造成不便。因为根据欧盟立法，在欧盟内部流动的夫妇很可能被要求证明他们的关系。如果导致严重的不方便，可能构成《欧洲联盟运行条约》第 21 条意义上的限制，但是这必须将其与立陶宛提出的理由相权衡，即拒绝允许更改官方文件的原因是"确保官方民族语言得到保护，以保障国家统一和维系社会聚合"。《欧盟基本权利宪章》保护文化与语言多样性，并且《欧洲联盟条约》第 4 条第 2 款保护国家宪法特质。但是，宪章第 7 条保护个人身份和私人生活，因此，留给成员国法院权衡这些不同的利益，并判断拒绝允许修改结婚证书是否构成对他们在《欧洲联盟运行条约》第 21 条中权利的不具有相称性的限制。

（三）家庭团聚主张

该领域判例法中最重要的判例是"鲁伊斯·桑布拉诺案"（*Ruiz Zambrano*），该案所涉两位儿童出生并居住在比利时，从未离开过该国，他们是欧盟公民，其父母并非欧盟公民。[53] 有八个成员国作为第三方参与该案，主张相关情况应被定性为"完全内国"，由此不适用欧盟公民身份法，但夏普斯顿佐审官（AG Sharpston）和欧洲法院均不同意此观点。佐审官在详细论证后指出，欧盟公民身份与在成员国之间迁徙并不完全相关，并且居住权与迁徙权是两个独立的权利而非组合的权利，欧洲法院则对此做出非常简短的裁决。该判决内容聚焦于拒绝给予该父母居住许可和工作许可的做法构成了对享有欧盟公民权利的障碍。这些内容包含在以下四段判决之中。

鲁伊斯·桑布拉诺诉比利时国家就业办公室

Case C – 34/09 Ruiz Zambrano v ONEM

［2011］ECR I – 1177

欧洲法院

42. 在那些情况下，《欧洲联盟运行条约》第 20 条排除了具有如下效果的成员国措施，即这些措施剥夺了联盟公民真正享有因其联盟公民身份而被赋予的权利的实质内容（就此意义，可参见 *Rottmann* 判决第 42 段）。

㊾ Case C – 34/09 *Ruiz Zambrano*（n 31）. 有非常多的评论，例如可参见 K Hailbronner and D Thym（2011）48 CMLRev 1253；JT Nowak（2010 – 11）17 CJEL 673；U Šadl（2013）9 EuConst 205；A Wiesbrock（2011）12 German LJ 2077.

43. 成员国拒绝给予第三国国民以居住权，并且拒绝给予其工作许可，而该第三国国民的未成年子女需由其扶养，其子女是该成员国国民并在该国居住，这就具有上段所述之效果。

44. 必须假设，成员国的上述拒绝做法将导致一种情形，这些拥有联盟公民身份的未成年子女，不得不离开联盟领土以便与其父母一起生活。同样，如果不给予此类人员工作许可，那么他就会面临无法具有维持其本人及其家庭足够资源的风险，从而也会造成这些作为联盟公民的子女不得不离开联盟领土。在这些情况下，成员国的拒绝做法产生的后果是，这些联盟公民无法行使因其作为联盟公民的身份而赋予他们的权利的实质内容。

45. 因此，对所提请问题的回答是，应将《欧洲联盟运行条约》第20条解释为，它阻止成员国拒绝其未成年子女是欧盟公民并由其扶养的第三国国民，在其子女拥有国籍并居住的成员国居住的权利，而且排除了成员国拒绝给予第三国国民工作许可，前提条件是成员国的这种决定剥夺了这些子女真正享有附加于欧盟公民这一身份的权利的实质内容。

从"马林案"（*Marín*）[54] 和"CS 案"[55]中可以清楚地看出，第三国国民的衍生权利可以基于公共政策、公共安全等理由受到限定。可能的情况是，例如第三国国民犯下了严重的刑事罪行。但是，成员国在根据公共政策做出任何限制第三国国民获得居住许可这一衍生权利的决定之前，必须考虑《欧盟基本权利宪章》的家庭生活权以及任何非法行为的严重程度。[56]

依据"陈案"和"梅托克案"的思路，"桑布拉诺案"是有争议的，因为它挑战了成员国移民政策的核心方面。[57] 该案裁决造成了广泛影响，在后来的"麦卡锡案"[58] 和"德里奇案"（*Dereci*）[59] 中，欧洲法院将其立

---

[54] Case C - 165/14 *Marín v Administración del Estado* EU：C：2016：675.

[55] Case C - 304/14 *Secretary of State for the Home Department v CS* EU：C：2016：674.

[56] P Neuvonen, 'EU Citizenship and its "Very Specific" Essence：Rendón Marin and CS' (2017) 54 CMLRev 1201.

[57] 例如，参见爱尔兰司法、平等与国防部部长就欧洲法院"桑布拉诺案"（*Zambrano*）判决对爱尔兰产生的影响发表的声明：www. justice. ie/en/JELR/Pages/PR11000019。

[58] Case C - 434/09 *McCarthy* [2011] ECR I - 3375.

[59] Case C - 256/11 *Dereci* [2011] ECR I - 11315.

场后撤了。

在"麦卡锡案"中，一欧盟公民拥有爱尔兰和英国双重国籍，但仅在英国居住过，她申请衍生于欧盟法的居住权。其丈夫是牙买加国民，她寻求欧盟居住权的目的是使其丈夫享有衍生的居住权，但欧洲法院驳回了她根据《第2004/38号指令》和《欧洲联盟运行条约》第21条提出的主张。

欧洲法院裁定，《第2004/38号指令》的人员范围不包括从未行使过自由流动权并且一直在其本国居住的欧盟公民，即使她拥有另一成员国国籍。然而，就《欧洲联盟运行条约》第21条而言，麦卡锡从未行使过自由迁徙权这一事实并不一定意味着她处于完全内国情形，因为"桑布拉诺案"已经确定，《欧洲联盟运行条约》第20条排除了具有如下效果的成员国措施，即"剥夺联盟公民真正享有由其联盟公民身份赋予的权利的实质内容"，即使他们是所涉成员国的国民，且从未行使过自由流动权。[60]

然而，欧洲法院将"麦卡锡案"区别于"桑布拉诺案"和"加西亚·阿韦略案"，因为在"麦卡锡案"中，与"鲁伊斯·桑布拉诺案"相比，英国法律并没有强制她离开欧盟领土，与"加西亚·阿韦略案"相比，对她将来行使自由流动权可能造成的障碍，也没有导致其职业上的严重不便。

由此，"麦卡锡案"确定，《欧洲联盟运行条约》第21条并不适用于从未行使过自由流动权的欧盟公民，即她一直在其作为国民的成员国居住，即使还是另一成员国的国民。不适用第21条的前提是，她并未被剥夺享有欧盟公民权的实质内容，她在成员国领土上自由迁徙与居住的权利也没有受到妨碍。[61]

因此，判断"麦卡锡案"与"桑布拉诺案"中的情况是否应被定性为完全内国情形的关键因素，取决于一种相对而言不太重要的事实性差别，即欧盟公民的家庭成员在依赖程度和脆弱程度方面存在可见的差别。在"麦卡锡案"中，欧盟公民寻求取得衍生居住许可的家庭成员是其成年配偶，与其相比，"桑布拉诺案"是对未成年子女进行扶养的父母，这一事实可能导致欧洲法院在这两个案件中做出不同结论。

---

　　[60]　Case C–434/09 *McCarthy*（n 58）[47]。

　　[61]　P Van Elsewuge（2011）7 EuConst 308；C McCauliff（2013）36 Fordham Int LJ 1372；N Nic Shuibhne（2012）49 CMLRev 349；C Taroni（2012）8 Jnl of Contemporary European Research 145.

在"德里奇案"（*Dereci*）中，欧洲法院继续从"桑布拉诺案"所产生的更广泛影响中后退。[62] 欧洲法院在如下意义上重申"桑布拉诺案"裁决的实质内容，即如果成员国措施产生了剥夺其公民权利实质内容的效果，那么，公民就可以援引第 20 条起诉本国，即使他们从未行使过自由流动权。但欧洲法院暗示，对于"德里奇案"的申请人而言，情况也许并非如此，该案涉及在奥地利的欧盟公民的成年子女或配偶，而他们并非欧盟成员国国民。

欧洲法院裁定，只有在欧盟公民不得不离开其国籍国领土，并且不得不离开整个欧盟领土的情况下，才会发生对其公民权"实质内容的否认"。[63] 欧盟公民认为出于经济或家庭原因，他们非欧盟成员国国民身份的家庭成员应该与其在欧盟共同生活，这一事实并不意味着，如果成员国没有赋予此项权利，欧盟公民就将"被迫"离开欧盟领土。[64] 在该案中，欧洲法院将判断该案事实的权力留给成员国法院。

在"*KA* 案"中，欧洲法院澄清了第三国国民与欧盟国民之间存在"扶养关系"的情况，在这种情况下拒绝给予前者居住许可，将导致剥夺后者的公民权。[65]

KO 等人诉比利时

Case C – 82/16 *KA and Others v Belgische Staat*

EU：C：2018：308

这起合并审理案件中的突出问题是，《欧洲联盟运行条约》第 20 条是否阻止成员国的以下做法，即对于作为入境禁令对象的第三国国民，能否对其提交的在该成员国境内以家庭团聚为目的的居住申请不

---

[62] Case C – 256/11 *Dereci* [2011] ECR I – 11315；see commentaries（nn 53 and 61）；D Kochenov, 'The Right to Have What Rights?'（2013）19 ELJ 502；A Tryfonidou, 'Redefining the Outer Boundaries of EU Law：The *Zambrano*, *McCarthy* and *Dereci* Trilogy'（2012）18 EPL 493.

[63] Case C – 256/11 *Dereci* ibid, [66]. See also Case C – 87/12 *Ymeragav* EU：C：2013：291；S Iglesias Sanchez, 'Fundamental Rights and Citizenship of the Union at a Crossroads'（2014）20 ELJ 464；Cases C – 356 and 357/11 *O*, *S & L* EU：C：2012：776.

[64] Case C – 256/11 *Dereci*（n 62）[68].

[65] See also Case C – 133/15 *Chavez – Vilchez* EU：C：2017：354.

予审查。结果是申请人不得不离开欧盟才能提出该申请。欧洲法院重复了其先前判例法得出的原则。第三国国民没有基于《欧洲联盟运行条约》第20条的自主权，只有与欧盟成员国国民的公民权相关的衍生权利。欧洲法院重申了"桑布拉诺案"得出的原则，作为欧盟公民家庭成员的第三国国民在例外情况下必须获得居住许可。以下情况也是如此，即使在欧盟公民没有行使自由迁徙权的情况下，如果拒绝的后果是欧盟公民将不得不离开欧盟，那么就剥夺了她作为欧盟公民的利益。然而，这样做的条件是表明具有"扶养关系"，如果第三国国民没有获得居住许可，欧盟公民就必须离开欧盟。

欧洲法院

58. 如果第三国国民被迫无限期地离开欧盟领土以便撤销或中止其进入该领土的禁令，则《欧洲联盟运行条约》第20条所追求的目标将落空。首先，该第三国国民与作为家庭成员的联盟公民之间不存在这种性质的扶养关系，以至于联盟公民将被迫陪同第三国国民前往其来源国，即使正是由于这种扶养关系，作为一般规则，应根据《欧洲联盟运行条约》第20条将衍生的居住权授予该第三国国民。

……

76. ……必须将《欧洲联盟运行条约》第20条解释为：

——在联盟公民是成年人的情况下，如果根据所有相关情况，有关个人不可能与其被扶养的家庭成员进行任何形式的分离，那么，扶养关系可以在例外情况下有正当理由给予第三国国民以《欧洲联盟运行条约》第20条意义上的衍生居住权；

——在联盟公民是未成年人的情况下，对这种扶养关系的存在所做评估必须基于对孩子最大利益的考虑，包括孩子的年龄、孩子的身体和情感发展，他与每个父母的情感联系程度，以及与第三国国民身份的父母分离可能对该孩子的身心平衡所带来的风险。与该第三国国民存在家庭联系是不够的，无论这种联系是血缘上的还是法律上的，并且与该第三国国民同居也不是建立这种扶养关系的必要条件。

在随后的大量家庭团聚案件中，欧洲法院认为，这些案件并不涉及完全内国情形，尽管每起案件都涉及欧盟公民对本国提出第三国国民身份的家庭成员应获得衍生居住权的主张。尽管如此，很明显，即使欧洲法院没有将案件归类为完全内国情形案件，但申请人仍需证明，根据《欧洲联盟运行条约》第 20—21 条授予居住权对有效行使条约各项自由是必要的。

在"S & G 案"中，欧盟成员国国民在其本国为第三国国民身份的家庭成员主张居住权，该欧盟公民定期前往其他成员国为定居在那里的人员提供服务，从而行使了他们的条约自由流动权。⑥⑥ 欧洲法院认为，如果拒绝允许非欧盟成员国国籍的家庭成员与欧盟公民共同生活，将违反条约赋予他们的权利，因为赋予该家庭成员以居住权是保证有效行使条约规定的各项基本自由所必不可少的。

在"阿洛普卡"（Alopka）中，非欧盟成员国国民身份的母亲是其法国籍欧盟公民身份的子女的唯一监护人，其子女自出生后就生活在卢森堡，她寻求取得卢森堡的居住许可，以便继续与子女共同生活。这种情况并非完全内国情形，因为其子女在国籍国以外的另一成员国居住。然而，只有满足了"桑布拉诺案"确立的标准，他们才能依靠其在欧盟条约中的公民权利，为其第三国国籍的母亲获得衍生的居住权——也就是说，否则这些子女可能被剥夺其欧盟公民权的实质内容。鉴于该案所涉事实，欧洲法院怀疑这项标准是否得到满足，因为他们也许可以与母亲一起移居到法国。⑥⑦

"O & B 案"并非完全内国情形，因为尽管欧盟公民是在为其非欧盟公民身份的配偶申请本国居住权，但他从前曾行使自由流动权在其他成员国生活。⑥⑧ 欧洲法院裁定，欧盟公民在另一个成员国依照欧盟法与其家庭成员一起居住一段时间后返回其本国，如果拒绝赋予该欧盟公民家庭成员衍生居住权，可能对《欧洲联盟运行条约》第 21 条框架下自由流动这项条约权利构成障碍。⑥⑨

在"饭田案"（Iida）中，非欧盟成员国国民身份的父亲希望基于女

---

⑥⑥　Case C‑457/12 S & G EU：C：2014：136.

⑥⑦　Case C‑86/12 Alokpa ECLI：EU：C：2013：645［33］‑［35］.

⑥⑧　Case C‑456/12 O & B EU：C：2014：135.

⑥⑨　Ibid［46］‑［49］.对欧盟公民在另一成员国生活的时间是有条件的，ibid［51］‑［54］；Case C‑165/16 Lounes EU：C：2017：862；Case C‑673/16 Coman EU：C：2018：835；Case C‑230/17 Altiner and Ravn EU：C：2018：497；Case C‑89/17 Banger EU：C：2018：570.

儿的德国国籍申请居住权。该案并非纯粹内国情形,因为其女儿已从德国迁往奥地利生活。[70] 但是,欧洲法院裁定,这种情况不属于欧盟公民身份法的范围,因为无法满足"桑布拉诺案"标准。拒绝给予饭田以居住权并不存在剥夺其女儿欧盟公民权实质内容的风险,因为他寻求的是德国的居住权,而不是他女儿的居住国奥地利的居住权。

因此,如上述判例法所示,在《欧洲联盟运行条约》第 20 条和第 21 条中引入欧盟公民身份以及迁徙权与居住权,对"纯粹内国情形"这一概念造成持续压力,并且有助于扩大欧盟成员国国民基于公民身份对其本国提起诉讼的情况。某些事实性的情况,例如涉及双重国籍或者家庭团聚主张,本来可能被视为纯粹内国情形,但由于欧盟公民身份所享有的特定权利造成了影响,从而与欧盟法产生充分联系。

三 第 20—21 条:公民既非经济活动人口也非自食其力者

第 20 条和第 21 条中的欧盟公民迁徙权与居住权受两部条约和二级立法中的限制和条件的约束。对于那些既非劳动者又非自营职业者的欧盟成员国国民,在享有三个月初始居住权之后,《第 2004/38 号指令》对其自由迁徙与居住权施加了两个条件。[71] 其一,此类人员拥有充分资源,以避免成为成员国社会救助体系的负担;其二,他们拥有综合疾病保险。

本部分讨论四组可能存在重叠的情况。第一组涉及对"非经济活动人口"提供社会救助。第二组涉及对"学生"提供获得社会救助或教育救助。第三组涉及对"求职者"提供各种求职津贴。第四组涉及在其国籍国以外的成员国已经获得"永久居住权"的欧盟成员国国民。[72]

现在关于公民身份的规定已被援引以扩大欧盟成员国国民可能有资格在东道国获得某种特定社会待遇的情况。然而,尽管欧洲法院最初的判例法更为开明,但在这之后,相较而言,第一组非经济活动公民比第二组和

---

[70] Case C – 40/11 *Iida* EU:C:2012:261. Compare Case C – 403/03 *Schempp v Finanzamt München* [2005] ECR I – 6421, [22] – [25].

[71] See (n 42) above. 然而,根据该指令第 24 条第 2 款,在这三个月无条件居住期间,无权获得欧盟法框架下的社会待遇。

[72] 这是《第 2004/38 号指令》引入的一种加强型身份,所有满足某些条件的欧盟公民均可享有这一身份,并且无论他是否需要来自该成员国的社会和经济支持,都可以继续享有这项权利。

第三组中的学生与求职者胜诉的机会要小。

（一）非经济活动人口

"马丁内斯·萨拉案"（*Martínez Sala*）是较早的案例，其判决发生在《第2004/38号指令》通过之前。该案涉及一名在德国居住的西班牙国民，她已有一段时间没有工作，并且正在领取社会救助。[73]该案涉及的问题是，她是否有权获得成员国法中的一项育儿津贴。欧洲法院裁定，根据对《欧洲联盟运行条约》第18条和第20条第2款的综合解读，只要欧盟公民在另一成员国境内合法居住，那么在涉及条约范围内的利益时，他或她就有权获得与成员国国民相同的平等待遇。于是，欧洲法院仅以其欧盟公民身份及其在德国合法居住这一事实为依据，将不基于国籍进行歧视这项一般原则适用于该公民。在这种情况下，不需要该公民以劳动者或服务提供者的身份参与任何经济活动，也不需要以学生身份表明她将来准备参加经济活动，等等。

欧洲法院并未基于《欧洲联盟运行条约》第20—21条下的居住权，因为法院查明，德国已经根据一项关于社会与医疗救助的《欧洲委员会公约》批准了该公民的居住权。这意味着欧洲法院不必直接面对《欧洲联盟运行条约》第20—21条所指的限制性条件，以及特别是二级立法中要求她应拥有充分资源以避免成为成员国社会救助负担这一要求。

然而，在"特罗亚尼案"（*Trojani*）[74]中，欧洲法院再无法回避上述限制性条件问题，因为成员国法院提出了当事人是否有权获得欧盟条约框架下居住权这一问题。特罗亚尼是法国国民，正在参加比利时"救世军"负责的重新融入社会计划，在比利时申请以最低生活津贴形式（*minimex*）发放的社会救助。

欧洲法院裁定，与特罗亚尼处于相同情况的欧盟公民不能从《欧洲联盟运行条约》第20条获得在其国籍国以外的成员国居住的权利，因为他缺少二级立法意义上的充分资源。[75]因此，比利时可以其缺少足够资源以避免成为该国负担为由拒绝给予其居住权。然而，欧洲法院裁定，因为他

[73]　Case C – 85/96 *Maria Martínez Sala v Freistaat Bayern* [1998] ECR I – 2691.

[74]　Case C – 456/02 *Trojani v CPAS* [2004] ECR I – 7573.

[75]　Ibid [32] – [36].

显然已经满足了比利时法律要求的合法居住条件，他可依据《欧洲联盟运行条约》第18条中不得基于国籍进行歧视这一欧盟要求，申请本国居民依据本国法可以获得社会救助待遇的资格。(76)

因此，尽管他由于缺乏《第2004/38号指令》意义上的充分资源，因而无法从《欧洲联盟运行条约》第21条获得居住权，但是只要他基于其他依据在该成员国合法居住，他仍然有资格根据《欧洲联盟运行条约》第18条和第21条以作为国民的相同条件获得社会救助。如果比利时想要拒绝赋予他获得社会待遇的资格，它就不得不撤销他的居住许可，因为他缺少足够资源，但欧洲法院还曾裁决，求诸社会救助体系这一点不能“自动”导致撤销居住许可或驱逐出境。现在，成员国无权将“求诸社会救助”等同于“缺少足够资源”。正如《第2004/38号指令》引文第16段所指出的，成员国必须以相称方式适用限制性条件，并且在撤销欧盟公民的居住许可之前，适当调查其资源是否充分。

在“布赖案”（*Brey*）中，欧洲法院以“特罗亚尼案”为基础做出裁决，尽管成员国有权以相关个人履行关于合法居住的“国内”要求作为移民获得社会待遇资格的依据，但这些要求本身必须符合欧盟法。(77) 在该案中，成员国为合法居住规定的要求是，一旦《第2004/38号指令》第6条规定的所有欧盟公民均无条件居住的初始三个月期限届满，移民就必须拥有足够资源，以避免申请特定的社会待遇。欧洲法院裁定，尽管获得某项特殊社会救助待遇的资格可能表明，个人也许缺少足以使其避免成为东道国不合理负担的资源，但仅凭借国民接受社会待遇这一事实本身并不足以证明他构成了这样一种负担。

“萨拉案”“特罗亚尼案”和“布赖案”代表一种开明立场的判例法，强调成员国的义务，只要欧盟成员国国民根据国内法合法居住，成员国就有义务确保平等对待本国国民和其他欧盟公民，即使涉及获得社会待遇。尽管成员国有权将满足《第2004/38号指令》所规定的标准作为欧盟公民在国内合法居住的条件(78)，但是成员国应以相称性的方式适用这些标准，

---

(76) Ibid [41]–[44].

(77) Case C–140/12 *Brey* EU：C：2013：565，[44]–[45]. H Verschueren，'Free Movement or Benefit Tourism：The Unreasonable Burden of *Brey*'（2014）16 EJML 147.

(78) 一旦初始三个月的无条件居住期届满，欧盟公民不应成为东道国社会救助体系的不合理负担。

并考虑欧盟公民的基本权利。仅仅凭借获得社会救助待遇的资格，或者仅仅是申请社会救助这一行为本身，并不足以证明相关个人已经或将要成为不合理负担。

然而，在欧盟就"福利旅游"展开激烈的跨国政治辩论之后[79]，欧洲法院在"达诺案"（*Dano*）中对非经济活动人口的欧盟公民采取更具限制性的方式。[80] 与先前案件相比，该判决的口吻更加谨慎，也对成员国的关切采取了更具安抚性的态度，这在第76—78段使用的语言中体现得尤其明显。"达诺案"裁决关注的焦点并不是欧盟公民的权利问题，它关注的是，对于那些出于利用其他成员国福利体系的目的而流动到其他成员国的欧盟公民，成员国是否有权限制他们的权利。

从"萨拉案"到"布赖案"的一系列判例法留下了某些不确定性的空间，究竟在哪些情况下，根据成员国法合法居住的非经济活动人口的欧盟公民可以援引欧盟法框架下基于国籍的非歧视原则，主张与本国国民平等获得社会待遇的权利。"达诺案"面对了这一模棱两可的问题。

达诺诉莱比锡求职中心
Case C－333/13 Dano v Jobcenter Leipzig
EU：C：2014：2358

本案涉及一名罗马尼亚女性，属于非经济活动人员，她和儿子一起在德国生活了很多年，已经获得无限期居住许可，并且获得某些基本社会待遇。她寻求援引《欧洲联盟运行条约》第18条和《第2004/38号指令》第24条禁止基于国籍的歧视，对拒绝其申请"特殊非缴费型现金补助"的决定提出质疑。

欧洲法院

68.《第2004/38号指令》第24条第1款规定，依据该指令在东道国领土居住的所有联盟公民，均有权在条约范围内享有与该成员国国民平等的待遇。

---

[79] 参见第二十二章（n 4）。

[80] Case C－333/13 *Dano v Jobcenter Leipzig* EU：C：2014：2358.

69. 因此，就获得社会待遇这一问题而言，例如主要诉讼中所涉问题，只有联盟公民在东道国领土居住符合《第 2004/38 号指令》规定的条件，他才可以主张与东道国国民的平等待遇。

70. 首先，对于最长三个月的居住期，《第 2004/38 号指令》第 6 条将居住权的条件和手续限制为要求持有有效身份证件或护照，并且根据第 14 条第 1 款，只要联盟公民及其家庭成员不成为东道国社会救助系统的不合理负担 (*Ziolkowski* 和 *Szeja* 判决，C-424/10 和 C-425/10，EU：C：2011：866，第 39 段)。因此，根据《第 2004/38 号指令》第 14 条第 2 款，东道成员国没有义务在此期间授予另一成员国国民或其家庭成员获得社会待遇的资格。

71. 其次，对于超过三个月的居住期，居住权受《第 2004/38 号指令》第 7 条第 1 款规定条件的约束，并且根据第 14 条第 2 款，只有在联盟公民与其家庭成员满足这些条件的情况下，该权利才能得到保留。特别是该指令序言第 10 段引文所示，这些条件尤其旨在防止这类人员成为东道国社会救助体系的不合理负担。……

……

73. 在主要诉讼中，申请人在东道国的居住期已经超过三个月，但还不到五年，为了判断在申请人所处情况的非经济活动人口的欧盟公民是否可以在社会待遇资格方面主张与该成员国国民享有平等的待遇，就必须审查这些公民的居住是否符合《第 2004/38 号指令》第 7 条第 1 款第 2 项规定的条件。这些条件包括，要求非经济活动人口的欧盟公民必须拥有支持其本人及其家庭成员的充分资源。

74. 如果认可那些不拥有《第 2004/38 号指令》中居住权的人员可以根据与适用于东道国国民相同的条件申请社会待遇的资格，就将违背该指令序言第 10 段引文中规定的目标，即防止其他成员国国民成为东道国社会救助体系的不合理负担。

75. 应该补充的是，对于要求拥有充分资源这一条件，《第 2004/38 号指令》对下列人员做了区分：（1）有工作的人员；（2）没有工作的人员。根据《第 2004/38 号指令》第 7 条第 1 款第 1 项，第一组联盟公民有权在东道国居住，无须满足任何其他条件。而该指令第 7 条第 1 款第 2 项要求非经济活动人口满足自身拥有充分资源这一条件。

76. 因此，《第 2004/38 号指令》第 7 条第 1 款第 2 项寻求阻止非经济活动人口的联盟公民使用东道国的福利体系作为自己的生活来源。

77. 正如佐审官在其意见第 93 点和第 96 点所表明的，已经行使自由迁徙与居住权的联盟公民，与东道国国民在获得社会待遇方面的任何不平等待遇都是《第 2004/38 号指令》导致的不可避免的后果。这样一种潜在的不平等待遇，源于联盟立法机构在该指令第 7 条中将如下两个问题关联起来，即要求拥有充分资源作为居住权的条件，以及不对成员国的社会救助体系构成负担。

78. 因此，根据《第 2004/38 号指令》第 7 条，成员国应拥有拒绝给予如下非经济活动人口的联盟公民社会待遇的可能性，即这些公民行使自由迁徙权"只是"为了获得另一成员国的社会救助，尽管他们没有充分资源以主张居住权。

79. 因此，正如佐审官在其意见第 106 点中所指出的，如果否认相关成员国拥有此种可能性，则会产生如下后果，那些在到达另一成员国领土时没有充分资源支持自己生活的人员，通过获得"特殊非缴费型现金补助"——其目的是涵盖受益人的生活支出，就可以自动获得充分资源。

80. 因此，为了判断相关个人是否满足《第 2004/38 号指令》第 7 条第 1 款第 2 项规定的拥有居住权所需的充分资源，必须对每个人的财务状况进行专门审查，而且不能考虑其主张的社会待遇。

81. 在主要诉讼中，根据提请初步裁决的法院的认定，原告没有充分资源，由此不能根据《第 2004/38 号指令》申请东道国的居住权。因此，正如在当前判决第 69 段中所阐明的，他们不能援引该指令第 24 条第 1 款中的非歧视原则。

"达诺案"（Dano）判决具有重要意义。该案以及随后的判例法在两个相关方面限制公民身份条款的适用。

首先，它限制了公民身份规定的范围。在"萨拉案""特罗亚尼案"和"布赖案"中，欧洲法院已经裁定，只要欧盟公民根据成员国法在该东道国境内合法居住，他们就可以援引禁止基于国籍的非歧视这项欧盟原则，主张平等获得成员国国民仅基于其国籍或居所就可以获得的社会待遇。

然而，在"达诺案"中，欧洲法院从这一立场后撤了，对《第2004/38号指令》第24条进行了更严格的解读。如果要根据《欧洲联盟运行条约》第18条和该指令第24条主张与东道国国民享有平等的社会救助待遇的资格，欧盟公民必须在遵守该指令条件下，而不仅仅是在遵守成员国法的条件下合法居住。欧洲法院在"阿利马诺维奇案"（Alimanovic）、"加西亚—涅托案"（García-Nieto）和"委员会诉英国案"中又重申了这一要求。[81]

因此，正如"萨拉案"和"特罗亚尼案"似乎表明的，以及"布赖案"在一定程度上表明的那样，拥有成员国合法居住权不再能够成为主张获得与东道国居民平等待遇的充分理由——公民还必须满足《第2004/38号指令》规定的合法居住这一标准。正如我们已经看到的，在三个月无条件初始居住期届满之后，这些标准中包括拥有充分资源，以便避免成为东道国的不合理负担。

其次，欧洲法院限制了迄今为止所适用的"相称性分析"。"布赖案"[82]的重点是需要对每个人的财务状况进行专门检查，以确定该人员是否满足拥有充分资源这项要求。这在"达诺案"中得到重申，但前提是如果人员迁至另一成员国"仅仅"是为了获得社会救助，则相关福利可能会被拒绝。[83] 在这方面，欧洲法院在"阿利马诺维奇案"和随后的案件中后撤得更远。[84]

59. 在这方面必须指出的是，尽管本法院曾认为，《第2004/38号指令》要求成员国在采取驱逐措施或认定相关人员的居住对其社会救助体系造成不合理的负担之前，应考虑其个人状况（Brey判决，C-140/12，EU：C：2013：565，第64、69和78段），但在诸如主要诉讼所涉情况下，没有必要做这种个人评估。

---

[81] Case C-67/14 *Alimanovic* EU：C：2015：597，[49]-[51]；Case C-299/14 *García-Nieto* EU：C：2016：114，[38]；Case C-308/14 *Commission v United Kingdom* EU：C：2016：436，[80].

[82] Case C-140/12 Brey（n 29）[67]-[72].

[83] Case C-333/13 *Dano*（n 80）[78]，[80].

[84] Case C-67/14 *Alimanovic*（n 81）.

60.《第2004/38号指令》建立了一个关于保留“劳动者”身份的渐进制度，旨在保障居住权和获得社会救助的权利，该指令本身考虑了每个社会救助申请人所处个人情况的各种定性因素，尤其是从事任何经济活动的持续时间。

61. 通过使相关人员能够毫不含糊地知道他们的权利和义务是什么，《德国社会法典》第2卷（SGB II）第7段第1项中提到的标准——与德国《欧盟公民自由迁徙法》（Freizügigkeitsgesetz/EU）第2段第3项一起解读，以及《第2004/38号指令》第7条第3款第3项中提到的标准，即在停止就业后的6个月期间保留获得社会救助的权利，因此，这项标准可以保证在通过基本提供方式授予社会救助的背景下具有显著性水平的法律确定性和透明性，同时也遵守了相称性原则。

“达诺案”以及随后的判例法引起了相当多的学术评论，其中大部分是批评性的。(85) 在这方面可摘录奥布莱恩（O'Brien）的观点。

奥布赖恩：《欧洲法院白白牺牲欧盟公民身份——“委员会诉英国案”》(86)

几十年来，欧洲法院煞费苦心地构建了一个有争议的、复杂的、微妙的判例法体系，以使欧盟公民身份具有“基本身份”（fundamental status）的意义，什普纳尔佐审官（AG Szpunar）最近将其描述为“法学上的巨大努力”。然而，在过去几年中，欧洲法院却很快自毁长

(85) See, eg, D Thym ‘When Union Citizens Turn into Illegal Migrants: The *Dano* Case’ (2015) 42 ELRev 249; D Thym, ‘The Elusive Limits of Solidarity: Residence Rights of and Social Benefits for Economically Inactive Union Citizens’ (2015) 52 CMLRev 17; A Iliopoulou-Penot, ‘Deconstructing the Former Edifice of Union Citizenship? The *Alimanovic* Judgment’ (2016) 53 CMLRev 1008; N Nic Shuibhne, ‘“What I Tell You Three Times is True”, Lawful Residence and Equal Treatment after *Dano*’ (2016) 23 MJ 908; C O'Brien, ‘The ECJ Sacrifices EU Citizenship in Vain: *Commission v. United Kingdom*’ (2017) 54 CMLRev 209; S Mantu and P Winderhoud, ‘EU Citizenship and Social Solidarity’ (2017) 24 MJ 703.

(86) O'Brien (n 85) 209 – 210.

城。在"布赖案"将对非本国国民拒绝的福利范围扩大到被界定为"特殊非缴费型补助"（special non-contributory benefits）——《第883/2004号指令》意义上的社会保障，因此该社会保障被视为可排除在《第2004/38号指令》意义上的"社会救助"之外。在"达诺案"中，欧洲法院认定，如果原告可以被视为"只是"为了主张福利的目的而流动，则没有必要进行基于相称性的逐案评估。在"阿利马诺维奇案"和"加西亚—涅托案"的求职者背景下，相称性原则也被取消。在"委员会诉英国案"中，欧洲法院彻底熄灭了"阿利马诺维奇案"仅限制求职者主张社会救济而可能残存欧盟公民身份的任何余烬。

（二）学生

引入欧盟公民身份也加强了学生在欧盟法下拥有的权利，它扩大了在国籍国以外的成员国接受教育课程的欧盟成员国国民有资格申请某些社会优待（social advantages）的情形，包括教育优待，无论是从东道国还是从其本国申请这类权益。首先需要简要介绍在引入欧盟公民身份之前与学生有关的法律。

在"格拉维耶案"（Gravier）中，在比利时学习卡通漫画艺术的一名法国国民质疑对非比利时国民收取注册费的要求。[87] 欧洲法院裁定，因为《欧洲共同体条约》当时规定，欧盟应为发展共同职业教育培训政策制定原则，因此，根据该条约第12条（现《欧洲联盟运行条约》第18条），禁止比利时基于其国籍对她在获得职业培训方面进行歧视。欧洲法院认为，由于获得职业培训很有可能促进人员自由流动，因此，"获得职业培训的条件"属于条约的范围，向非国民收取注册费的做法违反了不得基于国籍进行歧视这项要求。

"格拉维耶案"裁决显然具有深远影响，因为如果要求成员国在获得职业培训的条件方面与对本国学生一样平等对待所有拥有欧盟成员国国籍的学生，则将给成员国造成财政后果。不仅如此，欧洲法院在此背景下还扩大性地解释"职业培训"，裁定职业培训包含为某项职业、行业

---

⑧⑦ Case 293/83 *Gravier v City of Liège* [1985] ECR 593.

或就业做准备的任何形式的教育，包括大学教育[88]，即使包含“某种因素的普通教育”[89]。

为此，欧洲法院决定通过另外一种方式限制“格拉维耶案”裁决对成员国造成的财政后果，即对职业培训的“获得条件”采取非歧视原则这一含义采取限制性解释。在“莱尔案”（*Lair*）与“布朗案”（*Brown*）中，欧洲法院裁定，只有旨在涵盖与“获得”职业培训具体有关的收费，例如注册费和学费，才被禁止歧视所涵盖，而国家提供的用于完成大学学习的生活和培训补助金等则不包括在内。[90]

这就是“格热尔奇克案”（*Grzelczyk*）裁决的背景。[91] 申请人是在比利时学习的法国国民，主张根据条约禁止基于国籍的歧视，他有资格申请国家社会救助。欧盟公民身份对该案结果的影响至关重要。欧洲法院裁定，随着引入欧盟公民身份，欧盟条约中增加了关于教育和职业培训的新章节，并且从该判决之后又通过了几项《居住指令》，自“布朗案”裁决以后情势已发生变更。

欧洲法院裁定，在另一成员国进行职业学习的欧盟公民可以援引禁止基于国籍歧视的规定。当时的《学生居住指令》排除了他获得生活补助的可能，并且规定他应拥有疾病保险和充分资源，以避免成为东道国的负担。欧洲法院裁定这并不排除他申请社会救助。[92] 该指令如同其继承者《第2004/38号指令》一样[93]，并未规定“充分资源”的任何特定数额，只是要求学生声明自己拥有充分资源，而对于声明的真实性问题，只能在发表声明的时候对其进行评估。欧洲法院还裁定，如同上述“特罗亚尼案”和“布赖案”一样，尽管成员国有权做出结论，认定求诸社会救助的学生

---

(88) Case 24/86 *Blaizot v University of Liège* [1988] ECR 379, [20]. 欧洲法院在该案中援引了欧洲委员会《欧洲社会宪章》（European Social Charter）第10条，该条将大学教育视作职业教育的一种形式。然而，欧洲法院对该裁决的可追溯性予以限制，因为比利时担心这种做法将使大学教育资金陷入混乱。

(89) Case 293/83 *Gravier* (n 87) [30]; Case 263/86 *Belgium v Humbel* [1988] ECR 5365; Case 242/87 *Commission v Council* [1989] ECR 1425.

(90) Case 39/86 *Lair v Universität Hannover* [1988] ECR 3161 [15]; Case 197/86 *Brown* [1988] ECR 3205.

(91) Case C-184/99 *Grzelczyk v CPAS* [2001] ECR I-6193.

(92) Ibid [35]-[39].

(93) 《第2004/38号指令》第8条第3款规定，成员国不得要求该声明所指资源的任何具体数额。

不再满足获得居住权的条件，并且撤回居住许可，但不能由于学生申请社会救助而自动导致这一结果。此外，欧洲法院裁定，该指令“认可东道国国民与其他成员国国民之间具有某种程度的财务团结，特别是如果居住权的受益人遇到的困难只是暂时的”[94]。

在“比达尔案”（*Bidar*）中，欧洲法院考虑在英国的法国学生主张有资格申请学生生活贷款或补助金，以资助他在英国学习期间的支出。[95] 欧洲法院遵循“格热尔奇克案”中的相似论证。欧洲法院援引欧盟公民身份的引入，以及教育与职业培训权能在条约框架下的变化，背离其在“布朗案”和“莱尔案”判决中的早期结论，而是裁定，向学生提供的生活补助现在确实属于禁止基于国籍的歧视这一规定的范围。[96]

欧洲法院在“比达尔案”中强调，其裁决得到《第2004/38号指令》的支持。该指令第24条确定，在另一成员国领土居住的所有欧盟公民在欧盟条约范围内享有平等待遇权，并且第24条第2款允许成员国将获得学生生活补助金的资格局限于那些已取得永久居住权的学生。因此，尽管学生不能依据《学生居住指令》或《第2004/38号指令》主张获得生活补助金的权利，但是他们可以援引《欧洲联盟运行条约》第21条以及第18条，其依据是生活补助金可以被视作属于条约范围的一项福利待遇。

这是一项引人注目的裁决，它事实上绕过了被成员国加入《第2004/38号指令》第24条第2款的限制性规定。然而，欧洲法院又在某种程度上对其予以了一定程度的缓和，裁定东道国可以决定，仅将学生生活补助金给予那些表明自己已经在某种程度上“融入”该成员国社会的学生。但不能认可要求学生表明其与该国就业市场具有联系的规定，而且英国要求学生必须在英国“定居”的规定也具有过度限制性，并且不具有相称性。[97] 然而，欧洲法院后来从“比达尔案”裁决的大胆立场上后退了。在“弗尔斯特案”（*Förster*）中，所涉成员国规则规定，学生有权在东道国获得生活补助金的前提条件是此前已在东道国居住满5年，欧洲法院认为这项条件

---

(94) Case C－184/99 *Grzelczyk*（n 91）［46］.

(95) Case C－209/03 *Bidar v London Borough of Ealing*［2005］ECR I－2119.

(96) Case C－209/03 *Bidar*（n 95）［31］－［42］. See also Case C－46/12 *LN v Styrelsen for Videregående Uddannelser og Uddannelsesstøtte* EU：C：2013：97，［28］－［29］.

(97) Ibid［52］－［63］.

溯及既往的适用是合法的，并非不具有相称性。(98)

然而，在“摩根和比歇尔案”（*Morgan and Bucher*）中，欧洲法院裁定，《欧洲联盟运行条约》第 20 条和第 21 条禁止以下德国规则，即，将在另一成员国学习的学生获得海外学习资助的资格，限制于先在德国完成至少一年同领域的学习。(99) 鉴于他们作为欧盟公民的身份，申请人可以质疑其国籍国对自由流动和在海外学习施加的限制，其国籍国在没有提出足够正当理由的情况下规定获得学习资助的资格仅限于继续学习已经在德国开始的课程。欧洲法院承认，正如“比达尔案”和“弗尔斯特案”一样，为了确保提供财政补助金不会成为不合理负担，成员国要求学生在某种程度上融入本国社会的规定可能是合法的。然而在本案中，申请人应该已经满足了必要的融入程度，因为他们在德国长大，并且在德国完成了学校教育。(100)

相同的论证也明显见于“普林茨和泽贝格尔案”（*Prinz and Seeberger*）。欧洲法院认为，要求在开始学习之前通过在提供补助金的成员国至少居住三年这一方式获得永久居住许可，这项要求不具有相称性，并且不能以通过保护该成员国免于承担不合理的财政负担从而保护国家社会救助体系这一原因作为正当理由。(101) 尽管避免产生不合理财政负担的目标是合法的，但实现该目标的方式过于一般化和具有排他性，从而阻止了其他可以确立充分程度融入的因素。(102)

在“马滕斯案”（*Martens*）中，欧洲法院采用了类似的论证。它裁定，有规定要求申请海外学习资助的申请者在入学注册之前六年当中必须至少有三年在该国居住，欧洲法院认为该规则既任意武断，又具有排他性，因为可以其他方式来确保提供补助金的国家与申请人之间具有某种融入程度这一合法目标。(103)

上述案件有一个共通之处。欧洲法院都表示尊重成员国在组织高等教

(98) Case C－158/07 *Förster v Hoofddirectie van de Informatie Beheer Groep* [2008] ECR I－8507.

(99) Cases C－11 and 12/06 *Morgan and Bucher* [2007] ECR I－9161.

(100) Ibid [43]－[45].

(101) Cases C－523 and 585/11 *Prinz & Seeberger* EU：C：2013：524.

(102) See also Case C－275/12 *Elrick* EU：C：2013：684；Case C－220/12 *Thiele Meneses* EU：C：2013：683.

(103) Case C－359/13 *Martens v Minister van Onderwijs，Cultuur en Wetenschap* EU：C：2015：118；Case C－679/16 *Proceedings brought by A* EU：C：2018：601.

育的资助方面所拥有的权能，但同时也承认，成员国根本不必提供任何海外学习资助。但它强调，一旦成员国选择提供此类资助，就必须遵守欧盟法的非歧视要求和公民自由流动要求。[104]

"委员会诉奥地利案"引起了强烈争议，该案涉及的不是获得学习资助或生活补助金的问题，而是奥地利对在其他成员国获得中学证书的学生在接受大学教育方面施加了额外条件。[105] 依据"委员会诉比利时案"[106] 和"格拉维耶案"[107] 等先前判例法，欧洲法院援引欧盟公民身份，裁定它构成了间接歧视，奥地利政府提出的原因无法作为正当理由。

该案在奥地利国内引发了政治风暴。奥地利是个小国，与一个讲同样语言的大国接壤，辩称它面临着大量德国学生进入本国学习的情况，特别是医学等课程，这有可能破坏其教育体系的财政平衡与结构平衡。奥地利并未遵守该判决，反而引入甚至更加严格的规则，欧盟委员会再次对奥地利提起违反之诉程序，但由于当时《里斯本条约》正在等待批准中，欧盟委员会与奥地利达成了一项协议，该诉讼后来被中止。[108]

与此同时，有类似法律争议针对比利时，但在欧盟委员会中止违反之诉程序后，比利时法院在"布雷索尔案"（Bressol）中通过提请初步裁决将该问题提交到欧洲法院。[109] 申请人质疑比利时的配额制度，该制度旨在限制非居民的欧盟公民获得某些医学学位项目的学习，其表面目的是保证每年至少有一定数量的比利时居民从这些项目中毕业，最终目的是保护公共健康。欧洲法院效仿欧盟委员会从其最初针对比利时的违反之诉程序中后退的方式，采取了比在先前奥地利诉讼中软化得多的立场。[110]

欧洲法院裁定，《欧洲联盟运行条约》第 18 条和第 21 条表面上禁止间接基于国籍对欧盟公民设置此种配额制度。但是，也可能有一种例外情况，即成员国当局可以表明，它限制非居民的欧盟公民获得这项课程，其目的是确保有充足数量的本国毕业生在比利时的社区公共卫生服务机构任

---

[104] See also Case C –75/11 *Commission v Austria* EU：C：2012：605.

[105] Case C –147/03 *Commission v Austria* ［2005］ECR I –5969.

[106] Case C –65/03 *Commission v Belgium* ［2004］ECR I –6427.

[107] Case 293/83 （n 87）.

[108] S Garben, *EU Higher Education Law：The Bologna Process and Harmonization by Stealth* （Kluwer, 2011）.

[109] Case C –73/08 *Bressol v Gouvernement de la communauté française* ［2010］ECR I –2735.

[110] Case C –147/03 *Commission v Austria* （n 105）.

职。是否存在对医疗服务的实际风险应由成员国法院判断，但欧洲法院强调，需要数据和特定证据证明，非居民的欧盟成员国国民平等获得接受课程的影响是妨碍公共卫生服务，并且该配额制度会缓解该问题。[111]

因此，尽管欧洲法院援引公民身份以加强学生在某些情况下获得东道国的生活补助金、社会保障、旅行补助和教育课程的权利，以及海外学习资助等权利，但它有时也回应成员国在该领域的负面反应。欧洲法院软化了其中一些强硬的裁决，譬如从“委员会诉奥地利案”到“布雷索尔案”，它的立场发生了转变。然而，尽管从“比达尔案”到“弗尔斯特案”，欧洲法院的立场显然发生了类似的软化，因为它认可了对学生获得生活补助金施加的某些限制性条件，但对于审查成员国后来对获得海外学习资助施加的各种限制措施是否具有相称性这一问题，欧洲法院的立场一直相当强硬。

（三）求职者

“多霍普案”（*D'Hoop*）、“科林斯案”（*Collins*）、“约安尼季斯案”（*Ioannidis*）和“瓦楚拉斯案”（*Vatsouras*）等案件，涉及《欧洲联盟运行条约》第45条涵盖的求职者情况，他们希望申请求职津贴。

在“多霍普案”中，一名比利时国民在比利时求职市场上寻找第一份工作时，由于她的中学教育是在法国完成的，就被拒绝给予“过渡”津贴。欧洲法院裁定，她遭到了基于其欧盟公民身份的歧视。这是因为她曾经行使欧盟自由流动权，并且曾在法国获得教育机会。[112] 欧洲法院裁定，在理论上有可能以求职者与东道国之间必须存在充分联系作为拒绝给予欧盟公民过渡津贴的正当理由。但是，比利时施加该项条件的真正原因是基于她获得中学教育证书的所在地。这是一项不具有相称性的条件，因为它并不代表申请人与比利时求职市场之间联系的真正程度。

欧洲法院在“科林斯案”中进一步阐释了这一观点。[113] 欧洲法院依据条约引入的公民身份条款，背离了先前判例法。它在“勒邦案”（*Lebon*）[114]中裁定求职者只有在获得就业方面才有得到平等待遇的资格，他们无权获

---

[111] Case C-73/08 *Bressol* (n 109) [64]-[81].

[112] Case C-224/98 *D'Hoop v Office Nationale de l'Emploi* [2002] ECR I-6191.

[113] Case C-138/02 *Collins v Secretary of State for Work and Pensions* [2004] ECR I-2703.

[114] Case 316/85 *Lebon* [1987] ECR 281.

得与劳动者根据《欧洲联盟运行条约》第45条或《第1612/68号条例》（现《第49/2001号条例》）第7条第2款享有的相同社会与税收优待。在"科林斯案"中，欧洲法院裁定，求职者在第45条中的权利应根据欧盟公民的平等待遇这项更具普遍意义的权利进行解释。鉴于这一新的解释框架，与"勒邦案"相反，欧洲法院裁定，求职者从此有资格根据第45条获得旨在促进在成员国劳动力市场上就业的一项具有财政性质的利益。尽管成员国关于求职者与该国就业市场具有真正联系的要求是合法的，但必须以具有相称性和非歧视的方式适用居住这一条件。"科林斯案"后来得到判例法的肯定。[115]

　　然而仍需拭目以待的是，在引入《第2004/38号指令》第24条第2款之后，上述判例法是否继续有效。该条款允许成员国以减损的方式适用平等待遇原则，将欧盟移民及其家庭成员获得社会救助的资格限制在三个月初始居住期之内，或者第14条第4款第2项为求职者规定的更长期间内。我们已经看到，欧洲法院是如何在"比达尔案"中，在事实上排除了那条允许成员国限制学生获得生活补助金的第24条第2款中的平行规定，它在该案中裁定，学生可以直接依据《欧洲联盟运行条约》第18条和第21条享有获得生活补助金的资格。[116]

　　欧洲法院在"瓦楚拉斯案"（*Vatsouras*）中直接面对该问题，多名经济状况不明的希腊国民在德国申请求职者津贴。向欧洲法院提交的问题是，该指令第24条第2款中涉及向求职者提供社会救助的减损规则，是否符合《欧洲联盟运行条约》第18条和第21条对欧盟公民承诺的平等待遇。

瓦楚拉斯与库帕坦采诉纽伦堡求职中心

Cases C–22 and 23/08 Vatsouras and Koupatantze v

Arbeitsgemeinschaft（ARGE）Nürnberg 900

[2009] ECR I–4585

[《里斯本条约》重新编号，《欧洲共同体条约》第12条和第39条分别变更为《欧洲联盟运行条约》第18条和第45条]

---

[115]　Case C–258/04 [2005] ECR I–8275.

[116]　Case C–209/03 *Bidar*（n 95），受制于以下裁决：Case C–158/07 *Förster*（n 98）.

欧洲法院

33. 通过该问题，提请初步裁决的法院询问，《第 2004/38 号指令》第 24 条第 2 款是否符合《欧洲共同体条约》第 12 条——与该条约第 39 条一起解读。

34. 《第 2004/38 号指令》第 24 条第 2 款确立了对如下欧盟公民平等待遇原则的减损适用，即除劳动者、自营职业者、保留此类身份的人员以及他们的家庭成员以外，在东道国领土居住的欧盟公民。

35. 根据该条款，作为东道国的成员国没有义务在求职者等欧盟公民有权在该国居住的更长期间内赋予其享有社会救助的资格。

36. 在另一成员国寻找就业的成员国国民属于《欧洲共同体条约》第 39 条的范围，并且因此享有该条第 2 款规定的平等待遇权（Case C－258/04 *Ioannidis*［2005］ECR I－8275，第 21 段）。

37. 另外，鉴于联盟公民身份的确立，以及对联盟公民享有的平等待遇权的解释，不再可能将一项旨在促进一成员国劳动力市场准入的具有财政性质的利益排除出《欧洲共同体条约》第 39 条第 2 款的范围（Case C－138/02 *Collins*［2004］ECR I－2703，第 63 段，以及 *Ioannidis* 判决，第 22 段）。……

……

40. 因此，在另一成员国寻找就业并且已经与该国劳动力市场建立真正联系的成员国国民，可以依据《欧洲共同体条约》第 39 条第 2 款以获得旨在促进劳动力市场准入的具有财政性质的利益。

41. 应由成员国主管当局以及在适当情况下由成员国法院决定如下事宜：不仅确定存在与劳动力市场的真正联系，并且评估上述利益的构成要素，特别是该利益的目标以及提供该待遇所需的条件。

42. 正如佐审官在其意见第 57 点中所提到的，必须按照该利益的结果，而不是其形式结构来分析该利益的对象。

43. 《德国社会法典》第 2 卷（SGB II）第 7 段第 1 项规定相关个人必须有能力维持生活，而诸如此类的条件可以表明该利益旨在促进就业准入。

44. 在任何情况下，都必须根据《欧洲共同体条约》第 39 条第 2

款解释《第2004/38号指令》第24条第2款规定的减损适用。

45. 具有财政性质的利益，如果独立于他们在成员国法下的身份，并且旨在促进劳动力市场准入，不能被视为构成《第2004/38号指令》第24条第2款意义上的“社会救助”。

46. 根据上述论证，回答必须是，对于在另一成员国寻找就业的成员国国民的权利而言，通过审查第一个问题，本法院并没有发现能够影响《第2004/38号指令》第24条第2款效力的任何因素。

欧洲法院在“瓦楚拉斯案”中肯定其在“科林斯案”中的裁决，即欧盟公民身份的引入推翻了诸如“勒邦案”等先前的判例法，从此以后，获得旨在促进就业准入的利益这项非歧视性权利被纳入《欧洲联盟运行条约》第45条第2款的范围。按照欧洲法院的说法，这类求职者利益不应被视为《第2004/38号指令》第24条第2款意义上的“社会救助”。由此，欧盟公民身份扩大了第45条第2款的适用范围，将求职者利益纳入其中，并相应限制了《第2004/38号指令》第24条第2款的范围，并因此将此类利益排除出该指令框架下允许成员国减损适用的范围。然而，“瓦楚拉斯案”判决并未得出结论认定第24条第2款要么与条约不符，要么完全多余。成员国无疑仍然可以继续依据第24条第2款，将求职者排除出获得其他类型“社会救助”的资格，尽管不能将求职者排除出那些“旨在促进劳动力市场准入”并因此属于《欧洲联盟运行条约》第45条范围的利益。

（四）根据《第2004/38号指令》已获得永久居住权的欧盟公民

对于已经在作为东道国的欧盟成员国合法居住“连续超过五年”的欧盟公民，《第2004/38号指令》第16条引入了一项“永久居住权”，而且根据第16条第4款，只有在该公民连续超过两年未在东道国居住的情况下才可能失去这项权利。此项永久居住权不受该指令中各项条件的约束，包括第7条第1款中要求拥有足够资源和疾病保险的条件。

在“拉萨尔案”（*Lassal*）中，欧洲法院肯定，关于欧盟公民身份的条款自其生效之日起立刻适用，而且在“先前发生的情况”对当前产生影响的情况下必须适用。[117] 欧洲法院裁定，在判断欧盟公民是否能够获得永久

---

[117] Case C－162/09 *Secretary of State for Work and Pensions v Lassal* [2010] ECR I－9217，[39].

居住身份时，还必须考虑即使是在《第 2004/38 号指令》被转化的日期 "之前" 完成的连续五年居住期，尽管此项权利本身不能在转化日期之前 获得。在转化日期之前，但在完成连续五年居住期之后发生临时离开，不 会影响公民获得此类权利。

"齐奥尔科夫斯基和谢亚案"（*Ziolkowski and Szeja*）[118] 和 "迪亚斯案" （*Dias*）[119] 确定，五年居住期必须是《第 2004/38 号指令》意义上的合法居 住。这意味着在计算五年期限时，只能包括符合该指令第 7 条第 1 款所规 定条件的居住期。[120] 在欧盟公民已经获得一成员国的永久居住权时，欧盟 公民以及在那段时间与他们共同居住的特权家庭成员就有资格获得与东道 国国民完全相同的实质性平等，以及获得社会待遇的平等资格，无论他们 是否缺少资源或者医疗保险。

四　第 20—21 条：质疑成员国限制性措施

通过创设欧盟公民身份，欧盟成员国国民及其家庭成员的权利通过其 他多种方式得到了加强。毫不奇怪，欧洲法院反对因未能在规定时限内提 供获得居住许可所需的相关文件就被自动驱逐出境这一不具有相称性的惩 罚。[121] 欧洲法院还以其他方式进行干预，以加强或强化条约的公民身份 条款。

（一）加强非歧视权利

在 "比克尔与弗朗茨案"（*Bickel & Franz*）[122] 中，欧洲法院强调，对于 意大利刑事诉讼对象的德国和奥地利国民要求在诉讼中使用德语，他们是 基于《欧洲联盟运行条约》第 21 条行使其作为欧洲公民的自由迁徙权， 并且有权不受到基于国籍的歧视。

---

[118]　Cases C –424 and 425/10 *Ziolkowski & Szeja* EU：C：2010：587；M Jesse（2012）49 CML-Rev 2003.

[119]　Case C –325/09 *Dias*［2011］ECR I –6387. See also Case C –378/12 *Onuekwere* EU：C：2014：13.

[120]　这段时间必须以劳动者、劳动者的家庭成员，或者拥有足够资源的公民等身份在成员国 居住。

[121]　Case C –408/03 *Commission v Belgium*［2006］ECR I –2647；Case C –50/06 *Commission v Netherlands*［2007］ECR I –4383.

[122]　Case C –274/96［1998］ECR I –7637，［15］；Case C –322/13 *Rüffer* EU：C：2014：189.

在"图尔佩宁"（*Turpeinen*）⑫、"普萨案"（*Pusa*）⑭、"*N* 案"⑮ "施瓦茨和古切斯—施瓦茨案"（*Schwarz and Gootjes-Schwarz*）⑯ 以及"扎诺蒂案"（*Zanotti*）⑰ 等中，欧洲法院批评成员国对获得社会或税收待遇方面施加的多项限制性或歧视性措施，认定它们违反了《欧洲联盟运行条约》第 20 条，而无论申请人是不是劳动者。⑱ 同样，在涉及失业待遇、战争待遇和其他社会保障待遇的"德屈佩案"（*De Cuyper*）⑲、"委员会诉瑞典案"⑳ "塔斯—阿让案"（*Tas-Hagen*）㉛、"内尔科夫斯卡案"（*Nerkowska*）㉜ 和"哈贝尔特案"（*Habelt*）㉝ 中，欧洲法院裁定，成员国与居住相关的限制表面上违反了《欧洲联盟运行条约》第 20 条。

然而，在"戈特瓦尔德案"（*Gottwald*）中，欧洲法院裁定，对于向残疾人士免费发放年度通行费折扣卡施加居住的要求，并未构成对欧盟公民权利的不合理或不相称的限制。这项限制的目的是希望确保在相关成员国的社会与一项旨在促进残疾人士流动和融入的待遇获得者之间建立一种联系，因此具有正当理由。㉞ 相较之下，在"斯图尔特案"（*Stewart*）中，欧洲法院裁定，第 21 条不允许成员国将给予青年残疾待遇的条件限于原告过去曾在该国到场，这项规定排除了可能在原告与成员国之间确立一种真正联系的任何其他因素。㉟

㉓　Case C – 520/04 *Turpeinen* ［2006］ECR I – 10685.

㉔　Case C – 224/02 *Pusa v Osuuspankkien Keskinäinen Vakuutusyhtiö* ［2004］ECR I – 5763.

㉕　Case C – 470/04 *N v Inspecteur van de Belastingdienst* ［2006］ECR I – 7409.

㉖　Case C – 76/05 *Schwarz and Gootjes-Schwarz* ［2007］ECR I – 6849.

㉗　Case C – 56/09 *Zanotti v Agenzia delle Entrate—Ufficio Roma* ［2010］ECR I – 4517，［68］– ［78］.

㉘　See also Case C – 148/02 *Garcia Avello* ［2003］ECR I – 11613.

㉙　Case C – 406/04 *De Cuyper v ONEM* ［2006］ECR I – 6947.

㉚　Case C – 104/06 *Commission v Sweden* ［2007］ECR I – 677.

㉛　Case C – 192/05 *Tas-Hagen v Raadskamer WUBO van de Pensioen-en Uitkeringsraad* ［2006］ECR I – 10451.

㉜　Case C – 499/06 *Nerkowska v Zakład Ubezpieczeń Społecznych Oddział w Koszalinie* ［2008］ECR I – 3993.

㉝　Cases C – 396 – 450/05 *Habelt* EU：C：2007：810，［78］.

㉞　Case C – 103/08 *Gottwald v Bezirkshauptmannschaft Bregenz* ［2009］ECR I – 9117.

㉟　Case C – 503/09 *Stewart* EU：C：2011：500；Case C – 522/10 *Reichel-Albert* EU：C：2012：475.

（二）加强针对限制性措施的保护

《第 2004/38 号指令》第 27 条包含相应条款，规范成员国可以基于公共政策、公共安全和公共卫生等理由对欧盟公民及其家庭成员采取的措施。现在有不少裁决的对象涉及成员国采取限制性措施以阻止欧盟公民或本国公民离开其司法管辖区。

在"盖达罗夫案"（*Gaydarov*）[⑬] 中，欧洲法院裁定，如果满足该指令或欧洲法院判例法规定的其他要求，诸如足够严重、相称性、司法审查等，那么，限制曾被判犯有毒品走私罪的欧盟公民离境去往另一成员国的成员国法就不一定违反《欧洲联盟运行条约》第 21 条或该指令第 27 条。[⑬]

相较而言，在"比扬科夫案"（*Byankov*）中，成员国法中某项规定仅以本国国民的私人债务超过了某个临界点，且无法获得担保为由，限制其离开该成员国的自由，欧洲法院裁定，《欧洲联盟运行条约》第 21 条排除这类成员国法的规定。[⑬] 第 27 条第 1 款不得援引以用于经济目的。尚不清楚，该成员国是否认为此类债务的存在可能对公共政策、公共安全或公共卫生造成威胁；而且，即使确实如此，但该禁令的性质过于绝对，因此不具有相称性。条约关于公民身份的条款对于欧洲法院在该判例中得出的结论显然具有重要意义：

81. 此外，鉴于一级法赋予联盟公民身份的重要性（特别参见 Case C－135/08 *Rottmann* ［2010］ ECR I－1449，第 43 段和第 56 段），必须得出如下结论……如果提请初步裁决的法院令中描述的成员国立法具有如下效果：（1）阻止联盟公民主张《欧洲联盟运行条约》第 21 条赋予他们的自由迁徙与居住权，以反对成员国采取的无限期绝对地域禁令；（2）阻止行政机构根据本法院的判例法采取行动，依照本法院判例法，本法院已经肯定此类禁令在欧盟法框架下非法，那么，此类成员国立法就无法以法律确定性原则为依据获得合理的正当理

---

⑬ Case C－430/10 *Gaydarov* ［2011］ ECR I－11637.

⑬ 参见第二十二章第八节第二部分对这些要求的讨论。

⑬ Case C－249/11 *Byankov* EU：C：2012：608. Compare Case C－434/10 *Aladzhov* ［2011］ ECR I－11659.

由，因此，就此而言，必须认定其违反了有效性原则和《欧洲联盟条约》第4条第3款。

"ZZ案"[139]涉及成员国拒绝依照《第2004/38号指令》第27条允许欧盟公民入境，而不是拒绝离境问题。在该案中，拒绝申请人入境的正当理由是基于严重的公共安全原因，申请人被控大约在十年前参与伊斯兰武装集团的活动。尽管已经向英国特别移民上诉法庭提交了全部原因，但向申请人提供的只是可以公开获得的十分有限的证据。英国援引了《第2004/38号指令》第30条第2款，该款规定，必须向相关个人告知作为其案件判决依据的确切和全面的公共政策、公共安全或公共卫生等理由，除非这样做不符合国家安全利益。

欧洲法院裁定，作为对该指令规定的程序性权利的减损适用，必须严格地并且按照《欧盟基本权利宪章》第47条规定的有效救济权对该项规定做出解释。通过引用"卡迪案"（Kadi）[140]和欧洲人权法院判例法，欧洲法院裁定，该指令第30条和第31条要求相关成员国法院确保成员国主管当局确切和全面地披露其根据第27条所做决定的依据。必须以充分考虑证据的必要保密性的方式将该决定的相关依据的核心部分告知受影响的人员。

在多起案件中，欧洲法院提供"超级加强型保护"，裁定依据《第2004/38号指令》第28条第3款第1项，只能以"公共安全方面的强行性理由"才可以驱逐已经在东道国居住超过十年的欧盟公民。欧洲法院还提供加强型保护，裁定依据该指令第28条第2款，只能以"公共政策或公共安全方面的严重理由"才可以驱逐已经在东道国居住超过五年且已获得永久居住权的欧盟公民。援引第28条第3款第1项的前提条件是，相关人员必须具有该指令第16条中的永久居住权。[141]

在"察库里季斯案"（Tsakouridis）中，向欧洲法院提交的问题是，申请人在十年居住期间曾有一段时间不在该成员国居住，这种情况是否会剥夺对申请人的超级加强型保护。欧洲法院裁定，回答是由成员国法院在考

[139] Case C–300/11 ZZ EU：C：2013：363.

[140] Cases C–402 and 415/05 P Kadi & Al Barakaat［2008］ECR I–6351.

[141] Cases C–316 and 424/16 Vomero EU：C：2018：256.

虑申请人离开该国的原因、性质和时间长短等因素之后做出最终决定。另一个问题是，与有组织贩卖毒品有关的犯罪行为是否足以构成第28条第3款中"公共安全方面的强行性理由"，或者第28条第2款中"公共政策或公共安全方面的重大理由"[142]。欧洲法院裁定，尽管与有组织贩卖毒品有关的犯罪行为可以构成该指令中公共安全方面的强行性理由，但成员国做出的决定必须具有相称性，并且尊重基本权利。一方面考虑对公共安全造成威胁的特定性质，另一方面考虑有可能影响欧盟公民在已经真正融入其中的成员国实现社会回归这一风险，在这两者之间应保持平衡。

在"MG案"中，欧洲法院裁定，第28条第3款所指的十年居住期在原则上必须是连续的，并且其计算日期必须回溯到做出驱逐命令决定的日期[143]。欧洲法院还裁定，在此意义上，不能将被监禁的时间计算在内，并且被监禁的时间在原则上中止根据要求所需的连续居住期。尽管如此，有必要对相关人员在被驱逐问题出现时其当时情况进行全面评估。这是为了判断监禁期是否打断了先前融入东道国而形成的联系，如果这种联系被打断就导致有关人员不再有资格获得加强型保护[144]。

在"PI案"中，欧洲法院裁定，对儿童性侵等罪行可以构成对社会根本利益的特别严重的威胁，从而构成"公共政策方面的强行性要求"。这可以作为将相关人员驱逐出东道国的正当理由，即使其已经完成了第28条第3款第1项规定的十年居住期[145]。

五 公民身份的概念

前面关于公民身份的判例法很复杂，并且随着时间的推移发生了变化。因此有必要暂时抛开细节，考虑这一领域背后的不同公民身份模式。在这方面，蒂姆（Thym）提出了相对立的几种模式。

---

[142] Case C – 145/09 *Land Baden-Württemberg v Tsakouridis*［2010］ECR I – 11979；Case C – 94/18 *Chenchooliah* EU：C：2019：693.

[143] Case C – 400/12 *MG* EU：C：2014：9.

[144] Cases C – 316 and 424/16 *Vomero*（n 141）［70］.

[145] Case C – 348/09 *PI* EU：2012：300；D Kostakopoulou，'When EU Citizens become Foreigners'（2014）20 ELJ 447；D Kochenov and B Pirker，'Deporting the Citizens within the European Union：A Counter-Intuitive Trend in Case C – 348/09，*P. I.* '（2012 – 13）19 CJEL 369.

蒂姆：《对团结的模糊限制：非经济活动人口的 联盟公民的居住权与社会待遇》[146]

5.1 "居住模式"

平等待遇是经济自由和公民身份相关判例法的支柱。原则上，它使那些跨境迁徙者能够享受与接受国国民相同的待遇。获得社会待遇是最近的（也是十分有争议的）领域之一，欧盟法要求成员国平等地对待新到来的公民。在此基础上，各种各样的人宣扬出现了某种利益相关者式的公民身份，在这种情况下，国籍的形式联系被以居住地为基础的地域联系所取代。对于以团结为特征的共同体，这种地域联系作为区分参与其形成和演变的局外人和局内人之间的分界线。有权获得社会待遇是阐明"居住模式"重要性的完美棱镜，因为提供福利是现代国家和相应公民权利的核心要素。如果将其扩展到非经济活动人口的联盟公民，"居住模式"将在很大程度上成为现实。

居住模式的典型基础可以在《欧洲经济共同体第 1612/68 号条例》的引文中找到：平等待遇被视为促进社会融合的一种手段，从而原则上允许移民劳动者从一开始就享有相同的权利。……欧盟的社会保障协调制度再次肯定了这一趋势，该制度将特殊非缴费型现金补助与……居住地挂钩。欧洲法院根据一级法律支持这种方式，因为非缴费型待遇"与社会情况密切联系"。这对我们的主题有重要影响：流动性意味着福利待遇领域的"士兵换岗"，因为无论人们什么时候跨境流动，居住所在地国都有望接管。

5.2. "融入模型"

"融入模型"将社会融入视为要实现的目标，并期望个人积极寻求融入社会结构。这一冒险事业的成败可能会规范欧盟法框架下居住保障和平等待遇的程度。从这个角度来看，联盟不仅仅是一个增强个

146　D Thym, 'The Elusive Limits of Solidarity: Residence Rights of and Social Benefits for Economically Inactive Union Citizens' (n 85) 34, 36, 38.

人福祉的解放"机会的场所"；而且在上述"居住模式"下，并非任何居住在国外的人都会自动被视为局内人。相反，融入模式以承认跨国自由的相同方式尊重社会聚合的价值，将其作为民主忠诚和社会团结的先决条件。它使获得社会待遇的条件是满足某些先决条件，否则将被剥夺平等待遇。

在社会待遇方面，融入模式对新来的公民和即将离开的公民都有影响。虽然前者可能被排除在福利提供之外，如"弗尔斯特案"，但后者在移居国外时可以依靠融入这一论点来"输出"待遇。从概念上讲，如果社会归属——而不是地域上到场——指引跨国权利的范围，那么，对入境公民的限制和对离境国民的慷慨则是同一枚硬币的两个方面。……"达诺案"是这种方式最激进的表达，因为欧洲法院断然否认了非经济活动人口的公民在没有充分资源的情况下享有平等待遇的任何主张。地域上到场无关紧要；而非法到场不会带来具有欧盟法意义上的社会融入品质。

六　小结

1. 引入欧盟公民身份既推动了欧盟成员国国民的现有权利，同时也在条约和二级立法框架下创设了一些新权利。然而，如果说公民身份已经完全取代了先前的法律身份类型，而且成为欧盟成员国国民的首要和"基本身份"——正如欧洲法院的措辞有时候所表明的那样，这似乎有些夸张。

2. 欧洲法院有时以申请人的欧盟公民身份为依据对案件做出判决，有时不对其属于哪个特定身份类型这一问题做出判断。[147] 欧洲法院常常将公民身份这一"透镜"视作加强欧盟法现有法律保障的途径，例如在未对申请人的经济状况或其他状况进行调查之前，保护其免于受到任意歧视、刑事指控或驱逐。[148] 在其他案件中，欧洲法院以申请人作为被雇用者或自营职业者的经济身份为基础处理这些问题，并且明确搁置了以公民身

---

⑭⑦　See, eg, Case C－499/06 *Nerkowska*（n 132）；Cases C－396－450/05 *Habelt*（n 133）[78]；Case C－164/07 *Wood*［2008］ECR I－4143.

⑭⑧　See, eg, Case C－145/09 *Tsakouridis*（n 142）.

份为基础的主张。[149] 具有重要意义的是，在个人寻求在东道国获得实质补助的情况下，拥有在欧盟法框架下得到承认的经济身份至关重要，相较于劳动者身份或其他偏好的类型，仅依靠公民身份将导致公民的权利更不确定。[150]

3. 欧盟公民身份的引入已经以如下方式扩大和加强了现有的迁徙与居住权以及非歧视权。第一，引入在成员国领土迁徙和居住的自动权利，这并不取决于先前存在的自由迁徙权，如"鲍姆巴斯特案"和"陈案"。第二，在一定程度上缩小了"完全内国情形"的范围，如"加西亚·阿韦略案""鲁伊斯·桑布拉诺案"和"O，S & L 案"。第三，在非经济活动人口中不对成员国构成不合理负担的某些情况下，赋予这些人员社会权利，如"格热尔奇克案"；并且加强了其他人的现有社会权利，例如一些已充分"融入"成员国的学生和求职者，如"比达尔案""弗尔斯特案""科林斯案"和"瓦楚拉斯案"。第四，引入永久居住身份，欧盟公民有权获得与东道国国民相同的社会平等与实质性平等，如《第2004/38 号指令》第 16 条。第五，赋予加强型的程序保护和其他保护，如"ZZ 案"，以反对压迫性的国家措施，如"察库里季斯案"；限制性的国家措施，如"比扬科夫案"和"阿拉卓夫案"（Aladzhov）；歧视性的国家措施，如"扎诺蒂案"，包括逐渐加强针对驱逐永久居民行为的保护；并且要求反诈欺措施以个别的而非普遍性的预防环境为依据，如"麦卡锡案"。

第五节　公民身份：政治权利

到目前为止，我们已经详细分析了《欧洲联盟运行条约》第 20—21 条的影响。第 22—25 条还赋予了诸多具有实际意义和象征意义的权利。

其中最重要的权利是外国人的投票权，以及为欧盟公民在东道国创设

---

　　[149]　See，eg，Case C – 56/09 *Zanotti*［2010］ECR I – 4517，［24］；Case C – 287/05 *Hendrix*［2007］ECR I – 6909，［62］；Case C – 100/01 *Olazabal*［2002］ECR I – 10981，［26］；Case C – 92/01 *Stylianakis*［2003］ECR I – 1291，［18］；Case C – 208/05 *ITC*［2007］ECR I – 181，［64］–［65］.

　　[150]　Cases C – 480/08 *Teixeira* EU：C：2010：83.

的被选举权和选举权。⑮ 第 22 条规定，联盟公民⑮应有权在其国籍国以外的其他成员国，按照与该成员国国民相同的条件，拥有在该成员国市镇选举和欧洲议会中的选举权和被选举权。⑯ 对该规定存在着争议，因为它与某些成员国的宪法条款不符，而且第 22 条允许存在减损适用的可能性。

在"埃曼和塞芬赫尔案"（*Eman and Sevinger*）中，欧洲法院裁定，尽管成员国可以规定，欧盟公民在欧洲议会选举中的选举权和被选举权应遵守在选举所在地区居住这项要求，但是，平等待遇原则要求，在处于类似情况下的国民之间不应存在不合理的差别待遇。⑯ 因此，在非成员国居住的荷兰国民拥有欧洲议会选举中的选举权和被选举权，但在荷兰安的列斯群岛（Antilles）或阿鲁巴岛（Aruba）居住的荷兰国民则没有选举权和被选举权，这项规定在欧盟法框架下不具有正当理由。

肖（Shaw）认为，在上述判决以及欧洲法院就直布罗陀的选举权做出的另外一个裁决⑯中隐含着如下观点，即欧洲公民拥有为"他们的"议会投票的民主权利。由此，即使条约并未明确提出这一点，而仅仅规定欧盟公民与东道国国民在选举权方面拥有平等待遇权，于是，欧洲议会选举中的选举权事实上是欧盟公民身份的正常引申。⑯

行使欧盟公民选举权的比率及其影响一直以来并不是很显著。在欧盟委员会先前就市镇选举与欧洲议会选举中的选举权与被选举权提交的报告

⑮ J Shaw, *The Transformation of Citizenship in the European Union*（Cambridge University Press, 2007）.

⑯ 在如下案件中，欧洲法院裁定，关于公民身份的条约条款并未阻止成员国赋予欧盟公民以外的其他人员（在本案中是直布罗陀居民）在欧洲议会选举中的选举权和被选举权。鉴于欧洲人权法院 1999 年 2 月 18 日做出的一项判决（App No 24833/94 *Matthews v UK*），英国赋予直布罗陀居民在欧洲议会选举中的选举权和被选举权的行为是必要的，参见 Case C‐145/04 *Spain v United Kingdom*［2006］ECR I‐7917，［78］‐［80］.

⑯ 1993 年 12 月 6 日生效的《第 93/109/EC 号理事会指令》，为在国籍国以外的成员国居住的联盟公民行使在欧洲议会选举中的选举权和被选举权规定了详细安排（［1993］OJ L329/34），后来的《第 2013/1 号指令》中也有相关规定（［2013］OJ L26/27）。市镇选举中的选举权和被选举权由《第 94/80 号指令》规定（［1994］OJ L368，后来被《第 2006/106 号指令》修订）。也可参见《第 2002/772 理事会决定》，该决定对关于通过直接的普遍选举方式选举欧洲议会议员的法令做了修订（［2002］OJ L283/1）.

⑯ Case C‐300/04 *Eman and Sevinger*［2006］ECR I‐8055；J Shaw, Comment（2008）4 Eu-Const 162.

⑯ Case C‐145/04（n 152）.

⑯ Shaw（n 154）.

中，它注意到，选民的注册率非常低，在东道国行使投票权的公民数量也很少，尽管 2004—2009 年期间有所增长。[157] 欧盟委员会认为，在居住地所在成员国参加选举的比率之所以比较低，可能受到了如下事实的影响，即因为禁止重复投票，因此，欧盟公民必须选择究竟是在国籍国投票，还是在他们居住的成员国投票。由于关于欧盟公民在其他成员国参与欧洲议会选举（选举与被选举的权利）的《第 93/109 号指令》的转化期被大幅延迟，而且出现了重大问题，导致欧盟委员会提交了数起违反之诉程序。最后，经过欧盟委员会多年以来不断努力引入对《第 93/109 号指令》的修订，包括 2006 年提出的一项范围广泛的倡议，最终通过了更加温和的《第 2013/1 号指令》，欧盟公民得以更容易地作为候选人在东道国参加选举，并且将证明他们有资格作为候选人的责任转由成员国承担。[158]

欧盟委员会在其 2012 年就关于市镇选举中的选举权和被选举权的《第 94/80 号指令》的报告中指出，通过请求以在选民名册上登记方式积极参与地方民主生活的非欧盟公民人数很少。[159] 2018 年的报告也得出同样结论。[160] 因此，虽然欧盟公民的流动人口翻了一番，其中 2016 年达到投票年龄的人口约为 1400 万人，但欧盟流动公民在市政选举中的选民登记水平仍然很低，结果是他们并未在其本国和东道国行使选举权。委员会处理该问题的策略包括提高对投票权的认识，促进投票，以及让利益相关者参与其中。

欧盟委员会还完全注意到欧盟的政治疏远问题以及民主参与的质量较低等问题所造成的影响，并且提出了多项改革和改进建议。[161] 这些建议包

---

[157] COM（2010）605，5.

[158] Council Dir 2013/1/EU［2013］OJ L26/27.

[159] COM（2012）99.

[160] COM（2018）44 final.

[161] See, eg, Commission Recommendation 2013/142/EU on enhancing the democratic and efficient conduct of the elections to the European Parliament; Commission Communication addressing the consequences of disenfranchisement of Union citizens exercising their right to free movement, COM（2014）33; EU Citizenship Report 2013: EU citizens: your rights, your future, COM（2013）269; Report Under Article 25 TFEU: On progress towards effective EU Citizenship 2011–2013, COM（2013）270; EU Citizenship Report 2017: Strengthening Citizens' Rights in a Union of Democratic Change（2017）.

括在 2013 年"欧洲公民年"期间开展的活动[162]，启动一项新的"公民对话"工具;[163] 欧洲公民计划;[164] 欧盟公民身份门户;[165] 促进现有的公民权利。[166]

《欧洲联盟运行条约》第 23 条规定，在其本国没有代表机构的第三国，联盟公民有权获得任何成员国外交机构的保护。[167]《第 2015/637 号指令》旨在落实这项条约权利。[168]

《欧洲联盟运行条约》第 24 条经过了《里斯本条约》的修订，它规定通过普通立法程序实施新的公民创制权，该创制权由《欧洲联盟条约》第 11 条第 4 款引入，并将通过如下程序机制化，即 100 万名欧盟公民可邀请欧盟委员会提交某些立法倡议。[169] 2011 年通过了一项条例。[170] 有些人赞扬公民创制权这一理念，但也有人对其运行及其在实践中的软弱无力提出了

---

[162] Dec 1093/2012 [2012] OJ L325/1; N Vogiatzis, 'A "European Year of Citizens"? Looking beyond Decision 1093/2012: Eyeing the European Elections of 2014' (2014) 15 Perspectives on European Politics and Society 571.

[163] Commission Report on Citizens' Dialogues as a Contribution to Developing a European Public Space, COM (2014) 173.

[164] https://ec.europa.eu/citizenship/europe–for–citizens–programme/index_en.htm.

[165] https://ec.europa.eu/info/policies/justice–and–fundamental–rights/eu–citizenship/eu–citizenship_en.

[166] See, eg, Decision 1093/2012 on the European Year of Citizens (2013) [2012] OJ L325/1; Commission Recommendation 2013/142 on enhancing the democratic and efficient conduct of the elections to the European Parliament and Commission Communication, COM (2013) 126 and the follow-up report, COM (2014) 196; Commission Report under Article 25 TFEU, 'On progress towards effective EU Citizenship 2011–2013', COM (2013) 270; EU Citizenship Report 2013, 'EU citizens: your rights, your future', COM (2013) 269 final; COM (2014) 33 (n 161); Commission Communication on 'Citizens' Dialogues as a Contribution to Developing a European Public Space', COM (2014) 173; EU Citizenship Report 2017 (n 161).

[167] Decision 95/553 regarding protection for citizens of the Union by diplomatic and consular representations of the Member States in non-member countries [1995] OJ L314/73. 该决定后来被《第 2015/637 号指令》取代并被废除。

[168] Council Directive (EU) 2015/637 of 20 April 2015 on the coordination and cooperation measures to facilitate consular protection for unrepresented citizens of the Union in third countries and repealing Decision 95/553/EC [2015] OJ L106/1.

[169] M Dougan, 'What Are We to Make of the Citizens' Initiative?' (2011) 48 CMLRev 1807; J Pilcher and B Kaufmann (eds), The European Citizens Initiative: Into New Democratic Territory (Intersentia, 2010).

[170] Reg No 211/2011 (n 2).

大量批评。[171]

《欧洲联盟运行条约》第 24 条还肯定了欧盟法框架下先前存在的两项权利，即欧盟公民向欧洲议会请愿的权利[172]，以及向欧洲监察专员申诉的权利。[173] 第 24 条还规定，如果欧盟公民用任何一种官方语言向任何一个欧盟机构致函，都有权得到用该语言的答复。

第 25 条要求欧盟委员会每三年就这些欧盟公民身份条款的适用情况提交报告。[174] 2010 年，欧盟委员会就联盟公民身份提交了三份相互关联的报告，以及关于消除妨碍欧盟公民权利的报告，此后 2013 年和 2017 年也提交了进一步报告。[175] 第 25 条还允许理事会在获得欧洲议会同意的情况下，"通过相关规定，以加强或附加"《欧洲联盟运行条约》第 20 条第 2 款列举的公民权利。然而，理事会必须经由一致决定采取行动，并且第 25 条预见到此类行动可能要求在成员国层面修订宪法。

第六节　结论

一　欧盟法创设的欧盟公民这一身份受到了基于多种理由的批评，其中包括：创设的权利太薄弱，并且聚焦于经济维度；这些权利需要遵守一些条件；第三国国民与欧盟成员国国民之间的差别得到了强化；新增加的选举权产生的影响有限，以及实施措施犹豫不决。欧洲法院相对稳步地扩大了公民身份的法律权利，并且往往是在成员国强烈反对的

---

[171]　https：//euobserver.com/political/127808；European Parliament report on the first three years of implementation of the citizens' initiative：www.europarl.europa.eu/EPRS/EPRS_ IDAN_ 536343_ Implementation_ of_ the_ European_ Citizens_ Initiative.pdf；the European Parliament hearing in Feb 2015 on how to reform the citizen's initiative：www.europarl.europa.eu/doceo/document/A-8-2015-0284_ EN.html.

[172]　参见 Case C-261/13 P *Schönberger v Parliament* EU：C：2014：2423. 该案涉及的是，是否有可能对欧洲议会拒绝请愿的行为进行司法审查。

[173]　在欧盟居住的非欧盟公民也拥有此项权利：《欧洲联盟运行条约》第 227 条和第 228 条。

[174]　COM（93）702，COM（97）230，COM（2001）506，COM（2004）695，COM（2008）85，COM（2013）70，COM（2017）32.

[175]　COM（2010）602，COM（2010）603，and COM（2010）605；COM（2013）269；EU Citizenship Report 2017（n 161）.

情况下，例如"梅托克案"和"鲁伊斯·桑布拉诺案"等案，尽管欧洲法院也在诸如"达诺案"和"阿利马诺维奇案"等案中对成员国关于"福利旅游"的关切做出了回应。

二　在对公民身份提出的批评中，人们广泛认为，与欧洲公民身份有关的任何有意义的观念都不仅要求对本章考察的事项（诸如居住权、旅行、选举权）采取实质性法律措施和实际措施，而且要求欧盟内部进行更深刻的政治、机构和民主变革。

三　《欧洲联盟运行条约》第18条中的非歧视条款显然加强了欧盟公民身份的一个重要维度。欧盟法的其他诸多方面也是如此，例如获得文件的权利、良好行政的权利、《欧盟基本权利宪章》的"公民权利"章节，以及《里斯本条约》引入《欧洲联盟条约》第9—12条的民主原则条款。

四　即使公民身份的政治和选举维度进展非常缓慢，仍然可以通过欧洲公民身份所具有的持续潜力积极看待这一问题。欧盟要想在未来取得成功，急需更大程度的政治与民主参与，而欧盟公民条款正是为了给该目标奠定基础而付出的努力。

第七节　扩展阅读

一　网站

Global Citizenship Observatory（GLOBALCIT）at http：//globalcit.eu

二　期刊专题

European Law Journal Volume 13（2007）Special Issue on EU Citizenship

European Law Journal Volume 20（2014）Symposium on the Reconceptualization of EU Citizenship

German Law Journal Volume 15（2014）Special Issue：EU Citizenship 20 Years On

三　专著

Goudappel，F，*The Effects of EU Citizenship*（TMC Asser Press，2010）

Guild, E, *Legal Elements of European Identity*: *EU Citizenship and Migration Law* (Kluwer, 2005)

——and Peers, S, *The EU Citizenship Directive*: *A Commentary* (Oxford University Press, 2014)

——, Gortázar, C, and Kostakopoulou, T (eds), *The Reconceptualization of European Union Citizenship* (Brill Nijhoff, 2014)

Kochenov, D (ed), *EU Citizenship and Federalism*: *The Role of Rights* (Cambridge University Press, 2017)

Shaw, J, *The Transformation of Citizenship in the European Union* (Cambridge University Press, 2007)

Thym, D (ed), *Questioning EU Citizenship*, *Judges and the Limits of Free Movement and Solidarity in the EU* (Hart, 2017)

Van Eijken, H, *EU Citizenship and the Constitutionalization of the European Union* (Europa Law Publishing, 2015)

第二十五章　平等待遇与非歧视

第一节　核心议题

一　欧盟反歧视法（EU anti-discrimination law）最初仅限于就业背景下的性别平等议题，但在过去20多年间，其范围大幅扩展，涵盖了广泛情形。

二　现在，欧盟反歧视法具有令人印象深刻的宪法框架。除了要求男女平等待遇外，条约还确定欧盟拥有立法权能，用于打击基于一系列理由的歧视。《欧盟基本权利宪章》与欧盟两部条约享有相同地位，其中有一章专门处理平等问题。该宪章第21条针对欧盟法范围内行动的欧盟机构与成员国，禁止它们基于"任何"理由的歧视。《欧洲联盟运行条约》第8条和第10条包含多项横向条款，要求欧盟在其政策与活动的所有领域促进男性和女性之间的平等，打击基于性别、民族或种族、宗教或信仰、残疾、年龄或性取向的歧视。"性别主流化"作为一项欧盟政策得到了大力推进，并且在某种程度上扩大到其他借口的歧视上。现在有一系列旨在促进平等、打击歧视的机构，包括欧盟基本权利署（EU Fundamental Rights Agency）、欧洲性别平等研究所（The European Institute for Gender Equality）[1]、欧洲平等机构网络（Equinet）[2]，以及一系列国内平等机构。

三　欧盟平等法起源于《欧洲联盟运行条约》第157条规定的男女同工同

---

[1]　http://eige.europa.eu/.

[2]　http://www.equineteurope.org/.该网络由各国平等机构和组织组成，它们获得了各个成员国的授权，旨在打击欧盟法禁止的一系列歧视。

酬要求，这一规定最早由 1957 年《欧洲经济共同体条约》引入。后来对第 157 条进行了修订，允许在薪酬领域以外通过欧盟立法，确保男性和女性在工作中获得平等待遇，并允许采取各种形式的"积极行动"。《欧洲联盟运行条约》第 153 条将劳动力市场上的男女平等待遇作为欧盟支持性和"补充性"行动的一个领域，允许通过"最低程度要求"的指令。目前有效的《性别平等指令》主要有 6 项，此外该领域还有大量其他法律与政策措施。

四　《欧洲联盟运行条约》第 19 条最早由 1999 年《阿姆斯特丹条约》引入，规定欧盟可以采取行动打击基于性别、种族或民族、宗教或信仰、残疾、年龄或性取向的歧视。在第 19 条之下通过了两项主要立法文件：《第 2000/43 号种族指令》和《第 2000/78 号就业框架指令》。在刑法领域，2008 年通过了打击种族主义和排外主义言论的《欧盟第 2008/913/JHA 号框架决定》。2008 年提交了一项倡议，拟通过进一步的反歧视指令，以扩大《第 2000/78 号指令》的范围，但由于政治方面的阻力，该指令的进展一直处于停滞状态。

五　欧洲法院有大量关于平等与歧视的判例法。该领域的绝大部分判例法与性别平等有关，其中关于平等薪酬与社会保障的司法判例非常详细。不过，2000 年以来，欧盟反歧视法逐渐扩大到其他领域，导致这些领域的诉讼大幅增加，特别是涉及年龄歧视的诉讼。此外还有一些涉及残疾问题的诉讼，少量关于性取向和种族问题的诉讼。

六　欧洲法院还确定了平等待遇与非歧视（equal treatment and non-discrimination）这项一般原则。在某些案件中，它将欧盟立法视作这项一般原则的表述，而在另外一些案件中，它要求应根据非歧视这项一般原则解释立法。

七　本章没有涵盖基于国籍的非歧视原则，而是将其放在关于欧盟公民身份、劳动者、服务、开业、货物和资本自由流动的其他各章中进行讨论。基于国籍的非歧视原则现在主要涵盖针对欧盟成员国国民和某些其他特权类型的家庭成员的歧视，或者针对长期居民的歧视。

第二节　欧盟反歧视法：起源与背景

欧盟反歧视法起源于 1957 年《欧洲经济共同体条约》第 119 条规制男女平等薪酬的条款，而且，几十年来几乎完全聚焦于就业背景下的性别平等问题。欧盟性别歧视法主要分为三个部分。毫无疑问，与平等和非歧视有关的欧盟法随着时间的推移而发展，这一点从本章所考虑的材料中显而易见。欧盟法在这一领域发挥着多重作用。下面参考莫尔（More）于 1999 年对这方面的论述，她指出欧盟法在本领域发挥着三种作用。

莫尔：《平等待遇原则从统一市场者到基本权利?》[3]

首先，该原则具有"统一市场"的作用：非歧视这一概念是创建统一市场的基础，用于促进产品、服务和人员的平等准入，无论其来自哪个欧盟国家。其次，平等待遇原则具有"规制"作用。也就是说，在对市场进行干预的情况下，共同体立法者有义务按照平等待遇原则行事。在这个角色中，该原则用于防止在相互竞争的欧盟生产者之间或相互竞争的部门之间进行任意区分。其应用可由此理解为确保单一市场竞争条件平等的一种手段。

除了上述"统一市场"和"规制"作用之外，平等待遇原则还承担了"宪法"角色。平等待遇的概念作为一项宪法原则，已被欧洲法院用于发展与自由流动权相伴的一系列公民权利。该原则还被用于形成关于就业性别平等原则的广泛判例法。《阿姆斯特丹条约》最后在《欧洲共同体条约》中加入新的第 13 条，首次赋予成员国权能以通过一般性质的反歧视立法。这表明非歧视这项一般原则——无须与流动有任何联系——可能会在未来发生演化。

---

③ G More, 'The Principle of Equal Treatment, from Market Unifier to Fundamental Right?' in P Craig and G de Búrca, (eds), *The Evolution of EU Law* (Oxford University Press, 1999) 517.

前面章节已讨论过平等待遇发挥的统一市场作用和规制作用。本章的讨论主要集中于平等待遇在宪法层面的发展。④ 在这方面，欧盟反歧视法起源于规定男女同工同酬的《欧洲经济共同体条约》第 119 条，几十年来几乎完全集中于就业背景下的性别平等。欧盟反性别歧视法过去主要分为三个部分：同工同酬、就业机会和条件的平等待遇，以及社会保障。不以性别为由进行歧视的基本原则是这三个部分的共同原则。但是，它们原来是由不同的二级立法管辖，而二级立法基于不同的条约条款通过。现在，除了国家社会保障和自营职业者的性别平等之外，它们都由一项合并措施管辖，即《第 2006/54 号指令》。该合并指令取代了先前关于同工同酬、平等待遇、职业社会保障和举证责任的指令。除该指令外，还有专门的性别平等立法，包括关于国家社会保障的《第 79/7 号指令》、关于获取和供应商品与服务的《第 2004/113 号指令》、关于自营职业者男女平等待遇的《第 2010/41 号指令》，以及关于孕产假的《第 92/85 号指令》和关于育儿假的《第 2010/18 号指令》。

在过去 40 年间，欧盟在非歧视领域的行动主要限于工作场所的性别歧视。然而，随着《阿姆斯特丹条约》生效，《欧洲联盟运行条约》第 19 条为在除性别歧视以外的其他多个领域采取打击歧视行动引入了一项明确的法律基础。在《欧洲联盟运行条约》第 19 条框架下通过了两项重要立法：《第 2000/43 号指令》，即《种族指令》（Race Directive），禁止一系列背景下基于种族或民族的歧视；⑤《第 2000/78 号指令》，即《就业框架指令》（Framework Employment Directive），禁止就业领域基于宗教、信仰、残疾、年龄和性取向等原因的歧视。这些指令涵盖第 19 条中列举的除种族或民族，以及性别以外的其他理由。

尽管《欧盟基本权利宪章》第 21 条列举的被禁止的歧视理由清单既冗长，又非穷尽性，但欧盟仅在与《欧洲联盟运行条约》第 19 条和第 157 条规定的理由方面拥有明确的相关立法权能。然而，除了两部条约和立法中的积极法律条款之外，欧洲法院也承认平等待遇这项欧盟法一般原则，

---

④ E Muir, *EU Equality Law—The First Fundamental Rights Policy of the EU* (Oxford University Press, 2018).

⑤ Council Dir 2000/43 [2000] OJ L180/22.

这一点将在下文进一步讨论。

　　现在，大量更软性、辅助性的政策措施对关于平等问题的条约框架以及一系列立法措施形成了补充，其中包括欧盟委员会"战略参与性别平等"（2016—2019）；⑥ 男女平等战略（2010—2015）、⑦ 平等"路线图"（2006—2010）。⑧ 此外，还有委员会促进工作场所平等的行动纲要，以及男女平等年度报告。⑨ 在 2008 年发布的"新一轮社会议程"⑩ 框架下，欧盟委员会提出采取行动打击歧视、促进平等机会的综合路径⑪，创设了由各国政府反歧视专家组成的专家小组。⑫ 此外还通过了"2010—2020 年欧洲残疾人战略"⑬。尽管在过去很多年间，性别平等可能是欧盟反歧视法的主要焦点，但在最近一些年来，罗姆人面临的根深蒂固的经济、社会和政治边缘化问题被认为是欧盟平等法律和政策面临的重要挑战之一。⑭

　　本章后面各节的结构如下。首先，简要描述欧盟平等待遇与非歧视机制的条约框架。其次，概括介绍《欧洲联盟运行条约》第 157 条中关于男女薪酬平等问题的原始条款，以及判例法对这些条款的复杂阐述。再次，分析《欧洲联盟运行条约》第 19 条，以及在其框架下通过的几部指令。然后，讨论六部《性别平等指令》。最后，分析由欧洲法院阐述的平等待遇这项一般原则。

---

　　⑥　https：//ec. europa. eu/anti－trafficking/eu－policy/strategic－engagement－gender－equality－2016－2019_ en.

　　⑦　COM（2010）491, http：//ec. europa. eu/justice/gender－equality/files/strategy_ equality_ women_ men_ en. pdf.

　　⑧　See European Network of Equality Bodies（Equinet）, *New Directions for Equality between Women and Men*, https：//equineteurope. org/wp－content/uploads/2012/01/EN_ －_ New_ Directions_ for_ Equality_ between_ Women_ and_ Men. pdf.

　　⑨　http：//ec. europa. eu/justice/gender－equality/document/index_ en. htm#h2－2.

　　⑩　COM（2008）412 final.

　　⑪　COM（2008）420 final.

　　⑫　COM（2008）3261 final.

　　⑬　COM（2010）636. 也可参见欧盟委员会就欧盟实施《联合国残疾人权利公约》的情况提交的报告：SWD（2014）182.

　　⑭　M Dawson and E Muir, 'Individual, Institutional and Collective Vigilance in Protecting Fundamental Rights in the EU：Lessons from the Roma'（2011）48 CMLRev 751.

第三节　平等待遇与非歧视：条约框架

《欧洲联盟条约》第 2 条和第 3 条第 3 款以及《欧洲联盟运行条约》第 8 条和第 10 条表述了平等与非歧视原则。《欧洲联盟条约》第 2 条提出，平等是欧盟赖以存在的价值基础之一，并且特别提到了男女性别平等。《欧洲联盟条约》第 3 条包括打击"社会排斥与歧视"，促进"社会公正和保护、男女平等、代际团结，以及保护儿童权利"，并将其作为欧盟的目标。《欧洲联盟运行条约》第 8 条和第 10 条包括一些横向条款，这些条款实际上要求将性别平等以及不得基于性别、种族或民族、宗教或信仰、残疾、年龄或性取向进行歧视纳入欧盟的所有政策，或者实现上述性别平等和非歧视的"主流化"[⑤]。

《欧盟基本权利宪章》在本书第十二章得到详细讨论，该宪章将平等作为专门的一编，旨在表明平等待遇在欧盟具有作为一项基本权利的地位。第 20 条宣布法律面前人人平等。第 21 条第 1 款包含对歧视的一种无限制的禁止：

> 1. 基于任何理由，例如性别、种族、肤色、民族或社会出身、遗传特征、语言、宗教或信仰、政治或其他观点、少数民族成员身份、财产、出生、残疾、年龄或性取向的任何歧视均应被禁止。
>
> 2. 在两部条约的适用范围内，并且在不对条约任何特定条款造成妨碍的情况下，禁止任何基于国籍的歧视。

第 21 条第 1 款必须与宪章的横向条款共同解读。第 51 条第 1 款特别规定，该宪章适用于欧盟，但"只有在成员国实施联盟法的情况下"才适用于成员国；而且第 51 条第 2 款规定，该宪章"不扩大联盟法的适用领域"，也不"修改两部条约中已界定的权力和任务"。但欧洲法院裁定，包

---

⑤　See, eg, Cases C－148－150/13 *A*，*B*，*C v Staatssecretaris van Veiligheid en Justitie* EU：C：2014：2406；Case C－401/11 *Blanka Soukupová* EU：C：2013：223；Case C－201/13 *Deckmyn v Vandersteen* EU：C：2014：2132.

括第 21 条在内的宪章权利可以产生横向直接效力，并对私人当事方施加义务。⑯

该宪章第 23 条也处理男女平等问题，规定必须在包括就业、工作和薪酬在内的所有领域确保男女平等。最后要指出的是，随着《里斯本条约》生效，宪章获得法律约束力，欧洲联盟法院在非歧视案件中越来越多地援引该宪章作为权利的重要渊源。

第四节　起源：《欧洲联盟运行条约》第 157 条与男女同工同酬原则

《欧洲经济共同体条约》自通过之日起就在其第 119 条中包含了对同工同酬的要求，并将其适用于成员国。欧洲法院很快就认定此要求具有直接效力。欧洲法院后来的裁决、二级立法，以及最终《阿姆斯特丹条约》修订并形成现在《欧洲联盟运行条约》第 157 条，这些均表明，此项要求不仅涵盖"工作平等"，也涵盖"工作价值平等"。此外，《阿姆斯特丹条约》还增加了第 3 段和第 4 段，前者规定欧盟拥有立法权以促进男女在就业中（不仅是薪酬）的平等待遇，后者允许成员国采取"积极行动"。现《欧洲联盟运行条约》第 157 条规定如下：

1. 每个成员国都应确保实施男女劳动者之间从事同一工作或同一价值的工作获得平等报酬的原则。

2. 为本条之目的，"报酬"是指正常的基本或最低工资或薪水，以及劳动者直接或间接因其被雇用而从雇主处获得的任何其他报酬，不论是现金还是实物。

无性别歧视的平等报酬意指：

（1）对于计件付酬的同一工作应以同一计量单位为基础计算

---

⑯ Case C - 414/16 *Egenberger* EU：C：2018：257；Case C - 68/17 *IR v JQ* EU：C：2018：696；Case C - 684/16 *Max-Planck-Gesellschaft zur Förderung der Wissenschaften eV v Shimizu* EU：C：2018：874；Case C - 193/17 *Cresco Holdings Ltd v Achatzi* EU：C：2019：43；也可参见本书第八章和第十二章。

报酬；

（2）对于计时付酬的工作，同一工作应获得相同的报酬。

3. 欧洲议会和理事会应在咨询经济与社会委员会之后，根据普通立法程序通过措施，以保证实施男女在就业与工作方面的机会均等和待遇平等原则，包括同一工作或同一价值的工作获得平等报酬的原则。

4. 为确保实践中男女在职业生活中完全平等，平等待遇原则不应影响某一成员国维持或采取提供特定优待，以便为代表性不足的性别从事某项职业活动提供便利，或者防止其在职业生活中处于劣势或对此劣势给予补偿。

一　第 157 条：社会与经济基础

条约只在薪酬背景下提到平等待遇，原因似乎可以从《欧洲联盟运行条约》第 157 条产生的历史背景中得到解释。法国担心由于本国对同工同酬原则的执行程度高于其他成员国，从而使其在竞争中处于劣势。[⑰] 于是，对女性在劳动力市场上受到的不公平待遇这一关切并不是将该条纳入条约的首要动机。尽管如此，第 157 条以及欧盟反性别歧视法的其他规定现在不仅被视为实现经济政策的一种工具，也被作为欧盟社会政策的重要组成部分。[⑱]

尽管当初纳入平等薪酬规则的目的无疑是通过确保任何成员国的雇主在这方面都不会比其他成员国的雇主拥有竞争优势，从而“创造公平竞争环境”，但是，欧洲法院在早期判例法中宣称，第 157 条具有社会目的，而不仅具有经济目的。在“德弗雷纳第一案”（*Defrenne I*）中，比利时主张，该条款仅具有经济目的，即“避免由于雇用女性劳动力，其薪酬低于从事同样工作的男性劳动力，从而导致成本价格出现差异”[⑲]。欧洲法院在“德弗雷纳第二案”（*Defrenne II*）中驳回了这种观点。

---

⑰　C Barnard, 'The Economic Objectives of Article 119' in D O'Keeffe and T Hervey（eds）, *Sex Equality Law in the European Union*（Wiley, 1996）; D Hoskyns, *Integrating Gender—Women, Law and Politics in the European Union*（Verso, 1996）49.

⑱　Case C – 50/96 *Deutsche Telekom v Schröder*［2000］ECR I – 7.

⑲　Case 80/70 *Defrenne v Belgium*（*Defrenne I*）［1971］ECR 445.

德弗雷纳诉比利时航空

Case 43/75 Defrenne v Sabena

［1976］ECR 455

［《里斯本条约》重新编号，《欧洲经济共同体条约》
第 119 条变更为《欧洲联盟运行条约》第 157 条］

欧洲法院

8. 第 119 条旨在实现双重目的。

9. 首先，鉴于各个成员国的社会立法处于不同发展阶段，第 119 条的目的在于避免出现如下情况，即在已经确实执行平等薪酬原则的成员国开业的企业，与在那些尚未在薪酬方面消除对女性劳动者歧视的成员国开业的企业相比，在共同体内部的竞争中处于竞争劣势。

10. 其次，该条款构成共同体社会目标的组成部分——共同体不仅是一个经济联盟，与此同时，它还希望通过共同行动确保社会进步，并且寻求不断改善人民的生活条件和工作条件，这正是条约序言所强调的。

……

12. 这一双重目的既具有经济性质，又具有社会性质，它表明，平等薪酬原则是共同体赖以存在的基础之一。

如第八章所示，多个成员国在长达数年期间仍没有实施平等薪酬原则，它们最终在"德弗雷纳案"中向欧洲法院主张，该条约条款不具有直接效力，但均败诉。欧洲法院裁定，《欧洲联盟运行条约》第 157 条（原《欧洲经济共同体条约》第 119 条）自过渡期第一阶段结束之日起就具有直接效力。尽管如此，欧洲法院还是受到成员国如下主张的左右，即此类裁决给它们造成严重财政后果。欧洲法院宣称，鉴于成员国错误理解该条约条款效力的部分原因在于，欧共体委员会之前没有对这些成员国提起违反之诉程序，因此，其裁决仅在将来有效。欧洲法院此类无追溯力的否决情况并不多见，一般情况下出现在对成员国或成员国的某些产业具有重大财政影响的案件中。⑳

　　第 157 条的社会目的是确保男性与女性个体之间的公平，其经济目的是确保具有竞争关系的雇主之间的平等条件，在"施罗德案"（*Schröder*）中，欧洲法院面临这两个目的之间的明显冲突。㉑ 如果优先考虑社会目的，则德国法律可以通过溯及既往的方式适用平等薪酬原则，从而允许兼职劳动者参加职业养老金计划；如果优先考虑经济目标，那么，为了确保本国企业的运行条件与其他成员国的竞争者相比不处于劣势，德国则不用如此做。欧洲法院首先重复了"德弗雷纳第二案"判决第 8—11 段中关于"双重目的"的裁决，接下来裁决如下。

德国电信诉施罗德
Case C‑50/96 Deutsche Telekom v Schröder
［2000］ECR I‑743

欧洲法院

　　56. 然而，在后来的裁决中，本法院多次裁定，不得受到基于性别的歧视这项权利是一项基本人权，本法院有义务确保这项权利得到遵守（就此意义，可参见 Case 149/77 *Defrenne III* ［1978］ECR 1365，第 26 段和第 27 段；Joined Cases 75/82 and 117/82 *Razzouk and Beydoun v. Commission* ［1984］ECR 1509，第 16 段；以及 Case C‑13/94 *P. v. S. and Cornwall County Council* ［1996］ECR I‑2143，第 19 段）。

　　57. 鉴于此项判例法，必须做出如下结论：条约第 119 条拟实现的经济目的，即取消在不同成员国开业的企业之间的竞争扭曲，从属于该条款拟实现的社会目的，该目的构成对一项基本人权的表述。

---

⑳　See, eg, Case 262/88 *Barber v Guardian Royal Exchange Assurance Group* ［1990］ECR 1889; N Hyland, 'Temporal Limitation of the Effects of the Judgments of the Court of Justice' (1995) 4 IJEL 208.

㉑　Case C‑50/96 (n 18); L Besselink, Note (2001) 38 CMLRev 437; E Ellis, Note (2000) 25 ELRev 564.

因此,依据关于基本人权判例法进行解读,《欧洲联盟运行条约》第 157 条的社会目的优先于其经济理念。[22] 此外,尽管"施罗德案"涉及的是平等薪酬问题,但欧洲法院的裁决似乎参考了《欧洲联盟运行条约》第 157 条以及更具普遍意义的平等待遇原则。

在最近一些立法的序言中,如修订后的《第 2006/54 号指令》[23] 以及根据第 19 条通过的反歧视指令[24],都可以明显发现,强调人权而不是经济竞争力,是欧盟平等待遇法的首要理念。

二 第 157 条的广泛程度:对薪酬的界定

已经证明,尽管第 157 条本身对"薪酬"(pay)这一术语的含义给出了指引,但这仍然是一个复杂问题。欧洲法院给予该术语非常宽泛的范围,从而导致薪酬与社会保障之间的边界出现了一些混乱。尽管欧洲法院的有些裁决似乎推翻了欧盟立法机构通过的某些措施,但在其他一些时候,它的裁决似乎又是对政治背景的回应,因为它在遇到成员国或其他机构的明显不满时,又从先前的扩张性立场后退了。

(一) 社会保障补助不是薪酬

"德弗雷纳第一案"是针对比利时在退休养老金方面存在的歧视提起的诉讼。在该案中,欧洲法院对薪酬与养老金之间的复杂关系做出了一项早期裁决。[25] 欧洲法院裁定,尽管"具有社会保障补助性质的对价"本身并未被排除出薪酬这一概念,但是在本案中,雇主向退休养老金缴纳的费用则可以被排除出第 157 条涵盖的范围,其原因有三。第一,养老金项目由立法直接管辖;第二,在本案所涉及的特定公司或职业部门,并没有就退休养老金项目达成协议;第三,退休养老金项目以"强制性"方式适用于劳动者这一"普遍"类型。国家在其中发挥着决定性作用,而且不存在特定雇主的参与,这一事实至关重要:概言之,设立养老金项目的本意是

㉒　S Krebber, 'The Social Rights Approach of the European Court of Justice to Enforce European Employment Law' (2006) 27 Comparative Labor Law and Policy Jnl 377.

㉓　(N 125).

㉔　(N 78).

㉕　Case 80/70 *Defrenne v Belgium* [1971] ECR 445.

将其作为社会政策事项，而不是作为所涉雇用关系的组成部分。欧洲法院对于薪酬与社会保障之间差别的界定具有重要意义，因为国家社会保障领域的平等待遇不是由关于平等薪酬的《欧洲联盟运行条约》第157条涵盖的，而是主要由《第79/7号指令》管辖，而职业社会保障一部分由第157条涵盖，一部分则由《第2006/54号指令》涵盖。

（二）扩大薪酬概念

如"加兰案"（*Garland*）㉖等案件所示，欧洲法院对第157条中的薪酬做出广义解释。在该案中，女性雇员退休后，其配偶和未成年子女不再可以参与单位提供的旅行，但男性雇员的配偶及其未成年子女则可以继续享有，欧洲法院裁定，这构成违反条约的一项歧视。㉗因为提供旅行是由于雇用关系而赋予雇员的待遇，即使在退休后仍然如此，并且与任何特定合同义务无关，因此被认定构成了薪酬。在"科瓦尔斯卡案"（*Kowalska*）中，欧洲法院裁定，遣散费属于第157条涵盖范围，因为这是劳动者基于雇用原因而有资格获得的补偿，即使这项补偿同样是在雇用关系终结后支付，而不是在雇用关系存续期间支付。㉘在"西摩—史密斯案"（*Seymour-Smith*）中，由于被不公平解雇而获得的赔偿被认定为构成薪酬，因为该补偿的目的是替代在雇员没有被不公平解雇的情况下本应享有的薪酬。㉙在"巴伯案"（*Barber*）中，欧洲法院裁定，包括法定解聘费用在内的遣散金应构成第157条意义上的薪酬，即使这是成文法的要求，因为"由于雇用关系的存在"，劳动者有权在终止雇用关系时获得这些遣散金。㉚在"尼姆茨案"（*Nimz*）中，欧洲法院肯定，关于薪酬分级体系的规则属于第157条涵盖范围，因为这些规则直接管辖雇员薪酬的变化。㉛此外，欧洲法院还将法定病假工资㉜、

㉖　Case 12/81 *Garland v British Rail Engineering Ltd* [1982] ECR 359.

㉗　Case C-249/96 *Grant v South-West Trains* [1998] ECR I-621.

㉘　Case C-33/89 *Kowalska v Freie und Hansestadt Hamburg* [1990] ECR I-2591, [10].

㉙　Case C-167/97 *R v Secretary of State for Employment, ex p Nicole Seymour-Smith* [1999] ECR I-623.

㉚　Case 262/88 *Barber* (n 20) [13]-[18].

㉛　Case C-184/89 *Nimz v Freie und Hansestadt Hamburg* [1991] ECR I-297.

㉜　Case 171/88 *Rinner-Kühn v FWW Spezial-Gebäudereinigung GmbH* [1989] ECR 2743, [7].

产后津贴㉝以及法定补偿㉞等均纳入薪酬这一概念。这些待遇被归类为薪酬而不是社会保障，这一点总体上有利于雇员的利益，因为与《第79/7号指令》不同，第157条既对成员国也对私人雇主具有直接效力。

　　相反，为了判断公务员是否具备晋升资格而计算其服务年限的规则，即使间接决定着当事人是否有可能获得更高一级报酬，这也只是工作条件方面的平等待遇事项，而不是平等薪酬事项。㉟在"德弗雷纳第二案"中，欧洲法院曾经裁定，提供某些工作条件可能产生金钱方面的后果这一事实，并不足以将这些条件置于第157条涵盖的平等薪酬原则的范围之内，而且这一观点在"瑞典平等机会监察专员案"（*JämO*）㊱、"西摩—史密斯案"㊲"施泰尼克案"（*Steinicke*）㊳ 和"洛默斯案"（*Lommers*）㊴ 等中再次得到肯定。相反，这些条件属于关于平等待遇的《第76/207号指令》（现《第2006/54号指令》）中的事项。

　　（三）"比尔卡公司案"与"巴伯案"：职业养老金可构成薪酬

　　对于薪酬与社会保障这二者之间的不确定地带，欧洲法院在"比尔卡公司案"（*Bilka-Kaufhaus*）和"巴伯案"㊵ 中对职业养老金问题做出的裁决，以及"巴伯案"之后的大量诉讼是这方面重要的发展。欧洲法院在"比尔卡公司案"中首次直接处理职业养老金项目这一问题。在欧洲法院做出该判决之时，理事会正在考虑通过关于职业社会保障的立法，即后来

㉝　Case C – 342/93 *Gillespie v Northern Health and Social Services Boards* [1996] ECR I – 475；Case C – 411/96 *Boyle v EOC* [1998] ECR I – 6401；Case C – 147/02 *Alabaster v Woolwich plc and Secretary of State for Social Security* [2004] ECR I – 3101.

㉞　Case C – 360/90 *Arbeiterwohlfahrt der Stadt Berlin v Bötel* [1992] ECR I – 3589；Case C – 457/93 *Kuratorium für Dialyse und Nierentransplantation v Lewark* [1996] ECR I – 243；Case C – 278/93 *Freers and Speckmann v Deutsche Bundespost* [1996] ECR I – 1165.

㉟　Case C – 1/95 *Gerster v Freistaat Bayern* [1997] ECR I – 5253.

㊱　Case C – 236/98 *Jämställdhetsombudsmannen v Örebro läns landsting* [2000] ECR I – 2189，[59] – [60].

㊲　Case C – 167/97 *Seymour-Smith* (n 29) [36] – [37].

㊳　Case C – 77/02 *Steinicke v Bundesanstalt für Arbeit* [2003] ECR I – 9027.

㊴　Case C – 476/99 *Lommers v Minister van Landbouw, Natuurbeheer en Visserij* [2002] ECR I – 2891.

㊵　Case 262/88 *Barber* (n 20)；Case 170/84 *Bilka-Kaufhaus GmbH v Karin Weber von Hartz* [1986] ECR 1607.

的《第86/378号指令》[41]，它对关于法定社会保障的《第79/7号指令》构成补充。

1986年指令中的条款清楚地表明，欧共体机构认为，职业养老金属于社会保障事项，而非薪酬，它们因此以一种更具渐进性的方式处理这一事项，即类似于《第79/7号指令》涵盖的国家社会保障事项，而不是依照第157条的强制性约束方式处理该事项。然而，欧洲法院在"比尔卡公司案"中采取了不同的观点。该案涉及一种全部由雇主出资的补充性职业养老金项目，欧洲法院裁定，尽管该项目是按照德国法律规定的条件设立的，但它以雇主与雇员的职员委员会达成的协议为基础，因此该事项属于条约意义上的薪酬范围。[42]

与"德弗雷纳第一案"中的法定养老金项目相反，欧洲法院在本案中强调了三个因素：该养老金项目的合同性质；该项目不是由成文法直接管辖，而是由雇主和雇员之间的协议调整；该项目完全由雇主提供资金。雇主选择以一种与法定社会保障项目相当的方式安排该项目，这一事实没有相关性，因此，在该职业养老金项目下向雇员支付的利益就构成了第157条意义上的"薪酬"。立法强制要求雇员参加职业养老金项目，这一事实同样无关紧要。[43] 尽管"比尔卡公司案"裁决已经向欧盟机构发出了警示，即欧洲法院将职业养老金视作薪酬而非社会保障，但在该裁决之后不久，《第86/378号指令》很快就得到通过。

然而，欧洲法院在此之后又做出著名的"巴伯案"判决，导致《第86/378号指令》的大多数规定不再有效。欧洲法院裁定，即使职业养老金项目由合同承担，即该项目由雇主设立，直接取代了法定项目，并且其目的恰恰也是实施法定项目这一义务，那么，向雇员支付的利益仍构成薪酬，而不是社会保障。[44] 该案中社会保障和薪酬的差别对于养老金问题尤其重要，原因在于，《第79/7号社会保障指令》在领取养老金的年龄以及与此相关的利益等问题上，允许平等待遇原则存在一些例外。[45] 但在第157

---

[41] Council Directive 86/378/EEC of 24 July 1986 on the implementation of the principle of equal treatment for men and women in occupational social security schemes [1986] OJ L225/40.

[42] Case 170/84 *Bilka-Kaufhaus* (n 40) [21]–[22].

[43] Case C-435/93 *Dietz v Stichting Thuiszorg Rotterdam* [1996] ECR I-5223.

[44] Case C-262/88 *Barber* (n 20).

[45] 参见本章第六节第二部分的进一步讨论。

条框架下则不存在此类例外。在"巴伯案"之前已经实行合同式职业养老金项目的企业继续实行这种做法,它们以为可以继续男性和女性在领取养老金年龄方面的歧视性做法。

　　问题的关键是,合同式职业养老金项目是由"德弗雷纳第一案"[46] 裁决中规定的原则调整,在该案中它们属于社会保障,还是适用"比尔卡公司案"[47] 中的原则,在该案中它们属于薪酬。欧洲法院遵循其在"比尔卡公司案"中的论证,聚焦于合同式养老金项目的三个特征:首先,该项目得到雇主同意,并由雇主完全出资,而不是由成文法直接要求;[48] 其次,与绝大多数社会保障待遇不同,该项目并非强制性适用于被雇用者这一普遍类型,并且尽管该项目符合成员国立法,但由其自身规则予以管辖;最后,尽管该项目是对法定项目的替代,但它也可以进一步提供额外待遇,从而使其很难与诸如"比尔卡公司案"判决中的补充性项目区分开来。该项目的资金由信托基金负责管理这一事实,并不能阻止该项待遇构成薪酬,而且,事实上,可以直接援引第 157 条对独立信托基金提起诉讼。[49]

　　在确立了私人合同式职业养老金项目由平等薪酬原则涵盖之后,欧洲法院在"巴伯案"中裁定,男性和女性在被解雇时获得的养老金资格不同,这一点违反了平等薪酬原则,并且在涉及薪酬的每一项因素时,都必须确保平等。[50] "巴伯案"对于整个欧盟都产生了重要影响,而且从根本上改变了此后养老金项目的组织方式。[51]

　　"巴伯案"的激进性质引起了雇主以及以第三方参与诉讼的成员国的批评,后者在其提交的意见中强烈反对欧洲法院的结论。它们认为,该判

---

　　[46]　Case 80/70 *Defrenne I* (n 19).

　　[47]　Case 170/84 *Bilka-Kaufhaus* (n 40).

　　[48]　在后来的一些案件中,欧洲法院阐明,在职业养老金项目框架下支付给雇员的全部待遇,无论是缴费型还是非缴费型,均构成《欧洲联盟运行条约》第 157 条意义上的薪酬,参见 Case C‑200/91 *Coloroll Pension Trustees Ltd v Russell and others* [1994] ECR I‑4389, [88].

　　[49]　Case C‑200/91 *Coloroll* ibid [24] and Case C‑379/99 *Pensionskasse für die Angestellten der Barmer Ersatzkasse v Menauer* [2001] ECR I‑7275.

　　[50]　Case 262/88 *Barber* (n 20) [32]–[34]; Case C‑381/99 *Brunnhofer v Bank der österreichischen Postsparkasse AG* [2001] ECR I‑4961; Case C‑236/98 *JämO* (n 36).

　　[51]　D Curtin, 'Scalping the Community Legislator: Occupational Pensions and Barber' (1990) 27 CMLRev 475.

决没有充分考虑诸多职业养老金项目赖以存在的社会政策要求，忽略了法定养老金项目与职业养老金项目之间的密切联系，而且，它涉及司法机构有意规避一项合法的欧盟立法，即1986年《职业养老金指令》。然而，欧洲法院对成员国的关切做出重大让步(52)，限制了裁决的溯及既往效力(53)，这也是对雇主的让步，但他们此后将不得不以完全不同的方式组织职业养老金。然而，该判决中限制其裁决溯及既往效力的段落有些模棱两可，对"巴伯案"裁决的关切促使成员国通过《马斯特里赫特条约》在当时的《欧洲共同体条约》中附加了一项议定书，其目的在于通过采取这两种可能的解释中更具限制性的解释，限制该判决的溯及既往效力。在后来被要求澄清"巴伯案"判决相关段落的含义时，欧洲法院以实用主义立场认可了成员国在该议定书中选择的解释版本。(54)

（四）"巴伯案"之后的判例法

尽管成员国试图限制欧洲法院在解释方面的自主权，但欧洲法院在后来的案件中仍然限制上述议定书的可能适用范围，再次强调了自身的独立性。欧洲法院在"菲斯赫尔案"（*Fisscher*）和"弗鲁赫案"（*Vroege*）中裁定，必须"将该议定书与'巴伯案'一起解读，并且其范围不能超出对其时间效力的限制"(55)。这意味着该议定书仅与"待遇"有关，而与"有权利加入或属于"某个职业养老金项目无关。因此，管辖某个职业项目"成员身份"的歧视性条件，例如全职要求或者将已婚女性排除在外，就由欧洲法院在"比尔卡公司案"中做出的早期裁决调整(56)，而不是由该议定书调整。后来，对于参加职业养老金项目的其他限制性条件，欧洲法院也采

(52) 特别是英国提出，除非该判决的溯及既往效力受到限制，否则它的支出将增加330亿至450亿英镑，这将对整个英国经济造成灾难性后果。

(53) Case 262/88 *Barber*（n 20）[44]–[45].

(54) Case C–109/91 *Ten Oever v Stichting Bedrijfspensioenfonds voor het Glazenwassers-en Schoonmaakbedrijf* [1993] ECR I–4879，[16]–[19]；Case C–166/99 *Defreyn v Sabena* [2000] ECR I–6155.

(55) Case C–128/93 *Fisscher v Voorhuis Hengelo BV and Stichting Bedrijfspensioenfonds voor de Detailhandel* [1994] ECR I–4583；Case C–57/93 *Vroege v NCIV Institut voor Volkshuisvesting BV and Stichting Pensioenfonds NCIV* [1994] ECR I–4541；Case C–7/93 *Bestuur van het Algemeen Burgerlijk Pensioenfonds v Beune* [1994] ECR I–4471.

(56) Case 170/84 *Bilka-Kaufhaus*（n 40）.

用了同样的立场。㊼

因此，在遵守成员国诉讼时效的前提下，从"德弗雷纳第二案"判决生效之日起，可以依据第 157 条质疑以歧视方式将相关人员排除出某个养老金项目的做法，就在该案判决中，第 157 条被裁定具有直接效力。然而，加入养老金项目这项具有溯及既往效力的权利，并不意味着劳动者可以免于支付与过去缴纳的费用价值相当的费用。㊽

欧洲法院在"滕·乌弗尔案"（*Ten Oever*）中还裁定，第 157 条涵盖的养老金待遇不仅应支付给雇员，还应支付给雇员遗属，在该案中是遗孀，因为其中的关键因素在于，该养老金是由于雇员和雇主之间存在雇用关系而支付的。㊾遵循该判决，欧洲法院在"克劳罗尔公司案"（*Color-oll*）⑩和"梅瑙尔案"（*Menauer*）⑪中裁定，雇员的被扶养人也可以援引第 157 条起诉雇主或养老金项目的信托基金。

"伯内案"（*Beune*）⑫涉及公务员养老金问题。欧洲法院回顾了它在从"德弗雷纳第一案"到"滕·乌弗尔案"等一系列裁决中所形成的用于判断养老金项目是构成第 157 条下的薪酬还是《第 79/7 号指令》之下社会保障的标准。欧洲法院首先考虑了如下标准：第一，雇主与雇员之间的协议，而非法定来源；第二，项目中不存在公共资助；第三，相关待遇的提供是对国家社会保障待遇的补充。但是，欧洲法院得出结论认为，具有"决定性"而非"排他性"的是第四项标准，即《欧洲联盟运行条约》第 157 条本身规定的标准：向劳动者支付养老金的原因在于劳动者与原雇主之间的雇用关系。⑬

因此，即使公务员养老金项目受到"社会政策、国家组织结构，或者

㊼ See also Case C‑435/93 *Dietz v Stichting Thuiszorg Rotterdam* [1996] ECR I‑5223, [23]‑[25]; Case C‑246/96 *Magorrian and Cunningham v Eastern Health and Social Services Board* [1997] ECR I‑7153; Case C‑50/96 *Schröder* (n 18); Cases C‑270 and 271/97 *Deutsche Post v Sievers and Schrage* [2000] ECR I‑929; Case C‑110/91 *Moroni v Collo GmbH* [1993] ECR I‑6591.

㊽ Case C‑128/93 *Fisscher* (n 56) 37; Cases C‑231‑233/06 *Jonkman* [2007] ECR I‑5149.

㊾ Case C‑109/91 *Ten Oever* (n 54); Case C‑50/99 *Podesta v CRICA* [2000] ECR I‑4039; Case C‑443/15 *Parris v Trinity College Dublin* EU: C: 2016: 897.

⑩ Case C‑200/91 *Coloroll* (n 48) [17]‑[19].

⑪ Case C‑379/99 *Menauer* (n 49).

⑫ Case C‑7/93 *Beune* (n 55); Case C‑50/99 *Podesta* (n 59).

⑬ Ibid [43]‑[44].

伦理道德甚至是预算事项方面考虑因素"的影响，也就是那些一般情况下决定了它被划归为国家社会保障项目而非薪酬的因素。然而，如果同时还存在如下三个因素，那么上述因素的影响就不是最重要的，即如果公共雇主支付的养老金仅涉及劳动者中的某个特定类型，而不是普遍类型，与服务期限直接相关，以及其数额的计算参照公务员最后的薪水，那么，它就相当于由私人雇主支付的养老金，并且构成薪酬。[64]

（五）从"巴伯案"有限地后退：雇主向养老金固定收益项目缴纳的费用

"巴伯案"以后的判例法出现的一个问题是，第 157 条是否涵盖由雇主向合同式职业养老金项目支付的费用，而不是如"巴伯案"那样对雇员支付的费用。[65] 之所以出现这一问题，是因为在计算雇主应向该项目支付多少费用时，采用对男性和女性不同预期寿命的精算方式。

"克劳罗尔公司案"和"尼瑟案"（Neath）涉及"固定收益"养老金项目，根据该项目，雇员获得养老金的标准已经事先固定，例如通过参照雇员最后一年薪水的一部分作为每年提供的标准。欧洲法院裁定，男性和女性雇员向该项目缴纳的费用额度必须完全相同，因为依照"沃林厄姆案"（Worringham）[66]，雇员缴纳的费用属于第 157 条涵盖的薪酬。

然而，在此类固定收益项目下，雇主缴纳的费用在不同的时间并不相同，需要按照必须支付的养老金的数额进行调整。由于在计算雇主应缴纳的费用时采用的是以性别为基础的精算系数，因此，男性雇员在被裁员时，以本金总额、转移收益、推迟领取养老金等形式获得的金额，将少于女性雇员。欧洲法院裁定，尽管承诺按照固定标准提供的养老金构成薪酬，但是，无论是雇主为了确保其承诺提供的养老金拥有充足资金而缴纳

---

　　[64]　Ibid［45］. See also Case C – 366/99 Griesmar EU：C：2001：648；Case C – 206/00 Mouflin v Recteur de l'académie de Reims［2001］ECR I – 10201；Case C – 351/00 Niemi［2002］ECR I – 7007；Cases C – 4 – 5/02 Schönheit and Becker［2003］ECR I – 12575；Cases C – 124，125 and 143/11 Dittrich，Klinke and Müller EU：C：2012：771；Case C – 173/13 Leone v Garde des Sceaux EU：C：2014：2090；Case C – 192/18 European Commission v Poland EU：C：2019：924.

　　[65]　Case C – 200/91 Coloroll（n 48）；Case C – 152/91 Neath v Hugh Steeper Ltd［1993］ECR I – 6935.

　　[66]　Case 69/80 Worringham and Humphreys v Lloyds Bank［1981］ECR 767.

的费用,还是由本金总额或转移收益所代表的这些缴费的价值,都不属于第157条范围。[67]

因此,逐渐扩大薪酬这一概念,侵蚀了薪酬与职业社会保障之间的界限,但是,通过在职业社会保障与国家社会保障之间创设界限,欧洲法院从其在"尼瑟案"和"克劳罗尔公司案"中的立场有所退缩。这些在"巴伯案"之后的判例被纳入立法,即现在的《第2006/54号指令》之中。[68]然而,"尼瑟案"和"克劳罗尔公司案"允许在职业养老金项目中运用基于性别的精算方法,这一方法在"比利时消费者试购协会案"(Test-Achats)中可能已经受到质疑,该裁决禁止在保险领域运用基于性别的精算方法。[69]

此外,《第2006/54号指令》还包含在职业养老金领域适用平等待遇原则的一项"例外",该例外在"克劳罗尔公司案"中得到阐述,即通过"雇员自愿缴费方式"在职业项目中购买的某些养老金待遇不属于第157条涵盖的范围,因此不构成薪酬。[70]该指令还规定了其他一系列特定例外。[71]

(六) 对职业养老金中存在的歧视提供救济

在"巴伯案"之后出现的一个重要问题是,如何对已经发现的歧视进行救济。在"克劳罗尔公司案"中,欧洲法院裁定,从"巴伯案"裁决之日起到旨在消除歧视的措施生效之前这段时期,"正确实施平等薪酬原则要求,处于弱势的雇员应获得与其他雇员先前享有的相同优待"[72]。换言之,在通过修订措施之前,养老金项目只能"向上拉平",即给予男性与

---

[67] Case C – 152/91 *Neath* (n 65) [31] – [32]; Case C – 200/91 *Coloroll* (n 48) [80] – [81]. See also Case C – 132/92 *Roberts v Birds Eye Walls Ltd* [1993] ECR I – 5579.

[68] Dir 2006/54 (n 125); N Burrows and M Robison, 'An Assessment of the Recast of Community Equality Laws' (2006) 13 ELJ 186; E Cassell, 'The Revised Directive on Equal Treatment for Men and Women in Occupational Social Security Schemes—The Dog that Didn't Bark' (1997) 26 ILJ 269.

[69] Case C – 236/09 *Association Belge des Consommateurs Test-Achats ASBL v Conseil des Ministres* EU: C: 2011: 100; Case C – 476/11 *HK Danmark* (*Kristensen*) *v Experian AS* EU: C: 2013: 590.

[70] Case C – 200/91 *Coloroll* (n 48) [90] – [93]; Dir 2006/54 (n 125) Art 8 (1) (e).

[71] Dir 2006/54 (n 125) Art 8 (1).

[72] Case C – 200/91 *Coloroll* (n 48).

女性已享有的相同优待。这项原则在"德弗雷纳第二案"[73] 中首次得到阐述，欧洲法院在该案中裁定，只有提高最低薪水，才能符合平等待遇原则，因为第157条的出现是在对工作条件进行调和的背景下同时保证改善这些条件。

然而，欧洲法院在"克劳罗尔公司案"中采用的立场比"德弗雷纳第二案"更具限制性，并且仅在从"巴伯案"裁决之后到通过遵守这项原则的措施之前这段过渡期适用"向上拉平"[74]。一旦通过了旨在实现平等的措施，第157条"就不能排除那些旨在通过降低相关人员先前享有的优待，以实现平等待遇的措施"[75]。然而，在"巴伯案"之前，欧盟法没有触及职业养老金项目中存在的男性和女性之间的年龄歧视问题，因此，也无法为成员国以溯及既往方式降低女性在该裁决之前享有的优待提供合理基础。欧洲法院还在"史密斯案"（*Smith*）中裁定，一旦雇主采取措施，以期在未来遵守《欧洲联盟运行条约》第157条，那么，就不能采用部分实现平等的方式或者以渐进方式实现平等。[76]

欧洲法院在职业养老金判例法中使用"优待"（advantage）一词指称女性的地位，因为在一般情况下，在获取国家养老金项目方面，女性的退休年龄低于男性。然而，有人指出，"优势"或"受优待群体"等词汇很难恰当地适用于该背景下的女性。这是因为弱势群体"事实上由女性构成，她们曾经参加工作并向养老金项目缴费，但得到的养老金非常少，因为她们在工作期间赚取的薪酬水平本就较低，而且工作年限往往少于男性"[77]。

---

⑦③ Case 43/75 *Defrenne v Sabena* [1976] ECR 455，[15].

⑦④ Case C－200/91 *Coloroll*（n 48）；Case C－408/92 *Smith v Advel Systems Ltd* [1994] ECR I－4435，[30]；Case C－171/18 *Safeway Ltd v Newton and Safeway Pension Trustees Ltd* EU：C：2019：839.

⑦⑤ Case C－200/91 *Coloroll*（n 48）[33].

⑦⑥ Case C－408/92 *Smith*（n 74）[27]；Case C－28/93 *Van den Akker v Stichting Shell Pensioen-fonds* [1994] ECR I－4527. 该案涉及一旦引入男性和女性的统一退休年龄，就不允许女性获得任何优惠待遇。

⑦⑦ D de Vos，'Pensionable Age and Equal Treatment from Charybdis to Scylla'（1994）23 ILJ 175，179.

第五节 《欧洲联盟运行条约》第 19 条
与 "第 19 条指令"⑦

在《欧洲经济共同体条约》及其平等薪酬原则生效 40 年之际,《阿姆斯特丹条约》引入了《欧洲联盟运行条约》第 19 条。该条的引入经过了非政府组织、欧洲议会议员,以及其他一些人的长期努力,目的在于加强欧盟的权力,以应对欧洲面临的种族歧视以及与日俱增的排外主义等问题。⑦ 第 19 条并未直接禁止基于所列举理由的歧视,而且它没有直接效力。相反,在不影响两部条约其他条款且在两部条约赋予联盟的权力范围内,它授权欧盟通过措施,打击基于该条所列理由的歧视:

1. 在不影响两部条约其他条款且在两部条约赋予联盟的权力范围内,理事会以符合特别立法程序的一致方式,并在咨询欧洲议会之后,可以采取适当行动,以打击基于性别、种族或民族、宗教或信仰、残疾、年龄或性取向的歧视。

尽管第 19 条第 1 款要求理事会内部一致同意,但第 2 款允许经由特定多数,通过辅助性的非调和式的激励措施,以打击基于第 1 款所列举理由的歧视。

一 《第 2000/43 号种族指令》

《第 2000/43/EC 号指令》(Directive 2000/43/EC)⑧ 即《种族指令》

---

⑦ Fundamental Rights Agency, *The Situation of Equality in the EU 10 years on from initial implementation of the Equality Directives* at http://fra. europa. eu/en/opinion/2013/fra – opinion – situation – equality – european – union – 10 – years – initial – implementation – equality.

⑦ M Bell, 'The New Article 13 EC Treaty: A Sound Basis for European Antidiscrimination Law?' (1999) 6 MJ 5; M Bell, *Anti-Discrimination Law and the European Union* (Oxford University Press, 2002).

⑧ Council Directive 2000/43/EC of 29 June 2000 implementing the principle of equal treatment between persons irrespective of racial or ethnic origin [2000] OJ L180/22.

确立了禁止基于种族或民族的歧视，这是在第 19 条之下通过的第一部立法。该指令于 2000 年以超乎寻常的速度获得通过，即在《阿姆斯特丹条约》生效之后不到一年内通过。[81] 当时欧洲对极右翼再次兴起的担忧与日俱增，著名的奥地利"海德尔事件"无疑对该立法迅速且顺利通过发挥了重要作用。[82] 另外，当时还有一种意愿，希望向当时正在寻求加入欧盟的中东欧国家释放信号，表明打击种族歧视的重要性，《阿姆斯特丹条约》将"制裁条款"纳入《欧洲联盟条约》第 7 条，就是对该意愿的反映。[83]

尽管《欧洲联盟运行条约》第 19 条限制了欧盟的管辖权，规定欧盟只能在联盟权力的范围内采取行动，但《种族指令》（Race Directive）第 3 条赋予欧盟反歧视的广泛实体范围，包括在社会保护、健康医疗、住房和教育方面禁止歧视。该指令适用的人员范围也相当广泛，涵盖欧盟范围内的所有个人，既包括公共行为体，也包括私人行为体。然而，《种族指令》尽管在其他方面所涵盖的范围很广泛，在涉及非欧盟成员国国民时其涵盖范围却很有限，这表明在欧洲，歧视、种族与移民之间的关系难以处理。非欧盟成员国国民在欧盟领土范围内受到免于基于种族和民族歧视的保护。但是，该指令第 3 条第 2 款和序言引文第 13 段明确指出，它并不涵盖基于国籍的歧视，并且"不影响与第三国国民入境和居住事宜有关的条款和条件"，也"不影响由相关第三国国民的法律地位所引起的任何待遇"[84]。欧洲法院也强调，《第 2000/43 号指令》不涵盖基于国籍的歧视。

然而，基于国籍的歧视、宗教以及种族或民族的这几种歧视之间的区别十分模糊。此外，该指令承认，"种族"（race）这一类型本身具有高度争议性，并且没有科学依据，因此该立法避免尝试界定"基于种族或民族的歧视"这一概念。[85] 事实上，歧视行为的受害者本就难以根据《种族指

[81] I Chopin, 'The Starting Line: A Harmonised Approach to the Fight against Racism and to Promote Equal Treatment' (1999) 1 EJML 1; J Niessen, 'The Starting Line and the Promotion of EU Anti-Discrimination Legislation: The Role of Policy Oriented Research' (2001) 2 Jnl of International Migration and Integration 389.

[82] M Merlingen, C Muddle, and U Sedelmeier, 'The Right and the Righteous?: European Norms, Domestic Politics and the Sanctions against Austria' (2001) 39 JCMS 59.

[83] E Ellis, *EU Anti-Discrimination Law* (Oxford University Press, 2005) 29.

[84] Case C-571/10 *Servet Kamberaj* EU: C: 2012: 233, [48]-[50]; Case C-668/15 *Huskic* EU: C: 2017: 728.

[85] 该指令序言引文第六段。

令》提起诉讼——我们已经很熟悉这些困难，而缺乏对被禁止行为的界定可能使其难上加难。[86]

　　令人印象深刻的是，到目前为止，依据《种族指令》向欧洲法院提请初步裁决的案件数量少之又少，而在已经提交的案件中，还有几个被欧洲法院认定不可受理。[87] 此外，可以说明在欧洲法院提起种族歧视主张有多么困难的事实是，到目前为止，欧洲法院做出的重要判决不是由个人提起的，而是由国内反歧视协会或联合会提起的[88]，如下面摘录的案例所示。欧洲法院先前曾回避裁定对罗姆人群体的歧视，因为它认定提请初步裁决的机构不是第 267 条意义上的"法院或法庭"[89]。但是，它在下面这个重要案件中接受了初步裁决请求。[90]

保加利亚 CHEZ 公司诉防止歧视委员会

Case C – 83/14 'CHEZ Razpredelenie Bulgaria' AD v

Komisia za zashtita ot diskriminatsia

EU：C：2015：480

欧洲法院

　　60. ……"基于种族的歧视"这一概念，为了《第 2000/43 号指令》的目的，特别是就其第 1 条和第 2 条第 1 款而言，必须解释为旨在适用于由法院提请的问题所处的情况——在一个以罗姆人为主要人口的城区，所有电表都被放置在架空电网的塔架上，高度在 6—7 米，

---

　　[86]　C Brown, 'The Race Directive：Towards Equality for All the Peoples of Europe?' (2002) 22 YBEL 204.

　　[87]　See, eg, Case C – 391/09 *Runevič-Vardyn and Wardyn* EU：C：2011：291；Case C – 310/10 *Agafiţei* EU：C：2011：467.

　　[88]　Case C – 54/07 *Firma Feryn* [2008] ECR I – 5187.

　　[89]　Case C – 394/11 *Belov v CHEZ Elektro Balgaria AD* EU：C：2013：48；Mathias Möschel, 'Race Discrimination and Access to the European Court of Justice：*Belov*' (2013) 50 CMLRev 1433.

　　[90]　S Benedi Lahuerta, 'Ethnic Discrimination, Discrimination by Association and the Roma Community：CHEZ' (2016) 53 CMLRev 797；C McCrudden, 'The New Architecture of EU Equality Law after *CHEZ*：Did the Court of Justice Reconceptualise Direct and Indirect Discrimination?' (2016) European Equality Law Review 1；S Atrey, 'Redefining Frontiers of EU Discrimination Law' [2017] PL 185.

而在其他城区放置电表的高度不到两米——无论该集体措施是否影响具有特定种族或民族身份的人，还是那些没有该身份的人，他们与前者一起都遭受该措施造成的较差待遇或特别不利情况。

......

91. ......《第2000/43号指令》第2条第2款第1项必须被解释为如下含义，如果所涉这类措施被证明是出于与所涉城区大多数居民共同的民族出身有关的某种原因而引入和/或维持的，那么就构成该条款意义上的直接歧视，该事项由提请初步裁决的法院根据案件的所有相关情况，以及该指令第8条第1款规定的举证责任倒置相关规则来进行判断。

......

109.《第2000/43号指令》第2条第2款第2项必须解释为如下含义：

——该条款排除了一项成员国规定，根据该规定，为了确定存在基于种族或民族的间接歧视，必须存在因种族或民族原因而导致的特别不利；

——该条款中提到的"表面中立的"规定、标准或实践这一概念，指在措辞或应用上明显采取中立方式的规定、标准或实践，也就是说，考虑到与受保护的特征既有差别，也不等同的因素；

——该条款意义上的"特别不利"概念，不是指严重、明显或特别重大的不平等情况，而是指特定种族或民族的人员由于所涉规定、标准或实践而处于不利地位；

——假设一种做法，例如主要诉讼中所涉实践，尚未达到该指令第2条第2款第1项含义上的直接歧视，那么，这种实践原则上可能构成第2条第2款第2项意义上一种表面中立的实践，这种实践使特定民族的人与其他人相比处于特别不利的地位。

《种族指令》第2条确认了四种被禁止的歧视，即直接歧视、间接歧视[91]、骚扰与教唆歧视。下文将进一步解释这些概念。尽管可以依据第2条第2款第2项援引一般"客观正当理由"，来反驳对间接歧视的初步指

---

[91]　Case C-457/17 *Maniero* EU：C：2018：912.

控，但只能依据该指令所列举的有限数量的例外来说明直接歧视具有正当性。这些例外包括：第 4 条允许以"真正且具有决定性的职业要求"为依据采取差别对待，但其适用必须合法且具有相称性；第 5 条"积极行动"条款允许采取措施"弥补与种族或民族相关的不利条件"，并且确保"在实践中实现完全平等"。

该指令还引入了多个机构条款。第 13 条规定，需成立或指派成员国平等机构或办事机构，其任务包括促进所有人的平等待遇，以及不基于种族或民族进行歧视。除了承担发表报告、开展调查、提出建议等政策工作外，这些机构还需要在歧视行为的受害者提出申诉时向其提供独立帮助。第 7 条对个人申诉机制进行了补充，规定拥有合法利益的联合会或机构，以及第 13 条规定的平等机构，可在任何司法或行政程序中对受害人提供帮助和支持，以执行该指令中的义务。第 8 条引入了一项举证责任倒置的要求，一旦可以从申诉人提交的事实中推断出已经发生了直接或间接歧视，那么，举证责任就必须转由被告承担，后者需要证明不存在违反平等待遇规则的情况。[92]

第 6 条表明《种族指令》中的条款是最低要求，而不是最高要求。第 6 条还引入了一项"不倒退条款"，防止成员国将该指令作为正当理由，降低对歧视的现有防范程度。最后，必须向歧视的受害者提供有效、相称且具有劝诫性质的救济，而且第 9 条要求建立有效措施，以防止对申诉人实施报复或迫害。

二 《第 2000/78 号就业框架指令》

《第 2000/78 号就业框架指令》（Directive 2000/78/EC）在《种族指令》之后不久通过，其范围既比后者宽泛，又比后者狭窄。该指令被命名为"框架"指令，指在范围上更广泛，因为它涵盖五种理由的歧视；但之所以说它更狭窄，是因为与先前的《性别平等指令》一样，仅限于劳动力市场上的歧视。《第 2000/78 号指令》禁止就业领域基于性取向、宗教信仰、年龄和残疾的歧视。[93]

---

[92] Case C –415/10 *Meister v Speech Design Carrier Systems* EU：C：2012：217.

[93] Council Directive 2000/78/EC of 27 November 2000 establishing a general framework for equal treatment in employment and occupation［2000］OJ L303/16.

《第 2000/78 号指令》第 3 条第 1 款界定了该指令的范围，与《种族指令》一样，它普遍适用于在欧盟境内的人员，适用于公共和私人部门，但同样也不适用于基于国籍的歧视。[94] 与《种族指令》不同，该框架指令的实质范围仅限于与就业有关的事项。该指令涵盖：（1）与获得雇用有关的条件，包括选拔标准、聘用和晋升方面；（2）获得职业指导、培训与再培训；（3）雇用与劳动条件，包括解雇与薪酬；（4）加入或参与劳动者组织或雇主组织。

有大量特定例外被排除在该指令的涵盖范围：成员国可将关于性别与残疾歧视的条款排除出军队就业的适用范围，[95] 并且该指令也不适用于诸如国家社会保障或社会保护项目等国家计划。[96] 该指令还在序言引文第 14 段中表示："该指令不得影响规定退休年龄的各国法规。"[97] 引文第 22 段声称："本指令不应影响关于婚姻状况及其相关利益的各国法律。"[98]

如同《种族指令》一样，《就业框架指令》第 2 条禁止直接和间接歧视、骚扰以及教唆歧视，并且第 11 条要求引入相关措施，保护申诉人免受迫害。如同《种族指令》一样，间接歧视可在该指令第 2 条第 2 款第 2 项的框架下获得"客观正当理由"。只有依据该指令所包含的其中一项例外，直接歧视才能获得正当性。第 2 条第 5 款规定一种可普遍适用于差别待遇的正当理由，即由于与公共安全、公共秩序、制止犯罪、公共卫生，或保护他人权利有关的原因而必不可少的差别待遇，前提条件是这些措施拟实现的目标是合法的，且具有相称性。第 4 条规定了与《种族指令》中类似的"真正且具有决定性的职业要求"例外。第 7 条包含一项积极行动条款，允许成员国采取优惠措施，以"阻止或补偿"与该指令所涵盖的歧视理由有关的不利情况，其目的是确保在实践中实现完全平等。[99]

在上述一般例外或正当理由之外，对于禁止基于残疾、年龄和宗教的

---

[94]　Art 3（2）.

[95]　Art 3（4）.

[96]　Art 3（3）；Case C–267/06 *Maruko* [2008] ECR I–1757.

[97]　Case C–411/05 *Palacios de la Villa* [2007] ECR I–8531, [44]–[45].

[98]　Case C–267/06 *Maruko*（n 96）；Case C–147/08 *Römer v Freie und Hansestadt Hamburg* EU：C：2011：286；Cases C–124, 125 and 143/11 *Dittrich*（n 64）.

[99]　Case C–406/15 *Milkova* EU：C：2017：198.

"直接"歧视这项规定，还有诸多更特殊的例外。第6条允许成员国采取基于年龄的差别待遇，前提条件是此项例外可以依据一项合法的成员国目标作为客观合理的正当理由，其中包括合法的就业政策、劳动力市场，以及职业培训等目标，并且必须具有相称性。第6条列举了此类成员国合法措施的一些例子。第4条第2款在具有普遍意义的"职业要求"例外这一背景下，包含关于这一例外的一项更特殊的规定，即在遵守欧盟法一般原则和国内宪法一般原则的前提下，允许那些将道德观建立在宗教或信仰基础之上的"教会或其他公共或私人组织"做出如下规定，即个人的宗教或信仰构成一项职业要求，并且要求那些其工作人员的行为必须"对本组织的道德观保持忠诚"。此外，还对与北爱尔兰宗教歧视有关的救济规定了专门条款。[100]

该指令第5条包含一项重要条款，规定有义务为残疾人提供"合理照顾"（reasonable accommodation）。[101] 第2条第2款第2项也承认这项义务，指出为履行实施合理照顾义务的立法而采取的措施不会被视作间接歧视。[102] 第5条要求雇主采取适当措施——欧洲法院曾判定这些措施可以包括减少工作时间[103]，以便让残疾人获得、参与就业或培训，或者得到晋升，除非此类措施将对雇主造成不相称的负担。需要在各国残疾人政策这一背景下评估相关负担是否不相称。[104]

《就业框架指令》最后的程序性条款和机构条款与《种族指令》中的条款类似。该指令规定的是最低标准，而非最高标准，同时也包含"不倒退条款"。此外包含不适用于刑事程序的举证责任倒置条款，适用条件是从申诉人已经提交的事实中可以认定存在歧视。适用于违反之诉程序的制

---

[100] R Holtmaat, *European Non-Discrimination Law：A Comparison of EU Law and the ECHR in the Field of Non-Discrimination and Freedom of Religion in Public Employment with an Emphasis on the Islamic Headscarf Issue* (Intersentia, 2012).

[101] L Waddington, 'When is it Reasonable for Europeans to be Confused? Understanding when a Disability Accommodation is "Reasonable" from a Comparative Perspective' (2008) 29 Comparative Labor Law and Policy Jnl 317.

[102] Case C–312/11 *Commission v Italy* EU：C：2013：446.

[103] Cases C–335 and 337/11 *Ring and Skoube Werge v Dansk almennyttigt Boligselskab* EU：C：2013：222，[57].

[104] E Howard, 'Reasonable Accommodation of Religion and Other Discrimination grounds in EU Law' (2013) 38 ELRev 360.

裁必须有效、具有相称性且具有惩戒性质。[105] 成员国还必须通过其他方式促进实施这项指令，包括通过传播信息和监督，以及规定开展社会对话以及与非政府组织进行对话。成员国必须确保拥有合法利益的联合会和组织，包括平等机构在内，有权代表或支持申诉人参与司法程序或行政程序。然而，值得注意的是，与《种族指令》不同，该指令没有要求成员国成立或指派旨在促进这些领域平等待遇的平等团体或机构。

欧洲法院对《就业框架指令》的范围进行了解释，认为该指令禁止通过连带关系进行歧视，至少在残疾问题上是如此。"科尔曼案"（*Coleman*）涉及一名雇员涉嫌所谓"推定解雇"，她本人并不是残疾人，但却显然由于她的孩子是残疾人而受到了前雇主的不公正待遇。[106] 欧洲法院裁定，《第2000/78 号指令》规定的禁止直接歧视并不仅限于自身残疾的人员，而是同样适用于由于其主要照管患有残疾的孩子而遭到比其他雇员更为不利待遇的雇员。尽管该案件涉及基于残疾的歧视，但它同样可以适用与该指令所涵盖的其他理由具有连带关系的歧视。

科尔曼诉阿特里奇律师事务所
Case C – 303/06 Coleman v Attridge Law
[2008] ECR I – 5603

51. 如果已经确定，处于与本案当事人相同境况的雇员受到了基于残疾的直接歧视，那么，如果将《第2000/78 号指令》解释为仅适用于本身残疾的人员，就有可能剥夺构成该指令效力的一个重要因素，并且削弱该指令旨在保证提供的保护。

与《种族指令》不同，《就业框架指令》产生了大量的判例法。以下仅为示例。[107]

---

[105]　Case C – 81/12 *Asociaţia Accept* EU：C：2013：275.

[106]　Case C – 303/06 *Coleman* [2008] ECR I – 5603.

[107]　See, eg, on age discrimination, Case C – 20/13 *Unland v Land Berlin* EU：C：2015：561；Case C – 417/13 *Starjakob* EU：C：2015：38；Case C – 529/13 *Felber* EU：C：2015：20.

（一） 残疾歧视[108]

现在有几个案件涉及对"残疾"本身的界定，其背景是，无论是该指令还是欧盟已经缔结并批准的《联合国保护残疾人权利公约》都没有对"残疾"做出确切定义。[109]

尽管欧洲法院在"查孔·纳瓦斯案"（*Chacón Navas*）中对疾病和残疾做了区分。[110] 但它在"林与斯科伯·韦尔盖案"（*Ring and Skouboe Werge*）中裁定，尽管疾病和残疾是有区别的，但该指令所涵盖的残疾也有可能由某种疾病造成，无论这种疾病能否治愈。可能的情况是，这"意味着一种长期限制，源于……生理上的、精神上的或心理上的缺陷，与其他多种障碍结合在一起，这些缺陷可能导致相关个人无法在与其他劳动者平等的基础上全面和有效地参与职业生活"[111]。欧洲法院进一步强调，存在残疾并不意味着个人完全没有能力参与工作。这一标准是，对参与工作构成了障碍。认定存在残疾，并不取决于雇主可能采取的照顾措施的性质。[112] 相反，提供合理照顾的要求是法律上认定残疾的结果，而不是先决条件。

（二） 性取向

在"马鲁科案"（*Maruko*）中，欧洲法院表明，一旦某个成员国在处理遗属津贴事项时将登记生活伴侣与婚姻做类似对待，那么，将生活伴侣排除出职业养老金项目下的遗属津贴项目，就构成基于性取向的歧视。[113] 欧洲法院还在以下一些案件中做出类似裁决："勒默尔案"（*Römer*）涉及

---

[108] C O'Brien, 'Equality's False Summits: New Varieties of Disability Discrimination, "Excessive" Equal Treatment and Economically Constricted Horizons' (2011) 36 ELRev 26.

[109] See SWD (2014) 182; L Waddington, 'Future Prospects for EU Equality Law: Lessons to be Learnt from the Proposed Equal Treatment Directive' (2011) 36 ELRev 163.

[110] Case C-13/05 *Chacón Navas* [2006] ECR I-6467.

[111] Cases C-335 and 337/11 *Ring and Skouboe Werge* (n 103). See also Case C-152/11 *Odar v Baxter Deutschland* EU: C: 2012: 772; Case C-356/12 *Glatzel* EU: C: 2013: 350; Case C-354/13 *Fag og Arbejde* (*FOA*) EU: C: 2014: 2463; Case C-363/12 *Z v A Government department* EU: C: 2014: 159; Case C-270/16 *Conejero* EU: C: 2018: 17; Case C-397/18 *DW v Nobel Plastiques Ibérica SA* EU: C: 2019: 703.

[112] Cases C-335 and 337/11 *Ring and Skouboe Werge* (n 103) [44]-[45].

[113] Case C-267/06 *Maruko* (n 96).

补充型养老金;[114] "迪特里希案"（*Dittrich*）涉及公务员患病情况下的薪酬问题;[115] "艾案"（*Hay*）涉及集体协议条款下的特殊假期与工资资金等福利。[116]

"认同协会案"（*Asociația Accept*）是性取向领域的一个重要判例，如同种族歧视领域的"费兰案"（*Feryn*）和"贝洛夫案"（*Belov*）一样，它也表明，非政府组织与平等机构在就歧视问题提起诉讼方面发挥着重要作用。[117] 该案的核心问题是，某个足球俱乐部的主要股东发表过恐同言论，声称永远不会聘用同性恋球员，那么，该股东个人的言论是否可归因于该俱乐部本身，以及对俱乐部的处罚是否适当和充分。欧洲法院指出，足球领域聘用程序的结构化程度较低，并且裁定该声明应归因于该俱乐部，因为该股东在该俱乐部内发挥领导作用，尽管他并不具有约束该俱乐部的法律能力。特别是，该俱乐部显然没有采取任何措施与其评论保持距离。欧洲法院裁定，成员国规则导致无法在相关个人发表歧视性言论六个月之后处以罚款，此成员国规则与该指令不符。

（三）宗教歧视

最近已出现关于《第 2000/78 号指令》反宗教歧视的判例法。在"*Cresco* 公司案"[118] 中，成员国立法规定耶稣受难日是仅适用于作为某些基督教会成员身份的雇员的公共假期，如果当天需要工作，只有这些雇员有资格享有该公共假期薪酬，欧洲法院裁定，《第 2000/78 号指令》第 1 条和第 2 条第 2 款禁止这种规则。在"埃根贝格尔案"（*Egenberger*）中，关于对宗教构成真正、合理和正当的职业要求，欧洲法院裁定，通过将《第 2000/78 号指令》第 4 条第 2 款、第 9 条和第 10 条，与《欧盟基本权利宪章》第 47 条一并解读，意味着必须对这一主张的合理性进行有效的司法

---

[114] Case C – 147/08 *Römer* (98).

[115] Cases C – 124/, 125 and 143/11 *Dittrich* (64).

[116] Case C – 267/12 *Hay v Crédit agricole mutuel de Charente-Maritime et des Deux-Sèvres* EU：C：2013：823.

[117] Case C – 81/12 *Asociația Accept* (n 105).

[118] Case C – 193/17 *Cresco Investigation GmbH v Markus Achatzi* EU：C：2019：43.

审查。在考虑到教会或组织理念的情况下，必须以客观方式进行测试。⑲

三 关于平等待遇的新"第 19 条指令"草案⑳

如前所示，2000 年通过的上述两部反歧视指令所涵盖的实质范围并不相同，《第 2000/78 号指令》包含广泛的歧视理由，但仅限于就业背景；而《种族指令》仅禁止基于种族的歧视，但它涉及更宽泛的社会与经济生活领域。有人指出，在欧盟各个反歧视指令之间，以及《就业框架指令》中的不同歧视理由之间，存在"等级关系"，种族与性别平等在不同程度上享有比其他理由更强的保护水平，这种情况常常受到批评。㉑

2008 年欧盟委员会对上述批评做出回应，提议根据第 19 条第 1 款通过立法，旨在使针对第 19 条中所有被禁止的歧视理由采取"平等"的保护标准，也就是其中基于年龄、残疾、性取向以及宗教或信仰的歧视理由，除种族和性别歧视之外，因为这两个领域的现行立法已经足够有力。㉒鉴于其目标是使各个不同的法律工具实现更大程度的一致性，因此，该提案采纳了现有《第 2000/78 号指令》和合并后的《第 2006/54 号性别平等指令》中的绝大多数术语、定义、原则、实体性规定和例外，条款包括积极行动、合理照顾以及救济。其实质性范围与《种族指令》相似，尽管并非完全相同，涵盖社会保护、卫生、教育，以及有权获得和提供在商业活动背景下的商品与服务。该指令草案声称，它"不影响"关于婚姻或家庭身份以及生育权的成员国法，不影响"成员国教育体系的本国教学内容及其组织结构"，也不影响国家及其机构、教育的世俗性质，或者基于宗教或信仰的组织的地位和活动。

欧盟委员会提案以《欧洲联盟运行条约》第 19 条为依据，该条要求

---

⑲ Case C – 414/16 *Egenberger* EU：C：2018：257. See also Case C – 157/15 *Achbita* EU：C：2017：203；Case C – 68/17 *IR v JQ* EU：C：2018：696；Case C – 684/16 *Max-Planck-Gesellschaft*（n 16）.

⑳ L Waddington, 'Future Prospects for EU Equality Law：Lessons to be Learnt from the Proposed Equal Treatment Directive'（2011）36 ELRev 163；E Howard, 'EU Equality Law：Three Recent Developments'（2011）17 ELJ 785.

㉑ L Waddington and M Bell, 'More Equal than Others：Distinguishing European Union Equality Directives?'（2001）38 CMLRev 587；P Skidmore, 'EC Framework Directive on Equal Treatment in Employment：Towards a Comprehensive Community Anti-Discrimination Policy?'（2001）30 ILJ 126.

㉒ Commission Proposal for a Council Directive implementing the principle of equal treatment between persons irrespective of religion or belief, disability, age or sexual orientation, COM（2008）426 and the Working Document accompanying the proposal, SEC（2008）2180.

立法须经欧洲议会同意，并由理事会一致通过。虽然 2009 年欧洲议会批准了委员会草案[123]，但由于一致同意规则，该草案在部长理事会陷入僵局。尤其是德国政府以辅助性原则为由坚决反对该草案，认为提议的措施给企业带来了成本，而其他国家的政府也反对将"获得社会保护"纳入其范围。还有一些国家显然认为，指令草案中关于残疾人的条款力度不够。平等机构和非政府组织对立法的缓慢进展感到极为沮丧，现在仍然存在立法推进的重大障碍。[124]

第六节　性别指令：平等待遇与保护

如前所示，欧盟反歧视法一开始就规定，从事具有同等价值工作的男性和女性有权获得平等薪酬。性别平等政策至今仍然是欧盟反歧视政策中最强有力，也是资源最充足的领域。从 1976 年开始，欧盟通过了数个指令，旨在解决性别歧视中的一些特定方面。1975 年通过了关于平等薪酬指令的《第 75/117 号指令》，随后通过了与就业、职业培训、晋升和工作条件等有关平等待遇的《第 76/207 号指令》、关于国家社会保障平等待遇的《第 79/7 号指令》、关于职业保障项目的《第 86/378/EEC 号指令》，以及在自营职业领域男女平等待遇的《第 86/613 号指令》。在随后的几十年间，欧盟又通过了多部指令，如保护孕产假的《第 92/85 号指令》、关于育儿假的《第 96/34号指令》、关于举证责任的《第 97/80 号指令》，以及关于平等获得和提供商品与服务的《第 2004/113 号指令》。现在，这些立法已经修订后合并。

一　"经重整的"《第 2006/54 号平等待遇指令》

（一）一般适用

《第 2006/54 号平等待遇指令》（Equal Treatment Directive 2006/54/

---

[123]　2009 年 4 月 2 日欧洲议会通过立法决议，批准了欧盟委员会草案，参见 T6 - 0211/2009.

[124]　Council, 'Proposal for a Council Directive on implementing the principle of equal treatment between persons irrespective of religion or belief, disability, age or sexual orientation—progress report', 9567/1/19, Brussels, 27 May 2019.

EC)⑫ 使现行立法系统化，并纳入了欧洲法院裁决，但并未引入重大的实质性变化。国家社会保障方面的平等待遇仍由《第79/7号指令》单独处理，获得和提供商品与服务方面的平等待遇仍由《第2004/113号指令》管辖。《第2006/54号指令》并未修订《第92/85号孕产假指令》（Pregnancy Directive），而《育儿假指令》（Parental Leave Directive）已被《第2010/18号指令》取代，关于自营职业者平等待遇的《第86/613号指令》则被《第2010/41号指令》取代。尽管有人批评2006年通过的这一合并（consolidation）指令中规中矩，但采取这种方式的原因似乎是为了能够以第157条为依据通过被重整（recast）的指令，而不必采用在程序方面和实体方面更加烦琐的法律基础，例如第153条。⑫

现在《第2006/54号指令》管辖的平等待遇涉及获得就业和晋升、职业培训、包括薪酬在内的工作条件，以及职业社会保障。第一编规定该指令的目的和范围，界定主要术语，并且提到第157条第4款中的积极行动条款。第二编包含主要的实体性内容。第二编第一章关于薪酬，第二章涉及职业社会保障，第三章关于获得就业和晋升、职业培训和工作条件。第三编包含"横向条款"。有一章关于救济与执行，包括充分补偿、诉诸司法与调解程序，以及举证责任。还有一章关于通过对话促进平等待遇，包括规定成立成员国平等机构，促进社会伙伴的对话以及通过社会伙伴达成协议，对成员国实施积极义务，以及与非政府组织开展对话。最后一章广泛处理成员国实施指令问题，包括要求采用适当惩罚⑫、预防歧视、保护申诉人免受迫害、性别主流化，以及信息传播。该指令第27条说明，它规定的仅是最低程度的条件，因此国家可以采用更广泛的保护，该条还包含一项有条件的不倒退条款。

该指令的核心规定是，禁止在公共和私人部门基于性别的直接或间接歧视，适用于薪酬、职业社会保障和就业条件这三个领域。⑫ 根据该指令，

---

⑫　Directive 2006/54/EC of the European Parliament and of the Council of 5 July 2006 on the implementation of the principle of equal opportunities and equal treatment of men and women in matters of employment and occupation（recast）[2006] OJ L204/23.

⑫　Burrows and Robison（n 68）.

⑫　Case C-407/14 *Camacho* EU：C：2015：831.

⑫　该指令第14条。

歧视包括骚扰和性骚扰[129]、教唆歧视，以及任何与孕产假相关的对女性的不利待遇。所有相关术语均由第2条界定。该指令删除了基于"婚姻和家庭身份"的歧视这一提法。[130]

这一合并后的指令简化了平等待遇法，采用了与欧盟其他平等立法一致的间接歧视定义，并且将关于救济、平等机构、实施指令、信息和对话等议题的一般横向条款适用于全部三个领域。由此，欧盟性别平等立法就与前述《种族指令》和《就业框架指令》实现了一致。[131]

（二）平等薪酬

平等薪酬最初由《第75/117号指令》（Equal Pay Directive 75/117）管辖，后来被《第2006/54号指令》[132]取代，但并未做实质性修订，只是根据相关判例法进行了更新。其要旨是，要求在涉及相同工作，或者具有平等价值工作的情况下，取消薪酬方面的性别歧视，并且要求职务分类方案中不存在歧视。[133]

成员国必须废除其立法或行政规定中的任何此类歧视，并且确保废除或修改集体协议或合同中任何违反平等薪酬原则的规定。在合并后的立法中有一章关于"促进平等待遇"，特别是通过与社会伙伴和非政府组织开展对话以及成立平等机构等方式实现这一点，从而取代了先前规定的采取适当措施确保平等薪酬原则得到遵守这项更粗略的积极义务。[134]此外，在救济、执行和实施等方面，合并后的指令也包含比先前指令更宽泛的条款。[135]这些条款纳入了欧洲法院判例法的多个不同方面，例如，欧洲法院

---

[129]　其中还包括，"基于个人拒绝或屈从于此类行为导致的任何不利待遇"。

[130]　S Koukoulis-Spiliotopoulos, 'The Amended Equal Treatment Directive 2002/73: An Expression of Constitutional Principles/Fundamental Rights' (2005) 12 MJ 327; F Beveridge, 'Gender, the *Acquis* and Beyond' in M Dougan and S Currie (eds), *50 Years of the European Treaties: Looking Back and Thinking Forward* (Hart, 2009) 393.

[131]　Dir 2000/78/EC (n 93); Council Dir 2000/43/EC (n 80).

[132]　Dir 2006/54 (n 125).

[133]　Case 237/85 *Rummler* [1986] ECR 2101; S Fredman, 'EC Discrimination Law: A Critique' (1992) 21 ILJ 119, 123; Case C-400/93 *Royal Copenhagen, Specialarbejderforbundet i Danmark v Dansk Industri* [1995] ECR I-1275; Case C-236/98 *JämO* (n 36) [48].

[134]　参见《第2006/54号指令》第二编第二章，以及原来的《第75/117号指令》第6条。

[135]　《第2006/54号指令》第二编第一章和第三章。

关于不能预先对赔偿金设置上限的裁决；⑬ 又如，在能够依据原告确立的事实假设存在直接或间接歧视的情况下，举证责任转移到被告一方；⑬ 惩罚必须"具有有效性、相称性和惩戒性"。

欧洲法院一直都裁定，平等薪酬权利直接来自条约，因此该立法中的条款应被赋予与条约条款相同的含义。⑬ 在针对雇主的"横向"案件中，也可以直接援引条约中的平等薪酬条款，因此避免了与该指令横向效力有关的问题。《平等薪酬指令》过去的目标就是让成员国承担实施该原则的责任⑬，但是直到今天，不同性别之间的薪酬差距仍然很大，这说明这方面的进展十分缓慢。⑭

雇主不能将雇员的个人素质与开展工作的方式混为一谈，也不能通过溯及既往方式，利用上述因素主张某个雇员从事的工作与其他雇员从事的工作不相似或不平等，并以此解释始终存在的薪酬差别。⑭ 但是可以通过其他方式考虑个体的工作能力，例如，在涉及雇员的职业发展以及"此后"岗位分配与薪酬等问题时，将其与效率更高的同事进行比较。欧洲法院指出，职业培训可以作为确认雇员是否从事"相同工作"的有效标准，但更广泛的资格不能作为从事相同工作获得更高薪酬水平的正当理由，这一点受到了批评。⑭

2014 年欧盟委员会发表了一份关于通过加强透明度来强化平等薪酬原则的建议，它提醒人们关注如下事实，即在欧盟平等薪酬立法生效 40 年之

---

⑬ Case C – 271/91 *Marshall v Southampton and South-West Hampshire Area Health Authority（No 2）*[1993] ECR I – 4367；Case C – 180/95 *Draehmpaehl v Urania Immobilienservice*［1997］ECR I – 2195.

⑬ See, eg, Case 109/88 *Handels-og Kontorfunktionærernes Forbund i Danmark v Dansk Arbejds-giverforening*, *acting on behalf of Danfoss*［1989］ECR 3199.

⑬ Case C – 381/99 *Brunnhofer*（n 50）［29］；Case C – 309/97 *Angestelltenbetriebsrat der Wiener Gebietskrankenkasse v Wiener Gebietskrankenkasse*［1999］ECR I – 2865.

⑬ See, eg, Case 61/81 *Commission v United Kingdom*［1982］ECR 2601，［9］.

⑭ Commission Recommendation 2014/124/EU on strengthening the principle of equal pay through transparency；https：//composite – indicators. jrc. ec. europa. eu/social – scoreboard/explorer？ prima-rychart = worldmap.

⑭ Case C – 381/99 *Brunnhofer*（n 50）.

⑭ Ibid［78］；Case C – 309/97 *Angestelltenbetriebsrat der Wiener*（n 138）［19］. E Ellis，'The Recent Jurisprudence of the Court of Justice in the Field of Sex Equality'（2000）37 CMLRev 1403.

后，女性的时薪酬仍然比男性平均低 16.2%。[143] 欧盟委员会呼吁，成员国应确保雇员可以寻求并且获知按照性别分类的如下信息，即其他从事相同工作或具有等值工作的雇员获得的薪酬水平。成员国应在 2015 年底之前提交反馈报告，以便欧盟委员会能够决定需要进一步采取哪些措施。

（三）就业条件

就业领域的男女平等待遇，包括获得就业和晋升、职业培训以及工作条件等，最初由《第 76/207 号就业条件指令》（Employment Conditions Directive 76/207）[144] 涵盖，现在该指令已被重整后的《第 2006/54 号指令》取代。[145]

如前所示，禁止基于性别的直接歧视和间接歧视是一项一般规则。最初的《平等待遇指令》（Equal Treatment Directive）包含这项禁止的三种"例外"：职业资格规定、"孕产假"规定，以及积极行动条款。在重整后的指令下，只有第 14 条第 2 款中的职业资格规定是以"例外"方式表述的，其他两种规定都采取肯定陈述。

积极行动条款出现在第 3 条，涵盖该指令范围内的所有事项，并且宣称"成员国可维持或通过《欧洲联盟运行条约》第 157 条第 4 款意义上的措施，以确保在实践中实现男性和女性在职业生活中的完全平等"。《第 2006/54 号指令》第 15 条取代了原来关于保护孕产期女性的条款。它规定，休产假的女性有资格以不更差的待遇条件重返同等就业岗位，并且应受益于在其休假期间本应享有的工作条件的任何改善。[146]

第 16 条规定，该指令"不影响成员国有权承认陪产假和/或收养假是两项不同属性的权利"。下文将讨论《孕产假指令》的细节，它要求对孕期、哺乳期或近期完成分娩的女性提供最低程度的就业保护。[147]

在"霍夫曼案"（Hofmann）中，有观点认为，如果产假规定提供的保护超过了对保护分娩前后的女性所必要的程度，例如给予更长时间的

---

[143]　Dir 76/207（n 140）.

[144]　Council Dir 76/207/EEC［1976］OJ L39/40.

[145]　Dir 2006/54（n 125）.

[146]　Case C-595/12 *Napoli* EU：C：2014：128，在该案中，一名休产假的女性被拒绝参加一项职业培训课程，而该课程是晋升的必备条件。

[147]　Dir 92/85［1992］OJ L348/1.

假期让其照顾儿童，这将构成对该指令的违反，除非男性和女性都能享受这一假期。[148] 但欧洲法院驳回了这一主张。欧洲法院裁定，延长产假期的规定旨在保护女性免受由于怀孕和分娩而造成的相关影响。只有母亲才能拥有此类假期，这是合理的，"因为只有母亲才可能发现自己处于过早返岗工作带来的不利压力之下"[149]。《平等待遇指令》并非旨在"改变父母之间的责任分工"，成员国可以自行决定采取哪些社会措施来保护孕产期女性。[150]

由此产生的困境是，这类裁决据说支持成员国延续在家庭责任上的传统分工，这种分工固化了母亲作为主要照顾者的角色。保护"女性与其孩子的特殊关系"，接下来可能会抑制父亲在孩子出生或被收养之后的时期里花时间发展此种关系。然而，如果欧洲法院裁定，《平等待遇指令》禁止成员国为女性提供特殊保护，除非为了保护在孕期和分娩期间及之后她们的生理条件所严格必要的，那么，成员国就可能废除为女性提供的更长时间产假规定，选择"向下拉平"，而不是提升保护水平。欧洲法院最近的判例法已经在朝这个方向发展了。

在"罗加·阿尔瓦雷斯案"（*Roca Álvarez*）中，欧洲法院似乎对"霍夫曼案"和"意大利案"中的裁决做了狭义解读。欧洲法院在该案中宣布，《平等待遇指令》排除了如下成员国措施，即女性雇员有资格享有分娩后头9个月的休假期，父亲却无权拥有相同假期，除非孩子的母亲也是被雇用者。[151] 欧洲法院通过聚焦相关成员国立法的目的，将"罗加·阿尔瓦雷斯案"区别于"霍夫曼案"。欧洲法院指出，"罗加·阿尔瓦雷斯案"中的西班牙法律将产假期与哺乳这一生物事实脱钩。因此母亲或父亲都可以休产假，而且，赋予劳动者产假的原因是他们作为父母的身份，而不是保护女性怀孕后的生理状况。欧洲法院得出结论认为，为了限定9个月的产假期而对父亲施加额外要求，这在该指令下是不允许的。欧洲法院试图对从前的案件与"罗加·阿尔瓦雷斯案"进行事实上的区分，但这并不具

---

[148] Case 184/83 *Hofmann v Barmer Ersatzkasse* [1984] ECR 3047.

[149] Ibid [26].

[150] Case 163/82 *Commission v Italy* [1983] ECR 3273, [16].

[151] Case C-104/09 *Roca Álvarez* [2010] ECR I-8661, [28]-[31]. See also 'The European Pillar of Social Rights' [2017] OJ C428/10, principle 9; Commission, 'Monitoring the Implementation of the European Pillar of Social Rights', COM (2018) 130.

有说服力；相反，对于法律在长期固化家庭内部传统性别角色中所发挥的作用，欧洲法院的方式似乎已发生某种变化。

罗加·阿尔瓦雷斯案
Case C – 104/09 Roca Álvarez
[2010] ECR I – 8661

36. 然而，如西班牙政府提交的意见，如果其身份是被雇用者的母亲才是有资格获得主要诉讼中所涉假期的权利持有者，而具有相同身份的父亲仅可享有这项权利，但不是这项权利的持有人，那么，这就有可能使女性和男性的传统角色分工被长期固化，因为这种做法使男性在履行父母职责的过程中处于辅助母亲的角色（就此意义，可参见 Lommers 判决，第 41 段）。

显然，在怀孕和生育方面，最初的《平等待遇指令》允许成员国保留向女性倾斜的保护性条款，但并不清楚该指令是否也"禁止"以怀孕为由对女性进行歧视的措施。不过，欧洲法院在"德克尔案"（Dekker）[152] 和"赫兹案"（Hertz）[153] 中裁定，以怀孕为由的歧视构成《平等待遇指令》意义上的性别歧视。在"韦布案"（Webb）中，一名女性在签署了无固定期限合同并接替另外一名休产假雇员的工作岗位之后不久，发现自己怀孕了，欧洲法院裁定，解聘该名女性将违反《平等待遇指令》。[154] 同样的论证可见于"丹麦电信案"（Tele Danmark）中，欧洲法院裁定，《平等待遇指令》和《第92/85号孕产假指令》都禁止在签署固定期限合同的情况下以怀孕为由解聘女性。[155]

---

[152]　Case C – 177/88 *Dekker v Stichting Vormingscentrum voor Jong Volwassenen*（*VJV – Centrum*）*Plus* [1990] ECR I – 3941.

[153]　Case C – 179/88 *Handels-og Kontorfuntionærernes Forbund i Danmark v Dansk Arbejdsgiverforening* [1990] ECR I – 3979. See also Case C – 400/95 *Larsson v Dansk Handel & Services* [1997] ECR I – 2757; Case C – 191/03 *North Western Health Board v McKenna* [2005] ECR I – 7631; Case C – 394/96 *Brown v Rentokil Ltd* [1998] ECR I – 4185.

[154]　Case C – 32/93 *Webb v EMO* [1994] ECR I – 3567.

[155]　Case C – 109/00 *Tele Danmark A/S v HK* [2001] ECR I – 6993.

这种一般方式在后来的判例法中得到了延续。⑱

（四）职业社会保障

职业社会保障由重整后的《第 2006/54 号平等待遇指令》第二编第二章管辖。职业社会保障项目被宽泛地定义为，无论加入该项目是自愿还是强制性的，只要其目的是向某个经济部门或某个企业的劳动者或自营职业者提供福利，以补充或替代由法定社会保障项目提供的福利（不包括《第79/7 号指令》所涵盖的项目）。第 8 条排除了某些项目，例如自营职业劳动者签署的个人合同，雇主并非其合同当事方的保险合同，以及供个人选择的附加福利。

第 6 条规定了该指令适用的人员范围，涵盖劳动人口，包括自营职业者，其措辞与《第 79/7 号指令》第 2 条相同。但是，第 6 条除了涵盖那些由于疾病、事故或者非自愿性失业而中断工作的人员，以及退休劳动者、残疾劳动者，或者正在寻找工作的人员以外，它还涵盖由于生育而中断工作的人员，以及根据这些条款主张权利的人员。第 7 条规定该指令的实质范围，其涵盖的风险也几乎与《第 79/7 号指令》第 2 条完全相同：疾病、残疾、老年（包括提前退休）、工伤事故和职业病，以及失业。第 7 条第 1 款第 2 项还规定，职业项目中包含的任何其他社会补助，例如家庭津贴或遗属津贴，只要构成由于劳动者被雇用这一事实而产生的对价，就属于该指令涵盖的范围。第 5 条规定的平等待遇原则事实上与《第 79/7 号指令》第 4 条完全相同。第 9 条列举了一系列例子，说明哪些规定基于性别、婚姻或家庭身份而违反平等待遇原则。

第 10 条规定，涉及自营职业劳动者的职业养老金项目应履行平等待遇义务。第 11 条规定了三种减损适用情况（涉及领取养老金的年龄、遗属年金，以及固定缴费项目的精算问题），即成员国在哪些事项上可以推迟适用平等待遇原则，但目前只适用于自营职业劳动者。这是因为在"巴伯案"之后，很显然，只要涉及被雇用劳动者，就适用平等薪酬原则。

---

⑱　See，eg，Case C‑438/99 *Jiménez Melgar v Ayuntamiento de Los Barrios*［2001］ECR I‑6915；Case C‑320/01 *Busch v Klinikum Neustadt*［2003］ECR I‑2041；Case C‑460/06 *Paquay*［2007］ECR I‑8511；Case C‑506/06 *Mayr*［2008］ECR I‑1017；Case C‑232/09 *Danosa* EU：C：2010：674.

废除 1986 年和 1996 年《职业社会保障指令》（Occupational Social Security Directives），并将其条款纳入《第 2006/54 号指令》，这一调整所产生的后果之一是，该领域现在由《第 2006/54 号指令》中的一般性"横向"条款管辖。这包括第 3 条中的积极行动条款，以及第三编所包含的与救济、促进平等待遇、实施指令和对话相关的大量条款。

（五）工作条件、薪酬与社会保障之间的区别

如前所示，《第 2006/54 号指令》[157]寻求将管辖平等薪酬、职业社会保障和其他就业条件下的平等待遇这三个领域的法律原则统一起来。这三个概念与国家社会保障有所区分，后者由《第 79/7 号社会保障指令》（Social Security Directive 79/7）管辖。如下文所示，《第 79/7 号社会保障指令》[158]允许成员国保留平等待遇原则的某些例外，而且，相较于关于薪酬与就业条件的立法，它允许成员国以更渐进的方式实现平等。这两种法律机制之间的差异意味着，欧盟性别歧视法中的这些分类经常引发复杂的诉讼。

在"伯顿案"（Burton）[159]之后的一系列案件中，就业条件、薪酬以及国家社会保障领域的平等待遇这三者之间的复杂关系开始突显。欧洲法院裁定，在获得自愿裁员机会这一问题上保留不同的年龄条件，这符合《平等待遇指令》，因为雇主已经将裁员方案的条件与国家法定退休项目挂钩。成员国项目保留了男性和女性在领取养老金年龄方面的差别，该事项已由《第 79/7 号社会保障指令》中的例外所涵盖，并且允许雇主安排与该例外相符的裁员方案，而这并不违反《平等待遇指令》。

然而，在"罗伯茨案"（Roberts）中，申诉人属于一项职业养老金项目涵盖的范围，该项目规定男性和女性的强制退休年龄分别为 65 岁和 60 岁[160]，欧洲法院以《平等待遇指令》为依据对该案做出裁决，由此收窄了《社会保障指令》例外条款的范围。对强制裁员施加年龄限制所涉及的并

---

[157] （N 125）.

[158] Council Directive 79/7/EEC of 19 December 1978 on the progressive implementation of the principle of equal treatment for men and women in matters of social security [1979] OJ L6/24.

[159] Case 19/81 *Burton v British Railways Board* [1982] ECR 555.

[160] Case 151/84 *Roberts v Tate & Lyle Industries* [1986] ECR 703; Case 262/84 *Beets-Proper v Van Lanschot Bankiers* [1986] ECR 773.

不是提前"发放"养老金所需的条件，这不涉及社会保障，而是"解雇"的条件，涉及的是平等待遇。由于欧洲法院将由于裁员所导致的强制性退休归类为解雇，而不是"伯顿案"中的"自愿"裁员，因此，获得养老金属于《平等待遇指令》范围中的解雇条件。

在"马歇尔第一案"中，欧洲法院继续收紧社会保障例外条款。[161] 在该案中，欧洲法院处理一项强制"退休"规定，该规定反映了男性和女性领取养老金的不同法定年龄。欧洲法院遵循"罗伯茨案"，将强制退休视为《平等待遇指令》意义上的解雇，而不是《第79/7号指令》例外条款意义上的领取养老金的不同法定年龄所产生的后果。在"赫洛泽克案"（*Hlozek*）中，欧洲法院在如下意义上默示地推翻了"伯顿案"，即在终止雇用关系之后，例如自愿裁员之后，这时支付的津贴不构成薪酬。[162]

"杰克逊和克雷斯韦尔案"（*Jackson and Cresswell*）同样涉及《平等就业指令》下的工作条件与《第79/7号指令》下的社会保障这二者之间的区别，欧洲法院裁定，不能仅仅因为某个补助项目在形式上属于成员国社会保障体系的一部分就将其排除出《平等待遇指令》的范围。[163] 然而，任何属于《平等待遇指令》下的项目，其主题都必须与获得就业机会、晋升机会、职业培训或者工作条件有关。如果某个收入补贴项目的目的是向谋生手段不足的人员提供补贴，那么，就不能仅仅由于资格计算方法可能影响单身母亲获得职业培训或就业的能力这一事实，导致该项目被《平等待遇指令》所管辖。

二 《第79/7号社会保障指令》

《第79/7号社会保障指令》（Social Security Directive 79/7）是依据原《欧洲共同体条约》第308条（《欧洲联盟运行条约》第352条）的剩余权力条款通过的，其目的据称是要"渐进地实施"社会保障领域的男女平等

---

[161] Case 152/84 *Marshall v Southampton and South-West Hampshire Area Health Authority* (*Teaching*) [1986] ECR 723.

[162] Case C - 19/02 *Hlozek v Roche Austria Gesellschaft* [2004] ECR I - 11491, [36] - [40].

[163] Cases C - 63 - 64/91 *Jackson v Chief Adjudication Officer* [1992] ECR I - 4737, [27]. See also Case C - 116/94 *Meyers v Adjudication Officer* [1995] ECR I - 2131, [19] - [22].

待遇原则。⑯ 与平等薪酬和平等待遇不同，《第79/7号指令》对平等待遇原则规定了一些重要例外，并且允许成员国有更长时间调整本国法律，以适应该指令的要求。

第2条确定该指令适用的人员范围，规定它适用于两大类人员。首先，它涵盖"劳动人口"，分为三小类：（1）被雇用者或自营职业者；（2）在前一小类下，由于疾病、事故或非自愿失业而中断工作的人员；（3）寻找就业的人员。其次，它涵盖已经退休或由于残疾而终止工作的被雇用者和自营职业者。因此，为了与《平等薪酬指令》和《平等待遇指令》保持一致，《第79/7号指令》仅涵盖"与就业有关"的社会保障。

《第79/7号指令》完全与就业有关，也就是说，它并不涵盖从未工作过的人员。在"阿赫特贝格—特·里勒案"（Achterberg-te Riele）中，欧洲法院还裁定，出于除该指令列举的五个原因之外的其他原因，例如因照顾孩子而放弃工作的人员，不属于该指令的范围。第3条所指的福利金，例如养老金和残疾津贴，只有在提出相关主张的人员属于第2条所列举类型的情况下，才属于该指令范围。⑯

在"约翰逊第一案"（Johnson I）中，这些条件被进一步收紧。欧洲法院裁定，只有在如下情况下，相关人员才能被该指令所涵盖，即不仅该指令中列举的风险之一必须已经真实发生，而且所涉个人在该风险实际发生之时必须已经放弃工作，或者被迫放弃寻找工作。⑯ 这一解释排除了那些由于残疾或疾病而无法"寻找"工作的人员。

然而，一旦寻求某项福利金的人员满足了该指令规定的条件，那么，援引该指令的权利就不再仅限于该指令人员适用范围内的个人，因为"其他人员对于确保遵守关于被保护人员的非歧视原则可能具有直接利益"⑯。因此，如果原告属于该指令的人员适用范围，她的丈夫由于与她的配偶关系相关的歧视性立法而受到不利影响，那么他就可以援引该指令。⑯

---

⑯ Council Directive 79/7/EEC of 19 December 1978 on the progressive implementation of the principle of equal treatment for men and women in matters of social security [1979] OJ L6/24, Art 1.

⑯ Cases 48, 106 and 107/88 *Achterberg-te Riele v Sociale Versekeringsbank, Amsterdam* [1989] ECR 1963, [12].

⑯ Case C-31/90 *Johnson v Chief Adjudication Officer* [1991] ECR I-3723, [18]-[23].

⑯ Cases C-87-89/90 *Verholen v Sociale Versekeringsbank* [1991] ECR I-3757, [22].

⑯ 也可参见 Case C-200/91 *Coloroll* (n 48) [19]，该案涉及职业社会保障。

第 3 条规定了该指令的实质范围，它表明该指令并未涵盖与就业相关的所有形式的社会保障，而只涵盖防范五种特定风险的法定项目，以及旨在补充或取代这些法定项目的社会救助。这五种风险类型是：疾病、残疾、老年、工伤事故和职业病，以及失业。第 3 条第 2 款规定，该指令不适用于涉及遗属津贴或家庭津贴的规定，但与上述五项风险之一有关的到期家庭津贴除外。第 3 条第 3 款表明，该指令并未涵盖职业社会保障。

尽管欧洲法院最初对第 3 条做出非常宽泛的解读，但后来收窄了其适用范围。在"达克案"（Darke）中，欧洲法院裁定，某项残疾照顾津贴属于该指令范围内的福利金，因为它是给予获得此项照顾的残疾人的一种间接福利。[169] 然而，后来的案件却要求，只有在所列举的风险之一与所支付的福利之间具有强大联系的情况下，相关福利才属于该指令的范围。在"史密森案"（Smithson）中，欧洲法院认为，某项住房津贴不属于该指令的范围，即使计算该津贴的标准中包括该指令所列举的两种风险，即年龄和残疾风险。这是因为这些标准与该津贴的目的，即对那些收入不足以涵盖住房支出的人员提供支持，这两者之间的联系不够强大，不足以判定该项住房津贴的目的在于避免由老年或残疾所造成的风险。该案强调社会救助（包括此类住房津贴）与社会保障之间的差别，并且对《第 79/7 号指令》意义上社会保障的定义采取了严格立场。

在"杰克逊和克雷斯韦尔案"（Jackson and Cresswell）中，源自于补充性津贴或收入补贴的福利金与防范失业风险这一目的之间并不存在"直接和有效"联系。[170] 欧洲法院指出，成员国收入补贴项目使申请人免除了有工作的义务，而且，在确定该项福利的数额时并没有考虑该指令第 3 条第 1 款列举的风险。[171] 欧洲法院强调的是该项目"旨在"满足的需要，而不是它在面对该指令所列举的其中之一风险时所产生的实际"效果"。然而，此种以意愿为导向的方式，有可能鼓励成员国在规划社会保障和援助项目时，规避将平等待遇原则适用于为防范该指令列举的某种风险而提供多种福利。[172]

---

[169] Cases 48, 106 and 107/88 *Achterberg-te Riele*（n 165）.

[170] Cases C – 63-64/91 *Jackson*（n 163）.

[171] Ibid［20］-［21］.

[172] J Sohrab, 'Women and Social Security Law: The Limits of EEC Equality Law'［1994］JSWFL 5.

在"赫韦尔和察霍案"（*Hoever and Zachow*）中，欧洲法院裁定，一项旨在确保家庭在养育子女期间维持生活的育儿津贴不属于该指令的实质范围。[173] 尽管该津贴的效果之一是帮助人们保持就业，但欧洲法院裁定，其目的并非为防范该指令列举的风险之一而提供直接和有效的保护；并且指出，第 3 条第 2 款总体上将家庭津贴排除出其适用范围。然而，尽管诸如遗属津贴等某些福利可能会被排除出该指令涵盖的范围，但是，如果在相关个人获得遗属津贴资格之后，诸如残疾补助等"确实"属于其适用范围的福利将被收回，那么这种情况就属于该指令管辖的事项。[174]

相反，在"理查森案"（*Richardson*）中，对于英国国家卫生法规定有资格获得养老金的人员豁免缴纳处方费，欧洲法院裁定，这些法规属于《第 79/7 号指令》的范围。这是因为它们构成了旨在为防范疾病风险而提供直接和有效保护的法定项目的组成部分，即使它们在严格意义上并不是成员国社会保障规则的组成部分。[175] 与此相似，在"泰勒案"（*Taylor*）中，欧洲法院裁定，一项冬季燃料费用与防范老年风险具有直接联系。[176] 与这些判例相反，在"阿特金斯案"（*Atkins*）中，欧洲法院裁定，向已经达到领取养老金年龄的人员提供公共交通减免费用的体系不属于该指令的实质范围。[177]

第 4 条第 1 款包含着平等待遇这项基本原则，它规定，不得基于性别实行直接或间接歧视，特别是基于婚姻或家庭身份的歧视。[178] 在"荷兰工会联合会案"（*FNV*）中，欧洲法院确认了第 4 条第 1 款的直接效力。[179] 第 4 条第 1 款中的禁止性规定被认为足够确切，可以在成员国法院作为依据，而且第 7 条排除某些领域并不影响这项禁止性规定的无条件性。[180] 有关以

⑰ Cases C‑245 and 312/94 *Hoever and Zachow* EU：C：1996：379.

⑭ Case C‑338/91 *Steenhorst-Neerings v Bestuur van de Bedrijfsvereniging voor Detailhandel*, *Ambachten en Huisvrouwen* [1993] ECR I‑5475.

⑮ Case C‑137/94 *R v Secretary of State for Health*, *ex p Richardson* [1995] ECR I‑3407.

⑯ Case C‑382/98 *R v Secretary of State for Social Security*, *ex p Taylor* [1999] ECR I‑8955.

⑰ Case C‑228/94 *Atkins v Wrekin District Council and Department of Transport* [1996] ECR I‑3633.

⑱ See, eg, Case C‑385/11 *Elbal Moreno v INSS* EU：C：2012：746；Case C‑123/10 *Brachner* [2011] ECR I‑10003；C‑318/13 *X* EU：C：2014：2133；Case C‑451/16 *MB* EU：C：2018：492；Case C‑450/18 *WA* EU：C：2019：1075.

⑲ Case 71/85 *Netherlands v FNV* [1986] ECR 3855.

⑳ Ibid [18]‑[21].

生育为由保护妇女的规定被明确豁免适用。^⑱ 与其他平等指令一样，成员国必须采取必要措施，确保废除任何违反平等待遇原则的规定，并为受损者提供充分的救济。^⑱

第7条第1款规定了不属于该指令范围的可被允许的例外。该款列举了五个特定例外事项，成员国可以选择将这五个事项排除出该指令的适用范围。第一项例外涉及"为提供养老金和退休金的目的，判断可领取养老金的年龄，以及该事项对其他福利产生的后果"^⑱，该例外已引起大量诉讼。第二项例外涉及的是，对于抚养孩子的人员而言，在养老金项目方面为他们提供的优待，以及在由于抚养孩子而中断就业一段时期之后获得津贴的权利。第三项例外涉及"由于妻子的衍生权利"而提供老年或残疾津贴；第四项例外涉及的是，增加向被扶养的妻子提供的长期残疾津贴、老年津贴、工伤补助，以及职业病津贴；第五项例外涉及的是，由于在某个法定项目框架下行使不获取权利的选择权，或者不引发义务的选择权而产生的后果。^⑱

然而，必须定期评估维持上述例外的正当性。第7条第2款要求成员国定期审查被它们排除的任何领域，以考察排除这些事项的理由随着社会发展是否已经发生了变化。成员国必须将它们根据第7条第2款通过的规定告知欧盟委员会，并且告知它们维持第7条第1款下现行规定的原因，以及未来评估此类减损适用的可能性。

三 《第92/85号孕产假指令》

《第92/85号孕产假指令》（Pregnancy Directive 92/85）没有将怀孕待遇视为单纯的性别平等，它明确以关于工作中的健康与安全问题的《欧洲共同体条约》第118条（现《欧洲联盟运行条约》第153条）为基础。^⑱该指令在经过大量谈判和重大妥协之后才得以通过。在英国的坚持下，该指令包括，按照相当于病假期间的薪酬水平设定劳动者在孕产假期间的最

---

⑱ 《第79/7号指令》第4条第2款。

⑱ 《第79/7号指令》第5条和第6条。

⑱ 《第79/7号指令》第7条第1款第1项。

⑱ 《第79/7号指令》第7条第1款第2—5项。

⑱ Council Directive 92/85/EEC of 19 October 1992 on the introduction of measures to encourage improvements in the safety and health at work of pregnant workers and workers who have recently given birth or are breastfeeding［1992］OJ L348/1；V Cromack，'The EC Pregnancy Directive：Principle or Pragmatism？'［1993］JSWFL 261.

低薪酬水平，尽管有人认为不能将疾病和怀孕相提并论。

该指令引入了一项规定，要求成员国对三类女性劳动者提供最低程度的保护：孕期劳动者、近期完成分娩的劳动者，以及哺乳期劳动者。该指令并非一项"最高调和式"措施，而是为成员国设置了一道共同的底线，包括一项不倒退条款，规定不能以指令为由降低已经存在的更高水平的保护。

该指令要求欧盟委员会就其认为对上述三类劳动者构成风险或压力的内容与程序起草指导方针。它要求雇主评估这三类女性在多大程度上暴露于特定风险中，并且要求雇主根据第 5 条采取适当行动，例如调整工作时间或工作条件，调换工作岗位，或者安排休假。第 7 条规定，在成员国法所规定的期限内，不得要求这三类女性从事夜班工作，必须能够让其选择日间工作或延长产假。[186] 第 6 条规定，不得要求孕期或哺乳期劳动者从事暴露于某些特定物质的工作；第 9 条规定，在必要时，孕期劳动者必须有资格在不损失薪酬的情况下请假接受产前检查。

第 8 条包含孕产假的核心条款，规定应在上述三类劳动者分娩之前和/或之后给予其最少连续 14 周产假，其中包括至少 2 周强制产假。[187] 第 10 条强化了这一点，要求成员国禁止在这三类劳动者休产假期间解雇她们，除非与怀孕无关的特殊情况。[188] 然而，该《孕产假指令》（Pregnancy Directive）并未涵盖以怀孕为由拒绝聘用女性的情况，在这种情况下，《平等待遇指令》下的禁止歧视条款就至关重要了。[189]

在"博伊尔案"（Boyle）中，欧洲法院裁定，雇主有权自行规定强制性 14 周产假从何时开始，这并不违反该指令第 8 条，即使雇员分娩时正在休病假。[190] 在"Z 案"和"CD 诉 ST 案"中，欧洲法院拒绝认可通过代孕拥有孩子的"委托母亲"所处的情况属于《孕产假指令》的范围，由此驳回了认为委托母亲有权享有带薪产假的主张，即使她正在哺乳期也是如此，因为她从未怀孕。[191] 欧洲法院在这些案件中坚持认为，该指令的主要

---

⑱　Case C–41/17 *Castro* EU：C：2018：736.

⑱　2010 年，理事会否决了委员会将带薪产假期从 14 周延长至 18 周的立法提案，理由是成本过高会引起辅助性问题，参见 COM（2008）637. 欧洲议会曾提议将带薪产假延长至 20 周。

⑱　Case C–438/99 *Melgar*（n 156）；Case C–103/16 *Guisado* EU：C：2018：99.

⑱　对于该问题的评论，参见 Cromack（n 185）.

⑲　Case C–411/96 *Boyle*（n 33）.

⑲　Case C–363/12 *Z*（n 111）；Case C–167/12 *CD*（n 156）.

目的是保护女性在怀孕期间和怀孕之后的"生理"状况，以及在怀孕和分娩之后母亲和孩子的特殊关系。在"贝特留·蒙图利案"（*Betriu Montull*）中，在涉及《孕产假指令》的情况下，也可以明显看到对生理的强调超过产假，该案中一名父亲申请适用国内立法规定的产假期中非强制的那部分假期。根据该成员国法他无权这么做，而这一事实既未违反《孕产假指令》，也不违反《平等待遇指令》。[192]

第 12 条涵盖关于获得司法救济的要求。根据第 11 条，必须保护在第 5 条、第 6 条和第 7 条规定的情况下休假的劳动者维持薪酬的权利以及其他就业权利。根据第 8 条的规定，并不要求对休产假的劳动者提供同样的保护。[193] 相反，第 11 条规定她们必须有资格获得不少于法定病假薪酬的"足够津贴"[194]。应该注意的是，《孕产假指令》中的"特殊薪酬"概念不同于《欧洲联盟运行条约》第 157 条中的薪酬概念。[195] 在重整《第 2006/54 号指令》时，欧盟事实上没有抓住机会使第 157 条和《孕产假指令》中管辖薪酬的原则取得一致，这受到学者的批评。[196]

成员国立法可以对在《孕产假指令》下获得津贴的资格规定一些条件，但不得要求分娩之前的就业时间超过 12 个月。在"博伊尔案"中，合同条款规定，劳动者必须承诺在分娩后重返工作岗位，并至少工作一个月，才能获得高于法定产假工资的薪酬，欧洲法院裁定这项规定符合该条款，也符合《欧洲联盟运行条约》第 157 条。[197]

因此，《孕产假指令》仅保证最低水平的产假薪酬，而且并未对雇主可以选择支付的任何更高额度的薪酬提供法律保证。提供的产假期也同样如此。第 8 条仅要求雇主提供 14 周假期，但在雇主还提供了补充假期的情况下，《孕产假指令》或《平等待遇指令》中均没有任何规定阻止雇主在计算年假时仅将这 14 周时间累计在内。然而，作为劳动合同的核心权

---

[192]　Case C-5/12 *Betriu Montull v INSS* EU：2013：571，[49].

[193]　Case C-342/93 *Gillespie*（n 33）；Case C-66/96 *Berit Høj Pedersen v Fællesforeningen for Danmarks Brugsforeninge*［1998］ECR I-7327.

[194]　Case C-194/08 *Gassmayr*［2010］ECR I-6281；Case C-471/08 *Parviainen*［2010］ECR I-6533.

[195]　See，eg，Case C-333/97 *Lewen* EU：C：1999：512.

[196]　Burrows and Robison（n 68）.

[197]　Case C-411/96 *Boyle*（n 33）.

利⑲,《孕产假指令》第 11 条第 2 款第 1 项坚决保护在这 14 周期间内累计年假和累计职业养老金的权利。⑲

下文将会看到,欧洲法院是如何将 2006 年《平等待遇指令》和欧盟的其他平等立法解释为,在保护女性免受由于孕产假而导致的不利影响方面,这些立法对《孕产假指令》形成补充,或弥补其不足。在"伍尔维奇案"(Woolwich)中,欧洲法院参考了它在"吉莱斯皮案"(Gillespie)⑳中的裁决,即女性在产假期间无法有效依据《欧洲联盟运行条约》第 157 条主张获得全薪的权利,因为她处于一种不同的、受到特定保护的法律地位。但是,欧洲法院指出,如果该女性在休产假期间仍然由于雇用合同或雇用关系而与其雇主保持联系,那么,她就可以与其他任何劳动者一样,有资格根据第 157 条受益于从参考薪酬的起始时间到产假结束这段时间的任何加薪。㉑因此,尽管产假薪酬与第 157 条所指的薪酬不同,但它相当于按劳动者实际工作时所收到的平均工资计算的每周工资。该判例法也反映在重整后的《第 2006/54 号指令》第 14 条中,该条保护女性产假后重返工作的权利。在"萨卡齐斯·埃雷罗案"(Sarkatzis Herrero)中,《孕产假指令》不涵盖此种情况,因为它不涉及对休完产假返回现有工作岗位的女性的不利待遇。然而,如果女性为了休产假而推迟接受新职位,因而在计算其资历时没有考虑到产假,那么就违反了《平等待遇指令》。㉒

四 《关于获得和提供商品与服务的第 2004/113 号指令》

欧盟法律和政策的所有领域除了更广泛地向性别主流化方向发展,《第 2004/113 号指令》(Directive 2004/113)㉓还是在劳动力市场背景之外

---

⑲ Ibid [84] – [87].

⑲ Case C – 333/97 *Lewen* (n 195) [50];Case C – 116/06 *Kiiski* [2007] ECR I – 7643.

⑳ Case C – 342/93 *Gillespie* (n 33).

㉑ Case C – 147/02 *Woolwich* (n 33).

㉒ Case C – 294/04 *Sarkatzis Herrero v Imsalud* [2006] ECR I – 1513. See also Case C – 342/01 *María Paz Merino Gómez v Continental Industrias del Caucho SA* [2004] ECR I – 2605;Case C – 356/03 *Mayer v Versorgungsanstalt des Bundes und der Länder* [2005] ECR I – 295;Case C – 531/15 *Ramos* EU:C:2017:789.

㉓ Council Directive 2004/113/EC of 13 December 2004 implementing the principle of equal treatment between men and women in the access to and supply of goods and services [2004] OJ L373/37;E Caracciolo di Torella, 'The principle of gender equality, the goods and services Directive and insurance:a conceptual analysis' (2006) 13 MJECL 339.

首批有针对性的性别平等"硬法"之一，其目的在于打击获得和提供商品与服务方面的性别歧视。

该指令尤其旨在适用于保险，并且将教育以及媒体和广告的内容排除出其范围。之所以将这些事项排除在外，是因为在最早提出该措施提案时出现了激烈辩论，其中包括该指令是否应适用于禁止广告中的性别刻板印象。该指令也不适用于就业和自营职业领域。

《第2004/113号指令》中规定的禁止性别歧视既适用于公共部门，也适用于私人部门。然而，尤其与《种族指令》不同，《第2004/113号指令》的适用范围并未超出获得和提供商品与服务这一领域。《第2004/113号指令》中的术语"服务"指为获取报酬而提供的商业服务。第3条第1款表明，该指令适用于"在私人生活和家庭生活领域之外提供"给公众的商品与服务，而无论消费者的个体情况如何。第3条第2款规定："本指令并不妨碍个人选择合同当事方的自由，前提是个人对合同当事方的选择不以性别为基础"。

该《商品与服务平等指令》与经合并后的《第2006/54号平等待遇指令》[204]以及2000年通过的几部"第19条指令"有很多共同之处。因此，第4条禁止直接歧视和间接歧视，其中包括骚扰和性骚扰，以及基于怀孕或生育的不利待遇，而且，上述各项指令均包含对这些术语的相同定义。该指令包含与"第19条指令"类似的积极行动条款[205]，还包含关于救济、举证责任、实施、平等机构的角色、对话、不倒退条款、最低程度法律调和，以及信息传播等方面的相似条款。[206] 有意思的是，该指令第4条第5款引入了熟悉的客观正当性这一概念，但与绝大多数立法不同（《第2000/78号指令》下的年龄歧视除外），它并未将该概念仅限于间接歧视。《第2004/113号指令》第4条第5款规定该指令不应排除差别待遇，"前提是专门或主要向某一性别的人员提供商品与服务的行为可以通过一项合法目标获得正当理由，且实现该目标的方式是适当和必要的"。该指令序言中提供的例子包括，单一性别收容所，可以将保护暴力受害者作为正当理由；单一性别私人俱乐部，可以将结社自由作为正当理由。

---

[204] （N 125）.

[205] Dir 2004/113/EC（n 203）Art 6.

[206] Ibid Arts 8 – 15.

该指令尤其旨在适用于保险部门，而且根据其第 5 条，就在 2007 年 12 月 21 日之后缔结的所有新合同中的保险及其相关金融服务而言，如果使用性别作为保险费和收益的计算因素并导致个人在保险费和收益上出现差异，那么就禁止这种计算方式。在 2007 年 12 月 21 日之前，以第 5 条第 2 款为基础，并需在 5 年后进行复审的前提下，可以允许成员国"根据相关精确的精算数据和统计数据，在将性别作为风险评估的决定性因素的情况下，使个人保险费和收益上的差异符合相称性原则。在"比利时消费者试购协会案"（*Test-Achats*）[207] 中，第 5 条第 2 款的有效性受到质疑，原告获得胜诉，理由是它与《欧盟基本权利宪章》第 21 条和第 23 条中的性别平等规定相冲突。欧洲法院裁定，尽管成员国可以在将平等待遇原则适用于保险部门方面使用适当的过渡期，但欧盟法不允许成员国适用没有时间限制的不平等待遇。

比利时消费者试购协会诉比利时部长会议

Case C – 236/09 Association belge des Consommateurs
Test – Achats v Conseil des ministres
EU：C：2011：100

30. 没有争议的是，《第 2004/113 号指令》对保险服务部门的目的，正如该指令第 5 条第 1 款所反映的，对保险费和收益适用不分男女的中性规则。《第 2004/113 号指令》序言引文第 18 段明确指出，为了保证男女平等待遇，使用性别作为精算因素不得导致被保险人的保险费和收益存在差别。该指令引文第 19 段说明给予成员国对保险费和收益不适用不分男女的中性规则的选项，作为允许"豁免"的一个选项。由此，《第 2004/113 号指令》的前提是，就适用《欧盟基本权利宪章》第 21 条和第 23 条规定的男女平等待遇原则而言，在缔结保险费和收益的合同方面男性和女性的各自情况具有可比性。

31. 因此，按照《第 2004/113 号指令》第 5 条第 2 款的规定，存在着欧盟法可能允许无限期适用对男女平等待遇的减损适用这一

风险。

32. 这样一项规定，使相关成员国能够不受时间限制地维持对保险费和收益不分男女的中性规则的豁免，它与实现男女平等待遇这项《第 2004/113 号指令》拟实现的目标相悖，也与《欧盟基本权利宪章》第 21 条和第 23 条不符。

33. 因此，在适当的过渡期届满时，该规定必须被视为无效。

34. 综上所述，对第一个问题的答复是，《第 2004/113 号指令》第 5 条第 2 款自 2012 年 12 月 21 日起失效。

对于废除第 5 条第 2 款是否确实有利于女性，还是仅仅导致以平等名义收取更高的保险费这一问题，人们对该判决的反应各异。

五 育儿假、陪产假和照顾者假

委员会曾多次尝试引入育儿假（parental leave），但都没有成功。1996年，社会伙伴——代表欧洲雇主联合会和雇员联合会代表的各主要组织，缔结了《育儿假框架协议》，并由《第 96/34 号理事会指令》[208] 予以实施。它已于 2009 年被取代。[209] 当前指令于 2019 年通过，加强了先前指令中所包含的权利。[210] 它要求在 2022 年 8 月前完成转化。

2019 年指令赋予男性和女性劳动者最低程度的个体权利，即在生育或收养孩子之后，为了照顾孩子，享有至少四个月的育儿假，直到由成员国或社会伙伴指定的年龄，上限不超过 8 岁。育儿假的权利原则上不可转让，但获得该权利的具体条件和育儿假规则，由成员国自行决定。此外，还有一项在孩子出生时休十天陪产假（paternity leave）的权利，并且规定了照顾者的休假（carers' leave）。另外，还有条款规定，在疾病或事故等紧急家庭原因下，不可抗力可以作为休假的理由。

---

[208] Council Directive 96/34/EC of 3 June 1996 on the framework agreement on parental leave concluded by UNICE, CEEP and the ETUC [1996] OJ L145/4, extended to the UK by Dir 97/75 [1998] OJ L10/24.

[209] Council Directive 2010/18/EU implementing the revised Framework Agreement on parental leave concluded by BUSINESSEUROPE, UEAPME, CEEP and ETUC and repealing Directive 96/34/EC [2010] OJ L68/13.

[210] Directive (EU) 2019/1158 of the European Parliament and of the Council of 20 June 2019 on work-life balance for parents and carers and repealing Council Directive 2010/18/EU [2019] OJ L188/79.

该指令规定了成员国可以自行决定的一些允许条件。其中包括是全日制还是非全日制休假，是否要满足不得超过一年的工作资历，可要求什么样的通知期，在什么情况下雇主可以推迟给予休假，以及对小企业做出特别安排。

劳动者不得由于申请育儿假或者休经允许的育儿假而被开除。[211] 他们有权在结束休假之后回到原来的工作岗位，或与原来的工作相当或相似的工作岗位，同时他们已经获得的其他权利也不得因休育儿假而受到影响。[212] 在返回工作之后，他们还有权申请在某段固定时期改变工作时间，雇主必须在考虑到自身需求与雇员需求的情况下考虑其申请。要求成员国采取必要措施，以保护劳动者不会由于申请或休育儿假而受到不利待遇。[213] 此外，该立法要求考虑收养孩子的父母的特殊需求，以及其子女有残疾或长期患病的父母的特殊需求，或者，根据欧洲法院在"哈齐案"（Chatzi）中的裁决，双胞胎父母的特殊需求也应予以考虑。[214] 该指令中有关于休育儿假和陪产假者的工资和津贴的条款，但成员国在这方面有相当大的自由裁量权。该指令引入的是最低程度而非最高程度的权利，并且规定了常见的不倒退条款。

《育儿假指令》和《平等待遇指令》的规定之间可能存在重叠。因此，在"雷日内采案"（Reižneice）中，欧洲法院裁定，一套针对因经济困难而需要取消工作职位的评估标准和原则对已休育儿假的劳动者不利，构成了《平等待遇指令》下对女性的间接歧视，因为在这种情况下休育儿假的女性比男性多得多。[215] 相反，在"莱昂内案"（Leone）中，对已经休假一段时间照顾孩子的雇员发放养老金信贷，尽管措辞中立，同样适用于男性和女性，但构成对男性的间接性别歧视，因为包括强制性产假在内，休这种假来照顾孩子的大多数是女性。[216]

---

[211] Case C-116/08 *Meerts* [2009] ECR I-10063；Case C-486/18 *RE v Praxair* EU：C：2019：379.

[212] Case C-486/08 *Zentralbetriebsrat der Landeskrankenhäuser Tirols v Land Tirol* [2010] ECR I-3527，[50]-[56].

[213] Case C-174/16 *H v Land Berlin* EU：C：2017：637.

[214] Case C-149/10 *Chatzi* [2010] ECR I-8489.

[215] Case C-7/12 *Reižneice* EU：C：2013：410.

[216] Case C-173/13 *Leone*（n 64）.

六 《关于自营职业者的第 2010/41 号指令》

将平等待遇原则适用于从事自营职业的男性和女性，这最初涵盖在《第 86/613 号指令》[217] 中，对早期《平等待遇指令》中关于被雇用者平等待遇的条款形成补充。2010 年，理事会通过了关于自营职业者的新指令，即《第 2010/41 号指令》，[218] 废除并取代了《第 86/613 号指令》。

《第 2010/41 号指令》根据《欧洲联盟运行条约》第 157 条第 3 款通过。它对诸多现有法律文件中关于自营活动的条款形成补充，特别是《第 79/7 号指令》和《第 2006/54 号指令》，但并不适用于已经由这些指令涵盖的方面。第 2 条规定了该指令的人员范围，即自营职业者及其配偶，其配偶并非被雇用者或生意伙伴，而是参与同样活动。成员国法承认的生活伴侣如果处于同等情况，则同样属于该指令的人员范围。第 3 条以与其他平等指令和社会保障指令类似的方式规定了平等待遇原则。[219]

第 4—8 条规定了该项目的"实质性范围"，要求成员国采取行动消除一系列事项中的性别歧视，例如建立业务或活动，或者成立公司。与《第 86/613 号指令》相比，《第 2010/41 号指令》明显改善了对女性自营职业劳动者以及辅助其劳动的配偶或生活伴侣的社会保护和孕产假保护。成员国必须依据第 7 条确保自营职业劳动者的配偶和生活伴侣可以在强制或自愿基础上受益于本国社会保护体系，前提是根据成员国法存在这种对自营职业劳动者的社会保护体系。该指令还要求成员国采取必要措施，确保女性自营职业劳动者及其配偶和生活伴侣可以在强制或自愿基础上，在怀孕或育儿期间获得至少 14 周的"充分"育儿津贴。第 8 条第 3 款规定，如果某项津贴保证相关人员获得的收入至少等同于其在患病情况下获得的津贴、与之前具有可比性的一段时间的收入相比产生的平均损失或收益，和/或由成员国法确立的其他任何与家庭有关的津贴，则这项津贴就被视为该指令意义上具有"充分性"。

---

[217] Dir 86/613/EEC [1986] OJ L359/56.

[218] Dir 2010/41/EU [2010] OJ L180/1.

[219] Case C – 226/98 *Jørgensen v Foreningen af Speciallæger* [2000] ECR I – 2447.

第七节　平等待遇与非歧视：一般原则

除了前述平等法下的各领域之外，欧洲法院越来越依靠作为欧盟法"一般原则"的平等待遇。如前所述，男女平等待遇原则现在已作为《欧盟基本权利宪章》第21条第1款和第23条第1款中的一项基本权利得到保护。

在回顾欧盟平等法的起源时，欧洲法院首次将男女平等待遇与非歧视这项一般原则作为欧盟法的组成部分。[⑳] 欧洲法院最早在"德弗雷纳第三案"[㉑]，后来在"P诉S案"[㉒] 和"施罗德案"[㉓] 中裁定，消除性别歧视是在欧盟法范围内必须受到保护的个人基本人权之一。然而，在1978年做出"德弗雷纳第三案"裁决时，该原则被裁定不能直接适用于成员国，因为当时欧共体还没有取得工作场合平等待遇这一领域的权能。[㉔] 事实上，尽管欧洲法院频繁就性别平等待遇这项原则所具有的基础性地位做出司法判决，但是，可能仍然需要进一步的立法实施，该原则才能在质疑成员国法或雇主的实践方面发挥出完全效力。[㉕]

在"林克案"（Rinke）中，欧洲法院裁定，男女平等待遇原则是欧盟行动具有合法性的一个条件，因此，任何违反该原则的欧盟立法措施都是非法的。[㉖] 尽管这些措施最终被裁定具有客观正当理由，但欧洲法院认定，两部关于承认全科医生执业资格的欧盟指令使女性与男性相比处于劣势。[㉗] 此外，也必须按照平等待遇原则解读其他欧盟法律和措施。[㉘]

---

⑳　See eg, Case 20/71 *Sabbatini* [1972] ECR 345; Case 21/74 *Airola* [1972] ECR 221; Cases 75 and 117/82 *Razzouk and Beydoun v Commission* [1984] ECR 1509; Case C-37/89 *Weiser* [1990] ECR I-2395, [13]-[14]; Case C-227/04 P *Lindorfer v Council* [2007] ECR I-6767, [51].

㉑　Case 149/77 *Defrenne v Sabena* [1978] ECR 1365, [26]-[27].

㉒　Case C-13/94 *P v S and Cornwall County Council* [1996] ECR I-2143, [19]

㉓　Case C-50/96 *Schröder* (n 18) [56].

㉔　Case 149/77 (n 221) [30].

㉕　See also Case C-144/04 *Mangold v Rüdiger Helm* [2005] ECR I-9981; Case C-555/07 *Kücükdeveci KG* EU: C: 2010: 365; Case C-81/05 *Anacleto Cordero Alonso v Fogasa* [2006] ECR I-7569; Case C-246/06 *Josefa Velasco Navarro v Fogasa* [2008] ECR I-105.

㉖　Case C-25/02 *Rinke v Ärztekammer Hamburg* [2003] ECR I-8349.

㉗　Ibid [32]-[35].

㉘　Case C-401/11 *Blanka Soukupová* EU: C: 2013: 223.

在《阿姆斯特丹条约》生效之后，欧盟非歧视法扩大到性别平等领域之外，欧洲法院此后开始在性别平等以外的其他领域援引平等待遇这项一般原则。在"P诉S案"中，欧洲法院宣称《第76/207号指令》的这项基本原则扩大到涵盖雇员由于接受变性手术而被开除的情形，之后的案件强化了欧盟法对变性者免受歧视的保护。[29] 然而，在"格兰特案"（Grant）中，欧洲法院并未将平等待遇原则扩大适用至《第2000/78号指令》通过之前所发生的基于性取向的歧视情况。[30] 更普遍的是，平等待遇原则并未扩大到欧盟法涵盖范围以外的情况。[31]

在"曼戈尔德案"（Mangold）[32] 中，欧洲法院宣称不基于年龄进行歧视是欧盟法的一般原则，并在该案中适用了该原则。这一做法引起了一些争议。在该案中，尽管将《就业框架指令》转化为成员国法的期限尚未届满，但欧洲法院仍然裁定，欧盟法中的平等待遇这项一般原则排除成员国法允许基于年龄的任意武断歧视。[33] 在一起私人当事方之间的争议中，欧洲法院援引了不基于年龄进行歧视的原则，当时《第2000/78号指令》的转化实施期尚未届满。

"曼戈尔德案"裁决颇具争议，引发的辩论涉及非歧视这项一般原则的适用范围，以及各国立法机构在起草就业立法时应在何种程度上受此项原则的约束。[34] 如第十章所示，被提交到德国联邦宪法法院的"霍尼韦尔案"（Honeywell）就是由该裁决引起的，它质疑欧洲法院在"曼戈尔德案"中是否超越了欧盟权能。[35] 对该判例的批评主要集中于以下观点：欧洲法

---

[29]　Case C–13/94 *P v S*（n 222）；Case C–117/01 *KB v NHS*［2004］ECR I–541，在该案中，欧洲法院将保护范围扩大到基于变性的歧视问题上。Case C–423/04 *Richards v Secretary of State for Work and Pensions*［2006］ECR I–3585.

[30]　Case C–249/96 *Grant v South-West Trains*［1998］ECR I–621；Case C–125/99 P *D v Council*［2001］ECR I–4319.

[31]　例如，Case C–5/12 *Montull v INSS* EU：C：2013：571. 在该案中，就陪产假这一问题，生物学父亲与非生物学父亲之间的差别待遇不属于欧盟法的规制范围。

[32]　Case C–144/04 *Mangold*（n 225）［75］.

[33]　第八章讨论了"曼戈尔德案"的事实，并节选了该判决的部分文本，见第八章第六节第三部分（一）；D Schiek, 'The CJEU Decision in *Mangold*：A Further Twist on Effects of Directives and Constitutional Relevance of Community Equality Legislation'（2006）35 ILJ 332.

[34]　A Eriksson, 'European Court of Justice：Broadening the Scope of European Non-Discrimination Law'（2009）7 I–CON 731；M Schmidt, 'The Principle of Non-Discrimination in Respect of Age：Dimensions of the CJEU's *Mangold* Judgment'（2005）7 German LJ 522.

[35]　BVerfG, 2 BvR 2661/06, 6 July 2010.

院在"曼戈尔德案"中阐明年龄歧视是一般原则，这似乎颠覆了《第2000/78 号指令》中经过审慎谈判所达成的条款[236]，干涉成员国在社会政策中表现出来的政治选择和妥协[237]，同时创设了一项新的欧洲社会权利。[238] 然而，在"巴尔奇案"（Bartsch）和后来的案件中，欧洲法院对于在实施该指令的期限到期之前适用年龄歧视这项原则的立场有所后退[239]，尽管它仍然强调不基于年龄进行歧视是一项一般原则。

尽管后来的案件寻求依据不基于年龄进行歧视这项新的一般原则，但欧洲法院主要聚焦于《第2000/78 号指令》中涉及年龄歧视的条款。[240] 然而，在"屈库克德维奇案"（Kücükdeveci）中，欧洲法院清楚地肯定了"曼戈尔德案"的核心观点，并对该判决中的几个方面进行了澄清。[241] 在"屈库克德维奇案"中，一名雇员在 25 岁之前就在一家公司工作，该案件涉及的争议是，依照德国法，在开除这名雇员之前需要提前多长的适当时间通知她。屈库克德维奇女士 18 岁被 Swedex 公司雇用，在该公司工作时间超过十年。公司提前一个月通知她，她将被解雇，但是在一般情况下，解雇工作年限超过十年的员工，必须提前四个月通知。根据德国法，在计算通知解雇的时间时，25 岁以前的雇用期不被计算在内。与"曼戈尔德案"不同，在该案件中，该指令的实施期限在解雇该女士时已经届满，但由于这是一起私人当事方之间的诉讼，尚未实施的指令在一般情况下不会被赋予欧盟法下的"横向"直接效力。[242] 向欧洲法院提交的问题是，该德国法是否符合欧盟法，以及是否应参照欧盟一级法或《第2000/78 号指

---

[236] A Masson and C Micheau, 'The *Werner Mangold* Case: An Example of Legal Militancy' (2007) 13 EPL 587; K Riesenhuber, Note (2007) 3 European Review of Contract Law 62.

[237] S Krebber, 'The Social Rights Approach of the European Court of Justice to Enforce European Employment Law' (2006) 27 Comparative Labour Law and Policy Jnl 390, 391.

[238] I Eliasoph, 'Switch in Time for the European Community—*Lochner* Discourse and the Recalibration of Economic and Social Rights in Europe' (2007–2008) 14 CJEL 467.

[239] Case C–427/06 *Bartsch* [2008] ECR I–7245; Case C–147/08 *Römer* (n 98).

[240] Case C–227/04 *Lindorfer* [2007] ECR I–6767; Case C–411/05 *Palacios de la Villa* [2007] ECR I–8531; Case C–267/06 *Maruko* (n 96); Case C–427/06 *Bartsch* (n 239); Case C–388/07 *Age Concern England* [2009] ECR I–1569; Case C–88/08 *Hütter* [2009] ECR I–5325; Case C–499/08 *Andersen* [2010] ECR I–9343; Case C–45/09 *Rosenbladt* EU: C: 2010: 601; Cases C–250 and 268/09 *Georgiev* EU: C: 2009: 549.

[241] Case C–555/07 *Kücükdeveci* EU: C: 2010: 365.

[242] 见第八章。

令》评估该案件。通过参照"曼戈尔德案"以及《欧盟基本权利宪章》第21条第1款中的非歧视规定，欧洲法院在"屈库克德维奇案"中裁定：

> 27. 由此可以得出，欧盟法禁止基于年龄的所有歧视，这是欧盟法的一般原则，正如《第2000/78号指令》所表述的，必须据此审查欧盟法是否排除了主要诉讼中涉及的这类成员国立法。

不基于年龄进行歧视这项原则排除了诸如涉及通知解雇的时间期限等成员国规定，"正如《第2000/78号指令》所表述的"。

如第八章所示，"曼戈尔德案"和"屈库克德维奇案"事实上肯定了平等待遇这项一般原则在私人当事方之间的争议中具有"直接效力"，至少在实施该原则的欧盟立法的背景下是如此。[⑳] 欧洲法院在"勒默尔案"（*Römer*）中进一步暗示，尽管没有明确表述，不基于性取向进行歧视的原则是欧盟法的一般原则。即使它从"曼戈尔德案"中有争议的因素中退缩了，即如果相关指令的实施期限尚未届满，那么案件就不属于欧盟法的范围，但情况还是如此。[⑳]

平等待遇这项一般原则要求，"不得区别对待具有可比性的情况，也不得以同样的方式对待不同情况，除非此种方式具有客观正当理由"[⑳]。在"马鲁科案"，以及后来的"勒默尔案""迪特里希案"和"艾案"等相似裁决中，欧洲法院裁定，应由成员国法院裁判逝者的在世配偶和在世注册生活伴侣是否处于"具有可比性的情况"，以判断其是否有资格获得成员国法或集体协议下的遗属抚恤金、补充养老金，或其他雇佣福利。[⑳] 一旦成员国法院认定他们处于具有可比性的情况下，那么，排除生活伴侣获得相关福利的资格就构成第《2000/78号就业框架指令》意义上基于性取向的不法歧视。

㉓　See also Case C – 476/11 *HK Danmark* (69); Cases C – 501 – 506, 540 and 541/12 *Specht* EU：C：2014：2005，[89].

㉔　Case C – 147/08 *Römer* (98) [59] – [63].

㉕　Case C – 300/04 *Eman and Sevinger* [2006] ECR I – 8055, [57]; Case C – 227/04 *Lindorfer* (n 220) [63].

㉖　Case C – 267/06 *Maruko* (n 96); Case C – 147/08 *Römer* (n 98); Cases C – 124, 125 and 143/11 *Dittrich* (n 64); Case C – 267/12 *Hay* (n 116).

在反歧视案件中，也可以明显看到《欧盟基本权利宪章》在巩固平等待遇原则在欧盟的地位方面所发挥的作用。如"比利时消费者试购协会案"所示，《第2004/113号指令》第5条第2款被判无效，原因是它与《欧盟基本权利宪章》第21条和第23条冲突。[247] 在"哈齐案"（Chatzi）[248]中，欧洲法院裁定，尽管《育儿假指令》并未就双胞胎父母育儿假做出规定，但成员国立法机构仍然应该按照平等待遇原则来设立育儿假机制，以确保双胞胎父母的特殊需求得到适当考虑。

哈齐诉希腊财政部长

Case C – 149/10 Chatzi v Ipourgos Ikonomikon

[2010] ECR I – 8489

63. 平等待遇原则是欧洲联盟法的一般原则之一，其基本性质在《欧盟基本权利宪章》第20条得到确认，遵守该原则对于实施获得育儿假的权利格外重要，因为《欧盟基本权利宪章》第33条第2款承认该项社会权利本身是基本权利。

欧盟平等待遇法有时也参照欧洲人权法院的判例法。诸如"KB诉NHS案"和"P诉S案"等表明，欧洲法院遵循了斯特拉斯堡欧洲人权法院的判例[249]，而"斯特克案"（Stec）、"古德温案"（Goodwin）、"DH案"和"沙尔克与科普夫案"（Schalk and Kopf）则表明，欧洲人权法院借鉴了欧盟法律和司法裁决。[250] 然而，尽管这两类欧洲反歧视法有时相互借鉴，但在几个重要方面仍保持着不同。[251]

---

[247] Case C – 236/09 *Test – Achats* (n 69).

[248] Case C – 149/10 *Chatzi* [2010] ECR I – 8489；Case C – 232/09 *Danosa* (n 156) [71].

[249] Case C – 117/01 *KB* (n 229) citing App No 28957/95 *Goodwin v United Kingdom*, 11 July 2002 and App No 25680/94 *I v United Kingdom*, 11 July 2002；Case C – 13/94 *P v S* (n 222) citing App No 9532/81 *Rees v United Kingdom*, 17 Oct 1986.

[250] App Nos 65731/01 and 65900/01 *Stec v United Kingdom*, 12 Apr 2006；App No 57325/00 *DH and Others v Czech Republic*, 13 Nov 2007；App No 28957/95 *Goodwin* (n 249)；App No 30141/04 *Schalk and Kopf v Austria*, 24 June 2006.

[251] See, eg, S Burri, 'Towards More Synergy in the Interpretation of the Prohibition on Sex Discrimination in European Law?' (2013) 9 Utrecht Law Review 80.

第八节　欧盟平等法：共同规则与概念

一　直接歧视与间接歧视

最近通过的反歧视指令禁止四类歧视：直接歧视、间接歧视、骚扰以及教唆歧视。经修订合并后的《第 2006/54 号性别平等指令》还包括在歧视这一定义下女性由于怀孕和生育而受到的任何不利待遇。如果新《平等待遇指令》草案得以通过，它遵循《联合国残疾人权利公约》中的条款，还将在歧视这一定义下纳入拒绝向残疾人提供合理照顾。

（一）直接歧视

直接歧视（direct discrimination）是最明显的歧视形式。但该术语的法律含义远比最初想象得要复杂。下面摘录麦克拉登（McCrudden）的观点作为参考。

麦克拉登：《"CHEZ 案"之后欧盟平等法的新架构
——欧洲法院是否重新定义了直接歧视与间接歧视的关系?》[52]

有几个相关问题使对直接歧视的法律理解复杂化。第一个问题是，这一概念是否应被视为主要解决对个人或群体的歧视。第二个关键问题是，无论是从被主张的施害者角度还是从被主张的受害者角度来看，这个问题通常联系到施害者的歧视意图以及在多大程度上具有重要性。第三个复杂问题是，在法律上直接歧视和间接歧视之间的关系究竟是什么。当然，我们知道，在大多数情况下，直接歧视不可能"被正当化"，而间接歧视将具有正当性的观点纳入该概念本身，但具体而言，间接歧视概念的这一附加价值是什么，以及这会对直接歧视的范围产生哪些影响?

---

[52]　C McCrudden, 'The New Architecture of EU Equality Law after CHEZ: Did the Court of Justice Reconceptualise the Relationship between Direct and Indirect Discrimination?' (n 90) 4.

"第 19 条指令"和重整后的《第 2006/54 号性别平等指令》以相同的方式界定直接歧视：

> 如果基于任何一种（被禁止的）理由，一个人受到的待遇低于另一个人，在类似情况下正在受到、已经受到或将会受到的待遇，则应视为发生了直接歧视。[53]

认定存在直接歧视是基于对受害人与比较对象的待遇进行评估。它建立在如下观念基础之上，即申诉人受到的待遇与处于类似情况的假设参照对象受到的待遇不同，并且实施差别待遇是基于被禁止的歧视理由。

欧洲法院已经在诸多涉及解雇或达到退休年龄时强制终止雇用的案件中判定存在直接年龄歧视，例如"罗森布拉特案"（*Rosenbladt*）[54]、"格奥尔基耶夫案"（*Georgiev*）[55]、"帕拉西奥斯·德拉维拉案"（*Palacios de la Villa*）[56]、"英格兰老年关怀组织案"（*Age Concern England*）[57] 和"克莱斯特案"（*Kleist*）。[58] 此外，它还判定某些规定存在直接年龄歧视，如设定招聘年龄上限，为允许在某些部门从业设置年龄上限[59]，或者在计算养老金给付或岗位晋升时引入以年龄为基础的标准。[60] 尽管年龄歧视可能存在一些例外，但是，可以作为直接歧视的合法正当理由与间接歧视不同，且其范围要小得多。

将案件定性为涉及直接或间接歧视可能很困难。直接歧视的定义越广泛，与间接歧视的潜在重叠就越大，例如"*CHEZ* 案"[61]。两者之间的界限

---

　[53]　《第 2000/78 号指令》第 2 条第 2 款第 1 项。《第 2000/43 号指令》第 2 条和《第 2006/54 号指令》与拟议中的新《平等待遇指令》事实上包含完全相同的条款。

　[54]　Case C－45/09 *Rosenbladt*（n 240）.

　[55]　Cases C－250 and 268/09 *Georgiev*（n 240）.

　[56]　Case C－411/05 *Palacios de la Villa*（n 240）.

　[57]　Case C－388/07 *Age Concern England*（n 240）.

　[58]　Case C－356/09 *Kleist* EU：C：2010：703.

　[59]　Case C－341/08 *Petersen*［2010］ECR I－47.

　[60]　Case C－529/13 *Felber v Bundesministerin für Unterricht, Kunst und Kultur* EU：C：2015：20；Case C－530/13 *Schmitzer v Bundesministerin für Inneres* EU：C：2014：2359；Case C－515/13 *Poul Landin v Tekniq* EU：C：2015：115.

　[61]　Case C－83/14 '*CHEZ Razpredelenie Bulgaria*' *AD v Komisia za zashtita ot diskriminatsia* EU：C：2015：480.

也可能是有争议的。在某些案件中就很明显，例如雇员因在与客户打交道时拒绝摘下头巾而被解雇。[262] 在"埃奇比泰案"（*Achbita*）中，欧洲法院就认为不存在直接歧视，因为内部规则提到"佩戴具有政治、哲学或宗教信仰的明显标志"，所以涵盖"不加区别地表现出这种信仰的任何表现"[263]。欧洲法院的理由是，该规则对所有劳动者一视同仁，没有证据表明该规则对原告的适用不同。在"布杰瑙伊案"（*Bougnaoui*）[264] 中，欧洲法院认为，尚不清楚所提请的问题是否基于对直接或间接歧视的认定。其结论是，应由提请初步裁决的法院来判断该解雇行为是直接歧视还是间接歧视。

（二）间接歧视

间接歧视（indirect discrimination）这一概念已在第二十章、第二十二章和第二十三章关于对自由流动施加歧视性限制的背景下讨论过了。间接歧视是很多司法体系中用来纠正系统性歧视的常见概念。

如果某项规则或实践虽然表面上中立，但对具有受保护特征（性别、种族或民族、性取向、宗教、残疾、年龄）的人群中极高比例的人员造成不利影响，那么这项规则或实践就被视为具有间接歧视性。这一概念最初由欧洲法院早期判例法和关于举证责任的立法[265]予以界定，后来由"第19条反歧视指令"和2002年经修订后的《性别平等指令》[266] 所界定，但这些定义并不统一。现在，经修订合并后的《第2006/54号性别平等指令》采纳了以往反歧视指令中的定义，并使其可普遍适用，同时放弃了《举证责任指令》中曾采用的参照统计数据的更复杂定义。

早期关于间接歧视的判例法涉及条约平等薪酬条款。欧洲法院判例法原先暗示，在不存在进一步立法的情况下，《欧洲联盟运行条约》第157条并不涵盖间接歧视[267]，但欧洲法院后来明确裁定，条约涵盖间接歧视。在

---

[262] C E Howard, 'EU Anti-Discrimination Law: Has the EU Stopped Moving Forward' (2018) 18 IJDL 60.

[263] Case C – 157/15 *Achbita*（n 119）.

[264] Case C – 188/15 *Bougnaoui* EU：C：2017：204.

[265] 《第97/80号指令》，已废除。

[266] 《第2002/73号指令》，已废除。

[267] See, eg, Case 149/77 *Defrenne*（n 221）[18]；Case 129/79 *Macarthys Ltd v Smith* [1980] ECR 1275, [14] – [15]；Case C – 400/93 *Royal Copenhagen*（n 133）[29] – [38]；Case C – 200/91 *Coloroll*（n 48）[103] – [104]；Case 157/86 *Murphy v Bord Telecom Eireann* [1988] ECR 673.

"詹金斯案"（*Jenkins*）中，兼职劳动者的时薪低于全职劳动者这一事实"本身"并不构成歧视。但是，"如果可以确定，达到可主张全职时薪所要求的每周最低工作时间的女性比例比男性低很多"，并且不存在差别薪酬的其他客观正当理由，那么就假设存在歧视。[268] 雇主为鼓励更多的劳动者从事全职工作这项政策，曾被援引作为可能构成合法正当理由的例子。[269] 欧洲法院裁定，客观正当性这一问题由成员国法院权衡，而雇主一方有责任证明是基于合法理由而不是基于劳动者的性别。对休育儿假者的歧视，以及对那些休假照顾孩子的人员更有利的歧视，也被裁定构成间接性别歧视。[270]

以关于平等薪酬的早期判例法为基础，两部"第 19 条指令"、2006 年《性别平等指令》，以及拟议中的新《平等待遇指令》，对间接歧视的定义实际上完全相同。《第 2000/78 号指令》第 2 条第 1 款第 2 项规定：

> 如果一项表面上中立的规定、标准或实践，导致具有特定宗教或信仰、特定残疾、特定年龄或特定性取向的人员比其他人处于特定的不利状况，则应视为造成间接歧视，除非该规定、标准或实践通过一项合法目标获得客观正当性，并且实现该目标的方式是适当和必要的。

在《第 2000/43 号指令》第 2 条和《第 2006/54 号指令》第 2 条中也可以发现相同定义，尽管它们调整该定义以符合这些指令所涵盖的具体歧视理由。其他的性别平等指令也禁止间接歧视，欧洲法院以相似方面对它们进行解释。[271]

（三）骚扰与教唆歧视

与性别平等领域早期的平等薪酬和平等待遇立法不同，最近的反歧视指令明确禁止骚扰（harassment）和任何教唆歧视（instruction to discriminate）行为。《第 2000/43 号指令》和《第 2000/78 号指令》都在第 2 款第 3 条对"骚扰"做出如下定义，《第 2006/54 号指令》第 2 条第 1 款第 3 项

[268]　Case 96/80 *Jenkins v Kingsgate* (*Clothing Productions*) *Ltd* [1981] ECR 911.

[269]　Ibid [12].

[270]　Case C – 7/12 *Reižneice* (n 215); Case C – 173/13 *Leone* (n 64).

[271]　See, eg, Case 30/85 *Teuling v Bedrijfsvereniging voor de Chemische Industrie* [1987] ECR 2497.

也采用几乎完全相同的措辞㉒：

> 与第 1 条所指的任何理由相关的不受欢迎的行为，其目的或效果是侵犯个人尊严，并且造成一种恐吓、敌对、有辱人格、羞辱或冒犯的环境。在这一背景下，骚扰的概念可根据成员国的本国法律和实践来定义。

欧洲法院在"科尔曼案"中裁定，禁止骚扰并不仅限于自身残疾的人员，而且涵盖孩子残疾而父母自身没有残疾的情况。㉓禁止基于任何一种被禁止的歧视理由"教唆歧视"任何人，这一定义并未在指令中得到进一步界定。上述指令现在还要求成员国引入有效措施，以防止对申诉人进行打击报复或迫害申诉人。

（四）歧视与交叉性

欧盟平等法逐渐变得零碎，不同的法律规则适用于不同种类的歧视，这一事实突显了交叉性问题（intersectionality）。在这种情况下，存在不止一种理由的歧视，以至于任何一个理由的具体歧视性影响都难以辨别，或者只能通过结合考虑两个或多个理由来评估歧视的全部程度。

"帕里什案"（*Parris*）可用来说明此类案件可能对法律制度造成的挑战。㉔该案涉及在 60 岁生日后结婚的雇员，根据职业养老金计划，其伴侣的遗属养老金被排除在外。这条规则再加上爱尔兰对同性登记伴侣关系和同性婚姻的承认较晚，意味着 1952 年之前出生的同性恋者无法为其伴侣获得遗属养老金。欧洲法院裁定，该案不存在基于性取向的歧视，并且根据《2000/78 指令》第 6 条㉕可以证明年龄歧视是正当的。欧洲法院拒绝承认将年龄与性取向结合考虑的理由。

㉒《第 2006/54 号指令》第 2 条第 1 款第 4 项还包含关于"性"骚扰的更具体定义。

㉓ Case C – 303/06 *Coleman*（n 106）.

㉔ Case C – 443/15 *Parris*（n 59）.

㉕ 另参见关于获取和提供商品与服务的《第 2004/113 号指令》第 4 条第 5 款。《第 2000/78 号指令》第 6 条第 1 款规定："成员国可规定，基于年龄的待遇差异不应构成歧视，前提是在本国法背景下，出于合法目标而客观和合理地证明它们是合理的，包括合法的就业政策、劳动力市场和职业培训目标，以及实现该目标的手段是适当和必要的。"第 6 条第 1 款第 1 项举例说明了可以正当化的歧视性措施。

有大量关于交叉性的文献论及应该如何在法律上应对，并且分析法律回应背后相对立的平等概念。以下摘录席克（Schiek）的观点作为参考。

席克：《关于交叉性在欧洲法院的使用、误用和不使用》[276]

那些提倡通过歧视法解决交叉不平等问题的人，要求法律回应现实中的压迫。这与歧视法的实质性概念相吻合，根据该概念，歧视法承担着社会工程的使命，以解决特定的不公正问题。歧视法的对比形式概念可以追溯到算术等式，如亚里士多德所设计的那样……，他认为平等不是一种普世权利，而是一种美德。作为欧洲宪法思想的核心，形式平等的概念反映了这些限制，因为它使获得平等待遇的权利以权利的主张者与那些得到更优待遇者的可比性为条件。虽然提供了清晰而熟悉的教义结构，但是形式平等因此不足以保护那些因性别、种族或残疾等特征而被排除在外的人。

（五）系统性歧视

系统性歧视（systemic discrimination）的概念与交叉性的概念相关，但又有所不同。系统性歧视可以被理解为"直接歧视和间接歧视的结合，与劳动力范围内的政策和普遍实践相关联，这些政策和普遍实践以更广泛的方式并随着时间的推移，有系统地使女性或其他受保护群体处于不利地位的综合影响"[277]。以下摘录中考虑了这个概念的重要性。

梅卡—布伦斯：《系统性歧视——重新思考性别平等的工具》[278]

直接歧视和间接歧视的概念是消除歧视的绝佳工具。当差别待遇或表面中立的规则对某一群体具有广泛的歧视性影响时，这些概念的

---

[276] D Schiek, 'On Uses, Mis-Uses and Non-Uses of Intersectionality before the Court of Justice (EU)' (2018) 18 International Jnl of Discrimination and the Law 82, 85.

[277] M Mercat-Bruns, 'Systemic Discrimination: Rethinking the Tools of Gender Equality' (2018) 2 European Equality Law Review 1.

[278] Ibid 7.

每一个都检测到系统性歧视。然而，直接和间接歧视只是用来作为在诉讼和调解中补救歧视的一次性工具，并不能像系统性歧视框架那样为未来实现性别平等创造动力。接受系统性歧视的想法并将其用于评估组织或实践，还需要采取补偿或补救这些根深蒂固的不平等形式的第二步。直接歧视和间接歧视不一定需要采取积极行动作为制裁，除了需要合理照顾的个别情况，因为目标是停止区别对待或停止使用表面上中立但实际上具有歧视性的标准、规定或实践。相比之下，系统性歧视无法通过不作为或经济补救措施来制止。面对系统性歧视，需要通过来自政策制定者以及在集体诉讼中为积极行为发布禁制令的法官这两者的积极行动，对不同层次的群体进行结构性改变。而不作为实际上使人们在就业、教育和住房方面所面临的准入、遴选和评估过程这些固有的系统性歧视永久存在。

一个法律体系，包括其中的法院，可以明确承认系统性歧视这一概念。该概念也可以通过对直接和/或间接歧视的扩张性解读来明确。[279]

二　例外与正当理由

（一）　直接歧视的正当辩护理由：一般情况

对直接歧视的规制比间接歧视更严格。仅能以两部条约或二级立法中所包含的有限依据或例外之一作为正当理由，而不是更具开放性的"客观正当理由"（objective justification）。

这方面的一个例外是年龄歧视领域，《第 2000/78 号指令》第 6 条第 1 款表现为允许对直接年龄歧视具有开放性的客观正当理由。[280]欧洲法院在"英格兰老年关怀组织案"（*Age Concern England*）中回答了如下问题，即《第 2000/78 号指令》第 2 条第 2 款第 2 项中"基于所有理由的间接歧视"的客观正当理由测试法，与第 6 条第 1 款"仅适用于直接年龄歧视"的客观正当理由测试法这二者是否存在区别。[281]尽管英国主张，为了确保法律

---

[279]　Ibid 8 – 18.

[280]　See（n 275）.

[281]　Case C – 388/07 *Age Concern England*（n 240）.

的确定性，应采用单一测试法，欧洲法院虽然没有对这二者之间的差别给出任何细节，但它表明第 2 条第 2 款第 2 项和第 6 条第 1 款的范围和功能并非完全相同。

英女王代表英格兰老年关怀组织诉英国商业、
企业和规制改革国务大臣

Case C－388/07 R（Age Concern England）v Secretary of State
for Business，Enterprise and Regulatory Reform
[2009] ECR I－1569

欧洲法院

65.……重要的是应注意，（第 6 条）针对的是成员国，尽管成员国在社会政策事项上有广泛的自由裁量权，但该条对成员国施加高标准的举证责任以证明所追求的目标具有合法性。

66. 尽管在本案中没有必要就该举证标准是否高于在《第 2000/78 号指令》第 2 条第 2 款第 2 项背景下适用的标准这一问题做出裁决，但必须指出的是，如果出于该指令第 2 条第 2 款第 2 项意义上的客观正当理由，一项规定、标准或实践并不构成该指令意义上的歧视，那么，就没有必要诉诸该指令第 6 条第 1 款，因为从本判决第 62 段中可以清楚地看到，该款的目的尤其是允许某些差别待遇具有正当性，但是如果没有该条款，这些差别待遇就会构成此类歧视。

欧洲法院做出上述裁决的理由是，《第 2000/78 号指令》第 6 条第 1 款为直接年龄歧视的正当理由设定了很高标准，并且由此导致很高的举证责任，因为与第 2 条第 2 款下的间接歧视不同，直接歧视被推定为不符合欧盟法。

除了《第 2000/78 号指令》第 6 条关于年龄歧视的该项规定以外，欧洲法院在其早期的平等待遇判例法中似乎考虑，是否有可能认可薪酬领域的直接性别歧视具有正当理由。尽管欧洲法院从未毫不含糊地宣称"直接"薪酬歧视可以取得"客观正当理由"，然而，它在多个案件中考虑了如下问题，即那些从事具有同等价值工作但表面上似乎获得不同薪酬的男性和女性，是否的确可能"处于不同情况"，因此，不平等薪酬事实上并未构成歧视。在"*Birds Eye Walls* 公司案"中，对男性和女性支付不同的过渡养老金（bridging pensions）被裁定不构成歧视，因为他们在相关方面所处的情况并不相似。[282] 后来的"赫洛泽克案"（*Hlozek*）肯定了这一点。[283] 在"阿卜杜拉耶案"（*Abdoulaye*）中，欧洲法院裁定，男性劳动者的状况与女性劳动者的状况不具有可比性，专门提供给女性的优惠待遇是为了抵消女性劳动者由于离开工作岗位而导致的职业劣势，而女性劳动者休产假不可避免会造成这种劣势。[284]

（二）直接歧视的正当辩护理由：公共安全、公共秩序和公共卫生

在"约翰斯顿案"（*Johnston*）中，有人主张，成员国可以援引适用于整个条约的"公共安全"这一普遍但书，类似于人员、服务和货物自由流动背景下以及严重军事情况下明确规定的特定减损适用，欧洲法院驳回了该观点。[285]

然而，《第 2000/78 号就业框架指令》第 2 条第 5 款出于与保护公共安全有关的原因，引入了对禁止歧视的一种减损适用形式。但值得注意的是，无论是《第 2000/43 号种族指令》还是经修订合并后的《性别平等指令》，都不包含任何此类减损条款，这也再次说明，欧盟针对不同形式的歧视所提供的法律保护，其性质和范围并不均衡。《第 2000/78 号指令》第 2 条第 5 款规定如下：

> 本指令不得妨碍成员国法规定如下措施，即在民主社会中为确保

---

[282]　Case C‑132/92 *Birds Eye*（n 67）. 该案与欧洲法院对另一案件的裁决不太相符，参见 Case 69/80 *Worringham*（n 66）. 有人对此提出批评：B Fitzpatrick, 'Equality in Occupational Pension Schemes'（1994）23 ILJ 155.

[283]　Case C‑19/02 *Hlozek*（n 162）.

[284]　Case C‑218/98 *Abdoulaye v Régie nationale des usines Renault SA*〔1999〕ECR I‑5723,〔18〕–〔20〕；C McGlynn, Note（1999）24 ELRev 202. See also Case C‑366/99 *Griesmar*（n 64）.

[285]　Case 222/84 *Johnston v Chief Constable of the RUC*〔1986〕ECR 1651；Case C‑273/97 *Sirdar v Army Board*〔1999〕ECR I‑7403；Case C‑285/98 *Kreil v Bundesrepublik Deutschland*〔2000〕ECR I‑69.

公共安全、维持公共秩序和预防犯罪、保护健康和保护他人权利与自由所必不可少的措施。

在"彼得森案"（Petersen）中，欧洲法院审理了以公共卫生为由的减损适用问题。[286] 在该案中，一名牙医质疑一项德国法规则，依该规定，在牙医年满68岁时法定医疗保险项目下作为指定牙医的行医许可失效。所涉牙医仍允许在该指定系统之外行医，尽管有90%的病人由该项目覆盖。德国政府主张，这种差别待遇可以依据如下理由取得正当性：保护法定医疗保险项目下病人的健康，因为牙医在达到某个年龄之后，其医疗水平可能会下降；保持德国医疗体系的财政平衡；在不同代际分配就业机会。

欧洲法院在第2条第5款规定的公共卫生例外这一背景下评估了前两个目标。一方面，如果该措施的目的是防止出现严重损害社会保障体系财政平衡的风险，以实现高水平的健康保护，那么，它有可能符合第2条第5款。另一方面，如果其目的是从牙医的能力这一角度保护病人的健康，那么，该措施就无法经由该例外获得正当性，因为选择的方式不是实现该目标所必不可少的。[287]

（三）直接歧视的正当辩护理由：职业要求例外

所有主要的反歧视指令都规定了职业要求例外。《第2000/43号指令》第4条、《第2000/78号指令》第4条，以及《第2006/54号指令》第14条第2款均保留了职业资格例外的核心内容，这最早包含在《第76/207号性别平等指令》之中。《第2000/78号指令》第4款规定如下：

> 成员国可以规定，基于与任何一种（所涵盖的）理由有关的特征的差别待遇不应构成歧视，前提条件是，鉴于相关特定职业活动的性质，或者从事这些活动的背景，此种特征构成一种真正的和具有决定性的职业要求，而且其目标合法，且该要求具有相称性。

在"男助产士案"中，欧洲法院在性别平等背景下考虑了该项职业要

---

[286] Case C-341/08 *Petersen* (n 259).

[287] Ibid [52].

求条款的范围。[288] 欧洲法院认定，限制男性从事助产士职业的英国立法符合《第76/207号指令》中的职业要求例外，原因在于"个人敏感性"可能在助产士与患者的关系中发挥着重要作用，尽管显然不会在妇科医生和患者的关系中发挥重要作用。然而，几十年后，助产士这一职业在整个欧盟几乎都已经向男性开放，由此说明职业资格例外具有不断演化的性质。

欧洲法院在"约翰斯顿案"中同样考虑了该条款。在该案中，阿尔斯特皇家警察局（RUC）试图为其不雇用女性担任其全职预备役成员的决定取得正当性。[289] 英国政府辩称，如果允许女性持有并使用武器，那么她们成为刺杀目标的风险将更大。欧洲法院接受了英国的主张，没有要求提供任何证据支持如下暗示，即不可能通过培训，让女性能够像男性一样既安全又有效地使用武器。[290] 因此，警察的性别可以构成从事某些警务活动的"决定性因素"。由成员国法院来评估该决定是否具有相称性。[291]

在"西达案"（Sirdar）和"克赖尔案"（Kreil）[292] 中，欧洲法院遇到了相似的问题。在"西达案"中，英国皇家海军拒绝雇用一名女性担任厨师，理由是女性不符合"互通性"的要求，也就是说，"无论海员的专业是什么，每一名海员都必须具有在战斗队中打仗的能力"，该女性对此项政策提出异议。欧洲法院裁定，这可以作为一项职业要求而取得正当性，因为海军陆战队是一个特殊的小型部队，其目的是在战争第一线冲锋陷阵。

在"克赖尔案"中，德国法禁止女性从事涉及使用武器的军事岗位，仅允许女性从事医疗服务或军事音乐服务，原告对这项更具普遍性的禁令提出质疑。欧洲法院在该案中裁定，由于《第76/207号指令》第2条第2款中的职业要求减损适用仅适用于特定活动，因此，该禁令的范围甚至超出了给予成员国采取它们认为的为了保证公共安全而必不可少的措施的自由裁量权。

---

288 Case 165/82 *Commission v United Kingdom* [1983] ECR 3431.

289 Case 222/84 *Johnston* (n 285).

290 Fredman (n 133) 128; G More, 'Equal Treatment of the Sexes: What does "Equal" Mean?' (1993) 1 Feminist Legal Studies 45, 52–53.

291 Case 222/84 *Johnston* (n 285) [39].

292 Case C–273/97 *Sirdar v Army Board* [1999] ECR I–7403; Case C–285/98 *Kreil* (n 285); P Koutrakos, Note (2000) 25 ELRev 433.

"克赖尔案"备受关注，并不仅仅由于当时《德国联邦宪法》禁止女性从事涉及使用武器的工作。[29] 后来相关宪法条款得到了修订，规定不能强迫女性加入武装部队。

这反过来又引发了"多里案"（Dory），在该案中，一名德国男子对义务兵役制仅适用于男性而不适用于女性的事实提出质疑。多里认为，这构成了获得就业方面的男女性别歧视，因为完成义务兵役的要求使其进入劳动力市场的时间推迟，并使其与具有相似条件的女性相比处于劣势。欧洲法院并未在职业要求例外这一背景下处理该案件，相反，欧洲法院接受了德国政府提出的主张，即所涉及的规则不属于欧盟法的适用范围，而它在"克赖尔案"和其他一些更早的案件中恰恰驳回了这项主张。

多里诉德意志联邦共和国

Case C－186/01 Dory v Bundesrepublik Deutschland

[2003] ECR I－2479

39. 德意志联邦共和国通过义务兵役确保其部分防务的决定，表达了对军事组织的这样一种选择，因此共同体法不适用于该领域。

40. 只有男性必须服兵役这一事实，在一般情况下确实将导致相关人员的职业进程被推迟，即使服兵役能够让其中一些人获得进一步的职业培训，或者继续从事军旅职业。

41. 尽管如此，被征召服兵役的个人职业生涯被推迟这一事实，是成员国就军事组织做出的选择所产生的不可避免的后果，并且并不意味着这项选择属于共同体法的范围。这种情况对获得就业存在着不利影响这一事实，无法在不侵蚀成员国权能的情况下，要么强迫相关成员国将服兵役的义务扩大到女性，这样就能使她们在获得就业方面处于同样的劣势地位，要么废除义务兵役制。

尽管"多里案"中的论证本来也可以适用于"克赖尔案"中德国做出的"军事组织选择"，但是，欧洲法院在"多里案"中可能受到了实用主

---

[29] M Trybus, 'Sisters in Arms: EC Law and Sex Equality in the Armed Forces' (2003) 9 ELJ 631.

义关切的影响。如果它遵循先前判决中的逻辑，裁定仅适用于男性的义务兵役制构成性别歧视，就将留给德国两种选择：要么选择彻底废除义务兵役制，要么将义务兵役制扩大到女性。第一种选择显然将被视作欧盟法对国家军事事项的重大侵蚀，而第二种选择则涉及在社会条款方面采用一种有争议的措施。㉔

在"沃尔夫案"（*Wolf*）中，欧洲法院应对《第 2000/78 号就业框架指令》背景下职业要求条款的性质问题。㉕ 德国法律规定，招聘专业消防部门中级职位官员的最高年龄上限为 30 岁，申请人对此提出质疑。尽管提请初步裁决的法院将该议题陈述为该指令第 6 条第 1 款下的直接年龄歧视的正当理由之一，但欧洲法院反而聚焦于第 4 条第 1 款的职业要求条款。㉖欧洲法院强调，恰恰是与歧视理由相关的特征，在本案中是身体健康，而不是与该理由本身提出的年龄，必须构成一项真正和具有决定性的职业要求。㉗ 欧洲法院裁定，只有满足所知的四个条件㉘，限制或减损适用欧盟权利或自由的成员国措施，或者为间接歧视提供客观正当性的成员国措施㉙，才能成为第 4 条第 1 款下具有正当理由的职业要求：

第一，所追求的目标必须"合法"；第二，要求具备的特征必须构成从事相关活动所需的"真正的和具有决定性"的职业要求；第三，该特征必须与年龄（或者其他特定歧视理由之一）"有关"；第四，成员国措施必须"必要且相称"㉚。

在"沃尔夫案"中，欧洲法院接受了德国政府提供的统计数据，表明从事消防活动所需的身体能力与一个人的年龄有关，并且它认为这四个条件将通过此类立法得到满足。

㉔　M Trybus，Note（2003）40 CMLRev 1269；G Anagnostaras，Note（2003）28 ELRev 713.

㉕　Case C – 229/08 *Wolf*［2010］ECR I – 1.

㉖　Ibid［32］.

㉗　Ibid［35］.

㉘　参见第二十章、第二十二章、第二十三章第二十四章中关于限制自由流动的正当理由。

㉙　Case C – 170/84 *Bilka*（n 40）.

㉚　Case C – 229/08 *Wolf*（n 295）［36］. Compare Case C – 416/13 *Mario Vital Pérez v Ayuntamiento de Oviedo* EU：C：2014：2371；Case C – 447/09 *Prigge*，*Fromm*，*Lambach v Deutsche Lufthansa AG* EU：C：2011：573.

（四）直接歧视的正当辩护理由：直接年龄歧视的客观正当性

如前所述，《第2000/78号指令》包含禁止在就业领域基于年龄进行歧视的一项特定例外。第6条第1款规定：

> 尽管有第2条第2款的规定，成员国仍然可以规定，如果在本国法背景下，基于年龄的差别待遇依据一项合法目标具有客观合理的正当性，其中包括合法的就业政策、劳动力市场和职业培训目标，并且如果实现该目标的方式适当且必要，那么此类差别待遇就不构成歧视。
>
> 除了其他事项外，此类差别待遇可包括如下事项：
> （1）为了对青年、年长的劳动者和有照顾责任的人员制定关于获得就业和职业培训、就业以及职业的特殊条件，包括解雇和薪酬条件，以促进他们的职业融合或者确保对他们的保护；
> （2）确定获得就业或与就业相关的某些优惠待遇的最低年龄、专业经历或从业资历方面的条件；
> （3）根据相关职位的培训要求，或者在退休之前需要有一段合理的就业时间，确定招聘的最高年龄。

该条款引起了大量诉讼。在"曼戈尔德案"中，德国法的一项规定允许在不存在客观原因的情况下，与年满52岁及以上的劳动者签订固定期限的雇佣合同，欧洲法院考虑了这一规定。[301] 该法律的目的是促进失业的年长劳动者的职业融入，因为他们可能面临找工作的困难，该目标被裁定为属于第6条第1款意义上的合法目标。然而，欧洲法院裁定，尽管成员国在选择社会和就业政策措施方面享有广泛的自由裁量权，但该成员国措施超出了为实现其目标所必要的程度。

在《第2000/78号指令》第6条第1款下发生的许多案件，涉及基于诸多理由要求在某个年龄强制退休是否具有正当性。[302] 在"帕拉西奥斯·

---

[301] Case C – 144/04 *Mangold* (n 225).

[302] E Dewhurst, 'The Development of EU Case-Law on Age Discrimination in Employment："Will You Still Need Me? Will You Still Feed Me? When I'm Sixty-Four"'（2013）19 ELJ 517；D Schiek, 'Age Discrimination before the CJEU—Conceptual and Theoretical Issues'（2011）48 CMLRev 777.

德拉维拉案"（*Palacios de la Villa*）[303] 中，一项集体协议规定雇员达到强制退休年龄之后将自动终止雇用合同，一名雇员对此提出质疑。在确定该措施构成了《第 2000/78 号指令》范围内基于年龄的直接歧视之后，欧洲法院考虑它是否可以根据第 6 条第 1 款取得正当理由，即使所涉成员国法律并未明确提到与合法的本国政策、劳动力市场或者职业培训目标有关的一项目标。

费利克斯·帕拉西奥斯·德拉维拉诉 Cortefiel 公司

Case C – 411/05 Félix Palacios de la Villa v Cortefiel Servicios SA

[2007] ECR I – 8531

欧洲法院

56. 从《第 2000/78 号指令》第 6 条第 1 款无法推论出，由于所涉成员国立法所追求的目标不够清晰，因而自动排除该立法在该条款下取得正当性的可能性。

……

62. 因此，在其背景下，单一过渡条款的目的是规制成员国劳动力市场，特别是遏制失业。

……

64. 无法对这种公共利益目标的合法性提出合理质疑，因为就业政策和劳动力市场趋势属于《第 2000/78 号指令》第 6 条第 1 款第一段明确表达的目标，并且根据《欧洲联盟条约》第 2 条第 1 段第一个缩进段落和《欧洲共同体条约》第 2 条，促进高水平就业是欧洲联盟和欧洲共同体共同追求的目标之一。

65. 另外，本法院已经裁定，鼓励聘用无疑构成了社会政策的一项合法目标（特别参见 Case C – 208/05 [2007] ECR I – 181，第 39 段），并且对该目标的评估必须明显适用于旨在改善某些类别的劳动者进入劳动力市场的机会的成员国就业政策工具。

---

[303] Case C – 411/05 *Palacios de la Villa* (n 240).

66. 因此，原则上，必须将诸如该项有争议的立法所指的目标视为在"成员国法的背景下"，使成员国规定的基于年龄的差别待遇具有"客观和合理"的正当性，正如《第2000/78号指令》第6条第1款第1段所规定的。

[因此，欧洲法院承认，促进高水平就业和鼓励聘用属于合法的政策目标。就该措施的相称性而言，欧洲法院再次强调成员国当局在该领域享有广泛的自由裁量权，并且认为该措施或许具有相称性。]

69.《第2000/78号指令》序言引文第25段的措辞清楚地表明："可依照成员国的情况制定不同的特定条款"，因此，在政治、经济、社会、人口和/或预算考虑因素的基础上，并在考虑特定成员国劳动力市场的实际情况之后，可引导相关成员国当局做出延长人们工作生涯的选择，或者相反，规定提前退休。

……

72. 成员国当局认为，主要诉讼中的争议措施可能是为了在本国就业政策背景下实现一项合法目标而实施的适当且必要的措施，包括通过促进相关人员进入劳动力市场来推动全面就业，这种观点并没有显得不合理。

在"曼戈尔德案"和"帕拉西奥斯·德拉维拉案"中赋予成员国的广泛自由裁量权，在"英格兰老年关怀组织案"（*Age Concern England*）中受到一定程度的限制。英国法允许雇主在不满65岁的雇员达到其规定的退休年龄之后解雇该劳动者，前提条件是此类措施构成实现某个合法目标的相称方式。英国一家慈善组织对该规定提出质疑。[304] 欧洲法院认为，第6条第1款列举的合法政策目标是说明性的，而非穷尽性的，并且裁定，如果成员国某项措施没有明确说明其合法目标，那么就可以从背景中推导出其目标。[305] 然而，欧洲法院将具有公共性质的合法就业政策目标或社会政策目标，区别于"与雇主特定情况有关的纯粹个人原因，例如降低成本或增强竞争力"，即使这二者之间可能存在密切关系。[306] "仅仅一般化的说辞"

[304]　Case C-388/07 *Age Concern England*（n 240）.

[305]　Ibid［43］-［45］.

[306]　Ibid［46］.

可能会削弱该指令关于禁止基于年龄的歧视这一规定的有效性，并且在涉及直接年龄歧视的情况下，成员国应满足高标准的举证要求。[307]

案件常常会转向进一步考虑有争议的规定的相称性。在"彼得森案"中，德国立法规定，在法定医疗保险项目下作为指定牙医的行医许可在年满 68 岁时失效，欧洲法院认为，这是为增加年轻人进入这类劳动力市场的机会的相称方式。[308] 同样，在"格奥尔基耶夫案"（*Georgiev*）中，有法律规定大学教授的强制退休年龄为 68 岁，但如果是固定期限合同，则强制退休年龄仅为 65 岁，欧洲法院认为，该法律是为实现合法目标而采取的相称方式，即通过为年轻人提供教授职位而鼓励他们在高等教育部门就业这一目标。[309]

相比之下，在也许是最著名的年龄歧视案件中，欧洲法院认为匈牙利国家方案要求法官、检察官和公证人在 62 岁时强制退休的做法不具有相称性，尽管其表面上的合法目标是使这些职业的年龄结构更加平衡。[310] 舆论广泛认为，解雇法官和检察官是匈牙利威权政府为破坏司法独立而采取的政治运动的一部分。委员会提起的违反之诉程序是当时欧盟针对匈牙利越来越不自由的政策采取的少数行动之一。[311]

除了强制退休之外，成员国还在欧洲法院为其他多种形式的直接年龄歧视寻求正当理由。[312] 在"许特尔案"（*Hütter*）中，作为一系列此类案件中最早的一个[313]，欧洲法院认为，促进接受过职业教育的青年融入劳动力市场，并且对中等教育的待遇不低于职业培训，这一目标是合法的。但

---

[307]　Ibid [51] and [65]. See also (n 281) and text.

[308]　Case C–341/08 *Petersen* (n 259).

[309]　Cases C–250 and 268/09 *Georgiev* (n 240). See also Case C–45/09 *Rosenbladt* (n 240)；Cases C–159 and 160/10 *Fuchs and Köhler* EU：C：2011：508；Case C–141/11 *Hörnfeldt* EU：C：2012：421；Case C–546/11 *Dansk Jurist* EU：C：2013：603.

[310]　Case C–286/12 *Commission v Hungary* EU：C：2012：687.

[311]　U Belavusau, 'On Age Discrimination and Beating Dead Dogs：*Commission v. Hungary*' (2013) 50 CMLRev 1145.

[312]　See, eg, Case C–476/11 *HK Danmark* (n 69)；Case C–152/11 *Odar* EU：C：2012：772；D Schiek, 'Age Discrimination before the CJEU—Conceptual and Theoretical Issues' (2011) 48 CML-Rev 777.

[313]　See, eg, Case C–530/13 *Schmitzer v Bundesministerin für Inneres* EU：C：2014：2359；Case C–529/13 *Felber v Bundesministerin für Unterricht, Kunst und Kultur* EU：C：2015：20；Case C–515/13 *Poul Landin v Tekniq* EU：C：2015：115.

是，在决定公务员的晋升步骤这一事项上，成员国立法将 18 岁以前完成的就业期排除在考虑之外，这一点与前述目标不具有相称性。[314]

欧洲法院还考虑了为某些职业设定特定的"最低"招聘年龄或"最高"年龄上限的成员国规则是否可能具有正当性。在"维塔尔·佩雷斯案"（*Vital Pérez*）中，西班牙政府主张，为招聘当地警官设定最高年龄的目的是促进不同年龄群体之间的均衡分配，欧洲法院驳回了该主张。尽管如此，欧洲法院还是裁定，年龄要求可以基于职位需要培训，并且在退休或转岗之前应有一段合理的就业时间。[315]尽管这些目标具有合法性，但是特定年龄要求与这些目标并不具有合理联系。

（五）间接歧视的正当辩护理由：客观正当性

将直接歧视的正式标准扩大到涵盖不那么明显但有时更具普遍性的间接歧视形式上是一项重大进展。然而，客观正当性（objective justification）这一同样宽泛的概念同时也得到发展，从而削弱了上述扩张所产生的影响。"第 19 条指令"以及《第 2006/54 号指令》第 2 条第 1 款第 2 项对间接歧视的界定，现在已经将"缺乏客观正当性"这一概念纳入该定义中。

目前仍然不清楚，究竟哪些要素构成客观正当性。欧洲法院常常留给成员国法院决定该事项，从而导致不同成员国的法庭很可能存在分歧。然而，欧洲法院提供了一些指引，宣称某些正当性的理由过于一般化，并且表明其他一些理由可能是充分的。此类案件中的绝大多数发生在性别平等领域，最早的案件涉及平等薪酬，但其论证现在同等适用于最近通过的反歧视指令涵盖的所有形式的歧视。[316]

"比尔卡公司案"（*Bilka*）涉及兼职劳动者是否有资格参与职业养老金项目，欧洲法院在该案中阐释了一项检验客观正当性的标准，这与它在审查成员国对货物与服务自由流动施加的限制措施时发展出的相称性检验标准非常相似。[317]

---

[314]　Case C-88/08 *Hütter*（n 240）. See also Case C-555/07 *Kücükdeveci*（n 241）；Cases C-297 and 298/10 *Henning and Mai*［2011］ECR I-7965；Case C-501/12 *Specht* EU：C：2014：2005.

[315]　Case C-416/13 *Mario Vital Pérez v Ayuntamiento de Oviedo* EU：C：2014：2371.

[316]　See，eg，Case C-356/12 *Glatzel* EU：C：2013：350.

[317]　特别参见第二十章、第二十二章和第二十三章。

比尔卡百货有限公司诉卡琳·韦伯·冯哈茨

Case 170/84 Bilka-Kaufhaus GmbH v Karin Weber von Hartz

[1986] ECR 1607

[《里斯本条约》重新编号，《欧洲经济共同体条约》
第 119 条变更为《欧洲联盟运行条约》第 157 条]

欧洲法院

33. 比尔卡公司在其意见中主张，将兼职劳动者排除出该职业养老金项目的目的仅仅是不鼓励兼职工作，因为兼职劳动者一般拒绝在傍晚和周六工作。为了确保在这些时间段拥有充足的劳动力，因此有必要通过仅向全职劳动者开放职业养老金项目的方式，使全职工作比兼职工作更具有吸引力。

......

36. 只有成员国法院拥有认定事实的管辖权，因而应由成员国法院来判断，对于雇主提出的理由，即解释为什么采用不取决于劳动者性别但事实上更多地影响女性而非男性的薪酬实践，是否以及在多大程度上可以被视为具有客观正当性的经济理由。如果成员国法院认定，雇主选择的措施符合企业的真正需要，对于实现所追求的目标是适当的，并且为此目的是必要的，那么，受该措施影响的女性数量远远高于男性这一事实并不足以表明它们构成了违反第 119 条。

由此，如果满足如下条件，间接歧视性措施可以具有正当性：首先，该措施满足雇主的"真正需求"；其次，该措施是为了实现所追求的目标而采取的"适当"措施；最后，该措施是实现这些目标所"必要"的。在"比尔卡公司案"（*Bilka*）中，欧洲法院将相称性检验留给成员国法院适用。后来的案件说明欧洲法院也适用这些标准。[319]

在"林纳—屈恩案"（*Rinner-Kühn*）中，尽管将兼职劳动者排除出病

---

[319] See also Case C – 33/89 *Kowalska* (n 28)；Case C – 184/89 *Nimz* (n 31)；Case C – 236/98 *JämO* (n 36) [61] – [62]；Case C – 79/99 *Schnorbus v Land Hessen* [2000] ECR I – 10997.

假薪酬条款的立法表面上违反了《欧洲联盟运行条约》第 157 条的目的，但原则上这种规定可以具有客观正当理由。[319] 然而，相关政府在该案中提出的特定辩护理由并不充分，因为它将兼职劳动者的融入相对欠缺这个一般化的理由作为依据。然而，在"卡德曼案"（*Cadman*）等案件中，欧洲法院承认，诸如工作年限或资历等广泛特征可以提供推定正当性的依据。[320]

在"伯特尔案"（*Bötel*）[321]、"莱瓦尔克案"（*Lewark*）[322] 和"弗里尔斯案"（*Freers*）[323] 中，欧洲法院承认，尽管向参加培训课程的全职劳动者提供的补偿金比支付给兼职劳动者的补偿金更优厚，这很可能对女性造成间接歧视，但是，该歧视仍有可能通过参照与性别无关的社会政策目标获得正当性。在"丹佛斯公司案"（*Danfoss*）中，欧洲法院考虑了哪类正当理由可以被接受用来说明在补充薪酬的标准中所存在的间接歧视具有正当性，例如流动性、培训和服务年限等标准。[324] 欧洲法院裁定，尽管这些标准原则上可能是中立的，但它们也可能以不利于女性的方式适用。

在"希尔和斯特普尔顿案"（*Hill and Stapleton*）中，在决定薪酬增长的方式中存在对共享工作者（job-sharers）的歧视，而女性占这类工作形态的绝大多数，爱尔兰税务局提供的一系列不可接受的理由无法提供正当性，例如避免增加成本的理由。[325] 欧洲法院在其裁决中关注该案所涉及的特定类型的间接歧视，即对共享工作者的歧视。欧洲法院指出，选择共享工作的人绝大多数为寻求将工作与家庭责任结合起来的女性，并且"以与对待男性的相同方式"保护家庭生活和工作中的女性，是欧盟法承认的

---

[319]　Case 171/88 *Rinner-Kühn* (n 32). See also Case C – 189/91 *Kirsammer-Hack v Nurhan Sidal* [1993] ECR I – 6185; Case C – 285/02 *Elsner-Lakeberg v Land Nordrhein-Westfalen* [2004] ECR I – 5861.

[320]　Case C – 17/05 *Cadman v Health & Safety Executive* [2006] ECR I – 9583; Case C – 486/08 *Zentralbetriebsrat der Landeskrankenhäuser Tirols v Land Tirol* [2010] ECR I – 3527, [41] – [46]; Cases C – 395 and 396/08 *INPS v Bruno, Pettini, Lotti, Mateucci* [2010] ECR I – 5119, [69] – [75].

[321]　Case C – 360/90 *Bötel* (n 34).

[322]　Case C – 457/93 *Lewark* (n 34).

[323]　Case C – 278/93 *Freers* (n 34).

[324]　Case 109/88 *Danfoss* (n 137); Case C – 17/05 *Cadman* (n 320) [33] – [39].

[325]　Case C – 243/95 *Hill v The Revenue Commissioners and Department of Finance* [1998] ECR I – 3739; Case C – 77/02 *Steinicke* (n 38); Case C – 187/00 *Kutz-Bauer v Freie und Hansestadt Hamburg* [2003] ECR I – 2741; C McGlynn and C Farrelly, 'Equal Pay and the "Protection of Women within Family Life"' (1999) 24 ELRev 202.

一项原则，是平等待遇原则的"自然延伸"。其后果似乎是，由于被告的实践破坏了此项原则，因此被告更有义务为这种间接歧视提供正当理由。

人们常常指出，用于判断性别平等领域的间接歧视或客观正当理由的检验标准中存在着缺陷[326]，因为所使用的歧视概念在一般情况下以男性规范为基础，并且企业或雇主的商业目标往往能够相对轻易地驳回关于间接歧视的主张。[327] 然而，对诸如"希尔和斯特普尔顿案""西摩—史密斯案"（*Seymour-Smith*）和"库茨—鲍尔案"（*Kutz-Bauer*）[328] 的裁决表明，就审查成员国对间接歧视性立法措施提出的"客观正当理由"而言，欧洲法院采取了更坚决的方式。

三 积极行动

两部欧盟条约和二级立法中都包含允许但非强制的"积极行动"（positive action）条款。积极行动有时也被称作"肯定性行动"（affirmative action）。就一级法律而言，《欧洲联盟运行条约》第157条第4款规定：

> 为确保实践中男女在职业生活中完全平等，平等待遇原则不应影响某一成员国维持或通过提供特定优惠的措施，以便为代表性不足的性别从事某项职业活动提供便利，或者防止其在职业生活中处于劣势或对此劣势给予补偿。

《欧盟基本权利宪章》第23条同样允许"维持或通过提供特殊优惠的措施，以有利于代表性不足的性别"。

欧盟二级立法中首次出现的积极行动条款是之前《第76/207号平等待遇指令》第2条第4款。该款允许采取措施纠正男女不平等，并且"尤其通过消除影响女性机会的现有不平等，以促进男女平等"。经重整的《第2006/54号指令》第3条取代了该条款，并且与《欧洲联盟运行条约》

---

[326] Fredman（n 133）125.

[327] See, eg, Case C-189/91 *Kirsammer-Hack*（n 319）；Case C-297/93 *Grau-Hupka v Stadtgemeinde Bremen*［1994］ECR I-5535；T Hervey, 'Small Business Exclusion in German Dismissal Law'（1994）23 ILJ 267.

[328] Case C-243/95 *Hill*（n 325）；Case C-167/97 *Seymour-Smith*（n 29）［71］-［73］；Case C-187/00 *Kutz-Bauer*（n 325）［54］-［60］.

第157条第4款保持一致。《第2006/54号指令》第3款规定如下：

> 成员国可维持或通过《欧洲联盟运行条约》第157条第4款意义
> 上的措施，目的是确保实践中男女在职业生活中完全平等。

在第19条下通过的两部反歧视指令也包含着相似的积极行动条款。《第2000/43号指令》第5条和《第2000/78号指令》第7条规定如下：

> 为确保在实践中实现完全平等，平等待遇原则不应阻止任何成员
> 国维持或通过特定措施，以防止与（受保护的理由）有关的劣势或对
> 此劣势给予补偿。

《第2000/78号指令》第7条第2款包含关于残疾人的额外段落，允许成员国"维持或通过关于保护工作中的健康与安全的规定，或者……旨在创设或维持规定以保障或促进他们融入工作环境的措施"。

欧洲法院最初对第2条第4款做出狭义解读，因此裁定法国法律中的一项规定不具有正当性，该规定允许集体协议为女性提供特殊权利，其中包括年长女性可缩短工作时间，孩子生病时可以休假，以及在与孩子有关的事项上可以延长假期等。[㉙] 法国并未充分表明，"普遍保留为女性提供的特殊权利"将减少社会生活中的实际不平等状况。[㉚] 委员会认为，该法国法律违法，同时承认某种危险，欧盟法有可能固化家庭内部的现有分工，因为它允许无限期维持歧视条件，并且将消除这些条件的任务交由劳资双方自行处置。[㉛]

在"洛默斯案"（*Lommers*）中，欧洲法院支持了某成员国部委的内部项目与第2条第4款的兼容性，该项目旨在解决在"经证明而被定性为缺乏适当的、负担得起的托儿设施"的情况下女性代表性不足这一广泛存在的问题。[㉜] 在该项目下，该部委为职员提供少量有补贴的托儿所名额，这

㉙ Case 312/86 *Commission v France* [1988] ECR 6315.

㉚ Ibid [15].

㉛ Ibid [17].

㉜ Case C – 476/99 *Lommers* (n 39).

些名额仅提供给女性职员，男性官员仅在个别的紧急情况下才能获得。欧洲法院裁定，如果将该紧急例外解读为，它允许任何自己照顾子女的男性官员按照与女性员工相同的条件获得这些托儿所名额，该项目就是可以接受的。因此，欧洲法院愿意接受积极的行动措施，即使这些措施以准确但却强化角色的假设为前提，即女性是双亲家庭中主要的儿童照顾者。

相比之下，在"罗加·阿尔瓦雷斯案"中，欧洲法院裁定，无论是《欧洲联盟运行条约》第 157 条第 4 款，还是该指令第 2 条第 4 款，均不允许以下法律规定，即作为母亲的女性雇员可以在孩子出生之后的前九个月休假，而作为父亲的男性雇员却没有权利享有同样的休假，除非孩子的母亲也是一名被雇用人员。㉝ 欧洲法院认为，这样一类措施倾向于将男性和女性的传统角色分配永久化，因为它使男性在行使父母责任方面处于辅助女性的角色。㉞

有些评论人士指出，即使此类积极行动有可能使这些刻板印象永久化，但是法律不应忽视一个群体的成员共同处于现有劣势中。㉟ 欧洲法院在"委员会诉法国案""洛默斯案"和"罗加·阿尔瓦雷斯案"中采取的不同方式说明，欧洲法院继续努力应对这种矛盾，并没有采取一致的立场来支持或者反对可能被认为加强传统责任的积极行动措施，特别是与照顾儿童有关的责任。然而，如果此类措施是一般性的，并且当它们是立法性而不是针对特定某一雇主时，这类措施似乎就不大可能被积极行动条款豁免。

尽管上述案件主要涉及为职业女性提供额外休假或育儿福利，但最具争议的积极行动措施是那些涉及女性获得雇用或晋升的措施。这种积极行动方案在 20 世纪 90 年代中期受到"卡兰克案"（*Kalanke*）裁决的沉重打击。㊱ 欧洲法院在该案件中裁定，第 2 条第 4 款构成对平等待遇权利的减损，必须予以严格解释。在该案中，德国的一项地区法律被欧洲法院裁定违反该指令。该地区法律规定，如果已经入围晋升名单的不同性别候选人具有同等资格，那么在女性代表性较低的部门，即女性所占比例不足员工

㉝　Case C – 104/09 *Roca Álvarez* [2010] ECR I – 8661.

㉞　Ibid [36] – [37].

㉟　Fredman (n 133) 129.

㊱　Case C – 450/93 *Kalanke v Freie Hansestadt Bremen* [1995] ECR I – 3051.

总数的一半，就必须给予女性优先考虑。不莱梅的这项制度涉及一种"软性"而非"刚性"的配额，旨在扭转女性面临的劣势，并且避免将过去的不平等状况永久化，这种情况的一个结果是很少有女性担任高级职位，但这一事实不足以将其置于第2条第4款范围：

> 22. 保证女性在任用或晋升方面具有绝对和无条件优先的成员国规则不仅超出了促进平等机会，而且超越了该指令第2条第4款中这项例外的界限。

> 23. 另外，就该制度寻求实现部门内所有级别和层面男女的平等代表性而言，对于第2条第4款所设想的机会平等，这种制度取代了只有通过提供机会平等才能达到的结果。

"卡兰克案"裁决引发了大量批评和评论，这些批评不仅来自女性利益团体以及法学和律师实务界[337]，而且来自欧盟委员会，委员会还就该判决发布了一份通讯。[338] 委员会认为，并非所有配额都是非法的，它无视该裁决，列举了一系列它认为可以得到认可的积极行动措施。委员会还提议对第2条第4款的措辞进行修订或澄清，以使"卡兰克案"中的这种软性配额不违反该指令，只要这种软性配额没有自动优先考虑代表性不足的性别，而是允许在既定情况下对个人所处的特定环境进行评估。[339]

后来发生的"马沙尔案"（*Marschall*）与此案相似，佐审官雅各布斯认为，即使必须考虑个别候选人所处的环境，但如果成员国措施规定，在候选人拥有同等资格的情况下，在女性代表性不足的部门给予女性优先于男性的考虑，那么该项措施也违反了《平等待遇指令》。[340] 他批评委员会对第2条第4款的修订提案，认为对"卡兰克案"的批评是错误的。[341] 然而，欧洲法院并未遵从佐审官的意见，而是根据委员会的提案收窄了"卡兰克

---

[337]　L Charpentier, Note［1996］RTDE 281；S Dagmar, Note（1996）25 ILJ 239；S Moore, Note（1996）21 ELRev 156；A Peters, Note（1996）2 ELJ 177；S Prechal, Note（1996）33 CMLRev 45；D Schiek, Note（1996）25 ILJ 239；L Senden, Note（1996）3 MJ 146；E Szyszczak, Note（1996）59 MLR 876；S Fredman, Note（1997）113 LQR 575.

[338]　COM（96）88.

[339]　［1996］OJ C179/8.

[340]　Case C–409/95 *Hellmut Marschall v Land Nordrhein Westfalen*［1997］ECR I–6363.

[341]　Ibid［47］of his Opinion.

案”裁决的适用。欧洲法院肯定，尽管保证女性具有“绝对和无条件优先考虑”的规则是不可接受的，但是允许对情况进行个别考虑的更软性配额属于第 2 条第 4 款现有规定的范围。

"马沙尔案"涉及德国的一项地区法律，该法律规定，如果在某个职业级别中担任更高级别职位的女性少于男性，那么在同等适当性、能力和职业表现的情况下，女性应优先获得晋升，除非出于男性候选人个人的特定原因而导致对他更有利。在"卡兰克案"中，唯一介入的成员国是英国，支持申请人质疑德国法律。与此相反，在"马沙尔案"中，有五个成员国的政府介入，支持该积极行动的立法符合欧盟法，而只有英和法国表示反对。欧洲法院通过引用"卡兰克案"中该规则的"保留条款"(savings clause)[342]，将其区别于"马沙尔案"中的规则，并且对男性和女性在劳动力市场上的"平等"机会采取了一种更加微妙的观点。

赫尔穆特·马沙尔诉北莱茵威斯特法伦州
Case C –409/95 Hellmut Marschall v Land Nordrhein Westfalen
[1997] ECR I –6363

欧洲法院

29. 正如该州政府和几个成员国政府所指出的，即使在男性和女性候选人具有相同资格的情况下，男性候选人也往往会优先于女性候选人获得晋升，特别是由于对女性在职业生活中的角色和能力存在偏见和刻板印象，以及担心女性会更频繁地中断自己的职业，担心女性由于家务和家庭责任而在工作时间上不够灵活，或者担心女性由于怀孕、分娩和哺乳原因而更加频繁地缺勤，等等。

30. 出于这些原因，男性候选人和女性候选人具有同等资格这一事实本身并不意味着他们拥有同样的机会。

---

[342]　也可参见如下案件中"例外条款"的重要作用：Case C –476/99 *Lommers*（n 39）；Case C –380/01 *Schneider v Bundesminister für Justiz*［2004］ECR I –1389. 在后一案件中，成员国法院适用了"卡兰克案"和"马沙尔案"的裁决，认为一项不包括"保留条款"的奥地利法律不符合欧盟法。

31. 因此，就成员国规则而言，它规定，在适用保留条款的前提下，在女性代表性不足的部门，与男性候选人同等资格的女性在晋升时将得到优先对待，如果此项规则可以抵消上述态度和行为对女性候选人的偏见，并且因此减少现实世界中可能存在的实际不平等状况，那么，这项规则就可以属于第 2 条第 4 款的范围。

32. 然而，第 2 条第 4 款构成了对该指令规定的一项个人权利的减损，因此，这种特别有利于女性候选人的成员国措施无法保证在晋升方面给予女性绝对和无条件的优先考虑时，不会超越该条款所规定的例外的界限（*Kalanke* 判决第 21 段和第 22 段）。

33. 与在"卡兰克案"中的有争议规则不同，正如主要诉讼中的所涉情况，成员国规则包含一条保留条款，如果它在每个个案中均为与女性候选人具有同等资格的男性候选人提供了如下保证，即保证客观评估候选人，并考虑与候选人个人有关的所有特定标准，并且在其中一个或多个标准导致形势更有利于男性候选人的情况下推翻给予女性候选人的优先考虑，那么该规则就没有超越这些界限。然而，在这方面应该记住，这些标准不得歧视女性候选人。

在"马沙尔案"之后不久，《欧洲联盟运行条约》第 157 条第 4 款就得到了修订，纳入了允许成员国采取积极行动的规定，"以确保实践中男女在职业生活中完全平等"。第 157 条第 4 款以形式上中立的措辞提到，允许在接受职业培训方面为"代表性不足的性别"提供特定优惠，或者弥补职业劣势，而不是像从前一样仅提到女性。⑭ 最近通过的反歧视指令中包含的积极行动条款以《欧洲联盟运行条约》第 157 条第 4 款的条款为基础，然而，第 157 条第 4 款与《第 76/207 号指令》第 2 条第 4 款的早期条款中的措辞并不完全相同。但是，欧洲法院依据该指令和第 157 条第 4 款，在"亚伯拉罕松案"（*Abrahamsson*）⑭ 和"罗加·阿尔瓦雷斯案"⑭ 中得出相同结论。

---

⑭ 然而，附于《阿姆斯特丹条约》的一项声明指出，在通过第 4 段的措施时，成员国应"旨在改善女性在职业生活中的状况"。

⑭ Case C-407/98 *Abrahamsson v Fogelqvist*〔2000〕ECR I-5539.

⑭ Case C-104/09 *Roca Álvarez*（n 333）and text.

在"巴德克案"（*Badeck*）[346] 中，欧洲法院延续了其在"卡兰克案"之后所采取的更宽容方式，认定旨在给予女性在晋升、参加培训和招聘方面以优先考虑的一系列德国公共服务规则符合第 2 条第 4 款，因为它们包含足够的灵活性，并非刚性规定，从而符合"马沙尔案"中的标准。然而，在"布里埃什案"（*Briheche*）中，一项法国规则给予没有再婚的寡妇豁免适用一项对参加竞争性公务员考试设置年龄限制的规则，欧洲法院认定，这项规则构成了对没有再婚并且处于同等情况的鳏夫的歧视。[347] 欧洲法院裁定，此类规则自动和无条件地给予女性优先于男性的权利，因此无法被第 2 条第 4 款豁免。

"亚伯拉罕松案"涉及瑞典，欧洲法院被提请考虑一种实践，该实践不同于德国在"卡兰克案""马沙尔案"和"巴德克案"中的各种规定，它允许优先考虑性别代表性不足的候选人，这些候选人虽然具备充分资格，但不拥有与另一性别候选人同等的资格。[348] 欧洲法院将该问题表述为，该积极行动条款是否允许这种立法，"根据该立法，在聘任某个公共职位的候选人时，属于代表性不足的性别，且拥有该职位所要求的充分资格的候选人必须优先于另外一个性别的候选人，这是为了确保任命代表性不足的性别的候选人所必须采取的措施，并且各候选人的优势差别并不那么大，不至于违反任命职务所需的客观性这一要求，但是如果没有上述规定，本应任命另外一个性别的候选人"。

亚伯拉罕松诉福格尔奎斯特

Case C – 407/98 Abrahamsson v Fogelqvist

［2000］ECR I – 5539

欧洲法院

46. 作为一项规则，一个职位选择候选人的程序包括，通过参照

---

[346] Case C – 158/97 *Badeck v Landesanwalt beim Staatsgerichtshof des Landes Hessen* ［1999］ ECR I – 1875.

[347] Case C – 319/03 *Briheche v Ministre de l'Intérieur*, *Ministre de l'Éducation nationale and Ministre de la Justice* ［2004］ ECR I – 8807.

[348] Case C – 407/98 *Abrahamsson v Fogelqvist* (n 344).

空缺职位的要求或者拟履行的职责的要求，对候选人的资格进行评估。

47. 在前面引述的"巴德克案"判决第31段和第32段中，本法院裁定，出于评估的目的，考虑某些积极标准和消极标准是合理的，尽管规定这些标准的措辞在性别方面是中立的，由此也能使男性受益，但一般情况下有利于女性。因此，可以判定，只有在资历、年龄和上一次晋升的日期对于决定候选人的适当性、资格和专业能力具有重要意义的情况下，才需要考虑这些因素。同样，可以认定，伴侣的家庭身份或收入无关紧要，并且兼职工作、休假和由于照顾子女或需要照顾的被扶养者而推迟培训等因素均不得产生负面影响。

48. 此类标准的明确目的是，通过减少社会上可能出现的事实上的不平等，来实现实质性而非形式上的平等，并且因此根据《欧洲共同体条约》第141条第4款，防止属于代表性不足的性别的个人在职业生涯中处于劣势，或对此种劣势予以补偿。

49. 在这方面必须强调的是，适用诸如上文第47段提到的标准，必须透明且易于评估，以避免对候选人资格的任何任意评估。

50. 就主要诉讼中有争议的选聘程序而言，相关瑞典立法无法表明以下情形，即通过参照空缺职位的要求对候选人资格进行的评估建立在明确和毫不含糊的标准之上，能够防止代表性不足的性别在职业生涯中处于劣势，或对此进行补偿。

51. 相反，根据该立法，如果相关措施是任命属于代表性不足的性别的候选人所必要的，那么，就必须优先选择那些属于代表性不足的性别，且拥有该职位所需的充分资格的公共职位候选人，而不是属于另外一个性别、本来能够获得任命的候选人。

52. 因此，只要属于代表性不足的性别的候选人足够合格，那么，主要诉讼中的有争议立法将自动给予他们以优先考虑，唯一需要遵守的条件是，每个性别的候选人的优势差别不是很大，不至于违反任命所要求的客观性。

53. 该条件的范围与影响无法确切判断，其结果是，从那些都充分合格的候选人中进行选择，最终仅取决于候选人属于代表性不足的性别这一事实，即使通过这种方式选择的候选人不如另外一个性别的候选人优秀。此外，并没有通过一项考虑到所有候选人个人特殊情况的客观评估对候选人资格进行考察。因此，这样的一种选择方法不属于该指令第 2 条第 4 款允许的事项。

54. 在上述情况下，有必要判断主要诉讼中的有争议立法是否能够通过《欧洲共同体条约》第 141 条第 4 款获得正当理由。

55. 在这方面，只要指出如下问题就已经足够：尽管《欧洲共同体条约》第 114 条第 4 款允许成员国维持或通过措施，为阻止或补偿职业生涯中的劣势而提供特殊优惠，以确保男女在职业生活中完全平等，但不能由此得出结论，认为它允许主要诉讼中这类有争议的选择方法，无论如何，这种方法与所追求的目标看来并不具有相称性。

因此，如果要使以间接方式有利于代表性不足的性别的工作资格标准等措施符合欧盟法的积极行动条款，它们必须满足以下条件。它们必须真正旨在减少事实上的不平等，并且补偿职业劣势；它们必须基于可用于审查的透明和客观标准；并且，对于在获得就业或晋升领域的国家积极行动措施与欧盟法的兼容性而言，保留条款的存在可能仍具有重要性。

四　救济

救济这个一般主题已在第九章中讨论过了，这里要指出的是，在歧视背景下发生了许多关于救济的案件。与其他领域的欧盟实体法一样，欧盟的平等与反歧视指令并未试图调和各国的制裁与程序，但要求成员国为实施欧盟反歧视法采取有效救济和具有相称性与惩戒性的制裁。欧洲法院在"认同协会案"（*Asociaţia Accept*）中的裁决可以适用于该领域的所有指令。在该案中，一家足球俱乐部被诉采取恐同的招聘政策，欧洲法院宣称，只具有象征性的制裁与有效实施《第 2000/78 号指令》不符。[349] 欧洲法院同意，正如它在"费兰案"（*Feryn*）[350] 中所裁定的，某项制裁不具有金钱性质这一事实本身并不一定意味着它仅是象征性的，但是就"认同协会案"的事实而言，仅提出口头警告似乎可能不够充分。

2014 年欧盟委员会发布关于 2000 年两部反歧视指令适用情况的报告，指出成员国法院"在判定补偿水平和金额方面，往往倾向于适用法律规定

---

[349]　Case C – 81/12 *Asociaţia Accept* EU：C：2013：275，［64］.

[350]　Case C – 54/07 *Feryn* ［2008］ECR I – 5187，［39］.

的更低一级的制裁"。委员会表示,它将密切监视成员国在使用制裁和救济时所适用的标准。㉛

(一) 向上还是向下拉平

在"德弗雷纳第二案"中,欧洲法院表现出拒绝为了遵守第 157 条(原《欧洲经济共同体条约》第 119 条) 的平等薪酬原则而"向下拉平"薪酬这一可能性:

> 特别是,由于第 119 条出现的背景是对工作条件进行调和,与此同时保持对工作条件的改善,因此,认为可以通过提高最低薪酬以外的其他方式遵守该条规定的反对意见可以被搁置。㉜

后来,在"荷兰工会联合会案"(FNV) 的社会保障背景下,欧洲法院裁定,《第 79/7 号指令》第 4 条第 1 款从其本应实施之日起就具有直接效力,它接下来阐述了在该指令尚没有得到实施时应采用的适当"参照点":

> 由此可见,直到各国政府采取必要的实施性措施之前,女性有资格获得与处于相同情况的男性相同方式的待遇,并且拥有与适用于他们的相同规则,因为在该指令没有得到实施的情况下,这些规则仍然是唯一有效的参照点。㉝

此后,在许多涉及先前措施中存在歧视的过渡措施案件中,上述表述公式被多次重复。㉞ 然而,在"施佩希特案"(Specht)㉟ 和"亨宁和马伊案"(Henning and Mai)㊱ 中,欧洲法院裁定,对于废除基于年龄的歧视性

㉛ COM (2014) 2, 3.5.

㉜ Case 43/75 *Defrenne II* (n 73) [15].

㉝ Case 71/85 *FNV* (n 179) [22].

㉞ See, eg, Case C – 377/89 *Cotter and McDermott v Minister for Social Welfare* [1991] ECR I – 1155, [18]; Case 102/88 *Ruzius Wilbrink v Bestuur van de Bedrijfsvereniging voor Overheidsdiensten* [1989] ECR 4311, [20]; Case C – 184/89 *Nimz* (n 31); Case C – 33/89 *Kowalska* (n 28).

㉟ Case C – 501/12 *Specht* (n 314).

㊱ Cases C – 297 and 298/10 *Henning and Mai* (n 314).

规定的决定之后的过渡性措施，对既得权利的保护就为维持过渡性措施中的某些歧视性因素，尽管不是全部㊲，提供了一项正当理由。

然而，在立法机构和对歧视承担责任的雇主采取废除歧视性规定的措施时，并不存在"向上拉平"的要求。尽管无法从最初的"德弗雷纳第二案"裁决中清楚地看出这一点，但欧洲法院在"克劳罗尔公司案"（*Coloroll*）中裁定，在采取行动消除性别歧视时，相关利益也一并废除，那么就可以彻底废除相关给付，而不是为男性和女性都提供利益。㊳

（二）对损害赔偿的限制

在"埃莫特案"（*Emmott*）㊴、"科特案"（*Cotter*）㊵、"马歇尔第二案"㊶和"蓬丹案"（*Pontin*）㊷中，欧洲法院强调，提供充分的本国救济具有重要意义，并且宣称，如果成员国规则，无论程序性还是实体性，所产生的效果剥夺了受害人获得有效救济的权利，就必须被搁置。依据"冯科尔松案"（*Von Colson*）㊸，被要求采取所有必要措施以赋予欧盟平等待遇法效力的规定不仅适用于成员国法院，也适用于负责相关项目的权力机构，如受托方。㊹

在"科特案"中，涉及一项不当得利规则禁止原告获得救济；而在"马歇尔第二案"中，涉及成文法规定的损害赔偿上限，并且禁止某些法庭做出要求支付利息的裁决。"埃莫特案"涉及诉讼时效，而"蓬丹案"涉及怀孕期间被解雇的孕妇仅有 15 天的诉讼时效，同时还有一项规定禁止孕妇获得其他雇员可获得的损害赔偿。

在"库特案"（*Coote*）中，欧洲法院援引《欧洲人权公约》第 6 条，

㊲　Case C－417/13 *ÖBB Personenverkehr AG v Gotthard Starjakob* EU：C：2015：38；Case C－530/13 *Schmitzer v Bundesministerin für Inneres* EU：C：2014：2359.

㊳　Case C－200/91 *Coloroll*（n 48）［33］；Case C－137/94 *Richardson*（n 175）［24］；Case C－280/94 *Posthuma Van Damme*［1996］ECR I－179；Case C－173/13 *Leone*（n 64）［77］.

㊴　Case C－208/90 *Emmott v Minister for Social Welfare*［1991］ECR I－4269.

㊵　Case C－377/89 *Cotter*（n 354）.

㊶　Case C－271/91 *Marshall*（n 136）.

㊷　Case C－63/08 *Pontin*［2009］ECR I－10467. See also Case C－246/09 *Bulicke* EU：C：2010：418，［39］－［41］；Case C－429/12 *Pohl v ÖBB-Infrastruktur AG* EU：C：2014：12.

㊸　Case 14/83 *Von Colson and Kamann v Land Nordrhein-Westfalen*［1984］ECR 1891.

㊹　Case C－200/91 *Coloroll*（n 48）［28］.

强调向法院起诉的权利是一项基本权利，并且裁定，司法控制这项原则必须扩大到涵盖雇主针对一项对其提起的性别歧视法律诉讼所采取的报复性措施，即使是在雇用关系结束之后。[65]

然而，正如第九章所示，"埃莫特案"中的原则受到了后来"约翰逊第二案""德士古公司案"（*Texaco A/S*）和"斯滕霍斯特—内林斯案"（*Steenhorst-Neerings*）等裁决的限制。[66] 在这些案件中，成员国立法规定补助金可支付的追溯期不能超过提起这项主张之前的一年时间，欧洲法院裁定，该立法符合欧盟法。

然而，在后来的"马戈里安案"（*Magorrian*）中，成员国措施规定，加入某项职业养老金项目的权利，只能从不早于该机构诉讼程序两年之前的某个日期生效，而申请人先前由于间接歧视理由而被排除出该项目。欧洲法院裁定，该措施与欧盟法不符，因为它剥夺了申请人获得充分救济的权利。[67] 欧洲法院在"斯滕霍斯特—内林斯案"和"约翰逊第二案"中裁定，歧视性的规定只是限制了可以获得回溯利益的期限。但是，在计算即使在起诉日期之后仍应支付的养老金福利时，"马戈里安案"中的规则阻止将雇员的整个工作记录考虑在内。此外，在"莱韦斯案"（*Levez*）中，欧洲法院裁定，鉴于雇主的欺骗行为在造成延迟中所起的作用，对逾期拖欠赔偿规定的两年期限不能适用于申请人的情况。[68]

在"萨顿案"裁决中，"马歇尔第二案"中规定的充分赔偿原则受到进一步限定。欧洲法院将对因歧视而遭拒绝支付社会保障欠款提起的诉讼，区别于对因歧视而遭解雇提起的损害赔偿诉讼，并得出结论认为，在前一种情况下对可赔偿的数额设定限制的做法符合欧盟法，但在后一种情况下不符合欧盟法。[69] 欧洲法院裁定，对歧视性解雇主张损害赔偿，涉及

---

[65] Case C-185/97 *Coote v Granada Hospitality Ltd* [1998] ECR I-5199.

[66] Case C-338/91 *Steenhorst-Neerings* (n 174)；Case C-410/92 *Johnson v Chief Adjudication Officer* (*No 2*) [1994] ECR I-5483，[26]；Cases C-114-115/95 *Texaco A/S v Havn* [1997] ECR I-4263.

[67] Case C-246/96 *Magorrian* (n 57)；Case C-78/98 *Preston v Wolverhampton Healthcare NHS Trust* [2000] ECR I-3201.

[68] Case C-326/96 *Levez v Jennings Ltd* [1998] ECR I-7835；T Connor, Note (1999) 24 ELRev 300.

[69] Case C-66/95 *R v Secretary of State for Social Security*, *ex p Eunice Sutton* [1997] ECR I-2163.

对损害提供补偿并且恢复平等待遇，因此必须与其遭受的损失相当。对拖欠社会保障福利的裁决，则不构成对所遭受损害的弥补或补偿，以便国家可以更容易地出于财政平衡等利益事项的考虑而限制金额。然而，在"德雷姆派尔案"（*Draehmpaehl*）中，欧洲法院明确表示，"马歇尔第二案"裁决并不意味着对因歧视提供补偿的最高金额设置"任何"上限都违反欧盟法。[570]

（三）扩大救济条款的个人重点

欧洲法院关于救济的许多判例已被纳入反歧视立法，包括《第 2006/54 号指令》和"第 19 条指令"。事实上，自 2000 年以来欧盟通过的所有反歧视立法都更加强调积极促进平等待遇、防止歧视，以及实施、救济和执行等问题。为了努力纠正歧视，传统的、基于个别权利的法律救济方式已扩大到包含社会伙伴和非政府组织等平等机构及其他集体行为体的战略在内。[571]

根据第 19 条指令，所有认为自己受到歧视的个人都必须可以诉诸司法或行政程序。[572]《第 2000/43 号指令》第 7 条第 2 款和《第 2000/78 号指令》第 9 条第 2 款要求，成员国应确保具有合法利益的协会或组织，通过代表申诉人或者支持申诉人的方式参与司法或行政程序。《第 2000/43 号种族指令》第 13 条也包含一个条款，要求成员国指定或者成立旨在促进平等待遇的团体，而《第 2000/78 号就业框架指令》中没有这类条款。此类指定机构的权力必须包括在提起的程序中向歧视的受害者提供援助，它们必须就本国的种族歧视和民族歧视情况开展调查并发布报告。所有指令都要求保护申诉人免受报复或迫害。

这些发展反映在"费兰案"[573]中，欧洲法院裁定，在没有可识别的受害者的情况下，《种族指令》第 15 条要求有效、相称和惩戒性制裁的一般规则也适用于在第 13 条之下成立的平等机构提起的案件。在此种情况下，制裁可以包括国内法院认定存在歧视，同时进行适当的宣传报道，签发禁

---

⑩　Case C – 180/95 *Draehmpaehl v Urania Immobilienservice* ［1997］ECR I – 2195.

⑪　随着《2014/54 号指令》的通过，这种情况也可见于劳动者自由流动与基于国籍的歧视这一背景。参见第二十二章对该问题的讨论。

⑫　《第 2000/43 号指令》第 7 条和《第 2000/78 号指令》第 9 条。

⑬　Case C – 54/07 *Feryn* ［2008］ECR I – 5187，［35］-［40］.

止性的禁制令，命令雇主停止歧视性做法，罚款或者对提起诉讼的机构裁定给予赔偿。⑭

（四）举证责任

举证责任在反歧视法中发挥着重要作用。《第 2006/54 号指令》第 19 条第 1 款废除并取代了先前的《举证责任指令》，对成员国施加一项要求，即在雇员确定"从事实中可以假定存在直接歧视或间接歧视"的情况下，成员国必须确保是由被告证明没有违反平等待遇原则。"第 19 条指令"中也包括一条实际上完全相同的条款。《第 2000/78 号指令》⑮ 第 10 条规定如下：

> 认为自己未得到平等待遇原则的适用而遭遇不公的个人，在向法院或其他主管当局确定从事实中可以假定存在直接或间接歧视时，应由被告来证明没有违反平等待遇原则。

这些立法性条款中规定的举证责任倒置原则，最初由欧洲法院在其性别平等的判例法中予以规定。在"丹佛斯公司案"（*Danfoss*）中，雇主采用了一项个人补充薪酬体系，根据其实施方式，女性雇员无法获知她们的报酬与从事相同工作的男性同事存在差别的原因。⑯ 欧洲法院裁定，如果雇主采用的薪酬体系完全不透明，并且统计证据表明女性的平均报酬低于男性，那么雇主就有责任提出证据证明薪酬差异不具有歧视性。⑰ 在"林纳—屈恩案"（*Rinner-Kühn*）⑱ 中，欧洲法院认为，除非像"丹佛斯公司案"一样，雇主的体系不够透明，否则最初的举证责任在雇员一方，需要表明那些接受较低薪酬的人绝大多数是女性，或者女性所占比例不相称。接下来，举证责任就转移到雇主，雇主需要为此类间接歧视提供正当理

---

⑭　Ibid [59].

⑮　《第 2000/43 号指令》中的相关条款是第 8 条。

⑯　Case 109/88 *Danfoss* (n 137).

⑰　Ibid [16]. See now Commission Recommendation 2014/124 on strengthening the principle of equal pay through transparency (n 140).

⑱　Case 171/88 *Rinner-Kühn v FWW Spezial-Gebäudereinigung GmbH* [1989] ECR 2743; J Shaw, 'Sick Pay for Cleaners' (1989) 14 ELRev 428.

由，而雇员无须证明歧视意图，或者表明薪酬政策在某种程度上以性别为基础。

如果从事某些职业的绝大多数是女性，而从事另外一些职业的绝大多数则是男性，但后者获得的薪酬更高，申诉人想要在这种情况下证明存在歧视尤其困难。欧洲法院在"恩德比案"（*Enderby*）中回答了这一问题。

恩德比诉弗伦切卫生局和英国卫生国务大臣
Case C – 127/92 Enderby v Frenchay Health Authority
and the Secretary of State for Health
[1993] ECR I – 5535

恩德比女士在作为被告的当局担任语言官能治疗师，她就性别歧视提出申诉。她主张，她从事的职业（女性占绝大多数）与在类似职业从事与她的工作具有同等价值工作的人员相比，她们获得的报酬低得多。她引用了临床心理医生和药剂师获得的更高报酬，因为这些职业与她所处的职业层级相当，而从事这些职业的男性多于女性。根据初步裁决申请，欧洲法院援引其在"比尔卡公司案"和"丹佛斯公司案"中关于举证责任的裁决，然后裁定如下。

欧洲法院

15. 正如弗伦切卫生局（FHA）和英国所提到的，本案所处的情况与刚才所提案件中的情况并不完全相同。首先，这不是由特定类型的安排引起的"事实"歧视问题，例如可适用于兼职劳动者的安排。其次，不可能存在认为雇主适用的薪酬体系完全缺乏透明度的申诉，因为国民医疗系统框架下的语言官能治疗师和药剂师的薪酬体系由定期集体谈判程序决定，在这些程序中，没有证据表明存在歧视这两个职业的情况。

16. 然而，如果语言官能治疗师的薪酬明显低于药剂师，并且如果前者几乎完全是女性，而后者主要是男性，那么这就是存在"表面"（*prima facie*）性别歧视的情况，至少在这两项工作具有同等价值，且说明其统计数据有效的情况下是如此。

17. 应由成员国法院评估它是否可以考虑这些统计数据，也就是说，这些数据是否涵盖了足够多的个人，它们体现的是纯粹巧合现象还是短期现象，以及总体而言，这些数据是否显得具有意义。

18. 在存在"表面"歧视的情况下，雇主应表明薪酬方面的差别具有客观原因。如果在存在"表面"歧视的情况下，不将提供证据表明薪酬差异事实上不具有歧视性的义务转移到雇主，那么，劳动者就无法在本国法院实施平等薪酬原则。

"恩德比案"阐释了确定间接歧视的问题，即需要表明相较于主要由男性从事的工作，这项主要由女性从事的工作，其价值被低估了。[579] 在涉及兼职劳动者和全职劳动者的情况下，显然，他们从事的实际任务是相同的；然而，如果涉及的是两种明显不同类型的工作，并且不存在就业分类项目，那么，要确定是否存在间接歧视就困难得多。在涉及基于种族或民族的歧视时，如果存在"事实上"的种族隔离，而不是劳动力方面的性别隔离，那么也可能出现同样的问题。在比较几个群体的平均薪酬时，虽然收入最高的群体主要由女性组成，但收入最低的群体也是女性，这种情况就更为复杂。[580]

五 政策互动

反歧视的斗争是在多条战线上进行的，使用大量不同的政策工具。下面摘录委员会关于性别平等的倡议，以说明这种整体方法。

欧盟委员会：《2016—2019 年性别平等战略参与》[581]

委员会在其工作方案中重申其继续致力于促进男女平等的承诺。这意味着将性别平等政策的重点保持在五个现有的优先主题领域：

---

[579] Case C – 236/98 *JämO* (n 36).

[580] Case C – 400/93 *Royal Copenhagen* (n 133); Case C – 415/10 *Meister v Speech Design Carrier Systems* EU：C：2012：217，[47]；Case C – 104/10 *Patrick Kelly v NUI* EU：C：2011：506，[53] – [55].

[581] European Commission, Strategic Engagement for Gender Equality 2016 – 2019 (European Union, 2016) 9.

● 增加女性劳动力市场参与度，以及女性与男性同等的经济独立性；

● 缩小薪酬、收入和养老金方面的性别差距，从而消除女性贫困；

● 促进女性与男性在决策中的平等；

● 打击基于性别的暴力，保护和支持受害者；

● 在世界范围内促进性别平等和女性权利。

下面我们列出关键行动，这些行动是为了在委员会任期内发挥最大影响和执行能力而选择的，并附有时间说明。将特别根据附件1中的指标和附件2中的目标来衡量进展情况。在所有优先领域，将关注男性角色，消除性别刻板印象并促进非歧视性的性别角色。将特别关注面临多重不利条件群体的特定需求，例如单亲和年长者、移民、罗姆人和残疾女性。

将使用以下立法工具、非立法工具和资助工具的组合来实现每个优先事项下的目标，包括：

● 将性别平等视角纳入所有欧盟活动（见第4节）；

● 实施平等待遇立法；

● 2014—2020年欧盟资助计划（见第5节）；

● 在欧盟统计局、欧洲性别平等研究所（EIGE）、欧洲改善生活和工作条件基金会（Eurofound）、欧洲委员会（CoE）和欧盟基本权利署（FRA）的支持下，不断改进数据收集；

● 在成员国之间交流良好实践和同行学习，并与所有行为体合作（见第6节）；

● 对与编写男女平等年度进展报告相关的主要行动进行年度审查，以评估是否需要采取更多行动。

六 反应

随着时间的推移，欧盟平等法有了长足的发展。这一法律体系的演变产生于一级条约条款、权利宪章、欧盟立法和欧洲法院判例法。这里考虑贯穿欧盟平等法的概念。作为本章的结尾，对这一法律体系的潜在复杂性进行一些更一般的思考。贝尔（Bell）确定了三个方面的复杂性。

贝尔：《欧盟反歧视法：驾驭相同与差异》⑧⑧

……首先，存在"多个法律渊源"，需要它们结合在一起才能理解欧盟反歧视法。这包括各种指令，也包括"宪法"层面的法律，例如宪章和平等待遇这项一般原则。还必须越来越多地考虑国际法律文书。……

复杂性的第二种表现形式在于，欧盟反歧视法涵盖"多种歧视理由"。《欧洲联盟运行条约》第19条中的特征清单构成了欧盟反歧视法的基石；这些理由共同受到核心法律的保护，它们都可以在《欧盟基本权利宪章》第21条第1款中找到。欧洲法院确认，欧盟无权就其他形式的歧视制定立法，例如肥胖。这意味着《欧洲联盟运行条约》第19条为反歧视法设定了界限，并且鉴于条约改革存在主要政治障碍，这是一个根深蒂固的限制。然而，反歧视法的历史以新的社会运动兴起为特征，这些运动要求承认它们所经历的不利待遇并且需要法律保护。因此，可以预见，第19条中各项理由的含义将继续在欧洲法院受到质疑。性别认同就是这样一个领域。……

尽管欧盟反歧视法中有多个理由，但自相矛盾的是，欧盟反歧视法仍然没有能力应对交叉性问题。研究表明，歧视不会以规规矩矩的方式落入法律创设的单独类别。相反，对具有共同特征的人的歧视往往不止一个理由，而且以不同的方式发生。对欧盟反歧视法框架的长期批评，是由各种指令的这一结构导致歧视理由出现这种分层。……

……第三种复杂性主要在于相同与差异这二者的困境。……虽然欧盟反歧视法的核心概念在各个理由之间大体相似，但诉讼的模式表明，每个歧视理由都与特定的社会问题相关。例如，性别平等与照顾的责任；年龄歧视与退休；性取向歧视与对同性关系的承认；宗教歧视与持有宗教教义的雇主；残疾歧视与对残疾的理解。这一系列多样化的问题提醒我们，任何反歧视法体系的一个根本问题是，在何种程度上可以或者应该根据个别歧视理由对平等进行不同的解释。

---

⑧⑧　M Bell, 'EU Anti-Discrimination Law: Navigating Sameness and Difference' in P Craig and G de Búrca, (eds), *The Evolution of EU Law* (Oxford University Press, 3rd edn, 2021). 原文中的斜体部分，中译文用引号加以标示。

第九节 结论

一 欧盟反歧视法和平等法在过去20年里发生了重大转变，从最初只包含涉及男女就业平等的狭隘法律体系，发展成为解决以一系列其他特定理由采取各种形式歧视的更广泛制度。尽管大多数立法、判例法和政策规划仍然与性别平等有关，但是，第19条下的两部指令产生的诉讼与日俱增，特别是在年龄歧视领域。

二 欧盟性别平等法既复杂又具有差异性，尽管它正在向主流化方向发展，但仍然主要聚焦于劳动力市场的平等上。《第2006/54号性别平等指令》是核心立法，而关于社会保障、孕产假、育儿假、兼职工作以及获得商业服务等特定问题的立法对其形成补充。还有一些具体的判例法规范同工同酬，并对薪酬、社会保障和工作条件进行复杂而微妙的区分，此外还有大量判例法涉及性别平等法的许多其他方面。[83]

三 尽管《性别平等指令》与两部第19条反歧视指令中的许多条款和概念很相似，但欧盟平等法的范围和性质远远不够统一。尽管欧洲法院承认平等待遇是一项一般原则，并且《欧盟基本权利宪章》包含在更大范围内禁止基于任何理由的歧视，但欧盟仅针对基于性别、种族、宗教信仰、残疾、年龄和性取向的歧视提供特定的立法保护。在这些理由中似乎存在一种保护等级，性别和种族（以不同方式）位于该等级的顶端，年龄接近于最底端，而性取向、宗教和信仰以及残疾介于两者之间。欧盟委员会提出一项新的平等待遇指令草案，试图解决这种保护程度不均衡状况，但它仍然陷于立法程序的僵局之中停滞不前。理事会经过多年讨论，最终通过了《第2008/913/JHA号框架决定》，要求成员国将种族主义和仇外言论与表达定为犯罪。

四 欧盟反歧视法的一些重要的共同条款包括：（1）对公共行为体和私人

---

[83] The 'Equality Law in Europe: A New Generation CJEU Database', www.eui.eu/DepartmentsAndCentres/AcademyEuropeanLaw/Projects/Equality－Law－in－Europe－A－New－Generation.

行为体施加积极义务和消极义务；（2）广泛禁止直接歧视和间接歧视，包括骚扰在内；（3）允许采取"积极行动"措施；（4）将对表面歧视的举证责任倒置；（5）强有力的救济要求，包括更一致地强调对话和遵守，以对其他法律救济形成补充，例如通过平等机构、社会伙伴和非政府组织的参与，同时强调集体以及个体机制；（6）迄今为止，仅在残疾歧视领域引入了合理照顾的要求，虽然有人认为，通过客观正当性理论，该项要求已经隐含在其他理由中；（7）大多数形式的歧视，甚至是直接歧视，都可以根据一系列理由获得正当性，但须符合相称性这一要求。

五 欧盟反歧视法的正面影响不可避免地受到制约，不仅受常常影响欧盟立法的平等这一形式概念的限制，以及过于强调与就业和市场相关的歧视，而且在根深蒂固的社会经济等级、不平等、偏见和排斥面前，法律带来变革的能力有限。对非欧盟成员国国民仍然存在根深蒂固的歧视，种族歧视与移民政策之间有着密切关系，这些都招致了批评。

六 尽管有些人认为反歧视领域的欧盟法具有进步意义，并且在支持社会变革方面发挥了重要作用，但也有些人批评它对积极行动措施的规定模棱两可；不愿意在某些领域、针对某些原因而扩大保护；过于关注市场，以及欧洲法院在有关兼顾工作和家庭生活的问题上采取前后不一致的立场。

第十节 扩展阅读

一 期刊专题

International Journal of Discrimination and the Law Volume 18 （2018）Special Issue on Taking Stock of Twenty Years of EU Equality Law and Policymaking and Looking ahead, 55 – 192

二 专著

Belavusau, U, and Henrard, R （eds）, *EU Anti-Discrimination Law Beyond*

Gender (Hart, 2019)

Bell, M, *Anti-Discrimination Law and the European Union* (Oxford University Press, 2002)

——*Racism and Equality in the European Union* (Oxford University Press, 2008)

Croon-Gestefeld, J, *Reconceptualising European Equality Law—A Comparative Institutional Analysis* (Hart, 2017)

Ellis, E, and Watson, P, *EU Anti-Discrimination Law* (Oxford University Press, 2013)

Givens, T, and Evans Case, R, *Legislating Equality: The Politics of Antidiscrimination Policy in Europe* (Oxford University Press, 2014)

Howard, E, *The EU Race Directive* (Routledge, 2009)

Khaitan, T, *A Theory of Discrimination Law* (Oxford University Press, 2015)

Meenan, H, *Equality Law in an Enlarged European Union: Understanding the Article* 13 *Directives* (Cambridge University Press, 2007)

Muir, E, *EU Equality Law—The First Fundamental Rights Policy of the EU* (Oxford University Press, 2018)

Sargeant, M, *The Law on Age Discrimination in the EU* (Kluwer, 2008)

Schiek, D, and Chege, V, *European Union Non-Discrimination Law: Comparative Perspectives on Multidimensional Equality Law* (Routledge, 2008)

——and Lawson, A, *European Union Non-Discrimination Law and Intersectionality* (Ashgate, 2013)

——and——, *European Union Non-Discrimination Law and Intersectionality: Investigating the Triangle of Racial, Gender and Disability Discrimination* (Routledge, 2016)

——, Waddington, L, and Bell, M, *Cases, Materials and Text on National, Supranational and International Non-discrimination Law* (Hart, 2007)

Somek, A, *Engineering Equality: An Essay on European Anti-Discrimination*

Law（Oxford University Press，2011）

Ten Bokum，N，Flanagan，T，and Sands，R，*Age Discrimination Law in Europe*（Kluwer，2009）

Waaldijk，K，and Bonini-Baraldi，M，*Sexual Orientation Discrimination in the European Union：National Laws and the Employment Equality Directive*（TMC Asser Press，2006）

Waddington，L，*From Rome to Nice in a Wheelchair：The Development of a European Disability Policy*（Europa，2006）

第二十六章 自由、安全和公正的区域：欧盟刑法

第一节 核心议题

一 "自由、安全和公正的区域"（Area of Freedom，Security，and Justice，AFSJ）现为《欧洲联盟运行条约》第三部分第五编。在《里斯本条约》生效之前，"自由、安全和公正的区域"被分为两个部分，一部分包含在原《欧洲联盟条约》（EU）第六编，即第三支柱，另一部分则包含在《欧洲共同体条约》（EC）第四编。① 三支柱结构（three-pillar structure）是《里斯本条约》之前条约架构的重要特征，而"自由、安全和公正的区域"是三支柱结构这一理念中不可或缺的部分。

二 这些条款涉及的主题非常重要，并且在政治方面很敏感，因为它包括警务与刑事司法合作、签证、庇护、移民和民事司法合作。这些议题极为复杂，本章无法涵盖与这些领域有关的详细规制机制。② 本章主要介绍如下内容。

三 本章第二节考虑《马斯特里赫特条约》引入的三支柱结构的发展，因

---

① 在本章中，为了区分《里斯本条约》前后的《欧洲联盟条约》，之前的条款英文简写方式为 Art 35 EU，之后的条款英文简写为 Art 6 TEU。本书中译文则用"原"和"现"字以示区别，例如原《欧洲联盟条约》第 35 条、现《欧洲联盟条约》第 6 条。

② K Hailbronner，*Immigration and Asylum Law and Policy of the European Union*（Kluwer，2000）；E Guild and C Harlow（eds），*Implementing Amsterdam：Immigration and Asylum Rights in EC Law*（Hart，2001）；E Denza，*The Intergovernmental Pillars of the European Union*（Oxford University Press，2002）；N Walker（ed），*Europe's Area of Freedom，Security，and Justice*（Oxford University Press，2004）；H Toner，E Guild，and A Baldaccini，*EU Immigration and Asylum Law and Policy：Whose Freedom，Security and Justice?*（Hart，2007）；V Mitsilegas，*EU Criminal Law*（Hart，2009）；S Peers，*EU Justice and Home Affairs Law*（Oxford University Press，4th edn，2016）.

为如果不了解推动其形成的力量，就不可能理解当前的法律。

四 本章第三节讨论构成"自由、安全和公正的区域"主题事项的基本原理。"官方观点"是，构成"自由、安全和公正的区域"的政策是欧盟人员自由流动条款所必要的"弥补性措施"（compensatory measures），但这在多大程度上为欧盟介入该领域提供了充分解释，评论者的看法并不相同。

五 本章第四节考虑《里斯本条约》中适用于"自由、安全和公正的区域"所有领域的一般原则，包括条约目标、权能、欧盟主要机构的作用、司法功能，并概述英国的选择性退出（opt-outs）。

六 本章的其余部分将详细介绍刑事法律和程序。但即使在这些范围之内，也无法详细考虑所有刑事法律措施，因为这需要用一本书来专门介绍。本章的目标是，在更普遍的层面上揭示欧盟介入刑事领域的基本原理，为此所使用的规制技术，以及这种干预所带来的挑战。

七 本章第五节考虑《里斯本条约》生效之前欧盟对刑事法律和程序的权能。紧接着第六节介绍《里斯本条约》中关于刑事法律和程序以及关于警务和司法合作的条款。第七节再次讨论《里斯本条约》之后"自由、安全和公正的区域"的目标，特别关注刑事法律和程序。

八 本章第八节考虑欧盟涉入该领域所带来的挑战，包括政治、宪法和法律性质的挑战。

第二节 三支柱：从《马斯特里赫特条约》到《里斯本条约》

一 《马斯特里赫特条约》：三支柱

就打击恐怖主义、跨境犯罪和违反外部边界管控等行为进行政府间合作并不仅从《马斯特里赫特条约》开始。在此之前就有不同的政府间合作，例如，1975 年欧洲理事会罗马峰会设立"特雷维小组"（Trevi Group），以协调打击恐怖主义行动，其任务于 1985 年扩大，涵盖了严重的国际罪行，例如贩毒、抢劫银行和贩运武器。另一个突出例子是，

1985 年《申根协定》（Schengen Agreement）取消了参加国之间的边境控制，1990 年《申根实施公约》（Schengen Implementing Convention）对此做了补充。

然而，正是《欧洲联盟条约》正式形成了支柱结构。《欧洲联盟条约》由各成员国于 1992 年 2 月在马斯特里赫特签署，于 1993 年 11 月生效。③《欧洲联盟条约》为由该条约创立的欧洲联盟建立了"三支柱"（three-pillar）结构，其中各共同体是第一支柱，《欧洲经济共同体条约》（EEC Treaty）正式更名为《欧洲共同体条约》（EC Treaty）。④《欧洲联盟条约》最初有七编（Title）：第一编为"共同条款"，其中规定《欧洲联盟条约》的基本目标；第二编、第三编和第四编分别涵盖对"第一支柱"《欧洲经济共同体条约》《欧洲煤钢共同体（ECSC）条约》和《欧洲原子能共同体（Euratom）条约》的修订；第五编创设第二支柱"共同外交与安全政策"（CFSP）；第六编建立第三支柱"司法与内务"（Justice and Home Affairs，JHA）；第七编为最终条款。

原《欧洲联盟条约》第 K.1 条至第 K.9 条下的"司法与内务"支柱最初管辖与庇护、移民和"第三国"国民等事项有关的政策，后来《阿姆斯特丹条约》将其纳入《欧共体条约》。但是，它也包括在一系列国际罪行问题上的合作以及各种形式的司法、海关和警务合作，其中包括建立"欧洲刑警组织"（European Police Office，Europol）以交换信息。⑤

第三支柱下的决策更具有政府间性质，较少超国家方式。部长理事会被授权根据成员国或委员会的倡议通过联合立场和起草协议，除了程序事项或者实施联合行动或已同意的公约之外，均以一致方式采取行动。⑥ 应"完全联系"委员会，应通知欧洲议会并"适当考虑"其意见，欧洲议会可以对理事会提出质询或建议。⑦ 协调委员会（Coordinating Committee），即后来声名狼藉且神神秘秘的"K—4 委员会"，其成立目的是协助理事会，其作用类似于《欧共体条约》中的常驻代表委员会（Coreper）。

---

③ R Corbett, *The Treaty of Maastricht*（Longman，1993）.
④ 见第一章。
⑤ 原《欧洲联盟条约》第 K.1 条。
⑥ 原《欧洲联盟条约》第 K.3 条。
⑦ 原《欧洲联盟条约》第 K.4 条第 2 款、第 K.6 条。

二 《阿姆斯特丹条约》：修订后的三支柱

对《马斯特里赫特条约》的主要批评是，与第二支柱下的外交与安全政策不同，第三支柱处理的主题诸如移民、庇护、边境控制和对流动的限制等，这些问题触及基本人权，并引发类似于《欧洲共同体条约》自由流动条款下的那些问题。

因此，有人认为，该政策领域中需要更大程度的开放性和问责，要求欧洲议会充分发挥作用，以及欧洲法院应有权进行司法审查。关于改革的争论范围从改善现行"司法与内务"（JHA）下的机构条款，到将第三支柱完全吸收到共同体支柱中。《阿姆斯特丹条约》形成的规则介于两者之间，"司法与内务"中的部分内容被纳入《欧洲共同体条约》第四编，剩余的第三支柱条款所受机构控制则更接近于"共同体支柱"下的同类控制。

结构性的主要实质变化是以前第三支柱中有关人员自由流动的很大一部分规定被纳入共同体支柱，包括签证、庇护、移民和民事司法合作，这些部分成为《欧共体条约》第四编第61条至第69条。第四编以及修订后的第三支柱规定的目的类似，包括"警务与刑事司法合作"（PJCC）在内，都旨在建立"自由、安全和公正的区域"。因此，在《里斯本条约》之前，"自由、安全和公正的区域"由调整后的第三支柱和《欧洲共同体条约》第四编组成。此外，《阿姆斯特丹条约》的一项议定书将1985年关于逐步废除共同边境检查的《申根条约》的法律成果（acquis）纳入欧盟框架。[8]

第三节 三支柱：基本原理

三支柱结构界定了从《马斯特里赫特条约》到《里斯本条约》的欧盟架构。因此有必要考虑建立三支柱结构的基本原理。

---

⑧ P Kuijper, 'Some Legal Problems Associated with the Communitarization of Policy on Visas, Asylum and Immigration under the Amsterdam Treaty and Incorporation of the Schengen Acquis' (2000) 37 CMLRev 345; S Peers, 'Caveat Emptor: Integrating the Schengen Acquis into the European Union Legal Order' (1999) 2 CYELS 87.

一　三支柱结构的基本原理

威勒（Weiler）等认为，"联合主义"（consociationalism）是理解三支柱结构的关键。[⑨] 在多元社会中，功能的稳定性通常是通过各种相互交叉的分歧得到确保的。但是，这无法解释以分歧为特征的社会所具有的这种稳定性，各种分歧相互加强，导致了对公共产品的差异性观念。一些国家相互强化的社会分歧程度如此之高，但仍然保持稳定。"联合理论"试图通过精英联合体的行为解释这一点，这种联合体使系统运转良好且保持稳定。"精英们将共同致力于维护系统，并提高其凝聚力、功能性和稳定性。"[⑩] 他们还将传达其选民的共识或默许。威勒等用联系理论来解释三支柱结构。[⑪] 因此，根据这种观点，对第二和第三支柱的出现进行解释的关键因素是，这些领域中的政治观点具有突出的碎片化性质。[⑫]

但还有另一种解释，威勒也予以承认。成员国希望在这些领域进行某种程度的国际合作，但还没有为共同体支柱的完全超国家机制做好准备。因此，第二支柱和第三支柱为成员国提供了一个讨论这些问题的机制化论坛，而它们本身并不受制于超国家管制。成员国相信，出于国际关系理论家阐明的理由，这种合作将是有益的。[⑬] 成员国希望建立一套既定机制，通过它们在共同外交与安全政策以及司法与内务领域进行合作。而召开临时会议讨论此类问题不仅非常耗时，并且涉及巨大的"交易成本"，尤其是在行为体数量扩大的情况下。但是，该主题的敏感性质意味着成员国倾向于政府间主义的"默认立场"，从而最大限度地将控制权掌握在自己手中。

---

⑨　J Weiler, U Haltern, and F Mayer, 'European Democracy and its Critique' in J Hayward (ed), *The Crisis of Representation in Europe* (Frank Cass, 1995).

⑩　Ibid 30.

⑪　Ibid 29.

⑫　Ibid 29.

⑬　A Moravcsik, 'Preferences and Power in the European Community: A Liberal Intergovernmentalist Approach' (1993) 31 JCMS 473; A Moravcsik, *National Preference Formation and Interstate Bargaining in the European Community*, 1955–86 (Harvard University Press, 1992); M Pollack, *The Engines of European Integration: Delegation, Agency, and Agenda Setting in the EU* (Oxford University Press, 2003); M Pollack, 'International Relations Theory and European Integration', EUI Working Papers, RSC 2000/55.

二 构成"自由、安全和公正的区域"主题事项的基本原理

我们还必须探究"自由、安全和公正的区域"中包含的主题事项的基本原理，以及这类事项与自由、安全和公正有何联系。官方给出的基本原理，不仅将"自由、安全和公正的区域"与人员自由流动相联系，而且将其与诸如移民和有组织犯罪等事项所固有的跨境影响联系在一起。

司法和内务理事会[14]

在成员国磋商《欧洲联盟条约》时，他们起草了一份共同利益领域清单。这份雄心勃勃的清单包括的事项涉及庇护、移民、控制联盟外部边境、毒品、国际诈骗、民事和刑事司法、海关合作和警务合作，尤其是打击国际罪行和恐怖主义。……他们为什么决定开展这种合作？满足的是什么需求？

在创设人员自由流动区域的同时，还必须采取辅助措施，以加强外部边界以及庇护和移民政策。……

……

消除成员国之间的边界以允许人民自由通行，不能损害人民的安全、公共秩序和公民自由。为了避免出现这种情况，采取了辅助性的弥补措施。

加强外部边界

由于取消了成员国之间的边界，成员国被剥夺了通过控制入境和过滤人员身份以确保其领土内部安全的一项重要工具。一个国家的人可以无障碍地穿越另一个国家的边界。……为了确保在不存在该工具的情况下实现相同水平的安全，需要加强对联盟成员国与第三国之间边界的控制。……

……

因此，要加强联盟的外部边界，以弥补内部边界的消失，就需要

---

[14] 'Justice and Home Affairs Council', available at http://www.consilium.europa.eu.

加强内务和司法部门之间的合作，尤其是加强警察力量、海关和移民管理部门之间的合作。

移民和第三国国民

人员自由流动旨在有助于欧洲联盟的公民，即那些拥有某个成员国国籍的公民。在一个没有边界的区域，在某成员国领土合法停留的第三国国民会发生什么情况？……这正是司法和内务领域合作必须回答的新问题。

从另一个角度来看，内部边界的消失也产生了成员国必须共同解决的非法移民、非法居住或非法就业问题。……

庇　护

成员国必须就政治难民这一概念本身达成共识，以免造成如下这种令人困惑的局面，即一个成员国提供庇护，而另一个成员国拒绝庇护。必须避免同时向多个国家提出申请的情况。成员国必须开展合作，共同讨论在庇护申请人被驱逐的情况下给予他们的最低程度保障，以及在审查他们的庇护申请或申诉期间他们应拥有的权利。……

加强外部边界、移民和庇护等问题均与内部边界的消失有关，对各成员国而言都是非常敏感的政治议题。人们认为它们直接影响这些国家的主权、安全和人民。各成员国的政治文化、法律制度、行政传统和惯例往往大相径庭。这就是为什么在司法与内务背景下，协同行动、理解和对话被证明至关重要的原因所在。

申根协定与人员自由流动

《阿姆斯特丹条约》……将申根法律成果纳入欧洲联盟框架。……

欧洲联盟各成员国不再能够靠单打独斗解决某些问题，而必须共同行动。

毒品、有组织犯罪、国际诈骗、贩卖人口和对儿童的性剥削，都是所有欧洲联盟成员国极为关切的问题。这些问题是无国界的。欧洲联盟的目标是成为一个自由、安全与公正的区域，而不是各种形式非法交易的地区。

毒　品

毒品的消费和贩卖与其他问题有关，例如大规模犯罪或洗钱。……

有组织犯罪

犯罪、恐怖主义和诈骗案件不再只是在成员国框架内处理，特别是自创建宏大的欧洲市场以来。……

评论者讨论了"自由、安全和公正的区域"、人员自由流动，以及移民、庇护和有组织犯罪所固有的跨境影响这三者之间的联系。

拉韦内克斯和威廉·华莱士：《司法与内务 ——迈向"欧洲公共秩序"？》[⑮]

欧盟内部推动共同政策的理由相互重叠，既有从其他欧盟政策功能性溢出方面的原因，也有成员国面临的新挑战的原因。……单一市场的要件包括"人员自由流动"。随着经济繁荣和通讯联系的改善，在地理空间有限、人口稠密国家之间的跨境活动越来越频繁。1992 年内部市场规划成功取消跨越内部边界的货物控制方面取得的成功，其成功经验在于保留对欧盟内部边界的人员控制。内部市场规划所鼓励的跨境流动进一步激增，这也提醒执法机构，需要就"弥补性措施"达成一致，以在整个欧盟范围内维持针对守法和违法、合法和非法流动的公共秩序。

除了这些功能主义的动力之外，新出现的国内优先事项决定了不断发展的合作议程。其中包括对跨境犯罪和罪犯的国际流动以及对不断变化的移民格局的担忧。从 1970 年代中期开始，对移民的严格控制与来自欧洲以外国家的人员流动以及全球难民潮相吻合，难民潮导致

---

⑮　S Lavenex and W Wallace, 'Justice and Home Affairs: Towards a 'European Public Oder'?' in H Wallace, W Wallace, and M Pollack (eds), *Policy-Making in the European Union* (Oxford University Press, 5th edn, 2005) 460–461.

大量寻求庇护者抵达西欧。……

　　德国的担忧和焦虑是共同政策发展的一项驱动力。

　　尽管如此，对出现"自由、安全和公正的区域"的官方解释还是引起质疑。有人认为，"弥补性措施（compensatory measures）这一基本原理"不能很好地解释在移民、庇护等诸如此类的领域所采取政策的"限制性"，而"自由、安全和公正的区域"背后的驱动力实际上是"安全"。

科斯特洛：《行政治理与对庇护和移民政策的欧洲化》⑯

　　弥补性措施这一基本原理无法解释所采用的政策和实践中存在的限制性。比戈（Bigo）……甚至将"就弥补性措施和由于开放内部边界而造成的安全赤字展开的辩论"描述为"欧盟自我展示的强大的神话之一"。任何内部市场的基本原理都不涉及外部壁垒的限制性或其他方面，而仅要求适用共同规则。例如，对于货物的内部自由贸易，必须有共同的外部关税和商业政策，但没有任何特别的限制。人员自由流动与此正相反，……没有共同的移民规则，而只有严格的入境控制系统。内部市场的自由流动需要该系统，这是一个谎言，英国和爱尔兰参与一系列外部边界控制措施，但未给予取消内部边界控制任何承诺，就揭示了这一谎言。

　　另外，明显的是，尽管官方理由在"自由、安全和公正的区域"（AF-SJ）的产生中发挥了作用，但这一发展也提供了一个"新"的旗帜，通过它可以增强欧盟的合法性。20世纪90年代是欧盟合法性日益受到质疑的十年。在政府间会议关于《阿姆斯特丹条约》的讨论中，充满了有关输入和产出合法性的自我剖析。"自由、安全和公正的区域"所提供的制度机制对于提高输入合法性没有多大作用。尽管如此，它仍是一个合适的工具，可以通过它来证明欧盟促进了"产出"合法性。最初成立欧洲经济共

---

⑯　C Costello, 'Administrative Governance and the Europeanisation of Asylum and Immigration Policy' in H Hofmann and A Türk （eds）, *EU Administrative Governance* （Edward Elgar, 2006）289.

同体已经在很大程度上通过大量成果、增进和平与繁荣等证明是有合理性的。因此，应以类似的方式证明"自由、安全和公正的区域"具有正当性，这既不是偶然的，也不令人意外，尤其是因为欧盟公民对犯罪等类似问题的担忧经常高居欧洲晴雨表（Eurobarometer）民意测试的前列。就此问题，可以参考 1999 年欧洲理事会坦佩雷峰会的决议摘录。

走向自由、安全和公正的联盟：坦佩雷里程碑[17]

1. 欧洲一体化从一开始就牢固地植根于对以人权为基础的自由、民主体制和法治的共同承诺。事实证明，这些共同价值观对于确保欧洲联盟的和平与发展繁荣至关重要。它们还将成为正在扩大中的联盟的基石。

2. 欧洲联盟已经为其公民建立了落实繁荣与和平共有理念的主要构成：单一市场、经济与货币联盟，以及应对全球政治和经济挑战的能力。现在《阿姆斯特丹条约》面临的挑战是，在所有人都能获得安全和公正的条件下确保享有自由，包括在整个联盟内自由迁徙的权利。这个规划是回应公民经常表达的关切，对他们的日常生活有直接影响。

3. 但是，不应将这种自由视为仅专属于联盟自身的公民。它的存在吸引了全世界许多其他人，他们无法享受联盟公民视为理所当然的自由。这些人面临的环境导致他们有理由寻求进入我们的领土，否认给予他们这种自由将与欧洲的传统相抵触。这就要求欧盟制定有关庇护和移民的共同政策，同时考虑需要对外部边界进行持续控制，以制止非法移民，并打击组织非法移民和犯下相关国际罪行者。……

4. 目的是建立一个开放和安全的欧洲联盟，充分履行《日内瓦难民公约》和其他相关人权条约的义务。……

5. 享有自由需要一个真正的司法公正区域，人民可以与在本国一样容易地接近任何成员国的法院和主管机关。……

---

[17] Tampere European Council, 15 – 16 Oct 1999, 2 – 3.

6. 人民有权期望联盟解决对其自由和合法权利造成威胁的严重犯罪。……需要联合动员警察和司法资源，以确保联盟内没有罪犯或犯罪所得的藏匿之地。

7. 自由、安全和公正的区域应建立在透明和民主控制原则基础之上。……

8. 欧洲理事会认为，至关重要的是，联盟应在这些领域发展行动能力，并应被视为国际舞台上的重要伙伴。……

上述讨论突出了发展"自由、安全和公正的区域"的基本原理。但是，处理与移民、边境控制、打击有组织犯罪、庇护等有关的问题在多大程度上可以被认为是"一致的"一揽子规划，尼尔·沃克（Neil Walker）对此提出了质疑。

尼尔·沃克：《寻找自由、安全和公正的区域：宪法的奥德赛之旅》[⑱]

首先，我们讨论"自由、安全和公正的区域"中基本"主题"的一致性——主题事项的基本统一。但是与欧洲法的许多主要领域不同，例如内部市场……就清楚界定的整体规划而言，集合在"自由、安全和公正的区域"下的主题没有形成"自然"的统一。尽管经常将"1992"单一市场规划与"自由、安全和公正的区域"进行类比，但就准确性和内部一致性而言，两者没有可比性。"1992"规划涉及针对特定"终极目标"的一系列明确界定的目的。……相比之下，即使《马斯特里赫特条约》最初对"自由、安全和公正的区域"提供的部分灵感试图提供弥补性措施的"菜单"，涉及控制跨越欧盟外部边界的活动，以及依据伴随着内部市场的完成而产生的所谓"安全赤字"，发展对人民进行内部监测的新能力，但是"自由、安全和公正的区域"并没有"终极目标"，而不过是继续坚持高度抽象的价值

---

⑱　N Walker, 'In Search of the Area of Freedom, Security and Justice: A Constitutional Odyssey' in Walker（n 2）5–7. 原文中的斜体部分，中译文用引号加以标示。

观。……

但是，如果在"自由、安全和公正的区域"这一理念中本身没有隐含清楚界定的总体规划，那么，就某个经过反复检验的共同待遇模式而言，也许存在某种"历史上"的一致性。……在这里，也只能提出一个较弱的论点。两部条约告诉我们，"自由、安全和公正的区域"一方面在《欧共同体条约》第四编下涉及"签证、庇护、移民和与人员自由流动有关的其他政策"；……另一方面在《欧洲联盟条约》第六编下涉及"关于警务与刑事司法合作的条款"。只需要看看各个欧洲国家传统上组织这些政策的政府部门是多么五花八门，我们就可以得出结论，透过历史看不出该规划具有明显的一致性。……

那么，另一种类型的一致性可能是"机制一致性"。"自由、安全和公正的区域"的特征在于独特的制度方法吗？显然，答案必然再次是否定的。……在《阿姆斯特丹条约》下……在已经"共同体化的"（communitarized）《欧共体条约》第四编与原《欧洲联盟条约》第六编残留的更加以国家为中心的第三支柱之间仍存在着明显的差异，即使《欧共体条约》第四编只是在一定程度上实现了共同体化，且采用了渐进方式，而原《欧洲联盟条约》第六编允许欧共体机构和工具比其在《马斯特里赫特条约》中的前身发挥更大的作用。……

然而，引人注目的是，随着迈向"政策"一致性的新动力，机制的多元化已取得同步发展。……后阿姆斯特丹时代的鲜明标志是试图从各个不同的方面"构建"一种新型的整体政策。首先，在《阿姆斯特丹条约》中，创造"自由、安全和公正的区域"概念这一事件本身就是一种说明，表明希望将《欧共体条约》第四编和原《欧洲联盟条约》第六编作为新的政策领域，尽管存在新的机制分离。……1999年底的欧洲理事会坦佩雷特别峰会采用了新的措辞和机制能力，旨在启动一项明确而雄心勃勃的行动纲领，以在四个一般性主题领域之内和在这些领域之间建立共同的政策领域，即共同的欧盟庇护和移民政策，真正的欧洲司法公正区域，在全联盟范围内打击犯罪，以及加强对外行动，并且附有时间表和重要的阶段性计划。

这个观点是有说服力的。"自由、安全和公正的区域"的特点是机制多样性，而不是独特的机制方法，《阿姆斯特丹条约》的制定者确实有意识地从各式各样的部分之中构建了一项新的政策。但是，关于"自由、安全和公正的区域"在多大程度上实现了主题的一致性，该论文仍存在可质疑之处。有疑问的是，1992 年内部市场规划的"终极目标"是否比"自由、安全和公正的区域"更具有如此的准确界定程度。在这方面应该记住，尽管 1992 年是短暂的"终点"，但仍在进行当中，而且关于内部市场倡议中社会与经济之间平衡的争议日益激烈。⑲

第四节 《里斯本条约》：一般原则

《里斯本条约》对"自由、安全和公正的区域"（AFSJ）具有明显的影响。以前的三支柱体系已经被取消，尽管对"外交与安全政策"（CFSP）仍继续适用单独规则。⑳ 但是，有关"自由、安全和公正的区域"的条款已被纳入两部条约的主体中。本节讨论《里斯本条约》所做的一般性修改。

一 目标

现《欧洲联盟条约》第 2 条规定了欧盟的价值观，并且延续了《宪法条约》的相应条款。㉑

> 联盟建立在尊重人类尊严、自由、民主、平等、法治，以及尊重人权（包括少数群体的权利）的价值观基础之上。在一个奉行多元化、非歧视、宽容、公正、团结和男女平等的社会中，这些价值观为成员国所共有。

欧盟的宗旨和目标包含在现《欧洲联盟条约》第 3 条中，该条款与

---

⑲ 见第十八章。
⑳ 见第十一章。
㉑ 《宪法条约》第一部分第 2 条。

《宪法条约》的类似规定相近，但并不完全相同。㉒现《欧洲联盟条约》第3条中列出的宗旨和目标可与原《欧洲联盟条约》第2条相比较。虽然有些不同，但是措辞和定位更加精确。举例来说，"自由、安全和公正"被"上升"为现《欧洲联盟条约》第3条第2款的目标清单，这不是随意的，表明了它在欧盟政策中的核心地位。现《欧洲联盟条约》第3条第2款规定如下：

> 联盟应为其公民提供一个无内部边界的自由、安全和公正的区域，人员自由流动得到保障，并确保制定与对外部边界的控制、庇护、移民、预防与打击犯罪有关的适当措施。

二　条约架构

《里斯本条约》完成了始于《阿姆斯特丹条约》的过渡期。由《马斯特里赫特条约》引入的支柱体系被废除，尽管"共同外交与安全政策"（CFSP）仍适用不同的规则。关于"自由、安全和公正的区域"（AFSJ）的条款不再像《里斯本条约》之前那样被分割在两部条约中。它们都被纳入《欧洲联盟运行条约》第三部分第五编，即"联盟政策和内部行动"（Union Policies and Internal Actions）中。其位置在有关内部市场、货物自由流动、农业和渔业，以及人员、服务和资本自由流动的四编之后。

《里斯本条约》对"自由、安全和公正的区域"的处理方法与《宪法条约》中的处理方法非常接近。㉓欧洲未来大会中负责"自由、安全和公正"的第十工作组㉔大力提倡"去支柱化"（de-pillarization），将第三支柱纳入条约主体中，并废除以前适用于该领域的独特法令类型。

三　权能

《里斯本条约》制定了针对不同主题事项领域的权能类别。㉕ "自由、

㉒《宪法条约》第一部分第3条。

㉓《宪法条约》第三部分第257条至第277条。

㉔ CONV 426/02, Final Report of Working Group X, 'Freedom, Security and Justice', Brussels, 2 Dec 2002.

㉕见第四章。

安全和公正的区域"属于共享权能。㉖ 关于这一定位应注意两点，这在前面的章节中已经阐述过。

首先，只能通过查看具体领域的详细条款来领悟欧盟与成员国共享权力的性质。权能划分在"自由、安全和公正的区域"的所有领域并非完全相同。条约具体条款及其司法解释决定了成员国与欧盟权能之间的划分。实际上，为了确定成员国与欧盟权力之间的界限，我们始终都必须这样做。

其次，《欧洲联盟运行条约》第 2 条第 2 款规定，在共享权能的背景下，成员国只能在联盟未行使或已决定停止行使其权能的范围内，才可在任何此类领域内行使其权能。如果联盟已经行使其权能，这似乎自动构成对成员国行动的"先占"，其结果是，随着时间的推移，成员国拥有的共享权能数量将随之减少。情况确实如此，但要符合以下条件。

只有在联盟已经行使"其"职权的范围内，成员国才会失去在共享权力机制下的权能。如上所述，只有通过考虑具体领域的详细规定，才能准确判断欧盟在这些领域的权能。此外，成员国行动被先占的情况，只发生在欧盟已在相关领域行使权能的"范围内"（to the extent）。欧盟可以在具体领域采取不同的干预方式。㉗ 欧盟可以选择制定统一的"条例"，可以"调和"成员国法律，可以进行"最低限度的调和"（minimum harmonization），还可以提出"相互承认"（mutual recognition）的要求。成员国采取行动的范围将取决于欧盟使用哪种规制手段。㉘

四 《欧洲联盟运行条约》第 67 条

《欧洲联盟运行条约》第 67 条是《里斯本条约》该编的引导条款，它既代表着与先前条约的连续性，又代表着对先前条约条款的修订。

1. 联盟在尊重基本权利和成员国不同的法律制度和传统的基础

㉖ 《欧洲联盟运行条约》第 4 条第 2 款第 10 项。

㉗ S Weatherill, 'Beyond Preemption? Shared Competence and Constitutional Change in the European Community' in D O'Keefe and P Twomey (eds), *Legal Issues of the Maastricht Treaty* (Chancery Law Publishing, 1994) ch 2; M Dougan, 'Minimum Harmonization and the Internal Market' (2000) 37 CMLRev 853; M Dougan, 'Vive la Difference? Exploring the Legal Framework for Reflexive Harmonisation within the Single Market' (2002) 1 Annual of German and European Law 13; CONV 375/1/02, Final Report of Working Group V on Complementary Competencies, Brussels, 4 Nov 2002, 12 – 13.

㉘ See also Protocol (No 25) on the Exercise of Shared Competence.

上，构成一个自由、安全和公正的区域。

2. 应确保不对人员实施内部边境控制，并在成员国团结并公平对待第三国国民的基础上，形成关于庇护、移民和外部边界控制的共同政策。为本编之目的，无国籍人将视为第三国国民。

3. 联盟应通过旨在预防和打击犯罪、种族主义及仇外的措施，通过旨在促进警务、司法当局与其他主管当局的协调与合作的措施，通过相互承认刑事司法判决，以及在必须情况下通过刑法的趋近，确保高水平的安全。

4. 联盟应推动人们获得司法救济，尤其是通过相互承认民事司法和司法外决定这一原则来实现此目的。

《欧洲联盟运行条约》第 67 条以原《欧洲联盟条约》第 29 条和《欧洲共同体条约》第 61 条为基础。但是有所不同，其中最明显的是《欧洲联盟运行条约》第 67 条第 1 款，该条款现在规定，"自由、安全和公正的区域"必须尊重基本权利和不同国家的法律制度和传统。第 67 条第 4 款是新增加的，它将相互承认纳入指导该领域的一般条款中。

五　机构

《里斯本条约》规定了主要机构行为体和成员国的作用。

（一）欧洲理事会

《欧洲联盟运行条约》第 68 条是全新的，规定欧洲理事会（European Council）应在"自由、安全和公正的区域"内确定对立法性和实施性规划的战略指导方针。但这不过是条约对事实的确认，因为在此之前欧洲理事会通过在坦佩雷峰会㉙、海牙峰会㉚和斯德哥尔摩峰会㉛等峰会上制定的五年规划，已经行使这一职能长达十多年之久。欧盟委员会与"司法和内务理事会"（Justice and Home Affairs Council）提供详细意见，以供欧洲理事会商定形成指导方针。

㉙　Tampere European Council, 15–16 Oct 1999.

㉚　Brussels European Council, 4–5 Nov 2004.

㉛　Council 16484/1/09, Brussels, 25 Nov 2009.

(二) 理事会

欧盟理事会（the Council）是"自由、安全和公正的区域"这一领域的核心。理事会是许多立法倡议的源头。欧盟理事会协助制定"自由、安全和公正的区域"的政策目标，然后将其提交给欧洲理事会。《欧洲联盟运行条约》第74条授权理事会通过措施，以确保成员国有关部门之间以及这些部门与欧盟委员会之间在该编所涵盖的领域内进行行政合作。

《欧洲联盟运行条约》第70条是全新的，反映了对成员国实施"自由、安全和公正的区域"下的政策以及相互承认的有效性的关注。它规定，在不影响条约关于执行之诉的条款的情况下[32]，经委员会提出提案，理事会可通过措施做出相关安排，成员国据此安排，经与委员会合作，评估"自由、安全和公正的区域"政策的实施情况，特别是要促进相互承认原则的全面适用。

(三) 理事会下属各专门委员会

《欧洲联盟运行条约》第71条涉及理事会内部的支持结构。鉴于"自由、安全和公正的区域"的倡议数量和性质，始终需要专家委员会为理事会提供支持。[33] 在司法和内务理事会之下，曾主要有三层这种支持结构。成员国常驻代表委员会（Coreper）提供最高级别的支持，最低级别的支持则来自专家工作组（working groups of specialists）[34]，他们曾在"自由、安全和公正的区域"政策的所有主要领域开展工作。还曾有一些小组的工作介于成员国常驻代表委员会和工作组之间。在第三支柱方面，曾有"第36条委员会"，简称 CATS（*Comité de l'Article Trente-Six*）。在《欧洲共同体条约》第四编方面，曾有"移民边境和庇护战略委员会"（Strategic Committee on Immigration Frontiers and Asylum，SCIFA）、包括成员国边境控制最高官员在内的"SCIFA +"、"民法事务委员会"（Committee on Civil Law Matters），以及"庇护和移民高级工作组"（High Level Working Group on Asy-

---

[32] 《欧洲联盟运行条约》第258条、第259条和第260条。

[33] F Hayes-Renshaw and H Wallace, *The Council of Ministers* (Palgrave, 2nd edn, 2006) 86–87.

[34] H Aden, 'Administrative Governance in the Fields of EU Police and Judicial Co-operation' in Hofmann and Türk (n 16) 351.

lum and Migration）。[35]

《欧洲联盟运行条约》第71条延续了由理事会下属各委员会（Council Committees）提供支持的这一传统。该条要求在理事会内设立一个常设委员会，以确保在联盟内部促进和加强有关内部安全的业务合作。在不妨碍成员国常驻代表委员会的前提下，由它促进协调成员国主管当局的行动。欧盟相关机关、办事处或专门机构的代表可以参与该委员会的工作程序，并应将相关工作持续通知欧洲议会和成员国议会。

这个新设立的委员会名称为"内部安全业务合作常设委员会"（Standing Committee on Operational Cooperation on Internal Security），为其选择的缩写是COSI[36]，这个委员会引发了关于条约本编是否与实际相符的评论。COSI将协助、促进和加强欧盟成员国之间在内部安全领域业务行动的协调。这种协调作用将关注警务和海关合作、外部边界保护，以及与内部安全领域业务合作有关的刑事司法合作。COSI还负责评估业务合作的总体方向和效率，以发现可能的缺陷并提出解决建议。它可以邀请欧洲刑事司法合作组织（Eurojust）、欧洲刑警组织（Europol）、欧盟边境管理局（Frontex）和其他相关机构的代表参加会议。但是，COSI不参与筹备立法性法令，也不参与业务活动。在理事会不同工作组的协助下，仍由成员国常驻代表委员会负责筹备立法性法令。

（四）欧洲议会

普通立法程序现在适用于"自由、安全和公正的区域"。这是值得欢迎的，但要满足先前对于通过三方对话（trilogues）修改该程序的关切。[37]这些关切在"自由、安全和公正的区域"中体现得尤为普遍，因为现在大多数立法措施都使用三方对话安排，因此失去了透明性和民主输入机会。[38]《欧洲联盟运行条约》第76条规定，与刑事和警务合作有关的法令，以及根据第74条制定的措施，可以根据欧盟委员会的提案或经四分之一成员国

---

[35]　Lavenex and Wallace（n 15）468.

[36]　www. consilium. europa. eu/en/council – eu/preparatory – bodies/standing – committee – operational – cooperationinternal – security/.

[37]　见第六章。

[38]　T Bunyan, 'Abolish 1st and 2nd Reading Secret Deals—Bring Back Democracy "Warts and All"', www. statewatch. org/analyses/no – 84 – ep – first – reading – deals. pdf.

倡议而制定。

（五）成员国议会

《欧洲联盟运行条约》第69条规定，成员国议会必须确保所提交的有关刑事和警务合作的提案和立法倡议符合辅助性原则。该条款是全新的，反映了欧盟涉入这些领域所具有的敏感性。但是，即使没有第69条，成员国议会也能够根据《欧洲联盟条约》第12条审查此类措施是否符合辅助性原则。

（六）成员国

《欧洲联盟运行条约》第72条至第73条涉及成员国的角色。第72条重申了先前条约中的禁止性规定，即关于"自由、安全和公正的区域"的第五编不得影响成员国行使在维护法律和秩序以及维护内部安全方面的责任。这一主张是一种政治回应，并非没有实质性意义，但并不反映现实。关于"自由、安全和公正的区域"的第五编是共享权能领域。这必然意味着成员国在法律和秩序方面的责任受欧盟措施的制约。这种制约的性质和程度将取决于欧盟采取的具体措施。《欧洲联盟运行条约》第73条规定，成员国有权在其责任范围内，在其负责维护国家安全的主管行政机关之间组织他们认为适当的合作和协调形式。

（七）成员国选择性退出

英国和爱尔兰在《阿姆斯特丹条约》的谈判中，在与"自由、安全和公正的区域"（AFSJ）有关的领域采取了三项选择性退出（opt-outs）。这些在《里斯本条约》中予以保留并做了调整。[39] 这三项选择性退出适用于申根法律体系[40]、边境控制[41]以及 AFSJ 措施。[42] 但是，这两个国家可以选

---

[39] S Peers, 'British and Irish Opt-Outs from EU Justice and Home Affairs（JHA）Law', 3 Nov 2009, www. statewatch. org/euconstitution. htm.

[40] Protocol（No 19）On the Schengen *Acquis* Integrated into the Framework of the European Union.

[41] Protocol（No 20）On the Application of Certain Aspects of Article 26 of the Treaty on the Functioning of the European Union to the United Kingdom and to Ireland.

[42] Protocol（No 21）On the Position of the United Kingdom and Ireland in respect of the Area of Freedom, Security and Justice, makes special provision for the UK and Ireland.

择性地加入 AFSJ 措施。在英国脱欧之后，这些措施在英国如何适用取决于将欧盟法纳入英国法的整体机制。[43]

六 联盟法院

(一) 管辖权范围

《里斯本条约》将"自由、安全和公正的区域"的所有条款都纳入了常态条约结构之中，其结果是，联盟法院的管辖权扩大到了所有欧盟法律，除非条约另有相反规定。因此，欧洲联盟法院应确保在解释和适用条约时遵守法律这项命令[44]就具有了普遍适用性，但条约具体条款限制的情况除外。

共同体法院对第三支柱的管辖权曾经很有限[45]，尽管目的论解释使这些限制更加宽松，能够尽可能地提供最大限度的司法监督。因此，做出初步裁决的管辖权取决于成员国声明接受这类管辖权，它也可能具体说明哪些成员国法院能够提出这种初步裁决请求。曾经存在对合法性审查的限制。欧盟委员会不能提起执行之诉，也没有关于赔偿的规定。共同体法院有关"自由、安全和公正的区域"其他方面的管辖权，即涉及签证、庇护、移民以及与人员自由流动有关的其他政策的管辖权[46]也曾受到限制，因为那时只有成员国终审法院才可以提请欧洲法院做出初步裁决。[47]

《里斯本条约》给这方面带来了重大变化。关于直接诉讼和间接诉讼的普通规则现在也适用于"自由、安全和公正的区域"，但须遵守过渡性条款，这一点后面将有所讨论。由此，初步裁决、合法性审查和其他管辖权名义现在以与条约框架下其他主题事项相同的方式适用于"自由、安全和公正的区域"。

(二) 直接效力与最高效力

"直接效力原则"是由欧洲法院创立和发展形成的。《里斯本条约》并

---

[43] 参见第二章。
[44] 现《欧洲联盟条约》第 19 条第 1 款。
[45] 原《欧洲联盟条约》第 35 条。
[46] 《欧共体条约》第四编（Title IV EC）。
[47] 《欧共体条约》第 68 条第 1 款。

未表明该原则有任何改变,但对其适用范围具有影响。

原《欧洲联盟条约》第 34 条曾经规定了在第三支柱范围内使用的一套不同的法律规范,涉及警务和刑事司法合作。框架决定(framework decision)和决定(decision)是过去该领域使用的重要法律规范,并且该条第 2 款规定,这些决定没有"直接效力"。欧洲法院裁定,这并不排除具有"间接效力"[48]。

原《欧洲联盟条约》第 34 条已被废除,《里斯本条约》规定的一般性法令机制也适用于"自由、安全和公正的区域"中的措施。因此,有人可能会主张,只要符合适用直接效力原则的标准,涉及"自由、安全和公正的区域"的条约条款、立法性法令、委托法令或实施性法令就可以产生直接效力。

"最高效力原则"已在前面章节讲授过。[49] 在以前的机制框架下,曾辩论了共同体法对成员国法的最高效力是否适用于第三支柱相关领域[50],但该问题从未在法院得到最终检验。《里斯本条约》导致的"去支柱化"意味着,欧盟法的优先性现在已涵盖过去曾属于第三支柱的一部分而如今被转移到《欧洲联盟运行条约》中的事项。在这一领域中,联盟法令与成员国宪法准则之间发生潜在冲突的可能性尤其大。

(三) 过渡性条款

《里斯本条约》包含与联盟法院和执行有关的过渡性条款。[51]《关于过渡性条款的议定书》第 10 条第 1 款规定,对于联盟机构在《里斯本条约》生效之前在警务和刑事司法合作领域通过欧盟法令的权力存在两方面的限制,但这些限制在《里斯本条约》生效五年之后不再有效。[52]

---

[48]　Case C – 105/03 *Criminal Proceedings against Maria Pupino* [2005] ECR I – 5283.

[49]　见第十章。

[50]　K Lenaerts and T Corthaut, 'Of Birds and Hedges: The Role of Primacy in Invoking Norms of EU Law' (2006) 31 ELRev 287; A Hinarejos, *Judicial Control in the European Union: Reforming Jurisdiction in the Intergovernmental Pillars* (Oxford University Press, 2009).

[51]　Protocol (No 36) On Transitional Provisions, Art 10.

[52]　Ibid Art 10 (3).

第五节 刑事法律和程序：《里斯本条约》之前

本章的其余部分将以刑事法律和程序为重点，以作为说明"自由、安全和公正的区域"在某个特定实体领域运行的例子。如果不了解先前的法律状况，就不可能理解《里斯本条约》对刑事法律和程序的重要性。

以前，欧盟在刑事事项上的明示权能由《欧洲联盟条约》规定。原《欧洲联盟条约》第31条第1款规定，在刑事事项上的共同行动应"包括"：促进和加快成员国主管部门与司法机关之间关于裁决程序和执行方面的合作，包括在适当情况下通过欧洲刑事司法合作组织（Eurojust）进行合作；促进成员国之间的引渡；确保成员国所适用的规则的兼容性，在必要情况下可改进这种合作；避免成员国之间的管辖权冲突；逐步采取措施，确定与犯罪行为的构成要件和对有组织犯罪、恐怖主义和非法贩卖毒品领域的刑罚有关的最低限度规则。第31条第2款规定，理事会应鼓励通过欧洲刑事司法合作组织以多种特定方式进行合作。该领域的决策需要理事会一致同意。[53] 由此，第三支柱提供了有关刑事事项的某些立法权能，条件是要求采用一致方式。

尽管如此，对于是否具有制定与刑事程序有关措施的权能，当时存在争议，因为原《欧洲联盟条约》第31条未明确提及这一权能。采取此类欧盟倡议的必要性在很大程度上是由相互承认推动的，这意味着成员国法院要接受其他国家刑事法院的判决。[54] 欧洲逮捕令（European Arrest Warrant）创设后，个人被移交至签发逮捕令的成员国，这反过来引起了对与此类个人有关的程序保护和辩护权的呼吁。然而，人们对欧盟制定此类措施的权能及其内容存在着严重关切。[55]

关于共同体支柱内的刑法权能过去也存在争议，因为那时没有明确的条约条款作为行使这种权力的基础。当时用来规避此问题的立法技术是制

---

[53] 原《欧洲联盟条约》第34条第2款。

[54] Mitsilegas（n 2）101–109.

[55] V Mitsilegas, 'The Constitutional Implications of Mutual Recognition in Criminal Matters in the European Union' (2006) 43 CMLRev 1277.

定两项措施：一项是在共同体支柱下处理主要的规制议题，另一项则是根据第三支柱制定的，其中包含被认为有必要用来支持该规制体系的刑事法律措施。

但欧洲法院的裁决对这种方式提出了质疑，该裁决认为，共同体支柱内部存在某些刑事法律权能。⑤ 欧洲法院曾在其早期判例中对成员国刑法施加了限制，因为它可能妨碍自由流动规则。⑤ 它也积极鼓励使用成员国刑法，作为对违反共同体法的惩罚，前提条件是，在成员国层面的类似情况下可以采用这种形式的惩罚。⑤ 虽然这些裁决意义重大，但却没有指出在共同体支柱中欧共体拥有何种直接的刑法权能。尽管如此，委员会认为这种权能在某些情况下是正当的。欧洲法院在"环境犯罪案"中接受了这一点。⑤

委员会诉理事会
Case C – 176/03 Commission v Council
[2005] ECR I – 7879

理事会根据原《欧洲联盟条约》第六编第三支柱制定了一项框架决定，该决定要求成员国对某些环境犯罪规定刑事处罚。委员会主张，由于该措施与环境有关，因此应根据《欧共体条约》第175条制定该措施。欧洲法院认定，该框架决定的主要目的是保护环境，应该根据第175条制定。欧洲法院同意，作为一般规则，刑事法律和刑事程序均不属于共同体权能范围，但接下来它做出了如下论证。

欧洲法院

48. 但是，在成员国主管机关适用有效、相称和惩戒性的刑事处罚，而这是在打击严重环境犯罪的基本措施的情况下，这并不能阻止欧共体立法机构采取与成员国刑法有关的，它认为对于确保其制定的

---

⑤ Mitsilegas（n 2）69 – 70.

⑤ Case 203/80 *Casati* [1980] ECR 2595，[27].

⑤ Case 68/88 *Commission v Greece* [1989] ECR 2965.

⑤ Case C – 176/03 *Commission v Council* [2005] ECR I – 7879.

环境保护规则具有充分有效性所必要的措施。

该裁决得到了委员会的热烈支持，认为它可适用于任何共同体行动领域。[60] 毫不意外，理事会和成员国对该裁决反应平平，并且不愿接受该裁决具有如此广泛的影响。[61] 学术界多持批判态度，评论人士强调，这是在难以限定的关于有效性这一普遍化概念基础之上对共同体权能的扩张。[62]

尽管如此，在委员会诉理事会的"船舶污染源案"中，欧洲法院重申了对刑事事项的权能。[63] 在该案中，委员会主张对先前判决进行广义解读，以使其适用于作为该案主题事项的运输领域。在 20 个成员国的支持下，理事会试图区分和限制对"环境犯罪案"裁决的适用。欧洲法院做出了微妙的判决。[64] 欧洲法院指出，有争议措施本应在共同体支柱下通过，并且重申了早先有关有效性和刑法的裁定。尽管如此，欧洲法院没有坚持认为该原则适用于共同体政策的所有领域，而且裁定应通过一项第三支柱措施来决定确切的制裁。

第六节　刑事法律和程序：《里斯本条约》之后

《里斯本条约》解决了与欧盟在刑事法律方面的权能范围有关的一些议题[65]，尽管仍然存在难以解释的问题。欧洲未来大会和负责"自由、安全和公正的区域"的第十工作组都已经做过关于这一问题的"思考"。《里斯本条约》中的详细条款只是复制了《宪法条约》的条款。[66] 《欧洲联盟

---

[60]　Communication on the implications of the Court's judgment of 13 Sept 2005, COM（2005）583 final/2，[8].

[61]　Mitsilegas（n 2）75-79.

[62]　E Herlin-Karnell, 'Commission v Council: Some Reflections on Criminal Law in the First Pillar'（2007）13 EPL 69.

[63]　Case C-440/05 Commission v Council [2007] ECR I-9097.

[64]　S Peers, 'The European Community's Criminal Law Competence: The Plot Thickens'（2008）33 ELRev 399.

[65]　"欧洲电子司法门户网站"（European e-Justice Portal）被设想为司法领域的未来一站式服务点，包括刑法在内，https://e-justice.europa.eu/home.do? action=home&plang=en.

[66]　《宪法条约》第三部分第 270 条至第 275 条。

运行条约》第82条现在是该领域的指导条款。[67]

第82条第1款规定,联盟内的刑事司法合作应建立在相互承认判决和司法决定这一原则的基础之上,包括在第82条第2款和第83条所涉及的领域使成员国法律和法规"趋近"(approximation)。欧洲议会和理事会应根据普通立法程序通过措施,以达到以下目的:制定规则与程序,确保在整个联盟范围内承认所有形式的判决和司法决定;预防和解决成员国之间的管辖权冲突;支持对法官和司法人员的培训;促进成员国司法机关或相应机关在刑事诉讼程序和决定的执行方面开展合作。该领域的法令可以经委员会提出提案或四分之一成员国倡议通过。[68]

一 刑事法律

欧盟制定刑事法律相关措施的权能,现在由《欧洲联盟运行条约》第83条具体规定。

1. 对于特别严重的跨境犯罪,基于犯罪的性质或后果或出于共同打击犯罪的特殊需要,欧洲议会和理事会可以根据普通立法程序通过指令,就此领域犯罪行为的界定与刑罚规定最低规则。

这些犯罪领域包括恐怖主义、贩卖人口及对妇女儿童的性剥削、非法贩毒、非法贩运武器、洗钱、腐败、伪造支付手段、计算机犯罪和有组织犯罪。

根据犯罪情况的变化,理事会可通过一项决定,确认其他符合本款规定的标准的犯罪领域。理事会应在征得欧洲议会同意后以一致方式采取行动。

2. 如证明成员国刑事法律法规的趋近对确保有效实施联盟在已经采取调和式措施之领域的政策至关重要,则可经由指令就相关领域犯罪行为的界定和刑罚规定最低规则。在不影响第76条的情况下,此类指令应以与通过有关调和式措施的相同的普通或特别立法程序通过。

---

[67] C Ladenburger, 'Police and Criminal Law in the Treaty of Lisbon. A New Dimension for the Community Model' (2008) 4 EuConst 20.

[68] 《欧洲联盟运行条约》第76条。

《欧洲联盟运行条约》第 83 条第 1 款由此规定，普通立法程序应适用于此类指令的制定，这不同于以往必须经理事会一致同意，因为一致同意是以前的决定性规则。它通过明确要求欧盟的干预行为涉及具有跨境维度的特别严重犯罪领域，从而收紧了原《欧洲联盟条约》第 31 条中的原有措辞，尽管这种要求可能是以前的构想中所固有的。但是，与原《欧洲联盟条约》第 31 条相比，《欧洲联盟运行条约》第 83 条第 1 款的罪行清单得到了扩大，涵盖了原《欧洲联盟条约》第 29 条列出的事项[69]，加上其他一些事项。只有在理事会一致同意并得到欧洲议会同意的情况下，才能增加此清单。欧洲议会就使用第 83 条的情形发布了一项警示性决议，强调有必要表明在确实需要欧盟层面采取行动，并且应在随后的立法中保护被告的权利。[70]

《欧洲联盟运行条约》第 83 条第 2 款是新增的，确认了前述判例中欧洲法院采取的方式。此外，条约条款包含对先前判例法的广泛解释。欧盟被授权使刑事法律和法规"趋近"，以确保在已经采取"调和式措施"（harmonization measures）的领域有效实施联盟政策。因此，这项权力适用于任何已经进行调和的联盟政策，而不要求相关联盟政策被视为提及联盟的"基本宗旨"。有趣的是，这要看未来如何解释欧盟相关政策已经进行调和这一要求。可以宽泛地解释这一点，于是，相对而言，最低程度的实质性调和就被视为刑事法律和法规趋近的充分基础。由欧盟委员会来初步确定这种趋近对于确保欧盟政策的有效实施是否"至关重要"，但要由理事会和欧洲议会以普通或特别立法程序予以认可。

成员国对可能使用《欧洲联盟运行条约》第 83 条第 1 款至第 2 款的担忧为第 83 条第 3 款提供了解释，后者包含"紧急制动"机制。如果某一理事会成员认为，根据第 83 条第 1 款至第 2 款提出的指令草案可能会影响其刑事司法体系的根本方面，则可以要求将该指令草案提交欧洲理事会。这导致中止普通立法程序。如果欧洲理事会在 4 个月内达成共识，则将指令草案退回理事会，继续普通立法程序。如果 4 个月后仍存在分歧，则该指令草案失败，除非至少有 9 个成员国通知理事会、欧洲议会和委员

---

[69] 原《欧洲联盟条约》第 29 条没有包含就其中所列罪行的构成要件制定最低限度规则的任何明示权力，原第 31 条也未提及，尽管原第 31 条并未明确排除这一点。

[70] An EU Approach to Criminal Law, P7_ TA (2012) 0208 [2013] OJ C264E/2.

会，它们希望在该指令草案的基础上建立加强型合作。如果发生这种情况，应认为已取得开展"加强型合作"的授权⑦，并且适用有关"加强型合作"的条款。

二　刑事程序

如上所述，人们对《里斯本条约》生效之前欧盟在刑事程序方面的权能表示怀疑。《欧洲联盟运行条约》第82条第2款解决了这个问题。

在促进相互承认判决与司法决定以及促进对具有跨境维度的刑事事项开展警务与司法合作的必要范围内，欧洲议会和理事会可根据普通立法程序通过指令，制定最低规则。此类规则应考虑成员国法律传统和制度的差异。

此类规则应关注下列问题：

（1）成员国相互采纳证据；

（2）刑事程序中的个人权利；

（3）犯罪受害人的权利；

（4）理事会事先以一项决定确定刑事程序的任何其他特定方面，为通过此类决定，理事会应在征得欧洲议会同意后以一致方式采取行动。

本款所提到的最低规则不妨碍成员国维持或采取更高水平的个人保护。

目前欧盟在刑事程序上拥有明确的权能，因此《里斯本条约》解决了迄今为止给通过此类措施带来长期困扰的争议。尽管如此，仍然小心翼翼地详细描述了这种权能的条件。

对刑事程序具有权能的先决条件是，这项权能是促进相互承认判决与司法决定以及促进对具有跨境维度的刑事事项开展警务与司法合作所必要的。因此，与相互承认的关联性重申了欧盟早期涉入刑事程序的主要原因。结果是，"刑事程序措施，及其可能对人权产生影响，由此要服从于

---

⑦　现《欧洲联盟条约》第20条第2款、《欧洲联盟运行条约》第329条第1款。

相互承认的效率逻辑"[72]。

第 82 条第 2 款还设置了其他限制。欧盟仅被授权制定规定最低规则的指令，并且特别要求考虑成员国法律制度和传统之间的差异。增加刑事程序的任何其他方面，都需要欧盟理事会一致同意和欧洲议会同意。

第 82 条第 3 款包含进一步的限制。与刑法措施有关的"紧急制动"机制在这里也适用。因此，如果成员国认为指令草案可能会影响其刑事司法体系的根本方面，可以将该指令草案提交欧洲理事会。此后的程序与上述刑法措施的紧急制动程序是一样的。

三 预防犯罪

《里斯本条约》增加了一项直接涉及预防犯罪的新条款。《欧洲联盟运行条约》第 84 条规定，欧洲议会和理事会可以根据普通立法程序制定措施，以促进和支持成员国在预防犯罪领域的行动，但不对成员国的法律法规进行任何"调和"。第 84 条是不完全权能类型的例证。它使欧盟行动仅限于支持成员国的行动，并且排除"调和"。这自然属于"支持、协调或补充成员国行动的权能"类别，但并未包括在相关权能清单中。[73]

四 刑事调查与公诉

先前的欧盟条约对欧洲刑事司法合作组织（Eurojust）做了规定。原《欧洲联盟条约》第 31 条第 2 款规定，理事会"鼓励合作"，即鼓励通过欧洲刑事司法合作组织以各种方式开展合作，例如，促进成员国公诉机关之间的协调。这足以授权欧盟通过《建立欧洲刑事司法合作组织的决定》（Eurojust Decision）。[74]

《欧洲联盟运行条约》第 85 条以类似方式拟就，但细节有所不同。第 85 条第 1 款规定，欧洲刑事司法合作组织的任务是，以成员国主管机关和欧洲刑警组织（Europol）实施的行动和提供的信息为基础，在涉及两个或两个以上成员国或需要在共同基础上提起公诉的严重犯罪方面，支持并加

---

[72]　Mitsilegas（n 2）109.

[73]　《欧洲联盟运行条约》第 6 条。

[74]　Council Decision 2002/187/JHA of 28 February 2002, setting up Eurojust with a view to reinforcing the fight against serious crime [2002] OJ L63/1.

强成员国调查与公诉机关之间的协调与合作。

现在欧盟有权通过普通立法程序制定条例，以确定欧洲刑事司法合作组织的"架构、运行、行动领域和任务"，包括欧洲议会和成员国议会参与评估欧洲刑事司法合作组织活动的安排。[75] 第85条第1款规定，欧洲刑事司法合作组织的任务可以包括以下内容：

（1）启动刑事调查，并提议由成员国主管机关提起公诉，特别是对涉及联盟财政利益的罪行进行调查和公诉；

（2）就第（1）项提到的调查和公诉进行协调。

（3）加强司法合作，包括通过解决管辖权冲突及与欧洲司法网络密切合作。

依据《欧洲联盟运行条约》第85条，欧洲刑事司法合作组织的权力可以得到增加。现在可以制定与其任务有关的立法性条例，包括"启动刑事调查"，这与提议由成员国主管机关提起公诉明显不同。欧洲刑事司法合作组织的任务还包括解决管辖权冲突，这是加强司法合作的一部分。

《欧洲联盟运行条约》第85条已被用于制定关于欧洲刑事司法合作组织的一项条例，[76] 它取代了2002年的一项决定。《第2018/1727号条例》第2条第1款规定如下：

欧洲刑事司法合作组织（Eurojust）应支持和加强成员国调查和起诉机关之间在如下情况下进行协调与合作，即在涉及欧洲刑事司法合作组织根据第3条第1款和第3款有权处理的严重犯罪方面，如果该罪行影响两个或多个成员国，或者依据成员国机关开展的行动和提供的信息，要求由欧洲刑警组织（Europl）、欧洲公诉人办公室（EPPO）和欧洲反欺诈办公室（OLAF）在共同的基础上提起

---

[75] 《欧洲联盟运行条约》第85条第2款明确规定，在不影响第86条的情况下，正式司法程序行为应由成员国主管公诉的官员实施。

[76] Regulation（EU）2018/1727 of the European Parliament and of the Council of 14 November 2018 on the European Union Agency for Criminal Justice Cooperation（Eurojust），and replacing and repealing Council Decision 2002/187/JHA［2018］OJ L295/138.

公诉。

该条例的附件一对欧洲刑事司法合作组织有权处理的严重犯罪清单进行了详细说明，但该组织也可以在成员国提出要求的情况下协助调查和提起公诉。[77] 另外，由于欧洲公诉人办公室（EPPO）只有在成员国接受加强型的《欧洲公诉人办公室条例》时才有相关权力，《第2018/1727号条例》对欧洲刑事司法合作组织与欧洲公诉人办公室的业务协调进行了规定。[78]

五 刑事检控与欧洲公诉人

在《里斯本条约》之前，对于是否设立"欧洲公诉人"（European Public Prosecutor），使其拥有对显著影响欧盟财政利益的某些犯罪行使检控的自主权力，有过辩论和争执。[79] 这引起了成员国的强烈反对，成员国认为设立这样一个办公室是在敏感领域对国家主权的进一步侵犯。尽管如此，《里斯本条约》在《欧洲联盟运行条约》第86条中纳入了对欧洲公诉人的规定。

1. 为了打击影响联盟财政利益的犯罪，理事会可以根据特别立法程序通过一项条例，在欧洲刑事司法合作组织设立欧洲公诉人办公室。理事会应在征得欧洲议会同意后以一致方式采取行动。

……

2. 根据本条第1款通过的条例所做的决定，欧洲公诉人办公室应负责对针对联盟财政利益的罪行之罪犯及同谋进行调查、起诉及敦促做出判决；并在适当情况下，与欧洲刑警组织联系。欧洲公诉人办公室应在成员国涉及此类罪行的主管法院中行使公诉人的职能。

第86条包含一个实际上很有趣的"紧急加速器"。它规定，如果理事会无法达成一致，那么，在至少有9个成员国提出要求的情况下，可以将

---

[77] Ibid Art 3 (1), Art 3 (3).

[78] Ibid Art 3 (1) – (2).

[79] Mitsilegas (n 2) 229 – 232.

该条例草案提交欧洲理事会。在这种情况下，理事会内的程序将中止。如果在4个月内欧洲理事会达成一致，则将条例草案退回理事会以便通过。如果分歧持续超过4个月，则至少9个成员国仍然可以将其希望建立加强型合作的意愿通知欧洲议会、理事会和委员会。在这种情况下，应认为取得了开展"加强型合作"的授权，并适用加强型合作条款。

该程序已被用于制定旨在建立欧洲公诉人办公室（European Public Prosecutor's Office，EPPO）的《第2017/1939号条例》。[80] 它仅对依据加强型合作程序接受该条例的那些成员国具有约束力。[81] 欧洲公诉人办公室与欧洲刑事司法合作组织合作。欧洲公诉人办公室的业务一部分通过"欧洲公诉人"执行，一部分通过位于成员国国内的"欧洲代理公诉人"（European Delegated Prosecutors）执行。根据《欧洲联盟运行条约》第86条的具体规定，其核心职能是打击影响欧盟财政利益的罪行。这一点反映在《第2017/1939号条例》第4条中，规定如下：

> 对于《欧盟第2017/1371号指令》所规定并由本条例确定的影响联盟财政利益的罪行之罪犯及同谋，欧洲公诉人办公室应负责调查、起诉及敦促做出判决。在这方面，欧洲公诉人办公室应进行调查，并在成员国主管法院中执行提起公诉的行动和行使公诉人的职能，直至案件最终得到处理。

此外，《欧洲联盟运行条约》第86条第4款授权欧洲理事会，在征得欧洲议会同意并咨询委员会意见后，以一致方式采取行动通过一项修订第86条第1款的决定，以将欧洲公诉人办公室的权力扩大至包括具有跨国维度的严重犯罪，并对第86条第2款进行相关修订。

---

[80]　Council Regulation（EU）2017/1939 of 12 October 2017 implementing enhanced cooperation on the establishment of the European Public Prosecutor's Office（'the EPPO'）[2017] OJ L283/1；Proposal for a Council Regulation on the establishment of the European Public Prosecutor's Office，COM（2013）534 final.

[81]　比利时、保加利亚、克罗地亚、塞浦路斯、捷克、德国、芬兰、法国、希腊、立陶宛、卢森堡、葡萄牙、罗马尼亚、斯洛伐克、斯洛文尼亚和西班牙。

六 刑事与警务合作

原《欧洲联盟条约》第30条涉及警务合作，并规定通过欧洲刑警组织（Europol）开展合作。有学者专门分析了适用于欧洲刑警组织和欧盟的复杂规则。[82]《里斯本条约》在先前条款的基础上进行了修改。

《欧洲联盟运行条约》第87条体现了成员国主管机关之间在预防、侦查和调查犯罪方面进行警务合作的基本原则。现在可根据普通立法程序制定有关以下事项的措施：搜集、保管、处理、分析和交换相关信息；支持人员培训；对严重的有组织犯罪的各种形式进行侦查的共同调查技术。[83] 此外，理事会在咨询欧洲议会后以一致方式采取行动，以制定有关成员国主管机关之间业务合作的措施。前述"紧急加速器"这里也适用，但要注意的是，该程序不适用于构成申根法律体系（Schengen acquis）新进展的法令。

《欧洲联盟运行条约》第88条涉及欧洲刑警组织。其任务是支持和加强成员国警务机关和其他执法机关的行动，以及就"预防和打击涉及两个或两个以上成员国的严重犯罪、恐怖主义以及影响联盟政策所涵盖的共同利益的罪行"进行相互合作。该条款提到影响联盟政策所涵盖的共同利益的犯罪形式，这扩大了欧洲刑警组织的职权范围。以普通立法程序通过的立法性条例，决定欧洲刑警组织的结构、运行、行动领域和任务，包括欧洲议会和成员国议会对欧洲刑警组织的活动进行监督的程序。

欧洲刑警组织的任务包括：信息的搜集、保管、处理、分析和交换；协调、组织和实施与成员国主管机关联合执行的，或与欧洲刑事司法合作组织进行联系的调查与业务行动。这一措辞为赋予欧洲刑警组织运行能力奠定了基础，并且该条款要求，采取任何此类业务行动均须与相关成员国主管机关进行联系并与后者达成一致，而成员国主管机关对采取强制措施具有专属责任，这进一步加强了其运行能力。[84]

《第2016/794号条例》[85] 取代了欧洲刑警组织早期的法律基础，欧洲

---

[82] Mitsilegas（n 2）161–187.

[83] 但是，必须遵守适用于选择法律依据的普通规则，参见 Case C–43/12 *Commission v European Parliament and Council* EU：C：2014：298.

[84] 《欧洲联盟运行条约》第88条第3款。

[85] Regulation（EU）2016/794 of the European Parliament and of the Council of 11 May 2016 on the European Agency for Law Enforcement Cooperation（Europol）［2016］OJ L135/53.

刑警组织现在是欧盟执法合作机构。其权力得到了加强，应处理新形式的犯罪活动，并且增加对其运行情况的民主监督。其主要任务是支持和加强成员国主管当局的行动，及其在预防和打击影响两个或多个成员国的严重犯罪、恐怖主义以及影响欧盟政策所涵盖的共同利益的犯罪形式方面开展相互合作。这些罪行被列于条例附件一，欧洲刑警组织也有权处理相关的犯罪，例如促使犯下所列罪行。

第七节　刑事法律和程序：目标

上一节的讨论聚焦于有关刑事法律和程序的条约条款。我们还需要进一步了解欧盟涉入这一领域的目标。前面的讨论从总体上考虑了建立"自由、安全和公正的区域"的基本原理。现在，我们集中揭示欧盟介入刑事法律和程序的目的。这会随着时间的迁移而发生变化，但现在有两个方面的目的比较明显，可以从负责"自由、安全和公正"的第十工作组看出这一点，该工作组的报告决定了在条约改革过程中对欧盟涉入刑事领域的思考。

欧盟在某些情况下介入刑事法律领域的原因在于，需要打击具有跨境影响的严重犯罪，这是单个成员国无法有效实现的，尤其是在"9·11"事件之后。[86] 刑事实体法实现趋近的必要性之所以紧迫，是因为"某些罪行具有跨国性，成员国单独采取行动无法有效解决这类问题"[87]。因此，严重犯罪的跨境影响在成员国中造成了外部效应，需要采取集体行动。欧盟为集体行动提供制度性平台，可以用于制定适当的规则，特别是因为许多此类罪行也会对欧盟经济产生负面影响。

欧盟介入刑法的第二个原因与内部市场和其他欧盟政策的有效性紧密相关。工作组指出欧盟介入的另外一个理由，该理由触及上述理念，即"如果犯罪直接针对共同的欧洲利益，而欧洲利益本身已经是联盟共同政策的主题，……在非刑事规则不足以应对时，刑事实体法的趋近应是执行该政策措施的工具箱的一部分"[88]。这一理念在改进后被纳入《欧洲联盟运

---

[86]　Working Group X（n 24）1, 9.

[87]　Ibid 9.

[88]　Ibid 10.

行条约》第83条第2款：如果刑事法律的趋近是确保有效实施联盟已采取调和式措施领域政策的基础，则应进行刑事法律的趋近。

第八节 刑事法律和程序：挑战

需要注意的是，欧盟介入刑法领域造成了巨大的挑战和严重的矛盾。

一 成员国的接受

第一个挑战涉及成员国对刑法倡议的接受。欧盟介入刑法领域的历史揭示了成员国实现条约宗旨的意愿具有双重性，这一点很有意思。

对于增强欧盟对刑事事项的权能这一问题，成员国一直发挥着主导作用。正是成员国同意《马斯特里赫特条约》中的最初三支柱结构——该结构赋予欧盟处理刑事问题的权能，并且同意《阿姆斯特丹条约》中的修订。正是成员国表示愿意将刑事事项纳入《宪法条约》和《里斯本条约》的主体框架，并且扩大欧盟在这一领域的权力。也正是成员国通过欧洲理事会在坦佩雷规划（Tampere Programme）[89] 和海牙规划（Hague Programme）[90] 中塑造了总体政策。

成员国愿意在"宏观"层面接受欧盟介入犯罪领域，但却必须通过"微观"层面上的落实困难加以平衡，这可以通过对特定刑事措施的内容和方式的争执得到证明。这并非不合逻辑。这种矛盾反映出这样一种观点，即达成一般原则通常要比确保其实现的具体措施达成一致更容易。因此，在解决严重跨境犯罪方面达成共识几乎没有困难，例如应对贩毒等问题。但是，对于为实现这一目标而采取哪些具体措施的决定，常常引起争议，因为这些决定必然包含有关定罪的假设和对成员国自主性的侵蚀，这是成员国不愿意接受的。

二 相互承认

第二个挑战涉及用于实现上述欧盟目标的规制手段。欧盟拥有各种规

---

[89] Tampere European Council, 15 – 16 Oct 1999.

[90] Brussels European Council, 25 – 26 Mar 2004.

制工具，其中两个特别重要：法律的趋近（approximation of laws）和相互承认（mutual recognition）。

在《里斯本条约》之前，正式规则主要使用"法律的趋近"。原《欧洲联盟条约》第34条规定，可以通过制定使成员国法律法规趋近的框架决定（framework decision）来实现第三支柱的目标。这些措施与指令类似，但没有直接效力。

1990年代后期，人们转向了相互承认原则。促进这一转变的因素是，《马斯特里赫特条约》之后一体化的步伐放缓，再加上成员国对欧盟的调和持谨慎态度。[91] 1998年英国任轮值主席国时，建议将相互承认作为前进方式，其使用方式类似于实现内部市场的方式。这一建议在坦佩雷规划中得到欧洲理事会的认可[92]，也获得了委员会的认可。[93]

相互承认现在已牢牢根植于《里斯本条约》的中心。《欧洲联盟运行条约》第82条作为该领域的指导条款，规定刑事司法合作应以相互承认为基础，包括对第82条第2款和第83条所涉及的特定议题采取法律趋近方式。这一点被如下事实所强化，即第82条第2款规定的欧盟对刑事程序的新权能以实现最低程度的趋近这一需要为依据，其目的是促进判决的相互承认。从节选自委员会文件的如下内容中可以明显看出相互承认的中心地位。

欧盟国家之间对决定的承认[94]

司法决定的相互承认指，通常由一个欧盟国家的司法机关做出的决定得到其他欧盟国家的承认，并在必要时由其他欧盟国家强制执行，如同该国司法机关做出的决定一样。

这是司法合作领域的关键概念，因为它有助于克服欧盟内部司法系统的多样性所带来的困难。

传统司法合作可被定义为一种国家间关系，其中一个主权国家向

---

[91] Mitsilegas（n 2）116；Mitsilegas（n 55）.

[92] Tampere European Council, 15 – 16 Oct 1999, [33].

[93] Mutual Recognition of Final Decisions in Criminal Matters, COM（2000）495 final, 2.

[94] http：//ec. europa. eu/justice/criminal/recognition – decision/index_ en. htm.

另一个主权国家提出请求，由该国决定是否遵守该请求。

这些关系是通过双边或在联合国或欧洲委员会等国际组织框架内达成的各种法律文书组织而成的。

此系统既缓慢又复杂。它不再符合当今欧洲区域的现实，这里人们可以在很少受到控制或完全不受控制的情况下轻易流动。

人的自由流动与司法决定的自由流通是相对应的。这是相互承认原则导致司法合作理念发生真正变化的地方。这意味着每个成员国司法机关应以最小程度的手续承认另一欧盟成员国司法机关提出的请求。

加强相互承认是为了提高权力机构之间的合作效率。这是基于欧盟国家对彼此制度的相互信任，其制度建立在《欧洲联盟条约》所主张的共同尊重人权和基本自由的基础之上。

但是，相互承认在刑事领域的适用并非没有问题。有学者质疑类推使用这种内部市场中的概念。他们正确地指出，成员国相互承认与货物内容有关的监管规则以加强自由流动[95]，与相互承认司法决定以增强这种裁决在其他成员国的适用性，这两者之间存在非常真实的差异。[96]

拉韦内克斯：《相互承认与权力垄断：类比单一市场而导致的局限》[97]

谁从相互承认中受益，目的为何？

……在单一市场中，相互承认促进了货物和服务的跨境流动。它是促进社会行为体之间经济交易的一种工具，即使成员国规则不尽相

---

⑨⑤　见第十八章、第二十章。

⑨⑥　S Peers, 'Mutual Recognition and Criminal Law in the European Union: Has the Council Got it Wrong?' (2004) 41 CMLRev 5; Mitsilegas (n 2) ch 3; Mitsilegas (n 55); M Maduro, 'So Close and Yet So Far: The Paradoxes of Mutual Recognition' (2007) 14 JEPP 814.

⑨⑦　S. Lavenex, 'Mutual Recognition and the Monopoly of Force: Limits of the Single Market Analogy' (2007) 14 JEPP 762, 764–766. See also, S Wolff, 'The Rule of Law in the Area of Freedom, Security and Justice: Monitoring at Home what the European Union Preaches Abroad' (2013) 5 Hague Jnl on the Rule of Law 119.

同。在自由、安全和公正的区域中，相互承认促进了判决和司法决定的自由流动；这是国家行为。……在刑法中，成员国接受最终的司法决定，例如逮捕令或其他根据该国法律做出的制裁决定。因此，从相互承认中受益的不是社会行为体，而是国家的代表。

因此，相互承认所涉及的两种"流动"在性质上存在根本差异：在单一市场一体化情况下，相互承认会促进社会交往的跨境流动，从而有助于自由化和社会化进程。私人领域以及个人从事贸易和进行消费的权利得到了增强，而成员国的监管范围有所缩小。与之相对，在司法与内务领域开展司法合作的情况下，相互承认的引入并没有扩大个人相对于国家的权利。相反，它促进了成员国行政和司法机关行使的主权行为的跨境流动。……

被相互承认的是什么？

第二个重要的差异涉及政府同意相互承认的"对象"，及其对参与国主权造成影响的范围。在经济领域，承认的对象是另一个成员国关于产品和生产方式的规则。……相比之下，在司法与内务领域，承认的对象涉及的范围更广，它适用于司法机构在解释和适用一整套实体性和程序性法律时的主权行为。通过实行相互承认，另一成员国不仅承认法律是等效的，而且承认解释某个既定案件中所有相关规则的司法行为。换句话说，相互承认不仅意味着成员国承认其他国家的规范等同于本国规范，而且意味着它们承认有必要在执行其他成员国的法律体系时开展合作。

三 相互承认和欧洲逮捕令

（一）框架决定与司法解释

关于相互承认方面存在的困难，可以通过《欧洲逮捕令（European Arrest Warrant，EAW）框架决定》的遭遇得到证明⑱，这是该领域第一个

---

⑱ Council Framework Decision 2002/584/JHA of 13 June 2002 on the European Arrest Warrant and the surrender procedures between Member States［2002］OJ L190/1；Council Framework Decision 2009/299/JHA of 26 February 2009 amending Framework Decisions 2002/584/JHA，2005/214/JHA，2006/783/JHA，2008/909/JHA and 2008/947/JHA，thereby enhancing the procedural rights of persons and fostering the application of the principle of mutual recognition to decisions rendered in the absence of the person concerned at the trial［2009］OJ L81/24.

关于相互承认的主要倡议。[99]"9·11"恐怖袭击是欧洲逮捕令的直接催化剂，但它的使用范围不只限于此类罪行。《第2002/584号框架决定》不具有直接效力，因为它是在《里斯本条约》之前的第三支柱下通过的[100]，这类决定被裁定不具有直接效力。[101]但是，成员国法院有义务以符合该《框架决定》的方式解释本国法。[102]

欧洲逮捕令（EAW）是由成员国签发的司法决定，目的是由另一成员国逮捕和移送被请求人，以便后者进行刑事检控或者执行监禁判决或拘留令。要求成员国在相互承认原则的基础上执行任何欧洲逮捕令。

《欧洲逮捕令框架决定》第2条第1款规定，针对如下行为可以签发欧洲逮捕令，即根据签发国法律，可通过监禁判决或拘留令判处最长羁押期为至少12个月的行为；或者在已经做出判决或已下达拘留令的情况下，判处至少4个月羁押期的行为。最初的欧洲逮捕令制度区分了两种类型的犯罪。

该《框架决定》第2条第2款列出的可在签发国拘留至少三年的某些更严重犯罪，可以成为欧洲逮捕令的对象，无论这些犯罪是否存在于必须执行该逮捕令的国家。在这种情况下无须核查双重犯罪，这意味着不需要审查必须执行逮捕令的成员国是否存在此类犯罪。对于不那么严重的罪行，第2条第1款和第4款规定可以签发欧洲逮捕令，但需要满足如下条

---

[99] S Alegre and M Leaf, 'Mutual Recognition in European Judicial Cooperation: A Step Too Far Too Soon? Case Study—The European Arrest Warrant' (2004) 10 ELJ 200; J Wouters and F Naert, 'Of Arrest Warrants, Terrorist Offences and Extradition Deals: An Appraisal of the EU's Main Criminal Law Measures against Terrorism after "11 September"' (2004) 41 CMLRev 911; J Komárek, 'European Constitutionalism and the European Arrest Warrant: In Search of the Limits of Contrapunctual Principles' (2007) 44 CMLRev 9; A Górski and P Hofmański, *The European Arrest Warrant and its Implementation in the Member States of the European Union* (CH Beck, 2008); D Sarmiento, 'European Union: The European Arrest Warrant and the Quest for Constitutional Coherence' (2008) 6 I–CON 171; V Mitsilegas, 'The Limits of Mutual Trust in Europe's Area of Freedom, Security and Justice: From Automatic Inter-State Cooperation to the Slow Emergence of the Individual' (2012) 31 YBEL 319; E Herlin-Karnell, 'From Mutual Trust to the Full Effectiveness of EU Law: 10 Years of the European Arrest Warrant' (2013) 38 ELRev 79; JR Spencer, 'Extradition, the European Arrest Warrant and Human Rights' (2013) 72 CLJ 250.

[100] 原《欧洲联盟条约》第34条第2款第2项。

[101] Case C-573/17 *Criminal proceedings against Daniel Adam Popławski* EU: C: 2019: 530, [69]–[70].

[102] Case C-579/15 *Popławski* EU: C: 2017: 503.

件，即这一行为可以根据执行国的法律判定为犯罪，尽管无论犯罪构成要素是什么，或者无论如何描述该行为，都可以满足该条件。

第3条列出了被请求执行欧洲逮捕令的国家不应执行逮捕令的某些强制性理由；第4条和第4a条规定了某些可以拒绝执行逮捕令的可选理由；第5条规定了签发欧洲逮捕令的成员国必须提供的保障。在下面的案件中，欧洲逮捕令的合法性受到质疑，但欧洲法院支持了其合法性。[103]

世界律师非营利组织诉部长理事会成员
Case C–303/05 Advocaten voor de Wereld VZW
v Leden van de Ministerraad
[2007] ECR I–3633

原告称，《欧洲逮捕令框架决定》第2条第2款规定，不再需要核查所列罪行的双重犯罪，这特别违反了罪刑法定原则。这是因为所列罪行没有法律上的界定，却构成了模糊的有害行为类型。他主张，这违反了刑事犯罪应满足准确、清楚和可预测等条件的要求。欧洲法院承认，罪刑法定原则是欧盟法的一部分，并继续裁定如下。

欧洲法院

50. 该原则意味着立法必须明确界定犯罪行为及其招致的刑罚。如果相关个人根据相关规定的措辞并在法院提供的解释协助下，知道哪些行为或不作为将使他负刑事责任，则该条件得到了满足。……
……

52. 即使成员国为了执行《欧洲逮捕令框架决定》而逐字逐句复制第2条第2款所列犯罪类别清单，对于这些罪行以及所适用刑罚的实际界定仍然是源自"签发国"法律的界定。该《框架决定》并不试图就所涉刑事犯罪的构成要件或其刑罚进行调和。

53. 因此，尽管该《框架决定》第2条第2款免除了对该款提到的犯罪类型进行双重犯罪核查，但这些犯罪和所适用刑罚的界定仍然

---

[103] D Leczykiewicz, 'Constitutional Conflicts and the Third Pillar' (2008) 33 ELRev 230.

是由签发国法律确定的事项。此外，正如该《框架决定》第 1 条第 3 款所述，成员国必须遵守《欧洲联盟条约》第 6 条规定的基本权利和基本法律原则，因此，必须遵守刑事犯罪和刑罚法定原则。

54. 由此得出结论，就该《框架决定》第 2 条第 2 款免除对所列犯罪进行双重犯罪核查的要求而言，该条款并未由于违反刑事犯罪和刑罚法定原则而无效。

欧洲法院的论证并未完全针对申请人的主张。确实，《欧洲逮捕令框架决定》并不寻求对第 2 条第 2 款中所列的刑事犯罪的构成要件进行调和，并且界定这些犯罪仍然是签发欧洲逮捕令的成员国的事项。但是，这并没有满足申请人关切的实质。成员国必须将该《框架决定》纳入其本国法律实施。因此，执行国的被告人必须确定签发欧洲逮捕令的成员国对第 2 条第 2 款所列罪行进行法律界定的构成要件。这可能不容易理解，部分是由于语言问题，部分是因为这些要件的界定本身可能并不总是很清楚。

欧洲法院在其后的判例法中强调，原则上成员国有义务就签发国的欧洲逮捕令采取行动[104]，该解释由于第 1 条第 1 款的措辞得到了强化，该条款的措辞是将个人"移交"至签发国。欧洲法院强调，欧洲逮捕令制度建立在相互信任的基础上，应当严格解释允许执行国拒绝执行逮捕令的例外情况。[105]欧洲法院裁定，该《框架决定》中的关键术语将被赋予具有自主性的欧盟法律意义。[106]它表明，执行国可以根据第 4 条合法地拒绝将某人移交给签发欧洲逮捕令的国家，这种情况将受到联盟法院的密切监督。[107]在签发逮捕令之前个人未被给予听审权这一事实，并不构成拒绝执行该逮

---

[104]　Case C‑388/08 PPU *Criminal proceedings against Artur Leymann and Aleksei Pustovarov* [2008] ECR I‑2993.

[105]　Case C‑66/08 *Proceedings concerning the execution of a European arrest warrant issued against Szymon Kozłowski* [2008] ECR I‑6041；Cases C‑404 and 659/15 PPU *Aranyosi and Căldăraru* EU：C：2016：198, [75]‑[78]；Case C‑241/15 *Bob-Dogi* EU：C：2016：385, [32]‑[33]；Case C‑270/17 PPU *Tupikas* EU：C：2017：628, [49]‑[50].

[106]　Case C‑261/09 *Mantello* [2010] ECR I‑11477；Case C‑452/16 PPU *Poltorak* EU：C：2016：858, [32]；Case C‑108/16 PPU *Dworzecki* EU：C：2016：346, [28]；Case C‑294/16 PPU *JZ* EU：C：2016：610, [37]；Case C‑270/17 PPU *Tupikas*（n 105）[67]；Case C‑571/17 PPU *Ardic* EU：C：2017：1026, [63].

[107]　Case C‑241/15 *Bob‑Dogi*（n 105）[34]；Case C‑270/17 PPU *Tupikas*（n 105），[60]‑[64]；Case C‑271/17 PPU *Zdziaszek* EU：C：2017：629, [85]‑[90].

捕令的依据。[108] 但是，在解释第 4 条时，欧洲法院强调，可以通过使他在其居住的成员国服刑而增加他重返社会的机会。[109]

（二）宪法和基于权利的关切：权利的不同概念

欧洲逮捕令的实施和应用引起了宪法方面的关切。根据欧洲逮捕令移交本国国民的新要求，导致出现向数个宪法法院提交的诉讼，以及随后的宪法修正案，因为某些成员国的宪法本身禁止引渡本国国民。多国提起诉讼，质疑成员国实施性立法与本国宪法的兼容性，例如在德国、塞浦路斯、波兰和捷克。[110]

此外还引发了对欧洲逮捕令制度与人权的相关关注。《欧洲逮捕令框架决定》第 1 条第 3 款规定，该决定不具有修改《欧洲联盟条约》第 6 条中所包含的尊重人权的义务。但是，该《框架决定》并未将充分的人权保护本身作为成员国可以拒绝执行逮捕令的具体理由，尽管其引文第 12 段在这方面的影响更加深远。[111] 第 1 条第 3 款并没有消除对人权的担忧，正如"世界律师组织案"（*Advocaten voor de Wereld*）所示。此外，即使所有欧盟成员国都受到《欧洲人权公约》和《欧盟基本权利宪章》的约束，这并不意味着所有 27 个法律体系在刑法领域都具有相同的人权保障标准。[112] 这方面的问题在"梅洛尼案"（*Melloni*）中是显而易见的。

梅洛尼诉西班牙财政部长

Case C – 399/11 Melloni v Ministerio Fiscal

EU：C：C：2013：107

西班牙法院询问，是否必须将《欧盟基本权利宪章》第 53 条解

---

[108]　Case C – 396/11 *Radu* EU：C：2013：39.

[109]　Case C – 123/08 *Dominic Wolzenburg* ［2009］ECR I – 9621；Case C – 306/09 *IB* ［2010］ECR I – 10341.

[110]　Mitsilegas（n 55）1294 – 1299.

[111]　Ibid 1291 – 1292. 很多成员国在实施该《框架决定》时将人权作为拒绝执行欧洲逮捕令的理由，ibid 1293. See，eg，Extradition Act 2003，ss 21，25.

[112]　J Vogel and J Spencer，'Proportionality and the European Arrest Warrant'［2010］Crim LR 474.

释为，允许执行欧洲逮捕令的成员国移交缺席定罪人员的条件，是有权审查签发国的该项定罪，以避免对由其宪法保障的公正审判权和辩护权造成不利影响。欧洲法院指出，这将意味着当成员国宪法保障的基本权利标准高于宪章规定时，它可以适用本国宪法保障的基本权利，从而使其优先于欧盟法。

欧洲法院

57. 不能接受对宪章第 53 条的这种解释。

58. 对宪章第 53 条的这种解释将破坏欧盟法的优先性原则，因为这将允许成员国不适用那些完全符合宪章的欧盟法律规则，如果它们未尊重成员国宪法保障的基本权利。

59. 根据既定判例法，欧盟法优先性原则是欧盟法律秩序的基本特征，……成员国法律规则，甚至宪法秩序，都不得损害欧盟法律在该国领土上的有效性（…Case 11/70 *Internationale Handelsgesellschaft* [1970] ECR 1125，第 3 段…）。

60. 确实，宪章第 53 条确认，在欧盟法令要求采取成员国实施措施的情况下，成员国主管机关和法院仍可自由适用成员国对基本权利的保护标准，前提条件是，如本法院解释的那样，宪章所提供的保护水平，以及欧盟法律的优先性、统一性和有效性不会由此受到损害。

61. 但是，从本判决第 40 段可见，《第 2002/584 号框架决定》第 4a 条第 1 款规定，在有关人员处于该条款所规定的其中一种情况时，不允许成员国拒绝执行欧洲逮捕令。

62. 还应牢记，《第 2009/299 号框架决定》的通过将上述条款纳入了《第 2002/584 号框架决定》中，其目的是弥补与相互承认缺席裁决有关的困难，这些困难源于成员国之间在保护基本权利方面存在的差异。……

63. 因此，如果允许成员国利用宪章第 53 条，把有权审查签发国的定罪作为移交被缺席定罪者的条件——《第 2009/299 号框架决定》未规定这种可能性，而成员国的目的是避免对执行国宪法所保障的公正审判权和辩护权造成不利影响，这种做法对该《框架决定》中界定的基本权利保护标准的统一性表示怀疑，那么，这就会颠覆该决定声称要支持的相互信任和相互承认原则，并且由此损害该《框架决定》

的有效性。

"梅洛尼案"（*Melloni*）判决引发不少争议，反映在对该案的不同学术评论中。[113] 毫无疑问，"梅洛尼案"以一种刺眼的方式缓解欧盟法与成员国宪法权利之间的矛盾，并且引发了对各自法律秩序的纵向关系的质疑。然而，这并不是一个简单的案件，在该案中基本权利受成员国宪法秩序的保护，却被欧盟破坏了。

从"梅洛尼案"的事实情况来看，存在很大的分歧，因为西班牙政府支持欧盟有争议的欧洲逮捕令修订案，并且西班牙几家法院之间对在缺席审判时的公平审判权需要满足的条件存在争执。概念上的分歧也很大。这个案件的争议是，在相互承认逮捕令的制度下，对于缺席审判的情形，公平审判权和辩护权应该得到什么保护。成员国在这方面的做法可能不同，因为答案必然需要对被告的权利、受害者的权利以及签发国和执行国各自的利益进行复杂的平衡。2009 年对欧洲逮捕令制度的修订是欧盟从立法上对这一问题的回应。它不仅得到成员国讨论并且投票通过，与《欧洲人权公约》判例保持一致，而且可以接受司法审查。因此，如果主张"梅洛尼案"中假定的那种成员国宪法权利本身具有优先性，就意味着将有 27 个成员国的宪法否决权。此外，这意味着任何此类否决权都可以行使，只要它不符合另一个成员国对公平审判权持有的宪法概念，例如不符合签发逮捕令的国家的宪法概念。

这并不意味着成员国在质疑欧盟立法时依据本国宪法权利的概念是没有道理的。在某些情况下，与成员国宪法所体现的保障相比，质疑欧盟立法中基于权利的保障措施是否充分，这种做法具有合理性。然而，必须证明欧盟措施存在某些结构性或系统性的缺陷，从而需要依据成员国宪法所体现的某一权利的特定概念，或者成员国给予该权利的解释确实反映了该特定国家的民族国家特质。

（三）宪法和基于权利的关切：签发国应遵守的权利

在涉及欧洲逮捕令的案件中，当执行国质疑签发国的拘留制度是否符

---

[113] Compare, eg, D Sarmiento, 'Who's Afraid of the Charter?' (2013) 50 CMLRev 1267 and L Besselink 'The Parameters of Constitutional Conflict after Melloni' (2014) 39 ELRev 531.

合宪章权利时，也会存在基于权利的考虑。在以下案例中就出现了这个问题。[114]

奥劳纽希与克尔德拉鲁案
Cases C - 404 and 659/15 PPU Aranyosi and Căldăraru
EU：C：2016：198

德国法院向欧洲法院提请初步裁决，询问是否必须执行来自匈牙利和罗马尼亚的欧洲逮捕令，其中有确凿证据表明签发国的拘留条件不遵守基本权利，包括《欧盟基本权利宪章》第4条禁止不人道或有辱人格的待遇；或者它是否能以签发国证明基本权利受到保护为条件执行该逮捕令。欧洲法院首先指出，《欧洲逮捕令框架决定》只允许国家在特定情况下拒绝执行逮捕令。接下来裁决如下。

欧洲法院

82. 然而，首先，本法院承认，可以"在例外情况下"限制成员国之间的相互承认和相互信任原则（见"第2/13号意见"，EU：C：2014：2454，第191段）。

83. 其次，如该《框架决定》第1条第3款所称，该框架决定不具有修改《欧盟基本权利宪章》等法律文件中尊重基本权利的义务之效果。

84. 在这方面必须指出，遵守宪章关于禁止不人道或有辱人格的待遇或处罚的第4条，正如宪章第51条第1款所称，对成员国并因此对成员国法院具有约束力，只要它们在实施欧盟法，而签发国司法机关和执行国司法机关在适用将该《框架决定》转换为本国法的规定时，就是这种情况。……

---

[114]　G Anagnostaras, 'Mutual Confidence is Not Blind Trust！Fundamental Rights Protection and the Execution of the European Arrest Warrant：*Aranyosi and Caldararu*'（2016）53 CMLRev 1675；K Lenaerts, 'La Vie après L'Avis：Exploring the Principle of Mutual（yet not blind）Trust（2017）54 CMLRev 805；M Schwarz, 'Let's Talk about Trust, Baby！Theorizing Trust and Mutual Recognition in the EU's Area of Freedom, Security and Justice'（2018）24 ELJ 124；E Xanthopoulou, 'Mutual Trust and Rights in EU Criminal and Asylum Law：Three Phases of Evolution and the Uncharted Territory beyond Blind Trust'（2018）55 CMLRev 489.

......

88. 因此，如果执行国司法机关掌握的证据表明在签发国内被扣押的个人面临着遭受不人道或有辱人格待遇的真正风险，考虑到欧盟法所保障的基本权利保护标准，特别是《欧盟基本权利宪章》第 4 条（可参见 *Melloni* 判决，C－399/11，EU：C：2013：107，第 59 段和第 63 段；"第 2/13 号意见"，EU：C：2014：2454，第 192 段），当请求某司法机关做出关于将欧洲逮捕令针对的个人移交给签发国机关的决定时，该司法机关有义务评估该风险的存在。执行此类令状的后果不得导致该个人遭受不人道或有辱人格的待遇。

［欧洲法院认为，执行国应获得有关签发国拘留条件的客观、可靠信息。它还认为，签发国有提供符合基本权利的拘留条件这一积极义务。］

91. 尽管如此，认定在签发国的一般拘留条件下存在不人道或有辱人格待遇的真正风险，这一认定本身并不能导致拒绝执行欧洲逮捕令。

92. 如果识别出存在这种风险，执行国司法机关就有必要进一步具体和准确地评估是否有实质理由相信，有关个人将因签发国预计对他的拘留条件而面临这种风险。

93. 就签发国的拘留条件而言，仅存在证据所表明的缺陷，这些缺陷可能是系统性的或普遍性的，或可能影响某些人群，或可能影响某些拘留场所，这不一定意味着在特定情况下，如果相关个人被移交给该成员国机关，他就会遭受不人道或有辱人格的待遇。

欧洲法院表示，执行国司法机关应向签发机关寻求进一步的信息，以了解签发国拘留制度的缺陷是否会影响受欧洲逮捕令约束的个人。签发国应在请求所指定的时限内发送此信息。执行国司法机关必须推迟其关于移交相关个人的决定，直到其获得允许不再相信存在这种风险的补充信息。如果在合理时间内无法忽视该风险的存在，那么执行国司法机关必须决定是否应结束移交程序。⑪⑤

---

⑪⑤　See also Case C－128/18 *Dorobantu* EU：C：2019：857；Case C－220/18 PPU *ML* EU：C：2018：589.

欧洲法院的判决是微妙的。欧洲法院寻求保护基本权利，同时维护欧洲逮捕令互相承认制度所依赖的互相信任机制。该案揭示了不同成员国的拘留制度对欧洲逮捕令制度所造成的压力。

困扰波兰和匈牙利等国司法机构的法治问题，进一步加剧了这些矛盾。相互承认制度依赖于各国司法机构的独立性。如果成员国法院认为签发国的司法决定来自不具有独立性的法院，它们将不愿意执行欧洲逮捕令。这个问题出现在以下判例中。[116]

LM 案
Case C－216/18 PPU LM
EU：C：2018：586

波兰对在爱尔兰的一个人发布了欧洲逮捕令，该人拒绝遵守，因为他无法确保得到按照《欧盟基本权利宪章》第 47 条的要求由独立的司法机构进行公平审判。他主张波兰对司法制度的立法改革损害了司法机构的独立性，欧盟委员会报告和威尼斯法律民主委员会（欧洲委员会的咨询机制。——译者）报告证明了这一点。欧洲法院承认欧洲逮捕令制度以相互信任为前提，继续裁决如下。

欧洲法院

58. 因此，欧洲逮捕令机制所依据的成员国之间的高度信任，建立在其他成员国的刑事法院……满足有效司法保护那些要求的前提之上，其中特别包括这些法院的独立性和公正性。

因此，必须认为，如果向签发国司法机关移交欧洲逮捕令所针对的个人存在以下真正风险，即，将导致违反其诉诸独立法庭的基本权利，并且由此违反其获得公平审判这一基本权利的本质，而该权利由《欧盟基本权利宪章》第 47 条第 2 项所保障，那么，这种真正风险的存在就允许执行国司法机关根据《第 2002/584 号框架决定》第 1 条第 3 款以例外的方式不执行该欧洲逮捕令。

---

[116] T Konstadinides, 'Judicial Independence and the Rule of Law in the Context of Non-Execution of a European Arrest Warrant：*LM*'（2019）56 CMLRev 743.

［欧洲法院重申其在"奥劳纽希与克尔德拉鲁案"（*Aranyosi and Căldăraru*）中的方式，即执行机关必须就签发国的情况寻求客观和可靠证据，而且解释这对司法独立意味着什么。］

63. 关于构成该权利部分本质的法院独立性要求，应当指出，该要求是审判任务所固有的，具有两个方面的性质。第一个方面是外部性质，前提是相关法院完全自主地行使职能，不受任何等级的约束或从属于任何其他机构，并且不接受任何来源的命令或指示，因此受到保护以免受可能损害其成员独立判断并影响其决定的外部干预或压力（就此可参见 2018 年 2 月 27 日的判决，*Associação Sindical dos Juízes Portugals*，C–64/16，EU：C：2018：117，第 44 段和所引用的判例法）。

……

第二个方面是内部性质，与公正性相关，旨在确保与诉讼各方以及他们在诉讼标的方面各自利益保持平等的距离。这方面要求具有客观性，除了严格实行法治之外，与诉讼结果不存在任何利益。……

欧洲法院随后将"奥劳纽希与克尔德拉鲁案"方法适用于"*LM* 案"。由执行机关根据其个人情况、被起诉的罪行和事实背景，并根据签发成员国提供的信息，具体和准确地确定存在实质理由使其相信，如果该个人被移交该签发国，他将面临无法得到独立的司法机构公正审判的风险。[117]

"*LM* 案"揭示了欧洲法院在欧洲逮捕令制度背景下支持国家司法独立的决心。同样的必要性在其他情况下也体现得很明显[118]，并且应该在前面讨论的维护法治的更广泛背景下加以看待。[119] 然而，执行机关可能难以适用"奥劳纽希与克尔德拉鲁案"和"*LM* 案"标准，尤其是当它获得关于签发国司法机构独立性的可靠证据，以及其中的缺陷对特定个人的影响程度时。

以下摘录材料揭示了与欧洲逮捕令相关的宪法和人权方面的一些更广

---

[117]　Case C–216/18 PPU *LM* EU：C：2018：586，［69］–［79］.

[118]　Compare Cases C–508/18 and 82/19 *Minister for Justice and Equality v OG and PI* EU：C：2019：456，and Case C–489/19 PPU *NJ* EU：C：2019：849.

[119]　参见第二章。

泛的困难。

米齐莱加斯：《欧盟刑事事项中相互承认的宪法影响》[12]

相互承认原则在刑事事项中的适用……引起了许多宪法关切。主要反对意见集中在废除双重犯罪的要求方面，这被视为违反法定原则。……如已经指出的，执行与根据执行国法律不构成犯罪的行为相关的执法决定，这在宪法上是不可接受的。……

一个与此相关但更广泛的关切涉及的是成员国层面和欧盟层面刑事法律的法定性和合法性之间的联系。……刑法是法治社会的基础，因为它包含划定个人与国家之间关系的规则。……刑法及其设定的界限必须通过民主程序公开磋商和达成共识，公民必须确切了解规则是什么。但是，相互承认对这一框架提出了挑战。调和涉及……一套由欧盟机构磋商并达成共识的欧盟范围内的具体标准，而与调和相反，相互承认并不涉及共同磋商的标准。……

……

一个与此相关的关切……是，以最低限度的手续承认逮捕令以及废除双重犯罪要求，将导致违反犯罪嫌疑人的权利。人们一直特别关注犯罪嫌疑人在签发国是否享有《欧洲人权公约》的权利，特别是获得公正审判的权利和免受酷刑的权利。……相互承认措施本身假设成员国之间存在高度信任，欧洲法院对此予以重申。但是，各成员国议会和新闻界的辩论表明，事实并非必须如此。

（四）通过"调和"与"相称性"应对相关关切

欧盟试图通过调和（harmonization）来解决对欧洲逮捕令制度所表达的关切。这似乎是自相矛盾的，因为相互承认旨在规避通过调和达成合意方面存在的困难。尽管如此，委员会认为，可以通过对被告在被移送签发国时的权利标准进行调和，以此回应对欧洲逮捕令制度的

---

[12] V Mitsilegas, 'The Constitutional Implication of Mutual Recognition in Criminal Matters in the European Union' (2006) 43 CMLRev 1277, 1286 – 1289.

一些批评。⑫

　　但是，2004 年启动的欧盟委员会倡议⑫进展缓慢。成员国不同意拟议措施的详细内容，而在《里斯本条约》之前，成员国对欧盟是否拥有对刑事诉讼程序的权能表示怀疑。然而，2009 年 11 月，司法理事会通过了加强刑事诉讼中嫌疑人或被告人程序权利的"路线图"⑫。它呼吁以"循序渐进"方式通过五项措施，涵盖最基本的程序权利。斯德哥尔摩规划⑭进一步推动了该倡议，重申刑事诉讼中的个人权利作为联盟的基本价值观和成员国之间相互信任的核心因素具有重要意义。斯德哥尔摩规划将"路线图"作为多年期规划的一部分，呼吁欧盟委员会提出相关立法草案。⑫

　　已经制定的指令涉及以下重要议题：刑事诉讼中的解释和翻译权；⑫刑事诉讼中的知情权⑫、获得律师协助的权利；⑫无罪推定和出庭审理权；⑫为涉嫌犯罪的儿童提供保障；⑳法律援助。㉛

　　此外，委员会意识到有必要确保以相称性方式使用欧洲逮捕令制度，以免要求就轻微犯罪执行欧洲逮捕令而困扰成员国法院。⑫夏普斯顿佐审官（AG Sharpston）在司法意见中表达了同样的想法。⑬欧洲法院并未在该案中加以推进⑭，但是最近出现了这个问题。

---

⑫　Mitsilegas（n 55）1304 - 1307；T Spronken, G Vermeulen, D de Vocht, and L van Puyen-broeck, *EU Procedural Rights in Criminal Proceedings*（Directorate General, Justice and Home Affairs, 2008）.

⑫　Proposal for a Council Framework Decision on certain procedural rights in criminal proceedings throughout the European Union, COM（2004）328 final.

⑫　[2009] OJ C295/1.

⑭　[2010] OJ C115/01.

⑫　E Smith, 'Running before We Can Walk? Mutual Recognition at the Expense of Fair Trials in Europe's Area of Freedom, Security and Justice'（2013）4 New Jnl of European Criminal Law 82.

⑫　Directive 2010/64/EU [2010] OJ L280/1.

⑫　Dir 2012/13/EU [2012] OJ L142/1.

⑫　Dir 2013/48/EU [2013] OJ L294/1.

⑫　Dir（EU）2016/343 [2016] OJ L65/1.

⑳　Dir（EU）2016/800 [2016] OJ L132/1.

㉛　Dir（EU）2016/1919 [2016] OJ L297/1.

⑫　https：//ec. europa. eu/info/law/cross - border - cases/judicial - cooperation/types - judicial - cooperation/european - arrest - warrant_ en.

⑬　Case C - 396/11 *Radu*（n 108）.

⑭　Ibid.

四 相互承认与欧洲证据令

欧洲逮捕令制度是最为人所知的相互承认例子，但不是唯一的。相互承认一直被用于刑事执法的金钱方面，例如有关执行冻结财产和罚款命令的措施。[133]

相互承认也被用于证据方面，产生了《欧洲证据令（European Evidence Warrant，EEW）框架决定》。[136] 欧洲证据令（EEW）的最初推动力来自坦佩雷规划和海牙规划。该措施被视为欧盟刑法战略的核心部分，用于补充欧洲逮捕令（EAW）和关于犯罪罚款命令的执行制度。

欧洲证据令制度现已被欧洲调查令（European Investigation Order，EIO）取代，原因是从2003年到2008年的原有措施在收集证据方面过于碎片化。[137] 欧洲调查令（EIO）是由签发国司法机关发布或确认的决定，用于在执行国采取调查措施以获取证据。证据可能已经存在，或者通过调查可以获得。要求成员国在相互承认的基础上执行欧洲调查令。《欧洲调查令指令》不改变《欧洲联盟条约》第6条所规定的尊重基本权利和法律原则的义务。[138] 欧洲调查令可能会针对广泛的诉讼程序，而不限于刑事诉讼程序。[139] 签发国必须表明它希望执行机关采取哪类调查措施。

对于可以签发欧洲调查令的条件制定了一些保障措施。只有在调查令对于其寻求开展的诉讼程序而言必要且具有相称性的情况下，才能签发欧洲调查令，并且在签发国的类似情况下也必须能够寻求这项调查措施。如果执行国怀疑这些条件是否得到满足，则可以咨询签发国主管机关，该机

---

[133] Regulation (EU) 2018/1805 of the European Parliament and of the Council of 14 November 2018 on the mutual recognition of freezing orders and confiscation orders [2018] OJ L303/1, replacing Council Framework Dec 2003/577/JHA [2003] OJ L196/45, and Council Framework Dec 2006/783/JHA [2006] OJ L328/59.

[136] Framework Decision 2008/978/JHA on the European evidence warrant for the purpose of obtaining objects, documents and data for use in proceedings in criminal matters [2008] OJ L350/72.

[137] Directive 2014/41/EU of the European Parliament and of the Council of 3 April 2014 regarding the European Investigation Order in criminal matters [2014] OJ L130/1, rec 6.

[138] Ibid Art 1 (4).

[139] Ibid Art 4.

关可以撤回其请求。[140] 如果签发机关的调查请求违反了执行国的根本法律原则，执行国可以拒绝执行这类调查请求。[141] 执行机构也可以使用除欧洲调查令所具体要求的调查程序以外的其他调查程序，除非存在某些例外。[142]《欧洲调查令指令》第 11 条具体规定了执行国可以拒绝承认某项欧洲调查令的理由。

　　1. 在不影响第 1 条第 4 款的情况下，执行国可在以下情况下拒绝承认或执行某项欧洲调查令：

　　（1）根据执行国法律享有的豁免权或特权使其无法执行该欧洲调查令，或者存在一些规则，这些规则涉及确定和限制与新闻自由及其他媒体言论自由有关的刑事责任，使其无法执行该欧洲调查令；

　　（2）在特定情况下，执行欧洲调查令会损害国家的基本安全利益，破坏信息来源，或者涉及使用与特定情报活动有关的机密信息；

　　（3）欧洲调查令是在第 4 条第 2 项和第 3 项所述的程序中签发的，而根据执行国法律，在国内的类似案件中不会批准该调查措施；

　　（4）执行欧洲调查令将违反一事不再理原则；

　　（5）欧洲调查令涉及的刑事罪行被指控在签发国领土之外发生，并且是全部或部分在执行国领土发生，而所签发的欧洲调查令涉及的行为在执行国并非犯罪行为；

　　（6）有实质性理由相信，执行欧洲调查令中说明的调查措施将与执行国在《欧洲联盟条约》第 6 条和宪章下所承担的义务相抵触；

　　（7）作为欧洲调查令签发理由的行为根据执行国法律并不构成犯罪，除非它涉及附件 D 所列犯罪类别中的犯罪，正如签发机关在欧洲调查令中所指出的那样，前提条件是该罪行在签发国应受到最长期限至少为三年的监禁刑罚或拘留；

　　（8）对欧洲调查令中所说明的调查措施的使用，仅限于执行国法律列明的罪行清单或类别，或达到一定门槛的可惩罚罪行，而其中不

[140]　Ibid Art 6.

[141]　Ibid Art 9（2）.

[142]　Ibid Art 10.

包括欧洲调查令涵盖的罪行。

对于欧洲调查令中的调查措施，指令还规定了法律救济条款，这些救济与在国内相似情况下的法律救济相当，但是只有在签发国才能对发出欧洲调查令的实质性理由提出质疑，条件是基本权利在执行国得到保障。[143]

五 刑事实体法

（一）欧盟刑法的广泛范围

前面的讨论主要集中于欧盟通过相互承认介入刑法，以影响刑事诉讼程序的各个方面，例如欧洲逮捕令、欧洲证据令和欧洲调查令。分析表明，这些倡议造成了矛盾和担忧。

但是，欧盟还是制定了涉及刑事实体法的众多详细措施。[144] 现在，已经有与《欧洲联盟条约》第83条第1款所列事项有关的措施：恐怖主义、贩卖人口、儿童色情与卖淫、贩卖毒品、洗钱、腐败、伪造、攻击信息系统，以及有组织犯罪。另外还有《欧洲联盟运行条约》第83条第2款或其他条约条款使其合法化的刑法措施，涉及的事项诸如种族主义和仇外、非法入境和居住、环境犯罪以及保护欧盟财政利益。

限于篇幅无法一一介绍这些措施。[145] 正如开头所言，本章关注的是概括性地揭示欧盟介入刑事领域的原因，为此所使用的规制手段，以及这种干预所带来的挑战。下面通过考虑欧盟应对有组织犯罪的方式，以此作为

---

[143] Ibid Art 14.

[144] https：//eur - lex. europa. eu/summary/chapter/justice_ freedom_ security. html? root_ default =SUM_ 1_ CODED%3D23；https：//ec. europa. eu/home - affairs/what - we - do/policies/organized - crime - and - human - trafficking_ en.

[145] V Mitsilegas, 'The Third Wave of Third Pillar Law: Which Direction for EU Criminal Justice?' (2009) 34 ELRev 523; Towards an EU Criminal Policy: Ensuring the effective implementation of EU policies through criminal law, COM (2011) 573 final; C Harding and J Banach-Gutierrez, 'The Emergent EU Criminal Policy: Identifying the Species' (2012) 37 ELRev 758; S Carrera, E Guild, L Vosyliūtė, A Scherrer, and V Mitsilegas, 'The Cost of Non-Europe in the Area of Organized Crime', CEPS Working Paper in Liberty and Security in Europe, No 90 2016.

例证来说明欧盟介入的性质。

（二）打击有组织犯罪的欧盟刑法倡议

显然，跨境严重犯罪会在其他成员国造成外部效应，集体行动可以更好地应对这种外部效应。欧盟为采取这种集体行动制定了适当规则并提供了制度性场所，尤其是因为许多此类犯罪也对欧盟经济产生了负面影响。这并不意味着欧盟倡议在该领域的发展不存在问题。

欧盟对有组织犯罪的干预始于 1998 年《联合行动》，其目的是调和实体法的某些方面，该行动将在欧洲联盟内参与犯罪组织界定为刑事犯罪。[146]《联合行动》的框架十分宽泛，其双轨方式值得注意：将积极参与这类组织或者共谋实施《联合行动》中所列的任何罪行界定为犯罪。由于其目标是调和相关法律，因此采用这些不同的定罪方式必然会造成矛盾，但是正如米齐莱加斯（Mitsilegas）所指出的[147]，其解释在于，面对不同成员国法律对待有组织犯罪的方式，有必要确保在理事会内取得一致同意，而共谋这项替代方案符合英格兰法律传统。

现行法律源自委员会 2005 年提出的一项提案。[148] 其目的在于考虑国际层面的发展，例如 2000 年《联合国打击跨国有组织犯罪公约》（《巴勒莫公约》）和欧盟针对恐怖主义提出的多项倡议。该委员会提案集中对在犯罪组织内参与犯罪进行调和，删除作为替代性方式的共谋。它还使欧盟法与《巴勒莫公约》保持一致，例如将指导犯罪组织定为刑事犯罪，以及界定有组织犯罪集团。该委员会提案产生了 2008 年《关于打击有组织犯罪的第三支柱框架决定》[149]，该决定废除了 1998 年《联合行动》。

该《框架决定》第 1 条将"犯罪组织"界定为一个结构化的联合体，已经成立了一段时间，由两人以上协同行动，对所实施的犯罪可处以最长刑期为至少 4 年的剥夺自由或拘留命令，或者更严重的处罚，该组织的目的是直接或间接获得经济或其他物质利益。"结构化的联合体"被具体规定为，不是为了立即实施犯罪而随机形成的联合体，但不要求其成员具有

---

146 Joint Action 98/733/JHA on making it a criminal offence to participate in a criminal organisation in the Member States of the European Union [1998] OJ L351/1.

147 Mitsilegas（n 145）528.

148 Proposal for a Framework Decision on the fight against organised crime, COM（2005）6.

149 Framework Decision 2008/841/JHA on the fight against organised crime [2008] OJ L300/42.

正式的角色或任务。在设计这种定义时，不可避免地会产生矛盾：如果将其定义得过于狭窄或者过于形式化，那么就没有什么实际作用，但如果将其定义得过于宽泛，则可能导致法律确定性问题。[159] 该《框架决定》规定了参与犯罪组织的刑罚规则，具体规定为至少 2 年的监禁和最长 5 年的监禁。如果犯罪组织行使了犯罪，则将作为加重情节。

欧盟刑法领域还揭示了一个长期存在的事实，即委员会并不总是能够实现其最初提案期望达到的所有目标。因此，与委员会提案相比，该《框架决定》保留了先前的二元论，成员国可以选择将参与有组织犯罪集团或者共谋定为刑事犯罪。该《框架决定》也没有根据委员会的提案将接受有组织犯罪集团的指示定为犯罪。

有待观察的是，2008 年《关于打击有组织犯罪的第三支柱框架决定》的存在对打击有组织犯罪带来了哪些不同。对此持怀疑观点的人认为"不太多"。有组织犯罪的定义范围很广，再加上参与共谋的两种选择，很可能使实现"调和"这一目标不切实际。如以下摘录所示，这再次让我们以更具普遍性的方式质疑欧盟介入刑事领域的原因。

米齐莱加斯：《第三支柱法律的第三次浪潮：欧盟刑事正义在何方?》[161]

欧盟刑事实体法的第三次浪潮表明了欧洲联盟为了发展和改善现行法律框架所做的努力。在此背景下，其主要目标是与国际发展保持同步，以应对诸如恐怖主义和有组织犯罪这类公认的全球安全威胁，同时试图通过采取强有力的反对种族主义和仇外的执法立场传达有关欧洲价值观的明确信息。在恐怖主义和有组织犯罪这两个领域，联盟与国际舞台之间的关系值得注意：欧盟立法在很大程度上接受并将公认的国际标准纳入联盟法律框架，而国际标准反过来仿效或影响联盟行动。但是，这种策略导致联盟法律秩序中引入了

---

[159] F Calderoni, 'A Definition that Could Not Work: The EU Framework Decision on the Fight against Organised Crime' (2008) 16 European Jnl of Crime, Criminal Law and Criminal Justice 265.

[161] V Mitsilegas, 'The Third Wave of Third Pillar Law: Which Direction for EU Criminal Justice?' (n 145) 536–537. 原文中的斜体部分，中译文用引号加以标示。

着重于扩大定罪的方式，基于主观因素，其主要目的在于预防。所有新通过的旨在调和刑事实体法的第三支柱法律都体现出对法律确定性原则的挑战。

在联盟层面一直试图调和刑事实体法，……在以下两个方面存在持续的矛盾，……一方面是寻求有意义的调和，另一方面是对成员国主权和民族多样性的尊重。……

"为什么"需要欧洲刑事实体法的疑问仍然存在，并且随着最近的发展变得更加强烈。尝试进行调和的努力似乎针对的是多种完全不同的目标。……

第九节　结论

一 "自由、安全和公正的区域"（AFSJ）所包含主题的性质以及所采取措施的数量，证明其在欧盟政体中具有整体重要性。

二 "自由、安全和公正的区域"的独特性质最初源于成员国不愿意采用欧盟的常态方式。《里斯本条约》已完成了开始于《马斯特里赫特条约》并且由《阿姆斯特丹条约》继续进行的"旅程"，最后结果是"自由、安全和公正的区域"已被完全纳入条约主体中。

三 不出意外，鉴于主题的性质，欧盟制定的很多措施都存在一定的争议。这些问题涉及有效性、复杂性、对基本权利的遵守以及问责问题。

四 欧盟对此负有责任，但成员国也应承担责任。欧盟制定的措施最终取决于成员国愿意接受什么，然而，"所有成员国对更紧密的一体化持自相矛盾的立场：承认这种逻辑，即跨境流动和犯罪率的上升要求采取超越成员国司法管辖界限的应对措施，同时又抵制由此带来的调整成员国实践以及公开让渡主权"[132]。

---

[132] Lavenex and Wallace（n 15）479.

第十节　扩展阅读

一　专著

Acosta Arcarazo, D, and Murphy, C (eds), *EU Security and Justice Law* (Hart, 2014)

Fletcher, M, Herlin-Karnell, E, and Matera, C (eds), The European Union as an Area of Freedom, Security and Justice (Routledge, 2016)

Hailbronner, K, and Thym, D (eds), *EU Immigration and Asylum Law: A Commentary* (Hart/ Nomos, 2nd edn, 2016)

Mitsilegas, V, *EU Criminal Law after Lisbon: Rights, Trust and the Transformation of Justice in Europe* (Hart, 2016)

——, Di Martino, A, and Mancano, L (eds), *The Court of Justice and Criminal Law: Leading Cases in a Contextual Analysis* (Hart, 2019)

Peers, S, *EU Justice and Home Affairs Law* (Oxford University Press, 4th edn, 2016)

Walker, N (ed), *Europe's Area of Freedom, Security, and Justice* (Oxford University Press, 2004)

二　论文

Anagnostaras, G, 'Mutual Confidence is Not Blind Trust! Fundamental Rights Protection and the Execution of the European Arrest Warrant: *Aranyosi and Caldararu*' (2016) 53 CMLRev 1675

Carrera, S, and Mitsilegas, V (eds), *Constitutionalizing the Security Union: Effectiveness, Rule of Law and Rights in Countering Terrorism and Crime*, CEPS 2017

——, Guild, E, Vosyliūtė, L, Scherrer, A, and Mitsilegas, V, 'The Cost of Non-Europe in the Area of Organized Crime', CEPS Working Paper in Liberty and Security in Europe, No 90 2016

Fichera, M, 'Criminal Law beyond the State: The European Model'

(2013) 19 ELRev 174

Herlin-Karnell, E, 'From Mutual Trust to the Full Effectiveness of EU Law: 10 Years of the European Arrest Warrant' (2013) 38 ELRev 79

Hinarejos, A, 'Integration in Criminal Matters and the Role of the Court of Justice' (2011) 36 ELRev 420

Konstadinides, T, 'Judicial Independence and the Rule of Law in the Context of Non-Execution of a European Arrest Warrant: *LM*' (2019) 56 CMLRev 743

Ladenburger, C, 'Police and Criminal Law in the Treaty of Lisbon. A New Dimension for the Community Model' (2008) 4 EuConst 20

Lavenex, S, 'Mutual Recognition and the Monopoly of Force: Limits of the Single Market Analogy' (2007) 14 JEPP 762

Lenaerts, K, 'La Vie après L'Avis: Exploring the Principle of Mutual (yet not blind) Trust (2017) 54 CMLRev 805

Mei, AP van der, 'The European Arrest Warrant System: Recent Developments in the Case Law of the Court of Justice' (2017) 24 MJ 882

Mitsilegas, V, 'The Constitutional Implications of Mutual Recognition in Criminal Matters in the European Union' (2006) 43 CMLRev 1277

—— 'The Third Wave of Third Pillar Law: Which Direction for EU Criminal Justice?' (2009) 34 ELRev 523

—— 'The Limits of Mutual Trust in Europe's Area of Freedom, Security and Justice: From Automatic Inter-State Cooperation to the Slow Emergence of the Individual' (2012) 31 YBEL 319

Sarmiento, D, 'European Union: The European Arrest Warrant and the Quest for Constitutional Coherence' (2008) 6 I – CON 171

第二十七章 竞争法：第 101 条

第一节 核心议题

一 竞争法一直是欧盟的核心。它主要涵盖公司之间的反竞争协议，滥用支配地位，以及企业合并。

二 《欧洲联盟运行条约》第 101 条是控制反竞争协议的主要条款。这种协议可能是横向的，由处于生产环节相同层面的企业之间达成，例如水泥制造商之间的协议。纵向协议是指处于分销环节不同层面的企业之间的协议，例如立体声设备制造商与零售商之间的协议。

三 第 101 条的关键内容是：协议（agreement）与协同行为（concerted practice）这两个术语的含义；第 101 条第 1 款与第 3 款之间的关系；经济分析如何以及应该在多大程度上在第 101 条第 1 款范围内进行；对第 101 条第 3 款的解释，包括是否可以考虑非经济因素。

四 接下来转向详细讨论纵向协议。对于这些协议在多大程度上对经济有害，以及有关竞争政策的所谓"正确"方法，存在着争议。

五 第 101 条和第 102 条的执行制度已经过修订，本章在结尾处将概述改革情况。

第二节 竞争法：目标

竞争法一直是欧盟法中重要的组成部分，但其确切作用却是有争议的。竞争政策可以追求多种不同目标。

竞争法的主要目标是"提高效率"，即实现消费者福利的最大化，以及实现资源最佳分配。传统经济学理论认为，在完全竞争的情况下，或者更实际的情况是在可行的竞争情况下，商品的生产与服务的提供最有效率。① 而某些协议可能对市场效率产生有害影响。例如，水泥制造商之间达成操纵销售价格的横向协议，将导致水泥价格高于在普通竞争状态下生产的产品，从而导致水泥产量减少。关于纵向协议的效果，则存在更多分歧。

竞争政策的第二个目标或许是"保护消费者和小型企业"免受经济力量大规模集中的损害，无论是采取垄断（monopolies）形式，还是竞争者以一个单元采取协调行动的协议（agreement）形式。

第三个目标是促进"创设单一欧洲市场"，并且防止这一目标因私人企业而落空。欧盟法禁止关税、配额等阻碍实现该目标的措施。如果私人企业可以按国界划分欧盟市场，则会损害这些规则的有效性。

欧盟竞争政策的目标和优先重点并非始终保持不变。② 韦塞林（Wesseling）将欧盟竞争政策的发展划分为三个阶段。

韦塞林：《欧共体反托拉斯法的现代化》③

最初，将反托拉斯法条款纳入条约是因为考虑到它们在市场一体化进程中的作用。反托拉斯规则只不过是与《欧共体条约》第28条至第30条（禁止成员国之间进出口数量限制。——译者）相对应的对私规则。《欧共体条约》的制定者希望避免私人企业取代被禁止的公共障碍而成为国家间贸易的新障碍。在第一阶段，……委员会在执行规则时不断参考这些规则以确保货物自由流动，从而促进市场一

---

① F Scherer and D Ross, *Industrial Market Structure and Economic Performance* (Houghton Mifflin, 3rd edn, 1990); S Bishop and M Walker, *The Economics of EC Competition Law: Concepts, Application and Measurement* (Sweet & Maxwell, 3rd edn, 2010); D Gerardin, A Layne-Farr, and N Pettit, *EU Competition Law and Economics* (Oxford University Press, 2012).

② I Maher, 'Competition Law and Intellectual Property Rights: Evolving Formalism' in P Craig and G de Búrca (eds), *The Evolution of EU Law* (Oxford University Press, 1999) ch 16; I Maher, 'Competition Law Modernization: An Evolutionary Tale?' in P Craig and G de Búrca (eds), *The Evolution of EU Law* (Oxford University Press, 2nd edn, 2011) ch 23.

③ R Wesseling, *The Modernisation of EC Antitrust Law* (Hart, 2000) 48–49.

体化。

随后，在第二阶段，反托拉斯政策被用来确立更广泛的共同体产业政策。为了促进一体化（欧元支票），或者为了促进更广泛的共同体政策目标（例如危机产业部门的就业），对于委员会认可的企业间（跨国）合作形式，可以豁免适用反托拉斯规则。

委员会"1992 年规划"所创造的契机，为进一步扩大共同体反托拉斯政策的范围提供了机会。……从 20 世纪 80 年代末开始，对企业合并的控制以及逐步放开公共经济部门——两者都是高度政治性的活动，象征着共同体反托拉斯执法特征的改变。

尽管设计该体系的最初目的是促进市场一体化，但现在反托拉斯政策也是而且主要是为了促进第 2 条所包含的共同体的其他目标。由于这些目标之间没有明确的层级结构，因此是在个案基础上选择优先目标。

第三节　第 101 条：条约案文

《欧洲联盟运行条约》第 101 条（原《欧共体条约》第 81 条）是控制卡特尔反竞争行为的主要武器：

1. 下列行为因与内部市场不符而应予以禁止：一切可能影响成员国之间的贸易且其目标或效果（object or effect）会阻碍、限制或扭曲内部市场竞争的企业之间的协议、企业联合会的决定，以及协同行为（concerted practices），特别是：

（1）以直接或间接方式规定收购或销售价格或其他交易条件；

（2）限制或控制生产、销售、技术开发或投资；

（3）分配市场或供应来源；

（4）对与其他商业伙伴的同等交易适用不同的条件，从而使其在竞争中处于不利地位；

（5）以其他合同方接受附加义务为条件缔结合同，这些义务从其本质上或根据商业惯例与此等合同的主题无关。

2. 本条所禁止的任何协议或决定应自动无效。

3. 但在下列情形下可宣告本条第 1 款不适用：

——企业之间的任何协议或任何类型的协议，

——企业联合会的任何决定或任何类型的决定，

——任何协同行为或任何类型的协同行为，

上述措施有助于改善商品的生产或销售，或有助于促进技术或经济进步，同时允许消费者公平分享由此产生的利益，并且不采取以下行为：

(1) 对有关企业施加并非为达到这些目标所必不可少的限制；

(2) 为有关企业提供在相关产品的实质部分消除竞争的可能性。

第四节　第 101 条第 1 款：企业

第 101 条第 1 款涵盖了"企业"（undertakings）之间达成的协议等类似行为，但并未界定该术语。联盟法院和竞争主管机关对此做了广义解释。在"霍夫纳案"（*Höfner*）中，联盟法院裁定，"企业"一词涵盖从事经济活动的任何实体，不论其法律地位和融资方式为何。④ 已被认定的实体包括公司法人、合伙、个体、行业协会、自由职业、国有法人和合作社。

但是，它不包括追求纯粹社会目标并且不从事经济活动的机构，例如受托管理法定医疗保险和养老保险计划的机构。在某个领域内运营的企业是否从事属于第 101 条范围内的任何"经济"活动，可能需要对其运营方式进行仔细调查。⑤

---

④　Case C‑41/90 *Höfner and Elser v Macroton GmbH* [1991] ECR I‑1979, [21]; Case C‑244/94 *Fédération Française des Sociétés d'Assurance v Ministère de l'Agriculture et de la Pêche* [1995] ECR I‑4013; Case T‑319/99 *FENIN v Commission* [2003] ECR II‑351, [35]‑[41], upheld in Case C‑205/03 P *FENIN v Commission* [2006] ECR I‑6295.

⑤　Cases 159 and 160/91 *Poucet and Pistre v Assurances Générales de France* [1993] ECR I‑637; Case C‑244/94 *Fédération Française* (n 4); Case C‑67/96 *Albany International BV v Stichting Bedrijfspensioenfonds Textielindustrie* [1999] ECR I‑5751; Case T‑319/99 *FENIN* (n 4); Case C‑218/00 *Cisal di Battistello Venanzio & C Sas v INAIL* [2002] ECR I‑691; Cases C‑264, 306, 354 and 355/01 *AOK Bundesverband and others v Ichthyol-Gesellschaft Cordes, Hermani & Co* [2004] ECR I‑2493; Case C‑350/07 *Kattner Stahlbau GmbH v Maschinenbau-und Metall-Berufsgenossenschaft* [2009] ECR I‑1513; Case C‑113/07 P *SELEX Sistemi Integrati SpA v Commission* [2009] ECR I‑2207.

"国有法人"（state-owned corporation）在从事商业经营时可被视为企业，但在行使公法权力时则不能视其为企业。⑥ 同样，拥有公权力的私人机构仅在其从事公共活动时被排除在第 101 条之外，但不排除其经济活动。⑦ 代表劳资双方订立集体协议的组织，不被视为第 101 条意义上的企业⑧，这是因为如果此类协议受第 101 条的约束，则将损害此类协议的社会目标，但集体协议仍可能受开业自由规则的约束。⑨

在法律上独立的多个公司可能因其紧密的经济联系而被视为一个单元。母公司与子公司之间达成的协议可能就是这种情况，这时它们实际上被认定为一个单一的经济单元。该协议将被视为该经济单元之内的内部职能分配。⑩ 问题在于，子公司是否具有真正的自主性，或者仅执行其母公司的指示。⑪ 如果第 101 条对其不适用，则仍有可能适用第 102 条。

第五节　第 101 条第 1 款：协议、决定和协同行为

一　协议

在第 101 条适用上，要求存在协议（agreement）、决定（decision）或协同行为（concerted practice）。如果竞争规则仅在达成明示的正式协议时

---

⑥　Case C‑138/11 *Compass-Datenbank GmbH v Republik Österreich* EU：C：2012：449；Case C‑327/12 *Ministero dello Sviluppo economico and Autorità per la vigilanza sui contratti pubblici di lavori，servizi e forniture v SOA Nazionale Costruttori—Organismo di Attestazione SpA*. EU：C：2013：827，[27].

⑦　Case C‑49/07 *Motosykletistiki Omospondia Ellados NPID（MOTOE）v Elliniko Dimosio* [2008] ECR I‑4863.

⑧　Case C‑67/96 *Albany*（n 5）；Case C‑437/09 *AG2R Prévoyance v Beaudout Père et Fils SARL* [2011] ECR I‑973，[29].

⑨　Case C‑438/05 *International Transport Workers' Federation and Finnish Seamen's Union v Viking Line ABP and OÜ Viking Line Eesti* [2007] ECR I‑10779；Case C‑271/08 *Commission v Germany* [2010] ECR I‑7091.

⑩　Case 22/71 *Béguelin Import v GL Import-Export* [1971] ECR 949；Case C‑266/93 *Bundeskartellamt v Volkswagen AG and VAG Leasing GmbH* [1995] ECR I‑3477，[19]；Case T‑145/89 *Baustahlgewebe GmbH v Commission* [1995] ECR II‑987.

⑪　Case C‑73/95 P *Viho Europe BV v Commission* [1996] ECR I‑5457，[15]；Case 217/05 *Confederación Española de Empresarios de Estaciones de Servicio v Compañía Española de Petróleos SA* [2006] ECR I‑11987；Case C‑97/08 P *Akzo Nobel NV v Commission* [2009] ECR I‑8237.

才适用，那么它们就没有什么实际用处，因为企业就将使用不那么正式的方式实现其反竞争目的。因此，条款有必要囊括不那么正式的协议形式。"奎宁卡特尔案"（*Quinine Cartel*）为这方面的竞争法提供了一个很好的例证。

阿姆斯特丹化学制药公共有限责任公司诉委员会
Case 41，44 and 45/69 ACF Chemiefarma NV v Commission
［1970］ECR 661

［《里斯本条约》重新编号，第85条
现为《欧洲联盟运行条约》第101条］

一些公司同意固定价格并划分奎宁市场。它们为此达成具有影响与非成员国贸易效果的协议（出口协议）。它们还达成君子协议，将其扩展至共同市场内的销售。

欧洲法院

110. 申请方承认，直到1962年10月底还存在君子协议，其目的是限制共同市场内的竞争。

111. 出口协议的当事方相互宣称愿意遵守该君子协议，并承认直到1962年10月底它们一直予以遵守。

112. 因此，该文件等同于忠实表达了协议当事方就其在共同市场上行为的共同意图。

113. 此外，它包含一项条款，其效果是违反君子协议实际上将构成违反出口协议。

114. 在这种情况下，在评估君子协议对第85条第1款所禁止的行为类型产生的效果时，必须考虑这种联系。

［双方声称，该君子协议于1962年10月终止。］

116. 必须……从以下四个方面考虑1962年10月29日之后该企业在共同市场上的经营行为：在国内市场份额的分配，确定共同价格，确定销售配额以及禁止生产合成奎尼丁。

117. 该君子协议保证在不同成员国内保护生产者各自的国内

市场。

118. 1962 年 10 月之后，非本国生产者在其中一个市场上大量交货……其价格与法国国内价格基本保持一致，高于对第三国的出口价格。

119. 尽管每个成员国的现行价格存在很大差异，但是，关于国内保护的条款所提及的其他成员国之间微不足道的贸易量似乎并未出现任何变化。

120. 这些成员国国内立法之间的差异本身不能解释价格不同，也不能解释为什么不存在大量贸易。

121. 成员国药品商标立法之间的差异可能对奎宁和奎尼丁贸易产生障碍，但这不能用来解释这些事实。

122. 1963 年 10 月和 1963 年 11 月，出口协议的当事方就保护国内市场的来往信件，只是证实了这些企业想要保持这种情况不变的意图。

123. 1964 年 3 月 14 日相关企业在布鲁塞尔举行了会议。该意图后来得到荷兰化工联合体（Nedchem）的确认。

124. 从上述情况可以明显看出，对生产者的国内市场进行保护，从而导致了限制竞争，就这一问题而言，在 1962 年 10 月 29 日会议之后，这些生产者继续遵守 1960 年君子协议，并确认了他们这样做的共同意图。

"奎宁卡特尔案"很好地说明了欧洲法院的方式。非正式协议属于第 101 条范围。当事方声称协议已终止这一事实并不具有决定性。欧洲法院审查事实，以判断在没有共谋的情况下当事方的定价行为在经济上是否说得通。

委员会和联盟法院由此对"协议"持扩大性的观点。在"聚丙烯案"（*Polypropylene*）⑫ 中，委员会认定石化行业的公司之间有一项单一协议，即使该协议是口头的，且没有关于违约惩罚的约定，即使没有法律约束

---

⑫ Dec 86/398 [1986] OJ L230/1，[1988] 4 CMLR 347；Dec 89/190, *PVC* [1989] OJ L74/1 [1990] 4 CMLR 345，reversed on other grounds in Case C‒137/92 P *Commission v BASF AG* [1994] ECR I‒2555；*LdPE* [1989] OJ L74/21，[1990] 4 CMLR 382；*Italian Flat Glass* [1989] OJ L33/44，[1990] 4 CMLR 535.

力。如果当事方就一项限制或者可能限制其商业自由的计划达成合意，而该计划确定了它们在市场上相互行动或放弃行动的方法，那么就存在协议。初审法院支持委员会的这个观点⑬，裁定公司的行为模式是追求单一经济目的，即对相关市场的扭曲。因此，将这种持续行为分为若干单独的违法行为是人为造成的。

此外，联盟法院还认为，企业表达在市场上以特定方式行事的共同意图，就足以证明存在第 101 条下的协议。在企业之间达成共同意图，以实现价格和销量目标，就属于这种情况。⑭ 如果能够证明某企业参加了制定反竞争协议的会议而未提出反对，这对委员会而言就已足够。⑮ 如果一家企业参与了与其他企业制定的协议，那么它就不能辩解称，由于其规模有限，它不可能对竞争产生限制效果⑯，而且不必以该企业在相关市场上活跃作为前提条件。⑰

但是，协议确实需要至少两个当事方之间的合意，这不同于单方面措施，尽管这种合意的具体形式并不重要，只要它能忠实地表达当事方的意图即可。⑱ 因此，单方面措施不足以说明存在协议，但可以从行为中推断

---

⑬　Case T – 7/89 *SA Hercules Chemicals NV v Commission* [1991] ECR II – 1711, [262] – [264], upheld on appeal, Case C – 51/92 P *Hercules Chemicals NV v Commission* [1999] ECR I – 4235; Case T – 305/94 *NV Limburgse Vinyl Maatschappij v Commission* [1999] ECR II – 93, [773]; Case C – 625/13 P *Villeroy & Boch AG v European Commission* EU: C: 2017: 52, [55] – [57].

⑭　Case T – 9/89 *Hüls AG v Commission* [1992] ECR II – 499; Case T – 11/89 *Shell International Chemical Company Ltd v Commission* [1992] ECR II – 757; Case T – 56/02 *Bayerische Hypo-und Vereinsbank AG v Commission* [2004] ECR II – 3495; Case T – 18/03 *CD-Contact Data GmbH v Commission* [2009] ECR II – 1021, [46] – [48].

⑮　Case C – 199/92 P *Hüls v Commission* [1999] ECR I – 4287, [155]; Cases C – 204, 205, 211, 213, 217 and 219/00 P *Aalborg Portland AS v Commission* [2004] ECR I – 123, [81] – [86]; Case C – 113/04 P *Technische Unie BV v Commission* [2006] ECR I – 8831, [114]; Cases C – 403 and 405/04 P *Sumitomo Metal Industries Ltd and Nippon Steel Corp v Commission* [2007] ECR I – 729, [46] – [48]; Case C – 449/11 P *Solvay Solexis SpA v Commission* EU: C: 2013: 803, [38]; Case C – 74/14 '*Eturas*' *UAB* EU: C: 2016: 42.

⑯　Case T – 143/89 *Ferriere Nord SpA v Commission* [1995] ECR II – 917; Case T – 211/08 *Putters International NV v Commission* [2011] ECR II – 3729, [30].

⑰　Case T – 99/04 *AC-Treuhand AG v Commission* [2008] ECR II – 1501, [122].

⑱　Case C – 338/00 P *Volkswagen AG v Commission* [2003] ECR I – 9189, [63] – [65]; Cases T – 49 – 51/02 *Brasserie Nationale SA v Commission* [2005] ECR II – 3033, [119]; Case C – 74/04 P *Commission v Volkswagen AG* [2006] ECR I – 6585, [34] – [39]; Case T – 99/04 *AC-Treuhand AG* (n 17) [118]; O Black, 'What is an Agreement' [2003] ECLR 504.

出存在协议。然而，对于基于默示接受的协议，要满足的必要条件是，协议一方表现出的实现反竞争目标的愿望构成了另一方希望共同实现该目标的诱因，无论明示或暗示。[19] 但是，有人认为，不应像对待合同法中的"协议"那样对待这里的协议概念，而应更多地与竞争政策的经济目标保持一致。[20]

在复杂的卡特尔存在多年并且有两个参与者的情况下，诉讼可能采取"协议和/或协同行为"这一术语。这种处理策略得到"林堡乙烯基公司案"（*Limburgse Vinyl*）的支持。[21] 初审法院指出，在涉及多个当事方的延续多年的复杂违法行为的情况下，不能指望委员会在任何特定时间里为每个企业准确地划分违法行为的类别。双重分类指的是一个复杂的整体，其中一些事实要素与协议有关，而另一些则与协同行为有关。在"阿尼克公司案"（*ANIC*）中，联盟法院确认了这种方式[22]，因为任何其他解释都将使当事方通过制造不可能发现证据的障碍来逃避责任。[23]

二 协同行为

企业可能采取迂回方式。它们很可能共谋（collusion），但销毁所有书面证据，或者根本没有任何书面承诺。"协同行为"（concerted practice）这一术语用于涵盖商业生活的这种"事实"。但是，如果对该术语的解释过于笼统，则可能将"平行定价"（parallel pricing）纳入其中，而这是公司在该市场上的理性和自然反应。在正常竞争的市场上，由于成本结构等方面的差异，企业不太可能在没有某种共谋的情况下采取相同水平的定价。

在寡头市场（oligopolistic markets）上，情况可能有所不同，这种市场具有如下特征：卖方较少，进入壁垒高，几乎不存在产品差异性，并且价

---

⑲ Cases C – 2 and 3/01 P *Bundesverband der Arzneimittel-Importeure EV and Commission v Bayer AG* [2004] ECR I – 23, [100] – [102].

⑳ I Lianos, 'Collusion in Vertical Relations under Article 81 EC' (2008) 45 CMLRev 1027.

㉑ Case T – 305/94 *NV Limburgse Vinyl* (n 13) [695] – [698].

㉒ Case C – 49/92 P *Commission v ANIC Partecipazioni SpA* [1999] ECR I – 4125; Cases T – 202, 204 and 207/98 *Tate& Lyle plc，British Sugar plc and Napier Brown & Co Ltd v Commission* [2001] ECR II – 2035; Case T – 19/05 *Boliden AB，Outokumpu Copper Fabrication AB and Outokumpu Copper BCZ SA v Commission* [2010] ECR II – 1843, [60] – [61]; D Bailey, 'Single Overall Agreement in EU Competition Law' (2010) 47 CMLRev 473.

㉓ Cases T – 25 etc/95 *Cimenteries CBR SA and others v Commission* [2000] ECR II – 491.

格透明，因此竞争者很容易发现价格变化。在这样的市场上企业可能自然以相同水平定价，这不是因为共谋，而是因为各个企业都独立地意识到彼此的相互依赖性。如果任何一家公司试图通过降价来增加其市场份额，就将导致其他公司的类似反应。价格将呈螺旋式下降，但任何公司的市场份额都不会增加。任何企业都不能单方面提高价格，因为其客户会将交易转向竞争者。㉔

如果价格统一确实是寡头垄断理性行动的结果，并且没有实际共谋，那么通过对共谋罚款来惩罚此类当事方就没有意义。问题不再是行为方面的，因为当事方没有采取不同于该市场正常行为的行为。该问题是结构性的，也就是说，这种类型的市场自然会产生这种类型的反应。但是，这一理论遭到了批评。

惠什、贝利：《竞争法》㉕

寡头相互依赖这一理论引发了批评。……

（一）寡头如何相互依赖？

第一个问题是，该理论倾向于夸大寡头的相互依赖。即使在对称的三巨头垄断中，如果其他公司要过一段时间才能发现其中一家公司的行动，那么，该公司也有可能通过降低价格抢占先机：降价可以赚取足够利润来抵消任何后续报复所造成的成本。……

（二）寡头相互依赖理论反映现实世界中的市场吗？

第二个问题是，寡头垄断理论对现实市场的描述过于简单。在对称、稳定的寡头垄断中，生产者以相同的成本生产相同的商品，相互依赖性可能很强，但实际上，市场条件通常更为复杂。寡头们几乎不可避免地会有不同水平的成本。它们可能生产有差别的商品，而且至少通常会受益于某种消费者忠诚度，以及它们的市场份额通常会不相同。……很多其他因素也会影响寡头垄断者的竞争环境。买方市场的集中度也很重要：买方市场越集中，寡头竞争的可能性就越小，因为这样一来就能相对容易地发现某个公司试图吸引特定客户习惯的尝

㉔　G Stigler, 'The Kinked Oligopoly Demand Curve' (1947) 55 J Pol Econ 431.

㉕　R Whish and D Bailey, *Competition Law* (Oxford University Press, 9th edn, 2018) 574 - 575.

试。价格信息的透明度非常重要：越容易向竞争者隐瞒商品价格，寡头垄断者的相互依赖或相互了解就越少。……

（三）为什么某些寡头市场具有竞争性？

相互依赖理论的第三个问题是，它不能解释为什么在某些寡头市场中竞争如此激烈。很明显，在某些寡头市场中企业确实可以互相竞争。这种竞争可以采取各种形式。尽管某些寡头垄断市场的价格战确实会定期爆发，但公开的价格竞争可能是有限的。……在限制公开价格竞争的情况下，这并不意味着不会发生秘密降价。在寡头市场中，非价格竞争可能特别激烈。这可能以多种方式体现出来：提供更优质的产品和售后服务；争取在技术创新和研发方面处于领先地位……；以及通过大量投入广告来提升品牌形象。……

（四）寡头如何取得超竞争性的价格？

对寡头垄断相互依赖理论的第四个反对意见是，它不能令人满意地解释其核心假设，即寡头垄断者无须明确共谋即可获得超竞争性的利润。相互依赖理论声称，寡头垄断者不能单方面提高价格，因为这会使它们将生意拱手让给竞争者，而要获得超竞争性的利润，则必须不时提高价格：如何在没有明显共谋的情况下实现这一目标？对此问题的可能答案是，形成一种价格领导模式，即一家公司提高价格，而这种行为成为其他公司效仿的信号。由此，在寡头垄断者之间没有共谋的情况下保持价格平行，尽管这并不是特别令人信服。……

在用"协同行为"术语分析了经济学问题之后，我们现在考虑欧洲法院的指导性裁决。

皇家化工诉委员会

Case 48/69 ICI v Commission

[1972] ECR 619

[《里斯本条约》重新编号，第 85 条

现为《欧洲联盟运行条约》第 101 条]

欧洲法院考虑了认为染料行业一直存在协同行为的指控。这些公司辩称，任何价格跟进都是市场寡头垄断的结果。以下摘录从欧洲法院对协同行为的定义开始。

欧洲法院

64. 第85条对"协同行为"概念与"企业之间的协议"（agreements between undertakings）或"企业联合会的决定"（decisions by associations of undertakings）概念作了区分，其目的是将企业之间的某种协调形式纳入第85条禁止的范围之内。这种协调尚未达到已经缔结可以适当地称之为协议的阶段，但故意以它们之间的实际合作来代替竞争风险。

65. 从其本质上讲，协同行为并不具有合同的所有要素，而是由协调引起的，这种协调可以从参与人的行为中明显看出。

66. 尽管平行行为本身可能不被认定为协同行为，但是如果考虑到产品的性质、企业的规模与数量以及上述市场的容量，如果平行行为导致竞争条件与该市场的正常条件不一致，则可能成为这种协同行为的有力证据。

67. 如果平行行为能够使所涉企业试图将价格稳定在与竞争所导致的价格不同的水平上，并以损害共同市场中产品的有效自由流动以及消费者选择供应商的自由来巩固其既定地位，那么就尤其属于这种情况。

68. 因此，只有从整体上而不是孤立地考虑有争议的决定赖以存在的证据，并且考虑到有关产品市场的具体特征，才能够正确判断在本案中是否存在协同行为。

[欧洲法院裁定，染料市场80%的份额由十个生产商供应；这些公司具有不同的成本结构；每个公司生产大量染料；尽管标准染料可以相对容易地被其他产品所替代，但专业染料并非如此；专业染料市场趋向于寡头垄断；在共同体中，染料市场由五个价格水平不同的独立的成员国市场组成；按成员国划分市场，部分原因是需要向产品用户提供本地协助，并且需要确保立即交付数量通常很少的产品。欧洲法院随后考虑了1964年、1965年和1967年的价格上涨情况。欧洲法院发现，在1964年和1965年的价格上涨中，所有企业都宣布涨价并

立即生效。1967 年，两家企业提前一些时候宣布了涨价意图，这使得企业能够观察彼此在不同市场上的反应，并做出相应调整。]

101. 通过预先宣布的方式，各企业消除了它们之间对其未来行为的所有不确定性，并且这样做还消除了在一个或几个市场上任何独立的变化行为所必然带来的很大一部分风险。

102. 此外，因为这些宣告导致确定染料市场的价格将普遍上涨，并且将以同样的幅度上涨，从而在价格上涨比例方面使市场实现了透明，因此越发属于这种情形。

……

104. 这种行为并非自发的，该事实通过审查市场的其他方面得到了证实。

105. 事实上，从相关生产者的数量来看，在严格意义上，不能认为欧洲染料市场是寡头垄断，因为在寡头垄断下价格竞争不再发挥实质性作用。

106. 这些生产者足够强大，数量众多，因而足以构成很大风险，即在价格上涨时，其中一些生产者可能不会跟随普遍趋势，而是可能试图通过单独行动增加市场份额。

107. 此外，将共同市场划分为五个不同价格水平和结构的成员国市场，这使得不可能在所有这些成员国市场上出现自发和同样的价格上涨。

……

109. 因此，尽管平行价格行为对于有关企业而言可能构成具有吸引力并且无风险的目标，但很难想象可以在相同的成员国市场上同时对相同范围的产品自发采取相同的行动。

……

112. 通过这种方式，企业相互间预先消除了与其在不同市场上的对等行为有关的任何不确定性，从而也在很大程度上消除了在这些市场上独立开展的任何变化行为必然伴随的大部分风险。

113. 不同市场上的普遍和统一的涨价，只能解释为出于这些企业的共同意图：其一，以折扣形式调整价格水平和由竞争产生的情况；其二，避免由于改变竞争条件带来的风险，这是任何价格上涨所固有的风险。

以上摘录清楚地显示了欧洲法院的处理方式。㉖ 从"食糖卡特尔案"（*Sugar Cartel*）中可以明显看出，即使当事方之间没有实际"计划"，也可能存在协同行为。关键理念是，各企业都应在市场上独立运营。㉗ 关于协同行为概念，有四个要点需要注意。

第一，证明违反第101条的举证责任由委员会承担，仅存在平行行为本身并不能证明存在协同行为。因此，如果当事方能够证明，尽管存在平行行为，但除了协调之外，还有存在可以予以免责的其他解释。㉘ 联盟法院将调查，是否确实存在竞争规则在特定背景下运行的"空间"㉙。

第二，联盟法院不会轻易承认价格统一是寡头市场结构导致的结果。如果事实没有表明市场结构自然会导致价格统一，并且如果其他因素表明存在共谋，那么责任就可能转移到企业，企业需要说明是如何在没有协调的情况下出现价格一致的。

第三，对于案件属于哪一种情况，可能存在意见分歧。委员会在"木浆案"（*Wood Pulp*）中得出结论，认为木浆生产商采取了协同行为。由于公司数量众多，委员会拒绝接受该市场是寡头垄断。这些企业收取相似的价格，并且统一和同时改变价格，这一事实本身就是它们协同行为的表面证据。但联盟法院不同意这一观点。㉚ 它裁定，除非平行行为是对协同行为的唯一可行的解释，否则不能将其视为协同行为的证据。第101条并没有剥夺公司根据竞争者的行为机智地调整自身行为的能力。㉛ 此外，联盟

㉖ See also Case 172/80 *Gerhard Züchner v Bayerische Vereinsbank AG* [1981] ECR 2021.

㉗ Cases 40-48, 50, 54-56, 111, 113 and 114/73 *Cooperatiëve Vereniging 'Suiker Unie' UA v Commission* [1975] ECR 1663, 1942; Cases T-202, 204 and 207/98 *Tate & Lyle plc* (n 22); Case T-587/08 *Fresh Del Monte Produce, Inc v European Commission* EU：T：2013：129.

㉘ Cases 29 and 30/83 *Compagnie Royale Asturienne* [1984] ECR 1679.

㉙ Cases 40-48 etc/73 '*Suiker Unie*' (n 27) 1916-1924; compare Case C-219/95 P *Ferriere Nord SpA v Commission* [1997] ECR I-4411, and Cases T-202, 204 and 207/98 *Tate & Lyle plc* (n 22).

㉚ Cases 89, 104, 114, 116-117 and 125-129/85 *A Ahlström Oy v Commission* [1993] ECR I-1307; Case T-36/91 *Imperial Chemical Industries plc v Commission* [1995] ECR II-1847.

㉛ Ibid [71].

法院认为，价格的平行性可以用市场的寡头趋势和相关时期的具体情况来解释。㉜ 联盟法院坚称，需要进行严格的经济分析，才能确定当事方的行为是否还有其他合理解释。在当事方之间没有公开沟通的情况下，委员会将不得不捍卫自己的假设，以反对那些可能对受质疑的行为做出无害解释的专家。㉝

"聚丙烯案"与"木浆案"形成了很好的对比。在一系列裁决中，初审法院引用了"食糖卡特尔案"中的要求，即企业必须独立行事。初审法院认为，如果参加涉及确定价格和销量目标的会议，并且在此期间，竞争者交换信息，涉及它们打算收取的价格、获取利润的门槛、它们认为必须达到的销量，或者它们的销售数据，那么就构成协同行为。这是因为参与其中的企业在决定它们在市场上的行为时不可能不考虑以此种方式披露的信息。㉞

第四，还存在协同行为是否必须产生效果的问题。"许尔斯公司案"（*Hüls*）解决了这个问题，并且在"荷兰电信案"（*T-Mobile*）中确认了该方法。㉟

许尔斯股份有限公司诉委员会

Case C – 199/92 P Hüls AG v Commission

[1999] ECR I – 4287

[《里斯本条约》重新编号，第 85 条

现为《欧洲联盟运行条约》第 101 条]

这是从初审法院提交到欧洲法院的上诉案件之一，由委员会的

㉜　Ibid [126] – [127]. "木浆案"的报告人法官若利耶（Joliet）早些时候就对"染料案"（*Dyestuffs*）的可能影响提出过疑虑，参见 R Joliet, 'La Notion de Pratique Concertée et l'Arrêt dans une Perspective Comparative' [1974] CDE 251.

㉝　G van Gerven and E Varona, 'The *Wood Pulp* Case and the Future of Concerted Practices' (1994) 31 CMLRev 575；F Alese, 'The Economic Theory of Non-Collusive Oligopoly and the Concept of Concerted Practice under Article 81' [1999] ECLR 379.

㉞　Case T – 11/89 *Shell International* (n 14). See also Cases T – 202, 204 and 207/98 *Tate & Lyle plc* (n 22)；Case T – 142/89 *Boël* [1995] ECR II – 867；Case T – 148/89 *Tréfilunion SA v Commission* [1995] ECR II – 1063.

㉟　Case C – 8/08 *T-Mobile Netherlands BV and others v Raad van bestuur van de Nederlandse Mededingingsautoriteit* [2009] ECR I – 4529.

"聚丙烯"（*Polypropylene*）决定引起。委员会发现在这个市场上有操纵价格的协同行为。许尔斯公司辩称，市场上缺乏与协同行为相对应的行为证据。欧洲法院确定了协同行为的定义，然后继续裁决如下。

欧洲法院

161. 首先，协同行为的概念……除了企业彼此采取协调行动之外，还意味着随后市场上的行为以及两者之间的因果关系。

162. 但是，在遵守相关经营者必须提出的相反证据的前提下，其假设必须是，参与协同行为并在市场上保持活跃的企业会考虑与竞争者交换的信息，以判断它们在该市场上的行为。如果企业长期进行定期协同，就更是如此，如同本案情形一样。……

163. 其次，与许尔斯公司的主张相反，即使没有对市场产生反竞争效果，《欧共体条约》第 81 条第 1 款也认定存在协同行为。……

164. ……从该条款的实际案文中可以得出结论……当协同行为具有反竞争的目的时，无论其效果如何，都应予以禁止。

165. ……尽管"协同行为"这一概念的前提是参与企业在市场上的行为，但并不一定意味着该行为产生限制、防止或扭曲竞争的特定效果。

166. 因此，与许尔斯公司的主张相反，初审法院在考虑案件时并未违反适用于举证责任的规则，因为委员会根据必要的法律标准已经确定，许尔斯公司参加了聚丙烯生产商以限制竞争为目的的共同行动，它不必提供证据表明，它们在市场上的行动本身已经表现出协同行动，或者产生了限制竞争的效果；相反，许尔斯公司应证明，无论其自身在市场上的行为如何，这都不会产生任何影响。

第六节　第 101 条第 1 款：防止、限制或扭曲竞争的目的或效果

《欧洲联盟运行条约》第 101 条第 1 款要求协议、决定或协同行为具有防止、限制或扭曲内部市场竞争的目的或效果（object or effect）。对这

句话的解释产生了大量学术评论。

一 问题的本质

第 101 条第 1 款涵盖了所有具有防止、限制或扭曲竞争的目的或效果的协议和协同行为等。然而，所有与贸易有关的合同都会施加一些限制，而"约束、限制正是其本质"⑯，但是，如果每一个合同都受到竞争法的束缚，那将是荒谬的。此外，协议可能同时具有增强和限制竞争的特征。想象一下，供应商希望打入新市场，并决定用布朗公司作为特定地区的分销商。如果供应商给予一定的激励和保护，不向同一地区的其他公司供货，则布朗公司可能愿意冒险推销新产品。这是对竞争的限制，但是由于市场上有了新产品，该协议可能会增强竞争。如何恰当地应对这些问题，是存在争议的。人们一直讨论，欧盟是否应该借鉴美国的方式，以及是否区分"合理规则"（a rule of reason）和"本身违法规则"（per se rules）。这里有必要简要介绍一下美国的经验，以便理解欧盟内部意见的多元化。

二 美国经验

前述两难局面在美国《谢尔曼法》（Sherman Act）第 1 条中是显而易见的，该条规定，限制贸易的各项契约、联合或者共谋都是非法的。美国法院通过形成"合理规则"（the rule of reason）对此做出回应。在"标准石油公司诉美国案"（*Standard Oil v US*）中，怀特首席大法官（White CJ）指出，必须适用"合理标准"（standard of reason）来确定是否存在《谢尔曼》意义上的限制，并且只有不当或不合理的限制才会被认定违法。⑰这一理念的确切含义过去受到质疑，一直延续到今天。⑱ 这个概念似乎要

---

⑯ *Chicago Board of Trade v US*, 246 US 231 (1918).

⑰ 221 US 1 (1911).

⑱ R Bork, 'The Rule of Reason and the Per Se Concept: Price Fixing and Market Division' (1965) 74 Yale LJ 775 T Piraino, 'Reconciling the Per Se Rule and the Rule of Reason Approaches to Antitrust Analysis' (1991) 45 So Cal L Rev 689 and 'Making Sense of the Rule of Reason: A New Standard for Section 1 of the Sherman Act' (1994) 48 Vand L Rev 1770; O Black, 'Per Se Rules and Rules of Reason: What are They?' [1997] ECLR 145; T Calvani, 'Some Thoughts on the Rule of Reason' [2001] ECLR 201.

求对限制措施是增加还是减少市场竞争进行广泛调查。需要对协议的促进竞争和反竞争效果（pro-and anti-competition effects）进行衡量，以确定它是抑制还是促进竞争。[39]

但是，对于特定类型协议的效果以及是否应予以禁止，人们仍存在分歧。在应予以考虑的因素范围方面，也存在分歧。一些人认为，这应仅限于经济因素，而另一些人则主张进行更广泛的调查，或者愿意将经济价值归因于社会因素。[40]

"本身违法规则"（per se rules）是从"合理规则"分析中形成的。合理规则所要求的调查可能既耗时又费钱。随着时间的推移，法院开始确定某些类型的协议，这些协议最终被推定为"没有挽回价值"（without redeeming virtue），并且对竞争具有"破坏效应"（pernicious effect）。法院认定这些协议违法，而无须详细调查它们是否对市场产生影响。此类别中的情况指反竞争性十分明显的那些协议，例如横向价格操纵（horizontal price fixing）[41] 和市场划分（market division）。[42] 在这些情况下，只要存在该协议的证据就足以认定违法，无须进行更详细的市场调查。[43]

三　欧盟的学术辩论

关于是否应该在欧盟法中采用"合理规则"这一问题一直存在辩论。此种辩论受到第101条第3款的影响，在该款下，经过经济分析，被认定限制竞争的协议可以被豁免。在美国法中没有这样的规定，因此更有必要进行某些合理规则分析。辩论还受到以下事实的影响：成员国法院可以适用第101条第1款，但不能适用第101条第3款。科

---

[39]　*National Society of Professional Engineers v US*，435 US 679，691 – 692（1978）。

[40]　Compare R Bork，*The Antitrust Paradox：A Policy at War with Itself*（Basic Books，1978）with E Fox，'The Modernization of Antitrust：A New Equilibrium'（1981）66 Cornell L Rev 1140 and 'The Politics of Law and Economics'（1986）61 NYULRev 554.

[41]　*US v Trenton Potteries Co*，273 US 392（1927）。

[42]　*US v Topco Associates*，405 US 596（1972）。

[43]　由于被划定为操纵价格协议会产生这种严重后果，因此，在有些情况下，如果法院认为尽管具有价格控制要素，但仍相信其具有可挽回价值，那么它会努力避免以这种方式对案件进行定性，参见 *National Collegiate Athletic Assn v Board of Regents of the University of Oklahoma*，468 US 85（1984）；*Broadcast Music Inc v Columbia Broadcasting Systems Inc*，441 US 1（1979）。

拉（Korah）很早就提倡在欧盟法中采用合理规则分析。[44] 下面的摘录中所提到的《欧洲经济共同体》第 85 条应理解为《欧洲联盟运行条约》第 101 条。

科拉：《临时有效性的兴衰——欧洲经济共同体反托拉斯法需要合理规则》[45]

共同体法院和委员会尚未形成与美国《谢尔曼法》之下早期案件产生的"本身违法"（per se offences）这一杰出理论同样的理论。赤裸裸地限制定价、分占市场，以及某种类型的集体抵制……如果发现它们能够限制成员国之间的贸易，则可以通过相当简短的论证认定其违法，但是在"附属性限制"（ancillary restraints）情况下，则需要进行更多的市场分析。在"康斯滕公司与格伦迪希公司案"（Consten & Grundig）中，欧洲法院似乎已经发展出"本身违法规则"，以应对出口禁令所提供的绝对地域保护或具有类似目的或效果的遏制力和招数，尽管遭到了越来越多的批评，但委员会一直这么适用。但是，对于所有其他限制条件，欧洲法院似乎在适用"合理规则"，要求根据市场情况对实际或预期效果进行分析。

但是，委员会习惯性地以《德国卡特尔法》第 1 条框架下的德国案例法发展出来的形式化方式分析第 85 条第 1 款下的协议，并且只要该限制对市场已经产生或者有可能产生显著效果，就谴责对当事方或第三方行为的任何限制。只有在第 85 条第 3 款下，委员会通常才设法平衡任何有利于竞争和不利于竞争的效果。

如果成员国法院采用委员会的做法，那么恐怕就可能无法达成许多想要达成的合同，而这些合同仅限制没有这种协议就不会发生

---

[44] See also R Joliet, *The Rule of Reason in Antitrust Law: American, German and Common Market Laws in Comparative Perspective* (Faculté de Droit, Liège, 1967); M Schecter, 'The Rule of Reason in European Competition Law' [1982] 2 LIEI 1; I Forrester and C Norall, 'The Laicization of Community Law: Self-Help and the Rule of Reason: How Competition Law is and Could be Applied' (1984) 21 CMLRev 11; V Korah, 'EEC Competition Policy—Legal Form or Economic Efficiency' (1986) 39 CLP 85.

[45] V Korah, 'The Rise and Fall of Provisional Validity—The Need for a Rule of Reason in EEC Antitrust' (1981) 3 NWJ Int L and Bus 320, 354–355.

的竞争，或者限制竞争的程度没有超过增加竞争的程度。委员会给予的豁免少之又少。……除非更改某些条款，否则重要的协议不太可能被豁免。这些变更可能会给一方而非另一方带来更大的帮助，并且在当事方执行合同后，它们可能不得不重新谈判整个合同，而作为协作的结果，它们的相对议价能力已经改变。这极大地妨碍了通报。

……

人们担心，那些不得不在国际市场上竞争的欧洲公司，可能会在技术上落后或者必须完全合并，以此降低协作的风险。而市场分析非常困难，尤其是对于律师和官员而言。但是，如果不进行此类分析，就不应对那些产生总体可行后果的协议进行控制。这意味着成员国法院将不得不强烈抵制仅由于某些竞争者受到损害就认定协议反竞争的主张。

惠什（Whish）和萨弗林（Sufrin）提出了相反的观点。他们认为，欧洲法院的判例法未表明在欧盟法中承认"合理规则"，或者说，这些不同的标签表明欧洲法院所做的比采用美国的标签更好。下文将讨论这一问题。他们还认为，美国和欧盟的反托拉斯法之间存在非常大的差异，这导致借用术语的实用性很有限。[46]

惠什、萨弗林：《第85条和合理规则》[47]

应该抵制那些采用美国式"合理规则"（rule of reason）的呼声。诚然，有很多理由支持在欧洲经济共同体反托拉斯法中完全放弃该术语，以及"附属性限制"（ancillary restraint）和"本身违法"（per se illegality），因为这些术语没有澄清问题，反而带来更多混乱。欧洲经济共同体竞争法需要使用自己的词汇，这些词汇经过精心打磨后能够表达自己的特定张力。

---

[46] R Whish and B Sufrin, 'Article 85 and the Rule of Reason' (1987) 7 YBEL 12–20.

[47] Ibid 36–37.

在欧洲经济共同体竞争法的词汇中抛弃"合理规则"术语的一个理由是，目前在其他法律领域中使用该术语，例如在货物自由流动条款中。

放弃在欧洲经济共同体竞争法中使用该术语的另一个原因是，它导致了与美国反托拉斯法分析的误导性比较。我们在上面已经提过，美国反托拉斯法的背景与欧洲经济共同体的背景如此不同，因此应非常谨慎地进行比较分析。

除了术语问题外，笔者还对以与《谢尔曼法》类似的方法分析第85条第1款是否明智表示怀疑。这无助于产生确定性。

……

确定性问题当然很重要。阻挠那些在竞争性国际市场上努力竞争的公司之间的有益合作，这不符合任何人的利益。但是，对这个问题的最佳答案是，委员会继续改进其程序，在可能的情况下公布集体豁免（block exemption），并且发展诸如客观必要性（objective necessity）和潜在竞争（potential competition）等概念。我们还期望委员会继续提高处理经济分析的经验能力，但并不认为这与合理规则分析密切相关。这种分析将扼杀第85条的正确适用，正是由于第85条措辞更宽泛，它才没有背上与《谢尔曼法》中"限制贸易"一词相同的智识包袱。我们也怀疑，通过要求成员国法院根据第85条第1款进行广泛的经济分析，是否将有助于使它们进一步参与第85条的适用。我们很高兴地看到它们执行针对明显卡特尔和滥用优势地位的竞争规则。但我们认为它们不是决定复杂经济问题的适当场所。

四　判例法

学术辩论为评估判例法提供了一个框架。在阅读这些材料时，我们要考虑联盟法院是否在平衡协议的促进竞争效果和反竞争效果，以判断相关协议是否属于第101条第1款的范围，以及合理规则这一术语在多大程度上恰当描述了这种方式。

矿业技术公司诉乌尔姆机械工程公司

Case 56/65 Société Technique Minière v Maschinenbau Ulm GmbH

[1966] ECR 235

[《里斯本条约》重新编号，第 85 条
现为《欧洲联盟运行条约》第 101 条]

该案涉及独家供货合同，根据该合同，法国矿业技术公司（STM）拥有在法国销售由德国乌尔姆机械工程公司（MBU）所生产的分级设备的专属权利。但是，该合同并不限于法国领土：矿业技术公司可以在法国境外出售商品，并且可以从其他成员国平行进口。矿业技术公司和乌尔姆机械工程公司之间出现合同纠纷，前者主张，根据条约第 85 条该合同无效。

欧洲法院

最后，只有在该协议的"目的或效果是阻止、限制或扭曲共同市场内的竞争"情况下，它才能被第 85 条第 1 款所禁止。

这些不是累加要求，而是由连词"或"表示的可替代要求，这首先导致需要在协议将要被适用的经济背景下考虑协议的确切目的。第 85 条第 1 款所指对竞争的干扰，必须来自协议本身的全部或部分条款。但是，如果对上述条款的分析并未显示出其对竞争的效果十分不利，接下来则应考虑协议的后果，并且如果要禁止该协议，则有必要找到存在能够表明事实上已经在显著程度上防止、限制或扭曲竞争的因素。

对相关竞争的理解，必须放在如果没有该协议的实际背景下。特别是，如果所称的协议对于企业打入新领域似乎确实必要，那么对于该协议是否干扰竞争可能就会存在疑问。因此，为了判断包含"授予专属销售权"条款的协议是否由于其目的或效果而被认为应当禁止，应特别考虑如下问题：协议所涵盖产品的性质和数量，不管是否有限；授权人和特许权人在相关产品市场上的地位和重要性；有争议协议的独立性质，或者在一系列协议中的地位；旨在保护独家经销权的条款的严谨性，或者通过平行再出口和平行进口的方式允许同一商品的其他商业竞争者竞争的机会。

康斯滕公司与格伦迪希销售公司诉委员会
Cases 56 and 58/64 Etablissements Consten SARL
and Grundig-Verkaufs-GmbH v Commission
[1966] ECR 299

[《里斯本条约》重新编号，第 85 条
现为《欧洲联盟运行条约》第 101 条]

德国格伦迪希公司（Grundig）授予法国康斯滕公司（Consten）在法国销售其电子产品的独家销售权。康斯滕公司有最低采购义务，应提供宣传和售后服务，并承诺不出售竞争者制造的产品。此外，法国领土实际上被隔离在外，即绝对地域保护。康斯滕公司承诺不在合同地域外出售产品。格伦迪希公司对其他国家的销售商也有相似的禁止要求。格伦迪希公司将其商标 GINT 分配给康斯滕公司，康斯滕公司可以将其用于起诉在法国销售的任何未经授权的产品。1961 年，家庭经济国民联合公司（UNEF）从德国的卖家那里购买了格伦迪希公司的商品，并在法国以比康斯滕公司更便宜的价格出售。后者提起有关侵犯其商标的诉讼，而家庭经济国民联合公司主张格伦迪希公司和康斯滕公司之间的协议违反条约第 85 条。

欧洲法院

申请人和德国政府主张，因为委员会仅限于对格伦迪希公司的产品进行考察，所以该决定是基于对第 85 条第 1 款中竞争概念……的错误理解，因为该概念特别适用于不同品牌的相似产品之间的竞争；委员会在宣布适用第 85 条第 1 款之前，应根据"合理规则"，考虑有争议的合同对不同品牌之间竞争的经济影响。有假定认为纵向独家销售协议对竞争无害，在本案中，没有什么可以使该假设无效。相反，有关合同增进了不同品牌的相似产品之间的竞争。

竞争自由原则涉及竞争的各个阶段和表现形式。尽管生产者之间的竞争通常比同品牌产品的分销商之间的竞争更引人注目，但并不能因此认为，限制后一种竞争的协议仅仅因为可能增进前一种竞争就不被第 85 条第 1 款所禁止。

此外，出于适用第 85 条第 1 款的目的，一旦协议的目的表现为阻止、限制或扭曲竞争，则无须考虑协议的具体效果。

因此，有争议的决定未就该协议对不同品牌的相似产品之间竞争的效果进行任何分析，这本身并不构成该决定的缺陷。

［欧洲法院接下来考察康斯滕公司和格伦迪希公司之间协议所确立的绝对地域保护，然后继续裁决如下。］

上述查明的情况导致将法国市场隔离，这可能使其对有关产品收取的价格隔绝于所有有效竞争。……由于该协议旨在将格伦迪希公司产品的法国市场隔离开来，并且在共同体为该知名品牌的产品人为地维持单独的成员国市场，从而扭曲了共同市场中的竞争。

因此，有争议的委员会决定认定该协议构成违反第 85 条第 1 款，这是适当的。鉴于上述限制，其他进一步的考虑，无论是经济数据……还是委员会在比较法国和德国市场情况时所依据标准的正确性，以及该协议不可能在其他方面产生有利效果，都不可能导致与第 85 条第 1 款不同的解决办法。

（一）目的

从"矿业技术公司案"（*STM*）中可以明显看出，联盟法院接受对第 101 条的措辞作分开解读：如果协议的目的（object）是反竞争的，则可以不加进一步调查就认定违法[48]，因为"就其性质而言，企业之间某些形式的共谋可以视为损害正常竞争的适当运行"[49]。如果使用美国法院的语言，则此类协议"本身违法"（*pe se* illegal）。协议的反竞争性质将由其内容、其要达到的目标以及构成该协议一部分的经济和法律背景来判断。[50] 当事

---

[48]　O Odudu, 'Interpreting Article 81（1）: Object as Subjective Intention'（2001）26 ELRev 60; D Bailey, 'Restrictions of Competition by Object under Art 101 TFEU'（2012）49 CMLRev 559.

[49]　Case C - 209/07 *Competition Authority v Beef Industry Development Society Ltd and Barry Brothers* [2008] ECR I - 8637, [17].

[50]　Ibid [16], [21]; Cases C - 501, 513, 515 and 519/06 P *GlaxoSmithKline Services Unlimited v Commission* [2009] ECR I - 9291, [58]; Case C - 439/09 *Pierre Fabre Dermo-Cosmétique SAS v Président de l'Autorité de la concurrence* [2011] ECR I - 9419, [34]; Case C - 32/11 *Allianz Hungária Biztosító Zrt v Gazdasági Versenyhivatal* EU: 2013: C: 160, [33] - [34].

方的意图不是必要因素，但可以加以考虑。[51]

对于特别恶劣的协议，诸如横向价格操纵、市场分割和集体抵制，无须进一步分析市场情况就应认定违法。[52] 联盟法院还认为，限制平行贸易的协议具有限制性目的[53]，这反映了联盟法院对防止市场按国界划分的关注。[54] 对第 101 条的这种解读得到了"意大利北方钢铁公司案"（*Ferriere Nord*）[55] 和"葛兰素史克公司案"（*GlaxoSmithKline*）的确认。[56] 无须证明此类协议对市场的实际效果。证明存在此类协议就足够了。[57] 也不必表明消费者由于协议的目的而处于不利地位，因为第 101 条被解释为保护竞争以及消费者利益。[58] 即使协议不以限制竞争为唯一目的，仍可认为其具有限制性目的。[59]

葛兰素史克公司等诉委员会

Cases C –501, 513, 515 and 519/06 GlaxoSmithKline
Services Unlimited and others v Commission
[2009] ECR I –9291

此案涉及差别定价，葛兰素史克公司（GSK）与西班牙批发商达

---

[51] Case C –209/07 *Beef Industry* (n 49) [58].

[52] Case 45/85 *Verband der Sachversicherer eV v Commission* [1987] ECR 405, [39]; Case T –77/92 *Parker Pen Ltd v Commission* [1994] ECR II –549; Case T –66/92 *Herlitz AG v Commission* [1994] ECR II –531; Cases T –374, 375, 384 and 388/94 *European Night Services v Commission* [1998] ECR II –3141, [136]; Case T –213/00 *CMA CGM v Commission* [2003] ECR II –913, [100], [175] –[179], [210]; Cases T –49 and 51/02 *Brasserie Nationale SA v Commission* [2005] ECR II –3033, [85]; Case C –286/13 P *Dole Food v Commission* EU：C：2015：184, [117]; Case C –373/14 P *Toshiba Corp v Commission* EU：C：2016：26, [25] –[28].

[53] Cases C –501/06 P *GlaxoSmithKline* (n 50) [59].

[54] Ibid [61]; Cases C –468 –478/06 *Sot Lélos kai Sia EE v GlaxoSmithKline AEVE Farmakeftikon Proïonton* [2008] ECR I –7139, [65].

[55] Case C –219/95 P *Ferriere Nord* (n 29).

[56] Case C –501/06 P *GlaxoSmithKline* (n 50) [55].

[57] Commission Guidelines on the Application of Article 81 (3) [2004] OJ C101/97, [21] –[23]; Case C –8/08 *T-Mobile* (n 35) [28] –[29]; Case C –209/07 *Beef Industry* (n 49) [16] –[17]; Cases C –403 and 429/08 *Football Association Premier League Ltd v Media Protection Services Ltd* [2011] ECR I –9083, [135] –[139].

[58] Case C –501/06 P *GlaxoSmithKline* (n 50) [63].

[59] Case C –551/03 *General Motors BV v Commission* [2006] ECR I –3173, [64].

成协议，在以下两种情况下价格存在差别：一种是在国内将可报销药品转售给药房或医院的情况下向批发商收取的价格，另外一种是在向其他任何成员国出口药品的情况下收取的较高价格。欧洲法院重申了"矿业技术公司案"（STM）中的方式，即第 101 条体现了具有限制竞争目的的协议与必须考虑效果的协议这二者之间的区别。欧洲法院继续裁决如下。

欧洲法院

58. 根据已确立的判例法，为了评估一项协议的反竞争性质，除其他因素外，必须考虑其规定的内容、试图达到的目标，以及构成协议一部分的经济和法律背景。……此外，尽管当事方的意图不是判断协议是否具有限制性的必要因素，但绝不禁止委员会或共同体司法机构考虑这方面的因素（就此，可参见上文所引 *IAZ International Belgium and Others v Commission*，第 23 段至第 25 段）。

59. 关于平行贸易，本法院已经裁定，原则上，旨在禁止或限制平行贸易的协议具有防止竞争的目的。……

　　……

61. 此外，在这方面，本法院在有关《欧共体条约》第 81 条的适用以及涉及制药行业的案件中裁定，如果制造者与销售商之间订立的协议有可能导致恢复成员国贸易按照国界进行分割，就可能损害条约通过建立单一市场旨在实现成员国市场一体化的目标。因此，本法院曾多次裁定，旨在根据国界划分成员国市场或使成员国市场更加难以相互贯通的协议，特别是旨在防止或限制平行出口的协议，就是条约该条款意义上具有限制竞争目的的协议。……

尽管如此，关于区分目的和效果的更精确标准，相关司法以及学术讨论仍在继续。参考以下判决从司法角度所做的表述。[60]

---

⑥　See also Case C–32/11 *Allianz Hungária Biztosító* EU：C：2013：160，[33]–[38]；Case C–382/12 *MasterCard Inc v European Commission* EU：C：2014：2201；Case C–345/14 *SIA 'Maxima Latvija' v Konkurences padome* EU：C：2015：784；Case C–179/16 *Hoffmann-La Roche Ltd，Roche SpA，Novartis AG，Novartis Farma SpA v Autorità Garante della Concorrenza e del Mercato* EU：C：2018：25.

法国 CB 银行卡集团诉欧盟委员会

Case C–67/13 P Groupement des cartes bancaires v
European Commission

EU：C：2014：2204

欧洲法院

49. 在这方面，从本法院的判例法中可以明显看出，企业之间某些类型的协调对竞争造成了足够程度的损害，因此可以发现没有必要审查其效果。⋯⋯

50. 该判例法源于这样一个事实，即企业之间某些类型的协调，就其本质而言，可被视为有损于正常竞争的适当运行（为此，可特别参见 *Allianz Hungária Biztosító and Others* 判决，EU：C：2013：160，第 35 段以及所引判例法）。

51. 由此确定，某些共谋行为，例如导致卡特尔横向定价的行为，可以认为很可能具有负面影响，特别是对商品和服务的价格、数量或质量产生负面影响，就适用第 81 条第 1 款而言，证明它们对市场具有实际效果，就可以认为是多余的（为此，可特别参见 *Clair* 判决，123/83，EU：C：1985：33，第 22 段）。经验表明，这种行为会导致产量下降和价格上涨，从而导致资源分配不当，特别是对消费者不利。

52. 如果对经营者之间某种协调类型的分析没有显示出对竞争具有显著程度的损害，那么另一方面就应该考虑该协调的效果，而且为了将其纳入禁止的范围，就有必要找到存在那些因素，即表明竞争实际上在一定程度上被阻止、限制或扭曲（*Allianz Hungária Biztosító and Others* 判决，EU：C：2013：160，第 34 段以及所引判例法）。

53. 根据本法院判例法，为了判断企业之间的协议或者企业联合会的决定是否显示出对竞争具有足够程度的损害，从而可以将其视为"通过目的"（《欧洲共同体条约》第 81 条第 1 款意义上）限制竞争，那么，就必须考虑其规定的内容、其目标以及它所构成的经济和法律背景。在确定该背景时，还需要考虑受影响的商品或服务的性质，以及所涉一个或多个市场的运行和结构的实际条件（为此，参见 *Allianz*

Hungária Biztosító and Others 判决，EU：C：2013：160，第 36 段以及所引判例法）。

54. 此外，虽然当事方的意图不是判断企业之间的协议是否具有限制性的必要因素，但并不禁止竞争主管机关、成员国法院或欧洲联盟法院考虑该因素（见 *Allianz Hungária Biztosító and Others* 判决，EU：C：2013：160，第 37 段和所引判例法）。

……

58. ……"通过目的"限制竞争这一概念只能适用于企业之间某些类型的协调，这些协调表明对竞争具有足够程度的损害，以至于可以认定没有必要审查其效果，否则，对于那些无法确定在本质上有损于正常竞争适当运行的协议，将免除委员会证明这些协议对市场具有实际效果的义务。……

下面摘录的文字将该案件中的"目的"概念与早期判例法中更传统的"目的"概念进行对比。其讨论从"目的"这一术语的传统概念开始。

纳吉：《反竞争的目的还是效果：欧盟和成员国判例法概述》[61]

简而言之，这种想法是，反竞争目的这一概念旨在用于创设被自动谴责的协议类别（自动谴责），并且没有机会根据《欧洲联盟运行条约》第 101 条第 1 款提供正当理由（没有辩解）。也就是说，这些协议被《欧洲联盟运行条约》第 101 条第 1 款完全禁止，并且根据《欧洲联盟运行条约》第 101 条第 3 款（理论上）获得个别豁免的机会微乎其微。……反竞争的目的这一概念的功能不是对真实协议进行全面评估，而是创建一个相对清晰的限制清单，设定自动谴责的条件，并且不提供任何辩解的机会。……因此，相关问题不在于该安排

---

[61]　CI Nagy, 'Anticompetitive object/effect：An overview of EU and national case law', 31 October 2019, e-Competitions Bulletin Anticompetitive object/effect, Art. No 91905. See also C Nagy, 'The New Concept of Anti-Competitive Object：A Loose Cannon in EU Competition Law'［2015］ECLR 154；C Nagy, 'The Distinction between Anti-Competitive Object and Effect after *Allianz*：The End of Coherence in Antitrust Analysis?'（2013）36 World Competition 541；S-P Brankin, 'The Substantive Standard behind the Object/Effect Distinction Post-*Cartes Bancaires*'［2016］ECLR 376.

是否通过目标反竞争；相关问题在于，它是否属于具有反竞争目的的类别之一。

......

在竞争法中（就共谋而言），那些具有反竞争性质的协议会被自动谴责。反竞争的"本质"是指严重的反竞争潜力，它源于协议的特性，而不是协议与市场背景的联合效果；也就是说，无论市场结构如何，无论当事人是否具有市场权力等，此类协议都会限制竞争。......

[接下来纳吉将这种传统上的目的概念与欧洲法院在"匈牙利安联保险案"（*Allianz*）和"法国 CB 银行卡集团案"（*Cartes bancaires*）中的表述进行对比。]

欧洲联盟法院提出了一项新理论，认为任何协议都可能被视为具有反竞争的目的，前提是在经过简洁的效果分析之后通过个别审查得出这样的结论。也就是说，"反竞争目的"概念不是通过类别这一中介来发挥作用，而是通过其本身来发挥作用，因此，必须在反竞争目的的一般概念下逐案对协议进行调查。

......

在"匈牙利安联保险案"和"法国 CB 银行卡集团案"之后，普遍的理解是，新理论对具有反竞争目的（操纵价格、划分市场等）的既定和根深蒂固的协议类别没有影响，而只是将反竞争目的的范围扩展到这些类别之外。这可以通过概念将封闭式（但在司法上是可以改变的）清单转变为开放式清单，并增加可以根据具体情况自动宣布为反竞争的协议类别。然而，人们曾理所当然地认为，先前存在的一系列被禁止类别的实质内容和有效性保持不变。不幸的是，这些希望被证明是落空的。

......在"霍夫曼—罗氏制药公司与诺华制药公司案"（*Hoffmann-La Roche & Novartis*）中......欧洲法院基于反竞争目的这一普遍理论，谴责了以恐吓手段瓜分市场的横向阴谋。欧洲法院没有将这种狡猾的市场分配安排视为分享市场，而是对该协议的反竞争性质进行了模糊说明。......

(二) 效果

如果从协议的目的中看不出反竞争性质，则有必要考虑其效果（effect）⑫，这正是"德利米提斯案"（*Delimitis*）所强调的。⑬ 对比"矿业技术公司案"（*STM*）与"康斯滕公司和格伦迪希公司案"，是具有启发性的。显然，"矿业技术公司案"支持第101条第1款的某些经济分析：欧洲法院考虑到，为了使乌尔姆公司进入法国市场，独家供应合同可能是必要的，并且应予以鼓励。

在"康斯滕公司和格伦迪希公司案"中，欧洲法院对主张"合理规则"的回应是，必须从事实出发。当事方试图使用该理论，使给予法国分销商"绝对地域保护"（absolute territorial protection）的计划正当化。如果进行纯粹的经济分析，这涉及在协议的促进竞争效果和反竞争效果之间做出取舍，那么即使是绝对地域保护也可能是必要的。⑭但是，欧盟竞争规则受建立单一市场愿景的影响。⑮那些具有按成员国划分市场效果的协议将受到严厉对待。"康斯滕公司和格伦迪希公司案"不应被视为反驳第101条第1款中的经济分析，而是表明这种分析不能使"绝对地域保护"有效。在其他很多裁决中，经济分析是显而易见的。⑯

---

⑫ Case 23/67 *Brasserie de Haecht SA v Wilkin* [1967] ECR 407；Case 5/69 *Völk v Vervaecke* [1969] ECR 295；Case T-7/93 *Langnese-Iglo GmbH v Commission* [1995] ECR II-1533；O Odudu, 'Interpreting Article 81 (1)：Demonstrating Restrictive Effect' (2001) 26 ELRev 261.

⑬ Case C-234/89 *Delimitis v Henninger Bräu AG* [1991] ECR I-935；Case C-279/06 *CEPSA Estaciones de Servicio SA v LV Tobar e Hijos SL* [2008] ECR I-6681，[43]；Case T-370/09 *GDF Suez v Commission* EU：T：2012：333，[82]-[83].

⑭ 保护对于制造商能够打入新市场可能是必要的，而品牌内部竞争的削弱（同一产品的分销商之间的竞争）将被品牌之间竞争（分销同类产品者之间的竞争，例如不同品牌的立体声设备）的增加所抵消。

⑮ Case C-501/06 P *GlaxoSmithKline* (n 50) [63]；G Amato, *Antitrust and the Bounds of Power* (Hart, 1997) 48-49.

⑯ Case 262/81 *Coditel SA v Ciné-Vog Films SA* [1982] ECR 3381；Case C-234/89 *Delimitis* (n 63)；Cases T-374, 375, 384 and 388/94 *European Night Services* (n 52)；Case C-238/05 *Asnef-Equifax v Ausbanc* [2006] ECR I-11125.

农格塞尔公司和库尔特·艾泽勒诉委员会
Case 258/78 LC Nungesser KG and Kurt Eisele v Commission
[1982] ECR 2015

[《里斯本条约》重新编号，第 85 条
现为《欧洲联盟运行条约》第 101 条]

该案涉及专业推广植物种子的法国国家农业研究院（INRA）与德国种子供应商艾泽勒（Eisele）之间的合同。合同经由农格塞尔公司（Nungesser KG）给予艾泽勒绝对地域保护：法国国家农业研究院不会将种子出售给德国的其他任何企业，并且会阻止第三方这样做；艾泽勒可以利用法国国家农业研究院转让的植物育种者权利阻止第三方在德国销售。委员会认为该协议违反条约第 85 条第 1 款。申请人辩称，排他性许可是使法国国家农业研究院进入新市场并且与该市场同类产品竞争所必要的，因为没有交易者愿意冒着发布新产品的风险，除非他得到保护而免受与许可者或其他被许可人竞争。欧洲法院区别了"开放式排他性许可"（open exclusive licence）与"具有绝对地域保护的排他性许可"，在前一种情况下，所有权人仅承诺自己不参与竞争，也不在同一地域对其他人授予许可；而后者则消除来自第三方的所有竞争。

欧洲法院

54. 澄清了这一点之后，在本案中有必要考察，作为一项开放式许可，该许可的排他性质是否具有条约第 85 条第 1 款意义上阻止或扭曲竞争的效果。

......

56. 有争议裁决所针对的排他性许可，涉及杂交玉米种子的培育和销售，该杂交玉米种子是法国国家农业研究院经过多年研究和试验而开发的，在法国农业研究院与申请人进行合作时，该种子并不为德国农民所知。因此，诉讼第三人对保护新技术所表示的关切是正当的。

57. 事实上，对于取得某成员国新开发的杂交玉米育种者权利许可这种情况，如果另一成员国的企业不确定是否会面对该地域其他被许可人的竞争，或者来自权利所有权人的竞争，就可能不敢冒险种植和销售该产品；这样的结果将损害新技术的传播，并且会妨碍新产品与现有相似产品在共同体内的竞争。

58. 考虑到所涉产品的具体性质，本法院得出结论，在本案这种情况下，授予开放式排他性许可，也就是不影响第三方地位的许可，第三方诸如平行进口商和其他地域的被许可人，其本身并不违反条约第 85 条第 1 款。

[但是，对于协议中涉及绝对地域保护的部分，欧洲法院遵循"康斯滕公司和格伦迪希公司案"，裁定这些均为非法。]

与前述材料密切相关的是有关"附属性限制"（ancillary restraints）的判例法。如果对当事人的行为实施的限制对于促进竞争的协议（pro-competitive）或非限制性（non-restrictive）协议的运行具有附属性质，或存在客观必要，则不能认为此类限制是对竞争的限制。[67] 在"雷米亚公司案"（*Remia*）[68] 中，欧洲法院裁定，在企业销售中包括的非竞争条款不属于第 101 条第 1 款范围，因为否则的话，卖方凭借其对被转让的企业的专业了解，就可以很容易地从买家手中夺回生意。因此，这类条款可以通过增加相关市场上的企业数量来增强竞争。但是，这将从第 101 条第 1 款中排除某些条款。因此，在"雷米亚公司案"中，欧洲法院裁定非限制性条款必须在时间和范围上受到限制。[69] 在"*Pronuptia* 婚纱公司案"中欧洲法院做了相似论证，但认为某些条款对于特许权协议而言不是必要的组成部分，因此属于第 101 条第 1 款的范围。[70]

---

[67]　Commission Guidelines（n 57）[28] – [31].

[68]　Case 42/84 *Remia BV and Verenigde Bedrijven Nutricia NV v Commission* [1985] ECR 2545；Case C – 250/92 *Gottrup-Klim Grovvareforeninger v Dansk Landbrugs Grovvareselskab AmbA* [1994] ECR I – 5641.

[69]　Case 42/84（n 68）.

[70]　Case 161/84 [1986] ECR 353，382 – 385.

巴黎 Pronuptia 公司诉伊姆加德·席尔加利斯的巴黎 Pronuptia
Case 161/84 Pronuptia de Paris GmbH v Pronuptia
de Paris Irmgard Schillgallis
[1986] ECR 353

[《里斯本条约》重新编号，第 85 条
现为《欧洲联盟运行条约》第 101 条]

　　该案涉及婚礼服装的特许经营安排。根据该特许协议，许可人授予被许可人在特定区域使用 Pronuptia 商标的排他性权利；同意不在该地区开设另一家婚纱店，也不会协助任何第三方这样做；并且协助被许可人开办商店，提供专门知识等。作为回报，保持经营所有权的被许可人同意使用 Pronuptia 的名称；按销售额向许可人支付特许权使用费；80% 的结婚服装从许可人那里购买；须考虑许可人建议的转售价格；并且不与任何 Pronuptia 商店竞争。欧洲法院注意到特许经营协议的多种类型：服务、生产和分销特许经营协议。该判决针对的是分销特许经营权。

欧洲法院

　　15. 在这样一种销售系统中，在市场上成为批发商并且能够完善一系列商业方法的企业，给予独立商家开业的机会，通过付费，在其他市场使用其商标，并且使用许可人成功的商业方法。……与此同时，该系统使缺乏必要经验的商家能够使用他们原本需要经过长时间努力和研究才能获得的方法，并允许他们也受益于该商标的声誉。……这样一种系统允许许可人运用其成功带来的利益，这本身并不限制竞争。为了使该系统发挥作用，必须满足两个条件。

　　16. 首先，许可人必须能够将其专有知识传授给被许可人，在其方法实施方面提供必要的帮助，而无须冒风险采用这种专有知识间接帮助其竞争者。由此可见，那些对于防止这种风险至关重要的条款，并不构成第 85 条第 1 款意义上对竞争的限制。这包括在特许经营期间或终止后的一段合理时间内，禁止开设具有相同或相似目的且与其经营网络中的一个成员竞争的商店。这同样适用于被许可人在未经许可人事先批准的情况下不出售其商店的义务：该条款旨在确保专有知识和所提供帮助带来的利益不会直接流向竞争者。

17. 其次，许可人必须能够采取适当措施，以维持由商标作为标志的经营网络的身份和声誉。因此可见，这些条款规定为此目的所必不可少的控制的基础，这也不构成第 85 条第 1 款意义上的限制竞争。

18. 这涵盖被许可人使用许可人开发的商业方法以及利用所提供的专有知识的义务。

19. 被许可人也有义务仅在根据许可人的特定要求设立和装修的场所出售协议所涵盖的商品，其目的是保证与特定要求相符的统一形象。

……

21. 由于许可人对被许可人提供的商品选择施加控制，公众可以在每个被许可人的商店中找到质量相同的商品。……规定被许可人只能出售由许可人或者由其选择的供应商提供的产品的条件，在这种情况下，必须认为对于保护该网络声誉是必不可少的。但是，它绝不能阻止被许可人从其他被许可人那里获得产品。……

尽管有上述裁定，在"都会电视台案"（*Métropole Télévision*）中，初审法院否认第 101 条第 1 款中有这种"合理规则"，并在随后的裁决中重申了这一立场。⑦

都会电视台（M6）、苏伊士—里昂水务、法国电信和法国电视一台（TF1）诉委员会

Case T – 112/99 Métropole Télévision （M6），Suez-Lyonnaise
des Eaux，France Telecom，and Télévision
Française 1 SA （TF1） v Commission

[2001] ECR II – 2459

---

⑦　Case T – 65/98 *Van den Bergh Foods Ltd v Commission* [2003] ECR II – 4653，[107]；Case T – 328/03 *O2 （Germany） GmbH & Co OHG v Commission* [2006] ECR II – 1231，[65] – [73]；Case T – 491/07 *Groupement des cartes bancaires 'CB' v Commission* EU：T：2012：633；Case T – 111/08 *MasterCard v Commission* EU：T：2012：260；Case T – 208/13 *Portugal Telecom SGPS, SA v European Commission* EU：T：2016：368，[102] – [103]；Case T – 105/17 *HSBC Holdings plc v European Commission* EU：T：2019：675，[154].

[《里斯本条约》重新编号，第 85 条

现为《欧洲联盟运行条约》第 101 条]

作为申请人的多家公司试图废除一项涉及创建法国卫星电视公司
(TPS) 的委员会决定，该公司提供付费数字卫星电视节目。协议中有
一项排他性条款，根据该条款，由申请人提供的综合频道将专门播放
法国卫星电视公司的节目。申请人根据"农格塞尔公司案"（*Nungess-
er*）等判例主张，委员会本应根据合理规则对该条款适用条约第 85 条
第 1 款。在当时的付费电视市场中已经有多家大公司，法国卫星电视
公司则寻求进入该市场。

初审法院

72. 申请人认为，由于共同体竞争法中存在合理规则，当适用第
85 条第 1 款时……有必要权衡协议的促进竞争效果和反竞争效果，以
判断它是否属于该条所规定的限制竞争。但是，首先应该看到，与申请
人的主张相反，该规则的存在本身尚未得到共同体法院的确认。恰
恰相反，在各种判决中，欧洲法院和初审法院都竭尽全力表明，共同
体法律中存在合理规则是令人怀疑的（见 Case C－235/92, *Montecati-
ni*［1999］ECR I－4539, 判决第 133 段；… Case T－148/89,
Tréfilunion［1995］ECR II－1063, 判决第 109 段）。

73. 其次，必须指出，以申请人所建议的形式对第 85 条第 1 款进
行解释……很难与该条款规定的规则相一致。

74. 第 85 条……在其第三段中明确规定，有可能在满足多个条件
的情况下豁免限制竞争的协议。……只有在该条款的确切框架内，才
可能权衡某一限制所具有的促进竞争效果和反竞争效果（参见 *Pronup-
tia* 判决第 24 段，*European Night Services* 判决第 136 段）。如果必须在
第 85 条第 1 款下进行此类审查，那么第 85 条第 3 款将失去大部分
效力。

75. 的确，在大量判决中，欧洲法院和初审法院赞成对第 85 条第
1 款所规定的限制做更灵活的解释（见 *STM*、*Nungesser*、*Coditel*、
Pronuptia、*European Night Services* 等案判决）。

76. 但是，不能将这些判决解释为确定在共同体竞争法中存在合

理规则。相反，它们不过是判例法中的一种更广泛趋势：根据该判例法，没有必要完全抽象且不加任何区分地认为，任何限制一方或多方当事人行动自由的协议都属于第85条第1款的范围。……在评估第85条第1款对某项协议的适用性时，应考虑其运行的实际条件，特别是企业运行的经济背景、协议所涵盖的产品或服务，以及相关市场的实际结构。……

77. ……然而，必须强调的是，这种方法并不意味着在确定……第85条第1款是否适用时，有必要权衡协议的促进竞争效果和反竞争效果。

[初审法院随后考虑是否可以将排他性条款视为有效的附属性限制。]

104. 在共同体竞争法中，附属性限制这一概念涵盖与实施主要业务直接相关并且必要的任何限制。……

……

106. 有关必要限制的条件，意味着必须进行双重考察。首先，有必要确定限制对于执行主要业务是否客观必要；其次，是否与其相称。……

107. 关于限制的客观必要性，必须指出的是，正如上文第72段及其后各段所表明的那样，不能支持认为共同体竞争法中存在合理规则的主张，而在对附属性限制进行分类时，如果将客观必要性的要求解释为暗示需要权衡协议的促进竞争效果和反竞争效果，这将是错误的。这种分析只能在条约第81条第3款的特定框架内进行。

……

109. 因此……审查关于限制主要业务的客观必要性只能是相对抽象的。这不是根据相关市场的竞争状况来分析该限制对主要业务的商业成功是否必不可少，而是要在主要业务所处的特定环境下判断，该限制对于实现该业务是否必不可少。如果在没有该限制的情况下，主要业务难以甚至无法实施，那么就可以将该限制视为实施该业务所需的客观必要性。

[初审法院裁定申请人不满足这项测试。]

五　小结

1. 显然，欧洲法院在未做任何广泛市场分析的情况下，因某些协议的目的或目标而认定其违法，因此实际上将这些协议宣布为"本身违法"（*per se* illegal）。同样明显的是，欧洲法院在第 101 条第 1 款下进行了经济分析。尽管欧洲法院没有使用"合理规则"（rule of reason）这一语言，但有证据表明它权衡了协议的促进竞争效果和反竞争效果，但要受上述但书的约束。

2. 联盟法院可以选择将协议所有条款作为一个整体来分析，也可以区分协议的主要条款和附属条款。法院选择后一种方式这一事实不应掩盖另一事实，即在某种程度上权衡该协议的促进竞争效果和反竞争效果，如"*Pronuptia* 婚纱公司案"所示。

3. "都市电视台案"（*Métropole*）的论证存在两个问题。其一，初审法院在使先前判例法合理化的做法中存在问题。联盟法院考虑了整个经济环境，因为只有这样做，才有可能做出解释，例如对行为进行限制的条款是否仍被允许，它使当事方能够进入市场，因此，结论是对行动自由的这种限制并不限制竞争。从这个意义上讲，联盟法院已经在权衡协议的促进竞争效果和反竞争效果。[72] "都市电视台案"中的排他性条款旨在为用户提供有吸引力的节目，以使卫星电视台（TPS）能够打入已存在激烈竞争的市场。其二，其推理假设"合理规则"与第 101 条第 3 款的存在不相容。但是，仍有可能在第 101 条第 1 款内权衡协议的促进竞争效果和反竞争效果，并且仍然保留第 101 条第 3 款的作用。[73]

4. 委员会过去对经济分析并不热心，并且由于其将对行为的限制等同于限制竞争而受到批评。这显然是错误的，因为限制竞争是一种经济概念，必须根据市场进行评估。目前尚不清楚其方法在多大程度上已经改变。在《现代化白皮书》[74] 中，委员会声称其采取了欧洲法院在"农格塞尔

---

　　[72]　R Nazzini, 'Article 81 EC between Time Present and Time Past: A Normative Critique of "Restriction of Competition" in EU Law' (2006) 43 CMLRev 487.

　　[73]　R Wesseling, 'The Commission White Paper on Modernisation of EC Antitrust Law: Unspoken Consequences and Incomplete Alternative Options' [1999] ECLR 420.

　　[74]　White Paper on the Modernisation of the Rules Implementing Articles 85 and 86 of the EC Treaty, Comm Programme 99/027, [57]; Commission Guidelines (n 57) [18].

公司案"（*Nungesser*）⑦ 和 "*Pronuptia* 婚纱公司案"⑦ 中的方法，并就某些限制性实践，在第 101 条第 1 款意义对协议的促进竞争效果和反竞争效果进行权衡。但是它接下来声称，在第 101 条第 1 款下任何更系统地使用这种 "合理规则" 分析，都意味着 "抛弃" 第 101 条第 3 款。委员会称，鉴于第 101 条第 3 款包含了 "合理规则" 的所有要素，这将是自相矛盾的。⑦ 这种论证尽管得到 "都市电视台案" 的支持，但一直存在争议。有学者主张，在第 101 条第 1 款下对促进竞争效果和反竞争效果进行更彻底的权衡将是有益的，并且这仍为第 101 条第 3 款发挥独特作用留有空间。⑦

第七节　第 101 条第 1 款：对成员国间贸易的效果

为了适用第 101 条第 1 款，协议等必须对成员国之间贸易产生效果，因为否则该事项就属于相关成员国的管辖范围。但是已经证明，跨越这道障碍对联盟法院而言并不困难。它已经采取了广泛的测试标准。在 "矿业技术公司案"（*STM*）中，欧洲法院裁定，测试标准是，是否可能 "基于一系列客观的法律或事实因素，在很大程度上预见相关协议可能对成员国之间的贸易模式具有直接或间接、实际或潜在的影响"⑦。

聚焦于对贸易的潜在或间接影响，意味着欧盟可能只在罕见情况下缺乏管辖权。不必证明协议对贸易具有实际影响，只要协议有能力产生该效果。⑧ 协议所有当事方均来自一个成员国的事实并不排除适用第 101 条第 1

---

⑦　Case 258/78 [1982] ECR 2015.

⑦　Case 161/84 [1986] ECR 353.

⑦　White Paper（n 74）[57].

⑦　Wesseling（n 73）.

⑦　Case 56/65 [1966] ECR 235, 249. 没有必要对每一项限制都这么做，参见 Case 193/83 *Windsurfing International Inc v Commission* [1986] ECR 611.

⑧　Case 19/77 *Miller International Schallplatten GmbH v Commission* [1978] ECR 131；Case C - 219/95 P *Ferriere Nord*（n 29）. 这扩展到了相关限制尚未实施的情况，因为限制的存在仍然会产生心理效应，该效应有助于市场划分，参见 Case T - 77/92 *Parker Pen*（n 52）；Case T - 66/92 *Herlitz*（n 52）.

款，因为这会加剧根据国界分割欧盟的程度，从而使其他成员国的公司更难以进入该国市场。[81] 联盟法院的管辖权也不会仅仅因为该协议涉及欧盟以外的贸易而被阻止，如果它可能对成员国的贸易具有影响。[82] 欧盟委员会发布了指南，指出它在什么情况下认为某项协议没有能力对贸易造成明显影响。[83]

第八节　第 101 条第 1 款：微量不计原则

本节介绍微量不计原则（*de minimis* doctrine）。如果协议对竞争或国家间贸易没有显著影响，则不属于第 101 条第 1 款范围[84]，但是欧洲法院还裁定，可能影响成员国之间贸易以及具有反竞争目的的协议，就其性质而言，不管其可能产生的任何具体效果，均构成对竞争的显著限制。[85] 因此，关于该问题的《委员会通告》并不涉及协议的目的，而是具体说明在什么情况下因协议的效果而落入《欧洲联盟运行条约》第 101 条范围。[86]

标准是，如果协议双方在其所在的实际或潜在竞争者的市场上占有的市场份额加起来不超过 10%，那么这些企业之间的协议不会显著限制竞争。如果当事方不是相关市场（relevant market）上的竞争者，则相关比例

[81]　Case 8/72 *Vereeniging van Cementhandelaren v Commission* ［1972］ECR 977；Case 246/86 *Société Coopérative des Asphalteurs Belges*（*BELASCO*）*v Commission* ［1989］ECR 2117；Case T－66/89 *Publishers Association v Commission*（*No* 2）［1992］ECR II－1995.

[82]　*Franco－Japanese Ballbearings Agreement* ［1974］OJ L343/19，［1975］1 CMLR D8；*French and Taiwanese Mushroom Packers* ［1975］OJ L29/26，［1975］1 CMLR D83.

[83]　Commission Guidelines on the effect on trade concept contained in Articles 81 and 82 of the Treaty ［2004］OJ C101/81，［44］－［57］.

[84]　Case 5/69 *Völk*（n 62）；Case T－77/92 *Parker Pen*（n 52）；Case C－180/98 *Pavlov v Stichting Pensioenfonds Medische Specialisten* ［2000］ECR I－6451；Case T－199/08 *Ziegler SA v Commission* ［2011］ECR II－3507，［44］；Cases T－208－209/08 *Gosselin Group v Commission* ［2011］ECR II－3639；Case C－226/11 *Expedia Inc v Autorité de la concurrence* EU：C：2012：795，［16］－［17］.

[85]　Case C－226/11 *Expedia*（n 84）［37］.

[86]　Commission Notice on agreements of minor importance which do not appreciably restrict competition under Article 81（1）（de minimis）［2014］OJ C291/01，［13］；Guidance on restrictions of competition 'by object' for the purpose of defining which agreements may benefit from the De Minimis Notice，SWD（2014）198 final.

的门槛为15%。[87] 如果难以对协议进行分类，则适用10%的门槛。《委员会通告》第10段涉及纵向案件，在这种情况下，竞争可能会受到协议累积效应（cumulative effect）的限制。在这种情况下，适用于竞争者与非竞争者之间协议的门槛降低到5%。该通告进一步规定，一般而言，市场份额不超过5%的单个供应商或批发商不会被视为在很大程度上导致了累积封锁效应（cumulative foreclosure effect）。此外，如果具有类似效应的平行协议网络占相关市场的比例不到30%，则不大可能存在这种效应。该通告还提供了进一步的缓冲机制，规定在连续两年内不超过上述门槛2%的情况下，则认为协议不会限制竞争。[88]

但是，如果协议包含通告第13段或者过去或将来任何其他集体豁免所列举的严格限制，则将无法受益于该通告。因此，竞争者之间的协议不能包含对销售价格的限制、对产量的限制，或者对市场或客户的分配。

第九节　第101条第3款：豁免

对于落入第101条第1款管辖范围的协议，只要满足以下四个条件，就可以根据第101条第3款获得豁免：它必须改善商品的生产或销售，或促进技术或经济进步；消费者必须能公平分享由此产生的利益；它应仅包含对于达成协议目的必不可少的限制；不应导致消除与产品实质部分相关的竞争。这四点是累积性条件，也就是必须全部得到满足后才能给予豁免。[89] 这里包括个别豁免（individual exemption）和集体豁免（block exemption）。

一　个别豁免

在2003年之前，只有委员会有权根据第101条第3款给予豁免，并受联盟法院审查。2003年关于执行竞争法的方案已改变了这一点，根据该方

---

[87] Ibid［8］.

[88] Ibid［11］.

[89] Case T－213/00 *CMA CGM*（n 52）［226］.

案，成员国法院和成员国竞争主管机关可以适用第 101 条的全部内容。⑩ 委员会发布《关于适用第 101 条第 3 款的指南》，提供了有用的参考框架。⑨

委员会明确指出，对协议的促进竞争效果和反竞争效果的任何权衡都应在第 101 条第 3 款之下，而非第 101 条第 1 款之下进行。⑫ 落入第 101 条第 1 款的所有限制性协议，原则上都可以根据第 101 条第 3 款获得豁免，除非特别恶劣的协议，例如横向价格操纵，则不太可能满足豁免条件。⑬

第一个条件是，限制性协议必须带来一定的效率收益（efficiency gains）。效率可以采取降低成本的形式，源自于新的生产方法，以及由于现有资产的一体化、规模经济，或者节省成本所带来的协调增效作用。⑭ 效率收益也可以是质量上的，带来产品的改进或者更好的研发。⑮ 委员会要求证明存在这种收益，以及它们与限制性协议之间的因果关系。

关于适用条约第 81 条第 3 款的委员会指南⑯

50. 第 81 条第 3 款第一个条件的目的是要界定可以予以考虑的效率收益的类型。……该分析的目的，是确定协议产生了哪些客观利益，以及此类效率具有哪些经济意义。……

51. 所有关于效率的主张必须得到证实，以确定以下事项：

（1）所称效率的性质；

（2）协议与效率之间的联系；

（3）所称的各项效率的可能性和量级；以及

（4）如何以及何时实现所称的各项效率。

---

⑩　Council Regulation（EC）No 1/2003 of 16 December 2002 on the implementation of the rules on competition laid down in Articles 81 and 82 of the Treaty［2003］OJ L1/1.

⑨　L Kjolbye,'The New Commission Guidelines on the Application of Article 81（3）：An Economic Approach to Article 81'［2004］ECLR 566.

⑫　Commission Guidelines on the application of Article 81（3）of the Treaty（n 59）［11］.

⑬　Ibid［46］.

⑭　Ibid［64］-［68］.

⑮　Ibid［69］-［72］.

⑯　Ibid［50］-［51］.

第二个条件是，消费者能公平分享（fair share）所产生的利益。欧盟委员会关于此要求的观点见以下摘录。

关于适用条约第 81 条第 3 款的委员会指南[97]

85. "公平分享"概念，意味着利益的传导必须至少补偿消费者因第 81 条第 1 款认定的对竞争的限制而对他们造成的任何实际或可能的负面影响。……

86. 并不要求消费者分享根据第一个条件所获得的每一项效率收益。只要所传导的利益充分补偿限制性协议的负面效果就已足够。……

87. 决定性因素是相关市场中的产品对消费者的总体影响，而不是对这一类消费者的个人影响。在某些情况下，可能需要一段时间才能实现效率。在此之前，该协议可能只会产生负面影响。向消费者传导利益存在一定的延迟，这本身并不排除第 81 条第 3 款的适用。但是时间延迟越久，对于消费者在利益传导之前那段期间的损失，补偿的效率也必须越高。

第三个条件涉及限制的必要性。这意味着进行双重考察：限制性协议对实现效率必须是合理必要的；由协议产生的对竞争的个别限制，对获得这些效率而言也必须是合理必要的。[98] 欧洲法院也仔细考虑了这种限制是否必不可少，正如"农格塞尔公司案"所示。

农格塞尔公司和库尔特·艾泽勒诉委员会
Case 258/78 LC Nungesser KG and Kurt Eisele v Commission
[1982] ECR 2015

事实见前文摘录。欧洲法院已裁定，该协议中给予绝对地域保护

---

[97]　Ibid〔85〕–〔87〕.
[98]　Ibid〔73〕.

的条款落入第 85 条第 1 款范围。由于地域保护，委员会拒绝根据第 85 条第 3 款对协议的一些方面给予豁免。申请人主张，欧洲法院应推翻委员会决定的这个部分。

欧洲法院

76. 必须记住，根据条约第 85 条第 3 款的规定，如果企业之间的协议有助于改善生产或销售或者促进技术进步，并且不对有关企业施加对于实现这些目标而言并非必不可少的限制，则可以对第 85 条第 1 款所包含的禁止给予豁免。

77. 由于这涉及旨在供大量农民用于生产玉米的种子问题，而玉米是作为人类食物与动物饲料的一种重要产品，因此绝对地域保护显然超出了为改善生产或销售或者促进技术进步所必不可少的范围，这一点在本案中尤为明显，协议双方都同意禁止将法国国家农业研究院（INRA）的玉米种子平行进口到德国，即使这些种子是法国国家农业研究院自己生产并在法国销售的。

78. 因此认为，被许可人获得的绝对地域保护……构成了拒绝根据第 85 条第 3 款给予豁免的充分理由。……因此，不再有必要审查决定之中拒绝给予豁免的其他理由。

最后一个豁免条件是，协议不应导致消除与所涉产品的实质部分有关的竞争。这反映了一个事实，即"保护竞争者和竞争过程优先于限制性协议可能带来的促进竞争的效率收益"[99]。竞争是否被消除，将取决于协议之前的竞争程度，以及限制性协议对竞争的影响。因此，"在相关市场中竞争已经被削弱的程度越严重，那么，满足第 81 条第 3 款意义上的消除竞争所要求的竞争削弱程度就越小"[100]。

在考虑《委员会通告》中的条件时，不应忽视通告的总体影响。

---

[99] Ibid〔105〕.

[100] Ibid〔107〕.

> **卢格德、汉彻:《亲爱的，我压缩该条款!**
> **——对〈关于欧共体条约第81条第3款的**
> **委员会通告〉的批判》**[101]

　　在澄清适用条约第81条第1款和第3款的分析框架中，《委员会通告》为成员国法院、主管机关和企业提供了有用的指南。除该分析中的几个有疑问的方面之外……主要关注的是，通过大幅度提高第81条第3款下的定量门槛和证实效率的门槛，第81条第3款在成员国法院诉讼中的作用可能会受到限制，这是一个悖论。在未来，成员国诉讼不是不可能越来越聚焦于第81条第1款的可适用性。……确实，一旦确定了第81条第1款的可适用性，该通告则可能没有留下太多空间而令人信服地提供第81条第3款所要求的广泛证据。这样的结果将与该《委员会通告》以及《第1/2003号条例》的真正目的背道而驰。

二　集体豁免

　　第101条第3款允许委员会宣布第101条第1款的规定不适用于某个类型的协议。这是委员会在理事会委托授权下行使"集体豁免"（block exemption）的基础。此类豁免的目的，是将某些类属的协议排除在第101条第1款范围之外，从而避免需要进行单独且耗时的个别豁免。集体豁免方式在概念上类似于"本身违法规则"的演化，尽管其结果是排除协议而不是宣布协议违法：从处理个别协议的经验中得出的结论是，某些类型的协议，其中包含特定条款，有理由获得豁免。集体豁免隐含了这一结论，并且为企业提供了更明确的指南。

　　集体豁免具有某些共同特征。它们陈述制定豁免条例的理由，阐明豁免的实质，包含限制可以利用集体豁免的公司规模的条款，并且列明相关协议中被允许和不被允许的条款类型。此类豁免适用于许多领域，包括专业化协议[102]、

---

　　[101]　P Lugard and L Hancher 'Honey, I Shrunk the Article! A Critical Assessment of the Commission's Notice on Article 81 (3) of the EC Treaty' [2004] ECLR 410, 420.

　　[102]　Reg 1218/2010 [2010] OJ L335/43.

研发协议[103]、纵向限制[104]、技术转让[105]以及特许经营。[106] 本章中有关纵向限制的部分，将详细讨论集体豁免的结构和运行。

第十节　第 101 条：竞争和非竞争因素

对于在第 101 条第 1 款或第 101 条第 3 款的背景下，联盟法院是否应考虑非竞争（non-competition）因素这一问题，一直存在着争议。

一　第 101 条第 1 款

学术界的普遍共识是，联盟法院的确并且应该将其在第 101 条第 1 款下的分析限于与竞争有关的考虑因素。这是从前文对"合理规则"辩论的分析中得出的观点，也就是说，如果不愿意在第 101 条第 1 款下考虑某个协议的全部促进竞争效果和反竞争效果，那么就更加反对在这种背景下考虑非竞争因素。

表明联盟法院考虑此类事项的证据少之又少，尽管"沃特斯律师案"（*Wouters*）[107] 似乎是这方面的例外。在该案中，荷兰律师协会通过了相关规则，禁止其会员与会计师以完全合伙方式执业。欧洲法院认定，这限制了第 101 条第 1 款第 2 项意义上的生产。[108] 尽管如此，欧洲法院的结论是，这些规则并未违反第 101 条第 1 款，因为它们是为了确保律师协会会员的独立性，从而确保健全的司法管理。因此，欧洲法院似乎权衡了该规则的反竞争效果与其旨在实现的非经济利益。但是，有学者认为，该案件可以被视为所谓"监管的附带效应"（regulatory ancillarity）的一个实例，也就是

---

[103]　Reg 1217/2010 [2010] OJ L335/36.

[104]　Reg 2790/99 [1999] OJ L336/21；Reg 330/2010 [2010] OJ 102/1.

[105]　Reg 316/2014 [2014] OJ L93/17.

[106]　Reg 4087/88 [1988] OJ L359/46.

[107]　Case C‑309/99 *Wouters v Algemene Raad van de Nederlandse Orde van Advocaten* [2002] ECR I‑1577；A Jones, 'Regulating the Legal Profession：Article 81, the Public Interest and the ECJ's Judgment in *Wouters*' (2008) 19 European Business Law Review 1079.

[108]　Ibid [90], [94].

说，对竞争的限制附属于某个可以接受的合法目标；[109] 也有学者认为，通过类比关于自由流动的判例法，可以将该判决视为欧洲法院对成员国限制竞争的非歧视性规则所产生的影响与成员国的强制性公共政策这二者进行了权衡。[110]

但是，在"梅卡—梅迪纳案"（*Meca-Medina*）中，欧洲法院回到了"沃特斯主题"（*Wouters* theme）。[111] 欧洲法院认为，即使可以将国际奥林匹克委员会通过的反兴奋剂规则视为企业协会限制申请人行动自由的决定，但不属于第 101 条范围，因为它们为合法目标而取得正当性，这些规则是为了确保体育运动员之间的公平竞争，并且是相称的。

二 第 101 条第 3 款

一些学者认为，在第 101 条第 3 款中可以考虑非竞争因素。[112] 但是主流学术观点是，不应该考虑非竞争因素，尤其是因为现在成员国法院可以适用第 101 条的全部条款：如果可以考虑广泛的非竞争因素，则将无法确定成员国法院应适用的标准。[113]

惠什、贝利：《竞争法》[114]

对第 101 条第 3 款的狭义观点是，它仅允许可以提高经济效益的协议：第 101 条第 3 款的措辞本身说的是改善生产和销售以及技术和经济进步，明显暗示着一种效益标准。因此，第 101 条第 3 款只允许在第 101 条第 1 款下某个协议的限制性效果与第 101 条第 3 款下的效益提高之间进行权衡。……《关于现代化的委员会白皮书》……正是

---

[109] Whish and Bailey（n 25）130 - 131.

[110] G Monti,'Article 81 EC and Public Policy'（2002）39 CMLRev 1057，1087 - 1089.

[111] Case C - 519/04 P *Meca-Medina and Majcen v Commission*［2006］ECR I - 6991，［40］-［56］. Compare Case C - 136/12 *Consiglio nazionale dei geologi v Autorità garante della concorrenza e del mercato* EU：C：2013：489.

[112] Monti（n 110）；R Wesseling,'The Draft Regulation Modernising the Competition Rules：The Commission is Married to One Idea'（2001）26 ELRev 357.

[113] O Odudu, *The Boundaries of EC Competition Law：The Scope of Article 81*（Oxford University Press，2006）ch 6.

[114] Whish and Bailey, *Competition Law*（n 25）164 - 167.

以这种方式解释第101条第1款和第101条第3款的。

……

但是，仍有可能对第101条第3款进行另一种更宽泛的解释：在决定是否允许限制竞争的协议时，需要考虑除经济效率以外的其他政策。欧共体有许多重要政策，例如关于产业、环境、就业、地区和文化政策，这些政策不只是简单地提高效率。根据第101条第3款的宽泛观点，对任何这些政策产生的利益都可能"胜过"第101条第1款中的竞争限制。

［惠什和贝利回顾了大量决定，上述因素在这些决定中似乎对委员会的论证产生了某些影响。他们继续评论如下。］

显然……许多因素已经影响了第101条第3款下的决定，但并非所有因素都可以被视为效率上的"狭义"改善。……

……

讨论表明，多年来，对于第101条第3款旨在实现的确切目的……一直存在不确定性，甚至是混乱。……但是，《第1/2003号条例》使得有必要确定第101条第3款的真正内容，因为2004年5月1日以后可以由成员国竞争主管机关（NCAs）[115]和成员国法院以及委员会本身做出决定。

依笔者看来，第101条第3款应根据明确的法律标准以狭义方式做出解释，而非广义解释。这将与第101条第3款的措辞以及各种集体豁免中解释为什么纯粹就经济效率而言允许第101条第3款下的某些协议的序言引文相一致。成员国竞争主管机关和成员国法院，以及达成可能挑战第101条协议的企业，需要了解根据第101条第3款取得正当理由的局限。不同于欧盟委员会，对于第101条第3款下欧盟政策的广泛范围，这些机构并不适合将其与第101条第1款下对竞争的限制做权衡。

从委员会关于第101条第3款的指南中可以清楚地看出，其观点是，应按照以经济效率为基础的狭义方法适用第101条第3款。……

---

[115] National Competition Authorities.

第十一节　第101条：纵向限制

受篇幅所限，不可能详细分析所有类型的竞争限制。本节将考虑竞争政策的一个重要领域，即纵向限制（vertical restrains）。所谓纵向协议，指当事方之间在生产过程的不同层面所达成的协议，典型的例子是产品制造商与零售商之间的分销协议。关于这些协议在多大程度上对经济有害，一直存在争议。纵向限制分为不同的类型。必须判断它们是否属于第101条第1款范围。联盟法院和委员会使用的标准并不总是相同，委员会由于对纵向协议采取过于形式化的方法而受到批评。就第101条第3款而言，欧盟主要采用集体豁免来处理纵向限制。

一　经济辩论

关于纵向限制是否对经济有害，目前存在着很大的争议。[116] 有些人认为，纵向限制完全没有危害，或者仅在生产层面具有某种真正市场权力（market power）的情况下才有害。其他人则坚信，纵向限制可能会产生各种反竞争效应，因此竞争主管机关应对其进行审查。

（一）第一种观点

制造商必须决定如何营销其产品。它可能决定建立自己的零售店；与一家在零售领域具有专业知识的公司建立合营企业；通过愿意进货的任何经销店出售其产品；通过某些专业商店进行销售；或者通过某些零售店销售，每个零售商在某个地理区域内拥有排他性的权利，原因可能是零售商要求这样做，也可能因为这种做法能够实现销量的最大化。这个清单当然不完全。那些不认为纵向限制有害的人有四个方面的观点。

其一，制造商将选择最有效的营销方式。例如，只有在带来更大销售量的情况下，它才会赋予经销店排他性权利。如果制造商错了，那么市场

---

[116]　D Neven, P Papandropolous, and P Seabright, *Trawling for Minnows: European Competition Policy and Agreements between Firms* (Centre for Economic Policy Research, 1998); J Lever and S Neubauer, 'Vertical Restraints, Their Motivation and Justification' [2000] ECLR 7.

将通过销量减少来"惩罚"它。竞争主管机关不应试图为制造商设计更好的营销策略，因为这不是它们的职责，并且它们并不是适合做出此类选择的行为体。

其二，施加这种限制的制造商对产量的限制程度将不会高于其不施加限制的情况，而且，制造商通过纵向限制从市场中获得的垄断利润，如果存在此类利润的话，不会高于它不采用纵向限制所获得的利润。

其三，任何限制要么被协议支持竞争的效果所抵消，要么对说服销售商出售产品是必要的。生产者可能希望进入新的市场，但没有零售专业知识。产品要打入新市场，则可能需要广告，并承诺提供售前和售后服务。零售商可能不愿意承担这些费用，除非获得某种排他性权利，因为存在"搭便车"问题：零售商要花钱制作广告以及提供售前服务等类似服务，却眼睁睁地看着竞争对手在销售这些产品时没有产生这些费用。授予排他性将限制同一产品的零售商之间的品牌内竞争，但是在市场上销售新产品将增强品牌之间的竞争，这将控制零售价格。在某些地区拥有某品牌汽车排他性权利的零售商将无法大幅提高价格，因为存在与其他品牌汽车的竞争。

其四，有人主张纵向限制应是合法的，因为它们不会产生反竞争效果。这些效果的性质将在下面加以更详细的讨论。博克（Bork）是该观点的主要支持者。

博克：《反托拉斯悖论：一种与自身交战的政策》[117]

我们已经看到，纵向价格操纵（转售价格维持）、纵向市场划分（封闭的经销商地域），以及实际上所有纵向限制对消费者都是有益的，因此应该完全合法。基本经济理论告诉我们，施加此类限制的制造商，无意限制效率而必须（除非在法律上应视其为中立的价格歧视

---

[117]　R Bork, *The Antitrust Paradox: A Policy at War with Itself* (n 40) 297 – 298. See also R Bork, 'The Rule of Reason and the *Per Se* Concept in Price Fixing and Market Division II' (1966) 75 Yale LJ 373; JR Gould and BS Yamey, 'Professor Bork on Vertical Price Fixing' (1967) 76 Yale LJ 722; R Bork, 'A Reply to Professors Gould and Yamey' (1967) 76 Yale LJ 731; JR Gould and BS Yamey, 'Professor Bork on Vertical Price Fixing: A Rejoinder' (1968) 77 Yale LJ 936.

的罕见情况下)旨在创造效率。最常见的效率是制造商激发或购买额外的转售商品、服务或促销活动。

将所有真正的纵向限制合法化的建议,与该主题的传统理念大不相同,无疑会使许多读者感到困扰,即使不觉得奇怪。但是,我从未见过任何经济分析表明,制造商强加的转售价格能够维持封闭的经销商地域,以及客户分配条款等如何产生限制产出的净效果。我们太快地假设了某些似乎并不真实的事情。

也许"限制"(restraint)一词的含糊之处可以解释为什么我们对这个话题感到困惑。当最高法院谈到限制时,通常或者习惯上是指制造商控制其经销商的某些活动,或者是指制造商消除其经销商之间某种形式的竞争。当然,在这种意义上使用"限制"一词不存在任何恶意或反常。它仅仅是通过合同实现纵向一体化的一种形式,相较于制造商拥有自己的销售渠道并指导其活动所实现的一体化,这种一体化形式更不完全。这只是经济世界中普遍存在的经济活动协调的一个例子,而我们的财富就依赖于这种协调。重要的一点是,这种纵向控制从未产生另外那种常见意义上的"限制",即限制产出。也许,如果我们更加谨慎地对待该词的含糊性质,并弄清楚我们在何种意义上使用该词,那么,我们对反托拉斯问题,包括纵向限制问题的论证将得到完善。[118]

(二)第二种观点

但是,有许多评论者认为此类协议可能威胁竞争过程。主要关切如下。

首先是市场封锁(market foreclosure)。如果生产者与某些经销店签订了仅销售其产品的排他性合同,则其他生产者可能很难获得销售渠道,尤其是在最佳渠道已被占有,或者由于产品的性质受到规划法等因素的影响而导致经销店数量受到限制的情况下。

其次是消费者将受到某些类型的纵向限制的损害,转售价格维持是最

---

[118] See also F Easterbrook, 'Vertical Arrangements and the Rule of Reason' (1984) 53 Antitrust LJ 135; B Bok, 'An Economist Appraises Vertical Restraints' (1985) 30 Antitrust B 117.

常引用的例子，尽管一直存在激烈的争议。[19] 据称，对消费者的损害在其他方面是显而易见的。因此，有人认为，选择性或排他性分销系统会向消费者强加"一揽子方案"，其中包括产品的基本价格，加上广告费用和售后服务等诸如此类的费用，即使有些消费者更愿意购买产品本身而由自己承担维护费用。

再次是纵向协议可以掩盖生产者或销售商之间的卡特尔。如果分销商已与竞争性产品的其他分销商达成协议以横向划分市场范围，则生产商可以授予独家分销权：其结果将是减少品牌之间以及品牌内部的竞争。但是，有人质疑这种情况是否确实会发生，以及纵向协议的存在是否加剧了这种情况。也有人认为，如果发生这种情况，则横向协议应成为竞争主管机关的目标。[20]

最后是欧盟竞争法所特有的，它并不仅仅涉及效率。建立单一欧洲市场同样至关重要。因此，按照成员国或地区划分市场的协议将受到特别严厉的对待，例如联盟法院一直反对规定绝对地域保护的协议。

科马诺（Comanor）更为谨慎地表达了第二种关切。他回顾了博克的观点，但认为不应总是认为纵向协议合法。[21]

科马诺：《纵向操纵价格、纵向市场限制和新反托拉斯政策》[22]

当使用纵向限制来促进分销服务的提供时，反托拉斯目的的关键问题仍然在于，究竟是较低的价格和更少的服务，还是较高的价格和更多的服务，能够使消费者得到的服务更好。司法部在 "Spray-Rite 公司案"的简介中建议，纯粹的纵向限制总是可以增加消费者的福利。但这个立场是没有根据的，更加坚决反对纵向限制才是适当的。

由于在不同情况下，纵向限制可能会增强或减少消费者的福利，因此应在个案基础上尝试适用"合理规则"。

---

[19] See (n 117).

[20] Bork (n 40) ch 14.

[21] Monti (n 110).

[22] W Comanor, 'Vertical Price-Fixing, Vertical Market Restrictions, and the New Antitrust Policy' (1985) 98 Harv LRev 983, 1001–1002.

……然而，确定特定限制究竟是提高还是降低效率，这并非易事：在每个案件中，答案大体上取决于不同消费者群体的相对偏好。因此，出于司法成本考虑，规定一般政策标准可能更加便捷，尽管有时会导致不正确的结果。

涉及成熟产品的纵向限制，更有可能减少消费者的福利。众多消费者已经熟悉此类产品，因此获取有关它们的更多信息不太可能有很大的价值。在这种情况下，严格的反托拉斯标准也适用于纵向价格限制和非价格限制。这种方法可以采取直接禁止形式，即"本身违法"，也可以采取修订后的合理规则分析形式——根据合理规则，被告必须证明限制措施已使消费者普遍受益。相比之下，就新产品或新进入市场的产品而言，纵向限制不太可能减少消费者的福利，因为它们的新颖性会增加对信息的需求。在这种情况下，限制应该是允许的，或者至少应该在任何经修订过的合理规则分析中给予更宽松的对待。

二　委员会与纵向限制

（一）对委员会的批判

委员会对纵向限制的态度遭到批评。下面摘要中所提到的第85条应理解为《欧洲联盟运行条约》第101条。

霍克：《系统失灵：纵向限制和欧共体竞争法》[123]

最根本、最尖锐的批评是，委员会过于宽泛地将第85条第1款适用于没有或几乎没有反竞争效果的协议。这种批评基于三个方面。……

第85条第1款下的经济分析不充分

委员会的大多数决定都没有充分考虑到，有关限制是否会损害经

---

[123]　B Hawk, 'System Failure: Vertical Restraints and EC Competition Law' (1995) 32 CMLRev 973, 974–975, 977–978, 982; C Bright, 'EU Competition Policy: Rules, Objectives and Deregulation' (1996) 16 OJLS 535.

济福利意义上的竞争，即对价格或产出的效果。同时，市场权力应该是门槛问题，但很少被审查（更不用说赋予核心地位了），或者只是在"显著度"（appreciability）名义下以推断形式存在。

……

欧盟委员会在第 85 条第 1 款下提出的理由缺乏说服力

……对于第 85 条第 1 款下的不充分经济分析提出的解释在于，委员会顽固地（在法院判决的面前）坚持对限制竞争的界定，即对经营者在市场上的"经济自由"的限制。弗莱堡学派提出的限制经济自由这一概念的主要弱点是：（1）无法产生精确和具有可操作性的法律规则（即未能提供分析框架）；（2）它与确实提供了分析框架的（微观）经济学之间所具有的差距和矛盾；（3）倾向于将交易者或竞争者置于优先于消费者和消费者福利的地位（效率）；（4）将在经济意义上没有反竞争效果的完全无害的合同条款归入第 85 条第 1 款。

……

委员会拒绝遵循共同体法院的做法

欧洲法院和初审法院对第 85 条第 1 款下的纵向安排采取了更为细微的处理方式。欧洲法院越来越多地要求分析经济效果，特别是封锁市场的可能性。委员会基本上忽视或单独对待这种方法，坚持不以经济学为基础适用第 85 条第 1 款，即坚持采用对经济自由的限制。

（二）委员会绿皮书

鉴于受到这些批评，1996 年委员会在范围广泛的《关于纵向限制的绿皮书》（Green Paper on Vertical Restraints）中重新审查了其方法。[124] 该文件提出了许多重要观点。

首先，委员会接受了关于纵向限制的经济效果的学术共识，即市场结构至关重要。品牌间竞争越激烈，协议中有利于竞争和提高效率的方面就越有可能超过任何反竞争效果。当生产层面的市场权力受到限制并且进入

---

[124] COM（96）721 final.

壁垒较低时，情况更是如此。^⑫

其次，该报告明确指出，建立单一市场的愿望意味着，根据第 101 条第 1 款或第 3 款，不能容忍试图通过绝对地域保护以隔离市场的纵向限制。^⑫

再次，委员会承认^⑫它没有在第 101 条第 1 款下进行有意义的经济分析，而是在第 101 条第 3 款下考虑这类事项。

最后，委员会提出了一些可供选择的方案，并邀请提出评论。选项 1 是保留当时的现行制度，这意味着对第 101 条第 1 款做广泛的形式化解释，再加上现行的集体豁免。^⑫ 选项 2 是为了扩大集体豁免。^⑫ 选项 3 是发展更聚焦的集体豁免，重点放在市场一体化目标上。^⑬ 最后一个选项是在第 101 条第 1 款下进行某些经济分析，再加上集体豁免。^⑬

委员会显然面临着困境。众所周知，很多纵向限制并没有产生任何反竞争影响。同样可能为人所知的是，从逻辑上讲，不应因此将它们认定为属于第 101 条第 1 款范围。但是，需要注意在第 101 条第 1 款下进行广泛经济分析所需的成本。^⑬

委员会在《关于纵向限制的绿皮书》的后续行动中提出了更具体的建议。^⑬ 它得出结论认为，对纵向限制应采取更基于经济学的方法，并且应该对所有纵向协议实行一揽子集体豁免。新条例于 1999 年 12 月 22 日通过，并于 2000 年 6 月 1 日全面生效。^⑬ 该条例于 2010 年 5 月届满失效，但该政策在一项新的集体豁免中得到延续，这放在后面分析。^⑬ 在此之前，

---

⑫　Ibid［82］-［85］.

⑫　Ibid［276］.

⑫　Ibid［180］,［193］, and［216］.

⑫　Ibid［281］.

⑫　Ibid［282］-［285］.

⑬　Ibid［286］-［292］.

⑬　Ibid［293］-［298］.

⑬　Ibid［86］.

⑬　［1998］OJ C365/3,［1999］4 CMLR 281.

⑬　Commission Regulation（EC）No 2790/1999 of 22 December 1999 on the application of Article 81（3）of the Treaty to categories of vertical agreements and concerted practices［1999］OJ L336/21.

⑬　Commission Regulation（EU）No 330/2010 of 20 April 2010 on the application of Article 101（3）of the Treaty on the Functioning of the European Union to categories of vertical agreements and concerted practices［2010］OJ L102/1.

应该分析不同种类的纵向限制，以及它们在多大程度上受第 101 条第 1 款的约束。

三 排他性分销

在排他性分销协议（exclusive distribution agreement，EDA）中，生产商同意仅向特定地域内的特定分销商供货。可以通过防止第三方向被指定分销商的合同地域销售该产品的方式巩固这一点，其方式包括，通过生产商与其他分销商所订立协议中的合同条件加以约束，或者通过向指定分销商转让商标权，以使后者能够阻止这种侵权。这类协议对于说服分销商销售新产品或者在新区域销售现有产品可能是必要的。排他性分销协议也可以通过促进其商品的有效分销而对生产商有利，因为它不必承担向多个地点运输商品而产生的成本，等等。

这里的核心问题是，排他性分销协议是否属于第 101 条第 1 款范围，以及是否根据第 101 条第 3 款得到单独或集体豁免。早期考虑过第 101 条第 1 款对排他性分销协议的可适用性：必须从其事实、法律和经济背景出发考虑此类协议，以判断该协议是否属于第 101 条第 1 款范围。[136] 尽管如此，委员会还是采取了更为形式化的方法（formalistic approach），避开了联盟法院的情境方法（contextual approach）。

尽管联盟法院与委员会之间存在分歧，但从它们处理的案件中可以明显看出，排他性分销协议中某些类型的限制很有可能属于第 101 条第 1 款。因此，禁止分销商将产品出口到指定区域以外的出口禁令，以及为分销商建立绝对地域保护的任何其他企图，都将受到特别严格的处理。[137] 为达成相同结果的间接企图，也会被认定违法，例如只有在该国的经销商那里购

---

[136] Case 56/65 *Société La Technique Minière v Maschinenbau Ulm GmbH* [1966] ECR 235；Case 23/67 *Brasserie de Haecht SA* (n 62)；Case T-25/99 *Roberts v Commission* [2001] ECR II-1881；Case T-328/03 *O2* (*Germany*) (n 71) [65]-[73].

[137] Cases 56 and 58/64 *Consten and Grundig* [1966] ECR 299；Case 258/78 *Nungesser* (n 75)；Case 19/77 *Miller International Schallplatten GmbH v Commission* [1978] ECR 131；Case C-279/87 *Tipp-Ex GmbH & Co KG v Commission* [1990] ECR I-261；Case T-77/92 *Parker Pen* (n 52)；Case T-66/92 *Herlitz AG* (n 52).

买产品时，才可以得到消费者保证。⑬

如果某项排他性分销协议属于第101条第1款范围，那么当事方可以寻求个别豁免，或寻求集体豁免。上文已分析了统领个别豁免的原则。⑲ 直到最近，排他性分销协议才获得单独的集体豁免。⑭ 现在，这项单独集体豁免已经被针对纵向限制的一般性集体豁免所取代，这将在下文讨论。

四　选择性分销

联盟法院和委员会对待选择性分销协议（selective distribution agreements，SDAs）的方式，与对待排他性分销协议的方式形成鲜明对比。选择性分销系统是供应商选择仅通过某些经销店来分销货物的系统，通常是那些满足涉及专业知识的特定标准的经销店。直到最近，还没有对选择性分销协议行使集体豁免。现在，只要满足其中的条件，就可以适用对于纵向限制的新的集体豁免。这里考虑此类协议是否属于第101条第1款范围。

麦德龙大型超市公司诉委员会与黑森林仪器制造公司

Case 26/76 Metro-SB-Großmärkte GmbH & Co KG

v Commission and SABA

[1977] ECR 1875

[《里斯本条约》重新编号，第85条

现为《欧洲联盟运行条约》第101条]

麦德龙公司（Metro）是德国的一家商品批发商。该公司采用自助式批发系统以及付现自运服务，从而使其能够降低由其他批发商收取的价格。麦德龙向德国黑森林仪器制造公司（简称SABA）申请允许仓储由后者生产的电子设备，但黑森林公司拒绝供货，声称麦德龙未满足自己向其供货所需的条件。麦德龙向委员会申诉，主张黑森林公

---

⑬　Case 31/85 *ETA Fabriques d'Ebauches v DK Investments SA* [1985] ECR 3933.

⑲　参见本章第九节。

⑭　Reg 1983/83 [1983] OJ L173/1.

司的政策违反第 85 条第 1 款，但是在后者修改了某些方面的商业条款之后，委员会做出了对黑森林公司有利的决定。随后，麦德龙公司寻求撤销委员会的决定。

欧洲法院

20.……在涵盖生产高质量和技术领先的耐用消费品的行业中，为数不多的大中型生产商提供种类多样的产品，这些产品具有互换性，或者消费者可能认为它们很容易互换，该市场的结构并不排除存在适应各种生产者特征和各种消费者需求的不同分销渠道。根据这种观点，委员会有理由承认，选择性分销系统与其他系统一起构成了符合第 85 条第 1 款规定的竞争的一个方面，但前提是，应基于客观定性标准选择转售商，而这项标准涉及转售商及其员工的技术资格以及转售商交易场所的适当性，并且规定针对所有潜在转售商的统一条件，而且不以歧视性方式适用这些条件。

21. 的确，在这样的分销制度中，一般情况下既不将价格竞争作为排他性因素，也不将其作为主要因素予以强调。……但是尽管价格竞争非常重要以至于永远无法消除，但它并不是唯一有效的竞争形式，或者在所有情况下都必然赋予价格竞争以绝对优势地位。……对于专业批发商和零售商而言，希望保持一定的价格水平——这一意愿出于消费者利益，与建立在另外一种竞争政策基础之上的新的分销方式一道，与希望继续保留这种分销渠道的可能性是相对应的——构成可以追求的目标之一，而不一定属于第 85 条第 1 款禁止的范围，并且如果它确实全部或部分属于该条款范围，则可以被纳入第 85 条第 3 款的框架之中。……

"麦德龙案"（*Metro*）的重要意义在于，当满足其中阐述的条件时，选择性分销协议（SDA）就会被裁定不属于第 101 条第 1 款范围。[44] 但是，

---

[44] Case 210/81 *Demo-Studio Schmidtv Commission*［1983］ECR 3045；Case 107/82 *AEG-Telefunken AGv Commission*［1983］ECR 3151；Case C - 376/92 *Metro-SB-Großmärkte GmbH & Co KG v Cartier SA*［1994］ECR I - 15；Case T - 67/01 *JCB Service v Commission*［2004］ECR II - 49，［131］；Case C - 439/09 *Pierre Fabre Dermo-Cosmétique SAS v Président de l'Autorité de la concurrence*［2011］ECR I - 9419.

对该原则的适用存在一些限制。

（一）第一个条件：产品的性质

产品必须是联盟法院和委员会认为有正当理由限制价格竞争，并且不以价格竞争为要素来运行选择性分销制度的产品。此类产品往往是需要专业销售人员的产品⑭，或者具有重要品牌形象的商品。⑭ 相比之下，水暖配件不被认为是必须需要这种系统技术的先进产品。⑭

（二）第二个条件：定性标准

"麦德龙案原则"（*Metro* principle）适用于根据定性标准选择的合法经销商。但是，可能很难确定分销商为获得供应商认可而接受的特定要求是否应归类为定性标准。在这种不确定的情况下，"麦德龙案原则"不允许供应商对可以分销产品的分销商施加定量限制，或在分销商之间进行歧视。⑭

在限制分销的定性标准与定量标准之间做区分，其逻辑值得质疑。生产者选择他们认为能够使销售实现最大化的最佳分销方式。他们是认为最好通过定性标准，还是定量标准达到这一目标，或者两者兼而有之，取决于产品的性质。但是，这类分销策略促进竞争的效果和反竞争效果，不会因选择哪一种标准而存在重大不同。

---

⑭ 例如电子设备，见 *AEG*；视听设备，见 *Demo-Studio Schmidt*；计算机，见 Dec 84/233，*IBM Personal Computers* [1984] OJ L118/24，[1984] 2 CMLR 342. 可比较 Case C–439/09 *Pierre Fabre Dermo-Cosmétique*（n 141）.

⑭ 例如陶瓷餐具，见 Dec 85/616，*Villeroy & Boch* [1985] OJ L376/15，[1988] 4 CMLR 461；首饰，见 Dec 83/610，*Murat* [1983] OJ L348/20，[1984] 1 CMLR 219；奢侈化妆品，见 Case T–19/92 *Groupement d'Achat Edouard Leclerc v Commission* [1996] ECR II–1851；Case C–230/16 *Coty Germany GmbH v Parfümerie Akzente GmbH* EU：C：2017：941.

⑭ Dec 85/44，*Grohe* [1985] OJ L19/17，[1988] 4 CMLR 612.

⑭ Case 107/82 *AEG-Telefunken*（n 141）；Cases 25 and 26/84 *Ford v Commission* [1985] ECR 2725；Case T–19/92 *Edouard Leclerc*（n 143）；Case C–439/09 *Pierre Fabre Dermo-Cosmétique*（n 141）.

查德：《将第 85 条适用于选择性分销系统的经济学》[14]

从对定性与定量选择标准的经济效果的讨论中可以清楚地看出，委员会区分这两种标准的尝试在本质上是武断的和令人困惑的。为了有意义，定性标准必须具有定量效果……而定量标准可能具有定性影响。关于后一个方面，例如在"欧米茄案"中，委员会承认特许公司的数量必须受到限制，否则任何特许公司都无法获得足够的营业额以承担服务和保证承诺的兑现。因此，定性与定量标准应采用相同的分析程序。

［作者建议按照以下方式进行适当的经济分析。］

首先，委员会应审查是否有直接证据表明不同品牌的制造商之间或者分销商之间存在共谋，或者该限制是否涉及很大一部分市场……从而使卡特尔化成为该限制的可能动机。如果答案是否定的……则应该假定该限制具有促进竞争效果。可以由所涉协议的当事方表明其主张促进竞争的效果，而委员会不应对这些进行过于仔细的调查。不应试图事后批评对于如下事项的商业判断，即哪些安排提供或者没有提供足够的手段来实现促进竞争效果，以及达到第 85 条第 3 款给予消极许可或豁免的附加条件，因为它在这方面的记录未令人产生信心。

其次，如果有证据表明制造商或者分销商之间的竞争受到限制，但该证据不是结论性的……委员会应仔细审查促进竞争效果是否实现……说明具有正当理由的责任便明确地转向了被告。……

什么样的证据似乎能够使人们对反竞争效果的重要性产生怀疑，而促进竞争的效果可能更为普遍。……如果通常不存在反竞争效果，那么制造商更自由地选择最适合自己的分销安排，将导致使用最有效率的安排形式。

---

[14]　JS Chard, 'The Economics of the Application of Article 85 to Selective Distribution Systems' (1982) 7 ELRev 83, 97, 100–101. See also C Vajda, 'Selective Distribution in the European Community' (1979) 13 JWTL 409; I Lianos, 'Commercial Agency Agreements, Vertical Restraints, and the Limits of Article 81 (1) EC: Between Hierarchies and Networks' (2007) 3 Jnl of Competition Law and Economics 625.

但应该指出的是，对选择性分销协议（SDAs）而不是对排他性分销协议（EDAs）的宽大处理，可以通过建立单一欧洲市场的重要性得到部分解释。与选择性分销协议相比，排他性分销协议更有可能按成员国国界划分欧盟，而联盟法院尤其反对这种形式的市场划分。

（三）第三个条件：通过多种选择性分销协议而不消除竞争

某项特定选择性分销协议（SDA）与第 101 条第 1 款的兼容性，可能会受到其他此类选择性分销协议的影响，前提条件是产生的总体影响导致消除或者过度限制竞争。

麦德龙大型超市公司诉委员会（第二案）
Case 75/84 Metro-SB-Großmärkte GmbH &
Co KG v Commission（No 2）
[1986] ECR 3021

[《里斯本条约》重新编号，第 85 条
现为《欧洲联盟运行条约》第 101 条]

委员会已延续了对黑森林仪器制造公司（SABA）选择性分销系统的豁免。最初的反对者麦德龙公司（Metro）对选择性分销协议的延续提出异议。在最初的裁决中，欧洲法院暗示，在如下情况下，其观点（即选择性分销协议符合第 85 条第 1 款）可能发生变化，即如果在特定领域中存在与黑森林公司采用的大量选择性分销协议相似的分销协议，而这些协议排除诸如麦德龙这样的企业进入市场。麦德龙认为这种情况已经发生，因此对黑森林公司选择性分销协议的豁免不应得到延续。

欧洲法院

40. 必须记住的是，尽管本法院在先前裁决中认为，"简单的"选择性分销系统能够构成符合第 85 条第 1 款的竞争的一个方面，但是如果存在如下情况，则仍然有可能存在限制或消除竞争的情况，即如果一定数量的此类系统并未为基于不同类型竞争政策的其他形式的分销留出空间，或者此类系统导致价格结构的僵化，而这种僵化不会被相同品牌的其他产品之间的其他方面竞争以及不同品牌之间存在的有效竞争而抵消。

41. 因此，存在针对特定产品的大量选择性分销系统这一事实本身，并不能得出竞争受到限制或扭曲的结论。这种系统的存在对于根据第 85 条第 3 款授予或拒绝豁免也没有决定性作用，因为在这方面要考虑的唯一因素是这种系统对竞争状况实际具有的效果。因此，麦德龙提出的彩色电视机选择性分销系统的覆盖率，其本身不能被视为阻止给予豁免的因素。

42. 由此得出，在考虑延续豁免的申请时，只有在如下特殊情况下，即相关市场已经非常僵化和结构化，以至于"简单"系统中固有的竞争要素不足以维持竞争运转，才必须考虑在给予豁免之后"简单"选择性分销系统数量的增加。麦德龙公司没有能够表明，在当前的案件中存在此类特殊情况。

43. 关于"简单"系统以外的其他选择性分销系统的存在对市场产生的效果，在延续豁免时，委员会仅通过存在与促进销售有关的义务，根据黑森林系统所涵盖的相对较小的市场份额，以及该系统与"简单"系统存在区别这一事实做出决定。通过这样做，它在第 85 条第 3 款的框架内行使自己的自由裁量权评估黑森林系统所处的经济环境时，就没有误导自己。

"麦德龙第二案"（*Metro II*）的判决建立在先前对"麦德龙案"的告诫类的评价基础之上。需要进行市场分析的情况，使得更加难以预测某个特定选择性分销协议是否属于第 101 条第 1 款范围。此外，如果新设立的另外一个选择性分销协议被认定属于第 101 条第 1 款，而已经存在的协议则不属于第 101 条第 1 款规制，那将是不公平的。如果最新设立的选择性分销协议具有将先前的选择性分销协议追溯性地置于第 101 条第 1 款范围的效果，那同样也是奇怪的。

（四）第四个条件：无绝对地域保护

联盟法院不会容忍提供绝对地域保护的选择性分销协议（SDA）。从

"宝马公司案"（*BMW*）中可以明显看出这一点。[⑭]

宝马公司诉 ALD 租车公司

Case C –70/93 Bayerische Motorenwerke AG v ALD Autoleasing D GmbH

[1995] ECR I – 3439

[《里斯本条约》重新编号，第 85 条

现为《欧洲联盟运行条约》第 101 条]

宝马公司通过选择性分销系统出售其车辆。宝马公司与其经销商之间达成一项协议，后者不得将车辆交付如下独立租赁公司，即这类公司向在该经销商合同地域之外居住或者其公司所在地位于其合同地域之外的客户提供车辆。这受到了独立租赁公司，即 ALD 租车公司的质疑，该公司以该协议所禁止的方式提供宝马汽车。

欧洲法院

6. 宝马公司声称，独立租赁公司的出现……在其商业组织中造成了不平衡。这些独立公司专注于从某些宝马经销商处购买车辆，并将车辆租赁给在这些经销商合同地域之外开业的客户。然后，这些客户转而在其开业的该合同地域内的宝马经销商处寻求客户服务和维护。由于那些经销商没有参与最初的销售交易，它们没有获得任何利润。因此，它们向宝马公司投诉独立租赁公司的活动扰乱了商业网络。

[由于这些投诉，宝马公司制定了该协议，而这正是本诉讼的主题事项。]

……

19. 对于限制竞争的要求，应该指出，根据有争议的协议，宝马汽车经销商只有在租车者的公司所在地位于所涉经销商的合同地域的情况下，才能够向独立租赁公司提供宝马商标的车辆。由此，只有租车者公司所在地的地域内的经销商，才能得到制造商向 ALD 公司供应

---

⑭　See also Case T –67/01 *JCB* (n 141) [85]；Case T –450/05 *Automobiles Peugeot SA and Peugeot Nederland NV v Commission* [2009] ECR II –2533.

宝马商标车辆的授权，从而排除了其他所有宝马汽车经销商。对于在宝马经销商合同地域内开业的 ALD 客户而言，这构成绝对地域保护。此外，该协议降低了各经销商的商业行动自由，因为各经销商的客户选择仅限于与在该经销商的合同地域内开业的租车者订立合同的那些租车公司。

五 特许经营

特许经营不同于上述分销方式。许可人允许被许可人使用属于前者的知识产权，例如商标名称、商号等。出售商品的场所由被许可人所有，他们向许可人支付包括使用其商标名称等在内的特许权使用费。特许权对双方均有利：许可人因其知识产权被使用而获得款项，被许可人则可以开展独立业务，并且得到了该产品已在其他地方经过试营和测试的保证。特许经营权的实质是，许可人要求被许可人遵守某些销售标准和方式。不符合此类标准的被许可人可能会损害产品和商号的声誉，从而有损于许可人和其他被许可人。许可人能够施加条件以保护转让给被许可人的知识产权，这一点对于特许经营体系具有核心意义。

在具有开创意义的 "Pronuptia 婚纱公司案" 中，欧洲法院裁定，与上述两个问题有关的条件不属于第 101 条第 1 款的范围。但是，该协议中的其他限制，例如按地域划分市场，则根据第 101 条第 3 款加以审查。[148] 在 "伊夫·黎雪公司案"（Yves Rocher）中，委员会认定，在一项特许经营协议中，许可人仅为特定地区指定一个被许可人，同意不与后者在该地区竞争，并且禁止被许可人开设多个商店，这导致一定程度的市场共享，从而使该协议属于第 101 条第 1 款的范围。[149] 在 "Pronuptia 婚纱公司案" 的基础上，委员会做出了其他决定。[150] 通过了关于集体豁免的《第 4087/88 号条例》[151]，以涵盖某些特许经营协议。这已被关于纵向限制的一般集体豁免所取代。

---

[148] Case 161/84 *Pronuptia* (n 70)；J Venit, '*Pronuptia*：Ancillary Restraints or Unholy Alliances' (1986) 11 ELRev 213.

[149] Dec 87/14 [1987] OJ L8/49, [1988] 4 CMLR 592, 607.

[150] See, eg, Dec 87/407, *Computerland* [1987] OJ L222/12, [1989] 4 CMLR 259; Dec 88/604, *ServiceMaster Ltd* [1988] OJ L332/38, [1989] 4 CMLR 581.

[151] [1988] OJ L359/46.

六　独家采购

独家采购协议（Exclusive purchasing agreement，EPAs），是指一方同意从特定供应商那里购买其所需要的某类全部产品的协议。常见的例子包括仅存储一种品牌汽油的加油站，以及仅提供一种普遍品牌啤酒的捆绑式销售酒吧。如果独家采购协议（EPAs）属于第 101 条第 1 款范围，则需要进行市场分析：在考虑协议的法律、事实和经济背景后，如果认为协议可能产生限制、防止或扭曲竞争的效果，则属于第 101 条第 1 款的范围。[⑱]

琅尼斯—意露公司诉委员会

Case T – 7/93 Langnese-Iglo GmbH v Commission

[1995] ECR II – 1533

[《里斯本条约》重新编号，第 85 条

现为《欧洲联盟运行条约》第 101 条]

初审法院考虑独家采购协议网络是否属于第 85 条第 1 款的范围。委员会认为，由于有争议协议所涵盖的市场份额超过了相关市场的 15%，而且有关企业的营业额远远超过《关于不重要协议的通告》（Notice on Agreements of Minor Importance）所规定的上限，因此无须进行任何真正的市场分析即可确定这些协议是否限制竞争。

初审法院

98. 必须记住，该通告仅旨在界定委员会认为对成员国之间的竞争或贸易没有显著效果的那些协议。本法院认为，不能仅仅由于超过上限，就肯定地推断排他性采购协议网络会自动倾向于防止、限制或

---

⑱　Case 23/67 *Brasserie de Haecht*（n 62）；Case C – 234/89 *Delimitis*（n 63）；Case C – 393/92 *Municipality of Almelo v NV Energiebedrijf Ijsselmij*［1994］ECR I – 1477；Case T – 65/98 *Van den Bergh Foods Ltd v Commission*［2003］ECR II – 4653，[83] – [84]，[91]；Case C – 552/03 P *Unilever Bestfoods（Ireland）Ltd v Commission*［2006］ECR I – 9091；Case C – 279/06 *CEPSA Estaciones de Servicio SA v LV Tobar e Hijos SL*［2008］ECR I – 6681.

扭曲竞争。此外，从该通告第3段的实际措辞中可以明显看出，就本案的事实而言，超过上限的协议……表明仅对竞争有很小的影响，因此完全有可能不属于第85条第1款的范围。

99. 对于排他性采购协议是否属于……第85条第1款的范围……根据判例法，应共同考虑在相关市场上订立的所有类似协议，以及所涉协议的经济和法律背景的其他特征是否表明这些协议的累积效应，使国内外的新竞争者无法进入该市场。一方面，如果……事实并非如此，则构成整个捆绑协议的单个协议不可能破坏第85条第1款意义上的竞争。……另一方面，如果这种审查表明难以进入该市场，则有必要评估有争议协议在多大程度上造成所产生的累积效应，其依据是，只有对市场划分产生重大影响的协议才应被禁止（*Delimitis*，第23段和第24段）。

100. 还必须记住，正如本法院在……"海特啤酒厂案"（*Brasserie de Haecht*）中所裁定的，考虑排他性协议的效果，这意味着必须考虑该协议的经济和法律背景，在这种情况下，排他性协议可能与其他协议对竞争产生共同累积效果。

［初审法院认定这些协议可能显著影响竞争，由此属于第85条第1款的范围。］

独家采购协议的当事方可以寻求豁免，不管是基于个别豁免还是根据集体豁免。《第1984/83号条例》有一项具体的集体豁免，涵盖了独家采购。[153] 现在，它已被针对纵向限制的集体豁免所取代。

七 集体豁免

（一）新型集体豁免

我们已经看到改革纵向限制的驱动力。《第2790/99号条例》[154] 恰恰被

---

[153] ［1983］OJ L173/5.

[154] Commission Regulation（EC）No 2790/99 of 22 December 1999 on the application of Article 81 (3) of the Treaty to categories of vertical agreements and concerted practices ［1999］OJ L336/21.

视为一种新型集体豁免（block exemption）。⑮ 它在很多方面与以前的集体豁免存在差别。它不像它的前身那样形式化，而且更注重经济分析。它适用于所有种类的纵向限制，但机动车的分销协议除外。它的指令性少于早期条例。过去通常遵循黑白清单模式，白色条款是被允许的，黑色条款是被禁止的。新条例没有白名单，如果行为不被禁止，则被允许。《第2790/99号条例》已于2010年5月到期失效，被《第330/2010号条例》⑯所取代，该条例应与《委员会指南》一并解读。⑰《第330/2010号条例》在引文部分指出，有可能对在通常情况下能够满足第101条第3款条件的纵向协议类别予以界定。这些协议被认为是通过促进协调和降低分销成本而提高了经济效率。⑱《第330/2010号条例》的到期失效日为2022年5月31日。委员会正在进行审查，以决定是否延长、修订或终止该集体豁免。⑲

（二）第1条：定义

《第330/2010号条例》第1条规定了多项定义，以下定义尤其重要。

　　"纵向协议"是指两个或两个以上企业达成的协议或协同行为，此类协议或协同行为涉及当事方购买、销售或转售某些商品或服务的条件，而出于协议或协同行为的目的，这些企业中的每一个都在生产或销售链的不同层级运营。

第1条第1款第1项涉及"两个或两个以上企业"，而旧的集体豁免仅适用于双边协议。但是，为了协议的目的，每个企业都必须在生产或销售链的不同层级运营。第1条第1款第1项纳入"为了协议的目的"（for the purpose of the agreement）这句话，意味着在遵守第2条第4款规定的界

---

　　⑮　R Whish, 'Regulation 2790/99: The Commission's "New Style" Block Exemption for Vertical Agreements' (2000) 37 CMLRev 887; F Dethmers and P Posthuma de Boer, 'Ten Years On: Vertical Agreements under Article 81' [2009] ECLR 424.

　　⑯　Commission Regulation (EU) No 330/2010 of 20 April 2010 on the application of Article 101 (3) of the Treaty on the Functioning of the European Union to categories of vertical agreements and concerted practices [2010] OJ L102/1.

　　⑰　Guidelines on Vertical Restraints [2010] OJ C130/1.

　　⑱　Reg 330/2010 (n 156) rec 6.

　　⑲　https://ec.europa.eu/info/law/better-regulation/initiatives/ares-2018-5068981_en.

限的前提下，两家公司例如水泥制造商都可能属于该条例规制的范围。一家企业向另一家供应材料也属于这种情况。第 1 条第 1 款第 4 项界定了"竞业禁止义务"（non-compete obligation）。

> "竞业禁止义务"是指导致买方不生产、购买、出售或转售与合同货物或服务存在竞争的货物或服务的任何直接或间接义务，或者买方拥有的如下任何直接或间接义务，即从供应方或供应方指定的其他企业采购的货物或服务超过买方在相关市场上采购的全部合同货物或服务及其替代品的 80%，其计算以价值为基础，或者在存在行业标准惯例的情况下，以上一自然年的采购量为基础。

（三）第 2 条：集体豁免的核心

集体豁免的核心是条例第 2 条。第 2 条第 1 款规定：[159]

> 根据条约第 101 条第 3 款，并在不违反本条例规定的前提下，特此声明条约第 101 条第 1 款不适用于纵向协议。
> 此豁免应适用的范围包括含有纵向限制的此类协议。

不属于第 101 条第 1 款范围的协议将不需要使用集体豁免。在此前提下，被豁免的协议可以是多边协议。

第 2 条第 2 款将集体豁免适用于企业协会与其会员或供应商之间的纵向协议。但是，协会的所有会员都必须是零售商，并且任何单个会员的年营业额都不得超过 5000 万欧元。

第 2 条第 3 款规定，在知识产权附属于纵向协议主要目的的情况下适用集体豁免。

第 2 条第 4 款旨在防止竞争性企业利用集体豁免进行市场划分。竞争性企业（competing undertakings）是同一产品市场中的实际或潜在供应商。[160] 第 2 条第 4 款规定，第 2 条第 1 款不适用于竞争性企业之间的纵向协议。第 2 条第 4 款接下来规定，在此类企业订立非互惠的纵向协议时，可

---

[159]　Guidelines（n 157）[5]–[7].

[160]　Reg 330/2010（n 156）Art 1（1）（c）；Guidelines（n 157）[27].

以适用该豁免。这种情况可能发生在如下情况下，即供应商是商品的制造商和分销商，而买方是分销商但不生产与合同商品竞争的商品。如果供应商是多个交易环节的服务提供商，而买方在零售环节提供商品或服务，但不是交易环节——它在该环节购买合同服务——的竞争性企业，则也可能发生这种情况。

第2条第5款规定，集体豁免不适用于其主题事项属于任何其他集体豁免范围的纵向协议。

（四）第3条：市场份额上限

纵向协议带来的效率收益超过反竞争效果的可能性取决于相关企业的市场权力，该条例由此对参与公司的市场份额设置了上限。[162] 第3条第1款指出，第2条包含的豁免仅在满足如下条件的情况下适用，即供应商占有的市场份额不超过它在其中销售合同货物或服务的相关市场的30%，并且买方的市场份额不得超过它在其中购买合同货物或服务的相关市场的30%。[163] 第7条规定了计算市场份额的方法。

（五）第4条：黑色清单

条例引文明确指出，某些被认为具有特定反竞争性的条款不会受益于集体豁免。这包括涉及纵向价格操纵和地域保护的条款。[164] 第4条排除了规制如下纵向协议的条例——此类协议直接或间接、孤立地或与当事人控制的其他因素相结合，具有下列任何限制目的之一。

维持转售价格被排除在外。[165] 允许规定最高售价和建议售价，但不得出于任何当事方的压力或者出于任何当事方提供的激励措施，导致其等同于固定或者最低售价。不过，当事方可以寻求对这类协议的个别豁免。[166]

对买方可以销售货物或服务的地域进行限制，或者对其可以向哪些客

---

[162]　Reg 330/2010（n 156）recs 7-8.

[163]　Guidelines（n 157）[87]-[92].

[164]　Reg 330/2010（n 156）rec 10.

[165]　Ibid Art 4（a）；Case C-279/06 *CEPSA*（n 63）；Case C-506/07 *Lubricantes y Carburantes Galaicos SL v GALP Energía España SAU*［2009］ECR I-134；Case C-260/07 *Pedro IV Servicios SL v Total España SA*［2009］ECR I-2437.

[166]　Guidelines（n 157）[47].

户进行销售施加的限制，也被排除在外。⑯ 这其中有很多例外。⑯ 允许限制向排他性地域进行积极销售的行为，或者向保留给供应商的专属客户，或者由供应商分配给其他买方的专属客户群积极销售的行为，但前提条件是这样一种限制不限制客户向买方进行销售。⑯ 允许在交易的批发环节运营的买方限制向最终用户进行销售，并且允许选择性分销系统的成员限制向非经授权的分销商进行销售。最后的例外是，有可能允许供应商限制购买部件的买方，防止买方将它们销售给客户，而该客户会使用这些部件制造将与供应商的产品展开竞争的产品。

在选择性分销系统零售环节经营的成员，如果限制其主动或被动地向最终用户进行销售，则不被允许。这不妨碍可以禁止该系统的成员在未经授权的营业地点之外经营。⑰ 需要注意的是，在遵守上述条件的情况下，可将选择性和排他性分销结合在同一个协议之中。只要该协议符合其中规定的其他条件，这类协议仍可能属于集体豁免。⑰

在选择性分销系统内的分销商之间，包括在不同交易环节经营的分销商之间，不得限制交叉供货。⑰ 因此，被选定的分销商必须能够从任何获得批准的分销商处购买商品或服务。

最后列入黑色清单中的规定涉及部件的供应。它旨在允许最终用户和独立服务提供商获得零配件。⑰

（六）第 5 条：不受益于豁免的义务

第 4 条规定了一些限制，防止整个纵向协议从集体豁免中受益。第 5 条对这类协议中所包含的某些条款排除集体豁免的利益。如果不良条款可以被分割，则该协议仍可以受益于豁免。第 5 条列出了三种类型的义务。

竞业禁止义务不能是无限期或者持续超过五年。而且，协议期满之后的禁止竞业义务也被排除。这项资格须受制于如下条件，即从买方在合同期间

---

⑯ Reg 330/2010（n 156）Art 4（b）；Case C-230/16 *Coty*（n 143）.

⑯ Ibid Art 4（b）（i）-（iv）.

⑯ Guidelines（n 157）[50].

⑰ Reg 330/2010（n 156）Art 4（c）；Guidelines（n 157）[56].

⑰ Whish（n 155）916.

⑰ Reg 330/2010（n 156）Art 4（d）.

⑰ Ibid Art 4（e）.

经营的销售场所销售一年的竞争性商品或服务的义务，前提条件是这项义务是保护供应商的专有知识所必不可少的。防止选择性分销系统的成员销售特定竞争性供应商的品牌商品的义务，也排除获得集体豁免的好处。

（七）第6条：撤回从条例中获得的利益

第6条规定了集体豁免的适用范围。它允许委员会通过条例宣布，在相似纵向限制的平行网络覆盖相关市场50%以上份额的情况下，如果纵向协议包含与该市场相关的特定限制，则本条例不适用于该纵向协议。[174]

欧盟委员会还可以[175]根据《第1/2003号条例》第29条撤回从《第330/2010号条例》中获得的利益。[176]第29条第1款授权委员会在发现纵向协议的效果与第101条第3款不符的情况下撤回从集体豁免中获得的利益，例如相似纵向协议的平行网络的累积效果严重限制了进入相关市场。[177]在某个国家具有明显不同的地理市场特征的情况下，第29条第2款允许成员国竞争主管机关根据与第29条第1款相同的条件撤回对该国的集体豁免利益。

八 小结

1. 关于纵向协议是否有害以及在什么情况下有害的争论一直很激烈。
2. 有人批评委员会没有用与联盟法院相同的声音说话，并采用了将限制行为等同于限制竞争的方法。
3. 联盟法院与欧盟委员会之间的分歧程度最近有所减小。但是，现在就认为委员会完全采用联盟法院对待第101条第1款的方式还为时尚早。此外，由于初审法院在"都会电视台案"中的裁决，联盟法院的处理方式也受到质疑。[178]
4. 一般集体豁免的通过，降低了这种分歧的重要程度，而一般集体豁免的形式化程度低于其前身。但是，不应忘记该条例规定的市场份额为30%。一些评论认为这是必要的，因为经济理论告诉我们，只有存在一

---

[174] Reg 330/2010（n 156）rec 13；Guidelines（n 157）[79]-[82].

[175] 这些规则曾见于《第2790/99号条例》第6条和第7条（n 154）。

[176] Council Regulation（EC）No 1/2003 of 16 December 2002 on the implementation of the rules on competition laid down in Articles 81 and 82 of the Treaty [2003] OJ L1/1.

[177] Guidelines（n 157）[74]-[78].

[178] Case T-112/99 *Métropole Télévision*（*M6*），*Suez-Lyonnaise des Eaux*，*France Télécom*，and *Télévision Française 1 SA*（*TFI*）*v Commission* [2001] ECR II-2459.

定程度的市场权力时，纵向协议才是危险的。^⑩ 这也许可以被接受，但是其他评论则认为现有上限太低，并且将新条例的特点定性为不过是扩展后的微量不计（de minimis）规定。^⑩

第十二节 竞争法：执行

一 传统方法和《现代化白皮书》

上述讨论集中于第 101 条的核心内容。然而，2003 年对第 101 条和第 102 条的执行制度进行了改革。由于篇幅原因，无法对新制度进行详细介绍，这里只讲解其中重要的核心内容。

执行竞争法的传统方法有两个基础。除某些例外情况以外，必须将协议向委员会通报，并且过去只有委员会有权适用第 101 条第 3 款。从这个意义上说，该体系是中心化的，尽管存在去中心化的方面。第 101 条和第 102 条具有直接效力，因此成员国法院可以适用第 101 条第 1 款，但不能根据第 101 条第 3 款给予个别豁免。

传统方法承受的压力越来越大。委员会没有资源来处理已通报的所有协议，也没有资源决定除少数个别豁免之外的任何事项。因此，委员会鼓励成员国法院适用第 101 条和第 102 条。但是，《现代化白皮书》^⑩ 提议对执行制度进行彻底改革，包括废除通报和委员会对第 101 条第 3 款的垄断。将授权成员国法院和成员国竞争主管机关全面适用第 101 条和第 102 条。该白皮书引发了大量学术评论，其中包含各种见解。^⑩

---

⑲ Whish（n 155）.

⑳ M Griffiths, 'A Glorification of De Minimis? The Regulation on Vertical Agreements' [2000] ECLR 241.

㉑ White Paper on Modernization of the Rules Implementing Articles 85 and 86 of the EC Treaty, Commission Programme 99/27, 28 Apr 1999.

㉒ See, eg, R Wesseling, 'The Commission White Paper on Modernisation of EC Antitrust Law: Unspoken Consequences and Incomplete Treatment of Alternative Options' [1999] ECLR 420; C-D Ehlermann, 'The Modernization of EC Antitrust Policy: A Legal and Cultural Revolution' (2000) 37 CMLRev 537; A Schaub, 'Modernisation of EC Competition Law: Reform of Regulation No. 17' in B Hawk (ed), Fordham Corporate Law Institute (Fordham University, 2000) ch 10; R Whish and B Sufrin, 'Community Competition Law: Notification and Exemption—Goodbye to All That' in D Hayton (ed), Law's Future (s): British Legal Developments in the 21st Century (Hart, 2000) ch 8; M Monti, 'European Competition Law for the 21st Century' in B Hawk (ed), Fordham Corporate Law Institute (Fordham University, 2001) ch 15.

二　新制度

《第1/2003号条例》实施新制度[183]，该条例第1条规定，属于第101条第1款但不满足第101条第3款条件的协议应被禁止，而无须做出事前决定。第102条中的滥用支配地位适用相同原则。成员国竞争主管机关（NCAs）和成员国法院可以适用第101条和第102条的全部内容。[184] 该条例包含广泛的调查权[185]，以及具有深远意义的处罚条款。[186]

条例包含促进成员国竞争主管机关与委员会之间合作的条款。[187] 成员国竞争主管机关有义务将始于成员国的程序通知委员会[188]，并且成员国竞争主管机关在通过关于应终止违反第101条或第102条行为的决定之前，以及在接受承诺或撤回集体豁免利益之前，有义务通知委员会。[189] 如果委员会启动程序以通过一项决定，则成员国竞争主管机关适用第101条和第102条的"权能被解除"[190]。成员国竞争主管机关不能做出与委员会已经就同一主题事项做出的决定相反的裁决。[191]

另外，还有规定旨在促进不同成员国竞争主管机关之间的合作[192]，并且建立欧洲竞争网络（European Competition Network），以促进成员国竞争主管机关之间的合作。[193] 如果两个或两个以上成员国的竞争主管机关收到对于同一协议的申诉或主动就同一协议采取行动，则"一个主管机关机构

---

[183]　Reg 1/2003（n 176）；J Venit,'Brave New World: The Decentralization and Modernization of Enforcement under Articles 81 and 82 of the EC Treaty'（2003）40 CMLRev 545；S Kon and A Barcroft,'Aspects of the Complementary Roles of Public and Private Enforcement of UK and EU Antitrust law: An Enforcement Deficit?'（2008）1 Global Competition Litigation Review 11.

[184]　Reg 1/2003（n 176）Arts 5 and 6.

[185]　Ibid Arts 17 – 22.

[186]　Ibid Arts 23 – 26；Guidelines on the method of setting fines imposed pursuant to Article 23（2）（a）of Regulation 1/2003［2006］OJ C210/2.

[187]　Reg 1/2003（n 176）Arts 11 – 12.

[188]　Ibid Art 11（3）.

[189]　Ibid Art 11（4）.

[190]　Ibid Art 11（6）.

[191]　Ibid Art 16（2）.

[192]　Commission Notice on cooperation within the Network of Competition Authorities［2004］OJ C101/43.

[193]　https：//ec.europa.eu/competition/ecn/index_ en.html.

正在处理此案的事实，应足以使其他机构中止其程序或拒绝其申诉"。⑭ 委员会也可以成员国竞争主管机关正在处理该事项为由拒绝申诉。如果成员国竞争主管机关或委员会已经处理过该案件，则任何其他成员国竞争主管机关都可以拒绝处理。⑮ 最近的一项指令加强了成员国竞争主管机关的权力。⑯

还有涉及与成员国法院开展合作的单独规定。⑰ 成员国法院在适用第101 条和第 102 条的程序中，可以要求委员会提供其拥有的信息，或者就有关欧盟竞争规则的适用问题征询委员会意见。⑱ 成员国有义务向委员会传送适用第 101 条或第 102 条的判决书副本。⑲ 成员国竞争主管机关可以就涉及第 101 条和第 102 条的案件向成员国法院提交书面意见，并且可以在成员国法院允许的情况下提交口头辩论。如果需要统一适用第 101 条和第 102 条，则委员会也可以这样做。⑳ 成员国法院不能就第 101 条和第 102条做出与委员会已经就同一主题事项所做决定相反的裁决，并且应避免在其已启动的程序中做出与委员会已考虑过的决定相冲突的决定。㉑

在新制度下，委员会继续拥有执行权。它可以根据申诉采取行动，也可以主动采取行动，并且认定违反第 101 条或第 102 条。㉒ 委员会可以要求采取行动上的或者结构方面的补救，尽管该条例倾向于前者。㉓ 出于欧盟公共利益的原因，委员会有权主动采取行动以决定第 101 条第 1 款不适用于某项协议，或者第 101 条第 3 款的条件没有得到满足。欧盟委员会对第 102 条具有类似的权力。㉔ 在根据第 7 条、第 8 条、第 9 条、第 10 条、

---

⑭　Reg 1/2003（n 175）Art 13（1）.

⑮　Ibid Art 13（2）.

⑯　Directive（EU）2019/1 of the European Parliament and of the Council of 11 December 2018 to empower the competition authorities of the Member States to be more effective enforcers and to ensure the proper functioning of the internal market［2019］OJ L11/3.

⑰　Commission Notice on the cooperation between the Commission and the courts of the EU Member States in the application of Articles 81 and 82 EC［2004］OJ C101/54.

⑱　Reg 1/2003（n 176）Art 15（1）.

⑲　Ibid Art 15（2）.

⑳　Ibid Art 15（3）；Case C－429/07 *Inspecteur van de Belastingdienst v X BV*［2009］ECR I－4833.

㉑　Ibid Art 16（1）.

㉒　Ibid Art 7.

㉓　Ibid Art 7（1）.

㉔　Ibid Art 10.

第 23 条、第 24 条第 2 款或第 29 条第 1 款做出决定之前，欧盟委员会必须咨询"关于限制性行动和支配地位的咨询委员会"（Advisory Committee on Restrictive Practices and Dominant Positions）。⑳ 该委员会由成员国竞争主管机关的代表组成，委员会必须"最大程度"地考虑其意见。㉖

欧盟委员会关于新制度的报告描绘了相关的积极的一面，但需要注意由成员国的不同程序和惩罚所造成的问题。㉗ 然而，评论者对现行制度的各个方面都表示出持续关注，包括竞争政策的刑事化不断加强、正当程序以及遵守人权。㉘

三　司法审查

可以根据《欧洲联盟运行条约》第 263 条和第 267 条对委员会的决定进行审查。前面章节已经讨论了涉及这些诉讼的一般原则。㉙ 可以从综合法院向欧洲法院提出上诉，但欧洲法院将仅审查由前者发现的事实的法律定性以及从中得出的结论。欧洲法院不审查事实，也不审查综合法院审理过的支持该事实的证据。㉚

申请人必须表明具有第 263 条的起诉资格。与其他问题相比，在竞争事项领域所面临的困难较少。竞争决定所针对的当事方可以寻求撤销该决定，申诉人通常被赋予起诉资格。㉛ 但是，仍然有一个重要问题，涉及根据条约第 263 条可以废除的措施的范围。对于正式的委员会决定，例如对违反的认定，这几乎没有困难。那些不正式的措施面临着更多困难。㉜ 第

㉕　Ibid Art 14 （1）.

㉖　Ibid Art 14 （5）.

㉗　Report on the functioning of Regulation 1/2003, COM （2009） 206 final; Ten Years of Antitrust Enforcement under Regulation 1/2003: Achievements and Future Perspectives, COM （2014） 453.

㉘　D Geradin et al, 'Towards an Optimal Enforcement of Competition Rules in Europe—Time for a Review of Regulation 1/2003', Global Competition Law Centre, Annual Conference, 11 – 12 June 2009.

㉙　参见第十五章至第十六章。

㉚　Case C – 8/95 P *New Holland Ford Ltd v Commission* [1998] ECR I – 3175.

㉛　Case 26/76 *Metro-SB-Großmärkte GmbH & Co KG v Commission* [1977] ECR 1875; Cases 228 and 229/82 *Ford Werke AG v Commission* [1984] ECR 1129; Case T – 12/93 *Comité Central d'Entreprise de la Société Anonyme Vittel v Commission* [1995] ECR II – 1247.

㉜　Case 99/79 *Lancôme v Etos* [1980] ECR 2511; Case 60/81 *IBM v Commission* [1981] ECR 2639; Cases T – 125 and 127/97 *The Coca-Cola Company and Coca-Cola Enterprises Inc v Commission* [2000] ECR II – 1733; Cases 142 and 156/84 *British American Tobacco Co Ltd and R J Reynolds Inc v Commission* [1987] ECR 4487.

263 条第 2 款列明了审查的理由。例如，由委员会委员团通过的决定未能以适当方式认证，这构成违反基本程序要求。㉑综合法院裁定，对涉及复杂经济评估的情况进行审查，应仅限于核实对程序的遵守情况，核实事实的实质准确性，并且通过检查以确保没有明显的评估错误或者滥用权力。㉔尽管有此类说明，但自从将该任务分配给综合法院以来，审查的强度有所增加。㉕

也可以根据《欧洲联盟运行条约》第 265 条对委员会未能采取行动提起诉讼。但是，委员会没有义务处理申诉，而且委员会在考虑联盟利益的情况下有自由裁量权决定是否使用其稀缺资源。㉖

对成员国竞争主管机关或成员国法院的决定提出质疑的模式是，根据《欧洲联盟运行条约》第 267 条寻求初步裁决。这种案件将由欧洲法院审理，并且适用第 267 条与间接诉讼有关的普通规则。㉗

四　损害赔偿诉讼㉘

欧洲法院已经确认，国家实体作为第 102 条诉讼的被告时，原则上国家可以承担赔偿责任。㉙如果被告是私人当事方，则根据欧盟法律也可以适用损害赔偿。在"克雷恩案"（*Crehan*）㉚中，欧洲法院裁定，如果个人

㉑　Case C – 286/95 P *Commission v Imperial Chemical Industries plc*（*ICI*）［2000］ECR I – 2341，［41］–［43］；Cases C – 287 – 288/95 P *Commission v Solvay SA*［2000］ECR I – 2391，［45］–［46］.

㉔　Case T – 44/90 *La Cinq SA v Commission*［1992］ECR II – 1；Case T – 7/92 *Asia Motor France SA v Commission*（*No*2）［1993］ECR II – 669；Cases 142 and 156/84 *British American Tobacco*（n 210）；Case T – 204/03 *Haladjian Frères SA v Commission*［2006］ECR II – 3779.

㉕　Cases T – 79/89 etc *BASF v Commission*［1992］ECR II – 315；Cases C – 89/85 etc *A Ahlström Oy*（n 30）；P Craig，*EU Administrative Law*（Oxford University Press，3rd edn，2018）ch 14.

㉖　Case T – 24/90 *Automec Srl v Commission*［1992］ECR II – 2223；Case T – 712/14 *CEAHR v European Commission* EUT：2017：748，［33］–［36］；Case T – 574/14 *EAEPC v Commission* EU：T：2018：605，［73］.

㉗　见第十四章。

㉘　本部分应与第九章以及以下文献一起阅读：C Jones，*Private Enforcement of Antitrust Law in the EU*，*UK and USA*（Oxford University Press，1999）；P Nebbia，'Damages Actions for the Infringement of EC Competition Law：Compensation or Deterrence？'（2008）23 ELRev 24；WPJ Wils，'The Relationship between Public Antitrust Enforcement and Private Actions for Damages'（2009）32 World Competition 3.

㉙　Case C – 242/95 *GT-Link A/S v De Danske Statsbaner*（*DSB*）［1997］ECR I – 4449.

㉚　Case C – 453/99 *Courage Ltd v Crehan*［2001］ECR I – 6297，［26］–［36］；Cases C-295 – 298/04 *Manfredi v Lloyd Adriatico Assicurazione SpA*［2006］ECR I – 6619；Case C – 557/12 *Kone AG v ÖBB Infrastruktur AG* EU：C：2014：1317.

甚至是协议的当事方，不能对因合同或者扭曲竞争的行为所造成的损失提出索赔，则第 101 条的充分有效性将受到损害。因此，成员国法律不应绝对禁止此类诉讼，即使是协议当事方提起的诉讼。但是，成员国法律有权防止一方当事人不当得利或者从其非法行为中牟利。成员国法院应考虑到合同当事方各自的议价能力，以及合同当事方承担违反第 101 条责任的范围。㉑

委员会一直热衷于制定与损害赔偿诉讼有关的欧盟规则，以此作为根据《第 1/2003 号条例》在成员国法院执行第 101 条和第 102 条的机制。《委员会白皮书》㉒ 奠定了基础㉓，在其基础上于 2014 年通过了一部指令。㉔ 它适用于在成员国提起的所有损害赔偿诉讼，包括个别诉讼和集体诉讼。该指令使得获得损害赔偿诉讼所需的证据更加容易，确立了卡特尔造成损害这项可驳回的推定，规定提出诉讼的至少五年时效期限，制定了解决传导问题的规则，并且规定受害者应获得全额赔偿，包括利润和利息损失。

非法合同所带来的利益可以在多大程度上得到矫正，是一个复杂的议题，可以在其他文献中找到详细的处理方法。㉕ 前面章节已经考虑了欧盟法律的有关原则㉖，欧洲法院已经确认，至少在被告是公共企业的情况下，这些原则适用于根据第 101 条或第 102 条诉讼所采取的追偿。㉗

㉑ A Jones and D Beard, 'Co-contractors, Damages and Article 81: The ECJ finally Speaks' [2002] ECLR 246; O Odudu and J Edelman, 'Compensatory Damages for Breach of Article 81' (2002) 27 ELRev 327.

㉒ White Paper on damages actions for breach of the EC antitrust rules, COM (2008) 165 final; Green Paper—Damages Actions for Breach of the EC Antitrust Rules, COM (2005) 672 final; J Pheasant, 'Damages Actions for Breach of the EC Antitrust Rules: The European Commission's Green Paper' [2006] ECLR 365; K Bernard, 'Private Antitrust Litigation in the European Union—Why does the EC Want to Embrace what the US FTC is Trying to Avoid?' (2010) 3 Global Competition Law Review 69.

㉓ COM (2013) 404 final.

㉔ Directive 2014/104/EU of the European Parliament and of the Council of 26 November 2014 on certain rules governing actions for damages under national law for infringements of the competition law provisions of the Member States and of the European Union [2014] OJ L349/1.

㉕ A Jones, 'Recovery of Benefits Conferred under Contractual Obligations Prohibited by Article 85 or 86 of the Treaty of Rome' (1996) 112 LQR 606.

㉖ 参见第九章。

㉗ Case C – 242/95 *GT-Link* (n 219).

第十三节　结　论

一　联盟法院对第 101 条进行了宽泛解读，其目标是提高效率并防止私人行为体阻碍单一市场计划。因此，它们扩张性地解读诸如协议和协同行为等关键概念。

二　对第 101 条的解释也受到第 101 条第 1 款要求在多大范围内进行经济分析的影响。欧洲法院坚持认为，应分开解读目的和效果。某些协议仅因证明其存在就可认定违法，即它们本身违法（illegal *per se*）。横向市场划分、横向价格操纵和抵制就是典型的例子。至于大量其他协议，则需要进行市场分析，以确定它们是否属于第 101 条第 1 款范围。综合法院和委员会不太情愿在第 101 条第 1 款下对协议促进竞争的效果和反竞争效果进行全面的经济分析。

三　关于是否应根据狭义观点或广义观点解释第 101 条第 3 款，目前尚无定论。由于已将第 101 条第 3 款的权能下放给成员国法院和成员国竞争主管机关，这一问题得到了极大缓解。这可能会使平衡偏向于狭义解释。

四　欧盟竞争法的范围不仅仅是法院的工作。立法机关通过《合并条例》（Merger Regulation）等措施进行干预。委员会自身以多种方式精心谋划这方面的进展，包括通过集体豁免、控制合并、日益重视公共部门的竞争，以及改革执行机制。

第十四节　扩展阅读[228]

Amato，G，*Antitrust and the Bounds of Power*（Hart，1997）

Bellamy，C，and Child，G，*European Community Law of Competition*（edited by D Bailey and L John，Oxford University Press，8th edn，2018）

---

[228]　关于这一主题的文献有很多，本参考文献仅限于书籍。

Bishop, S, and Walker, M, *The Economics of EC Competition Law: Concepts, Application and Measurement* (Sweet & Maxwell, 3rd edn, 2010)

Bork, R, The Antitrust Paradox: *A Policy at War with Itself* (Basic Books, 1978)

Ezrachi, A, *EU Competition Law: An Analytical Guide to the Leading Cases* (Hart, 6th edn, 2018)

Faull, J, and Nikpay, A (eds), *The EU Law of Competition* (Oxford University Press, 3rd edn, 2014)

Gerber, D, *Law and Competition in Twentieth Century Europe* (Oxford University Press, 1998)

Harding, C, and Joshua, J, *Regulating Cartels in Europe: A Study of Legal Control of Corporate Delinquency* (Oxford University Press, 2003)

Ibáñez Colomo, P, *The Shaping of EU Competition Law* (Cambridge University Press, 2018)

Jones, A, and Sufrin, B, *EU Competition Law: Text, Cases, and Materials* (Oxford University Press, 7th edn, 2019)

Kerse, C, and Khan, N, *EU Antitrust Procedure* (Sweet & Maxwell, 6th edn, 2012)

Liannos, I, Korah, V, and Siciliani, P, *Competition Law: Analysis, Cases, and Materials* (Oxford University Press, 2019)

Odudu, O, *The Boundaries of EC Competition Law: The Scope of Article* 81 (Oxford University Press, 2006)

Sauter, W, *Coherence in EU Competition Law* (Oxford University Press, 2016)

Tuytschaever, F, and Wijckmans, F, *Vertical Agreements in EU Competition Law* (Oxford University Press, 3rd edn, 2018)

——and—— (eds), *Horizontal Agreements and Cartels in EU Competition Law* (Oxford University Press, 2015)

Wesseling, R, *The Modernisation of EC Antitrust Law* (Hart, 2000)

Whish, R, and Bailey, D, *Competition Law* (Oxford University Press, 9th edn, 2018)

第二十八章 竞争法：第 102 条

第一节 核心议题

一 前一章讲解了第 101 条的适用问题，本章聚焦于与竞争政策有关的另一个主要条款：《欧洲联盟运行条约》第 102 条（原《欧共体条约》第 82 条）。

二 第 102 条的实质是控制"市场权力"（market power），市场权力可能来自单个企业，或者在某些条件下来自多个企业。与正常竞争条件相比，垄断权力可以推高价格，降低产出，这是对其进行法律规制的关键原因。

三 但是，第 102 条并不禁止市场权力"本身"。它排斥的是"滥用"市场权力。鼓励公司进行竞争，其中最有效率的竞争者能够获得成功。如果赢家受到法律惩罚，这不合常理，因为它可能比竞争者更为高效。[①]

四 对第 102 条的分析分为很多阶段。有必要界定"相关市场"（relevant market），因为这是决定公司在市场上是否具有支配地位的前提条件；决定它是否滥用支配地位；是否存在辩护理由。

五 在各阶段中都有疑难问题。存在意见分歧的情况涉及：产品市场的性质；市场份额以外的哪些因素使公司具有支配性；支配性公司的某些行为是否总被视为滥用；第 102 条的真正目的是否主要是保护竞争者或者消费者。

---

① Case C－413/14 P *Intel Corp v European Commission* EU：C：2017：632，［133］.

六　委员会负责审查第 102 条。这引起了很多评论，包括该条款的目的以及应在多大程度上将审查建立在法律形式或经济效果之上。第 102 条的执行现在已在前章机制改革中讨论，应参考相关内容。[②]

七　将《欧洲联盟运行条约》第 101 条与第 102 条进行对比的内容，出现在下面的摘录中。

绍特：《欧盟竞争法的连贯性》[③]

反托拉斯的第二个要素是《欧洲联盟运行条约》第 102 条禁止滥用支配地位。在这里，市场的界定是关键，确定支配地位和滥用也是如此。……支配性必须始终根据特定产品市场和地理市场来评估。此外，条约不包括滥用支配地位的例外情况，尽管根据委员会的实践，可以援引基于效率的客观正当理由以及满足竞争性的辩护理由。与第 101 条相比，第 102 条没有进一步的二级立法（并且判例法较少）。最近，委员会重点针对排斥性滥用，即拒绝竞争者进入市场（或封锁市场），而不是剥削性滥用或压榨消费者。对排斥性的关注涉及某些难以评估的事项，因为就激烈的择优竞争与其变种而言，前者显然被认为是可取的，后者同样激烈但反竞争，这两者之间可能仅存在细微的界限。

第二节　支配地位：对相关市场的界定

《欧洲联盟运行条约》第 102 条规定如下：

只要可能影响成员国之间的贸易，则一个或多个企业滥用其在内部市场或在内部市场的实质部分占有的支配地位之行为因与内部市场不符而予以禁止。

此种滥用行为特别包括：

---

② 参见第二十七章第十二节。

③ W Sauter, *Coherence in EU Competition Law* (Oxford University Press, 2016) 29.

（1）以直接或间接方式强行规定收购或销售价格或其他不公平的交易条件；

（2）限制生产、销售或技术发展从而损害消费者利益；

（3）对与其他商业伙伴的同等交易适用不同的条件，从而使其在竞争中处于不利地位；

（4）以其他合同方接受附加义务为条件缔结合同，这些义务从其本质上或者根据商业惯例与此等合同的主题无关。

第102条规范具有支配地位（dominant position）的一个或多个企业（undertaking）。④ 应从三个变量来评估支配性（dominance）：产品市场（product market）、地理市场（geographical market）和时间因素（temporal factor）。

一　产品市场

企业只会在特定货物或服务的供应方面具有"市场权力"（market power）。"产品市场"（product market）的界定越狭窄，就越容易判断企业是否具有第102条意义上的支配地位。为此，企业经常主张，委员会对产品的界定过于狭窄。⑤ 一般方式是关注"可互换性"（interchangeability）：货物或服务在多大程度上可以与其他产品互换。⑥ 这需要看市场的供需两侧。

从"需求侧"来看，可互换性要求调查产品的"交叉弹性"（cross-elasticities）。基本理念很简单。如果一种产品例如牛肉的价格升高，导致买方转向大量购买羊肉或猪肉，因而具有高交叉弹性。高交叉弹性的存在意味着这些产品属于同一市场。但是，可能难以获得关于不同产品的相对交叉弹性的可靠数据。在这种情况下，委员会和欧洲法院可能会考虑相关因素，以判断产品是否真正可互换，包括各种产品的价格和物理特性。例

④　企业（undertaking）的定义与第101条背景下的含义相同，参见本书第二十七章第四节。它包括从事经济活动的任何实体，而无论其法律地位和融资方式为何，参见 Case T-128/98 *Aéroports de Paris v Commission* [2000] ECR II-3929，[107].

⑤　Cases 6 and 7/73 *Istituto Chemioterapico Italiano SpA and Commercial Solvents v Commission* [1974] ECR 223；Case 6/72 *Europemballage Corporation and Continental Can Co Inc v Commission* [1973] ECR 215；Case 85/76 *Hoffmann-La Roche and Co AG v Commission* [1979] ECR 461；Case C-333/94 P *Tetra Pak International SA v Commission* [1996] ECR I-5951.

⑥　Case 27/76 *United Brands Company and United Brands Continentaal BV v Commission* [1978] ECR 207.

如，葡萄酒的价格和质量可能有很大差别。优质葡萄酒价格上涨可能不会导致买方转向低档葡萄酒，但可能会导致他们购买另一种高档葡萄酒。产品物理特性的相关性在"百汇公司案"（*United Brands*）中得到了体现，在该案中，欧洲法院考虑了香蕉的口感、无籽特性和柔软度，以确定它们是否构成不同于其他水果的一个单独市场。[⑦] 在"法国电信案"（*France Télécom*）[⑧] 中，初审法院认为低速与高速互联网接入市场并不相同，因为它们之间的可替代性不充分。

产品可互换的程度也可能受到"供给侧"因素的影响。即使有多个公司生产不同的产品，但对于某家公司而言，调整其机器装置以制造竞争对手生产的产品，可能相对简单。在这种情况下，这两种产品可能被认为是同一市场的一部分。[⑨]

以下几个判例[⑩]说明了欧洲法院如何界定相关产品市场，以及由此可能带来的问题。

百汇公司与大陆百汇公司诉委员会

Case 27/76 United Brands Company and United

Brands Continentaal BV v Commission

[1978] ECR 207

[《里斯本条约》重新编号，第 86 条

现为《欧洲联盟运行条约》第 102 条]

百汇公司生产香蕉，被指控存在多种滥用行为，下文将对此进行考察。一开始，问题涉及对相关产品市场的界定。百汇公司主张，香

---

⑦　Ibid.

⑧　Case T－340/03 *France Télécom SA v Commission* [2007] ECR II－107，[78]－[91]，upheld on appeal Case C－202/07 P *France Télécom SA v Commission* [2009] ECR I－2369；Case T－427/08 *Confédération européenne des associations d'horlogers－réparateurs*（*CEAHR*）*v European Commission* [2010] ECR II－5865.

⑨　Case 6/72 *Continental Can*（n 5）；Case T－65/96 *Kish Glass & Co Ltd v Commission* [2000] ECR II－1885，[68].

⑩　See also Case T－201/04 *Microsoft Corp v Commission* [2007] ECR II－3601，[484]－[485]，[531]；Case C－49/07 *Motosykletistiki Omospondia Ellados NPID*（*MOTOE*）*v Elliniko Dimosio* [2008] ECR I－4863；Case T－301/04 *Clearstream Banking AG and Clearstream International SA v Commission* [2009] ECR II－3195.

蕉是新鲜水果这一更大市场的一部分，并出具研究表明，香蕉和其他水果之间具有高交叉弹性。委员会则认为交叉弹性低，认为香蕉是一个独特市场，因为香蕉构成某些消费者饮食中的重要组成部分，而且因为香蕉具有其他水果无法替代的特殊品质。

欧洲法院

22. 要认为香蕉形成了一个与其他水果具有充分差异的市场，必须有可能通过如下特性将香蕉与其他水果区分开来，也就是说，这些特征使得香蕉与其他水果仅在一定程度上具有可互换性，并且仅以一种几乎无法察觉的方式与其他水果进行竞争。

23. 香蕉一年四季都可以成熟，不必考虑季节问题。

……

27. 由于香蕉是一种总是可以获取充足数量的水果，因此，必须在整个一年内判断它是否可被其他水果取代，以便确定它与其他新鲜水果之间的竞争程度。

28. 本法院卷宗中对香蕉市场的研究表明，它不包括任何明显的长期交叉弹性，也没有……香蕉和所有季节性水果之间普遍存在的任何季节替代性，而这只存在于某个国家（西德）中相关地理市场的香蕉和两种水果（桃子和鲜食葡萄）之间。

29. 就全年可获得的两种水果（橙子和苹果）而言，第一种不可互换，第二种只有相对的可替代性。

30. 香蕉的特性和影响消费者选择的所有因素都说明了这种很低程度的可替代性。

31. 香蕉具有某些特征、外观、口感、柔软度、无籽特性、易处理、稳定的生产水平，使其能够满足十分重要的一部分人口的持续需求，其中包括儿童、老人和病人。

32. 就价格而言，粮农组织（FAO）的两项研究表明，香蕉仅受夏季（并且主要是 7 月）其他水果（仅为桃子和鲜食葡萄）价格下跌的影响，且其下跌幅度不超过 20%。

……

34. 从所有这些考虑中可以得出，对香蕉有持续需求的大量消费者，并没有明显地或者十分显著地受到新鲜水果上市的"诱惑"而不再消费香蕉这种产品，而且从可替代性的角度来看，即使季节性高峰期对香蕉产生的影响也仅持续了有限的时间。

35. 因此，香蕉市场是一个与其他新鲜水果市场具有充分差异性的市场。

米其林轮胎工业荷兰公司诉委员会

Case 322/81 Nederlandsche Banden-Industrie

Michelin NV v Commission

[1983] ECR3461

[《里斯本条约》重新编号，第86条

现为《欧洲联盟运行条约》第102条]

委员会基于米其林公司给予轮胎销售折扣的做法对其提起诉讼，该折扣与成本的客观差异无关，其指控是，给予折扣是为了将买方与米其林"捆绑"在一起。米其林被认定在卡车、公共汽车和类似车辆的替换新轮胎市场上具有支配地位。米其林主张，对产品市场的这种界定是武断的和人为的，还应考虑轿车轮胎和货车轮胎以及翻新轮胎。

欧洲法院

37. 正如本法院一再强调的……为了调查企业在特定市场上可能具有的支配地位，必须在由全部产品组成的市场这一背景下判断竞争的可能性，就其特征而言，这些产品特别适合于满足持续需求，并且只能在一定程度上与其他产品互换。

但是，必须指出的是，确定相关市场有助于评估有关企业是否能够阻止保持有效竞争，以及是否能够在显著程度上独立于其竞争者、客户和消费者而采取行动。因此，为此目的，仅限于检查相关产品的客观特征是不够的，还必须考虑竞争条件和供需结构。

38. 此外，正是出于这个原因，委员会和米其林公司同意，在评估市场份额时不应考虑新的原装轮胎。

由于对此类轮胎的需求以汽车制造商的直接订购为特征，因此，鉴于这种特殊结构，这一领域的竞争实际上受完全不同的因素和规则调整。

39. 关于替换轮胎，首先必须指出的是，在用户层面，在轿车和厢式货车轮胎与重型车辆轮胎之间没有互换性。因此，轿车和厢式货车轮胎完全不会对重型车辆轮胎市场上的竞争产生影响。

40. 此外，这些类别产品的需求结构都不相同。重型车辆轮胎的大多数购买者是商业用户……购买替换轮胎是一项相当大的支出。……另一方面，对于轿车或厢式货车轮胎的一般购买者来说，购买轮胎是偶然事件。……

41. 最后必须指出的是，由于在生产技术以及制造轮胎所需的工厂和工具方面存在着巨大差异，重型车辆轮胎和轿车轮胎之间没有供应弹性。为了调整生产工厂，从原本生产重型车辆轮胎转为制造轻型轮胎，需要时间和大量投资，反之亦然，这一事实意味着在这两类轮胎之间没有为了适应市场需求而调整生产的明显关系。

　　……

45. 因此，在确定米其林公司处于支配地位时，委员会参照货车、公共汽车和类似车辆的替换轮胎以评估其市场份额，并且不考虑轿车和厢式货车轮胎，这是正确的。

产品市场的性质可能特别狭窄。在"哈金公司案"（*Hugin*）[11] 中，立普顿斯公司（*Liptons*）在为哈金公司的收银机提供维修服务方面与哈金进行竞争，哈金拒绝向立普顿斯公司提供其收银机的零备件，委员会认为哈金公司违反第102条。委员会将相关市场界定为哈金机器的零备件，而这是独立维修商所需要的。哈金公司主张，正确的产品市场应该是一般意义上收银机，而该市场的竞争非常激烈。欧洲法院认为，收银机用户需要专业人士提供服务来维修机器，从而维持了委员会的产品界定。[12]

---

　　[11]　Case 22/78 *Hugin Kassaregister AB and Hugin Cash Registers Limited v Commission* [1979] ECR 1869；Case 26/75 *General Motors Continental NV v Commission* [1975] ECR 1367.

　　[12]　E Fox, 'Monopolization and Dominance in the US and the EC：Efficiency, Opportunity and Fairness' (1986) 61 Notre Dame LRev 981, 1003–1004.

二　地理市场

地理市场（geographic market）的界定是，所有交易者在相同或充分同质化的竞争条件下经营相关产品或提供相关服务的地域，竞争条件不必完全同质化。[13] 在没有特殊因素的情况下，欧洲法院在"喜利得公司案"（*Hilti*）中裁定，相关地理市场是整个欧盟。[14] 在"百汇公司案"（*United Brands*）中，可以发现欧洲法院对这一问题的思考。

百汇公司与大陆百汇公司诉委员会
Case 27/76 United Brands Company and United
Brands Continentaal BV v Commission
［1978］ECR 207

事实如前所述。百汇公司主张，委员会错误地解释了地理市场。由于法国、意大利和英国存在特殊的贸易条件，委员会将这几个国家排除在外。申请人接受了这一点，但认为被委员会视为相关地理市场的其他各个国家，贸易条件也有所不同。

欧洲法院

44. 将第86条适用于处于支配地位的企业的条件是，明确界定共同市场的实质部分——在共同市场中，处于支配地位的企业可能从事妨碍有效竞争的滥用行为，而且，在该区域，适用于相关产品的客观竞争条件对所有交易者都必须相同。

45. 共同体尚未建立针对香蕉的农产品市场共同组织。

46. 由此，各个成员国之间的进口安排差异很大，并且反映了相关国家的特定商业政策。

---

[13] Case T – 83/91 *Tetra Pak v Commission* ［1994］ECR II – 755, ［91］, confirmed on appeal in Case C – 333/94 P *Tetra Pak* (n 5)；Case T – 219/99 *British Airways plc v Commission* ［2003］ECR II – 5917, ［108］.

[14] Dec 88/138 ［1988］OJ L65/19, upheld on appeal, Case C – 53/92 P *Hilti AG v Commission* ［1994］ECR I – 667.

[欧洲法院审查了法国、意大利和英国对香蕉的特别安排。这些安排在细节上有所不同，但总的来说对来自三个国家的海外领土和英联邦的香蕉给予优惠待遇。欧洲法院继续裁决如下。]

51. 这三个市场的国家组织产生的效果是，申请人的香蕉与这些国家出售的享有优惠待遇的香蕉开展竞争的条件不平等。欧盟委员会将这三个国家的市场排除出需要考虑的地理市场范围是正确的。

52. 另一方面，其他六个国家的市场是完全自由的，尽管适用的关税规定和运输费用必然有所不同，但不存在歧视性，而且竞争条件对所有人都相同。

53. 从能够参与自由竞争的角度来看，这六个国家构成了一个具有足够同质性的区域，可以予以整体考虑。

在某些情况下，地理市场的范围相对简单。在"英国电信公司案"（*British Telecommunications*）[⑮] 中所涉及的问题是，就英国的信息发送机构而言，英国电信公司是否滥用其支配地位。因此，该案中的地理市场是英国，英国电信公司垄断了该市场的电信服务。在其他情况下，地理市场的范围可能受到运输成本等因素的影响。"纳皮尔·布朗公司诉英国糖业案"（*Napier Brown-British Sugar*）就是如此。[⑯] 委员会认为，在判断一家英国公司是否在糖的生产和销售中具有支配地位时，相关市场是大不列颠，因为进口量非常有限并且只是作为英国本地糖的补充，而非替代品。

三　时间因素

市场具有时间因素。因此，一家公司可能会在一年中的特定时间里拥有市场权力，在此期间来自其他产品的竞争程度很低，因为这些其他产品只在特定季节供应。而且，技术进步和消费者习惯的变化将改变市场之间的界限，就此而言，产品市场的界定本身具有时间维度。[⑰]

---

⑮　Dec 82/861 [1982] OJ L360/36. On appeal see Case 41/83 *Italy v Commission* [1985] ECR 873.

⑯　Dec 88/518 [1988] OJ L284/41.

⑰　Dec 92/163, *Elopak Italia Srl v Tetra Pak*（*No 2*）[1992] OJ L72/1.

四　关于市场界定的委员会通告

欧盟委员会发布了《关于欧盟竞争法意义上相关市场界定的委员会通告》。⑱ 这在三个相关方面具有重要意义。⑲

其一，委员会明确指出，对相关市场（relevant market）的界定将根据竞争调查的性质而有不同的看法：对计划中的集中进行的调查本质上是前瞻性的，而其他类型的调查则可能主要与过去的行为有关。⑳

其二，该通告标志着委员会关于市场界定的思路发生了转变。该通告以正统方式开始，指出委员会将审查需求的可替代性、供应的可替代性以及潜在竞争。㉑ 创新之处在于委员会对如何应用这些原则的详细说明。从本质上讲，委员会采用了所谓的"SSNIP 测试"（价格小幅增长，但影响显著，且并非暂时性的增长）。在此测试中，相关市场是最狭窄的产品范围，于是，相关产品领域中的假设垄断者就会发现，建立 SSNIP 既有可能，也是值得的。如果需求替代因为导致的销售损失而足以使价格的上涨无利可图，则增加的替代产品也将被包括在相关市场之中。㉒

其三，虽然委员会不能推翻欧洲法院的裁决，这是不证自明的，但是，委员会仍在偏离欧洲法院所使用的某些基准。产品特性和预期用途的相似性在判例法中发挥了重要作用㉓，但欧盟委员会认为它们不足以确定两个产品是否为需求替代品。㉔ 功能互换性也是如此㉕，因为客户对价格变化的反应可能由其他因素决定。㉖ 从积极角度来看，委员会声称它会考虑

---

⑱　Commission Notice on the definition of relevant market for the purposes of Community competition law [1997] OJ C372/5.

⑲　W Bishop, 'Editorial：The Modernization of DGIV' [1997] ECLR 481.

⑳　Commission Notice（n 18）[12].

㉑　Commission Notice（n 18）[15] – [24].

㉒　Ibid [15] – [18]；但是，欧盟委员会研究报告中表达了对"SSNIP 测试"（small but significant and non-transitory increase in prices）的保留意见，参见 DG Competition Discussion Paper on the Application of Article 82 of the Treaty to Exclusionary Abuses（2005），[11] – [17], and Guidance on the Commission's enforcement priorities in applying Article 82 of the EC Treaty to abusive exclusionary conduct by dominant undertakings [2009] OJ C45/7.

㉓　See Case 27/76 *United Brands*（n 6），and Cases 6 and 7/73 *Commercial Solvents*（n 5）.

㉔　Commission Notice（n 18）[36].

㉕　Case 6/72 *Continental Can*（n 5）.

㉖　Commission Notice（n 18）[36].

如下因素：最近出现的关于替代品的证据，或者表明市场出现震荡的证据；客户和竞争者的意见；定量经济测试；可以获得的消费者偏好证明；产品替代所涉及的障碍和成本；以及产品是否有不同的客户群。㉗

第三节　支配地位：市场权力

一　单一公司支配

在欧洲法院界定相关市场之后，接下来它必须决定该企业在该领域是否具有支配地位。因此，有必要对公司的市场权力（market power）进行某些评估。㉘ 在"百汇公司案"（*United Brands*）㉙ 中规定了法律测试标准：

> 本条所称的支配地位涉及企业享有的经济实力地位，这一地位通过赋予该企业在显著程度上独立于竞争者、客户和最终消费者而采取行动的实力，使企业有能力阻止在相关市场上维持有效竞争。

在"霍夫曼—罗氏制药公司案"（*Hoffmann-La Roche*）中，欧洲法院援引并支持该测试标准，并且附加了以下说明：㉚

> 这种地位并不排除某些竞争，但在存在垄断或准垄断的情况下会排除竞争，然而，这种地位可以使获利于支配地位的企业至少能够对竞争发展的条件产生显著影响——即使不能决定这些条件，并且，在任何情况下，只要这种行为不对其造成损害，此类企业基本就可以在

㉗　Ibid［38］-［43］.

㉘　D Landes and R Posner, 'Market Power in Antitrust Cases' (1981) 94 Harv LRev 937; R Schmalensee, 'Another Look at Market Power' (1982) 95 Harv LRev 1789.

㉙　Case 27/76［1978］ECR 207,［65］; Case T–128/98 *Aéroports de Paris* (n 4)［147］; Case C–202/07 P *France Télécom* (n 8)［103］; Case T–336/07 *Telefónica, SA and Telefónica de España, SA v European Commission* EU：T：2012：172,［146］-［150］, upheld in Case C–295/12 P, 10 July 2014; Case C–457/10 P *AstraZeneca AB and AstraZeneca plc v European Commission* EU：C：2012：770,［174］-［176］.

㉚　Case 85/76 *Hoffmann-La Roche* (n 5)［39］.

无视竞争的情况下开展行动。还必须将支配地位与寡头垄断所特有的平行行为过程区分开来，因为在寡头垄断中，行为过程是相互作用的，而在企业占据支配地位的情况下，企业从该地位获利的行为在很大程度上是单方面确定的。存在支配地位的原因可能来自多种因素，单独来说，这些因素不一定是决定性因素，但在这些因素中，极为重要的一个因素是存在很大的市场份额。

在没有"法定垄断"（statutory monopoly）的情况下，联盟法院将考虑两种证据来判断企业是否具有市场权力：企业的市场份额，以及其他因素是否被用于巩固其支配地位。此种支配地位测试法受到了批评。

德阿泽维多和沃克：《市场支配地位：评估问题和错误》[31]

该法律定义基于公司能够在很大程度上独立于其客户、消费者和竞争者采取行动这一概念。我们对独立于客户和消费者采取行动这一概念的批评主要是概念上的：所有公司，无论是否具有支配地位，都受需求曲线规律的约束，因此不能独立于客户或消费者采取行动。我们对独立于竞争者采取行动这一概念的批评主要是经验上的：只有在极少数情况下才能衡量这种独立性，因为在通常情况下，一家占有支配地位的公司会一直行使其市场权力，直到受到限制无法再进一步行使这种权力为止。例如，一家支配性公司在竞争性价格水平方面可能几乎不受任何价格约束，但正是由于这个原因，它会把价格提高到竞争性价格水平以上，直到价格高到足以使竞争者施加价格约束为止。

（一）市场份额

具有法定垄断权的企业可能具有第 102 条意义上的支配地位。根据《欧洲联盟运行条约》第 106 条第 2 款，授予法定垄断权并没有赋予对欧

---

[31] J de Azevedo and M Walker, 'Market Dominance: Measurement Problems and Mistakes' [2003] ECLR 640, 640; F Dethmers and N Dodoo, 'The Abuse of *Hoffmann-La Roche*: The Meaning of Dominance under EC Competition Law' [2006] ECLR 537.

盟竞争法的豁免。[32] 该企业拥有的市场份额将成为其是否具有市场权力的关键。[33] 除了具有法定垄断权的公司之外，几乎没有公司会占有市场的 100% 份额。要适用第 102 条，企业不一定必须具有这种规模的市场份额，但事实上的垄断（*de facto* monopoly）将导致被认定为具有支配地位。[34]

因此，在"百汇公司案"（*United Brands*）中，欧洲法院认为，百汇公司占有 40%—45% 的市场就足以认定其占据支配地位，尽管它还考虑了其他表明具有支配地位的因素。[35] 但是，在"霍夫曼—罗氏制药公司案"中，欧洲法院推翻了委员会对该公司在维生素 B3 市场上占据支配地位的认定，其市场占有率过去曾仅为 43%。因为不满足应存在使其保持在该市场上支配地位的其他因素。[36] 但是，欧洲法院明确指出，除非在特殊情况下，否则存在非常大的市场份额并且保持了一段时间，就可以表明存在支配性。这要确保该企业行动自由，这种自由正是支配地位的标志。[37] 在"阿克苏公司案"（*Akzo*）[38] 中，欧洲法院裁定，50% 的市场份额可以说非常大，因此表明具有支配地位，"爱尔兰糖厂案"（*Irish Sugar*）重复了这一认定。[39]

此外，似乎正在出现所谓"超级支配"（super-dominance）概念，适用于具有很大市场份额的企业。委员会和欧洲法院认为此类实体对竞争过程负有特殊责任。[40]

---

[32]　Case 41/83 *Italy v Commission*（n 15）.

[33]　Commission's enforcement priorities（n 22）［14］–［15］；DG Competition Discussion Paper（n 22）［28］–［32］.

[34]　Case C – 52/07 *Kanal 5 Ltd and TV 4 AB v Föreningen Svenska Tonsättares Internationella Musikbyrå*（*STIM*）*upa*［2008］ECR I – 9275，［21］–［22］.

[35]　Case 27/76 *United Brands*（n 6）.

[36]　Case 85/76 *Hoffmann-La Roche*（n 5）.

[37]　Ibid［41］；Case T – 30/89 *Hilti AG v Commission*［1991］ECR II – 1439，［92］；Case T – 65/98 *Van den Bergh Foods Ltd v Commission*［2003］ECR II – 4653，［154］；Case T – 336/07 *Telefónica*（n 29）［149］–［150］；Case C – 457/10 P *AstraZeneca*（n 29）［176］.

[38]　Case C – 62/86 *Akzo Chemie BV v Commission*［1991］ECR I – 3359，［60］.

[39]　Case T – 228/97 *Irish Sugar plc v Commission*［1999］ECR II – 2969，［70］，upheld on appeal，Case C – 497/99 P *Irish Sugar plc v Commission*［2001］ECR I – 5333.

[40]　Cases C – 395 and 396/96 P *Compagnie Maritime Belge Transports SA v Commission*［2000］ECR I – 1365，［137］AG Fennelly；*1998 World Cup*［2000］OJ L5/55，［86］；R Whish and D Bailey，*Competition Law*（Oxford University Press，9th edn，2018）195 – 196.

（二）表明支配性的其他因素：进入壁垒

要确定表明支配性的其他因素可能存在不少问题。显然，欧洲法院应该注意除市场份额以外的其他因素，因为即使存在相当大的市场份额，也可能由于新进入市场的竞争者而变得脆弱。然后还必须考虑，"进入壁垒"（barriers to entry）在多大程度上导致其他公司难以渗入这个市场。但是，有关该概念的含义有很多争议。

一部分观点认为，这是一个广泛的概念，包括使新公司特别难以进入市场的几乎所有因素。另一部分观点则认为该术语的含义狭窄得多，因为担心某些事项只是表明市场上的原有公司效率更高，但这些事项却被视为进入壁垒。以下摘录说明了该观点的这方面考虑。可能有人对博克的分析持保留意见，但有些学者也表达了对在欧盟法中赋予"进入壁垒"以广泛含义的类似担忧。[41]

博克：《反托拉斯悖论：一种与自身作战的政策》[42]

"进入壁垒"这一概念对于反托拉斯辩论至关重要。有人主张在市场过程中进行广泛且越来越多的法律干预，他们以存在进入壁垒为由，认为市场力量（market force）在没有协助的情况下往往无法产生令人满意的结果。……不可否认这种说法的普遍性和影响力。

然而，可以证明，这些评论者和法学家笃信的这种壁垒并不存在。它们是反托拉斯理论中的幽灵。如果不彻底修改关于进入壁垒的概念，那么就不可能使反托拉斯法更加合理，或者实际上不能限制其中强大的非理性因素的增长。

我们可能首先要问什么是"进入壁垒"。对此似乎没有确切的界

---

　　[41]　D Harbord and T Hoehn, 'Barriers to Entry and Exit in European Competition Policy' (1994) 14 International Review of Law and Economics 422; S Turnbull, 'Barriers to Entry, Article 86 and the Abuse of a Dominant Position: An Economic Critique of European Community Competition Law' [1996] ECLR 96; O Arowolo, 'Application of the Concept of Barriers to Entry under Article 82 of the EC Treaty: Is There a Case for Review?' [2005] ECLR 247; J Heit, 'The Justifiability of the ECJ's Wide Approach to the Concept of Barriers to Entry' [2006] ECLR 117.

　　[42]　R Bork, *The Antitrust Paradox: A Policy at War with Itself* (Basic Books, 1978) 310–311.

定，在当前的用法中，"壁垒"（barrier）一词经常指导致新公司更加难以进入某个行业的任何事物。显而易见，该概念中隐含着歧义，正是这种歧义带来了问题。如果现有公司既高效又拥有高价值的工厂、设备、知识、技能和声誉，潜在的进入者将相应地发现进入该行业更加困难，因为他们必须获得这些东西。……但是这些困难是自然存在的；是要执行的工作任务的性质所固有的。不能反对这种壁垒。它们的存在仅意味着，在市场权力（market power）是通过效率以外的其他手段获取的情况下，公司的进入不会立即消弭令人反感的市场权力，法律此时则可以发挥作用。……

对于反托拉斯而言，问题是，是否存在人为的进入壁垒。这些壁垒不应该是那些具有更高效率的壁垒形式，尽管它们阻止市场力量运行——对新公司的进入或者已进入该行业的小型公司的增长而言——并且侵蚀不是以效率为基础的市场地位。必须注意区分效率的形式与人为的壁垒形式。否则，法律将会用于——并且确实已经用于——以市场自由的名义打击效率。乔·贝恩（Joe Bain）的著作对于普及这种观念发挥了重要作用，他列举了诸多进入壁垒，例如规模经济、资本需求和产品差异等。[43] 对于其中两个壁垒可能存在分歧，但很明显，至少其中的规模经济是一种效率形式。对贝恩的著作不假思索的改写者还没有充分调查其他壁垒是否可能也不是效率。

在考察一些所谓进入壁垒，以判断它们是效率还是对竞争的人为障碍物之前，应该注意……人为壁垒当然是排他性的做法。……每个壁垒要么是一种有意创设的某种效率形式，要么是某种故意掠夺的情况。这里不存在无效率与非故意排除这种"中间情况"。不牢记这一点会导致严重的政策错误。

欧洲法院的方式可见于"霍夫曼—罗氏制药公司案"（*Hoffman-La Roche*）[44]。该案涉及该公司被指控存在与维生素有关的滥用行为，欧洲法院考虑了霍夫曼—罗氏制药公司是否具有支配地位。在考虑其市场份额后，欧洲法院评估了可能表明市场权力的其他因素。委员会列举了大量此类因素。

---

[43] J Bain, *Barriers to New Competition* (Harvard University Press, 1956) ch 1.

[44] Case 85/76 (n 5).

其中，欧洲法院驳回了霍夫曼—罗氏制药公司保留其市场份额的事实，因为这可能是有效竞争行为的结果。㊺ 欧洲法院也驳回了霍夫曼—罗氏制药公司比其他企业生产的维生素类型更广泛这一事实，因为委员会已认定每组维生素构成一个单独的市场。㊻ 但是，下列因素被认为具有相关性。㊼

> 另一方面，有关企业及其竞争者市场份额之间的关系，尤其是仅次于占有最大市场份额的企业的竞争者；企业相对于其竞争者的技术领先，存在高度发达的销售网络以及不存在潜在竞争，这些都是相关因素，第一个因素是因为它可以评估所涉企业的竞争实力，第二和第三个因素是因为它们本身代表了技术和商业优势，第四个因素是因为这是存在阻碍新竞争者进入该市场的障碍而导致的结果。

欧洲法院一直坚持对“进入壁垒”采取广义观点，委员会亦是如此。㊽ 值得质疑的是，其中一些因素是否应被视为进入壁垒。

因此，“规模经济”（economies of scale）被认为与评估特定公司的市场权力具有相关性㊾，企业的“资本实力”（capital strength）及其进入资本市场的机会也是如此。㊿ 但是如上所述，前者几乎可以肯定是表明效率的指标。至于后者，许多评论者认为，获得资本并非进入的壁垒，因为资本市场准确地反映特定公司的资本成本，而这方面的任何低效率，最好通过资本市场本身的改革来解决。

同样应当质疑的是，是否应将“纵向一体化”（vertical integration）的存在视为表明支配地位的因素。(51) 前面已经考虑过企业实行纵向一体化的动机(52)，我们已经看到，通常只有在这是最有效的产品营销方式的情况下，

㊺ Ibid [44].

㊻ Ibid [45] – [46].

㊼ Ibid [48]; Case T – 219/99 *British Airways* (n 13) [210].

㊽ DG Competition Discussion Paper (n 22) [38] – [40]; Commission's enforcement priorities (n 22) [17].

㊾ Case 27/76 *United Brands* (n 6).

㊿ Ibid; Case T – 301/04 *Clearstream* (n 10) [146].

(51) Case 27/76 *United Brands* (n 6); Case 85/76 *Hoffmann-La Roche* (n 5).

(52) 参见第二十七章第十一节第一部分。

理性的企业才会选择这样做。⑤

同样值得质疑的是，"更高技术"（superior technology）是否应被视为进入壁垒，尽管欧洲法院一直这样认为。⑤ 任何希望进入该市场的新公司，都应预期在开发技术和知识方面花费资金。这些成本不一定高于现有公司。成员国内部的"法律规定"也使新公司难以进入该市场，这也被认为是支配地位的标志。⑤

显然，在判断支配地位时，欧洲法院将考虑被指控为滥用行为的"公司行为"（conduct of the firm），尽管这显然涉及循环论证。在"米其林公司案"中，欧洲法院将米其林公司的价格歧视作为支配性的指标，尽管它注意到其中所涉及的循环论证。⑤

很难认为这方面的裁决令人满意。作为回应，也许可以认为，欧洲法院考虑上述因素是合理的，因为欧洲法院只是试图判断该公司是否具有某些支配性，而不是它是否滥用了该支配地位。但是，一旦发现存在支配地位，则该公司很容易受到调查，并且伴随着成本的增加。此外，尽管存在支配地位本身并不违法，但处于这种地位的公司被视为具有"特殊责任"，不允许其行为损害相关市场中未经扭曲的真正竞争。

二　共同支配

前面的讨论以一家公司占据支配地位为假设。而第102条提到"一个或多个企业"滥用支配地位。显然，这涵盖支配地位属于相同公司集团或经济单元一部分的多家公司的情况，正如"大陆制罐公司案"（Continental Can）与"商业溶剂公司案"（Commercial Solvents）所示。

尚不清楚的是，该短语是否还涵盖寡头市场（oligopolistic markets），在这种市场中，多家独立公司以平行方式运营。欧洲法院似乎在"霍夫

---

⑤　此外，令人怀疑的是，纵向一体化的存在是否使一家具有某些支配地位的公司能够取得比不存在纵向一体化情况下更大的垄断利润。

⑤　See, eg, Case 27/76 *United Brands* (n 6)；Case 85/76 *Hoffmann-La Roche* (n 5)；Case 322/81 *Nederlandsche Banden-Industrie Michelin NV v Commission* [1983] ECR 3461；Case T-301/04 *Clearstream* (n 10) [146].

⑤　Case 22/78 *Hugin* (n 11)；Case T-30/89 *Hilti* (n 37) [93]；Case C-457/10 P *AstraZeneca* (n 29) [154].

⑤　Case 322/81 (n 54).

曼—罗氏制药公司案"中否认了这一点⑰，欧洲法院认定，占据支配地位的单个公司的单方面行为必须与形成寡头垄断的多家独立公司的互动行为区分开来。但是现在看来，某些类型的寡头行为属于第102条范围。

意大利平板玻璃案：意大利玻璃公司诉委员会
Cases T –68 and 77 –78/89 Società Italiana Vetro v Commission
[1992] ECR I –1403

[《里斯本条约》重新编号，第85条和第86条现变
更为《欧洲联盟运行条约》第101条和第102条]

玻璃批发商科贝利公司（*Cobelli*）主张，三家平板玻璃生产商维持议定的价目表和相同的销售条件，从而违反条约。该公司还主张，其中两家公司采取了旨在完全控制的做法，不仅完全控制玻璃生产，而且完全控制玻璃销售，从而将独立批发商—分销商排除出该市场。委员会认定平板玻璃生产商违反了第85条，也违反了第86条。关于后者，委员会认为企业具有共同支配地位，它们能够在不受普遍市场条件影响的情况下追求其商业政策，并且作为一个整体而不是作为个体出现在市场上。初审法院撤销了有关第85条的部分调查结果，裁定委员会未能确定这三个生产商之间存在必需的协议或协同行为。初审法院接下来考虑第86条。

初审法院

358. 本法院认为，没有法律或经济上的理由可以假设第86条中的"企业"一词与第85条中的含义不同。原则上，没有任何规定阻止两个或多个独立经济实体在特定市场上由这种经济联系联合在一起，基于这种事实，它们加起来具有相对于同一市场上的其他经营者的支配地位。例如，两个或两个以上企业通过协议或许可以共同拥有技术领先地位，此种地位使它们有能力在显著程度上独立于它们的竞争者、客户以及最终独立于消费者而采取行动（参见 *Hoffmann-La*

---

⑰ Case 85/76（n 5）[39].

Roche)。

　　……

　　360. 但是，应该指出的是，为了确定违反了《欧洲经济共同体条约》第86条，正如委员会代理人在听证会上所声称的那样，认为"循环利用"构成违反第85条的事实是不够的，这些事实是从以下认定中推论得出的，即协议当事方或非法行为的当事方共同占有市场的大量份额，仅凭这一事实它们就拥有共同的支配地位，并且它们的非法行为构成滥用共同支配地位。除了其他考虑因素外，优势地位本身在任何情况下都不应受到谴责，但优势地位的认定则以已经确定的相关市场为前提（参见 Case 6/72 *Continental Can*；Case 322/81 *Michelin*）。因此，本法院首先必须审查该决定中对市场进行的分析，其次要审查用来确定共同支配地位所依据的情况。

　　初审法院取消了委员会关于第102条的决定，因为委员会在与市场界定有关的论证中存在错误，并且因为它未提出关于共同支配地位的必要证据。尽管如此，初审法院的裁决很重要，因为它确认存在共同支配地位。[58]欧洲法院认可了共同支配地位（collective dominance）概念[59]，并在随后的案件中对其含义给予进一步指引。[60]

---

[58]　M Schodermeier, 'Collective Dominance Revisited: An Analysis of the EC Commission's New Concepts of Oligopoly Control' [1990] ECLR 28; R Whish and B Sufrin, 'Oligopolistic Markets and EC Competition Law' (1992) 12 YBEL 59; D Ridyard, 'Economic Analysis of Single Firm and Oligopolistic Dominance' [1994] ECLR 255; B Rodger, 'Oligopolistic Market Failure: Collective Dominance versus Complex Monopoly' [1995] ECLR 21; C Caffarra and K-U Kuhn, 'Joint Dominance: The CFI Judgment on Gencor/Lonhro' [1999] ECLR 355; R Whish, 'Collective Dominance' in D O'Keefe and A Bavasso (eds), *Judicial Review in European Union Law* (Kluwer, 2000) ch 37; G Monti, 'The Scope of Collective Dominance under Article 82' (2001) 38 CMLRev 131; G Niels, 'Collective Dominance—More Than Just Oligopolistic Independence' [2001] ECLR 168; E Kloosterhuis, 'Joint Dominance and the Interaction between Firms' [2001] ECLR 79; C Withers and M Jephcott, 'Where to Now for EC Oligopoly Control?' [2001] ECLR 295.

[59]　Case C-393/92 (n 73); Cases C-140-142/94 *DIP SpA v Commune di Bassano del Grappa* [1995] ECR I-3257, [25]-[26].

[60]　Cases T-191 and 212-214/98 *Atlantic Container Line AB v Commission* [2003] ECR II-3275, [594]-[602], [610]; Case C-413/06 P *Bertelsmann AG and Sony Corporation of America v Independent Music Publishers and Labels Association* (*Impala*) [2008] ECR I-4951, [119].

比利时海事交通公司、比利时海事公司 与达夫拉航运公司诉委员会

C – 395 – 396/96 P Compagnie Maritime Belge Transports SA,

Compagnie Maritime Belge SA and Dafra Lines A/S v Commission

[2000] ECR I – 1365

[《里斯本条约》重新编号，第 85 条

现为《欧洲联盟运行条约》第 101 条]

班轮公会的成员主张，委员会和初审法院认定他们占有共同支配地位的结论是错误的。他们声称，委员会和初审法院在做出该裁定时只是"循环利用"与存在协同行为有关的事实。

欧洲法院

41. 为了确定正如上文界定的共同实体的存在，有必要考察使相关企业之间产生联系的经济关系或因素。……

42. 特别是，必须确定相关企业之间是否存在经济联系，使它们能够独立于竞争者、顾客和消费者而采取行动（参见"米其林公司案"）。

43. 两个或多个企业通过条约第 85 条第 1 款意义上的协议、企业联合会的决定、或者协同行为而联系在一起的事实，本身并不构成这种认定的充分基础。

44. 另一方面，在实施协议、决定或协同行为时（不论是否被条约第 85 条第 3 款的豁免所涵盖），无疑会导致有关企业之间在特定市场上的行为联系如此紧密，以至于它们相对于其竞争者、贸易伙伴和消费者而言表现为一个共同实体。

45. 因此，共同支配地位的存在可能源于协议的性质和条件，源于协议的实施方式，以及由此源于导致企业之间形成联结的联系或因素。但是，协议或法律上其他联系的存在对于认定共同支配地位并非必不可少。这种认定可能基于其他联系因素，并且将取决于经济评估，尤其是有关市场结构的评估。

显然，在企业合并情况下也采用了针对共同支配地位的相同方法。在"简科公司案"（*Gencor*）⑥ 中，初审法院裁定，《合并条例》中的共同支配地位可以适用于寡头共谋，而相关公司之间的结构性联系并不是适用于共同支配地位的必要条件。

仍然有必要认定占据共同支配地位的公司存在滥用行为。在这种情况下难以确定滥用的含义。寡头的协同行为将适用第 101 条，只有在共同支配包括非共谋行为的情况下，第 102 条才能发挥作用。但是，将寡头的平行定价行为作为第 102 条下的滥用行为而认定为违法，就等于宣判寡头垄断本身违反法律，因为这是企业在此类市场中的理性行为。尽管如此，仍然存在适用滥用概念的空间。因此，如果占据共同支配地位的那些企业试图将竞争者赶出市场，如"比利时海事公司案"（*Compagnie Maritime Belge*）所示，则适用第 102 条是恰当的。

第四节　滥用：三个解释问题

企业只有在滥用其支配地位时才会被判违法。第 102 条列明的滥用行为不是穷尽式的。条款中所规定的行为只是滥用行为的一些例子。⑥ 在考虑"滥用"的含义时，有三个重要的解释问题。

一　第 102 条旨在保护谁

第一个问题是第 102 条旨在保护谁，是消费者、竞争者，还是两者兼而有之？⑥ 在某些情况下，消费者和竞争者的利益会发生冲突。损害竞争者的支配性企业不一定损害消费者。⑥

通常可以将第 102 条适用的情况细分为"剥削性"滥用（exploitative

---

⑥　Case T – 102/96 *Gencor Ltd v Commission* ［1999］ECR II – 753，［276］–［277］.

⑥　Case 6/72 *Continental Can*（n 5）［26］；Case C – 95/04 P *British Airways plc v Commission* ［2007］ECR I – 2331，［57］.

⑥　Whish and Bailey（n 40）195 – 197.

⑥　Case C – 7/97 *Oscar Bronner GmbH & Co KG v Mediaprint Zeitungs-und Zeitschriftenverlag GmbH & Co KG*［1998］ECR I – 7791，［58］AG Jacobs.

abuse）和"排斥性"滥用（exclusionary abuse）。⑥ 前者是对消费者有害的行为。后者通常意味着对竞争者有害的行为，无论是已经实际发生的还是潜在的。但是，不应过于僵化地看待这种划分，在任何情况下，具有支配地位公司的同一行为可能既是剥削性的也是排斥性的。现在已很明显，第102条涵盖剥削性行为和反竞争行为，但是在条约之初并没有这么明显。一些评论者曾激烈地主张，应该将第102条的适用仅限于对消费者有害的剥削性行为，并且在损害与支配性企业的市场权力之间应存在某种真正联系。⑥ "大陆制罐公司案"导致这种主张站不住脚，下文将讨论这一问题。

二 哪类行为是滥用行为？

第二个问题涉及认定为滥用的行为类型。必须区分这种行为与正常的竞争策略。⑥ 如果支配性公司正常的定价和产量决定被认为是滥用，就太不合理了，因为这将意味着排斥支配性市场权力本身。即使如此，显然，第102条也明确禁止不公平的定价和对生产能力的限制，因此必须赋予这些术语某些含义。

如果滥用概念被限定于诸如价格歧视、掠夺性界定和捆绑等行为，即使对于具有支配地位的公司而言，这些行为看起来也很"恶劣"，那么，人们可能会认为这个问题可以解决。但是，要解决却并不那么容易，因为经济学家对这些活动是否总是有害以及如何衡量其是否有害存在着很大分歧。因此，第102条的适用可能会引发争议。

上述矛盾由于欧洲法院的判例而得到极大缓解。欧洲法院的判例指出，尽管认定支配地位本身并不意味着要对其加以指责，但是，无论处于支配地位的原因是什么，该企业都负有"特殊责任"，不允许其行为损害

---

⑥ Whish and Bailey（n 40）201–210；J Temple Lang, 'Monopolisation and the Definition of Abuse of a Dominant Position under Art. 86 EEC Treaty'（1979）16 CMLRev 345.

⑥ R Joliet, *Monopolization and Abuse of a Dominant Position*（Martinus Nijhoff, 1970）.

⑥ J Temple Lang, 'How can the Problems of Exclusionary Abuses under Article 102 TFEU be Resolved?'（2012）37 ELRev 136.

共同市场的真正和未经扭曲的竞争。[68] 这样导致的结果是，处于支配地位的企业可能会被剥夺采取本身并非滥用行为的权利，而非支配性企业采取这种行为则可以得到认可。[69] 因此，尽管允许支配性企业在受到竞争者的打击时可以采取措施保护自己的利益，但却不能加强其支配地位[70]，这将被裁定为滥用。这种划分很难得到适用，尤其是在竞争已经被削弱的情况下，因此必须根据每个案件的具体情况予以判断。[71]

三 滥用哪个市场

显然，在一个市场上滥用支配地位，可能由于对另一个市场产生影响而受到谴责，即使它在后一个市场上没有支配地位。如果支配性企业可以控制其他市场的准入，情况尤其如此。"巴黎机场案"（*Aéroports de Paris*）就是这方面的例证。[72] 该机场管理机构控制了餐饮服务供应的准入，并通过歧视性定价滥用其支配地位。

第五节 滥用：特定例证

一 滥用与合并

欧盟经历了很长时间才最终制定与企业合并（mergers）有关的特别条

---

[68] Case 322/81 *Michelin* (n 54) [57]；Case T – 228/97 *Irish Sugar* (n 39) [112]；Case T – 203/01 *Michelin v Commission* [2003] ECR II – 4071, [55]；Case T – 65/98 *Van den Bergh Foods* (n 37) [157] – [158]；Case C – 552/03 P *Unilever Bestfoods (Ireland) v Commission* [2006] ECR I – 9091, [136]；Case C – 202/07 P *France Télécom* (n 8) [105]；Case C – 457/10 P *AstraZeneca* (n 29) [134], [149]；Case C – 52/09 *Konkurrensverket v TeliaSonera Sverige AB* [2011] ECR I – 527, [23] – [24].

[69] Case 322/81 *Michelin* (n 54) [57]；Case T – 51/89 *Tetra Pak v Commission* [1990] ECR II – 309, [23]；Case T – 111/96 *ITT Promedia NV v Commission* [1998] ECR II – 2937, [138]；Case T – 301/04 *Clearstream Banking* (n 10) [133].

[70] Case 27/76 *United Brands* (n 6) [189]；Case T – 228/97 *Irish Sugar plc* (n 39) [112]；Case T – 219/99 *British Airways* (n 13) [241] – [243]；Case T – 203/01 *Michelin* (n 68) [54] – [55]；Case T – 66/01 *Imperial Chemical Industries Ltd v Commission* [2010] ECR II – 2631, [295]；Case T – 155/06 *Tomra Systems ASA v Commission* [2010] ECR II – 4361, [207].

[71] Case C – 333/94 P *Tetra Pak* (n 5) [24]；Cases C – 395 – 396/96 P *Compagnie Maritimes Belge* (n 40) [114].

[72] Case 128/98 (n 4) [164] – [165]；Case T – 219/99 *British Airways* (n 13) [127] – [132].

例。欧洲法院在"大陆制罐公司案"中明确指出，一些合并案可能适用第102条。该案件对于解释滥用的含义也具有更普遍的重要意义。

欧洲包装公司与大陆制罐公司诉委员会

Case 6/72 Europemballage Corporation and
Continental Can Co Inc v Commission

[1973] ECR 215

[《里斯本条约》重新编号，第3条第6款、第85条和
第86条现分别变更为《欧洲联盟条约》第3条第3款、
《欧洲联盟运行条约》第101条和第102条]

大陆制罐公司（Continental Can）是一家美国金属包装制造商，该公司于1969年收购了德国施马尔巴赫—吕贝克公司（SLW），以便在欧洲开展业务。1970年，该公司通过其子公司欧洲包装公司（Europemballage）寻求购买荷兰托马森和德里弗—联锡公司（TDV）的控股权。委员会认定，通过施马尔巴赫—吕贝克公司，对于某些类型的包装而言，大陆制罐公司在欧洲具有支配地位，并且通过购买托马森和德里弗—联锡公司滥用了这一地位。大陆制罐公司主张，不存在滥用。

欧洲法院

20.……问题是，第86条中的"滥用"一词是否仅指可能直接影响市场，并且不利于生产或销售，不利于购买者或消费者的企业行为；或者，该词是否还指企业结构的变化，该变化导致在共同市场上的实质部分竞争受到严重干扰。

21. 与企业结构有关的措施与影响市场的行为之间的区别不可能具有决定性，因为任何结构性措施都可能影响市场条件，前提条件是它扩大了企业的规模和经济实力。

22. 为了回答这个问题，必须回到第86条的精神、总体计划和措辞，以及条约体系和目标上。……

23. 第86条是共同体竞争政策领域中共同规则的一部分。该政策

建立在条约第3条第6款上，根据该款，共同体的活动应包括建立一项制度，以确保共同市场中的竞争不被扭曲。……

24. 但是，如果第3条第6款规定建立一项制度，以确保共同市场中的竞争不被扭曲，那么，就更有理由要求不得消除竞争。这项要求是如此重要，以至于如果没有它，条约的很多条款将毫无意义。此外，它符合条约第2条的规定，根据该条，共同体的任务之一是"在整个共同体中促进经济活动的和谐发展"。因此，由于需要调和条约的各项目标，条约允许在某些条件下限制竞争，但要受条约第2条和第3条所包含要求的限制。超过这一限制将带来竞争减弱的风险，将与共同市场的目标产生冲突。

25. ……第85条和第86条试图在不同层面实现相同的目标，即维持共同市场内的有效竞争。如果对竞争的限制是第85条下的行为所导致的结果，因而被禁止，那么，这种行为就不能由于如下事实而得到允许，即此类行为在支配性企业的影响下获得成功，并且导致相关企业合并。条约第85条禁止普通企业协会限制竞争但不消除竞争的某些决定，在没有明确规定的情况下，不能假定条约第86条允许企业在合并为一个有机统一体后，应取得具有如此支配性的地位，以至于实际上不可能存在任何激烈竞争。如此多样化的法律待遇将违反全部竞争法，从而可能损害共同市场的正常运行。为了避免第85条规定的禁令，如果只需要企业之间建立十分密切的联系，就已足够它们规避第85条的禁令，并且不属于第86条范围，那么，这将允许分割共同市场的实质部分，这与共同市场的基本原则相悖。……

26. ……（第86条）只是列举了一些例子，而不是穷尽列出条约所禁止的滥用支配地位的类型。……该条款不仅针对可能直接损害消费者的行为，而且针对因其对有效竞争结构造成影响而有损消费者的行为。……因此，如果具有支配地位的企业以如下方式加强其地位，即这种方式使其达到的支配程度对竞争产生了实质性约束，也就是说，只有其行为依赖具有支配地位企业的那些企业才能留在该市场，则可能发生滥用。

27. 由于这是《欧洲经济共同体条约》第86条的含义和范围，申请人提出的在他们看来在支配地位与其滥用之间必然存在的因果联系问题并不重要，因为加强企业的地位如果具有上述效果，那么，无论实现这一效果的手段和程序如何，均可能是一种滥用并且被条约第 86 条所禁止。

就论证和结果而言，“大陆制罐公司案”的裁决对第 102 条具有至关重要的意义。欧洲法院的论证说明其“目的论方法”。它依靠条约中的一般原则来指导对具体条款的解释。竞争规定被作为一个整体进行解读，并且，避免条约的涵盖范围存在任何“漏洞”这一愿望对第 102 条的解释产生了强烈影响。

该案件的结果表明了欧洲法院的意图，即第 102 条应涵盖竞争市场结构处于危险之中的情况。该条包括“行为”滥用，其经营行为直接危害消费者。它还包括“结构性”滥用，这种滥用削弱竞争市场的结构。“大陆制罐公司案”澄清的是，第 102 条将涵盖主要损害竞争者的排斥性行动。欧洲法院否认在支配地位和受指责的行动之间需要存在任何真实的因果关系，这进一步加强了这一点：不需要证明大陆制罐公司的“经济实力”迫使一家不太情愿的企业与之合并。(73) 合并实际上破坏了竞争性市场结构，这就足够了。(74) “大陆制罐公司案”最初得到的评论褒贬不一，某些评论者对其论证和结果持批评态度。但是，欧洲法院坚持将其作为一般方法，下面各节中的案件将说明这一点。

二 滥用与拒绝供应

（一）拒绝供应：基本原则

处于支配地位的公司具有向其他公司供应的义务，以“商业溶剂公司

(73) See also, Case C－393/92 *Municipality of Almelo v NV Energiebedrijf Ijsselmij* [1994] ECR I－1477; Case T－321/05 *AstraZeneca AB and AstraZeneca plc v European Commission* [2010] ECR－II 2805, [267].

(74) P Vogelenzang, ‘Abuse of a Dominant Position in Article 86: The Problem of Causality and Some Applications’ (1976) 13 CMLRev 61. 对因果关系的不同观点，参见 T Eilmansberger, ‘How to Distinguish Good from Bad Competition under Article 82: In Search of Clearer and More Coherent Standards for Anti-Competitive Abuses’ (2005) 42 CMLRev 49.

案"为例。[75]

意大利化疗研究所和商业溶剂公司诉委员会
Cases 6 and 7/73 Istituto Chemioterapico Italiano SpA
and Commercial Solvents v Commission
[1974] ECR 223

[《里斯本条约》重新编号，第 3 条第 6 款、第 85 条和
第 86 条现分别变更为《欧洲联盟条约》第 3 条第 3 款，
《欧洲联盟运行条约》第 101 条和第 102 条]

商业溶剂公司（CSC）制造硝基丙烷和氨基丁醇等原料，用于制造乙胺丁醇，即一种用于治疗结核病的药物。商业溶剂公司收购了意大利化疗研究所 51% 的股份，后者从商业溶剂公司购买原材料，并将其出售给意大利佐亚公司（Zoja），佐亚公司随后将其用于生产基于乙胺丁醇的产品。意大利化疗研究所试图收购佐亚公司，但是谈判没有成功。意大利化疗研究所提高了对佐亚公司的销售价格，后者从商业溶剂公司的其他客户那里找到了替代供货来源。其后，这种替代供货来源被中断，主要是因为商业溶剂公司指示那些公司不要出售该原材料给佐亚这样的公司。商业溶剂公司随后声称，它将不再出售该原材料，而是将纵向整合其下游市场，并且自己将用该原材料生产制成品。佐亚公司试图从商业溶剂公司重新订购原材料，后者拒绝供应。

欧洲法院

25. 但是，在原材料生产方面处于支配地位，并且因此能够控制向衍生产品制造商供应原料的企业，不能仅仅因为它决定自己制造这些衍生产品（与以前的客户竞争），就以消除它们竞争的方式采取行动，在本案情况下，这相当于消除共同市场中乙胺丁醇的主要制造商

---

[75] R Subiotto and R O'Donoghue, 'Defining the Scope of the Duty of Dominant Firms to Deal with Existing Customers under Article 82' [2003] ECLR 683; Commission's enforcement priorities (n 22) [75]–[90]; DG Competition Discussion Paper (n 22) [207]–[224].

之一。由于这种行为违背了条约第 3 条第 6 款所表达的目标以及第 85 条和第 86 条中更详细规定的目标，因此可以认定：在原材料市场上具有支配地位的企业，出于为自己制造衍生产品而保留此类原材料的目的，拒绝向本身就制造这些衍生产品的客户供货，由此有可能消除与该客户的所有竞争，这是第 86 条意义上的滥用支配地位。在这种背景下，该企业由于佐亚公司取消采购而在 1970 年春季停止向其供应原材料的事实并不重要，因为从申请人自己的陈述来看，在合同中规定的供应量完成之后，在任何情况下都将停止出售氨基丁醇。

这似乎是涉及滥用行为的经典案例：具有支配地位的商业溶剂公司（CSC）给了佐亚公司（Zoja）一个教训，使其明白，如果佐亚公司寻求其他供应来源，随后这一来源中断，则佐亚公司不一定能指望商业溶剂公司恢复供应。该案很可能以这种方式判决。但是，欧洲法院的论证更宽泛。欧洲法院专门解决了如下情况，即拒绝供应是由于具有支配地位的企业希望纵向融入制成品市场。根据第 102 条，这仍然被视为滥用行为。

出于上述原因，这一判决更具争议性。[76] 理性的公司只有在认为自己可以比现有公司更高效地生产制成品的情况下，才寻求进入下游市场。如果这项决策是正确的，那么消费者将受益于价格更便宜的产品。如果这项决策是错误的，那么它将遭受相应的损失。这种纵向一体化产生的效果可能是，如果具有支配地位的企业没有能够满足其自身和竞争对手需要的足够原材料，那么生产制成品的现有企业就不能生产制成品。[77] 这证明了前面提到的矛盾，即第 102 条究竟是旨在保护消费者，还是旨在保护竞争者或竞争性市场结构。在某些情况下，具有支配地位的企业的行为可能会使消费者受益，但会损害竞争者。"商业溶剂公司案"表明，如果被迫做出选择，欧洲法院将保护后者。[78]

因此，除非有某种客观正当理由，否则占有支配地位的公司拒绝向现

---

[76] 参见第二十七章第十一节第一部分。

[77] 欧洲法院不相信商业溶剂公司（CSC）无法满足其自身以及佐亚公司（Zoja）的需求，参见 [1974] ECR 223，[28].

[78] 通过如下主张，即长远来看，如果在制成品市场上有更多的竞争者，那么消费者的境况就能够得到改善，这可能"打破这个循环"；并且，如果具有支配地位的公司确实比佐亚公司（Zoja）这样的公司更有效率，那么后者无论如何都将无法生存。

有客户供货将构成滥用行为。同样，减少对与自己情况相当的公司的供应，并导致它们处于比较劣势，也是滥用行为。⑦ 在"百汇公司案"（United Brands）中，欧洲法院裁定，占有支配地位的企业不能拒绝满足那些遵守常规商业惯例的长期客户的订单。⑧ 联盟法院很可能判决拒绝供货的行为违法，如同在"微软公司案"（Microsoft）⑧ 中一样，该公司阻止支配性企业的竞争者将创新产品或服务推向市场。

与现有客户相比，目前尚不清楚拒绝供应的规则是否适用于新客户。判例法已经接近于宣判这种拒绝行为非法，委员会正是这样做的⑧，但要遵守某些条件。⑧ 在"英国石膏板公司案"（BPB）⑧ 中，初审法院裁定，在供应短缺的情况下决定如何分配供应时，公司必须使用客观标准，即使仅稍稍向忠实客户倾斜，也不能满足此项标准。

拒绝供应可以具有正当理由，但具有支配地位的公司要使欧洲法院相信存在这种理由并不容易。⑧

索特利·洛斯等公司诉葛兰素史克 AEVE 医药产品公司

Cases C –468 –478/06 Sot Lélos kai Sia EE and Others v

GlaxoSmithKline AEVE Farmakeftikon Proïonton

[2008] ECR I –7139⑧

药品批发商针对葛兰素史克（GSK）拒绝提供某些药品提起诉讼。批发商多年以来一直购买这些产品用于转售给希腊和其他成员

---

⑦ Case 77/77 Benzine en Petroleum Handelsmaatschappij BV, British Petroleum Raffinerij Nederland NV and British Petroleum Maatschappij Nederland BV v Commission [1978] ECR 1513; Case T –712/14 CEAHR v European Commission EU: T: 2017: 748.

⑧ Case 27/76 United Brands (n 6) [182] –[193].

⑧ Case T –201/04 (n 10) [643] –[649], [652] –[656].

⑧ Dec 87/500 Boosey & Hawkes [1987] OJ L286/36, [1988] 4 CMLR 67.

⑧ Commission's enforcement priorities (n 22) [78] –[88]; DG Competition Discussion Paper (n 22) [225] –[236].

⑧ Case T –65/89 (n 85), upheld on appeal, Case C –310/93 P BPB Industries plc and British Gypsum Ltd v Commission [1995] ECR I –865.

⑧ Case T –65/89 BPB Industries plc and British Gypsum Ltd v Commission [1993] ECR II –389.

⑧ S Kingston, Note (2009) 46 CMLRev 683.

国。成员国法院询问，这种拒绝供应行为是否由于批发商向其他成员国进行平行贸易而有可能被证明正当。欧洲法院重复了正统观点，即具有支配地位的企业拒绝满足现有客户的订单就构成《欧共体条约》第82条意义上的滥用行为，在这种情况下，在没有客观正当理由的情况下，该行为很可能导致作为竞争者的交易方被淘汰。

欧洲法院

35. 某企业拒绝在某个成员国将其产品交付给将这些产品出口到其他成员国的批发商，就此而言，如果拒绝行为不仅可能阻碍那些批发商在前一个成员国的活动，而且导致消除在其他成员国市场上销售这些产品时来自于这些批发商的有效竞争，那么，在这种情况下就存在着对竞争的这种效果。

36. 在本案中，主要诉讼中当事方的共同依据是，通过拒绝满足希腊批发商的订单，葛兰素史克 AEVE 公司旨在限制这些批发商向其他成员国市场平行出口——在这些国家中，有争议的医疗产品的销售价格更高。

37. 对于制药产品以外的行业，本法院曾裁定，处于支配地位的企业旨在限制对其投向市场的产品进行平行贸易的行为，构成对该支配地位的滥用，尤其是在如下情况下：通过拉平可能适用于共同体其他销售地区的更有利的价格水平，这种行为具有遏制平行进口的效果；……或者其目的是对再进口创设壁垒，而再进口将与该企业的分销网络形成竞争。……实际上，平行进口在共同体法律中享有一定程度的保护，因为它们鼓励贸易并有助于加强竞争。

……

［葛兰素史克主张，平行贸易仅给消费者带来极少的经济利益。］

53. 在这个方面，应该指出的是，从价格较低的成员国向价格较高的其他成员国平行出口医疗产品，原则上为价格较高的成员国的医药产品买方开辟了替代性供应来源，这必定会给这些产品的最终消费者带来一些好处。

54. 正如葛兰素史克 AEVE 公司所指出的，对于平行出口的药品，出口成员国与进口成员国之间存在价格差异，确实并不一定意味着进口国的最终消费者会受益于与出口成员国普遍适用的价格相应的售价，因为出口批发商自己要从平行贸易中获利。

55. 但是，从进口成员国的平行贸易中获得另一种供应来源的吸引力恰恰在于，这种贸易能够以低于这些制药公司在同一市场上投入的产品价格，向该成员国市场提供相同的产品。

56. 这样导致的结果是，即使在药品价格受国家管制的成员国，平行贸易也有可能对价格施加压力，因此不仅为社会医疗保险基金创造财政利益，而且同样为相关患者带来利益，因为他们所负担的药品价格所占比例将降低。……

（二）拒绝供应：关键设施理论

有大量辩论涉及第 102 条与"关键设施理论"（essential facilities doctrine）。这种理论认为，如果某项设施无法通过正常的创新和投资程序进行复制，并且如果无法获得该设施，将导致某个市场上不可能存在竞争或竞争严重受阻，那么，其所有者就必须与竞争对手分享该设施。欧洲法院的判例和委员会的决定中有些迹象表明存在这一理论。

初审法院裁定，第 102 条适用于拒绝提供另一方生产不同产品所需产品的行为，即使后一种产品与前一种形成竞争，并且即使第一种产品的生产者享有知识产权。该规则是在"爱尔兰广播电视台案"（RTE）中确立的。[87] 爱尔兰广播电视台（RTE）是提供广播和电视节目的法定机构，它保留一项专属权利，即在爱尔兰每周出版一期在其电视频道上播放的电视节目时间表。爱尔兰马吉尔公司（Magill）试图出版涵盖所有频道信息的电视指南周报。爱尔兰广播电视台申诉，这侵犯了它拥有的每周发布其频道节目表的版权。初审法院裁定，爱尔兰广播电视台通过保留发布其每周电视节目表的专有权利，是在阻止新产品的出现，即可能与自己的杂志《RTE 指南》竞争的普通电视杂志，而这构成违反第 102 条。

在委员会的决定中也可以看到"关键设施理论"，如"海联轮渡公司

---

[87] Cases T - 69, 70 and 76/89 *RTE*, *ITP*, *BBC v Commission* [1991] ECR II - 485, upheld on appeal, Cases C - 241 and 242/91 P *Radio Telefis Eireann（RTE）and Independent Television Publications Ltd（ITP）v Commission* [1995] ECR I - 743. See also Case T - 70/89 *British Broadcasting Corporation and British Broadcasting Corporation Enterprises Ltd v Commission* [1991] ECR II - 535; Case 238/87 *Volvo AB v Erik Veng（UK）Ltd* [1988] ECR 6211.

案"（*Sealink*）所示。⑧ 海联轮渡公司拥有威尔士霍利黑德港口（Holyhead），并且经营前往爱尔兰的轮渡服务。与该公司竞争的一家轮渡公司申诉，海联轮渡公司以对竞争对手最不方便的方式安排从霍利黑德出发的轮渡时间表。委员会认为，关键设施的所有人利用其在一个市场上的实力来加强其在另一个相关市场上的地位，这是对第 102 条的滥用。如果在没有任何客观正当理由的情况下，关键设施的所有人给予其竞争者进入相关市场的条件比给予自己业务的条件更不利，就会发生这种情况。⑧ 但是，关键设施理论也存在风险。

里德亚德：《关键设施与对竞争者的供应义务》⑨

开明的竞争主管机关对那些申诉难以进入新市场的公司给予积极回应，这一点总是很吸引人，并且在某些情况下可以将合法地使用关键设施理论用于支持市场自由化。但是，在其他很多情况下，不加辨别地采用支持市场进入的方式可能会威胁对动态效率的激励，而这种激励为可行的竞争性市场中的经济和技术进步提供动力。

……为了实现更好的平衡，需要找到一些限制性原则。……本文建议的方法是，承认如下情况，即只有在没有竞争以及不可能期待存在竞争，并且资产无法合理承受有效竞争的情况下，才能确认关键设施以及与之相伴的关键设施所有者的义务。对于竞争者而言，通过自

---

⑧　［1992］5 CMLR 255. See also Dec 88/589, *London European Airways/Sabena* ［1988］OJ L317/47；Dec 94/19, Case IV/34. 689, *Sea Containers Ltd v Stena Sealink Ports and Stena Sealink Line* ［1994］OJ L15/84；Case IV/35. 388, *Irish Continental Group v CCI Morlaix* ［1995］5 CMLR 177.

⑧　［1992］5 CMLR 255，［41］.

⑨　D Ridyard, 'Essential Facilities and the Obligation to Supply Competitors' ［1996］ECLR 438, 451 – 452. See also J Temple Lang, 'Defining Legitimate Competition：Companies' Duties to Supply Competitors and Access to Essential Facilities' （1994）18 Fordham Int LJ 437；P Areeda, 'Essential Facilities：An Epithet in Need of Limiting Principles' （1990）58 Antitrust LJ 841；M Bergman, 'Editorial：The *Bronner* Case—A Turning Point for Essential Facilities' ［2000］ECLR 59；B Doherty, 'Just What Are Essential Facilities?' （2001）38 CMLRev 397；C Stothers, 'Refusal to Supply as Abuse of a Dominant Position：Essential Facilities in the European Union' ［2001］ECLR 256；D Ridyard, 'Compulsory Access under EC Competition Law—A New Doctrine of "Convenient Facilities" and the Case for Price Regulation' ［2004］ECLR 669, 673；U Muller and A Rodenhausen, 'The Rise and Fall of the Essential Facility Doctrine' ［2008］ECLR 310.

己的设施不方便获得进入市场，或者进入市场的费用过高这一事实，并不足以满足应用该理论的条件。资产所有者从其拒绝与竞争者交易的政策中可能获得高回报这一事实，亦是如此。

后来的裁决对关键设施理论采取了更具限制性的观点。在"立博公司案"（*Ladbroke*）中，初审法院明确指出，只有在所寻求的产品或服务对开展相关活动至关重要的情况下，拒绝供应的行为才是合理的。对赛马提供电视广播，对于申请人经营博彩店的业务并非至关重要。[91] 在"欧洲夜班服务公司案"（*ENS*）[92] 中，初审法院裁定，除非没有真正的或潜在的替代产品或服务，否则不能认为该产品或服务是必要的或至关重要的。在"布龙纳案"（*Bronner*）中，欧洲法院使用了同样谨慎的方式。[93]

奥斯卡·布龙纳公司诉媒体印刷报刊公司

Case C –7/97 Oscar Bronner GmbH & Co KG v Mediaprint

Zeitungs- und Zeitschriftenverlag GmbH & Co KG

[1998] ECR I –7791

布龙纳公司（Bronner）发行的报纸占有3.6%的市场份额，媒体印刷公司（Mediaprint）发行的报纸则有71%的市场份额。布龙纳公司主张，媒体印刷公司滥用其支配地位，因为后者的送报上门服务中不包括布龙纳发行的报纸。媒体印刷公司辩称，设立该服务是一笔可观的资金投入，并且尽管它具有支配地位，但没有义务补贴与自己竞争的公司。欧洲法院提出，"爱尔兰广播电视台案"（*RTE*）裁决是基于如下事实，即电视节目表中的信息对于电视指南的发行必不可少；爱尔兰广播电视台的行为阻止了新产品的出现；而且不存在客观正当理由。欧洲法院由此裁定，获得媒体印刷公司的送报上门服务并不是布龙纳报纸发行这项主要业务所必不可少的。

---

[91] Case T –504/93 *Tiercé Ladbroke SA v Commission* [1997] ECR II –923.

[92] Cases T – 374, 375, 384 and 388/94 *European Night Services Ltd*（*ENS*）*v Commission* [1998] ECR II –3141, [208] –[209].

[93] See also Case T –851/14 *Slovak Telekom v European Commission* EU：T：2018：929.

欧洲法院

43. 首先，毫无疑问，存在分销日报的其他方法，例如通过邮寄或者在商店和售货亭销售，日报的发行商均使用这些方法，尽管这些方法对某些报纸的分发可能不太有利。

44. 此外，对于其他任何日报的发行商而言，如果想要设立……自己的全国性送报上门体系，不存在任何技术上、法律上或经济上的障碍导致其不可能设立这项体系，甚至也不存在不合理的困难。……

45. 在这方面应该强调的是，如果想要说明建立这样的系统不是现实可行的潜在替代方案，因此进入现有系统是必不可少的前提条件，那么，仅仅主张因为日报发行量少而在经济上不可行，这一理由并不充分。……

46. 要使进入现有系统被视为必不可少，那么，正如佐审官在其意见第 68 点所指出的，至少必须确立如下观点，即为发行量与现有体系中分发的日报发行量相当的日报建立第二个送报上门体系，这在经济上不可行。

在"艾美仕公司案"（IMS）中，显然采取了类似的谨慎方法。[94] 欧洲法院裁定，要求占有支配地位的企业对受知识产权保护的数据授予强制许可，必须满足三个条件：请求许可的企业必须旨在提供存在消费者需求而支配性公司没有提供的新服务；拒绝授予许可应没有客观的正当理由；拒绝提供许可将导致消除相关市场上的所有竞争。初审法院在"微软公司案"（Microsoft）中的论证针对的就是类似情况。[95] 初审法院裁定，具有支配地位的企业拒绝授权第三方使用知识产权所涵盖的产品，本身并不构成对第 102 条的滥用。如果没有客观正当理由，只有在如下情况下，该拒绝行为才构成滥用：该拒绝涉及在相邻市场上实施一项活动所必不可少的产品或服务；该拒绝排除在该相邻市场上的所有有效竞争；它阻止出现存在潜在消费者需要的新产品。但是，正如"微软公司案"所示，这些标准的适用可能会引起争议。

---

[94]　Case C－418/01 *IMS Health GmbH & Co v NDC Health GmbH & Co KG* [2004] ECR I－5039.

[95]　Case T－201/04 *Microsoft* (n 10) [331]－[333].

三　滥用与价格歧视

（一）价格歧视：经济基础

第 102 条第 3 项明确禁止对同样的交易适用不同的交易条件。如果货物的买卖价格与成本的差异无关，则存在价格歧视（price discrimination）。因此，价格歧视可以涵盖以与成本无关的不同价格销售同一产品的情况。它也可以涵盖在成本存在差异的情况下以相同价格出售商品的情况。

歧视可以通过多种方式发生。它可能是"地域性的"，企业针对不同的当地市场制定不同的价格水平，然后试图将两者彼此隔离，以防止它们之间套利（转售）。它也可能采取与成本差异无关的"折扣或回扣"形式，目的是将客户与生产商紧密联系在一起，从而给竞争对手造成更大困难。它也可能表现为"掠夺性定价"：具有支配地位的公司寻求通过降低价格以阻止可能进入市场的后来者，从而保护自己的支配地位，然后在"打败其他公司"后再抬高价格以获取垄断利润。

根据受害方的性质区分价格歧视也很常见。"一级伤害"（primary-line injury）是指与支配性公司处于相同市场水平的竞争者所遭受的伤害，例如忠诚折扣（royalty rebates）会使竞争者更加难以进入市场。"次级伤害"（secondary-line injury）指对产品购买者的伤害。例如统一的到货价格，即商品以相同价格出售，无论客户是否比另一个客户离工厂更近，因此在这两种情况下运输成本并不相同。

"价格歧视"一词暗示着，商品售价方面的差异是"恶劣的"。从经济角度上讲，这不是不证自明的，或者"治疗方案可能比疾病还糟"。有三个原因可以说明这一点。

首先涉及的是"测量"或"评估"。价格歧视取决于对生产成本的评估，这可能难以确定。就掠夺性定价而言，问题尤其严重。如果有新公司进入市场，那么现有的支配性公司将以某种方式做出回应，因为这是竞争的本质。很难确定这种反应何时会跨越"适当的"竞争策略与"不适当的"掠夺之间的界限。这是因为评论者对掠夺的测试标准存在分歧[90]，对

---

[90]　（N 112）.

它的适用以及根据掠夺发生的经验可能性等问题都存在分歧。[97] 这使得一些人主张，法律干预可能比这种"疾病"更加无效或更糟糕。[98] 法院可能会选择错误的标准。它也可能会选择"正确"的标准，但错误地将其适用于事实。此外，法律规则的存在可能会对竞争产生抑制作用。

说明价格歧视有害并非不证自明的第二个原因，涉及"分配效率"（allocative efficiency）。在经济学理论中，垄断是有害的，因为与正常竞争条件下的竞争相比，垄断者更大程度地限制了产出，从而导致在社会内部错误地分配资源。关键问题是，这种分配不当情况是在要求向所有客户收取单一价格还是在允许价格歧视的制度下更严重。这取决于价格歧视是否会产生进一步限制产出的效果，或者是否可能实际上导致产出增加。

毕晓普：《第86条下的价格歧视：欧洲法院的政治经济学》[99]

如果垄断者能够向每个客户恰恰收取该客户的最高价格，那么该垄断者将实现非常高的利润，但产出将与完全竞争条件下相同，并且因为价格更高而不会舍弃任何单笔销售。这被称为"完全歧视性垄断"（perfectly discriminating monopoly），这种情形是非常罕见的，也许并不存在。

更重要的是"不完全价格歧视"（imperfect price discrimination），即在多个不同市场或者针对不同类型的客户适用不同的价格。举例来说，英国铁路公司（British Rail）通过向学生提供特殊折扣而采取歧视做法，其原因无非是绝大多数学生在没有折扣的情况下并不乘坐火车旅行，这种做法可以在高峰时段以外不花费任何成本就承运更多的乘客，多收入一点总比完全没有好。

---

[97] Bork（n 42）144 – 159.

[98] Ibid.

[99] W Bishop, 'Price Discrimination under Article 86: Political Economy in the European Court' (1981) 44 MLR 282, 287 – 288. See also Bork（n 42）394 – 398; P Muysert, 'Price Discrimination— An Unreliable Indicator of Market Power' [2004] ECLR 353; M Lorenz, M Lubbig, and A Russell, 'Price Discrimination: A Tender Story' [2005] ECLR 355; C Bergqvist, 'Discriminatory Abuse—the Missing Link in the More Effect Based Approach' [2019] ECLR 95; W Sauter, 'Discrimination of Consumers in EU Competition Law' [2019] ECLR 511.

在"百汇公司案"（United Brands）中，法院宣判不完全价格歧视为非法，其依据不同的地域进行价格歧视，以至于将共同市场划分为存在多个不同歧视性价格的次级市场。但是，目前还不完全清楚，不完全价格歧视在一般情况下是否会导致产出减少到低于简单垄断条件下的水平。不完全歧视性垄断条件下的产出是更接近于还是更偏离完全竞争条件下的产出，将取决于个案事实。可惜的是，在所有真实案例中都极难发现这些事实——在实践中通常根本无法确定事实。

此外，正如一些经济学家所指出的，可以想象，实际上，价格歧视可能会降低经济效率，即增加货币和资源的错误分配，即使与没有歧视的情况相比产出得到了增长。最好的办法可能是，通过关于价格歧视的一般规则。很多经济学家猜测，如果假设无论如何都存在垄断，那么总的来说，价格歧视可能是有效率的。当然，没有理由相信禁止垄断的规则将促进更有效地分配资源。另外，很明显的是，实施这种禁止将导致执法者和被告都造成消耗真正社会资源的成本。

对禁止价格歧视的规则保持谨慎的第三个原因涉及"公平"。从直觉上看，这似乎很奇怪，因为很多人认为价格歧视是不公平的。这并不像我们通常想象的那样不证自明。毕晓普（Bishop）做了简明扼要的反驳。

毕晓普：《第86条下的价格歧视：欧洲法院的政治经济学》[100]

"百汇公司案"（United Brands）中的规则要求，在该裁决之前在国内次级市场之间实行价格歧视的任何垄断者均应中止这种做法。此后，此类垄断者必须收取相同的价格（并适当考虑成本差异）。一般而言，歧视性垄断企业会发现，在高收入国家……收取比低收入国家更高的价格能够获得利润。……假设现在要求这些公司收取同样的价格。几乎可以肯定，能够获得利润最大化的价格将介于该公司可以收取的最高歧视性价格和最低歧视性价格之间……这需要考虑对高收入国家和低收入国家之间的收入分配产生的效果。例如，德国的香蕉消

---

[100]　Ibid 288–289. 原文中的斜体部分，中译文用引号加以标示。

费者能够以比以前低的价格购买香蕉。并且，一些以前不买香蕉的德国消费者现在开始买香蕉了。所有这些德国消费者的情况都变得更好。一些以前购买香蕉的英国消费者，现在则因价格过高而放弃购买。其余的英国消费者则支付更多。所有这些英国消费者的情况都变得更糟。因此，尽管这个例子中的效率效应模棱两可，但分配效应却很明显：收益从英国再分配到德国。"百汇公司案"的总体影响是明确的，"它将收益从欧洲较贫困地区的消费者重新分配给较富裕地区的消费者"。

有人可能会认为，这忽略了建立"单一市场"的重要性，因此，欧洲法院反对按国界划分市场。这并非对于欧洲法院的所有判例法都是不证自明的。专注于形式，我们可能会看不到实质。从经济角度而言，建立单一市场的原因是创造更高的效率：[100]

为此目的，消除保留任意成员国壁垒的那些安排，是共同体机构的目标之一。但这与在那些地理上相互分离的市场中收取不同价格有很大不同，仅仅是因为这些市场恰好处于不同的国家。如果禁止这种做法可能导致更大程度的资源分配不当，并且确实将财富从穷人那里重新分配给富人，这也是非常不同的。建立欧洲共同市场的目的是作为"实现相反目的的手段"，因此，普遍诉诸这些手段就无法证明这一决定的合理性。

(二) 价格歧视：判例法

百汇公司与大陆百汇公司诉委员会
Case 27/76 United Brands Company and United
Brands Continentaal BV v Commission
[1978] ECR 207

事实如前所述。百汇公司被指控价格歧视。该公司将香蕉从中美

---

[100] Bishop（n 99）288－289. 原文中的斜体部分，中译文用引号加以标示。

洲运送到欧洲。其中一些香蕉贴有品牌名称"金吉达"（Chiquita），往往价格更高。百汇公司将商品出售给催熟商，催熟商将其出售给批发商，后者再转售给零售商。香蕉被运至两个港口，但卸货成本没有实际差异。委员会声称，百汇公司在不同成员国以不同价格出售香蕉，这样做没有客观的正当理由。百汇公司做出了回应，其实质是，认为价格差异反映的是市场力量，即每个国家的平均预期市场价格；认为共同体没有建立单一的香蕉市场，因此，不同国家的个别供求情况不可避免地存在着差异。

欧洲法院

227. 尽管建立单一香蕉市场的责任不在申请人，但它只能努力采取"市场可以承受的"措施，前提条件是它遵守条约规定的规制和协调市场的规则。

228. 一旦可以掌握运输成本、税收、关税、劳动力工资和营销条件上的差异，以及货币平价的差异和竞争强度的差异等，可能最终导致不同成员国不同的零售价格水平，那么，就可以由此得出结论，这些差异是百汇公司只需在有限范围内考虑的因素，因为它向催熟商或分销商出售的产品始终相同且位于同一地点，而这些催熟商或分销商"单独"承担消费者市场的风险。

229. 供求之间的相互作用，由于其性质，应仅适用于真正体现这种关系的每个阶段。

230. 如果通过忽略市场的一个阶段，并且考虑卖方与最终消费者之间的供求规律来计算价格，而不是通过考虑卖方（百汇公司）与买方（催熟商或分销商）之间的供求规则来计算价格，则市场机制将受到不利影响。

231. 因此，百汇公司凭借其支配地位……实际上能够将其价格强加给中间买家。……

232. 这些歧视性价格根据成员国的情况而有所不同，它们恰恰就是阻碍商品自由流动的如此众多的障碍，并且由于禁止转售未成熟香蕉的条款以及由于减少交付订购数量而更加严重。

233. 成员国市场的严格分割由此在价格水平方面得以形成，该价格水平是人为造成的差异，使某些分销商或催熟商处于不利的竞争地位，因为与本应该存在的情况相比，竞争已被扭曲。

　　这里摘录的判决中有很多混乱之处。该判决完全没有考虑价格歧视是否可能有益这个一般性问题，并且由于错误地使用概念而使其论证被不时阻断。例如，该判决的核心部分，即第228段认为，百汇公司只能在有限的程度内考虑用于区分各个零售市场的诸多因素，并且风险将转由分销商或催熟商承担。这是非常值得怀疑的。制造商很可能在零售环节承担各种需求条件所带来的风险。百汇公司当然也承担了这些风险。如果它试图将这些风险转移给分销商，那么它就必须向分销商提供经济激励。[102] 欧洲法院关于真正体现供求关系的市场的提法同样存在问题。[103]

霍夫曼—罗氏制药公司诉委员会
Case 85/76 Hoffmann-La Roche & Co AG v Commission
［1979］ECR 461

　　该案斥责霍夫曼—罗氏制药公司（HLR）在维生素市场上的滥用行为，其中一个方面涉及霍夫曼—罗氏制药公司给予回扣的行为。

欧洲法院

　　89. 在市场上处于支配地位的企业，通过向买方施加义务或通过买方承诺排他性从该企业获取它们的全部或大部分需求，对买方进行约束（即使是应买方要求建立关系），这构成条约第86条意义上的滥用支配地位，无论相关义务是否规定进一步的限定条件，或者买方是否在考虑给予回扣的前提下承担这项义务。如果上述企业在没有通过正式义务对买方形成约束的情况下，或者根据与这些买方签订的合同条件，或者通过单边行为适用忠诚回扣系统，即，将客户从该具有支配地位的企业获取全部或绝大部分需要作为折扣条件，则无论采购量多少，都同样构成条约第86条意义上的滥用支配地位。

---

[102]　Ibid 285 – 286.

[103]　Ibid 284 – 285.

90. 这种义务……与在共同市场内不得扭曲竞争的目标不符，因为……它们不是基于可证明这种负担或利益正当合理的经济交易，而是旨在剥夺买方或限制买方对供应来源的可能选择，并且拒绝其他生产者进入该市场。与仅同从相关生产者那里采购的数量挂钩的数量回扣不同，忠诚回扣旨在通过给予金钱利益，以阻止客户从作为竞争对手的生产者那里获取其供应。此外，忠诚回扣产生的效果是，对与其他交易方的同等交易适用不同的条件，即两个买方为相同数量的相同产品支付不同的价格，这取决于它们是仅从占据支配地位的企业获取供应还是有几个供应来源。……

91. 为了反驳对存在滥用支配地位的认定，申请人提出的解释是，滥用意味着使用支配地位所赋予的经济权力，这是造成滥用的手段，这种解释使人无法接受。滥用概念是一个客观概念，涉及的是处于市场支配地位的企业行为，这种地位足以影响市场结构，正是由于该企业的存在，该市场的竞争程度被削弱，并且，由于该企业采取的方式不同于建立在商业经营者交易的基础之上、以正常的产品或服务竞争为条件的方式，具有阻碍维持市场中一直存在的竞争程度或者阻碍该竞争发展的效果。

欧洲法院因此重申了"大陆制罐公司案"的观点：无须证明滥用是由公司的市场权力导致的。滥用的概念是"客观的"，可以适用于任何影响市场"结构"和削弱竞争的行为。上面的摘录清楚地显示了欧洲法院十分反感以忠诚回扣为形式的价格歧视。[104] 它在后来的案例中[105]遵循了该论证，甚至认为如果数量回扣方式不是基于经济上的合理考虑，也可能违反第 102 条，尤其是如果它像忠诚回扣一样倾向于阻止客户从其他地方获

---

[104]　D Ridyard, 'Exclusionary Pricing and Price Discrimination Abuses under Article 82—An Economic Analysis' [2002] ECLR 286; S Chan, 'Post *Danmark II*—Per se Unlawfulness of Retroactive Rebates Granted by Dominant Undertakings' [2016] ECLR 43.

[105]　Case 322/81 *Michelin* (n 54); Case T‑228/97 *Irish Sugar* (n 39) [111]‑[114]; Case T‑301/04 *Clearstream* (n 10); Case C‑52/07 *Kanal 5* (n 34) [42]‑[48]; Case T‑155/06 *Tomra Systems ASA v European Commission* [2010] ECR II‑4361, [207]‑[209]; Case T‑286/09 *Intel Corp v European Commission* EU: T: 2014: 547, [72]‑[78]; Case C‑413/14 P *Intel Corp* (n 1) [136]‑[137]; Case C‑23/14 *Post Danmark A/S v Konkurrencerådet* EU: C: 2015: 651.

取供应。⑯ 然而，个别裁决受到严厉批评⑰，并且人们普遍要求对具有支配地位的公司的定价政策适用原则性强的经济方法。⑱

但是，最近欧洲法院在"丹麦邮政案"（*Post Danmark*）⑲ 中裁定，具有支配地位的公司在相同情况下收取不同的价格，这一事实本身并不构成排斥性滥用。此外，在"*MEO* 案"中，欧洲法院认为，只有当具有支配地位的公司的歧视性行为倾向于扭曲竞争关系中商业伙伴之间的竞争时，才会被视为《欧洲联盟运行条约》第 102 条项下的滥用行为。⑳

四 滥用与掠夺性定价

上文已经提到过掠夺性定价（predatory pricing）。现在专门讨论这种滥用行为。"阿克苏公司案"是这方面的指导性案件。

阿克苏化工公司诉委员会

Case C – 62/86 Akzo Chemie BV v Commission

[1991] ECR I – 3359

[《里斯本条约》重新编号，第 86 条

现为《欧洲联盟运行条约》第 102 条]

总部位于荷兰的阿克苏（Akzo）化工公司与规模较小的英国 ECS 公司均生产有机过氧化物。过氧化苯甲酰可用于面粉和塑料市场。ECS 最初涉足面粉市场，随后于 1979 年进入塑料市场，并拉走了阿克苏公司的部分客户。阿克苏公司与 ECS 举行会谈，威胁除非 ECS 退出塑料市场，否则它将在面粉市场上采取大规模行动。ECS 未理会其威

---

⑯ Case C – 163/99 *Portugal v Commission* [2001] ECR I – 2613；Case T – 219/99 *British Airways* (n 13), upheld in Case C – 95/04 P *British Airways* (n 62)；Case T – 203/01 *Michelin* (n 68) [58] – [62]，[95].

⑰ B Sher, 'Price Discounts and *Michelin II*：What Goes around Comes around' [2002] ECLR 482.

⑱ J Temple Lang and R O'Donoghue, 'Defining Legitimate Competition：How to Clarify Pricing A-buses under Article 82 EC' (2002) 26 Fordham Int LJ 83.

⑲ Case C – 209/10 *Post Danmark A/S v Konkurrencerådet* EU：C：2012：172，[30].

⑳ Case C – 525/16 *MEO—Serviços de Comunicações e Multimédia SA v Autoridade da Concorrência* EU：C：2018：270，[26].

胁，阿克苏公司随后付诸行动。阿克苏公司以面粉市场的某些 ECS 客户为目标，向它们提供低于先前价格且低于平均总成本的价格。阿克苏公司通过从塑料行业所获得的资金来补贴这种低价。由此，ECS 的业务大幅下滑。欧洲法院援引"霍夫曼—罗氏制药公司案"中对滥用的考察方法[11]，做出如下论证。

欧洲法院

70. 因此，第86条禁止具有支配地位的企业清除竞争者，并且禁止通过使用除以质量为基础的、属于竞争范围内的方法以外的其他方法增强自己的地位。但是，从这种观点来看，并非所有通过价格方式开展的竞争都可以视为合法。

71. 处于支配地位的企业寻求通过低于平均可变成本（即价格随生产数量而变化）的价格清除竞争者，必须将此类价格视为滥用。处于支配地位的企业适用这样的价格无法获得任何利益，除非为了清除竞争者，以便其随后能够利用其垄断地位提高价格，因为每次销售都会产生亏损，即固定成本总额（即无论生产数量是多少，均保持不变的成本），以及至少包括与生产单元有关的部分可变成本。

72. 此外，如果价格低于平均总成本——固定成本加上可变成本——但是高于平均可变成本，而此种价格被作为清除竞争者计划的一部分，则必须将其视为滥用。这种价格可能将如下企业驱离市场：这些企业可能与处于支配地位的企业一样高效，但是由于其资金来源规模更小，因此无法承受针对它们的竞争。

欧洲法院认定阿克苏公司违反了这些原则。它向 ECS 客户提供的价格低于阿克苏公司的平均总成本或可变成本，并且这样做的目的是将 ECS 逐出塑料市场。其行为明目张胆。这不应让我们低估掠夺性定价给竞争政策带来的难题。

---

[11] 参见本章第五节第三部分之二。

第一，在经济学上对于掠夺（predation）一词的正确定义一直存在争议。[112] 这个质疑的理由可能弊大于利，因为激烈的价格竞争与非法掠夺之间的界限可能很微妙。[113] 鉴于在"阿克苏公司案"测试标准（*Akzo* test）中，如果价格低于平均总成本但高于平均可变成本，意图就成为至关重要的因素，那么，处于支配地位的公司可能会认为自己不应过于强烈地追求价格竞争，以免受到掠夺性滥用的指控。

第二，有些人怀疑理性的公司是否会参与掠夺。从成功掠夺中能够获得的潜在收益似乎简单明了：处于支配地位的公司降低价格，在短期内蒙受损失，驱逐较小的公司，然后获得高额垄断利润。但经济现实并没有那么确定。掠夺要想成为一种合理策略，未来产生的利润就必须超过由于价格下降而造成的现有损失。要做到这一点，可能比想象中要难得多。从这种意义上讲，掠夺是一场消耗战，其结果取决于战斗者的相对损失和储备："只有当掠夺者拥有非常不成比例的储备或者能够给对手造成非常不成比例的损失时，战争才是闪电战。"[114]

第三，打赢战争面临着真实的障碍。掠夺者在战争中的损失将比受害者更高。如果掠夺者试图通过清除最初的竞争者以获取超额垄断利润，就必须判断另一竞争者进入市场的可能性。[115] 进一步掠夺的威胁可能对未来的竞争者构成进入壁垒，但是事实仍然是，掠夺者现在获得的垄断利润越多，对新进入者的激励就越大。

阿克苏公司的行动是否理性，取决于其未来的收益能否超过当前的损失。[116]

---

[112]　P Areeda and D Turner, 'Predatory Pricing and Related Practices under Section 2 of the Sherman Act：A Comment' (1975) 88 Harv LRev 697；FM Scherer, 'Predatory Pricing and the Sherman Act：A Comment' (1976) 89 Harv LRev 869；O Williamson, 'Predatory Pricing：A Strategic and Welfare Analysis' (1977) 87 Yale LJ 284；J Brodley and G Hay, 'Predatory Pricing：Competing Economic Theories and the Evolution of Legal Standards' (1981) 66 Cornell L Rev 738；E Mastromanolis, 'Predatory Pricing Strategies in the European Union：A Case for Legal Reform' [1998] ECLR 211.

[113]　这一点得到了委员会的承认，参见 The Commission, DG Competition Discussion Paper (n 20) [94] - [97]；M Gravengaard, 'The Meeting Competition Defence Principle—A Defence for Price Discrimination and Predatory Pricing' [2006] ECLR 658.

[114]　Bork (n 42) 147；J Glockner and L Bruttel, 'Predatory Pricing and Recoupment under EC Competition Law—Per se Rules, Underlying Assumptions and the Reality：Results of an Experimental Study' [2010] ECLR 423.

[115]　Bork (n 42) 149 - 155.

[116]　R Rapp, 'Predatory Pricing and Entry Deterring Strategies：The Economics of *AKZO*' [1986] ECLR 233.

答案尚不清楚。但是，如果它能够采取价格歧视，向传统客户收取更高价格，同时以更低价格挖走 ECS 公司的客户，则该行动给掠夺者带来的损失将更低。看上去阿克苏公司正是这样做的，尽管对于该策略可以维持多久尚有争议。

欧洲法院继续延用其策略。在"利乐公司案"（Tetra Pak）中[117]，欧洲法院裁定，利乐公司作为世界领先的液态和半液态食品无菌纸箱生产商，通过对非无菌纸箱的定价政策滥用其支配地位。该公司在无菌纸箱市场上处于支配地位，它利用该市场的利润来补贴非无菌纸箱在市场上的销售，在七个成员国以低于平均可变成本的价格出售非无菌纸箱。欧洲法院重申其在"阿克苏公司案"（Akzo）判决第 72 段和第 73 段的裁决。有观点主张，委员会和初审法院应考虑利乐公司是否有任何现实的机会来弥补其损失。欧洲法院驳回了这一论点，裁定只要存在可能消除竞争者的风险，就必须有对掠夺行为进行惩罚的可能，并且认为，这一目标排除了要等到这种策略导致实际消除竞争者的时候。[118]

在"法国电信案"（France Télécom）中重申了这一主张[119]，欧洲法院认为，根据第 102 条的规定，对于认定掠夺而言，不需要有证据表明存在损失补偿，尽管在确定行为是否构成滥用时，此种损失赔偿的可能性具有重要作用。[120] 此外，在"德国电信案"（Deutsche Telekom）[121] 中，欧洲法院裁定，处于支配地位的企业不能将如下企业驱离市场：这些企业与其同样高效，但是由于它们的财务资源较少，因此无法承受处于支配地位的企业对它们发起的竞争。

但是，在"丹麦邮报案"（Post Danmark）中的方法存在细微差别[122]，欧洲法院得出结论认为，仅因为价格低于相关活动的平均总成本，但高于与该活动相关的平均增量成本，并不能将低价视为排斥性滥用。有必要考虑这种定价政策在没有客观理由的情况下是否产生了实际的或可能的排斥性效果，从而损害了竞争，进而损害消费者利益。

---

[117]　Case C – 333/94 P（n 5）.

[118]　Ibid［44］.

[119]　Case C – 202/07 P（n 8）［109］–［113］.

[120]　See also, Case C – 52/09 TeliaSonera Sverige（n 68）［40］–［45］.

[121]　Case C – 280/08 P Deutsche Telekom AG v European Commission［2010］ECR I – 9555.

[122]　Case C – 209/10 Post Danmark（n 109）［44］.

五 滥用与选择性定价

从"爱尔兰糖厂案"（*Irish Sugar*）[⑫] 这样的案件中可以明显看出，在判断选择性定价（selective pricing）政策的合法性时，综合法院和欧洲法院将考虑这一行为旨在从市场上消除竞争者的事实。在下面的案件中，这一点再次得到确认。

比利时海事交通公司、比利时海事公司
与达夫拉轮船公司诉委员会

Cases C – 395 – 396/96 P Compagnie Maritime Belge Transports SA,

Compagnie Maritime Belge SA and Dafra Lines A/S v Commission

[2000] ECR I – 1365

申请方是班轮公会的成员，该公会在非洲的某些运输路线上处于支配地位。它们被指控降低运费，以便将唯一的竞争者赶出该市场。

欧洲法院

117. ……处于支配地位的班轮公会选择降低价格，以便有意与其竞争者的价格保持一致，这给其带来双重好处。其一，它消除了竞争性企业可以采取的主要的也可能是唯一的竞争手段。其二，它可以继续要求其用户为不受竞争威胁的服务支付更高的价格。

118. 在本案中，没有必要就如下情况做出一般性裁定，即在这些情况下，班轮公会可以合法地……采用比其公布的价目表更低的价格，以便与报价更低的竞争者展开竞争。……

119. 只需回顾一下，这里所讨论的行为是一个占有所涉市场90%以上份额的公会的行为，并且它只有一个竞争者。此外，上诉人从未对如下问题进行过认真的质疑，并且在听证会上确实承认，被申诉行为的目的就是将 G&C 公司从市场中清除出去。

[⑫] Case T – 228/97 (n 39) [114]；Case T – 271/03 *Deutsche Telekom AG v Commission* [2008] ECR II – 477.

第六节 辩护理由：客观合理性、相称性与效率

第 102 条中没有与第 101 条第 3 款相当的条款。但是，欧洲法院和委员会[124]运用客观合理性（objective justification）和相称性（proportionality）等概念，为适用第 102 条提供了一些灵活性，以免过于严苛地适用该条。[125]因此，如果处于支配地位的公司的行为存在客观正当理由，并且是相称的，那么就可以避免被宣判为非法。[126]虽然客观合理性和相称性赋予第 102 条更大的灵活性，但其适用并非自我执行。例如，对于拒绝供应是否客观合理并且具有相称性这一问题做出的判决，通常会反映出某些假设，这些假设涉及保护竞争者和消费者的相对重要性，或者单一市场一体化和消费者福利的相对重要性。委员会最近表示，如果效率超过相关行为的负面效果，那么，在第 102 条下就应该包含效率这一辩护理由。[127]

第七节 第 102 条：改革

2005 年，委员会对第 102 条进行了评估。[128]鉴于对第 101 条和合并政

[124] DG Competition Discussion Paper（n 22）[77]，[84]；Commission's enforcement priorities（n 22）[28] – [31].

[125] A Albors-Llorens，'The Role of Objective Justification and Efficiencies in the Application of Article 82 EC'（2007）44 CMLRev 1727.

[126] See, eg, Case 27/76 *United Brands*（n 6）；Case T – 65/89 *BPB*（n 85）；Case T – 30/89 *Hilti*（n 37）；Case 311/84 *Centre Belge d'Etudes du Marché-Télémarketing*（*CBEM*）*v CLT SA*［1985］ECR 3261；Case C – 209/10 *Post Danmark*（n 109）[41] – [42].

[127] Commission's enforcement priorities（n 22）[28] – [31]；DG Competition Discussion Paper（n 22）；Commissioner Kroes，'Preliminary Thoughts on Policy Review of Article 82'Speech at the Fordham Corporate Law Institute（Sept 2005）5，https：//ec. europa. eu/competition/speeches/index_2005. html.

[128] DG Competition Discussion Paper（n 22）；Dethmers and Dodoo（n 31）；B Sher，'The Last of the Steam-Powered Trains：Modernising Article 82'［2004］ECLR 243；G Niels and H Jenkins，'Reform of Article 82：Where the Link between Dominance and Effects Breaks Down'［2005］ECLR 605；A Majumdar，'Whither Dominance'［2006］ECLR 161.

策的评估，以及根据第 102 条做出的某些决定所引起的不安，这被认为是及时的。根据《讨论文件》，委员会于 2008 年 12 月发布了《关于委员会在第 102 条下实施优先项目的指南》。[129] 委员会的理念是保护消费者，而不是特定的竞争者，但这需要保护竞争过程免于受到排斥的损害。[130] 该指南聚焦于导致反竞争封锁（anti-competitive foreclosure）效应的排斥性行为（exclusionary conduct），将其界定为"这样一种情况，在这种情况下，实际或潜在的竞争者有效获得供应或者进入市场的可能性受到阻碍或者被消除，这是由处于支配地位的企业的行为造成的，该企业很可能从提高价格中谋利而损害消费者利益"[131]。

《委员会指南》分析了占支配地位的企业所采取的可能导致这种反竞争排斥的行为，尽管它愿意在各类案件中考虑认为效率收益超过反竞争效果的主张。[132] 排他性交易，特别是排他性购买义务，可能导致这种排斥性，从而阻止竞争公司进入或扩大[133]，而且，有条件的回扣也可能产生同样的影响。[134] 通过搭售（tying）和捆绑（bundling）也可能发生竞争性排斥，即从处于支配地位的公司购买一种产品的客户，还被要求购买其他产品。欧盟委员会表明，如果搭售和搭卖品的情况很明显，以及搭售行为导致反竞争排斥，它愿意进行干预。[135] 掠夺是反竞争排斥的另一种形式，在《委员会指南》中也有体现。[136] 拒绝供应也是如此，包括对新客户拒绝供应，如果拒绝所涉及的产品在客观上是用于在下游市场竞争所必要的产品，那么

---

[129] Commission's enforcement priorities（n 22）; A Ezrachi, 'The European Commission Guidance on Article 82 EC—The Way in which Institutional Realities Limit the Potential for Reform', Oxford Legal Research Paper Series, Paper No 27/2009; L Lovdahl Gormsen, 'Why the European Commission's Enforcement Priorities on Article 82 EC should be Withdrawn' [2010] ECLR 45; M Kellerbauer, 'The Commission's New Enforcement Priorities in Applying Article 82 EC to Dominant Companies' Exclusionary Conduct: A Shift towards a More Economic Approach?' [2010] ECLR 175.

[130] Commission's enforcement priorities（n 22）[6]; DG Competition Discussion Paper（n 22）[1], [4], [55]–[56]; Commissioner Kroes（n 127）3.

[131] Commission's enforcement priorities（n 22）[19].

[132] Ibid [28]–[31].

[133] Ibid [34]–[36].

[134] Ibid [37]–[45].

[135] Ibid [47]–[62]; Case T-201/04 *Microsoft*（n 10）[842], [859]–[862], [867]–[869].

[136] Ibid [63]–[73].

拒绝供应可能会消除下游市场中的竞争，从而损害消费者利益。[137]

这次评估还引起了与第 102 条有关的更广泛的问题[138]，包括应在多大程度上基于法律形式或者经济效果，以及现实机制在多大程度上限制了委员会的工作能力。[139]《讨论文件》指出，"在适用第 82 条时，委员会将采取一种以对市场产生的可能效果为基础的方法"[140]，在某种程度上，可以通过后来指南中对特定排斥性滥用的处理来说明这一点。[141] 对于主张对第 102条采取经济效果方法的人而言，尚不确定这种方法是否足够。竞争政策经济咨询小组（EAGCP）主张采用基于经济学的方法，即不对特定的商业行为，如搭售、独家交易等形式进行评估，而是对它所产生的反竞争效果进行评估，并且评估其效果在多大程度上超越了反竞争效果。[142] 维克斯也表达了类似的关切。

维克斯：《市场权力的滥用》[143]

关于滥用市场权力的法律远未确定。欧洲的法律现在可能在朝两个广泛方向中的一个发展，要么强调形式，要么强调经济效果。基于形式的法律演变将进一步推动对处于支配地位的公司所应避免采取的行为的描述。基于经济学的发展将根据实际和潜在的经济效果阐明根本原则，在这些原则的基础上明确制定在实践中可行的规则和方法，并将其适用于案件。

在基于经济学的方法和基于形式的方法这二者之间的竞争中，前者具有强大的优势。它可以使法律与其经济目的保持一致，并采用内在的一致方式。它可以阻止形式凌驾于实质之上，但代价是允许有害行为和阻止良性行为。它可以在根本上而非表面上提供明确

---

[137]　Ibid［81］.

[138]　P Akman, 'Searching for the Long-Lost Soul of Article 82 EC' (2009) 29 OJLS 267.

[139]　Ezrachi（n 129）.

[140]　DG Competition Discussion Paper（n 22）［4］.

[141]　Commission's enforcement priorities（n 22）.

[142]　Report by EAGCP, 'An Economic Approach to Article 82' (2005), https：//ec. europa. eu/dgs/competition/economist/eagcp_ july_ 21_ 05. pdf.

[143]　J Vickers 'Abuse of Market Power' (2005) 115 Economic Jnl 244, 259.

性。如果关于滥用支配地位的欧洲竞争法更牢固地根植于经济原则，而且竞争法律师和法院在实际上适用这些原则，这些优势就会得到实现。

这里说关于滥用支配地位的法律应形成更牢固的经济基础，并不是说应由自由裁量的决策——这些自由裁量的决策建立在经济基础之上，并逐案考虑哪些是可取的——代替法律规则。在竞争政策领域中必须有法律规则，这并不仅仅是出于可预测性和可问责的原因。因此，问题并不在于规则与裁量权哪个更重要，而是规则在经济学中的扎根程度。为此，在通过经济分析和研究推动有关滥用支配地位的法律向前发展方面，存在着巨大的空间。但是，要使之有效，经济学做出的贡献必须采取如下方式，即竞争主管机构以及最后法院在审理案件中发现此种方式是可行的。

第八节　结论

一　现在，人们普遍认可第102条是为了保护消费者，而不是特定的竞争者，这要求保护竞争过程远离排斥性行为。

二　然而，根据第102条做出的裁决涉及与市场的界定、支配地位的确定以及与滥用的含义有关的难题。

三　判例法未明确处于支配地位的公司应承担的特定责任的界限，这使得处于支配地位的公司难以知道哪些是可以做的。

四　关于在第102条下从法律形式转向经济效果所导致的各种具体后果，仍处在持续辩论之中。

五　第102条的实施现在由前面一章讨论的改革后的制度所规制，须参考该章的内容。[144]

---

[144]　参见第二十七章第十二节第二部分。

第九节　扩展阅读

一　专著

Bellamy, C, and Child, G, *European Union Law of Competition* (edited by D Bailey and L John, Oxford University Press, 8th edn, 2018)

Bishop, S, and Walker, M, *The Economics of EC Competition Law: Concepts, Application and Measurement* (Sweet & Maxwell, 3rd edn, 2010)

Ezrachi, A, *EU Competition Law: An Analytical Guide to the Leading Cases* (Hart, 6th edn, 2018)

Faull, J, and Nikpay, A (eds), *The EU Law of Competition* (Oxford University Press, 3rd edn, 2014)

Fumagalli, C, Motta, M, and Calcagno, C, *Exclusionary Practices: The Economics of Monopolisation and Abuse of a Dominant Position* (Cambridge University Press, 2018)

Ibáñez Colomo, P, *The Shaping of EU Competition Law* (Cambridge University Press, 2018)

Jones, A, and Sufrin, B, *EU Competition Law: Text, Cases, and Materials* (Oxford University Press, 7th edn, 2019)

Liannos, I, Korah, V, and Siciliani, P, *Competition Law: Analysis, Cases, and Materials* (Oxford University Press, 2019)

Sauter, W, *Coherence in EU Competition Law* (Oxford University Press, 2016)

Whish, R, and Bailey, D, *Competition Law* (Oxford University Press, 9th edn, 2018)

二　论文

Akman, P, 'Searching for the Long-Lost Soul of Article 82 EC' (2009) 29 OJLS 267

—— 'The Role of Intent in the EU Case Law on Abuse of Dominance'

(2014) 39 ELRev 316

Albors-Llorens, A, 'The Role of Objective Justification and Efficiencies in the Application of Article 82 EC' (2007) 44 CMLRev 1727

Bergqvist, C, 'Discriminatory Abuse—the Missing Link in the More Effect Based Approach' [2019] ECLR 95

Doherty, B, 'Just What Are Essential Facilities?' (2001) 38 CMLRev 397

Glockner, J, and Bruttel, L, 'Predatory Pricing and Recoupment under EC Competition Law—Per se Rules, Underlying Assumptions and the Reality: Results of an Experimental Study' [2010] ECLR 423

Gravengaard, M, 'The Meeting Competition Defence—A Defence for Price Discrimination and Predatory Pricing' [2006] ECLR 658

Heit, J, 'The Justifiability of the ECJ's Wide Approach to the Concept of Barriers to Entry' [2006] ECLR 117

Kallaugher, J, and Sher, B, 'Rebates Revisited: Anti-Competitive Effects and Exclusionary Abuse under Article 82' [2004] ECLR 263

Kellerbauer, M, 'The Commission's New Enforcement Priorities in Applying Article 82 EC to Dominant Companies' Exclusionary Conduct: A Shift towards a More Economic Approach?' [2010] ECLR 175

Lorenz, M, Lubbig, M, and Russell, A, 'Price Discrimination: A Tender Story' [2005] ECLR 355

Monti, G, 'The Scope of Collective Dominance under Article 82' (2001) 38 CMLRev 131

Müller, U, and Rodenhausen, A, 'The Rise and Fall of the Essential Facility Doctrine' [2008] ECLR 310

Ridyard, D, 'Essential Facilities and the Obligation to Supply Competitors under UK and EC Competition Law' [1996] ECLR 438

—— 'Exclusionary Pricing and Price Discrimination Abuses under Article 82—An Economic Analysis' [2002] ECLR 286

Rousseva, E, and Marquis, M, 'Hell Freezes Over: A Climate Change for Assessing Exclusionary Conduct under Article 102 TFEU' (2013) 4 Jnl of European Competition Law and Practice 32

Sauter, W, 'Discrimination of Consumers in EU Competition Law' [2019]

ECLR 511

Subiotto, R, and O'Donoghue, R, 'Defining the Scope of the Duty of Dominant Firms to Deal with Existing Customers under Article 82' [2003] ECLR 683

Temple Lang, J, 'How Can the Problems of Exclusionary Abuses under Article 102 TFEU be Resolved?' (2012) 37 ELRev 136

Vickers, J, 'Abuse of Market Power' (2005) 115 Economic Jnl 244

Whish, R, 'Collective Dominance' in D O'Keefe and A Bavasso (eds), Judicial Review in European Union Law (Kluwer, 2000) ch 37

——and Sufrin, B, 'Oligopolistic Markets and EC Competition Law' (1992) 12 YBEL 59

第二十九章　竞争法：企业合并

第一节　核心议题

一　对企业合并（mergers）的法律控制是竞争政策的重要组成部分。然而，欧盟经过很长时间之后才形成对企业合并的规制。《欧洲经济共同体条约》第85条和第86条（现为《欧洲联盟运行条约》第101条和第102条）未具体提及企业合并。最早在1973年，委员会试图填补这一空白。[①] 虽然各成员国承认有必要控制企业合并，但是对于欧盟与各成员国合并控制之间的界限，以及欧盟控制所采取的确切形式，成员国存在很大分歧。

二　欧洲法院部分弥补了立法上的空白。在"大陆制罐公司案"（*Continental Can*）[②] 中，欧洲法院援引第102条，用于处理具有支配地位的公司所采取的合并行为。欧洲法院用了更长时间将第101条适用于合并。传统主流观点认为，它并不适用于旨在获得所有权的协议。"英美烟草公司案"（*BAT*）动摇了这一正统观点，欧洲法院表示愿意考虑将第101条适用于某些股权收购（share acquisition）案件。[③]

三　《第4064/89号条例》最终于1989年12月获得通过。[④] 此后做了一些

①　Commission Proposal for a Regulation of the Council of Ministers on the Control of Concentrations between Undertakings [1973] OJ C92/1.

②　Case 6/72 *Continental Can* [1973] ECR 215.

③　Cases 142 and 156/84 *British American Tobacco Co Ltd and RJ Reynolds Industries Inc v Commission* [1987] ECR 4487.

④　[1989] OJ L395/1.

修订，现行制度以《第139/2004号条例》及其附带规定为基础。[5] 现在，大多数企业集中（concentration）案件根据该条例进行处理，但在某些情况下仍可能适用第101条和第102条。

四　理解合并控制的政策原理具有重要意义，本章一开始就将探讨这一问题。欧盟企业合并政策主要包括管辖权议题、程序性议题和实质性议题。

五　管辖权议题涵盖企业集中的类型以及欧盟与国家层面合并控制之间的相互关系，集中的类型由《合并条例》管辖。

六　程序性议题涵盖诸如企业合并计划必须采取的申报方式，以及委员会的调查权，等等。

七　欧盟企业合并政策的实质性议题包括的事项，诸如用于判断以下问题的测试标准，即是否允许企业合并或集中，以及应在多大程度上考虑企业集中所产生的效率。

第二节　合并控制：政策基本原理

企业合并可以分为三种情况。横向合并（horizontal mergers），是指生产相同产品并在相同市场环节经营的公司之间的合并。纵向合并（vertical mergers），是指在同一产品市场的不同分销环节经营的公司之间的合并。混合合并（conglomerate mergers），是指在任何产品市场中都没有联系的公司之间的合并。横向合并对竞争过程的潜在破坏最大。

一　反对企业合并的观点

企业合并可能"对竞争产生明显影响"。横向合并可能使新的实体有能力作为单一企业垄断者来固定价格和产出。在一些国家，使用相关指数来衡量企业合并对竞争的削弱。[6] 纵向合并对竞争的影响则更具

---

[5]　Council Regulation（EC）No 139/2004 of 20 January 2004 on the control of concentrations between undertakings（the EC Merger Regulation）[2004] OJ L24/1.

[6]　最知名的是美国使用的赫芬达尔—赫希曼指数（Herfindahl-Hirschman Index）。

争议性。⑦ 纵向合并是纵向一体化的一种形式：一家公司可以通过各种方式关联下游市场的那些公司，包括普通合同、排他性分销安排，乃至纵向合并。这种纵向关系可能具有潜在的反竞争性，例如通过对其他制造商封锁经销渠道⑧，但对于这些纵向关系在多大程度上损害竞争，评论者之间存在着争议。⑨ 这种意见分歧也涉及纵向合并，因为这可能改善品牌产品的销售，并因此促进品牌间竞争。对于混合合并对竞争的影响，也存在分歧。对于允许财大气粗的公司交叉补贴不同的产品以击败新进入者的做法，一些人认为这是危险的，另一些人则怀疑这种合并是否确实会损害竞争。⑩

毕晓普、洛法罗、罗萨蒂：《反转：为什么纵向合并与混合合并不同》⑪

应该在经济上假定非横向合并有利于竞争。该结论源于横向和非横向合并之间的根本差异。横向合并消除直接的竞争限制，并且增加合并后价格上涨的可能性，从而不利于消费者，而非横向合并则没有这样的效果。此外，非横向合并的总体影响是降低价格，因为此类合并消除了外部性，以及合并前可能存在的其他低效率。虽然这并不是说非横向合并总是有利于竞争，但它确实表明了所认为的这种合并是良性竞争这一经济假设（尽管可以反驳）。

对合并进行监管的另一个原因是，合并被用来剥离"被收购公司的资产"，尽管这可能符合某些股东的短期利益，但可能不符合长期的公共利益。实证研究加剧了这种担忧，因为研究表明企业合并通常不会产生预期

---

⑦　J Church, 'The Impact of Vertical and Conglomerate Mergers on Competition' (2004), http://ec.europa.eu/competition/mergers/studies_reports/studies_reports.html.

⑧　G Abbamonte and V Rabassa, 'Foreclosure and Vertical Mergers' [2001] ECLR 214.

⑨　参见第二十七章第十一节第一部分。

⑩　R Bork, *The Antitrust Paradox* (Basic Books, 1978) ch 12.

⑪　S Bishop, A Lofaro, and F Rosati, 'Turning the Tables: Why Vertical and Conglomerate Mergers are Different' [2006] ECLR 403, 406.

收益。[12]

　　"地区政策"是合并控制的第三个理由。合并可能导致现有工厂合理化，从而对失业率和地区活力产生影响。政府可以运用企业合并政策维持整个国家财富和就业机会的均衡分配。[13]

二　赞同企业合并的观点

　　但是，企业合并也可能通过多种不同方式提高经济效率。[14] 它们使从"规模经济"中受益变得更加容易。当企业的规模经济实现最大化时，生产效率也最高。此类规模经济可以由拥有该行业最佳规模的公司获得。某种产品可能需要用特定的机械制造才能实现最高效率，但这种机械或许需要特定的成交量在经济上才具有可行性。企业合并可以促进规模经济。

　　企业合并还可以提高"销售效率"。例如，寻求在下游市场拓展业务的制造商可以通过合并现有的经销商而提高销售效率，而不用从头学习这一新领域的技术或技能。

　　有不少文献讨论合并与"管理效率"之间的关系。[15] 这种观点认为，存在被收购的威胁对高效的管理业绩是一种鞭策。所谓"法人控制权市场"（market for corporate control）有助于促进经济效率，即如果股东们对公司的管理业绩满意，他们则不会希望将公司出售给另一家公司。

　　《合并条例》承认欧盟境内企业合并不可避免，且有其可取之处。因此，该条例引文第三段承认，取消内部边界将带来重大的法人重整；引文第四段指出，作为提高欧盟产业在世界市场上竞争力的一种手段，企业合并应受到欢迎。

---

⑫　G Newbould, *Management and Merger Activity* (Cruthstead, 1970); G Meeks, *Disappointing Marriage: A Study of the Gains from Mergers* (Cambridge University Press, 1977); A Hughes, 'Mergers and Economic Performance in the UK: A Survey of the Empirical Evidence 1950 – 1990' in M Bishop and J Kay (eds), *European Mergers and Merger Policy* (Oxford University Press, 1993) ch 1.

⑬　地区政策与竞争政策也可能存在冲突，尤其是如果竞争政策只关注企业合并对竞争的影响而完全不考虑其他因素。

⑭　S Bishop, A Lofaro, F Rosati, and J Young, 'The Efficiency-Enhancing Effects of Non-Horizontal Mergers' (Office for Official Publications of the European Communities, 2005).

⑮　F Easterbrook and D Fischel, 'The Proper Role of a Target's Management in Responding to a Tender Offer' (1991) 94 Harv LRev 1161.

第三节 《第139/2004号条例》：管辖权议题

一 集中：一般问题

《第139/2004号条例》仅适用于发生企业集中（concentration）的情况。第3条第1款规定如下：[⑯]

> 如果由于以下原因，导致控制权持久改变，则认为发生了企业集中：
>
> （1）两个或两个以上先前独立的企业全部或部分进行合并，或者
>
> （2）已经控制至少一家企业的一人或多人，或者一家或多家企业，通过购买证券或资产、订立合同或者任何其他方式，获得对一家或多家企业的全部或部分直接或间接控制。

第3条第1款必须与第3条第2款一起解读：

> 控制应由权利、合同或任何其他方式构成，这些方式要么单独、要么结合，并在考虑到所涉事实或法律因素的情况下，具有对一家企业实施决定性影响的可能性，特别是通过以下方式：
>
> （1）拥有企业全部或部分资产的所有权或使用权；
>
> （2）对企业机关的组成、表决或决定具有决定性影响的权利或者合同。

第3条第1款和第2款将不同情况纳入条例范围，并且适用于具有欧盟维度的企业集中，无论公司地点是否在欧盟境内。[⑰]在2008年《委员会关于企业集中控制的管辖权整合通告》（CJN）中，委员会明确指出，将根

---

⑯ M Broberg, 'Improving the EU Merger Regulation's Delimitation of Jurisdiction: Re-Defining the Notion of Union Dimension' (2014) 5 Jnl of European Competition Law & Practice 261.

⑰ Case T – 102/96 *Gencor Ltd v Commission* [1999] ECR II – 753.

据定性而非定量标准判断是否存在企业集中，其核心是"控制"（control）这一概念。在做这种判断时，委员会将考虑法律和事实问题。[18]

第 3 条第 1 款第 1 项涵盖"完全合并"的情况。尽管该条例没有界定"合并"这一术语，但它意味着由以前不同的企业组建一个新企业。委员会已经明确指出，第 3 条第 1 款第 1 项在某些情况下可以适用于企业保留它们的独立法律人格，但仍然创建为一个单一经济单位。[19]

第 3 条第 1 款第 2 项涵盖"控制权变更"的情况。这个问题比较复杂，详细的分析可参阅一些文献。[20] 该条款的实质如下。控制权的变更可以导致个人或企业获得"唯一控制权"（sole control）。以"*Arjomari-Pri-oux/Wiggins Teape* 案"为例[21]，委员会认为，鉴于剩余股份过于分散，收购一家公司 39% 的股权足以使买方拥有控制权。在"*Cementbouw Handel*案"[22] 中，初审法院强调，需要证明该控制权给予买方决定性的影响力，这在"爱尔兰航空案"（*Aer Lingus*）中得到重申，初审法院认为，只有收购的股份给予买方决定性的影响力，才能适用第 3 条。[23] 但是，必要控制（requisite control）可以在一系列独立阶段获得，即使这些阶段在法律上并不相同。[24] 也有可能是两家或多家企业获得对另一家企业的"共同控制"（joint control）。在"*Northern Telecom/Matra Telecommunications* 案"[25] 中，两家公司获得了对 Matra 股份公司的共同控制权，因为所有重要商业决策都必须获得两家母公司的同意。不过，涉及共同控制的情况带来了该条例在多大程度上涵盖合营（joint venture）的难题。

---

[18] Commission Consolidated Jurisdictional Notice under Council Regulation（EC）No 139/2004 on the control of concentrations between undertakings［2008］OJ C95/1，［7］.

[19] Ibid［10］.

[20] Ibid［11］–［90］；M Broberg，'The Concept of Control in the Merger Control Regulation'［2004］ECLR 741.

[21] Case IV/M25［1991］4 CMLR 854.

[22] Case T–282/02 *Cementbouw Handel & Industrie BV v Commission*［2006］ECR II–319.

[23] Case T–411/07 *Aer Lingus Group plc v European Commission*［2010］ECR II–3691，［63］–［65］.

[24] Case T–282/02 *Cementbouw Handel*（n 23）.

[25] Case IV/M249.

二 集中：合营

合营（joint venture）不是专门术语，而是涵盖广泛的商业形态，其范围从两家竞争者成立新的公司实体，到联合收购方案或者联合研发。如此广泛的覆盖范围给竞争制度带来了困难。关于是否应同等对待合营与卡特尔（cartels），是应将合营视为本质上由条约第101条处理的"行为"问题，还是应根据《合并条例》予以解决的"结构性"问题，一直存在争议。

1989年条例采用的方式是，合营涉及的结构性问题或与集中有关的方面由《合并条例》处理，而涉及对独立企业之间的竞争协调产生影响的行为或合作问题，则由第101条处理。这导致了实践中的困难。[26]

目前该方式已被修改，合营涉及的集中和竞争问题可以在《合并条例》下予以考虑：前者由2004年条例第3条第4款处理，后者由第2条第4款至第5款处理。由此，第8条包含的委员会的决定权和第10条所规定的时限，都适用于根据第2条第4款做出的决定。《第139/2004号条例》第3条第4款规定如下：

> 如果设立的合营具有在持久经营的基础上履行自主经济实体的全部功能，则应构成第1款第2项意义上的企业集中。

该条例第2条第4款规定：

> 根据第3条，如果合营的设立构成了企业集中，其目的或效果是协调仍保持独立的企业的竞争行为，则应根据条约第81条第1款和第3款的标准对这种协调进行评估，以确定该做法是否与共同市场相符。

第2条第5款进一步规定：

> 委员会在进行这类评估时，应特别考虑：

---

[26] B Hawk, 'Joint Ventures under EEC Law', Fordham Corporate Law Institute（Fordham University, 1991）575 - 576.

——在合营所处的市场上，或在其上游或下游市场上，或在与该市场密切联系的相邻市场上，两个或多个母公司是否仍从事很大规模的经营活动；

——作为设立合营的直接结果，此类协调是否可能使有关企业消除所涉产品或服务实质部分的竞争。

只有当合营导致设立在持久基础上行使其功能的自主经济实体时，才适用《合并条例》。[27]集中式合营（concentrative joint ventures）将导致建立必要的自主经济实体（autonomous economic entity）。这些合营必须以与其他企业相同的一般方式在市场上经营。这意味着它们必须拥有足够的财务和其他资源才能持久地开展业务。[28] 这种合营被称为"全功能"（full-function）合营。如果合营仅承担母公司业务活动中的某项特定功能而不进入市场，例如与研发有关的合营，则不能满足这些条件。[29] 必须在相关市场背景下判断母公司的支持对合营经营自主性的影响。必须确定合营是否履行该市场上其他企业通常履行的功能。[30]

全功能合营也可以具有合作特征，也就是说，该合营的目的或效果是协调独立企业的竞争行为。将根据第 2 条第 4 款评估有可能限制竞争的合作特征。如果母公司将其全部业务活动转移给合营，情况就不是这样了。在相反的情况下，如果母公司在相关产品市场和地理市场上保留其活动，则极有可能存在此种协调。[31] 也可能存在各种中间情况，例如母公司在合营企业所在市场的上游或下游经营。因此，很难判断那些被视为第 3 条第 4 款意义上企业集中的合营。[32]

三　欧盟维度的集中

为了对企业集中适用《合并条例》，它必须具有欧盟维度（EU dimen-

---

[27] Case C–248/16 *Austria Asphalt GmbH & Co OG v Bundeskartellanwalt* EU：C：2017：643.

[28] CJN（n 18）[92]–[94]，[103]–[105].

[29] Ibid [95].

[30] Case T–87/96 *Assicurazioni Generali SpA and Unicredito SpA v Commission* [1999] ECR II–203，[73].

[31] Case IV/M.088 *Elf Enterprise* [1991] OJ C203/14.

[32] Case IV/M72 *Re the Concentration between Sanofi and Sterling Drug Inc* [1992] 5 CMLR M1.

sion)。《第 139/2004 号条例》第 1 条第 2 款对此做了界定：

> 在符合以下条件时，企业集中具有共同体维度：
> (1) 所有相关企业在全球范围内的总营业额合计超过 50 亿欧元，并且
> (2) 其中至少有两家相关企业，每一家在共同体范围内的总营业额超过 2.5 亿欧元，
> 但每家相关企业在同一成员国内的营业额均超过其在共同体范围内总营业额的三分之二者除外。

第 1 条第 3 款扩大了欧盟合并控制的范围。有人认为，仍然可以根据成员国的合并法律审查低于第 1 条第 2 款门槛的企业集中，但这可能会成本高昂，并且导致不同法律制度中的评估冲突。[33] 通过扩展欧盟合并控制的范围，以规制对多个成员国具有重要影响的企业集中，人们希望在考虑这种企业集中的竞争影响时将欧盟作为一个整体。第 1 条第 3 款规定：

> 在如下情况下，不符合第 2 款规定门槛的企业集中也具有共同体维度：
> (1) 所有相关企业在全球范围内的总营业额超过 25 亿欧元；
> (2) 在至少三个成员国中，所有相关企业在每个国家的总营业额均超过 1 亿欧元；
> (3) 在第 (2) 项意义上包含的至少三个成员国中，至少有两家相关企业，每家企业在每个国家的总营业额均超过 2500 万欧元；并且
> (4) 至少有两家相关企业，其中每个企业在共同体范围内的总营业额超过 1 亿欧元；
> 但每家相关企业在同一成员国内的营业额均超过其在共同体范围内总营业额的三分之二者除外。

---

[33] CJN (n 18) [126] – [127].

第 1 条第 2 款和第 3 款中的数字可以修改。[34] 根据第 5 条计算营业额。[35] 第 1 条第 2 款和第 3 款的测试标准完全是定量性质的，这本身并不意味着合并将被视为违反条例。第 2 条包含的实质性标准将在下文予以讨论。这些定义可以将很多非欧盟企业纳入条例的适用范围。[36]

四　欧盟合并控制与成员国合并控制之间的关系

（一）　一般原则："一站式"

人们不希望同一个企业合并案接受欧盟和成员国层面不同制度的调查。因此，《合并条例》的核心是，具有欧盟维度的企业合并原则上仅由委员会调查。第 21 条第 1 款规定，《第 139/2004 号条例》应只适用于第 3 条界定的企业集中；[37] 第 21 条第 2 款规定，委员会拥有根据本条例做出决定的单独管辖权，但须接受联盟法院审查；第 21 条第 3 款规定，除下文将考虑的例外情况外，任何成员国均不得将其本国法适用于具有欧盟维度的企业合并。但是，这项一般原则也有例外。[38] 委员会在 2005 年发布通告，阐明了在决定将这些例外适用于一站式原则时应考虑的因素。[39]

（二）　保护成员国"合法"利益：第 21 条第 4 款

第 21 条第 4 款允许成员国采取适当措施，以保护该条例未能予以考虑的合法利益，但前提是这些利益必须符合欧盟法。为此，公共安全、媒体的多样性以及审慎规则被列为合法利益。适用任何其他公共利益都必须通知委员会，委员会必须在 25 个工作日内将其决定通知成员国。

（三）　由委员会提交成员国主管机关：第 4 条第 4 款

《第 139/2004 号条例》第 4 条第 4 款规定，在对企业集中进行申报之

---

[34]　Reg 139/2004（n 5）Art 1（5）.

[35]　CJN（n 18）[157]－[205].

[36]　See, eg, Case IV/M24 *Mitsubishi Corporation/Union Carbide Corporation*［1992］4 CMLR M50; Case IV/M69 *Kyowa Bank Limited/Saitama Bank Limited*［1992］4 CMLR M105.

[37]　对于不具有欧盟维度的合营，且其目的或效果是协调仍保持独立的企业间竞争行为的合营，存在适用于它们的例外规则。

[38]　T Soames and S Maudhuit, 'Changes in EU Merger Control：Part I'［2005］ECLR 57.

[39]　Commission Notice on Case-Referral in Respect of Concentrations［2005］OJ C56/2.

前，企业可以向委员会提交附有理由的材料，告知委员会，该企业集中可能对某成员国内的市场竞争造成重大影响，而该市场具有独立市场的所有特征，并且因此应由该成员国进行全部或部分审查。

委员会将这一材料转交给所有成员国。提交的材料中所提到的成员国接下来可以同意也可以不同意。如果委员会认为存在这样的独立市场，并且该市场中的竞争可能会受到该企业集中的重大影响，委员会可以将案件移交给该国以适用其本国的竞争法，除非该成员国不同意。

（四）由委员会提交成员国主管机关：第9条

在起草该条例时，有人担心，从欧盟的角度上看企业合并可能不被视为有害，但在成员国层面仍可能是有害的。第9条第1款规定，委员会可以将集中通知转告成员国主管机关。第9条第2款规定了相关条件。

在收到通知书副本之日起的15个工作日内，成员国可以主动或应委员会的邀请将如下事项告知委员会，委员会应告知有关企业：

（1）企业集中有可能对该成员国国内某个市场的竞争造成重大影响，而该市场体现出独立市场的全部特征，或者

（2）企业集中会影响该成员国内某个市场的竞争，该市场体现出独立市场的所有特征但不构成共同市场的重大组成部分。

第9条第3款规定，由委员会决定是否存在这样一个独立的市场，以及是否对竞争构成相关威胁。然后，委员会既可以自行处理案件，也可以将整个或部分案件移交给有关成员国主管机关。[40] 委员会驳回了成员国的大量此类申请，[41] 但接受了英国的一项请求[42]，并且自1996年以来，委员会更频繁地应用第9条。

---

[40] 限制性条件是，如果委员会认为这种企业集中影响成员国国内某个独立市场中的竞争，而该市场并不构成共同市场的重大部分，则委员会应依此转交案件。

[41] See, eg, Case IV/M41 *Varta/Bosch* [1991] OJ L320/26; Case IV/M222 *Mannesman/Hoesch* [1993] OJ L114/34.

[42] Case IV/M180 *Streetley plc/Tarmac* [1992] 4 CMLR 343. 委员会根据第9条提交企业集中的例子，参见 *Rheinmetall/British Aerospace/STN Atlas* [1997] 4 CMLR 987; *REW/Thyssengas/Bayern-werk/Isarwerke* [1997] 4 CMLR 23.

（五）在企业请求下提交委员会：第 4 条第 5 款

条例第 4 条第 5 款规定了一种机制，企业可以建议由委员会审查集中。这些企业可以建议委员会审查第 3 条界定的企业集中，该类集中不具有第 1 条所界定的欧盟维度，在这种情况下，至少可以根据三个成员国的竞争法审查企业集中。企业可以在向成员国主管机关做出任何通告之前提出建议。如果一个成员国在 15 个工作日内提出异议，则不得将案件移交给委员会。如果没有成员国表示异议，则该企业集中应被视为具有欧盟维度而应由委员会审查。在这种情况下，成员国不得对该企业集中适用其本国法律。

（六）在成员国请求下提交委员会：第 22 条

第 22 条规定，一个或多个成员国可请求委员会调查第 3 条界定的企业集中，这种企业集中不具备第 1 条意义上的欧盟维度，但影响成员国之间的贸易并且极有可能影响提出请求的一个或多个成员国境内的竞争。该请求可以来自成员国主管机关。[43] 接下来，如果委员会认为满足上述标准，则可以决定采取行动。[44]

该条款的目的是，在成员国层面不存在合并控制的情况下提供一种控制机制。这种机制很少被使用，因为大多数国家现在都有自己的合并控制制度。提出请求的成员国无法控制委员会的调查或确定其调查范围[45]，并且，一旦提出请求，该成员国就不能再将其本国法律适用于该企业集中。

五　《欧洲联盟运行条约》第 101 条和第 102 条的剩余作用

我们已经了解，在《合并条例》之前欧洲法院如何使用《欧洲联盟运行条约》第 101 条和第 102 条来控制企业合并。现在有必要考虑这些条款当前的可能适用范围。

就委员会而言，《第 139/2004 号条例》第 21 条第 1 款规定，第 3 条所

---

[43]　Case T - 22/97 *Kesko Oy v Commission* [1999] ECR II - 3775.

[44]　Art 22 (3).

[45]　Case T - 221/95 *Endemol Entertainment Holding BV v Commission* [1999] ECR II - 1299.

界定的企业集中应只适用该条例⑥，并且不适用与第101条有关的主要实施性条例。但是，该条例不能废止第101条和第102条，因为它们是条约条款，并且可能的情况是，委员会有权通过《欧洲联盟运行条约》第104条和第105条使用这些条款。

对于成员国法院而言，第101条和第102条具有直接效力。因此可能出现如下情况，举例来说，反对恶意收购的企业可以根据《欧洲联盟运行条约》第267条寻求初步裁决，申诉该行为违反第101条或第102条，即使该收购行为不属于《合并条例》范围。

第四节 《第139/2004 号条例》：程序议题

一 事先申报

为了有效控制企业合并，有必要向委员会申报任何此类收购。第4条第1款规范事先申报程序。它规定，具有欧盟维度的企业集中必须在达成协议、宣布公开招标或者获得控股权之后，在其执行之前，向委员会申报。第4条第3款规定，委员会有义务公布其认为属于条例范围的那些通知。不遵守事先申报义务可能导致第14条第2款第1项之下的罚款。委员会提供了用于申报的标准表格。该表格要求当事方向委员会提交某些信息，包括促成集中的文件副本、有关当事方的账目副本以及为企业集中目的而准备的任何报告的副本。⑦

二 调查期间暂停企业集中

控制合并还要求，计划中的企业集中⑧不应在委员会尚未就调查做出决定前就完成。第7条第1款规定，在申报之前暂停集中，或者直到它根据第6条第1款第2项或第8条第2款，或者基于第10条第6款的假设被

---

⑥ 需要遵守相关限定条件，见（n 37）。

⑦ Commission Regulation（EC）No 802/2004 of 7 April 2004 implementing Council Regulation 139/2004 on the control of concentrations between undertakings［2004］OJ L133/1，Arts 2 – 6，and Annex I.

⑧ Case C – 633/16 *Ernst & Young P/S v Konkurrencerådet* EU：C：2018：371.

宣告为与共同市场相符。第 14 条第 2 款允许委员会对违反这项义务的行为处以重罚。[49] 但是，通知的中止效力受第 7 条第 3 款的限制，该条允许委员会减损适用第 7 条第 1 款。减损适用可能受到某些条件的限制。[50]

三　调查

委员会对已申报的企业集中进行的调查分为两个阶段。[51] 在第一阶段，委员会根据第 6 条第 1 款进行初步调查，它在该阶段可以决定如下事项：该项集中不属于条例适用范围；或者，属于条例适用范围，但并非与共同市场不兼容；或者，属于条例适用范围，并且严重怀疑其与共同市场的兼容性，由此必须启动调查程序。[52] 根据第 10 条第 1 款，这些决定通常必须在申报后的第 25 个工作日内做出。条例规定了在某些情况下的简化程序。[53]

在第二阶段，委员会调查那些与共同市场的兼容性存在严重疑虑的企业集中。第 8 条列出了委员会可以做出的一些选择。委员会可以决定，该集中或集中式合营不违反相关的实质性标准，但可能需要修改[54]，在这种情况下，委员会负有举证责任。[55] 如果委员会得出这一结论是基于企业做出的承诺，那么，这种承诺必须完全消除竞争的显著减少。[56] 委员会可能会认定该集中不符合共同市场，因为它严重阻碍有效竞争，尤其是通过建立或加强支配地位或者因为集中式合营不能从《欧洲联盟运行条约》第 101 条第 3 款中受益。[57] 在某些情况下，委员会可能要求撤回集中[58]，并且

---

[49]　Case T-704/14 *Marine Harvest ASA v European Commission* EU：T：2017：753.

[50]　See, eg, Case IV/M42 *Kelt/American Express* [1991] 4 CMLR 740.

[51]　S Maudhuit and T Soames, 'Changes in EU Merger Control：Part 3' [2005] ECLR 144.

[52]　《第139/2004 号条例》第 6 条第 2 款授权委员会做出决定，即修改后的企业集中计划不再引起其与共同市场兼容性的严重怀疑，由此可以宣布它符合共同市场要求。可以对其附加条件，并且如果没有遵守这些条件，则可以撤销决定。

[53]　Commission Notice on Simplified Procedure for Treatment of Certain Concentrations under Council Regulation 139/2004 [2005] OJ C56/32.

[54]　Reg 139/2004 (n 5) Art 8 (1)-(2)；Case IV/M190 *Re the Concentration between Nestlé SA and Source Perrier SA* [1993] 4 CMLR M17；根据第 8 条第 1 款，在认定集中符合共同市场的决定时，也可以包括直接涉及并且对实施集中所必要的限制。

[55]　Case T-102/96 *Gencor v Commission* [1999] ECR II-753, [318]；Case T-48/04 *Qualcomm Wireless Business Solutions Europe BV v Commission* [2009] ECR II-2029, [89]-[90].

[56]　Case T-282/02 *Cementbouw Handel* (n 22).

[57]　Reg 139/2004 (n 5) Art 8 (3).

[58]　Ibid Art 8 (4).

有权在某些情况下采取临时措施，以恢复或维持有效竞争。[59] 这类决定的一般时限是 90 个工作日，从启动程序之日起算[60]，如果未遵守该时限，则合并视为与共同市场相容。[61] 在做出决定之前相关企业有听审权[62]，可以参与诉讼的当事方清单相当广泛。[63] 委员会在根据第 8 条第 1 款至第 6 款、第 14 条和第 15 条做出任何决定之前，必须咨询"企业集中咨询委员会"（Advisory Committee on Concentration），该咨询委员会由成员国的一名或两名代表组成。[64]

四　调查与执行

委员会被赋予调查和执行的广泛权力。[65] 根据第 11 条，它可以要求提供信息；根据第 13 条，它可以进行现场调查；根据第 14 条，它可以处以大额罚款。例如，如果根据第 8 条第 3 款做出决定，宣布当事方进行的企业集中与共同市场不符，而当事方仍然继续进行企业集中，则罚款最高可以达到所涉企业营业总额的 10%。[66]

第五节　《第 139/2004 号条例》：实体标准

一　市场的界定

在讨论《欧洲联盟运行条约》第 102 条中所遇到的很多问题都与《合并条例》有关。因此，有必要从地理和产品的角度界定相关市场（relevant market），并且在很多情况下，还需要确定是否存在通过企业集中而确立或

---

[59]　Ibid Art 8 (5)；Case T – 411/07 R *Aer Lingus Group plc v Commission* [2008] ECR II – 411.

[60]　Reg 139/2004 (n 5) Art 10 (3). 此项基本规则有大量例外。

[61]　Ibid Art 10 (6)，subject to Art 9.

[62]　Ibid Art 18.

[63]　Reg 802/2004 (n 47) Art 11；Case T – 290/94 *Kayserberg SA v Commission* [1997] ECR II – 2137.

[64]　Reg 139/2004 (n 5) Art 19 (3) – (4).

[65]　See, eg, Case C – 477/10 P *Commission v Agrofert Holdings* EU：C：2012：394.

[66]　Art 14 (2) (c).

加强的支配地位。⑥ 委员会在根据《合并条例》做出裁判时会援引第 102 条下的决定，并且《关于欧盟竞争法意义上相关市场界定的委员会通告》适用于《合并条例》。在确立和加强支配地位与对竞争的影响之间，必须存在因果关系。⑥

二　审查标准

《第 139/2004 号条例》第 2 条第 1 款至第 3 款规定了确定企业集中是否与共同市场相容的审查标准，应与前面所引用的第 2 条第 4 款一起解读：

> 1. 本条例范围内的企业集中，应根据本条例的目的和下列规定进行评估，以确定它们是否与共同市场相容。
>
> 在进行这种评估时，委员会应考虑：
>
> （1）除了其他因素，鉴于所有相关市场的结构以及来自位于共同体内或共同体外的企业的实际或潜在竞争，需要在共同市场内维持和发展有效竞争；
>
> （2）相关企业的市场地位及其经济和财务实力，供应商和用户可得到的替代选择，企业获得供应或进入市场的渠道，市场进入的任何法律壁垒或其他壁垒，相关商品与服务的供需趋势，中间和最终消费者的利益，以及技术和经济进步的发展，前提是这种发展对消费者有利，而且并不构成对竞争的障碍。
>
> 2. 如果企业集中没有显著阻碍共同市场或者其实质部分的有效竞争，特别是没有由于确立或者加强支配地位而阻碍有效竞争，则应被宣布为与共同市场相容。
>
> 3. 如果企业集中显著阻碍共同市场或其实质部分的有效竞争，特别是由于确立或者加强支配地位而导致上述结果，则应被宣布为与共同市场不相容。

第 2 条第 2 款至第 3 款的现行表述方式与先前的《合并条例》不同。

---

⑥　I Kokkoris, 'The Concept of Market Definition and the SSNIP Test in the Merger Appraisal' [2005] ECLR 209.

⑥　Cases C – 68/94 and 30/95 *France v Commission* [1998] ECR I – 1375, [110].

最初表述的重点在于支配地位。1989 年条例第 2 条第 3 款规定："如果确立或加强了支配地位的企业集中导致显著阻碍共同市场或其实质部分中的有效竞争，则应被宣布为与共同市场不相容。"[69]

在通过 2004 年条例之前，对于是否应该由"实质性减少竞争"（substantial lessening of competition，SLC）这一标准取代 1989 年条例采用的支配标准（dominance test），曾有很多争论。世界上有不少国家采用 SLC 标准。[70] 那时委员会认为，支配标准与 SLC 标准之间几乎不存在真正的区别[71]，并且一些学者也质疑是否需要做出这种改变。[72] 不过，很多学者还是主张采用 SLC 标准[73]，一些成员国也采用这种标准[74]，其中一个理由是，即使不存在支配地位并且当事方之间没有默示协调，寡头市场上的企业集中仍会损害竞争。

维克斯：《欧洲的企业合并政策：回顾与展望》[75]

寡头垄断背景下的企业合并，可以通过非协调性效果和协调性效果减少竞争。……如果从前的竞争者甲和乙合并，则市场失去了甲与乙之间的竞争。如果周边的竞争不足，其效果可能是实质性地减少整个市场上的竞争。例如，随着甲和乙不再竞争，丙和丁可能会放松其在市场上的竞争努力。

因此，我们遇到所谓差距问题，即一方面是规制所有反竞争性合并这项政策目标，另一方面则是通过支配性概念——该概念甚至扩展

---

⑥⑨　Reg 4064/89（n 4）.

⑦⓪　I Kokkoris, 'The Reform of the European Merger Control Regulation in the Aftermath of the *Airtours* Case—The Eagerly Expected Debate: SLC v Dominance Test' [2005] ECLR 37.

⑦①　Green Paper on the Review of Council Regulation 4064/89, COM（2001）745/6 final, [160]–[167].

⑦②　S Voigt and A Schmidt, 'Switching to Substantial Impediments to Competition can have Substantial Costs' [2004] ECLR 584.

⑦③　J Vickers, 'Competition, Economics and Policy' [2003] ECLR 95; Z Biro and M Parker, 'A New EC Merger Test? Dominance v Substantial Lessening of Competition' [2002] Competition Law Journal 157.

⑦④　K Fountoukakos and S Ryan, 'A New Substantive Test for EU Merger Control' [2005] ECLR 277.

⑦⑤　J Vickers, 'Merger Policy in Europe: Retrospect and Prospect' [2004] ECLR 455, 459.

到涵盖两个或两个以上公司之间的默示协调——实现这一政策目标的能力，而在这二者之间存在着差距。解决差距问题有三种方法：

- 至少直接否定其实际意义。
- 语言上的弹性——在合并背景下给予"支配性"足够宽泛的含义，以涵盖非协调性效果和协调性效果，以及单一公司支配地位。
- 在竞争的表述方面将审查标准从支配地位更改为直接效果。

改革的结果是修改《第139/2004号条例》第2条。现在它比以前的表述更广泛，因为如果企业集中明显阻碍了有效竞争，那么，即使它没有确立或加强支配地位，也可以予以禁止。这可以涵盖那些在寡头市场上具有非协调性效果的企业集中，即使这些公司没有共同支配地位。[76] 但是第2条还规定，显著阻碍竞争可能尤其源于确立或加强支配地位，从而保留了先前判例法的相关性。[77] 不过，实际情况是只有极少的合并被禁止。[78]

三　横向合并：非协调性效果

只要与条约和《合并条例》一致，委员会的指南就对企业合并具有约束力。[79] 在适用《第139/2004号条例》中的审查标准时，委员会指南区分了非协调性效果（non-coordinated effects）和协调性效果（coordinated effects）。

《横向合并评估指南》[80]

22. 横向合并可能主要通过如下两种方式显著阻碍有效竞争，特别是通过确立或者加强支配地位：

（1）通过使一家或多家企业摆脱重要的竞争约束，从而增强其市

---

⑦⑥　Reg 139/2004（n 5）rec 25.

⑦⑦　Ibid rec 26; Guidelines on the Assessment of Horizontal Mergers under the Council Regulation on the Control of Undertakings [2004] OJ C31/5, [4].

⑦⑧　Towards more Effective Merger Control, COM（2014）449 final, [6].

⑦⑨　Case T-282/06 *Sun Chemical Group BV, Siegwerk Druckfarben AG and Flint Group Germany GmbH v Commission* [2007] ECR II-2149.

⑧⑩　(N 77) [22].

场权力，而不是通过诉诸协调行为（非协调性效果）。

（2）通过改变竞争的性质的方式，使得先前没有协调其行为的各公司，现在更有可能显著地协调它们的行为并且提高价格，或以其他方式阻碍有效竞争。对于合并之前就进行协调的公司而言，合并可以使协调更容易、更稳定或更有效（协调性效果）。

……

《横向合并评估指南》[81]
非协调性效果

24. 企业合并可以通过使一个或多个卖方摆脱市场中的重要竞争约束，从而增强其市场权力，由此显著地阻碍市场的有效竞争。合并的最直接效果是，参与合并的公司之间不再存在竞争。……

25. 一般而言，引起这种非协调性效果的企业合并将通过确立或加强单个公司的支配地位而显著阻碍有效竞争，典型的情况是，该公司通常会比合并后的下一个竞争者拥有明显更大的市场份额。此外，寡头垄断市场上的合并如果涉及消除参与合并的当事方先前施加给彼此的重要竞争约束，并且减少对剩余竞争者的竞争压力，那么，即使寡头成员之间不太可能进行协调，也会显著阻碍竞争。《合并条例》明确规定，所有引起这种非协调性效果的合并，也应被宣布为与共同市场不相容。

委员会列出了决定合并是否会产生显著的非协调性效果的相关因素：参与合并的公司所占市场份额的规模；它们是否是密切的竞争者；客户是否可以很容易地转向其他供应商；合并后的实体阻碍竞争者扩张的能力，以及合并是否消除某个重要的竞争力量。委员会接下来考虑了协调性效果。[82]

下面通过回顾委员会的两个决定来阐述其采用的方法。这些决定是根据先前的条例做出的，仍具有相关意义，因为支配地位在当前的《合并条例》中仍然具有重要作用。在下面的第一个决定中，委员会同意该企业合并。

---

[81] Ibid [24]，[25]，[39]．

[82] Ibid [27]－[38]．

迪吉多国际公司与曼内斯曼·金茨勒公司集中案
Case IV/M57 Re the Concentration between Digital Equipment
International and Mannesman Kienzle GmbH
[1992] 4 CMLR M99

迪吉多国际公司（DEIL）是迪吉多公司（DEC）的全资子公司，它与曼内斯曼·金茨勒公司（MK）达成一项协议，根据德国法律建立迪吉多/金茨勒（Digital/Kienzle）有限合伙企业，迪吉多公司持有65%的所有权，曼内斯曼·金茨勒公司占35%。新公司将获得曼内斯曼·金茨勒公司的计算机业务，后者将退出计算机行业（打印机除外）。曼内斯曼·金茨勒公司还同意不与迪吉多—金茨勒竞争。迪吉多公司占个人计算机市场的份额不到10%，而且该市场整体而言相对分散，很少有公司拥有超过10%的市场份额。因此，该项集中计划并未引起对其在这一领域与共同市场相容性的严重怀疑。迪吉多公司当时是全球最大的网络计算机系统供应商之一，但是曼内斯曼·金茨勒公司的规模则小得多。以下的摘录涉及计算机工作站市场。根据《第4064/89号条例》第6条第1款第2项，该合并获得批准。

委员会

19. 在受到主要影响的四个市场中，工作站市场的规模最小，但显示出的年增长率最高（超过30%）。这也是最为集中的市场，迪吉多、惠普（HP）和太阳微系统公司（Sun Microsystems）合计占有约80%的市场份额。在过去三年中，迪吉多的市场份额平均达到22%。

20. 该项企业集中不可能确立或加强支配地位，因为竞争条件并没有发生显著变化。工作站市场是一个相当新的市场，最近十年中在个人计算机和小型计算机市场之外得到发展。新兴市场上的高市场份额并非不常见，它们不一定表现为市场权力。事实上，一段时间以来三大领先公司市场份额的发展表明了该市场的动态性质。一直存在不断的变化，包括市场领先地位。

21. 迪吉多公司收购的曼内斯曼·金茨勒公司只是一个相对较小的卖方，对于维持该市场上的竞争而言微不足道。……最后，对于其他计算机系统制造商，尤其是对于那些销售个人计算机和小型多用户计算机的制造商而言，进入壁垒相对较低。即使对于相邻市场的公司，市场进入似乎也是可行的。……

22. 因此，就工作站市场而言，该企业集中也没有引起对其与共同市场兼容性的严重怀疑。

在下面的案件中，企业集中被认定违反了 1989 年《合并条例》第 2 条第 3 款。

法国航空航天—意大利阿列尼亚与德哈维兰公司集中案

Case IV/M53 Re the Concentration between Aérospatiale SNI
and Alenia – Aeritalia e Selenia SpA and de Havilland
[1992] 4 CMLR M2

法国和意大利合组的航空航天与阿列尼亚公司（Aérospatiale and Alenia）控制着区域运输机公司（ATR），当时后者是世界上最大的涡轮螺旋桨支线飞机制造商。它们试图收购德哈维兰公司（de Havilland），这家公司当时在该市场上排名世界第二。委员会查明，其产品市场是具有 20—70 座位的支线涡轮螺旋桨飞机，其中又划分为 29—39 座、49—59 座以及 60 座以上的多个飞机子市场。地理市场是全世界，但中国和东欧除外。

委员会

一　对区域运输机公司的地位产生的效果

27. 该集中计划将显著加强区域运输机公司（ATR）在通勤市场上的地位，尤其出于以下原因：

——在 40—59 座市场以及整个通勤市场中占有很高的综合市场份额；

——消除作为竞争者的德哈维兰公司；

——覆盖整个通勤飞机；

——大大拓宽客户基础。

（一）市场份额增加

……

29. 区域运输机公司在整个全球20—70座通勤飞机市场中的份额从约30%增加至约50%。与其最接近的竞争者萨博公司（Saab）仅占约19%的份额。在此基础上，新实体将占据整个全球市场的一半，是与其最接近的竞争者份额的2.5倍以上。

30. 在实现集中之后，其占有的综合市场份额可能会进一步增加。……

在区域运输机公司和德哈维兰公司实现集中之后，竞争者将面对两家大公司的综合实力。这意味着在航空公司考虑新订单的情况下，竞争者将与区域运输机公司和德哈维兰公司的组合产品线展开竞争。……

（二）消除作为竞争者的德哈维兰公司

31. 就出售的飞机而言，德哈维兰公司是区域运输机公司最成功的竞争者。……

当事方主张，如果集中计划没有推进，尽管德哈维兰公司不会被立即清算，但其产品也可能被波音公司逐渐淘汰，因此从中长期来看，德哈维兰公司无论如何都会被清除。在不影响这种考虑是否在《合并条例》第2条下具有相关意义的前提下，委员会认为这样的清除是不可能的。……

……

（三）覆盖整个通勤飞机

32. 新的实体"区域运输机公司/德哈维兰公司"（ATR/de Havilland）将是上文界定的所有通勤市场中唯一的通勤飞机制造商。

……

（四）拓宽客户基础

33. 在实现集中之后，区域运输机公司将大大拓宽其客户基础。根据迄今为止的交付情况，当事方声称区域运输机公司目前已向全球44个客户交付了通勤机，德哈维兰公司已向36个其他客户交付了通勤机，加起来有80个客户。……

该客户基础是飞机制造商市场权力的一个重要因素，因为一旦它们最初就飞机类型做出了选择，则至少将在一定程度上具有锁定客户的效果。

......

二　对剩余竞争实力的评估

34. 为了能够评估合并后的新实体是否有能力独立于其竞争者而采取行动，鉴于其地位得到了加强，有必要评估剩余竞争者当前和未来的预期竞争实力。

[委员会评估了其他竞争者的实力，认定它们是否可能提供中长期的有效竞争是存在疑问的。]

......

四　集中计划对通勤市场的效果小结

51. 作为集中计划的结果，合并后的实体"区域运输机公司/德哈维兰公司"将在 40 座及以上全球和共同体通勤飞机市场上，以及在全球和共同体市场上获得非常强大的地位。这些市场的竞争者相对较弱。客户的议价能力有限。综合这些因素可以得出结论，新实体可能在很大程度上独立于其竞争者和客户而采取行动，因此将在上文界定的通勤市场上占据支配地位。

......

五　潜在的市场进入

53. 一般而言，导致确立支配地位的企业集中仍然可能在《合并条例》第 2 条第 2 款意义上与共同市场相容，前提条件是，有确凿证据表明，这种支配地位只是临时的，并且由于进入市场的可能性很高而很快被侵蚀。

[委员会得出结论，在可预见的未来在通勤市场上没有切实的潜在竞争。]

委员会阻止该合并的决定并未得到毫无保留的接受。企业集中咨询委员会的多数人同意委员会的意见。少数人不同意，指出委员会"不是在保护竞争，而是保护该集中计划的竞争者"[83]，该决定也在学术上受到批评。[84] 后

---

[83]　[1992] 4 CMLR M2, 35.

[84]　E Fox, 'Merger Control in the EEC—Towards a European Merger Jurisprudence' in B Hawk (ed), Fordham Corporate Law Institute (Fordham University, 1991) ch 28.

来，委员会批准了法国航空航天、意大利阿列尼亚和英国宇航公司的合营。⑧⑤

四 横向合并：协调性效果和共同支配地位

如果集中具有协调性效果，委员会也会考虑适用《合并条例》。

《横向合并评估指南》⑧⑥

协调性效果

39. 在某些市场中，其市场结构可能会让某些公司认为，在可持续的基础上采取旨在提高销售价格的市场行动是可能的，在经济上是合理的，因此也是更适当的方式。在集中度高的市场中，通过确立或加强共同支配地位，合并可能会显著妨碍有效竞争，因为它增加了这些公司以这种方式协调它们的行为并且提高价格的可能性，即使没有采取条约第81条意义上的达成协议或者诉诸协同行为。……

40. 协调可以采取各种形式。在某些市场中，最可能的协调可能涉及将价格保持在竞争水平之上。在其他市场中，协调可能旨在限制产量或者进入市场的新产能的数量。公司还可以通过划分市场（例如按照地理区域或者其他客户特征）进行协调，或者通过在投标市场中分配合同进行协调。

要理解协调性效果的概念，以共同支配地位为例，必须对照先前的判例法。委员会认为，如果企业集中导致集中的当事方与市场上的另一方之间确立或者加强了支配地位，则1989年《合并条例》涵盖共同支配。⑧⑦ 欧洲法院和初审法院确认了这一点。⑧⑧

---

⑧⑤　[1995] 4 CMLR 377.

⑧⑥　(N 77) [39].

⑧⑦　Case IV/M190 *Nestlé SA/ Source Perrier SA* [1993] 4 CMLR M17, [112]–[115].

⑧⑧　R Whish and B Sufrin, 'Oligopolistic Markets and EC Competition Law' (1992) 12 YBEL 59; A Winckler and M Hansen, 'Collective Dominance under the EC Merger Control Regulation' (1993) 30 CMLRev 787; D Ridyard, 'Economic Analysis of Single Firm and Oligopolistic Dominance' [1994] ECLR 255; C Caffarra and K-U Kuhn, 'Joint Dominance: The CFI Judgment on Gencor/Lonhro' [1999] ECLR 355; R Whish, 'Collective Dominance' in D O'Keefe and A Bavasso (eds), *Judicial Review in European Union Law* (Kluwer, 2000) ch 37.

法国诉委员会

Cases C – 68/94 and 30/95 France v Commission

[1998] ECR I – 1375

K + S 公司和 MdK 公司计划进行集中。两家公司都在钾盐和岩盐市场上从事经营。委员会担心，该集中的结果将导致两个实体占据支配地位，即 K + S 与 MdK 组成的新实体，以及另一家公司 SCPA。申请方主张，《合并条例》并未涵盖共同支配地位。它们声称，与第 82 条相反，《合并条例》并没有提到"一家或多家企业"这样的措辞，并且 1989 年《合并条例》的立法过程表明，它并不打算涵盖此类情况。

欧洲法院

166. 从条例第 2 条的措辞中无法推导出如下结论，即只有在集中确立或加强单个支配地位，而此种支配地位属于集中的当事方的情况下，此类集中才属于条例范围。第 2 条……本身并不排除将条例适用于如下情形，即集中将导致确立或加强共同支配地位，而这种支配地位由集中的当事方与作为非当事方的实体共同拥有。

[欧洲法院认为立法过程不是结论性的，因此应参照第 2 条的目的和一般结构来考虑该条。欧洲法院考虑了该条例的引文，得出结论认为，所有可能影响欧共体内部竞争结构的具有共同体维度的企业集中，都应属于 1989 年条例范围。]

171. 如果某项集中确立或加强了某些当事方的市场支配地位，而这些当事方与未参与该集中的实体相关，则很容易证明该集中与条约旨在寻求保证的竞争不受扭曲的制度不相容。因此，如果认可该条例仅涵盖为参与集中的当事方确立或加强支配地位的集中，那么条例的目的……就会部分落空。……

简科公司诉委员会

Case T – 102/96 Gencor Ltd v Commission

[1999] ECR II – 753

铂金市场上的两家公司计划集中。委员会担心这将导致它们与另一家公司处于共同支配地位，后者是全球领先的铂金供应商，也是拟集中的两家公司的主要竞争者。初审法院遵循欧洲法院的上述裁决，并且接下来对于哪些因素在判断是否存在共同支配地位时发挥重要作用提供了指南。

初审法院

163. 在评估是否存在共同支配地位时，委员会有义务通过运用对相关市场的前景分析，确定所涉集中是否会导致如下情形，即参与集中的企业与一个或多个其他企业是否将共同显著阻碍相关市场的有效竞争，特别是因为导致它们之间存在联系的因素，这些企业能够一起采取共同的市场策略，并且在相当大的程度上独立于它们的竞争者、客户以及最终消费者而采取行动。

[在第205段，初审法院裁定，除非有例外情况，否则具有非常大的市场份额就能够表明存在支配地位。]

206. 的确，在寡头垄断背景下，当事方拥有大量市场份额这一事实不一定具有相同的意义。……然而，特别是在双头垄断情况下，在没有相反证据的情况下，很大的市场份额也同样是表明存在支配地位的强大证据。

[申请方主张，委员会忽视了初审法院在"意大利平板玻璃案"(*Italian Flat Glass*) 中的裁决。[89] 它们声称，初审法院在该案中要求存在某些结构性联系，即通过协议、许可证之类，作为认定共同支配地位的前提条件。在"简科公司"案中，初审法院在第273—275段拒绝了这一主张。初审法院认为，在"意大利平板玻璃案"中，结构性联系只是表明存在共同支配的方式之一。]

---

[89] 参见第二十八章第三节第二部分。

276. 此外，没有任何法律上或经济上的理由可以将紧密寡头垄断（tight oligopoly）中的当事方之间所存在的相互依赖关系排除出经济联系这一概念，在这种紧密的寡头垄断中，在具有适当特征的市场中，特别是就市场集中、透明度和产品同质化而言，这些当事方能够预测彼此的行为，由此受到强烈鼓励而协调它们在市场上的行为，特别是采取为了提高价格而限制生产的方式，以使其共同利益实现最大化。在这种情况下，每个交易者都意识到，自己采取旨在提高市场份额的高度竞争性行为（例如降价）将引起其他交易者的相同行为，因此它不会从其主动行动中获得任何好处。……

277. 该结论与集中控制更为相关，其目的是防止产生或加强反竞争性的市场结构。此类结构可能来自于存在申请方主张的严格意义上的经济联系，或者来自于某种寡头类型的市场结构，在该市场结构中，每一个企业都可能会意识到共同利益，并且特别是无须达成协议或者采取协同行为就能导致价格提高。

从"简科公司案"（*Gencor*）中可以清楚地看出，共同支配地位可以包括寡头共谋，相关公司之间存在结构性联系并不是适用该概念的必要条件。在"空旅公司案"（*Airtours*）[90] 中，初审法院认为，认定共同支配需要满足三个必要条件：必须有足够的市场透明度，使得占有支配地位的寡头的各成员可以监督其他成员的行为；默示协调必须在时间上可持续，并且有足够的动机遵守共同策略；[91] 该共同策略绝不可能由于竞争者和消费者的可预见反应而受到威胁。[92]

在"独立音乐出版商和唱片公司协会案"（*Impala*）中，初审法院指出，尽管必须满足"空旅公司案"（*Airtours*）的三个条件，但它们可以"根据与内在于共同支配地位的迹象、表现或现象有关的一系列非常混杂的标记和证据，予以间接确定"。[93] 该案上诉至欧洲法院，欧洲法院裁定，初审法院可以这种方式考虑证据，但是它必须谨慎地进行分析，并且采

---

⑩ Case T – 342/99 *Airtours plc v Commission* [2002] ECR II – 2585, [62].

⑪ Caffarra and Kuhn (n 88) 356 –357.

⑫ 从"空旅公司案"中得出的条件是《横向合并评估指南》的重要内容（n 80）[41]，[49] –[57]。

⑬ Case T – 464/04 *Impala v Commission* [2006] ECR II – 2289, [251].

取的方法应基于对在该情况下可能存在的此类貌似合理的协调策略进行的分析。⁹⁴ 欧洲法院还对"空旅公司案"中的条件提供了更一般性的指南。

贝塔斯曼公司和美国索尼公司诉独立音乐出版商和唱片公司协会
Case C –413/06 P Bertelsmann AG and Sony Corporation of America
v Independent Music Publishers and Labels Association（Impala）
［2008］ECR I –4951

贝塔斯曼公司和索尼公司计划合并它们的唱片业务。独立音乐出版商和唱片公司协会（Impala）反对这项计划，理由是这将创设共同支配地位。委员会认定该企业集中与共同市场相容，但该决定被初审法院撤销。贝塔斯曼公司和索尼公司向欧洲法院提出上诉，欧洲法院重申了"法国诉委员会案"和"简科公司案"中的裁决。

欧洲法院

122. 因此，显著阻碍共同市场或其实质部分中的有效竞争的共同支配地位，可能源自于企业集中，而在该集中过程中，鉴于相关市场的实际特征以及该集中必然导致那些特征改变，这种改变将使所涉寡头垄断的每个成员在意识到共同利益之后，认识到在持久基础上采取旨在以高于竞争价格的价格出售商品的共同的市场策略具有可能性和经济上的合理性，并且由此具有可取之处，而无须达成《欧共体条约》第81条意义上的协议或者采取该条意义上的协同行为，并且不存在能够有效做出反应的任何实际或潜在的竞争者，更不用说客户或消费者了。

123. 如果竞争者可以很容易地就协调应如何发挥作用，尤其是就能够使它们自己成为协调焦点的参数达成共识，那么这种默示协调就更有可能出现。除非竞争者可以就协调的条件形成共同的默示理解，

---

⑭　Case C –413/06 P Bertelsmann AG and Sony Corporation of America v Independent Music Publishers and Labels Association（Impala）［2008］ECR I –4951，［127］–［129］；J Golding，'The Impala Case：A Quiet Conclusion but a Lasting Legacy'［2010］ECLR 261.

否则它们可能就会为了能够采用共同的市场策略而采取《欧共体条约》第81条所禁止的行为。此外，考虑到可能存在为了增加短期利润而使默示协调的每个参与者退出此种协调的诱惑，有必要确定这种协调是否可持续。就此而言，参与协调的企业必须能够充分监测协调条件是否得到了遵守。因此，每个相关企业必须具有足够的市场透明度，以便足够准确和快速地了解参加协调的其他各个参与者市场行为的发展方式。并且，行为准则要求有某种形式的可靠威慑机制，如果发现有企业背离行为准则，这种机制就可以发挥作用。另外，外部人员的反应，例如当前或者未来的竞争者，以及客户的反应，都不应危害该协调的预期结果。

[欧洲法院认为这些标准与"空旅公司案"中规定的标准相符，不应机械地应用这些标准。]

……

126. 在这方面，不应以孤立和抽象的方式，例如对特定市场的透明度进行评估，而应以假定的默示协调机制为基础进行评估。只有考虑到这种假设，才有可能确定市场上存在的透明度的任何要素实际上是否能够促成就协调条件达成共同理解，或者/以及是否允许相关竞争者充分监督共同策略的条件是否得到了遵守。……

无论如何，应该指出的是，《第139/2004号条例》减少了证明共同支配地位的需要。[95] 如我们所见，它同时规定了非协调性和协调性效果。前者可以包括寡头垄断的行为，即使不存在协调或支配地位[96]，由此，尽管可能更难证明共同支配地位，但已不那么重要。[97]

五 纵向和混合合并：协调性与非协调性效果

委员会还制定了关于纵向合并（vertical mergers）和混合合并（conglomerate mergers）的指南。限于篇幅，这里仅介绍该方法的核心。

---

[95]　Reg 139/2004（n 5）Art 2（3）.

[96]　Horizontal Merger Guidelines（n 77）[25].

[97]　S Baxter and F Dethmers, 'Collective Dominance under EC Merger Control—After Airtours and the Introduction of Unilateral Effects is there still a Future for Collective Dominance?' [2006] ECLR 148.

《非横向合并评估指南》⑱

12. 首先，与横向合并不同，纵向或混合合并不会导致在同一相关市场上参与合并的公司之间的直接竞争减少。……

13. 其次，纵向和混合合并为提高效率提供了很大的空间。纵向合并和某些混合合并的特征之一是，参与合并的公司的活动以及/或者产品彼此互补。单个公司内部互补性活动或产品的一体化可以产生显著效益，并且促进竞争。……纵向一体化可以……提供更大的刺激以寻求降低价格和增加产量，因为实现一体化后的公司可以从中获得更大的收益。……

14. 一体化还可以降低交易成本，并在产品设计、生产过程的组织以及产品销售方式方面进行更好的协调。

……

17. 非横向合并可能严重阻碍有效竞争的方式主要有两种：非协调性效果和协调性效果。

18. 非协调性效果可能主要出现在非横向合并引起"封锁效应"的情况下。在本文件中，"封锁效应"（foreclosure）一词将用于描述合并导致阻碍或消除实际或潜在的竞争者获得供应或进入市场的任何情形，从而降低这些公司的竞争能力或动机。由于这种封锁效应，参与合并的公司……可能从提高向消费者收取的价格中获得利润。这些情况显著阻碍有效竞争，因此在下文中称之为"反竞争封锁效应"。

19. 当合并以如下方式改变竞争的性质时，即先前不对其行为进行协调的公司现在有极大的可能性进行协调以提高价格，或者以其他方式损害有效竞争，则会产生协调性效果。对于合并之前就已进行协调的公司而言，合并也可以使协调更容易、更稳定或者更有效。

六　集中与效率

在《第 139/2004 号条例》之前，不清楚是否可以考虑由企业集中

---

⑱　Guidelines on the assessment of non-horizontal mergers under the Council Regulation on the control of concentrations between undertakings［2008］OJ C265/7.

产生的效率。[99] 考虑效率收益的主张是指，在考虑配置效率（allocative efficiency）时，相对适度的成本节省可能超出价格上涨所产生的影响。[100] 现在，这一问题已得到了澄清。《第139/2004号条例》引文第29段声称：

> 为了判断企业集中对共同市场中竞争的影响，需用适当考虑由相关企业带来的任何已证实的和可能的效率。集中所带来的效率有可能抵消对竞争的效果，以及特别是对消费者的潜在危害——在其他情况下集中则很可能造成这种效果和危害，因此，该集中将不会显著阻碍共同市场或其中实质部分的有效竞争，特别是不会由于创立或加强支配地位而造成这种阻碍效果。委员会应就在评估企业集中时可以根据哪些条件考虑效率这一问题发布指南。

委员会在《横向合并评估指南》中发布了此种指导方针。[101] 必须满足三个条件。第一个条件是，效率必须以重大和及时的方式使消费者受益，并且必须传递给消费者；集中的潜在反竞争效果越大，效率上的节省就必须越多且可能性越大。第二个条件是合并的独特性，这一理念意味着不能通过反竞争程度更低的替代方案来实现效率。第三个条件是可核查性，委员会必须确信效率很可能得到实现，并且效率必须足以高到超出集中对消费者的潜在危害。可以考虑效率问题这一事实值得欢迎。尽管如此，应该认识到，以效率为由"挽救"申报的集中计划，所要克服的障碍仍很巨大[102]，尽管有些企业集中做到了这一点。[103]

---

[99] F Jenny, 'EEC Merger Control: Economies as an Antitrust Defense or an Antitrust Attack?' in B Hawk（ed）, Fordham Corporate Law Institute（Fordham University, 1992）603.

[100] O Williamson, 'Economics as an Antitrust Defense: The Welfare Tradeoffs'（1968）58 Am Econ Rev 18.

[101] Horizontal Merger Guidelines（n 77）[76]–[88].

[102] L Colley, 'From "Defence" to "Attack"? Quantifying Efficiency Arguments in Mergers' [2004] ECLR 342; M Kocmut, 'Efficiency Considerations and Merger Control—Quo Vadis, Commission' [2006] ECLR 19; H Iversen, 'The Efficiency Defence in EC Merger Control' [2010] ECLR 370; Case T-175/12 *Deutsche Börse AG v European Commission* EU: T: 2015: 148.

[103] COMP/M.6570 – *UPS/TNT Express*, 30 Jan 2013; COMP/M.6360 – *Nynas/Harburg*, 2 Sept 2013.

七 集中与垂危公司

欧洲法院[104]和委员会[105]承认，如果合并方之一是垂危公司，则原本有问题的合并就有可能与共同市场相容。[106] 其核心条件是，在合并之后，竞争结构的恶化不能被认为是由该合并导致的，正如在不存在合并的情况下，竞争结构也至少会出现同样的恶化程度一样。

《横向合并评估指南》[107]

90. 委员会认为以下三个标准与适用"垂危公司辩护"尤其相关。其一，据称垂危的公司如果不被另一家企业接管，在不久的将来就将由于财务困难而被迫退出市场。其二，除了申报的合并之外，不存在反竞争程度更低的替代方案。其三，在没有合并的情况下，垂危公司的资产将不可避免地退出市场。

八 非竞争因素的相关性

《第139/2004号条例》引文第23段指示委员会将其评估置于《欧洲联盟条约》第3条规定的条约宗旨的一般框架之下。这可以使委员会考虑到更广泛的社会因素。尽管如此，委员会仍认为竞争是该条例的主要目标。欧盟委员会委员团的会议可能会考虑这种问题。

九 补救措施

对于违反《合并条例》，可以采取结构上和行为上的补救措施。[108] 一项

---

[104] Cases C – 68/94 and 30/95 *France v Commission* [1998] ECR I – 1375.

[105] Case IV/M. 2314 *BASF/Pantochim/Eurodiol* IP/01/984；Case IV/M. 2876 *Newscorp/Telepiu* IP/03/478.

[106] I Kokkoris, 'Failing Firm Defence in the European Union: A Panacea for Mergers' [2006] ECLR 494.

[107] Horizontal Merger Guidelines (n 77) [90].

[108] D Went, 'The Acceptability of Remedies under the EC Merger Regulation: Structural versus Behavioural' [2006] ECLR 455；W Wang and M Rudanko, 'EU Merger Remedies and Competition Concerns: An Empirical Assessment' (2012) 18 ELJ 555.

委员会通告规定了委员会选择补救措施的原则。[109] 当事方也可以调整违反《合并条例》的集中，并且对委员会做出承诺，但此种承诺要想得到认可，就必须消除合并所产生的反竞争影响。[110]

第六节　司法审查

根据《欧洲联盟运行条约》第263条的规定，在正常条件下，委员会根据《合并条例》做出的决定可由联盟法院审查。[111] 联盟法院已经加强了对该领域进行司法审查的力度，并且比以往更加积极地审查明显的错误。[112] 从"空旅公司案"[113]"利乐拉伐公司案"（Tetra Laval）[114] 和其他案件[115]的裁决中可以明显地看出这一点。在"利乐拉伐公司案"中，欧洲法院指出：[116]

本法院承认委员会在经济事务上拥有自由裁量权的余地，但这并不意味着共同体法院必须避免审查委员会对具有经济性质的信息做出的解释。除其他事项外，共同体法院不仅必须确定所依据的证据是否事实准确、可靠和一致，而且要确定这些证据是否包含必须加以考虑以评估复杂情况的所有信息，以及这些证据是否能够证实从中得出的

---

⑩　Commission Notice on Remedies Acceptable under Council Regulation （EC） No 139/2004 and under Commission Regulation （EC） No 802/2004 ［2008］ OJ C267/1.

⑪　Case T – 282/02 *Cementbouw Handel* （n 22）.

⑪　参见第十五章和第十六章；Case T – 177/04 *Easy Jet Co Ltd v Commission* ［2006］ ECR II – 1931；Case T – 224/10 *Association belge des consommateurs test-achats ASBL v European Commission* EU： T： 2011： 588；Case T – 43/16 *I&I Telecom GmbH v European Commission* EU： T： 2018： 660.

⑫　Judge B Vesterdorf, 'Certain Reflections on Recent Judgments Reviewing Commission Merger Control Decisions' in M Hoskins and W Robinson （eds）, *A True European*： *Essays for Judge David Edward* （Hart, 2003） ch 10.

⑬　Case T – 342/99 *Airtours plc v Commission* ［2002］ ECR II – 2585.

⑭　Case C – 12/03 P *Commission v Tetra Laval* ［2005］ ECR I – 987.

⑮　Case T – 464/04 *Impala* （n 93）；Case T – 210/01 *General Electric Company v Commission* ［2005］ ECR II – 5575；Case T – 282/06 *Sun Chemical* （n 79） ［60］；Case T – 48/04 *Qualcomm Wireless* （n 55）；Case T – 145/06 *Omya AG v Commission* ［2009］ ECR II – 145；Case C – 413/06 P *Bertelsmann* （n 94） ［144］ – ［145］；Case C – 265/17 P *European Commission v United Parcels* EU： C： 2019： 23.

⑯　Case C – 12/03 *Tetra Laval* （n 114） ［39］.

结论。在审查具有混合效果的合并计划时需要进行前景分析，在这种
情况下更需要进行这种审查。

受篇幅所限，无法对本主题做详细考虑，更详细的分析可参考相关文
献。⑰这里要指出的是，现在由综合法院对委员会的决定进行详细审查，
尽管在形式上是对明显错误的审查，但很明显，此种审查的意义已经与先
前判例法下的意义大不相同。尽管如此，联盟法院仍然不愿认定，委员会
在根据《合并条例》评估经济证据方面所存在的错误，足以引起非契约
责任。⑱

第七节　结论

一　合并政策必然需要做出选择。这些选择涉及合并控制的所有重要
　　方面。

二　就管辖权而言，《第 139/2004 号条例》包含更为复杂的规定，旨在确
　　保由欧盟或成员国层面的最适当机构对企业集中进行调查。

三　就程序而言，它反映了及时申报以及充分调查权力的必要性，以使联
　　盟的控制有效。这一点由于要求及时适用欧盟权力而得到了平衡，因
　　为重要的商业决定取决于这种平衡。《合并条例》所规定的具体时限
　　就服务于这一必要性。

四　就实质而言，《第 139/2004 号条例》包含了重要的经济、社会和政治
　　选择，例如通过修订适用该条例的评估标准；明确包括效率辩护；赋
　　予竞争因素以主导地位，并且在一般情况下排除其他社会因素。

五　联盟法院继续在该领域发挥重要作用，部分是通过对《合并条例》进
　　行目的解释，部分是根据《欧洲联盟运行条约》第 263 条加强司法审

---

⑰　P Craig, *EU Administrative Law* (Oxford University Press, 3rd edn, 2018) ch 14；S Volcker
and C O'Daly, 'The Court of First Instance's *Impala* Judgment：A Judicial Counter-Reformation in EU Mer-
ger Control' [2006] ECLR 589；J Killick, ' The *GE/Honeywell* Judgment——In Reality Another Merger
Defeat for the Commission' [2007] ECLR 52.

⑱　Case T – 212/03 *My Travel Group plc v Commission* [2008] ECR II – 1967.

查力度。

六　欧盟委员会2014年发布了一份评估合并政策的白皮书。其主要建议包括，有权利用有针对性的透明度制度处理采用反竞争方式收购少数股权的行为，并且通过精简第4条第5款程序和修订第22条来提高案件提交制度的效率，从而增强对一站式原则的遵守。[119]

第八节　扩展阅读

一　专著

Broberg, M, *The European Commission's Jurisdiction to Scrutinise Mergers* (Kluwer, 4th edn, 2013)

Cook, J, and Kerse, C, *EC Merger Control* (Sweet & Maxwell, 5th edn, 2009)

Jones, A, and Sufrin, B, *EU Competition Law: Text, Cases, and Materials* (Oxford University Press, 7th edn, 2019)

Whish, R, and Bailey, D, *Competition Law* (Oxford University Press, 9th edn, 2018)

二　论文

Bailey, D, 'Standard of Proof in EC Merger Proceedings: A Common Law Perspective' (2003) 40 CMLRev 845

Bishop, S, Lofaro, A, and Rosati, F, 'Turning the Tables: Why Vertical and Conglomerate Mergers are Different' [2006] ECLR 403

Broberg, M, 'Improving the EU Merger Regulation's Delimitation of Jurisdiction: Re-Defining the Notion of Union Dimension' (2014) 5 Jnl of European Competition Law & Practice 261

Colley, L, 'From "Defence" to "Attack"? Quantifying Efficiency Arguments in Mergers' [2004] ECLR 342

---

[119]　Towards more Effective Merger Control (n 78).

Golding, J, 'The *Impala* Case: A Quiet Conclusion but a Lasting Legacy' [2010] ECLR 261

Iversen, H, 'The Efficiency Defence in EC Merger Control' [2010] ECLR 370

Killick, J, 'The *GE/Honeywell* Judgment—In Reality Another Merger Defeat for the Commission' [2007] ECLR 52

Kocmut, M, 'Efficiency Considerations and Merger Control—*Quo Vadis*, Commission' [2006] ECLR 19

Kokkoris, I, 'The Reform of the European Merger Control Regulation in the Aftermath of the *Airtours* Case—The Eagerly Expected Debate: SLC v Dominance Test' [2005] ECLR 37

Vesterdorf, Judge B, 'Certain Reflections on Recent Judgments Reviewing Commission Merger Control Decisions' in M Hoskins and W Robinson (eds), *A True European: Essays for Judge David Edward* (Hart, 2003) ch 10

Vickers, J, 'Competition, Economics and Policy' [2003] ECLR 95

—— 'Merger Policy in Europe: Retrospect and Prospect' [2004] ECLR 455

Wang, W, and Rudanko, M, 'EU Merger Remedies and Competition Concerns: An Empirical Assessment' (2012) 18 ELJ 555

Whish, R, 'Collective Dominance' in D O'Keefe and A Bavasso (eds), *Judicial Review in European Union Law* (Kluwer, 2000) ch 37

第三十章　国家与共同市场

第一节　核心议题

一　本章涉及国家行为可能违反条约的方式。条约包含大量相关条款，包括《欧洲联盟条约》第 4 条第 3 款和《欧洲联盟运行条约》第 14 条、第 34 条、第 101 条、第 102 条、第 106 条、第 107 条至第 109 条。

二　存在控制国家行为的正当理由。例如，第 106 条旨在防止国家制定或维持与公共企业（public undertakings）有关的、减损适用条约规定的其他义务的措施。该条款是为了防止国家规避适用与此类企业有关的条约条款所必要的。同样显而易见的是，欧盟必须制定有关国家援助（state aids）的规则，因为如果一个国家可以给予本国公司以优惠待遇，那么就会动摇公平竞争环境这一理念本身。[①]

三　在讨论欧盟进行控制的正当理由时，本章讨论的主题也将提出有关欧盟的本质这一重要问题。有关第 106 条的判例法引发了一个问题，即国家将某些活动委托给公共垄断企业（public monopoly）或拥有专有权利的私人企业的可能性有多大。

四　关于国家援助即第 107—109 条的判例法提出了更广泛的问题，涉及在特定领域制定联盟政策的方式，以及在市场一体化与实现其他目标（例如地区政策和联盟聚合）之间的适当平衡。

[①]　C-D Ehlermann, 'The Contribution of EC Competition Policy to the Single Market' (1992) 29 CMLRev 257, 259.

第二节 国家与市场：一般原则

一 一般原则：竞争理念

在混合经济制度中，国家通常在市场中扮演某些角色。这种国家干预的基本原理可能大相径庭。例如，公用事业要么被国有化，要么拥有某些垄断特权或准垄断地位，这种情况很常见。近来的理念则趋向于限制国家的作用，表现为将曾被国有化的行业私有化，并且对经济部门实行去规制化。尽管发生了这些变化，仍然有一些企业保留公共所有权，或者在市场上享有特权地位。

基本出发点是《欧洲联盟运行条约》第 345 条，该条规定，条约不应以任何方式有损成员国规范其财产所有权制度的规则。因此，仅在公共或私人领域开展某些活动这一事实，并不违反条约。但是，欧洲法院对第 345 条做狭义解释，例如，该条并不阻止欧盟限制知识产权。[2] 此外，《欧洲联盟运行条约》第 173 条规定，欧盟和成员国应提供为保证欧盟产业拥有竞争力所必需的条件。该条款的措辞以开放和竞争性的市场为框架。为此目的而采取的行动，包括在整个欧盟范围内鼓励企业尤其是中小型企业创新与发展。

因此，尽管第 345 条支持欧盟对任何特定国家的所有权制度持 "不可知论"（agnosticism），但条约其他部分的很多要旨则是反对与公共所有权相伴而生的支配类型。它也反对给予企业可能扭曲内部市场竞争的任何特殊和有利地位。

二 限定条件：为普遍（经济）利益服务

虽然条约的基本精神是自由发挥市场力量（market forces）的相互作用，但在某些方面受《欧洲联盟运行条约》第 14 条的限制。[3]

---

② Case 16/74 *Centrafarm BV v Winthrop BV* [1974] ECR 1183.

③ M Ross, 'Article 16 EC and Services of General Interest: From Derogation to Obligation?' (2000) 25 ELRev 22; A Maziarz, 'Services of General Economic Interest: Towards Common Values?' [2016] EStAL 16.

　　在不妨碍《欧洲联盟条约》第 4 条或本条约第 93 条、第 106 条和 107 条，并考虑到为普遍经济利益服务在联盟共同价值观中的地位及其在促进社会和领土聚合方面作用的情况下，联盟及其成员国应在各自权能范围及两部条约的适用范围内致力于确保此类服务在能够使其完成各自任务的原则和条件基础上运行，特别是经济和财政条件。在不妨碍成员国权能的情况下，欧洲议会与理事会应按照普通立法程序，根据两部条约，以条例形式确立这些原则并制定这些条件，以提供、委托和资助此类服务。

　　本条应与《关于为普遍利益服务的第二十六号议定书》一起解读，该议定书明确指出，需要对原则进行调整，以适应各种至关重要的服务，并且确认，条约不影响成员国提供非经济性质的为普遍利益服务的权能。此外，《欧盟基本权利宪章》④ 第 36 条规定，联盟承认和尊重获得由成员国法律和实践所规定的、与条约相符的、为普遍经济利益服务的权利，以促进欧盟的社会和领土聚合。

　　欧盟委员会曾多次讨论"为普遍利益服务"（services of general interest）的概念⑤，包括《有关为普遍利益服务的白皮书》。⑥ 委员会认为，这一概念比"为普遍经济利益服务"更广泛，涵盖"市场和非市场服务，公权力机关将其归类为具有普遍利益，并要遵守特定的公共服务义务"⑦。这类服务被视为"欧洲社会模式的支柱之一"⑧，反映欧盟的价值观和目标，这些目标建立在"一系列共同要素之上，包括服务的普遍性、连续性、服务质量、价格低廉，以及用户和消费者保护"⑨。获得此类服务被视为"欧洲公民身份的基本组成部分，并且是为了使他们充分享有其基

---

④　[2007] OJ C303/1.

⑤　Services of General Interest in Europe, COM (2000) 580 final; Report to the Laeken European Council, Services of General Interest, COM (2001) 598 final; Green Paper on Services of General Interest, COM (2003) 270; A Quality Framework for Services of General Interest in Europe, COM (2011) 900 final.

⑥　White Paper on Services of General Interest, COM (2004) 374 final.

⑦　Ibid Annex 1. See also Protocol No 26 on Services of General Interest.

⑧　White Paper (n 6) [2.1].

⑨　Ibid [2.1].

本权利所必要的"[10]。

普通的市场原则在涉及为普遍利益服务方面得到了修改：对那些提供服务者施加与普遍服务和连续性等有关的义务。这影响了欧盟立法和对条约条款的解释。[11]

就欧盟立法而言，旨在使能源、电信等市场实现自由化的指令不仅涉及引入竞争，它们还授权或者要求成员国对供应者施加与安全、规律性、质量和供应价格有关的公共服务义务。[12]

就对条约条款的解释而言，我们将看到，最有可能根据第106条第2款获得豁免的是那些承担公共服务义务的企业，而且在符合某些条件的情况下，对企业提供援助以抵消其承担的公共服务义务所造成的成本，将不被界定为第107条意义上的国家援助。[13]

对于以往的发展情况产生的总体影响，人们的看法不尽相同。巴克罗·克鲁兹（Baquero Cruz）主张，关于公用事业的某些立法仍然表明，相对而言，竞争被置于优先于为普遍利益服务的地位;[14] 菲埃兹克（Fiedziuk）则指出，在提供此类服务与欧盟想要将事项交由招标的更普遍愿望之间存在矛盾。[15] 普罗瑟（Prosser）在反思与此类服务有关的发展情况时做出了更积极的评价。

普罗瑟：《竞争法、市场和公共服务的界限》[16]

最初，它们被视为限制创设完全内部市场的令人恼火的事物。现

---

[10] Ibid [2.1].

[11] See, eg, Case C−121/15 *ANODE* EU：C：2016：237.

[12] See, eg, Directive 2002/22 of the European Parliament and the Council of 7 March 2002 on universal service and users' right relating to electronic communications networks and services (Universal Service Directive) [2002] OJ L108/51; A Quality Framework for Services of General Interest in Europe (n 5).

[13] Communication from the Commission on the application of the European Union State aid rules to compensation granted for the provision of services of general economic interest [2012] OJ C8/4.

[14] J Baquero Cruz, 'Beyond Competition：Services of General Interest and European Community Law' in G de Búrca (ed), *EU Law and the Welfare State：In Search of Solidarity* (Oxford University Press, 2005) 207.

[15] N Fiedziuk, 'Putting Services of General Economic Interest up for Tender：Reflections on Applicable EU Rules' (2013) 50 CMLRev 87.

[16] T Prosser, *The Limits of Competition Law*, *Markets and Public Service* (Oxford University Press, 2005) 172.

在则对其采取了更正面的看法，尽管2004年白皮书中仅提出了谨慎的实质性建议。此类服务被确认为欧洲公民身份的基本要素，主要问题不是如何限制和重塑其运行以与单一市场相容，而是如何改善其运行，并且使其既更加有效，又能够对作为公共服务基础的那些社会价值给予更多的回应。

第三节 公共企业：第106条

从《欧洲联盟运行条约》第106条（原《欧洲共同体条约》第86条）中，可以明显看到竞争与从事为普遍经济利益服务的企业需求之间的相互作用，该条规定如下：

1. 对于公共企业及成员国授予特别或专有权利的企业，成员国不得制定也不得保留任何与两部条约中包含的规则，特别是第18条及第101—109条规定的规则相抵触的任何措施。

2. 受托从事具有为普遍经济利益服务或者具有产生财政收入之垄断特征的企业，只要两部条约包含的规则在法律上或事实上不妨碍这些企业完成指派给它们的特定任务，则这些企业应遵守两部条约包含的规则，尤其是竞争规则。贸易的发展所受的影响不应达到违反欧盟利益的程度。

3. 委员会应确保本条规定的适用，并应在必要的情况下通过针对成员国的适当指令或决定。

一 第106条第1款

（一）公共企业与被授予特别或专有权利的企业

第106条第1款涵盖两类企业：公共企业以及成员国授予特别或专有权利的企业。下面逐一进行介绍。"《透明度指令》案"（*Transparency Directive*）涉及公共企业（public undertaking）这一术语所涵盖的范围。

法国、意大利和英国诉委员会
Cases 188 – 190/80 France, Italy and the United Kingdom v Commission
[1982] ECR 2545

[《里斯本条约》重新编号，第 90 条
现为《欧洲联盟运行条约》第 106 条]

委员会根据第 90 条第 3 款制定了《关于成员国与公共企业之间财政关系透明度的第 80/723 号指令》。其目的是使提供给公共企业的公共资金及其用途的信息公开。这对于确保国家援助规则的适当运行是必要的。在本案中，三个成员国寻求废除该指令。欧洲法院考虑了该指令中所包含的关于公共企业的定义。欧洲法院承认，委员会在该指令中并未着手界定第 90 条意义上的"公共企业"，但欧洲法院仍认可了该定义。

欧洲法院

25. 根据该指令第 2 条，"公共企业"一词是指公权力机关可以对其直接或间接行使具有支配性影响力的任何企业。根据第 2 段，如果公权力机关直接或间接持有企业认缴资本的大部分，控制多数投票，或者可以任命其行政、管理或监管机构一半以上的成员，则应假定具有这种影响力。

26. 正如本法院已经指出的，将第 90 条的规定纳入条约的原因恰恰是公权力机关能够对公共企业的商业决定施加影响。可以基于财务参与或者调整企业管理的规则来施加这种影响。为了履行第 90 条第 3 款规定的监管职责，委员会通过选择相同的标准来判断它必须能够获得相关信息的财务关系，这仍然属于该条款赋予它的自由裁量权的范围。

在《透明度指令》（Transparency Directive）中，"公共企业"一词的定义并不是结论性的，但得到了欧洲法院的认可。以上述方式之一存在的国家影响，由此成为将企业定性为公共企业的充分理由。在"萨基案"

(*Sacchi*)⑰ 中,意大利广播管理局(RAI)受一家国家控股公司(IRI)的控制,国家在前者的机关中有代表,并且可以干预其经营。

如果一家企业,例如已经被私有化的国有产业,但仍具有相关领域的受保护地位,而且成员国授予其特别或专有权利,则该企业也属于第106条第1款的范围。其原理是,如果国家完全或部分解除该企业遵守竞争纪律的义务,则必须对由此产生的后果承担责任。

企业有可能同时属于第106条第1款中的两种情形。在"萨基案"中,意大利广播管理局不仅受国家控制,而且在广播方面具有法定垄断地位。在"米勒案"(*Muller*)⑱ 中,对于一家控制卢森堡港口设施的公司,国家有权提名该公司管理层和监事会的一半成员。该公司本身享有某些特权,包括在特定区域内开发任何其他港口设施之前向其进行咨询的特权。

(二)源自第106条第1款的义务

第106条第1款要求成员国不得制定或保留任何与条约相抵触的措施。违背第106条第1款的前提是已违反条约其他条款,例如,该款专门提到了《欧洲联盟运行条约》第18条和第101—109条。但是,成员国有可能维持违反另一条约条款的措施的效力,例如违反《欧洲联盟运行条约》第34条。从"博德松案"(*Bodson*)中可以看出第106条第1款的适用方式。

博德松诉解放区殡仪公司

Case 30/87 Bodson v Pompes Funèbres des Régions Libérées SA

[1988] ECR 2479

[《里斯本条约》重新编号,第86条和第90条

现为《欧洲联盟运行条约》第102条和第106条]

法国立法委托当地市镇提供殡葬外部服务(运送入殓后的遗体,提供灵车等)。随后,各市镇授予私人企业特许经营权,解放区殡仪公司(PF)就持有多项此种特许经营权。博德松提供殡葬外部服务的价格大大低于解放区殡仪公司设定的价格。解放区殡仪公司在法国法

---

⑰ Case 155/73 [1974] ECR 409.

⑱ Case 10/71 *Ministère Public of Luxembourg v Muller* [1971] ECR 723.

院寻求禁令，声称博德松的行为违反了源自该特许经营的专有权利。博德松主张，解放区殡仪公司通过收取过高的价格滥用其支配地位，违反了第86条。欧洲法院面临的问题涉及市镇在第90条下应承担的责任。

欧洲法院

33. 就各市镇向特许经营权持有人强加一定的价格水平而言，鉴于如果企业不同意收取特别高的价格，它们就不授予其外部服务的特许经营权，那么这些市镇被条约第90条第1款所指的情况涵盖。该条款管辖成员国对那些"（它们）授予其特别或专有权利"的企业的义务——这里所指的成员国包括地区、省或市镇层级的公权力机关。这种情况恰好涵盖授予为葬礼提供"外部服务"的独家特许经营权。

34. 由此认定，在本案这种情况下，公权力机关不得制定也不得强行保留违反条约规则的任何"措施"。……因此，它们不得通过强加这种价格作为签订特许经营合同的条件而协助持有特许权的企业收取不公平的价格。

（三）欧洲法院的扩张性判例法

上文已经指出，就经济活动是由国家还是由那些获得特别或专有权利的企业实施而言，条约在形式上持"不可知论"；与此相反，它允许市场力量之间的自由互动。如果国家本身不违反第106条，并且该企业对其专有权利的行使没有构成第102条下的滥用支配地位，那么就没有问题。该专有权就不违反第102条。根据这种观点，第106条只是通过确保公共企业或被授予专有权的企业不违反任何条约条款，从而保护平等。

但是，我们还看到，条约的主旨更普遍地倾向于适用普通的竞争原则。这种竞争性对抗的结果可能导致一家公司因其经济方面的非凡造诣而具有支配地位。这是该条约不宣布禁止垄断"本身"的原因之一。尽管如此，条约还是反对人为的竞争壁垒。这可能会给公共企业或者国家已授予其特殊或专有权利的企业造成矛盾，因为其特权地位不是经济方面非凡造诣所导致的结果，而是国家授予的结果。

欧洲法院解决这些矛盾的正式方式是，承认授予专有权利本身不违反条约，例如第 102 条，但是如果以滥用方式行使这种权利，则构成违反。这在原则上是没有问题的，但是它在很大程度上取决于赋予滥用概念以更精确的含义。在对第 102 条的讨论中，我们已经看到该概念的弹性。[19] 可以简单说明这一点：欧洲法院越接近于认为授予专有权利本身就是滥用，那么，国家以这种方式组织其经济活动就越困难。

因此，欧洲法院在"霍夫纳案"（*Höfner*）[20] 中考虑了德国规则的合法性，该规则要求某些类别的求职者必须通过国家许可的代理机构与潜在雇主联系，并且该代理机构在相关领域拥有专有权力。这种垄断产生的效果是抑制独立就业顾问的活动，他们订立的合同将无效。欧洲法院裁定，根据第 106 条第 1 款，任何强迫企业违反第 102 条的成员国规则都是违法的。欧洲法院裁定，授予专有权利"本身"并不与第 106 条相抵触[21]，但是如果国家给予企业的支配地位导致这些专有权的行使不可避免地构成滥用，那么该国就违反了第 106 条第 1 款。欧洲法院得出结论认为，成员国之所以造成这种情况，是因为得到国家许可的机构无法满足市场需求，而且这种专有权可能影响其他成员国的国民。[22] 在以下案件中也可以明显看到，欧洲法院愿意将第 106 条下授予的专有权利定性为滥用。

热那亚港常规货物公司诉加布里埃利钢铁公司

Case C – 179/90 Merci Convenzionali Porto di
Genova SpA v Siderurgica Gabrielli SpA
[1991] ECR I – 5889

[《里斯本条约》重新编号，第 30 条、第 85 条、第 86 条和第 90 条现分别变更为《欧洲联盟运行条约》第 34 条、第 101 条、第 102 条和第 106 条]

热那亚港常规货物公司享有在热那亚组织码头工作的专有权利，

---

[19] 见第二十八章。

[20] Case C – 41/90 *Höfner and Elser v Macrotron GmbH* [1991] ECR I – 1979.

[21] Ibid [29].

[22] Ibid [34]；Case C – 55/96 *Job Centre coop arl* [1997] ECR I – 7119；Case C – 258/98 *Criminal Proceedings against Carra* [2000] ECR I – 4217；Case C – 260/89 *Elliniki Radiophonia Tileorassi AE* (*ERT*) *v Dimotiki Etairia Pliroforissis* (*DEP*) *and Sotirios Kouvelas* [1991] ECR I – 2925.

它安排码头作业公司从船上卸货。加布里埃利钢铁公司向热那亚港常规货物公司申请将一批钢材卸下，尽管船舶的自有船员可以完成该任务。热那亚港常规货物公司安排了相关的热那亚码头作业公司来完成这项工作。但是，由于罢工而导致延误。加布里埃利钢铁公司由此要求热那亚港常规货物公司偿还费用，申诉对于所提供的服务而言其收费不公平。欧洲法院重申，对共同市场的实质部分具有法定垄断权的企业，将被视为具有第86条意义上的支配地位。接下来欧洲法院裁决如下。

欧洲法院

16. 接下来应指出，通过授予《欧洲经济共同体条约》第90条第1款意义上的专有权利来创设支配地位，这一简单事实本身并不与第86条相抵触。

17. 但是，在这方面，本法院曾指出，如果所涉企业仅通过行使授予它的专有权而不能避免滥用其支配地位（参见"霍夫纳案"，Case－41/90，*Höfner*…），或者这种权利可能易于造成诱导该企业实施这种滥用的情况（参见"希腊广播电视公司案"，Case C－260/89，*ERT*…），则成员国违反了这两个条款所包含的禁止。

18. 根据《欧洲经济共同体条约》第86条第2款第1项、第2项和第3项，这种滥用尤其可能包括对要求提供所涉服务的人施加不公平的购买价格或其他不公平的贸易条件；限制技术发展，从而损害消费者利益，或者在与其他交易方进行同等交易时采用不同的条件。

19. 在这方面，从成员国法院描述的情况来看……其导致的结果是，按照所涉成员国规则规定的程序享有专有权利的企业，或者被诱导要求对未请求的服务支付费用，或者收取不相称的价格，或者拒绝采用现代技术，从而导致运营成本增加、执行时间延长，或者对某些消费者给予价格折扣，而同时通过对其他消费者提高收费来抵消此类折扣。

20. 在这种情况下，必须裁定，考虑到……热那亚港口交通的重要性，成员国采取的这类在成员国法院处于争议的规则，正如主要诉讼中的情况一样，能够影响成员国之间的贸易，因此，成员国造成的这种情况违反了《欧洲经济共同体条约》第86条。

21. 关于成员国法院请求的对第30条的解释，只要回顾以下原则就已足够，即如果具有助长滥用支配地位效果的成员国措施能够影响成员国之间的贸易，那么这种成员国措施通常与该条不符，而该条禁止对进口的数量限制以及所有具有同等效果的措施（参见"GIB 集团诉烟草零售商协会案"，Case 13/77，*GB - INNO - BM v ATAB*），只要这种措施导致更加难以从其他成员国进口货物，并且由此阻碍货物进口。

22. 在主要诉讼中，从成员国法院的认定中可以看出，本来可以让船员以较低的成本卸货，因此，强制性使用享有专有权利的两家企业的服务涉及额外费用，并且由于其对货物价格的影响而对进口造成了影响。

欧洲法院的论证具有指导意义。^㉓ 欧洲法院在判决第 16 段重申了如下主张，即专有权利的创设本身在第 106 条下并不构成滥用。欧洲法院在第17 段对此予以限定。当专有权利的行使无法避免被滥用，或者专有权利易于创设诱导企业滥用的情况，专有权可能导致违反第 106 条和第 102 条。欧洲法院接下来在第 19 段里将后一种表述适用于该案。

这种做法非常接近于将专有权的授予"本身"视为滥用，这是很危险的，原因在于第 19 段所认定的可以诱导企业实施滥用的方式。企业可能通过收取过高的价格、歧视性的价格等诸如此类的方式违反第 102 条。任何具有支配地位的公司都可能这样做。它是否实际上选择以这种方式行事则是另一回事。但是，欧洲法院传达的信息是，专有权的授予本身可以造成一种情况，该企业在此种情况下被诱导行使这种滥用。

但是，"诱导"（induce）一词的含义至关重要。欧洲法院的论证几乎等于说，因为专有权的持有人拥有使其能够以滥用方式定价的市场权力，因此它被诱导这样做。根据这种假设，总是可以说专有权持有人被诱导滥

㉓　See also Case C - 320/91 P *Procureur du Roi v Paul Corbeau* ［1993］ECR I - 2533；Case C - 18/93 *Corsica Ferries Italia SRL v Corpo dei Piloti di Genova* ［1994］ECR I - 1783；Case C - 323/93 *Société Civile Agricole du Centre d'Insémination de la Crespelle v Coopérative d'Elevage et d'Insémination Artificielle du Départment de la Mayenne* ［1994］ECR I - 5077；Case C - 242/95 *G T - Link A/S v De Danske Statsbaner*（*DSB*）［1997］ECR I - 4449；Case C - 451/03 *Servizi Ausiliari Dottori Commercialisti Srl v Calafiori* ［2006］ECR I - 2941，［23］；Case C - 49/07 *Motosykletistiki Omospondia Ellados NPID*（*MO-TOE*）*v Elliniko Dimosio* ［2008］ECR I - 4863，［49］-［50］；Case C - 553/12 *European Commission v DEI*，17 July 2014，［39］-［45］.

用定价，其导致的后果是，专有权利在事实上被视为本身违法（illegal *per se*）。也许有人会主张，这忽略了专有权持有人实际上是在以滥用方式定价的事实，如第19段。如果确实如此，那么就应该仅以此为依据宣判热那亚港常规货物公司的行为非法，因为诱导这一语言并未带来什么好处。

但是，欧洲法院使用诱导一词并非出于偶然。它希望强调国家采用的经济组织形式所引起的后果。授予法定垄断权的独特之处在于，被授权人获得了受保护的活动范围，不参与正常的激烈竞争。这与其他具有支配地位的公司形成对比。它们必须时刻保持警惕，以免新进入者削弱其市场力量。这就是为什么这类公司可能决定不将价格定得过高的原因，因为这将成为激励其他公司进入该市场的因素。

法定专有权的持有人进行自我约束的基本原理并不相同，或者至少程度不相同。出于这个原因，这类公司很可能被诱导收取不相称的价格，因为它们很清楚这样做不会成为吸引其他公司进入该市场的诱饵。正是出于这一原因，欧洲法院特别关注这种形式的垄断权。从欧盟的角度来看，这是很容易理解的，但是并未改变欧洲法院的论证接近于将授予专有法定权利视为本身滥用这一事实。

（四）欧洲法院当前采用的方式

欧洲法院当前采用方式的主旨是以先前的判例法为基础，即专有权的授予通常被裁定为表面（*prima facie*）违反第106条第1款，但是欧洲法院随后将考虑是否存在使专有权正当化的客观理由。[24]

在"*Traco*公司案"[25]中，欧洲法院裁定，授予意大利邮政运送邮件的专有权利违反第106条第1款。尽管意大利邮政未运送该邮件，但它向其他任何邮政运营商收取的费用均与意大利邮政客户支付的费用相同。它因

[24]　L Hancher, Note（1994）31 CMLRev 105；L Hancher, 'Community, State and Market' in P Craig and G de Búrca（eds）, *The Evolution of EU Law*（Oxford University Press, 1999）ch 20；D Edward and M Hoskins, 'Article 90: Deregulation and EC Law, Reflections Arising from the XVI FIDE Conference'（1995）32 CMLRev 157；Ehlermann（n 1）273；L Hancher and P Larouche, 'The Coming of Age of EU Regulation of Network Industries and Services of General Economic Interest' in P Craig and G de Búrca（eds）, *The Evolution of EU Law*（Oxford University Press, 2nd edn, 2011）ch 24；G Davies, 'Article 86 EC, the EC's Economic Approach to Competition Law, and the General Interest'（2009）5 European Competition Jnl 549.

[25]　Case C-340/99 *TNT Traco SpA v Poste Italiane SpA*［2001］ECR I-4109.

此无法避免滥用其支配地位，由此属于第 106 条第 1 款的范围，并且必须根据第 106 条第 2 款寻求正当理由。在"格勒克纳救护车公司案"（*Ambulanz Glöckner*）[26] 中，公共机构拒绝更新申请人获得的为患者提供非紧急运输服务的授权。另外两家公司拥有为患者提供紧急服务的专有权利。欧洲法院假定这些专有权利的授予可能违反第 102 条第 2 项，即限制市场，因为只有这两家公司被允许提供非紧急以及紧急运输服务。因此，这被认为表面上违反第 106 条第 1 款，欧洲法院接下来根据第 106 条第 2 款考虑其正当理由。[27]

因此，成员国想要通过赋予特定企业以特别或专有权利来组织其经济活动，将比以往任何时候都更加困难。对经济组织形式所持的"不可知论"已经被更加坚定的"在自由市场中运行"的信念所取代，除非成员国可以为授予特权提供特殊的正当理由。

二　第 106 条第 2 款

第 106 条第 2 款分为三个部分。首先，它强调受托从事具有普遍经济利益的服务，或者该服务具有产生财政收入的垄断性质，则应受条约的约束。接着，它排除可能妨碍这类企业履行其任务的那些条约规则的适用。最后，对这一例外的限制性条件是，贸易的发展所受的影响不应达到违反欧盟利益的程度。

（一）第一步

第一步是决定企业是否属于上述类型。欧洲法院强调，应严格界定"受托企业"（entrusted undertakings）这一类别，因为第 106 条第 2 款减损适用条约规则。[28] 企业是公共性质还是私人性质这一点无关紧要，但是相关服务必须是由公权力机构指派的。[29]

---

[26]　Case C – 475/99 *Ambulanz Glöckner v Landkreis Südwestpfalz* [2001] ECR I – 8089.

[27]　See also Case C – 67/96 *Albany International BV v Stichting Bedrijfspensioenfonds Textielindustrie* [1999] ECR I – 5751；Cases 147 – 148/97 *Deutsche Post AG v Gesellschaft für Zahlungssyteme mbH and Citicorp Kartenservice GmbH* [2000] ECR I – 825；Case C – 351/12 *OSA* EU：C：2014：110.

[28]　Case 127/73 *BRT v SABAM* [1974] ECR 313；Case C – 242/95 *GT-Link* (n 23)；Case C – 179/90 *Merci Convenzionali Porto di Genova SpA v Siderurgica Gabrielli SpA* [1991] ECR I – 5889，[27].

[29]　(N 28)；Case 7/82 *GVL v Commission* [1983] ECR 483；Case C – 49/07 *MOTOE* (n 23) [45] – [47].

"英国互助联合会案"（*BUPA*）㉚ 对 "为普遍经济利益服务"（services of a general economic interest，SGEI）的含义提供了指南。综合法院认为，成员国对认定什么是 "为普遍经济利益服务" 拥有广泛的自由裁量权，但是不能任意使用此项裁量权，以至于使某个特定部门免受普通竞争规则的规制。应由成员国证明该任务由公权力机关的法令批准，并且提供理由，说明为什么将该任务视为 "为普遍经济利益服务"。提供 "为普遍经济利益服务" 的前提是存在某些普遍利益或公共利益。这并不意味着该企业必须被授予专有或特别权利才能执行该服务。"为普遍经济利益服务" 不必构成该术语严格意义上的普遍服务，也不一定免费提供，或者不考虑盈利性。但是，该服务的强制性质是欧盟法中 "为普遍经济利益服务" 的条件，也就是说，要求受托为普遍经济利益服务的企业向提出请求的任何人提供该服务。

（二）第二步

适用第 106 条第 2 款的第二步是，决定该例外是否适用。欧洲法院以前曾裁定，只有在相关的条约禁止性规定与该企业所承担任务的履行不相容的情况下，该例外才适用。㉛

现在不再采用该方式。在 "委员会诉荷兰案"㉜ 中，欧洲法院裁定，只要条约规则的适用在法律上或事实上阻碍了企业履行特定义务，就足以适用第 106 条第 2 款。企业的生存受到威胁不是必要条件。只要表明专有权利对于持有人在经济上可接受的条件下履行具有普遍利益的服务是必要的，就足够了。成员国不必证明不存在其他可以使该任务在相同条件下得

㉚　Case T‑289/03 *British United Provident Association Ltd*（*BUPA*），*BUPA Insurance Ltd and BUPA Ireland Ltd v Commission*［2008］ECR II‑81；Cases T‑309, 317, 329 and 336/04 *TV 2/Danmark A/S and Others v Commission*［2008］ECR II‑2935；Case T‑137/10 *CBI v European Commission* EU：T：2012：584；M Ross, 'A Healthy Approach to Services of General Economic Interest? The *BUPA* Judgment of the Court of First Instance'（2009）34 ELRev 127；W Sauter, Note（2009）46 CMLRev 269.

㉛　Case 155/73 *Sacchi*［1974］ECR 409；Case 311/84 *Centre Belge d'Etudes du Marché-Télémarketing SA v Compagnie Luxembourgeoise de Télédiffusion SA and Information Publicité Benelux SA*［1985］ECR 3261.

㉜　Case C‑157/94 *Commission v Netherlands*［1997］ECR I‑5699；Case C‑438/02 *Criminal Proceedings against Hanner*［2005］ECR I‑4551，［47］.

到履行的措施。㉝

尽管如此，欧洲法院仍会仔细审查声称该例外适用的主张。㉞ 在"热那亚港常规货物公司案"（*Merci*）㉟ 中，欧洲法院裁定，即使将码头工作视为具有普遍经济利益，但没有证据表明这要求对条约规则进行修改，以便防止对履行此项任务造成障碍。同样，在"英国电信案"（*British Telecom*）㊱ 中，委员会认为与消息传输有关的做法违反了第 102 条。欧洲法院驳回了声称由于第 106 条第 2 款，英国电信采取的措施应豁免于竞争规则的主张，因为英国电信未能证实这些规则的适用会妨碍其任务的完成。㊲

如果被授予专有权的企业所具有的普遍服务义务要求其履行无利可图的任务，则欧洲法院对例外情况的接受程度更高。它可以承担无利可图任务的唯一方式是对该服务中能够获利的部分拥有专有权，否则，其他企业就将"拣取"这些部分。

在"科尔博案"（*Corbeau*）㊳ 中，欧洲法院认可比利时邮政服务是一家受托企业，对竞争的某些限制可能是使其能够完成被要求履行的职责所必不可少的。如果不是这样，那么其他公司就可以只"拣取"有利可图的业务，因为它们没有义务从事带来亏损的活动。但是，这并不能用于排斥所有竞争。欧洲法院指出，可以将某些服务从一般公共服务中分离出来，其他企业也可以提供这些服务，而不会威胁到专有权持有人所需要的经济稳定性。应由成员国法院判断该服务是否属于这种类型。

在"奥伯尼公司案"（*Albany*）㊳ 中，一家公司主张，荷兰法律强制规定必须加入补充性养老金计划，这违反了第 106 条。欧洲法院裁定，根据第 106 条第 2 款，该专有权具有正当理由。强制性养老金计划必须接受所

㉝　Case C – 340/99 *TNT Traco* (n 25)［54］；Case C – 67/96 *Albany* (n 27)［107］；Case C – 660/15 P *Viasat Broadcasting UK Ltd v European Commission* EU：C：2017：178，［30］.

㉞　Case 66/86 *Ahmed Saeed Flugreisen and Silver Line Reisebüro GmbH v Zentrale zur Bekämpfung Unlauteren Wettbewerbs eV*［1989］ECR 803，［56］.

㉟　Case C – 179/90 (n 28)［27］.

㊱　Case 41/83 *Re British Telecommunications*：*Italy v Commission*［1985］ECR 873，［33］.

㊲　See also Case C – 203/96 *Chemische Afvalstoffen Dusseldorp BV v Minister van Volkshuisvesting*，*Ruimtelijke Ordening en Milieubeheer*［1998］ECR I – 4075.

㊳　Case C – 320/91 P (n 23)；Case C – 162/06 *International Mail Spain SL v Administración del Estado and Correos*［2007］ECR I – 9911；compare Case T – 260/94 *Air Inter SA v Commission*［1997］ECR II – 997.

㊳　Case C – 67/96 *Albany* (n 27)［107］–［111］.

有劳动者，无须事先经过体检，并且缴费并不反映风险。如果取消对补充性养老金计划基金管理的专有权，那么拥有健康的年轻雇员且从事非危险活动的企业就将从私营保险公司那里寻求更优惠的条件。这些"良性风险"的消失将使养老基金中"恶性风险"的比例增加。这将导致这些劳动者缴纳的保险费用增加，因为该基金将无法以原先的成本提供养老金。⑩

（三）第三步

即使适用例外，第 106 条第 2 款的第三步也要求，对贸易的发展产生的影响不应达到违反欧盟利益的程度。这一限制性规定导致成员国利益服从于联盟在相关领域的利益。

三 第 106 条第 3 款

第 106 条第 3 款赋予委员会权力，可通过针对成员国的指令或决定来确保第 106 条的适用。这是赋予委员会直接立法权能的罕见条约条款之一。⑪ 委员会较少使用这项权力。尽管如此，成员国仍质疑委员会以这种方式开展工作的权能，但欧洲法院通常会驳回此类质疑。

在上面提到的"《透明度指令》案"（*Transparency Directive*）⑫ 中，成员国主张不能根据第 106 条第 3 款制定该指令，它们声称，该条款仅限于处理一个或多个成员国中的特定情况，它没有赋予委员会任何更具普遍性的立法权。欧洲法院驳回了这一主张。第 106 条第 3 款中的"指令"一词

---

⑩ See also Cases C – 115 – 117/97 *Brentjens' Handelsonderneming BV v Stichting Bedrijfspensioenfonds voor de Handel in Bouwmaterialen* [1999] ECR I – 6025, [107] – [111]; Case C – 340/99 *Traco* (n 25) [54] – [63]; Case C – 475/99 *Ambulanz Glockner* (n 26) [57] – [66]; Cases 147 – 148/97 *Deutsche Post* (n 27) [50] – [62]; Case C – 209/98 *Entreprenørforeningens Affalds/Miljøsektion* (*FFAD*) *v København Kommune* [2000] ECR I – 3473, [77] – [83]; Case T – 289/03 *BUPA* (n 30); Case C – 242/10 *Enel Produzione SpA v Autorità per l'energia elettrica e il gas* EU: C: 2011: 861; Case C – 121/15 *ANODE* (n 11) [43] – [44].

⑪ 也可以通过第 258 条执行第 106 条，并且可以通过第 267 条初步裁决程序澄清对第 106 条的解释。

⑫ Cases 188 – 190/80 *France, Italy and United Kingdom v Commission* [1982] ECR 2545, [4] – [15]. See also Case C – 202/88 *France v Commission* [1991] ECR I – 1223; Cases C – 48 and 66/90 *Netherlands, Koninklijke PTT Nederland NV and PTT Post BV v Commission* [1992] ECR I – 565; Case C – 107/95 P *Bundesverband der Bilanzbuchhalter eV v Commission* [1997] ECR I – 947; Case C – 163/99 *Portuguese Republic v Commission* [2001] ECR I – 2613.

与第 288 条中的"指令"具有相同的含义。㊸ 当事方还主张，该指令应由理事会根据第 109 条通过。欧洲法院也不同意这一观点。欧洲法院指出，第 106 条第 3 款包含的通过指令的特定权力，是为了促进委员会执行第 106 条规定的监督职责。㊹

四 第 106 条与成员国法院

现在我们必须考虑第 106 条的规定在多大程度上具有直接效力。需要对第 106 条第 1 款和第 2 款加以区分。

第 106 条第 1 款取决于是否违反某些其他条约条款。因此，个人是否能够援引第 106 条第 1 款将取决于被告涉嫌违反的其他条约条款是否具有直接效力。这在"热那亚港常规货物公司案"（*Merci*）中得到了体现。㊺ 欧洲法院裁定，当在第 106 条框架下考虑第 34 条、第 45 条和第 102 条时，后三个条款具有直接效力。

如上文所述，第 106 条第 2 款包括三个部分：判断一个主体是否为受托企业、例外的适用，以及该例外的限制性规定。欧洲法院早已承认成员国法院有权回答这些问题中的第一个。在"比利时作家、作曲家和出版商协会案"（*SABAM*）㊻ 中，欧洲法院确认，成员国法院有责任调查，援引第 106 条第 2 款的企业实际上是否受成员国委托从事具有普遍经济利益的服务。

成员国法院是否可以适用例外这一问题更不确定。欧洲法院的最初回应是，个人不能在成员国法院援引第 106 条第 2 款，因为它没有为个人创设权利㊼，但随后的判例法对该主张提出了质疑。"希腊广播电视公司案"（*ERT*）已经澄清了这种情况。㊽ 欧洲法院裁定，第 106 条第 2 款要求企业遵守条约规则，除非其适用与企业履行其任务不相符。因此，应由成员国法院判断企业的这种做法是否与相关条款例如第 102 条相符。成员国法院还可以决定，如果这些做法违反了该规定，那么，是否可以通过具有给予

㊸ Cases 188 – 190/80（n 42）[7].

㊹ Ibid [14].

㊺ Case C – 179/90（n 28）[23]；Case C – 242/95 *GT-Link*（n 23）[57]；Case C – 258/98 *Carra*（n 22）11.

㊻ Case 127/73（n 28）；Case C – 218/00 *Cisal di Battistello Venanzio & C Sas v INAIL* [2002] ECR I –691，[19].

㊼ Case 10/71 *Muller*（n 18）.

㊽ Case C – 260/89（n 22）[33] – [34].

该企业特定任务的需要来证明其正当性。⑭ 但是，不可低估这一点给成员国法院带来的困难。⑤

如果申请人在例外的范围内成功提起诉讼，那么，问题仍然是，成员国法院是否有权适用第 106 条第 2 款中的限制性规定。成员国法院可能很难完成这项任务，因为它可能没有进行评估所需的信息。根据这种观点，这需要委员会根据第 106 条第 3 款做出决定来判断这个问题。

五　小结

1. 第 106 条力求调和成员国在将某些企业作为实现社会或经济政策的工具方面的利益与欧盟在确保遵守竞争和内部市场规则方面的利益。

2. 只是授予垄断权或专有权利，并不违反第 106 条第 1 款。只有专有权利的行使无法避免被滥用，或者这种权利易于造成诱导企业实施滥用行为的情形，才违反第 106 条第 1 款。

3. 同样明确的是，欧洲法院已经准备认定其中一项条件适用，并且由此适用第 106 条第 1 款。

4. 然后，由国家根据第 106 条第 2 款提供理由。必须表明，之所以应该排除条约规则，是因为它们会妨碍履行委派给企业的任务。欧洲法院将严格审查此类主张。但是，欧洲法院已裁定，例外可适用于承担普遍服务义务或具有同等情况的实体。在这种情况下，专有权被认定为是为了保证活动的盈利部分不被私营部门"拣取"而必不可少的，从而避免被授予专有权利的实体无法履行其职责。

第四节　国家：《欧洲联盟条约》第 4 条第 3 款与《欧洲联盟运行条约》第 101 条、第 102 条和第 34 条

前面的讨论聚焦于第 106 条，但这不是与国家行为和欧盟有关的唯一

---

⑭　欧洲法院对该任务采取了与成员国法院相同的方式，见注 27 和注 40 中提到的案件。

⑤　关于成员国法院面临的任务，可参见 Case C – 320/91 P *Corbeau*（n 23），相关讨论参见 Hancher（1994）31 CMLRev 105, 119 – 120.

条约条款。欧洲法院还根据《欧洲联盟条约》第4条第3款,《欧洲联盟运行条约》第101条、第102条和第34条做出了不少重要裁决。[51] 基本原则是,国家不得制定或保留任何可能剥夺相关条约规则例如第101条的有效性或者妨碍其完整和统一适用的措施。当国家要求或鼓励企业达成违反条约第101条的卡特尔协议,或者通过将决定有关竞争范围的责任委托给企业,从而在事实上使其国内规定不再具有公共性质时,该国可能违反了该义务。欧洲法院判例法采取的方式是,将第106条施加给国家的义务类型扩展到企业既不具有公共性质也不享有任何特殊特权地位的情形。下列案件说明了欧洲法院的判例法。

在"弗拉芒旅行社协会案"(*Vereniging van Vlaamse Reisbureaus*)[52] 中,一家旅行社被起诉违反了已被纳入比利时法律的职业行为守则。该守则涉及横向价格固定,公然违反了第101条。欧洲法院还认定,比利时政府通过其自身的法律制度支持卡特尔,违反了《欧洲联盟条约》第4条第3款以及《欧洲联盟运行条约》第101条。

在"范·艾克案"(*Van Eycke*)[53] 中,比利时某类储蓄账户的持有人可以免税,条件是该银行提供的利率低于该国部长在皇家法令中设定的利率。如果银行的利率高于皇家法令设定的利率,则该银行账户的持有人将失去免税待遇,因此提供这种高利率对银行没有吸引力。其效果是限制了银行之间的价格竞争。欧洲法院裁定,尽管第101条和第102条的义务是针对企业的,但是根据《欧洲联盟条约》第4条第3款,国家本身有义务不引入导致这些条约竞争条款无效的措施。这可能出现在以下情况中:成员国立法强化了违反第101条协议的效力,或者国家将影响经济领域的决策权委托给私人交易商,从而使其自身的立法不再具有官方性质。[54] 然而,

---

[51] PJ Slot, 'The Application of Articles 3 (f), 5 and 85 to 94 EEC' (1987) 12 ELRev 179;L Gyselen, 'State Action and the Effectiveness of the Treaty's Competition Provisions' (1989) 26 CMLRev 33.

[52] Case 311/85 *Vereniging van Vlaamse Reisbureaus v Sociale Dienst van de Plaatselijke en Gewestelijke Overheidsdiensten* [1987] ECR 3801.

[53] Case 267/86 *Van Eycke v NV ASPA* [1988] ECR 4769.

[54] See also Case 229/83 *Leclerc v Au Blé Vert* [1985] ECR 1;Cases 209-213/84 *Ministère Public v Asjes* [1986] ECR 1425;Case C-198/01 *CIF v Autorità Garante della Concorrenza del Mercato* [2003] ECR I-8055.

后来援引这一原则的尝试并未取得显著成功。⑤

如果国家干预不是为了支持在第 101 条下本身违法的某项现行协议，而是经由一项企业必须遵循的独立措施，那么，在涉及货物时《欧洲联盟运行条约》第 34 条是最适合的条款，在涉及服务时第 56 条是最适合的条款。⑤

第五节 国家援助：政策发展与改革

一 政策发展

在讨论有关国家援助的详细规则之前，先阐明一般性要点。第一，委员会作为最初的决策者，推动了国家援助领域的总体政策。⑤ 委员会的决定需要接受司法审查，但是联盟法院注意到了对相关社会和经济数据的复杂评估，因此在涉及根据第 107 条第 2 款至第 3 款做出的决定时，联盟法院不会用它们的观点代替委员会的观点。司法审查限于核实委员会是否遵守程序规则，包括对理由的提供；该决定所依据的事实是否得到准确描述；是否存在明显的评估错误或滥用权力。⑤

第二，委员会对处理国家援助的方式拥有自由裁量权。例如，委员会

⑤ Case C－2/91 *Wolf Meng* [1993] ECR I－5751；Case C－245/91 *Ohra Schadeverzekeringen NV* [1993] ECR I－5851；Case C－153/93 *Germany v Delta Schiffahrts-und Speditionsgesellschaft mbH* [1994] ECR I－2517；Case C－185/91 *Bundesanstalt für den Güterfernverkehr v Gebrüder Reiff GmbH & Co KG* [1993] ECR I－5801；Cases C－140－142/94 *DIP SpA v Commune di Bassano del Grappa* [1995] ECR I－3257；Case C－70/95 *Sodemare SA, Anni Azzuri Holding SpA and Anni Azzuri Rezzato Srl v Regione Lombardia* [1997] ECR I－3395；Case C－35/99 *Criminal Proceedings against Arduino* [2002] ECR I－1529；Case C－250/03 *Mauri v Ministero della Giustizia* [2005] ECR I－1267；Cases C－94 and 202/04 *Cipolla v Fazari* [2006] ECR I－11421；Case C－393/08 *Emanuela Sbarigia v Azienda USL RM/A* [2010] ECR I－6337.

⑤ Case 229/83 *Leclerc* (n 54).

⑤ http：//ec. europa. eu/competition/state_ aid/overview/index_ en. html；L Hancher, T Ottervanger, and PJ Slot, *EU State Aids* (Sweet & Maxwell, 4th edn, 2012)；A Evans, *EC Law of State Aid* (Oxford University Press, 1997).

⑤ Case T－171/02 *Regione Autonoma della Sardegna v Commission* [2005] ECR II－2123, [97]；Cases T－228 and 233/99 *Westdeutsche Landesbank Girozentrale v Commission* [2003] ECR II－435, [282]；Case T－198/01 *Technische Glaswerke Ilmenau GmbH v Commission* [2004] ECR II－2717, [97]；Case T－189/03 *ASM Brescia SpA v Commission* [2009] ECR II－1831, [115]；P Craig, *EU Administrative Law* (Oxford University Press, 3rd edn, 2018) ch 15.

采用了补偿正当化原则（a principle of compensatory justification）。在批准援助之前，援助的受益者还必须对实现关于减损适用第 107 条第 3 款的规则中所规定的联盟目标做出某些贡献，这种贡献须超越并且高于市场力量的正常作用。一般而言，援助可以用于重组企业、挽救企业或帮助其减轻经营成本。委员会提供了对这些问题的指南。⑤ 关于重组援助的指南规定，须恢复企业的活力，援助与重组成本和收益成比例，避免不必要的竞争扭曲，以及充分实施重组计划。经营上的援助则用于减轻企业在日常经营中通常应承担的费用，而接受援助者的特征不发生技术性的或结构性的改变。一般情况下委员会和欧洲法院会反对这种方式⑩，通常只批准那些旨在解决特定地区问题或行业问题的国家援助。在修改国家援助规则以应对银行业和金融危机的过程中，委员会在对国家援助采取的方式方面拥有的自由裁量权已得到体现。⑪

第三，委员会还可以选择如何发展其实质性政策，无论是通过正式立法还是非正式的规则制定。委员会已经在某些领域制定了正式立法。欧盟理事会根据《欧洲联盟运行条约》第 109 条的规定，授权委员会制定条例，以免除对某些类型援助的通告要求，并且规定应将其视为与内部市场相容。⑫ 委员会已将此项权力用于制定有关中小企业、微量援助（de minimis aid）、培训援助和就业援助的正式条例。⑬ 也对程序事项制定了正式立法。⑭

第四，委员会可以选择不仅通过正式立法，而且通过个别决定或非正式的规则制定来推动政策。委员会已经为特定产业部门制定了规则和政策

---

⑤ Guidelines on state aid for rescuing and restructuring non-financial undertakings in difficulty [2014] OJ C249/1；Guidelines on risk finance aid for 2014－2020 [2014] OJ C19/4；C Buts, J-F Romainville, and V Bilsen, 'Evaluating Restructuring Aid：A Case Study' [2016] EStAL 338.

⑩ Case T－459/93 *Siemens SA v Commission* [1995] ECR II－1675, upheld on appeal in Case C－278/95 P *Siemens SA v Commission* [1997] ECR I－2507；Case T－214/95 *Vlaams Gewest v Commission* [1998] ECR II－717；Case T－190/00 *Regione Siciliana v Commission* [2003] ECR II－5015, [130].

⑪ https：//ec. europa. eu/competition/state_ aid/legislation/temporary. html.

⑫ Council Regulation (EC) No 1588/2015 of 13 July 2015 on the application of Articles 107 and 108 of the Treaty on the Functioning of the European Union to certain categories of horizontal State aid [2015] OJ L248/1, as amended by Council Reg (EU) 2018/1911 [2018] OJ L311/8.

⑬ Commission Regulation (EU) No 651/2014 of 17 June 2014 declaring certain categories of aid compatible with the internal market in application of Articles 107 and 108 of the Treaty [2014] OJ L187/1, http：//ec. europa. eu/competition/state_ aid/legislation/block. html.

⑭ Council Regulation (EU) 2015/1589 of 13 July 2015 laying down detailed rules for the application of Article 108 of the Treaty on the Functioning of the European Union [2015] OJ L248/9.

框架，涉及地区援助、环境援助、贫困地区，以及旨在促进对中小企业进行风险资本投资的援助。[65] 委员会通过指南来安排其自由裁量权，只要不偏离条约规则，其行为就是合法的。[66] 在"国际人造纤维和合成纤维委员会案"（*CIRFS*）[67] 中，欧洲法院承认委员会受其政策框架相关规定的约束，并且在"艾瑟尔—弗利特公司案"（*Ijssel-Vliet*）[68] 中认定，被纳入荷兰援助计划的委员会指南对荷兰政府具有约束力。此外，在"弗拉芒大区案"（*Vlaams Gewest*）[69] 中，综合法院裁定，必须按照平等待遇原则适用委员会通过的指南，这意味着指南中所界定的类似情况必须得到相似的待遇。不过，这类指南对联盟法院没有正式约束力。[70]

　　第五，委员会使用的各种各样的工具可能会使该制度的使用者感到困惑。[71] 采用此类政策文件的原因，部分是实践上的，部分是概念上的，部分是政治性的。在实践上，这类指南帮助负担沉重的行政部门应对增加的工作量。[72] 在概念上，它们具有与规则制定有关的优势。[73] 它们"减少成员国在提供援助时的人为操作余地以及控制者进行自由裁量、选择和可能的任意行事的余地"；[74] 并且它们促进"严格、一致执法所产生的透明度、法律安全性和信誉度，从而有利于政府和产业"[75]。在政治上，委员会的规则

---

⑥⑤　https：//ec. europa. eu/competition/state_ aid/legislation/horizontal. html.

⑥⑥　Case C‑313/90 *CIRFS v Commission* [1993] ECR I‑1125, [34]‑[36]；Case T‑214/95 *Vlaams Gewest* (n 60) [89]；Case T‑149/95 *Ducros v Commission* [1997] ECR II‑2031, [61]；Case C‑288/96 *Germany v Commission* [2000] ECR I‑8237, [62]；Case T‑171/02 *Regione Autonoma della Sardegna* (n 58) [95]；Cases C‑75 and 80/05 P *Germany，Glunz AG and OSB Deutschland GmbH v Kronofrance SA* [2008] ECR I‑6619, [59]‑[62]；Case C‑439/11 P *Ziegler v Commission* EU：C：2013：513, [59]‑[60]；Case C‑667/13 *Estado português v Banco Privado Português* EU：C：2015：151, [69]；Case C‑431/14 P *Hellenic Republic v Commission* EU：C：2016：145, [70]‑[72].

⑥⑦　Case C‑313/90 *CIRFS* (n 66).

⑥⑧　Case C‑311/94 *Ijssel-Vliet Combinatie BV v Minister van Economische Zaken* [1996] ECR I‑5023.

⑥⑨　Case T‑214/95 (n 60) [89].

⑦⑩　Case C‑310/99 *Italy v Commission* [2002] ECR I‑2289, [52].

⑦①　F Rawlinson, 'The Role of Policy Frameworks, Codes and Guidelines in the Control of State Aid' in I Harden (ed), *State Aid：Community Law and Policy* (Bundesanzeiger, 1993) 59；G della Cananea, 'Administration by Guidelines：The Policy Guidelines of the Commission in the Field of State Aids' in ibid 68‑69.

⑦②　Rawlinson (n 71) 56；Evans (n 57) 408‑427.

⑦③　P Craig, *Administrative Law* (Sweet & Maxwell, 8th edn, 2016) ch 15.

⑦④　Rawlinson (n 71) 55.

⑦⑤　Ibid 57.

制定使得不需要在理事会内获得同意，而这是根据第109条通过正式立法所必要的。委员会竞争总司国家援助司原主要行政长官罗林森（Rawlinson）曾认为，诉诸第109条会使决策更加拖延。⑦ 但是，德拉卡纳内亚（della Cananea）指出，某些指南缺乏明确性，而且个人权利一直没有得到适当保护。

二　改革

2005年，委员会启动了一项咨询行动，以改革国家援助制度。⑦ 委员会重申了该法律领域的紧迫性，即维持企业之间的公平竞争环境。委员会承认，在市场失灵的情况下，国家援助可能是合法的。委员会提出了更具体的改革建议，以回应该理念。对诸如创新、研发和风险资本等事项提供的国家援助，在市场未能对开展这些活动提供必要激励的情况下，则被视为可能合法。⑦ 为此通过了新的集体豁免。⑦ 这一行动计划也产生了与程序、监控和执行相关的改进措施，这些问题将在下文予以讨论。对国家援助的改革仍在持续，进一步的倡议正在酝酿之中。⑧

第六节　国家援助：实体规则与第107条

一　国家援助的界定

第107条规定了审查国家援助的标准。⑧ 它涵盖第106条下授予公共

---

⑦　Ibid 60；Evans（n 57）405 – 408.

⑦　State Aid Action Plan, Less and Better Targeted State Aid：A Roadmap for State Aid Reform 2005 – 2009，COM（2005）107 final.

⑦　Ibid [25]，[27]，[30].

⑦　Comm Reg 651/2014（n 63）.

⑧　EU State Aid Modernization，COM（2012）209 final；http：//ec. europa. eu/competition/state_ aid/modernisation/ index_ en. html.

⑧　J-D Braun and J Kühling，'Article 87 EC and the Community Courts：From Revolution to Evolution'（2008）45 CMLRev 465；J Luís da Cruz Vilaça，'Material and Geographic Selectivity in State Aid—Recent Developments'[2009] EStAL 443；L Rubini，'The "Elusive Frontier"：Regulation under EC State Aid Law'[2009] EStAL 277；A Biondi，'State Aid is Falling Down, Falling Down：An Analysis of the Case Law on the Notion of Aid'（2013）50 CMLRev 1719；J Piernas Lopez，*The Concept of State Aid under EU Law：From Internal Market to Competition and Beyond*（Oxford University Press，2015）chs 4 – 7；Commission Notice on the notion of State aid as referred to in Article 107（1）of the Treaty on the Functioning of the European Union C/2016/2946 [2016] OJ C262/1.

企业的援助（这受第 106 条第 2 款约束），以及给予私人企业的援助。^⑧ 第
107 条包括三个部分。第 1 款确立国家援助与内部市场不相容这项一般原
则。第 2 款规定可将援助视为与内部市场相容的某些例外情形。第 3 款列
举在哪些情况下可以将援助视为与内部市场相容。第 107 条第 1 款规定：

> 除非两部条约另有规定，由某一成员国提供的或通过无论何种形
> 式的国家资源给予的任何援助，通过给予某些企业或某些商品的生产
> 以优惠，从而扭曲或威胁扭曲竞争，只要影响成员国之间的贸易，就
> 与内部市场不符。

在根据第 107 条定性为援助之前，还需要满足四个条件。这些条件是
累积性的，即在认定成员国措施属于第 107 条规制之前，所有条件都必须
得到满足。^⑧

（一）国家援助的界定：给予受助者优惠

第 107 条第 1 款并未定义"国家援助"（sate aids）。欧洲法院和委员
会对此采取宽泛的观点。在这一阶段，提供援助的理由无关紧要^⑧，实质
而非形式才是界定援助的标准。其指导原则是，该措施只有能给予受助者
优惠（advantage），它才能构成援助。

委员会列举了不同的援助类型。其中包括直接补贴、税收豁免^⑧、准
财政收费豁免、优惠利率、优惠贷款担保、以特殊条件提供土地或建筑、
损失赔偿、公共订单优惠条件、延期缴纳财政或社会缴费，以及股息担保
等。这个清单是说明性的，不是穷尽式的。

---

⑧　Case C – 387/92 *Banco de Crédito Industrial SA*（*Banco Exterior de España SA*）*v Ayuntamiento de Valencia* [1994] ECR I – 877；Case T – 106/95 *Fédération Française des Sociétés d'Assurances*（*FFSA*）*v Commission* [1997] ECR II – 229.

⑧　Case C – 387/92 *Banco de Crédito Industrial SA*（*Banco Exterior de España SA*）*v Ayuntamiento de Valencia* [1994] ECR I – 877；Case T – 106/95 *Fédération Française des Sociétés d'Assurances*（*FFSA*）*v Commission* [1997] ECR II – 229.

⑧　Case 173/73 *Italy v Commission* [1974] ECR 709；Case C – 241/94 *France v Commission* [1996] ECR I – 4187；Case C – 251/97 *France v Commission* [1999] ECR I – 6639.

⑧　Case C – 387/92 *Banco de Crédito*（n 82）；Cases C – 182 and 217/03 *Belgium and Forum 187 ASBL v Commission* [2006] ECR I – 5479.

欧洲法院明确指出，援助概念不仅涵盖积极收益，例如补贴，而且涵盖减轻企业通常所需承担的费用的那些措施[86]，例如以优惠方式提供商品或服务[87]，减少社会保障缴款[88]，或者税收豁免。[89]

一般的经济政策措施，例如降低利率，虽然有利于行业销售，但其本身不会被定性为援助。[90] 因此，使所有经济经营者受益的一般税收政策仍属于国家的财政主权领域，而有选择性地给予税收优惠的措施则属于第 107 条第 1 款范围。[91] 但是，即使一项措施能使整个范围的企业受益，也可能会将其定性为援助，例如一般出口援助；[92] 与此相反，对一般基础设施的援助通常不构成第 107 条意义上的援助。[93] 然而，一般经济政策措施与国家援助之间的界限可能很微妙。尤其微妙的是，如果成员国措施对企业进行区分，从而表面上具有选择性，但这种区分是由这些企业所构成的系统本身性质或整体结构造成的，那么国家援助就不涵盖这种措施。[94]

在国家持有私人公司股份的情况下会遇到特别困难的情形。在 "*Intermills* 案"[95] 中，欧洲法院明确指出，以贷款形式提供的援助与以企业资

[86]　Case C – 237/04 *Enirisorse SpA v Sotacarbo SpA* [2006] ECR I – 2843, [42]; Case C – 222/04 *Ministero dell' Economia e delle Finanze v Cassa di Risparmio di Firenze SpA* [2006] ECR I – 289, [131]; Cases C – 393/04 and 41/05 *Air Liquide SA v Province de Liège* [2006] ECR I – 5293.

[87]　Case C – 241/94 *France* (n 84); Case C – 387/92 *Banco de Crédito* (n 82); Case C – 39/94 *Syndicat Français de l'Express International* (*SFEI*) *v La Poste* [1996] ECR I – 3547; Case C – 143/99 *Adria-Wien Pipeline GmbH and Wietersdörfer & Peggauer Zementwerke GmbH v Finanzlandesdirektion für Kärnten* [2001] ECR I – 8365; Case T – 301/02 *AEM SpA v Commission* [2009] ECR II – 1757.

[88]　Case C – 75/97 *Belgium v Commission* [1999] ECR I – 3671.

[89]　Case C – 6/97 *Italy v Commission* [1999] ECR I – 2981.

[90]　Case C – 143/99 *Adria-Wien* (n 87) [35].

[91]　Case C – 308/01 *GIL Insurance Ltd v Commissioners of Customs and Excise* [2004] ECR I – 4777, [78]; Case C – 203/16 P *Andres* (n 83); Case C – 128/16 P *Spain v Commission* EU：C：2018：591, [37]; Case C – 374/17 *Finanzamt B v A-Brauerei* EU：C：2018：1024.

[92]　Case C – 75/97 *Belgium v Commission* (n 88).

[93]　Case C – 225/91 *Matra v Commission* [1993] ECR I – 3203.

[94]　Case C – 6/12 P *Oy* EU：C：2013：525; Case C – 452/10 P *BNP Paribas v European Commission* EU：C：2012：366; Case C – 524/14 P *European Commission v Hansestadt Lübeck* EU：C：2016：71, [41]; Case C – 203/16 P *Andres* (n 83) [87]; Case C – 128/16 P *Spain v Commission* (n 91) [37]; C Quigley, 'The Notion of a State Aid in the EEC' (1988) 13 ELRev 242, 252 – 253; M Prek and S Lefevre, 'The Requirement of Selectivity in the Recent Case-Law of the Court of Justice' [2012] EStAL 335; P Nicolaides, 'Excessive Widening of the Concept of Selectivity' [2017] EStAL 62.

[95]　Case 323/82 *Intermills SA v Commission* [1984] ECR 3809.

本获得控股的形式提供的援助没有区别。两者都属于第 107 条第 1 款范围。[96]

默兹制管厂案：比利时诉委员会
Case C – 142/87 ReTubemeuse：Belgium v Commission
[1990] ECR I – 959

[《里斯本条约》重新编号，第 92 条和第 93 条现为
《欧洲联盟运行条约》第 107 条和第 108 条]

1979 年，比利时政府收购默兹制管厂（Tubemeuse）72% 的股份，该公司由于私人股东撤资而面临财务上的严重困难。1982 年，委员会批准了一系列援助措施，但均未取得成功，该国随后购买了该公司的剩余股份。1984 年至 1986 年，比利时采取了一系列旨在增加默兹制管厂资本的措施。这些措施已通告给委员会，但该国政府并未等待委员会根据第 93 条第 2 款的要求进行批准。随后，委员会认定这些措施构成非法援助，并指示比利时全额收回这笔款项。比利时政府主张，1984 年至 1986 年的措施并不构成国家援助，而是处于任何初期投资（先是在 1979 年，后来又在 1982 年投资）风险中的投资者做出的正常反应。欧洲法院重申其在 "Intermills 案" 中的裁定，然后继续裁决如下。

欧洲法院

26. 为了确定这种措施是否具有国家援助的性质，相关标准在委员会决定中已指明，而比利时政府对此没有异议，即该企业本来是否可以在资本市场上获得所涉款项。

27. 结果是，从有争议的措施以及本法院收到的其他文件来看，该公司面临着技术难题，因此，在公权力机关的帮助下并在得到委员

---

[96] See also Cases 296 and 318/82 *The Netherlands and Leeuwarder Papierwarenfabriek BV v Commission* [1985] ECR 809；Case 40/85 *Re Boch：Belgium v Commission* [1986] ECR 2321；Case T – 16/96 *Cityflyer Express Ltd v Commission* [1998] ECR II – 757；Case T – 198/01 *Technische Glaswerke* (n 58) [98] – [99].

会批准之后，1982年对其工厂实施了广泛的现代化项目，这是处理这些技术难题必不可少的。除了这些技术困难以外，该公司自1979年以来还面临结构性的财务困难。生产成本过高、持续经营亏损、流动性差和沉重的债务，导致几乎所有私人股东退出该企业。

28. 此外，毫无争议的是，其产品主要用于石油勘探的无缝钢管部门处于危机状态，其标志是生产国有着大量过剩产能，而发展中国家和国营贸易国家出现新的产能。此外，美国对进口到其境内的钢管施加限制，加上世界石油价格的下跌，造成钻井量减少，进而导致相关钢管的需求下降，从而导致价格严重下跌，世界产量大幅下滑。这就是为什么其他成员国设法减少该部门产能的原因。

29. 在这种情况下，没有任何迹象表明委员会的评估存在任何错误：委员会认为，默兹制管厂的获利前景不会诱导在正常市场经济条件下经营的私人投资者从事本案讨论的金融交易，默兹制管厂本来就不可能在资本市场上获得其生存所必需的款项，因此，比利时政府对默兹制管厂的支持构成国家援助。

欧洲法院继续采用同样的标准。当资本来自于公共投资者时，从长远来看必须存在对盈利的兴趣，否则该投资就是第107条第1款意义上的援助。[97] 重要的是，需要判断私人投资者本来是否会以与公共投资者相同的条件参与交易，如果答案是否定的，那么他们本来会以什么样的条件参与交易。[98] 企业的私有化也可能引起与国家援助相关的问题，这取决于私有化的条件。委员会已就这个问题提供了指南。

国家援助概念的核心是，接受援助者直接或间接地获得超出其竞争者的经济利益。如果给予的帮助是为了抵消援助的受益者应承担的公共服务

---

[97] Case C – 303/88 *Italy v Commission* [1991] ECR I – 1433；Case C – 305/89 *Italy v Commission* [1991] ECR I – 1635；Case C – 42/93 *Spain v Commission* [1994] ECR I – 4175；Case T – 20/03 *Kahla/Thüringen Porzellan GmbH v Commission* [2008] ECR II – 2305；Cases C – 533 and 536/12 P *SNCM v Corsica Ferries France* EU：C：2014：2142.

[98] Cases T – 228 and 233/99 *Westdeutsche Landesbank* (n 58) [244] – [246]；Case C – 73/11 P *Frucona Košice as v European Commission* EU：C：2013：32；Case C – 300/16 P *European Commission v Frucona Košice* EU：C：2017：706，[19] – [23]；Case C – 127/16 P *SNCF v Commission* EU：C：2018：165，[156] – [157]；M Cyndecka, 'The Applicability and Application of the Market Economy Investor Principle' [2016] EStAL 381.

义务,则不构成国家援助,其前提是满足"阿尔特马克公司案"(*Altmark*)
中的条件。

阿尔特马克运输公司与马格德堡地区政府诉
阿尔特马克公共运输公司

Case C – 280/00 Altmark Trans GmbH and Regierungspräsidium

Magdeburg v Nahverkehrsgesellschaft Altmark GmbH

[2003] ECR I – 7747

[《里斯本条约》重新编号,第 87 条
现为《欧洲联盟运行条约》第 107 条]

欧洲法院考虑了向当地运输企业提供援助的国家措施与第 87 条的
兼容性。

欧洲法院

87. ……如果必须将一项国家措施视为对受助企业由于履行公共
服务义务而提供的服务所进行的补偿——这些企业并没有由于此项国
家措施而享有真正的经济利益,而且,该措施不会导致它们处于比与
它们竞争的企业更有利的竞争地位,那么这种措施就不属于条约第 92
条第 1 款范围。

88. 但是,要使这种补偿在特定案件中不被定性为国家援助,必
须满足一些条件。

89. 第一,获得援助的企业必须确实具有履行公共服务的义务,
并且该义务必须得到明确界定。……

90. 第二,必须以客观和透明的方式预先确定计算补偿所依据的
参数,以避免赋予获得援助的企业比竞争性企业更有利的经济利益。
……

92. 第三,补偿额不得超过履行公共服务义务所必要的全部或部
分费用,并将履行这些义务所获得的相关收入和合理利润计算在
内。……

93. 第四,在特定情况下,如果承担公共服务义务的企业不是通

过公共采购程序选择的，而公共采购程序允许选择能够以最低成本向社区提供服务的投标人，那么所必要的补偿水平应该基于对典型企业的成本分析，典型企业运转良好，具有充分提供运输方式以满足必要公共服务要求的能力，本可以承担这些义务，同时考虑到履行义务获得的相关收入以及合理利润。

"阿尔特马克公司案"裁决指出，对公共服务的补偿不构成国家援助，因此如果满足规定的这些条件，则无须申报。⑨⑨ 这使得委员会做出一项决定⑩⑩，并且发布了一部框架文件⑩⑪，其中更详细地规定了要满足这些条件而需要达到的要求。委员会希望确保严格遵守欧洲法院的条件，以使成员国不能用该裁决来规避国家援助规则的适用。

（二）国家援助的界定："成员国或通过国家资源"

适用第 107 条第 1 款的第二个条件是，援助应由"成员国或通过国家资源"提供。⑩⑫ 这可以包括地区以及中央政府。⑩⑬ 构成援助的措施是由公共企业采取的这一点并不充分。必须证明，国家实际上对企业实施控制，并

---

⑨⑨　See also Cases C – 34 and 38/01 *Enirisorse SpA v Ministero delle Finanze* [2003] ECR I – 14243；Case C – 451/03 *Servizi Ausiliari Dottori Commercialisti Srl v Calafiori* [2006] ECR I – 2941；Case C – 526/04 *Laboratoires Boiron SA v Urssaf* [2006] ECR I – 7529；Case C – 140/09 *Fallimento Traghetti del Mediterraneo SpA v Presidenza del Consiglio dei Ministri* EU：C：2010：335；Cases C – 197 and 203/11 *Libert v Gouvernement flamand* EU：C：2013：288；Case C – 660/15 P *Viasat Broadcasting* (n 33)；Cases C – 66 – 69/16 P *Comunidad Autónoma del País Vasco v European Commission* EU：C：2017：999；Case C – 706/17 *Achema* EU：C：2019：407；E Szyszczak, 'The Altmark Case Revisited：Local and Regional Subsidies to Public Services' [2017] EStAL 395.

⑩⑩　Commission Decision of 20 December 2011 on the application of Article 106 (2) of the Treaty on the Functioning of the European Union to State aid in the form of public service compensation granted to certain undertakings entrusted with the operation of services of general economic interest [2012] OJ L7/3.

⑩⑪　Communication from the Commission—European Union framework for State aid in the form of public service compensation [2012] OJ C8/15.

⑩⑫　Cases C – 52 – 54/97 *Viscido, Scandella and Terragnolo v Ente Poste Italiane* [1998] ECR I – 2629；Case C – 345/02 *Pearle BV v Hoofdbedrijfschap Ambachten* [2004] ECR I – 7139；Case C – 677/11 *Doux Élevage SNC* EU：C：2013：348；Cases C – 399 and 401/10 P *Bouygues SA v European Commission* EU：C：2013：175；Case C – 262/12 *Association Vent De Colère* EU：C：2013：851；Case C – 518/13 *Eventech Ltd v The Parking Adjudicator* EU：C：2015：9；Case C – 706/17 *Achema* (n 99).

⑩⑬　Case 323/82 *Intermills* (n 95)；Cases T – 227, 229, 265, 266 and 270/01 *Territorio Histórico de Álava v Commission* [2009] ECR II – 3029.

且参与了该措施的通过。^⑩ 在此前提下，第 107 条可以囊括由国家指定或建立的公共或私人机构所给予的优惠。^⑯

范德库伊兄弟园艺公司诉委员会

Cases 67，68 and 70/85 Kwekerij Gebroeders Van
der Kooy BV v Commission

［1988］ECR 219

委员会做出一项决定，认为荷兰 Gasunie 公司采用优惠方式向园艺行业中某些公司收取天然气费用，并且构成援助。Gasunie 公司是一家根据私法设立的公司，但其 50% 的股份由荷兰政府持有，由 Gasunie 公司收取的价格需要得到政府部长的批准。该案中的主张是，价格设定不构成荷兰政府的行为。

欧洲法院

32. 首先，申请人坚持认为……有争议的价格不是由荷兰国家施加的，不能被视为"由成员国或通过国家资源提供的援助"。

33. 他们辩称，Gasunie 公司是根据私法设立的公司，荷兰政府仅持有其 50% 的股份，而价格是 Gasunie 公司、Vegin 公司与农业委员会（Landbouwchap）根据私法达成协议的结果，荷兰国家不是协议当事方。

34. 关于委员会指出的一点，即经济事务部长有权批准 Gasunie 公司收取的价格，荷兰政府声称，这不过是追溯性的监督权，该权力仅涉及价格是否符合荷兰能源政策的目标。

---

⑩　Case C‑482/99 *France v Commission* ［2002］ECR I‑4397；Case T‑442/03 *SIC—Sociedade Independente de Comunicação，SA v Commission* ［2008］ECR II‑1161.

⑯　Case 78/76 *Firma Steinike und Weinlig v Bundesamt für Ernährung und Forstwirtschaft* ［1977］ECR 595；Case 290/83 *Re Grants to Poor Farmers*：*Commission v France* ［1985］ECR 439；Case 57/86 *Commission v Greece* ［1988］ECR 2855；Case T‑358/94 *Compagnie Nationale Air France v Commission* ［1996］ECR II‑2109. 可能存在的困难是，什么构成由国家授予的资源，参见 Cases C‑72‑73/91 *Sloman Neptun Schiffahrts AG v Seebetriebsrat Bodo Ziesmer der Sloman Neptun Schiffahrts* ［1993］ECR I‑887；Cases C‑328 and 399/00 *Italy and SIM 2 Multimedia SpA v Commission* ［2003］ECR I‑4035.

35. 正如本法院已裁定的……，在国家直接提供的援助与由国家设立或任命的为管理援助的公共或私人机构提供的援助之间，没有必要进行任何区分。在这种情况下，本法院收到的文件提供了大量证据，表明有争议的价格设定是荷兰国家采取行动的结果。

36. 首先，Gasunie 公司股份的分配使得荷兰国家直接或间接持有 50% 的股份，并且任命一半的监事会成员，该机构的权力包括确定所适用的价格。其次，经济事务部长有权批准 Gasunie 公司收取的价格，其结果是，无论如何行使该权力，荷兰政府都可以阻止任何不适当的价格。最后，对于委员会向荷兰政府提出的寻求修改园艺行业价格的建议，Gasunie 公司与农业委员会曾有两次实施了这些建议。……

37. 从总体上考虑，这些因素表明，Gasunie 公司在设定天然气价格时不可能享有充分的自主权，而是在公权力机关的控制和指示下采取行动。因此，很明显，Gasunie 公司不可能在不考虑公权力机关要求的情况下设定价格。

38. 因此，可以得出结论，有争议价格的设定是荷兰政府采取行动的结果，因此属于"由成员国给予的援助"这一短语的含义。……

（三）国家援助的界定："扭曲或威胁扭曲竞争"

适用第 107 条第 1 款的第三个条件是，该援助通过更有利于某些企业或某些产品的生产而扭曲或威胁扭曲竞争。这在很多情况下是没有问题的。例如，补贴的授予将使获得补贴者毫无疑问处于更有利的地位。欧洲法院将考虑相关公司在获得援助之前的地位，如果其地位在这之后得到改善，则符合第 107 条的规定。[106] 国家辩称援助是正当的，因为其效果是降低某个工业部门的成本，相对而言，该部门的成本要高于其他此类部门，但是这并不构成"辩护理由"[107]。国家也不能以其他国家对其境内企业支付类似款项为借口为其进行援助辩护。[108]

---

[106]　Case 173/73 *Italy v Commission*（n 84）.

[107]　Ibid.

[108]　Case 78/76 *Steinike*（n 105）.

（四）国家援助的界定：对国家间贸易的影响

第107条第1款的最后一个条件是对国家间贸易的影响。如果与欧盟内部的其他企业相比，援助能够加强某个企业的经济地位，那么欧盟内部的贸易将受到影响。[109] 援助的金额相对较小，或者受援助者的规模较小，这并不排除欧盟贸易受到影响的可能性。[110] 仅向一家提供本地运输服务的企业授予援助这一事实，并不排除对国家间贸易的影响，因为该援助可能会使来自其他成员国的运输企业更加难以进入该市场。[111] 委员会没有必要证明贸易将受到影响。只要表明贸易可能受到影响就已足够。[112]

二　第107条第2款

第107条第2款列举了三种可视为与内部市场相容的援助。第107条第2款第1项规定，"具有社会性质、给予消费者个人的援助，只要此类援助的提供不存在与有关产品的原产地相关的任何歧视"，则将与内部市场相容。该条款规定，只有在不存在与商品原产地有关的歧视的情况下援助才合法。这限制了该条款的使用，因为大多数国家援助仅针对提供该援助的成员国境内的特定公司。

第107条第2款第2项使"用于弥补自然灾害或特殊事件所造成损失的援助"合法化。此例外的理由不言而喻，但其界限尚不太清楚。尽管自然灾害的概念相当明显，但特殊事件的含义却非常模糊。对该条有严格的解释，仅在罕见事件造成的自然灾害对国家造成直接经济劣势的情况下才适用。[113]

---

[109]　Case 730/79 *Philip Morris Holland BV v Commission* [1980] ECR 2671；Cases T – 81, 82 and 83/07 *Maas v Commission* [2009] ECR II – 2411；Case T – 369/06 *Holland Malt BV v Commission* [2009] ECR II – 3313；Case 74/16 *Congregación de Escuelas Pías Provincia Betania*（n 83）.

[110]　Case C – 142/87 *Re Tubemeuse：Belgium v Commission* [1990] ECR I – 959，[43].

[111]　Case C – 280/00 *Altmark Trans GmbH and Regierungspräsidium Magdeburg v Nahverkehrsgesell-schaft Altmark GmbH* [2003] ECR I – 7747，[77] – [82].

[112]　Cases T – 298, 312, 313, 315, 600 – 607/97, 1, 3 – 6 and 23/98 *Alzetta Mauro v Commission* [2000] ECR II – 2319，[76] – [90]；Case C – 310/99 *Italy v Commission*（n 70）[84] – [86]；Case T – 211/05 *Italy v Commission* [2009] ECR II – 2777，[151] – [155].

[113]　Case C – 278/00 *Greece v Commission* [2004] ECR I – 3997，[81] – [82]；Case T – 268/06 *Olympiaki Aeroporia Ypiresies AE v Commission* [2008] ECR II – 1091.

第 107 条第 2 款第 3 项规定了德国的特殊地位，这缘于该国的分裂，以弥补由分裂造成的经济劣势。但是，它并未允许对新联邦州提供全额补偿。[114]

三 第 107 条第 3 款

第 107 条第 3 款中的例外情况具有自由裁量性质，属于这些类别的援助 "可以" 被视为与内部市场相容。

(一) 第 107 条第 3 款第 1 项

第 107 条第 3 款第 1 项规定，"为促进生活水平异常低下或不充分就业严重的地区，以及第 349 条所提及地区的经济发展，鉴于其结构、经济和社会情况而给予的援助" 可以被认为与内部市场相容。

该规定与第 107 条第 3 款第 3 项存在联系，因为两者都与地区发展有关。但是，只有在某个地区的问题特别严重的情况下，才能使用第 107 条第 3 款第 1 项。必须在欧盟而不是在成员国范围内判断地区问题的严重性。[115] 为此，委员会发布了判断与欧盟平均水平相比不同地区相对发展情况的标准。[116] 委员会可以考虑援助对相关欧盟市场的影响[117]，必须证明，如果没有计划提供的援助，就不会有旨在支持该地区发展的投资。[118]

菲利普·莫里斯荷兰公司诉委员会
Case 730/79 Philip Morris Holland BV v Commission
[1980] ECR 2671

[《里斯本条约》重新编号，第 92 条第 3 款
现为《欧洲联盟运行条约》第 107 条第 3 款]

荷兰政府向烟草制造商提供了援助。委员会认定，该援助不属于

---

[114] Cases C – 57 and 61/00 P *Freistaat Sachsen v Commission* [2003] ECR I – 9975；Case C – 277/00 *Germany v Commission* [2004] ECR I – 3925.

[115] Case 248/84 *Germany v Commission* [1987] ECR 4013，[1].

[116] Guidelines on regional State aid 2014 – 2020 [2013] OJ C209/01.

[117] Case C – 114/00 *Spain v Commission* [2002] ECR I – 7657，[81].

[118] Cases C – 630 – 633/11 *HGA v Commission* EU：C：2013：387.

第 92 条第 3 款第 1 项、第 2 项或第 3 项。以下摘自欧洲法院的论证，涉及适用第 92 条第 3 款的一般方法，以及其对第 92 条第 3 款第 1 项的认定。

欧洲法院

16. 申请人认为，委员会规定如下一般原则是错误的，即如果委员会能够确定，成员国给予企业的援助将致力于实现第 92 条第 3 款的减损规定中特定的目标之一，而在正常市场条件下，受助公司不会通过自己的行动来实现该目标，那么，此类援助则仅由该条款中的减损条款规制。只有所考虑的投资计划符合条约第 92 条第 3 款第 1 项、第 2 项或第 3 项中提到的目标，条约第 92 条第 3 款才允许提供此类援助。

17. 这种观点不能成立。一方面，它无视如下事实，即第 92 条第 3 款通过规定其专门列出的援助"可以"被视为与共同市场相容的援助，从而赋予委员会自由裁量权，这不同于第 92 条第 2 款。另一方面，这将导致允许成员国支付能够改善接受者财务状况的款项，尽管它们不是为实现第 92 条第 3 款规定的目标所必要的。

18. 在这方面，应该指出的是，有争议的决定明确指出，荷兰政府没有提供任何理由，委员会也没有发现任何理由可以确定所提议的援助符合《欧洲经济共同体条约》第 92 条第 3 款规定的执行减损的条件。

19. 申请人坚称，委员会错误地认为贝亨奥普佐姆地区（Bergen-op-Zoom）的生活水平并非"异常低下"，而且该地区没有遭受第 92 条第 3 款第 2 项意义上的"不充分就业严重"。实际上，贝亨奥普佐姆地区的不充分就业率高于荷兰全国平均水平，人均收入低于全国平均水平。

……

24. 申请人提出的这些主张不能成立。应该记住，委员会拥有涉及经济和社会评估的自由裁量权，该评估须在共同体背景下进行。

25. 在这种背景下，委员会有充分的理由参考共同体水平，而不是参考荷兰全国平均水平评估贝亨奥普佐姆地区的生活水平和不充分就业的严重程度。

（二）第107条第3款第2项

第107条第3款第2项规定，"旨在推动具有欧洲共同利益的重要项目的实施，或旨在补救某一成员国经济的严重动荡而提供的援助"可以被认为与内部市场相容。

该规定的第一部分已被用于开发诸如高清电视和环境保护的通用标准，但是欧洲法院严格解释第107条第3款第2项的措辞，"格拉维伯尔公司案"（*Glaverbel*）在这方面体现得很明显。

瓦隆地区政府和格拉维伯尔公司诉委员会

Cases 62 and 72/87 Executif Régional Wallon and

Glaverbel SA v Commission

[1988] ECR 1573

比利时政府向某些玻璃生产商提供了援助。申请人主张，该援助属于第92条第3款第2项，因为投资援助使新技术成为可能，从而会在相关市场上减少欧洲对美国和日本生产商的依赖。

欧洲法院

21. 应该注意的是，对于第92条第3款规定的援助类型……委员会"可以"将其视为与共同市场相容。因此，委员会对此事项享有自由裁量权。

23. ……委员会将其援助政策建立在如下观点的基础之上，即除非某项目是由多个成员国政府共同支持的跨国欧洲计划的组成部分，或者出于多个成员国采取协同行动以应对诸如环境污染等共同威胁，否则不得将该项目描述为第92条第3款第2项意义上的具有欧洲共同利益。

在采取该政策并且认为本案中计划的投资不符合该必要条件时，委员会没有做出明显的错误判断。

24. 两个申请方进一步申诉，委员会在做出负面评估的争议决定中没有出具任何理由。……

25. 本法院认为，基于所谓"明显"事实的理由陈述通常应被认为是不充分的。但是，在本案中，申请人的主张不能被接受。本法院收到的任何文件均不支持有关援助可能有助于实施具有欧洲"共同"利益的"重要"项目这一结论。投资使新技术得以使用这一事实，并不能使该项目成为欧洲共同利益之一；在本案中，必须在饱和市场上出售该产品，因此肯定不属于上述情况。

本条第二部分涉及成员国经济严重动荡的规定将很少得到应用，因为经济问题必然困扰整个国民经济[19]，并且，提供援助与缓解本条约条款所解决的经济问题之间必须存在某种因果关系。[20] 第 107 条第 3 款第 1 项或第 3 项处理更具体的问题。不过，委员会已表示，愿意将第 107 条第 3 款第 2 项用于金融危机引发的问题。[21]

（三）第 107 条第 3 款第 3 项

第 107 条第 3 款第 3 项是最重要的自由裁量权例外。它规定，"旨在促进某些经济活动或某些经济区域发展的援助，但这种援助对贸易条件的不利影响不得达到违反共同利益的程度"，可以与内部市场相容。

它允许通过参照某个产业部门的需要以及参照某个经济区域来使援助合法化，援助可以具有成员国维度，而不仅仅是欧盟维度。[22] 因此，根据第 107 条第 3 款第 3 项，国家可以寻求证明向根据本国标准属于特别贫困的地区所提供的援助是正当的。[23] 但仍然有必要考虑该援助对欧盟贸易的影响，以及对欧盟层面产业的影响。[24]

地区援助必须是国家明确界定的地区政策的一部分，并且符合地域集中原则。此外，鉴于受益于此类援助的地区的情况要好于第 107 条第 3 款第 1 项所涉及的地区，委员会对这一例外所涵盖的地理范围与援助的程度

---

[19]　Cases C – 57 and 61/00 P *Freistaat Sachsen*（n 114）; Case C – 431/14 P *Hellenic Republic v Commission*（n 66）.

[20]　Case C – 526/14 *Kotnik* EU：C：2016：570，[49].

[21]　http：//ec. europa. eu/competition/state_aid/legislation/temporary. html; Case T – 319/11 *ABN Amro Group NV v European Commission* EU：T：2014：186.

[22]　Guidelines（n 116）; Case T – 356/15 *Austria v Commission* EU：T：2018：439.

[23]　Case 248/84 *Germany v Commission*（n 115）[19].

[24]　Cases T – 126 – 127/96 *BFM and EFIM v Commission*［1998］ECR II – 3437; Cases T – 132 and 143/96 *Freistaat Sachsen v Commission*［1999］ECR II – 3663.

进行了严格解释。第107条第3款第3项可以适用于两类地区。有些地区满足某些预先设定的条件，因此成员国可以在不提出任何进一步理由的情况下将其指定为"c"地区，即所谓"预先界定的c地区"；成员国也可以自行指定某地区为c地区，前提是要证明这些区域符合某些社会经济标准，即所谓"非预先界定的c地区"[125]。

此外，联盟法院和委员会明确规定，除非援助涉及初期投资、创造就业机会，或者重组有关企业的活动，否则通常不会符合本条的规定。[126] 该援助的目的必须是发展某个特定产业或地区，而不仅仅是其中一家具体企业。[127]

卡拉—图林根瓷器公司诉委员会

Case T – 20/03 Kahla/Thüringen Porzellan GmbH v Commission

[2008] ECR II – 2305

原告主张，给予他们的援助应属于第87条第3款第3项。

初审法院

267. 本质上，申请人对委员会的如下认定表示质疑，即根据1994年《关于救助和重组困难公司的援助指南》，在1994年至1996年底使申请人受益的措施与共同市场不符。……

268. 首先，必须回顾，根据已确立的判例法，《欧共体条约》第87条第3款赋予委员会广泛的自由裁量权，允许通过减损适用第87条第1款规定的一般禁止的方式提供援助，因为在这种情况下确定国家援助是否与共同市场相容会引起一些问题，这些问题以审查和评估复杂的经济事实和条件为前提（Case C – 39/94 *SFEI and Others* [1996] ECR I – 3547，第36段）。由于共同体司法机构不能以自己对

---

[125] Guidelines（n 116）[155].

[126] Cases C – 278 – 280/92 *Spain v Commission* [1994] ECR I – 4103；Cases T – 126 – 127/96 *BFM*（n 124）；Case C – 42/93 *Spain v Commission*（n 97）；Case T – 68/15 *HH Ferries v European Commission* EU：T：2018：563，[104]；Guidelines（n 116）[6]，[31] – [39].

[127] 委员会采用的一般方式得到欧洲法院的支持，见 Case 248/84 *Germany v Commission*（n 115）.

事实的评估来代替该决定的提出者所做的评估，特别是对经济环境的评估，因此在这种背景下，本法院必须将审查限于判断委员会是否遵守程序规则和说明理由的规定，所述事实是否准确，以及是否存在明显的评估错误或滥用职权。……

　　……

270. 委员会可以采取诸如本案所涉指南等措施形式通过关于如何行使其自由裁量权的政策。……因此，必须根据那些规则对有争议的决定进行审查。

271. 在本案中，委员会根据1994年《关于救助和重组困难公司的援助指南》审查申请人所获援助，该指南确定了相关标准，以评估以重组困难企业方式所提供援助的兼容性。

272. 该指南规定，在提供重组援助之前必须制订一项计划，该计划只有在满足三个实质性条件的前提下才能获得批准：该计划必须恢复企业的活力，避免过度扭曲竞争，以及确保援助与重组成本和收益具有相称性。因此，此种援助必须与重组计划具有真正联系，并且只有在能够表明企业存续和恢复盈利能力符合共同体的最佳利益时，才能予以批准。

273. 在本案中，应由初审法院审查这些要求是否得到满足。

274. 从有争议的决定中可以明显看出，委员会认定《关于救助和重组困难公司的援助指南》所规定的条件没有得到满足，它首先依据的是不存在重组计划这一事实。……

275. 在这方面必须注意，重组计划必须包含准确和可靠的信息，以及关于评估《关于救助和重组困难公司的援助指南》所规定的实质性条件是否得到满足的所有解释。

　　……

280. ……此外，不能仅以预计进行重组为唯一理由宣布对困难企业的援助与共同市场相容，即使在本案中最终成功重组。在这方面，必须指出，为了使委员会评估所涉援助是否能够鼓励受助企业以有助于实现条约第87条第3款第3项所规定目标的方式采取行动，首先必须审查重组计划是否满足《关于救助和重组困难公司的援助指南》规定的所有实质性条件。

尽管如此，欧洲法院仍将慎重对待认为委员会的决定没有提供充分正当理由的指控。[129]

Intermills 公司诉委员会
Case 323/82 Intermills SA v Commission
[1984] ECR 3809

委员会裁定，比利时政府以持股形式提供的援助不符合获得豁免的条件，因为它与企业重组没有直接联系，而是止损式援助（rescue aid），意在使企业履行其财务承诺。委员会认为，这种援助可能严重损害共同体内的竞争。申请人辩称，以持股形式提供的援助不是止损式援助，而是用来资助关闭无盈利能力的工厂，并且用于改造其他工厂以生产具有更好盈利前景的产品。

欧洲法院

33. ……申请人提出的批评似乎是有根据的，因为有争议的决定确实存在着自相矛盾，并且没有说明委员会在某些关键要点上采取行动的依据是什么。这种怀疑和自相矛盾既涉及援助的经济合理性，也涉及援助是否可能扭曲共同市场内的竞争。

34. 首先，关于援助的经济正当性，委员会在陈述其决定依据的理由声明中承认，申请人所针对的这类重组符合委员会自身对欧洲造纸行业的目标。委员会承认以低息贷款和预付款形式提供的援助与条约相符，该因素似乎是这一决定的主要依据。

35. 另外，委员会没有提供任何可查证的理由来证明其如下认定具有正当性，即公权力机关在受援企业中持股与条约不符。它只是指出，该持股"与重组经营没有直接联系"，以及鉴于该企业在几个财政年度中所遭受的损失，该持股构成纯粹的财务"止损式援助"……。在进行这些评估时……委员会没有适当解释其对有关重组经营的评估……为何要呼吁如此明确区分以补贴贷款形式提供援助的

---

[129] See also Case 248/84 *Germany v Commission* (n 115)；Cases 296 and 318/82 *Leeuwarder Papierwarenfabriek* (n 96).

效果与以资本持有形式提供援助的效果。

　　……

　　37. 关于委员会认为有争议的援助损害共同市场竞争这一主张，它援引了第 92 条第 1 款的规定和第 92 条第 3 款的要求，根据这些条款，仅当援助对贸易条件的负面影响没有达到违反共同利益的程度时，才可以予以豁免。

　　38. 关于该要求的第一部分，该决定序言中的有关段落仅指出三个成员国政府、两家贸易协会和一家造纸行业企业提出的反对意见。除提及这些意见之外，该决定没有具体说明所涉援助以何种方式损害竞争。

　　39. 关于该要求的第二部分，委员会指出，以资本控股形式提供的援助与企业重组没有直接联系，而是构成"止损式援助"，称这种援助"有可能对竞争条件造成严重损害，因为市场力量的自由互动通常会要求关闭该企业，从而使更具竞争力的公司得以发展"。就这一点必须指出，如果为确保企业生存而进行的债务清算伴随着重组计划，那么，对贸易条件造成的影响就不一定会达到违反共同利益的程度，正如第 92 条第 3 款所规定的。在本案中，委员会没有说明，为什么在所提供援助的协助下转换生产之后，申请人的市场活动仍可能对贸易条件产生如此不利的影响，以至于该企业的消失将比对其救助更可取。

　　40. 基于这些理由，必须将有争议的决定宣布为无效。

（四）第 107 条第 3 款第 4 项与第 5 项

第 107 条第 3 款第 4 项是由《马斯特里赫特条约》增加的。它规定，如果旨在促进文化和遗产保护的援助对欧盟内贸易条件和竞争的影响没有达到违反共同利益的程度，就可以与内部市场相符。

第 107 条第 3 款第 5 项构成一个安全网，它规定，理事会根据委员会的提议以决定形式具体规定的其他类型的援助，可以被视为与内部市场相符。欧盟根据该条通过了诸多涉及援助造船业的指令。

四　集体豁免

上述讨论聚焦于第 107 条第 2 款至第 3 款下的个别豁免。作为改革国家援助方案的一部分，2008 年引入了集体豁免条例，它宣布某些援助类别与内部市场相符。[129] 2014 年对其做了修订。[130] 2014 年集体豁免包括的主要类别为：地区援助；对中小企业的援助；对研究、开发和创新的援助；环境援助；培训援助；对当地基础设施建设的援助；有关宽带的援助；以及对弱势和残疾劳动者的援助。2008 年条例涵盖的援助接近所有援助措施的 60%，约占欧盟每年提供的援助金额的 32%。据估计，2014 年条例涵盖接近 75% 的国家援助措施和 66% 的援助金额。2014 年条例鼓励提供援助以刺激经济增长、创造就业机会，等等。2008 年条例涵盖的很多措施的豁免门槛已被提高，从而允许成员国提供更高的援助金额，而无须事先申报。2014 年条例还努力澄清和简化豁免方案的适用。

第七节　国家援助：程序规则与第 108 条和第 109 条

适用于此领域的程序规则源自相关条约条款、欧洲法院和综合法院的判例法以及已取代《第 659/99 号条例》的《第 2015/1589 号条例》。[131]

一　审查现有国家援助

即使委员会已根据第 107 条给予批准，欧盟也应不断审查成员国所提供的援助。第 108 条第 1 款规定：

---

[129] Commission Regulation (EC) No 800/2008 of 6 August 2008 declaring certain categories of aid compatible with the common market in application of Articles 87 and 88 of the Treaty (General Block Exemption Regulation) [2008] OJ L214/3.

[130] Commission Regulation (EU) No 651/2014 of 17 June 2014 declaring certain categories of aid compatible with the internal market in application of Articles 107 and 108 of the Treaty [2014] OJ L187/1.

[131] Council Regulation 2015/1589 of 13 July 2015 laying down detailed rules for the application of Article 108 of the Treaty on the Functioning of the European Union [2015] OJ L248/9; Council Regulation 659/1999 of 22 March 1999 laying down detailed rules for the application of Article 93 of the Treaty [1999] OJ L83/1; Commission Regulation (EC) No 794/2004 of 21 April 2004 implementing Council Regulation (EC) No 659/1999 laying down detailed rules for the application of Article 93 of the EC Treaty [2004] OJ L140/1.

委员会应与成员国合作，不断对这些国家现有的所有援助制度进行不断审查。委员会应向成员国提出内部市场不断发展或运行所要求的任何适当措施。

根据欧洲联盟法院判例法[132]和《第659/99号条例》[133]，现有援助的类型有很多。

（1）在条约生效之前已经存在的援助。

（2）根据第107条第3款获得批准的援助。[134] 根据经委员会批准的一般援助方案对援助的个别支付应视为现有援助，但前提是该援助应确实被包括在一般援助方案之内。[135]

（3）根据第108条第3款已向委员会申报的援助，前提是委员会未在规定时间内采取任何行动。

（4）由于限制期届满而无法收回的援助。

（5）被认为是现有援助的援助，这些援助最初并不构成援助，而只是由于内部市场的发展而成为援助。[136] 如果根据欧盟法律，某些措施在某行为实现自由化之后成为援助，那么，这些措施从确定实现自由化之日起视为现有援助。

二 引入新国家援助的程序：申报与初步审查

为了有效监控国家援助，必须将任何援助计划通报委员会。第108条规定的程序分为两个阶段。[137] 第一阶段涉及事先申报提供援助的任何计划以及由委员会进行初步调查。第108条第3款规定如下：

---

[132] Case C-44/93 *Namur—Les Assurances du Crédit SA v Office National du Ducroire and Belgian State* [1994] ECR I-3829；Cases T-195 and 207/01 *Gibraltar v Commission* [2002] ECR II-2309；Cases T-227, 229, 265, 266 and 270/01 *Territorio Histórico de Álava* (n 103) [228]-[233]；Case T-222/04 *Italy v Commission* [2009] ECR II-1877；Case C-590/14 P *DEI v European Commission* EU：C：2016：797.

[133] Art 1.

[134] 委员会可以审查现有援助计划，并且决定其不再与内部市场相符，见 Reg 2015/1589（n 131）Arts 21-22；Case C-415/15 P *Stichting Woonlinie v European Commission* EU：C：2017：215.

[135] Case C-47/91 *Italy v Commission* [1994] ECR I-4635.

[136] Case T-298/97 *Alzetta Mauro v Commission* [2000] ECR II-2319, [143].

[137] Code of Best Practice for the conduct of State aid control procedures [2018] OJ C253/14.

　　成员国应将任何给予或改变援助的计划通报委员会，并给予委员会充分的时间使之能够提出意见。如委员会在考虑第 109 条后认为此等计划与内部市场不符，则应立即启动本条第 2 款规定的程序。在依据该程序做出最终决定前，有关成员国不得将拟议中的措施付诸实施。

　　因此，成员国有义务在给予任何援助之前将其通报委员会。^⑬ 但是，这一点受《微量援助条例》（the de minimis Regulation）限制。^⑬ 小额补贴不必根据第 108 条进行通报。由此，在任何三年期间最多提供 20 万欧元的援助不被视为国家援助，此外，如果贷款的担保部分不超过 150 万欧元，则贷款担保也可以涵盖在微量援助内。根据该条中的附加说明，成员国不能在委员会对援助计划进行初步审查期间将援助付诸实施。^⑭ 委员会必须在两个月内做出初步意见。如果未在两个月内提出意见，则成员国在通知委员会后有权执行该援助计划。^⑭ 如果委员会认为所提供的信息不完整，可以要求提供进一步信息。^⑭

　　委员会在此早期阶段对援助计划进行初步审查。^⑭ 委员会可以决定批准援助，在这种情况下它将通知成员国，成员国随后实施该援助计划。欧洲法院强调，初步审查程序"仅此而已"^⑭。审查时间不超过两个月，如果在此期间难以做出决定，委员会应着手进行第 108 条第 2 款下的更全面审查。这很重要，因为根据第 108 条第 2 款，其他当事方有权得到咨询，但

　　⑬　Reg 659/99（n 131）Art 2.

　　⑬　Commission Regulation（EC）No 1407/2013 of 18 December 2013 on the application of Articles 107 and 108 of the Treaty on the Functioning of the European Union to de minimis aid［2013］OJ L352/1.

　　⑭　Case 120/73 Gebrüder Lorenz GmbH v Germany［1973］ECR 1471；Case 84/82 Germany v Commission［1984］ECR 1451；Cases C－630－633/11 HGA（n 118）；Reg 2015/1589（n 131）Art 3. 也必须向委员会通报对援助计划的任何修订，参见 Cases 91 and 127/83 Heineken Brouwerijen BV v Inspecteur der Vennootschapsbelasting［1984］ECR 3435.

　　⑭　Case 84/82 Germany v Commission［1984］ECR 1451；Reg 2015/1589（n 131）Art 4（6）.

　　⑭　Reg 2015/1589（n 131）Art 5.

　　⑭　Ibid Art 4.

　　⑭　Case 120/73 Gebrüder Lorenz（n 140）；Case 84/82 Germany v Commission（n 141）；Case T－171/02 Regione Autonoma della Sardegna（n 58）［31］－［32］；Case T－301/01 Alitalia—Linee aeree italiane SpA v Commission［2008］ECR II－1753，［157］.

在第 108 条第 3 款下无此类权利。⑭

　　此外，只有在明确该援助与内部市场相容的情况下，委员会才能根据第 108 条第 3 款结案。如果在判断援助是否与内部市场相符时存在严重困难，就应根据第 108 条第 2 款进行更全面的调查。⑭

三　对国家援助的程序：详细调查与执行

　　第二阶段基于如下假设，即委员会未能根据第 108 条第 3 款批准该国家援助计划。在这种情况下，适用第 108 条第 2 款：

> 　　在通知有关当事方提交他们的意见之后，如委员会在考虑第 107 条后认为，某一成员国给予的或通过国家资源形式给予的援助与内部市场不符，或此等援助被滥用，委员会应通过一项决定，要求有关国家在委员会规定的期限内取消或改变此等援助。
>
> 　　如有关国家未在规定期限内遵守该决定，委员会或任何其他利益相关的成员国可经减损适用第 258 条和第 259 条，直接将此事项提交欧洲联盟法院。

　　第 108 条第 2 款适用于与根据第 108 条第 1 款引起的问题相关的现有援助，以及根据第 108 条第 3 款的初步调查未获得批准的新援助。如果根据第 108 条第 1 款进行审查后认定现有援助与内部市场不符，则该援助从该决定规定的执行日期起是非法的。就新的援助而言，根据第 108 条第 2 款所做决定的效力是，使第 108 条第 3 款下的临时禁令永久化，除非成员国在将来某个日期表明情况已发生改变。无论最终结果如何，第 108 条第 2 款规定的程序都将发挥作用。

　　将在《官方公报》上发布通知，邀请有关当事方提交意见。委员会概

---

　　⑭　Case C - 198/91 *William Cook plc v Commission* ［1993］ECR I - 2486；Cases T - 195 and 207/01 *Gibraltar v Commission*（n 132）；Cases C - 75 and 80/05 P *Kronofrance*（n 66）［37］.

　　⑭　Case C - 367/95 P *Commission v Sytraval and Brink's France SARL* ［1998］ECR I - 1719，［39］；Case C - 204/97 *Portugal v Commission* ［2001］ECR I - 3175，［33］；Case C - 431/07 P *Bouygues SA and Bouygues Télécom SA v Commission* ［2009］ECR I - 2665；Case C - 131/15 P *Club Hotel Loutraki v European Commission* EU：C：2016：989，［30］-［35］.

述相关事实和法律问题，说明它对该援助与内部市场的兼容性表示怀疑。⑭⑦ "有关当事方"一词涵盖了接受援助的企业，以及其利益可能受到影响的其他人，尤其是竞争者和贸易协会。⑭⑧ 但是，此类当事方的参与权利是有限的。他们不能以正式调查所针对的当事方的方式与委员会进行对抗性辩论。⑭⑨ 意见征询期通常不超过一个月。⑮⓪ 委员会根据正式调查，以决定形式做出认定。委员会可以决定该援助与内部市场是相符或者不相符。它可以在正面决定中附加条件。⑮① 如果决定基于不正确的信息，而该信息是相关决定的决定性因素，则委员会可以撤销其决定。⑮②

　　第 108 条第 2 款第 2 段规定加快执行程序，其理由是委员会已经有机会表达其观点，并且已经听取了当事方的意见。尽管第 108 条第 2 款规定了针对拒不服从国家的快速执行方式，但欧洲法院反对对该执行程序做任何进一步的修改。⑮③

四　例外情形：第 108 条第 2 款第 3 段和第 4 段

　　第 108 条第 2 款第 3 段和第 4 段规定了在某些例外情形下通过减损适用第 107 条而给予的援助。欧洲法院对该规定采取狭义解释。⑮④ 第 108 条第 2 款第 3 段和第 4 段规定如下：

---

⑭⑦　Reg 2015/1589（n 131）Art 6.

⑭⑧　Case 323/82 *Intermills*（n 95）［16］；Case C－198/91 *William Cook*（n 145）［24］；Case C－78/03 P *Commission v Aktionsgemeinschaft Recht und Eigentum eV*［2005］ECR I－10737，［31］－［37］；Case T－395/04 *Air One SpA v Commission*［2006］ECR II－1343，［24］－［41］；Case T－167/04 *Asklepios Kliniken GmbH v Commission*［2007］ECR II－2379，［49］；Reg 659/99（n 131）Art 20（1）.

⑭⑨　Case C－367/95 P *Sytraval*（n 146）［59］；Cases 74 and 75/00 P *Falck SpA v Commission*［2002］ECR I－7689，［82］；Case T－109/01 *Fleuren Compost BV v Commission*［2004］ECR II－127，［40］－［44］；Cases T－228 and 233/99 *Westdeutsche Landesbank*（n 58）［123］－［125］；Cases T－227，229，265，266 and 270/01 *Territorio Histórico de Álava*（n 103）［269］；Case T－62/08 *Thyssen-Krupp Acciai Speciali Terni SpA v European Commission*［2010］ECR II－3229，［162］－［163］.

⑮⓪　Reg 2015/1589（n 131）Art 6（1）.

⑮①　Ibid Art 9（4）.

⑮②　Ibid Art 11.

⑮③　Case C－292/90 *British Aerospace plc and Rover Group Holdings plc v Commission*［1992］ECR I－493.

⑮④　Case C－110/02 *Commission v Council*［2004］ECR I－6333；Case C－121/10 *European Commission v Council* EU：C：2013：784.

应某一成员国申请，理事会可在由特殊情况证明其具有正当性的前提下，一致通过一项决定，减损适用第107条的规定或根据第109条规定的条例，认定该国正在给予的或打算给予的援助与内部市场相符。如委员会已就相关援助启动本款第1分段规定的程序，则有关成员国向理事会提交申请的事实具有中止此程序的效力，直至理事会表明其态度。

但是，如理事会在上述申请提出后3个月内未表明其态度，委员会应就这种情况做出决定。

五 第109条：实施性条例

第109条授权理事会根据委员会的提案，并在咨询欧洲议会后，通过任何适当的条例，以适用第107条和第108条，特别是确定第108条第3款的适用条件，以及豁免适用第108条第3款所规定程序的援助类别。对第109条的使用相对较少，委员会寻求依靠软法和司法裁判来推动该领域政策的发展。[155] 不过，第109条是理事会以条例方式授权委员会针对某些类别的援助制定条例的基础。[156]

六 对委员会决定的质疑

对委员会决定的质疑通常根据《欧洲联盟运行条约》第263条提出[157]，尽管可以根据第265条提起不作为之诉。[158] 申请人可以是授予援助的国家、拟接受援助者和竞争者。申请人必须满足第263条的要求[159]，并证明所申

---

[155] Evans（n 57）405 – 427.

[156] Council Reg 994/98 [1998] OJ L142/1.

[157] U Soltesz, H Bielesz, 'Judicial Review of State Aid Decisions—Recent Developments' [2004] ECLR 133. 很难支持根据第265条提起的不作为之诉，因为申请人必须证明委员会具有采取行动的义务，参见 Case T–277/94 *Associazione Italiana Tecnico Economica del Cemento（AITEC）v Commission* [1996] ECR II–351. 但是，委员会必须认真考虑是否应对申诉采取行动，参见 Case T–95/96 *Gestevision Telecinco SA v Commission* [1998] ECR II–3407. 关于使用第277条的情况，参见 Case T–82/96 *Associacão dos Refinadores de Acucar Portugueses（ARAP）v Commission* [1999] ECR II–1889.

[158] Case C–615/11 P *European Commission v Ryanair Ltd* EU：C：2013：310.

[159] 委员会关于启用第108条第2款程序的决定是一项可被审查的行为，可就该决定向欧洲法院提起诉讼，见 Case C–47/90 *Italy v Commission* [1992] ECR I–4145.

诉的行为产生了法律效果。⑯⓪ 通常，两个月的期限自该决定在《官方公报》上公布之日起算。⑯①

国家和地方机构都有起诉资格。⑯② 拟接受援助者很容易就会被允许为案件做辩护⑯③，欧洲法院还给予向委员会提出意见且可能因援助而遭受损害者以诉讼第三人地位。⑯④ 在第 108 条第 2 款程序中起到重要作用的经营者，在其谈判能力受到影响的情况下，已被认定为具有个别联系。⑯⑤ 但是，当事方已参加第 108 条第 2 款的程序这一事实，不足以使其具有第 263 条的起诉资格。⑯⑥ 此外，如果企业未根据第 108 条第 2 款行使提交意见的权利，则必须证明具有第 263 条第 4 款意义上的个别联系。企业仅仅与援助的受益者存在竞争关系这一事实并不一定充分。⑯⑦ 但是，如果竞争者积极参与该程序并且可以证明其受到该决定的重大不利影响，则将获得起诉资格。⑯⑧

因此，欧洲法院在"Mory 公司案"中还提出了进一步的要求，即原告必须表明具有"提起诉讼的利益"，这是对证明具有起诉资格的额外要求，也就是说，前述两个要求都必须满足。该"利益要求撤销该法令本身必须能够产生法律后果，而且该诉讼由此可以通过其结果为提起该诉讼的一方带来益处"⑯⑨。

在"威廉·库克案"(William Cook) 中，与可获得审查有关的一个重

---

⑯⓪　Case C - 400/99 *Italy v Commission* [2001] ECR I - 7303，[62]；Case C - 521/06 P *Athinaïki Techniki AE v Commission* [2008] ECR I - 5829.

⑯①　Case T - 11/95 *BP Chemicals Ltd v Commission* [1998] ECR II - 3235.

⑯②　Case T - 288/97 *Regione Autonoma Friuli-Venezia Giulia v Commission* [1999] ECR II - 1871.

⑯③　Case 730/79 *Philip Morris* (n 109)；Case 323/82 *Intermills* (n 95)；Case C - 203/16 P *Andres* (n 83).

⑯④　Case 169/84 *COFAZ v Commission* [1986] ECR 391；Case C - 198/91 *William Cook* (n 145)；Case T - 380/94 *AIUFFASS v Commission* [1996] ECR II - 2169.

⑯⑤　Case C - 313/90 *CIRFS* (n 66).

⑯⑥　Case C - 106/98 *SNRT-CGT, SURT-CFDT and SNEA-CFE-CGC v Commission* [2000] ECR I - 3659.

⑯⑦　Case T - 11/95 *BP* (n 161) Case C - 33/14 P *Mory SA v European Commission* EU：C：2015：609，[92] - [97]；Case T - 894/16 *Société Air France v European Commission* EU：T：2019：508.

⑯⑧　Case T - 373/15 *Ja zum Nürburgring eV v European Commission* EU：T：2019：432，[49]；Case T - 353/15 *NeXovation, Inc v European Commission* EU：T：2019：434，[48] - [50].

⑯⑨　Case C - 33/14 P *Mory* (n 167) [55] - [62]；Case C - 133/12 P *Stichting Woonlinie v European Commission* EU：C：2014：105，[54].

大要点得到了确认。⑩ 我们已经看到，根据第 108 条第 3 款，利益相关方在初步审查阶段没有咨询权，但在第 108 条第 2 款下确实拥有这种权利。如果委员会根据第 108 条第 3 款认定援助与内部市场相符，而利益相关方认为本应启动第 108 条第 2 款所规定的详细调查，则可能出现疑问。在"威廉·库克案"中，欧洲法院裁定，只有在当事方能够在欧洲法院质疑委员会决定的情况下，第 108 条第 2 款中的"程序性保证"才能得到适当保障。⑪ 但是，如果申请人试图质疑评价该援助的决定的"实质问题"，那么，仅仅是第 108 条第 2 款意义上的相关当事方这一事实并不足以使该诉讼可予受理。申请人仍必须证明具有"普劳曼案测试法"（*Plaumann* test）意义上的个别联系。⑫

　　第 263 条规定了提出诉讼的实质依据。措施的合法性是根据采取该措施时存在的事实和法律来决定的。⑬ 申请人常常主张，委员会的决定违反欧盟法律一般原则；委员会的论证存在缺陷；或者委员会错误地解释条约条款。但是，对于根据第 263 条进行审查的强度，欧洲法院具有相当大的自由裁量权。欧洲法院通常会参考委员会在国家援助问题上的巨大自由裁量权，并且一般只有在申请人能够证明程序上存在缺陷、论证不充分、事实不准确、评估事实明显错误，或者滥用权力时，才能推翻这一决定。

七　未予申报的援助

　　对于成员国未能按照第 108 条第 3 款进行申报的后果，我们必须单独

---

　　⑩　Case C – 198/91 *William Cook* (n 145).

　　⑪　Case C – 225/91 *Matra* (n 93)；Case C – 367/95 P *Sytraval* (n 146) [40] – [41]；Case T – 158/99 *Thermenhotel Stoiser Franz Gesellschaft mbH & Co KG v Commission* EU：T：2004：2, [73]；Case C – 78/03 P *Aktionsgemeinschaft Recht und Eigentum* (n 148) [35]；Case T – 289/03 *BUPA* (n 30) [73]；Cases C – 75 and 80/05 P *Kronofrance* (n 66) [37] – [38]；Case T – 375/04 *Scheucher – Fleisch GmbH v Commission* [2009] ECR II – 4155, [40] – [43].

　　⑫　Case C – 78/03 P *Aktionsgemeinschaft Recht und Eigentum* (n 148) [37]；Case T – 395/04 *Air One* (n 148) [32]；Cases C – 75 and 80/05 P *Kronofrance* (n 66) [40]；Case C – 487/06 P *British Aggregates Association v Commission* [2008] ECR I – 10505, [30]；Case T – 289/03 *BUPA* (n 30) [74]；Case C – 33/14 P *Mory* (n 167) [97]；K Jürimäe, 'Standing in State Aid Cases：What's the State of Play?' [2010] EStAL 303；H Peytz and T Mygind, 'Direct Action in State Aid Cases—Tightropes and Legal Protection?' [2010] EStAL 331.

　　⑬　Case T – 110/97 *Kneissl Dachstein Sportartikel AG v Commission* [1999] ECR II – 2881.

评估该问题与委员会和成员国法院的关系。⑰

（一）未申报与委员会

欧洲法院认为，不申报本身并不意味着实施援助是非法的。⑰ 委员会有权在给予成员国发表评论的机会后发布临时决定，要求该国立即中止支付援助款项，等待委员会确定援助是否与内部市场相符。⑰ 如果在委员会要求提供信息的情况下，国家仍然拒绝提供必要的材料，则委员会可以在已经获得的信息的基础上对援助的兼容性进行评估⑰，尽管该信息必须足以认定企业从援助中受益。⑰ 该决定可以要求追回已支付的援助款。也有人建议，委员会应可以要求立即偿还援助款。⑰

这些原则已被写入《第 659/99 号条例》。如果委员会从任何来源处获知与被控非法援助有关的信息，它必须立即审查该信息。⑱ 委员会可以要求有关国家提供信息。在允许国家发表意见后，委员会可做出决定，要求国家中止援助，直到委员会就其与内部市场的兼容性做出决定为止。这被称为"中止禁令"（suspension injunction）。⑱ 委员会在允许该国发表意见后，可以做出一项决定，要求该国在等待委员会对其与内部市场的兼容性做出决定之前，追回援助款。这就是所谓的"复原禁令"（recovery injunction）。⑱

只有在明确存在援助、情况紧急，而且存在对竞争者产生实质且无

---

⑰　L Flynn, '"Taking Flight, Not Flight"：The National Court as a Full Partner in the Enforcement of the State Aid Discipline' ［2017］EStAL 335；A Scott, 'Co-operation and Good Faith：State Aid Rules and National Courts—Procedural and Interpretive Consequences' ［2017］EStAL 354；European Commission, *Study on the Enforcement of State Aid Rules and Decisions by National Courts* （Luxembourg Publications Office of the European Union, 2019）.

⑰　Case C – 301/87 *France v Commission* ［1990］ECR I – 307.

⑰　Case C – 75/97 *Belgium v Commission* （n 88）.

⑰　Case T – 366/00 *Scott SA v Commission* ［2007］ECR II – 797, ［144］；Case T – 266/02 *Deutsche Post AG v Commission* ［2008］ECR II – 1233, ［75］.

⑱　Case C – 520/07 P *Commission v MTU Friedrichshafen GmbH* ［2009］ECR I – 8555, ［55］– ［57］.

⑱　Case C – 42/93 *Spain v Commission* （n 97）, AG Jacobs.

⑱　Reg 2015/1589 （n 131）Art 12 （1）.第 20 条规定，在援助被滥用的情况下，委员会也可以要求重新审理某个案件。

⑱　Ibid Art 13 （1）.

⑱　Ibid Art 13 （2）.

法弥补的损害这一严重风险时，才能下达这类禁令。不遵守任何一种禁令都可以导致向欧洲法院提起诉讼。[183] 委员会可以通过初步审查方式或者通过正式程序方式，对此类援助做出实质性决定。在这两种情况下，正常的时限均不适用。[184] 如果委员会认为援助与内部市场不符，可以发布"复原决定"。根据这项决定，成员国有义务采取一切必要措施，从接受援助者那里追回援助。[185] 如果这违反欧盟法律的一般原则，则不应提出该要求。[186]

（二）未申报与成员国法院

在通知委员会之前，以及在委员会根据第 108 条第 3 款进行初步调查之前不实施援助这项义务具有直接效力，[187] 并且有规定要求委员会与成员国法院之间交换信息。[188] 成员国法院不能裁定援助与内部市场的兼容性，这是由委员会决定的事项，但是，如果未按照第 108 条第 3 款的要求进行申报，则成员国法院应裁定援助为非法。[189] 第 108 条第 3 款的直接效力要求，应以这种方式保护个体的权利。如果委员会后来的决定认定该援助与第 107 条相符，那么，该决定将不具有实际上的追溯效力。[190] 但是，如果委员会通过最终决定声明，违反第 107 条第 3 款的援助与内部市场相符，则成员国法院没有义务命令追回已经实施的该项援助，但是它必须命令接

---

[183] Ibid Art 14.

[184] Ibid Art 15（2）.

[185] Towards an effective implementation of Commission decisions ordering Member States to recover unlawful and incompatible State aid［2007］OJ C272/05.

[186] Reg 2015/1589（n 131）Art 16.

[187] Case 120/73 *Lorenz*（n 140）；Cases 91 and 127/83 *Heineken*（n 140）；Case C – 143/99 *Adria-Wien*（n 87）［26］–［27］；Case C – 295/97 *Industrie Aeronautiche e Meccaniche Rinaldo Piaggio SpA v International Factors SpA*［1999］ECR I – 3735；Case C – 345/02 *Pearle*（n 102）［30］–［32］.

[188] Reg 2015/1589（n 131）Art 29.

[189] Case C – 354/90 *Fédération Nationale du Commerce Exterieur des Produits Alimentaires v France*［1991］ECR I – 5505；Cases C – 34 and 38/01 *Enirisorse*（n 99）［42］；Case C – 119/05 *Ministero dell' Industria , del Commercio e dell' Artigianato v Lucchini SpA*［2007］ECR I – 6199，［48］–［58］；Case T – 152/06 *NDSHT Nya Destination Stockholm Hotell & Teaterpaket AB v Commission*［2009］ECR II – 1517，［71］–［72］；Case C – 667/13 *Estado português*（n 66）.

[190] Case C – 368/04 *Transalpine Ölleitung in Österreich GmbH v Finanzlandesdirektion für Tirol*［2006］ECR I – 9957.

受援助者支付违法期间的利息。^⑩ 委员会在欧洲法院判例法的基础上通过了一项通告。^⑫

八 收回非法援助

欧洲法院认为，从原则上讲应退还非法的国家援助，这是援助被认定为非法的逻辑结果。^⑱ 在这种情况下，非法包括本应根据第 108 条第 3 款申报的援助。^⑲ 这项义务的强制性，不会因声称偿还援助会给接受者带来困难而轻易解除。

委员会诉比利时
Case 52/84 Commission v Belgium
[1986] ECR 89

[《里斯本条约》重新编号，第 5 条和第 173 条现变更为《欧洲联盟条约》第 4 条第 3 款和《欧洲联盟运行条约》263 条]

委员会认定，一家地区公共控股公司购买一家陶瓷器皿制造公司股份的行为构成国家援助，并命令应将其收回，因为其与共同市场不符。比利时政府没有对这一决定提出异议，但强调关闭该企业的严重社会后果，并且指出比利时法律不允许退还股本，除非以退回公司利润的方式，但该公司并无利润。该国政府还要求委员会澄清"收回援助"（withdrawal of aid）的含义。欧洲法院认为，比利时政府不受根据第 173 条质疑该决定的时限的限制。其后，欧洲法院裁定如下。

欧洲法院

14. 在那些情况下，在反对委员会宣布其未履行条约义务时，比

---

⑪ Case C – 199/06 *Centre d'exportation du livre français* (*CELF*) *and Ministre de la Culture et de la Communication v Société internationale de diffusion et d'édition* (*SIDE*) [2008] ECR I – 469.

⑫ Commission notice on the enforcement of State aid law by national courts [2009] OJ C85/1.

⑬ Case 310/85 *Deufil GmbH & Co KG v Commission* [1987] ECR 901; Case C – 277/00 *Germany v Commission* (n 114) [74] – [76].

⑭ Case C – 667/13 *Estado português* (n 66) [59] – [60].

利时政府唯一可用的辩护理由是，主张自己绝对不可能适当地执行该决定。在这方面，应该指出的是，该决定要求从该企业撤回4.75亿瑞士法郎的股本……；对执行而言，该要求足够明确。鉴于该企业的财务状况，比利时政府无法收回已支付的款项，但这一事实并不构成说明不可能执行该决定的证明，因为委员会的目的是废除该援助，比利时政府自身也承认，该目的可以通过公司清算程序来实现，而比利时相关当局可以该企业股东或债权人的身份启动清算程序。

……

16. 应该补充的是，某项决定所针对的成员国在这样的法律程序中可以提出的唯一辩护是，该决定的执行是绝对不可能的，这一事实并不能阻止该国——如果在执行该决定时，面临未预见或无法预见的困难，或者意识到委员会未注意到的后果——将这些问题提交委员会审议，并且提出适当的修订建议。在这种情况下，委员会和有关成员国必须尊重条约第5条规定的原则，该原则对成员国和共同体机构施加了真诚合作义务；据此，它们必须真诚合作，以便克服困难，同时完全遵守条约条款，特别是关于援助的条款。但是，在当前案件中，比利时政府提到的困难都不具有这种性质，该国政府也没有就采用其他适当措施向委员会提出任何建议。

欧洲法院传达的信息很明确。退还非法援助这一基本义务的唯一例外是绝对不可能收回该援助[195]，并且其界定是狭义的。如果获得援助的公司为此必须清算，那就应该如此。即使基本义务的这项例外有效，该国也不能完全规避责任。这里存在源自《欧洲联盟条约》第4条第3款的次级义务，要求国家与委员会进行认真对话以解决问题。

在其他案件中也可以发现同样的不妥协立场[196]，并且成员国法院必须

---

[195]　Case C-214/07 *Commission v France* [2008] ECR I-8357.

[196]　Case C-142/87 [1990] ECR I-959；Case C-378/98 *Commission v Belgium* [2001] ECR I-5107；Case C-261/99 *Commission v France* [2001] ECR I-2537；Case C-527/12 *European Commission v Germany* EU：C：2014：2193；Case C-591/14 *European Commission v Belgium* EU：C：2017：670；Case C-93/17 *Hellenic Republic v European Commission* EU：C：2018：903；Case C-349/17 *Eesti Pagar* EU：C：2019：172.

在收回非法援助方面与委员会合作。^{⑲⑦} 仅仅因为企业破产这一事实，并不能消除偿还非法援助的义务。^{⑲⑧} 受援助者也不能主张合理期待。在"委员会诉德国案"^{⑲⑨} 中，欧洲法院裁定，除非根据第108条获得批准，否则接受援助者不能对该援助是合法的具有合理期待。勤勉的商人通常应有能力判断该程序是否得到了遵守。此外，如果成员国关于合理期待的概念所产生的效果是无法收回援助，则不能使用其概念，因为成员国法律通常为撤销行政行为规定了时限。同样，在"卢基尼案"（*Lucchini*）中，欧洲法院裁定，如果适用成员国法中有关既判力（*res judicata*）的概念阻碍收回违反欧盟法律的援助，则欧盟法律排除使用这一概念。^{⑳⓪} 尽管如此，欧洲法院承认可能存在不应裁定收回援助的特殊情况。^{⑳①}

第八节　国家援助：基础问题

一　国家援助：政策基础

限于篇幅无法详细分析国家援助的发展历程。尽管如此，以下摘录给出了影响历史轨迹的主题的一些概念。

彼尔纳斯·洛佩斯：《欧盟法之中的国家援助概念》^{⑳②}

本书提出了三个主要并相互关联的观点。第一，有人提出援助的

---

⑲⑦　Case C – 284/12 *Deutsche Lufthansa AG v Flughafen Frankfurt-Hahn GmbH* EU：C：2013：755；Case C – 69/13 *Mediaset SpA v Ministero dello Sviluppo economico* EU：C：2014：71.

⑲⑧　Cases T – 81，82 and 83/07 *Maas*（n 109）［192］–［193］.

⑲⑨　Case C – 5/89 *Commission v Germany*［1990］ECR I – 3437；Case C – 24/95 *Land Rheinland-Pfalz v Alcan Deutschland GmbH*［1997］ECR I – 1591；Case T – 171/02 *Regione Autonoma della Sardegna*（n 58）［64］；Cases T – 116 and 118/01 *P & O Ferries*（*Vizcaya*）*SA v Commission*［2003］ECR II – 2957，［201］–［205］，upheld in Cases C – 442 and 471/03［2006］ECR I – 4845；Cases T – 227，229，265，266 and 270/01 *Territorio Histórico de Álava*（n 103）［310］；Case T – 62/08 *ThyssenKrupp*（n 149）［269］；Case C – 672/13 *OTP Bank Nyrt* EU：C：2015：183，［77］.

⑳⓪　Case C – 119/05 *Lucchini*（n 189）［59］–［63］.

⑳①　Case C – 354/90 *Fédération Nationale*（n 189）；Case C – 39/94 *SFEI*（n 87）.

⑳②　J Piernas Lopez，'The Concept of State Aid under EU Law'（Oxford University Press，2015）9.

法律概念，尽管其声称具有基于经济考虑因素的客观特征，但其概念已经演变，并且之所以如此演变，并不是因为对这一概念的经济基础的不同解释，而是因为随着时间的推移欧盟委员会调整了政策的优先事项，与此同时，委员会在执行国家援助规则时遇到困难。第二，本书认为，援助概念的演变也受到了欧洲法院判例法发展的影响，并且这一概念的演变遵循了欧洲法院处理诸如货物自由流动或竞争法条款这类欧洲经济法的主流领域的方式。第三，本书认为，根据前两个框架（政策和判例法的演变），对援助概念的演变进行研究，不仅有助于对该概念的全面了解，而且对处理疑难案件也很有用。

国家援助法还对成员国法院提出了重大要求，当国家援助在成员国层面受到质疑时，它们必须监督某些条约规则的适用。这造成的可能困难在以下摘录中是显而易见的。

希什恰克：《重新审视"阿尔特马克公司案" ——地方和地区对公共服务的补贴》[203]

成员国法官在国家援助和公共服务案件中的任务并不轻松。成员国法官很可能面临的初步问题是，是否存在经济活动或非经济活动。是否涉及某企业，将取决于案件的事实以及提供商品和服务的市场的经济背景。后者可能涉及跨境因素，应适用欧盟法，即使在考虑社会服务时也是如此。在回答这个问题时，成员国法官必须了解欧盟委员会的决定、欧洲法院的判例法，以及软法的发展。

"阿尔特马克公司案"继续塑造提供"为普遍经济利益服务"（SGEI）这一准则。[204] 成员国若要计算"为普遍经济利益服务"的融资金额，就必须确定其已正确界定"为普遍经济利益服务"及其功能。这对于确定提供"为普遍经济利益服务"的可计算成本至关重要。从欧盟委员会的实践和欧洲法院的判例法来看，现在成员国确定

---

[203] E Szyszczak, 'The *Altmark* Case Revisited: Local and Regional Subsidies to Public Services' [2017] EStAL 395, 406–407.

[204] Service of General Economic Interest. SGEI.

"为普遍经济利益服务"可以行使的自由裁量权受到了限制。必须存在以正式的方式对"为普遍经济利益服务"的委托：必须正确界定"为普遍经济利益服务"。但归类为"为普遍经济利益服务"的只能是市场未提供或未令人满意地提供的服务。这是一个复杂的问题，不仅涉及对市场失灵的分析，还涉及在质量和可承受价格方面可获得的内容。……

当前并没有为成员国法院澄清和简化成员国从事"为普遍经济利益服务"的方式，而是鼓励对成员国选择"为普遍经济利益服务"的融资方式提起更多的诉讼。……

二　国家援助：与自由流动的关系

关于国家援助的规定并不是存在于法律或政治真空之中的。欧洲法院已考虑了国家援助条款与其他条约条款之间的关系[205]，这对于欧盟市场一体化与地区政策之间的平衡具有更广泛的意义。最有趣的联系点是第107条至第109条与第34条之间的关系。

欧洲法院愿意适用第34条，而无须对属于该条规制的措施是否是援助方案的组成部分进行过于细致的询问。在"委员会诉法国案"[206]中，欧洲法院审查了一项措施的合法性，该措施给予报纸出版商免税待遇，条件是报纸在法国印刷。委员会认为这违反了第34条。法国政府主张应根据第107条考虑这些措施，因为税收规定不能脱离对报纸业的一般援助方案。欧洲法院对此表示怀疑，指出法国并未根据第108条第3款通报其方案。然后，欧洲法院做出了以下强有力的原则声明：[207]

应当指出，从本法院裁定的一长串案件中可以明显看出，第92条和第94条不能被用于破坏条约关于货物自由流动的规则或者关于废除歧视性税收规定的规则。根据这些案件，有关货物自由流动、废除歧视性税收规定与援助的条款具有一个共同目标，即确保在正

---

[205] Cases C – 149 and 150/91 *Sanders Adour et Guyomarc'h Nutrition Animale* [1992] ECR I – 3899.

[206] Case 18/84 *Commission v France* [1985] ECR 1339；Case 249/81 *Commission v Ireland* [1982] ECR 4005.

[207] Ibid [13]. 第30条和第92条至第94条现在为《欧洲联盟运行条约》第34条和第107条至第109条。

常竞争条件下成员国之间的货物自由流动。……因此，有可能将一项成员国措施定义为第92条意义上的援助这一事实，不是使其免于适用第30条所包含禁令的充分理由。在对委员会意见的回应中，法兰西共和国仅仅以假设的方式提出关于共同体援助规则的主张，因此不予接受。

欧洲法院坚持采用这种方法。[208] 尽管它也认为自由流动规则不能证明违反第107条的措施是正当的。[209] 欧洲法院的论证是有力的，但并非没有问题。的确，第34条和第107条总体上具有相同的目标。但是，第107条至第109条的结构表明在国家援助背景下实现这一目标的不同方式。这些条款以委员会的自由裁量权为特征，于是，委员会在决定援助是否与内部市场相符时能够权衡某些社会和经济因素。如果第34条在与第107条重合的情况下占据主导地位，则将排除第107条第3款背景下的社会平衡。在下面的摘录中可以看出这种担忧。该作者提到的是"杜邦案"（*Du Pont*）的裁决。[210]

马丁、斯特曼：《产品市场整合对共同体地区聚合》[211]

首先，欧洲法院论证其立场合理的理由之一是，这两套规则有一个共同目标，即确保在正常竞争条件下货物自由流动。尽管这是事实，但仅仅部分如此。不应忽视第92条第3款和第93条提出的第二个目标，即给予委员会如下可能性，宣布那些旨在弥合欧洲内部所存在的经济、社会和地区差距的援助符合《欧洲经济共同体条约》。因此，可以允许应用某些扭曲竞争的国家援助，这一事实证明，货物自

---

[208]　Case C–21/88 *Du Pont de Nemours Italiana SpA v Unità Sanitaria Locale No 2 di Carrara*〔1990〕ECR I–889；Case C–351/88 *Laboratori Bruneau Srl v Unità Sanitaria Locale RM/24 de Monterotondo*〔1991〕ECR I–3641；Case C–156/98 *Germany v Commission*〔2000〕ECR I–6857，〔78〕；Case C–114/00 *Spain v Commission*〔2002〕ECR I–7657，〔104〕.

[209]　Case C–518/16 *ZPT* EU：C：2018：126，〔47〕.

[210]　Case C–21/88 *Du Pont de Nemours*（n 208）.

[211]　JFM Martin and O Stehmann, 'Product Market Integration versus Regional Cohesion in the Community'（1991）16 ELRev 216, 228–230. 第30条、第92条和第93条应视为《欧洲联盟运行条约》第34条、第107条和第108条。

由流动和自由竞争原则的某些例外是可以接受的。……

其次，两套规则之间的关系……可能会产生某些不良后果。这种立场在如下情况下可能是正当的……即尽管没有事先申报，但适用"达松维尔案"（*Dassonville*）对第30条的解释而不是进行更深入的经济（或其他）分析，有可能使第92条和第93条无效。在"达松维尔案"定义之后，几乎所有情况都会归入第30条的"统治权"之下。就其性质而言，国家援助在加强本国产业或地区时总是会对国家间贸易产生负面影响。……如果严格遵循欧洲法院的裁定而优先适用第30条，那么第92条和第93条将失去其大部分意义。

……

从经济学角度来看，欧洲法院的立场导致倾向于以货物自由流动条款为代表的快速的市场一体化，而以国家援助条款为代表的地区聚合则会受到损害。……

三　国家援助：成员国与欧盟的地区政策

尽管存在着对过于倾向于适用第34条的担心，但仍需要对国家地区援助政策与欧盟地区援助政策之间的总体关系保持谨慎。我们必须小心，不要过于谴责欧盟没有给予地区问题足够重视。地区议题[212]和环境议题[213]在第107条中得到了考虑，欧盟还制定了地区援助方案。对成员国的地区援助施加适当限制，这是一个有争议的问题，因为这种援助会抑制市场一体化。《欧洲联盟运行条约》第174条和第175条将欧盟内部更大程度的聚合（经济、社会与领域聚合。——译者）作为优先事项。要实现这一目标，就必须限制较富裕的成员国向比该国更贫穷的地区提供援助，但并非将欧盟作为一个整体进行比较。只有这样，才有可能实现聚合。

大国在对本国产业和地区的援助方面花费最多，这些金额超过了欧盟用于地区政策的预算。其结果是，"为了聚合和竞争政策的需要，必须在

---

[212]　F Wishlade, 'Competition Policy or Cohesion Policy by the Back Door? The Commission Guidelines on National Regional Aid' [1998] ECLR 343.

[213]　H Vedder, 'The New Community Guidelines on State Aid for Environmental Protection—Integrating Environment and Competition?' [2001] ECLR 365.

更繁荣的核心地区严格控制国家援助"[214]。同样，委员会注意到国家援助对于聚合政策的重要性，"通过防止地区之间破坏性的补贴竞赛，以及通过为最不发达地区和其他地区创造旨在促进增长和就业的正确激励措施"[215]。然而，说服富国增加对欧盟用于较贫困地区支出的分摊款，是一回事；让它们避免以聚合的名义在本地花费本国纳税人大量金钱，则是另一回事。

第九节　结论

一　条约无疑对国家行为施加了限制。其中一些条款相对而言没有争议，例如控制国家援助，这可以通过确保企业之间公平竞争环境的必要性而说明其正当性。在其他领域，联盟法院必须在国家组织经济活动的自由与可能对市场产生的影响之间实现艰难的平衡，第106条的判例法体现了这一点。联盟法院还不得不面对涉及国家援助与货物自由流动之间关系这一同样棘手的问题。

二　欧洲法院和综合法院对相关条约条款进行了广义解读，增强了竞争法程序，并且要求国家为根据第106条授予垄断或特权地位提供正当理由。

三　但是，它们也更愿意在第106条第2款背景下承认公共服务义务的重要性。这在欧盟有关自由化的立法中得到了反映，该立法允许各国对提供能源、电信等类似服务的企业施加这种义务。

第十节　扩展阅读

一　专著

Biondi, A, Eeckhout, P, and Flynn, J (eds), *The Law of State Aid in*

---

　　[214]　A Petersen, 'State Aid and the European Union: State Aid in the Light of Trade, Competition, Industrial and Cohesion Policies' in Harden (n 71) 25.

　　[215]　State Aid Action Plan, COM (2005) 107 final, [40].

the European Union (Oxford University Press, 2004)

Buendia Sierra, J, *Exclusive Rights and State Monopolies under EC Law* (Oxford University Press, 1999)

Cremona, M, (ed), *Market Integration and Public Services in the European Union* (Oxford University Press, 2011)

European Commission, *Study on the Enforcement of State Aid Rules and Decisions by National Courts* (Luxembourg Publications Office of the European Union, 2019)

Hancher, L, Ottervanger, T, and Slot, PJ, *EU State Aids* (Sweet & Maxwell, 4th edn, 2012)

Piernas Lopez, J, *The Concept of State Aid under EU Law: From Internal Market to Competition and Beyond* (Oxford University Press, 2015)

Prosser, T, *The Limits of Competition Law: Markets and Public Services* (Oxford University Press, 2005)

Quigley, C, *European State Aid Law and Policy* (Hart, 3rd edn, 2015)

Sauter, W, *Competition Law and Industrial Policy in the EU* (Clarendon Press, 1997)

二　论文

Biondi, A, 'State Aid is Falling Down, Falling Down: An Analysis of the Case Law on the Notion of Aid' (2013) 50 CMLRev 1719

Cyndecka, M, 'The Applicability and Application of the Market Economy Investor Principle' [2016] EStAL 381

Davies, G, 'Article 86 EC, the EC's Economic Approach to Competition Law, and the General Interest' (2009) 5 European Competition Jnl 549

Fiedziuk, N, 'Putting Services of General Economic Interest up for Tender: Reflections on Applicable EU Rules' (2013) 50 CMLRev 87

Filpo, F, 'The Commission's 2009 Procedural Reform from a Private Party Perspective: Two Steps Forward, One Step Back?' [2010] EStAL 323

Flynn, L, ' "Taking Flight, Not Fright": The National Court as a Full Partner in the Enforcement of the State Aid Discipline' [2017] EStAL 335

Hancher, L, 'Community, State and Market' in P Craig and G de Búrca (eds), *The Evolution of EU Law* (Oxford University Press, 1999) ch 20

——and Larouche, P, 'The Coming of Age of EU Regulation of Network Industries and Services of General Economic Interest' in P Craig and G de Búrca (eds), *The Evolution of EU Law* (Oxford University Press, 2nd edn, 2011) ch 24

Laprévote, F, 'A Missed Opportunity? State Aid Modernization and Effective Third Parties Rights in State aid Proceedings' [2014] EStAL 426

Maziarz, A, 'Services of General Economic Interest: Towards Common Values?' [2016] EStAL 16

Müller, T, 'Efficiency Control in State aid and the Power of Member States to Define SGEIs' [2009] EStAL 39

Nicolaides, P, 'Excessive Widening of the Concept of Selectivity' [2017] EStAL 62

Peytz, H, and Mygind, T, 'Direct Action in State Aid Cases—Tightropes and Legal Protection?' [2010] EStAL 331

Scott, A, 'Co-operation and Good Faith: State Aid Rules and National Courts—Procedural and Interpretive Consequences' [2017] EStAL 354

Szyszczak, E, 'The *Altmark* Case Revisited: Local and Regional Subsidies to Public Services' [2017] EStAL 395

Temp le Lang, J, 'EU State Aid Rules—The Need for Substantive Reform' [2014] EStAL 440